BPSC

बिहार शिक्षक बहाली

सामान्य अध्ययन

प्राथमिक विद्यालय के अध्यापकों के लिए

डॉ. रणजीत कुमार सिंह, IAS (AIR-49)

प्रकाशक

प्रभात एग्जाम

प्रभात प्रकाशन प्रा. लि. का उपक्रम

4/19 आसफ अली रोड, नई दिल्ली-110002

फोन— 23289555 • 23289666 • 23289777 • हेल्पलाइन/ 7827007777

इ-मेल : prabhatbooks@gmail.com ❖ वेब ठिकाना : www.prabhatexam.com

मूल्य

चार सौ पचानवे रुपए

अ.मा.पु.स. 978-93-5488-655-3

मुद्रक

जापान आर्ट, दिल्ली

★

BPSC

BIHAR SHIKSHAK BAHALI

SAMANYA ADHYAYAN

PRATHAMIK VIDYALAYA KE ADHYAPAKON KE LIYE

by Dr. Ranjit Kumar Singh, IAS (AIR-49)

ISBN 978-93-5488-655-3

₹ 495.00

विषय-सूची

सामाजिक विज्ञान

भारतीय राष्ट्रीय आंदोलन

भूगोल

सामान्य विज्ञान

सामान्य जागरूकता

प्राथमिक गणित

मानसिक क्षमता परीक्षण

पर्यावरण

सामाजिक विज्ञान

इतिहास

प्राचीन भारत

भारतीय इतिहास के स्रोत

साहित्यिक साक्ष्य

- साहित्यिक साक्ष्य के अंतर्गत साहित्यिक ग्रंथों से प्राप्त सामग्रियों का अध्ययन किया जाता है। यह दो प्रकार के हैं–धार्मिक साहित्य एवं लौकिक साहित्य।
- पुरालेख शास्त्र शिलालेखों का अध्ययन करता है। ऐतिहासिक लेखों का संरक्षण विज्ञान की म्यूजियोलॉजी शाखा के अंतर्गत आता है।

धार्मिक साहित्य

- धार्मिक साहित्य के अंतर्गत ब्राह्मण तथा ब्राह्मणेत्तर ग्रंथों की चर्चा की जा सकती है।
- ब्राह्मण ग्रंथों के अंतर्गत वेद, बाह्मण ग्रंथ, उपनिषद्, आरण्यक, वेदांग, रामायण, महाभारत, पुराण तथा स्मृति ग्रंथ आते हैं।
- ब्राह्मणेत्तर साहित्य के अंतर्गत बौद्ध तथा जैन साहित्य से सम्बन्धित रचनाओं का उल्लेख किया जाता है।
- **वेद:** ये भारत के सर्वप्राचीन धर्म ग्रंथ हैं जिनके संकलनकर्ता महर्षि कृष्ण द्वैपायन वेदव्यास को माना जाता है।
- वेदों की संख्या चार है–ऋग्वेद, यजुर्वेद, सामवेद तथा अथर्ववेद। इन चारों वेदों को संहिता कहा जाता है।
- **ऋग्वेद:** चारों वेदों में सर्वाधिक प्राचीन ऋग्वेद में **10 मण्डल**, **8 अष्टक**, **10,600 मंत्र** एवं **1028 सूक्त** हैं।
- ऋग्वेद का रचना काल सामान्यत: **1500 ई.पू.** से **1000 ई.पू.** के बीच माना जाता है।
- ऋग्वेद का दूसरा एवं सातवाँ गण्डल सर्वाधिक प्राचीन तथा पहला एवं दसवाँ मण्डल सबसे बाद का है।
- ऋग्वेद के नौवें मण्डल को 'सोम मण्डल भी' कहा जाता है।
- ऋग्वेद की मान्य 5 शाखाएँ हैं–**शाकल**, **आश्वलायन**, **माण्डूकायन**, **शांखायन** एवं **वाष्कल**।
- ऋग्वेद के 10वें मण्डल के पुरुषसूक्त में सर्वप्रथम वर्ण व्यवस्था का उल्लेख मिलता है।
- प्रसिद्ध **गायत्री मंत्र (सावित्री)** का उल्लेख **ऋग्वेद** में मिलता है।
- **सामवेद**- को भारतीय संगीत का मूल अथवा जनक कहा जाता है। यह मुख्यत: यज्ञों के अवसर पर गाए जाने वाले मंत्रों का संग्रह है। सामवेद में कुल 1875 ऋचाएँ हैं। इनमें मात्र 75 ही नई हैं, शेष ऋग्वेद से ली गई हैं।
- इस वेद की तीन मुख्य शाखाएँ हैं–जैमिनीय, राणायनीय तथा कौथुमीय।
- **यजुर्वेद**- में यज्ञ के नियमों एवं विधि-विधानों का संकलन मिलता है। यह एकमात्र ऐसा वेद है जो पद्य एवं गद्य दोनों ही रूपों में लिखा गया है।
- इस वेद के दो भाग हैं–**कृष्ण यजुर्वेद** और **शुक्ल यजुर्वेद**।
- कृष्ण यजुर्वेद की चार शाखाएँ हैं–**तैत्तिरीय**, **कठ**, **कपिष्ठल**, **मैत्रायणी**।
- यजुर्वेद धार्मिक अनुष्ठानों से संबंध रखता है।
- शुक्ल यजुर्वेद की प्रधान शाखाएँ **माध्यन्दिन** तथा **काण्व** हैं।
- शुक्ल यजुर्वेद की संहिताओं के रचयिता वाजसनेयी के पुत्र याज्ञवल्क्य हैं, इसलिए इसे वाजसनेयी संहिता भी कहा जाता है। इसमें केवल मंत्रों का समावेश है।
- **अथर्ववेद** में सामान्य मनुष्यों के विचारों तथा अंधविश्वासों का विवरण मिलता है, इसमें कुल **20 मण्डल**, **730 ऋचाएँ** तथा **5987 मंत्र** हैं।
- अथर्ववेद की दो शाखाएँ-शौनक और पैपलाद है।
- **उपनिषद्:** इसका शाब्दिक अर्थ है समीप बैठना। इसमें आत्मा-परमात्मा एवं संसार के सन्दर्भ में प्रचलित दार्शनिक विचारों का संग्रह है।
- उपनिषद वेदों का अन्तिम भाग है। इसे वेदान्त भी कहा जाता है।
- उपनिषदों की कुल संख्या 108 है।
- प्रमुख उपनिषद हैं–ईश, कठ, केन, मुण्डक, माण्डूक्य, प्रश्न, ऐतरेय, तैत्तिरीय, छान्दोग्य, वृहदारण्यक, श्वेताश्वर तर, कौषीतकि एवं मैत्राणीय।
- **आरण्यक:** यह ब्राह्मण ग्रंथों का अन्तिम भाग है। इसमें दार्शनिक एवं रहस्यात्मक विषयों का वर्णन है। इनकी रचना वनों में पढ़ाए जाने के निमित्त की गई।
- प्रमुख आरण्यक हैं–ऐतरेय, शांखायन, तैत्तिरीय, वृहदारण्यक, जैमिनी, तवलकार।
- **वेदांग:** वेदों को भली-भाँति समझने के लिए छ: वेदांगों की रचना की गई है। ये वेदों के शुद्ध उच्चारण तथा यज्ञादि करने में सहायक थे।
- **पुराण:** पुराणों की संख्या 18 है।
- **रामायण:** यह आदि काव्य है इसकी रचना दूसरी शताब्दी के आस-पास संस्कृत भाषा में वाल्मीकि द्वारा की गई थी। प्रारम्भ में इसमें **6000 श्लोक** थे जो कालांतर में **24,000** हो गए। इसे चतुर्विंशति सहस्री संहिता भी कहा जाता है।
- **महाभारत:** इस महाकाव्य की रचना चौथी शताब्दी के आस-पास महर्षि व्यास द्वारा की गई थी। प्रारंभ में इसमें **8,800 श्लोक** थे जिसे जयसंहिता कहा जाता था, तत्पश्चात् इसमें श्लोकों की **संख्या 24,000** हो गई और इसे भारत कहा जाने लगा। कालांतर में इसमें श्लोकों की संख्या एक लाख हो जाने पर महाभारत या शतसहस्री संहिता कहा जाने लगा। महाभारत का प्रारंभिक उल्लेख **आश्वलायन गृहसूत्र** में मिलता है।

❖ **सूत्र:** इस साहित्य की रचना ई. पूर्व छठी शताब्दी के आस-पास की गई थी। सूत्र ग्रंथों को **कल्प** भी कहा जाता है।

❖ **कल्प सूत्र:** ऐसे सूत्र जिनमें नियमों एवं विधियों का प्रतिपादन किया जाता है, **कल्पसूत्र** कहलाते हैं।

पुरातत्व संबंधी साक्ष्य

पुरातत्व के अंतर्गत तीन प्रकार के साक्ष्य आते हैं–**अभिलेख**, **मुद्रा** एवं **स्मारक**।

अभिलेख

❖ अभिलेख **पाषाण शिलाओं**, **स्तंभों**, **दीवारों**, **मुद्राओं** एवं **ताम्रपत्रों** पर उत्कीर्ण किए जाते थे।

❖ अभिलेखों के अध्ययन को पुरालेख शास्त्र कहते हैं।

❖ सबसे प्राचीन अभिलेख मध्य एशिया के बोगजकोई से प्राप्त अभिलेख है। जिसमें हिती नरेश सुब्बिलिमा तथा मितन्नी नरेश मतिऊजा के बीच संधि का उल्लेख है।

❖ **बोगजकोई अभिलेख** (एशिया माइनर) लगभग **1400 ई.पू.** का अभिलेख है जिसमें वैदिक देवता इन्द्र, मित्र, वरुण एवं नासत्य के नाम मिलते हैं।

महत्वपूर्ण अभिलेख

क्र.	अभिलेख	शासक एवं अभिलेख की विशेषताएँ
1.	हाथीगुम्फा अभिलेख (तिथि रहित अभिलेख)	कलिंग राज खारवेल
2.	जूनागढ़ (गिरनार अभिलेख)	रुद्रदामन (सुदर्शन झील के बारे में जानकारी)
3.	नासिक अभिलेख	गौतमी बलश्री (सातवाहनों की उपलब्धियाँ)
4.	प्रयाग स्तम्भ अभिलेख	समुद्रगुप्त (इसकी दिग्विजयों की जानकारी)
5.	ऐहोल अभिलेख	पुलकेशिन द्वितीय
6.	मन्दसौर अभिलेख	मालवा नरेश यशोवर्मन
7.	ग्वालियर अभिलेख	प्रतिहार नरेश भोज
8.	भीतरी एवं जूनागढ़ अभिलेख	स्कन्दगुप्त (हूणों पर विजय का विवरण)
9.	देवपाड़ा अभिलेख	बंगाल शासक विजयसेन
10.	बांसखेड़ा, और मधुबन अभिलेख	हर्षवर्द्धन की उपलब्धियों पर प्रकाश
11.	बालाघाट कार्ले अभिलेख	सातवाहनों की उपलब्धियाँ
12.	अयोध्या अभिलेख	शुंगों की उपलब्धियाँ
13.	भरहुत अभिलेख	सुंगनरेण शब्द खुदे होने से शुंगों द्वारा निर्मित
14.	एरण अभिलेख	भानुगुप्त

❖ भागवत धर्म विकसित होने का प्रमाण यवन राजदूत 'हेलियोडोरस' के बेसनगर (विदिशा) गरुड़ स्तम्भ लेख से प्राप्त होता है।

❖ सर्वप्रथम **'भारतवर्ष'** शब्द का उल्लेख **कलिंग नरेश खारवेल** के हाथीगुम्फा अभिलेख से प्राप्त होता है।

❖ सर्वप्रथम दुर्भिक्ष की जानकारी देने वाला अभिलेख **सोहगौरा अभिलेख** है।

❖ सर्वप्रथम भारत पर होने वाले हूण आक्रमण की जानकारी स्कंदगुप्त के भीतरी स्तंभ लेख से प्राप्त होती है।

❖ **सती प्रथा** का पहला साक्ष्य 510 ई. के **एरण अभिलेख** (सेनापति भानुगुप्त) से मिलता है।

मुद्रा

❖ यद्यपि भारत में सिक्कों की प्राप्ति आठवीं शताब्दी ई.पू. से ही मिलती है।

❖ प्राचीनतम सिक्कों को आहत सिक्के (Punch Marked Coins) कहा जाता है, साहित्यिक ग्रंथों में इन्हें **कार्षापण**, **पुराण**, **धरण**, **शतमान** आदि नामों से भी जाना जाता है।

❖ आहत सिक्के अधिकांशत: चांदी के टुकड़े हैं जिन पर विविध आकृतियाँ अंकित की गई हैं।

❖ प्राचीन भारत के गणराज्यों का अस्तित्व मुद्राओं से ही प्रमाणित होता है।

❖ कनिष्क के सिक्कों से हमें उसके बौद्ध धर्म का अनुयायी होने का पता चलता है।

प्रागैतिहासिक काल

❖ जिस काल के इतिहास का लिखित विवरण नहीं मिलता, वह काल प्रागैतिहासिक काल कहलाता है, जैसे–पाषाण काल।

❖ जिस काल के लिखित विवरण तो मिलते हैं लेकिन उसका अर्थ स्पष्ट नहीं हो सका है, वह काल आद्य ऐतिहासिक काल कहलाता है, जैसे–सिन्धु सभ्यता तथा वैदिक सभ्यता।

❖ जिस काल से लिखित साक्ष्य का स्पष्ट विवरण प्राप्त होता है वह काल ऐतिहासिक काल कहलाता है, जैसे–महाजनपदों के बाद का काल (छठी सदी ई.पू. से)।

❖ प्रागैतिहासिक काल को सामान्यत: तीन भागों में बाँटा गया है–**पुरापाषाण काल**, **मध्यपाषाण काल** तथा **नव या उत्तर पाषाण काल**।

पुरापाषाण काल (5,00,000–10,000 ई.पू.)

❖ सर्वप्रथम पाषाण कालीन सभ्यता तथा संस्कृति का अन्वेषण राबर्ट ब्रूस फुट महोदय ने 1863 ई. में किया।

❖ पुरापाषाण काल को तीन भागों में बाँटा जाता है–**(1)** निम्न पुरापाषाण काल, **(2)** मध्य पुरापाषाण काल तथा **(3)** उच्च पाषाण काल।

❖ निम्न पुरापाषाण युग के स्थल वर्तमान पाकिस्तान की सोहन घाटी एवं महाराष्ट्र में पाए गए हैं।

❖ इस काल के लक्षण थे–कुल्हाड़ी या हस्तकुठार (हैंड एक्स), विदारिणी (क्लीवर) और खड्क (गंडासा) का प्रयोग।

❖ **लोहंदा नाला (बेलन घाटी, उत्तर प्रदेश)** से पशु की हड्डी से बनी मूर्ति प्राप्त हुई है।

❖ **हथनौरा (मध्य प्रदेश)** से हाथी का सबसे पुराना जीवाश्म मिला है।

❖ मध्य पुरापाषाण युग के औजार मुख्यत: शल्क (Flake) से बने थे। अत: इस संस्कृति को फलक संस्कृति की संज्ञा दी गई है।

❖ खुरचनी, फलक, वेधनी, वेधक तथा तक्षणी इस संस्कृति के प्रधान उपकरण थे।

❖ पुरापाषाण काल में आग का आविष्कार हुआ जबकि नवपाषाण काल में पहिए का आविष्कार हुआ।

❖ इस काल के **मानवों की गुफाएँ भीमबेटका** से मिली हैं जिनमें विभिन्न कालों की चित्रकारी देखने को मिलती है।

❖ उच्च पुरापाषाण कालीन चित्रों में भैंसे, हाथी, बाघ, गैंडे तथा सूअर के चित्र प्रमुख हैं।

❖ भीमबेटका गुफाओं की खोज **1958** में **बी.एस. वाकणकर** ने की थी।

मध्यपाषाण काल (10,000–4,000 ई.पू.)

❖ यह काल पुरापाषाण काल तथा नवपाषाण काल दोनों की सम्मिश्रित विशिष्टताओं का प्रदर्शन करता है।
❖ इस काल के लोग शिकार करके, मछली पकड़कर तथा खाद्य वस्तुएँ बटोरकर पेट भरते थे।
❖ मध्यपाषाण काल में पाषाण के लघु उपकरण बनाए जाते थे।
❖ भारत में सबसे पहला लघु **पाषाण उपकरण 1867 ई.** में विंध्य क्षेत्र में **सी.एल. कार्लाइल** द्वारा खोजा गया।
❖ प्रमुख मध्यपाषाण कालीन उपकरण हैं–**इकधर**, **फलक**, **वेधनी**, **अर्द्धचन्द्राकार**, **समलंब** इत्यादि।
❖ मध्यपाषाण काल में प्रक्षेपास्त्र तकनीक का विकास हुआ जिससे **तीर-कमान** का प्रचलन आरंभ हुआ।
❖ तापमान में बदलाव आने से जो, गेहूँ, धान जैसी फसले उगने लगी।

मध्यपाषाण युग

स्थान	स्थान	समय
आदमगढ़	होशंगाबाद के समीप मध्य प्रदेश	7वीं सहस्राब्दी ई.पू.
भीमबेटका	भोपाल के समीप मध्य प्रदेश	7वीं से 5वीं सहस्राब्दी ई.पू.
बोधोर	सीधी के समीप मध्य प्रदेश	8वीं से 5वीं सहस्राब्दी ई.पू.
बागोर	भीलवाड़ा के समीप राजस्थान	6वीं सहस्राब्दी ई.पू.
महागढ़	मेजा के समीप उत्तर प्रदेश	10वीं सहस्राब्दी ई.पू.
सराय नाहरराय	प्रतापगढ़ के समीप उत्तर प्रदेश	10वीं सहस्राब्दी ई.पू.
पायसरा	मुंगेर के समीप बिहार	7वीं सहस्राब्दी ई.पू.

नवपाषाण काल (4,000–2,500 ई.पू.)

❖ इस काल की शुरुआत **4,000 ई.** पूर्व से होती है।
❖ नववाषाणकालीन लोगों को बीज का ज्ञान हुआ और इससे वे फसल उपजाने लगे।
❖ स्थायी निवास की अवधारणा नवपाषाण काल में आई तथा मानव ने **'कुत्ते'** को सर्वप्रथम पालतू बनाया।
❖ इस काल के लोग पॉलिशदार पत्थर के औजारों और हथियारों का प्रयोग करते थे।
❖ नवपाषाण काल की प्रमुख विशेषताएँ थीं–कृषि का आरंभ, गर्त-आवास (बुर्जहोम), मानव शव के साथ पशु (कुत्ता) दफनाना, बड़ी मात्रा में अस्थि के औजार, पोत-निर्माण, ऊन के साक्ष्य, स्थायी जीवन एवं समाज का निर्माण।

आद्य ऐतिहासिक काल

❖ आद्य ऐतिहासिक काल को दो भागों में बाँटा जाता है–**(1)** ताम्रपाषाण काल (3500 ई.पू.–1200 ई.पू.) और **(2)** लौह काल (1000 ई.पू.–600 ई.पू.)।
❖ **ताम्रपाषाण काल:** मुख्यत: ग्रामीण संस्कृति थी। इसे कृषक संस्कृति, पशुचारिक संस्कृति एवं क्षेत्रीय संस्कृति भी कहा जाता है।
❖ ताम्रपाषाण कालीन लोग **तांबे और पाषाण (पत्थर)** का साथ-साथ प्रयोग करते थे। यह भारत में कई संस्कृतियों का आधार बना।
❖ दक्षिणी-पूर्वी राजस्थान की संस्कृति को **अहार संस्कृति या अहाड़** कहा जाता है। अहार का प्राचीन नाम ताम्बवर्ती था।
❖ **नवदाटोली**, **एरण** और **नागदा मालवा संस्कृति** के मुख्य स्थल हैं। नवदाटोली का उत्खनन कार्य **प्रो. एच.डी. सांकलिया** ने करवाया।
❖ 'ताँबा' धातु का सर्वप्रथम प्रयोग हुआ तथा प्रथम औजार **'कुल्हाड़ी'** बनाया गया **(साक्ष्य स्थल-अतिरम्पकम)**।
❖ **लौह काल:** लौह काल का निर्धारण सामान्यत: 1000 ई.पू. से 600 ई.पू. के बीच किया जाता है।
❖ उत्तर भारत में लौह काल के साथ-साथ **चित्रित धूसर मृद्भांड (पी.जी. डब्ल्यू.)** संस्कृति कायम हुई।
❖ दक्षिण भारत में लौह काल महापाषाण संस्कृति के समकालीन था।

हड़प्पा संस्कृति

❖ **रेडियो कार्बन C^{14}** के आधार पर सिन्धु सभ्यता की सर्वमान्य तिथि 2350 ई.पू. से 1750 ई.पू. मानी गई है।
❖ व्हीलर ने हड़प्पा को सुमेरियन सभ्यता का उपनिवेश कहा है।
❖ **सर जॉन मार्शल** 'सिंधु सभ्यता' शब्द का प्रयोग करने वाले पहले पुरातत्वविद् थे।
❖ सिन्धु सभ्यता को **कांस्य (Bronze)** युग में रखा गया है।
❖ हड़प्पा सभ्यता से चार प्रजातियों के अस्तित्व प्राप्त हुए हैं इनमें सर्वाधिक संख्या भूमध्यसागरीय लोगों की थी। इसके अलावा प्रोटो ऑस्ट्रेलॉयड, मंगोलॉयड तथा अल्पाइन लोगों का भी निवास था। यहाँ नीग्रो प्रजाति के लोग नहीं रहते थे।
❖ सिन्धु सभ्यता की लिपि भावचित्रात्मक थी। यह लिपि **दाईं से बाईं** और **बाईं से दाईं** ओर लिखी जाती थी।
❖ सिन्धु सभ्यता के लोगों ने नगरों तथा घरों के विन्यास के लिए ग्रिड पद्धति अपनाई।
❖ घरों के दरवाजे और खिड़कियाँ सड़क की ओर न खुलकर पीछे की ओर खुलते थे। केवल **लोथल** नगर के घरों के दरवाजें **मुख्य सड़क** की ओर खुलते थे।
❖ सिन्धु सभ्यता की मुख्य फसलें–**गेहूँ और जौ** थी।
❖ मोहनजोदड़ो से प्राप्त अन्नागार सैंधव सभ्यता की सबसे बड़ी इमारत है। मोहनजोदड़ो से प्राप्त वृहत् स्नानागार एक प्रमुख स्मारक है, जिसके मध्य स्थित स्नानकुंड 11.88 मीटर लम्बा, 7.01 मीटर चौड़ा एवं 2.43 मीटर गहरा है।
❖ सैंधववासी मिठास के लिए शहद का प्रयोग करते थे।
❖ हड़प्पा संस्कृति का शासन संभवत: वणिक वर्ग के हाथों में था।
❖ पिगट ने **हड़प्पा** एवं **मोहनजोदड़ो** को विस्तृत साम्राज्य की जुड़वां राजधानी कहा है।
❖ सिन्धु सभ्यता के लोग धरती को उर्वरता की देवी मानकर उसकी पूजा किया करते थे।
❖ **वृक्ष-पूजा** एवं **शिव-पूजा** के प्रचलन के साक्ष्य भी सिन्धु सभ्यता से मिलते हैं
❖ स्वास्तिक चिह्न संभवत: हड़प्पा सभ्यता की देन है। सिन्धु सभ्यता के नगरों में किसी भी मंदिर के अवशेष नहीं मिले हैं।
❖ सिन्धु घाटी के लोग **पशुपति की पूजा** करते थे।
❖ सिन्धु सभ्यता में मातृदेवी की उपासना सर्वाधिक प्रचलित थी।
❖ पशुओं में **कूबड़ वाला साँड**, इस सभ्यता के लोगों के लिए विशेष पूजनीय था।
❖ शवों को जलाने एवं गाड़ने की दोनों प्रथाएँ प्रचलित थीं। हड़प्पा में शवों को दफनाने जबकि मोहनजोदड़ो में जलाने की प्रथा विद्यमान थी। लोथल एवं कालीबंगा में युग्म समाधियाँ मिली हैं।

- ❖ आग में पकी हुई मिट्टी को **टेराकोटा** कहा जाता है।
- ❖ हड़प्पा संस्कृति के सर्वाधिक स्थल 'गुजरात' (आजादी के बाद) में मिले हैं।
- ❖ सिन्धु घाटी के लोगों की एक महत्वपूर्ण रचना नृत्य करती हुई बालिका की मूर्ति है, जो कांसे से निर्मित है।
- ❖ मोहनजोदड़ो का अर्थ होता है–**'मुर्दों का टीला'**।
- ❖ सिन्धु सभ्यता की लिपि में **64 मूल चिह्न** तथा **250–400** तक अक्षर हैं।
- ❖ लिपि में सर्वाधिक प्रचलित चिह्न मछली का है।
- ❖ हड़प्पा तथा मोहनजोदड़ो की खुदाइयों से पता चलता है कि कई बार इन नगरों का पुनर्निर्माण किया गया था।

वैदिक काल

वैदिक काल का विभाजन–**ऋग्वैदिक काल 1500–1000 ई.पू.** और उत्तर **वैदिक काल 1000–600 ई.पू.** में किया गया है। इसके संस्थापक आर्य थे।

ऋग्वैदिक काल

- ❖ ऋग्वैदिक लोगों द्वारा सर्वप्रथम **तांबे का प्रयोग किया** गया था, ऋग्वेद में **अयस नामक धातु** का उल्लेख है।
- ❖ मैक्समूलर, आर्यो को आदि देश, मध्य एशिया को मानते हैं।
- ❖ **मैक्समूलर** ने आर्यो का मूल निवास स्थान **मध्य एशिया** को माना है। आर्यो द्वारा निर्मित सभ्यता वैदिक सभ्यता कहलाई।
- ❖ सिन्धु सभ्यता के विपरीत आर्य सभ्यता एक ग्रामीण सभ्यता थी। उनकी भाषा संस्कृत थी।
- ❖ आर्य समाज **पितृप्रधान** था। समाज की सबसे छोटी इकाई परिवार (कुल) थी जिसका मुखिया **'कुलप'** कहलाता था।
- ❖ आर्यो ने प्रशासनिक इकाई को 5 भागों में बाँटा था–**कुल**, **ग्राम**, **विश**, **जन** तथा **राष्ट्र**।
- ❖ ग्राम का मुखिया **ग्रामिणी** एवं विश का प्रधान **विशपति** कहलाता था। जन के शासक को **राजन** कहा जाता था।
- ❖ राज्याधिकारियों में **पुरोहित** एवं **सेनानी** प्रमुख थे।
- ❖ **सूत**, **रथकार** तथा **कम्मादि** नामक अधिकारी **रत्नि**न कहे जाते थे। इनकी संख्या राजा सहित करीब 12 हुआ करती थी।

वैदिक कालीन नदियाँ

क्र.सं.	प्राचीन नाम	वर्तमान नाम
1.	सिंधु	इन्दुस या इन्डस
2.	सरस्वती	सरस्वती
3.	शुतुद्रि	सतलुज
4.	विपाशा	व्यास
5.	पुरुष्णी	रावी
6.	अस्किनी	चिनाब
7.	वितस्ता	झेलम
8.	दृषद्वंती	घग्घर
9.	गोमल	गोमती
10.	कुंभा	काबुल
11.	सुवास्तु	स्वात
12.	सदानीरा	गंडक

- ❖ **पुरप-दुर्गपति** एवं **स्पश-जनता** की गतिविधियों को देखने वाले गुप्तचर होते थे।
- ❖ उग्र-अपराधियों को पकड़ने का कार्य करता था।
- ❖ **सभा** एवं **समिति** राजा को सलाह देने वाली संस्था थी। सभा श्रेष्ठ एवं संभ्रात लोगों की संस्था थी।
- ❖ **ऋग्वैदिक काल** में महिलाएँ भी **सभा** एवं **विदथ** में भाग लेती थी।
- ❖ ऋग्वेद में जन शब्द का उल्लेख **275 बार**, **विश 170 बार**, **सभा 8 बार**, **समिति 9 बार** एवं **शूद्र** शब्द का उल्लेख **एक** बार आया है।
- ❖ **ऋग्वेद में 25 नदियों** का उल्लेख है, जिसमें **सरस्वती** सबसे महत्वपूर्ण तथा पवित्र नदी थी यद्यपि इसमें गंगा और यमुना का उल्लेख सिर्फ एक बार हुआ है।
- ❖ ऋग्वेद के 7वें मण्डल में **दाशराज्ञ युद्ध** का वर्णन किया गया है जो पुरुष्णी (रावी) नदी के तट पर **सुदास** एवं **दस** जनों के मध्य लड़ा गया, जिसमें **सुदास** की विजय हुई।
- ❖ युद्ध के लिए **गविष्टि शब्द** का प्रयोग किया गया है, जिसका अर्थ है–गायों की खोज।

ऋग्वैदिक कालीन नदियाँ

प्राचीन नाम	आधुनिक नाम
क्रुमु	कुर्रम
कुभा	काबुल
वितस्ता	झेलम
असिकनी	चिनाब
पुरुष्णी	रावी
शुतुद्रि	सतलुज
विपाशा	व्यास
सदानीरा	गंडक
दृशद्वंती	घग्घर
गोमल	गोमती
सुवास्तु	स्वात्
सिन्धु	सिन्ध

- ❖ विधवा अपने मृतक पति के **छोटे भाई (देवर)** से विवाह कर सकती थी, जिसे **नियोग** कहा जाता था।
- ❖ स्त्रियाँ शिक्षा ग्रहण करती थी। ऋग्वेद में लोपामुद्रा, घोषा, सिकता, अपाला एवं विश्वारा जैसी विदुषी स्त्रियों का वर्णन है।
- ❖ ऋग्वैदिक समाज में तीन प्रकार के वस्त्रों का उपयोग होता था–**1.** वास, **2.** अधिवास, **3.** उष्णीष। **अन्दर पहनने** वाले कपड़े को **नीवि** कहा जाता था।

शब्दों का उल्लेख

शब्द	पुस्तक
ओऽम	वृहदारण्यक उपनिषद्
अर्द्धांगिनी (पत्नी)	शतपथ ब्राह्मण
सत्यमेव जयते	मुण्डकोपनिषद्
पाप-पुण्य	ऋग्वेद
स्वर्ग-नरक	ऋग्वेद

- ❖ **ऋण देकर** ब्याज लेने वाले व्यक्ति को **वेकनॉट** (सूदखोर) कहा जाता था।
- ❖ **'अमाजू'** अविवाहित स्त्रियों को कहा जाता था।
- ❖ ऋग्वैदिक काल का मुख्य व्यवसाय **पशुपालन** एवं **कृषि** था।

- कृषि संबंधी प्रक्रिया से सम्बन्धित उल्लेख ऋग्वेद के चतुर्थ मण्डल में मिलता है।
- चारों आश्रमों का वर्णन सर्वप्रथम **जाबालोपनिषद्** में मिलता है।
- अतिथि को **'गोहन्ता'** कहा जाता था तथा गाय को **'अघन्या'** (न मारने योग्य) कहा गया है।
- आर्यों के मुख्य देवता **'इन्द्र'** तथा प्रिय पशु **'घोड़ा'** था।
- वैदिक काल में लोहे को **'श्याम अयस्'** तथा ताँबे को **'लोहित अयस्'** कहा जाता था। आर्यों द्वारा खोजी गई धातु **लोहा** थी।
- **व्यापारी वर्ग** को **'पणि'** कहा जाता था। कारोबार वस्तु-विनिमय प्रणाली पर आधारित था।
- ऋग्वैदिक आर्यों ने देवताओं को तीन भागों में विभक्त किया–
  1. **आकाश के देवता**–सूर्य, द्यौस, मित्र, पूषन, विष्णु, उषा, सविता आदि।
  2. **अंतरिक्ष के देवता**–इन्द्र, मरुत, रुद्र, वायु आदि।
  3. **पृथ्वी के देवता**–अग्नि, सोम, पृथ्वी, वृहस्पति तथा सरस्वती आदि।

  ऋग्वैदिक देवियां–अदिति, ऊषा, पृथ्वी, अरण्यानी, इला

उत्तर वैदिक काल

- उत्तर वैदिक काल में यज्ञीय कर्मकाण्डों में जटिलता एवं भव्यता आ गई।
- **यज्ञ-विधान** क्रिया **उत्तर वैदिक काल** की देन है।
- **राजसूय यज्ञ** का प्रचलन उत्तर वैदिक काल में हुआ। यह राज्याभिषेक से सम्बन्धित था। इस यज्ञ के दौरान राजा रत्नियों के घर जाता था।
- **अश्वमेध यज्ञ शक्ति** का द्योतक था।
- वाजपेय यज्ञ में **राजा रथों की दौड़** का आयोजन करता था। यह यज्ञ **खान-पान** से सम्बन्धित था।
- **अग्निष्टोम यज्ञ** में अग्नि को पशुबलि दी जाती थी।
- **पूषण ऋग्वैदिक काल** में पशुओं के देवता थे, जो उत्तर वैदिक काल में **शूद्रों के देवता** हो गए।
- **उत्तर वैदिक काल** में इन्द्र के स्थान पर **प्रजापति सर्वाधिक प्रिय** एवं महत्वपूर्ण देवता हो गए।
- उत्तर वैदिक काल में **प्रजापति सृष्टि** के रचयिता, विष्णु विश्व के रक्षक एवं पूषण शूद्रों के देवता थे।
- अथर्ववेद के अनुसार "राष्ट्र राजा के हाथों में हो तथा राजा और देवता मिलकर उसे सुदृढ़ बनाएं।"
- **उत्तर वैदिक काल** में ही सर्वप्रथम **गोत्र** एवं **आश्रम** व्यवस्था का उल्लेख हुआ है।

आश्रम व्यवस्था

- आश्रम व्यवस्था की स्थापना उत्तर वैदिक काल में हुई।
- छांदोग्य उपनिषद में केवल तीन आश्रमों का उल्लेख है।
- सर्वप्रथम जाबालोपनिषद में 4 आश्रम बताए गए है।
- उत्तर वैदिक काल में केवल 3 आश्रमों (ब्रह्मचर्य, ग्रहस्थ व वानप्रस्थ की स्थापना हुई। चौथा आश्रम (संन्यास) महाजनपद काल में स्थापित किया गया)
- गृहस्थ आश्रम को सभी आश्रमों में श्रेष्ठ माना जाता है क्योंकि इस आश्रम में मनुष्य त्रिवर्ग (पुरूषार्थो) धर्म, अर्थ एवं काम का एक साथ उपभोग करता है।

सोलह संस्कार

- **पुनर्जन्म** की अवधारणा पहली बार **वृहदारण्यक** उपनिषद् में आई है।
- **ऐतरेय ब्राह्मण** में चारों वर्णों के कर्तव्यों का वर्णन मिलता है।
- उत्तर वैदिक ग्रंथ छान्दोग्य उपनिषद में तीन आश्रमों (ब्रह्मचर्य, गृहस्थ तथा वानप्रस्थ) का उल्लेख मिलता है।
- उत्तर वैदिक काल में लोगों की जीविका का मुख्य आधार कृषि हो गई।
- उत्तर वैदिक काल में खेत जोतने के हल को **सिरा** तथा हल रेखा को **सीता** कहा जाता था।
- **'शतमान'** और **'निष्क'** उत्तर वैदिक कालीन मुद्राएँ थीं।
- भारत का सर्वाधिक प्राचीन दर्शन सांख्य दर्शन है जिसमें प्रकृति को मूल कहा गया है।
- प्रथम बार **पक्की ईंटों** का प्रयोग उत्तर वैदिक काल के **कौशाम्बी** नगर से मिला है।

वेद-उपवेद और उनके रचनाकार

वेद	उपवेद	रचनाकार
ऋग्वेद	आयुर्वेद	धन्वंतरि
यजुर्वेद	धनुर्वेद	विश्वामित्र
सामवेद	गन्धर्ववेद	भरतमुनि
अथर्ववेद	शिल्पवेद	विश्वकर्मा

धार्मिक आंदोलन

जैन धर्म

- जैन धर्म का संस्थापक **'सम्राट भरत'** के पिता **ऋषभदेव** को माना गया है।
- पार्श्वनाथ के अनुयायियों को **निर्ग्रन्थ** कहा जाता था।
- महावीर स्वामी जैन धर्म के **24वें** एवं **अन्तिम** तीर्थंकर थे।
- महावीर का जन्म **540 ई.पू.** में **कुण्डग्राम** (वैशाली) में हुआ था। इनके पिता सिद्धार्थ **'ज्ञातृक क्षत्रियों के संघ'** के सरदार थे और माता त्रिशला (विदेहदत्ता) लिच्छवी राजा चेटक की बहन थी।
- 12 वर्षों की कठिन तपस्या के बाद महावीर को **जृम्भिक ग्राम** के समीप **ऋजुपालिका नदी** के तट पर साल वृक्ष के नीचे सम्पूर्ण ज्ञान का बोध हुआ। इसी समय से महावीर जिन **(विजेता)** एवं अर्हत **(पूज्य)** और निर्ग्रन्थ **(बंधनहीन)** कहलाए।
- महावीर का विवाह कौण्डिन्य गोत्र की **कन्या यशोदा** के साथ हुआ।
- महावीर की पुत्री का नाम **'अणोज्जा'** या **'प्रियदर्शनी'** था।
- महावीर ने अपने उपदेश **प्राकृत (अर्धमागधी)** भाषा में दिए।
- महावीर ने अपने शिष्यों को 11 गणधरों में विभाजित किया था।
- 30 वर्ष धर्म-प्रचार करने के बाद 468 ई.पू. में (72 वर्ष की आयु) राजगृह के समीप पावापुरी नामक स्थान पर मल्लराजा सृसितपाल के राजप्रासाद में महावीर स्वामी को निर्वाण प्राप्त हुआ था।
- महावीर ने गृहस्थों के लिए पाँच अणुव्रत बताएँ हैं–**1.** सत्य वचन, **2.** अहिंसा, **3.** अस्तेय (चोरी नहीं करना), **4.** अपरिग्रह (सांसारिक वस्तुओं का त्याग), तथा **5.** ब्रह्मचर्य।
- कर्नाटक के **श्रवणबेलगोला** में 10वीं शताब्दी के मध्य में विशाल बाहुबली की मूर्ति (गोमतेश्वर की मूर्ति) का निर्माण किया गया।
- **कैवल्य जैन** धर्म से सम्बन्धित है।
- जैनियों द्वारा अपने पवित्र ग्रन्थों के लिए सामूहिक रूप से अंग का प्रयोग किया जाता है।
- **मांउट आबू** स्थित दिलवाड़ा मन्दिर जैन समुदाय का पवित्र तीर्थस्थल है।

❖ जैन साहित्य को **'आगम' (सिद्धान्त)** कहा जाता है। इसके अंतर्गत 12 अंग, 12 उपांग, 10 प्रकीर्ण, 6 छेदसूत्र, 4 मूलसूत्र एवं अनुयोग सूत्र आते हैं।

जैन साहित्य

❖ जैन धर्म के ग्रंथ अर्द्धमागधी (प्राकृत) भाषा में लिखे गए थे।
❖ भद्रबाहु ने कल्पसूत्र को संस्कृत में लिखा।
❖ **आचरांग सूत्रः** जैन मुनियों के जीवन के लिए आचार नियम
❖ **भगवती सूत्रः** महावीर के जीवन तथा कृत्यों एवं समकालीनों का वर्णन। इसमें सोलह महाजनपदों का उल्लेख है।
❖ **नायाधम्मकहाः** महावीर की शिक्षाओं का संग्रह
❖ **12 उपांगः** इसमें ब्राह्मणों का वर्णन, प्राणियों का वर्गीकरण, खगोल विद्या, काल विभाजन, मरणोपरान्त जीवन का वर्णन आदि किया गया है।
❖ **10 प्रकीर्णः** जैन धर्म से संबंधित विधि विषयों का वर्णन।
❖ **6 छेदसूत्रः** इसमें भिक्षुओं के लिए उपयोगी नियम तथा विधियों का संग्रह।
❖ **थेरावलिः** इसमें जैन सम्प्रदाय के संस्थापकों की सूची दी गई है।
❖ **नादि सूत्र एवं अनुयोग सूत्रः** जैनियों के शब्दकोष हैं। इसमें भिक्षुओं के लिए आचरण संबंधी बाते हैं।

प्रमुख जैन तीर्थ स्थल

❖ **अयोध्या**–यहाँ 5 तीर्थकरों का जन्म हुआ। प्रथम तीर्थकर ऋषभदेव का जन्म यहीं हुआ था।
❖ **सम्मेद शिखर**–यहाँ पार्श्वनाथ ने अपना शरीर त्यागा था।
❖ **पावापुरी**–यहाँ महावीर स्वामी ने निर्वाण प्राप्त किया था।
❖ **कैलाश पर्वत**–यहाँ आदिनाथ ऋषभदेव ने निर्वाण प्राप्त किया।
❖ **श्रवणबेलगोला**–यहाँ गोमतेश्वर बाहुबली की विशाल प्रतिमा है।
❖ **माउंट आबू**–यहाँ सफेद संगमरमर से बने दिलवाड़ा के जैन मंदिर स्थित है।
❖ **जैन धर्म को आश्रय प्रदान करने वाले शासक**–बिम्बिसार, अजातशत्रु, उदयिन, चण्डप्रद्योत, महापद्मनंद, धनानंद, चन्द्रगुप्त मौर्य, बिन्दुसार, सम्प्रति, खारवेल, अमोघवर्ष तथा कुमारपाल।

बौध धर्म

❖ बौद्ध धर्म के प्रवर्त्तक गौतम बुद्ध का जन्म **(563 ई.पू.) कपिलवस्तु** के समीप **लुम्बिनी** वन में हुआ था।
❖ उनके पिता **शुद्धोधन** कपिलवस्तु के शाक्यगण के प्रधान थे तथा माता **मायादेवी** कोलीय गणराज्य की कन्या थी।
❖ गौतम बुद्ध के बचपन का नाम **सिद्धार्थ** था।
❖ इनकी माता की मृत्यु इनके जन्म के सातवें दिन हो गई थी। इनका लालन-पालन इनकी सौतेली माँ प्रजापति गौतमी ने किया था।
❖ **गौतम बुद्ध** का विवाह 16 वर्ष की आयु में **'यशोधरा'** के साथ हुआ।
❖ बुद्ध को **सारथी 'चन्ना'** के साथ रथ पर सैर करते हुए चार घटनाओं ने संन्यास की ओर प्रवृत्त किया–**1.** बुढ़ापा, **2.** रोग, **3.** मृत्यु, **4.** एक संन्यासी।

बुद्ध के जीवन के चार स्थल		
1.	लुम्बिनी	जन्म
2.	बोधगया	ज्ञान प्राप्ति
3.	सारनाथ	प्रथम धर्मोपदेश
4.	कुशीनारा	मृत्यु

❖ सांसारिक दुःखों से व्यथित होकर **सिद्धार्थ** ने **29 वर्ष** की अवस्था में गृहत्याग किया, जिसे बौद्ध ग्रंथों में महाभिनिष्क्रमण कहा गया है।

गौतम बुद्ध के जीवन की घटनाएँ		
1.	महाभिनिष्क्रमण	गृह त्याग की घटना
2.	सम्बोधि	ज्ञान प्राप्त होने की घटना
3.	महापरिनिर्वाण	निर्वाण

❖ गृहत्याग करने के बाद सिद्धार्थ (बुद्ध) ने वैशाली के **अलार कलाम** से सांख्य दर्शन की शिक्षा ग्रहण की।
❖ उरुवेला में सिद्धार्थ को **कौणिडिन्य**, **वप्प**, **भद्दिय**, **महाआज** एवं **असराजि** नामक पाँच साधक मिले। बिना अन्न-जल ग्रहण किए 6 वर्ष की कठिन तपस्या के बाद 35 वर्ष की आयु में वैशाख की पूर्णिमा की **रात निरंजना** (फल्गु) नदी के किनारे, **पीपल वृक्ष** के नीचे, सिद्धार्थ को ज्ञान प्राप्त हुआ। ज्ञान-प्राप्ति के बाद **सिद्धार्थ बुद्ध** के नाम से जाने गए तथा वह स्थान बोधगया कहलाया।

बुद्ध के जीवन से जुड़े प्रतीक		
1.	हाथी	बुद्ध के गर्भ में आने का प्रतीक
2.	कमल	जन्म का प्रतीक
3.	सांड	यौवन का प्रतीक
4.	घोड़ा	गृह-त्याग का प्रतीक
5.	पीपल	ज्ञान का प्रतीक
6.	शेर	समृद्धि का प्रतीक
7.	पदचिन्ह	निर्वाण का प्रतीक
8.	स्तूप	मृत्यु का प्रतीक

❖ बुद्ध ने अपना प्रथम उपदेश **सारनाथ (ऋषिपतनम्)** में दिया, जिसे बौद्ध ग्रंथों में धर्मचक्र प्रवर्तन कहा गया है।
❖ बुद्ध ने अपने उपदेश जनसाधारण की **भाषा पाली** में दिए।
❖ बुद्ध ने आनन्द के अनुरोध पर संघ में पहली बार वैशाली में महिलाओं को प्रवेश दिया। संघ में प्रवेश पाने वाली पहली महिला प्रजापति गौतमी थी।
❖ कहा जाता है कि **बुद्ध की मृत्यु (483 ई.पू.)** 80 वर्ष की आयु में कुशीनारा, (देवरिया, उ.प्र.) में शिष्य चुन्द द्वारा सूकर माँस खिलाए जाने के बाद हो गई।
❖ **मल्लों** ने अत्यन्त सम्मानपूर्वक **बुद्ध का अंत्येष्टि संस्कार** किया।
❖ मृत्यु के बाद बुद्ध के शरीर के अवशेषों को आठ भागों में बाँटकर उन पर **आठ स्तूपों** का निर्माण कराया गया।
❖ **"इच्छा अर्थात तृष्णा सब कष्टों का कारण है"** इसका प्रचार करने वाला धर्म बौद्ध धर्म है।
❖ बौद्ध धर्म के त्रिरत्न हैं–**बुद्ध**, **धम्म** एवं **संघ**।
❖ बुद्ध ने चार आर्य सत्यों का उपदेश दिया जो इस प्रकार हैं–**1.** दुःख, **2.** दुःख समुदाय, **3.** दुःख निरोध तथा **4.** दुःख निरोधगामी प्रतिपदा।
❖ बौद्ध धर्मग्रंथ के महान टीकाकार बुद्धघोष हैं।
❖ सांसारिक दुःखों से मुक्ति हेतु, बुद्ध ने आष्टांगिक मार्ग की बात कही।

प्रमुख बौद्ध विद्वान

1. **अश्वघोष** कनिष्क के समकालीन थे, इन्होंने बुद्धचरितम ग्रंथ की रचना की थी।
2. **नागार्जुन** इन्होंने बौद्ध दर्शन की माध्यमिक विचारधारा का प्रतिपादन किया जो शून्यवाद के नाम से जानी जाती है।
3. **वसुबन्धु** ने बौद्ध धर्म का विश्वकोष कहे जाने वाले अभिधम्म कोश की रचना की।

4. **बुद्धघोष** इनके द्वारा लिखी गयी पुस्तक विशुद्धि मार्ग हीनयान सम्प्रदाय का प्रमुख ग्रंथ हैं।

शैव धर्म

- **ऋग्वेद** में शिव के लिए **'रुद्र'** नामक देवता का उल्लेख है।
- शैव सम्प्रदाय का प्रथम उल्लेख **पतंजलि के महाभाष्य** में शिव भागवत नाम से हुआ है।
- वामन पुराण में शैव सम्प्रदाय की संख्या चार बताई गई है जो इस प्रकार है–**1.** पाशुपत, **2.** कापालिक, **3.** कालामुख और **4.** लिंगायत।
- **पाशुपत सम्प्रदाय** के अनुयायियों को **पंचार्थिक** कहा गया है। इस मत का प्रमुख सैद्धान्तिक ग्रंथ **पाशुपत सूत्र** है। श्रीधर पंडित एक विख्यात **पाशुपत आचार्य** थे।
- शैवों का सर्वाधिक प्राचीन सम्प्रदाय **पाशुपत सम्प्रदाय** था जिसके संस्थापक **लकुलीश** थे।
- **कापालिक सम्प्रदाय** के **ईष्टदेव भैरव** थे। इस सम्प्रदाय का प्रमुख केन्द्र श्री **शैल नामक** स्थान था।
- **कालामुख सम्प्रदाय** के अनुयायियों को शिव पुराण में महाव्रतधर कहा गया है।
- **लिंगायत सम्प्रदाय** के प्रवर्तक **अल्लभ प्रभु** तथा उनके शिष्य **बासव** थे। इस सम्प्रदाय को **वीरशिव/वीरशैव** सम्प्रदाय भी कहा जाता है।
- **कश्मीरी शैव** शुद्ध रूप से दार्शनिक तथा ज्ञानमार्गी थे। इसके संस्थापक **वसुगुप्त** थे।
- दसवीं शताब्दी में **मत्स्येन्द्रनाथ** ने **नाथ सम्प्रदाय** की स्थापना की। इस सम्प्रदाय का व्यापक प्रचार-प्रसार **बाबा गोरखनाथ** के समय में हुआ।
- **पल्लव काल** में शैव धर्म का प्रचार-प्रसार **नयनारों** द्वारा किया गया उनकी संख्या 63 बताई गई है जिनमें **अप्पर**, **तिरुमूलर**, **संबंदर** एवं **सुन्दरर** आदि प्रसिद्ध हैं।

वैष्णव धर्म

- **भागवत धर्म** के संस्थापक **वृष्णि वंशीय** यादव कुल के नेता **वासुदेव कृष्ण** थे।
- श्रीकृष्ण का उल्लेख सर्वप्रथम **छान्दोग्य उपनिषद** में मिलता है। इसमें श्रीकृष्ण को **देवकी पुत्र** व ऋषि **घोर अंगिरस** का शिष्य बताया गया है।
- तीसरी-चौथी शताब्दी से **भागवत सम्प्रदाय वैष्णव धर्म** में परिवर्तित हो गया।
- **विष्णु के दस अवतारों** का उल्लेख **मत्स्यपुराण** में मिलता है। दस अवतार है–**मत्स्य**, **कूर्म**, **वराह**, **नृसिंह**, **वामन**, **परशुराम**, **राम**, **कृष्ण**, **बुद्ध** और **कल्कि**।
- विष्णु के अवतारों में **'कृष्ण'** अवतार सर्वाधिक लोकप्रिय था।
- नारायण का प्रथम उल्लेख **'शतपथ ब्राह्मण'** में मिलता है।
- भागवत धर्म से सम्बन्धित प्रथम अभिलेख बेसनगर का **गरुड़ स्तम्भ** है।
- **अवतारवाद के सिद्धांत** की अवधारणा सर्वप्रथम **'भगवद्गीता'** में मिलती है।
- चतुर्व्यूह पूजा का सर्वप्रथम उल्लेख विष्णु संहिता में मिलता है।
- चतुर्व्यूह के चार प्रमुख देवता-**1.** संकर्षण, **2.** प्रद्युम्न, **3.** अनिरुद्ध, **4.** साम्ब।
- पांचरात्र व्यूह के नायक-संकर्षण, वासुदेव, प्रद्युम्न, अनिरुद्ध एवं कृष्ण थे।
- साम्ब सूर्य पूजा से सम्बन्धित थे, ये पांचरात्र व्यूह में नहीं आते थे।
- तमिल प्रदेशों में यह धर्म अलवार संतों के माध्यम से विकसित हुआ। इन संतों की संख्या करीब 12 थी। इन सब में तिरुमंगाई सर्वाधिक प्रसिद्ध जबकि आण्डाल महिला संत थी।

इस्लाम धर्म

- इस्लाम धर्म के संस्थापक **हजरत मुहम्मद साहब** थे।
- हजरत मुहम्मद साहब का **जन्म 570 ई.** में मक्का में हुआ था।
- हजरत **मुहम्मद साहब** को **610 ई.** में मक्का के पास **हीरा नामक** गुफा में ज्ञान की प्राप्ति हुई।
- **24 सितम्बर**, **622 ई.** को पैगम्बर की मक्का से मदीना की यात्रा इस्लामी जगत में हिजरत के नाम से जानी जाती है।
- मुहम्मद साहब का विवाह **25 वर्ष** की अवस्था में **खदीजा नामक** विधवा के साथ हुआ था।
- मुहम्मद साहब की पुत्री का नाम **फातिमा** एवं **दामाद** का नाम **अली** है।
- देवदूत **जिब्रियल** ने पैगम्बर मुहम्मद साहब को कुरान अरबी भाषा में संप्रेषित की।
- कुरान इस्लाम धर्म का पवित्र ग्रन्थ है।
- हजरत मुहम्मद साहब की मृत्यु 8 जून, 632 ई. को हुई। इन्हें मदीना में दफनाया गया।
- मुहम्मद साहब की मृत्यु के पश्चात् इस्लाम **सुन्नी** तथा **शिया** नामक दो पंथों में विभाजित हो गया।
- सुन्नी उन्हें कहते हैं जो सुन्ना में विश्वास करते हैं। **सुन्ना पैगम्बर** मुहम्मद साहब के कथनों तथा कार्यों का विवरण है।
- शिया **अली की शिक्षाओं** में विश्वास करते हैं तथा उन्हें मुहम्मद साहब का उत्तराधिकारी मानते हैं।
- अली मुहम्मद साहब के दामाद थे।
- अली की **सन् 661** में हत्या कर दी गयी।
- अली के पुत्र **हुसैन की हत्या 680 ई.** में कर्बला नामक स्थान पर कर दी गई।

ईसाई धर्म

- ईसाई धर्म के संस्थापक **ईसा मसीह का जन्म जेरुशेलम** के निकट **बैथलेहम** नामक स्थान पर हुआ था।
- ईसाई धर्म का प्रमुख ग्रंथ **बाइबिल** है।
- ईसा मसीह की माता का नाम **मेरी** तथा पिता का नाम **जोसेफ** था।
- ईसा मसीह के प्रथम दो शिष्य **एंड्रूस** एवं **पीटर** थे।
- ईसा मसीह को **33 ई.** में **रोमन गर्वनर पोंटियस** ने सूली पर चढ़ाया।

पारसी धर्म

- पारसी धर्म में पैगम्बर **जुरथुस्ट (ईरानी)** थे। इनकी शिक्षाओं का संकलन **जेन्द अवेस्ता** नामक धार्मिक ग्रथ में है।
- पारसी धर्म के अनुयायी एक ईश्वर **'अहुर'** को मानते हैं।
- इस धर्म के अनुयायिओं को **अग्नि-पूजक** भी कहा जाता है।

महाजनपदों का उदय

- छठी शताब्दी ई.पू. में भारतवर्ष 16 जनपदों में बंटा हुआ था। इसकी जानकारी बौद्ध ग्रंथ अंगुत्तर निकाय एवं जैन ग्रंथ भगवती सूत्र से मिलती है।
- मगध, वत्स, कौशल एवं अवन्ति सर्वाधिक शक्तिशाली जनपद थे।
- मगध के दूसरे नाम मगधपुर, वृहद्रथपुर, वसुमति, कुशाग्रपुर और बिम्बिसारपुरी थे।
- महाजनपदों में अश्मक एकमात्र ऐसा जनपद था जो दक्षिण भारत में स्थित था।
- गान्धार एवं कम्बोज के क्षत्रियों को –शस्त्रोप जीवित: कहा जाता था।

मगध का उत्कर्ष

❖ मगध के प्रारंभिक राजवंश की स्थापना **"वसु"** के पुत्र और **"जरासन्ध"** के पिता **"वृहद्रथ"** ने की।

हर्यक वंश

बिम्बिसार

❖ बिम्बिसार ने मगध में लगभग **545 ई.पू.** में हर्यक वंश की स्थापना की एवं राजगृह को अपनी राजधानी बनाया।

❖ जैन साहित्य में इसे श्रेणिक कहा गया है।

❖ बिम्बिसार ने विजयों तथा वैवाहिक संबंधों के द्वारा वंश का विस्तार किया।

❖ **प्रथम विवाह** कौशल नरेश प्रसेनजित की बहन महाकौशला से।

❖ **द्वितीय विवाह** लिच्छिवी गणराज्य के शासक चेटक की बहन चेलना से।

❖ **तीसरा विवाह** मद्र प्रदेश की राजकुमारी क्षेमा से।

❖ बिम्बिसार ने अंग महाजनपद को मगध साम्राज्य में मिलाया।

❖ महात्मा बुद्ध की सेवा में बिम्बिसार ने **राजवैद्य जीवक** को भेजा। अवन्ति के राजा चण्ड प्रद्योत जब पाण्डु रोग से ग्रसित थे उस समय भी बिम्बिसार ने **जीवक** को उनकी सेवा सुश्रुषा के लिए भेजा था।

अजातशत्रु

❖ अजातशत्रु अपने पिता बिम्बिसार की हत्या कर 493 ई.पूर्व में मगध का शासक बना।

❖ अजातशत्रु का उपनाम **कुणिक** था, इसे **पितृहंता** शासक कहा गया है।

❖ अजातशत्रु ने वैशाली के विरुद्ध **'महाशिलाकण्टक'** तथा **'रथमूसल'** नामक अस्त्रों का प्रयोग किया।

❖ अजातशत्रु का सुयोग्य मन्त्री **वर्षकार** (वस्सकार) था। इसी की सहायता से अजातशत्रु को **वैशाली पर विजय** पाने में सफलता मिली।

❖ अजातशत्रु ने कोसल के राजा **प्रसेनजित** को पराजित कर **काशी का प्रदेश** प्राप्त किया और उसकी **पुत्री वजिरा** से विवाह किया।

मगध के प्रमुख वंश

वंश	संस्थापक	काल	राजधानी
वृहद्रथ वंश	वृहद्रथ	महाभारत काल	गिरिव्रज (राजगृह)
हर्यक वंश	बिम्बिसार	545 ई.पू.	राजगृह
शिशुनाग वंश	शिशुनाग	412 ई.पू.	वैशाली
नन्द वंश	महापद्मनंद	344 ई.पू.	पाटलिपुत्र

❖ अजातशत्रु की **हत्या 461 ई.पू.** में उसके **पुत्र उदयन** ने की और स्वयं मगध का शासक बना।

उदयन

❖ उदयन ने **'गार्गी संहिता'** तथा **'वायु पुराण'** के अनुसार **'पाटलिपुत्र'** नामक राजधानी की स्थापना की।

❖ बौद्ध ग्रथों में इसे पितृहन्ता कहा गया है।

शिशुनाग वंश

❖ हर्यक वंश का अन्तिम राजा उद्यन का पुत्र **नागदशक** था जिसकी **हत्या 412 ई.** पूर्व में उसके **अमात्य शिशुनाग** ने कर दी और नए वंश शिशुनाग वंश की स्थापना की।

शिशुनाग (412-394 ई.पू.)

❖ **शिशुनाग** ने अपनी राजधानी पाटलिपुत्र से बदलकर **वैशाली** में स्थापित की।

कालाशोक (394 ई.पू.-366 ई.पू.)

❖ शिशुनाग का उत्तराधिकारी **कालाशोक** पुन: राजधानी को पाटलिपुत्र ले गया।

❖ इसके शासन काल में द्वितीय बौद्ध संगीति का आयोजन हुआ।

नन्द वंश

❖ नंद वंश का संस्थापक **महापद्मनन्द** एक शूद्र शासक था, इसने 'एकराट' एवं 'एकछत्र' की उपाधि धारण की थी।

❖ पुराणों में **महापद्मनन्द** को 'सर्वक्षत्रान्तक' क्षत्रियों को नाश करने वाला तथा **परशुराम** का अवतार कहा गया है।

❖ खारवेल के हाथीगुफा अभिलेख से महापद्मनंद की कलिंग विजय की जानकारी मिलती है।

❖ व्याकरणाचार्य पाणिनी महापद्मनंद के मित्र थे।

❖ नंदवंश का अन्तिम शासक **घनानंद** था। यह सिकन्दर का समकालीन था।

❖ घनानंद को ग्रीक लेखकों ने **'अग्रमीज'** एवं **'जैन्द्रमीज'** कहा।

महाजनपद कालीन प्रशासन

❖ ग्राम प्रशासन की सबसे छोटी इकाई थी।

❖ ग्राम से ऊपर खटीक एवं द्रोणमुख आते थे।

❖ शौल्किक अधिकारी व्यापारियों से कर वसूलता था।

❖ इन काल में राजतंत्र मजबूत हुआ तथा स्वतंत्र नौकरशाही एवं स्थायी सेना अब मुख्य विशेषता बन गयी।

❖ वस्सकार (मगध) दीर्घ नारायण (कौशल) इस काल के मंत्री थे।

❖ ग्रामणी ग्राम का प्रशासनिक अधिकारी था।

विदेशी आक्रमण

ईरानी आक्रमण

❖ भारत पर प्रथम विदेशी आक्रमण ईरान के ऐखमेनियन (हखमनी) साम्राज्य ने किया।

❖ डेरियस (दारा) **(532-486 ई.पू.)** ने भारत पर प्रथम सफल आक्रमण किया जिसका प्रमाण बेहिस्तून, पर्सिपोलिस एवं नक्शेरुस्तम अभिलेखों में मिलता है उसने गांधार तथा पंजाब को ईरानी साम्राज्य में मिला लिया।

❖ 'हैरोडोट्स' (इतिहास के पिता) के अनुसार 'डेरियस' के 20 प्रांतों में अन्तिम प्रांत भारत में था।

यूनानी आक्रमण

❖ सिकन्दर 20 वर्ष की आयु में **(335 ई.पू.)** पिता **'फिलिप'** की मृत्यु के बाद **'मकदूनिया'** का शासक बना। वह अरस्तू का शिष्य था।

❖ सिकन्दर ने 326 ई. पूर्व में बल्ख को जीतने के बाद काबुल होते हुए हिन्दूकुश पर्वत पार कर भारत पर आक्रमण किया।

❖ सिकन्दर ने हाइडेस्पेस (झेलम) के युद्ध **(Battle of Hydaspes)** में भारतीय शासक पोरस को पराजित कर मित्र बना लिया।

❖ सिकन्दर की सेना ने व्यास नदी को पार करने से इन्कार कर दिया, तत्पश्चात् **सिकन्दर 325 ई.पू.** में भारत से वापस लौट गया। वह भारत में कुल 19 महीने रहा।

❖ सिकन्दर ने सेनापति **निर्याकस** के अधीन सेना का बड़ा भाग समुद्र के रास्ते भेजा।

❖ सिकन्दर की **मृत्यु 323 ई.पू.** में बेबीलोन में 33 वर्ष की अवस्था में हो गई।

❖ सिकन्दर ने भारत में विजय के उपलक्ष्य में **निकेया नगर** एवं अपने घोड़े की याद में **बुकाफेला** नगर का निर्माण किया।

मौर्य साम्राज्य

चन्द्रगुप्त मौर्य (322-298 ई.पू.)

❖ चन्द्रगुप्त मौर्य ने अपने गुरु चाणक्य की सहायता से नंदशासक 'धनानन्द' का वध करके मौर्य साम्राज्य की स्थापना की थी।
❖ नंद वंश का विनाश करने में चन्द्रगुप्त मौर्य ने कश्मीर के राजा पर्वतक से सहायता प्राप्त की थी।
❖ चन्द्रगुप्त मौर्य को मुद्राराक्षस में **'वृषल'** तथा **'कुलहीन'** कहा गया है।
❖ चन्द्रगुप्त मौर्य के अन्य नाम सैण्ड्रोकोट्स, एण्ड्रोकोट्स आदि थे।
❖ 'चन्द्रगुप्त' के प्रशासन का प्राचीन अभिलेखीय साक्ष्य **रुद्रदामन** के **जूनागढ़** अभिलेख से मिलता है।
❖ भारतीय साम्राज्य का पहला ऐतिहासिक सम्राट **चन्द्रगुप्त मौर्य** को माना जाता है।
❖ **सेल्यूकस** का राजदूत **मेगस्थनीज** चन्द्रगुप्त के दरबार में आया, जिसने **'इण्डिका'** नामक पुस्तक लिखी।
❖ मेगस्थनीज ने पाटलिपुत्र को **पालिब्रोथा** कहा है।
❖ सेल्यूकस निकेटर ने अपनी पुत्री **हेलेना** की शादी चन्द्रगुप्त मौर्य के साथ कर दी और चार प्रांत **काबुल**, **कन्धार**, **हेरात** एवं **मकरान** चन्द्रगुप्त को दिए।
❖ प्लूटार्क के अनुसार, चन्द्रगुप्त ने सेल्यूकस को **500 हाथी** उपहार में दिए थे।
❖ प्लूटार्क के अनुसार, चन्द्रगुप्त के पास **6 लाख की पैदल सेना** थी जिसे जस्टिन ने डाकुओं का गिरोह कहा है।

बिन्दुसार (298-273 ई.पू.)

❖ चन्द्रगुप्त मौर्य तथा माता **'दुर्धरा'** का पुत्र **'बिन्दुसार'** 298 ई.पू. में मगध की राजगद्दी पर बैठा।
❖ बिन्दुसार के अन्य नाम हैं–**अमित्रघात**, **अमित्तोकेट्स** (यूनानियों द्वारा), **नन्दसार**, **भद्रसार** (वायुपुराण), **बिन्दुसार** (परिशिष्टपर्वन) तथा **बिन्दुपाल** (चीनी ग्रन्थ)।
❖ बिन्दुसार के शासनकाल में **'तक्षशिला'** में दो बार विद्रोह हुआ। दूसरे विद्रोह का दमन अशोक ने किया था।
❖ बिन्दुसार **आजीवक** सम्प्रदाय का अनुयायी था।
❖ जैन ग्रंथों में बिन्दुसार को **सिंहसेन** कहा गया है।
❖ एथीनियस के अनुसार बिन्दुसार ने सीरिया के शासक एण्टियोकस प्रथम से मदिरा, सूखे अंजीर एवं एक दार्शनिक भेजने की प्रार्थना की थी लेकिन सीरियाई शासक ने दार्शनिक नहीं भेजा।

अशोक (273-232 ई.पू.)

❖ बिन्दुसार का उत्तराधिकारी **अशोक महान** हुआ जो 269 ई.पू. में मगध की राजगद्दी पर बैठा।
❖ **अशोक** की माता का नाम **शुभ्रद्रांगी** था।
❖ राजगद्दी पर बैठने के समय **अशोक अवन्ती** का राज्यपाल था।
❖ अशोक ने **99 भाइयों** की हत्या करके सिंहासन प्राप्त किया **(सिंहली स्रोत)**।
❖ **कारुवाकी** और **तिष्यरक्षिता** अशोक की दो महारानियाँ थीं।
❖ अशोक की पत्नी **'महादेवी'** (शाक्यकुलीन विदिशा की राजकुमारी) से **महेन्द्र** और **संघमित्रा** नामक दो संतान हुई।
❖ अशोक ने बौद्ध धर्म के प्रचार के लिए अपने पुत्र **महेन्द्र** एवं पुत्री **संघमित्रा** को श्रीलंका भेजा।
❖ **चारुमती** और **संघमित्रा** अशोक की दो पुत्रियाँ थीं।
❖ अशोक ने अपने अभिषेक के आठवें वर्ष लगभग **261 ई.पू.** में **कलिंग** पर आक्रमण किया और कलिंग की राजधानी **तोसली** पर अधिकार कर लिया।
❖ "प्लिनी" का कथन है कि मिस्र के राजा (टॉलमी–II) फिलाडेल्फस ने पाटलिपुत्र में डायोनिसियस नामक एक राजदूत भेजा था।

अशोक के लेखों से सम्बन्धित तथ्य

❖ अशोक नाम का उल्लेख मास्की, नेतूर, गुर्जरा एवं उदगोलम अभिलेखों में है।
❖ अशोक के अभिलेखों को 1837 ई. में **जेम्स प्रिंसेप** ने सर्वप्रथम पढ़ा।
❖ टोपरा और मेरठ के स्तम्भों को **फिरोजशाह तुगलक** ने दिल्ली मंगवाया।
❖ **कौशाम्बी स्तम्भ** को अकबर इलाहाबाद लाया था जिस पर अशोक ने **स्तम्भलेख उत्कीर्ण** करवाये थे।
❖ **वैराट** का अभिलेख **कनिघंम** कलकत्ता लाया।
❖ मौर्य साम्राज्य **137 वर्ष** तक रहा। इस वंश का अन्तिम शासक **वृहद्रथ** था।
❖ **उपगुप्त** नामक बौद्ध भिक्षु ने अशोक को **बौद्ध धर्म** की दीक्षा दी थी।
❖ प्रादेशिक, रज्जुक, युक्तक को प्रतिवर्ष धर्म प्रचार के लिए भेजा जाता था जो अनुसंधान कहलाता था।
❖ अशोक ने **भाब्रू शिलालेख** में स्वयं को **'पियदसिम राजा मगधे'** कहा है।
❖ **मास्की**, **गुर्जरा**, **नेतूर** एवं **उद्गोलम** अभिलेखों में उसका नाम अशोक मिलता है।
❖ अशोक ने **आजीवकों** के रहने हेतु **बराबर की पहाड़ियों** में चार गुफाओं का निर्माण करवाया, जिनका नाम **कर्ण**, **चोपड़**, **सुदामा** तथा **विश्व झोपड़ी** था।
❖ अशोक के पौत्र दशरथ ने आजीवकों को **नागार्जुन गुफा प्रदान** की थी।
❖ अशोक के शिलालेखों में **ब्राह्मी**, **खरोष्ठी**, **ग्रीक** एवं **अरमाइक** लिपि का प्रयोग हुआ है।
❖ अशोक का सबसे छोटा स्तम्भ-लेख **रुम्मिन्देई** है जिसकी खोज फीहरर ने की। इसी अभिलेख में लुम्बिनी में धम्म यात्रा के दौरान अशोक द्वारा भूराजस्व की दर घटाने की घोषणा की गई है।
❖ अशोक का **शर-ए-कुना (कंधार)** अभिलेख ग्रीक एवं अरमाइक भाषाओं में प्राप्त हुआ है।
❖ अशोक के शिलालेखों की खोज 1750 ई. में **टीफेन्थेलर** ने की थी। इनकी संख्या 14 है।
❖ **अशोक के अभिलेखों** को पढ़ने में सबसे पहली सफलता **1837 ई.** में **जेम्स प्रिंसेप** को मिली।

अशोक के स्तम्भ लेख

अशोक के स्तम्भ लेख

क्र.सं.	स्तम्भ लेख	स्थान
1.	प्रयाग स्तम्भ लेख	इलाहाबाद
2.	दिल्ली–टोपरा	दिल्ली
3.	दिल्ली–मेरठ	दिल्ली
4.	रामपुरवा	चम्पारण (बिहार)
5.	लौरिया नन्दनगढ़	चम्पारण (बिहार)
6.	लौरिया अरेराज	चम्पारण (बिहार)

अशोक के स्तम्भ लेख

1. **मेरठ स्तंभ लेख** मेरठ से प्राप्त/फिरोजशाह तुगलक दिल्ली लेकर आया था।
2. **टोपरा स्तंभ लेख** टोपरा गांव (यमुनानगर हरियाणा) से प्राप्त। फिरोजशाह तुगलक दिल्ली लेकर आया था।
3. **प्रयाग स्तंभ लेख** कौशाम्बी (इलाहाबाद, उत्तर प्रदेश) से प्राप्त। अकबर द्वारा में लाया गया।
4. **रामपुरवा स्तंभ लेख** से दो स्तंभ लेख प्राप्त एक स्तंभ लेखविहीन। लेखयुक्त स्तंभ पर सिंह की आकृति उत्कीर्ण है वर्तमान में यह राष्ट्रपति भवन में स्थापित है। लेखविहिन स्तंभ पर वृषभ तथा बैल की आकृति उत्कीर्ण है।
5. **लौरिया नंदनगढ़ स्तंभ लेख** चरांख जिला (बिहार) से प्राप्त। मयूर चित्र अंकित।
6. **रूम्मिनदेई स्तंभ लेख** सबसे छोटा स्तम्भ लेख। शासनादेश का (रूम्मिनेदई गंपाल से प्राप्त) विषय आर्थिक।

मौर्य प्रशासन

- ❖ सम्राट की सहायता के लिए एक मन्त्रिपरिषद् होती थी जिसमें सदस्यों की संख्या **12, 16** या **20** हुआ करती थी।
- ❖ साम्राज्य में मन्त्रियों एवं पुरोहित की नियुक्ति के पूर्व इनके चरित्र को काफी **जाँचा-परखा** जाता था, जिसे उपधा परीक्षण कहा जाता था।
- ❖ अर्थशास्त्र में शीर्षस्थ अधिकारी के रूप में तीर्थ का उल्लेख मिलता है। जिसे **महामात्र** भी कहा जाता था। इनकी **संख्या 18** थी।
- ❖ **अशोक** के समय मौर्य साम्राज्य में प्रांतों की **संख्या 5** थी। प्रांतों को चक्र कहा जाता था।
- ❖ प्रांतों के प्रशासक **कुमार** या **आर्यपुत्र** या **राष्ट्रिक** कहलाते थे।
- ❖ प्रशासकों में सबसे छोटा **गोप** था, जो **दस ग्रामों** का शासन संभालता था।
- ❖ मेगास्थनीज के अनुसार नगर का प्रशासन **30 सदस्यों** का एक मंडल करता था जो **6 समितियों** में विभाजित था। प्रत्येक समिति में 5 सदस्य होते थे।
- ❖ प्लूटार्क/जस्टिन के अनुसार चन्द्रगुप्त ने नंदों की पैदल सेना से तीन गुनी अधिक संख्या में आदमियों को लेकर सम्पूर्ण उत्तर-भारत को रौंद डाला था।
- ❖ युद्ध-क्षेत्र में सेना का नेतृत्व करने वाला अधिकारी नायक कहलाता था।
- ❖ सैन्य विभाग का सबसे बड़ा अधिकारी सेनापति होता था।
- ❖ मेगास्थनीज के अनुसार मौर्य सेना का रख-रखाव पाँच सदस्यीय, छह समितियाँ करती थीं।
- ❖ एक स्थान से दूसरे स्थान पर भ्रमण करके कार्य करने वाले गुप्तचर को संचार कहा जाता था।
- ❖ मौर्य काल में दो प्रकार के न्यायालय थे–**1. धर्मस्थीय** एवं **2. कण्टकशोधन**।
- ❖ **धर्मस्थीय**–न्यायालय का **न्यायाधीश–व्यावहारिक**, कण्टकशोधन का **प्रदेष्टि** एवं जनपदीय न्यायालय का **न्यायाधीश राजुक** कहलाता था।
- ❖ राज्य के सप्तांग सिद्धांत की व्याख्या सर्वप्रथम कौटिल्य (चाणक्य) ने की थी जिसके अंतर्गत **राजा**, **अमात्य**, **जनपद**, **दुर्ग**, **कोष**, **दण्ड** एवं **मित्र** सम्मिलित थे।

मौर्योत्तर काल

शुंग वंश

- ❖ मौर्य सेनापति पुष्यमित्र शुंग ने **185 ई.पू.** में अन्तिम मौर्य शासक वृहद्रथ की हत्या कर शुंग वंश की नींव डाली।
- ❖ शुंग काल को **वैदिक प्रतिक्रिया** (पुनर्जागरण) का काल कहा जाता है।
- ❖ शुंग शासकों ने अपनी राजधानी विदिशा में स्थापित की।
- ❖ **भरहुत स्तूप** का निर्माण **पुष्यमित्र शुंग** ने करवाया।
- ❖ गार्गी संहिता के अनुसार पुष्यमित्र शुंग ने यवन शासक डेमेट्रियस के साथ प्रथम युद्ध किया।
- ❖ **अयोध्या अभिलेख** के अनुसार **पुष्यमित्र शुंग** ने अपने शासन के अन्तिम दिनों में पतंजलि के नेतृत्व में दो **अश्वमेध यज्ञ** करवाये थे।
- ❖ **महाभाष्य** के रचयिता **पतंजलि** पुष्यमित्र के पुरोहित थे।
- ❖ पुष्यमित्र की मृत्यु के बाद इस वंश का अगला शासक **अग्निमित्र** बना जो पहले **विदिशा का उपराजा** था।
- ❖ शुंग वंश के 9वें शासक भागवत (भागभद्र) के शासनकाल में यवन राजदूत हेलियोडोरस ने भागवत धर्म ग्रहण कर विदिशा (बेसनगर) में गरुड़-स्तम्भ की स्थापना की।

कण्व वंश

- ❖ **112 वर्ष शासन** करने के बाद **शुंगवंश** के अन्तिम शासक देवभूति की हत्या (73 ई.पू.) उसके सेनापति **वासुदेव** ने करके **कण्व वंश** की नींव डाली।
- ❖ पुराणों के अनुसार कण्वों ने **45 वर्षों** तक शासन किया।
- ❖ इस वंश में केवल 4 राजा हुए: **1.** वासुदेव **2.** भूमिमित्र **3.** नारायण **4.** सुशर्मा।

सातवाहन/आंध्र वंश

- ❖ सातवाहन वंश के संस्थापक **सिमुक (सिन्धुव, शिपक)** ने अन्तिम कण्व नरेश सुशर्मा की हत्या कर सातवाहन साम्राज्य की स्थापना की।
- ❖ शुंग, कण्व तथा सातवाहन तीनों ही ब्राह्मण समुदाय से थे।
- ❖ सातवाहन (आन्ध्र वंश) शासकों ने अपनी राजधानी प्रतिष्ठान में स्थापित की। (प्रतिष्ठान महाराष्ट्र के औरंगाबाद जिले में है।)

कृष्ण

- ❖ यह सिमुक का भाई था। इसने सातवाहन साम्राज्य को नासिक तक बढ़ाया तथा नासिक की गुफाओं का निर्माण किया।

शातकर्णी प्रथम

- ❖ इसने अनूप प्रदेश (नर्मदा घाटी) तथा विदर्भ (बरार) पर आधिपत्य स्थापित किया।
- ❖ इसने अपनी राजधानी अमरावती (गुण्टूर आंध्र प्रदेश) को बनाया।
- ❖ इसने सर्वप्रथम दक्षिणाधिपति की उपाधि धारण की एवं दक्षिण में राज्य बढ़ाया।

हाल

- ❖ हाल के सेनापति विजयानन्द ने श्रीलंका पर विजय प्राप्त की।

गौतमीपुत्र शातकर्णी

- ❖ यह सातवाहन वंश का महानतम शासक था।
- ❖ इसके शासन एवं उपलब्धियों के बारे में जानकारी नासिक अभिलेख से प्राप्त होती है।
- ❖ नासिक अभिलेख में इसे 'एकमात्र ब्राह्मण' या 'अद्वितीय ब्राह्मण' कहा गया है।
- ❖ इसने खतियदपमादलस की उपाधि धारण की।
- ❖ नासिक अभिलेख में इसे 'मुद्रतोयपित वाहन' कहा गया है।

वशिष्ठीपुत्र पुलुमावी

- ❖ यह गौतमीपुत्र शातकर्णी का पुत्र एवं उत्तराधिकारी था।

- शक शासक रुद्रदामन ने पुलुमावी को 2 बार हराया था परंतु संबंधी होने के कारण बर्बाद नहीं किया।
- पुलुमावी ने दक्षिणीपथेश्वर की उपाधि धारण की।
- पुलुमावी के समय समुद्र व्यापार एवं नौ-सैनिक शक्ति में पर्याप्त विकास हुआ।

यज्ञश्री शातकर्णी

- यह सातवाहन वंश का अंतिम महत्वपूर्ण शासक था।
- इसके सिक्के पर नाव के चित्र अंकित हैं।

मुद्रा

- मौर्य साम्राज्य की राजकीय मुद्रा पण थी।
  सोने के सिक्के: सुवर्ण एवं पाद
  चांदी के सिक्के: कार्षापण, पण एवं धरण
  तांबे का सिक्का: मासक, काकणी, अर्द्धकाकजी
- सातवाहन शासक शातकर्णी-प्रथम ने **दो अश्वमेध** तथा एक **राजसूय यज्ञ किया** एवं इसने **दक्षिणाधिपति** तथा **अप्रतिहतचक्र** की उपाधि धारण की। वशिष्ठी पुत्र पुलुमावी के सिक्के पर **दो पतवार** वाले जहाज का चित्रण है।
- शातकर्णी के **सिक्के पर नाव** का चित्रण है।
- सातवाहन शासकों के समय के प्रसिद्ध साहित्यकार **हाल** एवं **गुणाढ्य** थे।
- हाल ने **गाथा सप्तशती** की तथा गुणाढ्य ने **वृहत्कथा** नामक पुस्तकों की रचना की।
- ब्राह्मणों को भूमि-अनुदान देने की प्रथा का आरंभ **सातवाहन शासकों** ने ही सर्वप्रथम किया।
- सातवाहनों की **भाषा प्राकृत एवं लिपि ब्राह्मी** थी।
- सातवाहनों का समाज **मातृसत्तात्मक** था।

कलिंग का चेदि वंश

- इस वंश की स्थापना महामेघवाहन ने की थी।

खारवेल

- यह चेदि वंश का सबसे महान शासक था।
- इसके शासन एवं उपलब्धियों के बारे में जानकारी हाथीगुम्फा अभिलेख (उदयगिरी) से प्राप्त होती है।
- खारवेल ने भुवनेश्वर मंदिर का निर्माण करवाया।
- हाथीगुम्फा अभिलेख के अनुसार खारवेल ने चोल। चेर एवं पाण्ड्य शासकों को पराजित किया था।

भारत में इण्डो-ग्रीक राज्य

- भारत पर मौर्योत्तर काल का प्रथम यूनानी आक्रमणकारी **(183 ई.पू.) डेमेट्रियस प्रथम** था जिसके सेनापति अपोलोड्स तथा मिनान्डर थे।
- डेमेट्रियस ने राजधानी **सियालकोट (साकल)** में बनाई तथा भारतीय उपाधि-**धर्महित**, **अजय**, **इण्डोरम** धारण की।
- इलाहाबाद के रेह नामक स्थान से **मिनाण्डर के अभिलेख** मिले हैं।
- मिनाण्डर को **'एशिया का संरक्षक'** कहा गया है।
- युक्रेटाइडस ने **तक्षशिला** में **राजधानी** बनाई।
- एण्टियाल किडास के शासनकाल में **हेलियोडोरस** ने **विदिशा** में **गरुड़ स्तम्भ** की स्थापना की थी।
- भारतीय संस्कृत नाटकों में प्रयुक्त शब्द यवनिका (पर्दा) यूनानी भाषा से लिया गया है।
- सर्वप्रथम लेख उत्कीर्ण **सिक्का** एवं **स्वर्ण सिक्का** चलाने का श्रेय यूनानियों को है।
- **मिनाण्डर** एवं **नागसेन** के बीच वार्तालाप का उल्लेख **'मिलिंदपन्हो' नामक ग्रंथ** में वर्णित है।

शक 'सिथियन'

- **'पर्सिपोलिस'** तथा **'नक्शीरुस्तम'** अभिलेखों से शकों की जानकारी मिलती है।
- **शक मूलतः** मध्य एशिया के निवासी थे और चरागाह की खोज में भारत आए।
- शकों की कुल पाँच शाखाएँ थीं-पहली शाखा ने अफगानिस्तान, दूसरी शाखा ने पंजाब (राजधानी-तक्षशिला), तीसरी शाखा ने मथुरा, चौथी शाखा ने पश्चिमी भारत एवं पाँचवीं शाखा ने ऊपरी दक्कन पर प्रभुत्व स्थापित किया।
- शकों का सबसे प्रतापी शासक रुद्रदामन प्रथम था, जिसका शासन **(130-150 ई.)** गुजरात के बड़े भाग पर था। इसने काठियावाड़ की अर्धशुष्क **सुदर्शन झील** (मौर्यों द्वारा निर्मित) का जीर्णोद्धार किया।
- **रुद्रदामन** ने सबसे पहले विशुद्ध संस्कृत भाषा में **गिरनार अभिलेख** जारी किया।
- शकों पर विजय के उपलक्ष्य में 58 ई.पू. में उज्जैन के स्थानीय शासक द्वारा एक नया संवत् विक्रम संवत् चलाया। उसी समय से **'विक्रमादित्य'** एक लोकप्रिय उपाधि बन गयी, जिसकी संख्या भारतीय इतिहास में 14 तक पहुँच गई। गुप्त सम्राट **चन्द्रगुप्त द्वितीय** सबसे विख्यात विक्रमादित्य था।

पार्थियन/'पह्लव'

- पार्थियन मुख्यत: **सीस्तान** तथा **आरकोसिया** के निवासी थे।
- पह्लव वंश का वास्तविक संस्थापक **मिथ्रेडेट्स प्रथम** था।
- भारत में **पहला पार्थियन** शासक **माउस** था।
- सबसे शक्तिशाली पह्लव शासक **गोण्डोफर्नीस (20-41 ई.)** था जिसका उल्लेख तख्तेबही अभिलेख में किया गया है।
- प्रथम ईसाई धर्म प्रचारक सेण्ट थामस उसी समय भारत आया था।

कुषाण वंश

- कुषाण मूलत: यू-ची जाति की एक शाखा थे जिसका प्रभाव मध्य एशिया, ईरान, अफगानिस्तान तथा पाकिस्तान तक था।
- कुजुल कडफाइसिस **प्रथम (30-80 ई.)** कुषाण वंश का प्रथम शासक था जिसके सिक्कों पर **'युवांग' महाराज**, **राजाधिराज** आदि उपाधियाँ हैं।
- भारत में कुषाण साम्राज्य का वास्तविक संस्थापक **विम कडफाइसिस** था। यह शैव मत का अनुयायी था, इसके सिक्कों पर-**शिव**, **नन्दी** तथा **त्रिशूल** की आकृतियाँ मिलती हैं।
- भारत में सर्वप्रथम सोने के सिक्के **विम कडफाइसिस** द्वारा ही चलाए गए थे।
- **कनिष्क सर्वाधिक** (78 ई.) शक्तिशाली कुषाण शासक था।
- कनिष्क की राजधानी पुरुषपुर या **पेशावर** थी। कुषाणों की द्वितीय राजधानी मथुरा थी।
- कनिष्क ने एक संवत् चलाया जो **शक-संवत् (78 ई.)** कहलाता है जिसे भारत सरकार द्वारा प्रयोग में लाया जाता है।
- बौद्ध धर्म की **चौथी बौद्ध संगीति** कनिष्क के शासनकाल में **कुण्डलवन** (कश्मीर) में हुई।
- कनिष्क का राजवैद्य आयुर्वेद का विख्यात **विद्वान चरक** था, जिसने **चरक संहिता** की रचना की।

- महाविभाषा सूत्र के रचनाकार **वसुमित्र** हैं। इसे ही बौद्ध धर्म का **विश्वकोश** कहा जाता है।
- कनिष्क के राजकवि अश्वघोष ने **बौद्धों की रामायण** 'बुद्धचरित' की रचना की।
- **वसुमित्र**, **पार्श्व**, **नागार्जुन**, कनिष्क के दरबार की विभूति थे।
- भारत का आइन्सटीन नागार्जुन को कहा जाता है। इनकी पुस्तक **माध्यमिक सूत्र** (सापेक्षता का सिद्धान्त) है।
- कनिष्क बौद्ध धर्म के **महायान सम्प्रदाय** का अनुयायी था।
- **गांधार शैली** एवं **मथुरा शैली** का विकास **कनिष्क** के शासनकाल में हुआ था।
- कुषाण वंश का अन्तिम शासक **वासुदेव** था।
- आरम्भिक कुषाण शासकों ने भारी संख्या में स्वर्ण मुद्राएँ जारी की।
- भारत में सर्वप्रथम **द्वैध शासन** की विचित्र प्रथा की शुरुआत कुषाणों द्वारा की गई।

नाग वंश

- पुराणों के अनुसार **पद्मावती**, **मथुरा** तथा **नागपुर** में नाग कुलों का शासन था।
- पद्मावती के नाग लोग **'भारशिव'** कहलाते थे।
- मथुरा का **नागवंशी शासक** गणपति नाग एवं पद्मावती का शासक **नागसेन** था।
- चन्द्रगुप्त द्वितीय का विवाह नागवंशीय कन्या **'कुबेरनागा'** से हुआ था।
- चन्द्रगुप्त द्वितीय ने **सर्वनाग** (नाग सरदार) को विषयपति या प्रांतीय गवर्नर नियुक्त किया था।

वाकाटक वंश

- **वाकाटक** (विष्णुवृद्धि गोत्र के ब्राह्मण) वंश का शासन दक्षिण भारत में **तीसरी से छठी शताब्दी** के बीच था। ये शैव भक्त थे।
- वाकाटक, शातकर्णी, कदम्ब एवं चालुक्य शासक स्वयं को **'हरितिपुत्र'** कहते थे।
- वाकाटक शासकों ने **'धर्ममहाराज'** की उपाधि धारण की थी।
- वाकाटक वंश का संस्थापक विन्ध्यशक्ति था जिसे **'वाकाटक वंशकेतु'** कहा गया है।
- वाकाटक शासक **प्रवरसेन प्रथम** ने चार अश्वमेध यज्ञ किए तथा **'सम्राट'** की उपाधि धारण की थी।
- पृथ्वीसेन प्रथम को इलाहाबाद प्रशस्ति में **'कुन्तलेन्द्र'** कहा गया है।
- प्रवरसेन द्वितीय ने प्रवरपुर नामक राजधानी बनाई एवं इसने **'सेतुबंध'** नामक काव्य लिखा था।
- **पृथ्वीसेन द्वितीय** को 'वंश के खोए हुए भाग्य को बनाने वाला' कहा गया है।
- अजन्ता की गुफा **16, 17** और **चैत्यगुफा 19** वाकाटक काल की है।
- **'कालिदास'** ने प्रवरसेन द्वितीय के संरक्षण में **'मेघदूत'** नामक ग्रंथ की रचना की।
- **सर्वसेन** ने प्राकृत भाषा में **'हरिविजय'** नामक काव्य की रचना की थी।

आभीर वंश

- आभीर वंश का संस्थापक **'ईश्वरसेन'** था।
- ईश्वरसेन ने 248-249 ई. में **कलचुरि चेदि संवत्** की स्थापना की थी।

इक्ष्वाकु वंश

इक्ष्वाकु

- ये सातवाहनों के सामन्त थे जो कृष्णा गुण्टूर क्षेत्र में शासन करते थे।
- इस वंश का संस्थापक श्रीशांतमूल था।
- शान्तमूल के उत्तराधिकारी वीर पुरूषदत्त ने नागार्जुनकोण्डा स्तूप का निर्माण करवाया था।
  इक्ष्वाकु शासक बौद्धमत के पोषक थे।
- तीसरी शताब्दी के बाद इक्ष्वाकु राज्य कांचीपुरम के पल्लवों के अधिकार में चला गया।
- इक्ष्वाकु वंश का संस्थापक **'श्रीशान्तमूल'** था।
- पुराणों में इक्ष्वाकु को **श्रीपर्वतीय** तथा **आंध्रभृत्य** कहा गया है।
- इक्ष्वाकु **बौद्ध मत** के संरक्षक थे।

चुटूशातकर्णी वंश

- यह **सातवाहन शासकों** की एक शाखा थी।
- चुटूशातकर्णी वंश का अंत **कदंब शासकों** द्वारा किया गया।

संगम युग

- अशोक के अभिलेखों में–**चोल**, **चेर** (केरलपुत्र), **पाण्ड्य** और **सतियपुत्र** राज्यों का उल्लेख है।

चोल वंश

- प्राचीन चोल (संगमकालीन) साम्राज्य की राजधानी 'उरैयुर' थी।
- करिकाल द्वारा राजधानी को कावेरीपट्टनम में स्थानांतरित किया गया।
- 9वीं शताब्दी में विजयालय ने तंजौर को राज्य की राजधानी बनाया।
- चोलकालीन मंदिर शिव को समर्पित हैं।
- चोल राज्य पेन्नार एवं कावेरी नदियों के बीच पूर्वी तट पर अवस्थित था।
- विजयालय ने 850 ई. में चोल वंश की स्थापना की, जिसकी राजधानी तंजौर थी।
- विजयालय ने 'नरकेसरी' की उपाधि धारण की और निशुम्भसूदिनी देवी का मंदिर बनवाया।
- आदित्य प्रथम (880-907 ई.) शिव का उपासक था। इसने कोदण्डराम की उपाधि धारण की।
- **परान्तक प्रथम (907–55 ई.)** ने पांड्य शासक राजसिंह द्वितीय को पराजित कर 'मदुरैकोण्ड' की उपाधि धारण की।
- परान्तक प्रथम **तक्कोलम के युद्ध** में राष्ट्रकूट एवं पश्चिम गंग की सम्मिलित सेना से पराजित हुआ।
- **राजराज प्रथम (985–1014 ई.)** ने दक्षिण भारत में स्वायत्तशासी लोकप्रशासन स्थापित किया तथा भूमि की पैमाइश एवं सर्वेक्षण कराया।
- **राजराज प्रथम** ने शैलेन्द्र नरेश श्री **विजयोतुंगवर्मन** द्वारा निर्मित **चूड़ामणि** बौद्ध विहार को आर्थिक सहायता दी।
- राजराज प्रथम **शैव धर्म** का अनुयायी था। इसने तंजौर में राजराजेश्वर का शिव मंदिर बनाया।

चोल शासकों द्वारा निर्मित कराए गए मंदिर

राजा	स्थान	मंदिर
विजयालय	नात्तीमलाई	चोलेश्वर मंदिर
आदित्य प्रथम	कुम्भकोणम्	नागेश्वर मंदिर

आदित्य प्रथम	तिरुक्कट्टले	सुरन्देश्वर मंदिर
परान्तक प्रथम	श्रीनिवासनल्लूर	कोरंगनाथ मंदिर
राजराज प्रथम	तंजौर	राजराजेश्वर मंदिर
राजराज द्वितीय	तन्नवेली	विरुवालीश्वरम् मंदिर
कुलोतुंग तृतीय	त्रिभुवनम्	कम्पहरेश्वर मंदिर

- ❖ **राजेन्द्र प्रथम (1014–44 ई.)** ने कलिंग और बंगाल पर विजय प्राप्त कर 'गगैकोण्ड चोल' की उपाधि धारण की।
- ❖ राजेन्द्र प्रथम ने विजय की स्मृति में कावेरी तट के निकट **'गंगैकोण्ड चोलपुरम'** नामक नई राजधानी का निर्माण कराया एवं सिंचाई के लिए, चोलगंगम् नामक तालाब बनवाया।
- ❖ **राजेन्द्र प्रथम** ने **1017 ई.** में लंका नरेश **महेन्द्र पंचम** को परास्त कर संपूर्ण सिंहल राज्य पर अधिकार कर लिया।
- ❖ **राजेन्द्र प्रथम** ने दो बार अपना **दूतमंडल चीन** भेजा था।
- ❖ राजेन्द्र प्रथम को **'दक्षिण भारत का नेपोलियन'** कहा जाता है।
- ❖ **राजाधिराज प्रथम (1052–54 ई.)** को चालुक्य शासक **सोमेश्वर** ने कोप्पम के युद्ध में पराजित कर मार डाला था।
- ❖ **राजेन्द्र द्वितीय** के समय **1055 ई.** में चोल राज्य में अकाल पड़ा।
- ❖ चोल शासक अधिराजेन्द्र 1070 ई. में जनविद्रोह में मारा गया था।
- ❖ **तुंगभद्रा** के तट पर **विजयस्तम्भ** वीर राजेन्द्र ने स्थापित कराया।
- ❖ **कुलोतुंग प्रथम (1070–1120 ई.)** ने 1087 ई. में लंका नरेश विजयबाहु से संधि की तथा अपनी पुत्री का विवाह **सिंहल राजकुमार** से किया।
- ❖ **कुलोतुंग प्रथम** ने 1077 ई. में 72 सदस्यों वाले प्रतिनिधिमंडल को चीन भेजा था।
- ❖ व्यापारिक वस्तुओं से कर हटा लेने के कारण **कुलोतुंग प्रथम** को **'शुंगमविवर्त'** कहा गया।
- ❖ **कुलोतुंग-II** ने **चिदम्बरम् मंदिर** में स्थित **गोविन्दराज (विष्णु)** की मूर्ति समुद्र में फेंकवा दी। कालान्तर में **वैष्णव आचार्य रामानुजाचार्य** ने उक्त मूर्ति का पुनरुद्धार किया और उसे **तिरुपति के मंदिर** में पुन: प्रतिष्ठित किया।
- ❖ राजा के व्यक्तिगत **अंगरक्षकों को वेडैक्कार** कहा जाता था।
- ❖ **पेरुन्दरम्** चोल प्रशासन में भाग लेने वाले **उच्च पदाधिकारियों** को एवं **शेरुन्दरम निम्न श्रेणी के पदाधिकारियों** को कहा जाता था।
- ❖ चोलों की राजधानी क्रमानुसार–**उरैयूर**, **तंजौर**, **गंगेकोंडचोलपुरम्** एवं **काँची** थी।
- ❖ चोल साम्राज्य 6 प्रशासनिक ईकाइयों में विभक्त था–**राज्य → मंडलम्**, **प्रांत → वलनाडु**, **जिला → नाडु**, **कुर्रम/कोट्टम**।
- ❖ द्वितीय पांड्य साम्राज्य में भूमि माप का उल्लेख थलवईपुरम की ताँबे की प्लेटों में किया गया है।
- ❖ सोमदेव ने कथासरितसागर नामक पुस्तक लिखी।
- ❖ विक्रमांकदेवचरित के लेखक विल्हण थे।
- ❖ खजुराहो मंदिरों का निर्माण 10वीं से 12वीं सदी ई. में चंदेल शासकों के शासनकाल में हुआ।

चेर वंश

- ❖ चेर राज्य (केरल) पाण्ड्य देश के पश्चिम और उत्तर में समुद्र और पहाड़ों के बीच एक संकरी पट्टी में स्थित था।
- ❖ चेर वंश का प्रथम शासक उदयिन जेरल था। इसे लाल चेर भी कहा जाता था।
- ❖ चेर शासक उदयिन जेरल ने 'पत्तिनी' या 'कण्णगी' पूजा को प्रारंभ कराया।
- ❖ चेर शासक पेरुनजेरल इम्पोरई विद्वानों का संरक्षक था। इसने कई यज्ञ सम्पन्न कराए। इसी के काल में दक्षिण में गन्ने की खेती की शुरुआत हुई।
- ❖ अन्तिम चेर शासक मांदरजेरल इरम्पोरई था जिसे हाथी की आँख वाला कहा जाता था।

पाण्ड्य वंश

- ❖ पाण्ड्यों की **राजधानी मदुरा** थी। पाण्ड्यों का उल्लेख सर्वप्रथम मेगस्थनीज ने किया है।
- ❖ पाण्ड्य राज्य का प्रतीक **चिह्न मछली** था। पाण्ड्य राज्य मोतियों के लिए प्रसिद्ध था।
- ❖ पाण्ड्य शासक नेडियोन की जानकारी पत्रुपात्तु में संकलित **मनुडिकिलार** तथा **नक्कीरर** की कविताओं से मिलती है। इसने सागर पूजा की प्रथा आरंभ करवाई।
- ❖ पाण्ड्य शासक **नेदुंजेलियन** के कुशल शासन की जानकारी **मदुरैकांजी** से मिलती हैं।
- ❖ नेदुंजेलियन ने **निर्दोष कोवलन** को हार चुराने के आरोप में मृत्युदंड दिया जिसकी सच्चाई का पता चलने पर उसने **खुद आत्महत्या** कर ली।

संगमकालीन सामाजिक, धार्मिक एवं आर्थिक अवस्था

- ❖ संगम साहित्य के अनुसार समाज पाँच वर्गों में बंटा था–**ब्राह्मण** (समाज में ऊँचा स्थान प्राप्त), **अरसर** (शासक वर्ग), **बेनिगर** (वणिक वर्ग), **वल्लाल** (बड़े कृषक), **वेल्लार** (मजदूर कृषक वर्ग)।
- ❖ वेल्लार वर्ग के मुखिया को **वेल्लरि** कहा जाता था।
- ❖ संगम काल में **कडैसियर** निम्न जाति के लोग थे जो कृषि कार्य करते थे एवं पुल्लैयन रस्सी बनाने वाली एक जाति थी।
- ❖ संगम काल में **दास प्रथा** का उल्लेख नहीं मिलता है यद्यपि **सती प्रथा** का प्रचलन था।
- ❖ संगम काल में मुख्य स्थानीय देवता **मुरुगन** थे जो आरंभिक मध्यकाल में **सुब्रह्मण्यम** या **कार्तिक** कहलाने लगे। इनका प्रतीक **चिह्न मुर्गा** (कुक्कुट) माना जाता है।

संगमकालीन साहित्य

- ❖ ईसा की प्रारंभिक शताब्दी में संकलित **संगम साहित्य** में **पाण्ड्य राजाओं** का उल्लेख है।
- ❖ प्रथम संगम **मदुरा** में **अगस्त्य ऋषि** की **अध्यक्षता** में हुआ।
- ❖ द्वितीय संगम का आयोजन स्थल **कपाटपुरम** (अलवै) में हुआ। यह संगम **तोल्कापियर** एवं **अगस्त्य ऋषि** की अध्यक्षता में हुआ।
- ❖ तृतीय संगम **नक्कीरर** की अध्यक्षता में **उत्तरी मदुरा** में आयोजित किया गया संगम साहित्य में उपलब्ध समस्त **तमिल ग्रंथ** इसी संगम से सम्बन्धित है।

गुप्त काल

- ❖ घटोत्कच गुप्त श्री गुप्त का उत्तराधिकारी था।
- ❖ **श्रीगुप्त** ने **240 ई.** में गुप्त राजवंश की स्थापना की थी।
- ❖ गुप्तों के **पूना** एवं **सिद्धपुर** ताम्रपत्र अभिलेखों में **घटोत्कच (280–319)** को प्रथम **गुप्त राजा** कहा गया है।
- ❖ प्रसिद्ध गुप्त संवत् **319 ईस्वी** से शुरू किया गया था।
- ❖ घटोत्कच्च ने भी महाराज की उपाधि धारण की थी।
- ❖ **चन्द्रगुप्त प्रथम** (319-335 ई.) **महाराजा की उपाधि** धारण करने वाला यह प्रथम गुप्त शासक था।

❖ चन्द्रगुप्त प्रथम ने **लिच्छवी** राजकुमारी के साथ विवाह किया।

❖ **समुद्रगुप्त** (335-375 ई.) का वास्तविक नाम **'काच'** था, विजयों के उपरान्त इसने **समुद्रगुप्त** नामक उपाधि धारण कीं यह **विष्णु** का उपासक था।

❖ समुद्रगुप्त का दरबारी कवि **'हरिषेण'** था जिसने इलाहाबाद के प्रयाग प्रशस्ति लेख में समुद्रगुप्त की विजयों का वर्णन किया।

❖ वी.ए. सिमथ, ने समुद्रगुप्त को **'भारतीय नेपोलियन'** कहा। इसने धरणिबन्ध (पृथ्वी को बांधना) अपना वास्तविक लक्ष्य बनाया।

❖ समुद्रगुप्त ने महान बौद्ध भिक्षु **वसुबन्धु** को संरक्षण दिया था।

❖ समुद्रगुप्त संगीत-प्रेमी था। ऐसा अनुमान उसके सिक्कों पर उसे **वीणा-वादन** करते हुए चित्र से लगाया गया है।

❖ श्रीलंका नरेश मेघवर्मन ने समुद्रगुप्त से **'गया'** में एक बुद्ध मंदिर बनवाने की अनुमति मांगी थी।

गुप्तकालीन रचनाएं

1. मालविकाग्निमित्र-कालिदास-अग्निमित्र एवं मालविका की प्रणय कथा
2. अभिज्ञानशाकुन्तलम्–कालिदास–दुष्यन्त एवं शकुन्तला की प्रेम कथा
3. मुद्राराक्षस– विशाखदत–चन्द्रगुप्त मौर्य कालीन विश्लेषण एवं कथा
4. विक्रमोर्वशीयम्–कालिदास–सम्राट पुरुरवा एवं अप्सरा उर्वशी की प्रेम कथा
5. मृच्छकटिकम्–शूद्रक–चारुदत्त एवं वसन्तसेना की प्रेम गाथा
6. स्वप्नवासदत्तम–भास–महाराज उदयन एवं वासवदत्ता की प्रेम कथा
7. देवी चन्द्रगुप्तम–विशाखदत्त–चन्द्रगुप्त-II द्वारा शक राजा का वध एवं ध्रुव देवी (रामगुप्त की पत्नी) से विवाह

अन्य रचनाएं

दशकुमारचरित	–	दंडी
काव्यादर्श	–	दंडी
अमरकोष	–	अमर सिंह
वृहतसंहिता	–	वराहमिहिर
पंच सिद्धांतिका	–	वराहमिहिर
ब्रह्म सिद्धांत	–	आर्यभट्ट
सूर्य सिद्धांत	–	आर्यभट्ट
आर्यभट्टीय	–	आर्यभट्ट
पंचतंत्र	–	विष्णु शर्मा
कामसूत्र	–	वात्स्यायन
चरक संहिता	–	चरक

❖ समुद्रगुप्त के प्रयाग अभिलेख में उसे **'लिच्छवी दौहित्र'** बताया गया है।

❖ **रामगुप्त** ने शक राजा से पराजित होकर प्रजा की रक्षा हेतु अपनी पत्नी **ध्रुवदेवी** को शक शासक को देना स्वीकार किया था।

❖ **चन्द्रगुप्त-II (380–414 ई.)** ने नागवंश की राजकुमारी 'कुबेरनागा' से विवाह किया।

❖ चन्द्रगुप्त–II ने उज्जैन को गुप्त साम्राज्य की दूसरी राजधानी बनाया।

❖ शकों पर विजय के उपलक्ष्य में चन्द्रगुप्त–II ने चाँदी के सिक्के चलाए।

❖ चन्द्रगुप्त–II के शासनकाल में संस्कृत भाषा के सबसे प्रसिद्ध कवि कालिदास थे।

❖ चन्द्रगुप्त–II के दरबार में रहने वाले नवरत्न थे–**वराहमिहिर**, **अमरसिंह**, **कालिदास**, **बेतालभट्ट**, **घटकर्पर क्षपणक**, **वररुचि**, **शंकु**, **धनवंतरि** (आयुर्वेदाचार्य) आदि।

❖ महरौली का **लौह-स्तम्भ** गुप्त शासक **चन्द्रगुप्त द्वितीय** ने बनवाया था।

❖ दक्षिण दिल्ली में महरौली स्थित लौह स्तम्भ में **चन्द्र नामक शासक** की विजयों का उल्लेख है।

❖ चीनी यात्री **फाह्यान (399–411 ई.)** चन्द्रगुप्त द्वितीय के समय भारत आया।

❖ फाह्यान ने नालंदा में बुद्ध के शिष्य सारिपुत्र की अस्थियों से निर्मित स्तूप का उल्लेख किया है।

❖ **कुमारगुप्त प्रथम** (415-455 ई.) को **'महेन्द्रादित्य'** भी कहा जाता है।

❖ कुमारगुप्त प्रथम के काल में **'पुष्यमित्र'** नामक जाति ने आक्रमण किया था।

❖ कुमारगुप्त प्रथम के काल में नालंदा विश्वविद्यालय की स्थापना की गई।

❖ **स्कन्दगुप्त** (455-467 ई.) के समय खुशनेवाज के नेतृत्व में सर्वप्रथम हूणों ने भारत पर आक्रमण किया था।

❖ हूणों को परास्त कर स्कन्दगुप्त ने **'विक्रमादित्य'** की उपाधि धारण की।

❖ स्कन्दगुप्त को **'शुक्रादित्य'**, **'देवराय'** तथा **'परिक्षिप्तवृक्षा'** कहा गया है।

❖ स्कन्दगुप्त ने गिरनार पर्वत पर स्थित **सुदर्शन झील** का पुनरुद्धार किया।

❖ स्कन्दगुप्त ने पर्णदत्त को सौराष्ट्र का गवर्नर नियुक्त किया।

❖ **अन्तिम गुप्त** शासक **भानुगुप्त** था।

गुप्तकालीन स्थापत्य

❖ गुप्तकाल को भारतीय इतिहास एवं संस्कृति का स्वर्णयुग माना जाता है।

गुप्तकाल के प्रमुख मंदिर

(i) देवगढ़ का दशावतार मंदिर – ललितपुर (उत्तर प्रदेश)
(ii) तिगंवा का विष्णु मंदिर – जबलपुर (मध्य प्रदेश)
(iii) एरण का विष्णु मंदिर – सागर (मध्य प्रदेश)
(iv) भूमरा का शिव मंदिर – सतना (मध्य प्रदेश)
(v) नचना कुठार का पार्वती मंदिर – पन्ना (मध्य प्रदेश)
(vi) भीतर गांव का कृष्ण मंदिर – कानपुर (उत्तर प्रदेश)
(vii) नागोद का शिव मंदिर – सतना (मध्य प्रदेश)

गुप्तशासक एवं अभिलेख		
समुद्रगुप्त		प्रयाग प्रशस्ति अभिलेख
कुमारगुप्त		बिलसड़ स्तम्भ लेख
स्कन्दगुप्त		भीतरी स्तम्भलेख

गुप्त कालीन विद्वान	
वत्स भट्टी	रावणवध
भास	स्वप्नवासवदत्तम्, चारूदत्तम्
अमर सिंह	अमरकोश
शूद्रक	मृच्छकटिकम्
वराहमिहिर	वृहत्संहिता, पंचसिद्धान्तिका
आर्यभट्ट	सूर्य सिद्धांत, आर्यभटीय
ब्रह्मगुप्त	ब्रह्म सिद्धांत
राजशेखर	काव्यमीमांसा
वागभट्ट	अष्टांग हृदय (चिकित्सा से सम्बन्धित)
बाणभट्ट	हर्षचरित
धन्वंतरि	शल्यशास्त्र (चिकित्सा से सम्बन्धित)

गुप्तकालीन महत्वपूर्ण मंदिर

मंदिर	स्थान
विष्णु मंदिर	तिगवा (जबलपुर मध्य प्रदेश)
शिव मंदिर	भूमरा (नागौद, मध्य प्रदेश)
पार्वती मंदिर	नचना कुठार (मध्य प्रदेश)
दशावतार मंदिर	देवगढ़, (झांसी, उत्तर प्रदेश)
शिव मंदिर	खोह (नागौद, मध्य प्रदेश)
भितरगाँव का मंदिर	भितरगाँव (कानपुर, उत्तर प्रदेश)

गुप्तोत्तर काल

- गुप्त वंश के पतन के बाद अनेक क्षेत्रीय राजवंशों का उद्‌भव हुआ, जिनमें **मैत्रक**, **मौखरी**, **पुष्यभूति**, **परवर्ती गुप्त** और **गौड़** प्रमुख थे।

वल्लभी का मैत्रक वंश

- इस वंश का संस्थापक भट्टार्क था।
- ध्रुवसेन द्वितीय हर्षवर्धन का समकालीन था। इसी के समय ह्वेनसांग ने वल्लभी की यात्रा की थी।
- ध्रुवसेन चतुर्थ ने **परमभट्टारक**, **महाराजाधिराज**, **परमेश्वर** तथा **चक्रवर्ती** की उपाधि धारण की थी। भट्टी इसका दरबारी कवि था।

मौखरी वंश

- इस वंश का संस्थापक मुखर था।
- ग्रहवर्मा अन्तिम मौखरी शासक था। इसका विवाह हर्षवर्द्धन की बहन से हुआ था।

उत्तरगुप्त वंश

- इस वंश की जानकारी के स्रोत अफसढ़ तथा देववनाक के अभिलेख से प्राप्त होते हैं।
- कृष्णगुप्त को अफसढ़ अभिलेख में **'नृप'** कहा गया है।
- जीवित गुप्त ने **क्षितीशचूड़ामणि** की उपाधि धारण की।
- देवगुप्त का उल्लेख **मधुवन** तथा **बांसखेड़ा** अभिलेखों में हुआ है।
- जीवितगुप्त द्वितीय को **यशोवर्मन** ने पराजित कर **परवर्ती गुप्त** राज्य का अंत कर दिया।

थानेश्वर का वर्धन वंश

- इस वंश का संस्थापक पुष्यभूति था।
- हरियाणा के अम्बाला जिले के थानेश्वर नामक स्थान पर 'पुष्यभूति वंश' की स्थापना की गई।
- **राज्यवर्धन** के पश्चात् 16 वर्ष की उम्र में **606 ई.** में हर्ष **थानेश्वर** का शासक बना।
- **हर्ष** और चालुक्य राजा **पुलकेशिन द्वितीय** के बीच (623 ई.) नर्मदा नदी के पास युद्ध हुआ, जिसमें **हर्षवर्धन** पराजित हुआ।
- हर्ष को उत्तरी **भारत का स्वामी** कहा जाता था।
- हर्ष की उपाधि **'शिलादित्य'** तथा **'परमभट्टारक मगध नरेश'** थी।
- हर्ष ने **'सुप्रभात स्रोत'** और **'अष्टमहाश्रीचैत्य संस्कृत स्रोत'** नामक दो ग्रंथों की रचना की थी।
- **प्रियदर्शिका**, **रत्नावली** तथा **नागानन्द** नामक तीन संस्कृत नाटक ग्रंथों की रचना हर्ष ने की थी।
- राज्यश्री का विवाह कन्नौज के मौखरी राजा **ग्रहवर्मा** के साथ हुआ।
- मालवा के शासक देवगुप्त ने **ग्रहवर्मा** की हत्या कर दी और **राज्यश्री** को बंदी बनाकर कारागार में डाल दिया।
- शशांक **शैव धर्म** का अनुयायी था। इसने **बोधिवृक्ष** (बोधगया) को कटवा दिया।
- **हर्ष** ने शशांक को पराजित करके **कन्नौज पर अधिकार** कर लिया तथा उसे अपनी राजधानी बनाया।
- चीनी यात्री **ह्वेनसांग हर्षवर्द्धन** के शासनकाल में **भारत** आया।
- ह्वेनसांग का यात्रा वृत्तांत चीनी ग्रंथ **'सी-यू-की'** से प्राप्त होता है।
- ह्वेनसांग के अनुसार गुप्त सम्राट **नरसिंह गुप्त बालादित्य** ने नालंदा में **80 फुट ऊँची** तांबे की बुद्ध प्रतिमा को स्थापित करवाया।
- हर्ष ने **641 ई.** में अपने दूत चीन भेजे तथा **643 ई.** एवं **645 ई.** में दो चीनी दूत उसके दरबार में आए।
- **हर्ष** ने कश्मीर के शासक से **बुद्ध के दंत अवशेष** बलपूर्वक प्राप्त किए।
- चीनी यात्री ह्वेनसांग से मिलने के बाद हर्ष ने **बौद्ध धर्म** की महायान शाखा को **राज्याश्रय प्रदान** किया तथा वह पूर्ण रूप से बौद्ध बन गया।
- हर्ष के समय में **नालंदा महाविहार** महायान बौद्ध धर्म की शिक्षा का प्रधान केन्द्र था।
- हर्ष के समय में प्रयाग में प्रत्येक पाँचवें वर्ष एक समारोह आयोजित किया जाता था जिसे **महामोक्षपरिषद्** कहा जाता था।
- **बाणभट्ट** हर्ष के दरबारी कवि थे। उन्होंने **हर्षचरित** एवं **कादम्बरी** की रचना की।
- प्रशासन की सुविधा के लिए हर्ष का साम्राज्य कई प्रांतों में विभाजित था। प्रांत को **भुक्ति** कहा जाता था। प्रत्येक भुक्ति का शासक **राजस्थानीय**, **उपरिक** अथवा **राष्ट्रीय** कहलाता था।
- हर्षचरित में प्रान्तीय शासक के लिए **'लोकपाल'** शब्द आया है।
- **ग्राम प्रशासन** की सबसे छोटी इकाई थी। ग्राम प्रशासन का प्रधान **ग्रामाक्षपटलिक** कहा जाता था।
- पुलिस कर्मियों को **चाट** या **भाट** कहा गया है। **दण्डपाशिक** तथा **दाण्डिक** पुलिस विभाग के अधिकारी होते थे।
- अश्व सेना के अधिकारियों को **वृहदेश्वर**, पैदल सेना के अधिकारियों को **बलाधिकृत या महाबलाधिकृत** कहा जाता था।
- हर्ष के प्रमुख पदाधिकारी थे–**कुमारामात्य** (उच्च प्रशासकीय सेवा में नियुक्त अधिकारी), **दीर्घध्वज** (राजकीय संदेशवाहक) एवं **सर्वगत** (गुप्तचर विभाग के सदस्य)।
- हर्षचरित में सिंचाई के साधन के रूप में **तुलायंत्र** (जलपंप) का उल्लेख मिलता है।

उत्तर भारत के प्रमुख राजवंश

कश्मीर के राजवंश

- कल्हण की राजतरंगिणी से ज्ञात होता है कि 800-1200 ई. तक कश्मीर में तीन राजवंशों–**कार्कोट वंश**, **उत्पल वंश** एवं **लोहार वंश** ने शासन किया।
- **कार्कोट राजवंश** की स्थापना 7वीं शताब्दी में **दुर्लभवर्धन** ने की थी।
- कार्कोट वंश का सर्वाधिक शक्तिशाली शासक **ललितादित्य मुक्तापीड** विद्वानों का संरक्षक था इसके दरबार में **क्षीर**, **उद्‌भट**, **दामोदर गुप्त** आदि विद्वान रहते थे।

- ❖ कश्मीर के **मार्त्तण्ड-मंदिर** का निर्माण **ललितादित्य** के द्वारा करवाया गया था।
- ❖ **अवन्ति वर्मन** के अभियन्ता **सुय्य** ने सिंचाई के लिए नहरों का निर्माण करवाया।
- ❖ उत्पल वंश की स्थापना **अवन्ति वर्मन** ने की।
- ❖ उत्पल वंश की **रानी दिद्धा (980 ई.)** एक महत्वाकांक्षी शासिका थी।
- ❖ उत्पल वंश के बाद कश्मीर पर **लोहार वंश** का शासन स्थापित हुआ।
- ❖ लोहार वंश का संस्थापक **संग्रामराज** था। इसकी पत्नी **सूर्यमती** ने प्रशासन को सुधारने में उसकी सहायता की।
- ❖ लोहार वंश का प्रमुख शासक हर्ष विद्वान, कवि तथा कई भाषाओं का ज्ञाता था।
- ❖ **कल्हण हर्ष** का आश्रित कवि था, जिसने **राजतरंगिणी** की रचना की।
- ❖ **जयसिंह** लोहार वंश का अन्तिम शासक था।
- ❖ **कल्हण** ने 'राजतरंगिणी' की रचना **जयसिंह** के शासन काल में पूरी की। इसमें कश्मीर के बारे में विस्तृत जानकारी मिलती हैं।

पाल वंश

- ❖ बंगाल में अराजकता फैल जाने पर (750-770 ई.) जनता ने दयिता विष्णु के **पौत्र** और सेनापति वप्यात के पुत्र गोपाल को शासक चुना।
- ❖ इस वंश की राजधानी मुंगेर थी।
- ❖ तारानाथ के अनुसार गोपाल ने **ओदन्तपुरी** का प्रसिद्ध विहार बनवाया।
- ❖ **धर्मपाल (770–810 ई.)** गोपाल का उत्तराधिकारी एवं **पाल वंश** का शक्तिशाली शासक था। गुजरात के कवि **'सोडड्ल'** ने इसे **'उत्तरापथस्वामी'** कहा है।
- ❖ धर्मपाल की राजसभा में प्रसिद्ध बौद्ध लेखक हरिभद्र निवास करता था।
- ❖ धर्मपाल ने **विक्रमशिला** तथा **सोमपुरी** (पहाड़पुर) में विहार की स्थापना की।
- ❖ **देवपाल (810–850 ई.)** ने जावा के शैलेन्द्रवंशी शासक **बालपुत्रदेव** के अनुरोध पर उसे नालंदा में एक बौद्ध विहार बनवाने के लिए पाँच गाँव दान में दिए।
- ❖ **संध्याकरनन्दी** द्वारा रचित **रामपाल चरित** में इस वंश का अन्तिम **शासक रामपाल** को माना गया है।
- ❖ कन्नौज के लिए त्रिपक्षीय संघर्ष **पालवंश**, **गुर्जर प्रतिहार वंश** एवं **राष्ट्रकूट वंश** के बीच हुआ। इसमें पालवंश की ओर से सर्वप्रथम **धर्मपाल** शामिल हुआ था।
- ❖ **गौड़ीय रीति** नामक साहित्यिक विद्या का विकास **पाल शासकों** के समय में हुआ।
- ❖ पाल शासक **बौद्ध धर्म** के अनुयायी थे।

सेन वंश

- ❖ सेन नामक सामंत ने **'राढ़'** में **सेन वंश** (1080 ई.) की स्थापना की।
- ❖ इसकी राजधानी **नदिया (लखनौती)** थी।
- ❖ सेनवंश का प्रथम स्वतन्त्र शासक **विजयसेन** था, जो शैवधर्म का अनुयायी था।
- ❖ विजयसेन ने **देवपाड़ा में प्रद्युम्नेश्वर मन्दिर** (शिव का विशाल मन्दिर) की स्थापना की।
- ❖ **बल्लाल सेन (1158–78 ई.)** ने **'दानसागर'** और **'अद्भुतसागर'** ग्रंथ लिखा।
- ❖ **लक्ष्मणसेन (1178–1205 ई.)** बंगाल का अन्तिम **हिन्दू शासक** था।
- ❖ **हलायुद्ध** लक्ष्मण सेन का प्रधान **न्यायाधीश** एवं **मुख्यमन्त्री** था।
- ❖ लक्ष्मणसेन के राजदरबार में **'गीत गोविन्द'** के लेखक **जयदेव**, **'पवनदूतम्'** के लेखक **धोई**, **'ब्राह्मणसर्वस्व'** के लेखक **हलायुद्ध** आदि विद्वान थे।
- ❖ **सेन राजवंश** प्रथम राजवंश था, जिसने अपना अभिलेख सर्वप्रथम **हिन्दी** में उत्कीर्ण करवाया।
- ❖ **बख्तियाररुद्दीन मुहम्मद-बिन-खिलजी** (1202 ई.) ने लखनौती पर आक्रमण कर सेन वंश को समाप्त कर दिया।

हिन्दूशाही वंश

- ❖ **शाही वंश** के राजा **लंगतुरमान** को (9वीं सदी) अपदस्थ कर उसके मन्त्री **कल्लर** ने हिन्दूशाही वंश की स्थापना की।
- ❖ भीम ने अपनी पुत्री का विवाह **लोहार वंश** (कश्मीर) के **राजा सिंहराम** से किया। जिनके यहाँ **दिद्धा** नाम की पुत्री पैदा हुई।
- ❖ इस वंश के पराक्रमी शासक **जयपाल** ने **महमूद गजनवी** से हारने के पश्चात् 1001 ई. में **अग्नि में कूद कर आत्महत्या** कर ली थी।
- ❖ **जयपाल**, **आनन्दपाल**, **त्रिलोचनपाल** और **भीमपाल** ने करीब 50 वर्षों तक महमूद गजनवी से संघर्ष किया।

उड़ीसा के पूर्वी गंग

- ❖ **अनन्तवर्मा चोड्गंग (1076–1148 ई.)** पूर्वी गंग वंश का सबसे प्रतापी शासक था।
- ❖ चोड्गंग ने पुरी के प्रसिद्ध **जगन्नाथ मंदिर** तथा भुवनेश्वर के **लिंगराज मंदिर** का निर्माण करवाया।
- ❖ चोड्गंग **संस्कृत** तथा **तेलुगु साहित्य** का महान संरक्षक था।
- ❖ उड़ीसा के **सूर्यवंशी शासकों** ने गजपति की उपाधि धारण की थी।
- ❖ 14वीं सदी में उड़ीसा **दिल्ली सल्तनत** के अधीन आ गया।

राजपूत वंश

- ❖ 'राजपूत' शब्द संस्कृत के **'राजपुत्र'** शब्द का अपभ्रंश हैं।
- ❖ **राजतरंगिणी** (कल्हण रचित) में 36 राजपूत कुलों का वर्णन है।
- ❖ कुछ विद्वानों के अनुसार राजपूत जाति के लोग प्राचीन आर्य क्षत्रिय नहीं बल्कि उत्तर से आए सिथियन एवं शक है क्योंकि शक-सिथियन तथा राजपूतों के रीति-रिवाज आपस में मिलते हैं यथा सूर्य-पूजा, अश्वमेध यज्ञ करना आदि।
- ❖ **"चन्दबरदाई कृत पृथ्वीराजरासो"** के अनुसार आबू पर्वत पर वशिष्ठ द्वारा किए गए अग्निकुंड से चार योद्धा (राजपूत)–**प्रतिहार**, **परमार**, **चालुक्य** और **चाव्हाण** निकले जिन्होंने दैत्यों को खदेड़कर पाताल में पहुँचा दिया।
- ❖ राजपूत काल में बड़े पैमाने पर **'सती प्रथा'** तथा **'जौहर प्रथा'** प्रचलित थी।

गुर्जर-प्रतिहार वंश

- ❖ इस वंश की स्थापना **हरीशचन्द्र** नामक राजा ने की थी।
- ❖ **नागभट्ट प्रथम (730–756 ई.)** प्रतिहार वंश का वास्तविक संस्थापक था।
- ❖ गुर्जर जाति का सर्वप्रथम उल्लेख **पुलकेशिन द्वितीय** के ऐहोल अभिलेख से प्राप्त होता है।
- ❖ प्रतिहार वंश का सर्वाधिक शक्तिशाली एवं **प्रतापी राजा मिहिरभोज** प्रथम था।
- ❖ मिहिरभोज ने अपनी **राजधानी कन्नौज** में बनाई थी। वह विष्णुभक्त था, उसने विष्णु के सम्मान में आदि **वराह** तथा **प्रभास** की उपाधि ग्रहण की।
- ❖ राजशेखर प्रतिहार शासक **महेन्द्रपाल प्रथम** के दरबार में रहते थे।
- ❖ इस वंश का अन्तिम राजा **यशपाल (1036 ई.)** था।

चौहान वंश (दिल्ली और अजमेर)

- ❖ दिल्ली नगर की स्थापना **तोमर नरेश अनंगपाल** ने 11वीं सदी के मध्य में की।
- ❖ 7वीं सदी में **सांभर अजमेर** के आस-पास के क्षेत्र में **वासुदेव** ने **शाकंभरी** के **चौहान राज्य** की स्थापना की।
- ❖ चौहान शासक **अजयपाल** ने **अजमेर नगर** की स्थापना कर महल और मंदिर बनवाए।
- ❖ नौवीं सदी के मध्य में **विग्रहराज** चतुर्थ (बीसलदेव) ने **तोमर वंशी** शासक से दिल्ली जीत ली।
- ❖ **विग्रहराज चतुर्थ** (1153-63 ई.) ने **'हरकेलि' नामक संस्कृत** नाटक की रचना की।
- ❖ **सोमदेव विग्रहराज-IV** के **राजकवि** थे। इन्होंने **ललित विग्रहराज** नामक नाटक लिखा।
- ❖ पृथ्वीराज तृतीय के **राजकवि चन्दबरदाई** ने **पृथ्वीराज रासो**, **जयानक** ने **पृथ्वीराज विजय** तथा जयचन्द्र ने **हम्मीर महाकाव्य** की रचना की।
- ❖ **तराइन** का प्रथम युद्ध **1191** में हुआ, जिसमें **पृथ्वीराज तृतीय** की विजय एवं **गोरी की हार** हुई।
- ❖ तराइन का द्वितीय युद्ध 1192 में हुआ, जिसमें **गोरी की विजय** एवं **पृथ्वीराज तृतीय** की हार हुई।

मालवा का परमार वंश

- ❖ **820 ई.** में **उपेन्द्र** ने कन्नौज के प्रतिहार साम्राज्य के **खण्डहरों** पर **परमार वंश** की स्थापना की।
- ❖ **मुंज (974–995 ई.)** के दरबार में **धनिक**, **हलायुद्ध**, **पद्मगुप्त** तथा **धनंजय** नामक विद्वान रहते थे।
- ❖ नवसहसांक चरित के रचयिता **पद्मगुप्त**, **दशरूपक** के रचयिता धनंजय तथा **दशरूपलोक** के रचयिता धनिक थे।
- ❖ अंतत: 1297 ई. में मालवा को दिल्ली सल्तनत में मिला दिया गया।

बुंदेलखण्ड का चंदेल वंश

- ❖ बुन्देलखण्ड का प्राचीन नाम **'जेजाकभुक्ति'** था।
- ❖ **नन्नुक (831 ई.)** इस वंश का प्रथम राजा था।
- ❖ चंदेलों ने **खजुराहो** को राजधानी बनाया।
- ❖ चंदेल वंश का प्रथम स्वतन्त्र एवं सबसे प्रतापी राजा **यशोवर्मन** था।
- ❖ **यशोवर्मन (हर्षपुत्र)** ने **कालिंजर** को जीतकर **महोबा** को राजधानी बनाया।
- ❖ यशोवर्मन ने कन्नौज पर आक्रमण कर एक **विष्णु की प्रतिमा** प्राप्त की, जिसे उसने खजुराहो के **विष्णु मंदिर** में स्थापित किया।
- ❖ **धंगदेव (धंग)** ने राजधानी को कालिंजर से बदलकर **खजुराहो** में स्थानांतरित कर दिया।
- ❖ धंगदेव के उत्तराधिकारी **गंडदेव** ने **महमूद गजनवी** के विरुद्ध बने **भारतीय राजसंघ** को सहयोग दिया।
- ❖ **कंदरिया महादेव मंदिर** का निर्माण **धंगदेव** द्वारा **999 ई.** में किया गया था।
- ❖ चंदेल शासक **कीर्तिवर्मन** की राजसभा में रहने वाले **कृष्ण मिश्र** ने **प्रबोध चन्द्रोदय** की रचना की थी। इन्होंने महोबा के समीप **कीर्तिसागर** नामक जलाशय का निर्माण किया।
- ❖ **आल्हा-उदल** नामक दो सेनानायक **परमर्दिदेव** के दरबार में रहते थे, जिन्होंने **पृथ्वीराज चौहान** के साथ युद्ध करते हुए अपनी जान गंवायी थी।
- ❖ चंदेल वंश के अन्तिम शासक **परमर्दिदेव** ने **1202 ई.** में कुतुबुद्दीन ऐबक की अधीनता स्वीकार कर ली। इस पर उसके मन्त्री **अजयदेव** ने उसकी हत्या कर दी।

गुजरात का सोलंकी वंश (चालुक्य वंश)

- ❖ **सोलंकी वंश** के **संस्थापक मूलराज** (942-995 ई.) ने **अन्हिलवाड़** को अपनी राजधानी बनाया। मूलराज प्रथम **शैवधर्म का अनुयायी** था।
- ❖ **भीम-I (1025–26 ई.)** के समय **महमूद गजनवी** ने सोमनाथ के मंदिर पर आक्रमण व लूटपाट की थी।
- ❖ **भीम प्रथम** के सामन्त **बिमल** ने आबू पर्वत पर **दिलवाड़ा का प्रसिद्ध** जैन मंदिर बनवाया।
- ❖ सोलंकी वंश का प्रथम शक्तिशाली शासक **जयसिंह (1094–1153 ई.)** था।
- ❖ जयसिंह ने **'सिद्धराज'** की उपाधि धारण की तथा जैन आचार्य **हेमचन्द्र** को संरक्षण दिया।
- ❖ **माउण्ट आबू पर्वत** (राजस्थान) पर एक मंडप बनाकर जयसिंह सिद्धराज ने अपने सातों पूर्वजों की **गजारोही मूर्तियों** की स्थापना की।
- ❖ **अजयपाल** के पुत्र **मूलराज द्वितीय** ने **1178 ई.** में आबू पर्वत के समीप मोहम्मद गोरी को परास्त किया।
- ❖ **मोढ़ेरा के सूर्य मंदिर** का निर्माण **सोलंकी राजाओं** के शासनकाल में हुआ था।
- ❖ **सोलंकी वंश** का अन्तिम शासक **भीम-II** था।
- ❖ **भीम-II** के एक सामन्त **लवण प्रसाद** ने गुजरात में **बघेल वंश** की स्थापना की थी।
- ❖ **भीम द्वितीय** को 1187 ई. में **कुतुबुद्दीन ऐबक** ने पराजित किया।

त्रिपुरी का कलचूरी वंश

- ❖ यह राज्य **नर्मदा के दक्षिण** और **गोदावरी के उत्तर** में स्थित था।
- ❖ **कलचूरी वंश** की स्थापना 845 ई. में **कोकल्ल** ने की थी।
- ❖ कलचूरियों की राजधानी **जबलपुर (म.प्र.) के निकट त्रिपुरी** में थी।
- ❖ राजशेखर ने कलचूरी शासक युवराज के दरबार में ही **'काव्यमीमांसा'** और **'विद्धसालभंजिका'** की रचना की। **विद्धसालभंजिका** में युवराज को **'उज्जयिनी भुजंग'** कहा गया है।
- ❖ कलचूरी वंश का एक शक्तिशाली शासक **गांगेय** देव था, जिसने **'विक्रमादित्य'** की उपाधि धारण की।
- ❖ कलचूरी वंश का सबसे महान शासक **लक्ष्मीकर्ण** था, जिसने **कलिंग** पर विजय प्राप्त की और **त्रिकलिंगाधिपति** की उपाधि धारण की।

गहड़वाल वंश

- ❖ **कन्नौज** में **1080–85** के मध्य चन्द्रदेव ने गहड़वाल वंश की स्थापना की।
- ❖ इस वंश के प्रतापी शासक **गोविन्द चन्द्र** को उसके लेखों में विविध विधाविचार **वाचस्पति** कहा गया है।
- ❖ गोविन्द चन्द्र के **मन्त्री लक्ष्मीधर** द्वारा **कल्पतरु** नामक ग्रंथ की रचना की गई।
- ❖ इस वंश का अन्तिम शक्तिशाली **राजा जयचन्द** था, जिसकी 1194 ई. में चन्दावर के युद्ध में **मोहम्मद गोरी** से पराजित होने पर हत्या कर दी गई थी।

सिसोदिया वंश

- ❖ सिसोदिया वंश स्वयं को **'सूर्यवंशी'** कहते थे।
- ❖ सिसोदिया शासक **मेवाड़ (राजस्थान)** पर राज्य करते थे। उनकी राजधानी चित्तौड़ थी।

❖ **खतौली का युद्ध 1518 ई.** में **राणा सांगा** एवं **इब्राहिम लोदी** के बीच हुआ था।
❖ राणा कुम्भा ने **चित्तौड़** में **विजयस्तम्भ** का निर्माण करवाया था।
❖ हल्दीघाटी का युद्ध **महाराणा प्रताप** एवं **अकबर** के बीच **1576 ई.** में हुआ।

दक्षिण भारत के प्रमुख राजवंश

राष्ट्रकूट राजवंश

❖ **राष्ट्रकूट** मान्यखेट के **राष्ट्रिकों/राठिकों** के वशंज थे।
❖ अंशोक के **अभिलेखों में राष्ट्रकूटों** का उल्लेख है।
❖ 760 ई. में **दंतिदुर्ग (राष्ट्रकूट)** ने चालुक्य शासक **कीर्तिवर्मा द्वितीय** को पराजित कर मान्यखेट को अपनी राजधानी बनाया।
❖ दन्तिवर्मा ने **'महाराजाधिराज'**, **'परमेश्वर'** तथा **'परमभट्टारक'** जैसी उपाधियाँ धारण की थी।
❖ **कृष्ण प्रथम (758–773 ई.)** ने **'शुभतुंग'** और **'अकालवर्ष'** उपाधियाँ धारण की।
❖ एलोरा के प्रसिद्ध **कैलाश मंदिर** का निर्माण **कृष्ण प्रथम** ने करवाया था।
❖ **ध्रुव (780–793 ई.)** ने सिंहासनारोहण के पश्चात् **'धारावर्ष'** और **'श्री वल्लभ'** जैसी उपाधि धारण की।
❖ ध्रुव राष्ट्रकूट वंश का पहला शासक था, जिसने कन्नौज पर अधिकार करने हेतु त्रिपक्षीय संघर्ष में भाग लिया और प्रतिहार नरेश वत्सराज एवं पाल नरेश धर्मपाल को पराजित किया।
❖ **गोविन्द तृतीय (793–814 ई.)** ने त्रिपक्षीय संघर्ष में भाग लेकर चक्रायुद्ध एवं उसके संरक्षक धर्मपाल तथा प्रतिहार वंश के शासक **नागभट्ट-II** को पराजित किया।
❖ पल्लव, पाण्ड्य, केरल के चेर एवं गंग शासकों के संघ को **गोविन्द-III** ने नष्ट किया।
❖ **अमोघवर्ष (814–878 ई.)** ने मान्यखेत नगर बसाकर उसे राजधानी बनाया।
❖ अमोघवर्ष ने कन्नड़ के प्रसिद्ध ग्रंथ **'कविराजमार्ग'** की रचना की।
❖ **इन्द्र-III** के शासन काल में अरब निवासी अलमसूदी भारत आया। इसने तत्कालीन राष्ट्रकूट शासकों को भारत का सर्वश्रेष्ठ शासक कहा।
❖ राष्ट्रकूट वंश का अन्तिम महान शासक **कृष्ण-III** था। इसने **तक्कोलम** के युद्ध में **चोल शासक परान्तक** को पराजित किया था। इसी के दरबार में कन्नड़ भाषा के **कवि पोन्न** रहते थे, जिन्होंने **शान्ति पुराण** की रचना की।
❖ **कर्क द्वितीय** (972-73 ई.) अन्तिम राष्ट्रकूट शासक था। इसे **तैलप द्वितीय** नामक सामंत ने पराजित कर **कल्याणी के चालुक्य वंश** की स्थापना की।

चालुक्य वंश

❖ चालुक्यों की तीन शाखाएँ थीं–**1.** कल्याणी के चालुक्य, **2.** वातापी के चालुक्य और **3.** वेंगी के चालुक्य।
❖ चालुक्य वंश (कल्याणी) के प्रमुख शासक हुए–**तैलप प्रथम**, **तैलप द्वितीय**, **विक्रमादित्य**, **जयसिंह**, **सोमेश्वर**, **सोमेश्वर-II**, **विक्रमादित्य-VI**, **सोमेश्वर-III** एवं **तैलप-III**।
❖ कल्याणी के चालुक्य वंश की स्थापना **तैलप द्वितीय** (973-997 ई.) ने राष्ट्रकूट शासक खोट्टिग के **भतीजे कर्क** को पराजित करके की थी।
❖ सोमेश्वर प्रथम ने मान्यखेट से राजधानी हटाकर **कल्याणी (कर्नाटक)** को बनाया।
❖ **विल्हण** एवं **विज्ञानेश्वर विक्रमादित्य-VI** के दरबार में रहते थे।
❖ विक्रमादित्य-VI इस वंश का सबसे महान राजा था, जिसने 1076 ई. में **'विक्रम संवत्'** की शुरुआत की। इस के दरबार में **विज्ञानेश्वर** एवं **विल्हण** निवास करते थे।
❖ **मिताक्षरा** (हिन्दू विधि ग्रंथ, **याज्ञवल्क्य स्मृति** पर व्याख्या) नामक ग्रंथ की रचना महान **विधिवेत्ता विज्ञानेश्वर** ने की थी एवं **'विक्रमांकदेवचरित'** की रचना विल्हण ने की थी।

पश्चिमी चालुक्य वंश (बादामी/वातापी)

❖ वातापी के चालुक्य वंश का निर्माणकर्त्ता **कीर्तिवर्मन** को माना जाता है।
❖ बादामी के चालुक्य शासक **हरिति पुत्र** होने का दावा करते थे।
❖ बादामी के चालुक्य वंश का संस्थापक **पुलकेशिन प्रथम** (535-566 ई.) था, जिसने वातापी को राजधानी बनाया।
❖ 637-638 ई. में कन्नौज के हर्षवर्द्धन को **पुलकेशिन द्वितीय** ने हराया था।
❖ पुलकेशिन द्वितीय चालुक्य वंश का सबसे महान राजा था। इसने **'श्री पृथ्वीवल्लभ'**, **'परमेश्वर'** तथा **'परमभागवत'** जैसी उपाधियाँ धारण की थीं।
❖ **पुलकेशिन-II** ने हर्षवर्द्धन को हराकर **'परमेश्वर'** एवं **'दक्षिणापथेश्वर'** की उपाधि धारण की थी।
❖ **विक्रमादित्य-II** के शासनकाल में ही दक्कन में अरबों ने आक्रमण किया। इस आक्रमण का मुकाबला विक्रमादित्य के भतीजे **पुलकेशिन** ने किया। इस अभियान की सफलता पर **विक्रमादित्य-II** ने इसे अवनिजनाश्रय की उपाधि प्रदान की।
❖ चालुक्य नरेश विक्रमादित्य द्वितीय ने पल्लव नरेश नंदिवर्मन द्वितीय को पराजित करके कांचीकोण्ड की उपाधि धारण की।
❖ **विक्रमादित्य-II** की प्रथम पत्नी लोकमहादेवी ने **पट्टदकल** में विरूपाक्षमहादेव मंदिर तथा उसकी दूसरी पत्नी **त्रैलोक्य देवी** ने त्रैलोकेश्वर मंदिर का निर्माण करवाया।
❖ इस वंश के अन्तिम राजा कीर्तिवर्मन द्वितीय को सामंत दन्तिदुर्ग ने परास्त कर (राष्ट्रकूट वंश) की स्थापना की।

पूर्वी चालुक्य वंश (वेंगी)

❖ **पुलकेशिन द्वितीय (वातापी वंश)** के भाई एवं वायसराय विष्णुवर्द्धन ने 615 ई. में आंध्र प्रदेश में पूर्वी **चालुक्य वंश** की स्थापना की।
❖ **पूर्वी चालुक्य** वंश की राजधानी **वेंगी** थी।
❖ **जयसिंह प्रथम (633–663 ई.)** के समय पल्लवों ने पुलकेशिन द्वितीय (वातापी) को हराया।
❖ इस वंश के प्रमुख शासक थे–**जयसिंह प्रथम**, **इन्द्रवर्द्धन**, **विष्णुवर्धन द्वितीय**, **जयसिंह द्वितीय** एवं **विष्णुवर्द्धन-III**।

पल्लव वंश

❖ कांची के पल्लव वंश की प्रथम जानकारी हरिषेण की प्रयाग प्रशस्ति एवं ह्वेनसांग के यात्रा विवरण से मिलती है। पल्लव पहले सातवाहनों के सामंत थे।
❖ सिंहविष्णु (पृथ्वी का शेर) ने 575 ई. में पल्लव वंश की नींव डाली।
❖ 'किरातार्जुनीयम' का लेखक भारावि सिंहविष्णु (अवनीसिंह) के संरक्षण में था।
❖ सिंहविष्णु बौद्ध तथा वैष्णव दोनों धर्मों का अनुयायी था।
❖ सिंहविष्णु ने मामल्लपुरम में आदिवराह गुहा मंदिर बनवाया।
❖ पल्लव वंश की राजधानी काँची (तमिलनाडु में काँचीपुरम) थी।

- ❖ पल्लव वंश के प्रमुख शासक हुए–क्रमशः महेन्द्र वर्मन प्रथम (600-630 ई.), नरसिंह वर्मन प्रथम (630-668 ई.), महेन्द्र वर्मन द्वितीय (668-670), परमेश्वर वर्मन प्रथम (670-680 ई.), नरसिंह वर्मन-II (704-728), नंदिवर्मन-I (731-795)।
- ❖ महेन्द्र वर्मन-I (600-630 ई.) के शासन काल में पल्लवों और चालुक्यों के मध्य लम्बा संघर्ष शुरू हो गया था।
- ❖ महेन्द्र वर्मन प्रथम ने 'मत्तविलास प्रहसन' नामक परिहास नाटक की रचना की।
- ❖ महेन्द्र वर्मन प्रथम ने **मतविलास, विचित्र चित** एवं **गुणभर शत्रुमल्ल** की उपाधि धारण की थी।
- ❖ नरसिंह वर्मन प्रथम के शासनकाल (641 ई.) में चीनी यात्री ह्वेनसांग कांची गया था।
- ❖ महाबलिपुरम के एकाश्मक रथों का निर्माण नरसिंह वर्मन प्रथम ने करवाया।
- ❖ महाबलिपुरम के सप्त पैगोडा का निर्माण नरसिंह वर्मन-I ने करवाया।
- ❖ दशकुमारचरित के लेखक दण्डी नरसिंह वर्मन (द्वितीय) के दरबार में रहते थे।
- ❖ पल्लव वंश का अन्तिम शासक अपराजित (879-897 ई.) हुआ।

प्राचीन भारत में संस्कृत, पाली, प्राकृत एवं अन्य भाषाओं के ग्रन्थ एवं उनके लेखक

ग्रंथ	लेखक
अष्टाध्यायी	पाणिनी
रामायण	वाल्मीकि
महाभारत	वेदव्यास
शत सहस्त्रिका सूत्र, प्रज्ञापरमिता सूत्रशास्त्र, सम्परिग्रह	नागार्जुन
महायान सम्परिग्रह	असंग
अभिधम्म कोष	वसुबन्धु
बुद्धचरितम्, सारिपुत्र प्रकरण, सूत्रालंकार, सौन्दरानन्द, महायान श्रद्धोत्पाद	अश्वघोष
मुद्राराक्षस	विशाखदत्त
अर्थशास्त्र	चाणक्य
महाभाष्य	पतंजलि
सांख्यकारिका	ईश्वरकृष्ण
स्वप्नवासवदत्ता, प्रतिज्ञा यौगंधरायण	भास
नागानन्द, रत्नावली, प्रियदर्शिका	हर्षवर्धन
हर्षचरित, कादम्बरी	बाणभट्ट
गौड़वहो	वाक्पति
विक्रमांकदेवचरित्	विल्हण
कुमारपालचरित्	हेमचन्द्र
हम्मीर काव्य	जयचन्द्र
नवसाहसांकचरित्	पद्मगुप्त परिमल
भोज प्रबन्ध	बल्लाल
पृथ्वीराजरासो	चन्दबरदाई
राजतरंगिणी	कल्हण
रसमाला, कीर्ति-कौमुदी	सोमेश्वर
सुकृत संकीर्तन	अरिसिंह
प्रबन्धचिन्तामणि	मेरुतुंग
काव्यमीमांसा, कर्पूरमंजरी, बाल रामायण, भुवनकोश, हरविलास, प्रबन्ध कोष	राजशेखर
हम्मीरमर्दन	जयसिंह
इण्डिका	मेगास्थनीज
महाविभाषा शास्त्र	वसुमित्र
चरकसंहिता	चरक
प्रमोद चन्द्र	आनंदवर्द्धन
वेणीसंहार	भट्ट नारायण
अनर्घ राघव	मुरारी
रामपालचरित् (पाल वंश)	संध्याकर नंदी
पृथ्वीराज विजय	जयानक
प्रमाण मीमांसा	हेमचन्द्र
वृहत् कथामंजरी	क्षेमेन्द्र
वासवदत्ता	सुबन्धु
नाट्य शास्त्र	भरत मुनि
कोकशास्त्र	कोका पंडित
संगीत रत्नाकर	शारंगदेव
न्याय बिन्दु	धर्माकृत
मिताक्षरा	विज्ञानेश्वर
अष्टांग संग्रह	वाग्भट्ट
सिद्धांत शिरोमणि, लीलावती	भास्कराचार्य
माधव निदान (रोगविनिश्चय)	माधवकर
तिरूकुरल	तिरुवल्लुवर
मत्तविलास प्रहसन	महेन्द्र वर्मन
श्रृंगारतिलक	रुद्र भट्ट
अलंकार सारसंग्रह	उद्भट
काव्यालंकार सूत्रवृत्ति	वामन
ध्वन्यालोक	आनन्दवर्द्धन
मालती मांधव, महावीर चरित् उत्तर रामचरित	भवभूति
निघन्टु	धनवन्तरि
किरातार्जुनीयम	भारावि
रावणवध	भट्टी कवि
नीतिसार	कामंदक
पदार्थधर्म संग्रह	प्रसस्तपाद
प्रमाण समुच्चय	दिङ्नाग
वसुबन्धु (जीवनी)	परमार्थ
चन्द्र व्याकरण	चन्द्रगोमिन
सूर्यसिद्धांत	आर्यभट्ट
हस्त्यायुर्वेद	पलकाप्या
यशोवर्मन प्रशस्ति	वासफल
हरहा प्रशस्ति	रविशान्ती
मंदसौर प्रशस्ति	वत्सभट्टी
तलगुण्डा	कुब्जा
हरिविजय गाथा सप्तवशी	सर्वसेन
काव्य सेतुबन्धु (रावणवहो)	प्रवरसेन द्वितीय
गीत गोविन्द	जयदेव
गणितसार संग्रह	श्रीधर
नीतिशतक, श्रृंगारशतक	भर्तृहरि
कथासरितसागर	सोम देव
शिशुपाल वध	माघ
नैषधचरित्	श्री हर्ष
कुटट्नीमत्तम्	दामोदर गुप्त
तिलकमंजरी, यशतिलक	धनपाल
गाथा सप्तशती	हाल
आर्य सिद्धांत	आर्यभट्ट द्वितीय
कुवलयमाला	उद्योतनसूरी
वृहत्कथा	गुणाढ्य

मध्यकालीन भारत

अरबों द्वारा सिंध की विजय

- ❖ अरबों के भारत आक्रमण के विषय में पर्याप्त सूचना 9वीं शताब्दी के विद्वान बिलादूरी रचित पुस्तक 'फुतूह-अल बलदान' एवं 13वीं शताब्दी में अलीअहमद द्वारा रचित पुस्तक 'चचनामां' से मिलती है।
- ❖ **मोहम्मद बिन-कासिम** मकरान होता हुआ **712 ई.** में देवल (सिंध) पहुँचा एवं **नीरुन नगर** (बौद्धं भिक्षुओं का निवास) पर अधिकार कर लिया।
- ❖ **मोहम्मद-बिन-कासिम** के आक्रमण के समय सिंध का शासक **दाहिर** था।
- ❖ भारत में पहली बार **'जजिया'** नामक कर की वसूली **मोहम्मद बिन कासिम** द्वारा की गई।
- ❖ **715 ई.** में खलीफा सुलेमान ने **मोहम्मद-बिन-कासिम** की हत्या करवा दी।
- ❖ खलीफा ने दो स्वतन्त्र राज्य-एक सिन्धु नदी के तट पर **अरोर** तथा मुल्तान में **मनसूराह** स्थापित किया। करीब 150 वर्ष तक सिन्ध तथा मुल्तान के प्रांत **खलीफा साम्राज्य** के अंतर्गत रहे।

महमूद गजनवी के आक्रमण

- ❖ **सुबुक्तगीन** का पुत्र **महमूद गजनवी** 27 वर्ष की उम्र में (998-1030) शासक बना, वह सीस्तान के खलीफा को हराकर **सुल्तान** की उपाधि धारण करने वाला **प्रथम मुस्लिम शासक** था।
- ❖ महमूद ने भारत पर **1000-1026 ई.** तक **17 बार** आक्रमण किए। उसके इन आक्रमणों का उल्लेख हेनरी इलियट ने किया है।
- ❖ **महमूद गजनवी** ने भारत पर पहला **आक्रमण 1001 ई.** में किया था। यह आक्रमण **हिन्दूशाही राजा जयपाल** के विरुद्ध था।
- ❖ महमूद गजनवी का सबसे चर्चित आक्रमण 1026 ई. में **सोमनाथ मंदिर (गुजरात)** पर हुआ। इस मंदिर की लूट में उसे करीब **20 लाख दीनार** की संपत्ति हाथ लगी।
- ❖ महमूद गजनवी का भारत पर अन्तिम आक्रमण **1027 ई.** में जाटों के विरुद्ध था। इसकी मृत्यु **1030 ई.** में हुई।
- ❖ महमूद गजनवी ने सिक्कों के पृष्ठ भाग पर **कलमा** का संस्कृत रूपांतरण **'अव्यमेकं अवतार'** अंकित करवाया।
- ❖ **अलबरूनी**, **फिरदौसी**, **उत्बी** तथा **फारूखी** महमूद गजनवी के दरबार में रहते थे।

मोहम्मद गोरी के आक्रमण

- ❖ **मोहम्मद गोरी** ने **सर्वप्रथम 1175 ई.** में गोमल दर्रे से होते हुए भारत में प्रवेश किया तथा **मुल्तान** एवं **उच्छ** को अपने अधीन कर लिया।
- ❖ **1178 ई.** में **गोरी** गुजरात के बघेल शासक **मूलराज द्वितीय** (भीमदेव द्वितीय) से आबू पर्वत के नजदीक पराजित हो गया।
- ❖ **1179-80 ई.** में गोरी ने पेशावर पर कब्जा कर लिया।
- ❖ **गोरी** ने **1182 ई.** में सिंध के निचले भाग पर आक्रमण कर **सुकरा वंश** के शासक को अपने अधीन किया।
- ❖ **1186 ई.** में गोरी ने **खुसरो मलिक** से लाहौर को जीत लिया।
- ❖ मोहम्मद गोरी ने **1190 ई.** तक सम्पूर्ण पंजाब को **गौर साम्राज्य** का अंग बना लिया।
- ❖ **1191 ई.** में दिल्ली-अजमेर के शासक **पृथ्वीराज चौहान** तथा गोरी के बीच **तराइन के मैदान** में मुकाबला हुआ, जिसमें **गोरी पराजित** हुआ।
- ❖ **1192 ई.** में गोरी एवं चौहान के बीच तराइन के मैदान में **दूसरा युद्ध** हुआ, जिसमें पृथ्वीराज चौहान पराजित हो गया।
- ❖ **1194 ई.** में **मोहम्मद गोरी** तथा **कन्नौज नरेश जयचन्द्र** के बीच चंदावर के युद्ध में **गोरी** ने विजय प्राप्त की।
- ❖ 1195-96 ई. में गोरी ने **चुनार के पास जाटों** और **राजपूतों को पराजित** किया।
- ❖ गजनी वापसी के मार्ग में **15 मार्च, 1206 ई.** को **आफरीदी** (करमार्थी) कबीलों द्वारा सिन्धु नदी के पास दम्यक नामक स्थान पर **नमाज पढ़ते वक्त** धोखे से **मोहम्मद गोरी** की हत्या कर दी गई।
- ❖ मोहम्मद गोरी के सिक्कों में **एक तरफ शिव और नंदी बैल की आकृति** व **देवनागरी लिपि में पृथ्वीराज** तथा **दूसरी तरफ घोड़े के साथ मोहम्मद-बिन -साम** लिखा है।
- ❖ मोहम्मद गोरी के कुछ सिक्कों पर **लक्ष्मी की आकृति** (देहलीवाल) अंकित रहती थी।

दिल्ली सल्तनत

गुलाम वंश (1206-90 ई.)

- ❖ **1206-90 ई.** तक **'दिल्ली सल्तनत'** पर शासन करने वाले तुर्क सरदारों को **'गुलाम वंश'** का शासक माना जाता है।
- ❖ इस काल में कुत्बी (**कुतुबुद्दीन ऐबक**), शम्सी (**इल्तुतमिश**) तथा बलबनी (**बलबन**) नामक राजवंशों ने शासन किया। इल्तुतमिश तथा बलबन **इल्बरी तुर्क** थे।
- ❖ गुलाम वंश (दास वंश) के सभी सुल्तानों में केवल तीन ही दास थे– **1.** कुतुबुद्दीन ऐबक, **2.** इल्तुतमिश तथा **3.** बलबन।
- ❖ **कुतुबुद्दीन ऐबक (1206-10 ई.)** का जन्म तुर्किस्तान में हुआ था, जिसे **मोहम्मद गोरी** ने गजनी में एक व्यापारी से खरीदा था।
- ❖ गोरी के गुलाम सरदार **कुतुबुद्दीन ऐबक** ने **1206 ई.** में गुलाम वंश (दास वंश) की स्थापना की एवं **लाहौर** को अपनी राजधानी बनाया।
- ❖ **कुतुबुद्दीन ऐबक** ने अपना राज्याभिषेक **24 जून, 1206 ई.** को किया था।
- ❖ दिल्ली की **कुव्वत-उल-इस्लाम मस्जिद** एवं **अजमेर का अढ़ाई दिन का झोंपड़ा नामक मस्जिद** का निर्माण ऐबक ने करवाया था।
- ❖ प्राचीन **नालंदा विश्वविद्यालय** को ध्वस्त करने वाला ऐबक का सहायक सेनानायक **बख्तियार खिलजी** था।
- ❖ ऐबक को उदारता तथा दानशीलता के कारण **'लाखबख्श'** कहा गया है।
- ❖ ऐबक की **मृत्यु 1210 ई.** में **चौगान** खेलते समय **घोड़े से गिरकर** हो गई। इसे लाहौर में दफनाया गया।
- ❖ **इल्तुतमिश (1210-36 ई.)** तुर्किस्तान का **इल्बरी तुर्क** था, जो ऐबक का **गुलाम** एवं **दामाद** था। ऐबक की मृत्यु के समय वह बदायूँ का गवर्नर था।
- ❖ इल्तुतमिश को मोहम्मद गोरी ने **'अमीर-उल-उमरा'** की उपाधि दी थी।
- ❖ इल्तुतमिश ने **चालीस गुलाम सरदारों** का एक गुट बनाया, जो **'तुर्कान-ए-चहलगानी'** (चालीसा) कहलाता था।
- ❖ **18 फरवरी, 1229** को बगदाद के खलीफा ने इल्तुतमिश को **'सुल्तान-ए-आजम'** की उपाधि प्रदान की। **'नासिर-अमीर-उल-मोमिन'** भी इल्तुतमिश की उपाधि थी।

- **'इक्ता व्यवस्था'** का प्रचलन इल्तुतमिश ने किया था।
- इल्तुतमिश ने चाँदी का **टंका (175 ग्रेन)** तथा तांबे का **जीतल नामक** सिक्का चलवाया।
- **इल्तुतमिश** की मृत्यु **अप्रैल 1236 ई.** में हो गई।
- **रजिया बेगम (1236-40)** प्रथम मुस्लिम महिला थी, जिसने शासन की बागडोर संभाली।
- रजिया पर्दाप्रथा को त्यागकर पुरुषों की तरह कुबा (कोट) एवं कुलाह (टोपी) पहनकर राजदरबार में बेपर्दा होकर जाती थी।
- रजिया ने **मलिक जलालुद्दीन** याकूत को **अमीर-ए-आखूर** (अश्वशाला का प्रधान) नियुक्त किया।
- रजिया ने भटिंडा के सूबेदार **अल्तूनिया** से पराजित होकर उससे विवाह कर लिया।
- रजिया की हत्या **13 अक्टूबर, 1240 ई.** को डाकुओं के द्वारा **कैथल** के पास कर दी गई।
- **बलबन (1266-87 ई.)** इल्तुतमिश का गुलाम था। इसका वास्तविक नाम **बहाउद्दीन** था।
- बलबन ने स्वयं को **फिरदौसी** के शाहनामा में वर्णित **अफरसियाब** का वंशज बताया।
- **बलबन 1266 ई.** में **ग्यासुद्दीन** के नाम से दिल्ली की गद्दी पर बैठा। यह मंगोलों के आक्रमण से दिल्ली की रक्षा करने में सफल रहा।
- **तुर्कान-ए-चहलगानी** का विनाश बलबन ने किया था।
- राजदरबार में **सिजदा** एवं **पाबोस** प्रथा की शुरुआत बलबन ने की थी।
- बलबन ने **फारसी रीति-रिवाज** पर आधारित **नवरोज उत्सव** को प्रारंभ करवाया।
- अपने विरोधियों के प्रति बलबन ने कठोर **'लौह एवं रक्त'** की नीति का पालन किया।
- बलबन के समय में बंगाल के शासक **तुगरिल खां** ने विद्रोह किया।
- बलबन के दरबार में फारसी के प्रसिद्ध कवि **अमीर खुसरो** एवं **अमीर हसन** रहते थे।
- बलबन ने **'मलिक मुकद्दीर'** को **'तुगरिलकुश'** की उपाधि प्रदान की।
- गुलाम वंश का अन्तिम शासक **शमशुद्दीन क्यूमर्श** था, जिसका सेनापति **जलालुद्दीन फिरोज खिलजी** था।

खिलजी वंश (1290-1320 ई.)

- खिलजी मूलतः तुर्क थे, परंतु अफगानिस्तान में दीर्घकाल तक रहने के कारण उन्होंने उस देश के रीति-रिवाज़ों को अपना लिया था।
- **जलालुद्दीन फिरोज खिलजी (1290-96 ई.)** ने गुलाम वंश के शासन को समाप्त कर 13 जून, 1290 ई. को खिलजी वंश की स्थापना की।
- **अलाउद्दीन खिलजी (1296-1316 ई.)** अपने चाचा एवं ससुर जलालुद्दीन खिलजी की **कड़ा (इलाहाबाद)** में 20 जुलाई, 1296 ई. को हत्या कर सुल्तान बना। इसका बचपन का नाम **अली गुरशस्प** था।
- अलाउद्दीन का राज्यभिषेक दिल्ली में बलबन के **'लाल महल'** में हुआ।
- अलाउद्दीन खिलजी **ने सिकन्दर-ए-सानी की उपाधि धारण की।**
- अलाउद्दीन ने विश्व विजय एवं नए धर्म की स्थापना का विचार दिल्ली के कोतवाल अलाउल-मुल्क के समझाने पर त्याग दिया था।
- अलाउद्दीन ने खलीफा की सत्ता को मान्यता प्रदान करते हुए **'यामिन-उल-खिलाफत- नासिरी-अमीर-उल-मोमिनीन'** (खलीफा का नायब) की उपाधि धारण की।
- बाजार विनिमय प्रणाली, अलाउद्दीन खिलजी द्वारा आरम्भ की गयी।
- बाजार नियंत्रण की पूरी व्यवस्था का संचालन **दीवार-ए-रियासत** नामक अधिकारी करता था।
- इसने **खम्स (लूट का धन)** में सुल्तान का हिस्सा 1/5 भाग के स्थान पर 4/5 भाग कर दिया।

अलाउद्दीन खिलजी का विजय अभियान
उत्तर भारतः गुजरात → रणथम्भौर → चित्तौड़ → मालवा → धार → चन्देरी → शिवाना → जालौर
दक्षिण भारतः देवगिरि → वारंगल → द्वारसमुद्र → मालाबार

- **जमात खाना मस्जिद, अलाई दरवाजा, सीरी का किला** तथा **हजार खम्भा महल** का निर्माण अलाउद्दीन खिलजी ने करवाया था।
- अलाउद्दीन द्वारा नियुक्त **परवाना-नवीस** नामक अधिकारी वस्तुओं का परमिट जारी करता था।
- **सराए-ए-अदल** यहाँ वस्त्र, शक्कर, जड़ी-बूटी, मेवा, दीपक का तेल एवं अन्य निर्मित वस्तुएँ बिकने के लिए आती थी।
- अलाउद्दीन खिलजी की आर्थिक नीति की जानकारी **जियाउद्दीन बरनी** कृत **तारीखे फिरोजशाही** से मिलती है।
- **खजाइन-उल-फुतूह**-अमीर खुसरो, **रेहला**-इब्नबतूता एवं **फुतूह-उस-सलातीन**-इसामी की कृति है।
- मूल्य-नियन्त्रण को सफल बनाने में **मुहतसिब** (सेंसर) एवं **नाजिर** (नाप-तौल अधिकारी) की महत्वपूर्ण भूमिका थी।

अमीर खुसरो

- अमीर खुसरो (मुहम्मद हसन) का जन्म उत्तर प्रदेश के बदायूँ (पटियाला) में 1253 ई. में हुआ था।
- बलबन से लेकर मुहम्मद तुगलक तक 8 सुल्तानों के दरबार में रहे।
- इनका उपनाम (तुती-ए-हिन्द) भारत का तोता था।
- अमीर खुसरो निजामुद्दीन औलिया के शिष्य थे।
- इन्होंने सितार-तबला के आविष्कार के साथ ही कव्वाली गायन का आरंभ भी किया।

- राजस्व सुधारों के अंतर्गत अलाउद्दीन ने सर्वप्रथम **मिल्क, इनाम** एवं **वक्फ** के अंतर्गत दी गई भूमि को वापस लेकर उसे **खालसा भूमि** में बदल दिया।
- अलाउद्दीन खिलजी ने कई नवीन कर लगाए थे–**चराई कर**, जो **दुधारू पशुओं पर कर, घरी कर**, जो **घरों** एवं **झोपड़ी** पर लगाया जाता था।
- अलाउद्दीन ने राजस्व व्यवस्था से भ्रष्टचार एवं लूट को खत्म करने के लिए एक नए विभाग **दीवान-ए-मुस्तखराज** की स्थापना की।
- **कुतुबुद्दीन मुबारक खिलजी 1316 ई.** को दिल्ली के सिंहासन पर बैठा।

सल्तनत काल में पाँच प्रकार के कर लगाए जाते थे		
1.	उश्र	– मुसलमानों से लिया जाने वाला भूमि कर
2.	खराज	– गैर-मुसलमानों पर धार्मिक कर
3.	खम्स	– लूट, खानों एवं भूमि में गड़े हुए खजानों से प्राप्त धन
4.	जकात	– मुसलमानों पर धार्मिक कर
5.	जजिया	– गैर-मुसलमानों पर धार्मिक कर

तुगलक वंश (1320-1414 ई.)

- **ग्यासुद्दीन तुगलक (गाजी मलिक, 1320-25 ई.)** यह दीपालपुर का सूबेदार था जिसने 5 सितम्बर, 1320 ई. को अन्तिम खिलजी शासक **खुसरो**

शाह को पराजित कर **तुगलक वंश** की नींव डाली एवं 8 सितम्बर, 1320 ई. को **'ग्यासुद्दीन तुगलक शाह'** के नाम से गद्दी पर बैठा।

- ❖ ग्यासुद्दीन तुगलक का पिता एक **करौना तुर्क** था तथा माता पंजाब के **जाट की पुत्री** थी।
- ❖ **ग्यासुद्दीन तुगलक** ने लगभग **29 बार** मंगोलों के आक्रमण को विफल किया।
- ❖ ग्यासुद्दीन तुगलक ने **'गाजी'** या **'काफिरों का घातक'** की उपाधि धारण की थी।
- ❖ ग्यासुद्दीन ने आर्थिक नीति का आधार **संयम (रस्म-ए-मियान)** को बनाया तथा लगान के रूप में कर **1/10** या **1/12** भाग वसूल किया।
- ❖ ग्यासुद्दीन **नहरों का निर्माण** करने वाला पहला सुल्तान था।
- ❖ अमीर खुसरो के अनुसार "सैकड़ों पण्डितों की पगड़ी अपने मुकुट के पीछे छुपाए रहता था अर्थात् वह अत्यधिक विद्वान था।"
- ❖ **निजामुद्दीन औलिया** ने ग्यासुद्दीन के बारे में कहा था–**'दिल्ली अभी बहुत दूर है।'**
- ❖ ग्यासुद्दीन का मकबरा कृत्रिम झील के अन्दर निर्मित है। इसकी दीवारें मिस्र के पिरामिडों की भांति भीतर की ओर झुकी हुई हैं। इस मकबरे का पंचभुजीय होना इसकी महत्वपूर्ण विशेषता है। मकबरे में अमल एवं कलश का प्रयोग हिन्दू मंदिर के समान हुआ है।
- ❖ **मुहम्मद बिन तुगलक** (1325-51 ई.) यह ग्यासुद्दीन तुगलक की मृत्यु के बाद **मार्च**, **1325 ई.** में दिल्ली का सुल्तान बना।
- ❖ मुहम्मद बिन तुगलक को **'मनियारों का राजकुमार'** कहा जाता है।
- ❖ इसका मूल नाम जूना खां (जौना खां) था। इसे **उलूग खां** की उपाधि दी गयी थी।
- ❖ मध्यकालीन सभी सुल्तानों में मुहम्मद तुगलक सर्वाधिक **शिक्षित**, **विद्वान** एवं **योग्य व्यक्ति** था।
- ❖ बरनी ने मुहम्मद बिन-तुगलक की पाँच योजनाओं का उल्लेख किया है–**1. दोआब क्षेत्र में कर वृद्धि** (1326-27), **2. राजधानी परिवर्तन** (1326-27), **3. सांकेतिक मुद्रा का प्रचलन** (1329-30), **4. खुरासान अभियान** और **5. कराचिल अभियान।**
- ❖ **मुहम्मद बिन तुगलक** के समय दक्षिण भारत में **बहमनी** तथा **विजयनगर** साम्राज्य की स्थापना हुई।
- ❖ मुहम्मद बिन तुगलक ने अपनी राजधानी दिल्ली से **देवगिरि** में स्थानान्तरित की और इसका नाम **दौलताबाद** रखा।
- ❖ मुहम्मद बिन तुगलक ने कृषि के विकास के लिए **'अमीर-ए-कोही'** नामक एक नवीन विभाग की स्थापना की।
- ❖ सांकेतिक मुद्रा के अंतर्गत **मुहम्मद बिन तुगलक ने पीतल** (फरिश्ता के अनुसार), **ताँबा (बरनी के अनुसार)** धातुओं के सिक्के चलवाए, जिनका मूल्य **चाँदी के रुपए टंका** के बराबर होता था।
- ❖ अफ्रीकी यात्री **इब्नबतूता** लगभग **1333 ई.** में भारत आया। सुल्तान ने इसे दिल्ली का **काजी** नियुक्त किया। **1342 ई.** में सुल्तान ने इसे अपने राजदूत के रूप में चीन भेजा।
- ❖ इब्नबतूता की पुस्तक **रेहला में मुहम्मद तुगलक** के समय की घटनाओं का वर्णन है।
- ❖ **मुहम्मद बिन तुगलक** की मृत्यु **20 मार्च**, **1351 ई.** को सिन्ध के विद्रोह को दबाते समय **थट्टा के निकट गोडाल** में हो गई।
- ❖ **फिरोजशाह तुगलक (1351-88 ई.)** मुहम्मद बिन तुगलक का चचेरा भाई था, जो उसकी मृत्यु के बाद **20 मार्च**, **1351 ई.** को दिल्ली का शासक बना।
- ❖ फिरोजशाह तुगलक **ब्राह्मणों पर जजिया** लागू करने वाला पहला मुसलमान शासक था।
- ❖ इसके शासनकाल में **टोपरा (खिज्राबाद गाँव)** एवं **मेरठ से अशोक** के **दो स्तम्भों** को लाकर दिल्ली में स्थापित किया गया।
- ❖ फिरोजशाह ने **जाजनगर (उड़ीसा)** पर आक्रमण करके **जगन्नाथ मंदिर** एवं **नगरकोट (काँगड़ा)** के ज्वालामुखी मंदिर को ध्वस्त किया।
- ❖ फिरोजशाह ने लगभग **24 कष्टदायक** करों को समाप्त किया तथा केवल 4 कर (**खराज**, **खम्स**, **जजिया** व **जकात**) ही लिये।
- ❖ फिरोज तुगलक ने सिंचाई कर **1/10** तथा भूमिकर उपज का **1/5** से **1/2** भाग लिया।
- ❖ फिरोज तुगलक ने सिंचाई के लिए **पाँच बड़ी नहरें** बनवाई।
- ❖ फिरोज तुगलक ने फलों के **1200 बाग** लगवाए तथा **300 नए नगर** बसाए।
- ❖ फिरोज तुगलक ने **रोजगार दफ्तर** नामक विभाग की स्थापना की।
- ❖ फिरोज तुगलक ने **ताँबे** और **चाँदी** के सिक्के जारी करवाए, जिन्हें **अद्धा** एवं **बिख** कहा जाता था।
- ❖ सुल्तान फिरोज तुगलक ने अनाथ **मुस्लिम महिलाओं**, **विधवाओं** एवं **लड़कियों** की सहायता के लिए एक नए विभाग **दीवान-ए-खैरात** की स्थापना भी की।
- ❖ दासों की देखभाल के लिए फिरोज ने एक नए विभाग **दीवान-ए-बंदगान** की स्थापना भी की।
- ❖ इसने अपनी आत्मकथा **फुतूहात-ए-फिरोजशाही** की रचना की।
- ❖ इसने **जियाउद्दीन बरनी** एवं **शम्स-ए-सिराज अफीक** को अपना संरक्षण प्रदान किया।
- ❖ फिरोज शाह के काल में निर्मित **खान-ए-जहाँ तेलंगानी** के मकबरे की तुलना **जेरुसलम** में निर्मित **उमर की मस्जिद** से की जाती है।
- ❖ सुल्तान फिरोज तुगलक ने दिल्ली में **कोटला फिरोजशाह** किले का निर्माण करवाया।
- ❖ **सितम्बर**, **1388 ई.** में फिरोजशाह तुगलक की मृत्यु के बाद **अबुबक्र** को **1389 ई.** में **सुल्तान** बनाया गया।
- ❖ **नासिरुद्दीन महमूद तुगलक (1398-1414)** तुगलक वंश का अन्तिम शासक था।
- ❖ इसका शासन **दिल्ली से पालम** तक ही रह गया था इसके समय ही तैमूर लंग का आक्रमण हुआ।
- ❖ **7 दिसम्बर**, **1398 ई.** को तैमूर लंग (समरकन्द निवासी) ने भारत पर आक्रमण कर अथाह **धन सम्पत्ति लूटी**।
- ❖ तैमूर लंग ने पंजाब के शासक **खिज्र खां सैयद** को **मुल्तान**, **लाहौर** और **दीपालपुर के प्रदेशों में** अपना प्रतिनिधि नियुक्त किया।

सैयद वंश (1414-1451 ई.)

- ❖ **खिज्र खाँ (1414-21 ई.) सैयद वंश** का संस्थापक था। यह स्वयं को **पैगम्बर का वंशज** मानता था।
- ❖ खिज्र खाँ **तैमूर लंग** का सेनापति था एवं यह नियमित रूप से **तैमूर** के पुत्र **शाहरुख** को कर भेजा करता था।
- ❖ खिज्र खां ने **'रैयत-ए-आला'** की उपाधि धारण की।
- ❖ खिज्र खां का प्रशासन **उदार** एवं **न्यायसंगत** था।
- ❖ **मुबारक शाह** (1421-34 ई.) पहला सुल्तान था, जिसके काल में दिल्ली के दरबार में **हिन्दू अमीरों** का उल्लेख मिलता है।

- खिज्र खाँ के पुत्र **मुबारक शाह** ने **शाह** की **उपाधि धारण** की थी।
- **याहिया बिन अहमद** सरहिन्दी को मुबारक शाह का संरक्षण प्राप्त था।
- मुबारकशाह ने यमुना के तट पर **'मुबारकाबाद'** नामक शहर बसाया।
- **19 फरवरी, 1434 ई.** को सरदार **सरवर-उल-मुल्क** ने छल से मुबारक शाह की हत्या कर दी।
- **मुहम्मद शाह (1434-44 ई.)** का पूर्व नाम **फरीद खां** था।
- मुहम्मद शाह ने **पंजाब** व **मुल्तान** के शासक **बहलोल लोदी** को **'खान-ए-खाना'** की उपाधि दी तथा **'पुत्र'** कह कर पुकारा।
- **अलाउद्दीन आलमशाह (1443-51 ई.)** इस वंश का अन्तिम शासक था।
- **आलमशाह** की मृत्यु **1476 ई.** में बदायूँ में हो गई।
- सैयद वंश का शासन करीब **37 वर्षों** तक रहा।

लोदी वंश (1451-1526 ई.)

- **बहलोल लोदी (1451-89 ई.)** दिल्ली का प्रथम **अफगान शासक** था। वह **गिलजोई कबीले** की शाखा **शाहूखेल** में पैदा हुआ था।
- 19 अप्रैल, 1451 ई. को **'बहलोल शाह गाजी'** की उपाधि धारण कर **बहलोल लोदी** दिल्ली की गद्दी पर बैठा।
- बहलोल लोदी ने **'बहलोली सिक्के'** का प्रचलन करवाया।
- **जुलाई 1489 ई.** को जलाली के निकट बीमार पड़ने के कारण **बहलोल लोदी** की मृत्यु हो गई।
- **सिकन्दरशाह लोदी** (1489-1517 ई.) 17 जुलाई, 1489 ई. में **'सिकन्दरशाह लोदी'** सिंहासन पर बैठा।
- **सिकन्दर लोदी** ने **1504 ई.** में **'आगरा'** शहर की नींव डालकर इसे अपने साम्राज्य की दूसरी राजधानी बनाया।
- सिकन्दर लोदी **'गुलरुखी'** के उपनाम से कविताएँ लिखा करता था।
- सिकन्दर लोदी ने मुसलमानों को **ताजिया निकालने** एवं मुसलमान **स्त्रियों के पीरों** तथा संतों की **मजार/कब्रों** पर जाने पर प्रतिबंध लगा दिया।
- भूमि मापन के प्रामाणिक पैमाने **गज-ए-सिकन्दरी (30 इंच)** का प्रचलन सिकन्दर लोदी ने किया।
- सिकन्दर लोदी के आदेश पर संस्कृत के एक **आयुर्वेद ग्रंथ** का फारसी में **फरहंगे सिकन्दरी** के नाम से अनुवाद हुआ।
- सिंकदर लोदी के काल में **गायन विद्या** के एक महत्वपूर्ण ग्रंथ **लज्जत-ए-सिकन्दरशाही** की रचना फारसी में की गई।
- **इब्राहिम शाह लोदी** (1517-26 ई.) को सिकन्दर लोदी की मृत्यु (गले की बीमारी के कारण) के बाद **22 नवम्बर, 1517 ई.** को अमीरों ने सर्वसम्मति से दिल्ली के **सिंहासन** पर बैठाया।
- इब्राहिम लोदी के समय अफगान सरदारों ने **बिहार के गर्वनर दरिया खां लोहानी** के नेतृत्व में विद्रोह कर दिया।
- **इब्राहिम लोदी** एवं **राणा सांगा** के मध्य **1517-18** में खतौली का युद्ध हुआ, जिसमें **इब्राहिम लोदी** की हार हुई।
- **बाबर** ने **पानीपत के प्रथम युद्ध (1526 ई.)** में **इब्राहिम** की हत्या कर **मुगलवंश की नींव** डाली।

सल्तनतकालीन प्रशासनिक एवं आर्थिक व्यवस्था

- **सुल्तान** की उपाधि **तुर्की शासकों** द्वारा प्रारम्भ की गई थी।
- **महमूद गजनवी** पहला शासक था, जिसने **सुल्तान की उपाधि** धारण की थी।
- **इल्तुतमिश** ने अपने पुत्र के स्थान पर अपनी **पुत्री रजिया** को अपना उत्तराधिकारी मनोनीत किया।
- **अलाउद्दीन खिलजी** एक मात्र ऐसा सल्तनत शासक था, जिसने सुल्तान के पद को सर्वोच्च रखते हुए **सिकन्दर-ए-सानी** जैसी उपाधियाँ ग्रहण की थीं।
- **मुबारक खिलजी** सल्तनत का एक मात्र ऐसा शासक था, जिसने स्वयं को ही **'खलीफा'** घोषित कर दिया था।
- सल्तनतकालीन **सैन्य व्यवस्था** को प्रारम्भ करने का श्रेय **इल्तुतमिश** को है।
- सल्तनत काल में स्थायी सेना के गठन का श्रेय **अलाउद्दीन खिलजी** को दिया जाता है।
- अलाउद्दीन खिलजी द्वारा सैनिकों की सीधी भर्ती तथा उन्हें नकद वेतन देने की प्रथा को प्रारम्भ किया गया।
- **अलाउद्दीन** ने **घोड़े दागने** की प्रथा प्रारम्भ की।
- मंगोल सेना के वर्गीकरण की **दशमलव प्रणाली** को सल्तनतकालीन **सैन्य व्यवस्था** का आधार बनाया गया था।
- सल्तनत काल में अच्छी नस्ल के **घोड़े तुर्की, अरब** एवं **रूस** से मंगाए जाते थे। हाथी मुख्यत: **बंगाल** से मंगाए जाते थे।
- **काजी-उल-कुजात** सुल्तान के पश्चात् **न्याय विभाग** का सर्वोच्च अधिकारी होता था।
- सल्तनतकालीन कानून शरीयत, कुरान एवं हदीस पर आधारित था।
- मुस्लिम कानून के चार महत्वपूर्ण स्रोत थे-**कुरान, हदीस, इजमा** एवं **कयास**।
- **अमीरों** का महत्व बलबन (1266-86 ई.) तथा अलाउद्दीन खिलजी (1296-1316 ई.) के समय घट गया, लेकिन सैयद तथा लोदी (1414-1526 ई.) काल में काफी बढ़ गया।

सल्तनतकालीन सिक्के

शासक	सिक्का	धातु
मोहम्मद गोरी	देहलीवाल	सोना, चाँदी, मिश्रित धातु
इल्तुतमिश	टंका, पीतल, अद्ल	चाँदी, ताँबा, ताँबा + चाँदी
बलबन	माशा	चाँदी
मुबारक शाह खिलजी	टका-ए-अलाई	सोना
मुहम्मद बिन तुगलक	सरागनी, अदली	चाँदी, काँसा
फिरोजशाह तुगलक	अद्दा एवं बिख	ताँबा + चाँदी

- मन्त्रिपरिषद् को **'मजलिस-ए-खलवत'** कहा जाता था।
- **बहराम शाह (1240-42 ई.)** के समय **'नायब-ए-मुमालिकत'** पद का सृजन हुआ। जिस पर सर्वप्रथम **इख्तियारुद्दीन ऐतगीन** को नियुक्त किया गया।
- दिल्ली सल्तनत को अनेक प्रांतों में बाँटा गया था, जो **'इक्ता'** कहलाते थे।
- **इक्ता** या **सूबे** का शासन **नायब** या **वली** या **मुक्ति** द्वारा संचालित होता था।
- **इक्ताओं** को **शिकों (जिलों)** में विभाजित किया गया था।
- **शिकदार शिक** का प्रमुख होता था, जो एक **सैनिक पदाधिकारी** था।
- **शिकों** को **परगनों** में विभाजित किया गया था।
- परगने का प्रमुख **'आमिल'** होता था। दोआब क्षेत्र में कुल **55 परगने** थे।
- एक शहर या **100 गाँवों** के शासन की देख-रेख **अमीर-ए-सादा** नामक अधिकारी करता था।
- प्रशासन की सबसे छोटी **इकाई ग्राम** होती थी।
- सल्तनतकाल में बंटाई प्रणाली को **किस्मत-ए-गल्ला, गल्ला-बक्शी** एवं **हासिल** आदि नामों से जाना जाता था।
- सल्तनत काल में बँटाई के तीन प्रकार थे-

1. **खेत बँटाई:** खड़ी फसल या फसल बोने के तुरंत बाद ही खेत बांटकर करों को निर्धारित करना।
2. **लंक बँटाई:** भूसे से अलग किए बिना ही कटी फसल का बंटवारा।

3. रास बँटाई: खलिहान में अनाज से भूसा अलग करने के बाद फसल का बंटवारा।

❖ **'मुशरिफ'** नामक अधिकारी लगान निश्चित करता था।

❖ भूमि का नाप-जोख करने के बाद क्षेत्रफल के आधार पर लगान का निर्धारण **मसाहत** कहलाता था। इसकी शुरुआत **अलाउद्दीन खिलजी** ने की।

❖ बलबन द्वारा **इक्ता उत्तराधिकारियों** के हस्तांतरण पर प्रतिबन्ध लगा दिया गया।

❖ फिरोजशाह तुगलक के समय **जजिया** भूमि कर से अलग कर के रूप में वसूल किया जाता था।

❖ **देवल** सल्तनत काल में अंतर्राष्ट्रीय बन्दरगाह के रूप में प्रसिद्ध था।

सल्तनतकालीन साहित्य एवं संगीत

❖ सल्तनतकाल में लाहौर फारसी भाषा का एक महत्वपूर्ण केन्द्र था।

❖ जलालुद्दीन खिलजी द्वारा स्थापित राजकीय पुस्तकालय का अध्यक्ष अमीर खुसरो था।

❖ **'तारीखे अलाई'** के नाम से प्रसिद्ध ग्रंथ में अलाउद्दीन खिलजी के शासन काल के प्रारम्भिक 15 वर्षों की घटनाओं का उल्लेख है।

❖ फिरोज तुगलक के शासन काल में शास्त्रीय रचना **रागदर्पण** का फारसी में अनुवाद किया गया।

सल्तनतकालीन स्थापत्य

(i) **कुव्वत-उल-इस्लाम मस्जिद**–कुतुबुद्दीन ऐबक ने निर्माण करवाया। भारतीय इस्लामिक शैली में निर्मित यह प्रथम स्थापत्य है। इसका विस्तार इल्तुतमिश एवं अलाउद्दीन ने किया।

(ii) **अढ़ाई दिन का झोंपड़ा**–अजमेर में इसका निर्माण कुतुबुद्दीन ऐबक ने करवाया। यह एक संस्कृत विद्यालय था। इसकी दीवारों पर हरिकेलि नाटक के अंश हैं।

(iii) **कुतुबमीनार**–निर्माण कार्य कुतुबुद्दीन ऐबक ने शुरू किया। इल्तुतमिश ने 3 मंजिल बनवायीं। फिरोजशाह तुगलक ने इसकी मरम्मत एवं इसकी एक मंजिल बनवायी।

(iv) **सुल्तानगढ़ी का मकबरा**–इसका निर्माण इल्तुतमिश ने करवाया। यह दिल्ली में स्थित है।

(v) **अतारकिन का दरवाजा**–इसका निर्माण इल्तुतमिश ने नागौर (राजस्थान) में करवाया।

(vi) **हौज-ए-शम्शी**–इल्तुतमिश ने बदायूँ में बनवाया।

(vii) **अलाई दरवाजा**–यह कुव्वत-उल-इस्लाम मस्जिद का प्रवेश द्वार है। अलाउद्दीन खिलजी ने बनवाया। यहां पहली बार घोड़े की नाल की आकृति में मेहराब बनाया गया।

(viii) **जमात खाना मस्जिद**–इसका निर्माण अलाउद्दीन खिलजी ने करवाया।

(ix) **ऊखा मस्जिद**–मुबारक शाह खिलजी ने भरतपुर (राजस्थान) में बनवाया।

(x) **तुगलकाबाद**–निर्माण ग्यासुद्दीन तुगलक ने करवाया।

(xi) **ग्यासुद्दीन तुगलक का मकबरा**–दिल्ली में स्थित यह पंच कोणीय मकबरा है।

(xii) **आदिलाबाद किला**–दिल्ली में मुहम्मद बिन तुगलक ने बनवाया।

(xiii) **कोटला फिरोजशाह शाह**–दिल्ली में फिरोजशाह तुगलक ने बनवाया।

(xiv) **काली मस्जिद**–फिरोजशाह तुगलक द्वारा निर्मित।

(xv) **खान-ए जहां तेलंगानी का मकबरा**–निजामुद्दीन में स्थित यह अष्टकोणीय मकबरा है। इसका निर्माण जौनाशाह (खान-ए जहाँ-II) ने करवाया।

सल्तनतकालीन साहित्य

लेखक	पुस्तक	विषय
अलबरूनी	किताब-उल-हिन्द	भारतीय विज्ञान पर
अलबरूनी	कानून-ए-मसौदी	खगोलशास्त्र पर
अलबरूनी	जवाहिर-फिल-जवाहिर	खनिज विज्ञान पर
फिरोजाबादी	क्वासुम	अरबी शब्दकोश
हसन निजामी	ताज-उल-मआसिर	इल्बरी इतिहास
अबू बक्र	चचनामा	सिंध का इतिहास
बुखारी	लुवाब-उल-अलाब	फारसी चयनिका
मिनहाज-उस-सिराज	तबकाते नासिरी	1260 तक मुस्लिम वंश का इतिहास
अमीर खुसरो	खजाइन-उल-फुतूह	अलाउद्दीन के अभियान
अमीर खुसरो	तुगलकनामा	ग्यासुद्दीन का उदय
अमीर खुसरो	मिफताह-उल-फुतूह	जलालुद्दीन के अभियान
अमीर खुसरो	खाम्साह	उनकी 5 प्रमुख रचनाएँ मुतला- उल-अनवर, शीरीन खुसरो, लैला-मजनूं, आइना-ए-सिकन्दरी तथा हश्त-बहिश्त का संग्रह
फिरोज तुगलक	फुतूहात-ए-फिरोजशाही	आत्मकथा
जियाउद्दीन बरनी	फतवा-ए-जहाँदारी	सांसारिक बातों पर न्यायिक सलाह
जियाउद्दीन-बरनी	तारीख-ए-फिरोजशाही	तुगलकों का इतिहास
इसामी	फुतूह-उस-सलातीन	बहमनी साम्राज्य
फिरदौसी	शाहनामा	महमूद गजनवी का राज्य
इब्नबतूता	किताब-उल-रेहला	यात्रा वृत्तांत

विजयनगर साम्राज्य

❖ मुहम्मद बिन तुगलक के समय दो भाइयों **हरिहर** और **बुक्का** ने विद्यारण्य सन्त से आशीर्वाद प्राप्त कर दक्षिण भारत में **1336 ई.** में स्वतन्त्र विजयनगर साम्राज्य की नींव डाली एवं अपने पिता संगम के नाम पर **संगम राजवंश** की स्थापना की।

❖ **हरिहर प्रथम (1336-56 ई.)** ने तुंगभद्रा नदी के दक्षिणी तट पर **'विजयनगर'** और **'विधानगर'** शहर की स्थापना की।

❖ विजयनगर साम्राज्य की **राजधानी हम्पी** थी।

❖ इनकी राजभाषा **तेलुगु** थी।

❖ विजयनगर के शासकों ने **कन्नड़**, **तमिल**, **तेलुगु** और **संस्कृत** को प्रोत्साहन दिया।

❖ **बुक्का प्रथम (1356-77 ई.)** ने बहमनी शासक से **मुद्गल** के किले का प्रसिद्ध युद्ध किया।

❖ **बुक्का प्रथम** ने वेदमार्ग प्रतिष्ठापक की उपाधि धारण की थी।

❖ **हरिहर-II** ने संगम शासकों में सर्वप्रथम **महाराजाधिराज** की उपाधि धारण की थी।

❖ **देवराय प्रथम (1406-22 ई.)** ने तुंगभद्रा नदी पर बांध का निर्माण कराया था।

❖ **देवराय प्रथम** ने पहली बार मुसलमानों को विजयनगर की सेना में भर्ती करने की प्रक्रिया प्रारंभ की।

❖ संगम वंश का सबसे प्रतापी राजा **देवराय-II** था। इसे **इमाडिदेवराय** भी कहा जाता था।

- ❖ **देवराय-II** को एक अभिलेख में **गजबेटंकर** (हाथियों का शिकारी) कहा गया है।
- ❖ **देवराय-II** ने संस्कृत ग्रंथ **महानाटक सुधानिधि** एवं **ब्रह्मसूत्र** पर भाष्य लिखा।
- ❖ मल्लिकार्जुन को **प्रौढ़ देवराय** भी कहा जाता है।
- ❖ कृष्णदेव राय (1509-29) ने **आन्ध्रभोज**, **अभिनव भोज**, **आन्ध्र पितामह** आदि उपाधि धारण की थी।
- ❖ सालुव तिम्मा कृष्णदेवराय का **योग्य मंत्री** एवं **सेनापति** था।
- ❖ बाबर ने अपनी आत्मकथा बाबरनामा में **कृष्णदेव राय** को भारत का सर्वाधिक **शक्तिशाली शासक** बताया है।
- ❖ कृष्णदेव राय ने तेलुगु में **अमुक्तमाल्याद्**, संस्कृत में जाम्बवती कल्याणम् एवं उषा परिणय की रचना की।
- ❖ कृष्णदेव राय के युग को **तेलुगु साहित्य** का गौरवशाली युग भी कहा जाता है क्योंकि उनके दरबार में तेलुगु साहित्य के आठ सर्वश्रेष्ठ कवि (अष्टदिग्गज) रहते थे।
- ❖ इनमें **अल्लसानी पेड्डना** सबसे महत्वपूर्ण कवि थे, जिन्हें तेलुगु कविता का पितामह कहा गया है। इन्होंने **स्वारोचितसंभव** या **मनुचरित्र** तथा **हरिकथा शरणम्** की रचना की।
- ❖ अष्टदिग्गज में अन्य कवि थे–**तेनालीराम** (पांडुरंग महात्य्य), **नंदितिम्मन** (परिजात हरण), **यादव्यगी मल्लन** (राजशेखर चरित), **घूर्जटि** (कलहसित महात्य), **भट्टमूर्ति** (नरसमूयामिलयम), **जिंग्लीरन्न** (राघवपांडवीय) और **अच्युलराजु रामचन्द्र** (रामाभ्युदय सकलकथा एवं सार संग्रह)।
- ❖ कृष्णदेव राय ने **नागलपुर** नामक नए नगर एवं **हजारा** तथा **विट्ठलस्वामी** मंदिरों का निर्माण करवाया था। **कृष्णदेव राय** की मृत्यु **1529 ई.** में हो गई।
- ❖ राक्षसी-तंगड़ी या **तालिकोटा** या **बन्नीहट्टी** का युद्ध 23 जनवरी, 1565 ई. में हुआ। इसी युद्ध के कारण विजयनगर का पतन हुआ।
- ❖ विजयनगर के विरुद्ध बने दक्षिण राज्यों के संघ में शामिल थे–**बीजापुर**, **अहमदनगर**, **गोलकुण्डा** एवं **बीदर**। इस संयुक्त मोर्चे का नेतृत्व **अली आदिलशाह** कर रहा था।
- ❖ बरार तालीकोटा के युद्ध में शामिल नहीं था।
- ❖ विदेशी यात्री **सेवेल**, तालीकोटा युद्ध (राक्षसतंगड़ी का युद्ध) का **प्रत्यक्षदर्शी** था।
- ❖ **अरावीडू वंश (1570-1672 ई.)** विजयनगर का चौथा राजवंश था, जिसकी स्थापना **तिरुमल** ने **सदाशिव** को अपदस्थ कर **पेनुकोंडा** में की। अरावीडू वंश का अन्तिम शासक रंग-III था।
- ❖ **अरावीडू शासक** वेंकट-II के शासनकाल में ही **वोडेयार** ने **1612 ई.** में मैसूर राज्य की स्थापना की थी।

विजयनगर कालीन प्रशासनिक, आर्थिक एवं सामाजिक व्यवस्था

- ❖ विजयनगर साम्राज्य की प्रशासनिक इकाई का क्रम (घटते हुए) इस प्रकार था–**प्रांत** (मंडल) → **कोट्टम या वलनाडू** (जिला) → **नाडू-मेलग्राम** (50 ग्राम का समूह) → **ऊर** (ग्राम)।
- ❖ **विवाह-कर** वर एवं वधू दोनों से लिया जाता था। **विधवा** से विवाह करने वाले इस **कर से मुक्त** थे।
- ❖ **विजयनगर** के शासक **उत्तराधिकारियों** की नियुक्ति अपने जीवन-काल में ही कर दिया करते थे।
- ❖ **राजा** और **युवराज** के बाद केन्द्र का मुख्य अधिकारी **प्रधानी** होता था, जो **मराठा-कालीन पेशवा** के समरूप था।
- ❖ शासक **अंगरक्षक** के रूप में **स्त्रियों को नियुक्त** करते थे।
- ❖ **आयंगर व्यवस्था:** यह **ग्रामीण प्रशासन** से जुड़ी व्यवस्था थी। इसमें स्थानीय स्वायत्त व्यवस्था की वास्तविक शक्ति **12 ग्रामीण अधिकारियों** के हाथों में थी। अधिकारियों का पद वंशानुगत था।
- ❖ **कर्णिक** नामक आयंगर के पास जमीन के **क्रय-विक्रय** से सम्बन्धित **समस्त दस्तावेज** होते थे।
- ❖ **नायंकर व्यवस्था:** विजयनगर प्रशासन की सबसे महत्वपूर्ण व्यवस्था थी।
- ❖ विजयनगर-कालीन नायक वस्तुत: **भू-सामंत** थे, जिन्हें राजा वेतन के बदले अथवा उनकी अधीनस्थ सेना के रखरखाव के लिए विशेष **भूखंड** दे देता था, जो **अमरम्** कहलाता था।
- ❖ गवर्नरों को प्राय: **दण्डनायक** कहा जाता था।
- ❖ न्यायालय चार प्रकार के थे–**1.** तिष्ठिता, **2.** चल, **3.** मुद्रिता और **4.** शास्त्रिता।
- ❖ विजयनगर साम्राज्य के क्रयी दासों को **'बेसवर्ग'** कहा जाता था।
- ❖ विजयनगर साम्राज्य की आय का सबसे बड़ा स्रोत लगान था। भूराजस्व की **दर उपज** का **1/6वाँ** भाग था।

विजयनगर साम्राज्य के कर

विजय नगर साम्राज्य के प्रमुख कर कदमई, मगमाई, कनिक्कई कत्तनम, वरम्, भोगम्, वारि, पत्तम, इराई और कत्तायम थे।

- ❖ विजय नगर साम्राज्य में विवाह कर भी लिया जाता था।
- ❖ वे कृषक मजदूर, जो भूमि के **क्रय-विक्रय** के साथ ही हस्तांतरित हो जाते थे, **कूदि** कहलाते थे।
- ❖ गोवा को बहमनियों से सर्वप्रथम छीनने वाला प्रथम विजयनगर शासक **हरिहर-II** था।
- ❖ 1420 ई. में विजयनगर साम्राज्य में आने वाला **इटली का यात्री निकोलो डिकोन्टी** था, जो देवराय प्रथम के शासनकाल में आया था।
- ❖ कृष्णदेव राय ने तेलगु में **'अमूक्त माल्यद एवं संस्कृत में जामवंती कल्याणम्'** की रचना की।
- ❖ **कृष्णदेवराय** को **आंध्र भोज**, **अभिनव भोज**, **आंध्र पितामह** आदि उपाधियाँ प्राप्त थीं।

बहमनी साम्राज्य

- ❖ दक्षिण भारत में फारस के सुल्तान बहमनदीन के **इस्कन्दियार** के वंशज 'हसन' ने **1347 ई.** में **तुगलक साम्राज्य** से विद्रोह कर स्वतन्त्र **बहमनी साम्राज्य** की नींव डाली।
- ❖ 'हसन' 11 अगस्त, 1347 ई. को **'अबुल-ए-मुजफ्फर अलाउद्दीन हसन बहमन शाह'** की उपाधि धारण करके बहमनी साम्राज्य का पहला शासक बना।
- ❖ बहमनी साम्राज्य की राजधानी **गुलबर्गा** थी।
- ❖ बहमनी साम्राज्य की **राजभाषा मराठी** एवं **मुद्रा हूण** थी।
- ❖ अलाउद्दीन हसन के पश्चात् उसका पुत्र **मुहम्मदशाह प्रथम सुल्तान** बना। इसके काल में ही सबसे पहले **बारूद का प्रयोग** (बुक्का प्रथम के विरुद्ध) हुआ।
- ❖ **फिरोजशाह बहमनी** और देवराय प्रथम के बीच हुए **'सोनार की बेटी का युद्ध'** में देवराय प्रथम पराजित हुआ एवं उसे **10 लाख का हर्जाना** देना पड़ा।
- ❖ भीमा नदी के तट पर फिरोजाबाद की स्थापना **ताजुद्दीनफिरोज** ने की थी।
- ❖ 1470-74 ई. में रूसी यात्री अफानासी **निकितिन** बहमनी साम्राज्य की यात्रा पर आया। इस समय बहमनी राज्य पर **मुहम्मद तृतीय** का शासन था।
- ❖ **फिरोजशाह** ने **खगोलशास्त्र** के अध्ययन के लिए दौलताबाद में एक वेधशाला का निर्माण करवाया।

- **शहाबुद्दीन अहमद प्रथम** ने अपनी राजधानी **गुलबर्गा** से हटाकर बीदर में स्थापित की। इसने बीदर का नया नाम **मुहम्मदाबाद** रखा।
- मुहम्मद-III के शासनकाल में **'ख्वाजा जहाँ'** की उपाधि से सम्मानित महमूद गवाँ को प्रधानमन्त्री नियुक्त किया गया।
- मुहम्मद तृतीय के शासन काल में **1481-82 ई.** में राजद्रोह के आरोप में **महमूद गवाँ** को फाँसी दी गई।
- बहमनी साम्राज्य के चार मुख्य प्रांत थे–**दौलताबाद**, **बरार**, **बीदर** एवं **गुलबर्गा**।
- कालान्तर में बहमनी साम्राज्य निम्नलिखित पाँच भागों में स्वतन्त्र हो गया-
- दौलताबाद का तरफदार (प्रांतपति) **मसनद-ए-आली** एवं बरार का **तरफदार मजलिस-ए-आली** कहलाता था।
- बीजापुर के शासक युसूफ आदिलशाह के संरक्षण में **फरिश्ता** (मुहम्मद कासिम) ने ऐतिहासिक ग्रंथ **'तारीख-ए-फरिश्ता'** की रचना की।

धार्मिक आन्दोलन

सूफी आन्दोलन

- **सूफीवाद इस्लाम** के भीतर ही एक **सुधारवादी आन्दोलन** के रूप में ईरान से शुरू हुआ था। **सूफी** शब्द का अर्थ पवित्रता है।
- **महिला रहस्यवादी राबिया** (10वीं शताब्दी) और **मंसूर-बिन-हल्लाज** (10वीं शताब्दी) जैसे प्रारम्भिक सूफियों ने ईश्वर और व्यक्ति के बीच प्रेम संबंध पर बहुत अधिक बल दिया।
- **वहदत-उल-वजूद** का सिद्धांत **शेख मुईनउद्दीन इब्न-उल-अरबी** (1165-1240 ई.) ने दिया।
- जो लोग सूफी संतों से शिष्यता ग्रहण करते थे, उन्हें **मुरीद** कहा जाता था।
- चिश्ती परम्परा के बाबा **फरीद बख्तियार काकी** के शिष्य थे।
- सूफी जिन आश्रमों में निवास करते थे, उन्हें **खानकाह** या **मठ** कहा जाता था।
- सूफी धर्मसंघ **बा-शरा** (इस्लामी सिद्धान्त के समर्थक) और **बे-शरा** (इस्लामी सिद्धान्त से बंधे नहीं) में विभाजित थे।
- भारत में सर्वप्रथम सूफी **शेख इस्माइल गजनवी** (1000-30 ई.) के साथ लाहौर आया।
- चिश्ती सिलसिले के संस्थापक **ख्वाजा मुईनुद्दीन चिश्ती** थे, जो 1192 ई. में **मुहम्मद गोरी** के साथ भारत आए। चिश्ती परम्परा का मुख्य केन्द्र अजमेर था।

प्रमुख सूफी सिलसिले

सिलसिला	संस्थापक	प्रभाव क्षेत्र
चिश्ती	ख्वाजा मुईनुद्दीन चिश्ती	सामान्य रूप से भारतीय उपमहाद्वीप
सुहरावर्दी	हजरत बहाउद्दीन जकारिया	उच्छ (सिंध) एवं मुल्तान
कादिरी	शेख अब्दुल कादिरअल जिलानी	मुल्तान, पंजाब
शत्तारी	शाह अब्दुल्ला शत्तारी	मध्य और पूर्वी भारत
नक्शबंदी	ख्वाजा बाकी बिल्लाह	पंजाब एवं दिल्ली
फिरदौसी	शेख बदरुद्दीन	बिहार
कुब्रविया	मीर सैयद अली हमदानी	कश्मीर
कलंदरी	शेख अबूकर लूसी	दिल्ली, पंजाब

- बाबा फरीद की रचनाएँ **गुरु ग्रंथ साहिब** में शामिल हैं।
- चिश्ती परम्परा के कुछ महत्वपूर्ण संत थे–**बख्तियार काकी**, **बाबा फरीद**, **निजामुद्दीन औलिया** एवं **शेख बुरहानुद्दीन गरीब**।
- हजरत निजामुद्दीन औलिया ने अपने जीवनकाल में **दिल्ली के 7 सुल्तानों** का शासन देखा था। इनके प्रमुख शिष्य थे–**शेख सलीम चिश्ती**, **अमीर-खुसरो**, **अमीर हसन देहलवी**।
- **निजामुद्दीन औलिया** के अनुसार कुछ हिन्दू जानते हैं कि इस्लाम एक सच्चा धर्म है किंतु वे इसे अपनाते नहीं हैं।
- **शेख बुरहानुद्दीन** गरीब ने 1340 ई. में दक्षिण भारत के क्षेत्रों में **चिश्ती सम्प्रदाय** की शुरुआत की और **दौलताबाद** को मुख्य केन्द्र बनाया।
- **सुहरावर्दी सिलसिले** की स्थापना **शेख शिहाबुद्दीन उमर सुहरावर्दी** ने की, इसके संचालन का श्रेय **शेख बदरुद्दीन जकारिया** को है। इन्होंने **सिंध** एवं **मुल्तान** को मुख्य केन्द्र बनाया।
- सुहरावर्दी सिलसिले ने राज्य के संरक्षण को स्वीकार किया।
- **फिरदौसी सिलसिले** को **शेख बदरुद्दीन** और **अहमद याहया मनेरी** ने लोकप्रिय बनाया।
- **फिरदौसी सुहरावर्दी** सिलसिले की ही **एक शाखा** थी, जिसका कार्य **क्षेत्र बिहार** था।
- **शत्तारी सिलसिले** की स्थापना **शेख अब्दुल्ला शत्तारी** ने की थी। इसका मुख्य केन्द्र बिहार था।
- **कादिरी सिलसिले** की स्थापना **सैयद अब्दुल कादिर** अल जिलानी ने **बगदाद** में की थी।
- भारत में **कादिरी सिलसिले** के प्रवर्तक **मुहम्मद गौस** थे।
- **राजकुमार दारा** (शाहजहाँ का ज्येष्ठ पुत्र) **कादिरी सिलसिले** के मुल्लाशहह का शिष्य था।
- **नक्शबंदी सिलसिले** की भारत में स्थापना **बाकी बिल्लाह** ने की थी।
- भारत में **नक्शबंदी सिलसिले** का व्यापक प्रचार (अकबर के समय) **'शेख अहमद सरहिन्दी'** ने किया था।

भक्ति आन्दोलन

- **भक्ति आंदोलन तुर्क** आगमन के पूर्व से **अकबर** के काल तक चलता रहा।
- भक्ति आंदोलन ने **मानव** और **ईश्वर** के मध्य **रहस्यवादी संबंधों** को स्थापित करने पर बल दिया।
- मध्यकाल में भक्ति आंदोलन के कारण निम्नलिखित थे- हिन्दू धर्म की बुराइयाँ, हिन्दू-मुस्लिम समन्वय, भक्ति संत तथा सूफी संतों के प्रचार आदि।

प्रमुख धर्माचार्य/संप्रदाय

क्र.सं.	संत	दर्शन	सम्प्रदाय
1.	रामानुजाचार्य	विशिष्टाद्वैत	श्री सम्प्रदाय
2.	माधवाचार्य	द्वैतवाद	ब्रह्म सम्प्रदाय
3.	वल्लभाचार्य	शुद्धाद्वैतवाद	रुद्र सम्प्रदाय
4.	शंकराचार्य	अद्वैतवाद	स्मृति सम्प्रदाय
5.	निम्बकाचार्य	सनक	द्वैताद्वैत सम्प्रदाय

- भक्ति आंदोलन की दो मुख्य धाराएँ थीं–**1.** निर्गुण धारा एवं **2.** सगुण धारा।
- **निर्गुण धारा** के संत **निराकार प्रभु** में आस्था रखते थे तथा वैयक्तिक साधना और तपस्या पर बल देते थे, जैसे–**कबीर**, **नानक**।
- सगुण धारा के संतों ने **मूर्तिपूजा**, **अवतारवाद**, **कीर्तन** आदि का प्रचार किया-जैसे, **तुलसीदास**, **मीरा**, **सूरदास**, **चैतन्य**, **वल्लभाचार्य** आदि।

❖ छठी शताब्दी में भक्ति आन्दोलन की शुरुआत **तमिल क्षेत्र** से हुई, जो शीघ्र ही **कर्नाटक** और **महाराष्ट्र** में फैल गया।
❖ भक्ति आंदोलन का विकास 12 **अलवार वैष्णव संतों** और **63 नयनार शैव संतों** ने किया।

प्रमुख संत (दक्षिण भारत)

❖ **रामानुजाचार्य (1060-1118)** ने राम को अपना आराध्य माना। रामानुज ने वेदान्त में शिक्षा अपने गुरु, **कांचीपुरम** के **यादव प्रकाश** से प्राप्त की थी।
❖ रामानुजाचार्य को **श्री वैष्णव पंथ** का **संस्थापक** माना जाता है। ये श्रीरंगम के विष्णु मंदिर के प्रधान पुजारी थे।
❖ **ज्ञानेश्वर (1271-96 ई.)**- ज्ञानेश्वर ने 'भगवत् गीता' पर एक टीका 'भावार्थ दीपिका' लिखी।
❖ यह पुस्तक महाराष्ट्र के **भक्तिवाद का स्रोत** है तथा लंबे भजन के रूप में धार्मिक उपदेश है।

आलवार संत

❖ अलवार संत एकेश्वरवादी थे।
❖ ये विष्णु की भक्ति एवं पूजा से मोक्ष प्राप्त करने में विश्वास रखते थे।

नयनार संत

❖ नयनार संत शिव भक्त थे। इनकी संख्या 63 बतायी जाती है। नयनारों के भक्तिगीतों को 'देवारम' नामक संकलन में संकलित किया गया है।

प्रमुख नयनार संत

❖ तिरुनावुक्करशु, तिरुज्ञान, संबदर, सुन्दर, भूति एवं मणिक्कावाचार।
❖ शैव संत अप्पार ने पल्लव राजा **महेन्द्रवर्मन को शैवधर्म स्वीकार** करवाया।
❖ **वैष्णव संत** महाराष्ट्र में लोकप्रिय हुए। वे भगवान **विठोबा के भक्त** थे। विठोबा पंथ के संत और उनके अनुयायी वरकरी या तीर्थयात्री-पंथ कहलाते थे, क्योंकि ये हर वर्ष **पंढरपुर** की तीर्थयात्रा पर जाते थे।
❖ दक्षिण में **वैष्णव संतों** द्वारा **चार मठों** की स्थापना की गई थी।
❖ भक्ति का सर्वप्रथम उल्लेख **श्वेताश्वर उपनिषद** में मिलता है।

शंकराचार्य

❖ शंकराचार्य का जन्म केरल में अल्वर नदी के तट पर कलादि ग्राम में 788 ई. में हुआ।
❖ शंकराचार्य ने अद्वैतवाद और नवब्राह्मण धर्म की स्थापना की।
❖ इन्होंने जगत को मिथ्या तथा ईश्वर को सत्य माना।
❖ इन्होंने ब्रह्म की प्राप्ति के लिए ज्ञान मार्ग पर बल दिया।
❖ बौद्ध धर्म की महायान शाखा से प्रभावित होने के कारण इन्हें प्रच्छन्न बौद्ध कहा गया है।
❖ इनकी प्रमुख रचनाएं ब्रह्मसूत्र भाष्य, गीता भाष्य उपदेश तथा साहसी मरीषापच्चम हैं।

उत्तर भारत

उत्तर भारत के संत
↓
रामानंद, सूरदास, चैतन्य, वल्लभाचार्य, मीराबाई, दादूदयाल, मलूक दास

रामानंद
↓
धन्ना, पीपा, रैदास, कबीर, पद्मावती

❖ **रामानंद (1360-1470 ई.)** का जन्म प्रयाग में हुआ था। इन्होंने अपना सम्प्रदाय सभी जातियों के लिए खोल दिया। रामानंद ने भक्ति को मोक्ष का एकमात्र साधन स्वीकार किया। रामानंद ने अपना उपदेश संस्कृत के स्थान पर हिन्दी में दिया। रामानन्द ने **पद्मावती** तथा **सुरसीर** नामक महिलाओं को शिष्य बनाया। रामानंद की शिक्षा से दो संप्रदायों का प्रादुर्भाव हुआ- **1. सगुण** और **2. निर्गुण**।
❖ **कबीर (1440-1510 ई.) वाराणसी** (लहरतारा तालाब) में शिशु रूप में पाए गए थे। जुलाहा नीरू तथा उसकी पत्नी नीमा इस नवजात शिशु को अपने घर ले आए। इस बालक का नाम **कबीर** रखा गया। कबीर ने **राम**, **रहीम**, **हजरत**, **अल्लाह** आदि को एक ही ईश्वर के अनेक रूप माना। इन्होंने **एकेश्वरवाद** में आस्था व्यक्त की एवं **निराकार ब्रह्म** की उपासना को महत्व दिया।
❖ **धन्नाः धन्ना** का जन्म **1415 ई.** में एक जाट परिवार में हुआ था। वे बनारस आकर **रामानन्द** के शिष्य बन गए।
❖ **रैदासः रैदास जाति** से चमार थे। ये रामानंद के 12 शिष्यों में से एक थे। इनके पिता का नाम **रघु** तथा माता का नाम **घुरबिनिया** था। **मीराबाई** ने **रैदास** को अपना गुरु माना।
❖ इन्होंने **'रायदासी सम्प्रदाय'** की स्थापना की।
❖ **शंकरदेव (1449-1568 ई.): विष्णु (कृष्ण)** के भक्त **शंकरदेव असम** के धर्म सुधारक थे। इनके धर्म का नाम **'महापुरुषीय धर्म'** था।
❖ **गुरुनानकः** गुरुनानक का जन्म 1469 ई. में अविभाजित पंजाब के **तलवण्डी** नामक स्थान पर हुआ था, जो अब **ननकाना साहिब** के नाम से विख्यात है। उनकी माता का नाम **तृप्ता देवी** तथा पिता का नाम **कालू मेहता** था। बटाला के मूलराज खत्री की बेटी **सुलक्षणा** से उनका विवाह हुआ।
❖ गुरु नानक ने **सिक्ख धर्म** की स्थापना की।

सिक्ख संप्रदाय के 10 गुरु

1. गुरु नानक – सिक्ख धर्म के संस्थापक।
2. गुरु अंगद – गुरुमुखी लिपि के जनक।
3. गुरु अमरदास – गुरु प्रसार हेतु 22 गद्दियों का निर्माण।
4. गुरु रामदास – अमृतसर के संस्थापक।
5. गुरु अर्जुनदेव – गुरु ग्रंथ साहिब का संकलन, स्वर्ण मंदिर का निर्माण, जहांगीर ने फांसी दी।
6. गुरु हरगोविन्द – अकाल तख्त की स्थापना।
7. गुरु हरराय – मुगलों के उत्तराधिकार युद्ध में भाग लिया।
8. गुरु हरिकिशन – अल्पवयस्क अवस्था में मृत्यु।
9. गुरु तेगबहादुर – औरंगजेब ने फांसी दी।
10. गुरु गोविन्द सिंह – खालसा सेना का गठन।

❖ नानक सूफी संत **बाबा फरीद** से प्रभावित थे।
❖ गुरु नानक की मृत्यु **1538-39 ई.** में करतारपुर में हुई।

अन्य भक्ति संत

❖ **सूरदास (1479-1589 ई.)** सूरदास संत होने के साथ एक महान कवि भी थे, सूरदास की रचनाएँ हैं-**सूरसागर**, **साहित्यरत्न**, **सूरसारावली** आदि।
❖ **'सूरसागर'** में **कृष्ण के बालरूप** का वर्णन मिलता है, यह पुस्तक **ब्रज भाषा** में है।
❖ **वल्लभाचार्य** (1479-1531 ई.) ये **तैलंग ब्राह्मण** थे। श्री वल्लभाचार्य का जन्म वाराणसी में हुआ था। इनके पिता का नाम **लक्ष्मा भट्टा** तथा माता का नाम **यल्लमगरु** था। इनका विवाह महालक्ष्मी के साथ हुआ।
❖ **सुंदरदास** (1506-89 ई.) सुंदरदास का जन्म राजस्थान में वैश्य परिवार में हुआ। वे **दादू दयाल** के शिष्य, कवि और संत थे।
❖ सुंदरदास के विचार **'सुंदरविलास'** नामक पुस्तक में मिलते हैं।

- **तुलसीदास** (1532-1623 ई.) इनका जन्म उत्तर प्रदेश के बाँदा जिले के राजापुर गाँव में हुआ था।
- इन्होंने 1574-75 ई. में **रामचरितमानस** की रचना **अवधी भाषा** में की।
- तुलसीदास मुगल शासक अकबर के समकालीन थे।
- **वीरभान:** वीरभान का जन्म (1543 ई.) **नारनौल (हरियाणा)** में हुआ।
- इन्होंने **'सतनामियों'** के संप्रदाय की स्थापना की। सतनामियों की धर्मपुस्तक का नाम **'पोथी'** है।
- **दादू दयाल** (1554-1606 **ई.**): दादू दयाल का जन्म अहमदाबाद में हुआ था। इनके अनुयायी **'दादू पंथी'** कहलाते हैं। ये कबीर के अनुयायी थे। इनका संबंध **धुनिया जाति** से था। इन्होंने **ब्रह्म सम्प्रदाय** की स्थापना की।
- **चैतन्य:** चैतन्य का जन्म **नदिया (बंगाल)** के मायपुर गाँव में हुआ था। इनके पिता का नाम **जगन्नाथ मिश्र** एवं माता का नाम **शची देवी** था।
- चैतन्य को **निमाई पंडित** कहा जाता था। चैतन्य ने **गोसाई संघ** की स्थापना की और साथ ही संकीर्तन प्रथा को जन्म दिया। इनके दार्शनिक सिद्धान्त को **अचिंत्य भेदाभेदवाद** के नाम से जाना जाता है।
- शंकरदेव ने सर्वोच्च देवता की महिला सहयोगियों को मान्यता प्रदान नहीं की थी।
- शंकरदेव एकमात्र ऐसे **कृष्णमार्गी वैष्णव संत** थे, जिन्होंने कृष्ण की मूर्ति के रूप में पूजा का विरोध किया था।
- **संत ज्ञानेश्वर:** इन्होंने महाराष्ट्र में **भागवत धर्म** की आधारशिला रखी। **ज्ञानेश्वर** ने मराठी भाषा में गीता पर ज्ञानेश्वरी नामक टीका लिखी।
- **नामदेव:** ज्ञानेश्वर के शिष्य एवं बरकरी संप्रदाय के संत थे। इन्होंने ब्राह्मणों की सत्ता को चुनौती दी एवं जाति प्रथा का विरोध किया।
- **तुकाराम (1598-1650 ई.):** तुकाराम महाराष्ट्र के सबसे महान कवि हुए। ईश्वर के प्रति इनका विचार **'कबीर'** से मिलता था। तुकाराम के उपदेश **'अभंगों'** में संकलित हैं।
- **रामदास (1608-81):** रामदास बाल्यावस्था में ही अनाथ हो गए और इन्होंने भ्रमण करते हुए तपस्या में जीवन व्यतीत किया। इन्होंने भक्ति और कर्मयोग दोनों पर जोर दिया। इनका मुख्य ग्रंथ **'दासबोध'** है।

मुगल साम्राज्य

बाबर (1526-30 ई.)

- बाबर पितृवंश की ओर से **तैमूर का पंचम वंशज** तथा मातृवंश की ओर से **चंगेज खाँ** का 14वाँ वंशज था।
- बाबर का जन्म **14 फरवरी, 1483 ई.** में **फरगना** में हुआ था।
- बाबर के पिता **उमरशेख मिर्जा फरगना** नामक छोटे राज्य के शासक थे।
- बाबर ने **1507 ई. पादशाह** की उपाधि धारण की, जिसे अब तक किसी तैमूर शासक ने धारण नहीं की थी।
- बाबर के चार पुत्र थे–**हुमायूँ**, **कामरान**, **असकरी** तथा **हिन्दाल**।
- पानीपत के प्रथम युद्ध में बाबर ने पहली बार **तुलुगमा युद्ध नीति** एवं **तोपखाने** का प्रयोग किया था। **उस्ताद अली** एवं **मुस्तफा बाबर** के दो प्रसिद्ध निशानेबाज थे, जिसने पानीपत के प्रथम युद्ध में भाग लिया था।
- बाबर के मात्र दो सरदार (अमीर) **ख्वाजा कलाँ** तथा **मीर मरान** ने पानीपत युद्ध के बाद वापस काबुल जाने की इच्छा व्यक्त की।
- **खानवा के युद्ध (1527 ई.)** में बाबर ने **राणा सांगा** को पराजित किया एवं **'गाजी'** की उपाधि धारण की।
- खानवा युद्ध का वर्णन **श्यामल दास लेखक** की कृति **'वीर विनोद'** में किया गया है।
- 48 वर्ष की आयु में **26 दिसम्बर, 1530 ई.** को आगरा में बाबर की मृत्यु हो गई।
- प्रारंभ में बाबर का शव आगरा में **'नूर अफगान'** (आधुनिक आरामबाग) **बाग** में दफनाया गया, था परंतु बाद में उसे काबुल में उसी के द्वारा चुने गए स्थान पर दफनाया गया।
- बाबर ने अपनी आत्मकथा तुर्की भाषा में **तुजुके बाबरी** (बाबरनामा) की रचना की, जिसका अनुवाद बाद में फारसी भाषा में **अब्दुल रहीम खानखाना** ने किया।

बाबर द्वारा लड़े गए प्रमुख युद्ध

वर्ष	युद्ध	पक्ष	परिणाम
21 अप्रैल, 1526 ई.	पानीपत का प्रथम युद्ध	इब्राहिम लोदी एवं बाबर	बाबर विजयी
17 मार्च, 1527 ई.	खानवा का युद्ध	राणा साँगा एवं बाबर	बाबर विजयी
29 जनवरी 1528 ई.	चन्देरी का युद्ध	मेदनी राय एवं बाबर	बाबर विजयी
6 मई, 1529 ई.	घाघरा का युद्ध	अफगान एवं बाबर	बाबर विजयी

हुमायूँ (1530-56 ई.)

- हुमायूँ का जन्म **6 मार्च, 1508 ई.** में **काबुल** में हुआ था।
- हुमायूँ की माँ **'माहिम बेगम'** शिया मत में विश्वास रखती थी।
- हुमायूँ **दर्शनशास्त्र**, **ज्योतिषशास्त्र**, **फलित** ज्योतिष तथा **गणित** का ज्ञाता था।
- **30 दिसम्बर, 1530 ई.** को 23 वर्ष की अवस्था में हुमायूँ का राज्याभिषेक **आगरा** में हुआ।
- आगरा की गद्दी पर बैठने से पहले **हुमायूँ बदख्शाँ** का सूबेदार था।
- हुमायूँ ने **काबुल**, **कन्धार** एवं **पंजाब** की **सूबेदारी कामरान** को, **संभल** की सूबेदारी **असकरी** को, **अलवर** एवं **मेवाड़** की सूबेदारी **हिन्दाल** को तथा **बदख्शां** की सूबेदारी अपने चचेरे भाई **सुलेमान मिर्ज़ा** को प्रदान की थी।
- हुमायूँ ने 1533 ई. में दिल्ली में 'दीनपनाह' नामक नया भवन बनवाया।
- **चौसा का युद्ध** बक्सर के निकट 25 जून, 1539 ई. में **शेर खाँ** एवं **हुमायूँ** के बीच हुआ। इस युद्ध में **शेर खाँ** विजयी रहा।
- **बिलग्राम या कन्नौज युद्ध** 17 मई, 1540 ई. में **शेर खाँ** एवं **हुमायूँ** के बीच हुआ। इस युद्ध में भी **हुमायूँ पराजित** हुआ, जिससे शेर खाँ ने आसानी से **आगरा** एवं **दिल्ली** पर अधिकार कर लिया।

मुगल-अफगान युद्ध

वर्ष	युद्ध	पक्ष
1531	देवरा का युद्ध	हुमायूँ एवं महमूद लोदी
1539	चौसा का युद्ध	हुमायूँ एवं शेरशाह
1540	कन्नौज (बिलग्राम) का युद्ध	हूमायूँ एवं शेरशाह
1555	सरहिन्द का युद्ध	बैरम खाँ एवं सिकन्दर सूर

- **बिलग्राम युद्ध** के बाद **हुमायूँ सिन्ध** चला गया, जहाँ 15 वर्षों तक घुमक्कड़ों जैसा निर्वासित जीवन व्यतीत किया।
- **सरहिन्द के युद्ध** में हुमायूँ पंजाब के सूरी शासक **सिकन्दर शाह** को **1555 ई.** में पराजित कर पुनः दिल्ली की गद्दी पर बैठा। **1 जनवरी, 1556 ई.** को **'दीनपनाह'** भवन में स्थित पुस्तकालय की सीढ़ियों से गिरने के कारण हुमायूँ की मृत्यु हो गई।
- लेनपुल के अनुसार, **'हुमायूँ ने जिस प्रकार लुढ़क-लुढ़क कर जीवन व्यतीत किया, उसी तरह वह उन मुसीबतों से बाहर निकल आया।'**
- दिल्ली में हुमायूँ का मकबरा हुमायूँ की पत्नी **हाजी बेगम** ने बनवाया था।

शेरशाह सूरी और उसके उत्तराधिकारी

- सूर साम्राज्य का संस्थापक अफगान वंशीय **शेरशाह सूरी** था।
- इसके पिता **हसन खाँ** जौनपुर राज्य के अंतर्गत **सासाराम** (बिहार) के जमींदार थे।
- शेरशाह का असली नाम **'फरीद'** था। इसका जन्म 1472 ई. में बजवाड़ा (पंजाब, होशियारपुर) में हुआ था।
- फरीद ने **एक शेर को तलवार के एक ही वार से मार** दिया था। उसकी इस बहादुरी से प्रसन्न होकर बिहार के अफगान शासक **मुहम्मद बहार खाँ लोहानी** ने उसे **शेर खाँ** की उपाधि प्रदान की।
- 1527 ई. में शेर खां ने मुगलों की नौकरी कर ली तथा उसके प्रशासन तथा सैनिक दोषों का अध्ययन कर 1528 ई. में नौकरी छोड़ दी। तत्पश्चात् शेर खां ने दक्षिण बिहार के **जलाल खां** के रक्षक व शिक्षक के रूप में नौकरी कर ली।
- **जलाल खां** की मृत्यु (1528 ई.) के बाद **शेर खां** वहाँ का **नायब-सूबेदार/वकील** नियुक्त किया गया।
- कालान्तर में **मुगल शासक** हुमायूँ से संघर्ष कर (बिलग्राम युद्ध) 1540 ई. में **शेरशाह** दिल्ली की गद्दी पर बैठा।
- **शेरशाह** ने मारवाड़ अभियान के संदर्भ में कहा था–**"मैंने मुट्ठी भर बाजरे के लिए हिन्दुस्तान का साम्राज्य लगभग खो दिया था।"**
- **22 मई, 1545 ई.** में कालिंजर किले को जीतने के क्रम में उक्का नामक आग्नेयास्त्र चलाते हुए **शेरशाह की मृत्यु** हो गई। उस समय कालिंजर का शासक कीरत सिंह था।
- शेरशाह का मकबरा **सासाराम** में झील के बीच ऊँचे टीले पर निर्मित किया गया है।
- **शेरशाह** ने भूमि की माप के लिए **(39 अंगुल या 32 इंच)** सिकन्दरी **गज** एवं **सन की डंडी** का प्रयोग किया।
- शेरशाह ने **178 ग्रेन का चांदी का रुपया** एवं **380 ग्रेन का तांबे का दाम** नामक सिक्का चलवाया।
- शेरशाह ने **रोहतासगढ़** के **दुर्ग** एवं कन्नौज के स्थान पर **शेरसूर नामक** नगर बसाया।
- शेरशाह के समय पैदावार का लगभग **1/3 भाग सरकार** लगान के रूप में वसूल करती थी।
- **कबूलियत** एवं **पट्टा प्रथा** की शुरुआत शेरशाह ने की थी।
- शेरशाह ने **1541 ई.** में **पाटलिपुत्र को पटना** के नाम से पुन: स्थापित किया।
- शेरशाह ने **ग्रैंड ट्रंक रोड** की मरम्मत करवाई।
- **डाक प्रथा** का प्रचलन **शेरशाह** के द्वारा किया गया।
- **शेरशाह** के काल में मलिक मुहम्मद जायसी ने **'पद्मावत'** नामक ग्रंथ की रचना की।

अकबर (1556-1605 ई.)

- 15 अक्टूबर, 1542 ई. को अकबर को जन्म अमरकोट (सिंध क्षेत्र) के **राणा वीरसाल** के महल में **हमीदा बानो बेगम** ने जन्म दिया था।
- **1552 ई.** में मात्र 9 वर्ष की आयु में **अकबर को मुनीम खाँ** के संरक्षण में गजनी का गर्वनर नियुक्त किया गया था।
- **1555 ई.** में अकबर को **लाहौर** का गवर्नर नियुक्त कर दिया गया।
- **13 साल 4 महीने की उम्र** में अकबर पर **मुगलिया वंश** का **ताज** रख दिया गया।
- हुमायूँ की मृत्यु के बाद बैरम खां ने **'कलानौर'** (गुरुदासपुर, पंजाब) में **14 फरवरी, 1556 ई.** को अकबर का राज्याभिषेक कर दिया।
- **बैरम खाँ 1556** से **1560 ई.** तक अकबर का **संरक्षक** रहा।
- दिल्ली में **हेमू** (मोहम्मद आदिलशाह का सेनापति) ने मुगल गवर्नर **तर्दीबेग खां** को मार भगाया तथा दिल्ली पर अधिकार कर लिया।
- **अकबर** (बैरम खां के नेतृत्व में) एवं **हेमू के मध्य 5 नवम्बर, 1556 ई.** को पानीपत के मैदान में संघर्ष हुआ, जिसमें अकबर की विजय हुई। यह **पानीपत के द्वितीय युद्ध** के नाम से जाना जाता है।
- **1556** से **1560 ई.** तक के शासन में अकबर के ऊपर **धाय माँ माहम अनगा** एवं उसके सम्बन्धियों का अधिक प्रभाव रहा, जिसे इतिहासकारों ने **पेटीकोट शासन** की संज्ञा दी है।
- मई 1562 में अकबर ने **'हरम-दल'** से अपने को पूर्णत: मुक्त कर लिया।
- **हल्दीघाटी का युद्ध 18 जून, 1576 ई.** को मेवाड़ के शासक महाराणा प्रताप एवं अकबर के बीच हुआ। इसमें मुगल सेना का नेतृत्व मान सिंह एवं आसफ खाँ ने किया था।
- अकबर ने **जैनधर्म जैनाचार्य** हरिविजय सूरि को **जगतगुरु** की उपाधि प्रदान की थी।
- राजस्व प्राप्ति की **जब्ती प्रणाली** अकबर के शासनकाल में प्रचलित थी।
- अकबर के दीवान **राजा टोडरमल** ने 1580 ई. में **दहसाला बन्दोबस्त** व्यवस्था लागू की थी।
- अकबर के दरबार का प्रसिद्ध संगीतकार **तानसेन** था।
- अकबर के दरबार का प्रसिद्ध चित्रकार **अब्दुस समद** था।
- **दसवंत** एवं **बसावन** अकबर के दरबार के अन्य प्रसिद्ध चित्रकार थे।
- अकबर के शासनकाल के प्रमुख **संगीतकार**–**तानसेन**, **बाजबहादुर**, **बाबा रामदास** एवं **बैजू बावरा** थे।
- स्थापत्यकला के क्षेत्र में अकबर की महत्वपूर्ण कृतियाँ हैं–आगरा का **लालकिला**, फतेहपुर सीकरी में **शाहीमहल**, **दीवाने खास**, **पंचमहल**, **बुलंद दरवाजा**, **जोधाबाई का महल**, **इबादत खाना**, **इलाहाबाद का किला** और **लाहौर का किला**।
- **बीरबल** के बचपन का नाम महेश दास था।
- संगीत सम्राट् **तानसेन** का जन्म ग्वालियर में हुआ था। इनकी प्रमुख कृतियाँ थीं–**मियाँ की तोड़ी**, **मियाँ का मल्हार**, **मियाँ का सारंग** इत्यादि।
- **कण्ठाभरण वाणी विलास** की उपाधि अकबर ने **तानसेन** को प्रदान की थी।
- **गुजरात-विजय** के उपलक्ष्य में **बुलन्द दरवाजे** का निर्माण अकबर ने करवाया था।
- अकबर ने **शीरी कलम** की उपाधि **अब्दुस समद** को एवं **जरी कलम** की उपाधि **मुहम्मद हुसैन कश्मीरी** को दी थी।
- **मुगलों** की राजकीय भाषा **फारसी** थी।
- अकबर के समकालीन प्रसिद्ध सूफी सन्त **शेख सलीम चिश्ती** थे।
- अकबर की मृत्यु **16 अक्टूबर, 1605 ई.** को **अतिसार रोग** के कारण हुई। इसे आगरा के निकट **सिकन्दरा** में दफनाया गया।
- **युसुफजइयों** के विद्रोह को दबाने के दौरान **बीरबल की हत्या** हुई थी।
- **1602 ई.** में **सलीम** (जहाँगीर) के निर्देश पर दक्षिण भारत से आगरा की ओर आ रहे **अबुल-फज़ल** की हत्या रास्ते में **वीरसिंह बुन्देला** नामक सरदार ने कर दी थी।
- मुगल समाट अकबर ने **'अनुवाद विभाग'** की स्थापना की। **नकीब खाँ, अब्दुल कादिर बंदायूंनी** तथा **शेख सुल्तान** ने रामायण एवं महाभारत का फारसी अनुवाद किया व **महाभारत** का नाम **'रज्मनामा'** (युद्धों की पुस्तक) रखा।
- अबुल फजल का बड़ा **भाई फैजी अकबर** के दरबार में राजकवि के पद पर आसीन था। इसने **सूरदास रचित नल दमयंती** का फारसी अनुवाद **सहेली** नाम से किया था।

- **अबुल फज़ल दीन-ए-इलाही** धर्म का **मुख्य पुरोहित** था।
- अबुल फज़ल ने अकबर की प्रेरणा से **अकबरनामा ग्रंथ** की रचना की, यह ग्रंथ तीन भागों में विभक्त है। **'आईन-ए-अकबरी'** इसी ग्रंथ का तीसरा खण्ड है।
- **पंचतंत्र** का फारसी भाषा में अनुवाद **अबुल फज़ल** ने **अनवर-ए-सादात** नाम से तथा **मौलाना हुसैन फैज** ने **यार-ए-दानिश** नाम से किया।

अकबर के नवरत्न

1. **बीरबल**-इनका जन्म काल्पी में हुआ था। बचपन का नाम महेशदास था। अकबर ने इन्हें कविराज एवं राजा की उपाधि तथा 2000 का मनसब प्रदान किया। ये अकबर के न्याय विभाग के सर्वोच्च अधिकारी थे।
2. **अबुल फजल**-इन्होंने आईन-ए-अकबरी, अकबरनामा की रचना की अबुल फजल दीन-ए-इलाही धर्म के मुख्य पुरोहित थे। इनकी हत्या शहजादा सलीम ने करवायी थी।
3. **तानसेन**- अकबर ने इन्हे कण्ठाभरण वाणी विलास की उपाधि दी। इनके समय ध्रुपद्र गायन शैली का विकास हुआ।
4. **अब्दुर्रहीम खान-ए-खाना**- यह बैरम खां का पुत्र था। इन्होंने बाबरनामा का फारसी में अनुवाद किया था।
5. **मान सिंह**- ये आमेर के राजा भारमल के पौत्र तथा भगवान दास के पुत्र थे। अकबर के मेवाड़ (हल्दी घाटी), काबुल, बंगाल एवं बिहार के अभियानों में मुख्य भूमिका निभायी।
6. **टोडरमल**- इनका जन्म अवध के सीतापुर में हुआ। अकबर के शासन में दहशाला (भूमि सुधार) की व्यवस्था दी।
7. **फैजी**-अकबर ने इन्हे राजकवि के पद पर आसीन किया था। इन्होंने गणित की प्रसिद्ध पुस्तक लीलावती का फारसी में अनुवाद किया।
8. **हकीम हुकाम**- ये अकबर के रसोईघर का कार्य संभालते थे।
9. **मुल्ला दो प्याजा**- ये अपनी बुद्धिमानी व वाकपटुता के कारण नवरत्नों में शामिल थे।

जहाँगीर (1605-27 ई.)

- जहाँगीर का जन्म 30 अगस्त, 1569 ई. को हुआ था।
- अकबर ने अपने पुत्र का नाम **सलीम** सूफी संत **शेख सलीम चिश्ती** के नाम पर रखा था।
- अकबर **सलीम** को प्यार से **'शेखू बाबा'** पुकारता था।
- **अब्दुर रहीम खानखाना** को **सलीम** का **अतालिक (शिक्षक)** नियुक्त किया गया था।
- सलीम **फारसी**, **तुर्की** एवं **हिंदी** भाषा का ज्ञाता था।
- 24 अक्टूबर, 1605 ई. को सलीम, **''नूरुद्दीन मुहम्मद जहाँगीर बादशाह गाजी''** के नाम से आगरा की गद्दी पर बैठा।
- सलीम का पहला विवाह जयपुर (आमेर) के राजा भगवानदास की पुत्री तथा मानसिंह की बहन **मानबाई** से **13 फरवरी, 1585 ई.** को हुआ था।
- सलीम ने **'मानबाई'** को **'शाह बेगम'** की उपाधि दी थी।
- सलीम के सबसे बड़े पुत्र 'खुसरो' का जन्म **शाह बेगम** के गर्भ से हुआ।
- **मानबाई** ने सलीम की शराबखोरी से तंग आकर **आत्महत्या** कर ली थी।
- **1586 ई.** में सलीम का दूसरा विवाह उदयसिंह की पुत्री **जगत गोसाई** से हुआ था जिससे **शहजादा खुर्रम** (शाहजहाँ) का जन्म हुआ।
- जहाँगीर के चौथे पुत्र **'शहरयार'** का जन्म एक रखैल से हुआ था।
- जहाँगीर को **न्याय की जंजीर** (70 गज लम्बी, 60 घंटियों) के लिए याद किया जाता है। यह जंजीर सोने की बनी थी, जो आगरे के किले के **शाहबुर्ज** एवं यमुना-तट पर स्थित पत्थर के खम्भे में लगवाई हुई थी।
- बदायूँनी के अनुसार **सलीम** ने **1591 ई.** में अकबर को जहर देकर मारने का प्रयास किया था।
- जहाँगीर के सबसे बड़े पुत्र **खुसरो** ने **1606 ई.** में अपने पिता के विरुद्ध विद्रोह कर दिया। खुसरो और जहाँगीर की सेना के बीच युद्ध **जालंधर** के निकट **भैरावल** नामक मैदान में हुआ।
- खुसरो को सहायता देने के कारण जहाँगीर ने **सिक्खों** के **5वें गुरु अर्जुनदेव** को फाँसी दिलवा दी।
- अहमदनगर के वजीर **मलिक अम्बर** के विरुद्ध सफलता से खुश होकर जहाँगीर ने **खुर्रम** को **शाहजहाँ** की उपाधि प्रदान की थी।
- **1622 ई.** में **कंधार** मुगलों के हाथ से निकल गया। **शाही अब्बास** ने इस पर अधिकार कर लिया।
- **लाडली बेगम** शेर अफगान एवं मेहरुन्निसा की पुत्री थी, जिसकी शादी जहाँगीर के पुत्र **शहरयार** के साथ हुई थी।
- **महावत खाँ** ने झेलम नदी के तट पर 1626 ई. में **जहाँगीर**, **नूरजहाँ** एवं उसके भाई **आसफ खाँ** को बन्दी बना लिया था।
- जहाँगीर के काल को चित्रकला का स्वर्णकाल कहा जाता है।
- जहाँगीर ने **आगा रजा** के नेतृत्व में **आगरा में एक चित्रशाला** की स्थापना करवाई थी।
- जहाँगीर के दरबार के प्रमुख चित्रकार थे-**आगा रजा**, **अबुल हसन**, **मुहम्मद नासिर**, **मुहम्मद मुराद**, **उस्ताद मंसूर**, **बिशनदास**, **मनोहर**, **गोवर्धन**, **फारुख बेग** एवं **दौलत**।
- उस्ताद मंसूर व अबुल हसन को जहाँगीर ने क्रमशः **नादिर-अल-अस्त्र** एवं **नादिर-उल-जमाँ** की उपाधि दी।
- 1626 ई. में नूरजहाँ बेगम द्वारा निर्मित **एत्मादुद्दौला** का मकबरा। मुगलकालीन प्रथम ऐसी इमारत है, जो पूर्णरूप से सफेद संगमरमर से बनी है। सर्वप्रथम इसी इमारत में **पित्रादुरा नामक** रत्न जड़ाऊ शैली का प्रयोग किया गया।
- जहाँगीर के दरबार में **कैप्टन हॉकिन्स**, **सर टॉमस रो**, **विलियम फिंच** एवं **एडवर्ड टैरी** नामक यूरोपीय यात्री आए थे।
- जहाँगीर की मृत्यु **(28 अक्टूबर, 1627 ई. को)** भीमवार नामक स्थान पर हुई।
- जहाँगीर के शव को **शाहदरा (लाहौर)** में **रावी नदी** के किनारे दफनाया गया।

शाहजहाँ (1627-58 ई.)

- **शाहजहाँ (खुर्रम)** का जन्म **5 फरवरी**, **1592 ई.** को लाहौर में हुआ था।
- शाहजहाँ का विवाह आसफ खाँ की पुत्री **अर्जुमन्द बानो बेगम** (मुमताज महल) के साथ हुआ।
- जहाँगीर की मृत्यु के बाद शाहजहाँ के **श्वसुर आसफ खाँ** ने खुसरो के पुत्र **दार बख्श** को तात्कालिक तौर पर बादशाह बना दिया।
- **शहरयार** ने लाहौर में स्वयं को बादशाह घोषित कर दिया था।
- आसफ खाँ ने आक्रमण कर **शहरयार की आँखें निकलवा** दीं।
- शाहजहाँ द्वारा **आसफ खाँ को वजीर का पद** तथा **महावत खाँ को खानखाना की उपाधि** दी गई।
- 24 फरवरी, 1628 ई. को शाहजहाँ **'अबुल मुजफ्फर शहाबुद्दीन मुहम्मद साहब किरान-ए-शानी शाहजहाँ'** के नाम से शासक बना।
- शाहजहाँ ने **सिजदा** एवं **पायबोस** की प्रथा समाप्त कर दी और **चहार-तस्लीम** प्रथा शुरू की।
- शाहजहाँ ने अपने शासन के 11वें वर्ष **झरोखा दर्शन** एवं 12वें वर्ष **तुलादान प्रथा** को समाप्त करवा दिया।

- **शाहजहाँ** ने 1638 ई. में अपनी राजधानी को आगरा से दिल्ली लाने के लिए यमुना नदी के दाहिने तट पर **शाहजहाँनाबाद** की नींव डाली।
- शाहजहाँ के शासनकाल को **स्थापत्यकला** का **स्वर्णयुग** कहा जाता है। शाहजहाँ द्वारा बनवाई गई प्रमुख इमारतें हैं–दिल्ली का लालकिला, दीवाने आम, दीवाने खास, दिल्ली की जामा मस्जिद, आगरा की मोती मस्जिद तथा ताजमहल आदि।
- ताजमहल का निर्माण करने वाला मुख्य स्थापत्य कलाकार **उस्ताद अहमद लाहौरी** था।
- शाहजहाँ ने संगीतज्ञ **लाल खाँ** को **'गुण समन्दर'** की उपाधि प्रदान की थी।
- शाहजहाँ के पुत्रों में **दाराशिकोह** सर्वाधिक विद्वान था। इसने **भगवद्गीता**, **योगवशिष्ठ**, **उपनिषद** एवं **रामायण** का अनुवाद फारसी में करवाया। इसने **सर्र-ए-अकबर** (महान रहस्य) नाम से उपनिषदों का अनुवाद भी करवाया था।
- दारा की हत्या **30 अगस्त**, **1659 ई.** को कर दी गई तथा इसे हुमायूँ के मकबरे में दफना दिया गया।
- **शाहजहाँ** ने दिल्ली में **एक कॉलेज** का निर्माण कराया व **दारुल बका** नामक कॉलेज की मरम्मत कराई।
- **सितम्बर**, **1657 ई.** में शाहजहाँ के गंभीर रूप से बीमार पड़ने पर मृत्यु की अफवाह फैलने के कारण उसके पुत्रों के बीच उत्तराधिकार युद्ध प्रारंभ हुआ। उस समय **शुजा बंगाल**, **मुराद गुजरात** एवं **औरंगजेब दक्कन** में था।
- औरंगजेब ने **सितम्बर**, **1658 ई.** में शाहजहाँ को कैद कर लिया तथा **31 जनवरी**, **1666 ई.** को 74 वर्ष की आयु में कैदी के रूप में शाहजहाँ की मृत्यु हो गई।

औरंगजेब आलमगीर (1658-1707 ई.)

- **औरंगजेब** का जन्म 3 नवम्बर, 1618 ई. को उज्जैन के दोहद (गुजरात) नामक स्थान पर मुमताज महल के गर्भ से हुआ था।
- औरंगजेब के बचपन का अधिकांश समय नूरजहाँ के पास बीता।
- **'पीर मुहम्मद हकीम'** औरंगजेब के गुरु थे।
- 18 मई 1637 ई. को औरंगजेब का विवाह फारसी राजघराने की राजकुमारी **दिलरास बानो बेगम** (राबिया बीबी) से हुआ था।
- औरंगजेब ने अपना प्रथम राज्याभिषेक **'अबुल मुजफ्फर मुइउद्दीन मुहम्मद औरंगजेब बहादुर आलमगीर पादशाह गाजी'** की उपाधि से 31 जुलाई, 1658 को करवाया तथा देवराई के युद्ध में सफल होने के बाद शाहजहाँ के शानदार महल में **15 जून**, **1659** को दूसरी बार अपना राज्याभिषेक करवाया।
- औरंगजेब ने **कुरान** को अपने **शासन का आधार** बनाया।
- औरंगजेब सुन्नी धर्म को मानता था, उसे **जिन्दा पीर** भी कहा जाता था।
- 1669 ई. में औरंगजेब ने मुस्लिम पर्व **'मुहर्रम'** मनाना बंद करवा दिया।
- 1679 ई. में **जजिया** कर फिर से लागू कर दिया गया तथा 1665 ई. में हिन्दुओं के **'होली'** के **त्यौहार पर भी प्रतिबंध** लगाया गया।
- 1702 ई. में हिन्दुओं की **अँगूठियों** पर **हिन्दू देवी-देवताओं** के नाम खुदवाने की मनाही की गई।
- 1703 ई. में अहमदाबाद में साबरमती के तट पर **मुर्दों की अंत्येष्टि** पर प्रतिबंध लगाया गया।
- औरंगजेब के समय **सूबों की संख्या 20** थी।
- औरंगजेब के समय में **हिन्दू मनसबदारों की संख्या लगभग 337** थी, जो अन्य मुगलों सम्राटों की तुलना में अधिक थी।
- औरंगजेब ने सर्वप्रथम **18 करों को समाप्त किया**, जैसे–राहदारी, पिंडारी (भूमिकर) तथा गृहकर आदि।
- औरंगजेब ने प्रजा के चरित्र की निगरानी करने हेतु **'मुहतसिब'** नामक अधिकारी नियुक्त किया था।
- इस्लाम स्वीकार नहीं करने के कारण सिक्खों के **9वें गुरु तेगबहादुर** की हत्या **औरंगजेब** ने 1675 में दिल्ली में करवा दी थी।
- भरतपुर राजवंश की नींव औरंगजेब के शासनकाल में **जाट नेता** एवं **राजाराम** के भतीजे **चूड़ामन** ने की थी।
- **जयसिंह** एवं **शिवाजी** के बीच पुरन्दर की संधि **22 जून**, **1665** को सम्पन्न हुई।
- **मई**, **1666 ई.** को आगरे के किले के दीवाने आम में औरंगजेब के समक्ष शिवाजी उपस्थित हुए। यहाँ शिवाजी को कैद कर **जयपुर भवन** में रखा गया।
- औरंगजेब ने **बीबी का मकबरा** का निर्माण **1679 ई.** में औरंगाबाद (महाराष्ट्र) में करवाया।
- 1686 ई. में **बीजापुर** एवं **1687** में **गोलकुण्डा** को औरंगजेब ने मुगल साम्राज्य में मिला लिया।
- औरंगजेब की मृत्यु **3 मार्च**, **1707 ई.** को **अहमदनगर** में हुई।

औरंगजेब के काल में प्रमुख विद्रोह

क्र.सं.	विद्रोह	काल	नेता
1.	जाट विद्रोह	1667-88 ई.	गोकुल,राजाराम, चूड़ामन
2.	अफगान विद्रोह	1667-72 ई.	भागू, अकमल खाँ
3.	सतनामी विद्रोह	1672 ई.	सतनामी अनुयायी
4.	बुंदेला विद्रोह	1661-1707 ई.	चम्पतराय, जुझार सिंह, छत्रसाल
5.	राजपूतों का विद्रोह	1679-1709 ई.	दुर्गादास राठौर
6.	सिक्ख विद्रोह	1675 मृत्यु तक	गुरु तेग बहादुर, गुरु गोविन्द सिंह एवं बंदा बहादुर

मुगलकालीन सिक्के

- अकबर ने दिल्ली में एक **शाही-टकसाल** का निर्माण कराया था जिसका अध्यक्ष **अब्दुस्समद** को बनाया गया था।
- अकबर ने असीरगढ़ विजय की स्मृति में अपने सिक्के पर **बाज की आकृति** अंकित कराई थीं।
- औरंगजेब ने सिक्कों पर **कलमा खुदवाना** बंद करा दिया था।
- मुगल काल में रुपए की सर्वाधिक **ढलाई औरंगजेब** के समय में हुई।
- **आना** सिक्के का प्रचलन शाहजहाँ ने किया था।
- जहाँगीर ने अपने समय में सिक्कों पर अपनी आकृति बनवाई, साथ ही उस पर **अपना** एवं **नूरजहाँ** का नाम अंकित करवाया।
- सबसे बड़ा सिक्का **शंसब** सोने का था। **इलाही** सबसे प्रचलित स्वर्ण सिक्का था।
- **चाँदी का रुपया** मुगलकालीन अर्थव्यवस्था का आधार था।
- **दाम** का प्रयोग दैनिक लेन-देन में किया जाता था। **40 दाम** का एक रुपया होता था।

मुगलकालीन साहित्य

- बाबर ने एक नई काव्यशैली **मुबैइयान** को प्रारम्भ किया।
- हुमायूँ के काल में **तारीखे रशीदी** की रचना **मिर्जा हैदर दोगलत** ने की।
- हूमायूँनामा की रचना **गुलबदन बेगम** (हुमायूँ की बहन) ने की जिसके एक भाग में **बाबर का इतिहास** एवं दूसरे भाग में **हुमायूँ का इतिहास** मिलता है।
- दरबारी इतिहास लेखन परम्परा की शुरुआत अकबर के द्वारा की गई।

मुगलकालीन साहित्य

साहित्य	लेखक
तुर्की भाषा	
तुजुक-ए-बाबरी	बाबर
फारसी भाषा	
हुमायूँनामा	गुलबदन बेगम (बाबर की पुत्री)
अकबरनामा	अबुल फज़ल
आईन-ए-अकबरी	अबुल फज़ल
तबकात-ए-अकबरी	निजामुद्दीन अहमद
ताजकिरात-उल-वाकियात	जौहर आफतावची
तारीख-ए-शेरशाही	अब्बास खां सरवानी
मुन्तखव-उल-तवारीख	अब्दुल कादिर बदायूँनी
तजकिरा-ए-हुमायूँ	बयाजिद बायत
तुजुक-ए-जहाँगीरी	जहाँगीर (मौतमिद खान ने पूर्ण की)
इकबालनामा-ए-जहाँगीरी	मौतमिद खाँ
मस्सारे जहाँगीरी	ख्वाजा कामगार
मक्जम-ए-अफगानी	निआतम अल्लाह
तारीख-ए-फरिश्ता	मुहम्मद कासिम फरिश्ता
मासर-ए-रहीनी	मुल्ला नहवन्दी
बादशाहनामा	मोहम्मद अमीन कजवीनी
पादशाहनामा	अब्दुल हमीद लाहौरी
शाहजहाँनामा	इनायत खान
आलम-ए-सालेह	मुहम्मद सालेह
मुन्तखव-एल-लुबाब	खाफी खां
आलमगीरनामा	काजिम शीराजी
नुख्शा-दिलकुशा	भीमसेन
फुतुहात-ए-आलमगीरी	ईश्वरदास नागर
वाकयाते आलमगीरी	आकिल खाँ
मासिर-ए-आलमगीरी	मुहम्मद साकी मुस्तैद खाँ
खुलासा-उल-तवारीख	सुजान राय
सियारुल मुतखरीन	गुलाम हुसैन
तवारीख-ए-मुजफ्फरी	मुहम्मद अली
मजमा-उल-बहरीन	दारा शिकोह

❖ **बदायूँनी** द्वारा लिखित **मुन्तखब-उल-तवारीख** को हिन्दुस्तान का आम इतिहास कहा जाता है।

❖ औरंगजेब के समय **मुहम्मद साकी** द्वारा लिखी गई **मासिरे आलमगीरी** को मुगल राज्य का **गजेटियर** कहा गया है।

मुगलकालीन वास्तुकला

❖ आगरा में स्थित फतेहपुर सीकरी का निर्माण मुगल शासक अकबर ने करवाया था।

❖ पंचमहल, सलीम चिश्ती का मकबरा और मरियम-उज-जमानी महल फतेहपुर सीकरी में अवस्थित है।

❖ अकबर की धार्मिक और आध्यात्मिक रुचि के परिणामस्वरूप फतेहपुर सीकरी में इबादत खाना (आराधना गृह) की स्थापना की गई।

❖ 1578 ई. में इबादत खाने को धर्म-संसद में परिवर्तित कर दिया।

फारसी भाषा (अनुवादित पुस्तकें)	
महाभारत (संस्कृत)	बदायूँनी
रामायण	बदायूँनी
अथर्ववेद	बदायूँनी-हाजी इब्राहिम सरहिंदी ने पूर्ण किया
लीलावती	फैजी
राजतरंगिणी	शाह मुहम्मद शाहाबादी
कालियादमन	अबुल फज़ल
नल दमयंती	फैजी
हरिवंश	मौलाना शेरी
पचास उपनिषद, भगवत् गीता के योग वशिष्ठ	दारा शिकोह

हिंदी	
रामचरितमानस	तुलसीदास
विनय पत्रिका	तुलसीदास
सूर सागर	सूरदास
प्रेम वाटिका	रसखान
सुंदर श्रृंगार	सुंदर कविराय
कवित्त रत्नाकार	सेनापति
कविन्द्र कल्पतरु	कविन्द्र आचार्य
कविप्रिया, रसिक प्रिया, अलंकार मंजरी, रामचन्द्रिका	केशवदास

संस्कृत	
अकबरशाही श्रृंगार दर्पण	पद्म सुंदर
भानुचंद चरित	आचार्य सिद्धचंद्र उपाध्याय
रस गंगाधर, गंगालहरी	जगन्नाथ पंडित

मुगलकालीन निर्माण कार्य

निर्माण	स्थान	निर्माण कर्ता
काबुलीबाग	पानीपत	बाबर
बाबरी मस्जिद	अयोध्या	बाबर के सेनापति मीर बांकी
जामा मस्जिद	सम्भल (हेल)	बाबर
आगरा की मस्जिद	आगरा	हुमायूँ
दीनपनाह नगर	दिल्ली	हुमायूँ
पुराना किला	दिल्ली	शेरशाह सूरी
रोहतासगढ़ का किला	सीमा प्रांत	
शेरशाह का मकबरा	सासाराम (बिहार)	शेरशाह सूरी
हुमायूँ का मकबरा	दिल्ली	हमीदा बानो बेगम
आगरा का किला	आगरा	अकबर
जहाँगीरी महल	फतेहपुरी सीकरी	अकबर
फतेहपुर सीकरी महल	फतेहपुरी सीकरी	अकबर
जोधाबाई का महल	फतेहपुरी सीकरी	अकबर
मरियम की कोठी	फतेहपुरी सीकरी	अकबर
बीरबल का महल	फतेहपुरी सीकरी	अकबर

पंचमहल	फतेहपुरी सीकरी	अकबर
तुर्की सुल्तान की कोठी	फतेहपुरी सीकरी	अकबर
खासमहल	फतेहपुरी सीकरी	अकबर
जामा मस्जिद	फतेहपुरी सीकरी	अकबर
बुलंद दरवाजा	फतेहपुरी सीकरी	अकबर
शेख सलीम चिश्ती का मकबरा	फतेहपुरी सीकरी	अकबर
अकबर का मकबरा	सिंकदरा	जहाँगीर
एतमादुद्दौला का मकबरा	आगरा	नूरजहाँ
जहाँगीर का मकबरा	शाहदरा (लाहौर)	नूरजहाँ
आगरा महल	आगरा	शाहजहाँ
शीशमहल	आगरा	शाहजहाँ
खासमहल	आगरा	शाहजहाँ
मुसम्मन बुर्ज	आगरा	शाहजहाँ
नगीना मस्जिद	आगरा	शाहजहाँ
मोती मस्जिद	आगरा	शाहजहाँ
जामी मस्जिद	आगरा	जहाँआरा
ताजमहल	आगरा	शाहजहाँ
शाहजहाँनाबाद	दिल्ली	शाहजहाँ
लालकिला	दिल्ली	शाहजहाँ
दीवाने आम	दिल्ली	शाहजहाँ
रंगमहल	दिल्ली	शाहजहाँ
जामा मस्जिद	दिल्ली	शाहजहाँ
राबिया-उद-दौरानी का मकबरा	औरंगाबाद	औरंगजेब
बादशाही मस्जिद	लाहौर	औरंगजेब
मोती मस्जिद	दिल्ली (लालकिला में)	औरंगजेब

मराठा शक्ति का अभ्युदय

शिवाजी

- ❖ मराठा साम्राज्य के संस्थापक **शिवाजी** का जन्म **20 अप्रैल, 1627 ई.** को **शिवनेर के दुर्ग** में हुआ।
- ❖ शिवाजी के पिता का नाम **शाहजी भोंसले** तथा माता का नाम **जीजाबाई** था।
- ❖ **जीजाबाई देवगिरि** के महान जागीरदार **यादवराव** की पुत्री थी।
- ❖ **शिवाजी** का विवाह **साइबाई निम्बालकर** से 1640 ई. में हुआ।
- ❖ शिवाजी के **गुरु दादाजी कोंडदेव** थे, यद्यपि आध्यात्मिक क्षेत्र में शिवाजी के आचरण पर सर्वाधिक प्रभाव **गुरु रामदास** का पड़ा।
- ❖ **1656 ई.** में शिवाजी ने **रायगढ़** को अपनी राजधानी बनाया।
- ❖ शिवाजी ने सर्वप्रथम **19 वर्ष की आयु** में (1646 ई.) बीजापुर रियासत के **तोरण किले** पर अधिकार कर लिया।
- ❖ मुगल सम्राट् **औरंगजेब** ने **1660 ई.** में **शाइस्ता खाँ** को दक्षिण का राज्यपाल नियुक्त किया।
- ❖ अप्रैल 1663 में शिवाजी ने **शाइस्ता खाँ** के निवास स्थान पर आक्रमण कर उसका **अंगूठा काट** दिया एवं शाइस्ता खाँ के पुत्र की हत्या कर दी।
- ❖ दिसंबर 1663 ई. में **शाइस्ता खाँ** को बंगाल स्थानांतरित कर दिया गया।
- ❖ **1664** एवं **1670 ई.** में शिवाजी ने सूरत में भयंकर लूटपाट की।
- ❖ औरंगजेब ने मार्च, **1665 ई.** में **राजा जयसिंह** को दक्षिण की बागडोर सौंपी।
- ❖ **23 जून, 1665 ई.** में जयसिंह व शिवाजी के बीच पुरन्दर की संधि हुई जिसके तहत शिवाजी ने **23 किले मुगलों** को देकर मात्र **12 किले** अपने अधिकार में रखें।
- ❖ शिवाजी के पुत्र **शम्भाजी** को मुगल दरबार में **'पाँच हजारी मनसबदार'** बनाकर एक जागीर दे दी गई।
- ❖ **22 मई, 1666 ई.** में शिवाजी के साथ पुत्र शम्भाजी आगरा पहुँचे। यहीं पर शिवाजी को कैद कर जयपुर भवन में रखा गया।
- ❖ शिवाजी को औरंगजेब ने **मई, 1666 ई.** में जयपुर भवन में कैद कर लिया, जहाँ से वे **16 अगस्त, 1666 ई.** में भाग निकले।
- ❖ **5 जून, 1674 ई.** को शिवाजी ने **रायगढ़** में वाराणसी (काशी) के प्रसिद्ध विद्वान **श्री गंगाभट्ट** द्वारा अपना राज्याभिषेक करवाया तथा छत्रपति, हैंदव धर्मोद्धारक एवं गौब्राह्मण प्रतिपालक की उपाधि धारण की। गंगाभट्ट वाराणसी का एक सम्मानित ब्राह्मण था।
- ❖ मात्र **53 वर्ष की आयु** में 14 अप्रैल, 1680 ई. को शिवाजी की मृत्यु हो गई।

शिवाजी के उत्तराधिकारी

1. **शंभा जी (1680-89 ई.)** शिवाजी की मृत्यु के पश्चात उनका ज्येष्ठ पुत्र शम्भा जी मराठा साम्राज्य का उत्तराधिकारी बना। औरंगजेब ने 1689 ई. में शम्भा जी तथा उसके सहयोगी कवि कलश की हत्या करा दी।
2. **राजाराम (1689-1700 ई.)** शंभाजी की हत्या के पश्चात् शिवाजी के दूसरे पुत्र राजाराम को छत्रपति घोषित किया गया। इनकी राजधानी सतारा थी। 1700 ई. में इनकी मृत्यु के पश्चात सिंहगढ़ में ताराबाई का प्रभुत्व था, जो राजाराम की विधवा रानी थी। इन्होंनें अपने बेटे शिवाजी द्वितीय का समर्थन किया।
3. **शिवाजी** II **(1700-07 ई.)** राजाराम की मृत्यु के बाद उसका अल्पवयस्क पुत्र शिवाजी II शासक बना तथा राजाराम की पत्नी संरक्षिका बनी। ताराबाई के समय में मराठों का पुन: उत्कर्ष हुआ।
4. **छत्रपति शाहू जी (1707-49 ई)** यह शंभाजी के पुत्र थे। औरंगजेब ने 1689 ई. शंभाजी के साथ शाहू जी को भी बंदी बना लिया था। 18 वर्षो तक बंदी जीवन बिताने के पश्चात् 1707 ई. में बहादुरशाह प्रथम ने उसे मुक्त कर दिया। 1707 में ही शाहू ने स्वयं को मराठा राज्य का शासक घोषित कर दिया और उत्तराधिकार के युद्ध में चाची ताराबाई को पराजित किया।
5. **राजाराम** II **(1749-50)** शाहू II के कोई पुत्र नहीं था। ताराबाई के कहने पर तथाकथित शिवाजी II के पुत्र राजाराम II को छत्रपति बनाया गया।

प्रशासनिक और राजस्व व्यवस्था

- ❖ लूट का 1/4 भाग छत्रपति के पास जाता था। उसे **बाबती** कहा जाता था।
- ❖ **6 प्रतिशत** पन्त सचिव को मिलता था जिसे **सहोत्रा** कहा जाता था।
- ❖ **3 प्रतिशत** छत्रपति के विवेक पर विभिन्न सरदारों के मध्य विभाजित किया जाता था जिसे **नादगोंदा** कहा जाता था।
- ❖ शेष **66 प्रतिशत** मराठा घुड़सवारों को दे दिया जाता था।
- ❖ शिवाजी ने दरबार में **मराठी** को **राजभाषा** के रूप में प्रयोग किया।
- ❖ शिवाजी की सेना 3 महत्त्वपूर्ण भागों में बँटी हुई थी–**1.** पागा सेना-नियमित घुड़सवार सैनिक। **2.** सिलहदार-अस्थायी घुड़सवार सैनिक। **3.** पैदल-पैदल सेना।

❖ **शिवाजी** की कर-व्यवस्था मलिक अम्बर की कर-व्यवस्था पर आधारित थी। शिवाजी ने **रस्सी** द्वारा माप की व्यवस्था के स्थान पर काठी एवं **मानक छड़ी** के प्रयोग को आरंभ किया।
❖ शिवाजी के समय कुल उपज का 33% भाग राजस्व के रूप में वसूला जाता था। जो बढ़कर 40% कर दिया गया।
❖ चौथ एवं सरदेशमुखी नामक कर शिवाजी के द्वारा लगाए गए।
❖ **चौथ:** यह कर शिवाजी द्वारा पड़ोसी राज्यों पर आक्रमण नहीं करने के एवज में वसूल किया जाता था।
❖ **सरदेशमुखी:** इस कर को शिवाजी इसलिए वसूल करते थे क्योंकि वह महाराष्ट्र के **पुश्तैनी सरदेशमुख** थे।

आंग्ल-मराठा संधि

अंग्रेज तथा मराठों के बीच हुई महत्त्वपूर्ण संधियाँ

संधियाँ	वर्ष ई.	संधि संबंधित पक्ष
सूरत की संधि	1775	रघुनाथ राव तथा ईस्ट इंडिया कंपनी
पुरंदर की संधि	1776	पेशवा माधवराव नारायण राव तथा ईस्ट इंडिया कंपनी
बड़गांव की संधि	1779	पेशवा माधवराव नारायण राव तथा ईस्ट इंडिया कंपनी
सालबाई की संधि	1782	बाजीराव द्वितीय तथा ईस्ट इंडिया कंपनी
बसीन की संधि	1802	पेशवा माधवराव नारायण तथा ईस्ट इंडिया कंपनी
देवगांव की संधि	1803	भोंसले तथा ईस्ट इंडिया कंपनी
सुर्जी अर्जुनगांव की संधि	1803	सिंधिया तथा ईस्ट इंडिया कंपनी
राजपुर घाट की संधि	1804	होल्कर तथा ईस्ट इंडिया कंपनी
नागपुर की संधि		नागपुर के अप्पा साहिब तथा ईस्ट इंडिया कंपनी
ग्वालियर की संधि	1817	सिंधिया तथा ईस्ट इंडिया कंपनी
पूना की संधि	1817	पेशवा तथा ईस्ट इंडिया कंपनी
मंदसौर की संधि	1818	होल्कर तथा ईस्ट इंडिया कंपनी

शिवाजी के अष्टप्रधान

❖ शिवाजी के मन्त्रिमण्डल को अष्टप्रधान कहा जाता था। अष्टप्रधान में पेशवा का पद सर्वाधिक महत्त्वपूर्ण एवं सम्मान का होता था।
❖ **पेशवा (प्रधानमन्त्री)**–राज्य का प्रशासन एवं अर्थव्यवस्था की देख-रेख करने वाला अधिकारी।
❖ **सर-ए-नौबत (सेनापति)**–सैन्य विभाग का प्रधान।
❖ **अमात्य (राजस्व मन्त्री)**–आय व्यय का लेखा-जोखा करने वाला अधिकारी।
❖ **वाकयानवीस (सूचना मन्त्री)**, गुप्तचर एवं संधि-विग्रह के विभागों का अध्यक्ष।
❖ **चिटनिस**–राजकीय पत्रों को पढ़कर उसकी भाषा-शैली को देखना।
❖ **सुमन्त**–विदेशी मन्त्री ।
❖ **पंडित राव**–धार्मिक कार्यों से सम्बन्धित।
❖ **न्यायाधीश**–न्याय विभाग का प्रधान।

महाराष्ट्र के प्रमुख संत

❖ **ज्ञानदेव या ज्ञानेश्वर (1271-96 ई.):** भगवद्गीता पर भावार्थ दीपिका नामक बृहत् टीका लिखी।
❖ **नामदेव (1270-1350 ई.):** इनके आराध्य देव पंडरपुर के बिठोबा या विट्ठल (विष्णु के रूप) थे। बिठोबा या विट्ठल की उपासना को वरकरी संप्रदाय के नाम से जाना जाता है, जिसकी स्थापना नामदेव ने की थी।
❖ **एकनाथ (1533-99 ई.):** रामायण पर भावार्थ रामायण नामक टीका लिखी।
❖ **तुकाराम (1608-81 ई.):** इन्होंने भक्तिपरक कविताएँ लिखी, जिन्हें अभंग कहा जाता है।
❖ **रामदास (1608-81 ई.):** दासबोध
❖ ज्ञानदेव, नामदेव, तुकाराम, एकनाथ आदि संतों द्वारा मराठी राष्ट्रवाद को प्रोत्साहन दिया गया।
❖ शिवाजी के गुरु रामदास समर्थ ने अपनी कृति ''दासबोध'' में मराठी राष्ट्रवाद को उत्प्रेरित किया।

मराठा पेशवा

❖ **बालाजी विश्वनाथ (1713-20 ई.):** शाहू ने बालाजी विश्वनाथ को 1713 ई. में पेशवा बनाया। इनकी मृत्यु 1720 ई. में हुई।
❖ इन्होंने **पेशवा पद** को वंशानुगत बनाकर राजा को शक्तिहीन कर दिया।
❖ शाहूजी ने खेड़ा के युद्ध में बालाजी विश्वनाथ की मदद से ताराबाई **(अक्टूबर, 1707 ई.)** को पराजित किया।
❖ शाहू के नेतृत्व में नवीन मराठा साम्राज्यवाद के प्रवर्तक पेशवा लोग थे, जो शाहू के पैतृक प्रधानमन्त्री थे।
❖ 1719 ई. में पेशवा बालाजी विश्वनाथ तथा हुसैन अली (मुगल प्रतिनिधि) के बीच हुई संधि को **'रिचर्ड टेंपल'** ने मराठा साम्राज्य का **'मैग्नाकार्टा'** कहा है।
❖ **बाजीराव प्रथम (1720-40 ई.):** दिल्ली पर आक्रमण करने वाला प्रथम पेशवा बाजीराव प्रथम था, जिसने **29 मार्च, 1737 ई.** को दिल्ली पर धावा बोला था। उस समय मुगल बादशाह मुहम्मदशाह दिल्ली छोड़ने के लिए तैयार हो गया था।
❖ **बाला जी बाजीराव** (1740-61) **नाना साहब** के नाम से भी प्रसिद्ध थे। यह बाजीराव प्रथम के पुत्र थे।
❖ **पेशवा बाजीराव-II** ने कोरेगाँव एवं अष्टी के युद्ध में हारने के बाद फरवरी, 1818 ई. में **मेल्कम** के सम्मुख **आत्मसमर्पण** कर दिया। अंग्रेजों ने पेशवा के पद को समाप्त कर बाजीराव-II को कानपुर के निकट बिठूर में पेंशन देकर भेज दिया, जहाँ 1853 ई. में उसकी मृत्यु हो गई।

प्राचीन एवं मध्यकालीन भारत के प्रमुख युद्ध: एक दृष्टि में
हाइडेस्पीज का युद्ध (326 ई.पू.): इस युद्ध में सिकन्दर ने राजा पुरु को पराजित किया।
कलिंग युद्ध (261 ई.पू.): इस युद्ध में अशोक ने कलिंग के राजा को पराजित किया, परंतु युद्ध की विभीषिका से दु:खी होकर उसने बौद्ध धर्म स्वीकार कर लिया।
रावर का युद्ध (712 ई.): इस युद्ध में मोहम्मद-बिन-कासिम ने सिन्ध के राजा दाहिर को पराजित किया।
पेशावर का युद्ध (1001 ई.): इस युद्ध में महमूद गजनवी ने राजा जयपाल को हराया।
तराइन का द्वितीय युद्ध (1192 ई.): इस युद्ध में मोहम्मद गोरी ने पृथ्वीराज चौहान को पराजित किया।
चन्दावर का युद्ध (1194 ई.): इस युद्ध में मोहम्मद गोरी ने जयचंद को पराजित किया।

पानीपत का प्रथम युद्ध (21 अप्रैल, 1526 ई.): बाबर और इब्राहिम लोदी के बीच लड़ा गया। इसमें बाबर की विजय हुई।

खानवा का युद्ध (17 मार्च, 1527 ई.): बाबर एवं राणा सांगा के बीच, इसमें बाबर की विजय हुई।

चंदेरी का युद्ध (1528 ई.): बाबर और मेदिनी राय के मध्य, बाबर की विजय हुई।

घाघरा का युद्ध (6 मई, 1529 ई.): बाबर और महमूद लोदी के मध्य, बाबर की विजय।

चौसा का युद्ध (1539 ई.): हुमायूँ एवं शेरशाह सूरी के मध्य शेरशाह विजयी।

कन्नौज में बिलग्राम का युद्ध (1540 ई.): हुमायूँ और शेरशाह सूरी के मंध्य, शेरशाह विजयी, हुमायूँ पूर्णतया परास्त।

मच्छीवाड़ा का युद्ध (1555 ई.): हुमायूँ एवं अफगान सालार खाँ के मध्य, हुमायूँ की विजय।

सरहिन्द का युद्ध (1555 ई.): हुमायूँ और सिंकदरशाह सूरी के बीच हुमायूँ की विजय।

पानीपत का द्वितीय युद्ध (1556 ई.): अकबर एवं हेमू के बीच, अकबर विजयी।

तालीकोटा का युद्ध (1565): इस युद्ध में बहमनी साम्राज्य के चार मुस्लिम राज्यों ने सम्मिलित रूप से विजयनगर साम्राज्य को हराया। इस युद्ध को बन्नीहट्‌टी के युद्ध के नाम से भी जाना जाता है।

हल्दीघाटी का युद्ध (1576 ई.): मुगल सेनापति मानसिंह और राणा प्रताप के बीच लड़ा गया, जिसमें मुगलों की विजय हुई।

अहमदनगर का युद्ध (1600 ई.): अकबर की सेना और गोंडवाना की रानी चांद बीबी के मध्य, इसमें अकबर की विजय हुई।

असीरगढ़ का युद्ध (1601 ई.): अकबर और मियाँ बहादुर के मध्य, अकबर विजयी।

धरमत का युद्ध (1658 ई.): औरंगजेब और दारा शिकोह के मध्य लड़ा गया, इसमें औरंगजेब की विजय हुई।

सामूगढ़ का युद्ध (1658 ई.): औरंगजेब और दारा शिकोह के मध्य, इसमें भी औरंगजेब विजयी हुआ।

आधुनिक भारत

उत्तरकालीन मुगल साम्राज्य

- **औरंगजेब** की मृत्यु के बाद भारतीय इतिहास में एक नवीन युग का पदार्पण हुआ जो **'उत्तरोतर मुगलकाल'** कहलाया।
- औरंगजेब के तीन पुत्र थे, जो उसकी मृत्यु के समय अलग-अलग क्षेत्रों—**मुअज्जम**-काबुल में, **आजम**-गुजरात में तथा **कामबख्श**-बीजापुर में पदस्थापित थे।
- **कामबख्श** को **'दीनपनाह'** की उपाधि दी गई थी।
- औरंगजेब की मृत्यु के बाद मुअज्जम ने साम्राज्य को विभाजित करने का प्रस्ताव आजम के सामने रखा, लेकिन उसने इसे ठुकरा दिया एवं युद्ध करने का निर्णय किया।
- **जून, 1707 ई.** में आगरा के पास **जाजौ** में मुठभेड़ हुई, जिसमें **आजम** मारा गया।
- उत्तराधिकार युद्ध में गुरु गोविन्द सिंह ने **बहादुरशाह** का साथ दिया था।
- **मुअज्जम (1707-12 ई.)** बहादुर शाह I की उपाधि के साथ दिल्ली की गद्दी पर बैठा। उसे शाहआलम I भी कहा जाता था।
- हैदराबाद (बीजापुर के पास) के निकट कामबख्श बहादुरशाह से हार गया और घावों के कारण 13 जनवरी, 1709 ई. के आरम्भ में उसकी मृत्यु हो गई।
- **जहाँदार शाह (1712-13 ई.)** ने जय सिंह को मिर्जा **राजा सवाई** की पदवी दी एवं मालवा का गवर्नर बना दिया। जहाँदार शाह ने अजीत सिंह को **महाराज** की पदवी दी एवं गुजरात का गवर्नर बना दिया। जुल्फिकार खाँ को जहाँदार शाह का प्रधानमन्त्री बना दिया गया। जहाँदार शाह लाल कुँवर नामक स्त्री के प्रभाव में था।
- **फर्रुखसियर (1713-19 ई.)** अजीमुश्शान का पुत्र था। यह सैयद बंधुओं की सहायता से दिल्ली की गद्दी पर बैठा। तुरानी सैनिक हैदर बेग ने अक्टूबर, 1720 को सैयद बंधु हुसैन अली खाँ की हत्या कर दी।
- **मुहम्मदशाह (1719-48 ई.)** ने निजामुल मुल्क को अपना वजीर बनाया।
- मुगल सम्राट मुहम्मद शाह ने सआदत खाँ को **बुरहान-उल-मुल्क** की उपाधि दी।
- **सआदत खाँ** का असली नाम मुहम्मद अमीन था।
- 24 फरवरी, 1739 ई. को **नादिरशाह** (ईरानी) तथा **मुगल सेना** के मध्य करनाल में युद्ध हुआ। **नादिरशाह** के विरुद्ध मुगल सेना का नेतृत्व **खान-ए-दौरा** ने किया था।
- 20 मार्च, 1739 ई. को **नादिरशाह** ने दिल्ली पर अधिकार कर लिया एवं भयंकर कत्लेआम का आदेश दिया।
- नादिरशाह को **ईरान का नेपोलियन** कहा जाता है।
- नादिरशाह **15 मई, 1739 ई.** को वापस लौट गया। लौटते वक्त वह अपने साथ इतना धन ले गया कि अगले तीन वर्ष तक नादिर को अपने राज्य में नए कर लगाने की जरूरत नहीं पड़ी।
- भारत की कमजोर स्थिति से प्रेरित होकर 1748-62 ई. के बीच **अहमदशाह अब्दाली** ने भारत पर आक्रमण किये।
- 14 जनवरी, 1761 ई. को **अब्दाली** तथा **मराठों** के मध्य पानीपत का युद्ध **सदाशिव राव भाऊ** के अधीन लड़ा गया, जिसमें मराठों की पराजय हुई।
- **तख्ते ताउस (मयूर सिंहासन)** पर बैठने वाला अन्तिम मुगल शासक मुहम्मद शाह था।
- **शाहआलम-II (1759-1806 ई.)** के समय **प्लासी का युद्ध** (1757 ई.) तथा **बक्सर का युद्ध** (1764 ई.) हुआ। **गुलाम कादिर खाँ** ने 1806 ई. को **शाहआलम-II** की हत्या करवा दी।
- शाहआलम-II (अली गौहर) के शासनकाल में **1803 ई.** में **अंग्रेजों** ने दिल्ली पर कब्जा कर लिया।
- अंग्रेजों के संरक्षण में बनने वाला प्रथम मुगल बादशाह **अकबर II** था।
- मुगल शासक **अकबर द्वितीय** जीवन भर अंग्रेजों का पेंशनर बनकर रहा।
- **बहादुरशाह II (1837-57 ई.)** अन्तिम मुगल शासक था, जो **'जफर'** उपनाम से कविताएँ **लिखता** तथा **शायरी** किया करता था।
- 1857 ई. की क्रांति में भाग लेने के कारण अंग्रेजों के द्वारा **बहादुरशाह जफर** को बंदी बना लिया गया एवं रंगून भेज दिया गया।
- 1857 ई. में औपचारिक रूप से मुगल **साम्राज्य समाप्त** हो गया।

भारत में यूरोपीय कम्पनियों का आगमन व प्रसार

- भारत में यूरोपीय कम्पनियों के आगमन का क्रम इस प्रकार है-**पुर्तगाली → डच → अंग्रेज → डेनिश → फ्रांसीसी।**
- **वास्कोडिगामा** ने **17 मई, 1498 ई.** में भारत के पश्चिमी तट पर स्थित **कालीकट** बन्दरगाह पहुँचकर भारत एवं यूरोप के बीच नए समुद्री मार्ग की खोज की।
- **फ्रांसिस्को द अल्मेडा 1505 ई.** में भारत में प्रथम **पुर्तगाली वायसराय** बनकर आया।
- **अलफांसो द अल्बुकर्क 1509 ई.** में भारत में पुर्तगालियों का वायसराय बना।
- **अल्बुकर्क** ने **1510 ई.** में बीजापुर के **युसुफ आदिल शाह** से गोवा को जीता।
- पुर्तगालियों ने अपनी पहली **व्यापारिक कोठी कोचीन** में खोली थी।
- **कारनेलिस द हस्तमान** 1596 ई. में भारत आने वाला प्रथम डच नागरिक था।
- डचों द्वारा व्यापार की आधारशिला भारत में रखने का श्रेय **1592 ई.** में **एमस्टर्डम** की व्यापारिक कम्पनी को है।
- डचों ने 1602 ई. में पूर्व से व्यापार करने के लिए **'डच ईस्ट इण्डिया कम्पनी'** की स्थापना की।
- **डच ईस्ट इण्डिया कम्पनी** का मुख्य **प्रशासनिक केन्द्र 'बटाविया'** में स्थित था।
- **कोरोमंडल तट** पर **मसुलीपत्तनम** में **1605 ई.** में प्रथम डच फैक्ट्री की स्थापना की गई।
- सन् 1688 ई. की **'गौरवपूर्ण क्रांति'** जिसमें विलियम इंग्लैण्ड का राजा बन गया, **अंग्रेज-डच** संबंध सुधर गए।
- **डच** भारत से **नील**, **शोरा** और **सूती वस्त्र** का निर्यात करते थे।
- **बेदरा युद्ध 1759 ई.** में **अंग्रेजों** एवं **डचों** के मध्य हुआ।
- **अंग्रेजों** ने पूर्णरूप से डचों को **1795 ई.** में भारत से बाहर कर दिया।
- **अंग्रेजों की प्रथम व्यापारिक कोठी** (फैक्ट्री) **सूरत** में **1608 ई.** में खोली गई थी।
- लुई **14वें** के **मन्त्री कोलबर्ट** ने पूर्व में व्यापार करने के लिए 1664 ई. में एक **फ्रेंच ईस्ट इण्डिया कम्पनी** का निर्माण किया। इसका नाम **'इन्डेसेओरियंतलेस'** था।
- भारत में फ्रांसीसियों की प्रथम कोठी **फ्रैंको कैरो** के द्वारा **सूरत** में **1668** ई. में स्थापित की गई।
- **फ्रांसिस मार्टिन** ने **1674 ई.** में **पांडिचेरी** की स्थापना की।
- **डेनमार्क वासियों** का आगमन भारत में **1616 ई.** में हुआ।
- 1620 ई. में तमिलनाडु के ट्रैंकोबार नामक क्षेत्र में डेनमार्कवासियों ने व्यापारिक केन्द्र खोला।
- **'सेरमपुर'** डेनो का प्रमुख व्यापारिक केन्द्र था।
- **1731 ई.** में स्वीडिश ईस्ट इण्डिया कम्पनी की स्थापना हुई।

ब्रिटिश-फ्रेंच संघर्ष

- **प्रथम कर्नाटक युद्ध** 1746-48 ई. में ऑस्ट्रिया के उत्तराधिकार से प्रभावित था। 1748 ई. में हुई **एक्स-ला-शैपल** की संधि के द्वारा ऑस्ट्रिया का उत्तराधिकार युद्ध समाप्त हो गया और इसी संधि के तहत **प्रथम कर्नाटक युद्ध** समाप्त हुआ।
- **दूसरा कर्नाटक युद्ध** 1749-54 ई. में हुआ। इस युद्ध में फ्रांसीसी गवर्नर **डूप्ले** की हार हुई, इसलिए उसे वापस बुला लिया गया और उसकी जगह पर **गोडेहू** को भारत में अगला फ्रांसीसी गवर्नर बनाया गया। **पांडिचेरी की संधि** (जनवरी, 1755 ई.) के साथ युद्धविराम हुआ।
- **तीसरा कर्नाटक युद्ध** 1756-63 ई. के बीच हुआ। यह 1756 ई. में शुरू हुआ सप्तवर्षीय युद्ध का ही एक अंश था। **पेरिस की संधि** होने पर यह युद्ध समाप्त हुआ।
- अंग्रेजी सेना ने 1760 ई. में सर आयरकूट के नेतृत्व में **वांडिवाश** की लड़ाई में फ्रांसीसियों को बुरी तरह हराया। इसमें फ्रांसीसी सेना का नेतृत्व **लाली** कर रहा था।
- अंग्रेजों ने 1761 ई. में पांडिचेरी को फ्रांसीसियों से छीन लिया।
- पेरिस संधि के अंतर्गत **अंग्रेजों** ने **1763 ई.** में चन्द्रनगर को छोड़कर शेष अन्य प्रदेशों को लौटा दिया, जो **1749 ई.** तक फ्रांसीसी कब्जे में थे। ये प्रदेश भारत की आजादी तक फ्रांसीसियों के कब्जे में रहे।

ब्रिटिश ईस्ट इण्डिया कम्पनी

- भारत आए यूरोपियों में सर्वाधिक शक्तिशाली **नौशक्ति अंग्रेजों** की थी।
- **विलियम डेक** ने 1579 ई. में पूर्वी क्षेत्र का भ्रमण किया।
- 1599 ई. में **जॉन मिल्डेनहाल** नामक ब्रिटिश यात्री थलमार्ग से भारत आया।
- **'ब्रिटिश मर्चेन्ट एडवेंचर'** कम्पनी की स्थापना 1599 ई. में हुई।
- इंग्लैण्ड की महारानी एलिजाबेथ ने 31 दिसम्बर, 1600 ई. को एक चार्टर प्रदान किया, जिसके अनुसार **इंग्लिश ईस्ट इण्डिया कम्पनी** का जन्म हुआ।
- 1608 ई. में इंग्लैण्ड के राजा जेम्स प्रथम के दूत के रूप में **कैप्टन हॉकिन्स सूरत** पहुँचा, जहाँ से वह मुगल सम्राट **जहाँगीर** से मिलने आगरा गया।
- जहाँगीर ने **हॉकिन्स** से प्रसन्न होकर उसे आगरा में बसने की अनुमति के साथ-साथ **4000** का **मनसब** एवं **जागीर** प्रदान की।
- ब्रिटिश ईस्ट इण्डिया कम्पनी का प्रथम गवर्नर **टॉम्स स्मिथ** था।
- जहाँगीर के दरबार में **जेम्स प्रथम** के राजदूत **कैप्टन हॉकिन्स** (1609 ई.) तथा **सर टॉमस रो** 1615 ई. में आए।
- बम्बई का गवर्नर **गेराल्ड औगियार** बम्बई का वास्तविक संस्थापक था।
- औगियार ने **ताँबे** और **चाँदी** के सिक्के ढालने के लिए टकसाल की स्थापना की।
- 1661 ई. में इंग्लैण्ड के **सम्राट चार्ल्स द्वितीय** का विवाह पुर्तगाल की राजकुमारी कैथरीन से होने के कारण **चार्ल्स को दहेज** के रूप में बम्बई प्राप्त हुआ था, जिसे उन्होंने 10 पौंड सोने के वार्षिक किराए पर **ईस्ट इंडिया कम्पनी** को दे दिया।
- **1698 ई.** में अंग्रेजी ईस्ट इण्डिया कम्पनी ने तीन गाँव-**सूतानुती**, **कालीकाता** एवं **गोविन्दपुर** की जमींदारी 1200 रुपए भुगतान कर प्राप्त की और यहाँ पर **फोर्ट विलियम** का निर्माण किया। कालान्तर में यही **कलकत्ता** (कोलकाता) नगर कहलाया, जिसकी नींव **जॉब चारनौक** ने रखी।

यूरोपीय कंपनियों का भारत आगमन	
पुर्तगाली	1498 ई.
अंग्रेज	1600 ई.
डच	1602 ई.
डेनिश	1616 ई.
फ्रांसीसी	1664 ई.
स्वीडिश	1731 ई.

भारतीय अर्थव्यवस्था पर ब्रिटिश प्रभाव

- **वारेन हेस्टिंग्स** ने **1772 ई.** में **द्वैध शासन** व्यवस्था को समाप्त कर भू-राजस्व की वसूली के लिए **फार्मिंग सिस्टम** (इजारेदारी प्रथा) की शुरुआत की।
- फार्मिंग सिस्टम के अंतर्गत राजस्व वसूली की जिम्मेदारी उसे दी जाती थी, जो सबसे अधिक बोली लगाता था।
- **क्लाइव** के समय भू-राजस्व का **वार्षिक बंदोबस्त** होता था, जिसे **हेस्टिंग्स** ने बढ़ाकर 5 वर्ष कर दिया था।
- कॉर्नवालिस ने गवर्नर जनरल बनने के बाद एक **10 साला बंदोबस्त** लागू किया, जिसे 1793 ई. में **स्थायी बंदोबस्त** (इस्तमरारी बंदोबस्त) में परिवर्तित कर दिया गया।
- **स्थायी बंदोबस्त** के अंतर्गत ब्रिटिश भारत का लगभग 19% हिस्सा आता था। यह व्यवस्था **बंगाल**, **बिहार**, **उड़ीसा**, **वाराणसी** तथा **उत्तरी कर्नाटक** के क्षेत्रों में लागू थी।
- स्थायी बंदोबस्त के अंतर्गत भू-राजस्व की वसूली का **अधिकार जमींदारों** को दिया गया था, जिनका हिस्सा वसूली का **1/10** या **1/11** होता था।
- **1792 ई.** में स्थापित **रैयतवाड़ी व्यवस्था** के जन्मदाता **थॉमस मुनरो** एवं **कैप्टन रीड** थे।
- सर्वप्रथम रैयतवाड़ी व्यवस्था को **तमिलनाडु** के **बारामहल** जिले में लागू किया गया।
- यह व्यवस्था **तमिलनाडु**, **मद्रास**, **बम्बई**, **असम** तथा **कुर्ग** के कुछ हिस्सों में लागू की गई थी, जो कुल ब्रिटिश भारत का **51% हिस्सा** था।
- **रैयतवाड़ी व्यवस्था** में किसानों को अधिक लगान लिए जाने के विरुद्ध न्यायालय में जाने की अनुमति नहीं थी।
- **महालवाड़ी व्यवस्था** ब्रिटिश भारत के कुल क्षेत्रफल के 30 प्रतिशत हिस्से पर लागू थी।
- **महालवाड़ी व्यवस्था** के अंतर्गत दक्कन के कुछ जिले, **उत्तर भारत** (संयुक्त प्रांत), **आगरा**, **अवध**, **मध्य प्रांत** तथा **पंजाब** के कुछ हिस्से शामिल थे।
- **विऔद्योगीकरण** एवं **धन की निकासी** संबंधी विचारों को सर्वप्रथम **दादाभाई नौरोजी** ने उद्घाटित किया।
- **ताराशंकर बंदोपाध्याय** के उपन्यास गणदेवता में जजमानी प्रथा का वर्णन है।
- **कवासजी नाना भाई** ने 1854 ई. में प्रथम **सूती मिल** की स्थापना **बम्बई** में की।
- **1855 ई.** में **जॉर्ज ऑकलैण्ड** द्वारा बंगाल के रिसरा में **जूट मिल** स्थापित की गई।
- **1907** में **जमशेदजी टाटा** ने **टाटा आयरन एण्ड स्टील कम्पनी** की स्थापना की।
- जलविद्युत की शुरुआत **1898 ई.** में **दार्जिलिंग शहर** को रोशनी प्रदान करने के लिए की गई।
- **1925** में **रेल बजट** को **आम बजट** से अलग कर दिया गया और उसी वर्ष दो निजी कम्पनियों–**ईस्ट इण्डिया रेलवे** एवं **ग्रेट इंडियन पेनिन्सुलर रेलवे** की स्थापना हुई।

बंगाल पर अंग्रेजों का अधिकार

- उत्तर मुगलकाल में बंगाल सर्वाधिक समृद्ध प्रांत था।
- बंगाल का प्रथम स्वतन्त्र शासक **मुर्शीद कुली खाँ** तथा उसके उत्तराधिकारी शुजाउद्दीन और अलीवर्दी खाँ के समय बंगाल इतना अधिक सम्पन्न हो गया था कि इसे भारत का स्वर्ग कहा जाने लगा।
- अलीवर्दी खाँ ने यूरोपियों की तुलना मधुमक्खियों से करते हुए कहा कि यदि उन्हें न छेड़ा जाए तो वे शहद देंगी, और यदि छेड़ा जाए तो काट-काट कर मार डालेंगी।
- 10 अप्रैल, 1756 को सिराजुद्दौला बंगाल का नवाब बना।
- सिराजुद्दौला के प्रतिद्वन्द्वी और विरोधियों में प्रमुख थे–पूर्णिया के नवाब शौकत जंग, सिराज की मौसी घसीटी बेगम तथा सेनापति मीर जाफर।
- अक्टूबर 1756 ई. में मनिहारी के युद्ध में सिराजुद्दौला ने शौकत जंग को पराजित कर उसकी हत्या कर दी।
- **ब्लैक होल** की घटना (20 जून, 1756 ई.) का उल्लेख **हॉलवेल** ने किया है, जिसमें 146 अंग्रेजों को एक छोटे कमरे में बंद कर दिया गया था। दम घुटने के कारण अगले दिन मात्र 23 व्यक्ति ही जीवित बचे थे।
- सिराजुद्दौला (बंगाल के नवाब) तथा अंग्रेजों के बीच 9 फरवरी, 1757 ई. को अलीनगर की संधि हुई थी।
- **प्लासी का युद्ध** 23 जून, 1757 ई. को अंग्रेज सेनापति रॉबर्ट क्लाइव एवं बंगाल के नवाब सिराजुद्दौला के बीच हुआ।
- प्लासी के युद्ध में सेनापति **मीर जाफर** ने नवाब के साथ दगाबाजी की, जिससे प्रसन्न होकर **ईस्ट इण्डिया कम्पनी** ने मीर जाफर को बंगाल का नवाब बना दिया। मीर जाफर को **क्लाइव का गीदड़** कहा जाता था।
- **प्लासी के युद्ध** के बाद कंपनी को **24 परगने** की जमींदारी प्राप्त हुई।
- नवाब **मीर जाफर** को अंग्रेजों ने 1760 ई. में हटाकर उसके दामाद **मीर कासिम** को बंगाल का नवाब बनाया।
- **मीर कासिम** ने अपनी राजधानी को **मुर्शिदाबाद** से **मुंगेर** में स्थानान्तरित कर दी।
- **बक्सर का युद्ध** 1764 ई. में **अंग्रेजों** एवं **मीर कासिम** के बीच हुआ, जिसमें **मीर कासिम** का साथ अवध के **नवाब शुजाउद्दौला** एवं **मुगल सम्राट शाहआलम द्वितीय** ने दिया था।
- बक्सर के युद्ध में अंग्रेजी सेना का नेतृत्व **हेक्टर मुनरो** ने किया था।
- **बक्सर** के युद्ध के बाद पुन: मीर कासिम की जगह **मीर जाफर** को बंगाल का नवाब बना दिया गया।
- मुगल बादशाह **शाहआलम द्वितीय** (1759-1806 ई.) के साथ **रॉबर्ट क्लाइव** ने **इलाहाबाद की प्रथम संधि 12 अगस्त, 1765 ई.** को की।
- रॉबर्ट क्लाइव ने **जुलाई 1765 ई.** में अवध के **नवाब शुजाउद्दौला** के साथ **इलाहाबाद की संधि** की।
- नवाब मीर जाफर की मृत्यु **5 जनवरी, 1765 ई.** को हो गई।
- **के.एम. पन्नीकर** के अनुसार **"प्लासी का युद्ध एक सौदा था"**।
- अंग्रेजों का संरक्षण प्राप्त बंगाल का प्रथम **नवाब निजामुद्दौला** था।
- 1765-72 ई. के मध्य बंगाल में **द्वैध शासन की व्यवस्था** की शुरुआत हुई, जिसके जनक **लियोनेल कार्टिस** थे।
- **इलाहाबाद की संधि** के तहत **बादशाह शाहआलम** के व्यक्तिगत खर्च के लिए **26 लाख रुपए** वार्षिक पेंशन दी गई।

आंग्ल-मैसूर संघर्ष

- **1732 ई.** में **राजा वाडियार** चिक्का कृष्णराज के काल में मैसूर में सत्ता हस्तांतरण की प्रक्रिया आरंभ हुई।
- 18वीं सदी के प्रारंभ में दो मन्त्रियों **नंदराज** और **देवराज** ने मैसूर में सत्ता पर कब्जा कर लिया।
- **हैदर अली** ने अपना जीवन एक घुड़सवार के रूप में आरंभ किया था। किंतु **1761 ई.** में वह **मैसूर का वास्तविक** शासक बन गया।
- **फ्रांसीसियों** की सहायता से **हैदर अली** ने **डिंडीगुल** में एक शस्त्रागार स्थापित किया।

- ❖ हैदर अली धर्मनिरपेक्ष दृष्टिकोण वाला शासक था।
- ❖ **प्रथम आंग्ल-मैसूर युद्ध (1767-69 ई.)** के समय हैदर ने चतुराई से अंग्रेजों का सामना करते हुए 4 अप्रैल, 1769 को उन्हें मद्रास की संधि पर हस्ताक्षर करने के लिए बाध्य किया।
- ❖ **द्वितीय आंग्ल-मैसूर युद्ध** के समय **हैदर अली** ने ब्रिटिश कम्पनी के विरुद्ध **निजाम** तथा **मराठों** से मिलकर एक संयुक्त मोर्चा तैयार किया। इस दौरान हैदर ने अंग्रेज **कर्नल बेली** को हराकर कर्नाटक की **राजधानी अरकाट** पर अधिकार कर लिया।

आंग्ल-मैसूर संघर्ष एवं महत्वपूर्ण संधियाँ

वर्ष	गवर्नर जनरल	प्रमुख युद्ध	संधि
1767-69 ई.	–	प्रथम आंग्ल-मैसूर युद्ध	मद्रास की संधि
1780-84 ई.	वारेन हेस्टिंग्स	द्वितीय आंग्ल-मैसूर युद्ध	मंगलूर की संधि
1790-92 ई.	कॉर्नवालिस	तृतीय आंग्ल–मैसूर युद्ध	श्रीरंगपट्टनम की संधि
1799 ई.	लॉर्ड वेलेजली	चतुर्थ आंग्ल–मैसूर युद्ध	–

- ❖ **द्वितीय आंग्ल-मैसूर युद्ध** के समय ही **7 दिसंबर, 1782** को हैदर अली की मृत्यु हो गई।
- ❖ **द्वितीय आंग्ल-मैसूर युद्ध** (1780-84) के समय बंगाल का गवर्नर जनरल **वारेन हेस्टिंग्स** (1774-85) था।
- ❖ हैदर अली के बाद उसका पुत्र **टीपू सुल्तान मैसूर** का शासक बना।
- ❖ टीपू ने **बादशाह** की उपाधि धारण की। उसने **1796** में **नौसेना बोर्ड** का गठन किया।
- ❖ टीपू प्रथम भारतीय शासक था, जिसने अपनी प्रशासनिक व्यवस्था में **पाश्चात्य प्रशासनिक व्यवस्था** का मिश्रण किया।
- ❖ टीपू द्वारा जारी सिक्कों पर **हिन्दू देवी-देवताओं** के चित्र तथा **हिन्दू संवत्** की आकृतियाँ अंकित थीं।
- ❖ टीपू सुल्तान ने **1787 ई.** में अपनी राजधानी **श्रीरंगपट्टनम** में स्थापित की, साथ ही उसने फ्रांस एवं मैसूर की मैत्री का प्रतीक स्वतन्त्रता का **वृक्ष लगवाया** और फ्रांसीसी क्रांति से प्रभावित होकर **जेकोबिन क्लब** का सदस्य बना।
- ❖ टीपू ने **1796 ई.** में आधुनिक **नौसेना खड़ी करने** की कोशिश की तथा **जहाजों** के नमूने स्वयं तैयार किए।
- ❖ टीपू ने **मंगलौर**, **वाजिदाबाद** तथा **मोलीदाबाद** में पोत बनाने के घाट बनाए।
- ❖ टीपू ने आधुनिक **कैलेण्डर** की शुरुआत की।
- ❖ टीपू ने कहा था, **"मैं अंग्रेजों के स्थल साधनों को तो समाप्त कर सकता हूँ, परंतु समुद्र को तो नहीं सुखा सकता।"**
- ❖ 4 मई, 1799 ई. को चतुर्थ **आंग्ल-मैसूर** युद्ध लड़ते हुए टीपू **श्रीरंगपट्टनम दुर्ग** के पास शहीद हो गया।
- ❖ वेलेजली को आयरलैंड ने **मार्क्विस** की उपाधि प्रदान की।

आंग्ल-सिक्ख संघर्ष

रणजीत सिंह

- ❖ 'मिसल' अरबी भाषा का शब्द है, जिसका अर्थ 'समान' होता है।
- ❖ आधुनिक पंजाब के निर्माण का श्रेय **सुकरचकिया मिसल** को दिया जाता है।
- ❖ **रणजीत सिंह** का जन्म **गुजरांवाला** में **2 नवम्बर, 1780 ई.** को सुकरचकिया मिसल के मुखिया **महा सिंह** के यहाँ हुआ था। इनके दादा **चरत सिंह** ने 13 मिसलों में **सुकरचकिया मिसल** को प्रमुखता दिलवाई थी।
- ❖ रणजीत सिंह का राज्य 4 सूबों में बँटा हुआ था–**पेशावर**, **कश्मीर**, **मुल्तान** एवं **लाहौर**।
- ❖ रणजीत सिंह की सरकार को सरकार **खालसा** और **स्थायी सेना** को **फौजेआइन** कहा जाता था।

सिक्ख–अंग्रेज संबंध

- ❖ **चार्ल्स मैटकाफ** और **महाराजा रणजीत सिंह** के बीच 25 अप्रैल, 1809 ई. को **अमृतसर की संधि** हुई।
- ❖ **रणजीत सिंह जमानशाह (अफगानी)** की अनुमति पर लाहौर का शासक बन गया।
- ❖ **रणजीत सिंह** की सास **सदाकौर कन्हैया** मिसल की मुखिया थी।
- ❖ **फैजलपुर** के कपूर सिंह ने किसानों को संगठित कर **'दल खालसा'** नामक संगठन बनाया।
- ❖ **1805 ई.** में रणजीत सिंह ने अमृतसर को जीत लिया, जहाँ उसे प्रसिद्ध **'जमजम'** तोप मिली।
- ❖ मराठा यशवंत राव होल्कर ने **सिक्ख सरदार रणजीत सिंह** से सहायता याचना की, लेकिन सहायता नहीं दी गई।
- ❖ रणजीत सिंह ने 13 जुलाई, 1813 ई. को **हैदास में अफगानों** को परास्त कर **अटक** पर अधिकार कर लिया।
- ❖ रणजीत सिंह ने पैदल सेना को **एलार्क** और **वेंचुरा** (फ्रांसीसी) के अधीन रखा।
- ❖ महाराजा रणजीत सिंह का विदेश मन्त्री **फकीर अजीजुद्दीन** एवं वित्त मन्त्री दीनानाथ था।
- ❖ रणजीत सिंह के राज्य में किसानों से उपज का **1/3 भाग** से **1/5 भाग** तक कर लिया जाता था।
- ❖ **लॉर्ड आकलैंड** ने रणजीत सिंह के घुड़सवारों को **'संसार की सबसे सुन्दर फौज'** बताया।
- ❖ रणजीत सिंह के राज्य की सर्वोच्च अदालत का नाम **'अदालत-ए-आला'** था।
- ❖ रणजीत सिंह की मृत्यु **28 जून, 1839 ई.** में हो गई।
- ❖ रणजीत सिंह के बाद क्रमश: **खड्ग सिंह**, **नौनिहाल सिंह**, **शेर सिंह** एवं **दलीप सिंह**, **राजमाता झिंदन** के नेतृत्व में गद्दी पर बैठे।
- ❖ **प्रथम आंग्ल-सिक्ख युद्ध (1845-46 ई.): ह्यूगफ** के नेतृत्व में **13 दिसंबर, 1845 ई.** को **मुदकी** नामक स्थान पर अंग्रेजी सेना ने **लाल सिंह** के नेतृत्व वाली सिक्ख सेना को पराजित किया।
- ❖ पराजित होने के बाद **सिक्खों** ने **8 मार्च, 1846 ई.** को अंग्रेजों के साथ **लाहौर की संधि** की।
- ❖ प्रथम आंग्ल-सिक्ख युद्ध के समय भारत का **गवर्नर जनरल लॉर्ड हार्डिंग** था।
- ❖ **भैरोंवाल की संधि 22 दिसंबर, 1846 ई.** को हुई। इस संधि के तहत **राजा दलीप सिंह** के संरक्षण हेतु अंग्रेजी सेना का **पंजाब में रहना** स्वीकार कर लिया गया।
- ❖ महारानी झिंदन को **20 अगस्त, 1847 ई.** को राजा दलीप सिंह से अलग कर **48,000 रुपए** वार्षिक पेंशन देकर शेखपुरा भेज दिया गया।
- ❖ **द्वितीय आंग्ल-सिक्ख युद्ध (1848-49 ई.):** इस युद्ध के दौरान पहली लड़ाई **चिलियानवाला की लड़ाई** सिक्ख **नेता शेर सिंह** एवं **अंग्रेज कमांडर गफ** के मध्य लड़ी गई।
- ❖ द्वितीय आंग्ल-सिक्ख युद्ध के समय भारत का गवर्नर जनरल **लॉर्ड डलहौजी**

था, इस युद्ध में गफ के स्थान पर ब्रिटिश सेना का प्रधान सेनापति **चार्ल्स नेपियर** को बनाया था।

❖ यह लड़ाई चार्ल्स नेपियर के नेतृत्व में अंग्रेजों एवं सिखों के मध्य **21 फरवरी, 1849 ई.** को लड़ी गई। इस युद्ध में सिक्ख बुरी तरह पराजित हुए।

❖ **लॉर्ड डलहौजी** की **29 मार्च, 1849 ई.** की घोषणा द्वारा सम्पूर्ण पंजाब का विलय अंग्रेजी राज्य में कर लिया गया।

❖ सिक्ख राज्य का प्रसिद्ध हीरा कोहिनूर महारानी विक्टोरिया को भेज दिया गया।

❖ रणजीत सिंह को अफगान शासक शाह शुजा से वही प्रसिद्ध कोहिनूर हीरा प्राप्त हुआ था, जिसे नादिरशाह लाल किले से लूटकर ले गया था।

सिक्ख गुरु

1. **गुरु नानक (1469-1539 ई.)** ने सिक्ख सम्प्रदाय की स्थापना की।
   - ❖ गुरु नानक का जन्म **1469 ई.** को **तलवंडी** (पाकिस्तान) में हुआ।
   - ❖ गुरु नानक को आध्यात्मिक ज्ञान **कार्तिक पूर्णिमा** को **1496 ई.** में हुआ।
   - ❖ गुरु नानक ने गुरु का लंगर नामक निःशुल्क सहभागी भोजनालय स्थापित किए।
   - ❖ गुरु नानक ने **संगत (धर्मशाला)** और **पंगत (लंगर)** स्थापित किए।
   - ❖ **1539 ई.** में **करतारपुर** में गुरु नानक की **मृत्यु** हो गई।
2. **गुरु अंगद** (लहना) **(1539-52 ई.)** सिक्खों के **दूसरे गुरु** थे।
   - ❖ गुरु अंगद ने **'गुरुमुखी लिपि'** का आरंभ करवाया।
   - ❖ गुरु अंगद ने लंगर व्यवस्था को स्थायी रूप प्रदान किया।
3. **गुरु अमरदास** (1552-74 ई.) सिक्खों के **तीसरे गुरु** थे।
   - ❖ गुरु अमरदास ने हिन्दुओं से अलग विवाह **पद्धति लवन** को प्रचलित किया।
   - ❖ अकबर ने गुरु **अमरदास** से **गोविन्दवाल** जाकर भेंट की और गुरु-पुत्री बीबी भानी को 500 बीघा भूमि दान में दी।
   - ❖ **अमरदास** ने 22 गद्दियों की स्थापना की और प्रत्येक पर एक-एक महन्त की नियुक्ति की।
4. **गुरु रामदास** (1574-81 ई.) सिक्खों के **चौथे गुरु** हुए।
   - ❖ गुरु रामदास ने यहीं पर **अमृतसर** नामक जलाशय खुदवाया और **अमृतसर नगर** की स्थापना की।

सिक्खों के 10 गुरुओं का क्रम

गुरु	काल	कार्य
नानक	1469-1539 ई.	सिक्ख धर्म के संस्थापक। 'संगतों' की स्थापना।
अंगद	1539-52 ई.	'उदासी संप्रदाय' की स्थापना।
अमरदास	1552-74 ई.	पारिवारिक उपदेश दिया।
रामदास	1574-81 ई.	गुरु पद पैतृक बना।
अर्जुनदेव	1581-1606 ई.	तरनतारन नगर की स्थापना।
हरगोविन्द	1606-45 ई.	शिष्यों से घोड़े और हथियार लेना प्रारम्भ किया।
हरराय	1645-61 ई.	दारा शिकोह की मदद की।
हरकिशन	1661-64 ई.	गद्दी के लिए भाई रामराय से विवाद।
तेगबहादुर	1664-75 ई.	'बाकला द बाबा' कहलाया।
गोविंद सिंह	1675-1708 ई.	पाहुल प्रथा आरंभ की।

5. **गुरु अर्जुन देव** (1581-1606 ई.) सिक्खों के **पाँचवें गुरु** हुए। इन्होंने गुरु पद को पैतृक बनाया।
   - ❖ गुरु अर्जुन देव ने सिक्खों के धार्मिक ग्रंथ **'आदिग्रंथ-गुरु ग्रंथ साहिब'** की रचना की।
   - ❖ गुरु अर्जुन देव ने अमृतसर जलाशय के मध्य में **हरमन्दर साहब** का निर्माण करवाया।
   - ❖ जहाँगीर ने 1606 ई. में **राजकुमार खुसरो** की सहायता करने के कारण **गुरु अर्जुन देव को फाँसी** दे दी।
6. **गुरु हरगोविन्द** (1606-45 ई.) सिक्खों के **छठे गुरु** हुए। ये दो तलवार बाँधकर गद्दी पर बैठते थे इन्होंने दरबार में नगाड़ा बजाने की प्रथा प्रारम्भ की।

   गुरु हरगोविन्द ने सिक्खों को सैन्य बल में बदल दिया तथा **अकाल-तख्त** का निर्माण करवाया।
   - ❖ गुरु हरगोविन्द ने **अमृतसर शहर** की किलेबंदी करवाई।
7. **गुरु हरराय** (1645-61 ई.) सिक्खों के **सातवें गुरु** थे।
   - ❖ गुरु हरराय ने शाहजहाँ के पुत्र **दारा शिकोह** को आशीर्वाद दिया था।
8. **गुरु हरकिशन** (1661-64 ई.) सिक्खों के **आठवें गुरु** हुए। इनकी मृत्यु चेचक से हो गई। इन्हें दिल्ली जाकर गुरुपद के बारे में **औरंगजेब** को समझाना पड़ा था।
9. **गुरु तेगबहादुर** (1664-75 ई.) सिक्खों के **नौवें गुरु** थे। इस्लाम स्वीकार नहीं करने के कारण औरंगजेब ने **शीशगंज गुरुद्वारा** (दिल्ली) के निकट इनकी हत्या करवा दी थी।
10. **गुरु गोविन्द सिंह** (1675-1708 ई.) सिक्खों के **दसवें** एवं अन्तिम गुरु हुए। इनका जन्म **1666 ई.** में **पटना** में हुआ था।
    - ❖ गुरु गोविन्द सिंह ने अपने को **सच्चा बादशाह** कहा।
    - ❖ इन्होंने सिक्खों के लिए पाँच **'ककार'** अर्थात् **केश**, **कंघा**, **कृपाण**, **कच्छा** और **कड़ा** रखने की अनुमति दी और नाम के अंत में **'सिंह'** शब्द जोड़ने के लिए कहा।
    - ❖ गुरु गोविन्द सिंह का निवास स्थान **आनंदपुर साहिब** था एवं कार्यस्थली **पाओता** थी।
    - ❖ गुरु गोविन्द सिंह ने **खालसा पंथ** की स्थापना **1699 ई.** में की।
    - ❖ गुरु गोविन्द सिंह ने **पाहुल प्रणाली** की शुरुआत की।
    - ❖ गुरु गोविन्द सिंह ने सिक्खों के **धार्मिक ग्रंथ आदिग्रंथ** को वर्तमान रूप दिया और कहा कि अब **'गुरुवाणी' सिक्ख सम्प्रदाय** के गुरु का कार्य करेगी।
    - ❖ सरहिंद के मुगल फौजदार वजीर खाँ ने गुरु गोविन्द सिंह के दो पुत्र **फतेह सिंह** एवं **जोरावर सिंह** को दीवार में चुनवा दिया।
    - ❖ **सन् 1708 ई.** में **नांदेड़** नामक स्थान पर गुल खाँ नामक पठान ने **गुरु गोविन्द सिंह** की हत्या कर दी।
    - ❖ **बन्दा बहादुरः** इनका जन्म 1670 ई. में **रजौली गाँव** (पुंछ जिला) में हुआ था।
    - ❖ बन्दा बहादुर के बचपन का नाम **लक्ष्मण दास** था।
    - ❖ बन्दा के पिता **रामदेव डोंगरा राजपूत** थे।
    - ❖ बन्दा बहादुर का उद्देश्य पंजाब में **एक सिक्ख राज्य** स्थापित करना था। बन्दा ने **लौहगढ़** को राजधानी बनाया।
    - ❖ बन्दा बहादुर ने **गुरु नानक** एवं **गुरु गोविन्द सिंह** के नाम के सिक्के चलवाए।
    - ❖ बन्दा बहादुर ने सरहिंद के मुगल फौजदार **वजीर खाँ** की हत्या कर दी।
    - ❖ मुगल बादशाह **फर्रुखसियर** के आदेश पर 1716 ई. में बन्दा बहादुर

की **गुरुदासपुर** के **नांगल** में हत्या कर दी गई। बन्दा की मृत्यु के बाद सिक्ख कई **छोटे-छोटे** टुकड़ों में बँट गए थे।

- नवाब कपूर सिंह की पहल पर सभी **सिक्ख टुकड़ियों** का 1748 ई. में दल **खालसा** में विलय हो गया।
- **जस्सा सिंह** अहलुवालिया ने दल खालसा का नेतृत्व किया, जिसे बाद में बारह दलों में विभाजित किया गया, इन्हें **मिसल** के नाम से जाना गया।

प्रमुख किसान विद्रोह

नील विद्रोह (1859-60 ई.)

- **नील विद्रोह** की पहली घटना बंगाल के **नदिया जिले** में स्थित **गोविन्दपुर गाँव** में सितम्बर, 1859 ई. में हुई। इस विद्रोह का नेतृत्व दिगम्बर विश्वास एवं विष्णु विश्वास ने किया।
- इस विद्रोह में **हिन्दू पैट्रियट** के संपादक **हरिश्चंद्र मुखर्जी** ने महत्वपूर्ण भूमिका निभाई।
- नील विद्रोह के अत्याचारों का खुला चित्रण **दीनबंधु मित्र** ने अपने नाटक **'नील दर्पण'** में किया है।

पावना विद्रोह (1873-76 ई.)

- **पावना कृषक** विद्रोह के प्रमुख नेता **ईशान चंद्र राय** तथा शंभूपाल थे।
- पावना आंदोलन का समर्थन **बंकिमचंद्र चट्टोपाध्याय** तथा **आर.सी. दत्त** ने किया था। इस विद्रोह का समर्थन **गवर्नर कैंपबेल** ने भी किया था।

प्रमुख भारतीय किसान सभा

किसान सभा	वर्ष	संस्थापक/अध्यक्ष
उत्तर प्रदेश किसान सभा	1918	गौरीशंकर मिश्र, इंद्रनारायण द्विवेदी, मदन मोहन मालवीय
आंध्र प्रांतीय किसान सभा	1928	–
बिहार किसान सभा	1929	स्वामी सहजानंद सरस्वती
उत्कल प्रांतीय किसान सभा	20वीं सदी	मालती चौधरी
अखिल भारतीय किसान सभा	1936	स्वामी सहजानंद सरस्वती

चम्पारन सत्याग्रह (1917 ई.)

- यह सत्याग्रह **तिनकठिया पद्धति** के खिलाफ था, जिसमें किसानों के द्वारा अपने कृषिजन्य क्षेत्र के 3/20 वें भाग पर नील की खेती करनी अनिवार्य होती थी।
- **चम्पारन सत्याग्रह** का नेतृत्व **गाँधी जी** को **राजकुमार शुक्ल** के द्वारा लखनऊ में सौंपा गया।
- **चम्पारन सत्याग्रह** गाँधी जी के द्वारा किया गया **सत्याग्रह का प्रथम** प्रयास था।
- **चम्पारन सत्याग्रह** से प्रभावित होकर **रवीन्द्रनाथ टैगोर** ने उन्हें **महात्मा की उपाधि** से सम्मानित किया।

खेड़ा सत्याग्रह (1918 ई.)

- **गाँधी जी** के द्वारा किया गया **प्रथम सत्याग्रह** खेड़ा सत्याग्रह था।
- खेड़ा सत्याग्रह में गाँधी जी के सहयोगी **इन्दुलाल याज्ञनिक** एवं **वल्लभभाई पटेल** थे।

अवध किसान सभा (1920 ई.)

- अवध किसान सभा का गठन 17 अक्टूबर, 1920 को **बाबा रामचन्द्र** के प्रयास से **प्रतापगढ़** में किया गया।
- **प्रतापगढ़** का रूढ़ गाँव इस समय किसान आन्दोलन का प्रमुख केन्द्र था। यहाँ **नाई-धोबी** बन्द नामक प्रसिद्ध आन्दोलन चलाया गया था।
- इस क्षेत्र में चलाए गए एक आन्दोलन का नेतृत्व **मदारी पासी** ने किया था।

मोपला विद्रोह (1921 ई.)

- यह विद्रोह **केरल के मालाबार** क्षेत्र के **काश्तकारों** का **जमींदारों** के विरुद्ध विद्रोह था।
- **मोपला विद्रोह** का समर्थन **खिलाफत आन्दोलन** के नेता **शौकत अली**, **गाँधी जी** और **मौलाना अबुल कलाम आजाद** ने किया था।

बारदोली सत्याग्रह (1928 ई.)

- बारदोली सत्याग्रह का नेतृत्व **वल्लभभाई पटेल** ने किया था।
- पटेल को **सरदार** की उपाधि इसी सत्याग्रह के दौरान **बारदोली की महिलाओं** ने प्रदान की थी।
- सरकार के द्वारा बारदोली मामलों की जाँच के लिए **ब्रूमफील्ड** और **मैक्सवेल** को **जाँच आयुक्त** नियुक्त किया गया था।

प्रमुख आन्दोलन

आन्दोलन	वर्ष	नेतृत्वकर्ता	प्रमुख क्षेत्र
संन्यासी विद्रोह	1770-1800	मंजर शाह, मूसा शाह, देवी चौधरानी	बंगाल, बिहार
पालिगर विद्रोह	1790 ई.	वी.पी. कड्डालम्मान	तमिलनाडु
दीवान वेलुथम्पी का विद्रोह	1805 ई.	दीवान वेलुथम्पी	त्रावणकोर (केरल)
पागलपंथी विद्रोह	1813-33 ई.	करमशाह टीपू	असम
पाइक विद्रोह	1817 ई.	बख्शी जगबन्धु	उड़ीसा
बघेरा विद्रोह	1818-20 ई.	बघेरा सरदार	ओखा मण्डल
कच्छ का विद्रोह	1819-31 ई.	राजा भारमल	कच्छ
वहाबी विद्रोह	1820-70	सैयद अहमद राय बरेलवी	पटना, हैदराबाद, मद्रास, बंगाल, बम्बई तथा यू.पी
रानी चेन्नमा का विद्रोह	1824-29 ई.	चेन्नमा	कित्तूर
गडकरियों का विद्रोह	1829-48 ई.	–	कोल्हापुर
बारसाल विद्रोह	1831 ई.	टीटू मीर,	बंगाल
कोल विद्रोह	1831-32 ई.	विन्दराय मानकी	छोटा नागपुर

फराजी विद्रोह	1838-57 ई.	दादू मियाँ शरीयतुल्ला का पुत्र	बंगाल
संथाल विद्रोह	1855-56 ई.	सिद्धू, कान्हू	बिहार, झारखंड
कूका विद्रोह-I	1860-70 ई.	भगत जवाहरमल, रामसिंह कूका	पंजाब
नाई-धोबी बन्द आन्दोलन	1919 ई.	बाबा रामचन्द्र	प्रतापगढ़
तानाभगत आन्दोलन	1920 ई.	जातरा भगत, बलराम भगत	छोटानागपुर
रम्पा विद्रोह	1922-24 ई.	अल्लूरी सीताराम राजू	आंध्र प्रदेश
नौसेना विद्रोह	1946 ई.	–	बम्बई

सामाजिक-सांस्कृतिक आन्दोलन

संस्था	संस्थापक	वर्ष
ब्रह्म समाज	राजा राममोहन राय (कलकत्ता)	1828 ई.
आदि ब्रह्म समाज	देवेन्द्रनाथ टैगोर (कलकत्ता)	1865 ई.
साधारण ब्रह्म समाज	आनन्द मोहन बोस	1878 ई.
प्रार्थना समाज	महादेव गोविन्द रानाडे, आत्माराम पांडुरंग (बम्बई)	1867 ई.
आर्य समाज	स्वामी दयानन्द सरस्वती (मुम्बई)	1875 ई.
रामकृष्ण मिशन	स्वामी विवेकानन्द (बेल्लूर)	1896 ई.
थियोसोफिकल सोसाइटी	मैडम एच.पी. ब्लावट्स्की, कर्नल एच.एस. (न्यूयॉर्क) आल्कॉट एवं एनी बेसेन्ट	1875 ई.
रहनुमाई माजदयासन सभा	नौरोजी फरदोनजी, दादाभाई नौरोजी (मुम्बई)	1851 ई.
देवबंद आंदोलन	मुहम्मद कासिम ननौतवी, रशीद अहमद गंगोही (उत्तर प्रदेश)	1867 ई.
अहमदिया आन्दोलन	मिर्जा गुलाम अहमद (गुरुदासपुर)	1889 ई.
अलीगढ़ आन्दोलन	सर सैयद अहमद खाँ (अलीगढ़)	1875 ई.
विधवा आश्रम	ईश्वरचन्द्र विद्यासागर एवं डी.के. कर्वे	
सर्वेंट्स ऑफ इण्डियन सोसाइटी	गोपाल कृष्ण गोखले	1915 ई.
सोशल सर्विस लीग	श्री नारायण राव मल्हार जोशी	1911 ई.
सत्यशोधक समाज	ज्योतिबा फुले (महाराष्ट्र)	1873 ई.
यंग बंगाल आन्दोलन	हेनरी विवियन डेरेजियो (कलकत्ता)	19वीं सदी

1857 ई. की महान क्रांति

- ❖ **1857 के विद्रोह** का तात्कालिक कारण **चर्बी लगे कारतूसों** का प्रयोग था यद्यपि इस विद्रोह के अन्य मुख्य कारण आर्थिक, सामाजिक, राजनीतिक एवं धार्मिक थे।
- ❖ **29 मार्च, 1857 ई.** को बैरकपुर में **34वीं नेटिव इन्फेन्ट्री** के एक सैनिक **मंगल पांडे** ने गाय एवं सूअर की चर्बी मिले कारतूसों को मुँह से काटने से स्पष्ट मना कर दिया था, फलस्वरूप उसे गिरफ्तार कर **8 अप्रैल, 1857** ई. को फाँसी दे दी गई।
- ❖ **10 मई, 1857 ई.** के दिन मेरठ की पैदल टुकड़ी **20 N.I.** ने क्रांति की शुरुआत की।
- ❖ **11 मई, 1857** को प्रात: ही दिल्ली पहुँचकर दिल्ली पर अधिकार कर लिया गया।
- ❖ दिल्ली में विद्रोहियों को मुगल शासक **बहादुरशाह** ने **बख्त खाँ** के सहयोग से नेतृत्व प्रदान किया।

1857 विद्रोह का नाम
• **सर जॉन सीले**–सैनिक विद्रोह
• **वी.डी. सावरकर**–एक सुनियोजित राष्ट्रीय स्वतन्त्रता संग्राम
• **एस.एन. सेन**–स्वतन्त्रता संग्राम
• **आर.सी. मजूमदार**–न तो राष्ट्रीय था, न ही स्वतन्त्रता संग्राम
• **बेंजामिन डिजरायली**–एक राष्ट्रीय विद्रोह

- ❖ तात्या टोपे, जिनका वास्तविक नाम **रामचन्द्र पांडुरंग** था। झांसी की पराजय के बाद नेपाल चले गए।
- ❖ **तात्यां टोपे** एक जमींदार मित्र के विश्वासघात के कारण पकड़े गए, जिनको 18 अप्रैल, 1859 को फाँसी दे दी गई।
- ❖ झाँसी की रानी लक्ष्मीबाई अंग्रेज **जनरल ह्यूरोज** से लड़ते हुए **17 जून, 1858** को वीरगति को प्राप्त हुईं।
- ❖ 1857 की क्रांति के समय ब्रिटिश प्रधानमन्त्री **पामर्स्टन** था।
- ❖ विद्रोह से पूर्व **अजीमुल्लाह, नाना साहब** एवं **रंगाबापू सतारा** का पक्ष रखने लंदन गए थे।
- ❖ 1857 ई. के क्रांति के स्थानीय विद्रोही नेताओं में प्रसिद्ध सतारा के **रंगा बापूजी गुप्ते**, हैदराबाद के **सोनाजी पंडित**, **रंगाराव पांगे**, मौलवी **सैयद अलाउद्दीन**, कर्नाटक के **भीमराव मुंडर्गी**, **छोटा सिंह**, **कोल्हापुर** के **अण्णाजी फड़नवीस**, **तात्या मोतित**, मद्रास के **गुलाम गौस**, **सुल्तान बख्श**, चिंगलपुट के **अरणागिरि**, **कृष्णा**, कोयम्बटूर के **मुलबागल स्वामी**, केरल के **विजय कुदारत कुंजी मामा**, **मुल्ला सली कोनजी मरकार**, गोवा में **दीपूजी राणा**, गोलकुंडा क्षेत्र में **चिंताभूपति** और उसका भतीजा **संन्यासी भूपति** तथा असम में **दीवान मनीराम दत्त** थे।
- ❖ **जॉन लारेन्स** ने कहा था कि यदि विद्रोहियों में एक भी योग्य नेता होता तो हम सदा के लिए हार जाते।

- वी.डी. सावरकर ने अपनी पुस्तक में 1857 के विद्रोह को **"भारत का प्रथम स्वतन्त्रता संग्राम"** कहा।
- आर.सी. मजूमदार ने कहा कि **"यह न तो प्रथम, न ही राष्ट्रीय और न ही स्वतन्त्रता संग्राम था।"**
- **डॉ. एस.एन. सेन** ने 1857 के विद्रोह पर अपनी पुस्तक '1857' लिखी।

गवर्नर जनरल एवं वायसराय

रॉबर्ट क्लाइव (1757-60, 1765-67 ई.)

- इन्होंने अवध के **नवाब शुजाउद्दौला** तथा मुगल सम्राट शाहआलम के साथ 1765 ई. में **'इलाहाबाद की संधि'** तथा बंगाल में **'द्वैध शासन'** की स्थापना की।
- बंगाल के समस्त क्षेत्र के लिए **दो उपदीवान मुहम्मद रज़ा खाँ** (बंगाल) तथा **राजा शिताब राय** (बिहार) को नियुक्त किया।

वॉरेन हेस्टिंग्स (1772-85 ई.)

- **रेग्युलेटिंग एक्ट 1773 ई.** के अनुसार बंगाल के गवर्नर को अब अंग्रेजी क्षेत्रों का **गवर्नर जनरल** कहा जाने लगा, जिसका कार्यकाल **5 वर्षों** का निर्धारित किया गया। मद्रास एवं बम्बई के गवर्नर को इसके अधीन कर दिया गया। इस प्रकार भारत में कम्पनी के अधीन प्रथम गवर्नर जनरल **वारेन हेस्टिंग्स (1774-85 ई.)** बना।
- **1774 ई.** के रेग्युलेटिंग एक्ट के तहत कलकत्ता में **उच्चतम न्यायालय** की स्थापना की गई।
- वारेन हेस्टिंग्स राजकीय कोषागार को मुर्शिदाबाद से हटाकर कलकत्ता लाया।
- 1772 ई. में इसने प्रत्येक जिले में एक-एक **फौजदारी** तथा **दीवानी अदालतों** की स्थापना की।
- इसने 1781 ई. में कलकत्ता में **मुस्लिम शिक्षा** के विकास के लिए **प्रथम मदरसा** स्थापित किया।
- **गीता** के अंग्रेजी अनुवादक **विलियम विलकिन्स** को **हेस्टिंग्स** ने **आश्रय प्रदान** किया।
- **सर विलियम जोंस** ने **1784 ई.** में **द. एशियाटिक सोसायटी ऑफ बंगाल** की स्थापना की।
- **मुगल सम्राट** को मिलने वाली **26 लाख रुपए** की वार्षिक पेंशन इसके द्वारा बन्द करवा दी गई।
- भारत के पहले समाचार पत्र **'द बंगाल गजट' 1780 ई.** का प्रकाशन **'जेम्स ऑगस्ट हिक्की'** द्वारा किया गया।
- प्रथम आंग्ल-मराठा युद्ध **सालबाई की संधि** (1782 ई.) के द्वारा एवं द्वितीय आंग्ल-मैसूर युद्ध **मंगलोर की संधि** (1784 ई.) के द्वारा समाप्त हुआ।
- **बोर्ड ऑफ रेवेन्यू** की स्थापना इसी के काल में हुई।

सर जॉन मैकफरसन (1785-86 ई.)

- सर जॉन मैकफरसन को अस्थायी गवर्नर जनरल नियुक्त किया गया था।

लॉर्ड कॉर्नवालिस (1786-93 ई.)

- **लॉर्ड कॉर्नवालिस** के समय में समस्त जिले के अधिकार **कलेक्टर** के हाथों में दे दिए गए।
- पुलिस कर्मचारियों के वेतन में वृद्धि के साथ ही ग्रामीण क्षेत्रों में पुलिस अधिकार प्राप्त जमींदारों को इस अधिकार से वंचित कर दिया गया।
- **कलकत्ता**, **मुर्शिदाबाद**, **ढाका** तथा **पटना** में **4 प्रान्तीय न्यायालयों** की स्थापना की गई।
- **भारतीय नागरिक सेवा** का जनक **कॉर्नवालिस** को माना जाता है।
- न्यायिक क्षेत्र में **'शक्ति के पृथक्करण'** के सिद्धांत का जन्मदाता कॉर्नवालिस था।
- कॉर्नवालिस ने **नागरिक संहिता 1793** (सिविल कोड 1793) एवं **रेवेन्यू बोर्ड** की स्थापना की।
- प्रत्येक जिले में **पुलिस थाने** की स्थापना कर **एक दारोगा** को इसका इंचार्ज बनाया गया।
- कॉर्नवालिस ने प्रशासनिक व्यवस्था का यूरोपीयकरण किया।

सर जॉन शोर (1793-98 ई.)

- **स्थायी भूमि बंदोबस्त** (1793 ई.) की योजना **'जॉन शोर'** ने बनाई थी। यह बंगाल, बिहार, उड़ीसा, बनारस एवं मद्रास के उत्तरी जिलों में लागू की गई। इसमें जमींदार भू-राजस्व की दर तय करने के लिए स्वतन्त्र थे।
- इसने अहस्तक्षेप की नीति अपनाई।

लॉर्ड वेलेजली (1798-1805 ई.)

- भारत में **सहायक संधि** का **जनक वेलेजली** को माना जाता है।
- **सहायक संधि** करने वाले प्रमुख राज्य थे–**हैदराबाद 1798 ई.; मैसूर 1799 ई.; तंजौर अक्टूबर, 1799 ई.; अवध 1801 ई.; पेशवा दिसम्बर, 1801 ई.; भोंसले दिसम्बर, 1803 ई.; सिंधिया 1804 ई.;** एवं अन्य राज्य जोधपुर, जयपुर, मच्छेड़ी, बूँदी तथा भरतपुर।
- **लॉर्ड वेलेजली** स्वयं को **बंगाल का शेर** कहा करता था।
- इसके समय **फोर्ट विलियम कॉलेज** की स्थापना कलकत्ता में की गई।
- इसका 1805 ई. में दूसरा कार्यकाल शुरू हुआ, परंतु शीघ्र ही इसकी मृत्यु हो गई।

सर जॉर्ज बार्लो (1805-07 ई.)

- **1806 ई.** में **वेल्लौर का सिपाही** विद्रोह इसी के समय हुआ।

लॉर्ड मिन्टो प्रथम (1807-13 ई.)

- इसके समय में **चार्टर एक्ट 1813** पास हुआ।
- इसके समय **महाराजा रणजीत सिंह** के साथ प्रसिद्ध **'अमृतसर की संधि' (1809 ई.)** की गई।

लॉर्ड हेस्टिंग्स (1813-23 ई.)

- मार्च, 1816 ई. में **अंग्रेजों** एवं **गोरखों** के बीच **संगौली की संधि** के द्वारा **आंग्ल-नेपाल युद्ध** का अंत हुआ।
- इसने **पिण्डारियों का दमन** किया। जिसके नेता वासिल मुहम्मद, चीतू एवं करीम खाँ थे।
- इसने मराठों की शक्ति को अन्तिम रूप से नष्ट कर दिया।
- इसने प्रेस पर लगे प्रतिबंध को समाप्त कर प्रेस के मार्गदर्शन के लिए नियम बनाए।
- इसके समय **1822 ई.** में बंगाल में **काश्तकारी अधिनियम** लागू किया गया।

लॉर्ड एमहर्स्ट (1823-28 ई.)

- प्रथम **आंग्ल-बर्मा युद्ध (1824-26 ई.)** में अंग्रेजों ने बर्मा को पराजित किया और 1826 के मध्य दोनों के बीच **यान्डबू की संधि** हुई।
- 1824 ई. में **बैरकपुर की सैनिक छावनी** में विद्रोह इसी के समय हुआ।

लॉर्ड विलियम बैंटिक (1828-35 ई.)

❖ बैंटिक मिल तथा बैंथम के विचारों से प्रभावित कट्टर उदारवादी था।
❖ **1833 ई.** के **'चार्टर एक्ट'** द्वारा बंगाल के **गवर्नर जनरल को भारत** का **गवर्नर जनरल** बना दिया गया। इस प्रकार **भारत का पहला** गवर्नर जनरल **लॉर्ड विलियम बैंटिक** हुआ।
❖ **राजा राममोहन राय** के सहयोग से **बैंटिक** ने **1829 ई.** में **सती प्रथा** को **समाप्त कर** दिया। बैंटिक ने इस प्रथा के खिलाफ कानून बनाकर 1829 ई. में धारा 17 के द्वारा विधवाओं के सती होने को अवैध घोषित कर दिया।
❖ अकबर और मराठा पेशवाओं ने भी सती प्रथा पर रोक लगाने का अथक प्रयास किया था।
❖ सन् **1835 ई.** में **बैंटिक** ने कलकत्ता में **कलकत्ता मेडिकल कॉलेज** की स्थापना की।
❖ इसी के समय मैकाले की अनुशंसा पर अंग्रेजी को शिक्षा का माध्यम बनाया गया। मैकाले द्वारा कानून का वर्गीकरण भी किया गया।
❖ बैंटिक ने **1831 ई.** में **मैसूर** तथा **1834 ई.** में **कुर्ग** को हड़प लिया।
❖ इसके समय सरकारी सेवाओं में भेद-भाव को समाप्त करने की घोषणा की गई।
❖ बैंटिक ने कॉर्नवालिस द्वारा स्थापित प्रान्तीय अपीलीय तथा सर्किट न्यायालयों को बन्द करवा दिया। इसका कार्य मजिस्ट्रेटों तथा कलेक्टरों में बाँट दिया।
❖ इसने न्यायालय में फारसी के स्थान पर स्थानीय भाषाओं के प्रयोग को अनुमति दी।
❖ इसने **शिशु बालिका की हत्या** पर भी **प्रतिबंध** लगा दिया।

चार्ल्स मैटकॉफ (1835-36 ई.)

❖ इसने समाचार पत्रों पर से प्रतिबंध हटाया। इसे **'समाचार पत्रों का मुक्तिदाता'** कहा गया है।

लॉर्ड ऑकलैण्ड (1836-42 ई.)

❖ 1839 ई. में इसने **दिल्ली से कलकत्ता** तक **ग्रांड ट्रंक रोड** की मरम्मत करवाई।
❖ **प्रथम आंग्ल-अफगान** (1838-42) युद्ध समाप्त हुआ एवं **रणजीत सिंह** तथा **शाह शुजा** के मध्य **त्रिदलीय संधि** सम्पन्न हुई।

लॉर्ड एलनबरो (1842-44 ई.)

❖ **1843** के **एक्ट-V** के द्वारा **दास-प्रथा** का उन्मूलन इसी के समय में हुआ।
❖ लॉर्ड एलनबरो के समय **1843 ई.** में **चार्ल्स नेपियर** के नेतृत्व में **सिंध** का ब्रिटिश राज्य में **विलय कर** लिया गया।
❖ लॉर्ड एलनबरो ने कुशल **अकर्मण्यता की नीति** का सम्पादन किया।

लॉर्ड हार्डिंग (1844-48 ई.)

❖ इसके समय **प्रथम आंग्ल-सिक्ख युद्ध (1845-46 ई.)** हुआ एवं **लाहौर** पर अंग्रेजों का अधिकार हो गया।

लॉर्ड डलहौजी (1848-56 ई.)

❖ इसके समय **द्वितीय आंग्ल-बर्मा युद्ध 1850 ई.** में हुआ और सन् 1852 ई. में **लोअर बर्मा** एवं **पीगू** को अंग्रेजी राज्य में मिला लिया गया।
❖ **डलहौजी** ने सिक्किम पर **दो अंग्रेज डॉक्टरों** के साथ दुर्व्यवहार का आरोप लगाकर सन् 1850 ई. में उस पर अधिकार कर लिया।
❖ 1852 ई. में एक **इनाम कमीशन** की स्थापना की गई। इसका उद्देश्य भूमि कर रहित जागीरों का पता करके उन्हें छीनना था।
❖ डलहौजी ने **1853** में **कर्नाटक के नवाब** की पेंशन बंद करवा दी।
❖ **सन् 1856 ई.** में **अवध पर कुशासन** का आरोप लगाकर अंग्रेजी राज्य में मिला लिया गया। उस समय अवध का **नवाब वाजिद अली शाह** था।
❖ **सन् 1856 ई.** में तोपखाने के मुख्यालय को कलकत्ता से मेरठ स्थानान्तरित किया और सेना का **मुख्यालय शिमला** में स्थापित किया।
❖ शिक्षा संबंधी सुधारों में डलहौजी ने सन् 1854 ई. के **वुड डिस्पैच** को लागू किया। इसके अनुसार जिलों में **एंग्लो-वर्नाक्यूलर स्कूल**, प्रमुख नगरों में **सरकारी कॉलेजों** तथा 1857 ई. में तीनों प्रेसीडेंसियों **कलकत्ता**, **मद्रास** एवं **बम्बई** में एक-एक विश्वविद्यालय स्थापित किए गए, और साथ ही प्रत्येक प्रदेश में **एक शिक्षा निदेशक** नियुक्त किया गया।
❖ डलहौजी को भारत में **रेलवे का जनक** माना जाता है। इसी के समय भारत में पहली बार **16 अप्रैल, 1853 ई.** में **बम्बई से थाणे** के बीच (34 किमी.) प्रथम रेल चलाई गई।
❖ सन् 1854 ई. में नया **पोस्ट ऑफिस एक्ट** पारित हुआ और भारत में पहली बार डाक टिकट का प्रचलन प्रारंभ हुआ।
❖ इसने **कलकत्ता** एवं **आगरा** के बीच पहली बार सेवा शुरू करवाई।
❖ इसने शिमला को ग्रीष्मकालीन राजधानी बनाया।
❖ इसी के समय **भारतीय नागरिक सेवा** हेतु पहली बार प्रतियोगिता परीक्षा शुरू हुई एवं **लोकसेवा विभाग** की स्थापना की गई।
❖ डलहौजी ने नर बलि प्रथा को रोकने का भी प्रयास किया।
❖ डलहौजी ने भारत के बंदरगाहों को अंतर्राष्ट्रीय व्यापार के लिए खोल दिया एवं कराची, कलकत्ता व बम्बई के बंदरगाहों को आधुनिक बनाने का प्रयास किया।
❖ इसने **धारा 90** के तहत ईसाई धर्म स्वीकार करने वाले का **पैतृक सम्पत्ति** में अधिकार घोषित किया।
❖ डलहौजी ने प्रसिद्ध **'व्यपगत के सिद्धांत'** (Doctrine of Lapse) की शुरुआत की, जिसके तहत ब्रिटिश साम्राज्य में मिलाए गए राज्य हैं-**सतारा-1848**, **संभलपुर-1849**, **बघाट-1850**, **उदयपुर-1852**, **झांसी-1853**, **नागपुर-1854**, **करोली-1855** (कोर्ट ऑफ डायरेक्टर ने इसे नामंजूर कर दिया)।

लॉर्ड कैनिंग (1856-64 ई.)

❖ यह भारत में कम्पनी द्वारा नियुक्त **अन्तिम गवर्नर जनरल** तथा ब्रिटिश सम्राट के अधीन नियुक्त भारत का **प्रथम वायसराय** था।
❖ भारत का शासन कम्पनी के हाथों से सीधे ब्रिटिश सरकार के नियन्त्रण में ले लिया गया।
❖ इसने **500 रुपए** से अधिक आय पर आयकर लगाया और आयात पर **10%** एवं निर्यात पर **4%** कर निश्चित किया।
❖ मैकाले द्वारा प्रारूपित **दंडसंहिता** को **1858 ई.** में कानून बना दिया गया तथा सन् **1859 ई.** में अपराध संहिता लागू की गई।
❖ 1860 में मैकाले द्वारा तैयार **भारतीय दण्ड संहिता (IPC)** तथा 1861 में **फौजदारी विधि संहिता** का निर्माण किया।
❖ इसी के समय **1857 ई.** का **विद्रोह** हुआ।
❖ 1856 का **विधवा पुनर्विवाह अधिनियम** इसी समय पारित किया गया तथा धारा 15 के द्वारा विधवाओं को विवाह का वैधानिक अधिकार मिला।
❖ **1858** का **एक्ट** पारित किया गया एवं **महारानी विक्टोरिया** को भारत की **सम्राज्ञी घोषित** किया गया।
❖ **1857 ई.** में **बम्बई**, **कलकत्ता** तथा **मद्रास** में विश्वविद्यालयों की स्थापना की गई।

❖ 1861 का **भारतीय परिषद् अधिनियम** पारित किया गया एवं भारतीय **उच्च न्यायालय अधिनियम, 1861** के तहत **कलकत्ता, बम्बई** तथा **मद्रास** में एक-एक उच्च न्यायालय की स्थापना की गई।

सर जॉन लारेंस (1864-69 ई.)

❖ **1865 ई.** में भूटान ने **ब्रिटिश भारत** पर आक्रमण किया।
❖ इसी के समय में उड़ीसा में **सन् 1866 ई.** में तथा **बुन्देलखण्ड** एवं **राजपूताना** में **1868-69 ई.** में भीषण अकाल पड़ा।
❖ इसने चेम्बवेल हेनरी के नेतृत्व में **एक अकाल आयोग** का गठन किया।
❖ **सन् 1865 ई.** में इसके द्वारा **भारत** एवं **यूरोप** के बीच प्रथम **समुद्री टेलीग्राफ सेवा** शुरू की गई।
❖ इसे **अहस्तक्षेप नीति** (रिंगफेंस) का जनक कहा जाता है। इस नीति को **शानदार निष्क्रियता** के नाम से भी जाना जाता है।

लॉर्ड मेयो (1869-72 ई.)

❖ भारत में **वित्तीय विकेन्द्रीकरण** का जनक **मेयो को माना** जाता है।
❖ इसने **अजमेर** में **मेयो कॉलेज** की स्थापना की थी।
❖ इसके समय में **भारतीय सांख्यिकी सर्वेक्षण** की स्थापना हुई।
❖ **1871 ई.** में भारत में **प्रथम जनगणना** इसी के समय हुई।
❖ इसने सन् **1872 ई.** में एक **कृषि विभाग** की स्थापना की।
❖ **मेयो की हत्या** इसके कार्यकाल के दौरान ही **अंडमान-निकोबार** में एक अफगान द्वारा कर दी गई थी।

लॉर्ड नार्थब्रुक (1872-76 ई.)

❖ इसने बड़ौदा के **मल्हार राव गायकवाड़** को भ्रष्टाचार के आरोप में **पदच्युत** कर मद्रास भेज दिया।
❖ लॉर्ड नार्थब्रुक ने यह घोषणा की, **"मेरा उद्देश्य–करों को हटाना तथा अनावश्यक वैधानिक कार्रवाइयों को बन्द करना है।"**
❖ **1872 ई.** का **नेटिव मैरिज एक्ट** इसी के समय पारित हुआ, जिसमें **अंतर्जातीय विवाह** को मान्यता दी गई।
❖ इसने आयकर को समाप्त कर दिया। **1875 ई.** में **प्रिंस ऑफ वेल्स** का भारत आगमन इसी के समय हुआ।
❖ इसी के समय में **स्वेज नहर** खुल जाने से भारत एवं ब्रिटेन के बीच **व्यापार में वृद्धि** हुई।

लॉर्ड लिटन (1876-80 ई)

❖ यह एक प्रसिद्ध उपन्यासकार, निबंध-लेखक एवं साहित्यकार था। **साहित्यकारिता** में इन्हें **ओवन मैरिडिथ** के नाम से भी जाना जाता था।
❖ इसके समय में **बम्बई, मद्रास, हैदराबाद, पंजाब** एवं **मध्य भारत** में भयानक अकाल पड़ा।
❖ इसने **रिचर्ड स्ट्रेची** की अध्यक्षता में **1878 ई.** में एक अकाल आयोग का गठन किया।
❖ लिटन ने **1877 ई.** में **दिल्ली** में एक **भव्य दरबार** का आयोजन किया, जिसमें महारानी विक्टोरिया को **'कैसर-ए-हिन्द'** की उपाधि प्रदान की गई।
❖ लिटन ने **भारतीय जनपद सेवा** में सम्मिलित होने के लिए भारतीयों की आयु को **21 वर्ष से घटाकर 19 वर्ष** कर दिया।
❖ **लिटन** ने प्रेस पर प्रतिबंध लगाने हेतु 1878 ई. में **वर्नाक्यूलर प्रेस एक्ट** लागू किया।
❖ **1878 ई.** में **भारत शस्त्र अधिनियम** पारित हुआ, जिसके तहत कोई भी **व्यक्ति बिना लाइसेंस के शस्त्र धारण नहीं** कर सकता था।
❖ लिटन ने अलीगढ़ में एक **मुस्लिम-एंग्लो प्राच्य महाविद्यालय** की स्थापना की।

लॉर्ड रिपन (1880-84 ई.)

❖ इसके समय **सन् 1881 ई.** में सर्वप्रथम नियमित जनगणना करवाई गई।
❖ रिपन द्वारा 1881 ई. में **प्रथम कारखाना अधिनियम** लाया गया।
❖ रिपन ने सर्वप्रथम समाचारपत्रों की स्वतन्त्रता को बहाल करते हुए सन् **1882 ई.** में **वर्नाक्यूलर प्रेस एक्ट** को समाप्त कर दिया।
❖ रिपन ने **वित्तीय विकेन्द्रीकरण** की नीति का नियमितीकरण किया।
❖ **स्थानीय स्वशासन** की शुरुआत **रिपन के कार्यकाल** में **1882 ई.** में हुई।
❖ रिपन ने शैक्षिक सुधारों के अंतर्गत **1882 ई.** में **विलियम हण्टर** की अध्यक्षता में **एक शिक्षा आयोग** गठित किया।
❖ इसके समय में यूरोपियों के विरुद्ध भारतीय न्यायाधीशों द्वारा मुकदमे की सुनवाई के लिए **इल्बर्ट विधेयक** प्रस्तुत किया गया, लेकिन यूरोपवासियों के प्रबल विरोध के कारण इसे वापस लेना पड़ा। अंग्रेजों द्वारा इस विधेयक के विरोध में किए गए विद्रोह को **श्वेत विद्रोह** के नाम से जाना जाता है।
❖ फ्लोरेंस नाइटिंगेल ने रिपन को **'भारत के उद्धारक'** की संज्ञा दी।
❖ ब्रिटिश शासनकाल में **रिपन के शासनकाल** को **स्वर्णयुग** कहा जाता है।

लॉर्ड डफरिन (1884-88 ई.)

❖ इसके समय **तृतीय आंग्ल–बर्मा युद्ध** (1885-88 ई.) में बर्मा को पराजित कर अन्तिम रूप से ब्रिटिश साम्राज्य में मिला लिया गया।
❖ इसके कार्यकाल में 1885 ई. में **ए.ओ. ह्यूम** के नेतृत्व में भारतीय राष्ट्रीय कांग्रेस की स्थापना हुई।
❖ इसके समय ही **1885 ई.** में **बंगाल कृषक अधिनियम, अवध कृषक अधिनियम** तथा **पंजाब कृषक अधिनियम** पारित किए गए।

लॉर्ड लैन्सडाउन (1888-94 ई.)

❖ **भारत** और **अफगानिस्तान** के **मध्य सीमा-रेखा** (डूरण्ड रेखा) का निर्धारण इसी के समय हुआ।
❖ इसके समय 1891 ई. का **ऐज ऑफ कंसेंट एक्ट** पारित हुआ, जिसमें लड़की के विवाह की आयु 12 वर्ष कर दी गई।
❖ **स्त्रियों** के **11 घंटे प्रतिदिन** से अधिक काम करने पर प्रतिबंध लगाया गया। साथ ही सप्ताह में एक दिन छुट्टी की व्यवस्था की गई एवं दूसरा **फैक्ट्री एक्ट-1891 ई.** में पारित किया गया।
❖ भारतीय परिषद् अधिनियम, 1892 ई. में पारित किया गया।
❖ इसके समय 1893 ई. में मुस्लिम एंग्लो-ओरिएंटल डिफेंस एसोसिएट्स ऑफ अपर इण्डिया की स्थापना हुई।

लॉर्ड एल्गिन-II (1894-99 ई.)

❖ **"भारत को तलवार के बल पर विजित किया गया है और तलवार के बल पर ही इसकी रक्षा की जाएगी"** यह **कथन-लॉर्ड एल्गिन II** का है।
❖ **1895-98 ई.** के **मध्य उत्तर प्रदेश, बिहार, पंजाब** एवं **मध्य प्रदेश** में **भयंकर अकाल** पड़ा।
❖ इसके समय 1897 ई. में **'लॉयल कमीशन'** के नाम से अकाल आयोग का गठन किया गया।

लॉर्ड कर्जन (1899-1905 ई.)

- कर्जन द्वारा 1901 में **सर कॉलिन स्कॉट** मॉनक्रीफ की अध्यक्षता में **एक सिंचाई आयोग** का गठन।
- सन् 1902 ई. में **सर डब्लू. फ्रेजर** की अध्यक्षता में **पुलिस आयोग** का गठन।
- इसने सैन्य अधिकारियों के प्रशिक्षण के लिए **क्वेटा में एक कॉलेज** स्थापित करवाया।
- सन् 1902 ई. में ही **सर टॉमस रैले** की अध्यक्षता में **विश्वविद्यालय आयोग** की स्थापना।
- सन् 1900 ई. में सर **एण्टनी मैकडॉनल्ड** की अध्यक्षता में अकाल आयोग का गठन।
- **सन् 1904** में **भारतीय विश्वविद्यालय अधिनियम** पास किया गया।
- कर्जन ने सन् **1904** में **ऐतिहासिक इमारतों** की सुरक्षा एवं मरम्मत के लिए **भारतीय पुरातत्व विभाग** की स्थापना की। इसके समय ही कलकत्ता में विक्टोरिया मेमोरियल हॉल का निर्माण हुआ।
- कर्जन ने 1904 में तिब्बत में कर्नल यंग हस्बैंड मिशन भेजा।
- इसी के समय **पूसा में कृषि अनुसंधान केन्द्र** एवं **कृषि बैंक** की स्थापना हुई।
- इसके शासन काल सन् 1905 में **रेलवे बोर्ड** का गठन हुआ।
- कर्जन के समय ही **16 अक्टूबर, 1905** को **बंगाल का विभाजन** किया गया, जिसे बंगाल में शोक दिवस के रूप में मनाया गया।
- **गोखले** ने कर्जन की तुलना **औरंगजेब** से की थी।

लॉर्ड मिन्टो-II (1905-10 ई.)

- इसके समय **1907 ई.** में **सूरत अधिवेशन** में कांग्रेस का विभाजन हुआ।
- सन् 1909 ई. **'मिण्टो-मार्ले सुधार'** अधिनियम पारित किया गया, जिसके माध्यम से मुसलमानों के लिए पृथक् निर्वाचन क्षेत्र की व्यवस्था की गई।
- सन् 1909 ई. में एस.पी. सिन्हा वायसराय की कार्यकारिणी में नियुक्त हुए।

लॉर्ड हार्डिंग-II (1910-16 ई.)

- **लॉर्ड हार्डिंग** के समय में **12 दिसम्बर, 1911** को ब्रिटेन के राजा **जॉर्ज 1** का भारत आगमन हुआ।
- **सन् 1911 ई.** में **भारत की राजधानी कलकत्ता से दिल्ली हस्तांतरित** करने की घोषणा की गई एवं 1 अप्रैल, 1912 को दिल्ली को राजधानी बनाया गया।
- **23 दिसम्बर, 1912** को हार्डिंग के दिल्ली प्रवेश के समय उन पर बम फेंका गया।
- **4 अगस्त, 1914** को प्रथम विश्वयुद्ध की शुरुआत हुई।
- **मदनमोहन मालवीय** द्वारा **1915 ई.** में **हिन्दू महासभा** की स्थापना की गई।
- सन् 1916 ई. में **लॉर्ड हार्डिंग** को **बनारस हिन्दू विश्वविद्यालय** का **कुलाधिपति** नियुक्त किया गया।

लॉर्ड चेम्सफोर्ड (1916-21 ई.)

- **तृतीय अफगान युद्ध** इसी के समय शुरू हुआ।
- **सन् 1916 ई.** में **पूना** में **प्रथम महिला विश्वविद्यालय** की स्थापना हुई।
- **एस.पी. सिन्हा** गवर्नर बनने वाले **प्रथम भारतीय** थे, जिनकी नियुक्ति बिहार के गवर्नर पद पर हुई।
- इसके काल में ही अप्रैल, **1919** में **रॉलेट एक्ट** का गठन किया गया।
- जलियावाला बाग हत्याकांड इसी के समय में हुआ।
- 1919 के अधिनियम की महत्वपूर्ण विशेषता प्रांतों में द्वैध शासन की स्थापना एवं भारतीय विधान मंडल को बजट संबंधी अधिकार प्रदान करना था।

लॉर्ड रीडिंग (1921-26 ई.)

- **17 नवम्बर, 1921** को प्रिंस ऑफ वेल्स के भारत आगमन के दौरान समूचे भारत में हड़ताल का आयोजन किया गया।
- इसके समय **1922 ई.** में **विश्वभारती विश्वविद्यालय** ने कार्य करना आरंभ किया।
- रीडिंग के समय ही **नागपुर** एवं **दिल्ली** में **विश्वविद्यालयों की स्थापना** की गई।
- 1923 ई. से **आई.सी.एस.** की परीक्षा दिल्ली एवं लंदन दोनों जगह कराने का निर्णय लिया गया।

लॉर्ड इरविन (1926-31 ई.)

- इसके समय देसी रियासतों के संबंध में 1927 ई. में हरकोर्ट बटलर की अध्यक्षता में बटलर समिति का गठन एवं दिसम्बर, 1927 ई. में ऑल इण्डिया स्टेट्स पीपुल्स कॉन्फ्रेंस का आयोजन किया गया।
- इसके समय ही **साइमन कमीशन** का भारत आगमन हुआ।

लॉर्ड वेलिंगटन (1931-36 ई.)

- इसके समय **1935 ई.** का अधिनियम पारित किया गया, जिसके तहत बर्मा को भारत से अलग किया गया।
- वेलिंगटन के समय **1934 ई.** में बिहार में **भयंकर भूकम्प** आया।
- **वेलिंगटन** ने **1915 ई.** के कांग्रेस के **बम्बई अधिवेशन** में हिस्सा लिया था।
- इसके समय **1930 ई.** का **शारदा एक्ट** पारित हुआ, जिसमें **लड़की के विवाह की आयु 14** एवं **लड़के की आयु 18** कर दी गई।

लॉर्ड लिनलिथगो (1936-43 ई.)

- इसके समय **द्वितीय विश्वयुद्ध (1939-45 ई.)** की शुरुआत हुई।
- ब्रिटिश सरकार ने भारतीयों से पूछे बिना भारत को युद्ध में शामिल कर लिया, जिसके कारण कांग्रेस मन्त्रिमण्डल ने इस्तीफा दे दिया। जिसे **मुस्लिम लीग** ने **मुक्ति दिवस** के रूप में मनाया।
- 1942 ई. का **अगस्त प्रस्ताव** इसी के समय पारित किया गया।

लॉर्ड वेवेल (1943-47 ई.)

- इसके समय राजनीतिक समाधान के लिए **शिमला सम्मेलन** का आयोजन किया गया।
- **कैबिनेट मिशन** का भारत आगमन इसी के समय हुआ।
- इसके समय का प्रमुख विद्रोह **नौ-सैनिक विद्रोह** था।

लॉर्ड माउण्टबेटन (मार्च, 1947-48 ई.)

- यह ब्रिटिश भारत के अन्तिम एवं स्वतन्त्र भारत के **प्रथम वायसराय** थे।
- इसके शासनकाल में ही भारत स्वतन्त्र हुआ, भारत एवं पाकिस्तान नामक दो स्वतन्त्र राष्ट्रों की घोषणा की गई।
- स्वतन्त्र भारत के प्रथम एवं अन्तिम भारतीय वायसराय चक्रवर्ती राजगोपालाचारी थे।

महत्वपूर्ण जानकारी

- भारत में सर्वप्रथम पाषाणकालीन सभ्यता की खोज **1863 में** प्रारंभ की गई।
- सर्वप्रथम पाषाणकालीन उपकरण को खोजने का श्रेय राबर्ट ब्रूस फुट को दिया जाता है।
- सर्वप्रथम पूर्व पाषाणकालीन उपकरण भारत में **मद्रास स्थित पल्लवरम्** स्थान से खोजा गया।
- **उच्च-पुरापाषाण** संस्कृति को फलकों की प्रधानता के कारण फलक संस्कृति के नाम से भी जाना जाता है।
- आखेट एवं पशुपालन का कार्य सर्वप्रथम **मध्य-पाषाण** काल में शुरू हुआ।
- मध्य-पाषाण काल में **कृषि करने का** प्रचलन नहीं था।
- आदि मानव ने सर्वप्रथम सीखा था - **आग जलाना।**
- आग का आविष्कार हुआ - **पुरापाषाण काल में** ।
- सबसे पहले पालतू बनाया गया था - **कुत्ते को।**
- सर्वप्रथम **तांबा** धातु का प्रयोग हुआ।
- नव-पाषाण युग का प्रमुख औजार **पत्थर की कुल्हाड़ी** था।
- सिंधु घाटी सभ्यता प्रसिद्ध थी - **सुनियोजित नगर योजना हेतु**
- सिंधु घाटी सभ्यता के लोगों का प्रमुख व्यवसाय था - **कृषि**
- सिंधु घाटी के निवासियों की मुख्य फसलें थी - **जौ, गेहूँ**
- सिंधु घाटी सभ्यता का सर्वाधिक पूर्वी एवं पश्चिमी पुरास्थल हैं - **क्रमशः आलमगीरपुर (मेरठ, उत्तर प्रदेश) तथा सुत्कागेंडोर (ब्लूचिस्तान)**
- हड़प्पा सभ्यता के बारे में सबसे पहले जानकारी दी **- चार्ल्स मैसन ने (1826 ई. में)**
- मोहनजोदड़ो एवं हड़प्पा की पुरातात्विक खुदाई के प्रभारी थे - **सर जॉन मार्शल**
- हड़प्पा की सभ्यता थी - **कांस्ययुगीन**
- सिंधु घाटी सभ्यता की लिपि थी - **चित्रात्मक**
- मिस्र के राजा कहलाते थे - **फराओ**
- खरोष्ठी लिपि लिखी जाती थी - **दाएं से बाएं**
- स्वास्तिक चिह्न देन है - **सिंधु घाटी सभ्यता की**
- सिंधु घाटी सभ्यता थी - **आद्य ऐतिहासिक**
- हड़प्पा स्थित है - **रावी नदी के तट पर**
- सिंधु घाटी सभ्यता का प्रमुख बंदरगाह था - **लोथल**
- हड़प्पा के लोग अनभिज्ञ थे - **लोहे से**
- सिंधु घाटी सभ्यता का सर्वमान्य काल था - **2500 से 1750 ई. पू.**
- मोहनजोदड़ो है - **पाकिस्तान में**
- मोहनजोदड़ो की खोज की - **राखलदास बनर्जी ने**
- अमरी संस्कृति **बलूचिस्तान** में पनपी
- नर्तकी की कांस्य मूर्ति मिली - **मोहनजोदड़ो से**
- सिंधु घाटी सभ्यता की सबसे बड़ी इमारत है - **मोहनजोदड़ो का अन्नागार**
- हड़प्पा संस्कृति की बहुसंख्यक मुहरें निर्मित हैं– **सेलखड़ी से**
- पकी मिट्टी का बना हल का एक प्रतिरूप **बनावली** से प्राप्त हुआ।
- मोहनजोदड़ो में मिला प्रमुख स्मारक - **वृहत् स्नानागार**
- हड़प्पीय सीलों का सर्वाधिक प्रचलित प्रकार **बेलनाकार** है।
- मेसोपोटामिया (आधुनिक नाम-इराक) से आशय है **- दो नदियों के बीच की भूमि**
- हड़प्पा की खुदाई हुई - **दयाराम साहनी के नेतृत्व में (1921 में)**
- सिंधु घाटी के लोगों ने पूजा की - **मातृदेवी की**
- हड़प्पा सभ्यता में प्राप्त मुहरे निर्मित थीं – **स्टेटाइट**
- हड़प्पा में प्रमुख अन्त्येष्टि प्रथा थी **–मृत्तिका पात्र के साथ शरीर का विस्तारित शवाधान**
- पुराणों की संख्या (रचना-गुप्तकाल) है - **18**
- प्रसिद्ध गायत्री मंत्र **सविता (सूर्य देवता)** को समर्पित है।
- स्मृतियों में सबसे प्राचीन **मनुस्मृति** को माना जाता है।
- ऋग्वेद के एक-चौथाई मंत्र **इन्द्र** देवता को समर्पित हैं।
- सबसे प्राचीन पुराण - **मत्स्य पुराण**
- पुराणों के रचयिता - **लोमहर्ष एवं उग्रश्रवा**
- वेदों व वेदांगों की संख्या - **क्रमशः 4 एवं 6**
- उपनिषदों की सख्या - **108 (प्रमाणिक-13)**
- पुराणों का अध्ययन करने वाला पहला मुसलमान था - **अलबरूनी**
- उपनिषद् की विषय वस्तु है - **दर्शन**
- ब्राह्मण ग्रंथ संबंधित हैं - **कर्मकांड से**
- सबसे प्राचीनतम् वेद है - **ऋग्वेद (सूक्त-1028)**
- गद्य एवं पद्य वाला वेद है - **यजुर्वेद**
- शतपथ ब्राह्मण संबंधित है - **यजुर्वेद से**
- तंत्र-मंत्र संगृहीत वेद है - **अथर्ववेद**
- भारतीय संगीत का जनक है - **सामवेद**
- 'गायत्री मंत्र' लिया गया है - **ऋग्वेद से**
- 'गायत्री मंत्र' के रचनाकार - **विश्वामित्र**
- 'गोत्र' शब्द मिलता है - **अथर्ववेद में**
- भागवत धर्म के प्रवर्तक थे - **कृष्ण**
- भक्ति आंदोलन का प्रारंभ किया - **आलवार संतों ने**
- आर्यों की जानकारी का स्रोत है - **ऋग्वेद**
- ऋग्वेद में सर्वाधिक बार वर्णित नदी - **सिंधु**
- ऋग्वेद में वर्णित सबसे पवित्र नदी का नाम - **सरस्वती**
- ऋग्वेद में वर्णित प्रमुख देवता हैं - **इन्द्र (पुरंदर)**
- ऋग्वेद का सबसे बाद में निर्मित मंडल - **10वां**
- ऋग्वेद में पूर्णतः सोम को समर्पित मंडल - **नौवां**
- 'सत्यमेव जयते' लिया गया है - **मुण्डकोपनिषद् से**
- प्राचीन हिन्दू विधि के लेखक हैं - **मनु**
- पुस्तक 'मिताक्षरा' के लेखक हैं - **विज्ञानेश्वर**
- स्मृति ग्रंथों में सबसे प्राचीन है - **जय संहिता**
- महाभारत (रचना-वेदव्यास) के फारसी अनुवाद का शीर्षक है - **रज्मनामा**
- आर्यों का भारत आगमन - **1500 ई. पू. से पहले**
- आर्य पहले बसे - **पंजाब व अफगानिस्तान में**
- ऋग्वैदिक आर्यों की भाषा - **संस्कृत**
- आर्य लोग भारत आए - **मध्य एशिया से**
- शून्यवाद के प्रतिपादक - **नागार्जुन**
- प्राचीन भारत में महिला अध्यापिका को **आचार्या** कहा जाता था
- यजुर्वेद के मंत्र संबंधित हैं– **वैदिक अनुष्ठान से**
- वेदों में **यजुर्वेद** की रचना गद्य एवं पद्य दोनों में की गयी है।
- वेदांगों में **कल्प, शिक्षा, निरुक्त, व्याकरण, छन्द, ज्योतिष का** समावेश है।
- वैदिक सभा और समिति को **प्रजापति** देवता की दो पुत्रियाँ कहा गया है।
- बुद्ध का जन्म - **लुम्बिनी में (563 ई. पू.)**
- बुद्ध की मृत्यु हुई - **कुशीनगर में (483 ई. पू.)**
- बुद्ध की मृत्यु की घटना कहलाई - **महापरिनिर्वाण**

- बुद्ध के पहले गुरु - **आलार कलाम**
- बुद्ध द्वारा गृहत्याग की घटना कहलाई - **महाभिनिष्क्रमण**
- बुद्ध का प्रथम प्रवचन कहलाता है - **धम्मचक्रप्रवर्तन**
- बुद्ध ने सर्वप्रथम उपदेश दिया था - **सारनाथ में**
- बुद्ध ने उपदेश दिये - **पाली भाषा में**
- बुद्ध ने सर्वाधिक उपदेश दिए - **श्रावस्ती में**
- बौद्ध धर्म के त्रिरत्न हैं - **बुद्ध, धम्म और संघ**
- बौद्ध धर्म ग्रहण करने वाली पहली महिला - **बुद्ध की मौसी (गौतमी)**
- बुद्ध के पूर्वजन्म पर आधारित कथाएं है - **जातक में**
- अजंता की गुफाओं में किस ग्रंथ का चित्रण है - **जातक (बौद्धों का पवित्र ग्रंथ)**
- बौद्ध धर्म का प्रमुख ग्रंथ - **पिटक (सुत्त पिटक, विनय पिटक एवं अभिधम्म पिटक)**
- बौद्ध धर्म का पूजा स्थल - **चैत्य मंडप**
- 'बुद्धचरित' के लेखक - **अश्वघोष**
- आजीवक पंथ का प्रवर्तक - **मक्खलि गोशाल**
- जैन धर्म के प्रथम तीर्थंकर - **ऋषभदेव**
- कोणार्क के सूर्य मंदिर को बनवाया था - **नरसिंह देव ने (13वीं सदी में)**
- ब्लैक पैगोडा है - **कोणार्क के सूर्य मंदिर का नाम**
- जैन धर्म के अंतिम (24वें) तीर्थंकर - **महावीर**
- महावीर **क्षत्रिय** राजघराने में पैदा हुए।
- जैन तीर्थंकरों की जीवनी का संकलन है - **कल्पसूत्र में**
- महावीर का जन्म हुआ - **वैशाली में (540 ई. पू.)**
- महावीर की मृत्यु हुई - **पावापुरी में (468 ई. पू.)**
- महावीर का प्रथम अनुयायी था - **जामालि (दामाद)**
- महावीर और बुद्ध दोनों ने उपदेश दिया - **मगध नरेश बिम्बिसार के शासनकाल में**
- जैन धर्म के त्रिरत्न हैं - **सम्यक दर्शन, सम्यक ज्ञान, सम्यक आचरण**
- जैन धर्म के दो सम्प्रदाय हैं - **श्वेताम्बर और दिगम्बर**
- जैन धर्म का चरम लक्ष्य है - **मोक्ष**
- जैन साहित्य को कहा जाता है - **आगम**
- ईसा मसीह का जन्म हुआ - **4 ई. पू. बेथलहेम में**
- ईसा मसीह को सूली पर चढ़ाया गया - **33 ई. में (शुक्रवार को, रोमन गवर्नर पोंटियस द्वारा)**
- क्षत्रियजन यौधेय किस देवता के उपासक थे– **वासुदेव**
- भागवत धर्म में 9 प्रकार की भक्ति का उल्लेख है।
- मगध की राजधानी - **गिरिव्रज (राजगृह)**
- चन्द्रगुप्त मौर्य के सैन्य अभियानों की सफलता की जानकारी **रुद्रदामन के जूनागढ़ अभिलेख से** मिलती है।
- सोलह महाजनपदों की सूची उपलब्ध है - **अंगुत्तरनिकाय में**
- कौटिल्य के अर्थशास्त्र के अनुसार दीवानी कचहरी को कहा जाता था - **धर्मस्थीय**
- मौर्यवंश का संस्थापक - **चंद्रगुप्त मौर्य**
- मौर्यवंश की जानकारी मिलती है - **अर्थशास्त्र और विष्णु पुराण से**
- सुदर्शन झील का निर्माण कराया - **चंद्रगुप्त मौर्य ने**
- चंद्रगुप्त अनुयायी था - **जैन धर्म का**
- चंद्रगुप्त मौर्य के गुरु एवं महामंत्री थे - **चाणक्य**
- चाणक्य (विष्णुगुप्त या कौटिल्य) रचित 'अर्थशास्त्र' पुस्तक है - **प्रशासन के ऊपर**
- चंद्रगुप्त ने जैन धर्म की शिक्षा ली - **भद्रबाहु से**
- चंद्रगुप्त मौर्य के दरबार में आने वाला प्रसिद्ध यूनानी था - **मेगस्थनीज (पुस्तक-इंडिका)**
- चंद्रगुप्त मौर्य ने अपने अंतिम दिन (मृत्यु-298 ई. पू.) बिताये - **श्रवणबेलगोला (कर्नाटक) में**
- अपने जीवन के अंतिम दिनों में जैन धर्म को अपनाया था - **चंद्रगुप्त मौर्य ने**
- शिलालेख का प्रचलन प्रारंभ किया - **अशोक ने**
- अशोक ने 'धम्म' स्वीकार किया - **कलिंग युद्ध (261 ई. पू.) के बाद**
- अशोक ने बौद्ध धर्म के प्रचार के लिए श्रीलंका भेजा - **महेंद्र व संघमित्रा को**
- अशोक का राज्याभिषेक हुआ था - **269 ई. पू. में**
- अशोक का सबसे लंबा स्तंभ अभिलेख - **सातवाँ**
- अशोक का नाम 'अशोक' - **मॉस्की (आंध्र प्रदेश) एवं गुर्जरा (मध्य प्रदेश) अभिलेख में मिलता है।**
- अशोक ने स्वयं को मगध का सम्राट बताया - **भाब्रू (बैराट) स्तंभ लेख (जयपुर, राजस्थान) में**
- कलिंग युद्ध की विजय व विनाश का वर्णन है - **अशोक के शिलालेख-13 में**
- सांची का स्तूप बनवाया - **अशोक ने**
- श्रीनगर की स्थापना की - **अशोक ने**
- अशोक के अभिलेखों की खोज 1750 ई. में की थी - **पाद् टीफैन्थलर ने**
- अशोक के अभिलेखों को सर्वप्रथम पढ़ा - **जेम्स प्रिंसेप ने (1837 ई. में)**
- अशोक की मृत्यु हुई - **232 ई. पू. में**
- हरिषेण का इलाहाबाद प्रशस्ति लेख जानकारी देता है - **समुद्रगुप्त की**
- मौर्य वंश का अंतिम शासक - **वृहद्रथ**
- शुंग वंश की नींव डाली - **पुष्यमित्र शुंग ने**
- भरहुत स्तूप का निर्माणकर्ता - **पुष्यमित्र शुंग**
- शुंग वंश का अंतिम शासक - **देवभूति**
- भारतीय सीमा में प्रवेश करने वाला प्रथम यवन शासक - **डेमेट्रियस प्रथम**
- डेमेट्रियस को पराजित किया था - **पुष्यमित्र शुंग ने**
- पुष्यमित्र शुंग ने अश्वमेध यज्ञ कराया - **दो बार**
- शिशुनाग वंश का संस्थापक - **शिशुनाग**
- पाटलिपुत्र की स्थापना की - **उदायिन ने**
- पाटलिपुत्र बसा है - **गंगा-सोन के संगम पर**
- हर्यक वंश का संस्थापक - **बिम्बिसार**
- अमित्रघात के रूप में प्रसिद्ध - **बिन्दुसार**
- 'अवन्ति' की राजधानी थी - **उज्जैन**
- नंद वंश का अंतिम शासक था - **धनानंद**
- भारत पर आक्रमण (326 ई. पू.) करने वाला प्रथम विदेशी शासक - **सिकन्दर**
- सिकन्दर और पोरस (पंजाब) के मध्य का युद्ध कहलाता है - **हाइडेस्पीज (वितस्ता) का युद्ध**
- सिकन्दर की मृत्यु हुई - **323 ई. पू. (बेबीलोन)**
- सातवाहन वंश की स्थापना की - **सिमुक ने**
- दाशराज युद्ध (दस राजाओं का युद्ध) लड़ा गया - **परुष्णी नदी के तट पर**
- भारत में सबसे पहले सोने के सिक्के जारी किये - **हिन्द-यूनानियों ने**

- शुद्ध सोने के सिक्के चलाए -**कुषाणों ने**
- सर्वाधिक स्वर्ण मुद्राएं जारी हुईं - **गुप्त काल में**
- सीसे का सिक्का जारी किया था - **सातवाहनों ने**
- चांदी का सिक्का सर्वप्रथम चलाया - **चंद्रगुप्त द्वितीय (विक्रमादित्य) ने**
- कुषाण वंश का संस्थापक था - **कुजुल कडफिसेस**
- बुद्ध की खड़ी प्रतिमा बनी थी - **कुषाण काल में**
- कुषाण वंश का प्रसिद्ध शासक था - **कनिष्क**
- कनिष्क की प्रथम राजधानी थी - **पुरुषपुर**
- कनिष्क की दूसरी राजधानी थी - **मथुरा**
- शक संवत् की शुरुआत की थी - **कनिष्क ने (78 ई. में)**
- बुद्ध मूर्तियों का निर्माण शुरू हुआ - **कुषाण काल में**
- गुप्त वंश का संस्थापक - **श्री गुप्त**
- मंदिरों का निर्माण शुरू हुआ - **गुप्त काल में**
- मंदिर निर्माण कला में विमान शैली का प्रचलन हुआ - **चोलवंश के शासन में**
- दशमलव प्रणाली की शुरुआत हुई - **गुप्त काल में**
- राष्ट्रीय पंचांग आधारित है - **शक संवत् पर**
- चरक थे - **आयुर्वेद के जनक**
- 'सिल्क मार्ग' को आरंभ कराया था - **कनिष्क ने**
- कुषाण वंश का अंतिम शासक - **वासुदेव**
- गुप्त वंश की जानकारी प्राप्त होती है - **वायु पुराण से**
- समुद्रगुप्त को 'भारत का नेपोलियन' कहा - **विंसेंट आर्थर स्मिथ ने**
- सिक्कों पर वीणा बजाते चित्रित है - **समुद्रगुप्त**
- समुद्रगुप्त का दरबारी कवि - **हरिषेण**
- प्रसिद्ध चीनी बौद्ध यात्री फाह्यान आया - **चन्द्रगुप्त द्वितीय के काल में (5वीं शताब्दी)**
- चंद्रगुप्त-II (विक्रमादित्य) ने अपनी दूसरी राजधानी बनाया - **उज्जैन को**
- विक्रम संवत् प्रारंभ हुआ - **58 ई. पू.**
- गुप्तकालीन रजत एवं स्वर्ण मुद्राओं के नाम - **क्रमशः रूपक और दिनार**
- नालन्दा विश्वविद्यालय का संस्थापक था - **गुप्त शासक कुमारगुप्त**
- नालंदा विश्वविद्यालय को ध्वस्त किया था - **बख्तियार खिलजी ने (मोहम्मद गोरी का सेनापति)**
- विक्रमशिला विश्वविद्यालय की स्थापना की - **पाल वंश के शासक धर्मपाल (770-810 ई.) ने**
- महरौली स्थित राजा चन्द्र के लौह स्तंभ को बनवाया था - **चंद्रगुप्त द्वितीय ने**
- गंगई कोंड कहा जाता है - **राजेन्द्र प्रथम को**
- गुप्तकाल की राजकीय भाषा - **संस्कृत**
- भारतीय इतिहास का स्वर्ण युग कहा गया - **गुप्तकाल को**
- गुप्त वंश का अंतिम शासक - **विष्णुगुप्त**
- वर्धन साम्राज्य का संस्थापक - **पुष्यभूति**
- पुष्यभूति वंश का संस्थापक - **नरवर्धन**
- हर्षवर्धन ने अपनी राजधानी थानेश्वर से स्थानांतरित कर स्थापित की - **कन्नौज में**
- भूमि देने की सामंती प्रथा शुरू की - **हर्षवर्धन ने**
- चीनी यात्री ह्वेनसांग जिसके शासनकाल में भारत आया था - **हर्षवर्धन**
- ह्वेनसांग द्वारा लिखित पुस्तक - **सी-यू-की**
- यात्रियों में राजकुमार कहा जाता है - **ह्वेनसांग को**
- 'नीति का पंडित' और 'शाक्य मुनि' कहा जाता है - **ह्वेनसांग को**
- हर्षवर्धन का दरबारी कवि - **बाणभट्ट**
- पुलकेशिन द्वितीय ने हर्षवर्धन को 634 ई. में पराजित किया - **नर्मदा नदी के किनारे**
- हर्षवर्धन जहां हर पांच वर्ष बाद धार्मिक सम्मेलन करता था - **प्रयाग**
- हर्षवर्धन के काल में भू-राजस्व दर थी - **कुल उपज का छठा हिस्सा**
- पल्लव वंश का संस्थापक था - **सिंहविष्णु**
- पल्लवों की राजधानी थी - **कांचीपुरम् (तमिलनाडु)**
- नटराज की मूर्तियां हैं - **चोल काल की**
- राष्ट्रकूट वंश का संस्थापक - **दन्तिदुर्ग**
- राष्ट्रकूट वंश की राजधानी - **मान्यखेट**
- चालुक्यों की राजधानी - **वातापी**
- कल्याणी के चालुक्य वंश की स्थापना की - **तैलप द्वितीय ने**
- चोल वंश का अंतिम राजा - **राजेन्द्र-III**
- भारत में प्रथम बार सैनिक शासन व्यवहार में लाया गया - **ग्रीकों द्वारा**
- नौ-सैनिक शक्ति के लिए प्रसिद्ध थे - **चोल**
- 'स्थानीय स्वशासन' विशेषता थी - **चोल वंश की**
- होयसल वंश की राजधानी - **द्वारसमुद्र**
- हूणों का आक्रमण हुआ - **स्कन्दगुप्त के समय 455 ई. में**
- हूणों का पहला शासक था - **तोरमाण**
- मिहिरकुल पराजित हुआ - **यशोवर्मन द्वारा**
- वराहमिहिर थे - **खगोलविद्**
- संगम युग का महान शासक था - **करिकाल**
- संगम का तात्पर्य है - **कवियों की गोष्ठी**
- प्रथम एवं तृतीय संगम हुआ - **मदुरै में**
- द्वितीय संगम हुआ - **कपाटपुरम (अलेवै) में**
- प्रथम संगम के अध्यक्ष थे - **अगस्त्य**
- चोल शासकों में से **कुलोत्तुंग प्रथम** मूलतः वेंगी का चालुक्य राजकुमार था।
- **तंजौर के वृहदेश्वर मंदिर** का संबंध चोलों से है।
- 'कोप्पम की लड़ाई' किस के बीच हुई थी– **पश्चिमी चालुक्य और चोल**
- विक्रमशिला विश्वविद्यालय की स्थापना **धर्मपाल** ने की।
- 'ब्रह्मदेय' शब्द प्रथम बार **गुप्तपूर्व अभिलेखों में** मिलता है।
- विदेशी यात्रियों में से कौन अछूतों की सबसे लम्बी सूची प्रस्तुत करता है– **अलबरूनी**
- **ललितादित्य ने** कश्मीर में परिहासपुर नगर बसाया था।
- चन्देल राजवंश की नींव **नन्नुक ने** डाली थी।
- बल्लालसेन ने **दानसागर** ग्रंथ की रचना की थी।
- महमूद गजनवी जो गजनी का शासक था, ने भारत पर कुल 17 बार आक्रमण किये।
- महमूद गजनवी 'सुल्तान' की उपाधि धारण करने वाला प्रथम तुर्क सरदार था। उपर्युक्त कथन की पुष्टि होती है– **तारीख-ए-गुजीदा से**
- महमूद गजनवी के भारतीय आक्रमणों में सर्वाधिक महत्त्वपूर्ण आक्रमण **सोमनाथ पर** था।
- भारत पर महमूद का अंतिम आक्रमण 1027 **में जाटों के विरुद्ध** था।
- मुहम्मद गोरी ने भारत पर **1175 से 1205 ई.** तक आक्रमण किया।
- 1175 ई. में मुहम्मद गोरी ने **मुल्तान** राज्य पर प्रथम आक्रमण किया।
- मुहम्मद गोरी भारत में पहली बार पराजित हुआ– **1178 ई.**
- महमूद की सेना में **सेवंदराम एवं तिलक** नामक हिन्दुओं को उच्च पद प्राप्त था।
- दिल्ली सल्तनत राज्य था– **धर्म प्रधान**

- 'दीवान-ए-रियासत' विभाग की स्थापना **अलाउद्दीन खिलजी** द्वारा की गई।
- 'दीवान-ए-इस्तिहाक' विभाग की स्थापना फिरोज तुगलक द्वारा की गई। यह विभाग सम्बद्ध था– **पेंशन विभाग से**
- सल्तनत काल में इक्ता से छोटी इकाई कही जाती थी– **शिक**
- सल्तनतकालीन इतिहासकार **इब्नबतूता** ने सौ ग्रामों के समूह को एक प्रशासनिक इकाई के रूप में वर्णित किया और इस इकाई को 'सदी' के नाम से उल्लिखित किया।
- 'इक्ता व्यवस्था' की शुरुआत **इल्तुतमिश** ने की।
- सैनिक सुधारों की दृष्टि से **अलाउद्दीन खिलजी** का काल सर्वोकृष्ट माना जाता है।
- सर्वप्रथम भारत में **मुहम्मद बिन कासिम** के द्वारा जजिया कर की वसूली की गई।
- जजिया कर को **मुण्डकर** भी कहा गया।
- **गयासुद्दीन तुगलक** ने सर्वप्रथम नहर-निर्माण की दिशा में प्रयास किया।
- **फिरोज तुगलक** ने सर्वप्रथम 'सर्बकर' नामक सिंचाई कर की वसूली की।
- **लोदी वंश** के शासकों ने भूमि की नाप की इकाई के रूप में 'सिकंदरी गज' का प्रयोग किया।
- भारत में सर्वप्रथम 'चर्खे' के प्रयोग का प्रमाण **चौदहवीं सदी में** मिलता है।
- सल्तनतकालीन सिक्कों में सबसे महत्त्वपूर्ण सिक्का **जीतल** था।
- 'दिल्लीवाल' था– **एक सल्तनतकालीन सिक्का**
- मुहम्मद गोरी ने **तराइन के दूसरे युद्ध में** पृथ्वीराज को पराजित कर कैद कर लिया।
- सैयद वंश का सर्वाधिक योग्य शासक **मुबारक शाह** था।
- किस गुलामवंशीय शासक को 'लाखबख्श' की उपाधि दी गई – **कुतुबुद्दीन ऐबक**
- मुहम्मद तुगलक का वास्तविक नाम **जौना खां** था।
- दिल्ली के 'सीरी' किले का निर्माण **अलाउद्दीन खिलजी** ने कराया।
- मुहम्मद तुगलक की दूसरी राजधानी थी – **दौलताबाद**
- सैयद वंश का संस्थापक खिज्र खां था।
- सैयद वंश का अन्तिम शासक अलाउद्दीन आलमशाह था।
- टोपी की सिलाई कर अपना जीवन निर्वाह करने वाला सुल्तान नासिरुद्दीन महमूद था।
- इस्लाम की राजधानी **बगदाद को** कहा गया है।
- द्वितीय सिकंदर की उपाधि धारण की– **अलाउद्दीन खिलजी ने**
- **मुबारक खिलजी** ने स्वयं को खलीफा घोषित किया।
- जयपाल **हिन्दुशाही वंश** का शासक था।
- बलबन अपने को **अफरसियाब** का वंशज मानता था।
- दिल्ली सल्तनत में एक चांदी का टंका 48 **जीतल** के बराबर था।
- महमूद गजनवी के साथ युद्ध में अपमानजनक पराजय के पश्चात् आत्महत्या करने वाला पंजाब का हिन्दू राजा **जयपाल** था।
- लक्ष्मी की आकृतियुक्त सिक्के **मोहम्मद गोरी ने** चलाये थे।
- कबीर सिकंदर लोदी के समकालीन थे।
- हिजरी संवत् का प्रारंभ 622 ई. में हुआ।
- सिख धर्म का प्रवर्तन 1500 ई. में हुआ।
- इस्लाम धर्म के प्रवर्तक हजरत मुहम्मद साहब का जन्म 570 ई. में मक्का में हुआ।
- विजयनगर के शासक कृष्णदेव राय की रचना 'आमुक्त-माल्यद' **तेलुगू** भाषा में लिखी गई।
- तालीकोटा का युद्ध 1565 में हुआ।
- विट्ठलस्वामी मंदिर का निर्माण **कृष्णदेव राय** ने करवाया।
- **कृष्णदेव राय** ने आंध्रभोज की उपाधि धारण की।
- विजयनगर साम्राज्य के संस्थापक **हरिहर-बुक्का** थे।
- भारत में सूफी आंदोलन की शुरुआत **बारहवीं** शताब्दी के आस-पास मानी जाती है।
- सूफी संतों में **मंसूर-बिन-हल्लाज** ने स्वयं को 'अनलहक' (मैं ईश्वर हूँ) घोषित किया।
- भारत भूमि पर स्थापित महत्त्वपूर्ण सिलसिले थे– **चिश्ती एवं सुहरावर्दी**
- चिश्ती सिलसिले का मुख्य केन्द्र था– **अजमेर**
- सूफी संतों में **शेख नासिरुद्दीन को** 'चिराग-ए-दिल्ली' के नाम से जाना जाता था।
- सुल्तान बलबन सूफी संतों में **बाबा फरीद** का शिष्य था।
- सूफी संतों में **निजामुद्दीन औलिया** ने 'महबूब-ए-इलाही' की उपाधि धारण की।
- भारत में फिरदौसी सिलसिले की स्थापना **बदरुद्दीन** के द्वारा की गई।
- 'ऋषि आंदोलन' का संस्थापक **शेख नूरुद्दीन को** माना जाता है।
- 'श्री सम्प्रदाय' का संस्थापक **रामानुज को** माना जाता है।
- भक्ति आंदोलन को दक्षिण भारत से उत्तर भारत में लाने का श्रेय **रामानंद को** दिया जाता है।
- रूप चित्रकारी की शुरुआत **अकबर** के समय में हुई।
- नूरजहाँ के बचपन का नाम था– **मेहरुन्निसा**
- जहाँगीर के दरबार में **कैप्टन हॉकिन्स** को 400 का मनसब प्राप्त हुआ।
- दहशाला पद्धति लागू की– **टोडरमल ने**
- पानीपत का द्वितीय युद्ध किसके बीच हुआ– **अकबर – हेमू**
- अकबर ने **फतेहपुर सीकरी** की स्थापना करके उसे अपनी नई राजधानी बनाया।
- मज्मा-उल-बहरीन के कृतित्व का श्रेय **दारा शिकोह को** दिया जाता है।
- अकबर का मकबरा स्थित है– **सिकंदरा**
- सर्वाधिक हिन्दू पदाधिकारी **औरंगजेब** के राजदरबार में थे।
- मुगलों और मराठों के बीच संघर्ष **औरंगजेब** के राज्यकाल में आरंभ हुआ।
- मुगल साम्राज्य के अवसान के समय **सूरजमल** ने जाटों को राजनैतिक शक्ति के रूप में संगठित किया।
- सुप्रसिद्ध कोहिनूर हीरा शाहजहाँ को भेंट किया– **मीर जुमला ने**
- शाहजहाँ द्वारा निर्मित मोती मस्जिद **आगरा में** है।
- हुमायूँ की कब्र **दिल्ली में** है।
- बादशाह अकबर ने भूमि की माप के लिए रस्सी द्वारा निर्मित सिकंदरी गज के स्थान पर बांस द्वारा निर्मित जरीब 'इलाही गज' का प्रयोग **1586-87 ई. में** शुरू करवाया।
- मुगलकाल में माप का सबसे बड़ा पैमाना था– **मन**
- अंतिम महान मुगल बादशाह औरंगजेब की मृत्यु के बाद उसके जीवित तीन पुत्रों में मुअज्जम, मुहम्मद आजम और मुहम्मद कामबख्श में उत्तराधिकार का युद्ध हुआ। इस युद्ध में अंतिम रूप से **मुअज्जम** विजयी रहा।
- बहादुर शाह प्रथम की उपाधि के साथ मुगल सिंहासन पर बैठने वाला राजकुमार था– **मुअज्जम**
- **बंदा बहादुर** के विरुद्ध बहादुर शाह ने कठोर सैनिक कदम उठाया।
- अम्बाला के उत्तर-पूर्व में हिमालय की तराई में स्थित **'लौहगढ़ किले'** का निर्माण **गुरु गोविन्द सिंह** के द्वारा कराया गया था।

- मुहम्मद शाह को **रंगीला** नाम से पुकारा गया।
- सिख नेता **बंदा बहादुर** की हत्या फर्रुखसियर के समय में की गई।
- 13 फरवरी, 1739 को हुए **करनाल के** युद्ध में मुहम्मदशाह की सेनायें नादिरशाह द्वारा बुरी तरह पराजित की गईं।
- अहमदशाह अब्दाली का भारत पर प्रथम आक्रमण 1748 **ई. में** हुआ।
- अपदस्थ मुगल सम्राट् शाहआलम द्वितीय **महादजी सिंधिया** के सहयोग से 1771-72 ई. में पुनः सत्तासीन हुआ।
- **मुर्शीद कुली खां** की सूबेदारी के समय बंगाल स्वतंत्र हुआ।
- बिहार का नवाब अलीवर्दी खां 1740 ई. में 'गिरिया के युद्ध' में **सरफराज खां को** पराजित कर बंगाल का नवाब बना।
- 9 अप्रैल, 1756 को अलीवर्दी खां की जलशोथ नामक बीमारी के कारण मृत्यु हो गई। इसके बाद बंगाल का नवाब **सिराजुद्दौला** हुआ, जिसे अंग्रेजों से प्रत्यक्ष संघर्ष करना पड़ा।
- 1756 ई. में **कलकत्ता** को जीतने के बाद सिराज ने उसका नाम बदलकर 'अलीनगर' रख दिया।
- क्लाइव ने 1757 ई. में कलकत्ता पर अधिकार करने के बाद बंगाल के नवाब सिराज-उद्-दौला को **अलीनगर की संधि** पर हस्ताक्षर करने के लिए मजबूर किया।
- क्लाइव और सिराज की सेनाओं के बीच ऐतिहासिक 'प्लासी का युद्ध' 23 **जून,** 1757 को लड़ा गया।
- प्लासी के बाद बंगाल में अंग्रेजी सत्ता की स्थापना की दिशा में अंग्रेजों द्वारा जीता गया दूसरा महत्त्वपूर्ण युद्ध **वेदरा का युद्ध** था।
- बक्सर का ऐतिहासिक युद्ध **22 अक्टूबर, 1764** को लड़ा गया।
- बक्सर युद्ध में अंग्रेजी सेना ने **हेक्टर मुनरो (कैप्टन)** के नेतृत्व में मीर कासिम, अवध के नवाब शुजाउद्दौला तथा मुगल सम्राट शाहआलम II की संयुक्त सेना को पराजित किया।
- इलाहाबाद की दूसरी संधि (6 अगस्त, 1765) क्लाइव तथा अवध के नवाब **शुजाउद्दौला** के मध्य सम्पन्न हुई।
- 1938 में स्थापित भारत की प्रथम राजनीतिक संस्था 'लैण्ड होल्डर्स सोसायटी' की स्थापना का उद्देश्य **जमींदार वर्ग के हितों की रक्षा करना** था।
- अंग्रेजों के काल में **मशीन के पुर्जे** बनाने का उद्योग नहीं था।
- धन-निष्क्रमण सिद्धांत (ड्रेन थियरी) को प्रतिपादित करने वाले का नाम है – **दादा भाई नौरोजी**
- **1857** के विद्रोह की असफलता का प्रमुख कारण था– **संगठित नेतृत्व का अभाव**
- 1857 के विद्रोहों के नायकों में से **नाना साहब** ने फ्रांस के सम्राट् को लिखा था कि "अंग्रेजी सरकार के अन्याय एवं शपथ-भंग के कार्य चारों ओर ऐसे दहक रहे हैं, जैसे सूर्य की किरणें"।
- **1857** के विद्रोह का तात्कालिक कारण था– **कारतूस में चर्बी मिलाये जाने की अफवाह**
- बिहार में **1857** के विद्रोह का मुख्य संगठनकर्ता **कुंवर सिंह** था।
- संथाल विद्रोह **(1853-57) छोटानागपुर में** हुआ।
- **मिर्जा मुगल, मिर्जा ख्वाजा सुल्तान और मिर्जा अबूबक्र** बहादुर शाह **II** के पुत्र और पौत्र थे जो **1857** के विद्रोह में प्रमुख भूमिका निभाकर बंदी हुए और गोली से मार दिए गए।
- मोपला विद्रोह 1921-22 में **मालाबार में** हुआ।
- 20वीं सदी के किसान आंदोलनों को राष्ट्रीय आंदोलन के साथ जोड़ने का श्रेय **महात्मा गांधी को** दिया जाता है।
- गांधीजी के नेतृत्व में होने वाला पहला किसान आंदोलन **बारदोली** था।
- **राजकुमार शुक्ल** ने चंपारण के किसानों का नेतृत्व करने के लिए गांधी जी को चंपारण आने का न्योता दिया।
- अवध में किसानों को संगठित करने में महत्त्वपूर्ण भूमिका का निर्वाह किया– **होमरूल लीग ने**
- 1919 ई. में 'नाई-धोबी बंद' (सामाजिक बहिष्कार की प्रथम घटना) आंदोलन **इलाहाबाद में** चलाया गया।
- बारदोली सत्याग्रह के समय वल्लभ भाई पटेल को **बारदोली की महिलाओं द्वारा** 'सरदार' की उपाधि प्रदान की गई।

प्रश्नमाला

1. खजुराहो का कंदरिया महादेव मंदिर किसने बनवाया?
(a) परमार (b) चेदि
(c) राष्ट्रकूट (d) चन्देल

2. चोलों का राज्य किस क्षेत्र में फैला था?
(a) विजयनगर क्षेत्र
(b) मालाबार तट
(c) डोयएल
(d) कोरोमंडल तट, दक्कन के कुछ भाग

3. मीनाक्षी मंदिर कहां स्थित है?
(a) तंजौर (b) मेखला
(c) मदुरई (d) महाबलीपुरम्

4. भारतीय दर्शन की प्रारम्भिक शाखा कौन-सी है?
(a) सांख्य (b) मीमांसा
(c) वैशेषिक (d) चार्वाक

5. मालवा, गुजरात एवं महाराष्ट्र किस शासक ने पहली बार जीता?
(a) हर्ष (b) स्कन्दगुप्त
(c) विक्रमादित्य (d) चन्द्रगुप्त मौर्य

6. कुषाण शासक कनिष्क का राज्याभिषेक किस सन् में हुआ?
(a) 178 ई.पू. (b) 101 ई.
(c) 58 ई.पू. (d) 78 ई.

7. सांची का स्तूप किस शासक ने बनवाया था?
(a) बिम्बिसार (b) अशोक
(c) हर्षवर्धन (d) पुष्यमित्र

8. 'सत्यमेव जयते' शब्द कहां से लिया गया है?
(a) मनुस्मृति (b) भगवद्गीता
(c) ऋग्वेद (d) मुण्डकोपनिषद

9. रामानुजाचार्य किससे संबंधित हैं?
(a) भक्ति
(b) द्वैतवाद
(c) विशिष्टाद्वैतवाद
(d) एकेश्वरवाद

10. किस दक्षिण भारतीय राज्य में उत्तम ग्राम प्रशासन था?
(a) चेर (b) चालुक्य
(c) चोल (d) वातापी

11. दिलवाड़ा जैन मंदिर कहां स्थित है?
(a) असम
(b) उत्तर प्रदेश
(c) राजस्थान
(d) मध्य प्रदेश

12. बुद्ध के उपदेश किससे संबंधित हैं?
(a) आत्मा संबंधी विवाद
(b) ब्रह्मचर्य

(c) धार्मिक कर्मकांड
(d) आचरण की शुद्धता व पवित्रता

13. चालुक्यों की राजधानी कहां थी?
(a) वातापी
(b) श्रावस्ती
(c) कांची
(d) कन्नौज

14. 'संसार अस्थिर और क्षणिक है' का निम्न में किससे संबंध है?
(a) बौद्ध (b) जैन
(c) गीता (d) वेदान्त

15. 72 व्यापारी, चीन में किसके कार्यकाल में भेजे गए थे?
(a) कुलोत्तुंग-I
(b) राजेन्द्र-I
(c) राजराज-I
(d) राजाधिराज-I

16. प्रारम्भिक गणतंत्र में कौन-सा नहीं था?
(a) शाक्य (b) लिच्छवि
(c) यौधेय (d) उपर्युक्त सभी

17. 'जो यहां है वह अन्यत्र भी है, जो यहां नहीं है वह कहीं नहीं है' यह निम्न में से किस ग्रंथ में कहा गया है?
(a) रामायण (b) महाभारत
(c) गीता (d) राजतरंगिणी

18. हिन्दू विधि द्वारा मान्य कर कितना था?
(a) उपज का आधा भाग
(b) उपज का छठां भाग
(c) उपज का एक-तिहाई भाग
(d) उपज का एक-चौथाई भाग

19. मृगदाव (सारनाथ) में बुद्ध द्वारा दिया गया प्रथम उपदेश निम्न में से किस नाम से जाना जाता है?
(a) महाभिनिष्क्रमण
(b) धम्मचक्र प्रवर्तन
(c) धर्म ज्ञान दर्शन
(d) धम्म चक्र सुत्त

20. सिन्धु सभ्यता के बारे में निम्न में से कौन-सा कथन असत्य है?
(a) नगरों में नालियों की सुदृढ़ व्यवस्था थी।
(b) व्यापार और वाणिज्य उन्नत दशा में था।
(c) मातृदेवी की उपासना की जाती थी।
(d) लोग लोहे से परिचित थे।

21. अधोलिखित में कौन गुप्तकालीन स्वर्ण मुद्रा है?
(a) कौड़ी (b) दीनार
(c) निष्क (d) पण

22. मुद्राराक्षस का लेखक निम्न में कौन है?
(a) अश्वघोष (b) विशाखदत्त
(c) कालिदास (d) भास

23. सम्राट हर्ष ने अपनी राजधानी थानेश्वर से कहां स्थानांतरित की थी?
(a) प्रयाग (b) दिल्ली
(c) कन्नौज (d) राजगृह

24. अंकोरवाट का मंदिर कहां पर स्थित है?
(a) जावा (b) सुमात्रा
(c) कम्बोडिया (d) चम्पा

25. विक्रम संवत् कब से प्रारम्भ हुआ?
(a) 78 ई.
(b) 58 ई.पू.
(c) 72 ईसा पूर्व
(d) 56 ईसा पूर्व

26. सैंधव सभ्यता के महान् स्नानागार कहां से प्राप्त हुए हैं?
(a) मोहनजोदड़ो (b) हड़प्पा
(c) लोथल (d) कालीबंगा

27. मूर्ति पूजा का आरम्भ कब से माना जाता है?
(a) पूर्व आर्य (Pre Aryan)
(b) उत्तर वैदिक काल
(c) मौर्यकाल
(d) कुषाण काल

28. बुद्ध की खड़ी प्रतिमा निम्न में से किस काल में बनाई गई?
(a) गुप्तकाल
(b) कुषाणकाल
(c) मौर्यकाल
(d) गुप्तोत्तर काल

29. गौतम बुद्ध के बारे में निम्न में से क्या सत्य है?
1. वे कर्म में विश्वास करते थे।
2. आत्मा का शरीर में परिवर्तन मानते थे।
3. निर्वाण प्राप्ति में विश्वास करते थे।
4. ईश्वर की सत्ता में विश्वास करते थे।
निम्न कूटों में से सही उत्तर चुनिए–
(a) केवल 1, 2, 3 सही हैं
(b) 1, 2 सही हैं
(c) केवल 1 सही है
(d) सभी चारों सही हैं

30. 'तुम्हारा अधिकार कर्म पर है, फल की प्राप्ति पर नहीं' यह निम्न में से किस ग्रंथ में कहा गया है?
(a) अष्टाध्यायी (b) महाभाष्य
(c) गीता (d) महाभारत

31. सुमेलित कीजिए–

A.	**पाणिनी**	**1.**	**कामसूत्र**
B.	**वात्स्यायन**	**2.**	**राजतरंगिणी**
C.	**चाणक्य**	**3.**	**अष्टाध्यायी**
D.	**कल्हण**	**4.**	**अर्थशास्त्र**

(a) A-3 B-1 C-4 D-3
(b) A-4 B-1 C-2 D-3
(c) A-2 B-3 C-1 D-4
(d) A-1 B-2 C-3 D-4

32. जैन धर्म का आधारभूत बिंदु है–
(a) कर्म (b) निष्ठा
(c) अहिंसा (d) विराग

33. किसने सहिष्णुता, उदारता और करुणा के त्रिविध आधार पर राजधर्म की स्थापना की?
(a) अशोक (b) अकबर
(c) रणजीत सिंह (d) शिवाजी

34. कौन-सा राजवंश हूणों के आक्रमण से अत्यंत विचलित हुआ?
(a) मौर्य (b) कुषाण
(c) गुप्त (d) शुंग

35. निम्न में से दक्षिण भारत का कौन-सा राजवंश अपनी नौ सैनिक शक्ति के लिए प्रसिद्ध था?
(a) चोल (b) चेर
(c) पल्लव (d) राष्ट्रकूट

36. सारनाथ में अपना प्रथम प्रवचन किसने दिया?
(a) महावीर (b) शंकराचार्य
(c) महात्मा बुद्ध (d) गुरु नानक

37. तीर्थंकर शब्द संबंधित है–
(a) बौद्ध (b) ईसाई
(c) हिन्दू (d) जैन

38. मौर्यों के बाद दक्षिण भारत में सबसे प्रभावशाली राज्य था–
(a) सातवाहन (b) पल्लव
(c) चोल (d) चालुक्य

39. अजन्ता और एलोरा गुफाएं हैं–
(a) आंध्र प्रदेश (b) मध्य प्रदेश
(c) महाराष्ट्र (d) राजस्थान

40. निम्नलिखित में से कौन-सा सिंधु घाटी की सभ्यता पर प्रकाश डालता है?
(a) शिलालेख
(b) पुरातत्त्व संबंधी खुदाई
(c) बर्तनों और मुहरों पर लिखावट
(d) धार्मिक ग्रंथ

41. प्राचीन काल में आर्यों के जीविकोपार्जन का मुख्य साधन था–
(a) कृषि (b) शिकार
(c) शिल्पकर्म (d) व्यापार

42. ऋग्वेद काल में जनता निम्न में से मुख्यतया किसमें विश्वास करती थी–
(a) मूर्ति पूजा (b) एकेश्वरवाद
(c) देवी पूजा (d) बलि एवं कर्मकाण्ड

43. हर्ष के साम्राज्य की राजधानी थी–
(a) कन्नौज (b) पाटलिपुत्र
(c) प्रयाग (d) थानेश्वर

44. कनिष्क के समकालीन निम्नलिखित नामों का अध्ययन करें और निम्नांकित कोड के अनुसार अपना उत्तर इंगित करें–
(I) अश्वघोष
(II) वसुमित्र
(III) कालिदास
(IV) कम्बन
कोड:
(a) I और IV (b) II और III
(c) I और II (d) उपर्युक्त सभी

45. चट्टानों को काट कर महाबलीपुरम् का मंदिर किसके द्वारा बनवाया गया?
(a) पल्लव (b) चोल
(c) चालुक्य (d) राष्ट्रकूट

46. निम्न में से किस काल में स्त्रियों की पुरुषों से बराबरी थी?
(a) गुप्तकाल
(b) मौर्यकाल
(c) चोलों में
(d) इनमें से किसी में भी नहीं

47. निम्नांकित में से कौन हड़प्पा संस्कृति पर प्रकाश डालता है?
(a) शिलालेख
(b) टेराकोटा मुद्राओं में अंकित लेख
(c) पुरातात्विक खुदाइयां
(d) उपर्युक्त सभी

48. 'आयुर्वेद' अर्थात् 'जीवन का विज्ञान' का उल्लेख सर्वप्रथम मिलता है–
(a) आरण्यक में (b) सामवेद में
(c) यजुर्वेद में (d) अथर्ववेद में

49. निम्नलिखित में से कौन भारतीय दर्शन की आरम्भिक विचार धारा है?
(a) सांख्य (b) वैशेषिक
(c) कर्ममीमांसा (d) योग

50. अर्थशास्त्र के संबंध में निम्नलिखित कथनों में से कौन सही नहीं है?
(a) यह राजा के कर्तव्यों को निर्दिष्ट करता है।
(b) यह देश के उस समय के आर्थिक जीवन का वर्णन करता है।
(c) यह राजनीति के सिद्धांत स्थापित करता है।
(d) यह वित्तीय सुधारों की आवश्यकता पर बल देता है।

51. निम्नांकित में से किसकी तुलना मैकियावेली के 'प्रिंस' से की जा सकती है?
(a) कालिदास का 'मालविकाग्निमित्रम्'
(b) कौटिल्य का 'अर्थशास्त्र'
(c) वात्स्यायन का 'कामसूत्र'
(d) तिरुवल्लुवर का 'तिरुक्कुरल'

52. निम्नलिखित जोड़ों में से कौन-सा सही मेल खाता है?
(a) एलोरा की गुफाएं — शक
(b) महाबलीपुरम् — राष्ट्रकूट
(c) मीनाक्षी मंदिर — पल्लव
(d) खजुराहो — चंदेल

53. हर्ष के समय की सूचनाएं किसकी पुस्तकों में निहित हैं?
(a) हरिषेण
(b) कल्हण
(c) कालिदास
(d) इनमें से कोई नहीं

54. निम्नलिखित में से कौन मध्यकालीन भारत के यशस्वी विधिवेत्ता थे?
(a) विज्ञानेश्वर (b) हेमाद्रि
(c) राजशेखर (d) जीमूतवाहन

55. उड़ीसा में कोणार्क मंदिर का निर्माण किसने करवाया था?
(a) राजा नरसिंह देव-I
(b) राजा कृष्ण देव राय
(c) कनिष्क
(d) पुलकेशिन-II

56. सिंधु सभ्यता का कौन-सा स्थान भारत में स्थित है?
(a) हड़प्पा
(b) मोहनजोदड़ो
(c) लोथल
(d) उपरोक्त में से कोई नहीं

57. सबसे पुराना वेद कौन-सा है?
(a) यजुर्वेद (b) ऋग्वेद
(c) सामवेद (d) अथर्ववेद

58. निम्न में से किसने नालन्दा विश्वविद्यालय का भ्रमण व वहां अध्ययन किया था?
(a) ह्वेनसांग
(b) फाह्यान
(c) मेगस्थनीज
(d) उपरोक्त में से कोई नहीं

59. अंकोरवाट का विष्णु मंदिर कहां है?
(a) भारतवर्ष में
(b) श्रीलंका में
(c) कम्बोडिया में
(d) जापान में

60. निम्नलिखित में कौन चोल प्रशासन की विशेषता थी?
(a) साम्राज्य का मंडलों में विभाजन
(b) ग्राम प्रशासन की स्वायत्तता
(c) राज्य के मंत्रियों को समस्त अधिकार
(d) कर संग्रह प्रणाली का सस्ता व उचित होना

61. अभिलेख जिससे यह प्रमाणित होता है, कि चन्द्रगुप्त का प्रभाव पश्चिम भारत पर था, है–
(a) कलिंग अभिलेख
(b) अशोक का गिरनार अभिलेख
(c) रुद्रदामन का जूनागढ़ अभिलेख
(d) अशोक का सोपारा शिलालेख

62. राजुक थे–
(a) चोल राज्य के व्यापारी
(b) मौर्य शासन में अधिकारी
(c) गुप्त साम्राज्य में सामंत वर्ग
(d) शक सेना में सैनिक

63. मिलिन्दपन्हो–
(a) संस्कृत नाटक है
(b) जैन वृत्तान्त है
(c) पालि ग्रंथ है
(d) फारसी महाकाव्य है

64. निम्नांकित में किसका सुमेल नहीं है?
(a) आलमगीरपुर — उत्तर प्रदेश
(b) लोथल — गुजरात
(c) कालीबंगा — हरियाणा
(d) रोपड़ — पंजाब

65. बोगजकोई महत्वपूर्ण है, क्योंकि–
(a) यह मध्य एशिया एवं तिब्बत के मध्य एक महत्वपूर्ण व्यापारिक केन्द्र था।
(b) यहां से प्राप्त अभिलेखों में वैदिक देवता एवं देवियों का नामोल्लेख प्राप्त होता है।
(c) वेद के मूल ग्रंथों की रचना यहां हुई थी।
(d) उपरोक्त में से कोई नहीं।

66. सोनगिरी का ऐतिहासिक दिगम्बर जैन तीर्थस्थल स्थित है–
(a) उत्तर प्रदेश में
(b) राजस्थान में
(c) मध्य प्रदेश में
(d) उड़ीसा में

67. निम्नलिखित में से किस बौद्ध ग्रंथ में संघ जीवन के नियम प्राप्त होते हैं?
(a) दीघ निकाय
(b) विनय पिटक
(c) अभिधम्म पिटक
(d) विभाशा शास्त्र

68. 'आजीवक' सम्प्रदाय के संस्थापक थे–
(a) आनन्द
(b) राहुलोभद्र
(c) मक्खलि गोशाल
(d) उपाली

69. बौद्ध तथा जैन दोनों ही धर्म विश्वास करते हैं, कि–
(a) कर्म तथा पुनर्जन्म के सिद्धांत सही हैं।
(b) मृत्यु के पश्चात् ही मोक्ष संभव है।
(c) स्त्री तथा पुरुष दोनों ही मोक्ष प्राप्त कर सकते हैं।
(d) जीवन में मध्यम मार्ग सर्वश्रेष्ठ है।

70. 'भाग' और 'बलि' थे–
(a) सैनिक विभाग
(b) राजस्व के स्रोत
(c) धार्मिक अनुष्ठान
(d) प्रशासकीय विभाग

71. सिंधु सभ्यता संबंधित है–
(a) प्रागैतिहासिक युग से
(b) आद्य-ऐतिहासिक युग से
(c) ऐतिहासिक युग से
(d) उत्तर-ऐतिहासिक युग से

72. हड़प्पा संस्कृति की जानकारी का प्रमुख स्रोत है–
(a) शिलालेख
(b) पक्की मिट्टी की मुहरों पर अंकित लेख
(c) पुरातात्विक खुदाई
(d) उपरोक्त सभी

73. काव्य शैली का प्राचीनतम नमूना किसके अभिलेख में मिलता है?
(a) काठियावाड़ के रुद्रदामन के
(b) अशोक के
(c) राजेन्द्र प्रथम के
(d) उपरोक्त में से कोई नहीं

74. निम्नलिखित जोड़ों में से कौन-सा जोड़ा सुमेलित नहीं है?
(a) रविकीर्ति पुलकेशिन द्वितीय
(b) भवभूति कन्नौज का यशोवर्मन
(c) हरिषेण हर्ष
(d) दण्डी नरसिंह वर्मन

75. भुवनेश्वर तथा पुरी के मंदिर किस शैली में निर्मित हैं?
(a) नागर
(b) द्रविड़
(c) बेसर
(d) उपरोक्त में से कोई नहीं

76. निम्नांकित में से कौन-सा प्रस्थानत्रयी में सम्मिलित नहीं है?
(a) भागवत
(b) भगवद्गीता
(c) ब्रह्मसूत्र
(d) उपनिषद्

77. अर्द्धनारीश्वर मूर्ति में आधा शिव तथा आधी पार्वती प्रतीक है–
(a) पुरुष और नारी का योग
(b) देवता और देवी का योग
(c) देव और उसकी शक्ति का योग
(d) उपरोक्त में से किसी का भी नहीं

78. वासुदेव कृष्ण की पूजा सर्वप्रथम किसने प्रारम्भ की?
(a) भागवतों ने
(b) वैदिक आर्यों ने
(c) तमिलों ने
(d) आभीरों ने

79. ताम्राश्म काल में महाराष्ट्र के लोग मृतकों के शरीर को फर्श के नीचे किस तरह रखकर दफनाते थे?
(a) उत्तर से दक्षिण की ओर
(b) पूर्व से पश्चिम की ओर
(c) दक्षिण से उत्तर की ओर
(d) पश्चिम से पूर्व की ओर

80. मानव द्वारा सर्वप्रथम प्रयुक्त अनाज था–
(a) गेहूं (b) चावल
(c) जौ (d) बाजरा

81. निम्नलिखित में से किसका संकलन ऋग्वेद पर आधारित है?
(a) यजुर्वेद
(b) सामवेद
(c) अथर्ववेद
(d) उपरोक्त में से कोई नहीं

82. निम्नलिखित में से कौन-सा बन्दरगाह पोडुके नाम से 'दी पेरिप्लस ऑफ दी इरिथ्रियन सी' के लेखक को ज्ञात था?
(a) अरिकामेडु (b) ताम्रलिप्ति
(c) कोरके (d) बारबेरिकम

83. 'तोलकाप्पियम' ग्रंथ संबंधित है–
(a) प्रशासन से
(b) विधि से
(c) व्याकरण और काव्य से
(d) उपरोक्त सभी से

84. कर्म का सिद्धांत संबंधित है–
(a) न्याय से (b) मीमांसा से
(c) वेदान्त से (d) वैशेषिक से

85. हेलियोडोरस का बेसनगर अभिलेख संदर्भित है–
(a) संकर्षण तथा वासुदेव से
(b) संकर्षण तथा प्रद्युम्न से
(c) संकर्षण, प्रद्युम्न तथा वासुदेव से
(d) केवल वासुदेव से

86. निम्नांकित कथन पर विचार कीजिए–
कथन (A) : लगभग दो वर्ष के अभियान के पश्चात् सिकंदर महान् ने 325 ई.पू. में भारत छोड़ दिया।
कारण (R) : वह चन्द्रगुप्त मौर्य से पराजित हुआ था।
नीचे दिए कूट से सही उत्तर चुनिए–
कूट :
(a) A और R दोनों सही हैं तथा R, A की सही व्याख्या करता है।
(b) A तथा R दोनों सही हैं, परन्तु R, A की सही व्याख्या नहीं करता है।
(c) A सही है, परन्तु R गलत है।
(d) A गलत है, परन्तु R सही है।

87. शून्यता के सिद्धांत का सर्वप्रथम प्रतिपादन करने वाले बौद्ध दार्शनिक का नाम है–
(a) नागार्जुन (b) नागसेन
(c) आनन्द (d) अश्वघोष

88. भारत के किस स्थल की खुदाई से लौह धातु के प्रचलन के प्राचीनतम प्रमाण मिले हैं?
(a) तक्षशिला (b) अंतरजीखेड़ा
(c) कौशाम्बी (d) हस्तिनापुर

89. कपिल मुनि द्वारा प्रतिपादित दार्शनिक प्रणाली है–
(a) पूर्व मीमांसा (b) सांख्य दर्शन
(c) न्याय दर्शन (d) उत्तर मीमांसा

90. कालिदास द्वारा रचित 'मालविकाग्निमित्र' नामक नाटक का नायक था–
(a) पुष्यमित्र शुंग
(b) गौतमीपुत्र शातकर्णी
(c) अग्निमित्र
(d) चन्द्रगुप्त द्वितीय

91. बौद्ध धर्म के विषय में कौन-से कथन सही हैं?
1. उसने वर्ण एवं जाति को अस्वीकार नहीं किया।
2. उसने ब्राह्मण वर्ग की सर्वोच्च सामाजिक कोटि को चुनौती दी।
3. उसने कुछ शिल्पों को निम्न माना।
कूट :
(a) 1 तथा 2 (b) 2 तथा 3
(c) 1, 2 तथा 3 (d) उपरोक्त में कोई नहीं

92. एलोरा में गुफाओं तथा शैलकृत मंदिरों का संबंध है, केवल-
(a) बौद्धों से
(b) बौद्धों तथा जैनियों से
(c) हिन्दुओं तथा जैनियों से
(d) हिन्दुओं, बौद्धों तथा जैनियों से

93. आध्यात्मिक ज्ञान के विषय में नचिकेता और यम का संवाद किस उपनिषद् में प्राप्त होता है?
(a) वृहदारण्यक उपनिषद् में
(b) छान्दोग्य उपनिषद् में
(c) कठोपनिषद् में
(d) केन उपनिषद् में

94. निम्नलिखित में से कौन बुद्ध के जीवनकाल में ही संघ प्रमुख होना चाहता था?
(a) देवदत्त (b) महाकस्सप
(c) उपालि (d) आनन्द

95. निम्नलिखित में से किसे एक नया संवत् चलाने का यश प्राप्त है?
(a) धर्मपाल (b) देवपाल
(c) विजय सेन (d) लक्ष्मण सेन

96. आदिशंकर जो बाद में शंकराचार्य बने, उनका जन्म हुआ था–
(a) कश्मीर में
(b) केरल में
(c) आंध्र प्रदेश में
(d) पश्चिमी बंगाल में

97. रामानुज के अनुयायियों को कहा जाता है–
(a) शैव (b) वैष्णव
(c) अद्वैतवादी (d) अवधूत

98. उपनिषद् काल के राजा अश्वपति शासक थे–
(a) काशी के (b) कैकेय के
(c) पांचाल के (d) विदेह के

99. वैदिक नदी कुभा का स्थान कहां निर्धारित होना चाहिए?
(a) अफगानिस्तान (b) चीनी तुर्किस्तान में
(c) कश्मीर में (d) पंजाब में

100. निम्नलिखित में से किस स्रोत में अशोक के राज्यकाल में तृत्तीय बौद्ध संगीति होने का उल्लेख मिलता है?
1. अशोक के अभिलेख
2. दीपवंश
3. महावंश
4. दिव्यावदान
नीचे दिए गए कूट से सही उत्तर का चयन कीजिए–
(a) 1 एवं 2 (b) 2 एवं 3
(c) 3 एवं 4 (d) 1 एवं 4

101. महमूद गजनवी का दरबारी इतिहासकार कौन था?
(a) हसन निजामी (b) उत्बी
(c) फिरदौसी (d) चन्दबरदाई

102. 'अष्ट प्रधान' मंत्रिपरिषद किसके काल में थी?
(a) शिवाजी (b) कृष्ण देव राय
(c) पेशवा बाजीराव (d) अकबर

103. मोहम्मद गोरी के किस दास ने बंगाल एवं बिहार पर विजय प्राप्त की?
(a) कुतुबुद्दीन ऐबक
(b) इल्तुतमिश
(c) बख्तियार खिलजी
(d) यल्दूज

104. 'एक घटना......एक परिणाम रहित विजय' कथन किस आधुनिक इतिहासकार ने अरबों द्वारा सिन्ध विजय के सन्दर्भ में कहा है–
(a) विसेण्ट स्मिथ (b) एलफिंसटिन
(c) लेनपूल (d) मैक्समूलर

105. मुहम्मद-बिन-कासिम द्वारा सिन्ध की विजय कब हुई?
(a) 713 ईसवी (b) 716 ईसवी
(c) 712 ईसवी (d) 719 ईसवी

106. इब्नबतूता की भारत यात्रा किस शासक के काल में हुई?
(a) मुहम्मद बिन तुगलक
(b) सिकन्दर लोदी
(c) फिरोज तुगलक
(d) अलाउद्दीन खिलजी

107. सल्तनत काल के अधिकांश अमीर एवं सुल्तान किस वर्ग के थे?
(a) तुर्क (b) मंगोल
(c) तातार (d) अरब

108. किस मुगल शासक का मकबरा भारत में नहीं है?
(a) औरंगजेब (b) जहांगीर
(c) हुमायूं (d) बाबर

109. सवाई राजा जय सिंह द्वारा प्रथम वेधशाला जंतर-मंतर कहां स्थापित की गई?
(a) जयपुर (b) उज्जैन
(c) अयोध्या (d) दिल्ली

110. अयोध्या स्थित बाबरी मस्जिद का निर्माण किसने किया था?
(a) बाबर (b) हुमायूं
(c) निजामुल मुल्क (d) मीर बांकी

111. औरंगजेब ने बीजापुर की विजय कब की थी?
(a) 1985 (b) 1686
(c) 1987 (d) 1684

112. मुगलकाल में सेना का प्रधान निम्न में से कौन था?
(a) शहना-ए-पील (b) मीर बख्शी
(c) वजीर (d) सवाहेनिगार

113. अकबरकालीन सैन्य व्यवस्था आधारित थी-
(a) मनसबदारी (b) जमींदारी
(c) सामंतवादी (d) आइन-ए-दहशाला

114. बाजार नियंत्रण प्रथा लागू की थी-
(a) गयासुद्दीन तुगलक
(b) अलाउद्दीन
(c) जलालुद्दीन खिलजी
(d) बलबन

115. मुहम्मद बिन कासिम था-
(a) तुर्क (b) मंगोल
(c) अरब (d) तुर्क-अफगान

116. वास्को-डि-गामा भारत कब आया था?
(a) 1496 (b) 1497
(c) 1498 (d) 1600

117. टोडरमल ने किस क्षेत्र में ख्याति अर्जित की थी?
(a) सैन्य अभियान (b) भू-राजस्व
(c) हास-परिहार (d) चित्रकला

118. मराठों के उत्कर्ष का निम्न में से कौन-सा कारण नहीं है?
(a) धार्मिक चेतना
(b) भौगोलिक सुरक्षा
(c) राजनैतिक जागृति
(d) उच्च नेतृत्व शक्ति

119. उपनिषद् का फारसी में अनुवाद किस मुगल सम्राट के शासन काल में हुआ?
(a) शाहजहां (b) अकबर
(c) जहांगीर (d) औरंगजेब

120. शेरशाह सूरी का मकबरा स्थित है-
(a) आगरा (b) सासाराम
(c) दिल्ली (d) औरंगाबाद

121. अकबर का मकबरा कहां पर स्थित है?
(a) सिकन्दरा (b) आगरा
(c) औरंगाबाद (d) फतेहपुर सीकरी

122. मध्यकाल में सर्वप्रथम भारत से व्यापार संबंध स्थापित करने वाले थे?
(a) डच (b) अंग्रेज
(c) फ्रांसीसी (d) पुर्तगाली

123. निम्न में से किसका निर्माण अकबर ने करवाया था-
(a) बुलन्द दरवाजा (b) जामा मस्जिद
(c) कुतुब मीनार (d) ताजमहल

124. भक्ति संस्कृति का भारत में पुनर्जन्म हुआ-
(a) वैदिक काल में
(b) दसवीं शताब्दी ईस्वी में
(c) बारहवीं शताब्दी ईस्वी में
(d) पंद्रहवीं और सोलहवीं शताब्दी ईस्वी में

125. नादिरशाह ने निम्न में से किसके शासन काल में भारत पर आक्रमण किया था?
(a) बहादुर शाह (b) अहमद शाह
(c) मुहम्मद शाह (d) शाह आलम II

126. मंगोल आक्रमणकारी चंगेज खां भारत की उत्तर-पश्चिम सीमा पर निम्न में से किसके काल में आया था?
(a) अलाउद्दीन खिलजी
(b) इल्तुतमिश
(c) बलबन
(d) ऐबक

127. आगरा नगर की स्थापना निम्न में से किसने की थी?
(a) अकबर (b) सिकन्दर लोदी
(c) इब्राहिम लोदी (d) बहलोल लोदी

128. ईस्ट इंडिया कम्पनी ने जहांगीर के दरबार में निम्न में से किसे भेजा था?
(a) सर टॉमस रो (b) वास्कोडिगामा
(c) हॉकिन्स (d) जॉब चार्नाक

129. पानीपत के तीसरे युद्ध में निम्न में से किसने मराठों को हराया था?
(a) अफगानों ने (b) अंग्रेजों ने
(c) मुगलों ने (d) रोहिलों ने

130. शेरशाह सूरी की मृत्यु हुई-
(a) आगरा में (b) कालिंजर में
(c) रोहतास में (d) सासाराम में

131. तालीकोटा का युद्ध हुआ था-
(a) सन् 1526 में (b) सन् 1565 में
(c) सन् 1576 में (d) सन् 1586 में

132. मोरक्को देश का यात्री इब्नबतूता किसके शासनकाल में भारत आया?
(a) मुहम्मद बिन तुगलक
(b) बाबर
(c) अकबर
(d) महमूद गजनवी

133. विचार करें-
कथन (A)-मुगल गद्दी पर औरंगजेब शाहजहां का उत्तराधिकारी हुआ।
कारण (R)-ज्येष्ठ पुत्र के उत्तराधिकार के नियम का पालन किया गया।
निम्न में से सही उत्तर का चयन कीजिए-
(a) दोनों (A) और (R) सत्य हैं और (R), (A) का सही स्पष्टीकरण है
(b) दोनों (A) और (R) सत्य हैं परन्तु (R), (A) का सही स्पष्टीकरण नहीं है।
(c) (A) सत्य है और (R) असत्य है।
(d) (A) असत्य है परन्तु (R) सत्य है।

134. निम्न कथनों पर विचार कीजिए जो अलाउद्दीन खिलजी से संबंधित हैं-
I. उसने कृत्य जमीनों की पैमाइश के बाद जमीन की मालगुजारी वसूल की।
II. उसने लगान को अपनी पूरी सल्तनत में लागू किया।
III. उसने प्रांतों के गवर्नरों के अधिकारों को समाप्त किया!
निम्न में से सही उत्तर चुनिए-
(a) I व II (b) I व III
(c) I व III (d) I, II व III

135. निम्न में से किस सूफी संत के विचारों को सिक्खों के धर्मग्रन्थ 'आदि ग्रन्थ' में संकलित किया गया है?
(a) शेख मुइनुद्दीन चिश्ती
(b) कुतुबुद्दीन बख्तियार काकी
(c) फरीदुद्दीन गंज-ए-शकर
(d) शेख निजामुद्दीन औलिया

136. 'पहाड़ी स्कूल', 'राजपूत स्कूल', मुगल स्कूल' और 'कांगड़ा स्कूल' निम्नलिखित में से किस कला की विभिन्न शैलियों को दर्शित करते हैं?
(a) शिल्पकला (b) चित्रकला
(c) नृत्य (d) संगीत

137. मीराबाई समकालीन थीं-
(a) तुलसीदास के
(b) चैतन्य महाप्रभु के
(c) गुरुनानक के
(d) रामकृष्ण परमहंस के

138. सम्राट अकबर द्वारा निम्न में किसको 'जरी कलम' की उपाधि प्रदान की गई थी?
(a) मोहम्मद हुसैन
(b) मुकम्मल खां
(c) अब्दुस्समद
(d) मीर सैयद अली

139. युद्ध जिसमें भारत में मुस्लिम शक्ति की स्थापना हुई-
(a) तराइन का प्रथम युद्ध
(b) तराइन का द्वितीय युद्ध
(c) पानीपत का प्रथम युद्ध
(d) पानीपत का द्वितीय युद्ध

140. अमीर खुसरो किसका दरबारी कवि था?
(a) मुहम्मद बिन-तुगलक
(b) अलाउद्दीन खिलजी
(c) शेरशाह सूरी
(d) हुमायूं

141. दक्षिण में बहमनी राज्य का संस्थापक निम्न में से कौन था?
(a) मलिक अम्बर
(b) हसन गंगू
(c) मोहम्मद दीवान
(d) सिकन्दर शाह

142. बाबर ने अपने बाबरनामा में किस हिन्दू राज्य का उल्लेख किया है?
(a) उड़ीसा (b) गुजरात
(c) मेवाड़ (d) कश्मीर

143. मुगलकालीन भारत में राज्य की आय का प्रमुख स्रोत क्या था?
(a) लूट (b) राजगत सम्पत्ति
(c) भू-राजस्व (d) कर

144. पैगम्बर हजरत मोहम्मद का जन्म हुआ था-
(a) 570 ईसवी में (b) 622 ईसवी में
(c) 642 ईसवी में (d) 670 ईसवी में

145. 'शर्ब' कर लगाया जाता था-
(a) व्यापार कर
(b) सिंचाई पर
(c) गैर-मुसलमानों पर
(d) उद्योग पर

146. निम्नांकित में से किस युद्ध में एक पक्ष द्वारा प्रथम बार तोपों का उपयोग किया गया था?
(a) पानीपत का प्रथम युद्ध
(b) खानवा का युद्ध
(c) प्लासी का युद्ध
(d) पानीपत का तीसरा युद्ध

147. टोपरा तथा मेरठ से दो अशोक स्तम्भ दिल्ली कौन लाया था?
(a) अलाउद्दीन खिलजी
(b) फिरोज शाह
(c) मुहम्मद गौरी
(d) सिकन्दर लोदी

148. पंजाब में अमृतसर नगर को स्थापित किया था?
(a) गुरु नानक ने
(b) गुरु गोविन्द सिंह ने
(c) गुरु तेग बहादुर ने
(d) गुरु रामदास ने

149. सूची-I तथा सूची-II को सुमेलित कीजिए तथा नीचे दिए गए कूट से सही उत्तर चुनिए-

सूची-I	सूची-II
A. जियाउद्दीन बरनी	**1. तारीख-ए-मुबारकशाही**
B. हसन निजामी	**2. तबकाते नासिरी**
C. मिनहाज-उस-सिराज	**3. तारीख-ए-फिरोजशाही**
D. याहिया-बिन-अहमद	**4. ताजुल मासिर**
	5. तबकाते अकबरी

कूट :

	A	B	C	D
(a)	1	2	3	4
(b)	5	3	4	2
(c)	3	4	5	1
(d)	3	4	2	1

150. निम्न में से किस राजवंश के अन्तर्गत विजारत का चरमोत्कर्ष हुआ?

(a) इलबरी (b) खिलजी
(c) तुगलक (d) लोदी

151. सूची-I तथा सूची-II को सुमेलित कीजिए तथा नीचे दिए गए कूट से सही उत्तर चुनिए-

सूची-I	सूची-II
A. अकबर	1. सड़क-ए-आजम
B. मुहम्मद तुगलक	2. चहलगानी अमीर
C. इल्तुतमिश	3. आइन-ए-दहसाला
D. शेरशाह	4. प्रतीक मुद्रा

कूट :

	A	B	C	D
(a)	1	2	3	4
(b)	2	3	1	4
(c)	3	4	2	1
(d)	4	1	3	2

152. कथन (A) : राज्य के मामले में शिवाजी एक मन्त्रिपरिषद से परामर्श लेते थे।
कारण (R) : प्रत्येक मंत्री अपने विभाग का स्वतंत्र प्रभार रखता था।

कूट :
(a) A और R दोनों सही हैं तथा R, A की सही व्याख्या करता है
(b) A और R दोनों सही हैं परन्तु R, A की सही व्याख्या नहीं करता है
(c) A सही परन्तु R गलत है
(d) A गलत है परन्तु R सही है

153. जवाबित थे-

(a) कृषि सम्बन्धित कानून
(b) राज्य कानून
(c) हिन्दुओं से सम्बन्धित मामले
(d) उपरोक्त में से कोई नहीं

154. कथन (A) : अलाउद्दीन के दक्षिणी अभियान धन प्राप्ति के अभियान थे।
कारण (R) : वह दक्षिणी राज्यों को कब्जे में करना चाहता था।

(a) A और R दोनों सही हैं तथा R, A की सही व्याख्या करता है
(b) A और R दोनों सही हैं परन्तु R, A की सही व्याख्या नहीं करता है
(c) A सही है परन्तु R गलत है
(d) A गलत है परन्तु R सही है

155. सूची-I तथा सूची-II को सुमेलित कीजिए तथा नीचे दिए गए कूट से सही उत्तर चुनिए-

सूची-I	सूची-II
A. फिरोज तुगलक	1. दीवान-ए-रियासत
B. बलबन	2. नौरोज
C. अलाउद्दीन	3. नहरों का निर्माण
D. जहांगीर	4. सर टॉमस रो

कूट :

	A	B	C	D
(a)	1	2	3	4
(b)	4	1	2	3
(c)	3	2	1	4
(d)	4	3	2	1

156. निम्नांकित युद्धों का सही कालानुक्रम दिए गए कूट से चुनिए-

A. पानीपत का तृतीय युद्ध	1. 1601 ई.
B. हल्दी घाटी का युद्ध	2. 1761 ई.
C. तराइन का द्वितीय युद्ध	3. 1576 ई.
D. असीरगढ़ का युद्ध	4. 1192 ई.

कूट :

	A	B	C	D
(a)	1	2	3	4
(b)	2	3	4	1
(c)	4	3	2	1
(d)	3	4	2	1

157. राज्य के खर्च पर हज यात्रा की व्यवस्था करने वाला पहला भारतीय शासक था-

(a) अलाउद्दीन खिलजी
(b) फिरोज तुगलक
(c) अकबर
(d) औरंगजेब

158. अकबर द्वारा अपनाई गई 'सुलहकुल' (सार्वभौम शान्ति तथा भाई-चारा) की अवधारणा निम्नांकित में से किस पर आधारित थी?

(a) राजनीतिक उदारता
(b) धार्मिक सहनशीलता
(c) उदारवादी सांस्कृतिक दृष्टिकोण
(d) उपरोक्त सभी

159. निम्न में से किसने मुगल काल का ऐतिहासिक विवरण लिखा है?

(a) गुलबदन बेगम
(b) नूरजहाँ बेगम
(c) जहाँआरा बेगम
(d) जेबुन्निसा बेगम

160. मुगल सम्राट जिसने सर्वाधिक संख्या में हिन्दू अधिकारियों की नियुक्ति की थी, का नाम है?

(a) अकबर (b) औरंगजेब
(c) हुमायूं (d) शाहजहां

161. अलाउद्दीन खिलजी के निम्न सेनाध्यक्षों में से कौन-सा तुगलक वंश का प्रथम सुल्तान बना?

(a) गाजी मलिक (b) मलिक काफूर
(c) जफर खां (d) उलूग खां

162. निम्नलिखित में से किसने खम्भात में तोड़ी गई मस्जिद के पुनर्निर्माण के लिए आर्थिक सहायता प्रदान की थी?

(a) चामुण्ड राय (b) जय सिंह सिद्धराज
(c) कुमार पाल (d) महीपाल देव

163. अनवर-ए-सुहैली नामक ग्रन्थ निम्नलिखित में किसका अनुवाद है?

(a) पंचतन्त्र (b) महाभारत
(c) रामायण (d) सूरसागर

164. वह कौन सेनानायक था जिसे बीजापुर के सुल्तान ने 1659 ई. में शिवाजी को कैद करने या मार डालने के लिए भेजा था?

(a) इनायत खां
(b) अफजल खां
(c) शाइस्ता खां
(d) सैयद बांदा

165. सर्वप्रथम लोक निर्माण विभाग की स्थापना की थी-

(a) इल्तुतमिश ने
(b) बलबन ने
(c) अलाउद्दीन खिलजी ने
(d) फिरोज शाह तुगलक ने

166. किसने सल्तनत काल की डाक व्यवस्था का विस्तृत विवरण दिया है?

(a) अमीर खुसरो
(b) इब्नबतूता
(c) सुल्तान फिरोज शाह
(d) जियाउद्दीन बरनी

167. किसने एक तरफ संस्कृत, मुद्रालेख के साथ चांदी के सिक्के निर्गत किए?

(a) मोहम्मद बिन कासिम
(b) महमूद गजनवी
(c) शेरशाह सूरी
(d) अकबर

168. शर्की सुल्तानों के शासनकाल में निम्न स्थानों में से किसे 'पूर्व का शिराज' कहा जाता था?

(a) आगरा (b) दिल्ली
(c) जौनपुर (d) वाराणसी

169. किस इतिहासकार ने 'दीन-ए-इलाही' को धर्म कहा?
(a) अबुल फजल
(b) अब्दुल कादिर बदायूंनी
(c) निजामुद्दीन अहमद
(d) उपरोक्त में से कोई नहीं

170. किस बादशाह के अन्तर्गत मुगल सेना में सर्वाधिक हिन्दू सेनापति थे?
(a) हुमायूं (b) अकबर
(c) जहांगीर (d) औरंगजेब

171. कौन-सा मकबरा द्वितीय ताजमहल कहलाता है?
(a) अनारकली का मकबरा
(b) एतमा-उद-दौला का मकबरा
(c) राबिया-उद-दौरानी का मकबरा
(d) उपरोक्त में से कोई नहीं

172. अपने 'मुदरा विजय' काव्य में अपने पति के विजय अभियानों का वर्णन करने वाली कवयित्री थी-
(a) भारती (b) गंगादेवी
(c) वरदाम्बिका (d) विज्जिका

173. दारा शिकोह ने किस शीर्षक के अन्तर्गत उपनिषदों का फारसी में अनुवाद किया था?
(a) अल फिहरिश्वत
(b) किताब अल बयां
(c) मज्म-उल-बहरीन
(d) सिर्र-ए-अकबर

174. बनारस एवं इलाहाबाद के तीर्थयात्रा कर की समाप्ति के लिए किसने मुगल बादशाह के सामने बनारस के पण्डितों का नेतृत्व किया था?
(a) हरनाथ (b) जगन्नाथ
(c) कवीन्द्राचार्य (d) कवि हरिनाम

175. निम्नलिखित मुगल बादशाहों में किसने अपनी आत्मकथा फारसी में लिखी?
(a) बाबर (b) अकबर
(c) जहांगीर (d) औरंगजेब

176. भारत में पोलो खेल का प्रचलन किया-
(a) यूनानियों ने (b) अंग्रेजों ने
(c) तुर्कों ने (d) मुगलों ने

177. महाभारत के फारसी अनुवाद का शीर्षक है?
(a) अनवर-ए-सुहेली
(b) रज़्मनामा
(c) हश्त बहिश्त
(d) अयार दानिश

178. सल्तनतकाल की दो प्रमुख मुद्राओं का पता निम्नलिखित कूट से करें-
1. दाम 2. जीतल
3. रुपया 4. टका
कूट :
(a) 1 और 2 (b) 1 और 3
(c) 2 और 3 (d) 2 और 4

179. दिल्ली के लाल किले में मोती मस्जिद का निर्माण किया था-
(a) अकबर ने (b) जहांगीर ने
(c) शाहजहां ने (d) औरंगजेब ने

180. निम्नलिखित मुस्लिम शासकों का सही कालानुक्रम नीचे दिए गए कूट से चुनिए-
1. अहमद शाह अब्दाली
2. मुहम्मद शाह
3. जहांगीर
4. बहादुर शाह
कूट :
(a) 1, 2, 3, 4 (b) 4, 3, 2, 1
(c) 3, 2, 1, 4 (d) 2, 1, 3, 4

181. निम्नलिखित सूफियों में कृष्ण को कौन औलिया के रूप में मानता है-
(a) शाह मोहम्मद गौस
(b) शाह वली उल्लाह
(c) शाह अब्दुल अजीज
(d) ख्वाजा मीर दर्द

182. मुगलों ने नवरोज का त्यौहार लिया?
(a) पारसियों से (b) यहूदियों से
(c) मंगोलों से (d) तुर्कों से

183. निम्नलिखित सूफी सिलसिलों में कौन संगीत के विरुद्ध था?
(a) चिश्तिया
(b) सुहरावर्दिया
(c) कादिरिया
(d) नक्शबंदिया

184. तैमूर ने किसके शासन काल में भारत पर आक्रमण किया?
(a) अलाउद्दीन खिलजी के
(b) नासिरुद्दीन महमूद
(c) फीरोज तुगलक के
(d) मुहम्मद बिन तुगलक के

185. मुहम्मद बिन तुगलक अपनी राजधानी दिल्ली से ले गया?
(a) दौलताबाद (b) कालिंजर
(c) कन्नौज (d) लाहौर

186. लाल किले के निर्माण का श्रेय का किसे है-
(a) सिकन्दर लोदी
(b) अकबर
(c) जहांगीर
(d) शाहजहां

187. दिल्ली का प्रथम मुस्लिम शासक कौन था?
(a) कुतुबुद्दीन ऐबक
(b) इल्तुतमिश
(c) रजिया
(d) बलबन

188. शेरशाह का मकबरा कहां है?
(a) सासाराम (b) दिल्ली
(c) कालिंजर (d) सोनारगांव

189. 'जजिया' किसके शासनकाल में पुनः लगाया गया था-
(a) अकबर (b) औरंगजेब
(c) जहांगीर (d) हुमायूं

190. अमीर खुसरो ने किसके विकास में अग्रगामी की भूमिका निभाई?
(a) बृज भाषा (b) अवधी
(c) खड़ी बोली (d) भोजपुरी

191. भारत में चिश्तिया सूफी मत को स्थापित किया-
(a) ख्वाजा बदरुद्दीन ने
(b) ख्वाजा मुईनुद्दीन ने
(c) शेख अहमद सरहिन्दी ने
(d) शेख बहाउद्दीन जकारिया ने

192. दिल्ली की कुव्वतुल इस्लाम मस्जिद के प्रांगण में उन्नत प्रसिद्ध लौह-स्तम्भ किसकी स्मृति में है?
(a) अशोक (b) चन्द्रगुप्त
(c) हर्ष (d) अनंगपाल

193. कृष्णदेव राय के दरबार में 'अष्ट-दिग्गज' कौन थे?
(a) आठ मंत्री
(b) आठ तेलगु कवि
(c) आठ महान् सेनापति
(d) आठ परामर्शदाता

194. सूची-I को सूची-II से सुमेलित कीजिए तथा दिए गए कूट का प्रयोग कर सही उत्तर चुनिए-

सूची-I	सूची-II
A. आदिल-शाह	1. अहमदनगर
B. कुतुबशाही	2. बीजापुर
C. निजाम शाही	3. गोलकुण्डा
D. इमाद शाही	4. बरार

कूट :

	A	B	C	D
(a)	1	2	3	4
(b)	2	3	4	1
(c)	3	4	1	2
(d)	2	3	1	4

195. निम्नलिखित को कालक्रमानुसार व्यवस्थित करें एवं सही उत्तर नीचे दिए गए कूट की सहायता से ज्ञात कीजिए?
1. अहिल्याबाई
2. दुर्गावती
3. पद्मिनी
4. ताराबाई
(a) 1, 2, 3 एवं 4
(b) 3, 2, 4 एवं 1
(c) 3, 4, 1 एवं 2
(d) 2, 1, 3 एवं 4

196. किस सिक्ख गुरु ने विद्रोही राजकुमार खुसरो की सहायता धन और आर्शीवाद से की थी-
(a) गुरु हरगोविन्द ने
(b) गुरु गोविन्द सिंह ने
(c) गुरु अर्जुन देव
(d) गुरु तेग बहादुर ने

197. भक्ति आन्दोलन को प्रारम्भ किया गया-
(a) आलवार सन्तों द्वारा
(b) सूफी सन्तों द्वारा
(c) सूरदास द्वारा
(d) तुलसी दास द्वारा

198. दिल्ली से दौलताबाद राजधानी के स्थानान्तरण का आदेश दिया था-
(a) सुल्तान फिरोज तुगलक ने
(b) सुल्तान गयासुद्दीन तुगलक ने
(c) सुल्तान मुबारक ने
(d) सुल्तान मुहम्मद बिन तुगलक ने

199. आगरा शहर की स्थापना की थी-
(a) बहलोल लोदी ने
(b) फिरोज तुगलक ने
(c) खिज्र खान ने
(d) सिकन्दर लोदी ने

200. वह युग्म, जो सही सुमेलित नहीं है, को इंगित कीजिए-
(a) बाजबहादुर - मालवा
(b) कुतुब शाह - गोलकुंडा
(c) सुल्तान मुजफ्फर शाह - गुजरात
(d) युसुफ आदिल शाह - अहमदनगर

201. डलहौजी के काल में ब्रिटिश साम्राज्य में अवध का विलय किस आधार पर किया गया?
(a) कुशासन का आरोप
(b) राज्य हड़पने की नीति
(c) सहायक सन्धि
(d) इनमें से कोई नहीं

202. हिन्दुस्तान सोशलिस्ट रिपब्लिक एसोसिएशन की स्थापना की-
(a) वीर सावरकर ने
(b) ऊधम सिंह ने
(c) भगत सिंह ने
(d) चन्द्रशेखर आजाद ने

203. भारत में न्यायिक संगठन की स्थापना किसने की?
(a) लॉर्ड मेयो
(b) लॉर्ड कॉर्नवालिस
(c) लॉर्ड एटली
(d) लॉर्ड कर्जन

204. इस्तमरारी बन्दोबस्त किसने लागू किया?
(a) वेलेजली
(b) वारेन हेस्टिंग्स
(c) लॉर्ड कॉर्नवालिस
(d) लॉर्ड डफरिन

205. 1857 के विद्रोह के समय ब्रिटिश प्रधानमंत्री कौन था?
(a) चर्चिल (b) पामर्स्टन
(c) एटली (d) ग्लेडस्टोन

206. रैयतवाड़ी प्रथा प्रारम्भ की थी-
(a) टॉमस मुनरो (b) मार्टिन बर्ड
(c) कार्नवालिस (d) लॉर्ड डलहौजी

207. शिक्षा के माध्यम के रूप में अंग्रेजी की वकालत किसने की थी?
(a) लॉर्ड मैकाले (b) लॉर्ड डलहौजी
(c) चार्ल्स वुड (d) लॉर्ड कर्जन

208. निम्न का सही क्रम बनाइए-
A. रेग्यूलेटिंग एक्ट
B. सूरत की फूट
C. बंगाल का विभाजन
D. मुस्लिम लीग की स्थापना
(a) A B C D (b) A C D B
(c) A C B D (d) A D C B

209. किन दो नेताओं ने भारत में दौरा कर सामाजिक उत्थान का कार्य किया?
(a) गांधी, तिलक
(b) जवाहर लाल नेहरू, सुभाष चन्द्र बोस
(c) विपिन चन्द्र पाल, अरविन्द घोष
(d) गोपाल कृष्ण गोखले, मोतीलाल नेहरू

210. राजा राम मोहन राय ने निम्न में से किसका विरोध नहीं किया था?
(a) बाल विवाह
(b) सती प्रथा
(c) पाश्चात्य शिक्षा
(d) विधवा विवाह

211. निम्न में से कौन सुमेलित क्रम में है?
(a) ऐनी बेसेन्ट - यंग इंडिया
(b) महात्मा गांधी - न्यू इंडिया
(c) बी.जी. तिलक - केसरी
(d) सुरेन्द्र नाथ बनर्जी - मराठा

212. निम्न में से किसने भारत में अंग्रेजों का सर्वाधिक विरोध किया?
(a) मराठा (b) मुगल
(c) राजपूत (d) सिक्ख

213. रौलेट एक्ट भारत में लागू किया गया था-
(a) सन् 1909 में
(b) सन् 1919 में
(c) सन् 1930 में
(d) सन् 1942 में

214. 'होमरूल' आंदोलन किसने प्रारम्भ किया?
(a) ऐनी बेसेन्ट (b) लोकमान्य तिलक
(c) महात्मा गांधी (d) सरदार पटेल

215. 'सर्वेन्ट्स ऑफ इंडिया सोसायटी' के संस्थापक कौन थे?
(a) बाल गंगाधर तिलक
(b) गोपाल कृष्ण गोखले
(c) के.एम. राय
(d) एम.के. गांधी

216. टीपू सुल्तान की राजधानी थी-
(a) बेलुर
(b) द्वार समुद्र
(c) सेरिंगपट्टम
(d) श्रीरंगम (श्रीरंगपट्टनम्)

217. सूची-I को सूची-II से मिलाइए और नीचे दिए गए कोड में से सही उत्तर का चयन कीजिए-

सूची-I	सूची-II
1. क्लाइव	A. प्रेस पर से प्रतिबंध हटाना
2. बैंटिक	B. बंग विभाजन
3. चार्ल्स मेटकॉफ	C. बंगाल में दोहरा शासन
4. कर्जन	D. अंग्रेजी शिक्षा

कोड :
(a) 1-C, 2-D, 3-A, 4-B
(b) 1-D, 2-A, 3-C, 4-B
(c) 1-B, 2-D, 3-C, 4-A
(d) 1-C, 2-B, 3-A, 4-D

218. रेगुलेटिंग एक्ट पारित किया गया-
(a) 1773 में (b) 1774 में
(c) 1784 में (d) 1793 में

219. भारत के निम्न वायसरायों में से किसके काल में इण्डियन पीनल कोड, सिविल प्रोसीजर कोड और क्रिमिनल प्रोसीजर कोड पारित किए गए थे?
(a) लॉर्ड कैनिंग (b) लॉर्ड मेयो
(c) लॉर्ड लिटन (d) लॉर्ड डफरिन

220. भारत में ईस्ट इंडिया कंपनी की सफलता का राज था-
(a) भारत में राष्ट्रीय भावना की कमी।
(b) कम्पनी की सेना को पश्चिमी प्रशिक्षण मिला था तथा उनके पास आधुनिक हथियार थे।

(c) भारतीय सैनिकों में राष्ट्रीय भावना का अभाव था जिसके फलस्वरूप कोई भी जो उन्हें अच्छा वेतन दे, अपनी सेवा में लगा सकता था।
(d) उपर्युक्त तीनों।

221. भारत की स्वतंत्रता की पहली लड़ाई (1857) प्रारम्भ हुई थी-
(a) कलकत्ता से (b) दिल्ली से
(c) झांसी से (d) मेरठ से

222. मार्ले-मिन्टो सुधार बिल किस वर्ष में पारित किया गया?
(a) 1905 (b) 1909
(c) 1911 (d) 1920

223. भारत में स्थानीय स्वायत्तशासी संस्थाएं 1882 में सशक्त की गई थीं-
(a) जॉर्ज बालों द्वारा
(b) लॉर्ड रिपन द्वारा
(c) लॉर्ड कर्जन द्वारा
(d) लॉर्ड लिटन द्वारा

224. 1946 का कैबिनेट मिशन तीन कैबिनेट मंत्रियों से गठित था। निम्नलिखित में से कौन इसका सदस्य नहीं था?
(a) लॉर्ड पैथिक लारेन्स
(b) ए.वी. अलेक्जेण्डर
(c) सर स्टेफोर्ड क्रिप्स
(d) लॉर्ड एमरी

225. सम्राज्ञी विक्टोरिया ने 1858 की घोषणा में भारतीयों को बहुत सी चीजें दिए जाने का आश्वासन दिया था। निम्न आश्वासनों में से कौन-सा ब्रिटिश शासन ने पूरा किया था?
(a) रियासतों को हड़पने की नीति समाप्त कर दी जाएगी।
(b) देशी रजवाड़ों की यथास्थिति बनाए रखी जाएगी।
(c) भारतीय व यूरोपियन सभी प्रजा को समान व्यवहार मिलेगा।
(d) भारतीयों के सामाजिक व धार्मिक विश्वासों में कोई हस्तक्षेप नहीं होगा।

226. उन्नीसवीं शताब्दी के दौरान होने वाले ''वहाबी आन्दोलन'' का मुख्य केंद्र था-
(a) लाहौर (b) पटना
(c) अमृतसर (d) पुणे

227. भारत में ब्रिटिश साम्राज्य के अंतर्गत अवध को मिलाया गया था-
(a) सहायक गठजोड़ की नीति द्वारा
(b) अतिक्रमण के सिद्धान्त के अंतर्गत
(c) कुशासित राज्य की घोषणा करके
(d) युद्ध के द्वारा

228. पानीपत के तीसरे युद्ध में मराठों को पराजित किया-
(a) मुगलों ने (b) अफगानों ने
(c) अंग्रेजों ने (d) रोहिल्लों ने

229. निम्न महापुरुषों में से कौन 'भारतीय जागृति' का जनक कहलाता है?
(a) विवेकानन्द
(b) राजा राममोहन राय
(c) रवीन्द्रनाथ टैगोर
(d) दयानन्द सरस्वती

230. सूची-I को सूची-II से सुमेलित कीजिए-

सूची-I	सूची-II
1. प्रार्थना समाज	A. राजा राममोहन राय
2. ब्रह्म समाज	B. विवेकानन्द
3. आर्यसमाज	C. दयानन्द सरस्वती
4. रामकृष्ण मिशन	D. रानाडे
	E. रामकृष्ण परमहंस

(a) 1-A, 2-B, 3-C, 4-D
(b) 1-B, 2-E, 3-A, 4-C
(c) 1-D, 2-A, 3-C, 4-E
(d) 1-D, 2-A, 3-C, 4-B

231. विचार कीजिए-
कथन (A)-1857 में प्रथम स्वतंत्रता संग्राम ब्रिटिश सरकार से स्वतंत्रता प्राप्त करने में असफल रहा।
कारण (R)-बहादुर शाह जफर के नेतृत्व को जन सहयोग नहीं मिला था और अधिकांश महत्वपूर्ण रियासतों के शासक उनका साथ देने में कतरा गए।
नीचे दिए गए कोड से सही उत्तर चुनिए-
(a) दोनों (A) और (R) सत्य हैं और (R), (A) का सही स्पष्टीकरण है।
(b) दोनों (A) और (B) सत्य हैं परन्तु (R), (A) का सही स्पष्टीकरण नहीं है।
(c) (A) सत्य है और परन्तु (R) असत्य है।
(d) (A) असत्य है परन्तु (R) सत्य है।

232. महाराजा रणजीत सिंह के राज्य की राजधानी थी-
(a) अमृतसर (b) कपूरथला
(c) लाहौर (d) पटियाला

233. सूची-I व सूची-II को मिलाएं तथा नीचे दिए गए कूट का प्रयोग कर सही उत्तर का चयन कीजिए-

सूची-I	सूची-II
I. लॉर्ड डलहौजी	A. सती प्रथा का निषेध
II. लॉर्ड विलियम बैंटिक	B. स्वायत्त शासन
III. लॉर्ड रिपन	C. बंगाल का विभाजन
IV. लॉर्ड कर्जन	D. व्यपहरण का सिद्धान्त

कूट :
(a) I-D, II-A, III-B, IV-C
(b) I-D, II-B, III-A, IV-C
(c) I-A, II-B, III-C, IV-D
(d) I-C, II-A, III-B, IV-D

234. 'अष्ट प्रधान' - मंत्रिमण्डल किसके राज्य प्रबंध में सहायता करता था?
(a) हर्षवर्धन (b) समुद्रगुप्त
(c) शिवाजी (d) यशोवर्धन

235. कर्नाटक युद्ध किन-किन के मध्य लड़ा गया?
(a) अंग्रेज व फ्रांसीसी
(b) अंग्रेज व डच
(c) अंग्रेज व मराठे
(d) हैदर अली व मराठे

236. वेदों के पुनरुत्थान का श्रेय किसे है?
(a) रामकृष्ण परमहंस
(b) रामानुज
(c) स्वामी दयानन्द सरस्वती
(d) स्वामी विवेकानन्द

237. वर्ष 1857 के विद्रोह से निम्न में से कौन सम्बन्धित नहीं था?
(a) बेगम हजरत महल
(b) कुंवर सिंह
(c) उधम सिंह
(d) मौलवी अहमदुल्ला

238. वर्ष 1909 के इण्डियन काउन्सिल एक्ट में किस बात की व्यवस्था की गई थी?
(a) द्वैधशासन प्रणाली
(b) साम्प्रदायिक प्रतिनिधित्व
(c) संघीय व्यवस्था
(d) प्रान्तीय स्वायत्तता

239. भारत में प्रथम रेल लाइन का निर्माण हुआ था-
(a) हावड़ा और सेरामपुर के बीच
(b) बम्बई और थाणे के बीच
(c) मद्रास और गुन्टूर के बीच
(d) दिल्ली तथा आगरा के बीच

240. भारत में स्थानीय स्वायत्त शासन को किसने प्रोत्साहित किया था?
(a) लॉर्ड मेयो
(b) लॉर्ड लिटन
(c) लॉर्ड कैनिंग
(d) लॉर्ड रिपन

उत्तरमाला

1. (d)	2. (d)	3. (c)	4. (a)	5. (d)	6. (d)	7. (b)	8. (d)	9. (c)	10. (c)
11. (c)	12. (d)	13. (a)	14. (a)	15. (a)	16. (c)	17. (b)	18. (b)	19. (b)	20. (d)
21. (b)	22. (b)	23. (c)	24. (c)	25. (b)	26. (a)	27. (a)	28. (b)	29. (a)	30. (c)
31. (a)	32. (c)	33. (a)	34. (c)	35. (a)	36. (c)	37. (d)	38. (a)	39. (c)	40. (b)
41. (a)	42. (d)	43. (a)	44. (c)	45. (a)	46. (d)	47. (c)	48. (d)	49. (a)	50. (b)
51. (b)	52. (d)	53. (d)	54. (a)	55. (a)	56. (c)	57. (b)	58. (a)	59. (c)	60. (b)
61. (c)	62. (b)	63. (c)	64. (c)	65. (b)	66. (c)	67. (b)	68. (c)	69. (a)	70. (b)
71. (b)	72. (c)	73. (a)	74. (c)	75. (a)	76. (a)	77. (c)	78. (a)	79. (a)	80. (c)
81. (b)	82. (a)	83. (c)	84. (b)	85. (d)	86. (c)	87. (a)	88. (b)	89. (b)	90. (c)
91. (c)	92. (d)	93. (c)	94. (a)	95. (d)	96. (b)	97. (b)	98. (b)	99. (a)	100. (b)
101. (b)	102. (a)	103. (c)	104. (c)	105. (c)	106. (a)	107. (a)	108. (d)	109. (a)	110. (d)
111. (b)	112. (b)	113. (a)	114. (b)	115. (c)	116. (c)	117. (b)	118. (c)	119. (a)	120. (b)
121. (a)	122. (d)	123. (a)	124. (d)	125. (c)	126. (b)	127. (b)	128. (c)	129. (a)	130. (b)
131. (b)	132. (a)	133. (c)	134. (c)	135. (c)	136. (b)	137. (b)	138. (a)	139. (b)	140. (b)
141. (b)	142. (c)	143. (c)	144. (a)	145. (b)	146. (a)	147. (b)	148. (d)	149. (d)	150. (c)
151. (b)	152. (c)	153. (b)	154. (c)	155. (b)	156. (c)	157. (b)	158. (d)	159. (a)	160. (b)
161. (a)	162. (b)	163. (a)	164. (b)	165. (d)	166. (b)	167. (b)	168. (c)	169. (b)	170. (d)
171. (c)	172. (b)	173. (d)	174. (c)	175. (c)	176. (c)	177. (b)	178. (d)	179. (d)	180. (c)
181. (a)	182. (a)	183. (d)	184. (b)	185. (a)	186. (d)	187. (b)	188. (a)	189. (b)	190. (c)
191. (b)	192. (b)	193. (b)	194. (d)	195. (b)	196. (c)	197. (a)	198. (d)	199. (d)	200. (d)
201. (a)	202. (d)	203. (b)	204. (c)	205. (b)	206. (a)	207. (a)	208. (b)	209. (a)	210. (c)
211. (c)	212. (a)	213. (b)	214. (a)	215. (b)	216. (d)	217. (a)	218. (a)	219. (a)	220. (d)
221. (d)	222. (b)	223. (b)	224. (d)	225. (a)	226. (b)	227. (c)	228. (b)	229. (b)	230 (d)
231. (a)	232. (c)	233. (a)	234. (c)	235. (a)	236. (c)	237. (c)	238. (b)	239. (b)	240. (d)

❑❑❑

भारतीय राजव्यवस्था

राष्ट्रीय प्रतीक

राष्ट्रीय ध्वज

- भारत के राष्ट्रीय ध्वज को 22 जुलाई, 1947 को संविधान सभा (Constituent Assembly) द्वारा अंगीकृत किया गया।
- इसकी लंबाई व चौड़ाई का अनुपात 3 : 2 होता है। इसमें ऊपर से नीचे क्रमशः केसरिया, सफेद व हरे रंगों की तीन पट्टियाँ होती हैं। सफेद पट्टी के बीच में 24 तीलियों वाला नीला चक्र होता है।
- 5 मार्च, 2017 को भारत-पाकिस्तान की अंतर्राष्ट्रीय सीमा अटारी पर देश का सबसे ऊंचा तिरंगा झंडा (350 फुट) फहराया गया।

राष्ट्रीय चिह्न

- भारत का राष्ट्रीय चिह्न सारनाथ के अशोक स्तम्भ से लिया गया है।
- मूल स्तम्भ में शीर्ष पर चार सिंह हैं, जो एक-दूसरे की ओर पीठ किए हुए हैं। सिंह साहस व निर्भीकता का प्रतीक हैं।
- पट्टी के मध्य में धर्मचक्र है। चक्र में 24 तीलियाँ हैं, जो 24 घंटों का प्रतीक हैं।
- भारत सरकार ने अशोक स्तंभ को राष्ट्रीय चिह्न के रूप में 26 जनवरी, 1950 को अपनाया।
- चक्र के दाईं ओर एक सांड कृषि प्रधान अर्थव्यवस्था का प्रतीक है और चक्र के बाईं ओर एक घोड़ा अदम्य शक्ति, परिश्रम व गतिशीलता का प्रतीक है।
- फलक के नीचे मुण्डकोपनिषद् का सूत्रवाक्य सत्यमेव जयते देवनागरी लिपि में अंकित है, जिसका अर्थ है–सत्य की ही विजय होती है।

राष्ट्रगान

- **रवीन्द्रनाथ टैगोर** द्वारा मूलतः बांग्ला भाषा में रचित और संगीतबद्ध जन-गण-मन के हिन्दी संस्करण को संविधान सभा ने भारत के राष्ट्रगान के रूप में 24 जनवरी, 1950 को अपनाया।
- यह सर्वप्रथम, 27 दिसम्बर 1911 को भारतीय राष्ट्रीय कांग्रेस के 26वें अधिवेशन (कलकत्ता) में गाया गया था। राष्ट्रगान के गायन की अवधि लगभग 52 सेकेण्ड है।

राष्ट्रगीत

- राष्ट्रगीत **वन्दे मातरम्** की रचना बंकिमचन्द्र चटर्जी ने संस्कृत में की थी, जो स्वतन्त्रता संग्राम में जन-जन का प्रेरणास्रोत था। इसे जन-गण-मन के समान दर्जा प्राप्त है।
- इसे पहली बार सन् 1896 में भारतीय राष्ट्रीय कांग्रेस के 12वें अधिवेशन (कलकत्ता) में गाया गया था।

राष्ट्रीय पंचांग

ग्रिगेरियन कैलेण्डर के साथ-साथ देश भर के लिए शक-संवत् पर आधारित एकरूप राष्ट्रीय पंचांग भी है, जिसका पहला महीना चैत्र है और सामान्य वर्ष 365 दिन का होता है।

पंचांग 22 मार्च, 1957 को सरकारी उद्देश्यों के लिए अपनाया गया था। राष्ट्रीय पंचांग और ग्रिगेरियन कैलेण्डर की तारीखों में स्थायी सादृश्यता है। चैत्र का पहला दिन सामान्यतः 22 मार्च को और अधिवर्ष में 21 मार्च को पड़ता है।

राष्ट्रीय मुद्रा : प्रतीक चिह्न

भारतीय रुपए को 15 जुलाई, 2010 को डॉलर, यूरो, पॉण्ड और येन की तरह नया प्रतीक '₹' मिल गया है। रुपए का नया प्रतीक देवनागरी लिपि के 'र' और रोमन लिपि के 'R' को मिलाकर बनाया गया है।

संविधान सभा

- संविधान सभा का गठन कैबिनेट मिशन (Cabinet Mission) योजना के तहत अप्रत्यक्ष रूप से राज्यों की विधानसभाओं द्वारा नवंबर 1946 में किया गया था।
- (प्रारंभ में) संविधान सभा में कुल 389 सदस्य थे, जिनमें 292 प्रांतों से तथा 93 देशी रियासतों से चुने गए थे तथा 4 कमिश्नरी क्षेत्रों से थे।
- प्रत्येक प्रांत और देशी रियासत को अपनी जनसंख्या के अनुपात में स्थान आवंटित किए गए थे।
- 10 लाख की जनसंख्या के लिए स्थान का अनुपात रखा गया था तथा प्रत्येक प्रांत के स्थानों की जनसंख्या के अनुपात में तीन प्रमुख संप्रदायों मुस्लिम, सिख व साधारण में बांटा गया था।
- प्रांतीय विधानसभा में प्रत्येक समुदाय के सदस्यों ने एकल संक्रमणीय पद्धति से आनुपातिक प्रतिनिधित्व के अनुसार अपने प्रतिनिधियों का निर्वाचन किया।
- देशी रियासतों से चयन की पद्धति परामर्श से तय की गई।

पाकिस्तान हेतु पृथक् संविधान सभा

- विभाजन (अगस्त 1947) के फलस्वरूप जो संविधान सभा पूर्व में अविभाजित भारत के लिए गठित की गई थी, उसमें से कुछ सदस्य (लगभग 90) कम हो गए।
- 3 जून, 1947 की योजना के अधीन पाकिस्तान के लिए पृथक् संविधान सभा का गठन किया गया। बंगाल, पंजाब, सिंध, NWFP और असम के सिलचर जिले (जो जनमत संग्रह द्वारा पाकिस्तान में सम्मिलित हुए) के प्रतिनिधि भारत की संविधान सभा के सदस्य नहीं रहे।
- पश्चिम बंगाल तथा पूर्वी पंजाब के प्रांतों में नए निर्वाचन कराए गए, जिसके फलस्वरूप 31 अक्टूबर, 1947 को सभा की सदस्यता घटकर (389 से) 299 रह गई।

- संविधान सभा की प्रथम बैठक 9 दिसंबर, 1946 को हुई थी।
- प्रथम बैठक की अध्यक्षता डॉ. सच्चिदानंद सिन्हा ने की थी।
- (इसके 2 दिन बाद ही) 11 दिसंबर, 1946 को डॉ. राजेंद्र प्रसाद को संविधान सभा का स्थायी अध्यक्ष चुना गया।
- प्रथम बैठक वर्तमान संसद भवन के केंद्रीय कक्ष (Central Hall) में हुई थी।
- श्री बी. एन. राव को संविधान सभा के संवैधानिक सलाहकार पद (Constitutional Advisor) पर नियुक्त किया गया था।
- डॉ. अम्बेडकर को 'संविधान का पिता' (Father of the Consititution) कहा जाता है। वह संविधान की प्रमुख प्रारूप/ड्राफ्ट समिति के अध्यक्ष थे। इसी समिति ने संविधान को फाइनल कराया था।
- भारतीय संविधान को विश्व का सबसे बड़ा संविधान (World's Largest Consititution) कहा जाता है।
- संसार का प्रथम लिखित संविधान (Written Consititution) सं. रा. अमेरिका का माना जाता है।

प्रस्तावना

- भारतीय संविधान में प्रस्तावना (उद्देशिका) (Preamble) के अतिरिक्त (मूल संविधान में) 395 अनुच्छेद तथा 8 अनुसूचियां थीं जो वर्तमान में संविधान में अनुच्छेद 395 ही हैं जबकि अनुसूचियां बढ़कर (Schedules) 12 हो गई हैं।
- 13 दिसंबर, 1946 को पं. जवाहर लाल नेहरू ने संविधान सभा के उद्देश्य का प्रस्ताव प्रस्तुत किया था, जिससे संविधान सभा निर्माण का कार्य प्रारंभ हुआ।
- संविधान की उद्देशिका (प्रस्तावना) में संविधान के ध्येय और उसके आदर्शों का संक्षिप्त वर्णन है।
- केशवानंद भारती केस (1973 में) प्रस्तावना को संविधान का अभिन्न अंग माना गया था।
- उद्देशिका की प्रथम पक्ति 'हम भारत के लोग ...' इस संविधान को अंगीकृत, अधिनियमित और आत्मार्पित करते हैं।
- 42वें संविधान संशोधन (1976) द्वारा प्रस्तावना में 'समाजवाद' 'पंथ-निरपेक्ष' तथा 'अखंडता' जोड़ा गया है।
- संविधान सभा को भारतीय संविधान का निर्माण करने में कुल समय 2 वर्ष 11 महीने 18 दिन लगा।
- संविधान सभा के सभापति तथा (299 सदस्यों में से) कुल 284 सदस्यों ने 29 नवंबर, 1949 को संविधान पर हस्ताक्षर किए।
- 26 नवंबर, को 'विधि दिवस' के रूप में घोषित किया गया। इसी दिन संविधान सभा ने संविधान को अंगीकार (Adopt) किया था।
- नागरिकता, निर्वाचन एवं अंतरिम संसद से संबधित उपबंध को तथा अस्थायी एवं संक्रमण उपबंधों को 26 नवंबर, 1949 से ही प्रभावी किया गया। संपूर्ण संविधान 26 जनवरी, 1950 को लागू हुआ। 26 जनवरी, 1950 को भारत को गणतंत्र (Republic) घोषित किया गया।

संविधान सभा की प्रमुख समितियां एवं उनके अध्यक्ष

प्रारूप समिति	डॉ. अंबेडकर
संघ संविधान समिति	पं. नेहरू
संचालन समिति	डॉ. राजेंद्र प्रसाद
प्रांतीय विधान समिति	सरदार पटेल
झंडा समिति	जे. वी. कृपलानी
कार्य संचालन समिति	के. एम. मुंशी
मूल अधिकार व अल्पसख्यक समिति	सरदार पटेल

संविधान के स्रोत

देश	स्रोत
ब्रिटेन	संसदीय शासन, विधि निर्माण प्रक्रिया, एकल नागरिकता
यूएसए	मौलिक अधिकार, न्यायिक पुनरावलोकन, न्यायपालिका की स्वतंत्रता, सर्वोच्च न्यायालय का गठन एवं शक्तियां, राष्ट्रपति पर महाभियोग
कनाडा	संघात्मक व्यवस्था, अविशिष्ट शक्तियों का केंद्र के पास होना
आयरलैण्ड	नीति-निदेशक सिद्धांत
जर्मनी	आपात् उपबन्ध
ऑस्ट्रेलिया	प्रस्तावना की भाषा, समवर्ती सूची, केंद्र-राज्य संबंध
जापान	विधि द्वारा स्थापित प्रक्रिया
फ्रांस	गणतंत्र
रूस	मौलिक कर्त्तव्यों का प्रावधान

संविधान के भाग (एक दृष्टि में)

भाग	विषय	अनुच्छेद
भाग I	संघ और उसके राज्यक्षेत्र	अनुच्छेद 1-4
भाग II	नागरिकता	अनुच्छेद 5-11
भाग III	मौलिक अधिकार	अनुच्छेद 12-35
भाग IV	राज्य के नीति-निदेशक तत्व	अनुच्छेद 36-51
भाग IV क	मूल कर्तव्य अनुच्छेद 51(क)	
भाग V	संघ	अनुच्छेद 52-151
भाग VI	राज्य	अनुच्छेद 152-237
भाग VII	[सातवें संशोधन द्वारा 1956 में समाप्त]	
भाग VIII	केंद्रशासित प्रदेशों का शासन	अनुच्छेद 238
भाग IX	पंचायतें	अनुच्छेद 243 (क-ण तक)
भाग IX क	नगरपालिकाएं	अनुच्छेद 243 (त-छ तक)
भाग X	अनुसूचित एव जनजातीय क्षेत्र	अनुच्छेद 244-244 क
भाग XI	केंद्र व राज्यों के बीच संबंध	अनुच्छेद 245 से 263 तक
भाग XII	वित्त, संपत्ति एवं वाद	अनुच्छेद 264 से 300 तक
भाग XIII	भारत के राज्य क्षेत्र के भीतर	अनुच्छेद 301 से 307 तक
भाग XIV	संघ तथा राज्यों के अधीन सेवाएँ	अनुच्छेद 308 से 323 तक
भाग XV	निर्वाचन	अनुच्छेद 324 से 329 तक
भाग XVI	कुछ वर्गों के संबंध में विशेष उपबंध	अनुच्छेद 330 से 342 तक
भाग XVII	राजभाषा	अनुच्छेद 343 से 351 तक
भाग XVIII	आपात उपबंध	अनुच्छेद 352 से 360 तक
भाग XIX	प्रकीर्ण	अनुच्छेद 361 से 367 तक

भाग XX	संशोधन	अनुच्छेद 368
भाग XXI	अस्थायी, संक्रमणकालीन	उपबंध अनुच्छेद 369 से 392 तक
भाग-XXII	संक्षिप्त नाम, प्रारंभ हिंदी में प्राधिकृत पाठ व निरसन	अनुच्छेद 393 से 395 तक

राष्ट्रपति

संघीय कार्यपालिका

- राष्ट्रपति (President) भारत राष्ट्र का राज्याध्यक्ष (Head of Nation) होता है। वह भारत का 'प्रथम नागरिक' कहलाता है। वह भारत राष्ट्र की एकता, अखंडता व सुदृढ़ता का प्रतीक है।
- भारतीय संघ की कार्यपालिका शक्ति राष्ट्रपति में निहित है। [अनुच्छेद 53]
- भारत में संसदीय शासन प्रणाली को अपनाया गया है, अत: राष्ट्रपति नाममात्र का कार्यपालिका है, जबकि प्रधानमंत्री तथा उसकी मंत्रिपरिषद् वास्तविक कार्यपालिका है।
- भारत के राष्ट्रपति का निर्वाचन एक निर्वाचक मंडल (Electoral College) द्वारा होता है, जिसमें संसद के दोनों सदनों के निर्वाचित सदस्य, राज्य की विधानसभाओं के निर्वाचित सदस्य तथा दिल्ली एवं पुदुचेरी संघ शासित क्षेत्रों के विधानसभा के निर्वाचित सदस्य (70वें संविधान संशोधन द्वारा) सम्मिलित हैं।
- राष्ट्रपति का निर्वाचन आनुपातिक प्रतिनिधित्व (Proportional Representation) की एकल संक्रमणीय मत पद्धति (Single Transferable Vote System) द्वारा किया जाता है। चुनाव का मतदान गुप्त होता है।
- राष्ट्रपति संसद के किसी भी सदन का सदस्य नहीं होता है।
- राष्ट्रपति भारत की तीनों सेना का सर्वोच्च सेनापति होता है।
- राष्ट्रपति का कार्यकाल 5 वर्ष का होता है।
- राष्ट्रपति (भारतीय) का वर्तमान वेतन 5,00,000 लाख रुपए प्रतिमाह है। राष्ट्रपति की उपलब्धियां एवं भत्ते उसकी पदावधि के दौरान कम नहीं होती।
- राष्ट्रपति को 5 वर्ष से पहले केवल महाभियोग (Impeachment) लगाकर एवं सिद्ध करके हटाया जा सकता है। महाभियोग संसद के किसी भी सदन में प्रारंभ किया जा सकता है (अनुच्छेद 61)।
- भारतीय राष्ट्रपति लोकसभा के लिए अधिकतम दो एंग्लो इंडियन सदस्यों को मनोनीत कर सकता है। (संविधान के अनुच्छेद 331 के अनुसार)।
- राष्ट्रपति राज्यसभा में साहित्य, विज्ञान, कला एवं समाज सेवा क्षेत्र के बारह विशिष्ट सदस्यों को मनोनीत करता है। (अनुच्छेद 80 (3)) ।
- संसद द्वारा पारित कोई भी विधेयक बिल (Bill) तभी कानून बनता है, जब उस पर राष्ट्रपति के हस्ताक्षर हो जाते हैं।
- राष्ट्रपति पद ग्रहण करने से पूर्व भारत के मुख्य न्यायाधीश (Chief Justice of Supreme Court) या उसकी अनुपस्थिति में उच्चतम न्यायालय के वरिष्ठ/ज्येष्ठतम न्यायाधीश के समक्ष – शपथ (Oath) लेता है (अनुच्छेद 60 के तहत) ।
- यदि एक ही समय में राष्ट्रपति और उपराष्ट्रपति दोनों के पद रिक्त हो जाएं, तो राष्ट्रपति के कर्त्तव्यों का निर्वाहन भारत का मुख्य न्यायाधीश करता है। सन् 1969 में एम. हिदायतुल्ला को कार्यकारी राष्ट्रपति पद की शपथ सर्वोच्च न्यायालय के वरिष्ठतम न्यायाधीश से दिलवाई थी।

राष्ट्रपति भवन (एक दृष्टि में)

- राष्ट्रपति के निवास स्थान को 'राष्ट्रपति भवन' कहते हैं।
- प्रारंभ में राष्ट्रपति भवन का नाम 'वायस रीगल लॉज' था। जब भारत सन् 1950 में गणतंत्र बना, तब राष्ट्रपति यहां रहने आए तो इसका नाम 'गवर्नमेंट हाउस' (Govt. House) कर दिया गया। सन् 1952 में इसका नामकरण 'राष्ट्रपति भवन' किया गया।
- इस भवन का निर्माण सन् 1913 में प्रारंभ हुआ।
- राष्ट्रपति भवन का डिजाइन प्रसिद्ध वास्तुकार सर एडिवन लुटियंस ने तैयार किया था।
- इस भवन में निवास करने वाला प्रथम व्यक्ति – तत्कालीन वायसराय लॉर्ड इरविन (1931) था।
- वर्तमान में जहां राष्ट्रपति भवन स्थित है, प्रारंभ में इसे 'रायसीना पहाड़ी' भी कहते थे।
- राष्ट्रपति भवन न केवल भारत के राष्ट्रपति का आवास एवं कार्यालय है, बल्कि देश, विदेश के गणमान्य अतिथियों, राष्ट्रध्यक्षों आदि का औपचारिक स्वागत स्थल भी है।
- केंद्र सरकार के प्रधानमंत्री एव मंत्रियों को शपथ राष्ट्रपति भवन में दिलाई जाती है।
- भारत के सर्वोच्च सिविल (सार्वजनिक) सैनिक एवं खेल अलंकरण इसी भवन में राष्ट्रपति द्वारा प्रदान किए जाते हैं।
- भारत का राष्ट्रपति उद्घोषणा कर सकता है, राष्ट्रीय आपातकाल की (संविधान के अनुच्छेद 352 के अंतर्गत) राज्यीय संवैधानिक आपातकाल की (अनुच्छेद 356 के तहत राज्यों में संवैधानिक तंत्र के विफल होने पर) तथा वित्तीय आपात की (अनुच्छेद 360 के तहत)।
- राष्ट्रपति ने अब तक तीन बार राष्ट्रीय आपातकाल की उद्घोषणा की है। प्रथम बार 26 अक्टूबर, 1962 को की गई थी। दूसरी बार 3 दिसंबर, 1971 को की तथा तीसरी बार 25 जून, 1975 को की गई थी।
- सन् 1962 के आपात की उद्घोषणा के समय राधाकृष्णन् सन् 1971 की आपात घोषणा के समय वी.वी. गिरि तथा सन् 1975 की आपात की घोषणा के समय फखरुद्दीन अली अहमद राष्ट्रपति थे।
- डॉ. राजेंद्र प्रसाद भारत के प्रथम राष्ट्रपति थे। संविधान सभा (Constitutional Assembly) की 24 जनवरी, 1950 की बैठक में डॉ. राजेंद्र प्रसाद को निर्विरोध भारत का प्रथम राष्ट्रपति चुना गया था। इन्होंने 26 जनवरी, 1950 को भारतीय गणतंत्र के प्रथम राष्ट्रपति के रूप में पद भार संभाला।
- डॉ. राजेंद्र प्रसाद लगातार दो बार राष्ट्रपति निर्वाचित हुए। राष्ट्रपति पद के लिए संविधान के अधीन प्रथम विधिवत् चुनाव मई 1952 में हुआ, जिसमें डॉ. राजेंद्र प्रसाद विजयी रहे तथा द्वितीय निर्वाचन (1957) में भी वह पुन: निर्वाचित हुए।
- डॉ. राजेंद्र प्रसाद 26 जनवरी, 1950 से 13 मई, 1962 तक राष्ट्रपति पद पर रहे। इस प्रकार डॉ. राजेंद्र प्रसाद का राष्ट्रपति कार्यकाल (कुल बारह वर्ष तक) सबसे बड़ा रहा है।
- प्रथम राष्ट्रपति के चुनाव (सन् 1952) में डॉ. राजेंद्र प्रसाद के. टी. शाह को हराकर राष्ट्रपति निर्वाचित हुए।
- डॉ. राजेंद्र प्रसाद ने एक ही प्रधानमंत्री (पं. नेहरू) को उक्त पद के लिए 3-3 बार पद और गोपनीयता की शपथ दिलाई थी।
- डॉ. सर्वपल्ली राधाकृष्णन् ने सबसे अधिक प्रधानमंत्रियों को (कार्यवाहक सहित) शपथ ग्रहण करवाई थी।
- डॉ. सर्वपल्ली राधाकृष्णन् ऐसे एकमात्र राष्ट्रपति रहे हैं, जो 10 वर्षों तक उपराष्ट्रपति रहने के बाद (सन् 1962 में) राष्ट्रपति निर्वाचित हुए।

- भारत के दो राष्ट्रपति जाकिर हुसैन तथा फखरुद्दीन अली अहमद की अपने कार्यकाल के दौरान ही मृत्यु हुई थी।
- वी. वी. गिरि ऐसे एकमात्र राष्ट्रपति रहे हैं, जिन्होंने एक समय कार्यवाहक राष्ट्रपति के रूप में कार्य किया, मगर बाद में वह (1969 में) निर्वाचित होकर राष्ट्रपति बने।
- अभी तक दूसरे चक्र की गणना से सिर्फ वी. वी. गिरि ही राष्ट्रपति निर्वाचित हुए हैं।
- राष्ट्रपति पद के (1969 के) निर्वाचन के समय 'आत्मा की आवाज'/ 'अंतःकरण की आवाज' पर मतदान करने की अपील निर्वाचकों से की गई थी।
- श्री वी. वी. गिरि ऐसे राष्ट्रपति निर्वाचित हुए थे जिन्होंने कांग्रेस का संघ में स्पष्ट बहुमत होते हुए भी निर्दलीय उम्मीदवार के रूप में चुनाव में सफलता प्राप्त की थी। सन् 1969 में राष्ट्रपति चुनाव में वी. वी. गिरि से कांग्रेस के अधिकृत प्रत्याशी नीलम संजीव रेड्डी पराजित हुए थे।
- राष्ट्रपति फखरूद्दीन अली अहमद का अंतिम संस्कार (1977 में) संसद भवन के मुख्य फाटक के समीप किया गया था।
- नीलम संजीव रेड्डी ऐसे एकमात्र राष्ट्रपति हुए हैं, जो राष्ट्रपति के चुनाव (1969) में निकटतम उम्मीदवार रहे और पराजित हो गए, मगर बाद में (1977 में) निर्विरोध (आम सहमति से) निर्वाचित हुए।
- बी. डी. जत्ती ऐसे एकमात्र कार्यवाहक राष्ट्रपति हुए हैं, जिन्होंने एक प्रधानमंत्री (मोरारजी देसाई को मार्च, 1977 में) शपथ (Oath) ग्रहण करवाई थी।
- राष्ट्रपति के पद पर सबसे अधिक उम्र में आर. वेंकटरमण (77 वर्ष की आयु में) आसीन हुए थे।
- राष्ट्रपति पद पर डॉ. जाकिर हुसैन का कार्यकाल (मात्र दो वर्ष 1967 से 1969 तक) सबसे कम रहा है।
- डॉ. जाकिर हुसैन, फखरुद्दीन अली अहमद, ज्ञानी जैल सिंह तथा ए. पी. जे. अब्दुल कलाम अल्पसंख्यक समुदाय से होते हुए राष्ट्रपति के उच्च पद पर निर्वाचित हुए हैं।
- श्री के. आर. नारायणन ऐसे भारत के प्रथम राष्ट्रपति थे, जो दलित वर्ग से थे।
- किसी देश के राजदूत (Ambassador) के रूप में अपनी सेवा अर्पित कर चुके राष्ट्रपति के. आर. नारायणन रहे हैं। इनकी पत्नी भी मूलतः विदेशी रही हैं।
- राष्ट्रपति डॉ. ए. पी. जे. अब्दुल कलाम, भारत के एकमात्र ऐसे राष्ट्रपति रहे हैं, जो वैज्ञानिक (Scientist) और साथ ही अविवाहित (Unmarried) भी थे। यह 'मिसाइल मैन' (Missile Man) के नाम से प्रसिद्ध रहे।
- डॉ. ए. पी. जे. अब्दुल कलाम का पूरा नाम डॉ. अबुल पाकिर जैनुलाब्दीन अब्दुल कलाम है। इनका निधन 27 जुलाई, 2015 को हुआ।
- डॉ. राजेंद्र प्रसाद, फखरुद्दीन अली अहमद, नीलम संजीव रेड्डी, ज्ञानी जैल सिंह, डॉ. ए. पी. जे. अब्दुल कलाम, प्रतिभा पाटिल तथा प्रणव मुखर्जी को छोड़कर अन्य सभी राष्ट्रपति पदधारी उपराष्ट्रपति पद को सुशोभित करने के बाद राष्ट्रपति पद पर निर्वाचित हुए।
- सन् 2012 में हुए राष्ट्रपति चुनाव में प्रणव मुखर्जी भारत के 14वें (जबकि इस पद पर आसीन रहे व्यक्तियों की संख्या की दृष्टि से वह 13वें) राष्ट्रपति बने थे।
- श्री प्रणव मुखर्जी ने राष्ट्रपति पद के लिए जुलाई, 2012 को संपन्न चुनाव में (भाजपा समर्थित प्रत्याशी) पी. ए. संगमा को भारी मतों से पराजित किया। प्रणव मुखर्जी को 25 जुलाई, 2012 को राष्ट्रपति पद की शपथ तत्कालीन चीफ जस्टिस ऑफ इंडिया एस. एच. कपाड़िया ने दिलाई।
- भाजपा के वरिष्ठ नेता श्री रामनाथ कोविंद भारत के (14वें) राष्ट्रपति हैं। 25 जुलाई, 2017 को इन्होंने अपना कार्यभार संभाला।
- रामनाथ कोविंद को एन. डी. ए. (NDA) के सभी घटकों का समर्थन प्राप्त था।
- इस पद पर विपक्ष की कांग्रेसी उम्मीदवार श्रीमती मीरा कुमार (पूर्व लोकसभा स्पीकर) को उन्होंने पराजित किया।
- रामनाथ कोविंद को उनके पद की शपथ भारत के तत्कालीन मुख्य न्यायाधीश जे. एस. खेहर ने दिलाई थी।
- द्रौपदी मुर्मू को देश की 15वीं राष्ट्रपति के तौर पर तत्कालीन मुख्य न्यायाधीश एनवी रमना ने शपथ दिलाई। वह देश की पहली आदिवासी महिला राष्ट्रपति है।

शपथ एवं त्याग-पत्र विधियां

पद	शपथ	त्याग-पत्र
राष्ट्रपति	मुख्य न्यायाधीश	उपराष्ट्रपति
उपराष्ट्रपति	राष्ट्रपति	राष्ट्रपति
राज्यपाल	राज्य उच्च न्यायालय के मुख्य न्यायाधीश	राष्ट्रपति
मुख्य न्यायाधीश	राष्ट्रपति	राष्ट्रपति
प्रधानमंत्री	राष्ट्रपति	राष्ट्रपति

प्रधानमंत्री

- राष्ट्रपति कार्यकारिणी का जहां नाममात्र का अध्यक्ष होता है, वहीं वास्तविक (कार्यपालिका) कार्यकारिणी शक्तियों का प्रयोग प्रधानमंत्री एवं उसकी मंत्रिपरिषद् द्वारा किया जाता है।
- प्रधानमंत्री की नियुक्ति राष्ट्रपति द्वारा की जाती है।
- प्रायः राष्ट्रपति लोकसभा के बहुमत दल के नेता को ही प्रधानमंत्री पद के लिए आमंत्रित करते हैं।
- भारत में सबसे लंबी अवधि तक (1947 से 1964 तक) कार्यकाल संभालने वाले प्रधानमंत्री पं. जवाहर लाल नेहरू थे।
- भारत के प्रथम गैर-कांग्रेसी प्रधानमंत्री मोरारजी देसाई (1977-79) थे।
- चौ. चरण सिंह भारत के एकमात्र ऐसे प्रधानमंत्री थे, जिन्होंने लोकसभा का सामना नहीं किया था।
- लोकसभा चुनाव में पराजित होने वाली एकमात्र प्रधानमंत्री इंदिरा गांधी थीं।
- वी. पी. सिंह अविश्वास प्रस्ताव (No Confidence Motion) द्वारा हटाए जाने वाले एकमात्र प्रधानमंत्री थे।
- वर्ष 2014 में नरेंद्र मोदी भारत के ऐसे पहले प्रधानमंत्री बने, जो दो सीटों (बनारस (उ. प्र.) एवं वडोदरा, गुजरात) से चुनाव जीतकर लोकसभा में पहुंचे, बाद में उन्होंने वड़ोदरा सीट छोड़ी।

उप प्रधानमंत्री

- उप प्रधानमंत्री के संबंध में भारतीय संविधान में कोई प्रावधान नहीं है।
- उप प्रधानमंत्री को प्रधानमंत्री के बाद सम्मान प्राप्त होता है।
- प्रथम उप प्रधानमंत्री सरदार पटेल (1947-50) थे।
- भारत के अभी तक 7 उप प्रधानमंत्री हुए हैं- सरदार पटेल (1947-50), मोरारजी देसाई (1967-69), जगजीवन राम एवं चौ. चरण सिंह (1977-79), चौ. देवीलाल (1989-91) एवं एल. के. आडवाणी (2002-04)।

संसद

- संसद भारत की संघीय विधायिका है। यह राष्ट्रपति तथा दोनों सदनों राज्यसभा एवं लोकसभा से मिलकर बनती है।

लोकसभा

- लोकसभा भारतीय संसद का लोकप्रिय (निम्न) सदन है। लोकसभा के सदस्य जनता द्वारा वयस्क मताधिकार के आधार पर (गुप्त मतदान द्वारा) चुने जाते हैं।

- 84वें संविधान संशोधन (सन् 2001) के तहत लोकसभा सदस्यों की संख्या सन् 2026 तक यथावत् 545 बनी रहेगी।
- संविधान के अनुसार लोकसभा की अधिकतम (Maximum) सदस्य संख्या 552 हो सकती है। इसमें से अधिकतम 530 सदस्य राज्यों से और अधिकतम 20 सदस्य संघीय क्षेत्रों (UT's) से निर्वाचित किए जाते हैं तथा राष्ट्रपति द्वारा 2 आंग्ल भारतीय (Anglo-Indian) वर्ग के सदस्यों का मनोनयन किया जाता है।
- वर्तमान में लोकसभा की सदस्य संख्या 545 है। इन सदस्यों में 530 सदस्य 28 राज्यों से और 13 सदस्य 7 संघीय क्षेत्रों से निर्वाचित किए जाते हैं तथा 2 सदस्य आंग्ल भारतीय वर्ग के प्रतिनिधि के रूप में राष्ट्रपति द्वारा मनोनीत होते हैं।
- लोकसभा में (सन् 2008 के परिसीमन के बाद) अनुसूचित जाति के लिए 84 सीटें आरक्षित (Reserved) हैं, जबकि अनुसूचित जनजाति हेतु 47 सीटें आरक्षित हैं। सामान्य कोटे (General) की संख्या 412 है।
- 42वें संविधान संशोधन (1976) के पूर्व तक लोकसभा का कार्यकाल 5 वर्ष था, लेकिन इस संशोधन द्वारा लोकसभा का कार्यकाल बढ़ाकर 6 वर्ष किया गया। बाद में 44 वें संशोधन (1978) द्वारा पुनः यह 5 वर्ष कर दिया गया।
- प्रधानमंत्री के परामर्श के आधार पर राष्ट्रपति के द्वारा लोकसभा को समय के पूर्व भी भंग किया जा सकता है। ऐसा अब तक कई बार 1970, 1977, 1979, 1990, 1997, 1999, और 2004 में किया जा चुका है।
- आपातकाल (संकटकाल) की घोषणा लागू होने पर संसद कानून द्वारा लोकसभा के कार्यकाल में वृद्धि हो सकती है, जो एक बार में एक वर्ष से अधिक नहीं हो सकती।

राज्यसभा

- राज्यसभा संसद का उच्च सदन है।
- इसमें राज्यों के प्रतिनिधि सम्मिलित होते हैं।
- राज्यसभा के सदस्यों की अधिकतम सीमा 250 है। इसमें 238 राज्यों तथा संघीय क्षेत्रों से आते हैं तथा 12 सदस्य (साहित्य, कला, विज्ञान, सामाजिक सेवा में ख्याति प्राप्त) राष्ट्रपति द्वारा मनोनीत किए जाते हैं।
- वर्तमान में राज्यसभा के सदस्यों की संख्या (सभी राज्यों एवं दो संघशासित प्रदेशों दिल्ली (तीन) एवं पुदुचेरी (एक) मिलाकर) 233 है।

*अगस्त 2019 में जम्मू-कश्मीर का राज्य का दर्जा खत्म करके उसे दो केन्द्रशासित प्रदेशों जम्मू-कश्मीर और लद्दाख में बाँट दिया गया।

संविधान की अनुसूचियां

अनुसूची	विषय
प्रथम अनुसूची	राज्य तथा केंद्रशासित प्रदेशों का वर्णन।
दूसरी अनुसूची	राष्ट्रपति, राज्यपाल, लोकसभा, विधानसभा अध्यक्षों, उच्चतम न्यायालय, व उच्च न्यायालय के न्यायाधीशों के संबंध में उपबंध तथा भारत के नियंत्रण महालेखा परीक्षक से संबधित में उपबंध।
तीसरी अनुसूची	राष्ट्रपति, उपराष्ट्रपति, विधायिका के मंत्रियों एवं न्यायाधीशों इत्यादि के शपथ (Oath) प्रारूप।
चौथी अनुसूची	राज्यसभा के स्थानों का आवंटन।
पांचवीं अनुसूची	अनुसूचित क्षेत्रों तथा अनुसूचित जनजातियों के प्रशासन एवं नियंत्रण संबधित उपबंध।
छठी अनुसूची	असम (असोम), मेघालय, त्रिपुरा, मिजोरम राज्यों के जनजातीय क्षेत्रों के प्रशासन के संबंध में प्रावधान।
सातवीं अनुसूची	संघ सूची, राज्य सूची एवं समवर्ती सूची।
आठवीं अनुसूची	भाषाएं।
नौवीं अनुसूची	—
दसवीं अनुसूची	दलबदल के आधार पर निरर्हता के संबंध में उपबंध।
ग्यारहवीं अनुसूची	पंचायतों की शक्तियां एवं उत्तरदायित्व।
बारहवीं अनुसूची	नगरपालिकाओं की शक्तियां एवं उत्तरदायित्व।

न्यायपालिका

सर्वोच्च न्यायालय

- भारत में एकीकृत न्यायपालिका है।
- वर्ष 1937-50 के दौरान संसद भवन में 'चैंबर ऑफ प्रिंसेज' में 'फेडरल कोर्ट ऑफ इडिया' कार्यरत रहा था तथा 1958 तक यहीं पर कार्यरत रहा। तब इसे ही सुप्रीम कोर्ट कहा जाता था।
- नई दिल्ली भगवान दास मार्ग पर नए परिसर का निर्माण वर्ष 1958 में पूरा होने पर यह इसमें स्थानांतरित हुआ।
- प्रारंभ में (स्वतंत्रता के दौरान) सर्वोच्च न्यायालय के न्यायाधीशों की संख्या मात्र 8 थी।
- बाद में बढ़ते दबाव व कार्य को देखते हुए 1956 में 11 की गई तथा 1960 में न्यायाधीशों की संख्या पुनः बढ़ाकर 14; 1977 में 18 तथा 1986 में 26, 2008 में 31 और 2019 में 34 (33+1) की गई।
- उच्चतम न्यायालय 'संविधान का संरक्षक' (Constitutional Guardian) होता है।
- उच्चतम न्यायालय का न्यायाधीश एक बार नियुक्त होने के पश्चात् 65 वर्ष की आयु प्राप्त करने तक पद पर रहता है।
- न्यायाधीश की पदावधि के दौरान उसके वेतन एवं भत्तों में कटौती नहीं की जा सकती।
- उच्चतम न्यायालय का न्यायाधीश भारत के किसी भी राज्य क्षेत्र में स्थित न्यायालय में वकालत नहीं कर सकता।

उच्च न्यायालय

- प्रत्येक राज्य में एक उच्च न्यायालय का प्रावधान संविधान में है, परंतु संसद को यह शक्ति है कि वह दो (या) दो से अधिक राज्यों के लिए एक ही उच्च न्यायालय स्थापित कर सकती है।
- प्रत्येक उच्च न्यायालय में मुख्य न्यायाधीश (न्यायमूर्ति) तथा अन्य न्यायाधीश, जितने राष्ट्रपति उचित समझता है, होते हैं।
- वर्तमान में भारत के कुल 25 उच्च न्यायालय हैं।

भारत के उच्च न्यायालय (High Court)

नाम	स्थापना वर्ष	कार्यक्षेत्र	स्थान व पीठ
इलाहाबाद	1866	उत्तर प्रदेश	इलाहाबाद (लखनऊ में पीठ)
मुंबई	1862	महाराष्ट्र, गोवा, दादरा व नगर हवेली, दमन व द्वीप	मुंबई (पीठ नागपुर, पणजी एवं औरंगाबाद)

कोलकाता	1862	प. बंगाल एवं अंडमान-निकोबार द्वीप समूह	कोलकाता
मद्रास	1862	तमिलनाडु व पुंडुचेरी	चेन्नई (पीठ मदुरै)
कर्नाटक*	1884	कर्नाटक	बेंगलुरु (धारवाड़ एव गुलबर्गा)
गुवाहाटी**	1948	असम, मणिपुर, मेघालय, नागालैंड, त्रिपुरा, मिजोरम	गुवाहाटी (पीठ कोहिमा), आइजोल एवं ईटानगर
मध्य प्रदेश	1956	मध्य प्रदेश	जबलपुर (पीठ ग्वालियर एवं इंदौर)
पटना	1916	बिहार	पटना
पंजाब व हरियाणा	1966	पंजाब, हरियाणा व चंडीगढ़	चंडीगढ़
राजस्थान	1949	राजस्थान	जोधपुर (पीठ जयपुर)
केरल	1958	केरल व लक्षद्वीप	एर्नाकुलम
गुजरात	1960	गुजरात	अहमदाबाद
हिमाचल प्रदेश	1971	हिमाचल प्रदेश	शिमला
तेलंगाना	1954	तेलंगाना	हैदराबाद
ओडिशा	1948	ओडिशा	कटक
जम्मू-कश्मीर	1928	जम्मू-कश्मीर, लद्दाख	श्रीनगर एवं जम्मू
दिल्ली (UTs)	1966	दिल्ली	दिल्ली
सिक्किम	1975	सिक्किम	गंगटोक
छत्तीसगढ़	2000	छत्तीसगढ़	बिलासपुर
उत्तराखंड	2000	उत्तराखंड	नैनीताल
झारखंड	2000	झारखंड	रांची
मेघालय	2013	मेघालय	शिलांग
मणिपुर	2013	मणिपुर	इंफाल
त्रिपुरा	2013	त्रिपुरा	अगरतला
आंध्र प्रदेश	2019	आंध्र प्रदेश	अमरावती

*पहले (1973 से पहले तक) मैसूर उच्च न्यायालय नाम था।
**1971 से पहले असम (असोम) उच्च न्यायालय नाम था।

मौलिक अधिकार

- **मौलिक अधिकार**–मौलिक अधिकार वे अधिकार होते हैं जो व्यक्ति के जीवन तथा विकास के लिए अनिवार्य होने के कारण संविधान के द्वारा नागरिकों को प्रदान किए जाते हैं। व्यक्ति के इन अधिकारों में राज्य के द्वारा भी मनमाने तौर पर हस्तक्षेप नहीं किया जा सकता।
- भारतीय संविधान के तृतीय भाग में मौलिक अधिकारों, के सम्बन्ध में कुल 23 अनुच्छेद (अनुच्छेद 12 से 30 और 32 से 35) हैं। यह विश्व का सर्वाधिक विस्तृत अधिकार पत्र है।
- संविधान के अनुच्छेद 32 के अन्तर्गत दी गई 5 व्यवस्थाओं के द्वारा नागरिक अपने अधिकारों की रक्षा के लिए सर्वोच्च न्यायालय या उच्च न्यायालयों की शरण ले सकता है।

संविधान द्वारा प्रदत्त मौलिक अधिकार

भारतीय संविधान के भाग 3 द्वारा नागरिकों को 7 मौलिक अधिकार प्रदान किए गए थे, किन्तु 44वें संवैधानिक संशोधन (1978) के द्वारा सम्पत्ति के अधिकार से सम्बन्धित सभी उपबन्धों को निरस्त करके संविधान के भाग 12 में एक नया अध्याय-4 जोड़ा गया।

इस नए अध्याय में केवल एक ही अनुच्छेद है-अनुच्छेद 300(ए)। अब सम्पत्ति के अधिकार को अन्य मौलिक अधिकारों की भांति संवैधानिक संरक्षण प्राप्त नहीं है। अत: अब भारतीय नागरिकों को 6 मौलिक अधिकार प्राप्त हैं जो निम्नलिखित हैं: **(1)** समानता का अधिकार, **(2)** स्वतन्त्रता का अधिकार, **(3)** शोषण के विरुद्ध अधिकार, **(4)** धार्मिक स्वतन्त्रता का अधिकार, **(5)** संस्कृति तथा शिक्षा सम्बन्धी अधिकार, एवं **(6)** संवैधानिक उपचारों का अधिकार।

मौलिक कर्तव्य

- मूल कर्तव्य नागरिकों के लिए उस **'आचार संहिता'** की तरह हैं, जिनका पालन उन्हें राज्य के स्थायित्व एवं समृद्धि के लिए करना आवश्यक होता है। इसी भावना को आधार बनाकर संविधान संशोधन (42वाँ संशोधन), 1976 द्वारा संविधान में 'मूल कर्तव्य' शीर्षक से एक नया भाग 4 (क) जोड़ा गया। इस नए भाग में अनुच्छेद 51 (क) में 10 मौलिक कर्तव्यों का उल्लेख किया गया।
- सन् 2002 में अभिभावकों के लिए 6-14 वर्ष के अपने बच्चों को शिक्षा का अवसर प्रदान करने का कर्तव्य जोड़ देने से अब नागरिकों के निम्नांकित 11 मूल कर्तव्य इस प्रकार हैं-

1. भारत के प्रत्येक नागरिक का यह कर्तव्य होगा कि वह संविधान का पालन करे और उसके आदर्शों, संस्थाओं, राष्ट्रध्वज व राष्ट्रगान का आदर करें।
2. प्रत्येक भारतीय नागरिक स्वतन्त्रता के लिए हमारे राष्ट्रीय आन्दोलन को प्रेरित करने वाले उच्च आदर्शों को हृदय में संजोए रखे और उनका पालन करे।
3. प्रत्येक भारतीय नागरिक का यही कर्तव्य है कि वह भारत की सम्प्रभुता, एकता और अखण्डता की रक्षा करे और उसे अक्षुण्ण बनाए रखे।
4. प्रत्येक भारतीय नागरिक का यह कर्तव्य है कि वह देश की रक्षा करे और बुलाए जाने पर राष्ट्र की सेवा करे।
5. भारत के सभी लोगों में समरसता और समान भ्रातृत्व की भावना का विकास करे जो धर्म, भाषा, प्रदेश या वर्ग पर आधारित सभी भेदभाव से परे हो और ऐसी प्रथाओं का त्याग करे जो स्त्रियों के सम्मान के विरुद्ध हो।
6. हम सब अपनी समन्वित संस्कृति की गौरवशाली परम्परा का महत्त्व समझें व उसका संरक्षण करे।
7. प्रत्येक नागरिक का यह कर्तव्य है कि वह वैज्ञानिक दृष्टिकोण, मानववाद और ज्ञानार्जन तथा सुधार की भावना का विकास करे।
8. प्रत्येक नागरिक का यह कर्तव्य है कि वह प्राकृतिक पर्यावरण, जिसके अन्तर्गत वन, झील, नदी, और वन्य जीव भी है, की रक्षा करे और उनका संवर्द्धन करे तथा प्राणी मात्र के प्रति दया भाव रखे।
9. प्रत्येक नागरिक का यह कर्तव्य है कि वह सार्वजनिक सम्पत्ति को सुरक्षित रखे व हिंसा से दूर रहे।
10. प्रत्येक नागरिक का यह कर्तव्य है कि वह व्यक्तिगत व सामूहिक गतिविधियों के सभी क्षेत्रों में उत्कर्ष की ओर बढ़ने का सतत प्रयास करे जिससे राष्ट्र निरन्तर बढ़ते हुए प्रगति और उपलब्धि की नवीन ऊंचाइयों को छू सके।
11. 86वें संविधान संशोधन अधिनियम, 2002 द्वारा अनुच्छेद 51 में संशोधन करके खण्ड (ज) के बाद जोड़े गए नए खण्ड के अनुसार प्रारम्भिक शिक्षा को सर्वव्यापी बनाने के उद्देश्य से अभिभावकों के लिए भी यह कर्तव्य निर्धारित किया गया है कि वे छ: से चौदह वर्ष तक के अपने बच्चों को शिक्षा का अवसर प्रदान करें।

राज्यपाल

- राज्यपाल राज्य का संवैधानिक पद है। जिसके द्वारा कार्यपालिका-कार्य संचालित होते हैं।
- भारतीय संविधान का अनुच्छेद 153 राज्यपाल पद का प्रावधान करता है।
- अनुच्छेद 154 के अंतर्गत यह उल्लेखित है कि राज्य की समस्त कार्यपालिका शक्ति राज्यपाल में निहित होगी जिसका प्रयोग, वह संविधान के अनुसार स्वयं या अधीनस्थ अधिकारियों द्वारा करेगा।
- भारतीय संसदीय शासन प्रणाली में 'राज्यपाल' राज्य व्यवस्थापिका का अभिन्न अंग होता है।
- भारतीय संविधान के अनुच्छेद 168(1) के तहत प्रत्येक राज्य में एक विधानमण्डल होगा जोकि राज्यपाल तथा दो या जहाँ एक सदन हो, वहाँ एक सदन से मिलकर बनेगा।

योग्यताए

- वह भारत का नागरिक हो।
- 35 वर्ष की आयु पूरी कर चुका हो।
- किसी प्रकार के लाभ के पद पर न हो।
- राज्य विधानसभा का सदस्य चुने जाने के योग्य हो।

नियुक्ति

- संविधान के अनुच्छेद 155 के अनुसार राज्यपाल की नियुक्ति राष्ट्रपति के द्वारा की जाती है।

शपथ ग्रहण

- राज्यपाल को सम्बन्धित राज्य के उच्च न्यायालय के मुख्य न्यायाधीश अथवा अन्य उपलब्ध वरिष्ठतम न्यायाधीश के समक्ष ग्रहण करनी होती है।

पदावधि

- संविधान के अनुच्छेद 156 के तहत राज्यपाल, राष्ट्रपति के प्रसादपर्यन्त अपना पद धारण करेगा। इसके उपरांत भी वह 5 वर्ष के कार्यकाल को पूरा करेगा। इसके पूर्व वह कभी भी 'राष्ट्रपति' को अपना त्यागपत्र दे सकता है।
- एक ही राज्यपाल की नियुक्ति जब दो या अधिक राज्यों के लिए होगी तो राज्यपाल को देय-वेतन-भत्ते एवं उपलब्धियाँ उन राज्यों के बीच ऐसे अनुपात में बाँट दिए जाएँगे जो राष्ट्रपति अपने आदेश द्वारा अवधारित करे। (अनुच्छेद 158 (3) क के अनुसार)

कार्य एवं अधिकार

- राज्यपाल के निम्नलिखित कार्य व शक्तियाँ हैं–

कार्यपालिका सम्बन्धी कार्य

- राज्य कार्यपालिका के सभी कार्य राज्यपाल के नाम से संचालित होते हैं, जिसके लिए 'मन्त्रिपरिषद् का गठन' किया जाता है।
- राज्यपाल, कार्यपालिका सम्बन्धी कार्यों को संचालित करने के लिए 'मुख्यमन्त्री' की नियुक्ति करता है।
- मुख्यमन्त्री की सलाह पर वह मन्त्रिपरिषद् के सभी मन्त्रियों की नियुक्ति करता है।
- वह राज्य लोक सेवा आयोग के अध्यक्ष एवं सदस्यों, महाधिवक्ता, राज्य वित्त आयोग के अध्यक्ष, राज्य मानवाधिकार आयोग एवं राज्य महिला आयोग के अध्यक्ष की नियुक्ति करता है।

आपात शक्ति

- जम्मू-कश्मीर के उपराज्यपाल को जम्मू-कश्मीर के संविधान के अनुच्छेद 92 के तहत राज्यपाल को आपात की घोषणा करने की शक्ति है। वह आपात की घोषणा करके राज्यपाल शासन लागू कर सकता है।
- भारतीय संविधान के अनुच्छेद 356 के तहत 'राज्यपाल' के लिखित संदेश पर राष्ट्रपति सम्बन्धित राज्य में राज्य की असंवैधानिकता के आधार पर राष्ट्रपति शासन लागू कर सकता है।

विवेकी शक्तियाँ

- भारतीय संविधान के अनुच्छेद 167(3) के अंतर्गत राज्यपाल को विवेकी शक्तियाँ प्राप्त हैं। यह वह स्थिति हैं, जब विधानसभा में कार्यपालिका अपना बहुमत खो चुकी हो और नई सरकार का गठन करना हो।
- आम चुनाव के बाद किसी भी राजनीतिक दल को स्पष्ट बहुमत प्राप्त नहीं हो और कार्यपालिका का गठन करना हो।
- राज्य में संवैधानिकता की स्थिति खतरे में हो और राष्ट्रपति शासन का विचार करना हो।
- राष्ट्रपति के विचार के लिए विधेयक आरक्षित करना।
- पुनर्विचार के लिए व्यवस्थापिका को विधेयक लौटाना।

विशेष दायित्व

- भारतीय संविधान के अनुच्छेद 371(2) के अंतर्गत राज्यपाल को महाराष्ट्र और गुजरात राज्यों में विदर्भ, मराठवाड़ा, सौराष्ट्र एवं कच्छ के लिए विकास बोर्डों से सम्बन्धित मामलों का विशेष उत्तरदायित्व है।

विधायी शक्तियाँ

- भारतीय संविधान के अनुच्छेद 168 के तहत वह राज्य व्यवस्थापिका का अभिन्न अंग होता है।
- वह विधानमण्डल में अभिभाषण देता है, विधानमण्डल के समक्ष बजट प्रस्तुत कराता है।
- वह विधानसभा का सत्र आहूत करता है, सत्रावसान करता है तथा समय पर विघटन भी कर सकता है।
- वह विधान परिषद् के कुल सदस्यों में से 1ध6 सदस्य जो साहित्य, कला, विज्ञान, समाज सेवा तथा पत्रकारिता में विशेष स्थान रखते हैं, उन्हें विधान परिषद् के सदस्य के रूप में मनोनीत करता है।
- राज्यपाल की पूर्वानुमति के पश्चात् ही कोई अनुदान माँग विधानमण्डल के समक्ष पेश की जा सकती है।
- वह विधानमण्डल द्वारा पारित किसी विधेयक को कानून का रूप दे सकता है या राष्ट्रपति की सहमति के लिए उसे रोक भी सकता है।
- विशेष परिस्थितियों में संविधान के अनुच्छेद 213 के अंतर्गत राज्यपाल को अध्यादेश जारी करने का अधिकार प्राप्त है, जिसे विधानसभा द्वारा 6 सप्ताह के अंदर स्वीकृत होना पड़ता है।

न्यायिक शक्तियाँ

- भारतीय संविधान का अनुच्छेद 161 राज्यपाल को विशेष न्यायिक शक्तियाँ प्रदान करता है।
- किसी अपराध के लिए साबित दोषी की सजा को क्षमा करने, प्रवलिम्बन करने, विराम या परिहार करने की शक्ति राज्यपाल को प्राप्त है। उसे दण्डादेश के निलम्बन, परिहार या लघुकरण की शक्ति भी प्राप्त है।

राज्य व्यवस्थापिका और राज्यपाल

- राज्य विधानमण्डल द्वारा पारित विधेयक राज्यपाल के हस्ताक्षर के पश्चात् ही कानून के रूप में अस्तित्व में आता है।
- संविधान का अनुच्छेद 174 राज्यपाल को अधिकार देता है कि वह व्यवस्थापिका के किसी भी सदन का अधिवेशन बुलाए, उसे संबोधित करे तथा सत्रावसान करे।
- राज्यपाल, विधानसभा का विघटन भी कर सकता है।
- संविधान के अनुच्छेद 175 के अंतर्गत राज्यपाल विधानमण्डल में विलम्बित किसी विधेयक के सम्बन्ध में सन्देश भेज सकता है।
- विधानसभा के प्रथम सत्र तथा नव-निर्वाचित विधानसभा के प्रथम सत्र में या दोनों सदनों में संयुक्त रूप से वह अभिभाषण कर सकता है।
- भारतीय संविधान के अनुच्छेद 213 के अंतर्गत जब विधानसभा सत्र में नहीं हो तथा किसी विशेष कानून की आवश्यकता हो तो राज्यपाल अध्यादेश जारी कर सकता है।
- इस अध्यादेश को कानूनी सत्ता प्राप्त है जो छः सप्ताह तक प्रभावी रहती है। इसे 6 सप्ताह के अंतर्गत विधानसभा से स्वीकृति दिलाना आवश्यक है।

महाधिवक्ता

- संविधान के अनुच्छेद 165 के अनुसार राज्यपाल द्वारा किसी ऐसे व्यक्ति को जो उच्च न्यायालय का न्यायाधीश नियुक्ति होने की अर्हता धारण करता हो राज्य का महाधिवक्ता नियुक्त किया जाता है।
- यह राज्य का सर्वोच्च विधि अधिकारी होता है, उसे राज्य विधानमण्डल के सदनों की कार्यवाहियों में भाग लेने एवं बोलने का अधिकार प्राप्त हैं, परन्तु मतदान का अधिकार नहीं है।
- वह राज्य सरकार को विधि सम्बन्धी ऐसे विषयों पर सलाह देता है तथा ऐसे अन्य कर्तव्यों का पालन करता है, जो समय-समय पर राज्यपाल द्वारा उसे निर्देशित किए जाते है अथवा सौंपे जाते हैं।
- महाधिवक्ता राज्यपाल के प्रसादपर्यन्त पद धारण करता है तथा ऐसा पारिश्रमिक प्राप्त करता है, जो राज्यपाल द्वारा अवधारित किया जाता है।

मुख्यमंत्री

- संसदीय शासन व्यवस्था में द्वि शासन प्रमुख का प्रावधान है। संवैधानिक प्रमुख के रूप में राज्यपाल तथा वास्तविक प्रमुख के रूप में मुख्यमन्त्री। वास्तव में राज्यपाल की समस्त शक्तियों का उपयोग मुख्यमन्त्री ही करता है।
- भारतीय संविधान के अनुच्छेद 163 (1) के तहत मुख्यमन्त्री की नियुक्ति राज्यपाल द्वारा की जाती है।
- मुख्यमन्त्री पद के लिए किसी योग्यता की अनिवार्यता नहीं है। मुख्यमन्त्री पद पर नियुक्ति के लिए राज्यपाल उस व्यक्ति को आमन्त्रित करता है जिसे विधानसभा में स्पष्ट बहुमत प्राप्त हो।
- भारतीय संविधान के अनुच्छेद 163(1) के तहत राज्यपाल को उसके कार्यो का सम्पादन करने में सहायता और सलाह देने के लिए एक मन्त्रिपरिषद् होगी जिसका प्रधान मुख्यमन्त्री होगा।

शक्तियाँ एवं कार्य

- मुख्यमन्त्री मन्त्रियों की नियुक्ति राष्ट्रपति द्वारा करवाता है तथा उन मन्त्रियों को जोड़कर रखता है। किसी भी तरह के मतभेद उत्पन्न होने पर उनके मध्य समन्वय करता है।
- वह विधानसभा का नेता होता है और विधानमण्डल तथा राज्यपाल, मन्त्रिपरिषद् तथा राज्यपाल के मध्य सम्पर्क सूत्र का कार्य करता है।
- राज्यपाल द्वारा किए जाने वाले सभी नियुक्ति सम्बन्धी कार्य मुख्यमन्त्री की सलाह पर संचालित होते हैं।
- वह राज्य का नेता होता है। राष्ट्रीय स्तर पर राज्य की जनता की ओर से प्रतिनिधित्व करता है।
- वह राज्य के लिए नीति-निर्माण में महत्वपूर्ण भूमिका निभाता है। राज्य का समस्त दायित्व उसी के कन्धों पर होता है।
- वह राज्य योजना आयोग का अध्यक्ष तथा राष्ट्रीय विधान परिषद् का सदस्य होता है।

मन्त्रिपरिषद्

- मुख्यमन्त्री की नियुक्ति राज्यपाल करता है तथा अन्य मन्त्रियों की नियुक्ति राज्यपाल मुख्यमन्त्री की सलाह पर करता है। इस मन्त्रिपरिषद् के गठन में शामिल मन्त्रीगण राज्यपाल के प्रसादपर्यन्त अपना पद धारण करते है।
- मन्त्रिपरिषद् राज्य की विधानसभा के प्रति सामूहिक रूप से उत्तरदायी होती है।
- कोई मन्त्री छः माह तक बिना किसी सदन की सदस्यता ग्रहण किए उस राज्य का मुख्यमन्त्री या मन्त्री बना रह सकता है। तत्पश्चात् या तो उसे किसी सदन की सदस्यता प्राप्त करनी होती है अन्यथा पद त्याग करना पड़ता है।

विधान परिषद्

संरचना

भारतीय संविधान के अनुच्छेद 169 के अन्तर्गत विधान परिषद् की संकल्पना प्रस्तुत की गई है जो राज्य विधानसभा द्वारा कुल सदस्य संख्या के बहुमत तथा मत देने वाले और उपस्थित होने वाले सदस्यों की संख्या के कम-से-कम **2/3 बहुमत** द्वारा पारित संकल्प से सृजित की जा सकती है इस संकल्प को संसद में भेजा जाता है जहाँ राष्ट्रपति की सहमति के साथ ही विधान परिषद् का गठन सम्भव होता है।

गठन

- विधान परिषद् के सदस्यों की संख्या उस राज्य के विधानसभा के सदस्यों की संख्या से 1/3 से अधिक नहीं हो सकती। किन्तु, वह संख्या 40 से कम नहीं होनी चाहिए।
- विधान परिषद् के सदस्यों की संख्या के **1/6 सदस्य**, राज्य के राज्यपाल द्वारा उन लोगों में से मनोनीत किए जाते हैं जो कला, विज्ञान, साहित्य, समाज सेवा या सहकारिता क्षेत्र में विशेष अनुभव रखते हैं।
- विधान परिषद् के 1/12 सदस्यों का निर्वाचन, अध्यापकों से मिलकर बने निर्वाचक मण्डल के माध्यम से होता है।
- 1/12 सदस्यों का निर्वाचन, पूर्व स्नातकों से बने निर्वाचक मण्डल के माध्यम से होता है।
- विधान परिषद् की कुल सदस्य संख्या 1/3 सदस्य निर्वाचक मण्डल द्वारा निर्वाचित होते हैं।
- विधान परिषद् के कुल सदस्यों के 1/3 सदस्य उस राज्य की विधानसभा द्वारा निर्वाचित होते हैं।

निर्वाचन पद्धति

विधान परिषद् के सदस्यों का निर्वाचन जनता द्वारा अप्रत्यक्ष रूप से, आनुपातिक प्रतिनिधित्व की एकल संक्रमणीय मत पद्धति द्वारा होता है।

कार्यकाल

- विधान परिषद् एक स्थायी सदन है। राज्यपाल इसे विघटित नहीं कर सकता।
- इसके सदस्यों का कार्यकाल 6 वर्ष का होता है। इसके 1/3 सदस्य प्रत्येक

दो वर्ष की समाप्ति पर अपना पदत्याग करते हैं और उनके स्थान पर नए सदस्यों का चुनाव होता है।

- विधान परिषद् को संबोधित करने के लिए परिषद् के सदस्य अपनों में से ही एक सभापति तथा एक उप-सभापति का चुनाव करते हैं। इनकी अनुपस्थिति में राज्यपाल द्वारा नियुक्त व्यक्ति सभापति के पद पर कार्य करता है।

विधानसभा

- विधानसभा एकल सदनीय व्यवस्था में महत्त्वपूर्ण भूमिका में होती है।
- विधानसभा राज्य विधानमण्डल का निम्न सदन अथवा प्रथम सदन होता है।
- विधानसभा के सदस्यों का निर्वाचन प्रत्यक्ष रूप से पूर्ण वयस्क मताधिकार के आधार पर साधारण बहुमत की पद्धति द्वारा होता है।
- विधानसभा का कार्यकाल 5 वर्ष का होता है, परन्तु कार्यकाल पूर्ण होने के पूर्व मुख्यमन्त्री के परामर्श पर राज्यपाल द्वारा इसे भंग किया जा सकता है।
- विधानसभा के सदस्यों की संख्या अधिकतम 500 तथा न्यूनतम 60 हो सकती है। अपवाद-गोवा (40), मिजोरम (40), सिक्किम (32) एवं पुदुचेरी (30)।
- विधानसभा राज्य की समस्त जनता का प्रतिनिधित्व करती है।
- राज्य की मन्त्रिपरिषद् विधानसभा के प्रति उत्तरदायी होता है।
- विधानसभा मन्त्रिपरिषद् के विरुद्ध अविश्वास प्रस्ताव पारित कर उसे पदच्युत कर सकता है।
- विधानसभा मन्त्रिपरिषद् के विरुद्ध अविश्वास प्रस्ताव पारित कर उसे पदच्युत कर सकता है।
- धन विधेयक केवल विधानसभा में प्रस्तावित किया जा सकता है।
- निर्वाचन हेतु विधानसभा के सभी निर्वाचित (मनोनीत नहीं) सदस्य निर्वाचन हेतु गठित निर्वाचक मण्डल के सदस्य होते हैं अर्थात् विधानसभा के निर्वाचित सदस्य राष्ट्रपति के चुनाव में भाग ले सकते हैं।

गठन

- भारतीय संविधान गठन के अनुच्छेद 170 के अनुसार विधानसभा के सदस्यों की संख्या अधिकतम 500 और न्यूनतम 60 हो सकेगी। सिक्किम, अरुणाचल प्रदेश और गोवा के लिए नयूनतम संख्या 30 है, मिजोरम के लिए यह संख्या 40 है।
- राज्य विधानसभा के लिए राज्यपाल द्वारा आंग्ल-भारतीय समुदाय से 1 सदस्य का मनोनयन किया जाता है।
- विधानसभा सदस्यों का चुनाव प्रत्यक्ष रूप से जनता द्वारा, वयस्क मताधिकार के आधार पर गुप्त मतदान पद्धति के अनुसार होता है।

कार्यकाल

विधानसभा सदस्यों का कार्यकाल 5 वर्ष का होता है।

योग्यता

विधानसभा सदस्य होने के लिए अनिवार्य योग्यताएँ हैं–

- भारत का नागरिक हो।
- 25 वर्ष की आयु पूरी कर चुका हो।
- उसका नाम राज्य विधानसभा की मतदाता सूची में शामिल हो।
- किसी लाभ के पद पर न हो।
- पागल या दिवालिया न हो।

विधानसभा अध्यक्ष

- विधानसभा को संबोधित करने के लिए विधानसभा अध्यक्ष पद का प्रावधान किया गया है।
- विधानसभा के अध्यक्ष व उपाध्यक्ष को विधानसभा के सदस्यों के बीच से चुना जाता है। इनकी कार्यवधि विधानसभा सदस्यों के कार्यकाल के समान होती है।

पंचायती राज

- स्थानीय शासन 'महात्मा गाँधी' की संकल्पना राम राज्य या ग्राम स्वराज्य का परिष्कृत रूप है। गाँधीजी की इस संकल्पना को फलीभूत करने के लिए भारतीय संविधान के अनुच्छेद 40 में राज्य सरकार को निर्देश दिए गए थे, जो 1993 में 73वें संविधान संशोधन के पणिामस्वरूप सम्भव हुआ।
- 73वें एवं 74वें संविधान संशोधन 1993 के तहत स्थानीय शासन भारतीय परिसंघीय व्यवस्था में तीसरे स्तर की सरकार को सामने ला खड़ा किया।
- 'पंचायती राज' और 'नगरपालिका प्रणाली' को संवैधानिक अस्तित्व प्राप्त करने में एक लम्बा संघर्ष करना पड़ा।
- वर्ष 1956 में गठित बलवन्त राय मेहता समिति ने सर्वप्रथम पंचायती राज को स्थापित करने की सिफारिश की जिसे स्वीकार कर लिया गया साथ ही सभी राज्यों को इसे क्रियान्वित करने के लिए कहा गया।
- सर्वप्रथम राजस्थान के नागौर जिले में 2 अक्टूबर 1959 को पण्डित जवाहर लाल नेहरू ने पंचायती राज की नींव रखी और उसी दिन इसे सम्पूर्ण राज्य (राजस्थान) में लागू कर दिया गया।

पंचायती राज व्यवस्था : समितियाँ		
1.	बलवंत राय मेहता समिति	1957
2.	अशोक मेहता समिति	1977
3.	जी.वी.के. राव समिति	1985
4.	एल.एम. सिंघवी समिति	1986
5.	संथानम समिति	1962
6.	सादिक अली समिति	1964

पंचायतों का गठन और संरचना

- अनुच्छेद 243(B) भारत में त्रिस्तरीय पंचायती राज व्यवस्था का प्रावधान करता है। प्रत्येक राज्य में ग्राम स्तर पर ग्राम पंचायत, मध्यवर्ती स्तर पर क्षेत्र पंचायत और जिलास्तर पर जिला पंचायत के गठन का प्रावधान है, किन्तु उस राज्य में जिसकी जनसंख्या 20 लाख से कम है, वहाँ मध्यवर्ती स्तर पर पंचायतों का गठन करना आवश्यक नहीं है।
- भारत में पश्चिम बंगाल ऐसा राज्य है, जहाँ चार स्तरीय पंचायत व्यवस्था अपनाई गई है। वहाँ पंचायतों के चार स्तर यथा- ग्राम पंचायत, अंचल पंचायत, आंचलिक परिषद् और जिला परिषद् हैं।
- अनुच्छेद 243(c) में पंचायतों की संरचना के बारे में प्रावधान किया गया है। इसके तहत राज्य विधानमण्डल को विधि द्वारा पंचायतों की संरचना के सम्बन्ध में उपबंध करने की शक्ति प्रदान की गई है।
- परन्तु किसी भी स्तर पर, पंचायत के प्रादेशिक क्षेत्र की जनसंख्या और ऐसी पंचायत में निर्वाचन द्वारा भरे, जाने वाले स्थानों की संख्या में अनुपात समस्त राज्य में यथा संभव एक ही होगा।
- पंचायतों के सभी स्थान प्रादेशिक निर्वाचन क्षेत्रों से प्रत्यक्ष निर्वाचन द्वारा चुने गए प्रतिनिधियों द्वारा भरे जाएंगे।
- ग्राम पंचायत के अध्यक्ष का चुनाव राज्य द्वारा बनाई गई विधि के अनुसार होगा तथा मध्यवर्ती व जिला पंचायतों के अध्यक्ष का चुनाव उसके निर्वाचित सदस्यों द्वारा अपने में से किया जाएगा।

73वाँ संविधान संशोधन अधिनियम, 1993

- विभिन्न समितियों की सिफारिशों पर मनन-चिन्तन के पश्चात् 73वाँ संविधान संशोधन अधिनियम (1993) अन्तत: विविध विशेषताओं के साथ पारित किया गया और 24 अप्रैल, 1993 से सम्पूर्ण भारत में लागू कर दिया गया

- वर्तमान में इस अधिनियम के तहत पूरे भारत में त्रिस्तरीय पंचायती राज व्यवस्था को अपनाया गया है, पश्चिम बंग में चार स्तरीय पंचायती राज व्यवस्था को अपनाया गया है।
- पंचायती राज के सम्बन्ध में भारतीय संविधान का अनुच्छेद 243 में 243(ण) विशेष उल्लेख करता है।
- पंचायती राज व्यवस्था की संरचना त्रिस्तरीय है।

पंचायती राज का पदसोपान

- 'जिलापरिषद्' स्थानीय ग्रामीण स्वशासन में शीर्ष पर स्थित है।
- शीर्ष स्तर पर जिलापरिषद्, मध्य स्तर पर पंचायत समिति, निम्न स्तर पर पंचायत, ग्राम सभा तथा ग्राम कचहरी।

जिला-परिषद्

जिला-परिषद् स्थानीय स्वशासन की शीर्ष संस्था है, जो मध्य स्तर पर तथा ग्रामीण स्तर पर पंचायतों और प्रखण्ड समिति के मध्य समन्वयन स्थापित करता है।

जिला-परिषद् का गठन

- सामान्य तौर पर जिले की सभी पंचायत समितियों के प्रधान
- उस जिले के निर्वाचित संसद तथा विधानसभा सदस्य
- जिला विकास अधिकारी
- महिलाओं तथा पिछड़े वर्गों के प्रतिनिधि सदस्य
- अनुसूचित जाति एवं अनुसूचित जनजाति के प्रतिनिधि
- सहकारी बैंक का अध्यक्ष, सह-सदस्य होते है।

पंचायत समिति

- पंचायती राज की त्रिस्तरीय संरचना में मध्य स्तर पर पंचायत समिति है। इसे पंचायत समिति, **'क्षेत्र समिति'** तथा 'आंचलिक परिषद्' भी कहते हैं।
- पंचायत समिति का गठन, सम्बन्धित ग्राम पंचायतों के प्रमुख, कुछ महिला प्रतिनिधि, अनुसूचित जाति तथा अनुसूचित जनजाति के प्रतिनिधि से मिलकर होता है।
- कुछ राज्यों में कुछ सदस्य ग्राम सभा द्वारा चुने जाते हैं।
- पंचायत समिति की अध्यक्षता के लिए 'प्रमुख' का चुनाव किया जाता है। प्रमुख को 'प्रधान' तथा चेयरमैन के नाम से भी जाना जाता है।

पंचायती राज से सम्बन्धित समितियाँ

क्र.सं.	पं. समिति का नाम	कार्यकाल	प्रमुख सिफारिशें
1.	बलवन्त राय मेहता समिति (अध्यक्ष-बलवन्त राय मेहता)	1956–57	• स्थानीय स्तर पर लोकतान्त्रिक विकेन्द्रीकरण • त्रिस्तरीय पंचायती राज की स्थापना (जिला-परिषद् प्रखण्ड समिति ग्राम पंचायत)
2.	अशोक मेहता समिति (अध्यक्ष-अशोक मेहता)	1977–78	• द्विस्तरीय पंचायती राज की स्थापना (मण्डल पंचायत एवं जिला-परिषद्) • राजनीतिक दलों का प्रतिनिधित्व चार वर्षीय कार्यकाल
3.	एल.एम. सिंघवी समिति (अध्यक्ष-लक्ष्मीमल सिंघवी)	1986–87	• पंचायती राज को संवैधानिक दर्जा दिया जाए • राजनीतिक दलों की सहमति में प्रतिबन्ध • जिला नियोजन में राजनीति एवं प्रशासनिक संरचना
4.	पी.के. थुंगन समिति (अध्यक्ष-पी. के. थुंगन)	1988	• पंचायती राज को सवैधानिक दर्जा • पंचायती राज को संवैधानिक दर्जा

ग्राम पंचायत

त्रिस्तरीय पंचायती राज व्यवस्था में सतही स्तर पर तीन प्रकार की संस्थाएँ होती है-**1.** ग्राम सभा, **2.** पंचायत और **3.** न्याय पंचायत

ग्राम सभा

ग्राम सभा एक या अनेक छोटे-छोटे ग्रामों से मिलकर बनी सभा है। गाँव की यह सभा व्यवस्थापिका का कार्य करती है। यह एक स्थायी संस्था है। गाँव का वह प्रत्येक व्यक्ति जो 18 वर्ष की आयु पूरी कर चुका है तथा उसका नाम वहाँ की मतदाता सूची में शामिल है, ग्राम सभा का सदस्य होता है।

- इस अधिनियम द्वारा **ग्राम सभा** (Gram Sabha) को **संवैधानिक दर्जा** दिया गया है। किसी **ग्राम की निर्वाचक नामावली** (Voter List) **में दर्ज नामों वाले व्यक्तियों को सामूहिक रूप से ग्राम सभा** कहा जाता है। **ग्राम सभा** में एक या एक से अधिक गाँव शामिल किए जा सकते हैं।
- **अनुच्छेद 24(क)** के अनुसार, ग्राम सभा, गाँव के स्तर पर ऐसी शक्तियों का प्रयोग और ऐसे कार्यों का सम्पादन करेगी, जो **राज्य विधानमण्डल** विधि द्वारा उपबन्धित करे।
- **ग्राम पंचायत** ग्राम सभा की कार्यकारी संस्था है तथा ग्राम सभा, ग्राम पंचायत के कार्यों का निरीक्षण तथा मूल्यांकन करती है।

ग्राम सभा के कार्य

- ग्रामीण स्तर पर ग्राम सभा ग्रामों के लिए नीति बनाती है।
- गाँव के विकास के लिए योजनाओं का निर्माण करती है।
- ग्राम सभा के प्रत्यक्ष मतदान से ग्राम पंचायत का गठन किया जाता है। ग्राम पंचायत में एक 'मुखिया' तथा अन्य कुछ पंच होते हैं।

पंचायत

- पंचायत का गठन 'ग्राम सभा' के सदस्यों द्वारा होता हैं। 'पंचायत' के प्रमुख का चुनाव ग्राम की जनता द्वारा प्रत्यक्ष रूप से होता है। ग्राम-प्रमुख को मुखिया, सरपंच तथा प्रमुख के नाम से भी सम्बोधित किया जाता है।
- पंचायत में एक मुखिया या प्रमुख तथा कुछ पंच होते है। इन पंचों की संख्या विभिन्न राज्यों में अलग-अलग है। पंचायत के शेष पंचों का चुनाव ग्राम सभा करती है।

पंचायत के कार्य

- पंचायत ग्राम सभा की कार्यकारी संस्था है, जो निम्नलिखित कार्यों को सम्पादित करती है।
- नागरिक सम्बन्धी कार्य पंचायत, नागरिकों के उत्तम स्वास्थ्य, जीवन के लिए स्वच्छ पेयजल, आवागमन के साधन, संचार व्यवस्था, शिक्षा इत्यादि के सम्बन्ध में प्रावधान करती है। प्रकाश की व्यवस्था, स्कूल की व्यवस्था करती है।

1. **जन कल्याण कार्य:** पंचायत, कल्याण के कार्यों को प्रभावी बनाने के लिए परिवार नियोजन, जन्म पंजीकरण, मृत्यु पंजीकरण, प्रौढ़ शिक्षा केन्द्र, आँगनबाड़ी योजनाएँ, कृषि तथा पशुपालन को प्रोत्साहित करने का कार्य करती है।
2. **विकास कार्य:** पंचायत ग्रामीण विकास के लिए सड़क, कुआँ, हैण्डपम्प, नालियों, पुलिया, आदि तथा इन्दिरा आवास योजनाओं का क्रियान्वयन करती है।

न्याय पंचायत

- ग्राम पंचायत स्तर पर स्थानीय अपराधों की या समस्याओं के निपटारे के लिए न्याय पंचायत की व्यवस्था की गई है।
- इसका गठन ग्राम पंचायत द्वारा चुने गए सदस्यों से मिलकर होता है।

कार्य व अधिकार

- स्थानीय स्तर पर समस्याओं को निपटाने का यह प्रमुख न्यायिक मंच है।
- न्याय पंचायत को गाँव के छोटे-छोटे दीवानी तथा फौजदारी मामले में निर्णय देने का अधिकार है।
- न्याय पंचायत **रुपए 500** तक का जुर्माना भी कर सकती है। किन्तु वह कारावास की सजा नहीं सुना सकती है।
- इसके निर्णय के विरुद्ध साधारणतया अपील नहीं होती किन्तु, अधीनस्थ न्यायालयों में इसे अपील के लिए पेश किया जा सकता है।
- न्याय पंचायत में किसी अधिवक्ता की जरूरत नहीं होती है।

नगरपालिकाएँ

- स्थानीय नगरीय शासन में नगरपालिका प्रणाली का प्रावधान है, जिसे संवैधानिक वैधता प्राप्त है।
- 74वें संविधान संशोधन अधिनियम, (1933) के तहत भारतीय संविधान के अनुच्छेद 243(त) से 243(य) (छ) के तहत इसका विशेष उल्लेख किया गया है।
- भारतीय संविधान के अनुच्छेद 243(य) के अनुसार तीन प्रकार की नगरीय व्यवस्था का उल्लेख किया गया है-

1. **नगर पंचायत** संक्रमणशील क्षेत्र के लिए वह क्षेत्र जो ग्रामीण व शहरी दोनों का सम्मिलित रूप है। (10,000–20,000) की जनसंख्या वाले क्षेत्र में
2. **नगरपालिका परिषद्** छोटे-छोटे नगरों के लिए 20,000 से 3 लाख की जनसंख्या वाले क्षेत्र में।
3. **नगर निगम** वृहत नगरों के लिए जहाँ की जनसंख्या 3 लाख से अधिक है।

- किसी नगर को किस प्रारूप में रखा जाएगा यह निर्णय लेने का अधिकार सम्बन्धित राज्य के राज्यपाल को है।

नगरपालिका का गठन

- प्रथम नगरपालिका का गठन 1687 में चेन्नई में हुआ था। प्रत्येक नगरपालिका को प्रान्तीय निर्वाचन क्षेत्रों में विभाजित किया जाता है, जिन्हें 'वार्ड' कहते है।
- नगरपालिका के सदस्य इन 'वार्डो से जनता द्वारा प्रत्यक्ष रूप से चुने जाते हैं। राज्य विधानमण्डल की विधि अनुसार,
    - राज्य की लोकसभा तथा विधानसभा के सदस्य जो नगरपालिका में मतदाता हैं।
    - राज्य की राज्यसभा तथा विधान परिषद् के सदस्य नगरपालिका के मतदाता हैं।
    - नगरपालिका प्रशासन का विशेष ज्ञान रखने वाले व्यक्ति तथा कुछ समितियों के अध्यक्ष को नगरपालिका में प्रतिनिधित्व सदस्यता प्रदान की गई है।

नगरपालिका का कार्यकाल

- नगरपालिका अपने पहले अधिवेशन की तारीख से 5 वर्ष तक अपने अस्तित्व में बना रहता है।
- किन्तु समय से पूर्व भी इसका विघटन किया जा सकता है। यदि इसका विघटन हो जाता हैं तो विघटन की तारीख से 6 माह के अन्दर उसका पुनर्गठन हो जाना चाहिए। पुनर्गठित नगरपालिका विघटित नगरपालिकों के शेष कार्यकाल तक कार्य करेगी।

सदस्यों की योग्यताएँ

नगरपालिका का सदस्य होने के लिए अनिवार्य योग्यताएँ हैं-

- वह भारतीय नागरिक हो।
- वह **21 वर्ष** की आयु पूरी कर चुका हो।
- वह पागल, दिवालिया न हो
- वह सरकारी लाभ के पद पर आसीन न हो।

महत्वपूर्ण जानकारी

- संघीय प्रणाली का पहला प्रयास भारत सरकार अधिनियम **1935** द्वारा किया गया था।
- भारत की संविधान सभा गठित करने का आधार **कैबिनेट मिशन प्लान, 1946** था।
- सन् 1936 में भारतीय राष्ट्रीय कांग्रेस द्वारा 'संविधान सभा के गठन की माँग' **फैजपुर** में हुए अधिवेशन में रखी गई।
- कैबिनेट मिशन योजना के अनुसार संविधान सभा में कुल 389 सदस्य होने थे।
- संविधान सभा में विभिन्न प्रान्तों के लिए 292 सदस्यों का निर्वाचन होना था। इनमें से कांग्रेस के 208 प्रतिनिधि निर्वाचित होकर आए।
- पुनर्गठन के फलस्वरूप वर्ष 1947 में संविधान सभा के सदस्यों की संख्या 299 रह गई।
- संविधान सभा (पुनर्गठित) में देशी रियासतों के 70 प्रतिनिधि थे।
- पुनर्गठित संविधान सभा में विभिन्न प्रान्तों के लिए 229 प्रतिनिधि थे।
- संविधान सभा को **जवाहर लाल नेहरु** ने मूर्त रूप प्रदान किया।
- संविधान सभा के स्थायी अध्यक्ष **डॉ. राजेन्द्र प्रसाद** थे।
- संविधान सभा के संवैधानिक सलाहकार थे- **बी. एन. राव**
- भारतीय संविधान **26 नवम्बर, 1949** को अंगीकार किया गया था।
- संविधान सभा की प्रारूप (मसविदा) समिति की नियुक्ति **29 अगस्त, 1947** की गई।
- भारतीय संविधान सभा की प्रारूप (मसविदा) समिति के अध्यक्ष थे **डॉ. बी.आर. अम्बेडकर**
- संविधान सभा की प्रारूप (मसविदा) समिति में सदस्यों की संख्या 7 थी।
- संविधान की प्रारूप (मसविदा) समिति के समक्ष प्रस्तावना का प्रस्ताव **जवाहर लाल नेहरू** ने रखा।
- भारतीय संविधान सभा के प्रथम दिन के अधिवेशन की अध्यक्षता किसने की थी- **डॉ. सच्चिदानंद सिन्हा**
- भारत का संविधान लागू हुआ था- **26 जनवरी, 1950 को**
- भारतीय संविधान सभा में कुल 15 महिलाएँ थीं।
- संविधान सभा में **हैदराबाद** रियासत के प्रतिनिधि ने भाग नहीं लिया था।
- संविधान सभा का प्रथम अधिवेशन **दिल्ली में** हुआ था।
- **42**वें संविधान संशोधन अधिनियम, 1976 द्वारा प्रस्तावना में **गुटनिरपेक्ष** शब्द को जोड़ा गया।

- भारत है- **राज्यों का संघ**
- आंध्र प्रदेश एक भाषाई राज्य के रूप में गठित किया गया- **1953 में**
- भारतीय संघ में किसी राज्य को सम्मिलित करने का अधिकार **संसद** को है।
- किसी राज्य के नाम में परिवर्तन करने का अधिकार **संसद** को प्राप्त है।
- राज्य पुनर्गठन आयोग की सिफ़ारिशों के अनुसार भारतीय राज्यों का व्यापक पुनर्गठन 1956 में पूरा किया गया था।
- हरियाणा राज्य **1 नवम्बर, 1966** को बना।
- झारखण्ड राज्य का गठन **15 नवम्बर, 2000 में** हुआ
- भारत में **28 राज्य एवं 8 केन्द्र शासित प्रदेश** हैं।
- अन्य रजवाड़ों के भारत में विलय के बाद भी **जूनागढ़, हैदराबाद एवं जम्मू-कश्मीर** तीन राज्यों ने भारत में शामिल होना विलम्बित किया।
- 500 से अधिक रजवाड़ों (देशी रियासतों) के भारत में विलय के लिए **सरदार वल्लभ भाई पटेल** उत्तरदायी थे।
- संविधान लागू होने के पश्चात् **सिक्किम** भारतीय संघ का एक आरक्षित राज्य था।
- हिमाचल प्रदेश को राज्य का दर्जा प्रदान किया गया- **1970 में**
- **धर आयोग** की अनुशंसा के आधार पर पंजाब पुनर्गठन अधिनियम द्वारा पंजाब और हरियाणा राज्य गठित किए गए।
- जम्मू-कश्मीर राज्य पुनर्गठन अधिनियम- 2019 के द्वारा 31 अक्टूबर, 2019 से जम्मू-कश्मीर का राज्य का दर्जा समाप्त करके उसे दो केंद्रशासित प्रदेशों जम्मू-कश्मीर और लद्दाख में विभाजित कर दिया गया।
- दादरा व नगर हवेली एवं दमन व दीव केन्द्रशासित प्रदेशों को 26 जनवरी, 2020 को मिलाकर एक केंद्रशासित प्रदेश बना दिया गया है।
- 1956 में भाषायी आधार पर राज्यों का पुनर्गठन किया गया।
- भाषायी आधार पर भारत में पहला राज्य **आन्ध्र प्रदेश** बनाया गया।
- भारतीय संविधान **एकल नागरिकता** प्रदान करता है।
- मौलिक अधिकारों की संरक्षक है- **न्यायपालिका**
- वर्ष 2005 में सूचना का अधिकार अधिनियम प्रभावी हुआ।
- नागरिकता प्राप्त करने व खोने के विषय में विस्तार से चर्चा **1955 के नागरिकता कानून में** की गई है।
- पाकिस्तान से आकर भारत में नागरिकता प्राप्त करने सम्बन्धी प्रावधान का वर्णन अनुच्छेद 6 में वर्णित है।
- भारत में एकल नागरिकता की अवधारणा अपनायी गई है- **इंग्लैण्ड से**
- नागरिकता संशोधन अधिनियम, 1992 के अनुसार- **भारत के बाहर पैदा होने वाले बच्चे को, यदि उसकी माँ भारतीय है, तो उसे भारतीय नागरिकता प्राप्त होगी**
- मौलिक अधिकार संविधान के **भाग** III में वर्णित हैं।
- मूल अधिकारों पर आवश्यक प्रतिबंध लगाने का अधिकार **संसद को** है।
- मौलिक अधिकारों के अन्तर्गत अनुच्छेद 24 बच्चों के शोषण से सम्बन्धित है।
- कारखानों अथवा खानों में कोई व्यक्ति नियुक्त नहीं किया जा सकता, जब तक उसकी आयु कम-से-कम-**14 वर्ष हो**
- भारतीय संविधान के अनुसार किसी भी व्यक्ति को जिसे गिरफ्तार अथवा बंदी किया जाता है, सबसे नजदीकी मजिस्ट्रेट के समक्ष उपस्थित करना होगा- **24 घण्टे के अन्दर**
- विधान में राज्य के नीति निदेशक तत्वों को शामिल करने के पीछे उद्देश्य **सामाजिक-आर्थिक लोकतंत्र की स्थापना** है।
- भारत के **गोवा** राज्य में समान नागरिक संहिता लागू है।
- राज्य के नीति निदेशक सिद्धान्तों के अनुसार 14 **वर्ष** तक के बच्चों को निःशुल्क एवं अनिवार्य शिक्षा देने की आशा की जाती है।
- मौलिक कर्तव्यों को निर्धारित किया गया- 42**वें संविधान संशोधन द्वारा**
- वर्तमान में संविधान में कुल 11 मूल कर्तव्यों का उल्लेख है।
- मौलिक कर्तव्यों की अवहेलना करने वालों को- **दंड देने की व्यवस्था नहीं है।**
- भारत की संघीय व्यवस्थापिका को **संसद के** नाम से जाना जाता है।
- साधारण विधेयक से सम्बन्धित गतिरोध को दूर करने के लिए संसद के दोनों सदनों की संयुक्त बैठक **राष्ट्रपति** बुलाता है।
- स्वतंत्र भारत के संसदीय इतिहास में अभी तक 3 बार संयुक्त बैठक (अधिवेशन) बुलायी गई है।
- भारत के संविधान में कहा गया है कि भारत की संसद के तीन अंग हैं। इनमें से एक अंग है - लोकसभा, दूसरा अंग है - राज्यसभा, जबकि तीसरा अंग है- **राष्ट्रपति**
- संसद का स्थायी सदन है- **राज्यसभा**
- संसद के दोनों सदनों के संयुक्त अधिवेशन की अध्यक्षता **लोकसभाध्यक्ष** करता है।
- संविधान संशोधन प्रस्ताव के संबंध में दोनों सदनों में मतभेद होने की स्थिति में- **प्रस्ताव गिर जाएगा**
- संसद की कार्यवाही सूची में प्रथम विषय होता है- **प्रश्न काल**
- **शून्य काल** प्रथा संसदीय प्रणाली को भारत की देन है
- संसद के दो सत्रों के बीच अधिकतम **6 महीने** का अंतराल दिया जा सकता है।
- संसद के कुल सदस्यों का **1/10** भाग वैधानिक चैम्बर की मीटिंग बुलाने के लिए आवश्यक गणपूर्ति (कोरम) है।
- संविधान लागू होने के बाद सर्वप्रथम त्रिशंकु संसद (Hung Parliament) का गठन 1989 में हुआ।
- भारत की पार्लियामेन्ट (संसद) का उद्घाटन 1927 में हुआ था।
- किसी संसद सदस्य की अयोग्यता के सन्दर्भ में निर्णय **राष्ट्रपति** करता है।
- भारत की संचित निधि से 'धन निर्गम' पर **संसद** का नियंत्रण है।
- संसद की **लोकसभा को** 'प्रतिनिधि सभा' भी कहा जाता है।
- संघ की कार्यपालिका शक्ति निहित है- **राष्ट्रपति में**
- राष्ट्रपति चुनाव संबंधी मामले **उच्चतम न्यायालय** के पास भेजे जाते हैं।
- भारत के राष्ट्रपति का चुनाव 5 वर्षों के लिए होता है।
- राष्ट्रपति के चुनाव के लिए निर्वाचक मंडल में होते हैं- **संसद के दोनों सदनों तथा विधान सभाओं के निर्वाचित सदस्य**
- भारत के राष्ट्रपति को उसके पद से हटाया जा सकता है- **संसद द्वारा महाभियोग से**
- भारत में सभी रक्षा बलों का सर्वोच्च कमांडर है- **भारत का राष्ट्रपति**
- भारत का राष्ट्रपति अपना त्यागपत्र **उपराष्ट्रपति को** सम्बोधित करता है।
- राष्ट्रपति के त्यागपत्र की सूचना उपराष्ट्रपति **लोकसभाध्यक्ष को** देता है।
- एक ही समय में यदि राष्ट्रपति और उपराष्ट्रपति दोनों का पद रिक्त हो जाय तो राष्ट्रपति के कृत्यों का निर्वहन **भारत का मुख्य न्यायाधीश** करेगा।
- जब राष्ट्रपति मृत्यु, त्यागपत्र, पदच्युत या अन्य कारणों से अपने कर्तव्य को नहीं निभा सकता है, तो उपराष्ट्रपति 6 माह तक राष्ट्रपति के रूप में कार्य करता है।
- सबसे लम्बे समय तक भारत के राष्ट्रपति रहे- **बिहार से डॉ. राजेन्द्र प्रसाद**
- भारत का राष्ट्रपति चुने जाने वाले प्रथम गैर काँग्रेसी उम्मीदवार **वी.वी. गिरि** थे।
- भारतीय राष्ट्रपति के सर्वसम्मति से चुने जाने का अभी तक एकमात्र उदाहरण है- **नीलम संजीव रेड्डी**
- भारत में कार्यपालिका का अध्यक्ष राष्ट्रपति होता है।

- राष्ट्रपति पर महाभियोग का आरोप एक संकल्प के रूप में संसद के किसी भी सदन में लाया जा सकता है। यह कम-से-कम 14 दिन की लिखित सूचना के बाद प्रस्तुत किया जाना चाहिए।
- सदन में राष्ट्रपति के विरुद्ध महाभियोग प्रस्ताव पास करने के लिए सदन के कुल सदस्यों में से कम-से-कम **2/3** सदस्यों का समर्थन चाहिए।
- राष्ट्रपति पद के लिए अधिकतम निर्वाचित होने की **कोई सीमा नहीं** है।
- राष्ट्रपति का निर्वाचन **अप्रत्यक्ष रूप से** होता है।
- भारत में राष्ट्रपति का चुनाव किया जाता है- **एकल हस्तांतरणीय मत पद्धति द्वारा**
- **राज्यों की विधानसभाएं** राष्ट्रपति के निर्वाचन का भाग है, परन्तु उसके महाभियोग अधिकरण का भाग नहीं हैं।
- लाभ के पद का निर्णय **संघीय संसद** करेगी।
- लोकसभा **प्रधानमंत्री के परामर्श से राष्ट्रपति द्वारा** भंग की जाती है
- राष्ट्रपति **सदन का अधिवेशन न रहने की स्थिति में** अध्यादेश जारी कर सकता है।
- भारत के राष्ट्रपति ने जिस एकमात्र मामले में वीटो (Pocket Veto) शक्ति का प्रयोग किया था, वह था- **भारतीय डाकघर (संशोधन) अधिनियम**
- राष्ट्रपति को लोकसभा में दो **एंग्लो-इण्डियन** सदस्यों को मनोनीत करने का अधिकार है।
- **डॉ. राजेन्द्र प्रसाद** भारत के प्रथम राष्ट्रपति थे। वे एकमात्र ऐसे व्यक्ति हैं जिन्हें दो बार भारत का राष्ट्रपति बनने का गौरव प्राप्त हुआ।
- **नीलम संजीवा रेड्डी** एकमात्र ऐसे राष्ट्रपति थे, जो एक बार चुनाव में पराजित हुए, दूसरी बार निर्विरोध निर्वाचित हुए।
- कार्यकाल में मृत्यु होने वाले एकमात्र राष्ट्रपति **डॉ. जाकिर हुसैन** थे।
- वी.वी. गिरि एकमात्र ऐसे राष्ट्रपति हैं, जिनके निर्वाचन में द्वितीय चक्र की मतगणना करनी पड़ी।
- कांग्रेस का स्पष्ट बहुमत प्राप्त होते हुए भी वी.वी. गिरि ने निर्दलीय उम्मीदवार के रूप में चुनाव में सफलता प्राप्त की।
- भारत के कार्यवाहक राष्ट्रपति-वी.वी. गिरि, न्यायमूर्ति मु. हिदायतुल्ला एवं बी. डी. जत्ती थे।
- श्री के. आर. नारायणन भारत के प्रथम ऐसे राष्ट्रपति थे जो दलित वर्ग के थे।
- डॉ. एपीजे अब्दुल कलाम ही मात्र ऐसे राष्ट्रपति थे जो वैज्ञानिक एवं अविवाहित थे।
- भारत की प्रथम महिला राष्ट्रपति **प्रतिभा देवी सिंह पाटिल** हैं।
- राजेन्द्र प्रसाद, फखरुद्दीन अहमद, नीलम संजीव रेड्डी, ज्ञानी जैल सिंह, एपीजे अब्दुल कलाम, प्रतिभा पाटिल तथा प्रणव मुखर्जी को छोड़कर अन्य सभी राष्ट्रपति पूर्व में उपराष्ट्रपति रहे हैं।
- उपराष्ट्रपति के कार्यकाल की अवधि **5 वर्ष** की होती है।
- उपराष्ट्रपति को **लोकसभाध्यक्ष** के समतुल्य वेतन (राज्यसभा के सभापति के रूप में) मिलता है।
- राज्यसभा के सदस्यों का निर्वाचन होता है- **राज्य के विधानसभा के निर्वाचित सदस्यों द्वारा**
- राज्यसभा में गणपूर्ति (कोरम) के लिए निर्धारित संख्या है- **25**
- **राज्यसभा** में अध्यक्ष उस सदन का सदस्य नहीं होता
- लोकसभा की भाँति राज्यसभा कभी भंग नहीं होती, किन्तु- **प्रत्येक 2 वर्ष बाद उसके एक-तिहाई सदस्यों की सदस्यता समाप्त हो जाती है**
- वर्तमान में राज्यसभा के सदस्यों की अधिकतम संख्या **250** हो सकती है।
- वर्तमान समय में राज्यसभा में सदस्यों की प्रभावी संख्या **245** है।
- राज्यसभा के लिए प्रत्येक राज्य के प्रतिनिधियों का निर्वाचन **विधानसभा के निर्वाचित सदस्य** करते है।
- उत्तर प्रदेश से राज्यसभा के लिए सर्वाधिक **31** सदस्य चुने जाते हैं।
- राज्यसभा के सदस्यों का कार्यकाल **6 वर्ष** का होता है।
- **लोकसभा** जनता द्वारा प्रत्यक्ष रूप से निर्वाचित सदन है।
- मूल संविधान में लोकसभा सदस्यों की संख्या **500** निर्धारित की गई।
- **31**वें संवैधानिक संशोधन अधिनियम द्वारा लोकसभा की अधिकतम सदस्य संख्या 545 निर्धारित की गई।
- लोकसभा की अधिकतम सदस्य संख्या **552** हो सकती है।
- **लोक लेखा समिति** को प्राक्कलन समिति की जुड़वां बहन कहा जाता है।
- लोकसभा का नेता **प्रधानमंत्री** होता है।
- **वित्त विधेयक** केवल लोकसभा में ही प्रारम्भ किये जा सकते हैं।
- भारत में क्षेत्रफल की दृष्टि से सबसे बड़ा संसदीय निर्वाचन क्षेत्र **लद्दाख** है।
- अविश्वास प्रस्ताव लोकसभा में लाया जाता है।
- **मध्य प्रदेश** लोकसभा में अनुसूचित जनजातियों के सर्वाधिक प्रतिनिधि निर्वाचित करता है।
- लोकसभा का कार्यकाल 5 वर्ष से अधिक **जब राष्ट्रीय आपात लागू हो तब** बढ़ाया जा सकता है।
- लोकसभा के किसी सदस्य की सदस्यता 2 माह तक लगातार अनुपस्थित रहने पर समाप्त हो जाती है।
- अस्थायी लोकसभाध्यक्ष (प्रोटेम स्पीकर) को **राष्ट्रपति** नियुक्त करता है।
- मतदाता संख्या की दृष्टि से देश का सबसे बड़ा लोकसभा निर्वाचन क्षेत्र **मलकाजगिरि** है।
- लोकसभा का चुनाव लड़ने के लिए इच्छुक व्यक्ति की न्यूनतम आयु होनी चाहिए- **25 वर्ष**
- **छठी** लोकसभा में निर्वाचित महिला सांसदों की संख्या सबसे कम थी।
- प्रधानमंत्री जो शपथ ग्रहण करने के समय राज्यसभा के सदस्य थे- **लालबहादुर शास्त्री**
- इन्दिरा गाँधी दूसरी अवधि के लिए प्रधानमंत्री बनीं- **1980 से 1984 तक**
- प्रधानमंत्री पद पर किसी एक कार्यकाल के लिए सबसे कम समय के लिए **अटल बिहारी वाजपेयी** आसीन रहे।
- सबसे कम उम्र में प्रधानमंत्री पद पर आसीन होने वाले व्यक्ति हैं- **राजीव गाँधी**
- सबसे अधिक उम्र में प्रधानमंत्री पद पर आसीन होने वाले व्यक्ति हैं- **मोरारजी देसाई**
- प्रधानमंत्री पद से पदत्याग करने वाले प्रथम व्यक्ति हैं- **मोरारजी देसाई**
- ऐसे प्रथम प्रधानमंत्री जिनके विरुद्ध लोकसभा में अविश्वास प्रस्ताव लाया गया- **जवाहरलाल नेहरू**
- संघीय मंत्रिपरिषद् का अध्यक्ष **प्रधानमंत्री** होता है।
- मंत्रिमंडल (संघीय) की बैठक की अध्यक्षता **प्रधानमंत्री** करता है।
- संघीय मंत्रिपरिषद् के मंत्री उत्तरदायी होते हैं- **केवल लोकसभा के प्रति**
- मंत्रिपरिषद् के सदस्यों को पद की गोपनीयता की शपथ **राष्ट्रपति** दिलाता है।
- मंत्रिपरिषद् में वरीयता की दृष्टि से मंत्रियों का सही क्रम है- **कैबिनेट मंत्री > राज्य मंत्री > उपमंत्री**

- भारत के प्रथम उप-प्रधानमंत्री **सरदार वल्लभ भाई पटेल** थे।
- अब तक 7 व्यक्ति भारत के उप- प्रधानमंत्री पद पर नियुक्त हुए हैं।
- राज्य सभा में विपक्ष का प्रथम नेता **कमलापति त्रिपाठी** थां।
- **मनमोहन सिंह** लोकसभा में विरोधी दल के नेता पद पर कभी नहीं रहे।
- लोकसभा के पिता के रूप में जाने जाते हैं- **जी.वी. मावलंकर**
- लोकसभा अध्यक्षों में से **बलराम जाखड़** का कार्यकाल सबसे लम्बा रहा है।
- कोई विधेयक धन विधेयक है या नहीं, इसका निर्णय **लोकसभा अध्यक्ष** करता है।
- संसद के दोनों सदनों के संयुक्त अधिवेशन को **राष्ट्रपति** बुलाता है।
- संसद के संयुक्त अधिवेशन में किसी विधेयक पर निर्णायक मत देने का अधिकार **लोकसभा अध्यक्ष** को है।
- भारत सरकार का प्रथम विधि अधिकारी **भारत का महान्यायवादी** होता है।
- भारत के एटॉर्नी जनरल (महान्यायवादी) की नियुक्ति **भारत का राष्ट्रपति** करता है।
- **भारत के एटॉर्नी जनरल** को संसद के दोनों सदनों में बोलने, अन्य कार्यवाहियों में सम्मिलित होने तथा किसी भी संसदीय कमेटी का सदस्य होने का अधिकार तय है, परन्तु उसे वोट देने का अधिकार नहीं है।
- भारत का सॉलिसिटर जनरल होता है- **एक प्रशासनिक अधिकारी**
- कानूनी विषयों पर राज्य सरकार को परामर्श **एडवोकेट जनरल** देता है।
- **नियंत्रक एवं महालेखा परीक्षक** अधिकारी है जो भारत सरकार के वित्तीय लेन-देनों में लेखाकरण के लिए जिम्मेदार होता है।
- लेखा परीक्षक का मुख्य उद्देश्य **कार्यपालिका के** व्यय पर नियंत्रण करना होता है।
- कम्पट्रोलर एण्ड ऑडिटर जनरल सेवानिवृत होते हैं- **नियुक्ति के 6 वर्ष बाद या 65 वर्ष की आयु पूर्ण होने पर**
- **प्राक्कलन समिति** को स्थायी मितव्ययिता समिति भी कहा जाता है।
- प्राक्कलन समिति में 30 सदस्य होते है।
- प्राक्कलन समिति एक सबसे बड़ी संसदीय समिति है।
- राज्य सरकार का संवैधानिक प्रमुख होता है- **राज्यपाल**
- सामान्य रूप से राज्यपाल का कार्यकाल होता है- **5 वर्ष**
- जम्मू-कश्मीर के राज्यपाल को **भारत का राष्ट्रपति** नियुक्त करता है।
- राज्यपाल पद पर बना रहता है- **राष्ट्रपति के प्रसादपर्यन्त**
- राज्य मंत्रिपरिषद् का गठन **राज्यपाल** करता है।
- राज्यपाल के पद पर नियुक्ति की न्यूनतम उम्र सीमा है- **35 वर्ष**
- भारत के किसी राज्य की राज्यपाल बनने वाली प्रथम महिला थी- **सरोजिनी नायडू**
- राज्य की कार्यपालिका शक्ति **राज्यपाल में** निहित होती है।
- राज्य मंत्रिपरिषद् रूपी जहाज के निर्देशन चक्र का चालक होता है- **मुख्यमंत्री**
- किसी राज्य के मंत्रिपरिषद् की बैठक की अध्यक्षता **मुख्यमंत्री** करता है।
- राज्य का मुख्यमंत्री **विधान सभा** के प्रति उत्तरदायी होता है।
- भारत के **उत्तर प्रदेश** राज्य में सर्वप्रथम कोई महिला मुख्यमंत्री नियुक्त हुई।
- उत्तर प्रदेश की प्रथम महिला मुख्यमंत्री **सुचेता कृपलानी थीं।**
- भारत में राज्य विधानपालिकाओं का उच्च सदन **विधानपालिका परिषद्** है।
- किसी राज्य में विधान परिषद् की संरचना अथवा विघटन किया जा सकता है- **संसद द्वारा राज्यपाल की अनुशंसा पर**
- राज्य विधान परिषद् के निर्वाचन क्षेत्रों का परिसीमन **परिसीमन आयोग** के द्वारा किया जाता है।
- **विधानपरिषद्** को समाप्त किया जा सकता है, पर भंग नहीं।
- विधान परिषद् को समाप्त करने वाला आखिरी राज्य **तमिलनाडु** है।
- **उत्तर प्रदेश** राज्य में विधान परिषद् की सदस्य संख्या सर्वाधिक है।
- भारत के **दिल्ली व पुडुचेरी** संघ शासित क्षेत्रों में विधान सभा अस्तित्व में है।
- राज्य की विधानसभा के सत्रावसान के आदेश **राज्यपाल** के द्वारा दिये जाते हैं।
- विधान सभा अध्यक्ष (स्पीकर) अपना त्याग- पत्र **विधान सभा उपाध्यक्ष** को देता है।
- किसी राज्य विधान सभा के सदस्यों की न्यूनतम संख्या 60 हो सकती है।
- विधान सभा की बैठक की अंतिम तिथि तथा दूसरी बैठक की प्रथम तिथि के बीच 6 **माह** से अधिक का अंतर नहीं होना चाहिए।
- भारत में त्रिस्तरीय पंचायती राज प्रणाली स्थापित करने की अनुशंसा सर्वप्रथम **बलवंत राय मेहता समिति द्वारा** की गयी थी।
- पंचायती राज प्रथम प्रवर्तित किया गया- **राजस्थान में 1959 ई.**
- देश में त्रिस्तरीय पंचायती राज व्यवस्था को **राजस्थान एवं आन्ध्र प्रदेश** राज्यों में सर्वप्रथम अपनाया गया।
- 73वां संविधान संशोधन सम्बन्धित है- **पंचायती राज प्रणाली से**
- पंचायती राज प्रदान करता है- **स्थानीय स्तर पर लोकतांत्रिक प्रशासन**
- यदि पंचायत भंग होती है, तो 6 **माह** के अंदर निर्वाचन होंगे।
- भारत में पहला नगर निगम **चेन्नई में** स्थापित हुआ था।
- भारत में प्रत्यक्ष लोकतंत्र का उदाहरण **ग्राम सभा** है।
- पंचायत चुनाव के लिए उम्मीदवारों की न्यूनतम आयु सीमा होनी चाहिए- 21 **वर्ष**
- भारतीय संविधान की व्याख्या करने का मुख्य अधिकारी **सर्वोच्च न्यायालय** है।
- भारत के सर्वोच्च न्यायालय की स्थापना हुई थी- **भारत सरकार अधिनियम, 1935 के अधीन**
- मूल रूप से संविधान में सर्वोच्च न्यायालय में मुख्य न्यायाधीश के अतिरिक्त 7 न्यायाधीश की व्यवस्था थी।
- उच्चतम न्यायालय के न्यायाधीशों की संख्या में वृद्धि करने की शक्ति **संसद** के पास है।
- भारत के सर्वोच्च न्यायालय का एक न्यायाधीश 65 **वर्ष की** उम्र तक अपने पद पर बना रह सकता है।
- सर्वोच्च न्यायालय के न्यायाधीश **न्यायमूर्ति वी. रामास्वामी** के विरुद्ध 11 मई, 1993 को लोकसभा में लाया गया महाभियोग प्रस्ताव असफल रहा।
- उच्चतम न्यायालय के मुख्य न्यायाधीश की नियुक्ति **राष्ट्रपति** करता है।
- सर्वोच्च न्यायालय में न्यायाधीश नियुक्त होने के लिए व्यक्ति को कम-से-कम 10 वर्ष उच्च न्यायालय का एडवोकेट होना चाहिए।
- भारतीय संविधान का **अनुच्छेद 134 A को मिलाकर अनुच्छेद 132 को पढ़ना** संवैधानिक विवाद में सर्वोच्च न्यायालय के अपीलीय क्षेत्राधिकार से सम्बन्धित है।
- **केशवानन्द भारती** वाद में सर्वोच्च न्यायालय ने कहा था कि संसद को मूल अधिकार में संशोधन करने की शक्ति प्राप्त है, पर वह संविधान के मूल ढांचे में संशोधन नहीं कर सकती।
- सर्वोच्च न्यायालय के प्रथम मुख्य न्यायाधीश **हीरालाल जे. कानिया** थे
- सर्वोच्च न्यायालय के मुख्य न्यायाधीश के पद पर सर्वाधिक लम्बी अवधि

तक **वाई.वी. चन्द्रचूड़** पदस्थ रहे।

- सर्वोच्च न्यायालय के मुख्य न्यायाधीश के पद पर सबसे कम समय तक **कमल नारायण सिंह** आसीन रहे।
- सर्वोच्च न्यायालय के मुख्य न्यायाधीश **एच.एम. हिदायतुल्ला** ने 20 जुलाई, 1969 से 24 अगस्त, 1969 तक कार्यकारी राष्ट्रपति के रूप में कार्य किया।
- उच्च न्यायालय के न्यायाधीशों की– **राष्ट्रपति के द्वारा नियुक्ति होती है।**
- उच्च न्यायालय का न्यायाधीश अपना त्यागपत्र **राष्ट्रपति** को देता है।
- देश के 24 उच्च न्यायालयों में न्यायाधीशों की कुल स्वीकृत संख्या 906 है।
- भारत के **सिक्किम उच्च न्यायालय** में न्यायाधीशों की संख्या सबसे कम है।
- उच्च न्यायालय के न्यायाधीशों के सेवानिवृत्ति की अधिकतम उम्र सीमा 65 **वर्ष** है।
- भारत का सबसे बड़ा उच्च न्यायालय है– **इलाहाबाद उच्च न्यायालय**
- भारत में उच्च न्यायालय सर्वप्रथम आरम्भ हुआ– **बम्बई, मद्रास व कलकत्ता में**
- उच्च न्यायालय के न्यायाधीश पद पर नियुक्त होने वाली प्रथम महिला **अन्ना चण्डी** हैं।
- उच्च न्यायालय के मुख्य न्यायाधीश पद पर नियुक्त होने वाली प्रथम महिला **लीला सेठ** हैं।
- भारतीय संविधान के अवशिष्ट अधिकार हैं– **केन्द्र के पास**
- भारतीय संविधान के अनुसार अवशिष्ट शक्तियाँ **संघीय संसद** को सौंपी गयी हैं।
- पंचायती राज विषय है– **राज्य की सूची में**
- आर्थिक नियोजन विषय है– **समवर्ती सूची में**
- सामाजिक सुरक्षा एवं सामाजिक बीमा तथा **शिक्षा** विषय समवर्ती सूची में है।
- सरकारिया आयोग की सिफारिशों का सम्बन्ध है– **केन्द्र और राज्यों के बीच सम्बन्धों से**
- केन्द्र राज्य संबंध में विवाद का एक कारण रहा है– **राज्यपाल का पद**
- भारतीय संघ का कोई राज्य किसी विदेशी राष्ट्र या अन्तर्राष्ट्रीय संगठन से ऋण **नहीं** ले सकता है।
- संविधान की आठवीं अनुसूची में सम्मिलित भाषाओं की संख्या 22 है।
- भारत की राजभाषा है– **हिन्दी**
- भारतीय संविधान के अनुच्छेद 344 के तहत प्रथम राजकीय भाषा आयोग का गठन हुआ था– 1955 **ई. में बी.जी. खेर की अध्यक्षता में**
- भारत के **जम्मू एवं कश्मीर** में उर्दू को प्रथम राजभाषा का दर्जा प्रदान किया गया है।
- राष्ट्रपति राष्ट्रीय आपात की घोषणा कर सकते हैं, तब– **उन्हें ऐसा करने के लिए केन्द्रीय कैबिनेट का लिखित निर्णय प्राप्त है।**
- अब तक 3 बार राष्ट्रीय आपातकाल की उद्घोषणा राष्ट्रपति द्वारा की जा चुकी है।
- वर्तमान समय में लोकसभा की 543 सीटों में से 84 सीटें अनुसूचित जनजाति के लिए आरक्षित हैं।
- लोकसभा में सुरक्षित निर्वाचन क्षेत्र **पिछड़े वर्ग** से संबंधित नहीं हैं।
- प्रथम पिछड़ा वर्ग आयोग का गठन 1953 में किया गया था।
- मंडल आयोग का संबंध था– **पिछड़ी जातियों से**
- भारतीय संविधान की प्रस्तावना में 'धर्मनिरपेक्ष', 'समाजवादी' तथा 'राष्ट्र की एकता एवं अखण्डता' वाक्यांश **42वें** संशोधन द्वारा समाविष्ट किया गया।
- भारतीय संविधान में अल्पसंख्यकों को मान्यता **कुल जनसंख्या के साथ उस वर्ग की जनसंख्या का अनुपात के** आधार पर दी गई है।
- भारतीय संविधान के संशोधनों में से **91वाँ संशोधन** केन्द्रीय मंत्रिमण्डल के आकार को सीमित करता है।
- भारतीय संविधान में 9वीं अनुसूची **प्रथम संशोधन द्वारा** परिवर्तित हुई।

संविधान की आठवीं अनुसूची में स्थापित भारतीय भाषाएँ

असमिया	बंगाली	गुजरात	मराठी	नेपाली
हिन्दी	कन्नड़	कश्मीरी	पंजाबी	संस्कृत
कोंकणी	मलयालम	मणिपुरी	तमिल	तेलुगु
मैथिली	संथाल	डोंगरी	उड़िया	सिन्धी
बोडो	उर्दू			

प्रश्नमाला

1. मूल भारतीय संविधान में कितने भाग, अनुच्छेद और अनुसूची थे?

(a) 22 भाग, 395 अनुच्छेद और 8 अनुसूची
(b) 24 भाग, 450 अनुच्छेद और 12 अनुसूची
(c) 22 भाग, 390 अनुच्छेद और 8 अनुसूची
(d) 24 भाग, 425 अनुच्छेद और 12 अनुसूची

2. स्वतंत्रता के अधिकार के भाग के रूप में निम्नलिखित में से कौन-सा ''बिना हथियार के शान्तिपूर्ण ढंग से इकट्ठा होने की स्वतंत्रता'' के अंतर्गत नहीं आता है?

(a) घेराव अफसर जो अपना कर्त्तव्य नहीं निभाते
(b) शान्तिपूर्वक इकट्ठा होना
(c) एकत्रित जनता, जिनको हथियार नहीं रखना चाहिए
(d) इस अधिकार के अभ्यास पर राज्य कानून बनाकर तर्कपूर्ण प्रतिबंध लगा सकता है

3. भारतीय संविधान द्वारा प्रदत्त निम्न में से कौन-सा अधिकार गैर-नागरिकों को भी उपलब्ध है?

(a) अभिव्यक्ति की स्वतन्त्रता
(b) देश के किसी भाग में घूमने एवं बसने का अधिकार
(c) सम्पत्ति अर्जित करने का अधिकार
(d) संवैधानिक निराकरण का अधिकार

4. संविधान को 26 जनवरी के दिन लागू करने का निर्णय इसलिए किया गया क्योंकि-

(a) यह एक शुभ दिन था
(b) इस तिथि को 1942 ई. में भारत छोड़ो आन्दोलन प्रारम्भ किया गया था
(c) कांग्रेस ने इस तिथि को 1930 ई. में स्वतन्त्रता दिवस के रूप में मनाया था
(d) उपरोक्त में से कोई नहीं

5. राज्य के नीति-निदेशक सिद्धान्त किस देश के संविधान से लिए गए हैं–

(a) आयरलैण्ड
(b) कनाडा
(c) ब्रिटेन
(d) सं.रा. अमेरिका

6. भारत में समाचार-पत्रों (प्रेस) की स्वतंत्रता–

(a) संविधान के अनुच्छेद 16 (1) (a) में उपबन्धित

(b) संविधान के अनुच्छेद 19 (1) (a) में विशेष रूप से प्रत्याभूत अभिव्यक्ति के व्यापक स्वातन्त्र्य में निहित है
(c) संविधान के अनुच्छेद 361 (क) के द्वारा प्रत्याभूत
(d) विधि के शासन द्वारा

7. धर्म के आधार पर किस राज्य में आरक्षण दिया गया है?
(a) नागालैंड (b) गोवा
(c) मिजोरम (d) कोई नहीं

8. 'आर्थिक न्याय' किसमें उल्लेखित है?
(a) प्रस्तावना-मूल अधिकार
(b) मूल अधिकार व नीति-निदेशक तत्व
(c) प्रस्तावना-नीति-निदेशक तत्व
(d) प्रस्तावना, मूल अधिकार एवं नीति-निदेशक तत्व

9. मूल संविधान में कितनी अनुसूचियां हैं?
(a) 8 (b) 6
(c) 7 (d) 12

10. वर्तमान में भारतीय संविधान में गणना की दृष्टि से कुल कितने अनुच्छेद और अनुसूचियाँ हैं?
(a) 390 अनुच्छेद और 5 अनुसूचियाँ
(b) 395 अनुच्छेद और 12 अनुसूचियाँ
(c) 395 अनुच्छेद और 10 अनुसूचियाँ
(d) 444 अनुच्छेद और 12 अनुसूचियाँ

11. संविधान के किस अनुच्छेद द्वारा सिखों द्वारा कृपाण धारण करना धार्मिक स्वतन्त्रता का अंग माना गया है?
(a) अनुच्छेद 24
(b) अनुच्छेद 25
(c) अनुच्छेद 26
(d) अनुच्छेद 27

12. भारत के संविधान में सम्मिलित समवर्ती सूची किस देश की देन है?
(a) सोवियत संघ
(b) ऑस्ट्रेलिया
(c) इटली
(d) कनाडा

13. संविधान सभा का संवैधानिक सलाहकार किसे नियुक्त किया गया था?
(a) डॉ. बी.आर. अम्बेडकर
(b) के.टी. शाह
(c) डॉ. बी.एन. राव
(d) ए.के. अय्यर

14. भारतीय संविधान में सम्मिलित नीति-निदेशक तत्वों की प्रेरणा हमें किस संविधान से प्राप्त हुई?
(a) ऑस्ट्रेलिया (b) अमेरिका
(c) फ्रांस (d) आयरलैण्ड

15. भारतीय संविधान की प्रस्तावना में 'धर्मनिरपेक्ष' शब्द किस संशोधन द्वारा जोड़ा गया?
(a) 42वां (b) 45वां
(c) 51वां (d) 43वां

16. संविधान निर्मात्री परिषद् की 'झंडा समिति' के अध्यक्ष कौन थे?
(a) सी. राजगोपालाचारी
(b) डॉ. राजेन्द्र प्रसाद
(c) जे.बी. कृपलानी
(d) डॉ. बी.आर. अम्बेडकर

17. मौलिक अधिकारों का संरक्षक है-
(a) सर्वोच्च न्यायालय
(b) संसद
(c) राष्ट्रपति
(d) प्रधानमंत्री

18. मौलिक कर्तव्यों का समावेश भारतीय संविधान में हुआ-
(a) 40वें संशोधन में
(b) 42वें संशोधन में
(c) 43वें संशोधन में
(d) 44वें संशोधन में

19. संविधान सभा में सदस्यों का चुनाव कैसे हुआ था?
(a) सीधे जनता द्वारा
(b) भारतीय राष्ट्रीय कांग्रेस के नामांकन द्वारा
(c) भारतीय राज्यों के शासकों से नामांकन द्वारा
(d) प्रांतीय सभाओं द्वारा

20. केंद्र एवं राज्यों के बीच वैधानिक शक्तियों का बंटवारा दिया हुआ है-
(a) पांचवीं अनुसूची
(b) छठी अनुसूची
(c) सातवीं अनुसूची
(d) आठवीं अनुसूची

21. केंद्र-राज्य संबंध किस अनुसूची में है?
(a) 7वां (b) 8वां
(c) छठा (d) 9वां

22. निम्नलिखित में से कौन-सा मूल अधिकारों में सम्मिलित नहीं है?
(a) सम्पत्ति का अधिकार
(b) संघ गठित करने का अधिकार
(c) सभा करने का अधिकार
(d) देश के किसी भाग में जाने और निवास का अधिकार

23. निम्नांकित में से भारतीय संविधान के कौन से अनुच्छेद में किसी भी रूप में अस्पृश्यता निषेध के लिए प्रावधान है-
(a) अनुच्छेद 14
(b) अनुच्छेद 17
(c) अनुच्छेद 19
(d) उपर्युक्त में से कोई नहीं

24. भारतीय संविधान में राज्य के नीति-निदेशक तत्व ग्रहण किए गए-
(a) ब्रिटेन से
(b) आयरलैण्ड से
(c) यू.एस.एस.आर. से
(d) फ्रांस से

25. भारतीय संविधान निम्न में से कौन-सी नागरिकता प्रदान करता है?
(a) दोहरी नागरिकता
(b) एकल नागरिकता
(c) उपरोक्त दोनों
(d) उपरोक्त से कोई नहीं

26. निम्न कथनों पर विचार कीजिए और अंत में दिए गए कूट से सही उत्तर का चयन कीजिए-
कथन (A) : भारत के संविधान में एक संघीय प्रणाली का प्रावधान है।
कारण (R) : उसने एक बहुत शक्तिशाली केन्द्र की रचना की है।
कूट:
(a) दोनों (A) और (R) सही हैं और (R) (A) का सही स्पष्टीकरण है।
(b) दोनों (A) और (R) सही हैं पर (R) (A) का सही स्पष्टीकरण नहीं है।
(c) (A) सही है, पर (R) गलत है।
(d) (A) गलत है, पर (R) सही है।

27. भारतीय संविधान में मौलिक कर्तव्यों को सम्मिलित किया गया था-
(a) 40वें संशोधन द्वारा
(b) 42वें संशोधन द्वारा
(c) 43वें संशोधन द्वारा
(d) 44वें संशोधन द्वारा

28. भारतीय संविधान सभा की स्थापना की गई थी-
(a) 10.06.1946 को
(b) 09.12.1946 को
(c) 26.11.1949 को
(d) 26.12.1949 को

29. भारतीय संविधान सभा की प्रारूप समिति के अध्यक्ष-
(a) डॉ. राजेन्द्र प्रसाद थे।
(b) जवाहर लाल नेहरू थे।
(c) बी.आर. अम्बेडकर थे।
(d) पुरुषोत्तम दास टंडन थे।

30. भारतीय संविधान के अनुच्छेद 25 का संबंध है-
(a) समानता के अधिकार से
(b) सम्पत्ति के अधिकार से

(c) धर्म की स्वतंत्रता से
(d) अल्पसंख्यकों की सुरक्षा से

31. सम्पत्ति का अधिकार एक-
(a) मौलिक अधिकार है
(b) नैसर्गिक अधिकार है
(c) वैधानिक अधिकार है
(d) कानूनी अधिकार है

32. भारतीय संविधान के वृहद् होने के कारण हैं-
(a) इनमें अनेक संविधानों के अनुभव समाविष्ट हैं।
(b) इसमें विस्तृत प्रशासकीय प्रावधान है।
(c) यह एक बड़े देश के शासन से संबंधित है।
(d) इसमें संघ तथा राज्य सरकारों का संविधान है।

33. "भारत एक गणतंत्र है" इसका अर्थ है-
(a) सभी मामलों में अंतिम अधिकार जनता के पास है।
(b) भारत में संसदीय शासन व्यवस्था है।
(c) भारत में वंशानुगत शासन नहीं है।
(d) भारत राज्यों का संघ है।

34. भारतीय संविधान का कौन-सा अनुच्छेद व्यक्ति की विदेश यात्रा के अधिकार को संरक्षण प्रदान करता है?
(a) अनुच्छेद 14 (b) अनुच्छेद 19
(c) अनुच्छेद 21 (d) कोई नहीं

35. निम्नलिखित में से कौन-से अधिकार भारतीय संविधान के अनुच्छेद 32 के अंतर्गत प्रवर्तित किए जा सकते हैं?
(a) संवैधानिक अधिकार
(b) मौलिक अधिकार
(c) विधिक अधिकार
(d) उपरोक्त सभी

36. भारतीय संविधान का कौन-सा अनुच्छेद अल्पसंख्यकों की अपनी मनपसंद शिक्षण संस्थाओं को स्थापित एवं संचालित करने के अधिकार का संरक्षण प्रदान करता है?
(a) 16 (b) 26
(c) 29 (d) 30

37. "मद्रास राज्य बनाम चम्पकम दोरायराजन" मुकदमे में भारतीय सर्वोच्च न्यायालय के निर्णय के परिणामस्वरूप निम्नलिखित में से किस मौलिक अधिकार को संशोधित किया गया?
(a) विधि के समक्ष समानता का अधिकार
(b) भेदभाव के विरुद्ध अधिकार
(c) अस्पृश्यता के विरुद्ध अधिकार
(d) विचार एवं अभिव्यक्ति की स्वतंत्रता का अधिकार

38. निम्नलिखित में से किस मुकदमे में भारतीय सर्वोच्च न्यायालय ने सर्वप्रथम संविधान के मौलिक लक्षण का सिद्धांत प्रतिपादित किया?
(a) गोलकनाथ बनाम पंजाब राज्य
(b) केशवानन्द बनाम केरल राज्य
(c) मिनर्वा मिल बनाम भारतीय संघ
(d) वासन बनाम भारतीय संघ

39. भारत के कल्याणकारी राज्य होने का विचार पाया जाता है?
(a) संविधान की प्रस्तावना में
(b) मौलिक अधिकारों में
(c) राज्य के नीति-निदेशक तत्वों में
(d) (a) तथा (c) दोनों में

40. भारतीय संविधान की सातवीं अनुसूची के अंतर्गत राज्य सूची में निम्न में से किसका उल्लेख है?
(a) शिक्षा (b) विद्युत
(c) रेलवे पुलिस (d) वन

41. भारतीय संविधान की सातवीं अनुसूची के अंतर्गत संघ सूची में निम्नलिखित में से किसका उल्लेख नहीं है?
(a) बैंकिंग (b) बीमा
(c) जनगणना (d) गैस

42. भारतीय संविधान के किस अनुच्छेद में विभिन्न राज्यों से संबंधित विशिष्ट प्रावधान का उल्लेख है?
(a) अनुच्छेद 369
(b) अनुच्छेद 370
(c) अनुच्छेद 371
(d) अनुच्छेद 372

43. भारत को एक संविधान देने का प्रस्ताव संविधान सभा द्वारा पारित किया गया था-
(a) जनवरी 22, 1946
(b) जनवरी 22, 1947
(c) फरवरी 20, 1947
(d) जुलाई 26, 1946

44. समान कार्य के लिए समान वेतन भारत के संविधान में सुनिश्चित किया गया है, एक-
(a) मौलिक अधिकार है
(b) राज्य के नीति-निदेशक सिद्धांतों का अंग है
(c) मौलिक कर्तव्य है
(d) आर्थिक अधिकार है

45. भारत में मौलिक अधिकारों के संबंध में निम्न पर विचार कीजिए-
1. यह राज्य कृत्य के विरुद्ध एक गारंटी है।
2. यह संविधान के भाग-3 में सूचित है।
3. यह सामाजिक, आर्थिक तथा राजनीतिक न्याय सुनिश्चित करते हैं।
4. यह संयुक्त राज्य अमेरिका में अधिकारों के बिल की भांति नहीं है।

कूट:
(a) 1 तथा 2 सही
(b) 1 तथा 3 सही हैं
(c) 1, 2 तथा 3 सही हैं
(d) 2, 3 तथा 4 सही हैं

46. निम्नांकित में से किन्हें सर्वोच्च न्यायालय ने मौलिक अधिकार के रूप में मान्यता दी है?
1. आवास का अधिकार
2. विदेश यात्रा का अधिकार
3. समान कार्य के लिए समान वेतन का अधिकार

कूट:
(a) 1 तथा 2 (b) 2 तथा 3
(c) 1 तथा 3 (d) 1, 2 तथा 3

47. "भारत के प्रत्येक नागरिक का कर्त्तव्य होगा प्राकृतिक पर्यावरण का संरक्षण एवं सुधार।"
उपरोक्त कथन भारतीय संविधान के किस अनुच्छेद में संदर्भित है?
(a) अनुच्छेद 21
(b) अनुच्छेद 48-A
(c) अनुच्छेद 51-A
(d) अनुच्छेद 55

48. भारतीय संविधान में राज्य के नीति-निदेशक तत्त्वों की संकल्पना किस देश के संविधान पर आधारित है?
(a) फ्रांस (b) आयरलैण्ड
(c) जापान (d) यू.एस.एस.आर.

49. भारतीय संविधान के निम्नलिखित अनुच्छेद में से कौन विधायन सत्ता पर पूर्ण नियंत्रण लगाता है?
(a) अनुच्छेद 14 (b) अनुच्छेद 15
(c) अनुच्छेद 16 (d) अनुच्छेद 17

50. सूची—I को सूची—II से सुमेलित कीजिए तथा सूचियों के नीचे दिए गए कूट से सही उत्तर चुनिए-

सूची-I (संविधान की अनुसूची)	सूची-II (विषय)
A. चतुर्थ	1. भूमि सुधार
B. षष्ठ	2. भाषा
C. अष्टम्	3. राजसभा
D. नवम्	4. जनजातीय क्षेत्र

कूट:

	A	B	C	D
(a)	1	2	3	4
(b)	2	3	4	1
(c)	3	4	2	1
(d)	4	2	1	3

51. भारतीय संविधान के निम्नलिखित किस/ किन/ अनुच्छेद/ अनुच्छेदों द्वारा अंतर्राष्ट्रीय व्यापार की स्वतंत्रता नियमित की गई है?

(a) 19
(b) 301
(c) 301 से 307
(d) उपरोक्त सभी

52. कथन (A) : भारत संघ नहीं है।
कारण (R) : किसी भी राज्य का क्षेत्र, सीमा, नाम उसकी सहमति के बिना भी परिवर्तित करने की शक्ति संघीय संसद को प्राप्त है।
नीचे दिए गए कूट का प्रयोग करके सही उत्तर चुनें-

(a) A तथा R दोनों सही हैं तथा R, A की सही व्याख्या है।
(b) A तथा R दोनों सही हैं तथा R, A की सही व्याख्या नहीं है।
(c) A सही है, R गलत है।
(d) A गलत है, R सही है।

53. भारतीय संविधान के अनुच्छेद 13 का मुख्य उद्देश्य निम्नलिखित में से किसके संदर्भ में संविधान की सर्वोच्चता सुनिश्चित करता है?

(a) राज्य के नीति-निदेशक तत्त्व
(b) मौलिक अधिकार
(c) मौलिक कर्त्तव्य
(d) उपरोक्त सभी

54. निम्नलिखित में से किसने भारतीय सर्वोच्च न्यायालय को समान कार्य के लिए समान वेतन का मौलिक अधिकार निगमन करने हेतु सक्षम किया?

(a) संविधान की प्रस्तावना में प्रयुक्त 'समाजवादी' शब्द
(b) (a) को संविधान के अनुच्छेद 14 के साथ मिलाकर पढ़ना
(c) (a) को संविधान के अनुच्छेद 16 के साथ मिलाकर पढ़ना
(d) (a), (b), (c) सभी को मिलाकर पढ़ना

55. भारतीय संविधान के निम्नांकित अनुच्छेदों से कौन भिन्न वर्ग में आता है?

(a) अनुच्छेद 14 (b) अनुच्छेद 15
(c) अनुच्छेद 16 (d) अनुच्छेद 19

56. भारतीय संविधान की प्रस्तावना में प्रयुक्त 'समाजवाद' शब्द को निम्नलिखित किस अनुच्छेद/अनुच्छेदों के साथ मिलाकर पढ़ने से सर्वोच्च न्यायालय को समान कार्य के लिए समान वेतन का मौलिक अधिकार परिभाषित करने की शक्ति प्राप्त हुई?

(a) अनुच्छेद 14
(b) अनुच्छेद 14 तथा 15
(c) अनुच्छेद 14, 15 तथा 16
(d) अनुच्छेद 14 तथा 16

57. कैबिनेट मिशन योजना के अंतर्गत संविधान निर्मात्री परिषद् में प्रत्येक प्रांत को आवंटित सदस्य संख्या निर्धारित करने के लिए एक प्रतिनिधि कितनी जनसंख्या के अनुपात में था?

(a) 8 लाख व्यक्ति
(b) 10 लाख व्यक्ति
(c) 12 लाख व्यक्ति
(d) 15 लाख व्यक्ति

58. भारतीय संविधान का कौन-सा अनुच्छेद संवैधानिक विवाद में सर्वोच्च न्यायालय के अपीलीय क्षेत्राधिकार से संबंधित है?

(a) अनुच्छेद-131
(b) अनुच्छेद-132
(c) अनुच्छेद-134-A को मिलाकर अनुच्छेद-132 को पढ़ना
(d) अनुच्छेद-134-A को मिलाकर अनुच्छेद-133 को पढ़ना

59. निम्न में से कौन राज्य सूची में है?

(a) रेलवे पुलिस
(b) निगमीय कर
(c) जनगणना
(d) आर्थिक एवं सामाजिक नियोजन

60. निम्नांकित में से कौन-सा एक मौलिक अधिकार नहीं है?

(a) स्वतंत्रता का अधिकार
(b) समानता का अधिकार
(c) सम्पत्ति का अधिकार
(d) शोषण के विरुद्ध अधिकार

61. भारत में कितने राज्य एवं संघीय प्रदेश हैं?

(a) 25 राज्य एवं 7 संघीय प्रदेश
(b) 28 राज्य एवं 7 संघीय प्रदेश
(c) 24 राज्य एवं 8 संघीय प्रदेश
(d) इनमें से कोई नहीं

62. संविधान के किस अनुच्छेद में यह व्यवस्था की गयी है कि प्रत्येक राज्य शिक्षा के प्राथमिक स्तर पर मातृभाषा में शिक्षा की पर्याप्त सुविधाओं की व्यवस्था करने का प्रयास करेगा?

(a) अनुच्छेद-349
(b) अनुच्छेद-350
(c) अनुच्छेद-350A
(d) अनुच्छेद-351

63. भारत का संविधान पूर्ण रूप से तैयार हुआ था?

(a) जनवरी 26, 1950
(b) नवम्बर 26, 1949
(c) फरवरी 11, 1948
(d) कोई नहीं

64. धार्मिक स्वतंत्रता के अधिकार के प्राविधान के अंतर्गत सम्मिलित हैं-
I. धर्म प्रचार करने का अधिकार
II. सिक्खों को 'कृपाण' धारण एवं रखने का अधिकार
III. राज्यों को समाज-सुधारक विधि निर्माण का अधिकार
IV. धार्मिक निकायों को लोगों का धर्म-परिवर्तन कराने का अधिकार
नीचे दिए गए कूट से सही उत्तर का चयन कीजिए-

कूट:
(a) I, II एवं III
(b) II, III एवं IV
(c) III एवं IV
(d) उक्त सभी

65. भारत का संविधान स्पष्टतः 'प्रेस की आजादी' की व्यवस्था नहीं करता है, किन्तु यह आजादी अंतर्निहित है, अनुच्छेद-

(a) 19 (i) अ में
(b) 19 (i) ब में
(c) 19 (i) स में
(d) 19 (i) द में

66. भारतीय संविधान के अनुच्छेद 352 के अनुसार 'राष्ट्रीय आपात' की घोषणा निम्नलिखित में से किन परिस्थितियों में की जा सकती है-

(a) संवैधानिक मशीनरी की विफलता
(b) बाह्य आक्रमण

(c) आंतरिक अशांति
(d) युद्ध, बाह्य आक्रमण अथवा सशस्त्र विद्रोह

67. केन्द्र तथा राज्यों के मध्य शक्तियों के वितरण के लिऐ भारत का संविधान तीन सूचियों को प्रस्तुत करता है। निम्न में से कौन-से दो अनुच्छेद शक्तियों के वितरण को विनियमित करते हैं?
(a) अनुच्छेद 4 तथा 5
(b) अनुच्छेद 56 तथा 57
(c) अनुच्छेद 141 तथा 142
(d) अनुच्छेद 245 तथा 246

68. मौलिक अधिकारों के अंतर्गत कौन-सा अनुच्छेद बच्चों के शोषण से संबंधित है?
(a) अनुच्छेद 17 (b) अनुच्छेद 19
(c) अनुच्छेद 23 (d) अनुच्छेद 24

69. केशवानन्द भारती केस का महत्त्व इसलिए है कि-
(a) उसने कार्यपालिका के आदेशों को दरकिनार कर दिया।
(b) उच्चतम न्यायालय ने संविधान की मूल विशेषताओं को प्रतिपादित किया।
(c) उसने संघीय सरकार को कटघरे में खड़ा कर दिया।
(d) उपरोक्त में से कोई नहीं।

70. "सूचना का अधिकार अधिनियम, 2005" के बारे में निम्नलिखित कथनों पर विचार कीजिए और उसे चुनिए जो प्रावधानित नहीं है अथवा विशिष्ट रूप से विमुक्त है?
(a) यह जम्मू-कश्मीर राज्य में लागू नहीं है।
(b) आवेदक जो सूचना हेतु अनुरोध करता है उसे सूचना मांगे जाने के कारणों को देना होगा।
(c) मुख्य सूचना आयुक्त को हटाया जाना।
(d) प्रत्येक सूचना आयुक्त अपने पद पर 5 वर्ष की अवधि या जब वह पैंसठ वर्ष की आयु का हो जाए, दोनों में से जो पहले हो, एक पद पर बना रहेगा।

71. भारतीय संविधान सभा के प्रथम दिन के अधिवेशन की अध्यक्षता इन्होंने की थी-
(a) डॉ. राजेन्द्र प्रसाद
(b) पंडित जवाहर लाल नेहरू
(c) डॉ. बी.आर. अम्बेडकर
(d) डॉ. सच्चिदानन्द सिन्हा

72. इनमें से कौन राज्य के नीति-निदेशक सिद्धांतों में सम्मिलित नहीं है?
(a) मद्य-निषेध
(b) काम का अधिकार
(c) समान कार्य हेतु समान वेतन
(d) सूचना का अधिकार

73. छः वर्ष की आयु से 14 वर्ष की आयु के बीच के सभी बच्चों (शिशुओं) को शिक्षा का अधिकार?
(a) राज्य के नीति-निदेशक सिद्धांतों में सम्मिलित है।
(b) मूल अधिकार है।
(c) सांविधिक अधिकार है।
(d) उपर्युक्त में से कोई नहीं।

74. निम्नलिखित में से कौन-सा मूल अधिकार विदेशी नागरिकों को प्राप्त नहीं है?
(a) विधि के समक्ष समानता
(b) अभिव्यक्ति स्वतंत्रता का अधिकार
(c) प्राण व दैहिक स्वतंत्रता का अधिकार
(d) शोषण के विरुद्ध अधिकार

75. वर्तमान समय में भारतीय संविधान के अंतर्गत सम्पत्ति का अधिकार है, एक-
(a) मौलिक अधिकार
(b) वैधानिक अधिकार
(c) नैतिक अधिकार
(d) उपर्युक्त में से कोई नहीं

76. राष्ट्रीय विकास परिषद् का गठन, जिस तिथि को हुआ था, वह थी-
(a) 16 अगस्त, 1950
(b) 1 अप्रैल, 1951
(c) 6 अगस्त, 1952
(d) 16 अगस्त, 1952

77. संविधान के प्रथम अनुच्छेद के अनुसार भारत है-
(a) राज्यों का समूह
(b) राज्यों का फेडेरेशन
(c) राज्यों का कन्फेडरेशन
(d) राज्यों का यूनियन

78. भारतीय संविधान का कौन-सा भाग संविधान की 'आत्मा' कहलाता है?
(a) मूल अधिकार
(b) राज्य की नीति के निदेशक तत्त्व
(c) उद्देशिका
(d) सांविधानिक उपचारों का अधिकार

79. 26 नवम्बर, 1949 को अंगीकृत भारतीय संविधान की प्रस्तावना में शब्द सम्मिलित नहीं थे?
1. समाजवादी 2. पंथनिरपेक्ष
3. अखंडता 4. गणराज्य
अधोलिखित कूटों में से सही उत्तर चुनिए-

कूटः
(a) 1, 2 और 3(b) 2, 3 और 4
(c) 1, 2 और 4(d) 3 और 4

80. भारत में राजनीतिक व्यवस्था के मूलभूत लक्षण हैं-
1. यह एक लोकतांत्रिक गणतंत्र है।
2. इसमें संसदात्मक रूप की सरकार है।
3. सर्वोच्च सत्ता भारत की जनता में निहित है।
4. यह एक एकीकृत शक्ति का प्राविधान करती है।
नीचे दिए गए कूट में से सही उत्तर का चयन कीजिए-

कूटः
(a) 1 और 2 (b) 1, 2 और 3
(c) 2, 3 और 4(d) सभी चारों

81. निम्न कथनों पर विचार कीजिए और दिए गए कूट की सहायता से बताइए कि इनमें से कौन सही है?
1. संविधान में "यूनियन ऑफ स्टेट्स" शब्द प्रयुक्त हुआ है, क्योंकि भारतीय राज्यों को अलग होने का अधिकार नहीं है।
2. एस.के. धर आयोग ने राज्यों के पुनर्गठन हेतु भाषा के आधार की अपेक्षा प्रशासनिक सुविधा को वरीयता दी थी।
3. पंडित नेहरू, सरदार पटेल और पट्टाभि सीतारमैया की अध्यक्षता में कांग्रेस पार्टी, राज्यों के पुनर्गठन में भाषाई आधार के पक्ष में नहीं थी।

कूटः
(a) केवल 1
(b) केवल 1 और 2
(c) केवल 1 और 3
(d) सभी तीनों

82. संविधान की उद्देशिका के संबंध में निम्न कथनों पर विचार कीजिए और दिए गए कूट की सहायता से बताइये कि इनमें से कौन सही है?
1. पंडित नेहरू द्वारा प्रस्तुत "ऑब्जेक्टिव प्रस्ताव" अंततोगत्वा उद्देशिका बना।
2. इसकी प्रकृति न्याययोग्य (Justiciable) नहीं है।
3. इसका संशोधन नहीं किया जा सकता है।
4. संविधान के विशिष्ट प्रावधानों को यह रद्द (override) नहीं कर सकता।

कूटः

(a) केवल 1 और 2
(b) केवल 1, 2 और 4
(c) केवल 1, 2 और 3
(d) केवल 2, 3 और 4

83. 'समानता का अधिकार' संविधान के निम्न अनुच्छेदों में से किनके अंतर्गत दिया हुआ है?

1. अनुच्छेद 13 2. अनुच्छेद 14
3. अनुच्छेद 15 4. अनुच्छेद 16

नीचे दिए कूट में से सही उत्तर का चयन कीजिए–

कूटः

(a) 1 और 2 (b) 1, 2 और 3
(c) 2, 3 और 4 (d) सभी चारों

84. भारतीय संविधान की प्रस्तावना में 'पंथनिरपेक्ष' शब्द जोड़ा गया?

(a) 25वें संशोधन द्वारा
(b) 42वें संशोधन द्वारा
(c) 44वें संशोधन द्वारा
(d) 52वें संशोधन द्वारा

85. सूची—I को सूची—II से सुमेलित कीजिए और सूचियों के नीचे दिए गए कूट की सहायता से सही उत्तर चुनिए-

सूची I	सूची II
A. अनुच्छेद 14	1. संशोधन प्रक्रिया
B. अनुच्छेद 36	2. मंत्रिपरिषद्
C. अनुच्छेद 74	3. समानता का अधिकार
D. अनुच्छेद 368	4. नीति निदेशक तत्त्व

कूटः

	A	B	C	D
(a)	2	1	4	3
(b)	4	1	3	2
(c)	1	2	3	4
(d)	3	4	2	1

86. भारतीय संविधान के निम्नलिखित में से किस अनुच्छेद के अंतर्गत विधानसभा को विधान परिषद् का सृजन करने का प्रस्ताव पास करने की इजाजत मिलती है?

(a) 168 (b) 169
(c) 170 (d) 171

87. संसद राज्य सूची के विषय कें संबंध में कानून बना सकती है-

(a) राष्ट्रपति की इच्छा से
(b) यदि राज्य सभा ऐसा संकल्प पारित करती है
(c) किसी भी परिस्थिति में
(d) संबंधित राज्य के विधानमंडल से पूछ कर

88. निम्नलिखित में से किसकी संस्तुति पर भारतीय संविधान में मूल कर्त्तव्य शामिल किया गया?

(a) बलवंत राय मेहता समिति की
(b) आयंगर समिति की
(c) स्वर्ण सिंह समिति की
(d) ठक्कर समिति की

89. निम्नलिखित में कौन एक सही सुमेलित नहीं है?

(a) अनुच्छेद 39Aसमान न्याय एवं नि:शुल्क विधिक सहायता
(b) अनुच्छेद 40 ग्राम पंचायतों का संगठन
(c) अनुच्छेद 44 समान नागरिक संहिता
(d) अनुच्छेद 48 यायपालिका का कार्यपालिका से पृथक्करण

90. संविधान सभा के संवैधानिक सलाहकार थे?

(a) सच्चिदानन्द सिन्हा
(b) के.एम. मुंशी
(c) वी.एन. राव
(d) टी.टी. कृष्णामाचारी

91. निम्नलिखित में से कौन संविधान प्रारूप समिति के सदस्य थे?

(i) एन. गोपालास्वामी
(ii) जवाहर लाल नेहरू
(iii) अल्लादि कृष्णास्वामी अय्यर
(iv) सरदार पटेल

नीचे दिए गए कूट का प्रयोग करते हुए सही उत्तर का चयन कीजिए–

कूटः

(a) (i), (iii) और (iv)
(b) (i) और (iv)
(c) (i) और (iii)
(d) (ii), (iii) और (iv)

92. निम्नलिखित में से कौन एक संवैधानिक संस्था नहीं है?

(a) वित्त आयोग
(b) योजना आयोग
(c) लोक सेवा आयोग
(d) चुनाव आयोग

93. निम्नलिखित अनुच्छेदों में से कौन एक राज्य सरकार को ग्राम पंचायतों को संगठित करने के लिए निर्देशित करता है?

(a) अनुच्छेद-32
(b) अनुच्छेद-40
(c) अनुच्छेद-48
(d) अनुच्छेद-51

94. भारत के संविधान में उद्देशिका का विचार लिया गया है-

(a) इटली के संविधान से
(b) कनाडा के संविधान से
(c) फ्रांस के संविधान से
(d) ऑस्ट्रेलिया के संविधान से

95. भारतीय संविधान का अनुच्छेद 40 राज्य को सार्थक कदमों हेतु परामर्श देता है-

(a) समान सिविल संहिता के संबंध में
(b) ग्राम पंचायतों के संगठन के संबंध में
(c) नगरपालिकाओं के गठन के संबंध में
(d) कर्मकारों के लिऐ निर्वाह योग्य मजदूरी के संबंध में

96. निम्नलिखित में से किन अनुच्छेदों को राष्ट्रीय आपातकाल के दौरान निलम्बित नहीं किया जा सकता है?

(a) अनुच्छेद 14 तथा 15
(b) अनुच्छेद 19 तथा 20
(c) अनुच्छेद 21 तथा 22
(d) अनुच्छेद 20 तथा 21

97. सूचना का अधिकार के संबंध में निम्नलिखित कथनों में से कौन-सा सही है?

(a) यह एक राजनीतिक अधिकार है।
(b) यह एक संवैधानिक अधिकार है।
(c) यह एक विधिक अधिकार है।
(d) यह एक सामाजिक अधिकार है।

98. भारत में नागरिकता की निम्नलिखित विशेषताओं में से कौन-सी सही है?

(a) राज्य तथा राष्ट्र की दोहरी नागरिकता
(b) राज्य की एकल नागरिकता
(c) सम्पूर्ण भारत की एकल नागरिकता
(d) भारत और अन्य देश की दोहरी नागरिकता

99. सूची—I को सूची—II से सुमेलित कीजिए तथा सूचियों के नीचे दिए गए कूट का प्रयोग करते हुए सही उत्तर का चयन कीजिए-

सूची I (प्रावधान)	सूची II (संविधान के अंतर्गत अनुच्छेद संख्या)
A. विधि के सम्मुख समानता	1. अनुच्छेद 42
B. कार्य करने का अधिकार	2. अनुच्छेद 45
C. कार्य करने के लिए सही और मानवीय स्थितियां	3. अनुच्छेद 14
D. बच्चों के लिए मुक्त तथा अनिवार्य शिक्षा	4. अनुच्छेद 41

कूट:

	A	B	C	D
(a)	1	2	3	4
(b)	3	4	1	2
(c)	2	1	4	3
(d)	4	3	1	2

100. कथन (A) : भारत का संविधान सबसे अधिक लंबा हो गया है।
कारण (R) : मौलिक अधिकारों का अध्याय अमेरिकन संविधान के मॉडल से लिया गया है।

कूट:
(a) (A) तथा (R) दोनों सही हैं तथा (R), (A) की सही व्याख्या है।
(b) (A) तथा (R) दोनों सही हैं परन्तु (R), (A) की सही व्याख्या नहीं है।
(c) (A) सही है, परन्तु (R) गलत है।
(d) (A) गलत है, परन्तु (R) सही है।

101. भारतीय संविधान का निम्नलिखित में से कौन-सा अनुच्छेद भारत के राष्ट्रपति को अध्यादेश जारी करने की शक्ति प्रदान करता है?
(a) अनुच्छेद 74
(b) अनुच्छेद 78
(c) अनुच्छेद 123
(d) अनुच्छेद 124 (2)

102. निम्नलिखित में से किस राज्य ने भारतीय संविधान के मूल संरचना के सिद्धांत की रूपरेखा प्रतिपादित की?
(a) गोपालन बनाम मद्रास राज्य
(b) गोलकनाथ बनाम पंजाब राज्य
(c) केशवानन्द भारती बनाम केरल राज्य
(d) उपर्युक्त में से कोई नहीं

103. निम्नलिखित वक्तव्यों पर विचार कीजिए और नीचे दिए कूट से सही उत्तर चुनिए-
कथन (A) : भारत में लिखित संविधान है।
कारण (R) : शक्तिशाली क्षेत्रीय दलों का विकास क्षेत्रीय आकांक्षाओं का संकेतक है।
कूट :
(a) (A) और (R) दोनों सही हैं और (R), (A) का सही स्पष्टीकरण है।
(b) (A) और (R) दोनों सही हैं किन्तु (R), (A) का सही स्पष्टीकरण नहीं है।
(c) (A) सही है, किन्तु (R) गलत है।
(d) (A) गलत है, किन्तु (R) सही है।

104. निम्न में से कौन भारतीय संविधान के अंतर्गत मौलिक कर्तव्यों में सम्मिलित नहीं है?
(a) देश की रक्षा करना एवं राष्ट्र की सेवा करना।
(b) हमारी सामाजिक संस्कृति की गौरवशाली परम्परा का महत्त्व समझना और उसका परिरक्षण करना।
(c) ग्राम पंचायतों के गठन में सहायता करना।
(d) सार्वजनिक सम्पत्ति को सुरक्षित रखना एवं हिंसा से दूर रहना।

105. संविधान के अंतर्गत निम्नलिखित में से कौन-सा मौलिक अधिकार केवल भारतीय नागरिकों को प्राप्त है, भारत में रहने वाले विदेशियों को नहीं?
(a) विधि के समक्ष समानता
(b) विचार तथा अभिव्यक्ति की स्वतंत्रता
(c) जीवन तथा व्यक्तिगत स्वतंत्रता का रक्षण
(d) धर्माचरण की स्वतंत्रता

106. निम्नलिखित कथनों पर विचार कीजिए-
कथन (A) : संविधान के अनुच्छेद 32 को डॉ. अम्बेडकर ने इसकी आत्मा कहा था।
कारण (R) : अनुच्छेद 32, मौलिक अधिकारों के अतिक्रमण के विरुद्ध प्रभावी उपचार का प्रावधान करता है।
नीचे दिए गए कूट से सही उत्तर चुनिए-

कूट:
(a) (A) तथा (R) दोनों ही सही हैं, और (A) का सही स्पष्टीकरण (R) है।
(b) (A) तथा (R) दोनों ही सही हैं, और (A) का सही स्पष्टीकरण (R) नहीं है।
(c) (A) सही है, किन्तु (R) गलत है।
(d) (A) गलत है, परन्तु (R) सही है।

107. भारत में, नागरिकों के मौलिक अधिकारों में संशोधन कौन कर सकता है?
(a) लोक सभा (b) राज्य सभा
(c) संसद (d) सर्वोच्च न्यायालय

108. भारतीय संविधान का कौन-सा अनुच्छेद भारत की विदेश नीति से सम्बन्धित है?
(a) अनुच्छेद 380
(b) अनुच्छेद 312
(c) अनुच्छेद 60
(d) अनुच्छेद 51

109. सूची-I को सूची-II से सुमेलित कीजिए और दिए गए कूट से सही उत्तर चुनिए-

सूची-I	सूची-II
A. सांविधानिक संशोधन	1. अनुच्छेद-360
B. वित्त आयोग	2. अनुच्छेद-312
C. वित्तीय आपात	3. अनुच्छेद-280
D. अखिल भारतीय सेवाएं	4. अनुच्छेद-368

कूट:

	A	B	C	D
(a)	2	3	4	1
(b)	4	3	1	2
(c)	3	4	1	2
(d)	1	2	3	4

110. अनुच्छेद-21 के दायरे में नहीं आता है?
(a) एक चिकित्सक द्वारा घायल को चिकित्सीय सहायता
(b) कार्यस्थल पर महिलाओं का लैंगिक उत्पीड़न
(c) पानी की गुणवत्ता को दूषित करना
(d) मृत्युदण्ड

111. भारतीय संविधान के कौन-से अनुच्छेद में जिला योजना समिति का गठन होता है?
(a) अनुच्छेद 243 ZD
(b) अनुच्छेद 244 ZD
(c) अनुच्छेद 242 ZD
(d) अनुच्छेद 243 ZE

112. भारत में महिलाओं के लिए स्थान आरक्षित है
(a) पंचायती राज संस्थाओं में
(b) राज विधान सभाओं में
(c) मंत्रिमण्डल में
(d) लोक सभा में

113. पंचायत समिति के सदस्य-
(a) जनता द्वारा प्रत्यक्ष रूप से चुने जाते हैं
(b) पंचायत के सदस्यों द्वारा चुने जाते हैं
(c) जिलाधिकारी द्वारा मनोनीत किए जाते हैं
(d) खुली प्रतियोगिता के आधार पर भर्ती किए जाते हैं

114. 2 अक्टूबर, 1959 को पंचायती राज का प्रारम्भ कहां हुआ-
(a) नागौर (b) सीकर
(c) साबरमती (d) नागपुर

115. मेयर का कार्यकाल कितने वर्ष होता है?
(a) 1 वर्ष (b) 2 वर्ष
(c) 3 वर्ष (d) 5 वर्ष

116. कौन-सी भाषा हमारे संविधान की आठवीं अनुसूची में सम्मिलित नहीं है?
(a) गुजराती (b) कश्मीरी
(c) राजस्थानी (d) डोंगरी

117. प्रथम पंचायती राज व्यवस्था का उद्‌घाटन पं. जवाहर लाल नेहरू द्वारा 2 अक्टूबर, 1959 को किया गया था-
(a) साबरमती में (b) वर्धा में
(c) नागौर में (d) सीकर में

118. जिस समिति की संस्तुति पर देश में पंचायती राज को लागू किया गया था, उसके अध्यक्ष थे-
(a) अशोक मेहता
(b) बलवन्त राय मेहता
(c) चिमन भाई मेहता
(d) जीवराज मेहता

119. भारतीय संविधान के अनुच्छेद 314 के तहत प्रथम राजकीय भाषा आयोग का गठन हुआ था-
(a) वर्ष 1950 में के.एम. मुंशी की अध्यक्षता में
(b) वर्ष 1955 में बी.जी. खेर की अध्यक्षता में
(c) वर्ष 1960 में एस.सी. छागला की अध्यक्षता में
(d) वर्ष 1965 में हुमायूं कबीर की अध्यक्षता में

120. संविधान की आठवीं अनुसूची में सम्मिलित भाषाओं में निम्नांकित में से कौन-सी भाषा बोलने वाले सर्वाधिक है?
(a) बंगाली (b) गुजराती
(c) मराठी (d) तेलुगू

121. सूची—I को सूची—II के साथ सुमेलित कीजिए तथा सूचियों के नीचे दिए गए कूट का प्रयोग कर सही उत्तर चुनिए-

	सूची-I (संविधान के अनुच्छेद)	सूची-II (विषय)
A.	अनु. 40	1. गांव पंचायत का गठन
B.	अनु. 41	2. काम करने का अधिकार
C.	अनु. 44	3. समान नागरिक संहिता
D.	अनु. 48	4. कृषि एवं पशुपालन का गठन

कूट:

	A	B	C	D
(a)	1	2	3	4
(b)	2	3	1	4
(c)	1	3	4	2
(d)	3	2	4	1

122. पंचायती राज का मुख्य उद्देश्य है-
(a) रोजगार बढ़ाना।
(b) कृषि उत्पादन को बढ़ाना।
(c) लोगों की राजनैतिक जागरूकता को बढ़ाना।
(d) लोगों को विकासमूलक प्रशासन में भागीदारी योग्य बनाना।

123. निम्न में से कौन जनता द्वारा प्रत्यक्ष निर्वाचित होते हैं? नीचे दिए गए कूट का प्रयोग करते हुए सही उत्तर का चयन कीजिए-
1. प्रधान 2. क्षेत्र प्रमुख
3. जिला पंचायत अध्यक्ष 4. सरपंच
5. पंच

कूट:
(a) 1, 2 और 3 (b) 1, 2 तथा 3
(c) 1, 4 तथा 5 (d) 1 तथा 5

124. भारत में त्रि-स्तरीय पंचायत राजतंत्र की सिफारिश की थी-
(a) अशोक मेहता समिति ने
(b) बलवन्त राय मेहता समिति ने
(c) जी.के.वी. राव समिति ने
(d) एल.एम. सिंघवी समिति ने

125. पंचायतों एवं नगरपालिकाओं के सम्बन्ध में भारतीय संविधान में किस वर्ष प्रावधान किया गया?
(a) 1991 (b) 1995
(c) 2000 (d) 1993

126. निम्नलिखित में से कौन संवैधानिक प्राधिकरण हैं?
1. राज्य निर्वाचन आयोग 2. राज्य वित्त आयोग
3. जिला पंचायत 4. राज्य निर्वाचन अधिकारी

कूट:
(a) केवल 1 और 2
(b) केवल 1, 2 और 3
(c) केवल 2, 3 और 4
(d) 1, 2, 3 और 4

127. निम्न में से किस राज्य में पंचायती राज का शुभारम्भ सबसे पहले हुआ?
(a) उत्तर प्रदेश (b) बिहार
(c) राजस्थान (d) गुजरात

128. जिस समिति ने लोकतांत्रिक विकेंद्रीकरण और पंचायत राज की सिफारिश की उसका सभापति कौन था?
(a) के.एम. पन्निकर
(b) एच.एन. कुंजरु
(c) महात्मा गांधी
(d) बलवन्त राय मेहता

129. पंचायत समिति के सदस्य-
(a) खंड विकास अधिकारी द्वारा मनोनीत किए जाते हैं।
(b) जिला पंचायत अध्यक्ष द्वारा मनोनीत किए जाते हैं।
(c) प्रत्यक्ष रूप से जनता द्वारा निर्वाचित किए जाते हैं।
(d) ग्राम पंचायत के सदस्यों द्वारा अप्रत्यक्ष रूप से निर्वाचित किए जाते हैं।

130. संसद के सूचना अधिकार अधिनियम को भारत के राष्ट्रपति की स्वीकृति प्राप्त हुई-
(a) 15 मई, 2005 को
(b) 5 जून, 2005 को
(c) 15 जून, 2005 को
(d) 12 अक्टूबर, 2005 को

131. हमारे संविधान के किस भाग में तीन सोपानों में पंचायतें बनाने की परिकल्पना की गई है?
(a) भाग IX (b) भाग X
(c) भाग XI (d) भाग XII

132. निम्नलिखित में से कौन-सी एक समिति पंचायती राज संस्था से सम्बन्धित नहीं है?
(a) पी.वी.एन. राव समिति
(b) एल.एम. सिंघवी समिति
(c) अशोक मेहता समिति
(d) बलवन्त राय मेहता समिति

133. ट्राइसेम एक कार्यक्रम है-
(a) ग्रामीण विकास का
(b) औद्योगिक विकास का
(c) शहरी विकास का
(d) सुरक्षात्मक तैयारियों का

134. भारतीय संविधान की ग्यारहवीं अनुसूची सम्बन्धित है-
(a) पंचायती राज से
(b) नगरपालिका से
(c) केंद्र-राज्य सम्बन्धों से
(d) उपर्युक्त में से कोई नहीं

135. निम्नलिखित में से कौन पंचायतों की वित्तीय स्थिति का पुनर्विलोकन करने के लिए 'वित्त आयोग' का गठन करता है?
(a) सम्बन्धित राज्य का मुख्यमंत्री
(b) सम्बन्धित राज्य का वित्तमंत्री
(c) सम्बन्धित राज्य का राज्यपाल
(d) सम्बन्धित राज्य का पंचायती राज्यमंत्री

136. निम्नलिखित में से किसे भारत में 'स्थानीय स्वायत्त शासन' का जनक माना जाता है?
(a) लॉर्ड डलहौजी (b) लॉर्ड कैनिंग
(c) लॉर्ड कर्जन (d) लॉर्ड रिपन

137. संविधान के किस संशोधन द्वारा केंद्रीय मंत्रियों की संख्या लोकसभा के कुल सदस्यों के 15% पर सीमित कर दी गई है?

(a) 91वां संशोधन
(b) 92वां संशोधन
(c) 90वां संशोधन
(d) उपर्युक्त में से कोई नहीं

138. निम्नलिखित पंचायतों में से किसे/किन्हें उत्तर प्रदेश में जिला योजना में सम्मिलित किया जाता है?

I. नगर पंचायत
II. ग्राम पंचायत
III. क्षेत्र पंचायत

नीचे दिए गए कूट से सही उत्तर चुनिए-

कूट:

(a) केवल I
(b) केवल I और III
(c) केवल II और III
(d) I, II और III सभी

139. भारतीय संविधान के अनुच्छेद 243(ZJ) के अनुसार सहकारी समिति के निदेशकों की अधिकतम संख्या हो सकती है?

(a) 21 (b) 15
(c) 11 (d) 7

140. संविधान के किस भाग में पंचायती राज व्यवस्था सम्बन्धी प्रावधान दिए गए हैं?

(a) IX (b) VI
(c) III (d) IV-A

141. सॉलिसिटर जनरल निम्न में से क्या होता है?

(a) सरकारी अधिवक्ता
(b) राष्ट्रपति का कानूनी अधिकारी
(c) कानूनी सलाहकार
(d) प्रशासनिक अधिकारी

142. न्यायिक पुनर्विलोकन में न्यायालय को निम्नलिखित अधिकार है-

(a) यदि कोई कानून या आदेश संविधान के विपरीत हो तो उसे असंवैधानिक घोषित करना
(b) निचले न्यायालयों के आदेशों का पुनर्विलोकन करना
(c) निचले न्यायालयों के निर्णय के विरुद्ध अपील सुनना
(d) कानूनों का इस दृष्टिकोण से परीक्षण कि क्या उन्हें बनाने में निर्धारित प्रक्रिया का अनुपालन हुआ है

143. भारत सरकार के मुख्य विधि परामर्शदाता हैं-

(a) सॉलिसिटर जनरल ऑफ इण्डिया
(b) उच्चतम न्यायालय के मुख्य न्यायाधीश
(c) सचिव विधि मंत्रालय
(d) अटॉनी जनरल ऑफ इण्डिया

144. सेवानिवृत होने के पश्चात् सर्वोच्च न्यायालय के न्यायाधीश वकालत कर सकते हैं-

(a) केवल सर्वोच्च न्यायालय में
(b) केवल उच्च न्यायालय में
(c) सर्वोच्च न्यायालय तथा उच्च न्यायालय में
(d) किसी भी न्यायालय में नहीं

145. उच्च न्यायालय की परमादेश जारी करने की शक्ति के अन्तर्गत आते हैं-

(a) संवैधानिक अधिकार
(b) सांविधिक अधिकार
(c) मौलिक अधिकार
(d) उपरोक्त सभी

146. भारत में न्यायिक पुनरीक्षण की संकल्पना निम्नांकित देश के संविधान में ली गई है-

(a) यूनाइटेड किंगडम
(b) संयुक्त राज्य अमेरिका
(c) यू. एस.एस.आर.
(d) ऑस्ट्रेलिया

147. भारतीय संविधान के निम्नलिखित अनुच्छेदों में से कौन सर्वोच्च न्यायालय द्वारा संविधान के 'अनुलंघनीय मौलिक ढांचा' घोषित किए गए हैं?

1. अनुच्छेद 32
2. अनुच्छेद 227
3. अनुच्छेद 226
4. अनुच्छेद 245

कूट:

(a) 1, 2 एवं 3
(b) 1, 3 एवं 4
(c) 1, 2 एवं 4
(d) 1, 2, 3 एवं 4

148. कोई भी संविधान संशोधन कानून भारतीय सर्वोच्च न्यायालय द्वारा असंवैधानिक घोषित किया जा सकता है, यदि वह-

(a) वर्तमान द्विस्तरीय व्यवस्था के स्थान पर तीन स्तरीय व्यवस्था स्थापित करता है।
(b) विधि के समक्ष समानता के अधिकार को भाग 3 से हटाकर संविधान में अन्यत्र कहीं रखता है।
(c) कार्यकारिणी की संसदीय व्यवस्था के स्थान पर अध्यक्षात्मक व्यवस्था रखता है।
(d) सर्वोच्च न्यायालय के भार को कम करने हेतु एक संघीय अपीलीय न्यायालय स्थापित करता है।

149. विधि के प्रश्न पर भारतीय सर्वोच्च न्यायालय से परामर्श लेने का अधिकार किसको है?

(a) प्रधानमंत्री को
(b) राष्ट्रपति को
(c) किसी भी उच्च न्यायालय को
(d) उपरोक्त सभी को

150. भारत के कार्यवाहक मुख्य न्यायाधीश की नियुक्ति कौन करता है?

(a) भारत का मुख्य न्यायाधीश
(b) राष्ट्रपति की पूर्व स्वीकृति से भारत का मुख्य न्यायाधीश
(c) राष्ट्रपति
(d) भारत के मुख्य न्यायाधीश के परामर्श से राष्ट्रपति

151. एक ऐसी याचिका जो न्यायपालिका द्वारा जारी की जाती है तथा जिसमें कार्यपालिका से कहा जाता है कि वह, वह कार्य करे जो उसे प्रदत्त शक्तियों के अन्तर्गत करना चाहिए था, उस रिट (याचिका) को कहा जाता है-

(a) हेबियस कार्पस
(b) मेण्डेमस
(c) प्रोहिबिशन
(d) को-वारण्टो

152. संघीय मन्त्रिपरिषद् ने न्यायमूर्ति नानावती जांच आयोग का कार्यकाल 2 नवम्बर, 2004 तक पुन: बढ़ाए जाने का अनुमोदन किया है। यह आयोग रा.ज.ग. सरकार द्वारा बनाया गया था, जांच हेतु-

(a) सतलुज-यमुना लिंक नहर विवाद की
(b) केन्द्र-राज्य सम्बन्धों की
(c) वायुपत्तनों के निजीकरण के संबंधों की
(d) 1984 के सिख विरोधी दंगों की

153. केन्द्र तथा राज्यों के विवादों का समाधान करना भारतीय सर्वोच्च न्यायालय के जिस क्षेत्राधिकार के अन्तर्गत आता है, वह है-

(a) परामर्शदात्री (b) अपीलीय
(c) संवैधानिक (d) प्रारम्भिक

154. भारत के सर्वोच्च न्यायालय के कार्यवाहक मुख्य न्यायाधीश की नियुक्ति करता है-

(a) सर्वोच्च न्यायालय का मुख्य न्यायाधीश
(b) प्रधान मंत्री
(c) राष्ट्रपति
(d) विधि मंत्री

155. सर्वोच्च न्यायालय में तदर्थ न्यायाधीशों की नियुक्ति होती है जब-

(a) कतिपय न्यायाधीश दीर्घकालीन अवकाश पर जाते हैं।

(b) स्थाई नियुक्ति के लिए कोई उपलब्ध नहीं होता।
(c) न्यायालय के समक्ष लम्बित वादों में असाधारण वृद्धि होती है।
(d) न्यायालय के किसी सत्र के लिए न्यायाधीशों का कोरम पूरा नहीं होता है।

156. हाल ही में उच्च न्यायालय ने प्रवासी पंचाट निर्धारित अधिनियम, 1983 को संविधान के किस अनुच्छेद के अन्तर्गत केन्द्र के पावन कर्त्तव्य के उल्लंघन के आधार पर असंवैधानिक घोषित किया है?
(a) अनु. 355 (b) अनु. 356
(c) अनु. 256 (d) अनु. 257

157. भारत का सर्वोच्च न्यायालय एक ''अभिलेख न्यायालय'' है। इसका आशय है कि-
(a) इसे अपने सभी निर्णयों का अभिलेख रखना होता है।
(b) इसके सभी निर्णयों का साक्ष्यात्मक मूल्य होता है और इस पर किसी भी न्यायालय में प्रश्न चिन्ह नहीं लगाया जा सकता है।
(c) इसे अपनी अवमानना करने वालों को दण्डित करने की शक्ति है।
(d) इसके निर्णयों के विरुद्ध कोई अपील नहीं की जा सकती है।

158. हम न्यायिक पुनरावलोकन की व्यवस्था रखते हैं-
(a) केवल भारत में
(b) केवल यू.के. में
(c) केवल यू.एस.ए. में
(d) भारत और यू.एस.ए. दोनों में

159. निम्न में से कौन एक रिट न्यायालय में कार्यवाही लम्बित होने की दशा में लागू की जाती है?
(a) परमादेश
(b) उत्प्रेषण
(c) प्रतिषेध (प्रोहिबिशन)
(d) अधिकार पृच्छा

160. निम्नलिखित में से किस वाद में उच्चतम न्यायालय ने धारण प्रस्तुत की कि 'उद्देशिका संविधान का भाग है'?
(a) यूनियन ऑफ इण्डिया बनाम डॉ. कोहली
(b) बनारसी दास बनाम स्टेट ऑफ यू.पी.
(c) बोम्मई बनाम यूनियन ऑफ इंडिया
(d) मलक सिंह बनाम स्टेट ऑफ पंजाब

161. निम्नलिखित में से किस वाद में उच्चतम न्यायालय ने यह धारणा व्यक्त की कि ''मूल अधिकार व्यक्ति को जैसा उसे सबसे अच्छा लगे उस तरह अपनी जिन्दगी की रूपरेखा तैयार करने के लिये सक्षम बनाते हैं?''
(a) इन्दिरा गांधी बनाम राज नारायण
(b) गोलक नाथ बनाम स्टेट ऑफ पंजाब
(c) बैंकों के राष्ट्रीयकरण का मामला
(d) अजहर बनाम म्यूनिसिपल कॉर्पोरेशन

162. उच्चतम न्यायालय में संविधान के निर्वाचन से संबंधित मामले की सुनवाई करने के लिए न्यायाधीशों की संख्या कम से कम कितनी होनी चाहिए?
(a) दस
(b) नौ
(c) सात
(d) पांच

163. बॉम्बे, मद्रास और कलकत्ता में उच्च न्यायालयों की स्थापना कब हुई?
(a) 1861 (b) 1851
(c) 1871 (d) 1881

164. भारत के सर्वोच्च न्यायालय के सम्बन्ध में निम्नलिखित में से कौन-सा कथन सही है?
(a) इसका केवल मूल क्षेत्राधिकार है।
(b) इसका केवल अपीलीय क्षेत्राधिकार है।
(c) इसका केवल परामर्श सम्बन्धी क्षेत्राधिकार है।
(d) इसका मूल,अपीलीय और परामर्श सम्बन्धी क्षेत्राधिकार है।

165. सर्वोच्च न्यायालय का न्यायाधीश अपना पद त्याग सकता है, पत्र लिखकर-
(a) मुख्य न्यायाधीश को
(b) राष्ट्रपति को
(c) प्रधानमंत्री को
(d) विधि मंत्री को

166. निम्नलिखित में से किस वाद में भारतीय संविधान के 'मूलभूत ढांचे' की अवधारणा प्रतिपादित की गई थी?
(a) इन्द्रा साहनी वाद
(b) शंकरी प्रसाद का वाद
(c) रुदल शाह का वाद
(d) उपर्युक्त में से कोई नहीं

167. निम्नलिखित में से किस एक अधिनियम द्वारा भारत में संघीय न्यायालय की स्थापना की गई थी?
(a) भारतीय परिषद अधिनियम, 1861
(b) भारत सरकार अधिनियम, 1909
(c) भारत सरकार अधिनियम, 1919
(d) उपर्युक्त में से कोई नहीं

168. निम्नलिखित में से किसको अपने कर्तव्यों के पालन में भारत के राज्यक्षेत्र में सभी न्यायालयों में सुनवाई का अधिकार होगा?
(a) महाधिवक्ता को
(b) महान्यायवादी को
(c) अतिरिक्त महाधिवक्ता को
(d) उपर्युक्त में से कोई नहीं

169. व्यक्तिगत स्वतंत्रता के लिए उच्च न्यायालय निम्नलिखित में से किस रिट को जारी कर सकता है
(a) परमादेश (b) अधिकार-पृच्छा
(c) बन्दी-प्रत्यक्षीकरण (d) प्रतिषेध

170. नीचे दो कथन दिए गए हैं-
अभिकथन (A) : भारत में न्यायिक पुनरीक्षण का क्षेत्र सीमित है।
कारण (R) : भारतीय संविधान में कुछ 'उधार की वस्तुएं' हैं।
सही उत्तर का चयन नीचे दिए गए कूट की सहायता से करें।
कूट:
(a) A व R दोनों सत्य हैं और R, A का सही स्पष्टीकरण है।
(b) A व R दोनों सत्य हैं और R, A का सही स्पष्टीकरण नहीं है।
(c) A सही है, तथा R गलत है।
(d) A गलत है, तथा R सही है।

171. भारत के संविधान में किस अनुच्छेद में करों को केन्द्र द्वारा लगाया तथा एकत्रित किया जाता है लेकिन केन्द्र और राज्यों के बीच में वितरित किया जाता है?
(a) अनुच्छेद 268 (b) अनुच्छेद 269
(c) अनुच्छेद 270 (d) अनुच्छेद 271

172. निम्नलिखित में से कौन-सा वित्त मंत्रालय का एक विभाग नहीं है?
(a) व्यय
(b) राजस्व
(c) बैंकिंग विभाग
(d) आर्थिक मामले

173. 'विधि आयोग' के किस अध्यक्ष ने अपनी रिपोर्ट में समर्थन किया है कि ''प्रत्येक उच्च न्यायालय के एक-तिहाई न्यायाधीश दूसरे राज्य से होने चाहिए।''
(a) न्यायाधीश पी.एन. भगवती
(b) न्यायाधीश हिदायतुल्ला
(c) न्यायाधीश एच. आर. खन्ना
(d) न्यायाधीश, चन्द्रचूड़

174. किस आयोग ने स्थायी राज्यीय परिषद् जो 'अंतर-सरकारी परिषद्' के नाम से जानी जाती है, की स्थापना का समर्थन किया?

(a) पंछी आयोग
(b) सरकारिया आयोग
(c) राधाकृष्णन आयोग
(d) मोइली आयोग

175. सरकारिया आयोग संबंधित है–
(a) उच्च शिक्षा से
(b) नदी जल विवाद से
(c) शेयर घोटाले से
(d) केन्द्र-राज्य सम्बन्धों से

176. भारत में योजना आयोग के सम्बन्ध में निम्नलिखित में से कौन-सा कथन सही है?
(a) योजना आयोग का संविधान में कोई उल्लेख नहीं है
(b) इसकें उपाध्यक्ष एवं सदस्यों के लिए निश्चित कार्यकाल नहीं होता
(c) इसके सदस्यों के लिए कोई निश्चित योग्यता निर्धारित नहीं है
(d) उपरोक्त सभी

177. डाक द्वारा मतदान को कहते हैं–
(a) बहु मतदान
(b) गुप्त मतदान
(c) भारित मतदान
(d) परोक्ष मतदान

178. मुख्य चुनाव आयुक्त को पदच्युत किया जा सकता है-
(a) सुप्रीम कोट के मुख्य न्यायाधीश द्वारा
(b) राष्ट्रपति द्वारा
(c) मन्त्रिमण्डल के प्रस्ताव से
(d) संसद के दोनों सदनों के सदस्यों के 2/3 बहुमत से प्रमाणित कदाचार के आधार पर

179. निम्न में किसका सम्बन्ध चुनाव आयोग से नहीं है?
(a) चुनाव की अधिसूचना जारी करना
(b) चुनाव चिन्ह का बंटवारा करना
(c) चुनाव की वैधता का निपटारा करना
(d) चुनाव शांतिपूर्ण ढंग से सम्पन्न कराना।

180. भारत में कोई भी राजनैतिक दल राष्ट्रीय दल के रूप में मान्यता प्राप्त कर सकता है, यदि वह राज्य स्तर पर दल है, कम से कम-
(a) तीन राज्यों में (b) चार राज्यों में
(c) पांच राज्यों में (d) सात राज्यों में

181. नीचे कुछ राजनैतिक दल तथा 13वीं लोकसभा के निर्वाचन में उनके द्वारा जीते गए स्थानों की सूची दी गई है। उनमें कौन सुमेलित नहीं है?
(a) सी.पी.एम. 32
(b) टी.डी.पी. 30
(c) बी.जे.डी. 10
(d) बी.एस.पी. 14

182. कथन (A) : भारत में स्थाई दलीय व्यवस्था नहीं है।
कारण (R) : अत्यधिक संख्या में राजनैतिक दल हैं।

कूट:
(a) A तथा R दोनों सही हैं तथा R, A की सही व्याख्या है।
(b) A और R दोनों सही हैं किन्तु R, A की सही व्याख्या नहीं है।
(c) A सही है, किन्तु R गलत है।
(d) A गलत है, किन्तु R सही है।

183. भारत के निर्वाचन आयोग के कार्य हैं-
I. संसद् एवं राज्य विधान मंडलों के सभी चुनाव करवाना।
II. राष्ट्रपति और उपराष्ट्रपति पदों के लिए चुनाव करवाना।
III. किसी राज्य में स्वतन्त्र एवं निष्पक्ष चुनाव के लिए अनुकूल दशा न होने पर राष्ट्रपति शासन लगाए जाने की संस्तुति करना।
IV. निर्वाचन सूचियां तैयार करने के कार्य का निरीक्षण, निर्देशन एवं नियंत्रण।

कूट:
(a) I, II, III (b) I, II, IV
(c) I, III, IV (d) सभी चारों

184. नीचे दो वक्तव्य दिए गए हैं-
कथन (A) : संसद तथा राज्य विधान मण्डलों के स्वतंत्र तथा निष्पक्ष चुनाव कराने की शक्तियां एक स्वतंत्र इकाई अर्थात् निर्वाचन आयोग को दी गई है।
कारण (R) : निर्वाचन आयुक्त को पद से हटाने का प्राधिकार कार्यपालिका के पास है।

कूट:
(a) A तथा R दोनों सही हैं और R, A का सही स्पष्टीकरण है।
(b) A और R दोनों सही हैं परन्तु R, A का सही स्पष्टीकरण नहीं है।
(c) A सही है, परन्तु R गलत है।
(d) A गलत है, परन्तु R सही है।

185. निम्नलिखित में से कौन-सा क्षेत्रीय राजनीतिक दल है?
(a) कांग्रेस (b) भाजपा
(c) सी.पी.आई (d) अकाली दल

186. उत्तर प्रदेश लोक सेवा आयोग के व्यय किस निधि पर भारित होते हैं?
(a) भारत की संचित निधि पर
(b) राज्य की संचित निधि पर
(c) फीस द्वारा इसके स्वयं के एकत्र निधि पर
(d) आकस्मिक निधि पर

187. नवयुवकों द्वारा 18 वर्ष की आयु में मताधिकार का पहली बार प्रयोग किया गया आम चुनाव में-
(a) 1987 के (b) 1988 के
(c) 1989 के (d) 1990 के

188. भारत के मुख्य निर्वाचन आयुक्त की पदावधि क्या है?
(a) पांच वर्ष
(b) राष्ट्रपति के प्रसादपर्यन्त
(c) 6 वर्ष या 65 वर्ष की आयु तक, जो भी पहले हो
(d) पांच वर्ष या 65 वर्ष की आयु तक, जो भी पहले हो

189. निर्वाचन आयुक्त हटाया जा सकता है-
(a) मुख्य निर्वाचन आयुक्त द्वारा
(b) प्रधानमंत्री द्वारा
(c) मुख्य निर्वाचन आयुक्त के परामर्श पर राष्ट्रपति द्वारा
(d) भारत के मुख्य न्यायाधीश द्वारा

190. किसी राजनीतिक दल को क्षेत्रीय दल के रूप में मान्यता दी जाती है, यदि-
(a) वह राज्य में या तो लोक सभा अथवा विधान सभा चुनाव में 4% वोट प्राप्त करता है।
(b) वह राज्य में या तो लोक सभा अथवा विधान सभा चुनाव में 6% वोट प्राप्त करता है।
(c) वह राज्य में या तो लोक सभा अथवा विधान सभा चुनाव में 8% वोट प्राप्त करता है।
(d) उपर्युक्त में से कोई नहीं।

191. निम्नलिखित वक्तव्यों पर विचार कीजिए और नीचे दिए गए कूट से सही उत्तर चुनिए-
कथन (A) : राज्य निर्वाचन आयोग एक संवैधानिक प्राधिकरण है।
कारण (R) : ग्रामीण स्थानीय निकायों के निर्वाचन पर भारत के निर्वाचन आयोग का निरीक्षण रहता है।

कूट :
(a) (A) और (R) दोनों सही हैं, और (R), (A) का सही स्पष्टीकरण है।

(b) (A) और (R) दोनों सही हैं किन्तु (R), (A) का सही स्पष्टीकरण नहीं है।
(c) (A) गलत है, परन्तु (R) सही है।
(d) (A) सही है, किन्तु (R) गलत है।

192. नीचे दो वक्तव्य दिए गए हैं-
कथन (A) : चुनाव की घोषणा होते ही राजनीतिक दलों को आदर्श आचार संहिता का पालन करना होता है।
कारण (R) : आदर्श आचार संहिता को संसद ने अधिनियमित किया था।
नीचे दिए गए कूट से सही उत्तर का चयन कीजिए :

कूट:
(a) A व R दोनों सत्य हैं तथा R कथन A का सही स्पष्टीकरण है।
(b) A व R दोनों सत्य हैं, पर R कथन A का सही स्पष्टीकरण नहीं है।
(c) A सत्य है, पर R असत्य है।
(d) A असत्य है, पर R सत्य है।

193. योजना आयोग का उपाध्यक्ष किसके समकक्ष होता है?
(a) उपराष्ट्रपति
(b) राज्यमंत्री
(c) कैबिनेट मंत्री
(d) सर्वोच्च न्यायालय

194. भारत के नियंत्रक एवं महालेखा परीक्षक के पद पर नियुक्ति का कार्यकाल होता है-
(a) 4 वर्ष (b) 5 वर्ष
(c) 6 वर्ष (d) 7 वर्ष

195. योजना आयोग की स्थापना की गई-
(a) राष्ट्रपति के द्वारा अध्यादेश जारी करके
(b) संसद द्वारा एक कानून को बनाकर
(c) संघीय मंत्रिपरिषद द्वारा एक विशेष प्रस्ताव पारित कर
(d) उपर्युक्त में कोई नहीं

196. योजना आयोग के उपाध्यक्ष को भारत सरकार के सरकारी वरीयता क्रम में महत्व का दर्जा दिया गया है-
(a) भारत सरकार के कैबिनेट मंत्री के समान
(b) सुप्रीम कोर्ट के जज के समान
(c) संसदीय समिति के अध्यक्ष के समान
(d) भारत सरकार के सचिव के समान

197. केन्द्र व राज्य के बीच वित्तीय (फिस्कल) विवादों के निपटारे हेतु मुख्य एजेन्सी है?
(a) सर्वोच्च न्यायालय
(b) न्याय मंत्री
(c) वित्त मंत्री
(d) वित्त आयोग

198. दसवें वित्त आयोग के अनुसार वितरण योग्य संसाधनों में से राज्यों को वितरण हेतु प्राप्त होगा-
(a) 29% (b) 42%
(c) 47.5% (d) 25%

199. राष्ट्रीय विकास परिषद् का मुख्य संबंध होता है-
(a) पंचवर्षीय योजनाओं के अनुमोदन से
(b) ग्राम विकास परियोजनाओं के क्रियान्वयन से
(c) विकास परियोजनाओं के निर्माण से
(d) केन्द्र-राज्य वित्तीय संबंध से

200. भारत के नियन्त्रण एवं महालेखा परीक्षक की नियुक्ति की जाती है, द्वारा-
(a) राष्ट्रपति
(b) अध्यक्ष, लोकसभा
(c) अध्यक्ष, योजना आयोग
(d) वित्त मंत्री

उत्तरमाला

1. (a)	2. (a)	3. (d)	4. (c)	5. (a)	6. (a)	7. (d)	8. (c)	9. (a)	10. (d)
11. (b)	12. (b)	13. (c)	14. (d)	15. (a)	16. (c)	17. (a)	18. (b)	19. (d)	20. (c)
21. (a)	22. (a)	23. (b)	24. (b)	25. (b)	26. (b)	27. (b)	28. (b)	29. (c)	30. (c)
31. (d)	32. (d)	33. (c)	34. (c)	35. (b)	36. (d)	37. (b)	38. (b)	39. (d)	40. (c)
41. (d)	42. (c)	43. (b)	44. (b)	45. (a)	46. (d)	47. (c)	48. (b)	49. (a)	50. (c)
51. (d)	52. (d)	53. (b)	54. (d)	55. (d)	56. (c)	57. (b)	58. (d)	59. (a)	60. (c)
61. (b)	62. (c)	63. (b)	64. (a)	65. (a)	66. (d)	67. (d)	68. (d)	69. (b)	70. (b)
71. (d)	72. (d)	73. (b)	74. (b)	75. (b)	76. (c)	77 (d)	78. (c)	79. (a)	80. (b)
81. (d)	82. (b)	83. (c)	84. (b)	85. (d)	86. (b)	87. (b)	88. (c)	89. (d)	90. (c)
91. (c)	92. (b)	93. (b)	94. (d)	95. (b)	96. (d)	97. (c)	98. (c)	99. (b)	100. (b)
101. (c)	102. (c)	103. (b)	104. (c)	105. (b)	106. (a)	107. (c)	108. (d)	109. (b)	110. (b)
111. (a)	112. (a)	113. (a)	114. (a)	115. (d)	116. (c)	117. (c)	118. (b)	119. (b)	120. (a)
121. (a)	122. (d)	123. (c)	124. (b)	125. (d)	126. (b)	127. (c)	128. (d)	129. (c)	130. (c)
131. (a)	132. (a)	133. (a)	134. (a)	135. (c)	136. (d)	137. (a)	138. (d)	139. (a)	140. (a)
141. (c)	142. (a)	143. (d)	144. (d)	145. (d)	146. (b)	147. (a)	148. (b)	149. (b)	150. (c)
151. (b)	152. (d)	153. (d)	154. (c)	155. (d)	156. (a)	157. (b)	158. (d)	159. (c)	160. (c)
161. (b)	162. (d)	163. (a)	164. (d)	165. (b)	166. (d)	167. (d)	168. (b)	169. (c)	170. (b)
171. (c)	172. (c)	173. (c)	174. (b)	175. (d)	176. (d)	177. (d)	178. (d)	179. (a)	180. (b)
181. (b)	182. (b)	183. (b)	184. (b)	185. (d)	186. (b)	187. (c)	188. (c)	189. (c)	190. (b)
191. (d)	192. (c)	193. (c)	194. (c)	195. (c)	196. (a)	197. (d)	198. (a)	199. (a)	200. (a)

□□□

भारतीय अर्थव्यवस्था

अर्थशास्त्र सामाजिक विज्ञान की एक शाखा है जिसके अंतर्गत उत्पादन, उपभोग, विनिमय तथा वितरण का अध्ययन किया जाता है, परन्तु आधुनिक अर्थशास्त्र में कई नई व्याख्याएँ जुड़ गई हैं जिनमें राजस्व (Revenue), जनकल्याण (Public Welfare), अंतर्राष्ट्रीय व्यापार (International Trade), विदेशी विनिमय (Foreign Exchange), बैंकिंग (Banking) इत्यादि का अध्ययन भी शामिल है।

अर्थशास्त्र की परिभाषा के सम्बन्ध में विद्वानों के मत

- **अल्फ्रेड मार्शल**–मनुष्य जाति के दैनिक जीवन का अध्ययन अर्थशास्त्र है।
- **एडम स्मिथ**–अर्थशास्त्र **धन का विज्ञान** है।
- **अल्फ्रेड मार्शल**–अल्फ्रेड मार्शल ने अर्थशास्त्र की परिभाषा का विस्तृत अध्ययन करते हुए कहा कि अर्थशास्त्र **धन के विज्ञान** के साथ-साथ **कल्याण का भी विज्ञान** है।
- **सैम्युल्सन**–अर्थशास्त्र **विकास का विज्ञान** है।
- **एडम स्मिथ** (Adam Smith 1723–90) को **अर्थशास्त्र का जनक** (Father of Economics) कहा जाता है। उनकी पुस्तक (An Enquiry into the Nature and Causes of the Wealth of Nations—1776) से ही **शास्त्रीय अर्थशास्त्र** (Classical Economy) का **उद्भव** माना जाता है।

अर्थव्यवस्था से सम्बन्धित प्रमुख पुस्तकें		
1.	प्रिंसिपल्स ऑफ इकोनॉमिक्स (1890)	**अल्फ्रेड मार्शल**
2.	नेचर एंड सिग्निफिकेन्स ऑफ इकोनॉमिक साइंसेज (1932)	**रॉबिन्स**
3.	द जनरल थ्योरी ऑफ एंप्लायमेंट, इंटरेस्ट एंड मनी	**जे.एम. कीन्स**

अर्थशास्त्र की शाखाएँ

व्यष्टि अर्थशास्त्र (Micro Economics)

- व्यष्टि अर्थशास्त्र के अंतर्गत सामान्यत: आर्थिक इकाइयों (Economics Units) का अध्ययन किया जाता है। व्यष्टि अर्थशास्त्र के **प्रणेता एडम स्मिथ** थे।
- व्यष्टि अर्थशास्त्र के अंतर्गत छोटी आर्थिक इकाइयों से सम्बन्धित आर्थिक समस्याओं एवं आर्थिक मुद्दों का अध्ययन किया जाता है। जैसे–व्यक्तिगत उपभोक्ता आदि।
- **व्यष्टि अर्थव्यवस्था** आर्थिक मानव के व्यक्तिगत व्यवहार का अध्ययन करती है। आर्थिक मानव की आवश्यकताएँ उत्पादन को प्रेरित करने वाले तत्वों तथा बाजार से उसके संबंध का अध्ययन व्यष्टि अर्थशास्त्र के अंतर्गत किया जाता है। साथ ही, उद्यमी व उपभोक्ता से सम्बन्धित माँग व आपूर्ति के नियमों का विश्लेषण भी व्यष्टि अर्थशास्त्र के अंतर्गत किया जाता है।
- स्पष्ट रूप से व्यष्टि अर्थशास्त्र का उद्देश्य बाजार में माँग व आपूर्ति की व्यवस्था को बनाए रखना तथा उपभोग और माँग के अन्य तत्वों की पहचान करना है।

समष्टि अर्थशास्त्र (Macro Economics)

- **समष्टि अर्थशास्त्र** वह अर्थशास्त्र है, जिसमें क्षेत्रीय, राष्ट्रीय एवं अंतर्राष्ट्रीय अर्थव्यवस्थाओं की अंतरर्निर्भरता (Interdependency) तथा अन्योन्याश्रितता समझने का प्रयास किया जाता है। इसके अतिरिक्त इसमें राष्ट्रीय आय, बचत, व्यापार की व्याख्या करते हुए राष्ट्रीय अर्थव्यवस्था के लक्ष्यों का निर्धारण तथा उनकी प्राप्ति के प्रयास भी सम्मिलित हैं।
- **राष्ट्रीय आय**, रोजगार, मुद्रा, सामान्य कीमत स्तर, आर्थिक विकास व अंतर्राष्ट्रीय व्यापार से सम्बन्धित सिद्धान्तों का अध्ययन समष्टि अर्थशास्त्र के अंतर्गत ही किया जाता है।
- **समष्टि अर्थशास्त्र**, अर्थव्यवस्था की समग्र रूप से व्याख्या करने का प्रयास करता है। यह बेरोजगारी, मुद्रास्फीति, मुद्रा तथा राजकोषीय नीति जैसे व्यापक विषयों की व्याख्या के द्वारा इन तत्वों का अर्थव्यवस्था के सन्तुलन से संबंध स्थापित करता है।

अर्थव्यवस्था का वर्गीकरण

विभिन्न आर्थिक क्रियाओं व गतिविधियों के आधार पर अर्थव्यवस्था का वर्गीकरण विविध रूपों में किया जाता है–

नियन्त्रण के आधार पर वर्गीकरण

उदारवादी अर्थव्यवस्था (Liberal Economy)

- इसे **पूँजीवादी अर्थव्यवस्था** (Capitalistic Economy) भी कहते हैं। यह ऐसी अर्थव्यवस्था है, जहाँ आर्थिक गतिविधियों पर राज्य का न्यूनतम नियन्त्रण होता है तथा निजी क्षेत्र अधिक प्रभावकारी एवं स्वतन्त्र होता है।
- यह अर्थव्यवस्था **एडम स्मिथ** के लैसेजफेयर (Laissezfair) या अहस्तक्षेप के सिद्धान्तों पर कार्य करती है। इसमें बाजार की शक्तियाँ अधिक प्रभावकारी भूमिका में होती हैं, जैसे-**संयुक्त राज्य अमेरिका, ब्रिटेन, फ्रांस** आदि देशों की अर्थव्यवस्थाएँ।
- इस अर्थव्यवस्था का उद्देश्य अधिक-से-अधिक लाभ कमाना होता है। पूँजीवादी अर्थव्यवस्था में कभी-कभी **एकाधिकार** (Monopoly) की स्थिति बन जाती है। एकाधिकार की अवस्था में उत्पादन एक संस्था या व्यक्ति तक ही सीमित रह जाता है, जिससे वस्तु के मूल्य में वृद्धि होती है।
- पूँजीवादी अर्थव्यवस्था का उद्भव एडम स्मिथ की पुस्तक **द वेल्थ ऑफ नेशन्स** से माना जाता है।

समाजवादी अर्थव्यवस्था (Socialistic Economy)

समाजवादी अर्थव्यवस्था में राज्य एक महत्त्वपूर्ण शक्ति होती है, जो राज्य की समस्त आर्थिक गतिविधियों को नियंत्रित तथा निर्देशित करती है। यह उत्पादन के साधनों पर **सार्वजनिक स्वामित्व** की संकल्पना को लेकर चलती है तथा इसमें बाजार की शक्तियाँ नियंत्रित रहती हैं, जैसे-**भूतपूर्व सोवियत संघ** की अर्थव्यवस्था।

मिश्रित अर्थव्यवस्था (Mixed Economy)

- मिश्रित अर्थव्यवस्था में **समाजवादी** तथा **उदारवादी** दोनों प्रकार की अर्थव्यवस्थाओं की विशेषताएँ शामिल होती हैं। इसमें निजी तथा सार्वजनिक दोनों क्षेत्रों का योगदान होता है। जैसे-भारत की अर्थव्यवस्था।
- पूँजीवादी और समाजवादी अर्थव्यवस्थाओं के तत्वों और विचारों के सम्मिश्रण से विकसित इस आर्थिक प्रणाली का उद्‌भव वास्तव में वर्ष 1929 की महान मंदी के समाधान के रूप में और प्रसिद्ध ब्रिटिश अर्थशास्त्री **जॉन मेनार्ड कीन्स** के विचारों से हुआ।

विकास के आधार पर वर्गीकरण

अविकसित अर्थव्यवस्था (Undeveloped Economy)

उन स्थानों/देश को अविकसित कहा जाता है जहाँ तीनों प्रकार के साधनों प्राकृतिक, भौतिक तथा मानवीय में से कोई भी एक नगण्य है, जैसे-ध्रुवीय क्षेत्र, सहारा रेगिस्तान।

विकासशील अर्थव्यवस्था (Developing Economy)

- एक अल्पविकसित तथा विकासशील देश वह है जहाँ एक ओर अप्रयुक्त अथवा अर्द्ध प्रयुक्त मानव शक्ति हो तो दूसरी ओर अशोषित प्राकृतिक साधनों की न्यूनाधिक मात्रा में उपलब्धता पायी जाती है।
- दूसरी ओर मौद्रिक, प्रौद्योगिकी एवं गैर-आर्थिक सीमाओं के कारण विकसित देशों की तुलना में आय, उपभोग, बचत तथा पूँजी निर्माण का स्तर निम्न होता है।

विकसित अर्थव्यवस्था (Developed Economy)

उन स्थानों/देश को विकसित कहा जाता है, जहाँ उत्पादन के तीनों संसाधन प्राकृतिक, मानवीय तथा भौतिक पर्याप्त मात्रा में उपलब्ध हैं तथा उनका अनुकूलतम या समुचित उपयोग हो रहा है।

वैश्विक सम्बन्धों के आधार पर वर्गीकरण

बन्द अर्थव्यवस्था (Closed Economy)

वह अर्थव्यवस्था जो बाह्य अर्थव्यवस्थाओं से किसी भी प्रकार से आर्थिक संबंध नहीं रखती है अर्थात् आयात-निर्यात की गतिविधियाँ शून्य होती हैं तथा निजी क्षेत्र की भूमिका नगण्य होती है, उन्हें **बन्द अर्थव्यवस्था** कहते हैं, जैसे-**उत्तर कोरिया**

X – M = O,   X = निर्यात, M = आयात

खुली अर्थव्यवस्था (Open Economy)

- यह वह अर्थव्यवस्था है जिसका शेष विश्व के साथ आर्थिक संबंध होता है। इस अर्थव्यवस्था में वस्तु और सेवाओं का अन्य देशों को बाह्य प्रवाह और अन्य देशों से वस्तु व सेवाओं का अंत:प्रवाह होता है। ऐसी अर्थव्यवस्था में उत्पादन, उपभोग तथा पूँजी निर्माण बाह्य लेन-देन (संव्यवहार) से प्रभावित होते हैं।
- खुली अर्थव्यवस्था में उदारवादी तथा निजी आर्थिक तत्वों का अधिक प्रभाव रहता है तथा आयात-निर्यात पर न्यूनतम प्रतिबंध रहते हैं, जैसे-हांगकांग, सिंगापुर।

आधुनिक विश्व (Modern World) की लगभग सभी अर्थव्यवस्थाएँ खुली अर्थव्यवस्था हैं।

अर्थव्यवस्था के क्षेत्र

सामान्यत: सम्पूर्ण अर्थव्यवस्था की आर्थिक गतिविधियों को लेखांकित करने के लिए इसे तीन क्षेत्रकों (Sectors) में विभाजित किया जाता है-

प्राथमिक क्षेत्र (Primary Sectors)

- अर्थव्यवस्था का वह क्षेत्र जहाँ प्राकृतिक संसाधनों को कच्चे माल के रूप में प्राप्त किया जाता है, प्राथमिक क्षेत्र कहलाता है। इसे कृषि एवं संबद्ध गतिविधियों से सम्बन्धित क्षेत्र भी कहा जाता है।
- इसके अंतर्गत अर्थव्यवस्था के प्राकृतिक संसाधनों का लेखांकन किया जाता है।

प्राथमिक क्षेत्र के अंतर्गत सम्मिलित क्षेत्र

1. कृषि
2. वानिकी
3. पशुपालन
4. मत्स्यन
5. खनन (ऊर्ध्वाधर खुदाई)
6. उत्खनन (क्षैतिज खुदाई)

द्वितीयक क्षेत्र (Secondary Sector)

- अर्थव्यवस्था का वह क्षेत्र जो प्राथमिक क्षेत्र के उत्पादों को अपनी गतिविधियों में कच्चे-माल (Raw Material) के रूप में उपयोग करता है, द्वितीयक क्षेत्र कहलाता है।
- इस क्षेत्र के अंतर्गत मुख्यत: अर्थव्यवस्था को विनिर्मित वस्तुओं के उत्पादन का लेखांकन किया जाता है। इसके अंतर्गत निम्नलिखित क्षेत्र शामिल हैं-

1. **निर्माण:** जहाँ किसी स्थाई परिसम्पत्ति का निर्माण किया जाए, जैसे-भवन।
2. **विनिर्माण:** जहाँ किसी वस्तु का उत्पादन हो, जैसे-कपड़ा, रोटी आदि।
3. विद्युत गैस एवं जलापूर्ति इत्यादि से सम्बन्धित कार्य।

तृतीयक क्षेत्र या सेवा क्षेत्र

यह क्षेत्र अर्थव्यवस्था के प्राथमिक और द्वितीयक क्षेत्र को अपनी उपयोगी सेवाएँ प्रदान करता है।

इस क्षेत्र में विभिन्न प्रकार की सेवाओं का उत्पादन किया जाता है।

तृतीयक क्षेत्र के अंतर्गत सम्मिलित क्षेत्र

1. परिवहन एवं संचार
2. बैंकिंग
3. बीमा
4. भंडारण
5. व्यापार
6. सामुदायिक सेवाएँ

चतुर्थक क्षेत्र (Quaternary Sector)

अर्थव्यवस्था के इस क्षेत्र में बौद्धिक गतिविधियों को शामिल किया जाता है, जैसे-**सरकार**, **संस्कृति**, **पुस्तकालय**, **अनुसंधान**, **शिक्षा**, **सूचना प्रौद्योगिकी** आदि इस क्षेत्र से सम्बन्धित गतिविधियों में शामिल हैं।

पंचम क्षेत्र (Quinary Sector)

समाज या अर्थव्यवस्था में उच्च-स्तरीय निर्णय लेने वाले संस्थानों, जैसे-**विश्वविद्यालय**, **मीडिया**, **विज्ञान**, **गैर-लाभकारी संस्थान** आदि को शामिल किया जाता है।

कल्याणकारी अर्थशास्त्र

अर्थशास्त्र का वह भाग, जिसमें आर्थिक क्रियाओं का समाज के कल्याण से संबंध देखा जाता है। यह मान्यता है कि यदि सभी उपभोक्ता, सभी उत्पादक तथा नियोजक उत्पादन के साधनों का इष्टतम रूप में आवंटन करें तो समाज को अधिकतम कल्याण की प्राप्ति हो जाएगी।

आय

- किसी भी देश के उपलब्ध आर्थिक संसाधनों के समुचित उपयोग तथा लोगों को मिलने वाले आर्थिक कल्याण के विषय में पता लगाने के लिए राष्ट्रीय आय एवं उत्पादन का अध्ययन किया जाता है।
- भारत में राष्ट्रीय आय के आँकड़े **वित्तीय वर्ष** (1 अप्रैल से 31 मार्च)

पर आधारित होते हैं। भारत में सांख्यिकी विभाग के अंतर्गत **केन्द्रीय सांख्यिकी संगठन** (CSO) राष्ट्रीय आय के आकलन एवं प्रकाशन के लिए उत्तरदायी है। इस कार्य में **राष्ट्रीय प्रतिदर्श सर्वेक्षण संगठन** (NSSO) केन्द्रीय सांख्यिकी संगठन की सहायता करता है।

राष्ट्रीय आय

- किसी भी अर्थव्यवस्था में एक वर्ष के दौरान उत्पादित अन्तिम वस्तुओं तथा सेवाओं का मूल्य **राष्ट्रीय आय** (National Income) कहलाता है। इसमें विदेशों से अर्जित शुद्ध आय भी शामिल होती है। वास्तव में राष्ट्रीय आय किसी अर्थव्यवस्था में वस्तुओं तथा सेवाओं के प्रवाह की माप है। अत: राष्ट्रीय आय एक **प्रवाह** (Flow) है, **संग्रह** (Stock) है।

उपभोग व्यय + निवेश व्यय + सरकारी व्यय – मशीनों की घिसावट व्यय + निर्यात एवं आयात के मूल्यों का अंतर

National Income $C + I + G - D + (X - M)$

राष्ट्रीय आय तथा राष्ट्रीय उत्पाद में अंतर

राष्ट्रीय उत्पाद **मात्रात्मक** अवधारणा है; जबकि राष्ट्रीय आय **गुणात्मक** अवधारणा है। राष्ट्रीय उत्पाद स्टॉक से सम्बन्धित है वहीं राष्ट्रीय आय प्रवाह से सम्बन्धित है।

राष्ट्रीय उत्पाद (National Product)

किसी देश के नागरिकों द्वारा एक निश्चित समयावधि में उत्पादित अन्तिम वस्तुओं तथा सेवाओं का मौद्रिक मूल्य राष्ट्रीय उत्पाद कहलाता है। राष्ट्रीय उत्पाद की धारणा स्टॉक से सम्बन्धित है।

$NP = PQ$, जहाँ P = कीमत, Q = उत्पादन कीमत है।

- वर्ष 1931–32 में **वी.के.आर.वी. राव** ने सर्वप्रथम **वैज्ञानिक विधि** (Scientific Method) से राष्ट्रीय आय की गणना की तथा **राष्ट्रीय आय लेखा प्रणाली** का प्रतिपादन किया, इसी कारण राव को **राष्ट्रीय आय लेखा प्रणाली का जनक** माना जाता है।
- सर्वप्रथम राष्ट्रीय आय की गणना का प्रयास **दादा भाई नौरोजी** द्वारा वर्ष 1863 में किया गया था। अपनी पुस्तक (Poverty and Un-British Rule in India) में उन्होंने प्रतिव्यक्ति आय 20 रुपए बताई थी।
- स्वतन्त्रता के पश्चात् भारत सरकार ने वर्ष 1949 में **प्रो. पी.सी. महालनोबिस** की अध्यक्षता में एक **राष्ट्रीय आय समिति** का गठन किया था। इसी समिति की अनुशंसा पर राष्ट्रीय आय लेखा प्रणाली के ढाँचा व **केन्द्रीय सांख्यिकी संगठन** (CSO) की स्थापना की गई।
- वर्ष 1954 में स्थापना की घोषणा के बाद केन्द्रीय सांख्यिकी संगठन ने अप्रैल, 1955 में कार्य करना प्रारम्भ कर दिया। भारत में राष्ट्रीय आय से सम्बन्धित सभी पक्षों की गणना **केन्द्रीय सांख्यिकी संगठन** (CSO) द्वारा की जाती है।
- **राष्ट्रीय सांख्यिकी दिवस** (National Statistical Day) प्रतिवर्ष 29 जून को **पी.सी. महालनोबिस** के जन्म दिवस पर मनाया जाता है।
- वर्ष 2000 में **सी. रंगराजन** की अध्यक्षता में **राष्ट्रीय सांख्यिकी आयोग** बनाया गया जिसका उद्देश्य भारतीय सांख्यिकी प्रणाली में विद्यमान विसंगतियों को दूर करने के लिए सुझाव देना था।
- वर्ष 2005 में राष्ट्रीय सांख्यिकी आयोग को **पूर्णकालिक आयोग** में बदल दिया गया और **सुरेश तेंदुलकर** को इसका पहला अध्यक्ष नियुक्त किया गया।

स्टॉक	
1.	स्टॉक से अभिप्राय समय के किसी निश्चित बिन्दु पर एक चर (Variable) के मूल्य से है।
2.	स्टॉक का समयकाल नहीं होता है। इसे समय के किसी निश्चित बिंदु पर मापा जाता है।
3.	स्टॉक, प्रवाह को प्रभावित करता है। पूँजी का स्टॉक जितना अधिक होता है वस्तुओं तथा सेवाओं का प्रवाह भी उतना ही अधिक होता है।
4.	**उदाहरण:** सम्पत्ति (Wealth), श्रम बल (Labour Force), पूँजी (Capital), बैंक जमाएँ (Bank Deposits) आदि।

प्रवाह	
1.	प्रवाह से अभिप्राय समय की एक अवधि के दौरान एक चर के मूल्य से है।
2.	प्रवाह का समयकाल होता है। इसे प्रति **घंटा, प्रतिमाह, प्रतिवर्ष** में मापा जाता है।
3.	प्रवाह, स्टॉक को प्रभावित करता है।
4.	**उदाहरण:** आय (Income), मुद्रा का व्यय (Expenditure of Money), पूँजी निर्माण (Capital Formation) आदि।

राष्ट्रीय आय को मापने की विधियाँ

साइमन कुजनेट्स के अनुसार, किसी देश की राष्ट्रीय आय को निम्नलिखित तीन विधियों द्वारा मापा जा सकता है-

उत्पादन विधि या मूल्यवर्द्धित विधि (Production or Value Added Method)

- **साइमन-कुजनेट्स** (Simon Kuznets) ने इस विधि को **वस्तु-सेवा विधि** के नाम से परिभाषित किया है। इस पद्धति के अंतर्गत देश में एक वर्ष में उत्पादित अन्तिम वस्तुओं तथा सेवाओं का शुद्ध मौद्रिक मूल्य ज्ञात किया जाता है तथा उसके योग को **अन्तिम उत्पाद योग** (Final Product Total) कहा जाता है। यह वास्तव में **सकल घरेलू उत्पाद** (Gross Domestic Product—GDP) को दर्शाता है।
- राष्ट्रीय आय वास्तव में साधन लागत पर शुद्ध राष्ट्रीय उत्पाद है। इसकी गणना के लिए सकल घरेलू उत्पाद के मूल्य में विदेशों से अर्जित शुद्ध आय को जोड़ा जाता है तथा मूल्य ह्रास को घटाया जाता है।

मध्यवर्ती उपभोग

इससे अभिप्राय **गैर-कारक आगतों** (Non-Factor Inputs) के मूल्य से है। वे सभी आगतें जो **भूमि, श्रम, पूँजी** तथा **उद्यमकर्ता** के कारक-आगत के अतिरिक्त होती हैं, गैर-कारक आगतें हैं।

आय विधि (Income Method)

- इस पद्धति के अंतर्गत राष्ट्रीय आय की गणना के लिए विभिन्न क्षेत्रों में कार्यरत व्यक्तियों तथा **व्यावसायिक उपक्रमों की शुद्ध मौद्रिक आय का योग** प्राप्त किया जाता है।
- **डॉ. बाउले तथा रॉबर्टसन के अनुसार,** आय गणना विधि के अंतर्गत आयकर देने वाले समस्त व्यक्तियों की आय को जोड़ दिया जाता है। ऐसा करने के लिए कभी-कभी देश में विभिन्न आय वर्गों के व्यक्तियों का चुनाव कर लिया जाता है तथा उनकी आय के आधार पर देश की कुल आय का अनुमान लगाया जाता है।

व्यय विधि (Expenditure Method)

- इस विधि को **व्यय विधि** भी कहा जाता है। इस विधि के अनुसार कुल आय या तो उपभोग पर व्यय की जाती है अथवा बचत पर। अत: राष्ट्रीय आय कुल उपभोग तथा कुल बचतों का योग होती है। इस विधि से आय

की गणना करने के लिएं उपभोक्ताओं की आय तथा उनकी बचत से सम्बन्धित आँकड़ों का उपलब्ध होना आवश्यक होता है। चूँकि इस प्रकार के सही आँकड़े आसानी से उपलब्ध नहीं हो पाते हैं। इसलिए इस विधि का प्रयोग सामान्यत: कम किया जाता है।

- **भारत जैसे देश में राष्ट्रीय आय की गणना के लिए उत्पादन विधि** (Production Method) तथा **आय विधि** (Income Method) के सम्मिश्रण का प्रयोग किया जाता है।
- **केन्द्रीय सांख्यिकी संगठन** (CSO) द्वारा राष्ट्रीय आय संबंधी **आँकड़े प्रचलित मूल्यों** (Currently Prevailing Prices) तथा स्थिर आधार वर्ष मूल्यों (Constant Base Year Prices) पर जारी किए जाते हैं। स्थिर मूल्यों पर सकल घरेलू उत्पाद (GDP) व राष्ट्रीय आय संबंधी आँकड़ों के आकलन के लिए आधार वर्ष **2004–05** को बदलकर अब वर्ष **2011–12** कर दिया गया है।

राष्ट्रीय आय से संबंधित विभिन्न संकल्पनाएँ

सकल घरेलू उत्पाद (Gross Domestic Product—GDP)

- सकल घरेलू उत्पाद किसी भी अर्थव्यवस्था में एक वित्त वर्ष में उत्पादित सभी अन्तिम वस्तुओं और सेवाओं का मौद्रिक मूल्य है। भारत में वित्त वर्ष 1 अप्रैल से 31 मार्च तक है। इसका आकलन राष्ट्रीय अथवा निजी उपभोग, सकल निवेश, सरकारी एवं व्यापार शेष (निर्यात-आयात) के योगफल द्वारा भी किया जाता है।
- इस विधि में देश के बाहर उत्पादित आयातों के व्यय को तथा उस देश में निर्मित वस्तुओं एवं सेवाओं का मूल्य जुड़ा होता है जिन्हें देश में नहीं बेचा गया है।

GDP = C + I + G, जहाँ C = उपभोग, I = निवेश,
G = सरकारी व्यय

1. GDP में होने वाला वार्षिक प्रतिशत परिवर्तन ही किसी अर्थव्यवस्था की वृद्धि दर (Growth Rate) है।
2. यह **परिमाणात्मक दृष्टिकोण** (Quantitative Approach) है। इसके आकार से देश की **आन्तरिक उत्पादन शक्ति** का पता चलता है। परंतु इससे देश के अंदर उत्पादों और सेवाओं की गुणवत्ता के स्तर का पता नहीं चल पाता है।
3. **अंतर्राष्ट्रीय मुद्रा कोष** और **विश्व बैंक** की ओर से सदस्य देशों का तुलनात्मक विश्लेषण इसके आधार पर ही किया जाता है।

सकल मूल्य वर्धित (Gross Value Added-GVA)

- सकल मूल्य वर्धित से किसी अर्थव्यवस्था में होने वाले कुल उत्पादन और आय का पता चलता है।
- इससे एक तय अवधि में इनपुट कॉस्ट और कच्चे माल का मूल्य निकालने के बाद कितने रुपये की वस्तुओं और सेवाओं का उत्पादन हुआ, का पता चलता है।
- सकल मूल्य वर्धित, बतौर माप, सकल घरेलू उत्पाद (GDP) से संबंधित है क्योकि दोनों उत्पादन के ही मापदंड हैं।

सकल मूल्य वर्धित + उत्पादों पर कर – उत्पादों पर सब्सिडी = सकल घरेलू उत्पाद

शुद्ध घरेलू उत्पाद (Net Domestic Product—NDP)

शुद्ध घरेलू उत्पाद (NDP), किसी अर्थव्यवस्था का वह सकल घरेलू उत्पाद है, जिसे एक वर्ष के दौरान होने वाले **मूल्य ह्रास** को घटाकर प्राप्त किया जाता है।

वास्तव में जिन संसाधनों द्वारा उत्पादन किया जाता है, उपयोग के दौरान उनके मूल्य में कमी होती है, जिसका अर्थ उस साधन के घिसने (Depreciation) या टूटने-फूटने से होता है। यह मूल्य ह्रास की दर सरकार निर्धारित करती है।

भारत में इसका निर्धारण **केन्द्रीय वाणिज्य एवं उद्योग मंत्रालय** करता है। यह एक सूची जारी करता है जिसके अनुसार विभिन्न उत्पादों में होने वाले मूल्यह्रास (गिरावट) की दर तय होती है।

चालू कीमतों पर GDP (GDP at Current Prices)

1. यह एक लेखा वर्ष के दौरान एक देश की घरेलू सीमा में उत्पादित अन्तिम वस्तुओं तथा सेवाओं का बाजार मूल्य है, जिसका अनुमान **चालू कीमतों पर** लगाया जाता है।
2. GDP में वृद्धि कीमतों में वृद्धि के कारण भी हो सकती है भले ही अर्थव्यवस्था में वस्तुओं तथा सेवाओं के प्रवाह में वृद्धि न हुई हो।
3. इसे **मौद्रिक GDP** भी कहा जाता है।
4. यह **लोगों के कल्याण का एक अच्छा सूचक नहीं** है।

स्थिर कीमतों पर GDP (GDP at Constant Prices)

1. यह एक लेखा वर्ष के दौरान एक देश की घरेलू सीमा में उत्पादित अन्तिम वस्तुओं तथा सेवाओं का बाजार मूल्य है, जिसका अनुमान **आधार वर्ष की कीमतों** पर लगाया जाता है।
2. इसमें वृद्धि केवल तभी संभव है जब अर्थव्यवस्था में वस्तुओं तथा सेवाओं के प्रवाह में वृद्धि हो।
3. इसे **वास्तविक GDP** भी कहा जाता है।
4. यह **लोगों के कल्याण का एक अच्छा सूचक** माना जा सकता है।

सकल राष्ट्रीय उत्पाद (Gross National Product—GNP)

किसी अर्थव्यवस्था में सकल राष्ट्रीय उत्पाद (GNP) उस आय को कहते हैं जो जीडीपी में विदेशों से होने वाली शुद्ध आय को जोड़कर प्राप्त होती है। इसमें देश की सीमा से बाहर होने वाली आर्थिक गतिविधियों को भी शामिल किया जाता है। विदेशों से होने वाली आय में निम्नलिखित माध्यम शामिल हैं–

1. **निजी प्रेषण (Private Remittances)**–भारत के नागरिक विश्व के अन्य देशों में काम करते हैं और इसी प्रकार अन्य देशों के नागरिक भी भारत में काम करते हैं। इन लोगों के निजी लेनदेन से जो आय होती है उसे निजी प्रेषण से होने वाली आय कहते हैं।
2. **विदेशी ऋण पर ब्याज (Interest on the External Loans)**–किसी देश द्वारा अन्य देशों को दिए गए ऋण पर प्राप्त किए गए ब्याज तथा अन्य देशों से लिए गए ऋण पर चुकाए गए ब्याज का निबल मूल्य GNP में विदेशी ऋण पर ब्याज के रूप में शामिल किया जाता है।
   विदेशी ऋण पर ब्याज = विदेशों को दिए गए ऋण पर प्राप्त किया गया ब्याज – विदेशों से लिए गए ऋण पर चुकाया गया ब्याज
3. **विदेशी अनुदान (External Grants)**–इसके अंतर्गत भारत द्वारा विदेशों से प्राप्त किए गए अनुदान एवं भारत द्वारा दूसरे देशों को दिए गए अनुदान का शेष (Balance) शामिल किया जाता है।

इन तीन अलग-अलग मदों से होने वाली आय कुल मिलाकर लाभ में भी हो सकती है और हानि में भी हो सकती है। भारत के सन्दर्भ में यह सदैव नुकसान वाली स्थिति में होती है क्योंकि भारत पर विदेशी कर्ज बहुत अधिक है और अनुदान की प्राप्ति भी लगातार घटती गई है।

GNP के विभिन्न उपयोग

1. सकल राष्ट्रीय उत्पाद के आधार पर **अंतर्राष्ट्रीय मुद्रा कोष** (IMF) देशों की रैंकिंग तय करता है तथा इसके आधार पर आईएमएफ देशों को उनकी

क्रय शक्ति तुल्यता (Purchasing Power Parity—PPP) के आधार पर रैंक भी प्रदान करता है।

भारतीय मुद्रा की विनिमय दर के आधार पर भारत विश्व की 5वीं सबसे बड़ी अर्थव्यवस्था है (नंवबर, 2019 IMF)। अब यह तुलना सकल घरेलू उत्पाद के आधार पर भी की जाती है।

2. राष्ट्रीय आय के आकलन की दृष्टि से GNP, GDP की तुलना में विस्तृत पैमाना है क्योंकि, यह अर्थव्यवस्था की **परिमाणात्मक** (Quantitative) के साथ-साथ गुणात्मक (Qualitative) स्थिति को भी स्पष्ट करता है।

शुद्ध राष्ट्रीय उत्पाद (Net National Product—NNP)

सकल राष्ट्रीय उत्पाद (GNP) में से मूल्य ह्रास को घटाने के बाद जो आय बचती है, उसे ही किसी अर्थव्यवस्था का शुद्ध राष्ट्रीय उत्पाद (NNP) कहते हैं।

NNP = NDP + (X – M) (NNP = GNP – D)

NNP के विभिन्न उपयोग निम्नलिखित हैं-

1. यह किसी भी अर्थव्यवस्था की राष्ट्रीय आय (National Income—NI) को सूचित करता है। यद्यपि GDP, NDP और GNP सभी राष्ट्रीय आय ही हैं लेकिन इन सबको राष्ट्रीय आय (NI) के रूप में नहीं लिखा जाता।
2. यह किसी भी देश की राष्ट्रीय आय को आकलित करने का सर्वोत्तम तरीका है।
3. जब हम NNP को देश की कुल आबादी से भाग देते हैं तो उससे देश की प्रति व्यक्ति आय का पता चलता है। यह प्रति व्यक्ति वार्षिक आय होती है।

राष्ट्रीय आय (National Income)

उपर्युक्त वर्णित शुद्ध राष्ट्रीय उत्पाद में उत्पादित वस्तुओं के बाजार मूल्य लिए जाते हैं जिसमें अप्रत्यक्ष कर व सब्सिडी के प्रभाव सम्मिलित होते हैं। वास्तव में **NNP की गणना** दो प्रकार से की जा सकती है। प्रथम; वस्तुओं तथा सेवाओं की बाजार कीमतों पर तथा द्वितीय; कुल उत्पत्ति की उत्पादन साधन लागत के रूप में।

जब NNP का मूल्यांकन अथवा माप **साधन लागत** पर किया जाता है तो उसे ही **राष्ट्रीय आय** कहा जाता है।

इसे ज्ञात करने के लिए बाजार मूल्य पर आकलित शुद्ध राष्ट्रीय उत्पाद (NNP) में से **शुद्ध अप्रत्यक्ष करों** (Net Indirect Taxes—NIT) (कुल अप्रत्यक्ष कर सब्सिडी) को घटाना होता है। इस प्रकार से ज्ञात मूल्य ही साधन लागत पर **शुद्ध राष्ट्रीय उत्पाद** (Net National Product at Factor Cost) अथवा **राष्ट्रीय आय** कहलाता है।

निजी आय (Private Income)

- एक लेखांकन वर्ष के दौरान किसी देश के निजी क्षेत्र या गैर-सरकारी संस्थानों (Non Government Organisation—NGO) द्वारा सभी स्रोतों से अर्जित आय को निजी आय कहते हैं। इससे इस बात का पता चलता है कि राष्ट्रीय आय का कौन-सा हिस्सा **निजी क्षेत्र** को प्राप्त है। सरकारी या सार्वजनिक क्षेत्र से कुछ आय निजी क्षेत्र को **हस्तांतरित आय** (Transfer Payment) के रूप में प्राप्त होती है।
- इसी तरह से निजी क्षेत्र शेष विश्व से कुछ आय हस्तांतरित आय के रूप में पाता है। पुन: सार्वजनिक ऋण का ब्याज भी निजी क्षेत्र की आय होती है, इस तरह निजी क्षेत्र के सभी स्रोतों से प्राप्त आय को निजी आय कहते हैं।
- निजी आय प्राप्त करने के लिए **साधन लागत पर राष्ट्रीय आय** में से सरकार को **प्राप्त आय** घटा देते हैं तथा **हस्तांतरित आय** तथा **सार्वजनिक ऋण** पर **ब्याज** को जोड़ देते हैं।

निजी आय-साधन लागत पर राष्ट्रीय आय + सरकार से निजी क्षेत्र को हस्तांतरित आय+शेष विश्व से निजी क्षेत्र को हस्तांतरित आय + राष्ट्रीय ऋण पर ब्याज – सार्वजनिक आय – सामाजिक सुरक्षा में कर्मचारियों का योगदान

व्यक्तिगत आय (Personal Income)

निजी आय **निजी क्षेत्र को प्राप्त संपूर्ण आय** है। किंतु निजी क्षेत्र को प्राप्त संपूर्ण आय आवश्यक रूप से लोगों तक पहुंचती नहीं है। अत: व्यक्तिगत आय और निजी आय में अंतर होता है। निजी आय का वह भाग जो लोगों तक नहीं पहुँचता है यदि निजी आय में से निगम कर व निगमों का अवितरित लाभ घटा दिया जाए तो व्यक्तिगत आय प्राप्त हो जाती है।

व्यक्तिगत आय = निजी आय – निगम कर – निगमों का अवितरित लाभ

प्रति व्यक्ति आय (Per Capita Income)

- साधन लागत पर निवल राष्ट्रीय उत्पाद NNP अर्थात राष्ट्रीय आय को देश की कुल जनसंख्या से भाग देने पर प्रति व्यक्ति आय प्राप्त होती है।
- व्यक्तिगत आय की अवधारणा लोगों की क्रय-सामर्थ्य को दर्शाने में महत्त्वपूर्ण है। चूंकि व्यक्तिगत आय क्रय सामर्थ्य को दर्शाती है। अत: यह उपभोग का सूचक है।

व्यक्तिगत व्यय योग्य आय (Personal Disposable Income)

- संपूर्ण आय का वह भाग जो आय धारक व्यय करने के लिए स्वतन्त्र होता है **व्यक्तिगत व्यय योग्य आय** होती है। व्यक्तिगत आय का कुछ हिस्सा आयकर इत्यादि के रूप में सरकार को हस्तांतरित कर दिया जाता है।
- आय का केवल वह भाग जो व्यक्तिगत प्रत्यक्ष कर के भुगतान के बाद धारक के पास बचता है वही आय धारक व्यय करने के लिए स्वतन्त्र होता है। इस प्रकार **व्यक्तिगत व्यय योग्य आय** (Personal Disposable Income) व्यक्तिगत आय में से प्रत्यक्ष कर घटा देने पर प्राप्त होती है।

व्यक्तिगत व्यय योजना = व्यक्तिगत आय – प्रत्यक्ष अनिवार्य शुल्क एवं दंड

राष्ट्रीय आय की गणना

- राष्ट्रीय आय की गणना **लागत** या **मूल्य** पर की जाती है। लागत के आधार पर जहाँ किसी वर्ष के लिए GDP कम होगी, वहीं मूल्य के आधार पर यह अधिक होगी। आम आदमी लागत और मूल्य को पर्यायवाची शब्दों के रूप में प्रयोग करता है, परंतु अर्थशास्त्र एवं वाणिज्य में इनके भिन्न-भिन्न अर्थ हैं।
- लागत किसी उत्पाद का उत्पादन व्यय है, जो कारकों के मूल्यों को जोड़कर निकाली जाती है। वहीं किसी उत्पाद का मूल्य उसकी लागत में अप्रत्यक्ष करों और उत्पादनकर्ता के लाभ को जोड़कर निकाला जाता है।
- इस प्रकार, बाजार में उपभोक्ता को कोई वस्तु जिस कीमत पर खरीदनी पड़ रही है, वह उसका मूल्य है, अर्थात् किसी एक ही उत्पाद की लागत हमेशा उसके मूल्य से कम होगी। सबसे पहले लागत को स्पष्ट करना आवश्यक है। किसी भी उत्पाद की लागत दो प्रकार की होती है-

साधन/कारक लागत (Factor Cost)

किसी उत्पाद के उत्पादन में उत्पादनकर्ता को उत्पादन के लिए जितना भुगतान करना पड़ता है, उसे कारक लागत कहते हैं। ये कारक होते हैं-कच्चा माल, मजदूरी, बिजली, किराया, ऋण का ब्याज, उत्पादनकर्ता का लाभ इत्यादि। यही कारण है कि इसे फैक्ट्री मूल्य (Factory Price) भी कहा जाता है।

बाजार लागत (Market Cost)

- जब किसी उत्पाद के साधन में **शुद्ध अप्रत्यक्ष करों** को जोड़ते हैं तो बाजार लागत प्राप्त होती है। इसी मूल्य पर वह उत्पाद फैक्ट्री छोड़ता है। यही कारण है कि इसे **पूर्व फैक्ट्री मूल्य** (Ex-Factory Price) भी कहा जाता है।
- किसी देश की GDP इस प्रकार लागत (Cost) के आधार पर एक ही वर्ष के लिए दो प्रकार की होगी–

1. साधन लागत पर **2.** बाजार लागत पर।

- **साधन लागत** पर **GDP** बाजार लागत की तुलना में कम होगी। इस तरह GDP की मात्रा में यह भी निश्चित करना आवश्यक होता था कि यह साधन लागत पर अथवा बाजार लागत पर निकाली गई है। भारत में राष्ट्रीय आय की गणना **साधन लागत** पर की जाती है। यही कारण है कि बाद में **अप्रत्यक्ष करों** को जोड़ने की आवश्यकता पड़ती है।
- इसी प्रकार राष्ट्रीय आय की गणना में यह भी स्पष्ट करना आवश्यक होता है कि इसमें किस मूल्य (Price) को लिया गया है क्योंकि मूल्य भी दो प्रकार के होते हैं–

स्थिर मूल्य (Constant Price)

- यह किसी उत्पाद का पिछले किसी वर्ष के स्तर पर बिक्री मूल्य होता है। जब वर्तमान में उत्पादित वस्तु का मूल्य पीछे के किसी आधार वर्ष पर निकालते हैं तो वह उसका **स्थिर मूल्य पर मूल्य** कहलाता है अर्थात् स्थिर **मूल्य महंगाई** को स्थिर मानकर निकाला जाता है।
- किसी वस्तु के मूल्य के लिए चुने गए आधार वर्ष (Base Year) से अब तक जो मूल्य वृद्धि हुई, उसे किसी उत्पाद का **स्थिर मूल्यों पर मूल्य** (Price at Constant Price) कहा जाता है। वर्तमान में भारत में वर्ष 2011–12 को **स्थिर मूल्य का वर्ष** माना जाता है। इसे **आधार वर्ष** कहा जाता है। इस प्रकार भारत में किसी **उत्पाद का मूल्य** स्थिर मूल्य पर वह मूल्य है, जिसमें **मुद्रास्फीति** (Inflation) को 2012 के स्तर पर स्थिर (Constant) मान लिया गया है।
- वास्तव में, उन अर्थव्यवस्थाओं में जहाँ मंहगाई उच्च रही है या फिर नियन्त्रण में नहीं रही है यदि वहाँ उत्पादों (GDP) की गणना स्थिर मूल्य पर न की जाए तो संवृद्धि और विकास का गरीबी उन्मूलन पर क्या प्रभाव पड़ा है, उसका अनुमान लगाना कठिन हो जाता है।

चालू मूल्य (Current Price)

- किसी उत्पाद पर जो **अधिकतम खुदरा मूल्य** (Maximum Retail Price—MRP) छपा होता है, वह उसका चालू मूल्य है अर्थात् किसी उत्पाद का चालू मूल्य उसके स्थिर मूल्य के आधार वर्ष से अब तक की मुद्रास्फीति को जोड़कर प्राप्त किया जा सकता है।
- **चालू मूल्य** महंगाई की वर्तमान स्थिति को समायोजित करके निकाला जाता है।
- इस प्रकार भारत समेत विश्व के सभी देशों में किसी वर्ष का GDP स्थिर और चालू मूल्यों पर अलग-अलग होगा। स्थिर मूल्य पर कम और चालू मूल्य पर अधिक (क्योंकि सामान्य स्थिति में मुद्रास्फीति हमेशा धनात्मक होती है या धनात्मक रखने की नीतिगत कोशिश रहती है।)। उन अर्थव्यवस्थाओं में, जहाँ मुद्रास्फीति अपेक्षाकृत लंबी अवधि से नियंत्रित और संतुलित रही है (विकसित देश) राष्ट्रीय आय की गणना चालू मूल्य पर की जाती है। इसके विपरीत भारत सहित अधिकांश विकासशील देशों द्वारा राष्ट्रीय आय की गणना स्थिर मूल्य पर की जाती है।
- भारत की **राष्ट्रीय आय** (NI) जो इसका NNP है की मात्रा के साथ यह भी लिखा होता है-साधन लागत और स्थिर मूल्य पर (At Factor cost and Constant Price)। वैसे आर्थिक समीक्षा में वित्त मंत्रालय द्वारा देश के आय संबंधी आँकड़े **बाजार लागत** (Market Cost) और **चालू मूल्य** (Current Price) पर उपलब्ध कराये जाते हैं। आवश्यकतानुसार इन आँकड़ों का उपयोग किया जाता है।

राष्ट्रीय आय लेखा के आधार वर्ष एवं विधि के संशोधन

- 30 जनवरी, 2015 को जारी विज्ञप्ति के अनुसार सी.एस.ओ. ने राष्ट्रीय लेखाओं के आधार वर्ष को 2004–05 में संशोधित करके वर्ष 2011–12 कर दिया। यह निर्णय **प्रणव सेन** की अध्यक्षता में गठित समिति की संस्तुति पर किया गया है।
- इस विज्ञप्ति में राष्ट्रीय आय संबंधी नई शृंखला में एक अन्य **महत्वपूर्ण अवधारणात्मक** (Conceptual) परिवर्तन सकल घरेलू उत्पाद के आकलन के संबंध में देखा गया है।
- नई शृंखला में अब साधन लागत पर संकल घरेलू उत्पाद (GDP) का आकलन करने की परंपरा को हटा दिया गया है तथा **बाजार मूल्य पर सकल घरेलू उत्पाद** (GDP) को ही सकल घरेलू उत्पाद के रूप में स्वीकार किया गया है।
- CSO की नई घोषणा के अनुसार, सकल घरेलू उत्पाद की गणना के लिए क्षेत्रवार **सकल मूल्य वर्द्धन** (Gross Value Added—GVA) के अनुमान के लिए साधन लागत के स्थान पर मूल कीमतों (Basic Prices) को प्रयोग में लाया जाएगा।

मूल कीमत = क्रेता से प्राप्त कर – अनुदान (Subsidy)

- साधन लागत पर (GVA), साधन लागत पर GVA मूल मूल्य पर तथा GDP बाजार मूल्य के बीच संबंध

यदि CE = कर्मचारियों की क्षतिपूर्ति OS = परिचालन अधिशेष

MI = मिश्रित आय, CFC = मिश्रित पूँजी का उपभोग

1. GVA मूल मूल्य पर = CE + OS/MI + CFC + (उत्पादन कर-उत्पादन अनुदान)

2. GVA साधन लागत पर = GVA मूल मूल्य पर – (उत्पाद अनुदान घटाने के बाद उत्पाद कर)

3. GVA साधन मूल्य पर = GVA मूल मूल्य पर – (उत्पाद कर- उत्पाद अनुदान)

- इस विज्ञप्ति में CSO ने इस बात पर बल दिया है कि आगे से सकल घरेलू उत्पाद बाजार मूल्य को ही राष्ट्रीय विकास की माप के लिए प्रयोग में लाया जाएगा।
- मूल कीमत पर GVA को व्यक्त करने की अवधारणा CSO ने **यूनाइटेड नेशन्स सिस्टम ऑफ एकाउंटिंग** से ली है जो वहाँ 1993 से ही प्रयोग में लाई जा रही है।

राष्ट्रीय आय निर्धारण से सम्बन्धित भारत के संगठन

केन्द्रीय सांख्यिकी संगठन (CSO)

- केन्द्रीय सांख्यिकी संगठन (Central Statistical Organization—CSO) सांख्यिकी और कार्यक्रम क्रियान्वयन मंत्रालय का एक विभाग है।
- भारत में राष्ट्रीय आय का अनुमान CSO द्वारा किया जाता है। इसकी स्थापना वर्ष 1951 में केन्द्रीय मन्त्रिमंडल के सचिवालय में की गई थी। यद्यपि इसका प्रारंभ वर्ष 1949 में एक सांख्यिकी इकाई के रूप में किया गया था।
- CSO द्वारा वर्ष 1956 से प्रतिवर्ष राष्ट्रीय लेखा सांख्यिकी पत्रिका प्रकाशित की जाती है।
- CSO द्वारा भारत की राष्ट्रीय आय के आकलन हेतु अर्थव्यवस्था को 3 क्षेत्रों तथा 14 उपक्षेत्रों में विभाजित किया गया है।

राष्ट्रीय प्रतिदर्श सर्वेक्षण संगठन (NSSO)

- वर्ष 1950 में **पी.सी. महालनोबिस** (Prashant Chandra Mahalnobis) की अनुशंसा के आधार पर राष्ट्रीय प्रतिदर्श सर्वेक्षण संगठन (National Sample Survey Organization—NSSO) की स्थापना भारत सरकार के वित्त मंत्रालय के अंतर्गत की गई थी।
- वर्ष 1970 में इसका पुनर्गठन किया गया तथा जनवरी, 1971 में **राष्ट्रीय प्रतिदर्श/नमूना सर्वेक्षण संगठन** (National Sample Survey Organization-NSSO) की स्थापना की गई। इसका कार्य मात्र सर्वेक्षण तक ही सीमित रहा।

12 जुलाई, 2006 को **प्रो. सुरेश तेंदुलकर की अध्यक्षता में राष्ट्रीय सांख्यिकी आयोग** (National Statistical Commission) स्थापित किया गया, जिसके पश्चात् राष्ट्रीय प्रतिदर्श सर्वेक्षण संगठन का कार्य अर्थहीन हो गया, हालांकि **राष्ट्रपति प्रतिदर्श सर्वेक्षण** (NSS) का कार्य पूर्ववत् चल रहा है।

हरित आय

हरित आय में तीन प्रकार की पूँजी शामिल होती है-

1. **पुनरुत्पादनीय पूँजी:** इसे प्राय विनिर्मित या उत्पादनीय पूँजी कहा जाता है, जैसे-सड़कें, भवन, पोर्ट, उपकरण, मशीनें आदि।
2. **मानव पूँजी:** इसके अंतर्गत जनसंख्या की आधार संरचना, गुणवत्ता, ज्ञान, कौशल, स्वास्थ्य आदि को शामिल किया जाता है।
3. **पर्यावरणीय पूँजी:** इसके अंतर्गत स्थानीय पारिस्थितिक तंत्र एवं इसके विविध घटक शामिल होते हैं, जैसे-भूमि, खनिज सम्पदा, मृदा, काष्ठ संसाधन आदि।

भारत में निरपेक्ष निर्धनता का अनुमान लगाने के लिए निर्धनता रेखा (Poverty Line) की अवधारणा का प्रयोग किया गया है। निर्धनता रेखा वह रेखा है जो प्रति व्यक्ति औसत मासिक व्यय को प्रकट करती है जिसके द्वारा लोग अपनी न्यूनतम आवश्यकताओं को पूरा कर सकते हैं। भारत में 816 रुपए ग्रामीण क्षेत्र तथा 1,000 रुपए शहरी क्षेत्र में प्रति मास उपभोग को निर्धनता रेखा माना गया है। जिन लोगों का प्रतिमाह उपभोग व्यय इससे कम है उन्हें निर्धन माना जाता है। उन व्यक्तियों को निरपेक्ष रूप में निर्धन माना जाता है, जिनका **मासिक उपभोग व्यय** इस रेखा से नीचे है।

आर्थिक नियोजन

आर्थिक आयोजन वह प्रक्रिया है, जिसके अंतर्गत पूर्व निर्धारित उद्देश्यों की पूर्ति हेतु सीमित प्राकृतिक संसाधनों का कुशलतम उपयोग किया जाता है।

भारत में आर्थिक आयोजन के निर्धारित उद्देश्य हैं–

- आर्थिक संवृद्धि, आर्थिक व सामाजिक असमानता को दूर करना, गरीबी का निवारण तथा रोजगार के अवसरों में वृद्धि।
- भारत में आर्थिक आयोजन संबंधी प्रस्ताव सर्वप्रथम सन् 1934 ई. में **'विश्वेश्वरैया'** की पुस्तक **'प्लांड इकोनोमी फॉर इंडिया'** (Planned Economy for India) में आई थी। तत्पश्चात् सन् 1938 में अखिल भारतीय कांग्रेस ने ऐसी ही माँग की थी। सन् 1944 में कुछ उद्योगपतियों द्वारा **'बम्बई योजना'** के तहत ऐसे प्रयास किए गए।
- स्वतन्त्रता पश्चात् सन् 1947 में पंडित नेहरू की अध्यक्षता में आर्थिक नियोजन समिति गठित हुई। बाद में इसी समिति की सिफारिश पर **15 मार्च, 1950 में योजना आयोग** का गठन एक गैर-सांविधिक तथा परामर्शदात्री निकाय के रूप में किया गया। भारत के प्रधानमन्त्री इसके पदेन अध्यक्ष होते हैं। भारत की पहली **पंचवर्षीय योजना 1 अप्रैल, 1951** से प्रारंभ हुई।

पंचवर्षीय योजनाएँ

देश में चलाई गई पंचवर्षीय योजनाओं के लक्ष्यों तथा उपलब्धियों को प्रकार प्रस्तुत किया जा रहा है-

प्रथम पंचवर्षीय योजना (1951–56)

- इस योजना का उद्देश्य था–अर्थव्यवस्था के संतुलित विकास की प्रक्रिया आरम्भ करना। यह योजना **हैरॉड-डोमर समृद्धि** मॉडल पर आधारित थी।
- इस योजना में कृषि को उच्च प्राथमिकता दी गई।
- यह योजना सफल रही तथा इसने लक्ष्य से आगे **3.6% विकास-दर** को हासिल किया।
- इस योजना के दौरान राष्ट्रीय आय में 18% तथा प्रति व्यक्ति आय में 11% की कुल वृद्धि हुई।
- इस योजना काल में सार्वजनिक उद्योग के विकास की उपेक्षा की गई तथा इस मद में मात्र 6% राशि खर्च की गई।

द्वितीय पंचवर्षीय योजना (1956–61)

- इसका मुख्य उद्देश्य समाजवाद की स्थापना करना था। यह योजना **पीसी महालनोबिस** के चार क्षेत्रीय मॉडल पर आधारित थी।
- इस योजना में देश के जीवन स्तर को ऊँचा उठाने के लिए 5 वर्षों में राष्ट्रीय आय में **25% की वृद्धि** करने का लक्ष्य निर्धारित किया गया था।
- इसमें **भारी उद्योगों** व **खनिजों को उच्च प्राथमिकता** दी गई तथा इस मद में सार्वजनिक क्षेत्र के व्यय की 24% राशि व्यय की गई।
- द्वितीय प्राथमिकता यातायात व संचार को दी गई जिस पर 28% राशि व्यय की गई।
- अनेक महत्त्वपूर्ण बृहत् उद्योग, जैसे–**दुर्गापुर**, **भिलाई**, **राउरकेला** के इस्पात कारखाने इसी योजना के दौरान स्थापित किए गए।

तृतीय पंचवर्षीय योजना (1961–66)

- इस योजना का उद्देश्य अर्थव्यवस्था को आत्मनिर्भर बनाना तथा स्वत:स्फूर्त अवस्था में पहुँचाना था।
- यह योजना अपने लक्ष्य **5.6% की वृद्धि-दर** को प्राप्त करने में असफल रही तथा 2.8% प्रतिवर्ष की वृद्धि दर ही प्राप्त कर सकी।
- इस योजना में **कृषि** तथा **उद्योग** दोनों को प्राथमिकता दी गई।
- इस योजना की असफलता का मुख्य कारण भारत-चीन युद्ध, भारत-पाक युद्ध तथा अभूतपूर्व सूखा था।

योजना अवकाश (1966–67 से 1968–69)

- इस अवधि में **तीन वार्षिक योजनाएँ** तैयार की गईं।
- इस अवकाश-अवधि में कृषि तथा संबद्ध क्षेत्र और उद्योग क्षेत्रों को समान प्राथमिकता दी गई।
- योजना अवकाश का प्रमुख कारण भारत-पाक संघर्ष तथा सूखे के कारण संसाधनों की कमी एवं मूल्य-स्तर में वृद्धि रही।

चतुर्थ पंचवर्षीय योजना (1969–74)

- इस योजना के मुख्य उद्देश्य थे–स्थायित्व के साथ विकास तथा आर्थिक आत्मनिर्भरता की प्राप्ति। यह योजना **गाडगिल फार्मूला** से सम्बन्धित थी।
- इस योजना में समाजवादी समाज की स्थापना को भी विशेष रूप से लक्षित किया गया।
- यह योजना अपने लक्ष्य को प्राप्त करने में असफल रही तथा **5.5%** की वृद्धि-दर लक्ष्य के विरुद्ध मात्र **3.3%** वार्षिक वृद्धि-दर प्राप्त कर सकी।

- योजना की विफलता का कारण मौसम की प्रतिकूलता तथा बांग्लादेशी शरणार्थियों का आगमन था।

पाँचवीं पंचवर्षीय योजना (1974–78)

- इस योजना का मुख्य उद्देश्य **गरीबी उन्मूलन** तथा **आत्मनिर्भरता** की प्राप्ति थी।
- योजना में आर्थिक स्थायित्व लाने को उच्च प्राथमिकता दी गई।
- योजना के दौरान विकास लक्ष्य, प्रारम्भ में **5.5% वार्षिक** वृद्धि रखी गई, परन्तु बाद में इसे संशोधित कर **4.4% वार्षिक** कर दिया गया।
- इस योजना में पहली बार गरीबी तथा बेरोजगारी पर ध्यान दिया गया।
- योजना में सर्वोच्च प्राथमिकता कृषि को दी गई तत्पश्चात उद्योग व खनिज क्षेत्र को।
- यह योजना सामान्यत: सफल रही परन्तु गरीबी तथा बेरोजगारी में विशेष कमी नहीं हो सकी।
- जनता पार्टी शासन द्वारा आरम्भ इस योजना को सन् **1978** में ही समाप्त करने का निर्णय लिया गया।

छठी पंचवर्षीय योजना (1980–85)

- इस योजना का प्रारंभ **रोलिंग प्लान (1978–83)**, जो जनता पार्टी सरकार द्वारा बनाई गई थी, को समाप्त करके की गई।
- इस योजना का मुख्य उद्देश्य गरीबी उन्मूलन और रोजगार में वृद्धि था। इस योजना में पहली बार गरीबी उन्मूलन पर विशेष जोर दिया गया।
- योजना में विकास का लक्ष्य **5.2% वार्षिक वृद्धि** दर रखा गया तथा सफलतापूर्वक **5.4%** की वार्षिक वृद्धि-दर प्राप्त की गई।
- इस योजना के दौरान समन्वित ग्रामीण विकास कार्यक्रम, जैसे महत्त्वपूर्ण कार्यक्रम शुरू किए गए।

सातवीं पंचवर्षीय योजना (1985–90)

- **प्रमुख उद्देश्य–(1)** समग्र रूप से उत्पादकता को बढ़ाना तथा रोजगार के अधिक अवसर जुटाना; **(2)** साम्य एवं न्याय पर आधारित सामाजिक प्रणाली की स्थापना; **(3)** सामाजिक एवं आर्थिक असमानताओं को प्रभावी रूप से कम करना तथा **(4)** देशी तकनीकी विकास के लिए सुदृढ़ आधार तैयार करना था।
- योजना में सकल घरेलू उत्पाद में 5% वार्षिक वृद्धि-दर का लक्ष्य रखा गया था; जबकि वास्तविक वृद्धि दर 5.8% वार्षिक रही। अत: यह सफल योजना थी।
- योजना में प्रति व्यक्ति आय में 3.6% प्रतिवर्ष की दर से वृद्धि हुई।
- इस योजना में योजना परिव्यय की दृष्टि से पहली बार निजी क्षेत्र को सार्वजनिक क्षेत्र की तुलना में वरीयता दी गई।
- इसी योजना में जवाहर रोजगार योजना जैसा महत्त्वपूर्ण रोजगारपरक कार्यक्रम प्रारम्भ किया गया।

आठवीं पंचवर्षीय योजना (1992–97)

- इस योजना में सर्वोच्च प्राथमिकता **'मानव संसाधन का विकास'** अर्थात् रोजगार, शिक्षा व जनस्वास्थ्य को दी गई।
- इसके अतिरिक्त आधारभूत ढाँचे का सशक्तिकरण तथा शताब्दी के अंत तक लगभग पूर्ण रोजगार की प्राप्ति को प्रमुख लक्ष्य बनाया गया।
- यह योजना सफल रही तथा **5.6% वार्षिक वृद्धि-दर** के लक्ष्य से ज्यादा **6.7% वार्षिक** वृद्धि-दर प्राप्त की गई।
- इसी काल में प्रधानमन्त्री रोजगार योजना (1993) की शुरुआत हुई।

नौवीं पंचवर्षीय योजना (1997–2002)

- नौवीं पंचवर्षीय योजना में सर्वोच्च प्राथमिकता **'न्यायपूर्ण वितरण एवं समानता के साथ विकास'** को दी गई।
- इस योजना की अवधि में सकल घरेलू उत्पाद की वार्षिक वृद्धि-दर का लक्ष्य **6.5%** रखा गया; जबकि उपलब्धि मात्र 5.5% वार्षिक वृद्धि की रही। इस प्रकार यह योजना असफल रही।
- नौवीं योजना की असफलता के पीछे अंतर्राष्ट्रीय मंदी जैसे कारक को जिम्मेदार माना गया।
- क्षेत्रीय सन्तुलन जैसे मुद्दे को भी इस योजना में विशेष स्थान दिया गया।
- नौवीं योजना में आत्मनिर्भरता प्राप्त करने के लिए प्राथमिकता क्रम में निम्नलिखित क्षेत्रों को चुना गया–
  - भुगतान संतुलन सुनिश्चित करना
  - विदेशी ऋणभार को न केवल बढ़ने से रोकना वरन् उसमें कमी भी लाना;
  - खाद्यान्नों में आत्मनिर्भरता प्राप्त करना
  - प्रौद्योगिकीय आत्मनिर्भरता प्राप्त करना
  - जड़ी-बूटियों और औषधीय मूल के पेड़-पौधों सहित प्राकृतिक संसाधनों का समुचित उपयोग तथा संरक्षण।

दसवीं पंचवर्षीय योजना (2002–07)

- दसवीं **पंचवर्षीय योजना** का उद्देश्य 'देश में गरीबी और बेरोजगारी समाप्त करना' तथा 'अगले 10 वर्षों में प्रति व्यक्ति आय दोगुनी करना' प्रस्तावित किया गया है।
- योजना अवधि में सकल घरेलू उत्पाद में **वार्षिक 8%** की वृद्धि का लक्ष्य रखा गया है।
- योजना के दौरान प्रतिवर्ष 7.5 अरब डॉलर के प्रत्यक्ष विदेशी निवेश का लक्ष्य रखा गया है।
- योजना अवधि में **5 करोड़** रोजगार के अवसरों का सृजन करना लक्षित है।
- इसके अतिरिक्त सन् 2007 तक अर्थात योजना के अंत तक साक्षरता 75%, शिशु मृत्यु दर 45% प्रति हजार या इससे कम तथा वनाच्छादन 25% करने का लक्ष्य रखा गया है।

दसवीं योजना का मूल्यांकन

- भारत की दसवीं पंचवर्षीय योजना **31 मार्च, 2007** को समाप्त हो गई। दसवीं पचंवर्षीय योजना के उपलब्ध अन्तिम आंकड़ों (फाइनल आँकड़ा नहीं) के अनुसार यह योजना अब तक की सफलतम योजना रही है। इस योजना में 7.6 प्रतिशत की औसत सालाना वृद्धि दर प्राप्त की गई, जो अब तक किसी योजना में प्राप्त की गई सर्वोच्च वृद्धि दर है। अर्थव्यवस्था के तीनों प्रमुख क्षेत्रों–कृषि, उद्योग व सेवा, में दसवीं योजना के दौरान प्राप्त की गई वृद्धि दरें इसके लिए निर्धारित किए गए लक्ष्यों के काफी निकट रही हैं।

11वीं पंचवर्षीय योजना (2007–12)

- इस योजना का उद्देश्य समग्र आर्थिक विकास तथा भारतीय अर्थव्यवस्था को महाशक्ति बनाना था।
- इस योजना का उद्देश्य 10वीं कक्षा तक के सभी बच्चों को गुणवत्तायुक्त शिक्षा सुनिश्चित कराने के लिए छात्रावासों तथा व्यावसायिक शिक्षा सुविधाओं के प्रावधान के साथ-साथ सेकेण्डरी स्कूलों का विस्तार करना था।
- इस योजना में पहली बार सामाजिक-आर्थिक लक्ष्यों की प्राप्ति के लिए सामाजिक हस्तक्षेप की अवधारणा को स्वीकार किया गया।
- इस योजना में अल्पसंख्यकों के लिए प्रधानमन्त्री की **15 सूत्री** योजना क्रियान्वित कराने पर बल दिया गया है।

- इस योजना अवधि में **8%** की विकास दर हासिल हुई जो अन्य सभी योजनाओं से अधिक है।
- इस योजना में देश के सभी ग्रामों के विद्युतीकरण का लक्ष्य निर्धारित किया गया।

11वीं योजना के दौरान प्रारम्भ की गई प्रमुख योजनाएँ

योजनाएँ	प्रारम्भ वर्ष
राष्ट्रीय स्वास्थ्य बीमा योजना	2007
प्रधानमन्त्री रोजगार सृजन कार्यक्रम	2008
इंदिरा गांधी राष्ट्रीय विकलांगता पेंशन योजना	2009
राष्ट्रीय ग्रामीण आजीविका मिशन	2011
राजीव आवास योजना	2011

12वीं पंचवर्षीय योजना (2012–17)

- बारहवीं पंचवर्षीय योजना 1 अप्रैल, 2012 से प्रारम्भ की गई है।
- इस योजना का उद्देश्य **तीव्र धारणीय** तथा **अधिक समावेशी विकास** है।
- **22 अक्टूबर, 2011** को प्रधानमन्त्री की अध्यक्षता में हुई राष्ट्रीय विकास परिषद् की बैठक में इस योजना के **दृष्टिकोण पत्र** की स्वीकृति प्रदान की गई।
- इस योजना के दृष्टिकोण पत्र में **9 प्रतिशत** सालाना विकास दर का लक्ष्य रखा गया जिसे बाद में संशोधित करते हुए **8.7** प्रतिशत वार्षिक कर दिया गया।
- इस योजना के दौरान गरीबी अनुपात को वर्तमान के 30 प्रतिशत से घटाकर 10 प्रतिशत तक लाने का लक्ष्य रखा गया।

राष्ट्रीय विकास परिषद्

- राष्ट्रीय विकास परिषद् का गठन **6 अगस्त, 1952** को किया गया।
- राष्ट्रीय विकास परिषद् का कार्य योजना आयोग द्वारा तैयार योजनाओं का अध्ययन करना तथा विचार-विमर्श के बाद उसे अन्तिम रूप प्रदान करना है।
- योजना आयोग की तरह राष्ट्रीय विकास परिषद् भी एक **गैर-संवैधानिक** संस्था है।
- राष्ट्रीय विकास परिषद् का अध्यक्ष प्रधानमन्त्री तथा योजना आयोग के सचिव इसके सचिव होते हैं।
- केन्द्रीय मन्त्रिमंडल के सभी सदस्य, सभी राज्यों के मुख्यमन्त्री तथा केन्द्र शासित प्रदेशों के प्रशासक व योजना आयोग के सभी सदस्य राष्ट्रीय विकास परिषद् के सदस्य होते हैं।

योजनाएँ

सम्पूर्ण स्वच्छता अभियान

वर्ष 1999 से प्रारम्भ स्वच्छता अभियान का उद्देश्य ग्रामीण क्षेत्रों में बुनियादी स्वच्छता सुविधाएँ उपलब्ध कराना तथा वर्ष 2015 तक भारत से खुले में शौच करने की आदत पूर्णत: समाप्त करना था। वर्तमान में इसका नाम बदलकर **निर्मल भारत अभियान** कर दिया गया है, जिसका उद्देश्य ग्रामीण भारत को निर्मल भारत में परिवर्तित करना तथा वर्ष 2022 तक सभी ग्रामीण परिवारों में 100% स्वच्छता प्राप्त करना है।

प्रधानमन्त्री स्वास्थ्य सुरक्षा योजना (PMSSY)

- स्वास्थ्य सुविधाओं में क्षेत्रीय असन्तुलन को दूर करने तथा उच्च स्तरीय मेडिकल शिक्षा उपलब्ध कराने के उद्देश्य से मार्च, 2006 में शुरू की गई।
- PMSSY के अंतर्गत अखिल भारतीय आयुर्विज्ञान संस्थान की तर्ज पर अन्य राज्यों में 22 संस्थान और भी स्थापित करने की मंजूरी दी गई थी जिनमें से निम्नलिखित 6 संस्थान पूरी तरह से काम कर रहे हैं। अन्य सात में ओपीडी की सुरक्षा और एमबीबीएस की कक्षाएं हो गई हैं जबकि पांच अन्य संस्थानों में केवल एमबीबीएस कक्षाएं शुरु हुई हैं। अलग राज्यों में स्थापित इन क्षेत्रीय एम्स ने कोरोना महामारी के प्रबंधन में महत्त्वपूर्ण भूमिका निभाई। उनका योगदान इसलिए भी महत्त्वपूर्ण है क्योंकि वे उन क्षेत्रों में स्वास्थ्य सेवाएं दे रहे हैं जहां स्वास्थ्य का बुनियादी ढांचा कमजोर था।

❖ पटना (बिहार)
❖ भोपाल (मध्य प्रदेश)
❖ भुवनेश्वर (ओडिशा)
❖ जोधपुर (राजस्थान)
❖ रायपुर (छत्तीसगढ़)
❖ ऋषिकेश (उत्तराखंड)

राष्ट्रीय स्वास्थ्य बीमा योजना

- इस योजना की शुरुआत **1 अक्टूबर, 2007** को की गई जिसका उद्देश्य असंगठित क्षेत्र के गरीबी रेखा से नीचे रहने वाले कामगार एवं उनके परिवार के सदस्यों को स्वास्थ्य बीमा सुरक्षा कवर उपलब्ध कराना है।
- इस योजना में बीमाधारी को नकदीरहित लेन-देन के लिए एक स्मार्ट कार्ड जारी किया जाता है। इसमें प्रति परिवार प्रतिवर्ष 30,000 रुपए तक की चिकित्सा सहायता प्रदान की जाती है। इस योजना में 75% अंशदान केन्द्र द्वारा तथा 25% अंशदान राज्य द्वारा किए जाने का प्रावधान है।

प्रधानमन्त्री आदर्श ग्राम योजना

- इस योजना की घोषणा वर्ष **2009–10** के बजट में की गई। इस योजना के अंतर्गत उन गाँवों का चयन किया जाता है जिन गाँवों की आधी जनसंख्या (लगभग 50%) अनुसूचित जनजाति की है।
- इन गाँवों को ग्रामीण विकास एवं निर्धनता निवारण योजनाओं के अंतर्गत जारी की जाने वाली राशि के अतिरिक्त 10 लाख रुपए दिए जाते हैं।

राष्ट्रीय ग्रामीण आजीविका मिशन (NRLM)

- राष्ट्रीय ग्रामीण आजीविका मिशन (National Rural Livelihood Mission—NRLM) की शुरुआत **वर्ष 2011** में ग्रामीण विकास मंत्रालय द्वारा की गई।
- इस योजना का **उद्देश्य वर्ष 2024–25** तक सभी ग्रामीण परिवारों को संगठित करना और उन्हें लगातार तब तक सम्पोषित करना और सहायता देना है जब तक वे दयनीय गरीबी से बाहर नहीं आ जाते।
- ग्रामीण क्षेत्रों में निर्धनता निवारण के लिए राष्ट्रीय ग्रामीण आजीविका मिशन की शुरुआत 3 जून, 2011 को राजस्थान के बाँसवाड़ा जिले से की गई।
- इस मिशन के अंतर्गत ग्राम स्तर पर स्वयं सहायता समूहों (SHGs) को संघों (फेडरेशन) के रूप में गठित करके उनके माध्यम से लाभप्रद स्वरोजगार के अवसर उपलब्ध कराना प्रमुख लक्ष्य है।

सांसद आदर्श ग्राम योजना

प्रधानमन्त्री ने सांसदों के नाम पर एक महत्त्वपूर्ण योजना सांसद आदर्श ग्राम योजना की घोषणा की। इस योजना की रूपरेखा **11 अक्टूबर, 2014** को जयप्रकाश नारायण जयंती पर पेश की गई। इस योजना के अंतर्गत प्रत्येक सांसद और विधायक एक-एक गाँव को चुनेंगे और आदर्श ग्राम बनाने के लिए प्रयास करेंगे।

दीनदयाल उपाध्याय ग्राम ज्योति योजना

आर्थिक विकास के लिए ऊर्जा एक महत्त्वपूर्ण घटक है, इसलिए सरकार **24 × 7** ऊर्जा उपलब्ध कराने के लिए प्रतिबद्ध है। गाँवों में ऊर्जा पहुँचाने के लिए सरकार द्वारा इस योजना के अंतर्गत वर्ष 2014–15 के बजट में 500 करोड़ रुपए का प्रावधान किया गया है। यह योजना राजीव गाँधी ग्रामीण विद्युतीकरण योजना का स्थान लेगी।

मिशन इन्द्रधनुष

- केन्द्रीय स्वास्थ्य एवं परिवार कल्याण मंत्रालय ने **दिसम्बर, 2014** को मिशन **इन्द्रधनुष** प्रारम्भ किया।

- इसके अंतर्गत सभी बच्चों को सात टीके (वैक्सीन) दिए जाते हैं ताकि उन्हें **डिप्थीरिया, काली खाँसी, टिटनेस, पोलियो, क्षयरोग मिजेल्स तथा हेपेटाइटिस-बी जैसी, बीमारियों से बचाव** की प्रतिरोधक क्षमता दी जा सके। **मिशन इन्द्रधनुष** की शुरुआत सुशासन दिवस (गुड गवर्नेन्स डे : 25 दिसम्बर) के अवसर पर की गई।

स्वच्छ भारत अभियान

- **प्रधानमन्त्री** द्वारा राष्ट्रपिता गाँधी के जन्मदिन पर **2 अक्टूबर, 2014** को स्वच्छ भारत अभियान की शुरुआत की गई।
- स्वच्छ भारत अभियान की संकल्पना प्रत्येक व्यक्ति तक शौचालय ठोस और तरल अपशिष्ट के प्रबन्धन की प्रणाली सहित स्वच्छता सुविधाओं की पहुँच का मार्ग प्रशस्त करने, ग्राम स्वच्छता और सुरक्षित तथा पर्याप्त पेयजल आपूर्ति करने के लिए की गई है।
- पेयजल और स्वच्छता मंत्रालय द्वारा इस कार्यक्रम को लागू किया जा रहा है।
- गाँधीजी की **150वीं जयंती के अवसर** पर (2 अक्टूबर, 2019 तक) स्वच्छ भारत अभियान की प्राप्ति का लक्ष्य रखा गया है।

दीनदयाल उपाध्याय कौशल विकास योजना

- 25 सितम्बर, 2014 को दीनदयाल कौशल विकास योजना का शुभारंभ किया गया। इस योजना का मुख्य उद्देश्य ग्रामीण गरीबों के लिए माँग आधारित निःशुल्क कौशल प्रशिक्षण उपलब्ध कराना है।
- दीनदयाल उपाध्याय कौशल विकास योजना की मुख्य विशेषताएँ निम्नलिखित हैं-

1. समावेशी कार्यक्रम तैयार करना
2. प्रशिक्षण लेकर आजीविका उन्नयन पर बल देना
3. 75% प्रशिक्षित उम्मीदवारों के लिए रोजगार की गारंटी।

जन-धन योजना

- प्रधानमन्त्री द्वारा गरीबों के लिए जन-धन योजना प्रारम्भ की गई। इसके अंतर्गत प्रत्येक परिवार को बैंक खाते से जोड़ा गया, जिससे, योजनाओं की राशि सीधे उन तक पहुँच सके।
- खाताधारक को **5,000 रुपए** की ओवरड्राफ्ट सुविधा, एक लाख रुपए का दुर्घटना बीमा तथा **30 हजार रुपए** के जीवन बीमा कवर की भी सुविधा मिलेगी।
- इसके अतिरिक्त बैंक प्रतिनिधि को 5,000 रुपये का पारिश्रमिक देना भी शामिल है। बैंक प्रतिनिधि खाताधारकों तथा बैंक के बीच अन्तिम सम्पर्क के रूप में कार्य करता है।

अटल पेंशन योजना

- यह योजना **18 वर्ष से 40 वर्ष** तक की आयु के असंगठित क्षेत्र में कार्यरत श्रमिकों के लिए है। इस योजना से जुड़ने वाले व्यक्ति 60 वर्ष की आयु के बाद कम-से-कम 1,000 रुपए तथा अधिकतम 5,000 रुपए तक की पेंशन राशि प्रत्येक महीने प्राप्त कर सकेंगे।
- इस योजना के अंतर्गत केन्द्र सरकार द्वारा पात्र अंशदाता के बैंक खाते में कुल अंशदान का आधा हिस्सा अथवा 1,000 रुपए (जो भी कम हो) प्रत्येक महीने जमा किए जाएँगे। सरकार द्वारा पाँच वर्षों तक ही राशि जमा की जाएगी।
- सरकार का अंशदान उन्हीं व्यक्तियों के लिए होगा, जो 31 दिसम्बर, 2015 तक इस योजना से जुड़ेंगे। कोई भी व्यक्ति, जो अन्य सामाजिक सुरक्षा योजना से जुड़ा है अथवा आयकरदाता (Tax payer) है, इस योजना का लाभार्थी नहीं बन सकता है।

प्रधानमन्त्री जन सुरक्षा योजना

9 मई, 2015 को कोलकाता में सामाजिक सुरक्षा के उद्देश्य से प्रधानमन्त्री जन सुरक्षा योजना की शुरुआत की गई। इन महत्त्वपूर्ण योजनाओं को आरम्भ करने की बात आम बजट 2015–16 में की गई थी। इन योजनाओं को 1 जून, 2015 से लागू किया गया इसके अंतर्गत निम्नलिखित तीन योजनाएँ शामिल हैं-

1. प्रधानमन्त्री जीवन ज्योति बीमा योजना
2. प्रधानमन्त्री सुरक्षा बीमा योजना
3: अटल पेंशन योजना

प्रधानमन्त्री जीवन ज्योति बीमा योजना

इस योजना का उद्देश्य लोगों को सस्ती दर पर जीवन बीमा का लाभ देना है, जो कम-से-कम प्रीमियम में लोगों को पारिवारिक सुरक्षा-लाभ देने में सक्षम हो। इस योजना के अंतर्गत सभी बचत बैंक खाताधारक, जिनकी आयु **18 वर्ष से 50 वर्ष** होगी, लाभ अर्जित कर सकते हैं।

प्रधानमन्त्री सुरक्षा बीमा योजना

- जीवन सुरक्षा से जुड़ी इस योजना को दुर्घटना बीमा योजना के रूप में देखा जा रहा है, जिसमें व्यक्ति को 12 रुपए के वार्षिक प्रीमियम पर प्रधानमन्त्री सुरक्षा बीमा योजना प्रदान की जाएगी।
- अस्थाई निःशक्तता की स्थिति में 1 लाख रुपए का बीमा कवर प्रदान किया जाएगा।
- इस योजना का लाभ 18 से लेकर 70 वर्ष तक की आयु के व्यक्तियों को उपलब्ध कराया जाएगा।
- सार्वजनिक क्षेत्र अथवा निजी बैंकों के खाताधारक बैंक में Know Your Customer तथा आधार कार्ड के माध्यम से नामांकन करवाकर इस योजना से जुड़ सकेंगे।

खादी एवं ग्रामोद्योग परियोजना

- ग्रामीण इलाकों में रोजगार को बढ़ाने तथा ग्रामीण गरीबी को कम करने और ग्रामीण नगरीय की तरफ बढ़ रहे पलायन को रोकने के उद्देश्य से खादी और ग्रामोद्योग आयोग (KVIC) द्वारा खादी गाँव नामक परियोजना शुरू की गई।
- परियोजना के अंतर्गत आयोग खादी, कताई और अन्य कुटीर उद्योगों के माध्यम से आत्मनिर्भर होने के इच्छुक व्यक्तियों का चयन करेगा व उन्हें आवश्यक सामग्री के साथ बुनियादी प्रशिक्षण प्रदान करेगा।
- इस योजना के तहत प्रत्येक राज्य से पाँच गाँवों का चयन किया जाएगा तथा एक वर्ष में उन्हें खादी गाँव के रूप में विकसित किया जाएगा।

राष्ट्रीय जल संभरण विकास कार्यक्रम

- देश का लगभग 60% भाग कृषि वर्षा से सिंचित है। ये क्षेत्र गरीबी, जल अभाव, निम्न उत्पादकता, कुपोषण तथा विभिन्न प्रकार की भूमि के घटने की दृष्टि से भी संवेदनशील है। इन समस्याओं से निपटने के लिए राष्ट्रीय जल संभरण विकास कार्यक्रम (National Watershed Development Programme—NWSDP) को अपनाया गया है।
- इसमें बंजर भूमि (Arid Land) तथा वर्षा आधारित क्षेत्रों के विकास पर विशेष ध्यान दिया जा रहा है। इसके साथ-साथ **सूखा प्रभावित क्षेत्र कार्यक्रम, मरुभूमि विकास कार्यक्रम, एकीकृत बंजर भूमि विकास कार्यक्रम** को मिलाकर **एकीकृत जल संभरण प्रबन्धन** कार्यक्रम बनाया गया है।

प्रधानमन्त्री आवास योजना

25 जून, 2015 में इन्दिरा आवास योजना का पुनर्गठन करके इसका नया नाम प्रधानमन्त्री आवास योजना कर दिया गया। इस नई योजना के अंतर्गत वर्ष 2022 तक शहरी क्षेत्रों में सभी के लिए आवास प्रदान करने का लक्ष्य रखा गया है।

सबके लिए आवास योजना

- केन्द्र सरकार की यह योजना **25 जून, 2015** को आरम्भ की गई।
- इसके अंतर्गत वर्ष 2022 तक शहरी क्षेत्रों में रहने वाले गरीबों के लिए 2 करोड़ मकानों का निर्माण किया जाना है।
- केन्द्र सरकार द्वारा अपनी महत्त्वाकांक्षी योजना 'सबके लिए आवास योजना' के क्रियान्वयन हेतु **29 अगस्त, 2015 को 9 राज्यों के** 305 शहरों का चयन किया गया।
- इस योजना के अंतर्गत राज्यों को सस्ते मकान बनाने के लिए शहरों के मास्टर प्लान में परिवर्तन या सुधार, भवन निर्माण संबंधी स्वीकृतियों के लिए सिंगल विण्डो, किराया कानूनों में संशोधन, झोपड़-पट्टी का पुनर्विकास जैसे सुधार करने होंगे।

राजीव आवास योजना, राजीव ऋण योजना तथा **सहभागिता के साथ वहनीय आवास योजना** का विलय **सबके लिए आवास योजना** में हो गया है।

राष्ट्रीय विरासत विकास एवं संवर्द्धन योजना (हृदय)

- केन्द्रीय शहरी विकास मंत्रालय ने **21 जनवरी, 2015** को राष्ट्रीय विरासत विकास एवं संवर्धन योजना (हृदय) की शुरुआत की।
- इस योजना का उद्देश्य देश की समृद्ध सांस्कृतिक विरासत को संरक्षण तथा पुनर्जीवन प्रदान करना है।
- हृदय योजना के अंतर्गत **12 शहरों** को प्रारम्भिक चरण में चयनित किया गया है। इसके लिए केन्द्र सरकार ने 500 करोड़ रुपए आवंटित किए हैं। यह योजना पूर्णत: केन्द्र द्वारा वित्त-पोषित है।
- इस योजना के अंतर्गत चयनित शहरों की बुनियादी संरचना को बेहतर बनाना मुख्य उद्देश्य निर्धारित किया गया है। जिसमें विरासत स्थलों के एकीकृत, समावेशी तथा सतत् विकास को बढ़ावा देना है तथा स्मारकों के रख-रखाव तथा पारिस्थितिकी को बेहतर बनाने के लिए भी इस योजना में कार्य किया जाएगा।

अमृत योजना

- शहरों के कायाकल्प के लिए इस योजना को तैयार किया गया है। इसके अंतर्गत देश के 500 शहरों में सुविधाओं के विस्तार की रणनीति तैयार की गई है।
- इस योजना के अंतर्गत शहर के प्रत्येक परिवार को नल का पानी, सीवर कनेक्शन तथा विद्युत सुविधा प्रदान करने का लक्ष्य है। ठोस अपशिष्ट प्रबन्धन, सड़कों तथा सार्वजनिक परिवहन पर विशेष ध्यान दिया जाना है। इस मिशन से शहरी स्थानीय निकाय विभिन्न सेवाओं के सेवा स्तर मानदण्डों को पूरा कर सकेंगे।

स्मार्ट सिटी मिशन

- इस मिशन के अंतर्गत देश के कुल 100 चयनित शहरों को स्मार्ट शहर के रूप में विकसित किए जाने की योजना है। **27 अगस्त, 2015** को इस मिशन हेतु 98 शहरों एवं कस्बों की सूची जारी की गई। इनमें 24 राज्य राजधानियाँ, 18 सांस्कृतिक एवं पर्यटन स्थल, 5 बंदरगाह शहर तथा 64 छोटे व मध्यम श्रेणी के शहर शामिल हैं।
- इसमें सर्वाधिक **12 शहर** उत्तर प्रदेश के हैं। इन 98 चयनित शहरों का चयन एक सिटी चैलेंज प्रतियोगिता के आधार पर किया गया।

श्यामा प्रसाद मुखर्जी रूर्बन मिशन

- **21 फरवरी, 2016** को देश के ग्रामीण क्षेत्रों को आर्थिक, सामाजिक और भौतिक रूप से संपोषणीय क्षेत्रों में रूपांतरित करने के महत्त्वाकांक्षी उद्देश्य वाले श्यामा प्रसाद मुखर्जी रूर्बन मिशन को 5,142.08 करोड़ रुपए के आवंटन के साथ स्वीकृति प्रदान की गई।
- रूर्बन मिशन के तहत स्मार्ट ग्रामों के समूह सभी राज्यों/संघीय क्षेत्रों में विकसित किए जाएँगे। इन समूहों में भौगोलिक रूप में संलग्न ऐसी ग्राम पंचायतों के क्षेत्र शामिल होंगे, जिनकी समग्र जनसंख्या मैदानी और तटीय क्षेत्रों में लगभग **25,000 से 50,000** और मरुस्थलीय, पहाड़ी एवं जनजातीय क्षेत्रों में **5,000 से 15,000** तक होगी।

ग्रामीण आवास के लिए ब्याज सब्सिडी योजना

- **24 जनवरी, 2017** को प्रधानमन्त्री की अध्यक्षता में केन्द्रीय मन्त्रिमंडल द्वारा देश में ग्रामीण आवास को बढ़ावा देने हेतु एक नई योजना ग्रामीण आवास के लिए ब्याज सब्सिडी योजना को मंजूरी प्रदान की गई।
- योजना के तहत ऋण लेने वाले लाभार्थियों को दो लाख रुपए तक की ऋण राशि पर 3 प्रतिशत ब्याज सब्सिडी प्रदान की जाएगी।
- योजना का क्रियान्वयन राष्ट्रीय आवास बैंक (National Housing Bank) द्वारा किया जाएगा।
- 3 प्रतिशत ब्याज सब्सिडी का भुगतान केन्द्र सरकार द्वारा सीधे राष्ट्रीय आवास बैंक को किया जाएगा।
- राष्ट्रीय आवास बैंक द्वारा ब्याज सब्सिडी की राशि प्राथमिक ऋणदाता संस्थाओं (अनुसूचित वाणिज्यिक बैंकों, गैर-बैंकिंग वित्तीय कंपनियों आदि) को अंतरित की जाएगी।

हर घर जल

- केन्द्रीय ग्रामीण विकास मन्त्री द्वारा वर्ष 2017 में विश्व जल दिवस (22 मार्च), के अवसर पर दिल्ली में हर घर जल योजना की घोषणा की गई। इस योजना का लक्ष्य देश के हर घर में वर्ष 2030 तक शुद्ध जल उपलब्ध कराना है।
- इसका उद्देश्य आर्सेनिक और फ्लोराइड से प्रभावित क्षेत्रों को शुद्ध पेयजल की उपलब्धता सुनिश्चित कराना है।
- इस कार्यक्रम के तहत 25,000 करोड़ रुपये के परिव्यय से मार्च, 2021 तक देश में लगभग 28,000 प्रभावित बस्तियों को सुरक्षित पेयजल मुहैया कराने की योजना बनाई गई है।

प्रधानमन्त्री ग्रामीण डिजिटल साक्षरता अभियान

- **8 फरवरी, 2017** को प्रधानमन्त्री की अध्यक्षता में केन्द्रीय मन्त्रिमंडल द्वारा प्रधानमन्त्री ग्रामीण डिजिटल साक्षरता अभियान (PMGDISHA) को स्वीकृति प्रदान की गई।
- इसका लक्ष्य मार्च, 2019 तक 6 करोड़ ग्रामीण परिवारों को डिजिटल रूप से साक्षर बनाना है।
- प्रधानमन्त्री ग्रामीण डिजिटल साक्षरता अभियान विश्व के सबसे बड़े डिजिटल साक्षरता कार्यक्रमों में से एक है।
- इस योजना के तहत वित्त 2016-17 में 25 लाख लोगों को प्रशिक्षित किया गया।
- न्यायसंगत भौगोलिक पहुँच सुनिश्चित करने के उद्देश्य से 2.50 लाख ग्राम पंचायतों में से प्रत्येक से औसतन 200 से 300 लोगों को पंजीकृत किया जाएगा।

राष्ट्रीय पोषण रणनीति, 2017

- कृषि वैज्ञानिक एम.एस. स्वामीनाथन, पद्मश्री डॉ. एच. सुदर्शन एवं नीति आयोग के उपाध्यक्ष डॉ. राजीव कुमार ने **5 सितम्बर, 2017** को नीति आयोग की राष्ट्रीय पोषण रणनीति (National Nutrition Strategy—NNS) जारी की।
- इस रणनीति के प्रमुख लक्ष्य निम्नलिखित हैं-

1. 5 वर्ष से कम उम्र के बच्चों में अल्पवजन (2 एस.डी. से कम) स्तर को वर्तमान 35.7 प्रतिशत से कम कर वर्ष 2022 तक 20.7 प्रतिशत करना।

2. 6–9 माह के बच्चों में एनीमिया स्तर को वर्तमान 58.47 प्रतिशत से कम कर 19.5 प्रतिशत करना।

3. 15–49 वर्ष की लड़कियों एवं महिलाओं में एनीमिया स्तर को मौजूदा 53.1 से कम कर 17.7 प्रतिशत तक लाना।

राष्ट्रीय स्वास्थ्य नीति, 2017

- **15 मार्च, 2017** को राष्ट्रीय स्वास्थ्य नीति 2017 को पारित किया गया, इस नीति का मुख्य उद्देश्य भारत में सबके लिए अच्छे स्वास्थ्य तथा कल्याण के लक्ष्य को साकार करना है।
- एक महत्त्वपूर्ण घटक के रूप में, राष्ट्रीय स्वास्थ्य नीति में जन स्वास्थ्य व्यय को समयबद्ध ढंग से जीडीपी के 2.5 तक बढ़ाने का प्रस्ताव है।
- इस नीति के अंतर्गत इस वर्ष के अंत तक कालाजार व **लिम्फैटिक फिलारिएसिस** के उन्मूलन का लक्ष्य रखा गया है, साथ-ही-साथ 2018 तक कुष्ठ रोग, 2020 तक खसरा और 2025 तक **टीबी** को खत्म करने का लक्ष्य भी निर्धारित किया गया है।

आजीविका ग्रामीण एक्सप्रेस योजना

- केन्द्रीय ग्रामीण विकास मंत्रालय द्वारा 20 जुलाई, 2017 को आजीविका ग्रामीण एक्सप्रेस योजना (AGEY) आरंभ की गई। इस योजना को **दीनदयाल अंत्योदय योजना राष्ट्रीय ग्रामीण आजीविका मिशन** (DAY-NRLM) के तहत एक उपयोजना के रूप में आरंभ किया जा रहा है।
- इस योजना का उद्देश्य DAY-NRLM के तहत **स्वयं सहायता समूहों** (SHG) के सदस्यों को आजीविका का वैकल्पिक स्रोत प्रदान करना तथा सुरक्षित, सस्ती एवं सामुदायिक स्तर पर संचालित ग्रामीण परिवहन, व्यवस्था को सुदृढ़ करना है।
- साथ ही ग्रामीण क्षेत्रों में **ई-रिक्शा, थ्री-व्हीलर** और **फोर-व्हीलर सेवाएँ उपलब्ध** कराना भी इसके उद्देश्यों में शामिल है जिससे ग्रामीण क्षेत्रों में शिक्षा, स्वास्थ्य एवं बाजारों तक लोगों की पहुँच को सुविधाजनक बनाया जा सके।

प्रधानमंत्री जन आरोग्य योजना

- **23 सितबंर, 2018** को रांची, झारखंड में विश्व की सबसे बड़ी स्वास्थ्य बीमा योजना, प्रधानमंत्री जन आरोग्य योजना की शुरुआत की गई।

उद्देश्य

- इस योजना का उद्देश्य देश भर में 10.74 करोड़ से अधिक गरीब और कमज़ोर परिवारों के लगभग 50 करोड़ लोगों को निशुल्क स्वास्थ्य सेवा उपलब्ध कराना है

महत्वपूर्ण तथ्य

- इसमें कैंसर और हृदय रोग जैसी गंभीर बीमारियों सहित 1300 बीमारियों को शामिल किया गया है। निजी अस्पताल भी इस योजना का हिस्सा हैं ।
- 5 लाख रुपए की राशि में सभी प्रकार की जाँच, दवा, अस्पताल में भर्ती का खर्च आदि भी शामिल हैं ।
- देश भर के 13,000 से ज़्यादा अस्पतालों को इस योजना में शामिल किया गया है।
- यह योजना 1,350 चिकित्सा पैकेज को कवर करती है। जिसमें सर्जरी, चिकित्सा एवं देखभाल, दवाइयाँ और निदान की लागत आदि शामिल हैं।
- योजना में पुरानी और नई सभी बीमारियों को शामिल किया गया है। यह एक पेपरलेस तथा कैशलेस योजना है।
- इस योजना के अंतर्गत परिवार के आकार और सदस्यों की कोई निश्चित आयु सीमा नहीं है।
- ऐसे परिवार जिसकी मुखिया महिला है और जिसमें 16 से 59 वर्ष आयु के बीच का कोई वयस्क सदस्य नहीं है।

सहयोग एवं संपर्क कार्यक्रम

- **2 नवंबर, 2018** को प्रधानमंत्री नरेंद्र मोदी ने एमएसएमई (सूक्ष्म, लघु एवं मध्यम उद्यम) सेक्टर के लिए सहयोग एवं संपर्क कार्यक्रम का शुभारंभ किया।

उद्देश्य

- एमएसएमई (सूक्ष्म, लघु एवं मध्यम उद्यम) सेक्टर को प्रोत्साहन देना है

महत्वपूर्ण तथ्य

- इस कार्यक्रम के तहत प्रधानमंत्री द्वारा 12 महत्वपूर्ण घोषणा की गई।
- यह घोषणाएं ऋणों तक पहुंच, बाजारों तक पहुंच, प्रौद्योगिकी उन्नयन, कारोबार में सुगमता, एमएसएमई सेक्टर के कर्मचारियों के लिए सामाजिक सुरक्षा से संबंधित हैं।
- एमएसएमई को सुगमता से ऋण उपलब्ध कराने हेतु 59 मिनट का लोन पोर्टल शुरू करने की घोषणा।
- जीएसटी पंजीकृत सूक्ष्म, लघु और मध्यम उद्यमों (एमएसएमई) दो प्रतिशत सब्सिडी देने का उल्लेख और शिपमेंट से पूर्व और शिपमेंट के बाद की अवधि में ऋण लेने वाले निर्यातकों हेतु ब्याज की छूट तीन प्रतिशत से बढ़ाकर 5 प्रतिशत करने की घोषणा।
- 500 करोड़ रुपये से अधिक टर्नओवर वाली सभी कंपनियों को (टीआरईडीएस) पोर्टल में शामिल करने की घोषणा।

''खेलो इंडिया स्कूल गेम्स''

- भारत सरकार ने **31 जनवरी से 8 फरवरी, 2018** तक नई दिल्ली के इंदिरा गांधी इंडोर स्टेडियम में **खेलो इंडिया स्कूल गेम्स** (के.आई.एस.जी.) के पहले संस्करण का उद्घाटन किया।

उद्देश्य

- इस योजना का मुख्य उद्देश्य देश में खेले जाने वाले सभी खेलों की मजबूत नींव बनाना और भारत को एक महान खेल राष्ट्र बनाने के लिए जमीनी स्तर पर खेल संस्कृति को पुनर्जीवित करना था।

महत्वपूर्ण तथ्य

- इस कार्यक्रम ने भारत की युवा खेल प्रतिभा और खेल में उनकी क्षमता पर प्रकाश डाला।
- इस भव्य आयोजन में अंडर-17 आयु वर्ग में 16 प्रकार के खेलों को आयोजित किया गया जिसमें सभी राज्यों और केंद्र शासित प्रदेशों के लगभग 5,000 स्कूली बच्चों ने भाग लिया।

समग्र शिक्षा योजना

- स्कूल शिक्षा और साक्षरता विभाग, और मानव संसाधन एवं विकास मंत्रालय ने 19 जुलाई, 2018 को स्कूल शिक्षा के लिए एक एकीकृत योजना समग्र शिक्षा योजना के नाम से आरम्भ की।

राष्ट्रीय पोषण मिशन

- **8 मार्च, 2018** को प्रधानमंत्री नरेंद्र मोदी द्वारा राजस्थान के झुंझुनू से शुरु किया गया। राष्ट्रीय पोषण मिशन देश के 640 जिलों में संचालित होगा।

उद्देश्य

- मिशन का उद्देश्य बच्चों में बौनापन, आवश्यकता से कम पोषण, खून की कमी, और जन्म के समय बच्चों के कम वजन को 2 प्रतिशत से 3 प्रतिशत तक लाना है।

महत्वपूर्ण तथ्य

- राष्ट्रीय पोषण मिशन का गठन 9046.17 करोड़ रुपए राशि से किया गया है।
- यह मिशन देश में पोषण के स्तर को युद्धस्तर पर बढ़ाने का एक समग्र प्रस्ताव है जिसमें कुपोषण को दूर करने में योगदान कर रही विभिन्न योजनाओं को शामिल किया जाएगा।
- इस कार्यक्रम से 10 करोड़ से अधिक लोग लाभान्वित होंगे।
- सभी राज्यों और जिलों को चरणबद्ध तरीके से वर्ष 2017-18 में 315 जिले, वर्ष 2018-19 में 235 जिले तथा 2019-20 में शेष जिलों को शामिल किया जाएगा।
- राष्ट्रीय पोषण मिशन का लक्ष्य छोटे बच्चों, महिलाओं एवं किशोरियों में क्रमशः ठिगनापन, अल्पपोषण तथा रक्ताल्पता को क्रम करना।

सरकार द्वारा 'एक देश, एक राशन कार्ड योजना' की घोषणा

- उपभोक्ता मामले और खाद्य एवं सार्वजनिक वितरण विभाग के केंद्रीय मंत्री रामविलास पासवान ने राज्यसभा में सरकार द्वारा **'एक देश, एक राशन कार्ड योजना'** की घोषणा की है। केन्द्रीय मंत्री के अनुसार यह योजना जल्द ही लागू की जाएगी।
- सरकार द्वारा देश में खाद्य पदार्थों पर 1.45 लाख करोड़ रुपए की सब्सिडी दी जा रही है। इसके तहत गरीबों को 2 रुपए प्रति किलो की दर से गेहूं और 3 रुपए प्रति किलो की दर से चावल दिया जा रहा है। लेकिन सभी जरूरतमंद लोग इसका लाभ नहीं ले पा रहे हैं, जिसके चलते सरकार 'एक देश, एक राशन कार्ड योजना' प्रभावी करने वाली है।

कुछ राज्यों में यह योजना पहले से लागू है

- यह योजना आई.एम.पी.डी.एस. आंध्र प्रदेश, गुजरात, हरियाणा, झारखंड, कर्नाटक, केरल, महाराष्ट्र, राजस्थान, तेलंगाना और त्रिपुरा में पहले से लागू है, जहां कोई भी लाभार्थी अपने हिस्से का राशन किसी भी जिले से प्राप्त कर सकता है। केंद्र सरकार ने गरीबों के हित में इसे सभी राज्यों से लागू करने की अपील की है। तेलंगाना और आंध्र प्रदेश के लाभार्थी अगले 2 महीने में दोनों में से किसी राज्य में राशन उठाने की सुविधा प्राप्त कर सकेंगे। अभी एफ.सी.आई., सी.डब्ल्यू.सी., एस.डब्ल्यू.सी.एस. और निजी गोदामों में रखे 6.12 करोड़ टन अनाज को हर साल 81 करोड़ लाभार्थियों को बांटा जा रहा है।

उड़ान योजना

- केंद्र सरकार ने **07 मार्च, 2019 को "उड़ान योजना"** के तहत देश के विभिन्न हिस्सों में बेकार पड़ी तथा कम इस्तेमाल वाली हवाई पट्टियों को पूरी तरह से विकसित करने की समय सीमा बढ़ाकर उसके लिए 4500 करोड़ रुपए आवंटित किए हैं।
- इस परियोजना का फायदा छोटे शहरों और गांवों को मिलेगा। प्रधानमंत्री नरेन्द्र मोदी की अध्यक्षता में हुई आर्थिक मामलों की मंत्रिमंडलीय समिति की बैठक में इस आशय के प्रस्ताव को मंजूरी दी गई,जिसमें राज्य सरकारों की कम इस्तेमाल होने वाली हवाई पट्टियों, देश की एयरपोर्ट अथॉरिटी, सिविल एनक्लेव, कम्युनिटी एंड पब्लिक सेक्टर यूनियन, हेलीपैड्स और वॉटर एयरोड्रोन का पुनर्विकास शामिल है।
- इसके परिणामस्वरूप 'बगैर उपयोग' एवं 'कम उपयोग' वाले हवाई अड्डों के लिए उड़ानों का परिचालन शुरू होने पर छोटे शहरों/कस्बों की कनेक्टिविटी सुनिश्चित हो जाएगी तथा इससे रोजगार सृजन एवं संबंधित बुनियादी ढांचागत विकास की दृष्टि से इन क्षेत्रों के साथ-साथ आसपास के इलाकों में भी आर्थिक विकास को और ज्यादा बढ़ावा मिलेगा।

मुख्यमंत्री कृषि आशीर्वाद योजना

- खरीफ की फसलों हेतु आर्थिक सहायता उपलब्ध कराने के दृष्टिकोण से झारखण्ड सरकार ने **10 अगस्त, 2019** को मुख्यमंत्री कृषि आशीर्वाद योजना का शुभारम्भ किया है। इस योजना के तहत कृषकों को निम्नलिखित सुविधाएँ दी जाएंगी-
- पाँच एकड़ तक जमीन धारक को प्रति एकड़ 5000 रुपए की आर्थिक सहायता प्रदान की जाएगी।
- योजना की राशि डायरेक्ट बेनिफिट ट्रांसफर के जरिए सीधे किसानों के खाते में जाएगी।
- एक एकड़ से कम जमीन धारकों को भी इस योजना में शामिल किया जाएगा।
- इस योजना का मुख्य उद्देश्य राज्य में कृषि उत्पादकता को बढ़ाना है इसके लिए कृषि हेतु आवश्यक वस्तुओं की खरीद के लिए वित्तीय सहायता उपलब्ध कराना है।

'एक परिवार, एक नौकरी' योजना का शुभारंभ

- सिक्किम के मुख्यमंत्री पवन कुमार चामलिंग ने **12 जनवरी, 2019** को 'एक परिवार, एक नौकरी' योजना का शुभारंभ किया। इस योजना की घोषणा पवन कुमार चामलिंग ने वर्ष 2018 में राज्य विधानसभा के शीतकालीन सत्र के दौरान की थी।
- एक परिवार-एक नौकरी योजना के तहत नौकरी उपलब्ध कराने की जिम्मेदारी कार्मिक विभाग को दी है। ऐसी योजना लागू करने वाला सिक्किम देश का पहला राज्य है।

योजना का लाभ

- इस योजना के तहत राज्य के उस प्रत्येक परिवार के एक सदस्य को नौकरी दी जाएगी, जिस परिवार का कोई सदस्य सरकारी नौकरी में नहीं है। इस योजना के पहले चरण में कुल 20 हजार युवाओं को नौकरी देने का लक्ष्य है।

मुख्य तथ्य

- इससे पहले इस योजना के तहत 20,000 युवाओं को तुरंत अस्थायी नौकरी देने की घोषणा की गई थी। वहीं इस दौरान कुल 11,772 लोगों को नियुक्ति पत्र भी जारी किए गए।
- साथ ही तत्कालीन मुख्यमंत्री द्वारा घोषणा की गई कि फिलहाल की जा रही अस्थाई नियुक्तियों को अगले पाँच वर्षों में नियमित किया जाएगा और सभी लाभार्थी स्थायी कर्मचारी बन जाएँगे।

वन नेशन, वन कार्ड

- प्रधानमंत्री नरेंद्र मोदी ने **4 मार्च, 2019** को वन नेशन, वन कार्ड योजना का शुभारंभ किया। लोगों के लिए देशभर में मेट्रो सेवाओं और टोल टैक्स समेत कई तरह के परिवहन शुल्क का भुगतान करने में सक्षम बनाने के लिए स्वदेश निर्मित

नेशनल कॉमन मोबिलिटी कार्ड (एनसीएमसी) का शुभारंभ किया गया है। अलग-अलग परिवहन सेवाओं में इस्तेमाल किए जाने वाले 'एक राष्ट्र एक कार्ड' कहे जा रहे इस कार्ड से धारक अपनी बस का किराया, टोल टैक्स, पार्किंग शुल्क, रिटेल खरीददारी कर सकेंगे और साथ ही लोग इस कॉमन मोबिलिटी कार्ड से पैसे भी निकाल सकते हैं। रुपे कार्ड का इस मोबिलिटी कार्ड से विलय कर दिया है।

- यह कार्ड रुपे कार्ड से चलता है कई बार हमारे पास मेट्रो, बस या ट्रेन या टोल और पार्किंग शुल्क देने के लिए नकद में भुगतान करने के लिए खुले रुपये नहीं होते। इस मुद्दे से निपटने के लिए एक स्वचालित किराया संग्रह प्रणाली लायी गई है।

किसान सम्मान निधि योजना

- पूर्व वित्त मंत्री पीयूष गोयल ने 2019-20 के अंतरिम बजट में छोटे और सीमान्त किसानों के लिए **प्रधानमंत्री किसान सम्मान निधि (पीएम- किसान) योजना** की घोषणा की। इस योजना का लाभ दो हेक्टेयर तक जोत वाले किसानों को मिलेगा। योजना के तहत 6,000 रुपये छोटे किसानों के खातों में तीन किस्तों में डाले जाएंगे।
- इस योजना के तहत 2 हेक्टेयर तक जमीन रखने वाले छोटे और मंझोले किसानों को प्रत्येक वर्ष तीन किस्तों में 6,000 रुपये तक का भुगतान किया जाएगा। सरकार ने योजना के लिए 75,000 करोड़ रुपये का आवंटन किया है।
- सरकार ने 4.76 करोड़ पंजीकृत किसानों में से अभी तक 3.1 करोड़ से अधिक किसानों को लगभग 11,000 करोड़ रुपये का भुगतान किया है। कृषि मंत्रालय के डेटा के अनुसार, 2.25 करोड़ से अधिक किसानों को 2,000 रुपये प्रत्येक की दो किस्तें प्राप्त हुईं। 2015 की कृषि जनगणना के अनुसार, देश में लगभग 12.6 करोड़ छोटे और हाशिए पर मौजूद किसान हैं।
- भारत सरकार ने हाल ही में किसानों को मदद पहुंचाने की दृष्टि से प्रधानमंत्री किसान सम्मान निधि योजना की शुरुआत की। इसमें ऐसे किसान परिवारों को शामिल किया गया है जिसमें पति-पत्नी और 18 वर्ष तक के बच्चे 2 हेक्टेयर भूमि पर खेती करते हों। 1 फरवरी, 2019 तक के लैंड रिकॉर्ड में किसान का नाम होना जरूरी है। इस योजना द्वारा 12 करोड़ किसान परिवारों की मदद की जाएगी। इस स्कीम में मिलने वाली राशि का उपयोग किसान अपनी आर्थिक स्थिति सुधारने में कर सकता है।

अटल भूजल योजना

- इस योजना की शुरूआत **25 दिसम्बर, 2019** को प्रधानमंत्री श्री नरेन्द्र मोदी ने अटल बिहारी वाजपेयी की जयंती पर की। इस योजना का प्रमुख उद्देश्य भू-जल प्रबधंन में सुधार लाना है। योजना में गुजरात, हरियाणा, कर्नाटक, मध्य प्रदेश, महाराष्ट्र, राजस्थान तथा उत्तर प्रदेश शामिल हैं। इन राज्यों के 78 जिलों की लगभग 8,350 ग्राम पंचायतों को इससे लाभ होने की आशा है। यह योजना 2020-21 से 2024-25 तक लागू की जायेगी। इस योजना पर कुल 6,000 करोड़ रुपये खर्च होने का अनुमान है।

योजनाएँ/कार्यक्रम एक दृष्टि में

योजना/परियोजना	प्रारम्भ	उद्देश्य/प्रावधान
त्वरित ग्रामीण जलपूर्ति कार्यक्रम	1972-73	राज्यों एवं केन्द्रशासित प्रदेशों के समस्या प्रधान गाँवों में जलापूर्ति सुनिश्चित करना।
स्वरोजगार के लिए ग्रामीण युवकों के प्रशिक्षण का कार्यक्रम (TRYSEM)	15 अगस्त, 1979	गरीबी रेखा से नीचे रहने वाले परिवार के युवकों को छोटे स्तर के स्वरोजगार शुरू करने के लिए प्रशिक्षण देना।
ग्रामीण स्वच्छता कार्यक्रम	1980	ग्रामीण क्षेत्रों में स्वच्छता सुविधाएँ प्रदान करना।
राजीव गाँधी राष्ट्रीय जल मिशन	1986	त्वरित ग्रामीण जलापूर्ति योजना को वैज्ञानिक और कम खर्चीला बनाना।
इन्दिरा आवास योजना	1985-86	गरीबी रेखा जीवन-यापन करने वाले अनुसूचित जातियों/जनजातियों, बंधुआ मजदूरी से मुक्त हुए लोगों को मुफ्त आवास उपलब्ध कराना।
जवाहर रोजगार योजना	अप्रैल, 1989	कुल रोजगार में 30% हिस्सा महिलाओं के लिए आरक्षित करना।
प्रधानमंत्री रोजगार योजना (PMRY)	2 अक्टूबर, 1993	शिक्षित बेरोजगारों को व्यापारिक कारोबार के लिए आर्थिक सहायता देना।
कस्तूरबा गाँधी बालिका शिक्षा योजना	15 अगस्त, 1997	कम महिला साक्षरता वाले जिलों में बालिकाओं के लिए विशेष विद्यालयों की स्थापना।
स्वर्ण जयन्ती ग्राम स्वरोजगार योजना	अप्रैल, 1999	ग्रामीण क्षेत्रों में भारी संख्या में सूक्ष्म उद्योगों की स्थापना।
प्रधानमंत्री ग्रामीण सड़क योजना	25 दिसम्बर, 2000	1000 लोगों की आबादी वाले सभी सड़क सम्पर्क से वंचित गाँवों को बारहमासी सड़कों से जोड़ना।
सर्व शिक्षा अभियान	2001	6 से 14 वर्ष की आयु समूह के सभी बच्चों को प्रारंभिक शिक्षा प्रदान करना।
सम्पूर्ण ग्रामीण रोजगार योजना	25 सितम्बर, 2001	ग्रामीण क्षेत्रों में खाद्य सुरक्षा के साथ-साथ दैनिक रोजगार के अवसरों में वृद्धि करना।
स्वजल धारा कार्यक्रम	25 दिसम्बर, 2002	ग्रामीण पेयजल आपूर्ति में सुधार
प्रधानमंत्री ग्रामीण जल सवंर्द्धन योजना	15 अगस्त, 2002	ग्रामीण क्षेत्रों में पेयजल की उपलब्धता सुनिश्चित करना।
जननी सुरक्षा योजना	12 अप्रैल, 2005	गरीबी रेखा से नीचे रहने वाले परिवारों में मातृ मृत्युदर और शिशु मृत्यु दर को कम करना।
राष्ट्रीय ग्रामीण स्वास्थय मिशन	12 अप्रैल, 2005	दूर-दराज के ग्रामीण क्षेत्रों में निर्धनतम परिवारों को सुलभ, वहनीय और गुणवत्तापूर्ण स्वास्थय सेवाएँ प्रदान करना।

महात्मा गाँधी राष्ट्रीय ग्रामीण रोजगार गारंटी अधिनियम	2 फरवरी, 2006	ग्रामीण बेरोजगारी, भूख और गरीबी को समाप्त करना।
प्रधानमंत्री रोजगार सृजन कार्यक्रम	15 अगस्त, 2008	ग्रामीण एवं शहरी क्षेत्रों में रोजगार का सृजन।
मेक इन इंडिया	25 सितम्बर, 2014	भारत को विनिर्माण क्षेत्र का केन्द्र बनाना।
सांसद आदर्श ग्राम योजना	11 अक्टूबर, 2014	31 मार्च, 2019 तक प्रत्येक सांसद को तीन आदर्श ग्रामों का विकास करना है।
प्रधानमन्त्री जन-धन योजना	28 अगस्त, 2014	सभी परिवारों की बैंक खातों तक पहुँच सुनिश्चित करना।
डिजिटल भारत	1 जुलाई, 2015	देश को डिजिटल के साथ शक्ति सम्पन्न एवं सूचना आधारित अर्थव्यवस्था बनाना।
पं. दीनदयाल उपाध्याय श्रमेव जयते कार्यक्रम	16 अक्टूबर, 2014	श्रम कानूनों में सुधार लाना।
पं. दीनदयाल उपाध्याय अंत्योदय योजना	25 सितम्बर, 2014	शहरी व ग्रामीण क्षेत्रों में कौशल विकास एवं अन्य साधनों के रोजगार अवसरों की उपलब्धता बढ़ाकर निर्धनता कम करना।
पं. दीनदयाल उपाध्याय ग्राम ज्योति योजना	20 नवम्बर, 2014	ग्रामीण क्षेत्रों में विद्युत आपूर्ति सुनिश्चित करना।
स्वच्छ भारत मिशन (ग्रामीण)	2 अक्टूबर, 2014	ग्रामीण परिवारों को शौचालय की सुविधा प्रदान करना।
बेटी बचाओ, बेटी पढ़ाओ	22 जनवरी, 2015	भ्रूण हत्या रोकना व महिला सशक्तिकरण
प्रधानमन्त्री सुरक्षा बीमा योजना	9 मई, 2015	18–70 वर्ष आयु वर्ग के लोगों के लिए साधारण बीमा/दुर्घटना बीमा, 2 लाख रुपए तक।
प्रधानमन्त्री जीवन ज्योति बीमा योजना	9 मई, 2015	18–50 वर्ष के लोगों के लिए 2 लाख रुपए का जीवन बीमा।
अटल पेंशन योजना	9 मई, 2015	असंगठित क्षेत्र के लोगों के लिए मासिक पेंशन सुनिश्चित करना।
अमृत योजना	25 जून, 2015	एक लाख से अधिक जनसंख्या वाले 500 से अधिक शहरों में आधारिक संरचना व अन्य सुविधाओं का विकास करना।
स्मार्ट सिटी परियोजना	25 जून, 2015	2015–16 से 2019–20 के दौरान 100 चुनिंदा शहरों को स्मार्ट सिटी के रूप में विकास।
प्रधानमन्त्री कौशल विकास योजना	15 जुलाई, 2015	युवाओं को व्यावसायिक व तकनीकी ज्ञान के रूप में कौशल विकास की शिक्षा दिलाना।
राष्ट्रीय कौशल विकास मिशन	15 जुलाई, 2015	देश की युवा मानव शक्ति को वैश्विक चुनौतियों से निपटने के लिए कौशल एवं योग्यता उपलब्ध कराना।
इन्द्रधनुष योजना	14 अगस्त, 2015	सार्वजनिक क्षेत्र के बैंकों के सुधार की दिशा में व्यापक बदलाव हेतु।
सहज योजना	30 अगस्त, 2015	नए LPG उपभोक्ताओं को बेहतर सुविधा देने के लिए ऑनलाइन LPG कनेक्शन उपलब्ध कराना।
किसान योजना	6 जनवरी, 2015	फसल बीमा कार्यक्रम के लिए आवश्यक पैदावार आकलन और फसल कटाई प्रयोगों का बेहतर नियोजन किया जाना।
पैनकैप और ई-सहयोग योजना	27 अक्टूबर, 2015	आयकर रिटर्न त्रुटियों को ई-मेल के माध्यम से सही करना व दूर-दराज के इलाके के लिए विशेष पैन कैप तथा ई-सहयोग (कागजरहित) उपलब्ध कराना।
इंप्रिंट इंडिया	5 नवम्बर, 2015	देश में इंजीनियरिंग चुनौतियों की पहचान करने और उनका समाधान करने हेतु।
स्वर्ण मौद्रीकरण योजना	5 नवम्बर, 2015	घरों व अन्य संस्थानों में निष्क्रिय पड़े सोने का उत्पादक कार्यों में उपयोग करने के लिए स्वर्ण जमा करने वालों को जमा स्वर्ण पर ब्याज मिलता है।
स्वर्ण बॉन्ड योजना	5 नवम्बर, 2015	निवेश के लिए सोना खरीदने वालों को स्वर्ण की फिजिकल डिलीवरी के स्थान पर स्वर्ण मूल्य में अंकित बाँडों की बिक्री।
स्वर्ण बुलियन योजना	5 नवम्बर, 2015	10 ग्राम व 20 ग्राम वजन के सोने के सिक्कों की बिक्री।
अमृत योजना	15 नवम्बर, 2015	मरीजों को सस्ती दर पर दवा उपलब्ध कराने हेतु।

ब्लू रिवोल्यूशन योजना	21 नवम्बर, 2015	मत्स्य पालन के लिए एकीकृत और समग्र विकास हेतु अनुकूल वातावरण बनाना।
राष्ट्रीय रुर्बन मिशन योजना	21 फरवरी, 2016	गाँव को स्मार्ट गाँव में बदलना, स्थानीय स्तर पर रोजगार देना, पलायन रोकना और ग्रामीण क्षेत्र में आर्थिक विकास को गति देना।
तेजस्विनी योजना	22 दिसम्बर, 2015	विश्व बैंक की सहायता से झारखंड सरकार द्वारा 11 से 24 वर्ष आयु की किशोरी, बालिका और महिलाओं को व्यावसायिक प्रशिक्षण।
उदय योजना	5 नवम्बर, 2015	अत्यधिक कर्ज में डूबे राज्यों को बिजली वितरण कंपनियों को कर्ज से मुक्ति दिलाने हेतु।
स्टैण्ड अप इंडिया	5 अप्रैल, 2016	SC/ST व महिला उद्यमियों में उद्यमशीलता को बढ़ावा देने हेतु।
स्टार्ट अप इंडिया	15 अगस्त, 2015	नए शुरू किए जा रहे उद्यमों को बढ़ावा देने हेतु अर्थात् स्वरोजगार एवं प्रतिभा उपयोग (Self Employment and Talent Utilization—SETU) की शुरुआत हेतु।
श्यामा प्रसाद मुखर्जी, नेशनल रुर्बन मिशन	21 फरवरी, 2016	गाँवों का क्लस्टर आधारित विकास
सबके लिए घर (शहरी) योजना	25 जून, 2015	शहरी क्षेत्रों में सभी पात्र (मलिन बस्तियों के निवास व निर्धन) जनों के लिए आवास की सुविधा उपलब्ध करवाना।
सेतु भारतम् योजना	4 मार्च, 2016	राष्ट्रीय राजमार्गों को रेलवे क्रॉसिंग रहित बनाने के लिए ओवर/अंडर ब्रिजों का निर्माण।
उज्ज्वला योजना	1 मई, 2016	BPL गरीबी रेखा से नीचे परिवारों को निःशुल्क LPG कनेक्शन प्रदान करना।
प्रधानमन्त्री युवा योजना	9 नवम्बर, 2016	युवाओं को वैश्विक प्रतिस्पर्धा के लिए तैयार करना।
राष्ट्रीय स्वास्थ्य नीति	15 मार्च, 2017	सभी क्षेत्रों में स्वास्थ्य संबंधी स्थिति में सुधार।
उड़ान योजना	17 अप्रैल, 2017	क्षेत्रीय उड्डयन बाजार विकसित करने के लिए।
प्रधानमन्त्री मातृत्व वंदना योजना	17 मई, 2017	मातृत्व सुरक्षा
प्रधानमन्त्री वय वंदना योजना	21 जुलाई, 2017	60 वर्ष से अधिक आयु के व्यक्तियों के लिए पेंशन
प्रधानमन्त्री जन आरोग्य योजना	25 सितंबर, 2018	स्वास्थ्य क्षेत्र में निर्धन लोगों को 5 लाख रुपए का निशुल्क बीमा एवं स्वास्थ्य सेवा उपलब्ध करना।
वन नेशन, वन कार्ड	4 मार्च, 2019	देशभर में मेट्रो सेवाओं और टोल टेक्स समेत कई तरह के परिवहन शुल्क का भुगतान करने में लोगों को सक्षम बनाना।
एक देश, एक राशन कार्ड योजना	2019	गरीब लोगों को सस्ता खाद्यान्न उपलब्ध कराना।
उड़ान योजना	7 मार्च, 2019	बेकार पड़ी तथा कम विकसित हवाई पट्टियों को विकसित करना।
किसान सम्मान निधि योजना	2019-20	किसानों को मदद पहुँचाने की दृष्टि से इस योजना को प्रारंभ किया गया।
अटल भूजल योजना प्रधानमंत्री गरीब कल्याण योजना	25 दिसम्बर, 2019 2020	भू-जल प्रबंधन में सुधार गरीबों के कल्याण से सम्बन्धित

सार्वजनिक क्षेत्र के इस्पात कारखानों के प्रमुख तथ्य

स्थान	तथ्य
राउरकेला (उड़ीसा)	• द्वितीय पंचवर्षीय योजना के अंतर्गत जर्मनी की सहायता से स्थापित किया गया। सन् 1959 में उत्पादन शुरू हुआ।
भिलाई (मध्य प्रदेश)	• द्वितीय पंचवर्षीय योजना के अंतर्गत रूस की सहायता से स्थापित किया गया। सन् 1959 में उत्पादन शुरू हुआ।
दुर्गापुर (प. बंगाल)	• द्वितीय पंचवर्षीय योजना के अंतर्गत ब्रिटेन की सहायता से स्थापित किया गया वर्ष 1962 में उत्पादन शुरू हुआ।
बोकारो (झारखंड)	• एशिया का सबसे बड़ा संयंत्र। इसे तृतीय पंचवर्षीय योजना के अंतर्गत रूस की सहायता से स्थापित किया गया। वर्ष 1973 में उत्पादन आरम्भ हुआ।
बर्नपुर (प. बंगाल)	• निजी क्षेत्र संयंत्र के राष्ट्रीयकरण द्वारा अधिगृहीत, यह संयंत्र रूस की सहायता से स्थापित हुआ।
विशाखापत्तनम (आन्ध्र प्रदेश)	• चौथी पंचवर्षीय योजना के अंतर्गत 2256 करोड़ रुपये की सरकारी लागत से रूस की सहायता से स्थापित किया गया।
सलेम (तमिलनाडु)	• चौथी पंचवर्षीय योजना के अंतर्गत स्थापित किया गया।
भद्रावती (कर्नाटक)	• चौथी पंचवर्षीय योजना के अंतर्गत राष्ट्रीयकृत किया गया।
विजयनगर (कर्नाटक)	• चौथी पंचवर्षीय योजना के तहत स्थापित किया गया।

महत्वपूर्ण लघु निर्यात विकास केन्द्र	
तिरुपुर	होजरी एवं बुनाई उद्योग
मुरादाबाद	ब्रासवेयर हैंडीक्राफ्ट, धातुपत्र
सहारनपुर	काष्ठ नक्काशी
लुधियाना	भारी मशीनरी तथा हौजरी उद्योग
सूरत	रत्न और मशीनरी तथा हौजरी
पंजिम	रबर उद्योग
पानीपत	हथकरघा
भोपाल	कीटनाशक उद्योग
अलेप्पी	नारियल के रेशों और इससे निर्मित सामान (Coir)
मोदीनगर	रबर उद्योग
जालन्धर	खेल का सामान
मोन (नागालैंड)	लकड़ी की वस्तुएँ
नलबाड़ी (असम)	बाँस पर आधारित वस्तुएँ
पिंजौर	मशीन औजार
रानीपत (अम्बूर)	चमड़ा
पीलीभीत	काष्ठ पादुका
नागपुर	हस्त उपकरण
विशाखपत्तनम	मछली उत्पाद
मेरठ	खेल का सामान
अलीगढ़	पीतल के ताले
आगरा	चमड़ा फुटवियर, पर्यटन
खुर्जा	मिट्टी के बर्तन
कांचीपुरम्	रेशम, पारम्परिक साड़ी
सेलम	हस्त उपकरण
शिवकाशी	माचिस, आतिशबाजी
अम्बाला	वैज्ञानिक उपकरण
जामनगर	पेट्रो केमिकल्स
राजकोट	इंजन पम्प
वापी (अंकलेश्वर)	रसायन
बटाला	मशीन उपकरण
बरेली	जरी
भागलपुर	बुनाई
चंदेरी	पारम्परिक साड़ी उत्पादक क्षेत्र

मुद्रा

- अर्थव्यवस्था में **मुद्रा धन** का सर्वाधिक स्वीकार किया जाने वाला रूप है, जो वस्तुओं और सेवाओं के विनिमय के माध्यम के रूप में प्रयोग किया जाता है। प्रत्येक देश की एक विशेष मुद्रा होती है, जो वहाँ की सरकार द्वारा प्रत्याभूत (Guaranteed) होती है, जैसे- अमेरिकी डॉलर, ब्रिटिश पाउण्ड, यूरोपीय यूरो, भारतीय रुपया आदि।
- विश्व के अधिकांश देशों की मुद्रा उस देश के केन्द्रीय बैंक द्वारा जारी की जाती है, जैसे-**भारतीय मुद्रा**, **भारतीय रिज़र्व बैंक** (RBI) द्वारा जारी की जाती है।
- मुद्रा की उत्पत्ति विनिमय के सर्वमान्य माध्यम के रूप में हुई। मुद्रा वह वस्तु है, जो सभी प्रकार के लेन-देन में भुगतान के माध्यम के रूप में प्रयुक्त होती है।
- वर्तमान में सभी समकालीन मुद्राएँ **फिएट प्रणाली** (Fiat System) पर आधारित हैं।

फिएट मुद्रा (Fiat Currency)

सरकार द्वारा कानूनी रूप से वैध घोषित कोई मुद्रा जिसका अपना **मूलभूत महत्व** (Legal Tender) नहीं होता है। ऐसी मुद्रा को फिएट मुद्रा कहते हैं, जैसे-अमेरिकी डॉलर या भारतीय रुपया। इसके मूल्य का निर्धारण सरकार द्वारा किया जाता है, जो एक कानूनी विधि है। यह देश के परिसर के भीतर भुगतान के रूप में स्वीकार किया जाता है।

- कोई भी **वस्तु**, जो सभी प्रकार के व्यवहारों जिसमें ऋण भी सम्मिलित है, को पूरा करने में तथा **भुगतान** के माध्यम के रूप में सामान्यतया स्वीकार की जाती है, उसे **मुद्रा** कहते हैं।
- **मुद्रा का निर्गमन** (Issue) सरकार व **केन्द्रीय बैंक** द्वारा किया जाता है। मुद्रा का अभिप्राय मात्र नोटों व सिक्कों से न होकर उन सभी वस्तुओं से है, जो भुगतान माध्यम के रूप में सामान्यत: स्वीकार की जाती हैं।

मुद्रा की क्रय शक्ति (Purchasing Power of Money)

इकाई मुद्रा जितनी मात्रा में किसी वस्तु या पदार्थ का क्रय कर सकती है, उस मात्रा को मुद्रा की क्रय शक्ति कहते हैं। इसे घरेलू एवं अंतर्राष्ट्रीय दोनों संदर्भों में देखा जा सकता है।

1. **घरेलू क्रय शक्ति (Domestic Purchasing Power)**–देश की घरेलू सीमा के अन्दर वस्तुओं के क्रय करने की शक्ति घरेलू क्रय शक्ति कहलाती है।
2. **अंतर्राष्ट्रीय क्रय शक्ति (International Purchasing Power)**–घरेलू मुद्रा की किसी अन्य देश में वस्तुओं एवं सेवाओं के क्रय करने की क्षमता अंतर्राष्ट्रीय क्रय शक्ति कहलाती है। यह प्रत्येक देश के सन्दर्भ में अलग-अलग हो सकती है।

मुद्रा के प्रकार (Types of Currency)

वास्तविक मुद्रा (Actual Currency)

किसी देश में वास्तव में प्रचलित मुद्रा अर्थात् दैनिक जीवन में प्रचलित मुद्रा ही वास्तविक मुद्रा कहलाती है। वास्तविक मुद्रा देश में विनिमय के माध्यम तथा सामान्य मूल्य के मापक के रूप में प्रचलित होती है। इसे यथार्थ मुद्रा या साधारण मुद्रा भी कहते हैं। भारत में प्रचलित नोट एवं सिक्के वास्तविक मुद्रा के उदाहरण हैं।

- **धातु मुद्रा (Metallic Currency)**– जब मुद्रा किसी धातु विशेष से निर्मित होती है, तो वह धातु मुद्रा कहलाती है। सिक्के धातु मुद्रा के उदाहरण हैं। धातु मुद्रा को मानक मुद्रा, प्रतीक मुद्रा तथा सहायक मुद्रा के रूप में वर्गीकृत किया गया है–
- **मानक मुद्रा (Standard Currency)**–मानक मुद्रा वह मुद्रा है, जिसका मूल्य वस्तु के रूप में गैर-मौद्रिक उद्देश्यों के लिए भी उतना ही है जितना कि मुद्रा के रूप में उसका मूल्य है।
- मानक मुद्रा को धारक चाहे तो पिघलाकर धातु के रूप में प्रयोग कर सकता है, क्योंकि इनमें धातु का मूल्य उतना ही होता है, जितना उसका मौद्रिक मूल्य है, इसीलिए मानक मुद्रा को पूर्ण-मूल्य मुद्रा भी कहते हैं।
- **प्रतीक मुद्रा (Symbolic Currency)**–प्रतीक मुद्रा वह प्रतिनिधि मुद्रा है, जिसका वास्तविक मूल्य (Real Value) उसके अंकित मूल्य से कम होता है। वर्तमान में भारत में प्रचलित एक रुपया का सिक्का प्रतीक मुद्रा है। यदि उसे पिघलाया जाए, तो प्राप्त धातु का मूल्य एक रुपए से कम होगा।
- **सहायक मुद्रा (Helping Currency)**–सहायक मुद्रा का कार्य प्रतीक मुद्रा की सहायता करना है। 50 पैसे से 10 रुपए तक के सभी सिक्के जो भारत में प्रचलित हैं, वे सभी सहायक मुद्रा हैं।

- **कागजी मुद्रा (Paper Currency)**–कागजी मुद्रा विशेष प्रकार के कागज पर लिखा प्रतिज्ञा-पत्र होता है, जिसके माध्यम से निर्गमन अधिकारी धारक को उस पर अंकित राशि देने का वचन देता है।
- **वैध मुद्रा (Valid Currency)**–**वैध मुद्रा**, वह मुद्रा है जिसे सरकार तथा जनता दोनों ही भुगतान और ऋण चुकाने के साधन के रूप में स्वीकार करते हैं क्योंकि इसे सरकार की मंजूरी प्राप्त होती है, इसलिए लोगों को इस तरह की मुद्रा अनिवार्यत: स्वीकार करनी पड़ती है।
- **ऐच्छिक मुद्रा (Voluntary Currency)**–यह वह मुद्रा है, जिसे भुगतान के रूप में स्वीकार करना या न करना पूर्णत: भुगतान प्राप्तकर्ता की इच्छा पर निर्भर करता है अर्थात् इस मुद्रा को भुगतान के रूप में स्वीकार करने के लिए वैधानिक रूप से बाध्य नहीं किया जा सकता। उदाहरणस्वरूप हुंडी, प्रतिज्ञा-पत्र, विनिमय-पत्र इत्यादि।

ऐच्छिक मुद्रा दो प्रकार की होती है–बैंकिंग मुद्रा और साख मुद्रा।

- **चेक (Cheque)**–चेक बैंक द्वारा खाता धारक को दिया जाने वाला भुगतान का वह साधन है, जिससे ग्राहक किसी अन्य व्यक्ति को अपने खाते से प्रत्यक्ष नकद न देकर भुगतान कर सकता है।
- **डिमांड ड्राफ्ट (Demand Draft)**–डिमांड ड्राफ्ट पूर्व भुगतान (Pre Paid) का एक उपकरण (Instrument) है। बैंक, रकम और कमीशन लेने के पश्चात् डिमांड ड्राफ्ट जारी करता है। ड्राफ्ट एक खास व्यक्ति/संस्था के नाम जारी किया जाता है। यह किसी खास शहर की किसी खास ब्रांच में ही भुनाया जा सकता है।
- **बैंकर्स चेक (Bankers Cheque)**–इसे **पे-ऑर्डर** (Pay Order) भी कहते हैं। जिस तरह चेक को कोई थर्ड पार्टी जारी करती है, उसी तरह बैंकर्स चेक को बैंक जारी करता है। यह उसी शाखा से **भुनाया** (Clear) जा सकता है, जहाँ से **जारी** (Issue) किया गया है। बैंकर्स चेक का प्रयोग एक ही शहर में होने वाले लेन-देन के लिए किया जाता है।
- **यात्री चेक (Travellers Cheque)**–**यात्री चेक** किसी बैंक द्वारा जारी किया गया ऐसा चेक होता है जिसे जारी करते समय चेक के मुख्य पृष्ठ पर आवेदक के हस्ताक्षर होते हैं। इस चेक का भुगतान देशभर में सम्बन्धित बैंक की किसी भी शाखा से प्राप्त किया जा सकता है। चेक का भुगतान करने वाली **शाखा भुगतान** के समय चेक के मुखपृष्ठ पर **पुन: धारक** के हस्ताक्षर करवाती है और दोनों हस्ताक्षर मिलने पर ही यात्री चेक का भुगतान होता है।
- **पोस्टल आर्डर (Postal Order)**–**पोस्टल आर्डर** सामान्यत: डाक के माध्यम से धन भेजने का एक वित्तीय साधन हैं। इसे **पोस्ट ऑफिस** से खरीदा जा सकता है और नामित प्राप्तकर्ता को किसी अन्य पोस्ट ऑफिस में देय है।
- **विनिमय विपत्र (Bill of Exchange)**–**विनिमय बिल** एक लिखित आदेश होता है, जिस पर जारीकर्ता के हस्ताक्षर होते हैं, उसमें निश्चित व्यक्ति को यह आदेश होता है कि वह **अमुक (निश्चित)** व्यक्ति को अथवा **विलेख** वाहक उसके आदेशानुसार एक निश्चित धनराशि का भुगतान करे।
- **हुण्डी (Hundi)**–**हुण्डी विनिमय**-पत्र का एक भारतीय रूप है। यह भारतीय भाषा में लिखी जाती है व इसमें निश्चित राशि के भुगतान का आदेश होता है। साधारण शब्दों में हुंडी एक **लिखित विपत्र** है जिस पर जारीकर्ता के हस्ताक्षर होते हैं और उसमें किसी व्यक्ति को **बिना शर्त आदेश** दिया गया होता है कि इस विपत्र के धारक को या उसमें अंकित व्यक्ति को अंकित धनराशि दे दी जाए।

मुद्रा की तरलता (Liquidity of Currency)

मुद्रा की तरलता से आशय, मुद्रा के किसी वस्तु में **परिवर्तनीयता** से है अर्थात् मुद्रा में किया गया भुगतान बिना किसी क्षति के वस्तु या सेवा में परिवर्तित हो जाता है। दूसरे शब्दों में, अपनी सम्पत्ति के बदले कितनी शीघ्रता से आप नकद को प्राप्त कर सकते हैं यही मुद्रा की तरलता है, जैसे-अमेरिकी डॉलर विश्व में कहीं भी आसानी से उपलब्ध है। अत: अमेरिकी डॉलर की परिवर्तनीयता अधिक है।

मुद्रा की माँग (Demand of Currency)

- किसी **वस्तु की माँग** इसलिए की जाती है, क्योंकि उसमें मनुष्य की आवश्यकता की पूर्ति करने का गुण होता है। मुद्रा प्रत्यक्ष रूप में मनुष्य की आवश्यकता की पूर्ति नहीं कर सकती, परंतु विनिमय के माध्यम का कार्य करती है, जिससे अप्रत्यक्ष रूप में मनुष्य की विभिन्न आवश्यकताओं की पूर्ति होती है।
- मुद्रा में क्रय शक्ति के गुण होते हैं। मुद्रा की माँग वस्तुओं और सेवाओं को खरीदने के लिए की जाती है।
- देश में मुद्रा की माँग उस देश में विनिमय के लिए उपलब्ध वस्तुओं तथा सेवाओं की कुल मात्रा पर निर्भर करती है।

मुद्रास्फीति

- अंग्रेजी **भाषा** (Inflation) शब्द का अर्थ है, **फैलाव या वृद्धि**। एक अर्थव्यवस्था में वस्तुओं के मूल्य स्तर में होने वाली निरन्तर वृद्धि को मुद्रास्फीति (Inflation) कहा जाता है। मुद्रास्फीति का शाब्दिक अर्थ मुद्रा के मूल्य में कमी होना है अर्थात् मुद्रा की क्रय शक्ति में कमी आने को ही मुद्रास्फीति कहा जाता है।
- दूसरे शब्दों में, **मुद्रास्फीति** वह स्थिति है, जिसमें **वस्तुओं के मूल्य** में वृद्धि होती है तथा **मुद्रा का मूल्य गिरता** है। जब देश में वस्तुओं और सेवाओं के उत्पादन की तुलना में मुद्रा के प्रचलन (Currency Circulation) में अपेक्षाकृत तीव्र वृद्धि होती है, तो मुद्रास्फीति और अधिक हो जाती है।
- वर्ष 2009 में **आर्थिक मामलों संबंधी मन्त्रिमंडलीय समिति** द्वारा मुद्रास्फीति को निम्नलिखित आधारों पर परिभाषित किया गया है-
  1. एक महीने के औसत में वस्तु एवं सेवाओं के मूल्य में होने वाली लगातार वृद्धि।
  2. लगातार एक महीने के औसत में मुद्रा की क्रय शक्ति में गिरावट।
- यदि यह दोनों स्थितियाँ एक साथ पाई जाती हैं तो उसे **मुद्रास्फीति** (Inflation) कहा जाता है।

मुद्रास्फीति के प्रकार (Types of Inflation)

माँग प्रेरित (Demand Pull) स्फीति

माँग प्रेरित स्फीति उस समय उत्पन्न होती है, जब चालू कीमतों पर वस्तुओं तथा सेवाओं के लिए कुल माँग इसकी कुल आपूर्ति की तुलना में अधिक हो जाती है अर्थात् जब मुद्रा की आपूर्ति में वृद्धि के साथ-साथ उत्पादन में वृद्धि उसी अनुपात में न हो तो ऐसी स्थिति को माँग प्रेरित मुद्रास्फीति कहते हैं।

माँग अधिक परंतु → आपूर्ति कम → कीमतों में वृद्धि में कमी → मुद्रा की क्रयशक्ति → मुद्रा स्फीति की स्थिति

लागत प्रेरित (Cost Push) स्फीति

इसी प्रकार लागत प्रेरित स्फीति उस स्थिति का द्योतक है, जब लागत में वृद्धि हो जाने के परिणामस्वरूप कीमतों में वृद्धि होने लगती है। मजदूरी जन्य (Wage Push) और लाभ जन्य (Profit Push) कारकों के कारण जब कीमतों में वृद्धि होती है तो उससे लागत जन्य स्फीति उत्पन्न होती है। इस प्रकार की स्फीति में श्रम की उत्पादकता की अपेक्षा मजदूरी अधिक तीव्रता से बढ़ने लगती है।

वस्तु/सेवा की लागत में वृद्धि → उत्पादन कम → आपूर्ति कम परंतु → माँग अधिक → कीमतों में वृद्धि → मुद्रा की क्रय शक्ति में कमी →

मुद्रास्फीति की स्थिति

रेंगती या नम्र स्फीति (Creeping or Moderate Inflation)

यदि किसी वित्तीय वर्ष में **मुद्रास्फीति की दर 3%** अथवा इससे कम हो, तो इसे नम्र या रेंगती स्फीति कहते हैं। इस स्फीति का पूर्वानुमान किया जा सकता है, और उसके अनुसार नीति निर्धारित की जा सकती है। नम्र स्फीति को विकासशील अर्थव्यवस्था में वांछित माना जाता है, क्योंकि इससे आर्थिक क्रियाएँ प्रेरित होती हैं।

चलती हुई स्फीति (Walking or Trolling Inflation)

यदि मुद्रास्फीति की **दर 10% से अधिक और अधिकतम 20%** तक हो एवं वार्षिक स्फीति दर एक अंक की होती है। दूसरे शब्दों में, यह कहा जा सकता है कि जब कीमतों में वृद्धि की दर 3% से 6% प्रतिवर्ष के बीच अथवा 10% से कम हो, तो वह चलती हुई स्फीति कहलाती है।

दौड़ती हुई स्फीति (Running Inflation)

जब कीमतें **10% से 20%** प्रतिवर्ष की दर से बढ़ती हैं, तो उसे दौड़ती हुई स्फीति कहते हैं। ऐसी स्फीति गरीब एवं मध्यम वर्गों पर नकारात्मक प्रभाव डालती है। इसके नियन्त्रण के लिए कठोर मौद्रिक एवं राजकोषीय उपाय अपनाने की आवश्यकता होती है, नहीं तो यह स्थिति अतिस्फीति की ओर ले जाती है।

कूदती या गैलोपिंग स्फीति (Galloping Inflation)

सैमुअल्सन के अनुसार, यदि स्फीति की वार्षिक **दर दो अंकीय या तीन अंकीय** हो, जैसे-20%, 100% एवं 200%, तो इसे गैलोपिंग स्फीति कहते हैं। **गैलोपिंग स्फीति** में, स्फीति की वार्षिक दर अत्यन्त ऊँची होती है।

अतिस्फीति या हाइपर स्फीति (Hyper Inflation)

- जब स्फीति की दर तीन अंकों से भी अधिक हो जाए, तो उसे अतिस्फीति कहते हैं। **हाइपर स्फीति** की चर्चा सर्वप्रथम **फिलिप केगन** (Phillip Cagan) ने की। हाइपर स्फीति की स्थिति में पत्र-मुद्रा (Paper Currency) व्यर्थ हो जाती है, अर्थात् मुद्रा से लोगों का विश्वास उठ जाता है।

मुद्रा संस्फीति

मुद्रा संस्फीति एक प्रकार से नियंत्रित मुद्रास्फीति होती है। जब कभी **मुद्रा अवस्फीति की** मात्रा इतनी अधिक हो जाती है कि वस्तुओं की कीमतें बहुत नीचे गिर जाती हैं, तो सरकार कीमतों को फिर से यथावत लाने के लिए मुद्रा का अधिक मात्रा में निर्गमन करने लगती है, जिसे मुद्रा संस्फीति की अवस्था कहते हैं।

गतिहीन स्फीति

गतिहीन स्फीति या **स्टैगफ्लेशन** शब्द का निर्माण **स्टैगनेशन** व **इनफ्लेशन** दो शब्दों को मिलाकर हुआ है। स्टैगफ्लेशन उस स्थिति को इंगित करता है जब मुद्रास्फीति की दर व बेरोजगारी दोनों ही उच्च अवस्था में पहुँच जाती हैं। ऐसी स्थिति में मुद्रास्फीति के साथ आर्थिक अस्थिरता की स्थिति उत्पन्न हो जाती है।

बैंकिंग

- भारत का पहला बैंक, **बैंक ऑफ हिन्दुस्तान** था, जिसकी स्थापना यूरोपियन पद्धति पर एलेक्जेंडर एंड कम्पनी द्वारा 1770 ई. में की गई थी।
- सीमित देयता पर आधारित भारतीयों द्वारा संचालित पहला बैंक अवध कॉमर्शियल बैंक (1881) था।
- पूर्ण रूप से पहला भारतीय बैंक **पंजाब नैशनल बैंक** (1894) था।

रिज़र्व बैंक ऑफ इंडिया

- रिज़र्व रिज़र्व बैंक ऑफ इंडिया अधिनियम, 1934 के तहत 1 अप्रैल, 1935 को 5 करोड़ रुपए की पूँजी के साथ रिज़र्व बैंक ऑफ इंडिया की स्थापना की गई।
- भारत में वित्तीय वर्ष 1 अप्रैल से 31 मार्च तक होता है।
- **हिल्टन यंग** आयोग की अनुशंसा पर रिज़र्व बैंक ऑफ इंडिया का राष्ट्रीयकरण 1 जनवरी, 1949 को किया गया। इसका मुख्यालय मुम्बई है।

भारत की वर्तमान करेन्सी व्यवस्था

भारतीय करेन्सी व्यवस्था की इकाई रुपया है जिसमें कागजी करेन्सी और सिक्के दोनों प्रचलित हैं। सिक्के एवं एक रुपये का नोट भारत सरकार का वित्त मंत्रालय निर्गत करता है; जबकि 5, 10, 20, 50, 100, 500 तथा 2000 रुपये के करेन्सी नोट भारतीय रिज़र्व बैंक निर्गत करता है।

वैधानिक तरलता अनुपात: बैंकों को अपनी जमाराशियों को कम-से-कम 25% के बराबर प्रतिभूतियों के रूप में रखना होता है। यह दर वैधानिक तरलता अनुपात (SLR) है।

- केन्द्रीय बोर्ड के अतिरिक्त चार स्थानीय बोर्डों के मुख्यालय मुम्बई, कोलकाता, चेन्नई व नई दिल्ली में हैं।

  इसकी स्थापना के उद्देश्य निम्न थे–
  - साख एवं मुद्रा नीतियों में सामंजस्य लाना
  - रुपये के बाह्य और आन्तरिक मूल्यों में स्थिरता लाना
  - मुद्रा बाजार का विकास करना
  - व्यापारिक अधिकोषों के नकद कोषों का केन्द्रीकरण
  - कृषि साख व्यवस्था
  - सहकारी बैंक की स्थापना एवं विकास
  - समंकों का प्रकाशन

रिज़र्व बैंक के कार्य

- **साख नियन्त्रण करना।**
- **विदेशी विनिमय** पर नियन्त्रण करना।
- सरकार एवं **बैंकों के बैंक** के रूप में कार्य करना।
- **एक रुपये के सिक्के**, **नोटों** एवं **छोटे सिक्कों** को छोड़कर विभिन्न नोटों का निर्गमन करना।
- वर्तमान में रिज़र्व बैंक ऑफ इंडिया करेन्सी नोट जारी करने के लिए न्यूनतम कोष पद्धति अपनाता है।
- इस पद्धति में RBI के पास पूँजी कुल मिलाकर किसी भी समय **200 करोड़ रुपए** के मूल्य से कम नहीं होनी चाहिए, जिसमें से न्यूनतम **115 करोड़** का स्वर्ण होना आवश्यक है।

भारतीय स्टेट बैंक

- 1921 में तीन प्रेसीडेंसी बैंकों (बैंक ऑफ बंगाल, बैंक ऑफ बम्बई, बैंक ऑफ मद्रास) को मिलाकर इम्पीरियल बैंक ऑफ इंडिया की स्थापना की गई थी, जिसका राष्ट्रीयकरण 1 जुलाई, 1955 को किया गया था। राष्ट्रीयकरण के बाद इसको स्टेट बैंक ऑफ इंडिया के नाम से जाना-जाने लगा।
- स्टेट बैंक ऑफ इंडिया के 5 सहायक बैंक हैं–

1. स्टेट बैंक ऑफ बीकानेर एंड जयपुर
2. स्टेट बैंक ऑफ पटियाला
3. स्टेट बैंक ऑफ हैदराबाद

4. स्टेट बैंक ऑफ मैसूर
5. स्टेट बैंक ऑफ ट्रावनकोर।

- स्टेट बैंक इंडिया में 1 अप्रैल 2017 को इसके पाँचों सहायक बैंको का विलय कर दिया गया।

बैंकों का राष्ट्रीयकरण

- 50 करोड़ से अधिक पूँजी वाले 14 बड़े व्यावसायिक बैंकों (जिनकी जमाएँ 50 करोड़ रुपए से अधिक थी) का राष्ट्रीयकरण **19 जुलाई, 1969** को किया गया था।
- 200 करोड़ से अधिक पूँजी वाले 6 निजी बैंकों का राष्ट्रीयकरण **15 अप्रैल, 1980** को किया गया था।
  ये बैंक निम्नलिखित थे–
  1. आन्ध्र बैंक, **2.** न्यू बैंक ऑफ इंडिया, **3.** पंजाब एंड सिन्ध बैंक, **4.** विजया बैंक, **5.** ओरिएण्टल बैंक ऑफ कॉमर्स और **6.** कॉर्पोरेशन बैंक।
- न्यू बैंक ऑफ इंडिया का विलय, पंजाब नैशनल बैंक में 4 सितम्बर, 1993 को किया गया।
- देना बैंक और विजया बैंक का विलय बैंक ऑफ बड़ौदा में किया गया, जो 1 अप्रैल, 2019 से प्रभावी हुआ।

भारत में स्थापित बैंक

बैंक	वर्ष
बैंक ऑफ हिंदुस्तान	1770
बैंक ऑफ बंगाल	1806
बैंक ऑफ बॉम्बे	1840
बैंक ऑफ मद्रास	1843
अवध कामर्शियल बैंक	1881
इलाहाबाद बैंक	1865
पंजाब नैशनल बैंक	1894
बैंक ऑफ इंडिया	1906
बैंक ऑफ बड़ौदा	1908
सेंट्रल बैंक ऑफ इंडिया	1911
इम्पीरियल बैंक	1921
बैंक ऑफ मैसूर	1931
भारतीय स्टेट बैंक	1955
आई.डी.बी.आई. बैंक (IDBI)	1964
आई.सी.आई.सी.आई. बैंक (ICICI)	1994
एच.डी.एफ.सी. बैंक (HDFC)	1977
एक्सिस बैंक	1993

भारत में वाणिज्यिक बैंक के प्रकार

अनुसूचित बैंक (Scheduled Banks)

अनुसूचित बैंक ऐसे बैंक हैं, जिन्हें **भारतीय रिज़र्व बैंक अधिनियम 1934** की द्वितीय अनुसूची में सम्मिलित किया गया है।

इस अनुसूची में उन्हीं बैंकों को सम्मिलित किया जाता है जो कि निम्नलिखित शर्तों की पूर्ति करते हैं–

1. बैंक की **प्रदत्त पूँजी** और संचित कोष **25 लाख रुपए** से कम न हो।
2. भारतीय रिज़र्व बैंक को इस बात का विश्वास हो कि बैंक का कोई भी **कार्य जमाकर्ताओं** के लिए अहितकारी नहीं होगा।

अनुसूचित बैंकों की विशेषताएँ

- वह बैंक रिज़र्व बैंक से बैंक दर पर **ऋण प्राप्त करने के लिए अधिकृत** (Authorised) हो जाता है।
- अनुसूचित बैंक स्वत: ही समाशोधन गृह (Clearing House) की सदस्यता प्राप्त कर लेते हैं।
- ऐसे बैंकों को रिज़र्व बैंक प्रथम श्रेणी के विनिमय पत्रों की कटौती की सुविधा भी प्रदान करता है, किन्तु इन सुविधाओं के बदले अनुसूचित बैंकों को भारतीय रिज़र्व बैंक के पास उसके (RBI) द्वारा निर्धारित औसत दैनिक नकद कोष रखना पड़ता है।

अनुसूचित बैंकों में **सार्वजनिक** तथा **निजी क्षेत्रों** के बैंक दोनों शामिल हैं।

गैर-अनुसूचित बैंक (Non-Scheduled Bank)

- जो बैंक **रिज़र्व बैंक अधिनियम 1934** की **दूसरी अनुसूची** में शामिल नहीं है, वे गैर-अनुसूचित बैंक कहलाते हैं। इस प्रकार के बैंकों की संख्या में अब निरंतर कमी हो रही है।
- इन बैंकों को भी **सांविधिक नकद कोष** शर्तों को मानना पड़ता है परन्तु ये बैंक इस कोष को रिज़र्व बैंक के पास रखने को बाध्य नहीं हैं। ये बैंक इस राशि को अपने पास ही रख सकते हैं।
- ये **बैंक सामान्य** कार्य उद्देश्यों हेतु रिज़र्व बैंक से ऋण लेने के लिए अधिकृत नहीं होते, किन्तु असामान्य परिस्थितियों में ये बैंक रिज़र्व बैंक से संपर्क करके ऋण प्राप्त कर सकते हैं।

बैंकिंग क्षेत्र में सुधार हेतु गठित समितियाँ

समिति	वर्ष	विषय
गोइपोरिया समिति	1991	ग्राहक सेवा में सुधार हेतु।
घोष समिति	1993	बैंकों में धोखाधड़ी रोकने हेतू।
नायक समिति	1993	लघु एवं मध्यम उद्योगों को ऋण उपलब्ध कराने हेतु।
आर. के. गुप्ता समिति	1997	कृषि के लिए ऋण प्रणाली में सीमित सुधार हेतु।
तारापोर समिति	1998	विदेशी विनिमय में पूँजी खाता परिवर्तनीयता हेतु।
खान समिति	1998	यूनिवर्सल बैंकों के कोरम हेतु।
वर्मा समिति	1999	कमजोर बैंकों की समस्याएँ और उपाय हेतु।
रेड्डी समिति	2001	छोटी बचतों से जुड़ी व्यवस्था में सुधार हेतु।
खन्ना समिति	2001	गैर-निष्पादन आस्तियों की रूपरेखा में परिवर्तन।
दीपक पारेख	2007	आधारिक संरचना के वित्तीय समिति मामले में सुझाव देने हेतु।
सुब्बाराव समिति	2009	मौद्रिक नीति पर तकनीकी सलाह हेतु।

विशेष बैंक

मुद्रा बैंक योजना एवं मुद्रा बैंक

- युवाओं में कौशल विकास को बढ़ावा देने, उनमें कारोबार व रोजगार की भावना विकसित करने और उन्हें प्रोत्साहित करने के लिए **8 अप्रैल, 2015 को 20 हजार करोड़ रुपए** के कोष के साथ वित्तीय विकास सहयोग की एक योजना का शुभारंभ किया गया है। इस योजना का नाम मुद्रा बैंक योजना है।
- इस योजना के माध्यम से सरकार ने वित्तीय समस्या का सामना कर रहे असंगठित क्षेत्र के व्यवसायों और लघु व्यवसायों को सस्ती ब्याज दर पर

ऋण उपलब्ध करवाने के साथ ही कोई नया व्यवसाय प्रारंभ करने के इच्छुक युवाओं को प्रोत्साहित करने का लक्ष्य रखा है।

योजना के उद्देश्य

- **ऋण के रूप में सूक्ष्म वित्त** (Micro Finance) उपलब्ध कराने वाली संस्थाओं और उसकी वित्त प्रणाली का नियमन तथा उसकी सक्रिय भागीदारी को मजबूत बनाने के साथ उसे स्थिरता प्रदान करना।
- सूक्ष्म वित्तीय संस्थाओं (Micro Financial Institutions) सहित अन्य एजेंसियों को वित्त व ऋण गतिविधियों में सहयोग करना। जो **छोटे कारोबारियों**, **दुकानदारों**, **स्व-सहायता समूहों** आदि को ऋण उपलब्ध करवाते हैं।
- मुद्रा बैंक ऋण लेने वालों को कारोबार के संबंध में उचित दिशा-निर्देश भी उपलब्ध कराएगा जिससे कारोबार को संकट से उबारने में सहायता मिल सकेगी। साथ ही **डिफॉल्ट** की स्थिति में पैसे की वसूली के लिए किस प्रक्रिया का पालन किया जाए, इसके निर्धारण में भी मुद्रा बैंक सहयोग करेगा।
- छोटी व्यावसायिक इकाइयों को दिए जाने वाले ऋण की गारंटी के लिए मुद्रा बैंक **क्रेडिट गारंटी स्कीम** बनाएगा।
- मुद्रा बैंक ऋण देने वाली संस्थाओं को प्रभावी तकनीक उपलब्ध कराएगा जिससे ऋण लेने और देने की प्रक्रिया में आसानी हो।
- मुद्रा बैंक एक उपयुक्त ढाँचा तैयार करेगा जिससे **व्यावसायिक इकाइयों** को छोटे ऋण उपलब्ध कराने के लिए एक प्रभावी पहल की जा सके।

राष्ट्रीय आवास बैंक (National Housing Bank)

- **राष्ट्रीय आवास बैंक** (NHB) की स्थापना रिज़र्व बैंक की सहायक संस्था के रूप में जुलाई 1988 में की गई थी। इस बैंक का मुख्य कार्य देश में **आवास संबंधी वित्तीयन** करना था। इस संबंध में यह देश का शीर्षस्थ बैंक है। राष्ट्रीय आवास बैंक **बांडों** तथा **ऋण पत्रों** को जारी कर अपने संसाधन जुटा सकता है।
- 1 जुलाई, 1989 से NHB ने जमाराशि स्वीकार करने की एक योजना प्रारंभ की जिसे **गृह ऋण खाते की योजना** कहा जाता है।
- NHB द्वारा उपभोक्ताओं को आवासीय ऋण सुगम कराने के लिए आवास वित्त निगमों को **400 करोड़ रुपए** का एक विशेष नकदी पैकेज उपलब्ध कराया गया है तथा ग्रामीण आवास कोष नामक एक जमा कोष स्थापित किया गया है। अपनी प्राथमिक क्षेत्र ऋण देयताओं में कमी वाले बैंकों द्वारा इस कोष में **1760 करोड़ रुपए का योगदान** किया गया है।
- 30 जून, 2009 को NHB की अधिकृत पूँजी 50 करोड़ रुपए तथा 1692 करोड़ रुपए रिज़र्व के रूप में थी।
- NHB ने वरिष्ठ नागरिकों के लिए **रिवर्स मोर्टगेज की व्यवस्था** प्रारम्भ की है जिसके अंतर्गत वे अपने मकान को गिरवी रखकर उसके स्वामी बने रहकर जीवन भर उसी मकान में रहते हुए ऋण की अदायगी किए बिना मासिक आय प्राप्त कर सकते हैं।
- NHB ने वर्ष 2009-10 के दौरान 3.88 लाख आवास इकाइयों को वित्तीय सहायता प्रदान की।

पूँजी बाजार

1. पूँजी बाजार दीर्घकालिक विनिमय से संबंधित है। (1 वर्ष से अधिक)
2. यहाँ लेन-देन, अंश (Shares) ऋण-पत्र (Debentures), बांड्स व राजकीय प्रतिभूतियों (Securities) के माध्यम से होता है।
3. दलाल (Agents), **म्यूचुअल फण्ड**, **वित्तीय संस्थाएँ** व **अभिगोपक** (Under Writer) व निवेशक इस बाजार में भाग लेते हैं।
4. पूँजी बाजार का नियमन व नियन्त्रण सेबी (SEBI) द्वारा किया जाता है।

मुद्रा बाजार

1. **मुद्रा बाजार** अल्पकालिक विनिमय से सम्बन्धित है। (1 वर्ष से कम)
2. लेन-देन ट्रेजरी बिल, वाणिज्यिक प्रपत्र, व्यापार-पत्र व जमा-प्रमाण-पत्र के माध्यम से होता है।
3. रिज़र्व बैंक, वाणिज्यिक बैंक व गैर-बैंकिंग वित्तीय कम्पनियाँ (NBFCs) इस बाजार की प्रतिभागी हैं।
4. मुद्रा बाजार का नियमन व नियन्त्रण RBI के द्वारा किया जाता है।

अधिकृत पूँजी

भारत में **सूचीबद्ध कम्पनियाँ शेयर** जारी करने से पूर्व सेबी में आवेदन करती हैं और जितने शेयर जारी करने हैं उसकी अनुमति सेबी उन्हें प्रदान करती है, इसे ही अधिकृत पूँजी कहते हैं।

निर्गत पूँजी

अधिकृत पूँजी का वह भाग जिसके लिए सेबी पहली बार या जितने के लिए सेबी द्वारा शेयर जारी करने की अनुमति दी जाती है, उसे निर्गत पूँजी कहते हैं।

अधिशेष पूँजी (Subscribed Capital—SC)

निर्गत पूँजी का वह भाग जिसके लिए निवेशकों द्वारा आवेदन किया जाता है, उसे अधिशेष पूँजी कहते हैं।

चुकता पूँजी (Paid up Capital)

जब अंशधारक अंशपत्र के अंकित मूल्य से कम का भुगतान करता है, तो उसके द्वारा वास्तव में किया गया भुगतान चुकता पूँजी (Paid-Up Capital) कहलाता है।

जोखिम पूँजी (Risk Capital)

जब कोई उद्यमी बाजार में प्रथम बार प्रवेश करता है तथा अपने उद्यम के लिए प्रारंभिक पूँजी निवेशकों एवं कंपनियों से दीर्घकाल के लिए प्राप्त करता है वह भी बिना गारंटी के, तो ऐसी पूँजी को जोखिम पूँजी कहते हैं, इसके डूबने की संभावना अधिक होती है।

भारत के प्रमुख शेयर बाजार

राष्ट्रीय शेयर बाजार (National Stock Exchange)

फेरवानी समिति (1991) की अनुशंसा पर **1992** में **राष्ट्रीय स्टॉक एक्सचेंज** की स्थापना हुई। यह भारत का सबसे बड़ा और तकनीकी रूप से अग्रणी स्टॉक एक्सचेंज है। **भारतीय औद्योगिक विकास बैंक** (IDBI) राष्ट्रीय स्टॉक एक्सचेंज का प्रमुख प्रवर्तक (Promoter) है। NSE का मुख्यालय वर्ली (मुम्बई) में स्थित है।

स्टॉक एक्सचेंजों में 49 प्रतिशत तक विदेशी निवेश की अनुमति है। इनमें विदेशी प्रत्यक्ष निवेश (FDI) अधिकतम 26 प्रतिशत तथा शेष 23 प्रतिशत **संस्थागत विदेशी निवेश** (FII) हो सकता है।

बॉम्बे स्टॉक एक्सचेंज (BSE)

- यह भारत का एक मूल्यभारित सूचकांक है। यह एशिया का सबसे पुराना, दक्षिणी एशिया का सबसे बड़ा और विश्व का 10वें नम्बर का स्टॉक एक्सचेंज है। BSE की स्थापना 1875 ई. में हुई थी। अगस्त, 2005 से

यह एक पब्लिक लिमिटेड कम्पनी के रूप में परिवर्तित हो गया है। वर्तमान में इसमें लगभग 12000 से भी अधिक भारतीय कम्पनियाँ पंजीकृत हैं।

- बॉम्बे स्टॉक एक्सचेंज का राष्ट्रीय सूचकांक (National Index) 100 शेयरों का होता है; जबकि बाम्बे स्टॉक एक्सचेंज का संवेदी शेयर सूचकांक (Share Sensex) **30 शेयरों** का होता है।

ओवर द काउंटर एक्सचेंज ऑफ इंडिया (OTCEI)

यह **लघु व मध्यम औद्योगिक** इकाइयों के एक्सचेंज के रूप में भारत का प्रथम ऑनलाइन व्यापार सुविधा सम्पन्न कंप्यूटरीकृत एक्सचेंज है। इसकी स्थापना मुम्बई में सन् 1990 में की गई थी। इसमें उन कम्पनियों को सूचीबद्ध किया गया है, जिनकी पूँजी का स्तर 30 लाख रुपए से 25 करोड़ रुपए तक हो।

रेजीडेक्स (RESIDEX)

11 जुलाई, 2007 को पहली बार **राष्ट्रीय आवास बैंक** (NHB) ने देश के विभिन्न भागों में भूमि के मूल्यों में होने वाले उतार-चढ़ाव पर निगरानी रखने के लिए **रेजीडेक्स** सूचकांक जारी किया। प्रारम्भ में इसे देश के पाँच शहरों-**दिल्ली**, **बेंगलुरु**, **भोपाल**, **मुम्बई** एवं **कोलकाता** के लिए जारी किया गया था। अब इसे 20 शहरों में जारी किया गया।

परम प्रतिभूति बाजार (Gilt-Edged Market)

- RBI द्वारा समर्थन प्राप्त यह उत्कृष्ट बाजार है, जो सरकारी एवं अर्द्ध-सरकारी प्रतिभूतियों से सम्बन्धित है।
- सरकारी प्रतिभूतियाँ सरकार द्वारा जारी की जाती हैं, जिनमें बिक्री योग्य ऋण लिखे होते हैं, जो इनकी वित्तीय आवश्यकताओं को पूरा करती हैं।
- इसे बाजार में चालू मूल्यों पर बड़ी आसानी से बेचा जा सकता है।

औद्योगिक प्रतिभूति बाजार (Industrial Securities Market)

वह बाजार जहाँ शेयर, प्रतिभूति, बांड, डिबेन्चर, म्यूचुअल फंड इत्यादि माध्यमों द्वारा दीर्घकालिक पूँजी की व्यवस्था की जाती है, उसे औद्योगिक प्रतिभूति बाजार कहा जाता है।

सेबी ने निष्क्रिय पड़े **सौराष्ट्र कच्छ स्टॉक एक्सचेंज** की मान्यता **9 जुलाई, 2007** को समाप्त कर दी थी, अत: वर्तमान में मान्यता प्राप्त एक्सचेंज की संख्या **24 से घटकर 23** रह गई है।

भारत के स्टॉक एक्सचेंज	
1.	राष्ट्रीय शेयर बाजार, मुम्बई (महाराष्ट्र)
2.	बॉम्बे स्टॉक एक्सचेंज, मुम्बई (महाराष्ट्र)
3.	उत्तर प्रदेश स्टॉक एक्सचेंज, कानपुर (उत्तर प्रदेश)
4.	दिल्ली स्टॉक एक्सचेंज, दिल्ली
5.	बड़ोदरा स्टॉक एक्सचेंज, वड़ोदरा (गुजरात)
6.	मेरठ स्टॉक एक्सचेंज, मेरठ (उत्तर प्रदेश)
7.	ओवर द काउण्टर एक्सचेंज ऑफ इंडिया, मुम्बई (महाराष्ट्र)
8.	कोलकाता स्टॉक एक्सचेंज, कोलकाता (पश्चिम बंगाल)
9.	चेन्नई स्टॉक एक्सचेंज, चेन्नई (तमिलनाडु)
10.	कोयम्बटूर स्टॉक एक्सचेंज, कोयम्बटूर (तमिलनाडु)
11.	बंगलौर स्टॉक एक्सचेंज, बंगलुरु (कर्नाटक)
12.	कोचीन स्टॉक एक्सचेंज, कोचीन (केरल)
13.	गुवाहाटी स्टॉक एक्सचेंज, गुवाहाटी (असम)
14.	हैदराबाद स्टॉक एक्सचेंज, हैदराबाद (तेलंगाना)
15.	मध्य प्रदेश स्टॉक एक्सचेंज, इन्दौर (मध्य प्रदेश)
16.	लुधियाना स्टॉक एक्सचेंज, लुधियाना (पंजाब)
17.	पुणे स्टॉक एक्सचेंज, पुणे (महाराष्ट्र)
18.	मगध स्टॉक एक्सचेंज, पटना (बिहार)
19.	कनारा स्टॉक एक्सचेंज, मंगलौर (कर्नाटक)
20.	जयपुर स्टॉक एक्सचेंज, जयपुर (राजस्थान)
21.	कैपिटल स्टॉक एक्सचेंज, तिरुवनंतपुरम (केरल)
22.	अहमदाबाद स्टॉक एक्सचेंज, अहमदाबाद (गुजरात)
23.	भुवनेश्वर स्टॉक एक्सचेंज, भुवनेश्वर (ओडिशा)

विश्व के प्रसिद्ध शेयर बाजार

क्र.सं.	स्टॉक एक्सचेंज	देश
1.	सेंसेक्स, डॉलेक्स, एस. एंड पी.सी.एन. एक्स. निफ्टी, बैंकेक्स	मुम्बई
2.	डो जोन्स (Dow Jonos)	न्यूयॉर्क
3.	निक्की (NIKKCE)	जापान
4.	सी.ए.सी (CAC)	फ्रांस
5.	एच.एस.आई. (HSI)	हांगकांग
6.	फ्रैंकफर्ट (MDAX)	जर्मनी
7.	हांग सेंग (Hong Seng)	हांगकांग
8.	नासदाक (NASDAQ)	संयुक्त राज्य अमेरिका
9.	सिमेक्स (SGX)	सिंगापुर
10.	कोस्पी (KOSPI)	दक्षिण कोरिया
11.	आईपीसी (MOXBOL)	मैक्सिको
12.	सियोल कम्पोजिट	दक्षिण कोरिया
13.	सेट (SET)	थाईलैंड
14.	टाईएक्स (TAIEX)	ताईवान
15.	एसएलपी (SLP)	कनाडा
16.	बोवेस्पा (BOVESPA)	ब्राजील

भारत में वस्तु विनिमय का कारोबार

- **कमोडिटी एक्सचेंज** वह विनिमय बाजार है जिसमें विभिन्न प्रकार के जिंसों (Commodities) व उनसे व्युत्पन्न वस्तुओं का व्यापार होता है।
- विश्व के अधिकांश जिंस बाजार कृषि उत्पादों एवं अन्य कच्चे उत्पादों (जैसे-गेहूँ, चीनी, दाल, तेल, कपास, धातुएँ आदि) का व्यापार करते हैं। जिंस बाजार में अनेक प्रकार के सौदे होते हैं जैसे-स्पॉट मूल्य (Spot Prices), फॉरवर्ड्स (Forwards) तथा वायदा कारोबार (Future Trading) आदि।
- आजकल शेयर बाजारों की तरह ही गाँवों व कस्बों की मंडियाँ तथा हाट बाजार भी अब धीरे-धीरे हाईटेक हो रहे हैं तथा खाद्य तेलों एवं प्रमुख अनाजों का भाव ऑनलाइन कोट कर रहे हैं।
- जिस तरह शेयरों के कारोबार के लिए स्टॉक एक्सचेंज हैं, उसी तरह कमोडिटी बाजार में कारोबार के लिए कमोडिटी एक्सचेंज की स्थापना की गई है। **भारत में कुल चार प्रमुख कमोडिटी एक्सचेंज हैं–**

1. मल्टी कमोडिटी एक्सचेंज (MCX)—मुम्बई

2. नेशनल कमोडिटी एंड डेरिवेटिव एक्सचेंज (NCDEX)—मुम्बई
3. नेशनल मल्टी कमोडिटी एक्सचेंज (NMCE)—अहमदाबाद।
4. इण्डियन कमोडिटी एक्सचेंज (ICEX)—गुड़गांव।

- इन चारों कमोडिटी एक्सचेन्जों में MCX सबसे बड़ा एक्सचेन्ज है; जबकि सबसे पुराना NMCE है, जिसने वर्ष 2002 में कार्य प्रारम्भ किया था। MCX तथा National Commodity and Derivative Exchange ने वर्ष 2003 से कार्य प्रारम्भ किया था।
- किसी वस्तु की आगामी भविष्य की कीमतों का अनुमान लगाकर उनकी खरीद-बिक्री करना **वायदा कारोबार** (Future Trading) कहलाता है।
- कमोडिटी एक्सचेंजों में कमोडिटी फ्यूचर ट्रेडिंग (वायदा कारोबार) के लिए इलेक्ट्रॉनिक ट्रेडिंग, क्लियरिंग तथा सेटलमेंट प्रणाली मौजूद है।
- ऐसा अनुमान है कि देश का कमोडिटी बाजार शेयर बाजार की तुलना में पाँच गुना बड़ा है। यह बात अलग है कि देश की ज्यादातर मंडियाँ असंगठित तथा अव्यवस्थित हैं। वायदा कारोबार (Future Trading) से अनेक लाभ हैं। भविष्य का भाव निर्धारित कर किसानों को बिचौलियों के शोषण से बचाया जा सकता है।

भारत का पहला अंतर्राष्ट्रीय स्टॉक एक्सचेंज

- 9 जनवरी, 2017 को प्रधानमन्त्री ने गांधीनगर में भारत के पहले अंतर्राष्ट्रीय स्टॉक एक्सचेंज ऑफ इंडिया आईएनएक्स (India INX) का उद्‌घाटन किया।
- यह एक्सचेंज गांधीनगर की गिफ्ट सिटी के **अंतर्राष्ट्रीय वित्तीय सेवा केन्द्र** (IFSC) में स्थित है।
- एक दिन में 22 घंटे परिचालित होने वाले इस एक्सचेंज में अंतर्राष्ट्रीय निवेशक एवं प्रवासी भारतीय विश्वभर में कहीं से भी ट्रेडिंग कर सकते हैं।

एनएमसीई और आईसीएक्स का विलय

- देश के पहले ऑनलाइन **नेशनल मल्टी कमोडिटीज एक्सचेंज** (NMCE) ने **इंडियन कमोडिटी एक्सचेंज** (ICX) के साथ विलय करने का फैसला किया है।
- इस विलय से देश का तीसरा सबसे बड़ा कमोडिटी एक्सचेंज अस्तित्व में आएगा, जिससे सर्राफा, तेल, रबर और कृषि जिंसों सहित कई अन्य जिंसों में कारोबार होगा।
- विलय के बाद बनने वाले **एक्सचेंज में विश्व के पहले हीरा वायदा अनुबंध** (Diamond Futures Contract) का आरंभ होगा।

विदेशी मुद्रा का वायदा कारोबार

- भविष्य की तिथि के लिए विदेशी मुद्रा को शेयर बाजार में निर्धारित दर पर क्रय-विक्रय करने को विदेशी मुद्रा का वायदा कारोबार कहा जाता है।
- भारत में सर्वप्रथम **29 अगस्त, 2008 को राष्ट्रीय स्टॉक एक्सचेंज** (NSE) में डॉलर-रुपया के बीच इस कारोबार की अनुमति दी गई। इससे आयातकों, निर्यातकों एवं विदेश यात्रा पर जाने के इच्छुक लोगों को विनिमय दर (Exchange Rate) में होने वाले उतार-चढ़ाव के जोखिम से सुरक्षा मिलती है।
- विदेशी मुद्रा के वायदा कारोबार के लिए अभी तक चार वायदा बाजारों को स्वीकृति प्रदान की गई है-

1. राष्ट्रीय स्टॉक एक्सचेंज
2. बॉम्बे स्टॉक एक्सचेंज
3. मल्टी कमोडिटी स्टॉक एक्सचेंज
4. यूनाइटेड स्टॉक एक्सचेंज ऑफ इंडिया लिमिटेड

महत्त्वपूर्ण शब्दावली

प्रतिभूतियों या शेयर का डीमैटाइजेशन (डीमैटीकरण)

- किसी डिपॉजिटरी के साथ इलेक्ट्रानिक विधि से शेयर या प्रतिभूति रखना डीमैटाइजेशन (डीमैटीकरण) कहलाता है। इसके अंतर्गत शेयर का धारक शेयर को भौतिक रूप में अपने पास नहीं रखता बल्कि किसी डिपॉजिटरी को सौंप देता है जो उसे अपने पास इलेक्ट्रॉनिक माध्यम से रखती है। इस प्रकार के शेयर को हम डीमैट शेयर कहते हैं। इसके परिणामस्वरूप शेयरों की चोरी, कपटपूर्ण व्यवहार या जालसाजी के द्वारा हस्तान्तरण, हस्तान्तरण में विलम्ब, प्रमाणपत्र के संबंध में रिकॉर्ड रखने की कागजी कार्यवाही से बचत हो जाती है।

आई.पी.ओ. (Initial Public Offerings—IPO)

प्रारम्भिक **सार्वजनिक प्रस्ताव (IPO)** को संक्षेप में आई.पी.ओ. कहते हैं। सामान्यत: IPO जारी करके कम्पनियाँ अपनी **पूँजी में विस्तार** करती हैं, लेकिन ऐसा सदैव नहीं होता है। जो भी कम्पनी IPO जारी करती है, वह यह घोषित करती है कि वह किस तरह की सिक्योरिटीज जारी करेगी। IPO पूरी तरह से एक जोखिमभरा निवेश माना जाता है।

तेजड़िया तथा मन्दड़िया (Bull and Bear)

ऐसा निवेशक जो किसी **विशिष्ट प्रतिभूति** (शेयर) के मूल्य बढ़ने की प्रत्याशा रखता है, उसे बुल या तेजड़िया कहते हैं; जबकि **मूल्य कम होने की प्रत्याशा** रखने वाले निवेशक को **बियर** या **मन्दड़िया** कहते हैं।

बिग बुल (Big Bull)

ऐसे ब्रोकर जो **राष्ट्रीय स्तर** पर Bull का नेतृत्व करते हैं, उन्हें **Big Bull** कहते हैं। इसके लिए ब्लू चिप कम्पनियाँ काम करती हैं, जैसे-रिलायंस आदि।

स्टैग (Stag)

ऐसे लोग जो **प्राइमरी मार्केट** में निवेश करना पसन्द करते हैं, सेकेंडरी मार्केट में नहीं, स्टैग कहलाते हैं।

अंश (Share)

- अंश का तात्पर्य **भागीदारी या हिस्सेदारी** से है। वित्त का ऐसा प्रमाण पत्र जिससे किसी संस्था में भागीदारी का अधिकार प्राप्त होता है, अंश कहलाता है।
- अंश बाजार (Share Market) ऐसे बाजार जहाँ **अंशों का लेन-देन** या खरीद बिक्री होती है अंश बाजार कहलाता है।
- यह **ऋण का एक साधन** है जिसके माध्यम से सरकार या कम्पनियाँ धन जुटाती हैं। **डिबेंचर खरीदने** वाला वास्तव में कर्जदाता होता है। डिबेंचर जारी करने वाली कम्पनी या **संस्थान गिरवी** के तौर पर कुछ नहीं रखती, खरीददार उनकी साख और प्रतिष्ठा को देखते हुए डिबेंचर खरीदते हैं।

हेजिंग (Hedging)

स्वयं को विभिन्न प्रकार के **जोखिमों** (Risks) में उत्पन्न हानि से सुरक्षा करना **हेजिंग** कहलाता है। हेजिंग ऐसी व्यवस्था प्रदान करती है जिसमें क्रेता व विक्रेता विनिमय दरों में होने वाले **उच्चावचों** (Ups and Downs) से उत्पन्न हानियों से अपने आपको सुरक्षित कर सकें।

आर्बिट्रेज (Arbitrage)

वह प्रक्रिया जिसके द्वारा कोई व्यक्ति कम कीमत वाले बाजार से Equity अथवा वस्तु आदि खरीद कर ऊँची कीमत वाले बाजार में बेचने की कोशिश करता है।

इस प्रक्रिया से बाजारों का एकीकरण होता है तथा दो बाजारों में कीमत साम्यता की स्थिति उत्पन्न होती है।

शेयरों का पुनर्क्रय (Buyback of Shares)

- किसी कम्पनी द्वारा अपने ही अंशों का अंशधारियों से बाजार में क्रय किया जाना शेयर का पुनर्क्रय कहलाता है।
- कम्पनी के पास जब नकद आधिक्य होता है और उसके पास निवेश का कोई वांछित विकल्प नहीं होता है, तो वह अपने ही शेयरों को पुन: खरीदने का निर्णय लेती है। इसके परिणामस्वरूप कम्पनी के बचे हुए शेयर का निवल मूल्य (Networth) बढ़ जाता है तथा उनकी प्रति शेयर अर्जन (Earning) की मात्रा बढ़ जाती है। इससे बाजार में कम्पनी के अंशों का मूल्य बढ़ जाता है।

मार्जिन ट्रेडिंग (Margin Trading)

- **मार्जिन ट्रेडिंग** भारत में एक नई धारणा है। **18 सितम्बर, 2001** को रिज़र्व बैंक ने शेयर में मार्जिन ट्रेडिंग की वित्तीय व्यवस्था करने की अनुमति दे दी है।
- **मार्जिन ट्रेडिंग** के अंतर्गत कोई भी निवेशक अपनी वित्तीय क्षमता से अधिक निवेश कर पाता है। इसके अंतर्गत कोई भी व्यक्ति शेयर के क्रय मूल्य का **केवल 40 प्रतिशत मार्जिन** के रूप में लगाता है, शेष रकम की व्यवस्था, बैंक अथवा स्टॉक ब्रोकर के द्वारा होती है।
- शेयर का स्वामित्व तो निवेशक के पास होता है पर बैंक द्वारा दिए गए ऋण के पीछे शेयर प्रत्याभूति (Collateral) के रूप में बने रहते हैं। **मार्जिन ट्रेडिंग** का प्रमुख उद्देश्य **बाजार की तरलता** में वृद्धि करना है।

बीमा उद्योग

- भारत की प्रथम जीवन बीमा कम्पनी ओरिएण्टल सोसायटी (1818) थी।
- भारतीय जीवन बीमा निगम (LIC) की स्थापना **1 सितम्बर, 1956** को हुई थी जिसका केन्द्रीय कार्यालय मुम्बई में स्थित है।
- भारतीय साधारण बीमा निगम (GIC) ने **1 जनवरी, 1973** से कार्य प्रारम्भ किया, जिसकी चार सहायक कम्पनियाँ हैं–
  1. नेशनल इंश्योरेंस कम्पनी लिमिटेड
  2. ओरिएण्टल इंश्योरेंस कम्पनी लिमिटेड
  3. यूनाइटेड इंडिया इंश्योरेंस कम्पनी लिमिटेड
  4. न्यू इंडिया इंश्योरेंस कम्पनी लिमिटेड

वस्तु एवं सेवा कर (GST)

ऐतिहासिक वस्तु एवं सेवा कर 1 जुलाई, 2017 को लागू हुआ था। इस को 101वें संविधान संशोधन अधिनियम, 2016 के माध्यम से पेश किया गया था। गौरतलब है कि GST एक अप्रत्यक्ष कर है जिसे भारत को एकीकृत साझा बाज़ार बनाने के उद्देश्य से लागू किया गया है। यह निर्माता से लेकर उपभोक्ताओं तक वस्तुओं एवं सेवाओं की आपूर्ति पर लगने वाला एकल कर है। GST के अंतर्गत जहाँ एक ओर केंद्रीय स्तर पर केंद्रीय उत्पाद शुल्क, अतिरिक्त उत्पाद शुल्क, सेवा कर, काउंटरवेलिंग ड्यूटी जैसे अप्रत्यक्ष करों को शामिल किया जाता है वहीं दूसरी ओर राज्यों द्वारा लगाए जाने वाले मूल्यवर्द्धन कर, मनोरंजन कर, चुंगी या प्रवेश कर एवं विलासिता कर आदि भी GST में आते हैं।

एक राज्य के भीतर होने वाले लेन-देन पर केंद्र सरकार द्वारा लगाए कर को केंद्रीय वस्तु एवं सेवा कर (CGST) कहा जाता है। CGST केंद्र सरकार के खाते में जमा किया जाता है। राज्यों द्वारा लगाए गए करों को राज्य वस्तु एवं सेवा कर (SGST) कहा जाता है। SGST कर को राज्य सरकार के खाते में जमा किया जाता है। इसी प्रकार केंद्र द्वारा प्रत्येक अंतरराज्यीय वस्तुओं एवं सेवाओं की आपूर्ति पर एकीकृत वस्तु एवं सेवा कर (IGST) लगाने और प्रशासित करने की व्यवस्था है।

GST परिषद

यह वस्तु एवं सेवा कर (Goods and Services Tax- GST) से संबंधित मुद्दों पर केंद्र और राज्य सरकार को सिफारिश करने के लिये एक संवैधानिक निकाय (अनुच्छेद 279A) है। इसकी अध्यक्षता केंद्रीय वित्त मंत्री करता है और अन्य सदस्य केंद्रीय राजस्व या वित्त मंत्री तथा सभी राज्यों के वित्त या कराधान के प्रभारी मंत्री होते हैं। इसे एक संघीय निकाय के रूप में माना जाता है जहाँ केंद्र और राज्य दोनों को उचित प्रतिनिधित्व मिलता है।

बजट

- भारत का प्रथम बजट 13 फरवरी, 1860 को **जेम्स विल्सन** ने प्रस्तुत किया।
- भारत में रेल बजट अलग से प्रस्तुत करने की व्यवस्था वर्ष 1921 में प्रारम्भ हुई थी, जो अब तक यथावत चल रही है। बजट पर मतदान की प्रणाली वर्ष 1935 में हुई।
- **जवाहर लाल नेहरू** प्रथम प्रधानमन्त्री थे जिन्होंने 1958–59 में बजट प्रस्तुत किया।
- स्वतन्त्र भारत का प्रथम बजट आर के **षणमुखम चेट्टी** ने 26 नवम्बर, 1947 को प्रस्तुत किया।
- भारत में सबसे अधिक बार बजट पेश करने का श्रेय **मोरारजी देसाई** (8 बार) को है।

बजट निर्माण प्रक्रिया

प्रत्येक बजट के निर्माण की प्रक्रिया के निम्न चरण हैं–

बजट की तैयारी

- बजट अनुमान तैयारी करने का कार्य जुलाई या अगस्त माह में शुरू होता है। बजट की रूपरेखा तैयार करने का सारा उत्तरदायित्व वित्त-मन्त्रालय और उनके अधीनस्थ कार्यालयों को होता है।
- **वित्त मन्त्रालय द्वारा परीक्षण** वित्त मन्त्रालय इन प्राप्त अनुमानों का निरीक्षण अपने स्तर पर प्रारम्भ करता है। इसके निरीक्षण प्रशासकीय मन्त्रालय द्वारा किए गए निरीक्षण से पृथक् होते हैं।

विधानमंडल की स्वीकृति

- संसद के पूर्वानुमान के बिना कोई कर न तो लगाया जा सकता है और न ही कोई व्यय किया जा सकता है। वित्त-मन्त्रालय द्वारा तैयार होने के पश्चात् बजट को स्वीकृति हेतु संसद में **अनुच्छेद 112** के तहत **वार्षिक वित्तीय विवरण** के नाम से प्रस्तुत किया जाता है।
- **संसद में प्रस्तुत करना:** वित्तमन्त्री फरवरी माह के अन्तिम कार्य दिवस पर बजट प्रस्तुत करता है। इसके तुरन्त बाद वित्त विधेयक पेश किया जाता है। इसके तुरन्त बाद वित्त विधेयक पेश किया जाता है। जिसमें सरकार के कराधान प्रस्ताव होते हैं। उसके बाद सदन स्थगित हो जाता है। उस दिन बजट पर चर्चा नहीं की जाती है।
- **सामान्य चर्चा:** वित्तमन्त्री के बजट भाषण के कुछ दिनों पश्चात् बजट पर सामान्य चर्चा होती है। बजट में अंतर्निहित नीतियों व सिद्धान्त पर चर्चा होती है।
- **अनुदान माँग पर चर्चा तथा मतदान:** सामान्य चर्चा के पश्चात् माँगें प्रस्तुत की जाती हैं।
- अनुदान माँगों पर विचार-विमर्श व मतदान के लिए **कुल 26 दिन** का समय निर्धारित होता है।

- **विनियोग विधेयक पर चर्चा तथा उसे पारित करना (अनुच्छेद 114)** अनुदानों पर मतदान के उपरान्त सरकार को सर्वाधिक कोष से धन निकालने का अधिकार प्राप्त नहीं होता।
- इसके लिए विधि संबंधी सहमति आवश्यक है। अतः अगला स्तर विनियोग विधेयक को एक संविधि के रूप में पारित करना होता है।
- सदन द्वारा मतदान की माँग पर संचित निधि पर भारित माँगों को एक विधेयक में समाविष्ट कर दिया जाता है जिसे विनियोजन विधेयक कहते हैं।
- यदि लोकसभा द्वारा इसे पारित और लोकसभा अध्यक्ष द्वारा **अनुच्छेद 110** के तहत धन विधेयक के रूप में प्रमाणित कर दिया जाता है, तो इसे राज्यसभा को प्रेषित कर दिया जाता है।

वित्तीय कोषों का लेखांकन

वित्तीय लेन-देन की नियमित लेख सूची को लेखा कहते है। यह लेन-देन या तो सरकारी हो सकता है या निजी। लेखा के द्वारा ही वित्तीय नियन्त्रण सम्भव है।

लेखा परीक्षण

लेखा परीक्षण का तात्पर्य हिसाब-किताब की जाँच करने से है। लेखा परीक्षण में निम्न बातों की जाँच की जाती है।

- किसी कानून, नियम या अधिनियम के विरुद्ध कोई व्यय तो नहीं हुआ है।
- वित्तीय औचित्य के सिद्धान्तों की अवज्ञा तो नहीं की गई है।
- बजट के विनियोग की अवहेलना तो नहीं हुई है।
- मंजूरी के बिना तो कोई व्यय नहीं किया गया है।
- इन चारों विषयों में पहले तीन विषयों से व्यय के कानूनी पहलू की जाँच की जाती है तथा अन्तिम विषय से यह जाँच की जाती है कि मितव्ययिता के नियमों का पालन किया गया है अथवा नहीं।

महत्वपूर्ण जानकारी

- भारत की अर्थव्यवस्था को सबसे अच्छे ढंग से **मिश्रित अर्थव्यवस्था** में व्यक्त किया जा सकता है।
- **पं. जवाहर लाल नेहरू** योजना आयोग के प्रथम अध्यक्ष थे।
- मानव विकास सूचकांक (HDI) **महबूब-उल-हक** अर्थशास्त्री की देन है।
- बंद अर्थव्यवस्था से आप क्या समझते हैं- **आयात-निर्यात बंद**
- वर्ल्ड डेवलपमेंट रिपोर्ट I.B.R.D. का वार्षिक प्रकाशन है।
- मिश्रित अर्थव्यवस्था को अपनाने वाला विश्व का पहला राष्ट्र था - **फ्रांस**
- भारत में अर्थव्यवस्था है - **मिश्रित**
- मिश्रित अर्थव्यवस्था का अर्थ है - **निजी तथा सार्वजनिक क्षेत्रों का सह अस्तित्व**
- मिश्रित अर्थव्यवस्था का आरंभ हुआ - **1948 में**
- राष्ट्रीय आय का सर्वश्रेष्ठ मापक है - **साधन लागत पर शुद्ध राष्ट्रीय उत्पाद (NNP)**
- वित्त आयोग का मुख्य कार्य है - **केंद्र व राज्य के मध्य राजस्व बंटवारे का निर्धारण करना**
- छठे वेतन आयोग के अध्यक्ष - **बी.एन. कृष्णा**
- योजना आयोग का गठन हुआ - **15 मार्च, 1951**
- योजना आयोग का प्रस्ताव प्रस्तुत किया था - **जॉन मथाई ने (1950 में)**
- योजना-आयोग का गठन हुआ था - **1946 में नियोगी समिति की सिफारिश पर**
- योजना-आयोग संस्था है - **परामर्शदात्री व गैर-संवैधानिक**
- योजना आयोग का अध्यक्ष होता है - **प्रधानमंत्री**
- योजना आयोग के प्रथम अध्यक्ष एवं उपाध्यक्ष थे - **क्रमशः पं. जवाहर लाल नेहरू व गुलजारीलाल नंदा**
- योजना आयोग के उपाध्यक्ष को दर्जा प्राप्त होता है - **कैबिनेट मंत्री का**
- योजना आयोग के उपाध्यक्ष की नियुक्ति करता है - **प्रधानमंत्री की सलाह पर राष्ट्रपति**
- योजना आयोग के सदस्यों की संख्या एवं उनका कार्यकाल - **निश्चित नहीं होता**
- योजना आयोग का मुख्य कार्य है - **पंचवर्षीय योजनाओं का निर्माण व रूपरेखा तैयार करना**
- योजना आयोग का इंडिया विजन-2020 का दस्तावेज प्रस्तुत हुआ- **23 जनवरी, 2003 को**
- मानव विकास रिपोर्ट जारी करता है - **संयुक्त राष्ट्र विकास कार्यक्रम (UNDP) 1990 से**
- मानव विकास सूचकांक (HDI) का आंकलन का आधार है - **जीवन प्रत्याशा, शिक्षा का स्तर एवं प्रति व्यक्ति आय**
- भारत में पहली मानव विकास रिपोर्ट (HDR) जारी की गई थी - **अप्रैल, 2002 में**
- भारत की मानव विकास रिपोर्ट को जारी करता है - **योजना आयोग (अब नीति आयोग)**
- राज्यस्तरीय मानव विकास रिपोर्ट जारी करने वाला भारत का पहला राज्य - **मध्य प्रदेश**
- भारत की राष्ट्रीय आय का मुख्य स्रोत है - **कृषि**
- राष्ट्रीय आय तथा सकल घरेलू उत्पाद (GDP) का लेखा करता है - **CSO**
- केंद्रीय सांख्यिकी संगठन (CSO) की स्थापना हुई थी - **2 मई, 1951 में**
- केंद्रीय सांख्यिकी संगठन ने पहली देशव्यापी आर्थिक गणना करायी थी - **1977 में**
- CSO का मुख्यालय है -**कोलकाता में**
- भारत में जी.डी.पी. (सकल घरेलू उत्पाद) में सर्वाधिक योगदान वाला राज्य है -**महाराष्ट्र**
- राष्ट्रीय लेखा सांख्यिकी कहलाता है - **श्वेत-पत्र**
- श्वेत-पत्र प्रकाशित करता है - **CSO**
- वर्तमान में भारत में राष्ट्रीय आय की गणना का आधार वर्ष है - **2004-05**
- 'भारतीय सांख्यिकी संस्थान' है - **नई दिल्ली में**
- भारत की GDP में योगदान करने में प्रथम, द्वितीय एवं तृतीय स्थान पर हैं- **सेवा क्षेत्र, उद्योग क्षेत्र और कृषि क्षेत्र**
- राष्ट्रीय आय में सर्वाधिक योगदान है - **तृतीयक क्षेत्र (सेवा क्षेत्र) का**
- प्राथमिक क्षेत्र संबंधित है - **कृषि, पशुपालन, मत्स्यपालन से**
- द्वितीयक क्षेत्र संबंधित है - **विनिर्माण, विद्युत निर्माण, जलापूर्ति से**
- तृतीयक क्षेत्र संबंधित है - **सेवा क्षेत्र, व्यापार, परिवहन, संचार से**
- प्रतिव्यक्ति आय मामले में अग्रणी देश है - **जापान**
- भारत में सर्वाधिक प्रतिव्यक्ति आय वाला राज्य तथा केंद्रशासित राज्य है - **क्रमशः गोवा तथा चंडीगढ़**
- भारत में गरीबी मापने का आधार है - **न्यूनतम कैलोरी उपभोग के मौद्रिक मान**
- ग्रामीण व शहरी क्षेत्र में एक व्यक्ति के प्रतिदिन के भोजन में होना चाहिए - **क्रमशः 2400 कैलोरी व 2100 कैलोरी**
- भारत में गरीबी का आंकलन किया जाता है - **लकड़वाला फार्मूला के आधार पर**
- लकड़वाला फार्मूला को स्वीकृति प्रदान की गई - **11 मार्च, 1997 को योजना आयोग द्वारा**

- अंत्योदय कार्यक्रम का उद्देश्य है - **गरीबों में सबसे गरीब की सहायता करना**
- अंत्योदय कार्यक्रम सर्वप्रथम प्रारंभ हुआ - **राजस्थान में**
- देश में सर्वाधिक गरीब राज्य - **उड़ीसा**
- भारत में बेरोजगारी से संबंधित आंकड़े तैयार किए जाते हैं - **राष्ट्रीय प्रतिदर्श सर्वेक्षण (NSSO) द्वारा**
- भारत के कृषि क्षेत्र में पाई जाने वाली बेरोजगारी है - **अदृश्य/प्रच्छन्न बेरोजगारी**
- व्यापार चक्र की मंदी के समय उत्पन्न बेरोजगारी कहलाती है - **चक्रीय बेरोजगारी**
- भारत में बेरोजगारी का स्वरूप है - **संरचनात्मक**
- ग्रामीण क्षेत्रों में पायी जाने वाली बेरोजगारी है - **मौसमी बेरोजगारी (कृषि क्षेत्रों में)**
- शहरी क्षेत्रों में पायी जाने वाली बेरोजगारी है - **खुली/प्रत्यक्ष बेरोजगारी**
- वित्तीय वर्ष की अवधि - **1 अप्रैल से 31 मार्च**
- प्रथम वित्त आयोग का गठन - **1951 में**
- वित्त आयोग का गठन होता है - **राष्ट्रपति द्वारा (अनुच्छेद-280 के तहत)**
- वित्त आयोग के प्रथम अध्यक्ष - **के०सी० नियोगी**
- वित्त आयोग के अध्यक्ष की नियुक्ति करता है - **राष्ट्रपति**
- वित्त आयोग में सदस्यों की संख्या होती है - **5 (अध्यक्ष सहित)**
- अब तक गठित वित्त आयोगों की संख्या है - **15**
- 14वें वित्त आयोग का गठन हुआ - **2012 में**
- 15वें वित्त आयोग की सिफारिशों की अवधि है- **वर्ष 2020 से वर्ष 2025 तक**
- वित्त आयोग की अवधि है - **5 वर्ष**
- वित्त आयोग का उल्लेख संविधान के किस अनुच्छेद में हैं- **280**
- 15वें वित्त आयोग के अध्यक्ष - **एन. के. सिंह**
- अर्थशास्त्र का जनक - **एडम स्मिथ**
- भारतीय अर्थव्यवस्था - **विकासशील**
- 'तृतीय विश्व' शब्द प्रयुक्त होता है - **विकासशील देशों के संदर्भ में**
- पूंजीवादी व समाजवादी अर्थव्यवस्था अपनाने वाले राष्ट्र - **क्रमशः अमेरिका व रूस**
- विश्व की सबसे बड़ी अर्थव्यवस्था है - **अमेरिका**
- विश्व की दूसरी सबसे बड़ी अर्थव्यवस्था है - **चीन**
- सकल घरेलू उत्पाद की दृष्टि से भारत का संसार में स्थान है - **10वां**
- भारत की अर्थव्यवस्था का विश्व में स्थान (क्रयशक्ति के आधार पर) है - **तीसरा**
- सर्वप्रथम राष्ट्रीय आय का आकलन किया गया - **1868 में दादा भाई नौरोजी द्वारा**
- राष्ट्रीय आय समिति का गठन हुआ था - **अगस्त, 1949 में**
- राष्ट्रीय आय समिति ने अपनी पहली रिपोर्ट प्रस्तुत की थी - **1951 में**
- राष्ट्रीय आय है - **एक प्रवाह, स्टॉक नहीं**
- हिन्दू वृद्धि दर संबंधित है - **राष्ट्रीय आय से**
- हिन्दू वृद्धि दर की अवधारणा के प्रतिपादक थे - **प्रो. राज कृष्ण**
- किसी भी देश की आर्थिक विकास दर का सर्वश्रेष्ठ सूचक होती है - **प्रति व्यक्ति आय**
- राष्ट्रीय आय के अनुमान का सर्वप्रथम सरकारी अनुमान दिया गया - **1948-49 में**
- इंडिया विजन-2020 में सकल घरेलू उत्पाद (GDP) का निर्धारित लक्ष्य है - 9%
- 'सुपर कैबिनेट' है - **योजना आयोग**
- राष्ट्रीय विकास परिषद् (NDC) का गठन हुआ था - **6 अगस्त, 1952 को**
- NDC संस्था है - **गैर-संवैधानिक**
- NDC का अध्यक्ष होता है - **प्रधानमंत्री**
- राष्ट्रीय विकास परिषद् के सदस्यों में शामिल होते हैं - **केंद्रीय मंत्रीमंडल के सदस्य, राज्यों के मुख्यमंत्री, केंद्रशासित राज्यों के प्रशासक तथा योजना आयोग के सदस्य**
- भारत में योजना का स्वरूप है - **मिश्रित**
- भारत के लिए नियोजित अर्थव्यवस्था (Planned Economy for India) पुस्तक को लिखा है - **विश्वेश्वरैया ने (1934 में)**
- 'गांधी योजना' पुस्तक के लेखक हैं - **मन्नारायण (1944 में)**
- 'बॉम्बे प्लान' (15वर्षीय योजना) लागू हुई - **1944 में (8 उद्योगपतियों द्वारा)**
- जन योजना (People's Plan) निर्मित की गई - **एम.एन. राय द्वारा अप्रैल 1945 में**
- सर्वोदय योजना प्रस्तुत की थी - **जयप्रकाश नारायण ने (जनवरी, 1950 में)**
- नियोजन से तात्पर्य है - **आर्थिक नियोजन**
- आर्थिक नियोजन को सर्वप्रथम अपनाया - **रूस ने**
- आर्थिक नियोजन विषय है - **समवर्ती सूची में**
- आर्थिक नियोजन से संबंधित अनुसूची - **7वीं**
- नियोजित आर्थिक विकास का शुभारंभ - **1951 में**
- भारत में पंचवर्षीय योजनाओं के क्रियान्वयन का दायित्व होता है - **केंद्र व राज्य सरकार पर**
- राष्ट्रीय योजना समिति की स्थापना की थी - **1938**
- राष्ट्रीय योजना समिति के अध्यक्ष - **पं० नेहरू**
- राष्ट्रीय योजना समिति की रिपोर्ट प्रकाशित हुई थी - **1949 में**
- भारत में पंचवर्षीय योजनाएं प्रेरित हैं - **रूस से**
- प्रथम पंचवर्षीय योजना (1951-56)आधारित थी - **हेरॉड डोमर मॉडल पर**
- प्रथम पंचवर्षीय में प्राथमिकता (बल) दी गई थी - **कृषि को**
- द्वितीय पंचवर्षीय योजना (1956-61) आधारित थी - **पी.सी. महालनोबिस के मॉडल पर**
- द्वितीय पंचवर्षीय योजना में सर्वोच्च प्राथमिकता दी गई - **भारी व आधारभूत उद्योगों पर**
- राउरकेला (उड़ीसा), भिलाई (वर्तमान छत्तीसगढ़) व दुर्गापुर (प० बंगाल) इस्पात कारखानों की स्थापना की गई थी - **दूसरी योजना काल में**
- पंडित जवाहर लाल नेहरू ने 'अधिक काम, अधिक उत्पादन एवं अधिक वितरण' का नारा दिया था - **द्वितीय पंचवर्षीय योजना में**
- तृतीय पंचवर्षीय योजना (1961-66) आधारित थी - **डोमर संवृद्धि मॉडल पर**
- तृतीय योजना का उद्देश्य था - **अर्थव्यवस्था को स्वावलम्बी एवं स्वतःस्फूर्त बनाना**
- रबी फसल बोयी जाती है - **अक्टूबर-नवम्बर में**
- खरीफ फसल बोई जाती है - **जून-जुलाई में**
- रबी फसल - **गेहूं, जौ, चना, मटर, सरसों**
- खरीफ फसल - **चावल, बाजरा, मक्का**
- जायद फसल - **ककड़ी, तरबूज, खीरा, सब्जी**
- भारत की मुख्य खाद्य फसल - **चावल**

- हरित क्रांति शब्द के सर्वप्रथम प्रयोगकर्त्ता - **डॉ. विलियम गॉड**
- हरित क्रांति शुरू हुई - **1966-67 में**
- भारत में हरित क्रांति लाने का श्रेय दिया जाता है - **गोविन्द वल्लभ पंत विश्वविद्यालय को**
- भारत में हरित क्रांति के जन्मदाता - **एम.एस. स्वामीनाथन**
- हरित क्रांति के विश्व स्तरीय जनक - **डॉ. नॉरमन बोरलॉग**
- हरित क्रांति से सबसे प्रभावित फसल - **गेहूं**
- हरित क्रांति के समय भारत का केंद्रीय खाद्य एवं कृषि मंत्री - **सी.एस. सुब्रमण्यम**
- हरित क्रांति का जनक देश - **फिलीपीन्स**
- सर्वप्रथम हरित क्रांति आयी - **पंजाब में**
- पीली क्रांति संबंधित है - **तिलहन उत्पादन से**
- भूरी क्रांति संबंधित है - **उर्वरक उत्पादन से**
- लाल क्रांति संबंधित है - **मांस व टमाटर से**
- गुलाबी क्रांति संबंधित है - **झींगा उत्पादन से**
- श्वेत क्रांति संबंधित है - **दूध उत्पादन से**
- रजत क्रांति संबंधित है - **अंडा उत्पादन से**
- बादामी क्रांति संबंधित है - **मसाला उत्पादन से**
- गोल क्रांति संबंधित है - **आलू उत्पादन से**
- नीली क्रांति संबंधित है - **मत्स्य पालन से**
- कृष्ण क्रांति संबंधित है - **पेट्रोलियम से**
- ब्राउन क्रांति का संबंध है - **गैर परंपरागत ऊर्जा से**
- सुनहरी क्रांति का संबंध है - **फल उत्पादन से**
- सभी क्रांतियों का सम्मिलन है - **इंद्रधनुषी क्रांति**
- प्रत्यक्ष कर है - **आयकर, संपत्ति कर, निगम कर, मृत्यु कर, भू-राजस्व कर, उपहार कर**
- अप्रत्यक्ष कर - **बिक्री, तट, उत्पाद, सीमा शुल्क**
- केंद्र सरकार द्वारा लगाया जाने वाला कर - **आयकर, निगम कर, संपत्ति कर, धन कर, उपहार कर, सीमा शुल्क, कृषि धन पर कर**
- राज्य सरकार द्वारा लगाया जाने वाला कर - **भू-राजस्व कर, कृषि आयकर, बिक्री कर, मनोरंजन कर, पथ कर, मोटर वाहन कर**
- कर ढांचे में सुधार के लिए गठित समिति - **चेलैया समिति (गठन-अगस्त, 1991 में)**
- केंद्र सरकार की आय का बड़ा स्रोत है - **निगम कर (प्रत्यक्ष कर)**
- राज्य सरकार को सबसे अधिक आय प्राप्त होती है - **वैट से (पहले-बिक्री कर)**
- केंद्र को सर्वाधिक निब्बल राजस्व प्राप्त होता है - **उत्पाद शुल्क से**
- नगरपालिका समिति के राजस्व का मुख्य स्रोत - **चुंगी कर**
- सेवा कर के दायरे में सेवाओं की संख्या - **119**
- पहली बार सेवा कर लगाने की शुरुआत हुई - **1994-95 में (चेलैया समिति की संतुति पर)**
- 12वीं योजना का समय एवं विकास दर लक्ष्य है - **क्रमशः 2012-17 एवं 9%**
- 'रेखा समिति' गठित की गयी - **अप्रत्यक्ष कर सुधार के लिए**
- 'वांचू समिति' संबंधित थी - **प्रत्यक्ष कर जाँच से**
- सेवा कर की उगाही करता है - **आयकर विभाग**
- वह स्थिति जिसमें वस्तुओं के मूल्य बढ़ते हैं - **मुद्रा स्फीति**
- भारत में मुद्रास्फीति की माप की जाती है - **थोक-मूल्य-सूचकांक द्वारा**
- वर्तमान में थोक मूल्य सूचकांक का आधार वर्ष - **2004-05**
- नया थोक मूल्य सूचकांक में शामिल वस्तुओं की संख्या - **676 (पहले-435 वस्तुएं)**
- मुद्रास्फीति से हानि होती है - **देनदार को**
- मुद्रास्फीति से लाभ होता है - **ऋणी को**
- भारत में वित्तीय घाटे का मौद्रीकरण प्राप्त किया जाता है - **सरकार द्वारा ऋण लेकर**
- 'ग्रेशम का नियम' का संबंध है - **मुद्रा के प्रचलन से**
- 'कानूनी मुद्रा' को कहा जाता है - **फ्लैट मनी**
- 'प्लास्टिक मनी' कहा जाता है - **क्रेडिट कार्ड का**
- मुद्रा आपूर्ति की सर्वाधिक तरल माप - **M_1**
- मुद्रा पूर्ति में विस्तृत मुद्रा कहलाता है - **M_3**
- 'गिल्ट एज्ड बाजार' संबद्ध है - **सोना-चांदी से**
- भारत में विदेशी मुद्रा का सर्वाधिक व्यय होता है - **पेट्रोलियम उत्पादों के आयात पर**
- भारत को सर्वाधिक विदेशी मुद्रा प्राप्त होती है - **रत्न तथा आभूषण से**
- भारत सर्वाधिक आयात करता है - **तेल एवं पेट्रोलियम पदार्थ का**
- विश्व में मुद्रा की मीट्रिक प्रणाली सर्वप्रथम अपनायी - **1790 में (फ्रांस में)**
- भारत में मुद्रा की मीट्रिक प्रणाली को अपनाया गया - **1 अप्रैल, 1957 को**
- मुद्रा अवमूल्यन का उद्देश्य है - **निर्यात को बढ़ावा व आयात को कम करना**
- निर्यातकों एवं आयातकों को वित्तीय सहायता प्रदान करता है - **निर्यात-आयात बैंक**
- निर्यात-आयात बैंक (Exim-Bank) की स्थापना हुई थी - **1 जनवरी, 1982 को**
- भारत में जीवन बीमा देन है - **ब्रिटेन की**
- दीर्घकालिक वित्त उपलब्ध कराने वाली संस्था - **UTI, LIC, GIC**
- सामान्य बीमा निगम (GIC) की स्थापना हुई थी - **1972 में**
- भारत के सामान्य बीमा व्यवसाय का राष्ट्रीयकरण हुआ था - **1971 में**
- भारतीय जीवन बीमा (LIC) की स्थापना हुई थी - **1 सितम्बर, 1956 में**
- सबसे बड़ी म्यूचुअल फंड ट्रस्ट संस्था - **UTI**
- भारतीय यूनिट ट्रस्ट (UTI) की स्थापना हुई - **1 जुलाई, 1964 ई. को (मुख्यालय-मुम्बई)**
- भारत का प्रथम म्युचूअल फंड - **U.S.-64**
- U.S.-64 योजना समाप्त की गई - **21 मई, 2003**
- राष्ट्रीय कृषि तथा ग्रामीण विकास बैंक (नाबार्ड) की स्थापना हुई थी - **12 जुलाई, 1982 को (शिवरामन समिति की रिपोर्ट पर)**
- भारत का प्रतिभूति मुद्रणालय, सिक्योरिटी प्रिंटिंग प्रेस व बैंक नोट प्रेस स्थित है - **क्रमशः नासिक, हैदराबाद तथा देवास में**
- भारत में सरकारी समितियों का ढाँचा है - **त्रिस्तरीय**
- नकदी में प्राप्त मजदूरी कहलाती है - **मौद्रिक मजदूरी**
- पूँजी साधन का प्रतिफल होता है - **ब्याज**
- आर्थिक संवृद्धि का अर्थ है - **उत्पादन में वृद्धि**
- भारतीय रिजर्व बैंक की स्थापना की गई - **1 अप्रैल, 1935 को (राष्ट्रीयकरण-1 जनवरी, 1949)**
- भारतीय रिजर्व बैंक की स्थापना की गई - **हिल्टन आयोग की सिफारिश पर**
- देश का सबसे बड़ा सार्वजनिक व्यापारिक बैंक है - **भारतीय स्टेट बैंक (स्थापना-1 जुलाई 1955)**

- भारत में बैंकों के राष्ट्रीयकरण की संस्तुति प्रस्तुत की थी - **हजारी समिति ने**
- सबसे पहले 14 बड़े व्यापारिक बैंकों का राष्ट्रीयकरण किया गया था- **19 जुलाई, 1969 को**
- दूसरी बार 6 अन्य व्यापारिक बैंकों का राष्ट्रीयकरण किया गया था- **15 अप्रैल, 1980 को**
- रिजर्व बैंक केंद्र तथा राज्य सरकार को ऋण प्रदान करता है - **90 दिन का**
- भारतीय बैंकों की सर्वाधिक शाखाएं हैं - **UK में**
- 'प्रीपेड कार्ड' जारी करने वाला पहला वाणिज्यिक बैंक है - **ओरिएंटल बैंक ऑफ कॉमर्स**
- नरसिंहम् समिति का संबंध है - **बैंकिंग सुधार से**
- गोईपोरिया समिति संबंधित है - **बैंक में ग्राहक सेवा सुधार से**
- देश का पहला मोबाइल बैंक है - **लक्ष्मी वाहनी बैंक (मध्य प्रदेश)**
- देश का पहला तैरता ATM स्थापित किया गया - **कोच्चि में (SBI द्वारा)**
- यू.टी. बैंक लि. का 30 जुलाई, 2007 से नया नाम है - **एक्सिस बैंक लिमिटेड**
- RBI अपने अनुसूची बैंकों को जिस दर पर ऋण उपलब्ध कराता है, वह कहलाता है - **बैंक दर**
- बैंक, RBI द्वारा निर्धारित राशि को जब प्रतिभूति के रूप में अपने पास रखता है तो वह कहलाता है - **वैधानिक तरलता दर (SLR)**
- बैंक, RBI द्वारा निर्धारित राशि को जब नकद के रूप में RBI के पास जमा करें तो वह कहलाता है - **नगद आरक्षण अनुपात**
- भारत में सहकारी बैंकों की शुरुआत हुई - **1904 में**
- मौद्रिक नीति की घोषणा भारतीय रिजर्व बैंक द्वारा की जाती है - **प्रति छह माह के लिए**
- 'भारतीय औद्योगिक विकास बैंक' (IDBI) की स्थापना की गई थी- **1 फरवरी, 1964 को**
- 'मानूसन का जुआ' कहा जाता है - **भारतीय बजट को**
- बजट पूर्व आर्थिक समीक्षा प्रस्तुत की जाती है - **केवल लोकसभा में**
- घाटे का बजट कहलाता है - **जब सरकारी आय, व्यय से कम हो**
- 'बाजार के नियम' के प्रतिपादक थे - **जे.बी. से**
- 'सरकारिया आयोग' का गठन किया गया था - **1983 में संसद द्वारा**
- अर्थशास्त्र की भाषा में निवेश का अर्थ है - **शेयरों की खरीदारी**
- भारत के प्रथम एवं सबसे पुराने बम्बई स्टॉक एक्सचेंज (BSE) की स्थापना हुई थी - **1875 ई. में**
- दलाल स्ट्रीट स्थित है - **मुम्बई में**
- राष्ट्रीय स्टॉक एक्सचेंज (NSE) की स्थापना हुई - **1991 ई. में फेरवानी समिति द्वारा**
- राष्ट्रीय स्टॉक एक्सचेंज का प्रमुख प्रवर्तक (Promotor) है - **आई.डी.बी. आई.**
- राष्ट्रीय स्टॉक एक्सचेंज का मुख्यालय स्थित है - **दक्षिण मुम्बई में वर्ली में**
- NIFTY मूल्य सूचकांक है - **NSE का**
- तेजड़िया (Bull) एवं मंदड़िया (Bear) शब्दावली का संबंध है - **शेयर बाजार से**
- भारत में मान्यता प्राप्त स्टॉक एक्सचेंज की सं. - **23**
- BSE का संवेदी सूचकांक का आधार वर्ष है - **वर्ष 1978-79 ई.**
- BSE का राष्ट्रीय सूचकांक का आधार वर्ष है - **वर्ष 1983-94 ई.**
- नास्डैक है - **अमेरिका का शेयर बाजार**
- डो-जोन्स (Dow Jones) शेयर सूचकांक है - **न्यूयार्क स्टॉक एक्सचेंज का**
- भारत में शेयर बाजारों के लिए मुख्य नियंत्रक का कार्य करता है - **SEBI (मुख्यालय-मुम्बई)**
- भारतीय प्रतिभूति एवं विनिमय बोर्ड (SEBI) की स्थापना हुई थी- **12 अप्रैल, 1988 में (एस.ए. दवे समिति की अनुशंसा पर)**
- भारतीय खाद्य निगम (FCI) की स्थापना हुई - **1965 ई. में**
- खाद्य एवं कृषि संगठन (FAO) की स्थापना - **10 अक्टूबर, 1945 को (इटली में)**
- आर्थिक क्षेत्र में उदारीकरण के एक नए युग की शुरुआत हुई थी - **1991 से**
- विश्वव्यापी आर्थिक मंदी आई थी - **1929 में**
- नई आर्थिक सुधार की रूपरेखा सर्वप्रथम तैयार हुई थी - **1985 में राजीव गांधी के समय में**
- विशेष आर्थिक जोन (SEZ) पारित किया गया - **मई, 2005 ई. में**
- मीरा सेठ समिति का संबंध है - **हथकरघा से**
- सत्यम् समिति का संबंध है - **वस्त्र नीति से**
- भारतीय लघु उद्योग विकास बैंक (SIDBI) की स्थापना हुई थी - **अक्टूबर, 1990 में**
- लघु उद्योगों में सुधार से संबंधित समिति है - **आबिद हुसैन समिति**
- स्वतंत्र भारत में प्रथम औद्योगिक नीति शुरू की गई थी - **6 अप्रैल, 1948 को**
- भारत का सबसे बड़ा उद्योग है - **सूती वस्त्र उद्योग**
- विश्व का सबसे बड़ा उद्योग है - **पर्यटन**
- भारत में सर्वप्रथम लौह-इस्पात कारखाना स्थापित हुआ था - **1907 में (सांकची, जमशेदपुर में)**
- देश में महारत्न व नवरत्न दर्जा प्राप्त कम्पनियों की संख्या है - **क्रमश: 7 तथा 14**
- कोर सेक्टर से आशय है - **चयनित आधारभूत उद्योग**
- कोर सेक्टर का उद्योग है - **सीमेंट, लोहा, इस्पात, पेट्रोलियम, भारी मशीनरी इत्यादि**
- NTPC की स्थापना हुई थी - **1975 में**
- तेल एवं प्राकृतिक गैस आयोग (ONGC) की स्थापना हुई थी - **1956 ई. में**
- प्रथम राज्य वित्त निगम स्थापित किया गया था - **1953 में (पंजाब में)**
- भारत में पहला जल विद्युत शक्ति गृह प्रारंभ हुआ था - **1897 ई. में (दार्जिलिंग में)**
- इलेक्ट्रॉनिक समान की गुणवत्ता को प्रदर्शित करता है - **ISI मार्क**
- ISI प्रमाणन जारी की गई थी - **7 अप्रैल, 2003 को**
- हॉलमार्क संबंधित है - **स्वर्ण-आभूषण से**
- 'हॉलमार्क' योजना प्रारंभ की गई - **12 अप्रैल, 2002 से**
- इकोमार्क प्रदान किया जाता है - **ऐसे उत्पाद पर जो पर्यावरण को नुकसान नहीं पहुंचाता है**
- सर्वप्रथम इकोमार्क निर्धारित किए गए थे - **साबुन व डिटरजेंट के लिए**
- CRISIL Credit Rating Information Service of India Ltd. (क्रिसिल) का पूर्ण रूप है - **क्रेडिट रेटिंग एजेंसी**
- भारतीय मानक ब्यूरो (ISO) अस्तित्व में आया था - **6 जनवरी, 1947 का (मुख्यालय-दिल्ली में)**

- शीतल पेय, सॉस आदि के प्रमाणन के लिए प्रयुक्त चिह्न है - **एफ.पी.ओ.**
- श्वेत वस्तुओं के अंतर्गत शामिल है - **(टीवी, फ्रिज, जेनरेटर, वाशिंग मशीन आदि बिजली की वस्तुएं**
- भारत में कर्मचारी राज्य बीमा योजना प्रारंभ की गई - **1952 में**
- राष्ट्रीय ग्रामीण विकास संस्थान स्थित है - **हैदराबाद (स्थापना-1977 ई.) में**
- भारत का सबसे बड़ा नियोक्ता है - **रेलवे**
- 'केंद्रीय वन आयोग' की स्थापना हुई थी - **1965**
- 'वन अनुसंधान संस्थान' की स्थापना हुई थी - **1906 (स्थित-देहरादून में)**
- मिर्धा समिति संबंधित है - **सहकारिता आंदोलन से**
- विश्व में सर्वाधिक सहकारी संस्थाएं हैं - **भारत में**
- ऊर्जा संकट भारत में सर्वप्रथम महसूस हुआ था - **1973 में**
- कृषि वस्तुओं की गुणवत्ता को प्रदर्शित करता है - **एगमार्क**
- केंद्रीय एगमार्क प्रयोगशाला - **नागपुर में**
- भारत में पेटेंट अधिनियम सर्वप्रथम पारित किया गया था - **1970 में**
- ट्रेडमार्क अधिनियम प्रभावी है - **15 सितम्बर, 2003 से**
- सेल (SAIL) की स्थापना हुई थी - **1974 में**
- 'सफेद सोना' कहा जाता है - **कपास को**
- 'स्वर्ण द्रव' कहा जाता है - **पेट्रोलियम को**
- 'बिग पुश सिद्धांत' दिया था - **रॉडन ने**
- सहकारी साख संगठन का प्रारंभ - **1904 में**
- 'सुपर-301' संबंधित है - **मुक्त व्यापार में अवरोध से**
- भारत का विदेशी व्यापार सबसे ज्यादा होता है - **संयुक्त राज्य अमेरिका से**
- भारत में विदेशी निवेश करने वाले पहला देश है - **मॉरिशस**
- ज्ञान प्रकाश समिति संबंधित थी - **चीनी घोटाले से**
- सुंदर राजन समिति का संबंध है - **पेट्रोलियम से**
- भगवती समिति का संबंध है - **बेरोजगारी से**
- हजारी समिति का संबंध है - **औद्योगिक नीति से**
- अब तक की सबसे असफल योजना है - **तृतीय**
- तृतीय योजना का विकास दर लक्ष्य एवं प्राप्ति दर लक्ष्य था - **क्रमशः 5.6% तथा 2.8%**
- तृतीय पंचवर्षीय योजना के असफलता का कारण था - **भारत-पाक युद्ध (1965), भारत-चीन युद्ध (1962) एवं भयंकर अकाल**
- तीन वार्षिक योजनाओं का काल था - **1966-69**
- तीन वार्षिक योजनाओं को संज्ञा दी जाती है - **योजना अवकाश (1966-69) की**
- हरित क्रांति एवं बोकारो स्टील प्लांट (1968) की शुरुआत हुई थी - **योजना अवकाश में**
- चतुर्थ योजना का काल - **1969-74 तक**
- चतुर्थ पंचवर्षीय योजना (1969-74)की रूपरेखा तैयार की - **डी.आर. गाडगिल ने**
- योजना आयोग के स्थान पर बनाया गया नया संस्थान - **नीति आयोग**
- गाडगिल योजना कहलाती है - **चतुर्थ योजना**
- चतुर्थ योजना का मुख्य उद्देश्य था - **स्थिरता के साथ विकास**
- पाँचवी योजना का काल था - **1974-79**
- पाँचवी पंचवर्षीय योजना (1974-78) की रूपरेखा तैयार की - **डी.पी. धर ने**
- पाँचवी योजना का मुख्य उद्देश्य था - **गरीबी उन्मूलन व आत्मनिर्भरता**
- एक वर्ष पूर्व में ही समाप्त होने वाली योजना थी - **पांचवीं पंचवर्षीय योजना**
- इंदिरा गांधी ने 'गरीबी हटाओ' का नारा दिया था - **पांचवीं पंचवर्षीय योजना काल में**
- 'काम के बदले अनाज' (1977-78) कार्यक्रम प्रारंभ हुआ था - **पाँचवीं पंचवर्षीय योजना काल में**
- 1974 में राष्ट्रीय न्यूनतम आवश्यकता कार्यक्रम (NMNP) लागू हुआ था - **पाँचवी योजना में**
- 'अनवरत योजना' (रौलिंग प्लान) का समय था - **1978-80**
- 'अनवरत योजना' देन है - **गुन्नार मिर्डल की**
- 'अनवरत योजना' के प्रतिपादक - **रेगनर फ्रिश**
- 'अनवरत योजना' आधारित थी - **गाँधीवादी मॉडल पर**
- नाबार्ड की स्थापना हुई थी - **छठी योजना काल (1980-85) में**
- राष्ट्रीय ग्रामीण रोजगार योजना प्रारंभ हुई थी - **छठी योजना काल में**
- सातवीं पंचवर्षीय योजना (1985-90) की रूपरेखा तैयार की थी - **रामकृष्ण हेंगड़े ने**
- इंदिरा आवास योजना (1985-86) तथा जवाहर रोजगार योजना (28 अप्रैल, 1989) शुरू हुई थी - **सातवीं योजना काल में**
- आठवीं पंचवर्षीय योजना (1992-97) की रूपरेखा तैयार की थी - **प्रणव मुखर्जी ने**
- आठवीं योजना का मुख्य उद्देश्य था - **मानव संसाधन का विकास**
- अब तक की सबसे सफल योजना थी - **आठवीं**
- आठवीं योजना की विकास दर लक्ष्य एवं प्राप्ति दर लक्ष्य - **क्रमशः 5.6% तथा 6.8%**
- महिला संवृद्धि योजना (2 अक्टूबर, 1993) शुरू हुई - **8वीं योजना काल में**
- प्रधानमंत्री रोजगार योजना (15 अगस्त, 1993) प्रारंभ हुई थी - **आठवीं योजना काल में**
- नौवीं योजना (1997-2002) का मुख्य उद्देश्य था - **सामाजिक न्याय व समानता के साथ आर्थिक संवृद्धि**
- दसवीं योजना का समय था - **2002-07**
- अब तक की सबसे तेज विकास दर वाली योजना रही है - **दसवीं योजना**
- दसवीं योजना की विकास दर लक्ष्य एवं प्राप्ति लक्ष्य दूर - **क्रमशः 8% व 7.6%**
- 11वीं योजना की अवधि - **2007-12**
- 11वीं पंचवर्षीय योजना का मुख्य लक्ष्य है - **आर्थिक संवृद्धि दर बढ़ाना**
- 12वीं योजना की अवधि है - **2012-17**
- अंत्योदय अन्न योजना का आरंभ की गई - **25 दिसम्बर, 2000 ई. को**
- अन्नपूर्णा योजना शुरू की गई - **1 अप्रैल, 2000 को**
- TRYSEM योजना की शुरू हुई थी - **15 अगस्त, 1979 को**
- बीस सूत्री कार्यक्रम शुरू हुआ - **1974-75 में**
- राष्ट्रीय ग्रामीण रोजगार योजना (NREP) शुरू हुई थी - **1980 में**
- संपूर्ण ग्रामीण रोजगार योजना (SGRY) शुरू हुई - **25 सितम्बर, 2001 को**
- राष्ट्रीय ग्रामीण रोजगार गारंटी अधिनियम (NREGA) शुरू हुई - **2 फरवरी, 2006 को**
- 'नरेगा' का शुभारंभ किया - **प्रधानमंत्री मनमोहन सिंह ने आंध्र प्रदेश के अनंतपुर जिले से**
- महात्मा गाँधी राष्ट्रीय ग्रामीण रोजगार गारंटी अधिनियम (मनरेगा) प्रारंभ किया गया - **2 अक्टूबर, 2009 को ('नरेगा' के स्थान पर)**

- नरेगा के तहत न्यूनतम दैनिक मजदूरी है - **₹100**
- नरेगा के तहत एक साल में रोजगार गारंटी दी जाती है - **100 दिन की**
- सभी जिलों में '100 दिन की रोजगार गारंटी योजना' लागू करने वाला प्रथम राज्य है - **बिहार**
- जवाहर ग्राम संवृद्धि योजना शुरू हुई थी - **1 अप्रैल, 1999 में**
- सर्वशिक्षा अभियान शुरू हुआ - **2000-01 में**
- 'हरियाली योजना' का शुभारंभ हुआ - **27 जनवरी, 2003 को**
- 'कृषक बीमा आय योजना' प्रारंभ हुई - **2003-04 में**
- 'स्व-जलधार कार्यक्रम' शुरू हुआ - **दिसम्बर 2002 में**
- 'प्रधानमंत्री ग्राम सड़क योजना' प्रारंभ की गई थी - **दिसम्बर, 2000 को**
- 'प्रधानमंत्री ग्रामोदय योजना' प्रारंभ की गई थी - **2000-2001 में**
- 'प्रधानमंत्री रोजगार सृजन कार्यक्रम' प्रारंभ किए गए - **15 अगस्त, 2008 से**
- 'राष्ट्रीय कृषि बीमा योजना' लागू की गई थी - **1999-2000 में**
- ग्रामीण क्षेत्रों में महिला एवं बाल विकास कार्य (DWCRA) प्रारंभ हुआ था - **1982 में**
- 'कपार्ट' का गठन हुआ था - **1 सितम्बर, 1986 को (मुख्यालय-नई दिल्ली)**
- उपभोक्ता की बचत का सिद्धांत दिया - **अल्फ्रेड मार्शल ने**
- बंद अर्थव्यवस्था से आशय है - **आयात-निर्यात के बंद होने से**
- 'न्यूनतम समर्थन मूल्य' संबंधित है - **कृषि से**
- न्यूनतम समर्थन मूल्य लागू करने वाली संस्था - **कृषि एवं लागत मूल्य आयोग (CACP)**
- भारत में सबसे पहले चकबंदी कानून लागू की गई थे - **1920 ई. में (बड़ौदा में)**
- चकबंदी के दो प्रकार - **ऐच्छिक एवं अनिवार्य**
- ऐच्छिक चकबंदी शुरू हुई थी - **1921 में (पंजाब से)**
- अनिवार्य चकबंदी शुरू हुई थी - **1928 में (मध्य प्रदेश से)**
- देश में सर्वाधिक जोतों का प्रकार - **सीमांत जोत**
- जोतों का आकार सबसे कम - **केरल में**
- जोतों का आकार सर्वाधिक - **राजस्थान में**
- भारत में कृषि वर्ष माना जाता है - **1 अप्रैल से 31 मार्च को**
- अन्तर्राष्ट्रीय समुद्र (पानी) में भारतीय मछुआरों द्वारा पकड़ी गई मछलियाँ **भारत तथा श्रीलंका** की जीडीपी (GDP) का हिस्सा हैं।
- भारत सरकार के बजट के कुल घाटे में **राजकोषीय घाटे** का सबसे अधिक योगदान है।
- भारत में राष्ट्रीय आय की सही संगणना में आने वाली एक कठिनाई है– **अमौद्रिक क्षेत्र का अस्तित्व**
- भारत में राष्ट्रीय आय अनुमानित की जाती है– **केन्द्रीय सांख्यिकी संगठन द्वारा**
- देश में राष्ट्रीय न्यादर्श (N.S.S.) की स्थापना 1950 **ई. में** हुई थी।

प्रश्नमाला

1. निम्नलिखित में से कौन-सा औद्योगिक अस्वस्थता का तात्कालिक संकेत नहीं है?
(a) लाभ में कमी
(b) श्रमिक अशांति
(c) बाजार का संकुचन
(d) बाजार मांग में कमी

2. निजी आधारित संरचना (इंफ्रास्ट्रक्चर) के निर्माण में रुचि नहीं लेते क्योंकि-
(a) इसमें भारी निवेश करना पड़ता है
(b) इसमें परिष्कृत प्रौद्योगिकी की जरूरत पड़ती है
(c) इसे पूरा होने में बहुत समय लगता है
(d) इसका प्रतिफल प्राप्त होने में बहुत समय लगता है

3. 'स्वर्ण बुलियन मान' का संबंध किससे है?
(a) स्वर्ण मूल्य के माप के रूप में
(b) स्वर्ण का मुक्त टंकण
(c) स्वर्ण के आयात और निर्यात पर कोई पाबंदी न होना
(d) असीमित वैध मुद्रा के रूप में सोने का सिक्का

4. 'विश्व बैंक' का एक अन्य नाम है-
(a) अंतर्राष्ट्रीय पुनर्निर्माण तथा विकास बैंक
(b) अंतर्राष्ट्रीय पुनर्वास तथा विकास बैंक
(c) अंतर्राष्ट्रीय पुनर्वित तथा विकास बैंक
(d) अंतर्राष्ट्रीय अनुसंधान तथा विकास बैंक

5. निम्नलिखित में से कौन-सा क्षेत्र सबसे अधिक कर का भुगतान कराता है?
(a) कृषि क्षेत्र (b) औद्योगिक क्षेत्र
(c) परिवहन क्षेत्र (d) बैंकिंग क्षेत्र

6. वर्गीज़ कुरियन किससे संबद्ध हैं?
(a) नील क्रांति (b) श्वेत क्रांति
(c) पीत क्रांति (d) हरित क्रांति

7. 'भूरी क्रांति' किसे कहते हैं?
(a) चारा उद्योग का विकास
(b) दुग्ध एवं दुग्ध उत्पादों का विकास
(c) भारत में खाद्य प्रसंस्करण एवं शीतल पेयों के उद्योगों का विकास
(d) उपर्युक्त में से कोई नहीं

8. विदेशी मुद्रा दर का अर्थ वह दर है जिस पर एक देश की मुद्रा का व्यापार किया जाता है-
(a) विदेशी मुद्रा बाजार में किसी अन्य देश की मुद्रा के लिए
(b) यू.एस. डॉलर के लिए जो विदेशी मुद्रा बाजार में सबसे प्रबल मुद्रा है
(c) मुद्राओं के एक नियत समूह के लिए जिसमें डॉलर, येन, यूरो और पाउंड शामिल हैं
(d) अंतर्राष्ट्रीय मुद्रा कोष द्वारा निर्धारित किसी अन्य देश की मुद्रा के लिए

9. मुद्रास्फीति के समय के दौरान कर की दरों में निम्नलिखित में से क्या होगा?
(a) वृद्धि (b) कमी
(c) स्थिर बने रहना (d) घट-बढ़ जाना

10. निम्न में से कौन-सा एक वैकल्पिक धन का उदाहरण है?
(a) करेंसी नोट (b) सिक्के
(c) चेक (d) बंधपत्र (बॉण्ड)

11. लघु उद्योगों के लिए उच्चतम वित्त निकाय कौन-सा है?
(a) IDBI (b) SIDBI
(c) IFCI (d) NABARD

12. भारतीय औद्योगिक विकास बैंक की स्थापना कब की गई थी?
(a) जुलाई, 1964
(b) जुलाई, 1966
(c) जुलाई, 1962
(d) जुलाई, 1968

13. भारतीय स्टॉक बाजार का विनियमन और पर्यवेक्षण किसके द्वारा किया जाता है?
(a) RBI (b) UTI
(c) ICICI (d) SEBI

14. निम्नलिखित में से कौन भारत की क्रेडिट रेटिंग एजेंसियों का नियामक है?
(a) आर.बी.आई.
(b) एस.बी.आई.
(c) एस.आई.डी.बी.आई
(d) सेबी

15. समाजवादी अर्थव्यवस्था में उत्पादन के सभी कारक किसके स्वामित्व और नियंत्रण में रहते हैं?
(a) जनता के (b) उत्पादकों के
(c) राज्य के (d) श्रमिक संघों के

16. आर्थिक आयोजना एक अनिवार्य अभिलक्षण है–
(a) मिश्रित अर्थव्यवस्था का
(b) द्विविध अर्थव्यवस्था का
(c) समाजवादी अर्थव्यवस्था का
(d) पूंजीवादी अर्थव्यवस्था का

17. भारत में कृषि आय की गणना की जाती है-
(a) उत्पादन विधि से
(b) आय विधि से
(c) व्यय विधि से
(d) पण्य प्रवाह विधि से

18. भारत में राष्ट्रीय आय का आकलन पहली बार किसने किया था?
(a) वी.के.आर.वी. राव ने
(b) दादाभाई नौरोजी ने
(c) आर.सी. दत्त ने
(d) डी.आर. गाड्गिल ने

19. किसने ग्रामीण निर्धनता उन्मूलन के लिए मॉडल अपनाने का समर्थन किया था?
(a) अभिजित सेन
(b) ए.एम. खुसरो
(c) मौलाना अब्दुल कलाम आजाद
(d) ए.पी.जे. अब्दुल कलाम

20. देश में कौन-से तीन वर्षों की अवधि को 'योजना अवकाश' के रूप में मनाया गया था?
(a) 1965-68 (b) 1966-69
(c) 1968-71 (d) 1969-72

21. गरीबी हटाने के लिए पहली बार किस योजना में जोर दिया गया था?
(a) चौथी (b) पांचवीं
(c) छठी (d) सातवीं

22. भारत सरकार की प्रथम पंचवर्षीय योजना किस पर आधारित थी?
(a) लियोनटीफ का - आउटपुट इनपुट (निवेश/बहिर्वेश) मॉडल
(b) हैरॉल्ड - डोमर मॉडल
(c) महालनोबिस - सेक्टर मॉडल का दो (टू)
(d) महालनोबिस - सेक्टर मॉडल का चार (फोर)

23. कौन-सी पंचवर्षीय योजना केवल चार वर्ष की थी?
(a) तीसरी (b) चौथी
(c) पांचवीं (d) सातवीं

24. कौन-सा बैंक पहले 'इम्पीरियल बैंक ऑफ इंडिया' कहलाया था?
(a) आर.बी.आई. (b) एस.बी.आई.
(c) यू.बी.आई. (d) पी.एन.बी.

25. भारत में सभी राष्ट्रीयकृत व्यापारिक बैंकों में बचत लेखों पर ब्याज दर का निर्धारण किसके द्वारा किया जाता है?
(a) भारत का वित्त मंत्री
(b) संघ वित्त आयोग
(c) भारतीय बैंक संघ
(d) भारतीय रिजर्व बैंक

26. मौद्रिक और उधार नीति निम्नलिखित में से किसके द्वारा घोषित की जाती है?
(a) केंद्र में वित्त मंत्रालय
(b) भारतीय रिजर्व बैंक
(c) भारतीय स्टेट बैंक
(d) भारत का योजना आयोग

27. भारत में केंद्रीय बैंक का कर्त्तव्य कौन-सा बैंक निभाता है?
(a) सेंट्रल बैंक ऑफ इंडिया
(b) भारतीय स्टेट बैंक
(c) भारतीय रिजर्व बैंक
(d) दोनों a और b

28. निम्नलिखित में से कौन-सा सार्वजनिक क्षेत्र का उपक्रम है?
(a) एचएसबीसी बैंक
(b) सिंडिकेट बैंक
(c) साउथ इंडियन बैंक
(d) बैंक ऑफ पंजाब

29. भारतीय रिज़र्व बैंक का राष्ट्रीकरण किस वर्ष हुआ था?
(a) 1948 (b) 1945
(c) 1949 (d) 1947

30. मुद्रास्फीति-आय तथा धन को किसके पक्ष में पुनः वितरित करती है?
(a) पेंशनभोगी (b) निर्धन
(c) मध्य वर्ग (d) धनवान

31. भारत किसको बिजली का निर्यात करता है?
(a) बांग्लादेश (b) म्यांमार
(c) पाकिस्तान (d) भूटान

32. NABARD किसका संक्षिप्त रूप है?
(a) नेशनल बैंक फॉर एग्रीकल्चरल रीफाइनेंस एंड डेवलपमेंट
(b) नेशनल बोर्ड ऑफ एग्रीकल्चरल रिसर्च एंड डेवलपमेंट
(c) नेशनल एकेडमी ऑफ बैंकिंग एंड एग्रीकल्चरल रिसर्च एंड डेवलपमेंट
(d) नेशनल बैंक फॉर एग्रीकल्चर एंड रूरल डेवलपमेंट

33. आरआरबी का स्वामित्व किसके पास है?
(a) केंद्र सरकार
(b) राज्य सरकार
(c) प्रायोजित बैंक
(d) उपर्युक्त सभी संयुक्त रूप से

34. निम्नलिखित में कौन-सा गांधीवादी अर्थव्यवस्था का मूल शब्द नहीं है?
(a) आत्मनिर्भरता
(b) विकेंद्रीकृत उत्पादन
(c) न्यायोचित वितरण
(d) केंद्रीकृत उत्पादन

35. आर्थिक असमानताओं को दूर करने के लिए महात्मा गांधी ने किस सिद्धांत/उपाय का उपयोग किया था?
(a) मशीनों का उन्मूलन
(b) ग्रामीण उद्योगों की स्थापना
(c) अहिंसा को अंगीकार करना
(d) न्यासिता का सिद्धांत

36. भारत में एक रुपये के नोट तथा सिक्के और छोटे सिक्के जारी किए जाते हैं-
(a) भारतीय रिज़र्व बैंक द्वारा
(b) भारत सरकार द्वारा
(c) भारतीय स्टेट बैंक द्वारा
(d) भारतीय यूनिट ट्रस्ट द्वारा

37. भारत ने दाशमिक मुद्रा प्रणाली किस वर्ष शुरू की थी?
(a) 1955 (b) 1956
(c) 1957 (d) 1958

38. ब्याज दर निर्धारित की जाती है-
(a) निविष्ट पूंजी पर प्रतिफल की दर द्वारा
(b) केंद्र सरकार द्वारा
(c) तरलता अधिमान द्वारा
(d) वाणिज्यिक बैंकों द्वारा

39. अल्प ब्याज नीति को और क्या कहते हैं?
(a) सस्ती मुद्रा नीति (b) आय सृजन नीति
(c) महंगी मुद्रा नीति (d) निवेश नीति

40. बैंक दर किसकी ब्याज-दर मानी जाती है?
(a) जिस पर जनता वाणिज्यिक बैंक से धन उधार लेती है
(b) जिस पर जनता रिजर्व बैंक ऑफ इंडिया से धन उधार लेती है।
(c) जिस पर वाणिज्यिक बैंक रिजर्व बैंक ऑफ इंडिया से धन उधार लेते हैं
(d) जिस पर वाणिज्यिक बैंक जनता से धन उधार लेते हैं

41. किसी अर्थव्यवस्था में निम्न में से कौन-सा ऐसा कार्य है, जो केंद्रीय बैंक के कार्यों में शामिल नहीं है?
(a) विदेशी-मुद्रा-विनिमय का कार्य
(b) मौद्रिक नीति पर नियंत्रण
(c) सरकारी खर्च पर नियंत्रण
(d) बैंकर के बैंक के रूप में कार्य

42. व्यापार नीति में शामिल है-
(a) निर्यात-आयात नीति
(b) लाइसेंसिंग नीति
(c) विदेशी-मुद्रा नीति
(d) भुगतान-संतुलन नीति

43. निम्न में किसे 'उत्प्रवाही द्रव्य' माना जाता है?
(a) FII (b) FDI
(c) ADR (d) GDR

44. अंतर्राष्ट्रीय व्यापार में गृह-उद्योगों की संरक्षण पद्धतियों में निम्नलिखित में से किसे छोड़कर सभी शामिल हैं?
(a) आयात कर (b) टैरिफ
(c) कोटा (d) लाइसेंस हटाना

45. वस्तु-विनिमय संव्यवहार का क्या अर्थ है?
(a) वस्तुओं के बदले सिक्कों का विनिमय किया जाता है।
(b) वस्तुओं का विनिमय वस्तुओं के साथ किया जाता है।
(c) मुद्रा विनिमय के माध्यम के रूप में कार्य करती है।
(d) वस्तुओं का विनिमय सोने के साथ किया जाता है।

46. 'मुक्त व्यापार' का अभिप्राय है-
(a) एक देश से दूसरे देश को माल का मुक्त संचालन
(b) माल का नि:शुल्क संचालन
(c) माल और सेवाओं का अनियंत्रित आदान-प्रदान
(d) नि:शुल्क व्यापार

47. मुक्त बाजार अर्थव्यवस्था की एक विशिष्टता क्या है?
(a) उत्पादन के कारकों का लोक स्वामित्व
(b) सक्रिय राज्य हस्तक्षेप
(c) उपभोक्ता संप्रभुता
(d) राशनिंग और कीमत नियंत्रण

48. किसी मुद्रा (करेंसी) के अधिकीलन का अर्थ है, मुद्रा के मूल्य को इस पर निर्धारित करना-
(a) स्थिर स्तर पर
(b) निम्नतर स्तर पर
(c) उच्चतर स्तर पर
(d) इसको बाजार शक्तियों पर छोड़ देने पर

49. निम्न में से कौन-सी समिति बैंकिंग क्षेत्र में सुधारों से संबंधित है?
(a) एल.सी. गुप्ता (b) नरसिंहन
(c) चक्रवर्ती (d) केलकर

50. विश्व व्यापार संगठन की स्थापना हुई थी-
(a) 1991 में (b) 1995 में
(c) 1997 में (d) 1999 में

51. निम्नलिखित में से किस अर्थशास्त्री को 'अर्थशास्त्र का जनक' माना जाता है?
(a) माल्थस (b) रॉबिन्सन
(c) रिकॉर्डो (d) एडम स्थिम

52. किसने कहा था, ''अर्थशास्त्र धन का विज्ञान है''?
(a) रॉबिन्सन (b) जे.एस.मिल
(c) एडम स्मिथ (d) कीन्ज

53. भारत में कृषि में बेरोजगारी का स्वरूप है-
(a) केवल मौसम
(b) केवल प्रच्छन्न
(c) दोनों (a) और (b)
(d) सतत

54. वित्त आयोग के अध्यक्ष के लिए जरूरी है कि वह-
(a) वित्त और बैकिंग क्षेत्र का व्यक्ति हो
(b) उच्च योग्यता वाला अर्थशास्त्री हो
(c) न्यायपालिका का विशेषज्ञ हो- उच्च न्यायालय के न्यायाधीश के स्तर का
(d) सार्वजनिक मामलों में अनुभव वाला व्यक्ति हो

55. किसी अर्थव्यवस्था में क्षेत्रों को सार्वजनिक और निजी क्षेत्रों में किस आधार पर वर्गीकृत किया जाता है?
(a) रोजगार की शर्तें
(b) आर्थिक गतिविधियों का स्वरूप
(c) उद्यमों का स्वामित्व
(d) कच्ची सामग्रियों का प्रयोग

56. ऐसी अर्थव्यवस्था को क्या कहते हैं जिसका शेष विश्व से कोई संबंध नहीं होता?
(a) समाजवादी अर्थव्यवस्था
(b) संवृत/बंद अर्थव्यवस्था
(c) मुक्त अर्थव्यवस्था
(d) मिश्रित अर्थव्यवस्था

57. अधिकांशतः प्राकृतिक प्रक्रिया द्वारा किसी वस्तु का उत्पादन किसका क्रियाकलाप है?
(a) प्राथमिक क्षेत्र (b) द्वितीयक क्षेत्र
(c) तृतीयक क्षेत्र (d) तकनीकी क्षेत्र

58. राष्ट्रीय आय में शामिल है-
(a) भूकंप पीड़ितों को वित्तीय सहायता
(b) किसी बच्चे की जेब खर्च
(c) लॉटरी का कोई पुरस्कार जीतना
(d) नए मकान का निर्माण

59. निम्नलिखित में से किसकी आय को राष्ट्रीय आय में शामिल नहीं किया जाता है?
(a) मालिक के कब्जे में मकानों का आरोपित किराया
(b) नए पुलों के निर्माण पर किया गया सरकारी व्यय
(c) लॉटरी जीतना
(d) किसी मकान की बिक्री के लिए एजेंट को दिया गया कमीशन

60. अंतरण अदायगी में शामिल हैं-
(a) किसी मित्र से प्राप्त उपहार
(b) नियोक्त द्वारा नि:शुल्क आवास
(c) विदेश से निवल उपादान आय
(d) सामाजिक सुरक्षा में कर्मचारी का अंशदान

61. निम्नलिखित में से कौन-सी एजेंसी भारत में राष्ट्रीय आय के आकलन के लिए उत्तरदायी है?
(a) एन.सी.ए.ई.आर. (b) सी.एस.ओ.
(c) एन.एस.एस. (d) आर.बी.आई.

62. 'भारत का आर्थिक सर्वेक्षण' प्रति वर्ष इनके द्वारा प्रकाशित किया जाता है-
(a) वाणिज्य मंत्रालय
(b) सी.एस.ओ.
(c) वित्त मंत्रालय
(d) आर्थिक मामलों (कार्य) का मंत्रालय

63. मानव विकास सूचकांक किसने विकसित किया था?
(a) अमर्त्य सेन
(b) फ्रीडमैन
(c) महबूब-उल-हक
(d) मोंटेक सिंह

64. भारतीय रिजर्व बैंक के लेखा वर्ष की अवधि क्या है?
(a) अप्रैल से मार्च
(b) जुलाई से जून
(c) जनवरी से दिसंबर
(d) अगस्त से जुलाई

65. भारत में न्यूनतम मजदूरी अधिनियम किस वर्ष में पहली बार स्वीकृत हुआ था?
(a) 1947 (b) 1948
(c) 1950 (d) 1951

66. निम्नलिखित में से कौन-सी आर्थिक क्रिया नहीं बनेगी?
(a) अपनी कक्षा में छात्रों को पढ़ा रहा अध्यापक
(b) सर्वशिक्षा अभियान के अंतर्गत छात्रों को पढ़ा रहा अध्यापक
(c) घर में अपनी बेटी को पढ़ा रहा अध्यापक
(d) अपने निवास से परामर्श सेवाएं उपलब्ध करा रहा अध्यापक

67. किसी अर्थव्यवस्था का द्वितीयक क्षेत्र हवाला देता है-
(a) निर्माण क्षेत्र का
(b) उस क्षेत्र का जो बैंकिंग, परिवहन, आदि जैसी सेवाएं उपलब्ध कराता है
(c) उस क्षेत्र का जो अर्थव्यवस्था के लिए द्वितीयक महत्त्व काहै
(d) उस क्षेत्र का जो प्राकृतिक संसाधनों का उपयोग करके वस्तुएं बनाता है

68. निम्नलिखित में से कौन-सी प्रणाली वेशी मूल्य के सिद्धांत पर आधारित है?
(a) साम्यवाद (b) पूंजीवाद
(c) व्यक्तिवाद (d) आदर्शवाद

69. कार्ल मार्क्स के अनुसार, अर्थव्यवस्था में परिवर्तन के फलस्वरूप इसमें अवश्यंभावी परिवर्तन होते हैं-
(a) पूर्ण (समूची) प्रणालियां
(b) केवल धार्मिक प्रणाली
(c) केवल राजनीतिक प्रणाली
(d) केवल सामाजिक प्रणाली

70. भारतीय अर्थव्यवस्था के लिए 'वृद्धि की हिंदू दर' पद किसने बनाया था?
(a) ए.के. सेन
(b) किरीट एस. पारिख
(c) राजकृष्ण
(d) मोंटेक सिंह अहलूवालिया

71. किसी देश का अनन्य आर्थिक क्षेत्र (EEZ) उसके तट से कितनी दूरी तक होता है?
(a) 120 किमी (b) 220 किमी
(c) 320 किमी (d) 20 किमी

72. कृषि उत्पादों का श्रेणीकरण और मानकीकरण किसके माध्यम से होता है?
(a) भारतीय खाद्य निगम
(b) विपणन और निरीक्षण निदेशालय
(c) भारतीय मानक संस्था
(d) केंद्रीय सांख्यिकीय संगठन

73. निम्नलिखित में से क्या कृषि मूल्य नीति से संबंधित नहीं है?
(a) बफर स्टॉक (b) आयात
(c) समर्थन मूल्य (d) लाइसेंस प्रणाली

74. विजय केलकर समिति की रिपोर्ट संबंधित थी-
(a) व्यापार सुधारों से
(b) केंद्र-राज्य वित्तीय संबंधों से
(c) सार्वजनिक क्षेत्र के उद्यमों में विनिवेश से
(d) कर सुधारों से

75. भारतीय कृषि का विशिष्ट अतिलक्षण है-
(a) अधिक भूमि, कम श्रमिक अर्थव्यवस्था
(b) अधिक भूमि, अधिक श्रमिक अर्थव्यवस्था
(c) कम भूमि, अधिक श्रमिक अर्थव्यवस्था
(d) क्या भूमि, कम श्रमिक अर्थव्यवस्था

76. देश में छोटे किसानों को परिभाषित किया गया है, वे किसान जिनके पास जोत क्षेत्र हैं-
(a) एक हेंक्टेयर से कम
(b) एक से दो हेक्टेयर
(c) दो से तीन हेक्टेयर
(d) तीन से चार हेक्टेयर

77. पशुपालन के साथ खेती को क्या कहा जाता है?
(a) मिश्रित खेती (b) मिश्रित कृषि
(c) डेरी फार्मिंग (d) ट्रक कृषि

78. उप-विभाजन और विखंडन की बुराइयों के लिए प्रभावी उपाय निम्न में से कौन-सा है?
(a) भूमि सुधार
(b) काश्तकारी अधिकार
(c) भूमि सीमा
(d) चकबंदी

79. वित्त आयोग-
(a) पंचवर्षीय योजनाएं बनाता है
(b) मौद्रिक नीति तैयार करता है
(c) केंद्रीय सरकार के कर्मचारियों के वेतन में संशोधन की सिफारिश करता है
(d) संसाधनों के केंद्र और राज्यों के बीच बंटवारे पर निर्णय लेताहै

80. उपादान लागत पर सकल घरेलू उत्पाद (GDP) होता है-
(a) GDP में से अप्रत्यक्ष कर घटाकर और इमदाद (subsidies) जोड़कर
(b) GNP में से मूल्यह्रास भत्ते घटाकर
(c) NNP में मूल्यह्रास भत्ते जोड़कर
(d) GDP में से इमदाद घटाकर और अप्रत्यक्ष-कर जोड़कर

81. 2011 की जनगणना थी-
(a) 13वीं जनगणना (b) 14वीं जनगणना
(c) 15वीं जनगणना (d) 16वीं जनगणना

82. लिंगानुपात का परिकलन कैसे किया जाता है?
(a) देश में प्रति 1,000 पुरुष पर महिलाओं की संख्या
(b) देश में प्रति 1,000 महिलाओं पर पुरुषों की संख्या
(c) देश में प्रति 1,000 लोगों पर बच्चों की संख्या
(d) देश में प्रति 1,000 बच्चों पर लोगों की संख्या

83. भारत में सबसे अधिक दाल का उत्पादन किस राज्य में होता है?
(a) बिहार (b) राजस्थान
(c) मध्य प्रदेश (d) महाराष्ट्र

84. भारत में मौद्रिक नीति कौन बनाता है?
(a) केंद्रीय सरकार
(b) भारत का औद्योगिक वित्त निगम
(c) भारतीय रिजर्व बैंक
(d) भारत का औद्योगिक विकास बैंक

85. अल्पकालिक सरकारी प्रतिभूति-पत्र को क्या कहा जाता है?
(a) शेयर (b) डिबेंचर
(c) म्यूचुअल फंड (d) ट्रेजरी बिल

86. 'खाद्य सुरक्षा' से अभिप्राय है-
(a) खर्च बर्दाश्त किए जा सकने वाली कीमतों पर भोजन की पर्याप्त आपूर्ति
(b) आनंद उपभोग करने के आश्वासन सहित भोजन की प्रचुरता
(c) उच्च और पोषक गुणवत्ता के भोजन की उपलब्धता
(d) सुरक्षित स्थितियों सहित संतुलित भोंजन

87. भारत का सबसे बड़ा वाणिज्यिक बैंक है-
(a) सेंट्रल बैंक ऑफ इंडिया
(b) भारतीय स्टेट बैंक
(c) इंडियन ओवरसीज बैंक
(d) बैंक ऑफ इंडिया

88. भारतीय बैंकों की कहां अधिकतम शाखाएं हैं?
(a) बांग्लादेश (b) श्रीलंका
(c) यू.के. (d) यू.एस.ए.

89. निम्नलिखित में से क्या TRIMs का सही विस्तार है?
(a) ट्रेड रिलेटेड इंडस्ट्रियल मैजर्स
(b) ट्रेड रिलेटेड इनोवेशन मैजर्स
(c) ट्रेड रिलेटेड इन्वेस्टमेंट मैजर्स
(d) ट्रेड रिलेटेड इन्फॉर्मेशन मैजर्स

90. F.A.O. किसका संक्षिप्त रूप है?
(a) फाइबर एंड एग्रीकल्चरल ऑर्गनाइजेशन
(b) फैक्टरी ऐक्विजिशन ऑर्गनाइजेशन
(c) फ्री आर्बिट्रेशन ऑर्गनाइजेशन
(d) फूड एंड एग्रीकल्चर ऑर्गनाइजेशन

91. 'सार्वजनिक क्षेत्र' से तात्पर्य है—
(a) वाणिज्य एवं व्यापार पर सरकार का स्वामित्व
(b) वाणिज्य एवं व्यापार पर निजी स्वामित्व
(c) वाणिज्य एवं व्यापार पर धनिकों का स्वामित्व
(d) वाणिज्य एवं व्यापार पर मौलिक रूप में निजी स्वामित्व जिन्हें सरकार ने ले लिया है।

92. निम्नलिखित में से कौन-सा युग्म सुमेलित नहीं है?

	कार्यक्रम	प्रारंभ का वर्ष
(a)	ट्राइसेम	अगस्त, 1979
(b)	एन.आर.ई.पी.	अक्टूबर, 1980
(c)	जे.आर.वाई.	अप्रैल, 1995
(d)	एस.जी.एस.वाई.	अप्रैल, 1999

93. हरित सूचकांक (ग्रीन इंडेक्स) किसके द्वारा विकसित किया गया था?
(a) विश्व बैंक का पर्यावरणीय एवं सामाजिक सुसिथर विकास प्रभाग (वर्ल्ड बैंक एनवायरनमेंटली एण्ड सोशली सस्टेनेबल डेवलपमेंट डिवीजन
(b) संयुक्त राष्ट्र पर्यावरण कार्यक्रम (यूनाइटेड नेशन्स एनवायरनमेंट प्रोग्राम)
(c) संयुक्त राष्ट्र विकास कार्यक्रम (युनाइटेड नेशन्स डेवलपमेंट प्रोग्राम)
(d) क्योटो प्रोटोकॉल

94. प्राथमिक शिक्षा कोष (पी.एस.के.) की स्थापना वर्ष 2005 में निम्न में से किस हेतु की गई थी?
(a) जनता तथा गैर-सरकारी संस्थाओं से प्राप्त दान हेतु
(b) ग्राम सभाओं द्वारा जनित आय हेतु जिसका प्रयोग प्राथमिक शिक्षा के विकास के लिये किया जाए।
(c) केन्द्र सरकार द्वारा लगाये गये शिक्षा उपकर हेतु
(d) प्राथमिक शिक्षा के विकास के लिये विश्व बैंक से

95. "उद्योग बन्धु" है एक—
(a) श्रमिक आपूर्ति एजेन्सी
(b) रुग्ण उद्योग पुनर्वास एजेन्सी
(c) औद्योगिक विकास के लिये वित्त उपलब्ध कराने के लिए एजेन्सी
(d) औद्योगिक इकाइयों की स्थापना में तथा संबंधित समस्याओं में सहायता करने के लिए एजेंसी

96. भारत में बेरोजगारी मापन की निम्न में से कौन-सी विधि NSSO द्वारा प्रयोग में नहीं लाई जाती है?
(a) सामान्य प्रमुख स्तर
(b) चालू मासिक स्तर
(c) चालू साप्ताहिक स्तर
(d) चालू दैनिक स्तर

97. 'उस्ताद' क्या है?
(a) अल्पसंख्यकों के लिए योजना
(b) खिलाड़ियों हेतु चलाई गई एक योजना
(c) 'स्वच्छ भारत अभियान' का नया लोगो
(d) कोई नहीं।

98. 'न्यूनतम आवश्यकता कार्यक्रम' की संकल्पना निम्नलिखित में से किस एक की पर्यायवाची है?
(a) अन्त्योदय दृष्टिकोण
(b) भूख से मुक्ति दृष्टिकोण
(c) मानव में विनियोजन दृष्टिकोण
(d) अधोसंरचना-विकास दृष्टिकोण

99. निम्न में कौन-सा एक 'राष्ट्रीय ग्रामीण स्वास्थ्य मिशन' के संबंध में सही नहीं है?
(a) यह कार्यक्रम ग्यारहवीं पंचवर्षीय योजना में आरंभ किया गया।
(b) ग्राम स्तर से जिला स्तर तक प्रकार्यात्मक स्वास्थ्य पद्धति इस कार्यक्रम का केन्द्र बिन्दु है।
(c) पीने का पानी तथा सफाई इस कार्यक्रम के मुख्य घटक हैं।
(d) राज्यों में स्वास्थ्य तथा परिवार कल्याण विभागों का इस कार्यक्रम में विलय कर लिया गया है।

100. IDA को ऋणी देशों द्वारा प्रणाली की अदायगी—
(a) विदेशी दुर्लभ मुद्रा में करना अनिवार्य है।
(b) आंशिक या पूर्णरूप से घरेलू मुद्रा में की जा सकती है
(c) केवल SDR में की जा सकती है।
(d) केवल स्वर्ण में की जा सकती है।

101. कौन-सा कथन सत्य है?
(a) कुछ विशेष परिस्थितियों में एक ऐसा देश IBRD की सदस्यता छोड़ने पर IMF का सदस्य बना रह सकता है।
(b) कुछ विशेष परिस्थितियों में एक देश IMF की सदस्यता छोड़ने पर IBRD का सदस्य बना रह सकता है।
(c) किसी भी दशा में IMF की सदस्यता छोड़ने वाला देश IBRD का सदस्य बना नहीं रह सकता है।
(d) IBRD की सदस्यता छोड़ने पर स्वत: अनिवार्य रूप से देश की IMF की सदस्यता समाप्त हो जाती है।

102. निम्नलिखित में से कौन-कौन सी संस्थाएँ मिलकर विश्व बैंक का गठन करते हैं?
1. **अंतर्राष्ट्रीय पुनर्निर्माण और विकास बैंक (IBRD)**
2. **अंतर्राष्ट्रीय वित्त निगम (IFC)**
3. **अंतर्राष्ट्रीय मुद्रा निधि (IMF)**
4. **अंतर्राष्ट्रीय निवेश विवाद समझौता केन्द्र (ICSID)**

कूट :
(a) 1, 2 और 3 (b) 1 और 2
(c) 3 और 4 (d) 1, 2, 3 और 4

103. निम्नलिखित युग्मों पर विचार कीजिए—

	संगठन	मुख्यालय
(1)	एशियाई विकास बैंक	— टोक्यो
(2)	एशिया-प्रशांत आर्थिक सहयोग	— सिंगापुर
(3)	दक्षिण-पूर्व एशियाई राष्ट्र संघ	— बैंकॉक

उपर्युक्त युग्मों में से कौन सा/ से सही सुमेलित है/हैं—
(a) केवल 1 और 2 (b) केवल 2
(c) केवल 2 और 3 (d) केवल 3

104. भारत के वर्तमान महालेखाकार (CAG-कम्पट्रोलर एण्ड ऑडिटर जनरल) कौन हैं?
(a) विनोद राय (b) शशिकान्त शर्मा
(c) गिरीश चन्द्र मुर्मू (d) सुभाषचन्द्र गर्ग

105. MEIS का विस्तार रूप है—
(a) Mechanised Exports From India Scheme
(b) Merchandise Exports From India Scheme
(c) Merchandise Exports From Indian Scetor
(d) Mechanised Exports From Indian Scetor

106. विश्व की शीर्ष ऋणग्रस्त अर्थव्यवस्थाएँ क्रमश: हैं?
(a) ब्राजील → चीन → भारत → टर्की → मैक्सिको
(b) चीन → भारत → ब्राजील → मैक्सिको → टर्की
(c) चीन → ब्राजील → भारत → मैक्सिको → टर्की
(d) भारत → ब्राजील → मैक्सिको → चीन → टर्की

107. निम्न में से सही कथन कौन-सा है ?
(a) अंतर्राष्ट्रीय मुद्रा-कोष विनिमय-दरों का निर्धारण करता है।
(b) अंतर्राष्ट्रीय मुद्रा-कोष अंतर्राष्ट्रीय बाजार में स्वर्ण मूल्य का निर्धारण करता है।

(c) अंतर्राष्ट्रीय मुद्रा-कोष सदस्य देशों की आर्थिक और वित्तीय नीतियों पर निगरानी रखता है।
(d) अंतर्राष्ट्रीय मुद्रा-कोष विश्व बैंक की एक सहायक संस्था है।

108. अंतर्राष्ट्रीय मुद्रा-कोष से प्राप्त होने वाले ऋणों का उपयोग किस उद्देश्य के लिए किया जाता है?
(a) केन्द्रीय बैंकों के स्वर्ण-कोषों में वृद्धि के लिए
(b) आर्थिक विकास की परियोजनाएँ लागू करने के लिए
(c) उद्योगों के पूँजी-निर्माण के लिए
(d) भुगतान-सन्तुलन के अस्थायी घाटों की पूर्ति के लिए।

109. कौन-सा कथन सत्य है?
(a) एक देश IMF का सदस्य होने पर स्वत: ही विश्व बैंक का सदस्य बन जाता है।
(b) एक देश IMF का सदस्य होने पर विश्व बैंक का सदस्य बनेगा, यह सदस्य देश की इच्छा पर निर्भर है।
(c) IMF की सदस्यता का विश्व बैंक की सदस्यता से कोई संबंध नहीं है।
(d) उपर्युक्त सभी आंशिक रूप से सत्य हैं।

110. M_1 मुद्रा की परिभाषा है—
(a) बैंकों से बाहर की मुद्रा और बैंकिंग डिपॉजिट्स
(b) बैंकों से बाहर की मुद्रा, बैंकिंग डिपॉजिट्स और यात्री चैक
(c) मुद्रा बकाया, और बैंकिंग डिपॉजिट्स
(d) मुद्रा बकाया, और बैंकिंग डिपॉजिट्स और मुद्रा बाजार जमा लेख

111. निम्न में से कौन-सा समुच्चय भारत का एक आधारभूत उद्योग नहीं है?
(a) कोयला, सीमेंट और लौह-इस्पात
(b) कोयला, कच्चा तेल और बिजली
(c) तेल परिशोधन, कच्चा तेल और कोयला
(d) कच्चा तेल, प्राकृतिक गैस और तेल परिशोधन

112. यह विचार कि "भविष्य में भारतीय नियोजन में वस्तुओं से अधिक ध्यान व्यक्तियों को देना चाहिए" व्यक्त किया गया था—
(a) अमर्त्य सेन द्वारा
(b) यशवंत सिन्हा द्वारा
(c) अटल बिहारी बाजपेयी द्वारा
(d) मनमोहन सिंह द्वारा

113. भारतीय अर्थव्यवस्था के निम्नलिखित क्षेत्रों में से किसका जी.डी.पी. (सकल घरलू उत्पाद) में अधिकतम योगदान है?
(a) प्राइमरी सेक्टर
(b) सेकेण्डरी सेक्टर
(c) टर्शरी (Tertiary) सेक्टर
(d) इनमें से कोई नहीं

114. भारत की किस पंचवर्षीय योजना में संवृद्धि दर के संबंध में सेवा क्षेत्र तथा औद्योगिक क्षेत्र के बीच सबसे बड़ा अन्तराल दर्ज किया गया?
(a) सांतवी योजना (b) आठवीं योजना
(c) नौंवीं योजना (d) दसवीं योजना

115. रंगराजन समिति के अनुसार ग्रामीण क्षेत्रों में गरीबी का प्रतिशत (%) है?
(a) 29.5% (b) 26.4%
(c) 30.5% (d) 30.9%

116. 'नई मंजिल' योजना की शुरुआत की गई है—
(a) अल्पसंख्यक युवाओं के लिए
(b) अल्पसंख्यक महिलाओं के लिए
(c) A एवं B दोनों के लिए
(d) विधवा महिलाओं के लिए

117. रेलवे अवसंरचना में 'एफडीआई' की अनुमति है?
(a) 2.6% (b) 4.9%
(c) 7.4% (d) 100%

118. वर्तमान में मिनीरत्न उपक्रमों की संख्या है?
(a) 54 (b) 18
(c) 56 (d) 72

119. भारतीय रिजर्व बैंक के नोट जारी करने के अधिकार से संबंधित कौन-सा कथन सही है?
(a) भारत के केन्द्रीय सरकार के अतिरिक्त सिर्फ भारतीय रिजर्व बैंक को एक के नोट/सिक्कों के अलावा मुद्रा नोट जारी करने का अधिकार प्राप्त है।
(b) एक के नोट/सिक्कों और छोटे मूल्यवर्ग के सिक्के का परिसंचालन केन्द्रीय सरकार द्वारा किया जाता है।
(c) वर्तमान में, आर. बी. आई. सात मूल्यवर्गों में नोट जारी करता है।
(d) नोट जारीकर्ता और मुद्रा प्रबंधन के कार्यों का वहन आर. बी. आई. द्वारा मुम्बई स्थित अपने मुख्यालय से किया जाता है।

120. लोचदार विनिमय दर जो दीर्घकाल में सन्तुलन बिन्दु से प्रारंभ होती है, तो अल्पकाल में स्फीति की उच्च दर का अनुसरण होगा।
(a) विनिमय दर में वृद्धि और शुद्ध निर्यात में कमी आएगी।
(b) विनिमय दर घटेगी और शुद्ध निर्यात बढ़ेगी।
(c) संकुचन मुद्रा नीति और वास्तविक विनिमय दर बढ़ेगा।
(d) मुद्रा नीति में विस्तारण और वास्तविक विनिमय दर में कमी होगी।

121. निम्नलिखित में से भारत में स्थित निजी क्षेत्रीय बैंक कौन-सा है?
(a) आई.डी.बी.आई. (IDBI) बैंक
(b) सिंडिकेट बैंक
(c) कॉर्पोरेशन बैंक
(d) कोटक महिन्द्रा बैंक

122. 'भुगतान संतुलन' किसी देश की निम्न में से किसकी स्थिति का लेखांकन करता है?
(a) उसके सकल आयात एवं निर्यात का प्रतिफल
(b) चालू खाते एवं व्यापार खाते का सकल प्रतिफल
(c) सभी प्रकार के वैश्विक लेन-देन का ब्यौरा
(d) उपरोक्त में से कोई नहीं

123. 'NCERT' का अर्थ है :
(a) नेशनल कमेटी ऑफ एजुकेशनल रिसर्च एण्ड ट्रेनिंग
(b) नेशनल काउंसिल ऑफ एजुकेशनल रिसर्च एण्ड ट्रेनिंग
(c) नेशनल काउंसिल फॉर-एजुकेशनल रिसर्च एण्ड ट्रेनिंग
(d) नेशनल काउंसिल ऑफ इम्पलाईमेन्ट रिसोर्सिज एण्ड ट्रेनिंग

124. "मिड-डे-मील" योजना निम्नलिखित वर्ष में प्रारंभ हुई—
(a) 1995 में (b) 1996 में
(c) 1997 में (d) 1998 में

125. इनमें से क्या "इनविजीबल्स" के तहत आते हैं?
(a) सेवाओं द्वारा अर्जित की गई लाभ तथा अप्रवासी भारतीयों द्वारा भेजी गई राशि
(b) हेज्ज निधि
(c) काला बाजारी का पैसा
(d) उपरोक्त सभी

126. भारतीय रिजर्व बैंक द्वारा शुरू की गई अपने ग्राहक को जानिए (Know Your Customer) योजना का उद्देश्य क्या है?
(a) बेहतर बैंक-ग्राहक संबंध विकसित करना
(b) महत्त्वपूर्ण आर्थिक सूचकों के लिए आँकड़ा आधार (डाटा बेस) सृजित करना।
(c) मनी लॉन्ड्रिंग के खतरों से बचाव
(d) यह सुनिश्चित करना कि जमा प्राप्त करने वाले बैंकों को सेक्शन 131 के अंतर्गत साविधिक सुरक्षा मिलती है।

127. किसान कॉल सेन्टर की शुरुआत हुई थी?
(a) 21जनवरी, 2002
(b) 21 जनवरी, 2005
(c) 21 जनवरी, 2006
(d) कोई नहीं

128. निम्नलिखित में से कौन से संगठन भारत के आयात-निर्यात प्रभावित करते हैं–

1. खनिज एवं धातु व्यापार निगम
2. आयात-निर्यात बैंक
3. राज्य व्यापार निगम
4. भारतीय खाद्य निगम

कूट :

(a) 1, 2, 3 व 4 (b) 2 व 4

(c) 1 व 3 (d) 2, 3 व 4

129. 15वीं जनगणना के संदर्भ में निम्नलिखित में से कौन-सा कथन असत्य है?

(a) देश की सर्वाधिक जनसंख्या वृद्धि दर वाले दो जिले क्रमश: अरुणाचल प्रदेश और पुदुचेरी के कुरुंगकुमे और यमन है।

(b) जनगणना की थीम "हमारी जनसंख्या हमारा भविष्य" है।

(c) जनसंख्या 2011 का आयोजन भारत के महारजिस्ट्रार एवं जनगणना आयुक्त डॉ. सी. चंद्रमौली के नेतृत्व में किया गया था।

(d) जम्मू-कश्मीर, हिमाचल प्रदेश और उत्तराखण्ड के बर्फ अवरुद्ध क्षेत्रों की जनगणना अवधि 11 सितम्बर से 30 सितम्बर थी।

130. भारत के योजना आयोग के संबंध में निम्नलिखित में से कौन-सा कथन सही है?

(a) योजना आयोग का संविधान में उल्लेख है

(b) इसके उपाध्यक्ष एवं सदस्यों के लिए कोई निश्चित कार्यकाल नहीं होता

(c) इसके सदस्य के लिए निश्चित योग्यता निर्धारित है।

(d) उपरोक्त सभी

131. भारत में गरीबी को परिभाषित किया गया है–

(a) लोगों के जीवन स्तर से

(b) परिवार की आय से

(c) कैलोरी प्राप्ति से

(d) परिवार के सदस्यों की संख्या से

132. अर्ध-रोजगारी की समस्या कृषि क्षेत्र में पाई जाती है। इसे सही ढंग से परिभाषित किया जा सकता है जब लोग–

(a) कार्य करना नहीं चाहते

(b) सुस्त ढंग से कार्य करने हैं

(c) उससे कम कार्य करते हैं जो वे कराने में सक्षम हैं

(d) उन्हें उनके कार्य का भुगतान नहीं मिलता

133. दीपक पारेख कमेटी अन्य चीजों के साथ-साथ निम्नलिखित में से किस एक उद्देश्य के लिए गठित की गई थी?

(a) कुछ अल्पसंख्यक समुदायों की वर्तमान सामाजिक-आर्थिक स्थिति का अध्ययन करने के लिए

(b) अवसंरचना के विकास और वित्तीयन के लिए उपाय सुझाने के लिए

(c) आनुवांशिकता रूपांतरित जीवों के उत्पादन के विषय में एक नीति बनाना।

(d) केन्द्रीय बजट में राजकोषीय घाटा कम करने के उपाय सुझाने के लिए

134. ईको-मार्क (ECO-MARK) क्या है?

(a) प्रदूषण मुक्त औद्योगिक इकाई को नामपत्रित करने की योजना

(b) पर्यावरण अनुकूली उपभोक्ता उत्पादन को नामपत्रित करने की योजना।

(c) लाभकारी उत्पादन तकनीक

(d) पारिस्थितिकी अनुकूली भवनों को मान्यता देने वाला अंतर्राष्ट्रीय प्रमाणन।

135. निम्नलिखित में से किस एक कर समूह को, जो केन्द्र सरकार द्वारा एकत्र किए जाते हैं, राज्यों के साथ बाँटा जाता है?

(a) आयकर, निगम कर, तटकर

(b) आयकर, निगम कर, उत्पाद कर

(c) उत्पाद कर, आय पर उपकर, निगम कर

(d) उत्पाद कर, आय पर उपकर, तटकर

136. भारत में ग्रामीण क्षेत्रों में गरीबी रेखा को निर्धारित करने के लिए निम्न प्रतिव्यक्ति कैलोरी ग्राह्यता में से किस एक की संस्तुति की गयी है?

(a) 2200 (b) 2400

(c) 2500 (d) 2600

137. छिपी बेरोजगारी से तात्पर्य है–

(a) बेरोजगार व्यक्तियों से।

(b) गृहिणियों में बेरोजगारी से।

(c) 60 वर्ष से अधिक आयु वाले व्यक्तियों में बेरोजगारी से।

(d) किसी कार्य में जिसको कम व्यक्ति कर सकते हैं, अधिक व्यक्तियों का लगे रहना।

138. कौन से आर्थिक सर्वेक्षण ने 'धारणीय विकास एवं जलवायु परिवर्तन' संबंधी नया अध्याय जोड़ा है?

(a) आर्थिक सर्वेक्षण 2004-05

(b) आर्थिक सर्वेक्षण 2007-08

(c) आर्थिक सर्वेक्षण 2009-10

(d) आर्थिक सर्वेक्षण 2011-12

139. भारत का बाजार नियामक SEBI सम्प्रभु सम्पत्ति निधियों के लिए जो किसी देश की सरकार द्वारा प्रत्यक्षत: नियंत्रित निवेश वाहक हैं, निवेश मानको में ढील देने की ओर अग्रसर है। इस कदम के पीछे मुख्य कारण क्या है?

(a) अपेक्षाकृत अधिक विदेशी निवेश आकर्षित करने की भारत सरकार की इच्छा

(b) वित्तीय सेवाओं पर विशिष्ट आपसी सहमतियाँ करने के लिए भारत पर विदेशी शासनों द्वारा दबाव

(c) विदेशी निवेशकों के लिए समानता के अपेक्षाकृत अधिक अवसर सृजित करने की SEBI की इच्छा

(d) SEBI को RBI के संगत निर्देश

140. निम्नलिखित में से क्या एक विश्व बैंक से संबद्ध नहीं है?

(a) बहुपक्षीय निवेश गारंटी अभिकरण (मल्टीलेटरल इनवेस्टमेंट गारंटी एजेंसी)

(b) अंतर्राष्ट्रीय वित्त निगम (इंटरनेशनल फाइनेंस कॉर्पोरेशन)

(c) अंतर्राष्ट्रीय निवेश विवाद समझौता केंद्र (इंटरनेशनल सेंटर फॉर सेटलमेंट ऑफ इनवेस्टमेंट डिस्प्यूट्स)

(d) अंतर्राष्ट्रीय निपटारा बैंक (बैंक फॉर इंटरनेशनल सेटलमेंट)

141. भारतीय ट्रेड पोर्टल, भारतीय उद्योग को लगभग 42 निर्यात बाजारों पर महत्त्वपूर्ण सूचना प्रदान करता है। इसे प्रारंभ किया गया था?

(a) 2 अक्टूबर, 2014

(b) 8 दिसम्बर, 2014

(c) 26 अगस्त, 2014

(d) 23 अक्टूबर, 2014

142. निम्नलिखित में से किन दो बन्दरगाहों को विदेश-व्यापार नीति 2015-20 में आयात-निर्यात के लिए पंजीकृत बन्दरगाह के रूप में अधिकृत किया गया है?

(a) कालीकट, कोच्ची

(b) कोच्ची, अराकोणम

(c) कालीकट, अराकोणम

(d) अराकोणम, मंगलौर

143. विदेश व्यापार नीति 2015-20 में किन दो शहरों को टाउंस ऑफ एक्सपोर्ट एक्सीलेंस के रूप में अधिसूचित किया गया है?

(a) विशाखापट्टनम, चेन्नई

(b) एन्नौर, तूतीकोरीन

(c) कुड्डालोर, भीमावरम्

(d) विशाखापट्टनम, भीमावरम्

144. सुलभ ऋण देने वाली संस्था (Soft Loan Agency) किसे कहते हैं?

(a) IMF को (b) IBRD को

(c) IFC को (d) IDA को

145. 'संकल्प' परियोजना जुड़ी है, समापन से–

(a) निरक्षरता के

(b) पोलियो के

(c) बेरोजगारी के

(d) एच.आई.वी./एड्स के

146. तथ्यों पर विचार कीजिए–
1. शहरी निर्धनों को बुनियादी सेवाएँ
2. समेकित आवास एवं गंदी बस्ती कार्यक्रम
उपरोक्त योजनाएँ किस मिशन से जुड़ी हैं?
(a) राजीव आवास योजना
(b) जवाहरलाल नेहरू राष्ट्रीय नवीकरण मिशन
(c) भारत निर्माण कार्यक्रम
(d) पूरा

147. आम आदमी बीमा योजना–
1. इसकी शुरुआत 2 अक्टूबर, 2007 में की गई थी।
2. ग्रामीण भूमिहीन परिवार के सदस्य को सुरक्षा बीमा प्रदान करना है।
3. केन्द्र और राज्य की सहभागिता 75 : 25 है।
उपरोक्त में से कौन-सा/से कथन सत्य है/हैं?
(a) 1 व 2 (b) 2 व 3
(c) केवल 3 (d) केवल 2

148. निम्नलिखित में से कौन-सी मुद्रा सबसे अधिक तरलता प्रदर्शित करती है?
(a) M_1 मुद्रा (b) M_2 मुद्रा
(c) M_3 मुद्रा (d) M_4 मुद्रा

149. इस्लामिक विकास बैंक का उद्देश्य है–
1. शरीयत के अनुसार लाभ नहीं कमाना।
2. कुरान के नियमों पर आधारित बैंकिंग के कार्य करना।
3. ब्याज की दर को कम करना।
उपरोक्त में से कौन-सा/से कथन सत्य है/हैं?
(a) 1 व 3 (b) केवल 3
(c) 1 व 2 (d) 2 व 3

150. अन्तर्राष्ट्रीय मुद्रा कोष (IMF) के संबंध में कौन-सा कथन सही है?
(a) यह किसी देश की राज्य सरकार को ऋण प्रदान कर सकती है और उसके विकास के लिए जरूरी परामर्श सेवाएँ भी मुहैया कराने में मदद कर सकती है।
(b) यह विश्व के किसी भी देश को ऋण एवं परामर्श सेवाएँ उपलब्ध करा सकती है।
(c) यह संयुक्त राष्ट्र संघ की विश्व बैंक की तरह एजेंसी नहीं है।
(d) अन्तर्राष्ट्रीय मुद्रा कोष अपने सदस्य देश को ही ऋण प्रदान कर सकती है।

151. बैंकों के जमाकर्ताओं में जागरूकता सृजित करने के उद्देश्य से 'डिपोजिट्स एजुकेशन एण्ड अवेयरनैस फंड' सृजित करने की घोषणा भारतीय रिजर्व बैंक ने की है। इस कोष के लिए धन प्राप्त किया जाएगा–
(a) बजटीय सहायता से
(b) बैंकों के विभिन्न सेवाओं का शुल्क बढ़ाकर
(c) बैंकों के पास उपलब्ध 'रिजर्व एवं सरप्लस' से
(d) बैंकों में जमा 'दावारहित जमाओं' (Unclaimed Deposits) से

152. राष्ट्रीय नवीनीकरण कोष की स्थापना किस उद्देश्य से की गई थी?
(a) खानों के नवीनीकरण हेतु
(b) उद्योगों के आधुनिकीकरण हेतु
(c) लघु इकाइयों की स्थापना हेतु
(d) उद्योगों के आधुनिकीकरण के परिणामस्वरूप विस्थापित श्रमिकों के पुनर्स्थापना

153. केन्द्र सरकार की 'हृदय (HRIDAY) योजना निम्नलिखित में से किससे सम्बन्धित है?
(a) रेलवे प्लेटफॉर्मों पर वाई-फाई सुविधा उपलब्ध कराना
(b) रेलवे स्टेशनों पर खानपान सुविधाओं का उन्नयन
(c) विरासत शहरों का विकास व उनमें आर्थिक गतिविधियों को बढ़ावा देने
(d) हृदय सम्बन्धी रोगों की रोकथाम हेतु विशेष पहल

154. प्रधानमंत्री जन-धन योजना के तहत् बैंक खाता खोलने वालों को 'रूपे' (RuPay) डेबिट कार्ड दिया जा रहा है। रूपे कार्ड निम्नलिखित में से किसके द्वारा विकसित किया गया पेमेन्ट गेटवे है?
(a) भारतीय स्टेट बैंक
(b) सेबी (SEBI)
(c) नेशनल पेमेन्ट कॉर्पोरेशन ऑफ इण्डिया
(d) भारतीय रिजर्व बैंक

155. मिश्रित अर्थव्यवस्था का तात्पर्य वह अर्थव्यवस्था है, जिसमें–
(a) राज्य द्वारा कृषि और उद्योग दोनों को ही समान रूप से प्रोत्साहित किया जाए
(b) प्राइवेट सेक्टर के साथ-साथ पब्लिक का सह अस्तित्व हो।
(c) भारी उद्योगों के साथ-साथ लघु उद्योगों का महत्त्व हो।
(d) अर्थव्यवस्था पर सैनिक के साथ-साथ नागरिक शासकों का नियंत्रण हो।

156. ब्रेंट सूचकांक जुड़ा है–
(a) अपरिष्कृत तेल की कीमतों से
(b) ताँबे की वायदा कीमतों से
(c) सोने की वायदा कीमतों से
(d) नौ-परिवहन दर सूचकांक से

157. सेवा क्षेत्र अधिगम को किसकी सीमा के अधीन लागू किया गया?
(a) लीड बैंक स्कीम
(b) एकीकृत ग्रामीण विकास कार्यक्रम
(c) स्व रोजगार के लिए ग्रामीण युवाओं को प्रशिक्षित करना
(d) महात्मा गाँधी राष्ट्रीय ग्रामीण रोजगार गांरटी योजना

158. सुमेलित कीजिए–

	निर्यात मद	कुल निर्यात में हिस्सा (%)
1.	पेट्रोलियम उत्पाद	– 13.0
2.	वस्त्र और संबद्ध उत्पाद	– 12.0
3.	परिवहन उपकर	– 8.5

उपर्युक्त में से कौन-सा/से मद सुमेलित है/ हैं?
(a) 1 व 2 (b) केवल 2
(c) 2 व 3 (d) सभी सुमेलित हैं

159. निम्नलिखित निर्यात प्रक्षेत्रों पर विचार कीजिए?
1. कोच्ची 2. चेन्नई
3. कटक 4. फाल्टा
उपरोक्त में से कौन-से क्षेत्र भारत के निर्यात प्रक्षेत्रों की सूची में शामिल हैं?
(a) 1, 2 व 4 (b) 2, 3 व 4
(c) 1, 3 व 4 (d) उपरोक्त सभी

160. 'नई मंजिल' योजना शुरू की गयी है–
(a) यह योजना बीपीएल श्रेणी सहित गरीब अल्पसंख्यक युवाओं को सक्षम बनाने के लिए घोषित की गई है, जिनके पास स्कूल छोड़ने का औपचारिक प्रमाण पत्र नहीं है और जो बेहतर रोजगार के लिए अपने कौशलों को विकसित करना चाहते हैं।
(b) देश की परम्परागत कलाओं और शिल्पों को संरक्षित करने तथा अल्पसंख्यक समुदायों से संबंधित परम्परागत दस्तकारों/शिल्पकारों के क्षमता निर्माण के लिए अनुमोदित की गई है।
(c) यह कार्यक्रम जम्मू-कश्मीर के स्नातक और स्नातकोत्तर पाठ्यक्रमों के छात्रों को देश के उद्योग जगत से जोड़ने तथा उन्हें प्रशिक्षण जैसी विभिन्न सुविधा मुहैया कराने के लिए शुरू किया गया है।
(d) उपरोक्त में से कोई नहीं

161. नीति आयोग के निम्नलिखित उद्देश्यों में असंगत उद्देश्य है–
(a) आयोग यह सुनिश्चित करेगा कि जो क्षेत्र विशेष रूप से उसे सौंपे गए हैं उनकी आर्थिक कार्य नीति और नीति में राष्ट्रीय सुरक्षा के हितों को शामिल किया गया है।
(b) राष्ट्रीय और अंतर्राष्ट्रीय विशेषज्ञों,प्रैक्टिशनरों तथा अन्य हितधारकों के सहयोगात्मक समुदाय के जरिए ज्ञान, नवाचार, उद्यमशीलता की सहायक प्रणाली बनाएगा।
(c) ब्लॉक स्तर पर विश्वसनीय योजना तैयार करने के लिए तंत्र विकसित करेगा और इसे उत्तरोत्तर उच्च स्तर पर पहुँचाएगा।

(d) आवश्यक संसाधनों की पहचान करने सहित कार्यक्रमों और उपायों के कार्यान्वयन के सक्रिय मूल्यांकन और सक्रिय निगरानी की जायेगी। ताकि सेवाएँ प्रदान करने में सफलता की संभावनाओं को प्रबल बनाया जा सके।

162. शहरी क्षेत्रों में निर्धनता निवारण हेतु एक नया 'राष्ट्रीय शहरी आजीविका मिशन' चालू वित्तीय वर्ष 2013-14 में ही शुरू करने की केन्द्र सरकार की योजना है। यह किस कार्यक्रम को विस्थापित करेगा?

(a) प्रधानमंत्री की रोजगार योजना
(b) नेहरू रोजगार योजना
(c) स्वर्ण जयन्ती शहरी रोजगार योजना
(d) उपर्युक्त में से कोई नहीं

163. निम्नलिखित कथनों पर विचार कीजिए?

1. प्रथम वित्त आयोग का समीक्षा काल 1952-57 था
2. प्रथम वित्त आयोग के अध्यक्ष के.सी. नियोगी थे।
3. इस आयोग ने केन्द्र द्वारा राज्यों को मिलने वाला आर्थिक योगदान 19% निर्धारित किया था।

उपर्युक्त में से कौन-सा/से कथन सत्य है/ हैं?

(a) केवल 3 (b) केवल 2
(c) 1 व 2 (d) सभी सत्य हैं

164. सुमेलित कीजिए—

	आयोग	अध्यक्ष
1.	तीसरा वित्त आयोग	— पी. वी. राजमन्नार
2.	चौथा वित्त आयोग	— महावीर त्यागी
3.	पांचवाँ वित्त आयोग	— ए. के. चन्द्र

उपर्युक्त कथनों में से कौन-सा/से सही है/ हैं?

(a) 1 व 2 (b) 2 व 3
(c) 1 व 3 (d) सभी असुमेलित हैं

165. कथनों पर विचार कीजिए—

1. के. सी. पन्त 2. ए. एम. खुसरो
3. जे. एम. सेलाट 4. राजा चलैया

उपर्युक्त में कौन भारत के वित्त आयोग के अध्यक्ष रहे हैं?

(a) 1 व 2 (b) 1, 2 व 3
(c) 1 व 4 (d) 2, 3, व 4

166. कथनों पर विचार कीजिए?

1. कृषि आय पर कर
2. निगम कर
3. वित्तीय प्रलेखों पर स्टाम्प कर
4. पथ कर

उपर्युक्त में से कौन-सा/से कर संघीय कर/ करों की सूची में आते हैं?

(a) 2 व 3 (b) 1, 2 व 3
(c) 1 व 4 (d) 2, 3, व 4

167. 14वें वित्त आयोग ने राज्यों को वित्त प्रदान करने के लिए क्षेत्रफल और राजकोषीय अनुशासन को क्रमश: कितना प्रतिशत भारांश दिया है?

(a) क्रमश: 15% से 7.5%
(b) क्रमश: 7.5% से 0%
(c) क्रमश: 50% से 15%
(d) क्रमश: 15% से 0%

168. सार्वजनिक कम्पनियों की विभिन्न श्रेणियों पर विचार कीजिए?

1. सेल 2. गेल
3. भेल 4. नाल्को
5. एच. पी. सी. एल

उपर्युक्त में से कौन-सी कम्पनी को महारत्न का दर्जा दिया गया है?

(a) 2, 3 व 4 (b) 3, 4 व 5
(c) 1, 2 व 3 (d) 1, 2, 3 व 4

169. सार्वजनिक क्षेत्र के महारत्न के सन्दर्भ में दिए गए मानदण्डों में से कौन-सा मानदण्ड असत्य है?

(a) पिछले 4 वर्षों के दौरान कम्पनी का औसत कारोबार 25,000 हजार करोड़ रुपए रहा हो।
(b) कम्पनी तीन वर्षों के दौरान 5,000 करोड़ रुपए के शुद्ध लाभ को प्राप्त कर चुकी हो।
(c) तीन वर्षों के दौरान कम्पनी का नेटवर्थ औसत 15,000 करोड़ रुपए रहा हो।
(d) कम्पनी का विदेश में कारोबार हो और वह शेयर बाजार में सूचीबद्ध हो।

170. निम्नलिखित में से कौन-सा कथन बैंकिंग में बहुधा उपयोग होने वाले तकनीकी शब्द साख-पत्र (Letter of Credit) को सर्वोत्तम ढंग से परिभाषित करता है?

(a) बैंक द्वारा किसी व्यक्ति को दिया गया ऐसा पत्र जिसमें बैंक द्वारा उसे स्वीकृत ऋण की शर्तें, आदि दी गई हैं।
(b) किसी बैंक द्वारा किसी विदेशी बैंक को यह आदेश कि वह पत्र में नामोल्लिखित व्यक्ति को किसी निर्दिष्ट धनराशि के भुगतान हेतु प्राधिकृत करता है।
(c) किसी अवधि विशेष के लिए किसी बैंक के बकाया जमा और ऋण दर्शाने वाला विवरण।
(d) किसी बैंक द्वारा बिना शर्त दिया गया ऐसा अधिवचन कि वह दी गई तारीख को आदाता को निर्दिष्ट धनराशि के भुगतान को सुनिश्चित करता है।

171. 'नए रेशम मार्ग' (New Silk Route) नाम से प्रसिद्ध विशाल रेलमार्ग एशिया के चीन को यूरोप के किस देश के साथ जोड़ता है?

(a) फ्रांस (b) स्पेन
(c) इटली (d) बेलारूस

172. 2011 की जनगणना के अनुसार साक्षरता आँकड़ों के विषय में निम्नलिखित में से कौन-सा कथन सत्य नहीं है?

(a) साक्षरता दर में काफी सुधार हुआ है।
(b) 2001-11 के दौरान साक्षर जनसंख्या में वृद्धि हुई है।
(c) भारत में साक्षरता दर 74.04 प्रतिशत आंकलित की गई है।
(d) केरल में शत-प्रतिशत साक्षरता पाई गई है।

173. संयुक्त पूंजी कम्पनी के सम्बन्ध में निम्नलिखित में से कौन-सा कथन सत्य है?

(a) सभी कम्पनियों द्वारा निर्गमित शेयरों का निर्गम मूल्य ₹ 10 प्रति शेयर होता है।
(b) शेयर के लिए आवेदन करते समय आवेदित शेयरों का पूरा मूल्य अग्रिम भेजना अनिवार्य है।
(c) जारी किए गए शेयरों का मूल्य कम्पनी द्वारा कभी लौटाया नहीं जाता है।
(d) कम्पनी के अध्यक्ष का मनोनयन भारत सरकार द्वारा किया जाता है।

174. 'क्रिसिल' (CRISIL) का सम्बन्ध निम्नलिखित में से किस कार्य से है?

(a) कम्पनियों के साख पत्रों का मूल्यांकन करना
(b) उद्योगों को वित्तीय सहायता उपलब्ध कराना
(c) कृषि एवं ग्रामीण विकास हेतु वित्त व्यवस्था करना
(d) निर्यात व्यापार हेतु वित्त व्यवस्था कराना

175. स्वर्ण जयन्ती ग्राम स्वरोजगार योजना वर्तमान में किस नाम से चलायी जा रही है।

(a) इसी नाम से
(b) ग्रामीण निर्धनता निवारण मिशन नाम से
(c) ग्रामीण निर्धनता एवं रोजगार सृजन कार्यक्रम नाम से
(d) राष्ट्रीय ग्रामीण आजीविका मिशन नाम से

176. सुमेलित कीजिए?

	वस्तुएँ (2013-14 अप्रैल-नवंबर)	(निर्यात %)
1.	कृषि और संबंधित वस्तुएँ	— 62.02
2.	विनिर्मित वस्तुएँ	— 16.3
3.	अयस्क और खनिज	— 1.8

उपर्युक्त में से कौन-सा/से सुमेल सुमेलित है/ हैं?

(a) 1 व 3 (b) 1 व 2
(c) 2 व 3 (d) सभी असुमेलित हैं

177. देशों पर विचार कीजिए?

1. थाईलैण्ड 2. न्यूजीलैण्ड

3. मलेशिया 4. इजराइल

उपर्युक्त किस/किन देश/देशों के साथ भारत का (CECA) व्यापक आर्थिक सहयोग करार है?

(a) केवल 4 (b) 1 व 3

(c) 1, 2 व 3 (d) सभी के साथ

178. उपरोक्त हवाई अड्डों में से कौन-सा/से हवाई अड्डे अन्तर्राष्ट्रीय हवाई अड्डा है/हैं?

(a) 1 व 4 (b) 3 व 4

(c) 1, 3 व 4 (d) सभी सत्य हैं

179. निम्नलिखित पर विचार कीजिए?

1. बैंक ऑफ इंडिया

2. केनरा बैंक

3. सिंडिकेट बैंक

4. बैंक ऑफ बड़ौदा

उपर्युक्त किस/किन बैंक/बैंकों का 19 जुलाई 1969 को राष्ट्रीयकरण किया गया था?

(a) 1, 3 व 4 (b) 2, 3 व 4

(c) केवल 3 (d) सभी सत्य हैं

180. बजट 2015-16 में बीजा ऑन अराइवल को 43 देशों से बढ़ाकर कितने देशों तक विस्तृत किया गया है?

(a) 70 देश (b) 80 देश

(c) 138 देश (d) 150 देश

181. 2015-16 हेतु गेहूँ का न्यूनतम समर्थन मूल्य घोषित है।

(a) ₹ 1450 (b) ₹ 1460

(c) ₹ 1470 (d) ₹ 1480

182. एच. डी. आई. के संघटक हैं—

1. दीर्घायु

2. शिशु मृत्युदर

3. शैक्षिक उपलब्धि

4. मर्यादित जीवन स्तर

कूट :

(a) 1, 2 और 3 सही हैं

(b) 2, 3 और 4 सही हैं

(c) 2, 1 और 4 सही हैं

(d) 1, 3 और 4 सही हैं

183. निम्नलिखित में से कौन-सा कथन बैंकिंग में बहुधा उपयोग होने वाले तकनीकी शब्द साख-पत्र (Letter of Credit) को सर्वोत्तम ढंग से परिभाषित करता है?

(a) बैंक द्वारा किसी व्यक्ति को दिया गया ऐसा पत्र जिसमें बैंक द्वारा उसे स्वीकृत ऋण की शर्तें आदि दी गई हैं

(b) किसी बैंक द्वारा किसी विदेशी बैंक को यह आदेश कि वह पत्र में नामोल्लिखित व्यक्ति को किसी निर्दिष्ट धनराशि के भुगतान हेतु प्राधिकृत करता है।

(c) किसी अवधि विशेष के लिए किसी बैंक के बकाया जमा और ऋण दर्शाने वाला विवरण

(d) किसी बैंक द्वारा बिना शर्त दिया गया ऐसा अधिवचन कि वह दी गई तारीख को आदाता को निर्दिष्ट धनराशि के भुगतान को सुनिश्चित करता है।

184. भारत का केन्द्रीय बैंक है-

(a) भारतीय स्टेट बैंक

(b) भारतीय रिजर्व बैंक

(c) पंजाब नेशनल बैंक

(d) यस बैंक

185. कर की वह दर जो कर के आधार पर वृद्धि के साथ क्रमश: घटती जाती है, कहलाती है—

(a) आनुपातिक कर (b) प्रतिगामी कर

(c) प्रगतिशील कर (d) अधोगामी कर

186. 'ह्रदय' (हेरिटेज सिटी डेवलपमेंट एंड आर्गूमेंटेशन योजना) का मुख्य उद्देश्य है?

(a) विरासत शहरों का समेकित, समावेशी और सतत विकास करना है और इसके तहत केवल स्मारकों के रख-रखाव पर जोर दिया जाएगा।

(b) विरासत शहरों का सतत विकास करना है और स्मारकों के रख-रखाव पर जोर देते हुए उस हेतु आवंटित संसाधनों के बेहतर इस्तेमाल किया जाएगा।

(c) सम्बन्धित शहर के नागरिकों, पर्यटकों और स्थानीय व्यवसायों समेत पूरे इकोसिस्टम को बढ़ावा दिया जाएगा।

(d) विरासत शहरों का समेकित, समावेशी और सतत विकास करना है और इसके तहत केवल स्मारकों के रख-रखाव पर ही नहीं जोर दिया जाएगा, बल्कि वहां के नागरिकों, पर्यटकों और स्थानीय व्यवसायों समेत पूरे इकोसिस्टम को बढ़ावा दिया जाएगा।

187. सीमा शुल्क, निगम कर, परिसम्पत्तियों के पूंजी मूल्य (व्यक्तियों और कम्पनियों की कृषि भूमि को छोड़कर) पर करों के सम्बन्ध में कौन-सा कथन सही है?

(a) संघ द्वारा लगाए जाने वाले और वसूल किए जाने वाले कर हैं, जो राज्यों के साथ सहभाजित किए जाते हैं।

(b) संघ सरकार को ही पूर्णरूप में प्राप्त होने वाले कर और शुल्क हैं।

(c) केन्द्र लगाए जाने वाले कर, परन्तु इनसे प्राप्त राजस्व पूर्णरूप से राज्यों को हस्तांतरित किया जाता है।

(d) यह केन्द्र द्वारा लगाए जाने वाले, परन्तु राज्यों द्वारा एकत्र किए जाने वाले कर हैं।

188. सुमेलित कीजिए—

	केन्द्र		निर्यात मद
1.	मुरादाबाद	—	ब्रासवेयर हैण्डीक्राफ्ट
2.	नागपुर	—	हस्त उपकरण
3.	खुर्जा	—	मिट्टी के बर्तन

उपर्युक्त सुमेलों में से कौन-सा/से सुमेल सुमेलित है/ हैं?

(a) 2 व 3 (b) केवल 3

(c) 1 व 3 (d) सभी सुमेलित हैं

189. कथनों पर विचार कीजिए?

1. जनसंख्या (2011)

2. वन क्षेत्र

3. राजकोषीय क्षमता/आय वितरण

4. जनसंख्या (1971)

उपर्युक्त में से किस मद को 14वें वित्त आयोग ने 15वें वित्त आयोग की तुलना में अधिक भारांश दिया है?

(a) 1, 2 व 4 (b) 2, 3 व 4

(c) 1, 2 व 3 (d) केवल 1 व 3

190. नीति आयोग का उद्देश्य है?

(a) अत्याधुनिक कला संसाधन केन्द्र बनाना जो सुशासन तथा सतत् एवं न्यायसंगत विकास की सर्वश्रेष्ठ कार्यप्रणाली पर अनुसंधान करने के साथ-साथ हितधारकों को जानकारी भी प्रदान करेगा।

(b) रोजगार के उपलब्ध संसाधनों एवं उसके निर्धारक संस्थाओं के मध्य समन्वय स्थापित करेगा, ताकि देश से बेरोजगारी को समाप्त किया जा सके।

(c) देश की विकास दर को प्रासंगिक तौर पर निर्धारित
8% के स्तर को प्राप्त करने के लिए व्यापक तौर पर कार्य करना और समय-समय पर पी. एम. ओ. को सूचित करना।

(d) उपरोक्त सभी सत्य हैं।

191. 'नजदीक मुद्रा' (Near Money) के बारे में कौन-सा कथन सत्य है?

(a) यह ऐसी परिसम्पत्ति है जिसका मौद्रिक मूल्य है लेकिन विनिमय के काम नहीं आ सकती।

(b) यह ऐसी परिसम्पत्ति है जो वैधानिक रूप से अनिवार्य है और विनिमय में प्रयुक्त हो सकती है जैसे बैंकों का SLR

(c) यह ऐसी परिसम्पत्ति है जो अदृश्य है और विनिमय में उपयोग में लायी जाती है जैसे सरकारी प्रतिभूतियाँ।

(d) यह ऐसी परिसम्पत्ति है जिसका मूल्य किसी देश की मुद्रा के साथ-साथ IMF के SDR में भी व्यक्त होती है।

192. वैश्विक स्तर पर पहला इस्लामिक विकास बैंक कब स्थापित किया गया था?

(a) 1974 (b) 1997

(c) 2001 (d) 2006

193. राष्ट्रीय स्वास्थ्य नीति- 2015 के तहत ध्यान दिया गया है–

1. स्वच्छ भारत अभियान
2. यात्री सुरक्षा
3. निर्भय नारी
4. मिड-डे-मिल

उपर्युक्त में से कौन-सा/से तथ्य सही है/ हैं?

(a) 1, 2 व 3

(b) 2, 3 व 4

(c) 3 व 4

(d) सभी सत्य हैं

194. प्रधानमंत्री जन-धन योजना में जीवन बीमा कवर की राशि है?

(a) 1 लाख रु.

(b) 30 हजार रु.

(c) 1, 50,000 रु.

(d) कोई नहीं।

195. रेल आधुनिकीकरण के लिए किस समिति का गठन किया गया था?

(a) थोरात समिति

(b) पित्रोदा समिति

(c) पाटिल समिति

(d) रघुरामराजन समिति

196. वर्ष.........से चौथी पंचवर्षीय योजना का प्रारंभ किया गया।

(a) 1966 (b) 1967

(c) 1969 (d) 1971

197. भारत में रोजगार की दृष्टि से वर्ष 2009—10 की अवधि में कृषि क्षेत्र का योगदान..........% था।

(a) 20 (b) 25

(c) 35 (d) 50

198. इनमें से ग्यारहवीं पंचवर्षीय योजना की अवधि है :

(a) 2004-09

(b) 2006-11

(c) 2007-12

(d) 2008-13

199. 'NREGA' का तात्पर्य है–

(a) National Rural Employee Guarantee Act

(b) National Rural Employment Growth Act

(c) National Rural Employment Guarantee Act

(d) National Rural Employment Guarantee Amendment

200. एकीकृत बाल विकास योजना.........से सम्बन्धित है।

(a) बच्चों के कुपोषण एवं स्वास्थ्य की समस्या

(b) बच्चों की शैक्षिक समस्या

(c) देश में बाल मजदूरों के बढ़ने

(d) बच्चों में नशे की लत पड़ने

उत्तरमाला

1. (a)	**2.** (c)	**3.** (c)	**4.** (a)	**5.** (b)	**6.** (b)	**7.** (d)	**8.** (a)	**9.** (a)	**10.** (c)
11. (b)	**12.** (a)	**13.** (d)	**14.** (d)	**15.** (c)	**16.** (c)	**17.** (a)	**18.** (b)	**19.** (d)	**20.** (b)
21. (b)	**22.** (b)	**23.** (c)	**24.** (b)	**25.** (d)	**26.** (c)	**27.** (c)	**28.** (b)	**29.** (c)	**30.** (d)
31. (a)	**32.** (d)	**33.** (d)	**34.** (d)	**35.** (d)	**36.** (b)	**37.** (c)	**38.** (c)	**39.** (a)	**40.** (c)
41. (c)	**42.** (a)	**43.** (a)	**44.** (d)	**45.** (b)	**46.** (c)	**47.** (c)	**48.** (c)	**49.** (b)	**50.** (b)
51. (d)	**52.** (c)	**53.** (c)	**54.** (d)	**55.** (c)	**56.** (b)	**57.** (a)	**58.** (d)	**59.** (c)	**60.** (a)
61. (b)	**62.** (c)	**63.** (c)	**64.** (b)	**65.** (b)	**66.** (c)	**67.** (a)	**68.** (b)	**69.** (a)	**70.** (c)
71. (c)	**72.** (b)	**73.** (d)	**74.** (d)	**75.** (c)	**76.** (b)	**77.** (a)	**78.** (d)	**79.** (d)	**80.** (a)
81. (c)	**82.** (a)	**83.** (c)	**84.** (c)	**85.** (d)	**86.** (a)	**87.** (b)	**88.** (c)	**89.** (c)	**90.** (d)
91. (a)	**92.** (c)	**93.** (a)	**94.** (c)	**95.** (d)	**96.** (b)	**97.** (a)	**98.** (d)	**99.** (c)	**100.** (b)
101. (b)	**102.** (a)	**103.** (b)	**104.** (c)	**105.** (b)	**106.** (c)	**107.** (c)	**108.** (b)	**109.** (a)	**110.** (b)
111. (d)	**112.** (a)	**113.** (d)	**114.** (c)	**115.** (d)	**116.** (a)	**117.** (d)	**118.** (d)	**119.** (c)	**120.** (c)
121. (d)	**122.** (c)	**123.** (b)	**124.** (a)	**125.** (a)	**126.** (b)	**127.** (d)	**128.** (a)	**129.** (b)	**130.** (b)
131. (c)	**132.** (c)	**133.** (b)	**134.** (b)	**135.** (d)	**136.** (b)	**137.** (d)	**138.** (d)	**139.** (a)	**140.** (d)
141. (b)	**142.** (c)	**143.** (d)	**144.** (d)	**145.** (d)	**146.** (b)	**147.** (a)	**148.** (a)	**149.** (c)	**150.** (d)
151. (d)	**152.** (d)	**153.** (c)	**154.** (c)	**155.** (b)	**156.** (a)	**157.** (a)	**158.** (c)	**159.** (a)	**160.** (a)
161. (c)	**162.** (c)	**163.** (c)	**164.** (d)	**165.** (b)	**166.** (c)	**167.** (d)	**168.** (c)	**169.** (a)	**170.** (d)
171. (b)	**172.** (d)	**173.** (c)	**174.** (a)	**175.** (d)	**176.** (a)	**177.** (c)	**178.** (d)	**179.** (d)	**180.** (d)
181. (a)	**182.** (d)	**183.** (d)	**184.** (b)	**185.** (b)	**186.** (d)	**187.** (b)	**188.** (d)	**189.** (c)	**190.** (a)
191. (a)	**192.** (a)	**193.** (a)	**194.** (b)	**195.** (b)	**196.** (c)	**197.** (d)	**198.** (c)	**199.** (c)	**200.** (a)

❑❑❑

भारतीय राष्ट्रीय आंदोलन

भारतीय राष्ट्रीय आंदोलन

- भारतीय राष्ट्रीय आन्दोलन का प्रारंभ 'कांग्रेस' की स्थापना से माना जाता है परन्तु इसे कुछ विद्वान 1817 ई. के पाइक विद्रोह से भी मानते है।
- भारतीय राष्ट्रीय आन्दोलन को तीन चरणों में विभक्त किया जा सकता है–
  - ❖ **प्रथम चरण** – 1885 ई. से 1905 ई. के मध्य। इस चरण के प्रथम भाग (1885–1893 ई.) के प्रमुख नेता दादा भाई नौरोजी, व्योमेश चन्द्र बनर्जी, फिरोजशाह मेहता और दिनशा वाचा थे तथा द्वितीय भाग (1893–1905 ई.) के प्रमुख नेता गोपाल कृष्ण गोखले थे।
  - ❖ **द्वितीय चरण** – 1905 ई. से 1915 ई. के मध्य। इस चरण के प्रमुख नेता अरविंद घोष, लाला लाजपतराय, विपिन चन्द्र पाल, बाल गंगाधर तिलक थे।
  - ❖ **तृतीय चरण** – 1919 ई. से 1947 ई. के मध्य। यह चरण गाँधी युग कहलाता है।
- कांग्रेस शब्द उत्तरी अमेरिका महाद्वीप के संयुक्त राज्य अमेरिका से लिया गया है। कांग्रेस का शाब्दिक अर्थ है – लोगों का समूह।

कांग्रेस की स्थापना

- कांग्रेस की स्थापना 28 दिसम्बर, 1885 ई. में हुई थी। इसका प्रथम सम्मेलन 'तेजपाल गोकुलदास संस्कृत कॉलेज' में हुआ था। जिसमें कुल 72 सदस्यों ने भाग लिया था जिसमें अधिकांश वकील थे।
- कांग्रेस का पहला सम्मेलन पूना में होना था परन्तु वहाँ 'प्लेग' फैल जाने के कारण बम्बई में करवाया गया था।
- कांग्रेस के प्रथम सम्मेलन के अध्यक्ष व्योमेश चन्द्र बनर्जी थे जो एंग्लो–इण्डियन थे। प्रथम सम्मेलन में सुरेन्द्र नाथ बनर्जी शामिल नहीं हुए थे क्योंकि इसी दिन इण्डियन एसोसिएशन का सम्मेलन कलकत्ता में था।
- प्रथम सम्मेलन में कुल 9 प्रस्ताव पारित किए गए थे जिनमें किसान एवं गरीबों की कोई माँग नहीं थी।
- सेवानिवृत अंग्रेज अफसर एलेन आक्टेवियन ह्यूम ने 1884 ई.में 'भारतीय राष्ट्रीय संघ' स्थापित किया परन्तु प्रथम सम्मेलन में दादा भाई नौरोजी के सुझाव पर इसका नाम बदल कर भारतीय राष्ट्रीय कांग्रेस कर दिया गया।

कांग्रेस का 1929 ई. में लाहौर सम्मेलन

- यह सम्मेलन रावी नदी के किनारे पं. जवाहर लाल नेहरू की अध्यक्षता में हुआ। गाँधी जी ने अध्यक्ष के लिए जवाहर लाल नेहरू के नाम का प्रस्ताव रखा था यद्यपि 18 प्रांतीय कांग्रेस समितियों में से सिर्फ तीन का समर्थन ही नेहरू को प्राप्त था परन्तु गाँधीजी के सहयोग से ये अध्यक्ष चुने गए।
- इस सम्मेलन में नेहरू रिपोर्ट व डोमिनियन स्टेट्स की माँग को रद्द कर दिया तथा पूर्ण स्वराज्य का लक्ष्य रखा गया।
- इसी सम्मेलन में पूर्ण स्वराज्य का प्रस्ताव रखा और 26 जनवरी, 1930 ई. को पहला स्वराज्य दिवस मनाया गया। यही कारण था कि भारत का संविधान 26 जनवरी को लागू हुआ।
- इसी सम्मेलन में 31 दिसम्बर, 1929 ई. को अर्द्धरात्रि को इन्कलाब जिंदाबाद के नारो के साथ रावी नदी के तट पर भारतीय स्वतंत्रता का प्रतीक तिरंगा झण्डा फहराया गया।
- लाहौर अधिवेशन में ही कांग्रेस कार्यकारिणी को सविनय अवज्ञा आन्दोलन प्रारंभ करने की अनुमति प्रदान की गई।

कांग्रेस का कराची सम्मेलन – 29 मार्च, 1931 ई.

- कांग्रेस के 1936 ई. के लखनऊ अधिवेशन की अध्यक्षता पं. जवाहरलाल नेहरू ने की और समाजवाद को कांग्रेस का लक्ष्य बनाते हुए समाजवाद की वैज्ञानिक एवं आर्थिक व्याख्या की।
- इसकी अध्यक्षता सरदार वल्लभ भाई पटेल ने की थी।
- इस अधिवेशन में पं. जवाहर लाल नेहरू के प्रस्ताव पर कांग्रेस ने मौलिक अधिकारों का प्रस्ताव पारित कर दिया।
- गाँधी-इरविन एक्ट को स्वीकार कर लिया गया और द्वितीय गोलमेज सम्मेलन के लिए कांग्रेस ने अपना प्रतिनिधी गाँधीजी को बनाया।
- इस सम्मेलन में पास किया गया कराची प्रस्ताव कांग्रेस की मूलभूत राजनीतिक तथा आर्थिक नीतियों का दस्तावेज था।
- इसी सम्मेलन में राष्ट्रीय आर्थिक कार्यक्रमों को स्वीकृति प्रदान की गई।
- पूर्ण स्वराज्य के लक्ष्य को पुन: दोहराया गया।
- कांग्रेस ने किसी भी प्रकार की राजनीतिक हिंसा का समर्थन नहीं करने की बात को दोहराते हुए भी क्रांतिकारियों की वीरता और बलिदान की प्रशंसा की।
- कांग्रेस के 1936 ई. के लखनऊ अधिवेशन की अध्यक्षता पं. जवाहर लाल नेहरू ने की और समाजवाद को कांग्रेस का लक्ष्य बनाते हुए समाजवाद की वैज्ञानिक एवं आर्थिक व्याख्या की।
- 1937 ई. के फैजपुर सम्मेलन (महाराष्ट्र) में जवाहर लाल नेहरू अध्यक्ष बने। यह गाँव में हुआ एकमात्र सम्मेलन था इसमें कांग्रेस ने कृषि सुधारों की घोषणा की।
- 1937 ई. में कांग्रेस ने जापानी वस्तुओं के इस्तेमाल छोड़ने का प्रस्ताव पारित किया था।

कांग्रेस का हरिपुरा अधिवेशन - 1938 ई.

- इसकी अध्यक्षता सुभाष चन्द्र बोस ने की। इसी अधिवेशन में कांग्रेस ने रियासतों की जनता को राष्ट्रीय आन्दोलन में शामिल कर लिया। इसके बाद ही रियासतों में प्रजामण्डल आन्दोलन हुए।
- इसी अधिवेशन में सुभाष चन्द्र बोस ने हिन्दी भाषा के लिए रोमन लिपि की वकालत की थी।
- इस सम्मेलन में राष्ट्रीय योजना समिति का गठन कर इसका अध्यक्ष जवाहर लाल नेहरू को बनाया गया इसमें अन्य सदस्य घनश्याम दास बिड़ला, लाला श्रीराम और विश्वेश्वरैया शामिल थे।

कांग्रेस का त्रिपुरी अधिवेशन - 1939 ई.

- इस सम्मेलन में मौलाना अब्दुल कलाम ने अध्यक्ष पद के लिए नामांकन भरा परन्तु सुभाष चन्द्र बोस द्वारा दावेदारी प्रस्तुत किए जाने पर मौलाना कलाम ने अपना नाम वापस ले लिया परन्तु गाँधीजी के कहने पर पट्टाभि सीतारमैय्या ने चुनाव लड़ा लेकिन सुभाष चन्द्र बोस अध्यक्ष बनने में सफल रहे।
- गाँधीजी ने कहा 'सीतारमैय्या की हार मेरी हार है'।
- अध्यक्ष बनने के बाद सुभाष चन्द्र बोस ने गाँधीजी को अपनी इच्छानुसार कांग्रेस की कार्यकारिणी नियुक्त करने के लिए कहा लेकिन गाँधीजी ने इंकार कर दिया और कहा कि कांग्रेस अध्यक्ष को ही कार्यकारिणी चुनने का अधिकार है।
- परन्तु बाद में बढ़ते हुए मतभेदों के कारण सुभाष चन्द्र बोस ने अध्यक्ष पद से इस्तीफा दे दिया और इनकी जगह कांग्रेस का अध्यक्ष राजेन्द्र प्रसाद को बनाया गया।
- मई, 1939 ई. में सुभाष चन्द्र बोस ने 'फॉरवर्ड ब्लॉक' नामक संगठन बनाया इसके बाद अगस्त में बोस को कांग्रेस के सभी पदों से तीन वर्षों के लिए निष्कासित कर दिया।
- 1940 ई. में रामगढ़ सम्मेलन में मौलाना आजाद अध्यक्ष बने। ये कांग्रेस के सबसे लंबे समय 1940-46 ई. के मध्य तक कांग्रेस अध्यक्ष बने। मौलाना आजाद कांग्रेस के सबसे युवा अध्यक्ष बने थे जिन्होंने 1923 ई. में कांग्रेस के दिल्ली में हुए विशेष अधिवेशन की अध्यक्षता की।
- देश की आजादी के समय में कांग्रेस का अध्यक्ष जे.पी. कृपलानी थे परन्तु आजादी के दौरान हुए सम्मेलनों की अध्यक्षता राजेन्द्र प्रसाद ने की थी।
- 1948 ई. के कांग्रेस सम्मेलन की अध्यक्षता सीतारमैय्या ने की थी जो जयपुर में हुआ था।
- आजादी तक कांग्रेस के कुल तीन विशेष अधिवेशन हुए -
  - प्रथम अधिवेशन 1918 ई. में सैय्यद हसन इमाम की अध्यक्षता में बुम्बई में।
  - द्वितीय अधिवेशन 1920 ई. में लाला लाजपतराय की अध्यक्षता में कलकत्ता में।
  - तृतीय अधिवेशन 1923 ई. में मौलाना अबुल कलाम आजाद की अध्यक्षता में दिल्ली में।

बंगाल विभाजन और स्वदेशी आन्दोलन

बंगाल विभाजन - 1905 ई.

- लेफ्टिनेंट गर्वनर फ्रेजर ने कहा 'मुझे हिन्दू और मुस्लिम पत्नियों में से मुस्लिम पत्नी अधिक प्रिय है।'
  गृह सचिव रिजले ने कहा ''एकजुट बंगाल एक शक्ति है विभाजन के पश्चात बंगाल विभिन्न दिशाओं में बिखर जाएगा।''
- बंगाल विभाजन के समय भारत का वायसराय लॉर्ड कर्जन तथा भारत सचिव जॉन बार्डिक था।
- बंगाल विभाजन की घोषणा 20 जुलाई, 1905 ई. को की गई, घोषणा के विरोध में 07 अगस्त को कलकत्ता के टाउन हॉल में सभी प्रमुख राष्ट्रवादी नेताओं ने 'स्वदेशी आन्दोलन' का प्रस्ताव पारित किया व बहिष्कार का प्रस्ताव रखा। बंगाल विभाजन का प्रारंभ 16 अक्टूबर को हुआ। इस दिन को सम्पूर्ण बंगाल में शोक दिवस के रूप में मनाया गया।
- ब्रिटेन की वस्तुओं के बहिष्कार का सर्वप्रथम सुझाव कृष्ण कुमार मित्र ने अपनी पत्रिका संजीवनी में दिया। बंगाल विभाजन को सुरेन्द्र नाथ बनर्जी ने 'आसमान से बिजली गिरने के समान' बताया।
- **गोखले ने कहा** - ''यह अंग्रेजों की निर्मम भूल है।''
- **गाँधीजी ने कहा** - ''भारत में राष्ट्रीय चेतना का वास्तविक जागरण बंगाल विभाजन के बाद प्रारम्भ हुआ।''
- रवीन्द्रनाथ टैगोर ने 'आमार-सोनार बांग्ला' नामक गीत लिखा जो वर्तमान बांग्लादेश का राष्ट्रगान है। उनके ही आह्वान पर लोगों ने एक-दूसरे को राखियाँ बाँधकर 'राखी दिवस' बनाया और लोगों ने उपवास रखा और गंगा में स्नान किया और वन्देमातरम् गाया।
- स्वदेशी तथा बहिष्कार का प्रसार हुआ। विदेशी कपड़ों का बहिष्कार किया व होली जलाई। स्वदेशी तथा बहिष्कार प्रथम बार एक शस्त्र के रूप में इसी आन्दोलन में अपनाये। स्वदेशी और बहिष्कार का प्रचार सम्पूर्ण देश में तिलक, लाला लाजपतराय और अरविन्द घोस के द्वारा किया गया। राष्ट्रीय आन्दोलनों में धार्मिक प्रतीकों का इस्तेमाल करने वाले प्रथम व्यक्ति रवीन्द्रनाथ टैगोर थे। स्वदेशी आन्दोलन के अन्तर्गत विदेशी वस्तुओं के बहिष्कार के अतिरिक्त स्कूल, अदालतें, सरकारी नौकरियाँ और उपाधियों का भी बहिष्कार शामिल था। राष्ट्रीय शिक्षा को बढ़ावा देने के लिए रवीन्द्रनाथ टैगोर ने 'शांतिनिकेतन' की स्थापना की।
- अब्दुल रसूल की अध्यक्षता में अप्रैल, 1906 ई. में बारीसाल सम्मेलन हुआ। इस सम्मेलन के बाद 22 अप्रैल, 1906 ई. को प्रकाशित युगान्तर समाचार पत्र ने लिखा ''समस्या का समाधान करने के लिए भारत के 30 करोड़ लोगों को अपने 60 करोड़ हाथों को ऊपर उठाना होगा, हमें ताकत का सामना ताकत से करना पड़ेगा।''
- आन्दोलन के दौरान 15 अगस्त, 1906 ई. को राष्ट्रीय शिक्षा परिषद् की स्थापना हुई। सतीश चन्द्र ने डॉन सोसायटी की स्थापना की 1906 ई. में इण्डियन सोसायटी ऑफ आरियंटल आर्टस स्थापित हुई जिसकी पहली छात्रवृत्ति नंदलाल बोस को दी गई।
- रवीन्द्रनाथ टैगोर ने राष्ट्रीय चित्रकला को प्रोत्साहन दिया। अजंता-एलोरा तथा क्षेत्रीय चित्र शैलियों से प्रेरित होकर चित्र बनाये।
- राजा रवि वर्मा को आधुनिक भारत की चित्रकला का पिता कहा जाता है। इसने यूरोपियन पद्धति पर तैलीय रंग से चित्र बनाये। इन्होंने हिन्दू देवी-देवताओं का मानवीय रूप में चित्रण किया।
- आचार्य पी.सी. राय ने 'बंगाल केमिकल्स फैक्ट्री' की स्थापना की।
- दक्षिणा रंजन मित्र मजुमदार ने 'ठाकुर मार झुली' (दादी माँ की कहानियाँ) लिखी। चटर्जी ने 'दुर्गेश-नंदिनी' लिखा जो उनकी पहली साहित्यिक रचना थी। रवीन्द्रनाथ टैगोर ने अपनी प्रसिद्ध रचना 'घर बाइरे' लिखा।

होमरूल आन्दोलन

- बाल गंगाधर तिलक ने जेल से रिहा होने के बाद महसूस किया की कांग्रेस के बिना किसी भी आन्दोलन को प्रभावी तरीके से नहीं चलाया जा सकता। 1916 में लखनऊ सम्मेलन में एनी बेसेन्ट के प्रयासों से गरम पंथियों की कांग्रेस में वापसी हो गई परन्तु कांग्रेस ने होमरूल आन्दोलन को अपनी अनुमति नहीं दी।

तिलक का होमरूल आन्दोलन

- इसका मुख्यालय बेलगाँव (कर्नाटक) में जिसके अध्यक्ष बैपटिस्टा थे। इसका प्रारंभ अप्रैल, 1916 ई. में हुआ जिसकी माँग आयरलैण्ड की तर्ज पर स्वशासन प्राप्त करना था। तिलक के होमरूल का क्षेत्र महाराष्ट्र, कर्नाटक, मध्य प्रांत और बरार था। इसकी कुल 6 शाखाएँ थी जिनमें से दो शाखाएँ बरार में थी।
- तिलक राष्ट्रीय आन्दोलन के प्रमुख नेता थे। इन्होंने अनेक बार जेल की यात्रा की। तिलक ने देशवासियों में राष्ट्रीयता भावना का प्रचार करने के लिए 1893 ई. में गणपति व 1895 ई. में शिवाजी उत्सव प्रारंभ किए थे। तिलक को लोकमान्य और भारत का बेताज बादशाह भी कहा जाता है। तिलक ने जनवरी 1900 ई. में 'पूना नवीन इंग्लिश विद्यालय' स्थापित किया।
- तिलक ने जनवरी, 1881 ई. में दो समाचार पत्र अंग्रेजी में 'द मराठा' और मराठी में 'केसरी' प्रारंभ किए।
- तिलक की मुख्य रचनाएँ - गीता रहस्य और आर्कटिक होम ऑफ दी आर्यन्स।
- तिलक कोकण तट के चित्तपावन ब्राह्मण थे। पेशवा भी इसी वर्ग के थे। तिलक खोटी वर्ग से थे जो कि भू-राजस्व एकत्रित करने वाली प्रशासनिक श्रेणी थी।
- तिलक ने भाषायी आधार पर राज्यों का गठन शराब बंदी व स्थानीय भाषा में शिक्षा देने की माँग की।
- बी.एम. मालाबरी द्वारा प्रस्तावित Age of Consent Bill - 1891 का विरोध किया जिसमें लड़कियों की विवाह उम्र - 12 वर्ष निर्धारित की गई। तिलक ने कहा भारतीय अपने सामाजिक कानून खुद बनायेंगे।
- पत्रकार के कर्त्तव्य का निर्वहन करते हुए जेल जाने वाले तिलक पहले भारतीय थे। तिलक द्वारा 1882 ई. में अंग्रेजों की कोल्हापुर के महाराजा के प्रति बुरे व्यवहार की निंदा करने पर तिलक को चार माह का कारावास की सजा दी गई।
- 1897 ई. में तिलक द्वारा भड़काने पर चापेकर बन्धुओं द्वारा दो अंग्रेज रेण्ड और एयर्स्ट की हत्या कर दी गई जिससे तिलक को 18 महीने के कारावास की सजा मिली।
- तिलक प्रथम व्यक्ति थे जिन्होंने स्वराज्य की स्पष्ट माँग की। इन्होंने कहा "स्वराज्य मेरा जन्मसिद्ध अधिकार है और इसे में लेकर रहूँगा।"
- तिलक के प्रयासों से ही कांग्रेस के 1906 ई. के कलकत्ता अधिवेशन में जिसकी अध्यक्षता दादा भाई नौरोजी ने की, इसमें स्वदेशी, स्वशासन, बहिष्कार और राष्ट्रीय शिक्षा के चार प्रस्ताव पारित किए गए।
- होमरूल आन्दोलन के दौरान सरकार ने तिलक पर मुकदमा चलाया। तिलक का मुकदमा मोहम्मद अली जिन्ना ने लड़ा था।
- वेलेंटाइन सिरोल ने अपनी पुस्तक 'अनरेस्ट इण्डिया' में तिलक को भारतीय अशांति का जनक बताया। तिलक मान-हानि का मुकदमा करने के लिए इंग्लैण्ड गए परन्तु बीमार पड़ गए और वापस इंडिया आ गए। 1 अगस्त, 1920 ई. को उनका निधन हो गया।
- तिलक ने स्वराज्य की माँग को स्थानीय भाषा में शिक्षा देने तथा राज्यों को निर्माण भाषा के आधार पर करने से जोड़ा था।
- तिलक ने कहा - "यदि भगवान छुआछूत को बर्दाश करे तो मैं भगवान को भी नहीं मानूंगा।"
- सीतारमैय्या ने 'कांग्रेस का इतिहास' लिखा था उन्हों कहा "गोखले अपने समय के अनुसार जबकि तिलक अपने समय से बहुत आगे थे।"
- मैक्समूलर ने कहा - "संस्कृत के विद्वान के रूप में तिलक में मेरी गहरी दिलचस्पी है।" मैक्समूलर ने यह बात तिलक को 1908 ई. में मिली सजा के दौरान कही और मैक्समूलर ने अंग्रेजी सरकार को तिलक की रिहाई के लिए खत लिखे।
- तिलक एकमात्र लोकप्रिय व्यक्ति थे जो कभी कांग्रेस के अध्यक्ष नहीं रहे।

एनी बेसेंट का होमरूल आन्दोलन

- इसका प्रारंभ सितम्बर, 1916 ई. में एनी बेसेन्ट की अध्यक्षता में हुआ जिसका मुख्यालय अड्यार (मद्रास) था। बेसेन्ट ने इसका सचिव वी.पी. वाडिया को बनाया। बेसेन्ट के सहयोगी जार्ज अरूडेल व रामास्वामी अयंगर थे। बेसेन्ट के समाचार पत्र न्यू इण्डिया व कॉमनवील थे।
- एनी बेसेन्ट द्वारा स्थापित होमरूल आन्दोलन की 200 शाखाएँ थी।
- एनी बेसेन्ट आयरलैण्ड की थी जो थियोसोफिकल सोसायटी की सदस्य बनकर भारत आई। यह आत्मा और पुनर्जन्म में विश्वास करती थी इसने पैदल अमरनाथ की यात्रा की थी।
- फेबियन आन्दोलन की प्रस्तावक एनी बेसेन्ट थी।
- **एनी बेसेन्ट** के अनुसार दयानंद सरस्वती प्रथम भारतीय थे जिन्होंने कहा - "भारत भारतीयों के लिए है।"
- एनी बेसेन्ट ने सेंट्रल हिन्दू कॉलेज खोला जिसे मदन मोहन मालवीय ने बनारस हिन्दू विश्वविद्यालय में बदल दिया।
- एनी बेसेन्ट के द्वारा प्रारंभ किए गए होमरूल में मोहम्मद अली जिन्ना, सुरेन्द्र नाथ बनर्जी और मोतीलाल नेहरू भी शामिल थे। मदन मोहन मालवीय भी इसी आन्दोलन में शामिल था एनी बेसेन्ट का आन्दोलन तिलक के मुकाबले कमजोर था इसकी सर्वाधिक शाखाएँ मद्रास में थी।
- एनी बेसेन्ट को 1917 ई. में गिरफ्तार कर लिया गया जिसके विरोध में एस. सुब्रमण्यम ने वायसराय परिषद से इस्तीफा तथा 'सर' की उपाधि लौटा दी।
- तिलक के प्रस्ताव पर 1917 ई. में कलकत्ता में एनी बेसेन्ट कांग्रेस की अध्यक्ष चुनी गई।
- मांटेग्यू घोषणा - 20 अगस्त, 1917 ई. के द्वारा एनी बेसेन्ट ने आन्दोलन वापस ले लिया।
- मांटेग्यू ने कहा था "शिव ने अपनी पत्नी को 52 टुकड़ों में काटा, भारत सरकार ने जब एनी बेसेन्ट को गिरफ्तार किया तो उसके साथ भी यही हुआ"।
- गोखले द्वारा स्थापित 'सर्वेंट ऑफ इण्डिया सोसायटी' के सदस्य को होमरूल में शामिल होने की इजाजत नहीं थी।

गाँधी युग : 1919-47 ई.

- मोहनदास कर्मचन्द गाँधी का जन्म 2 अक्टूबर, 1869 ई. को पोरबंदर रियासत (गुजरात) में हुआ। इनके पिता कर्मचन्द गाँधी पोरबंदर, राजकोट रियासत के दीवान थे। गाँधीजी की माता का नाम पुतली बाई था।
- गाँधीजी के पूर्वज इत्र का कारोबार करते थे। इत्र को 'गंध' भी कहा जाता है इसी आधार पर आगे चलकर 'गाँधी' कहलाये।
- गाँधीजी वकालत करने के लिए इंग्लैण्ड गए और 1891 ई. में इंग्लैण्ड से वापसी हुई।

भारत में गाँधीजी के आन्दोलन

चम्पारन आन्दोलन - 1917 ई.

- अंग्रेजों के व्यापारिक एजेंट 'गुमाश्ता' कहलाते थे। चम्पारन में 'तिनकठिया पद्धति' का प्रचलन था जिसके तहत किसानों को उपजाऊ भूमी के 3/20 भाग (15%) पर नील की खेती करना अनिवार्य था। ये व्यापारी किसानों को अग्रिम राशि देकर उन पर अत्याचार करते थे। इसी समय जर्मनी में 'डाई' का आविष्कार होने पर नील की माँग घट गई।

- कांग्रेस के लखनऊ सम्मेलन में राजकुमार शुक्ल ने गाँधीजी को चम्पारन आने के लिए आमंत्रित किया। गाँधीजी चम्पारन गए और वहाँ गाँधीजी ने सत्याग्रह चलाया जो भारत में उनका प्रथम सत्याग्रह था। तीन कठिया पद्धति समाप्त कर दी गई। रवीन्द्रनाथ टैगोर ने इसी समय गाँधीजी को "महात्मा" की उपाधि दी। महात्मा गाँधी के चम्पारन सत्याग्रह का विरोध एन.जी. रंगा ने किया था। गाँधीजी के चम्पारन में सहयोगी जे.बी. कृपलानी, राजेन्द्र प्रसाद, नरहरिपारिक, अनिरूद्ध नारायण सिन्हा, कृष्ण सिंह, मजरूक हक, बृज किशोर और महादेव देसाई थे।
- चम्पारन सत्याग्रह के लिए गाँधीजी को एक स्थानीय नेता राजकुमार शुक्ल ने आमंत्रित किया था। सरकार ने गाँधीजी के चम्पारन प्रवेश पर रोक लगा दी।
- सरकार ने मामले की जाँच हेतु एक आयोग का गठन किया जिसमें एक सदस्य गाँधीजी भी थे।

अहमदाबाद मिल मजदूर आन्दोलन – मार्च 1918 ई.

- प्लेग बोनस को लेकर मज़दूरो का मील मालिक अम्बालाल साराभाई से विवाद हो गया। गाँधीजी ने मज़दूरों के पक्ष में 'भूख हड़ताल' कर दी जो गाँधीजी का भारत में प्रथम प्रयोग था। अम्बालाल साराभाई की बहन अनसुइया बेग ने भी गाँधीजी का साथ दिया। अम्बालाल साराभाई गाँधीजी के मित्र थे और इन्होंने गाँधीजी को साबरमती आश्रम स्थापित करने में आर्थिक सहयोग दिया था। गाँधीजी ने मिल मज़दूरों के समर्थन में अनशन पर बैठने का फैसला लिया जो गाँधीजी का भारत में प्रथम अनशन था, मील मालिक 20 प्रतिशत बोनस देने के पक्ष में था और मज़दूरों को धमकी देते हुए कहा की जो इसे स्वीकार नहीं करेगा उसे नौकरी से निकाल दिया जाएगा। गाँधीजी के अनशन से विवश होकर मील मालिक ने यह मामला ट्रिब्यूनल को सौंप दिया और ट्रिब्यूनल ने मज़दूरों को 35 प्रतिशत प्लेग बोनस दे दिया।

खेड़ा किसान आन्दोलन – अक्टूबर, 1918 ई.

- 1918 ई. में भीषण अकाल के कारण गुजरात के खेड़ा जिले में फसलें बर्बाद हो गई फिर भी सरकार ने किसानों से लगान की वसूली जारी रखी और सरकार ने राजस्व माफ करने से मना कर दिया। किसानों के द्वारा इसके विरोध में यह आन्दोलन हुआ। यहाँ गाँधीजी को आमंत्रित किया गया और गाँधीजी ने 'गुजरात सत्याग्रह सभा' गठित की। गाँधीजी को इसका अध्यक्ष बनाया। गाँधीजी ने आन्दोलन की बागडोर 22 मार्च, 1918 ई. में संभाली। इस आन्दोलन में गाँधीजी के सहयोगी वल्लभ भाई पटेल, शंकर लाल बैंकर और इन्दुलाल याग्निक थे।
- गाँधीजी ने किसानों को लगान न देने की शपथ दिलाई और जो किसान लगान देने के स्थिति में थे उन्हें भी मना कर दिया गया। गाँधीजी ने कहा कि यदि सरकार गरीब किसानों का लगान माफ़ कर देती है तो जो लोग लगान देने में समर्थ है, वे स्वेच्छा से पूरा लगान दे देंगे।
- खेड़ा के किसान प्लेग, महँगाई और सूखे की मार से त्रस्त थे जिससे वे अब ओर संघर्ष करने की स्थिति में नहीं थे। इसी बीच सरकार ने अधिकारियों को गुप्त निर्देश दिया कि जो लोग लगान देने में समर्थ है उन्हीं से लगान वसूला जाए। इस प्रकार गाँधीजी का मकसद पूर्ण हुआ और आन्दोलन समाप्त कर दिया गया। खेड़ा आन्दोलन ही गाँधीजी का प्रथम वास्तविक किसान सत्याग्रह था।

रौलेट एक्ट

- प्रथम विश्व युद्ध में अंग्रेजों की सहायता भारतीयों ने तन-मन-धन से की थी। भारतीयों को उम्मीद थी की युद्ध के बाद अंग्रेज भारतीयों को रियायत देंगे।
- अंग्रेजों ने क्रांतिकारी घटनाओं को रोकने के लिए सन् 1917 ई. में सर सिडनी रौलेट की अध्यक्षता में एक आयोग (सेडिशन कमेटी) का गठन किया। इसकी सिफारिश पर 17 मार्च, 1919 ई. में एक अधिनियम पारित किया गया जिसे 'रौलेट एक्ट' कहा गया।
- इस एक्ट के तहत सरकार को यह अधिकार मिल गया कि वह बिना किसी मुकदमा चलाए किसी को भी जेल में बंद कर सकती थी। भारतीयों ने इसे बिना वकील, अपील, दलील का काला कानून कहा।
- गाँधीजी ने 'बाम्बे सत्याग्रह सभा' का गठन किया तथा स्वयं इसके अध्यक्ष बने। इस सभा में जमनालाल बजाज, शंकर लाल बैंकर, उमर सोमानी व हार्नीमन जैसे सदस्य थे।
- सुरेन्द्र नाथ बनर्जी, तेज बहादुर सप्रू, एनी बेसेन्ट तथा श्रीनिवास शास्त्री जैसे नेताओं ने गाँधीजी के रौलेट एक्ट सत्याग्रह का विरोध किया था।
- गाँधीजी ने 6 अप्रैल को 'आम हड़ताल' आयोजित की जो देश की प्रथम आम हड़ताल थी। गाँधीजी का पंजाब व दिल्ली में प्रवेश प्रतिबन्धित कर दिया। गाँधीजी को 'पलवल' में गिरफ्तार करके बम्बई में रिहा कर दिया। स्वामी श्रद्धानंद जी ने रौलेट एक्ट के विरोध में चले आन्दोलन का नेतृत्व किया।

जलियाँवाला बाग हत्याकाण्ड – 13 अप्रैल, 1919 ई.

- पंजाब में चल रहे आंदोलन का नेतृत्व डॉ. सत्यपाल तथा डॉ. सैफुद्दीन किचलू कर रहे थे। दोनों की गिरफ्तारी के विरोध में वैशाखी के दिन अमृतसर के जलियाँवाला बाग में शांतिपूर्ण सभा चल रही थी।
- **पंजाब** – सैनिक अधिकारी – रोनाल्ड रेक्स डायर
  ले. गवर्नर – माइकल ओ डायर
- माइकल ओ डायर ने जलियाँवाला बाग को चारों ओर से घेरकर बिना पूर्व चेतावनी के निहत्थी भीड़ पर गोलियाँ चलवा दी। इसमें उसका सहयोगी हंसराज था। अंग्रेजों के अनुसार 379 तथा कांग्रेस के अनुसार 1000 लोग मारे गए।
- इसके विरोध में रवीन्द्रनाथ टैगोर ने 'नाइट हुड' की उपाधि लौटा दी थी तथा शंकर नायर ने वायसराय परिषद से इस्तीफा दे दिया।
- अंग्रेजों ने इसकी जाँच के लिए 'हण्टर समिति' का गठन किया जिसके अन्य सदस्य रैस्किन, मि. राइस, सर जार्जबरो, सर टामस स्मिथ, सर चिमनलाल शीतलवाड़, जगतनारायण तथा सुल्तान अहमद थे। इसकी रिपोर्ट प्रकाशित होने पर गाँधीजी ने कहा – "पन्ने दर पन्ने निर्लज सरकारी लीपापोती की गई है।"
- कांग्रेस ने जाँच के लिए मदन मोहन मालवीय की अध्यक्षता में एक समिति का गठन किया जिसमें मोतीलाल नेहरू, सी.आर. दास, जयकर, तैयब जी तथा महात्मा गाँधी भी शामिल थे।
- ब्रिटेन के 'मार्निंग पोस्ट' अखबार ने डायर के लिए 30 हज़ार पौंड की धनराशी एकत्रित की तथा ब्रिटिश सरकार ने डायर को 'शॉर्ड ऑफ ऑनर' देकर सम्मानित किया और डायर को ब्रिटिश साम्राज्य का शेर कहा। गुरुद्वारा प्रबंध कमेटी ने डायर को 'सच्चा सिख' कहा क्योंकि वह अंग्रेजों की समर्थक थी।

खिलाफत आन्दोलन

- मुस्लिम लीग ने लखनऊ सम्मेलन में खिलाफत का प्रस्ताव पारित कर दिया। मोहम्मद अली जिन्ना ने इस खिलाफत प्रस्ताव का विरोध किया।
- सितम्बर, 1919 ई. में अखिल भारतीय खिलाफत कमेटी का गठन हुआ और 17 अक्टूबर, 1919 ई. को अखिल भारतीय स्तर पर खिलाफत दिवस मनाया गया।
- 24 नवम्बर, 1919 ई. को दिल्ली में खिलाफत कमेटी का सम्मेलन हुआ जिसकी अध्यक्षता गाँधीजी को प्रदान की गई।

- अली बंधु (शोकत अली व मो. अली) ने अखिल भारतीय खिलाफत कमेटी का गठन किया। 1920 ई. में गाँधीजी ने खिलाफत कमेटी को अंग्रेजों के विरुद्ध अहिंसक असहयोग आन्दोलन प्रारंभ करने की सलाह दी जिसे 9 जून, 1920 ई. को इलाहाबाद में ख़िलाफ़त कमेटी ने इस सलाह को सर्वसम्मति से स्वीकार कर लिया।
- मौलाना अब्दुल बारी जो लखनऊ के मदरसा फिरंगी महल से संबंधित थे वे गाँधीजी के सम्पर्क में थे। मौलाना अब्दुल बारी अली बंधुओं के गुरु थे। हकीम अजमल खाँ ने खिलाफत आन्दोलन के दौरान 'हाजिक-उल-मुल्क' की उपाधि त्याग दी थी।
- आन्दोलन के दौरान सिक्खों ने अमृतसर के स्वर्ण मन्दिर की चाबियाँ मुस्लिम नेता डॉ. सैफुद्दीन किचलू को सौंप दी तथा तथा मुसलमानों ने दिल्ली की जामा मस्जिद में स्वामी श्रद्धानंद को भाषण देने के लिए आमन्त्रित किया।
- गाँधीजी ने इसे हिन्दू-मुस्लिम एकता बढ़ाने का स्वर्णिम अवसर माना। कालांतर में खिलाफत आन्दोलन असहयोग आंन्दोलन का हिस्सा बन गया। गाँधीजी ने मो. अली के साथ पूरे देश में भ्रमण किया। मदन मोहन मालवीय ने खिलाफत आन्दोलन का समर्थन नहीं किया था।

असहयोग आन्दोलन - 1920 ई. से 12 फरवरी, 1922 ई.

असहयोग का शाब्दिक अर्थ - सरकार को किसी भी रूप में सहयोग न करना।

- असहयोग के कार्यक्रम में सरकारी उपाधियों का त्याग, सरकारी स्कूल, नौकरी, अदालत आदि का बहिष्कार और साथ में विदेशी वस्तुओं का बहिष्कार था। असहयोग के कार्यक्रम में कर (Tax) बहिष्कार शामिल नहीं था।
- सितम्बर, 1920 के कांग्रेस कलकत्ता सम्मेलन लाला लाजपतराय की अध्यक्षता में हुआ जिसमें गाँधीजी ने असहयोग का प्रस्ताव रखा। सी.आर. दास ने इसका विरोध किया क्योंकि उसका विरोध विधान परिषदों के चुनाव को लेकर था। सी.आर. के साथ मोहम्मद अली जिन्ना, सुरेन्द्र नाथ बनर्जी, एनी.बेसेन्ट तथा लाला लाजपतराय भी थे परन्तु मोतीलाल नेहरू के समर्थन से गाँधीजी के असहयोग प्रस्ताव को पारित कर दिया गया।
- कलकत्ता अधिवेशन में ही सरकारी शिक्षण संस्थाओं का बहिष्कार, न्यायालयों का बहिष्कार तथा न्याय का कार्य पंचायतों के माध्यम से विधान परिषदों का बहिष्कार जैसे कार्यक्रम तय किए गए। इसके अतिरिक्त खादी के उपयोग और चरखा कातने को प्रोत्साहन शामिल थे।

चौरी-चौरा कांड - 5 फरवरी, 1922 ई.

- संयुक्त प्रांत के गोरखपुर जिले के चौरी-चौरा गाँव में किसानों के शांतिपूर्ण जुलूस पर पुलिस ने लाठी चार्ज कर दिया। क्रोधित किसानों ने पुलिस थाने में आग लगा दी और 22 पुलिस कर्मी शहीद हो गए।
- चौरी-चौरा कांड के आरोपित किसानों का मुकदमा मदन मोहन मालवीय ने लड़ा और सभी किसान बरी हो गए।

बारदोली प्रस्ताव - 12 फरवरी, 1922 ई.

- कांग्रेस की कार्यकारणी समिति ने बारदोली में बैठक बुलाई गई जिसमें गाँधीजी ने आन्दोलन वापस ले लिया। असहयोग आन्दोलन वापसी के समय गाँधीजी के खिलाफ निंदा प्रस्ताव डॉ. मुंजे ने प्रस्तुत किया था। कार्य प्रस्ताव से रचनात्मक कार्य करने को कहा जैसे चरखा को लोकप्रिय बनाना, राष्ट्रीय शिक्षा को बढ़ावा, हिन्दू-मुस्लिम एकता के लिए कार्य, शराब बंदी के समर्थन में कार्यक्रम तथा अस्पृश्यता उन्मूलन।
- गाँधीजी द्वारा आन्दोलन वापसी के निर्णय से मोती लाल नेहरू, चितरंजन दास, पं. जवाहर लाल नेहरू व सुभाष चन्द्र बोस ने असहमति प्रकट की।
- सुभाष चन्द्र बोस ने कहा ''ऐसे समय जब राष्ट्र का उत्साह चरम सीमा पर था आन्दोलन की वापसी का निर्णय राष्ट्रीय त्रासदी के समान था।''
- गाँधीजी ने यंग इंडिया में लिखा ''आन्दोलन को हिंसा से बचाने के लिए मैं हर एक अपमान, बहिष्कार और यहाँ तक की मौत को भी सहन करने को तैयार हूँ।''
- 10 मार्च, 1922 ई. में गाँधीजी को गिरफ्तार कर लिया गया और इन पर धारा 124 - A देशद्रोह का आरोप लगाकर न्यायाधीश ब्रूमफिल्ड ने 6 वर्ष की सजा सुनाई थी परन्तु बीमारी के चलते गाँधीजी को लगभग 2 वर्ष बाद 05 फरवरी, 1924 ई. में जेल से रिहा कर दिया।
- अदालत में सजा सुनते समय गाँधीजी ने जज से कहा ''मैं यहाँ इसलिए आया हूँ क्योंकि मुझे यह अहसास हुआ कि कानून के उल्लंघन एवं विचार पूर्वक हिंसा के लिए मैं प्रसन्न होकर यहाँ पा सकता हूँ और मुझे लगा की इस अवसर पर एक सच्चे नागरिक का यही पहला कर्त्तव्य है।''
- असहयोग आन्दोलन के विरोध में मोहम्मद अली जिन्ना, विपिनचन्द्र पाल, एनी बेसेन्ट ने कांग्रेस से इस्तीफा दे दिया।
- 1921 ई. में अहमदाबाद अधिवेशन का अध्यक्ष सी.आर. दास को चुना गया था परन्तु जेल में बंद होने के कारण अध्यक्षता हकीम अजमल खाँ ने की थी। संपूर्ण स्वराज्य को कांग्रेस का लक्ष्य मानने का प्रस्ताव 1921 में हसरत मौहानी ने रखा था।
- एचिसन - ''इस मिसाल में (1919-22 ई.) में हम मुसलमानों को हिन्दुओं से भिड़ा नहीं पाये।''

बारदोली आन्दोलन - 1928 ई.

- गुजरात के सूरत जिले के बारदोली तालुके में 1928 ई. में यह आंदोलन हुआ। इसमें स्थानीय नेता कल्याणजी मेहता, कुँवरजी मेहता और दयालजी देसाई ने जनमत को तैयार किया। किसानों ने लगान न अदायगी करने का आन्दोलन चलाया।
- बारदोली क्षेत्र में कालीपराज और उजलीपराज सामाजिक वर्ग थे। कालीपराज अश्वेत जन और आदिवासी लोग थे जिन्हें गाँधीजी ने रानीपराज कहा जिसका अर्थ है जंगल के वासी। उजलीपराज सवर्ण या उच्च जातियाँ थी।
- गाँधीजी ने अश्वेत जनो को 'दुबलाहाली' कहा। आदिवासियों की सामाजिक व आर्थिक स्थिति की जाँच के लिए कांग्रेस ने एक समिति बनायी जिसमें नरहरि पारिक तथा जगतराम नवे शामिल थे।
- कालीपराज के उद्धार के लिए कांग्रेस ने बारदोली में जगतराम दुबे, चिमनालाल मेहता और चिमनलाल भट्ट की सहायता से 'वेदची आश्रम' की स्थापना की जो वर्तमान में भी है।
- लगान में 30 प्रतिशत वृद्धि के विरोध में पटेलो ने किसान आन्दोलन किया। इस समय बम्बई गवर्नर 'विल्सन' था।
- कल्याणजी मेहता व कुँवरजी मेहता ने दयालजी देसाई के साथ मिलकर 'बारदोली सत्याग्रह' पत्रिका निकाली। पाटीदार नवयुवक मण्डल का गठन हुआ।
- मार्च, 1927 ई. में भीम भाई नाइक और शिवदासानी के नेतृत्व में किसानों का एक प्रतिनिधि मण्डल बम्बई में राजस्व विभाग से मिला और जुलाई 1927 ई. में सरकार ने लगान बढ़ोत्तरी की 30 प्रतिशत दर को घटाकर 21.97 प्रतिशत कर दिया।

- किसानों ने कादोद संभाग के बामनी गाँव में वल्लभ भाई पटेल को अपना नेता चुना और पटेल ने 5 फरवरी, 1928 से पहले बारदोली आने का आश्वासन दिया और पटेल 4 फरवरी को पहुँच गए। गाँधीजी भी बारदोली आए और अंग्रेजों ने एक जाँच आयोग नियुक्त किया जिसमें मेक्सवेल राजस्व अधिकारी और ब्रूमफिल्ड न्यायधीश था।
- इस आयोग की सिफारिश पर लगान की दर में कमी कर दी गई अब 30 प्रतिशत की जगह 6.04 प्रतिशत कर दी गई। गाँधीजी ने बारदोली की महिलाओं की तरफ से वल्लभ भाई पटेल को सरदार की उपाधि दी।
- महात्मा गाँधी जी – ''ऐसे आन्दोलन हमें स्वतंत्रता की ओर करीब ले जाते है।''
- सरदार पटेल के बारे में कहा जाता था की उनके भाषण मुर्दों को भी ज़िन्दा करने वाले थे।

साइमन कमीशन

- भारत शासन अधिनियम 1919 ई. की धारा 66 में प्रावधान था की 10 वर्ष बाद इस अधिनियम की समीक्षा होगी।
- इस समय ब्रिटेन में कंजरवेटिव पार्टी की सरकार थी इसे भय था कि चुनाव के बाद लेबर पार्टी सत्ता में आ जायेगी और भारतीयों के साथ उदारता बरतेगी। अतः समय से पहले ही 8 नवम्बर, 1927 ई. में इसका गठन कर दिया गया और साइमन कमीशन 3 फरवरी, 1928 ई. को बम्बई आया।
- साइमन कमीशन में सभी सातों सदस्य ब्रिटिश संसद के सदस्य थे। लॉर्ड इरविन के सुझाव पर इस आयोग में कोई भी भारतीय नहीं था। इस समय भारत सचिव लॉर्ड बिरकनहेड था।
- इस कमीशन को व्हाइट कमीशन व सांसद आयोग व इंडियन स्टेट्यूरी कमीशन कहा गया।
- सभी राजनीतिक दलों ने विरोध किया और 'साइमन वापस जाओ' के नारे लगाये। केवल पंजाब की यूनियनिस्ट पार्टी, मद्रास की जस्टिस पार्टी तथा मुस्लिम लीग के शफ़ी गुट ने साइमन को समर्थन दिया।
- लाहौर में साइमन का विरोध करने के दौरान पुलिस अधिकारी स्कॉट के लाठी चार्ज से लाला लाजपतराय घायल हो गए जिनकी बाद में 17 नवम्बर, 1928 में मृत्यु हो गई।
- लाला लाजपतराय ने कहा था – ''मेरे शरीर पर लाठी की एक-एक वार ब्रिटिश साम्राज्य के ताबूत में अंतिम कील साबित होगी।''
- लालाजी की मृत्यु पर गाँधीजी ने कहा था – ''भारतीय सौर मण्डल का एक सितारा डुब गया है।''
- लाला लाजपतराय ने 'अनहैप्पी इण्डिया' नामक पुस्तक लिखी। लाला जी की अन्य रचनाएँ – पंजाब केसरी, यंग इण्डिया, भारत के लिए आत्मनिर्णय और भारत का इंग्लैण्ड पर ऋण।
- लाला जी ने पंजाबी, द पीपुल और वंदे मातरम् समाचार पत्र निकाले जिनमें वंदे मातरम् उर्दू में दैनिक समाचार पत्र था।
- लाला लाजपतराय ने कहा ''मेरा मज़हब हक़परस्ती है, मेरी मिल्लत क़ौमपरस्ती है, मेरी इबादत खलकपरस्ती है, मेरी अदालत मेरा ज़मीर है, मेरी जायदाद मेरी क़लम है, मेरा मंदिर मेरा दिल है और मेरी उमगें सदा जवान है।''
- लाला लाजपतराय 23 वर्ष की आयु में 1888 ई. में कांग्रेस के इलाहाबाद सम्मेलन में पहली बार शामिल हुए।
- लाला जी ने 1925 ई. में हिन्दू महासभा के कलकत्ता अधिवेशन की अध्यक्षता की।
- 1920 ई. में स्थापित जोसेफ़ बैपटिस्टा , एन.एम. जोशी और लाला लाजपतराय के प्रयत्नों से अखिल भारतीय ट्रेड यूनियन कांग्रेस (ए.आई.टी.यू.सी.) का गठन हुआ जिसका पहला सम्मेलन बम्बई में हुआ और लाला लाजपतराय इसके अध्यक्ष, जोसेफ़ बैपटिस्टा तथा दीवान चमनलाल महामंत्री थे।
- भगत सिंह ने साण्डर्स की हत्या कर दी थी।
- लखनऊ में साइमन का विरोध पं. जवाहर लाल नेहरू और गोविंद वल्लभ पंत ने किया था।
- दिसम्बर, 1927 ई. के मद्रास अधिवेशन की अध्यक्षता एम.एम. अंसारी ने की जिसमें साइमन कमीशन के विरोध का निर्णय लिया गया था।
- साइमन कमीशन ने अपनी रिपोर्ट मई, 1930 ई. में प्रस्तुत की जिसके आधार पर लंदन में गोलमेज सम्मेलन आयोजित किए गए।

साइमन की सिफारिशें

1. बर्मा को भारत से अलग कर दिया जाये।
2. उड़ीसा को अलग प्रांत बना दिया जाये।
3. प्रान्तों को प्रान्तीय स्वायत्ता दी जाये।
4. 10 साल की समीक्षा वाला समाधान समाप्त हो।
5. केन्द्र की संघीय व्यवस्था में भारतीयों को हिस्सेदारी नहीं दी जाये।

नेहरू रिपोर्ट

- साइमन कमीशन का भारतीयों द्वारा विरोध किए जाने से अंग्रेज नाराज हो गए। भारत सचिव बिरकनहैड ने भारतीयों को सर्व-सहमति का संविधान बनाने की चुनौती दी। इस चुनौती को कांग्रेस ने स्वीकार कर लिया।
- इसके लिए प्रथम बैठक दिल्ली में फरवरी, 1928 ई. में हुई जिसकी अध्यक्षता एम.एन. अंसारी ने की। द्वितीय बैठक देश की सभी दलों की पुणे में मई, 1928 ई. में हुई जिसकी अध्यक्षता मोतीलाल नेहरू ने की और यही पर मोतीलाल नेहरू की अध्यक्षता में संविधान निर्माण के लिए एक समिति का गठन किया। इस समिति में अन्य सदस्य अली इमाम, तेज बहादुर सप्रू, मंगल सिंह, सुभाष चन्द्र बोस, एम.एस. एनी, शोएब कुरेशी तथा जी.आई. प्रधान थे।
- इस समिति ने अगस्त, 1928 ई. में अपनी रिपोर्ट प्रस्तुत की जिसे नेहरू रिपोर्ट कहा गया। नेहरू रिपोर्ट को कांग्रेस के कलकत्ता अधिवेशन 1928 ई. में स्वीकार कर लिया गया। इस अधिवेशन की अध्यक्षता मोतीलाल नेहरू ने की थी। इस अधिवेशन में डोमिनियन स्टेट्स और पूर्ण स्वराज के मुद्दे पर मतभेद उत्पन्न हुए जिसे गाँधीजी की मध्यस्थता से सुलझा लिया गया।
- नेहरू रिपोर्ट में पृथक निर्वाचन मण्डल को समाप्त करने की माँग की गई।
- सुभाष चन्द्र बोस और पं. जवाहर लाल नेहरू ने कांग्रेस के भीतर दबाव समूह के रूप में 'इंडिपेंडेंस फॉर इण्डिया लीग' (भारतीय स्वतंत्रता लीग) का गठन किया गया। इन्हीं के दबाव में आकर नेहरू रिपोर्ट में माँग की गई थी यदि एक वर्ष के भीतर डोमीनियन स्टेट नहीं दिया गया तो फिर कांग्रेस पूर्ण स्वराज्य के लिए सविनय अवज्ञा आन्दोलन चलाएगी।
- नेहरू रिपोर्ट के विरोध में मोहम्मद अली जिन्ना ने मार्च, 1929 ई. को 14 सूत्रीय माँग पत्र रखा और इसके लिए भावुक अपील करते हुए कहा ''हम एक ही भूमि पर सदियों से रह रहे है मेरी बात मान ली जाये।''

सविनय अवज्ञा आन्दोलन

- सविनय अवज्ञा आन्दोलन के समय वायसराय लॉर्ड इरविन और भारत सचिव बेज वुड वेन थे।

- गाँधीजी ने वायसराय लॉर्ड इरविन को 11 सुत्रीय माँग पत्र सौंपा। कांग्रेस ने लाहौर सम्मेलन में सविनय अवज्ञा आन्दोलन चलाने के लिए गाँधी जी को अधिकृत कर दिया गया।
- नमक पर लगाये गए कर को गाँधीजी ने दूनिया का सबसे 'अमानवीय कर' बताया। उस समय भारत में एक मण (38 किग्रा.) नमक की कीमत 10 पैसे थी, सरकार ने इस पर 20 आना कर लगा दिया।
- नमक प्रत्येक भारतीय की दैनिक जिंदगी से जुड़ा हुआ था। इरविन द्वारा किसी भी प्रकार का आश्वासन नहीं मिलने पर गाँधीजी ने कहा - ''मैने घुटने टेक कर रोटी माँगी बदले में मुझे पत्थर मिले।''

दांडी यात्रा - 12 मार्च - 6 अप्रैल, 1930 ई.

- गाँधीजी ने अपने साथ 78 अनुयायियों को लेकर 12 मार्च को साबरमती आश्रम से 240 मील दूर दांडी के लिए प्रस्थान किया जिसे दांडी मार्च कहा जाता है। इनमें सर्वाधिक 31 सदस्य गुजरात से थे।
- गाँधीजी ने कहा ''शक्ति के विरुद्ध अधिकार की इस लड़ाई में मैं विश्व की सहानुभूति चाहता हुँ।''
- इस मार्च में गाँधीजी के साथ सबसे कम आयु के 16 वर्षीय विट्ठल लीलाधर ठक्कर व सर्वाधिक आयु के स्वय गांधीजी थे। एकमात्र महिला सरोजनी नायडू थी। दल के एक सदस्य खड़ग बहादुर सिंह पर हत्या का मुकदमा दर्ज था।
- सुभाष चन्द्र बोस ने दांडी मार्च की तुलना नेपोलियन के पेरिस मार्च व मुसोलिनी के रोम मार्च के साथ की।
- 6 अप्रैल के दिन एक मुट्ठी नमक हाथ में लेकर सविनय अवज्ञा आन्दोलन प्रारंभ किया। देश के अनेक भागों में नमक यात्राएँ निकाली गई जिसमें प्रमुख थी :
  - तंजोर (मद्रास) में राजगोपालाचारी ने त्रिचनापल्ली से वेदारण्यम तक।
  - मालाबार तट पर के. कल्प्पम ने कालीकट से पायन्नूर तक।
  - आंध्र प्रदेश में नमक कारखाने 'शिविरम्' स्थापित।
  - असम के सिलहट जिले के सत्याग्रही बंगाल के नोआखली समुद्र तट तक आए।
- 9 अप्रैल को गाँधीजी ने आन्दोलन के लिए दिशा निर्देश जारी किए जिनमें प्रमुख है -
  - जहाँ भी सम्भव हो लोगों द्वारा नमक कानूनों का उल्लंघन करते हुए नमक बनाना।
  - वकील अपनी वकालत छोड़ सकते है।
  - शराब की दुकानें, विदेशी कपड़ो की दुकानें और अफीम के ठेकों के समक्ष धरना प्रदर्शन आयोजित किए जाये।
  - सम्भव हो तो करों की अदायगी का विरोध।
  - सरकारी कर्मचारियों द्वारा अपने पदों से त्यागपत्र।
  - छात्रों द्वारा सरकारी स्कूलों एवं कॉलेजों का बहिष्कार।
  - जनता द्वारा न्यायालयों का बहिष्कार।
  - इन सभी कार्यक्रमों के लिए सत्य एवं अहिंसा को सर्वोपरि रखा जाए तभी हमें पूर्ण स्वराज्य की प्राप्ति हो पायेगी।
- इस नमक सत्याग्रह में शौलापुर में महात्मा गाँधी के गिरफ्तार हो जाने के बाद आन्दोलन का नेतृत्व अब्बास तैयब जी ने किया।
- असम में कुख्यात सर्क्यूलर के विरोध में छात्रों के द्वारा शक्तिशाली आन्दोलन चलाया गया जिसमें छात्रों और उनके अभिभावकों से सद्व्यवहार का प्रमाणपत्र प्रस्तुत करने के लिए कहा जाता था।
- उत्तर प्रदेश में लगान न देने का आन्दोलन किसानों द्वारा चलाया गया।

गाँधी-इरविन समझौता - 05 मार्च, 1931 ई.

- प्रथम गोलमेज सम्मेलन में कांग्रेस शामिल नहीं हुई। अत: अंग्रेजों ने आन्दोलन समाप्ति के लिए प्रयास करने प्रारंभ किए। तेजबहादुर सप्रू तथा एम.आर. जयकर के प्रयासों से गाँधी-इरविन एक्ट हुआ जिसे दिल्ली समझौता भी कहा जाता है।
- सरोजनी नायडू ने गाँधी-इरविन समझौते को 'दो महात्माओ का मिलन' कहा।
- 23 मार्च को भगतसिंह, सुखदेव व राजगुरु को फाँसी दे दी गई। जब गाँधीजी दिल्ली से कराची जा रहे थे तब पंजाब में गाँधीजी पर टमाटर, चप्पल-जूते इत्यादि फेंके गए।
- 29 मार्च, 1931 ई. को कराची अधिवेशन हुआ जिसकी अध्यक्षता सरदार पटेल ने की। इसी सेशन में गाँधी-इरविन समझौते को स्वीकार कर लिया गया व कांग्रेस ने द्वितीय गोलमेज सम्मेलन के लिए गाँधी जी को अपना प्रतिनिधी नियुक्त किया।
- इस समझौते पर कांग्रेस की तरफ से गाँधीजी ने और सरकार की तरफ से इरविन ने हस्ताक्षर किए।
- कराची अधिवेशन में गाँधीजी ने कहा कि गाँधी मर सकता है लेकिन गाँधीवाद नहीं।
- सुभाष चन्द्र बोस ने कहा कराची अधिवेशन महात्मा गाँधी की लोकप्रियता और सम्मान की पराकाष्ठा थी।
- द्वितीय गोलमेज सम्मेलन असफल रहा। 1932 ई. में पुन: सविनय अवज्ञा आन्दोलन चलाया परन्तु जनता की उदासीनता के कारण असफल हुआ। 1934 में 'पटना प्रस्ताव' के तहत आन्दोलन वापस ले लिया नए वायसराय वेलिंगटन ने गाँधीजी से मिलने से मना कर दिया।
- **वेलिंगटन ने कहा** ''यह दूनिया और भी सुन्दर होती यदि इसमें गाँधीजी नहीं होते।''
- सुभाष चन्द्र बोस ने गाँधीजी की आलोचना की ओर कहा ''गाँधीजी एक राजनेता के तौर पर असफल हो गए है, भारत को गाँधीजी के नेतृत्व में मुक्ति नहीं मिलेगी, कांग्रेस को नया नेतृत्व ढूंढना होगा''।
- **गाँधीजी ने कहा** - ''कोई भी सरकार तब तक सेवा का उपकरण है, जब तक वह लोगों की इच्छा और सहमती पर आधारित होती है, जब यह जनता को बलपूर्वक झुकाने का प्रयास करती है तो वह दमनकारी बन जाती है जिससे जनता में कानून और अस्त्र-शस्त्रों के आतंक का भय समाप्त हो जाता है और वह दमन भी समाप्त हो जाता है।''

प्रथम गोलमेज सम्मेलन : 12 नवम्बर, 1930 ई. से 13 जनवरी, 1931 ई.

उद्देश्य : भारत की संवैधानिक समस्याओं पर विचार करने हेतु।

स्थान : सेंट जेम्स पैलेस

अध्यक्षता : मैकडोनाल्ड (ब्रिटिश प्रधानमंत्री)

भारत सचिव : सैमुअल होअर

- प्रथम सम्मेलन में कुल 89 प्रतिनिधियों ने भाग लिया था जिनमें तेज बहादुर सप्रू, जयंकर आगा खाँ और मोहम्मद अली जिन्ना शामिल थे। प्रथम सम्मेलन का कांग्रेस तथा व्यापारी वर्ग द्वारा बहिष्कार किया गया।

द्वितीय गोलमेज सम्मेलन - 07 सितम्बर, 1931 ई. से 01 दिसम्बर, 1931 ई. इस सम्मेलन में भाग लेने वाले दलों के प्रतिनिधि -

मुस्लिम लीग : मो. अली जिन्ना, इकबाल, अली इमाम

उदारवादी वर्ग : तेज बहादुर सप्रू, चिंतामणि

ईसाई वर्ग : एस.के. दत्ता

व्यापारी वर्ग : डी.डी. बिड़ला

पूँजीपति वर्ग : होमी भाभा
हरिजन वर्ग : भीमराव अम्बेडकर
महिला वर्ग : सरोजनी नायडू
हिन्दू महासभा : मदन मोहन मालवीय

- इस सम्मेलन में कुल 111 सदस्यों ने भाग लिया।
- कांग्रेस ने केवल द्वितीय गोलमेज सम्मेलन में भाग लिया तथा गाँधीजी कांग्रेस के प्रतिनिधि थे। गाँधीजी अपने साथ महादेव देसाई और प्यारेलाल तथा एक बकरी लेकर 'राजपूताना जहाज' से इंग्लैण्ड पहुँचे। पत्रकार फ्रेंक मोरेंस ने उल्लेख किया की गाँधीजी को देखने के लिए लंदन के लोग उमड़ पड़े।

कम्युनल अवार्ड/पूना पैक्ट - 1932 ई.

- द्वितीय गोलमेज सम्मेलन के बाद प्रधानमंत्री मैकडोनाल्ड ने 17 अगस्त, 1932 ई. को दलितों को भी पृथक निर्वाचन पद्धति में शामिल करने की घोषणा कर दी जिसे 'कम्युनल अवार्ड' कहा गया।
- गाँधीजी ने इसका विरोध किया। 20 सितम्बर, 1932 में पूना की यरवदा जेल में गाँधीजी ने आमरण अनशन प्रारंभ किया। मदन मोहन मालवीय, राजेन्द्र प्रसाद व राजगोपालाचारी की मध्यस्थता से 24 सितम्बर को गाँधीजी और अम्बेडकर के बीच पूना पैक्ट हो गया। पूना समझौते में गाँधीजी ने हस्ताक्षर नहीं किए थे।
- दलित वर्ग की ओर से डॉ. अम्बेडकर ने और हिन्दुओं की तरफ से पं. मदनमोहन मालवीय ने इस समझौते पर हस्ताक्षर किए थे।
- सी. राजगोपालाचारी ने समझौते पर हस्ताक्षर करने के बाद अम्बेडकर से अपनी कलम बदल ली थी।
- अम्बेडकर ने दलितों के लिए पृथक निर्वाचन की माँग त्याग दी। दलितों के लिए प्रांतीय विधानमण्डल में आरक्षित सीटों की संख्या 71 से बढ़ाकर 148 कर दी।
- रवीन्द्रनाथ टैगोर ने कहा ''महात्मा आपका यह एहसान हिन्दू समाज कभी नहीं भुलेगा।''
- दलित नेता एम.सी. रजा ने गाँधीजी का साथ दिया था।
- भीमराव अम्बेडकर ने गाँधीजी की आलोचना करते हुए कहा ''महात्मा गाँधी क्षणिक भूत की भाँति धूल उड़ाते हैं लेकिन स्तर नहीं।''
- पूना समझौते के बाद गाँधीजी ने सुधार आन्दोलन चलाया और दलितों को 'हरिजन' कहा। 1933 में अखिल भारतीय हरिजन महासभा का गठन किया और घनश्याम दास बिड़ला को इसका संस्थापक अध्यक्ष बनाया। अमृतलाल विट्ठलदास ठक्कर को इसका पहला अध्यक्ष बनाया।
- गाँधीजी ने 'हरिजन' साप्ताहिक समाचार पत्र निकाला और पूरे देश में यात्राएँ की जिन्हें 'हरिजन यात्रा' का नाम दिया। इस समय बिहार में प्लेग व हैजा फैल गया। इसे गाँधीजी ने ईश्वर द्वारा उच्च जातियों का निम्न जातियों पर किए गए अत्याचार का दण्ड बताया।

डॉ. भीमराव अम्बेडकर

- डॉ. अम्बेडकर का जन्म 14 अप्रैल, 1891 ई. को मध्य प्रदेश के महू में महार जाति में हुआ।
- डॉ. अम्बेडकर ने जुलाई, 1924 ई. में बम्बई में बहिष्कृत हितकारिणी सभा का गठन किया जिसका उद्देश्य अस्पृश्य लोगों का नैतिक और भौतिक उत्थान करना था।
- अम्बेडकर ने अछुतों के लिए मन्दिर प्रवेश और कुओं, तालाबों से पानी भरने के अधिकारों को प्राप्त करने के लिए आन्दोलन चलाया।
- अम्बेडकर 1926 ई. में बम्बई की विधानसभा के सदस्य मनोनीत हुए।
- अम्बेडकर ने अछुतों के लिए अलग मताधिकार की माँग की और दलित प्रतिनिधि के रूप में तीनों गोलमेज सम्मेलनों में भाग लिया।
- अम्बेडकर ने कांग्रेस की स्वतन्त्रता की माँग का विरोध किया और कहा कि दलित वर्ग के हितों की रक्षा हो सके इसके लिए भारत में अंग्रेजी साम्राज्य बना रहे।
- 1936 ई. में स्वतंत्र लेबर पार्टी तथा अप्रैल, 1942 ई. में अम्बेडकर ने अनुसूचित जातीय संघ (Scheduled Caste Federation) का गठन किया।
- अम्बेडकर 1942-46 ई. के दौरान वायसराय की कार्यकारिणी के सदस्य रहे और स्वतन्त्र भारत के नेहरू मंत्रिमण्डल में देश के पहले विधि मंत्री बने परन्तु हिन्दू कोड विधेयक पारित होने के विरोध में 1951 ई. में इस्तीफा दे दिया था।
- डॉ. अम्बेडकर संविधान निर्माण की समिति के अध्यक्ष 29 अगस्त, 1947 को चुने गए।
- डॉ. अम्बेडकर ने 1956 ई. में अपने समर्थकों के साथ नागपुर में बौद्ध धर्म ग्रहण कर लिया था तथा 6 दिसम्बर, 1956 ई. को डॉ. अम्बेडकर की मृत्यु हो गई।
- भारत सरकार द्वारा डॉ. अम्बेडकर को 1990 ई. में मरणोपरान्त भारत रत्न से सम्मानित किया गया।

तृतीय गोलमेज सम्मेलन - 17 नवम्बर, 1932 ई. से 24 दिसम्बर, 1932 ई.

- कांग्रेस ने इस सम्मेलन का बहिष्कार किया। इस सम्मेलन में कुल 46 सदस्यों ने भाग लिया था।
- इस सम्मेलन में भारत सरकार अधिनियम 1935 ई. की योजना को अन्तिम रूप दिया गया।

लिनलिथगो प्रस्ताव - 08 अगस्त 1940 ई.

- कांग्रेस ने रामगढ़ सम्मेलन में प्रस्ताव दिया कि यदि अंतरिम सरकार का गठन कर दिया जाये तो कांग्रेस अंग्रेजों के साथ युद्ध कार्यों में सहयोग कर सकती है। इस प्रस्ताव के बाद लिनलिथगो प्रस्ताव आया इसे 'अगस्त प्रस्ताव' भी कहा जाता है।

मुख्य बिन्दु

- ❖ वायसराय कार्यकारणी में भारतीयों की संख्या में वृद्धि करना। इस परिषद में 12 में से आठ सदस्य भारतीय होंगे।
- ❖ एक युद्ध सलाहाकार कमीशन का गठन।
- ❖ युद्ध के बाद भारतीयों से संविधान निर्माण पर प्रस्ताव लिया जाएगा।
- ❖ सरकार ने अल्पसंख्यक वर्ग को पूर्ण महत्त्व प्रदान करने का भरोसा दिया।
- ❖ डोमिनियन स्टेट्स की स्थापना।

- लिनलिथगो प्रस्ताव को कांग्रेस और मुस्लिम लीग ने अस्वीकार कर दिया क्योंकि इसमें युद्ध समाप्ति के पश्चात संविधान निर्माण का प्रस्ताव था।
- लिनलिथगो प्रस्ताव ही प्रथम महत्त्वपूर्ण प्रस्ताव था जिसमें ब्रिटिश सरकार की तरफ से यह स्पष्ट किया गया था कि भारत का संविधान बनाना भारतीयों का अपना अधिकार है।
- लॉर्ड लिनलिथगो ने गाँधीजी के आन्दोलन को 'राजनैतिक फिरौती' कहा है।
- भारत सचीव लॉर्ड एमरी ने कहा कि ''आज मुख्य झगड़ा ब्रिटिश सरकार और आजादी माँगने वाले तत्त्वों में नहीं है अपितु भारत के राष्ट्रीय जीवन के भिन्न-भिन्न तत्त्वों में है।''
- पं. जवाहर लाल नेहरू ने कहा कि प्रस्ताव में प्रस्तुत डोमिनियन स्टेट्स की स्थिति दरवाजे में लगी जँग खाई कील की तरह है।

व्यक्तिगत सत्याग्रह - 1940 ई.

- 1940 ई. में जब अगस्त प्रस्ताव को पूरी तरह अस्वीकार कर दिया गया और कांग्रेस ने गाँधीजी के नेतृत्व में व्यक्तिगत सत्याग्रह प्रारंभ किया इसे 'दिल्ली चलो आन्दोलन' भी कहा गया।
- यह सत्याग्रह 17 अक्टूबर, 1942 ई. को पवनार आश्रम महाराष्ट्र से प्रारंभ हुआ। इसमें पहले सत्याग्रही आचार्य विनोबा भावे थे। द्वितीय सत्याग्राही पं. जवाहर लाल नेहरू थे। व्यक्तिगत सत्याग्रह 'रविवार' को स्थगित रहता था। सत्याग्रही पुलिस को पूर्व सूचना देता था ताकि कानून व्यवस्था बनी रहे।
- आचार्य विनोबा भावे को गाँधीजी ने अपना आध्यात्मिक उत्तराधिकारी बनाया और पं. जवाहर लाल नेहरू को अपना राजनैतिक उत्तराधिकारी बनाया।
- आजादी के बाद विनोबा भावे ने भू-दान, ग्राम दान आन्दोलन चलाये और सर्वोदय समाज की स्थापना की।
- व्यक्तिगत सत्याग्रह के दो उद्देश्य थे। प्रथम यह भारतीय जनता की उग्र राजनीतिक चेतना की अभिव्यक्ति था और दूसरा इसके द्वारा ब्रिटिश सरकार को एक ओर अवसर दिया गया कि वह भारत की माँगों को स्वीकार कर ले।
- व्यक्तिगत सत्याग्रह का दूसरा चरण 5 जनवरी, 1941 ई. को शुरू हुआ।

क्रिप्स प्रस्ताव - मार्च 1942 ई.

- ब्रिटिश प्रधानमंत्री विसेंट चर्चिल पर विश्व नेताओं ने दबाव बनाया जिसमें अमेरिका राष्ट्रपति, चीनी राष्ट्रपति च्यांग काई शेक, ऑस्ट्रेलिया प्रधानमंत्री व ब्रिटेन के लेबर पार्टी के नेता प्रमुख थे।
- व्यक्तिगत सत्याग्रह के कारण विश्व समुदाय में अंग्रेजों के विरुद्ध गलत संदेश जा रहा था जिसके कारण ब्रिटेन दबाव में था।
- युद्ध मंत्री स्टैफोर्ड क्रिप्स के नेतृत्व में एक सदस्यीय आयोग भारत आया। यह समाजवादी और उदारवादी था। क्रिप्स भारतीयों के प्रति सहानुभूति रखता था।
- क्रिप्स मिशन 22 मार्च, 1942 ई. को भारत पहुँचा जिसका वास्तविक उद्देश्य युद्ध में भारतीयों का सहयोग प्रदान करने हेतु उन्हें मनाना था।
- क्रिप्स ने आते ही घोषणा की थी कि भारत में ब्रिटिश नीति का उद्देश्य ''जितना जल्द सम्भव हो सके भारत में स्वशासन की स्थापना करना है।''
- कांग्रेस ने क्रिप्स से बातचीत करने के लिए मौलाना आजाद व पं. जवाहर लाल नेहरू को नियुक्त किया।
- क्रिप्स प्रस्ताव की घोषणा 29 मार्च, 1942 ई. को की गई।

प्रमुख प्रस्ताव

- युद्ध समाप्त होने पर भारत में डोमिनियन स्टेट्स।
- अल्पसंख्यकों के लिए ब्रिटिश सरकार अलग से समझौता करेगी।
- प्रांतीय विधान सभाओं से संविधान सभा का गठन होगा जिसके सदस्य पूर्णतः भारतीय होंगे।
- प्रांतीय सरकारें संविधान सभा के सुझावों को मानने या नहीं मानने के लिए स्वतंत्र होगी।

- क्रिप्स के सभी प्रस्ताव युद्ध के बाद लागू होने थे अतः कांग्रेस ने इन्हें स्वीकार नहीं किया। गाँधीजी ने क्रिप्स प्रस्ताव को 'पोस्ट डेटेड चैक' कहा जिसमें किसी ने आगे जोड़ दिया की 'जिसका बैंक दिवालिया होने वाला है'।
- पं. जवाहर लाल नेहरू स्टैफोर्ड क्रिप्स के मित्र भी थे और नेहरू ने कहा ''जब मैनें पहली बार इन प्रस्तावों को पढ़ा, तो मैं बुरी तरह निराश हुआ और मेरे पुराने मित्र क्रिप्स शैतान के वकील बनकर आए हैं जिनकी योजना को लागू करने का परिणाम देश में विभाजन के दरवाजे खोलना जैसा है।''
- वायसराय के वीटो के मुद्दे पर क्रिप्स और कांग्रेस के मध्य बातचीत टूट गई।
- ब्रिटिश प्रधानमंत्री चर्चिल, विदेश मंत्री एमरी, वायसराय लिनलिथगो और कमांडर-इन-चीफ वेवेल भी नहीं चाहते थे की क्रिप्स मिशन भारत में सफल रहे।
- अप्रैल, 1942 ई. में क्रिप्स वापस इंग्लैण्ड चला गया।

भारत छोड़ो आन्दोलन - 8 अगस्त, 1942 ई.

- क्रिप्स मिशन के भारत में असफल होने पर तथा भारत पर जापान के आक्रमण के बढ़ते दबाव के कारण भारतीयों में निराशा और डर का माहौल था अतः गाँधीजी ने एक प्रस्ताव तैयार किया जिसमें अंग्रेजों से तुरन्त भारत छोड़ने और जापानी आक्रमण होने पर भारतीयों से अहिंसक असहयोग का आह्वान किया।
- 14 जुलाई 1942 ई. को कांग्रेस कार्यसमिति की बैठक वर्धा में हुई। इसमें गाँधीजी ने भारत छोड़ो आन्दोलन का प्रस्ताव रखा जिसे स्वीकार कर लिया गया।
- कांग्रेस ने यह निष्कर्ष निकाला की ओर अधिक चुप रहना यह स्वीकार कर लेना है कि ब्रिटिश सरकार को भारतीय जनता की इच्छा जाने बिना भारत का भाग्य तय करने का अधिकार है।
- गाँधीजी ने 'हरिजन' में लिखा भारत में अंग्रेजों की उपस्थिति जापानियों के आक्रमण को निमंत्रण है। उन्होंने अंग्रेजों से कहा ''भारत को ईश्वर के हाथो या अराजकता में छोड़ दो, जब सभी दल कुत्तों की भांति आपस में लड़ेंगे और जब वास्तविक उत्तरदायित्व सिर पर पड़ेगा तो स्वयं आपस में समझौता कर लेंगे।''
- कांग्रेस को चुनौती देते हुए गाँधीजी ने कहा ''यदि कांग्रेस ने मेरे संघर्ष के प्रस्ताव को स्वीकार नहीं किया तो मैं देश की मिट्टी से ही कांग्रेस से बड़ा संगठन खड़ा कर दूँगा।''
- भारत छोड़ो आन्दोलन के समय वायसराय लिनलिथगो ब्रिटेन प्रधानमंत्री चर्चिल तथा भारत सचिव एमरी था।
- 8 अगस्त, 1942 ई. को अखिल भारतीय कांग्रेस सम्मेलन मौलाना आजाद की अध्यक्षता में बम्बई के ग्वालिया टैंक मैदान में हुआ जिसमें वर्धा प्रस्ताव की पुष्टि कर दी गई। यह प्रस्ताव पं. जवाहर लाल नेहरू ने रखा व सरदार पटेल ने समर्थन किया।
- गाँधीजी ने 70 मिनट का भाषण दिया और 'करो या मरो' का नारा देते हुए कहा ''मैं आपको एक छोटा सा मंत्र देता हूँ उसे आप हृदय में संजोकर रखे और अपनी साँस द्वारा व्यक्त कर सकते है वह मंत्र है, करो या मरो, या तो हम भारत को आजाद कराएँगे या इस कोशिश में अपनी जान दे देंगे, अपनी गुलामी का स्थायित्व देखने के लिए हम जिन्दा नहीं रहेंगे।''
- 9 अगस्त, 1942 ई. से आन्दोलन प्रारंभ हो गया। 'ऑपरेशन जीरो आवर' चला कर कांग्रेस के सभी नेताओं को गिरफ्तार कर लिया गया।
- गाँधीजी को पूना के आगा खाँ पैलेस में, पं. जवाहर लाल नेहरू को अल्मोड़ा जेल में, मौलाना आजाद को बाकुड़ा जेल में, राजेन्द्र प्रसाद पटना जेल में और कांग्रेस के अन्य सभी नेताओं को अहमदनगर के किले में रखा गया।
- इस समय जर्मनी में हिटलर व इटली में मुसोलिनी व जापान में तोजो मिलकर मित्र राष्ट्रों को चुनौती दे रहे थे। जापान ने नारा दिया - 'एशिया, एशियाई के लिए', इस नारा को एशिया का 'मुनरो सिद्धान्त' कहा जाता है।

  मुसोलिनी ने कहा ''एक ही स्वतंत्रता होती है वह है राज्य की स्वतंत्रता। व्यक्ति की स्वतंत्रता उसी में शामिल होती है।''
- भारत छोड़ो आन्दोलन नेतृत्वहीन था। सभी प्रमुख नेताओं के गिरफ्तार हो जाने के बाद कांग्रेस के द्वितीय पंक्ति के नेताओं ने आन्दोलन चलाया। जैसे - राम मनोहर लोहिया, अरूणा आसफ अली, जयप्रकाश नारायण, सुचेता कृपलानी व अच्युत पटवर्धन प्रमुख थे। अब बागडोर युवा एवं उत्साही नवयुवकों के हाथों

में आ गई जिन्होंने सरकारी भवनों पर आक्रमण, टेलीफोन व तार की लाइने काटना, रेल पटरियाँ उखाड़ना तथा सरकारी सत्ता के प्रतीकों को नष्ट करना प्रारंभ कर दिया।

- 9 अगस्त को ग्वालिया मैदान पर अरूणा आसफ अली ने तिरंगा फहराया था इसलिए 9 अगस्त का दिन अगस्त क्रांति दिवस के रूप में मनाया जाता है। बाद में ग्वालिया मैदान का नाम अगस्त क्रांति मैदान रखा गया।
- बम्बई व नासिक में कांग्रेस ने भूमिगत रेडियो स्टेशन बनाये जहाँ से संदेश प्रसारित होते थे। उषा मेहता ने बम्बई से भूमिगत रेडियो स्टेशन चलाया।
- अरूणा आसफ अली और सुचेता कृपलानी ने भूमिगत कार्यवाहियों में भाग लिया। सुमति मौराराका मुखर्जी ने अच्युत पटवर्धन को गिरफ्तारी से बचाने के लिए प्रतिदिन एक नयी कार दी।
- गाँधीजी ने आह्वान किया कि सरकारी कर्मचारी नौकरी नहीं छोड़ें लेकिन कांग्रेस के प्रति निष्ठा की घोषणा करें, सैनिक अपने देशवासियों पर गोली नहीं चलाएँ, रियासतों की जनता राजाओं का नेतृत्व तभी स्वीकार करे जब राजा अपना भविष्य जनता के साथ जोड़ लें, छात्र पढ़ाई तभी छोड़ें जब आजादी हासिल हो जाने तक अपने निर्णय पर दृढ़ रह सके।
- गाँधीजी ने किसानों से कहा कि जिनमें साहस हो और जो अपना सबकुछ दांव पर लगा सके उन्हें लगान देने से इनकार कर देना चाहिए, जमींदार अगर किसानों को साथ दें तो उनका हिस्सा उन्हें दिया जाना चाहिए और अगर जमींदार सरकार का साथ दे तो उनका भी कर नहीं देते हुए जमींदारों का विरोध करना चाहिए।
- आन्दोलन के दौरान 250 रेलवे स्टेशन, 500 से ज्यादा डाकघर, 150 से ज्यादा पुलिस थानों को नष्ट कर दिया गया।
- मजदूरों और श्रमिकों ने भी आन्दोलन के पक्ष में हड़ताले आयोजित की और जुलूस निकाले। अहमदाबाद मील में तीन महीनों तक हड़ताल चली जिसे 'भारत का स्तालीनग्राद' कहा गया।
- नेतृत्वहीन होने से भारत छोड़ो आन्दोलन हिंसक हो उठा। देश के कई भागों में अंग्रेजी शासन समाप्त हो गया और वहाँ क्रांतिकारी सरकार स्थापित हो गई जिन्हें समानांतर सरकारें कहा गया।

मुस्लिम लीग और पाकिस्तान

- 1857 ई. के महान विद्रोह में हिन्दू और मुस्लिम संगठित होकर लड़े। अंग्रेजों ने इस विद्रोह के लिए मुसलमानों को उत्तरदायी ठहराया व विद्रोह के उपरान्त हिन्दुओं को प्रोत्साहित किया।
- 1870 ई. में डब्ल्यू. डब्ल्यू. हण्टर ने 'इण्डियन मुस्लिम' नामक पुस्तक लिखी जिसमें अंग्रेजों को मुसलमानों के प्रति अपनी नीति बदलने की सलाह दी गई।
- सर सैयद अहमद खाँ मुसलमानों में आधुनिकता के समर्थक थे। इन्होंने कुरान एवं बाइबल पर टीका लिखी। इन्होंने तहजीब-उल-अखलाक (सभ्यता और नैतिकता) नामक पत्रिका निकाली।
- सर सैयद अहमद ने 1857 ई. पर भारतीय भाषा में प्रथम पुस्तक 'असबाब-बगावते-हिंद' लिखी थी। अहमद खाँ ने 1864 ई. में साइंटिफिक ऐसोसिएशन का गठन किया। 1875 ई. में एंग्लो-इण्डियन ओरियंटल कॉलेज का गठन हुआ जो आज अलीगढ़ विश्वविद्यालय के नाम से जाना जाता है।
- अहमद खाँ अपने प्रारंभिक दौर में राष्ट्रवादी मुसलमान थे। इन्होंने हिन्दू और मुसलमानों को चिड़िया की दो सुंदर आँखे बताया परन्तु बाद में अलीगढ़ कॉलेज के प्रिंसिपल थियोडोर बैक तथा आर्च बोल्ड के सम्पर्क में आकर अहमद खाँ का दृष्टिकोण साम्प्रदायिक हो गया।

  अहमद खाँ ने कहा ''हिन्दू-मुस्लिम एक जमीन पर एक साथ नहीं रह सकते है''
- अहमद खाँ ने अंग्रेजों का समर्थन तथा कांग्रेस का विरोध किया था इसने 1888 ई. में बनारस के राजा शिव प्रसाद के साथ मिलकर 'इंडियन पैट्रियाटिक एसोसिएशन' का गठन किया।
- अलीगढ़ आन्दोलन के विरोध में रूढ़िवादियों मुसलमान ने 1867 ई. में संयुक्त प्रांत में सहारनपुर के देवबंद गाँव में मो. कासिम ननोत्वी तथा रसीद अहमद गंगोही के नेतृत्व में मदरसा ''दारूल-उलूम'' स्थापित किया। इसमें अधिकांश वो लोग शामिल थे जिन्होंने 1857 ई. के विद्रोह में भाग लिया था। इन्होंने कांग्रेस का समर्थन एवं अंग्रेजों का विरोध किया।
- अहमद खाँ के अनुयायी अलीगढ़ समूह के रूप में प्रसिद्ध हुए। मध्यकालीन भारतीय इतिहास लेखन में इस समूह का वर्चस्व रहा।

मुस्लिम लीग - 30 दिसम्बर, 1906 ई.

- आगा खाँ के नेतृत्व में अक्टूबर, 1906 ई. में मुसलमानों का डेलिगेशन वायसराय मिण्टो द्वितीय से शिमला में मिला इस प्रतिनिधि मण्डल ने मुसलमानों के लिए राजनीतिक संरक्षण की माँग की।
- वायसराय की सलाह से 30 दिसम्बर, 1906 ई. को ढाका का नवाब सलीम मुल्ला ने ढाका में आगा खाँ की सहायता से मुस्लिम लीग का गठन किया गया। आगा खाँ को इसका स्थायी अध्यक्ष तथा वकार-उल-मुल्क को पहला अध्यक्ष बनाया।

  लीग के उद्देश्य - सभी धर्मों के साथ धार्मिक सहिष्णुता रखते हुए मुस्लिम अधिकारों की रक्षा करना और अंग्रेजों का समर्थन करना।
- नवाब वक्कार-उल-मुल्क ने अलीगढ़ में भाषण देते हुए कहा ''यदि अंग्रेजी राज्य भारत से समाप्त हो गया तो हिन्दू हम पर राज करेंगे और हमारी जान, माल और धर्म खतरे में होगा तथा मुसलमान इसके लिए अंग्रेजी राज्य को जारी रखने में सहायता करें, मुसलमान स्वयं को अंग्रेजी सेना समझते हुए ब्रिटिश क्राउन के लिए अपना रक्त बहाकर अपना जीवन अर्पण करने को तैयार रहना चाहिए।''
- नवाब सलीममुल्ला ने बंगाल विभाजन का समर्थन इस आधार पर किया कि इससे पूर्वी बंगाल में मुस्लिम बहुमत हो जाएगा।
- मुमताज अली ने कुरान की आयतों का उल्लेख करते हुए महिला शिक्षा का समर्थन किया।
- मुस्लिम लीग अमृतसर सम्मेलन में मुसलमानों के लिए पृथक निर्वाचन पद्धति की माँग की। 1909 ई. के अधिनियम के द्वारा मुसलमानों को पृथक निर्वाचन पद्धति दे दी गई इससे कालांतर में साम्प्रदायिकता का विकास हुआ।
- भारत सचिव लॉर्ड मार्ले ने वायसराय मिण्टो II को लिखा ''हम नाग के दाँत बो रहे है जिसकी फसल बहुत कड़वी होगी।''
- 1908 ई. में मुस्लिम लीग की लंदन शाखा की स्थापना अमीर अली ने की थी।
- पृथक निर्वाचन पद्धति के तहत जिस वर्ग को सीट आरक्षित होती है मतदाता भी उसी वर्ग का होता है। जैसे उम्मीदवार मुस्लिम है तो मतदाता भी मुस्लिम ही होंगे।
- अलीगढ़ समूह को नापसंद करने वाले पंजाब के मुसलमानों ने 1906 ई. में मौलाना हकीम अजमल खाँ और अली इमाम ने 'अहरार आन्दोलन' चलाया।
- कांग्रेस ने मुस्लिम लीग के साथ 1916 ई. के लखनऊ समझौते में पृथक निर्वाचन पद्धति को स्वीकार कर लिया था इसके बदले में मुस्लिम लीग ने स्वराज्य को अपना उद्देश्य मान लिया।
- मदनमोहन मालवीय ने इस समझौते का विरोध करते हुए कहा ''कांग्रेस मुस्लिम लीग को अधिक रियायत दे रही है।''

- गाँधीजी ने हिन्दू-मुस्लिम एकता को बढ़ावा देने के लिए खिलाफत आन्दोलन का समर्थन किया परन्तु जिन्ना ने खिलाफत आन्दोलन का विरोध किया था।
- असहयोग आन्दोलन के दौरान हिन्दू-मुस्लिम एकता चरम सीमा पर थी। जामा मस्जिद की चाबियाँ आर्य समाजी स्वामी श्रद्धानंद जी को व अमृतसर के स्वर्ण मंदिर की चाबियाँ सिखों ने डॉ. सैफुद्दीन किचलू को सौंप दी।
- नेहरू रिपोर्ट में मुसलमानों की पृथक निर्वाचन पद्धति की माँग को नकार दिया था। इसके विरोध में मो. अली जिन्ना ने 14 सूत्रीय माँग पत्र रखा और भावुक अपील की।
- जिन्ना मुस्लिम लीग से दु:खी होकर इंग्लैण्ड चले गए। आरंभिक दौर में जिन्ना राष्ट्रवादी था। जिन्ना ने एक बार एक बालक को कहा था 'तुम पहले भारतीय हो फिर एक मुसलमान हो।'
- जिन्ना अपने जमाने के नामी वकील थे। जिन्ना ने होमरूल आन्दोलन में तिलक का मुकदमा लड़ा था। इसने असहयोग आन्दोलन के विरोध में कांग्रेस से त्याग पत्र दे दिया था। जिन्ना का विवाह रति पारसी से हुआ था जो उम्र में जिन्ना से काफी वर्ष छोटी थी। रति पारसी जिन्ना के दोस्त दिनसा पारसी की बेटी थी। कवि मोहम्मद इकबाल ने कहा ''मंदिर और मस्जिद जहाँ पण्डित मंत्र पढ़ते है और मुल्ला अजान देते है हमें आकर्षित नहीं करते, मैं अपना ईश्वर अपने देश की मिट्टी में देखता हूँ।
- इकबाल ने कहा था की नेहरू एक राष्ट्रभक्त है जबकि जिन्ना एक राजनीतिज्ञ है।
- 1930 ई. में मुस्लिम लीग के इलाहाबाद सम्मेलन की अध्यक्षता करते हुए इकबाल ने मुसलमानों के लिए उत्तर पश्चिम प्रान्तों में स्वायत्ता की माँग की परन्तु यह प्रस्ताव कौरम/गणपूर्ति के अभाव में पारित नहीं हो सका था।
- कवि इकबाल ने 'तराना-ए-हिंद' नामक ग्रंथ में 'सारे जहाँ से अच्छा हिन्दुस्तान हमारा' नामक गीत लिखा था।
- नवाब अब्दुल लतीफ खाँ को 'मुस्लिम पुनर्जागरण का पिता' कहा जाता है।

पाकिस्तान की माँग

- पाकिस्तान फारसी भाषा का शब्द है जिसका अर्थ है 'पवित्र स्थान'।
- कैम्ब्रिज विश्वविद्यालय का छात्र चौधरी रहमत अली ने अपने पम्पलेट/लघु-पुस्तिका Now Or Nevar (अभी नहीं तो कभी नहीं) में पाकिस्तान शब्द की संकल्पना प्रस्तुत की परन्तु उस समय किसी ने भी इस पर ध्यान नहीं दिया। इसने अपने पम्पलेट में हिन्दुस्तान में तीन मुस्लिम राज्यों की बात की जो इस प्रकार थे-
    1. पाकिस्तान जिसके अन्तर्गत पंजाब, कश्मीर, अफगानिस्तान, सिंध, ब्लुचिस्तान तथा उत्तर-पश्चिमी प्रान्त शामिल थे।
    2. उस्मानिस्तान जिसकें अन्तर्गत सम्पूर्ण हैदराबाद का क्षेत्र शामिल था।
    3. बंग-ए-इस्लाम जिसके अन्तर्गत बंगाल और आसाम क्षेत्र शामिल था।
- एफ.के. खाँन दुर्रानी ने अपनी पुस्तक 'द फ्यूचर ऑफ इस्लाम इन इंडिया' और 'मिनिंग ऑफ पाकिस्तान' में हिन्दू-मुस्लिम एकता को असंभव बताया।

मुस्लिम लीग का लाहौर सम्मेलन - 23 मार्च 1940 ई.

- इस लाहौर सम्मेलन की अध्यक्षता मो. अली जिन्ना ने की थी। इसी सम्मेलन में जिन्ना ने द्विराष्ट्र का सिद्धान्त दिया। इसने कहा ''हिन्दू-मुसलमान दो पृथक कोम ही नहीं दो राष्ट्र भी है।''
- 23 मार्च, 1940 ई. को लाहौर सम्मेलन में मुसलमानों के लिए अलग राज्य का प्रस्ताव रखा गया परन्तु इस प्रस्ताव में 'पाकिस्तान' शब्द का उल्लेख नहीं था। यह प्रस्ताव सिकंदर हयात खाँ ने बनाया था। जिसे फजल-उल-हक ने यह प्रस्ताव सम्मेलन में रखा था जिसका अनुमोदन खलीक उज्जमा ने किया। इसी लाहौर सम्मेलन में मुस्लिम लीग ने पहली बार अलग मुस्लिम राज्य का प्रस्ताव पारित किया था।
- भारत का बँटवारा माँगते हुए मुस्लिम लीग ने यह प्रस्ताव पारित किया था और कहा कि ऐसी कोई भी योजना मुसलमानों को तब तक स्वीकार नहीं होगी जब तक भौगोलिक स्थिति से एक-दूसरे से लगे हुए प्रदेश आवश्यक परिवर्तनों सहित इस प्रकार गठित किए जाये ताकि वहाँ मुसलमान बहुसंख्यक हो जावें।
- जिन्ना ने कहा ''बहुसंख्यक हिन्दू अल्पसंख्यक मुसलमानों पर अपना आधिपत्य स्थापित कर देंगे, अंग्रेजों के जाने के बाद हिन्दुओं का जंगल राज स्थापित हो जाएगा।''
- 1940 ई. में लिनलिथगो प्रस्ताव में कहा गया कि अल्पसंख्यको के लिए अलग से समझौता होगा। 1942 ई. में मुस्लिम लीग ने जिन्ना को वीटो का अधिकार दे दिया।
- 1942 ई. के क्रिप्स प्रस्ताव में कहा गया कि प्रांत संविधान सभा को मानने या नहीं मानने के लिए स्वतंत्र होंगे।
- 1942 ई. के भारत छोड़ो आन्दोलन में मुस्लिम लीग ने भाग नहीं लिया। 1943 ई. के कराची सम्मेलन में लीग ने 'बाँटो और जाओ' का नारा दिया और 23 मार्च 1943 ई. को 'पाकिस्तान दिवस' मनाया।
- चक्रवती राजगोपालाचारी ने 1944 ई. में एक योजना दी जिसे CRR फॉर्मूला प्लान कहा गया। इसके तहत कांग्रेस व मुस्लिम लीग को मिलकर आजादी प्राप्त करनी थी। इसके बाद मुस्लिम बहुल प्रान्तों में एक आयोग द्वारा जनमत संग्रह करवाया जाएगा। बँटवारे की स्थिति में संचार, प्रतिरक्षा और विदेशी मामले में संयुक्त साझेदारी रहेगी। कांग्रेस ने इस फॉर्मूले को अस्वीकार कर दिया जिसके विरोध में राजगोपालाचारी ने कांग्रेस से त्यागपत्र दे दिया।
- 1945 ई. में लियाकत अली और भूलाभाई देसाई के मध्य वार्ता भी किसी भी नतीजे पर नहीं पहुँची। 1945 ई. में गाँधीजी लगातार जिन्ना से मिलने उसके घर जाते रहे जिससे जिन्ना देश के मुसलमानों के एकमात्र नेता के तौर पर स्थापित हो गया। गाँधीजी ने जिन्ना को 'कायदे-आजम' कहा।
- इस फॉर्मूले के तहत अंतरिम सरकार कांग्रेस और मुस्लिम लीग मिलकर केन्द्रीय विधानमण्डल में बराबर सदस्य मनोनीत करेंगे।

वेवेल योजना और शिमला सम्मेलन - जून, 1945

- भारत सचिव लॉर्ड एमरी ने 14 जून, 1945 ई. को कामन्ज सभा में घोषणा की जिसके बाद वायसराय वैवेल ने एक प्रस्ताव दिया जिस पर विचार करने के लिए 25 जून 1945 ई. में शिमला सम्मेलन प्रारंभ हुआ।
- लिनलिथगो की जगह लॉर्ड वेवल वायसराय बनकर भारत आया इस समय भारत छोड़ों आन्दोलन के कारण भारत में स्थिति तनावपूर्ण थी जिसको सामान्य बनाने के लिए वेवल ने 6 मई, 1945 ई. में गाँधीजी को तथा जून, 1945 ई. में सभी कांग्रेसी नेताओं को जेल से रिहा कर दिया।

आजाद हिंद फौज और लाल किला मुकदमा

- त्रिपुरी संकट के बाद सुभाष चन्द्र बोस ने मई, 1939 ई. में 'फॉरवर्ड ब्लाक' का गठन किया था। अंग्रेजों ने सुभाष चन्द्र बोस को कलकत्ता में नजरबंद कर लिया था। सुभाष ने लिखा - ''मुझे रिहा कर दिया जाये वरना में जीवित रहने से इंकार कर दूँगा।''
- घर में नजरबंदी के दौरान जनवरी, 1942 ई. में सुभाष भेष बदलकर जियाउद्दीन के नाम से अफगानिस्तान होते हुए मॉस्को और फिर जर्मनी पहुँचे। हिटलर ने इन्हें नेताजी कहा और सुभाष ने 'जय हिंद' कहा। सुभाष ने रेडियो बर्लिन से देश को संबोधित किया।

- 1 सितम्बर, 1942 ई. को कैप्टन मोहन सिंह ने रास बिहारी बोस की सहायता से 'इंडियन इंडिपेंडेंस लीग' का गठन किया जिसके अधिकांश सदस्य वो थे जो विश्व युद्ध में अंग्रेजों की ओर लड़ते हुए जर्मनी और जापान द्वारा युद्ध बंदी बना लिए थे। इसके गठन का विचार सर्वप्रथम मलाया में आया था।
- सुभाष चन्द्र बोस जर्मनी से जापान पहुँचे और जापानी नेता तोजो से मुलाकात की। सुभाष ने अक्टूबर, 1943 ई. में सिंगापुर में इण्डियन इंडिपेंडेंस लीग का नेतृत्व संभाला और इसका नाम INA (आजाद हिंद फौज) रखा। INA में चार बटालियन बनाई गई - गाँधी, सुभाष, नेहरू, रानी लक्ष्मी बाई बटालियन।

  INA का स्लोगन - ''इत्तफाक, एतमाद, कुर्बानी''
- इन्होंने 21 अक्टूबर, 1943 ई. में सिंगापुर में अस्थाई सरकार का गठन किया। सिंगापुर व रंगुन को इसका मुख्यालय बनाया। इस सरकार को जर्मनी व जापान सहित 9 देशों ने मान्यता दी।
- नवम्बर, 1943 ई. में जापान सरकार ने नवविजित अण्डमान-निकोबार द्वीपों को इस स्वतन्त्र भारत की अस्थायी सरकार को सौंप दिया। सुभाष ने इनका नाम 'शहीद' और 'स्वराज' रख दिया।
- सुभाष ने 'तुम मुझे खून दो मैं तुम्हें आजादी दूँगा' तथा 'दिल्ली चलो' का नारा दिया।
- रवीन्द्रनाथ टैगोर ने सुभाष चन्द्र को देशनायक तथा महात्मा गाँधी ने 'देशभक्तो का देशभक्त' कहा।
- सुभाष चन्द्र बोस ने रंगुन रेडियो से बोलते हुए गाँधीजी को 'राष्ट्रपिता' कहा व सिंगापुर रेडियो से भारतीयों को संबोधित किया।
- सुभाष ने राष्ट्रवाद को 'सत्यम शिवम सुंदरम' का मिश्रण बताया और कहा ''आजादी दी नहीं जाती अपितु छीनी जाती है।''
- आजाद हिन्द फौज (INA) कोहिमा तक पहुँच गई थी और आजाद हिन्द फौज ने मार्च, 1944 ई. भारत पर आक्रमण प्रारंभ कर दिया तथा मई, 1944 ई. तक यह स्वतन्त्र भारत की भूमि पर असम में कोहिमा पर तिरंगा झंडा गाड़ दिया था परन्तु विश्व युद्ध में जापान पराजित हो गया और INA के सैनिको ने आत्मसमर्पण कर दिया।
- सुभाष चन्द्र बोस सिंगापुर से जापान की ओर चले गए। कहा जाता है कि एक हवाई दुर्घटना में 18 अगस्त, 1945 ई. को सुभाष चन्द्र बोस का निधन हो गया। इसकी जाँच के लिए तीन आयोग गठित हो चुके है :

  1. शाहनवाज आयोग 2. खोंसला आयोग
  3. मुखर्जी आयोग
- सुभाषचन्द्र बोस की जीवनी 'स्प्रिंगिंग टाइगर' नाम से ह्युज टोये द्वारा लिखी गई।
- सुभाषचन्द्र बोस ने 'इंडियन स्ट्रगल 1935-42' नामक पुस्तक लिखी।
- सुभाषचन्द्र बोस ने कांग्रेस के 1928 ई. में कलकत्ता अधिवेशन में विषय समिति में नेहरू रिपोर्ट की डोमिनियम स्टेट्स के प्रस्ताव का तीव्र विरोध किया था।

लाल किला मुकदमा

- यद्यपि आजाद हिन्द फौज अपने प्रयासों में असफल रही फिर भी इस सेना ने राजनीतिक तथा मानसिक रूप से भारतीय स्वतंत्रता संग्राम में महत्त्वपूर्ण योगदान दिया।
- INA के अधिकारियों पर नवम्बर, 1945 ई. में दिल्ली के लाल किले में मुकदमा चलाया जिसमें तीन प्रमुख अधिकारी थे - शाहनवाज, प्रेम सहगल व गुरुबक्श ढिल्लो। अंग्रेजों ने इन पर देशद्रोह का अभियोग चलाया।
- कांग्रेस ने इनके बचाव के लिए आई.एन.ए. रक्षा समिति का गठन किया जिसमें भूलाभाई (अध्यक्ष) तेज बहादुर सप्रू, अरुणा आसफ अली, कैलाश काटजू व पं. जवाहर लाल नेहरू। INA रक्षा समिति का अध्यक्ष मूल रूप से काटजू था परन्तु बीमार हो जाने के बाद भूलाभाई देसाई को अध्यक्ष बनाया गया।
- पण्डित जवाहर लाल नेहरू इस मुकद्दमें को लड़ने के लिए 25 वर्ष बाद अदालत में गए थे।
- अदालत में इन्हें फाँसी की सजा सुनाई थी परन्तु वायसराय वेवल ने इन्हें आजीवन कारावास में बदल दिया था।
- आजाद हिन्द फौज दिवस 12 नवम्बर, 1945 ई. को मनाया गया।

शाही नौसेना विद्रोह - 18 फरवरी, 1946 ई.

- बम्बई में एच.एम.आई.एस. तलवार के 1100 नाविकों ने नस्लिये भेदभाव व भोजन के पक्षपात् पूर्ण रवैये के खिलाफ हड़ताल कर दी।
- नाविक बी.सी. दत्त को लेकर INS तलवार पर विद्रोह हो गया। इनके पक्ष में बम्बई में मजदूरों ने हड़ताल कर दी। नौसेना में निम्न श्रेणी के भारतीय अधिकारी 'रेटिंग्स' कहलाते थे।
- 19 फरवरी को कराची में एच.एम.आई.एस. हिन्दूस्तान और एक अन्य जहाज के नाविकों ने भी हड़ताल कर दी। मद्रास, विशाखापट्टनम, दिल्ली, कलकत्ता, कोचीन, जामनगर, अण्डमान, बहरीन और अदन में भी विद्रोह के पक्ष में सांकेतिक हड़तालें हुई।
- जबलपुर के सैनिकों ने भी छावनी में हड़ताल की। मेरीन ड्राइव, अँधेरी, शींव, पूना, कलकत्ता, जसोर और अंबाला केंद्रो के रॉयल इंडियन एयर फोर्स के सैनिकों ने भी विद्रोह के पक्ष में हड़तालें की।
- विद्रोह को नियंत्रित करने के लिए एडमिनरल लॉर्ड गोड फ्रो को भेजा। सरदार पटेल व जिन्ना के समझाने पर यह विद्रोह समाप्त हो गया और विद्रोहियों ने 25 फरवरी, 1946 ई. में आत्मसमर्पण कर दिया। विद्रोहियों के पक्ष में मद्रास, कलकत्ता व कराची में भी हड़ताले हुई थी।

कैबिनेट मिशन - 1946 ई.

- ब्रिटेन में 1945 ई. में चुनाव हुए और लेबर पार्टी सत्ता में आई। इस समय ब्रिटेन का प्रधानमंत्री क्लीमेंट एटली था। भारत में 1946 ई. के चुनावों में आरक्षित सीटों पर मुस्लिम लीग को अपार बहुमत मिला। इस समय मुस्लिम लीग मुसलमानों की एकमात्र प्रतिनिधि संस्था बन गई।
- एटली ने 19 फरवरी, 1946 ई. को 3 सदस्यीय कैबिनेट मिशन की घोषणा की। कैबिनेट मिशन का अध्यक्ष भारत सचिव पैट्रिक लारेंस व अन्य दो सदस्य नौ सेना मंत्री ए.वी. एलेक्जेण्डर और व्यापार मंडल का अध्यक्ष स्टोफर्ड क्रिप्स थे।
- इस मिशन का कार्य भारत में शांतिपूर्ण सत्ता स्थानान्तरण के उपाय तलाशना तथा संविधान निर्माण की प्रक्रिया तय करना था।
- यह मिशन 24 मार्च, 1946 ई. को दिल्ली पहुँचा।

प्रस्ताव

- ❖ पाकिस्तान की माँग अस्वीकार कर दी गई।
- ❖ सभी दलों की सहायता से एक अंतरिम सरकार की स्थापना की जाए जिसके सभी विभाग भारतीयों के पास रहेंगे।
- ❖ साम्प्रदायिक विषय पर निर्णय दोनों समुदायो के सहमत होने पर लिया जाएगा।
- ❖ भारत में ब्रिटिश भारत और रियासतों को मिलाकर संघ बनाया जाए जिसमें केन्द्र के अधीन रक्षा, संचार विदेश जैसे विषय रहेंगे जबकि शेष विषय और अवशिष्ट शक्तियाँ प्रान्तों के अधीन रहेंगे।
- ❖ प्रान्तों को मिलाकर तीन संघ बनाए जायेंगे।

समूह A : हिन्दू बहुमत - बम्बई, बिहार, मध्यप्रान्त, संयुक्त प्रांत, मद्रास, ओडिशा
समूह B : मुस्लिम बहुमत - पश्चिमोत्तर सीमा प्रांत, सिंध, पंजाब
समूह C - बंगाल व असम

माउंटबेटन योजना - 03 जून, 1947 ई.

- इस योजना को डिकी-बर्ड प्लान भी कहते है। इसके तहत भारत आज़ाद होगा परन्तु उसका विभाजन होगा। भारत 15 अगस्त व पाकिस्तान 14 अगस्त को आजाद होंगे।
- पाकिस्तान में उत्तर-पश्चिम प्रांत, सिंध, पश्चिमी पंजाब, पूर्वी बंगाल और असम का सिलहट जिला शामिल होगा। उत्तर-पश्चिमी प्रांत एवं सिलहट में जनमत संग्रह करवाया जाएगा।
- रैडक्लिफ आयोग ने पंजाब, बंगाल व असम में सीमा का निर्धारण किया। इस आयोग में रैडक्लिफ के अलावा कुल चार सदस्य थे जिसमें दो सदस्य कांग्रेस से तथा दो सदस्य मुस्लिम लीग के थे।
- 3 जून, 1947 ई. को ब्रिटिश प्रधानमंत्री एटली ने हाउस ऑफ कॉमन्स में तीन जून योजना की घोषणा की। ब्रिटेन संसद ने 18 जुलाई, 1947 ई. को भारतीय स्वतंत्रता अधिनियम पारित किया गया।
- कांग्रेस की कार्यकारणी में विभाजन का प्रस्ताव गोविंद वल्लभ पंत ने रखा और कहा ''हमें आत्महत्या व पाकिस्तान में से किसी एक को चुनना होगा।''
- मौलाना आजाद ने इस प्रस्ताव का समर्थन किया और कहा ''यह फैसला सही नहीं है परन्तु कांग्रेस के सामने दूसरा विकल्प भी नहीं है।''
- सरदार पटेल ने मौलाना कलाम से कहा था कि ''यदि आज पाकिस्तान नहीं बना तो सरकार के हर विभाग में एक पाकिस्तान होगा, कोई पाकिस्तान चाहे या ना चाहे लेकिन अब मैं पाकिस्तान चाहता हूँ।''
- गाँधीजी ने मौलाना आजाद से कहा था ''विभाजन मेरी लाश के ऊपर से होगा।''
- गाँधीजी ने कांग्रेस कार्यकारणी समिति की बैठक में सदस्यों से विभाजन के प्रस्ताव का समर्थन करने को कहा। गाँधीजी ने कहा ''लोग हृदय से विभाजन को स्वीकार नहीं करे ताकि दोनों देश पुन: एक हो सकें।''
- पं. जवाहर लाल नेहरू ने कहा ''हमने सिरदर्द को ठीक करने के स्थान पर सिर कटाना ही उचित समझा।'' और ''विभाजन से देश की आर्थिक स्थिति खराब हो जायेगी।''
- मोहम्मद अली जिन्ना ने कहा ''हमें सिर कटा और नग्न पाकिस्तान मिला।''
- राजेन्द्र प्रसाद ने कहा ''पृथक निर्वाचन पद्धति के कारण ही देश का विभाजन हो रहा है।''
- खान अब्दुल गफ्फार खाँ ने कहा ''कांग्रेस ने मेरा आन्दोलन भूखे भेड़िये के सामने फेंक दिया।''
- उत्तर-पश्चिमी प्रांतो एवं सिलहट जिले में जनमत सर्वेक्षण का प्रस्ताव वी.पी. मेनन ने बनाया।
- देश की आजादी का समारोह 14 अगस्त की रात को दिल्ली में हुआ जिसमें नेहरू ने प्रसिद्ध भाषण 'नियति के साथ भेंट' दिया। इसी समय 'हिंदोस्ता हमारा' व 'जन-गण-मन' एम. एस. सुब्बालक्ष्मी ने गाया था।
- लॉर्ड माउंटबेटन ने भारत विभाजन 15 अगस्त को ही निश्चित किया था क्योंकि 15 अगस्त, 1945 ई. को जापान ने लॉर्ड माउंटबेटन के सामने आत्मसमर्पण कर दिया था। माउंटबेटन द्वितीय विश्वयुद्ध में दक्षिण एशिया में मित्र राष्ट्रों के कमाण्डर इन चीफ (सेनापति) था। माउंटबेटन ने अपनी जीत को यादगार बनाने के लिए 15 अगस्त का दिन चुना था।

आजादी और गाँधीजी

- आजादी की प्रात: काल 15 अगस्त, 1947 ई. को गाँधीजी कलकत्ता में थे। यहाँ गाँधीजी साम्प्रदायिक हिंसा का विरोध कर रहे थे। गाँधीजी ने 'नोआखली' में हिंसा को रोक दिया था। इस समय गाँधीजी के सचिव प्यारेलाल थे।
- लॉर्ड माउंटबेटन ने गाँधीजी को 'वन मैन बाऊंड्री फोर्स' कहा।
- आजादी के फलस्वरूप विस्थापित होकर आए शरणार्थीयों को दिल्ली में ठहराया गया। इस कॉलोनी को 'चीप नगर' कहा गया जो आज लाजपंत नगर के नाम से जानी जाती है।
- गाँधीजी दिल्ली आकर बिड़ला हाउस में रूके और पाकिस्तान को धन दिलाने के लिए उपवास किया। 30 जनवरी, 1948 ई. को नाथूराम गोडसे ने बिड़ला हाऊस में गाँधीजी को गोली मार दी। गाँधीजी के अंतिम शब्द थे - हे राम !
- गाँधीजी पंजाब होते हुए पैदल पाकिस्तान जाने की योजना बना रहे थे।
- गाँधीजी की मृत्यु की सूचना पं. जवाहर लाल नेहरू ने आकाशवाणी पर दी और कहा ''हमारे जीवन से रोशनी चली गई है''

  मोहम्मद अली जिन्ना ने कहा ''हिन्दुओं का सबसे बड़ा नेता चला गया। हिन्दू इसकी पूर्ति कभी नहीं कर पायेंगे।''

  अल्बर्ट आइंस्टीन ने कहा ''आने वाली पीढ़ियाँ यकीन नहीं कर पायेगी की हाड़-मांस का यह पुतला इसी धरती पर जन्मा था।''
- दक्षिण अफ्रीका में गाँधीजी के घोर विरोधी रहे जनरल स्मट्स ने कहा ''हमारे बीच का छबीला राजकुमार चला गया।''

  नेल्सन मंडेला ने कहा ''भारत ने हमें गाँधी दिया और हमने 'महात्मा' लौटाया।''

दिल्ली दरबार - 1911 ई.

- ब्रिटिश किंग जार्ज पंचम 1911 ई. में अपनी पत्नी 'मेरी' के साथ भारत आया। दिल्ली में एक भव्य दरबार का आयोजन किया गया जिसमें निम्नलिखित घोषणाएँ हुई :
  - अरूडेल समिति के आधार पर बंगाल विभाजन रद्द कर दिया।
  - बंगाल से बिहार और ओडिशा अलग प्रांत होंगे।
  - असम एक अलग प्रांत होगा।
  - राजधानी कलकत्ता से दिल्ली होगी।
- 1912 ई. में भारत की राजधानी दिल्ली हो गई। 23 दिसम्बर, 1912 ई. को जब वायसराय लॉर्ड हार्डिंग II दिल्ली में प्रवेश कर रहा था तब चाँदनी चौक पर वायसराय पर बम फेंका गया। बम फेंकने वालो में रास बिहारी बोस, बाल मुकंद, सचिन सन्याल और जोरावर सिंह बाहरठ थे। रास बिहारी बोस जापान चले गए। सरकार ने 13 अन्य लोगों को गिरफ्तार कर 'दिल्ली षड्यंत्र केस' लगाया जिसमें मास्टर अमीर चन्द, अवध बिहारी, सुल्तान चंद, हनुमंत सहाय, दीनानाथ, बसंत कुमार, बालमुकुंद और बलराज प्रमुख थे।

गदर आन्दोलन

- संयुक्त राज्य अमेरिका तथा कनाड़ा में क्रांतिकारी आन्दोलन का नेतृत्व लाला हरदयाल के द्वारा किया गया। लाला हरदयाल ने 1 नवम्बर, 1913 ई. को कैलिफोर्निया के सैन फ्रांसिस्को शहर में 'गदर पार्टी' की स्थापना की, इसका पुराना नाम 'हिंद एसोसिएशन ऑफ अमेरिका' था।
- रामनाथपुरी ने 'सर्कुलर-ए-आजादी' नामक पत्र निकाला। सिएटल में तारकनाथ दास व जी.डी. कुमार ने 'यूनाइटेड इण्डिया हाउस' स्थापित किया।
- सोहन सिंह भाकना ने सैन फ्रांसिस्को में 'युगान्तर आश्रम' की स्थापना की व नवम्बर, 1913 ई. को 'गदर' नामक साप्ताहिक पत्र निकाला जो प्रारंभ में उर्दू में था

बाद में गुरुमुखी में। इसी पत्र के नाम पर इस आन्दोलन का नाम गदर आन्दोलन पड़ा, रामचन्द्र इसके सम्पादक थे।

➢ इनकी योजना पंजाब में आकर विद्रोह करने की थी। इन्होंने कहा ''हमें पण्डित और मुल्लाओं की जरूरत नहीं, भजन व प्रार्थनाओं की जरूरत नहीं, इससे हम भटक जायेंगे, यही लड़ने का वक्त है अपनी तलवार खींच लो, 31 करोड़ हिन्दुस्तानियों पर 1.25 लाख अंग्रेज शासन कर रहे है।'' परन्तु इनकी यह योजना असफल हो गई व करतार सिंह सराभा को फाँसी दी गई।

कामागाटामारू प्रकरण - 1914 ई.

➢ कनाड़ा सरकार ने ऐसे भारतीयों का प्रवेश वर्जित कर रखा था जो सीधे भारत से नहीं आते थे।

➢ नवम्बर, 1913 ई. में कनाड़ा सरकार ने इस नियम को बदलते हुए सीधे भारत से नहीं आने वाले लोगों को भी अनुमति प्रदान कर दी।

➢ बाबा गुरुदत्त सिंह ने जापान में कामागाटामारू जहाज को किराये पर लिया और दक्षिण-पूर्वी एशिया से 375 लोगों को लेकर कनाड़ा रवाना हुआ। जब ये कनाड़ा पहुँचे तो सरकार ने पुराने प्रतिबन्ध पुनः लागू कर दिये और इन्हें प्रवेश की अनुमति नहीं मिली। कनाडा में रहने वाले भारतीयों ने 'शौर कमेटी' का गठन किया मोहम्मद बरकतुल्ला, रामचन्द्र, भगवान सिंह लाला हरदयाल ने इनकी मदद की। इस कमेटी ने चंदा एकत्रित कर यात्रियों के लिए कानूनी लड़ाई लड़ने का निश्चय किया।

➢ हुसैन रहीश, सोहन लाल पाठक और बलवन्त सिंह ने इनका मुकदमा लड़ा परन्तु कामागाटामारू को कनाड़ा प्रवेश की अनुमति नहीं मिली। जब जहाज 27 सितम्बर, 1914 ई. को वापस भारत आया तो कलकत्ता के बजबज बन्दरगाह पर यात्रियों और पुलिस के मध्य संघर्ष हुआ क्योंकि यात्रियों को विश्वास था कि अंग्रेजी सरकार के दबाव के कारण ही कनाड़ा सरकार ने उन्हें प्रवेश की अनुमति नहीं दी। इस संघर्ष में लगभग 18 यात्री मारे गए।

➢ सरकारी वकील जगत नारायण मुल्ला था। ऐसा ही दूसरा जहाज 'डन्ड तोशामारू' को भी भारत लोटना पड़ा था।

रेशमी रूमाल षडयंत्र केस - 1914 ई.

➢ काबुल में जर्मनी के सहयोग से राजा महेन्द्र प्रताप ने एक अंतरिम सरकार का गठन किया जिसे अफगानिस्तान के युवराज अमानतुल्ला ने भी समर्थन दिया था। अंतरिम सरकार में बराकतुल्ला को प्रधानमंत्री बनाया गया। खुदाई सेना के उबेदुल्ला सिंधी इस सरकार में शामिल थे जिनसे ही यह रेशमी रूमाल षडयंत्र जुड़ा हुआ है।

➢ उबेदुल्ला सिंधी देवबंद स्कूल के नेता थे तथा 'पान इस्लामिक' आन्दोलन से जुड़े थे।

➢ रेशमी रूमाल षडयंत्र में महमूद हसन भी देवबंद स्कूल के नेता थे, इन्हें केन्द्रीय खिलाफत कमेटी ने 'श्याख अल हिंद' की पदवी प्रदान की।

➢ राजा महेन्द्र प्रताप के मंत्रिमण्डल के अन्य सदस्यों में मोहम्मद अली, शमशेर सिंह, खुदाबख्श, मथुरा सिंह, मौलाना वसीर आदि शामिल थे।

हिन्दुस्तान रिपब्लिक एसोसिएशन - एच.आर.ए. 1924 ई.

➢ कानपुर में चन्द्रशेखर आजाद, राम प्रसाद बिस्मिल और सचिन्द्र नाथ सान्याल ने एच.आर.ए. का गठन किया।

➢ सचिन्द्रनाथ सान्याल ने 'बंदी जीवन' और 'रिवोल्युशनरी' नामक पुस्तकें लिखी। बंदी जीवन हिंदी और गुरुमुखी भाषा में थी। बंदी जीवन पुस्तक को क्रांतिकारियों की भगवद्गीता कहा जाता है।

➢ चन्द्रशेखर आजाद के अनुरोध पर भगवती चरण बोहरा ने 'द फिलोसॉफी ऑफ बम' नामक पुस्तिका लिखी।

काकोरी षडयंत्र केस - 9 अगस्त, 1925 ई.

➢ लखनऊ के सहारनपुर जिले में काकोरी स्थान पर क्रांतिकारियों ने '8 टाउन ट्रेन' से सरकारी खजाने को लूट लिया। इसके आरोप में रामप्रसाद बिस्मिल को गोरखपुर जेल में, अशफाक उल्ला खाँ को फैजाबाद जेल में, रोशनलाल को इलाहाबाद जेल में व राजेन्द्र लाहिड़ी को गोंडा जेल में फाँसी दे दी गई। बिस्मिल का उपनाम 'पण्डित' था बिस्मिल के अंतिम शब्द थे - ''अब मैं अपनी माँ का दूध लूँगा।''

➢ अपनी अंतिम इच्छा के तौर पर बिस्मिल ने कहा था - ''भारत में ब्रिटिश शासन का पतन हो।''

➢ अशफाकउल्ला खाँ ने कहा था - ''हम फिर से जन्म लेंगे और एक जुट होकर भारत माता की आजादी के लिए अपने प्राणों का बलिदान कर देंगे।''

➢ 27 सितम्बर, 1925 ई. को केशव बलिराम हेडगेवार ने राष्ट्रीय स्वयंसेवक संघ की स्थापना की। इसका मुख्यालय नागपुर, महाराष्ट्र में है।

हिन्दुस्तान सोशलिस्ट रिपब्लिक एसो. (एच.एस.आर.ए.) - 1928 ई.

➢ दिल्ली के फिरोजशाह कोटला में सितम्बर, 1928 ई. को भगतसिंह के अनुरोध पर चन्द्रशेखर आजाद के नेतृत्व में इसका गठन किया गया।

➢ भगत सिंह ने 1926 ई. में 'नौजवान सभा' की स्थापना की। भगतसिंह का शाब्दिक अर्थ है - भाग्यशाली।

➢ एच.एस.आर.ए. के मुख्यालय लाहौर और आगरा में भी थे। ये एक फौज का गठन चाहते थे ताकि सशस्त्र क्रांति के माध्यम से औपनिवेशिक सत्ता को उखाड़ा जा सकता है। ये यूनाइटेड स्टेट ऑफ इण्डिया का निर्माण चाहते थे।

➢ एच.एस.आर.ए. एक लौकतांत्रिक संगठन था जिसमें बहुमत से निर्णय लिया जाता था।

➢ साइमन कमीशन के विरोध में लाला जी पर लाठीचार्ज करवाने वाले लाहौर के अंग्रेज सहायक पुलिस अधिक्षक सांडर्स की 17 दिसम्बर, 1928 ई. को भगत सिंह, चन्द्रशेखर व राजगुरु के द्वारा हत्या कर दी गई।

➢ भगत सिंह पर साण्डर्स की हत्या का मुकदमा चलाया जो लाहौर षडयंत्र केस के नाम से जाना जाता है। भगत सिंह मार्क्सवादी विचारों के समर्थक थे।

➢ भगतसिंह कहते थे कि क्रांति की तलवार में धार वैचारिक पत्थर पर रगड़ने पर आती है। आलोचना और स्वतंत्र चिंतन क्रांतिकारी की दो विशेषताएँ होती है। भगत सिंह ने कहा जनता ही जनता के लिए क्रांति कर सकती है तथा क्रांति उस समय तक अधूरी है जब तक समाज के थोड़े से लोग बहुसंख्यक लोगों का शोषण करते रहेंगे।

भगत सिंह

➢ भगत सिंह का जन्म 28 सितम्बर, 1907 ई. को लायलपुर पंजाब वर्तमान में हुआ।

➢ भगत सिंह ने 'मैं नास्तिक क्यों हूँ' नामक लेख लाहौर जेल में लिखा। जेल में ही उन्होंने 'समाजवाद का आदर्श' और 'दि डोर टू डेथ' नामक पुस्तकें लिखी।

➢ भगत सिंह ने राणा प्रताप, भारत-दुर्दशा एवं सम्राट चन्द्रगुप्त जैसे देशभक्तिपूर्ण नाटकों में कॉलेज के दौरान अभिनय भी किया था।

➢ भगत सिंह ने नौजवान भारत सभा, कीर्ति किसान पार्टी तथा हिन्दुस्तान सोशलिस्ट रिपब्लिक एसोसिएशन (एच.एस.आर.ए.) नामक क्रांतिकारी संगठनों के गठन में महत्त्वपूर्ण भूमिका निभाई।

केन्द्रीय असम्बेली बम काण्ड - 1929 ई.

➢ भगत सिंह व बटुकेश्वर दत्त ने केन्द्रीय असम्बेली में पब्लिक सेफ्टी बिल और ट्रेड डिस्फ्यूट बिल के विरोध में 8 अप्रैल, 1929 ई. में खाली बेंचों पर बम फेंके

और स्वयं गिरफ्तार हो गए। इन्होंने कहा ''हमारा उद्देश्य बहरे कानो तक अपनी आवाज पहुँचाना था।''

- 23 मार्च, 1931.ई. को लाहौर जेल में भगत सिंह, सुखदेव व राजगुरु को फाँसी दे दी गई। इन्होंने जेल में अपने साथ राजनीतिक कैदियों के व्यवहार की माँग की जिसमें 25 वर्ष के जतिनदास ने 63 दिन भूख हड़ताल के बाद दम तोड़ दिया।
- जतिनदास को जब लाहौर से कलकत्ता लाया गया तो कलकत्ता में 15 लाख लोग उमड़े। पण्डित जवाहर लाल नेहरू कलकत्ता में जतिन दास की शहादत पर भाषण दिया। अंग्रेजी सरकार ने पं. जवाहर लाल नेहरू पर देशद्रोह का आरोप लगाकर दो वर्ष की सजा सुनाई।
- इन तीनों वीर क्रांतिकारियों की शहादत के छह दिन बाद ही 29 मार्च को कांग्रेस का कराची सम्मेलन हुआ जिसमें भाग लेने के लिए गाँधीजी को कराची जाते समय भारतीय नवयुवकों के तीव्र विरोध का सामना करना पड़ा। यद्यपि गाँधीजी ने तीनों को बचाने की कोशिश की थी किन्तु भारतीय गाँधीजी से नाराज थे और इन्हें अपेक्षा थी की गाँधीजी दिल्ली समझौते पर हस्ताक्षर नहीं करेंगे और वो इन तीनों वीर क्रांतिकारियों को बचा लेंगे।
- गाँधीजी की कराची यात्रा के दौरान उनके खिलाफ प्रदर्शन किए और काले झंडे दिखाये गए तथा पंजाब नौजवान सभा ने भगत सिंह एवं उनके साथियों को फाँसी की सजा से नहीं बचा पाने के लिए गाँधीजी की तीव्र आलोचना की।
- भगत सिंह की मृत्यु पर कहा -

  सुभाष चन्द्र बोस - ''इंकलाब जिंदाबाद व भगत सिंह जिंदाबाद दोनों का अर्थ एक ही है।''

  डॉ. सत्यपाल - ''भगत सिंह ने साहस व दृढ़ निश्चय की खाई को समाप्त कर दिया है।''

  गाँधीजी - ''जहाँ तक मुझे याद पड़ता है किसी के जीवन में इतना रोमांच नहीं जुड़ा जितना की भगत सिंह के जीवन से जुड़ा था।''
- भगत सिंह की शहादत पर पट्टाभि सीतारमैय्या ने लिखा ''यह कहना अतिश्योक्ति नहीं होगी की भगत सिंह का नाम भारत में उतना ही लोकप्रिय था, जितना की गाँधीजी का।''
- भगत सिंह का शहीद स्मारक फिरोजपुर, पंजाब में है।
- तेलुगू कवि श्री श्री ने भगत सिंह के जीवन पर 'मारे प्रपंच' कविता लिखी और कहा ''दूसरी दूनिया बुला रही है, दुसरी दूनिया बुला रही है।'' इसमें लाल झण्डे का आहवान है।
- भगत सिंह ने अपने मुकदमे के दौरान कहा था की ''मेरा मुख्य काम किसान-मजदूरों का संगठन बनाना होगा।''

अल्फ्रेड पार्क इलाहाबाद - 27 फरवरी, 1931 ई.

- इलाहाबाद के अल्फ्रेड पार्क में चन्द्र शेखर आजाद को पुलिस अधिक्षक नाटबाबर ने घेर लिया था। आजाद ने पुलिस से संघर्ष किया और अंत में शेष बची गोली से स्वयं को 'आजाद' कर लिया।
- आजाद को बिस्मिल 'पारा/क्विक सिल्वर' कहा।
- राजगुरु 'चूहा' के नाम से प्रसिद्ध था।
- भगत सिंह ने कहा ''दिल से निकलेगी न मरकर भी वतन की उलफत, मेरी मिट्टी से भी वतन की खुशबू आएगी।''

इंडियन रिपब्लिकन आर्मी (I.R.A.)

- चटगाँव में राष्ट्रीय स्कूल के अध्यापक मास्टर सूर्यसेन ने इंडियन रिपब्लिकन आर्मी I.R.A. की स्थापना की। इनके संगठन में मुस्लिम सदस्य भी शामिल थे। 18 अप्रैल, 1930 ई. को I.R.A. के सदस्य गणेश घोष के नेतृत्व में चटगाँव के शस्त्रागार को लुट लिया गया। इसमें लोकीनाथ बाउल सहित I.R.A. के 65 क्रांतिकारी सदस्य शामिल थे। परन्तु क्रांतिकारियों को यहाँ गोला-बारूद नहीं मिला।
- सूर्यसेन की अध्यक्षता में अस्थाई सरकार का गठन किया। कल्पना दत्त और प्रीतिलता वाडेकर भी इनकी सहयोगी थी। पुलिस मुठभेड़ में प्रीतिलता मारी गई। 1933 ई. में जलाला बाग की पहाड़ियों पर सूर्यसेन व कल्पना दत्त को गिरफ्तार कर लिया सूर्यसेन को 12 जनवरी, 1934 ई. में फाँसी दे दी गई। सूर्यसेन को 'मास्टर दा' भी कहा जाता है।
- दिसम्बर, 1931 ई. में कौमिला की स्कूली छात्रा शांतिघोष व सुनिति चौधरी ने कलक्टर को गोली मार दी थी।
- 1932 ई. में बीनादास ने दीक्षांत समारोह में गवर्नर को गोली मार दी थी।
- 1924 ई. में गोपीनाथ शाह ने कलकत्ता में पुलिस कमीशनर 'टेगार्ड' को गोली मार दी थी।

प्रमुख उपाधियाँ

उपाधि	प्राप्तकर्ता	दाता
राजा	राजा राममोहन राय	अकबर द्वितीय
महात्मा	महात्मा गाँधी	रवीन्द्र नाथ टैगोर
गुरुदेव	रवीन्द्र नाथ टैगोर	महात्मा गाँधी
अर्द्धनंगा फकीर	महात्मा गाँधी	विंस्टन चर्चिल
देशद्रोही फकीर	महात्मा गाँधी	विंस्टन चर्चिल
वन मैन बाउंड्री फोर्स	महात्मा गाँधी	लॉर्ड माउंटबेटन
राष्ट्रपिता	महात्मा गाँधी	सुभाषचन्द्र बोस
नेताजी	सुभाषचन्द्र बोस	एडोल्फ हिटलर
सरदार	वल्लभभाई पटेल	बारदोली की महिलाएं
विवेकानन्द	स्वामी विवेकानन्द	महाराजा खेतड़ी
कायदे आजम	मोहम्मद अली जिन्ना	महात्मा गाँधी
देशनायक	सुभाष चन्द्र बोस	रवीन्द्रनाथ टैगोर
देशरत्न	राजेन्द्र प्रसाद	महात्मा गाँधी

क्रांतिकारियों पर हुए प्रसिद्ध मुकदमे		
अलीपुर षड्यंत्र केस	1908	अलीपुर या मानिकतल्ला षड्यंत्र केस अरविन्द घोष सहित कई व्यक्तियों पर चलाया गया।
नासिक षड्यंत्र केस	1909-10	विनायक सावरकर को निर्वासन, अन्य 26 को कारावास।
हावड़ा षड्यंत्र	1910	जतिन मुखर्जी इस केस में मुख्य अभियुक्त थे।
ढाका षड्यंत्र केस	1910	पुलिनदास को 7 वर्ष की सजा।
दिल्ली षड्यंत्र	1915	मास्टर अमीर चन्द, अवध बिहारी बोस एवं बाल मुकुन्द को फांसी।
बनारस षड्यंत्र	1915-16	शचीन्द्र नाथ सान्याल को आजीवन काला पानी।
काकोरी षड्यंत्र	1925	रामप्रसाद बिस्मिल एवं अशफाक उल्ला खां को फांसी।
लाहौर षड्यंत्र	1929-30	भगत सिंह, राजगुरु, सुखदेव सहित 19 लोगों को फांसी।

भारत तथा विदेशों में गुप्त समितियों का गठन

समितियाँ	वर्ष	संगठनकर्त्ता	विशेष
अनुशीलन समिति (ढाका)	1902	पुलिन बिहारी दास	बंगाल की प्रथम क्रांतिकारी संस्था थी, महाराष्ट्र तथा पूरे भारत की यह प्रथम समिति थी।
मित्र मेला (महाराष्ट्र)	1902	वी.डी. सावरकर	वी.डी. सावरकर के बड़े भाई थे।
अभिनव भारत (महाराष्ट्र)	1904	वी.डी. सावरकर, गणेश सावरकर	
अनुशीलन समिति (कलकत्ता)	1907	बारीन्द्र कुमार घोष, जतीन्द्र नाथ बनर्जी एवं भूपेन्द्र दत्त	
गदर पार्टी (अमेरिका के सैन फ्रांसिस्को)	1913	लाला हरदयाल एवं सोहन सिंह भाखना	यह भारत में सशस्त्र क्रांति करवाना चाहती थी।
हिन्दुस्तान रिपब्लिकन एसोसिएशन	1924	चंद्रशेखर आजाद, शचीन्द्र सान्याल, रामप्रसाद बिस्मिल	अंग्रेज अफसरों में भय व्याप्त करना।
हिन्दुस्तान सोशलिस्ट रिपब्लिकन एसोसिएशन	1928	शचीन्द्र सान्याल, रामप्रसाद बिस्मिल	इसकी स्थापना अखिल भारतीय स्तर पर की गई थी।
इन्डियन इन्डिपेन्डेस लीग (जापान)	1942	रास बिहारी बोस	–

ब्रिटिशकालीन समितियाँ

आयोग/समितियाँ	अध्यक्ष	स्थापना वर्ष	वायसराय	उद्देश्य
इनाम आयोग	इनाम	1852 ई.	लॉर्ड डलहौजी	भूस्वामियों की उपाधियों की जाँच करने के लिए
स्ट्रेची आयोग	रिचर्ड स्ट्रेची	1880 ई.	लॉर्ड लिटन	अकाल पीड़ितों को राहत दिलाने के लिए
हण्टर आयोग	विलियम हण्टर	1882 ई.	लॉर्ड रिपन	शिक्षा की प्रगति के पुनरावलोकन के लिए
हरशेल समिति	हरशेल	1893 ई.	लॉर्ड लैंसडाउन	टकसाल संबंधी सुझाव देने के लिए
लायल आयोग	जेम्स लायल	1898 ई.	लॉर्ड एल्गिन	1880 के दुर्भिक्ष आयोग की रिपोर्ट का अध्ययन कर सुझाव देने के लिए
मैक्डोनाल्ड आयोग	सर एंटोनी मैक्डोनाल्ड	1901 ई.	लॉर्ड कर्जन	दुर्भिक्ष पर स्ट्रेची आयोग की रिपोर्ट पर अपना सुझाव देने के लिए
मॉन्क्रीफ आयोग	सर एंटोनी स्कॉट मॉन्क्रीफ	1901 ई.	लॉर्ड कर्जन	सिंचाई व्यय की योजना बनाने के लिए
फ्रेजर आयोग	सर डब्ल्यू. फ्रेजर	1902 ई.	लॉर्ड कर्जन	पुलिस प्रशासन की कार्य पद्धति की जाँच करना
रैले आयोग	थॉमस रैले	1902 ई.	लॉर्ड कर्जन	विश्वविद्यालय से सम्बन्धित
सैडलर आयोग	माइकल सैडलर	1917 ई.	लॉर्ड चेम्सफोर्ड	कलकत्ता विश्वविद्यालय की कार्यप्रणाली और उसके दोषों की जाँच के लिए गठित
शाही आयोग	लॉर्ड ली	1923 ई.	लॉर्ड रीडिंग	भारतीय नागरिक सेवा से सम्बन्धित दोषों को दूर करने हेतु
स्कीन समिति (भारतीय सेण्डहर्स्ट समिति)	एंड्रयू स्कीन	1925 ई.	लॉर्ड रीडिंग	भारतीय सेना के भारतीयकरण संबंधी सुझाव देने हेतु
बटलर समिति	हरकोर्ट बटलर	1927 ई.	लॉर्ड इरविन	ब्रिटिश परमसत्ता और देशी राज्यों के अच्छे संबंध स्थापित करने के उद्देश्य से गठित
व्हिटले आयोग	जे.एच. व्हिटले	1928 ई.	लॉर्ड इरविन	श्रमिकों की स्थिति का अध्ययन करने और रिपोर्ट प्रस्तुत करने के उद्देश्य से
लिण्डसे आयोग	ए.डी. लिण्डसे	1929 ई.	लॉर्ड इरविन	मिशनरी शिक्षा के विकास के लिए
सप्रू समिति	तेज बहादुर सप्रू	1934 ई.	लॉर्ड वेलिंग्टन	संयुक्त राज्य में बेरोजगारी के कारणों के अध्ययन के लिए
वुडहेड आयोग (दुर्भिक्ष जाँच आयोग)	सर जॉन वुडहेड	1943-44 ई.	लॉर्ड वेवेल	बंगाल दुर्भिक्ष के कारणों की जाँच करने के लिए

भारत के महान स्वाधीनता सेनानी एक दृष्टि में

नाम	जन्म	मृत्यु	क्यों प्रसिद्ध हैं
अब्दुल गुलाम जिलानी	25.10.1904	10.02.1932	ढाका जेल में मारे गए।
अब्दुल गफ्फार खान	06.02.1890	20.01.1988	बादशाह खान के नाम से लोकप्रिय अब्दुल गफ्फार खान को 'सीमांत गाँधी' भी कहा जाता है। खुदाई खिदमतगार आंदोलन (लाल कुर्ती) के नेता, भारत रत्न से सम्मानित।

आगा खान	1877	1957	मुस्लिम लीग के संस्थापक सदस्य एवं अध्यक्ष (1906-13 तक), 1932 में लीग ऑफ नेशंस में भारतीय दल का प्रतिनिधित्व।
अमलेंदु घोष	22.01.1947		'बंगाल टाइगर' के नाम से प्रसिद्ध, वियतनाम दिवस मनाते समय पुलिस फायरिंग में मारे गए।
सर आशुतोष मुखर्जी	29.09.1864	25.05.1924	'रॉयल बंगाल टाइगर'
अरविंद घोष	15.08.1872	05.12.1950	बंगाल के उग्रवादी नायक (1806-10)। पांडिचेरी में संत बन गए। 'युगांतर' का संपादन।
एनी बेसेन्ट	01.10.1847	20.09.1933	प्रमुख थियोसोफिस्ट, सेंट्रल हिंदू कॉलेज (अब, बी.एच.यू.) की स्थापना; होमरूल लीग (1916); कांग्रेस अध्यक्ष 1917 में।
आचार्य जगदीश चंद्र बसु	30.11.1858	23.11.1937	बंगाल के वैज्ञानिक
आचार्य विनोबा भावे	11.09.1895	15.11.1982	भूदान आंदोलन।
भोलानाथ चटर्जी	–	27.01.1916	जानकारी छुपाने के लिए आत्महत्या
शालिनी प्रसाद भट्टाचार्य	–	03.02.1935	राजशाही जेल में फांसी।
भगत सिंह	27.09.1907	23.03.1931	राजुगुरु और सुखदेव के साथ लाहौर जेल में फांसी; लाहौर षड्यंत्र केस में अभियुक्त; सांडर्स की हत्या, सेंट्रल लेजिस्लेटिव एसेंबली में बम फेंका।
बंकिम चंद्र चटर्जी	27.06.1838	08.04.1894	'बंगाल के संत', **वंदे मातरम्** (आनंद मठ) के रचयिता
विपिन चंद्र पाल	07.11.1858	20.05.1932	'देश नायक', उग्रपंथी नेता।
बालगंगाधर तिलक	23.07.1856	01.08.1920	'लोकमान्य'; उग्रवादी नेता।
बदरुद्दीन तैयब जी	10.10.1844	1906	हाई कोर्ट में पहले भारतीय वकील
सी.एफ. एंड्रूज	12.02.1871	05.02.1944	'दीनबन्धु'।
चंद्रशेखर आजाद	23.07.1906	27.07.1931	'सौ युद्धों के नायक; 'आजाद'; हिन्दुस्तान सोशलिस्ट रिपब्लिकन आर्मी के नेता।
कर्नल मिश्रा	–	14.04.1945	नेताजी ने 'शेर-ए-हिंद' की उपाधि दी।
धीरेन्द्र नारायण मुखर्जी	24.06.1899	19.02.1969	हमेशा जेल में ही रहे।
दामोदर चापेकर (हरि चापेकर)	–	18.04.1898	यरवदा में फांसी।
दादाभाई नौरोजी	04.09.1825	30.06.1917	'ग्रांड ओल्ड मैन ऑफ इंडिया'।
डॉ. राधाकृष्णन	05.09.1888	17.04.1975	महान दार्शनिक, स्वतन्त्र भारत के पहले उप-राष्ट्रपति।
डॉ. राजेन्द्र प्रसाद	03.12.1884	18.02.1963	'देशरत्न', स्वतन्त्र भारत के पहले राष्ट्रपति।
गोपाल कृष्ण गोखले	09.05.1866	19.02.1915	'देश नायक', गाँधीजी के राजनीतिक गुरु'; 'सर्वेंट्स ऑफ इंडिया सोसायटी' के संस्थापक।
यतीन्द्र मोहन सेनगुप्ता	22.02.1885	23.07.1963	'देशप्रिय'।
जयप्रकाश नारायण	11.10.1902	08.10.1979	'लोकनायक', समाजवादी।
कस्तूरबा गाँधी	11.04.1869	22.02.1944	सामाजिक कार्यकर्ता, गाँधी जी की पत्नी।
कुँवर सिंह	1777 ई.	1858 ई.	1857 के विद्रोह के नेता, बिहार के जगदीशपुर से आंदोलन की शुरुआत की।
खुदीराम बोस	03.12.1889	11.08.1908	पहले शहीद, मुजफ्फरपुर के जज किंग्सफोर्ड की पत्नी की हत्या के जुर्म में फांसी (किंग्सफोर्ड की हत्या का षड्यंत्र)
लाला लाजपत राय	28.01.1865	17.11.1928	'पंजाब केसरी'।
लाल बहादुर शास्त्री	02.10.1904	11.01.1966	'जय जवान-जय किसान' का नारा दिया; भारत के प्रधानमन्त्री, ताशंकद समझौता
ले. जोसफीन और हैवलडारस्टेले		03.04.1945	आई.एन.ए. की रानी झांसी रेजीमेंट की दो महिलाएँ।
मिस इला सेन और मीरा देवी	–	27.01.1932	कालापानी की सजा; मैजिस्ट्रेट स्लेव की गोली मारकर हत्या।
महात्मा गाँधी (मोहनदास करमचंद गाँधी)	02.10.1869	30.01.1948	'राष्ट्रपिता' एवं 'बापू'।

मौलाना अबुल कलाम आजाद	11.11.1888	22.02.1958	अल हिलाल पत्रिका के संपादक, राष्ट्रीय आंदोलन के प्रमुख नेता।
मालिनी देवी	20.11.1870	25.03.1955	राष्ट्रवादी नेत्री।
मदन मोहन मालवीय	25.12.1861	12.11.1946	राष्ट्रवादी, बनारस हिंदू विश्वविद्यालय के संस्थापक (1916)] 'महामना' की उपाधि से विभूषित।
मदन लाल ढींगरा	18.02.1883	17.08.1909	लंदन में कर्जन वाइली की गोली मारकर हत्या की।
निर्मल जीवन घोष	1916	1934	राष्ट्रभक्त।
नागेंद्र नाथ दत्त	1885	1918	राष्ट्रभक्त।
नेताजी सुभाष चंद्र बोस	23.01.1897	18.08.1945	'आजाद हिंद फौज' का गठन, 'फारवर्ड ब्लॉक के संस्थापक, दिल्ली चलो' और 'तुम मुझे खून दो, मैं तुम्हें आजादी दूँगा' नारा दिया।
प्रद्योत कुमार भट्टाचार्य		12.01.1933	मिदनापुर जेल में फांसी।
पंडित मोतीलाल नेहरू	0.7.05.1851	06.02.1931	'स्वराज्य पार्टी' के संस्थापक सचिव, नेहरू रिपोर्ट से संबंद्ध।
प्रफुल्ल चंद्र चाकी	18.12.1888	01.05.1908	खुदीराम बोस के साथी।
पंडित जवारहलाल नेहरू	14.11.1889	27.05.1964	'राष्ट्र निर्माता'; 1946 में अंतरिम सरकार के नेता, स्वतन्त्र भारत के पहले प्रधानमन्त्री।
फिरोजशाह मेहता	04.08.1845	0.5.11.1915	'बांबे क्रॉनिकल' के संस्थापक' (1913)] 'इंडियन एसोसिएशन' की 1876 ई. में स्थापना की।
रासबिहारी बोस	25.05.1886	21.01.1945	'विप्लवी' नायक', दिल्ली में लॉर्ड हार्डिंग पर बम फेंका।
रवींद्रनाथ टैगोर	0.7.05.1861	07.08.1941	'कविगुरु', 'गुरुदेव' – साहित्य (गीतांजलि) के लिए नोबेल पुरस्कार।
रोहिनी बरुआ	–	18.12.1928	फरीदपुर जेल में फांसी।
रामप्रसाद बिस्मिल	18.06.1897	19.12.1927	गोरखपुर जेल में फांसी (काकोरी षड्यंत्र के अभियुक्त)।
स्वामी विवेकानन्द	12.01.1863	0.4.07.1902	'भारत की प्रेरणा'
सोहनलाल पाठक	07.01.1883	10.02.1916	मांडले जेल में फांसी।
सत्येन्द्र नाथ बोस	01.01.1894	04.02.1974	आईसीएस पास करने वाले प्रथम भारतीय।
सुरेन्द्र नाथ बनर्जी	10.11.1848	06.08.1925	भारतीय राजनीति के जनक।
वल्लभभाई पटेल	31.10.1875	15.12.1950	'लौह पुरुष' की उपाधि से विभूषित।
उधम सिंह	26.12.1899	31.07.1940	'भारत के लाल'।
मेडलीन स्लेड (मीराबेन)	22.11.1892	20.07.1982	गाँधी जी की प्रसिद्ध शिष्या, 1982 ई. में 'पद्म भूषण' दिया गया।
कैथरिन मैरी हेलीमेन	1900 ई.	18.07.1982	गांधी जी की प्रसिद्ध यूरोपीय भक्त, सामाजिक कार्यकर्ता, कौसानी (कुमाऊं पहाड़ियों) में आश्रम।
विनायक दामोदर सावरकर	28.05.1883	26.02.1966	महाराष्ट्र के क्रांतिकारी नेता, 'हिंदू महासभा' के अध्यक्ष, 'अभिनव भारत' के संस्थापक।

ब्रिटिश कालीन प्रमुख समाचार-पत्र

प्रकाशन	पत्र/पत्रिका	संस्थापक	स्थान	भाषा
1780	बंगाल गजट	जे. आगस्ट हिक्की	कलकत्ता	अंग्रेजी
1816	बंगाल गजट	गंगा किशोर भट्टाचार्य	कलकत्ता	बंगाली
1818	समाचार दर्पण	मार्शमैन	कलकत्ता	बांग्ला
1818	दिग्दर्शन	मार्शमैन	कलकत्ता	बांग्ला
1821	संवाद कौमुदी	राजा राममोहन राय	कलकत्ता	बांग्ला
1822	मिरात-उल अखबार	राजा राममोहन राय	कलकत्ता	फारसी
1822	बॉम्बे समाचार	फर्दूनजी मर्जबान	बम्बई	गुजराती
1826	उदन्त मार्तण्ड	जुगल किशोर शुक्ला	कलकत्ता	हिन्दी
1830	बंगदत्त	द्वारिकानाथ टैगोर, प्रसन्न टैगोर	कलकत्ता	बांग्ला
1832	जाम-ए जमशेद	–	बम्बई	गुजराती
1851	रास्त गोफ्तार	दादाभाई नौरोजी	बम्बई	गुजराती

1852	सत्य प्रकाश	करसान दास मूलजी	अहमदाबाद	गुजराती
1853	हिन्दू पेट्रियॉट	गिरीश चन्द्र घोष, हरिशचन्द्र मुखर्जी	कलकत्ता	अंग्रेजी
1859	सोमप्रकाश	द्वारका नाथ विद्याभूषण	कलकत्ता	बांग्ला
1861	इण्डियन मिरर	देवेन्द्रनाथ टैगोर, मनमोहन घोष	कलकत्ता	अंग्रेजी
1861	टाइम्स ऑफ इण्डिया	अंग्रेजी प्रेस (राबर्ट नाइट)	बम्बई	अंग्रेजी
1862	इन्दु प्रकाश	जस्टिस रानाडे	बम्बई	मराठी
1864	नेटिव ओपिनियन	वी.एन. मांडलिक	बम्बई	अंग्रेजी
1865	पायनियर	अंग्रेजी प्रेस (राबर्ट नाइट)	इलाहाबाद	अंग्रेजी
1866	ज्ञान प्रदायिनी	नवीन चन्द्र राय	लाहौर	हिन्दी/बांग्ला
1867	कविवचन सुधा	भारतेन्दु हरिश्चन्द्र	वाराणसी	हिन्दी
1868	अमृत बाजार पत्रिका	मोतीलाल घोष, शिशिर घोष	कलकत्ता	बांग्ला अंगेजी
1868	मद्रास मेल	अंग्रेजी प्रेस (राबर्ट नाइट)	मद्रास	अंग्रेजी
1873	बंग दर्शन	बंकिम चन्द्र चटर्जी	कलकत्ता	बांग्ला
1877	ट्रिब्यून	सर दयाल सिंह मजीठिया	लाहौर	अंग्रेजी
1877	हिन्दी प्रदीप	बालकृष्ण भट्ट	वाराणसी	हिंदी
1878	स्टेट्समैन	रॉबर्ट नाइट	कलकत्ता	अंग्रेजी
1878	हिन्दू	वी.राघवचारी	मद्रास	अंग्रेजी
1879	बंगाली	एस.एन. बनर्जी	कलकत्ता	अंग्रेजी
1881	बंगवासी	जोगिन्दर नाथ बोस	कलकत्ता	बांग्ला
1881	मराठा	बाल गंगाधर तिलक	बम्बई	अंग्रेजी
1881	केसरी	बाल गंगाधर तिलक	बम्बई	मराठी
1890	इण्डिया	दादाभाई नौरोजी	बम्बई	अंग्रेजी
1899	हिन्दुस्तान स्टैण्डर्ड (रिव्यू)	सच्चिदानन्द सिन्हा	दिल्ली	अंग्रेजी
1900	इण्डियन रिव्यू	जी.एन. नटेशन	मद्रास	अंग्रेजी
1903	इण्डियन ओपिनियन	महात्मा गाँधी	द. अफ्रीका	अंग्रेजी
1905	इण्डियन सोशियोलॉजिस्ट	श्याम जी कृष्ण वर्मा	लन्दन	अंग्रेजी
1906	युगान्तर	भूपेन्द्र दत्त, बारीन्द्र घोष	कलकत्ता	बंगाली
1907	मॉडर्न रिव्यू	रामानन्द चटर्जी	कलकत्ता	अंग्रेजी
1909	वन्देमातरम्	हरदयाल, श्यामजी कृष्ण वर्मा	पेरिस	अंग्रेजी
1910	प्रताप	गणेश शंकर विद्यार्थी	कानपुर	हिन्दी
1912	अल हिलाल	अबुल कलाम आजाद	कलकत्ता	उर्दू
1913	बॉम्बे क्रॉनिकल	फिरोजशाह मेहता	बम्बई	अंग्रेजी
1913	गदर	लाला हरदयाल	सैन फ्रांसिस्को	अंग्रेजी
1914	कॉमनवील	एनी बेसेन्ट	बम्बई	अंग्रेजी
1914	न्यू इण्डिया	एनी बेसेन्ट	बम्बई	अंग्रेजी
1918	सर्वेन्टस ऑफ इण्डिया	श्री निवास शास्त्री	मद्रास	अंग्रेजी
1919	इण्डिपेन्डेन्ट	मोतीलाल नेहरू	इलाहाबाद	अंग्रेजी
1919	नवजीवन	महात्मा गाँधी	अहमदाबाद	गुजराती
1919	यंग इण्डिया	महात्मा गाँधी	अहमदाबाद	अंग्रेजी
1922	हिन्दुस्तान टाइम्स	के. एम. पणिक्कर	बम्बई	अंग्रेजी
1933	हरिजन	महात्मा गाँधी	पुणे	हिन्दी

राष्ट्रीय स्वतन्त्रता आंदोलन संबंधी प्रमुख वचन एवं नारे	
"स्वराज्य हमारा जन्मसिद्ध अधिकार है।"	–बाल गंगाधर तिलक
"सरफरोशी की तमन्ना अब हमारे दिल में है।"	–रामप्रसाद बिस्मिल
"सारे जहाँ से अच्छा हिन्दोस्तां हमारा।"	–इकबाल
"जय हिन्द।"	–सुभाषचन्द्र बोस
"हे राम।"	–महात्मा गाँधी
"जन-गण-मन-अधिनायक जय हो।"	–रवीन्द्रनाथ टैगोर
"हू लिव्स इफ इण्डिया डाइज।"	–जवाहरलाल नेहरू
"इन्कलाब जिन्दाबाद।"	–भगत सिंह तथा बाद में मोहम्मद इकबाल
"दिल्ली चलो।"	–सुभाष चन्द्र बोस
"करो या मरो।"	–महात्मा गाँधी
"आराम हराम है।"	–जवाहरलाल नेहरू
"भारतवर्ष को तलवार के बल पर जीता गया था और तलवार के बल पर ही उसे ब्रितानी कब्जे में रखा जाएगा।"	–लॉर्ड एल्गिन

स्वतन्त्रता आंदोलन से सम्बन्धित पुस्तकें एवं उनके लेखक

पुस्तक	लेखक
वंदेमातरम्	अरविंद घोष
न्यू लैम्प्स फॉर ओल्ड	अरविंद घोष
भवानी मंदिर	बारीन्द्र घोष
हिन्द स्वराज	महात्मा गांधी
गोरा	रवीन्द्रनाथ टैगोर
घरे-बाहरे	रवीन्द्रनाथ टैगोर
भारत एक खोज	जवाहरलाल नेहरू
एसेज इन इंडियन इकोनॉमिक्स	महादेव गोविन्द रानाडे
राइज ऑफ द मराठा पावर	महादेव गोविन्द रानाडे
आर्कटिक होम ऑफ दि वेदाज	बाल गंगाधर तिलक
गीता रहस्य	बाल गंगाधर तिलक
गाँधी वर्सेज लेनिन	एस.ए.डांगे
प्रॉब्लम ऑफ द ईस्ट	लॉर्ड कर्जन
नील दर्पण	दीनबंधु मित्र
इंडिया टुडे	आर.पी. दत्त
इंडिया विन्स फ्रीडम	अबुल कलाम आजाद
ठाकुरमार झोली	डी. एम. मजूमदार
इंडिया अनरेस्ट	वेलेन्टाइन शिरोल
प्राच्य और पाश्चात्य	स्वामी विवेकानंद
निबंधमाला	विष्णुकृष्ण चिपलुकर
गौर करुणानिधि	स्वामी दयानंद सरस्वती
लेटर्स फ्रॉम रशिया	रवीन्द्रनाथ टैगोर
विदर इंडिया	रवीन्द्रनाथ टैगोर
सोवियत एशिया	जवाहरलाल नेहरू
पाथेर दाबी	अवनीन्द्रनाथ टैगोर
हिस्ट्री ऑफ हिन्दू केमेस्ट्री	पी.सी. राय
पीजेंट्री ऑफ बंगाल	आर.सी. दत्त
पावर्टी एण्ड अनब्रिटिश रूल इन इंडिया	दादाभाई नौरोजी
दुर्गेश नंदिनी	बंकिम चन्द्र चटर्जी
बंग दर्शन	बंकिम चन्द्र चटर्जी
आनंद मठ	बंकिम चन्द्र चटर्जी
इंडिया इन ट्रांजिशन द इकोनॉमिक	एम.एन. राय
हिस्ट्री ऑफ ब्रिटिश इंडिया	आर.सी. दत्त
इंडियन स्ट्रगल	सुभाष चन्द्र बोस
इंडियन मुसलमान्स	हंटर
गणदेवता	ताराशंकर बंद्योपाध्याय
फिलॉस्फी ऑफ द बॉम	भगवतीचरण बोहरा
व्हाई सोशलिज्म	जयप्रकाश नारायण

प्रश्नमाला

1. करमचंद गाँधी दीवान थे–

(a) पोरबंदर के
(b) राजकोट के
(c) बीकानेर के
(d) उपर्युक्त सभी राज्यों के

2. दक्षिण अफ्रीका में रहने की अवधि में महात्मा गाँधी ने निम्न में से जिस पत्रिका का प्रकाशन किया, उसका नाम था–

(a) नवजीवन (b) इंडिया गजट
(c) अफ्रीकनर (d) इंडियन ओपिनियन

3. फीनिक्स फॉर्म कहाँ है?

(a) सूरतगढ़
(b) एसेक्स (इंग्लैण्ड)
(c) डरबन (द. अफ्रीका)
(d) कम्पाला

4. एम. के. गाँधी समर्थन थे-

(a) मार्क्सवादी समाजवाद के
(b) श्रेणी समाजवाद के
(c) आदर्शवाद के
(d) दार्शनिक अराजकतावाद के

5. निम्न में से गाँधी जी के रामराज्य के युगल सिद्धांत कौन थे?

(a) छुआछूत की समापित तथा नशाबंदी
(b) सत्य तथा अहिंसा
(c) खादी तथा चरखा
(d) सही लक्ष्य तथा सही उपाय

6. गाँधी जी की दृष्टि में अहिंसा का अर्थ है–
(a) सत्य की प्राप्ति का रास्ता
(b) राजनीतिक स्वतंत्रता प्राप्ति का रास्ता
(c) ईश्वर–संस्मरण का एकमात्र रास्ता
(d) आत्मविलीनीकरण

7. गाँधी जी के संदर्भ में निम्न में से कौन-सा सही है?
(a) बिना मार्क्सवाद के मार्क्सवादी
(b) बिना समाजवाद के समाजवादी
(c) बिना व्यक्तिवाद के व्यक्तिवादी
(d) समाजवादियों में एक व्यक्तिवादी और समाजवादियों में एक मार्क्सवादी

8. गाँधी जी की सत्याग्रह रणनीति में निम्नलिखित में से किसे सबसे अंतिम स्थान प्राप्त है?
(a) बहिष्कार (b) धरना
(c) उपवास (d) हड़ताल

9. गाँधीजी के सिद्धांत के अनुसार, निम्न में से कौन-सा एक कथन सही नहीं है?
(a) सत्याग्रही का उद्देश्य शत्रु को पराजित करना है।
(b) सत्याग्रही का शस्त्र अहिंसा है।
(c) सत्याग्रही को अपने संकल्प में दृढ़ विश्वास होना चाहिए।
(d) सत्याग्रही को विरोधियों के प्रति द्वेष भाव नहीं रखना चाहिए।

10. गाँधी जी के अनुसार, हिंसा का क्रूरतम रूप है–
(a) गरीबी का स्थायित्व
(b) गो–वध
(c) मानव हत्या
(d) महिलाओं और बच्चों का उत्पीड़न

11. गाँधी जी ने परिवार नियोजन हेतु क्या तरीका बताया?
(a) आत्मनियंत्रण (b) नसबंदी
(c) निरोध (d) लूप

12. गाँधी जी दक्षिण अफ्रीका में कितने वर्ष रहे थे?
(a) 20 वर्ष (b) 21 वर्ष
(c) 16 वर्ष (d) 15 वर्ष

13. महात्मा गाँधी दक्षिण अफ्रीका से भारत किस वर्ष स्थायी रूप से लौटे?
(a) 1915 (b) 1917
(c) 1916 (d) 1918

14. दक्षिण अफ्रीका के किस रेलवे स्टेशन पर गाँधी को ट्रेन से फेंका गया था?
(a) जोहॉन्सबर्ग (b) पीटरमारित्सबर्ग
(c) डरबन (d) प्रिटोरिया

15. एम.के. गाँधी ने निम्नलिखित भारतीय राष्ट्रीय कांग्रेस के अधिवेशनों में से किस एक में सर्वप्रथम भाग लिया था?
(a) लखनऊ अधिवेशन, 1916
(b) कलकत्त अधिवेशन, 1901
(c) अमृतसर अधिवेशन, 1919
(d) नागपुर अधिवेशन, 1920

16. भारत के स्वतंत्रता आंदोलन के दौरान महात्मा गाँधी द्वारा स्थापित साबरमती आश्रम नगर के बाहर स्थित है-
(a) गाँधी नगर (b) अहमदाबाद
(c) राजकोट (d) वर्धा

17. महात्मा गाँधी ने अहमदाबाद के निकट साबरमती के किनार एक आश्रम बनाया था। इसे .... कहा जाता था?
(a) स्वाध्याय आश्रम
(b) हरिजन आश्रम
(c) सत्याग्रह आश्रम
(d) स्वराज आश्रम

18. महात्मा गाँधी से संबद्ध निम्नलिखित आश्रमों में कौन सबसे पुराना है?
(a) साबरमती (b) फीनिक्स
(c) वर्धा (d) सदाकत

19. गाँधी ने 'सेवाधर्म' कहाँ अपनाया था?
(a) बम्बई (b) शांतिनिकेतन
(c) दक्षिण अफ्रीका (d) पुर्ण

20. महात्मा गाँधी के राजनीतिक गुरु कौन थे?
(a) सी.आर. दास (b) दादाभाई नौरोजी
(c) तिलक (d) गोपाल कृष्ण गोखले

21. भारतीय राष्ट्रीय कांग्रेस का लाहौर अधिवेशन कब हुआ?
(a) 1931 (b) 1929
(c) 1921 (d) 1930

22. इंडियन नेशनल कांग्रेस और मुस्लिम लीग के बीच मतैक्य का काल निम्न में से कौन प्रदर्शित करता है?
(a) 1906-1911
(b) 1916-1922
(c) 1917-1921
(d) 1940-1946

23. ब्रिटिश पार्लियामेंट में चुना जाने वाला प्रथम भारतीय कौन था?
(a) रासबिहारी बोस
(b) सुरेन्द्र नाथ बनर्जी
(c) दादाभाई नौरोजी
(d) विट्ठल भाई पटेल

24. सुमेलित कीजिए-

A.	**बारदोली सत्याग्रह**	**1.**	**गांधी**
B.	**चम्पारन सत्याग्रह**	**2.**	**राम सिंह**
C.	**कूका आंदोलन**	**3.**	**गफ्फार खां**
D.	**लाल कुर्ती**	**4.**	**सरदार पटेल**

(a) A-4 B-1 C-2 D-3
(b) A-2 B-1 C-3 D-4
(c) A-4 B-3 C-2 D-1
(d) A-1 B-2 C-3 D-4

25. कथन (A) : द्वितीय विश्व युद्ध में भारतीय राष्ट्रीय कांग्रेस ने अंग्रेजों को सहयोग प्रदान किया था।
कारण (R) : क्योंकि उन्हें पूर्ण स्वराज्य प्राप्त होने की आशा थी।
(a) A, R दोनों सत्य हैं तथा R, A की स्पष्ट व्याख्या है।
(b) A, R दोनों सत्य हैं तथा R, A की स्पष्ट व्याख्या नहीं है।
(c) A सत्य है पर R असत्य है।
(d) R सत्य है पर A असत्य है।

26. 1937 में सम्पन्न विधान सभा चुनावों में इंडियन नेशनल कांग्रेस को निम्न में से किस प्रांत में पूर्ण बहुमत नहीं मिला था?
(a) मध्य प्रांत (b) बिहार
(c) पंजाब (d) मद्रास

27. 'मेरा अंतिम उद्देश्य प्रत्येक व्यक्ति के आंख से आंसू पोंछना होगा।' यह कथन निम्न में से किसका है?
(a) जवाहर लाल नेहरू
(b) महात्मा गांधी
(c) बी.जी. तिलक
(d) जी.के. गोखले

28. कथन (A) : गांधी जी ने दांडी मार्च किया।
कारण (R) : वे भारत की गरीब जनता को निःशुल्क नमक दिलाना चाहते थे।
(a) A और R दोनों सत्य हैं तथा R, A की सही व्याख्या करता है।
(b) A और R सत्य है, किन्तु R, A की सही व्याख्या नहीं करता है।
(c) A सत्य है, R असत्य है।
(d) R सत्य है, A असत्य है।

29. दांडी मार्च शुरू किया गया था-
(a) नमक कानून के समर्थन हेतु
(b) नमक कानून तोड़ने हेतु
(c) रौलेट एक्ट के समर्थन हेतु
(d) रौलेट एक्ट के विरोध में

30. किस बात ने गांधी जी को फरवरी, 1922 में सविनय अवज्ञा आंदोलन स्थगित करने पर बाध्य किया?
(a) चौरी-चौरा और अन्य स्थानों पर हुई हिंसक घटनाओं ने
(b) मतभेद

(c) सरकारी दमन
(d) जेलों की भीड़

31. लाला लाजपत राय घायल हुए थे-
(a) साइमन कमीशन के विरोध में हुए लाठी चार्ज में
(b) रौलेट एक्ट के विरोध में हुए लाठी चार्ज में
(c) भारत छोड़ो आंदोलन के समय हुए लाठी चार्ज में
(d) गवर्नमेंट ऑफ इंडिया एक्ट के विरोध में हुए लाठी चार्ज में

32. भारत छोड़ो आंदोलन कब आरंभ हुआ था?
(a) सन् 1936 में (b) सन् 1940 में
(c) सन् 1942 में (d) सन् 1947 में

33. द्वितीय विश्व युद्ध के संबंध में भारतीय राष्ट्रीय कांग्रेस की क्या नीति थी?
(a) पूर्ण स्वतंत्रता का आश्वासन मिलने पर ब्रिटेन को सहयोग
(b) ब्रिटेन को सक्रिय सहयोग
(c) तटस्थता
(d) उपरोक्त में से कोई नहीं

34. दिल्ली से पहले भारत की राजधानी थी-
(a) कलकत्ता
(b) मुम्बई
(c) चंडीगढ़
(d) इनमें से कोई नहीं

35. वर्ष 1919 में अखिल भारतीय खिलाफत सम्मेलन का अध्यक्ष किसे चुना गया?
(a) महात्मा गांधी
(b) मुहम्मद अली जिन्ना
(c) मौलाना शौकत अली
(d) मोती लाल नेहरू

36. मोती लाल नेहरू स्वराज दल के नेता थे। निम्न में से कौन-सा दल में नहीं था?
(a) श्रीनिवास आयंगर
(b) चितरंजन दास
(c) विट्ठल भाई पटेल
(d) सी. राजगोपालाचारी

37. लॉर्ड कर्जन ने वर्ष 1905 में बंगाल विभाजन कर दिया, विभाजन किस वर्ष समाप्त हुआ?
(a) सन् 1910 (b) सन् 1912
(c) सन् 1913 (d) सन् 1914

38. निम्न में से किसने सर्वप्रथम गांधीजी को राष्ट्रपिता कहा?
(a) रवीन्द्र नाथ टैगोर
(b) हेनरी डेविड थोरो
(c) सुभाष चन्द्र बोस
(d) राजा राममोहन राय

39. भारत छोड़ो आन्दोलन के समय कौन वायसराय था?
(a) लॉर्ड रिपन (b) लॉर्ड चेम्सफोर्ड
(c) लॉर्ड लिनलिथगो (d) लॉर्ड वेवेल

40. लाल कुर्ती दल संगठित किया गया था-
(a) स्वतंत्र पख्तूनिस्तान बनाने के लिए
(b) पाकिस्तान का सृजन निश्चित करने के लिए
(c) अंग्रेजों को निकालने के लिए
(d) स्वतंत्रता के पश्चात् भारत को एक साम्यवादी देश बनाने के लिए

41. भारतीय राष्ट्रीय कांग्रेस का लाहौर अधिवेशन हुआ था-
(a) सन् 1927 में (b) सन् 1929 में
(c) सन् 1931 में (d) सन् 1935 में

42. निम्नलिखित में से किसका स्थगन गांधी-इरविन समझौते में किया जाना प्रस्तावित था?
(a) असहयोग आंदोलन
(b) खिलाफत आंदोलन
(c) गोलमेज आंदोलन
(d) सविनय अवज्ञा आंदोलन

43. भारतीय राष्ट्रीय कांग्रेस ने पूर्ण स्वतंत्रता प्राप्ति का लक्ष्य किस वर्ष में घोषित किया था?
(a) वर्ष 1929 (b) वर्ष 1931
(c) वर्ष 1939 (d) वर्ष 1941

44. भारतीय राष्ट्रीय कांग्रेस की प्रथम महिला अध्यक्षा थीं-
(a) श्रीमती एनी बेसेन्ट
(b) कमला नेहरू
(c) सरोजनी नायडू
(d) विजय लक्ष्मी पंडित

45. गांधी जी की दृष्टि में अहिंसा का अर्थ है-
(a) सत्य की प्राप्ति का रास्ता
(b) राजनीतिक स्वतंत्रता प्राप्ति का रास्ता
(c) ईश्वर-संस्मरण का एकमात्र रास्ता
(d) आत्मविलीनीकरण

46. 1932 में पूना पैक्ट के बाद हरिजन सेवक संघ की स्थापना हुई। इसके अध्यक्ष-
(a) जगजीवन राम थे।
(b) घनश्याम दास बिड़ला थे।
(c) बी.आर. अम्बेडकर थे।
(d) अमृत लाल ठक्कर थे।

47. 14 जून, 1947 को कांग्रेस के दिल्ली अधिवेशन में भारत के विभाजन का प्रस्ताव स्वीकृत हुआ, इस अधिवेशन के निम्न में से अध्यक्ष कौन थे?
(a) राजेन्द्र प्रसाद
(b) सरदार वल्लभभाई पटेल
(c) आचार्य जे.बी. कृपलानी
(d) जवाहर लाल नेहरू

48. भारतीयों को वर्ष 1947 में सार्वभौम सत्ता सौंपने की योजना निम्न में से किस नाम से जानी गई?
(a) डूरण्ड योजना
(b) मार्ले-मिन्टो सुधार
(c) माउण्टबेटन योजना
(d) वेवेल योजना

49. खिलाफत स्वराज पार्टी की स्थापना की थी-
(a) राजेन्द्र प्रसाद ने
(b) सुभाष चन्द्र बोस ने
(c) सी.आर. दास और मोतीलाल नेहरू ने
(d) बी.आर. अम्बेडकर ने

50. साइमन कमीशन कब भारत आया?
(a) 1920 ई. (b) 1922 ई.
(c) 1925 ई. (d) 1927 ई.

उत्तरमाला

1. (d)	**2.** (d)	**3.** (c)	**4.** (d)	**5.** (b)	**6.** (a)	**7.** (d)	**8.** (d)	**9.** (a)	**10.** (a)
11. (a)	**12.** (b)	**13.** (a)	**14.** (b)	**15.** (b)	**16.** (b)	**17.** (c)	**18.** (b)	**19.** (c)	**20.** (d)
21. (b)	**22.** (b)	**23.** (c)	**24.** (a)	**25.** (b)	**26.** (c)	**27.** (a)	**28.** (c)	**29.** (b)	**30.** (a)
31. (a)	**32.** (c)	**33.** (a)	**34.** (a)	**35.** (a)	**36.** (d)	**37.** (b)	**38.** (c)	**39.** (c)	**40.** (c)
41. (b)	**42.** (d)	**43.** (a)	**44.** (a)	**45.** (a)	**46.** (b)	**47.** (c)	**48.** (c)	**49.** (c)	**50.** (d)

❑❑❑

भूगोल

विश्व का भूगोल

सौरमण्डल

सूर्य (Sun)

- यह मुख्यत: हाइड्रोजन और हीलियम गैसों से बना हुआ अत्यन्त गर्म स्वयं-प्रकाशमान (Self-luminous) तारा है।
- पृथ्वी इसके चारों ओर दीर्घवृत्ताकार कक्षा में परिक्रमा करती है जिससे दोनों के बीच की दूरी बदलती रहती है।
- पृथ्वी से सूर्य की **औसत दूरी 1.496 × 10¹¹** मीटर है जिसे खगोलीय इकाई (Astronomical Unit—AU) का नाम दिया गया है।
- सूर्य का व्यास पृथ्वी के व्यास का लगभग **109 गुना** है। सूर्य का द्रव्यमान सम्पूर्ण सौरमण्डल के द्रव्यमान का 99.87 प्रतिशत है।
- **'मध्य रात्रि सूर्य'** एक प्राकृतिक घटना है जो ग्रीष्मकाल में उच्च अक्षांशों पर देखी जाती है। इस दौरान सूर्य इन अक्षांशों पर उस समय चमकता है, जब पृथ्वी के अन्य भागों में मध्यरात्रि का समय होता है।
- सूर्य अपने अक्ष पर **पूर्व से पश्चिम** की ओर घूमता है।
- सूर्य का केन्द्रीय भाग क्रोड कहलाता है, जिसका तापमान **1.5×10^7°C** है तथा सूर्य की बाहरी सतह का **तापमान 6000°C** है।
- सूर्य की ऊर्जा का स्रोत नाभिकीय संलयन है।
- सौर ज्वाला को उत्तरी ध्रुव पर **औरोरा बोरियालिस** और दक्षिणी ध्रुव पर **औरोरा ऑस्ट्रालिस** कहते हैं।
- सूर्य के प्रकाश को पृथ्वी तक पहुँचने में **8 मिनट 16.6** सेकेण्ड का समय लगता है। सूर्य की उम्र 5 बिलियन वर्ष है।
- **सौर कलंक (Sun Spot)**–सूर्य के परिमण्डल में दिखने वाले धब्बे जिनका तापमान सूर्य की सतह के **तापमान (6000°C)** से काफी कम **(लगभग 1500°C)** होता है। सम्भवत: यह चुम्बकीय रेखाओं का बन्द क्षेत्र है। सौर कलंकों की अधिकता के समय पृथ्वी पर **चुम्बकीय आंधियों (Magnetic Storms)** का जन्म होता है जिसका प्रभाव रेडियो, टेलीविजन, वायरलैस आदि पर पड़ता है।
- **सूर्य की संरचना**–सूर्य की बाहरी सतह का तापमान, जिसे **प्रकाश-मण्डल** (Photosphere) कहते हैं, लगभग 5.770 केल्विन है, परंतु जैसे-जैसे हम इसके अन्दर की तरफ बढ़ते हैं, न केवल तापमान बल्कि दबाव और घनत्व भी बढ़ते जाते हैं।
- सूर्य के क्रोड का तापमान लगभग 15×10^6 K है। इतने उच्च ताप पर पदार्थ केवल गैसीय अवस्था में ही रह सकता है। **अत: सूर्य केवल गैसों से ही बना है।** इसमें 70% हाइड्रोजन, 28% हीलियम और 2% लीथियम तथा यूरेनियम जैसे भारी तत्व भी शामिल हैं।
- **सूर्य के केन्द्रीय भाग को कोर (Core) कहा जाता है, यहीं पर ऊर्जा का उत्पादन मुख्य रूप से होता है।**
- सूर्य की जो चक्रिका (Disk) दिखाई पड़ती है वह **प्रकाश-मण्डल** (Photosphere) है। इसके ऊपर की सतह **वर्ण-मण्डल** (Chromosphere) कहलाती है, जिसका रंग कुछ लाल होता है। यह मुख्यत: हाइड्रोजन से बनी होती है और 1,200 किलोमीटर तक फैली हुई है। इसके और ऊपर की सतह को **प्रभा-मण्डल** (Corona) कहते हैं जो सूर्य ग्रहण के समय दिखाई देती है।
- सूर्य की सबसे ऊपरी परत को **कोरोना** कहते हैं।
- सूर्य, इसकी परिक्रमा करने वाले **8 ग्रहों**, इन ग्रहों के उपग्रहों (जैसे चन्द्रमा) एवं अनेक **क्षुद्रग्रहों** (Asteroids), **धूमकेतुओं** (Comets) तथा **उल्काओं** (Meteors) को सामूहिक रूप से **सौरमण्डल** कहते हैं।
- **ग्रह**–सूर्य के चारों ओर परिक्रमा करने वाले **आकाशीय पिण्डों** को ग्रह कहते हैं। इनका अपना प्रकाश नहीं होता है, बल्कि वे सूर्य के प्रकाश से ही प्रकाशित होते हैं।
- सौरमण्डल में **8 ग्रह** हैं। सूर्य से बढ़ती दूरी के क्रम में इनके नाम हैं: **बुध** (Mercury), **शुक्र** (Venus), **पृथ्वी** (Earth), **मंगल** (Mars), **बृहस्पति** (Jupiter), **शनि** (Saturn), **अरुण** (Uranus) तथा **वरुण** (Neptune)।
- द्रव्यमान के अनुसार ग्रहों को पार्थिव ग्रह और जोवियन ग्रह में बांटा जाता है।
- पार्थिव ग्रह छोटे एवं ठोस होते हैं जिसके अंतर्गत बुध, शुक्र पृथ्वी और मंगल को सम्मिलित किया जाता है।
- जोवियन ग्रह बड़े एवं तरल अवस्था में हैं, जिसके अंतर्गत बृहस्पति, शनि, अरूण एवं वरूण को सम्मिलित किया जाता है।

बुध (Mercury)

- बुध सूर्य का सबसे **निकटतम** एवं **सबसे छोटा ग्रह** है।
- यह सौरमण्डल का तीव्रतम (Fastest) ग्रह है।
- बुध, चन्द्रमा के सदृश दिखाई देता है। बुध ग्रह का **घनत्व 5.4** ग्राम प्रति घन सेमी. है जोकि पृथ्वी के घनत्व के बराबर है।
- इस ग्रह का कोई उपग्रह नहीं है।

शुक्र (Venus)

- शुक्र ग्रह का आकार लगभग पृथ्वी के समान है तथा यह पृथ्वी के निकटतम है। इसे **सौन्दर्य का देवता** भी कहते हैं।
- इसके वायुमण्डल में **97% कार्बन डाइ-ऑक्साइड** पाई जाती है।
- यह सबसे **चमकीला** एवं **सबसे गर्म** ग्रह है।
- शुक्र ग्रह का कोई उपग्रह नहीं है।
- इसे **भोर का तारा** (Morning star) व **सांझ का तारा** (Evening star) भी कहते हैं क्योंकि यह **भोर** में या **सांय** को दिखाई देता है।

पृथ्वी (Earth)

- पृथ्वी सूर्य का **तीसरा निकटतम** ग्रह है।
- पृथ्वी का सम्पूर्ण क्षेत्रफल **51,00,66,100 वर्ग किमी.** है, जिसमें इसका **70.92%** भाग समुद्रों से ढका हुआ है तथा शेष **29.08%** भाग में संपूर्ण जनसंख्या निवास करती है।

❖ पृथ्वी का एक प्राकृतिक उपग्रह चन्द्रमा है।

पृथ्वी से सम्बन्धित प्रमुख तथ्य	
सम्पूर्ण धरातलीय क्षेत्रफल	51,00,66,100 वर्ग किलोमीटर
भूमि क्षेत्रफल	14.89 करोड़ वर्ग किलोमीटर (29.08%)
जनसंख्या	7.586 बिलियन
सूर्य से दूरी	14,95,98,900 किमी.
सूर्य के प्रकाश का पृथ्वी तक पहुँचने का समय	8 मिनट और 16.6 सेकेण्ड
प्रकाश-वर्ष	9.4605 × 1,015 मीटर
चन्द्रमा का व्यास	3,476 किमी.
पृथ्वी की चन्द्रमा से औसत दूरी	3,84,403 किमी.
पृथ्वी की अक्षीय घूर्णन अवधि	23 घण्टा 56 मिनट और 4.09 सेकेण्ड
पृथ्वी की परिक्रमण अवधि	365 दिन 5 घण्टा 48 मिनट और 45.5 सेकेण्ड
पृथ्वी के अक्ष का कक्षा तल पर झुकाव	23
पृथ्वी के अक्ष पर कक्षा तल का कोण	66½

❖ पृथ्वी पर जल की अत्यधिक उपस्थिति के कारण यह अंतरिक्ष से **नीला दिखाई** देता है। इसलिए, इसे **नीला ग्रह** भी कहा जाता है।

❖ भूस्थिर उपग्रह पृथ्वी के चारों और विषुवतीय तल में **पृथ्वी के चक्रण की दिशा (पश्चिम से पूर्व)** में **24 घण्टे** के आवर्तकाल से चक्कर लगाता है।

मंगल (Mars)

❖ यह सौरमण्डल में सूर्य से **चौथे स्थान** पर स्थित एक **चमकीला ग्रह** है।

❖ आयरन ऑक्साइड की उपस्थिति के कारण इसे **लाल ग्रह** (Red Planet) भी कहा जाता है।

❖ इसके **दो ध्रुव** हैं तथा यहाँ भी पृथ्वी की भांति ऋतु परिवर्तन होता है।

❖ यहाँ पर अनेक ज्वालामुखी, गहरे गड्ढे तथा ऊबड़-खाबड़ ऊंचे भू-भाग हैं। सबसे ऊंचा पर्वत **'निक्स ओलम्पिया'** है जो एवरेस्ट से तीन गुना ऊंचा है।

❖ इसके दो उपग्रह हैं–**फोबोस** और **डीमोस**।

❖ मंगल की परिक्रमा कक्षा में जाने वाला प्रथम देश भारत है।

बृहस्पति (Jupiter)

❖ बृहस्पति सौरमण्डल का **सबसे बड़ा** व **भारी ग्रह** है।

❖ इसके वायुमण्डल में मुख्यत: **मीथेन**, **अमोनिया** व **हाइड्रोजन गैस** पाई जाती है।

❖ बृहस्पति ग्रह के **69 उपग्रह** हैं।

❖ यह पृथ्वी से **11 गुना भारी** है। इस ग्रह पर एक विशाल गड्ढा है जिसमें से आग की लपटें निकलती रहती हैं जिससे यह विशाल लाल धब्बे जैसा दिखाई देता है। इसका एक उपग्रह **गैनीमीड सौरमण्डल** का सबसे बड़ा उपग्रह है।

❖ इसका अक्ष **1° झुका** होने के कारण यहाँ मौसम सदा समान रहता है।

शनि (Saturn)

❖ शनि बृहस्पति के बाद सौरमण्डल का **दूसरा सबसे** बड़ा ग्रह है।

❖ इस ग्रह के **82 उपग्रह** हैं। **टाइटन** नामक उपग्रह सबसे बड़ा है व इसमें नाइट्रोजन युक्त वायुमण्डल पाया जाता है।

❖ शनि ग्रह के चारों ओर सुन्दर **वलय (Rings)** पाए जाते हैं। इन **वलयों** की **संख्या 10** है।

❖ इस ग्रह का घनत्व 0.68 ग्राम प्रति घन सेमी. है, अत: यह सबसे कम घनत्व वाला ग्रह है।

अरुण (Uranus)

❖ अरुण सूर्य से **सातवां दूरस्थ** ग्रह है। इस ग्रह की **खोज वर्ष 1781 ई.** में विलियम हर्शेल ने की थी।

❖ शनि की भांति ही इस ग्रह के चारों ओर भी वलय पाए जाते हैं। इन वलयों में **अल्फा**, **बीटा**, **गामा** व **एप्सीलॉन** प्रमुख वलय हैं। इस ग्रह के **27 उपग्रह** तथा 11 धुंधले वलय हैं।

❖ यह अपने अक्ष पर **पूर्व से पश्चिम** की ओर घूमता है, जबकि अन्य ग्रह (शुक्र को छोड़कर) **पश्चिम से पूर्व** की ओर घूमते हैं।

वरुण (Neptune)

❖ यह सूर्य से आठवां दूरस्थ ग्रह है। इस ग्रह की खोज **1846** में जॉन गैले ने की थी।

❖ इसके वायुमण्डल में मुख्य रूप से हाइड्रोजन गैस पाई जाती है। इसके साथ ही कुछ मात्रा में मीथेन गैस भी पाई जाती है। **मीथेन के कारण ही यह ग्रह हरे रंग का दिखाई पड़ता है।**

❖ इस ग्रह के **13 उपग्रह** हैं।

सौरमण्डल से सम्बन्धित महत्वपूर्ण तथ्य	
सबसे भारी ग्रह	बृहस्पति (Jupiter)
रात्रि में लाल दिखाई देने वाला ग्रह	मंगल (Mars)
सौरमण्डल का सबसे बड़ा उपग्रह	गैनीमीड (Ganymede)
सौरमण्डल का सबसे छोटा उपग्रह	डीमोस (Deimos)
सौरमण्डल में ग्रहों की संख्या	8 (Eight)
सबसे बड़ा ग्रह	बृहस्पति (Jupiter)
सबसे छोटा ग्रह	बुध (Mercury)
पृथ्वी का प्राकृतिक उपग्रह	चन्द्रमा (Moon)
सूर्य से सबसे निकट ग्रह	बुध (Mercury)
पृथ्वी के सबसे निकट ग्रह	शुक्र (Venus)
सबसे अधिक चमकीला ग्रह	शुक्र (Venus)
सबसे अधिक चमकीला तारा	साइरस (Dog Star)
सबसे अधिक उपग्रहों वाला ग्रह	शनि (Saturn)
नीला ग्रह	पृथ्वी (Earth)
लाल ग्रह	मंगल (Venus)
भोर का तारा	शुक्र (Venus)
सांझ का तारा	शुक्र (Venus)
पृथ्वी की बहन	शुक्र (Venus)
सौन्दर्य का देवता	शुक्र (Venus)
हरा ग्रह	वरुण (Neptune)
विशाल लाल धब्बे वाला ग्रह	बृहस्पति (Jupiter)
सबसे बड़ा क्षुद्रग्रह	डॉग सेरस (Dog Ceres)

चन्द्रमा

❖ चन्द्रमा एक गोलाकार आकाशीय पिण्ड व पृथ्वी का प्राकृतिक उपग्रह है। यह पृथ्वी के चारों ओर अपने अक्ष पर घूमता है। चन्द्रमा को **जीवाश्म ग्रह** भी कहा जाता है।

- चन्द्रमा का आकार पृथ्वी के आकार का लगभग 1/6 है। अन्य सभी उपग्रहों के आकार अपने मातृ ग्रह के आकार के 1/8 से भी कम हैं।
- चन्द्रमा की प्रकाश किरण को पृथ्वी तक पहुँचने में **1.3 सेकेण्ड** का समय लगता है। इसके विपरीत सूर्य के प्रकाश को पृथ्वी तक पहुँचने में लगभग **8 मिनट 16.6 सेकेण्ड** लगते हैं।
- चन्द्रमा को पृथ्वी का एक चक्कर लगाने में **27 दिन 7 घण्टा 43 मिनट और 11.47 सेकेण्ड** का समय लगता है। चन्द्रमा को अपने अक्ष पर एक बार घूमने में भी ठीक इतना ही समय लगता है। यही कारण है कि हमें सदैव चन्द्रमा की एक ही सतह दिखाई देती है।
- अध्ययन से पता चला है कि चन्द्रमा की आयु भी लगभग उतनी ही है जितनी पृथ्वी की और चन्द्रमा का निर्माण भी लगभग **4.6 अरब** वर्ष पूर्व ही हुआ था।
- चन्द्रमा दीर्घवृत्ताकार पथ में पृथ्वी की **परिक्रमा** करता है। जब चन्द्रमा पृथ्वी के सबसे निकट होता है, तो इस अवस्था को **पेरीजी (Perigee)** कहा जाता है। चन्द्रमा की पृथ्वी से सबसे दूर की अवस्था एपोजी (Apogee) कहलाती है।
- चन्द्रमा की अक्षीय और कक्षीय गति समान होने के कारण ही सदैव चन्द्रमा के केवल एक ही पृष्ठ को देखा जा सकता है।
- चन्द्रमा के अधिकतम **59% भाग** को ही पृथ्वी की सतह से देखा जा सकता है।

पृथ्वी की गतियाँ

- पृथ्वी की दो प्रकार की गतियाँ होती हैं–**(1)** दैनिक गति या घूर्णन (Rotation) तथा **(2)** वार्षिक गति या परिक्रमण (Revolution)।
  - **घूर्णन (दैनिक गति)**–जब पृथ्वी अपनी काल्पनिक धुरी पर सूर्य के सामने पश्चिम से पूर्व की ओर एक पूरा चक्कर लगा लेती है तो यह उसकी **दैनिक गति** कहलाती है।
  - पृथ्वी एक पूरा चक्कर **23 घण्टे 56 मिनट और 4.09 सेकेण्ड** अर्थात् एक दिन में लगा पाती है। इस गति के कारण ही पृथ्वी पर रात तथा दिन होते हैं। चूँकि पृथ्वी अपनी धुरी पर $23\frac{1}{2}^\circ$ अक्षांश झुकी है इसलिए रात-दिन वर्ष भर समान नहीं रहते हैं।
  - पृथ्वी की धुरी वह काल्पनिक रेखा है जो उत्तरी और दक्षिणी ध्रुवों को मिलाती है और पृथ्वी के केन्द्र से गुजरती है, पृथ्वी की धुरी पृथ्वी के कक्षीय तल से $66\frac{1}{2}^\circ$ झुकी होती है तथा कक्षा के अभिलम्ब से $23\frac{1}{2}^\circ$ झुकी होती है।
  - **परिक्रमण (वार्षिक गति)**–जब पृथ्वी अपने अण्डाकार पथ से घूमकर सूर्य के चारों ओर एक चक्कर या परिक्रमा लगा लेती है तो इसे उसकी वार्षिक गति कहते हैं।
  - पृथ्वी सूर्य का एक चक्कर एक वर्ष में **(365 दिन 5 घण्टे 48 मिनट और 45.51 सेकेण्ड** या **$365\frac{1}{4}$ दिन)** लगा पाती है। वार्षिक गति के कारण रात-दिन छोटे-बड़े होते हैं तथा ऋतु परिवर्तन होता है।
  - पृथ्वी जिस मार्ग पर सूर्य का चक्कर लगाती है, उस मार्ग को उसकी कक्षा (Orbit) कहते हैं। इस मार्ग के तल को कक्षीय तल कहते हैं।

उपसौर

- पृथ्वी जब सूर्य के अत्यधिक पास होती है तो इसे **उपसौर** कहते हैं। ऐसी स्थिति 3 जनवरी की होती है।
- उपसौर के समय पृथ्वी और सूर्य के मध्य की औसत दूरी 147 मिलियन कि.मी. होती है।

अपसौर

- पृथ्वी जब सूर्य से अधिकतम दूरी पर होती है तो इसे अपसौर कहते हैं। ऐसी स्थिति 4 जुलाई को होती है।
- अपसौर के समय पृथ्वी और सूर्य के मध्य की औसत दूरी 152 मिलियन कि.मी होती है।
- **ऋतु परिवर्तन**–पृथ्वी $23\frac{1}{2}^\circ$ कक्षीय तल के अभिलम्ब से एक ओर झुकी है अर्थात् कक्षीय तल से धुरी $66\frac{1}{2}^\circ$ का कोण बनाती है। अत: **21 जून** को उत्तरी गोलार्द्ध सूर्य के समीप होता है और दक्षिणी गोलार्द्ध सूर्य से दूर। उस समय उत्तरी गोलार्द्ध में ग्रीष्म ऋतु और दक्षिणी गोलार्द्ध में शीत ऋतु होती है। **21 मार्च** को दोनों गोलार्द्धों की दूरी समान होती है और पृथ्वी पर वसन्त ऋतु पाई जाती है। यही अवस्था **23 सितम्बर** को होती है जब शरद ऋतु पाई जाती है, परिवर्तन का यह क्रम निरन्तर चलता रहता है।

सूर्य के सापेक्ष पृथ्वी की स्थिति

- 21 जून को पृथ्वी का अक्ष सूर्य की ओर 23½ झुका होता है।
- इस तिथि को सूर्य की किरणें कर्क रेखा पर लम्बवत पड़ती हैं। इस स्थिति को कर्क संक्रांति या ग्रीष्म अयनांत कहते हैं।
- 21 जून को उत्तरी गोलार्द्ध में दिन बड़ा तथा रात्रि छोटी होती है। दक्षिणी गोलार्द्ध में इस समय शीत ऋतु होती है।
- 22 दिसम्बर को दक्षिणी गोलार्द्ध सूर्य की ओर तथा उत्तरी गोलार्द्ध विपरीत दिशा में स्थित होता है। इस तिथि को सूर्य मकर रेखा पर लम्बवत चमकता है। इस स्थिति को मकर संक्रांति या शीत अयनांत कहते हैं।
- 21 मार्च व 23 सितम्बर, इन दोनों स्थितियों में सूर्य की किरणें विषुवत रेखा पर लम्बवत पड़ती है।
- 21 मार्च की स्थिति को बंसत विषुव एवं 23 सितम्बर वाली स्थिति को शरद विषुव कहा जाता है।

ग्रहण

- जब पृथ्वी, सूर्य एवं चन्द्रमा के बीच आ जाती है, तो चन्द्रमा को सूर्य का प्रकाश प्राप्त नहीं हो पाता है, बल्कि पृथ्वी की छाया चन्द्रमा पर पड़ने लगती है। इसे **चन्द्र ग्रहण** कहा जाता है।
- ग्रहण के दौरान पड़ने वाली छाया का सबसे काला भाग प्रच्छाया (Umbra) का होता है।
- चन्द्र ग्रहण सदैव **पूर्णिमा** को होता है, परंतु प्रत्येक पूर्णिमा को नहीं, क्योंकि पृथ्वी एवं चन्द्रमा के कक्ष तलों में **5°** का परस्पर झुकाव पाया जाता है।
- जब चन्द्रमा, पृथ्वी एवं सूर्य के बीच आ जाता है, तो चन्द्रमा की छाया पृथ्वी पर पड़ती है एवं सूर्य का प्रकाश पूर्ण रूप से पृथ्वी को नहीं मिल पाता है, इसे **सूर्य ग्रहण** कहा जाता है।
- सूर्य ग्रहण सदैव अमावस्या के दिन होता है, परंतु प्रत्येक अमावस्या को नहीं, क्योंकि पृथ्वी एवं चन्द्रमा के कक्ष तलों में झुकाव के कारण सूर्य ग्रहण उसी अमावस्या को होता है, जिस **अमावस्या को चन्द्रमा** पृथ्वी के कक्ष तल में आ जाता है।
- जब चन्द्रमा, सूर्य को पूरी तरह ढक लेता है तो इसे पूर्ण सूर्य ग्रहण कहा जाता है, परंतु जब चन्द्रमा सूर्य का कुछ भाग ही ढक पाता है, तो इसे **आंशिक सूर्य ग्रहण** कहा जाता है। सूर्य ग्रहण की अवधि में जब सूर्य एक चमकती हुई अंगूठी के रूप में दिखाई पड़ता है, तो इसे **'डायमण्ड रिंग'** कहा जाता है।
- एक कैलेण्डर वर्ष में अधिकतम **7 ग्रहण** (सूर्य ग्रहण एवं चन्द्र ग्रहण को मिलाकर) हो सकते हैं, तथा सूर्य ग्रहण की घटना वर्ष में कम-से-कम **2 बार** व अधिकतम **5 बार** हो सकती है।

ज्वार-भाटा

- ❖ सूर्य व चन्द्रमा की आकर्षण शक्तियों के कारण सागरीय जल के प्रसार उठने तथा आगे (तट) को ओर बढ़ने की अवस्था को ज्वार तथा जल के नीचे उतरने व पीछे (सागर) की ओर लौटने की अवस्था को भाटा कहा जाता है।
- ❖ पृथ्वी के परिभ्रमण (घूर्णन) के कारण 24 घंटे में प्रत्येक स्थान पर दो बार ज्वार एवं दो बार भाटा आता है।
- ❖ जब सूर्य पृथ्वी तथा चन्द्रमा एक सीधी रेखा में होते हैं तो यह स्थिति **युति-वियुति** या **सिजिगी** कहलाती है। सिजिगी की स्थिति पूर्णमासी व अमावस्या को उत्पन्न होती है। इस समय उनकी सम्मिलित आकर्षण शक्ति के परिणामस्वरूप दीर्घ ज्वार या वृहत ज्वार का अनुभव किया जाता है।

उपभू

जब पृथ्वी चन्द्रमा से निकटतम स्थिति पर होती है तो उसे चन्द्रमा की उपभू स्थिति कहते हैं। इस स्थिति में चन्द्रमा का ज्वारोत्पादक बल सर्वाधिक होता है, जिस कारण उच्च ज्वार उत्पन्न होता है।

अपभू

जब चन्द्रमा पृथ्वी से अधिकतम दूरी पर स्थित होता है तो उसे अपभू कहते हैं। इस समय चन्द्रमा का ज्वारोत्पादक बल न्यूनतम होता है, जिस कारण लघु ज्वार उत्पन्न होता है।

अक्षांश एवं देशान्तर

- ❖ पृथ्वी की सतह पर किसी भी बिन्दु की स्थिति अक्षांश एवं देशान्तर के द्वारा निर्धारित की जाती है।
- ❖ विषुवत रेखा के उत्तर या दक्षिण स्थित किसी भी स्थान की विषुवत रेखा से कोणीय दूरी को उस स्थान का **अक्षांश** कहा जाता है तथा समान अक्षांशों को मिलाने वाली काल्पनिक रेखा को **अक्षांश रेखा** कहा जाता हैं। **अक्षांश रेखाएँ विषुवत रेखा** (0° अक्षांश रेखा) के समानान्तर होती हैं। अक्षांश रेखा **0° से 90°** उत्तर एवं दक्षिण तक होती हैं।
- ❖ विषुवत-रेखा पर सदैव दिन-रात बराबर होते हैं क्योंकि इसे प्रकाश वृत हमेशा दो बराबर भागों में बाँटता है।
- ❖ $23\frac{1}{2}^\circ$ उत्तरी अक्षांश रेखा को कर्क रेखा तथा $23\frac{1}{2}^\circ$ दक्षिणी अक्षांश रेखा को मकर रेखा कहा जाता है।
- ❖ $66\frac{1}{2}^\circ$ उत्तरी एवं दक्षिणी अक्षांश रेखा को क्रमश: **आर्कटिक वृत्त** (Arctic Circle) एवं **अंटार्कटिक वृत्त** (Antarctic Circle) कहा जाता है।
- ❖ **दो अक्षांश रेखाओं** के बीच की दूरी लगभग **111 किमी.** होती है।
- ❖ किसी भी स्थान की प्रधान याम्योत्तर (0° देशान्तर या ग्रीनविच से पूर्व या पश्चिम) से कोणीय दूरी को उस स्थान का **देशान्तर** कहा जाता है। समान देशान्तर को मिलाने वाली काल्पनिक रेखा, जो कि ध्रुवों से होकर गुजरती है, **देशान्तर रेखा** कहलाती है। यह पूर्व एवं पश्चिम दिशा में **180° तक** होती है। इस प्रकार देशान्तर रेखाओं की कुल **संख्या 360** है।
- ❖ विषुवत रेखा पर दो देशान्तर रेखाओं के बीच की दूरी **111.32 किमी.** होती है, जो ध्रुवों की ओर घटकर शून्य हो जाती है। चूँकि पृथ्वी को **360° घूमने में 24 घण्टे** का समय लगता है इस प्रकार 1° की दूरी तय करने में **4 मिनट** का समय लगता है। चूँकि पृथ्वी पश्चिम से पूर्व की ओर घूमती है, अत: पूर्व का समय आगे एवं पश्चिम का समय पीछे रहता है।
- ❖ 0° देशान्तर रेखा को **प्रधान यामोत्तर** या **ग्रीनविच** रेखा कहा जाता है। यह रेखा लन्दन के निकट ग्रीनविच से होकर गुजरती है।
- ❖ **180° देशान्तर रेखा को अंतर्राष्ट्रीय तिथि रेखा** (International Date Line) कहा जाता है। यदि कोई व्यक्ति इस रेखा को **पश्चिम से पूर्व** की ओर पार करता है, तो **एक दिन बढ़** हो जाता है एवं जब **पूर्व से पश्चिम** की ओर पार करता है, तो **एक दिन कम** जाता है।
- ❖ पृथ्वी पर किसी स्थान विशेष का सूर्य की स्थिति से परिकलित समय **स्थानीय समय** (Local Time) कहलाता है एवं किसी देश के मध्य से गुजरने वाली देशान्तर रेखा के अनुसार लिया गया समय उस देश का प्रामाणिक समय (Standard Time) कहलाता है। उदाहरण के लिए भारत के सर्वाधिक पूर्व एवं सर्वाधिक पश्चिम में स्थित स्थानों के स्थानीय समय में **लगभग 2 घण्टे** का अंतर होता है। जबकि इन दोनों स्थानों का प्रामाणिक समय एक ही है। भारत का **प्रामाणिक समय** $82\frac{1}{2}^\circ$ **पू. देशान्तर (इलाहाबाद)** से लिया गया है। सामान्यत: प्रत्येक देश की एक प्रामाणिक देशान्तर रेखा होती है परंतु यू.एस.ए. एवं रूस जैसे अधिक देशान्तरीय विस्तार वाले देशों में क्रमश: **5 एवं 11** समय कटिबन्ध हैं।

मानचित्र रेखाएँ

- ❖ किसी मानचित्र पर ढाल को दिखाने के लिए खींची गई असंबद्ध रेखाएँ **हैच्यूर** कहलाती हैं।
- ❖ **समान वर्षा** वाले स्थानों को मिलाने वाली समरेखाओं को **आइसोहाइट** कहते हैं।
- ❖ दो समान ऊँचाई वाले स्थलों को मिलाने वाली काल्पनिक रेखा को **समोच्च रेखा** कहते हैं।
- ❖ **समान मेघाच्छादन** को मिलाने वाली रेखाओं को **आइसोनेफ** कहते हैं।
- ❖ **समान वायुदाब** को मिलाने वाली रेखा को **आइसोबार** कहते हैं।

अंतर्राष्ट्रीय तिथि रेखा की विशेषताएँ

- ❖ साइबेरिया को विभाजित होने से बचाने एवं साइबेरिया, अलास्का को अलग-अलग रखने के लिए **75° उत्तरी अक्षांश** पर यह रेखा पूर्व की ओर मोड़ी गई है।
- ❖ **बेरिंग सागर** में यह रेखा **पश्चिम** की ओर मोड़ी गई है।
- ❖ **फिजी द्वीप समूह** एवं **न्यूजीलैंड** के विभिन्न भागों को एक साथ रखने के लिए यह रेखा, **दक्षिणी प्रशान्त महासागर** में **पूर्व दिशा** की ओर मोड़ी गई है।

विश्व की प्रमुख पर्वत श्रेणियाँ

क्र.सं.	पर्वत श्रेणी	स्थिति	सर्वोच्च शिखर
1.	**कार्डिलेरा डि लॉस एण्डीज**	दक्षिणी अमेरिका	एकांकागुआ
2.	**रॉकी पर्वत श्रेणी**	उत्तरी अमेरिका	माउंट एल्बुर्ज
3.	**हिमालय-कराकोरम-हिंदुकुश**	दक्षिणी-मध्य एशिया	माउंट एवरेस्ट
4.	**ग्रेट डिवाइडिंग रेंज**	पूर्वी ऑस्ट्रेलिया	कोस्यूस्को
5.	**ट्रांस अंटार्कटिका पर्वत**	अंटार्कटिका	माउंट किलपैट्रिक
6.	**ब्राजीलियन अटलांटिक तटीय श्रेणी**	पूर्वी ब्राजील	पिको डिबैंडेरिया

7.	**पश्चिमी सुमात्रा जावा श्रेणी**	प. सुमात्रा तथा जावा	केरिंटजी
8.	**एल्यूशियन रेंज**	अलास्का तथा उ.प्र. प्रशान्त महासागर	शिशैल्डिन
9.	**तियेन शान**	दक्षिणी-मध्य एशिया	पीके पोवेडा
10.	**सेंट्रल न्यू गीनिया रेंज**	आयरिन जाया-पापुआ-न्यू गिनी	जायाकुसुम
11.	**अल्टाई माउंटेन्स**	मध्य एशिया	गोरा बलुआ
12.	**यूराल पर्वत श्रेणी**	मध्य रूस	गोरा नैराड्नाया
13.	**कमचटका स्थित श्रेणी**	पूर्वी रूस	क्ल्यूचेव्स-काया सोपका
14.	**एटलस पर्वत**	उत्तरी पश्चिमी अफ्रीका	जेबेल टाउब्का
15.	**बर्खोयान्स्क पर्वत**	पूर्वी रूस	गोरा मास खाया
16.	**पश्चिमी घाट**	पश्चिमी भारत	अनाईमुदी
17.	**सियरा मादरे ओरिएंटल**	मैक्सिको	ओरीजावा
18.	**जैग्रोस पर्वत श्रेणी**	ईरान	जार्ड कुह
19.	**स्कैंडिनेवियन रेंज**	पश्चिमी नॉर्वे	गैलढोपिजेन
20.	**इथियोपियन उच्च भूमि**	इथियोपिया	रास डासन
21.	**पश्चिमी सियरा मादरे**	मैक्सिको	नेवाडो डि कोलिमा
22.	**मालागासी श्रेणी**	मेडागास्कर द्वीप	मारोमोकोट्रो
23.	**ड्रेकेन्सबर्ग**	दक्षिण-पूर्व अफ्रीका	दबनाएँट-लेन्याना
24.	**चेर्सकोगो खेबेट**	पूर्वी रूस	गोरा पोबेडा
25.	**काकेशस**	जॉर्जिया	एल्बुर्ज

क्षेत्रफल के आधार पर विश्व की प्रमुख झीलें

क्र.सं.	झीलें	स्थिति	क्षेत्रफल (वर्ग कि.)	विवरण
1.	**कैस्पियन सागर**	कजाकिस्तान, रूस, तुर्कमेनिस्तान, अजरबैजान व ईरान	3,71,000	विश्व की सबसे बड़ी खारे जल की झील है।
2.	**सुपीरियर**	कनाडा व अमेरिका	82,414	विश्व की सबसे बड़ी मीठे जल की झील है।
3.	**विक्टोरिया**	युगांडा, केन्या व तंजानिया	69,485	अफ्रीका की सबसे बड़ी झील।
4.	**ह्यूरन**	कनाडा व अमेरिका	59,600	
5.	**मिशीगन**	अमेरिका	58,000	एक देश के अन्दर सबसे बड़ी झील।
6.	**टंगानिका**	बुरूंडी, तंजानिया, जांबिया, कांगो	32,893	विश्व की सबसे लम्बी झील।
7.	**बैकाल**	रूस	31,500	विश्व की सर्वाधिक गहरी व ताजे जल की झील।
8.	**ग्रेट बियर**	कनाडा	31,080	कनाडा की सबसे बड़ी झील।
9.	**मलावी**	मलावी, मोजाम्बिक, तंजानिया	30,044	
10.	**ग्रेट स्लेव**	कनाडा	28,930	उत्तरी अमेरिका की सबसे गहरी झील।
11.	**इरी**	कनाडा व अमेरिका	25,719	
12.	**ओंटारियो**	कनाडा व अमेरिका	19,477	
13.	**लेडोगा**	रूस	18,130	यूरोप की सबसे बड़ी झील।
14.	**बाल्खश**	कजाकिस्तान	16,400	
15.	**बोस्टक**	अंटार्कटिका	15,690	अंटार्कटिका की सबसे बड़ी झील।
16.	**ओनेगा**	रूस	9,891	
17.	**टिटिकाका**	पेरू व बोलिविया	8,135	विश्व की सबसे ऊंची नौकायन झील।
18.	**निकारागुआ**	निकारागुआ	8,001	यह एक कॉल्डेरा झील है।
19.	**अथाबास्का**	कनाडा	7,920	
20.	**ताइमर**	रूस	6,990	उत्तरी आर्कटिक क्षेत्र की सबसे बड़ी झील।
21.	**तुर्कानर**	इथियोपिया व केन्या	6,405	विश्व की सबसे बड़ी स्थाई मरुस्थलीय व क्षारीय झील।

22.	रेंडियर	कनाडा	6,330	हिमाच्छादन क्रिया से निर्मित झील।
23.	इसिक कुल	किर्गिस्तान	6,200	
24.	उरमियाँ	ईरान	6,001	
25.	वार्नेन	स्वीडन	5,545	
26.	विनिपेग	कनाडा	5,403	कनाडा की सबसे बड़ी झील जो जाड़े में पूर्णतः जम जाती है।
27.	अल्बर्ट	युगांडा व कांगो	5,299	
28.	मवेरू	जाम्बिया व कांगो	5,120	
29.	नेडिटलिंग	कनाडा	5,066	बैफिन द्वीप की सबसे बड़ी झील।
30.	निपिगोन	कनाडा	4,843	
31.	मनीतोबा	कनाडा	4,706	
32.	ग्रेट साल्ट	अमेरिका	4,662	विश्व की तीसरी सर्वाधिक खारे जल की झील।
33.	किंघई (कोकोनोर)	चीन	4,489	
34.	सैमा	फिनलैंड	4,400	
35.	वुड	कनाडा व अमेरिका	4,350	
36.	खानका	चीन व रूस	4,190	

विश्व के प्रमुख अंतरीप

क्र.सं.	अंतरीप	देश	मुख्य नगर	महासागर/सागर	अवस्थिति
1.	अंगुलहास केप	द. अफ्रीका	अगुलहास	हिन्द महासगार	द. हिन्द महासागर
2.	ब्लांकी केप	संयुक्त राज्य अमेरिका	पोर्ट-ओरफर्ड	प्रशान्त महासागर	ऑरेगन, प्रशान्त महासागर
3.	केप केनरेवल	संयुक्त राज्य अमेरिका	कनकिरल नगर	अटलांटिक महासागर	अटलांटिक महासागर तट
4.	केनकन केप	मेक्सिको	केनकन	अटलांटिक महासागर	मैक्सिको की खाड़ी
5.	चिडली केप	कनाडा	चिडली	लेब्राडोर सागर	लेब्राडोर प्रायद्वीप –
6.	कॉड केप	मैसाचुसेट्स की खाड़ी	बोर्न	फंडी की खाड़ी	उ. अटलांटिक महासागर
7.	फेयरवेल केप	ग्रीनलैंड	लेब्रोडोर	उत्तर अटलांटिक महासागर	अटलांटिक महासागर
8.	फरिया केप	अंगोला	–	अटलांटिक महासागर	द. अटलांटिक महासागर
9.	फरायो केप	ब्राजील	फरायो	द. अटलांटिक	द. अटलांटिक महासागर
10.	गुड होप केप	द. अफ्रीका	गुड होप	द. अटलांटिक	केपटाउन के दक्षिण में हिन्द महासागर
11.	गुआडीफुल	सोमालिया	गुआडीफुल	अरब सागर	हिन्द महासागर
12.	हैटिरास	संयुक्त राज्य अमेरिका	फरिस्को	उ. अटलांटिक महासागर	अटलांटिक महासागर
13.	हार्न-केप	चिली	केप हॉर्न	–	द. अटलांटिक महासागर
14.	होव्रे केप	ऑस्ट्रेलिया	–	तस्मान सागर	द. प्रशान्त महासागर
15.	आईसी केप	संयुक्त राज्य अमेरिका	वैनराईट	चुकसी सागर	उत्तरी प्रशान्त महासागर
16.	कन्याकुमारी	भारत	कन्याकुमारी	तमिलनाडु	हिन्द महासागर
17.	लिबुविन	ऑस्ट्रेलिया	–	तस्मान सागर	द. प्रशान्त महासागर
18.	लूकाज	मेक्सिको	सान लूकाज	प्रशान्त महासागर	उ. प्रशान्त महासागर
19.	सातापान	यूनान	–	भूमध्य सागर	भूमध्य सागर
20.	नॉर्थ केप	न्यूजीलैंड	–	द. प्रशान्त महासागर	प्रशान्त महासागर

विश्व के प्रमुख ज्वालामुखी

क्र.सं.	नाम	ऊँचाई (मी.)	श्रेणी/स्थिति	देश
1.	ओजोसडेल सलाडो	6,885	एण्डीज	अर्जेंटीना-चिली
2.	गुआल्लाटीरी	6,060	एण्डीज	चिली
3.	कोटोपैक्सी	5,897	एण्डीज	इक्वाडोर
4.	लैसकर	5,641	एण्डीज	चिली

5.	टुंपुगटीटो	5,640	एण्डीज	चिली
6.	पोपोकैटेपिटल	5,451	अप्टीप्लानो डि	मैक्सिको
7.	सैंगे	5,230	एण्डीज	इक्वाडोर
8.	क्ल्यूचेव्सकाया सोप्का	4,850	कमचटका प्रायद्वीप	रूस
9.	प्यूरेस	4,590	एण्डीज	कोलम्बिया
10.	मोनालोआ	4,170	हवाई द्वीप	अमेरिका
11.	टकाना	4,078	सियरामादरे	ग्वाटेमाला
12.	माउंट इरबेस	3,795	रॉस	अंटार्कटिका
13.	रिंदजानी	3,726	लाम्बोका	इंडोनेशिया
14.	पिकोडिटीडे	3,718	चेरेरिफं (कनारी द्वीप)	जायरे
15.	सेमेरू	3,676	जावा	इंडोनेशिया
16.	नीरागोंगा	3,470	विरुंगा	स्पेन
17.	कोरयाक्सकाया	3,456	कमचटका प्रायद्वीप	रूस
18.	इराजू	3,452	सेंट्रल कार्डिलेरा	कोस्टारिका
19.	स्लामाट	3,428	जावा	इंडोनेशिया
20.	माउंट स्पर	3,374	अलास्का श्रेणी	अमेरिका
21.	माउंट एटना	3,308	सिसिली	इटली
22.	लैसेन पीक	3,186	कास्केड श्रेणी, कैलिफोर्निया	अमेरिका
23.	माउंट सेंट हेलेन्स	2,949	कास्केड श्रेणी, वाशिंगटन	अमेरिका
24.	टैम्बोरा	2,850	सुमात्रा	इंडोनेशिया
25.	द पीक	2,060	त्रिस्ता-डि-कुन्हा	द. अटलांटिक

विश्व के महासागर

प्रशान्त महासागर (Pacific Ocean)

- विश्व का सबसे बड़ा और गहरा महासागर जिसकी आकृति त्रिभुजाकार है।
- क्षेत्रफल **16.572 करोड़ वर्ग किमी.** है।
- उत्तर में **बेरिंग जलडमरूमध्य**, दक्षिण में अंटार्कटिका महाद्वीप, पश्चिम में एशिया तथा ऑस्ट्रेलिया एवं पूर्व में उत्तरी तथा दक्षिणी अमेरिका महाद्वीप स्थित है।
- इस महासागर में **सर्वाधिक गर्त** पाए जाते हैं।
- प्रशान्त महासागर में **अटलांटिक** तथा **हिन्द महासागर** के समान मध्यवर्ती कटक (Central Ridge) नहीं पाया जाता है।
- कुछ बिखरे कटक; जैसे–**एल्बेट्रोस पठार, न्यूजीलैंड कटक, क्वींसलैंड पठार** (Lord Howridge), **हवाई कटक** आदि पाए जाते हैं।
- तटवर्ती सागर जैसे–बेरिंग सागर, जापान सागर, पीला सागर, जावा सागर, बाण्डा सागर, अरफुरा सागर, कोरल सागर पश्चिमी भाग में स्थित हैं।
- अलास्का की खाड़ी, कैलिफोर्निया की खाड़ी, पनामा की खाड़ी, फाल्सो की खाड़ी पूर्वी भाग में स्थित है।
  - सर्वाधिक द्वीप तथा जलमग्न कैनियन प्रशान्त महासागर में पाए जाते हैं।
  - एल्बेट्रोस कटक पूर्वी प्रशान्त महासागर में स्थित हैं।

प्रशान्त महासागरीय धाराएँ

क्र.सं.	धाराएं	स्वरूप
1.	उत्तरी विषुवतरेखीय जलधारा	गर्म
2.	क्यूरोशियो जलधारा	गर्म
3.	उत्तरी प्रशान्त प्रवाह	गर्म
4.	अलास्का की धारा	गर्म
5.	सुशिमा धारा	गर्म
6.	क्युराइल जलधारा	ठंडी
7.	कैलिफोर्निया धारा	ठंडी
8.	दक्षिणी विषुवतरेखीय जलधारा	गर्म
9.	पूर्वी ऑस्ट्रेलिया धारा	गर्म
10.	हम्बोल्ट/पेरूवियन धारा	ठंडी
11.	अंटार्कटिका प्रवाह	ठंडी
12.	प्रति विषुवतरेखीय जलधारा	गर्म
13.	एलनिनो धारा	गर्म
14.	ओखोटस्क धारा	ठंडी

अटलांटिक महासागर (Atlantic Ocean)

- यह महासागर संसार का छठा भाग है जिसका क्षेत्रफल **लगभग 8.296** करोड़ वर्ग किमी. (प्रशान्त महासागर का आधा है)
- **आकृति 'S'** आकार के सदृश है।
- इसके **पश्चिम** में उत्तरी तथा दक्षिणी अमेरिका, **पूर्व** में यूरोप तथा अफ्रीका, **दक्षिण** में अंटार्कटिका, उत्तर (North) में ग्रीनलैंड, हडसन की खाड़ी, बाल्टिक सागर तथा उत्तरी सागर स्थित है।
- मग्नतट स्थित सागरों एवं खाड़ियों में **कैरीबियन सागर, मैक्सिको खाड़ी, हडसन खाड़ी, उत्तरी सागर, बाल्टिक सागर, नॉर्वे सागर, डेनमार्क जलडमरूमध्य, बिस्के की खाड़ी, भूमध्य सागर** तथा **गिनी की खाड़ी** आदि प्रमुख हैं।
- मग्नतट स्थित द्वीपों में ब्रिटिश द्वीप (डागर बैंक), न्यूफाउंडलैण्ड (ग्राण्ड बैंक), आइसलैंड, बरमूडा, सेण्ट हेलेना ट्रिनिडाड, फॉकलैंड, जॉर्जिया, शटलैंड सैण्डविच केनारी, केपवर्डे प्रमुख हैं।

- ❖ **मध्य अटलांटिक कटक (Mid Atlantic Ridge)** अटलांटिक महासागर की मुख्य विशेषता है।
- ❖ आइसलैंड एवं अटलांटिक महासागर के बीच यह वाइविले थॉमसन कटक कहलाती है। ग्रीनलैंड एवं आइसलैंड के बीच टेलीग्राफिक पठार के नाम से प्रसिद्ध है।
- ❖ भूमध्य रेखा के निकट रोमांश गर्त (Romanche Deep) इसे दो भागों में बांटता है। उत्तरी भाग डॉल्फिन श्रेणी तथा दक्षिणी भाग का नाम चैलेंजर श्रेणी है।
- ❖ मध्य अटलांटिक कटक का अधिकांश भाग जलमग्न है परंतु इसकी कई चोटियाँ महासागरीय जलस्तर से बाहर निकली हुई हैं; जैसे–अजोर्स का पाइको तथा केपवर्डे द्वीप।
- ❖ सबसे तीव्र शिखर भूमध्य रेखा के निकट सेण्ट पाल नामक द्वीप समूह का है।
- ❖ अटलांटिक महासागर में सेण्ट हेलेना, गुआ तथा बोवेट द्वीप, ज्वालामुखी द्वीप हैं।
- ❖ प्रमुख गर्त प्यूर्टोरिको गर्त, रोमांश गर्त, दक्षिणी सैण्डविच गर्त, केपवर्ड गर्त हैं।
- ❖ प्रमुख द्रोणियाँ गुयाना, अंगोला, केपवर्ड द्रोणी, केप, अगुलहास, लेब्राडोर, ब्राजील, स्पेनिश तथा केनारी।

अटलांटिक महासागरीय धाराएँ

1. उत्तरी अटलांटिक महासागर में ऋतुओं के अनुसार पवनों की दिशा और धाराओं में कोई परिवर्तन नहीं होता है।
2. उत्तरी और प्रति विषुवतीय धाराएँ सभी ऋतुओं में निरंतर बहती हैं।
3. कई कारक संयुक्त रूप से धाराओं की उत्पत्ति और दिशा परिवर्तन में योगदान देते हैं।
4. उत्तरी अटलांटिक में कई धाराएँ समुद्र में बहती हैं जैसे–**उत्तरी अटलांटिक धारा**।
5. उत्तरी अटलांटिक महासागर **आर्कटिक महासागर** से जुड़ा है।

हिन्द महासागर (Indian Ocean)

- ❖ क्षेत्रफल 7.34 करोड़ वर्ग किमी., गहराई 4,000 मी.।
- ❖ यह एक ओर प्रशान्त महासागर तथा दूसरी ओर अटलांटिक महासागर से मिला है।
- ❖ इसके उत्तर में दक्षिण एशिया, दक्षिण में अंटार्कटिका महाद्वीप, पूर्व में ऑस्ट्रेलिया महाद्वीप तथा पश्चिम में अफ्रीका महाद्वीप है।
- ❖ **गर्तों (Trenches)** का अभाव है। केवल जावा के दक्षिण से **सुण्डा गर्त** तथा डायमेण्टिना गर्त पाई जाती है।
- ❖ हिन्द महासागर का सबसे बड़ा द्वीप मेडागास्कर है। अन्य द्वीप हैं: **अंडमान-निकोबार द्वीप, मॉरीशस द्वीप, श्रीलंका द्वीप, जंजीबार द्वीप** आदि।
- ❖ ज्वालामुखी द्वीपों में मॉरीशस व रीयूनियन द्वीप महत्वपूर्ण हैं। अन्य द्वीपों में **लंकादीव, मालदीव, चैगोस, न्यू एमस्टर्डम, सेण्ट पॉल, कारगुलेन, सेंचलीस, प्रिन्स एडवर्ड, क्रोजेट** एवं **डियागो गार्शिया** आदि प्रमुख हैं।

हिन्द महासागरीय धाराएँ

1. उत्तरी हिन्द महासागर में ऋतुओं के अनुसार मानसूनी पवनों की दिशा बदलने से धाराओं की दिशा बदल जाती है।
2. ग्रीष्म ऋतु में **उत्तरी और प्रति विषुवतीय** धाराएँ पूरी तरह समाप्त हो जाती हैं।
3. धाराओं की उत्पत्ति और दिशा परिवर्तन में पवनों की प्रमुख भूमिका रहती है।
4. **स्थल अवरूद्ध** होने के कारण धाराएँ तटों का अनुसरण करती हैं।
5. उत्तरी हिन्द महासागर में कोई ठंडी धारा नहीं है।

आर्कटिक महासागर

- ❖ यह सबसे छोटा महासागर है जिसके अधिकांश भाग पर बर्फ जमी रहती है। इसको छिपता हुआ महासागर भी कहा जाता है।
- ❖ **ब्यूफोर्ट, लाप्टेव, कारा, श्वेतसागर** आदि इसके सीमान्त सागर हैं। यह सबसे कम गहरा महासागर है।
- ❖ विश्व का सबसे चौड़ा महाद्वीपीय मग्नतट इसी महासागर में है।
- ❖ फराओ तथा स्पिट्सबर्जन इसके महत्वपूर्ण कटक (Ridges) हैं।
- ❖ **क्षेत्रफल की दृष्टि से महासागर (घटता क्रम)**–प्रशान्त महासागर > अटलांटिक महासागर > हिन्द महासागर > आर्कटिक महासागर
- ❖ **गहराई की दृष्टि से (घटता क्रम)**–मेरियाना गर्त (प्रशान्त महासागर) > प्यूर्टोरिको गर्त (अटलांटिक) > डायमेण्टिना (हिन्द महासागर)।

  समुद्र की गहराई का मापक **'फैदम'** होता है। (1 फैदम = 6 फीट)

विश्व की प्रमुख जलसंधियाँ

क्र.सं.	जलसंधि	संबद्ध स्थल	भौगोलिक स्थिति
1.	बेरिंग जलसंधि	बेरिंग सागर एवं चुकसी सागर	अलास्का–रूस
2.	एमक्ल्यूरे जलसंधि	आर्कटिक महासागर	कनाडा
3.	शैली कॉफ जलसंधि	अलास्का की खाड़ी	अलास्का–कोडियाक द्वीप
4.	यूकाटन जलसंधि	मैक्सिको की खाड़ी एवं कैरीबियन सागर	मैक्सिको–क्यूबा
5.	फ्लोरिडा जलसंधि	मैक्सिको की खाड़ी एवं अटलांटिक महासागर	सं.रा. अमेरिका–क्यूबा
6.	बेलेद्वीप जलसंधि	सेंट लॉरेंस एवं अटलांटिक महासागर	कनाडा
7.	डेविस जलसंधि	बेफिन खाड़ी एवं अटलांटिक महासागर	ग्रीनलैंड–कनाडा
8.	हडसन जलसंधि	हडसन की खाड़ी एवं अटलांटिक महासागर	कनाडा
9.	मैगेलन जल संधि	प्रशान्त एवं दक्षिण अटलांटिक महासागर	चिली
10.	डेनमार्क जलसंधि	उत्तरी अटलांटिक एवं आर्कटिक महासागर	ग्रीनलैंड–आइसलैंड
11.	डोवर जलसंधि	इंग्लिश चैनल एवं उत्तरी सागर	इंग्लैंड–फ्रांस
12.	नॉर्थ चैनल	आयरिश सागर एवं अटलांटिक महासागर	आयरलैंड–इंग्लैंड
13.	जिब्राल्टर जलसंधि	भूमध्य सागर एवं अटलांटिक महासागर	स्पेन–मोरक्को
14.	बोनी–फैसियो जलसंधि	भूमध्य सागर	कोर्सिका–सार्डिनिया
15.	ओरंटो जलसंधि	एड्रियाटिक सागर एवं एजियन सागर	इटली–अल्बानिया
16.	डार्डनेलीज जलसंधि	मारमरा सागर एवं एजियन सागर	तुर्की

17.	बासपोरस जलसंधि	काला सागर एवं मारमरा सागर	तुर्की
18.	मेसिना जलसंधि	भूमध्य सागर	इटली-सिसली
19.	हारमुज जलसंधि	फारस की खाड़ी एवं आमीन की खाड़ी	ओमान-ईरान
20.	बाब-अल मंदेब जलसंधि	लाल सागर एवं अरब सागर	यमन-जिबूती
21.	मोजाम्बिक चैनल	हिन्द महासागर	मोजाम्बिक-मालागासी
22.	पाक जलसंधि	मन्नार एवं बंगाल की खाड़ी	भारत-श्रीलंका
23.	मलक्का जलसंधि	अंडमान सागर एवं दक्षिणी चीन सागर	इंडोनेशिया-मलेशिया
24.	सुंडा जलसंधि	जावा सागर एवं हिन्द महासागर	इंडोनेशिया
25.	कारीमाता जलसंधि	दक्षिणी चीन सागर एवं जावा सागर	इंडोनेशिया
26.	फार्मोसा जलसंधि	दक्षिण चीन सागर- पूर्वी चीन सागर	चीन-ताइवान
27.	सुशीमा जलसंधि	जापान सागर एवं पूर्वी चीन सागर	जापान
28.	कोरिया जलसंधि	जापान सागर एवं पूर्वी चीन सागर	जापान-कोरिया
29.	सुगारू जलसंधि	जापान सागर एवं प्रशान्त महासागर	जापान
30.	नेमुरो जलसंधि	प्रशान्त महासागर	जापान

विश्व के महाद्वीप

❖ भूडमरूमध्य अथवा भू-सन्धि भूमि की एक पतली पट्टी होती है, जो दो जलराशियों को अलग करती है तथा बड़े भू-भागों को जोड़ती है।

❖ समुद्र तल से ऊपर उठे हुए पृथ्वी के विशाल भूखंडों को महाद्वीप कहते हैं। ये महाद्वीप निम्न हैं–

1. एशिया
2. यूरोप
3. उत्तरी अमेरिका
4. दक्षिणी अमेरिका
5. अफ्रीका
6. ऑस्ट्रेलिया
7. अंटार्कटिका

❖ एशिया, यूरोप और उत्तरी अमेरिका उत्तरी गोलार्द्ध में हैं। ऑस्ट्रेलिया एवं अंटार्कटिका दक्षिणी गोलार्द्ध में हैं।

❖ **क्षेत्रफल के घटते क्रम में महाद्वीपों का क्रम एशिया > अफ्रीका > उत्तरी अमेरिका > दक्षिण अमेरिका > अंटार्कटिका > यूरोप > ऑस्ट्रेलिया**

❖ एशिया और यूरोप को मिलाकर यूरेशिया कहते हैं।

❖ **दक्षिण अमेरिका** और **अफ्रीका** भूमध्य रेखा के दोनों ओर फैले हुए हैं।

❖ महाद्वीपों की उत्पत्ति के लिए **ए वेगनर (A. Wagener)** ने महाद्वीपीय विस्थापन संकल्पना दी।

❖ प्राय: ऐसा माना जाता है कि पूर्व में सभी महाद्वीप एक थे जिसे पैंजिया (Pangea) कहा गया जो एक बड़े सागर पैन्थालासा (Panthalasa) से घिरा था।

❖ कालान्तर में पैंजिया दो हिस्सों में बँट गया–**उत्तरी लॉरेशिया एवं दक्षिणी गोंडवाना लैंड**।

❖ भारत **गोंडवाना लैंड** का ही भाग है।

एशिया (Asia)

❖ एशिया विश्व का सबसे बड़ा महाद्वीप है।

❖ इसका क्षेत्रफल संसार के भू-भाग का लगभग 29.5% है।

❖ एशिया को महाद्वीपों का महाद्वीप तथा विषमताओं का महाद्वीप तथा मानव घर भी कहा जाता है।

❖ एशिया उत्तर में आर्कटिक सागर, दक्षिण में हिन्द महासागर, पूर्व में प्रशान्त महासागर तथा पश्चिम में यूराल पर्वत से घिरा है।

❖ एशिया में विश्व की लगभग 60% जनसंख्या निवास करती है।

❖ विश्व की सबसे ऊँची चोटी माउंट एवरेस्ट (8,848 मी.) एशिया में है जो नेपाल में सागरमाथा के नाम से जानी जाती है।

❖ एशिया में विश्व का सबसे ऊँचा पठार पामीर (5,000 मी.) है जो विश्व की छत (Roof of the World) के नाम से जाना जाता है।

❖ एशिया में विश्व का सबसे बड़ा प्रायद्वीप 'अरब का प्रायद्वीप' स्थित है।

❖ **एशिया के प्रमुख बन्दरगाह** कोलकाता, मुम्बई, चेन्नई, जकार्ता, कराची, मनीला, सिंगापुर, योकोहामा, शंघाई आदि हैं।

❖ एशिया में क्षेत्रफल की दृष्टि से सबसे बड़ा देश **चीन** और सबसे छोटा देश **मालदीव** है।

❖ एशिया में सबसे लम्बी नदी याँगटिसीक्याँग है तथा अधिकतम गहराई मृत सागर की है।

❖ एशिया में फिलीपीन्स द्वीप समूह के पास विश्व की सबसे गहरी गर्त **मेरियाना गर्त** (11,033 मी.), प्रशान्त महासागर में है।

❖ विश्व की सबसे गहरी झील **बैकाल झील (रूस)** एशिया में स्थित है।

❖ एशिया में विश्व की सबसे **अधिक ऊँचाई** पर स्थित खारे पानी की **झील (पेनांग झील)** लद्दाख व तिब्बत में स्थित है।

❖ विश्व की **सबसे बड़ी झील कैस्पियन सागर** है, जो सुपीरियर झील से 5 गुना बड़ी है, एशिया में है।

❖ सर्वाधिक लम्बी तटीय सीमा एशिया महाद्वीप की है।

❖ एशिया में सर्वाधिक वर्षा वाला क्षेत्र **मासिनराम** (मेघालय) भारत में है।

❖ एशिया का सबसे बड़ा रेलवे स्टेशन पेइचिंग (चीन) में है।

❖ विश्व का सर्वाधिक डाकघर वाला देश **भारत** है।

❖ विश्व का सर्वाधिक प्राकृतिक रबड़ उत्पादित करने वाला देश थाईलैंड एशिया में है।

❖ विश्व का सर्वाधिक **अभ्रक** उत्खनित करने वाला **देश भारत** है (कोडरमा-झारखंड)।

❖ एशिया में विश्व का सर्वाधिक **चाय उत्पादित** करने वाला देश **भारत** है।

❖ विश्व का सर्वाधिक **टिन उत्खनित** करने वाला देश **चीन (एशिया में)** है।

❖ एशिया महाद्वीप में स्थित **बर्खोयांस्क** को पृथ्वी का शीत ध्रुव कहा जाता है।

❖ एशिया में सबसे बड़ा **घना बसा** द्वीप **जावा** है।

❖ एशिया का सबसे लम्बा रेलमार्ग **ट्रांस साइबेरियन रेलमार्ग** है (9,400 किमी.)।

❖ एशिया में विश्व के सर्वाधिक जलयान बनाने वाला देश जापान है।

❖ भूमध्यसागरीय जलवायु वाले एशियाई देश हैं–साइप्रस, जॉर्डन, टर्की, इजरायल, लेबनान आदि।

- विश्व का **सर्वाधिक जूट** बांग्लादेश में उत्पादित होता है।
- एशिया में सर्वाधिक जल-विद्युत का विकास जापान में हुआ है।
- भूमध्य सागर को लाल सागर से **स्वेज नहर** जोड़ती है।
- प्रशान्त महासागर एवं आर्कटिक महासागर को बेरिंग जलडमरूमध्य जोड़ता है।
- विश्व में **सिंचाई नहरों** का सबसे बड़ा जाल **पाकिस्तान** में स्थित है।
- एशिया का सबसे गर्म नगर **जैकोबाबाद** (पाकिस्तान) है।

अफ्रीका (Africa)

- विश्व का दूसरा बड़ा महाद्वीप अफ्रीका है जो **जिब्राल्टर जलसन्धि** द्वारा यूरोप से पृथक होता है।
- अफ्रीका दूसरा सबसे बड़ा महाद्वीप है। इस महाद्वीप का विस्तार दोनों गोलार्द्धों में है।
- अफ्रीका के पूर्व में एशिया, लाल सागर और हिन्द महासागर, उत्तर में भूमध्य सागर और यूरोप तथा पश्चिम में अटलांटिक महासागर है। इसका दक्षिणतम बिन्दु, केप अगुलहास में है।
- अफ्रीका को **'काला/अन्ध महाद्वीप'** (Dark Continent) भी कहा जाता है। इसे पठारी महाद्वीप भी कहते हैं।
- **भूमध्य रेखा** इस महाद्वीप को **दो बराबर** भागों में बाँटती है।
- इस महाद्वीप में **54 देश** स्थित हैं। नए देश दक्षिण सूडान की स्थापना 9 जुलाई, 2011 में हुई। यह सर्वाधिक देशों वाला महाद्वीप है।
- **सहारा मरुस्थल** विश्व का सबसे विशाल उष्ण मरुस्थल है। इसका विस्तार अफ्रीका महाद्वीप के अल्जीरिया, चाड, इजिप्ट, लीबिया, माली, मॉरितानिया, मोरक्को, नाइजर, पश्चिमी सूडान और टयूनीशिया देशों में है।
- विश्व की सबसे लम्बी नदी **नील नदी** इसी महाद्वीप में स्थित है।
- अफ्रीका में **बुशमैन** (कालाहारी), **पिग्मी** (कांगो बेसिन), **बद्दू** (सहारा मरुस्थल) मिलने वाली प्रमुख आदिम जातियाँ हैं।
- **अफ्रीका** ही एक ऐसा महाद्वीप है जिसे **कर्क रेखा**, **मकर रेखा** और **भूमध्य रेखा** तीनों ही काटती हैं।
- अफ्रीका के सबसे ऊंचे पर्वत शिखर **किलीमंजारो** > **माउंट केन्या** > **मारघेटिठा** > **एसदार्शन** > **माउंट मेरू** हैं।
- अफ्रीका के द्वीप **मेडागास्कर** > **सोकोतरा** > **रियूनियन बिओकी** हैं।
- **अफ्रीका के पठार अगहर पठार** (अल्जीरिया), **तिबेस्ती पठार** (चाड), **अडमावा पठार** (कैमरून), **इथियोपिया पठार** (इथियोपिया) हैं।
- **अफ्रीका की झीलें विक्टोरिया झील** (युगाण्डा, कीनिया, तंजानिया), **टेंगानिका झील** (कांगो-तंजानिया), **न्यासा झील**, **चाड झील**, **नासिल झील** हैं।
- अफ्रीका महाद्वीप के मिस्र देश में नील नदी पर बने **अस्वान बाँध** के द्वारा बनाई गई झील का नाम नैस्सार है। यह झील मिस्र एवं सूडान में विस्तृत है।
- विश्व का सर्वाधिक गर्म स्थल **अल-अजीजिया** (लीबिया) अफ्रीका में ही स्थित है।
- **अफ्रीका के बन्दरगाह** काहिरा, त्रिपोली, डकार, लागोस, दार-ए-बीदा, लुआण्डा, केपटाउन, डरबन, मोसाबा, पोर्ट सूडान हैं।
- अफ्रीका की **कांगो नदी भूमध्य रेखा** को और **लिम्पोपो नदी मकर रेखा को दो बार** काटती है।
- अफ्रीका का **जोहान्सबर्ग नगर** विश्व के स्वर्ण उत्पादक नगरों में से एक है।
- अफ्रीका का ट्रांसवाल क्षेत्र **जेबरा** और **जिराफ** जैसे जानवरों के लिए प्रसिद्ध है।
- अफ्रीका के कालाहारी मरुस्थल में **शुतुरमुर्ग** नामक पक्षी मिलता है।
- अफ्रीका में **किम्बरले खान** (दक्षिण अफ्रीका) विश्व की सबसे बड़ी हीरे की खान है।
- विश्व का सबसे बड़ा **हीरा** दक्षिण अफ्रीका की प्रीमियर खान से 1905 ई. में **सर थॉमस कुलिनान** ने खोजा था इसलिए इसका नाम कुलिनान हीरा रखा गया।
- अफ्रीका का सबसे लम्बा रेलमार्ग **केप काहिरा रेलमार्ग** है जो केपटाउन नगर (दक्षिण अफ्रीका) से मिस्र के काहिरा नगर तक जाता है।
- मिस्र में **स्वेज नहर** है जो लाल सागर को भूमध्य सागर से जोड़ती है। इस नहर का निर्माण 1869 ई. में किया गया जिससे यूरोप से भारत आने में 7000 किमी. दूरी की बचत होती है।
- अफ्रीका का **आइवरी कोस्ट** विश्व का **सर्वाधिक कोको** उत्पादक देश है।
- दक्षिण अफ्रीका विश्व में **क्रोमाइट**, **मैंगनीज**, **प्लेटिनम** एवं **वेनेडियम** के उत्पादन में प्रमुख है।
- **चाड झील** सहारा मरुस्थल में स्थित है।
- अफ्रीका में **स्टेनली जलप्रपात** कांगो नदी पर तथा विक्टोरिया जल प्रपात जेम्बेजी नदी पर स्थित है।
- **अस्वान बाँध** नील नदी पर बना है। नील नदी का उद्‌गम स्थल विक्टोरिया झील है।
- दक्षिण अफ्रीका के **6 देशों**-अंगोला, बोत्सवाना, मोजाम्बिक, तंजानिया, जाम्बिया और जिम्बाब्वे को **फ्रण्टलाइन स्टेट्स** (सीमावर्ती राज्य) कहा जाता है।
- अफ्रीका में सर्वाधिक जनसंख्या वाला देश 'घाना' है।
- मिस्र को एशिया और यूरोप **महाद्वीप का जंक्शन** कहा जाता है।
- **हॉर्न ऑफ अफ्रीका** में **इथियोपिया**, **सोमालिया** एवं **जिबूती** नामक देश आते हैं।
- अफ्रीका के मूल निवासी **नीग्रिटो** हैं।
- अफ्रीका के उत्तर में स्थित 'एटलस पर्वत' **नवीन वलित पर्वत** है जबकि दक्षिण अफ्रीका में स्थित 'ड्रेकेन्सबर्ग' पर्वत **प्राचीन** वलित **पर्वत** है।
- अफ्रीका में मोरक्को, अल्जीरिया एवं ट्यूनीशिया **मगरिब** के नाम से जाने जाते हैं।
- मोरक्को में कनात सिंचाई को **कोगारा** या **रेटारा** के नाम से जाना जाता है।
- चिली के अटाकामा क्षेत्र में स्पेनवासियों ने भी कनात सिंचाई पद्धति प्रचलित की है।
- अफ्रीका की **कांगो नदी** की सम्भाव्य जल विद्युत क्षमता विश्व में सर्वाधिक है **(सम्पूर्ण विश्व का 16%)**।
- नाइजर नदी के डेल्टाई क्षेत्र में 60% भाग पर मैंग्रोव वन पाए जाते हैं। यह विश्व का सबसे बड़ा मैंग्रोव क्षेत्र है।
- **सहारा मरुस्थल** के कबीलों को **तुआरेग** (Tuareg) कहा जाता है।
- अफ्रीका में **मोरक्को फॉस्फेट** का महत्वपूर्ण उत्पादक देश है।
- डन काली (Dan Kali) मरुस्थल इथियोपिया में स्थित है।
- सहारा के पथरीले मरुस्थल को तनेज़ाफ्ट एवं टेडमैड (Tanezrouft and Tademaid), चट्टानी मरुस्थल को हॉगर (Hoggar) एवं बालू के मरुस्थल को जॉफ (Djout) जैसे स्थानीय नामों से जाना जाता है।
- नाइजीरिया को तेल-ताड़ (Palm Oil) की भूमि कहा जाता है।
- रॉविनजोरी पर्वत, जिसकी चोटियाँ बर्फ से ढँकी रहती है। चाँद का पर्वत (The Mountain of Moon) उपनाम से जाना जाता है।
- क्रूगेर नेशनल पार्क दक्षिण अफ्रीका के लिम्पोपो और पुमालांगा प्रान्तों में फैला है। यह विश्व का सबसे बड़ा नेशनल पार्क है।

उत्तरी अमेरिका (North America)

- उत्तरी अमेरिका विश्व का **तीसरा बड़ा महाद्वीप** है जिसका क्षेत्रफल यूरोप महाद्वीप का दो गुना है।

- उत्तरी अमेरिका की खोज **1492 ई. में कोलम्बस** द्वारा की गई अतः इसे नई दुनिया (New world) कहा जाता है।
- उत्तरी अमेरिका का नाम अमेरिगो वेसपुस्सी नामक साहसी यात्री के नाम पर अमेरिका पड़ा।
- इस महाद्वीप के आस-पास विश्व का सबसे बड़ा द्वीप **ग्रीनलैंड** है।
- विश्व के कुल **स्थलीय क्षेत्र का 16%** तथा विश्व की कुल **जनसंख्या का 9% भाग** इस महाद्वीप में निवास करता है।
- **उत्तरी अमेरिका की नदियाँ–**सेंट लॉरेंस, मिसीसिपी, मैकेंजी, हडसन, कोलोरैडो, ह्यूरन, मिसौरी, स्नेक, रेड, ओहियो।

उत्तरी अमेरिका की प्रमुख पर्वत श्रेणियाँ

क्र.	पर्वत श्रेणियाँ	स्थल	अवस्थिति
1.	ब्रुक्स श्रेणी	अलास्का प्रान्त	अलास्का के उत्तरी भाग में स्थित पश्चिम से पूर्व की ओर फैली पर्वत श्रेणी।
2.	अलास्का श्रेणी	अलास्का प्रान्त	रॉकी का ही उत्तरी विस्तार, वलित पर्वत श्रेणी जहाँ उत्तरी अमेरिका की सर्वोच्च चोटी है।
3.	मैकेन्जी श्रेणी	कनाडा	उत्तर-पश्चिमी कनाडा स्थित वलित पर्वत, रॉकी का विस्तार।
4.	कोस्ट श्रेणी	प्रशान्त तट	संयुक्त राज्य अमेरिका एवं कनाडा के पश्चिमी तटीय भागों में रॉकी का विस्तार।
5.	कास्केड श्रेणी	दक्षिणी कनाडा व कैलिफोर्निया	रॉकी एवं कोस्ट श्रेणी के मध्य वलित पर्वत।
6.	ब्लू माउंटेन	मध्य ओरेगन से द.-पूर्वी वाशिंगटन	रॉकी एवं कास्केड श्रेणी के मध्य वलित पर्वत।
7.	सियरा नेवादा	कैलिफोर्निया	विश्व का सबसे बड़ा ब्लॉक पर्वत संयुक्त राज्य अमेरिका के कैलिफोनिया में स्थित।
8.	रॉकी पर्वत	यूकोन (कनाडा) से अमेरिका	उत्तरी अमेरिका में स्थित उत्तर से दक्षिण तक विस्तृत अल्पाइन क्रम का वलित पर्वत।
9.	अप्लेशियन श्रेणी		सेंट लॉरेंस की खाड़ी से मध्य अलबामा तक।
10.	एलेघनी श्रेणी		प्राचीन मोड़दार पर्वत, खनिज संसाधन संपन्न अप्लेशियन व वृहद झीलों के मध्य स्थित मोड़दार पर्वत।
11.	वासाच श्रेणी	दक्षिण-पूर्वी संयुक्त राज्य अमेरिका	संयुक्त राज्य अमेरिका के अर्कसांस प्रान्त स्थित ब्लॉक पर्वत।
12.	सियरा मादरे		मैक्सिको में स्थित ब्लॉक पर्वत।
13.	सेंट इलियास श्रेणी	अमेरिका-कनाडा कैरोलिना-टेनेसी	उत्तरी अमेरिका स्थित पर्वत श्रेणी जो कनाडा के यूकोज एवं अमेरिका के अलास्का की सीमा निर्धारक है।
14.	ग्रेट स्मोकी माउंटेस	अमेरिका-मैक्सिको	संयुक्त राज्य अमेरिका में कैरोलिना तथा टेनेसी राज्यों की सीमा पर विस्तृत अप्लेशियन तंत्र की श्रेणी।
15.	गुआडलुपे पर्वत		संयुक्त राज्य अमेरिका में टेंक्सास एवं न्यू मैक्सिको सीमा पर स्थित पर्वत जहाँ एक राष्ट्रीय पार्क विकसित किया गया है।

- **उत्तरी अमेरिका के पठार–**ग्रेट बेसिन का पठार, कोलम्बिया का पठार, कोलोरैडो का पठार, लेब्राडोर का पठार (कनाडा)।
- **पनामा नहर–**इससे अटलांटिक तथा प्रशान्त महासागरों के बीच जहाजों का यातायात सुगम हो गया है। विश्व का 25% व्यापार इस नहर के द्वारा होता है।
- उत्तरी अमेरिका के पश्चिमी भाग में पश्चिम **कॉर्डिलेरा** (रॉकी पर्वतमाला) और पूर्वी भाग में **अप्लेशियन पर्वत** विस्तृत है।
- **रॉकी पर्वत** की प्रमुख शृंखलाओं में कास्केड, सियरा नेवादा और सियरा मादरे प्रमुख हैं।
- उत्तरी अमेरिका महाद्वीप में रेड इंडियन और नीग्रो प्रजातियाँ निवास करती हैं।
- उत्तरी अमेरिका के पूर्वी तट पर न्यूफाउंडलैंड के **दक्षिण-पश्चिम** तटीय भाग को **ग्रैण्ड बैंक** कहते हैं। यह मत्स्य पालन का केन्द्र है।
- उत्तरी अमेरिका के दक्षिण-पूर्वी तट (मैक्सिको खाड़ी) पर चलने वाले **चक्रवात हरिकेन** और **टॉरनेडो** कहलाते हैं।
- उत्तरी अमेरिका के शीतोष्ण घास के मैदान **प्रेयरी** कहलाते हैं।
- यहाँ गेहूँ बहुत उत्पादित होता है इसे **'रोटी की टोकरी'** (Bread Basket of world) कहते हैं।
- अमेरिका का **डेट्रॉयट** कार उद्योग का प्रमुख केन्द्र है जो मिशिगन राज्य में है।
- पनामा नहर के दो प्रमुख बन्दरगाह **कोलन** और **पनामा** हैं।
- उत्तरी अमेरिका का **न्यूयॉर्क** विश्व का सबसे बड़ा **बन्दरगाह** है।
- कनाडा का **मॉण्ट्रियल** कागज उद्योग का प्रमुख केन्द्र हैं।
- विश्व का सर्वाधिक **मक्का** व **सोयाबीन** उत्पादक देश सं.रा. अमेरिका है।
- संयुक्त राज्य अमेरिका विश्व में रॉक फॉस्फेट, जिप्सम, अभ्रक, मॉलिब्डेनम और नमक के उत्पादन में प्रथम हैं।
- न्यूयॉर्क में **ग्रॉण्ड सेण्ट्रल टर्मिनल** विश्व का सबसे बड़ा स्टेशन है।
- अमेरिका में कैलिफोर्निया का लॉस एंजिल्स नगर फिल्म उद्योग का केन्द्र है।
- अमेरिका का राष्ट्रीय उद्यान **येलोस्टोन पार्क** है।
- अमेरिका की लोहे की प्रसिद्ध खान **मेसाबी खान** है।
- अमेरिका की सोने की प्रसिद्ध खान **होमस्टेक खान** हैं।
- संसार में सोने की सबसे बड़ी खान **ओण्टेरियो (कनाडा)** में है।
- यूएसए तथा कनाडा को मिलाकर **आंग्ल-अमेरिका** कहते हैं।
- विश्व में **गेहूँ की मण्डी** के नाम से विख्यात नगर **विनिपेग (कनाडा)** में है।
- उत्तरी अमेरिका के पूर्वी तट पर **लेब्राडोर ठण्डी जलधारा** एवं **गल्फस्ट्रीम गर्म जलधारा** बहती है।
- नमकीन पानी की झील **ग्रेट साल्ट लेक** यूएसए के यूटाह राज्य में स्थित है।
- जनसंख्या की दृष्टि से उत्तरी अमेरिका महाद्वीप का सबसे बड़ा नगर **मैक्सिको सिटी** है।
- हवाई द्वीपसमूह (यूएसए) की राजधानी **होनोलुलू, ओआहू द्वीप** पर स्थित है।
- ब्लैक हिल, ब्लू हिल तथा ग्रीन हिल नामक पहाड़ियाँ यूएसए में स्थित हैं।
- कनाडा का **वुड बुफेलो नेशनल पार्क** विश्व का सर्वाधिक बड़ा पार्क है।

दक्षिण अमेरिका (South America)

- दक्षिण अमेरिका विश्व का **चौथा बड़ा** महाद्वीप है जिसका अधिकांश विस्तार दक्षिणी गोलार्द्ध में है।
- इस महाद्वीप में **12 देश** स्थित हैं।
- दक्षिण अमेरिका में विषुवत् रेखा **इक्वाडोर**, **कोलम्बिया** और **ब्राजील** से होकर गुजरती है।
- सवाना क्षेत्र के मैदानों को वेनेजुएला में **'लानोज'** और ब्राजील में **'कैम्पोस'** कहते हैं।
- दक्षिण अमेरिका, मध्य अमेरिका और पश्चिमी द्वीप समूह को मिलाकर **लैटिन अमेरिका** कहते हैं।

❖ इस महाद्वीप के उत्तर में कैरीबियन सागर, उत्तर-पूर्व में उत्तरी अटलांटिक महासागर, दक्षिण व दक्षिण-पूर्व में दक्षिणी अटलांटिक महासागर, पश्चिम में प्रशान्त महासागर है।
❖ दक्षिणी अमेरिका के प्रमुख देश ब्राजील, अर्जेंटीना, पेरू, कोलम्बिया व बोलीविया हैं।
❖ दक्षिण अमेरिका के मूल निवासी **रेड इंडियन** हैं।
❖ दक्षिण अमेरिका में **पेरू** और **बोलीविया** की सीमा पर स्थित सबसे अधिक ऊँचाई पर स्थित झील **टिटिकाका** विश्व प्रसिद्ध है।
❖ ब्राजील में बहने वाली **अमेजन नदी** विश्व में **अपवाह क्षेत्र** की दृष्टि से सबसे **बड़ी नदी** है।
❖ दक्षिण अमेरिका में **चिली-अर्जेंटीना** सीमा पर विश्व का सबसे ऊँचा **ज्वालामुखी ओजेसडेल सलाडो एण्डीज** पर्वतमाला में स्थित है।
❖ दक्षिण अमेरिका के प्रमुख बन्दरगाहों में बेलेम, रियो-डि-जेनेरो, रियोग्राण्डे, साओलुईस, सेण्टियागो आदि हैं।
❖ दक्षिण अमेरिका का सबसे बड़ा नगर रियो-डि-जेनेरो (ब्राजील) है।
❖ दक्षिण अमेरिका के बोलीविया राज्य की राजधानी 'लापाज' विश्व की सबसे अधिक ऊँचाई पर स्थित राजधानी है।
❖ ब्राजील के कहवा के बागानों को **'फजेंडा'** और उष्ण आर्द्र वनों को **सेल्वास** कहते हैं।
❖ कोलम्बिया में कहवा के बागानों को **'फिन्का' (Finca)** कहते हैं।
❖ दक्षिण अमेरिका का शुष्कतम भाग व मरुस्थल **'अटाकामा' चिली** में स्थित है।
❖ दक्षिण अमेरिका के वनों से **रबड़**, **सिनकोना**, **चन्दन कार्नोब** आदि वस्तुएँ प्राप्त होती हैं।
❖ विश्व में **कोको** तथा **सोयाबीन** उत्पादन में ब्राजील का स्थान क्रमशः दूसरा व तीसरा है।
❖ दक्षिण अमेरिका में सर्वाधिक मक्का उत्पादक देश (अर्जेंटीना), सर्वाधिक कहवा उत्पादक (ब्राजील), सर्वाधिक तेल उत्पादक (वेनेजुएला) मैंगनीज उत्पादक (ब्राजील) व ताँबा उत्पादक (चिली) हैं।
❖ एण्डीज पर्वत की सबसे ऊँची चोटी **एकांकागुआ** है।
❖ विश्व की सबसे लम्बी पर्वतमाला **एण्डीज** है (7200 किमी.)।
❖ विश्व में कहवा की प्रसिद्ध मण्डी **सॉओपोलो** (ब्राजील) है।
❖ दक्षिण अमेरिका में सर्वाधिक मछली उत्पादक देश **पेरू** है।
❖ दक्षिण अमेरिका के देश चिली में जाड़ों में वर्षा होती है।
❖ दक्षिण अमेरिका का उष्ण मरुस्थल **पेटागोनिया** है।
❖ ब्राजील का **साण्टोस बन्दरगाह** कॉफी बन्दरगाह के नाम से जाना जाता है।
❖ दक्षिण अमेरिका का सर्वाधिक नगरीकृत देश **उरुग्वे** है।
❖ दक्षिण अमेरिका में दो **स्थलरुद्ध** (Land-Lock) देश **बोलीविया** और **पराग्वे** हैं।
❖ **ब्यूनस आयर्स**, लाप्लाटा नदी के किनारे पर अवस्थित है।
❖ **गेहूँ की अर्द्ध-चन्द्राकार पेटी** (Wheat Crescent) अर्जेंटीना में स्थित है।
❖ दक्षिण अमेरिका का उड़ने में अक्षम पक्षी **ऐमू** है।
❖ ब्राजील में कठोर लकड़ी के विशाल भंडार हैं।
❖ अर्जेंटीना में विशाल चारागाहों को **एस्टैन्सिया** के नाम से जाना जाता है।
❖ विश्व का एकमात्र देश **ब्राजील** है, जिससे होकर **भूमध्य रेखा** और **मकर रेखा** दोनों ही गुजरती हैं।
❖ अर्जेंटीना और उरुग्वे में बहने वाली तूफानी ठण्डी हवा **पैम्पेरो** है।
❖ ट्रांस-इंडियन रेलवे ब्यूनस आयर्स को **वालपरेजो** से जोड़ता है।
❖ **चुकीमाता (चिली)** ताँबे की विश्व की सबसे बड़ी खान है जोकि **3000 मी.** की ऊँचाई पर स्थित है।
❖ विश्व का सबसे बड़ा मांस निर्यातक देश **अर्जेंटीना** है।
❖ नाइट्रेट के लिए चिली विश्व प्रसिद्ध है।

यूरोप (Europe)

❖ क्षेत्रफल की दृष्टि से सात महाद्वीपों में इसका **छठा स्थान** है। इस महाद्वीप में 46 देश हैं।
❖ यूरोप महाद्वीप के अधिकांश देश तीन ओर से सागरों से घिरे हैं जिसके कारण इसे प्रायद्वीपों का महाद्वीप कहते हैं।
❖ यूरोप के उत्तर-पश्चिम में एक द्वीप समूह स्थित है जिसे 'ब्रिटिश द्वीप' समूह कहते हैं ब्रिटिश द्वीप = **ग्रेट ब्रिटेन** + **आयरलैंड द्वीप** + **उत्तरी आयरलैंड** + **आइरिश रिपब्लिक**।
❖ उपरोक्त में ग्रेट ब्रिटेन द्वीप और उत्तरी आयरलैंड मिलकर **'यूनाइटेड किंगडम'** (U.K.) देश बनाते हैं।
❖ जबकि आयरलैंड द्वीप का दक्षिणी भाग **'आयरिश रिपब्लिक'** स्वतन्त्र देश है, जिसकी राजधानी डबलिन है।
❖ इसके उत्तर में उत्तरी ध्रुव महासागर, दक्षिण में भूमध्य सागर और काला सागर तथा पश्चिम में अटलांटिक महासागर है।
❖ यूरोप का सर्वोच्च शिखर **एलबुर्ज रूस** में स्थित है।
❖ कोर्सिका द्वीप भूमध्य सागर में स्थित है। यह इटली के पश्चिम में तथा फ्रांस की मुख्य भूमि के दक्षिण-पूर्व में तथा सार्डिनिया द्वीप के उत्तर में अवस्थित है।
❖ **रूस** विश्व का एकमात्र देश है जो कि यूरोप, एशिया दोनों महाद्वीपों में विस्तृत है।
❖ यूरोप महाद्वीप की नदियाँ **डेन्यूब**, **वोल्गा**, **टेम्स**, **राइन**, **नीस्टर**, **सीन**, **लोरे**, **मर्सी** आदि हैं।
❖ यूरोप की सर्वाधिक महत्वपूर्ण नदी डेन्यूब (2842 किमी.) ऑस्ट्रिया, बुल्गारिया, चेक, यूगोस्लाविया व रूमानिया से होकर बहती हुई यूक्रेन की सीमा के निकट काला सागर में गिरती है।
❖ डेन्यूब नदी के तट पर **बुखारेस्ट**, **बुडापेस्ट**, **विएना**, **ब्रातिस्लावा**, **बेलग्रेड** राजधानियाँ स्थित हैं।
❖ यूरोप की सबसे लम्बी नदी **वोल्गा नदी** (Volga) (3690 किमी.) है।
❖ विश्व में मैदानों का सर्वाधिक विस्तार यूरोप में है।
❖ **यूरोप के हंगरी**, **रूमानिया** और **यूक्रेन गणराज्य** में शीतोष्ण घास के मैदान (प्रेयरी क्षेत्र) पाए जाते हैं।
❖ **नॉर्वे**, **स्वीडन**, **फिनलैंड** व **साइबेरिया** क्षेत्र में विश्व के प्रमुख कोणधारी वन पाए जाते हैं।
❖ इटली विश्व का सर्वाधिक **अंगूर** तथा **जैतून** उत्पादित करने वाला देश है।
❖ यूरोप के लौह उत्पादक देशों में **जर्मनी** एवं **फ्रांस** का प्रमुख स्थान है।
❖ यूरोप के प्रमुख खनिज तेल उत्पादक देशों में **फ्रांस**, **ऑस्ट्रिया**, **रूमानिया**, **पोलैंड** व **हंगरी** का स्थान है।
❖ **राइन नदी** से होने वाले व्यापार में कोयले का महत्व होने के कारण इसे **कोयला नदी** (Coal River) भी कहते हैं।
❖ यूरोप का महत्वपूर्ण रेलमार्ग **ओरियण्ट रेलमार्ग** है जो **फ्रांस के पेरिस नगर** से **टर्की** के **कुस्तुनतुनिया नगर** के मध्य तक जाता है।
❖ क्षेत्रफल की दृष्टि से विश्व का सर्वाधिक बड़ा देश रूस यूरोप महाद्वीप में स्थित है।
❖ इंग्लिश चैनल फ्रांस को **यूनाइटेड किंगडम** से अलग करता है।
❖ यूराल (URAL) पर्वत एशिया महाद्वीप को यूरोप से पृथक् करता है।
❖ यूरोप का **ब्लैक फॉरेस्ट** भ्रंशोत्थ पर्वत है।
❖ गल्फ स्ट्रीम जलधारा को यूरोप के गर्म कम्बल के नाम से जाना जाता है।

- **आल्पस पर्वत** का सर्वाधिक विस्तार स्विट्जरलैंड में पाया जाता है।
- **पो नदी** को **इटली की गंगा** कहते हैं।
- इटली और स्विट्जरलैंड के बीच **ग्रेट सेण्ट बरनार्ड दर्रा** मार्ग प्रदान करता है।
- एण्टवर्प (बेल्जियम) विश्व में हीरा व्यापार का सबसे बड़ा केन्द्र है।
- ग्रीनलैंड जो संसार का सबसे बड़ा द्वीप भी है आर्कटिक और अटलांटिक महासागर के मध्य में स्थित है।
- हेल्गोलैंड द्वीप उत्तरी सागर के दक्षिण-पूर्व हेलिगोलैंड वाइट में अवस्थित है।
- **ब्रेनर दर्रा** इटली एवं ऑस्ट्रिया के बीच मार्ग प्रदान करता है।
- **सेण्ट जॉर्ज चैनल** आयरलैंड और ग्रेट ब्रिटेन के बीच विद्यमान है।
- यूरोप **मरुस्थल विहीन** महाद्वीप है।
- यूरोप में आन्तरिक जलमार्गों का सर्वाधिक विकास हुआ है।
- काला सागर और एजियन सागर के बीच **मारमरा सागर** स्थित है।
- उत्तरी सागर के **डागर बैंक** और **ग्रेट फिशर बैंक** महत्वपूर्ण मत्स्य ग्रहण क्षेत्र हैं।

ऑस्ट्रेलिया (Australia)

- ऑस्ट्रेलिया महाद्वीप की खोज **ऐबेल तस्मान** और कप्तान **जेम्स कुक** ने की।
- विश्व में ऑस्ट्रेलिया ही एकमात्र ऐसा देश है जो पूरे महाद्वीप पर फैला है। इसे **'द्वीपीय महाद्वीप'** भी कहते हैं।
- ऑस्ट्रेलिया के मूल निवासियों को **एबोर्जिस** कहते हैं।
- ऑस्ट्रेलिया पूर्णत: दक्षिणी गोलार्द्ध में स्थित है। **मकर रेखा** इसके मध्य से होकर गुजरती है। यह **प्रशान्त** एवं **हिन्द महासागर** से घिरा हुआ है।
- ऑस्ट्रेलिया महाद्वीप की प्रमुख पर्वत श्रृंखला डिवाइडिंग रेंज है जिसमें स्थित **'कोस्यूस्को'** (2228 मी.) ऑस्ट्रेलिया महाद्वीप का सर्वोच्च शिखर है।
- **ऑस्ट्रेलिया की प्रमुख नदियाँ** मर्रे, डार्लिंग, केप विक्टोरिया, ब्रिसबेन, फिट्जराय, मुर्चिसन, पिलण्डर्स हैं।
- **ऑस्ट्रेलिया की प्रमुख झीलें** ईरी झील, टॉरेंस झील, गेर्डनर झील हैं।
- ऑस्ट्रेलिया और न्यूगिनी के बीच टॉरेंस जलसन्धि है।
- ऑस्ट्रेलिया की विश्वविख्यात सोने की खानें **कालगूर्ली** और **कूलगार्डी** हैं।
- विश्व प्रसिद्ध **'मैरिनो'** ऊन का उत्पादक देश ऑस्ट्रेलिया है। यह विश्व का सर्वाधिक ऊन निर्यातक देश है।
- भेड़ पालन केन्द्रों पर काम करने वाले मजदूरों को **जेकारू** के नाम से पुकारते हैं।
- ऑस्ट्रेलिया विश्व में सर्वाधिक बॉक्साइट उत्खनित करने वाला देश है।
- **'ट्रांस कॉन्टिनेन्टल रेलमार्ग'** ऑस्ट्रेलिया का सबसे लम्बा रेलमार्ग है जो **पर्थ** से **सिडनी** के मध्य स्थित है।
- इस महाद्वीप में ज्वालामुखी का सर्वथा अभाव है।
- न्यूजीलैंड के मूल निवासियों को **माओरी** कहते हैं।
- **ऐमू** तथा **कोकबर्रा पक्षी** न्यूजीलैंड में पाए जाते हैं।
- ऑस्ट्रेलिया महाद्वीप के प्रमुख मरुस्थल हैं **गिब्सन**, **विक्टोरिया**, **सेण्डी** जो मुख्यत: पश्चिम में स्थित हैं।
- ऑस्ट्रेलिया के प्रमुख गेहूँ उत्पादक प्रदेश हैं **न्यू साउथ वेल्स** एवं **विक्टोरिया**।
- ऑस्ट्रेलिया विश्व में सर्वाधिक **सीसा** अयस्क उत्खनित करने वाला देश है।
- **सिडनी** ऑस्ट्रेलिया का सबसे बड़ा नगर और बन्दरगाह है।
- मेलबर्न, सिडनी, पर्थ, तस्मानिया, वेलिंगटन, क्राइस्ट चर्च और ऑकलैंड ऑस्ट्रेलियाई महाद्वीप के प्रमुख बन्दरगाह हैं।

अंटार्कटिका (Antarctica)

- अंटार्कटिका महाद्वीप विश्व का **पाँचवाँ सबसे** बड़ा महाद्वीप है जो दक्षिणी ध्रुव पर स्थित है जिस पर सदैव बर्फ जमी रहती है।
- इसका क्षेत्रफल **14 करोड़** वर्ग किमी. है।
- **रॉस सागर** और **वेडेल सागर** नामक दो बड़ी खाड़ियाँ अंटार्कटिका के आर-पार से होकर गुजरने वाली पर्वत श्रृंखला को विपरीत दिशाओं में काटती हैं।
- अंटार्कटिका महाद्वीप पर **पेंग्विन**, **सील**, **व्हेल** और कई उड़ने वाले पक्षी पाए जाते हैं।
- अंटार्कटिका क्षेत्र में भोजन का मुख्य स्रोत क्रिल नामक मछली है।
- भारत के अंटार्कटिका में तीन अनुसन्धान केन्द्र हैं, **दक्षिण गंगोत्री** (1983-84), **मैत्री** (1988) और **भारती**।
- पृथ्वी का दक्षिणी चुम्बकीय ध्रुव भी पूर्वी अंटार्कटिका में ही स्थित है।
- पूर्वी अंटार्कटिका, अटलांटिक और हिन्द महासागर से जुड़ा हुआ है तथा पश्चिमी अंटार्कटिका प्रशान्त महासागर से जुड़ा हुआ है।
- इसे विज्ञान के लिए समर्पित महाद्वीप भी कहा जाता है।
- अंटार्कटिका महाद्वीप का सर्वोच्च पर्वत शिखर माउंट **विन्सन मैसिफ** है।

महत्वपूर्ण जानकारी

- हमारा सौरमंडल **मन्दाकिनी** आकाशगंगा में स्थित है।
- **अरुण और वरुण** दो ग्रह 'सहोदर भाई' के नाम से जाने जाते हैं।
- उत्तरी ध्रुव **21 जून से 22 सितम्बर** तक हमेशा प्रकाश में रहता है।
- एक ग्रह की अपने कक्ष में सूर्य से अधिकतम दूरी को **अपसौर** तथा न्यूनतम दूरी को **उपसौर** कहा जाता है।
- **22** दिसम्बर को सबसे बड़ा दिन होता है- **दक्षिणी गोलार्द्ध में**
- पूर्ण सूर्य ग्रहण के समय सूर्य का **किरीट** भाग दिखायी देता है।
- **पूर्वी** देशान्तर से भारत का मानक समय निर्धारित किया जाता है।
- **1°** देशान्तर के अन्तर पर **4 मिनट** समय का अन्तर होता है।
- ब्रह्माण्ड से संबंधित अध्ययन है - **कॉस्मोलॉजी**
- ब्रह्माण्ड में लगातार प्रसार की घटना है - **बिग-बैंग**
- ब्रह्माण्ड की उत्पत्ति के संबंध में बिग-बैंग सिद्धांत की संकल्पना दी - **जॉर्ज लैमिन्टर ने**
- ब्रह्माण्ड में विस्फोटी तारा - **सुपरनोवा**
- ब्रह्माण्ड की आयु आंकी गई है - **13 बिलियन वर्ष**
- ब्रह्माण्ड का व्यास है - **10^8 प्रकाश वर्ष**
- विषुवत रेखा से ध्रुवों की ओर जाने पर ग्रीष्म काल में दिन की अवधि- **बढ़ती है**
- सौरमण्डल का सबसे छोटा उपग्रह **डिमोस** है।
- 1 वर्ष में प्रकाश द्वारा तय की गई दूरी है - **प्रकाश वर्ष**
- खगोलीय दूरी का सबसे बड़ा मात्रक है - **पारसेक**
- 1 पारसेक बराबर है - **3.26 प्रकाश वर्ष के**
- 1 प्रकाश वर्ष बराबर है - **9.46×10^{12} किमी.**
- 'सूर्य सौरमंडल का केंद्र है' कहा था - **केपलर ने**
- 'पृथ्वी गोल है' कहने वाला पहला विद्वान था - **पाइथागोरस**
- तारों के बड़े-बड़े गुच्छों का समूह है - **आकाशगंगा (गेलैक्सी)**
- आकाशगंगा की आकृति है - **सर्पिलाकार**
- तारामंडलों की कुल संख्या - **89**
- सबसे बड़ा तारामंडल - **हाइड्रा**
- सबसे चमकीला तारामंडल - **सेन्टॉरस**

- आकाशगंगा की निकटतम मंदाकिनी - **देवयानी (Andromeda)**
- पृथ्वी तथा सौरमंडल जिस आकाशगंगा में स्थित हैं, वह कहलाता है - **दुग्धमेखला**
- मंदाकिनी है - **अरबों तारों का वह समूह जो धुंधला दिखता है**
- दुग्ध-मेखला है - **एक मंदाकिनी**
- नवीनतम ज्ञात मंदाकिनी है - **ड्वार्फ मंदाकिनी**
- पल्सर हैं - **तेजी से घूमने वाले तारे**
- आकाशगंगा मंदाकिनी को सर्वप्रथम देखा था - **गैलीलियो ने**
- 76 वर्षों के अंतराल पर दिखाई देने वाला धूमकेतु है - **हेली**
- हेली धूमकेतु पुनः दिखाई पड़ेगा - **2062 में**
- **चन्द्रमा** को परिक्रमण और परिभ्रमण दोनों गति में बराबर समय लगता है।
- **चन्द्रमा** 'रात की रानी' कहलाता है।
- सौरमण्डल के बड़े उपग्रहों में से एक टाइटन **शनि** का उपग्रह है।
- 'सी ऑफ ट्रंक्विलिटी' **चन्द्रमा** पर है।
- पृथ्वी पर दिन-रात की अवधि समान होती है– **भूमध्य रेखा पर**
- शनि ग्रह के चारों ओर पाये जाने वाले वलयों की संख्या 10 है।
- पार्थिव ग्रहों की संख्या 4 है।
- 'ब्लू मून' परिघटना होती है– **जब एक ही माह में दो पूर्णिमा हों**
- **मीथेन** गैस की उपस्थिति के कारण वरुण ग्रह हरे रंग का दिखाई देता है
- दक्षिणी गोलार्द्ध में सबसे लम्बा दिन **22 सितम्बर** होता है।
- इक्विनॉक्स (Equinox) तिथि – **दिन और रात समान अवधि के होते हैं।**
- पृथ्वी के केन्द्र में पाया जाने वाला चुम्बकीय पदार्थ है– **निकेल**
- पेडीमेण्ट निर्माण संबंधित है– **नदी क्रिया से**
- पृथ्वी के किस भाग में भूकम्प आना आम बात है– **पूर्वी एशिया में**
- सिस्मोग्राफ **भूकम्पीय तरंगों को** मापने के काम में लाया जाता है।
- समान भूकम्पीय तीव्रता वाले स्थानों को मिलाने वाली रेखा को **समभूकम्प रेखा** कहा जाता है।
- एण्डीज पर्वतमाला की सर्वोच्च चोटी कौन-सी है – **एकांकागुआ**
- लोयस का निर्माण होता है – **पवन से**
- 'मोह स्केल' से **चट्टानों की कठोरता** का मापन किया जाता है।
- महासागरीय सतह का निर्माण **बैसाल्ट** प्रकार की चट्टानों से हुआ है।
- **मिसीसिपी नदी** का डेल्टा चिड़िया के पैर जैसा है।
- पवन की गति **ऐनीमोमीटर** से मापी जाती है।
- पृथ्वी के द्रव पदार्थों के घनीभूत हो जाने से बनी चट्टानों को कहते हैं– **आग्नेय**
- मोरेन **हिमानी क्षेत्र में** बनते हैं।
- अटलांटिक महासागर का सबसे गहरा भाग है– **प्यूर्टोरिको ट्रेंच**
- वृहत पृष्ठीय क्षेत्रफल वाला महासागर है– **प्रशान्त महासागर**
- वृहत् ज्वार आता है– **जब सूर्य तथा चन्द्रमा एक सीधी रेखा में होते हैं**
- विश्व में सबसे बड़ी खाड़ी है– **मैक्सिको की खाड़ी**
- विश्व में क्षेत्रफल की दृष्टि से सबसे बड़ा सागर है– **दक्षिणी चीन सागर**
- हिन्द महासागर में सबसे बड़ा द्वीप है– **मेडागास्कर**
- नील नदी **भूमध्य सागर में** गिरती है।
- लंदन **टेम्स** नदी के किनारे स्थित है।
- विश्व की सबसे तेज बहने वाली महासागरीय जलधारा है– **गल्फस्ट्रीम**
- पृथ्वी पर सबसे गहरा स्थल है– **मृत सागर**
- अगुलहास धारा चलती है– **हिन्द महासागर में**
- विश्व का सबसे छोटा महासागर है– **आर्कटिक महासागर**
- सबसे लवणीय सागर है– **मृत सागर**
- गंगा नदी को बांग्लादेश में **पद्मा** नाम से जाना जाता है।
- विश्व का सबसे गहरा महासागरीय गर्त है– **मेरियाना ट्रेंच**
- वायुमण्डल में सर्वाधिक **नाइट्रोजन** गैस मिलती है।
- वायुमण्डल में सर्वाधिक मात्रा में विद्यमान आक्रिय गैस **ऑर्गन** है।
- वायुमण्डल मुख्यतः गर्म होता है– **पृथ्वी से विकिरण द्वारा**
- न्यूफोर्ट स्केल पर क्या दर्शाया जाता है– **पवन की गति**
- कृत्रिम वर्षा में **सिल्वर आयोडाइड** का प्रयोग किया जाता है।
- विश्व में वार्षिक वर्षा का औसत **100 सेमी.** है।
- वायुमण्डल के विभिन्न स्तरों का सही अनुक्रम है– **क्षोभ मण्डल, समताप मण्डल, मध्य मण्डल, आयन मण्डल**
- वायुदाब प्रायः सर्वाधिक होता है, जब वायु होती है– **ठण्डी तथा शुष्क**
- नेफोमीटर से **बादलों की दिशा एवं गति** का मापन किया जाता है।
- व्यापारिक हवाएँ कैसी होती हैं– **नियमित व स्थिर**
- दिन-रात जिस कारण होते हैं, वह है– **भू-परिभ्रमण**
- मेघ गर्जन वायुमण्डल की **क्षोभ मण्डल** परत में होता है।
- ओजोन परत पृथ्वी से करीब कितनी ऊँचाई पर है– **20 किमी.**
- द. अमेरिका के शीत शीतोष्ण घास के मेदानों को **पम्पास** कहते हैं।
- विश्व के वन क्षेत्रों में से **उष्ण कटिबन्धीय वर्षा वन** के फैलाव की प्रतिशतता सर्वाधिक है।
- रोपण कृषि **विषुवतीय प्रदेश** में की जाती है।
- रबड़ **विषुवतीय प्रदेश** की उपज है।
- **विषुवतीय प्रदेश** 'सिनकोना' के उत्पादन की दृष्टि से महत्वपूर्ण स्थान रखता है।
- **शंकुधारी वन** को 'बोरियल वन' के नाम से भी जाना जाता है।
- टुण्ड्रा वनस्पति का सर्वाधिक विस्तार पाया जाता है– **उत्तरी अमेरिका में**
- अमेजन नदी की घाटी में विषुवतरेखीय उष्णार्द्र वनों को कहा जाता है– **सेल्वास**
- विश्व में कनाडा मुलायम लकड़ी एवं लकड़ी की लुग्दी का सबसे बड़ा उत्पादक एवं निर्यातक है।
- पेन्सिल बनाने में किस वृक्ष की लकड़ी का सामान्यतः प्रयोग किया जाता है– **सिडार**
- विश्व का सबसे बड़ा यूरेनियम उत्पादक देश है– **कनाडा** (अन्धी घाटी क्षेत्र)
- विश्व का सर्वाधिक जूट उत्पादक क्षेत्र है– **गंगा-ब्रह्मपुत्र डेल्टाई मैदान**
- विश्व में चीनी का सबसे बड़ा उत्पादक देश है– **ब्राजील**
- विश्व में कपास का उत्पादन करने वाले प्रमुख देशों का उत्पादन के आधार पर सही अवरोही क्रम है– **चीन, भारत, संयुक्त राज्य अमेरिका एवं पाकिस्तान**
- **भारत** में बकरियों की संख्या विश्व में सबसे अधिक है।
- मोनोजाइट **थोरियम** का अयस्क है।
- **रूस** हीरे का सबसे बड़ा उत्पादक है।
- **डेनमार्क** अल्प जनसंख्या की समस्या से ग्रसित है।
- सर्वाधिक जनसंख्या घनत्व वाला देश है - **सिंगापुर**
- ट्रांस साइबेरियन रेलमार्ग **लेनिनग्राड से ब्लाडीवोस्टक** तक जाता है। (9,289 किमी. लंबा)
- विश्व में सड़कों की लम्बाई की दृष्टि से प्रथम तीन देशों का अवरोही क्रम है - **USA, भारत, ब्राजील**

- विश्व की सबसे लम्बी सड़क है- **पैन अमेरिकन महामार्ग** (लम्बाई 48,000 किमी.)
- विश्व मे **ब्रिटेन** में प्रथम रेलमार्ग का निर्माण हुआ।
- ग्वादर पत्तन **पाकिस्तान** में है।
- विश्व का सबसे व्यस्त समुद्री रास्ता **उत्तरी अटलांटिक महासागर** है।
- **स्वेज नहर** संसार की सबसे बड़ी पोतवाहक नहर है।
- विश्व का सबसे व्यस्ततम् बन्दरगाह माना जाता है - **रॉटरडम**
- 'प्यासी भूमि का महाद्वीप' कहा जाता है - **ऑस्ट्रेलिया**
- विषमताओं का महाद्वीप - **एशिया**
- अंध महाद्वीप - **अफ्रीका**
- अग्नि द्वीप - **आइसलैंड**
- प्रशान्त महासागर का चौराहा - **हवाई द्वीप**
- 'सन सिटी' (sun city) अवस्थित है - **दक्षिण अफ्रीका में**
- डूबते सूर्य का देश - **ब्रिटेन**
- पश्चिम एशिया का स्विट्जरलैंड-**लेबनान**
- यूरोप महाद्वीप का सर्वोच्च पर्वत शिखर है- **माउण्ट एल्बुर्ज**
- **ऑस्ट्रेलिया महाद्वीप** का सर्वोच्च पर्वत शिखर है- **माउण्ट कोस्यूस्को**
- **अफ्रीका महाद्वीप** की सबसे बड़ी झील है- **विक्टोरिया**
- विश्व में मैदानों का सर्वाधिक विस्तार **यूरोप महाद्वीप** में है।
- **अफ्रीका महाद्वीप** का विस्तार उत्तरी, दक्षिणी, पूर्वी तथा पश्चिमी सभी गोलार्द्धों में है।
- अफ्रीका महाद्वीप से होकर कर्क, विषुवत एवं मकर तीनों रेखाएँ गुजरती हैं।
- जापान का सबसे छोटा द्वीप है - **शिकोकू**
- भारत का दक्षिणतम द्वीप है - **ग्रेट निकोबार**
- भारत का सबसे बड़ा द्वीप है - **मध्य अंडमान**
- नहरों का शहर - **वेनिस**
- डोवर जलसन्धि जोड़ती है - **इंग्लिश चैनल एवं उत्तर सागर को**
- पूर्व का मोती - **श्रीलंका**

प्रश्नमाला

1. 'सू' नहर जोड़ती है-
(a) तुरान और ओन्टारियो
(b) बंगाल और त्रिपुरा को
(c) सुपीरियर और मिशीगन
(d) सुपीरियर और ह्यूरान को

2. विश्व की सबसे गहरी समुद्री गर्त कौन है?
(a) नार्टहन (b) चैलेन्जर
(c) मैनहटन (d) रिचार्ड्स

3. डेटम रेखा क्या है?
(a) समुद्र तल की क्षैतिज रेखा जिससे ऊंचाई तथा गहराई की माप होती है
(b) प्राथमिक व द्वितीयक आंकड़ों के मध्य
(c) अन्तर्राष्ट्रीय तिथि रेखा
(d) काल्पनिक रेखा जो शून्य देशान्तर पर है

4. कथन (A) : स्वेज नहर बनाने से भारत की पश्चिमी देशों से दूरी कम हो गई है।
कारण (R) : स्वेज नहर भूमध्य सागर को लाल सागर से जोड़ती है।
(a) A, R, दोनों सही है और R, A की व्याख्या करता है।
(b) A और R दोनों सही है किन्तु R, A की व्याख्या नहीं करता है।
(c) A सही है किन्तु R गलत है।
(d) R गलत है किन्तु A सही है।

5. वोल्गा नदी कहां गिरती है?
(a) लाल सागर (b) कैस्पियन सागर
(c) काला सागर (d) भूमध्य सागर

6. उच्च दाब क्षेत्र से भूमध्य सागर की ओर चलने वाली पवनें होती हैं?
(a) पछुआ हवाएं
(b) व्यापारिक पवनें
(c) मानसून पवनें
(d) समुद्री पवनें

7. स्वेज नहर किन दो सागरों को मिलाती है-
(a) अरब सागर - काला सागर
(b) भूमध्य सागर - लाल सागर
(c) काला सागर - लाल सागर
(d) हिन्द महासागर - लाल सागर

8. किसी जहाज को सबसे कम समय में एक स्थान से दूसरे स्थान तक जाने के लिए निम्न में से किसे मार्ग बनाना चाहिए?
(a) समुद्री धारा (b) समुद्री हवा
(c) देशांतर (d) अक्षांश

9. निम्न में सबसे छोटा महाद्वीप कौन है?
(a) अंटार्कटिक (b) एशिया
(c) यूरोप (d) ऑस्ट्रेलिया

10. कथन (A) : तिथि निर्धारक रेखा पर ग्रीनविच से 12 घंटे का अंतर है।
कारण (R) : तिथि निर्धारक रेखा 180 डिग्री देशांतर पर स्थित है।
(a) A, R दोनों सत्य हैं, और R, A की व्याख्या करता है
(b) A और R सत्य हैं, R, A की व्याख्या नहीं करता है
(c) A सत्य है, R असत्य है
(d) R सत्य है, A असत्य है

11. गोबी मरुस्थल स्थित है-
(a) ऑस्ट्रेलिया (b) भारत
(c) मंगोलिया (d) प. अफ्रीका

12. सवाना घास का मैदान कहां है?
(a) अफ्रीका में (b) ऑस्ट्रेलिया में
(c) यूरोप में (d) उत्तरी अमेरिका में

13. कौन-सा कथन सही नहीं है?
(a) फॉकलैण्ड द्वीप समूह हिन्द महासागर में स्थित है
(b) नामीबिया अफ्रीका में स्थित है
(c) निकारागुआ मध्य अमेरिका में है
(d) यमन एशिया में है

14. संसार का सबसे बड़ा द्वीप है-
(a) बोर्नियो (b) ग्रीनलैण्ड
(c) मेडागास्कर (d) न्यूगिनी

15. मैगीनॉट रेखा थी-
(a) फ्रांस और जर्मनी के बीच की सीमा
(b) पूर्व जर्मनी और पोलैण्ड के बीच की सीमा
(c) अमेरिका और कनाडा के बीच की सीमा
(d) भारत और अफगानिस्तान के बीच की सीमा

16. संसार का सबसे बड़ा मरुस्थल है-
(a) कालाहारी (b) गोबी
(c) सहारा (d) थार

17. निम्नलिखित में कौन शीत समुद्री धारा है?
(a) ब्राजील धारा
(b) गल्फ स्ट्रीम
(c) क्यूरोशियो धारा
(d) हम्बोल्ट धारा

18. संसार की सर्वमहत्वपूर्ण जहाजी नहर है-
(a) कील नहर (b) पनामा नहर
(c) सू नहर (d) स्वेज नहर

19. उच्चतम लवणता पाई जाती है-
(a) मृत सागर में
(b) लाल सागर में
(c) महान् साल्ट झील सं. रा. अमरीका में
(d) झील वान-टर्की में

20. निम्नांकित में कहां अयनवर्तीय वर्षा-वन पाए जाते हैं?
(a) कांगो घाटी (b) गंगा घाटी
(c) ह्वांगहो घाटी (d) मरे-डार्लिंग घाटी

21. टॉरनेडो बहुत प्रबल उष्ण कटिबंधीय चक्रवात है, जो उठते हैं-
(a) कैरेबियन सागर में
(b) चीन सागर में
(c) अरब सागर में
(d) श्याम सागर में

22. दक्षिण एशिया का सबसे बड़ा मरुस्थल है-
(a) आटाकामा (b) कोलोरेडो
(c) कालाहारी (d) थार

23. मरुस्थलीय पौधों की जड़ लम्बी होती है, क्योंकि-
(a) भूमि का उच्च तापमान जड़ों को लम्बा होने हेतु प्रोत्साहित करता है
(b) जड़े पानी की तलाश में लम्बी हो जाती हैं
(c) भूमि में पानी नहीं होता। अत: यह सख्त होकर जड़ों पर दबाव डालती है जिससे वे लम्बी हो जाती हैं
(d) जड़ें सूर्य की गर्मी के विपरीत दिशा में बढ़ती हैं

24. वायुमण्डल में ओजोन पर्त-
(a) वर्षा करती है
(b) प्रदूषण उत्पन्न करती है
(c) पराबैंगनी विकिरण से पृथ्वी पर जीवन की रक्षा करती है
(d) वायुमण्डल में ऑक्सीजन उत्पन्न करती है

25. उत्तरी गोलार्द्ध में कर्क संक्रांति के समय 12 घण्टे का दिन होगा?
(a) कर्क रेखा पर
(b) मकर रेखा पर
(c) आर्कटिक वृत्त पर
(d) विषुवत रेखा पर

26. ओजोन परत अवस्थित है-
(a) क्षोभमण्डल में
(b) क्षोभसीमा में
(c) समतापमण्डल में
(d) प्रकाशमण्डल में

27. बरमूडा त्रिभुज अवस्थित है-
(a) उत्तरी अटलाण्टिक महासागर में
(b) दक्षिणी अटलाण्टिक महासागर में
(c) उत्तरी प्रशान्त महासागर में
(d) दक्षिणी प्रशान्त महासागर में

28. कथन (A) : वायुमण्डल अधिकांश ऊष्मा परोक्ष रूप से सूर्य से तथा प्रत्यक्ष रूप में पृथ्वी के धरातल से प्राप्त करता है।
कारण (R) : पृथ्वी के धरातल पर सौर लघु तरंगें पार्थिव ऊर्जा की लम्बी तरंगों में परिणित होती हैं।

कूट:
(a) A और R दोनों सही हैं तथा R, A की सही व्याख्या करता है
(b) A और R दोनों सही हैं परन्तु R, A की सही व्याख्या नहीं करता है
(c) A सही है परन्तु R गलत है
(d) A गलत है परन्तु R सही है

29. मकर संक्रांति के समय कर्क रेखा पर दोपहर के सूर्य का उन्नतांश होता है-
(a) 23.5° (b) 43.0°
(c) 47.0° (d) 66.5°

30. संसार का आर्द्रतम स्थान है-
(a) चेरापूंजी (b) मासिन राम
(c) सिंगापुर (d) वायलीन

31. ग्लोब पर दो स्थानों के बीच न्यूनतम दूरी होती है?
(a) 45° उत्तरी अक्षांशों पर
(b) 45° दक्षिणी अक्षांश पर
(c) प्रधान देशान्तर पर
(d) अन्तर्राष्ट्रीय तिथि रेखा पर

32. निम्नांकित में किसका सुमेल नहीं है?
(a) ब्राजील धारा दक्षिण अटलांटिक महासागर
(b) हम्बोल्ट धारा उत्तरी प्रशान्त महासागर
(c) गल्फस्ट्रीम धारा उत्तरी अटलाण्टिक महासागर
(d) अंगुल्हास धारा हिन्द महासागर

33. लवणता की सर्वाधिक मात्रा में पाई जाती है?
(a) बाल्टिक सागर में
(b) श्याम सागर में
(c) मृत सागर में
(d) लाल सागर में

34. अफ्रीका में निम्नांकित देशों में से किसमेंम सघन उष्णार्द्र वन हैं?
(a) आंइवरी कोस्ट
(b) केन्या
(c) जिम्बाब्वे
(d) दक्षिण अफ्रीका संघ

35. निम्नलिखित में से कौन-सी नदी भ्रंश घाटी से बहती है?
(a) अमेजन (b) सिन्धु
(c) वोल्गा (d) राइन

36. निम्नांकित में संसार का सर्वाधिक व्यस्त महासागरीय मार्ग कौन-सा है?
(a) हिन्द महासागर
(b) उत्तरी अटलांटिक महासागर
(c) दक्षिणी अटलाण्टिक महासागर
(d) प्रशान्त महासागर

37. बेतार के तार का सम्पर्क पृथ्वी के धरातल को परावर्तित किया जाता है-
(a) ट्रोपोस्फीयर द्वारा
(b) स्ट्रेटोस्फीयर द्वारा
(c) आइनोस्फीयर द्वारा
(d) इक्सोस्फीयर द्वारा

38. बागान कृषि से सम्बन्धित निम्नांकित कथनों पर विचार कीजिए तथा नीचे दिए कूट से सही उत्तर चुनिए-
1. अधिकांश उष्णाकटिबन्धीय बागान निचले मैदानों में अवस्थित है।
2. उष्णकटिबन्धीय बागान समुद्र तट के किनारे झुण्डों में पाए जाते हैं।
3. अमेजन बेसिन में रबर की कृषि के लिए उत्तम भौतिक दशाएं पाई जाती हैं, परन्तु कर्मकारों की कमी है।

कूट:
(a) 1 तथा 2 सही हैं
(b) 2 तथा 3 सही है
(c) 1 तथा 3 सही है
(d) सभी सही हैं

39. सूची-I तथा सूची-II को सुमेल कीजिए तथा नीचे दिए गए कूट से सही उत्तर चुनिए?

सूची-I (प्रदेश/क्षेत्र)	सूची-II (जलवायु - प्रकार)
A. कैलीफोर्निया	**1. भूमध्यसागरीय**
B. पश्चिमी ऑस्ट्रेलिया	**2. उष्ण कटिबन्धीय मानसून**
C. बांग्लादेश	**3. शीत शीतोष्ण**
D. साइबेरिया	**4. उष्ण मरुभूमि**

कूट:

	A	B	C	D
(a)	1	2	3	4
(b)	2	3	4	1
(c)	1	4	2	3
(d)	2	4	1	3

40. वृहत् ज्वार आता है?
(a) जब सूर्य तथा चन्द्रमा एक सीधी रेखा में होते हैं
(b) जब सूर्य तथा चन्द्रमा समकोण बनाते हैं
(c) जब तेज हवा चल रही हो
(d) जब रात बहुत ठण्डी हो

41. वर्ष 1998 नियोनिड उल्का दृष्टि थी-
1. तुला तारामण्डल में घटने वाली परिघटना
2. एक परिघटना जो 33 वर्ष बाद फिर घटी थी
3. एक परिघटना जिससे टेम्पल ट्यूटल नाम धूमकेतु जुड़ा है
4. एक टूटते तारों की परिघटना
नीचे दिए गए ऊट का प्रयोग करते हुए सही उत्तर चुनिए-
(a) 1, 2 एवं 3
(b) 1, 3 एवं 4
(c) 1, 2 एवं 4
(d) 2, 3 एवं 4

42. दो ग्रह, जिसके उपग्रह नहीं है, वे हैं-
(a) पृथ्वी एवं बृहस्पति
(b) बुध एवं शुक्र
(c) बुध एवं शान्ति
(d) शुक्र एवं मंगल

43. कौन-सी जल संयोजी यूरोप को अफ्रीका से पृथक् करती है?
(a) बासापरेस (b) जिब्राल्टर
(c) डोवर (d) बेरिंग

44. विश्व का सबसे ठण्डा स्थान है-
(a) हैलिफैक्स (b) शिकागो
(c) सियाचीन (d) बर्खोयांस्क

45. अन्तरिक्ष यान मैगेलन किस तरह ग्रह पर भेजा गया था?
(a) मंगल (b) शनि
(c) बृहस्पति (d) शुक्र

46. किसमें पृथ्वी के अलावा अन्य जीवन की संभावना है, क्योंकि वहां का पर्यावरण जीवन के लिए बहुत अनुकूल है?
(a) बृहस्पति
(b) मंगल
(c) यूरोपा-बृहस्पति का चन्द्रमा
(d) चन्द्रमा-पृथ्वी का चन्द्रमा

47. निम्न में से कौन देशान्तर प्रधान यामोत्तर के साथ ग्लोब पर वृहत-वृत्त का निर्माण करता है?
(a) O° (b) 90° पूर्व
(c) 90° पश्चिम (d) 180°

48. सूची-I तथा सूची-II को सुमलित कीजिए तथा सूचियों के नीचे दिए गए कूट से सही उत्तर चुनिए-

सूची-I (देश)	सूची-II (अधीन क्षेत्र)
A. ऑस्ट्रेलिया	1. मार्तीनीक
B. डेनमार्क	2. सान्ताक्रूज
C. फ्रांस	3. ग्रीनलैंड
D. स्पेन	4. क्रिसमस द्वीप

कूट:

	A	B	C	D
(a)	1	2	3	4
(b)	1	3	2	4
(c)	4	3	2	1
(d)	2	1	4	3

49. निम्न कथनों पर विचार कीजिए तथा नीचे दिए कूट से सही उत्तर चुनिए-
1. पृथ्वी के अक्ष के उत्तरी सिरे का उत्तरी ध्रुव कहते हैं
2. 45° अक्षांश की लम्बाई विषुवत रेखा की आधी होती है
3. पृथ्वी के अक्ष की समान्तरता है।
4. अपसौर अवस्था में पृथ्वी के परिभ्रमण की गति तीव्र होती है।
कूट:
(a) 1 एवं 2 (b) 2 एवं 3
(c) 3 एवं 4 (d) 1 एवं 3

50. पश्चिमी की ओर यात्रा करने वाले एक जहाज के कैप्टन 90° पश्चिमी देशान्तर पर स्थानीय समय 10.00 बजे सोमवार लिखा। यदि उसके जहाज की गति वही रहे तो पृथ्वी के घूर्णन की है तो अन्तर्राष्ट्रीय तिथि रेखा पर वह निम्न में से किस स्थानीय समय और दिन को प्राप्त करेगा?
(a) 01.00 सोमवार
(b) 10.00 सोमवार
(c) 10.00 मंगलवार
(d) 16.00 मंगलवार

51. निम्नलिखित में से कौन-सी धारा दक्षिणी अटलांटिक महासागर में धाराओं के एक पूर्ण वृत्त के निर्माण में योगदान नहीं देती है?
(a) बेगुएला (b) ब्राजील
(c) कनारी (d) पश्चिम पवन प्रवाह

52. निम्नलिखित कथनों में कौन लेटेराइट मिट्टियों के लिए सही नहीं है?
(a) वे आर्द्र अयनवर्तीय प्रदेशों की मिट्टियां हैं।
(b) वे बहुत ही अवक्षालित मिट्टियां हैं।
(c) उनकी उर्वरता कम होती है।
(d) उनमें चूना प्रचुर मात्रा में पाया जाता है।

53. निम्नलिखित में कौन सुमेलित है-
(a) एस्कीमों - कनाडा
(b) ओरान - जापान
(c) लैप्स - भारत
(d) गोंड - अफ्रीका

54. कोणधारी वन नहीं पाए जाते हैं-
(a) आमेजोरिया में
(b) स्कैण्डीनेविया में
(c) कनाडा में
(d) फिनलैण्ड में

55. निम्नलिखित में से किसका सुमेल नहीं है?
(a) फिजी - सुवा
(b) फिनलैण्ड - ओस्लो
(c) गुयाना - जॉर्ज टॉउन
(d) लेबनान - बेरूत

56. कथन (A) : कृष्ण छिद्र एक ऐसा खगोलीय अस्तित्व है जिसे दूरबीन से देखा नहीं जा सकता।
कारण (R) : कृष्ण छिद्र पर गुरुत्वीय क्षेत्र इतना प्रबल होता है कि यह प्रकाश को भी बच निकलने नहीं देता है।
नीचे दिए गए कूट का प्रयोग करके सही उत्तर का चयन कीजिए:
कूट :
(a) A तथा R दोनों सही है तथा R, A की सही व्याख्या करता है।
(b) A और R दोनों सही है परन्तु R, A की सही व्याख्या नहीं करता है।
(c) A सही है परन्तु R गलत है।
(d) A गलत है परन्तु R सही है।

57. निम्नलिखित में से कौन-सा कथन सही नहीं है :
(a) जलवाष्प निचले वायुमंडल की अति परिवर्ती गैस है।
(b) अधिकतम तापमान की मेखला विषुवत रेखा के सहारे पाई जाती है।
(c) शीत कटिबंध उभयगोलार्द्धों में ध्रुर्वामवृत्त एवं ध्रुवों के बीच उपस्थित है।
(d) जेट वायुधाराएं अत्यधिक ऊंचाई की हवाएं हैं जो धरातलीय मौसमी दशाओं को प्रभावित करती हैं।

58. निम्नलिखित में से कौन-सा ग्रह सबसे कम समय में सूर्य का चक्कर लगाता है?
(a) प्लूटो (b) बुध
(c) पृथ्वी (d) शनि

59. जैरे से नीदरलैण्ड जाते समय निम्नलिखित में से जलवायु प्रदेशों का कौन-सा सही क्रम है?
(a) भूमध्यरेखीय जलवायु
(b) भूमध्यसागरीय जलवायु
(c) उष्ण मरुस्थलीय जलवायु
(d) पश्चिमी यूरोपीय जलवायु

60. निम्नलिखित में कौन-सा एक देश भौगोलिक रूप में अमेरिका में स्थित होने पर भी राजनैतिक दृष्टि में यूरोप का भाग है?
(a) आइसलैण्ड
(b) कैनरी आइलैण्ड्स
(c) ग्रीनलैण्ड
(d) क्यूबा

61. कौन-सी विश्व की सर्वाधिक गहरी झील है?
(a) टीटीकाका (b) विक्टोरिया
(c) बैकाल (d) मृत सागर

62. 'विली-विली' है-
(a) ऑस्ट्रेलिया के ऊपर चलने वाला उष्णकटिबंधीय चक्रवात
(b) टाइफून
(c) बहुत ऊंचा ज्वार
(d) भारत के ऊपर चलने-वाला उष्णकटिबंधीय चक्रवात

63. मकर रेखा पर किस दिन सूर्य लम्बवत चमकता है?
(a) 21 जून
(b) 22 दिसम्बर
(c) 21 मार्च और 23 सितम्बर
(d) 21 जून एवं 22 दिसम्बर

64. निम्नलिखित में से कौन सुमेलित नहीं है?
(a) चिनूक - संयुक्त राज्य अमेरिका
(b) बूरन - सहारा
(c) बिलीजर्ड - कनाडा
(d) सामूम - ईरान

65. शुक्र पारगमन 8 जून, 2004 को देखा गया। इससे पूर्व यह घटना कब घटी?
(a) 12 वर्ष पूर्व
(b) 105 वर्ष पूर्व
(c) 122 वर्ष पूर्व
(d) 125 वर्ष पूर्व

66. दक्षिणी अमेरिका का चौड़ा वृक्षरहित घास का मैदान कहलाता है-
(a) सेल्वा (b) पम्पास
(c) प्रेयरी (d) स्टेपीज

67. मौनालोआ एक सक्रिय ज्वालामुखी है-
(a) अलास्का का (b) हवाई का
(c) इटली का (d) जापान का

68. संयुक्त राज्य अमेरिका में निम्नलिखित में से किस क्षेत्र को 'टॉरनैडो ऐली' कहा जाता है?
(a) अटलांटिक समुद्रतट
(b) प्रशान्त तट
(c) मिसीसिपी मैदान
(d) अलास्का

69. मृतक घाटी जानी जाती है, इसकी-
(a) अत्यधिक उष्णता के लिए
(b) अत्यधिक ठंड के लिए
(c) असमान्य गहराई के लिए
(d) अत्यधिक लवणता के लिए

70. निम्नलिखित में कौन-सा सुमेलित नहीं है?
(a) चिनूक - संयुक्त राज्य अमेरिका
(b) सिरॉको - सिसिली
(c) बिलिजर्ड - चिली
(d) नार्वेस्टर्स - भारत

71. जब अर्धचन्द्र होता है, तो सूर्य, पृथ्वी तथा चंद्र बीच का कोण होता है-
(a) 45° (b) 90°
(c) 180° (d) 270°

72. निम्नलिखित नोबल गैसों में से कौन-सी वायु में नहीं पाई जाती है?
(a) हीलियम (b) ऑर्गन
(c) रेडोन (d) निऑन

73. कर्क रेखा नहीं गुजरती है-
(a) मिस्र से (b) भारत से
(c) ईरान से (d) म्यांमार से

74. निम्नलिखित में से कौन-सी दक्षिण अटलांटिक महासागर की शीतल धारा है?
(a) कैनेरी धारा
(b) बेंगुला धारा
(c) अगुलहास धारा
(d) ब्राजील धारा

75. किसी जगह का स्थानीय समय 6.00 प्रातः है जब कि ग्रीनविच मीन टाइम (जी.एम.टी.) 3.00 प्रातः है। उस जगह की देशान्तर रेखा क्या होगी?
(a) 45° पश्चिम (b) 45° पूर्व
(c) 120° पूर्व (d) 120° पश्चिम

76. वायुमण्डल में ओजोन पर्त-
(a) वर्षा करती है
(b) प्रदूषण उत्पन्न करती है
(c) पराबैंगनी विकिरण से पृथ्वी पर जीवन की रक्षा करती है
(d) वायु मंडल में ऑक्सीजन उत्पन्न करती है

77. निम्नलिखित तिथियों में से किस में दोपहर को आपकी छाया सबसे छोटी होती है?
(a) दिसम्बर 25 (b) मार्च 21
(c) जून 22 (d) फरवरी 14

78. पृथ्वी की जुड़वां बहन कहे जाने वाले ग्रह का नाम है-
(a) बुध (b) शुक्र
(c) मंगल (d) प्लूटो

79. ड्राकेन्सबर्ग पर्वत है-
(a) बोत्सवाना में
(b) नामीबिया में
(c) दक्षिण अफ्रीका में
(d) जाम्बिया में

80. भूमध्यरेखा के निकट किस तरह के वन पाए जाते हैं?
(a) पतझड़ी वन
(b) शंकुधारी वन
(c) घास स्थल वन
(d) उष्णकटिबंधीय वन

81. विश्व की निम्न पर्वत शृंखलाओं को उनकी लम्बाई के अवरोही क्रम में रखिए तथा नीचे दिए गए कूट से सही उत्तर का चयन कीजिए-
(i) एंडीज (ii) ग्रेट डिवाइडिंग रेंज
(iii) हिमालय (iv) रॉकी

कूटः
(a) (i) (iii) (iv) (ii)
(b) (i) (iv) (iii) (ii)
(c) (iv) (i) (ii) (iii)
(d) (iv) (iii) (i) (ii)

82. क्षेत्रफल और आयतन के आधार पर विश्व की सबसे बड़ी झील है?
(a) अरब सागर (b) कैस्पियन सागर
(c) बैकाल झील (d) मिशीगन झील

83. निम्नलिखित प्राइमेटों में आधुनिक मानव का निकटतम सम्बन्धी कौन है?
(a) औरंगयूटन (b) गोरिल्ला
(c) गिबन (d) लंगूर

84. ओजोन परत मुख्यतः जहां अवस्थित रहती है, वह है-
(a) ट्रोपोस्फीयर (b) स्ट्रेटोस्फीयर
(c) मेसोस्फीयर (d) आयनोस्फीयर

85. जल में वायु का बुलबुला, जिसकी भांति व्यवहार करेगा, वह है-
(a) उत्तल दर्पण
(b) उत्तल लेन्स
(c) अवतल दर्पण
(d) अवतल लेन्स

86. निम्नलिखित ग्रहों में वह कौन-सा है, जिसका कोई उपग्रह नहीं है?

(a) पृथ्वी (b) बुध
(c) मंगल (d) बृहस्पति

87. जब ग्रीनविच में मध्यान्ह है, एक जगह का स्थानीय समय 5 बजे सायं है। निम्नांकित में वह कौन-सा यामोत्तर है, जिस पर उपर्युक्त जगह अवस्थित है?

(a) 75^0 पू. (b) 75^0 प.
(c) 150^0 पू. (d) 150^0 प.

88. अमेजन नदी कहाँ से निकलती है?

(a) एण्डीज
(b) आकांकागुआ
(c) पैंटागोनिया
(d) ब्राजील की उच्च भूमि

89. किस वृक्ष से मलेरिया के रोकथाम के लिए दवा बनाई जाती है?

(a) महोगनी (b) सिनकोना
(c) देवदार (d) चीड़

90. प्रवाल विरंजन का प्रमुख कारण है?

(a) वायु प्रदूषण (b) वैश्विक तापन
(c) वर्षा (d) जलवाष्प

91. भारतीय मानक समय एवं ग्रीनविच माध्य समय के बीच कितने समय का अन्तर है?

(a) –4 घण्टे 30 मिनट
(b) –5 घण्टे
(c) +5 घण्टे 30 मिनट
(d) +6 घण्टे 30 मिनट

92. इनमें से कौन बृहस्पति का उपग्रह नहीं है–

(a) टाइटन (b) यूरोपा
(c) आयो (d) कैलिस्टो

93. हमारी आकाशगंगा के केन्द्र की परिक्रमा करने में सूर्य को समय लगता है?

(a) 25 (b) 100
(c) 150 (d) 500

94. सूर्यग्रहण में होता है–

(a) सूर्य और पृथ्वी के बीच चन्द्रमा
(b) पृथ्वी और चन्द्रमा के बीच सूर्य
(c) तीनों समकोण बनाते हैं
(d) तीनों सीधी रेखा में होते हैं

95. इण्डियन स्टैण्डर्ड टाइम (आई.एस.टी.) और ग्रीनविच मीन टाइम (जी.एम.टी.) में कितने समय का अन्तर होता है?

(a) 5 घण्टे 10 मिनट
(b) 5 घण्टे 20 मिनट
(c) 5 घण्टे 30 मिनट
(d) 5 घण्टे 40 मिनट

96. सौर परिवार का सबसे छोटा ग्रह कौन-सा है?

(a) प्लूटो (b) मंगल
(c) शुक्र (d) बुध

97. पृथ्वी का निकटतम ग्रह कौन-सा है?

(a) चन्द्रमा (b) शुक्र
(c) मंगल (d) बुध

98. सूर्य ग्रहण कब होता है?

(a) चतुर्थांश चन्द्रमा के दिन
(b) प्रतिपदा (New Moon Day)
(c) किसी दिन
(d) पूर्णिमा को

99. महासागरों में ज्वार-भाटा की उत्पत्ति के क्या कारण हैं?

(a) सूर्य के प्रभाव से
(b) पृथ्वी की घूर्णन गति से
(c) सूर्य और चन्द्रमा के संयुक्त प्रभाव से
(d) गुरुत्वाकर्षण, अभिकेन्द्रीय बल तथा अपकेन्द्रीय बल से

100. किस तारीख को सबसे बड़ा दिन होगा-

(a) 22 जुलाई
(b) 25 दिसम्बर
(c) 21 जून
(d) 23 मार्च

101. उत्तरी गोलार्द्ध में कर्क संक्रांति के समय 12 घण्टे का दिन होगा?

(a) कर्क रेखा पर
(b) मकर रेखा पर
(c) आर्कटिक वृत्त पर
(d) विषुवत रेखा पर

102. वृहत् ज्वार आता है?

(a) जब सूर्य तथा चन्द्रमा एक सीधी रेखा में होते हैं
(b) जब सूर्य तथा चन्द्रमा समकोण बनाते हैं
(c) जब तेज हवा चल रही हो
(d) जब रात बहुत ठण्डी हो

103. दो ग्रह, जिसके उपग्रह नहीं है, वे हैं-

(a) पृथ्वी एवं बृहस्पति
(b) बुध एवं शुक्र
(c) बुध एवं शान्ति
(d) शुक्र एवं मंगल

104. निम्न में से कौन देशान्तर प्रधान याम्योत्तर के साथ ग्लोब पर वृहत-वृत्त का निर्माण करता है?

(a) 0° (b) 90° पूर्व
(c) 90° पश्चिम (d) 180°

105. वह कौन-सी तिथि/तिथियां हैं, जब दोनों गोलार्द्धों में दिन और रात बराबर होते हैं?

(a) 21 जून
(b) 22 दिसम्बर
(c) 21 मार्च और 23 सितम्बर
(d) 21 जून एवं 22 दिसम्बर

106. ऑस्ट्रेलिया में स्थित कालगूर्ली किसके लिए विख्यात है?

(a) स्वर्ण उत्पादन (b) उत्तम जलवायु
(c) शिक्षा केन्द्र (d) मुर्गीपालन

107. विश्व का 'चीनी का कटोरा' किसे कहते हैं?

(a) क्यूबा (b) चिली
(c) भारत (d) हवाना

108. बाकू किसलिए प्रसिद्ध है?

(a) सघन रेल परिवहन जाल
(b) गहन कृषि
(c) खनिज तेल
(d) विनिर्माण उद्योग

109. सर्वाधिक सघन खेती प्रचलित है-

(a) चीन में (b) भारत में
(c) इंडोनेशिया में (d) जापान में

110. निम्नलिखित कथनों में कौन-सा कथन चीन के बारे में सही नहीं है?

(a) यह सर्वाधिक घना बसा हुआ देश है।
(b) यह सोयाबीन का अग्रगण्य उत्पादक देश है।
(c) ह्वागहो नदी चीन का शोक है।
(d) शंघाई उसका सबसे बड़ा आर्थिक केन्द्र है।

111. निम्नांकित में से किसका सुमेल नहीं है?

(a) डेट्रायट मोटरकार
(b) हवाना सिगार
(c) शेफील्ड कटलरी
(d) वेनिस पोत-निर्माण

112. बॉक्साइट अयस्क है-

(a) सीसा का (b) एल्यूमीनियम का
(c) जस्ता का (d) तांबा का

113. पेट्रोलियम के संबंध में कौन-से कथन सही हैं?

1. मध्य पूर्व में संसार के पेट्रोल के लगभग 60% भंडार पाए जाते हैं।
2. अलास्का में टेक्सास के समतुल्य पेट्रोलियम भंडार प्रमाणित हैं।
3. संयुक्त राज्य अमेरिका पेट्रोलियम का प्रमुख उत्पादक एवं प्रमुख आयातक दोनों ही है।

नीचे दिए गए कूट से सही उत्तर चुनिए-

(a) 1 तथा 2 सही हैं
(b) 2 तथा 3 सही हैं
(c) 1 तथा 3 सही हैं
(d) सभी सही हैं

114. निम्नांकित में किसका सुमेलन नहीं है?
(a) डेट्रायट — ऑटोमोबाइल्स
(b) मैगिटोगोर्स्क — लोहा तथा इस्पात
(c) जोहान्सबर्ग — सोना खनन
(d) बर्मिंघम — जलपोत निर्माण

115. मृदा क्षरण बड़ी समस्या है-
(a) उष्ण कटिबंधीय वर्षा वन प्रदेशों में
(b) अफ्रीकी सवाना में
(c) भूमध्यसागरीय प्रदेशों में
(d) ऑस्ट्रेलियाई डाउन्स में

116. टेलर घाटी अवस्थित है-
(a) ऑस्ट्रेलिया में
(b) अण्टार्टिका में
(c) कनाडा में
(d) संयुक्त राज्य अमेरिका में

117. विश्व की लगभग 50% जनसंख्या निम्नांकित अक्षांश के मध्य केन्द्रित है-
(a) 5° उ. तथा 20° उ. के बीच
(b) 20° उ. तथा 40° उ. के बीच
(c) 40° उ. तथा 60° उ. के बीच
(d) 20° द. तथा 40° द. के बीच

118. निम्नांकित कथनों में कौन सही हैं?
1. चीन संसार में अग्रणी कोयला उत्पादक है।
2. यूक्रेन में डोनेट्स्क बेसिन प्रमुख कोयला उत्पादक क्षेत्र है।
3. जर्मनी में सार क्षेत्र प्रमुख कोयला उत्पादन क्षेत्र है।
4. संयुक्त राज्य अमेरिका में मुख्य कोयला उत्पादन क्षेत्र अप्लेशियन प्रदेश में हैं।
कूट :
(a) 1 एवं 2
(b) 2 एवं 3
(c) 1, 2 एवं 3
(d) उपरोक्त सभी

119. सूची-I तथा सूची-II को सुमेलित कीजिए तथा सूचियों के नीचे दिए गए कूट से सही उत्तर चुनिए-

सूची I	सूची II
A. लौह-अयस्क	1. पोर्ट रेडियम
B. खनिज तेल	2. बिन्धम
C. तांबा	3. बाकू
D. यूरेनियम	4. मेसाबी

कूट :

	A	B	C	D
(a)	4	3	2	1
(b)	3	4	1	2
(c)	1	2	3	4
(d)	1	3	2	4

120. सर्वाधिक प्रवासी जनसंख्या पाई जाती है-
(a) ओशीनिया में
(b) अफ्रीका में
(c) यूरोप में
(d) सं.रा. अमेरिका तथा कनाडा में

121. निम्नलिखित देशों में से उच्च जनसंख्या वृद्धि दर है-
(a) इंडोनेशिया की
(b) जापान की
(c) फिलीपीन्स की
(d) सिंगापुर की

122. सूची-I तथा सूची-II को सुमेलित कीजिए तथा सूचियों के नीचे दिए गए कूट से सही उत्तर चुनिए-

सूची I (अग्रणी उत्पादक)	सूची II (पदार्थ)
A. चीन	1. प्राकृतिक रबर
B. भारत	2. दूध
C. सऊदी अरब	3. लौह-अयस्क
D. थाइलैण्ड	4. पेट्रोलियम

कूट :

	A	B	C	D
(a)	1	2	3	4
(b)	4	3	2	1
(c)	3	2	4	1
(d)	2	3	1	4

123. निम्नलिखित में से कौन संसार की सबसे बड़ी पोतवाहक नहर है?
(a) कील नहर (b) पनामा नहर
(c) सू नहर (d) स्वेज नहर

124. कथन (A) : नगरीकरण औद्योगीकरण का अनुसरण करता है।
कारण (R) : विकासशील देशों में नगरीकरण स्वयं में एक आंदोलन है।
कूट :
(a) A तथा R दोनों सही हैं तथा R, A की सही व्याख्या है।
(b) A तथा R दोनों सही हैं किन्तु R, A की सही व्याख्या नहीं है।
(c) A सही है, किन्तु R गलत है।
(d) A गलत है, किन्तु R सही है।

125. कथन (A) : जनसंख्या का आकार तथा इसकी रचना सामाजिक परिवर्तन के लिए उत्तरदायी है।
कारण (R) : उस व्यावसायिक समूह की प्रजननता जिसमें पत्नियां अधिक लाभकारी पेशों में लगी हैं, कम होती है, तुलना में उसी आर्थिक वर्ग में जहां ऐसा नहीं है।
कूट :
(a) A तथा R दोनों सही हैं तथा R, A की सही व्याख्या है।
(b) A तथा R दोनों सही हैं किन्तु R, A की सही व्याख्या नहीं है।
(c) A सही है, किन्तु R गलत है।
(d) A गलत है, किन्तु R सही है।

126. एशिया में मातृ मृत्यु-दर उच्चतम है-
(a) बांग्लादेश में
(b) भारत में
(c) इंडोनेशिया में
(d) नेपाल में

127. विश्व में लंबे रेशे के कपास का सबसे बड़ा उत्पादक एवं निर्यातक देश है-
(a) मिस्र (b) भारत
(c) यू.एस.ए. (d) चीन

128. निम्नांकित देशों में से किस एक के पास खनिज तेल का सबसे बड़ा प्रमाणित भंडार है-
(a) कुवैत (b) ईरान
(c) इराक (d) नाइजीरिया

129. निम्नलिखित में से कौन-सी मिट्टी चाय बागानों के लिए उपयुक्त है?
(a) अम्लीय
(b) क्षारीय
(c) जलोढ़ (कछारी)
(d) रेगुर

130. विश्व में प्राकृतिक रबड़ का सबसे बड़ा उत्पादक देश है-
(a) ब्राजील (b) भारत
(c) मलेशिया (d) थाईलैण्ड

131. कोयले के निम्नलिखित प्रकारों में से किस एक में शेष प्रकारों की अपेक्षा अधिक प्रतिशत कार्बन अंश होता है?
(a) ऐन्थ्रासाइट (b) बिटुमेनी कोयला
(c) लिग्नाइट (d) पीट

132. निम्नांकित में से किसका सुमेल नहीं है?
(a) अशन — लोहा तथा इस्पात
(b) डेट्रायट — ऑटोमोबाइल्स
(c) चेल्याब्रिस्क — पोत-निर्माण
(d) मिलान — रेशमी वस्त्र

133. निम्नलिखित में से कौन घुमक्कड़ चरवाहे नहीं है?
(a) पिग्मी (b) कजाक
(c) मसाई (d) लैप

134. सूची-I तथा सूची-II को सुमेलित कीजिए तथा सूचियों के नीचे दिए गए कूट का प्रयोग कर सही उत्तर चुनिए-

सूची-I (केन्द्र)	सूची-II (उद्योग)
A. पिट्सबर्ग	1. पोत-निर्माण उद्योग
B. शंघाई	2. लोहा तथा इस्पात
C. डूंडी	3. सूती-वस्त्र
D. लेनिनग्राड	4. जूट-वस्त्र

कूट :

	A	B	C	D
(a)	1	2	3	4
(b)	4	3	2	1
(c)	2	3	4	1
(d)	4	3	1	2

135. निम्नलिखित में से कौन-सा सुमेलित नहीं है?

(a) अंशन — लोहा व इस्पात
(b) डेट्रायट — ऑटोमोबाइल्स
(c) मास्को — पोत-निर्माण
(d) ओसाका — वस्त्र उद्योग

136. 'डोनबास' क्षेत्र प्रसिद्ध है-

(a) लौह अयस्क के लिए
(b) कोयले के लिए
(c) ताम्र अयस्क के लिए
(d) सोने के लिए

137. किम्बरले प्रसिद्ध है-

(a) स्वर्ण खनन के लिए
(b) हीरे के खनन के लिए
(c) इस्पात उद्योग के लिए
(d) ऑटोमोबाइल उद्योग के लिए

138. दक्षिण एशिया का सबसे घना बसा देश है-

(a) बांग्लादेश (b) भारत
(c) मालदीव (d) श्रीलंका

139. निम्नलिखित में से कौन एक सही सुमेलित है?

(a) हेमाइट — यूगान्डा
(b) सेमाइट — मलेशिया
(c) सकाई — सूडान
(d) बुशमैन — बोत्सवाना

140. सूची-I को सूची-II से सुमेलित कीजिए तथा सूचियों के नीचे दिए गए कूट का प्रयोग करते हुए सही उत्तर का चयन कीजिए-

सूची-I (जनजाति)	सूची-II (देश)
A. एस्किमो	1. बोत्सवाना
B. मसाई	2. सऊदी अरब
C. बद्दू	3. कनाडा
D. बुशमैन	4. केन्या

कूट :

	A	B	C	D
(a)	1	2	3	4
(b)	4	3	2	1
(c)	3	4	2	1
(d)	2	4	1	3

141. रूर बेसिन प्रसिद्ध औद्योगिक क्षेत्र है-

(a) चीन का
(b) जर्मनी का
(c) जापान का
(d) यूनाइटेड किंगडम का

142. निम्नलिखित में से कौन पश्चिम एशिया का सर्वाधिक नगरीकृत देश है?

(a) इजराइल (b) कुवैत
(c) कतर (d) सऊदी अरब

143. सूची-I एवं सूची-II को सुमेलित कीजिए तथा सूचियों के नीचे दिए गए कूट से सही उत्तर चुनिए-

सूची-I (लौह-इस्पात केन्द्र)	सूची-II (देश)
A. हैमिल्टन	1. चीन
B. बर्मिंघम	2. कनाडा
C. ऐसन	3. यूनाइटेड किंगडम
D. अनशान	4. जर्मनी

कूट :

	A	B	C	D
(a)	4	3	1	2
(b)	2	1	4	3
(c)	2	3	4	1
(d)	3	4	2	1

144. निम्नलिखित युग्मों में से कौन एक सही सुमेलित नहीं है?

(a) फुलानी — पश्चिम अफ्रीका
(b) बंतू — सहारा
(c) मसाई — पूर्व अफ्रीका
(d) नूबा — सूडान

145. विश्व में कुल कहवा उत्पादन के प्रतिशत की दृष्टि से शीर्षस्थ देश है-

(a) कोलम्बिया
(b) ब्राजील
(c) भारत
(d) इथियोपिया

146. निम्नलिखित में से कौन सुमेलित नहीं है?

(a) बोलीविया — टिन
(b) ब्राजील — लौह अयस्क
(c) मेक्सिको — चांदी
(d) पेरु — नाइट्रेट

147. सूची-I को सूची-II से सुमेलित कीजिए तथा सूचियों के नीचे दिए गए कूट का उपयोग करके सही उत्तर चुनिए-

सूची-I (कोयला क्षेत्र)	सूची-II (देश)
A. डोनेट्स्क	1. जर्मनी
B. कुजनेट्स्क	2. यू.के.
C. लंकाशायर	3. रूस
D. सार	4. यूक्रेन

कूट :

	A	B	C	D
(a)	1	2	3	4
(b)	4	3	2	1
(c)	3	4	1	2
(d)	1	3	2	4

148. निम्नलिखित में से कौन एक देश बहुत महत्त्वपूर्ण यूरेनियम अयस्क निक्षेप के लिए जाना जाता है?

(a) कनाडा (b) चीन
(c) पाकिस्तान (d) जायरे

149. जापान लगभग आत्मनिर्भर है-

(a) बॉक्साइट में (b) लौह अयस्क में
(c) तांबे में (d) खनिज तेल में

150. निम्नलिखित में से कौन एक दक्षिण-एशिया का सर्वाधिक नगरीकृत देश है?

(a) भारत (b) भूटान
(c) श्रीलंका (d) पाकिस्तान

151. विश्व में यूरेनियम का वृहत्तम भंडार पाया जाता है-

(a) ऑस्ट्रेलिया में
(b) ब्राजील में
(c) कनाडा में
(d) दक्षिण अफ्रीका में

152. निम्नलिखित देशों में से कौन-सा बॉक्साइट का सर्वाधिक उत्पादक है?

(a) गिनी (b) ऑस्ट्रेलिया
(c) भारत (d) जमैका

153. निम्नलिखित प्रजातीय वर्गों में से किससे उत्तरी अमेरिका के मूल निवासी संबंधित हैं?

(a) ऑस्ट्रिक से (b) काकेसॉयड से
(c) मंगोलायड से (d) निग्रायड से

154. निम्नलिखित युग्मों में से कौन-सा सही सुमेलित नहीं है?

	उद्योग	स्थान
(a)	कागज	ओन्टेरियो
(b)	सूती-वस्त्र	डेट्रायट
(c)	रासायनिक	टेक्सास
(d)	मोटर-कार	नागोया

155. निम्न में से कौन सुमेलित नहीं है?

	बांध	नदियां
(a)	ग्रैण्ड कुली	कोलम्बिया
(b)	हूवर	टेनेसी
(c)	नुरेक	वख्श
(d)	काहोरा (काबोरा) वासा	जेम्बेजी

उत्तरमाला

1. (d)	**2.** (b)	**3.** (a)	**4.** (a)	**5.** (b	**6.** (b)	**7.** (b)	**8.** (c)	**9.** (d)	**10.** (a)
11. (c)	**12.** (a)	**13.** (a)	**14.** (b)	**15.** (a)	**16.** (c)	**17.** (d)	**18.** (d)	**19.** (d)	**20.** (a)
21. (a)	**22.** (d)	**23.** (b)	**24.** (c)	**25.** (d)	**26.** (c)	**27.** (a)	**28.** (a)	**29.** (d)	**30.** (b)
31. (c)	**32.** (b)	**33.** (c)	**34.** (a)	**35.** (d)	**36.** (b)	**37.** (c)	**38.** (b)	**39.** (b)	**40.** (a)
41. (d)	**42.** (b)	**43.** (b)	**44.** (d)	**45.** (a)	**46.** (b)	**47.** (d)	**48.** (b)	**49.** (a)	**50.** (b)
51. (c)	**52.** (d)	**53.** (a)	**54.** (a)	**55.** (b)	**56.** (a)	**57.** (b)	**58.** (b)	**59.** (a)	**60.** (c)
61. (c)	**62.** (a)	**63.** (b)	**64.** (b)	**65.** (c)	**66.** (b)	**67.** (b)	**68.** (c)	**69.** (a)	**70.** (c)
71. (b)	**72.** (c)	**73.** (c)	**74.** (b)	**75.** (b)	**76.** (c)	**77.** (c)	**78.** (b)	**79.** (c)	**80.** (d)
81. (a)	**82.** (b)	**83.** (c)	**84.** (b)	**85.** (d)	**86.** (b)	**87.** (a)	**88.** (a)	**89.** (b)	**90.** (b)
91. (c)	**92.** (a)	**93.** (a)	**94.** (a)	**95.** (c)	**96.** (d)	**97.** (b)	**98.** (b)	**99.** (c)	**100.** (c)
101. (d)	**102.** (a)	**103.** (b)	**104.** (d)	**105.** (c)	**106.** (a)	**107.** (a)	**108.** (c)	**109.** (d)	**110.** (a)
111. (d)	**112.** (b)	**113.** (d)	**114.** (d)	**115.** (a)	**116.** (a)	**117.** (b)	**118.** (d)	**119.** (a)	**120.** (a)
121. (a)	**122.** (c)	**123.** (d)	**124.** (c)	**125.** (a)	**126.** (a)	**127.** (c)	**128.** (a)	**129.** (a)	**130.** (c)
131. (a)	**132.** (c)	**133.** (a)	**134.** (a)	**135.** (c)	**136.** (b)	**137.** (b)	**138.** (a)	**139.** (d)	**140.** (c)
141. (b)	**142.** (c)	**143.** (c)	**144.** (b)	**145.** (b)	**146.** (d)	**147.** (b)	**148.** (a)	**149.** (c)	**150.** (d)
151. (a)	**152.** (b)	**153.** (c)	**154.** (b)	**155.** (b)					

❑❑❑

भारत का भूगोल

- भारतीय उपमहाद्वीप मूलत: गोंडवानालैंड का भाग था। ऑस्ट्रेलिया, अफ्रीका, दक्षिण अमेरिका, मेडागास्कर आदि इसी के भाग थे।
- भारत, एशिया महाद्वीप का एक देश है जो हिन्द महासागर के शीर्ष पर तीनों ओर समुद्र से घिरा है।
- 8°4' से 37°6' उत्तरी अक्षांश तक तथा 68°7' से 97°25' पूर्वी देशान्तर के मध्य स्थित है।
- यदि हम भारत के द्वीप समूहों को सम्मिलित करते हैं तब इसका दक्षिण में विस्तार 6°45' उत्तरी अक्षांश से शुरू होता है।
- भारत उत्तरी और पूर्वी गोलार्द्ध में स्थित है।
- भारत का सबसे उत्तरी बिन्दु इन्दिरा-कॉल है जो जम्मू-कश्मीर राज्य में है तथा सबसे दक्षिण बिन्दु इन्दिरा-प्वाइंट है जो अंडमान-निकोबार द्वीप समूह में है।
- इन्दिरा प्वाइंट को पारसन प्वाइंट या पिगमेलियन प्वाइंट भी कहा जाता है।
- क्षेत्रफल की दृष्टि से भारत विश्व का सातवाँ सबसे बड़ा देश है जबकि जनसंख्या की दृष्टिकोण से विश्व का दूसरा सबसे बड़ा देश है।

भारत के 28 राज्य

क्र.सं.	राज्य	राजधानी	क्षेत्रफल (वर्ग किमी.)	देश के कुल क्षेत्र का %
1.	राजस्थान	जयपुर	3,42,239	10.41
2.	मध्य प्रदेश	भोपाल	3,08,255	9.37
3.	महाराष्ट्र	मुंबई	3,07,713	9.36
4.	आंध्र प्रदेश	अमरावती	1,60,205	4.87
5.	उत्तर प्रदेश	लखनऊ	2,40,928	7.32
6.	तेलंगाना	हैदराबाद	1,14,940	3.49
7.	गुजरात	गांधीनगर	1,96,024	5.96
8.	कर्नाटक	बेंगलुरु	1,91,791	5.83
9.	ओडिशा	भुवनेश्वर	1,55,707	4.73
10.	छत्तीसगढ़	रायपुर	1,35,191	4.11
11.	तमिलनाडु	चेन्नई	1,30,058	3.95
12.	बिहार	पटना	94,163	2.86
13.	पश्चिम बंगाल	कोलकाता	88,752	2.69
14.	अरुणाचल प्रदेश	ईटानगर	83,743	2.54
15.	झारखंड	रांची	79,714	2.42
16.	असम	दिसपुर	78,438	2.38
17.	हिमाचल प्रदेश	शिमला	55,483	1.69
18.	उत्तराखंड	देहरादून	53,483	1.62
19.	पंजाब	चंडीगढ़	50,362	1.53
20.	हरियाणा	चंडीगढ़	44,212	1.34
21.	केरल	तिरुवनंतपुरम	38,863	1.18
22.	मेघालय	शिलांग	22,429	0.68
23.	मणिपुर	इंफाल	22,327	0.67
24.	मिजोरम	आइजोल	21,081	0.64
25.	नागालैंड	कोहिमा	16,579	0.50
26.	त्रिपुरा	अगरतला	10,491	0.31
27.	सिक्किम	गंगटोक	7,096	0.21
28.	गोवा	पणजी	3,702	0.11

*भारत के 8 केन्द्रशासित प्रदेश हैं–दिल्ली, पुदुचेरी, चण्डीगढ़, अंडमान एवं निकोबार द्वीप समूह, लक्षद्वीप, दादरा एवं नगर हवेली (दमन एवं दीव), जम्मू-कश्मीर और लद्दाख।

*अगस्त 2019 में जम्मू-कश्मीर का राज्य का दर्जा खत्म करके उसे दो केन्द्रशासित प्रदेशों जम्मू-कश्मीर और लद्दाख में बाँट दिया गया। 3 दिसम्बर, 2019 को पारित विधेयक के अनुसार दमन एवं दीव का विलय दादरा एवं नगर हवेली में करने की घोषणा की गई है।

- कर्क रेखा भारत के मध्य भाग तथा 8 राज्यों से गुजरती है। ये 8 राज्य हैं–गुजरात, राजस्थान, मध्य प्रदेश, छत्तीसगढ़, झारखंड, पश्चिमी बंगाल, त्रिपुरा एवं मिजोरम। भारत की आकृति पूर्णतः त्रिभुजाकार न होकर चतुष्कोणीय है। पूर्व से पश्चिम इसकी लम्बाई 2933 किमी. तथा उत्तर से दक्षिण 3214 किमी. है।
- भारत की स्थलीय सीमा की लम्बाई 15200 किमी. है तथा समुद्रतट की लम्बाई 7516.6 किमी. है।

भारत के समुद्र तटीय राज्य एवं संघ शासित प्रदेश

राज्य	तट रेखा
1. अण्डमान निकोबार द्वीप समूह	1962.00
2. गुजरात	1214.70
3. आंध्र प्रदेश	973.70
4. तमिलनाडु	960.90
5. महाराष्ट्र	652.60
6. केरल	569.00
7. ओडिशा	476.70
8. कर्नाटक	208.00
9. पश्चिम बंगाल	157.50
10. लक्षद्वीप	132.00
11. गोवा	101.00
12. पुदुचेरी	47.60
13. दमन व दीव	42.50
कुल	**7516.6**

- भारत की सबसे लम्बी स्थलीय सीमा बांग्लादेश के साथ तथा सबसे छोटी भूटान के साथ है।
- भारत का क्षेत्रफल 32,87,263 वर्ग किमी. है। विश्व के क्षेत्रफल का 2.42% जबकि इसकी जनसंख्या सम्पूर्ण विश्व की जनसंख्या का 17.5% है।
- भारत की मुख्य भूमि की तटीय लम्बाई 6100 किमी. है। भारतीय राज्यों में गुजरात राज्य की तटरेखा सर्वाधिक लम्बी (1200 किमी.) है। इसके बाद आन्ध्र-प्रदेश का स्थान आता है।
- भारत के 9 राज्य तट रेखा से लगे हैं।
- दक्षिण में श्रीलंका, भारत से पाक जलसन्धि तथा मन्नार की खाड़ी द्वारा अलग होता है।
- सियाचिन भारत और पाकिस्तान के बीच का हिमनद सीमान्त क्षेत्र है।
- पाकिस्तान एवं भारत की सीमा को स्पर्श करने वाले भारतीय राज्य/संघ राज्यक्षेत्र जम्मू-कश्मीर, पंजाब, राजस्थान तथा गुजरात हैं।
- भारत का सबसे बड़ा संघ राज्य क्षेत्र लद्दाख है तथा सबसे छोटा प्रदेश लक्षद्वीप हैं।

भारत की अंतर्राष्ट्रीय सीमाएँ

भारत की 2 सीमा रेखाएँ

1. **प्राकृतिक सीमाएँ (Natural Boundaries)**–ये सीमाएँ परिस्थितियों, संधियों, युद्धों द्वारा निर्धारित होती हैं। समुद्र, पर्वत, मरुस्थल, दलदली क्षेत्र व नदियाँ 2 देशों के बीच प्राकृतिक सीमाएँ बनाते हैं।
2. **कृत्रिम सीमाएँ (Artificial Boundaries)**–भारत की स्थल सीमा पर उत्तर में नेपाल, भूटान और चीन (तिब्बत), पूर्व में बांग्लादेश एवं म्यांमार व उत्तर-पश्चिम में पाकिस्तान व अफगानिस्तान देश हैं।
   - **(i) डूरण्ड रेखा**–पाकिस्तान व अफगानिस्तान के बीच
   - **(ii) मैकमोहन रेखा**–भारत व चीन के बीच
   - **(iii) रेडक्लिफ रेखा**–भारत और पाकिस्तान के बीच खींची गई रेखा इसकी सीमा-रेखा 3310 किमी. लम्बी है। 15 अगस्त, 1947 को सर रेडक्लिफ ने इस सीमा का निर्धारण किया था।

- संरक्षित राज्य का दर्जा सिक्किम को प्राप्त है।

त्रिपुरा शून्य रेखा

- त्रिपुरा भारत का एकमात्र राज्य है जो 3 ओर से बांग्लादेश से घिरा है। त्रिपुरा व बांग्लादेश सीमा 856 किमी. लम्बी है, तथा त्रिपुरा की राजधानी अगरतला भारत की मात्र प्रांतीय राजधानी है जो अंतर्राष्ट्रीय सीमा से मात्र 50 मीटर दूर स्थित है।
- त्रिपुरा व बांग्लादेश की सीमा शून्य रेखा (Zero Line) कहलाती है।

भारत की अंतर्राष्ट्रीय सीमा

क्र. सं.	देश	लम्बाई (किमी.)	सीमा से सम्बद्ध भारतीय राज्य संघ शासित प्रदेश
1.	बांग्लादेश	4096.7	प. बंगाल, मेघालय, मिजोरम, त्रिपुरा, असोम
2.	चीन	3488	लद्दाख, हिमाचल प्रदेश, उत्तराखंड, सिक्किम, अरुणाचल प्रदेश
3.	पाकिस्तान	3323	गुजरात, राजस्थान, पंजाब, जम्मू व कश्मीर
4.	नेपाल	1751	उत्तर प्रदेश, बिहार, प. बंगाल, सिक्किम, उत्तराखंड
5.	म्यांमार	1643	अरुणाचल प्रदेश, नागालैंड, मिजोरम, मणिपुर
6.	भूटान	699	प. बंगाल, सिक्किम, अरुणाचल प्रदेश, असम
7.	अफगानिस्तान	106	लद्दाख (पाक-अधिकृत)
	कुल		**भारत के कुल 18 राज्य/संघ शासित प्रदेश पड़ोसी देश की सीमा से जुड़े हैं।**

- भारत के अनय आर्थिक क्षेत्र (Exclusive Economic Zone) के अंतर्गत तट से 200 समुद्री मील की दूरी शामिल है।
- उत्तर प्रदेश की सीमा सबसे अधिक राज्यों (8) को छूती है–उत्तराखंड, हिमाचल प्रदेश, हरियाणा, राजस्थान, मध्य प्रदेश, छत्तीसगढ़, झारखंड एवं बिहार।
- भारत में सर्वाधिक नगरों वाला राज्य उत्तर प्रदेश है जबकि मेघालय में सबसे कम नगर हैं।
- जोजिला दर्रे का निर्माण सिन्धु नदी द्वारा, शिपकीला दर्रे का निर्माण सतलुज नदी द्वारा एवं जेलेप्ला का निर्माण तिस्ता नदी द्वारा हुआ है। जोजिला दर्रा लेह को श्रीनगर से जोड़ता है।
- बुर्जिल दर्रा श्रीनगर से गिलगित को जोड़ता है।

- बनिहाल दर्रा से जम्मू से श्रीनगर जाने का मार्ग गुजरता है। जवाहर सुरंग इसी में स्थित है।
- शिपकीला दर्रा शिमला को तिब्बत से जोड़ता है।
- सिक्किम की सीमाएँ नेपाल, भूटान एवं चीन से मिलती हैं।
- तुजू दर्रा मणिपुर में है जो भारत को म्यांमार से जोड़ता है।
- पुदुचेरी एक ऐसा केन्द्र शासित प्रदेश है जिसका फैलाव तीन राज्यों में है। माहे (केरल), कारैकाल (तमिलनाडु) तथा यनम (आन्ध्र प्रदेश) में।
- भारत का एकमात्र जाग्रत ज्वालामुखी बैरन द्वीप है जो अंडमान के पूर्वी भाग में अवस्थित है।
- भारत का प्रसुप्त ज्वालामुखी नारकोण्डम (अंडमान निकोबार में स्थित) है।
- डंकन दर्रा दक्षिणी अंडमान और लघु अंडमान के बीच है।
- पोर्ट ब्लेयर दक्षिणी अंडमान में स्थित है।
- 10° चैनल (10°N) अंडमान को निकोबार से अलग करता है।
- कोको स्ट्रेट कोको द्वीप समूह (म्यांमार) एवं उत्तरी अंडमान के मध्य है।
- आदम ब्रिज (Adam Bridge) तमिलनाडु एवं श्रीलंका के मध्य स्थित है। पम्बन द्वीप आदम ब्रिज (Adam Bridge) रामेश्वरम पम्बन द्वीप पर स्थित है। पम्बन चैनल भारत को रामेश्वरम् से अलग करता है।
- अंडमान-निकोबार द्वीप समूह मरकत द्वीप (Emerald Island) के नाम से भी प्रसिद्ध है।
- मणिपुर की सीमा उत्तर में नागालैंड से, दक्षिण में मिजोरम से पश्चिम में असोम से तथा पूर्व में म्यांमार से लगती है।

भारत के महत्वपूर्ण चैनल		
9 डिग्री चैनल	–	लक्षद्वीप और मिनीकाय के मध्य
8 डिग्री चैनल	–	मालद्वीप और मिनीकाय के मध्य
10 डिग्री चैनल	–	अण्डमान और निकोबार के मध्यम
डंकन पास	–	दक्षिणी अण्डमान और लघु अण्डमान के मध्य
कोको स्ट्रेट	–	कोको द्वीप (म्यांमार) और उत्तरी अण्डमान के मध्य

भारत का दक्षिणतम बिन्दु: इंदिरा प्वाइंट

- ग्रेट निकोबार द्वीप का अन्तिम दक्षिणी छोर इंदिरा प्वाइंट, भारतीय भूमि क्षेत्र का अन्तिम दक्षिणी छोर है। यह 6°.45' उत्तरी अक्षांश में स्थित है।
- यह अंडमान व निकोबार द्वीप समूह के संघशासित क्षेत्र में है। यह सुमात्रा से 140 किलोमीटर और कैम्बे खाड़ी भारत का अन्तिम परिचालन आधार के प्वाइंट जीरो से 51 किलोमीटर दूर है।

भू-आकृति

- भारत के क्षेत्रफल का 11% भाग पर्वतीय, 18% पहाड़ी, 28% पठारी एवं 43% मैदानी है।
- भू-आकृति विज्ञान के आधार पर भारत को निम्न चार भागों में विभाजित किया गया है:

1. उत्तरी पर्वतीय प्रदेश
2. दक्षिण का पठार
3. विशाल मैदान
4. तटवर्ती मैदान एवं द्वीप समूह

भारत के भू-आकृतिक प्रदेश

क्र.सं.	भू-आकृतिक प्रदेश	क्षेत्रफल (किमी.²)	कुल क्षेत्रफल (%)
1.	उत्तरी पर्वत श्रेणियाँ	5,78,000	18.0
2.	विशाल मैदान	5,50,000	17.9
3.	थार मरुस्थल	2,59,000	8.4
4.	मध्यवर्ती उच्चभूमि	3,36,000	10.4
5.	प्रायद्वीप पठार	12,41,000	38.5
6.	तटीय मैदान	3,35,000	10.4
7.	द्वीपीय समूह	8,300	0.3

भारत की भू-आकृतिक उप-इकाइयाँ

I. हिमालय पर्वत

1. पश्चिमी हिमालय
2. पूर्वी हिमालय
3. उत्तर-पूर्व पर्वत श्रेणी

II. विशाल मैदान

4. उत्तरी मैदान
5. पूर्वी मैदान
6. असोम का मैदान
7. थार मरुस्थल

III. मध्यवर्ती उच्चभूमि

8. उत्तर मध्यवर्ती उच्चभूमि
9. दक्षिण मध्यवर्ती उच्चभूमि

IV. प्रायद्वीपीय पठार

10. उत्तर दक्कन
11. दक्षिण दक्कन
12. पूर्वी पठार
13. पश्चिमी पहाड़ियाँ
14. पूर्वी पहाड़ियाँ

V. तटीय मैदान

15. पश्चिमी तटीय मैदान
16. पूर्वी मैदान

VI. द्वीप समूह

17. लक्षद्वीप
18. अंडमान व निकोबार द्वीप समूह

- भू-वैज्ञानिकों के अनुसार जहाँ आज हिमालय पर्वत स्थित है वहाँ कभी टेथिस नामक समुद्र था।
- हिमालय की उत्पत्ति का आधुनिक सिद्धान्त **प्लेट विवर्तनिकी** है। यह विश्व के नवीनतम मोड़दार पर्वतों में से एक है।
- हिमालय पर्वत श्रेणी को तीन भागों में बाँटा जाता है।

1. वृहद् हिमालय या हिमाद्रि (The Great Himalayas or Himadri)

- ❖ इसकी औसत ऊँचाई 6000 मी. है।
- ❖ विश्व की सर्वाधिक ऊँची चोटियाँ इसी श्रेणी में पाई जाती हैं। माउंट एवरेस्ट या सागरमाथा इसकी सबसे ऊँची चोटी है।

हिमालय के प्रमुख हिमनद

क्र.सं.	हिमनद	अवस्थिति	लम्बाई (मी.)
1.	सियाचिन	काराकोरम	75
2.	हिस्पारा	काराकोरम	61
3.	बियाफो	काराकोरम	60
4.	बाल्तोरा	काराकोरम	58
5.	बातुरा	काराकोरम	58
6.	चोगलुंग्मा	काराकोरम	50
7.	खार्दोपीन	काराकोरम	41
8.	रिमो	कश्मीर	40
9.	पुन्माह	कश्मीर	27
10.	गंगोत्री	कुमाऊँ	26
11.	जेमू	सिक्किम/नेपाल	25
12.	मिलाम	कुमाऊँ	19
13.	स्थल	कश्मीर	16
14.	कंचनजंघा	नेपाल/सिक्किम	16

- ❖ अन्य चोटियाँ हैं, कंचनजंघा, मकालू, धौलागिरि, नंगा पर्वत, अन्नपूर्णा, नन्दा देवी।
- ❖ उत्तराखंड की नन्दा देवी चोटी कुमायऊँ हिमालय का भाग है।
- ❖ भारत में हिमालय की सबसे ऊँची चोटी कंचनजंघा है, जो सिक्किम और नेपाल की सीमा पर स्थित है।
- ❖ भारत का सर्वोच्च शिखर-माउंट K_2 (गॉडविन ऑस्टिन) है जो काराकोरम श्रेणी में है, न कि हिमालय में। यह पाक अधिकृत कश्मीर (PoK) में है।
- ❖ इसी श्रेणी में भारत के प्रमुख दर्रे स्थित हैं। जिनमें शिपकीला और बारालाचा (हिमाचल प्रदेश), बुर्जिल एवं जोजिला (कश्मीर), नीतिला, लिपुलेख और थांगला (उत्तराखंड) तथा जैलेप्ला और नाथूला (सिक्किम) प्रमुख हैं।

2. लघु हिमालय या हिमाचल श्रेणी (Middle Himalayas or Himachal)

- ❖ इसका विस्तार मुख्य हिमालय के दक्षिण में है। इसकी औसत ऊँचाई 3700–4500 मी. है।
- ❖ पीरपंजाल, धौलाधर, नागटिब्बा, महाभारत आदि श्रेणियाँ इसी लघु हिमालय में हैं।
- ❖ कश्मीर, काठमाण्डू, काँगड़ा और कुल्लू घाटियाँ इसी श्रेणी में हैं (अर्थात् मध्य हिमालय और शिवालिक के बीच)।
- ❖ भारत के महत्वपूर्ण पर्यटन स्थल शिमला, मसूरी, नैनीताल, चकराता, रानीखेत, दार्जिलिंग इसी श्रेणी में हैं।
- ❖ लघु हिमालय के ढाल पर छोटे-छोटे घास के मैदान पाए जाते हैं जिन्हें कश्मीर में मर्ग (यथा-सोनमर्ग, गुलमर्ग) तथा उत्तराखंड में बुग्याल या पयार कहा जाता है।

3. शिवालिक या बाह्य हिमालय (The Shiwaliks or Outer Himalayas)

- ❖ यह हिमालय की सबसे दक्षिणी श्रेणी या पाद श्रेणी है। इसकी औसत ऊँचाई 600 से 1500 मी. है। इसमें मिट्टी और कंकड़ के बने ऊँचे मैदान मिलते हैं जिन्हें पश्चिम में दून (देहरादून) तथा पूर्व में द्वार (हरिद्वार) कहते हैं। इसके पश्चात् भारत के विशाल मैदान की शुरुआत होती है।

हिमालय का प्रादेशिक विभाजन
• **कुमायूँ हिमालय**–सतलुज तथा काली नदी के मध्य
• **नेपाल हिमालय**–काली तथा तीस्ता नदी के मध्य
• **पंजाब हिमालय**–सिन्धु तथा सतलुज नदी के मध्य
• **असोम हिमालय**–तीस्ता तथा दिहाँग नदी के मध्य

पश्चिम हिमालय

- पश्चिमी हिमालय 80° पूर्वी देशांतर के पश्चिम में सिंधु नदी से काली नदी तक विस्तृत है।
- पश्चिमी हिमालय की ऊँचाई पश्चिम में अधिक तथा पूर्व की ओर क्रमशः घटती जाती है। इसलिए नंगा पर्वत (जम्मू-कश्मीर) की ऊँचाई नंदादेवी (उत्तराखंड) की तुलना में अधिक है।
- पश्चिमी हिमालय में औसत वार्षिक वर्षा 100 सेमी. से कम होती है।
- पश्चिमी हिमालय की वनस्पति के अंतर्गत मुख्यत: अल्पाइन व कोणधारी प्रकार के वन पाए जाते हैं।
- पश्चिमी हिमालय क्षेत्र में जीवाश्म उपलब्ध नहीं हैं, इसलिए इस क्षेत्र में पेट्रोलियम तथा प्राकृतिक गैस जैसे प्राकृतिक खनिज संसाधन नहीं पाए जाते हैं।
- पश्चिमी हिमालय में हिमरेखा तुलनात्मक रूप से कम ऊँचाई पर ही पाई जाती है।
- पश्चिमी हिमालय हिमानी हेतु प्रसिद्ध है, इसलिए पश्चिमी हिमालय क्षेत्र से ही भारत की प्रमुख नदियों का उद्गम होता है।
- पश्चिमी हिमालय की चौड़ाई अत्यधिक है, क्योंकि इसका संबंध पामीर के पठार से है।
- जास्कर और लद्दाख श्रेणी (कश्मीर में) जिनके बीच सिन्धु नदी का बहाव क्षेत्र है, जो लद्दाख श्रेणी को बुंजी नामक स्थान पर काटकर भारत की सबसे गहरी गॉर्ज (5200 मी. गहरी) का निर्माण करती है।
- उत्तर से दक्षिण की ओर पर्वत श्रेणियों का क्रम कराकोरम → लद्दाख → जास्कर → पीरपंजाल श्रेणी

पूर्वी हिमालय

- पूर्वी हिमालय 88° पूर्वी देशांतर के पूर्व में तीस्ता नदी से ब्रह्मपुत्र नदी तक विस्तृत क्षेत्र में फैला हुआ है।
- पूर्वी हिमालय का मध्यवर्ती भाग पश्चिमी व पूर्वी हिमालय की तुलना में ऊंचा है, क्योंकि माउंट एवरेस्ट व कंचनजंघा मध्यवर्ती भाग में ही स्थित है। इसका पूर्वी भाग सबसे निम्न ऊँचाई का है।
- पूर्वी हिमालय में औसत वार्षिक वर्षा 200 सेमी. से अधिक होती है।
- पूर्वी हिमालय के विस्तृत क्षेत्र पर घने सदाबहार वन पाए जाते हैं।
- पूर्वी हिमालय की संरचना में जीवाश्म उपलब्ध है, इसलिए इस क्षेत्र में पेट्रोलियम तथा प्राकृतिक गैस जैसे संसाधन प्रचुरता में पाए जाते हैं।
- पूर्वी हिमालय में हिमरेखा अपेक्षाकृत अधिक ऊँचाई पर ही पाई जाती है।
- पूर्वी हिमालय में हिमानी कम पाई जाती हैं, इसलिए इस क्षेत्र में कम नदियों का उद्गम होता है।
- पाटकोई, लुशाई, गारो, खासी, जयन्तिया, बरैलू, मिकिर पर्वत श्रेणी (मेघालय) पूर्वी राज्यों में है।

भारत के प्रमुख दर्रे

1. **काराकोरम दर्रा:** यह दर्रा जम्मू-कश्मीर राज्य के लद्दाख क्षेत्र में कराकोरम पहाड़ियों के मध्य स्थित है। इस दर्रे से होकर यारकन्द तथा तारिम बेसिन का मार्ग जाता है। यह भारत का सबसे ऊँचा (56 मी.) दर्रा है। यहाँ से चीन को जाने वाली एक सड़क भी बनाई गई है।
2. **जोजिला दर्रा:** यह दर्रा जम्मू-कश्मीर राज्य की जास्कर श्रेणी में स्थित है। इससे श्रीनगर लेह मार्ग गुजरता है।
3. **बुर्जिल दर्रा:** यह श्रीनगर को गिलगित से जोड़ता है।
4. **पीर पंजाल दर्रा:** यह दर्रा जम्मू-कश्मीर राज्य के दक्षिण-पश्चिम में स्थित है। इस दर्रे का कुलगांव से कोठी जाने का मार्ग है।
5. **बनिहाल दर्रा:** जम्मू-कश्मीर राज्य के दक्षिण-पश्चिम में पीर पंजाल श्रेणियों में स्थित इस दर्रे से जम्मू से श्रीनगर जाने का मार्ग गुजरता है। **जवाहर सुरंग** भी इसी में स्थित है।
6. **शिपकीला दर्रा:** यह हिमाचल प्रदेश की जास्कर श्रेणी में स्थित है। यह शिमला को तिब्बत से जोड़ता है।
7. **रोहतांग दर्रा:** हिमाचल प्रदेश की पीरपंजाल श्रेणियों में स्थित इस दर्रे की ऊँचाई 4,631 मी. है। इस दर्रे का उपनाम लाशों का ढेर है। यह मनाली को लेह सड़क मार्ग से जोड़ता है। इसे हिमांचल प्रदेश के लाहौल स्पीति जिले का प्रवेश द्वार कहा जाता है।
8. **बड़ालाचा दर्रा:** हिमाचल प्रदेश में जास्कर पहाड़ियों में स्थित इस दर्रे से लेह व मंडी के बीच मार्ग जुड़ता है।
9. **माना दर्रा:** यह उत्तराखंड की कुमाऊँ पहाड़ियों में स्थित है।
10. **नीति दर्रा:** 5,389 मी. ऊँचा यह दर्रा उत्तराखंड के कुमाऊँ में स्थित है।
11. **नाथूला दर्रा:** भारत चीन युद्ध 1962 में सामरिक महत्व के कारण चर्चित यह दर्रा सिक्किम राज्य के डोगेक्या श्रेणी में स्थित है। 6 जुलाई, 2006 को यह मार्ग व्यापार हेतु खोला गया था इसमें से दार्जिलिंग व चुंबीघाटी होकर तिब्बत जाने का एक मार्ग है।
12. **जेलेप्ला दर्रा:** यह सिक्किम में है। जेलेप्ला दार्जिलिंग व चुंबी घाटी से होकर तिब्बत जाने का एक मार्ग है।

दक्षिण भारत की पर्वत श्रेणियाँ

अरावली पर्वत

- इसकी लम्बाई 1100 किमी. है जो दिल्ली से अहमदाबाद तक फैली है। यह सबसे प्राचीन पर्वत श्रेणी है जो उत्तर-पश्चिम में है।
- अरावली पर्वत का सर्वोच्च शिखर 'गुरु शिखर' है जो माउंट आबू की पहाड़ी पर स्थित है।
- पीपली घाट दर्रा इसी पर्वत में स्थित है।

पश्चिमी घाट या सह्याद्रि श्रेणी

- पश्चिमी घाट पर्वत का फैलाव ताप्ती नदी घाटी से नीलगिरि पहाड़ी तक है। पश्चिमी घाट एक भ्रंश कगार है।
- उत्तरी सह्याद्रि का सर्वोच्च शिखर कालसुबाई (1646 मी.) है जबकि दक्षिण सह्याद्रि का सर्वोच्च शिखर कुद्रेमुख (1892 मी.) है।
- इस श्रेणी में चार प्रमुख दर्रे हैं-
  1. थाल घाट (नासिक को मुम्बई से जोड़ता है)
  2. भोर घाट (मुम्बई को पुणे से जोड़ता है)
  3. पाल घाट (यह केरल में है जो दक्षिण भारत के दो शहर कोच्चि और कोयंबटूर को जोड़ता है)
  4. सेनकोटा दर्रा (तिरुवनंतपुरम एवं मदुरै को जोड़ता है।)
- पश्चिमी घाट पर्वत पर ही भारत का सबसे ऊँचा जलप्रपात शरावती नदी का गरसोप्पा (महात्मा गाँधी) जल प्रपात है।
- भारत और म्यांमार के बीच सीमा निर्धारण करने वाली तीन पर्वत श्रेणियाँ हैं-खासी, पटकोई, अराकानयोमा।

पूर्वी घाट पर्वत

- इसका विस्तार ओडिशा से तमिलनाडु तक है। यह श्रेणी लगभग 1300 किमी. लम्बी है।
- पूर्वी घाट पर्वत का सर्वोच्च शिखर जिनधागड़ा (Jindhagada 1690 मी.) है। इसका दूसरा सर्वोच्च शिखर महेन्द्रगिरि (1501 मी.) है।

नीलगिरि पर्वतमाला

- नीलगिरि की पहाड़ियाँ पश्चिमी घाट व पूर्वी घाट की मिलनस्थली हैं।
- नीलगिरि का सर्वोच्च शिखर डोडाबेट्टा (2623 मी.) है जो दक्षिण भारत का दूसरा सर्वोच्च शिखर है।
- दक्षिण भारत का सर्वोच्च शिखर या चोटी अनाईमुडी (2695 मी.) है जो अन्नामलाई की चोटी है।
- अन्नामलाई पर्वत के दक्षिण में कार्डेमम (इलायची) की पहाड़ियाँ (केरल में) हैं।
- अन्नामलाई पर्वत के दक्षिण में पालनी पहाड़ी पर प्रसिद्ध स्वास्थ्यवर्द्धक स्थान कोडाईकनाल (तमिलनाडु) स्थित है जबकि ऊटी (उटकमंडलम) नीलगिरि पहाड़ी पर तमिलनाडु में स्थित है। शेवराय पहाड़ियाँ तमिलनाडु में स्थित हैं। अनाईमुडी तीन पहाड़ियों का (इलायची, अन्नामलाई, पालनी) केन्द्र बिन्दु है।

मध्य भारत की पर्वत श्रेणियाँ

सतपुड़ा श्रेणी

- आन्तरिक पहाड़ियों में सतपुड़ा पर्वतमाला प्रमुख है।
- यह सतपुड़ा पहाड़ी, महादेव पहाड़ी तथा मैकाल पहाड़ी का समूह है।
- सतपुड़ा एक ब्लॉक पर्वत है जो नर्मदा एवं ताप्ती नदी के मध्य स्थित है।
- सतपुड़ा पर्वत शृंखला का सर्वोच्च शिखर धूपगढ़ (1350 मी.) है जो कि महादेव पर्वत पर स्थित है।
- मध्य प्रदेश का प्रसिद्ध स्थल (Hill Station) पंचमढ़ी धूपगढ़ के पास ही अवस्थित है।
- सतपुड़ा पर्वत श्रेणी में नर्मदा नदी पर स्थित धुआंधार प्रपात प्रमुख है।
- मैकाल पहाड़ी का सर्वोच्च शिखर अमरकंटक है। इसी से नर्मदा और सोन नदी निकलती है।

विंध्याचल पर्वत श्रेणी

- यह विंध्याचल, भांडेर, कैमूर और पारसनाथ पहाड़ियों का समूह है जो उत्तर भारत को दक्षिण भारत से अलग करती है।
- विंध्याचल पर्वत श्रेणी नर्मदा की दरार घाटी की खड़ी ढाल मात्र है।
- नर्मदा और ताप्ती नदियाँ पूर्व की ओर न बहकर पश्चिम की ओर बहती हुई अरब सागर में गिरती है। इसका कारण, इन दोनों नदियों का दरार घाटी (Rift Valley) में बहना है।

भारत की प्रमुख सर्वोच्च चोटियाँ

क्र.सं.	श्रेणी	शिखर	ऊँचाई (मी.)	राज्य
1.	पूर्वी घाट	महेन्द्रगिरि	1,501	आंध्र प्रदेश
2.	पूर्वी हिमालय	कांगतो	7,090	अरुणाचल
3.	असोम पहाड़ी	झिंगतुबुम	1,867	असोम
4.	सतपुड़ा श्रेणी	देवगढ़	1,027	छत्तीसगढ़
5.	सह्याद्रि श्रेणी	सोसोगाद	1,027	गोवा
6.	मोरनी पहाड़ी	मोरनी	1,220	हरियाणा
7.	पश्चिमी हिमालय	रियो पुर्गिल	6,816	हि. प्रदेश
8.	कराकोरम श्रेणी	K-2	8,611	कश्मीर
9.	पारसनाथ पहाड़ी	पारसनाथ	1,366	झारखंड
10.	चिकमंगलूर	मलकानगिरि	1,925	कर्नाटक
11.	अन्नामलाई	अनाईमुडी	2,695	केरल
12.	सतपुड़ा	धूपगढ़	1,350	मध्य प्रदेश
13.	सह्याद्रि श्रेणी	कलसुबाई	1,646	मध्य प्रदेश
14.	उखरूल	खयाँग	3,114	मणिपुर
15.	खासी पहाड़ी	शिलांग चोटी	1,965	मेघालय
16.	ब्लू माउंटेन	पावंग पुई	2,165	मिजोरम
17.	नागालैंड पहाड़ी	सारामती	3,841	नागालैंड
18.	पूर्वी घाट	देवमाली	1,672	ओडिशा
19.	अरावली श्रेणी	गुरुशिखर	1,722	राजस्थान
20.	सिक्किम हिमालय	कंचनजंगा	8,586	सिक्किम
21.	नीलगिरि	डोडाबेटा	2,637	तमिलनाडु
22.	जाम्पुई पहाड़ी	बेटलागचिप	1,097	त्रिपुरा
23.	गढ़वाल पहाड़ी	नंदादेवी	7,816	उत्तराखंड
24.	हिमालय	संदाकफु	3,636	प. बंगाल
25.	उत्तरी अंडमान	सैडलपीक	732	अंडमान द्वीप समूह

पठार (Plateau)

- यह भू-भाग उत्तर में गंगा-सतलज मैदान से तथा शेष तीन दिशाओं में समुद्र से घिरा है।

- भ्रंश घाटी में बहने वाली नर्मदा इस पठार को मुख्य रूप से दो भागों में बांटती है–उत्तर में मालवा का पठार तथा दक्षिण में दक्कन का पठार।
- दक्कन का पठार क्रिटेशियस-इओसिना में लावा निकलने से निर्मित है। यह भारत का प्राचीनतम भू-भाग है।
- मालवा का पठार मध्य प्रदेश एवं छत्तीसगढ़ राज्य में है।
- बेतवा, पार्वती, काली सिन्ध, माही, चम्बल आदि नदियाँ मालवा के पठार से निकलती हैं।
- दक्कन का पठार भारत में सबसे बड़ा पठार है। इसके अंतर्गत महाराष्ट्र, मध्य प्रदेश, गुजरात, कर्नाटक और आन्ध्र प्रदेश राज्यों के भू-भाग आते हैं। यह काली मिट्टी का क्षेत्र है।
- गोदावरी नदी इसे दो भागों में बांटती है–तेलंगाना व कर्नाटक पठार। इसकी उत्तरी सीमा ताप्ती नदी बनाती है।
- मालवा का पठार अरावली एवं विंध्य शृंखला के मध्य स्थित है।

भारत में प्रमुख शिखर (चोटी)

चोटी	अवस्थित	ऊँचाई (मी.)
माउंट एवरेस्ट	नेपाल-तिब्बत	8848
माउंट K2	भारत का सर्वोच्च शिखर	8611
कंचनजंगा	नेपाल-भारत	8597
धौलागिरि	नेपाल	8172
नंगा पर्वत	भारत	8126
अन्नपूर्णा	नेपाल	8078
नन्दा देवी	भारत	7817
माउंट कॉमेट	भारत	7756

पर्वतों की ऊँचाई से सम्बन्धित कुछ तथ्य

भारत की सबसे ऊँची चोटी	**गॉडविन ऑस्टिन K2**
सतपुड़ा की सबसे ऊँची चोटी	**धूपगढ़**
अरावली की सबसे ऊँची चोटी	**गुरू शिखर (माउंट आबू में)**
पश्चिमी घाट एवं दक्षिण भारत की सबसे ऊँची चोटी	**अनाईमुडी**
नीलगिरि की सर्वोच्च चोटी	**डोडाबेट्टा**
नागा पर्वत की सर्वोच्च चोटी	**सारामती**
अंडमान-निकोबार की सर्वोच्च चोटी (अंडमान द्वीप समूह में स्थित है।)	**सैडलपीक**

भारत के प्रमुख पठार

	पठार	विवरण
1.	**दक्कन के पठार**	भारत का सबसे बड़ा पठार मध्य एवं दक्षिण भारत के राज्यों में विस्तारित विभिन्न भागों में भिन्न-भिन्न नामों से संबोधित आंध्र प्रदेश में तेलंगाना पठार, पूर्वोत्तर भाग में छोटा नागपुर पठार उपस्थित है।
2.	**छोटा नागपुर पठार**	दक्कन के पठार का पूर्वोत्तर विस्तार; 65 हजार वर्ग किमी. में झारखंड, ओडिशा, पश्चिम बंगाल, बिहार एवं छत्तीसगढ़ तक विस्तारित एक महाद्वीपीय पठार।
3.	**कार्बी आंग्लांग पठार**	पूर्वोत्तर राज्यों में विस्तारित; औसत ऊँचाई 30 मीटर।
4.	**मेघालय पठार**	मेघालय राज्य में अवस्थित, दक्कन पठार का एक भाग।
5.	**मालवा का पठार**	पश्चिमी मध्य प्रदेश, दक्षिण-पूर्वी राजस्थान और गुजरात में अवस्थित, काली मिट्टी और कपास की कृषि के लिए प्रसिद्ध।
6.	**शिलांग का पठार**	पूर्वोत्तर राज्य मेघालय के पूर्वी भाग में अवस्थित।
7.	**भांदेर पठार**	मध्य प्रदेश में अवस्थित, विंध्यशृंखला का भाग।
8.	**बघेलखंड का पठार**	विंध्याचल और सतपुड़ा का संक्रमण क्षेत्र; सिंगरौली तथा दुधी जैसी द्रोणियाँ अवस्थित।
9.	**मेवाड़ का पठार**	अरावली शृंखला और मालवा के पठार के बीच में विस्तारित; राजस्थान राज्य में अवस्थित।
10.	**दंडकारण्य का पठार**	ओडिशा, छत्तीसगढ़, एवं आंध्र प्रदेश राज्यों में अवस्थित; इसी पर बैलाडिला लोहे की खदान स्थित; दक्षिण-पश्चिमी भाग को मलकानगिरि पठार से जाना जाता है।
11.	**तेलंगाना का पठार**	आंध्र प्रदेश के पश्चिमी पठार भाग में अवस्थित; दक्कन के पठार का उत्तरी पूर्वी भाग।
12.	**कर्नाटक का पठार**	कर्नाटक राज्य में अवस्थित; दक्षिण भाग मैसूर। पठार नाम से प्रचलित; तुंगभद्रा, इसी पर कृष्णा और कावेरी नदी का प्रवाह तंत्र स्थित है।
13.	**महाराष्ट्र का पठार**	कोंकण तट और सह्याद्रि को छोड़कर सम्पूर्ण महाराष्ट्र राज्य में विस्तारित; दक्कन ट्रैप की बेसाल्ट शैलों की प्रधानता है।

मैदान (Plain)

उत्तरी मैदान

- मैदान की अवस्थिति हिमालय पर्वत श्रेणी और प्रायद्वीपीय भारत के बीच है।
- हिमालय से निकलने वाली नदियों (जैसे–गंगा, यमुना, सिन्धु, ब्रह्मपुत्र आदि) तथा प्रायद्वीपीय भारत से आने वाली नदियों (जैसे–सोन, चम्बल आदि) के द्वारा बहाकर लाई गई मिट्टी के जमा होने से उपजाऊ मैदान का निर्माण हुआ है।
- मिट्टी की विशेषता के आधार पर मैदान को मुख्यतः चार भागों में बाँटा गया है–

भाबर प्रदेश–इसका निर्माण हिमालयी नदियों द्वारा लाई गई बजरी (कंकड़-पत्थर) के निक्षेपण के फलस्वरूप हुआ है। इसे शिवालिक का जलोढ़ पंख भी कहा जाता है।

तराई प्रदेश–इसका विस्तार भाबर प्रदेश के ठीक दक्षिण में है। यह निम्न समतल मैदान है जहाँ नदियों का पानी बहकर दलदली क्षेत्रों का निर्माण करता है।

बांगर प्रदेश–यह नदियों द्वारा लाई गई पुरानी जलोढ़ मिट्टी से निर्मित है। गंगा-यमुना का दोआब एवं सतलुज का मैदान इसका उदाहरण है।

खादर प्रदेश–यह नवीन जलोढ़ के जमा होने से बना है। इसकी उर्वरा शक्ति सबसे ज्यादा होती है।

तटीय मैदान

- तटीय मैदान का विस्तार प्रायद्वीपीय पर्वत श्रेणी तथा समुद्र तट के मध्य हुआ है।
- पश्चिम तटीय मैदान का विस्तार सूरत से कन्याकुमारी तक है। इसे पुनः

4 भागों में बाँटा जा सकता है। इसकी चौड़ाई गुजरात में नर्मदा एवं ताप्ती के मुहाने तक (80 किमी.) है।

- पश्चिमी तट (मालाबार) पर कुछ पश्चजल (Back water) पाए जाते हैं जिन्हें केरल में कयाल कहते हैं। उदाहरण, वेम्बनाद एवं अष्टमुडी।
- मंगलौर से कन्याकुमारी के बीच पश्चिमी तट को मालाबार तट कहा जाता है।
- पश्चजल एक प्रकार का लैगून है।
- पूर्वी तटीय मैदान पूर्वी घाट एवं समुद्री तट के बीच स्वर्णरेखा नदी से कन्याकुमारी तक फैला है।
- पूर्वी तटीय मैदान पश्चिम तटीय मैदान की अपेक्षा अधिक चौड़ा है जिसका कारण है गोदावरी, कृष्णा एवं कावेरी जैसी नदियों के द्वारा डेल्टा का निर्माण।
- तमिलनाडु का पूर्वी तट 'कोरोमण्डल तट' कहलाता है जबकि गोदावरी और महानदी के बीच का पूर्वी तटीय मैदान 'उत्तरी सरकार' के नाम से जाना जाता है।
- भारत में पश्चिमी तट के उत्तरी भाग को कोंकण तट कहते हैं।

भारतीय मरुस्थल

- राजस्थान के पश्चिमी भाग में बड़ा शुष्क प्रदेश है। जिसे विशाल भारतीय मरुस्थल कहा जाता है। लगभग 1,75000 वर्ग किमी. क्षेत्र में फैले और औसतन 300 किमी. की चौड़ाई वाले इस क्षेत्र का विस्तार लगभग 640 किमी. तक फैला हुआ है।
- थार मरुस्थल अरावली पहाड़ियों के उत्तरी-पश्चिमी किनारे पर स्थित है। यह बालू के टिब्बों से ढका एक तरंगित मैदान है।
- यहाँ पर वार्षिक वर्षा 15 सेमी. से भी कम होती है।
- लूनी नदी (495 किमी.) इस क्षेत्र की सबसे बड़ी नदी है। यह भारत में अंत:स्थलीय प्रवाह की सबसे लम्बी नदी है।

द्वीप समूह

अंडमान एवं निकोबार द्वीप समूह

- यह द्वीप समूह बंगाल की खाड़ी में स्थित है।
- इस द्वीप समूह की सर्वोच्च चोटी सैडल चोटी (738 मी.) उत्तरी अंडमान में एवं दूसरी सर्वोच्च चोटी माउंट थूलियर (642 मी.) ग्रेट निकोबार में है।
- भारत का एकमात्र सक्रिय ज्वालामुखी 'बैरन' इसी द्वीप समूह में है। नारकोण्डम सुषुप्त ज्वालामुखी भी इसी में है।
- भारत का सबसे दक्षिणी बिन्दु 'इन्दिरा प्वाइंट' ग्रेट निकोबार में स्थित है। यह भूमध्य रेखा के निकट है।
- डंकन दर्रा दक्षिण अंडमान एवं लघु अंडमान के बीच है।
- 10° चैनल अंडमान को निकोबार से अलग करता है।
- ह्वीलर द्वीप का नया नाम अब्दुल कलाम द्वीप है। अंडमान एवं निकोबार द्वीप समूह के उत्तरी अंडमान में स्थित सैडिल पीक यहाँ की सर्वोच्च चोटी है।

लक्षद्वीप समूह

- यह द्वीप समूह अरब सागर में स्थित है। इस समूह में कुल 36 द्वीप हैं। ये सभी प्रवाल भित्ति (Coral Reefs) द्वारा बने द्वीप हैं।
- इसमें तीन द्वीप मुख्य हैं–लक्षद्वीप (उत्तर में), मिनीकॉय (दक्षिण में), कावारत्ती (मध्य में)।
- मिनीकॉय लक्षद्वीप समूह का सबसे बड़ा द्वीप है।
- 9° चैनल कावारत्ती को मिनीकॉय से अलग करता है। 8° चैनल मिनीकॉय द्वीप (भारत) को मालदीव से अलग करता है।

अन्य द्वीप

- **श्रीहरिकोटा द्वीप**–प्रवाल निर्मित यह द्वीप पुलीकट झील के अग्रभाग में (नेल्लौर के निकट) स्थित है।
- पम्बन द्वीप मन्नार की खाड़ी से भारत और श्रीलंका के मध्य स्थित है।
- **न्यू मूर द्वीप**–यह द्वीप बंगाल की खाड़ी में बांग्लादेश तथा भारत की सीमा पर अवस्थित है (हुगली के निकट)। यह भारत और बांग्लादेश का विवादित क्षेत्र है।

अपवाह-तन्त्र

एक निर्धारित जलमार्ग द्वारा जल के प्रवाह को अपवाह कहा जाता है। इस प्रकार के कई जलमार्गों के जाल को अपवाह-तन्त्र कहते हैं। इसका सन्दर्भ नदियों की उत्पत्ति तथा समय के साथ उनके विकास से है। उद्गम की दृष्टि से भारतीय अपवाह-तन्त्र को दो भागों में बाँटा जा सकता है-

(क) हिमालयी अपवाह तन्त्र

- हिमालयी नदियाँ वर्ष भर जल से परिपूर्ण होती हैं क्योंकि इनका स्रोत-ग्लेशियर से जुड़ा होता है।
- हिमालयी नदियाँ प्राय: अधिक लम्बी होती हैं और स्रोत क्षेत्र में गहरी घाटियों एवं गॉर्ज का निर्माण करती हैं। इसकी कुछ प्रमुख नदियाँ निम्न हैं–

1. सिन्धु नदी-तन्त्र (Sindhu River System):

❖ उद्गम स्रोत तिब्बत (चीन) में मानसरोवर झील के पास स्थित सानोख्याब हिमनद (Glacier) है।

❖ इस नदी की कुल लम्बाई 2880 किमी. है। भारत में इसकी लम्बाई 709 किमी. है।

❖ सिन्धु नदी चिल्लास के निकट पाकिस्तान में प्रवेश करती है तथा कराची के पास अरब सागर में मिल जाती है, सिन्धु की सहायक नदियाँ हैं–झेलम, चिनाब, रावी, व्यास, सतलुज।

❖ गंगा नदी और सिन्धु नदी तंत्र के बीच अंबाला जल क्षेत्र को पृथक करता है।

2. गंगा नदी-तन्त्र (Ganga River System):

❖ उद्गम उत्तराखंड के उत्तरकाशी जिले में 'गोमुख' के निकट 'गंगोत्री हिमनद' से है। यहाँ गंगा भागीरथी कहलाती है।

❖ देवप्रयाग में भागीरथी नदी अलकनन्दा नदी से मिलती है तो संयुक्त धारा का नाम गंगा हो जाता है।

❖ अलकनन्दा नदी का उद्गम स्थल सतोपन्थ हिमानी है।

❖ **गंगा की सबसे बड़ी सहायक नदी यमुना** है। चम्बल, बेतवा और केन यमुना की सहायक नदियाँ हैं।

❖ बेतवा दक्षिण से उत्तर की ओर बहती है।

❖ गंगा को बांग्लादेश में पद्मा के नाम से जाना जाता है। पद्मा, ब्रह्मपुत्र (जिसको बांग्लादेश में जमुना कहते हैं) से मिल जाती हैं और बंगाल की खाड़ी में गिर जाती है। गंगा भारत की सबसे बड़ी नदी है।

❖ गंगा व ब्रह्मपुत्र नदियाँ बांग्लादेश में विश्व के सबसे बड़े डेल्टा 'सुन्दर वन' का निर्माण करती हैं।

❖ बंगाल की खाड़ी में गिरने से पहले पद्मा में से मेघना नामक एक प्रमुख वितरिका (Distributory) निकलती है।

❖ क्षिप्रा नदी, चम्बल की सहायक नदी है।

3. ब्रह्मपुत्र नदी-तन्त्र (Brahmaputra River System):

❖ ब्रह्मपुत्र (2900 किमी. लम्बी) मानसरोवर झील के (तिब्बत) पास स्थित चीमायुंगदुग हिमानी से निकलती है।

❖ तिब्बत में इसका नाम सांग-पो (Sang Po) एवं भारत में प्रवेश करने पर अरुणाचल प्रदेश में दिहाँग (Dihang) है।

❖ असोम में इसे ब्रह्मपुत्र कहा जाता है और बांग्लादेश में जमुना कहा जाता है।

- ❖ इसकी सहायक नदियाँ कामेंग, धनसीरी, मानस, तीस्ता, सुबनसीरी, कुलसी आदि हैं।
- ❖ ब्रह्मपुत्र (जल की मात्रा के हिसाब से) भारत की सबसे लम्बी नदी है तथा विश्व की चौथी सबसे बड़ी नदी है।

गंगा की सहायक नदियाँ

1. **रामगंगा नदी:** यह नदी गैरसेण के निकट पौड़ी गढ़वाल की पहाड़ियों (दूधा टोली श्रेणी) से निकलने वाली अपेक्षाकृत छोटी नदी है। शिवालिक को पार करने के बाद यह अपना मार्ग दक्षिण-पश्चिम दिशा की ओर जिम कॉर्बेट राष्ट्रीय उद्यान (रामनगर नैनीताल) से बहती है और उत्तर प्रदेश में नजीबाबाद के निकट मैदान में प्रवेश करती है। अंत में कन्नौज (उत्तर प्रदेश) के निकट यह गंगा नदी में मिल जाती है।
2. **गौरी गंगा**–मिलाम ग्लेशियर से निकलकर नंदा देवी अभयारण्य से होकर भारत नेपाल सीमा पर अवस्थित जौल जेबी नामक स्थान पर काली नदी में मिलती है।
3. **धौली गंगा**–यह नीति दर्रे (चमोली) से निकलकर जोशी मठ से 25 किमी. ऊपर रैनी में ऋषि गंगा धौली गंगा में मिल जाती है। अंत में विष्णु प्रयाग में अलकनंदा नदी में समाहित हो जाती है।
4. **ऋषि गंगा**–उत्तराखंड स्थित देश की दूसरी सबसे ऊंची चोटी नंदा देवी के चंग बंग ग्लेशियर से ऋषि गंगा नदी से निकलती है।
5. **लक्ष्मण गंगा**–इसका उद्‌गम हेमकुंड ग्लेशियर (चमोली)से होता है। हेमकुंड को हेम गंगा के नाम से भी जाना जाता है यह गंधारिया से पुष्पावती नदी में मिल जाती है।
6. **वासुकी गंगा**–इसका उद्‌गम वासुकी ताल (केदारनाथ) से होता है। यह मंदाकिनी की सहायक नदी है।
7. **जाध गंगा**–इसको प्राय: जाह्नवी नदी के नाम से जाना जाता है यह भागीरथी नदी की सहायक है। इसका उद्‌गम जांदा कांउटी (तिब्बत) में होता है।
8. **बाण गंगा**–यह नदी जयपुर में बैराठ की पहाड़ियों से निकलकर भरतपुर जिले में बहती हुई आगरा जिले में फतेहाबाद के पास यमुना में मिल जाती है।

(ख) प्रायद्वीपीय अपवाह तन्त्र

- इसकी लगभग सभी नदियाँ मौसमी (Seasonal) होती हैं अर्थात् बारिश पर निर्भर करती हैं।
- इन्हें दो भागों में बाँटा जा सकता है–पूर्वी प्रवाह वाली तथा पश्चिमी प्रवाह वाली नदियाँ।
- प्रायद्वीपीय भारत की एकमात्र बारहमासी नदी कावेरी है।
- भारत के दक्षिणी प्रायद्वीप में गोदावरी नदी देश के दूसरे सबसे बड़े नदी क्षेत्र का निर्माण करती है।

1. पूर्वी प्रवाह वाली नदियाँ (East Flowing River):

- ❖ ये सभी नदियाँ बंगाल की खाड़ी में गिरती हैं और डेल्टा बनाती हैं।
- ❖ इसके अलावा स्वर्ण रेखा और ब्राह्मणी नामक छोटी नदियाँ राँची के पठार से निकलकर बंगाल की खाड़ी में गिरती हैं। अन्य नदियाँ जैसे–वंशधारा, पेन्नार, पलार और वैगई आदि भी बंगाल की खाड़ी में गिरती हैं।

2. पश्चिमी प्रवाह वाली नदियाँ (West Flowing Rivers):

ये पश्चिम की ओर बहती हैं, ये डेल्टा नहीं बनाती हैं तथा अरब सागर में गिरती हैं। इनमें प्रमुख नदियाँ निम्न हैं:

- ❖ नर्मदा भ्रंश घाटी से होकर प्रवाहित होती है। यह नदी अपने मुहाने पर डेल्टा की जगह एश्चुरी बनाती है।
- ❖ सतपुड़ा एवं विंध्यशृंखला के मध्य-पूर्व से पश्चिम की ओर नर्मदा नदी प्रवाहित होती है।
- ❖ नर्मदा भेड़ाघाट (मध्य प्रदेश) में धुआँधार नामक झरने (कपिल धारा जलप्रपात) का निर्माण करती है। नर्मदा ज्वारनदमुख का निर्माण करती है। यह रिफ्ट घाटी से होकर बहती है।
- ❖ ताप्ती या तापी नदी को नर्मदा की जुड़वाँ नदी के रूप में जाना जाता है तथा लूनी को लवण नदी (Salt River) के नाम से भी जाना जाता है।
- ❖ शरावती (Shravati) नदी पश्चिमी घाट से निकलती है। यह प्रसिद्ध जोग या गरसोप्पा जलप्रपात बनाती है, जो भारत में सबसे ऊँचा जलप्रपात है।
- ❖ नर्मदा एवं ताप्ती नदियाँ अरब सागर में गिरती हैं। लूनी नदी कच्छ के रन में गिरती (लुप्त हो जाती) है।

- **पंच गंगा:** यह महाराष्ट्र की प्रमुख नदी है। यह कृष्णा की सहायक नदी है जो नरसोवाड़ी (कोल्हापुर जिला) में कृष्णा नदी में मिलती है।
- **पेन गंगा:** अजंता श्रेणी से निकलकर महाराष्ट्र के चंद्रपुर जिला में वर्धा नदी में मिलती है।
- **वैन गंगा:** सतपुड़ा पर्वत श्रेणी (मध्य प्रदेश) में निकलती है। कालेश्वरम (तेलगांना) के निकट गोदावरी नदी में मिल जाती है। इसकी सहायक ग्रहावी नदी है।

अंत:स्थलीय नदियाँ

- जो नदियाँ सागर तक नहीं पहुँच पातीं और रास्ते में ही लुप्त हो जाती हैं; वे अंत:स्थलीय (Inland Drainage) नदियाँ कहलाती हैं।
- घग्घर नदी इसका उदाहरण है जो हिमालय की निचली ढालों से (कालका के समीप) निकलती है और हनुमानगढ़ (राजस्थान) में लुप्त हो जाती है। अन्य उदाहरण हैं–लूनी, कान्तली, सावी, काकनी आदि।

झील

- चिल्का, पेरियार, पुलीकट झीलें लैगून झीलें हैं।
- वुलर झील मीठे पानी की सबसे बड़ी झील है।
- चिल्का झील भारत की सबसे बड़ी झील है।
- लोनार झील ज्वालामुखी क्रिया से निर्मित हुई है।
- भारत की सबसे ऊँची हिमानी निर्मित झील देवताल झील है जो गढ़वाल हिमालय में स्थित है।
- भारत में मानव निर्मित सबसे बड़ी झील नागार्जुन सागर बाँध का जलाशय है जो कृष्णा नदी पर आन्ध्र प्रदेश के नालगोंडा जिले में है। यह विश्व की सबसे बड़ी मानव निर्मित झील है।
- हैदराबाद एवं सिकन्दराबाद के बीच हुसैन सागर झील स्थित है।

नदियों के किनारे बसे भारत के प्रमुख शहर

शहर	नदी	शहर	नदी
हैदराबाद	मूसी	जबलपुर	नर्मदा
आगरा	यमुना	जमशेदपुर	स्वर्णरेखा
अहमदाबाद	साबरमती	कानपुर	गंगा
बद्रीनाथ	अलकनन्दा	कोटा	चम्बल
कटक	महानदी	कोलकाता	हुगली
कुर्नूल	तुंगभद्रा	लखनऊ	गोमती
दिल्ली	यमुना	लुधियाना	सतलुज
डिब्रूगढ़	ब्रह्मपुत्र	नासिक	गोदावरी

फिरोजपुर	सतलुज	सूरत	तापी
गुवाहाटी	ब्रह्मपुत्र	विजयवाड़ा	कृष्णा
श्रीनगर	झेलम	मुरादाबाद	रामगंगा
मण्डी	व्यास	जौनपुर	गोमती
मैसूर	कावेरी	मदुरै	वैगई

देश की सबसे ऊँची झील

- उत्तरी सिक्किम में 18 हजार फीट की ऊँचाई पर स्थित चो-ल्हामू झील देश की सबसे ऊँची झील है।
- वन एवं पर्यावरण मंत्रालय द्वारा तैयार 'दि वेटलैंड एटलस' के अनुसार चो-ल्हामू भारत की सबसे ऊंची झील है। जबकि विश्व में यह छठी सबसे ऊंची झील है।
- सिक्किम की जीवनरेखा मानी जाने वाली तिस्ता नदी का उद्गम चो-ल्हामू झील ही है। यह धोंकियाला दर्रे के पास स्थित है जो भारत-चीन सीमा से 5 किमी. दूर है।

पेंगोंग त्सो झील

- यह झील लेह से 168 किमी. की दूरी पर पूर्वी लद्दाख के उत्तरी तट पर ताजे जल की झील है। यह भारत से 134 किमी. दूर स्थित है।
- इसका 1/3 भाग भारत में है जबकि शेष हिस्सा चीन में है। यह झील लाइन ऑफ एक्चुअल कंट्रोल (LAC) पर है इसलिए वहाँ जाने के लिए आन्तरिक परमिट की आवश्यकता भी होती है।

भारत के सबसे ऊंचे जलप्रपात

क्र.सं.	जलप्रपात	ऊँचाई (मी.)	अवस्थित/राज्य	नदी
1.	कुंचिकल	455	शिमोगा/कर्नाटक	वराही
2.	बारेहीपानी	399	मयूरभंज/ओडिशा	बुधलांग
3.	लांग शियाँग	337	पं.खासी पहाड़ी/मेघालय	किंशी
4.	नोहकालिकाई	335	पूर्वी खासी पहाड़ी/मेघालय	–
5.	नोहसंबगी थियाँग	315	पूर्वी खासी पहाड़ी/मेघालय	–
6.	दूध सागर	310	कर्नाटक/गोवा	मांडवी
7.	किम्रेस	305	पूर्वी/खासी पहाड़ी/मेघालय	–
8.	मीनमुट्टी	300	वायनाड/केरल	–
9.	थलईयार (रै-टेल)	297	डिंडीगुल/तमिलनाडु	मंजालार
10.	बरकाना	259	शिमोगा/कर्नाटक	सीता
11.	जोग/महात्मा गांधी	253	सागर/कर्नाटक	शरावती
12.	खाड़ाधार	244	सुंदरगढ़/ओडिशा	कोरानाला
13.	वान्तावांग	229	सेरचिप/मिजोरम	–
14.	पेचालाकोना	219	सेरचिप/मिजोरम	–
15.	कुने	200	लोनावार/महाराष्ट्र	–
16.	सूचिंपारा	200	वायनाड/केरल	
17.	मगोड़	198	उ. कन्नड/कर्नाटक	–
18.	हेब्बे	168	चिकमंगलुरु/कनार्टक	–
19.	डुडुमा	175	कोरापुट/ओडिशा	–
20.	जोरांड़ा	157	मयूरभंज/ओडिशा	–

नोटः 1. चित्रकूट जलप्रपात, इन्द्रावती नदी पर छत्तीसगढ़ में अवस्थित है। इसे 'भारत के नियाग्रा जल प्रपात' की उपमा प्राप्त है।

2. भारत का सबसे ऊंचा जल प्रपात कुंचिकल कनार्टक के शिमोगा जिले में वराही नदी पर अवस्थित है।

मिट्टियाँ

भारतीय कृषि अनुसन्धान परिषद् ने भारत की मिट्टियों को 8 वर्गों में बाँटा है–

1. जलोढ़ मिट्टी (Alluvial Soil)

- भारत के कुल क्षेत्रफल के लगभग 22% भाग पर इस मिट्टी का जमाव (सर्वाधिक) है।
- यह नदियों द्वारा लाई गई मिट्टी है जो भारत के मैदानी भागों तथा तटीय भागों में पाई जाती है।
- जलोढ़ मिट्टी में जब बालू के कणों और चीका की मात्रा लगभग बराबर होती है तो उसे दोमट मिट्टी कहते हैं।
- धान की खेती के लिए दोमट मिट्टी सबसे अच्छी होती है।
- इस मिट्टी में नाइट्रोजन, फॉस्फोरस एवं ह्यूमस की कमी होती है परंतु इस मिट्टी में पोटाश एवं चूने की बहुलता होती है।

2. काली मिट्टी (Black Soil or Regur Soil)

- यह मिट्टी मुख्यतः दक्कन के लावा क्षेत्र में पाई जाती है। इसे रेगुर मृदा भी कहते हैं।
- इसका निर्माण ज्वालामुखी से निर्मित बेसाल्ट चट्टानों से हुआ है।
- इसे स्वतः जुताई वाली मिट्टी भी कहते हैं क्योंकि इसमें नमी की समाप्ति के बाद दरारें पड़ जाती हैं।
- इसमें नमी धारण करने की क्षमता अधिक होती है।
- इस मिट्टी का रंग गहरा काला होता है क्योंकि इसमें लोहा, चूना, एल्यूमीनियम एवं मैग्नीशियम की बहुलता होती है तथा जैव पदार्थ भी भरपूर होते हैं।
- कपास की खेती के लिए यह सर्वाधिक उपयुक्त है। अन्य फसलों में गेहूँ, ज्वार, बाजरा आदि हैं।

3. लाल मिट्टी (Red Soil)

- यह मिट्टी लाल-पीले रंग की होती है। लोहे के ऑक्साइड मिले होने के कारण इसका रंग लाल होता है।
- इस मृदा में नाइट्रोजन, फॉस्फोरस एवं ह्यूमस की कमी होती है।
- यह मृदा मुख्य रूप से प्रायद्वीपीय भारत (आन्ध्र प्रदेश, तमिलनाडु) में पाई जाती है। इस मिट्टी में मुख्यतः मोटे अनाज (जैसे–ज्वार, बाजरा), दलहन, तिलहन एवं तम्बाकू की खेती होती है।

4. लैटेराइट मिट्टी (Laterite Soil)

- इसका निर्माण मानसूनी जलवायु की आर्द्रता एवं शुष्कता के क्रमिक परिवर्तन के परिणामस्वरूप उत्पन्न विशिष्ट परिस्थितियों में होता है।
- इसमें लोहा एवं एल्युमीनियम अधिक होता है। इसमें सिलिका की कमी होती है।
- यह मिट्टी मुख्य रूप से पूर्वी एवं पश्चिमी घाट पर्वत, मालाबार तटीय प्रदेश, राजमहल के पहाड़ी क्षेत्र, केरल, कर्नाटक, ओडिशा, छोटानागपुर एवं मेघालय के पठार में पाई जाती है।

- इस मिट्टी में चूना, नाइट्रोजन, पोटाश एवं ह्यूमस की कमी होती है। सूख जाने पर यह मिट्टी ईंट की तरह कठोर एवं गीली होने पर दही की तरह लिपलिपी हो जाती है।

5. मरुस्थलीय मिट्टी (Desert Soil)

- अरावली श्रेणी के पश्चिम में जलवायु की शुष्कता तथा भीषण ताप के कारण नंगी चट्टानें विखण्डित होकर यह मिट्टी बनाती हैं।
- यह बलुई मिट्टी है जिसमें लोहा एवं फॉस्फोरस पर्याप्त मात्रा में होता है परंतु नाइट्रोजन एवं ह्यूमस की कमी होती है।
- यह एक अनुर्वर मृदा है जो क्षारीय गुण वाली है।
- इस मिट्टी में मोटे अनाज, जैसे–ज्वार, बाजरा, रागी, तिलहन पैदा किए जाते हैं।

6. पर्वतीय या वनीय मिट्टी (Mountain or Forest Soil)

- ये मिट्टी पर्वतीय ढालों पर या वन्य क्षेत्रों की घाटियों में पाई जाती है।
- इस मिट्टी में जीवाश्म की अधिकता होती है परंतु पोटाश, फॉस्फोरस एवं चूने की कमी होती है।
- यह हिमालय के पर्वतीय भागों, तमिलनाडु, कर्नाटक, मणिपुर आदि जगहों पर पाई जाती है।

7. लवणीय एवं क्षारीय मिट्टी (Saline and Alkaline Soil)

- इस मिट्टी को रेह, ऊसर या कल्लर के नाम से जाना जाता है। इसका विकास शुष्क जलवायु वाले क्षेत्र में हुआ है। जहाँ जल निकास की समुचित व्यवस्था का अभाव है। इसमें सोडियम, कैल्शियम एवं मैग्नीशियम के लवण पाए जाते हैं परंतु नाइट्रोजन एवं चूने की कमी होती है।
- इस मिट्टी का विस्तार दक्षिणी पंजाब, दक्षिणी हरियाणा, पश्चिमी राजस्थान, केरल तट, सुन्दर वन-क्षेत्र आदि में हुआ है। तटीय क्षेत्र में इस मृदा में नारियल के पेड़ बहुतायत में मिलते है।

8. पीट या जैविक मिट्टी (Peat or Marshy Soil)

- इस मिट्टी में कार्बनिक एवं जैविक पदार्थों की अधिकता होती है या काली, भारी एवं काफी अम्लीय होती है। यह मिट्टी भारी वर्षा और उच्च आर्द्रता वाले क्षेत्र में पाई जाती है।
- यह मिट्टी मुख्यत: केरल के अलेप्पी, उत्तराखंड के अल्मोड़ा, सुन्दरवन-डेल्टा एवं अन्य निचले डेल्टाई क्षेत्रों में पाई जाती है।

कृषि

- कृषि भारत के निवासियों की आजीविका का सबसे महत्वपूर्ण साधन है। कार्यशील जनसंख्या का 52.1% भाग कृषि में लगा हुआ है।
- भारत कृषि योग्य भूमि की उपलब्धता की दृष्टि से काफी धनी देश है। यहाँ कुल क्षेत्रफल का लगभग 47% भाग शुद्ध बोया गया क्षेत्र है।
- 1950–51 में भारत के सकल घरेलू उत्पाद में कृषि का योगदान 52% था जो वर्तमान में घटकर 18% हो गया है।
- भारत अभी भी नाइट्रोजनी उर्वरकों की अपनी खपत का 94% व फॉस्फेटी उर्वरकों की खपत का 82% ही उत्पादित कर पाता है। पोटाशी उर्वरकों के लिए तो भारत पूरी तरह से आयात पर ही निर्भर है।
- पेड़ों एवं वनस्पतियों को काटकर स्थान को साफ करके बची हुई वनस्पतियों को जलाकर उस स्थान पर जो कृषि की जाती है उसे स्थानांतरी या झूम कृषि कहते हैं।
- **भारतीय फसलें मुख्यत: पांच प्रकार की होती हैं:** (1) खाद्य पदार्थ–चावल, गेहूँ, ज्वार, बाजरा, जौ, चना, मक्का व दालें; (2) तिलहन–सरसों, तिल, अलसी, अरंडी, मूंगफली; (3) पेय पदार्थ–चाय, कहवा, तम्बाकू; (4) रेशे वाली फसलें–कपास, जूट, सन; (5) नकदी फसलें–गन्ना, रबर, नील, कपास, जूट, चाय, कहवा, तम्बाकू आदि।

इन्द्रधनुषी क्रांति (Rainbow Revolution)

नई कृषि नीति का वर्णन 'इन्द्रधनुषी क्रांति' के रूप में किया गया है जिसमें सभी प्रत्यक्ष या अप्रत्यक्ष रूप से देश के कृषि क्षेत्र में आई विभिन्न क्रांतियों जैसे–हरित (Green)–खाद्यान्न उत्पादन, श्वेत (White)–दुग्ध उत्पादन, पीली (Yellow)–तिलहन उत्पादन, नीली (Blue)–मत्स्य, लाल (Red)–मांस/टमाटर, सुनहरी (Golden)–फलों का उत्पादन, भूरी (Grey)–उर्वरक, ब्राउन (Brown)–गैर परंपरागत ऊर्जा, रजत (Silver)–अण्डे/मुर्गी एवं खाद्यान्न शृंखला क्रांति (Food Chain Revolution)–खाद्यान्न/सब्जी/फलों को सड़ने से बचाना को एक साथ लेकर चलना होगा। इसी को इन्द्रधनुषी क्रांति कहा गया है।

प्रमुख कृषि संस्थान

1.	राष्ट्रीय मत्स्य उद्योग विकास बोर्ड	हैदराबाद
2.	राष्ट्रीय चावल शोध संस्थान	कटक
3.	भारत डेयरी निगम एवं राष्ट्रीय डेरी विकास बोर्ड	आनन्द
4.	भारतीय डेयरी अनुसंधान संस्थान	करनाल
5.	भारतीय गन्ना प्रजनन संस्थान	कोयम्बटूर
6.	केन्द्रीय कॉफी अनुसंधान संस्थान	कुर्ग
7.	जूट कृषि अनुसंधान संस्थान	बैरकपुर
8.	चौधरी चरण सिंह राष्ट्रीय कृषि विपणन संस्थान	जयपुर
9.	केन्द्रीय चारा बीज उत्पादन फार्म	हैसर घट्टा
10.	विवेकानन्द पर्वतीय कृषि अनुसंधानशाला	अल्मोड़ा
11.	केन्द्रीय कृषि अनुसंधान संस्थान	पोर्ट ब्लेयर
12.	लघु किसान कृषि व्यापार संघ	नई दिल्ली
13.	राष्ट्रीय जैव उर्वरक विकास केन्द्र	गाजियाबाद
14.	राष्ट्रीय पटसन एवं संबंधित रेशे अनुसंधान संस्थान	कोलकाता
15.	भारतीय प्राकृतिक रेजिन्स एवं गम संस्थान	कोलकाता
16.	कॉफी अनुसंधान केन्द्र	चिकमंगलूर

सड़क परिवहन

- भारत की सड़क प्रणाली विश्व की तीसरी बड़ी सड़क प्रणाली है।
- राष्ट्रीय राजमार्ग की लम्बाई देश की कुल सड़कों की **लम्बाई** की मात्र 2% है किंतु ये सड़क यातायात के 40% भाग का भार वहन करती है।
- **राष्ट्रीय राजमार्ग** वे सड़कें हैं, जिनके निर्माण एवं मरम्मत की जिम्मेदारी केन्द्र सरकार की होती है। इसका नियन्त्रण केन्द्रीय लोक निर्माण विभाग द्वारा किया जाता है। ये व्यापार केन्द्रों और राजधानियों को जोड़ते हैं।
- स्वर्णिम चतुर्भुज योजना (Golden Quadrilateral) के अंतर्गत 5846 किमी. लम्बे राष्ट्रीय राजमार्ग द्वारा **चार बड़े महानगरों**-दिल्ली, मुम्बई, चेन्नई, कोलकाता को जोड़ने का प्रयास है।
- राष्ट्रीय राजमार्ग विकास कार्यक्रम के अंतर्गत बनने वाले उत्तर-दक्षिण गलियारे से **श्रीनगर** को **कन्याकुमारी** से तथा पूर्व-पश्चिम गलियारे से **सिलचर** को **पोरबन्दर** से जोड़ा जाएगा। जिसकी कुल लम्बाई **7300 किमी.** है।
- भारत में सड़कों की कुल लम्बाई की दृष्टि से **महाराष्ट्र** (10.7%) का प्रथम स्थान है, उसके बाद **उत्तर प्रदेश** (10.01%), **ओडिशा** (9.54%), **आन्ध्र प्रदेश** (7.9%), **तमिलनाडु** (6.69%) का स्थान आता है।
- सड़क घनत्व की दृष्टि से प्रथम स्थान मिजोरम (4.40) का है। दूसरा स्थान मणिपुर (4.27)] तीसरा स्थान बिहार (3.72) तथा चौथा स्थान केरल का है।
- पक्की सड़कों के घनत्व की दृष्टि से गोवा का सर्वोच्च स्थान है।

- ❖ **प्रधानमन्त्री ग्राम सड़क योजना** के अंतर्गत 500 की आबादी वाले सभी गाँवों को बारहमासी सड़कों से जोड़ना है।
- ❖ **सागरमाला परियोजना** के तहत देश के 12 बड़े बन्दरगाहों को जोड़ने वाली सड़कों को चार लेन बनाने की योजना है।
- ❖ **राष्ट्रीय राजमार्ग संख्या**-15 राजस्थान के थार मरुस्थल से गुजरने वाला राष्ट्रीय राजमार्ग है।

रेल परिवहन

- भारत में पहली रेलगाड़ी अप्रैल, 1853 में मुम्बई से थाणे के बीच (34 किमी.) चलाई गई।
- भारतीय रेल एशिया की सबसे बड़ी तथा विश्व की दूसरी बड़ी रेल व्यवस्था (USA का प्रथम स्थान) है।
- भारतीय रेल प्रशासन एवं प्रबन्धन की जिम्मेदारी रेलवे बोर्ड पर है। भारतीय रेलवे को 18 जोन में बाँटा गया है। प्रत्येक जोन का प्रधान महाप्रबन्धक होता है।
- देश में रेलमार्गों की सर्वाधिक लम्बाई उत्तर जोन (NR) (11040 किमी.) के अंतर्गत है।
- भारत के उत्तरी समतल मैदानों में रेलमार्ग का सर्वाधिक घनत्व है। मेघालय में रेलमार्ग नहीं है।
- भारतीय रेल का सर्वाधिक लम्बा रेलमार्ग डिब्रूगढ़ से कन्याकुमारी (4278 किमी.) है। इसे विवेक एक्सप्रेस 82 घण्टे 40 मिनट में पूरा करेगी।
- बिजली से चलने वाली प्रथम गाड़ी डेक्कन क्वीन थी जो बम्बई एवं पुणे के मध्य चली (1925 ई.) थी।
- कोलकाता एवं दिल्ली में भूमिगत मेट्रो रेल की सुविधा है।

भारतीय रेलवे जोनों के मुख्यालय

जोन	मुख्यालय
उत्तर रेलवे (NR)	नई दिल्ली
पश्चिम रेलवे (WR)	चर्चगेट, मुम्बई
दक्षिण-मध्य रेलवे (SCR)	सिकन्दराबाद
दक्षिण-पूर्व रेलवे (SER)	कोलकाता
मध्य रेलवे (CR)	मुम्बई सेन्ट्रल (महराष्ट्र)
दक्षिण रेलवे (SR)	चेन्नई (तमिलनाडु)
उत्तर-पूर्वी रेलवे (NER)	गोरखपुर (उत्तर प्रदेश)
पूर्वी रेलवे (ER)	कोलकाता (प. बंगाल)
उत्तर-पूर्वी सीमान्त रेलवे (NEFR)	मालेगाँव (गुवाहाटी)
पूर्वी मध्य रेलवे (ECR)	हाजीपुर (बिहार)
उत्तर-पश्चिम रेलवे (NWR)	जयपुर (राजस्थान)
पूर्वी तटवर्ती रेलवे (ECR)	भुवनेश्वर (ओडिशा)
उत्तर-मध्य रेलवे (NCR)	इलाहाबाद (उ. प्रदेश)
दक्षिण-पश्चिम रेलवे (SWR)	हुबली (धारवाड़ कर्नाटक)
पश्चिम-मध्य रेलवे (WCR)	जबलपुर (मध्य प्रदेश)
दक्षिण-पूर्व मध्य रेलवे (SECR)	बिलासपुर (छत्तीसगढ़)
कोलकाता मेट्रो (KMR)	कोलकाता (प. बंगाल)
दक्षिण तटीय रेलवे	विशाखापट्टनम (आन्ध्र प्रदेश)

- भारतीय रेल में तीन गेज रहे हैं–ब्रॉड गेज (1.676 मी.), मीटर गेज (1.0 मी.) और नैरो गेज (0.672 मी.)। गेज से तात्पर्य रेल की दोनों पटरियों के बीच दूरी से है।
- कोयले से चलने वाला देश का सबसे पुराना भाप लोकोमोटिव 'फेयरी क्वीन' था।
- समझौता एक्सप्रेस भारत और पाकिस्तान के बीच चलने वाली रेलगाड़ी का नाम है।

जल परिवहन

- देश के जलमार्गों को दो भागों में बाँटा गया है–आन्तरिक अथवा अंतर्देशीय जल परिवहन (Inland Water Ways) एवं जहाजरानी परिवहन (Shipping)
- अंतर्देशीय जलमार्गों के विकास के लिए 1986 ई. में आन्तरिक जल परिवहन प्राधिकरण (Inland Water Ways Authority of India) का गठन किया गया।
- बराक नदी के जलमार्ग को लखपुर (असोम) से भागा, (असोम) अगला राष्ट्रीय जलमार्ग प्रस्तावित किया गया है, जो 121 किमी. लम्बा राजमार्ग है।
- देश का सबसे बड़ा बन्दरगाह मुम्बई है। इसे भारत का प्रवेश द्वार भी कहते हैं।
- देश का सर्वश्रेष्ठ प्राकृतिक बन्दरगाह विशाखापट्टनम है। यह भारत का सबसे गहरा बन्दरगाह है। डॉल्फिन नोज चट्टान के पीछे स्थित है।
- गुजरात स्थित कांडला एक ज्वारीय बन्दरगाह है। यह मुक्त व्यापार क्षेत्र वाला बन्दरगाह है।
- चेन्नई एक कृत्रिम बन्दरगाह है। यह एक प्राचीन बन्दरगाह भी है।
- एन्नौर बन्दरगाह निजी हाथों में है।
- न्यू मंगलौर बन्दरगाह को कुद्रेमुख से लौह-अयस्क के निर्यात के लिए विकसित किया गया है।
- मार्मागोवा बन्दरगाह जुआरी नदी की एश्चुरी पर स्थित है।

वायु परिवहन

- भारत में वायु परिवहन की शुरुआत 1911 ई. में हुई जब इलाहाबाद से नैनी तक वायुयान डाक सेवा का गठन किया गया।
- 1953 ई. में सभी वैमानिक कम्पनियों का राष्ट्रीयकरण करके उसको दो निगमों के अधीन रखा गया।
  1. भारतीय विमान निगम (Indian Airlines)
  2. एयर इण्डिया (Air India)

प्रमुख अंतर्राष्ट्रीय हवाई अड्डे

नाम	स्थान
छत्रपति शिवाजी अंतर्राष्ट्रीय हवाई अड्डा (सान्ताक्रुज)	मुम्बई
सुभाष चन्द्र बोस हवाई अड्डा (दमदम)	कोलकाता
इन्दिरा गांधी अंतर्राष्ट्रीय हवाई अड्डा	दिल्ली
मीनाम्बक्कम अंतर्राष्ट्रीय हवाई अड्डा (कामराज)	चेन्नई
तिरुअंनतपुरम अंतर्राष्ट्रीय हवाई अड्डा	तिरुवनंतपुरम
अमृतसर अंतर्राष्ट्रीय हवाई अड्डा (गुरु रामदास)	अमृतसर
बेगमपेट अंतर्राष्ट्रीय हवाई अड्डा	हैदराबाद
कोच्चि अंतर्राष्ट्रीय हवाई अड्डा (नेन्दुबसरी)	कोच्चि
लोकप्रिय गोपीनाथ बोरडोलियो अंतर्राष्ट्रीय हवाई अड्डा	गुवाहाटी
गोवा अंतर्राष्ट्रीय हवाई अड्डा	गोवा
कैम्पेगोडा अंतर्राष्ट्रीय हवाई अड्डा	बंगलुरु
सरदार वल्लभभाई पटेल अंतर्राष्ट्रीय हवाई अड्डा	अहमदाबाद

- हवाई अड्डों के प्रबन्धन के क्षेत्र में सबसे महत्वपूर्ण निकाय भारतीय विमान पत्तन प्राधिकरण है। यह प्राधिकरण (AAI) देश में स्थित सभी हवाई अड्डों के प्रबन्धन के लिए उत्तरदायी है।
- एयर इण्डिया को अंतर्राष्ट्रीय उड़ानों का दायित्व सौंपा गया जबकि इंडियन एयरलाइन्स को अंतर्देशीय तथा पड़ोसी देशों की सेवाओं की जिम्मेदारी सौंपी गई।

- 31 मार्च, 2007 को इंडियन एयरलाइंस व एयर इण्डिया का आपस में विलय कर दिया गया, अब इसका मुख्यालय मुम्बई में है।
- एयर इण्डिया ही देश में सरकारी क्षेत्र की एकमात्र एविएशन कम्पनी है।
- निजी क्षेत्र में देश का पहला हवाई अड्डा कोच्चि में बना।
- जब पुराने हवाई अड्डे से दूर नए स्थल पर बिल्कुल नवीन हवाई अड्डे का निर्माण किया जाता है तो उसे ग्रीन फील्ड हवाई अड्डा कहा जाता है।
- वैसी परियोजनाएँ जो पहले से चलाई जा रही परियोजनाओं में सुधार करके या उनका उन्नयन करके बनाई जाती हैं उन्हें ब्राउन फील्ड परियोजना (Brown Field Project) कहते हैं।
- शमशाबाद (हैदराबाद) एवं देवनहल्ली (बेगलुरु) में ग्रीनफील्ड हवाई अड्डे का निर्माण किया गया है।
- इन्दिरा गाँधी राष्ट्रीय उड़ान अकादमी एक स्वायत्त संस्था है जो फुर्सतगंज उत्तर प्रदेश में है। इस संस्था का प्रमुख उद्देश्य पायलटों का प्रशिक्षण है।
- भारतीय विमानपत्तनम प्राधिकरण का गठन 1 अप्रैल, 1995 को किया गया था जो देश के सभी हवाई अड्डों के प्रबन्धन के लिए जिम्मेदार है।

महत्वपूर्ण जानकारी

- ग्लोब पर कर्क रेखा भारत के **आठ** राज्यों से होकर गुजरती है
- भारतीय मानक समय आधारित है- **82°30' पूर्वी देशान्तर पर**
- भारत के **सिक्किम राज्य** की सीमाएँ तीन देशों क्रमशः नेपाल, भूटान एवं चीन से मिलती हैं।
- राज्यों में से **गुजरात** की सर्वाधिक तटरेखा है।
- **गोवा** की समुद्रतटीय सीमा सबसे छोटी है।
- क्षेत्रफल की दृष्टि से भारत का सबसे बड़ा जिला है - **कच्छ**
- भारत की सबसे लम्बी अंतर्राष्ट्रीय सीमा **बांग्लादेश** के साथ है।
- भारत आकार में विश्व का बड़ा देश है - **सातवाँ**
- **1956 में** आन्ध्र प्रदेश का एक भाषायी राज्य के रूप में गठन किया गया।
- शिवसमुद्रम् **कावेरी** नदी द्वारा बनाया गया द्वीप है।
- भारत की तट रेखा की कुल लम्बाई लगभग है- **7,516 किमी.**
- 9 डिग्री चैनल **लक्षद्वीप और मिनिकाय को** अलग करता है।
- चार दक्षिणी राज्यों - आन्ध्र प्रदेश, कर्नाटक, केरल और तमिलनाडु में से **केवल कर्नाटक** सबसे अधिक भारतीय राज्यों के साथ सीमावर्ती है।
- वर्ष 1953 में जब आन्ध्र प्रदेश राज्य एक अलग राज्य बना, तब उसकी राजधानी **कुर्नूल** बनी।
- भारत के पश्चिमी तट का उत्तरी भाग जाना जाता है- **कोंकण तट**
- भारत और पाकिस्तान के बीच की सीमा का निर्धारण **सर सिरिल जॉन रेडक्लिफ** ने किया।
- क्षेत्रफल की दृष्टि से देश का सबसे बड़ा राज्य है- **राजस्थान**
- मरकत द्वीप (एमराल्ड आईलैण्ड) के नाम से प्रसिद्ध है - **अण्डमान निकोबार द्वीप समूह**
- पाकिस्तान की सीमा से लगे भारतीय राज्य एवं संघशासित प्रदेश **गुजरात, जम्मू-कश्मीर, पंजाब तथा राजस्थान** हैं।
- लक्षद्वीप समूह स्थित है- **अरब सागर में**
- सम्पूर्ण विश्व के क्षेत्रफल में भारत की भागीदारी लगभग है- **2.40%**
- सियाचिन ग्लेशियर क्षेत्र के ऊपर **भारत और पाकिस्तान** के मध्य झगड़ा है।
- सियाचिन ग्लेशियर भारत के **जम्मू-कश्मीर** राज्य में है।
- पूर्वी तटीय मैदान का एक अन्य नाम है - **कोरोमण्डल तटीय मैदान**
- इन्दिरा प्वाइंट **अंडमान और निकोबार द्वीप समूह** का दक्षिणी छोर है।
- उत्तराखंड का सबसे ऊँचा पर्वत शिखर है - **नंदादेवी**
- जोजिला दर्रा **लेह एवं श्रीनगर** को जोड़ता है।
- टौनुप दर्रा भारत को **म्यांमार** के साथ जोड़ने वाला पर्वतीय मार्ग है।
- खैबर का दर्रा **पाकिस्तान में** है।
- **गाडविन ऑस्टिन** पर्वत चोटी संसार की दूसरी सर्वोच्च पर्वत चोटी है।
- भारत में हिमालयी राज्य हैं - 12
- हिमालय का पाद प्रदेश (Foothill Regions) **शिवालिक** नाम से जाना जाता है।
- पश्चिमी घाट **ब्लॉक पर्वत** तरह की पर्वत श्रेणी है।
- उत्तर-पश्चिम में स्थित पर्वत है- **अरावली**
- भागीरथी नदी निकलती है- **गोमुख से**
- नदियों की लम्बाई का सही अवरोही क्रम है- **ब्रह्मपुत्र-गंगा-गोदावरी-नर्मदा**
- **महानदी** को 'ओडिशा का शोक' कहा जाता है।
- सहस्र धारा जलप्रपात स्थित है- **मसूरी**
- हुण्डरू जलप्रपात निर्मित है- **स्वर्ण रेखा नदी पर**
- सरदार सरोवर बांध **नर्मदा** नदी पर बनाया गया है।
- भाखडा नांगल एक संयुक्त परियोजना है- **हरियाणा-पंजाब-राजस्थान की**
- भारत में अलवण जल की सबसे बड़ी झील **वुलर झील** है।
- भारत में **केरल** राज्य में **इदुक्की -जल-विद्युत परियोजना** स्थित है।
- तुलबुल परियोजना सम्बन्धित है- **झेलम से**
- मानसून निवर्तन से सबसे अधिक वर्षा **चेन्नई में** होती है।
- भारत के **तमिलनाडु** में जाड़े के मौसम में वर्षा होती है।
- आम्र वर्षा (Mango Shower) है- **बिहार एवं बंगाल में मार्च एवं अप्रैल में होने वाली वर्षा**
- भारत की सर्वाधिक वर्षा मुख्यत: प्राप्त होती है- **दक्षिण-पश्चिम मानसून से**
- वर्तमान में विश्व की सर्वाधिक वर्षा वाला स्थान मासिनराम **मेघालय** राज्य में स्थित है।
- भारत में काली कपासी मृदा के निर्माण में सहायक शैल है- **बेसाल्ट**
- गुजरात प्रदेश अधिकांशत: आच्छादित है- **काली मिट्टी से**
- भारत में प्रमुख वनस्पति **पतझड़ वन** है।
- वनों की सुरक्षा के लिए स्वतन्त्रता प्राप्ति के पश्चात् सर्वप्रथम **1952 ई. में** सरकार द्वारा वन नीति की घोषणा की गई।
- भारत में चन्दन की लकड़ी के वन सर्वाधिक **नीलगिरि की पहाड़ियों में** पाए जाते हैं।
- भारतीय वन सर्वेक्षण विभाग का मुख्यालय **देहरादून** में स्थित है।
- राष्ट्रीय पर्यावरण शोध संस्थान (NEERI) **नागपुर में** स्थित है।
- पश्चिमी घाट पर पायी जाने वाली वनस्पति का प्रकार है- **सदाहरित**
- भारत का सुन्दर वन उदाहरण है - **ज्वारीय वन का**
- वन महोत्सव सप्ताह **1 जुलाई से 7 जुलाई** तक मनाया जाता है।
- **कर्नाटक** सबसे अधिक शहतूत तथा रेशम उत्पादित करता है।
- उष्ण कटिबन्धीय आर्द्र सदाबहार वन पाए जाते हैं- **शिलांग पठार पर**

- **देवदार** वृक्ष समुद्रतल से सर्वाधिक ऊँचाई पर पाया जाता है।
- भारत में मैंग्रोव का दूसरा सबसे बड़ा क्षेत्र **गुजरात तट के सहारे** पाया जाता है।
- लैटेराइट मिट्टी का प्रयोग होता है- **भवन निर्माण के लिए**
- कपास की काली मिट्टी में **माण्टमोरिलोनाइट** का आधिक्य होता है।
- भारत में चन्दन की लकड़ी के लिए प्रसिद्ध राज्य है- **कर्नाटक**
- फूलों की घाटी स्थित है- **उत्तराखंड**
- शान्त-घाटी अवस्थित है- **केरल**
- पीली-क्रांति **तिलहन** के उत्पादन से संबद्ध है।
- दक्षिण पश्चिमी मानसून के तत्काल बाद बोई गई फसल को **खरीफ** कहते हैं।
- गोल क्रान्ति (Round revolution) का संबंध **आलू उत्पादन** से है।
- **गुजरात** राज्य अग्रणी कपास उत्पादक है।
- गेहूँ के अधिकतम उत्पादक वाला राज्य है- **उत्तर प्रदेश**
- **हरिके बाँध से** इन्दिरा गाँधी नहर निकलती है।
- भारत में सबसे लम्बी सिंचाई नहर है- **इन्दिरा गाँधी नहर**
- नीलगिरि के पहाड़ी क्षेत्रों में **कॉफी** की खेती की जाती है।
- भारत का सर्वाधिक खाद्यान्न उत्पादन करने वाला राज्य है- **उत्तर प्रदेश**
- **गुजरात** मूंगफली का सबसे बड़ा उत्पादक है।
- **चावल** की फसल भारत में सबसे अधिक उपज देती है।
- भारत **चाय** का सबसे बड़ा उत्पादक और उपभोक्ता है।
- भारत में सर्वोत्तम चाय **दार्जिलिंग** में पैदा होती है।
- ऑपरेशन फ्लड का सम्बन्ध है- **दुग्ध उत्पादन से**
- गुलाबी क्रान्ति (Pink revolution) **झींगा उत्पादन** से सम्बन्धित है।
- भारत में सिंचाई का सबसे प्रमुख साधन है- **कुएँ और नलकूप**
- नारियल उत्पादन में भारत का विश्व में **तृतीय** स्थान है।
- भारत में नहर द्वारा सिंचाई में **पंजाब** राज्य अग्रणी है।
- केन्द्रीय उपोष्ण बागवानी संस्थान अवस्थित है- **बेंगलुरु में**
- भारत में रेशम का सबसे अधिक उत्पादन करने वाला राज्य **कर्नाटक** है।
- फल उत्पादन में भारत का विश्व में **प्रथम** स्थान है।
- सब्जी उत्पादन में भारत का विश्व में **प्रथम** स्थान है।
- भारत में प्राकृतिक रबड़ का सबसे अधिक उत्पादन **केरल** राज्य में होता है।
- भारत की सबसे महत्वपूर्ण यूरेनियम खान **जादूगोड़ा में** है।
- विश्व का सर्वोत्तम किस्म का अभ्रक प्राप्त होता है- **हजारीबाग से**
- स्वदेशी तकनीक से निर्मित परमाणु संयंत्र है- **कलपक्कम**
- बैलाडीला **लौह-अयस्क** के लिए प्रसिद्ध है।
- भारत में जिप्सम का सबसे अधिक उत्पादन करने वाला राज्य है- **राजस्थान**
- राजस्थान की 'खेतड़ी-परियोजना' किसके उत्पादन के लिए है- **तांबा**
- टंगस्टन उत्पादन के लिए प्रसिद्ध डेगाना खान **राजस्थान** में स्थित है।
- भारत में सर्वाधिक हीरा किस स्थान से निकाला जाता है- **पन्ना (मध्य-प्रदेश)**
- उदयपुर की जावर खानें **जिंक या जस्ते** के उत्खनन के लिए प्रसिद्ध हैं।
- भारत में सर्वाधिक लोहा उत्पादन करने वाला राज्य है- **ओडिशा**
- भारत में सबसे अधिक कोयले के भण्डार हैं- **दामोदर नदी की घाटी में**
- राज्यों में से **गुजरात** पवन ऊर्जा के उत्पादन में प्रथम स्थान रखता है।
- जिप्सम प्रचुर मात्रा में **राजस्थान में** उपलब्ध है।
- ओबरा शहर प्रसिद्ध है- **थर्मल पावर प्लॉण्ट के लिए**
- **हाइड्रोजन को** 'भविष्य का ईंधन' कहा जाता है।
- भारत में **महाराष्ट्र** राज्य ताप विद्युत का सबसे बड़ा उत्पादक है।
- **दामोदर** नदी घाटी को 'भारत का रूर' कहा जाता है।
- **खम्भात की खाड़ी** क्षेत्र 'ज्वारीय ऊर्जा' उत्पादन का प्रमुख क्षेत्र है।
- कोलार स्वर्ण खदान **कर्नाटक** राज्य में स्थित हैं।
- भारत में सर्वोत्तम श्रेणी का संगमरमर **मकराना** से प्राप्त होता है।
- **लिग्नाइट** को भूरा कोयला कहा जाता है।
- उत्तर प्रदेश में दियासलाई उद्योग का प्रमुख केन्द्र है- **बरेली**
- भारत में रासायनिक उर्वरकों के दो बड़े उपभोक्ता हैं- **पंजाब एवं हरियाणा**
- बरौनी **तेलशोधन** उद्योग के लिए प्रसिद्ध है।
- डीजल लोकोमोटिव कारखाना **वाराणसी** में स्थित है
- सीमेण्ट उत्पादन में भारत का विश्व में **दूसरा** स्थान है।
- नेपानगर में स्थित सबसे महत्वपूर्ण उद्योग है- **अखबारी कागज**
- भारत का सबसे महत्वपूर्ण लघु उद्योग कौन-सा है- **हथकरघा**
- देश की प्रमुख जीप निर्माता कम्पनी 'महिन्द्रा एण्ड महिन्द्रा लि.' **पुणे में** है।
- पेट्रो रसायन के उत्पादन का सबसे बड़ा केन्द्र **जामनगर में** स्थित है।
- भारत का **वस्त्र** उद्योग बड़ी संख्या में कार्यकर्त्ता नियुक्त करता है।
- भारत में सीमेण्ट उत्पादन में प्रथम स्थान वाला राज्य है- **मध्य प्रदेश**
- कानपुर **चमड़ा उद्योग के** लिए प्रसिद्ध है।
- विभाजन के कारण भारत का **जूट तथा रूई उद्योग** बुरी तरह प्रभावित हुआ।
- इण्डियन एयरलाइन्स का मुख्यालय **दिल्ली** में स्थित है।
- पैलेस ऑन व्हील्स की तर्ज पर नई रेलगाड़ी 'डेक्कन ओडिसी' का परिचालन **महाराष्ट्र** राज्य में हो रहा है।
- **मुम्बई** बन्दरगाह को भारत का प्रवेश द्वार कहा जाता है।
- प्रथम सम्पर्क क्रान्ति ट्रेन चली- **दिल्ली-बंगलुरु**
- राष्ट्रीय जलमार्ग संख्या-1 जोड़ता है- **इलाहाबाद-हल्दिया**
- **काण्डला** एक ज्वारीय बन्दरगाह है।
- रामसेतु (Adam's Bridge) **धनुष्कोडि से** शुरू होता है।
- नेताजी सुभाष चन्द्र बोस अंतर्राष्ट्रीय हवाई अड्डा **कोलकाता में** है।
- भारत का सबसे लम्बा रेलवे प्लेटफॉर्म **गोरखपुर** है।
- **कोलकाता-हल्दिया** बन्दरगाह 'भारतीय सामुद्रिक व्यापार का पूर्वी द्वार' कहलाता है
- ग्रेट दक्कन रोड **मिर्जापुर से बेंगलुरू** तक जाती है।
- राष्ट्रीय राजमार्गों में से **NH-6** महाराष्ट्र, छत्तीसगढ़ और ओडिशा में से जाता है।
- भारत और पाकिस्तान के बीच चलने वाली रेलगाड़ी का नाम है

  - समझौता एक्सप्रेस
- कोंकण रेलमार्ग की कुल लम्बाई है- **760 किमी.**
- देश का सबसे गहरा बन्दरगाह है- **विशाखापट्टनम**
- भारत के बंदरगाहों में **चेन्नई** खुला सागरीय बंदरगाह है।
- **NH-1** राष्ट्रीय राजमार्ग को शेरशाह सूरी राजमार्ग कहते हैं।
- राष्ट्रीय राजमार्ग संख्या-**5** जोड़ता है- **चेन्नई को कोलकाता से**
- अब तक काम में आने वाला विश्व का सबसे पुराना भाप इंजन **फेयरी क्वीन** है।
- भारत के पूर्वी तट पर सर्वश्रेष्ठ प्राकृतिक बन्दरगाह है- **विशाखापट्टनम में**
- जनसंख्या की दृष्टि से भारत का सबसे बड़ा केन्द्रशासित प्रदेश है- **दिल्ली**
- जनसंख्या की दृष्टि से भारत का सबसे छोटा केन्द्र शासित प्रदेश है- **लक्षद्वीप**
- भारत का सर्वाधिक नगरीकरण वाला राज्य है- **गोवा**

प्रश्नमाला

1. भारत के कुल क्षेत्रफल में वनों का क्षेत्रफल कितना है?
(a) 24.5 % (b) 33 %
(c) 20 % (d) 22 %

2. भारत में सबसे कम वर्षा वाला स्थान है-
(a) लेह (b) बीकानेर
(c) जैसलमेर (d) चेरापूंजी

3. भारत का प्राचीनतम पर्वत कौन है?
(a) हिमालय (b) विन्ध्याचल
(c) अरावली (d) नीलगिरि

4. निम्न में अरब सागर में गिरने वाली नदी कौन है?
(a) गोदावरी (b) ताप्ती
(c) कृष्णा (d) महानदी

5. गुजरात के सबसे पश्चिमी गांव और अरुणाचल प्रदेश के सबसे पूर्वी छोर पर स्थित वालांग के समय में कितने घंटे का अन्तराल होगा?
(a) 1 घंटा (b) 2 घंटा
(c) 3 घंटा (d) 1/2 घंटा

6. सुमेलित कीजिए?

A. कटक 1. गोदावरी
B. लुधियाना 2. क्षिप्रा
C. नासिक 3. महानदी
D. उज्जैन 4. सतलुज

(a) A-3, B-4, C-1, D-2
(b) A-3, B-2, C-1, D-4
(c) A-4, B-1, C-3, D-2
(d) A-1, B-2, C-3. D-4

7. सर्वोत्तम किस्म का संगमरमर कहां पाया जाता है?
(a) मकराना (b) जबलपुर
(c) जैसलमेर (d) सिंहभूमि

8. सुमेलित कीजिए?

A. सागोन 1. हिमालय की तराई
B. देवदार 2. मध्य भारत
C. सुंदरी 3. सुंदर वन
D. सिनकोना 4. हिमालय के उच्च क्षेत्र

(a) A-1, B-4, C-3, D-2
(b) A-3, B-2, C-1, D-4
(c) A-4, B-1, C-3, D-2
(d) A-2, B-3, C-4, D-1

9. निम्न वाक्यों में कौन-सा सही है?
(a) मध्य प्रदेश की सीमा सात राज्यों से लगी है।
(b) भोपाल कर्क रेखा के उत्तर में स्थित है।
(c) पंजाब राज्य की सीमा कहीं भी जम्मू-कश्मीर से नहीं मिलती।
(d) अरुणाचल प्रदेश में कोई राष्ट्रीय पार्क नहीं है।

10. भारतीय मानक समय (IST) निम्नलिखित स्थानों में से किसके समीप से लिया जाता है?
(a) इलाहाबाद (नैनी)
(b) लखनऊ
(c) मेरठ
(d) मुजफ्फरनगर

11. सियाचिन-ग्लेशियर विवाद का विषय है-
(a) पाकिस्तान-चीन के बीच
(b) भारत-चीन के बीच
(c) भारत-पाकिस्तान के बीच
(d) भारत-श्रीलंका के बीच

12. भारत के उत्तरी मैदानों में शीत वर्षा होती है-
(a) पश्चिमी विक्षोभों से
(b) बंगाल की खाड़ी के मानसून से
(c) अरब सागर मानसून से
(d) लौटते मानसून से

13. सूची-I (राज्य) को सूची-II (राजधानियों) से सुमेलित कीजिए तथा नीचे दिए गए कूट से सही उत्तर का चयन कीजिए-

सूची-I	सूची-II
A. असम	1. शिलांग
B. नागालैंड	2. कोहिमा
C. अरुणाचल प्रदेश	3. दिसपुर
D. मेघालय	4. ईटानगर

कूट :

	A	B	C	D
(a)	2	3	1	4
(b)	3	2	4	1
(c)	4	2	3	2
(d)	1	4	2	3

14. निम्न में से भारत के किन क्षेत्रों में औसत दो सौ मिलीमीटर वर्षा होती है?
(a) केरल, तमिलनाडु, कर्नाटक
(b) जम्मू और कश्मीर
(c) पश्चिम बंगाल, उड़ीसा, बिहार
(d) असम, मणिपुर, त्रिपुरा

15. भारत में वर्षा का आधिक्य होते हुए भी यह देश प्यासी धरती समझा जाता है। इसका कारण है-
(a) वर्षा के पानी का तेजी से बह जाना
(b) वर्षा के पानी का शीघ्रता से भाप बनकर उड़ जाना
(c) वर्षा का कुछ थोड़े ही महीनों में जोर होना
(d) उपर्युक्त सभी

16. निम्नलिखित में कौन अक्साई चिन का भाग है?
(a) काराकोरम श्रेणी
(b) शिवालिक श्रेणी
(c) कश्मीर घाटी
(d) लद्दाख पठार

17. चकमा निम्न में से किस देश के शरणार्थी हैं?
(a) पाकिस्तान (b) श्रीलंका
(c) बांग्लादेश (d) भूटान

18. निम्नलिखित राज्य समूहों में से किसमें वन कुल भौगोलिक क्षेत्र के 75% से अधिक क्षेत्र पर आच्छादित हैं?
(a) अरुणाचल प्रदेश, असम, नागालैंड
(b) अरुणाचल प्रदेश, मणिपुर, नागालैंड
(c) असम, मेघालय, नागालैंड
(d) अरुणाचल प्रदेश, नागालैंड, मध्य प्रदेश

19. निम्नांकित राज्यों में से किस में साइबेरियन सारस के लिए आदर्श प्राकृतिक निवास हैं?
(a) अरुणाचल प्रदेश
(b) असम
(c) आन्ध्र प्रदेश
(d) उड़ीसा

20. भारत और पाकिस्तान के बीच सीमा निर्धारण की गई थी?
(a) डूरण्ड रेखा द्वारा
(b) मैकमोहन रेखा द्वारा
(c) मैगीनॉट रेखा द्वारा
(d) रेडक्लिफ रेखा द्वारा

21. कथन (A) : भारत एक मानसूनी देश है।

कारण (R) : उच्च हिमालय इसे जलवायु सम्बन्धी विशिष्टता प्रदान करता है।

कूट :
(a) A तथा R दोनों सही हैं तथा R, A की सही व्याख्या है।

(b) A तथा R दोनों सही है परन्तु R, A की सही व्याख्या नहीं है।
(c) A सही है, परन्तु R गलत है।
(d) A गलत है, परन्तु R सही है।

22. उत्तर प्रदेशीय हिमाचल का सर्वोच्च शिखर है-
(a) चौखम्बा (b) धौलागिरि
(c) नन्दा देवी (d) त्रिशूल

23. निम्नांकित में से किसका सुमेल नहीं है?
(a) अहमदाबाद - साबरमती
(b) हैदराबाद - कृष्णा
(c) कोटा - चम्बल
(d) नासिक - गोदावरी

24. सूची-I तथा सूची-II को सुमेलित कीजिए तथा नीचे दिए गए कूट से सही उत्तर चुनिए-

सूची-I (राज्य)	सूची-II (पर्यटक केन्द्र)
A. जम्मू एवं कश्मीर	1. उड़वाड़ा
B. हिमाचल प्रदेश	2. प्वाइन्ट कैलीमेयर
C. गुजरात	3. गुलमर्ग
D. तमिलनाडु	4. कसौली

कूटः

	A	B	C	D
(a)	1	2	3	4
(b)	3	4	1	2
(c)	4	3	2	1
(d)	3	2	4	1

25. वेम्बानाद झील है-
(a) आन्ध्र प्रदेश में
(b) केरल में
(c) उड़ीसा में
(d) तमिलनाडु में

26. कथन (A) : भारत के उत्तरी मैदान में जाड़ों में कुछ वर्षा हो जाती है।
कारण (R) : जाड़े में उत्तर-पूर्वी मानसून सक्रिय होते हैं।

कूटः
(a) A और R दोनों सही हैं तथा R, A की सही व्याख्या करता है।
(b) A और R दोनों सही हैं परन्तु R, A की सही व्याख्या नहीं करता है।
(c) A सही है, परन्तु R गलत है।
(d) A गलत है, परन्तु R सही है।

27. पुरातत्व चुम्बकीय साक्ष्य यह दर्शाता है कि भूतकाल में भारतीय भूखण्ड खिसका है-
(a) उत्तर की ओर
(b) दक्षिण की ओर
(c) पूर्व की ओर
(d) पश्चिम की ओर

28. कथन (A) : भारत एक मानसूनी देश है
कारण (R) : उच्च हिमालय इसे जलवायु सम्बन्धी विशिष्टता प्रदान करता है
कूट :
(a) A और R दोनों सही हैं तथा R, A की सही व्याख्या करता है।
(b) A और R दोनों सही हैं परन्तु R, A की सही व्याख्या नहीं करता है।
(c) A सही है, परन्तु R गलत है।
(d) A गलत है, परन्तु R सही है।

29. पाक की खाड़ी अवस्थित है-
(a) कच्छ की खाड़ी तथा खम्भात की खाड़ी के बीच
(b) अण्डमान तथा निकोबार द्वीपों के बीच
(c) मन्नार की खाड़ी तथा बंगाल की खाड़ी के बीच
(d) लक्षद्वीप तथा मालद्वीप के बीच

30. निम्नांकित युग्मों में से किसका सुमेलन नहीं है?
(a) बोमडीला-अरुणाचल प्रदेश
(b) नाथूला-सिक्किम
(c) भोरघाट-हिमाचल
(d) पालघाट-केरल

31. लावा मिट्टी पायी जाती है-
(a) छत्तीसगढ़ मैदान में
(b) सरयू पार मैदान में
(c) मालवा पठार में
(d) शिलांग पठार में

32. निम्नांकित में से कौन-सा जोड़ा गलत है?
(a) कोटा-चम्बल
(b) भुवनेश्वर-महानदी
(c) जबलपुर-नर्मदा
(d) कटक-महानदी

33. निम्नलिखित कथनों पर विचार कीजिए-
कथन (A) : प्रायद्वीपीय भारत की केवल दो प्रमुख नदियां हैं- नर्मदा एवं ताप्ती, जो अरब सागर में गिरती हैं।
कारण (R) : ये नदियां भ्रंश-जनित हैं।
नीचे दिए गए कूट से सही उत्तर चुनिए-
(a) A और R दोनों सही हैं तथा R, A की सही व्याख्या करता है।
(b) A और R दोनों सही हैं परन्तु R, A की सही व्याख्या नहीं करता है।
(c) A सही है, परन्तु R गलत है।
(d) A गलत है, परन्तु R सही है।

34. निम्नांकित नगरों में कर्क रेखा से निकटतम दूरी पर स्थित है-
(a) अगरतला (b) गांधीनगर
(c) जबलपुर (d) उज्जैन

35. कुल्लू घाटी निम्नलिखित पर्वत श्रेणियों के बीच अवस्थित है-
(a) धौलाधार तथा पीरपंजाल
(b) रणज्योति तथा नागटिब्बा
(c) लद्दाख तथा पीरपंजाल
(d) मध्य हिमालय तथा शिवालिक

36. कथन (A) : दक्षिणी ट्रैप की रेगुर मिट्टी काली होती है।
कारण (R) : उसमें ह्यूमस प्रचुर मात्रा में होता है।

कूटः
(a) A और R दोनों सही हैं तथा R, A की सही व्याख्या करता है।
(b) A और R दोनों सही हैं परन्तु R, A की सही व्याख्या नहीं करता है।
(c) A सही है, परन्तु R गलत है।
(d) A गलत है, परन्तु R सही है।

37. निम्नलिखित में कौन सुमेलित नहीं है?
(a) मध्य प्रदेश छत्तीसगढ़
(b) बिहार छोटानागपुर पठार
(c) महाराष्ट्र वृष्टिछाया प्रदेश
(d) आन्ध्र प्रदेश मलनाड

38. भारत का सबसे अधिक बाढ़ग्रस्त राज्य है-
(a) असम (b) आन्ध्र प्रदेश
(c) बिहार (d) उत्तर प्रदेश

39. लैटेराइट मिट्टियों का प्राधान्य है-
(a) मालाबार तटीय प्रदेश
(b) कोरोमण्डल तटीय प्रदेश
(c) बुन्देलखण्ड में
(d) बघेलखण्ड में

40. निम्नलिखित में से क्या सुमेलित नहीं है?
(a) शिपकी ला - हिमाचल प्रदेश
(b) लिपु लेख - उत्तर प्रदेश
(c) नाथुला - सिक्किम
(d) जोजीला - कश्मीर

41. निम्न में से कौन धौलाधार श्रेणी क्षेत्र की प्रमुख जनजाति है?
(a) अबोर (b) गद्दी
(c) लेप्चा (d) थारू

42. सूची-I को सूची-II से सुमेलित कीजिए तथा नीचे दिए गए कूट से प्रयोग करके सही उत्तर चुनिए-

सूची-I (वन प्रकार)	सूची-II (प्रदेश)
A. उष्णकटिबंधीय आर्द्र पर्णपाती	1. अरूणाचल प्रदेश
B. उष्णकटिबंधीय शुष्क पर्णपाती	2. सह्यादि
C. अल्पाइन	3. मध्य गंगा मैदान
D. उष्णकटिबंधीय सदाबहार	4. तराई

कूटः

	A	B	C	D
(a)	4	3	1	2
(b)	4	2	1	3
(c)	1	3	2	4
(d)	3	1	4	2

43. यदि भारतीय मानक समय यामोत्तर पर मध्याह्न है तो 120° व पूर्वी देशान्तर पर स्थानीय समय क्या होगा?

(a) 09.30 (b) 14.30
(c) 17.30 (d) 20.00

44. निम्नलिखित कथनों पर विचार कीजिए-
कथन (A): महाराष्ट्र के कोयना क्षेत्र के निकट, भविष्य में अधिक भूकम्प प्रभावित होने की संभावना है।
कारण (R) : कोयना बांध एक पुराने भ्रंश-तल पर अवस्थित है जो कोयना जलाशय में जल-स्तर के परिवर्तन के साथ अधिक सक्रिय हो सकता है।
नीचे दिए गए कूट का प्रयोग करते हुए सही उत्तर चुनिए-

(a) A और R दोनों सही हैं तथा R, A की सही व्याख्या करता है।
(b) A और R दोनों सही हैं परन्तु R, A की सही व्याख्या नहीं करता है।
(c) A सही है, परन्तु R गलत है।
(d) A गलत है, परन्तु R सही है।

45. राष्ट्रीय वन नीति में भारत के कुल भौगोलिक क्षेत्र के कितने प्रतिशत पर वन रखने का लक्ष्य है?

(a) चौथाई (b) आधा
(c) पाचवां (d) एक-तिहाई

46. टिहरी बाधं का उत्तराखंड प्रदेश में निर्माण किया जा रहा है-

(a) भागीरथी नदी पर
(b) रामगंगा नदी पर
(c) अलकनंदा नदी पर
(d) भीलांगना नदी पर

47. भारत में सर्वाधिक कोयला भंडार पाए जाते हैं-

(a) छत्तीसगढ़ में
(b) झारखण्ड में
(c) मध्य प्रदेश में
(d) उड़ीसा में

48. निम्न में से किस राज्य की सीमा बांग्लादेश से नहीं मिलती है?

(a) मेघालय (b) त्रिपुरा
(c) मणिपुर (d) मिजोरम

49. ह्वाइट पर्वत पाए जाते हैं-

(a) कनाडा में
(b) नार्वे में
(c) रूस में
(d) संयुक्त राज्य अमेरिका में

50. संसार का आर्द्रतम स्थान है-

(a) चेरापूंजी (b) मसिनराम
(c) सिंगापुर (d) वायलिल

51. राष्ट्रीय वन नीति के मुख्य उद्देश्य क्या थे? नीचे दिए गए कूट से अपना उत्तर चुनें-

1. पारिस्थितिक संतुलन को सुनिश्चित करना
2. सामाजिक वानिकी को प्रोत्साहन देना
3. देश की कुल भूमि का एक-तिहाई वनाच्छादित करना
4. वन प्रबन्धन में जन सामुदायिक सहभागिता को प्रोत्साहित करना

कूटः
(a) 1 और 2 (b) 1 और 3
(c) 1 एवं 4 (d) 2 एवं 3

52. भारतवर्ष के पश्चिमी तटीय निम्नांकित शहरों पर विचार कीजिए-
1. जंजीरा 2. कन्नूर
3. नागर कोइल 4. सिंधुदुर्ग
उत्तर से दक्षिण इन नगरों का सही क्रम होगा :

(a)	1	2	3	4
(b)	2	1	3	4
(c)	1	2	4	3
(d)	1	4	2	3

53. सर्वाधिक जैव विविधता पाई जाती है-

(a) कश्मीर घाटी में
(b) शान्त घाटी में
(c) सुरमा घाटी में
(d) फूलों की घाटी में

54. निम्नलिखित में कौन सुमेलित नहीं है?

(a) आइसोबार - वायु-दाब
(b) आइसोहाइट - वर्षा
(c) आइसोहेलाइन - बर्फ-वर्षा
(d) आइसोबाथ - गहराई

55. भू-वैज्ञानिक कालानुक्रम के अनुसार अधोलिखित का सही क्रम है-
1. अरावली 2. पूर्वी घाट
3. दक्कन ट्रैप 4. हिमालय

(a)	4	2	3	1
(b)	1	2	3	4
(c)	2	1	3	4
(d)	3	1	2	4

56. 'दण्डकारण्य' प्रदेश स्थित नहीं है?

(a) आन्ध्र प्रदेश में
(b) छत्तीसगढ़ में
(c) मध्य प्रदेश में
(d) उड़ीसा में

57. निम्नांकित राज्यों में से कौन छोटा नागपुर पठार का भाग है?

(a) बिहार (b) झारखण्ड
(c) उड़ीसा (d) पश्चिम बंगाल

58. श्रीहरिकोटा द्वीप अवस्थित है निकट-

(a) चिलका झील के
(b) गोदावरी मुहाने के
(c) महानदी मुहाने के
(d) पुलीकट झील के

59. भारत ने नई सहस्राब्दी के सूर्योदय की पहली किरण निम्नलिखित में से किस देशान्तर पर देखी?

(a) 2° 3' पश्चिम
(b) 82° 3' पूर्व
(c) 92° 3' पश्चिम
(d) 92° 3' पूर्व

60. भारत का वह अभ्यारण्य जिसमें हाथियों की सबसे अधिक संख्या पायी जाती है, वह है?

(a) दुधवा (b) काजीरंगा
(c) मानस (d) नन्दादेवी

61. कथन (A) उड़ीसा तट भारत में सर्वाधिक चक्रवात-प्रवण क्षेत्र है।
कारण (R) : महानदी डेल्टा क्षेत्र में भारी मात्रा में मैंग्रोव का निर्वनीकरण हुआ है।
नीचे दिए गए कूट से सही उत्तर चुनिए-
कूट :

(a) A और R दोनों सही हैं तथा R, A की सही व्याख्या करता है।
(b) A और R दोनों सही हैं परन्तु R, A की सही व्याख्या नहीं करता है।
(c) A सही है, परन्तु R गलत है।
(d) A गलत है, परन्तु R सही है।

62. दस डिग्री चैनल पृथक करता है-

(a) अंडमान को निकोबार द्वीप से
(b) अंडमान को म्यांमार से

(c) भारत को श्रीलंका से
(d) लक्षद्वीप को मालदीव से

63. दक्षिण भारत की सबसे ऊंची चोटी है-
(a) अनाइमुडी (b) दोडाबेट्टा
(c) अमरकंटक (d) महेन्द्रगिरि

64. भारत का सर्वाधिक खनिजयुक्त शैल तंत्र है-
(a) धारवाड़ तंत्र (b) विन्ध्य तंत्र
(c) कुडप्पा तंत्र (d) गोंडवाना तंत्र

65. निम्नलिखित भारतीय नदियों में से कौन एश्चुअरी बनाती है?
(a) गोदावरी (b) कावेरी
(c) ताप्ती (d) महानदी

66. भारत का निम्नलिखित में से कौन-सा क्षेत्र उच्च तीव्रता की भूकम्पीय मेखला में नहीं आता है?
(a) उत्तराखंड
(b) कर्नाटक पठार
(c) कच्छ
(d) हिमाचल प्रदेश

67. निम्नलिखित भारतीय द्वीपों में से कौन-सा द्वीप भारत एवं श्रीलंका के मध्य है?
(a) एलीफैन्टा (b) निकोबार
(c) रामेश्वरम (d) सलर्सेत

68. भारत के किस राज्य में मानसून का आगमन सबसे पहले होता है?
(a) असम (b) पश्चिम बंगाल
(c) महाराष्ट्र (d) केरल

69. दो राज्यों में पहली बार दो नदियों को जोड़ने की परियोजना के संबंध में समझौते के स्मृतिपत्र पर हस्ताक्षर किए गए हैं। राज्यों और नदियों के नाम हैं-

	राज्य	नदियां
(a)	पंजाब एवं राजस्थान	: व्यास एवं बनास
(b)	उत्तर प्रदेश एवं मध्य प्रदेश	: केन एवं बेतवा
(c)	कर्नाटक एवं तमिलनाडु	: कृष्णा एवं कावेरी
(d)	उत्तर प्रदेश एवं बिहार	: गोमती एवं शारदा

70. नाथूला दर्रा किस राज्य में स्थित है?
(a) अरुणाचल प्रदेश में
(b) असम में
(c) मेघालय में
(d) सिक्किम में

71. निम्नलिखित नदियों में से किनके स्रोत बिन्दु लगभग एक ही हैं?
(a) ब्रह्मपुत्र और गंगा
(b) तापी और व्यास
(c) ब्रह्मपुत्र और सिंधु
(d) सिंधु और गंगा

72. उत्तर भारत में उप-हिमालय क्षेत्र के सहारे फैले समतल मैदान को कहा जाता है-
(a) तराई (b) दून
(c) खादर (d) भावर

73. नर्मदा एवं ताप्ती नदियों के मध्य स्थित है-
(a) विन्ध्य पर्वत
(b) सतपुड़ा श्रेणियां
(c) राजमहल पहाड़ियां
(d) अरावली पहाड़ियां

74. सिलवासा राजधानी है-
(a) दमन एवं दीव की
(b) दादर एवं नागर हवेली की
(c) लक्षद्वीप की
(d) अरुणाचल प्रदेश की

75. पोर्ट ब्लेयर के समीप की प्रसिद्ध ब्लेयर प्रवाल भित्ति मृत हो रही है-
(a) अत्यधिक मत्स्य के कारण
(b) अत्यधिक जहाजरानी के कारण
(c) भूमण्डलीय ऊष्मन के कारण
(d) लकड़ी के बुरादे के अत्यधिक क्षेपण के कारण

76. निम्नलिखित राज्यों में से किसकी सर्वाधिक तटरेखा है?
(a) गुजरात (b) महाराष्ट्र
(c) केरल (d) तमिलनाडु

77. कोरी निवेशिका, जिस पर स्थित है, वह है-
(a) कच्छ की खाड़ी
(b) खम्भात की खाड़ी
(c) कच्छ का लिटिल रन
(d) कच्छ का रन

78. भारत में एग्रो-इकोलॉजिकल जोन्स की संख्या है-
(a) 16 (b) 21
(c) 27 (d) 31

79. विश्व के वन्य जीव, भारत में पाए जाते हैं-
(a) 5 प्रतिशत
(b) 2 प्रतिशत
(c) 6 प्रतिशत
(d) 4 प्रतिशत

80. कार्डामम पहाड़ियां जिनकी सीमाओं पर स्थित हैं, वे हैं-
(a) कर्नाटक एवं तमिलनाडु
(b) कर्नाटक एवं केरल
(c) केरल एवं तमिलनाडु
(d) तमिलनाडु एवं आन्ध्र प्रदेश

उत्तरमाला

1. (d)	**2.** (a)	**3.** (c)	**4.** (b)	**5.** (b)	**6.** (a)	**7.** (a)	**8.** (a)	**9.** (a)	**10.** (a)
11. (c)	**12.** (a)	**13.** (b)	**14.** (b)	**15.** (d)	**16.** (a)	**17.** (c)	**18.** (b)	**19.** (b)	**20.** (d)
21. (a)	**22.** (c)	**23.** (b)	**24.** (b)	**25.** (b)	**26.** (b)	**27.** (a)	**28.** (a)	**29.** (c)	**30.** (c)
31. (c)	**32.** (b)	**33.** (a)	**34.** (b	**35.** (d)	**36.** (c)	**37.** (d)	**38.** (c)	**39.** (a)	**40.** (b)
41. (b)	**42.** (a)	**43.** (b)	**44.** (a)	**45.** (d)	**46.** (a)	**47.** (b)	**48.** (c)	**49.** (d)	**50.** (b)
51. (d)	**52.** (d)	**53.** (b)	**54.** (c)	**55.** (b)	**56.** (c)	**57.** (d)	**58.** (d)	**59.** (d)	**60.** (c)
61. (b)	**62.** (a)	**63.** (a)	**64.** (a)	**65.** (c)	**66.** (b)	**67.** (c)	**68.** (d)	**69.** (b)	**70.** (d)
71. (c)	**72.** (a)	**73.** (b)	**74.** (b)	**75.** (b)	**76.** (a)	**77.** (d)	**78.** (b)	**79.** (a)	**80.** (c)

❑❑❑

सामान्य विज्ञान

सामान्य विज्ञान

भौतिक विज्ञान

विज्ञान की वह शाखा, जिसके अंतर्गत पदार्थ, ऊर्जा एवं उनकी पारस्परिक क्रियाओं का अध्ययन किया जाता है।

भौतिक प्राकृतिक जगत का **मूल विज्ञान** है, क्योंकि विज्ञान की अन्य शाखाओं का विकास भौतिकी के ज्ञान पर बहुत हद तक निर्भर करता है।

सामान्य भौतिकी–इसके अंतर्गत **यांत्रिकी** एवं **द्रव** के गुणों का अध्ययन किया जाता है।

आधुनिक भौतिकी–इसके अंतर्गत **परमाणु** एवं **सूक्ष्मकणों** का अध्ययन किया जाता है।

खगोलिकी भौतिकी–इसके अंतर्गत **ब्रह्मांड** के विषय का अध्ययन किया जाता है।

ऊर्जा का रूपान्तरण

क्र.सं.	ऊर्जा का रूपान्तरण	उदाहरण
1.	स्थितिज ऊर्जा का गतिज ऊर्जा में परिवर्तन	ऊंचाई से गिरने पर किसी पिण्ड में वेग का उत्पन्न होना
2.	गतिज ऊर्जा का स्थितिज ऊर्जा में परिवर्तन	सरल लोलक का अपनी माध्य स्थिति से दोनों ओर की अन्तिम स्थितियों में दोलन करना
3.	गतिज ऊर्जा का ऊष्मा में परिवर्तन	दो पत्थरों को रगड़ने से उत्पन्न ऊष्मा
4.	गतिज ऊर्जा (यांत्रिक ऊर्जा) का विद्युत ऊर्जा में परिवर्तन	डायनेमो
5.	विद्युत ऊर्जा का ऊष्मा ऊर्जा में परिवर्तन	बिजली का हीटर
6.	विद्युत ऊर्जा का प्रकाश ऊर्जा में परिवर्तन	बिजली का बल्ब
7.	विद्युत ऊर्जा से यांत्रिक ऊर्जा में परिवर्तन	संचायक सेल
8.	रासायनिक ऊर्जा का विद्युत ऊर्जा में परिवर्तन	मोटर, बिजली का पंखा
9.	विद्युत ऊर्जा का रासायनिक ऊर्जा में परिवर्तन	विद्युत अपघट्य
10.	रासायनिक ऊर्जा का ऊष्मा में परिवर्तन	जलता कोयला
11.	ऊष्मा से रासायनिक ऊर्जा में परिवर्तन	O_2 और H_2 का जमकर पानी बनना
12.	ऊष्मा का गतिज ऊर्जा में परिवर्तन	भाप का इंजन
13.	प्रकाश ऊर्जा से विद्युत ऊर्जा में परिवर्तन	फोटो सेल
14.	विद्युत ऊर्जा से चुम्बक ऊर्जा में परिवर्तन	विद्युत चुम्बक
15.	ऊष्मा से विद्युत ऊर्जा में परिवर्तन	ताप पुंज
16.	ऊर्जा का रासायनिक रूप में रूपान्तरण	पेड़-पौधों में सूर्य की ऊर्जा रासायनिक होती है।

यांत्रिकी

यांत्रिकी के अंतर्गत पिण्डों पर बल का प्रभाव और इससे उत्पन्न गति का अध्ययन किया जाता है। इसकी तीन शाखाएँ हैं**–स्थैतिकी**, **गतिकी** एवं **शुद्ध गतिकी**।

वस्तु की विरामावस्था व गत्यावस्था

एक ही वस्तु किसी व्यक्ति को गति करती हुई व दूसरे व्यक्ति को विरामावस्था में प्रतीत हो सकती है। उदाहरण के लिए, चलती हुई बस या ट्रेन में बैठे हुए यात्रियों को सड़क या पटरी के किनारे खड़े, लोग, पेड़, भवन पीछे की ओर गति करते हुए प्रतीत होते हैं; जबकि चलती हुई बस या ट्रेन के प्रत्येक यात्री को लगता है कि उसके साथी यात्री गति में नहीं हैं, क्योंकि उनके बीच की दूरी में परिवर्तन नहीं हो रहा है। इन प्रेक्षणों से प्रकट होता है, कि गति **सापेक्षिक** होती है।

दूरी तथा विस्थापन (Distance and Displacement)

किसी वस्तु द्वारा प्रारम्भिक बिन्दु एवं अन्तिम बिन्दु के बीच की न्यूनतम दूरी को वस्तु का विस्थापन कहते हैं; जबकि किसी वस्तु द्वारा अपनी प्रारम्भिक स्थिति से अन्तिम स्थिति तक पहुँचने में तय की गई मार्ग की लम्बाई को, दूरी कहते हैं। यही वस्तु पुनः अपने प्रारम्भिक स्थान पर पहुँच जाती है, तब उसका **विस्थापन शून्य** होता है। यह एक **अदिश राशि** है तथा यह सदैव **धनात्मक** होती है।

चाल (Speed)

किसी वस्तु द्वारा इकाई समय में तय की गई दूरी को चाल कहते हैं। चाल एक **अदिश राशि** है, इसका SI मात्रक मीटर प्रति सेकेण्ड (m/s) होता है।

चाल = दूरी/समय

यदि कोई गतिमान वस्तु 2 घंटे में 110 किमी. की दूरी तय करती है, तो उसकी चाल $\frac{110}{2} = 55$ किमी./घं. होगी।

वेग (Velocity)–किसी वस्तु द्वारा एक इकाई समय में किसी निश्चित दिशा में जितनी दूरी तय की जाती है, उसे उस वस्तु का वेग कहते हैं। यह एक सदिश राशि है। इसका **SI मात्रक मीटर प्रति सेकेण्ड (m/s)** होता है। वेग धनात्मक, ऋणात्मक या शून्य कुछ भी हो सकता है।

गति (Motion)–जब कोई वस्तु समय के साथ-साथ अपनी स्थिति में परिवर्तन करती है, तो वह गति की अवस्था में होती है।

एक समान गति–जब कोई वस्तु समय अंतराल के बराबर दूरी तय करती है, तो इसे एक समान गति कहा जाता है, जैसे–यदि कोई वस्तु 5 मिनट तक गतिमान रहती है तथा **प्रत्येक मिनट के बाद उसकी चाल में कोई परिवर्तन नहीं होता** तो उसकी गति एक समान गति कहलाएगी।

असमान गति–जब कोई वस्तु समय अंतराल के साथ-साथ बराबर दूरी तय न करें, तो उसकी गति असमान गति कहलाती है।

स्थानांतरीय एवं घूर्णन गति–सड़क पर दौड़ रही कार स्थानांतरीय गति एवं लट्टू का अपने अक्ष पर घूमना **घूर्णन गति** का उदाहरण है।

त्वरण (Acceleration)–किसी गतिमान वस्तु के **वेग परिवर्तन की दर** को त्वरण कहते हैं। यदि किसी वस्तु का प्रारम्भिक **वेग *u*** हो तथा ***t* समय** पश्चात उसका अन्तिम **वेग *v*** हो जाए, तो वस्तु का त्वरण होगा।

$$a = \frac{v-u}{t} \quad \text{या} \quad v = u + at$$

मंदन (Deceleration)–किसी गतिमान वस्तु के वेग में जो कमी आती है, उसे मंदन कहते हैं, जैसे–प्लेटफॉर्म पर आती हुई गाड़ी जो धीरे होते-होते एक बिन्दु पर जाकर रुक जाती है। यह मंदन के कारण होता है।

वृत्तीय गति (Circular Motion)–जब कोई कण किसी वृत्ताकार मार्ग में समरूप चाल से गति करता है, तो उस कण की गति समरूप वृत्तीय गति कहलाती है।

कोणीय वेग (Angular Velocity)–किसी वृत्ताकार पथ पर गतिशील कण को केन्द्र से मिलाने वाली रेखा **एक सेकेण्ड में जितना कोण** घूमती है, उसे उस कण का कोणीय वेग कहते हैं। यदि यह **रेखा *t* सेकेण्ड** में θ **रेडियन** के कोण में घूमती है, तो–कोणीय वेग,

$$\omega = \frac{\theta}{t} \text{ रेडियन/सेकेण्ड}$$

अभिकेन्द्र बल (Centripetal Force)–यदि किसी वृत्ताकार पथ पर समरूप गति करते हुए कण का **द्रव्यमान *m*** हो, तो उस कण पर केन्द्र की दिशा में $\frac{mv^2}{r}$ के बराबर बल कार्य करता है जिसे अभिकेन्द्र बल कहते हैं। अभिकेन्द्र बल का परिमाण नियत रहता है, लेकिन बल की दिशा हमेशा केन्द्र की ओर होने के कारण निरन्तर बदलती रहती है।

न्यूटन के गति विषयक नियम

वस्तुओं की गति को नियन्त्रित करने वाले नियमों को सर्वप्रथम **आइजैक न्यूटन** ने वर्ष **1687 ई.** में अपनी पुस्तक **प्रिंसिपिया** में स्थापित किया था। इन नियमों से बल की यथार्थ परिभाषा मिलती है तथा आरोपित बल व वस्तु की गति की अवस्था के बीच मात्रात्मक संबंध प्राप्त होता है।

न्यूटन का प्रथम नियम (Newton's First Law)–प्रत्येक वस्तु अपनी स्थिर अवस्था अथवा सरल रेखा में एक समान गति की अवस्था में बनी रहती हैं, जब तक कि उस पर कोई बाहरी बल न लगे अर्थात सभी वस्तुएँ अपनी गति की अवस्था में किसी परिवर्तन का विरोध करती है। वस्तुओं की अपनी गति की अवस्था में परिवर्तन का विरोध करने की प्रकृति को **जड़त्व** कहते हैं। गति-विषयक न्यूटन के प्रथम नियम को **जड़त्व का नियम** भी कहते हैं।

जड़त्व (Inertia)–कोई भी वस्तु अपनी गति की अवस्था एवं विराम अवस्था में बनी रहती है, जब तक कि उस पर कोई बाहरी बल न लगे। वस्तु के इसी गुण को जड़त्व कहते हैं।

किसी वस्तु का **द्रव्यमान** उसके जड़त्व की माप होता है अर्थात वस्तुओं में जड़त्व का गुण उतना अधिक होता है, जितना उसका द्रव्यमान अधिक होगा।

न्यूटन का दूसरा नियम (Newton's Second Law)–"किसी वस्तु के संवेग में परिवर्तन की दर लगाए गए बल के आनुपातिक होता है और यह उसी दिशा में होता है, जिसमें बल कार्य करता है।" न्यूटन की गति का दूसरा नियम बल तथा त्वरण इन्हीं दोनों राशियों को एक-दूसरे के साथ तथा **मात्रात्मक विधि** से सम्बन्धित होता है।

यदि **बल** 'F' न्यूटन **(बल या SI मात्रक)**, **द्रव्यमान** (m) **किलोग्राम** तथा **त्वरण** (a) **मीटर प्रति सेकेण्ड²** (m/s^2), तो द्वितीय नियमानुसार F = ma

न्यूटन का तीसरा नियम (Newton's Third Law)–किसी भी क्रिया के लिए ठीक उसके बराबर परंतु विपरीत दिशा में प्रतिक्रिया होती है, जैसे–यदि किसी बॉल को फर्श पर मारा जाता है, तो बॉल ऊपर की तरफ उछलती है, जितना बल बॉल द्वारा फर्श पर लगाया जाता है, उतना ही बल विपरीत दिशा में फर्श बॉल पर लगाती है, बॉल का उछाल इसी बल का परिणाम है।

संवेग (Momentum)–द्रव्यमान और वेग के कारण वस्तुओं में जो विशेष गुण उत्पन्न होता है, उसे संवेग कहते हैं अर्थात किसी गतिमान वस्तु का द्रव्यमान तथा वेग के गुणनफल को वस्तु का संवेग कहते हैं। इसका मात्रक **किग्रा.** × **मी./से.** या **न्यूटन-सेकेण्ड** होता है।

आवेग (Impulse)–जब कोई नियत **बल** Fs किसी वस्तु पर एक निश्चित **समय अंतराल** Δt के लिए कार्य करता है, तो बल और समय अंतराल के गुणनफल को उस बल का आवेग कहते हैं।

आवेग सदिश राशि है। इसका SI मात्रक **न्यूटन-सेकेण्ड (किग्रा. मी./से.)** होता है।

संवेग संरक्षण का सिद्धान्त (Law of Conservation of Momentum)–जब दो या अधिक वस्तुएँ एक-दूसरे के साथ परस्पर क्रिया करती हैं और कोई भी बाह्य बल नहीं लग रहा हो, तो उनका कुल संवेग स्थायी रहता है।

घर्षण (Friction)–जब कोई वस्तु किसी तल पर फिसलती है, तो उसकी गति की विपरीत दिशा में एक प्रतिरोधी बल कार्य करता है, इस बल को घर्षण बल कहते हैं।

घर्षण बल **तीन प्रकार** के होते हैं–1. **स्थैतिक घर्षण बल**, 2. **सर्पी घर्षण बल** तथा 3. **लोटनिक घर्षण बल**।

जब किसी वस्तु को किसी सतह पर खिसकाने के लिए बल लगाया जाए और यदि वस्तु अपने स्थान से नहीं खिसके तो ऐसी दोनों सतहों के मध्य लगने वाले घर्षण बल को **स्थैतिक घर्षण बल** कहते हैं।

जब कोई वस्तु किसी सतह पर सरकती है, तो सरकने वाली वस्तु तथा उस सतह के बीच लगने वाला घर्षण बल **सर्पी घर्षण बल** कहलाता है।

जब एक वस्तु किसी दूसरी वस्तु की सतह पर लुढ़कती है, तो इन दोनों वस्तुओं के सतहों के बीच लगने वाला बल **लोटनिक घर्षण बल** कहलाता है।

दो सतहों के मध्य लगने वाला घर्षण बल उनके क्षेत्रफल पर निर्भर नहीं करता, बल्कि सतहों की प्रकृति पर निर्भर करता है।

लोटनिक घर्षण बल का मान सबसे कम और स्थैतिक घर्षण बल का मान सबसे अधिक होता है।

बल (Force)–जो वस्तुओं की विरामावस्था या समरूप गत्यावस्था में परिवर्तन कर दे अथवा परिवर्तन लाने की क्षमता रखता हो, बल कहलाता है। बल का SI मात्रक **न्यूटन** है।

अपकेन्द्री बल (Centrifugal Force)–जिस बल के कारण गतिशील वस्तु में केन्द्र से दूर जाने की प्रवृत्ति रहती है, उसे अपकेन्द्री बल कहते हैं।

अभिकेन्द्र त्वरण (Centripetal Acceleration)–वृत्तीय गति करता हुआ कोई कण जब एक समान **चाल** v से r **त्रिज्या** के वृत्त में गति करता है, तो उस कण पर केन्द्र की दिशा में $\frac{v^2}{r}$ के बराबर त्वरण कार्य करता है, इसे अभिकेन्द्र त्वरण कहते हैं। इस त्वरण का परिमाण तो नियत रहता है परंतु इसकी दिशा निरन्तर बदलती रहती है, क्योंकि यह गति के प्रत्येक बिन्दु की दिशा में रहती है।

मौत के कुएँ में कुएँ की दीवार पर मोटर साइकिल चलाना अभिकेन्द्री बल का उदाहरण है, क्योंकि कुएँ की दीवार मोटरसाइकिल पर अन्दर की ओर क्रिया बल लगाती है, जबकि इसका प्रतिक्रिया बल मोटरसाइकिल द्वारा कुएँ की दीवार पर बाहर की ओर कार्य करता है।

भारहीनता–भारहीनता वह स्थिति है जब किसी वस्तु का भार नगण्य प्रतीत होता है। वस्तु का भार पृथ्वी के गुरुत्वाकर्षण बल पर निर्भर करता है। जैसे-पृथ्वी से वस्तु की दूरी बढ़ती जाती है, उसके भार में भी कमी आती रहती है। वस्तु के भार में 150 **मील** की ऊंचाई पर जाने के बाद भारहीनता की स्थिति उत्पन्न हो जाती है।

संसक्ति–वस्तु के अणु जिस बल के कारण एक-दूसरे से जुड़े रहते हैं वह संसक्ति बल कहलाता है। यह **ठोस में सबसे अधिक** एवं **गैसों में सबसे कम** होता है।

विद्युत चुम्बकीय बल (Electromagnetic Force)–विद्युत चुम्बकीय बल, गुरुत्वाकर्षण बल से 10^{38} **गुना** अधिक शक्तिशाली होता है। यह बल **दो प्रकार** का होता है–1. **स्थिर-विद्युत बल** तथा 2. **चुम्बकीय बल**।

स्थिर-विद्युत बल (Electrostatic Force)–दो स्थिर बिन्दु आवेशों के बीच लगने वाला बल स्थिर-वैद्युत बल कहलाता है।

चुम्बकीय बल (Magnetic Force)–दो चुम्बकीय ध्रुवों के मध्य लगने वाला बल चुम्बकीय बल कहलाता है।

गुरुत्वाकर्षण

गुरुत्वाकर्षण बल (Gravitational Force)–कोई भी दो कण एक-दूसरे को बल लगाकर अपनी ओर आकर्षित करते हैं। इस आकर्षण बल को गुरुत्वाकर्षण बल कहते हैं। इसी कारण पृथ्वी किसी भी वस्तु को अपनी ओर खींचती है। पृथ्वी द्वारा लगाये जाने वाले गुरुत्वाकर्षण बल को गुरुत्व बल कहते हैं।

गुरुत्व केन्द्र–किसी वस्तु का गुरुत्व केन्द्र वह बिन्दु होता है, जिस पर वस्तु का **सम्पूर्ण भार** कार्य करता है।

गुरुत्व केन्द्र वस्तु के वास्तविक पदार्थ के बाहर भी स्थिर हो सकता है।

किसी वस्तु की स्थिरता उसके **गुरुत्व केन्द्र** की स्थिति पर निर्भर करती है।

जिन वस्तुओं का गुरुत्व केन्द्र नीचे और आधार चौड़ा होता है, वे अधिक स्थायी होती हैं।

न्यूटन का सार्वत्रिक गुरुत्वाकर्षण का नियम (Newton's Law of Universal Gravitation)–ब्रह्मांड में प्रत्येक पिण्ड दूसरे पिण्ड को अपनी ओर आकर्षित करता है। अत: "किन्हीं दो पिण्डों के बीच कार्य करने वाला यह आकर्षण बल उन पिण्डों के द्रव्यमान के **गुणनफल के अनुक्रमानुपाती** तथा उनके बीच **दूरी के वर्ग के व्युत्क्रमानुपाती** होता है" अर्थात्

$$F = G\frac{m_1 \times m_2}{r^2}$$

यहाँ G सार्वत्रिक गुरुत्वाकर्षण नियतांक है, जिसका **मान** 6.67×10^{-11} **न्यूटन-मीटर**^{2}/**किग्रा.**^{2} है।

गुरुत्वीय त्वरण (Acceleration due to Gravity)–पृथ्वी के गुरुत्वीय बल के कारण किसी वस्तु के वेग में प्रति सेकेण्ड होने वाली वृद्धि को **गुरुत्वीय त्वरण** g कहते हैं, अत:

$$g = \frac{GMe}{Re^2}$$

यहाँ (Me) **पृथ्वी का द्रव्यमान** तथा (Re) **पृथ्वी की त्रिज्या** है। g का प्रामाणिक मान (45° अक्षांश तथा समुद्र तल पर) 9.8 **मीटर/सेकेण्ड**^{2} है, इसका एक अन्य मात्रक **न्यूटन/किग्रा.** भी है क्योंकि पृथ्वी द्वारा मात्रक द्रव्यमान पर आरोपित बल भी g के बराबर होता है।

कुछ नियमित वस्तुओं के गुरुत्व केन्द्र

वस्तु	गुरुत्व केन्द्र की स्थिति
समान छड़	छड़ के अक्ष का माध्य बिन्दु
त्रिभुजाकार ठोस	माध्यिकाओं का कटाव बिन्दु
वर्गाकार या आयताकार ठोस	विकर्णों का कटान बिन्दु
वृत्ताकार पटल	वृत्त का केन्द्र
शंक्वाकर ठोस	शंकु के अक्ष पर आधार से 1/4 ऊंचाई की दूरी पर
खोखला शंकु	शंकु के अक्ष पर आधार से 1/3 ऊंचाई की दूरी पर
समान्तर चतुर्भुज	विकर्णों का कटान बिन्दु
ठोस गोला	गोले का केन्द्र

गुरुत्वजनित त्वरण 'g' का मान द्रव्यमान पर निर्भर नहीं करता।

भारी वस्तुओं का त्वरण हल्की वस्तुओं की अपेक्षा अधिक होता है, इसी कारण भारी वस्तु हल्की वस्तु की तुलना में पृथ्वी पर पहले पहुँचेगी।

g के मान में परिवर्तन (Variation in g)–'g' का मान विषुवत रेखा पर न्यूनतम होता है।

ध्रुवों की ओर बढ़ने पर इसका मान अधिकतम हो जाता है।

भूमध्य रेखा तथा ध्रुवों पर 'g' के मानों का अंतर केवल 3.4 सेमी./से.^{2} है।

पृथ्वी तल से ऊपर या नीचे जाने पर 'g' **का मान घटता** है।

गुरुत्वानुवर्तन (Geotropism)–पृथ्वी में बीजारोपण के समय बीज किसी भी स्थिति में क्यों न हों, जड़ें हमेशा नीचे की ओर तथा प्रारोह (नई पत्तियाँ) ऊपर की ओर बढ़ते हैं। इस घटना को **गुरुत्वानुवर्तन** कहते हैं।

पलायन वेग (Escape Velocity)–किसी वस्तु को पृथ्वी के गुरुत्वाकर्षण क्षेत्र से बाहर ले जाने के लिए एवं अंतरिक्ष में प्रक्षेपित करने के लिए जिस वेग की आवश्यकता होती है, उसे पलायन वेग कहते हैं। यह 11.2 **किमी. प्रति सेकेण्ड** होता है।

यदि पृथ्वी तल से किसी वस्तु को 11.2 **किलोमीटर/सेकेण्ड** या इसके अधिक वेग से ऊपर की ओर फेंकते हैं, तो वह वस्तु पृथ्वी तल पर वापस नहीं आएगी।

यदि किसी उपग्रह की चाल को $\sqrt{2}$ **गुना** (41%) **बढ़ा** दिया जाए, तो वह उपग्रह अपनी कक्षा को छोड़कर पलायन कर जाएगा।

बल-युग्म: जब किसी पिण्ड पर बराबर और विपरीत समानान्तर बल कार्य करते हैं, तो ऐसे बलों को बल-युग्म कहते हैं। इन दोनों बलों की क्रिया की दिशा अलग-अलग होनी चाहिए।

लिफ्ट में व्यक्ति का भार

जब लिफ्ट ऊपर जाती है, तो लिफ्ट में स्थित व्यक्ति का **भार बढ़ा** हुआ प्रतीत होता है।

जब लिफ्ट नीचे आती है, तो लिफ्ट में व्यक्ति का **आभासी भार** घटा हुआ प्रतीत होता है।

जब लिफ्ट एक समान वेग से ऊपर या नीचे जाती है, तो इस दशा में व्यक्ति को अपने भार में **कोई परिवर्तन नहीं** प्रतीत होता है।

यदि नीचे आते वक्त लिफ्ट की डोरी अचानक टूट जाती है, तो उसमें बैठे व्यक्ति का **भार शून्य** प्रतीत होगा।

ग्रहों की गति

वह आकाशीय पिण्ड, जो सूर्य के इर्द-गिर्द घूमते हैं, ग्रह कहलाते हैं। हमारे सौरमण्डल के **आठ ग्रह** हैं। **सूर्य** से बढ़ते क्रम में इनके नाम इस प्रकार हैं–**बुध**, **शुक्र**, **पृथ्वी**, **मंगल**, **बृहस्पति**, **शनि**, **यूरेनस** तथा **नेपच्यून**। बुध ग्रह सूर्य के सबसे समीप व नेपच्यून सबसे दूर है।

ग्रहों की गति का विस्तृत अध्ययन जॉन केप्लर ने किया था तथा इस संबंध में उन्होंने तीन नियम प्रतिपादित किए

केप्लर के नियम–प्रत्येक ग्रह सूर्य के चारों ओर एक दीर्घवृत्ताकार कक्षा में परिक्रमा करता है तथा सूर्य कक्षा के एक **फोकस बिन्दु** पर होता है।

ग्रह का **क्षेत्रीय वेग** नियत रहता है।

ग्रह के परिक्रमण काल का वर्ग उसकी सूर्य से मध्यमान दूरी के **तृतीय घात** अथवा घन के **अनुक्रमानुपाती** होता है अर्थात $T^2 \propto r^3$।

उपग्रहों में भारहीनता

उपग्रह के अन्दर प्रत्येक वस्तु भारहीनता की अवस्था में होती है, इसलिए अंतरिक्ष यात्री को भोजन आदि पेस्ट (Paste) के रूप में ट्यूब में भरकर दी जाती है।

चन्द्रमा पर **भारहीनता** नहीं है, इसी कारण चन्द्रमा का द्रव्यमान अधिक होने के कारण अपने तल पर स्थित व्यक्ति के ऊपर **आकर्षण बल** लगाता है।

चन्द्रमा के g (गुरुत्वाकर्षण) का मान पृथ्वी के g (गुरुत्वाकर्षण) का 1/6 **गुना** होता है, इसी कारण चन्द्रमा पर व्यक्ति का भार पृथ्वी पर भार के 1/6 **गुना** होता है।

कार्य, शक्ति एवं ऊर्जा

कार्य

किसी वस्तु पर बल लगाकर वस्तु को बल की दिशा में विस्थापित करने को कार्य कहते हैं। यह किया गया कार्य बल और बल की दिशा में हुए विस्थापन के गुणनफल के बराबर होता है।

यदि बल F तथा विस्थापन S के मध्य θ कोण बनता है, तो

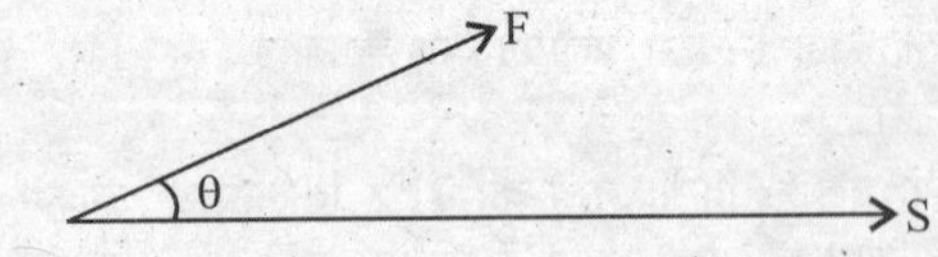

कार्य = बल × विस्थापन

$W = \vec{F} \times \vec{S} \cdot \cos\theta$

कार्य का मात्रक जूल है। इसका (SI) मात्रक **न्यूटन मीटर** (N.M.) होता है, यह एक **अदिश राशि** है।

ऊर्जा

किसी वस्तु के कार्य करने की क्षमता को ऊर्जा कहते हैं। इसके **दो प्रकार** होते हैं–1. **स्थितिज ऊर्जा** तथा 2. **गतिज ऊर्जा**।

स्थितिज ऊर्जा (Potential Energy)–किसी वस्तु में उसकी आकृति या स्थिति में परिवर्तन के कारण निहित ऊर्जा को स्थितिज ऊर्जा कहते हैं, जैसे–टरबाइन पर ऊंचाई से जल छोड़ने पर टरबाइन में गतिज ऊर्जा उत्पन्न हो जाती है। जल में यह ऊर्जा ऊंचे तल पर संचित रहने के कारण उत्पन्न होती है।

स्थितिज ऊर्जा $PE = mgh$

जहाँ M **द्रव्यमान**, g **गुरुत्वजनित त्वरण** एवं h **पदार्थ की ऊंचाई** है।

गतिज ऊर्जा (Kinetic Energy)–किसी वस्तु में गति के कारण उत्पन्न ऊर्जा को गतिज ऊर्जा कहा जाता है। किसी गतिशील वस्तु की गतिज ऊर्जा उस वस्तु द्वारा विरामावस्था में आने तक किए गए कार्य के रूप में व्यक्त की जा सकती है, जैसे–बन्दूक की गोली विरामावस्था में निष्क्रिय रहती है। लेकिन उसमें गति उत्पन्न होते ही भेदने की क्षमता आ जाती है।

$$\text{गतिज ऊर्जा } KE = \frac{1}{2}mv^2 = \frac{p^2}{2m}$$

किसी वस्तु का द्रव्यमान दोगुना करने पर उसकी गतिज ऊर्जा दोगुनी हो जाएगी और द्रव्यमान आधा करने पर उसकी गतिज ऊर्जा आधी हो जाएगी।

ऊर्जा संरक्षण का नियम (Law of Energy Conservation)–'ऊर्जा को न तो उत्पन्न किया जा सकता है और न ही नष्ट किया जा सकता है। केवल एक रूप से दूसरे रूप में परिवर्तित किया जा सकता है। किसी बन्द निकाय में कुल ऊर्जा स्थायी रहती है।' इसे ऊर्जा संरक्षण का नियम कहा जाता है।

तापगतिकी या ऊष्मा गतिकी का प्रथम नियम सामान्यतया ऊर्जा संरक्षण के नियम से सम्बद्ध है, क्योंकि इस नियम के अनुसार, किसी निकाय द्वारा अवशोषत की गई ऊष्मा की मात्रा निकाय द्वारा बाह्य दाब के विरुद्ध किए गए कार्य तथा निकाय की आंतरिक ऊर्जा में वृद्धि के योग के बराबर होती है।

ऊर्जा के विभिन्न रूप

ऊष्मीय ऊर्जा (Thermal Energy)–जब कोई वस्तु ठंडा होते समय कोई कार्य करती है, तो ऊष्मीय ऊर्जा कहलाती है। ऊष्मीय ऊर्जा के उदाहरण हैं-किसी भाप इंजन में भाप का फैलना और ठंडी होना, पिस्टन को गति में लाना इत्यादि। गर्म या ऊष्मा वस्तु के अणुओं के मद में ऊष्मा उनकी अव्यवस्थित गति तथा उनकी पारस्परिक स्थितिज ऊर्जा अर्थात उनकी आन्तरिक ऊर्जा से सम्बन्धित होती है।

ऊष्मा आन्तरिक ऊर्जा और ताप के बीच परिशुद्ध संबंधी ऊष्मा गतिकी का विषय है।

रासायनिक ऊर्जा (Chemical Energy)–किसी स्थिर रासायनिक यौगिक की ऊर्जा इसके अलग-अलग हिस्सों की तुलना में कम होती है। यह अंतर यौगिक में इलेक्ट्रॉनों एवं नाभिकों की विशिष्ट व्यवस्था व गति के कारण है, इस ऊर्जा को रासायनिक ऊर्जा कहा जाता है।

रासायनिक ऊर्जा के उदाहरण हैं–कोयले का दहन, ऊष्माशोषी या ऊष्माक्षेपी एवं जल अपघटन।

विद्युत ऊर्जा (Electrical Energy)–विद्युत आवेश व धारा एक-दूसरे को आकर्षित करते हैं अर्थात वे एक-दूसरे पर बल लगाते हैं। इस कार्य से सम्बन्धित ऊर्जा को विद्युत ऊर्जा कहा जाता है।

नाभिकीय ऊर्जा (Nuclear Energy)–**न्यूट्रॉन** व **प्रोटॉन** 10^{-15} m की **कोटि की दूरियों** पर एक-दूसरे को आकर्षित करते हैं और नाभिक बनाने के लिए बाधित होते हैं, इससे सम्बन्धित ऊर्जा को नाभिकीय ऊर्जा कहा जाता है।

सौर ऊर्जा (Solar Energy)–पृथ्वी पर ऊर्जा का सबसे विशाल स्रोत **सूर्य** है।

विश्व के सभी देशों द्वारा एक वर्ष में कुल जितनी ऊर्जा की खपत होती है, उसकी लगभग 50,000 गुना ऊर्जा सूर्य की किरणें पृथ्वी तल पर प्रतिदिन प्रदान करती हैं।

ऊर्जा का रूपान्तरण

उपकरण	ऊर्जा का रूपान्तरण
डायनेमो	यांत्रिक ऊर्जा को विद्युत ऊर्जा में
विद्युत मोटर	विद्युत ऊर्जा को यांत्रिक ऊर्जा में
सौर सेल	प्रकाश ऊर्जा को विद्युत ऊर्जा में
लाउडस्पीकर	विद्युत ऊर्जा को ध्वनि ऊर्जा में
माइक्रोफोन	ध्वनि ऊर्जा को विद्युत ऊर्जा में
सितार	यांत्रिक ऊर्जा को ध्वनि ऊर्जा में
ट्यूब लाइट/बल्ब	विद्युत ऊर्जा को प्रकाश एवं ऊष्मा ऊर्जा में
कोयले का जलना	रासायनिक ऊर्जा को ऊष्मा ऊर्जा में
विद्युत सेल	रासायनिक ऊर्जा को विद्युत ऊर्जा में
मोमबत्ती का जलना	रासायनिक ऊर्जा को प्रकाश एवं ऊष्मा ऊर्जा में
प्रकाश विद्युत सेल	ऊष्मा ऊर्जा को यांत्रिक ऊर्जा में
इंजन	

- सूर्य का लगभग 70% **द्रव्यमान हाइड्रोजन** से, 28% **हीलियम** से तथा 2% अन्य **भारी तत्वों** से बना है।
- सूर्य के केन्द्र का तापमान और दाब क्रमश 1.5×10^7k तथा 2×10^{16} **न्यूटन प्रति वर्ग मीटर** है।
- सूर्य के केन्द्र में **चार हाइड्रोजन नाभिक** संलयित होकर **हीलियम नाभिक** बनाते हैं, जिससे अत्यधिक मात्रा में ऊर्जा उत्पन्न होती है।
- सूर्य की फोटोग्राफी के लिए **स्पेक्ट्रोहीलियोग्राफ** का प्रयोग किया गया है।
- दूर से चमकते पिंड के तापमान को **पायरोमीटर यंत्र** से निर्धारित करते हैं।
- सौर सेल के द्वारा सौर ऊर्जा को विद्युत ऊर्जा में परिवर्तित किया जाता है।
- सर्वप्रथम सौर सेल का विकास 1954 ई. में किया गया था।
- सौर सेल प्रायः सिलिकॉन तथा गैलियम जैसे अर्द्धचालकों से बनाए जाते हैं।

शक्ति

किसी वस्तु के कार्य करने की दर को शक्ति कहते हैं। शक्ति वह माप है, जो बताती है कि कार्य कितनी शीघ्रता या कितनी विलम्बता से किया जाता है। यदि t समय में w कार्य होता है, तो शक्ति P होगी–

शक्ति = कार्य/समय या $P = w/t$

शक्ति का मात्रक **वाट** है। W = J/S

मशीनों की शक्ति को अश्व शक्ति (Horse Power—HP) में भी व्यक्त किया जाता है।

वाट सेकेण्ड (ws) ऊर्जा या कार्य का मात्रक है, **वाट घंटा** (wh) भी ऊर्जा या कार्य का मात्रक है।

आवर्त गति

आवर्त गति–जब कोई पिंड एक निश्चित समयान्तराल में एक ही निश्चित पथ पर बार-बार अपनी गति को दोहराता है, तो उसकी गति को आवर्त गति कहते हैं।

आवर्त काल–किसी लोलक को एक दोलन पूरा करने में लगे समय को आवर्त काल कहते हैं। यह T से प्रदर्शित किया जाता है।

आवृत्ति–कंपन करने वाली वस्तु एक सेकेण्ड में अपनी गति को जितनी बार दोहराती है, वह उसकी आवृत्ति (Frequency) कहलाती है। इसका SI मात्रक **हर्ट्ज** (Hz) होता है।

सरल आवर्त गति–यदि कोई वस्तु किसी एक सरल रेखा पर मध्यमान स्थिति (Mean Position) के दौरान इस प्रकार गति करे कि वस्तु का त्वरण विस्थापन के अनुक्रमानुपाती हो तथा त्वरण की दिशा मध्यमान स्थिति की ओर हो, तो उसकी गति सरल आवर्त गति कहलाती है।

जब कण अपनी साम्य स्थिति में रहता है, तो उस पर लगने वाला बल शून्य होता है।

प्रत्यानयन बल–जब कण को साम्य स्थिति से विस्थापित कर दिया जाता है, तो उस पर लगने वाला बल सदैव साम्य स्थिति की ओर दिष्ट होता है, इस बल को प्रत्यानयन बल कहते हैं।

प्रत्यानयन बल के कारण ही कण में त्वरण उत्पन्न होता है और वह दोलन करती है।

यदि किसी डोरी के निचले हिस्से में किसी गोल कण को लटकाकर डोरी को किसी दृढ़ आधार से लटका दे, तो इस समायोजन को **सरल लोलक** कहते हैं।

लोलक को थोड़ा विस्थापित कर छोड़ने पर उत्पन्न हुई गति को सरल आवर्त गति कहते हैं।

लम्बाई बढ़ने पर आवर्तकाल बढ़ जाएगा एवं लम्बाई घटने पर आवर्तकाल घट जाएगा। यही कारण है कि झूला-झूलती लड़की के खड़े हो जाने पर झूले का गुरुत्व केन्द्र ऊपर उठ जाएगा एवं उसकी प्रभावी लम्बाई घट जाएगी अर्थात झूला जल्दी-जल्दी दोलन करेगा।

पृथ्वी तल से नीचे या ऊपर जाने पर g का मान कम होता है, यही कारण है कि लोलक घड़ी को पृथ्वी तल से ऊपर या नीचे ले जाने पर घड़ी का आवर्तकाल (T) बढ़ जाता है अर्थात घड़ी सुस्त हो जाती है।

गर्मियों में लोलक की लम्बाई बढ़ जाने के कारण उसका आवर्तकाल भी बढ़ जाता है, जिससे गर्मियों में लोलक घड़ी सुस्त हो जाती है।

सर्दियों में लोलक की लम्बाई कम हो जाने के कारण आवर्तकाल भी कम हो जाता है, जिसके कारण लोलक घड़ी तेज चलने लगती है।

भारहीनता की स्थिति के कारण लोलक घड़ी उपग्रह में काम नहीं कर पाती है।

चन्द्रमा पर g का मान पृथ्वी के g के मान के 1/6 गुना होने के कारण चन्द्रमा पर लोलक घड़ी का आवर्तकाल बढ़ जाता हैं।

पृष्ठ तनाव

पृष्ठ तनाव–प्रत्येक द्रव का स्वतन्त्र पृष्ठ सिकुड़कर न्यूनतम क्षेत्रफल ग्रहण करने की प्रवृत्ति प्रदर्शित करता है। द्रवों की इस प्रवृत्ति के कारण उनका स्वतन्त्र पृष्ठ तनी हुई झिल्ली की भांति व्यवहार करता है। द्रव के स्वतन्त्र पृष्ठ पर विद्यमान इस तनाव को पृष्ठ या पृष्ठीय तनाव कहते हैं।

किसी द्रव का पृष्ठ तनाव वह बल है, जो उस द्रव के पृष्ठ पर खींची गई कल्पित रेखा की एकांक लम्बाई पर रेखा के लम्बवत तथा पृष्ठ के स्पर्श रेखावत् कार्य करता है। इसका मात्रक **न्यूटन/मीटर**^{2} है।

द्रव का ताप बढ़ने पर पृष्ठ तनाव कम हो जाता है, और क्रांतिक ताप पर यह शून्य हो जाता है।

ससंजक बल (Cohesive Force)–एक ही पदार्थ के अणुओं के बीच कार्यकारी आकर्षण बलों को ससंजक बल कहते हैं। जिन द्रवों के अणुओं के बीच ससंजक बल अधिक होता है, वे बर्तन की दीवार को गीला नहीं करते हैं, जैसे–पारा। पृष्ठ तनाव का कारण ससंजक बल होता है।

आसंजक बल (Adhesive Force)–भिन्न-भिन्न पदार्थों के अणुओं के बीच कार्यकारी बल को आसंजक बल कहते हैं।

यदि किसी द्रव के अणुओं के बीच कार्यकारी ससंजक बल का मान द्रव व किसी बर्तन के अणुओं के बीच कार्यकारी आसंजक बल से कम होता है, तो वह द्रव बर्तन में डाले जाने पर उसकी दीवारों को गीला करता है, जैसे-पानी किसी बर्तन में डाले जाने पर उसकी दीवारों को गीला कर देता है।

एक जैसे अणुओं में परस्पर आकर्षण को संसजन (Cohesion) तथा भिन्न अणुओं में आकर्षण को आसंजन (Adhesion) कहते हैं।

केशिकत्व (Capillarity)–द्रव का वह गुण, जिसके कारण द्रव केशनली में अपनी सतह से ऊपर चढ़ जाता है या नीचे उतर जाता है, केशिकत्व कहलाता है।

केशनली में कोई द्रव किस सीमा तक ऊपर चढ़ेगा यह केशनली की त्रिज्या पर निर्भर करता है।

सामान्यत: कांच को भिगोने वाला द्रव केशनली में ऊपर चढ़ जाता है एवं जो द्रव कांच को नहीं भिगोता है, वह केशनली में नीचे दब जाता है।

केशिका में जल के ऊपर चढ़ने का कारण जल के अणुओं का एक-दूसरे के प्रति आकर्षण से जल के अणुओं का कांच के अणुओं के प्रति आकर्षण है।

यदि केशिका नली को पारे में खड़ा करें तो नली के अन्दर पारे का स्तर बाहर के स्तर से कम होगा, क्योंकि पारे के अणु कांच की अपेक्षा एक-दूसरे से अधिक आकर्षित होते हैं।

जलती हुई मोमबत्ती में पिघला हुआ मोम या लालटेन की बत्ती में तेल का सतह से ऊपर चढ़ जाना केशिकत्व का उदाहरण है। केशिकत्व को h से प्रदर्शित करते हैं। जहाँ T पृष्ठ तनाव, θ स्पर्श कोण, r केशनली कि त्रिज्या, d द्रव का घनत्व, g गुरुत्वीय त्वरण है।

$$h = \frac{2T\cos\theta}{rdg}$$

दाब (Pressure) तल के किसी बिन्दु पर दाब उस बल के बराबर होता है, जो उस बिन्दु के चारों ओर लिए गए मात्रक क्षेत्रफल पर लम्बवत कार्य करता है, इस प्रकार,

$$\text{दाब} = \frac{\text{बल}}{\text{क्षेत्रफल}} \text{ या } P = \frac{F}{A}$$

दाब का मात्रक न्यूटन/मीटर^2 है। दाब एक अदिश (Scalar) राशि है। द्रवों के दाब को पास्कल (Pascal) नामक मात्रक में भी नापते हैं।

1 पास्कल = 1 न्यूटन/मीटर^2

पास्कल का नियम (Pascal's Law)–किसी बर्तन में बन्द द्रव के किसी भाग पर आरोपित दाब द्रव द्वारा सभी दिशाओं में समान परिमाण में संचारित कर दिया जाता है। ब्रह्मांड का द्रव दाब गैस इसी सिद्धान्त पर कार्य करता हैं।

द्रव का उत्क्षेप (Upthrust of a Liquid)–जब कोई वस्तु किसी द्रव में डुबोई जाती है, तो द्रव उस पर एक बल ऊपर की ओर लगाता है, जिसे उस द्रव का उत्क्षेप (उछाल) कहते हैं। यह उत्क्षेप वस्तु द्वारा हटाए गए द्रव के भार के बराबर होता है तथा हटाए गए द्रव के गुरुत्व केन्द्र से होकर ऊर्ध्वाधर ऊपर की दिशा में कार्य करता है। इस बिन्दु को द्रव का उत्प्लावन केन्द्र कहते हैं।

आर्कमिडीज का सिद्धान्त (Principle of Archimedes)–जब कोई वस्तु किसी द्रव में पूर्ण या आंशिक रूप से डुबोई जाती है, तो उसके भार में कुछ कमी प्रतीत होती है तथा भार में यह आभासी कमी उस वस्तु के द्वारा हटाए गए द्रव के भार के बराबर होती है, इसे आर्कमिडीज का सिद्धान्त कहते हैं।

प्लवन का सिद्धान्त (Principle of Floatation)– इस सिद्धान्त के अनुसार प्लवन करने वाली वस्तु का भार उस वस्तु द्वारा हटाए गए भार के बराबर होता है।

प्लवन करती हुई वस्तु का आभासी भार शून्य होता है।

प्लवन करती हुई वस्तु के सन्तुलन के लिए गुरुत्व केन्द्र (G) तथा उत्प्लावन केन्द्र (B) एक ऊर्ध्व रेखा में स्थित होने चाहिए।

आपेक्षित घनत्व (Relative Density)–किन्हीं दो वस्तुओं के घनत्वों के अनुपात को वस्तु का आपेक्षित घनत्व कहते हैं।

आपेक्षिक घनत्व एक शुद्ध संख्या है, इसका कोई मात्रक नहीं होता है।

बॉयल का नियम (Boyle's Law)–स्थिर ताप पर किसी गैस के निश्चित द्रव्यमान का दाब उसके आयतन का व्युत्क्रमानुपाती होता है अर्थात $P \times V$ = नियतांक।

ऊष्मा

गर्मी या ठण्डेपन के अनुभव होने को ऊष्मा कहते हैं, यह एक ऐसी चीज है, जिसमें गर्मी और ठण्डेपन का एहसास होता है। ऊष्मा एक प्रकार की ऊर्जा है जो किसी गर्म वस्तु में अधिक और ठण्डी वस्तु में कम होती हैं।

जब कभी कार्य ऊष्मा में बदलता है या ऊष्मा कार्य में बदलती है, तो किए गए कार्य व उत्पन्न ऊष्मा का अनुपात एक नियतांक होता है, जिसे ऊष्मा यांत्रिक तुल्यांक कहते हैं। इसे J **से प्रदर्शित** करते हैं।

ऊष्मा का SI मात्रक **जूल** और C.G.S. मात्रक **'कैलोरी'** है।

ऊष्मा के मात्रक (Units of Heat)–ऊष्मा के विभिन्न मात्रक निम्नलिखित हैं–

कैलोरी (Calorie)–एक ग्राम जल का ताप 1°C बढ़ाने के लिए आवश्यक ऊष्मा की मात्रा को कैलोरी कहते हैं।

अंतर्राष्ट्रीय कैलोरी (International Calorie)–एक ग्राम पानी का ताप 14.5°C से 15.5°C तक बढ़ाने के लिए आवश्यक ऊष्मा की मात्रा को अंतर्राष्ट्रीय कैलोरी कहते हैं।

मात्रकों के संबंध

1B.Th.U = 252 कैलोरी
1 कैलोरी = 4.186 जूल
1 किलो कैलोरी = 4.18×10^3 = 1000 कैलोरी

ब्रिटिश थर्मल यूनिट–1 पौंड पानी का ताप 1 डिग्री फारेनहाइट बढ़ाने के लिए आवश्यक ऊष्मा की मात्रा को B.Th.U कहते हैं।

तापमापी

ताप मापने वाले यंत्र को तापमापी कहते हैं।

- ताप मापने के लिए पदार्थ के किसी ऐसे गुण का प्रयोग किया जाता है, जो ताप पर निर्भर करता है।
- द्रव तापमापी (Liquid Thermometer) में मुख्यत: एल्कोहॉल या पारे का प्रयोग किया जाता हैं।
- एल्कोहॉल का प्रयोग –40°C से नीचे के ताप को मापने के लिए किया जाता है, क्योंकि एल्कोहॉल –115°C पर जमता है।
- पारे को तापमापी के लिए प्रयोग –30°C से 350°C तक के ताप मापने के लिए किया जाता है, क्योंकि पारा –39°C पर जम जाता है एवं 357° पर उबलने लगता है।
- मनुष्य के शरीर का ताप मापने वाले थर्मामीटर को **क्लिनिकल थर्मामीटर** कहते हैं, इस थर्मामीटर में **न्यूनतम बिन्दु** 95°F(35°C) तथा **उच्चतम बिन्दु** 110°F(43°C) अंकित होता है।
- कमरे के ताप पर पारा धातु तरल अवस्था में बनी रहती है।
- हाइड्रोजन गैस तापमापी से 500°C तक के ताप को मापा जा सकता है।
- नाइट्रोजन गैस तापमापी से 1500°C तक के ताप को मापा जा सकता है।
- –200°C से 1200°C तक के ताप को मापने के लिए **प्लैटिनम प्रतिरोध तापमापी** का उपयोग किया जाता है।
- तापयुग्म तापमापी से –200°C से 1600°C तक के ताप को मापा जा सकता है, यह **तापमापी सीबैक** प्रभाव (Seebeck Effect) पर आधारित है।
- बहुत उच्च तापमान को मापने के लिए ताप-वैद्युत उत्तापमापी का प्रयोग किया जाता है।
- एल्कोहॉल थर्मामीटर का उपयोग न्यूनतम तापमान ज्ञात करने में किया जाता है।

अत्यधिक ऊंचे एवं दूर स्थित वस्तुएँ जैसे सूर्य इत्यादि के तापों को मापने के लिए पूर्ण विकिरण **उत्तापमापी** का प्रयोग किया जाता है। इसके द्वारा प्राय: 800°C से ऊंचे ताप ही मापे जाते हैं। यह तापमापी **स्टीफन के नियम** पर आधारित है।

ताप के पैमाने

सेल्सियस (Celsius Scale)–सेल्सियस पैमाने का आविष्कार स्वीडन के वैज्ञानिक सेल्सियस ने किया था, जिसके कारण उन्हीं के नाम पर इसे सेल्सियस पैमाना कहते हैं।

सेल्सियस पैमाने में हिमांक को 0°C तथा भाप-बिन्दु को 100°C में अंकित किया जाता है तथा इनके बीच की दूरी को 100 बराबर भागों में बांट दिया जाता है तथा प्रत्येक भाग को 1°C कहते हैं।

फारेनहाइट पैमाना (Fahrenheit Scale)–फारेनहाइट पैमाने का आविष्कार जर्मन वैज्ञानिक **फारेनहाइट** ने किया था।

फारेनहाइट पैमाने में ताप को अंग्रेजी के बड़े अक्षर 'F' से प्रदर्शित करते हैं। इस पैमाने में हिमांक या निचले बिन्दु को 32°F पर अंकित किया जाता है तथा भाप बिन्दु या ऊपर बिन्दु को 212°F पर अंकित किया जाता है तथा इनके बीच की दूरी को 180 बराबर भागों में बांट दिया जाता है।

फारेनहाइट पैमाने का उपयोग वैज्ञानिक मौसम का अनुमान लगाने व चिकित्सा के क्षेत्र में करते हैं, जिसके स्थान पर अब सेल्सियस पैमाने का उपयोग किया जाता है।

केल्विन पैमाना (Kelvin Scale)–केल्विन पैमाने पर हिमांक या अधोबिन्दु को 273°K तथा भाप बिन्दु को 373° पर अंकित किया जाता है। इन दोनों बिन्दुओं के बीच की दूरी को समान 100 भागों में विभाजित कर दिया जाता है।

केल्विन पैमाने पर ताप को केल्विन (K) से व्यक्त किया जाता है। इस पैमाने में अधोबिन्दु को 0°K जल के हिमांक से 273°K नीचे होता है।

विशिष्ट ऊष्मा (Specific Heat)–किसी पदार्थ के 1 ग्राम द्रव्यमान के ताप में 1°C वृद्धि करने के लिए आवश्यक ऊष्मा की मात्रा को उस पदार्थ की विशिष्ट ऊष्मा कहते हैं।

विशिष्ट ऊष्मा का मात्रक **कैलोरी/ग्राम डिग्री सेल्सियस** है।

1 ग्राम जल का ताप 1°C बढ़ाने के लिए आवश्यक ऊष्मा की मात्रा को 1 कैलोरी कहते हैं। ऊष्मा का बड़ा मात्रक किलो कैलोरी है, जो 1000 कैलोरी के बराबर होता है।

परम ताप–परम ताप केल्विन तापक्रम पर आधारित है, जिसके अनुसार दाब पर पानी का हिमांक 263° K और क्वथनांक 363° K होता है। परम ताप का मान **सेन्टीग्रेड** ताप और 273° K के योग के बराबर होता है। परम शून्य –273.15°C के बराबर होता है। **सिद्धांत**–परम शून्य ताप पर समस्त **आणविक गतियाँ** शून्य हो जाती हैं।

परम शून्य तापमान–वह तापमान, जिस पर गैस का आयतन और दाब शून्य हो जाता है, परम शून्य तापमान कहलाता है। यह –273.15°C के बराबर होता है।

दाब का नियम (Pressure Law)–स्थिर आयतन पर किसी गैस के निश्चित द्रव्यमान का दाब (P) उसके ताप (T) के अनुक्रमानुपाती होता है अर्थात $P \alpha T$ (स्थिर आयतन पर)–

या $\frac{P}{T}$ = नियतांक

चार्ल्स का नियम (Charles Law)–स्थिर दाब पर किसी गैस के निश्चित द्रव्यमान का आयतन (V) उसके परम ताप के समानुपाती होता है। $V \propto T$ दोनों नियमों को मिलाने पर PV = RT मिलता है, जहाँ R स्थिरांक है। PV = RT आदर्श गैस समीकरण कहलाता है। जो गैस इसका पूर्णरूपेण पालन करती है, वह आदर्श गैस कहलाती है अर्थात ($V \propto T$ स्थिर ताप पर) जहाँ T परम ताप = (t° सेंटीग्रेड + 273.15°) केल्विन।

बॉयल का नियम (Boyle's Law)–स्थिर ताप पर किसी गैस के निश्चित द्रव्यमान का आयतन (V) उसके दाब (P) के व्युत्क्रमानुपाती होता है अर्थात् $P \propto \frac{1}{V}$ (स्थिर ताप पर) या, PV = K जहाँ K = स्थिरांक।

एवोगाद्रो का नियम (Avogadro's Law)–समान ताप और दाब पर सभी गैसों के समान आयतन में अणुओं की संख्या भी समान होती है, अर्थात् $V \propto N$ (स्थिर ताप और दाब पर)।

जहाँ N = गैस के अणुओं की संख्या V = गैस का आयतन।

गैसों के मोलों की संख्या (ग्राम अणुओं की संख्या) सामान्य ताप एवं दाब पर विभिन्न गैसों के एक ग्राम अणु का **आयतन** 22.4 **लीटर** होता है तथा इस 22.4 लीटर में 6.02×10^{23} अणु होते हैं, यही संख्या एवोगाद्रो संख्या कहलाती है।

ऊर्ध्वपातन–जब किसी ठोस को गर्म किया जाता है, तो वह पहले द्रव में फिर गैस में परिवर्तित होता है, लेकिन जब कोई पदार्थ गर्म करने पर ठोस अवस्था से सीधे गैस अवस्था में परिवर्तित हो जाता है, तो इस क्रिया को उर्ध्वपातन कहते हैं, जैसे-कपूर को गर्म करने पर वह बिना द्रव में बदले सीधे गैस में बदल जाता है।

गुप्त ऊष्मा (Latent Heat)–ताप की वह मात्रा जो तापक्रम में परिवर्तन लाए बिना एक ग्राम पदार्थ की अवस्था परिवर्तन के लिए अपेक्षित हो गुप्त ऊष्मा कहलाती है। इसे **जूल/किग्रा**, या **कैलोरी/ग्राम** में मापा जाता है। उबलते जल की अपेक्षा भाप से जलने पर अधिक कष्ट होता है, क्योंकि 100°C के जल की अपेक्षा 100°C के भाप की गुप्त ऊष्मा का मान अधिक होता है, इसलिए जल की अपेक्षा भाप से जलने पर अधिक कष्ट होता है।

गलन तथा गलनांक (Melting and Melting Point)–पदार्थों के ठोस अवस्था से द्रव अवस्था में परिवर्तित होने को गलन कहते हैं तथा वह स्थिर ताप जिस पर पदार्थ ठोस अवस्था से द्रव अवस्था में परिवर्तित होता है, ठोस का गलनांक कहलाता है।

ऊष्माधारिता–किसी के कुल द्रव्यमान का ताप 10°C बढ़ाने के लिए जितनी ऊष्मा की आवश्यकता होती है, उसे उस पदार्थ की ऊष्माधारिता कहते हैं।

ऊष्माधारिता = द्रव्यमान (m) × विशिष्ट ऊष्मा (c)

ऊष्माधारिता का मात्रक (कैलौरी 1°C) है।

गलन की गुप्त ऊष्मा–किसी पदार्थ के 1 ग्राम द्रव्यमान को बिना ताप बदले ठोस अवस्था से द्रव अवस्था में परिवर्तित करने के लिए आवश्यक ऊष्मा को उस पदार्थ की गलन की गुप्त ऊष्मा कहते हैं। उदाहरणार्थ बर्फ के गलन की गुप्त ऊष्मा 80 कैलोरी/ग्राम है।

वाष्पन की गुप्त ऊष्मा–किसी पदार्थ के 1 ग्राम द्रव्यमान को, बिना ताप बदले, द्रव अवस्था से वाष्प अवस्था में परिवर्तित करने के लिए आवश्यक ऊष्मा की मात्रा को उस पदार्थ के वाष्पन की गुप्त ऊष्मा = 536 कैलोरी/ग्राम।

वाष्पीकरण (Evaporation)–किसी भी ताप पर पदार्थ की द्रव अवस्था के वाष्प में परिवर्तित होने की क्रिया को वाष्पीकरण कहते हैं। वाष्पीकरण द्रव की सतह से प्रारंभ होता है। वाष्पीकरण में द्रव के अणु, जिनकी ऊर्जा सामान्य से अधिक होती है, वे द्रव की सतह को छोड़कर चले जाते हैं, जिससे द्रव का ताप गिर जाता है।

वाष्पीकरण के कारण ही कूलर ठंड उत्पन्न करता है एवं सुराही का पानी ठंडा हो जाता है।

वाष्पीकरण के कारण ही हमारे शरीर से पसीना सूखने पर हमें ठंड महसूस होती है।

प्रशीतक (Refrigerator) भी वाष्पीकरण के कारण ठंडक उत्पन्न करता है, क्योंकि प्रशीतक में तांबे की एक वाष्पक कुण्डली में द्रव फ्रीऑन भरा रहता है, जो वाष्पीकृत होकर ठण्डक उत्पन्न करता है।

क्वथनांक (Boiling Point)–किसी द्रव का क्वथनांक वह ताप है, जिस पर उस द्रव का संतृप्त वाष्प दाब बाहरी वायु दाब के बराबर हो जाता है। उदाहरणार्थ सामान्य वायुमण्डलीय दाब पर जल का **क्वथनांक** 100°C होता है।

तरल पदार्थ के क्वथनांक पर तापमान नियत रहता है।

बाह्य दाब अधिक होने से क्वथनांक बढ़ जाता है, जैसे-पहाड़ों पर प्रेशर कुकर में वायुदाब कम हो जाने से क्वथनांक कम हो जाता है।

पर्वतीय क्षेत्रों में जल का क्वथनांक जितना समुद्र तल पर होता है, उससे कम होता है।

आर्द्रतामिति

- **आर्द्रता** (Humidity)–वायुमण्डल में उपस्थित नमी को आर्द्रता कहते हैं। वायु में उपस्थित जलवाष्प की मात्रा प्रत्येक स्थान पर समान नहीं होती। प्राय: समुद्रतटीय स्थान में जलवाष्प की मात्रा यानी आर्द्रता अधिक होती है।
- **परम आर्द्रता** (Absolute Humidity)–वायुमण्डल के एकांक आयतन में उपस्थित जलवाष्प की मात्रा को परम आर्द्रता कहते हैं।
- **आपेक्षिक आर्द्रता** (Relative Humidity)–किसी ताप पर वायुमण्डल के एकांक आयतन में उपस्थित संतृप्त जलवाष्प की मात्रा के अनुपात को वायुमण्डल की आपेक्षित आर्द्रता कहते हैं। इसे प्रतिशत में व्यक्त किया जाता है।

ऊष्मा का संचरण

चालन

चालन के द्वारा ऊष्मा पदार्थों के कणों को एक स्थान से दूसरे स्थान तक अपने स्थान का परित्याग किए बिना पहुँचाती है। जब किसी धातु की छड़ के एक सिरे को गर्म किया जाता है, तो शीघ्र ही दूसरा सिरा भी गर्म हो जाता है। ऊष्मा का यह संचरण पदार्थ के अणुओं के द्वारा होता है, जब छड़ के सिरे को गर्म किया जाता है, तो इस सिरे पर स्थित अणुओं में कम्पन बढ़ जाता है। कम्पन करने वाले ये अणु अपने से आगे वाले अणुओं से लगातार टकराते हैं तथा अपनी बढ़ी हुई ऊर्जा उन्हें स्थानान्तरित करते जाते हैं। इस प्रकार ऊष्मा का संचार इसी विधि से होता है। पदार्थ में चालन के द्वारा अणुओं का संचरण **'ऊष्मा चालकता'** कहलाता है।

ऊष्मा चालकता पदार्थ की प्रवृत्ति पर निर्भर करती है तथा जिन पदार्थों में ऊष्मा की चालकता जितनी अधिक होती है, उनका ऊष्मा चालन भी उतना ही अधिक होता है।

चालन के उदाहरण

एस्किमो जनजाति के लोग बर्फ की दोहरी दीवारों के मकान में रहते हैं, क्योंकि इनके मध्य हवा की परत जमा हो जाती हैं, जो ऊष्मा की कुचालक होती है, जिसके कारण अंदर की ऊष्मा बाहर नहीं जा पाती है, फलस्वरूप कमरे का ताप बाहर की अपेक्षा अधिक बना रहता है।

शीत ऋतु में समान ताप पर लोहे की कुर्सियाँ, लकड़ी की कुर्सियों की अपेक्षा छूने में अधिक ठंडी लगती हैं, क्योंकि लोहा ऊष्मा का सुचालक है, जबकि लकड़ी ऊष्मा का कुचालक है। फलत: जब हम लोहे की कुर्सी को छूते हैं, तो हमारे हाथ से ऊष्मा तापान्तर के कारण लोहे की कुर्सी में शीघ्रता से प्रवाहित होने लगती है; जबकि लकड़ी की कुर्सी में ऐसा नहीं होता।

धातु के प्याले की अपेक्षा चीनी मिट्टी के प्याले में चाय पीना अधिक आसान होता है, क्योंकि धातु ऊष्मा की सुचालक होती है; जबकि चीनी मिट्टी ऊष्मा की कुचालक होती है।

चालक (Conductor)–जिन पदार्थो से होकर ऊष्मा का चालन सरलता से हो जाता है, उन्हें चालक कहते हैं। सभी धातु, अम्लीय जल, मानव शरीर आदि चालक हैं।

कुचालक (Bad Conductor)–जिन पदार्थों से ऊष्मा का चालन सरलता से नहीं होता है या बहुत कम होता है, उन्हें कुचालक कहते हैं। लकड़ी, कांच, सिलिका, वायु, गैसें, रबड़ आदि ऊष्मा के कुचालक पदार्थ हैं।

बुरादे से ढकी हुई बर्फ जल्दी से नहीं पिघलती, क्योंकि बुरादा ऊष्मा का कुचालक है।

ऊष्मारोधी (Thermal Insulator)–जिन पदार्थों से ऊष्मा का चालन बिल्कुल नहीं होता, उन्हें ऊष्मारोधी पदार्थ कहते हैं, जैसे-एबोनाइट, एस्बेस्टास आदि।

संवहन

संवहन विधि में ऊष्मा का चालन पदार्थ के कणों के स्थानान्तरण के द्वारा होता है।

गैसों व द्रवों में ऊष्मा का संचरण संवहन द्वारा ही होता है। ठोसों के कण चूंकि अपना स्थान नहीं छोड़ते हैं। अत: उन्हें इस विधि से गर्म नहीं किया जा सकता।

वायु तथा द्रवों में संवहन धाराएँ ऊपर की ओर चलती हैं, जब बर्तन में किसी द्रव को गर्म किया जाता है, तो तली का द्रव गर्म होने के कारण हल्का होकर ऊपर उठता है और इस प्रकार संवहन धाराएँ बनती हैं।

यदि हम द्रव को बर्तन की तली से गर्म करके द्रव के ऊपरी स्वतन्त्र तल को गर्म करें तो संवहन धाराएँ नहीं बनेंगी, क्योंकि इस अवस्था में द्रव हल्का होकर ऊपर ही तैरता रहेगा।

एक श्वेत तथा चिकनी सतह ताप की खराब अवशोषक तथा अच्छी परावर्तक होती है।

पृथ्वी का वायुमंडल संवहन विधि से ही गर्म होता है।

रेफ्रिजरेटर में फ्रीजर पेटिका को ऊपर रखा जाता है, क्योंकि नीचे की गरम वायु हल्की होने के कारण ऊपर उठती है तथा फ्रीजर पेटिका से टकराकर ठंडी हो जाती है। ऊपर की ठंडी हवा भारी होने के कारण नीचे आती है तथा रेफ्रिजरेटर में रखी वस्तुओं को ठंडा कर देती है।

न्यून तापमान पैदा करने के लिए रूद्धोष्म विचुंबकन विधि का प्रयोग किया जाता है।

बिजली के बल्बों में निर्वात् के स्थान पर निष्क्रिय गैस जैसे-आर्गन भरी जाती है, क्योंकि बल्ब में निष्क्रिय गैस भरने से तन्तु की ऊष्मा संवहन धाराओं द्वारा चारों ओर फैल जाती है, जिससे तन्तु का ताप उसके गलनांक तक नहीं बढ़ पाता है।

विकिरण

जब ऊष्मा अपने स्रोत से किसी धरातल तक माध्यम को बिना प्रभावित किए गमन करे तो ऊष्मा संचरण की इस विधि को विकिरण कहा जाता है। इस विधि में माध्यम की आवश्यकता नहीं होती। सूर्य की ऊष्मा पृथ्वी तक एवं एक अंगीठी की ऊष्मा मानव-शरीर तक विकिरण विधि द्वारा ही पहुँचती है।

उत्सर्जन (Emission)–सभी वस्तुएँ सभी ताप पर विकिरण द्वारा ऊर्जा का उत्सर्जन करती हैं। इस ऊर्जा को विकिरण ऊर्जा या ऊष्मीय विकिरण कहते हैं। यह ऊर्जा विद्युत चुम्बकीय तरंगों के रूप में प्रकाश की चाल से चलती हैं। वस्तुओं का ताप बढ़ाने पर उनसे निकलने वाली विकिरण ऊर्जा बढ़ती जाती है तथा यह उत्सर्जन वस्तु के तल की प्रकृति, क्षेत्रफल, ताप आदि पर निर्भर करता है।

अवशोषण (Absorption)–जब ऊष्मीय विकिरण किसी पृष्ठ पर गिरता है, उसका कुछ भाग तो परावर्तित हो जाता है, किंतु कुछ भाग पृष्ठ से संचारित होकर निकल जाता है। इस अवशोषित विकिरण के अवशोषित होने की क्रिया को अवशोषण तथा इस प्रकार के पिण्ड को अवशोषक कहते हैं।

ग्रीन हाउस प्रभाव (Green House Effect)–कार्बन डाइऑक्साइड, मीथेन, क्लोरोफ्लोरो कार्बन, जलवाष्प, नाइट्रस ऑक्साइड आदि ऊष्मारोधी गैसें–पृथ्वी पर सौर विकिरण आ तो जाते हैं, लेकिन ये गैसें इसके द्वारा उत्पन्न ऊष्मा को वापस अंतरिक्ष में नहीं जाने देती, जिससे वायुमण्डल के ताप में निरन्तर वृद्धि हो रही हैं। इसे ग्रीन हाउस प्रभाव कहते हैं।

यदि ग्रीन हाउस प्रभाव में 3.5°C की वृद्धि हो जाए, तो ध्रुवों की बर्फ पिघलने लगेगी, जिसके फलस्वरूप समुद्र के जल स्तर में वृद्धि होगी एवं हमारे कई तटीय नगर जल समाधि ले लेंगे।

थर्मस फ्लास्क (Thermos Flask)–थर्मस फ्लास्क एक ऐसी विशेष प्रकार की बोतल है, जिसकी दीवारें शीशे की दो परतों से बनी होती हैं तथा दोनों दीवारों के बीच की हवा निकाल कर वहाँ निर्वात उत्पन्न कर दिया जाता है, जिससे वस्तुएँ अधिक देर तक ठंडी व गर्म रह सकती हैं। इस बोतल का आविष्कार डेवर ने किया था, इसलिए इसे डेवर के नाम से जाना जाता है।

प्रकाश

प्रकाश ऊर्जा का ही एक रूप है। यह विद्युत चुम्बकीय विकिरण है, जो विभिन्न प्रकार के प्राकृतिक तथा मानव निर्मित स्रोतों से प्राप्त होता है। प्रकाश का अभिज्ञान हमें आंखों द्वारा होता है। फोटोग्राफी फिल्मों और प्लेटों में रासायनिक अभिक्रिया उत्पन्न करना तथा पौधों में प्रकाश संश्लेषण की क्रिया ऐसे उदाहरण हैं जो सिद्ध करते हैं कि प्रकाश एक ऊर्जा है।

प्रकाश सूर्य, तारों, लैम्प आदि से प्राप्त एक प्रकार की ऊर्जा है, जो विद्युत चुम्बकीय तरंगों के रूप में संचारित होती है। इसकी **तरंगदैर्ध्य** 3900 Å से 7800 Å के बीच होती है। ($1Å = 10^{-10}m$)

सूर्य से पृथ्वी को लगभग 4×10^{26} **जूल प्रति सेकेण्ड** की दर से ऊर्जा मिलती है।

जो प्रकाश जीव-जन्तुओं से प्राप्त होता है, उसे जैव-प्रकाश कहते हैं।

प्रदीप्त वस्तुएँ (Luminous Bodies)–प्रदीप्त वस्तुएँ वे वस्तुएँ हैं, जो अपने स्वयं के प्रकाश से प्रकाशित होती हैं, जैसे-सूर्य, विद्युत, बल्ब आदि।

अप्रदीप्त वस्तुएँ (Non-luminous Bodies)–अप्रदीप्त वस्तुएं, वे वस्तुएँ हैं, जिनका अपना स्वयं का प्रकाश नहीं होता, लेकिन उन पर प्रकाश डालने पर वे दिखाई देने लगती हैं।

पारदर्शक वस्तुएँ (Transparent Bodies)–पारदर्शक वस्तुएँ वे वस्तुएँ हैं, जिनसे होकर प्रकाश की किरणें निकल जाती हैं, जैसे-कांच।

अर्द्धपारदर्शक वस्तुएँ (Translucent Bodies)–कुछ वस्तुएँ ऐसी होती हैं, जिन पर प्रकाश की किरणें पड़ने से उनका कुछ भाग तो अवशोषित हो जाता है तथा कुछ भाग बाहर निकल जाता है, ऐसी वस्तुओं को अर्द्धपारदर्शक वस्तुएँ कहते हैं, जैसे-तेल लगा हुआ कागज।

अपारदर्शक वस्तुएँ (Opaque Bodies)–अपारदर्शक वस्तुएँ वे वस्तुएँ हैं, जिनसे होकर प्रकाश की किरणें बाहर नहीं निकल पाती है,जैसे-धातुएँ आदि।

प्रकाश की चाल (Velocity of Light)–सामान्यत: प्रकाश की चाल वायु तथा निर्वात में सबसे अधिक होती है। निर्वात में प्रकाश की चाल तीन लाख किलोमीटर प्रति सेकेण्ड होती है तथा यह माध्यम के अपवर्तनांक पर निर्भर करती है। जिस माध्यम का अपवर्तनांक जितना अधिक होता है, उसमें प्रकाश की चाल उतनी ही कम होती है।

प्रकाश फिल्टर का उद्देश्य विभिन्न रंगों के प्रकाश का संचरण या समावेशन करना है।

प्रकाशिक (ऑप्टिकल) फाइबर में सिग्नल संपूर्ण आंतरिक परावर्तन के कारण होता है।

चन्द्रमा से परावर्तित प्रकाश को पृथ्वी तक आने में 1.28 सेकेण्ड का समय लगता है।

प्रकाश का परावर्तन (Reflection of Light)–प्रकाश किरण के चिकने पृष्ठ से टकराकर वापस लौटने की घटना को प्रकाश का परावर्तन कहते हैं।

विभिन्न माध्यमों में प्रकाश की चाल

माध्यम	प्रकाश की चाल (मी./से.)
निर्वात	3×10^8
पानी	2.25×10^8
तारपीन का तेल	2.04×10^8
कांच	2×10^8
रॉक साल्ट	1.96×10^8
नायलॉन	1.96×10^8

प्रकाश का अपवर्तन (Refraction of Light)–जब प्रकाश एक माध्यम से दूसरे माध्यम में प्रवेश करता है, तो अपने पथ से थोड़ा मुड़ जाता है, इस घटना को प्रकाश का अपवर्तन कहते हैं। इसके लिए प्रकाश का दो अलग-अलग माध्यमों से गुजरना आवश्यक है।

सूर्योदय और सूर्यास्त के समय सूर्य का रंग लाल दिखाई देता है, क्योंकि लाल को छोड़कर अन्य सभी रंग प्रकीर्णित हो जाते हैं।

पानी से पैदा होने वाले बुलबुले में जो चमक होती है, वह प्रकाश के संपूर्ण आंतरिक परावर्तन का परिणाम है।

जब प्रकाश की किरण सघन माध्यम से विरल माध्यम (पानी से हवा) में प्रवेश करती है, तो वह अभिलम्ब से दूर हट जाती है।

क्रांतिक कोण (Critical Angle)–जब प्रकाश की किरण सघन माध्यम से विरल माध्यम में जाती है, तो अपवर्तन के कारण अपवर्तित किरण अभिलम्ब से दूर हट जाती है, जिससे अपवर्तन कोण सदैव आपतन कोण से बड़ा होता है। यदि आपतन कोण के एक विशेष मान पर अपवर्तन कोण का मान 90° होता है, तो इस विशेष मान के कोण को क्रांतिक कोण कहते हैं।

हीरे के अंदर जब किसी पृष्ठ पर आपतन कोण 24° से कम होता है, तभी वह प्रकाश हीरे से बाहर निकलता है तथा जब यह प्रकाश हमारी आंखों पर पड़ता है, तो हीरा हमें चमकदार दिखाई देता है।

पूर्ण आन्तरिक परावर्तन (Total Internal Reflection)–यदि आपतन कोण का मान क्रांतिक कोण से जरा-सा भी अधिक हो जाए, तो प्रकाश विरल माध्यम से बिल्कुल नहीं जाता, बल्कि संपूर्ण प्रकाश परावर्तित होकर सघन माध्यम में ही लौट आता है। इस घटना को प्रकाश का पूर्ण आन्तरिक परावर्तन कहते हैं।

प्रतिबिम्ब (Image)–दर्पण के सामने रखी वस्तु से चलने वाली प्रकाश किरणें दर्पण के तल से परावर्तित होकर हमारी आंखों में पड़ती हैं, जिससे हमें वस्तु की प्रकृति दिखाई देती है। इस आकृति को वस्तु का प्रतिबिम्ब कहते हैं। प्रतिबिम्ब **दो प्रकार** के होते हैं–**वास्तविक प्रतिबिम्ब** व **आभासी प्रतिबिम्ब**।

किसी बिन्दु से चलने वाली प्रकाश किरणें परावर्तन या अपवर्तन के बाद जिस बिन्दु पर मिलती हैं, वह उस बिन्दु का वास्तविक प्रतिबिम्ब होता है एवं जिस बिन्दु से फैलती हुई प्रतीत होती हैं, वह उस बिन्दु का आभासी प्रतिबिम्ब होता है।

दर्पण और लेंस

दर्पण (Mirror)–दर्पण मुख्यत: दो प्रकार के होते हैं–1. समतल दर्पण (Plane Mirror) और 2. गोलीय दर्पण (Spherical Mirror)।

समतल दर्पण द्वारा प्रतिबिम्ब का बनना (Image Formed by Plane Mirror)–जब किसी प्रकाश स्रोत को समतल दर्पण के सामने रखते हैं, तो स्रोत से चलने वाली प्रकाश-किरणें दर्पण के तल से परावर्तित होकर वापस लौटती हैं।

समतल दर्पण से बना वस्तु का प्रतिबिम्ब दर्पण के पीछे उतनी ही दूरी पर बनता है, जितनी दूरी पर वस्तु दर्पण के सामने रखी होती है। यह आकार में वस्तु के बराबर व आभासी होता है।

समतल दर्पण से व्यक्ति को अपना पूरा प्रतिबिम्ब देखने के लिए दर्पण की लंबाई कम-से-कम व्यक्ति की लंबाई से आधी होनी चाहिए।

यदि कोई व्यक्ति समतल दर्पण के लम्बवत किसी चाल से दर्पण के समीप आता है या दूर जाता है, तो उसे अपना प्रतिबिम्ब दुगुनी चाल से पास या दूर जाता हुआ प्रतीत होता है।

यदि किसी कोण पर झुके हुए दो समतल दर्पणों के बीच कोई वस्तु रख दें, तो हमें उस वस्तु के कई प्रतिबिम्ब दिखलाई पड़ते हैं, प्रतिबिम्बों की संख्या दोनों दर्पणों के बीच बने कोण पर निर्भर करती है।

गोलीय दर्पण (Spherical Mirror)–किसी कांच के खोखले गोले को काटकर यदि उसके एक तल पर पारे की कलई एवं लाल ऑक्साइड का लेप

कर दिया जाए तथा दूसरा तल परावर्तक की तरह कार्य करे तो यह एक गोलीय दर्पण बन जाता हैं। यह दो प्रकार के होते हैं–उत्तल दर्पण और अवतल दर्पण।

वक्रता केन्द्र–गोलीय दर्पण जिस गोले का भाग होता है। उसके केन्द्र को दर्पण का वक्रता केन्द्र कहते हैं।

ध्रुव–दर्पण के परावर्तक तल के मध्य बिन्दु को दर्पण का ध्रुव कहते हैं।

वक्रता त्रिज्या–दर्पण पर स्थित किसी बिन्दु व वक्रता केन्द्र से गुजरने वाली रेखा को दर्पण का मुख्य अक्ष कहते हैं।

मुख्य अक्ष–दर्पण के ध्रुव व वक्रता केन्द्र से गुजरने वाली रेखा को दर्पण का मुख्य अक्ष कहते हैं।

फोकस–मुख्य अक्ष के समानान्तर आती प्रकाश किरणें दर्पण से परावर्तन के पश्चात जिस बिन्दु पर आकर मिल जाती है अथवा जिस बिन्दु से आती प्रतीत होती हैं, वह बिन्दु उस दर्पण का फोकस कहलाता है।

फोकस दूरी–ध्रुव व फोकस के बीच की दूरी को फोकस दूरी कहते हैं

अर्थात फोकस दूरी $= \dfrac{\text{वक्रता त्रिज्या}}{2}$

जब गोलीय दर्पण के गहराई वाले भाग पर कलई की जाती है, तो वह उत्तल दर्पण कहलाता है; इसी तरह जब उभरे हुए भाग पर कलई की जाती है, तो वह **अवतल दर्पण** कहलाता है।

किसी वस्तु का आवर्धित और आभासी प्रतिबिंब प्राप्त करने के लिए **अवतल दर्पण** प्रयोग किया जाता है।

अवतल दर्पण का उपयोग–दाढ़ी बनाने में आंख, कान एवं नाक के डाक्टरों द्वारा, गाड़ी की हेड लाइट एवं सर्चलाइट में, सोलर कुकर में।

क्र.सं.	वस्तु की स्थिति	प्रतिबिम्ब की स्थिति	प्रतिबिम्ब की प्रकृति	प्रतिबिम्ब का विस्तार
1.	अनन्त पर	फोकस पर	आभासी सीधा	अत्यन्त छोटा
2.	अनन्त और ध्रुव के बीच	ध्रुव के बीच	आभासी सीधा	वस्तु से छोटा

लेंस (Lens)–लेंस दो गोलाकार सतह या एक गोलाकार तथा दूसरी लम्बवत सतह का बना पारदर्शक एवं अपवर्तक माध्यम है, जो शीशे का बना होता है। यह मुख्यत: दो प्रकार का होता हैं–उत्तल लेंस और अवतल लेंस।

जो लेंस दोनों ओर से उभरा रहता है, वह उत्तल लेंस कहलाता है तथा जो लेंस बीच में दोनों ओर से चिपका हुआ रहता है, वह **अवतल लेंस** कहलाता है।

अवतल लेंस तीन प्रकार के होते हैं।

1. उभयोत्तल लेंस–इसके दोनों तल उत्तल होते हैं। इनकी वक्रता त्रिज्याएं बराबर हो सकती हैं अथवा भिन्न-भिन्न हो सकती हैं।

2. समतल-उत्तल लेंस–इसका एक तल समतल होता है तथा दूसरा उत्तल होता है।

3. अवतलोत्तल लेंस–इसका एक तल अवतल तथा दूसरा उत्तल होता है उत्तल लेंस होने के कारण यह बीच में मोटा तथा किनारों पर पतला होता है।

लेंस की फोकस दूरी का सूत्र-लेंस की फोकस दूरी (f) ज्ञात करने के लिए निम्नलिखित सूत्र का प्रयोग किया जाता है।

$$\frac{1}{v}-\frac{1}{u}=\frac{1}{f}$$

जिसमें लेंस की प्रकृति के अनुसार चिन्ह संशोधन कर लिया जाता है।

प्रकाश का वर्ण विक्षेपण (Dispersion of Light)–जब सूर्य का प्रकाश किसी प्रिज्म से गुजरता है, तो अपवर्तन के पश्चात प्रिज्म के आधार की ओर झुकने के साथ-साथ विभिन्न रंगों के प्रकाश में बंट जाता है। इस प्रकार प्राप्त रंगों के समूह को वर्णक्रम तथा प्रकाश के इस प्रकार रंगों में विभक्त होने की क्रिया को **वर्ण विक्षेपण** कहते हैं।

प्रिज्म दो परस्पर झुके हुए अपवर्तक तलों से घिरे माध्यम को प्रिज्म कहते हैं।

निर्गत किरण और आपाती किरण की दिशा के मध्य बनने वाले कोण को विचलन कोण (Angle of Deviation) कहते हैं।

आपतित श्वेत प्रकाश **सात वर्णों** या **रंगों** में विभाजित हो जाता है। ये वर्ण या रंग हैं-बैंगनी (Violet), जामुनी (Indigo), नीला (Blue), हरा (Green), पीला (Yellow), नारंगी (Orange), तथा लाल (Red)।

कांच में बैंगनी रंग के प्रकाश का वेग सबसे कम तथा अपवर्तनांक सबसे अधिक होता है व लाल रंग के प्रकाश का वेग सबसे अधिक तथा द्रव **अपवर्तनांक** सबसे कम होता है।

बैंगनी रंग के प्रकाश की **तरंगदैर्ध्य सबसे कम** व लाल रंग की **तरंगदैर्ध्य सबसे अधिक** होती है।

प्रमुख रंगों की तरंगदैर्ध्य

रंग	तरंगदैर्ध्य	रंग	तरंगदैर्ध्य
बैंगनी	3969 Å	पीला	5893Å
नीला	4861Å	लाल	6563 Å

किसी पदार्थ का फोटोग्राफ लेने के लिए अपेक्षित उद्भासन काल पदार्थ की चमक पर निर्भर करता है।

वर्ण विपथन (Chromatic Aberration)–श्वेत प्रकाश से लेंस द्वारा किसी वस्तु का बनने वाला प्रतिबिम्ब प्राय: रंगीन व अस्पष्ट होता है। लेंस द्वारा उत्पन्न प्रतिबिम्ब के इस दोष को ही वर्ण विपथन कहते हैं। यह दोष इसलिए उत्पन्न होता है, क्योंकि लेंस के पदार्थ का अपवर्तनांक तथा इसके कारण लेंस की फोकस दूरी भिन्न-भिन्न रंगों के लिए भिन्न-भिन्न होती है।

प्रकाश का विवर्तन (Diffraction of Light)–जब प्रकाश स्रोत व पर्दे के बीच कोई वस्तु रखी जाती है, तो पर्दे पर उसकी छाया बन जाती है। यदि यह अवरोध आकार में छोटा हो, तो अवरोधों के किनारों पर प्रकाश मुड़कर छाया में प्रवेश कर जाता है, जिस कारण अवरोध की छाया के किनारे तीक्ष्ण नहीं होते। प्रकाश द्वारा अवरोध के किनारों पर मुड़ने की घटना को 'प्रकाश का विवर्तन' कहते हैं।

प्रकाश के विवर्तन के कारण ही दूरदर्शी में तारों के प्रतिबिम्ब तीक्ष्ण बिंदुओं की तरह न दिखाई देकर अस्पष्ट धब्बों की तरह दिखाई देते हैं।

ध्वनि तरंगों की तरंगदैर्ध्य प्रकाश के तरंगदैर्ध्य की तुलना में बहुत अधिक होती है। इस कारण से ध्वनि तरंगों में विवर्तन की घटना आसानी से देखने को मिलती है।

प्रिज्म से गुजरने पर प्रकाश के रंगों में बैंगनी रंग का विचलन सबसे अधिक दर्शाएगा, क्योंकि इस रंग का **तरंगदैर्ध्य** सबसे कम और प्रिज्म में इस रंग का **अपवर्तनांक** सबसे अधिक होता है।

प्रकाश का प्रकीर्णन (Scattering of Light)–माध्यम के कणों द्वारा प्रकाश का सभी दिशाओं में होने वाला प्रसारण प्रकाश का प्रकीर्णन कहलाता है।

सर्वाधिक प्रकीर्णन बैंगनी रंग के प्रकाश का एवं सबसे कम लाल रंग के प्रकाश का होता है।

वायुमंडल में विद्यमान धूल आदि के कणों के कारण हमें प्रकीर्णित प्रकाश का मिश्रित रंग हल्का नीला दिखाई पड़ता है। फलत: पृथ्वी से आकाश नीला दिखाई देता है; जबकि ऐसे स्थान (जैसे चन्द्रमा) जहाँ वायुमंडल नहीं है, वहाँ से आकाश काला दिखाई देता है।

लाल रंग का प्रकीर्णन कम होने के कारण सूर्योदय एवं सूर्यास्त के समय सूर्य लाल रंग का दिखाई पड़ता है; जबकि मध्याह्न में जब दूरी कम होती है, तो प्रकाश का प्रकीर्णन कम होने के कारण सूर्य हमें श्वेत (सातों रंगों का मिला रूप) दिखाई पड़ता है।

प्रकाश तरंगों का ध्रुवण (Polarisation of Light Waves)–प्रकाश की प्रकृति तरंग प्रकृति है।

अनुप्रस्थ तरंग की पुष्टि प्रकाश के ध्रुवण से की जा सकती है।

वैज्ञानिकों के अनुसार, प्रकाश तरंगें एक प्रकार की विद्युत चुम्बकीय तरंगें हैं, जिनमें विद्युत व चुम्बकीय क्षेत्र एक-दूसरे के परस्पर लम्बवत होते हैं व तरंग के संचरण की दिशा के लम्बवत तलों में कंपन करते हैं।

विद्युत बल्ब, ट्यूबलाइट आदि से उत्सर्जित होने वाली प्रकाश तरंगें **अध्रुवित तरंगें** होती हैं।

समतल ध्रुवित प्रकाश उत्पन्न करने के लिए पोलेराइडों का प्रयोग करते हैं। यह एक बड़े आकार की फिल्म होती है, जिसे दो कांच की प्लेटों के बीच रखा जाता है।

फिल्म नाइट्रो सेलुलोज (Nitro Cellulose) तथा हरपोथाइट (Herpothite) के मिश्रण की बनी होती है।

सिनेमाघर में पोलेराइड चश्मे पहनकर तीन विमाओं वाले चित्रों को देखा जाता है।

मरीचिका–गर्मियों में गर्म व शांत दोपहर के समय मरुस्थल सूर्य की गर्मी से अत्यधिक गर्म हो जाते हैं। कभी-कभी गर्म मरुस्थलों में रेत के ऊपर दूर की वस्तुओं अथवा आकाश के कुछ भागों के प्रतिबिम्ब दिखाई देते हैं, जो प्यासे यात्रियों अथवा पशुओं को भ्रमित कर देते हैं और उन्हें यह लगता है कि ये प्रतिबिम्ब किसी दूरस्थ झील अथवा पानी से भरे तालाब से परावर्तन द्वारा बन रहे हैं। परंतु जब वे उस क्षेत्र तक पहुँचते हैं, तब उन्हें वहाँ पर पानी नहीं मिलता। इस दृष्टि भ्रम को मरीचिका कहते हैं। छोटे पैमाने पर मरीचिकाएँ प्राय: एक दृष्टि भ्रम के रूप में गर्मियों में दोपहर की तेज धूप के समय कोलतार की सड़कों अथवा चिकने कंक्रीट के बने राजमार्गों पर दिखाई देती हैं।

इन्द्रधनुष (Rainbow)–इन्द्रधनुष दो प्रकार के होते हैं-(1) प्राथमिक इन्द्रधनुष तथा (2) द्वितीयक इन्द्रधनुष।

प्राथमिक इन्द्रधनुष का निर्माण तब होता है, जब बूंदों पर आपतित होने वाली सूर्य की किरणों का दो बार अपवर्तन एवं एक बार परावर्तन होता है।

प्राथमिक इन्द्रधनुष में लाल रंग बाहर की ओर और बैंगनी रंग अंदर की ओर होता है।

द्वितीयक इन्द्रधनुष का निर्माण तब होता है, जब बूंदों पर आपतित होने वाली सूर्य किरणों का दो बार अपवर्तन एवं दो बार परावर्तन होता है।

द्वितीयक इन्द्रधनुष में बैंगनी रंग बाहर की ओर एवं लाल रंग अंदर की ओर होता है।

द्वितीयक इन्द्रधनुष, प्राथमिक इन्द्रधनुष की अपेक्षा कुछ धुंधला दिखलाई पड़ता है।

प्राथमिक, द्वितीयक तथा पूरक रंग

चाक्षुष प्रदर्श एकक में प्राथमिक रंग लाल, हरा तथा नीला होता है।

प्राथमिक रंग (Primary Colours)–लाल, हरे तथा नीले रंग के प्रकाश को प्राथमिक अथवा मूल रंग का प्रकाश कहते हैं।

लाल + नीला = बैंगनी
नीला + हरा = पीकॉक नीला
लाल + हरा = पीला

द्वितीयक रंग (Secondary Colours)–दो प्राथमिक रंगों को मिलाकर द्वितीयक रंग प्राप्त किया जा सकता है। पीला, मैजेंटा एवं पीकॉक नीला को द्वितीयक रंग कहते हैं।

तीन प्राथमिक रंगों को विभिन्न अनुपात में मिलाकर स्पेक्ट्रम के सभी रंग उत्पन्न किए जा सकते हैं।

पूरक रंग (Colours Complementary)–जब दो रंग परस्पर मिलने से सफेद प्रकाश उत्पन्न करते हैं, उन्हें पूरक रंग कहते हैं।

यदि नीले व पीले रंग के पेंट को मिलाया जाए, तो वे रंग-चित्र के अनुसार सफेद रंग न देकर हरे पेंट का रंग बनाते हैं। ऐसा इसलिए होता है कि जब नीले व पीले रंग के पेंट को मिलाकर सफेद प्रकाश में देखते हैं, तो वे प्रकाश के हरे रंग को परिवर्तित करके शेष रंगों को अवशोषित कर लेते हैं। इस प्रकार हरे रंग का मिश्रण दिखाई देता है।

रंगीन टेलीविजन में प्राथमिक रंगों-लाल, हरे व नीले रंगों का प्रयोग किया जाता है।

वस्तुओं के रंग (Colours of Objects)–जब प्रकाश किरणें वस्तुओं पर आपतित होने के पश्चात परावर्तित होकर हमारी आंखों पर पड़ती हैं, तो वस्तुएँ हमें दिखाई देने लगती हैं। अत: इस प्रतिक्रिया में वस्तुएँ प्रकाश का कुछ भाग परावर्तित करती हैं तथा कुछ भाग अवशोषित भी करती हैं।

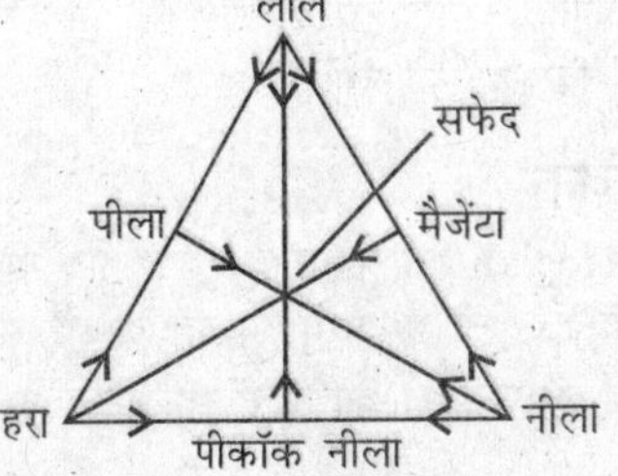

अपारदर्शी का रंग उनके द्वारा परावर्तित प्रकाश के रंग पर निर्भर करता है। दूसरी ओर पारदर्शी वस्तुओं का रंग उनसे पार होने वाले प्रकाश के रंग पर निर्भर करता है।

रंगों के गुण (Characteristic of Colours)–हमारी आंख की रेटिना में बहुत-सी संवेदनशील कोशिकाएँ होती हैं, जो दो प्रकार की होती हैं-शंकु तथा छड़।

छड़ के आकार की कोशिकाएँ प्रकाश की तीव्रता के अनुरूप प्रतिक्रिया करती हैं एवं शंकु के आकार की कोशिकाएँ रंगों के अनुरूप प्रतिक्रिया करती हैं और इनसे ही हमें **रंगों का आभास** होता है।

कुछ व्यक्तियों की आंखों की रेटिना में कुछ शंकु नहीं होते हैं, जिनके कारण वे कुछ रंगों को नहीं देख पाते हैं। यह एक आनुवांशिक दोष होता है। ऐसे व्यक्तियों को **वर्णांध** कहते हैं। ऐसे व्यक्ति सामान्य रूप से ठीक देख सकते हैं। परंतु उनमें रंगों का अंतर करने की क्षमता नहीं होती है।

प्रकाश तरंगों का व्यतिकरण (Interference of Light Waves)–जब समान आवृति एवं समान आयाम की दो प्रकाश तरंगें जो मूलत: एक ही प्रकाश स्रोत से एक ही दिशा में संचारित होती है, तो माध्यम के कुछ बिन्दुओं पर प्रकाश की तीव्रता अधिकतम व कुछ बिन्दुओं पर तीव्रता न्यूनतम पाई जाती है। इस घटना को ही प्रकाश तरंगों का व्यतिकरण कहते हैं।

सर्वप्रथम 1802 ई. में थामस यंग ने प्रकाश के व्यतिकरण को प्रयोगात्मक रूप से दर्शाया।

जल की सतह पर फैली हुई मिट्टी के तेल की परत एवं साबुन के बुलबुलों का सूर्य के प्रकाश में रंगीन दिखाई देना प्रकाश तरंगों का व्यतिकरण के ही उदाहरण हैं।

मानव नेत्र

आंख

- आंख शरीर का एक महत्वपूर्ण अंग होता है, जिसकी सहायता से किसी वस्तु को देखा जाता है।
- मानव नेत्र बाहर से एक कठोर व अपारदर्शी झिल्ली से ढका रहता है, जिसे कॉर्निया कहते हैं।
- नेत्रदान के समय मनुष्य **कॉर्निया** का दान करता है।
- कॉर्निया के पीछे एक रंगीन अपारदर्शी श्वेत झिल्ली का पर्दा होता है, जिसे **आइरिस** कहते हैं।
- आइरिस का काम प्रकाश की मात्रा को नियंत्रित करना होता है, जिसके कारण यह अधिक प्रकाश में सिकुड़कर छोटा हो जाता है तथा अंधेरा या कम प्रकाश में स्वत: फैल जाता है।

- कॉर्निया और आंख के लेंस के बीच में एक नमकीन पारदर्शी द्रव भरा रहता है, जिसे नेत्रोद या जलीय द्रव कहा जाता है। इसका **अपवर्तनांक** 1.336 होता है।
- रक्त पटल (Choraid) के नीचे आंख के सबसे भीतर एक पारदर्शी झिल्ली होती है, जिसे दृष्टि पटल या **रेटिना** कहते हैं।
- रेटिना पर वस्तु का प्रतिबिम्ब उल्टा एवं वास्तविक बनता है।
- मानव नेत्र की स्पष्ट दृष्टि की न्यूनतम दूरी 25 सेमी. होती है।
- किसी वस्तु को स्पष्ट देखने के लिए प्रकाश किरणों का रेटिना पर केन्द्रित होना आवश्यक होता है। यदि वस्तु रेटिना के आगे या पीछे केन्द्रित होगी तो वह वस्तु हमें दिखाई नहीं देगी।

दृष्टि दोष के प्रकार

निकट दृष्टि दोष (Myopia)–इस प्रकार के दृष्टि दोष वाले व्यक्ति को निकट की वस्तुएँ तो स्पष्ट दिखाई देती हैं, परंतु दूर की वस्तुएँ स्पष्ट नहीं दिखती हैं।

इस दृष्टि दोष के कारण वस्तु का प्रतिबिम्ब रेटिना पर न बनकर रेटिना के आगे बनता है।

निकट दृष्टि दोष के निवारण के लिए अवतल लेंस का उपयोग किया जाता है।

दूर दृष्टि दोष (Hypermetropia)–इस दृष्टि दोष वाले व्यक्ति को दूर की वस्तुएँ तो स्पष्ट दिखाई देती हैं, परंतु निकट की वस्तुएँ स्पष्ट दिखाई नहीं देती हैं।

इस दृष्टि दोष के कारण वस्तु का प्रतिबिम्ब रेटिना के पीछे बनना है।

दूर दृष्टि दोष के निवारण के लिए उत्तल लेंस का उपयोग किया जाता है।

जरा दृष्टि दोष (Presbyopia)–वृद्धावस्था के कारण कुछ व्यक्तियों में निकट तथा दूर दोनों ही दृष्टि दोष एक साथ होते हैं। ऐसे व्यक्ति **द्विफोकसी लेंस** (उभयतल लेंस) का उपयोग करते हैं, जिसका एक भाग अवतल लेंस की तरह कार्य करता है तथा दूसरा उत्तल लेंस की तरह कार्य करता है।

अबिन्दुकता (Astigmatism)–यह दृष्टि दोष गोलीय विपथन दोष की तरह होता है। इसमें नेत्र क्षैतिज दिशा में तो ठीक देख पाता है परंतु उर्ध्व दिशा में नहीं देख पाता है। इस दोष का निवारण बेलनाकार लेंस की सहायता से किया जाता है।

ध्वनि एवं तरंगें

ध्वनि

ध्वनि एक प्रकार की ऊर्जा है, जिसकी उत्पत्ति कम्पायमान वस्तुओं से होती है। किसी वस्तु में 20 **कम्पन/सेकेण्ड** से 20,000 **कम्पन/सेकेण्ड** तक उत्पन्न होने वाली ध्वनि को मनुष्य का स्वस्थ कान सुन सकता है।

ध्वनि की चाल (Speed of Sound)–ध्वनि का वेग माध्यम की प्रकृति तथा घनत्व पर निर्भर करता है। यह वायुमण्डलीय परिस्थितियों, जैसे-ताप, आर्द्रता आदि पर निर्भर करता है।

वायु की तुलना में द्रवों तथा ठोसों में प्रत्यानयन बल बहुत अधिक होता है, अतः द्रवों तथा ठोसों में ध्वनि का वेग वायु में ध्वनि के वेग से अधिक होता है।

ध्वनि का वेग ठोसों में सबसे अधिक, द्रवों में उससे कम व गैसों में सबसे कम होता है, क्योंकि गैसों की तुलना में ठोस और द्रव, संपीड़न का विरोध बहुत अधिक करते हैं।

ध्वनि की आवृत्ति–ध्वनि के एक माध्यम से दूसरे माध्यम में जाने पर ध्वनि की आवृत्ति में कोई बदलाव नहीं आता है; जबकि इसकी चाल तथा तरंगदैर्ध्य बदल जाती हैं।

ध्वनि की चाल–यह ध्वनि की आवृत्ति पर निर्भर नहीं करती, बल्कि ध्वनि के ताप, दाब एवं आर्द्रता पर निर्भर करती है।

वायु में 1°C ताप बढ़ने पर ध्वनि की चाल 0.61 मी./से. बढ़ जाती है।

आर्द्र वायु में ध्वनि की चाल बढ़ जाने के कारण ही बरसात के मौसम में आवाज हमें बहुत दूर तक सुनाई देती है।

तरंग

ऊर्जा का एक स्थान से दूसरे स्थान तक स्थानान्तरण तरंग के माध्यम से ही होता है।

तरंग गति (Wave Motion)–किसी कारक द्वारा उत्पन्न विक्षोभ को आगे बढ़ाने की प्रक्रिया को तरंग गति कहते हैं। उदाहरण-जब कंकड़ शांत पानी में प्रवेश करता है, तो वह पानी के कणों या अणुओं को गति में ले आता है। ये कण अपने पास के कणों को गति में लाते हैं। यह प्रक्रम तब तक चलता है, जब तक कि विक्षोभ तालाब के किनारों तक नहीं पहुँच जाता।

अनुप्रस्थ तरंग (Transverse Wave)–यह ऐसी तरंगें होती हैं, जिसमें माध्यम के कणों की अपनी मूल स्थितियों पर गति की दिशा, तरंग के संचरण की दिशा के लम्बवत होती हैं।

अनुप्रस्थ तरंगें केवल ठोस माध्यमों एवं द्रव की ऊपरी सतह पर उत्पन्न की जा सकती हैं, यह द्रवों के भीतर एवं गैसों में उत्पन्न नहीं की जा सकती हैं।

अनुदैर्ध्य तरंग (Longitudinal Wave)–इसमें माध्यम के कणों का अपनी मूल स्थितियों पर विस्थापन, उसी दिशा में होता है, जिस दिशा में तरंग उस माध्यम से होकर जाती है।

अनुदैर्ध्य तरंगें सभी माध्यमों में उत्पन्न की जा सकती हैं। ये तरंगें संपीड़न और विरलन के रूप में संचारित होती हैं। वायु में उत्पन्न तरंगें, भूकम्प तरंगें, स्प्रिंग में उत्पन्न तरंगें इत्यादि सभी **अनुदैर्ध्य तरंगें** होती हैं।

विद्युत चुम्बकीय तरंग

वे तरंगें जिनके कारण संचरण के लिए किसी माध्यम की आवश्यकता नहीं होती तथा जो निर्वात में भी संचारित हो सकती हैं।

विद्युत-चुम्बकीय तरंगें चुम्बकीय एवं विद्युत क्षेत्रों के दोलन से उत्पन्न होने वाली तरंगें हैं।

समप्रकाश तरंगें, ऊष्मीय विकिरण, एक्स (X) किरणें, रेडियो तरंगें इत्यादि विद्युत चुम्बकीय तरंग के उदाहरण हैं।

विद्युत-चुम्बकीय तरंगों की चाल प्रकाश की चाल के बराबर होती है, जो तीन लाख किमी. प्रति सेकेण्ड के चाल से चलती है।

विद्युत-चुम्बकीय तरंगों का तरंगदैर्ध्य परिसर (Wavelength Range) विस्तृत होता है जो 10^{-14} मी. से 10^4 मी. तक होता है।

विद्युत-चुम्बकीय स्पेक्ट्रम (Electromagnetic Spectrum)–सूर्य के प्रकाश में लाल रंग से लेकर बैंगनी रंग तक के दिखाई पड़ने वाले स्पेक्ट्रम को 'दृश्य स्पेक्ट्रम' (Visible Spectrum) कहते हैं।

दृश्य स्पेक्ट्रम में सबसे लंबी तरंगदैर्ध्य लाल रंग (7.8×10^{-7} मी.) तथा सबसे छोटी तरंगदैर्ध्य बैंगनी रंग (4.0×10^{-7} मी.) की होती है।

नाभिकीय भौतिकी

परमाणु के मूल स्थाई कण

परमाणु के मूल स्थायी कण **इलेक्ट्रॉन**, **प्रोटॉन** तथा **न्यूट्रॉन** हैं।

इलेक्ट्रॉन (Electron)–किसी तत्व के परमाणु में उपस्थित वह सूक्ष्म एवं ऋणावेशित कण, जो नाभिक के चारों ओर एक नियत कक्षा में चक्कर लगाता है, इलेक्ट्रॉन कहलाता है।

मूल कणों के रूप में सर्वप्रथम इलेक्ट्रॉन की खोज, **सन्** 1897 **ई.** में **जे.जे. थॉमसन** द्वारा की गई थी।

प्रोटॉन (Proton)–इसकी खोज, **सन्** 1919 **ई.** में **रदरफोर्ड** ने की थी।

प्रोटॉन एक धनात्मक मूल कण है, जो परमाणु के नाभिक में रहता है।

न्यूट्रॉन (Neutron)–इसकी खोज, **सन्** 1932 **ई.** में **जेम्स चैडविक** नामक वैज्ञानिक ने की थी।

न्यूट्रॉन एक आवेश रहित मूल कण है, जो परमाणु के नाभिक में रहता है।

इसका जीवन काल बहुत ही कम मात्र 17 मिनट होता है, आवेश रहित होने के कारण इसका उपयोग नाभिकीय विखंडन में किया जाता है।

प्रमुख वैज्ञानिक उपकरण तथा उनके कार्य

उपकरण का नाम	कार्य	उपकरण का नाम	कार्य
क्रेस्कोग्राफ (Crescograph)	पौधों की वृद्धि मापन में	हाइड्रोमीटर (Hydrometer)	द्रवों का आपेक्षिक घनत्व मापन
क्रोनोमीटर (Chronometer)	जलयानों पर सही समय ज्ञात करने में	हाइग्रोमीटर (Hygrometer)	वायुमंडल में आर्द्रता की माप के लिए
कार्डियोग्राम (Cardiogram)	हृदय गति की जांच के लिए	सिस्मोग्राफ (Sismograph)	पृथ्वी सतह पर आने वाले भूकम्पों के मापन में
कैलोरीमीटर (Calorimeter)	ऊष्मा की मात्रा के मापन हेतु	स्पेक्ट्रोमीटर (Spectrometer)	पदार्थ का अपवर्तनांक ज्ञात करने में
गाइगर काउन्टर (Guiger Counter)	रेडियोसक्रियता के मापन	विस्कोमीटर (Viscometer)	द्रवों की श्यानता मापन में
गाइरोस्कोप (Gyroscope)	घूमती वस्तु की गति	टेकोमीटर (Techometer)	वायुयानों तथा मोटर वोटों की गति मापन में
लैक्टोमीटर (Lactometer)	दूध के शुद्धता मापन में	गैल्वेनोमीटर (Galvanometer)	विद्युत धारा की दिशा तथा मात्रा ज्ञात करने में
फैदोमीटर (Fathometer)	समुद्र की गहराई मापने में	ग्रेवीमीटर (Gravimeter)	गुरुत्व मापन में
अल्टीमीटर (Altimeter)	विमानों की ऊंचाई मापन में	रेडियोमीटर (Radiometer)	विकिरण द्वारा प्राप्त ऊर्जा के मापन में
एनीमोमीटर (Anemometer)	हवा की शक्ति तथा गति के मापन में	सेक्सटेण्ट (Sextant)	सूर्य, चंद्रमा, टॉवर आदि की ऊंचाई ज्ञात करने में
मैनोमीटर (Manometer)	गैस का दाब ज्ञात करने	सिफग्नोमैनोमीटर	रक्त दाब की तीव्रता मापन में
बैरोमीटर (Barometer)	वायुदाब ज्ञात करने में	जीटा (Zeata)	ताप नाभिकीय ऊर्जा मापन में
फोटोमीटर (Photometer)	दो प्रकाशमय वस्तुओं की तीव्रता की तुलना में	फोनोमीटर (Phonometer)	ध्वनि की तीव्रता मापन में
पाइरोमीटर (Pyrometer)	दूर स्थित वस्तु का उच्च तापमान में	क्रोनोमीटर (Cronometer)	वर्णों (Colours) की तीव्रता ज्ञात करने में

रसायन विज्ञान

20वीं शताब्दी के एक प्रमुख वैज्ञानिक **लीनियस पाउलिंग** के अनुसार, "रसायन विज्ञान, वह विज्ञान है, जिसके अंतर्गत पदार्थों के गुणों, संरचनाओं तथा उनसे होने वाले परिवर्तनों का अध्ययन किया जाता है।"

केमिस्ट्री शब्द की उत्पत्ति **मिस्र** (Egypt) देश के प्राचीन नाम **कीमिया** से हुई है। कीमिया शब्द का अर्थ है-**काला रंग**। संभवतया केमिस्ट्री शब्द 'मिस्र की कला' (The Egyptian art) के लिए प्रयुक्त किया जाता था।

लेवायसिए को आधुनिक रसायन विज्ञान का जन्मदाता कहा जाता है।

द्रव्य का वर्गीकरण

पदार्थ वह है, जो स्थान घेरता है और जिसमें कुछ भार होता है। जो रुकावट और दबाव डाल सके अर्थात स्वयं का हमें अहसास करा पाए, अपने इन्हीं विशेष गुणों के कारण द्रव्य के प्रकार व अवस्थाएं भिन्न-भिन्न हुआ करते हैं।

भौतिक वर्गीकरण (Physical Classification)–द्रव्य की भौतिक या बाह्य संरचना के आधार पर इसे तीन भागों में बांटा गया है–ठोस, द्रव और गैस।

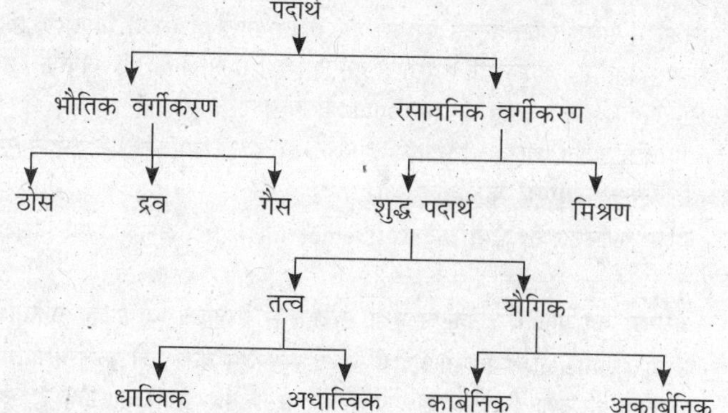

प्लाज्मा (Plasma) को द्रव्य की **चौथी अवस्था** माना गया है।

ठोस (Solid)–यह एक कठोर पदार्थ होता है, जिसका एक निश्चित द्रव्यमान तथा निश्चित आयतन होता है, जो सदैव समान रहता है।

क्रिस्टलीय ठोस (Crystaline Solid)–लगभग सभी ठोस क्रिस्टलीय (Crystaline) होते हैं अर्थात् इनकी एक निश्चित ज्यामितीय आकृति होती है।

द्रव्य की तीनों अवस्थाओं की तुलना

क्र.सं.	गुण	ठोस	द्रव	गैस
1.	आकार	निश्चित	अनिश्चित	अनिश्चित
2.	आयतन	निश्चित	निश्चित	अनिश्चित
3.	बहने के गुण	यह बहते नहीं हैं	ये ऊपर से नीचे तब तक बहते हैं, जब तक कि उनका तल समतल नहीं हो जाए।	ये प्रत्येक दिशा में फैलते हैं।
4.	दाब का प्रभाव	इनको बहुत कम दबाया जा सकता है।	ठोस की अपेक्षा अधिक	सबसे अधिक

कुछ ठोस ऐसे होते हैं, जिनकी कोई आकृति नहीं होती है, जैसे-स्टार्च। ऐसे ठोसों को **अक्रिस्टलीय** (Amorphous) ठोस कहते हैं।

क्रिस्टलीय ठोस का निश्चित गलनांक होता है; जबकि अक्रिस्टलीय ठोस का कोई निश्चित गलनांक नहीं होता।

सोडियम क्लोराइड व अन्य लवण धातु ऑक्साइड, धातु सल्फाइड आदि आयनिक ठोस कहलाते हैं।

आयोडीन, **गंधक**, **फॉस्फोरस** आदि **आणविक ठोस** कहलाते हैं।

अणुओं के बीच जो क्षीण आकर्षण बल होते हैं, उन्हें वान्डर वाल्स बल (Van der waals forces) **कहते हैं।**

डायमण्ड (हीरा), ग्रेफाइट, सिलिका आदि परमाणवीय ठोस हैं।

जो द्रव ठंडा होने पर शुद्ध ठोस में न परिवर्तित होकर अनियमित आकार के ठोस में परिवर्तित हो जाते हैं, उन्हें अक्रिस्टलीय (Amorphous) ठोस कहते हैं। **कांच** अक्रिस्टलीय ठोस का अच्छा उदाहरण है।

द्रव (Liquids)–वे पदार्थ, जिनका आयतन निश्चित होता है, परंतु आकार, निश्चित नहीं होता, द्रव कहलाते हैं।

द्रव जिस पात्र में रखे जाते हैं, उसी का आकार ग्रहण कर लेते हैं तथा इनका तल सदैव क्षैतिज रहता है, जैसे-पानी, दूध ग्लिसरीन आदि।

गैस (Gases)–वे पदार्थ जिनका आकार व आयतन दोनों अनिश्चित होता है, गैस कहलाती है।

जल, गंधक, फास्फोरस (Phosphorus) इत्यादि पदार्थ तीनों ही अवस्थाओं में मिलते हैं कपूर, नौसादर, आयोडीन ऐसे पदार्थ हैं, जो ठोस से सीधे गैस में परिवर्तित हो जाते हैं।

जिन पदार्थों में भिन्न-भिन्न पदार्थ के दो या दो से अधिक भाग होते हैं, उन्हें विषमांग पदार्थ कहते हैं, जैसे-जल और तेल का मिश्रण या जल और बर्फ का मिश्रण।

दूध, रक्त (Blood) धुआं, बादल, बारूद, मिट्टी आदि विषमांग पदार्थ हैं।

जिन पदार्थों का प्रत्येक भाग समान प्रकार का होता है, उन्हें **समांग पदार्थ** कहते हैं।

लोहा, पारा, तांबा आदि सभी धातु व ऑक्सीजन, नाइट्रोजन, हाइड्रोजन आदि सभी गैसें और गैसों के मिश्रण जल, पदार्थों के विलयन तथा सभी शुद्ध पदार्थ समांग पदार्थ हैं।

विलयन (Solution)–दो या दो से अधिक शुद्ध पदार्थों के समांग मिश्रण को विलयन कहते हैं।

तत्व (Element)–समान प्रकार (समान परमाणु क्रमांक) के परमाणुओं से बने हुए शुद्ध पदार्थ को तत्व कहते हैं। उदाहरणार्थ H, N, O, Na, Cu, Hg आदि तत्व हैं।

तत्वों के परमाणु **प्रोटोन**, **इलेक्ट्रॉन** और **न्यूट्रॉन** से बने होते हैं।

सर्वप्रथम कृत्रिम रूप से बनाया गया तत्व **टेक्नेटियम** (Tc) था, जिसे **बर्कले** (Berkley) ने **कैलीफोर्निया विश्वविद्यालय** में बनाया था।

भौतिक अवस्था के आधार पर तत्वों को ठोस, द्रव तथा गैस में विभाजित किया गया है।

अधिकांश तत्व ठोस रूप में ही पाए जाते हैं।

किसी तत्व का प्रतीक चिन्ह उसके अंग्रेजी नाम के पहले अथवा **दूसरे अक्षर** अथवा **लैटिन नाम** से लिया जाता है**–** जैसे-Fe-(Iron) लैटिन नाम (Ferrum)

तत्व दो प्रकार के होते हैं**–धातु** (Metals) और **अधातु** (Non-Metals) धातु तत्व विद्युत और ऊष्मा के **सुचालक** होते हैं तथा ये ठोस अवस्था में अघातवर्द्धनीय (Malleable) और लचीले (Ductile) होते हैं।

लोहा, चांदी, सोना, प्लैटिनम, एल्युमीनियम इत्यादि धातु हैं।

जिन तत्वों में धातु एवं अधातु दोनों गुण पाए जाते हैं, उन्हें अर्ध-धातु (Semi-Metal) कहते हैं, जैसे-सिलिकॉन (SI), जर्मेनियम (he), आर्सेनिक (As), एन्टीमनी (Sb), एवं टिल्युरियम (Te)।

यौगिक

- α–भिन्न-भिन्न प्रकार के परमाणुओं के एक निश्चित अनुपात में संयोजन से बने हुए शुद्ध पदार्थ को यौगिक कहते हैं।
- यौगिक को दो या दो से अधिक विभिन्न प्रकार के परमाणुओं में अपघटित किया जा सकता है।
- जल (H_2O) एक यौगिक है, जो आग के प्रति अक्रियाशील है, यह हाइड्रोजन व ऑक्सीजन से मिलकर बना है; जबकि ऑक्सीजन दहन में सहायक है तथा हाइड्रोजन बहुत जल्दी जलता है।
- सामान्य लवण (Common Salt) सोडियम जैसे मुलायम एवं रजत धातु तथा क्लोरीन जैसी हरी-सी जहरीली गैस है, से मिलकर बना है।
- हाइड्रोकार्बनों को छोड़कर शेष सभी यौगिक अकार्बनिक यौगिक की श्रेणी में आते हैं।
- कुछ ठोस पदार्थ हथौड़े से पीटने पर छोटे-छोटे टुकड़ों में परिवर्तित हो जाते हैं, इस गुण को **भंगुरता** (Brittleness) कहते हैं।

मिश्रण

दो या दो से अधिक यौगिकों अथवा तत्वों को किसी भी अनिश्चित अनुपात में मिलाने से जो द्रव्य प्राप्त होता है, उसे मिश्रण कहते हैं।

मिश्रण **दो प्रकार** के होते हैं**–समांगी मिश्रण** एवं **विषमांगी मिश्रण**।

समांगी मिश्रण (Homogeneous Mixture)–वैसे मिश्रण, जिनके गुण-धर्म एक समान होते हैं, समांगी मिश्रण कहलाते हैं।

चीनी का जल में विलयन, गंधक का कार्बन डाइसल्फाइड में विलयन, अमोनिया गैस का हवा में विलयन, समांगी मिश्रण का उदाहरण है।

विषमांगी मिश्रण (Heterogeneous Mixture)–विषमांगी मिश्रण के प्रत्येक भाग के गुण व उनके संघटन भिन्न-भिन्न होते हैं।

बालू एवं नमक का मिश्रण, खड़िया का जल में मिश्रण, धूलकण का हवा में मिश्रण विषमांगी मिश्रण के उदाहरण हैं।

विषमांगी मिश्रण के अवयवी पदार्थों को एक-दूसरे से अलग करना समांगी मिश्रण की तुलना में अधिक आसान होता है।

आसवन (Distillation)–जब मिश्रण में उपस्थित दो द्रवों के क्वथनांकों में अंतर अधिक होते हैं, तो इनके मिश्रण को पृथक करने के लिए आसवन विधि का प्रयोग करते हैं।

इस क्रिया में वाष्पन (Vapourisation) तथा संघनन (Condensation) का प्रयोग करते हैं।

ऊर्ध्वपातन (Sublimation)–वैसे ठोस पदार्थ, जो गर्म करने पर द्रव अवस्था में आए बिना ही गैसीय अवस्था में परिवर्तित हो जाते हैं और वाष्प को ठंडा किए जाने पर ये पुनः ठोस अवस्था में आ जाते हैं, ऊर्ध्वपातन कहलाते हैं। इस क्रिया को ऊर्ध्वपातन कहते हैं।

प्रभाजी आसवन (Fractional Distillation)–भूगर्भ से निकाले गए खनिज पदार्थ, जैसे-पेट्रोल, डीजल, मिट्टी का तेल आदि इस विधि के द्वारा पृथक किए जाते हैं।

भाप आसवन (Steam Distillation)–इसके द्वारा ऐसे कार्बनिक पदार्थों का शुद्धिकरण किया जाता है, जो जल में घुलनशील, परंतु भाप के साथ वाष्पशील होते हैं।

परमाणु

किसी तत्व का वह सूक्ष्म भाग है, जो किसी भी रासायनिक परिवर्तन में भाग ले सकता है, परंतु मुक्त अवस्था में नहीं रह सकता है, परमाणु कहलाता है। परमाणुओं में सबसे छोटा हल्का परमाणु हाइड्रोजन का है, जिसकी **त्रिज्या** 0.28Å के मध्य होती हैं। हाइड्रोजन परमाणु का **भार** 1.008 amu हैं; जबकि अन्य परमाणुओं का भार 2 amu से 260 amu के मध्य होता है।

भारतीय दर्शन शास्त्री **'कणाद'** (Kanad) पहले व्यक्ति थे जिन्होंने एक छोटे से कण **'परमाणु'** की खोज की।

ग्रीस दर्शनशास्त्री **डेमोक्रिटस** (Democritus) ने **'अणुओं'** का सिद्धांत दिया।

परमाणु को प्रोटॉन, इलेक्ट्रॉन तथा न्यूटॉनों में विघटित किया जा सकता है।

अणु (Molecule)–किसी पदार्थ के वे सूक्ष्मतम कण, जो स्वतन्त्र अवस्था में रह सकते हैं तथा जिनमें उस पदार्थ के सभी गुण उपस्थित होते हैं, अणु कहलाते हैं।

साधारण अणु का व्यास 4 Å से 20 Å के मध्य तथा अणु भार 2 से 1000 तक होता है।

किसी पदार्थ का अणुभार वह संख्या है, जो यह प्रदर्शित करता है कि उस पदार्थ का एक अणु कार्बन-12 आइसोटोप के एक परमाणु के भार के 1/12 भार से कितनी गुना भारी है।

अणु तथा परमाणु

क्र.सं.	परमाणु	अणु
1.	यह किसी तत्व का सूक्ष्मतम कण है, जो स्वतन्त्र अवस्था में नहीं रह सकता है।	यह द्रव्य का सूक्ष्मतम कण है, जो स्वतन्त्र अवस्था में रह सकता है।
2.	यह रासायनिक अभिक्रिया में भाग लेते हैं।	यह रासायनिक अभिक्रिया में भाग नहीं ले सकते हैं।
3.	यह रासायनिक अभिक्रिया में विघटित नहीं हो सकता है।	यह रासायनिक अभिक्रिया में विघटित होकर परमाणु उत्पन्न करता है।
4.	यह इलेक्ट्रॉन, प्रोटॉन न्यूटॉन आदि भौतिक कणों के संयोग से बनता है।	अणु परमाणुओं के संयोग से बनते हैं।

रासायनिक अभिक्रियाएँ

जब कोई पदार्थ किसी दूसरे पदार्थ या स्वयं के साथ क्रिया करके एक से अधिक नए पदार्थों का निर्माण करता है, तो यही क्रिया **रासायनिक अभिक्रिया** कहलाती है।

रासायनिक अभिक्रियाओं को रासायनिक समीकरण (Chemical Equation) द्वारा व्यक्त किया जाता है।

आम जीवन में रासायनिक अभिक्रिया के उदाहरण
• दूध से दही बनाना
• श्वास का आदान-प्रदान
• फलों द्वारा शराब बनाना
• भोज्य पदार्थों का शरीर के अन्दर ऑक्सीकरण
• फलों का पकना इत्यादि

रासायनिक अभिक्रिया का सबसे उत्तम उदाहरण जल है, जिसका निर्माण हाइड्रोजन एवं ऑक्सीजन के मिश्रण से होता है, जैसे-

$$2H_2 + O_2 \rightarrow 2H_2O$$

रासायनिक अभिक्रियाओं के दौरान ऊष्मा, प्रकाश एवं यांत्रिक ऊर्जाओं का उत्सर्जन होता है।

रासायनिक अभिक्रियाओं में पुराने आबंध टूटते हैं तथा नए आबंध बनते हैं।

रासायनिक अभिक्रियाएँ प्रायः ऊर्जा परिवर्तन के साथ होती हैं।

वह अभिक्रिया, जिनमें ऊर्जा उत्पन्न होती है, ऊर्जा क्षेपी (Exothermic) अभिक्रियाएँ कहलाती हैं।

वह अभिक्रिया, जिनमें ऊर्जा शोषित होती है, ऊर्जा शोषी (Endothermic) अभिक्रियाएँ कहलाती हैं।

अम्ल, क्षार तथा लवण

अम्ल (Acids)-वे यौगिक पदार्थ, जो स्वाद में खट्टे होते हैं एवं जिनका जलीय घोल नीले लिटमस को लाल कर देता है, अम्ल कहलाते हैं।

1884 में स्वान्ते आरेनिअस ने अम्ल को परिभाषित करते हुए कहा कि अम्ल वह पदार्थ है जो जल के साथ मिश्रित होने के उपरान्त **हाइड्रोजन आयन** (H^+) प्रदान करते हैं।

अम्ल का pH **मान** 7 से कम होता है।

अम्ल के प्रमुख गुण

- अम्ल स्वाद में खट्टे होते हैं।
- नीले लिटमस पत्र के वर्ण को लाल कर देते हैं।
- कुछ धातुओं के साथ अभिकृत होकर हाइड्रोजन प्रदान करते हैं।
- कार्बोनेटों के साथ अभिक्रिया करके कार्बन डाइऑक्साइड प्रदान करते हैं।
- अम्लों का सर्वोपरी गुणधर्म यह माना जाता था कि वे क्षारकों (भस्मों) को उदासीन कर सकते हैं।

अम्ल **दो प्रकार** के होते हैं-(i) **ऑक्सी अम्ल** तथा (ii) **हाइड्रॉक्सी अम्ल।**

जिन अम्लों में हाइड्रोजन एवं ऑक्सीजन दोनों की उपस्थिति होती है, वे अम्ल ऑक्सी अम्ल कहलाते हैं।

ऑक्सी अम्ल के उदाहरण हैं-नाइट्रस अम्ल (HNO_2), सल्फ्यूरिक अम्ल (H_2SO_4), नाइट्रिक अम्ल (HNO_3) तथा फास्फोरिक अम्ल (H_3PO_4)।

वैसे अम्ल, जिनमें हाइड्रोजन उपस्थित रहता है लेकिन ऑक्सीजन अनुपस्थित होता है, वे हाइड्राक्सी अम्ल कहलाते हैं।

हाइड्राक्सी अम्ल के उदाहरण हैं-हाइड्रोक्लोरिक अम्ल (HCl) हाइड्रोआयोडिक अम्ल (HI), हाइड्रोब्रोमिक अम्ल (HBr), हाइड्रोसायनिक अम्ल (HCN) इत्यादि।

क्षारक (Base)-वह पदार्थ है, जो जल में मिश्रित करने के फलस्वरूप हाइड्रॉक्सिल आयन (OH) प्रदान करते हैं, क्षारक कहलाते हैं।

क्षार धातुओं के समान आचरण करने वाले वैसे यौगिक हैं, जो अम्लों से अभिक्रिया करके **लवण** एवं **जल** बनाते हैं।

क्षारक के प्रमुख गुण

- क्षारक स्वाद में कड़वे होते हैं।
- छूने पर चिप-चिपे फिसलने वाली प्रकृति के एवं लाल लिटमस पत्र को नीला कर देते हैं।
- क्षारक का सर्वोपरि गुणधर्म यह माना गया कि वे अम्लों को उदासीन कर देते हैं।
- अम्ल से प्रतिक्रिया करके लवण तथा जल बनाते हैं।
- तेल और गंधक को अपने में घुला लेने की क्षमता होती हैं।
- क्षारक **कार्बनिक** पदार्थों को **नष्ट** कर देते हैं।

लवण (Salt)-अम्लीय अणु से हाइड्रोजन के पूर्णतः अथवा अंशतः स्थानान्तरण के द्वारा लवण का निर्माण होता है। अम्ल और क्षारक की अभिक्रिया के फलस्वरूप बना दूसरा यौगिक लवण कहलाता हैं।

विलयन

दो या दो से अधिक पदार्थों के परस्पर मिश्रण से जो समांगी मिश्रण प्राप्त होता है, विलयन कहलाता है। जैसे-ठोस का द्रव में विलयन, द्रव का गैस में विलयन, गैस का द्रव में विलयन, व गैस का गैस में विलयन आदि।

विलेय व विलायक (Solute and Solvent)-जब दो पदार्थ एक विलयन बनाते हैं, तब एक पदार्थ दूसरे में घुलता है। अल्प मात्रा में उपस्थित होने वाला पदार्थ **विलेय** तथा दूसरा **विलायक** कहलाता है।

अधिक डाई इलेक्ट्रिक नियतांक वाले पदार्थ बेहतर विलायक माने जाते हैं।

जल का डाई इलेक्ट्रिक नियतांक अधिक होने के कारण इसे उत्तम विलायक माना जाता है।

कपूर, गंधक, सल्फर, घी, नेफ्थलीन आदि जल में अविलेय होते हैं।

महत्वपूर्ण विलायक तथा उसमें विलेय पदार्थ

विलायक	विलेय पदार्थ
जल	नमक, चीनी, फिटकरी, नीला थोथा, (कॉपर सल्फेट), एल्कोहल
एसीटोन	वार्निश, कारडाइट, क्लोडियन, रेयॉन, सेलुलोज, कृत्रिम रेशम
एल्कोहल	वार्निश, पॉलिश, कर्पूर, चमड़ा, लाख, आयोडीन
कार्बन ट्रेटा क्लोराइड	तेल, वसा, घी, मोम आदि
ईथर	चर्बी, मोम, तेल
नैप्था	रबड़
तारपीन का तेल	पेंट व रेजिन
कार्बन डाइसल्फाइड	गंधक, फास्फोरस आदि

विलायकों के उपयोग

आयोडीन को स्प्रिट में घोलकर विभिन्न प्रकार की औषधियाँ, जैसे-टिंचर आयोडीन, आयोडेक्स आदि बनाए जाते हैं।

बेंजीन व पेट्रोल का प्रयोग निर्जल धुलाई (Dry Cleaning) के रूप में किया जाता है।

कार्बनिक यौगिक एथिल ऐसीटेट का प्रयोग औद्योगिक क्षेत्र में विलायक के रूप में किया जाता है। एल्कोहल से विभिन्न प्रकार के सुगंधित इत्र बनाए जाते हैं।

विभिन्न प्रकार के विलयन

विलायक के प्रकार	उदाहरण
गैस में गैस	वायु तथा गैस का मिश्रण
गैस में द्रव	अमोनिया का जल में मिश्रण
गैस में ठोस	वायु में आयोडीन का विलयन
द्रव में ठोस	जल में कार्बन डाइऑक्साइड का विलयन
द्रव में द्रव	जल में एल्कोहल का विलयन
द्रव में ठोस	जल तथा चीनी का मिश्रण
ठोस में गैस	कर्पूर का वायु में विलयन
ठोस में द्रव	नमक का जल में विलयन
ठोस में ठोस	सोने में घुलित तांबा

यदि किसी विलयन में उपस्थित विलेय के कण धन तथा ऋण आवेशित हो, तो यह विलयन विद्युत धारा प्रवाहित करने में सक्षम होता है, ऐसे विलेय **विद्युत अपघट्य** कहलाते हैं, जैसे-सामान्य लवण एक विद्युत अपघट्य है।

संतृप्त विलयन (Saturated Solution)–वह विलयन है, जिसमें विलेय पदार्थ की अधिकतम मात्रा घुली हुई हो।

असंतृप्त विलयन (Unsaturated Solution)–वह विलयन है, जिसमें किसी निश्चित ताप उसमें विलेय पदार्थ की और अधिक मात्रा घोली जा सकती है।

अतिसंतृप्त विलयन (Super Saturated Solution)–वह विलयन, जिसमें विलेय की मात्रा उस विलयन को संतृप्त करने के लिए आवश्यक विलेय की मात्रा से अधिक घुली हुई हो।

परासरण (Osmosis)–जब एक विलयन तथा विलायक को अर्द्ध पारगम्य झिल्ली से पृथक किया जाता है, तो विलायक के अणु विलयन में चले जाते हैं और झिल्ली के दोनों ओर बराबर सांद्रता हो जाती है। इस प्रकार विलायक का विलयन में अथवा कम सांद्रता के विलयन से अधिक सांद्रता के विलयन में अर्द्धपारगम्य झिल्ली के द्वारा प्रवाह **परासरण** कहलाता है।

बफर विलयन (Buffer Solution)–वह विलयन, जोकि अम्ल या क्षार की साधारण मात्राओं को उनकी प्रभावी अम्लता या क्षारकता में परिवर्तन किए बिना अवशोषित कर लेता है, उसे **बफर विलयन** कहते हैं।

मोलरता (Molarity)–एक लीटर विलयन में विलेय के मोल की संख्या से इसको परिभाषित करते हैं। मोलरता के लिए **संकेत** M का प्रयोग करते हैं।

मोलरता को मोल्स डेसीमीटर (अर्थात् लीटर) में व्यक्त करते हैं; जबकि द्रव्यमान अंश अथवा मोल अंश विमाहीन होते हैं।

विलयन के ताप बढ़ने अथवा घटने पर उसकी मोलरता परिवर्तित नहीं होती है।

निलंबन (Suspension)–छोटे आकार के कणों के पदार्थ, जो विलयन में अघुलनशील परंतु नग्न आंखों से दृश्य होते हैं, **निलंबन** कहलाते हैं। **उदाहरण**-मोटे चूने के पत्थर को जल में मिलाने पर निलंबन बनता है।

कोलॉइड (Colloid)–यह रवाहीन पदार्थ होते हैं तथा जल में उतनी तीव्रता के साथ न तो घुलते हैं और न अर्ध रंध्रदार झिल्ली में प्रवेश कर पाते हैं।

यह घोलक में अर्ध घुलित अवस्था में लटके रहते हैं। जैसे-स्टार्च, एल्ब्यूमिन और गोंद आदि।

विलेयता (Solubility)–किसी दिए हुए ताप पर संतृप्त विलयन में विलेय की सांद्रता विलेय की **विलेयता** कहलाती है।

विलेयता को ग्राम प्रति लीटर या मोल प्रति लीटर में व्यक्त करते हैं।

किसी पदार्थ की विलेयता ताप पर निर्भर करती है। यह ताप बढ़ने पर बढ़ती है। परंतु गैसों के लिए ताप बढ़ने पर विलेयता घटती है।

क्वथनांक तथा हिमांक (Boiling and Freezing Point)–किसी विलयन का **क्वथनांक** शुद्ध विलायक से अधिक होता है परंतु उसका **हिमांक** शुद्ध विलायक से कम होता है।

विलयन का सांद्रण (Concentration of Solution)–किसी विलयन की इकाई मात्रा में उपस्थित विलेय की मात्रा को **विलयन का सांद्रण** कहते हैं।

जिस विलयन में विलेय की पर्याप्त मात्रा घुली रहती है, उसे **सांद्र विलयन** तथा जिसमें विलेय की कम मात्रा घुली रहती है, उसे **तनु विलयन** कहा जाता है।

ईंधन

वह पदार्थ, जिन्हें जलाकर ऊष्मा उत्पन्न की जाती है, उन पदार्थों को **ईंधन** कहते हैं। उदाहरण–लकड़ी, कोयला, केरोसीन (मिट्टी का तेल), डीजल, पेट्रोल तथा द्रवित पेट्रोलियम गैस।

ईंधनों का सबसे अधिक महत्वपूर्ण वर्गीकरण उनकी भौतिक अवस्था के आधार पर होता है।

भौतिक अवस्था के आधार पर तीन प्रकार के ईंधन होते हैं; ठोस ईंधन, द्रव ईंधन या तरल ईंधन तथा गैसीय ईंधन।

ठोस ईंधन (Solid Fuel)–लकड़ी, कोयला, कोक, चारकोल, (काष्ठ कोयला या लकड़ी का कोयला) तथा पैराफिन वैक्स (मोम), ठोस ईंधन है।

द्रव ईंधन या तरल ईंधन (Liquid Fuel)–केरोसीन (मिट्टी का तेल), पेट्रोल, डीजल, एल्कोहल तथा द्रवित हाइड्रोजन, द्रव ईंधन या तरल ईंधन हैं।

गैसीय ईंधन (Gaseous Fuel)–प्राकृतिक गैस, तरल पेट्रोलियम गैस (L.P.G.) कोल गैस, जल गैस, प्रोड्यूसर गैस, बायो गैस (गोबर गैस), ऐसिटिलीन तथा हाइड्रोजन गैस, गैसीय ईंधन हैं।

पेट्रोलियम भू-पर्पटी के नीचे अवसादी परतों के बीच पाया जाने वाला एक **प्राकृतिक ईंधन** है।

यह काले-भूरे रंग का गाढ़ा तैलीय द्रव है, जिसे कच्चा तेल या धात्विक तेल के नाम से जाना जाता है, इसे **रॉक ईंधन** भी कहा जाता है।

ईंधन मिश्रण स्त्रोत और कार्य प्रणाली

	विभिन्न ईंधन	मिश्रण/स्त्रोत	कार्यप्रणाली
(A)	एल.पी.जी. (द्रवित पेट्रोलियम गैस)	प्रोपेन, ब्यूटेन, आइसोब्यूटेन	द्रवित, पेट्रोलियम गैस घरों में रसोई के ईंधन के रूप में प्रयोग की जाती है। इसमें अत्यन्त उच्च दाब पर प्रोपेन, ब्यूटेन एवं आइसोब्यूटेन जैसी गैसें द्रवित होती हैं। इन्हीं द्रवित हाइड्रोकार्बनों के मिश्रण को L.P.G. कहते हैं। L.P.G. से 50 किलो जूल ऊर्जा मिलती हैं।
(B)	पेट्रोलियम प्राकृतिक ईंधन हैं। यह विशेष गंधयुक्त काले भूरे रंग का गाढ़ा तैलीय द्रव है। पृथ्वी के भीतर यह अवसादी परतों के बीच पाया जाता है। पेट्रोलियम समुद्री सूक्ष्म जीवों के अवशेषों से बना है। यह जल की अपेक्षा हल्का और जल अविलेय है।	ठोस, द्रव और गैसीय 'हाइड्रोकार्बनों का मिश्रण हैं। वह प्रक्रम, जिससे पेट्रोलियम का परिशोधन किया है 'प्रभाजी आसवन' (Fractional Distillation) कहा जाता है।	पेट्रोलियम से रंजक (डाई), दवाइयाँ विस्फोटक, एल्कोहल, रबड़ तथा प्लास्टिक बनाए जाते हैं। रसोई गैस (L.P.G.) पेट्रोलियम का ही उप-उत्पाद है। इसकी उपयोगिता के कारण इसे 'ब्लैकगोल्ड' (काला सोना) कहा जाता है।

पेट्रोलियम से पेट्रोल, मिट्टी का तेल, विभिन्न हाइड्रोकार्बन, ईथर, प्राकृतिक गैस आदि प्राप्त किए जाते हैं।

पेट्रोलियम एक गाढ़ा गहरे रंग का चिपचिपा एवं दुर्गन्धयुक्त पदार्थ है, जिसे प्रभाजी आसवन विधि द्वारा इसके विभिन्न अवयवों से अलग किया जाता है।

द्रवित पेट्रोलियम गैस (L.P.G.)–प्रोपेन, ब्यूटेन तथा आइसो ब्यूटेन आदि हाइड्रोकार्बन का मिश्रण है। यह प्राकृतिक गैस तथा पेट्रोलियम के **प्रभाजी आसवन** से प्राप्त होता है।

संपीड़ित प्राकृतिक गैस (C.N.G.)–हाइड्रोकार्बन का मिश्रण है, जिसमें मीथेन गैस की मात्रा 80 से 90 प्रतिशत होती है।

सी.एन.जी. को पर्यावरण मित्र के नाम से जाना जाता है। यह रंगहीन **गंधहीन** तथा **हवा से हल्की गैस** है।

पेट्रोल की 10% तथा **एल्कोहल** की 90% मात्रा को मिलाकर **गैसोहोल** का निर्माण किया जाता है। इसके लिए गन्ने के रस का उपयोग किया जाता है।

पेट्रोलियम उत्पाद

कच्चे पेट्रोलियम को प्रभाजी आसवन द्वारा अधिक उपयोगी प्रभाजों को पृथक करने की प्रक्रिया को **शुद्धिकरण** कहते हैं। भिन्न-भिन्न **क्वथनांक** पर संघनित प्रभाज पृथक-पृथक इकट्ठे कर लिए जाते हैं तथा इन्हें पेट्रोलियम के उत्पाद कहते हैं। कुछ प्रमुख उत्पाद इस प्रकार हैं–

परिशोधन गैस–मीथेन, ईथेन, ब्यूटेन, प्रोपेन का मिश्रण, जिसका उपयोग ईंधन तथा **कार्बनिक यौगिकों** के बनाने में किया जाता है।

गैसोलीन–क्वथनांक 40°C–180°C तक 5 से 8 कार्बन परमाणुओं से युक्त हाइड्रोजन का मिश्रण, गोटर ईंधन के रूप में प्रयुक्त होता है।

केरोसीन (पैराफीन) तेल–क्वथनांक 160°C–250°C तक 11 से 16 कार्बन परमाणुओं वाले हाइड्रोकार्बन का **मिश्रण जेट विमान** तथा घरेलू कार्यों में प्रयुक्त होता है।

डीजल तेल–क्वथनांक 220°C–250°C तक 13 से 25 कार्बन परमाणुओं वाले हाइड्रोकार्बनों का मिश्रण, डीजल इंजन का ईंधन कहलाता है।

पेट्रोलियम ईथर–ईथर नहीं अपितु अनेक हाइड्रोकार्बन का मिश्रण के अर्ध ठोस श्वेत पिण्ड के रूप में रहता है।

पेट्रोलियम–पेट्रोलियम जेली या वैसलीन हाइड्रोकार्बन का मिश्रण के अर्ध ठोस **श्वेत पिण्ड** के रूप में रहता है।

लिग्रोइन–यह 90°C–120°C तक प्राप्त होता है तथा **शुष्क धुलाई** और **विलायक** के रूप में प्रयोग किया जाता है।

पेट्रो रसायन

पेट्रोलियम से प्राप्त प्राकृतिक गैस में एल्केन और एल्केन हाइड्रोकार्बन का मिश्रण होता है। पेट्रोलियम के भंजन से **हाइड्रोकार्बन** प्राप्त होते हैं। जैसे-मीथेन, इथेन, प्रोपेन, ब्यूटेन आदि। इन हाइड्रोकार्बन से अनेक महत्वपूर्ण **कार्बनिक यौगिक** बनाए जाते हैं, जिन्हें **पेट्रो रसायन** कहा जाता है।

रॉकेट नोदक

रॉकेट में उपयोग किए जाने वाले ईंधन को **नोदक** कहते हैं। यह नोदक ऑक्सीडाइजर के संयोग से बनता है, जैसे-तरलीय ऑक्सीजन, तरलीय फ्लोरीन, हाइड्रोजन पराक्साइड और नाइट्रिक एसिड आदि।

तरलीय नोदक–एल्कोहल, तरलीय हाइड्रोजन, तरलीय अमोनिया, केरोसीन तेल, हाइड्रोजीन और बोरोन के हाइड्राइड का उपयोग **तरलीय नोदक** को अधिक शक्ति प्रदान करता है और इसका नियन्त्रण प्रवाह को नियंत्रित करके किया जाता है।

ठोस नोदक–ठोस ईंधन जैसे पॉली ब्यूटाडीन और एक्राकइलिक अम्ल का उपयोग **ऑक्जीडाइजर** के साथ होता है, जैसे-एल्युमीनियम परक्लोरेटा, नाइट्रेट या क्लोरेट उच्च दहन तापक्रम होने के कारण मैग्नीशियम या एल्युमीनियम को भी ठोस ईंधन के रूप में उपयोग किया जाता है। इस तरह के नोदक को **संयुक्त नोदक** भी कहा जाता है।

मिश्रित नोदक–मिश्रित रॉकेट में ठोस ईंधन एवं तरलीय ऑक्सीडाइजन का उपयोग किया जाता है। इसमें N_2O_4 एक सामान्य संघटक है। एस.एल.वी. और पी. एस.एल.वी. नामक भारतीय रॉकेट द्वारा प्रथम अवस्था में ठोस नोदक का उपयोग किया गया और तृतीय अवस्था में तरलीय नोदक का उपयोग किया जाता है।

जीव विज्ञान

जीव विज्ञान (Biology)–यह विज्ञान की वह शाखा है, जिसके अंतर्गत जीवित पदार्थों के उद्भव, विकास, आहार व जनन इत्यादि जैविक क्रियाओं का **प्रयोगात्मक अध्ययन** किया जाता है।

बायोलॉजी शब्द का प्रयोग सर्वप्रथम सन् 1802 में **लैमार्क** (Lamarck) **ट्रेविरेनस** (Treviranus) नामक वैज्ञानिकों द्वारा किया गया। Biology शब्द का उद्भव ग्रीक भाषा के दो शब्दों 'Bio' (= Life-जीवन) तथा Logos (= Discourse-अध्ययन) से हुआ है।

'जीव-विज्ञान' को **'जीवन का विज्ञान'** भी कहते हैं। जीव विज्ञान की दो प्रमुख शाखाएँ हैं–(i) वनस्पति विज्ञान (Botany) तथा (ii) जन्तु विज्ञान (Zoology)।

हिप्पोक्रेट्स (460–370 ई.पू.) से सर्वप्रथम मानव रोगों पर लेख प्रकाश में आया। उन्हें **'चिकित्सा शास्त्र का जनक'** (Father of Medicine) कहा जाता है।

वनस्पति विज्ञान (Botany) शब्द की उत्पत्ति ग्रीक भाषा के 'Baskein' शब्द से हुई, जिसका अर्थ **'चरना'** है। थियोफ्रेस्टस (370–287 ई.पू.) ने अपनी पुस्तक 'Historia Plantroum' में 500 प्रकार के पौधों का वर्णन किया है। उन्हें **'वनस्पति-विज्ञान का जनक'** (Father of Botany) कहा जाता है।

एरिस्टोटल (अरस्तु) को **'जन्तु विज्ञान का जनक'** (Father of Zoology) कहा जाता है। इन्होंने अपनी **'जन्तु-इतिहास'** (Historia Animalism) नामक पुस्तक में 500 **जन्तुओं** की रचना, स्वभाव, वर्गीकरण जनन आदि का वर्णन किया है।

जीवन की उत्पत्ति

वैज्ञानिकों के अनुसार पृथ्वी पर जीवन की उत्पत्ति लगभग 3.5 अरब वर्ष पूर्व हुई थी। साइनो **बैक्टीरिया** पृथ्वी पर उत्पन्न होने वाले प्रथम जीव माने जाते हैं।

फ्रांसिस रेड्डी ने प्रयोग द्वारा स्वत: जनन के बाद का खण्डन किया व **जीव जननवाद** का सिद्धान्त प्रतिपादित किया था। इस सिद्धान्त के अनुसार जीवों की उत्पत्ति जीवों द्वारा ही होती है। लुई पाश्चर ने फ्रांसिस रेड्डी के प्रयोग का समर्थन किया।

जीवन के उद्‌भव का रासायनिक सिद्धान्त

रूसी वैज्ञानिक **ओपेरिन** (Oparin) ने रसायन उद्‌भव का सिद्धान्त प्रस्तुत किया व इस सन्दर्भ में **जीवन का उद्‌भव** (Origin of Life) पुस्तक का लेखन किया। इनके अनुसार 5–6 अरब वर्ष पूर्व पृथ्वी आग के गोले के समान थी। इस समय H, O, C, N इत्यादि तत्व परमाणु अवस्था में पृथ्वी पर उपस्थिति थे। ताप में कमी होने पर परमाणुओं के आपसी सहयोग से अणुओं का निर्माण हुआ।

इस समय पृथ्वी पर हाइड्रोजन की मात्रा सर्वाधिक (90%) थी व इसकी कार्बन व नाइट्रोजन के साथ क्रिया से मीथेन व अमोनिया का निर्माण हुआ।

$$C + 4H \rightarrow \underset{\text{मेथेन}}{CH_4} \qquad N + 3H \rightarrow \underset{\text{अमोनिया}}{NH_3}$$

ओपेरिन ने रासायनिक उद्‌भव के विकास को निम्न समीकरण से समझाया—

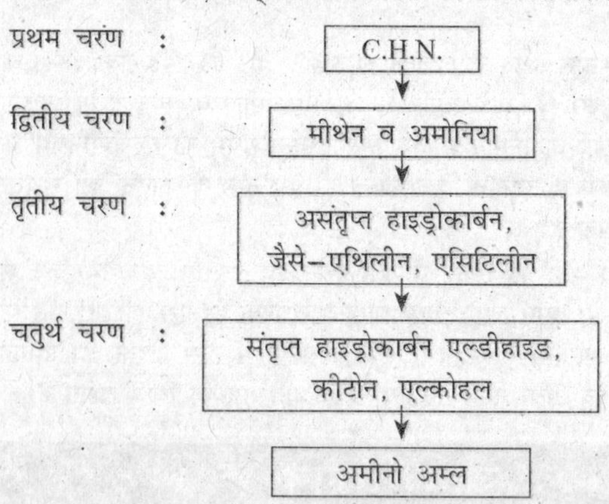

न्यूक्लिक अम्ल **माइक्रोस्फीयर** व **कोएसरवेट्स** अवस्था से होते हुए आदिम **प्रोकैरियोटिक कोशिका** में बदल गए। वैज्ञानिक **मिलर** ने प्रयोगशाला में न्यूक्लिक अम्ल का निर्माण कर इस सिद्धान्त का समर्थन किया।

मानव आहार

शरीर के ऊतकों के निर्माण, टूटी-फूटी कोशिकाओं की मरम्मत, आवश्यक ऊर्जा व ऊष्मा की प्राप्ति के लिए पोषक तत्वों की आवश्यकता पड़ती है, जो प्रोटीन, कार्बोहाइड्रेट, वसा खनिज-लवण, जल तथा विभिन्न प्रकार के विटामिन से प्राप्त होते हैं।

प्रोटीन

- प्रोटीन में कार्बन, हाइड्रोजन, ऑक्सीजन, नाइट्रोजन, फास्फोरस तथा सल्फर पाए जाते हैं।
- प्रोटीन छोटी इकाइयों से बने होते हैं, जिन्हें **अमीनो अम्ल** कहते हैं।
- मानव शरीर का लगभग 15 प्रतिशत भाग प्रोटीन से बना होता है।
- मनुष्य शरीर में 20 **प्रकार** के प्रोटीन की आवश्यकता होती है। जिनमें 10 का संश्लेषण शरीर स्वयं करता है एवं 10 की पूर्ति भोजन के द्वारा होती है।
- प्रोटीन की कमी से शारीरिक विकास अवरुद्ध हो जाता है।
- बच्चों में क्वाशियोर्कर एवं मैरेस्मस नामक रोग प्रोटीन की कमी से ही होता है।
- प्रोटीन आनुवांशिकी लक्षणों के विकास एवं वंशानुगतिकी का नियंत्रण करता है।
- प्रोटीन गति एवं प्रचलन में सहायता करता है एवं आवश्यकता पड़ने पर शरीर को ऊर्जा भी प्रदान करता है।

प्रोटीन के प्रमुख कार्य

- ये जीवद्रव की भौतिक दशाओं को नियंत्रित करते हैं।
- ये कोशिकाओं के विभिन्न अंगों की रचना में प्रमुख भाग लेते हैं।
- ये बुद्धि तथा मरम्मत के लिए आवश्यक होते हैं।
- प्रोटीन हार्मोन्स के संश्लेषण में भाग लेते हैं।
- उपापचयी प्रतिक्रियाओं में **रासायनिक उत्प्रेरक** का कार्य करते हैं।
- हीमोग्लोबिन के रूप में शरीर में **गैसीय संवहन** करते हैं।
- एण्टीबॉडीज के रूप में ये शरीर की सुरक्षा करते हैं।
- न्यूक्लिओप्रोटीन्स आनुवांशिक लक्षणों के विकास और वंशगति का नियंत्रण करते हैं।
- प्रोटीन ऊतकों का परिवर्द्धन कर नई कोशिकाओं का निर्माण एवं टूटी-फूटी कोशिकाओं की मरम्मत करता है।
- इसकी प्राप्ति अंडे, दूध, पनीर, मांस, मछली, दाल, टमाटर, सेम, बादाम, मूंगफली, अखरोट इत्यादि से होती है।

प्रमुख पोषक तत्व व न्यूनता के लक्षण

पोषक तत्व	स्रोत	न्यूनता के लक्षण
विटामिन	अनाज, फल, सब्जियाँ, सूखे मेवे आदि।	अनेक प्रकार के न्यूनताजन्य रोग।
कार्बोहाइड्रेट्स	अनाज वाले खाद्य पदार्थ, मांड (Starch), गन्ना तथा ग्लूकोज एवं आलू तथा कंदजातीय सब्जियों में।	सुस्ती, थकावट हो जाना।
प्रोटीन	सभी प्रकार की दालें, दूध, पनीर, मांस, मछली, अण्डा, सूखे मेवे आदि।	दुर्बलता, वजन कम होना, मानसिक तथा शारीरिक वृद्धि में कमी, दृष्टि का कमजोर होना आदि।
वसा	घी, तेल, मछली के यकृत का तेल, चर्बी, मक्खन, दूध, दही, क्रीम मूंगफली एवं सूखे मेवे आदि।	दुर्बलता, वजन में कमी, थकावट, सुस्ती, स्तम्भित बुद्धि

लवण	अनाज, सब्जियाँ, फल, सूखे मेवे आदि।	अम्लरक्तता, शोफ, क्षारमयता, निर्जलीकरण, अपच, हाथ-पैर कांपना, घेंघा रोग।
जल	शरीर के उपापचय के उपजात पदार्थ के रूप में अर्थात् जो पानी के रूप में तरल पदार्थ हम पीते हैं, उससे ही शरीर, जल प्राप्त करता है।	अम्लरक्तता, क्षारमयता, निर्जलीकरण, शोफ, आधत, अपच।

कार्बोहाइड्रेट

- यह कार्बन, हाइड्रोजन तथा ऑक्सीजन का **कार्बनिक यौगिक** है।
- शरीर की आवश्यकता की 50-70 प्रतिशत मात्रा की पूर्ति इन्हीं के द्वारा होती है।
- कार्बोहाइड्रेट के द्वारा ही जंतुओं के बाह्य कंकाल का निर्माण होता है।
- कार्बोहाइड्रेट तीन प्रकार के होते हैं–(i) मोनोसैकराइड्स, (ii) डाइसैकराइड्स एवं (iii) पोलीसैकराइड्स।
- ग्लूकोज मुख्य रूप से अंगूर तथा शहद में मिलता है। यह शरीर को तुरंत ऊर्जा प्रदान करने में सहायक होता है।
- सुक्रोस, माल्टोस एवं लैक्टोस डाइसैकराइड्स के उदाहरण हैं।
- पॉलीसैकराइड्स का निर्माण अनेक मोनोसैकराइड्स अणुओं के मिलने से होता है।
- **पोलीसैकराइड्स** मुख्य रूप से पौधों में पाया जाता है, यह जल में अघुलनशील होता है।
- सेलुलोज, मांड या स्टार्च, काइटिन एवं ग्लाइकोजेन मुख्य रूप से पोलीसैकराईड्स के उदाहरण हैं।
- अंगूर, गन्ना, शहद एवं मीठे फल में मुख्य रूप से शर्करा पाई जाती है।
- फल एवं सब्जियों में सेलुलोज पाया जाता है।
- गेहूं, चावल, आलू, मक्का, जौ, केला, साबूदाना में **श्वेतसार** पाया जाता है।

कार्बोहाइड्रेट के प्रमुख कार्य

- ये शरीर को ऊर्जा प्रदान करने वाला मुख्य स्रोत हैं।
- यह मांड के रूप में संचित ईंधन का कार्य करता है।
- यह वसा में बदलकर संचित भोजन का काम करता है।
- कार्बोहाइड्रेट **आर.एन.ए.** (RNA) तथा **डी.एन.ए.** (DNA) का घटक होता है।
- यह शर्कराओं के रूप में ऊर्जा उत्पादन के लिए ईंधन का काम करता है।

वसा

- सबसे अधिक ऊर्जा, वसा से प्राप्त होती है। यह कार्बन, ऑक्सीजन तथा हाइड्रोजन का कार्बनिक यौगिक है।
- एक स्वस्थ व युवा व्यक्ति को प्रतिदिन 100 ग्राम वसा की आवश्यकता पड़ती है। वसा घी, दूध, तेल, मांस से प्राप्त होती है।
- वसा को द्रव अवस्था में तेल कहते हैं। यह जल में पूर्णतया अघुलनशील होता है।

वसा के प्रमुख कार्य

- ऊर्जा उत्पादन के लिए भी ये ईंधन का कार्य करती है।
- इनका महत्व 'संचित भोजन' के रूप में अधिक होता है।
- वसीय ऊतकों के रूप में ताप नियंत्रण और सुरक्षा में सहायता करती है।
- कुछ वसाएँ कोशिका कला तथा अन्य झिल्लियों की रचना में भाग लेती हैं।
- व्युत्पन्न वसाएँ विटामिन 'D' तथा अनेक हार्मोन्स के संयोजन में भाग लेती हैं।
- वसा ऊर्जा के लिए 'संचित भोजन' के रूप में महत्वपूर्ण हैं।

खनिज लवण

इसका कार्य ऊतकों का निर्माण करना है। यह मांस, दूध, अनाज, हरी सब्जियों से प्राप्त होता है।

लवण के प्रमुख कार्य

- लवणों के आयनों के कारण जीवद्रव्य में विद्युत चालकता होती है। इसी से जीवद्रव्य में संवेदनशीलता होती है।
- अनेक रासायनिक प्रतिक्रियाओं में लवण आयन बंधकों का कार्य करते हैं।
- कई ऊतक, रक्त हड्डियों, दांतों आदि की रचना में भाग लेते हैं।
- हृदय स्पंदन, चेतना-संवहन, पेशी संकुचन आदि में महत्वपूर्ण रूप से भाग लेते हैं।

जल

- पाचन-नली में पोषक तत्वों का खंडन पोषक तत्वों का अवशोषण और विभिन्न अंगों में इनका वितरण, ऊतकों में उपापचय क्रिया का होना, शरीर से दूषित पदार्थों का बाहर निकलना इत्यादि इन सारी क्रियाओं के लिए जल की आवश्यकता होती है।
- एक स्वस्थ और युवा व्यक्ति के शरीर में 70 **प्रतिशत** तक जल रहता है।
- प्रतिदिन एक व्यक्ति को औसतन 2.5 **लीटर** जल की आवश्यकता पड़ती है।

जल के प्रमुख कार्य

- जल आहार का महत्वपूर्ण घटक है तथा भोजन के पाचन अवशोषण के लिए आवश्यक है।
- शरीर में यह घोलक (Solvent) का कार्य करता है। जिसमें जीवद्रव्य के अधिकांश पदार्थ घुले रहते हैं, जिसमें शरीर की **रासायनिक प्रतिक्रियाएँ** घटित होती हैं।
- जल सभी कोशिका और शरीर पदार्थ का वाहक है।
- यह शरीर के तापक्रम को नियंत्रित करता है।
- यह शरीर के जोड़ों में **स्नेहक** का काम करता है।
- यह समस्त शरीर के ऊतकों व तरलों का अंगक है।

प्रोटीन, कार्बोहाइड्रेट तथा वसा के मुख्य स्रोत, कार्य और कमी के लक्षण

क्र.सं.	पोषक	प्रचुर स्रोत	मूलभूत स्रोत	कमी के लक्षण
1.	प्रोटीन	दूध, फली (Legume), बादाम इत्यादि दालें, बीन-सोयाबीन, पनीर, खोया, अनाजों की बाहरी परतें, मांस, मछली, अंडे।	शरीर के टूटे-फूटे अंगों की मरम्मत और विकास शरीर की रक्षा।	कमजोर पेशियाँ, शरीर की चुस्ती में कमी, बाधित मानसिक प्रतिक्रियाएँ तथा प्रतिरोध की सामर्थ्य में कमी।
2.	कार्बोहाइड्रेट	विभिन्न प्रकार की शक्करें, शर्बत तथा जैम, अनाज, जैसे–चावल, आलू तथा अन्य प्रकंद जातीय सब्जियाँ, साबूदाना।	ऊर्जा पैदा करना, आहार की मात्रा बढ़ाना।	ऊष्मा तथा वजन कम होना।

3.	वसाएं	मूंगफली का तेल, कुसुम्म (करड़ी), बिनौला आदि के तेल, तिल का तेल, बादाम, मक्खन, घी, क्रीम, मार्जरीन, पनीर, मांस की वसाएं।	ऊष्मा तथा ऊर्जा उत्पन्न करना।	वजन में कमी, बाधित विकास।

खनिज लवण तथा उनका महत्व

खनिज लवण	महत्व	स्त्रोत	आवश्यक मात्रा
कैल्शियम	दांत निर्माण तथा हृदय पेशी के संकुचन में, रक्त का थक्का (Blood Coagulation) बनाने में महत्वपूर्ण।	दूध, अण्डा, हरी सब्जियाँ	1200 mg
सोडियम	शरीर में रक्त तथा लिम्फ का महत्वपूर्ण घटक, तंत्रिका कोशिकाओं में संवेदनाओं के परिवहन में आवश्यक।	सामान्य नमक, दूध	3500 mg
पोटैशियम	अंतरकोशिकीय परासरण, दाब, तंत्रिका संवेदना के संवहन में आवश्यक।	मीट, सब्जी	1000 mg
आयोडीन	थाइरॉक्सिन हार्मोन के निर्माण के लिए आवश्यक।	समुद्री खाद्य, नमक	0.15 mg
सल्फर	बाल, नाखून तथा त्वचा का एक घटक	अण्डा, मछली, मांस	–
क्लोरीन	शरीर में विभिन्न तरलों के परासरण दाब को नियंत्रित करने के लिए	दूध, नमक	3500 mg
फ्लोरीन	दांत के इनेमल बनाने में।	पीने का पानी, दूध	–
लोहा	हीमोग्लोबिन के निर्माण में आवश्यक।	मांस, अण्डा, हरी सब्जियाँ	18 mg
फास्फोरस	दांत व हड्डी के लिए आवश्यक, पेशी न्यूक्लिक अम्ल व फास्फो लिपिड के निर्माण में रक्त के pH नियंत्रण में आवश्यक।	अण्डा, दूध	1200 mg

विटामिन

विटामिन एक कार्बनिक यौगिक है, जो शरीर की रोगों से रक्षा तथा सामान्य वृद्धि के लिए अत्यावश्यक हैं।

विटामिन 'B' एवं 'C' जल में तथा 'A', 'D', ' E' तथा 'K' वसा में घुलनशील हैं।

विटामिन के प्रमुख कार्य

- उपापचय में विटामिन आवश्यक सहकारी हैं।
- विटामिन विभिन्न ऑक्सीकारी एन्जाइम के भागों के रूप में विशिष्ट प्रोटीनों का संयोजन करते हैं।
- इनका संबंध शरीर में कार्बोहाइड्रेट्स, प्रोटीन और वसा के **भंजन** से होता है।
- ये उपापचय के अंतिम उत्पाद के रूप में ऊर्जा कार्बन डाइऑक्साइड व जल का मोचन करते हैं।

महत्वपूर्ण विटामिन

विटामिन	रासायनिक	स्रोत	शारीरिक क्रिया	कमी से उत्पन्न रोग	दैनिक आवश्यकता
'A'	रेटिनॉल (Retinol)	मछली का यकृत, तेल, दूध, मक्खन, घी, गाजर, पत्तीदार और हरी सब्जियाँ आदि।	चाक्षुक वर्णक का संश्लेषण और नेत्र और इसकी श्लेष्मनद-झिल्ली को स्वस्थ रखना।	रतौंधी, शारीरिक वृद्धि का रुक जाना, पाचन नाल और नेत्र संक्रमण रोग	5,000 शुष्काक्षिपाक, यूनिट
'B'-1	थायमीन (Thiamine)	खमीर, अंकुरित गेहूं, शिंवी फल (सेम, मटर आदि), मांस, अण्डा और शाक-सब्जी।	कार्बोहाइड्रेट-उपापचय	बेरी-बेरी	1.2 मिग्रा.
'B'-2	राइबोफ्लेविन	दूध, मांस, पत्तेदार सब्जियाँ	ऊतक-ऑक्सीकरण	जिह्वा में सूजन (Glossitis) त्वचा में सूजन (Dermatitis), दृष्टि की स्वच्छता में कमी, भ्रूण की अस्थियों का टेढ़ा-मेढ़ा होना।	1.7 मिग्रा.
'B'-7 या 'H'	निकोटिन अम्ल, नियासिन	मछली, अण्डे	ऊतक-ऑक्सीकरण	पेलाग्रा (Pellagra)	19 मिग्रा.
B-12	सायनोकोबाल्मिन	यकृत	लाल रक्तकणों का निर्माण	अरक्तता (Anemia)	0.001 मिग्रा.
'C'	एस्कॉर्बिक अम्ल	नीबू कुल के फल	एंजाइम संबंधी	स्कर्वी (Scurvy)	70 मिग्रा.
'D'	कैल्सिफेरॉल (Calciferol)	मछली का यकृत, तेल, अण्डे, पराबैंगनी किरण	कैल्शियम और फॉस्फोरस का उपापचय।	रिकेट्स (Rickets)	0-400 यूनिट
'E'	टोकोफेरॉल (Tocoferol)	सलाद की पत्तियाँ, शिंवी फल (सेम, मटर) आदि।	कोशिकाओं का निर्माण, विटामिन-ए के समुचित उपयोग में सहायता।	बंध्यता, पेशी तथा तंत्रिका-तंत्र संबंधी गड़बड़ी	–
'K'-1	फिलोक्विलोन	हरी सब्जियाँ	रक्त का जमना	रक्त का दोषपूर्ण जमना	–

मानव रोग

- शरीर में किसी भी प्रकार की रुकावट उत्पन्न होना ही रोग है।
- रोगों को दो वर्गों में विभाजित किया गया हैं-जन्मजात रोग एवं उपार्जित रोग।
- जन्मजात रोग वैसे रोग होते हैं, जो जन्म के समय से ही शरीर में होते हैं।
- उपार्जित रोग वैसे रोग कहलाते हैं, जो जन्म के पश्चात विभिन्न कारकों के कारण उत्पन्न होते हैं।

रोगों के प्रकार

संक्रामक रोग: जीवित रोगाणुओं, जैसे जीवाणु, कवक विषाणु आदि के कारण एक व्यक्ति से दूसरे व्यक्ति को संचारित होते हैं। जैसे–जुकाम, टी.बी., टायफॉयड।

असंक्रामक रोग: ये रोगी व्यक्ति तक ही सीमित रहते हैं, दूसरे व्यक्ति में संचरित नहीं होते।

ह्रासित रोग: विभिन्न शारीरिक अंगों के नष्ट होने से होते हैं हृदय रोग।

एलर्जी: किसी पदार्थ के प्रति अत्यधिक संवेदनशीलता के कारण।

हीनताजन्य रोग: विभिन्न पदार्थों की कमी, जैसे रिकेट्स।

आनुवांशिक रोग: आनुवांशिक कारकों के कारण, जैसे–हीमोफीलिया, वर्णान्धता।

अर्बुद रोग: अनियमित ऊतक वृद्धि से जैसे-कैंसर।

जीवाणु जनित रोग

- तपेदिक रोग, जिसे **यक्ष्मा** या **काक** रोग भी कहते हैं। यह एक संक्रामक रोग है, जो माइक्रोबैक्टीरियम ट्यूबरक्यूलोसिस नामक जीवाणु के कारण होता है।
- तपेदिक रोग के उपचार के लिए स्ट्रेप्टोमाइसीन का इन्जेक्शन दिया जाता है। बी.सी.जी. (Bacillus Calmette Guerin) एक प्रतियक्ष्मिकीय टीका है।
- **प्लेग** (Plague)–यह छुआछूत की बीमारी है। जो **बैसिलस पेस्टिस** (Bacillus Pestis) नामक जीवाणु द्वारा फैलती है। यह रोग चूहों द्वारा फैलता है।
- प्लेग के उपचार के लिए सल्फाड्रग्स एवं स्ट्रेप्टोमाइसीन दवाओं का उपयोग किया जाता है।
- **हैजा** (Cholera)–यह रोग मक्खियों द्वारा फैलता है, जो विब्रियो कोलरी नामक जीवाणु के कारण होता है।
- **आंत्र ज्वर** (Typhoid)–इसे आंत के बुखार के नाम से जाना जाता है। यह रोग **सॉलमोनेला टाइफोसा** नामक जीवाणु से होता है।
- **डिप्थीरिया** (Diptheria)–रोग कोराइन बैक्टीरियम डिफ्थीरि नामक जीवाणु से होता है। यह अधिकांशत: संक्रमित दूध के माध्यम से फैलता है।
- **टिटनेस** (Tetanus)–सामान्यत: इसे धनुस्तंभ कहा जाता है। यह रोग बैसिलस टेटनी नामक जीवाणु से होता है। इस रोग के जीवाणु घाव से होकर शरीर में प्रवेश करता है।

विषाणु

विषाणु की खोज रूस के वैज्ञानिक इवानोवस्की ने सन् 1892 में की। तम्बाकू के मोजैक रोग पर खोज करते समय विषाणु की खोज हुई। इनकी प्रकृति सजीव और निर्जीव दोनों प्रकार की होती है। इसी कारण इन्हें सजीव और निर्जीव की संयोजक कड़ी भी कहा जाता है।

विषाणु के निर्जीव होने के लक्षण

ये कोशा रूप नहीं होते हैं। इनको क्रिस्टल बनाकर निर्जीव पदार्थ की भांति बोतलों में भरकर वर्षों तक रखा जा सकता है।

सजीव जैसे लक्षण

इनके न्यूक्लिक अम्ल का द्विगुणन होता है। किसी जीवित कोशिका में पहुँचते ही ये सक्रिय हो जाते हैं और एन्जाइमों का संश्लेषण करने लगते हैं।

विषाणु के प्रकार

पादप विषाणु इसमें न्यूक्लिक अम्ल के आर.एन.ए. (RNA) होते हैं। जन्तु विषाणु इनमें डी.एन.ए. (DNA) या कभी-कभी आर.एन.ए. (RNA) भी पाया जाता है।

बैक्ट्रियोफेज (Bacteriophase) या जीवाणुभोजी ये केवल जीवाणुओं पर आश्रित रहते हैं। ये जीवाणुओं को मार डालते हैं। इनमें डी.एन.ए. पाया जाता है, जैसे-टी-2 फेज।

वायरस जनित रोग

वायरस	रोग
वेरीसेला जोस्टर वायरस (Varicella Zoster Virus)	चिकन पॉक्स
लिसा वायरस (Lyssa Virus)	रेबीज
पोलियो वायरस	पोलियोमाइलिटिस

लाभदायक बैक्टीरिया एवं उनके उपयोग

बैक्टीरिया	उपयोग
लैक्टोबैसिलस	दही बनाने में
राइजोबियम	नाइट्रोजन यौगिकीकरण में
स्ट्रेप्टोमाइसिन ग्राइसियस	स्ट्रेप्टोमाइसिन में एंटी बायोटिक बनाने में
स्ट्रेप्टामाइसिस वेनेजुएली	क्लोरोमाइमिन में
स्ट्रेप्टोमाइसिस रिमोसस	टेरामाइसिन में

हानिकारक बैक्टीरिया एवं उनसे संबंधित रोग

बैक्टीरिया	रोग
डिप्लोकोकस निमोनी	न्यूमोनिया
स्ट्रेप्टोकोकस पायोजीन्स	गले का संक्रमण
वोडीटेला परफ्यूसिस	कुकुर खांसी
ट्रिप्टोनेमा पैलिडियम	सिफलिस
निसेरिया गोनोरिया	गोनोरिया
कोरिनेबैक्टीरियम डिफ्थीरियाई	डिफ्थीरिया
वाइब्रियो कॉलेरी	हैजा
माइक्रोबैक्टीरियम लेप्री	कुष्ठ रोग

विषाणु जनित रोग

एड्स (AIDS)–इस रोग का विषाणु एच.आई.वी. (HIV) है, जिसका पूरा नाम **'एक्वायर्ड इम्यूनो डेफिशिएंसी सिन्ड्रोम'** (Acquired Immuno Deficiency Syndrome) है। यह रोग यौन संबंधों के कारण, संक्रमित सूइयों व रक्तदान से फैलता है। इस रोग से ग्रसित व्यक्ति में प्रतिरोधक क्षमता समाप्त हो जाती है।

चेचक (Small Pox)–यह एक संक्रामक रोग है। इसका संक्रमण एक अतिसूक्ष्म वैरिओला विषाणु के कारण होता है। इस रोग से ग्रसित रोगी के सारे शरीर में तेज दर्द होता है और लाल-लाल दाने निकल आते हैं, जो बाद में फफोले का रूप धारण कर लेते हैं।

पोलियो (Poliomyelitis)–यह रोग पोलियो विषाणु के कारण होता है। इस रोग का प्रभाव केंद्रीय नाड़ी संस्थान पर होता है, यह प्रायः बच्चों को होता है।

हेपेटाइटिस या पीलिया या जॉन्डिस (Jaundice)–यह रोग रैवडो विषाणु के काण होता है, तथा यह एक यकृत रोग है, जिसमें रक्त में पित्त वर्णक अधिक मात्रा में चला जाता है।

हाइड्रोफोबिया या रेबीज (Hydrophobia or Rabies)–यक रोग रैब्डो विषाणु के कारण होता है, जिसका संक्रमण केंद्रीय तंत्रिका तंत्र में होता है। इसका संक्रमण पागल कुत्ते, भेड़िये, लोमड़ी आदि के काटने से होता है।

मेनिनजाइटिस (Meningitis)–इस रोग में मस्तिष्क प्रभावित होता है। मस्तिष्क तथा मेरुरज्जु के ऊपर चढ़ी झिल्ली के नीचे रहने वाले द्रव **सेरिब्रो स्पाइनल द्रव** से संक्रमण होता है।

खसरा (Measles)–इस रोग का कारक मोर्बेली विषाणु है। यह वायु वाहित रोग है। इस रोग के विषाणु नाक से स्राव द्वारा फैलते हैं।

पीत ज्वर (Yellow Fever)–यह रोग सामान्यतः दक्षिणी अमेरिका और अफ्रीका में होता है। इस रोग के विषाणु जंगली जानवरों के शरीर में आश्रय लेते हैं। **हेमोगोगस** और **एडीस** जाति के अनेक मच्छर इस रोग के विषाणु को मनुष्य के शरीर में पहुँचाते हैं। इस रोग में अचानक ज्वर आ जाता है।

प्रोटोजोआ जनित रोग

मलेरिया (Malaria)–यह रोग प्लाज्मोडियम नामक परजीवी प्रोटोजोआ से होता है। **प्लाज्मोडियम**, मादा एनाफ्लीज मच्छर के शरीर में आश्रय लेता है, जिसे यह अपने डंक द्वारा मनुष्य के शरीर में पहुँचाकर उसे रुग्ण कर देता है।

पायरिया–यह एंटअमीबा जिन्जिवेलिस (Entamoeba Gingivalis) नामक **प्रोटोजोआ** के कारण होता है। इसमें मसूढ़ों से पस निकलता है तथा दांतों की जड़ों में घाव हो जाता है।

कालाजार (Kalazar)–यह **लीशमैनियाँ डोमोवानी** (Leishmania domovani) नामक प्रोटोजोआ से फैलता है। इस परजीवी का वाहक **बालू मक्खी** (Sand Fly) है। इसमें रोगी को तेज बुखार आता है।

अन्य रोग

फाइलेरिया (Filaria)–यह रोग अनेक प्रकार के कृमियों के कारण होता है। जिनमें प्रमुख हैं-वऊचेरिया बैंक्रोप्टाई इसकी रोकथाम के लिए सर्वप्रथम मच्छरों को नष्ट करना चाहिए। इसके लिए विरंजक चूर्ण, डी.डी.टी. तथा अन्य कीटनाशी दवाओं का उपयोग किया जाना चाहिए।

स्कर्वी (Scurvy)–यह रोग भोजन में विटामिन C की कमी के कारण उत्पन्न होता है। मसूढ़ों से रक्त का स्राव, दांतों का असमय टूटना, बच्चे के चेहरे और अन्य अंगों में सूजन, पेशाब में रक्त या **एल्ब्यूमिन** का अंश आना आदि इसके लक्षण हैं।

रिकेट्स या सुखण्डी (Rickets)–विटामिन D की कमी के कारण होता है। बच्चों को प्रतिदिन 0.015–0.02 **मिग्रा.** तथा वयस्कों को 0.025 **मिग्रा. विटामिन D** की आवश्यकता होती है।

मधुमेह (Diabetes)–यह अग्न्याशय से सम्बन्धित रोग है, जो इन्सुलिन का पर्याप्त स्राव नहीं होने के कारण होता है।

कैन्सर (Cancer)–कोशिकाओं में असामान्य वृद्धि को कैंसर कहते हैं। कैंसर से शरीर के किसी भी भाग में दर्द न करने वाला पिंड बन जाता है।

पक्षाघात या लकवा (Hemiplegia)–इस रोग में कुछ ही मिनटों में शरीर के आधे भाग को लकवा मार जाता है। इसका कारण अधिक रक्त-दाब के कारण मस्तिष्क की कोई धमनी का फट जाना अथवा मस्तिष्क को अपर्याप्त रक्त की आपूर्ति होना है।

शिजोफ्रेनिया (Schizophrenia)–यह एक मानसिक रोग है, जो प्रायः युवा वर्ग में होता है। ऐसा रोगी कल्पना को ही सत्य समझता है, वास्तविकता को नहीं।

मिर्गी (Epilepsy)–इसे अपस्मार रोग कहते हैं। यह मस्तिष्क के आंतरिक रोगों के कारण होता है। इस रोग में जब दौरा पड़ता है, तो मुंह से झाग निकलता है और मल पेशाब भी निकलता है।

रोग और उनसे प्रभावित होने वाले अंग

रोग	प्रभावित अंग
पोलियो (Poliomyelitis)	केंद्रीय तंत्रिका तंत्र
रेबीज (Rabies or Hydrophobia)	केंद्रीय तंत्रिका तंत्र
कनफेर (Mumps)	लार ग्रंथि (Salivary Glands)
डिफ्थीरिया (Diphtheria)	गला (Throat)
कुकुर खांसी (Whooping Cough)	गला
टिटनेस (Tetanus)	मेरुरज्जु (Spinal cord)
इन्फ्लुएंजा (Influenza)	फुफ्फुस (Lungs)
यकृत शोध (Hepatitis)	यकृत (Liver)
पीत ज्वर (Yellow Fever)	यकृत
ऐन्थ्रेक्स (Anthrax)	फुफ्फुस, बड़ी आंत, त्वचा
टायफायड	बड़ी आंत
हैजा	छोटी आंत
खसरा (Measles)	त्वचा
चेचक	प्रमुखतः त्वचा
ब्यूबोनिक प्लेग (Bubonic Plague)	लसीका ग्रंथि (Lymphatic Glands)
मधुमेह (Diabetes)	वृक्क (Kidney)
पीलिया (Jaundice)	यकृत

जीवाणु जनित रोग

रोग	रोगकारक जीवाणु
एन्थ्रेक्स (Anthrax)	बेसिलस ऐन्थ्रेसिस
आवर्त्ती ज्वर (Relapsing Fever)	ट्रिपोनिया रिकरेटिस
हैजा (Cholera)	वाइब्रियो कॉलेरी
कुष्ठ (Leprosy)	माइको बैक्टीरियम लेप्री
कुकुर खांसी (Whooping Cough)	हीमोफिलस पर्टूयूसिस
उपदंश (आतशक रोग) (Syphlis)	ट्रिपोनीमा पेलिडम
डिफ्थीरिया (Diphtheria)	कोरिने बैक्टीरियम डिफ्थेरी
पेचिश (Dysentry)	शिगेला डिसेन्टरी
निमोनिया (Pneumonia)	डिप्लो कॉकस न्युमोनी
यक्ष्मा (Tuberculosis)	माइक्रो बैक्टीरियम, ट्यूबरकुलोसिस, होमोनिस
टिटनस (Tetanus)	क्लॉस्ट्रीडियम टिटेनाइ
टायफॉयड (Typhoid)	साल्मोनेला टाइफी

विषाणुओं द्वारा होने वाले मानवीय रोग

रोग के नाम	विषाणु का नाम	प्रभावित अंग	लक्षण
पोलियो (Polomyelitis)	पोलियोवायरस (Poliovirus)	तन्त्रिका अंग	हाथ-पैर में लकवा, मांसपेशियों के संकुचन में अवरोध
छोटी माता (Small Pox)	पॉक्सवायरस (Poxvirous-variola)	त्वचा	छोटे-छोटे दानों का पड़ना
बड़ी माता (Chicken Pox)	वैसीसेला (Varicella)	त्वचा	त्वचा पर दाने निकलना
मस्तिष्क ज्वर (Encephalitis)	इन्सेफ्लाइटिस वायरस (Encephalitis Virus)	तंत्रिका तंत्र	ज्वर, अनिद्रा, दृष्टि दोष, बेहोशी, बेचैनी
फ्लू/इन्फ्लूएन्जा (Influenza)	इन्फ्लूएन्जा वायरस	श्वसन तंत्र	ज्वर, पीड़ा, सरदर्द, जुकाम, खांसी
साधारण जुकाम (Common Cold)	रिनो वायरस (Rhino Virus)	श्वसन तंत्र	ज्वर, पीड़ा, सरदर्द, जुकाम, खांसी
चेचक (Measles)	मीजल्स वायरस (Measles Virus)	सम्पूर्ण शरीर विशेषकर चेहरा	फफोले पड़ना, पीड़ा ज्वर, जलन, बेचैनी, हाथ-पांव में दर्द
पीत ज्वर (Yellow Fever)	पीत ज्वर वायरस (Rubeola Yellow Fever Virus)	तंत्रिका तंत्र	ज्वर, तीव्र दर्द
हेपेटाइटिस (Hepatitis)	हेपेटाइटिस वायरस (Hepatitis Virus)	जिगर (Liver)	कमजोरी, ज्वर
गलसुआ (Mumps)	मम्पस वायरस	लार ग्रंथियाँ	लार ग्रंथियों में सूजन, ज्वर, दर्द
रेबीज/हाइड्रोफोबिया (Rabies/Hydrophobia)	रैबीज वायरस	तंत्रिका तंत्र	ज्वर, पीड़ा, बेहोशी, बेचैनी
ट्रेकोमा (Trachoma)	–	आंख	आंखों में सूजन, जलन, पानी बहना
पीलिया (Jaundice)	–	जिगर/यकृत (Liver)	कमजोरी, भूख कम लगना आदि।
आंख उठना (Conjuctivties)	–	तंत्रिका तंत्र	आंखों का लाल होना, पानी आदि।
डेंगू ज्वर (Dengue Fever of Break Bone Fever)	–	तंत्रिका तंत्र	तीव्र ज्वर, बेचैनी, उल्टी (Vomiting)

मनुष्य में प्रोटोजोआ (Protozoans) द्वारा उत्पन्न प्रमुख रोग

रोग का नाम	परजीवी का नाम	प्रभावित अंग	रोग के लक्षण
अमीबायएसिस/दस्त (Amoebiasis)	एंटअमीबा हिस्टोलिटिका (Entamoeba Histolytica)	बड़ी आंत (Colon)	कोलन में सूजन, दस्त के साथ आंव (Mucus) का आना
अतिसार/पेचिश (Diarrhoea)	जिआरडिया लैम्बलिया (Giardia Lambelia)	आंत का अगला भाग	दस्त, सिरदर्द
दस्त (Trichomonus homonis)	ट्राइकोमोनाम होमोनिस	बड़ी आंत का निकलना	बड़ी आंत में सूजन, रक्तस्त्राव, मवाद
पायरिया	एंटअमीबा जिन्जीवैलिस (Pyorrhoea)	दांतों की जड़ें तथा मसूड़े (Entamoeba Gambiense)	मसूड़ों में सूजन, रक्तस्राव, मवाद का निकलना
निद्रारोग (African sleeping sickness or trypanosomasis)	ट्रापैनोसोमा गैम्बियन्स (Trypanosoma Gambiense)	रुधिर केंद्रीय तंत्रिका	तीव्र ज्वर, बेहोशी, रोगी की लम्बी निद्रा
मलेरिया (Malaria)	प्लाज्मोडियम (Plasmodium S.P.)	लाल रक्त कण	ज्वर, सिर दर्द, कमर दर्द
कालाज्वर (Kalazar or Dum-dum Fever)	लीसमैनिया डोनोवानी	रुधिर प्लीहा	प्लीहा तथा यकृत में सूजन

संचारणशील रोगों के प्रतिरक्षीकरण की योजना

रोग का नाम	प्रतिरक्षाकारी कारक	कब दी जानी चाहिए	विधि और मात्रा	प्रभाविता
चेचक	सूखी वैक्सीन	2–3 महीने	(i) खरोंचकर	3 से 5 वर्ष
			(ii) घूर्णी कुन्तिका	
डिप्थीरिया	जीव विषाभ	3–5 महीने एक महीने के अंतराल में 3 मात्राएं	पांचवें से दसवें वर्ष अनुवर्धक (बूस्टर)	
काली खांसी	पर्टुसिस वैक्सीन	3 महीने	एक महीने के अंतराल में 3 मात्राएं	अनुवर्धक की आवश्यकता नहीं
टिटनेस	जीव विषाभ	4–7 वर्ष और 12–15 वर्ष की अवधि में	एक महीने के अंतराल में 2 मात्राएं	क्षति होने पर अनुवर्धक नहीं

पोलियो	(i) साल्क वैक्सीन	दूसरे छह महीने में तीसरे महीने बाद	एक महीने के अंतर से 3 इंजेक्शन	पहली मात्रा 7 महीने बाद अनुवर्धक की जरूरत नहीं
	(ii) सैबीनमुखी बहुसंयोजक वैक्सीन		मुंह द्वारा एक महीने के अंतर से 2 मात्राएँ शिशुओं के लिए 3 मात्राएं	
हैजा	हैजा वैक्सीन	एक वर्ष	एक महीने के अंतर से 2 मात्राएं	6 महीने, 1–2 वर्ष
प्लेग	प्लेग वैक्सीन	एक वर्ष	एक महीने के अंतर से 2 मात्राएं	1 वर्ष
टायफायड	टी.ए.बी. वैक्सीन	एक वर्ष	एक महीने के अंतर से 2 मात्राएं	1 वर्ष

तनों का रूपान्तरण

भूमिगत तने		उत्पादित फसल
कन्द	–	आलू
घनकन्द	–	बन्डा
शल्ककन्द	–	प्याज
प्रकन्द	–	हल्दी, अदरक

मूसला जड़ों का रूपान्तरण

शंकु आकार	–	गाजर
कुम्भी रूप	–	शलजम, चुकन्दर
तर्कु रूपी	–	मूली

पौधों के आवश्यक पोषक तत्व

नाइट्रोजन	–	1.5%
पोटैशियम	–	1%
कैल्शियम	–	0.5%
मैग्नीशियम	–	0.2%
फॉस्फोरस	–	0.2%
सल्फर	–	0.1%

विभिन्न प्रकार की जड़ें

जड़ के प्रकार		उदाहरण
रेशेदार जड़	–	प्याज
पत्तीय जड़	–	चम्पा (प्रोयोफाइलम)
आरोही जड़	–	पान, पोथोम
बटरस जड़	–	हरमिनोलिया
चूषक जड़	–	अमर बेल
श्वसन जड़	–	जूसिया
वायवीय जड़	–	ऑरकिड्स
स्वांगीकृत जड़	–	टिनोस्पोरा

कुछ फल एवं उनके खाने योग्य भाग

फल		खाने योग्य भाग
टमाटर	–	फलभित्ति एवं बीजाण्ड
केला	–	मध्य एवं अंत: भित्ति
गेहूं	–	भ्रूणपोष एवं भ्रूण
काजू	–	पुष्पवृन्द बीजपत्र
लीची	–	एरिल
सेब	–	पुष्पासन
नाशपाती	–	पुष्पासन
आम	–	मध्य फलभित्ति
अमरूद	–	फलभित्ति बीजाण्ड
अंगूर	–	बीजाण्ड फलभित्ति
पपीता	–	मध्य फल भित्ति
नारियल	–	भ्रूणपोष
चना	–	बीजपत्र एवं भ्रूण
कटहल	–	परिदलपुंज एवं बीज
अनन्नास	–	परिदलपुंज
नारंगी	–	जूसी हेयर
मूंगफली	–	बीजपत्र एवं भ्रूण
शहतूत	–	रसीले परिदलपुंज

पत्तियों का रूपान्तरण

प्रकार	संरचना	उदाहरण
प्रतान	तार की तरह घुमावदार	मटर
पर्णकंटक	पत्ती का किनारा नुकीला होता है।	आरजीमोन
फायलोड	पर्णवृत चौड़ी एवं मोटी होती है।	ऑस्ट्रेलिया बबूल
पिचर	कीड़े-मकोड़े को पकड़ने के लिए पत्ती घड़े का रूप ग्रहण करती हैं।	निपेन्थिस
ब्लैडर	पत्तियाँ ब्लैडर के आकार की हो जाती हैं।	यूट्रिकुलेरिया

विभिन्न प्रकार के परागण

प्रकार	कारक	उदाहरण
वायु परागण	हवा	गन्ना, मक्का
एन्टेमोफिली	कीट-पतंग	सरसों
जल परागण	जल	वेलिसनेरिया
जंतु परागण	जन्तु जैसे-चमगादड़ व गिलहरी	बाम्बेक्स सेल्स
ऑरविथोकिली	पक्षी	

द्विबीजपत्री पौधे

कुल का नाम	प्रमुख पौधों का नाम
क्रूसी–फेरी	मूली, शलजम, सरसों
मालवेसी	कपास, भिंडी, गुड़हल
लेग्यूमिनेसी	बबूल, छुईमुई, कत्था, गुलमोहर, अशोक, कचनार, इमली तथा सभी दलहनी फसल
कम्पोजिटी	सूरजमुखी, भृंगराज, गेंदा, कुसुम, सलाद, डहेलिया आदि
रुटेसी	नीबू, चकोतरा, संतरा, मौसम्बी, बेल, कैथा, कामिनी
कुकुरबिटेसी	तरबूज, खरबूजा, टिण्डा, कद्दू, लौकी, खीरा, ककड़ी, परवल, चिचिंडा, करेला
सोलेनेसी	आलू, मिर्च, बैंगन, मकोय, धतूरा, बैलाडोना, टमाटर आदि।
रोजेसी	स्ट्रॉबेरी, सेब, बादाम, नाशपाती

एकबीजपत्री पौधे

कुल का नाम	प्रमुख पौधों का नाम
लिलिएमी	लहसुन, प्याज
पाल्मी	सुपारी, ताड़, नारियल, खजूर
ग्रेमिनसी	गेहूं, मक्का, बांस, गन्ना, चावल, ज्वार, बाजरा, जौ, जई आदि।

प्रश्नमाला

1. दूरदृष्टि दोष से पीड़ित व्यक्ति को कठिनाई होती है–
(a) दूर की वस्तु स्पष्ट देखने में
(b) पास की वस्तु स्पष्ट देखने में
(c) दूर व पास दोनों की वस्तु देखने में
(d) उपरोक्त सभी

2. प्रकाश की गति है–
(a) 9×10^2 मी./से.
(b) 3×10^{11} मी./से.
(c) 3×10^8 मी./से.
(d) 2×10^4 मी./से.

3. एटम में न्यूट्रॉन की खोज किसने की थी?
(a) जे.जे. थॉमसन
(b) चैडविक
(c) रदरफोर्ड
(d) न्यूटन

4. उत्तल लेंस की फोकस की प्रकृति क्या है?
(a) ऋणात्मक
(b) धनात्मक
(c) (a) और (b) दोनों
(d) कोई नहीं

5. पूरक वर्ण का निर्माण कैसे होता है।
(a) समान तरंगदैर्ध्य वाले दो रंगों को मिलाकर
(b) असमान तरंगदैर्ध्य वाले रंगों को मिलाकर
(c) प्राथमिक रंग के मिलाने से
(d) काला एवं सफेद

6. स्कैटिंग करने पर बर्फ के गलनांक में क्या प्रभाव पड़ता है?
(a) गलनांक बढ़ जाता है
(b) गलनांक घट जाता है
(c) शून्य हो जाता है
(d) इनमें से कोई नहीं

7. रेलवे पटरी के बीच में पत्थर क्यों दिया जाता है?
(a) दबाव को कम करने लिए
(b) पानी निकालने के लिए
(c) (a) और (b) दोनों
(d) इनमें से कोई नहीं

8. हवाई जहाज रनवे की ओर क्यों दौड़ता है?
(a) गति बढ़ाने के लिए
(b) अपने पंखे को नियंत्रित करने के लिए
(c) (a) और (b) दोनों
(d) इनमें से कोई नहीं

9. टेलीविजन के सामने पेंसिल को घुमाया जाता है तो अनेक पेंसिल की छाया प्रति नजर आती है–
(a) विद्युत प्रकाश प्रभाव
(b) प्रकाश चुम्बकीय प्रभाव
(c) इलेक्ट्रॉनिक प्रकाश का प्रभाव
(d) फोटो वोल्टिक प्रभाव

10. ट्यूब लाइट में ज्यादा प्रकाश क्यों होता है?
(a) प्रकाश ऊर्जा का तापीय ऊर्जा में परिवर्तन कम होता है।
(b) फिलामेंट नहीं होता है
(c) पारा का वाष्पीय प्रभाव
(d) अन्य कारणों से

11. यांत्रिक मशीन के प्रयोग से कृषि में क्या प्रभाव पड़ता है?
1. उत्पादन बढ़ना
2. उत्पादन घटना
3. बेरोजगारी बढ़ना
4. संसाधनों का कुशलतम प्रयोग
(a) 1, 2, 3 (b) 2, 3, 4
(c) 1, 3, 4 (d) 1 और 3

12. उचित रीति से कटे हीरे की असाधारण चमक का कारण है–
(a) उसमें अति उच्च पारदर्शिता होती है
(b) उसका अति उच्च अपवर्तनांक सूचकांक होता है
(c) वह बहुत कठोर होता है
(d) उसके सुनिश्चित विदलन तल होते हैं

13. प्रकाश की गति किसके बीच जाते हुए न्यूनतम होगी?
(a) काँच (b) निर्वात
(c) जल (d) वायु

14. सामान्यतः स्त्रियों की आवाज का तारत्व (Pitch)–
(a) पुरुष की तुलना में अधिक होता है
(b) पुरुष की तुलना में मामूली होता है
(c) पुरुषों की तुलना में बहुत कम होता है
(d) उतना ही होता है जितना पुरुषों की आवाज का

15. किसी इलेक्ट्रॉनिक घड़ी के समतुल्य पुर्जा होता है–
(a) ट्रांजिस्टर
(b) क्रिस्टलीय दोलित्र
(c) डायोड
(d) सन्तोल चक्र

16. तारे का रंग सूचक है–
(a) सूर्य से दूरी का (b) ज्योति का
(c) पृथ्वी से दूरी का (d) उसके ताप का

17. बादल और वायुमण्डल का तैरना किस कारण होता है?
(a) ताप (b) दाब
(c) समुद्र से दूरी (d) श्यानता

18. पानी में भरी डाट लगी बोतल जमने पर टूट जाएगी, क्योंकि–
(a) जमने पर बोतल सिकुड़ती है
(b) जमने पर बोतल का आयतन घट जाता है
(c) जमने पर पानी का आयतन बढ़ जाता है
(d) काँच ऊष्मा का कुचालक है

19. निम्नलिखित में से कौन धातु-खनिज नहीं है?
(a) हेमेटाइट (b) बॉक्साइट
(c) जिप्सम (d) लिमोनाट

20. एक शुष्क सेल में निम्नलिखित में से किनका इलेक्ट्रोलाइट्स की तरह इस्तेमाल होता है?

(a) अमोनियम क्लोराइड एवं जिंक क्लोराइड
(b) अमोनियम क्लोराइड एवं कैल्शियम क्लोराइड
(c) मैग्नीशियम क्लोराइड एवं जिंक क्लोराइड
(d) सोडियम क्लोराइड एवं जिंक क्लोराइड

21. किसी पिण्ड का अधिकतम भार–

(a) वायु में होगा
(b) जल में होगा
(c) हाइड्रोजन में होगा
(d) निर्वात में होगा

22. डॉक्टरों द्वारा रोगी व्यक्ति के पेट की आन्तरिक परीक्षा हेतु प्रयुक्त अन्तर्दर्शी (एण्डोस्कोप) प्रकाश के-

(a) परावर्तन पर निर्भर है
(b) प्रकीर्णन पर निर्भर है
(c) अपवर्तन पर निर्भर है
(d) पूर्ण आन्तरिक परावर्तन पर निर्भर है

23. 'परम शून्य ताप' क्या है?

(a) किसी भी तापमान पैमाने का आरम्भिक बिन्दु
(b) सैद्धान्तिक रूप से न्यूनतम सम्भव तापमान
(c) वह तापमान जिस पर सभी द्रव पदार्थों के वाष्प जम जाते हैं
(d) वह तापमान जिस पर सभी पदार्थ वाष्पीय प्रावस्था में होते हैं

24. निम्नलिखित में से किनके बीच की औसत दूरी को खगोलीय एकक कहा जाता है?

(a) पृथ्वी तथा सूर्य
(b) पृथ्वी तथा चन्द्रमा
(c) बृहस्पति तथा सूर्य
(d) प्लूटो तथा सूर्य

25. कार में दृश्यावलोकन के लिए किस प्रकार के शीशे का प्रयोग होता है?

(a) अवतल दर्पण
(b) बेलनाकार दर्पण
(c) उत्तल दर्पण
(d) समतल दर्पण

26. हवाई जहाज से यात्रा करते समय पेन से स्याही निकलने लगती है-

(a) वायुदाब में कमी के कारण
(b) वायुदाब में वृद्धि के कारण
(c) स्याही के आयतन में वृद्धि के कारण
(d) अत्यधिक भार के कारण

27. वस्तु की मात्रा बदलने पर अपरिवर्तित रहेगा-

(a) आयतन (b) भार
(c) द्रव्यमान (d) घनत्व

28. अस्त होते समय सूर्य लाल दिखाई देता है-

(a) परावर्तन के कारण
(b) प्रकीर्णन के कारण
(c) अपवर्तन के कारण
(d) विवर्तन के कारण

29. भाप से हाथ अधिक जलता है अपेक्षाकृत उबलते जल से क्योंकि-

(a) भाप में गुप्त ऊष्मा होती है।
(b) भाप शरीर के भीतर घुस जाता है।
(c) भाप में अधिक मारक क्षमता है।
(d) भाप हल्का होता है।

30. दूरबीन का आविष्कार किया था-

(a) गैलीलियो ने (b) गुटिनबर्ग ने
(c) एडीसन ने (d) ग्राहम बेल ने

31. सड़क पर चलने की अपेक्षा बर्फ पर चलना कठिन है क्योंकि-

(a) बर्फ सड़क से सख्त होती हैं।
(b) सड़क बर्फ से सख्त होती है।
(c) जब हम अपने पैर से धक्का देते हैं तो बर्फ कोई प्रतिक्रिया व्यक्त नहीं करती।
(d) बर्फ में सड़क की अपेक्षा घर्षण कम होता है।

32. लोलक घड़ियां गर्मियों में क्यों सुस्त हो जाती हैं?

(a) गर्मियों में दिन लंबे होने के कारण।
(b) कुण्डली में घर्षण के कारण।
(c) लोलक की लंबाई बढ़ जाती है जिससे इकाई दोलन में लगा हुआ समय बढ़ जाता है।
(d) गर्मी में लोलक का भार बढ़ जाता है।

33. वायुमंडल की आपेक्षिक आर्द्रता किससे मापी जाती है?

(a) हाइड्रोमीटर से
(b) हाइग्रोमीटर से
(c) पोटेन्शियोमीटर से
(d) लैक्टोमीटर से

34. जब किसी बोतल में पानी भरा जाता है और उसे जमने दिया जाता है, तो बोतल टूट जाती है, क्योंकि-

(a) पानी जमने पर फैलता है।
(b) बोतल हिमांक पर सिकुड़ती है।
(c) बोतल के बाहर का तापक्रम अंदर से ज्यादा होता है।
(d) पानी गर्म करने पर फैलता है।

35. मृगतृष्णा (Mirage) उदाहरण है-

(a) अपवर्तन का
(b) पूर्ण आन्तरिक परावर्तन का
(c) विक्षेपण का
(d) विवर्तन का

36. खतरे के संकेतों के लिए लाल प्रकाश का प्रयोग किया जाता है, क्योंकि-

(a) इसका प्रकीर्णन सबसे कम होता है।
(b) यह आंखों के लिए आरामदायक है।
(c) इसका सबसे कम रासायनिक प्रभाव होता है।
(d) हवा द्वारा इसका अवशोषण सबसे कम होता है।

37. हीरा चमकदार दिखाई देता है-

(a) परावर्तन के कारण
(b) अपवर्तन के कारण
(c) पूर्ण आन्तरिक परावर्तन के कारण
(d) प्रकीर्णन के कारण

38. सूर्य की ऊर्जा उत्पन्न होती है-

(a) आयनन द्वारा
(b) नाभिकीय संलयन द्वारा
(c) नाभिकीय विखण्डन द्वारा
(d) ऑक्सीकरण द्वारा

39. राडार का प्रयोग किया जाता है-

(a) प्रकाश तरंगों द्वारा वस्तुओं का पता लगाने के लिए
(b) ध्वनि तरंगों को परावर्तित करके वस्तुओं का पता लगाने के लिए
(c) रेडियो तरंगों द्वारा वस्तुओं की उपस्थिति तथा अवस्थिति ज्ञात करने के लिए
(d) वर्षा वाले बादलों का पीछा करने के लिए

40. कार्य का मात्रक है-

(a) जूल (b) न्यूटन
(c) वॉट (d) डाईन

41. पारसेक (PARSEC) इकाई है-

(a) दूरी की
(b) समय की
(c) प्रकाश की
(d) चुम्बकीय बल की

42. निम्न में से कौन सुमेलित नहीं है?

(a) एनीमोमीटर - वायु की चाल
(b) अमीटर - विद्युत धारा
(c) टेकियोमीटर - दाबान्तर
(d) पायरोमीटर - उच्च ताप

43. पाइरोमीटर निम्नांकित के नापने के लिए प्रयोग में लाया जाता है-

(a) वायुदाब
(b) आर्द्रता
(c) उच्च तापमान
(d) भूकम्प की तीव्रता

44. नाभिकीय रिएक्टर और परमाणु बम में यह अंतर है कि-
(a) नाभिकीय रिएक्टर में कोई श्रृंखला अभिक्रियान्वित नहीं होती जबकि परमाणु बम में होती है।
(b) नाभिकीय रिएक्टर में श्रृंखला का अभिक्रियान्वयन नियंत्रित होता है।
(c) नाभिकीय रिएक्टर में श्रृंखला का अभिक्रियान्वयन नियंत्रित नहीं होता है।
(d) परमाणु बम नाभिकीय संलयन पर आधारित है जबकि नाभिकीय रिएक्टर में नाभिकीय विखण्डन होता है।

45. डायनेमो एक युक्ति है जो परिवर्तित करती है–
(a) रासायनिक ऊर्जा को विद्युत ऊर्जा में
(b) विद्युत ऊर्जा को यांत्रिक ऊर्जा में
(c) यांत्रिक ऊर्जा को विद्युत ऊर्जा में
(d) विद्युत ऊर्जा को रासायनिक ऊर्जा में

46. ध्वनि तरंगें-
(a) निर्वात में चल सकती हैं।
(b) केवल ठोस माध्यम में चल सकती हैं।
(c) केवल गैसों में चल सकती हैं।
(d) ठोस तथा गैस दोनों माध्यमों में चल सकती हैं।

47. लम्बाई की न्यूनतम इकाई है-
(a) माइक्रोन
(b) नैनोमीटर
(c) ऐंग्सट्रोन
(d) फर्मीमीटर

48. वर्षा की बूंदें गोलाकार होती हैं, क्योंकि-
(a) वे बहुत ऊंचाई से गिरती हैं।
(b) हवा में प्रतिरोध होता है।
(c) जल में पृष्ठ-तनाव होता है।
(d) उपर्युक्त में से कोई नहीं।

49. विलहेल्म रॉन्टजेन ने आविष्कार किया था-
(a) रेडियो का
(b) एक्स-रे मशीन का
(c) विद्युत बल्ब का
(d) विद्युत मीटर का

50. सूची-I तथा सूची-II को सुमेलित कीजिए तथा सूचियों के नीचे दिए गए कूट से सही उत्तर चुनिए-

सूची-I (भौतिक राशियां)	सूची-II (इकाई)
A. त्वरण	1. जल
B. बल	2. न्यूटन-सेकन्ड
C. कृत कार्य	3. न्यूटन
D. आवेग	4. मीटर/सेकेन्ड^2

कूट:

	A	B	C	D
(a)	1	2	3	4
(b)	2	1	4	3
(c)	4	3	1	2
(d)	3	4	2	1

51. किसी पिण्ड का भार-
(a) पृथ्वी तल पर सब जगह समान होता है।
(b) ध्रुवों पर सर्वाधिक होता है।
(c) विषुवत रेखा पर अधिक होता है।
(d) मैदानों की अपेक्षा पहाड़ों पर अधिक होता है।

52. जब किसी वस्तु को पृथ्वी से चन्द्रमा पर ले जाया जाता है, तो-
(a) उसका भार बढ़ जाता है।
(b) उसका भार घट जाता है।
(c) उसके भार में कोई परिवर्तन नहीं होता है।
(d) वह पूर्ण रूप से भार रहित हो जाती है।

53. गर्म करने से विस्तारण-
(a) केवल ठोस पदार्थ में होता है।
(b) पदार्थ का भार बढ़ा देता है।
(c) पदार्थ का घनत्व घटा देता है।
(d) सभी द्रव्यों और ठोस पदार्थों में समान दर से होता है।

54. गर्मियों में सफेद कपड़े पहनना ज्यादा आरामदेह है, क्योंकि-
(a) वे अपने ऊपर पड़ने वाली सारी ऊष्मा को परावर्तित कर देते हैं।
(b) वे शरीर से स्थानान्तरित होने वाली सारी ऊष्मा को विकिरित कर देते हैं।
(c) वे पसीना सोख लेते हैं।
(d) वे आंखों को शीतलता प्रदान करते हैं।

55. क्षितिज के समीप सूर्य एवं चन्द्रमा के दीर्घवृत्ताकार दिखाई देने का कारण है-
(a) अपवर्तन
(b) प्रकाशकीय भ्रम
(c) व्यातिकरण घटना
(d) उनकी वास्तविक आकृति

56. जिस सिद्धान्त पर ऑप्टिकल फाइबर कार्य करता है, वह है-
(a) पूर्ण आन्तरिक परावर्तन
(b) अपवर्तन
(c) प्रकीर्णन
(d) व्यातिकरण

57. एक किलोवाट घंटा का मान होता है?
(a) 3.6×10^6J (b) 3.6×10^3J
(c) 10^3J (d) 10^5J

58. एक टेलीविजन में दूरस्थ नियंत्रण के लिए किस प्रकार के वैद्युत चुम्बकीय विकिरण का उपयोग किया जाता है?
(a) अवरक्त (b) पराबैंगनी
(c) दृश्य (d) कोई नहीं

59. दूरदृष्टि दोष वाले व्यक्ति के सम्बन्ध में निम्नलिखित कथनों में से कौन-सा एक सही नहीं है?
(a) व्यक्ति दूर के पिंडों को स्पष्टत: देख सकता है।
(b) लेंस का नाभ्यान्तर अधिक होता है।
(c) निकट के पिंडों का प्रतिबिम्ब रेटिना के पीछे फोकस होता है।
(d) इस दोष को ठीक करने के लिए अवतल लेंस का उपयोग किया जाता है।

60. विद्युत बल्ब का तन्तु बना होता है-
(a) तांबा से (b) एल्युमीनियम से
(c) सीसा से (d) टंगस्टन से

61. वाहनों में पृष्ठ दृष्टि दर्पण के रूप में किस दर्पण को प्रयोग में लाया जाता है?
(a) समतल
(b) उत्तल
(c) अवतल
(d) प्रतीपित

62. निम्नलिखित में से कौन-सा सुमेलित नहीं है?
(a) जेम्स वाट : वाष्प का इंजन
(b) ए.जी. बेल : टेलीफोन
(c) जे.एल. बेयर्ड : टेलीविजन
(d) जे. परकिन्स : पेनिसिलिन

63. किसी व्यक्ति का पूरा प्रतिबिम्ब देखने के लिए एक समतल दर्पण की न्यूनतम ऊंचाई होती है-
(a) व्यक्ति की ऊंचाई के बराबर
(b) व्यक्ति की ऊंचाई की आधी
(c) व्यक्ति की ऊंचाई की एक-चौथाई
(d) व्यक्ति की ऊंचाई की दो गुनी

64. लेजर एक युक्ति है, जिसके द्वारा उत्पन्न किया जाता है-
(a) स्वत: विकिरण
(b) वर्ण विक्षेपित विकिरण
(c) प्रकीर्ण विकिरण
(d) उद्दीपित विकिरण

65. मृगमरीचिका का कारण है-
(a) प्रकाश का व्यातकरण
(b) प्रकाश का विवर्तन
(c) प्रकाश का ध्रुवण
(d) प्रकाश का पूर्ण आन्तरिक परावर्तन

66. **प्रकाश का रंग निर्धारित होता है, इसके-**
(a) आयाम से
(b) तरंगदैर्ध्य से
(c) तीव्रता से
(d) वेग से

67. **पराश्रव्य वे ध्वनियां हैं, जिनकी आवृत्ति होती है-**
(a) 20,000 हर्ट्ज से अधिक
(b) 10,000 हर्ट्ज से कम
(c) 1,000 हर्ट्ज के बराबर
(d) उपर्युक्त में से कोई नहीं

68. **टेलीविजन के दूरस्थ नियंत्रण के लिए किस प्रकार के विद्युत चुम्बकीय विकिरण का उपयोग किया जाता है?**
(a) अवरक्त
(b) पराबैंगनी
(c) दृश्य
(d) उपर्युक्त में से कोई नहीं

69. **किसी व्यक्ति का पूरा प्रतिबिम्ब देखने के लिए एक समतल दर्पण की न्यूनतम ऊंचाई होती है-**
(a) व्यक्ति की ऊंचाई के बराबर
(b) व्यक्ति की ऊंचाई की आधी
(c) व्यक्ति की ऊंचाई का एक-चौथाई
(d) व्यक्ति की ऊंचाई की दुगुनी

70. **ध्वनि तरंगें नहीं चल सकती हैं-**
(a) ठोस में
(b) द्रवों में
(c) गैसों में
(d) निर्वात में

71. **भारी जल का रासायनिक फार्मूला है–**
(a) H_2O (b) D_2O
(c) $H_2C\text{-}O_3$ (d) H_2S

72. **निम्नलिखित में कौन-सा सामान्य ताप पर ठोस अवस्था में रहता है?**
(a) क्लोरीन (b) ब्रोमीन
(c) आयोडीन (d) फ्लोरीन

73. **छपाई में प्रयोग की जाने वाली स्याही निम्नलिखित में से किसके अपघटन से प्राप्त होती है?**
(a) एसिटिलीन (b) मीथेन
(c) कार्बन टेड्रा (d) बेन्जीन

74. **LPG गैस में विशेष गंध के लिए क्या मिलाया जाता है?**
(a) सल्फर (b) नाइट्रोजन
(c) ब्रोमीन (d) क्लोरीन

75. **कोबाल्ट किसमें पाया जाता है?**
(a) विटामिन B_6 (b) विटामिन B_{12}
(c) विटामिन E (d) विटामिन D

76. **समुद्र का पानी नमकीन क्यों होता है?**
(a) समुद्र के नीचे नमक की खान होती है
(b) नदी का जल अवसाद के साथ समुद्र में मिलता है
(c) जलीय जीव नमक पैदा करते हैं
(d) नमकीन वातावरण होता है

77. **किस में अम्ल एवं क्षार दोनों के गुण पाए जाते हैं?**
(a) उभयधर्मी (b) आइसोटॉप
(c) आइसोबार (d) कोई नहीं

78. **अम्लीय वर्षा होने का क्या कारण है?**
(a) CO_2 (b) $CO + N_2O$
(c) $SO_2 + NO_2$ (d) CO

79. **किसी रेडियो सक्रिय पदार्थ रेडियम की अर्ध-आयु सोलह सौ वर्ष है, कितने वर्ष रेडियोएक्टिव पदार्थ का 25% अंश बच जाएगा?**
(a) 3200 वर्ष (b) 1/4 वर्ष
(c) 1/8 वर्ष (d) 1/16 वर्ष

80. **मोती के मुख्य अवयव हैं–**
(a) कैल्शियम कार्बोनेट
(b) एरागोनाइट और कांचियोलिन
(c) अमोनियम सल्फेट और सोडियम कार्बोनेट
(d) कैल्शियम ऑक्साइड और अमोनियम क्लोराइड

81. **मोनोजाइट किसका अयस्क है?**
(a) जर्कोनियम (b) थोरियम
(c) टाइटेनियम (d) लौह

82. **लोहे में जंग को रोकने के लिए उपयोग किया जाता है–**
(a) जिंक (b) मैग्नीशियम
(c) क्लोरीन (d) ताँबा

83. **कोबाल्ट-60 आमतौर पर विकिरण चिकित्सा में प्रयुक्त होता है, क्योंकि यह उत्सर्जित करता है–**
(a) अल्फा किरणें (b) बीटा किरणें
(c) गामा किरणें (d) एक्स किरणें

84. **सूखी बर्फ क्या है?**
(a) बिना पानी की ठोस बर्फ
(b) ठोस सल्फर डाइ-ऑक्साइड
(c) ठोस कार्बन मोनोक्साइड
(d) ठोस कार्बन डाइ-ऑक्साइड

85. **बुलेटप्रूफ जैकेट के निर्माण में किस बहुलक पदार्थ का प्रयोग होता है?**
(a) नायलॉन 6.6 (b) रेयॉन
(c) केबलर (d) डेक्रॉन

86. **फलों को कृत्रिम तरीके से पकाने वाली गैस है–**
(a) ईथर (b) अमोनिया
(c) एसिटिलीन (d) एथिलीन

87. **निम्नलिखित कथनों पर विचार कीजिए–**
1. अग्निशामकों में खाने का सोडा (बेकिंग सोडा) प्रयोग में लाया जाता है।
2. शीशे के उत्पादन में बिना बुझा चूना प्रयोग में लाया जाता है
3. प्लास्टर ऑफ पेरिस के उत्पादन में जिप्सम प्रयोग में लाया जाता है।
उपरोक्त कथनों में से कौन-सा/से सही है/हैं?
(a) 1 और 2 (b) 2 और 3
(c) केवल 1 (d) 1, 2 और 3

88. **रसोई गैस किनका मिश्रण है?**
(a) कार्बन मोनोक्साइड और कार्बन डाई-ऑक्साइड
(b) ब्यूटेन और एथिलीन
(c) मिथेन और एथिलीन
(d) कार्बन डाइ-ऑक्साइड और ऑक्सीजन

89. **कृत्रिम रेशम का निम्नलिखित नाम भी है–**
(a) रेयॉन (b) डेक्रॉन
(c) रेशा काँच (d) नाय

90. **वायुमण्डल की कौन-सी परत दूरसंचार प्रणाली के लिए प्रयोग होती है?**
(a) क्षोभमण्डल (परिवर्तन मण्डल)
(b) तापमण्डल
(c) समतापमण्डल
(d) आयनमण्डल

91. **अगर किसी क्षेत्र का लैंडसेट (LANDSAT) आँकड़ा आज मिलता है, तो उसके पश्चिम में स्थित क्षेत्र का आँकड़ा कब उपलब्ध होगा?**
(a) उपग्रह की दूसरी कक्षा के द्वारा उसी दिन
(b) उसी समय (स्थानीय समय के अनुसार) दूसरे दिन
(c) उसी समय (स्थानीय समय के अनुसार) कुछ दिनों बाद
(d) परिवर्तनीय व नियंत्रणीय समय के बाद

92. **प्राकृतिक रबर का बहुलक (Polymer) है-**
(a) एथलीन (b) आइसोप्रिन
(c) एसीटिलीन (d) हैक्सेन

93. **जल का वाष्प में परिवर्तन कहलाता है-**
(a) प्राकृतिक (b) भौतिक
(c) रासायनिक (d) जैविक

94. **पीतल मिश्रण है-**
(a) टिन + चांदी
(b) टिन + जस्ता
(c) टिन + तांबा
(d) जस्ता + तांबा

95. चूना पत्थर का रासायनिक नाम है-
(a) कैल्शियम कार्बोनेट
(b) मैग्नेशियम क्लोराइड
(c) सोडियम क्लोराइड
(d) सोडियम सल्फाइड

96. डीजल इंजन में प्रयुक्त ईंधन है-
(a) डीजल की वाष्प और वायु
(b) केवल डीजल
(c) डीजल और पेट्रोल का मिश्रण
(d) डीजल वायु तथा पेट्रोल का मिश्रण

97. पेन्सिल का लैड है-
(a) ग्रेफाइट
(b) चारकोल (लकड़ी का कोयला)
(c) लैम्प ब्लैक
(d) कोयला

98. न्यूट्रॉन की खोज किसने की?
(a) चैडविक ने (b) रदरफोर्ड ने
(c) बोर ने (d) न्यूटन ने

99. परमाणु के नाभिक में होते हैं-
(a) इलेक्ट्रॉन तथा न्यूट्रॉन
(b) इलेक्ट्रॉन तथा प्रोटॉन
(c) प्रोटॉन तथा न्यूट्रॉन
(d) प्रोटॉन तथा रेडान

100. हरे फलों को कृत्रिम ढंग से पकाने हेतु प्रयुक्त गैस है-
(a) एसीटिलीन
(b) ईथेन
(c) हाइड्रोजन
(d) कॉर्बन-डाइ-ऑक्साइड

101. निम्नांकित कथनों में से कौन-सा सत्य है?
(a) डी.डी.टी. एक रोगाणुनाशक है।
(b) टी.एन.टी. एक कीटनाशक है।
(c) आर.डी.एक्स. एक विस्फोटक है।
(d) एल.एस.डी. एक विषाणुनाशक है।

102. दूध उदाहरण है-
(a) एक श्लिष का
(b) एक पायस का
(c) एक निलम्बन का
(d) एक फेन का

103. कच्ची चीनी को रंगविहीन करने हेतु जिस चारकोल का प्रयोग किया जाता है, वह है-
(a) लकड़ी का चारकोल
(b) चीनी का चारकोल
(c) जन्तु चारकोल
(d) नारियल का चारकोल

104. निम्नलिखित में से कौन-सा विस्फोटक पदार्थ नहीं है?
(a) ट्राई नाइट्रो टाल्यूईन
(b) ट्राई नाइट्रो ग्लिसरीन
(c) साइक्लो-ट्राइमेथिलीन ट्राइनाइट्रेमीन
(d) नाइट्रोक्लोरोफॉर्म

105. इनमें से कौन कोलॉइड नहीं है?
(a) दूध (b) खून
(c) आइसक्रीम (d) शहद

106. धब्बारहित लोहा बनाने में लोहे के साथ प्रयुक्त होने वाली महत्वपूर्ण धातु है-
(a) एल्यूमीनियम (b) क्रोमियम
(c) टिन (d) कार्बन

107. समस्थानिक होते हैं किसी एक ही तत्व के वे परमाणु जिनका-
(a) परमाणु भार समान, परन्तु परमाणु क्रमांक भिन्न होता है।
(b) परमाणु भार भिन्न परन्तु परमाणु क्रमांक समान होता है।
(c) परमाणु क्रमांक तथा परमाणु भार समान होते हैं
(d) उपर्युक्त में से कोई नहीं।

108. सूची-I को सूची-II से सुमेलित कीजिए तथा सूचियों के नीचे दिए गए कूट का प्रयोग करते हुए सही उत्तर चुनिए-

सूची-I	सूची-II
A. खट्टा दूध	1. मैलिक अम्ल
B. सिरका एवं अचार	2. कॉर्बोनिक अम्ल
C. सोडा वाटर एवं अन्य	3. एसीटिक अम्ल शीतल पेय
D. सेब	4. लैक्टिक अम्ल

कूट:

	A	B	C	D
(a)	1	2	3	4
(b)	4	3	1	2
(c)	4	3	2	1
(d)	3	4	2	1

109. वह रेडियो-समस्थानिक जिसे शरीर के परिवहन तंत्र में खून के थक्के पता लगाने हेतु प्रयोग में लाया जाता है, वह है-
(a) आर्सेनिक-74
(b) कोबाल्ट-60
(c) आई-131
(d) सोडियम-24

110. निम्नलिखित में कौन-सा रसायन फल पकाने में सहायता करता है?
(a) इथेफॉन
(b) एट्राजिन
(c) आइसोप्रोटूरान
(d) मैलेथियान

111. स्टेनलेस स्टील बनाने में लोहे के साथ प्रयुक्त होने वाली महत्वपूर्ण धातु है-
(a) कॉर्बन (b) कोबाल्ट
(c) क्रोमियम (d) एल्यूमीनियम

112. फल पकने में सहायक हॉर्मोन है-
(a) जिबरेलिन (b) मार्फेक्टिन
(c) इथिलीन (d) आई.बी.ए.

113. निम्नलिखित में कौन एक अणु-परमाणुक कण नहीं है?
(a) न्यूट्रॉन (b) प्रोटॉन
(c) ड्यूट्रॉन (d) इलेक्ट्रॉन

114. निम्नलिखित में विश्व में कौन सर्वाधिक पाया जाने वाला तत्व है?
(a) हाइड्रोजन (b) ऑक्सीजन
(c) नाइट्रोजन (d) कॉर्बन

115. पॉलीथीन की थैलियों को नष्ट नहीं किया जा सकता, क्योंकि वे बनी होती हैं-
(a) न टूटने वाले अणुओं से
(b) अकार्बनिक यौगिकों से
(c) पॉलीमर से
(d) प्रोटीन से

116. निम्न में से एक का जलीय घोल है-
(a) ऑक्जेलिक अम्ल का
(b) साइट्रिक अम्ल का
(c) हाइड्रोक्लोरिक अम्ल का
(d) एसिटिक अम्ल का

117. सूची-I को सूची-II से सुमेलित कीजिए तथा सूचियों के नीचे दिए गए कूट का उपयोग कर सही उत्तर चुनिए-

सूची-I (प्राकृतिक रूप से प्राप्त पदार्थ)	सूची-II (उपस्थित तत्व)
A. हीरा	1. कैल्सियम
B. संगमरमर	2. सिलिकॉन
C. रेत	3. एल्यूमीनियम
D. रूबी	4. कार्बन

कूट:

	A	B	C	D
(a)	3	1	2	4
(b)	4	2	1	3
(c)	2	1	3	4
(d)	4	1	2	3

118. फोटोग्राफी में प्रयुक्त होने वाला हाइपो विलयन, जलीय विलयन है-
(a) सोडियम थायोसल्फेट का
(b) सोडियम टेट्राथायोनेट का
(c) सोडियम सल्फेट का
(d) अमोनियम सल्फेट का

119. सूची-I को सूची-II से सुमेलित कीजिए तथा नीचे दिए गए कूट से सही उत्तर चुनिए-

सूची-I	सूची-II
A. मॉरफीन	1. ऐंटिसेप्टिक
B. सोडियम	2. मिश्रधातु
C. बोरिक अम्ल	3. ऐनालजेसिक
D. जर्मन सिल्वर	4. केरोसिन तेल

कूट:

	A	B	C	D
(a)	4	3	1	2
(b)	2	4	3	1
(c)	3	1	4	2
(d)	3	4	1	2

120. पीने के पानी को शुद्ध करने के लिए निम्नांकित गैसों में से किसे प्रयोग में लाया जाता है?
(a) सल्फर डाइऑक्साइड
(b) क्लोरीन
(c) फ्लोरीन
(d) कार्बन डाइऑक्साइड

121. कार्क निम्नलिखित में से किस पेड़ से प्राप्त होता है?
(a) डलबर्जिया (b) सिड्रस
(c) क्वैकस (d) आर्जीमोन

122. अंकुरित बीज में क्या होता है?
(a) कार्बोहाइड्रेट
(b) प्रोटीन
(c) उच्च आर्द्रता
(d) इनमें से कोई नहीं

123. निम्नलिखित में से कौन-सी फसल मृदा को नाइट्रोजन से भरपूर कर देती है?
(a) आलू (b) सूरजमुखी
(c) सोरघम (d) मटर

124. यदि खाद्यान्नों को सुरक्षित संग्रह सुनिश्चित करना हो तो कटाई के समय उसका आर्द्रता अंश कितने प्रतिशत से अधिक नहीं होना चाहिए?
(a) 12 % (b) 16 %
(c) 18 % (d) 20 %

125. फलों को कृत्रिम तरीके से पकाने वाली गैस है–
(a) ईथर (b) अमोनिया
(c) एसिटिलीन (d) एथिलीन

126. पादप कोशिका जन्तु कोशिका से किस प्रकार भिन्न होती है?
(a) माइटोकॉण्ड्रिया
(b) कोशिका भित्ति
(c) जीव द्रव्य की उपस्थिति
(d) कोशिका केन्द्रक

127. हाइड्रोफाइट कहते हैं-
(a) एक सामुद्रिक जानवर को
(b) एक जलीय पौधे को
(c) एक पौधीय रोग को
(d) एक जड़रहित पौधे को

128. वृक्ष की आयु वर्षों में निर्धारित की जाती है-
(a) इसके भार द्वारा
(b) इसकी ऊंचाई द्वारा
(c) इसमें वार्षिक वलयों की संख्या के आधार पर
(d) इसकी जड़ों की लंबाई द्वारा

129. हम हल्दी उसके पौधे के किस भाग से पाते हैं?
(a) तना (b) जड़
(c) फल (d) फूल

130. निम्नलिखित गैसों में से कौन प्रकाश-संश्लेषण प्रक्रिया के लिए आवश्यक है?
(a) CO (b) CO_2
(c) N_2 (d) O_2

131. लाइकेन्स सबसे अच्छे सूचक हैं-
(a) वायु प्रदूषण के
(b) जल प्रदूषण के
(c) मृदा प्रदूषण के
(d) ध्वनि प्रदूषण के

132. 'लौंग' है-
(a) तने की गांठ (b) जड़ की गांठें
(c) पत्तियां (d) सूखे फूल

133. निम्न में से कौन-सा पादप हार्मोन है?
(a) इन्सुलिन (b) थायरोक्सिन
(c) इस्ट्रोजन (d) साइटोकाइनिन

134. पेड़-पौधों में 'जाइलम' मुख्यतः जिम्मेदार है-
(a) आहार-वहन के लिए
(b) अमीनो एसिड वहन के लिए
(c) जल वहन के लिए
(d) ऑक्सीजन वहन के लिए

135. मिर्च की तीक्ष्णता का कारण है-
(a) लाइकोपिन की उपस्थिति
(b) कैप्सैइसिन की उपस्थिति
(c) कैरोटीन की उपस्थिति
(d) ऐन्थोसायनिन की उपस्थिति

136. जिस रूप में पौधे नाइट्रोजन प्राप्त करते हैं, वह है-
(a) नाइट्रिक ऑक्साइड
(b) नाइट्रेट
(c) अमोनिया
(d) नाइट्राइड

137. ब्राइट्स रोग शरीर के किस भाग को प्रभावित करता है?
(a) गुर्दा (b) तिल्ली (Spleen)
(c) हृदय (d) यकृत

138. वातोत्पाद (हिस्टीरिया) रोग सामान्यतः किस वर्ग में होता है?
(a) विवाहित महिलाएं
(b) बूढ़ी महिलाएं
(c) जवान महिलाएं
(d) जवान पुरुष, महिलाएं

139. मानव शरीर में रक्त का थक्का किस विटामिन से जमता है?
(a) विटामिन के (b) विटामिन डी
(c) विटामिन ई (d) विटामिन सी

140. मानव शरीर में क्रोमोसोम की संख्या कितनी होती है?
(a) 23 (b) 46
(c) 44 (d) 42

141. किस द्रव के एकत्रित होने पर मांसपेशियां, थकान का अनुभव करने लगती हैं?
(a) लैक्टिक एसिड
(b) पिरुविड एसिड
(c) बेंजोइक एसिड
(d) यूरिक एसिड

142. साधारण मानव में गुणसूत्र होते हैं-
(a) 36 (b) 46
(c) 56 (d) 26

143. सफेद रक्त कण का मुख्य कार्य हैं-
(a) ऑक्सीजन ढोना
(b) कार्बन डाइ-ऑक्साइड ढोना
(c) रोग प्रतिरोधक क्षमता धारण करना
(d) उपर्युक्त में से कोई नहीं

144. विटामिन D का स्रोत है-
(a) नीबू (b) सूर्य की किरणें
(c) संतरा (d) काजू

145. जन्तु विज्ञान (Zoology) अध्ययन करता है-
(a) केवल जीवित जानवरों का
(b) केवल जीवित वनस्पति का
(c) जीवित व मृत जानवरों दोनों का
(d) जीवित व मृत वनस्पति दोनों का

146. पोलियो का वायरस शरीर में प्रवेश करता है-
(a) मच्छर के काटने से
(b) दूषित भोजन तथा जल से
(c) थूक से
(d) कुत्ते के काटने से

147. सर्वदाता वह व्यक्ति है जिसका रुधिर वर्ग होता है-
(a) A (b) B
(c) AB (d) O

148. मनुष्य के अंगों में से, हानिकारक विकिरणों से सबसे कम सुप्रभाव्य अंग है-
(a) आंत (b) हृदय
(c) मस्तिष्क (d) फेफड़ा

149. कोलेस्ट्रॉल है एक-
(a) कीटनाशी (b) विटामिन
(c) स्टेरॉयड (d) एन्जाइम

150. दोषयुक्त वृक्क वाले व्यक्तियों के लिए अपोहन का उपयोग किया जाता है, इसमें निहित प्रक्रम है-
(a) अधिशोषण
(b) परासरण
(c) वैद्युतकण संचलन
(d) सक्रिय गमन

151. मस्तिष्क तथा मेरू रज्जु पर चढ़ी झिल्ली में सूजन आ जाने से होने वाला रोग है-
(a) ल्यूकीमिया (b) पैरालिसिस
(c) स्केलेरोसिस (d) मेनिनजाइटिस

152. साल्क टीका निम्नलिखित में से किस व्याधि से सम्बन्धित है?
(a) चेचक (b) टिटेनस
(c) टी.बी. (d) पोलियो

153. किस शारीरिक प्रक्रम से थ्राम्बिन का संबंध है?
(a) उत्सर्जन
(b) रक्त जमाव
(c) प्रजनन
(d) वृद्धि

154. निम्नलिखित में से कौन स्कर्वी रोग के इलाज में उपयोगी है?
(a) आम (b) पपीता
(c) आंवला (d) बेर

155. मानव शरीर में हीमोग्लोबिन का कार्य है-
(a) ऑक्सीजन का परिवहन करना
(b) जीवाणुओं को नष्ट करना
(c) रक्त अल्पता को रोकना
(d) लौह को उपयोगी बनाना

156. निम्नलिखित में से किस युग्म में सही सुमेल नहीं है?
(a) थायेमीन - बेरी-बेरी
(b) ऐस्कॉर्बिक अम्ल - स्कर्वी
(c) विटामिन A - वर्णांधता
(d) विटामिन K - रक्त जमना

157. ल्यूकेमिया एक प्रकार का कैंसर है, जिसमें असाधारण बढ़ोतरी होती है-
(a) अस्थि कोशिकाओं की संख्या में
(b) प्लेटलेट की संख्या में
(c) लाल रक्त कोशिकाओं की संख्या में
(d) श्वेत रक्त कोशिकाओं की संख्या में

158. मानव रक्ताधान के लिए कौन-सा रक्त समूह सार्वत्रिक दाता (यूनिवर्सल डोनर) होता है?
(a) B^+ समूह (b) O समूह
(c) AB समूह (d) A^+ समूह

159. जल रन्ध्र पाये जाते हैं
(a) पत्ती में
(b) तने में
(c) पुष्प में
(d) जड़ में

160. टमाटर व मिर्च के फूल पहले हरे होते हैं और बाद में लाल हो जाते हैं, क्योंकि-
(a) इनकी फल भित्ति में हरित लवक होते हैं
(b) इनमें वर्णी लवक होते हैं।
(c) इनमें अवर्णी लवक होते हैं।
(d) हरित लवक, वर्णी लवकों में बदल जाते हैं।

161. निम्न में से किस पौधे में फूल नहीं होते हैं?
(a) कटहल (b) गूलर
(c) ऑर्किड (d) फर्न

162. वे पौधे जिनको उगने में मनुष्य की सहायता की आवश्यकता होती है–
(a) कल्टीजन
(b) इन्क्वीलाइनर
(c) भक्षक या भक्षी पौधे
(d) घरेलू पौधे

163. निम्नलिखित में किसमें ऊतक विभेदन पाया जाता है?
(a) ब्रायोफाइटा में
(b) कवक में
(c) सभी शैवाल में
(d) विषाणु में

164. रुधिर के प्लाज्मा में निम्नलिखित में से किसके द्वारा एण्टीबॉडी निर्मित होती है?
(a) मोनोजाइट
(b) लिम्फोसाइट
(c) इयोसिनोफिल
(d) न्यूट्रोफिल

165. हड्डी में क्या नहीं पाया जाता है?
(a) कार्बन (b) कैल्शियम
(c) ऑक्सीजन (d) फॉस्फोरस

166. कोबाल्ट किसमें पाया जाता है?
(a) विटामिन B_6 (b) विटामिन B_{12}
(c) विटामिन E (d) विटामिन D

167. लड़ो और उड़ो हॉर्मोन किसको कहा जाता है?
(a) एस्ट्रेजन
(b) प्रोजोस्ट्रोन
(c) एड्रेनलिन
(d) इनमें से कोई नहीं

168. पोटेशियम की कमी से कौन-सा रोग होता है?
(a) मांसपेशियों में कमजोरी
(b) हड्डी एवं हड्डी जोड़
(c) हृदय रोग
(d) रक्त अल्पता

169. बैलून एंजियोग्राफी का उपयोग किस रोग के निवारण में किया जाता है?
(a) हृदय (b) पक्षाघात
(c) चेचक (d) टी.बी.

170. रिंगवर्म बीमारी किस के कारण से होती है?
(a) कवक (b) अमीबा
(c) हाइड्रो (d) जीवाणु

171. खाना खाने के बाद नींद क्यों आती है–
(a) खाना खाने के बाद मस्तिष्क से खून का संचरण भोजन पाचन के लिए होता है।
(b) उपापचय क्रिया की गति घट जाती है।
(c) क्रियाएं व्यस्त हो जाती है
(d) इनमें से कोई नहीं

172. 'गिनीवार्म' बीमारी किसके कारण होती है?
(a) मांस खाने से
(b) दूषित पानी पीने से
(c) जीवाणु
(d) विषाणु

173. बोतल का दूध पीने वाले बच्चे की तुलना में माँ का दूध पीने वाले बच्चे में निम्नलिखित में से कौन-से विशिष्ट लक्षण होते हैं?
1. वह दीर्घकाय नहीं होगा
2. उसमें रोगों की प्रतिरोधक क्षमता अधिक होगी
3. उसे विटामिन और प्रोटीन अधिक मिलते हैं
4. उसकी लम्बाई में असामान्य वृद्धि होगी
(a) 1, 2 और 3 (b) 1, 2 और 4
(c) 1, 3 और 4 (d) 2, 3 और 4

174. निम्नलिखित प्राणियों में से कौन-सा अपने शरीर में जल का संग्रह कर लेता है?
(a) मोलॉक (b) ऊँट
(c) जेबरा (d) यूरोमैष्टिम्स

175. दूध को पचाने के लिए आवश्यक एन्जाइम रेनिन और लैक्टेस मानव शरीर में कितने वर्ष की आयु में लुप्त हो जाते हैं?
(a) दो वर्ष (b) तीन वर्ष
(c) पाँच वर्ष (d) आठ वर्ष

176. किस प्राणी के प्लाज्मा में हीमोग्लोबिन का विलय हो जाता है?
(a) मेढक (b) मत्स्य
(c) मानव (d) केंचुआ

177. किस विटामिन को हॉर्मोन माना जाता है?
(a) ए (b) बी
(c) सी (d) डी

178. मनुष्य को प्रतिदिन कितनी मात्रा में आयोडीन मिलनी चाहिए?
(a) 25 ग्राम (b) 50 ग्राम
(c) 100 ग्राम (d) 150 ग्राम

179. किस प्राणी के प्लाज्मा में ब्लड सस्पेंडेड होता अथवा बनता है?
(a) मानव (b) मेंढक
(c) इनसेक्ट (d) स्यूडोमोनास

180. पक्षी उड़ने के समय इधर-उधर करने के समय गिरने लगता है जिसे रोकता है–
(a) पंखों को सिकुड़ाकर
(b) पंखों को फैलाकर
(c) पंखों को ऊपर-नीचे कर
(d) हवा के साथ उड़कर

181. मनुष्य के शरीर में रक्त का कौन-सा भाग रोगों का प्रतिरोधक करता है।
(a) आर.बी.सी. (b) डब्ल्यू.बी.सी.
(c) सी. प्लाज्मा (d) वसा

182. श्वसनांग से सम्बन्धित बीमारी सही है–
(a) बेरी-बेरी (b) कोलाइन
(c) अर्थराइटिस (d) इन्फ्लुएंजा

183. किस सूक्ष्मजीव के द्वारा हेपेटाइटिस B की बीमारी होती है?
(a) वायरस
(b) प्रोटोजोआ
(c) बैक्टीरिया
(d) इनमें से कोई नहीं

184. प्लाज्मा में जल का प्रतिशत होता है–
(a) 60% (b) 70%
(c) 80% (d) 90%

185. एक कार्यशील महिला को प्रतिदिन कितना प्रोटीन लेना चाहिए?
(a) 30 ग्राम (b) 37 ग्राम
(c) 40 ग्राम (d) 45 ग्राम

186. निम्न में से कौन-सा जीव अपनी त्वचा से साँस लेता है?
(a) मछली
(b) कबूतर
(c) मेढक
(d) तिलचट्टा

187. रक्त होता है–
(a) एक संयोजी ऊतक
(b) एक उपकलित ऊतक
(c) (a) व (b) दोनों
(d) इनमें से कोई नहीं

188. सूची-I (रोग) को सूची-II (उन्हें उत्पन्न करने वाली कमियाँ) के साथ सुमेलित कीजिए और सूचियों के नीचे दिए गए कूट का प्रयोग कर सही उत्तर चुनिए–

सूची-I (रोग)	सूची-II (उन्हें उत्पन्न करने वाली कमियाँ)
A. सूखा	1. विटामिन D
B. बेरीबेरी	2. विटामिन B_{12}
C. निशान्धता	3. विटामिन ।
D. स्कर्वी	4. विटामिन ब

कूट:

	A	B	C	D
(a)	1	2	3	4
(b)	4	3	2	1
(c)	3	2	1	4

(d) उपरोक्त में से कोई नहीं

189. मानव-शरीर के किस अंग में लसिका-कोशिकाएँ बनती हैं?
(a) यकृत (b) दीर्घ अस्थि
(c) अग्न्याशय (d) तिल्ली

190. मधुसूदनी (इन्सुलिन) अन्तःस्राव (हार्मोन) एक–
(a) ग्लाइकोलिपिड है
(b) वसीय अम्ल है
(c) पेप्टाइड है
(d) स्टेरॉल है

191. AIDS विषाणु के लिए सबसे ज्यादा आजमाई गई दवा है–
(a) जीडोवुडिन (एजीडोथाइमिडीन)
(b) माइक्रोनाजोल
(c) नोनॉक्सिनॉल-9
(d) विराजोल

192. मानव रक्त में अल्कोहल की कितनी प्रतिशत मात्रा मृत्यु का कारण होती है?
(a) 2.0 (b) 3.0
(c) 5.0 (d) 7.0

193. दूध का सफेद रंग होता है–
(a) कैसीन से (b) एल्बुमिन से
(c) लैक्टोज से (d) ग्लोबुलिन से

194. राइबोजाइम्स होते हैं–
(a) डी. एन. ए.
(b) आर. एन. ए.
(c) प्रोटीन्स
(d) इनमें से कोई नहीं

195. मानव शरीर में तापमान को नियंत्रित करता है–
(a) पिट्यूटरी
(b) थायराइड
(c) एड्रीनल
(d) हाइपोथैलेमस

196. डीएनए उपस्थित होता है
(a) केवल केन्द्रक में
(b) केवल सूत्रकणिका में
(c) केवल हरितलवक में
(d) इन सभी में

197. निम्नलिखित में से किसमें भिन्नताएँ उत्पन्न नहीं होती हैं?
(a) अर्धसूत्री विभाजन
(b) क्लोनिंग
(c) पुनर्योजन
(d) उत्परिवर्तन

198. कंकालीय पेशी तन्तुओं के मोटे पेशी सूत्रों में मुख्य प्रोटीन है–
(a) मायोसिन (b) ऐक्टिन
(c) ट्रोपोमायोसिन (d) ट्रोपोनिन

199. वर्गीकरण की उच्चतम इकाई है–
(a) संघ (b) जगत
(c) वर्ग (d) क्रम

200. डबलरोटी की सामान्य फफूँदी है–
(a) यीस्ट (b) म्यूकर
(c) जीवाणु (d) विषाणु

201. मानव शरीर में प्रचुर मात्रा में कौन-सा तत्त्व है?
(a) कार्बन (b) आयरन
(c) नाइट्रोजन (d) ऑक्सीजन

202. आहार में लवण का मुख्य उपयोग है–
(a) जल में भोजन के कणों की विलेयता को बढ़ाना
(b) भोजन में पाचन के लिए अपेक्षित हाइड्रोक्लोरिक एसिड लघु मात्रा में पैदा करना
(c) पकाने की प्रक्रिया को सरल बनाना
(d) भोजन को स्वादिष्ट बनाना

203. पशु प्रोटीन को प्रथम श्रेणी का प्रोटीन माना जाता है, क्योंकि यह-
(a) अनिवार्य अमीनो एसिड में भरपूर होता है।
(b) बाजार में सस्ता होता है।
(c) सुपाच्य होता है।
(d) खाने में स्वादिष्ट होता है।

204. एन्जाइम होते हैं-
(a) सूक्ष्म जीव
(b) प्रोटीन
(c) अकार्बनिक यौगिक
(d) फफूंदी (Molds)

205. लार किसके पाचन में मदद करती है?
(a) वसा (b) स्टार्च
(c) प्रोटीन (d) विटामिन

206. टायफाइड रोग उत्पन्न होता है–
(a) साल्मोनेला टायफी द्वारा
(b) माइकोबैक्टीरियम द्वारा
(c) प्लाज्मोडियम वाइवैक्स द्वारा
(d) ट्रेपीनीमा पैलिडम द्वारा

207. कवकमूल होता है–
(a) शैवालों एवं कवकों का सम्बन्ध
(b) कवकों एवं उच्च पादपों का सम्बन्ध
(c) शैवालों एवं उच्च पादपों का सम्बन्ध
(d) उपरोक्त में से कोई नहीं

208. रुधिर में CO_2 का परिवहन मुख्यतया निम्नलिखित के रूप में होता है–
(a) सोडियम कार्बोनेट
(b) कार्बोक्सी हीमोग्लोबिन
(c) बाइकार्बोनेट
(d) कार्बन डाइऑक्साइड का उसी रूप में

209. विटामिन D की कमी से होने वाले रोग रिकेट्स में, शरीर का कौन-सा अंग प्रभावित होता है?
(a) त्वचा (b) केश
(c) अस्थि (d) रुधिर

210. विटामिन B_{12} में कोबॉल्ट की मौजूदगी को सर्वप्रथम किसके द्वारा सिद्ध किया गया था?
(a) बोरैक्स-बीड परीक्षण
(b) सोडियम नाइट्रोप्रुसाइड परीक्षण
(c) हाइड्रोलिसिस परीक्षण
(d) स्पेक्ट्रोस्कोपी

211. लौह की कमी से कौन-सा रोग होता है?
(a) पोलियो (b) रिकेट्स
(c) स्कर्वी (d) गॉयटर

212. वह धातु कौन-सी है, जो विटामिन B_{12} की एक घटक है?
(a) आयरन (b) मैग्नीशियम
(c) जिंक (d) कोबॉल्ट

213. मानव शरीर में संक्रमण को रोकने में मदद करने वाला विटामिन है-
(a) विटामिन A (b) विटामिन B
(c) विटामिन C (d) विटामिन D

214. शरीर में सबसे बड़ी अंत:स्रावी ग्रंथि निम्न में से कौन-सी है?
(a) अवटु (थायरॉइड)
(b) पराअवटु (पैराथायरॉइड)
(c) अधिवृक्क (एड्रीनल)
(d) पीयूष (पिटयूटरी)

215. जब कोई एकल जीन एक से अधिक लक्षण की अभिव्यक्ति नियंत्रित करता है, तो इसको किस प्रकार कहा जाता है?
(a) परपोषित (b) स्वपोषित
(c) अपररूपी (d) बहुप्रभावी

216. इंसुलिन का आविष्कार किसने किया?
(a) एफ. बेंटिंग (b) एडवर्ड जेनर
(c) रोनाल्ड रॉस (d) एस.ए. वेक्समैन

217. ए.सी.टी. हॉर्मोन स्रावित होता है-
(a) अधिवृक्क वल्कुट से
(b) अधिवृक्क अन्तस्था से
(c) पीयूष ग्रंथि से
(d) पीनियल काय से

218. डायबिटीज मेलिटस किस हॉर्मोन के कम बनने से होती है?
(a) इंसुलिन (b) ग्लुकागोन
(c) थायरॉक्सिन (d) एक्सडाइसोन

219. चेतन (सजीव) जीव का मूल अभिलक्षण निम्नलिखित में से क्या है?
(a) श्वास लेने की क्षमता
(b) प्रजनन की क्षमता
(c) संचालन की क्षमता
(d) खाने की क्षमता

220. श्वसन कैसी प्रक्रिया मानी जाती है?
(a) संश्लेषणात्मक प्रक्रिया
(b) अपचयी प्रक्रिया
(c) आरोही प्रक्रिया
(d) तनुकरण प्रक्रिया

221. कौन-सी नस्ल ज्यादा दूध देने वाली एवं गर्मी बरदाश्त करने वाली है?
(a) कांकरी (b) हरियाणवी
(c) थरवाइड (d) थारपारकर

222. मिट्टी की उर्वरता किस तत्व पर निर्भर करती है–
(a) नाइट्रोजन (b) ऑक्सीजन
(c) कार्बन (d) लोहा

223. सर्वाधिक दूध देने वाली बकरी है–
(a) थारपारकर (b) मेरीनो
(c) जमनापरी (d) पश्मीना

224. निम्नांकित में से कौन-सा उर्वरक मृदा में सर्वाधिक अम्ल छोड़ता है?
(a) यूरिया
(b) अमोनियम सल्फेट
(c) अमोनियम नाइट्रेट
(d) कैल्सियम अमोनियम नाइट्रेट

225. गोल्डन धान अच्छा स्रोत है-
(a) वसा का
(b) प्रोटीन का
(c) विटामिन 'ए' का
(d) विटामिन 'बी' का

226. आम की बीज रहित प्रजाति है-
(a) रत्ना (b) बॉम्बे ग्रीन
(c) कृष्णा भोग (d) सिन्धु

227. 'ललित', जिसकी उन्नत किस्म है, वह है-
(a) आम (b) अमरूद
(c) केला (d) स्ट्रॉबेरी

228. सूक्ष्मजीव, जो बीटी कपास के उत्पादन से सम्बन्धित है, वह है, एक-
(a) फफूंद
(b) जीवाणु
(c) नील हरित शैवाल
(d) विषाणु

229. वर्ष 2011 को पशुओं में होने वाली किस बीमारी के लिए चिन्हित किया गया है?
(a) खुरपका मुंहपका रोग के लिए
(b) रिण्डरपेस्ट के लिए
(c) रैबीज के लिए
(d) काऊपॉक्स के लिए

230. निम्नलिखित में से कौन शक्ति तथा खाद दोनों दे सकता है?
(a) नाभिकीय संयंत्र
(b) तापीय संयंत्र
(c) बायोगैस संयंत्र
(d) हाइड्रोइलेक्ट्रिक संयंत्र

231. भदावरी भैंस का उत्पत्ति स्थान है-
(a) पंजाब (b) हरियाणा
(c) गुजरात (d) उत्तर प्रदेश

232. भारत के गोवंशीय पशुओं में सर्वोत्तम द्विकाजी नस्ल है-
(a) थारपारकर (b) अमृतमहल
(c) हरियाणा (d) काकरेज

233. नील-हरित शैवाल काम करते हैं, इस फसल में-
(a) गेहूँ (b) मक्का
(c) धान (d) मटर

234. निम्नांकित में से कौन अन्तर्वर्ती फसल है?
(a) कपास (b) मूँग
(c) धान (d) गेहूँ

235. जड़ों की वृद्धि में कौन-सा पोषक तत्व सहायक है?
(a) नाइट्रोजन (b) पोटाश
(c) बोरॉन (d) फॉस्फोरस

236. प्रकाश-संश्लेषण के लिए आवश्यक दशायें हैं-
(a) रोशनी और उपयुक्त तापक्रम
(b) क्लोरोफिल और पानी
(c) कार्बन डाईऑक्साइड
(d) उपर्युक्त सभी

237. निम्नलिखित में कौन-सा समूह 'खरीफ फसलों' का है?
(a) धान, ज्वार, बाजरा, चना
(b) मसूर, जौ, ज्वार, मूँगफली
(c) मक्का, तिल, कपास, बाजरा
(d) अलसी, तिल, मसूर, मूँगफली

238. एक ही खेत में एक ही समय में एक से अधिक फसलें उगाने को कहते हैं-
(a) बहुफसली खेती
(b) विशिष्ट खेती
(c) मिश्रित फसलों की खेती
(d) इनमें से कोई नहीं

239. निम्न में विदेशी नस्ल की गाय कौन-सी है?
(a) जर्सी (b) ओंगोले
(c) गाओलाओ (d) कांगायाम

240. रबी की फसलों के विकास के लिए अनुकूलतम तापक्रम क्या होगा?
(a) $16^oC–26^oC$ (b) $26^oC–30^oC$
(c) $30^oC–35^oC$ (d) $35^oC–40^oC$

241. सूक्ष्म भोज्य तत्व हैं-
(a) नाइट्रोजन फास्फोरस, पोटैशियम
(b) कैल्सियम, मैग्नीशियम, गंधक
(c) फास्फोरस, मैग्नीशियम, गंधक
(d) जस्ता, मैंगनीज, कॉपर

242. निम्न में से कौन-सी भारवाही गाय की नस्ल है?
(a) कॉकरेज (b) देवनी
(c) खिल्लारी (d) गिर

243. निम्नलिखित में से कौन खरपतवार नाशी है?
(a) कार्बोफ्यूरान
(b) डाईफ्लूबेजुरॉन
(c) आईसोप्रोट्यूरान
(d) डाईमेक्रान

244. निम्न में से कौन-सी दुधारू नस्ल की गाय है?
(a) मेवाती (b) साहीवाल
(c) मालवी (d) डाँगी

245. भारतीय कृषि अनुसंधान परिषद् की स्थापना हुई-
(a) 1909 में (b) 1919 में
(c) 1929 में (d) 1939 में

246. आपेक्षिक खरपतवार (Relative weeds) होते हैं-
(a) खेत में एक ही फसल के पौधे परन्तु अलग-अलग किस्मों के
(b) खेत में अलग-अलग फसलों के पौधे
(c) फसल क्षेत्रफल में मौसमी खरपतवार
(d) उपरोक्त सभी

247. मृदा का स्थायी गुण (Permanent soil property) है-
(a) उर्वरता अवस्था
(b) पी.एच. मान
(c) मृदा विन्यास
(d) संरचना

248. मृदा में किस तत्व की मात्रा सर्वाधिक होती है?
(a) आक्सीजन (b) सिलीकॉन
(c) आयरन (d) एलुमीनियम

249. धान की खेत में उत्सर्जित होने वाला गैस है-
(a) अमोनिया (b) मीथेन
(c) इथेन (d) प्रोथेन

250. दलहनी फसलें फसल प्रणाली के लिये उपयुक्त होती हैं, वे हैं-
(a) कम समय वाली फसलें
(b) रोगरोधी फसलें
(c) लम्बे समय वाली फसलें
(d) नमी दबावरोधी फसलें

उत्तरमाला

1. (b)	2. (c)	3. (b)	4. (b)	5. (c)	6. (a)	7. (c)	8. (c)	9. (d)	10. (c)
11. (c)	12. (b)	13. (a)	14. (a)	15. (b)	16. (d)	17. (d)	18. (c)	19. (c)	20. (a)
21. (a)	22. (d)	23. (b)	24. (a)	25. (c)	26. (a)	27. (d)	28. (b)	29. (a)	30. (a)
31. (d)	32. (c)	33. (b)	34. (a)	35. (b)	36. (a)	37. (c)	38. (b)	39. (c)	40. (a)
41. (a)	42. (c)	43. (c)	44. (b)	45. (c)	46. (d)	47. (d)	48. (c)	49. (b)	50. (c)
51. (b)	52. (b)	53. (c)	54. (a)	55. (a)	56. (a)	57. (a)	58. (a)	59. (d)	60. (d)
61. (b)	62. (d)	63. (b)	64. (d)	65. (d)	66. (b)	67. (a)	68. (a)	69. (b)	70. (d)
71. (b)	72. (c)	73. (b)	74. (a)	75. (b)	76. (b)	77. (a)	78. (c)	79. (a)	80. (a)
81. (b)	82. (a)	83. (c)	84. (d)	85. (c)	86. (c)	87. (d)	88. (b)	89. (b)	90. (d)
91. (c)	92. (b)	93. (b)	94. (d)	95. (a)	96. (a)	97. (a)	98. (a)	99. (c)	100. (a)
101. (c)	102. (b)	103. (c)	104. (d)	105. (c)	106. (b)	107. (b)	108. (c)	109. (d)	110. (a)
111. (c)	112. (c)	113. (c)	114. (a)	115. (c)	116. (d)	117. (d)	118. (a)	119. (d)	120. (b)
121. (c)	122. (b)	123. (d)	124. (a)	125. (c)	126. (b)	127. (b)	128. (c)	129. (a)	130. (b)
131. (a)	132. (d)	133. (d)	134. (c)	135. (b)	136. (b)	137. (b)	138. (c)	139. (a)	140. (b)
141. (a)	142. (b)	143. (c)	144. (b)	145. (c)	146. (b)	147. (d)	148. (c)	149. (c)	150. (b)
151. (d)	152. (d)	153. (b)	154. (c)	155. (a)	156. (c)	157. (d)	158. (b)	159. (a)	160. (d)
161. (d)	162. (a)	163. (a)	164. (b)	165. (c)	166. (b)	167. (c)	168. (a)	169. (a)	170. (a)
171. (a)	172. (a)	173. (a)	174. (b)	175. (d)	176. (d)	177. (d)	178. (b)	179. (b)	180. (b)
181. (b)	182. (d)	183. (a)	184. (d)	185. (d)	186. (c)	187. (a)	188. (a)	189. (b)	190. (c)
191. (a)	192. (c)	193. (a)	194. (b)	195. (d)	196. (d)	197. (b)	198. (a)	199. (b)	200. (b)
201. (d)	202. (d)	203. (a)	204. (b)	205. (b)	206. (a)	207. (b)	208. (c)	209. (c)	210. (b)
211. (d)	212. (d)	213. (a)	214. (a)	215. (d)	216. (a)	217. (c)	218. (a)	219. (a)	220. (b)
221. (d)	222. (a)	223. (c)	224. (b)	225. (c)	226. (d)	227. (b)	228. (b)	229. (b)	230. (c)
231. (d)	232. (d)	233. (c)	234. (b)	235. (d)	236. (d)	237. (c)	238. (c)	239. (a)	240. (b)
241. (d)	242. (c)	243. (c)	244. (b)	245. (c)	246. (a)	247. (c)	248. (a)	249. (b)	250. (a)

सामान्य जागरूकता

सामान्य जागरूकता

अंतर्राष्ट्रीय संगठन

संयुक्त राष्ट्र संघ

संयुक्त राष्ट्र संघ की स्थापना

- द्वितीय विश्व युद्ध में हुए भीषण नरसंहार के बाद अंतर्राष्ट्रीय सहयोग तथा शान्ति की दिशा में एक महत्वपूर्ण कार्य करना था। पूर्व में (सन् 1919) इसी उद्देश्य से राष्ट्र संघ (League of Nations) की स्थापना की गई थी। जो विफल रही।
- **26 जून, 1945** को सैनफ्रांसिस्को में 50 देशों के प्रतिनिधियों ने संयुक्त राष्ट्र संघ के चार्टर पर हस्ताक्षर किए, जिससे संयुक्त राष्ट्र संघ की स्थापना हुई। हस्ताक्षरकर्ता में से अनेक राष्ट्रों द्वारा संयुक्त राष्ट्र की सदस्यता ग्रहण करने से पूर्व अपने राष्ट्र की संसद की स्वीकृति लेनी आवश्यक थी। यह प्रक्रिया **24 अक्टूबर, 1945** को पूरी हो गई और उसी दिन संयुक्त राष्ट्र संघ की औपचारिक रूप से स्थापना हुई। इसका मुख्यालय न्यूयार्क में स्थित है।

संयुक्त राष्ट्र संघ के उद्देश्य, लक्ष्य तथा सिद्धान्त

उद्देश्य

संयुक्त राष्ट्र संघ के चार्टर की प्रस्तावना के अनुसार इसके निम्नलिखित उद्देश्य हैं–

1. आगामी पीढ़ियों को युद्ध की विभीषिका से बचाना।
2. मूलभूत मानवाधिकारों, मानवीय गरिमा एवं प्रतिष्ठा तथा स्त्री-पुरुष एवं छोटे-बड़े राष्ट्रों के समान अधिकारों में निष्ठा की पुनर्स्थापना।
3. ऐसी परिस्थितियों का निर्माण करना, जिनमें अंतर्राष्ट्रीय न्याय, संधियों तथा अन्य स्रोतों से उत्पन्न प्रतिबद्धताओं के प्रति सम्मान को कायम रखा जा सके।
4. व्यापक स्वतन्त्रता के वातावरण में सामाजिक उन्नति एवं बेहतर जीवन स्तरों को प्रोत्साहित करना।

लक्ष्य

संयुक्त राष्ट्र के चार्टर के प्रथम अनुच्छेद में स्पष्ट किए गए लक्ष्य निम्नलिखित हैं–

1. अंतर्राष्ट्रीय शान्ति व सुरक्षा।
2. समान अधिकार और आत्मनिर्भरता के सिद्धान्त के आधार पर विभिन्न राष्ट्रों के बीच मित्रतापूर्ण भावना विकसित करना।
3. सामाजिक, सांस्कृतिक, आर्थिक व मानव कल्याण संबंधी अंतर्राष्ट्रीय समस्याओं को सुलझाने के लिए अंतर्राष्ट्रीय सहयोग प्राप्त करना।
4. इन उद्देश्यों की पूर्ति के लिए विभिन्न राष्ट्रों के बीच समन्वय स्थापित करने के लिए एक केन्द्रीय संगठन के रूप में कार्य करना।

संयुक्त राष्ट्र द्वारा घोषित प्रमुख वर्ष (2010 या उसके बाद)	
2010	विश्व जैव-विविधता वर्ष अंतर्राष्ट्रीय युवा वर्ष
2011	विश्व वन वर्ष
2012	अंतर्राष्ट्रीय सहकारिता वर्ष
2013	अंतर्राष्ट्रीय जल सहयोग वर्ष
2014	अंतर्राष्ट्रीय पारिवारिक खेती वर्ष
2015	अंतर्राष्ट्रीय मुद्रा वर्ष
2016	अंतर्राष्ट्रीय दलहन वर्ष
2017	सतत पर्यटन विकास के लिए अंतर्राष्ट्रीय वर्ष
2019	स्वदेशी भाषाओं का अंतर्राष्ट्रीय वर्ष
2020	पादप स्वास्थ्य हेतु अंतर्राष्ट्रीय वर्ष
2022	अंतर्राष्ट्रीय मत्स्य पालन और एक्वाकल्चर वर्ष
2024	अंतर्राष्ट्रीय कैमलिड्स वर्ष

संयुक्त राष्ट्र द्वारा घोषित प्रमुख दशक	
2001–10	बच्चों के लिए शांति एवं अहिंसा का अंतर्राष्ट्रीय दशक उपनिवेशवाद समाप्ति दशक, विकासशील देशों विशेषकर अफ्रीका में रोलबैर मलेरिया दशक
2003–12	साक्षरता दशक
2005–15	जीवन के लिए जल हेतु कार्यवाही दशक शिक्षा हेतु धारणीय विकास दशक
2010–20	मरुस्थल एवं मरुस्थलीय के विरुद्ध संघर्ष दशक
2011–20	सड़क सुरक्षा कार्यवाही दशक
2011–20	संयुक्त राष्ट्र जैव विविधता दशक
2011–20	उपनिवेशवाद के उन्मूलन हेतु तीसरा अंतर्राष्ट्रीय दशक
2014–24	संयुक्त राष्ट्र का सभी के लिए सतत् ऊर्जा दशक
2015–24	अफ्रीकी मूल के लोगों के लिए अंतर्राष्ट्रीय दशक
2016–25	पोषण पर कार्रवाई के लिए संयुक्त राष्ट्र दशक
2018–28	सतत् विकास के लिए पानी हेतु कार्रवाई के लिए संयुक्त राष्ट्र दशक
2019-28	पारिवारिक खेती का संयुक्त राष्ट्र दशक
2021-30	सतत विकास के लिए महासागर विज्ञान दशक

संयुक्त राष्ट्र अंतर्राष्ट्रीय सप्ताह	
1 फरवरी - 7 फरवरी	विश्व आपसी सद्भावना सप्ताह
21 मार्च - 27 मार्च	जातीय संघर्ष एकता अंतर्राष्ट्रीय सप्ताह
23 अप्रैल - 29 अप्रैल	संयुक्त राष्ट्र वैश्विक सड़क सुरक्षा सप्ताह

25 मई - 31 मई	एकता का अंतर्राष्ट्रीय सप्ताह
1 अगस्त - 7 अगस्त	विश्व स्तनपान सप्ताह
4 अक्टूबर - 10 अक्टूबर	विश्व अंतरिक्ष सप्ताह
24 अक्टूबर - 30 अक्टूबर	अंतर्राष्ट्रीय निरस्त्रीकरण सप्ताह
11 नवम्बर - 17 नवम्बर	अंतर्राष्ट्रीय विज्ञान और शान्ति सप्ताह

संयुक्त राष्ट्र संघ का ध्वज

नीली पृष्ठभूमि पर एक विश्व मानचित्र, जो जैतून की शाखाओं का हार पहने हुए है। **जैतून की शाखाएँ** विश्व शांति की प्रतीक हैं।

संयुक्त राष्ट्र संघ की सदस्यता

संयुक्त राष्ट्र के संस्थापक सदस्यों की **संख्या 51** थी, जबकि अन्य सदस्यों का चयन चार्टर के अनुच्छेद-4 के तहत् सुरक्षा परिषद् की अनुशंसा पर महासभा द्वारा किया जाता है। वर्तमान में **193** देश इसके सदस्य हैं। 14 जुलाई, 2011 को दक्षिणी सूडान इसका **193वाँ सदस्य** बना। ताइवान तथा वेटिकन सिटी अभी भी इसके सदस्य नहीं हैं। संयुक्त राष्ट्र संघ ने संगठन की सदस्यता के लिए कुछ विनिमय निर्धारित किए हैं, जो इस प्रकार हैं–

- विश्व के वे सभी देश जो शांतिप्रिय हैं, संगठन के चार्टर का सम्मान एवं अनुमोदन करते हैं तथा संगठन के लक्ष्यों की प्राप्ति में अपना सहयोग देना चाहते हैं, इस संगठन के सदस्य बन सकते हैं।
- किसी देश की सदस्यता के लिए सुरक्षा परिषद् प्रस्ताव पेश करेगा, जिसका अनुमोदन महासभा द्वारा किया जाएगा।

संयुक्त राष्ट्र संघ की भाषा

संयुक्त राष्ट्र की आधिकारिक भाषाएँ हैं–अंग्रेजी, रूसी, चीनी, फ्रेंच, स्पेनिश तथा अरबी। अरबी को छोड़कर शेष सभी कार्यकारी भाषाएँ हैं। अंग्रेजी, रूसी, चीनी, फ्रेंच तथा स्पेनिश संयुक्त राष्ट्र संघ की स्थापना के समय से ही इसकी भाषाएँ हैं; जबकि अरबी को महासभा द्वारा वर्ष 1973 में तथा सुरक्षा परिषद् द्वारा वर्ष 1982 में अपनाया गया था।

संयुक्त राष्ट्र संघ की वित्त व्यवस्था

संयुक्त राष्ट्र संघ का खर्च इसके सदस्य देशों द्वारा वहन किया जाता है। संयुक्त राष्ट्र संघ द्वारा यह निर्धारित किया गया है कि सदस्य देश अपनी आय के आधार पर इसका वहन करेंगे, जो अधिकतम **25%** तथा न्यूनतम **0.01%** होगा। संघ का बजट द्विवर्षीय होता है तथा महासभा इसका अनुमोदन करती है।

संयुक्त राष्ट्र संघ के अंग

चार्टर के **अध्याय 3** में **अनुच्छेद 7** के अंतर्गत संयुक्त राष्ट्र संघ के 6 अंग हैं–

1. महासभा–यह संयुक्त राष्ट्रसभा का सबसे महत्वपूर्ण अंग है। संगठन के सभी सदस्य देश इसके सदस्य होते हैं। इसका मुख्यालय न्यूयार्क में स्थित है। इसमें सभी सदस्य देशों को समान मताधिकार दिया गया है। इसका अधिवेशन वर्ष में कम-से-कम एक बार अवश्य होता है, जो सामान्यतः सितम्बर माह के तीसरे मंगलवार से प्रारम्भ होता है। प्रत्येक सदस्य राष्ट्र को एक मत देने का अधिकार है। प्रमुख निर्णयों के लिए दो-तिहाई बहुमत तथा बाकी निर्णयों में सामान्य बहुमत की आवश्यकता होती है। बजट के अतिरिक्त अन्य प्रस्तावों पर सदस्य देशों को अपना मत प्रकट करना अनिवार्य नहीं होता है। यहाँ सभा द्वारा प्रत्येक वार्षिक सत्र के आरम्भ में। नए अध्यक्ष, 21 उपाध्यक्षों तथा 7 मुख्य समितियों के अध्यक्षों को निर्वाचित किया जाता है।

महासभा की समितियाँ–महासभा की 6 प्रमुख समितियाँ निम्न हैं–

1. निःस्त्रीकरण और अंतर्राष्ट्रीय सुरक्षा समिति, **2.** आर्थिक और वित्तीय समिति, **3.** सामाजिक, सांस्कृतिक तथा मानवीय समिति, **4.** न्यास समिति, **5.** प्रशासनिक एवं बजटीय समिति तथा **6.** कानूनी समिति।

महासभा की शक्तियाँ–महासभा की शक्तियाँ निम्नलिखित हैं–

(i) महासभा प्रमुख अंगों के विभिन्न सदस्यों का चुनाव करती है, जैसे–सुरक्षा परिषद् के 10 अस्थाई सदस्य, आर्थिक व सामाजिक परिषद् के 54 सदस्य, न्यास परिषद् के निर्वाचित सदस्य आदि।

(ii) महासभा संयुक्त राष्ट्र के बजट को स्वीकृति देती है।

(iii) महासभा नए सदस्यों को संगठन में प्रवेश देती है।

(iv) महासभा सुरक्षा परिषद् की अनुशंसा या संयुक्त राष्ट्र महासचिव की नियुक्ति करती है।

(v) महासभा शान्ति सभा के संबंध में सुरक्षा परिषद् के उत्तरदायित्वों के निर्वहन में सहायता प्रदान करती है।

2. सुरक्षा परिषद्–सुरक्षा परिषद् की कुल सदस्य संख्या 15 (5 स्थायी और 10 अस्थायी) है। अस्थाई सदस्यों में **5 एशियाई-अफ्रीकी राष्ट्रों से, 2 लैटिन अमेरिका** या **दक्षिण अमेरिका** से, **1 पूर्वी यूरोप** से तथा शेष **2 पश्चिम यूरोप** व अन्य राष्ट्रों से होने चाहिए। सुरक्षा परिषद् के स्थाई सदस्य **अमेरिका, रूस, चीन, फ्रांस** तथा **ब्रिटेन** हैं। अस्थाई सदस्यों का निर्वाचन आम सभा प्रत्येक दो वर्ष पर अपने दो-तिहाई बहुमत से करती है। दो वर्ष की अवधि के बाद अवकाश प्राप्त करने वाले सदस्य अगली अवधि के लिए पुनः चुनाव नहीं लड़ सकते। सुरक्षा परिषद् के प्रत्येक सदस्य का एक मत माना जाता है। अन्तिम निर्णय हेतु सभी पाँच स्थाई सदस्यों की स्वीकृति अनिवार्य होती है। स्थाई सदस्यों को निषेधाधिकार का विशेष अधिकार प्राप्त होता है। यदि कोई स्थाई सदस्य मतदान के समय अनुपस्थित रहता है, तो उसे निषेधाधिकार का प्रयोग नहीं माना जाता है।

सुरक्षा परिषद् के कार्य तथा शक्तियाँ–सुरक्षा परिषद् के कार्य तथा शक्तियाँ निम्नलिखित हैं–

(i) यह किसी विवाद की जाँच कर सकती है तथा इसके समाधान हेतु उपाय बताती है।

(ii) अंतर्राष्ट्रीय विवादों के समाधान हेतु संयुक्त राष्ट्र द्वारा की जाने वाली कार्यवाही का निर्णय करती है।

(iii) सुरक्षा परिषद्, संयुक्त राष्ट्र के सदस्य देशों से शांति व सुरक्षा को खतरा पहुँचाने वाले किसी देश के साथ सभी प्रकार के संबंधों को स्थगित करने के लिए बाध्य कर सकती है।

(iv) सुरक्षा परिषद्, अंतर्राष्ट्रीय न्यायालय के लिए न्यायाधीश की नियुक्ति करती है। इस कार्य हेतु वह महासभा से सहयोग प्राप्त करती है।

(v) सुरक्षा परिषद् शस्त्र नियन्त्रण योजनाओं को अनुशंसा प्रदान करती है।

3. आर्थिक एवं सामाजिक परिषद्–परिषद् में कुल **54 सदस्य देश** हैं। तीन वर्ष के कार्यकाल के लिए इनका चयन महासभा द्वारा किया जाता है। उल्लेखनीय है कि इनमें से **18 सदस्य** (1/3) प्रतिवर्ष सेवानिवृत्त हो जाते हैं। प्रत्येक सदस्य को एक मत देने का अधिकार होता है एवं निर्णय साधारण बहुमत द्वारा किए जाते हैं। इसका मुख्यालय न्यूयार्क में है। परिषद् की सीटें भौगोलिक प्रतिनिधित्व के आधार पर आवंटित की जाती हैं, जिसमें **अफ्रीकी** देशों को **14**ए **एशियाई** देशों को **11**ए **पूर्वी यूरोपीय** देशों के लिए **6**ए **लैटिन अमेरिकी** और **कैरेबियाई** देशों के लिए **10** और **पश्चिमी यूरोपीय** और अन्य देशों के लिए **13** सदस्य सम्मिलित हैं।

सामाजिक एवं आर्थिक परिषद् के क्षेत्रीय आयोग

आयोग	स्थापना वर्ष	मुख्यालय
अफ्रीकी आर्थिक आयोग (ECA)	1958	अदीस अबाबा इथियोपिया
यूरोपीय आर्थिक आयोग (ECE)	1947	जेनेवा (स्विट्जरलैंड)

एशिया प्रशान्त देशों के लिए आर्थिक एवं सामाजिक आयोग (ESCAP)	1947	बैंकॉक (थाइलैंड)
लैटिन अमेरिका एवं कैरीबियन देशों के लिए आर्थिक आयोग (ECLAC)	1948	सेन्टियागो (चिली)
पश्चिम एशिया के लिए आर्थिक व सामाजिक आयोग (ESCWA)	1973	बगदाद (इराक)

4. न्यास परिषद्–अमेरिकी राष्ट्रपति द्वारा प्रस्तुत न्यास प्रणाली का समर्थन चीन, रूस, सहित अन्य देशों ने किया। संयुक्त राष्ट्र संघ ने न्यास प्रणाली के संबंध में चार्टर की **11ए 12ए 13** तथा **76** व **91** धाराओं में उल्लेख किया है।

संरक्षण प्रणाली पराधीन प्रदेशों को अंतर्राष्ट्रीय संरक्षण के अंतर्गत रखने की एक महत्वपूर्ण प्रक्रिया है, चार्टर में इसके उद्देश्य निम्नलिखित बताए गए हैं–**(1)** अंतर्राष्ट्रीय शान्ति व सुरक्षा बढ़ाना; **(2)** संरक्षित प्रदेशों के निवासियों को राजनीतिक, आर्थिक, सामाजिक, शिक्षा में उन्नति देना; **(3)** मौलिक अधिकारों व स्वतन्त्रता को बढ़ावा देना; **(4)** सामाजिक, आर्थिक तथा वाणिज्य संबंधी मामलों में सभी सदस्यों को समानता के व्यवहार का आश्वासन देना।

ट्रस्टीशिप परिषद् में मतदान सामान्यत: बहुमत के आधार पर होता है, जिसमें प्रत्येक सदस्य का एक वोट होता है।

सदस्य देश–सुरक्षा परिषद् के सभी स्थाई सदस्य।

5. अंतर्राष्ट्रीय न्यायालय–4 सितम्बर, 1949 को आयोजित डम्बार्टन ओक्स सम्मेलन, जो कि संयुक्त राष्ट्र संघ के चार्टर के निर्माण से सम्बन्धित था, में एक अंतर्राष्ट्रीय न्यायालय की आवश्यकता पर विचार किया गया। अंतर्राष्ट्रीय न्यायालय संयुक्त राष्ट्र संघ की मुख्य न्यायिक संस्था है। इसका संचालन चार्टर के विभिन्न अंगों के अधिनियम द्वारा किया जाता है।

संगठन–अंतर्राष्ट्रीय न्यायालय में **15 न्यायाधीश** होते हैं। सुरक्षा परिषद् व महासभा में अलग-अलग मतदान में बहुमत के आधार पर न्यायाधीश का चुनाव होता है।

अंतर्राष्ट्रीय न्यायालय के विधान में 15 न्यायाधीशों के अलावा तदर्थ न्यायाधीशों की व्यवस्था भी है।

न्यायाधीशों का चुनाव उनकी राष्ट्रीयता पर निर्भर नहीं करता, वरन् उनकी योग्यता पर आधारित होता है।

संसार की सभी समुचित न्याय प्रणालियों को इसमें प्रतिनिधित्व दिए जाने का प्रयास किया जाता है। एक ही राष्ट्र के दो नागरिक एक अवधि के लिए न्यायाधीश नहीं चुने जा सकते। न्यायाधीशों को **9 वर्ष** के कार्यकाल के लिए चुना जाता है।

मुख्यालय–अंतर्राष्ट्रीय न्यायालय का मुख्यालय हेग (नीदरलैंड) में स्थित है। इसकी भाषा अंग्रेजी एवं फ्रेंच है।

6. सचिवालय–सचिवालय संयुक्त राष्ट्र संघ की अन्य सभी शाखाओं का कार्य करता है। यह उनके द्वारा निर्धारित नीतियों और योजनाओं का प्रशासकीय कार्यालय है। संयुक्त राष्ट्र संघ के दैनिक कार्यों हेतु सचिवालय का मुख्य कार्यालय और विभिन्न क्षेत्रों में कार्य करने वाले उसके अंतर्राष्ट्रीय कार्यकर्ता हैं। ये **कार्यकर्ता 100** से भी अधिक देशों से होते हैं। सचिवालय संयुक्त राष्ट्र संघ का स्थाई अंग हैं। अन्य अंगों के विपरीत इसमें स्थाई सेवाओं के लोग कार्य करते हैं।

सचिवालय के विभाग–सचिवालय को आठ विभागों में बाँटा गया है। प्रत्येक विभाग का अध्यक्ष, एक उप-महासचिव होता है। उप-महासचिव की नियुक्ति महासचिव के द्वारा होती है। जनवरी, 1955 से सात अवर सचिवों की नियुक्ति की गई है। महासचिव और उसके कर्मचारियों का कार्यक्षेत्र संयुक्त राष्ट्र संघ की समस्याओं के अनुरूप होता है। संयुक्त राष्ट्र संघ के कार्यकर्ता समय-समय पर शान्ति बनाए रखने वाली सेनाओं या निरीक्षकों के रूप में उन स्थानों पर नियुक्त होते हैं, जहाँ शान्ति भंग होने का खतरा हो।

महासचिव : कार्य और अधिकार

संयुक्त राष्ट्र संघ सचिवालय का प्रधान महासचिव होता है। वह संयुक्त राष्ट्र संघ का प्रमुख कार्यपालक होता है। अपने व्यापक अधिकारों तथा दायित्वों के कारण यह पद महत्वपूर्ण बन गया है। चार्टर की धारा 97 में महासचिव की नियुक्ति हेतु 'सुरक्षा परिषद् की सलाह पर महासभा द्वारा' प्रावधान है। सन् 1947 के प्रस्तावक आयोग ने महासचिव के कार्यों को निम्नवत् विभाजित किया है–**1.** सामान्य प्रशासन व व्यवस्था, **2.** प्राविधिक कार्य, **3.** वित्तीय कार्य, **4.** सचिवालय के संगठन अथवा प्रशासन संबंधी कार्य, **5.** प्रतिनिध्यात्मक कार्य तथा राजनीतिक कार्य।

संयुक्त राष्ट्र संघ के महासचिव

क्र.सं.	नाम	देश	कार्यकाल
1.	त्रिग्वेली	नार्वे	1946–52
2.	डाग हैमरशेल्ड	स्वीडन	1953–61
3.	यू थॉन्ट	बर्मा	1961–71
4.	कुर्त बाल्दहीम	आस्ट्रिया	1972–81
5.	जेवियर पेरेज द कुइयार	पेरू	1982–91
6.	डॉ. बुतरस घाली	मिस्र	1992–96
7.	कोफी अन्नान	घाना	1997–2006
8.	बान-की-मून	द. कोरिया	2007–16
9.	एंटोनियो गुटेरेस	पुर्तगाल	2017 से अब तक

संयुक्त राष्ट्र संघ के विशिष्ट अभिकरण

नाम	मुख्यालय	स्थापना वर्ष	सदस्य संख्या	उद्देश्य/कार्य
अंतर्राष्ट्रीय पुनर्निर्माण एवं विकास बैंक (IBRD)	वाशिंगटन	1944	189	राष्ट्रों को विकास के लिए आर्थिक मदद देना। युद्ध से प्रभावित देशों को पुनर्निर्माण हेतु सहायता देना और विश्व व्यापार में सन्तुलन लाना।
अंतर्राष्ट्रीय वित्त निगम (IFC)	वाशिंगटन	1956	184	यह विश्व बैंक से सम्बन्धित है। इसके द्वारा आर्थिक विकास को प्रोत्साहन दिया जाता है। विकासशील राज्यों के निजी व्यावसायियों को यह सहायता देता है।
अंतर्राष्ट्रीय विकास अभिकरण (IDA)	वाशिंगटन	1960	173	यह अभिकरण अत्यंत निर्धन तथा अदायगी संतुलन की समस्या से ग्रस्त देशों को, अत्यन्त सेवा भार रकम पर, ब्याज मुक्त ऋण प्रदान करता है। इस अभिकरण द्वारा लम्बी अवधि के लिए ऋण प्रदान किए जाते हैं।

विनियोग संबंधी अंतर्राष्ट्रीय विवाद-समाधान केन्द्र (ICSID)	वाशिंगटन	1966`	153	यह विभिन्न राष्ट्रों तथा उनके नागरिकों के मध्य उत्पन्न हुए निवेश संबंधी विवादों के निपटारे हेतु समझौतों तथा पंच निर्णय (Arbitration) की सहायता देता है, जिससे कि राष्ट्रों के मध्य पारस्परिक विश्वास को क्षति न पहुँचे।
बहुपक्षीय निवेश गारंटी एजेंसी (MIGA)	वाशिंगटन	1988	181	इसका उद्देश्य विकासशील देशों में निवेश को प्रोत्साहित करना, आर्थिक संवृद्धि में सहायता, गरीबी निराकरण एवं लोगों के जीवन स्तर को गुणवत्ता परक बनाना है।
अंतर्राष्ट्रीय मुद्रा कोष (IMF)	वाशिंगटन	1945	189	संगठन का उद्देश्य विश्व के विभिन्न देशों में मुद्रा संबंधी सहयोग बढ़ाना, विनिमय में स्थिरता लाना, अंतर्राष्ट्रीय व्यापार में सुविधा, उत्पादन में वृद्धि करना तथा सदस्य राष्ट्रों को आर्थिक सहायता प्रदान करना इत्यादि।
संयुक्त राष्ट्र औद्योगिक विकास संगठन (UNIDO)	वियना	1966	171	यह संगठन विकासशील देशों में औद्योगिक संवृद्धि की दर को तेज करने में सहयोग देता है।
विश्व व्यापार संगठन (WTO)	जेनेवा	1995	164	बहुपक्षीय व्यापार समझौतों के कार्यान्वयन, प्रशासन परिचालन में मदद करना। यह व्यापार तथा प्रशुल्क संबंधी मामलों के निपटारे के लिए एक उपयुक्त मंच प्रदान करता है।
व्यापार एवं विकास पर संयुक्त राष्ट्र सम्मेलन (UNCTAD)	जेनेवा	1964	195	अल्पविकसित देशों के त्वरित आर्थिक विकास हेतु अंतर्राष्ट्रीय व्यापार को प्रोत्साहित करना, व्यापार व विकास नीतियों का निर्माण तथा क्रियान्वयन करना, व्यापार एवं विकास संबंधी मामलों में संयुक्त राष्ट्र परिवार की विभिन्न संस्थाओं के बीच समन्वय की समीक्षा तथा संवर्द्धन करना। तकनीकी सहयोग कार्यक्रमों द्वारा अल्पविकसित देशों को लाभान्वित करना।
संयुक्त राष्ट्र विकास कार्यक्रम (UNDP)	न्यूयार्क	1965	177	अल्पविकसित देशों द्वारा समान आर्थिक विकास के लिए किए जा रहे प्रयासों को तेज करने हेतु संयुक्त राष्ट्र प्रणाली द्वारा सहयोग देना। यह सम्पूर्ण एशिया, अफ्रीका, लैटिन अमेरिका, अरब जगत एवं यूरोपीय क्षेत्रों में जीवन स्तर में सुधार लाने तथा आर्थिक वृद्धि में तीव्रता लाने में सहयोग देना। प्रतिवर्ष मानव विकास रिपोर्ट प्रकाशित करना।
विश्व डाक संघ (UPU)	बर्न (स्विट्जरलैंड)	1874	192	विश्व डाक सेवाओं में सुधार लाना व उन्हें संगठित करना तथा अंतर्राष्ट्रीय डाक सहयोग के विकास को प्रोत्साहन देना।
विश्व ऋतु विज्ञान संस्था (WMO)	जेनेवा	1950	186	यह संगठन विश्व के ऋतुविज्ञान संबंधी कार्यों को एकरूपता देने और उनका मानवीयकरण करने तथा सुधार लाने के लिए कार्यरत है।
अंतर्राष्ट्रीय सामुद्रिक संगठन (IMO)	लंदन	1959	174 (3 सहायक सदस्य)	यह संगठन समुद्र में नौ-परिवहन के लिए सुरक्षा नियमों का निर्धारण करता है। (नौ-परिवहन क्षेत्र में विभिन्न देशों के अनुचित प्रतिबंधों तथा भेदभावपूर्ण नीतियों के 3 सदस्य) समस्या उन्मूलन में सहयोग करता है।
अंतर्राष्ट्रीय श्रम संगठन (ILO)	जेनेवा	1919	187	संस्था का मुख्य उद्देश्य श्रमिकों का कल्याण व हित साधन है।
संयुक्त राष्ट्र शिक्षा, विज्ञान तथा सांस्कृतिक संगठन (UNESCO)	पेरिस	1945	195 (9 सहायक सदस्य)	यूनेस्को अंतर्राष्ट्रीय जगत में शिक्षा, प्राकृतिक विज्ञान, सामाजिक एवं मानवीय विज्ञान तथा संस्कृति के माध्यम से राष्ट्रों के बीच परस्पर सहयोग के द्वारा शान्ति तथा सद्भाव को प्रोत्साहन देता है।
खाद्य और कृषि संगठन (FAO)	रोम	1945	194	पौष्टिक आहार की व्यवस्था, रहन-सहन के स्तर को ऊँचा उठाना, वन व मत्स्य पालन उद्योग को प्रोत्साहित करना। संस्था के कार्यों में खाद्य व कृषि से सम्बन्धित अनुसंधान, कृषि एवं खाद्य सामग्री पर निरीक्षण, प्राकृतिक संसाधनों का संरक्षण।
अंतर्राष्ट्रीय अणुशक्ति एजेंसी (IAEA)	वियना	1957	165	शांतिपूर्ण कार्यों के लिए अणुशक्ति के उपयोग को प्रोत्साहन देना। किसी भी प्रकार के सैनिकवाद को रोकना।
विश्व स्वास्थ्य संगठन	जेनेवा	1948	194	विश्व के देशों के स्वास्थ्य संबंधी समस्याओं पर आपसी सहयोग एवं मानक विकास करना।
संयुक्त राज्य अंतर्राष्ट्रीय बाल कोष	न्यूयार्क	1946	190	इसका उद्देश्य स्वास्थ्य, पोषण इत्यादि कार्यों के माध्यम से बाल कल्याण में सहयोग करना। दैवी आपदा के समय शिशु व बच्चों की सहायता करना।
विश्व बौद्धिक सभ्यता संगठन (WIPO)	जेनेवा	1967	187	प्रौद्योगिकी हस्तांतरण प्रक्रिया को सरल बनाना, रचनात्मक गतिविधियों को प्रोत्साहन देना, कलात्मक तथा साहित्य के प्रसार द्वारा औद्योगिक एवं सांस्कृतिक विकास को बढ़ावा देना, बौद्धिक सम्पदा संरक्षण में सहायक चालू संधियों एवं समझौतों को स्वीकृति एवं प्रोत्साहन देना, राष्ट्रीय बौद्धिक सम्पदा कानूनों के निर्माण में मदद करना तथा विकासशील देशों को विधिक एवं प्रौद्योगिकी संबंधी सहायता प्रदान करना।

संयुक्त राष्ट्र शरणार्थी उच्चायुक्त (UNHCR)	जेनेवा	1950	94	शरणार्थियों की समस्या का समाधान तथा उनकी सुरक्षा से सम्बन्धित कार्यक्रम चलाना।
संयुक्त राष्ट्र जनसंख्या कोष (UNFPA)	न्यूयार्क	1979	150	जनसंख्या एवं परिवार नियोजन की आवश्यकताओं को पूरा करने की क्षमता बढ़ाना, विकसित एवं विकासशील देशों में जनसंख्या संबंधी समस्याओं के प्रति जागरूकता बढ़ाना एवं जनसंख्या कार्यक्रमों को संचालित करने हेतु संयुक्त राष्ट्र परिवार में नेतृत्वकर्ता की भूमिका निभाना।
अंतर्राष्ट्रीय कृषि विकास कोष (IFAD)	इटली	1977	173	खाद्य उत्पादन, भण्डारण एवं वितरण में वृद्धि करने हेतु प्रयास, कार्यक्रमों एवं परियोजनाओं के वित्त पोषण हेतु निवेश कोषों को विकासशील देशों की ओर उन्मुख करना, कुपोषण घटाना, रोजगार सृजन आदि।

अन्य अंतर्राष्ट्रीय संगठन

नाम	मुख्यालय	स्थापना वर्ष	सदस्य संख्या	उद्देश्य/कार्य
उत्तर अटलांटिक संधि संगठन (NATO)	ब्रूसेल्स (बेल्जियम)	1949	28	आर्थिक क्षेत्र की आवश्यकता व सोवियत संघ द्वारा साम्यवादी प्रसार तथा संयुक्त राष्ट्र संघ की कार्यक्षमता पर अविश्वास था।
राष्ट्रमंडल	लंदन	1949	53	सदस्य राष्ट्रों के बीच आर्थिक, सामाजिक, सांस्कृतिक सहयोग बढ़ाना।
समूह-15 (G-15)	(बेलग्रेड)	1989	17	इसका उद्देश्य अन्य संगठनों के साथ, जैसे 'विश्व व्यापार संघ' एवं 'समूह-8' के देशों के समन्वय क्र विकास करना है।
उत्तर अमेरिकी स्वतन्त्र व्यापार समझौता (NAFTA)	मैक्सिको, ओटावा, वाशिंगटन डी.सी.	1994	3	यूएसए, कनाडा एवं मैक्सिको के बीच वस्तुओं एवं सेवाओं के आदान-प्रदान पर शुल्क हटाना एवं अन्य व्यापार समस्याओं को दूर करना।
यूरोपियन मुक्त व्यापार संगठन (EFTA)	जेनेवा (स्विट्जरलैंड)	1960	4	सदस्य देशों के बीच मुक्त बाजार व्यवस्था बनाना।
अंटार्कटिक संधि	ब्यूनस आयर्स अर्जेन्टीना	1959	50	अंटार्कटिका संधि, अंटार्कटिका में शान्तिपूर्ण उद्देश्यों के लिए वैज्ञानिक अनुसंधान में अंतर्राष्ट्रीय सहयोग का प्रावधान है। अंटार्कटिका समझौता महाद्वीप के असैन्यीकरण, प्रत्येक देश को अन्टार्कटिका में अनुसंधान का अधिकार देता है।
एशियाई विकास बैंक (ADB)	मनीला (फिलीपींस)	1966	67	जरूरतमंद राष्ट्रों को रियायती ब्याज दर पर ऋण उपलब्ध कराना।
एमनेस्टी इंटरनेशनल	लंदन	1961	150	विश्व में मानव अधिकारों की रक्षा तथा उनके प्रति जागरूकता बढ़ाना।
पेट्रोलियम निर्यातक राष्ट्रों का संगठन (OPEC)	वियना (आस्ट्रिया)	1960	12	पेट्रोलियम उत्पादक देशों का हित संवर्द्धन तथा पेट्रोल की कीमतों व नीति का निर्धारण करना।
रेडक्रॉस (ICRC)	जेनेवा	1863	120	युद्ध या प्राकृतिक आपदा के समय पीड़ितों को राहत पहुँचाना।
समूह-77 (G-77)	जेनेवा	1964	134	द. ध्रुव के देशों की आर्थिक भागीदारी हेतु वार्ता आयोजित करना व उनका आर्थिक विकास करना।
अरब तेल निर्यातक देशों का संगठन (OAPEC)	सफत (कुवैत)	1968	10	सदस्य निर्यातक देशों के तेल निर्यात के क्षेत्र में हितों का संवर्द्धन व पारस्परिक सहयोग बढ़ाना।
खाड़ी सहयोग परिषद् (GCC)	रियाद	1981	6	परिषद् के सदस्य देशों में आपसी सहयोग बढ़ाना।
आर्थिक सहयोग एवं विकास संगठन (OECD)	पेरिस	1961	34	विश्व व्यापार को प्रोत्साहन, सदस्य राष्ट्रों के बीच समन्वय व बेहतर आर्थिक संबंध तथा विकासशील देशों की सहायता।
समूह-8 (G-8)		1975	8 (रूस निलंबित)	यह उन विकसित राष्ट्रों का समूह है, जो अपने पारस्परिक हितों, अंतर्राष्ट्रीय राजनीति तथा अर्थव्यवस्था, तृतीय विश्व के देशों की समस्याओं, विश्व शान्ति एवं सुरक्षा तथा विज्ञान एवं तकनीकी के प्रसार आदि विषयों पर विचार-विमर्श करने तथा उसके संबंध में लागू किए जाने वाले कार्यक्रमों की योजना बढ़ाता है।
बिम्सटेक (BIMSTEC)	बैंकाक	1997	7	व्यापार, परिवहन, पर्यटन, संचार, उद्योग, ऊर्जा तथा सूचना तकनीकी के क्षेत्र में सदस्य देशों के मध्य सहयोग को बनाता है।
इंटरपोल (Interpol)	लियांस (फ्रांस)	1923	190	अंतर्राष्ट्रीय संगठित अपराधों पर नियन्त्रण रखना तथा कानूनों एवं मानवाधिकारों की रक्षक संस्थाओं की स्थापना एवं उन्हें सहयोग प्रदान करना।
समूह-10 (G-10)	पेरिस (फ्रांस)	1962	11	पश्चिमी राष्ट्रों में परस्पर आर्थिक संबंध सुदृढ़ करना।
समूह-24 (G-24)		1971	24	विश्व बैंक एवं अंतर्राष्ट्रीय मुद्राकोष में विकासशील देशों के हितों के संवर्द्धन हेतु पक्षों को प्रस्तुत करना। मौद्रिक एवं वित्तीय विकास विषयों पर विकासशील देशों से सामंजस्य बनाना।

हिमतक्षेस (Indian Ocean Rion Association)	सचिवालय पोर्ट लुईस (मॉरीशस)	1997	20	क्षेत्रीय सहयोग तथा अंतर्महाद्वीपीय व्यापार में तीव्रता लाने हेतु पोर्ट लुईस (मॉरीशस) स्थित यह संघ हिन्द महासागर के तीनों प्रायद्वीपों एशिया, अफ्रीका एवं ऑस्ट्रेलिया को एक मंच पर लाता है। विकासात्मक तटस्थतापूर्ण पंचशील सिद्धान्त पर क्षेत्रीय सहयोग इसका प्रमुख उद्देश्य है।
अंतर्राष्ट्रीय निर्णयों का बैंक (BIS)	बेसेल (स्विट्जरलैंड)	1930	60	यह केन्द्रीय बैंकों के मध्य पारस्परिक सहयोग को बढ़ावा देने, अंतर्राष्ट्रीय वित्तीय सुविधाएँ प्रदान करने तथा अंतर्राष्ट्रीय वित्तीय निर्णयों के एजेंट के रूप में कार्य करता है।
बेनेलक्स (Benelux Union)	ब्रूसेल्स (बेल्जियम)	1948	3	सदस्य राष्ट्रों के बीच परस्पर व्यापारिक सहयोग बढ़ाना।
यूरोपीय परमाणु ऊर्जा समुदाय (EAEC/ Euratom)	ब्रूसेल्स (बेल्जियम)	1958	28	नाभिकीय ऊर्जा का शान्तिपूर्ण उद्देश्यों के लिए प्रयोग करना तथा उनके विकास के लिए सामूहिक रूप से प्रयास करना।

प्रसिद्ध व्यक्ति

- **अल्फ्रेड बर्नार्ड नोबेल (1833–96)**–स्वीडन के धनी उद्योगपति और वैज्ञानिक **अल्फ्रेड नोबेल** ने विस्फोटक **डायनामाइट** का आविष्कार किया। नोबेल को 'स्वीडिश नार्थ स्टार' व 'फ्रेंच ऑर्डर' से सम्मानित किया गया। डायनामाइट के आविष्कार से रॉयल्टी के रूप में प्राप्त धन से एक ट्रस्ट की स्थापना की गई, जो शान्ति, भौतिकी, रसायन, शरीर क्रिया-विज्ञान, साहित्य व अर्थशास्त्र के क्षेत्र में 'नोबेल पुरस्कार' प्रदान करती है।
- **अब्राहम लिंकन (1809–65)**–अमेरिका के **16वें राष्ट्रपति लिंकन** लोकतंत्र के प्रबल समर्थक व दास प्रथा के उन्मूलनकर्ता थे। वर्ष 1864 में दोबारा राष्ट्रपति चुने गए। 1865 में उनकी हत्या कर दी गई।
- **अल्बर्ट आइंस्टीन (1879–1955)**–जर्मनी में जन्मे अमेरिकी मूल के भौतिक विज्ञानी अल्बर्ट आइंस्टीन को भौतिकी के क्षेत्र में उनके योगदान व प्रकाश विद्युत प्रभाव (Photo-electric Effect) के लिए वर्ष 1921 का भौतिकी नोबेल पुरस्कार दिया गया। उन्होंने **सापेक्षता सिद्धान्त** दिया तथा ऊर्जा व द्रव्यमान में संबंध ($E = mc^2$) स्थापित करने वाला महत्वपूर्ण समीकरण भी दिया।
- **इत्सिंग (675 ई.)**–प्रसिद्ध चीनी यात्री एवं भिक्षु, जिन्होंने सुमात्रा होते हुए समुद्री यात्रा कर भारत में प्रसिद्ध नालंदा विश्वविद्यालय में 10 वर्षों तक बौद्ध एवं संस्कृत धर्म ग्रंथों का अध्ययन किया।
- **एडम स्मिथ (1723–90)**–विश्व प्रसिद्ध अर्थशास्त्री एडम स्मिथ ने अर्थशास्त्र के क्षेत्र में महत्वपूर्ण सिद्धान्तों का प्रतिपादन किया। ये **'एन इन्क्वायरी इनटू द कॉजेज ऑफ पॉवर्टी'** (An Enquiry into the Causes of Poverty) व **'वेल्थ ऑफ नेशन्स'** (Wealth of Nations) के लेखक हैं।
- **ओलिवर गोल्ड स्मिथ (1728–74)**–आयरलैंड के प्रसिद्ध उपन्यासकार, कवि, नाटककार व निबन्धकार ने **'द ट्रैवलर' (The Traveller)**, 'द डेजर्टेड विलेज' (The Deserted Village), 'द वाइकर ऑफ वेक फील्ड', 'सी स्टूप्स टू कॉर्नर' आदि प्रसिद्ध रचनायें लिखीं।
- **ओलिवर क्रामवेल (1599–1658)**–इंग्लैंड के प्रमुख सैनिक व राजनीतिज्ञ, जिन्होंने ब्रिटेन में राष्ट्रमण्डल की स्थापना की और **'लॉर्ड प्रोटेक्टर'** (Lord Protector) की उपाधि धारण की।
- **क्लीमेंट रिचर्ड एटली (1883–1967)**–क्लीमेंट रिचर्ड एटली ब्रिटेन में लेबर पार्टी की सरकार में वर्ष 1945 से 1951 तक प्रधानमन्त्री रहे। इनके समय में ही भारत आजाद हुआ था।
- **क्रिस्टोफर कोलम्बस (1446–1506)**–इटली के प्रसिद्ध नाविक कोलंबस एक साहसी नाविक थे। इन्होंने कई बार विश्व के विभिन्न हिस्सों की समुद्री यात्रा की। इन्होंने ही अमेरिका, क्यूबा व वेस्टइंडीज की खोज की।
- **कार्ल मार्क्स (1818–83)**–साम्यवाद की स्थापना के लिए मार्क्स का सिद्धान्त 'मार्क्सवाद' के रूप में विश्व प्रसिद्ध है। जर्मनी के महान् दार्शनिक मार्क्स ने समानता पर आधारित समाज का नया सिद्धान्त विश्व को दिया और समाजवाद की वैज्ञानिक व्याख्या की। इन्होंने **'दास कैपीटल'** व एंजिल्स के साथ मिलकर **'कम्युनिस्ट मेनिफेस्टो'** की रचना की।
- **कैप्टन रोआल्ट अमंडसेन (1872–1928)**–नार्वे के **महान अन्वेषक एवं नाविक थे।** इन्हें दक्षिणी ध्रुव पर पहुँचने वाले प्रथम व्यक्ति होने का गौरव हासिल है।
- **कैप्टन जेम्स कुक (1672–1779)**–इंग्लैंड के प्रसिद्ध नाविक, जिन्होंने **हवाई द्वीप** (सैंडविच द्वीप समूह) की खोज की थी। हवाई द्वीप के मूल निवासियों द्वारा इनकी हत्या कर दी गई। इनका प्रसिद्ध यात्रा विवरण **'वोयेजेज राउंड द वर्ल्ड'** है।
- **गैलिली गैलिलियो (1554–1642)**–आधुनिक प्रयोगात्मक विज्ञान के संस्थापक गैलिली गैलिलियो इटली के प्रसिद्ध भौतिक विज्ञानी व खगोलशास्त्री थे। गैलिलियो ने पहली बार अपवर्तन दूरदर्शी का प्रयोग किया था।
- **गुन्नार मिर्डल (1898–1987)**–प्रमुख अर्थशास्त्री, जिन्होंने स्वीडन के **कल्याणकारी** राज्य के परिप्रेक्ष्य में संयुक्त राज्य अमेरिका एवं विश्व के विकासशील देशों के निर्धनों के बारे में प्रामाणिक लेखन किया। **'एशियन ड्रामा'** तथा **'ऐन अमेरिकन डाइलेमा'** इनकी प्रसिद्ध रचनाएँ हैं। इन्हें वर्ष 1974 में अर्थशास्त्र के नोबेल पुरस्कार से सम्मानित किया गया।
- **चॉर्ल्स रॉबर्ट डार्विन (1809–82)**–डार्विन ने **'प्राकृतिक वरण'** (Natural Selection) का जैव विकास सिद्धान्त प्रतिपादित किया। **इन्होंने 'बीगल'** नामक जलपोत में रहकर अपना अनुसंधान कार्य व सर्वेक्षण किया। अपनी पुस्तक **'ऑन द ओरीजन ऑफ स्पीसीज, बाई मीन्स ऑफ नेचुरल सेलेक्सन'** (On the Origin of Species by Means of Natural Selection) में जैव विकास को समझाया। डार्विन ने एक अन्य पुस्तक 'दि डीसेन्टी ऑफ मैन' (The Desenti of Man) भी लिखी।
- **चार्ल्स स्पेंसर चैपलिन 'चार्ली चैपलिन' (1887–1977)**–हॉलीवुड के विश्व प्रसिद्ध हास्य कलाकार। इनका जन्म इंग्लैंड में हुआ था तथा ये **स्विट्जरलैंड** में बस गए थे। वर्ष 1954 में इन्हें **लेनिन शांति** पुरस्कार से सम्मानित किया गया था। ब्रिटेन की महारानी ने इन्हें वर्ष 1975 में 'नाइटहुड' की उपाधि से अलंकृत किया।
- **जॉन मिल्टन (1608–74)–'पैराडाइज लॉस्ट'** व **'पैराडाइज रीगेन्ड' महाकाव्यों** के लेखक जॉन मिल्टन इंग्लैंड के प्रसिद्ध लेखक थे।
- **जोसिफ ब्रॉज टीटो (1892–1980)–यूगोस्लाविया** के प्रखर क्रांतिकारी एवं **साम्यवादी** नेता, जिन्होंने जवाहरलाल नेहरू तथा कर्नल नासिर के साथ मिलकर **गुट निरपेक्ष आन्दोलन** की स्थापना की।
- **फर्डीनेड डि लैसेप्स (1805–94)**–फ्रांस के प्रसिद्ध इंजीनियर, जिनके निरीक्षण में स्वेज नहर का निर्माण कार्य सम्पन्न हुआ।
- **फ्रैंकोइस बर्नियर**–प्रमुख फ्रांसीसी यात्री, जिसने भारत की यात्रा की। अपने भारत प्रवास के दौरान मुगल सम्राट औरंगजेब के वैद्य के रूप में कार्य किया।
- **फेडरिको फिलिनी (1920–93)**–इटली के विख्यात फिल्म निर्माता-निर्देशक, जिन्होंने द्वितीय विश्व युद्ध के बाद (एट एंड हाफ) 'ला डोल्स वीटा', 'ला स्त्राडा' आदि अनेक उत्कृष्ट फिल्में प्रस्तुत कीं। फिल्मों में विशेष योगदान के लिए इन्हें ऑस्कर पुरस्कार से सम्मानित किया गया।

- **जॉन कैनेडी (1917–63)**–सं. राज्य अमेरिका के प्रथम कैथोलिक राष्ट्रपति। इन्होंने अमेरिका में बसे अश्वेत लोगों को समान नागरिक अधिकार देने की घोषणा की, जिसके कारण इनकी हत्या कर दी गई।
- **जे. बी. प्रीस्टले**–ब्रिटेन के **सुप्रसिद्ध लेखक**, जिनकी गणना विश्व के सामाजिक सचेतक एवं बहुप्रतिष्ठित के रूप में की जाती है। 'द गुड कंपेनियंस', 'एंजेल : इंस्पेक्टर काल्स' आदि इनकी प्रसिद्ध कृतियाँ हैं।
- **डैग. एस. हैमरशोल्ड (1905–61)**–संयुक्त राष्ट्र संघ की महासभा के महासचिव हैमरशोल्ड को मरणोपरांत नोबेल पुरस्कार से सम्मानित किया गया। वर्ष 1961 में इनकी कांगो जाते वक्त विमान दुर्घटना में मृत्यु हो गई थी। ये स्विट्जरलैंड के नागरिक थे और वर्ष 1953 में संयुक्त राष्ट्र संघ की महासभा के महासचिव बने।
- **डब्ल्यू. ए. मोजार्ट (1756–91)**–ये आस्ट्रिया के **प्रख्यात संगीतज्ञ** थे। डब्ल्यू. ए. मोजार्ट को सबसे प्रबुद्ध संगीतज्ञ के रूप में याद किया जाता है।
- **डॅवाइट डेविड आइजनहावर (1890–1969)**–द्वितीय विश्वयुद्ध में मित्र राष्ट्रों की सेना के कमांडर **डेविड आइजनहावर** विश्वयुद्ध के बाद संयुक्त राज्य अमेरिका के राष्ट्रपति बने।
- **तैमूर लंग (1336–1405)**–प्रसिद्ध तुर्की शासक, जिसने वर्ष 1398 में भारत पर आक्रमण कर दिल्ली में भयंकर लूट-पाट की।
- **थामस अल्वा एडिसन (1847–1931)**–अमेरिकी आविष्कारक **एडिसन, विद्युत बल्ब, फोटोग्राफ, कार्बन टेलीफोन ट्रांसमीटर** के आविष्कारक थे। इनको इनकी विलक्षण प्रतिभा के लिए 'विजाई ऑफ मैनलो पार्क' उपाधि प्रदान की गई।
- **नेपोलियन बोनापार्ट (1769–1821)**–बोनापार्ट का जन्म **कार्सिका** में **वर्ष 1769** में हुआ। फ्रांस सरकार का तख्ता पलट देने के बाद वर्ष 1804 में जनमत द्वारा सम्राट बना। इसे **'लिटिल कारपोरेल'** व 'मैन ऑफ डेस्टनी' के उपनामों से भी पुकारा जाता है। रूस, इंग्लैंड, आस्ट्रिया आदि पर विजय प्राप्त की, किंतु वर्ष 1815 में वाटरलू के युद्ध में ड्यूक ऑफ वेलिंग्टन से पराजित होना पड़ा। नेपोलियन को **सेंट हेलेना** में निष्कासित कर दिया गया, जहाँ 1821 में इसकी मृत्यु हो गई।
- **निकोलो मैक्यावेली (1467–1527)**–इटली के प्रसिद्ध राजनयिक इतिहासकार, **'द प्रिंस'** एवं **'डिसकोर्सेज'** नामक दो राजनीतिक ग्रंथों की रचना की।
- **पाइथागोरस (582–500 ई.पू.)–पाइथागोरस** ईसा पूर्व के महान गणितज्ञ एवं दार्शनिक थे। इनकी प्रमेय आज भी प्रासंगिक है।
- **पर्ल एस. बंक (1892–1973)**–संयुक्त राज्य अमेरिका की प्रसिद्ध **महिला साहित्यकार**। 'द गुड अर्थ', **'हाउस डिवाइडेड'**, 'द पैट्रियट' इनकी प्रसिद्ध रचनाएँ हैं। इन्हें वर्ष 1930 के साहित्य के नोबेल पुरस्कार तथा वर्ष 1932 के पुलित्जर पुरस्कार से सम्मानित किया गया।
- **प्लूटो (428 ई.पू.–347 ई.पू.)**–यूनान में जन्मे प्रसिद्ध **दार्शनिक प्लूटो सुकरात** के शिष्य तथा **अरस्तु** के गुरु थे। ये राजनीतिक चिन्तक व दार्शनिक न्याय के समर्थक थे। इन्होंने सुकरात के विचारों को जीवित बनाए रखा।
- **बेडेन पावेल (1857–1941)**–1899 के बोअर युद्ध का एक सामान्य सैनिक, जिसने युद्ध में घायल सैनिकों की **सेवा-सुश्रूषा** की। इन्होंने वर्ष 1908 में 'ब्वायज-स्काउट्स' और वर्ष 1910 में 'गर्ल्स-गाइड्स' की स्थापना की थी।
- **बिस्मार्क (1815–98)–जर्मन साम्राज्य** के संस्थापक एवं विख्यात राजनीतिज्ञ। इनकी रक्त एवं लौह (ब्लड एण्ड आयरन) नीति के कारण, इन्हें याद किया जाता है।
- **बेंजामिन डिजरायली (1804–81)–इंग्लैंड** की महारानी विक्टोरिया के समकालीन एवं उनके प्रमुख विश्वासपात्र थे। ये इंग्लैंड के प्रधानमन्त्री बने। इनके समय में ही स्वेज नहर पर ब्रिटेन का प्रभुत्व स्थापित हुआ।
- **बर्ट्रेंड रसेल (1872–1970)**–इंग्लैंड के प्रसिद्ध **गणितज्ञ एवं दार्शनिक**, जिन्हें वर्ष 1950 में साहित्य का **नोबेल पुरस्कार** मिला। 'प्रिंसिपल्स ऑफ मैथेमेटिक्स', 'प्राब्लम्स ऑफ फिलॉस्की', 'गैरिज एण्ड मॉरेल्स' इनकी प्रसिद्ध रचनाएँ हैं।
- **बार्थोलोम्यू डियाज (1450–1500)**–पुर्तगाल का **प्रसिद्ध नाविक**, जिसने अफ्रीका के द. पूर्वी तट पर स्थित 'केप ऑफ गुड होप' (उत्तमाशा अंतरीप) की खोज की।
- **मुहम्मद साहब (570–632 ई.पू.)**–इस्लाम धर्म के संस्थापक, जिनका जन्म मक्का में हुआ था। इन्होंने **'एकेश्वरवाद'** (ईश्वर एक है) की शिक्षा दी।
- **मैक्समूलर (1823–1900)**–जर्मनी के सपूत **मैक्समूलर** अपने समय के विख्यात प्राच्यविद्, संस्कृत के प्रकाण्ड पंडित एवं तुलनात्मक भाषा विज्ञान के सुप्रसिद्ध ज्ञाता थे। इन्होंने **ऋग्वेद** का **जर्मन भाषा** में अनुवाद तथा सम्पादन किया। 'संस्कृत साहित्य का इतिहास', **'सैक्रेड बुक्स ऑफ दि ईस्ट'**, 'इंट्रोडक्शन टू द साइंस ऑफ रिलीजन' तथा 'साइंस ऑफ लैंग्वेज' इनके द्वारा रचित प्रसिद्ध ग्रंथ हैं।
- **रोनाल्ड रॉस (1857–1932)**–भारत में जन्मे ब्रिटिश **चिकित्सक रॉस** को उनके मलेरिया रोग पर उत्कृष्ट शोध के लिए वर्ष 1902 का चिकित्सा विज्ञान का नोबेल पुरस्कार दिया गया। इन्होंने मलेरिया रोग के कारण व संवाहक की खोज की।
- **रूडोल्फ डीजल (1858–1913)–आन्तरिक दहन इंजन** के आविष्कारक जर्मनी के रूडोल्फ डीजल के नाम पर इस इंजन को डीजल इंजन के रूप में जाना जाता है।
- **लॉर्ड रदरफोर्ड (1871–1937)**–ब्रिटिश भौतिक **विज्ञानी रदरफोर्ड** को उनके रेडियोधर्मी रसायन शोध के लिए 1908 में रसायन विज्ञान का नोबेल पुरस्कार दिया गया।
- **लियोनार्डो द विंची (1452–1519)–लियोनार्डो द विंची** इटली के बहुआयामी प्रतिभा के व्यक्ति थे। ये चित्रकार, वास्तुकार, मूर्तिकार, संगीतज्ञ व अभियन्ता थे। 'मोनालिसा' तथा 'लास्ट सपर' इनकी प्रसिद्ध चित्राकृतियाँ हैं।
- **लॉर्ड विलियम बैंटिक (1774–1839)**–ब्रिटिश गवर्नर जनरल, जिसने भारत में **सामाजिक सुधारों** के लिए काम किया। ठगी का उन्मूलन, सती प्रथा व नरबलि जैसे अनेक सामाजिक कुरीतियों को समाप्त किया। 1828 से 1835 तक के कार्यकाल में बैंटिक ने भारत में अनेक शैक्षिक संस्थान खोले।
- **लॉर्ड डलहौजी (1812–60)**–वर्ष 1848–56 तक भारत में ब्रिटिश गवर्नर जनरल रहे, जिसने 'व्यपगत सिद्धान्त' (Doctrine of Lapse) द्वारा अनेक भारतीय रियासतों को ब्रिटिश साम्राज्य में मिलाया।
- **लॉर्ड मैकाले (1800–59)**–इंग्लैंड के **प्रमुख शिक्षाशास्त्री**, कवि, इतिहासकार, राजनीतिज्ञ। 1834 में गवर्नर जनरल की एक्जीक्यूटिव काउंसिल के पहले कानूनवेत्ता।
- **माइकेल एंजिलो (1475–1564)**–यह **इटली का महान मूर्तिकार**, चित्रकार और विलक्षण प्रतिभा का धनी था। एंजिलो ने पीटा, डेविड, मूसा आदि मूर्तियों तथा 'विवश', 'रात्रि', 'उषाकाल' व 'लास्ट जजमेंट' जैसी बेहतरीन चित्राकृतियाँ विश्व को दीं।
- **माओ-त्से-तुंग (1893–1976)**–मार्क्सवादी सिद्धान्तों पर आधुनिक चीन के निर्माता **माओ-त्से-तुंग चीन गणराज्य की कम्युनिस्ट पार्टी** के महासचिव थे। इन्होंने चीन को विश्व पटल पर एक शक्तिशाली राष्ट्र के रूप में खड़ा करने में विशिष्ट कार्य किए।
- **मैक्सिम गोर्की (1868–1936)–मैक्सिम गोर्की** का जन्म 28 मार्च, 1868 में हुआ। **रूसी साहित्य** के महानतम लेखक गोर्की ने अपनी संवेदनशील साहित्य रचना से रूसी क्रांति में महत्वपूर्ण भूमिका निभाई। 'माँ' उपन्यास के अलावा अन्य साहित्यिक कृतियों की रचना की। इनकी मृत्यु 1936 में हुई। मैक्सिम गोर्की का पूरा नाम एलेक्सी **मैक्सिमोविच पेशकोव** (Alexei Maximovich Peshkov) था।
- **मार्टिन लूथर किंग (1929–68)–'अमेरिकी अश्वेत नेता'** इन्होंने अमेरिका के अश्वेतों के लिए समान नागरिक अधिकार प्राप्त करने के लिए अहिंसात्मक आन्दोलन चलाया। वर्ष 1964 में इन्हें विश्व शान्ति के नोबेल पुरस्कार से सम्मानित किया गया। 1968 में इनकी हत्या कर दी गई।

- **मारिया मांटेसरी (1870–1952)**–इटली के प्रसिद्ध **शिशु शिक्षा** की **मांटेसरी प्रणाली** की संस्थापिका। इनकी शिक्षा प्रणाली शिशुओं को प्राकृतिक रूप से तथा सरलतम ढंग से शिक्षित करने पर जोर देती है। 'द डिस्कवरी ऑफ द चाइल्ड', 'द चाइल्ड इन द फैमिली' 'पीस एंड एजूकेशन', 'द सीक्रेट ऑफ चाइल्डहुड' इनके द्वारा लिखित प्रमुख पुस्तकें हैं।
- **वुडरो विल्सन (1856–1924)**–संयुक्त राज्य अमेरिका के राष्ट्रपति, जिन्होंने राष्ट्रसंघ की स्थापना में महत्वपूर्ण सहयोग दिया।
- **वास्को-डि-गामा (1460–1525)**–वर्ष 1498 में **केप ऑफ गुड होप** से भारत तक के समुद्री मार्ग को खोजते हुए यह पुर्तगाली नाविक कालीकट पहुँचा था। समुद्री मार्ग की खोज से भारत पुर्तगाल व्यापार सुचारू रूप से चल सका।
- **विलियम गोल्डिंग (1912–93)**–**'राइट्स ऑफ पैसेज'** साहित्यिक रचना के लिए गोल्डिंग को 1980 का नोबेल साहित्य पुरस्कार दिया गया। इनकी अन्य रचनाएं हैं–'लॉर्ड ऑफ द फाइल्स', 'डार्कनेस विजिबल' व 'द पेपर मैन'।
- **ब्लादीमीर लेनिन (1870–1924)**–साम्यवादी रूप के निर्माता व सर्वहारा की सत्ता को स्थापित करने के लिए 1917 की सफल सोवियत क्रांति के **जन नायक लेनिन साम्यवाद** की स्थापना के लिए संघर्षरत व समर्पित रहे।
- **ब्लादीमीर नाबोकोव (1899–1977)**–प्रसिद्ध **ब्रिटिश लेखक**, जिनका जन्म रूस में हुआ था। इन्हें विवादास्पद उपन्यास 'लोलिता' के लिए साहित्य के नोबेल पुरस्कार से सम्मानित किया गया था।
- **सिगमंड फ्रायड (1856–1939)**–**'द इंटरप्रिटेशन ऑफ ड्रीम'**, 'साइकोलॉजी ऑफ एवरीडे लाइफ' के लेखक फ्रायड आधुनिक मनोविज्ञान के संस्थापक थे।
- **सर आइजक न्यूटन (1642–1727)**–गुरुत्वाकर्षण के क्षेत्र में की गई खोजों के लिए प्रख्यात **सर आइजक न्यूटन** इंग्लैंड के भौतिकविद् व गणितज्ञ थे। न्यूटन ने **यांत्रिकी (Mechanics)** की आधारशिला रखी। न्यूटन की पुस्तक, जो सामान्यतया 'प्रिंसीपिया' के नाम से जानी जाती है, उसका वास्तविक नाम **'फिलोसॉफी नेचुरेलिस प्रिंसीपिया मैथेमेटिका'** है।
- **सर विंस्टन चर्चिल (1874–1965)**–द्वितीय विश्व युद्ध के समय इंग्लैंड के प्रधानमन्त्री **चर्चिल ब्रिटेन** के प्रसिद्ध राजनेता थे, जिन्होंने बोअर के युद्ध में भाग लिया।
- **सनयात सेन (1867–1925)**–वर्ष 1911 की चीनी क्रांति में इन्होंने महत्वपूर्ण भूमिका निभाई तथा चीनी गणराज्य के प्रथम राष्ट्रपति बने।
- **होमर**–होमर यूनानी कवि थे। इन्होंने ईसा की **8वीं शताब्दी** में **'इलियड'** तथा **'ओडिसी'** नामक प्राचीन महाकाव्यों की रचना की।

प्रसिद्ध स्थान

अंकोरवाट	कंबोडिया में स्थित 1100 साल से भी ज्यादा पुराना, प्राचीन भारत की धार्मिक संस्कृति को समेटे 162.6 हेक्टेयर में स्थापित दुनिया का सबसे विशाल मंदिर।
अलाइस स्प्रिंग्स	ऑस्ट्रेलिया स्थित प्रसिद्ध जल स्रोत (चिकित्सा की दृष्टि से महत्वपूर्ण)।
लीनिंग टावर ऑफ पीसा	54 मीटर ऊँची यह मीनार पीसा (इटली) में स्थित है, जो झुकी होने के कारण प्रसिद्ध है।
ओसाका	पूर्व का मानचेस्टर (Manchester of the East) के नाम से प्रसिद्ध ओसाका जापान का एक प्रमुख औद्योगिक नगर है।
पर्ल हार्बर	हवाई द्वीप में स्थित पर्लहार्बर अमेरिका के नौसैनिक अड्डे पर 7 दिसम्बर, 1941 में जापान द्वारा आक्रमण के बाद ही अमेरिका द्वितीय विश्वयुद्ध में जर्मनी व जापान के विरुद्ध शामिल हुआ।
ढाका	विश्व में जूट उत्पादन तथा धान, गन्ना और चाय के व्यापार के लिए प्रसिद्ध यह नगर बांग्लादेश की राजधानी है।
डार्डेनडलीज	यूरोप और टर्की के बीच काला सागर स्थित जलडमरुमध्य (Straits)।
डाउनिंग स्ट्रीट	ब्रिटिश प्रधानमन्त्री का सरकारी निवास स्थान।
बेथलहम	इजराइल स्थित स्थान, जहाँ ईसा मसीह का जन्म हुआ था।
ब्रिसबेन	क्वीन्सलैंड (ऑस्ट्रेलिया) की राजधानी तथा चमड़े, ऊन व मांस का निर्यातक स्थल।
बिगबेन	ब्रिटिश संसद भवन पर टंगी विशाल घड़ी।
सेंट लूसिया	कैरेबियन द्वीप समूह, जो 29 फरवरी, 1979 को ब्रिटेन शासन से स्वतन्त्र हुआ।
एफिल टावर	324 मीटर ऊँची, पेरिस (फ्रांस) स्थित लोहे से निर्मित मीनार, जो 1887–89 में गुस्ताव एफिल द्वारा बनाई गई।
जेनेवा	घड़ी निर्माण का प्रसिद्ध केंद्र; अंतर्राष्ट्रीय रेडक्रॉस सोसायटी (International Red Cross Society), अंतर्राष्ट्रीय मजदूर संगठन (International Labour Organization), विश्व स्वास्थ्य संगठन (World Health Organization) का मुख्यालय यहाँ अवस्थित है।
हिरोशिमा	जापान का नगर, जिसे 6 अगस्त, 1945 को अमेरिका द्वारा परमाणु बम गिराकर नष्ट कर दिया गया था।
हॉलीवुड	संयुक्त राज्य अमेरिका के फिल्म उद्योग का नाम, कैलीफोर्निया राज्य के लॉस एंजेलेस में स्थित नगर।
लिवरपूल	इंग्लैण्ड में स्थित यह नगर जहाज कारखानों, सूती वस्त्र, लौह-इस्पात के उद्योगों तथा अपनी फुटबॉल टीमों लिवरपूल एफ.सी. और एवरटन एफ. सी. व विश्व प्रसिद्ध पॉप ग्रुप 'द बीटल्स' के लिए प्रसिद्ध है।
न्यूमूर द्वीप	बंगाल की खाड़ी में गंगा के मुहाने पर निर्जन रेतीला द्वीप, 28 किमी. लम्बे व 11 किमी. चौड़े न्यूमूर द्वीप के उभर आने से भारत के क्षेत्रफल में 264 वर्ग किमी. की वृद्धि हो गई है। न्यूमर द्वीप भारत की मुख्य भूमि से मात्र 4 किमी. दूर है।
शेफील्ड	इस्पात, रेल व जहाजों की प्लेटें बनाने के लिए इंग्लैंड का एक प्रसिद्ध नगर।
सिसली	त्रिभुजाकार आकृति में निर्मित इटली का 'सिसली द्वीप' भूमध्यसागर का सबसे बड़ा द्वीप है, जो इटली प्रायद्वीप से मेसीना जलडमरूमध्य के द्वारा अलग होता है।
अबादान	शत्तुलअरब (ईरान) के डेल्टा में स्थित एक द्वीप, जो एक विस्तृत तेल क्षेत्र भी है।
एम्सटर्डम	नीदरलैंड का मुख्य नगर हीरा काटने के उद्योग के लिए प्रसिद्ध है, जो पूर्व में हॉलैंड की राजधानी था।
आसवान	रूस के सहयोग से नील (मिस्र) नदी पर बनाया गया बाँध।
बाकू	तेल क्षेत्र एवं तेल शोधक कारखानों के प्रसिद्ध अजरबैजान में कैस्पियन सागर पर स्थित क्षेत्र।
अटक	पेशावर व इस्लामाबाद (पाकिस्तान) के बीच स्थित तेल के कुओं के लिए प्रसिद्ध क्षेत्र।
बैंकॉक	वेनिस ऑफ दि ईस्ट (Venice of the East) के नाम से प्रसिद्ध थाईलैंड की राजधानी अपनी खूबसूरती और दर्शनीय स्थलों के लिए पर्यटन स्थल के रूप में विश्व प्रसिद्ध है।

वासिटल	पेरिस (फ्रांस) का स्थान जिसे फ्रांसीसी क्रांति के समय क्रांतिकारियों ने नष्ट कर दिया था।
मोंटेकार्लो	मोनाको में रिवीरा नदी के तट पर स्थित यह स्थान अपने कसीनो (जुआ खेलने के अड्डों) के लिए प्रसिद्ध है।
मांट्रियल (कनाडा)	कनाडा का यह दूसरा सबसे बड़ा शहर आयरन एण्ड स्टील वर्क्स के लिए विख्यात है। यहाँ पर जुलाई, 1976 में 21वें ओलम्पिक खेल-आयोजित किए गए थे।
म्यूनिख	पश्चिमी जर्मनी का एक शहर, जो व्यापारिक केन्द्र, वैज्ञानिक यंत्रों, मशीनरी, लैंस आदि के लिए विख्यात है। सन् 1972 में 20वें ओलम्पिक खेल यहाँ पर आयोजित किए गए थे। यहाँ बीएमडब्ल्यू कंपनी स्थित है।
नेपल्स	इटली का बहुत सुंदर और तीसरा बड़ा शहर है। यह बन्दरगाह भी है, जहाँ से रेशम का निर्यात होता है।
न्यू आर्लीयन्स	यूएसए में मिसीसिपी नदी के मुहाने पर स्थित बन्दरगाह है। यह दुनिया का सबसे बड़ा कपास और गेहूँ का निर्यात केन्द्र है।
नोट्रे-डेम डी (पेरिस)	फ्रांस के पेरिस में स्थित एक मध्यकालीन गिरजाघर, जोकि गोथिक (Gothic) स्थापत्य् कला के लिए विख्यात है।
मर्डेका पैलेस	इंडोनेशिया के जकार्ता में मर्डेका स्क्वॉयर के उत्तर में स्थित है, जो वहाँ के राष्ट्रपति का राजकीय निवास है।

नदियों के किनारे बसे प्रमुख शहर

शहर	देश	नदी
एडीलेड	ऑस्ट्रेलिया	टोरेंस
एमस्टर्डम	नीदरलैंड्स	अम्सेल
अलेक्जेण्ड्रिया	मिस्त्र	नील
अंकारा	तुर्की	कजिल
आगरा	भारत	यमुना
अयोध्या	भारत	सरयू
अहमदाबाद	भारत	साबरमती
बद्रीनाथ	भारत	अलकनन्दा
बरेली	भारत	रामगंगा
बैंकॉक	थाइलैंड	छाओ प्रया
बसरा	इराक	दजला-फरात
बगदाद	इराक	टिग्रिस
बर्लिन	जर्मनी	स्प्री
वॉन	जर्मनी	राइन
बुडापेस्ट	हंगरी	डेन्यूब
ब्रिस्टल	यू.के.	एवन
ब्यूनस आयर्स	अर्जेन्टीना	लाप्लाटा
कटक	भारत	महानदी
कुर्नूल	भारत	तुंगभद्रा
चिटेगांग	बांग्लादेश	मजयानी
कैंटन	चीन	सिकियाँग
कैरो	मिस्त्र	नील
चुंगकिग (चोंगकिंग)	चीन	यांग्तीजी
खारतूम	सूडान	नील
कोलोन	जर्मनी	राइन
दिल्ली	भारत	यमुना
डेंजिंग	जर्मनी	विस्चुला
ड्रेसडन	जर्मनी	एल्ब
डिब्रूगढ़	भारत	ब्रह्मपुत्र
डबलिन	आयरलैंड	लीफे
फिरोजपुर	भारत	सतलुज
गुवाहाटी	भारत	ब्रह्मपुत्र
हरिद्वार	भारत	गंगा
हैदराबाद	भारत	मूसी
हैम्बर्ग	जर्मनी	एल्ब
जबलपुर	भारत	नर्मदा
लाहौर	पाकिस्तान	रावी
लेनिनग्राड	रूस	नेवा
लखनऊ	भारत	गोमती
लिस्बन	पुर्तगाल	टैंगस
लिवरपूल	इंग्लैंड	मैसी
लुधियाना	भारत	सतलुज
लंदन	इंग्लैंड	टेम्स
मथुरा	भारत	यमुना
मॉस्को	रूस	मस्कोवा
मॉन्ट्रियल	कनाडा	सेंट लॉरेंस
नानकिंग	चीन	याँगचीक्याँग
न्यू अर्लियेंस	अमेरिका	मिसीसिपी
नासिक	भारत	गोदावरी
न्यूयॉर्क	संयुक्त राज्य अमेरिका	हडसन
ओटावा	कनाडा	ओटावा
प्रयागराज	भारत	गंगा-यमुना संगम
पटना	भारत	गंगा
पेरिस	फ्रांस	सीन
फिलाडेल्फिया	संयुक्त राज्य अमेरिका	डेलावेयर
पर्थ	ऑस्ट्रेलिया	रवान
पंजिम	भारत	मांडवी
पराग्वे	चेक रिपब्लिक	विटावा
क्यूबेक	कनाडा	सेंट लॉरेंस
रोम	इटली	टाइबर
रोटरडम	नीदरलैंड	न्यू मास
स्टालिनग्राड	रूस	वोल्गा
शंघाई	चीन	याँगचीक्याँग
सिडनी	ऑस्ट्रेलिया	मुर्रे डार्लिंग बेसिन
श्रीनगर	भारत	झेलम
सूरत	भारत	ताप्ती
संभलपुर	भारत	महानदी
श्रीरंगपट्टम	भारत	कावेरी
सेंटलुइस	संयुक्त राज्य अमेरिका	मिसीसिपी
त्रिचिरापल्ली	भारत	कावेरी
टोक्यो	जापान	अराकादा
उज्जैन	भारत	क्षिप्रा

जमशेदपुर	भारत	स्वर्णरेखा
जौनपुर	भारत	गोमती
काबुल	अफगानिस्तान	काबुल
कराची	पाकिस्तान	सिंधु
कानपुर	भारत	गंगा
कोटा	भारत	चम्बल
कोलकाता	भारत	हुगली
विजयवाड़ा	भारत	कृष्णा
वाराणसी	भारत	गंगा
वियना	आस्ट्रिया	डेन्यूब
वारसा	पोलैंड	विरथुला
वाशिंगटन	संयुक्त राज्य अमेरिका	पोटोमैक
वांगून	म्यांमार	इरावदी

अंतर्राष्ट्रीय सीमा रेखा और सम्बन्धित देश

सीमा रेखा	सम्बद्ध देश	सीमा रेखा	सम्बद्ध देश
मैकमोहन रेखा	भारत एवं चीन	38 डिग्री समानान्तर रेखा	उत्तरी कोरिया एवं दक्षिणी कोरिया
रेडक्लिफ़ रेखा	भारत एवं पाकिस्तान	49 डिग्री समान्तर रेखा	संयुक्त राज्य अमेरिका एवं कनाडा
डूरंड रेखा	अफगानिस्तान और पाकिस्तान	मैसन-डिक्सन रेखा	संयुक्त राज्य अमेरिका के चार राज्यों के बीच
हिंडेनबर्ग रेखा	जर्मनी एवं पोलैंड	मेडिसीन रेखा	कनाडा एवं यूनाइटेड स्टेट्स
मार्जिनल मैनरहीम रेखा	रूस एवं फिनलैंड	24 डिग्री समानान्तर रेखा	पाकिस्तान एवं भारत (पाकिस्तान द्वारा निर्धारित परंतु भारत द्वारा अस्वीकृत)
सीगफ्रायड रेखा	जर्मनी एवं फ्रांस	35 डिग्री समानान्तर रेखा (उत्तरी)	नॉर्थ कैरोलिना एवं जार्जिया, टेनेसी एवं जार्जिया
ऑडरनेस रेखा	जर्मनी एवं पोलैंड		अल्बामा एवं मिसीसीपी
मैगीनॉट रेखा	जर्मनी एवं फ्रांस	36 डिग्री समानान्तर रेखा	मिसौरी एवं अराकासास
22 डिग्री उत्तरी समानान्तर रेखा	मिस्र एवं सूडान	20 डिग्री उत्तरी समानान्तर रेखा	लीबिया एवं सूडान

विश्व की सर्वोच्च पर्वत चोटियाँ

क्र.सं.	पर्वत चोटी	पर्वत श्रेणी	पर्वतारोहण की प्रथम तिथि	अवस्थिति	ऊँचाई (लगभग)	
					फीट	मीटर
1.	एवरेस्ट	हिमालय	29 मई, 1953	नेपाल/तिब्बत	29,028	8,848
2.	K2 गॉडविन ऑस्टिन	कराकोरम	31 जुलाई, 1954	भारत	28,251	8,611
3.	कंचनजंगा	हिमालय	25 मई, 1955	भारत/नेपाल	28,169	8,598
4.	लाओत्से	हिमालय	18 मई, 1956	नेपाल/तिब्बत	27,940	8,511
5.	मकालू	हिमालय	15 मई, 1955	नेपाल/चीन	27,838	8,481
6.	चो. ओयू.	हिमालय	13 मई, 1960	नेपाल/तिब्बत	26,864	8,153
7.	धौलागिरी	हिमालय	9 मई, 1956	नेपाल	26,795	8,167
8.	मनसालू	हिमालय	19 अक्टूबर, 1954	नेपाल	26,781	8,156
9.	नंगा पर्वत	हिमालय	3 जुलाई, 1653	नेपाल	26,660	8,126
10.	अन्नपूर्णा	हिमालय	3 जून, 1950	नेपाल	26,545	8,091

विश्व के सर्वाधिक ऊँचे जलप्रपात

नाम	अवस्थिति	ऊँचाई (लगभग)	
एंजेल (सल्टो एंजेल)	वेनेजुएला	3,212 फीट	979 मीटर
टुगेला	दक्षिण अफ्रीका	3,110 फीट	947 मीटर
यूटिगॉर्ड	नॉर्वे	2,625 फीट	800 मीटर
मोंगे	नॉर्वे	2,540 फीट	774 मीटर
गोक्टा कैटरेक्ट	पेरू	2,532 फीट	771 मीटर
मट्राजी (मर्टानी)	जिम्बाब्वे	2,499 फीट	762 मीटर
योजेमाइट	संयुक्त राज्य अमेरिका	2,425 फीट	739 मीटर
एस्पेलैंड्स	नॉर्वे	2,307 फीट	703 मीटर
लोअर मार वैली	नॉर्वे	2,151 फीट	652 मीटर
टेसीस्ट्रेंजीन	नॉर्वे	2,123 फीट	642 मीटर

सर्वाधिक विशाल द्वीप

द्वीप	क्षेत्रफल (वर्ग किमी.)	अवस्थिति
ग्रीनलैंड	21,66,086	डेनमार्क
न्यूगिनी	785,753	इंडोनेशिया, पापुआ न्यूगिनी
बोर्नियो	748,168	ब्रूनेई, इंडोनेशिया, मलेशिया
मेडागास्कर	587,713	मेडागास्कर
बैफिन आईलैंड	507,451	कनाडा
सुमात्रा	443,066	इंडोनेशिया

होन्शु	225,800	जापान
विक्टोरिया आईलैंड	217,291	कनाडा
ग्रेट ब्रिटेन	209,331	यूनाइटेड किंगडम
इलिसमेयर द्वीप	196,236	कनाडा

विश्व की सबसे ऊँची इमारतें

इमारत	देश	ऊँचाई (मीटर)
बुर्ज खलीफा	यू.ए.ई.	828
शंघाई टॉवर	शंघाई (चीन)	632
मक्का रॉयल क्लॉक टावर होटल	सऊदी अरब	601
पिंग एन फाइनेन्स सेन्टर	चीन	599
लॉट्टे टावर	सियोल (दक्षिण कोरिया)	555
वन वर्ल्ड ट्रेड सेन्टर	यूएसए	541.3
सीटीएफी फाइनेंस सेन्टर	ग्वांगझोऊ (चीन)	530
तियानजिन सीटीएफ फाइनेंस सेन्टर	तियानजीन (चीन)	530
शंघाई वर्ल्ड फाइनेंशियल सेन्टर	चीन	492
इंटरनेशनल कॉमर्स सेन्टर	हाँगकांग	469
पेट्रोनास टावर	मलेशिया	452
जिपेंग टावर	नानजिंग (चीन)	450
ताइपेई 101	ताइवान	449

विश्व की सबसे लम्बी सुरंग

सुरंग	अवस्थिति	लम्बाई	निर्माण वर्ष
डेलावेयर एक्वेडक्ट	अमेरिका	137,000 मी.	1945
पेजाने वाटर टनल	फिनलैंड	120,000 मी.	1982
डाहुफेग वाटर टनल	चीन	85,320 मी.	2009
ऑरेंज फिश रिवट	द. अफ्रीका	82,800 मी.	1972
बोलमेन वाटर टनल	स्वीडन	82,000 मी.	1987
एमीसर ओरिएंट	मैक्सिको	64,000 मी.	2006–12
ग्यानझू मेट्रो	चीन	60,400 मी.	2005–10
बीजिंग सबबे	चीन	57,100 मी.	2008–12
साइकन टनल	जापान	53,850 मी.	1988
जेलविका वाटर टनल	चेक रिपब्लिक	51,075 मी.	1972

विश्व के सबसे ऊँचे बाँध

बाँध	देश	ऊँचाई
रोगन डेम	तजाकिस्तान	335 मी.
जिनपिंग-1 डेम	चीन	305 मी.
न्यूरेक डेम	तजाकिस्तान	304 मी.
जिऑवान डेम	चीन	292 मी.
जिलुआडु डेम	चीन	285.5 मी.
ग्राड डिक्सेस डेम	स्विट्जरलैंड	285 मी.
इंगुरी डेम	जॉर्जिया	271.5 मी.
वजोंत डेम	इटली	261.6 मी.
मैनुएल मोरनो टोरेस डेम	मैक्सिको	261 मी.
न्यूओजहाडु, डेम	चीन	261.5 मी.

विश्व के सबसे बड़े बाँध

बाँध	देश
थ्री जॉर्ज्स	चीन
सिनक्रूड टेलिंगस्	कनाडा
केपटाउन	अर्जेण्टीना
पेटी	अर्जेण्टीना
न्यू कोनेलिया टेलिंगस्	अमेरिका
टरबेला	पाकिस्तान
कम्बेराटिन्सक्	किर्गिस्तान
कोर्टपीक	मोनताना
लोवर उसुमा	नाइजीरिया
सिपासेंग	इन्डोनेशिया

विश्व की दस सर्वाधिक लम्बी नदियाँ

नदी	महाद्वीप	लम्बाई (किमी.)
नील	अफ्रीका	6,650 किमी.
अमेजन	दक्षिण अमेरिका	6,400 किमी.
याँगत्स	चीन (एशिया)	6,300 किमी.
मिसीसिपी	उत्तर अमेरिका	6,275 किमी.
येनसी-अंगारा सेलेन्गा नदी	चीन (एशिया)	5,539 किमी.
पीली ह्वांगहो	चीन (एशिया)	5,464 किमी.
ओब इरटिश	रूस, चीन (एशिया)	5,410 किमी.
अमूर	मंगोलिया (एशिया)	4,444 किमी.
पराना तिब्बत, भारत, बांग्लादेश	मध्य दक्षिण अमेरिका	4,880 किमी.
कांगो	अफ्रीका	4,700 किमी.
अमूर	मंगोलिया (एशिया)	4,444 किमी.

विश्व की दस प्रमुख झीलें (आकार की दृष्टि से)

झील	महाद्वीप	क्षेत्रफल
कैस्पियन सागर	एशिया-यूरोप	371,000 वर्ग किमी.
सुपीरियर झील	उत्तरी अमेरिका	82,103 वर्ग किमी.
विक्टोरिया झील	अफ्रीका	69,500 वर्ग किमी.
ह्यूरन झील	उत्तरी अमेरिका	59,600 वर्ग किमी.
मिशीगन झील	उत्तरी अमेरिका	57,800 वर्ग किमी.
तंगानिका झील	अफ्रीका	32,900 वर्ग किमी.
बैकाल झील	एशिया	31,722 वर्ग किमी.
ग्रेट बीयर झील	उत्तरी अमेरिका	31,153 वर्ग किमी.
ग्रेट स्लेव झील	कनाडा	27,200 वर्ग किमी.
मलावी झील	अफ्रीका	29,600 वर्ग किमी.

राजनीतिक तथ्य

राष्ट्रीय प्रतीक

देश	प्रतीक
बेल्जियम	शेर
चिली	कंडोर एवं ह्युमुल
कनाडा	मैपल पत्ती
डेनमार्क	बीच
इटली	सफेद लिली
यूनाइटेड किंगडम	सफेद लिली

स्पेन	चील (ईगल)
जिम्बाब्वे	जिम्बाब्वे पक्षी
रूस	डबल हेडेड ईगल
ऑस्ट्रेलिया	कंगारू, बबूल
बांग्लादेश	कुमुदिनी (वाटर लिली)
जर्मनी	ईगल
आयरलैंड	हार्प
इजराइल	कैंडलाब्रुम
लेबनान	सीडर वृक्ष
मंगोलिया	सोयोम्बो
सीरिया	शेर
तुर्की	चाँद-तारा
संयुक्त राज्य अमेरिका	गोल्डेन.रॉड
ईरान	गुलाब का फूल
भारत	अशोक चक्र
फ्रांस	लिली
नीदरलैंड	शेर
न्यूजीलैंड	सदर्न क्रॉस, फर्न, किवी
नॉर्वे	शेर
पाकिस्तान	चमेली का फूल
सूडान	ईगल

विभिन्न देशों की संसद

देश	संसद
भारत	संसद
इजराइल	नेसेट
जापान	डायट
लीबिया	जनरल पीपुल्स कांग्रेस
मलेशिया	दिवान राक्यान व दिवान निगारा
मंगोलिया	ग्रेट पीपुल्स खुराल
म्यांमार	प्यिथु हुताव
मिस्र	पीपुल्स असेंबली
मालदीव	मजलिस
मैक्सिको	जनरल कांग्रेस (चेम्बर ऑफ डिपुटीज व सीनेट)
नेपाल	राष्ट्रीय पंचायत
नीदरलैंड्स	स्टाटेन जनरल
न्यूजीलैंड्स	डास ऑफ रिप्रेंजेंटेटिव
नॉर्वे	स्ट्रोटिंग
पोलैंड	सेज्म
पाकिस्तान	नेशनल असेम्बली व सीनेट
फ्रांस	नेशनल असेम्बली व सीनेट
रोमानिया	ग्रैंड नेशनल असेम्बली
रूस	ड्यूमा व फेडरेशन कौंसिल
द. अफ्रीका	पार्लियामेंट (नेशनल असेम्बली व सीनेट)
स्पेन	कोर्टेस
ब्राजील	कांग्रेस (चेम्बर ऑफ डिपुटीज व सीनेट)
स्वीडन	रिक्सडैग
चीन	नेशनल पीपुल्स कौंसिल
क्यूबा	नेशनल असेम्बली ऑफ पीपुल्स पावन
ताइवान	युआन
डेनमार्क	फोल्कटिंग
जर्मनी	बुंडेस्टाग व बुंडेस्राट
आइसलैंड	एल्थिंग
आयरलैंड	पार्लियामेंट
ईरान	मजलिस
इराक	नेशनल असेम्बली
स्विट्जरलैंड	फेडरल असेम्बली
संयुक्त राज्य अमेरिका	कांग्रेस (हाऊस ऑफ रिप्रेंजेंटेटिव व सीनेट)
तुर्की	ग्रैंड नेशनल असेम्बली
इटली	चेम्बर ऑफ डिपुटीज
अफगानिस्तान	शोरा
ऑस्ट्रेलिया	पार्लियामेंट
आस्ट्रिया	नेशनल कौंसिल व फेडरल कौंसिल
अर्जेंटीना	नेशनल कांग्रेस (चेम्बर ऑफ डिपुटीज व सीनेट)
ब्रिटेन	पार्लियामेंट
बांग्लादेश	जातीय संसद
बेलारूस	सुप्रीम कौंसिल
कनाडा	पार्लियामेंट

महत्वपूर्ण व्यक्तियों के उपनाम

मूल नाम	उपनाम
अब्दुल गफ्फार खान	बादशाह खान, सीमान्त गाँधी
एडोल्फ हिटलर	फ्यूहरर
बाल गंगाधर तिलक	लोकमान्य
बेनिटो मुसोलिनी	ड्यूश
सी.एफ. एन्ड्रूज	दीनबंधु
सी.एन. अन्नादुरई	अन्ना
चक्रवर्ती राजगोपालाचारी	राजाजी, सी.आर.
चितरंजन दास	देशबंधु
चंगेज खान	दैवीय प्रकोप
दादाभाई नौरोजी	ग्रैंड ओल्ड मैन ऑफ इण्डिया
गौतम बुद्ध	बोधिसत्व
जेन इर्विन रोमेल	डेजर्ट फॉक्स
फ्लोरेंस नाइटेंगल	लेडी विद् दि लैम्प
जॉर्ज बर्नार्ड शॉ	जीबीएस
जवाहरलाल नेहरू	चाचा, पंडितजी
जयप्रकाश नारायण	जेपी, लोकनायक
जॉन ऑफ आर्क	मैड ऑफ ऑर्लियेंस
लाल बहादुर शास्त्री	मैन ऑफ पीस (शान्ति पुरुष)
लाला लाजपत राय	शेर-ए-पंजाब, पंजाब केसरी
मोहनदास करमचन्द गाँधी	बापू, महात्मा गाँधी, राष्ट्रपिता
यंगर पिट	ग्रैंड कॉमनर
एम.एस. गोलवलकर	गुरुजी
मदन मोहन मालवीय	महामना
नेपोलियन बोनापार्ट	लिटिल कार्पोरैल, मैन ऑफ डेसिटनी
फील्ड मार्शल के.एम. करिअप्पा	कीपर, चिप्पा
ऑटो वान बिस्मार्क	मैन ऑफ ब्लड एंड आयरन
क्वीन एलिजाबेथ प्रथम	वर्जिन क्वीन
रवीन्द्रनाथ टैगोर	गुरुदेव, विश्वकवि
मेजर जनरल राजेन्द्र सिंह	स्पैरो
सैमुअल लॉगहार्न क्लीमेंस	मार्क ट्वेन
सरदार वल्लभभाई पटेल	भारत का लौह पुरूष, भारत का बिस्मार्क
सरोजनी नायडू	भारत कोकिला

शेख मोहम्मद अब्दुल्ला	शेर-ए-कश्मीर
शेख मुजीबुर रहमान	बंग बंधु
सुभाषचन्द्र बोस	नेताजी, बेकॉन ऑफ लाइट ऑफ एशिया
तेनजिंग नॉर्गे	टाइगर ऑफ स्नो
टी. प्रकाशम्	आन्ध्र केसरी
सर वाल्टर स्कॉट	विजार्ड ऑफ दि नॉर्थ
विलियम एवर्ट ग्लैडस्टोन	ग्रैंड ओल्ड मैन ऑफ ब्रिटेन
विलियम शेक्सपीयर	बार्ड ऑफ एवन
लाल, बाल, पाल	लाला लाजपत राय, बाल गंगाधर तिलक, विपिन चन्द्र पाल
शहीद-ए-आजम	भगत सिंह
अज्ञेय	सच्चिदानंद हीरानन्द वात्स्यायन
निराला	सूर्यकांत त्रिपाठी
लाख बक्स	कुतुबुद्दीन ऐबक
भारत का नेपोलियन	समुद्रगुप्त
विरोधाभासों का मिश्रण	मुहम्मद बिन तुगलक
भारतीय इतिहास के नृप निर्माता	सैय्यद बंधु
महबूब-ए-इलाही	शेख निजामुद्दीन औलिया
गरीब नवाज	ख्वाजा मुइनुद्दीन चिश्ती
महामना	मदन मोहन मालवीय
आन्ध्र केसरी	टी. प्रकाशम
हॉकी के जादूगर	ध्यानचंद
विद्यासागर	ईश्वर चन्द्र बंदोपाध्याय
देशप्रिय	यतीन्द्र मोहन सेनगुप्त

विश्व में सबसे बड़ा, सबसे छोटा, सबसे ऊँचा

सबसे ऊँचा पशु	जिराफ
सबसे विशालकाय पशु	नीली व्हेल
स्थल भाग से घिरा सबसे बड़ा सागर	भूमध्य सागर
सबसे लम्बा नदी पुल	बंग बंधु सेतु (बांग्लादेश, मेघना नदी पर)
सबसे बड़ा हवाई अड्डा	इस्तांबुल ग्रैंड एयरपोर्ट (इस्तांबुल, तर्की)
सर्वाधिक तीव्रगति से दौड़ने वाला जानवर	चीता
सर्वाधिक उपग्रहों वाला ग्रह	शनि (82 उपग्रह)
सबसे बड़ा महल	वेटिकन सिटी पैलेस
सबसे बड़ा संग्रहालय	लॉवर संग्रहालय (फ्रांस)
सबसे बड़ी मस्जिद	मस्जिद-अल-हरम (सऊदी अरब)
सबसे बड़ा पुस्तकालय	लाइब्रेरी ऑफ कांग्रेस, वाशिंगटन डीसी, अमेरिका
सबसे बड़ी मूर्ति	स्टैचू ऑफ यूनिटी (भारत)
सबसे ऊँची सड़क	लेह-मनाली मार्ग (भारत, औसत ऊँचाई 4,270 मीटर)
सर्वाधिक ऊँचा ज्वालामुखी	माउंट कोटोपैक्सी, इक्वेडोर (द. अमेरिका)
सबसे बड़ा एवं गहरा महासागर	प्रशांत महासागर
सर्वाधिक चमकीला तारा (पृथ्वी से दृश्य)	सीरियस (स्वाति नक्षत्र)
सबसे विशाल जलसंधि	तातार जलसंधि (रूस की मुख्य भूमि तथा सखालिन द्वीप के मध्य)
सबसे बड़ी रेलवे लाइन	ट्रांस साइबेरियन रेलमार्ग (लंबाई 9,438 किमी.)
सबसे बड़ा चिड़ियाघर (जू) प्रजातियों की संख्या के अनुसार	बर्लिन जूलॉजिकल गार्डन (बर्लिन)
सर्वाधिक ऊँचा हवाई अड्डा	बगडा हवाई अड्डा (तिब्बत)
सबसे व्यस्त हवाई अड्डा	शिकागो इंटरनेशल एयरपोर्ट, ओहायरे फील्ड (संयुक्त राज्य अमेरिका)
सबसे बड़ी एस्टूरी	ओब नदी (उत्तरी रूस)
सबसे बड़ा राज प्रासाद	'इंपीरियल पैलेस', बीजिंग (चीन)
सबसे बड़ा इन्डोर स्टेडियम	फिलीपाइन एरेना, फिलीपीन्स
सबसे चौड़ी एवं बहाव की दृष्टि से सबसे बड़ी नदी	अमेजन (दक्षिण अमेरिका)
नदी के नीचे बहने वाली सबसे बड़ी नदी	हमजा नदी (अमेजन के नीचे)
सबसे बड़ी खारे पानी की झील	कैस्पियन सागर (रूस)
सबसे बड़ी ताजे पानी की झील	लेक सुपीरियर (यूएसए)
सबसे गहरी झील	बैकाल झील (साइबेरिया)
सबसे बड़ा मरुस्थल	सहारा मरुभूमि (अफ्रीका)
सबसे विशाल दलदल	प्रीपेट दलदल (साइबेरिया क्षेत्र, क्षेत्रफल लगभग 47,000 वर्ग किमी.)
सबसे बड़ा दर्पण वाला टेलिस्कोप	'हेले रिफ्लेक्टर टेलिस्कोप, माउंट पालेमर' (यूएसए)
सबसे बड़ा सौर टेलिस्कोप	किट पीका, नेशनल वेधशाला
सबसे बड़ा कंक्रीट बाँध	ग्रैंड कूली डैम (कोलम्बिया नदी, संयुक्त राज्य अमेरिका)
सबसे बड़ा स्टेडियम	स्टॉहाब स्टेडियम (प्राग, चेकोस्लोवाकिया)
सबसे ऊँची पर्वत चोटी	माउंट एवरेस्ट (नेपाल, हिमालय, ऊँचाई-8,848 मीटर)
सबसे बड़ा द्वीप समूह	इंडोनेशिया (13,000 से अधिक द्वीप)
सबसे बड़ी खाड़ी	मैक्सिको की खाड़ी (क्षेत्रफल-15,00,000 वर्ग किमी.)
सबसे बड़ा प्रायद्वीप	अरब प्रायद्वीप (क्षेत्रफल-32,50,000 वर्ग किमी.)
सबसे ऊँचा पठार	तिब्बत का पठार
सबसे लंबा रेलवे प्लेटफार्म	गोरखपुर (भारत)
सबसे बड़ा रेलवे स्टेशन	ग्रैंड सेन्ट्रल टर्मिनल, न्यूयार्क
सबसे बड़ा डेल्टा	सुंदरवन (भारत)
सर्वाधिक ऊँचाई पर स्थित झील	टिसीसिकरू
सबसे ऊँचा झरना	एंजेल्स फाल (वेनेजुएला)
सबसे चौड़ा जलप्रपात	खोन जलप्रपात (लाओस)
सबसे ठंडा क्षेत्र	साइबेरिया
सबसे बड़ी धूप घड़ी	केयरफ्री (एरिजोना अमेरिका)
सबसे बड़ा अपवर्तक टेलिस्कोप	यर्कीज वेधशाला में (संयुक्त राज्य अमेरिका)
सबसे बड़ा प्लैनेटोरियम	मियाझाकी (जापान)
सबसे विशाल खनिज तेल क्षेत्र	गावर फील्ड (सऊदी अरब, क्षेत्रफल-240 गुना, 35 वर्ग किमी.)
सबसे बड़ा जल विद्युत संयंत्र बाँध	ग्रैंड कूली डैम (संयुक्त राज्य अमेरिका)
सबसे बड़ा परमाणु रिएक्टर	इग्नालिना स्टेशन (रूस, क्षमता 1,450 मेगावाट)
विश्व की सबसे बड़ी मूंगे की चट्टान	ग्रेट बैरियर रीफ (कोरल रीफ) (उत्तरी पूर्वी ऑस्ट्रेलिया)
सर्वाधिक सीमाओं वाला देश	चीन
सबसे बड़ा बन्दरगाह	न्यूयार्क एवं न्यूजर्सी (संयुक्त राज्य अमेरिका)
हीरा व्यापार का सबसे बड़ा केन्द्र	एंटवर्प (बेल्जियम)

सबसे व्यस्त व्यापारिक नदी	राइन नदी (जर्मनी)
सर्वाधिक व्यापार करने वाला आन्तरिक बन्दरगाह	स्टारडम (जर्मनी)
सबसे बड़ा राजमार्ग	ट्रांस कैनेडियन राजमार्ग (सेंट जोंस से वैंकूवर)
सबसे बड़ा शिकारी पक्षी	कैंडोर (द. अमेरिका)
सबसे बड़ा नदी द्वीप	माजुली (ब्रह्मपुत्र नदी, असम)
सबसे बड़ा नदी बाँध	हीराकुंड बाँध (महानदी, भारत लम्बाई 15.8 मील)
सबसे लम्बा चर्च	उताह (यूएसए)
सबसे लम्बा प्राकृतिक बीच	बाजार कॉक्स (बांग्लादेश)
सबसे छोटा पक्षी	हमिंग बर्ड
सबसे लम्बा पुल	ह्वे पी. लांग ब्रिज, लुसियाना (यूएसए)
सबसे लम्बी सिंचाई नहर	काराकुम नहर (तुर्कमेनिस्तान)
सबसे लम्बी नहर	स्वेज नहर (मिस्र)
सबसे ऊँची राजधानी	लापाज (बोलिविया)
सबसे ऊँचा शहर	वान चुआन (चीन)
सबसे लम्बी तटरेखा वाला देश	कनाडा
सबसे लम्बी उभय सीमा	यूएसए एवं कनाडा
सबसे बड़ा मरुस्थल (एशिया)	गोबी मरुस्थल
सबसे ऊँचा बाँध	हूबर बाँध (यूएसए)
सबसे बड़ी गुम्बद	एस्ट्रोडैम, ह्युस्टन (यूएसए)
सबसे लम्बा ग्लेशियर	लैम्बर्ट ग्लेशियर
सबसे बड़ी कृत्रिम झील	मीड लेक (बोल्डर डैम)
सबसे बड़ा समुद्री पुल	हांगकांग - झुहेई - मकाऊ (चीन) (55 किमी. लम्बा)
सबसे बड़ा चर्च	सेंट पीटर्स बासिलिश वेटिनून सिटी

विश्व में प्रथम	
अर्थशास्त्र के प्रथम नोबेल पुरस्कार से सम्मानित व्यक्ति	रांगल फिश
भूमिगत मेट्रो रेलवे प्रारम्भ करने वाला प्रथम देश	ब्रिटेन
विश्व में प्रथम तेल कूप का उत्खनन करने वाला देश	संयुक्त राज्य अमेरिका (1859)
विश्व के किसी देश की प्रथम महिला प्रधानमन्त्री	श्रीमती सिरिमावो भंडारनायके (श्रीलंका)
लोकतांत्रिक रूप से निर्वाचित विश्व के किसी भी देश की प्रथम महिला राष्ट्रपति	विगदिस निवोगादोतीर (आइसलैंड)
साहित्य के प्रथम नोबेल पुरस्कार से सम्मानित व्यक्ति	सुली प्रुधोम (फ्रांस)
युद्ध टैंक का निर्माण करने वाला प्रथम देश	ब्रिटेन
शस्त्र त्याग करके अहिंसा अपनाने वाला विश्व का प्रथम सम्राट	सम्राट अशोक
रूस एवं संयुक्त राज्य अमेरिका के बाद अंतरिक्ष में जाने वाला प्रथम व्यक्ति	ब्लादीमीर रेमेक (चेकोस्लोवाकिया)
मंगल ग्रह पर उतरने वाला प्रथम अंतरिक्ष यान	वाइकिंग
विश्व की प्रथम नियोजित बहुद्देशीय नदी घाटी परियोजना	टेनेसी घाटी परियोजना (संयुक्त राज्य अमेरिका)
अंतरिक्ष में भेजा जाने वाला प्रथम अंतरिक्ष शटल	कोलम्बिया (12–14 अप्रैल, 1981)
बिना किसी सहयोग के अकेले दक्षिणी ध्रुव पर पहुँचने वाला प्रथम व्यक्ति	अर्लिंग क्रैग (नॉर्वे)
पुस्तकें मुद्रित करने वाला प्रथम देश	चीन
सिविल सेवा प्रारम्भ करने वाला प्रथम देश	चीन
अटलांटिक महासागर पार करने वाला प्रथम पायलट	कर्नल लिंडबर्ग
प्रशांत महासागर पार करने वाला प्रथम पायलट	कैप्टन किंग्सफोर्ड स्मिथ
उत्तरी ध्रुव पर पहुँचने वाला प्रथम व्यक्ति	रॉबर्ट पियरी (यूएसए)
दक्षिणी ध्रुव पर पहुँचने वाला प्रथम व्यक्ति	रोनाल्ड एमुंडसेन (नार्वे)
उत्तरी ध्रुव पर पहुँचने वाली प्रथम महिला	मिस फ्रासन फिप्स
माउंट एवरेस्ट पर चढ़ने वाले प्रथम व्यक्ति	एडमंड हिलैरी तथा तेजनिंग नोर्गे
राष्ट्रीय गान का प्रारम्भ करने वाला प्रथम देश	जापान
अंटार्कटिका महाद्वीप पर पहुँचने वाली प्रथम महिला	मिस कैरोलिन मिकल्सन
सर्वप्रथम दोनों ध्रुवों पर जाने वाले व्यक्ति	डॉ. अल्बर्ट पी. कैरी
माउंट एवरेस्ट पर चढ़ने वाली प्रथम महिला	जुलको तेब्ई
विश्व के चारों ओर यात्रा करने वाला प्रथम व्यक्ति	फर्डीनंड मैगेलन
एशियाई खेलों का प्रथम आयोजन स्थल	नई दिल्ली
प्रथम अंतरिक्ष यात्री	यूरी अलेकसयेविच गागरिन
अंतरिक्ष में जाने वाली प्रथम महिला	वैलेंतीना तेरेश्कोवा
अंतरिक्ष में विचरण करने वाला प्रथम व्यक्ति	एलेक्सी लियोनोव
अंतरिक्ष में विचरण करने वाली प्रथम महिला	श्वेतलाना सेवित्स्काया
सबसे अधिक दिनों तक अंतरिक्ष में रहने वाला यात्री	वालेरी पोल्याकोव
चन्द्रमा पर उतरने वाला प्रथम चालक विहीन अंतरिक्षयान	लूना-9
चन्द्रमा पर मानव को पहुँचाने वाला प्रथम यान	अपोलो-11
वायुपोत की पहली उड़ान भरने वाला व्यक्ति	हेनरी गिफर्ड (फ्रांस)
अंतर्राष्ट्रीय संघ के प्रथम सम्मेलन का आयोजन स्थल	पेरिस
पहली बार परमाणु बम से विनष्ट किया गया नगर	हिरोशिमा
वायुयान से पहली उड़ान भरने वाला व्यक्ति	राइट बंधु (आर्विल तथा विलवर राइट)
कागजी मुद्रा जारी करने वाला प्रथम देश	चीन
प्रथम विश्व कप फुटबॉल जीतने वाला देश	उरुग्वे
राष्ट्रीय झंडा अपनाने वाला प्रथम देश	डेनमार्क

भारत के प्रसिद्ध व्यक्ति

- **आर्यभट्ट (476–520 ई.)**–आर्यभट्ट के नाम पर प्रथम भारतीय उपग्रह का नाम रखा गया है। आर्यभट्ट प्राचीन भारत के महान खगोलविद् थे। ये चन्द्रगुप्त विक्रमादित्य द्वितीय के दरबार में थे।
- **आचार्य विनोबा भावे (1895–1982)**–आचार्य विनोबा भावे 'सर्वोदय' व 'भूदान' आन्दोलन के जनक थे। मरणोपरान्त वर्ष 1983 में इन्हें भारत के सर्वोच्च सम्मान **'भारत रत्न'** से सम्मानित किया गया।
- **आचार्य नरेन्द्र देव (1819–1956)**–**सोशलिस्ट पार्टी** के संस्थापक नरेन्द्र देव प्रसिद्ध राजनीतिज्ञ व विद्वान थे।
- **आर्देशिर कर्सेट जी. वाडिया (1808–77)**–प्रसिद्ध **यांत्रिक** एवं **समुद्री इंजीनियर**। ये रॉयल सोसाइटी, लंदन के फैलो चुने जाने वाले प्रथम भारतीय थे।

- **ईश्वर चन्द्र विद्यासागर (1820–91)**–प्रसिद्ध **समाज सुधारक** व **शिक्षाविद्** **ईश्वर चन्द्र विद्यासागर** ने प्राथमिक शिक्षा व **विधवा विवाह** के लिए सराहनीय कार्य किए।
- **उत्पल दत्त (1929–93)**–**हिन्दी** तथा **बांग्ला** फिल्मों के प्राख्यात अभिनेता।
- **कृष्णदेव राय**–कृष्णदेव राय ने दक्षिण भारत के विजयनगर साम्राज्य पर वर्ष **1509** से वर्ष **1529 ई.** तक राज्य किया। कृष्णदेव राय उत्कृष्ट योद्धा व कला व साहित्य के संरक्षक थे। इनके शासनकाल में विजयनगर साम्राज्य समृद्ध हुआ।
- **कनिष्क**–कनिष्क **कुषाण वंश** का सबसे प्रतापी राजा था। **अश्वघोष** (साहित्यकार) व **चरक** (वैद्य) जैसे विद्वान इसके दरबार में थे। कनिष्क ने **चौथी बौद्ध संगीति** का **कश्मीर** में आयोजन करवाया। कनिष्क बौद्ध धर्म का अनुयायी व संरक्षक था।
- **कबीरदास (1398-1518)**–महान कवि व समाज सुधारक कबीर ने अपनी कविताओं के द्वारा समाज की रूढ़िवादी परंपराओं पर प्रहार किया। निर्गुण भक्ति धारा का यह महान कवि साम्प्रदायिकता व जाति-पाति का प्रबल विरोधी था। कबीर की रचनाएँ 'साखी', 'सबद' 'बीजक' इत्यादि हैं।
- **कानन देवी**–भारतीय फिल्म जगत् की महान अभिनेत्री इन्हें दादा साहब फाल्के सम्मान से सम्मानित किया गया था। 1968 में उन्हें 'पदमश्री' से भी सम्मानित किया गया था।
- **कृतिवास**–14वीं सदी के प्रमुख बंगाला कवि, जिन्होंने रामायण (वाल्मीकि कृत) का बांग्ला भाषा में अनुवाद किया।
- **कश्यप मातंग**–लगभग 67 ई.पू. में चीन की यात्रा पर जाने वाला प्रथम बौद्ध भिक्षु। मगध में जन्मे मातंग गंधार में रहते थे।
- **कल्हण**–कश्मीर के प्रसिद्ध इतिहासकार एवं कवि। इन्होंने अपनी प्रसिद्ध रचना **'राजतरंगिणी'** में कश्मीर का तिथिवार एवं व्यवस्थित इतिहास लिखा है।
- **के. कामराज नाडार (1903–75)**–प्रमुख स्वतंत्रता सेनानी एवं राजनीतिज्ञ। ये 'जनता के नेता' उपनाम से भी प्रसिद्ध थे। इन्हें मरणोपरांत 'भारत रत्न' से सम्मानित किया गया था।
- **कन्हैयालाल माणिक लाल मुंशी (1887–1971)**–गुजराती एवं अंग्रेजी भाषाओं के प्रसिद्ध विद्वान, लेखक, कानूनविद्, स्वतंत्रता सेनानी एवं राजनीतिज्ञ।
- **चैतन्य महाप्रभु (1483–1533)**–प. बंगाल के नादिया में जन्मे चैतन्य महाप्रभु भक्ति आन्दोलन के प्रमुख स्तंभ थे। ये श्रीकृष्ण के उपासक थे। कीर्तन की शुरुआत इन्होंने ही की थी।
- **चंदबरदाई**–पृथ्वीराज चौहान (दिल्ली एवं अजमेर के शासक) के दरबारी कवि, जिन्होंने **'पृथ्वीराजरासो'** जैसे प्रसिद्ध ग्रंथ की रचना की। इसमें पृथ्वीराज चौहान की विजयगाथाओं का वर्णन है।
- **चरक**–विख्यात भारतीय चिकित्सक, जो कनिष्क के दरबारी चिकित्सक थे। ये आधुनिक चिकित्सा विज्ञान के पितामह के रूप में प्रसिद्ध हैं। इन्होंने **'चरकसंहिता'** नामक प्रसिद्ध ग्रंथ की रचना की थी।
- **चक्रवर्ती राजगोपालाचारी (1878–1972)**–प्रमुख स्वतंत्रता सेनानी, राजनीतिज्ञ एवं प्रखर वक्ता थे। ये मद्रास के मुख्यमन्त्री भी थे। ये स्वतन्त्र भारत के दूसरे (माउण्टबेटन के बाद) गवर्नर जनरल बने। इन्हें 'भारत रत्न' से सम्मानित किया गया था। इन्होंने दक्षिण भारत में हिन्दी के प्रारंभ का विरोध किया।
- **जगदीश चन्द्र बोस (1858–1937)**–वनस्पति विज्ञान के क्षेत्र के असाधारण अध्येता जगदीश चन्द्र बोस ने सिद्ध किया कि पौधों में भी जीवन होता है। इन्होंने 'रिस्पांस इन द लिविंग एण्ड नान लिविंग' (Response in the Living and Non-living) तथा 'प्लांट रिस्पांस' (Plant Response) रचनाएँ लिखीं।
- **जयप्रकाश नारायण**–जयप्रकाश नारायण समाजवादी विचारधारा के राजनेता थे। इनकी जनता पार्टी की स्थापना में महत्वपूर्ण भूमिका रही। सन् 1977 में 'राष्ट्रभूषण' सम्मान से सम्मानित किया गया। इन्हें **'लोकनायक'** के नाम से भी जाना जाता था।
- **जमशेदजी नशरवान जी टाटा (1850–1940)**–भारतीय उद्योगपति, जिन्होंने भारतीय उद्योग को नई दिशा दी। सन् **1907** में बिहार में टाटा लौह एवं इस्पात कम्पनी प्रारम्भ की।
- **जनरल विपिन चन्द्र जोशी (1939–94)**–अपने कार्यकाल में दिवंगत होने वाले प्रथम भारतीय थल सेना अध्यक्ष।
- **टीपू सुल्तान (1750–99)**–टीपू सुल्तान ने अंग्रेजों के विरुद्ध साहसपूर्ण युद्ध किए। इन्होंने अंग्रेजों से लोहा लेने के लिए फ्रांसीसियों से संधि की, लेकिन मराठों व निजामों के अंग्रेजों के साथ मिल जाने के कारण **श्री रंगपट्टनम्** के युद्ध में वीरगति को प्राप्त हुए।
- **टी. प्रकाशम (1872–1957)**–प्रसिद्ध स्वतंत्रता सेनानी एवं वकील थे। ये 'आन्ध्र केसरी' के रूप में जाने जाते हैं। ये 1946 में तमिल-तेलुगू क्षेत्र तथा स्वतन्त्र भारत में 1957 में आन्ध्र प्रदेश के मुख्यमन्त्री रहे।
- **टोडर मल**–मुगल सम्राट अकबर महान के नवरत्नों में एक थे। ये अपने **भूमि सुधारों** के लिए जाने जाते हैं। ये अकबर के राजस्व मन्त्री भी थे।
- **डॉ. राजेन्द्र प्रसाद (1884–1963)**–डॉ. राजेन्द्र प्रसाद प्रसिद्ध स्वतंत्रता संग्राम सेनानी थे। स्वतंत्रता के बाद संविधान सभा के अध्यक्ष तथा स्वतन्त्र भारत के प्रथम राष्ट्रपति बने।
- **डॉ. सर्वपल्ली राधा कृष्णन (1888–1975)**–स्वतन्त्र भारत के प्रथम उपराष्ट्रपति व द्वितीय राष्ट्रपति बने। 1975 में टेम्पल्टन पुरस्कार मिला।
- **डॉ. राममनोहर लोहिया (1910–67)**–डॉ. राम मनोहर लोहिया समाजवादी विचारों के नेता थे। 1966 तक भारतीय संसद सदस्य रहे।
- **डॉ. सलीम अली (1897–1987)**–सलीम अली भारत के प्रसिद्ध पर्यावरणवादी नेता थे। इन्होंने वन्य जीवों के संरक्षण के लिए महत्वपूर्ण कार्य किए। 1973 में इन्हें वन्यजीव संरक्षण पुरस्कार से सम्मानित किया गया।
- **भास्कराचार्य**–महान गणितज्ञ भास्कराचार्य ने 'शिरोमणि' नामक ग्रंथ की रचना की, जिसके प्रथम भाग को 'लीलावती' भी कहा जाता है। पद्य के रूप में लिखी यह पुस्तक 12वीं शताब्दी में भारतीय गणितज्ञ की उपलब्धियों का एक उत्कृष्ट नमूना है।
- **भवभूति (8वीं शताब्दी)**–संस्कृत के महान् नाटककार। इन्होंने **'मालतीमाधवम्'**, 'महावीरचरितम्', 'उत्तररामचरितम्' नामक तीन प्रसिद्ध नाटकों की रचना की।
- **भास्कर-I (7वीं शताब्दी)**–ब्रह्मगुप्त के समकालीन प्रसिद्ध नक्षत्रविज्ञानी। भारत के दूसरे उपग्रह का नाम इन्हीं के नाम पर रखा गया है।
- **भर्तृहरि (7वीं शताब्दी)**–प्रसिद्ध वैयाकरण, संस्कृत कवि एवं तत्वज्ञानी थे। इन्होंने 'नीतिशतकम्', श्रृंगारशतकम् एवं वैराग्यशतकम् काव्य ग्रंथों की रचना की थी। ये उज्जैन के महाराजा थे। इनकी पत्नी का नाम पिंगला था।
- **भदंत आनन्द कौशल्यायन (1900–88)**–अखिल भारतीय बौद्ध भिक्षु संघ के अध्यक्ष तथा अंतर्राष्ट्रीय प्रसिद्धि प्राप्त बौद्ध विद्वान। इन्होंने बौद्ध धर्म की उपयोगिता को वर्तमान परिप्रेक्ष्य में रेखांकित किया तथा पूरे जीवन बौद्ध धर्म के प्रचार प्रसार में अपना योगदान दिया।
- **मेघनाद साहा (1853–1956)**–उष्ण उपवन (Thermal Ionisation) सिद्धान्त द्वारा प्रसिद्धि पाने वाले भारतीय, नाभिकीय भौतिक विज्ञानी मेघनाद साहा भारत के प्रसिद्ध वैज्ञानिक थे। इन्होंने 'हिस्ट्री ऑफ हिन्दू साइंस' लिखी।
- **मदर टेरेसा (1910-1997)**–1946 से भारत में जरूरतमंद लोगों की नि:स्वार्थ सेवा करने वाली मदर टेरेसा को भारत की नागरिकता प्रदान की गई थी। इन्होंने वर्ष 1950 में कोलकाता में 'मिशनरीज ऑफ चैरिटी' की स्थापना की। इन्हें पद्मश्री (1962), रेमन मैग्सेसे पुरस्कार, जवाहरलाल नेहरू शांति पुरस्कार, **नोबेल शांति पुरस्कार (1979)**, भारत रत्न (1980), ब्रिटिश ऑर्डर ऑफ मेरिट (1993) जैसे सम्मानित पुरस्कारों से सम्मानित किया गया।
- **मोक्षगुंडम विश्वेश्वरैया (1861–1962)**–1955 में 'भारत रत्न' से सम्मानित विश्वेश्वरैया का भारत के औद्योगिक व तकनीकी विकास में महत्वपूर्ण योगदान है। विश्वेश्वरैया एक कुशल प्रशासक व प्रबुद्ध अभियंता थे। इन्होंने अनेक बहुउद्देशीय परियोजनाओं को अपने पर्यवेक्षण में सम्पन्न कराया, जिसमें कावेरी नदी पर बना विशाल बाँध महत्वपूर्ण है।

- **मेजर ध्यानचन्द (1905–79)**–भारतीय हॉकी को विश्व-स्तर तक प्रतिष्ठा दिलाने व **'हॉकी के जादूगर'** नाम से विख्यात ध्यानचन्द भारतीय हॉकी के उत्कृष्ट खिलाड़ी थे। इनके नेतृत्व में भारत ने हॉकी के लिए अनेक विश्वस्तरीय प्रतियोगिताएं जीतीं।
- **मुहम्मद गोरी (1149–1206)**–भारत में मुस्लिम साम्राज्य के संस्थापक मुहम्मद गोरी ने वर्ष 1192 में दिल्ली के शासक पृथ्वीराज चौहान को हरा कर दिल्ली पर अधिकार किया।
- **मुंशी प्रेमचन्द (1880–1937)**–हिन्दी भाषा के उपन्यास सम्राट, जिन्होंने अनेक उत्कृष्ट उपन्यासों तथा कहानियों की रचना की। इनके उपन्यासों एवं कहानियों में सामाजिक समस्याओं खासकर 'ग्रामीण परिवेश की समस्याओं' का यथार्थ चित्रण मिलता है।
- **मलिक मुहम्मद जायसी**–16वीं शताब्दी के अवधी भाषा के प्रसिद्ध कवि। इन्होंने **'पद्मावत'** महाकाव्य की रचना की। ये सूफी विचारधारा से प्रभावित थे।
- **नंदलाल बोस**–प्रसिद्ध भारतीय चित्रकार नंदलाल बोस शांति निकेतन स्थित भारतीय कला भवन के निदेशक थे।
- **नागार्जुन (दूसरी सदी)**–भारत के प्रसिद्ध बौद्ध दार्शनिक। ये कनिष्क के समकालीन थे तथा इन्हें उसका संरक्षण प्राप्त था। 'मध्यमकारिका' इनकी प्रसिद्ध कृति है। यह ग्रंथ महायान का महत्वपूर्ण ग्रंथ है। 'सुहल्लेख' में इन्होंने बौद्ध धर्म के सिद्धान्तों का उल्लेख किया है।
- **नागार्जुन (7-8वीं सदी)**–प्रसिद्ध भारतीय रसायनशास्त्री, जिन्होंने रस चिकित्सा पद्धति का सूत्रपात किया। इनके प्रसिद्ध ग्रंथ 'रसरत्नाकर' में धातुओं के शोधन एवं उनके गुण-दोष का विवेचन किया गया है। इस ग्रंथ में 'पारद' (पारा) का उल्लेख अति महत्वपूर्ण है।
- **पाणिनि**–वैदिक काल से सम्बन्धित महान व्याकरणाचार्य पाणिनि ने **'अष्टाध्यायी'** व्याकरण ग्रंथ लिखा।
- **पं. रविशंकर**–प्रख्यात् शास्त्रीय सितारवादक और संगीतज्ञ। भारतीय संगीत की शिक्षा उस्ताद अल्लाउद्दीन खाँ से प्राप्त की थी। उन्होंने भारतीय संगीत को दुनिया भर में सम्मान दिलाया। इन्हें 'भारत रत्न', 'पद्मविभूषण' और तीन बार 'ग्रैमी अवार्ड' से सम्मानित किया गया।
- **पृथ्वीराज चौहान**–दिल्ली का शासक पृथ्वीराज चौहान अत्यन्त वीर व साहसी योद्धा था। 1192 में मुहम्मद गोरी के साथ तराइन के द्वितीय युद्ध में पराजित हुआ। यह युद्ध भारत में मुस्लिम साम्राज्य की स्थापना में महत्वपूर्ण स्थान रखता है।
- **पोरस**–सिकन्दर के आक्रमण के समय पंजाब का राजा, जिसे सिकन्दर ने युद्ध में पराजित कर गिरफ्तार कर लिया था। बाद में पोरस की बहादुरी से प्रभावित होकर उसे और उसके विजित क्षेत्र को छोड़ दिया।
- **राजशेखर (10वीं शताब्दी)**–महान् संस्कृत विद्वान, जिन्होंने 'विद्धिशालभंजिका', 'कर्पूरमंजरी', 'बालरामायण', 'बालभारत', 'प्रचण्डपाण्डवम्' जैसे नाटकों तथा 'काव्यमीमांसा' जैसे श्रेष्ठ काव्यशास्त्र की रचना की। ये प्रतिहार शासक महेन्द्रपाल (890–910 ई.) के गुरु थे।
- **रघुनन्दन (स्मार्त भट्टाचार्य)**–विख्यात धर्मशास्त्री। इनके 'नवस्मृति' तथा 'अष्टाविंशति तत्व' नामक धर्मशास्त्र असम एवं बंगाल में उत्तराधिकार का प्रामाणिक आधार माना जाता है।
- **रामकृष्ण बजाज (1923–94)**–भारत के स्वतंत्रता सेनानी एवं लोकसेवक तथा देश के अग्रणी उद्योगपति।
- **राजराज**–चोल साम्राज्य के प्रसिद्ध शासक, जिन्होंने चोल साम्राज्य को एकता के सूत्र में बाँधा तथा शासन में महत्वपूर्ण सुधार किया। इन्होंने तंजौर (तंजावुर) में वृहदेश्वर (राजराजेश्वर) नामक शिव मंदिर का निर्माण करवाया।
- **राजेन्द्रचोल**–चोल साम्राज्य का श्रेष्ठ शासक। इसने अपनी शक्तिशाली नौसेना द्वारा पेगू, श्रीलंका, अंडमान निकोबार को जीतकर चोल साम्राज्य में मिलाया।
- **विक्रमादित्य (चन्द्रगुप्त द्वितीय)**–गुप्तवंश का श्रेष्ठतम शासक। इनका शासनकाल भारतीय इतिहास में **'स्वर्णयुग'** के नाम से जाना जाता है। इनके काल में कला एवं साहित्य में विशेष उन्नति हुई। **महाकवि कालिदास** इनके नवरत्नों में से एक थे।
- **वाल्मीकि**–प्राचीन भारत में संस्कृत जगत् के महान कवि। रामायण इनकी प्रसिद्ध रचना है।
- **वराहमिहिर**–प्राचीन भारत के महान् गणितज्ञ, ज्योतिषविद् एवं दार्शनिक। चन्द्रगुप्त द्वितीय (विक्रमादित्य) के नवरत्नों में से एक थे।
- **वेद व्यास (महर्षि कृष्ण द्वैपायन)**–इन्होंने **महाभारत** महाकाव्य की रचना की। इस महाकाव्य का एक खण्ड 'श्रीमद्भागवत्गीता' है, जो हिन्दुओं का पवित्र ग्रंथ है। इसमें हिन्दुओं के नैतिक विधि-निषेधों का वर्णन है।
- **वायकोम मोहम्मद बशीर (1908-94)**–प्रसिद्ध मलयालम साहित्यकार, जिन्होंने अपनी रचनाओं द्वारा 50 वर्षों तक मलयालम साहित्य को समृद्ध एवं प्रभावित किया। इन्हें 'पद्मश्री' से सम्मानित किया गया।

प्रमुख प्रवर्त्तक एवं उनके सम्प्रदाय

प्रवर्त्तक	सम्प्रदाय
रामानुजाचार्य	श्री सम्प्रदाय
माध्वाचार्य	ब्रह्म सम्प्रदाय
वल्लभाचार्य	रुद्र सम्प्रदाय
गुरु नानक	सिक्ख सम्प्रदाय
दादू दयाल	दादू पंथ एवं निपख सम्प्रदाय
हित हरवंश	राधावल्लभ सम्प्रदाय
रामानंद	रामवत सम्प्रदाय
श्रीचंद (गुरु नानक के पुत्र)	उदासी सम्प्रदाय
जयनाथ	विश्नोई सम्प्रदाय
निरंजन	निरंजनी सम्प्रदाय
संत लाल दास	लाल पंथ
गोविन्द प्रभु	महानुभाव पंथ
एकनाथ, तुकाराम व ज्ञानेश्वर	बरकरी सम्प्रदाय
रामदास बोध	घरकरी सम्प्रदाय
माध्वाचार्य	हरियाली सम्प्रदाय
शंकर देव	महापुरुषीय सम्प्रदाय
निम्बार्क	सनक सम्प्रदाय
स्वामी हरिदास	सुखी सम्प्रदाय
जगजीवन साहब	सतनामी सम्प्रदाय
चंडीदास	बाऊल सम्प्रदाय
पुरंधर दास	दासकूट सम्प्रदाय
नित्यानंद गोस्वामी	चैतन्यपथ

प्रमुख व्यक्तियों से सम्बद्ध स्थान

स्थान	व्यक्ति
शांति निकेतन	रवीन्द्रनाथ टैगोर
तलवंडी	गुरु नानक
राजघाट/पोरबंदर/साबरमती/फीनिक्स फार्म/साबरमती आश्रम	महात्मा गाँधी
विजयघाट	लालबहादुर शास्त्री
किसान घाट	चौ. चरण सिंह
कपिलवस्तु/बोधगया/लुम्बिनी/कुशीनगर	गौतम बुद्ध
शांति वन/तीनमूर्ति भवन	जवाहरलाल नेहरू
शक्ति स्थल	इन्दिरा गाँधी
वीर भूमि	राजीव गाँधी
बारदोली	सरदार वल्लभभाई पटेल
चित्तौड़गढ़/हल्दीघाटी	महाराणा प्रताप
जलियाँवाला बाग	जनरल डायर

पवनार आश्रम	आचार्य विनोबा भावे
बेलूर मठ	स्वामी रामकृष्ण परमहंस
फतेहपुर सीकरी	अकबर
सदाकत आश्रम	डॉ. राजेन्द्र प्रसाद
आनन्द वन	बाबा आम्टे
निर्मल हृदय	मदर टेरेसा
समता स्थल	जगजीवन राम
एकता स्थल	ज्ञानी जैल सिंह
राष्ट्रीय स्मृति स्थल	अटल बिहारी वाजपेयी

भारत के प्रमुख नगरों के उद्योग

नगर	उद्योग
जयपुर (राजस्थान)	कशीदाकारी, मिट्टी के बर्तन, पीतल के बर्तन, मेटल उद्योग
जलाहली (कर्नाटक)	मशीनी टूल्स फैक्ट्री, इलैक्ट्रॉनिक्स
जमशेदपुर (झारखण्ड)	कोयला, लौह-इस्पात
कानपुर (उ.प्र.)	चमड़ा, जूता उद्योग, सूती वस्त्र उद्योग
कटनी (म.प्र.)	सीमेन्ट उद्योग, संगमरमर के पत्थर, ऑर्डिनेंस फैक्ट्री
कोचीन (केरल)	सीमेंट, जलयान निर्माण, कॉफी, कोकोनट, ऑयल, रबर आदि
लुधियाना (पंजाब)	ऊनी वस्त्र, कपड़ा उद्योग, साइकिल उद्योग
त्रिवेन्द्रम (केरल)	लकड़ी पर नक्काशी, कौइल मेटिंग, साइकिल उद्योग, कपड़ा उद्योग
विशाखापट्टनम (आंध्र प्रदेश)	जलपोत बनाने का कारखाना, लोहा व इस्पात और तेलशोधक कारखाना
आगरा (उ.प्र.)	संगमरमर, चमड़ा, गलीचे, पत्थर का सामान
अहमदाबाद (गुजरात)	सूती कपड़ा उद्योग
अलीगढ़ (उ.प्र.)	ताले, कटलरी, डेयरी उद्योग
अम्बरनाथ (बम्बई के निकट)	मशीन टूल्स प्रोटो टाइप फैक्ट्री
अंकलेश्वर (गुजरात)	पेट्रोलियम उद्योग
बंगलुरु (कर्नाटक)	सूती कपड़ा उद्योग, खिलौने, गलीचे, मोटर, हिन्दुस्तान एअर क्राफ्ट, टेलीफोन और मशीन टूल्स
बरेली (उ.प्र.)	जरी का काम, लकड़ी का काम, मांझा उद्योग, चावल उद्योग, मेंथा उद्योग
भिलाई (छत्तीसगढ़)	इस्पात उद्योग
बोकारो (झारखण्ड)	इस्पात का कारखाना
मुम्बई (महाराष्ट्र)	सूती कपड़ा उद्योग, सिनेमा उद्योग
कोलकाता (प. बंगाल)	जूट, बिजली के बल्ब, लैम्प, सूती वस्त्र, तंबाकू, खाद्य पदार्थ
चितरंजन (प. बंगाल)	लोकोमोटिव
ट्राम्बे (महाराष्ट्र)	यूरेनियम, थोरियम, परमाणु भट्टियाँ, खाद के कारखाने, तेल शोधक कारखाने
सिंदरी (झारखंड)	रासायनिक खाद
सिंहभूम (झारखंड)	तांबा, लौह अयस्क, रेल के लिए इंजीनियरिंग साज-सामान का निर्माण
श्रीनगर (कश्मीर)	ऊनी दुशाले, रेशम, कशीदाकारी
सूरत (गुजरात)	वस्त्र उद्योग, हीरा उद्योग
तारापुर (महाराष्ट्र)	एटॉमिक पॉवर प्लांट
त्रिचिनापल्ली (तमिलनाडु)	सिगार
छिंदवाड़ा (म.प्र.)	चूने का पत्थर, कोयला, लकड़ी चीरणे के कारखाने
दिल्ली (नई दिल्ली)	टैक्सटाइल्स, हाऊसिंग
धारीवाल (पंजाब)	ऊनी वस्त्र उद्योग
डिग्बोई (असम)	पेट्रोलियम उद्योग
दुर्गापुर (प. बंगाल)	इस्पात उद्योग
ग्वालियर (म.प्र.)	चीनी मिट्टी के बर्तनों का उद्योग, सूती कपड़ा उद्योग, दियासलाई के डिब्बे बनाने के कारखाने
फिरोजाबाद (उ.प्र.)	काँच उद्योग
गुन्टूर (आंध्र प्रदेश)	वस्त्र, रसायन, सीमेंट, उर्वरक, सिगरेट
मुरादाबाद (उ.प्र.)	कलई के बर्तन, केलीको प्रिंटिंग, पीतल हस्तशिल्प
सिंगरौली (म.प्र.)	कोयला उद्योग, ऊर्जा उद्योग से संबंधित कंपनियां
नंगल (पंजाब)	रासायनिक खाद
नेपानगर (म. प्र.)	न्यूज प्रिंट फैक्ट्री
पिम्परी (महाराष्ट्र)	पेंसिलिन फैक्ट्री
पिन्जौर (पंजाब)	मशीन टूल्स
रानीगंज (प. बंगाल)	कोयले की खानें
रेणुकूट (उ.प्र.)	हिन्दुस्तान एल्यूमीनियम फैक्ट्री
राउरकेला (ओडिशा)	इस्पात, रासायनिक खाद

राज्यानुसार भारत के पर्वतीय स्थल

राज्य	पर्वतीय स्थल
उत्तराखण्ड	देहरादून, नैनीताल, अल्मोड़ा, पिथौरागढ़, मसूरी, कौसानी, चोपटा, औली, लैन्सडाउन, रानीखेत
हिमाचल प्रदेश	शिमला, धर्मशाला, कुल्लू, मनाली, चैल, चंबा, कांगड़ा, डलहौजी, पालमपुर, नाहन, कुफरी, कसोल, खज्जर, मंडी
जम्मू-कश्मीर	गुलमर्ग, सोनमर्ग, श्रीनगर, पटनीटाप, वनिहाल, अमरनाथ, पहलगाम, खिलनमर्ग, सनासर, पुलवामा
सिक्किम	गंगटोक, लाचेन, लाचुंग, वेलिंग, लेगशिप
मध्य प्रदेश	भेड़ाघाट, पंचमढ़ी
पश्चिम बंगाल	दार्जिलिंग, कलिम्पोंग कार्सियांग
महाराष्ट्र	महाबलेश्वर, तोरणमल, लोनावाला, अम्बोली, खंडाला, पंचगनी, माथेरान, कर्जत, जावहर, इगतपुरी, कोरोली, सावंतवाडी, भंदारदरा, राजमाची
झारखंड	राँची
तमिलनाडु	कोट्टाल्लम्, कोडईकनाल, उटकमंडलम्, येरकाड, ऊटी कून्नूर, येलागिरी हिल्स
केरल	इडुक्की, कन्नूर, देविकुलम, मन्नार, तिरुवनन्तपुरम, वायनाड, नेल्लियामपथि, पालक्काड़, पोन्नामुडी
राजस्थान	माउंट आबू

भारत के प्रमुख तट

तट	राज्य
मायपादू/वादारेवू/विशाखापट्टनम	आंध्र प्रदेश
बेतूल/कैंडोलिम/ईगा/पालोलेम/बेनौलिमा/कोल्वा/अगुडा/कैलंग्मूट/डोना/पौला/गैस्पर डायस/सिरिदावो वागातोर/बोगमालो	गोवा
मांडवी/दांडी/दीव डुमस/सुवाली/उमरावत/संभात	गुजरात
कारवार/मंगलौर/उद्दीपी/सोमेश्वर/मालपे/उल्लाल	कर्नाटक
कन्नानोर/कोवलम/वारक्कालाई/पेयाम्बलम/मरारी/कन्नूर	केरल
अलीबाग/जुहू/मड/मनोरी/मार्वे/वरसोवा/मारनाई/माल्वान/अक्सा/दापोली	महाराष्ट्र
चांदपुर/पुरी/गोपालपुर/गहिरमाथा/कोणार्क/सतभाया	ओडिशा
कोवेलांग/कन्याकुमारी/(मरीना) चेन्नई/मामल्लपुरम/कुरुसदाई/रामेश्वरम	तमिलनाडु
दीघा/गंगासागर डेल्टा का इलाका/सुंदरवन तट	प. बंगाल
कार निकोबार/लेबीरिंथ आइलैंड/मायाबंदरनानकावेरी/ब्लेयर	अंडमान-निकोबार द्वीपसमूह

भारत के 13 बड़े बन्दरगाह

बन्दरगाह	राज्य	समुद्री अवस्थिति	विशेष तथ्य
मुम्बई	महाराष्ट्र	अरब सागर	देश का सबसे बड़ा बन्दरगाह, जो कुल ट्रैफिक का 20% भाग वहन करता है।
कोलकाता	प. बंगाल	बंगाल की खाड़ी	हुगली नदी पर स्थित, दक्षिण एशिया का सबसे बड़ा टर्मिनल
कोच्चि	केरल	अरब सागर	सबसे बड़ा प्राकृतिक बन्दरगाह
कांडला	गुजरात	कच्छ की खाड़ी	ज्वारीय बन्दरगाह (अरब सागर)
चेन्नई	तमिलनाडु	बंगाल की खाड़ी	सबसे पुराना बन्दरगाह, कृत्रिम बन्दरगाह
मार्मगावो	गोवा	अरब सागर	दूसरा सबसे बड़ा बन्दरगाह और महत्वपूर्ण नौसैनिक स्टेशन
मंगलौर	कर्नाटक	अरब सागर	ज्वारीय बन्दरगाह
तूतीकोरिन	तमिलनाडु	हिन्द महासागर	उथला बन्दरगाह (मन्नार की खाड़ी में स्थित)
विशाखापट्टनम	आन्ध्र प्रदेश	बंगाल की खाड़ी	मुख्य नौसैनिक स्टेशन
पाराद्वीप	ओडिशा	बंगाल की खाड़ी	1966 में प्रमुख बन्दरगाह घोषित किया गया।
जवाहरलाल नेहरू	मुम्बई	अरब सागर	1988 में राष्ट्र को समर्पित
एन्नौर	तमिलनाडु	बंगाल की खाड़ी	
पोर्ट ब्लेयर	अंडमान द्वीप समूह	बंगाल की खाड़ी	

भारत में सबसे बड़ा, सबसे छोटा

सबसे लंबा हिमनद	सियाचिन ग्लेशियर
सबसे बड़ा नदी-द्वीप	माजुली (ब्रह्मपुत्र नदी, असोम)
सबसे ऊँची झील	देवताल झील (उत्तराखंड)
सबसे बड़ा न्यूजपेपर कारखाना	नेपानगर (मध्य प्रदेश)
सबसे बड़ी गुम्बद	गोल गुम्बद (बीजापुर)
सबसे लम्बी तटरेखा वाला राज्य	गुजरात (लगभग 1,600 किमी.)
सबसे सघन आबादी वाला राज्य	बिहार (घनत्व 1106)
सर्वाधिक साक्षरता वाला राज्य	केरल (94.0%)
सबसे बड़ा डेल्टा	सुंदरवन (पश्चिम बंगाल)
सबसे ऊँचा मठ	जोजिला मठ (लद्दाख)
सर्वाधिक खनिज सम्पदा वाला राज्य	झारखण्ड
सबसे बड़ा इस्पात संयंत्र	टाटा लौह-इस्पात कम्पनी, जमशेदपुर (झारखण्ड)
सबसे बड़ा उर्वरक संयंत्र	सिंदरी (झारखण्ड)
सबसे बड़ी धूपघड़ी	'सम्राट यंत्र' (जयपुर, राजस्थान)
सर्वाधिक शस्य गहनता वाला राज्य	पंजाब
वर्षा की सर्वाधिक विषमता वाला राज्य	केरल
सर्वाधिक ग्रामीण जनसंख्या वाला राज्य	बिहार
सर्वाधिक गहरी कोयला खान	रानीगंज (झारखण्ड)
सबसे बड़ा खनिज तेल उत्खनन क्षेत्र	डिगबोई तेलक्षेत्र (असोम)
सबसे बड़ी कृत्रिम झील	गोविंदसागर (भाखड़ा-नांगल)
सबसे बड़ा प्राकृतिक बन्दरगाह	मुम्बई
सबसे लंबी नहर	इन्दिरा गाँधी नहर
सबसे ऊँचा द्वार	बुलन्द दरवाजा, फतेहपुर सीकरी, आगरा (ऊँचाई 167 फीट)
सबसे लम्बी रेलवे सुरंग	पीर पंजाल सुरंग (जम्मू-कश्मीर 11 किमी.)
सबसे लम्बा रेगिस्तान	थार मरुभूमि (राजस्थान)
क्षेत्रफल की दृष्टि से सबसे बड़ा राज्य	राजस्थान
क्षेत्रफल की दृष्टि से सबसे छोटा राज्य	गोवा
जनसंख्या की दृष्टि से सबसे छोटा राज्य	सिक्किम
सर्वाधिक जनसंख्या वाला नगर	वृहत्तर मुम्बई
सबसे ऊँचा जलप्रपात	महात्मा गाँधी प्रपात (पूर्व नाम जोग या गरसोप्पा प्रपात, कर्नाटक)
सबसे लम्बा रेलवे प्लेटफार्म	गोरखपुर
सबसे बड़ा म्यूजियम	इंडियन म्यूज़ियम, कोलकाता
सबसे बड़ा चिड़ियाघर	जूलोजिकल गार्डेन, अलीपुर (कोलकाता)
सबसे ऊँची मीनार	कुतुबमीनार (दिल्ली)
सबसे लम्बा सागरीय सेतु	अन्नाई इंदिरा गाँधी सेतु, रामेश्वरम एवं मंडपम के बीच (तमिलनाडु)
सर्वाधिक ऊँचाई पर स्थित यातायात पुल	खादुंगला, लद्दाख क्षेत्र
सबसे कम जनसंख्या सघनता वाला राज्य	अरुणाचल प्रदेश
सबसे कम साक्षरता वाला राज्य	बिहार (61.8%)
सबसे ऊँचा बाँध	भाखड़ा-नांगल बाँध (सतलुज नदी)
सबसे बड़ा तारामंडल (प्लैनेटोरियम)	बिड़ला प्लैनेटोरियम (कोलकाता)
सबसे विशाल पठार	प्रायद्वीपीय पठार (द. भारत)
सबसे लम्बा रेलमार्ग	डिब्रूगढ़-कन्याकुमारी विवेक एक्सप्रेस (लम्बाई 4,278 किमी.)
सबसे विशाल गर्त	लोनार झील (महाराष्ट्र)
सबसे बड़ा कैंटलीवर पुल	रवीन्द्रनाथ सेतु या हावड़ा ब्रिज (कोलकाता)
सबसे ऊँची चिमनी	राजघाट ताप विद्युत गृह की चिमनी (दिल्ली)
सबसे बड़ा गिरजाघर	सेंट कैथेड्रल चर्च (गोवा)
सबसे बड़ा सिनेमाघर	'थंगम' (मदुरै, तमिलनाडु)
सबसे बड़ा सूर्य मन्दिर	कोणार्क सूर्य मन्दिर (ओडिशा)
सबसे बड़ी मस्जिद	जामा मस्जिद (दिल्ली)
सबसे ऊँची मूर्ति	स्टैच्यू ऑफ यूनिटी, गुजरात, (ऊँचाई 182 मी.)
सबसे विशाल इन्डोर स्टेडियम	इन्दिरा गाँधी स्टेडियम (नई दिल्ली)
सबसे बड़ी बैराज	फरक्का बैराज, गंगा नदी (प. बंगाल)
सबसे ऊँची दूरदर्शन मीनार	पीतमपुरा दिल्ली (ऊँचाई 235 मी.)
सबसे लंबी सड़क	ग्रांड ट्रंक रोड
सबसे ऊँची सड़क	लेह-मनाली क्षेत्र में खारदुगला (ऊँचाई 5,602 मीटर)

भारत में प्रथम

प्रथम महिला लोकसभा अध्यक्ष	मीरा कुमार
प्रथम महिला राष्ट्रपति	प्रतिभा पाटिल
भारत का सर्वोच्च संवैधानिक पद ग्रहण करने वाली महिला	प्रतिभा पाटिल
इंग्लिश चैनल तैरकर पार करने वाली प्रथम भारतीय महिला	आरती साहा
प्रथम महिला अधिवक्ता	रेगिना गुहा
प्रथम महिला राजदूत	विजय लक्ष्मी पंडित (1947 सोवियत संघ)

सार्वजनिक सेवा हेतु रेमॅन मैग्सेसे पुरस्कार से सम्मानित प्रथम महिला	किरण बेदी
बम्बई उच्च न्यायालय में नियुक्त प्रथम महिला मुख्य न्यायाधीश	न्यायमूर्ति सुजाता बी. मनोहर
भारतीय चिकित्सा अनुसंधान परिषद् की महानिदेशक नियुक्त होने वाली प्रथम महिला	जी.वी. सत्यवती
आयात-निर्यात बैंक की प्रथम महिला अध्यक्ष	तर्जनी वकील
इंडियन एयरलाइंस की प्रथम महिला पायलट	कैप्टन दुर्गा बनर्जी (1966)
विश्व में एयर बस की प्रथम महिला पायलट	कैप्टन दुर्गा बनर्जी (1987)
'बोइंग-737' विमान की प्रथम महिला कमांडर	कैप्टन सौदामिनी देशमुख
नार्मन बोरलाग पुरस्कार से सम्मानित प्रथम महिला	डॉ. अमृता पटेल (1992)
साहित्य अकादमी पुरस्कार से सम्मानित प्रथम महिला	अमृता प्रीतम (1956)
'मिस वर्ल्ड' से सम्मानित प्रथम महिला	कु. रीता फारिया (1966)
'मिस यूनिवर्स' खिताब जीतने वाली प्रथम महिला	सुष्मिता सेन
राज्यसभा की प्रथम महिला महासचिव	वी.एस. रमादेवी
देश के किसी शहर की प्रथम महिला मेयर	तारा चेरयिन (मद्रास, 1957)
देश के किसी राज्य की विधानसभा की प्रथम महिला उपाध्यक्ष	श्रीमती शन्नो देवी
केन्द्रीय मन्त्रिमण्डल में प्रथम महिला मंत्री	राजकुमारी अमृतकौर (1947)
देश के किसी राज्य की प्रथम महिला मुख्यमंत्री	सुचेता कृपलानी (उ.प्र.)
केन्द्रीय व्यवस्थापिका की प्रथम महिला सांसद	राधाबाई सुबारायन (1938)
राज्यसभा की प्रथम महिला उपाध्यक्ष	मारग्रेट अल्वा (1962)
सर्वोच्च न्यायालय की प्रथम महिला न्यायाधीश	न्यायमूर्ति मीरा साहिब फातिमा बीबी
देश की प्रथम महिला सत्र न्यायाधीश (सेशन जज)	अन्ना चांडी (केरल)
योजना आयोग की प्रथम महिला अध्यक्ष	श्रीमती इन्दिरा गाँधी
प्रथम महिला प्रधानमंत्री	श्रीमती इन्दिरा गाँधी
किसी उच्च न्यायालय की प्रथम महिला मुख्य न्यायाधीश	न्यायमूर्ति लीला सेठ
माउंट एवरेस्ट पर चढ़ने वाली प्रथम महिला	कुमारी बछेन्द्री पाल
भारतीय पुलिस सेवा (आई.पी.एस.) में चयनित प्रथम महिला	किरण बेदी
प्रथम महिला शासक	रजिया सुल्तान (1236–40)
भारतीय राष्ट्रीय कांग्रेस की प्रथम महिला अध्यक्ष	एनी बेसेंट
राज्य विधायिका की प्रथम महिला विधायिका	डॉ. एस. मुथ्थुलक्ष्मी रेड्डी (मद्रास)
संघ लोक सेवा आयोग की प्रथम महिला अध्यक्ष	रोज मिलियन बैथ्यूज
लेनिन शांति पुरस्कार से अलंकृत प्रथम महिला	अरुणा आसफ अली
भारतीय ज्ञानपीठ पुरस्कार से सम्मानित प्रथम महिला	आशापूर्णा देवी (1976)
अंटार्कटिका पहुँचने वाली प्रथम महिला	मेहर मूसा (1977)
भारतीय अंटार्कटिका अभियान दल के सदस्य के रूप में अंटार्कटिका पहुँचने वाली प्रथम महिला	डॉ. सुदीप्ति सेनगुप्ता एवं डॉ. अदिति पंत
उत्तरी ध्रुव पर पहुँचने वाली प्रथम महिला	प्रीति सेनगुप्ता (1993)
प्रथम स्वदेशी परमाणु चालित पनडुब्बी	आई.एन.एस. 'चक्र'
'भारत रत्न' से सम्मानित प्रथम विदेशी नागरिक	खान अब्दुल गफ्फार खान

शांति के नोबेल पुरस्कार से सम्मानित प्रथम भारतीय नागरिक	मदर टेरेसा
प्रथम भारतीय अंटार्कटिका अभियान दल के नेतृत्वकर्ता	डॉ. सैयद जहूर कासिम
स्वतन्त्र भारत के प्रथम गवर्नर जनरल	लार्ड लुई माउंटबेटन
स्वतन्त्र भारत के प्रथम भारतीय गवर्नर जनरल	चक्रवर्ती राजगोपालाचारी
भारतीय थलसेना के प्रथम भारतीय सेनापति	जनरल के.एम. करिअप्पा
प्रथम फील्ड मार्शल	जनरल एस.एच.एफ.जे. मानेकशॉ
प्रथम राष्ट्रपति	डॉ. राजेन्द्र प्रसाद
प्रथम उपराष्ट्रपति	डॉ. सर्वपल्ली राधाकृष्णन
प्रथम प्रधानमंत्री	जवाहरलाल नेहरू
मरणोपरान्त 'भारत रत्न' से सम्मानित प्रथम व्यक्ति	लाल बहादुर शास्त्री
भारतीय ज्ञानपीठ पुरस्कार से सम्मानित प्रथम व्यक्ति	जी. शंकर कुरूप (मलयालम, 1965)
प्रथम मुख्य चुनाव आयुक्त	सुकुमार सेन
अंतर्राष्ट्रीय न्यायालय के अध्यक्ष बनने वाले प्रथम भारतीय	डॉ. नगेन्द्र सिंह
नोबेल पुरस्कार से सम्मानित प्रथम भारतीय वैज्ञानिक	चन्द्रशेखर वेंकट रमन
सर्वोच्च न्यायालय के प्रथम मुख्य न्यायाधीश	न्यायमूर्ति हीरालाल जे. कानिया
'भारत रत्न' से सम्मानित प्रथम व्यक्ति	डॉ. एस. राधाकृष्णन, सी. राजगोपालाचारी तथा डॉ. सी. वी. रमन
भारत पर आक्रमण करने वाला प्रथम मंगोल	चंगेज खाँ (1221 ई.)
नौका द्वारा सम्पूर्ण विश्व का चक्कर लगाने वाली प्रथम महिला	उज्ज्वला पाटिल (1988)
अंतर्राष्ट्रीय तैराकी मैराथन जीतने वाली प्रथम महिला	अर्चना भारत कुमार पटेल (1988)
पावर लिफ्टिंग में विश्व कीर्तिमान स्थापित करने वाली प्रथम महिला	सुमिता लाहा (1989)
तीन खेलों (हॉकी, क्रिकेट एवं बास्केटबॉल) में देश का प्रतिनिधित्व करने वाली प्रथम एवं एकमात्र महिला	शिरीन खुसरो
विश्व की प्रथम कॉमर्शियल टेस्ट पायलट महिला	कैप्टन सुसन डार्सी और कैप्टन रोज लोपर
राष्ट्रीय महिला आयोग की प्रथम अध्यक्ष	श्रीमती जयंती पटनायक (1992)
ओलम्पिक खेलों के सेमीफाइनल में पहुँचने वाली प्रथम महिला	शाइनी अब्राहम (1984, 800 मीटर दौड़)
एशियाई खेलों में स्वर्ण पदक जीतने वाली प्रथम महिला	कमलजीत संधु (1970, 400 मीटर दौड़)
शतरंज में अंतर्राष्ट्रीय ग्रैंड मास्टर खिताब प्राप्त करने वाली प्रथम महिला	भाग्यश्री थिप्से (1986)
भारतीय वायुसेना की प्रथम महिला पैराटूपर	गीता घोष (1959)
भारतीय प्रशासनिक सेवा (आई.ए.एस.) अधिकारी बनने वाली प्रथम महिला	अन्ना जॉर्ज (मल्होत्रा)
अंग्रेजी भाषा में लिखने वाली प्रथम लेखिका	तोरूदत्त
प्रथम महिला कस्टम्स एवं सेंट्रल एक्साइज कमिश्नर	कौशल्या नारायणन (1970)
प्रथम मर्चेन्ट नेवी महिला ऑफिसर	सोनाली बनर्जी
प्रथम महिला पुलिस महानिदेशक	कंचन चौधरी भट्टाचार्य
प्रथम महिला आईपीएस अधिकारी	किरण बेदी
ग्रैमी अवार्ड से सम्मानित प्रथम व्यक्ति	पं. रविशंकर
भारतीय सिनेमा की प्रथम अभिनेत्री	श्रीमती देविका रानी रोरिक

भारतीय वायुसेना का विमान अकेले उड़ाने वाली प्रथम महिला पायलट	हरिता देओल
दो बार माउंट एवरेस्ट पर चढ़ने वाली प्रथम महिला	संतोष यादव
अर्जुन पुरस्कार से सम्मानित प्रथम महिला	एन. लम्सडेन (हॉकी, 1961)
अंतर्राष्ट्रीय फुटबाल में हैट्रिक मारने वाली प्रथम महिला	योलांदा डिसूज़ा (1978)
अशोक चक्र प्राप्त करने वाली प्रथम महिला	नीरजा भनोत (मरणोपरांत)
लन्दन में आयोजित प्री-जूनियर शतरंज प्रतियोगिता में 5 रजत पदक जीतने वाली प्रथम भारतीय बालिका	तानिया सचदेव
प्रथम दूरदर्शन समाचार वाचिका	प्रतिमा पुरी
भारतीय विज्ञान कांग्रेस की प्रथम महिला अध्यक्ष	डॉ. आशिमा चटर्जी
संयुक्त राष्ट्र संघ में अपनी कला का प्रदर्शन करने वाली प्रथम महिला	एम. एस. सुब्बुलक्ष्मी (1966)
ओलम्पिक खेलों में भाग लेने वाली प्रथम महिला	मेरी लीला रो (1952)
सेना मेडल प्राप्त करने वाली प्रथम महिला	विमला देवी (1988)
प्रथम महिला राज्यपाल	सरोजिनी नायडू
एम.बी.बी.एस. की उपाधि प्राप्त करने वाली प्रथम महिला	विधुमुखी बोस
जिब्राल्टर स्ट्रेट तैरकर पार करने वाली प्रथम महिला	आरती प्रधान (1988)
माउंट एवरेस्ट पर चढ़ने वाला प्रथम व्यक्ति	तेनजिंग नोर्गे
प्रथम मुगल बादशाह	बाबर
प्रथम ब्रिटिश गवर्नर जनरल	वारेन हेस्टिंग्स
प्रथम अंतरिक्ष यात्री	स्क्वाड्रन लीडर राकेश शर्मा
प्रथम आई.सी.एस.	सत्येंद्र नाथ टैगोर
प्रथम लोकसभा अध्यक्ष	जी.वी. मावलंकर
प्रथम उप-प्रधानमंत्री	सरदार वल्लभभाई पटेल
10 वर्षीय नियमित जनगणना का प्रथम वर्ष	1881
प्रथम विमान वाहक युद्ध पोत	आई.एन.एस. 'विक्रांत'
प्रथम आण्विक परीक्षण तिथि	18 मई, 1974
प्रथम आण्विक परीक्षण का स्थान	पोखरण (राजस्थान)
प्रथम भारतीय उपग्रह	'आर्यभट्ट'

अंतर्राष्ट्रीय पुरस्कार

नोबेल पुरस्कार

- यह विश्व का सबसे प्रतिष्ठित पुरस्कार है। अल्फ्रेड नोबेल (जन्म स्थान - स्टॉकहोम, 1833) की स्मृति में प्रत्येक वर्ष 10 दिसम्बर को नोबेल फाउण्डेशन द्वारा दिया जाता है। 1901 से पाँच क्षेत्रों भौतिक शास्त्र, रसायन शास्त्र, चिकित्सा, साहित्य तथा शांति के क्षेत्र में उत्कृष्ट योगदान के लिए नोबेल पुरस्कार प्रदान किया जाता है, जबकि सेण्ट्रल बैंक ऑफ स्वीडन द्वारा अर्थव्यवस्था के क्षेत्र में यह पुरस्कार दिया जाता है।
- नोबेल पुरस्कार के अंतर्गत अधिकतम तीन लोगों को एक क्षेत्र में पुरस्कार दिया जा सकता है। नोबेल पुरस्कार के विजेता को एक स्वर्ण पदक, डिप्लोमा, स्वीडन की नागरिकता में एक्सटेंशन तथा 1 करोड़ स्वीडिश क्रोनर की धनराशि प्रदान की जाती है। वर्ष 1974 में यह नियम बना दिया गया कि मरणोपरान्त व्यक्ति को नोबेल पुरस्कार नहीं दिया जाएगा।

क्षेत्र	पुरस्कार देने वाली संस्था
1. भौतिक एवं रसायन शास्त्र के लिए पुरस्कार	स्वीडिश रॉयल एकेडमी ऑफ साइंस
2. चिकित्सा के लिए पुरस्कार	कैरोलिनिस्का इंस्टीट्यूट या स्टॉकहोम फैकल्टी ऑफ मेडिसिन
3. साहित्य के लिए पुरस्कार	स्वीडिश अकादमी ऑफ लिटरेचर
4. शांति तथा अर्थशास्त्र के लिए	नार्वे की पाँच सदस्यी समिति द्वारा

- शांति का नोबेल पुरस्कार नार्वे की राजधानी ओस्लो में दिया जाता है; जबकि शेष पुरस्कार स्टॉकहोम (स्वीडन) में दिए जाते हैं।

भारतीय (भारतीय मूल) नोबेल पुरस्कार विजेता	
1. रवीन्द्रनाथ टैगोर	1913 साहित्य का नोबेल, उनकी पुस्तक गीतांजलि के लिए
2. चन्द्रशेखर वेंकटरमन	1930, भौतिकी का नोबेल, प्रकाश का प्रकीर्णन (रमन प्रभाव) के लिए
3. हरगोविन्द खुराना	1968, जेनेटिक कोड की व्याख्या और प्रोटीन के संश्लेषण में इसके कार्य के लिए संयुक्त रूप से
4. मदर टेरेसा	1979, शांति का नोबेल
5. सुब्रह्मण्यम चन्द्रशेखर	1983, भौतिकी का नोबेल, चन्द्रशेखर सीमा के लिए
6. अमर्त्य सेन	1998 अर्थशास्त्र का नोबेल, कल्याणकारी अर्थशास्त्र के लिए
7. वी.एस. नायपाल	2001 साहित्य का नोबेल
8. वेंकटरमन रामकृष्णन (संयुक्त रूप से)	2009, रसायन का नोबेल, (राइबोसोम की संरचना एवं कार्य पर अध्ययन हेतु)
9. कैलाश सत्यार्थी	2014 शांति का नोबेल
10. अभिजीत बनर्जी	2019 अर्थशास्त्र का नोबेल (वैश्विक गरीबी को दूर करने के लिए उसके प्रायोगिक कार्य के लिए

ऑस्कर पुरस्कार

- 1929 में स्थापित ऑस्कर पुरस्कार विश्व फिल्म जगत का सबसे उत्कृष्ट सम्मान है तथा एकेडमी ऑफ मोशन पिक्चर आर्ट्स एण्ड साइंसेज द्वारा दिया जाता है। इस पुरस्कार का अधिकारक नाम 'एकेडमी अवार्ड ऑफ मेरिट' है। इस पुरस्कार को हॉलीवुड के कोडेक थियेटर में प्रतिवर्ष फरवरी माह में प्रदान किया जाता है।
- ऑस्कर विजेता को काली मैटल बेस पर सोने की परत चढ़ी प्रतिमा प्रदान की जाती है। इस प्रतिमा का नाम 'एकेडमी अवार्ड ऑफ मेरिट' है। इसके मूर्तिकार जॉर्ज स्टैनली हैं। इस प्रतिमा में 34 इंच के एक व्यक्ति को रील पर हाथ में तलवार पकड़े दिखाया गया है।

ऑस्कर में नामित प्रमुख भारतीय फिल्में	
1957	मदर इण्डिया
1988	सलाम बॉम्बे
2001	लगान

- ऑस्कर ट्रॉफियों का निर्माण शिकागो की आर.एस.ओ.एस. एण्ड कम्पनी द्वारा किया जाता है।

ग्रेमी पुरस्कार

इस पुरस्कार की स्थापना वर्ष 1958 में संगीत की विभिन्न विधाओं में अभूतपूर्व उपलब्धि प्राप्त करने वाले व्यक्तियों को सम्मानित करने के लिए की गई। इस पुरस्कार को प्रतिवर्ष नेशनल एकेडमी ऑफ रिकॉर्डिंग आर्ट्स एण्ड साइंसेज द्वारा

प्रदान किया जाता है। ये पुरस्कार 108 श्रेणियों के लिए प्रदान किए जाते हैं। इसमें विजेता को एक ट्रॉफी प्रदान की जाती है जिस पर सोने का पानी चढ़ा रहता है। इस पर पुरानी शैली का एक ग्रामोफोन बना होता है।

ग्रेमी पुरस्कार विजेता भारतीय	
पंडित रविशंकर (सितार वादक)	1973, 2002, 2012
जुबिन मेहता (संगीतकार)	1981, 1982, 1990
विश्व मोहन भट्ट (सितार वादक)	1993
टी.एच. विनायकर्म (प्लानेट ड्रम)	1991
जाकिर हुसैन (तबलावादक)	1991
ए.आर. रहमान (संगीतकार)	2008, 2009
एच. श्रीधर (साउंडट्रैक संगीत)	2010
पी.ए. दीपक (बेस्ट कम्प्लाईनेशन साउंडट्रैक अलबम)	2008
गुलजार (गीतकार - स्लमडॉग मिलेनियर)	2008
तन्वी शाह (गीतकार - स्लमडॉग मिलेनियर)	2008
रिकी कीज (संगीतकार कंपोजर)	2015
संदीप दास (तबला वादक)	2017

नोट–ए.आर. रहमान, गुलजार और तन्नी शाह को संयुक्त रूप से (फिल्म 'स्लमडॉग मिलेनियर' के लिए, बेस्ट सांग टिटेन शॅट विजुअल मीडिया) पुरस्कार दिया गया था।

मैनबुकर अंतर्राष्ट्रीय पुरस्कार

मैनबुकर अंतर्राष्ट्रीय पुरस्कार एक साहित्यिक पुरस्कार है। इसे अंग्रेजी में प्रकाशित या अनुवादित उपन्यास के लिए प्रत्येक दो वर्षों पर प्रदान किया जाता है। यह पुरस्कार किसी भी देश के व्यक्ति को प्रदान किया जा सकता है। इस पुरस्कार का प्रारम्भ जून, 2004 में हुआ और इसकी पुरस्कार राशि 60,000 पौण्ड है। प्रथम पुरस्कार 2005 में स्माइल कादरे को प्रदान किया गया था।

मैनबुकर प्राप्त करने वाले भारतीय मूल के लेखक

लेखक	कृति	वर्ष
वी.एस. नॉयपाल	इन ए की स्टेट	1971
सलमान रुश्दी	मिडनाइट चिल्ड्रेन	1981
अरुंधती रॉय	द गॉड ऑफ स्माल थिंग्स	1997
किरण देसाई	द इनहेरीटेंस ऑफ लॉस	2006
अरविन्द अडिगा	द व्हाइट टाइगर	2008

बुकर पुरस्कार

बुकर पुरस्कार भी साहित्य के क्षेत्र में प्रदान किया जाता है। यह पुरस्कार वर्ष 1968 में ब्रिटेन की संस्था मैकानेल कम्पनी एण्ड पब्लिशर्स एसोसिएशन के द्वारा स्थापित किया गया। ब्रिटेन का यह सर्वोच्च साहित्य पुरस्कार अंग्रेजी में लिखे उपन्यास के लिए राष्ट्रमण्डल देशों, आयरलैंड व जिम्बाब्वे के नागरिकों को प्रदान किया जाता है। इसकी पुरस्कार राशि 50,000 पौण्ड है।

ऐबेल पुरस्कार

इस पुरस्कार को नार्वे के प्रसिद्ध गणितज्ञ नील्स हेनरिक ऐबेल की जीवन भर की उपलब्धियों के लिए प्रदान किया जाता है। इसे नार्वेजियन एकेडमी ऑफ साइंस एवं लेटर्स के द्वारा प्रदान किया जाता है। इसके अंतर्गत 6 मिलियन क्रोनर की धनराशि प्रदान की जाती है। यह पुरस्कार प्रथम बार वर्ष 2003 में जॉन पियरे सेरे को दिया गया।

राइट लिवलीहुड पुरस्कार

इस पुरस्कार का प्रारम्भ जेकब वॉन द्वारा वर्ष 1990 में प्रारम्भ किया गया था। इसे वैकल्पिक नोबेल पुरस्कार के नाम से भी जाना जाता है। यह पुरस्कार पर्यावरण संरक्षण, मानवाधिकार, सतत् विकास, स्वास्थ्य, शिक्षा और शांति के क्षेत्रों में प्रदान किया जाता है। इसके अंतर्गत 2,00,000 यूरो की राशि प्रदान की जाती है।

रेमन मैग्सेसे पुरस्कार

यह पुरस्कार फिलीपींस के तृतीय राष्ट्रपति रेमन मैग्सेसे की स्मृति में वर्ष 1958 से प्रदान किया जा रहा है। यह पुरस्कार न्यूयॉर्क में स्थित रॉकफेलर इंस्टीट्यूट और फिलीपींस सरकार द्वारा प्रत्येक वर्ष 6 क्षेत्रों, जैसे–पत्रकारिता, जनसंचार, अंतर्राष्ट्रीय सद्भाव, सरकारी सेवा तथा सामुदायिक नेतृत्व के लिए प्रदान किया जाता है। इस पुरस्कार को एशिया का नोबेल पुरस्कार भी कहा जाता है। इस पुरस्कार के प्रथम प्राप्तकर्ता विनोवा भावे थे।

रेमन मैग्सेसे पुरस्कार से सम्मानित भारतीय	
सामुदायिक नेतृत्व	आचार्य विनोबा भावे (1958), त्रिभुवनदास परेल, वर्गीज कुरियन (1963), कमला देवी चट्टोपाध्याय (1966), इलारमेश भट्ट (1977), एम.एस. स्वामीनाथन (1979), रजनीकांत अरोले एवं अरुणाराय (2000), प्रकाश आम्टे एवं मन्दाकिनी आम्टे (2008), दीप जोशी (2009), कुलान्दी फोनिस (2012), संजीव चतुर्वेदी (2015)
जनसेवा	जयप्रकाश नारायण (1965), एम.एस. सुब्बालक्ष्मी (1974), मणिशाई देसाई (1982), मुरलीधर आम्टे (1985), लक्ष्मीचन्द जैन (1989), एम.एस. मेहता (1987), वी. शान्ता (2005), भारत
सरकारी सेवा	सी.डी. देशमुख (1959), किरण बेदी (1994), टी.एन. शेषन (1996), जे.एस. लिंगदोह (2003)
	वाटवानी (2018), सोनम वांगचुक (2018), बेजवाड़ा विल्सन (2016), अंशु गुप्ता (2015)
पत्रकारिता, साहित्य और रचनात्मक कला	अमिताभ चौधरी (1961), सत्यजीत रे (1967), बीजी वर्गीज (1975), शम्भू मित्रा (1976), गौर किशोर घोष (1981), अरुण शैरी (1982), आर.के. लक्ष्मण (1984), के.वी. सुबन्ना (1991), महाश्वेता देवी (1997), साइनाथ पालागुम्मी (2007), रविश कुमार (2019)
शांति और अंतर्राष्ट्रीय सद्भाव	मदर टेरेसा (1962), जॉकिन अर्पुथम (2000), एल. रुमदास (2004), टी. एम. कृष्णा (2016)
उभरते नेतृत्व	संदीप पाण्डे (2003), अरविन्द केजरीवाल (2006), नीलिमा मिश्रा (2011)

यूनेस्को शांति पुरस्कार

यह पुरस्कार यूनेस्को द्वारा वर्ष 1981 में अंतर्राष्ट्रीय शांति की दिशा में विशिष्ट प्रयास हेतु प्रतिवर्ष प्रदान किया जाता है। इसके अंतर्गत 60,000 डॉलर की राशि प्रदान की जाती है।

टेम्पलटन पुरस्कार

इस पुरस्कार की स्थापना वर्ष 1972 में की गई थी। यह टेम्पलन फाउण्डेशन द्वारा धर्म की उन्नति के लिए सराहनीय प्रयास हेतु प्रदान किया जाता है।

पुलित्जर पुरस्कार

यह पुरस्कार अंतर्राष्ट्रीय पत्रकारिता का सबसे प्रतिष्ठित पुरस्कार है। यह पुरस्कार न्यूयॉर्क वर्ल्ड के प्रकाशक जोसेफ पुलित्जर की स्मृति में वर्ष 1917 से अमेरिका के कोलम्बिया विश्वविद्यालय द्वारा पत्रकारिता के क्षेत्र में उल्लेखनीय योगदान के लिए प्रदान किया जाता है। यह पुरस्कार सामान्य रिपोर्टिंग, आत्मकथा, कविता, फिक्शन, नाटक, इतिहास, फीचर लेखन तथा अंतर्राष्ट्रीय रिपोर्टिंग एवं जनसेवा के लिए प्रदान किया जाता है। इसमें जनसेवा को छोड़कर प्रत्येक क्षेत्र में 10,000 डॉलर की राशि प्रदान की जाती है। जनसेवा के क्षेत्र में स्वर्ण पदक प्रदान किया जाता है।

पुलित्जर पुरस्कार प्राप्तकर्ता भारतीय	
गोविन्द बिहारी लाल (लेखन)	1937
झुम्पा लहरी (लेखन)	2000
गीता आनन्द (लेखन)	2003
सिद्धार्थ मुखर्जी (लेखन)	2011
विजय शेषाद्री (लेखन)	2011
दानिश सिद्दी की (फीचर फोटोग्राफी)	2018
अदनान आबिदी (फीचर फोटोग्राफी)	2018

ऑरेंज पुरस्कार

यह पुरस्कार ब्रिटेन का साहित्यिक पुरस्कार है। यह काल्पनिक उपन्यास लिखने वाली महिलाओं को प्रदान किया जाता है। इसके अतिरिक्त यह अंग्रेजी में लिखा हो तथा ब्रिटेन में प्रकाशित हुआ हो। इस पुरस्कार का प्रारम्भ वर्ष 1996 में हुआ। इसके तहत 30,000 पौण्ड की धनराशि प्रदान की जाती है। इसके साथ ही इसमें बनी प्रतिमा भी प्रदान की जाती है।

भारतीय अंतर्राष्ट्रीय पुरस्कार

गाँधी अंतर्राष्ट्रीय शांति पुरस्कार

यह पुरस्कार सन् 1995 से भारत सरकार द्वारा प्रारम्भ किया गया। यह पुरस्कार विश्व शांति में उल्लेखनीय भूमिका वाले व्यक्ति को प्रदान किया जाता है। इसके तहत 1 करोड़ रुपए की धनराशि, प्रशस्ति पत्र एवं स्मृति चिन्ह प्रदान किया जाता है।

गाँधी अंतर्राष्ट्रीय शांति पुरस्कार प्राप्तकर्ता		
1995	–	जूलियस न्येरेरे (भूतपूर्व राष्ट्रपति, तंजानिया)
1996	–	ए.टी. अरियारत्ने (श्रीलंका)
1997	–	ग्रेहाई फिशर (जर्मनी)
1998	–	रामकृष्ण मिशन (भारत)
1999	–	बाबा आम्टे (भारत)
2000	–	नेल्सन मंडेला, ग्रामीण बैंक (बांग्लादेश)
2001	–	जॉन ह्यूम
2002	–	भारतीय विद्या भवन
2003	–	वाक्लाव हावेल (चेक रिपब्लिक)
2004	–	कॉरेटा स्कॉट किंग (यूएसए)
2005	–	डेसमंड टूटू (दक्षिण अफ्रीका)
2013	–	चंडी प्रसाद भट्ट (भारत)
2014	–	इसरो (भारतीय अंतरिक्ष अनुसंधान संगठन)
2015	–	विवेकानन्द केन्द्र (कन्याकुमारी)
2016	–	अक्षय पात्रा फाउंडेशन एवं सुलभ इंटरनेशनल
2017	–	एकल अभियान ट्रस्ट
2018	–	योहेई ससाकावा
2019	–	कबूस बिहन सईद अल सईद
2020	–	शेख मुजीबुर्रहमान

इन्दिरा गाँधी अंतर्राष्ट्रीय शांति, निरस्त्रीकरण एवं विकास पुरस्कार

वर्ष 1986 में स्थापित यह पुरस्कार प्रति वर्ष शांति, निरस्त्रीकरण एवं विकास के क्षेत्र में उल्लेखनीय योगदान के लिए प्रदान किया जाता है। इसके तहत 25 लाख रुपए की नकद धनराशि तथा एक प्रशस्ति पत्र प्रदान किया जाता है। प्रथम पुरस्कार वर्ष 1986 में 'पार्लियामेन्टेरियन फॉर ग्लोबल एक्शन' को प्रदान किया गया।

जवाहर लाल नेहरू अंतर्राष्ट्रीय सद्भावना पुरस्कार

वर्ष 1965 में स्थापित यह पुरस्कार भारतीय सांस्कृतिक सम्बन्ध परिषद् (ICCR) द्वारा अंतर्राष्ट्रीय शांति निरस्त्रीकरण एवं विकास के क्षेत्र में उल्लेखनीय योगदान के लिए प्रदान किया जाता है। इसके तहत 1 करोड़ रुपए की धनराशि प्रदान की जाती है। प्रथम पुरस्कार वर्ष 1965 में 'यू थॉट' को दिया गया था।

कलिंग पुरस्कार

यह पुरस्कार वर्ष 1952 में प्रारम्भ हुआ। इसे प्रारम्भ कराने में प्रमुख भूमिका बीजू पटनायक ने निभाई थी। यह पुरस्कार यूनेस्को द्वारा विज्ञान को लोकप्रिय बनाने के लिए किए गए असाधारण प्रयास के लिए प्रदान किया जाता है। इसके तहत 10 हजार स्टर्लिंग पौण्ड की धनराशि एवं अल्बर्ट आइंस्टीन सिल्वर मेडल प्रदान की जाती है।

राष्ट्रीय पुरस्कार

भारत रत्न

- भारत रत्न देश का सबसे बड़ा नागरिक सम्मान है जो कला, साहित्य, विज्ञान एवं सार्वजनिक सेवा या जीवन में असाधारण एवं अत्युत्तम कोटि की उपलब्धि हेतु दिया जाता है। इस पुरस्कार की शुरुआत वर्ष 1954 में हुई थी। यह अलंकरण 35 मि.मी. व्यास के काँस्य निर्मित पीपल के पत्ते के आकार का होता है। यह $2\frac{2}{16}$ इंच लम्बा, $1\frac{7}{8}$ इंच चौड़ा व 1/8 इंच मोटा होता है। इस अलंकरण के मुख्य भाग पर सूर्य की आकृति अंकित है जिसके नीचे भारत रत्न शब्द चाँदी में खुदा होता है। इसके पिछले भाग पर राष्ट्रीय चिन्ह और इसके नीचे सत्यमेव जयते (जो मुण्डकोपनिषद् से लिया गया है) लिखा होता है। भारत रत्न विदेशी नागरिकों को भी प्रदान किया जाता है। यह सफेद फीते के साथ गले में पहना जाता है।
- जनता पार्टी सरकार द्वारा वर्ष 1977 में भारत रत्न तथा पद्म पुरस्कारों को बन्द कर दिया गया था, किन्तु वर्ष 1980 में कांग्रेस सरकार ने पुनः शुरू किया। वर्ष 1980 में दोबारा शुरू होने पर इसे सर्वप्रथम मदर टेरेसा को दिया गया।
- मूल प्रलेख में भारत रत्न को मरणोपरान्त देने का प्रावधान नहीं था। यह प्रावधान 1966 के बाद जोड़ा गया, बाद में यह 12 व्यक्तियों को मरणोपरान्त दिया गया। एक वर्ष में अधिकतम तीन व्यक्तियों को ही भारत रत्न दिया जाता है।
- मूल रूप से भारत रत्न के पदक का डिजाइन 35 मिमी. गोलाकार स्वर्ण मेडल था जिसमें सामने सूर्य बना था, ऊपर हिन्दी में भारत रत्न लिखा था नीचे पुष्प हार था और पीछे की तरफ राष्ट्रीय चिन्ह और मोटो था। फिर पदक के डिजाइन को बदलकर ताम्र के बने पीपल के पत्ते पर प्लेटिनम का चमकता सूर्य बना दिया गया, जिसके नीचे चाँदी में देवनागरी लिपि में लिखा रहता है। 'भारत रत्न' और यह सफेद फीते (51 मिमी.) के साथ गले में पहना जाता है।
- 1992 में सुभाष चन्द्र बोस को भारत रत्न से मरणोपरान्त सम्मानित किया गया, लेकिन उनकी मृत्यु विवादित होने के कारण भारत सरकार ने यह पुरस्कार वापस ले लिया। यह पुरस्कार वापस लिए जाने का एक मात्र उदाहरण है।
- भारत के प्रथम शिक्षामन्त्री मौलाना अबुल कलाम आजाद को जब भारत रत्न देने की बात आई, तो उन्होंने जोर देकर मना कर दिया कि जो लोग इसकी चयन समिति में रहे हों, उनको यह सम्मान नहीं दिया जाना चाहिए। बाद में वर्ष 1992 में उन्हें मरणोपरान्त यह पुरस्कार दिया गया।
- मरणोपरान्त सर्वप्रथम भारत रत्न लाल बहादुर शास्त्री को दिया गया।

- वर्ष 2011 में भारत के प्रधानमन्त्री और गृह मंत्रालय इस बात पर सहमत हो गए कि यह अवार्ड खेल से सम्बन्धित व्यक्ति को भी प्रदान किया जा सकता है।
- भारत रत्न प्राप्तकर्ता को भारत में वरीयता क्रम में 7वाँ (क) स्थान प्राप्त है।
- अब तक दिए गए 41 भारत रत्नों में से दो बार विदेशी व्यक्तियों खान अब्दुल गफ्फार खाँ (1987) व नेल्सन मंडेला (1990) को दिया गया है।

नाम	प्रदान किए जाने का वर्ष
श्री चक्रवर्ती राजगोपालाचारी (1878–1912)	1954
डॉ. सर्वपल्ली राधाकृष्णन (1888–1975)	1954
डॉ. चन्द्रशेखर वेंकटरमण (1888–1970)	1954
डॉ. भगवान दास (1869–1958)	1955
पं. मोक्षगुंडम विश्वेश्वरैया (1861–1962)	1955
पं. जवाहरलाल नेहरू (1889–1964)	1955
पं. गोविन्द वल्लभ पंत (1887–1961)	1957
डॉ. घोंडो केशव कर्वे (1858–1962)	1958
डॉ. विधान चन्द्र रॉय (1882–1962)	1961
श्री पुरुषोत्तम दास टंडन (1882–1962)	1961
डॉ. राजेन्द्र प्रसाद (1884–1962)	1962
डॉ. जाकिर हुसैन (1897–1969)	1963
डॉ. पांडुरंग वामन काणे (1880–1972)	1963
श्री लाल बहादुर शास्त्री (मरणोपरान्त) (1904–66)	1966
श्रीमती इंदिरा गाँधी (1917–84)	1971
श्री वराहगिरि वेंकटगिरि (1894–1980)	1975
श्री कुमारस्वामी कामराज (मरणोपरान्त) (1903–75)	1976
मदर मैरी टेरेसा बोजाझिक (मदर टेरेसा) (1910–97)	1980
श्री आचार्य विनोबा भावे (मरणोपरान्त) (1895–1982)	1983
खान अब्दुल गफ्फार खाँ (1890–1988)	1987
श्री मारुद् गोपालन रामचन्द्रन (मरणोपरान्त) (1917–87)	1988
डॉ. भीमराव रामजी अम्बेडकर (मरणोपरान्त) (1891–1956)	1990
डॉ. नेल्सन रोलिहलहला मंडेला (1918–2013)	1990
श्री राजीव गाँधी (मरणोपरान्त) (1944–91)	1991
सरदार वल्लभभाई पटेल (मरणोपरान्त) (1875–1950)	1991
श्री मोरारजी रणछोड़जी देसाई (1896–1995)	1991
मौलाना अबुल कलाम आजाद (मरणोपरान्त) (1888–1958)	1992
श्री जहाँगीर रतनजी दादाभाई टाटा (1904–93)	1992
श्री सत्यजीत रे (1922–92)	1992
श्री गुलजारीलाल नंदा (1898–1998)	1997
श्रीमती अरुणा आसफ अली (मरणोपरान्त) (1909–96)	1997
डॉ. ए.पी.जे. अब्दुल कलाम (1931–2015)	1997
श्रीमती मदुरै सन्मुखावादिवु सुब्बुलक्ष्मी (1916–2005)	1998
श्री चिदम्बरम सुब्रमण्यम (1910–2000)	1998
लोकनायक जयप्रकाश नारायण (मरणोपरान्त) (1902–79)	1999
प्रो. अमर्त्य सेन (जन्म-1933)	1999
लोकप्रिय गोपीनाथ बोरदोलाई (मरणोपरान्त) (1890–1950)	1999
पं. रविशंकर (1920–2012)	1999
सुश्री लता दीनानाथ मंगेशकर (जन्म-1929)	2001
उस्ताद बिसमिल्लाह खाँ (1916–2006)	2001
पं. भीमसेन गुरुराज जोशी (1922–2011)	2009
सी. एन. आर. रॉव (जन्म-1934)	2013
सचिन तेन्दुलकर (जन्म-1973)	2013
मदन मोहन मालवीय (मरणोपरान्त) (1861–1946)	2014
अटल बिहारी वाजपेयी (जन्म-1924)	2014
भूपेन हजरिका (मरणोपरान्त)	2019
प्रणव मुखर्जी	2019
नानाजी देशमुख (मरणोपरान्त)	2019

पद्म पुरस्कार

- पद्म पुरस्कार वर्ष 1954 में प्रारम्भ किए गए थे। ये पुरस्कार तीन श्रेणियों अर्थात् पद्म विभूषण, पद्म भूषण तथा पद्म श्री में प्रदान किए जाते हैं। पद्म श्री विशिष्ट सेवा के लिए, पद्म भूषण उच्च कोटि की विशिष्ट सेवा के लिए तथा पद्म विभूषण असाधारण एवं विशिष्ट सेवाओं के लिए प्रदान किए जाते हैं। ये पुरस्कार सभी प्रकार की गतिविधियों, जैसे–कला, साहित्य, शिक्षा, खेल-कूद, चिकित्सा, सामाजिक कार्य, विज्ञान और इंजीनियरी, सार्वजनिक मामले, सिविल सेवा, व्यापार तथा उद्योग इत्यादि में विशिष्ट तथा असाधारण उपलब्धियों, सेवाओं के लिए प्रदान किए जाते हैं।
- वर्ष 1978, 1979 तथा 1993 से 1997 के दौरान यह पुरस्कार घोषित नहीं किए गए।

वीरता पुरस्कार

परमवीर चक्र

परमवीर चक्र देश का सर्वोच्च सैन्य अलंकरण है। यह सम्मान युद्ध क्षेत्र में अदम्य साहस तथा परम शूरता का परिचय देने पर दिया जाता है। यह पुरस्कार तीनों सेनाओं के वीरों को समान रूप से दिया जाता है। अब तक 21 भारतीयों को इस सम्मान से सम्मानित किया जा चुका है।

महावीर चक्र

महावीर चक्र युद्ध के समय वीरता का पदक है। यह सम्मान सैनिकों तथा असैनिकों को असाधारण शौर्य तथा वीरता के लिए दिया जाता है। परमवीर चक्र के पश्चात् यह द्वितीय श्रेणी का वीरता पुरस्कार है।

वीर चक्र

यह भी युद्ध के समय वीरता का पदक है। यह सम्मान सैनिकों को असाधारण वीरता या बलिदान हेतु दिया जाता है। भारतीय सेनाओं में इस पुरस्कार का महत्त्व अत्यधिक है।

अशोक चक्र

यह शांतिकाल में दिया जाने वाला वीरता सम्मान है। यह सम्मान सैनिकों और गैर-सैनिकों को असाधारण वीरता या प्रकट शूरता या बलिदान के लिए दिया जाता है। इस सम्मान की स्थापना वर्ष 1952 में हुई।

कीर्ति चक्र

यह शांतिकाल में दिया जाने वाला वीरता पदक है। यह सम्मान सैनिकों तथा गैर-सैनिकों को असाधारण वीरता या प्रकट शूरता या बलिदान हेतु दिया जाता है।

शौर्य चक्र

यह भी शांति के समय दिया जाने वाला वीरता पदक है। यह पुरस्कार सैनिकों तथा गैर-सैनिकों को असाधारण शौर्य एवं अदम्य साहस प्रदर्शित करने के लिए दिया जाता है।

साहित्य व सांस्कृतिक पुरस्कार

ज्ञानपीठ पुरस्कार

- भारत का प्रत्येक नागरिक जो संविधान में उल्लेखित 22 भाषाओं में से किसी भी भाषा में लिखता हो, इस पुरस्कार के योग्य है।
- इस पुरस्कार के तहत् 11 लाख की राशि के साथ प्रशस्ति पत्र व वाग्देवी की प्रतिमा प्रदान की जाती है। हिन्दी तथा कन्नड़ भाषा के लेखक सबसे अधिक सात बार यह पुरस्कार प्राप्त कर चुके हैं।
- वर्ष 1982 के पूर्व यह पुरस्कार किसी लेखक द्वारा उसकी एक कृति के लिए दिया जाता है। परन्तु अब यह पुरस्कार आजीवन साहित्यिक कार्य के लिए दिया जाने लगा है।

ज्ञानपीठ पुरस्कार विजेता एवं उनकी कृतियाँ

वर्ष	ज्ञानपीठ विजेता	कृति
1981	अमृता प्रीतम	कागज ते कैनवास (पंजाबी)
1982	महादेवी वर्मा	यामा (हिन्दी)
1983	वेंकटेश आयंगर	जिकवीर राजेन्द्र (तेलुगू)
1984	तक्षी शिवशंकर पिल्लई	कायर (मलयालम)
1985	पन्नालाल पटेल	मानवीनी भवाई (गुजराती)
1986	सच्चिदानन्द राउतराय	उड़ीसा साहित्य
1987	विष्णु वामन शिरवाडकर	मराठी साहित्य
1988	डॉ. सी. नारायण रेड्डी	तेलुगू साहित्य
1989	कुर्तुल एन. हैदर	उर्दू साहित्य
1990	विनायक कृष्ण गोकाक	कन्नड़ साहित्य
1991	सुभाष मुखोपाध्याय	बांग्ला साहित्य
1992	नरेश मेहता	हिन्दी-साहित्य
1993	डॉ. सीताकान्त महापात्र	उड़िया साहित्य
1994	प्रो. यू.आर. राव	कन्नड़ साहित्य
1995	एन.टी. बासुदेवन नायर	मलयालम साहित्य
1996	श्रीमती महाश्वेता देवी	बांग्ला साहित्य
1997	अली सरदार जाफरी	उर्दू साहित्य
1998	गिरीश कर्नाड	कन्नड़ साहित्य
1999	निर्मल वर्मा एवं गुरदयाल सिंह	हिन्दी एवं पंजाबी साहित्य
2000	इन्दिरा गोस्वामी	असमिया साहित्य
2001	राजेन्द्र केशव लाल शाह	गुजराती साहित्य
2002	डी. जयकान्तन	तमिल साहित्य
2003	विन्दा करन्दीकर	तमिल साहित्य
2004	रहमान राही	कश्मीरी साहित्य
2005	कुँवर नारायण	हिन्दी साहित्य
2006	रविन्द्र केलकर और सत्यव्रत शास्त्री	कोंकणी एवं संस्कृत साहित्य
2007	ओ.एन.वी. कुरूप	मलयालम साहित्य
2008	अखलाक मुहम्मद खान 'शहरयार'	उर्दू साहित्य
2009	अमरकान्त व श्रीलाल शुक्ल (संयुक्त)	हिन्दी साहित्य
2010	चन्द्रशेखर कम्बार	कन्नड़ साहित्य
2011	डॉ. प्रतिभा राय	उड़िया साहित्य
2012	रावूरी भारद्वाज	तेलगू साहित्य
2013	केदारनाथ सिंह	हिन्दी साहित्य
2014	भालचन्द नेमाड़े	मराठी साहित्य
2015	रघुवीर चौधरी	गुजराती
2016	शंख घोप	बांग्ला
2017	कृष्णा सोबती	हिन्दी
2018	अमिताव घोष	अंग्रेजी
2019	अक्कीतम अच्युतन नंबूदिरी	मलयालम
2020	नीलामणि कूकन	असमी
2021	दामोदर माउजो	कोंकणी

फिल्म पुरस्कार

दादा साहब फाल्के पुरस्कार

दादा साहब फाल्के पुरस्कार की स्थापना वर्ष 1969 में दादा साहब फाल्के की 100वीं जयन्ती के अवसर पर की गई थी। यह भारतीय सिनेमा का सर्वोच्च पुरस्कार है, जो आजीवन योगदान हेतु केन्द्र सरकार द्वारा दिया जाता है। यह पुरस्कार भारतीय सिनेमा के संवर्धन और विकास में उल्लेखनीय योगदान करने के लिए प्रदान किया जाता है। वर्ष 1969 में प्रथम पुरस्कार देविका रानी को दिया गया था।

वर्ष 2018 का दादा साहब फाल्के अवार्ड प्रसिद्ध सिने अभिनेता और हिन्दी सिनेमा के महानायक कहे जाने वाले प्रख्यात अभिनेता अमिताभ बच्चन को तथा वर्ष 2019 का दादा साहब फाल्के पुरस्कार अच्युतन नंबूदरी (मलयालम सिनेमा) को प्रदान किया गया।

राष्ट्रीय फिल्म पुरस्कार

यह पुरस्कार भारत के सूचना एवं प्रसारण मंत्रालय के फिल्म समारोह निदेशालय द्वारा दिया जाता है। यह वर्ष 1954 से गैर-फीचर तथा फीचर दोनों तरह की फिल्मों के लिए प्रदान किया जाता है। फीचर फिल्म खण्ड में 31 श्रेणियों में पुरस्कार प्रदान किए जाते हैं, जबकि गैर-फीचर फिल्म खण्ड में 22 श्रेणियों में पुरस्कार दिया जाता है। वर्ष 1953 में प्रदर्शित फिल्म 'श्यामची आई' (मराठी) को वर्ष 1954 में प्रथम राष्ट्रीय पुरस्कार प्रदान किया गया।

फिल्म फेयर पुरस्कार

फिल्म फेयर पुरस्कार टाइम्स ग्रुप द्वारा प्रतिवर्ष हिन्दी तकनीक उत्कृष्टता के लिए प्रदान किया जाता है। यह पुरस्कार वर्ष 1953 में प्रारम्भ किए गए। फिल्म फेयर पुरस्कार के लिए पब्लिक एवं विशेषज्ञ समिति दोनों मतदान करते हैं।

अन्य पुरस्कार

पुरस्कार/सम्मान	स्थापना	संस्था	राशि (₹ में)	क्षेत्र वर्ष
साहित्य अकादमी पुरस्कार	1954	साहित्य अकादमी	1 लाख	अंग्रेजी सहित 22 भारतीय भाषाओं में पिछले पाँच वर्षों में प्रकाशित उत्कृष्ट रचना हेतु
भारत भारती सम्मान	1981	उत्तर प्रदेश हिन्दी संस्थान	2.51 लाख	51 हजार साहित्य सृजन एवं हिन्दी की अनवरत सेवा हेतु
मूर्ति देवी पुरस्कार	1983	भारतीय ज्ञानपीठ न्यास	2 लाख	भारतीय भाषा या अंग्रेजी में रचित साहित्य के लिए
सरस्वती सम्मान	1991	के.के. बिड़ला फाउण्डेशन	10 लाख	आठवीं अनुसूची में शामिल किसी भी भाषा में पिछले 10 वर्ष में प्रकाशित उत्कृष्ट साहित्यिक कृति पर

व्यास सम्मान	1991	के.के. बिड़ला फाउण्डेशन	2.5 लाख	हिन्दी साहित्य के क्षेत्र में उत्कृष्ट योगदान हेतु
वाचस्पति पुरस्कार	1992	के.के. बिड़ला फाउण्डेशन	1.5 लाख	संस्कृत साहित्य में विशिष्ट एवं उल्लेखनीय योगदान के लिए
शंकर पुरस्कार	1992	के.के. बिड़ला फाउण्डेशन	1.5 लाख	भारतीय दर्शन, अध्यात्म, संस्कृति और कला की उत्कृष्ट कृतियों हेतु
इकबाल सम्मान	1986–87	मध्य प्रदेश साहित्य विभाग	2 लाख	उर्दू भाषा में उत्कृष्ट रचनात्मक लेखन हेतु
तुलसी सम्मान (केवल पुरुषों हेतु)	1983–84	मध्य प्रदेश साहित्य विभाग	2 लाख	जनजाति तथा लोक कला के क्षेत्र में उत्कृष्ट योगदान हेतु
कालिदास सम्मान	1980–81	मध्य प्रदेश साहित्य विभाग	2 लाख	शास्त्रीय संगीत, नृत्य थियेटर, चित्रकला तथा वास्तुकला के क्षेत्र में उत्कृष्ट योगदान हेतु
तानसेन सम्मान	1980–81	मध्य प्रदेश साहित्य विभाग	2 लाख	शास्त्रीय संगीत के क्षेत्र में
लता मंगेशकर सम्मान	1984–85	मध्य प्रदेश साहित्य विभाग	2 लाख	सुगम संगीत के क्षेत्र में उत्कृष्ट योगदान हेतु
संगीत नाट्य अकादमी पुरस्कार	1952	संगीत नाटक अकादमी	1 लाख	नृत्य, नाटक एवं संगीत (वाद्य एवं गायन के) क्षेत्र में सर्वश्रेष्ठ कलाकारों को
ललित कला अकादमी पुरस्कार	1955	ललित कला अकादमी	25,000	प्रतिवर्ष आयोजित होने वाली राष्ट्रीय कला प्रदर्शनी में ललित कलाओं के क्षेत्र में 10 उत्कृष्ट कृतियों पर
दयावती मोदी पुरस्कार	1994	दयावती मोदी फाउण्डेशन	2.51 लाख	कला, संस्कृति एवं शिक्षा के क्षेत्र में उल्लेखनीय योगदान हेतु
चमेली देवी पुरस्कार	1996	मीडिया फाउण्डेशन	3 लाख	पत्रकारिता के क्षेत्र में महिलाओं की विशिष्ट उपलब्धि के लिए
फिरोज गाँधी पुरस्कार	1984	नेशनल प्रेस ऑफ इण्डिया	1 लाख	पत्रकारिता के क्षेत्र में उल्लेखनीय योगदान के लिए
वी.डी. गोयनका पुरस्कार	1984	इण्डियन एक्सप्रेस	1 लाख	पत्रकारिता के क्षेत्र में उल्लेखनीय योगदान के ग्रुप ऑफ न्यूज पेपर्स के लिए
सरला सम्मान	1980	ओडिशा साहित्य अकादमी	30,000	ओडिसा साहित्य के विकास में उच्च योगदान हेतु
राजेन्द्र प्रसाद स्मृति सम्मान	2019	पूर्वा सांस्कृतिक मंच, उत्तराखंड	1 लाख	डॉ. राजेन्द्र प्रसाद की स्मृति में दिया जाने वाला पुरस्कार
नीरजा भनोट पुरस्कार	1991	नीरजा भनोट पैन एम ट्रस्ट	1·5 लाख	साहसी महिलाओं के लिए स्मारक निधि
राजीव गाँधी मानव सेवा पुरस्कार	1979	भारत सरकार के महिला एवं बाल विकास मंत्रालय द्वारा	1 लाख	मन्दबुद्धि बच्चों के कल्याण हेतु
अम्बेडकर अंतर्राष्ट्रीय पुरस्कार	1995	भारत सरकार द्वारा	1·5 लाख	सामाजिक एवं आर्थिक क्षेत्र में विशेषकर दलितों के उद्धार में विशिष्ट भूमिका के लिए
राजीव गाँधी राष्ट्रीय सद्भावना	1992	राजीव गाँधी स्मारक	5 लाख	देश में शान्ति एवं साम्प्रदायिक सद्भाव बढ़ाने में योगदान के लिए
गोविन्द वल्लभ पंत पुरस्कार	1993	गोविन्दबल्लभ पंत फाउण्डेशन एवं संवैधानिक व संसदीय अध्ययन सोसायटी	1 लाख	सर्वश्रेष्ठ सांसद हेतु
तिलक पुरस्कार	1983	लोकमान्य तिलक स्मारक निधि	.1 लाख	समाज सेवा के क्षेत्र में उल्लेखनीय योगदान हेतु
जमनालाल बजाज पुरस्कार	1978	जमनालाल बजाज	5 लाख	रचनात्मक सामाजिक कार्य क्षेत्र में महत्वपूर्ण योगदान हेतु

प्रमुख खेल और उनसे जुड़ी शब्दावली

- **बैडमिंटन**–एंगल्ड ड्राइव सर्व, बैकहैंड लो सर्व, बर्ड, ड्यूस, डबल ड्रॉप, फॉल्ट, फ्लिक सर्व, फोरहैंड स्मैश, लेट, लोब, लव ऑल, नेट, शॉट्स, रैली, रश, स्मैश।
- **बास्केटबॉल**–बॉल, बास्केट, ब्लॉकिंग, ड्रिलिंग, फ्री थ्रो, हेन्ड बॉल, होल्डिंग, जंप बॉल, मल्टीपल थ्रोज, पाइवॉट।
- **बेसबॉल**–बेस, बैटरी, बंटिंग, कैचर, डायमंड, हिटर, होम, इनफील्ड, आउटफील्ड, पिंच, पिचर प्लेट, पुलआउट, शार्ट, स्टॉप, स्ट्राइक।
- **बिलियर्ड्स**–बॉल्क लाइन, ब्रेक, बोलिंटग, कैनन, क्यू, हैजर्ड, इन–ऑफ, जिग्गर, लांग जेनी, पॉट, स्क्रैच, स्क्रू बैक, शॉर्ट जेनी, स्पॉट स्ट्रोक।
- **बॉक्सिंग**–ऑग्जिलरी प्वाइंट सिस्टम, बैबिट पंच, ब्रेक, कट, डिफेंस, डाउन, हुक, जैब, लाइंग ऑन, नॉक, सेकेंड्स आउट, स्लैम, अपर कट, वेट इन, विन बाइ नॉक आउट।
- **ब्रिज**–ऑक्शन, बिड, शिकेन, कट, डिक्लेयरर, डबलटोन, डमी, फाइनेसी, ग्रैंड स्लैम, लिटिल स्लैम, नोट्रंप्स, ओवर–ट्रिक, रिवोक, रबर, शफल, सूट, वल्नरेबल।
- **शतरंज**–बिशप, कैप्चर, कैसलिंग, चेक मेट, एन पेसेंट, गैंबिट, ग्रैंड मास्टर, किंग, नाइट, पॉन, क्वीन, रूक, स्टेलमेट, अंडर प्रोमोटिंग।
- **क्रिकेट**–स्लेजिंग बॉल आउट, फ्री हिट, दूसरा, एशेज, बनाना, बाउंडरी, बॉलिंग, कॉट, चाइनामैन, कवर ड्राइव, क्रीज, डक, फॉलो ऑन, गार्डेनिंग, गुगली, गली, हैट्रिक, हेलीकॉप्टर शॉट, हिट विकेट, एल.बी.डब्ल्यू., लेग ब्रेक, लेग बाइ, मेडन ओवर, नो बॉल, ऑफ ब्रेक, ऑन ड्राइव, आउट, ओवर, मैंडेटरी ओवर, पिच पॉपिंग क्रिज, रबर, रन डाउन, रन आउट, सिक्सर, सिली प्वाइंट, स्क्वेयर लेग, स्टोन बॉलिंग, स्ट्रेट ड्राइव, स्टम्प्ड, यॉर्कर, विकेट, पुल, लेट, कट, फ्लिक, सिनक, थर्ड मैन, यू.डी.आर.एस., डकवर्थ लुइस सिस्टम थ्रो, स्लिप।
- **गोल्फ**–वेस्ट–बॉल फोरसम, बोगी, बंकर, कैडी, डॉर्मी, फेयरवे, फोरबॉल, फोरसम, ग्रीड होल्स, लिंक्स, निब्लिक, पार, पुट, रफ, स्टाइमीड टी, थ्रीसम।
- **फुटबॉल**–एडवांटेज क्लॉज, ब्लाइंड साइड, सेंटर फारवर्ड, कॉर्नर किक, डायरेक्ट फ्री किक, ड्रिबल, गोल किक, हैट्रिक, मार्किंग, ऑफ साइड, पेनाल्टी किक, रेड कार्ड, थ्रो इन, पिंग, फाउल, हाफ बैंक, फूल बैंक।
- **जिम्नास्टिक**–ए–बार्स, एरियल, ब्लॉक्स, कोन ऑफ सिंवग, डिश, फ्लेयर्स, जायंट्स, इनलोकेट, किप, प्लांच टैरिफ, टंबल, वरचुओसिटी, रैप।
- **हॉकी**–एडवांटेज, बैक–सिटक, बुली, कैरी, सेंटर फारवर्ड, कॉर्नर, ड्रिबल, फ्लिक, फ्री–हिट, गोल लाइन, हाफवे लाइन, हैट–ट्रिक, ऑफ साइड, रेड

कार्ड, रोल-इन स्कूप, शॉर्ट कॉर्नर, स्क्वेयर पास, सिटक, स्ट्राइकिंग सर्कल, टैकल, टाई ब्रेकर, जोनल मार्किंग।

- **घुड़दौड़**–जॉकी, पंट, स्टीपलचेज, थोरो ब्रेड।
- **जूडो**–अशी-वाजा, चुई, डैन, डोजो, ग्याकू, हाजिमे, इप्पॉन, जिगोताई, काएशीवाजा, मकिकोमी, नागे-वाजा, ओ-गोशी, रैंडोरी, स्कॉर्फ, तानी-ओतोशी, उची-कोम्वी, वकी-गटामे, योशी, यूको।
- **कराटे**–एज जूकी, अई-ऊची, अका, चाकूगेन, दाची, एंचो सेन, फुदोताची, गेदान, गेरी, हाजिम, इबूकी, जियान, ककाटो, कोका, मकिवारा, निदान, ओबी, रेई, सेनबोन, शिरो, तोबिगेरी, उदे, वाजा-अरी, योको-गेरी, जेन-नो।
- **पोलो**–बंकर, चक्कर, मैलेट।
- **नौकायन**–बो, बकेट, काउ, एर्गोमीटर, फीदर, पैडल, रेगाटा।
- **रग्बी**–ट्रैकल, लाइंस, स्क्रम, टच, ट्राई।
- **शूटिंग**–बैग, बुल्स आई, मार्क्समैनशिप, मजल, प्लग।
- **स्कीइंग**–टोबोगैनिंग।
- **स्विमिंग**–ब्रेस्टस्ट्रोक, क्रॉल।
- **टेबल टेनिस**–एंटी लूप, बैकसिपन, चॉप, लूप, पेनहोल्ड ग्रिप, पुश, सिपन, टिवड्ड।
- **टेनिस**–एस, बैकहैंड स्ट्रोक, ड्यूस, डीप वॉली, डबल फॉल्ट, हीव, होल्डिंग, जंप सेट, लोब पास, लव ऑल, प्वाइंट, क्विक स्मैश, स्पाइक, सर्विस, स्काउटिंग, टेक्टिकल बॉल, विंडमिल सर्विस, वॉली।
- **बॉलीवाल**–एस, बेसलाइन, ब्लाकिंग, डबलिंग, फुट फॉल्ट, हीव, होल्डिंग, जंप सेट, लोब पास, लव ऑल, प्वाइंट, क्विक स्मैश, स्पाइक, सर्विस, स्काउटिंग, टेक्टिकल बॉल, विंडमिल सर्विस, वॉली।
- **कुश्ती**–हाफ नेल्सन, हेड लॉक, हीव, होल्ड, रिबाउट्स, सीजर। खेल मापदंड।
- **बैडमिंटन खेलने का क्षेत्र**–लम्बाई 44 फीट, चौड़ाई 20 फीट (युगल), लम्बाई 44 फीट, चौड़ाई 17 फीट (एकल)।
- **बेसबॉल खेलने का मैदान**–हीरे के आकार का मैदान, प्रत्येक साइड पर 90 फीट और कर्ण के साथ 127 फीट।
- **बिलियड्‌र्स खेलने का क्षेत्र**–10 फीट लम्बा, 5 फीट चौड़ा और 3 फीट ऊँचा।
- **बॉस्केटबाल खेलने का क्षेत्र**–लम्बाई 85 फीट, चौड़ाई 46 फीट अधिकतम।
- **क्रिकेट**–मैदान : गोल या अंडाकार।
  पिच की कुल दूरी : 22 गज।
  गेंद–परिधि में $18\frac{13}{14}$ से 9 इंच और वजन में $5\frac{3}{4}$ औंस।
  बल्ला– $4\frac{1}{4}$ इंच की अधिकतम चौड़ाई और 38 इंच की अधिकतम लम्बाई।
- **क्रीज**–लम्बाई में 8 फीट और 8 इंच; पॉपिंग क्रीज, विकेट से 4 फीट और चौड़ाई में असीमित।
  स्टंप्स–मैदान से बाहर 28 इंच।
- **डर्बी कोर्स**–$1\frac{1}{2}$ मील (2.4 किलोमीटर)।
- **फुटबॉल**–लम्बाई : 100 गज से 130 गज; चौड़ाई : 50 से 56 गज; गोल की चौड़ाई : 8 गज; बार : मैदान से 8 फीट; क्षेत्र प्रत्येक गोल पोस्ट से 6 गज; बॉल : परिधि में 27 से 28 इंच; समयावधि : 90 मिनट अधिकतम।
- **गोल्फ**–छेद : $4\frac{1}{2}$ इंच, बॉल वजन : $1\frac{1}{2}$ औंस।
- **हॉकी**–लम्बाई 100 गज, चौड़ाई 55 से 60 गज; खेल की समयावधि : 30 मिनट प्रत्येक के दो चरण, ड्रॉ हो जाने की स्थिति में अतिरिक्त समय; गोल परपेंडिकुलर पोस्ट : मैदान से ऊपर 7 फीट के दो बार जोकि 8 गज की दूरी पर एक-दूसरे से जुड़े हैं; बॉल : परिधि में $8\frac{3}{4}$ इंच और वजन में $5\frac{3}{4}$ औंस।
- **पोलो**–मैदान की लम्बाई 300 गज और चौड़ाई 200 गज।
- **मैराथन रेस**–26 मील, 385 गज।
- **टेबल टेनिस**–9 फीट लंबा, 6 फीट चौड़ा और $2\frac{1}{2}$ फीट ऊँचा।
- **टेनिस कोर्ट**–78 फीट लंबा, 28 फीट चौड़ा (एकल), 78 फीट चौड़ा, 36 फीट चौड़ा (युगल)।
- **वॉलीबॉल कोर्ट**–वर्गाकार में 30 फीट बाई 30 फीट।
- **वाटर पोलो**–30 गज लंबा व 20 गज चौड़ा।

प्रमुख देशों के राष्ट्रीय खेल

देश	खेल	देश	खेल
ऑस्ट्रेलिया	क्रिकेट	कनाडा	आइस हॉकी
चीन	टेबल टेनिस	भारत	हॉकी
जापान	जूडो	रूस	शतरंज
स्कॉटलैंड	रग्बी	स्पेन	बुल फाइटिंग
ब्रिटेन	क्रिकेट एवं रग्बी फुटबॉल	अमेरिका	बेसबॉल
पाकिस्तान	हॉकी	नेपाल	वॉलीबॉल

प्रमुख खेलों में खिलाड़ियों की संख्या

खेल	खिलाड़ियों की संख्या (एक पक्ष में)
बैडमिंटन	1 या 2 (क्रमशः एकल या युगल)
बेसबॉल	9
खो-खो	9
बास्केटबॉल	5
बिलियर्ड्स स्नूकर	1
मुक्केबाजी	1
ब्रिज	2
शतरंज	1
क्रिकेट	11
फुटबॉल (सॉकर)	11
गोल्फ	कई व्यक्ति एक साथ खेलते हैं।
जिम्नास्टिक	कई व्यक्ति एक साथ खेलते हैं।
हॉकी	11
लेक्रोस	12
नेट बॉल	7
कबड्डी	7
पोलो	4
टेबल टेनिस	1 या 2 (क्रमशः एकल या युगल)
लॉन टेनिस	1 या 2 (क्रमशः एकल या युगल)
रग्बी फुटबॉल	15
वॉलीबॉल	6
वाटर पोलो	7

कप और ट्रॉफियाँ

- **तीरंदाजी**–फेडरेशन कप।
- **एथलेटिक्स**–चारमीनार ट्रॉफी, फेडरेशन कप, वर्ल्ड कप।
- **एयर रेसिंग**–जवाहरलाल चैलेंज ट्रॉफी, किंग्स कप, श्नाइडर कप (यूनाइटेड किंगडम में सी प्लेस रेस)।
- **बैडमिंटन**–अग्रवाल कप, अमृता दिवान कप, एशिया कप, ऑस्ट्रेलिया कप, यूरोपियन कप, हैरीलेला कप, कोनिका कप, इब्राहिम रहीमतुल्ला चैलेंज कप, कोनिका कप, नारंग कप, सोफिया कितियाकारा कप, एस. आर. रुइया कप, थॉमस कप, टुंकु अब्दुल रहमान कप, उबेर कप, वर्ल्ड कप, योनेक्स कप।

- **बॉस्केटबाल**–बसालत झा ट्रॉफी, बी.सी. गुप्ता ट्रॉफी, फेडरेशन कप, एस. एम. अर्जुन राजा ट्रॉफी, टॉड मेमोरियल ट्रॉफी, विलियम जोंस कप।
- **बिलियर्ड्स**–आर्थर वॉकर ट्रॉफी, थॉमस कप।
- **नौकायन**–अमेरिकन कप (याचिंग) वेलिंग्टन ट्रॉफी (भारत)।
- **शतरंज**–नायडू ट्रॉफी, खेतान ट्रॉफी, लिम्का ट्रॉफी, लिनारेस सिटी ट्रॉफी, फिडे वर्ल्ड चैस चैम्पियनशिप ट्रॉफी।
- **क्रिकेट**–एंथनी डी मैलो ट्रॉफी, एशेज, एशिया कप, बेंसन एंड हेजेस कप, बोस ट्रॉफी, चैम्पियंस ट्रॉफी, चारमीनार चैलेंज कप, सी.के. नायडू ट्रॉफी, चैपल ट्रॉफी, कूच-बिहार ट्रॉफी, कोपा अमेरिका ट्रॉफी, देवधर ट्रॉफी, दिलीप ट्रॉफी, गावस्कर-बॉर्डर ट्रॉफी, जी.डी. बिड़ला ट्रॉफी, जिलेट कप, गुलाम अहमद ट्रॉफी हुकूमत राय ट्रॉफी, आई.सी.सी. वर्ल्ड कप, आई.सी.सी. वर्ल्ड ट्वेंटी-20 ट्रॉफी, इंटरफेस कप, आई.पी.एल. ट्रॉफी, ईरानी ट्रॉफी, जवाहरलाल नेहरू कप, लोंबार्ड वर्ल्ड चैलेंज कप, मैक्डोनाल्ड चैलेंज कप, मर्चेंट ट्रॉफी, माइनुद्दौला कप, नेटवेस्ट ट्रॉफी, रानी झांसी ट्रॉफी, रणजी ट्रॉफी, रॉथमेंस कप, सहारा कप, शारजाह कप, शीशमहल ट्रॉफी, शेफील्ड शील्ड, सिंगर कप, टैक्सको कप, टाइटन कप, विजय हजारे ट्रॉफी, विजय मर्चेंट ट्रॉफी, विज्जी ट्रॉफी, विज्डन ट्रॉफी, विल्स ट्रॉफी, वर्ल्ड सिरीज कप।
- **फुटबॉल**–अफ्रीकन नेशंस कप, एयरलाइंस कप, अमेरिका कप, एशिया कप, एशियन वूमेंस कप, बंदोदकर ट्रॉफी, बी.सी. राय ट्रॉफी, बेगम हजरत महल कप, बाइसेंटिनियल गोल्ड कप, बिल्ट कप बार्दोलोई ट्रॉफी, कोलंबो कप, कंफेडरेशंस कप, डी.सी.एम. कप, विनर्स कप, डूरंड कप, यूरोपियन कप, एफ.ए. कप, जी.वी. राजा मेमोरियल ट्रॉफी, गोल्ड कप, गवर्नर्स कप, ग्रीक कप, ग्रेट वॉल कप, आई. एफ., शील्ड, इंडिपेंडेंस डे कप, इंदिरा गाँधी ट्रॉफी, इंटर कांटिनेंटल कप, जवाहरलाल नेहरू गोल्ड कप, जूल्स राइमेट ट्रॉफी, कलिंगा कप, किंग्स कप, किरिन कप, लाल बहादुर शास्त्री ट्रॉफी, मैक्डॉवेल कप, मर्डेका कप।
- **गोल्फ**–ब्रिटिश ओपन, कनाडा कप आइजनहावर ट्रॉफी, इंटरकांटिनेंटल कप, मेकीयंग एल. जी. फैशन ओपन ट्रॉफी, मथैला गोल्ड कप, नोमूरा ट्रॉफी, पैरालम्दी ट्रॉफी, पी.जी.ए. चैंपियनशिप, प्रेसिडेंट्स ट्रॉफी, प्रिंस ऑफ वेल्स कप, राइड कप, राइड कप, तोपोलीनो ट्रॉफी, यू.एस. बांबे गोल्ड कप चैंपियंस ट्रॉफी, क्लार्क ट्रॉफी, ध्यानचंद ट्रॉफी, एसेंदा चैंपियंस कप, यूरोपियन नेशंस कप, गुरमीत ट्रॉफी, गुरुनानक कप, ज्ञानवती देवी ट्रॉफी, यू.एस. ओपन, वॉकर कप, वाटरफोर्ड क्रिस्टल ट्रॉफी, विश्व कप।
- **हॉकी**–आगा खां कप, ऑल्विन एशिया कप, अजलान शाह कप, बेटन कप, भीम सेन ट्रॉफी, बी.एम.डब्ल्यू. ट्रॉफी, बांबे गोल्ड कप, चैंपियंस ट्रॉफी, क्लार्क ट्रॉफी, ध्यानचंद ट्रॉफी, एसेंदा चैंपियंस कप, यूरोपियन नेशंस कप, गुरमीत ट्रॉफी, गुरुनानक कप, ज्ञानवती देवी ट्रॉफी, इंदिरा गाँधी गोल्ड कप, खान अब्दुल गफ्फार खान कप, कुप्पुस्वामी नायडू कप, लेडी रतन टाटा कप (महिला), लाल बहादुर शास्त्री कप, महाराजा रणजीत सिंह गोल्ड कप, मोदी गोल्ड कप, गुरुगप्पा गोल्ड कप, नेहरू ट्रॉफी, रंगास्वामी कप, रंजीत सिंह गोल्डन कप, रेने फ्रैंक ट्रॉफी, संजय गाँधी ट्रॉफी, सिंधिया गोल्ड कप, रज्जाक कप, वेलिंगटन कप।
- **घुड़दौड़**–बैरसफोर्ड कप, ब्लू रिबेंड, डर्बी, ग्रैंड नेशनल कप।
- **कबड्डी**–फेडरेशन कप।
- **खो-खो**–फेडरेशन कप।
- **नेटबॉल**–अनंतराव पवार ट्रॉफी।
- **पोलो**–एजार कप, गोल्ड कप, किंग्ज कप, प्रेजीडेंट कप, पृथ्वी सिंह कप, राधा मोहन कप, विंचेस्टर कप।
- **रग्बी**–वेब इल्स ट्रॉफी, वर्ल्ड कप, बेलिडिस्लो कप, कलकत्ता कप।
- **शूटिंग**–नॉर्थ वेल्स कप, वेल्स ग्रैंड प्रिवस।
- **स्नूकर**–टीम टूर्नामेंट आसियान कप।
- **टेबल टेनिस कप**–एशियन कप, बर्न बैलाक ट्रॉफी, कोरबिलियन कप (महिला), इलेक्ट्रा गोल्ड कप, गैस्पर-गीस्ट प्राइज, ग्रैंड प्रिक्स, जयलक्ष्मी कप (महिला), कमला रामानुजम कप, पिथापुरम कप (पुरुष), स्वेदलिंग कप (पुरुष), त्रावणकोर कप (महिला), यू. थांट कप, विश्व कप।
- **लॉस टेनिस**–चैंपियंस कप, ए.टी.पी, प्रेसीडेंट्स कप, ऑस्ट्रेलियन ओपन ट्रॉफी, डेविस कप, डॉ. राजेन्द्र प्रसाद कप, एडबेस्टन कप, इवर्ट कप, फेडरेशन कप, फ्रेंच ओपन ट्रॉफी, गफ्फार कप, ग्रैंड प्रिक्स, ग्रैंड स्लैम कप, हैमलेट कप, लिप्टन ट्रॉफी, मर्सडीज कप, नेशंस कप, यू.एस. ओपन ट्रॉफी, वाटसन वॉटर ट्रॉफी, वेटमैन कप, विम्बल्डन ट्रॉफी विश्व कप, वर्ल्ड डीम कप।
- **वॉलीबॉल**-सेंटेनियल कप, फेडरेशन कप, इंदिरा प्रधान ट्रॉफी, शिवांती गोल्ड कप, विश्व कप, वर्ल्ड लीग कप।
- **कुश्ती**-भारत केसरी, बर्दवान शील्ड, विश्व कप।
- **भारोत्तोलन**–विश्व कप।
- **याचिंग**–अमेरिका कप।

खेलों से सम्बन्धित महत्वपूर्ण स्थल

- **एथलेटिक्स**–कॉमनवेल्थ स्टेडियम (कनाडा), सिडनी स्टेडियम (ऑस्ट्रेलिया), बर्ड्स नेस्ट स्टेडियम, बीजिंग (चीन), ओलम्पिक स्टेडियम एथेंस (ग्रीस)।
- **बेसबॉल**–ब्रुकलीन (संयुक्त राज्य अमेरिका), डॉजर स्टेडियम (संयुक्त राज्य अमेरिका), क्वालहोम स्टेडियम (अमेरिका), वेटरंस स्टेडियम (अमेरिका)।
- **नौकायन**–पुटनी (इंग्लैंड)।
- **बाक्सिंग**–मेडिसन स्क्वेयर गार्डन (संयुक्त राज्य अमेरिका), यॉंकी स्टेडियम (अमेरिका)।
- **क्रिकेट**–असगीरिया स्टेडियम कैंडी (श्रीलंका), अर्बल-नियाज स्टेडियम, पेशावर (पाकिस्तान), बंगबंधु नेशनल स्टेडियम, ढाका (बांग्लादेश), बाराबती स्टेडियम, कटक (भारत), ब्रेबॉर्न स्टेडियम, मुम्बई (भारत), चेपक ग्राउंड, चेन्नई (भारत), चिन्नास्वामी स्टेडियम, बंगलुरु (भारत), ईडेन गार्डेन, कोलकाता (भारत), ईडेन पार्क (न्यूजीलैंड), अरूण जेटली स्टेडियम, दिल्ली (भारत), गद्दाफी स्टेडियम लाहौर (पाकिस्तान), ग्रीन पार्क, कानपुर (भारत), इंदिरा प्रियदर्शनी स्टेडियम, विशाखापट्टनम (भारत), इकबाल स्टेडियम फैसलाबाद (पाकिस्तान), जिन्ना स्टेडियम, गुजरांवाला (पाकिस्तान), खेतरामा स्टेडियम, कोलंबो (श्रीलंका), लाल बहादुर स्टेडियम, हैदराबाद (भारत), लीड्स (इंग्लैंड), लॉर्ड्स (इंग्लैंड), एम.ए. चिदम्बरम स्टेडियम, चेन्नई (भारत), मेलबोर्न (ऑस्ट्रेलिया), नेशनल स्टेडियम, कराची (पाकिस्तान), नेहरू स्टेडियम, पुणे (भारत)।
- **फुटबॉल**–अम्बेडकर स्टेडियम, नई दिल्ली (भारत), ब्रुकलैंड (इंग्लैंड), कॉरपोरेशन स्टेडियम, कोलकाता (भारत), फेड एक्स फील्ड (अमेरिका), नेहरू स्टेडियम, नई दिल्ली (भारत), ओइटा बिग आई स्टेडियम (जापान), पोंटिआ सिल्वरडोम (अमेरिका), साल्ट लेक स्टेडियम, कोलकाता (भारत), योकोहामा इंटरनेशनल स्टेडियम (जापान)।
- **गोल्फ**–आगस्टा नेशनल क्लब (अमेरिका), लियोन गोल्फ क्लब (फ्रांस), मैट्रोपोलियन क्लब मेलबोर्न (ऑस्ट्रेलिया), सेंडी लॉज (स्कॉटलैंड), यंगून क्लब (म्यांमार)।
- **ग्रेहाउंड रेसिंग स्टेडियम**–व्हाइट सिटी (इंग्लैंड)।
- **हॉकी**–ध्यानचंद स्टेडियम, लखनऊ (भारत), लाल बहादुर स्टेडियम, हैदराबाद (भारत), मर्डेका स्टेडियम, कुआलालंपुर (मलेशिया), मेजर ध्यानचंद स्टेडियम (पूर्व नेशनल स्टेडियम), नई दिल्ली (भारत), नेहरू स्टेडियम, नई दिल्ली (भारत), सवाई मानसिंह स्टेडियम, जयपुर (भारत), शिवाजी स्टेडियम, नई दिल्ली (भारत), वागनेर स्टेडियम (नीदरलैंड्स)।

- **घुड़दौड़**–एंट्री (इंग्लैंड), डॉनकैस्टर (इंग्लैंड), एप्सम (इंग्लैंड), फ्लेमिंग्टन, मेलबोर्न (ऑस्ट्रेलिया)।
- **पोलो**–हर्लिगग्टन (इंग्लैंड), जयपुर पोलो ग्राउंड्स (भारत)।
- **रग्बी**–ब्लैकहीथ, ट्विकेनहैम (इंग्लैंड), मिलेनियम स्टेडियम कार्डिफ, यूनाइटेड किंगडम स्टैंड डी फ्रांस (पेरिस, फ्रांस)।
- **शूटिंग**–बिस्ले (इंग्लैंड), मार्को पाउलो सेंटर (एथेंस)।
- **स्नूकर**–ब्लैकपूल (इंग्लैंड)।
- **तैराकी**–सुभाष सरोवर, कोलकाता (भारत), तालकटोरा तैराकी पूल, नई दिल्ली (भारत)।
- **तैराकी एवं नौकायन**–केप ग्रिज जेन पटनी-मार्ट-लेक (इंग्लैंड), स्लीन स्पोर्ट्स कॉम्प्लेक्स (ऑस्ट्रेलिया)।
- **टेबल टेनिस**–एन.डी.एम.सी. इंडोर स्टेडियम, नई दिल्ली (भारत)।
- **टेनिस**–फोरो इटेलिको स्टेडियम, रोम (इटली), रोलां गारोस स्टेडियम, पेरिस (फ्रांस), फ्लाशिंग मीडोज, न्यूयॉर्क (यूएसए), डी.एल.टी.ए. ग्राउंड्स, नई दिल्ली (भारत), विंबलडन (इंग्लैंड), फॉरेस्ट हिल (यूएसए) मेलबोर्न पार्क (ऑस्ट्रेलिया)।

आधुनिक ओलम्पिक खेल

प्रारम्भिक खेलों के 476 ई. में आयोजन के 1,500 वर्षों के पश्चात् बेरोन पियरे डी. कुबर्टिन द्वारा इन खेलों के आधुनिकीकरण का कार्य किया गया। एक इतावली परिवार में जन्मे और फ्रांस में बसे डी. कुबर्टिन ने 25 नवम्बर, 1882 को पहली बार खेलों के इतिहास पर सारबोन में आयोजित सम्मेलन में सार्वजनिक रूप से इन शब्दों का उच्चारण किया 'ओलम्पिक खेलों का नवीकरण किया गया है।' उन्होंने कहा कि खेलों का विकास कर इन्हें इस प्रकार से विकसित किया जाना चाहिए, जिससे ये प्रतिभा और योग्यता को प्रदर्शित करने के साथ-साथ लोगों को पर्याप्त मनोरंजन प्रदान कर सकें। जून, 1894 में पेरिस में आयोजित खेल विकास अध्ययन पर अंतर्राष्ट्रीय सम्मेलन में बेरोन पियरे के नेतृत्व में प्रतिनिधिमंडल द्वारा सर्वसम्मति से ओलम्पिक खेलों के विकास का समर्थन किया तथा इसके लिए एक अंतर्राष्ट्रीय ओलम्पिक समिति के गठन का निर्णय लिया। पियरे ने वर्ष 1900 में पेरिस में आधुनिक ओलंपिक खेलों के आयोजन का प्रस्ताव रखा। लेकिन इन खेलों को लेकर सभी सदस्यों में इतना अधिक उत्साह था कि उन्होंने वर्ष 1896 में ही एथेंस में ओलंपिक खेलों के आयोजन का निर्णय लिया। इस प्रकार एथेंस आधुनिक ओलम्पिक खेलों के आयोजन का पहला स्थान बना। उसके बाद से प्रत्येक चार साल बाद इन खेलों का आयोजन किया जा रहा है।

- **ओलम्पिक चिन्ह**–यह पाँच चक्रों से मिलकर बनता है, जो कि सभी लोगों की परस्पर खेल भावना को प्रदर्शित करता है। ये पाँच चक्र–यूरोप, एशिया, अफ्रीका, ऑस्ट्रेलिया और अमेरिका–जैसे पाँच महाद्वीपों को भी चिन्हित करते हैं। प्रत्येक चक्र में भिन्न रंग-नीला, पीला, काला, हरा और लाल रंग का होता है।
- **ओलम्पिक ध्वज**–ओलम्पिक ध्वज की रचना बेरोन पियरे डी. कुबर्टिन द्वारा वर्ष 1913 में की गई थी और जून, 1914 में पेरिस में इसका उद्घाटन किया गया, पर इसे पहली बार वर्ष 1920 में ही एंटवर्प (बेल्जियम) के ओलम्पिक स्टेडियम में फहराया गया वैसे इसके अलावा एक और ध्वज बनाया गया है, जो शीतकालीन ओलम्पिक खेलों में इस्तेमाल किया जाता है। यह ध्वज सफेद सिल्क का बना होता है, जिस पर ये पाँच चक्र प्रदर्शित हैं। बाई से दाई तरफ ये चक्र नीले, पीले, काले, हरे और लाल रंग को प्रदर्शित करते हैं। ये चक्र वास्तव में पाँच महाद्वीपों मसलन अफ्रीका (काला), अमेरिका (लाल), एशिया (पीला), ऑस्ट्रेलिया (हरा) और यूरोप (नीला) को प्रदर्शित करते हैं। इन रंगों में कम-से-कम एक रंग तो प्रत्येक देश के ध्वज में पाया जाता है।
- **ओलम्पिक मशाल**–वर्ष 1928 में एम्सटरडम में आयोजित ओलम्पिक खेलों में पहली बार स्टेडियम में ओलम्पिक मशाल जलाई गई। इसके आधुनिक संस्करण को बर्लिन खेलों में वर्ष 1936 में अपनाया गया। मशाल जलाने वाली टार्च को पहली बार ग्रीस वर्ष ओलम्पिया में सूर्य की रोशनी के साथ जलाया गया था और फिर इस मशाल को लेकर धावकों ने दौड़ लगाई। इसके लिए आवश्यक पड़ने पर जहाज और विमानों का प्रयोग किया जाता है। 15 जुलाई, 1976 को इस मशाल को एक देश से दूसरे देश तक ले जाने के लिए अंतरिक्ष युग की प्रौद्योगिकी का प्रयोग किया गया।

ओलम्पिक खेलों के आयोजन स्थल			
1896	एथेंस (यूनान)	1968	मैक्सिको सिटी (मैक्सिको)
1900	पेरिस (फ्रांस)	1972	म्यूनिख (जर्मनी)
1904	सेंट लुइस (यूएसए)	1976	मॉन्ट्रियल (कनाडा)
1908	लंदन (ब्रिटेन)	1980	मॉस्को (रूस)
1912	स्टॉकहोम (स्वीडेन)	1984	लॉस एंजिल्स (यूएसए)
1920	एंटवर्प (बेल्जियम)	1988	सियोल (द. कोरिया)
1924	पेरिस (फ्रांस)	1992	बार्सिलोना (स्पेन)
1928	एमस्टरडम (हॉलैंड)	1996	अटलांटा (यूएसए)
1932	लॉस एंजिल्स (यूएसए)	2000	सिडनी (ऑस्ट्रेलिया)
1936	बर्लिन (जर्मनी)	2004	एथेंस (यूनान)
1948	लंदन (ब्रिटेन)	2008	बीजिंग (चीन)
1952	हेलसिंकी (फिनलैंड)	2012	लंदन (ब्रिटेन)
1956	मेलबोर्न (ऑस्ट्रेलिया)	2016	रियो डि जेनेरियो (ब्राजील)
1960	रोम (इटली)	2021	टोक्यो (जापान)
1964	टोक्यो (जापान)	2024	पेरिस (फ्रांस) प्रस्तावित
		2028	लांस एंजिल्स (यूएसए) प्रस्तावित

- **ओलम्पिक 'मोटो' (प्रयोजन)**–ओलम्पिक 'मोटो' है–सिटियस-एल्टीयस-फोर्टीयस (सबसे तेज, सबसे ऊँचा, सबसे ताकतवर)। इस मोटो का इस्तेमाल सबसे पहले पेरिस के निकट एक स्कूल के मुख्य अध्यापक और 19वीं शताब्दी में खेलों के सबसे बड़े प्रोत्साहकों में से एक फादर डिडॉन (1840–1900) ने किया और उन्होंने इसे अपने स्कूल के क्लबों में लिखवाया। फादर डिडॉन के इस कथन ने उनके परम मित्र पियरे पर जबरदस्त प्रभाव छोड़ा और उन्होंने एक नए सिरे से ओलम्पिक खेलों के आयोजन को साकार करने की ठान ली। इस मोटो को 23 जून, 1894 में अंतर्राष्ट्रीय ओलम्पिक समिति के सम्मेलन में अपनाया गया। इसी दिन अंतर्राष्ट्रीय ओलम्पिक समिति के गठन का भी फैसला किया गया था।

शीतकालीन ओलम्पिक

शीतकालीन ओलम्पिक खेलों की शुरुआत सन् 1924 में हुई और पहले खेल चेमोनिक्स, फ्रांस में आयोजित किए गए।

शीतकालीन ओलम्पिक खेलों के आयोजन स्थल			
1924	चेमोनिक्स, फ्रांस	1980	लेक प्लेसिड, न्यूयॉर्क, यूनाइटेड स्टेटस ऑफ अमेरिका
1928	सेंट मोरिट्ज, स्विट्जरलैंड	1984	सराजेवो, यूगोस्लाविया
1932	लेक प्लेसिड, न्यूयॉर्क	1988	कैलगरी, अल्बर्टा, कनाडा
1936	गारमिश-पार्टनकिर्चेन, जर्मनी	1992	अल्बर्टविले, फ्रांस
1948	सेंट मोरिट्ज, स्विट्जरलैंड	1994	लिलेहार्मर, नार्वे
1952	ओस्लो, नार्वे	1998	नागानो, जापान
1956	कोर्टिना डी एंपेजों, इटली	2002	साल्ट लेक सिटी, यूएसए
1960	स्कावृ वैली, कैलीफोर्निया, यूनाइटेड स्टेटस ऑफ अमेरिका	2006	तुरीन, इटली
1964	इंसब्रुक, ऑस्ट्रिया	2010	वैंकूवर, कनाडा
1968	ग्रेनोबल, फ्रांस	2014	सोची, रूस

1972	सोपोरो, जापान	2018	प्योंगयाग, दक्षिण कोरिया
1976	इंसब्रक, ऑस्ट्रिया	2022	बीजिंग, चीन (स्थगित)

राष्ट्रमंडल खेल

ओलम्पिक खेलों के बाद विश्व का दूसरा सबसे बड़ा खेल-उत्सव राष्ट्रमंडल खेल कहलाता है। इन खेलों का आयोजन हर चार वर्ष बाद किया जाता है। लेकिन ये वर्ष ओलम्पिक वर्षों के बीच ही आते हैं। पहले राष्ट्रमंडल खेल का आयोजन हैमिल्टन, कनाडा में 1930 ई. में किया गया था।

1930 के बाद राष्ट्रमंडल खेलों के आयोजन स्थल

क्र.सं.	स्थल	वर्ष	भाग लेने वाले देशों की संख्या
1.	हैमिल्टन, कनाडा	1930	11
2.	लंदन, यूनाइटेड किंगडम	1934	16
3.	सिडनी, ऑस्ट्रेलिया	1938	15
4.	ऑकलैंड, न्यूजीलैंड	1950	12
5.	बैंकूवर, कनाडा	1954	24
6.	कार्डिफ, यूनाइटेड किंगडम	1958	35
7.	पर्थ, ऑस्ट्रेलिया	1962	35
8.	जमैका, वेस्टइंडीज	1966	34
9.	एडिनबर्ग, यूनाइटेड किंगडम	1970	42
10.	क्राइस्टचर्च, न्यूजीलैंड	1974	38
11.	एडमंटन, कनाडा	1978	48
12.	ब्रिसबेन, ऑस्ट्रेलिया	1982	47
13.	एडिनबर्ग, यूनाइटेड किंगडम	1986	26
14.	ऑकलैंड, न्यूजीलैंड	1990	55
15.	विक्टोरिया, कनाडा	1994	64
16.	कुआलालपुर, मलेशिया	1998	70
17.	मैनचेस्टर, यूनाइटेड किंगडम	2002	72
18.	मेलबोर्न, ऑस्ट्रेलिया	2006	71
19.	दिल्ली, भारत	2010	71
20.	ग्लासगो, स्कॉटलैंड	2014	71
21.	गोल्ड कोस्ट, ऑस्ट्रेलिया	2018	71
22.	बर्मिंघम, इंग्लैण्ड	2022	71

एशियाई खेल

ओलम्पिक खेलों के आधार पर एशियाई देशों के खेल समारोह को आयोजित करने में भारत ने महत्वपूर्ण भूमिका निभाई। वर्ष 1947 में नई दिल्ली में एशियाई देशों के सम्मेलन में एक खेल स्पर्द्धा प्रत्येक चार वर्षों पर आयोजित करने की योजना बनाई गई। इस खेल के प्रणेता प्रो. गुरुदत्त सोढ़ी का उद्देश्य खेलों के माध्यम से एशियाई देशों को एक साथ करना था, जिससे सद्भाव तथा प्रेम को बढ़ावा मिले। प्रारम्भ में इस खेल का नाम एशियाटिक खेल रखा गया, लेकिन पं. जवाहरलाल नेहरू के सुझाव पर इस खेल का नाम 'एशियाई खेल' रखा गया। एशियन गेम्स फेडरेशन के प्रथम अध्यक्ष पटियाला के महाराजा यादवेन्द्र सिंह एवं इसके प्रथम महासचिव प्रो. गुरुदत्त सोढ़ी को बनाया गया।

एशियाई खेलों के आयोजन स्थल

क्र.सं.	वर्ष	स्थान	देश
1.	1951	नई दिल्ली	भारत
2.	1954	मनीला	फिलीपींस
3.	1958	टोक्यो	जापान
4.	1962	जकार्ता	इंडोनेशिया
5.	1966	बैंकाक	थाइलैंड
6.	1970	बैंकाक	थाइलैंड
7.	1974	तेहरान	ईरान
8.	1978	बैंकाक	थाइलैंड
9.	1982	नई दिल्ली	भारत
10.	1986	सियोल	द. कोरिया
11.	1990	बीजिंग	चीन
12.	1994	हिरोशिमा	जापान
13.	1998	बैंकाक	थाइलैंड
14.	2002	बुसान	द. कोरिया
15.	2006	दोह	कतर
16.	2010	गुआंगझू	चीन
17.	2014	इंचियोन	द. कोरिया
18.	2018	जकार्ता तथा पालेमबांग	इण्डोनेशिया
19.	2022	हांगझोऊ	चीन (स्थगित)
20.	2026	नागोया	जापान (अधिसूचित)

विश्व कप क्रिकेट प्रतियोगिता

क्रिकेट विश्व कप आयोजित करने का विचार वर्ष 1971 में सैद्धान्तिक रूप से उस समय स्वीकार किया गया, जब इस तरह के एक प्रस्ताव पर लंदन में अंतराष्ट्रीय क्रिकेट परिषद् की बैठक में चर्चा हुई। यद्यपि विभिन्न प्रतिबद्धताओं के कारण वर्ष 1975 तक यह टूर्नामेंट आयोजित नहीं किया जा सका। जब मूल योजना के अनुसार दक्षिण अफ्रीका की टीम को इंग्लैंड का दौरा करना था, तो वह देश में रंगभेद की नीति के कारण ऐसा नहीं कर पाई। इंग्लैंड की प्रूडेंशियल एश्योरेंस कम्पनी ने लगातार 3 वर्ष 1975, 1979 और 1983 के लिए विश्व कप को प्रायोजित किया। सीमित ओवर का एकदिवसीय क्रिकेट टूर्नामेंट इंग्लैंड में आयोजित किया गया। यह **प्रूडेंशियल कप** के नाम से प्रसिद्ध हुआ। पहले दो टूर्नामेंटों में अंतराष्ट्रीय क्रिकेट परिषद् के 6 पूर्ण सदस्यों (इंग्लैंड, ऑस्ट्रेलिया, वेस्टइंडीज, न्यूजीलैंड, भारत और पाकिस्तान) के अतिरिक्त श्रीलंका, 1981 में टेस्ट दर्जा प्राप्त करने से पूर्व, पूर्वी अफ्रीका ने 1975 और कनाडा ने 1979 (एसोसिएट सदस्यों ने दो शीर्ष टीमें) ने टूर्नामेण्ट में समूह को पूरा किया। क्लाइव लॉयड के नेतृत्व में वेस्टइंडीज ने न केवल वर्ष 1975 और 1979 में पहले दो टूर्नामेंट जीते, बल्कि कैलिस्पो स्टाइल को भी जन्म दिया, जिसने इस खेल की, सर्वोच्चता को स्थापित किया।

विश्व कप क्रिकेट

वर्ष	आयोजन स्थल	विजेता
1975	यूनाइटेड किंगडम	वेस्टइंडीज
1979	यूनाइटेड किंगडम	वेस्टइंडीज
1983	यूनाइटेड किंगडम	भारत
1987	भारत-पाकिस्तान	ऑस्ट्रेलिया
1991	ऑस्ट्रेलिया	पाकिस्तान
1996	भारत-पाकिस्तान-श्रीलंका	श्रीलंका
1999	यूनाइटेड किंगडम	ऑस्ट्रेलिया
2003	दक्षिण अफ्रीका	ऑस्ट्रेलिया
2007	वेस्टइंडीज	ऑस्ट्रेलिया
2011	भारत-श्रीलंका-बांग्लादेश	भारत
2015	ऑस्ट्रेलिया व न्यूजीलैंड	ऑस्ट्रेलिया
2019	इंग्लैंड	इंग्लैंड
2023	भारत (अधिसूचित)	

दक्षिण एशियाई खेल

- दक्षिण एशियाई खेल (सैफ खेल) का शासी निकाय दक्षिण एशिचाई खेल परिषद् है। दक्षिण एशियाई खेल संघ में भारत, पाकिस्तान, श्रीलंका, बांग्लादेश,

नेपाल, भूटान और मालदीव तथा अफगानिस्तान शामिल हैं। दक्षिण एशियाई खेल द्विवार्षिक बहु-क्रीड़ा प्रतियोगिता है। प्रथम सैफ खेलों का आयोजन वर्ष 1984 में हुआ, इसके उपरान्त यह खेल प्रति दो वर्षों के अंतराल पर आयोजित होते हैं।

दक्षिण एशियाई खेलों के आयोजन स्थल

क्र.सं.	वर्ष	स्थान	देश
1.	1984	काठमांडू	नेपाल
2.	1985	ढाका	बांग्लादेश
3.	1987	कलकत्ता	भारत
4.	1989	इस्लामाबाद	पाकिस्तान
5.	1991	कोलम्बो	श्रीलंका
6.	1993	ढाका	बांग्लादेश
7.	1995	मद्रास	भारत
8.	1999	काठमांडू	नेपाल
9.	2004	इस्लामाबाद	पाकिस्तान
10.	2006	कोलम्बो	श्रीलंका
11.	2010	ढाका	बांग्लादेश
12.	2016	गुवाहाटी/शिलांग	भारत
13.	2019	काठमांडू, पोखरा	नेपाल
14.	2022	लाहौर	पाकिस्तान (स्थगित)

- **सैफ खेलों का नया नाम**–दक्षिण एशियाई खेल फेडरेशन ने 2 अप्रैल, 2004 को इस्लामाबाद (पाकिस्तान) में हुई अपनी 32वीं बैठक में सैफ खेलों का नया नामकरण 'दक्षिण एशियाई खेल' (SAG) करने का निर्णय लिया था।

विश्व कप फुटबॉल चैम्पियनशिप

ओलम्पिक खेलों के बाद विश्व के दूसरे सबसे लोकप्रिय टूर्नामेंट विश्व कप फुटबॉल का आयोजन 'फेडरेशन इंटरनेशनल डी फुटबॉल एसोसिएशन' (फीफा) द्वारा हर चार साल बाद किया जाता है। विश्व कप फुटबॉल का पहला मैच 18 जुलाई, 1930 को उरुग्वे और चिली के बीच नवर्निमित सेनेटरी स्टेडियम, मोंटेवीडियो (उरुग्वे) में खेला गया था। फुटबाल का सबसे पुराना क्लब वर्ष 1857 में स्थापित शेफील्ड क्लब इंग्लैंड है। क्रिकेट की तरह फुटबाल का जन्मदाता भी इंग्लैंड ही है। भारत में सर्वप्रथम फुटबाल खेल का आरम्भ वर्ष 1879 ई. में हुआ। भारत का पहला फुटबॉल क्लब कोलकाता का डलहौजी क्लब है। वर्ष 1904 ई. में सात यूरोपीय देशों ने मिलकर पेरिस में फेडरेशन इंटरनेशनल डी फुटबाल एसोसिएशन (FIFA) की स्थापना की। फीफा का मुख्यालय पेरिस में है।

विश्व कप (फुटबॉल)

वर्ष	आयोजन स्थल	विजेता
1930	उरुग्वे	उरुग्वे
1934	इटली	इटली
1938	फ्रांस	इटली
1950	ब्राजील	उरुग्वे
1954	स्विट्जरलैंड	पश्चिमी जर्मनी
1958	स्वीडन	ब्राजील
1962	चिली	ब्राजील
1966	इंग्लैंड	इंग्लैंड
1970	मैक्सिको	ब्राजील
1974	पश्चिम जर्मनी	पश्चिम जर्मनी
1978	अर्जेंटीना	अर्जेंटीना
1982	स्पेन	इटली
1986	मैक्सिको	अर्जेंटीना
1990	इटली	पश्चिम जर्मनी
1994	अमेरिका	ब्राजील
1998	फ्रांस	फ्रांस
2002	जापान/कोरिया	ब्राजील
2006	जर्मनी	इटली
2010	दक्षिण अफ्रीका	स्पेन
2014	ब्राजील	जर्मनी
2018	रूस	फ्रांस
2022	कतर	अर्जेंटीना

टिप्पणी: द्वितीय विश्वयुद्ध के कारण 1942 और 1946 में फुटबाल विश्व कप का आयोजन नहीं किया गया था।

विश्व कप हॉकी

- हॉकी भारत का राष्ट्रीय खेल है, इसके कई रूप हैं, जैसे–फील्ड हॉकी, आइस हॉकी, स्ट्रीट हॉकी तथा रोलर हॉकी इत्यादि। विश्व में हॉकी की सर्वोच्च संस्था 'फेडरेशन इंटरनेशनल ऑफ द हॉकी' है जिसकी स्थापना वर्ष 1884 में हुई। हॉकी का पहला अंतर्राष्ट्रीय मैच टाइल में वेल्स एवं आयरलैंड में हुआ।
- विश्व कप हॉकी का आयोजन अंतर्राष्ट्रीय हॉकी संघ द्वारा किया जाता है। इसका प्रारम्भ वर्ष 1971 में हुआ, और यह प्रत्येक चार वर्षों में आयोजित किया जाता है। विभिन्न हॉकी विश्व कप स्थलों एवं उनके विजेताओं के नाम निम्नवत सारणी में दिए गए हैं।

वर्ष	स्थान	विजेता	उपविजेता
1971	बार्सिलोना (स्पेन)	पाकिस्तान	स्पेन
1972	एमस्टर्डम	हॉलैंड	भारत
1975	कुआलालंपुर (मलेशिया)	भारत	पाकिस्तान
1978	ब्यूनस आयर्स (अर्जेण्टीना)	पाकिस्तान	हॉलैंड
1982	मुम्बई	पाकिस्तान	प. जर्मनी
1986	लन्दन	ऑस्ट्रेलिया	इंग्लैंड
1990	लाहौर	हॉलैंड	पाकिस्तान
1994	सिडनी	पाकिस्तान	हॉलैंड
1998	यूट्रेस्ट (नीदरलैंड)	नीदरलैंड	स्पेन
2002	कुआलालंपुर	जर्मनी	ऑस्ट्रेलिया
2006	मॉशेंग्लैड बाख (जर्मनी)	जर्मनी	ऑस्ट्रेलिया
2010	नई दिल्ली	ऑस्ट्रेलिया	जर्मनी
2014	हेग, नीदरलैंड	ऑस्ट्रेलिया	नीदरलैंड
2018	नई दिल्ली, भारत	बेल्जियम	नीदरलैंड
2023	भारत	जर्मनी	बेल्जियम

राष्ट्रीय खेल

- भारतीय राष्ट्रीय खेलों के आयोजन में विभिन्न भारतीय राज्य सामूहिक रूप से भाग लेते हैं। इसी कारण प्रारम्भ वर्ष 1924 से लेकर वर्ष 1938 तक इन्हें इण्डियन ओलम्पिक के नाम से जाना जाता था। प्रथम राष्ट्रीय खेलों (1924) का आयोजन लाहौर में किया गया था, इनकी स्थापना जी.डी. सोंधी ने की थी। वर्ष 1940 में होने वाले खेलों में इन्हें राष्ट्रीय खेलों का नाम दिया गया।
- अब तक 34 राष्ट्रीय खेलों का आयोजन किया जा चुका है। 35वें राष्ट्रीय खेलों का आयोजन तिरुवनन्तपुरम् (केरल) में तथा 36वें राष्ट्रीय खेलों का आयोजन गोवा में 20 अक्टूबर से 4 नवंबर 2020 तक किया जाएगा।

प्रमुख विदेशी लेखक व पुस्तकें

लेखक	पुस्तक का नाम
सर आइजक न्यूटन	प्रिंसीपिया मैथेमेटिका, ऑप्टिकल लेक्चर्स, दी सिस्टम ऑफ द वर्ल्ड
कैथरीन मेयो	मदर इंडिया, माउंटेड जस्टिस, सेलेक्शंस फ्रॉम मदर इंडिया
मैक्सिम गोर्की	मदर, द लोअर डेप्थस, चिल्ड्रेन ऑफ द सन
प्लेटो	रिपब्लिक, स्टेट्समैन,
रूसो	द सोशल कॉन्ट्रैक्ट, कन्फेशंस, ऑल पॉलिटिकल इकोनॉमी
परवेज मुशर्रफ	इन द लाइन ऑफ फायर : ए मेमॉयर

जॉन मिल्टन	पैराडाइज लॉस्ट, पैराडाइज रिगेन्ड, द प्रैक्टिकल बी- कीपर
विन्सेन्ट चर्चिल	गैदरिंग स्टोमर्स हिस्ट्री ऑफ द सैकण्ड वर्ल्डवार
जॉर्ज ओरेविल	फार्म हाउस, एनिमल फार्म, 1984, बर्मीज डेज, व्हॉय आई राइट
चार्ल्स डार्विन	डिसेन्ट ऑफ मैन, दि ओरिजिन ऑफ स्पीशीज
शेक्सपियर	कॉमेडी ऑफ एरर्स, एज यू लाइक इट, ए मिड समर नाइट्स ड्रीम, हैमलेट, ओथेलो, मैकबेथ, किंग लीयर, द टेम्पेस्ट, रोमियो एण्ड जूलिएट, द मर्चेन्ट ऑफ वेनिस, जुलियस सीजर
जॉर्ज बर्नाड शॉ	मैन एंड सुपरमैन, एपिल कोर्ट, आर्म्स एंड द मैन, सीजर एंड क्लियोपैट्रा
जे. के. गालब्रेथ	ए चाइना पैसेज, द नेचर ऑफ मासस पावर्टी, एम्बेसडर्स जनरल, द ट्राम्फ, द स्कॉच, डज इट पे?
लियो टॉल्सटाय	वार एंड पीस, अन्ना करेनिना
जेड. ए. भुट्टो	ग्रेट ट्रैजडी, द मिथ ऑफ इंडिपेन्डेन्स, द थर्ड वर्ल्ड
माओ-त्से-तुंग	ऑन कण्ट्राडिक्शन, ऑन गुरिल्ला वारफेयर, ऑन प्रोटेक्टेड वॉर
कार्ल मार्क्स	दास कैपिटल, द फर्स्ट इंटरनेशनल एंड आफ्टर
तस्लीमा नसरीन	लज्जा, विसर्जन, निर्वासन, बेशरम, औरत के हक में
पेनेलॉप लाइवली	मून टाइगर, द फोटोग्राफ, फैमिली अलबम
एडम स्मिथ	वेल्थ ऑफ नेशन्स, डेमोक्रेसी इन अमेरिका, कॉरसपोन्डेंस
एडॉल्फ हिटलर	मीन कैम्फ, हिटलर्स लेटर्स एंड नोट्स, माय न्यू ऑर्डर
अल्बर्ट आइंस्टीन	द वर्ल्ड एज आई सी ईट, आइडियाज एंड ओपिन्यिंस
आर्थर हेले	एयरपोर्ट, होटल, द मनी चेंजर्स, व्हील्स
ई. एम. फोस्टर	ए पैसेज टू इंडिया, ए रूम विथ ए व्यू, मॉरिस
नेल्सन मण्डेला	लांग वाक टू फ्रीडम, कनवरशेसन विथ मायसेल्फ फेवरेट अफ्रीकन फोकटेल्स
टोनी ब्लेयर	ए जर्नी, न्यू ब्रिटेन : माय विजन ऑफ ए यंग कंट्री
रस्किन बॉड	मिस्टर अलिवर्स डायरी, द ब्लू अम्ब्रेला, देल्ही इज नॉट फार
रूडयार्ड किपलिंग	जंगल बुक, रिक्की-टिक्की-तावी, फर्स्ट वर्ल्ड वॉर पोएट्री, पुक ऑफ पूक्स हिल

भारतीय लेखक व पुस्तकें

लेखक	पुस्तक का नाम
अबुल फजल	आइने अकबरी, अकबरनामा
सूरदास	साहित्यलहरी, सूरसागर, ब्याहलो, सूरसारावली
कबीरदास	साखी, सबद, रमैनी (ये तीनों कबीर के वाणी संग्रह 'बीजक', के भाग है)।, कबीर की साख्यिाँ, कबीर के पद
गुलबदन बेगम	हुमायूंनामा
अलबरूनी	किताब-उल-हिन्द, अल नजूम, कानून अल मसूदी, अल हैयत
मलिक मुहम्मद जायसी	पद्मावत, अखरावट, बारहमासा, आखिरी कलाम
रवीन्द्रनाथ टैगोर	चित्रांगदा, गीतांजलि, गोरा, विसर्जन, हंग्री स्टोन्स
विष्णु शर्मा	पंचतंत्र
विशाखदत्त	मुद्राराक्षस, देवीचन्द्रगुप्तम्
पाणिनी	अष्टाध्यायी
राजशेखर	कर्पूरमंजरी
कालिदास	रघुवंशम्, कुमारसम्भवम्, अभिज्ञानशाकुन्तलम्, मेघदूत, मालविकाग्निमित्रम्, ऋतुसंहार
वात्स्यायन	कामसूत्र
विज्ञानेश्वर	मिताक्षरा
दीनबंधु मित्र	नील दर्पण
कल्हण	राजतरंगिणी
भास	स्वप्नवासवदत्ता, चारूदत्त, उरूभंग
प्लिनी	नेचुरल हिस्ट्री
चाणक्य	अर्थशास्त्र
वेदव्यास	भगवद्गीता, महाभारत
अश्वघोष	बुद्धचरितम्, सारिपुत्र, सौंदरानन्द
जयदेव	गीतगोविन्द
फिरदौसी	शाहनामा
बाणभट्ट	कादम्बरी
हर्ष	प्रियदर्शिका, रत्नावली, नागानंद
सूरदास	सूरसागर, साहित्य लहरी
तुलसीदास	रामचरितमानस, विनयपत्रिका, गीतावली
अमरसिंह	अमरकोश
दंडी	दशकुमारचरितम्
अरविन्द घोष	जजमेन्ट, नेबर्स, इंडिया, द क्रिटिकल इयर्स इन जेल, इंडिया आफ्टर नेहरू, बिटविन द लाइंस
शिवानन्द	डिवाइन लाइफ
अमृता प्रीतम	डेथ ऑफ ए सिटी, कागज ते कैनवास, फोर्टी नाइन डेज, पिंजर
प्रेमचन्द	गोदान, गबन, कर्मभूमि, रंगभूमि, निर्मला, सेवासदन
विजय तेंदुलकर	गिद्ध, रामप्रहर, शांतता! कोर्ट चालू आहे, घासीराम कोतवाल
सरोजिनी नायडू	गोल्डेन थ्रेसहोल्ड, ब्रोकन विंग्स द सांग ऑफ इंडिया
सूर्यकांत त्रिपाठी 'निराला'	अनामिका, परिमल, जूही की कली, गुंजन
यशपाल	दादा कामरेड
जयशंकर प्रसाद	कामायनी, ध्रुवस्वामिनी, कंकाल, तितली, ममता, आँसू, अजातशत्रु, स्कन्दगुप्त
मैथिलीशरण गुप्त	भारत-भारती, साकेत
रामधारी सिंह 'दिनकर'	कुरुक्षेत्र, उर्वशी, रश्मिरथी, संस्कृति के चार अध्याय, परशुराम की प्रतीक्षा, रेणुका, हुंकार
इंदिरा गांधी	इटरनल इंडिया, माई ट्रुथ, मैन एंड हिज एनवायरनमेंट
अज्ञेय	कितनी नावों में कितनी बार, शेखर : एक जीवनी
मोरारजी देसाई	नेचर क्योर, मिरेकल्स ऑफ यूरिन थेरेपी
नयनतारा सहगल	ए वाइस ऑफ फ्रीडम, द फेट ऑफ बटरफ्लाईज
वी. एस. नायपॉल	एरिया ऑफ डार्कनेस, हाफ ए लाइफ, इन ए फ्री स्टेट

देवकी नन्दन खत्री	चन्द्रकान्ता, चन्द्रकान्ता संतति, कटोरा भर
शतरचन्द्र चट्टोपाध्याय	देवदास, चरित्रहीन, परिणीता, बड़ी दीदी
किरण देसाई	द इनहेरिटेंस ऑफ लॉस, मैथेमेटिकल मॉडर्न आर्ट
अरविन्द अडिगा	द व्हाइट टाइगर, सेलेक्शन डे, लास्ट मैन इन टावर
आर. के. नारायणन	मालगुडी डेज, इंडियन थॉट: ए मिसलनी, माई डेज: ऑटोबायोग्राफी, द वेन्डर ऑफ स्वीट्स, द बैचलर ऑफ आटर्स, मिस्टर सम्पत, गाइड, स्वामी एंड फ्रेंड्स
ए पी जे अब्दुल कलाम	इग्नाइटेड माइन्ड्स, इंडिया 2020, ए विजन फॉर द न्यू मिलेनियम, विंग्स ऑफ फायर, मिशन इंडिया
नीरद सी. चौधुरी	ऑटोबायोग्राफी ऑफ एन अननोन इंडियन, द हार्समैन एंड द न्यू एपोकलिप्स
महात्मा गांधी	माई एक्सपेरिमेन्ट्स विद द टुथ, कांक्विस्ट ऑफ सेल्फ, द वे टू कम्यूनल हारमोनी, नॉन वायलेंस इन पीस एंड वार, हिन्द स्वराज
किरण बेदी	ह्वाट वेट रांग, फ्लाइट इंटू फीयर, आय डेअर
वेद मेहता	पोर्ट्रेट ऑफ इंडिया, द रेड लेटर्स, वेदी, पोर्ट्रेट ऑफ इंडिया
एस. राधाकृष्णन	एन आइडियलिस्ट व्यू ऑफ लाइफ
सलमान रुश्दी	मिडनाइट्स चिल्ड्रेन, शेम, सेटेनिक वर्सेज, फ्यूरी, शालीमार द क्लाउन, द गोल्डन हाउस, ईस्ट-वेस्ट
विक्रम सिंह	ए सूटेबल ब्यॉयज, द गोल्डन गेट, एन इक्वल म्यूजिक
अरुंधती रॉय	गॉड ऑफ स्माल थिंग्स, द अल्जेब्रा ऑफ इनफिनिट जस्टिस, ग्रेटर, कॉमन गुड, बहुजन हिताय
सलमान खुर्शीद	बिआंड कश्मीर, ट्रिपल तलाक, टॉफिंग बाली सीरीयसली
जवाहरलाल नेहरू	डिस्कवरी ऑफ इंडिया, लेटर्स फॉर ए नेशन
चेतन भगत	रिजूलेशन 2020, फाइव प्वाइंट समवन, 2 स्टेट्स, वननाइट एट ए कॉल सेन्टर, हाफ गर्लफ्रेन्ड
खुशवन्त सिंह	ट्रेन टू पाकिस्तान, द कम्पनी ऑफ विमेन, द सिख टुडे, गुरुज, गॉड मैन
अमर्त्य सेन	च्वाइस ऑफ टेक्निक्स
देवानन्द	रोमांसिंग विद लाइफ-सन ऑटोबायोग्राफी
जसवंत सिंह	जिन्ना: इंडिया-पार्टीशन-इंडिपेंडेंस

❑❑❑

प्राथमिक गणित

संख्या पद्धति

संख्यांक (Number) : किसी भी संख्या को व्यक्त करने के लिए हम निम्न संकेतों 0, 1, 2, 3, 4, 5, 6, 7, 8 व 9 का प्रयोग करते है, इन्हे अंक (digit) कहा जाता है तथा इन अंकों के समूह को संख्यांक कहा जाता है।

संख्याओं में अंकों के स्थानीय मान व जातीय मान:

1. स्थानीय मान (Face value) : किसी संख्या में किसी अंक का वह मान जो उसकी स्थिति विशेष के अनुसार बदलता है, स्थानीय मान कहलाता है।

जैसे: संख्या 7595784 में प्रत्येक अंक का स्थानीय मान निम्नलिखित है:

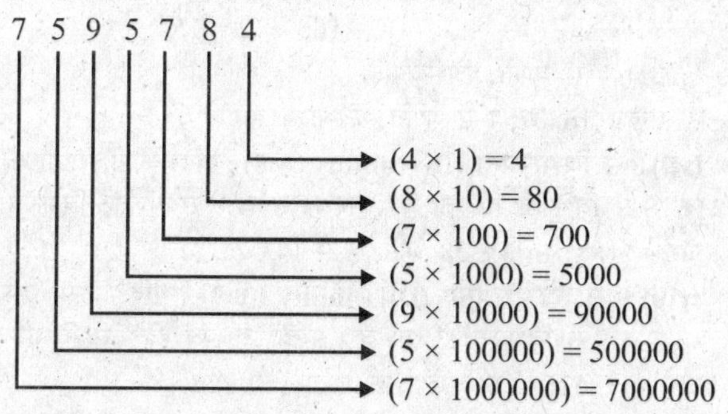

2. जातीय मान (Face value) : किसी भी संख्या में किसी अंक का जातीय मान उसका स्वयं का अपना मान होता है, चाहे वह अंक किसी भी स्थान पर हो।

जैसे: संख्या 879432 में 2 का जातीय मान 2, 3 का जातीय मान 3, 4 का जातीय मान 4, 9 का जातीय मान 9 और इसी प्रकार आगे भी।

संख्याओं के प्रकार (Types of Numbers)

(i) प्राकृतिक संख्याएं (Natural Numbers) : ऐसी संख्याएं जिसका प्रयोग केवल वस्तुओं की गणना के लिए किया जाता है, उन्हे प्राकृतिक संख्याएं कहते हैं। इन्हे 'N' से प्रदर्शित करते है।

$$N = \{1, 2, 3, ..., \infty\}$$

(ii) पूर्ण संख्याएं (Whole Numbers) : यदि प्राकृतिक संख्याओं में शून्य को भी सम्मिलित कर लिया जाए, तो उन्हे पूर्ण संख्याएं कहते हैं, इन्हे 'W' से प्रदर्शित करते हैं।

$$W = \{0, 1, 2, 3, ..., \infty\}$$

(iii) पूर्णांक (Integers) : यदि पूर्ण संख्याओं में ऋणात्मक संख्याओं को सम्मिलित कर लिया जाए, तो प्राप्त संख्याओं को पूर्णांक कहते हैं, इन्हे 'I' या 'Z' से प्रदर्शित करते हैं।

$$I = \{-\infty ..., -4, -3, -1, 0, 1, 2, 3, 4, ... \infty\}$$

धनात्मक पूर्णाकों को I^+ तथा ऋणात्मक पूर्णाकों को I^- से प्रदर्शित करते है:

$$\therefore \quad I^+ = \{+1, +2, +3, +4, + ...\}$$

$$I^- = \{-1, -2, -3, -4, ...\}$$

(iv) सम संख्याएं (Even numbers) : ऐसी संख्याएं जो 2 से पूर्णत: विभाजित हो जाती हैं, सम संख्याएं कहलाती हैं।

जैसे– 2, 4, 6, 8, 10, ...

(v) विषम संख्याएं (Odd numbers) : ऐसी संख्याएं जो 2 से पूर्णत: विभाजित नही होती हैं, विषम संख्याएं कहलाती हैं।

जैसे– 1, 3, 5, 7, 9, 11, ...

(vi) परिमेय संख्याएं (Rational numbers) : ऐसी संख्याएं जिन्हें $\frac{p}{q}$ के रूप में प्रदर्शित किया जा सकता है। (जहां p व q पूर्णांक हैं तथा $q \neq 0$), परिमेय संख्याएं कहलाती हैं।

जैसे– $\frac{1}{2}, \frac{3}{5}, \frac{7}{5}$ आदि।

(vii) अपरिमेय संख्याएं (Irrational numbers) : ऐसी संख्याएं जिन्हें $\frac{p}{q}$ के रूप में प्रदर्शित नहीं किया जा सकता है। अपरिमेय संख्याएं कहलाती हैं।

जैसे– $\sqrt{2}, \sqrt{3}, \pi, e$ आदि।

(viii) भाज्य संख्याएं (Composite numbers) : ऐसी संख्याएं जिनका 1 व स्वयं के अतिरिक्त कम से कम एक गुणनखण्ड अवश्य होता है, भाज्य संख्याएं कहलाती हैं।

जैसे– 4, 6, 8, 9, 10, 12 ...

(ix) अभाज्य संख्याएं (Prime Numbers) : ऐसी संख्याएं जिनका स्वयं और 1 के अतिरिक्त कोई अन्य गुणनखण्ड नहीं होता है अभाज्य संख्याएं कहलाती हैं।

जैसे– 2, 3, 5, 7, 11, 13, 17, 19, 23...

वास्तविक संख्याएं (Real Numbers) : यदि परिमेय और अपरिमेय संख्याओं को सम्मिलित कर लिया जाए, तो संख्याएं वास्तविक संख्याएं कहलाती हैं। इन्हें 'R' से प्रदर्शित करतें हैं।

$$R = \frac{1}{\sqrt{2}}, \frac{2}{3}, \sqrt{3}, \pi, (\pi - e) \text{ आदि।}$$

मौलिक संक्रियाएं (Fundamental Operation) : यदि a, b व c धन पूर्णांक संख्याएं हैं, तो ये सख्याएं निम्नलिखित नियमों का पालन करती हैं–

(i) संवरक नियम (Closure Law) :

(a) $a + b =$ धन पूर्णांक संख्या (योग के लिए)

(b) $a \times b =$ धन पूर्णांक संख्या (गुणन के लिए)

(ii) क्रमविनिमेय नियम (Commutative Law) :

(a) $a + b = b + a$ (योग के लिए)

(b) $a \times b = b \times a$ (गुणन के लिए)

(iii) साहचर्य नियम (Associative Law) :

(a) $a + (b + c) = (a + b) + c$ (योग के लिए)

(b) $a \times (b \times c) = (a \times b) \times c$ (गुणन के लिए)

(iv) बंटन नियम (Distributive Law) :

(a) $a \times (b + c) = a + b + a \times c$

(b) $(a + b) \times c = a \times c + b \times c$

(v) योगात्मक तत्समक (Additive Identity) : यदि $a + 0 = a$ तो शून्य को योगात्मक तत्समक कहते हैं।

(vi) योगात्मक प्रतिलोम (Additive Inverse) : यदि $a + (-a) = a$ हो, तो a और $(-a)$ एक दूसरे के योगात्मक प्रतिलोम हैं।

(vii) गुणात्मक तत्समक (Multiplicative Identity) : यदि $a \times 1 = a$ तो 1 को गुणात्मक तत्समक कहते हैं।

(viii) गुणात्मक प्रतिलोम (Multiplicative Inverse) : यदि $a \times b = 1$ अत: $a = \frac{1}{b}$ तथा $b = \frac{1}{a}$ अत: a और b एक दूसरे को गुणात्मक प्रतिलोम कहते हैं।

संख्या में इकाई का अंक ज्ञात करना : यदि कोई बड़ी घात वाली संख्या में इकाई का अंक ज्ञात करना होता है, तो इस स्थिति में दी गई घात में 4 का भाग दिया जाता है तथा जो शेष प्राप्त होता है। उसे उस संख्या की घात मानते हैं। हम चार का भाग इसलिए देते हैं, कि प्रत्येक 4 की घात के पुनरावृत्ति होने पर इकाई का वही अंक प्राप्त होता है।

जैसे– $(2)^1 = 2$ $(2)^5 = 32$

$(2)^2 = 4$ $(2)^6 = 64$

$(2)^3 = 8$ $(2)^7 = 128$

$(2)^4 = 16$ $(2)^8 = 256$

स्पष्ट है 4 की घात के बाद इकाई अंक की पुनरावृत्ति होती है।

$(2)^4$ के गुणजों में इकाई का अंक = 6

$(3)^4$ के गुणजों में इकाई का अंक = 1

$(4)^4$ के गुणजों में इकाई का अंक = 6

$(5)^4$ के गुणजों में इकाई का अंक = 5

$(6)^4$ के गुणजों में इकाई का अंक = 6

$(7)^4$ के गुणजों में इकाई का अंक = 1

$(8)^4$ के गुणजों में इकाई का अंक = 6

$(9)^4$ के गुणजों में इकाई का अंक = 1

उदाहरण– $(729)^{58}$ में इकाई का अंक ज्ञात कीजिए।

हल– 729 में इकाई का अंक = 9

$\therefore$ $(9)^{58}$ में इकाई का अंक = $\left\{(9^4)^{14} \times 9^2\right\}$ में इकाई का अंक

= (1×9^2) में इकाई का अंक

= 81 में इकाई का अंक = 1

विभाज्यता की जांच (Test of Divisibility)

(i) 2 से विभाज्यता (Divisibility by 2) : यदि किसी संख्या का इकाई का अंक शून्य या 2 का गुणज हो, तो वह संख्या सदैव 2 से विभाज्य होगी।

जैसे– 2544, 3754, 15000 आदि 2 से विभाज्य हैं।

(ii) 3 से विभाज्यता (Divisibility by 3) : यदि किसी संख्या के अंकों का योग 3 से विभाज्य हो, तो वह संख्या सदैव 3 से विभाज्य होगी।

जैसे– 18762, 137622 आदि 3 से विभाज्य हैं।

(iii) 4 से विभाज्यता (Divisibility by 4) : यदि किसी संख्या के अंतिम दो अंक 4 से विभाज्य हों, तो वह संख्या सदैव 4 से विभाज्य होगी।

जैसे– 1848, 17624, 15832 आदि 4 से विभाज्य हैं।

(iv) 5 से विभाज्यता (Divisibility by 5) : यदि किसी संख्या के इकाई का अंक 0 या 5 हो, तो वह संख्या सदैव 5 से विभाज्य होगी।

जैसे– 18725, 17565, 10000 आदि 5 से विभाज्य हैं।

(v) 6 से विभाज्यता (Divisibility by 6) : यदि कोई संख्या 2 व 3 दोनों से पूर्णत: विभाज्य हो, तो वह संख्या 6 से सदैव पूर्णत: विभाज्य होगी।

जैसे– 1296, 7776, दोनों संख्याएं 2 व 3 से विभाज्य हैं। इसलिए ये संख्याएं सदैव 6 से पूर्णत: विभाज्य होंगी।

(vi) 7 से विभाज्यता (Divisibility by 7) : यदि किसी संख्या के अंतिम अंक में 2 से गुणा करके शेष बची संख्या में घटाने पर प्राप्त संख्या 7 से विभाजित हो, तो वह संख्या सदैव 7 से विभाज्य होगी। यदि संख्या अधिक बड़ी हो, तो यह क्रिया तब तक दोहराते हैं, जब तक कि हमें 7 से विभाज्य सबसे छोटी संख्या प्राप्त न हो जाए।

उदाहरण– 16807, 7 से विभाज्य है या नहीं, जांच कीजिए।

हल– 16807 में इकाई का अंक = 7

इकाई के अंक में 2 का गुणा करने पर प्राप्त गुणनफल = $2 \times 7 = 14$

अब शेष बची संख्या = 1680

इस संख्या में 14 घटाने पर प्राप्त संख्या

= $(1680 - 14) = 1666$

पुन: इस संख्या के इकाई के अंक में 2 से गुणा करने पर प्राप्त गुणनफल = $6 \times 2 = 12$

अब शेष बची संख्या =166

इस संख्या में 12 घटाने पर,

$166 - 12 = 154$

$\therefore$ 154, 7 से पूर्णत: विभाज्य है

$\therefore$ संख्या 16807, 7 से पूर्णत: विभाज्य होगी।

(vii) 8 से विभाज्यता (Divisibility by 8) : यदि किसी संख्या के अंतिम तीन अंक 8 से विभाज्य हो, तो वह संख्या सदैव 8 से पूर्णत: विभाज्य होगी।

जैसे– 18816, 235328 आदि 8 से विभाज्य हैं।

(viii) 9 से विभाज्यता (Divisibility by 9) : यदि किसी संख्या के अंकों का योग 9 से विभाज्य हो, तो वह संख्या अवश्य ही 9 से विभाज्य होगी।

जैसे– 1562562 में संख्या के अंकों का योग

= $(1 + 5 + 6 + 2 + 5 + 6 + 2) = 27$

$\therefore$ 27, 9 से पूर्णत: विभाज्य है

$\therefore$ संख्या 1562562, 9 से पूर्णत: विभाज्य होगी।

(ix) 10 से विभाज्यता (Divisibility by 10) : यदि किसी संख्या के इकाई का अंक 0 शून्य हो, तो वह संख्या सदैव 10 से विभाज्य होगी।

जैसे– 15870, 10000 आदि संख्याएं 10 से पूर्णत: विभाज्य हैं।

(x) 11 से विभाज्यता (Divisibility by 11) : यदि किसी संख्या के सम तथा विषम स्थानों के अंकों के योग का अंतर 0 या 11 से पूर्णत: विभाज्य हो, तो वह संख्या सदैव 11 से पूर्णत: विभाज्य होगी।

उदाहरण– 161051, 11 से विभाज्य है या नहीं जांच कीजिए।

हल– संख्या के सम स्थानों का योग = $(6 + 0 + 1) = 7$

संख्या के विषम स्थानों का योग = $(1 + 1 + 5) = 7$

अंतर = $(7 - 7) = 0$

$\therefore$ यह अंतर 0 है, अत: संख्या 161051, 11 से पूर्णत: विभाज्य है।

समांतर श्रेणी (Arithmetic Progression) : यदि कुछ संख्याएं इस प्रकार क्रमबद्ध की गई हों कि प्रत्येक संख्या अपनी पूर्व की संख्या से एक अचर राशि से बढ़ती या घटती हो, तो इन संख्याओं की श्रेणी को समांतर श्रेणी कहा जाता है।

माना एक समांतर श्रेणी $a, a + d, a + 2d, \ldots$ के रूप मे क्रमागत बढ़ रही है।

तब श्रेणी का प्रथम पद = a तथा सार्वन्तर = d

∴ श्रेणी का nवां पद, $T_n = a+(n-1)d$

श्रेणी के n पदों का योग $S_n = \frac{n}{2}\left[2a+(n-1)d\right]$

गुणोत्तर श्रेणी (Geometric Progression) : माना एक गुणोत्तर श्रेणी $a, ar, ar^2, ...$ के रूप में क्रमागत रूप से आगे बढ़ रही है।

तब, श्रेणी का प्रथम पद $= a$ तथा सार्वन्तर $= r$

∴ श्रेणी का nवां पद $= ar^{n-1}$

श्रेणी के n पदों का योगफल $= \frac{a(r^n-1)}{(r-1)}$ जबकि $r > 1$

श्रेणी के n पदों का योगफल $= \frac{a(1-r^n)}{(1-r)}$ जबकि $r < 1$

विभाज्यता के कुछ महत्वपूर्ण परिणाम

(i) $(x^n - a^n)$, n के सभी मानों के लिए $(x - a)$ से विभाज्य होगा।

(ii) $(x^n - a^n)$, n के सम संख्या होने पर $(x + a)$ से विभाज्य होगा।

(iii) $(x^n + a^n)$, n के विषम संख्या होने पर $(x + a)$ से विभाज्य होगा।

योग के लिए कुछ महत्वपूर्ण नियम

(i) प्रथम 'n' प्राकृतिक संख्याओं का योगफल अर्थात्

$$1+2+3+...+n = \frac{n(n+1)}{2}$$

(ii) प्रथम 'n' सम संख्याओं का योगफल अर्थात्

$2+4+6+8+...+n$ (सम संख्या) $= n(n+1)$

(iii) प्रथम 'n' विषम संख्याओं का योगफल अर्थात्

$1+3+5+...+n$ (विषम संख्या) $= n^2$

(iv) प्रथम 'n' प्राकृतिक संख्याओं के वर्गों का योगफल अर्थात्

$$1^2+2^2+3^2+...+n^2 = \frac{n(n+1)(2n+1)}{6}$$

(v) प्रथम 'n' प्राकृतिक संख्याओं के घनों का योगफल अर्थात्

$$1^3+2^3+3^3+...+n^3 = \frac{\left[n(n+1)\right]^2}{4}$$

(vi) प्रथम 'n' प्राकृतिक सम संख्याओं के वर्गों का योगफल अर्थात्

$$2^2+4^2+6^2+...+n^2 = \frac{2n}{3}(n+1)(2n+1)$$

(vii) प्रथम 'n' प्राकृतिक संख्याओं के घनों का योगफल अर्थात्

$$2^3+4^3+6^3+...+n^3 = 2n^2(n+1)^2$$

हल सहित उदाहरण

उदाहरण–1 : प्रथम 20 सम संख्याओं का योगफल ज्ञात कीजिए–

हल– प्रथम 'n' सम संख्याओं का योगफल $= n(n+1)$

∴ प्रथम '20' सम संख्याओं का योगफल $= 20(20+1)$

$= (20 \times 21) = 420$

उदाहरण–2 : चार अंकों की वह बड़ी से बड़ी संख्या ज्ञात कीजिए, जो 88 से पूरी तरह विभाजित हो जाए–

हल– चार अंकों की सबसे बड़ी संख्या = 9999

∴ 9999 में 88 से भाग देने पर शेषफल = 55

∴ अभीष्ट संख्या = (9999 – 55) = 9944

उदाहरण–3 : यदि किसी संख्या को 84 से विभाजित किया जाता है, तो शेषफल 37 बचता है। यदि उसी संख्या को 21 से विभाजित किया जाए, तो शेषफल कितना बचेगा?

हल– माना किसी संख्या को 84 से विभाजित करने पर भागफल = K

∴ संख्या $= 84K + 37$

$= 21 \times 4K + 21 \times 1 + 16$

$= 21(4K + 1) + 16$

अत: संख्या को 21 से भाग देने पर शेषफल 16 बचेगा।

उदाहरण–4 : $7^{35} \times 3^{71} \times 11^{55}$ में इकाई का अंक ज्ञात कीजिए–

हल– $(7^{35} \times 3^{71} \times 11^{55})$ में इकाई का अंक

$=\{(7^4)^8 \times 7^3\}$ में इकाई का अंक $\times \{(3^4)^{17} \times 3^3\}$ में इकाई का अंक $\times \{(11^4)^{13} \times 11^3\}$ में इकाई का अंक

$=(1 \times 7^3)$ में इकाई का अंक $\times (1 \times 3^3)$ में इकाई का अंक $\times (1 \times 11^3)$ में इकाई का अंक

$=343$ में इकाई का अंक $\times 27$ में इकाई का अंक $\times 1331$ में इकाई का अंक

$=(3 \times 7 \times 1)$ में इकाई का अंक $= 21$ में इकाई का अंक $= 1$

उदाहरण–5 : $(4^{61}+4^{62}+4^{63}+4^{64}+4^{65})$ किससे विभाज्य है?

हल– व्यंजक $= 4^{61}+4^{62}+4^{63}+4^{64}+4^{65}$

$= 4^{61}[1+4+4^2+4^3+4^4]$

$= 4^{61}(1+4+16+64+256)$

$= 341 \times 4^{61}$

∵ 341, 11 से विभाज्य है

∴ व्यंजक $=(4^{61}+4^{62}+4^{63}+4^{64}+4^{65})$ भी 11 से पूर्णत: विभाज्य होगा।

प्रश्नमाला

1. दो संख्याओं का योग उनके अंतर का 25 गुना है। यदि एक संख्या का $\frac{3}{4}$ बराबर 18 हो, तो दूसरी संख्या, जो छोटी है, का मान क्या होगा?

(a) 30 (b) 32
(c) 28 (d) 24

2. 4, 0 और 6 से निर्मित तीन अंकों की महत्तम और लघुत्तम संख्याओं में अंतर कितना है?

(a) 234
(b) 214
(c) 224
(d) 244

3. संख्याएँ 29540, 53416 तथा 21543 में से–

(a) कोई भी 12 से विभाज्य नहीं है
(b) एक 12 से विभाज्य है
(c) दो 12 से विभाज्य हैं
(d) सभी 12 से विभाज्य हैं

4. दो संख्याओं का योगफल 10 है और उनका गुणनफल 20 है। उनके व्युत्क्रम का योगफल क्या होगा?

(a) $\frac{1}{10}$ (b) $\frac{1}{2}$

(c) 1 (d) 2

5. दो संख्याओं का योग 14 है और उनका गुणनफल 48 है। इनमें छोटी संख्या है–

(a) 5 (b) 6

(c) 7 (d) 8

6. विमल को एक संख्या विशेष में 25 गुना करने के लिए कहा गया, किन्तु उसने भूल से 52 से गुणा कर दिया। प्राप्तांक अंक सही उत्तर में 324 का अंतर हो तो वो संख्या जिसमें गुणा करने को कहा गया थी–

(a) 12 (b) 15

(c) 25 (d) 52

7. एक तीन अंकों की संख्या के अंकों का योग 14 है। यदि दहाई, इकाई से दो गुना है तथा इकाई, सैकड़ा की चौथाई है, तो संख्या ज्ञात करें–

(a) 446 (b) 421

(c) 482 (d) 842

8. दो अंकों वाली एक संख्या का योग 11 है। दी गई संख्या में 27 जोड़ने पर इसके अंक उल्टे हो जाते हैं, तो संख्या ज्ञात करें–

(a) 38 (b) 47

(c) 74 (d) 83

9. यदि दो अंकों की एक संख्या उन अंकों के योग की k गुनी है, तो अंकों को आपस में बदल देने से बनी संख्या उन अंकों के योग को किससे गुणा करने पर प्राप्त होगी?

(a) $9 + k$ से (b) $10 + k$ से

(c) $11 - k$ से (d) $k + 1$ से

10. माना कि $a_1, a_2, \ldots, a_7$ अलग-अलग ऐसी स्वेच्छित (arbitrary) धनात्मक पूर्ण संख्यायें हैं, जो कि 1, 2, …, 7 को एक बार में एक को लेकर बनायी गयी हैं। तब संख्या $(a_1 - 1)(a_2 - 2) \ldots (a_7 - 7)$ है–

(a) विषम संख्या यदि परिमाण शून्य नहीं है

(b) आवश्यक रूप से शून्य हैं

(c) सम संख्या यदि परिमाण शून्य नहीं है

(d) हमेशा शून्य से कम या शून्य के बराबर है

11. यदि किसी दो अंकों वाली संख्या को सबसे बड़े एक अंकों वाली प्राथमिक संख्या (prime number) से विभाजित किया जाये तब शेषफल का मान 4 होता है। यदि उस संख्या के दोनों अंकों का अंतर 4 है तब वह संख्या है–

(a) 73 (b) 25

(c) 53 (d) 95

12. 301 तथा 501 के बीच (301 तथा 501 को लेकर) की ऐसी प्राकृतिक संख्याएं जो 7 से विभाजित हैं, उनका कुल योग है–

(a) 11277 (b) 12571

(c) 15171 (d) 11571

13. किसी संख्या का $\frac{4}{5} = 64$ है, तो उस संख्या का आधा क्या होगा?

(a) 32 (b) 40

(c) 80 (d) 16

14. कौन-सी एक काल्पनिक संख्या है?

(a) $\sqrt{-5}$ (b) 0

(c) -6 (d) $\sqrt{5}$

15. एक संख्या को 36 से भाग देने पर शेषफल 19 आता है, तो उसी संख्या को 12 से भाग देने पर शेषफल क्या बचेगा?

(a) 7 (b) 5

(c) 3 (d) 0

16. यदि दो श्रेणियां 3 + 10 + 17 + ... तथा 63 + 65 + 67 + ... का n वां पद बराबर हों, तो n का मान होगा।

(a) 9 (b) 13

(c) 19 (d) 29

17. यदि a तथा b ऐसे धन पूर्णांक हैं, कि $a^2 - b^2 = 19$ हो, तो a का मान होगा–

(a) 19 (b) 20

(c) 9 (d) 10

18. किसी संख्या को 114 से भाग देने पर शेषफल 21 प्राप्त होता है। यदि उसी संख्या को 19 से भाग दिया जाए, तो शेष बचेगा?

(a) 1 (b) 2

(c) 7 (d) 17

19. एक समांतर श्रेणी में 4 पद हैं। दोनों मध्य पदों का योगफल 110 है और बाह्य पदों का गुणनफल 2125 है। तीसरा पद है–

(a) 55 (b) 45

(c) 65 (d) 75

20. यदि $x * y = x^2 + y^2 - xy$ हो तो 11*13 का मान कितना होगा?

(a) 117 (b) 147

(c) 290 (d) 433

21. एक संख्या को जब 899 से विभाजित किया जाता है, तो उसका शेषफल 65 प्राप्त होता है। यदि उसी संख्या को 31 से विभाजित किया जाए, तो शेषफल क्या होगा?

(a) 2 (b) 3

(c) 4 (d) 1

22. 75070 के निकटतम ऐसी संख्या कौन-सी है, जो 65 से विभाज्य हो?

(a) 75070 (b) 75075

(c) 75010 (d) 75065

23. यदि दो अंकों की एक संख्या उन अंकों के योग की K गुनी है, तो अंकों को आपस में बदल देने पर बनी संख्या उन अंकों का योग है, जिसे गुणा किया जाएगा–

(a) 9 + K (b) 10 + K

(c) 11 – K (d) K – 1

24. संख्या $[(57)^{25} - 1]$ का अंतिम अंक अर्थात् इकाई के स्थान पर कौन-सा अंक है?

(a) 6 (b) 8

(c) 0 (d) 5

25. निम्नलिखित भिन्न आरोही क्रम में (बाएं से दाएं) लगाए जाएं, तो इनमें से कौन-सा दाऐं से दूसरा होगा?

(a) $\frac{4}{7}$ (b) $\frac{12}{17}$

(c) $\frac{7}{13}$ (d) $\frac{5}{11}$

26. $0.01 \times 0.02 + 0.01 \times 0.03 + 0.01 \times 0.04$ का सरलतम मान है–

(a) 0.09 (b) 0.0009

(c) 0.039 (d) 0.01

27. एक तीन अंकों की संख्या 4a3 को दूसरी तीन अंकों की संख्या 984 में जोड़कर एक ऐसी चार अंकों वाली संख्या 13b7 प्राप्त की गई, जो 11 से विभाज्य है, तो $(a + b)$ का मान क्या होगा?

(a) 12 (b) 9

(c) 10 (d) 11

28. वह सबसे छोटी संख्या कौन-सी है, जो 16, 18, 20 तथा 25 से भाग देने पर हर बार शेषफल 4 देती है, लेकिन जब वही संख्या 7 से विभाजित की जाती है, तो शेषफल शून्य देती है?

(a) 17004 (b) 18000

(c) 18002 (d) 18004

29. एक द्विअंकी संख्या के दोनों अंकों के स्थान परस्पर बदलने पर प्राप्त संख्या मूल संख्या से 27 कम है। संख्या के अंक 1 :

2 के अनुपात में है, तो मूल संख्या क्या होगी?
(a) 36 (b) 63
(c) 48 (d) 56

30. निम्नलिखित में से कौन-सी संख्या $\left(5^{71}+5^{72}+5^{73}\right)$ को पूरी तरह विभाजित कर सकती है–
(a) 150 (b) 160
(c) 155 (d) 30

31. जब 'n' को 5 से विभाजित किया जाता है, तो शेषफल 2 आता है। n^2 को 5 से विभाजित करने पर शेषफल कितना होगा?
(a) 2 (b) 3
(c) 1 (d) 4

32. एक संख्या x को 289 से विभाजित करने पर 18 शेष बचता है, उसी संख्या को 17 से विभाजित करने पर y शेष बचता है। y का मान है–
(a) 1 (b) 5
(c) 2 (d) 3

33. 400 और 800 के बीच कितनी संख्याएं 4, 5 व 6 से विभाज्य है?
(a) 7 (b) 8
(c) 9 (d) 10

34. यदि दो संख्याओं का योग a और गुणनफल b हो तो उसके व्युत्क्रम का योग क्या होगा?
(a) $\frac{1}{a}+\frac{1}{b}$ (b) $\frac{b}{a}$
(c) $\frac{a}{b}$ (d) $\frac{1}{ab}$

35. सतत् तीन सम संख्याओं का गुणनफल 4032 है। पहली और तीसरी संख्या का गुणनफल 252 है। दूसरी संख्या का 5 गुना क्या है?
(a) 80 (b) 100
(c) 60 (d) 70

36. यदि 2^{33} को 10 से विभाजित किया जाए, तो शेषफल कितना होगा?
(a) 2 (b) 3
(c) 4 (d) 8

37. $(4387)^{245}\times(621)^{72}$ के गुणनफल में एकल अंक ज्ञात कीजिए–
(a) 1 (b) 2
(c) 5 (d) 7

38. दो संख्याओं का समांतर माध्य 6.5 है और उनका गुणोत्तर माध्य 6 है, तो संख्याएं क्या होंगी?
(a) 6, 9 (b) 5, 9
(c) 6, 7 (d) 4, 9

उत्तर (हल/संकेत)

1. (d) माना संख्याएँ x और y हों, तो दूसरी शर्त के अनुसार,

y का 75% = 18

$$y=\frac{18\times100}{75}=24$$

अब पहली शर्त के अनुसार,

$$(x+y)=25(x-y)$$
$$\Rightarrow (x+24)=25(x-24)$$
$$\Rightarrow x+24=25x-600$$
$$\Rightarrow 25x-x=24+600$$
$$\Rightarrow 24x=624$$
$$\Rightarrow x=\frac{624}{24}=26$$

$\therefore$ अभीष्ट छोटी संख्या = 24

2. (a) 4, 0 और 6 से निर्मित महत्तम संख्या = 640

इन्हीं संख्याओं से बनी लघुत्तम संख्या = 406

दोनों संख्याओं में अंतर = (640 – 406) = 234

3. (a) $\frac{29540}{12}=2461.66$

$\frac{53416}{12}=4451.33$

$\frac{21543}{12}=1795.25$

अत: कोई भी 12 से विभाज्य नहीं है।

4. (b) माना कि दोनों संख्याएँ क्रमश: m तथा n हैं।

प्रश्नानुसार, $m+n=10$

तथा $m\times n=20$

$$\therefore \frac{1}{m}+\frac{1}{n}=\frac{m+n}{mn}=\frac{10}{20}=\frac{1}{2}$$

5. (b) माना दो संख्यायें संख्या x, y हैं।

$x+y=14$...(i) (शर्त द्वारा)

$xy=48$...(ii) (शर्त द्वारा)

$$(x-4y)^2=(x+y)^2-4xy$$
$$=196-192$$
$$(x-y)^2=4$$
$$x-y=2 \quad ...(iii)$$

(i) और (iii) को हल करने पर

$x=8, y=6.$

6. (a) माना अभीष्ट संख्या x है।

प्राप्तांक = $52\times x=52x$

प्रश्नानुसार,

सही उत्तर = $25\times x=25x$

$52x-25x=324$

$$\Rightarrow x=\frac{324}{52-25}=\frac{324}{27}=12.$$

7. (d) माना सैकड़ा का अंक = $4k$

$\therefore$ इकाई का अंक = $\frac{1}{4}(4k)=k$

तब, दहाई का अंक = $2\times k=2k$

$\because$ संख्या के अंकों का योग

$=4k+2k+k=14$

$\Rightarrow k=2$

अत: अभीष्ट संख्या

$=(4\times2)\times100+(2\times2)+10\times2$

$=800+40+2=842$

8. (b) माना कि दो अंकों की संख्या

$=10x+y$

$x+y=11 \quad ...(i)$

पुन:

$$(10x+y)+27=10y+x$$
$$\Rightarrow 10x-x+y-10y=-27$$
$$\Rightarrow 9x-9y=-27$$
$$\Rightarrow x-y=-3 \quad ...(ii)$$

समी. (i) तथा (ii) से

$\Rightarrow x=4$ एवं $y=7$

इसलिए संख्या = $10x+y=40+7=47.$

9. (c) संख्या = $10x+y$

$\therefore 10x+y=k(x+y)$

$\therefore 10y+x=11y+11x-10x-y$

$=11(x+y)-k(x+y)$

$=(11-k)(x+y).$

10. (b) यदि $a_1=1, a_2=2, \ldots$

$(a_1-1)(a_2-2)(a_3-3)\ldots(a_7-7)=0$

यदि $a_1=7, a_2=6, a_3=5, \ldots$

$(a_1-1)(a_2-2)(a_3-3)\ldots$

$(a_7-7)=6\times4\times3\times0\times\ldots$

$=0.$

11. (d) यदि संख्या = 95 हो, तो हम पाते हैं–

9 – 5 = 4 एवं

7) 95 (13
– 7
25
21
4

शेषफल = 4

12. (d) सबसे छोटी संख्या = 301

सबसे बड़ी संख्या = 497

सार्व अंतर = $d=7$

$t_n = a + (n-1)d$

$\Rightarrow \quad 497 = 301 + (n-1) \times 7$

$\Rightarrow \quad (n-1) \times 7 = 497 - 301 = 196$

$\Rightarrow \quad n - 1 = 196 \div 7 = 28$

$\Rightarrow \quad n = 28 + 1 = 29$

$\therefore$ संख्याओं का अभीष्ट योगफल

$= \frac{n}{2}$ (पहला पद + अंतिम पद)

$= \frac{29}{2}(301 + 497) = \frac{29 \times 798}{2} = 11571$

13. (b) माना संख्या $= y$

$\therefore \quad y$ का $\frac{4}{5} = 64$

$\Rightarrow \quad y \times \frac{4}{5} = 64$

$\therefore \quad y = \frac{64 \times 5}{4} = 80$

$\therefore$ संख्या का आधा $= \frac{y}{2} = \frac{80}{2} = 40$

14. (a) काल्पनिक संख्या $= \sqrt{-5}$

15. (a) संख्या $= 36\text{K} + 19$

$= 12 \times 3\text{K} + 12 + 7$

$= 12(3\text{K} + 1) + 7$

अत: अभीष्ट शेषफल = 7

16. (b) दोनों श्रेणियां समांतर श्रेणी हैं,

तब श्रेणी $3 + 10 + 17 + ...$ में $a = 3, d = 7$

श्रेणी $63 + 65 + 67 + ...$ में $a_1 = 63, d_1 = 2$

प्रश्नानुसार,

$\Rightarrow 3 + (n-1)7 = 63 + (n-1)2$

$\Rightarrow 3 + 7n - 7 = 63 + 2n - 2$

$\Rightarrow 5n = 65 \therefore n = 13$

17. (d) 19 एक अभाज्य संख्या है

$\therefore (a^2 - b^2) = 19$

$\Rightarrow (a + b)(a - b) = 19 \times 1$

$\therefore a + b = 19$

$a - b = 1$

समीकरण (i) व (ii) से $a = 10$

18. (b) संख्या $= 114\text{K} + 21$

$= 19 \times 6\text{K} + 19 + 2$

$= 19(6\text{K} + 1) + 2$

अत: शेषफल = 2

19. (c) माना समांतर श्रेणी के पद क्रमश: $(a - 3d)(a - d)(a + d)$ एवं $(a + 3d)$ है।

$\therefore (a - d + a + d) = 110$

$\Rightarrow 2a = 110 \therefore a = 55$

पुन: $(a - 3d)(a + 3d) = 2125$

$(55 - 3d)(55 + 3d) = 2125$

$\Rightarrow (55)^2 - 9d^2 = 2125$

$\Rightarrow 3025 - 2125 = 9d^2$

$\Rightarrow 9d^2 = 900$

$d^2 = 100 \quad \therefore d = 10$

$\therefore$ तीसरा पद $= (a + d) = (55 + 10) = 65$

20. (b) $x * y = x^2 + y^2 - xy$

$11*13 = (11)^2 + (13)^2 - 11 \times 13$

$= 121 + 169 - 143 = 290 - 143 = 147$

21. (b) प्रथम भाजक 899 दूसरे भाजक 31 से पूर्णत: विभाज्य है।

अत: 65 को 31 से भाग देने पर प्राप्त शेषफल = 3

अत: अभीष्ट शेषफल = 3

22. (b) 75070 को 65 से विभाजित करने पर शेषफल = 60

$\therefore$ अभीष्ट संख्या $= 75070 + (65 - 60) = 75075$

23. (c) माना इकाई का अंक x तथा दहाई का अंक y है,

तब, संख्या $= 10y + x$

प्रश्नानुसार, $10y + x = K(x + y)$

पुन: $10x + y = (11 - 1)x + (11 - 10)y$

$= 11(x + y) - (10y + x)$

$= 11(x + y) - K(x + y) = (11 - 12)(x + y)$

अत: उन अंकों का योग है, जिससे गुणा किया जाएगा। $= (11 - \text{K})$

24. (a) संख्या $[(57)^{25} - 1]$ में इकाई का अंक

= संख्या $[(57)^{24} \times (57)^1 - 1]$ में इकाई का अंक

= संख्या $[1 \times 57 - 1]$ में इकाई का अंक

= संख्या 56 में इकाई का अंक = 6

25. (a) $\frac{2}{9} = 0.22, \frac{4}{7} = 0.57, \frac{12}{17} = 0.70$

$\frac{7}{13} = 0.53 \quad \frac{5}{11} = 0.45$

$\therefore$ आरोही क्रम

$= \frac{2}{9} < \frac{5}{11} < \frac{7}{13} < \frac{4}{7} < \frac{12}{7}$

अत: दाएं से दूसरा भिन्न $= \frac{4}{7}$

26. (b) व्यंजक $= 0.01 \times 0.02 + 0.01 \times 0.03 + 0.01 \times 0.04$

$= (0.0002 + 0.0003 + 0.0004) = 0.0009$

27. (c) संख्या $13b7$, 11 से विभाज्य है।

$\therefore 1 + b = (7 + 3) \quad \therefore b = 9$

$\because 4a3 + 984 = 1397, 4a3 = 413$

$\therefore a = 1$

$\because (a + b) = (1 + 9) = 10$

28. (d) 16, 18, 20 व 25 का ल.स.

$= 2 \times 2 \times 2 \times 2 \times 3 \times 3 \times 5 \times 5 = 3600$

अत: $(3600 + 4) = 3604$ को 7 से विभाजित करने पर शेषफल 0 प्राप्त नहीं होता है।

परंतु $(18000 + 4) = 18004$ को 7 से विभाजित करने पर शेषफल 0 प्राप्त होता है।

$\therefore$ अभीष्ट संख्या = 18004

29. (b) माना इकाई का अंक x तथा दहाई का अंक y है।

तब, संख्या $= 10y + x \quad \therefore y = 2x$

अत: संख्या $= (10 \times 2x + x) = 21x$

अंक पलटने पर संख्या $= 10x + y = 12x$

$\therefore 21x - 12x = 27$

$x = 3, \ y = 6$

$\therefore$ संख्या $= (10 \times 6 + 3) = 63$

30. (c) $5^{71} + 5^{72} + 5^{73} = 5^{71}(1 + 5 + 25)$

$= 5^{71} \times 31 = (5^{70} \times 31 \times 5) = 5^{70} \times 155$

अत: संख्या 155 पूर्णत: विभाजित कर सकती है।

31. (d) $n = 5K + 2$

$n^2 = (5K + 2)^2 = 25K^2 + 20K + 4$

$\therefore n^2$ को 5 से विभाजित करने पर शेषफल = 4

32. (a) माना संख्या $x = 289 \times a + 18$

जब संख्या को 17 से विभाजित किया जाए,

तब, $\left[\frac{289}{17}\right] + \left[\frac{18}{17}\right]$

$\therefore y = (0 + 1) = 1$

33. (a) 4, 5 व 6 का ल॰ स॰ = 60

400 व 800 के बीच 60 से विभाज्य प्रथम संख्या 420 तथा अंतिम संख्या 780 है।

$\therefore$ समांतर श्रेणी $= 420, 480, ...780$

$T_n = a + (n-1)\text{d}$

$780 = 420 + (n-1)60$

$\Rightarrow 780 = 360 + 60n$

$\Rightarrow n = \frac{420}{60} = 7$

34. (c) माना दो संख्याएं x तथा y है तब,

प्रश्नानुसार, $x + y = a$ ...(i)

$xy = b$ ...(ii)

$\therefore$ संख्याओं के व्युत्क्रम का योग $= \frac{1}{x} + \frac{1}{y}$

$= \frac{(x + y)}{xy} = \frac{a}{b}$

35. (a) दूसरी संख्या $= \frac{4032}{252} = 16$

$\therefore$ दूसरी संख्या का 5 गुना

$= (16 \times 5) = 80$

36. (a) 2^{33} का इकाई का अंक

$= 2^{32}$ का इकाई का अंक $\times 2^1$ का इकाई का अंक

$= (2^4)^8$ का इकाई का अंक $\times 2^1$ का इकाई का अंक

$= (6 \times 2)$ में इकाई का अंक

= 12 में इकाई का अंक = 2

$\therefore$ 10 से विभाजित करने पर शेषफल 2 बचेगा।

37. (d) $(4387)^{245}$ में इकाई का अंक $\times (621)^{72}$ में इकाई का अंक

$= \{(7^4)^{61} \times 7^1\}$ में इकाई का अंक $\times (1)^{72}$ में इकाई का अंक

$= (1 \times 7)$ में इकाई का अंक = 7

38. (d) माना संख्याएं क्रमश: a और b हैं।

तब, $\frac{a + b}{2} = 6.5$

$\Rightarrow a + b = 13$ ...(i)

और $\sqrt{ab} = 6 \Rightarrow ab = 36$

$\therefore (a - b)^2 = (a + b)^2 - 4ab$

$= (13)^2 - 4 \times 36 = 169 - 144 = 25$ ...(ii)

$\therefore a - b = 5$

समीकरण (i) व (ii) को हल करने पर,

$a = 9$ व $b = 4$

❑❑❑

सरलीकरण

जटिल गणितीय संक्रियाओं वाले प्रश्नों को सरल करके हल करने की क्रिया सरलीकरण कहलाती है।

सरलीकरण को सामान्य नियम VBODMAS द्वारा स्पष्ट किया गया है।

V ⟶ रेखा कोष्ठक (Vineculum or Bar Bracket)
B ⟶ कोष्ठक (Bracket)
O ⟶ का (Of)
D ⟶ भाग (Division)
M ⟶ गुणन (Multiplication)
A ⟶ योग (Addition)
S ⟶ अंतर (Subtraction)

नोट- हल करने की प्रक्रिया में सबसे पहले रेखा कोष्ठक (–), फिर छोटा कोष्ठक ( ), इसके पश्चात् मंझला कोष्ठक { } तथा अन्त में बड़ा [ ] कोष्ठक हल किया जाता है।

सरलीकरण में प्रयोग होने वाली कुछ महत्वपूर्ण सर्वसमिकाएँ-

(i) $(a+b)^2 = a^2 + 2ab + b^2$

(ii) $(a-b)^2 = a^2 - 2ab + b^2$

(iii) $(a+b)^2 - (a-b)^2 = 4ab$

(iv) $(a^2 - b^2) = a + b)\,(a - b)$

(v) $(a^4 - b^4) = (a+b)\,(a-b)\,(a^2+b^2)$

(vi) $(a+b+c)^2 = a^2 + b^2 + c^2 + 2(ab + bc + ca)$

(vii) $(a^3 - b^3) = (a-b)\,(a^2 + ab + b^2)$

(viii) $(a^3 + b^3) = (a+b)\,(a^2 - ab + b^2)$

(ix) $(a+b)^3 = a^3 + b^3 + 3ab\,(a+b)$

(x) $(a-b)^3 = a^3 + b^3 - 3ab(a-b)$

(xi) $a^2 + b^2 + c^2 - ab - bc - ca$

$$= \frac{1}{2}[(a-b)^2 + (b-c)^2 + (c-a)^2]$$

(xii) $(a+b+c)^3 = a^3 + b^3 + c^3 - 3[(a+b)\,(b+c)\,(c+a)]$

(xiii) $a^3 + b^3 + c^3 - 3abc$

$= (a+b+c)\,(a^2 + b^2 + c^2 - ab - bc - ca)$

(xiv) यदि $a + b + c = 0$

(*a*) $a^3 + b^3 + c^3 = 3abc$

(*b*) $\frac{a^2}{bc} + \frac{b^2}{ac} + \frac{c^2}{ab} = 3$

हल सहित उदाहरण

उदाहरण 1 : $\frac{147\times147\times147+123\times123\times123}{147\times147-147\times123+123\times123}$ **का सरलीकृत मान ज्ञात कीजिए।**

हल– व्यंजक $= \frac{147\times147\times147+123\times123\times123}{147\times147-147\times123+123\times123}$

माना $a = 147$ तथा $b = 123$

$\therefore$ व्यंजक $= \frac{a^3+b^3}{(a^2-ab+b^2)} = \frac{(a+b)(a^2-ab+b^2)}{(a^2-ab+b^2)}$

$= (a+b) = (147+123) = 270$

उदाहरण 2 :

$\frac{1}{3-\sqrt{8}} - \frac{1}{\sqrt{8}-\sqrt{7}} + \frac{1}{\sqrt{7}-\sqrt{6}} - \frac{1}{\sqrt{6}-\sqrt{5}} + \frac{1}{\sqrt{5}-\sqrt{2}}$ **का मान ज्ञात कीजिए।**

हल– $\frac{1}{3-\sqrt{8}} = \frac{1}{(3-\sqrt{8})} \times \frac{(3+\sqrt{8})}{(3+\sqrt{8})}$

$= \frac{3+\sqrt{8}}{9-8} = 3 + \sqrt{8}$

$\frac{1}{\sqrt{8}-\sqrt{7}} = \frac{1}{(\sqrt{8}-\sqrt{7})} \times \frac{(\sqrt{8}+\sqrt{7})}{(\sqrt{8}+\sqrt{7})} = \sqrt{8} + \sqrt{7}$

इसी प्रकार

$$\frac{1}{\sqrt{7}-\sqrt{6}} = \sqrt{7} + \sqrt{6},\ \frac{1}{\sqrt{6}-\sqrt{5}} = \sqrt{6} + \sqrt{5}$$

तथा $\frac{1}{\sqrt{5}-\sqrt{2}} = \frac{\sqrt{5}+\sqrt{2}}{3}$

$\therefore$ व्यंजक

$$= \frac{1}{3-\sqrt{8}} - \frac{1}{\sqrt{8}-\sqrt{7}} + \frac{1}{\sqrt{7}-\sqrt{6}} - \frac{1}{\sqrt{6}-\sqrt{5}} + \frac{1}{\sqrt{5}-\sqrt{2}}$$

$$= 3 + \sqrt{8} - \sqrt{8} - \sqrt{7} + \sqrt{7} + \sqrt{6} - \sqrt{6} - \sqrt{5} + \frac{(\sqrt{5}+\sqrt{2})}{3}$$

$$= 3 - \sqrt{5} + \frac{\sqrt{5}+\sqrt{2}}{3}$$

$$= \frac{9 - 3\sqrt{5} + \sqrt{5} + \sqrt{2}}{3}$$

$$= \left(3 + \frac{\sqrt{2}}{3} - \frac{2\sqrt{5}}{3}\right) = (3 + 0.47 - 1.49) = 1.98$$

उदाहरण 3 : $\sqrt{20+\sqrt{20+\sqrt{20+.....+\infty}}}$ का मान ज्ञात कीजिए।

हल– माना $x = \sqrt{20+x}$

$\Rightarrow \quad x^2 = 20 + x$

$\Rightarrow \quad x^2 - x - 20 = 0$

$\Rightarrow \quad x^2 - 5x + 4x - 20 = 0$

$\Rightarrow \quad x(x-5) + 4(x-5) = 0$

$\Rightarrow \quad (x-5)(x+4) = 0$

$\Rightarrow \quad x = 5$

उदाहरण 4 : $\frac{1}{1+x^{a-b}} + \frac{1}{1+x^{b-a}}$ का मान ज्ञात कीजिए।

हल– व्यंजक $= \frac{1}{1+x^{a-b}} + \frac{1}{1+x^{b-a}}$

$= \frac{1}{1+\frac{x^a}{x^b}} + \frac{1}{1+\frac{x^b}{x^a}}$

$= \frac{x^b}{x^a+x^b} + \frac{x^a}{x^a+x^b} = \frac{x^a+x^b}{x^a+x^b} = 1$

घातांक (Indices)

किसी संख्या के ऊपर लगी धनात्मक या ऋणात्मक घात उस संख्या का घातांक कहलाती है।

यदि किसी संख्या को उसी संख्या से n बार गुणा किया जाए, तो निम्नलिखित परिणाम प्राप्त होता है।

$a \times a \times a - \times a = a^n$

यहाँ a तथा n वास्तविक संख्याएँ हैं।

a को आधार तथा n को घातांक कहते हैं।

घातांक के नियम (Rules of Indices)

(i) $a^m \times a^n = a^{m+n}$ (ii) $\frac{a^m}{a^n} = a^{m-n}$

(iii) $(a^m)^n = (a)^{mn}$ (iv) $(ab)^n = a^n b^n$

(v) $\left(\frac{a}{b}\right)^n = \frac{a^n}{b^n}$

करणी (Surds)

यदि a एक परिमेय संख्या है तथा n एक धनपूर्णांक है, तो यदि a का nवाँ मूल $a^{\frac{1}{n}}$ या $\sqrt[n]{a}$ एक अपरिमेय संख्या हो, तो $\sqrt[n]{a}$ को n घात की करणी कहते हैं।

(i) $\left(\sqrt[n]{a}\right) = a^{\frac{1}{n}}$ (ii) $\left(\sqrt[n]{a}\right)^n = a$

(iii) $\sqrt[n]{ab} = \sqrt[n]{a} \cdot \sqrt[n]{b}$ (iv) $\sqrt[n]{\frac{a}{b}} = \frac{\sqrt[n]{a}}{\sqrt[n]{b}} = \left(\frac{a}{b}\right)^{\frac{1}{n}}$

(v) $\left(\sqrt[n]{a}\right)^m \sqrt[n]{a^m}$ (vi) $\sqrt[m]{\sqrt[n]{a}} = \sqrt[mn]{a}$

(vii) $\sqrt[n]{\sqrt[n]{a}} = \left(a^{\frac{1}{n}}\right)^{\frac{1}{n}} = a^{\frac{1}{n^2}}$

हल सहित उदाहरण

उदाहरण 1 : यदि $x = 8 + 2\sqrt{15}$ हो, तो $\sqrt{x} + \frac{1}{\sqrt{x}}$ का मान ज्ञात कीजिए।

हल– $x = 8 + 2\sqrt{15} = (5 + 3 + 2\sqrt{5} \times \sqrt{3}) = (\sqrt{5}+\sqrt{3})^2$

$\therefore \sqrt{x} = \left(\sqrt{5}+\sqrt{3}\right)$

$\frac{1}{\sqrt{x}} = \frac{1}{\sqrt{5}+\sqrt{3}} = \frac{1}{\sqrt{5}+\sqrt{3}} \times \frac{\left(\sqrt{5}-\sqrt{3}\right)}{\sqrt{5}-\sqrt{3}} = \frac{\left(\sqrt{5}-\sqrt{3}\right)}{2}$

$\therefore \sqrt{x} + \frac{1}{\sqrt{x}} = \sqrt{5} + \sqrt{3} + \frac{1}{2}\sqrt{5} - \frac{1}{2}\sqrt{3}$

$= \frac{3}{2}\sqrt{5} + \frac{1}{2}\sqrt{3}$

उदाहरण 2 : $\left(1 + \frac{4\sqrt{3}}{2-\sqrt{2}} - \frac{30}{4\sqrt{3}-\sqrt{18}} - \frac{\sqrt{18}}{3+2\sqrt{3}}\right)$ को सरलीकृत कीजिए।

हल– व्यंजक $= \left[1 + \frac{4\sqrt{3}}{2-\sqrt{2}} - \frac{30}{4\sqrt{3}-\sqrt{18}} - \frac{\sqrt{18}}{3+2\sqrt{3}}\right]$

$\left[1 + \frac{4\sqrt{3} \times \left(2+\sqrt{2}\right)}{\left(2-\sqrt{2}\right) \times \left(2+\sqrt{2}\right)} - \frac{30 \times \left(4\sqrt{3}+\sqrt{18}\right)}{\left(4\sqrt{3}-\sqrt{18}\right) \times \left(4\sqrt{3}+\sqrt{18}\right)} - \frac{\sqrt{18} \times \left(3-2\sqrt{3}\right)}{\left(3+2\sqrt{3}\right)\left(3-2\sqrt{3}\right)}\right]$

$= \left[1 + \frac{8\sqrt{3}+4\sqrt{6}}{2} - \frac{30\left(4\sqrt{3}+\sqrt{18}\right)}{30} - \frac{\left(2\times 3\sqrt{6} - 3\sqrt{18}\right)}{3}\right]$

$= \left(1 + 4\sqrt{3} + 2\sqrt{6} - 4\sqrt{3} - \sqrt{18} - 2\sqrt{6} + \sqrt{18}\right) = 1$

उदाहरण 3 : $\left[\left(\sqrt[5]{x^{\frac{-3}{5}}}\right)^{\frac{-5}{3}}\right]^5$ को सरल कीजिए।

हल- व्यंजक $= \left[\left(\sqrt[5]{x^{\frac{-3}{5}}}\right)^{\frac{-5}{3}}\right]^5$

$= \left[\left(\left(x^{\frac{-3}{5}}\right)^{\frac{1}{5}}\right)^{\frac{-5}{3}}\right]^5 = \left[\left(x^{\frac{-3}{25}}\right)^{\frac{-5}{3}}\right]^5 = \left[x^{\frac{15}{75}}\right]^5 = \left(x^{\frac{1}{5}}\right)^5 = x$

उदाहरण-4 व्यंजक $\sqrt{6+\sqrt{6+\sqrt{6+}}}$ का मान ज्ञात कीजिए।

हल- व्यंजक $= \sqrt{6+\sqrt{6+\sqrt{6+}}}$

माना $x = \sqrt{6+x}$

दोनों ओर वर्ग करने पर

$\Rightarrow \quad x^2 = 6 + x$

$\Rightarrow \quad x^2 - x - 6 = 0$

$\Rightarrow \quad (x-3)(x+2) = 0$

$x = 3$

वर्ग (Square) : जब किसी संख्या को स्वयं से गुणा किया जाता है, तो प्राप्त गुणनफल उस संख्या का वर्ग कहलाता है।

जैसे– (i) 4 का वर्ग $= 4 \times 4 = 16$

(ii) 12 का वर्ग $= 12 \times 12 = 144$

वर्गमूल (Square Root) : किसी संख्या का वर्गमूल वह संख्या है, जिसे स्वयं से गुणा करने पर दी गई संख्या प्राप्त होती है इसे '$\sqrt{\ }$' चिन्ह से प्रदर्शित करते हैं।

वर्गमूल ज्ञात करने की विधियां

(i) अभाज्य गुणनखण्ड विधि (Prime Factorisation Method) : सर्वप्रथम जिस संख्या का वर्गमूल ज्ञात करना होता है, उसके अभाज्य गुणनखण्ड ज्ञात करते हैं, फिर प्रत्येक संख्याओं को जोड़ों में रखते हैं प्रत्येक जोड़े में से एक संख्या लेकर उनका आपस में गुणा करते हैं, इस प्रकार से प्राप्त गुणनफल ही संख्या का अभीष्ट वर्गमूल होता है।

उदाहरण– 441 का वर्गमूल ज्ञात कीजिए।

$$441 = 21 \times 21$$

$$\sqrt{441} = 21$$

(ii) भाग विधि (Division Method) : जब संख्या बहुत बड़ी होती है तथा उसके गुणनखण्ड ज्ञात करना जटिल होता है, तो इस विधि का प्रयोग किया जाता है।

भाग विधि से वर्गमूल ज्ञात करने का विवरण विभिन्न चरणों के रूप में स्पष्ट करेंगे।

चरण–1 : सर्वप्रथम दी गई संख्या के दाईं ओर से बाईं ओर की ओर जोड़े बनाते हैं।

चरण–2 : अब हम ऐसी संख्या लेते हैं, जिसका वर्ग पहले जोड़े या केवल एक ही संख्या (जैसा कि संख्या में स्पष्ट हो) के वर्ग के बराबर या कम हो।

चरण–3 : अब भागफल को दो गुना करके रखते हैं और शेष बची संख्या के आगे दूसरा जोड़ा रखते हैं।

चरण–4 : अब भाजक के साथ नई संख्या लेते हैं, जिससे भाजक को गुणा करने पर प्राप्त गुणनफल भाज्य के बराबर या उससे कम हो।

चरण–5 : चरण (3, 4) की प्रक्रिया को तब तक दोहराते हैं, जब तक कि सभी युग्म समाप्त न हो जाएं और इस प्रकार प्राप्त भागफल ही दी गई संख्या का अभीष्ट वर्गमूल है।

उदाहरण : 331776 का वर्गमूल ज्ञात कीजिए।

हल–

	576
5	331776
5	25
107	817
+7	749
1146	6876
	6876
	×

अतः $\sqrt{331776} = 576$

(iii) दशमलव संख्याओं का वर्गमूल ज्ञात करना– सर्वप्रथम हम दी गई दशमलव संख्याओं में दशमलव के बाद की संख्या को शून्य लगाकर सम बना लेते हैं, अब दाईं ओर से प्रारंभ करते हुए बायीं ओर की तरफ बढ़कर दो-दो अंकों के जोड़े बनाते हैं इसके पश्चात् भाग विधि से वर्गमूल निकालने की साधारण विधि की सहायता से वर्गमूल ज्ञात कर लेते हैं।

उदाहरण– 20957.773824 का वर्गमूल दशमलव के तीन स्थानों तक ज्ञात कीजिए।

हल– यहां पर दी गई दशमलव संख्या में दशमलव के बाद के अंकों की संख्या सम है अतः हम भाग विधि से वर्गमूल प्राप्त करेंगे।

	144.768
1	209 57 77 38 24
+1	1
24	109
+4	96
284	1357
+4	1136
2887	22177
+7	20209
28946	196838
+6	173676
289528	2316224
	2316224
	×××

नोट– छोटी दशमलव संख्याओं का वर्गमूल ज्ञात करने के लिए हम इस संख्या को दशमलव हटाकर भिन्न के रूप में परिवर्तित कर लेते हैं और इसके पश्चात् भिन्न के अंश व हर का अलग-अलग वर्गमूल ज्ञात करते हैं, इसके पश्चात् प्राप्त भिन्न के अंश में हर का भाग देकर दशमलव का वर्गमूल प्राप्त किया जाता है।

उदाहरण– $\sqrt{40.96}$ का मान ज्ञात कीजिए।

हल– $\sqrt{40.96} = \sqrt{\dfrac{4096}{100}}$

$$= \sqrt{\frac{\underline{2\times2}\times\underline{2\times2}\times\underline{2\times2}\times\underline{2\times2}\times\underline{2\times2}\times\underline{2\times2}}{\underline{2\times2}\times\underline{5\times5}}}$$

$$= \frac{2\times2\times2\times2\times2\times2}{2\times5}$$

$$= \frac{64}{10} = 6.4$$

उदाहरण– $\sqrt{6.25}$ का मान ज्ञात कीजिए।

हल– $\sqrt{6.25} = \sqrt{\dfrac{625}{100}} = \sqrt{\dfrac{25\times25}{10\times10}} = \dfrac{25}{10} = 2.5$

घन (Cube) : किसी संख्या का आपस में तीन बार गुणा करने पर प्राप्त गुणनफल उस संख्या का घन कहलाता है।

जैसे– (i) 6 का घन $= 6 \times 6 \times 6 = 6^3 = 216$

(ii) $\sqrt{3}$ का घन $= \sqrt{3} \times \sqrt{3} \times \sqrt{3} = \sqrt[3]{3}$

घनमूल (Cube Root) : किसी दी गई संख्या का घनमूल वह संख्या होती है, जिसकी तीसरे घात से दी गई संख्या प्राप्त होती है, इसे $\sqrt[3]{\ }$ चिह्न से प्रदर्शित करते हैं।

घनमूल ज्ञात करने की अभाज्य गुणनखण्ड विधि– सर्वप्रथम दी गई संख्या के अभाज्य गुणनखण्ड प्राप्त करते हैं प्राप्त गुणनखण्डों में संख्याओं के तीन-तीन के जोड़े बनाते हैं। इसके पश्चात् प्रत्येक समूह से एक-एक संख्या निकालकर उनका आपस में गुणा करने पर प्राप्त गुणनफल ही संख्या का अभीष्ट घनमूल होता है।

उदाहरण– 3375 का घनमूल ज्ञात कीजिए।

हल–

$$3375 = \underline{3\times3\times3}\times\underline{5\times5\times5}$$

$$\sqrt[3]{3375} = 3 \times 5 = 15$$

उदाहरण– 1331 का घनमूल ज्ञात कीजिए।

हल–

11	1331
11	121
11	11
	1

$1331 = 11 \times 11 \times 11$

$3\sqrt{1331} = 11$

किसी दी गई संख्या का वर्गमूल दूसरे स्थान तक निकालने की लघु विधि

$$\sqrt{N_S \pm n} = \sqrt{N_S} \pm \frac{n}{2\sqrt{N_S}}$$

जहां N_S एक दी गई संख्या के निकटवर्ती पूर्ण वर्ग संख्या तथा n शेष बची संख्या है।

उदाहरण– 198 का वर्गमूल दशमलव के दो स्थानों तक ज्ञात कीजिए।

हल– $\sqrt{198} = \sqrt{196+2}$ (यहां $N_S = 196$ व $n = 2$)

$$= \sqrt{196} + \frac{2}{2\sqrt{196}}$$

$$= \left(14 + \frac{2}{2 \times 14}\right) = 14 + 0.07 = 14.07$$

वर्गमूल एवं घनमूल के लिए महत्वपूर्ण नियम

- यदि किसी संख्या में n अंक हों, तो उसके वर्ग में अंकों की संख्या $2n$ या $(2n-1)$ होती है।
- किसी भी संख्या के वर्ग में इकाई के स्थान पर 2, 3, 7 व 8 कभी भी नहीं आता है।
- 1 से छोटी संख्या का वर्गमूल सदैव उस संख्या से बड़ा होता है।
- यदि किसी संख्या में दशमलव के बाद अंकों की संख्या विषम हो तो अंत में एक शून्य लगाएं।
- किसी संख्या में दशमलव के बाद जितने अंक होते हैं, वर्गमूल में दशमलव के बाद उसके आधे अंक होते हैं।

  जैसे– $\sqrt{0.0064} = 0.08$
- एक या दो अंकों वाली संख्या का वर्गमूल एक अंक वाली संख्या होती है तीन या चार अंक वाली संख्या का वर्गमूल दो अंकों वाली संख्या होती है 5 या 6 अंकों वाली संख्या का वर्गमूल 3 अंकों वाली संख्या तथा 6, 7 व 8 अंकों वाली संख्या का वर्गमूल 4 अंकों वाली संख्या होती है।
- सम संख्या का वर्गमूल सम और विषम संख्या का वर्गमूल विषम संख्या होती है।
- किसी भी पूर्ण वर्ग संख्या के अंत में शून्यों की संख्या कभी भी विषम नहीं होती है।
- दो अंकों की सबसे बड़ी पूर्ण वर्ग संख्या 81 है।
- तीन अंकों की सबसे बड़ी पूर्ण वर्ग संख्या 961 है
- चार अंकों की सबसे बड़ी पूर्ण संख्या 9801 है।
- यदि किसी संख्या में इकाई के स्थान पर 0, 1, 2, 3, 4, 5, 6, 7, 8 व 9 हो, तो उसके घनमूल में इकाई के स्थान पर क्रमशः 0, 1, 8, 7, 4, 5, 6, 3, 2 व 9 होगा।

हल सहित उदाहरण

उदाहरण 1 : वह छोटी से छोटी संख्या ज्ञात कीजिए, जिससे 20184 को गुणा करने पर गुणनफल एक पूर्ण वर्ग प्राप्त हो।

हल– 20184 का गुणनखण्ड करने पर

2	20184
2	10092
2	5046
3	2523
29	841
29	29
	1

$\therefore$ $20184 = \underline{2 \times 2} \times 2 \times 3 \times \underline{29 \times 29}$

स्पष्ट है, कि $(2 \times 3) = 6$ का गुणा करने पर संख्या एक पूर्ण वर्ग बन जाएगी।

उदाहरण 2 : चार अंकों की सबसे बड़ी संख्या में कौन-सी न्यूनतम संख्या घटाई जाए कि संख्या पूर्ण वर्ग बन जाए?

हल–

	99
9	99 99
+9	81
189	1899
	1701
	198

चार अंकों की सबसे बड़ी संख्या = 9999

घटाई जाने वाली न्यूनतम संख्या = (9999 – 198) = 9801

उदाहरण 3 : 122825 में कौन-सी छोटी से छोटी संख्या का गुणा किया जाए, ताकि गुणनफल एक पूर्ण घन बन जाए?

हल–

5	122825
5	24565
17	4913
17	289
17	17
	1

$122825 = 5 \times 5 \times 17 \times 17 \times 17$

$\therefore$ स्पष्ट है पूर्ण घन संख्या बनाने के लिए हमें संख्या में 5 का गुणा करना होगा।

उदाहरण 4 : यदि $\sqrt[3]{\sqrt[2]{0.000064}} = x$ हो, तो x का मान ज्ञात कीजिए।

हल– $x = \sqrt[3]{\sqrt[2]{0.000064}}$

$$x = 3\sqrt{2\sqrt{\frac{64}{1000000}}}$$

$$= 3\sqrt{\frac{8}{1000}} = 3\sqrt{\left(\frac{2}{10}\right)^3} = \frac{2}{10} = 0.2$$

प्रश्नमाला

1. $40.83 \times 1.02 \times 1.2 = ?$
(a) 41.64660 (b) 42.479532
(c) 49.97592 (d) 58.7952

2. $\frac{(6+6+6+6)\div 6}{4+4+4+4\div 4}$ का मान किसके बराबर होगा–
(a) 1 (b) $\frac{3}{2}$
(c) $\frac{4}{13}$ (d) $3\frac{6}{13}$

3. $8597 - ? = 7429 - 4358$
(a) 5426 (b) 5706
(c) 5526 (d) 5476

4. $(7857 + 3596 + 4123) \div 96 = ?$
(a) 155.06 (b) 162.25
(c) 151.83 (d) 165.70

5. $741560 + 935416 + 1143 + 17364 = ?$
(a) 1694583 (b) 1695438
(c) 1695483 (d) 1659483

6. $\frac{(0.96)^3 - (0.1)^3}{(0.96)^2 + 0.096 + (0.1)^2}$ का निम्नलिखित में से मान बताएँ–
(a) 0.86 (b) 0.95
(c) 0.97 (d) 1.06

7. $0.5 \div 12.5 + 0.25 \times 0.05 = ?$
(a) 0.0525
(b) 0.7
(c) 0.00196
(d) इनमें से कोई नहीं

8. $\frac{112}{\sqrt{196}} \times \frac{\sqrt{576}}{12} \times \frac{\sqrt{256}}{8} = ?$ में '?' का मान क्या होगा?
(a) 8 (b) 32
(c) 12 (d) 16

9. निम्नलिखित में कौन-सा $40 \div 15$ के बराबर है?
(a) $5 \div 15 \times 8$
(b) $40 \div 5 \times 3$
(c) $5(10 \div 3)$
(d) $30 \div 15 + 5 \div 15$

10. $\frac{(0.396+0.104)^2 - (0.396-0.104)^2}{0.396 \times 0.104} = ?$
(a) 4
(b) 0.5
(c) 1
(d) इनमें से कोई नहीं

11. $6\frac{2}{5} \times 6\frac{1}{4} + 7\frac{3}{4} - 3\frac{1}{2}$ का मान निम्नलिखित में से कौन है?
(a) $42\frac{1}{4}$ (b) $44\frac{1}{4}$
(c) $43\frac{3}{4}$ (d) $45\frac{1}{2}$

12. $\frac{4^4 \times 24^3}{2^{16}} = ?$
(a) $\frac{25}{2}$ (b) 54
(c) $\frac{17}{3}$ (d) इनमें से कोई नहीं

13. $\frac{46.40 \times 3.5 - 2.4}{17.5 \times 4.8 - 4.0}$ का मान क्या होगा?
(a) 0 (b) 1
(c) -1 (d) 2

14. निम्नलिखित में ? का मान क्या होगा?
$$\frac{6 \times 21 \times 24}{36 \times 7 \times 15} = ?$$
(a) $\frac{8}{5}$ (b) $\frac{4}{5}$
(c) $\frac{3}{5}$ (d) $\frac{7}{2}$

15. $4031 + 9543 + ? = 15050$ में ? का मान है–
(a) 1476
(b) 1236
(c) 1376
(d) 1576

16. $\frac{8.73 \times 8.73 \times 8.73 + 4.27 \times 4.27 \times 4.27}{8.73 \times 8.73 - 8.73 \times 4.27 + 4.27 \times 4.27}$ बराबर है–
(a) 11
(b) 13
(c) $\frac{11}{7}$
(d) इनमें से कोई नहीं

17. $100 \times 10 - 100 + 2000 \div 100$ किसके बराबर होगा?
(a) 29
(b) 920
(c) 980
(d) 1000

18. $\frac{250}{\sqrt{?}} = 10$
(a) 25
(b) 250
(c) 625
(d) 2500

19. $\frac{(0.73)^3 + (0.27)^3}{(0.73)^2 + (0.27)^2 - (0.73 \times 0.27)} = ?$
(a) 1
(b) 0.4087
(c) 0.73
(d) 0.46

20. $\frac{\frac{1}{5} \div \frac{1}{5} \text{ का } \frac{1}{5}}{\frac{1}{5} \text{ का } \frac{1}{5} + \frac{1}{5}} = ?$
(a) 1 (b) 5
(c) $\frac{1}{5}$ (d) 25

21. निम्नलिखित व्यंजक का मान ज्ञात करें–
$$\left(-\frac{1}{343}\right)^{-\frac{2}{3}}$$
(a) 7 (b) -7
(c) 49 (d) 35

22. $\sqrt[3]{\sqrt[3]{a^3}}$ का मान होगा–
(a) a (b) 1
(c) $a^{\frac{1}{3}}$ (d) a^3

23. $\sqrt{13} - \sqrt{11}$, $\sqrt{7} - \sqrt{5}$ तथा $\sqrt{5} - \sqrt{3}$ सबसे बड़ी संख्या.......... होगी–
(a) $\sqrt{13} - \sqrt{11}$ (b) $\sqrt{5} - \sqrt{3}$
(c) $\sqrt{7} - \sqrt{5}$ (d) सभी समान

24. आरोही क्रम में लिखें–
$$4\sqrt{3}, 3\sqrt{2}, 6\sqrt{5}, 2\sqrt{3}$$
(a) $4\sqrt{3}, 3\sqrt{2}, 2\sqrt{3}, 6\sqrt{5}$
(b) $6\sqrt{5}, 3\sqrt{2}, 4\sqrt{3}, 2\sqrt{3}$
(c) $2\sqrt{3}, 3\sqrt{2}, 4\sqrt{3}, 6\sqrt{5}$
(d) इनमें से कोई नहीं

25. यदि $\sqrt{6084} = 78$ हो, तो–
$\sqrt{6084} + \sqrt{0.6084} + \sqrt{0.006084} + \sqrt{0.00006084}$ का मान होगा–

(a) 7·8736 (b) 0·788736
(c) 78·8736 (d) 88·8736

26. $\left(\frac{2^n + 2^{n-1}}{2^{n+1} - 2^n}\right)$ **का मान है–**

(a) $\frac{1}{2}$ (b) $\frac{3}{2}$

(c) $\frac{n-1}{2^{n+1}}$ (d) इनमें से कोई नहीं

27. $8^3 \times 8^2 \times 8^{-5}$ **का मान क्या होगा?**

(a) 1 (b) 0
(c) 8 (d) इनमें से कोई नहीं

28. $(256)^{0.16} \times (256)^{0.09}$ **का मान है–**

(a) 64 (b) 4
(c) 8 (d) 16

29. $\sqrt{2\sqrt{2\sqrt{2\sqrt{2\sqrt{2}}}}} = ?$

(a) $2^{9/2}$ (b) $2^{11/2}$
(c) $2^{31/32}$ (d) $2^{29/31}$

30. $\frac{\sqrt{32}+\sqrt{48}}{\sqrt{8}+\sqrt{12}} = ?$

(a) 2 (b) 4
(c) 8 (d) $\sqrt{2}$

31. $\frac{\sqrt{5}-\sqrt{3}}{\sqrt{5}+\sqrt{3}}$ **का मान क्या होगा?**

(a) $\sqrt{15-3}$ (b) $4-\sqrt{15}$
(c) $3+\sqrt{15}$ (d) $\sqrt{15}+3$

32. $(3+2\sqrt{2})^{-3}+(3-2\sqrt{2})^{-3}$ **का मान है–**

(a) 189 (b) 180
(c) 108 (d) 198

33. $(-216 \times 1728)^{1/3}$ **का मान होगा–**

(a) – 72 (b) 27
(c) 72 (d) – 27

34. $\frac{2}{2+\sqrt{2}} = ?$

(a) $2+\sqrt{2}$
(b) $\sqrt{2}$
(c) $2-\sqrt{2}$
(d) $2\sqrt{2}$

35. $\frac{\sqrt{5}+\sqrt{3}}{\sqrt{5}-\sqrt{3}}$ **= ? में '?' का मान होगा?**

(a) 6.8432 (b) 7.892
(c) 9.3215 (d) 7.8729

उत्तर (हल/संकेत)

1. (c) $? = 40.83 \times 1.02 \times 1.2 = 49.97592$

2. (c) $\frac{(6+6+6+6)\div 6}{4+4+4+4\div 4} = \frac{24\div 6}{4+4+4+1}$
$= \frac{4}{13}$

3. (c) $8597 - ? = 7429 - 4358$
$8597 - ? = 3071$
$? = 8597 - 3071$
$? = 5526$

4. (b) $? = (7857 + 3596 + 4123) \div 96$
$= \frac{15576}{96} = 162.25$

5. (c) $? = 741560 + 935416 + 1143$
$17364 = 1695483$

6. (a) माना कि $0.96 = a$ एवं $0.1 = b$ है।
$\therefore$ व्यंजक $= \frac{a^3-b^3}{a^2+ab+b^2}$
$= \frac{(a-b)(a^2+ab+b^2)}{a^2+ab+b^2}$
$= a - b = 0.96 - 0.1 = 0.86$

7. (a) $? = \frac{0.5}{12.5} + 0.25 + 0.05$
$= 0.04 + 0.0125 = 0.0525$

8. (b) प्रदत्त व्यंजक
$\Rightarrow \frac{112}{14}\times\frac{24}{12}\times\frac{16}{8} = ?$
$\therefore$ $? = 4 \times 8 = 32$

9. (a) $\because 40 \div 15 = \frac{40}{15} = \frac{8}{3}$
$\therefore$ $5 \div 15 \times 8 = \frac{5}{15} \times 8 = \frac{8}{3}$

10. (a) माना $0.396 = a$
एवं $0.104 = b$
$\therefore$ व्यंजक $= \frac{(a+b)^2-(a-b)^2}{ab}$
$= \frac{4ab}{ab} = 4$

11. (b) $6\frac{2}{5}\times 6\frac{1}{4}+7\frac{3}{4}-3\frac{1}{2} = ?$
या $? = \frac{32}{5}\times\frac{25}{4}+\frac{31}{4}-\frac{7}{2}$
$= 40 + \frac{31}{4} - \frac{7}{2}$
$= \frac{160+31-14}{4} = \frac{177}{4} = 44\frac{1}{4}$

12. (b) $? = \frac{4^4 \times 24^3}{2^{16}}$
$= \frac{(2^2)^4\times(3\times 8)^3}{2^{16}}$
$= \frac{2^8\times(3)^3\times(2^3)^3}{2^{16}}$
$= \frac{2^8\times 3^3\times 2^9}{2^{16}} = \frac{2^{17}\times 3^3}{2^{16}}$
$= 2^{(17-16)} \times 3^3$
$= 2 \times 27 = 54$

13. (d) $\frac{46.40\times 3.5 - 2.4}{17.5\times 4.8 - 4.0} = ?$
$= \frac{162.4-2.4}{84-4} = \frac{160}{80} = 2$

14. (b) $\frac{6\times 21\times 24}{36\times 7\times 15} = \frac{3\times 24}{6\times 15} = \frac{4}{5}$

15. (a) $4031 + 9543 + ? = 15050$
$= 13574 + ? = 15050$
$\therefore$ $? = 15050 - 13574 = 1476$

16. (b) यदि $8.73 = a$ एवं $4.27 = b$ हो, तो
व्यंजक $= \frac{a^3+b^3}{a^2-ab+b^2} = a + b$
$= 8.73 + 4.27 = 13$

17. (b) व्यंजक $= 100 \times 10 - 100 + 2000 \div 100$
$= 1000 - 100 + 20 = 920$

18. (c) $\frac{250}{?} = 10$
$\Rightarrow$ $\sqrt{?} = \frac{250}{10} = 25$
$\therefore$ $? = (25)^2 = 625$

19. (a) $\because \frac{a^3+b^3}{a^2+b^2-ab}$
$= \frac{(a+b)(a^2+b^2-ab)}{(a^2+b^2-ab)} = a + b$
माना $a = 0.73, b = 0.27$
$\therefore \frac{(0.73)^3+(0.27)^3}{(0.73)^2+(0.27)^2-(0.73\times 0.27)} = 0.73 + 0.27 = 1$

20. (d) $\frac{\frac{1}{5}\div\frac{1}{5} \text{ का } \frac{1}{5}}{\frac{1}{5} \text{ का } \frac{1}{5}+\frac{1}{5}} = \frac{\frac{1}{5}\div\frac{1}{25}}{\frac{1}{25}\div\frac{1}{5}}$

$= \dfrac{\dfrac{(1/5)}{(1/25)}}{\dfrac{(1/25)}{(1/5)}} = \dfrac{\left(\dfrac{1}{5}\times\dfrac{25}{1}\right)}{\left(\dfrac{1}{25}\times\dfrac{5}{1}\right)} = \dfrac{5}{\dfrac{1}{5}}$

$= 5 \times 5 = 25$

21. (c) $\left(-\dfrac{1}{343}\right)^{-\frac{2}{3}} = -\dfrac{1}{(7^3)^{-2/3}}$

$= (-7)^{32/3} = (-7)^2 = 49$

22. (c) $\sqrt[3]{\sqrt[3]{a^3}} = \sqrt[3]{(a^3)^{1/3}}$

$= \left[(a^3)^{\frac{1}{3}}\right]^{\frac{1}{3}} = a^{3\times\frac{1}{3}\times\frac{1}{3}} = a^{\frac{1}{3}}$

23. (b) $\sqrt{13}-\sqrt{11} = 0{\cdot}2889$

$\sqrt{7}-\sqrt{5} = 0{\cdot}4097$

$\sqrt{5}-\sqrt{3} = 0{\cdot}5040$

24. (d) $4\sqrt{3} = 6{\cdot}9282$

$3\sqrt{2} = 4{\cdot}24264$

$6\sqrt{5} = 13{\cdot}4164$

$2\sqrt{3} = 3{\cdot}4641$

$\therefore$ आरोही क्रम

$\Rightarrow 3\sqrt{2}, 2\sqrt{3}, 4\sqrt{3}, 6\sqrt{5}$

25. (c) दिया गया व्यंजक

$= \sqrt{6084}+\sqrt{0{\cdot}6084}+\sqrt{0{\cdot}006084} + \sqrt{0{\cdot}00006084}$

दिया है कि $\sqrt{6084} = 78$

$= 78 + 0{\cdot}78 + 0{\cdot}078 + 0{\cdot}0078 = 78{\cdot}8736$

26. (b) $\dfrac{2^n + 2^{n-1}}{2^{n+1} - 2^n} = \dfrac{2^n\left(1+\dfrac{1}{2}\right)}{2^n(2-1)} = \dfrac{3}{2}$

27. (a) $8^3 \times 8^2 \times 8^{-5} = (8)^{3+2-5}$

$= (8)^0 = 1$

28. (b) $(256)^{0.16} \times (256)^{0.09}$

$= (256)^{0.16+0.09} = 256^{\frac{25}{100}}$

$= 256^{\frac{1}{4}}$

$= (4^4)^{\frac{1}{4}} = 4$

29. (c) अभीष्ट संख्या $= 2^{\frac{2^5-1}{2^5}} = 2^{\frac{31}{32}}$

30. (a) $\dfrac{\sqrt{32}+\sqrt{48}}{\sqrt{8}+\sqrt{12}} = \dfrac{\sqrt{16\times2}+\sqrt{16\times3}}{\sqrt{4}\times2+\sqrt{4\times3}}$

$= \dfrac{4(\sqrt{2}+\sqrt{3})}{2(\sqrt{2}+\sqrt{3})} = \dfrac{4}{2} = 2$

31. (b) व्यंजक $= \dfrac{\sqrt{5}-\sqrt{3}}{\sqrt{5}+\sqrt{3}}$

हर का परिमेयकरण करने पर,

$= \dfrac{\sqrt{5}-\sqrt{3}}{\sqrt{5}+\sqrt{3}}\times\dfrac{\sqrt{5}-\sqrt{3}}{\sqrt{5}-\sqrt{3}}$

$= \dfrac{(\sqrt{5}-\sqrt{3})^2}{(\sqrt{5})^2-(\sqrt{3})^2} = \dfrac{5+3-2\sqrt{15}}{5-3}$

$= \dfrac{8-2\sqrt{15}}{2} = \dfrac{2(4-\sqrt{15})}{2}$

$= 4-\sqrt{15}$

32. (d) $(3+2\sqrt{2})^{-3}+(3-2\sqrt{2})^{-3}$

$= \dfrac{1}{(3+2\sqrt{2})^3}+\dfrac{1}{(3-2\sqrt{2})^3}$

$= \dfrac{(3-2\sqrt{2})^3+(3+2\sqrt{2})^3}{(3+2\sqrt{2})^3\times(3-2\sqrt{2})^3}$

$= \dfrac{(3)^3-(2\sqrt{2})^3-3\times3^2\times2\sqrt{2}+3\times3\times(2\sqrt{2})^2 + (3)^2(2\sqrt{2})^3+3\times3^2\times2\sqrt{2}+3\times3\times(2\sqrt{2})^2}{(3+2\sqrt{2})^3\times(3-2\sqrt{2})^3}$

$= 2(3)^2+2[3\times3\times(2\sqrt{2})^2]$

$\dfrac{(3)^6-(2\sqrt{2})^6+3\times3^2\times(2\sqrt{2})^4-3\times3^4\times(2\sqrt{2})^2}{}$

$\dfrac{2\times27+2\times9\times4\times2}{27\times27-[(2\sqrt{2})^2]^3+27\times[(2\sqrt{2})^2]^2-243\times4\times2}$

$= \dfrac{54+144}{729-512+1728-1944}$

$= \dfrac{198}{2457-2456} = \dfrac{198}{1} = 198$

33. (a) $(-216 \times 1728)^{1/3}$

संख्याओं के गुणनखण्ड लिखने पर

$= [(-6)\times(-6)\times(-6)\times(12\times12\times12)]^{1/3}$

$= -6 \times 12 = -72$

34. (c) $\dfrac{2}{2+\sqrt{2}} = \dfrac{2(2-\sqrt{2})}{(2+\sqrt{2})(2-\sqrt{2})}$

हर को प्रमेयकरण करने पर

$= \dfrac{2(2-\sqrt{2})}{4-2} = 2-\sqrt{2}$

35. (d) प्रदत्त व्यंजक

$= \dfrac{(\sqrt{5}+\sqrt{3})}{(\sqrt{5}-\sqrt{3})}\times\dfrac{(\sqrt{5}+\sqrt{3})}{(\sqrt{5}+\sqrt{3})}$

$= \dfrac{(\sqrt{5}+\sqrt{3})^2}{5-3}$

$= \dfrac{5+3+2\sqrt{15}}{2} = 4+\sqrt{15}$

$= (4 + 3{,}8729) = 7.8729$

❑❑❑

दशमलव और भिन्न

भिन्नें (Fraction)

यदि किसी संख्या 'x' को 'y' भागों में विभाजित करना है, तो 'x' को 'y' से भाग देना पड़ेगा तथा इसे $\frac{x}{y}$ से प्रदर्शित करेंगे व प्रत्येक भाग का मान $\frac{x}{y}$ होगा। $\frac{x}{y}$ को भिन्न कहते हैं। x को अंश (Numerator) व y को हर (Denominator) कहते हैं।

नोट– (i) यदि किसी भिन्न के अंश व हर समान हों, तो उस भिन्न का मान सदैव 1 होता है।

(ii) यदि किसी भिन्न के अंश व हर में समान संख्या से गुणा किया जाए, तो भिन्न का मान सदैव अपरिवर्तित रहता है।

(iii) यदि भिन्न अपने सरलतम रूप में है, तो भिन्न के अंश व हर का म॰स॰ सदैव 1 होता है।

भिन्नों के प्रकार

(i) उचित भिन्न (Proper fraction) : वह भिन्न जिसका अंश, हर से सदैव छोटा होता है उचित भिन्न कहलाती है।

जैसे– $\frac{3}{4}, \frac{4}{5}, \frac{7}{8}, \frac{11}{15}$ आदि।

(ii) अनुचित भिन्न (Improper fraction) : वह भिन्न जिसका अंश, सदैव हर से बड़ा होता है, अनुचित भिन्न कहलाती है।

जैसे– $\frac{7}{5}, \frac{11}{9}, \frac{8}{5}$ आदि।

(iii) इकाई भिन्न (Unit fraction) : वह भिन्न जिसका अंश 1 होता है, इकाई भिन्न कहलाती है।

जैसे– $\frac{1}{5}, \frac{1}{4}, \frac{1}{7}, \frac{1}{8}, \frac{1}{9}$ आदि।

(iv) मिश्रित भिन्न (Mixed fraction) : वह भिन्न जो एक पूर्णांक तथा एक भिन्न से मिलकर बनी होती है, मिश्रित भिन्न कहलाती है।

जैसे– $1\frac{1}{2}$, $3\frac{1}{4}$, $4\frac{5}{7}$ आदि।

(v) जटिल भिन्न (Complex Fraction) : यदि किसी भिन्न का अंश या हर या दोनों भिन्न के रूप में हों, तो इस प्रकार की भिन्न जटिल भिन्न कहलाती है।

जैसे– $\frac{\frac{3}{4}}{11}, \frac{\frac{5}{8}}{\frac{7}{11}}$ आदि।

(vi) सतत् भिन्न (Continued fraction) : वह भिन्न जिसका अंश या हर या दोनों भिन्न के रूप में आगे बढ़ रहे हों, सतत् भिन्न कहलाती है।

जैसे– $1+\cfrac{1}{3+\cfrac{1}{2+\cfrac{1}{2}}}$, $\cfrac{2}{1-\cfrac{3}{2+\cfrac{1}{2-\cfrac{1}{2}}}}$

दशमलव भिन्न (Decimal Fraction) : वह भिन्न जिसका हर 10 या 10 की किसी घात के रूप में होता है, दशमलव भिन्न कहलाती है।

जैसे– $\frac{1}{100}, \frac{7}{1000}, \frac{9}{10,000}$ आदि।

दशमलव भिन्नों के प्रकार (Types of Decimal Fraction)

(i) शांत दशमलव भिन्न (Terminating decimal fraction) : ऐसी दशमलव भिन्न जिसमें भाग की क्रिया कुछ चरणों के पश्चात् खत्म हो जाती है, शांत दशमलव भिन्न कहलाती है।

जैसे– $\frac{1}{8} = 0.125$, $\frac{12}{25} = 0.48$, $\frac{22}{50} = 0.46$ आदि।

(ii) पुनरावृत्त दशमलव भिन्न (Recurring decimal fraction) : ऐसी भिन्न, जिसमें दशमलव के बाद एक अंक या एक से अधिक अंकों की बार-बार पुनरावृत्ति हो, पुनरावृत्त दशमलव भिन्न कहलाती है।

जैसे– (i) $\frac{4}{3} = 1.3333$................ $= 1.3$

(ii) $\frac{1}{9} = 0.1111$................ $= 0.1$

(iii) $\frac{1}{6} = 0.16666$ .... $= 0.16$

(iii) शुद्ध पुनरावृत्त दशमलव भिन्न (Pure recurring decimal fraction) : ऐसी भिन्न जिसमें दशमलव के बाद के सभी अंकों की पुनरावृत्ति हो, शुद्ध पुनरावृत्त दशमलव भिन्न कहते हैं।

जैसे– (i) $\frac{1}{3} = 1.3333$................ $= 1.3$

(ii) $\frac{4}{9} = 0.444$............... $= 0.4$

(iii) $\frac{1}{7} = 0.142857\ 142857$ .... $= 0.142857$

(iv) मिश्रित पुनरावृत्त दशमलव भिन्न (Mixed recurring decimal fractions) : ऐसी दशमलव भिन्न जिसमें दशमलव बिन्दु के बाद केवल कुछ अंकों की ही बार-बार पुनरावृत्ति होती है, मिश्रित पुनरावृत्त दशमलव भिन्न कहलाती हैं।

जैसे– (i) $0.4\overline{6}$, (ii) $2.0\overline{5}$, (iii) $1.53\overline{6}$

दशमलव भिन्नों की कुछ महत्वपूर्ण संक्रियाएं

(i) दशमलव भिन्न को साधारण भिन्न में बदलना : सर्वप्रथम दी गई दशमलव संख्या में दशमलव को ध्यान में न रखते हुए उस संख्या को अंश में लिखा जाता है तथा हर में एक लिखकर उतने शून्य लगाते हैं, जितने कि संख्या में दशमलव के बाद अंक हैं।

उदाहरण–(i) $0.75 = \frac{75}{100} = \frac{3}{4}$, (ii) $1.254 = \frac{1254}{1000} = \frac{627}{500}$

(ii) दशमलव भिन्नों का योग : दशमलव भिन्नों का योग करने के लिए दशमलव भिन्नों को पंक्ति में एक के नीचे एक इस प्रकार लिखते हैं, कि प्रत्येक संख्या का दशमलव बिन्दु एक ही सीध में हो, इसके बाद जोड़ की सामान्य प्रक्रिया से उनका योग प्राप्त करते हैं।

उदाहरण : 1.725, 4.302, 0.0125 का योग ज्ञात कीजिए।

हल :

$$\begin{array}{r} 1.7250 \\ +\ 4.3020 \\ 0.0125 \\ \hline 6.0395 \\ \hline \end{array}$$

(iii) दशमलव भिन्नों का घटाव : जोड़ की प्रक्रिया के अनुसार ही हम घटाव की प्रक्रिया भी संपन्न करते हैं।

उदाहरण : 1.7491 में 0.03152 घटाइए।

हल :

$$\begin{array}{r} 1.74910 \\ -\ 0.03152 \\ \hline 1.71758 \\ \hline \end{array}$$

(iv) दशमलव भिन्नों का 10 या 10 की किसी घात से गुणा : जब दी गई दशमलव संख्या में 10 या 10 की किसी घात का गुणा किया जाता है, तो दशमलव संख्या में दशमलव स्थान के दाईं ओर उतने ही अंक के आगे दशमलव ले जाते हैं, जितनी 10 की घात होती है।

जैसे– (i) $1.725 \times 100 = 172.5$, (ii) $0.0725 \times 1000 = 72.5$

(v) दशमलव भिन्नों का पूर्णांक से गुणा : सर्वप्रथम हम दी गई दशमलव संख्या में दशमलव को ध्यान में न रखते हुए, दिए गए पूर्णांक से गुणा करते हैं, इसके पश्चात् प्राप्त गुणनफल में उतने अंक बाद दशमलव लगाते हैं, जितने अंक बाद दशमलव दी गई भिन्न में हैं।

जैसे– 1.725×4

दशमलव बिन्दु को ध्यान में न रखते हुए गुणा करने पर

$$1725 \times 4 = 6900$$

दशमलव का संख्या के बाद स्थान = 3

$$\therefore \quad 1.725 \times 4 = 6.9$$

(vi) दशमलव भिन्न का दशमलव भिन्न से गुणा : सर्वप्रथम दशमलव संख्याओं के दशमलव स्थान को ध्यान में न रखते हुए गुणन की सामान्य प्रक्रिया से गुणा किया जाता है, इसके पश्चात् दोनों संख्याओं के दशमलव स्थानों का योग करके प्राप्त गुणनफल में दशमलव बिन्दु उतने अंक बाद लगाते है जितना कि योग है।

जैसे– 1.425×2.5

हल– दशमलव संख्याओं को ध्यान में न रखते हुए गुणा करने पर

$$1425 \times 2.5 = 35625$$

दोनों संख्याओं में दशमलव स्थानों का योग = (3 + 1) = 4

$$\therefore \quad 1.425 \times 2.5 = 3.5625$$

(vii) दशमलव भिन्नों 10 या 10 की किसी घात से भाग : दी गई दशमलव संख्या में दशमलव स्थान के बाएं उतने ही अंक के आगे दशमलव ले जाते हैं, जितनी कि 10 की घात होती है।

जैसे–

$$45.485 \div 10 = 4.5485$$
$$418.53 \div 100 = 4.1853$$
$$3.743 \div 1000 = 0.003743$$

(viii) दशमलव भिन्नों का पूर्णांक से भाग : सर्वप्रथम दी गई दशमलव भिन्न में दशमलव को ध्यान में न रखते हुए दी गई संख्या से भाग की सामान्य प्रक्रिया करते हैं तथा भागफल में उतने ही स्थान पहले दशमलव लगाते हैं, जितने कि दी गई दशमलव भिन्न में हैं।

जैसे–

$$125.85 \div 15$$

दशमलव बिन्दु को ध्यान में न रखते हुए भाग की क्रिया करने पर

$$\therefore \quad 12585 \div 15 = 839$$

अतः दी गई दशमलव भिन्न में

$$125.85 \div 15 = 8.39$$

(ix) दशमलव भिन्नों का दशमलव भिन्नों से भाग : सर्वप्रथम हम दी गई दशमलव भिन्नों के अंश व हर से दशमलव हटाकर उन्हें 10 की घातों के रूप में लिखते हैं। तत्पश्चात्, भाग की सामान्य प्रक्रिया द्वारा भाग करते हैं।

जैसे– (i) $\frac{0.1755}{1.5} = \frac{1755}{15000} = 0.117$

(ii) $\frac{0.8257}{32.5} = \frac{8257 \times 10}{325 \times 10000} = \frac{8257}{325000} = 0.0254$

भिन्नों का ल.स. व म.स. ज्ञात करना

(i) भिन्नों का ल.स. = $\frac{\text{भिन्नों के अंश का ल.स.}}{\text{भिन्नों के हर का म.स.}}$

(ii) भिन्नों का म.स. = $\frac{\text{भिन्नों के अंश का म.स.}}{\text{भिन्नों के हर का ल.स.}}$

दशमलव भिन्नों के म.स. व ल.स. ज्ञात करना : सर्वप्रथम हम दी गई दशमलव भिन्नों में शून्य लगाकर दशमलव अंकों की संख्या समान कर लेते हैं। इसके पश्चात् दशमलव को ध्यान में न रखते हुए दी गई संख्याओं के ल.स. व म.स. ज्ञात कर लेते हैं। तत्पश्चात् प्राप्त परिणाम में उतने ही अंक बाद दशमलव लगाते हैं, जितने कि दी गई दशमलव भिन्न में हैं।

उदाहरण 1 : 0.6, 1.8 व 0.36 का ल.स. ज्ञात कीजिए।

हल : सर्वप्रथम हम दशमलव स्थानों को समान करते हैं, जो हमें 0.60, 1.80, 0.36 प्राप्त होते हैं।

अब हम दशमलव को ध्यान में न रखते हुए निम्नलिखित संख्याएं प्राप्त करते हैं।

60, 180 व 36

∴ 60, 180 व 36 का ल.स. = 180

∴ 0.6, 1.8 व 0.36 का ल.स. = 1.80

उदाहरण 2 : 1.2, 1.8 व 3.2 का म.स. ज्ञात कीजिए।

हल : 1.2, 1.8 व 3.2 में दशमलव समान स्थानों पर लगा हुआ है। दशमलव को ध्यान में न रखते हुए 12, 18 व 32 का म०स० ज्ञात करते हैं।

∴ 12, 18 व 32 का म.स. = 2

∴ 1.2, 1.8 व 3.2 का म.स. = 0.2

हर से बड़ा हो, तो भिन्न का मान 1 से अधिक होता है।

भिन्नों के लिए कुछ महत्वपूर्ण नियम

(i) यदि दशमलव संख्याएं $0.a, 0.b$ व $0.abc$ के रूप में दी गई हों, तो इन्हें परिमेय संख्या $\frac{p}{q}$ के रूप में निम्न प्रकार से व्यक्त किया जाता है।

$$0.a = \frac{a}{10},\quad 0.ab = \frac{ab}{100},\quad \text{व}\quad 0.abc = \frac{abc}{1000}$$

(ii) यदि शुद्ध पुनरावृत्त दशमलव संख्याएं $0.\overline{a}, 0.\overline{ab}$ व $0.\overline{abc}$ के रूप में दी गई हों, तो इन्हें परिमेय संख्या में निम्न प्रकार से बदला जा सकता है।

$$0.\overline{a} = \frac{a}{9},\ 0.\overline{ab} = \frac{ab}{99},\ 0.\overline{abc} = \frac{abc}{999}$$

(iii) यदि मिश्रित पुनरावृत्त दशमलव संख्याएं $0.a\overline{b}$, $0.a\overline{bcd}$ के रूप में हों, तो इन्हें परिमेय संख्या $\frac{p}{q}$ के रूप में निम्न प्रकार से व्यक्त किया जा सकता है।

$$0.a\overline{b} = \frac{ab-a}{90},\ 0.a\overline{bc} = \frac{abc-a}{990},\ 0.a\overline{bcd} = \frac{abcd-a}{9990}$$

(iv) यदि मिश्रित पुनरावृत्त दशमलव संख्याएं $0.ab\overline{c}$ व $0.abc\overline{d}$ के रूप में हों, तो इन्हें परिमेय संख्या $\frac{p}{q}$ के रूप में निम्न प्रकार से बदला जा सकता है।

$$0.ab\overline{c} = \frac{abc-ab}{900},\ 0.abc\overline{d} = \frac{abcd-abc}{9000}$$

हल सहित उदाहरण

उदाहरण–1 : $0.\overline{3}+0.\overline{4}+0.\overline{5}$ का मान ज्ञात कीजिए।

हल– माना $x = 0.\overline{3} = 0.333$ ...(i)

$10x = 3.333$ ...(ii)

समीकरण (ii) में समी. (i) घटाने पर

$9x = 3$

$\Rightarrow\quad x = \frac{3}{9} = \frac{1}{3}$

इसी प्रकार $y = \frac{4}{9}$

तथा $z = \frac{5}{9}$

$\therefore\quad x+y+z = 0.\overline{3}+0.\overline{4}+0.\overline{5}$

$= \frac{1}{3}+\frac{4}{9}+\frac{5}{9} = \frac{12}{9}$

$= \frac{4}{3} = 1.333 = 1.\overline{3}$

उदाहरण–2 : यदि $2\frac{1}{4}$ और $1\frac{2}{3}$ के अंतर के $\frac{3}{4}$ भाग को $3\frac{1}{4}$ के $\frac{2}{3}$ भाग से घटाया जाए, तो प्राप्त परिणाम क्या होगा?

हल– प्रश्नानुसार, $\frac{13}{4}\times\frac{2}{3}-\left(\frac{9}{4}-\frac{5}{3}\right)\times\frac{3}{4}$

$= \frac{13}{6}-\left(\frac{27-20}{12}\right)\times\frac{3}{4}$

$= \left(\frac{13}{6}-\frac{7}{12}\times\frac{3}{4}\right) = \left(\frac{13}{6}-\frac{7}{16}\right)$

$= \left(\frac{104-21}{48}\right) = \frac{83}{48}$

उदाहरण–3 : $(0.\overline{63}+0.\overline{37}+0.\overline{80})$ का सरलीकृत मान ज्ञात कीजिए।

हल– व्यंजक $= 0.\overline{63}+0.\overline{37}+0.\overline{80}$

$= \left(\frac{63}{99}+\frac{37}{99}+\frac{80}{99}\right)$

$= \frac{180}{99} = \frac{20}{11} = 1.818181... = 1.\overline{81}$

उदाहरण–4 : वह सबसे छोटी भिन्न, जो $5\frac{3}{4}, 4\frac{4}{5}, 7\frac{3}{8}$ व $9\frac{1}{2}$ के योग में जोड़ देने पर एक पूर्ण संख्या बन जाती है।

हल– $5\frac{3}{4}+4\frac{4}{5}+7\frac{3}{8}+9\frac{1}{2}$

$= \left(5+\frac{3}{4}+4+\frac{4}{5}+7+\frac{3}{8}+9+\frac{1}{2}\right)$

$= 25+\frac{3}{4}+\frac{4}{5}+\frac{3}{8}+\frac{1}{2}$

$= 25+\frac{30+32+15+20}{40} = 27\frac{17}{40}$

$\therefore$ अभीष्ट सबसे छोटी भिन्न $= \left(1-\frac{17}{40}\right) = \frac{23}{40}$

उदाहरण–5 : $3+\cfrac{1}{3+\cfrac{1}{3+\cfrac{1}{3+\cfrac{1}{3}}}}$ का मान ज्ञात कीजिए।

हल– व्यंजक $= 3+\cfrac{1}{3+\cfrac{1}{3+\cfrac{1}{3+\cfrac{1}{3}}}}$

$= 3+\cfrac{1}{3+\cfrac{1}{3+\cfrac{3}{10}}} = 3+\cfrac{1}{3+\cfrac{10}{33}}$

$= 3+\frac{33}{109} = (3\times 109+33)$

$\frac{(327+33)}{109} = \frac{360}{109}$

प्रश्नमाला

1. आपके जन्मदिन पर केक का भाग $\frac{4}{7}$ खाया गया। अगले दिन आपके पिताजी शेष भाग का $\frac{1}{2}$ खा लिया। आप केक का समाप्त करना चाहते हैं। कितने अंश बचे हुए हैं?
   (a) $\frac{1}{4}$ (b) $\frac{3}{2}$
   (c) $\frac{3}{4}$ (d) $\frac{3}{14}$

2. निम्नलिखित में से कौन-सा भिन्न सबसे छोटा है?
   (a) $\frac{5}{8}$ (b) $\frac{7}{10}$
   (c) $\frac{3}{4}$ (d) $\frac{9}{16}$

3. एक पुस्तकालय में रखी गई पुस्तकों में $\frac{1}{2}$ पुस्तकें टेक्स्ट बुक की हैं, शेष बची पुस्तकों में से $\frac{3}{4}$ सन्दर्भ पुस्तकें और 150 पुस्तकें इन्साइक्लोपीडिया की हैं। पुस्तकालय की कुल पुस्तकों की संख्या ज्ञात करें ?
   (a) 1500 (b) 1200
   (c) 2000 (d) 400

4. एक व्यक्ति ने अपनी संपत्ति का $\frac{1}{4}$ भाग अपनी पुत्री को दिया, $\frac{1}{2}$ भाग अपने पुत्रों को दिया और $\frac{1}{5}$ भाग दान कर दिया। तदनुसार उसने कुल कितना भाग दे दिया?
   (a) $\frac{1}{20}$ (b) $\frac{19}{20}$
   (c) $\frac{1}{10}$ (d) $\frac{9}{10}$

5. जब $\frac{7}{8}$ के $\frac{13}{15}$वें भाग में 1 को जोड़ा जाता है, तब उसका मान $\frac{13}{7}$ का nवाँ भाग होता है। तब n का मान है—
   (a) $\frac{1560}{1477}$ (b) $\frac{211}{1560}$
   (c) $\frac{1477}{1560}$ (d) $\frac{7}{120}$

6. किसी भिन्न के अंश में 5 को जोड़ा जाए तब उस भिन्न का मान 1 होता है तथा यदि उसके हर में 6 जोड़ जाए तब उस भिन्न का मान $\frac{1}{2}$ होता है। वह भिन्न है—
   (a) $\frac{16}{21}$ (b) $\frac{13}{18}$
   (c) $\frac{11}{16}$ (d) $\frac{18}{23}$

7. $\frac{p}{q}$ के रूप में संख्या 0.121212... बराबर होगा–
   (a) $\frac{4}{11}$ (b) $\frac{2}{11}$
   (c) $\frac{4}{33}$ (d) $\frac{2}{33}$

8. $\left(1\frac{1}{2}+11\frac{1}{2}+111\frac{1}{2}+1111\frac{1}{2}\right)$ बराबर है–
   (a) 1236 (b) 1234½
   (c) 618 (d) 617

9. मिट्टी के तेल का एक ड्रम $\frac{3}{4}$ भरा है। उसमें से 30 लीटर मिट्टी का तेल निकालने पर यह $\frac{7}{12}$ रह जाता है। ड्रम की धारिता है–
   (a) 120 ली. (b) 135 ली.
   (c) 150 ली. (d) 180 ली.

10. एक क्रिकेट टीम 6 मैच जीती और 4 मैच हारी। टीम द्वारा जीते गए मैचों का भिन्न है–
   (a) $\frac{2}{3}$ (b) $\frac{1}{5}$
   (c) $\frac{2}{5}$ (d) $\frac{3}{5}$

11. भिन्न $\frac{5}{7}$ के अंश व हर में से कितना घटाया जाए, कि भिन्न $\frac{2}{3}$ बन जाए?
   (a) 2 (b) 1
   (c) 3 (d) 4

12. निम्नलिखित में से सत्य है–
   (a) $\frac{11}{13}<\frac{13}{15}$ (b) $\frac{11}{13}>\frac{13}{15}$
   (c) $\frac{16}{33}>\frac{21}{31}$ (d) $\frac{7}{11}>\frac{11}{13}$

13. $\frac{1}{2}+\frac{1}{6}+\frac{1}{12}+\frac{1}{20}+\frac{1}{30}+.......+\frac{1}{n(n+1)}=?$
   (a) $\frac{1}{n}$ (b) $\frac{1}{(n+1)}$
   (c) $\frac{2(n-1)}{n}$ (d) $\frac{n}{(n+1)}$

14. जब किसी लड़के से किसी भिन्न का $\frac{6}{7}$ बताने को कहा गया, तो उसने गलती से उस भिन्न को $\frac{6}{7}$ से भाग दे दिया और सही उत्तर से $\frac{13}{70}$ अधिक प्राप्त किया वह भिन्न है–
   (a) $\frac{2}{3}$ (b) $\frac{3}{5}$
   (c) $\frac{4}{5}$ (d) $\frac{7}{9}$

15. यदि $4=x+\cfrac{10}{1+\cfrac{1}{3+\cfrac{1}{3}}}$ हो, तो x का मान है–
   (a) $\frac{-13}{48}$ (b) $-\frac{48}{13}$
   (c) $+\frac{10}{19}$ (d) $+\frac{19}{10}$

16. एक भिन्न का अंश उसके हर से 4 कम है। यदि अंश को 2 से घटाया जाए और हर को 1 बढ़ा दिया जाए, तो हर, अंश का 8 गुना हो जाता है भिन्न है–
   (a) $\frac{2}{7}$ (b) $\frac{3}{8}$
   (c) $\frac{3}{7}$ (d) $\frac{4}{8}$

17. $\frac{3}{4}$ और $\frac{3}{8}$ के बीच एक परिमेय संख्या है–

(a) $\frac{9}{16}$ (b) $\frac{12}{7}$

(c) $\frac{3}{7}$ (d) $\frac{16}{9}$

18. **भिन्न-भिन्न धारिताओं वाले दो खाली पात्रों में जल की बराबर मात्रा डाली गई है। जिसमें एक पात्र $\frac{1}{4}$ भर गया और दूसरा पात्र $\frac{1}{3}$ भर गया। यदि कम धारिता वाले पात्र का जल फिर अधिक धारिता वाले पात्र में डाल दिया जाए, तो बड़े पात्र का जल से भरा भाग होगा–**

(a) $\frac{1}{4}$ (b) $\frac{1}{3}$

(c) $\frac{1}{2}$ (d) $\frac{7}{12}$

19. $\frac{1}{2}+\frac{1}{5}+\frac{1}{8}+\frac{1}{11}+\frac{1}{20}+\frac{1}{41}+\frac{1}{110}+\frac{1}{1640}$ **बराबर है–**

(a) 0.92 (b) 0.99

(c) 1 (d) 1.23

20. $3+\cfrac{3}{3+\cfrac{1}{3+\cfrac{1}{3}}}$ **का मान कितना होगा?**

(a) $\frac{40}{11}$ (b) $\frac{43}{11}$

(c) $\frac{46}{11}$ (d) $\frac{41}{11}$

21. $3.\overline{87}-2.\overline{59}$ **का मान क्या होगा?**

(a) $1.\overline{27}$ (b) $1.\overline{28}$

(c) 1.20 (d) $1.\overline{2}$

22. **एक वीडियो लाइब्रेरी में $\frac{1}{4}$ भाग चलचित्रों का शेष भाग का $\frac{2}{3}$ भाग गीतों का एवं 200 धार्मिक वीडियोज हैं। लाइब्रेरी में उनमें से गीतों के वीडियोज कितने हैं?**

(a) 400
(b) 600
(c) 800
(d) 1200

23. **यदि $\left(\frac{7}{15}+\frac{2}{5}\right)\times x=\frac{1}{20}$ हो, तो x का मान है–**

(a) $\frac{3}{52}$ (b) $\frac{5}{51}$

(c) $\frac{3}{62}$ (d) $\frac{5}{68}$

24. **$666.06+66.60+0.66+6.06+6=$**

(a) 819.56 (b) 745.38

(c) 826.44 (d) 798.62

25. **$\frac{7}{11},\frac{16}{20},\frac{21}{22}$ को आरोही क्रम में व्यक्त करने का सही क्रम है–**

(a) $\frac{7}{11},\frac{16}{20},\frac{21}{22}$

(b) $\frac{21}{22},\frac{7}{11},\frac{16}{20}$

(c) $\frac{21}{22},\frac{16}{20},\frac{7}{11}$

(d) $\frac{7}{11},\frac{21}{22},\frac{16}{20}$

उत्तर (हल/संकेत)

1. (d) पूरा केक $=1$

जन्मदिन के बाद शेष केक $=1-\frac{4}{7}=\frac{3}{7}$

पिताजी के खाने के बाद शेष केक

$=\frac{3}{7}-\frac{3}{14}=\frac{3}{14}$

2. (d) 8, 10, 4, 16 का L.C.M. = 80

$=\frac{50, 56, 60, 45}{80}$

$\Rightarrow \frac{9}{16}$ सबसे छोटा।

3. (b) माना कि पुस्तकों की कुल संख्या y है।

$\frac{y}{2}+\left(\frac{y}{2}\times\frac{3}{4}\right)+150=y$

$\Rightarrow \frac{y}{2}+\frac{3y}{8}+\frac{150}{1}=y$

$\Rightarrow \frac{4y+3y+1200}{8}=y$

$\Rightarrow 8y-7y=1200$

$\Rightarrow y=1200$

4. (b) कुल भाग $=\frac{1}{4}+\frac{1}{2}+\frac{1}{5}$

$=\frac{5+10+4}{20}=\frac{19}{20}$

5. (a) $\frac{7}{8}\times\frac{13}{15}+1=\frac{91}{120}+1$

$=\frac{91+120}{120}=\frac{211}{120}$

$\therefore \frac{211}{120}=\frac{13}{7n}$

$\Rightarrow 7n\times 211=120\times 13$

$\Rightarrow n=\frac{120\times 13}{7\times 211}=\frac{1560}{1477}$

6. (c) माना कि भिन्न $=\frac{x}{y}$

$\therefore \frac{x+5}{y}=1$

$\Rightarrow x+5=y$ ...(i)

पुन: $\frac{x}{y+6}=\frac{1}{2}$

$\Rightarrow 2x=y+6$

$\Rightarrow 2x=x+5+6$

(समीकरण (i) से)

$\Rightarrow 2x-x=11$

$\Rightarrow x=11$

तब भिन्न $=\frac{x}{y}=\frac{11}{16}$

7. (c) माना $x=0.121212$ ...(i)

$\therefore 100x=12.121212$ ...(ii)

समीकरण (ii) में समीकरण (i) घटाने पर

$99x=12$

$x=\frac{12}{99}=\frac{4}{33}$

8. (a) व्यंजक

$=1\frac{1}{2}+11\frac{1}{2}+111\frac{1}{2}+1111\frac{1}{2}$

$=1+\frac{1}{2}+11+\frac{1}{2}+111+\frac{1}{2}+1111+\frac{1}{2}$

$=(1+11+111+1111)+\left(\frac{1}{2}+\frac{1}{2}+\frac{1}{2}+\frac{1}{2}\right)$

$=1234+2=1236$

9. (d) ड्रम से निकाले गए तेल की मात्रा

$=\left(\frac{3}{4}-\frac{7}{12}\right)=\frac{1}{6}$

$\therefore$ ड्रम की धारिता $=\left(30\div\frac{1}{6}\right)=180$ ली.

10. (d) खेले गए मैचों की संख्या
$= (6 + 4) = 10$

$\therefore$ अभीष्ट भिन्न $= \frac{6}{10} = \frac{3}{5}$

11. (b) माना भिन्न के अंश व हर में x घटाया जाए, तब

$\frac{5-x}{7-x} = \frac{2}{3}$

$\Rightarrow 15 - 3x = 14 - 2x$

$\Rightarrow x = 1$

12. (a) $\frac{11}{13} = 0.846, \ \frac{13}{15} = 0.866$

$\therefore 0.846 < 0.866$

$\therefore \frac{11}{13} < \frac{13}{15}$

13. (d) व्यंजक

$$= \frac{1}{2} + \frac{1}{6} + \frac{1}{12} + \frac{1}{20} + \frac{1}{30} + ... + \frac{1}{n(n+1)}$$

$$= \frac{1}{1\times 2} + \frac{1}{2\times 3} + \frac{1}{3\times 4} + \frac{1}{4\times 5} + \frac{1}{5\times 6} + ... \frac{1}{n(n+1)}$$

$$= \left[1 - \frac{1}{2} + \frac{1}{2} - \frac{1}{3} + \frac{1}{3} - \frac{1}{4} + \frac{1}{4} - \frac{1}{5} + \frac{1}{5} - \frac{1}{6} ... + \frac{1}{n} - \frac{1}{(n+1)}\right]$$

$$= 1 - \frac{1}{(n+1)} = \frac{n}{(n+1)}$$

14. (b) माना भिन्न का अंश a व हर b है।

तब, भिन्न $= \frac{a}{b}$

प्रश्नानुसार, $\frac{a}{b} \div \frac{6}{7} - \frac{a}{b} \times \frac{6}{7} = \frac{13}{70}$

$\Rightarrow \frac{7a}{6b} - \frac{6a}{7b} = \frac{13}{70}$

$\Rightarrow \frac{49a - 36a}{42b} = \frac{13}{70}$

$\Rightarrow \frac{a}{b} = \left(\frac{13}{70} \times \frac{42}{13}\right) = \frac{3}{5}$

15. (b) $\therefore 4 = x + \cfrac{10}{1 + \cfrac{1}{3 + \cfrac{1}{3}}}$

$\Rightarrow x = 4 - \cfrac{10}{1 + \cfrac{1}{3 + \cfrac{1}{3}}} = 4 - \cfrac{10}{1 + \cfrac{3}{10}}$

$= 4 - \frac{100}{13} = \frac{52 - 100}{13} = -\frac{48}{13}$

16. (c) माना भिन्न का अंश a तथा हर b है

$\therefore \ a = b - 4$ ...(i)

प्रश्नानुसार $b + 1 = 8(a - 2)$

$\Rightarrow b = 8a - 17$ ...(ii)

समीकरण (i) व (ii) से

$b + 8(b - 4) - 17$

$\Rightarrow b + 8b - 32 - 17$

$\Rightarrow 7b = 49$

$\Rightarrow b = 7$ तथा $a = 3$

$\therefore$ भिन्न = 3/7

17. (a) $\frac{3}{4}$ व $\frac{3}{8}$ के बीच की परिमेय संख्या

$= \frac{1}{2}\left(\frac{3}{4} + \frac{3}{8}\right)$

$= \frac{1}{2} \times \frac{9}{8} = \frac{9}{16}$

18. (c) माना प्रत्येक पात्र में x सेमी.^{3} जल डाला गया।

$\therefore$ पहले पात्र की धारिता $= 4x$ सेमी^{3}.

दूसरे पात्र की धारिता $= 3x$ सेमी.^{3}

अब दूसरे पात्र की x सेमी.^{3} धारिता को पहले पात्र में डाला गया है।

$\therefore$ पहले पात्र में जल का भरा हुआ आयतन $= 2x$ सेमी.^{3}

दूसरे पात्र की धारिता $= 3x$ सेमी.^{3}

पहले पात्र में जल का भरा हुआ आयतन

$= \frac{2x}{4x} = \frac{1}{2}$

19. (c) व्यंजक

$$= \frac{1}{2} + \frac{1}{5} + \frac{1}{8} + \frac{1}{11} + \frac{1}{20} + \frac{1}{41} + \frac{1}{110} + \frac{1}{1640}$$

$$= \frac{9020 + 3608 + 2255 + 1640 + 902 + 440 + 164 + 11}{18040}$$

$$= \frac{18040}{18040} = 1$$

20. (b) व्यंजक

$$= 3 + \cfrac{3}{3 + \cfrac{1}{3 + \cfrac{1}{3}}} = 3 + \cfrac{3}{3 + \cfrac{3}{10}}$$

$$= 3 + \frac{30}{33} = \frac{129}{33} = \frac{43}{11}$$

21. (b) माना $x = 3.\overline{87} = 3.878787$ ...(i)

$100x = 387.878787$ ...(ii)

समीकरण (ii) में से समीकरण (i) घटाने पर

$\Rightarrow 99x = 384$

$\Rightarrow x = \frac{384}{99}$

माना $y = 2.595959$ ...(iii)

$100y = 259.5959$ ...(iv)

समीकरण (iv) में से समीकरण (iii) घटाने पर

$\Rightarrow 99y = 257$

$\Rightarrow y = \frac{257}{99}$

$\therefore x - y = \left(\frac{384}{99} - \frac{257}{99}\right) = \frac{127}{99} = 1.\overline{28}$

22. (a) माना लाइब्रेरी में वीडियोज की कुल संख्या $= x$

तब लाइब्रेरी में चलचित्रों की संख्या $= \frac{x}{4}$

लाइब्रेरी में गीतों की संख्या $= \frac{x}{2}$

प्रश्नानुसार $x - \frac{x}{4} - \frac{x}{2} = 200$

$\Rightarrow \frac{4x - 3x}{4} = 200$

$\Rightarrow x = 800$

$\therefore$ गीतों की संख्या $= \frac{800}{2} = 400$

23. (a) $\left(\frac{7}{15} + \frac{2}{5}\right) \times x = \frac{1}{20}$

$\Rightarrow \left(\frac{7+6}{15}\right) \times x = \frac{1}{20}$

$\Rightarrow x = \frac{15}{20 \times 13} = \left(\frac{3}{4 \times 13}\right) = \frac{3}{52}$

24. (b) व्यंजक $= 666.06 + 66.60 + 0.66 + 6.06 + 6 = 745.38$

25. (a) $\frac{7}{11} = \frac{140}{220}, \frac{16}{20}$

$= \frac{176}{220}, \frac{21}{22} = \frac{210}{220}$

$\therefore$ भिन्नों का आरोही क्रम $= \frac{7}{11} < \frac{16}{20} < \frac{21}{22}$

❑❑❑

लघुत्तम समापवर्त्य एवं महत्तम समापवर्तक

1. अपवर्तक एवं अपवर्त्य (Factor and Multiple) : यदि एक संख्या a दूसरी संख्या b को पूरी-पूरी विभाजित करती हो, तो a को b का अपवर्तक तथा b को a का अपवर्त्य कहा जाता है।

जैसे– 2, 3 व 4 को 12 का अपवर्तक तथा 12 को 2, 3 व 4 का अपवर्त्य कहा जाता है।

2. समापवर्त्य (Common Multiple) : ऐसी संख्या जो दो या दो से अधिक संख्याओं में से प्रत्येक से पूरी-पूरी विभाज्य हो, समापवर्त्य कहलाती है।

जैसे– 2, 3, 4 व 6 का समापवर्त्य 12 है।

3. लघुत्तम समापवर्त्य (Least Common Multiple) : दो या दो से अधिक संख्याओं का लघुत्तम समापवर्त्य वह न्यूनतम संख्या है, जो उन दी गई संख्याओं से पूर्णतः विभाज्य हो।

जैसे– 3, 5, 6 का समापवर्त्य 30, 60, 90, ... आदि हैं, जबकि 3, 5, 6 का लघुत्तम समापवर्त्य 30 है।

लघुत्तम समापवर्त्य ज्ञात करने की विधियां

(i) अभाज्य गुणनखण्ड विधि (Prime Factorisation Method) : सर्वप्रथम दी गई संख्याओं के अभाज्य गुणनखण्ड प्राप्त करते हैं, इसके पश्चात् इन गुणनखण्डों को घात के रूप में लिखते हैं, इसके पश्चात उभयनिष्ठ गुणनखण्डों के अधिकतम घात का गुणनफल प्राप्त करते हैं, यह गुणनफल ही संख्याओं का अभीष्ट लघुत्तम समापवर्त्य (LCM) कहलाता है।

उदाहरण– 18, 24 व 180 का ल.स. ज्ञात कीजिए।

हल–

$$18 = 2 \times 3 \times 3 = 2^1 \times 3^2$$
$$24 = 2 \times 2 \times 3 \times 2 = 2^3 \times 3^1$$
$$180 = 2 \times 2 \times 3 \times 3 \times 5 = 2^2 \times 3^2 \times 5^1$$

$\therefore$ अभीष्ट ल॰ स॰ $= 2^3 \times 3^2 \times 5 = 8 \times 9 \times 5 = 360$

(ii) भागविधि (Division Method) : इस विधि में सर्वप्रथम दी गई संख्याओं को एक पंक्ति में व्यवस्थित करते हैं, फिर उस छोटी से छोटी संख्या से भाग देते हैं, जो कम-से-कम दो संख्याओं को अवश्य विभाजित करती हो, यह क्रिया तब तक दोहराते हैं, जब तक कि अंतिम पंक्ति में सभी अभाज्य संख्याएं प्राप्त न हो जाएं। समस्त भाग दी जाने वाली संख्याओं एवं अंतिम पंक्ति की अभाज्य संख्याओं का गुणनफल ही दी गई संख्याओं का अभीष्ट लघुत्तम समापवर्त्य है।

उदाहरण– 12, 15, 90 व 180 का ल.स. ज्ञात कीजिए।

हल–

2	12	15	90	180
2	6	15	45	90
3	3	15	45	45
5	1	5	15	15
3	1	1	3	3
	1	1	1	1

$\therefore$ अभीष्ट ल.स. $= 2 \times 2 \times 3 \times 5 \times 3 = 180$

4. दशमलव संख्याओं का ल.स. ज्ञात करना : सर्वप्रथम दशमलव के बाद के अंकों की संख्या समान बनाते हैं, फिर संख्याओं में दशमलव हटाकर उन्हें साधारण संख्याएं बनाकर उनका ल.स. प्राप्त करते हैं फिर प्राप्त ल.स. में उस स्थान पर दशमलव लगाते हैं, जितने अंकों के बाद संख्याओं में दशमलव लगा हुआ था।

उदाहरण– 0.6, 1.6 व 0.36 का ल.स. ज्ञात कीजिए।

हल– सर्वप्रथम संख्याओं में दशमलव के बाद के अंकों की संख्या को समान बनाने पर 0.60, 1.60 व 0.36

संख्याओं का दशमलव हटाने पर प्राप्त संख्याएं = 60, 160 व 36

2	60	160	36
2	30	80	18
3	15	40	9
2	5	40	3
5	5	20	3
2	1	4	3
	1	2	3

$\therefore$ 60, 160 व 36 का ल.स.

$$= 2 \times 2 \times 3 \times 2 \times 5 \times 2 \times 2 \times 3$$
$$= 1440$$

$\therefore$ 0.60, 1.60 व 0.36 का ल.स. = 14.40

5. भिन्नों का ल॰ स॰ ज्ञात करना

$$\text{भिन्नों का ल.स.} = \frac{\text{अंशों का ल.स.}}{\text{हरों का म.स.}}$$

उदाहरण– $\frac{1}{3}, \frac{2}{9}, \frac{7}{12}$ का ल.स. ज्ञात कीजिए।

हल– $\frac{1}{3}, \frac{2}{9}$, व $\frac{7}{12}$ का ल.स. $= \frac{1, 2 \text{ व } 7 \text{ का ल. स.}}{3, 9 \text{ व } 12 \text{ का म. स.}}$

$$= \frac{14}{3} = 4\frac{2}{3}$$

6. समापवर्तक (Common Factor) : वह संख्या जो दी गई दो या दो से अधिक संख्याओं में से प्रत्येक को पूर्णतः विभाजित कर दे समापवर्तक कहलाती है–

जैसे– 9, 18, 27 का समापवर्तक 3 व 9 है।

7. महत्तम समापवर्तक (Highest Common Factor) : दो या दो से अधिक संख्याओं का महत्तम समापवर्तक वह बड़ी से बड़ी संख्या है, जो दी गई सभी संख्याओं को पूरी-पूरी विभाजित कर दे।

जैसे– 4, 8, 16 का महत्तम समापवर्तक 4 है। जबकि समापवर्तक 2 व 4 हैं।

महत्तम समापवर्तक ज्ञात करने की विधियां

(i) अभाज्य गुणनखण्ड विधि (Prime Factorisation Method) : सर्वप्रथम दी गई संख्याओं के अभाज्य गुणनखण्ड प्राप्त करते हैं, फिर उभयनिष्ठ गुणनखण्डों को आपस में गुणा करके गुणनफल प्राप्त करते हैं इन उभयनिष्ठ गुणनखण्डों का गुणनफल ही संख्याओं का अभीष्ट महत्तम समापवर्तक होता है।

उदाहरण– 2, 8, 12 व 24 का म.स. ज्ञात कीजिए।

हल–

$$2 = 2 \times 1$$
$$8 = 2 \times 2 \times 2$$
$$12 = 2 \times 2 \times 3$$
$$24 = 2 \times 2 \times 2 \times 3$$

∴ म॰ स॰ = 2

(ii) भाग विधि (Division Method) : सर्वप्रथम हम दी गई दो संख्याओं में से बड़ी संख्या को छोटी संख्या से भाग देते हैं, फिर भाजक को शेष से भाग देते हैं, पुनः शेष से पिछले भाजक को भाग देते हैं, यह क्रिया तब तक दोहराई जाती है, जब तक कि कोई भी शेष न बचे। अतः अंतिम भाजक ही दी गई संख्याओं का म.स. है।

उदाहरण– 112 व 860 का म.स. ज्ञात कीजिए।

हल–

```
112) 860 (7
     784
      76)112(1
          76
          36)76(2
             72
              4)36(9
                36
                 ×
```

अतः 112 व 860 का म.स. = 4

8. दशमलव संख्याओं का म. स. ज्ञात करना : सर्वप्रथम दी गई संख्याओं में दशमलव के बाद अंकों की संख्या को समान करते हैं, इसके पश्चात् दशमलव को नजर अंदाज करते हुए साधारण संख्याओं की तरह उनका म॰ स॰ ज्ञात करते हैं तथा प्राप्त म.स. में उसी स्थान पर दशमलव लगाते हैं, जिस स्थान पर दी गई संख्याओं का दशमलव है।

उदाहरण– 1.8, 0.51 व 0.78 का म.स. ज्ञात कीजिए।

हल– सर्वप्रथम दशमलव स्थानों को समान करने पर प्राप्त संख्याएं = 1.80, 0.51 व 0.78

दशमलव को हटाने पर प्राप्त संख्याएं = 180, 51, 78

```
51) 78 (1              3) 180 (60
    51                    180
    27)51(1                ×
       27
       24)27(1
          24
           3)24(8
             24
              ×
```

अतः 180, 51 व 78 का म.स. = 3

∴ 1.80, 0.51 व 0.78 का म.स. = 0.0 3

9. भिन्नों का म. स. ज्ञात करना :

$$\text{भिन्नों का म.स.} = \frac{\text{अंशों का म.स.}}{\text{हरों का ल.स.}}$$

नोट– (i) दो संख्याओं का गुणनफल = संख्याओं का ल.स. × म.स.

(ii) $\text{पहली संख्या} = \dfrac{\text{संख्याओं का ल.स.} \times \text{म.स.}}{\text{दूसरी संख्या}}$

(iii) दो अभाज्य संख्याओं का म.स. सदैव 1 होता है।

(iv) दो अभाज्य संख्याओं का ल.स. उन संख्याओं के गुणनफल के बराबर होता है।

ल.स. एवं म.स. के लिए कुछ महत्वपूर्ण नियम

(i) वह छोटी से छोटी संख्या जो a, b व c से पूर्णतः विभाजित हो, तब

अभीष्ट संख्या = a, b व c का ल.स.

(ii) वह छोटी से छोटी संख्या जिसमें a, b व c से भाग देने पर प्रत्येक स्थिति में R शेष बचे तब,

अभीष्ट संख्या = (a, b व c का ल.स.) + R

(iii) वह छोटी से छोटी संख्या जिसमें a, b व c का भाग देने पर क्रमशः R_1, R_2 व R_3 शेष बचे तब,

अभीष्ट संख्या = (a, b व c का ल॰ स॰) – K

जहां $K = (a - R_1) = (b - R_2) = (C - R_3)$

(iv) वह बड़ी से बड़ी संख्या जो a, b व c को पूर्णतः विभाजित कर दे तब,

अभीष्ट संख्या = $a, b,$ व c का म.स.

(v) वह बड़ी से बड़ी संख्या जिसका a, b व c में भाग देने पर क्रमशः R_1, R_2 व R_3 शेष बचे तब,

अभीष्ट संख्या = $(a - R_1), (b - R_2)$ व $(c - R_3)$ का म.स.

(vi) वह बड़ी से बड़ी संख्या, जिसका a, b व c में भाग देने पर प्रत्येक दशा में R शेष बचे तब,

अभीष्ट संख्या = $(a - R), (b - R)$ व $(c - R)$ का म.स.

(vii) वह बड़ी से बड़ी संख्या जिसका a, b व c में भाग देने पर प्रत्येक दशा में समान शेष बचता हो, तब

अभीष्ट संख्या = $|(a-b)|, |(b-c)|$ व $|c-a|$ का म.स.

हल सहित उदाहरण

उदाहरण– 1 : दो संख्याओं में 1 : 4 का अनुपात है, यदि संख्याओं का ल॰ स॰ व म॰ स॰ क्रमशः 84 व 21 हो तो, दूसरी संख्या ज्ञात कीजिए।

हल– माना संख्याएं क्रमशः x व $4x$ है–

$$\therefore \text{दूसरी संख्या} = \frac{\text{संख्याओं का ल.स.} \times \text{म.स.}}{\text{पहली संख्या}}$$

$$4x = \frac{84 \times 21}{x}$$

$$\Rightarrow x^2 = 441$$

$$\Rightarrow x = 21$$

$$\therefore \text{दूसरी संख्या} = 4x = (4 \times 21) = 84$$

उदाहरण– 2 : दो संख्याओं का गुणनफल 2160 एवं उनका म॰ स॰ 12 है, तो संख्याओं के ऐसे कितने जोड़े बन सकते हैं?

हल–

$$\text{ल.स.} = \frac{\text{संख्याओं का गुणनफल}}{\text{म.स.}}$$

$$= \frac{2160}{12} = 180$$

माना संख्याएं क्रमशः $12x$ व $12y$ हैं

$\therefore$ पहली संख्या × दूसरी संख्या = 12 × 180

$12x \times 12y = 12 \times 180$

$\Rightarrow \quad xy = \frac{180}{12} = 15$

$\therefore$ संभव जोड़े (5, 3) व (1, 15) होंगे।

उदाहरण– 3 : वह बड़ी से बड़ी संख्या ज्ञात कीजिए जिससे 55, 127 व 175 में भाग देने पर प्रत्येक दशा में समान शेष बचे।

हल–अभीष्ट संख्या = (127 – 55), (175 – 127), (175 – 55) का म.स.

= 72, 48 व 120 का म.स.

```
48) 72 (1            24) 120 (5
    48                   120
    ---                  ---
    24) 48 (2             ×
        48
        ---
         ×
```

$\therefore$ अभीष्ट संख्या = 24

उदाहरण– 4 : 1300 में से वह कौन सी बड़ी संख्या घटाई जाए ताकि वह 6, 8 व 10 से पूर्णतः विभाजित हो जाए?

हल– 6, 8 व 10 का ल.स. = 120

$\therefore$ अभीष्ट संख्या = (1300 – 120) = 1180

स्पष्ट है 1300 में से 1180 घटा देने पर 6, 8 व 10 उस संख्या को पूर्णतः विभाजित कर देंगे।

उदाहरण– 5 : चार घंटियां 6, 8, 12 व 18 सेकण्ड के अंतराल पर बजती हैं, यदि वे प्रातः 10 बजे एक साथ बजना आरंभ करें, तो कितने समय बाद एक साथ बजेंगी?

हल– 6, 8, 12 व 18 का ल.स.

2	6	8	12	18
3	3	4	6	9
2	1	4	2	3
	1	2	1	3

= 2 × 3 × 2 × 2 × 3 = 72

$\therefore$ घंटियां 72 सेकण्ड बाद अर्थात, 10 बजकर 1 मिनट 12 सेकण्ड के बाद एक साथ बजेंगी।

प्रश्नमाला

1. दो संख्याओं का ल.स. 90 है, निम्नलिखित में से इन संख्याओं का महत्तम समापवर्तक नहीं है–

(a) 15 (b) 30
(c) 6 (d) 12

2. व्यंजक $x^4 + 6x^3 + 8x^2$ और $7x^5 - 7x^4 - 140x^3$ का म.स. (HCF) होगा–

(a) $x(x-4)$ (b) $x^2(x^2-4)$
(c) $x^2(x+4)$ (d) $x(x+4)$

3. दो संख्याओं का लघुत्तम समापवर्त्य उनके महत्तम समापवर्तक के 12 गुना है। महत्तम समापवर्तक और लघुत्तम समापवर्त्य का योग 403 है। यदि एक संख्या 93 हो, तो दूसरी संख्या क्या होगी?

(a) 134 (b) 124
(c) 128 (d) 310

4. वह न्यूनतम पूर्ण वर्ग संख्या जो 3, 4, 5, 6 एवं 8 से विभाज्य है, है–

(a) 900 (b) 1600
(c) 2500 (d) 3600

5. दो संख्याओं का लघुत्तम समापवर्तक और महत्तम समापवर्तक क्रमशः 4284 और 34 है। यदि उनमें से एक संख्या 204 हो, तो दूसरी संख्या ज्ञात करें–

(a) 714 (b) 720
(c) 700 (d) 715

6. 200 एवं 600 के बीच कितनी संख्याएं हैं, जो 4, 5, और 6 से पूर्णतया विभाजित होंगी?

(a) पाँच (b) छह
(c) चार (d) आठ

7. वह छोटी-से-छोटी संख्या क्या होगी जिसमें से यदि 5 घटा दिया जाये तो 36, 48, 21 और 28 से पूर्णतया विभाजित हो जाये?

(a) 1013 (b) 1008
(c) 1003 (d) इनमें से कोई नहीं

8. वह छोटी-से-छोटी संख्या क्या होगी जिसमें 15, 27, 35 और 42 द्वारा भाग दिए जाने पर हमेशा 7 शेष बचता है?

(a) 1270 (b) 1897
(c) 2087 (d) 2167

9. दो संख्याएँ 6 : 13 के अनुपात में है। यदि उनका ल.स. 468 हो, तो उनका म.स. होगा–

(a) 12 (b) 8
(c) 6 (d) 4

10. 28,42, और 22 का महत्तम समापवर्तक क्या होगा?

(a) 7 (b) 5
(c) 4 (d) 6

11. दो धनात्मक पूर्णांक संख्याओं का जोड़ 10 है, जबकि गुणनफल 24 है। इन संख्याओं का लघुत्तम समापवर्त्य कितना होगा?

(a) 12 (b) 24
(c) 6 (d) 4

12. यदि किन्हीं दो संख्याओं का गुणनफल 768 और लघुत्तम समापवर्त्य 96 है, तो इन संख्याओं का महत्तम समापवर्तक कितना होगा?

(a) 8 (b) 12
(c) 4 (d) 24

13. वह न्यूनतम संख्या क्या है, जो 13 जोड़ने के बाद 42, 36 तथा 45 में प्रत्येक से विभाज्य है?

(a) 1273 (b) 1247
(c) 1207 (d) 2507

14. सैनिकों की कम से कम संख्या क्या है, जिसे 12, 15 और 18 पंक्तियों में व्यवस्थित किया जा सकता हो ताकि हर पंक्ति में सैनिक की संख्या बराबर हो?

(a) 180 (b) 450
(c) 900 (d) 32400

15. दो संख्यायें 6 : 13 के अनुपात में है। उनके लघुत्तम (LCM) 468 हैं, तो उनके बढ़त्तम या सहत्तम (HCF) क्या है?

(a) 12 (b) 8
(c) 6 (d) 4

16. $\frac{3}{4}, \frac{6}{7}, \frac{9}{8}$ का लघुत्तम समापवर्त्य है–

(a) 18 (b) 3
(c) $\frac{3}{59}$ (d) $\frac{9}{28}$

17. वह बड़ी से बड़ी संख्या जो 120, 315, 147, 168 को पूर्ण विभाजित करती है–

(a) 3 (b) 7
(c) 21 (d) 4410

18. तीन संख्याएँ 3 : 4 : 5 के अनुपात में हैं तथा लघुत्तम समापवर्त्य (LCM) 2400 है। उनका महत्तम समापवर्तक (HCF) क्या होगा?

(a) 40 (b) 80
(c) 120 (d) 200

19. सामंत, जेसिका और रोजलीन एक वृत्ताकार स्टेडियम के इर्द-गिर्द जॉगिंग करना आरम्भ करते हैं। वे अपनी परिक्रमा क्रमशः 84, 56 व 63 सेकण्ड में पूरी करते है। कितने सेकण्ड के बाद ये लोग आरम्भ बिन्दु पर एक साथ मिलेंगे?

(a) 336 (b) 504
(c) 252 (d) इनमें से कोई नहीं

20. दो संख्याओं का महत्तम समापवर्तक 11 और लघुत्तम समापवर्त्य 7700 है। यदि उनमें एक संख्या 275 हो, तो दूसरी संख्या क्या होगी?

(a) 279 (b) 283
(c) 308 (d) 318

21. दो संख्याओं का लघुत्तम समापवर्त्य 120 है और इनका महत्तम समापवर्तक 10 है, तो निम्नलिखित में कौन-सी संख्या उन दोनों सख्याओं का योग हो सकती है?

(a) 140 (b) 80
(c) 60 (d) 70

22. तीन संख्याओं 3240, 3600 और P का महत्तम समापवर्तक 36 है। यदि इनका लघुत्तम समापवर्त्य $2^4 \times 3^5 \times 5^2 \times 7^2$ हो, तो संख्या P है—

(a) $2^2 \times 3^3 \times 7^2$
(b) $3^5 \times 5^2 \times 7^2$
(c) $2^2 \times 3^5 \times 7^2$
(d) $2^3 \times 3^5 \times 7^3$

23. यदि a, b का महत्तम समापवर्तक 12 हो और a, b धनात्मक पूर्णांक हों तथा $a > b > 12$ हो, तो (a, b) के न्यूनतम मान क्रमशः क्या होंगे?

(a) 12, 24 (b) 24, 12
(c) 24, 36 (d) 36, 24

24. एक ही बिन्दु से आरम्भ करते हुए A और B एक वृत्ताकार ट्रैक पर जॉगिंग कर रहे हैं। A, 90 सेकण्ड में ट्रैक का एक चक्कर पूरा करता है और B इसी ट्रैक का एक चक्कर 75 सेकण्ड में पूरा करता है। कितनी देर बाद वे ट्रैक पर एक ही बिन्दु पर फिर मिलेंगे?

(a) 5 मिनट और 30 सेकण्ड
(b) 6 मिनट और 30 सेकण्ड
(c) 7 मिनट और 40 सेकण्ड
(d) 7 मिनट और 30 सेकण्ड

25. एक भिन्न के अंश में से 4 घटाने पर और हर में एक जोड़ने पर वह $\frac{1}{6}$ बन जाती है। यदि उसी भिन्न के अंश तथा हर में क्रमशः 2 तथा 1 जोड़ दिए जाएं, तो वह $\frac{1}{3}$ बन जाती है, तो उसके अंश तथा हर का लघुत्तम समापवर्त्य कितना होगा?

(a) 14 (b) 350
(c) 5 (d) 70

उत्तर (हल/संकेत)

1. (d) इन संख्याओं का महत्तम समापवर्तक 15, 30 तथा 6 होगा जबकि 12 नहीं होगा क्योंकि 90, 12 से विभाज्य नहीं है।

2. (c) व्यंजक $x^2 + 6x^3 + 8x^2$ गुणनखंड

$= x^2 [x^2 + 6x + 8]$
$= x^2 [x^2 + 4x + 2x + 8]$
$= x^2 [x(x + 4) + 2(x + 8)]$
$= x^2 (x + 4)(x + 2)$

पुन: व्यंजक $7x^5 - 7x^4 - 140x^3$ का गुणनखंड

$= 7x^3 (x^2 - x - 20)$
$= 7x^3 (x^2 - 5x + 4x - 20)$
$= 7x^3 [x(x - 5) + 4(x - 5)|$
$= 7x^3 (x + 4)(x - 5)$
$\therefore$ HCF $= x^2 (x + 4)$

3. (b) माना कि दोनों संख्याओं का LCM $= x$ तथा HCF $= y$ है।

$x = 12y$
$x - 12y = 0$ ...(i)
$x + y = 403$ ...(ii)

समीकरण (i) व (ii) से,

$\Rightarrow y = 31$
$x = 12y = 12 \times 31 = 372$

पहली सं. × दूसरी सं. = LCM × HCF

$\Rightarrow$ 93 × दूसरी संख्या = 31 × 372

$\Rightarrow$ दूसरी संख्या $= \frac{31 \times 372}{93} = 124$

4. (d) $3 = 3, 4 = 2^2, 5 = 5$
$6 = 2 \times 3, 8 = 2^3$
ल.स. $= 2^3 \times 3 \times 5$

$\therefore$ अभीष्ट संख्या $= 2^3 \times 3 \times 5 \times 2 \times 3 \times 5$
$= 8 \times 15 \times 30$
$= 120 \times 30 = 3600$

5. (a) पहली संख्या × दूसरी संख्या
= महत्तम समापवर्तक × लघुत्तम समापवर्त्य

$\Rightarrow$ 204 × दूसरी संख्या = 34 × 42 84

$\Rightarrow$ दूसरी संख्या $= \frac{34 \times 4284}{204} = 714$

6. (b) कोई संख्या 4, 5 व 6 से विभाज्य होगी यदि वह इनके लघुत्तम समापवर्त्य 60 से विभाज्य हो।

200 एवं 600 के बीच संख्याएँ = 399
399 में 60 से भाग देने पर भागफल = 6
$\therefore$ अभीष्ट संख्याएँ = छह

7. (a) अभीष्ट संख्या = 36, 48, 21 एवं 28 का ल.स. +5

2	36	48	21	28
2	18,	24,	21,	14
3	9,	12,	21,	7
7	3,	4,	7,	7
	3,	4,	1,	1

$\therefore$ ल.स. $= 2 \times 2 \times 3 \times 7 \times 3 \times 4 = 1008$

$\therefore$ अभीष्ट संख्या = 1008 + 5 = 1013

8. (b) अभीष्ट संख्या = (15, 27, 35 एवं 42 का LCM) + 7
= 1890 + 7 = 1897

9. (c) माना कि संख्याएँ $6x$ एवं $13x$ हैं।

संख्याओं का ल.स. $= 78x$
$\therefore 78x = 468$

$\Rightarrow x = \frac{468}{78} = 6$

$\therefore$ संख्याएँ 36 एवं 78 हुईं।
$\therefore$ इनका महत्तम समापवर्तक = 6

10. (a) $28 = 2 \times 2 \times 7$
$42 = 2 \times 3 \times 7$
$21 = 3 \times 7$
$\therefore$ महत्तम समापवर्तक = 7

11. (a) माना दो धनात्मक संख्याएँ x तथा y हैं

$x + y = 10$
$xy = 24$

स्पष्टत: यह स्पष्ट है

$x = 4$ या 6
$y = 6$ या 4

$\therefore$ 4, 6 का ल.स. = 12

12. (a) म.स. × ल.स. = संख्याओं का गुणनफल

$\Rightarrow$ म. स. × 96 = 768

$\Rightarrow$ म. स. $= \frac{768}{96} = 8$

13. (b) अभीष्ट संख्या = 42, 36 एवं 45 का ल.स. – 13

2	42,	36,	45
3	21,	18	45
3	7,	6,	15
	7,	2,	5

$\therefore$ ल.स. $= 2 \times 3 \times 3 \times 7 \times 2 \times 5$
$= 1260$

$\therefore$ अभीष्ट संख्या $= 1260 - 13 = 1247$

14. (c) हर पंक्ति में सैनिकों की संख्या 15, 12 और 18 के लघुत्तम समापवर्तक के बराबर होगी।

अत:

$$\begin{array}{c|ccc} 2 & 12, & 15, & 18 \\ \hline 3 & 6, & 15, & 9 \\ \hline & 2, & 5, & 3 \end{array}$$

$\therefore$ लघुत्तम समापवर्तक
$= 2 \times 3 \times 2 \times 5 \times 3$
$= 180$

चूँकि यह एक ठोस वर्ग में भी व्यवस्थित हो, अत: अभीष्ट संख्या
$= 180 \times 5 = 900$

15. (c) माना दोनों संख्याएँ क्रमश: $6x$ तथा $13x$ हैं। इसमें x इसके महत्तम समापवर्तक भी हैं।

$\therefore$ दोनों का लघुत्तम $= 6 \times 13 \times x = 78x$

$\therefore$ प्रश्न से,

$78x = 468$

$\therefore \quad x = \dfrac{468}{78}$

अत: महत्तम समापवर्तक $= 6$

16. (a) $\dfrac{3}{4}, \dfrac{6}{7}$ तथा $\dfrac{9}{8}$ लघुत्तम समापवर्तक

$= \dfrac{3, 6, 9 \text{ का ल. स.}}{4, 7, 8 \text{ का म. स.}}$

$= \dfrac{18}{1} = 18$

17. (c) 210, 315 , 147 तथा 168 को पूर्ण विभाजित करने वाली संख्या इसका म.स. होगा।

$$\begin{aligned} \therefore 210 &= 2 \times \boxed{3} \times 5 \times \boxed{7} \\ 315 &= 3 \times \boxed{3} \times 5 \times \boxed{7} \\ 147 &= \boxed{3} \times 7 \times \boxed{7} \\ 168 &= \boxed{3} \times 8 \times \boxed{7} \end{aligned}$$

$\therefore$ म.स. $= 3 \times 7 = 21$

18. (a) माना कि संख्याएँ हैं– $3x$, $4x$ तथा $5x$, इसका ल.स $= 3 \times 4 \times 5x = 60x$

$\therefore \quad 60x = 2400 \Rightarrow x = 40$

$\therefore$ म.स. $= x = 40$

अत: म.स. 40 है ।

19. (b) अभीष्ट समय = 84, 56 व 63 का ल.स.
= 504 सेकण्ड

20. (c) पहली संख्या $\times$ दूसरी संख्या
= म.स. $\times$ ल.स.

275 $\times$ दूसरी संख्या = 11×7700

$\Rightarrow$ दूसरी संख्या $= \left(\dfrac{11 \times 7700}{275}\right) = 308$

21. (d) माना संख्याएं $10a$ और $10b$ हैं

$\because$ $10a$ और $10b$ का ल.स. $= 10ab$

$\therefore \quad 10ab = 120$

$\Rightarrow \quad ab = 12$

$\Rightarrow \quad ab = 3 \times 4$

यदि $\quad a = 3$ व $b = 4$

तब संख्याओं का योग $= (30 + 40) = 70$

22. (a) 3240, 3600 व P का म.स. = 36

$\Rightarrow \quad 3240 = 36 \times 90$

$\Rightarrow \quad 3600 = 36 \times 100$

तथा $\quad P = 36x$

$\therefore$ 3240, 3600, P= 36[90, 100, x]

$\therefore$ 3240, 3600 और P का लघुत्तम समापवर्त्य
$= 36 \times 10 \times 9 \times 10 \times x = 900P$

$\therefore P = \dfrac{2^4 \times 3^5 \times 5^2 \times 7^2}{900}$

$= \dfrac{2^4 \times 3^5 \times 5^2 \times 7^2}{2^2 \times 3^2 \times 5^2}$

$= 2^2 \times 3^3 \times 7^2$

23. (d) $\because a, b$ का म.स. = 12

माना $\quad a = 12x$ व $b = 12y$

$\because \quad a > b > 12$

$\Rightarrow \quad 12x > 12y > 12$

$x > y > 1$

$\therefore$ a तथा b धनात्मक पूर्णांक हैं, तब x तथा y के न्यूनतम मान क्रमश: 3 तथा 2 होंगे।

$\therefore (a, b)$ के न्यूनतम मान = (36, 24)

24. (d) अभीष्ट समय = 90 एवं 75 का ल. स.
= 450 सेकण्ड
= 7 मिनट 30 सेकण्ड

25. (d) माना भिन्न का अंश x तथा हर y है,

तब $\quad$ भिन्न $= \dfrac{x}{y}$

प्रश्नानुसार, $\dfrac{x-4}{y+1} = \dfrac{1}{6}$

$\Rightarrow \quad 6x - 24 = y + 1$

$\Rightarrow \quad 6x - y = 25 \quad$ ...(i)

पुन: $\quad \dfrac{x+2}{y+1} = \dfrac{1}{3}$

$\Rightarrow \quad 3x + 6 = y + 1$

$\Rightarrow \quad 3x - y = -5 \quad$ ...(ii)

समीकरण (i) व (ii) से,

$x = 10, \; y = 35$

$\therefore \quad$ 10 व 35 का ल.स. $= 70$

❑❑❑

अनुपात एवं समानुपात

अनुपात (Ratio) : समान प्रकार की दो राशियों/वस्तुओं के बीच संबंध को 'अनुपात' कहते हैं। दो राशियों का अनुपात एक भिन्न के बराबर होता है। दूसरे शब्दों में हम कह सकते हैं कि "अनुपात एक ऐसा गणितीय व्यंजक है जो समान इकाई की दो असमान राशियों के बीच यह तुलना करता है, कि कौन-सी राशि अधिक या कम अथवा कितने गुना अधिक या कम है।"

यदि दो राशियां a व b हैं, तब इसके बीच अनुपात $= a : b$

अनुपात में पहली संख्या को प्रथम पद (Antecedent) तथा दूसरी संख्या को अंतिम पद (Consequent) कहते हैं।

अनुपात के प्रकार (Types of Ratio)

(i) वर्गानुपात (Duplicate Ratio) : दो संख्याओं के वर्गों के अनुपात को उन संख्याओं का वर्गानुपात कहते हैं।

दो संख्याओं a व b के बीच अनुपात $a : b$ का वर्गानुपात $a^2 : b^2$ है।

(ii) वर्गमूलानुपात (Sub-Duplicate Ratio) : दो संख्याओं के वर्गमूलों के अनुपात को वर्गमूलानुपात कहते हैं।

दो संख्याओं a व b के बीच अनुपात $a : b$ का वर्गमूलानुपात $\sqrt{a} : \sqrt{b}$ है।

(iii) घनानुपात (Triplicate Ratio) : दो संख्याओं के घनों के अनुपात को घनानुपात कहते हैं।

दो संख्याओं a व b के बीच अनुपात $a : b$ का घनानुपात $a^3 : b^3$ होगा।

(iv) घनमूलानुपात (Sub-Triplicate Ratio) : दो संख्याओं के घनमूलों के अनुपात को उन संख्याओं का घनमूलानुपात कहते हैं।

दो संख्याओं a व b का अनुपात $a : b$ का घनमूलानुपात $\sqrt[3]{a} : \sqrt[3]{b}$ है।

(v) विलोमानुपात (Inverse Ratio) : यदि किसी अनुपात के प्रथम पद व अंतिम पद को आपस में बदल दिया जाए तो नया अनुपात पहले अनुपात का विलोमानुपात कहलाता है।

दो संख्याओं a व b का अनुपात $a : b$ का विलोमानुपात $b : a$ है।

(vi) मिश्रानुपात (Compound Ratio) : दो या दो से अधिक अनुपातों के प्रथम पदों व अंतिम पदों के गुणनफलों के अनुपात को उन अनुपातों का मिश्र अनुपात कहा जाता है।

दो अनुपात $a : b$ व $c : d$ का मिश्र अनुपात $ac : bd$ होगा।

समानुपात (Proportion) : जब दो अनुपात आपस में बराबर हों, तो उन्हें समानुपात कहते हैं।

यदि $a : b$ व $c : d$ आपस में समान हों, तो वे समानुपात में होंगे, अतः इन्हें $a : b :: c : d$ से प्रदर्शित करेंगे।

a व d को हम बाह्य पद तथा bc को मध्य पद कहते हैं।

समानुपात की स्थिति में–

$$a \times d = b \times c$$

$$\Rightarrow \quad a = \frac{bc}{d}$$

(i) मध्यानुपाती (Mean Proportion) : यदि दो संख्याओं a व b के बीच का मध्यानुपाती x हो, तब

$$a : x : : x : b$$

$$\Rightarrow \quad x^2 = ab$$

$$\Rightarrow \quad x = \sqrt{ab}$$

(ii) तृतीयानुपात (Third Proportion) : यदि दो संख्याओं a व b का तृतीयानुपाती x हो, तब

$$a : b : : b : x$$

$$\Rightarrow \quad ax = b^2$$

$$\Rightarrow \quad x = \frac{b^2}{a}$$

(iii) चतुर्थानुपाती (Fourth Proportion) : यदि तीन संख्याओं a, b, c का चतुर्थानुपाती x हो,

तब, $$a : b : : c : x$$

$$\Rightarrow \quad ax = bc$$

$$\Rightarrow \quad x = \frac{bc}{a}$$

(iv) योगानुपात (Componendo) : यदि $a : b : : c : d$ हो, तो $(a + b) : b : : (c + d) : d$ को योगानुपात कहते हैं।

अर्थात् यदि $$\frac{a}{b} = \frac{c}{d}$$

तब, $$\left(\frac{a}{b} + 1\right) = \frac{(a + b)}{b}$$

तथा $$\left(\frac{c}{d} + 1\right) = \frac{(c + d)}{d}$$

$$\therefore \quad \frac{a}{b} = \frac{c}{d} \Rightarrow \frac{(a + b)}{b} = \frac{(c + d)}{d}$$

(v) अंतरानुपात (Dividendo) : यदि $a : b : : c : d$ हो, तो $(a - b) : b : : (c - d) : d$ को अंतरानुपात कहते हैं।

अर्थात् यदि $$\frac{a}{b} = \frac{c}{d}$$

$$\Rightarrow \quad \left(\frac{a}{b} - 1\right) = \left(\frac{c}{d} - 1\right)$$

$$\Rightarrow \quad \frac{(a - b)}{b} = \frac{(c - d)}{d}$$

(vi) योगान्तरानुपात (Componendo and Dividendo) : योगान्तरानुपात, योगानुपात तथा अंतरानुपात का सम्मिलन है।

यदि $a : b : : c : d$ हो

तब, $(a + b) : (a - b) : : (c + d) : (c - d)$ को योगान्तरानुपात कहते हैं।

अनुपात के लिए कुछ महत्वपूर्ण नियम

(i) चार संख्याओं a, b, c तथा d में कौन सी एक अन्य संख्या घटाई जाए, कि ये संख्याएं समानुपात में हो जाएं,

$$\text{अभीष्ट संख्या} = \left[\frac{ad - bc}{(a+d)-(b+c)}\right] = \left[\frac{\text{गुणनफल में अंतर}}{\text{योग में अंतर}}\right]$$

(ii) चार संख्याओं a, b, c और d में कौन सी संख्या जोड़ी जाए, कि ये संख्याएं समानुपात में हो जाएं,

$$\text{अभीष्ट संख्या} = \left[\frac{bc - ad}{(a+d)-(b+c)}\right]$$

(iii) दो संख्याओं के बीच $a : b$ का अनुपात है और उन संख्याओं के बीच का अंतर D है तब,

$$\text{पहली संख्या} = \left[\frac{Da}{a-b}\right]$$

जबकि $a > b$

$$\text{दूसरी संख्या} = \left[\frac{Db}{a-b}\right]$$

जबकि $a > b$

परंतु यदि $b > a$, तब

$$\text{पहली संख्या} = \left[\frac{Da}{b-a}\right]$$

$$\text{दूसरी संख्या} = \left[\frac{Db}{b-a}\right]$$

हल सहित उदाहरण

उदाहरण–1 : एक मिश्रण में एल्कोहल एवं पानी का अनुपात 8 : 5 है मिश्रण में 6 ली. पानी मिलाने पर एल्कोहल एवं पानी का अनुपात 4 : 3 हो जाता है, तो मिश्रण में एल्कोहल और पानी की मात्रा ज्ञात कीजिए।

हल– माना मिश्रण में एल्कोहल और पानी की मात्रा क्रमशः $8x$ व $5x$ ली. है।

तब प्रश्नानुसार, $\frac{8x}{5x+6} = \frac{4}{3}$

$\Rightarrow$ $24x = 20x + 24$

$\Rightarrow$ $x = 6$

$\therefore$ एल्कोहल की मात्रा = $8x$ ली. = 48 ली.

पानी की मात्रा = $5x$ ली. = 30 ली.

उदाहरण–2 : ₹ 1320 को 7 पुरुषों, 11 महिलाओं एवं 5 बच्चों के बीच विभाजित किया जाना है। यह विभाजन इस प्रकार किया जाना है, कि प्रत्येक महिला को एक बच्चे को प्राप्त राशि का 3 गुना मिले तथा प्रत्येक पुरुष को एक महिला एवं एक बच्चे की संयुक्त राशि के बराबर राशि मिले, तो प्रत्येक पुरुष को कितनी राशि मिलेगी।

हल– प्रश्नानुसार 1 पुरुष = 1 महिला + 1 बच्चा

1 महिला = 3 बच्चे

$\therefore$ 1 पुरुष = (3 बच्चे + 1 बच्चा) = 4 बच्चे

$\therefore$ 7 पुरुष : 11 महिला : 5 बच्चे = 28 बच्चे : 33 बच्चे : 5 बच्चे

= 28 : 33 : 5

$\therefore$ 7 पुरुषों का हिस्सा = $\left\{\frac{28}{(28+33+5)} \times 1320\right\}$

= ₹ $\left(\frac{28}{66} \times 1320\right) = 560$

$\therefore$ 1 पुरुष का हिस्सा = ₹ $\frac{560}{7}$ = ₹ 80

उदाहरण–3 : ₹ 390 को $\frac{1}{2}:\frac{2}{3}:\frac{3}{4}$ के अनुपात में बांटने पर प्रत्येक हिस्से की राशि ज्ञात कीजिए।

हल– $\frac{1}{2}:\frac{2}{3}:\frac{3}{4} = \left(\frac{1}{2}\times 12\right):\left(\frac{2}{3}\times 12\right):\left(\frac{3}{4}\times 12\right)$

= 6 : 8 : 9

$\therefore$ पहला हिस्सा = $\left(\frac{6}{23}\times 390\right)$ = ₹ 102

$\therefore$ दूसरा हिस्सा = $\left(\frac{8}{23}\times 390\right)$ = ₹ 136

$\therefore$ तीसरा हिस्सा = $[390 - (102+136)]$

= $(390 - 238)$ = ₹ 152

उदाहरण– 4 : 60 लीटर के मिश्रण में दूध एवं पानी का अनुपात 3 : 1 है। इसमें कितना पानी मिलाया जाए, जिससे दूध एवं पानी का अनुपात 3 : 2 हो जाए?

हल– मिश्रण में दूध की मात्रा = $\left\{\frac{60}{(3+1)} \times 3\right\}$ ली. = 45 ली.

$\therefore$ मिश्रण में पानी की मात्रा = (60 – 45) ली. = 15 ली.

माना इसमें x ली. पानी मिलाया जाए,

तब, $\frac{45}{15+x} = \frac{3}{2}$

$\Rightarrow$ $90 = 45 + 3x$

$\Rightarrow$ $3x = 45$

$\Rightarrow$ $x = 15$ ली.

अतः मिलाए गए पानी की अभीष्ट मात्रा = 15 ली.

यदि किसी मिश्रण के दोनों घटकों का मूल्य एवं मिश्रण में उनके अनुपात का मान दिया गया हो, तो मिश्रण का मध्यमान या औसत मान निकालने में मिश्रण (Alligation) विधि का प्रयोग किया जाता है।

मिश्रण (Mixture)

दो या दो से अधिक समान या भिन्न अवस्था वाले पदार्थों को एक निश्चित अनुपात में मिलाकर तैयार किया गया नया पदार्थ, मिश्रण कहलाता है।

मिश्रण का नियम (Rule of Mixture)

(i) यदि मिश्रण के घटक किसी निश्चित अनुपात में मिलाए जाते हों, तब

$$\frac{\text{सस्ती वस्तु की मात्रा}}{\text{महंगी वस्तु की मात्रा}} = \frac{(\text{महंगी वस्तु का क्रय मूल्य})-\text{औसत मूल्य}}{\text{औसत मूल्य}-(\text{सस्ती वस्तु का क्रय मूल्य})}$$

यदि सस्ती वस्तु का क्रयमूल्य ₹ p तथा महंगी वस्तु का क्रयमूल्य ₹ q तथा औसत मूल्य ₹ m हो, तब

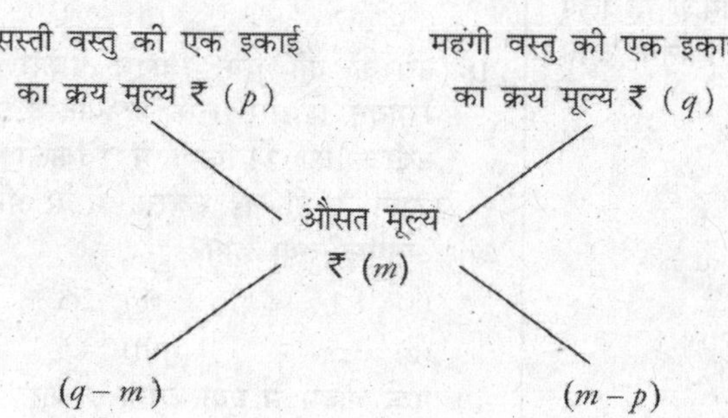

तब, (सस्ती वस्तु की मात्रा) : (महंगी वस्तु की मात्रा)

$= (q-m) : (m-p)$

(ii) यदि p लीटर किसी द्रव से भरे किसी बर्तन में से q लीटर द्रव निकालकर उसकी जगह पर उतना ही पानी डाल दिया जाए और यह प्रक्रिया n बार की जाए तो बर्तन में उपस्थित मिश्रण में द्रव की मात्रा निम्नलिखित विधि से प्राप्त की जाती है।

$$\text{शेष द्रव} = \text{सम्पूर्ण द्रव}\left(\frac{1-\text{पहली बार निकाले गए द्रव की मात्रा}}{\text{कुल द्रव}}\right)^n$$

$$= p\left(1-\frac{q}{p}\right)^n$$

मिश्रण के लिए महत्वपूर्ण नियम

(i) W ग्राम किसी पदार्थ के विलयन में पदार्थ की मात्रा x% है, तो विलयन में उस पदार्थ की कितनी मात्रा मिलाई जाए, कि विलयन में पदार्थ की मात्रा y% हो जाए, तब

$$\text{पदार्थ की मिलाई गई अभीष्ट मात्रा} = \left[W\left(\frac{y-x}{100-y}\right)\right] \text{ ग्राम}$$

(ii) किसी वस्तु या विलयन में पानी की मात्रा किस अनुपात में मिलाई जाए, कि मिश्रण को उसके क्रय मूल्य पर बेचने पर x% का लाभ हो तब,

$$\text{अभीष्ट अनुपात} = \frac{x}{100} : 1 \text{ अथवा } x : 100$$

(iii) एक मिश्रण जिसमें दूध की एक निश्चित मात्रा के साथ-साथ 'l' लीटर पानी है, का मूल्य ₹ x प्रति लीटर है। यदि शुद्ध दूध का मूल्य ₹ y प्रति लीटर हो, तब

$$\text{मिश्रण में दूध की मात्रा} = \left[l\left(\frac{x}{y-x}\right)\right] \text{ लीटर}$$

(iv) ₹ x प्रति किग्रा. वाली किसी वस्तु को ₹ y प्रति किग्रा. की किसी वस्तु के साथ किस अनुपात में मिलाया जाए, कि मिश्रण का मूल्य ₹ z प्रति किग्रा. हो जाए, तब

$$\text{अभीष्ट अनुपात} = \left[\frac{y-z}{z-x}\right]$$

(v) एक दुकानदार के पास एक निश्चित वस्तु की W किग्रा. मात्रा है। यह उस वस्तु का कुछ भाग x% लाभ पर तथा शेष भाग y% लाभ पर बेच देता है। जिससे उसे कुल मिलाकर z% लाभ होता है। तब,

(a) x% लाभ पर बेची गई वस्तु की मात्रा $= \left[\left(\frac{y-z}{y-x}\right)\times W\right]$ किग्रा.

(b) y% लाभ पर बेची गई वस्तु की मात्रा $= \left[\left(\frac{z-x}{y-x}\right)\times W\right]$ किग्रा.

हल सहित उदाहरण

उदाहरण–1 : ₹ 8 प्रति किलो ग्राम कीमत वाले 25 किग्रा. नमक में ₹ 15 प्रति किग्रा. कीमत वाला कितना नमक मिलाया जाए, ताकि मिश्रण को ₹ 12 प्रति किग्रा. बेचने पर 25% का लाभ हो?

हल– मिश्रण का औसत मूल्य $= ₹\left(12\times\frac{100}{125}\right) = ₹\frac{48}{5}$

मिश्रण के नियम से-

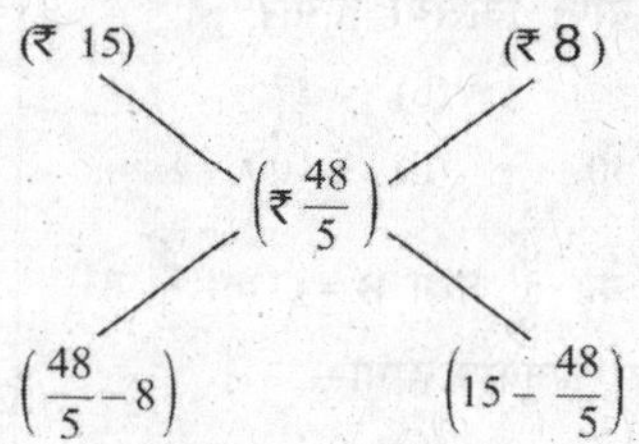

अनुपात $= \frac{8}{5} : \frac{27}{5} = 8 : 27$

$\therefore$ ₹ 15 प्रति किग्रा. वाले नमक की मात्रा

$= \left(25\times\frac{8}{27}\right)$ किग्रा. $= 7.41$ किग्रा.

उदाहरण–2 : पानी और दूध को किस अनुपात में मिलाया जाए, कि उसे क्रय मूल्य पर बेचने से $16\frac{2}{3}$% का लाभ हो?

हल– माना दूध का क्रय मूल्य ₹ 1 प्रति लीटर है।

1 लीटर मिश्रण का क्रय मूल्य $= ₹\left[\frac{100\times3\times1}{350}\right] = ₹\frac{6}{7}$

मिश्रण के नियम से-

1 लीटर पानी का क्रय मूल्य 1 लीटर शुद्ध दूध का क्रय मूल्य

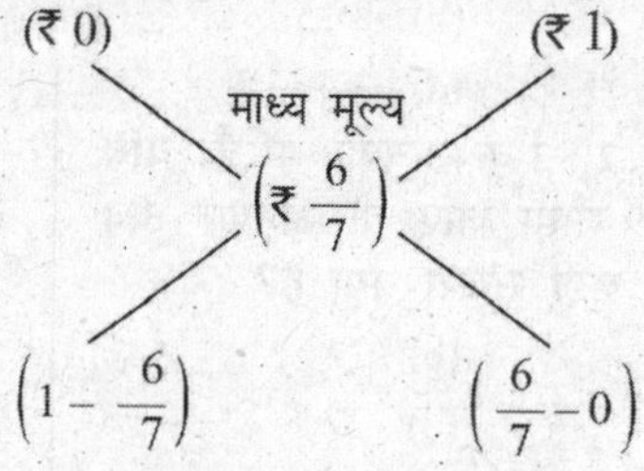

$\therefore$ पानी की मात्रा : दूध की मात्रा $= \frac{1}{7} : \frac{6}{7} = 1 : 6$

प्रश्नमाला

1. A, B तथा C मिलकर कुल ₹ 1,980 कमाते हैं। यदि A एवं B क्रमशः 2:1 तथा B एवं C क्रमशः 3:2 अनुपात में कमाई हैं, तो B की कमाई है–
(a) ₹ 500 (b) ₹ 520
(c) ₹ 540 (d) ₹ 560

2. संख्याओं 6, 7, 15, 17 में से प्रत्येक में कौन-सी संख्या जोड़ने पर परिणामी संख्याए समानुपाती हो जाएँगी?
(a) 6 (b) 5
(c) 4 (d) 3

3. दो रेलवे स्टेशनों के बीच प्रथम तथा द्वितीय श्रेणी, के किरायों का अनुपात 4:1 तथा प्रथम तथा द्वितीय श्रेणियों में यात्रा करने वाले यात्रियों की संख्या का अनुपात 1:40 है। यदि किसी दिन कुल किराया ₹ 100 प्राप्त हुआ हो, तो इसमें प्रथम श्रेणी के यात्रियों से प्राप्त किराया होगा?
(a) ₹ 315 (b) ₹ 275
(c) ₹ 137.50 (d) ₹ 100

4. यदि A = B का $\frac{4}{5}$ तथा B = C का $\frac{5}{2}$ हो, तो A : C का अनुपात होगा–
(a) 1:2 (b) 2:1
(c) 2:3 (d) 1:3

5. A और B की आय का अनुपात 3:2 है और उनके खर्चों का अनुपात 5:3 है। यदि प्रत्येक ₹ 1000 बचा लेता है तो A की आय निकालें?
(a) ₹ 3000 (b) ₹ 5000
(c) ₹ 6000 (d) ₹ 4000

6. यदि $(x : y) = 2 : 1$ है तो, $(x^2 - y^2) : (x^2 + y^2)$ है–
(a) 3:5 (b) 5:3
(c) 1:3 (d) 3:1

7. यदि 2A = 3B और 4B=5C, तो A : C है–
(a) 4:3 (b) 8:15
(c) 15:8 (d) 3:4

8. दो संख्याएँ 2 : 3 के अनुपात में हैं। यदि प्रत्येक में 9 जोड़ा जाए तो अनुपात 3:4 हो जाएगा। बड़ी संख्या क्या है?
(a) 20 (b) 24
(c) 30 (d) 27

9. दो संख्याओं का जोड़ 100 है और उनका अंतर 50 है। उन दो संख्याओं का अनुपात क्या होगा?
(a) 2:1 (b) 3:1
(c) 4:1 (d) 5:1

10. एक तमाशे में पहले दिन प्रति दर्शक से ₹ 150 लिये जाते हैं, दूसरे दिन ₹ 75 लिये जाते हैं और तीसरे दिन ₹ 15 लिये जाते हैं तथा तीनों दिनों की कुल उपस्थिति का अनुपात 2:5:13 था। पूरे तमाशे के लिए प्रत्येक व्यक्ति से औसतन कितने रुपए लिए गये?
(a) ₹ 75.00
(b) ₹ 60.00
(c) ₹ 50.00
(d) ₹ 55.00

11. 35 : 64 ::42: ?
(a) 72 (b) 36
(c) 76 (d) 96

12. निम्नलिखित अनुपातों में सबसे बड़ा अनुपात कौन-सा है?
(a) 7:15 (b) 15:23
(c) 17:25 (d) 21:29

13. एक कॉलेज में लड़के तथा लड़कियाँ 8:5 के अनुपात में हैं। यदि लड़कियों की संख्या 160 है तो कॉलेज में कुल कितने विद्यार्थी हैं?
(a) 356 (b) 416
(c) 260 (d) 250

14. निम्नलिखित अनुपातों का जटिल अनुपात क्या होगा?
3:7, 9 : 13, 5 :12
(a) $\frac{135}{182}$ (b) $\frac{138}{128}$
(c) $\frac{182}{135}$ (d) $\frac{135}{128}$

15. यदि $\frac{A}{B} = \frac{B}{C} = \frac{C}{D} = \frac{D}{E} = \frac{3}{4}$ हो तो A : E का मान निम्न में से कौन होगा?
(a) $\frac{27}{64}$ (b) $\frac{9}{16}$
(c) $\frac{81}{256}$ (d) 3

16. 9 एवं 18 का तृतीयानुपात क्या होगा?
(a) 54 (b) 24
(c) 36 (d) 44

17. बस में भरी और खाली सीटों का अनुपात 1:4 है। बस चलते समय उसमें कुछ और यात्रियों के सवार होने की कोशिश करने से यह अनुपात 4:1 हो जाता है। लेकिन अपने प्रयास में सफल न होने पर उन्होंने उसी क्षमता वाली एक और खाली बस में चढ़ने की कोशिश की और उसमें बैठ गए। इस बस में भरी और खाली सीटों का अनुपात कितना है?
(a) 3:4 (b) 4:1
(c) 3:2 (d) 2:3

18. उर्वरक की एक विशेष प्रकार में, दो रसायन R और T के अनुपात 2:5 है। इस उर्वरक की 21 किग्रा में 3 किलो R जोड़ा जाता है तो नई उर्वरक में R और T के अनुपात क्या होगें?
(a) 1:1 (b) 2:3
(c) 3:5 (d) 4:5

19. एक बॉक्स में एक रुपया, पचास पैसे और पच्चीस पैसे के सिक्के शामिल हैं। सिक्कों की कुल संख्या 378 है। ऊपर सिक्के के मूल्यों का अनुपात 13:11:7 है। पचास पैसे के सिक्के की संख्या का पता लगाएँ–
(a) 78 (b) 164
(c) 168 (d) 132

20. दो संख्याओं का अनुपात 10:7 है और उनका अंतर 105 है। संख्याओं का योग है–
(a) 595 (b) 805
(c) 1190 (d) 1610

21. यदि $\frac{a}{3} = \frac{b}{2}$ हो, तो $\frac{2a+3b}{3a-2b}$ का मान क्या होगा?
(a) $\frac{12}{5}$ (b) $\frac{5}{12}$
(c) 1 (d) $\frac{12}{7}$

22. तीन व्यक्ति A, B व C जिनके वेतनों का योग ₹ 72,000 है, क्रमशः अपने वेतन का 80, 85 तथा 75 प्रतिशत खर्च कर देते हैं। यदि उन तीनों की बचतों का अनुपात 8 : 9 : 20 हो, तो A का वेतन कितना है?
(a) ₹ 20,000 (b) ₹ 16,000
(c) ₹ 22,000 (d) ₹ 18,000

23. एक परीक्षा में कक्षा A तथा कक्षा B के सभी छात्रों के प्राप्तांकों का औसत क्रमशः 68.4 तथा 71.2 है। यदि दोनों कक्षाओं के छात्रों के प्राप्त अंकों का सम्मिलित औसत 70 हो, तो कक्षा A तथा कक्षा B के छात्रों की संख्या का अनुपात है–
(a) 15 : 6 (b) 3 : 7
(c) 4 : 3 (d) 3 : 4

24. यदि $(5x^2 - 3y^2) : xy = 11 : 2$ हो, तो $\frac{x}{y}$ का धनात्मक मान कितना होगा?

(a) $\frac{5}{2}$ (b) $\frac{3}{2}$

(c) $\frac{5}{3}$ (d) $\frac{7}{2}$

25. एक चतुर्भुज के कोणों का अनुपात 6 : 5 : 7 : 2 है। चतुर्भुज का सबसे बड़ा कोण त्रिभुज के सबसे बड़े कोण के बराबर है। त्रिभुज का एक कोण 31° का है। त्रिभुज का सबसे छोटा कोण कितना है?

(a) 29° (b) 31°

(c) 23° (d) 27°

उत्तर (हल/संकेत)

1. (c) $\because$ A : B = 2 : 1 = 6 : 3 तथा

B : C = 3 : 2

$\therefore$ A : B : C = 6 : 3 : 2

आनुपातिक योग = 6 + 3 + 2 = 11

$\therefore$ B की कमाई

$= \frac{3}{11} \times 1980 = 540$

2. (d) अभीष्ट संख्या

$= \frac{6 \times 17 - 7 \times 15}{(7 + 15) - (6 + 17)}$

$= \frac{102 - 105}{22 - 23} = \frac{-3}{-1} = 3$

3. (d) प्रथम तथा द्वितीय श्रेणी से प्राप्त किराये का अनुपात = (4 × 1) : (1 × 40)

= 4 : 40 + 1 : 10

$\therefore$ प्रथम श्रेणी के यात्रियों से प्राप्त किराया

$= \frac{1100}{(1+10)} \times 1 = \frac{1100}{11} \times 1 =$ ₹ 100

4. (b) A : B = 4 : 5 तथा B : C = 5 : 3

$\therefore$ A : C $= \frac{4}{5} \times \frac{5}{2} = \frac{2}{1} = 2:1$

5. (c) माना कि A एवं B की आय क्रमशः $3m$ एवं $2m$ रुपए है एवं उनका खर्च क्रमशः $5n$ एवं $3m$ रुपए है।

प्रश्नानुसार :

$3m - 5n = 1000$ ...(*i*)

$2m - 3n = 1000$ ...(*ii*)

समीकरण (*i*) एवं (*ii*) से

$m = 2000$

तथा

$n = 1000$

$\Rightarrow m = 2 \times 1000 =$ ₹ 2000

$\therefore$ A की आय

$= 3m = 3 \times 2000$

= ₹ 6000

6. (a) $\frac{x}{y} = \frac{2}{1}$ (दिया गया है)

व्यंजक $= \frac{x^2 - y^2}{x^2 - y^2} = \frac{\frac{x^2}{y^2} - 1}{\frac{x^2}{y^2} + 1}$

$\therefore \frac{x}{y} = \frac{2}{1}$ दिया है।

$= \frac{\left(\frac{2}{1}\right)^2 - 1}{\left(\frac{2}{1}\right)^2 + 1} = \frac{4 - 1}{4 + 1} = \frac{3}{5} = 3 : 5$

7. (c) 2A = 3B

$\therefore \frac{A}{B} = \frac{3}{2}$ एवं 4B = 5C

$\therefore \frac{B}{C} = \frac{5}{4}$

$\therefore \frac{A}{B} \times \frac{B}{C} = \frac{3}{2} \times \frac{5}{4} = \frac{15}{8}$

$\Rightarrow$ A : C = 15 : 8

8. (d) माना कि संख्याएँ $2m$ एवं $3m$ हैं ।

प्रश्नानुसार,

$\frac{2m + 9}{3m + 9} = \frac{3}{4}$

$\Rightarrow 9m + 27 = 8m + 36$

$\Rightarrow m = 9$

$\therefore$ बड़ी संख्या

$= 3m = 3 \times 9 = 27$

9. (b) माना कि संख्याएं x एवं y हैं

एवं $x > y$

$\therefore x + y = 100$ ....(*i*)

$x - y = 50$ ....(*ii*)

जोड़ने पर,

$2x = 150 \Rightarrow x = \frac{150}{2} = 75$

समीकरण (*i*) से

$75 + y = 100$

$\Rightarrow y = 100 - 75 = 25$

$\therefore x : y = 75 : 25 = 3:1$

10. (c) माना कि तीनों दिन क्रमशः $2m$, $5m$ एवं $13m$ दर्शक उपस्थित थे।

अभीष्ट औसत

$= \frac{2m \times 150 + 5m \times 75 + 13m \times 25}{2m + 5m + 13m}$

$= \frac{300m + 375m + 325m}{20m}$

$= \frac{1000m}{20m} =$ ₹ 50

11. (b) 35 : 64 :: 42 : 36

↓ तथा ↓ ↓

$3 + 5 = \rightarrow (8)^2 = 64$ $4 + 2$

$= 6 \rightarrow (6)^2 = 36$

12. (d) $\frac{7}{15} = 0.47$; $\frac{15}{23} = 0.65$

$\frac{17}{23} = 0.68$; $\frac{21}{29} = 0.72$

13. (b) कॉलेज में कुल लड़कों की संख्या

$= \frac{8}{5} \times 160 = 256$

$\therefore$ कॉलेज में कुल विद्यार्थियों की संख्या

$= 160 + 256 = 416$

14. (a) जटिल अनुपात $= \frac{3 \times 9 \times 5}{7 \times 13 \times 2}$

$= \frac{135}{182}$

15. (c) A : E $= \frac{A}{B} \times \frac{B}{C} \times \frac{C}{D} \times \frac{D}{E}$

$= \frac{3}{4} \times \frac{3}{4} \times \frac{3}{4} \times \frac{3}{4} = \frac{3^4}{4^4} = \frac{81}{256}$

16. (c) **ट्रिकी सूत्र द्वारा**

तृतीयानुपाती $= \frac{18 \times 18}{9} = 36$

17. (c) माना कि बस में सीटों की संख्या = 50

$\therefore$ भरी सीट = 10 खाली सीट = 40

30 यात्रियों के चढ़ने पर,

भरी सीट = 40, खाली सीट = 10

$\therefore$ अभीष्ट अनुपात = 30 : 20 = 3 : 2

18. (c) माना कि R तथा T की मात्रा क्रमशः $2x$ तथा $5y$ है।

प्रश्न से,

$\therefore 2y + 5y = 21$

$\Rightarrow 7y = 21 \therefore y = 3$

R की मात्रा $= 2y = 2 \times 3 = 6$kg

T की मात्रा $= 5y = 5 \times 3 = 15$ kg

अब R में 3kg और मिलाया जाता है।

$\therefore$ अतः R तथा T का अनुपात

$$= \frac{(6+3)\,kg}{15\,kg} = \frac{9}{15} = \frac{3}{5} = 3:5$$

19. (d) माना कि सिक्कों का मूल्य क्रमशः $13m$, $11m$ तथा $7m$ है।

अब, 1 रुपये के सिक्कों की संख्या $= 13m$

50 पैसे के सिक्कों की संख्या

$= 2 \times 11m = 22\,m$

25 पैसे के सिक्कों की संख्या

$= 4 \times 7m = 28\,m$

$\therefore$ प्रश्न से

$13m + 22m + 28m = 378$

$\Rightarrow 63m = 378 \Rightarrow m = \frac{378}{63} = 6$

$\therefore$ 50 पैसे के सिक्कों की संख्या

$= 22m = 22 \times 6 = 132$

20. (a) माना कि संख्याएँ क्रमशः $10y$ तथा $7y$ हैं।

प्रश्न से

$10y - 7y = 105 \Rightarrow 3y = 105$

$\therefore y = 35$

अतः दोनों का योग

$= 10y + 7y = 17y$

$= 17 \times 35 = 595$

21. (a) $\frac{a}{3} = \frac{b}{2}$

$\Rightarrow \frac{a}{b} = \frac{3}{2}$

$$\therefore \frac{2a+3b}{3a-2b} = \frac{2\left(\frac{a}{b}\right)+3}{3\left(\frac{a}{b}\right)-2} = \frac{\left(2\times\frac{3}{2}\right)+3}{3\times\frac{3}{2}-2}$$

$$= \frac{6}{\frac{9-4}{2}} = \frac{12}{5}$$

22. (b) माना A और B के वेतन क्रमशः ₹ x व ₹ y हैं

$\therefore$ C का वेतन = ₹ $[72{,}000 - (x+y)]$

$\because x \times \frac{20}{100} : y \times \frac{15}{100} :$ ₹$[72{,}000 - (x+y)] \times \frac{25}{100}$
$= 8:9:20$

$\Rightarrow 4x : 3y : [72{,}000 - (x+y)] \times 5 = 8:9:20$

$\Rightarrow \frac{x}{2} = \frac{y}{3} = \frac{(72{,}000 - x - y)}{4}$

$\Rightarrow 4x = 1{,}44{,}000 - 2x - 2y$

$4y = 2{,}16{,}000 - 3x - 3y$

$\Rightarrow 6x = 1{,}44{,}000 - 2y$ ...(i)

$7y = 2{,}16{,}000 - 3x$ ...(ii)

y का मान समीकरण (ii) से (i) में रखने पर,

$6x = 1{,}44{,}000 - \frac{2}{7}(2{,}16{,}000 - 3x)$

$42x = 10{,}08{,}000 - 4{,}32{,}000 + 6x$

$36x = 5{,}76{,}000$

$\therefore x = \frac{5{,}76{,}000}{36} =$ ₹ 16,000

23. (d) माना कक्षा A तथा कक्षा B में छात्रों की संख्या क्रमशः p तथा q है।

तब $\frac{p \times 68{\cdot}4 + q \times 71{\cdot}2}{(p+q)} = 70$

$\Rightarrow 68{\cdot}4\,p + 71{\cdot}2q = 70p + 70q$

$\Rightarrow 1{\cdot}2q = 1{\cdot}6p$

$\Rightarrow \frac{p}{q} = \frac{1{\cdot}2}{1{\cdot}6} = \frac{12}{16} = \frac{3}{4}$

$\therefore p:q = 3:4$

24. (b) $\frac{5x^2 - 3y^2}{xy} = \frac{11}{2}$

$\Rightarrow 10x^2 - 6y^2 = 11xy$

$\Rightarrow 10x^2 - 6y^2 - 11\,xy = 0$

$\Rightarrow 10x^2 - 11xy - 6y^2 = 0$

$\Rightarrow (2x - 3y)(5x + 2y) = 0$

$\because 5x + 2y = 0$

$\therefore \frac{x}{y} = \frac{-2}{5}$

(ऋणात्मक मान है)

$\therefore 2x - 3y = 0$

$\Rightarrow 2x = 3y$

$\Rightarrow \frac{x}{y} = \frac{3}{2}$

(धनात्मक मान है)

अतः अभीष्ट धनात्मक मान $= \frac{3}{2}$

25. (c) माना चतुर्भुज के चारों कोण क्रमशः $6x^o, 5x^o, 7x^o$ व $2x^o$ हैं,

तब $6x^o + 5x^o + 7x^o + 2x^o = 360$

$\Rightarrow 20x^o = 360$

$\Rightarrow x^o = 18^o$

प्रश्नानुसार,

त्रिभुज का सबसे बड़ा कोण $= 7x^o$

= चतुर्भुज का सबसे बड़ा कोण

$= (7 \times 18)^o = 126^o$

$\therefore$ त्रिभुज का सबसे छोटा कोण

$= 180^o - (126^o + 31^o)$

$= (180^o - 157^o) = 23^o$

❑❑❑

प्रतिशतता

हम जानते हैं 'प्रतिशत' शब्द में प्रति का अर्थ 'प्रत्येक' तथा 'शत' का अर्थ है 'सैकड़ा' अर्थात् प्रतिशत का अर्थ है प्रति सैकड़ा।

दूसरे शब्दों में हम कह सकते हैं 'प्रतिशत' वह भिन्न है, जिसका हर 100 तथा अंश एक अन्य संख्या होती है। भिन्न का अंश प्रतिशत दर (Rate Percent) कहलाता है।

जैसे– (i) $5\% = \frac{5}{100}\% = \frac{1}{20}\%$

(ii) $15\% = \left(15 \times \frac{1}{100}\right) = \frac{3}{20}$

कुछ महत्वपूर्ण स्मरणीय बिन्दु

(i) $\frac{a}{b}$ को प्रतिशत में बदलना–

$$\frac{a}{b} = \left(\frac{a}{b} \times 100\right)\%$$

(ii) $a\%$ को भिन्न में बदलना–

$$a\% = \frac{a}{100}\%$$

(iii) किसी संख्या या वस्तु का $a\%$ ज्ञात करने के लिए–

$$a\% \times \text{वस्तु या संख्या} = \left(\frac{a}{100} \times \text{वस्तु या संख्या}\right)$$

(iv) यदि किसी संख्या का $a\%$, b हो तब

$$\text{संख्या} = \left(\frac{b}{a} \times 100\right)$$

(v) $$\text{वृद्धि प्रतिशतता} = \left[\frac{\text{मात्रा में वृद्धि}}{\text{मूल मात्रा}} \times 100\right]\%$$

(vi) $$\text{कमी प्रतिशतता} = \left[\frac{\text{मात्रा में कमी}}{\text{मूल मात्रा}} \times 100\right]\%$$

(vii) किसी संख्या a का $b\%$ ज्ञात करना–

$$a \text{ का } b\% = \frac{ab}{100}$$

प्रतिशतता के लिए महत्वपूर्ण नियम

(i) यदि दो राशियां/संख्याएं, तीसरी राशि/संख्या से क्रमशः $a\%$ व $b\%$ अधिक हों, तब

$$\text{पहली राशि का दूसरी राशि से प्रतिशत} = \left[\frac{100+a}{100+b} \times 100\right]\%$$

(ii) यदि दो राशियां/संख्याएं, तीसरी संख्या/राशि से क्रमशः $a\%$ व $b\%$ बड़ी हों तब,

$$\text{दूसरी संख्या का पहली संख्या से प्रतिशत} = \left[\frac{100+b}{100+a} \times 100\right]\%$$

(iii) यदि दो राशियां/संख्याएं, तीसरा राशि/संख्या से क्रमशः $a\%$ व $b\%$ छोटी हों तब,

$$\text{पहली संख्या का दूसरी संख्या से प्रतिशत} = \left[\frac{100-a}{100-b} \times 100\right]\%$$

(iv) एक शहर की वर्तमान जनसंख्या P है तथा यह $R\%$ वार्षिक दर से बढ़ रही है तब,

$$x \text{ वर्ष बाद शहर की जनसंख्या} = P\left(1+\frac{R}{100}\right)^n$$

(v) एक शहर की वर्तमान जनसंख्या P है तथा इसमें $R\%$ वार्षिक दर से कमी हो रही है तब,

$$n \text{ वर्ष बाद शहर की जनसंख्या} = P\left(1-\frac{R}{100}\right)^n$$

(vi) एक शहर की वर्तमान जनसंख्या P है यदि शहर की जनसंख्या में पहले वर्ष $R_1\%$ की वृद्धि, दूसरे वर्ष $R_2\%$ की वृद्धि तथा तीसरे वर्ष $R_3\%$ की वृद्धि हो तो,

$$3 \text{ वर्ष बाद शहर की जनसंख्या} = P\left(1+\frac{R_1}{100}\right)\left(1+\frac{R_2}{100}\right)\left(1+\frac{R_3}{100}\right)$$

हल सहित उदाहरण

उदाहरण–1 : एक परीक्षा में 30% विद्यार्थी गणित में तथा 25% विद्यार्थी अंग्रेजी में अनुत्तीर्ण हुए एवं 15% विद्यार्थी दोनों विषयों में अनुत्तीर्ण हुए कक्षा की सफलता परिणाम का प्रतिशत क्या है?

हल– केवल गणित में अनुत्तीर्ण होने वाले विद्यार्थियों का प्रतिशत

$= (30 - 15)\% = 15\%$

केवल अंग्रेजी में अनुत्तीर्ण होने वाले विद्यार्थियों का प्रतिशत

$= (25 - 15)\% = 10\%$

$\therefore$ दोनों विषयों में अनुत्तीर्ण होने वाले विद्यार्थियों का कुल का प्रतिशत

$= (15 + 10 + 15)\% = 40\%$

$\therefore$ दोनों विषयों में उत्तीर्ण होने वाले कुल विद्यार्थियों का प्रतिशत

$= (100 - 40)\% = 60\%$

अत: कक्षा का सफलता परिणाम प्रतिशत = 60%

उदाहरण–2 : 9 लीटर H_2SO_4 के विलयन में 50% अम्ल है तो इसे 30% अम्लीय विलयन बनाने के लिए कितना पानी मिलाना चाहिए?

हल– 9 लीटर H_2SO_4 के विलयन में अम्ल की मात्रा

$$= \left(9 \times \frac{50}{100}\right) \text{लीटर} = 4.5 \text{ लीटर}$$

माना इसमें x लीटर पानी मिलाया जाए,

तब प्रश्नानुसार, $(9 + x) \times \frac{30}{100} = 4.5$

$\Rightarrow \quad 270 + 30x = 450$

$\Rightarrow \quad 30x = 180$

$x = 6$ लीटर

अत: मिलाए जाने वाले पानी की अभीष्ट मात्रा = 6 लीटर

उदाहरण–3 : एक घर का बीमा, घर की वास्तविक कीमत की $\frac{4}{5}$ राशि पर किया जाता है यदि उस पर प्रीमियम की राशि 1.3% की दर से ₹ 910 है तो मकान की वास्तविक कीमत ज्ञात कीजिए।

हल– माना मकान के ₹ x राशि का बीमा किया गया

$$\therefore \quad x \times \frac{1.3}{100} = 910$$

$$\Rightarrow \quad x = \left(\frac{910 \times 100}{1.3}\right) = 70,000$$

प्रश्नानुसार, $70000 =$ मकान का मूल्य $\times \frac{4}{5}$

$\therefore$ मकान का मूल्य $=$ ₹ $\left(\frac{70000 \times 5}{4}\right) =$ ₹ 87,500

उदाहरण–4 : विनय अपने वेतन का 15% भाग सांवधि जमा खाते में जमा कर देता है और शेष धन राशि का 30% भाग खर्च कर देता है। यदि अब उसके पास ₹ 2380 शेष बचे, तो उसका वेतन कितना होगा?

हल– माना विनय का मासिक वेतन = ₹ x

सावधि जमा खाते में जमा की गई राशि $= x \times \frac{15}{100} =$ ₹ $\frac{15}{100}x$

$\therefore$ शेष धनराशि $= \left(x - \frac{15}{100}x\right) =$ ₹ $\frac{85}{100}x$

$\therefore$ खर्च की गई धनराशि $= \frac{30}{100} \times \frac{85}{100}x$

$\therefore$ शेष धनराशि $= \frac{85}{100}x - \frac{85}{100}x \times \frac{30}{100}$

$$= \frac{85}{100}x\left(1 - \frac{30}{100}\right) = \frac{85}{100} \times \frac{70}{100}x$$

प्रश्नानुसार, $\frac{85}{100} \times \frac{70}{100}x = 2380$

$$\Rightarrow \quad x = \left(\frac{2380 \times 100 \times 100}{85 \times 70}\right) = ₹\ 4000$$

प्रश्नमाला

1. यदि किसी भिन्न के अंश का 300% बढ़ाया जाता है एवं हर को 500% बढ़ाया जाता है, तो परिणामी भिन्न $\frac{5}{12}$ होता है। मूल भिन्न क्या था?

(a) $\frac{5}{8}$ (b) $\frac{5}{11}$
(c) $\frac{12}{5}$ (d) $\frac{5}{7}$

2. किसी संख्या के 16% का मान 136 के बराबर है। वह संख्या क्या है?

(a) 750 (b) 800
(c) 850 (d) 900

3. एक कक्षा के 54 विद्यार्थियों में 30 लड़के हैं। कक्षा में लड़कियों का प्रतिशत आसन्नत: कितना है?

(a) 30% (b) 33.33%
(c) 44.5% (d) 45%

4. यदि किसी संख्या का 0.002 का 10% हो, तो उसी संख्या के $\frac{3}{5}$ का 10% क्या होगा?

(a) 300 (b) 3000
(c) 30000 (d) 300000

5. किसी संख्या के प्रतिशत का 40 प्रतिशत 80 है। उसी संख्या का 60 प्रतिशत कितना होगा?

(a) 400 (b) 450
(c) 460 (d) 480

6. एक चुनाव में कुल वोटों में 10% प्रतिशत को अवैध घोषित कर दिया गया। पराजित प्रत्याशी को वैध वोटों के 40% वोट प्राप्त हुए तो जीते हुए प्रत्याशी को कुल मतदान के कितने प्रतिशत मत प्राप्त हुए?

(a) 50% (b) 54%
(c) 60% (d) 62%

7. यदि किसी संख्या का 10% इससे घटाया जाय तो परिणाम 1800 होता है, वह संख्या है :

(a) 1900 (b) 2000
(c) 2100 (d) 2140

8. किसी परीक्षा में 52% विद्यार्थी हिन्दी और 42% अंग्रेजी में फेल हुए। यदि 17% विद्यार्थी इन दोनों विषयों में फेल हों तो कितने प्रतिशत विद्यार्थी दोनों विषयों में पास हुए?

(a) 38% (b) 33%
(c) 23% (d) 18%

9. जगदीश अपने मासिक वेतन का $67\frac{1}{2}\%$ घरेलू खर्चों पर व्यय करता है और $13\frac{1}{2}\%$ बैंक में जमा करता है। इसके बाद भी उसके पास ₹ 285 शेष रहते हैं। उसका मासिक वेतन कितना है?

(a) ₹ 1,000 (b) ₹ 1,250
(c) ₹ 1,500 (d) ₹ 1,800

10. एक विद्यालय में 85 लड़के व 35 लड़कियों ने सार्वजनिक परीक्षा दी। लड़कों का माध्य प्राप्त अंक 40% व लड़कियों का माध्य प्राप्त अंक 60% था, तो विद्यालय का औसत प्राप्त अंक प्रतिशत में बताएं।

(a) 50.60 (b) 54.16
(c) 45.83 (d) 48.53

11. निम्नलिखित प्रश्न में प्रश्नचिन्ह (?) के स्थान पर क्या आएगा?

1605 का $\frac{4}{5}$ + 580 का 30% = 6589 – ?

(a) 3461 (b) 3781
(c) 3771 (d) इनमें से कोई नहीं

12. ईंधन के मूल्य में 20% की वृद्धि होने पर इसकी खपत में कितने प्रतिशत की कटौती की जाए कि खर्च पूर्ववत रहे?

(a) 20 % (b) 14.44 %
(c) $16\frac{2}{3}$% (d) 15%

13. किसी चुनाव में 55% मत पाने वाले उम्मीदवार ने अपने एकमात्र प्रतिद्वन्द्वी को 121 मतों से पराजित किया। बताइये कि कुल मतों की संख्या क्या है?

(a) 2400 (b) 2420
(c) 1360 (d) 1210

14. 3.5 को प्रतिशत रूप में कैसे प्रदर्शित किया जाएगा?

(a) 35% (b) 350%
(c) 3.5% (d) 0.35%

15. एक नगर के 40 प्रतिशत लोग अखबार 'क' पढ़ते है और 50 प्रतिशत लोग अखबार 'ख' पढ़ते हैं। यदि 10 प्रतिशत लोग दोनों अखबार पढ़ते हो तो कितने लोग ऐसे हैं, जो कोई अखबार नहीं पढ़ते?

(a) 10% (b) 15%
(c) 20% (d) 25%

16. एक शहर की वर्तमान जनसंख्या 10,000 है। यदि जनसंख्या प्रतिशत 10% की दर से बढ़े, तो तीन वर्षों के बाद उस शहर की जनसंख्या होगी :

(a) 13,310 (b) 13,500
(c) 14,000 (d) 14,500

17. A, B तथा C की मजदूरी कुल राशि ₹ 333 है। वे अपनी मजदूरी का क्रमशः 80%, 85% तथा 75% खर्च करते हैं। यदि उनकी बचत का अनुपात 7 : 6 : 9 हो, तो उनकी अपनी मजदूरी है, क्रमश :

(a) ₹ 102, ₹ 118, ₹ 113
(b) ₹ 105, ₹ 120, ₹ 108
(c) ₹ 85, ₹ 125, ₹ 123
(d) इनमें से कोई नहीं

18. (450 का 0.9%) ÷ (250 का 0.2%) = ?

(a) 5.04 (b) 7.5
(c) 8.1 (d) 9.1

19. शुद्ध दूध से भरे एक वर्तन से 20% दूध निकाल कर उसके स्थान पर 20% जल डाल दिया गया। यही प्रक्रिया तीन बार दुहराई गयी। तीसरी प्रक्रिया के अन्त में दूध है :

(a) 40% शुद्ध
(b) 50% शुद्ध
(c) 51.2% शुद्ध
(d) 58.8% शुद्ध

20. एक संख्या 10% घटाने से 30 रह जाती है। उसे 40 बनाने के लिए संख्या को कितना बढ़ाया जाए?

(a) 10% (b) 15%
(c) 20% (d) 25%

21. एक आदमी के दैनिक उत्पादन का $33\frac{1}{3}$% एक दूसरे आदमी के दैनिक उत्पादन के 50% के बराबर है। यदि दूसरा आदमी प्रतिदिन 1500 पेच बनाता है, तो पेच बनाने में पहले आदमी का उत्पादन कितना है?

(a) 500 (b) 1000
(c) 2000 (d) 2250

22. चीनी की कीमत में 20% की कमी हो जाने पर, मुझे ₹ 600 में 5 किग्रा अतिरिक्त चीनी खरीदने का अवसर मिल गया, तो कीमत में कमी होने से पहले चीनी की कीमत कितने रुपये प्रति किग्रा थी?

(a) ₹ 24 (b) ₹ 30
(c) ₹ 32 (d) ₹ 36

23. एक नगर में मतदाताओं की संख्या 1,20,000 है। उनमें A तथा B के बीच के एक चुनाव में, 75% मतदान डाले जाते हैं, तो यदि B को डाले गए मतों के 45% मत मिले हों, तो A को कितने मत मिले?

(a) 49,000 (b) 47,900
(c) 49,500 (d) 47,000

24. राम का व्यय और बचत 3 : 2 के अनुपात में है। उसकी आय में 10 प्रतिशत की वृद्धि होती है और उसका व्यय 12% बढ़ जाता है, तो उसकी बचत में कितनी वृद्धि होगी?

(a) 7% (b) 10%
(c) 9% (d) 13%

25. खाद्य तेल का दाम 25% बढ़ गया है। इस मद पर व्यय न बढ़ाने के लिए परिवार को खाद्य तेल के प्रयोग में कितने प्रतिशत की कमी करनी होगी?

(a) 15% (b) 20%
(c) 25% (d) 30%

26. आकाश को विषय A में 73 अंक मिले हैं, उसने विषय B में 56% और विषय C में X अंक पाए हैं। प्रत्येक विषय में अधिकतम अंक 150 थे। तीनों विषयों में मिलाकर आकाश को कुल 54% अंक मिले हैं। उसे विषय C में कितने अंक मिले हैं?

(a) 84 (b) 86
(c) 79 (d) 73

27. किसी नगर की 3,00,000 की जनसंख्या में 1,80,000 पुरुष हैं। 50% जनसंख्या साक्षर है। यदि 70% पुरुष साक्षर हों, तो साक्षर महिलाओं की संख्या होगी—

(a) 30,000 (b) 54,000
(c) 24,000 (d) 60,000

28. एक विद्यालय जिसमें 500 बच्चे पढ़ते हैं, 10% बच्चे क्रिकेट नहीं खेलते हैं, 20% फुटबाल नहीं खेलते हैं और 4% न तो फुटबाल खेलते हैं और न ही क्रिकेट खेलते हैं। ऐसे कितने बच्चे हैं जो कि फुटबाल खेलते हैं, पर क्रिकेट नहीं खेलते हैं?

(a) 80
(b) 50
(c) 30
(d) पर्याप्त जानकारी नहीं है।

29. किसी मशीन के मूल्य में प्रतिवर्ष 5% का ह्रास होता है। यदि उसका वर्तमान मूल्य ₹ 2,00,000 है, तो 2 वर्ष बाद उसका मूल्य होगा :

(a) ₹ 1,80,500 (b) ₹ 1,99,000
(c) ₹ 1,80,000 (d) ₹ 2,10,000

30. 10,000 सीटों वाले एक स्टेडियम में 100 सीटें छोड़कर सभी टिकट बेच दिए गए। उनमें 20% आधी कीमत पर बिके और शेष सभी ₹ 20 की पूरी कीमत पर बिके, तो टिकटों की बिक्री से प्राप्त कुल कितने रुपये मिले?

(a) ₹ 1,58,400 (b) ₹ 1,78,200
(c) ₹ 1,80,000 (d) ₹ 1,98,000

उत्तर (हल/संकेत)

1. (a) माना कि मूल भिन्न $= \frac{x}{y}$

प्रश्नानुसार

$\frac{x \times 400}{y \times 600} = \frac{5}{12}$

$\Rightarrow \frac{2x}{3y} = \frac{5}{12}$

$\Rightarrow \frac{x}{y} = \frac{5}{12} \times \frac{3}{2} = \frac{5}{8}$

2. (c) माना संख्या p है।

$p \times \frac{16}{100} = 136$

$p = \frac{136 \times 100}{16} = \frac{1700}{2} = 850$

3. (c) कक्षा में लड़कियों की संख्या
$54 - 30 = 24$

$\therefore$ लड़कियों का प्रतिशत $= \frac{24 \times 100}{54}$

$= 44.44444 = 44.5\%$

4. (c) माना संख्या $= y$

प्रश्नानुसार,

y का $0.002\% = 10$

$\therefore y = \frac{10 \times 100}{0.002} = 500000$

y का $\frac{3}{5}$ का 10%

$= 500000$ के $\frac{3}{5}$ का $\frac{10}{100}$

$= 5000 \times \frac{3}{5} \times 10 = 30000$

5. (d) माना संख्या y है।

y का $25\% = y \times \frac{25}{100} = \frac{y}{4}$

$\frac{y}{4}$ का $40\% = \frac{y}{4} \times \frac{40}{100} = \frac{y}{10}$

$\therefore \frac{y}{10} = 80$

$\Rightarrow y = 800$

y का $60\% = 800 \times \frac{60}{100} = 480$

6. (b) माना कुल वोट $= 100$

अवैध वोट $= 10$

$\therefore$ वैध वोट $= 90$

हारे हुए प्रत्याशी द्वारा प्राप्त वोट

$= \frac{40 \times 90}{100} = 36$

जीते हुए प्रत्याशी द्वारा प्राप्त वोट

$= (90 - 36) = 54\%$

अर्थात् कुल वोटों का 54%

7. (b) माना कि संख्या = y

प्रश्नानुसार,

$y - \frac{10y}{100} = 1800 \Rightarrow \frac{9y}{10} = 1800$

$\Rightarrow y = \frac{1800 \times 10}{9} = 2000$

8. (c) दोनों विषयों में पास हुए विद्यार्थियों का प्रतिशत

$= (100 - 52) + (100 - 42) - (100 - 17)$

$= 48 + 58 - 83 = 23\%$

9. (c) जगदीश का व्यय = घरेलू खर्चों का व्यय + बैंक में जमा

$= 67\frac{1}{2}\% + 13\frac{1}{2}\% = 81\%$

अत: शेष राशि $= 100 - 81 = 19\%$

$\therefore 100\% = \frac{100}{19} \times 285 =$ ₹ 1,500

10. (c) विद्यालय का औसत प्राप्तांक प्रतिशत

$= \frac{85 \times 40 + 35 \times 60}{(85 + 35)}$

$= \frac{3400 + 2100}{120} = \frac{550}{12} = 45.83$

11. (b) 1605 का $\frac{4}{5}$ + 5080 का 30%

$= 6589 - ?$

$\Rightarrow 1284 + 1524 = 6589 - ?$

$\Rightarrow ? = 6589 - 1284 - 1524$

$\Rightarrow ? = 3781$

12. (c) **ट्रिकी सूत्र से**

अभीष्ट % कमी $= \frac{20 \times 100}{120} = 16\frac{2}{3}\%$

13. (d) पराजित प्रत्याशी को मिला मत प्रतिशत

$= 100 - 55 = 45\%$

$\therefore (55 - 45)\% = 121$

$\therefore 100\% = \frac{121 \times 100}{(55 - 45)} = 1210$

14. (b) किसी संख्या को प्रतिशत में बदलने के लिए उसमें 100% से गुणा कर देते हैं।

जैसे- $x = x \times 100\% = 100x\%$

$\therefore 3.5 = 3.5 \times 100 = 350\%$

15. (c) माना शहर में 100 लोग हैं, अखबार 'क' तथा अखबार 'ख' पढ़ने वालों की संख्या

$= 50 + 40 - 10 = 80\%$

अत: कोई भी अखबार न पढ़ने वाले

$= 100 - 80 = 20\%$

16. (a)

$P = P_0\left(1 + \frac{R}{100}\right)^T = 10000\left(1 + \frac{10}{100}\right)^3$

$= \frac{10000 \times 11 \times 11 \times 11}{1000} = 13310$

17. (b) माना कि A की बचत $= 7m$ ₹, B की बचत $= 6x$ ₹ एवं C की बचत $= 9m$ ₹ है

A की आय $= \frac{7m}{20} \times 100 = 35m$

B की आय

$\because 15\% \equiv 6m$

$\therefore 100\% \equiv \frac{6m}{15} \times 100 = 40m$

C की आय $= \frac{9m \times 100}{25}$

$\therefore 35m + 40m + 36m = 333$

$111m = 333$

$m = 3$

A, B, C की मजदूरी

$= 35 \times 3, 40 \times 3, 36 \times 3$

= ₹ 105, ₹ 120, ₹ 108

18. (c) $\left(\frac{0.9}{100} \times 450\right) \div \left(\frac{0.2}{100} \times 250\right)$

या $\frac{0.9 \times 450}{0.2 \times 250} = \frac{9 \times 450}{2 \times 250} = 8.1$

19. (c) माना लिया कि बर्तन में दूध = 100 लीटर है।

$\therefore$ प्रश्नानुसार, तीसरी प्रक्रिया के बाद दूध की मात्रा

$= \left[100\left(1 - \frac{20}{100}\right)^3\right]$

$= \left[100\left(\frac{4}{5}\right)^3\right] = \frac{100 \times 64}{125} = 51.2\%$

20. (c) माना वह संख्या = x

तब $x - \frac{10}{100}x = 30$

$\Rightarrow \frac{90}{100}x = 30$

$\therefore x = \frac{100}{3}$

माना संख्या को y % बढ़ाया गया, तब

$x + x \times \frac{y}{100} = 40$

$\Rightarrow \frac{100}{3} + \frac{100}{3} \times \frac{y}{100} = 40$

$\Rightarrow \frac{y}{3} = 40 - \frac{100}{3}$

$\Rightarrow \frac{y}{3} = \frac{20}{3}$

$\Rightarrow y = 20\%$

21. (d) दूसरे आदमी के उत्पादन का 50%

$= \left(1500 \times \frac{50}{100}\right) = 750$

$\therefore$ पहले आदमी का उत्पादन

$= \left(750 \times \frac{3}{100} \times 100\right) = 2250$

22. (b) माना चीनी की वास्तविक कीमत = ₹ x प्रति किग्रा

तब $\frac{600}{\left(\frac{80}{100}x\right)} - \frac{600}{x} = 5$

$\Rightarrow \frac{60 \times 100}{8x} - \frac{600}{x} = 5$

$\Rightarrow 40x = 6{,}000 - 4{,}800$

$\Rightarrow 40x = 1{,}200$

$\therefore x = \frac{1{,}200}{40}$ = ₹ 30 प्रति किग्रा.

23. (c) डाले गए कुल मतों की संख्या

$= \left(1{,}20{,}000 \times \frac{75}{100}\right) = 90{,}000$

$\therefore$ A को प्राप्त मतों की संख्या

$= 90{,}000 \times \frac{(100 - 45)}{100}$

$= \left(90{,}000 \times \frac{55}{100}\right) = 49{,}500$

24. (a) माना राम का व्यय ₹ $3x$ व बचत ₹ $2x$ है,

तब राम की आय = ₹ $(3x + 2x)$ = ₹ $5x$

$\therefore$ राम की नई बचत= $5x \times \frac{110}{100} - 3x \times \frac{112}{100}$

$= \frac{550x - 336x}{100}$

$= \frac{214x}{100} = 2{\cdot}14x$

$\therefore$ बचत में प्रतिशत वृद्धि

$= \left(\frac{2{\cdot}14x - 2x}{2x} \times 100\right)\%$

$= \frac{(0.14x \times 50)\%}{x} = 7\%$

25. (b)

अभीष्ट कमी प्रतिशत $= \frac{25}{(100+25)} \times 100\%$

$= \left(\frac{25}{125} \times 100\right)\% = 20\%$

26. (b)

माना आकाश को विषय C में x अंक मिले,

तब आकाश को मिले कुल अंक

$= \left(\frac{54}{100} \times 450\right) = 243$

$\therefore x = \left(243 - 73 - 56 \times \frac{150}{100}\right)$

$= \left(170 - 56 \times \frac{3}{2}\right)$

$= (170 - 84) = 86$

27. (c) कुल जनसंख्या = 3,00,000

कुल पुरुष = 1,80,000

कुल साक्षर जनसंख्या $= \left(3{,}00{,}000 \times \frac{50}{100}\right)$

= 1,50,000

साक्षर पुरुषों की संख्या $= \left(1{,}80{,}000 \times \frac{70}{100}\right)$

= 1,26,000

$\therefore$ कुल साक्षर महिलाएं = (1,50,000 – 1,26,000)

= 24,000

28. (c) वे विद्यार्थी जो क्रिकेट नहीं खेलते हैं

$= \left(500 \times \frac{10}{100}\right) = 50$

वे विद्यार्थी जो फुटबॉल नहीं खेलते हैं

$= \left(500 \times \frac{20}{100}\right) = 100$

वे विद्यार्थी जो फुटबॉल तथा क्रिकेट दोनों नहीं खेलते हैं

$= \left(500 \times \frac{4}{100}\right) = 20$

$\therefore$ फुटबॉल खेलने वाले विद्यार्थी

= (500 – 100) = 400

क्रिकेट खेलने वाले विद्यार्थी

= (500 – 50) = 450

वे विद्यार्थी जो क्रिकेट नहीं खेलते केवल फुटबॉल खेलते हैं

$F \cup C = F + C - F \cap C$

$\therefore 480 = 400 + 450 - F \cap C$

$\therefore F \cap C = (850 - 480) = 370$

$\therefore$ अभीष्ट संख्या= (400 – 370) = 30

29. (a) 2 वर्ष बाद मशीन का मूल्य

$= P\left(1 - \frac{R}{100}\right)^2$

$= 2{,}00{,}000\left(1 - \frac{5}{100}\right)^2$

$= \left(2{,}00{,}000 \times \frac{19}{20} \times \frac{19}{20}\right)$

= ₹ 1,80,500

30. (b) बेचे गए टिकटों की संख्या

= (10000 – 100) = 9900

9900 के 20% टिकट $= 9900 \times \frac{20}{100} = 1980$

$\therefore$ टिकटों की बिक्री से प्राप्त कुल धन

= (1,980 × 10 + 7,920 × 20)

= ₹ (19,800 + 1,58,400)

= ₹ 1,78,200

❑❑❑

लाभ, हानि एवं बट्टा

1. क्रय मूल्य (Cost price) : वह मूल्य जिस पर कोई वस्तु क्रय की जाती है, उस वस्तु का क्रय मूल्य कहलाता है।

2. विक्रय मूल्य (Selling price) : वह मूल्य जिस पर कोई वस्तु विक्रय की जाती है, उस वस्तु का विक्रय मूल्य कहलाता है।

3. लाभ (Profit) : किसी वस्तु को उसके क्रय मूल्य से जितने अधिक रुपए पर बेचा जाता है, वह वस्तु का लाभ कहलाता है।

लाभ = (विक्रय मूल्य – क्रय मूल्य)

4. हानि (Loss) : किसी वस्तु को उसके क्रय मूल्य से जितने कम रुपए पर बेचा जाता है, वह वस्तु की हानि कहलाती है।

हानि = (क्रय मूल्य – विक्रय मूल्य)

सामान्य सूत्र

(i) प्रतिशत लाभ $= \left(\frac{\text{लाभ}}{\text{क्रय मूल्य}} \times 100\right)\%$

(ii) हानि प्रतिशत $= \left(\frac{\text{हानि}}{\text{क्रय मूल्य}} \times 100\right)\%$

(iii) क्रय मूल्य $= \frac{100}{(100 + \text{लाभ }\%)} \times \text{विक्रय मूल्य}$

(iv) क्रय मूल्य $= \frac{100}{(100 - \text{हानि }\%)} \times \text{विक्रय मूल्य}$

(v) विक्रय मूल्य $= \frac{(100 + \text{लाभ }\%)}{100} \times \text{क्रय मूल्य}$

(vi) विक्रय मूल्य $= \frac{(100 - \text{हानि }\%)}{100} \times \text{क्रय मूल्य}$

नोट–हानि और लाभ प्रतिशत की गणना सदैव क्रय मूल्य पर की जाती है।

लाभ एवं हानि के लिए कुछ महत्वपूर्ण नियम

(i) किसी व्यक्ति द्वारा 1 वस्तु को ₹ x में बेचने पर जितना लाभ होता है उतना ही उसे उस वस्तु को ₹ y में बेचने पर हानि होती है तब,

$$\text{वस्तु का क्रय मूल्य} = ₹\left(\frac{x+y}{2}\right)$$

(ii) यदि x वस्तुओं का क्रय मूल्य y वस्तुओं के विक्रय मूल्य के बराबर हो, तब

$$\text{लाभ प्रतिशत} = \left[\frac{x-y}{y} \times 100\right]\% \text{ (जबकि } x > y)$$

(iii) यदि x वस्तुओं का क्रय मूल्य y वस्तुओं के विक्रय मूल्य के बराबर हो, तब

$$\text{हानि प्रतिशत} = \left[\frac{y-x}{y} \times 100\right]\% \text{ जबकि } (y > x)$$

(iv) एक व्यक्ति x वस्तुओं को ₹ y में खरीदता है तथा y वस्तुओं को ₹ x में बेचता है तब,

$$\text{उसका लाभ प्रतिशत} = \left[\frac{x^2 - y^2}{y^2} \times 100\right]\% \text{ जबकि } x > y$$

(v) यदि दो वस्तुओं को एक ही मूल्य ₹ R में बेचा जाए और यदि एक वस्तु पर x % लाभ तथा दूसरी वस्तु पर x % की हानि हो, तब पूरे व्यापार में सदैव हानि ही होती है अतः

(i) कुल हानि प्रतिशत $= \left(\frac{x}{10}\right)^2 \%$

(vi) एक दुकानदार गलत बांटों का प्रयोग करते हुए x ग्राम बांट के स्थान पर y ग्राम बांट का प्रयोग करता है और वह अपने क्रय मूल्य पर ही सामान को बेचता है तब,

$$\text{बेईमान दुकानदार का प्रतिशत लाभ} = \left[\frac{x-y}{y} \times 100\right]\%$$

हल सहित उदाहरण

उदाहरण–1 : एक व्यक्ति ₹ 4 प्रतिदर्जन की दर से 50 दर्जन अण्डे खरीदता है इसमें से 40 अण्डे टूटे पाए गए। वह शेष अण्डों को किस दर से बेचे कि उसे 5% का लाभ हो?

हल– 50 दर्जन अण्डों का क्रय मूल्य $= (50 \times 4) = ₹\, 200$

40 अण्डे टूट जाने पर शेष बचे अण्डे $= (50 \times 12 - 40)$

$= (600 - 40) = 560$

$\therefore$ 5 % लाभ पर विक्रय मूल्य $= \left(200 \times \frac{105}{100}\right) = ₹\, 210$

$\therefore$ 560 अण्डों को बेचा जाता है = ₹ 210 में

$\therefore$ 1 अण्डा बेचा जाता है $= ₹\, \frac{210}{560}$ में

$\therefore$ 12 अण्डों को बेचा जाता है $= ₹\left(\frac{210}{560} \times 12\right) = ₹\, 4.5$ में

उदाहरण–2 : एक व्यक्ति ₹ 40000 में एक खेत खरीदता है वह इसका $\frac{1}{5}$ भाग 25 प्रतिशत की हानि से तथा $\frac{3}{8}$ भाग 25 प्रतिशत लाभ से बेचता है वह शेष भूमि को कितने में बेचे कि उसे कुल मिलाकर 10 प्रतिशत का लाभ हो?

हल– $\frac{1}{5}$ भाग खेत का विक्रय मूल्य $= \left(\frac{1}{5} \times 40000 \times \frac{75}{100}\right)$

$= ₹ 6000$

$\frac{3}{8}$ भाग खेत का विक्रय मूल्य $= \left(\frac{3}{8} \times 40000 \times \frac{125}{100}\right)$

$= ₹ 18750$

पूरे खेत में 10 प्रतिशत का लाभ प्राप्त करने के लिए

विक्रय मूल्य $= \left(40000 \times \frac{110}{100}\right)$

$= 44000$

$\therefore$ अभीष्ट विक्रय मूल्य $= 44000 - (6000 + 18750)$

$= ₹ 19250$

उदाहरण–3 : एक व्यक्ति किसी वस्तु को ₹75 में बेचकर क्रय मूल्य का $\frac{1}{4}$ भाग लाभ उठाता है उस वस्तु का क्रय मूल्य है–

हल– माना वस्तु का क्रय मूल्य $= ₹ x$

$\therefore$ लाभ $= ₹ \frac{x}{4}$

$\therefore$ वस्तु का विक्रय मूल्य $= ₹ \left(x + \frac{x}{4}\right) = ₹ \frac{5}{4}x$

$\because$ $\frac{5}{4}x = 75$

$\Rightarrow$ $x = ₹ 60$

उदाहरण–4 : एक रेफ्रिजरेटर 10% हानि पर ₹8100 में बेच दिया जाता है उसे कितने रुपए में बेचा जाए कि 10 % का लाभ हो?

हल– रेफ्रिजरेटर का क्रय मूल्य $= \frac{100}{100-10} \times 8100$

$= \left(\frac{100}{90} \times 8100\right) = ₹ 9000$

$\therefore$ 10% लाभ प्राप्त करने के लिए

रेफ्रिजरेटर का विक्रय मूल्य $= \left(\frac{110}{100} \times 9000\right) = ₹ 9900$

अंकित मूल्य (Marked price or List Price)

किसी वस्तु पर लिखा हुआ मूल्य, उस वस्तु का सूची मूल्य या अंकित मूल्य कहलाता है। बट्टा या छूट सदैव अंकित मूल्य पर ही दिया जाता है।

सामान्य सूत्र

(*i*) बट्टा = अंकित मूल्य-विक्रय मूल्य

(*ii*) फुटकर बट्टा = अंकित मूल्य × $\frac{\text{बट्टे की दर}}{100}$

(*iii*) बट्टा प्रतिशत = $\frac{\text{अंकित मूल्य-विक्रय मूल्य}}{\text{अंकित मूल्य}} \times 100$

अथवा

बट्टा प्रतिशत = $\frac{\text{वास्तविक बट्टा}}{\text{अंकित मूल्य}} \times 100$

(*iv*) विक्रय मूल्य = अंकित मूल्य $\left(1 - \frac{\text{बट्टा}}{100}\right)$

(*v*) यदि किसी वस्तु की बिक्री पर क्रमिक दो बट्टे $a\%$ और $b\%$ हों, तो इसके समतुल्य बट्टा $(a + b)\%$ के बट्टे से सदैव कम होता है।

बट्टा के लिए कुछ महत्वपूर्ण नियम

(i) दो क्रमिक बट्टों $a\%$ व $b\%$ के समतुल्य-

एकल बट्टा = $\left[100 - \frac{(100-a)(100-b)}{100}\right]\%$

एकल बट्टा = $\left[a + b - \frac{ab}{100}\right]\%$

(ii) तीन क्रमिक छूटों $a\%$, $b\%$ व $c\%$ के समतुल्य-

एकल बट्टा = $100 - \frac{(100-a)(100-b)(100-c)}{100 \times 100}\%$

(iii) एक वस्तु का अंकित मूल्य ₹ R है। यदि इस पर दो क्रमिक बट्टे $a\%$ व $b\%$ दिए जा रहे हों, तब

उस वस्तु का विक्रय मूल्य = ₹ $\left[\frac{R(100-a)(100-b)}{100 \times 100}\right]$

(iv) एक वस्तु का अंकित मूल्य ₹ R है। इसमें तीन क्रमिक बट्टे $a\%$, $b\%$ व $c\%$ दिए जा रहे हैं। तब,

उस वस्तु का विक्रय मूल्य = ₹ $\left(\frac{R(100-a)(100-b)(100-c)}{100 \times 100 \times 100}\right)$

(v) एक व्यक्ति अपने सामान का मूल्य, क्रय मूल्य से x % बढ़ाकर अंकित करता है और नगद भुगतान पर $y\%$ की छूट देता है। यदि वह सामान को ₹ R में बेचता है, तब

उस सामान का क्रय मूल्य = ₹ $\left[\frac{R \times 100 \times 100}{(100+x)(100-y)}\right]$

हल सहित उदाहरण

उदाहरण–1 : एक दुकानदार वस्तु के अंकित मूल्य पर 10% की छूट देता है। लेकिन वह दी गई छूट की राशि पर 8% का कर भी लेता है। यदि कर सहित कोई भी ग्राहक उस वस्तु के ₹ 680.40 अदा करता है, तो उस वस्तु का अंकित मूल्य कितना है?

हल– माना वस्तु का अंकित मूल्य $= ₹ x$

$\therefore$ वस्तु का विक्रय मूल्य $= ₹ \frac{90}{100}x = \frac{9}{10}x$

$\because$ $\frac{9}{10}x \times \frac{108}{100} = ₹ 680.40$

$\Rightarrow$ $x = \left(\frac{680.40 \times 100 \times 10}{9 \times 108}\right)$

$= ₹ 700$

उदाहरण—2 : एक दुकानदार किसी वस्तु की बिक्री पर 5% की छूट देता है और 23.5% का लाभ कमाता है। यदि वह कोई भी छूट न दे, तो उसका लाभ प्रतिशत कितना होगा?

हल— माना वस्तु का क्रय मूल्य = ₹ 100

तब, वस्तु का विक्रय मूल्य = (100 + 23.5) = ₹ 123.5

माना वस्तु का अंकित मूल्य = ₹x

तब, $\frac{95}{100}x = 123.50$

$\Rightarrow \quad x = \left(\frac{12350}{95}\right) = ₹\ 130$

अत: वस्तु का विक्रय मूल्य = उसका अंकित मूल्य = ₹ 130

$\therefore$ लाभ प्रतिशत = $\left(\frac{130-100}{100}\times 100\right)\%$

= 30%

उदाहरण—3 : राजा किसी सामान को उसके अंकित मूल्य से $12\frac{1}{2}$% की छूट पर खरीदता है। वह इस सामान को इसके अंकित मूल्य से $17\frac{1}{2}$% लाभ पर बेचता है। राजा का लाभ प्रतिशत ज्ञात कीजिए।

हल— माना सामान का अंकित मूल्य = ₹ 100

$\therefore$ राजा के लिए सामान का क्रय मूल्य = $\left(100-12\frac{1}{2}\right)$ = ₹ 87.5

राजा के लिए सामान का विक्रय मूल्य = ₹ $\left(100+17\frac{1}{2}\right)$ = ₹ 117.5

$\therefore$ लाभ = ₹ (117.5 – 87.5) = ₹ 30

$\therefore$ राजा का लाभ प्रतिशत = $\left(\frac{30}{87.5}\times 100\right)\% = 34\frac{2}{7}\%$

उदाहरण—4 : एक दुकानदार अपने सामान पर इस प्रकार मूल्य अंकित करता है कि 30% का बट्टा देने के पश्चात् भी वह 40% का लाभ कमाता है। उस वस्तु का अंकित मूल्य ज्ञात कीजिए, जिसका क्रय मूल्य ₹ 150 है।

हल— वस्तु का क्रय मूल्य = ₹ 150

$\therefore$ वस्तु का विक्रय मूल्य = ₹ $\left(\frac{140}{100}\times 150\right)$ = ₹ 210

माना वस्तु का अंकित मूल्य = ₹ x

तब, वस्तु का विक्रय मूल्य = ₹ $\left(x\times\frac{70}{100}\right)$ = ₹ $\frac{7}{10}x$

$\because \quad \frac{7}{10}x = 210 \Rightarrow x = ₹\ 300$

प्रश्नमाला

1. तीन वस्तुओं को चार वस्तुओं की लागत पर बेचने से, प्रतिशत लाभ होगा–

(a) 25 % (b) $33\frac{1}{3}$%

(c) $37\frac{1}{2}$% (d) 40 % लाभ

2. किसी वस्तु को ₹ 40 में बेचने पर 40 % की हानि होती है। इसे ₹ 80 में बेचने पर होगा–

(a) 20 % लाभ (b) 10 % हानि

(c) 20 % हानि (d) 10 % लाभ

3. किसी वस्तु को ₹ 270 में बेचने पर 12.5% का लाभ होता है, तो क्रय मूल्य क्या है?

(a) ₹ 240 (b) ₹ 220

(c) ₹ 210 (d) ₹ 250

4. किसी वस्तु का क्रय मूल्य ₹ 7840 हैं 7 % लाभ पाने के लिए उसका विक्रय मूल्य क्या होगा?

(a) ₹ 8388.80 (b) ₹ 8000

(c) ₹ 8383.30 (d) ₹ 8833.80

5. एक आदमी ने एक रेडियो ₹ 800 में खरीदा और उस पर ₹ 400 अतिरिक्त खर्च किया। इसके बाद उसने ₹ 1500 में उसे बेच दिया। उसे कितने प्रतिशत का लाभ होता है?

(a) 55 % (b) 35 %

(c) 25 % (d) 52 %

6. एक व्यापारी ने एक दर्जन साइकिलें ₹ 8,880 में खरीदीं और प्रति साइकिल ₹ 888 में बेची। उसके लाभ का प्रतिशत कितना है?

(a) 18 % (b) 20 %

(c) 22 % (d) 25 %

7. एक बेईमान व्यापारी अपनी वस्तुओं को लागत मूल्य पर बेचने का दावा करता है, परन्तु 1 किलोग्राम बाट के स्थान पर 900 ग्राम के गलत बाट का उपयोग करता है। बताए कि उसे कितने प्रतिशत लाभ होता है?

(a) 10 % (b) $11\frac{1}{9}$%

(c) 11.25 % (d) $12\frac{1}{9}$%

8. एक दुकानदार ₹ 500 की दर से खरीदी गई दो घड़ियों में एक को 20 % लाभ पर तथा दूसरे को 20 % हानि पर बेचता है। उसे कुल कितने रुपये का लाभ या हानि होती है?

(a) कोई लाभ या हानि नहीं

(b) ₹ 16.75 लाभ

(c) ₹ 16.75 हानि

(d) इनमें से कोई नहीं।

9. ₹ 878 में किसी वस्तु को बेचने पर हुआ लाभ उसी वस्तु को ₹ 636 में बेचने पर हुई हानि के बराबर है। वस्तु का लागत मूल्य क्या है?

(a) ₹ 797 (b) ₹ 787

(c) ₹ 676 (d) ₹ 757

10. रमेश ने कुछ किलोग्राम चावल ₹ 14 प्रति किलोग्राम की दर से खरीदकर ₹ 16.50 प्रति किलोग्राम की दर से खरीदे गए 64 किलोग्राम चावल में मिला दिया। अब उसने इस मिश्रण को ₹ 19.50 प्रति किलोग्राम ₹ 390 का लाभ अर्जित किया तो उसने ₹ 14 प्रति किलोग्राम की दर से कितना चावल खरीदा था?

(a) 34 किलोग्राम

(b) 54 किलोग्राम

(c) 36 किलोग्राम

(d) 64 किलोग्राम

11. राम ने 3.75 प्रति दर्जन के हिसाब से 1600 अंडे खरीदें, उसने उनमें से 900 अंडों को एक रुपये में दो तथा शेष को दो रुपये में पाँच के हिसाब से बेच दिया। उसे कितना % लाभ या हानि होगा–

(a) 40 % (b) 45 %
(c) 42 % (d) 46 %

12. 18 वस्तुओं का लागत मूल्य 15 वस्तुओं के विक्रय मूल्य के बराबर है, तो लाभ प्रतिशत है।

(a) 15 % (b) 20%
(c) 25 % (d) 18 %

13. अब्दुल ने एक रुपये में 9 के भाव से आम खरीदकर 10 के भाव में बेचे। उसे प्रतिशत लाभ अथवा हानि हुई–

(a) $10\frac{1}{9}$% लाभ
(b) $11\frac{1}{9}$% हानि
(c) 11% लाभ
(d) 10% हानि

14. एक दुकानदार ने 16 दर्जन खिलौने ₹ 703.20 प्रति दर्जन की दर से खरीदे। यदि उसने खिलौनों को औसत 20% लाभ पर बेचा हो तो उसने प्रति खिलौना लगभग कितना मूल्य प्राप्त किया?

(a) ₹ 65 (b) ₹ 96
(c) ₹ 70 (d) ₹ 74

15. एक व्यापारी ₹ 4000 की रिम की दर से चार रिम कागज खरीदता है और ₹ 800 चुंगी चुकाता है। वह ₹ 1, 200 मजदूरी देकर कापियाँ बनवाता है और प्रति कॉपी ₹ 10.35 की दर से बेचता है। यदि उसे 15 % का लाभ होता है तो उसने कितनी कॉपियाँ बनवाई थीं?

(a) 1500
(b) 2000
(c) 2100
(d) 2400

16. सुधीर ने ₹ 100 मूल्य के 500 शेयर ₹ 120 प्रति शेयर की दर से खरीदें। यदि वर्ष के अंत में कंपनी द्वारा प्रति शेयर ₹ 20 लांभांश घोषित किया गया हो, तो सुधीर को अपनी पूँजी पर कितना प्रतिशत लाभ प्राप्त हुआ?

(a) 15 %
(b) 18 %
(c) 16.7 %
(d) 17.5 %

17. 150 आम बेचने पर एक फल विक्रेता को 30 आमों के विक्रय मूल्य के बराबर लाभ प्राप्त होता है। उसका प्रतिशत लाभ है–

(a) 30 % (b) $27\frac{1}{2}$%
(c) $17\frac{1}{2}$% (d) 25 %

18. एक व्यक्ति 400 आमों की लागत मूल्य पर 320 आम बेचता है। उसके लाभ का प्रतिशत होगा–

(a) 10 % (b) 15 %
(c) 20 % (d) 25 %

19. ₹ 570 में एक सूटकेस बेचने पर एक व्यक्ति को 5% की हानि होती है। उस व्यक्ति को 5% लाभ होने के लिए कितने में सूटकेस बेचना होगा?

(a) ₹ 630 (b) ₹ 650
(c) ₹ 580 (d) ₹ 620

20. एक व्यापारी के पास 100 किलो चीनी है। वह एक भाग 7% के लाभ से और बाकी 17% का लाभ से बेचता है। वह पूरे पर 10% का लाभ करता है। वह 7% लाभ पर कितनी चीनी बेचता है?

(a) 70 किग्रा. (b) 30 किग्रा.
(c) 50 किग्रा. (d) 10 किग्रा.

21. यदि 10 वस्तुओं का लागत मूल्य 16 वस्तुओं के बिक्री मूल्य के बराबर हो, तो उन वस्तुओं की बिक्री पर कितने प्रतिशत लाभ या हानि होगी?

(a) 28% लाभ (b) $37\frac{1}{2}$% लाभ
(c) 28% हानि (d) $37\frac{1}{2}$% हानि

22. एक दुकानदार ₹ 10 प्रति 7 पेन की दर से पेन खरीदकर लाया और उसने उन्हें 40% लाभ पर बेचा, तो किसी खरीदार को ₹ 10 में कितने पेन मिले?

(a) 6 (b) 4
(c) 5 (d) 3

23. 20 वस्तुओं को ₹ 160 में बेचने पर एक व्यक्ति को 20% की हानि हो जाती है, तो 20% का लाभ प्राप्त करने के लिए उस व्यक्ति को ₹ 240 में कितनी वस्तुएं बेचनी चाहिए?

(a) 20 (b) 28
(c) 24 (d) 18

24. A, B को एक वस्तु 20% लाभ पर बेचता है। B उसे C को 10% लाभ पर बेच देता है, तो C को A की तुलना में कितने प्रतिशत ज्यादा भुगतान करना होगा?

(a) 32% (b) 35%
(c) 28% (d) 30%

25. एक फल विक्रेता ने ₹ 48 प्रति दर्जन की दर से 240 केले खरीदे। उसने उनमें से आधे ₹ 5 प्रति केले की दर से बेचे। शेष का $\frac{1}{6}$ भाग खराब हो गए। अपने सम्पूर्ण निवेश पर 25% का लाभ पाने के लिए उसे अपने शेष केले किस मूल्य पर बेचने होंगे?

(a) ₹ 5·50 (b) ₹ 6·00
(c) ₹ 5·00 (d) ₹ 6·50

26. एक विक्रेता ने अपनी वस्तुओं का $\frac{3}{4}$ हिस्सा 24% लाभ पर बेचा और शेष भाग लागत मूल्य पर बेच दिया तो उसका कुल लाभ कितने प्रतिशत रहा?

(a) 15 (b) 18
(c) 24 (d) 32

27. एक व्यक्ति ₹ 12 प्रति बांसुरी के हिसाब से 2 बांसुरी बेचता है। एक पर उसे 20% का लाभ तथा दूसरी पर उसे 20% की हानि होती है। सब मिलाकर उसको–

(a) न तो लाभ न तो हानि
(b) ₹ 1 का लाभ
(c) ₹ 1 का घाटा
(d) ₹ 2 का लाभ

28. एक वस्तु को ₹ 625 में बिक्री करने से जितना लाभ होता है, उतनी ही हानि उसको ₹ 435 में बिक्री करने से होती है, तो वस्तु की कीमत क्या होगी?

(a) ₹ 520 (b) ₹ 530
(c) ₹ 540 (d) ₹ 550

29. किसी वस्तु को बेचने पर एक आदमी को उसके विक्रय मूल्य के 25% के बराबर लाभ होता है। उसका लाभ प्रतिशत है :

(a) 20 (b) 25
(c) $16\frac{2}{3}$ (d) $33\frac{1}{3}$

30. एक आदमी एक वस्तु को 20% के लाभ पर बेचता है। यदि उसने वह 20% कम पर खरीदी होती और ₹ 5 कम पर बेची होती, तो उसे 25% का लाभ होता। वस्तु का क्रय मूल्य है :

(a) ₹ 15 (b) ₹ 20
(c) ₹ 25 (d) ₹ 30

उत्तर (हल/संकेत)

1. (b) माना कि प्रत्येक वस्तु का क्रय मूल्य = ₹ 1

∴ 3 वस्तुओं का क्रय मूल्य = ₹ 3

3 वस्तुओं का विक्रय मूल्य = ₹4

∴ लाभ प्रतिशत $= \frac{4-3}{3} \times 100$

$= \frac{100}{3} = 33\frac{1}{3}\%$

2. (a) पहली स्थिति में,

हानि = 40%

विक्रय मूल्य = ₹40

∴ क्रय मूल्य $= \frac{100}{60} \times 40 =$ ₹ $\frac{200}{3}$

जब विक्रय मूल्य = ₹ 80

लाभ $= 80 - \frac{200}{3} =$ ₹ $\frac{40}{3}$

∴ लाभ % $= \frac{\frac{40}{3}}{\frac{200}{3}} \times 100 = 20\%$

3. (a) क्रय मूल्य $= \frac{100}{112.5} \times 270 =$ ₹ 240

4. (a) विक्रय मूल्य $= \frac{107}{100} \times 7840$

= ₹ 8388.80

5. (c) रेडियो का वास्तविक क्रय मूल्य

= ₹ (800 + 400) = ₹1200

विक्रय मूल्य = ₹ 1500

∴ लाभ % $= \frac{300}{1200} \times 100 = 25\%$

6. (b) एक दर्जन साईकिलों का क्रय मूल्य = ₹ 8.880

∴ 1 साइकिल का क्रय मूल्य $= \frac{8880}{12}$

= ₹ 740

∴ प्रति साइकिल लाभ = 888 – 74 0 = ₹ 148

∴ % लाभ $= \frac{148 \times 100}{740}$

$= \frac{14800}{740} = 20\%$

7. (b) माना कि 1 किग्रा. का क्रय मूल्य $= x$

⇒ 1000 ग्राम का क्रय मूल्य $= x$

⇒ 900 ग्राम का क्रय मूल्य

$= \frac{x}{1000} \times 900 = \frac{9x}{10}$

विक्रय मूल्य = 1000 ग्राम का क्रय मूल्य $= x$

लाभ = विक्रय मूल्य – क्रय मूल्य

$= x - \frac{9x}{10} = \frac{10x - 9x}{10} = \frac{x}{10}$

लाभ % $= \frac{\text{लाभ} \times 100}{\text{क्रय मूल्य}} = \frac{\frac{x}{10}}{\frac{9x}{10}} \times 100\,\%$

$= \frac{x}{10} \times \frac{10}{9x} \times 100 = \frac{100}{9} = 11\frac{1}{9}\%$

8. (a) दोनों घड़ियों का क्रय मूल्य = 500 × 2 = ₹ 1000

पहली घड़ी का 20% लाभ पर विक्रय मूल्य

$= \frac{500 \times 120}{100} =$ ₹ 600.00

दूसरी घड़ी का 20% का हानि पर विक्रय मूल्य

$= \frac{80}{100} \times 500 = 80 \times 5 =$ ₹ 400

∴ कुल विक्रय मूल्य = (600 + 400)

= ₹ 1000

अत: न कोई लाभ न ही हानि होती है।

9. (d) माना कि वस्तु का क्रय मूल्य = ₹x

प्रश्नानुसार,

$878 - x = x - 636$

⇒ $2x = 878 + 636 = 1514$

⇒ $x = \frac{1514}{2} =$ ₹ 757

10. (c) माना कि x किग्रा चावल ₹14 किग्रा की दर से खरीदा गया।

प्रश्नानुसार,

$(x + 64) \times 19.50 - x \times 14 - 64 \times 16.50 = 360$

⇒ $19.5x + 1248 - 14x - 1056 = 390$

⇒ $5.5x + 192 = 390$

⇒ $5.5x = 390 - 192 = 198$

⇒ $x = \frac{198}{5.5} = 36$ किग्रा.

11. (d) 1600 अण्डों का क्रय मूल्य

= ₹ $\left(\frac{3.75 \times 1600}{12}\right) =$ ₹ 500

1600 अण्डों का विक्रय मूल्य

= ₹ $\left(\frac{900}{2} + \frac{2}{5} \times 700\right)$

= ₹ (450 + 280) = ₹ 730

लाभ = ₹ (730 – 500) = ₹ 230

∴ लाभ % $= \frac{230}{500} \times 100 = 46\%$

12. (b) माना कि प्रत्येक वस्तु का क्रय मूल्य = ₹1

∴ 15 वस्तुओं का क्रय मूल्य = ₹ 15

15 वस्तुओं का विक्रय मूल्य = ₹ 18

∴ लाभ = ₹ (18 – 15) = ₹ 3

∴ लाभ प्रतिशत $= \frac{3}{15} \times 100$

$= \frac{1}{5} \times 100 = 20\%$

13. (d) यदि विक्रय की जाने वाली वस्तुओं को संख्या क्रय की गई वस्तुओं की संख्या से अधिक हो, तो हमेशा हानि होगी।

अत: हानि

$\frac{\text{विक्रय की संख्या} - \text{क्रय की संख्या}}{\text{विक्रय की संख्या}} \times 100$

∴ हानि % $= \frac{10-9}{10} \times 100 = 10\%$

14. (c) 1 खिलौने का क्रय मूल्य

$= \frac{703.20}{12} =$ ₹ 58.60

∴ विक्रय मूल्य = 58.60 + 58.60 का 20%

= 58.60 + 11.72 = 70.32 = ₹ 70.00

15. (b) चार रिम कागज का कुल मूल्य

= 4000 × 4 = ₹ 16000

चुंगी और मजदूरी मिलाकर व्यापारी का कुल खर्च = 1600 + 1200 + 800 = ₹ 1800 व्यापारी को कापियों की बिक्री के उपरान्त प्राप्त धनराशि

$= 18000 + 18000 \times \frac{15}{100}$

= 18000 + 2700 = ₹20 700

कापियों की संख्या

$= \frac{20700}{1035} = \frac{20700 \times 100}{1035}$

= 2000

16. (c) शेयरों की खरीद के लिए चुकाया गया मूल्य = 500 × 120 = ₹ 60.000 कम्पनी द्वारा घोषित लाभांश (₹100 के शेयर पर ₹ 20)

= 20 × 500 = ₹ 10.000

∴ सुधीर का लाभ $= \frac{10000 \times 100}{60000}$

= 16.667% = 16.7%

17. (d) प्रतिशत लाभ $= \frac{x \times 100}{y-x}\%$

(प्रश्नानुसार, $x = 30$ और $y = 150$)

$= \frac{30 \times 100}{150-30}\% = \frac{3000}{120} = \frac{300}{12}$

$= \frac{75}{3} = 25\%$

18. (d) **ट्रिकी सूत्र से**

जब m वस्तु का क्रय मूल्य, n वस्तु के विक्रय मूल्य के बराबर होता है।

[जहाँ $m > n$]

तब, लाभ प्रतिशत $= \frac{m-n}{n} \times 100\%$

$= \frac{(400-320)}{320} \times 100\% = 25\%$

19. (a) सूटकेस का क्रय मूल्य

$= \frac{100}{100-5} \times 750 =$ ₹600

$\therefore$ अभीष्ट विक्रय मूल्य $= \frac{600 \times 105}{100}$

$= 6 \times 105$

$=$ ₹ 630

20. (a) कुल लाभ %= 10%

$\therefore$ लाभ = 100 किग्रा. का 10%

= 100 किग्रा. $\times \frac{10}{100}$ = 10 किग्रा.

माना कि 7% लाभ वाला भाग = y किग्रा. है तथा 17% लाभ वाला भाग = $(100 - y)$ किग्रा

$\therefore$ प्रश्न से,

y का 7% + $(100 - y)$ का 17% = 10 y

$\Rightarrow \frac{y+7}{100} + \frac{(100-y) \times 17}{100} = 10$

$\Rightarrow \frac{7y+1700-17y}{100} = 10$

$\Rightarrow 1700y - 10y = 1000$

$\Rightarrow 10y = 1700 - 1000$

$\Rightarrow y = \frac{700}{10} = 70$ किग्रा.

21. (d) माना प्रत्येक वस्तु का क्रय मूल्य = ₹ 1

तब, 16 वस्तुओं का क्रय मूल्य = ₹ 16

16 वस्तुओं का विक्रय मूल्य = 10 वस्तुओं का क्रय मूल्य = ₹ 10

$\therefore$ हानि % $= \left(\frac{16-10}{16} \times 100\right)\%$

$= \left(\frac{6}{16} \times 100\right)\% = 37\frac{1}{2}\%$

22. (c) 1 पेन का क्रय मूल्य = ₹ $\frac{10}{7}$

40% लाभ प्राप्त करने के लिए

1 पेन का विक्रय मूल्य

= ₹ $\left(\frac{100+40}{100} \times \frac{10}{7}\right)$

= ₹ $\left(\frac{140}{100} \times \frac{10}{7}\right)$ = ₹ 2

$\therefore$ ₹ 10 में खरीदे गए पेनों की संख्या

$= \frac{10}{2} = 5$

23. (a) 20 वस्तुओं का विक्रय मूल्य = ₹ 160

$\therefore$ 1 वस्तु का विक्रय मूल्य = ₹ 8

$\therefore$ 1 वस्तु का क्रय मूल्य = ₹ $\left(\frac{100}{80} \times 8\right)$ = ₹ 10

20% लाभ प्राप्त करने के लिए,

1 वस्तु का विक्रय मूल्य = ₹ $\left(\frac{120}{10} \times 10\right)$ = ₹ 12

$\therefore$ ₹ 240 में बेची गई कुल वस्तुएं $= \frac{240}{12} = 20$

24. (a) माना A के लिए वस्तु का क्रय मूल्य = ₹ x

तब B के लिए वस्तु का क्रय मूल्य

$= \left(\frac{120}{100} \times x\right) =$ ₹ $\frac{6}{5}x$

$\therefore$ C के लिए वस्तु का क्रय मूल्य

= ₹ $\left(\frac{6}{5}x \times \frac{110}{100}\right)$

= ₹ $\frac{66}{50}x$

$\therefore$ अभीष्ट प्रतिशत $= \left(\frac{\frac{66}{50}x - x}{x} \times 100\right)\%$

$= \left(\frac{16}{50} \times 100\right)\% = 32\%$

25. (b) कुल केलों का क्रय मूल्य

$= \left(\frac{240}{12} \times 48\right) =$ ₹ 960

सम्पूर्ण निवेश पर 25% का लाभ प्राप्त करने के लिए कुल

केलों का विक्रय मूल्य = ₹ $\left(\frac{125}{100} \times 960\right)$

= ₹ 1,200

माना उसने शेष केले ₹ x प्रति केले की दर से बेचे, तब

$120 \times 5 + 120\left(1 - \frac{1}{6}\right)x = 1200$

$\Rightarrow 600 + 120x - 20x = 1200$

$\Rightarrow 100x = 600$

$\therefore x =$ ₹ 6

26. (b) माना सभी वस्तुओं का क्रय मूल्य = ₹ x

तब वस्तुओं का कुल विक्रय मूल्य

$= \frac{3}{4}x \times \frac{124}{100} + \frac{1}{4} \times x$

$= \frac{1}{4}x\left(\frac{3 \times 124}{100} + 1\right)$

$= \frac{1}{4}x\left(\frac{93}{25} + 1\right) = \frac{118}{100}x$

$\therefore$ अभीष्ट प्रतिशत लाभ $= \frac{\left(\frac{118}{100}x - x\right)}{x} \times 100\%$

$= \left(\frac{18}{100} \times 100\right)\% = 18\%$

27. (c) दो बांसुरी का विक्रय मूल्य = ₹ (2×12)

= ₹ 24

$\therefore$ दो बांसुरी का कुल क्रय मूल्य

= ₹ $\left(12 \times \frac{100}{120} + 12 \times \frac{100}{80}\right)$

= ₹ $(10 + 15)$ = ₹ 25

$\therefore$ हानि = ₹ $(25 - 24)$ = ₹ 1 की हानि

28. (b) वस्तु की अभीष्ट कीमत = ₹ $\left(\frac{625+435}{2}\right)$

= ₹ $\left(\frac{1060}{2}\right)$ = ₹ 530

अत: वस्तु की वास्तविक कीमत = ₹ 530

29. (d) माना विक्रय मूल्य = ₹ 100

तब, लाभ = ₹ 25

$\therefore$ क्रय मूल्य = ₹ $(100 - 25)$ = ₹ 75

$\therefore$ प्रतिशत लाभ $= \left(\frac{25}{75} \times 100\right)\% = 33\frac{1}{3}\%$

30. (c) माना वस्तु का क्रय मूल्य = ₹ 100

$\therefore$ वस्तु का विक्रय मूल्य = ₹ $(100 + 20)$ = ₹ 120

वस्तु का दूसरा क्रय मूल्य = ₹ $(100 - 20)$ = ₹ 80

वस्तु का दूसरा विक्रय मूल्य = ₹ $\left(80 \times \frac{125}{100}\right)$

= ₹ 100

$\therefore$ दोनों विक्रय मूल्य का अन्तर

= ₹ $(120 - 100)$ = ₹ 20

$\because$ जब अन्तर ₹ 20 है, तब क्रय मूल्य = ₹ 100

$\therefore$ जब अन्तर ₹ 5 है, तब क्रय मूल्य

= ₹ $\left(\frac{100 \times 5}{20}\right)$ = ₹ 25

❑❑❑

8 साधारण ब्याज एवं चक्रवृद्धि ब्याज

मूलधन (Principal) : किसी बैंक, महाजन, साहूकार आदि से उधार लिया गया धन मूलधन कहलाता है।

ब्याज (Interest) : जब कोई व्यक्ति एक निश्चित समय के लिए धन उधार लेता है, तो उसे धन के साथ कुछ अतिरिक्त राशि चुकानी पड़ती है। इस अतिरिक्त धनराशि को ब्याज कहते हैं।

साधारण ब्याज (Simple Interest) : यदि पूरे ऋण अवधि के दौरान मूलधन एक समान बना रहे, तो मूलधन के साथ लौटाया गया ब्याज, साधारण ब्याज कहलाता है।

ब्याज की दर (Rate of Interest) : यदि ब्याज की गणना प्रति ₹ 100 राशि के लिए वर्ष के अंत में अदा की जाने वाली ब्याज के रूप में की जाती है तो इसे 'दर प्रतिशत प्रतिवर्ष' (Rate per cent per annum) कहते हैं।

समय (Time) : जितने समय के लिए धन उधार लिया जाता है, उसे ब्याज की अवधि कहते हैं, इसे 't' से प्रदर्शित करते हैं।

महत्वपूर्ण सामान्य सूत्र– यदि मूलधन को P से, ब्याज की प्रतिशत दर को r से समय को t से तथा साधारण ब्याज को S.I. से प्रदर्शित करें, तब

(i) $S.I. = \dfrac{Prt}{100}$ (ii) $r = \dfrac{100 \times S.I.}{P \times t}$

(iii) $t = \dfrac{100 \times S.I.}{P \times r}$ (iv) $P = \dfrac{100 \times S.I.}{r \times t}$

(v) मिश्रधन = मूलधन + ब्याज

(vi) यदि कोई धन, साधारण ब्याज की दर से t वर्षों में स्वयं का n गुना हो जाए, तब

$$\text{ब्याज की दर } (r) = \frac{100(n-1)}{t}\%$$

(vii) $$\text{समय } (t) = \frac{100(n-1)}{r}$$

साधारण ब्याज के लिए कुछ महत्वपूर्ण नियम

(i) यदि कोई धनराशि साधारण ब्याज की दर से t वर्ष में n गुनी हो जाती है, तो वह धनराशि कितने समय में n_1 गुनी हो जाएगी, तब

$$\text{अभीष्ट समय} = \frac{(n_1-1)t}{(n-1)}$$

(ii) यदि कोई धन साधारण ब्याज की दर से t वर्ष में n गुना हो जाता है तब,

(a) $$\text{ब्याज की दर } (r) = \left[\frac{100(n-1)}{t}\right]\%$$

(b) $$\text{समय } (t) = \left[\frac{100(n-1)}{r}\right]\%$$

(iii) यदि कोई धन r % वार्षिक ब्याज की दर से t वर्ष में ₹ A हो जाता है तब,

$$\text{अभीष्ट धन} = \left[\frac{100A}{100+rt}\right]$$

(iv) यदि किसी धनराशि P का साधारण ब्याज $S.I.$ हो, तथा समय और दर का आंकिक मान समान हो, तब

$$\text{दर अथवा समय} = \sqrt{\frac{100 \times S.I.}{P}}$$

(v) एक व्यक्ति ₹ a_1 एक बैंक में r_1% वार्षिक साधारण ब्याज की दर से तथा ₹ a_2 दूसरे बैंक में r_2% वार्षिक ब्याज की दर से जमा करता है तब,

$$\text{पूरे धन की ब्याज दर} = \left[\frac{a_1r_1 + a_2r_2}{a_1+a_2}\right]\%$$

हल सहित उदाहरण

उदाहरण–1 : ₹ 8000 में से कुछ राशि 6% प्रतिवर्ष की दर से उधार दी जाती है तथा शेष राशि को 4% प्रतिवर्ष की दर से उधार दिया जाता है। यदि 5 वर्षों के बाद ब्याज के रूप में कुल ₹ 1800 प्राप्त हो, तो 4% प्रतिवर्ष की दर से उधार दी गई राशि ज्ञात कीजिए।

हल– माना 6% प्रतिवर्ष की दर से उधार दिया गया धन = ₹ x

तब, 4% प्रतिवर्ष की दर से उधार दिया गया धन = ₹ $(8,000 - x)$

प्रश्नानुसार, $\dfrac{6 \times 5 \times x}{100} + \dfrac{(8000-x) \times 4 \times 5}{100} = 1,800$

$\Rightarrow \quad 30x + 1,60,000 - 20x = 1,80,000$

$\Rightarrow \quad 10x = 20,000$

$\therefore \quad x = ₹\ 2,000$

$\therefore$ 4% प्रतिवर्ष की दर से उधार दिया गया धन = (8,000 – 2,000)
= ₹ 6,000

उदाहरण–2 : ₹ 1000 को दो अलग-अलग बैंकों में 2 वर्षों के लिए जमा किया जाता है। इन दोनों बैंकों से प्राप्त ब्याज में ₹ 25 का अंतर है, तो इनके ब्याज दरों का अंतर ज्ञात कीजिए।

हल– माना पहले बैंक की ब्याज दर r_1% व दूसरे बैंक की ब्याज दर r_2% है।

तब प्रश्नानुसार, $$I_1 = \frac{1000 \times 2 \times r_1}{100} = 20r_1$$

$$I_2 = \frac{1000 \times 2 \times r_2}{100} = 20r_2$$

$\Rightarrow$ $I_1 - I_2 = 20r_1 - 20r_2$

$\because$ $20(r_1 - r_2) = 25$

$\Rightarrow$ $(r_1 - r_2) = \frac{25}{20} = 1.25\%$

उदाहरण–3 : कोई धन साधारण ब्याज की दर से 10 वर्षों में दुगुना हो जाता है, तो ब्याज दर की गणना कीजिए।

हल– माना अभीष्ट धन = ₹ x

तब, 10 वर्षों के बाद धन = ₹ $2x$

$\therefore$ ब्याज = ₹ $(2x - x)$ = ₹ x

$\therefore$ ब्याज की दर = $\left[\frac{100 \times S.I.}{P \times t}\right]$

$= \left(\frac{100 \times x}{x \times 10}\right)\% = 10\%$

उदाहरण–4 : ₹ 5000 को दो हिस्सों में इस प्रकार बांटा जाता है कि यदि एक हिस्से को 4% की दर से तथा दूसरे हिस्से को 8% की दर से निवेश किया जाता है, तो वर्ष के अंत में ब्याज के रूप में ₹ 300 प्राप्त होते हैं। प्रत्येक हिस्सा ज्ञात कीजिए।

हल– माना 4% वार्षिक दर से निवेशित धन = ₹ x

$\therefore$ 8% वार्षिक दर से निवेशित धन = ₹ $(5000 - x)$

प्रश्नानुसार,

$$\frac{x \times 4 \times 1}{100} + \frac{(5000 - x) \times 8 \times 1}{100} = ₹\ 300$$

$\Rightarrow$ $4x + 40,000 - 8x = ₹\ 30,000$

$\Rightarrow$ $x = ₹\ \frac{10,000}{4} = ₹\ 2,500$

अतः 4% वार्षिक दर पर निवेशित राशि = ₹ 2,500

8% वार्षिक दर पर निवेशित राशि =(5000 – 2500) = ₹ 2,500

चक्रवृद्धि ब्याज (Compound Interest) : कोई धनराशि ब्याज पर इस प्रकार लगाई जाती है, कि निश्चित समय या वर्ष के अंत में ब्याज को मूलधन में जोड़ दिया जाता है और इस प्रकार से प्राप्त मिश्रधन को मूलधन मानकर इस पर ब्याज की गणना की जाती है। यह क्रिया तब तक दोहराई जाती है जब तक कि आखिरी अवधि के लिए राशि की गणना न कर ली जाए। मूल राशि (मूलधन) व अंतिम राशि के अंतर को चक्रवृद्धि ब्याज कहते हैं। इसे C.I. से प्रदर्शित करते हैं–

महत्वपूर्ण सामान्य सूत्र–

यदि मूलधन = ₹ P, समय = n वर्ष तथा दर = $R\%$ वार्षिक हो, तब

- यदि ब्याज, वार्षिक देय हो।

$\therefore$ मिश्रधन $(a) = P\left(1 + \frac{R}{100}\right)^n$

- यदि ब्याज, अर्द्धवार्षिक देय हो, तो समय को दोगुना तथा दर को आधा कर दिया जाता है।

$\therefore$ मिश्रधन $(a) = P\left(1 + \frac{R}{200}\right)^{2n}$

- यदि ब्याज, त्रैमासिक देय हो, तो समय को चार गुना तथा दर को $\frac{1}{4}$ कर दिया जाता है।

$\therefore$ मिश्रधन $(a) = P\left(1 + \frac{R}{400}\right)^{4n}$

- यदि ब्याज, मासिक देय हो, तो समय को 12 गुना तथा दर को $\frac{1}{12}$ कर दिया जाता है।

$\therefore$ मिश्रधन $(a) = P\left(1 + \frac{R}{1200}\right)^{12n}$

- यदि समय को भिन्न $n\frac{a}{b}$ के रूप में दिया गया हो, तब

$\therefore$ मिश्रधन $(a) = P\left(1 + \frac{R}{1200}\right)^n \left(1 + \frac{R}{100}\right)^{\frac{a}{b}}$

नोट– $\frac{a}{b}$ का मान सदैव 1 से कम होगा।

(vi) यदि पहले वर्ष ब्याज की दर $R_1\%$, दूसरे वर्ष $R_2\%$ तथा तीसरे वर्ष $R_3\%$ हो, तो

3 वर्ष बाद मिश्रधन (a)

$$= P\left(1 + \frac{R_1}{100}\right)\left(1 + \frac{R_2}{100}\right)\left(1 + \frac{R_3}{100}\right)$$

चक्रवृद्धि ब्याज = मिश्रधन – मूलधन

$\therefore$ चक्रवृद्धि ब्याज = $P\left[\left(1 + \frac{R}{100}\right)^n - 1\right]$

चक्रवृद्धि ब्याज के लिए कुछ महत्वपूर्ण नियम

(i) कोई धनराशि चक्रवृद्धि ब्याज की दर से t_1 वर्षों में n_1 गुना हो जाती है तथा t_2 वर्ष में n_2 गुना हो जाती है तब,

$$(n_1)^{1/t_1} = (n_2)^{1/t_2}$$

(ii) यदि कोई निश्चित धनराशि, चक्रवृद्धि ब्याज की किसी दर से t वर्षों में n गुनी हो जाती है तब,

$$\text{वार्षिक ब्याज की दर} = 100\left[(n)^{1/t} - 1\right]\%$$

(iii) एक धनराशि ₹ P का $R\%$ वार्षिक ब्याज की दर से 2 वर्षों के चक्रवृद्धि ब्याज व साधारण ब्याज का अंतर I_D है तब,

(a) अंतर $I_D = P\left(\frac{R}{100}\right)^2$

(b) $P = I_D\left(\frac{100}{R}\right)^2$

(c) $R = 100\sqrt{\frac{I_D}{P}}$

(iv) एक निश्चित धनराशि ₹ P का $R\%$ वार्षिक चक्रवृद्धि ब्याज की दर से 3 वर्षों के चक्रवृद्धि ब्याज एवं साधारण ब्याज का अंतर I_D है तब,

(a) $I_D = \frac{PR^2(300 + R)}{(100)^3}$

(b) $P = \frac{I_D \times (100)^3}{R^2(300 + R)}$

नोट– यह नियम केवल 3 वर्षों के चक्रवृद्धि ब्याज एवं साधारण ब्याज के अंतर के लिए ही सत्य है।

(v) यदि किसी निश्चित धनराशि का $R\%$ वार्षिक ब्याज की दर से 2 वर्षों का साधारण ब्याज I_S हो तब,

$$\text{चक्रवृद्धि ब्याज एवं साधारण ब्याज में अंतर} = ₹\left[\frac{RI_S}{200}\right]$$

नोट–यह नियम केवल 2 वर्षों के लिए ही सत्य है

हल सहित उदाहरण

उदाहरण–1 : कितने वर्षों में ₹ 800 का मिश्रधन 5% प्रतिवर्ष चक्रवृद्धि ब्याज की दर से ₹ 882 हो जाएगा?

हल– $\text{मिश्रधन} = P\left(1+\frac{R}{100}\right)^n$

$$882 = 800\left(1+\frac{5}{100}\right)^n$$

$$\Rightarrow \left(\frac{21}{20}\right)^n = \frac{882}{800} = \frac{441}{400} = \left(\frac{21}{20}\right)^2$$

$$\Rightarrow n = 2 \text{ वर्ष}$$

उदाहरण–2 : ₹ 1000 की धनराशि का $2\frac{1}{4}$ वर्षों का 5% वार्षिक ब्याज की दर से चक्रवृद्धि ब्याज ज्ञात कीजिए।

हल– $\text{मिश्रधन} = P\left(1+\frac{R}{100}\right)^n\left(1+\frac{R}{100}\right)^{\frac{a}{b}}$

$$= 1000\left(1+\frac{5}{100}\right)^2\left(1+\frac{5}{100}\right)^{\frac{1}{4}}$$

$$= 1000\times\left(\frac{21}{20}\right)^2\times\left(1+\frac{5}{100}\times\frac{1}{4}\right)$$

$$= \left(1000\times\frac{21}{20}\times\frac{21}{20}\times\frac{81}{80}\right)$$

$$= 1116.28$$

$\therefore$ चक्रवृद्धि ब्याज $= ₹(1116.28 - 1000)$

$= ₹\,116.28$

उदाहरण–3 : किस वार्षिक चक्रवृद्धि ब्याज की दर से ₹ 2,304, 2 वर्षों में ₹ 2,500 हो जाएंगे?

हल– माना ब्याज की वार्षिक दर = R%

तब $2{,}500 = 2{,}304\left(1+\frac{R}{100}\right)^2$

$$\Rightarrow \frac{2{,}500}{2{,}304} = \left(1+\frac{R}{100}\right)^2$$

$$\Rightarrow \left(\frac{50}{48}\right)^2 = \left(1+\frac{R}{100}\right)^2$$

$$\Rightarrow 1+\frac{R}{100} = \frac{50}{48} \Rightarrow \frac{R}{100} = \frac{50-48}{48}$$

$$\Rightarrow R = \frac{200}{48}\% = 4\frac{1}{6}\%$$

प्रश्नमाला

1. 6% प्रति वर्ष ब्याज की दर से 8 वर्षों में ₹ 7500 का सामान्य ब्याज कितना होगा?

(a) 4200 (b) 3600
(c) 2800 (d) 3400

2. किसी पूँजीनिवेश योजना के अन्तर्गत ब्याज की दर 4% है और तिमाही ब्याज आकलन कर पूँजी में मिला दिया जाता है। इस योजना के अन्तर्गत यदि एक व्यक्ति 1 वर्ष के लिए ₹ 2000 का निवेश करता है, तो कुल राशि कितनी हो जाएगी?

(a) ₹ 2125.54 (b) ₹ 2081.21
(c) ₹ 2100.25 (d) ₹ 2060

3. ₹ 1600 का $7\frac{1}{2}$% वार्षिक साधारण ब्याज की दर से दो वर्ष 4 माह में ब्याज होगा–

(a) ₹ 280 (b) ₹ 290
(c) ₹ 275 (d) ₹ 285

4. यदि ₹ 64 का 2 वर्ष में मिश्रधन ₹ 83.20 हो जाता है, तो ₹ 86 का मिश्रधन 4 वर्षों में उसी साधारण ब्याज दर से क्या होगा ?

(a) ₹ 137.60 (b) ₹ 124.70
(c) ₹ 114.80 (d) ₹ 127.40

5. ₹ 1600 का 2 वर्ष और 4 महीना का साधारण ब्याज ₹ 252 है इसका वार्षिक ब्याज दर क्या होगा?

(a) 6% (b) $6\frac{1}{4}$%
(c) $6\frac{1}{2}$% (d) $6\frac{3}{4}$%

6. कितने समय में ₹ 8000 पर 3% वार्षिक साधारण ब्याज की दर से समान अर्जन होगा जो ₹ 6000 पर 5 वर्ष में 4% वार्षिक साधारण ब्याज की दर से होता है?

(a) 3 वर्ष (b) 4 वर्ष
(c) 5 वर्ष (d) 6 वर्ष

7. ₹ 5600 की राशि $3\frac{1}{2}$ वर्ष में ₹ 6678 हो जाती है, तो उसी दर से ₹ 9600 की राशि $5\frac{1}{4}$ वर्ष में कितनी हो जाएगी?

(a) ₹ 12372 (b) ₹ 12320
(c) ₹ 13000 (d) ₹ 13320

8. ₹ 1,550 आंशिक रूप से 5% और आंशिक रूप से 8% साधारण ब्याज पर ऋण दिया गया। 3 वर्ष बाद कुल ब्याज ₹ 300 प्राप्त हुआ। 5% एवं 8% ब्याज दर पर दी गई धन राशियों का क्रमशः अनुपात होगा–

(a) 5 : 8 (b) 8 : 5
(c) 31 : 6 (d) 16 : 15

9. ₹ 450 के मूलधन पर 2 वर्ष में कितना ब्याज मिलेगा, यदि चार वर्ष बाद ₹ 1 पर साधारण ब्याज की उसी दर से ₹ 0.40 का ब्याज मिलता है?

(a) ₹ 90 (b) ₹ 180
(c) पता नहीं (d) ₹ 36

10. साधारण ब्याज पर कोई धन 8 वर्ष में दोगुना हो जाता है तो चार गुना कितने वर्षों में होगा?

(a) 16 वर्ष (b) 32 वर्ष
(c) 24 वर्ष (d) 30 वर्ष

11. कोई धनराशि सरल ब्याज पर 20 वर्षों में दो गुनी हो जाती है, कितने वर्ष में वह चौगुनी होगी?
(a) 40 वर्ष (b) 50 वर्ष
(c) 60 वर्ष (d) 80 वष

12. किसी धन पर 4% वार्षिक की दर से 4 वर्ष का साधारण ब्याज उसी धन पर 5% की दर से 3 वर्ष के साधारण ब्याज से ₹ 80 अधिक है। वह धन ज्ञात कीजिए–
(a) ₹ 7000 (b) ₹ 7500
(c) ₹ 8000 (d) ₹ 8500

13. एक धन साधारण ब्याज की दर से 2 वर्ष में ₹ 2200 तथा 3 वर्ष में ₹ 2300 हो जाता है, तो वह धन क्या है?
(a) ₹ 2100 (b) ₹ 2400
(c) ₹ 2000 (d) ₹ 4500

14. 6 वर्षों में ₹ 5000 का साधारण ब्याज 5 प्रतिशत वार्षिक की दर से कितना होगा?
(a) ₹ 1000 (b) ₹ 1200
(c) ₹ 1500 (d) ₹ 1800

15. एक धनराशि का ब्याज 6 वर्ष में उसके $\frac{3}{8}$ के बराबर हो जाता है। साधारण ब्याज की दर क्या है?
(a) 5% (b) $6\frac{1}{4}\%$
(c) $7\frac{1}{2}\%$ (d) 7%

16. सोनी ₹ 5000 एक बैंक में जमा करती है। यदि बैंक द्वारा 12% वार्षिक ब्याज दिया जाता है तो 5 वर्ष बाद वह कुल कितनी रकम प्राप्त करेगी?
(a) ₹ 7000 (b) ₹ 7500
(c) ₹ 8000 (d) ₹ 8500

17. यदि कोई धन 16 वर्ष में दोगुना हो जाता है, तो वह धन 8 वर्ष में कितने गुना हो जाएगा?
(a) $1\frac{1}{4}$ गुना (b) $1\frac{1}{2}$ गुना
(c) $1\frac{1}{3}$ गुना (d) $1\frac{3}{4}$ गुना

18. कुछ राशि Q को 5 वर्ष एवं 4 महीनों तक 4.5% प्रतिवर्ष साधारण ब्याज पर जमा किया गया था तथा वह राशि ₹ 248 होती है, तो Q का मान होगा–
(a) ₹ 200 (b) ₹ 210
(c) ₹ 220 (d) ₹ 240

19. एक चौथाई राशि साधारण ब्याज पर 2% की दर पर और बाकी राशि साधारण ब्याज पर 3% की दर पर उधार दी गई। समस्त राशि पर ब्याज की औसत दर कितनी है?
(a) $2\frac{1}{4}\%$ (b) $2\frac{3}{4}\%$
(c) $1\frac{1}{4}\%$ (d) $\frac{3}{4}\%$

20. विनोद ने एक मारुति वैन ₹ 1,96,000 में खरीदी। उसके मूल्यह्रास की दर $14\frac{2}{7}\%$ है। तदनुसार, दो वर्षों के बाद उसका मूल्य कितना रह जाएगा?
(a) ₹ 1,44,000 (b) ₹ 1,40,000
(c) ₹ 1,68,000 (d) ₹ 1,70,000

21. ₹ 2,550 के मूलधन पर 3 वर्ष में एक व्यक्ति को ₹ 1,071 का साधारण ब्याज किस दर से मिलेगा?
(a) 12% (b) 14%
(c) 16% (d) 18%

22. ₹ 450 की एक रकम पर 4·5% प्रतिवर्ष पर साधारण ब्याज की दर से ₹ 81 अर्जित करने के लिए कितने समय की आवश्यकता होगी?
(a) 3.5 वर्ष (b) 4.5 वर्ष
(c) 5 वर्ष (d) 4 वर्ष

23. किसी धनराशि पर 6 वर्षों का साधारण ब्याज उस राशि का $\frac{9}{25}$ है, तो उस ब्याज की दर कितनी है?
(a) 6% (b) $6\frac{1}{2}\%$
(c) 8% (d) $8\frac{1}{2}\%$

24. किसी धनराशि का साधारण ब्याज कितने समय में उस राशि पर 10% की वार्षिक दर से उसका $\frac{3}{5}$ गुना हो जायेगा?
(a) 6 वर्ष (b) 10 वर्ष
(c) 12 वर्ष (d) 15 वर्ष

25. किसी धन पर 5 वर्ष का साधारण ब्याज उसके मिश्रधन का $\frac{2}{5}$ है, तो साधारण ब्याज की दर है–
(a) 13% (b) $12\frac{1}{3}\%$
(c) $14\frac{1}{3}\%$ (d) $13\frac{1}{3}\%$

26. किसी धनराशि पर 2 वर्ष का चक्रवृद्धि ब्याज ₹ 832 है और उसी धनराशि पर उसी समय के लिए साधारण ब्याज ₹ 800 है। 3 वर्षों के लिए चक्रवृद्धि ब्याज और साधारण ब्याज में अन्तर होगा–
(a) ₹ 48 (b) ₹ 66.56
(c) ₹ 98.56 (d) इनमें से कोई नहीं

27. कितने प्रतिशत चक्रवृद्धि ब्याज की दर से 3000 का ब्याज तीन वर्षों में ₹ 993 हो जाएगा?
(a) 8 (b) 10
(c) 12 (d) 6

28. वह धनराशि कितनी होगी, जो 5% वार्षिक की दर पर, दूसरे वर्ष में ₹ 410 चक्रवृद्धि ब्याज प्राप्त कर सके?
(a) ₹ 4,000 (b) ₹ 42,000
(c) ₹ 8,000 (d) ₹ 21,000

29. कम-से-कम पूर्ण वर्षों की संख्या कितनी है जिनमें कोई धन 20% वार्षिक चक्रवृद्धि ब्याज़ की दर से दुगुने से ज्यादा हो जाए?
(a) 3 वर्ष (b) 4 वर्ष
(c) 6 वर्ष (d) 5 वर्ष

30. कोई धन चक्रवृद्धि ब्याज पर 3 वर्ष में 8 गुना हो जाता है, ब्याज की दर क्या होगी?
(a) 100% (b) 80%
(c) 60% (d) आँकड़े अपर्याप्त है

31. चक्रवृद्धि ब्याज में जमा की गयी एक रकम तीन वर्षों के बाद ₹ 6,690 बनती है और 6 वर्षों के बाद ₹ 10,035 मूलधन क्या है ?
(a) ₹ 3,400 (b) ₹ 4,445
(c) ₹ 4,460 (d) ₹ 4,520

32. कोई धन किसी चक्रवृद्धि ब्याज की दर से दो वर्ष में ₹ 8820 एवं 3 वर्ष में ₹ 9261 हो जाता है। ब्याज की दर प्र.श.प्र.व क्या होगी?
(a) 4% (b) 5%
(c) 6% (d) 7%

उत्तर (हल/संकेत)

1. (b) साधारण ब्याज

$$= \frac{P \times R \times T}{100}$$

$$= \frac{7500 \times 8 \times 6}{100}$$

$$= ₹\ 3600$$

2. (b) दर = 4% वार्षिक = 1% तिमाही

समय = 1 वर्ष = 4 तिमाही

$$\therefore \quad A = P\left(1 + \frac{R}{100}\right)^T$$

$= 2000\left(1+\frac{1}{100}\right)^4$

$= 2000 \times (1.01)^4$
$=$ ₹ 2081.21

3. (a) मूलधन = ₹ 1600

दर $= 7\frac{1}{2}$% वार्षिक $= \frac{15}{2}$%

समय = 2 वर्ष 4 महीने

$= 2 + \frac{1}{3} = \frac{7}{3}$ वर्ष

ब्याज = ?

∴ ब्याज $= \frac{\text{मूलधन} \times \text{दर} \times \text{समय}}{100}$

$= \frac{1600 \times \frac{15}{2} \times \frac{7}{3}}{100}$

$= 8 \times 5 \times 7 =$ ₹ 280

4. (a) मूलधन = ₹ 64

ब्याज = मिश्रधन − मूलधन

$= (83.20 - 64) =$ ₹ 19.20

समय = 2 वर्ष; दर = ?

∴ दर $= \frac{\text{ब्याज} \times 100}{\text{समय} \times \text{मूलधन}}$

$= \frac{19.20 \times 100}{2 \times 64} = \frac{1920}{128} = 15\%$

अब मूलधन = ₹ 86, दर = 15% वार्षिक, समय = 4 वर्ष, ब्याज = ?

∴ ब्याज $= \frac{\text{मूलधन} \times \text{दर} \times \text{समय}}{100}$

$= \frac{86 \times 15 \times 4}{100} = \frac{86 \times 3}{5}$

$=$ ₹ 51.60

∴ मिश्रधन = मूलधन + ब्याज = ₹ (86 + 51.60)
$=$ ₹ 137.60

5. (d) दर $= \frac{\text{ब्याज} \times 100}{\text{समय} \times \text{मूलधन}}$

$= \frac{252 \times 100 \times 12}{28 \times 1600} = 6\frac{3}{4}\%$

6. (c) माना कि अभीष्ट समय = t वर्ष

प्रश्नानुसार,

$\frac{8000 \times 3 \times t}{100} = \frac{6000 \times 5 \times 4}{100}$

⇒ $24t = 120$

⇒ $t = \frac{120}{24} = 5$ वर्ष

7. (a) प्रथम स्थिति में,

ब्याज = ₹ (6,678 − 5,600) = ₹ 1,078

∴ ब्याज की दर

$= \left(\frac{1,078 \times 100 \times 2}{5,600 \times 7}\right)\% = 5\frac{1}{2}\%$

द्वितीय स्थिति में, ₹ 9,600 का $5\frac{1}{4}$ वर्ष में ब्याज

= ₹ $\left(\frac{9,600}{100} \times \frac{21}{4} \times \frac{11}{2}\right) =$ ₹ 7,772

∴ अभीष्ट धनराशि = ₹ (9,600 + 2,772)
= ₹ 12,372

8. (d) माना कि 5% ब्याज पर दी गई धनराशि
= ₹ x

∴ 8% ब्याज पर दी गई धनराशि = ₹ $(1550 - x)$

प्रश्नानुसार,

$\frac{(1550 - x) \times 8 \times 3}{100} + \frac{x \times 5 \times 3}{100} = 300$

⇒ $24(1550 - x) + 15x = 30000$

⇒ $37200 - 24x + 15x = 30000$

⇒ $9x = 37200 - 30000$

⇒ $x = \frac{7200}{9} =$ ₹ 800

∴ 8% ब्याज पर दी गई धनराशि
$= 1550 - 800 =$ ₹ 750

∴ अभीष्ट अनुपात = 800 : 750
= 16 : 15

9. (a) ब्याज की दर
= ₹ 1 पर 4 वर्ष के लिए ₹ 0.40
= ₹ 1 पर 1 वर्ष के लिए ₹ 0.10 = 10%

∴ ब्याज $= \frac{\text{मूलधन} \times \text{समय} \times \text{दर}}{100}$

$= \frac{450 \times 2 \times 10}{100} =$ ₹ 90

10. (c) माना कि मूलधन = ₹ x

∴ 8 वर्ष बाद धनराशि = ₹ $2x$

∴ ब्याज $= 2x - x =$ ₹ x

∴ दर $= \frac{\text{ब्याज} \times 100}{\text{मूलधन} \times \text{समय}}$

$= \frac{x \times 100}{x \times 8} = \frac{25}{2}\%$

माना कि धन T वर्ष में चार गुना हो जाता है।

∴ ब्याज = ₹ $(4x - x)$ = ₹ $3x$

समय $= \frac{\text{ब्याज} \times 100}{\text{मूलधन} \times \text{दर}} = \frac{3x \times 100}{x \times \frac{25}{2}}$

= 24 वर्ष

11. (c) पहली स्थिति में,

माना, मूलधन = ₹ x

∴ ब्याज = ₹ x

∴ $x = \frac{x \times 20 \times R}{100}$

⇒ $R = 5\%$

दूसरी स्थिति में,

ब्याज $= 4x - x =$ ₹ $3x$

∴ $3x = \frac{x \times T \times 5}{100}$

⇒ $T = \frac{3 \times 100}{5} = 60$ वर्ष

12. (c) माना कि धन = ₹ x है।

प्रश्नानुसार,

$\frac{x \times 4 \times 4}{100} - \frac{x \times 5 \times 3}{100} = 80$

⇒ $16x - 15x = 80 \times 100$

⇒ $x =$ ₹ 8000

13. (c) प्रश्न से,

1 वर्ष का ब्याज = 2300 − 2200 = ₹ 100

∴ 2 वर्ष का ब्याज = 2 × 100 = ₹ 200

परन्तु 2 वर्ष के बाद मूलधन + ब्याज = ₹ 2200

⇒ मूलधन = 2200 − 200 = ₹ 2000

14. (c) साधारण ब्याज

$= \frac{5000 \times 5 \times 6}{100} =$ ₹ 1500

15. (b) ब्याज-दर $= \frac{n(100)}{t}$

(यहाँ $n = \frac{3}{8}$ तथा $t = 6$)

∴ $\frac{3 \times 100}{8 \times 6} = \frac{300}{48} = 6\frac{1}{4}\%$

16. (c) प्रश्नानुसार, मूलधन = ₹ 5000

दर = 12% वार्षिक

तथा समय = 5 वर्ष

∴ साधारण ब्याज $= \frac{\text{मूलधन} \times \text{दर} \times \text{समय}}{100}$

$= \frac{5000 \times 12 \times 5}{100} =$ ₹ 3000

अभीष्ट मिश्रधन = ₹ (5000 + 3000)
= ₹ 8000

17. (b) माना कोई मूलधन P, 16 वर्षों में R% वार्षिक ब्याज की दर से दो गुना हो जाता है।

∴ $2P = P\left(1 + \frac{R \times 16}{100}\right)$

$\Rightarrow \quad \frac{4R}{25} = 2 - 1 = 1$

$\therefore \quad R = \frac{25}{4}\%$

अब, माना 8 वर्ष बाद मिश्रधन ₹ x हो जाता है।

$\therefore \quad x = P\left(1 + \frac{R \times 8}{100}\right)$

$= P\left(1 + \frac{25}{4} \times \frac{2}{25}\right)$

$= P\left(1 + \frac{1}{2}\right)$

$= P \times \left(1\frac{1}{2}\right)$

अत: 8 वर्ष में मिश्रधन, मूलधन का $1\frac{1}{2}$ गुना होगा।

18. (a) साधारण ब्याज $= \frac{\text{मूलधन} \times \text{दर} \times \text{समय}}{100}$

$\Rightarrow \quad 248 - Q = \frac{Q \times \frac{16}{3} \times 4.5}{100}$

$\Rightarrow \quad 248 - Q = \frac{Q \times 16 \times 4.5}{100 \times 3}$

$\Rightarrow \quad 24800 - 100Q = 24Q$

$\Rightarrow \quad 124Q = 24800$

$\therefore \quad Q = ₹\, 200$

19. (b) $\frac{\frac{x}{4} \times 2}{100} + \frac{\frac{3x}{4} \times 3}{100} = \frac{x \times r}{100}$

$\Rightarrow \quad r = \frac{1}{2} + \frac{9}{4}$

$\Rightarrow \quad r = \frac{2 + 9}{4} = \frac{11}{4} = 2\frac{3}{4}\%$

20. (a) अभीष्ट मूल्य

$= P\left(1 - \frac{R}{100}\right)^2$

$= 196000\left(1 - \frac{100}{7 \times 100}\right)^2$

$= 196000\left(\frac{6}{7}\right)^2 = ₹\, 144000.$

21. (b) ब्याज की दर (R) $= \frac{100 \times \text{S.I.}}{\text{P} \times \text{T}}$

$= \left(\frac{100 \times 1{,}071}{2{,}550 \times 3}\right)\% = 14\%$

22. (d) अभीष्ट समय (T) $= \frac{100 \times \text{S.I.}}{\text{R} \times \text{P}}$

$= \left(\frac{100 \times 81}{450 \times 4{\cdot}5}\right) = 4$ वर्ष

23. (a) माना वह राशि = ₹ 100

तब साधारण ब्याज = ₹ $\left(\frac{9}{25} \times 100\right) =$ ₹ 36

$\therefore$ ब्याज की दर (R) $= \left(\frac{100 \times 36}{100 \times 6}\right)\% = 6\%$

24. (a) माना वह धनराशि = ₹ x

तब साधारण ब्याज = ₹ $\frac{3}{5}x$

$\therefore$ अभीष्ट समय (T)

$= \left(100 \times \frac{3x}{5} \times \frac{1}{x} \times \frac{1}{10}\right)$ वर्ष = 6 वर्ष

25. (d) माना मिश्रधन = ₹ 100

$\therefore$ साधारण ब्याज = ₹ $\left(100 \times \frac{2}{5}\right) =$ ₹ 40

$\therefore$ मूलधन = ₹ (100 – 40) = ₹ 60

$\therefore$ ब्याज की दर (R) $= \left(\frac{100 \times 40}{60 \times 5}\right)$

$= \frac{80}{6} = \frac{40}{3} = 13\frac{1}{3}\%$

26. (c) दर $= \frac{32}{400} \times 100 = 8\%$

मूलधन $= \frac{400 \times 100}{8} = 5000$

अंतर $= \frac{\text{PR}^2(300 + \text{R})}{100 \times 100^2}$

$= \frac{5000 \times 64 \times 308}{100 \times 100 \times 100}$

= ₹ 98.56

27. (b) $993 = 3000\left[\left(1 + \frac{r}{100}\right)^3 - 1\right]$

$\Rightarrow \quad \frac{993}{3000} = \frac{(100 + r)^3 - (100)^3}{(100)^3}$

$\Rightarrow \quad 331000 = (100 + r)^3 - 1000000$

$\Rightarrow \quad 1000000 + 331000 = (100 + r)^3$

$\Rightarrow \quad 1331000 = (100 + r)^3$

$\Rightarrow \quad (110)^3 = (100 + r)^3$

$\Rightarrow \quad r = 10\%$

28. (a) $\text{C.I.} = \text{P}\left[\left(1 + \frac{\text{R}}{100}\right)^{\text{T}} - 1\right]$

$\Rightarrow \quad 410 = \text{P}\left[\left(1 + \frac{\text{R}}{100}\right)^2 - 1\right]$

$\Rightarrow \quad 410 = \text{P} \times \frac{41}{400}$

$\Rightarrow \quad \text{P} = \frac{410 \times 400}{41}$

$\Rightarrow \quad =$ ₹ 4000

29. (b) माना कि मूलधन 'P' है, तो मिश्रधन

$\text{A} = 2\text{P}$

$\text{A} = \text{P}\left(1 + \frac{r}{100}\right)^t$

$2\text{P} = \text{P}\left(1 + \frac{20}{100}\right)^t$

$2 = \left(\frac{6}{5}\right)^t$

लेकिन प्रश्न में धन को दोगुने से ज्यादा होना है। अत:

$\left(\frac{6}{5}\right)^4 = 2.0736$

$\therefore$ धन 4 वर्षों में दुगने से ज्यादा हो जायेगा।

30. (a) माना की दर r% है।

प्रश्नानुसार, तीन वर्षों में धन 8 गुना हो जाता है।

$8\text{P} = \text{P}\left(1 + \frac{r}{100}\right)^3$

$8 = \left(1 + \frac{r}{100}\right)^3$

$(2)^3 = \left(1 + \frac{r}{100}\right)^3$

$2 = 1 + \frac{r}{100}$

$2 - 1 = \frac{r}{100}$

$r = 100\%$

31. (c) माना कि मूलधन = x रुपए एवं दर = r % प्रति वर्ष

प्रश्नानुसार,

$6690 = x\left(1 + \frac{r}{100}\right)^3$ ....(i)

$10035 = x\left(1 + \frac{r}{100}\right)^6$ ....(ii)

समीकरण (ii) में (i) से भाग देने पर,

$\left(1 + \frac{r}{100}\right)^3 = \frac{10035}{6690}$

$\therefore$ समीकरण (i) से,

$6690 = x \times \frac{10035}{6690}$

$\Rightarrow \quad x = \frac{6690 \times 6690}{10035}$

$= 4460$

32. (b) **ट्रिकी सूत्र से :** तीसरे वर्ष के लिए

ब्याज = A – P

(9261 – 8820) = ₹ 441 ब्याज होगा

$\therefore \quad r = \frac{441}{8820} \times 100 = 5\%$ प्रति वर्ष

❑❑❑

साझेदारी

साझा (Partnership)–जब दो या दो से अधिक व्यक्ति संयुक्त रूप से पूंजी लगाकर कोई व्यापार आरंभ करते हैं, तो इस व्यापार को साझा कहते हैं। साझा दो प्रकार का होता है–

1. साधारण साझा (Simple Partnership)–यदि सभी साझेदारों द्वारा व्यापार में पूंजी समान समय के लिए लगाई जाए, तो इस प्रकार की साझेदारी को साधारण साझा कहते हैं।

***2.* मिश्रित साझा (Mixed Partnership)**–यदि व्यापार में साझेदारों द्वारा पूंजी भिन्न-भिन्न समय के लिए लगाई जाए, तो इस प्रकार की साझेदारी को मिश्रित साझा कहते हैं।

साझेदारी में साझेदार दो प्रकार के होते हैं–

(i) सक्रिय साझेदार (Active Partner)–वह साझेदार जो व्यापार की देखरेख करता है, सक्रिय साझेदार कहलाता है इस देखरेख या प्रबंधन के लिए उसे लाभ में से पारिश्रमिक के रूप में एक निश्चित राशि प्राप्त होती है।

(ii) सुस्त साझेदार (Sleeping Partner)–वह साझेदार जो व्यापार में पूंजी तो लगाता है परंतु उसकी देखरेख नहीं करता है। सुस्त साझेदार कहलाता है।

3. यदि दो साझेदार A तथा B एक व्यापार में अपनी पूंजी भिन्न-भिन्न समय के लिए निवेशित करते हैं तब,

$$\frac{A \text{ द्वारा निवेशित पूंजी} \times A \text{ की समयावधि}}{B \text{ द्वारा निवेशित पूंजी} \times B \text{ की समयावधि}} = \frac{A \text{ का लाभ में हिस्सा}}{B \text{ का लाभ में हिस्सा}}$$

साझेदारी के लिए कुछ महत्वपूर्ण नियम

(i) यदि तीन साझेदारों द्वारा निवेश की गई पूंजियों का अनुपात $x : y : z$ और पूंजी को निवेश करने के लिए, लिए गए समय का अनुपात $a : b : c$ हो, तो

$$\text{साझेदारों के लाभों का अनुपात} = [xa : yb : zc]$$

(ii) यदि तीन साझेदारों द्वारा निवेश की गई पूंजियों का अनुपात $x : y : z$ हो, तथा व्यापार में प्राप्त लाभों का अनुपात $a : b : c$ हो, तो

$$\text{लगाई गई पूंजी के समय का अनुपात} = \left[\frac{a}{x} : \frac{b}{y} : \frac{c}{z}\right]$$

(iii) तीन साझेदार एक व्यापार में निवेश करते हैं। यदि उनके द्वारा निवेश की गई पूंजी के समय का अनुपात $T_1 : T_2 : T_3$ हो और व्यापार में प्राप्त लाभों का अनुपात $P_1 : P_2 : P_3$ हो तब,

$$\text{उनके द्वारा निवेश की गई पूंजी का अनुपात} = \left[\frac{P_1}{T_1} : \frac{P_2}{T_2} : \frac{P_3}{T_3}\right]$$

(iv) दो साझेदार एक व्यापार में क्रमशः ₹ a तथा ₹ b लगाकर व्यापार प्रारंभ करते हैं वे इस बात से सहमत होते हैं कि कुल लाभ का P % दोनों में समान रूप से बांट लिया जाएगा तथा शेष लाभ को पूंजी पर प्राप्त ब्याज के रूप में समझा जाएगा। यदि पहला साझेदार दूसरे साझेदार से ₹ M अधिक प्राप्त करता है तो

$$\text{व्यापार का कुल लाभ} = ₹\left[M\left(\frac{100}{100-P}\right)\left(\frac{P_1+P_2}{P_1-P_2}\right)\right]$$

जबकि $P_1 > P_2$

नोट–जहां P_1 व P_2 व्यापार में साझेदारों के लाभ का अनुपात है।

हल सहित उदाहरण

उदाहरण–1 : A, B व C एक व्यापार में $\frac{1}{2} : \frac{1}{3} : \frac{1}{4}$ के अनुपात में पूंजी लगाते हैं 2 माह बाद A अपनी आधी पूंजी वापस ले लेता है। यदि 10 माह बाद व्यापार का कुल लाभ ₹ 378 हो, तो B का लाभ में हिस्सा क्या होगा?

हल– A, B व C द्वारा निवेशित पूंजियों का अनुपात

$$= \frac{1}{2} : \frac{1}{3} : \frac{1}{4} = 6 : 4 : 3$$

माना A, B व C द्वारा निवेशित की गई राशियां क्रमशः ₹ $6x$, ₹ $4x$ व ₹ $3x$ है

तब $A : B : C = (6x \times 2 + 3x \times 10) : (4x \times 12) : (3x \times 12)$

$= 42x : 48x : 36x = 7 : 8 : 6$

$\therefore$ B का लाभ में हिस्सा $= \left(378 \times \frac{8}{21}\right) = ₹\ 144$

उदाहरण–2 : प्रदीप तथा विकास मिलकर एक व्यापार प्रारंभ करते हैं। प्रदीप विकास की अपेक्षा 3 गुना अधिक निवेश करता है, और उसके द्वारा निवेशित की गई राशि की अवधि विकास से दोगुनी है। यदि विकास को व्यापार के अंत में लाभ के रूप में ₹ 4000 प्राप्त हुए हों, तो कुल लाभ ज्ञात कीजिए।

हल– माना विकास ₹ R को M महीने के लिए निवेशित करता है।

तब, प्रदीप ₹ $3R$ को $2M$ महीने के लिए निवेशित करेगा

$\therefore$ प्रदीप तथा विकास द्वारा निवेशित की गई पूंजियों का अनुपात

$= (3R \times 2M) : (R \times M)$

$= 6RM : RM = 6 : 1$

$\therefore$ व्यापार का कुल लाभ $= ₹\left(\frac{4000 \times 7}{1}\right) = ₹\ 28{,}000$

उदाहरण–3 : X, Y तथा Z मिलकर एक व्यापार प्रारंभ करते हैं X, ₹ 6500, 6 महीने के लिए निवेश करता है Y, ₹ 8400, 5 महीने के लिए निवेश करता है तथा Z, ₹ 10000 को 3 महीने के लिए निवेश करता है। X व्यापार की देख-रेख करता है जिसके लिए उसे कुल लाभ का 5% अतिरिक्त प्राप्त होता है। यदि व्यापार का कुल लाभ ₹ 7400 हो तो लाभ में Y का हिस्सा ज्ञात कीजिए।

हल– X को प्राप्त अतिरिक्त राशि = ₹ $\left(7400 \times \frac{5}{100}\right) = 370$

∴ शेष बची लाभ की राशि = ₹ (7400 – 370) = 7030

X, Y तथा Z द्वारा निवेशित की गई पूंजियों का अनुपात

$= (6500 \times 6) : (8400 \times 5) : (10000 \times 3)$
$= 39000 : 42000 : 30000$
$= 13 : 14 : 10$

शेष बचे लाभ में Y का हिस्सा = ₹ $\left(7030 \times \frac{14}{37}\right)$ = ₹ 2660

उदाहरण–4 : रीना, मीना और शीना एक कारोबार चालू करने के लिए क्रमशः ₹ 63000, ₹ 56000 और ₹ 84000 का निवेश करती हैं वर्ष के अंत में उनके निवेश के अनुपात में लाभ का वितरण किया जाता है। रीना का लाभ में हिस्सा ₹ 54000 है, तो कुल अर्जित लाभ कितना है?

हल–रीना, मीना और शीना द्वारा निवेशित की गई पूंजियों का अनुपात

$= 63000 : 56000 : 84000 = 9 : 8 : 12$

∴ कुल अर्जित लाभ = $\left(\frac{29}{12} \times 54000\right)$ = ₹ 1,30,500

प्रश्नमाला

1. तीन व्यक्ति साझेदारी में ₹ 600, ₹ 800 तथा ₹ 1000 लगाते हैं। यदि ₹ 480 का मुनाफा हुआ तो पहले व्यक्ति को कितना मिलेगा?

(a) ₹ 90 (b) ₹ 100
(c) ₹ 120 (d) ₹ 85

2. रहीम, करीम व महेश को कोई काम ₹ 800 में करने के लिए लगाया गया। रहीम तथा करीम ने मिलकर $\frac{4}{5}$ काम किया, तथा करीम व महेश ने मिलकर $\frac{3}{4}$ काम किया तो बतायें मजदूरी में महेश का हिस्सा कितना होगा?

(a) ₹ 140 (b) ₹ 440
(c) ₹ 180 (d) ₹ 160

3. तीन भागीदार एक व्यवसाय में ₹ 2000, ₹ 2500 और ₹ 1,000 लगाते हैं। लाभ ₹ 880 होने पर अंतिम भागीदार को कितनी लाभ राशि मिलेगी?

(a) ₹ 400 (b) ₹ 350
(c) ₹ 180 (d) ₹ 160

4. X और Y एक व्यापार में साझेदार हैं। X कुल पूँजी का $\frac{1}{3}$ हिस्सा 9 महीनों के लिए लगाता है और Y को कुल लाभ का $\frac{2}{5}$ हिस्सा प्राप्त होता है। इस व्यापार में Y द्वारा कितनी अवधि के लिए धन लगाया गया?

(a) 2 महीने (b) 3 महीने
(c) 4 महीने (d) 5 महीने

5. ब्रजेश, निरूपम और विभाकर ने एक व्यवसाय ₹ 4,700 में आरंभ किया। ब्रजेश ने निरूपम से ₹ 500 अधिक लगाये और निरूपम ने विभाकर से ₹ 300 अधिक लगाये। यदि लाभ ₹ 1,410 है, तो ब्रजेश को कितना लाभ-अंश मिलेगा?

(a) ₹ 360 (b) ₹ 450
(c) ₹ 480 (d) ₹ 600

6. अशोक ने ₹ 25,000 के निवेश से एक व्यापार प्रारंभ किया। 3 माह पश्चात् ₹ 30,000 की पूँजी के साथ विनोद इसमें शामिल हो गया। वर्ष के अंत में लाभ यदि ₹ 19,000 हो, तब अशोक का हिस्सा क्या होगा?

(a) ₹ 5,000 (b) ₹ 10,000
(c) ₹ 9,000 (d) ₹ 8,000

7. A, B, C ने एक व्यापार के लिए ₹ 47,000 का चन्दा दिया। A ने B से ₹ 7,000 ज्यादा दिये व B ने C से ₹ 5,000 ज्यादा दिये। ₹ 4,900 के कुल लाभ में से B को मिलेंगे–

(a) ₹ 4,400 (b) ₹ 3,000
(c) ₹ 2,000 (d) ₹ 1563.82

8. दो आदमी रमेश और सुरेश क्रमशः ₹ 15000 और ₹ 25,000 एक व्यापार में निवेश करते हैं। वर्ष के अंत में उन्हें ₹ 10000 का लाभ होता है। वे अपने लाभ का 12% फिर से व्यापार में लगाते हैं। बची हुई राशि में से प्रत्येक ₹ 1000 लेते हैं तथा फिर बची हुई राशि उनके मूल निवेश के अनुपात के अनुसार बाँट लेते हैं। तब रमेश का हिस्सा कितना होगा?

(a) ₹ 3300 (b) ₹ 3000
(c) ₹ 2975 (d) ₹ 3550

9. A ₹ 10,000 की पूँजी से व्यापार शुरू करता है और 4 महीनों के बाद B ₹ 5,000 की पूँजी के साथ शामिल होता है। वर्ष के अंत में ₹ 2,000 के कुल लाभ में A का हिस्सा क्या होगा?

(a) ₹ 1,500 (b) ₹ 1000
(c) ₹ 900 (d) ₹ 750

10. राम, सुधीर, नरेन्द्र और महेन्द्र साझेदारी करते हैं। राम ₹ 10,000, 8 माह के लिए, सुधीर ₹ 12,000, 10 माह के लिए, नरेन्द्र ₹ 7,500, 8 माह के लिए तथा महेन्द्र ₹ 15,000, 4 माह के लिए लगाते हैं। ₹ 14,000 के लाभ में से नरेन्द्र का हिस्सा ज्ञात कीजिए–

(a) ₹ 2,400 (b) ₹ 2,625
(c) ₹ 2,500 (d) ₹ 2,100

11. A, B तथा C साझेदारी में एक लघु उद्योग की स्थापना करते हैं। A कुल पूँजी का $\frac{1}{4}$ भाग, $\frac{1}{5}$ समय के लिए, B कुल पूँजी का $\frac{1}{3}$ भाग, $\frac{1}{4}$ समय के लिए तथा C शेष पूँजी शेष समय के लिए लगाता है। यदि कुल लाभ ₹ 17,400 हो तो उनमें से B का हिस्सा क्या होगा?

(a) ₹ 3900 (b) ₹ 4100
(c) ₹ 4000 (d) ₹ 4200

12. X अपने धन का आधा अपनी पत्नी को देता है और बचे हुए का आधा अपने पुत्र को देता है। बाकी बचे धन को उसने अपनी दो पुत्रियों में बराबर बाँट दिया, तो प्रत्येक को कितना हिस्सा मिला?

(a) $\frac{1}{8}$ (b) $\frac{1}{6}$
(c) $\frac{1}{4}$ (d) $\frac{2}{3}$

13. A, B, C तीन साझेदार व्यापार में क्रमश ₹ 34,000, ₹ 26000 तथा ₹ 10,000 लगाते हैं। ₹ 17,500 के कुल लाभ में A का हिस्सा होगा–

(a) ₹ 8,750 (b) ₹ 8,500
(c) ₹ 7,500 (d) ₹ 3,750

14. आनन्द और दीपक क्रमशः ₹ 22500 और ₹ 35000 लगाकर एक व्यापार चालू करते हैं। कुल ₹ 13800 के लाभ में से दीपक का हिस्सा होगा?

(a) ₹ 5400 (b) ₹ 7200
(c) ₹ 8400 (d) ₹ 9600

15. कांति ने ₹ 9000 के निवेश से एक व्यापार आरंभ किया। पांच माह बाद सुधाकर ₹ 8000 के साथ उस व्यापार में शामिल हो गया। वर्ष में उन्हें ₹ 6970 का लाभ हुआ। लाभ में सुधाकर का हिस्सा क्या था?

(a) ₹ 3690 (b) ₹ 1883.78
(c) ₹ 2380 (d) ₹ 3864

16. A और B ने एक संयुक्त कंपनी शुरू की। A का निवेश B के निवेश का तिगुना था और उसके निवेश की अवधि B के निवेश की अवधि की दुगुनी थी। यदि B का लाभ के तौर पर ₹ 4,000 मिले तो उनका कुल लाभ है–

(a) ₹ 24,000 (b) ₹ 16,000
(c) ₹ 28,000 (d) ₹ 20,000

17. A और B कोई साझे का कार्य 5 : 6 अनुपात में पूँजी लगाकर कर रहे हैं। 8 महीने के बाद A अपने को इस कार्य से हटा लेता है। यदि उन्होंने 5 : 9 के अनुपात में लाभ पाया तो B ने अपनी पूँजी कितने महीनों तक लगाये रखी?

(a) 4 महीने (b) 8 महीने
(c) 12 महीने (d) इनमें से कोई नहीं

18. अजय, विजय और विनय मिलकर एक व्यापार आरंभ करते हैं, जिसमें अजय ₹ 8,000, विजय ₹ 7000 तथा विनय ₹ 10,000 लगाता है। यदि वर्ष के अंत में ₹ 22,500 का लाभ हो, तो उसमें अजय का हिस्सा कितना होगा?

(a) ₹ 7,000 (b) ₹ 7,200
(c) ₹ 7,250 (d) ₹ 7,500

19. मुकेश ने ₹ 72000 लगाकर एक व्यवसाय आरंभ किया तथा कुछ समय बाद ₹ 60000 के साथ रूबी को भागीदार बना लिया। यदि वर्ष भर के बाद मुकेश एवं रूबी के मध्य लाभ का बंटवारा 3 : 2 में होता हो तो बताइये कि रूबी कितने माह पश्चात व्यवसाय में भागीदार बनी थी?

(a) 9 माह (b) 6 माह
(c) 7.2 माह (d) 2.4 माह

20. किसी व्यापार में A, ₹ 10,000, 9 महीनों के लिए निवेश करता है तथा B ₹ 18,000 कुछ समय के लिए निवेश करता है। यदि A तथा B का लाभ समान है तब B ने कितने समय के लिए पूंजी निवेश किया?

(a) 6 महीना (b) 5 महीना
(c) 4 महीना (d) 3 महीना

21. A तथा B एक व्यवसाय में हिस्सेदार हैं। A ने 15 महीनों तक कुल पूंजी का $\frac{1}{4}$ हिस्सा निवेश किया और B को लाभ का $\frac{2}{3}$ हिस्सा प्राप्त हुआ, तो B की पूंजी का उपयोग कितनी अवधि तक हुआ?

(a) 6 महीने (b) 8 महीने
(c) 10 महीने (d) 12 महीने

22. आनन्द और दीपक ने एक व्यवसाय क्रमशः ₹ 22,500 तथा ₹ 35,000 निवेश करके आरम्भ किया। उसमें ₹ 13,800 के लाभ में दीपक का हिस्सा कितना है?

(a) ₹ 5,400 (b) ₹ 7,200
(c) ₹ 8,400 (d) ₹ 9,600

23. P, Q तथा R ने एक व्यापार के आरम्भ में 1 : 3 : 5 के अनुपात में निवेश किया। 4 महीने बाद P ने दोबारा पहले जैसा ही निवेश किया किन्तु Q तथा R ने अपने निवेश का आधा वापस ले लिया, तो आरम्भिक निवेश के 1 वर्ष बाद, तीनों भागीदारों का लाभ में अनुपात क्या होगा?

(a) 4 : 3 : 5 (b) 5 : 6 : 10
(c) 6 : 5 : 10 (d) 10 : 5 : 6

24. तीन व्यक्ति X, Y, Z, क्रमशः ₹ 8,000, ₹ 6,000 व ₹ 4,000 निवेश करके एक व्यापार में भागीदारी करते हैं। वे इस शर्त पर भी सहमत हैं कि उनका लाभ, उनके निवेश की पूंजी के अनुपात में विपरीत होगा, तो यदि कुल लाभ ₹ 15,453 हो, तो उसमें x का भाग कितना होगा?

(a) ₹ 7,475 (b) ₹ 3,964
(c) ₹ 5,854 (d) ₹ 6,868

25. राम और श्याम ने क्रमशः ₹ 30,000 और ₹ 40,000 के निवेश के साथ व्यवसाय शुरू किया। पहले वर्ष के अन्त में उनका कुल लाभ ₹ 1,400 रहा। लाभ में राम का हिस्सा कितना है?

(a) ₹ 800 (b) ₹ 600
(c) ₹ 650 (d) ₹ 750

26. किसी व्यापार में A और B साझेदार हैं तथा लाभ में इनके हिस्सों का अनुपात 4 : 5 है। अब C इस व्यापार में शामिल होता है तथा लाभ में इनके हिस्सों का अनुपात 2 : 3 : 1 है। C को शामिल करने के लिए, A और B को अपने लाभ के हिस्से के किस अनुपात का त्याग करना पड़ेगा?

(a) 3 : 1 (b) 2 : 1
(c) 1 : 2 (d) 1 : 3

27. A और B क्रमशः ₹ 12,000 व ₹ 16,000 निवेश करके एक साझेदारी करते है। 8 माह पश्चात् C, ₹ 15,000 की पूंजी लेकर व्यापार में प्रवेश करता है। 2 वर्ष पश्चात् ₹ 45,600 के लाभ में C का हिस्सा होगा–

(a) ₹ 12,000 (b) ₹ 14,400
(c) ₹ 19,200 (d) ₹ 21,200

28. A अपना व्यवसाय ₹ 7,000 से आरम्भ करता है। उसके 5 महीनों बाद B उसका भागीदार बन जाता है। तदोपरान्त 1 वर्ष बाद लाभ का बंटवारा 2 : 3 के अनुपात में किया गया है, अतः B की पूंजी का निवेश कितना था?

(a) ₹ 9,000 (b) ₹ 10,000
(c) ₹ 6,500 (d) ₹ 18,000

29. P तथा Q अपने लाभ को 5 : 3 के अनुपात में बांटते हैं। अन्ततः P अपने हिस्से का $\frac{1}{5}$ तथा Q अपने हिस्से का $\frac{1}{3}$ एक नए भागीदार R को दे देते हैं, तो P, Q व R के हिस्सों का अनुपात कितना है?

(a) 1 : 1 : 1 (b) 1 : 2 : 1
(c) 2 : 1 : 1 (d) 1 : 1 : 2

30. तीन हिस्सेदार A, B व C एक व्यापार आरम्भ करते हैं। A की तीन गुना पूंजी, B की पूंजी के 4 गुने के बराबर है और B की दोगुनी पूंजी C की तीन गुनी पूंजी के बराबर है, तो एक वर्ष बाद ₹ 90,000 के कुल लाभ में C का हिस्सा है–

(a) ₹ 25,000 (b) ₹ 30,000
(c) ₹ 20,000 (d) ₹ 40,000

उत्तर (हल/संकेत)

1. (c) साझेदारी के निवेश का अनुपात

$= 600 : 800 : 1000 = 3 : 4 : 5$

$= \frac{3}{3+4+5} \times 480 = ₹ 120$

2. (d) रहीम तथा करीम का काम $= \frac{4}{5}$

करीम तथा महेश का काम $= \frac{3}{4}$

माना कि कुल काम = 1

तो करीम का काम $= \left(\frac{4}{5}+\frac{3}{4}\right)-1$

$= \frac{31}{20} - 1 = \frac{11}{20}$

रहीम का काम $= \frac{4}{5} - \frac{11}{20}$

$= \frac{16-11}{20} = \frac{5}{20} = \frac{1}{4}$

महेश का काम

$= \frac{3}{4} - \frac{11}{20} = \frac{15-11}{20} = \frac{4}{20} = \frac{1}{5}$

तीनों के काम का अनुपात

$= \frac{1}{4} : \frac{11}{20} : \frac{1}{5} = \frac{5, 11, 4}{20}$

$= 5 : 11 : 4$

$\therefore$ महेश का हिस्सा $= 800 \times \frac{4}{20}$ = ₹ 160

3. (d) अंतिम भागीदार की लाभ राशि

$= \frac{1000}{5500} \times 880 =$ ₹ 160

4. (b) Y की पूँजी $= 1 - \frac{1}{3} = \frac{2}{3}$ भाग

माना कि Y, t माह के लिए पैसा लगाया है।

$\frac{\frac{2}{3} \times t}{\frac{2t}{3} + \frac{1}{3} \times 9} = \frac{2}{5}$ लाभ $= \frac{\frac{2t}{3}}{\frac{2t}{3} + 3} = \frac{2}{5}$

$\Rightarrow \quad = \frac{\frac{2t}{3}}{\frac{2t+9}{3}} = \frac{2}{5}$

$\Rightarrow \quad 10t = 4t + 18$

$6t = 18$

$\therefore \quad t = 3$ माह

5. (d) माना कि विभाकर का निवेश $= m$

$\therefore$ निरूपम का निवेश $= m +$ ₹ 300

$\therefore$ ब्रजेश का निवेश $= m + 300 + 500 = m +$ ₹ 800

प्रश्नानुसार,

$m + m + 300 + m + 800 = 4700$

$\therefore \quad 3m = 4700 - 1100 = 3600$

विभाकर का निवेश $m =$ ₹ 1200

$\therefore$ निरूपम का निवेश = ₹ 1500

ब्रजेश का लाभ

$= \frac{2000}{4700} \times 1410 =$ ₹ 600

6. (b) अशोक और विनोद के निवेश का अनुपात
$= 25000 \times 12 : 36000 \times 9 = 10 : 9$

अशोक का हिस्सा

$= 19000 \times \frac{10}{19}$ = ₹ 10,000

7. (d) माना कि C का लाभ ₹ y है।

$y + 5000 + 7000 + y + 5000 + y = 47000$

या $\quad 3y + 17000 = 47000$

या $\quad 3y = 30000$

$\therefore \quad y = 10000$

अतः A, B तथा C का अनुपात
$= 10000 + 5000 + 7000 : 10000 + 5000 : 10000$
$= 22000 : 15000 : 1000 = 22 : 15 : 10$

$\therefore$ B को मिला लाभ

$= \frac{15}{47} \times 4900 =$ ₹ 1563.82

8. (d) निवेश का अनुपात (रमेश : सुरेश)
$= 15000 : 25000 = 15 : 25$

वर्ष के अंत में लाभ = 10000

12% व्यापार में लगाने पर शेष
= 10000 का 88% = ₹ 8800

1000 प्रत्येक का आपस में बांटने पर शेष
8800 – 2000 = ₹ 6800

पुनः प्रश्न से

बची राशि निवेश के अनुपात में वितरित अर्थात रमेश का इसमें हिस्सा

$= \frac{6800 \times 15}{40} = 2550$

अतः रमेश का कुल हिस्सा
= 2550 + 1000 = ₹ 3550

9. (a) A, B (लाभ)
$= 10,000 \times 12 : 5000 \times 8 = 3 : 1$

A का हिस्सा $= \frac{3}{4} \times 2000 =$ ₹ 1500

10. (b) नरेन्द्र का हिस्सा

$= \frac{7500 \times 8 \times 14000}{10000 \times 8 + 12000 \times 10 + 15000 \times 4}$

$= \frac{(7500 \times 8) \times 14000}{80000 + 120000 + 60000}$

$= \frac{7500 \times 8 \times 14000}{320000}$ = ₹ 2625

11. (c) C द्वारा लगाई गई पूँजी $= 1 - \left(\frac{1}{4} + \frac{1}{3}\right)$

$= 1 - \left(\frac{7}{12}\right) = \frac{5}{12}$

C द्वारा पूंजी लगाने का समय

$= 1 - \left(\frac{1}{5} + \frac{1}{4}\right) = 1 - \left(\frac{9}{20}\right) = \left(\frac{11}{20}\right)$

इसलिए उद्योग में हिस्सेदारी

$= \frac{1}{4} \times \frac{1}{5} : \frac{1}{3} \times \frac{1}{4} : \frac{5}{12} \times \frac{11}{20}$

$= \frac{1}{20} : \frac{1}{12} : \frac{11}{48} = 12 : 20 : 55$

प्रश्नानुसार कुल लाभ = 17,400

B का लाभ $= \frac{17400}{87} \times 20 =$ ₹ 4000

12. (a) माना की X का धान ₹ 1 है

पत्नी का हिस्सा $= \frac{1}{2}$

पुत्र का हिस्सा $= \frac{1}{2} \times \frac{1}{2} = \frac{1}{4}$

प्रत्येक पुत्रियों का हिस्सा $= \frac{1}{4} \times \frac{1}{2} = \frac{1}{8}$

13. (b) लाभ का अनुपात
$= 34000 : 26000 : 10000$
$= 34 : 26 : 10 = 17 : 13 : 5$

$\therefore$ A का हिस्सा $= \frac{17}{35} \times 17500 =$ ₹ 8500

14. (c) पूँजी का अनुपात
$= 22500 : 35000 = 9 : 14$
= आनन्द : दीपक

$\therefore$ दीपक का हिस्सा

$= \frac{14}{9+14} \times 13800 = \frac{14 \times 13800}{23}$

$= 14 \times 600 =$ ₹ 8400

15. (c) कांति एवं सुधाकर की एक माह के लिए समतुल्य पूँजी का अनुपात = 9000 × 12 : 7 × 8000
$= 9 \times 12 : 7 \times 8 = 27 : 14$

अनुपातिक योग = 27 + 14 = 41

$\therefore$ सुधाकर का लाभांश

= ₹ $\left(\frac{14}{41} \times 6970\right)$ = ₹ 2380

16. (c) A एवं B की एक माह के लिए समतुल्य पूँजी का अनुपात
$= 3x \times 2t : x \times t = 6 : 1$

B को प्राप्त लाभ = ₹ 4000

$\Rightarrow \frac{1}{7} \times$ कुल लाभ = ₹ 4000

$\Rightarrow$ कुल लाभ = 7 × 4000 = ₹ 28000

17. (c) माना कि B ने अपनी पूँजी y महीनों तक व्यवसाय में लगाई रखी।

माना कि A एवं B की पूँजी क्रमशः $5x$ एवं $6x$ ₹ है।

प्रश्नानुसार,

$\frac{5x \times 8}{6x \times y} = \frac{5}{9}$

$\frac{20}{3y} = \frac{5}{9}$

$\Rightarrow \quad y = \frac{20 \times 9}{3 \times 5} = 12$ माह

18. (b) अजय, विजय और विनय द्वारा लगाई गई पूँजी का अनुपात

$= 8000 : 7000 : 10000$

$= 8 : 7 : 10 = \frac{22500}{8+7+10} \times 8$

$= \frac{22500 \times 8}{25} =$ ₹ 7200

19. (d) माना कि रूबी ने y माह के लिए व्यवसाय में पूंजी निवेश किया।

$\therefore$ मुकेश एवं रूबी की पूंजियों का अनुपात
$= 72000 \times 12 : 60000 \times y = 3 : 2$

या $\frac{72000 \times 12}{60000 + y}$

या $60000 \times y \times 3 = 72000 \times 12 \times 2$

$\therefore y = \frac{72000 \times 12 \times 2}{60000 + 3}$

$= \frac{72 \times 12 \times 2}{60 \times 3} = \frac{72 \times 2}{5 \times 3} = \frac{144}{15} = 9.6$

$\therefore$ $12 - 9.6 = 2.4$ माह बाद रूबी व्यवसाय में शामिल हुई।

20. (b) A की 1 माह के लिए समतुल्य पूंजी
$= 10000 \times 9 =$ ₹ 90000

$\therefore$ B के निवेश की अवधि

$= \frac{90000}{18000} = 5$ माह

21. (c) माना B की पूंजी का उपयोग x महीने तक हुआ।

$\because$ A का लाभ : B का लाभ
= A की पूंजी × 15 महीने : B की पूंजी × x

$\Rightarrow \frac{1}{3} : \frac{2}{3} = \left(\frac{1}{4} \times 15\right) : \frac{3}{4} \times x$

$\Rightarrow \frac{1}{3} : \frac{2}{3} = \frac{15}{4} : \frac{3}{4}x$

$\Rightarrow 1 : 2 = 15 : 3x$

$\Rightarrow 3x = 15 \times 2$

$\therefore x = 10$ महीने

22. (c) आनन्द और दीपक का लाभ में अनुपात
$= 22,500 : 35000$
$= 225 : 350 = 9 : 14$

$\therefore$ दीपक का लाभ में हिस्सा

$= \frac{13,800 \times 14}{(9+14)} =$ ₹ 8,400

23. (b) P का निवेश $= \frac{1 \times 4}{(1+3+5)} + \frac{1 \times 8 \times 2}{1+3+5}$

$= \frac{4}{9} + \frac{16}{9} = \frac{20}{9}$

Q का निवेश $= \frac{3 \times 4}{(1+3+5)} + \frac{3 \times 8 \times 1/2}{(1+3+5)}$

$= \frac{12+12}{9} = \frac{24}{9}$

R का निवेश $= \frac{5 \times 4}{(1+3+5)} + \frac{5 \times 8 \times 1/2}{(1+3+5)}$

$= \left(\frac{20+20}{9}\right) = \frac{40}{9}$

$\therefore$ P, Q व R के लाभों में अनुपात

$= \frac{20}{9} : \frac{24}{9} : \frac{40}{9}$

$= 20 : 24 : 40 = 5 : 6 : 10$

24. (d) X, Y व Z के लाभ में हिस्सों का अनुपात
$= 8,000 : 6,000 : 4,000$
$= 4 : 3 : 2$

$\therefore$ लाभ में X का भाग

$=$ ₹ $\left(\frac{15,453 \times 4}{9}\right) =$ ₹ 6,868

25. (b) राम और श्याम के लाभ में हिस्सों का अनुपात
$= 30,000 : 40,000 = 3 : 4$

राम का लाभ में हिस्सा = ₹ $\left(1,400 \times \frac{3}{7}\right)$
= ₹ 600

26. (b) माना A और B के साझा व्यवसाय का कुल लाभ
= ₹ x

तब प्रश्नानुसार,
A का लाभ में हिस्सा : B का लाभ में हिस्सा
$= 4 : 5$

$\therefore$ A का लाभ में हिस्सा $= \left(\frac{4}{9} \times x\right)$

= ₹ $\frac{4}{9}x$

B का लाभ में हिस्सा $= \left(\frac{5}{9} \times x\right)$

= ₹ $\frac{5}{9}x$

A और B के व्यापार में C को समायोजित करने के बाद,
A, B व C के लाभ में हिस्सों का अनुपात
$= 2 : 3 : 1$

$\therefore$ A का लाभ में नया हिस्सा

$= \left(\frac{2}{6} \times x\right) =$ ₹ $\frac{1}{3}x$

B का लाभ में नया हिस्सा

$= \left(\frac{3}{6} \times x\right) =$ ₹ $\frac{1}{2}x$

C का लाभ में नया हिस्सा

$= \left(\frac{1}{6} \times x\right) =$ ₹ $\frac{1}{6}x$

$\therefore$ अभीष्ट अनुपात

$= \left(\frac{4}{9}x - \frac{1}{3}x\right) : \left(\frac{5}{9}x - \frac{1}{2}x\right)$

$= \frac{1}{9}x : \frac{1}{18}x = 2 : 1$

27. (a) A, B व C की पूंजियों का अनुपात
$= (12,000 \times 24) : (16,000 \times 24) : (15,000 \times 16)$
$= (12 \times 24) : (16 \times 24) : (15 \times 16)$
$= 36 : 48 : 30 = 6 : 8 : 5$

$\therefore$ लाभ में C का हिस्सा

$=$ ₹ $\left(\frac{45,600 \times 5}{19}\right) =$ ₹ 12,000

28. (d) माना B का पूंजी निवेश ₹ x है, तब :

$\frac{12 \times 7,000}{7 \times x} = \frac{2}{3}$

$\Rightarrow 14x = 3 \times 12 \times 7,000$

$\therefore x = \left(\frac{3 \times 12 \times 7,000}{14}\right)$

= ₹ 18,000

29. (c) माना P तथा Q के लाभ क्रमशः ₹ $5x$ व ₹ $3x$ हैं

$\therefore$ R का हिस्सा $= \left(5x \times \frac{1}{5} + 3x \times \frac{1}{3}\right) = 2x$

$\therefore$ P, Q व R के हिस्सों में अभीष्ट अनुपात
$= (5x - x) : (3x - x) : (x + x)$
$= 4x : 2x : 2x = 2 : 1 : 1$

30. (c) माना A की पूंजी = ₹ x

तब B की पूंजी = ₹ $\frac{3}{4}x$

C की पूंजी = ₹ $\frac{x}{2}$

$\therefore$ A, B व C की पूंजियों का अनुपात

$= x : \frac{3}{4}x : \frac{x}{2} = 4 : 3 : 2$

$\therefore$ लाभ में C का हिस्सा

$=$ ₹ $\left(90,000 \times \frac{2}{9}\right) =$ ₹ 20,000

❑❑❑

औसत

औसत (Average)

दी गई राशियों के योगफल को राशियों की संख्या से भाग देने पर प्राप्त परिणाम उन राशियों का औसत कहलाता है।

$$\therefore \quad \text{औसत} = \frac{\text{राशियों का योगफल}}{\text{राशियों की संख्या}}$$

औसत से सम्बन्धित कुछ महत्वपूर्ण परिणाम-

1. प्रथम 'n' प्राकृतिक संख्याओं का औसत $= \left(\frac{n+1}{2}\right)$
2. प्रथम 'n' विषम संख्याओं का औसत $= n$
3. प्रथम 'n' प्राकृतिक संख्याओं के वर्गों का औसत $= \frac{(n+1)(2n+1)}{6}$
4. प्रथम 'n' प्राकृतिक संख्याओं के घनों का औसत $= n\left[\frac{n+1}{2}\right]^2$
5. प्रथम 'n' सम संख्याओं का औसत $= (n+1)$
6. 1 से लेकर 'n' तक की विषम संख्याओं का औसत
$$= \frac{\text{अन्तिम विषम संख्या} + 1}{2}$$
7. 1 से लेकर 'n' तक की सम संख्याओं का औसत
$$= \frac{\text{अन्तिम सम संख्या} + 2}{2}$$
8. किसी संख्या के प्रथम 'n' गुणजों का औसत $= \frac{\text{संख्या} \times (n+1)}{2}$
9. यदि n_1 संख्याओं का औसत x_1 तथा n_2 संख्याओं का औसत x_2 हो,

तो संख्याओं का कुल औसत $= \frac{n_1x_1 + n_2x_2}{n_1 + n_2}$

10. यदि 'm' राशियों का औसत 'x' तथा इनमें से 'n' संख्याओं का औसत 'y' हो, तब

$$\text{शेष संख्याओं का औसत} = \frac{mx - ny}{m - n}$$

हल सहित उदाहरण

उदाहरण 1 : एक कार्यालय में पूरे समूह की औसत आय ₹ 1200 है, इसमें अधिकारियों की औसत आय ₹ 4600 तथा क्लर्कों की औसत आयु ₹ 1100 है, यदि कार्यालय में अधिकारियों की संख्या 15 हो तो क्लर्कों की संख्या ज्ञात कीजिए।

हल—माना क्लर्कों की संख्या $= x$

तब कार्यालय में कुल व्यक्तियों की संख्या $= (x + 15)$

अतः $(x + 15)$ व्यक्तियों की कुल आयु $= 1200 \times (x + 15)$

प्रश्नानुसार,

$$1100x + 4600 \times 15 = 1200(x + 15)$$

$$\Rightarrow \quad 1100x + 69000 = 1200x + 18000$$

$$\Rightarrow \quad 100x = 51000$$

$$\therefore \quad x = 510$$

उदाहरण 2 : 10 विद्यार्थियों के एक समूह की औसत आयु 15 वर्ष है समूह में 5 विद्यार्थियों के और आ जाने के कारण औसत आयु 1 वर्ष बढ़ जाती है, तो नए विद्यार्थियों की औसत आयु ज्ञात कीजिए।

हल– 10 विद्यार्थियों की कुल आयु $= (10 \times 15) = 150$ वर्ष

5 विद्यार्थियों के और आ जाने पर,

15 विद्यार्थियों की कुल आयु $= 15 \times (15 + 1)$ वर्ष

$= (15 \times 16)$ वर्ष $= 240$ वर्ष

$\therefore$ 5 विद्यार्थियों की कुल आयु $= (240 - 150)$ वर्ष $= 90$ वर्ष

$\therefore$ नए विद्यार्थियों की औसत आयु $= \frac{90}{5} = 18$ वर्ष

उदाहरण 3 : तीन संख्याओं में से यदि पहली संख्या, दूसरी संख्या की दोगुनी तथा तीसरी संख्या की आधी हो, और उनका औसत 42 हो, तो तीनों संख्याओं को ज्ञात कीजिए।

हल—माना पहली संख्या $= x$

$\therefore$ दूसरी संख्या $= \frac{x}{2}$

तीसरी संख्या $= 2x$

प्रश्नानुसार, $x + \frac{x}{2} + 2x = 42 \times 3$

$$\Rightarrow \quad \frac{2x + x + 4x}{2} = 42 \times 3$$

$$\Rightarrow \quad 7x = 42 \times 6$$

$$\therefore \quad x = 36$$

अतः पहली संख्या $= 36$

दूसरी संख्या $= \frac{36}{2} = 18$

तीसरी संख्या $= (2 \times 36) = 72$

उदाहरण 4 : 6 संख्याओं का औसत 12 है, यदि प्रत्येक संख्या में 2 घटा दिया जाए, तो नई संख्याओं का औसत ज्ञात कीजिए।

हल– 6 संख्याओं का कुल योग $= (6 \times 12) = 72$

प्रत्येक संख्या में 2 घटाने पर,

घटाई गई राशि $= (6 \times 2) = 12$

$\therefore$ नई संख्याओं का औसत $= \frac{(72 - 12)}{6} = \frac{60}{6} = 10$

प्रश्नमाला

1. खाना खाने के लिए छः आदमी एक होटल में गए। उनमें से पाँच ने अपने-अपने भोजन पर ₹ 35 खर्च किए जबकि छठे ने सभी छः के औसत खर्च से ₹ 80 अधिक खर्च किए। बताए कि सभी ने कुल कितनी राशि खर्च की?
   (a) ₹ 192
   (b) ₹ 240
   (c) ₹ 288
   (d) ₹ 336
2. क्रिकेट के एक खेल के पहले 10 ओवर में रन रेट केवल 3.2 था। शेष 40 ओवरों की रन रेट कितनी रहनी चाहिए कि 282 रन का लक्ष्य दिया जा सके?
   (a) 6.25 (b) 6.5
   (c) 6.75 (d) 7
3. एक पन्सारी ने 5 लगातार महीनों में ₹ 6,435, ₹ 6,927, ₹ 6,855, ₹ 7,230 और ₹ 6,562 की बिक्री की है। छठे महीने में उसने कितनी बिक्री की औसत ₹ 6,500 का रहे?
   (a) ₹ 4,991 (b) ₹ 5,991
   (c) ₹ 6,001 (d) ₹ 6,991
4. तीन संख्याओं में, दूसरी संख्या पहली से दो गुना और तीसरी पहली से $\frac{2}{3}$ गुना है। यदि तीनों संख्याओं की औसत 44 हो, तो सबसे बड़ी संख्या है–
   (a) 24 (b) 36
   (c) 72 (d) 108
5. दो संख्याओं की औसत xy है। यदि एक संख्या x हो, तो दूसरी संख्या कितनी है?
   (a) $(2xy - x)$ (b) y
   (c) $\frac{y}{2}$ (d) $x(y-1)$
6. 5 परिणामों का औसत 6 है । उनमें से 3 का औसत 4 हैं। शेष दो परिणामों का औसत क्या होगा?
   (a) 6 (b) 9
   (c) 12 (d) 15
7. यदि 40, 10, 25, 20, 35 एवं x का औसत 25 है, तो x का मान है–
   (a) 20 (b) 25
   (c) 30 (d) 35
8. 68 कि.ग्राम वजन वाले व्यक्ति को किसी अन्य व्यक्ति से जब प्रतिस्थापित किया जाता है, तो 10 व्यक्तियों का औसत वजन 1.5 कि.ग्रा. से बढ़ जाता है, नए व्यक्ति का वजन ज्ञात कीजिए–
   (a) 83 कि.ग्रा.
   (b) 82 कि.ग्रा.
   (c) 79 कि.ग्रा.
   (d) 73 कि.ग्रा.
9. 6 और 34 के मध्य उन सभी संख्याओं का औसत ज्ञात कीजिए जो 5 द्वारा भाज्य हों–
   (a) 21 (b) 20
   (c) 25 (d) 24
10. 50 संख्याओं का औसत 38 है । यदि दो संख्याएँ 45 और 55 ध्यान में न ली जाए, तो शेष बची संख्याओं का औसत क्या होगा?
    (a) 36.5
    (b) 37
    (c) 37.5
    (d) 37.62
11. 25 परिणामों का औसत 18 है। उनमें से पहले 12 का औसत 14 तथा अंतिम 12 परिणामों का औसत 17 है। 13 वाँ परिणाम ज्ञात कीजिए–
    (a) 34 (b) 24
    (c) 78 (d) 30
12. नौ संख्याओं का औसत 50 है। इनमें से पहली पाँच संख्याओं का औसत 54 हैं तथा अंतिम तीन संख्याओं का औसत 52 है। छठवीं संख्या का मान क्या है?
    (a) 34 (b) 24
    (c) 44 (d) 30
13. 35 छात्रों का औसत वजन 35 किलोग्राम है। शिक्षक को भी शामिल किया जाए तो औसत वजन बढ़कर 36 किलोग्राम हो जाता है। शिक्षक का वजन है–
    (a) 36 किलोग्राम
    (b) 71 किलोग्राम
    (c) 70 किलोग्राम
    (d) 45 किलोग्राम
14. 20 संख्याओं का औसत 12 है पहले 12 संख्याओं का औसत 11 है और अगली 7 संख्याओं का औसत 10 है। अंतिम संख्या है–
    (a) 40 (b) 38
    (c) 48 (d) 50
15. 11 संख्याओं का औसत 30 है। यदि प्रथम 10 संख्याओं का औसत 22 है तो 11वीं संख्या ज्ञात कीजिए–
    (a) 8 (b) 80
    (c) 30 (d) 110
16. 55, 60 और 45 छात्रों के तीन समूहों के औसत अंक क्रमशः 60, 55 एवं 60 हो, तो सभी छात्रों का औसत अंक होगा–
    (a) 53.33
    (b) 54.68
    (c) 55
    (d) इनमें से कोई नहीं
17. 36 छात्रों की औसत आयु 14 वर्ष है। जब शिक्षक की आयु इसमें शामिल की जाती है, तो औसत आयु में 1 की वृद्धि हो जाती है, तो शिक्षक की आयु है–
    (a) 31 वर्ष
    (b) 36 वर्ष
    (c) 51 वर्ष
    (d) इनमें से कोई नहीं
18. A, B तथा C का औसत भार 45 कि. ग्रा. है। यदि A एवं B का औसत भार 40 कि.ग्रा. तथा B एवं C का औसत भार 43 कि.ग्रा. हो, तो B का वजन होगा–
    (a) 17 कि.ग्रा.
    (b) 20 कि.ग्रा.
    (c) 26 कि.ग्रा.
    (d) 31 कि.ग्रा.
19. पाँच संख्याओं का औसत 27 है। इनमें से एक संख्या निकालने पर अनुपात 25 हो जाता है, तो निकाली गई संख्या होगी–
    (a) 25 (b) 27
    (c) 30 (d) 35
20. 15 अवलोकनों का माध्य 15 है। यदि प्रत्येक अवलोकन से 3 को घटाया जाए तो नया औसत क्या होगा?
    (a) 5 (b) 12
    (c) 18 (d) 45

उत्तर (हल/संकेत)

1. (c) कुल खर्च = ₹ y

$\therefore y - 5 \times 32 = \frac{y}{6} + 80$

$\Rightarrow y - \frac{y}{6} = 160 + 80$

$\Rightarrow \frac{5y}{6} = 240$

$\Rightarrow y = \frac{240 \times 6}{5} = ₹ 288$

2. (a) 10 ओवर में कुल रन = $10 \times 3.2 = 32$

$\therefore$ अभीष्ट औसत रन रेट $= \frac{282 - 32}{40}$

$= \frac{250}{40} = 6.25$

3. (a) पांच माह में कुल बिक्री

= (6435 + 6927 + 6855 + 7230 + 6562) रुपए

= 34009 रुपए

$\therefore$ छठे माह में बिक्री

$= 6 \times 6500 - 34009$

= 39000 – 34009 = ₹ 4991

4. (c) माना पहली संख्या = y

पहली संख्या = $2y$

तीसरी संख्या = $\frac{2y}{3}$

तीनों संख्याओं का योग = 44 × 3 = 132

$\therefore y + 2y + \frac{2y}{3} = 132$

$\Rightarrow 3y + \frac{2y}{3} = 132$

$\Rightarrow \frac{9y + 2y}{3} = 132$

$\Rightarrow \quad 11y = 132 \times 3$

$\Rightarrow \quad y = \frac{132 \times 3}{11} = 36$

पहली संख्या = 36

दूसरी संख्या = 2 × 36 = 72

तीसरी संख्या = $\frac{2 \times 36}{3} = 24$

अतः सबसे बड़ी संख्या = 72

5. (a) दो संख्याओं का औसत = xy

एक संख्या = x

माना दूसरी संख्या = A

$\therefore$ औसत $xy = \frac{x + A}{2}$

$2xy = x + A$

$2xy - x = A$

6. (b) माना कि 2 शेष परिणामों का औसत है

$X = \frac{N_1 \bar{m}_1 + N_2 \bar{m}_2}{N_1 + N_2}$

$\bar{X}$ = 3 परिणाम का औसत

N_1 = 3 परिणाम

N_2 = 2 परिणाम

$\bar{m}_1$ = 3 परिणामों का औसत

$\bar{m}_2$ = 2 परिणामों का औसत

$6 = \frac{3 \times 4 + 2 \times m}{3 + 2}$

$\Rightarrow 6 \times 5 = 12 + 2m$

$\Rightarrow 30 - 12 = 2m$

$\Rightarrow 2m = 18$

$\Rightarrow m = \frac{18}{2} = 9$

7. (a) प्रश्न के अनुसार

$\frac{40 + 10 + 25 + 20 + 35 + x}{6} = 25$

$\Rightarrow \frac{130 + x}{6} = 25$

$\Rightarrow x = 25 \times 6 - 130 = 20$

$\Rightarrow x = 20$

8. (a) माना कि 10 व्यक्तियों का औसत वजन m है ।

$\therefore \frac{x_1 + x_2 + ... + x_{10}}{10} = m$

$\therefore x_1 + x_2 + ... x_{10} = 10m$ ...(i)

माना नये व्यक्ति का वजन = q

$\therefore \frac{x_1 + x_2 + ... x_{10} - 68 + q}{10}$

$= (m + 1.5)$

$\therefore x_1 + x_2 + ... + x_{10} - 68 + q$

$= 10m + 15$ ...(ii)

समीकरण (i) से

$10\,m - 68 + q = 10\,m + 15$

$\Rightarrow q - 68 = 15$

$\therefore q = 68 + 15 = 83$ किग्रा

9. (b) 6 एवं 34 के मध्य 5 से विभाज्य संख्याएँ = 10, 15, 20, 25 एवं 30

$\therefore$ अभीष्ट औसत

$= \frac{10 + 15 + 20 + 25 + 30}{5}$

$= \frac{100}{5} = 20$

10. (c) शेष 48 संख्याओं का योगफल

$= 38 \times 50 - 45 - 55 = 1800$

$\therefore$ शेष 48 अभीष्ट संख्याओं का औसत

$= \frac{1800}{48} = 37.5$

11. (c) प्रश्न से दिया है कि

$\frac{x_1 + x_2 + ... x_{25}}{25} = 18$

$\Rightarrow x_1 + x_2 + ... + x_{25}$ का कुल योग = 450 ...(i)

आगे, $\frac{x_1 + x_2 + .. + x_{12}}{12} = 14$

$\Rightarrow x_1 + x_2 + ... + x_{12}$ का कुल योग = 168 ....(ii)

$\frac{x_{13} + x_{14} + ... + x_{25}}{12} = 17$

$\Rightarrow x_{13} + x_{14} + ... + x_{25}$ का कुल योग = 204 ..(iii)

समीकरण (i) – [समी. (ii)+ समी. (iii)]

$\therefore x_{13} = 450 - (168 + 204)$

$= 450 - 372 = 78$

$x_{13} = 450 - 372 = 78$

12. (b) 9 संख्याओं का औसत माध्य

$\because \frac{x_1 + x_2 + .. + x_9}{9} = 50$

$\therefore x_1 + x_2 + ... + x_9 = 450$...(i)

आगे $\frac{x_1 + x_2 + ... + x_5}{5} = 54$

$\therefore x_1 + x_2 + ... + x_5 = 270$ ..(ii)

$\frac{x_7 + x_8 + x_9}{3} = 52$

$\therefore x_7 + x_8 + x_9 = 156$ ... (iii)

समीकरण (i) – [समी. (ii) + समी. (iii)]

$\therefore x_6 = 450 - (270 + 156)$

$= 450 - 426 = 24$

13. (b) शिक्षक का भार

$= 36 \times 36 - 35 \times 35$

$= 1296 - 1225 = 71$ किग्रा

14. (b) 20 संख्याओं का योगफल

$= 20 \times 12 = 240$

प्रथम 12 संख्याओं का योगफल

$12 \times 11 = 132$

अगली 7 संख्याओं का योगफल

$= 7 \times 10 = 70$

$\therefore$ बीसवीं संख्या $= 240 - 132 - 70 = 38$

15. (d) ग्यारहवीं संख्या

$= 30 \times 11 - 10 \times 22 = 330 - 220 = 110$

16. (d) $N_1 = 55 =$ पहले समूह के छात्रों की संख्या

$N_2 = 60 =$ दूसरे समूह के छात्रों की संख्या

$N_3 = 45 =$ तीसरे समूह के छात्रों की संख्या

$\bar{m}_1 = 60 =$ पहले समूह का औसत

$\bar{m}_2 = 55 =$ दूसरे समूह का औसत

$\bar{m}_3 = 60 =$ तीसरे समूह का औसत

सभी छात्रों का औसत अंक या सामूहिक औसत या $\bar{x}_{1.2.3}$

$$= \frac{N_1\ \bar{m}_3 + N_2 . \bar{m}_2 + N_3 \bar{m}_3}{N_1 + N_2 + N_3}$$

$$= \frac{55 \times 60 + 60 \times 55 + 45 \times 60}{55 + 60 + 45}$$

$$= \frac{3300 + 3300 + 2700}{160}$$

$$= \frac{9300}{160} = 58.125$$

17. (c) $\because$ 36 छात्रों की औसत आयु

= 14 वर्ष

$\therefore$ 36 छात्रों की कुल आयु $= 36 \times 14$

= 504 वर्ष

$\because$ शिक्षक की आयु को शामिल करने पर औसत आयु में 1 की वृद्धि हो जाती है। अतः 36 छात्र +1 शिक्षक की औसत आयु = 15 वर्ष

36 छात्र +1 शिक्षक की आयु का कुल योग

$= 37 \times 15 = 555$

$= 555 - 504 = 51$ वर्ष

18. (d) A, B तथा C का औसत भार

= 45 किग्रा

$$\frac{A + B + C}{3} = 45 \quad ...(i)$$

A + B + C का कुल भार $= 45 \times 3$

$A + B + C = 135$

A एवं B का औसत 40 किग्रा है।

$$\therefore \frac{A + B}{2} = 40$$

A + B का कुल भार = 80 ...(ii)

B एवं C का औसत भार 43 है।

$$\frac{B + C}{2} = 43$$

B + C का कुल भार = 86 ...(iii)

समीकरण (i) से (ii) समीकरण को घटाने पर

$$\begin{array}{r} A + B + C = 135 \\ \underline{A + B \quad\ = 80} \\ C = 55 \end{array}$$

समीकरण (iii) में C का मान रखने पर

$B + C = 86$

$B + 55 = 86$

$B + 86 - 55$

$B = 31$

19. (d) $\because$ पाँच संख्याओं का औसत = 27

5 संख्याओं का कुल योग $= 27 \times 5 = 135$

चार संख्याओं का कुल योग $= 25 \times 4 = 100$

प्रश्नानुसार,

निकाली गयी संख्या $= 135 - 100 = 35$

20. (b) प्रश्न से

$$\frac{x_1 + x_2 + .. + x_{15}}{15} = 15$$

$\therefore\ x_1 + x_2 + ... + x_{15} = 225$ ... (i)

प्रत्येक अवलोकन से 3 घटाने पर,

$(x_1 - 3) + (x_2 - 3) + .. + (x_{15} - 3)$

$= 225 - 15 \times 3 = 180$

$\therefore$ नया औसत

$$= \frac{(x_1 - 3) + (x_2 - 3) + ... + (x_{15} - 3)}{15}$$

$$= \frac{180}{15} = 12$$

❑❑❑

चाल, समय और दूरी

चाल (Speed) : किसी व्यक्ति या वस्तु द्वारा तय की गई दूरी और दूरी तय करने में लगे समय के अनुपात को 'चाल' कहते हैं–

(i) चाल = $\frac{\text{दूरी}}{\text{समय}}$

(ii) समय = $\frac{\text{दूरी}}{\text{चाल}}$

(iii) दूरी = समय × चाल

दूरी (Distance) : किसी व्यक्ति या वाहन की चाल को, उसके द्वारा लिए गए समय से गुणा करने पर दूरी प्राप्त होती है।

∴ दूरी = समय × चाल

महत्वपूर्ण तथ्य

किलोमीटर प्रति घंटा को मीटर प्रति सेकण्ड में बदलने के लिए $\frac{5}{18}$ से गुणा किया जाता है।

जैसे– x किमी./घंटा = $\left(x \times \frac{5}{18}\right)$ मी./से.

मीटर प्रति सेकण्ड को किलोमीटर प्रति घंटा में बदलने के लिए $\frac{18}{5}$ से गुणा किया जाता है

जैसे– y मी./से. = $\left(y \times \frac{18}{5}\right)$ किमी./घंटा

दो गाड़ियां जिनकी चाल क्रमशः x किमी./घंटा तथा y किमी./घंटा है, यदि दोनों रेलगाड़ियां समान चाल से चल रही हों, तब

उनकी सापेक्ष चाल = $(x - y)$ किमी./घंटा (जहां $x > y$)

दो गाड़ियां जिनकी चाल क्रमशः x किमी./घंटा व y किमी./घंटा है; यदि दोनों गाड़ियां एक-दूसरे की विपरीत दिशा में चल रही हों, तब

उनकी सापेक्ष चाल = $(x + y)$ किमी./घंटा

चाल, समय एवं दूरी के लिए महत्वपूर्ण नियम

(i) एक व्यक्ति कोई निश्चित दूरी जाते समय a किमी./घंटा की चाल से तथा वापस आते समय उतनी ही दूरी b किमी./घंटा की चाल से तय करता है तब,

पूरी यात्रा के दौरान व्यक्ति की औसत चाल = $\left(\frac{2ab}{a+b}\right)$ किमी./घंटा

(ii) एक व्यक्ति किसी निश्चित स्थान तक पैदल जाने तथा वाहन द्वारा वापस आने में a घंटे का समय लेता है। यदि वह दोनों ओर वाहन का प्रयोग करे तो उसे b घंटे कम समय लगता है तब,

व्यक्ति को दोनों ओर पैदल जाने में लगा समय = $(a + b)$ घंटे

(iii) एक व्यक्ति वाहन द्वारा जाने तथा उसी स्थान पर वापस पैदल आने में a घंटे का समय लेता है। यदि वह दोनों ओर पैदल जाता है तो उसे b घंटे का समय अधिक लगता है तब,

व्यक्ति को दोनों ओर वाहन से जाने में लगा समय = $(a - b)$ घंटे

(iv) एक व्यक्ति V_1 किमी./घंटा की चाल से चलकर अपनी यात्रा t_1 घंटे में पूरी करता है। यदि वह चाल को V_2 किमी./घंटा कर दे तो उसे यात्रा पूरी करने में t_2 घंटे का समय लगता है, तब हम इसे एक सामान्य समीकरण से प्रदर्शित कर सकते हैं–

$$V_1 t_1 = V_2 t_2$$

(v) दो व्यक्ति या गाड़ियां एक ही समय में विपरीत स्थानों से चलना प्रारंभ करती हैं तथा एक-दूसरे से मिलने के बाद क्रमशः t_1 व t_2 घंटे में अपनी यात्रा पूरी करती है तब,

$$\frac{\text{पहले व्यक्ति या गाड़ी की चाल}}{\text{दूसरे व्यक्ति या गाड़ी की चाल}} = \sqrt{\frac{t_2}{t_1}}$$

(vi) एक व्यक्ति a किमी./घंटा की चाल से चलता है, यदि वह प्रत्येक किमी. चलने के पश्चात् t घंटे का विश्राम करता है तो b किमी. की दूरी तय करने में–

व्यक्ति को लगा अभीष्ट समय = $\left[\frac{b}{a} + (b-1)t\right]$ घंटे

(vii) एक व्यक्ति कोई यात्रा T घंटे में समाप्त करता है। वह यात्रा का पहला भाग V_1 किमी./घंटा की गति से तथा यात्रा का दूसरा भाग V_2 किमी/घंटा की गति से तय करता है तब,

यात्रा की कुल दूरी = $\left[\frac{2T\,V_1 V_2}{V_1 + V_2}\right]$ किमी.

(viii) एक व्यक्ति अपनी सामान्य चाल $\frac{a}{b}$ चाल से चलकर ऑफिस t मिनट देरी से पहुंचता है तब, उसे ऑफिस पहुंचने में लगा–

सामान्य समय = $\left[\frac{at}{(b-a)}\right]$ मिनट

हल सहित उदाहरण

उदाहरण–1 : दो घुड़सवार समान दूरी को क्रमशः 15 किमी./घंटा व 16 किमी./घंटा की चाल से तय करते हैं। यदि दूसरे की अपेक्षा, पहले घुड़सवार को 16 मिनट अधिक समय लगता है, तो दोनों के द्वारा तय की गई दूरी ज्ञात कीजिए।

हल–माना अभीष्ट दूरी = x किमी.

$\therefore$ पहले घुड़सवार को लगा समय $= \frac{x}{15}$ घंटे

दूसरे घुड़सवार को लगा समय $= \frac{x}{16}$ घंटे

प्रश्नानुसार, $\frac{x}{15} - \frac{x}{16} = \frac{16}{60}$

$$\frac{16x - 15x}{15 \times 16} = \frac{16}{60}$$

$\Rightarrow$ $x = \left(\frac{16 \times 16 \times 15}{60}\right)$ किमी.

= 64 किमी.

उदाहरण–2 : दो बंदूकें एक ही स्थान से 5 मिनट के अंतराल पर छोड़ी गई, लेकिन उसी स्थान की ओर जाती हुई रेलगाड़ी में बैठे व्यक्ति को बंदूक की दूसरी आवाज 4 मिनट 30 सेकण्ड के बाद सुनाई पड़ती है। रेलगाड़ी की चाल ज्ञात कीजिए, यदि ध्वनि की चाल 330 मी./से. हो।

हल– ध्वनि द्वारा 30 सेकण्ड में तय की गई दूरी

= (330 × 30) मीटर = 9900 मीटर

$\therefore$ ध्वनि द्वारा 30 सेकण्ड में तय की गई दूरी रेलगाड़ी द्वारा 4 मिनट 30 सेकण्ड में तय की गई दूरी के बराबर है

$\therefore$ रेलगाड़ी की चाल $= \frac{9900}{270}$ मी./से.

$= \left(\frac{9900}{270} \times \frac{18}{5}\right)$ किमी./घंटा = 132 किमी./घंटा

उदाहरण–3 : एक व्यक्ति कार द्वारा अपनी यात्रा 9 घंटे में पूरी करता है, जिसमें वह पहली आधी यात्रा 20 किमी./घंटा की चाल से तथा शेष आधी यात्रा 25 किमी./घंटा की चाल से तय करता है, तो व्यक्ति द्वारा यात्रा में तय की गई दूरी ज्ञात कीजिए।

हल– माना तय की गई यात्रा की कुल दूरी = x किमी.

तब, $\frac{x}{2}$ किमी. की यात्रा वह 20 किमी./घंटा की चाल से तय करता है।

शेष $\frac{x}{2}$ किमी. की यात्रा वह 25 किमी./घंटा की चाल से तय करता है

$\therefore$ पूरी यात्रा तय करने में लगा समय $= \frac{x}{2 \times 20} + \frac{x}{2 \times 25}$

$$9 = \frac{x}{40} + \frac{x}{50}$$

$\Rightarrow$ $9x = 9 \times 200$

$\therefore$ $x = 200$ किमी.

अतः व्यक्ति द्वारा तय की गई दूरी = 200 किमी.

उदाहरण–4 : एक व्यक्ति बिना रुके हुए कोई निश्चित दूरी 80 किमी./घंटे की चाल से तय करता है तथा विश्राम करते हुए वह उसी दूरी को 60 किमी./घंटा की चाल से तय करता है। वह प्रतिघंटा कितने मिनट रुकता है?

हल–माना कुल अभीष्ट दूरी = x किमी.

$\therefore$ 80 किमी./घंटा की चाल से दूरी तय करने में लगा समय $= \frac{x}{80}$ घंटा

60 किमी./घंटा की चाल से दूरी तय करने में लगा समय $= \frac{x}{60}$ घंटा

$\therefore$ विश्राम की अवधि $= \left(\frac{x}{60} - \frac{x}{80}\right)$ घंटे

$= \frac{20x}{4800} = \frac{x}{240}$ घंटे

$\therefore$ प्रति घंटे विश्राम की अवधि $= \left(\frac{x}{240} \div \frac{x}{60}\right)$ घंटा

$= \left(\frac{x}{240} \times \frac{60}{x}\right)$ घंटा

$= \frac{1}{4}$ घंटा = 15 मिनट

अतः प्रत्येक विश्राम की अवधि = 15 मिनट

महत्वपूर्ण बिन्दु

- जब दो रेलगाड़ियां क्रमशः x किमी./घंटा व y किमी./घंटा की एक समान चाल से चल रही हों, तब
  रेलगाड़ियों की सापेक्ष चाल $= (x - y)$ किमी./घंटा
  जबकि $(x > y)$
- जब दो रेलगाड़ियां क्रमशः x किमी./घंटा व y किमी./घंटा की एक समान चाल से विपरीत दिशा में चल रही हों, तब
  रेलगाड़ियों की सापेक्ष चाल $= (x + y)$ किमी./घंटा
- जब रेलगाड़ी किसी स्थिर बिन्दु पर स्थित पेड़ या सिग्नल को पार करती है तब,
  रेलगाड़ी द्वारा तय की गई दूरी = रेलगाड़ी की लम्बाई
- जब रेलगाड़ी किसी पुल, सुरंग या प्लेटफार्म को पार करती है तब,
  रेलगाड़ी द्वारा तय की गई दूरी = (रेलगाड़ी की लम्बाई + प्लेटफार्म या पुल या सुरंग की लम्बाई)
- यदि कोई रेलगाड़ी, दूसरी रेलगाड़ी (स्थिर या गतिक) को पार करती है, तो दोनों रेलगाड़ियों द्वारा तय की गई दूरी,
  = पहली रेलगाड़ी की लम्बाई + दूसरी रेलगाड़ी की लम्बाई
- किसी खंभे या सिग्नल या पेड़ को पार करने में रेलगाड़ी द्वारा लगा समय
  $= \frac{\text{रेलगाड़ी की लम्बाई}}{\text{रेलगाड़ी की चाल}}$
- किसी पुल या सुरंग या प्लेटफॉर्म को पार करने में रेलगाड़ी द्वारा लगा समय
  $= \frac{(\text{रेलगाड़ी की लम्बाई + पुल या सुरंग या प्लेटफॉर्म की लम्बाई})}{\text{रेलगाड़ी की चाल}}$
- यदि रेलगाड़ी की चाल किमी./घंटा में दी गई हो, तो चाल को मी./से. में बदलने के लिए $\frac{5}{18}$ से गुणा किया जाता है।

  जैसे– x किमी./घंटा $= \left(x \times \frac{5}{18}\right)$ मी./से.
- यदि रेलगाड़ी की चाल मी./से. में दी गई हो, तो चाल को किमी./घंटा

में बदलने के लिए $\frac{18}{5}$ से गुणा किया जाता है।

जैसे– y मी./से. $=\left(y \times \frac{5}{18}\right)$ किमी./घंटा

- यदि दो रेलगाड़ियां जिनकी चाल क्रमशः x किमी./से. तथा y मी./से. एवं लम्बाईयां L_1 व L_2 मी. है यदि दोनों रेलगाड़ियां एक-दूसरे के विपरीत दिशा में चल रही हों, तब
दोनों रेलगाड़ियों द्वारा एक-दूसरे को पार करने में लगा समय
$$=\left[\frac{L_1+L_2}{(x+y)}\right] \text{ से.}$$
- दो रेलगाड़ियां जिनकी चाल क्रमशः x मी./से. तथा y मी./से. हैं एवं लम्बाईयां L_1 मी. व L_2 मी. है यदि दोनों रेलगाड़ियां एक ही दिशा में चल रही हों, तब
दोनों रेलगाड़ियों द्वारा एक-दूसरे को पार करने में लगा समय
$$=\left[\left(\frac{L_1+L_2}{x-y}\right)\right] \text{ से. यदि } (x>y)$$

रेलगाड़ी के लिए कुछ महत्वपूर्ण नियम

(i) दो रेलगाड़ियां जिनकी चाल क्रमशः x किमी./घंटा व y किमी./घंटा है एक ही दिशा में दौड़ रही है यदि तेज-चलने वाली रेलगाड़ी, धीरे चलने वाली रेलगाड़ी में बैठे एक व्यक्ति को t_1 सेकण्ड में पार कर लेती है, तब,

$$\text{तेज चलने वाली रेलगाड़ी की लम्बाई} = \left[t\,(x-y)\times\frac{5}{18}\right] \text{मी.}$$

(ii) दो रेलगाड़ियां जिनकी चाल क्रमशः x किमी./घंटा व y किमी./घंटा है एक-दूसरे के विपरीत दिशा में दौड़ रही है यदि तेज चलने वाली एक रेलगाड़ी, धीरे चलने वाली रेलगाड़ी में बैठे एक व्यक्ति को t सेकण्ड में पार कर लेती है तब,

$$\text{तेज चलने वाली रेलगाड़ी की लम्बाई} = \left[t\,(x+y)\times\frac{5}{18}\right] \text{मी.}$$

(जबकि $x>y$)

(iii) एक रेलगाड़ी x किमी./घंटा की चाल से चलते हुए एक प्लेटफॉर्म को t_1 सेकण्ड में पार करती है तथा उसी दिशा में y किमी./घंटा की चाल से चलते हुए एक व्यक्ति को t_2 सेकण्ड में पार करती है तब,

(a) रेलगाड़ी की लम्बाई $=\left[t_2\,(x-y)\times\frac{5}{18}\right]$ मी

(b) प्लेटफॉर्म की लम्बाई $=\left[\{x\,(t_1-t_2)+y\,t_2\}\times\frac{5}{18}\right]$ मी.

(iv) एक रेलगाड़ी x किमी./घंटा की चाल से चलकर एक प्लेटफॉर्म को t_1 सेकण्ड में पार करती है तथा अपनी विपरीत दिशा में दौड़ रहे एक व्यक्ति को जिसकी चाल y किमी./घंटा है, को t_2 सेकण्ड में पार करती है तब,

(a) रेलगाड़ी की लम्बाई $=\left[t_2\,(x+y)\times\frac{5}{18}\right]$ मी.

(b) प्लेटफॉर्म की लम्बाई $=\left[\{x\,(t_1-t_2)-y\,t_2\}\times\frac{5}{18}\right]$ मी.

(v) एक रेलगाड़ी l_1 मीटर लम्बे प्लेटफॉर्म को t_1 सेकेण्ड में पार करती है तथा l_2 मी. लम्बे किसी पुल या सुरंग को t_2 सेकण्ड में पार करती है तब,

$$\text{रेलगाड़ी की लम्बाई} = \left[\frac{l_1\,t_2-l_2\,t_1}{t_1-t_2}\right] \text{मीटर}$$

(vi) यदि दो रेलगाड़ियां X और Y दो स्थानों से एक ही समय में एक-दूसरे की ओर चलना प्रारंभ करती हैं और एक-दूसरे से मिलने के पश्चात् वे अपने गंतव्य स्थान पर क्रमशः t_1 व t_2 घंटे में पहुंचती है तब,

$$\frac{\text{रेलगाड़ी X की गति}}{\text{रेलगाड़ी Y की गति}} = \sqrt{\frac{t_2}{t_1}}$$

हल सहित उदाहरण

उदाहरण–1 : एक 110 मी. लम्बी रेलगाड़ी 60 किमी./घंटा की चाल से चल रही है, तो वह 6 किमी./घंटा की चाल से विपरीत दिशा में चल रहे एक व्यक्ति को कितने समय में पार कर लेगी?

हल– व्यक्ति के सापेक्ष गाड़ी की चाल

$=(60+6)=\left(66\times\frac{5}{18}\right)=\frac{55}{3}$ मी./से. $\therefore$ व्यक्ति को पार करने में लगा समय $=\left(110\times\frac{3}{55}\right)=6$ सेकण्ड

उदाहरण–2 : 100 मी. लम्बी दो रेलगाड़ियां एक-दूसरे के विपरीत दिशा में दौड़ रही हैं और एक-दूसरे को पार करने में 8 सेकण्ड का समय लेती हैं यदि पहली रेलगाड़ी की चाल, दूसरी रेलगाड़ी से दुगुनी हो, तो तेज चलने वाली रेलगाड़ी की चाल ज्ञात कीजिए।

हल– माना धीरे चलने वाली रेलगाड़ी की चाल $=x$ मी./से.

तब, तेज चलने वाली रेलगाड़ी की चाल $=2x$ मी./से.

$\therefore$ दोनों रेलगाड़ियां विपरीत दिशा में चल रही है।

$\therefore$ उनकी सापेक्ष चाल $=(x+2x)=3x$ मी./से.

तब, $\frac{100+100}{8}=3x$

$\Rightarrow$ $24x=200$

$x=\frac{25}{3}$ मी./से.

अतः धीरे चलने वाली रेलगाड़ी की चाल

$=\left(\frac{25}{3}\times\frac{18}{5}\right)=30$ किमी./घंटा

उदाहरण–3 : एक 150 मी. लम्बी रेलगाड़ी उसी दिशा में 10 किमी./घंटा की चाल से चल रहे, एक व्यक्ति को 20 सेकण्ड में पार करती है रेलगाड़ी की चाल ज्ञात कीजिए।

हल– व्यक्ति के सापेक्ष रेलगाड़ी की चाल $=\left(\frac{150}{20}\right)$ मी./से.

$=\left(\frac{15}{2}\times\frac{18}{5}\right)=27$ किमी./घंटा

माना रेलगाड़ी की चाल $=x$ किमी./घंटा

तब, रेलगाड़ी की व्यक्ति के सापेक्ष चाल $=(x-10)$ किमी./घंटा

प्रश्नानुसार, $x-10=27$

$\Rightarrow$ $x = (27 + 10)$ किमी./घंटा

अत: रेलगाड़ी की चाल = 37 किमी./घंटा

उदाहरण–4 : एक 200 मी. लम्बी रेलगाड़ी 150 मी. लम्बे प्लेटफॉर्म को 15 सेकण्ड में पार कर लेती है, रेलगाड़ी की लम्बाई ज्ञात कीजिए।

हल– रेलगाड़ी द्वारा तय की गई दूरी = (रेलगाड़ी की लम्बाई + प्लेटफॉर्म की लम्बाई) = (200 + 150) = 350 मी.

$$\text{रेलगाड़ी की चाल} = \frac{\text{कुल तय की गई दूरी}}{\text{लगा समय}}$$

$$= \frac{350}{15} \text{ मी./से.} = \left(\frac{350}{15} \times \frac{18}{5}\right)$$

$$= 84 \text{ किमी./घंटा}$$

महत्वपूर्ण सूत्र

1. **स्थिर जल (Still Water) :** यदि किसी नदी या तालाब में जल की चाल शून्य हो, तो ऐसे जल को स्थिर जल कहते हैं।
2. **प्रतिकूल गति (Upstream Motion) :** यदि कोई नाव, जहाज या तैराक धारा के प्रवाह के विपरीत गति करता है, तो उसकी गति धारा के प्रतिकूल कहलाती है।
3. **अनुकूल गति (Downstream Motion) :** यदि कोई नाव, जहाज या तैराक धारा के प्रवाह की दिशा में गति करता है, तो उसकी गति धारा के अनुकूल गति कहलाती है।

   यदि स्थिर जल में किसी नाव या तैराक की चाल u किमी./घंटा तथा धारा की चाल v किमी./घंटा हो तो,

   धारा के अनुकूल नाव अथवा तैराक की चाल = $(u + v)$ किमी./घंटा

   धारा के प्रतिकूल नाव अथवा तैराक की चाल = $(u - v)$ किमी./घंटा

   यदि किसी तैराक या नाव की धारा की दिशा में चाल u किमी./घंटा तथा धारा के विपरीत प्रवाह में चाल v किमी./घंटा हो तब

   (i) तैराक की चाल = $\left[\frac{u+v}{2}\right]$ किमी./घंटा

   (ii) धारा की चाल = $\left[\frac{u-v}{2}\right]$ किमी./घंटा

नाव एवं धारा के लिए कुछ महत्वपूर्ण नियम

(i) एक नाव धारा के विपरीत दिशा में एक निश्चित दूरी तय करने में t_1 घंटे का समय लेती है, जबकि धारा की दिशा में समान दूरी तय करने में t_2 घंटे का समय लेती है तब,

(a) यदि नाव की चाल u किमी./घंटा हो, तो

$$\text{धारा की चाल} = \left[\frac{t_1 - t_2}{t_1 + t_2}\right] \times u \text{ किमी./घंटा}$$

(b) यदि नाव की चाल v किमी./घंटा हो, तो

$$\text{नाव की चाल} = \left[\frac{t_1 + t_2}{t_1 - t_2}\right] \times v \text{ किमी./घंटा}$$

(ii) यदि एक नाव धारा के विपरीत दिशा में एक निश्चित दूरी तय करने में t_1 घंटे का समय लेती है तथा धारा की दिशा में उतनी ही दूरी तय करने में t_2 घंटे का समय लेती है तब,

$$\frac{\text{नाव की चाल}}{\text{धारा की चाल}} = \left[\frac{t_1 + t_2}{t_1 - t_2}\right]$$

(iii) एक नाव धारा की दिशा में d_1 किमी. की दूरी तय करने में जितना समय लेती है, उतना ही समय वह धारा के विरुद्ध d_2 किमी. की दूरी तय करने में लेती है तब,

(a) यदि शांत जल में नाव की चाल u किमी./घंटा हो, तब

$$\text{धारा की चाल} = \left[\frac{d_1 - d_2}{d_1 + d_2}\right] \times u \text{ किमी./घंटा}$$

(b) यदि शांत जल में नाव की चाल v किमी./घंटा हो, तब

$$\text{नाव की चाल} = \left[\frac{d_1 + d_2}{d_1 - d_2}\right] \times v \text{ किमी./घंटा}$$

(iv) यदि एक नाव धारा की दिशा में d_1 किमी. तथा धारा के विरुद्ध d_2 किमी. की दूरी तय करने में समान समय लेती हो, तब

$$\frac{\text{नाव की चाल}}{\text{धारा की चाल}} = \left[\frac{d_1 + d_2}{d_1 - d_2}\right]$$

(v) एक नाव धारा की दिशा में जाते हुए एक स्थान से दूसरे स्थान तक पहुंचने में t_1 घंटे का समय लेती है और वह यही दूरी धारा के विपरीत जाते हुए t_2 घंटे में तय करती है। यदि धारा की चाल x कि.मी./घंटा हो, तो

$$\text{दोनों स्थानों के बीच की दूरी} = \left[\left(\frac{2\,t_1\,t_2}{t_2 - t_1}\right) \times x\right] \text{ किमी.}$$

हल सहित उदाहरण

उदाहरण–1 : एक नाव धारा के विरुद्ध 7 किमी. की दूरी 42 मिनट में तय करती है, और धारा की चाल 3 किमी./घंटा है तो शांत जल में नाव की चाल ज्ञात कीजिए।

हल– धारा के विरुद्ध नाव की चाल = $\left(\frac{7}{42} \times 60\right)$ = 10 किमी./घंटा

माना शांत जल में नाव की चाल = x किमी./घंटा

तब, धारा के विरुद्ध नाव की चाल = $(x - 3)$ किमी./घंटा

प्रश्नानुसार $x - 3 = 10$

$\Rightarrow$ $x = 13$ किमी./घंटा

उदाहरण–2 : एक व्यक्ति धारा की दिशा में 32 किमी. तथा धारा के विरुद्ध 14 किमी. की दूरी तय करता है। यदि वह प्रत्येक दूरी को तय करने के लिए 5 घंटे का समय लेता है, तो धारा की चाल ज्ञात कीजिए।

हल– धारा की चाल = $\left[\frac{u-v}{2}\right]$ किमी./घंटा

$$= \frac{1}{2}\left[\frac{32}{5} - \frac{14}{5}\right] \text{ किमी/घंटा}$$

$$= \frac{11}{2}\left(\frac{18}{5}\right) = 19.8 \text{ किमी./घंटा}$$

उदाहरण–3 : स्थिर जल में एक नाव का वेग 15 किमी./घंटा तथा धारा का वेग 3 किमी./घंटा है। धारा की दिशा में 12 मिनट में नाव द्वारा तय की गई दूरी ज्ञात कीजिए।

हल– धारा की दिशा में नाव की चाल $= (u + v)$ किमी./घंटा

$= (15 + 3)$ किमी./घंटा

समय $= 12$ मिनट $= \left(12 \times \frac{1}{60}\right)$

$= \frac{1}{5}$ घंटा

$\therefore$ धारा की दिशा में तय की गई दूरी $= \left(18 \times \frac{1}{5}\right) = 3.6$ किमी.

उदाहरण–4 : एक नाव धारा की दिशा में एक निश्चित दूरी तय करने में 1 घंटे का समय लेती है तथा वापस आने में $1\frac{1}{2}$ घंटे का समय लेती है। यदि धारा की गति 3 किमी./घंटा हो, तो शांत जल में नाव की चाल ज्ञात कीजिए।

हल– माना शांत जल में नाव की चाल x किमी./घंटा है तब,

धारा की दिशा में नाव की चाल $= (x + 3)$ किमी./घंटा

धारा की विपरीत दिशा में नाव की चाल $= (x - 3)$ किमी./घंटा

$\therefore \quad (x + 3) \times 1 = (x - 3) \times \frac{3}{2}$

$\Rightarrow \quad 2x + 6 = 3x - 9$

$\Rightarrow \quad x = 15$ किमी./घंटा

प्रश्नमाला

1. एक ट्रेन और एक कार की गति के बीच 16 : 15 का अनुपात है। एक बस 480 किमी. की दूरी 8 घंटे में पूरी करती है तथा बस की गति, ट्रेन की गति की तीन-चौथाई है। 6 घंटे में कार द्वारा तय की गई दूरी है–

(a) 450 किमी.
(b) 375 किमी.
(c) 525 किमी.
(d) 475 किमी.

2. एक व्यक्ति साइकिल द्वारा एक घंटे में 18 किमी. जाता है किंतु प्रत्येक 7 किमी. चलने के पश्चात् वह 6 मिनट के लिए विश्राम करता है। 90 किमी. की दूरी तय करने में उसे कितना समय लगेगा?

(a) 6 घंटे 17 मिनट
(b) 5 घंटे 10 मिनट
(c) 6 घंटे
(d) 6 घंटे 8 मिनट

3. एक बस 11 घंटे में 58 किमी./घंटा की गति से 522 किमी. की दूरी तय करती है। यात्रा के बीच एक ठहरने के स्थल पर बस कुछ देर रुकी थी, तो बस ठहराव स्थल पर कितने समय के लिए रुकी थी?

(a) 30 मिनट (b) 1 घंटा
(c) 1 घंटा 30 मिनट (d) 2 घंटे

4. एक व्यक्ति 600 किमी. की दूरी रेल द्वारा 80 किमी./घंटे की चाल से, 800 किमी. की दूरी बस द्वारा 40 किमी./घंटे की चाल से, 500 किमी. की दूरी जहाज द्वारा 40 किमी./घंटे की चाल से, तथा 100 किमी. की दूरी कार द्वारा 50 किमी./घंटे की चाल से तय करता है, तो पूरी यात्रा के दौरान व्यक्ति की औसत चाल क्या है?

(a) $65\frac{5}{123}$ किमी./घंटा
(b) $68\frac{1}{5}$ किमी./घंटा
(c) $56\frac{1}{123}$ किमी./घंटा
(d) इनमें से कोई नहीं

5. 1200 मीटर लम्बे किसी पुल के दोनों ओर दो व्यक्ति खड़े हुए हैं। यदि वे एक-दूसरे की ओर क्रमशः 5 मी./मिनट और 10 मी./मिनट की चाल से चलें, तो एक-दूसरे से मिलने में उन्हें कितना समय लगेगा?

(a) 55 मिनट
(b) 1 घंटा 20 मिनट
(c) 40 मिनट
(d) 50 मिनट

6. 270 मीटर लंबी एक रेलगाड़ी 25 किमी/घंटा के रफ्तार से चल रही है। 2 किमी. प्रति घंटे की रफ्तार से विपरीत दिशा से आते मनुष्य को वह कितने समय में पार करेगी?

(a) 36 सेकण्ड (b) 32 सेकण्ड
(c) 28 सेकण्ड (d) 24 सेकण्ड

7. दो रेलगाड़ियाँ समानांतर लाइन में एक ही दिशा की ओर क्रमशः 50 किमी/घंटा और 30 किमी/घंटा प्रति घंटे की रफ्तार से चल रही हैं। तेज गाड़ी मंद गाड़ी के एक आदमी को 18 सेकण्ड में पार करती है। तेज गाड़ी की लबाई है–

(a) 170 मीटर (b) 100 मीटर
(c) 98 मीटर (d) 85 मीटर

8. एक रेलगाड़ी एकसमान चाल से 200 किमी. चलती है। यदि चाल 10 किमी./घंटा कम होती तो यात्रा में 40 मिनट अधिक लगते। रेलगाड़ी की चाल बताइये।

(a) 50 किमी./घंटा
(b) 60 किमी./घंटा
(c) 45 किमी./घंटा
(d) 40 किमी./घंटा

9. एक रेलयात्री रेलवाली सड़क के टेलीग्राफ स्तम्भों को गुजरने के साथ-साथ गिनते रहता है। टेलग्राफ स्तम्भ एक-दूसरे से 50 मीटर की दूरी पर हैं। यदि ट्रेन की गति 45 किलोमीटर प्रति घंटा हो, तो 4 घंटे में वह कितने स्तम्भों को गिन पाएगा?

(a) 2500 (b) 600
(c) 3600 (d) 5000

10. 180 मीटर की एक रेलगाड़ी A 72 किमी/घंटा की गति से चलकर, 120 मीटर लंबी. 108 किमी/घंटा से विपरीत दिशा में चलने वाली रेलगाड़ी B को, कितनी अवधि में पार कर लेगी?

(a) 24 सेकेण्ड (b) 12 सेकेण्ड
(c) 6 सेकेण्ड (d) 30 सेकेण्ड

11. एक ट्रेन 15 सेकण्ड में एक पोल को पार कर जाती है व 100 मीटर लम्बे एक प्लेटफार्म को 25 सेकण्ड में पार कर जाती है, तो मीटर में ट्रेन की लम्बाई है–

(a) 200 (b) 150
(c) 50 (d) इनमें से कोई नहीं

12. दो स्टेशन A और B एक-दूसरे से सौ किलोमीटर दूर हैं। दो ट्रेनें एक साथ स्टेशन A और B से रवाना होती हैं। स्टेशन से निकलने वाली ट्रेन स्टेशन की तरफ 50

किलोमीटर की घंटा की रफ्तार से चलती है। स्टेशन B से चलने वाली की गति से जाती है। स्टेशन A से कितने फासले पर दोनों ट्रेनें एक-दूसरे को पार करेंगी?

(a) 40 किमी. (b) 20 किमी.
(c) 30 किमी. (d) इनमें से कोई नहीं

13. 150 मीटर लम्बी एक ट्रेन 90 किलोमीटर प्रति घंटे की रफ्तार से 26 सेकण्ड में एक रेलवे पुल को पार कर लेती है। उस पुल की लम्बाई कितनी है?

(a) 500 मीटर (b) 600 मीटर
(c) 650 मीटर (d) 550 मीटर

14. 110 मी/से. लंबी एक ट्रेन 3 सेकेण्ड में एक खंम्भे से गुजरती है। 165 मीटर लंबा रेलवे प्लेटफार्म पार करने के लिए कितना समय लगेगा?

(a) 4 सेकेण्ड (b) 15 सेकेण्ड
(c) 10 सेकेण्ड (d) $7\frac{1}{2}$ सेकेण्ड

15. 30 मी/से. चाल से जा रही ट्रेन, एक 600 मी. लम्बे प्लेटफार्म को 30 से. में पार कर लेती है। उस ट्रेन की लम्बाई क्या है?

(a) 120 मी. (b) 150 मी.
(c) 200 मी. (d) 300 मी.

16. एक रेलगाड़ी किसी 90 मीटर लम्बे प्लेटफार्म को 30 सेकण्ड में तथा प्लेटफार्म पर खड़े किसी व्यक्ति को 15 सेकण्ड में पार करती है। रेलगाड़ी की चाल है—

(a) 12·4 किमी/घंटा
(b) 14·6 किमी/घंटा
(c) 18·4 किमी/घंटा
(d) 21·6 किमी/घंटा

17. ट्रेन A एक स्थिर ट्रेन B को 50 सेकण्ड में और एक खम्भे को उसी गति से 20 सेकण्ड में पार करती है। ट्रेन A की लम्बाई 240 मीटर है, तो स्थिर ट्रेन B की लम्बाई क्या है?

(a) 360 मीटर
(b) 260 मीटर
(c) 300 मीटर
(d) इनमें से कोई नहीं

18. दो रेलवे स्टेशन A और B के बीच का अन्तर 1356 किमी है। एक ट्रेन A और B के बीच की यात्रा 60 किमी/घंटा की एकसमान गति से तय करती है और 40 किमी/घंटा की गति से B से A की ओर वापस आती है, तो पूरी यात्रा के दौरान ट्रेन की औसत गति क्या है?

(a) 48 किमी/घंटा
(b) 50 किमी/घंटा
(c) 52 किमी/घंटा
(d) 46 किमी/घंटा

19. एक मेट्रो इंजन की चाल 42 किमी/घंटा है जब कोई डिब्बा इससे जुड़ा हुआ नहीं है एवं चाल की कमी जुड़े हुए डिब्बों की संख्या के वर्गमूल का समानुपाती है। यदि ट्रेन की चाल इस इंजन से खींचते हुए 24 किमी/घंटा हो, जबकि 9 डिब्बे जुड़े हैं, तो इंजन द्वारा जुड़े हुए खींचे जाने वाले डिब्बों की अधिकतम संख्या कितनी हो सकती है?

(a) 48
(b) 47
(c) 49
(d) इनमें से कोई नहीं

20. 180 मीटर लम्बी एक ट्रेन विपरीत दिशा में चल रही 270 मीटर लम्बी दूसरी ट्रेन को 10·8 सेकण्ड में पार करती है। पहली ट्रेन की गति 60 किमी प्रति घंटा है, तो दूसरी ट्रेन की गति (किमी/घंटा में) कितनी है?

(a) 80
(b) 90
(c) 150
(d) निर्धारित नहीं किया जा सकता

21. निम्नलिखित में से कौन-सी ट्रेन सर्वाधिक तेज होगी—

(a) 25 मीटर/सेकण्ड
(b) 1500 मीटर/मिनट
(c) 90 किमी/घंटा
(d) इनमें से कोई नहीं

22. एक ट्रेन की औसत गति एक कार की औसत गति से $1\frac{3}{7}$ गुना है। कार 6 घंटे में 588 किमी की दूरी तय करती है। ट्रेन 16 घंटे में कितनी दूरी तय करेगी?

(a) 1750 किमी (b) 1760 किमी
(c) 1720 किमी (d) 1820 किमी

23. 40 किमी/घंटा की औसत गति से चलकर एक रेलगाड़ी अपने गंतव्य पर समय पर पहुंच जाती है। यदि वह 35 किमी/घंटा की औसत गति से चले, तो वह 15 मिनट देरी से पहुंचती है, तो उस पूरी यात्रा की दूरी कितनी है?

(a) 35 किमी (b) 60 किमी
(c) 70 किमी (d) 50 किमी

24. 200 किमी दूर, दो स्टेशनों से दो रेलगाड़ियां एक ही समय पर छूटकर विपरीत दिशाओं में जाती हैं और एक स्टेशन से 110 किमी की दूरी पर एक-दूसरे को पार करती हैं; तो उन रेलगाड़ियों की गति का अनुपात क्या है?

(a) 11 : 20 (b) 20 : 9
(c) 9 : 20 (d) 11 : 9

25. 320 मीटर लम्बी एक ट्रेन जिस गति से एक खम्भे को पार करने में जितना समय लगाती है, अपनी लम्बाई से दोगुने प्लेटफार्म को उसी गति से पार करने में 80 सेकण्ड अधिक लगाती है। ट्रेन की गति कितने मीटर/ सेकण्ड है?

(a) 16 (b) 10
(c) 6 (d) 8

26. 100 मीटर लम्बी एक रेलगाड़ी 21 किमी/घंटा की चाल से चल रही है तथा 150 लम्बी दूसरी रेलगाड़ी 36 किमी/ घंटा की चाल से उसी दिशा में जा रही है। तेज रेलगाड़ी पहली गाड़ी को कितने समय में पार कर लेगी?

(a) 10 मिनट (b) 1 मिनट
(c) 2 मिनट (d) 12 मिनट

27. एक रेलगाड़ी, दो ऐसे व्यक्तियों को क्रमशः 9 तथा 10 सेकण्ड में पूरी तरह पार कर लेती है, जो उसी रेलगाड़ी की दिशा में 2 किमी/घंटा तथा 4 किमी/घंटा की गति से चल रहे हैं। रेलगाड़ी की लम्बाई कितने मीटर है?

(a) 45 (b) 54
(c) 50 (d) 72

28. 180 मीटर की एक रेलगाड़ी A, 72 किमी/घंटा की गति से चलकर, 120 मीटर लम्बी, 108 किमी/घंटा की गति से विपरीत दिशा में चलने वाली रेलगाड़ी B को कितनी अवधि में पार कर लेगी?

(a) 24 सेकण्ड (b) 12 सेकण्ड
(c) 6 सेकण्ड (d) 30 सेकण्ड

29. दो स्टेशन A और B एक-दूसरे से 100 किमी दूर हैं। दो ट्रेनें एक साथ स्टेशन A और B से रवाना होती हैं। A से निकलने वाली ट्रेन स्टेशन B की तरफ 50 किमी/घंटा की रफ्तार से चलती है। स्टेशन B से चलने वाली ट्रेन स्टेशन A की तरफ 75 किमी/ घंटा की रफ्तार से जाती है। स्टेशन A से कितने फासले पर दोनों ट्रेनें एक-दूसरे को पार करेंगी?

(a) 40 किमी
(b) 20 किमी
(c) 30 किमी
(d) इनमें से कोई नहीं

30. एक व्यक्ति को नौका नदी के प्रवाह की दिशा में 15 किमी. चलाने के लिए 3 घंटे 45 मिनट लगते हैं और उल्टी दिशा में 5 किमी. चलने में 2 घंटा 30 मिनट लगते हैं। धारा प्रवाह की गति कितने किमी प्रति घंटा होगी?
(a) 1 किमी/घंटा
(b) 3 किमी/घंटा
(c) 2 किमी/घंटा
(d) इनमें से कोई नहीं

31. एक नाविक प्रवाह की अनुकूल दिशा में 5 घंटों में 30 किमी और प्रवाह की प्रतिकूल दिशा में 4 घंटों में 8 किमी जा सकता है। प्रवाह की गति प्रतिघंटा किमी है।
(a) 2 (b) 3
(c) 4 (d) 5

32. एक नाव तथा धारा की दिशा में शांत जल में, 9 किमी./घंटे की दर से दूरी तय कर सकती है। 12 कि.मी. दूरी तय करता है एवं धारा की विपरीत दिशा में उतने दूरी लौट आती है तो कुल 3 घंटे का समय लगता है तो धारा का वेग होगा–
(a) 5 किमी. प्रति घंटा
(b) 4 किमी. प्रति घंटा
(c) 3 किमी. प्रति घंटा
(d) 2 किमी. प्रति घंटा

33. एक व्यक्ति धारा के विरुद्ध नौका को तीन-चौथाई किमी. खेने में $11\frac{1}{4}$ मिनट लेता है और वापस लौटने में $7\frac{1}{2}$ मिनट लेता है। स्थिर जल में व्यक्ति की गति बताइए–
(a) 2 किमी/घंटा (b) 3 किमी/घंटा
(c) 4 किमी/घंटा (d) 5 किमी/घंटा

34. एक नाव नदी के बहाव के साथ-साथ कोई दूरी चलने में 3 घंटे का समय लेती है और नदी के बहाव के विपरीत यही दूरी चलने में 9 घंटे का समय लेती है। शांत जल में यदि नाव की चाल 4 किमी. प्रति घंटा हो, तब धारा का वेग क्या होगा?
(a) 4 किमी./घंटा
(b) 3 किमी./घंटा
(c) 6 किमी./घंटा
(d) इनमें से कोई नहीं

35. एक व्यक्ति नाव की धारा के अनुकूल 14 किमी/घंटा से व धारा के विरुद्ध 9 किमी/घंटा से तैर सकता है। ठहरे हुए पानी में व्यक्ति की चाल है–
(a) 5 किमी/घंटा
(b) 23 किमी/घंटा
(c) 11·5 किमी/घंटा
(d) इनमें से कोई नहीं

36. एक नाविक धारा के विरुद्ध 11 किमी जाता है तथा धारा की दिशा में 27 किमी। उसे प्रत्येक दशा में 4 घंटे लगते हैं। धारा का वेग ज्ञात करें–
(a) 9 किमी/घंटा (b) 4 किमी/घंटा
(c) 2 किमी/घंटा (d) 5 किमी/घंटा

37. एक नाव धारा के साथ तथा धारा के विपरीत 16 किमी 3 घंटा में जाती है। यदि धारा की चाल 1 किमी/घंटा है, तो नाव की चाल ज्ञात करें–
(a) 20 किमी/घंटा (b) 8 किमी/घंटा
(c) 9 किमी/घंटा (d) 12 किमी/घंटा

38. एक नाव स्थिर जल में 13 किमी. प्रति घंटा की गति से जाती है। यदि धारा की गति 4 किमी. प्रति घंटा है, तो नाव द्वारा धारा की दिशा में 68 किमी. जाने में लिया गया समय है–
(a) 4 घंटे (b) 3 घंटे
(c) 8 घंटे (d) 6 घंटे

39. एक नाव 8 किमी./घंटा की गति से धारा के साथ तथा 5 किमी./घंटा की गति से धारा की विपरीत दिशा में चलती है, तो धारा की गति क्या है?
(a) 2 किमी प्रति घंटा
(b) 4 किमी प्रति घंटा
(c) $1\frac{1}{2}$ किमी प्रति घंटा
(d) 3 किमी प्रति घंटा

40. एक व्यक्ति 48 किमी दूर एक स्थान पर नाव चलाते हुए जाकर 14 घंटे में वापस आता है। वह पता लगाता है कि वह 4 किमी धारा के साथ उतने ही समय में जाता है जितना 3 किमी धारा के विरुद्ध। धारा की गति क्या है?
(a) 1 किमी/घंटा
(b) 1.8 किमी/घंटा
(c) 0.5 किमी/घंटा
(d) 2 किमी/घंटा

41. एक नाव धारा के प्रतिकूल दिशा में 8 घंटे में 48 किमी. की दूरी तय करती है तथा धारा के अनुकूल दिशा में 6 घंटे में 36 किमी. की दूरी तय करती है तो स्थिर धारा में नाव का वेग क्या है?
(a) 16 किमी./घंटा (b) 1 किमी./घंटा
(c) 8 किमी./घंटा (d) 6 किमी./घंटा

42. धारा की दिशा में एक नाव 3 घंटे में 24 किमी. की दूरी तय करती है। धारा की विपरीत दिशा में इसी दूरी को तय करने में नाव को 12 घंटे का समय लगता है। शांत जल में नाव की चाल क्या होगी?
(a) 5 किमी./घंटा
(b) 5.8 किमी./घंटा
(c) 6 किमी./घंटा
(d) 7 किमी./घंटा

43. एक आदमी स्थिर जल में 5 किमी तैर सकता है। यदि नदी की धारा की चाल एक किमी/घंटा है, उसे एक दूरी तक जाने और आने में 75 मिनट का समय लगता है। वह दूरी कितनी है?
(a) 2.5 किमी (b) 3 किमी
(c) 4 किमी (d) 5 किमी

44. एक व्यक्ति अनुप्रवाह में 6 किमी/घंटा एवं ऊर्ध्व प्रवाह में 2 किमी/घंटा की चाल से तैरता है। शांत जल में उसकी चाल है–
(a) 4 किमी/घंटा (b) 2 किमी/घंटा
(c) 3 किमी/घंटा (d) 2.5 किमी/घंटा

45. धारा की दिशा में तथा धारा के विपरीत एक तैराक की चाल क्रमशः 13 किमी./घंटा तथा 10 किमी./घंटा है धारा का वेग क्या है?
(a) 3 किमी./घंटा
(b) 1.5 किमी./घंटा
(c) 11.5 किमी./घंटा
(d) इनमें से कोई नहीं

46. एक नाव धारा की दिशा में एक निश्चित दूरी 6 घंटे में तथा धारा के विपरीत दिशा में 8 घंटे में तय करती है। बताएँ वह निश्चित दूरी क्या है?
(a) 5 किमी
(b) 8 किमी
(c) 14 किमी
(d) आँकड़े अपर्याप्त हैं

47. एक नाव नदी के अनुकूल बहाव में 5 किमी/घंटा की गति से चली और लौटते समय 2 किमी/घंटा से लौटी। नाव की औसत गति ज्ञात करें।
(a) $2\frac{1}{5}$ किमी/घंटा
(b) $2\frac{3}{7}$ किमी/घंटा
(c) $2\frac{5}{7}$ किमी/घंटा
(d) $2\frac{6}{7}$ किमी/घंटा

48. एक व्यक्ति 5 किमी. प्रति घंटे के वेग से शांत जल में तैर सकता है। एक नदी जो 1 किमी. प्रति घंटे के वेग से बह रही है उसमें स्थान A से स्थान B तक तैर कर वापस आने में उस व्यक्ति को 75 मिनट का समय लगता है। A तथा B के बीच की दूरी क्या है?

(a) 6 किमी. (b) 5 किमी.
(c) 2.5 किमी. (d) 3 किमी.

49. एक तैराक की अनुप्रवाह चाल (डाउनस्ट्रीम) 11 किमी/घंटा है तथा धारा की चाल 1.5 किमी/घंटा है। उस तैराक की प्रतिप्रवाह (अपस्ट्रीम) चाल ज्ञात कीजिए–

(a) 8 किमी/घंटा
(b) 9.5 किमी/घंटा
(c) 9 किमी/घंटा
(d) 6.25 किमी/घंटा

50. अनुप्रवाह जाती हुई एक नौका 20 किमी की दूरी 2 घंटे में तय करती है और ऊर्ध्वप्रवाह वही दूरी 5 घंटे में तय करती है। स्थिर पानी में नौका की गति है–

(a) 7 किमी/घंटा
(b) 8 किमी/घंटा
(c) 9 किमी/घंटा
(d) 10 किमी/घंटा

उत्तर (हल/संकेत)

1. (a) बस की चाल $= \frac{480}{8}$

$= 60$ किमी./घंटा

$\therefore$ ट्रेन की गति $= \left(60 \times \frac{4}{3}\right)$

$= 80$ किमी./घंटा

$\therefore$ कार की गति $= \left(\frac{15}{16} \times 80\right)$

$= 75$ किमी./घंटा

$\therefore$ 6 घंटे में कार द्वारा तय की गई दूरी $= (75 \times 6) = 450$ किमी.

2. (a) साइकिल सवार की चाल = 18 किमी./घंटा

बिना विश्राम के 90 किमी. की दूरी तय करने में लगा समय

$= \frac{90}{18} = 5$ घंटे

विश्राम में लिया गया समय

$= \left(\frac{90}{7} \times 6\right) = 77$ मिनट

= 1 घंटा 17 मिनट

(केवल पूर्णांक मान लेने पर)

$\therefore$ कुल लिया गया समय = (5 घंटे + 1 घंटा 17 मिनट)

= 6 घंटे 17 मिनट

3. (d) बिना ठहरे बस द्वारा तय की गई दूरी $= (11 \times 58) = 638$ किमी.

तय की गई वास्तविक दूरी = 522 किमी.

$\therefore$ दूरी में अंतर $= (638 - 522)$

= 116 किमी.

$\therefore$ ठहराव का समय $= \frac{116}{58} = 2$ घंटे

4. (a) व्यक्ति द्वारा तय की गई कुल दूरी $= (600 + 800 + 500 + 100) = 2000$ किमी.

दूरी तय करने में लगा कुल समय

$= \left(\frac{600}{80} + \frac{800}{40} + \frac{500}{400} + \frac{100}{50}\right)$ घंटे

$= \left(\frac{15}{2} + 20 + \frac{5}{4} + 2\right)$ घंटे

$= \frac{123}{4}$ घंटे

$\therefore$ औसत चाल $= \left(\frac{2000 \times 4}{123}\right)$

$= 65\frac{5}{123}$ किमी./घंटा

5. (b) सापेक्ष चाल $= (5 + 10)$ मी./मिनट

= 15 मी./मिनट

$\therefore$ एक-दूसरे को पार करने में लगा समय

$= \frac{1200}{15} = 80$ मिनट

= 1 घंटा 20 मिनट

6. (a) रेलगाड़ी की आपेक्षिक चाल = 25 + 2 किमी./घंटा

= 27 किमी./घंटा

मनुष्य को पार करने में रेलगाड़ी द्वारा तय की गई दूरी = 270 मीटर

अब, 27 किमी/घंटा $= 27 \times \frac{5}{18}$ मीटर/सेकण्ड

$= \frac{15}{2}$ मीटर/सेकण्ड

$\therefore$ अभीष्ट समय $= \frac{270}{\frac{15}{2}} = \frac{270 \times 2}{15}$

= 36 सेकण्ड

7. (b) रेलगाड़ी की आपेक्षिक चाल $= (50 - 30)$ किमी./घंटा = 20 किमी./घंटा

$= 20 \times \frac{5}{18} = \frac{50}{9}$ मीटर/सेकण्ड

$\therefore$ रेलगाड़ी की अभीष्ट लंबाई

$= \frac{50}{9} \times 18 = 100$ मीटर

8. (b) माना कि रेलगाड़ी की चाल $= x$ किमी./घं.

प्रश्नानुसार, दिया है।

$$\frac{200}{x-10} - \frac{200}{x} = \frac{40}{60}$$

$$\Rightarrow 200\left(\frac{1}{x-10} - \frac{1}{x}\right) = \frac{2}{3}$$

$$\Rightarrow 200\left(\frac{x - x + 10}{x(x-10)}\right) = \frac{2}{3}$$

$$\Rightarrow \frac{2000}{x(x-10)} = \frac{2}{3}$$

$\Rightarrow x^2 - 10x = 3000$
$\Rightarrow x^2 - 10x - 3000 = 0$
$\Rightarrow x^2 - 60x + 50x - 3000 = 0$
$\Rightarrow x(x - 60) + 50(x - 60) = 0$
$\Rightarrow (x - 60)(x + 50) = 0$
$\Rightarrow x = 60$ या -50

यहाँ गति का ऋणात्मक मान अग्राह्य है।

9. (c) 4 घंटे में ट्रेन द्वारा तय की गई दूरी $= 45 \times 4 = 180$ किलोमीटर

$\therefore$ स्तम्भों की संख्या

$= \frac{180 \times 1000}{50}$ मीटर

= 3600

10. (c) दोनों रेलगाड़ियों की लम्बाई $= 180 + 120 = 300$ मीटर

$= \left(180 \times \frac{5}{18}\right)$ मीटर/सेकण्ड

$=$ 50 मीटर/सेकण्ड

$\therefore$ अभीष्ट समय $= \frac{300}{50} = 6$ सेकण्ड

11. (b) माना ट्रेन की लम्बाई $= x$ मीटर

तब प्रश्नानुसार,

$\frac{x}{15} = \frac{(x+100)}{25}$

$\Rightarrow \frac{x}{3} = \frac{(x+100)}{5}$

$\Rightarrow 5x = 3x + 300$

$\therefore x = \frac{300}{2} = 150$ मीटर

12. (a) यदि t घंटे बाद ट्रेनें मिलती हैं तो $50t + 75 \times t = 100$

$\Rightarrow 125\,t = 100$

$\Rightarrow t = \frac{100}{125} = \frac{4}{5}$ घंटा

$\therefore$ अभीष्ट दूरी $= \frac{4}{5} \times 50 = 40$ किमी.

13. (a) ट्रेन की चाल = 90 किमी./घंटा

$= \frac{90 \times 5}{18} = 25$ मीटर/सेकण्ड

यदि पुल की लम्बाई $= x$ मीटर हो तो गाड़ी की चाल

$= \frac{\text{(पुल + ट्रेन) की लम्बाई}}{\text{समय}}$

$\Rightarrow 25 = \frac{x+150}{26}$

$\Rightarrow x + 150 = 25 \times 26 = 650$

$\Rightarrow x = 650 - 150 = 500$ मीटर

अतः पुल की लम्बाई 500 मी. है।

14. (d) ट्रेन की गति

$= \frac{110 \text{ मी.}}{3 \text{ सेकण्ड}} = \frac{110}{3}$ मी./सेकण्ड

165 मीटर लंबा प्लेटफार्म पार करने में लगेगा समय

$= \frac{(110+165) \text{ मी.}}{110/3 \text{ मी./सेकण्ड}} = \frac{275 \times 3}{110}$ सेकण्ड

$= 7\frac{1}{2}$ सेकण्ड

15. (d) माना कि ट्रेन की लंबाई $= x$ मी

$\frac{\text{दूरी}}{\text{समय}} \times$ चाल

$\therefore \frac{(600 + x) \text{ मी.}}{30 \text{ सेकण्ड}} = 30$ मी./से.

$\Rightarrow 600 + x = 900$ मी.

$\Rightarrow x = (900 - 600)$मी.

$\Rightarrow x = 300$ मी.

16. (d) माना रेलगाड़ी की लम्बाई $= x$ मीटर, तब रेलगाड़ी द्वारा तय की गई दूरी $= (x + 90)$

$\because \frac{(x+90)}{30} = \frac{x}{15}$

$\Rightarrow 2x = x + 90$

$\therefore x = 90$ मीटर

$\therefore$ रेलगाड़ी की चाल

$= \left(\frac{90}{15}\right)$ मीटर/सेकण्ड

$= 6$ मीटर/सेकण्ड

$= \left(6 \times \frac{18}{5}\right)$ किमी/घंटा

$= 21{\cdot}6$ किमी/घंटा

17. (a) माना स्थिर ट्रेन B की लम्बाई $= x$ मीटर

$\because \frac{240+x}{50} = \frac{240}{20}$

$\Rightarrow 240 + x = \frac{240 \times 50}{20}$

$\Rightarrow 240 + x = 600$

$\therefore x = 360$ मीटर

18. (a) पूरी यात्रा के दौरान ट्रेन की औसत गति

$= \left(\frac{2xy}{x+y}\right)$ किमी/घंटा

$= \left(\frac{2 \times 60 \times 40}{60+40}\right)$ किमी/घंटा

$= \frac{4800}{100}$ किमी/घंटा

$= 48$ किमी/घंटा

19. (c) प्रश्नानुसार,

$42 - 24 \propto \sqrt{9}$

$\Rightarrow (42 - 24) = k\sqrt{9}$

$\Rightarrow 3k = 18 \Rightarrow k = 6$

माना अधिक डिब्बों की संख्या $= n$

$\because 42 = 6\sqrt{n}$

$\Rightarrow (42)^2 = 36n$

$\therefore n = \left(\frac{42 \times 42}{36}\right) = 49$

20. (b) माना दूसरी ट्रेन की गति x किमी/घंटा है

सापेक्ष गति $= (x + 60)$ किमी/घंटा

कुल दूरी $= \frac{(180+270)}{1000}$ किमी

$= \frac{450}{1000}$ किमी

$\because \frac{45}{100} = (x + 60) \times \frac{10{\cdot}8}{60 \times 60}$

$\Rightarrow (x + 60) = \frac{45 \times 60 \times 60}{100 \times 10{\cdot}8} = 150$

$\therefore x = (150 - 60)$ किमी/घंटा

$= 90$ किमी/घंटा

21. (d) $\because$ ट्रेन (a) की गति = 25 मीटर/सेकण्ड

ट्रेन (b) की गति = 1500 मीटर/मिनट

$= \frac{1500}{60}$ मीटर/सेकण्ड

$= 25$ मीटर/सेकण्ड

ट्रेन (c) की गति = 90 किमी/घंटा

$= \left(90 \times \frac{5}{18}\right)$ मीटर/सेकण्ड

$= 25$ मीटर/सेकण्ड

अत: इनमें से कोई ट्रेन सर्वाधिक तेज नहीं है।

22. (d) कार की औसत गति $= \frac{588}{6}$ किमी/घंटा

$= 98$ किमी/घंटा

ट्रेन की औसत गति

$= \left(98 \times 1\frac{3}{7}\right)$ किमी/घंटा

$= \left(98 \times \frac{10}{7}\right)$ किमी/घंटा

$= 140$ किमी/घंटा

ट्रेन द्वारा 13 घंटे में तय की गई दूरी

$= (13 \times 140)$ किमी $= 1820$ किमी

23. (c) माना पूरी यात्रा की दूरी $= x$ किमी

$\because \frac{x}{35} - \frac{x}{40} = \frac{15}{60}$

$\Rightarrow \frac{8x - 7x}{280} = \frac{1}{4}$

$\Rightarrow x = \left(\frac{1}{4} \times 280\right)$ किमी

$= 70$ किमी

24. (d) माना रेलगाड़ी की गतियां क्रमश: x किमी/घंटा व y किमी/घंटा है।

तब $\frac{110}{x} = \frac{90}{y}$

$\Rightarrow \frac{x}{y} = \frac{110}{90} = \frac{11}{9}$

$\therefore x : y = 11 : 9$

25. (d) माना ट्रेन की गति $= x$ किमी/घंटा

ट्रेन की लम्बाई = 320 मीटर

$\therefore$ प्लेटफार्म की लम्बाई $= (2 \times 320)$ मीटर

$= 640$ मीटर

$\because \frac{320}{x} + 80 = \frac{320+640}{x}$

$\Rightarrow \frac{320}{x} + 80 = \frac{960}{x}$

$\Rightarrow \quad \frac{960}{x} - \frac{320}{x} = 80$

$\Rightarrow \quad \frac{640}{x} = 80$

$\Rightarrow \quad x = \frac{640}{80}$ मीटर/सेकण्ड

= 8 मीटर/सेकण्ड

26. (b) रेलगाड़ी द्वारा तय की गई दूरी
= (100 + 150) मीटर = 250 मीटर
$\because$ गाड़ियां एक ही दिशा में जा रही हैं।
$\therefore$ उनकी सापेक्ष गति
= (36 – 21) किमी/घंटा = 15 किमी/घंटा

$= \left(15 \times \frac{5}{18}\right)$ मीटर/सेकण्ड

$\therefore$ पार करने में लगा समय

$= \left(\frac{250}{\frac{15\times5}{18}}\right)$ सेकण्ड

$= \left(\frac{250\times18}{75}\right)$ सेकण्ड

= 60 सेकण्ड = 1 मिनट

27. (c) माना रेलगाड़ी की लम्बाई x मीटर तथा रेलगाड़ी की गति y किमी/घंटा है, तब
पहले व्यक्ति की सापेक्ष गति = $(y - 2)$ किमी/घंटा
दूसरे व्यक्ति की सापेक्ष गति = $(y - 4)$ किमी/घंटा

$\because \quad \frac{x}{9} = (y-2) \times \frac{5}{18}$

$\Rightarrow \quad 2x = 5y - 10$

$\Rightarrow \quad 2x + 10 = 5y$ ...(i)

पुनः $\quad \frac{x}{10} = (y-4) \times \frac{5}{18}$

$\Rightarrow \quad \frac{18}{10}x = 5y - 20$

$\Rightarrow \quad 1{\cdot}8x + 20 = 5y$ ...(ii)

समीकरण (i) व (ii) से,

$\Rightarrow \quad 2x + 10 = 1{\cdot}8x + 20$

$0{\cdot}2x = 10$

$\therefore \quad x = 50$ मीटर

28. (c) गाड़ी की सापेक्ष गति
= (72 + 108) किमी/घंटा
= 180 किमी/घंटा

$= \left(180 \times \frac{5}{18}\right)$ मीटर/सेकण्ड

= 50 मीटर/सेकण्ड
कुल तय की गई दूरी = (180 + 120) मीटर
= 300 मीटर

$\therefore$ अभीष्ट समय $= \frac{300}{50}$ सेकण्ड = 6 सेकण्ड

29. (a) माना स्टेशन A से x किमी फासले पर दोनों ट्रेनें एक-दूसरे को पार करेंगी।
तब प्रश्नानुसार,

$\frac{x}{50} = \frac{(100-x)}{75}$

$\Rightarrow \quad \frac{x}{2} = \frac{(100-x)}{3}$

$\Rightarrow \quad 3x = 200 - 2x$

$\Rightarrow \quad 3x + 2x = 200$

$\Rightarrow \quad 5x = 200$

$\Rightarrow \quad x = 40$ किमी

30. (a) प्रश्नानुसार, व्यक्ति की धारा की दिशा में गति $= \frac{15}{\frac{15}{4}} = \frac{15\times4}{15} = 4$ किमी/घंटा

तथा व्यक्ति की धारा की विपरीत दिशा में गति

$= \frac{5}{\frac{5}{2}} = \frac{5\times2}{5} = 2$ किमी/घंटा

$\therefore$ धारा की गति $= \frac{1}{2}(x-y) = \frac{4-2}{2} = 1$ किमी/घंटा।

31. (a) प्रवाह की अनुकूल दिशा में नाविक की चाल $= \frac{30}{5} = 6$ किमी/घंटा प्रवाह की प्रतिकूल दिशा में नाविक की चाल $= \frac{8}{4}$ किमी/घंटा = 2 किमी/घंटा

अतः प्रवाह की रफ्तार $= \frac{6-2}{2} = 2$ किमी/घंटा।

32. (c) माना कि धारा का वेग
= y किमी/घंटा

प्रश्नानुसार, $\quad \frac{12}{9+y} + \frac{12}{9-y} = 3$

या $\quad \frac{12(9-y)+12(9+y)}{(x+y)(9-y)} = 3$

या $\quad \frac{216}{9^2-y^2} = 3$

या $y = 3$ किमी प्रति घंटा।

33. (d) माना कि नाव की शांत जल में चाल x किमी/घंटा
तथा धारा की चाल = y किमी/घंटा

$\therefore \quad x - y = \frac{\frac{3}{4}}{\frac{45}{4\times60}} = 4$ ...(i)

$x + y = \frac{\frac{3}{4}}{\frac{15}{2\times60}} = 6$ ...(ii)

समीकरण (i) और (ii) को जोड़ने पर

$2x = 10$

$x = 5$ किमी/घंटा।

34. (d) माना धारा का वेग x किमी./घं. है।
प्रश्न से, $\quad S = (4 + x) \times 3$
पुनः $\quad S = (4 - x) \times 9$

$\Rightarrow \quad (4 + x) \times 3 = (4 - x) \times 9$

$\Rightarrow \quad 4 + x = 12 - 3x$

$\Rightarrow \quad 4x = 8$

$\Rightarrow \quad x = 2$ किमी./घंटा।

35. (c) अभीष्ट चाल $= \frac{1}{2}(14 + 9) = \frac{23}{2}$

= 11·5 किमी/घंटा।

36. (c) नाविक की धारा की दिशा में चाल

$= \frac{27}{4}$ किमी/घंटा

नाविक की धारा के विपरीत चाल

$= \frac{11}{4}$ किमी/घंटा

$\therefore$ धारा का वेग $= \frac{1}{2}\left(\frac{27}{4} - \frac{11}{4}\right)$ किमी/घंटा

= 2 किमी/घंटा।

37. (d) माना कि नाव की चाल x किमी/घंटा तथा धारा की चाल y किमी/घंटा है।
तब, प्रश्नानुसार

$\frac{16}{x+y} + \frac{16}{x-y} = 3$

या $\quad \frac{16(x-y+x+y)}{x^2-y^2} = 3$

या $\quad \frac{2x}{x^2-(4)^2} = \frac{3}{16}$

या $\quad 32x = 3x^2 - 48$

या $\quad 3x^2 - 48 - 32x = 0$

या $\quad 3x^2 - 32x - 48 = 0$

या $\quad 3x^2 - 36x + 4x - 48 = 0$

या $\quad 3x(x - 12) + 4(x - 12) = 0$

या $\quad (3x + 4)(x - 12) = 0$

$\therefore \quad x = 12, -\frac{4}{3}$

– ऋणात्मक मात्रा को ध्यान नहीं देते हैं।

$\therefore \quad x = 12$ किमी/घंटा।

38. (a) धारा की दिशा में नाव की चाल = 13 + 4 = 17 किमी/घंटा।

नाव के द्वारा लिया गया समय = $\frac{\text{दूरी}}{\text{चाल}} = \frac{68}{17}$

= 4 घंटे।

39. (c)
$$x + y = 8$$
$$x - y = 5$$
$$- + \quad -$$
$$2y = 3$$

∴ y = धारा की गति

$= \frac{3}{2}$ किमी/घंटा

$= 1\frac{1}{2}$ किमी/घंटा।

40. (a) माना कि नाव की गति = x किमी/घंटा

धारा की गति = y किमी/घंटा

$$\frac{4}{x+y} = \frac{3}{x-y}$$

⇒ $4x - 4y = 3x + 3y$

⇒ $x = 7y$

$$\frac{48}{x+y} + \frac{48}{x-y} = 14$$

$$\frac{48}{8y} + \frac{48}{6y} = 14$$

⇒ $\frac{6}{y} + \frac{8}{y} = 14$

⇒ $\frac{14}{y} = 14$

⇒ $y = 1$ किमी/घंटा।

41. (d) धारा के प्रतिकूल दिशा में नाव की चाल

$= \frac{48}{8} = 6$ किमी/घंटा

धारा के अनुकूल दिशा में नाव की चाल

$= \frac{36}{6} = 6$ किमी/घंटा

स्थिर धारा में नाव का वेग

$= \frac{6+6}{2} = 6$ किमी/घंटा।

42. (a) धारा की दिशा में नाव की चाल

$= \frac{24}{3} = 8$ किमी/घंटा

धारा की विपरीत दिशा में नाव की चाल

$= \frac{24}{12} = 2$ किमी/घंटा

अब मान लिया कि शांत जल में नाव की चाल = x किमी/घंटा

धारा की चाल = y किमी/घंटा

∴ $x + y = 8$ ...(i)

$x - y = 2$ ...(ii)

समीकरण (i) और (ii) को हल करने पर

$x = 5$ किमी प्रति घंटा।

43. (b) माना दूरी = x किमी

धारा की दिशा में लगा समय = $\frac{x}{5+1}$

$= \frac{x}{6}$ घंटा

धारा की विपरीत दिशा में लगा समय

$= \frac{x}{4}$ घंटा

x किमी दूर जाने और आने में लगा समय

$= \frac{x}{6} + \frac{x}{4} = \frac{5}{4}$

$= \frac{2x+3x}{12} = \frac{5}{4}$

या $x = \frac{5 \times 12}{4 \times 5} = 3$ किमी।

44. (a) शांत जल में तैराक की चाल

$= \frac{1}{2}(x+y)$

$= \frac{1}{2}(6+2) = 4$ किमी./घंटा।

45. (b) धारा का वेग = $\frac{1}{2}(x-y)$

$= \frac{1}{2}(13 - 10)$ किमी.

घंटा = 1.5 किमी/घंटा।

46. (d) माना नाव की चाल P तथा धारा की चाल = Q किलोमीटर प्रति घंटा है तथा निर्धारित दूरी का मान x है।

∴ प्रश्न से,

$P + Q = \frac{x}{6}$ ...(i)

$P - Q = \frac{x}{8}$ ...(ii)

समीकरण (i) + समीकरण (ii) जोड़ने पर

$$2P = \frac{x}{6} + \frac{x}{8} = \frac{7x}{24}$$

∴ $x = \frac{24 \times 2P}{7}$

स्पष्ट है कि P के मान के बिना, x का मान ज्ञात नहीं किया जा सकता। अतः आँकड़े अपर्याप्त हैं।

47. (d) औसत गति = $\frac{2ab}{(a+b)}$

(जहाँ a = प्रथम गति, b = द्वितीय गति)

$= \frac{2 \times 5 \times 2}{2+5} = \frac{20}{7} = 2\frac{6}{7}$ किमी/घंटा।

48. (d) अनुप्रवाह गति = 5 + 1

= 6 किमी./घंटा

ऊर्ध्व प्रवाह गति = 5 − 1

= 4 किमी./घंटा

यदि $AB = x$ किमी. हो, तो

$$\frac{x}{6} + \frac{x}{4} = \frac{75}{60}$$

⇒ $\frac{2x - 3x}{12} = \frac{5}{4}$

⇒ $\frac{x}{12} = \frac{1}{4}$

⇒ $x = 3$ किमी.।

49. (a) माना कि तैराक की चाल = x किमी/घंटा

धारा के सापेक्ष चाल = 11 किमी./घंटा

∴ $(x + 1.5)$ किमी./घंटा = 11 किमी./घंटा

∴ x = 11 किमी./घंटा − 1.5 किमी./घंटा

= 9.5 किमी./घंटा

∴ धारा के विपरीत चाल

= $(x - 1.5)$ किमी./घंटा

= $(9.5 - 1.5)$ किमी./घंटा = 8 किमी./घंटा।

50. (a) धारा की दिशा में नौका की चाल

$= \frac{20}{2} = 10$ किमी/घंटा

धारा के विपरीत दिशा में नौका की चाल

$= \frac{20}{5} = 4$ किमी/घंटा

∴ स्थिर पानी में नौका की चाल

$= \frac{1}{2}(10 + 4)$ किमी/घंटा

= 7 किमी/घंटा

□□□

मेन्सुरेशन

क्षेत्रमिति–I

क्षेत्रफल तथा परिमाप (Area and Perimeter)

परिमाप (Perimeter)

किसी समतल आकृति की सीमा (boundary) की लम्बाई को उस आकृति का परिमाप कहा जाता है। परिमाप की इकाई वही होती है जो लम्बाई की होती है। जैसे– सेंटीमीटर, मीटर, किलोमीटर, फुट आदि।

स्मरणीय :

1 मीटर = 100 सेंटीमीटर
1 किलोमीटर = 1000 मीटर

क्षेत्रफल (Area)

किसी आकृति की भुजाओं या सीमा द्वारा घिरे हुए क्षेत्र को उस आकृति का क्षेत्रफल कहा जाता है। क्षेत्रफल की इकाई वर्ग सेंटीमीटर, वर्ग मीटर, वर्गफुट आदि होती है। एक वर्ग सेंटीमीटर क्षेत्रफल से तात्पर्य है, 1 सेमी. भुजा वाले वर्ग से घिरा क्षेत्र।

स्मरणीय :

1 एअर = 100 वर्गमीटर
100 एअर = 1 हेक्टेयर
1 हेक्टेयर = 10000 वर्गमीटर
100 हेक्टेयर या 10,00,000 वर्गमीटर = 1 वर्ग किलोमीटर

महत्त्वपूर्ण तथ्य

त्रिभुज (Triangle)

तीन भुजाओं से घिरा हुआ क्षेत्र, त्रिभुज कहलाता है। इसमें तीन कोण होते हैं तथा सभी कोणों का योग 180° होता है एवं किन्हीं दो भुजाओं का योग तीसरी भुजा से अधिक होता है।

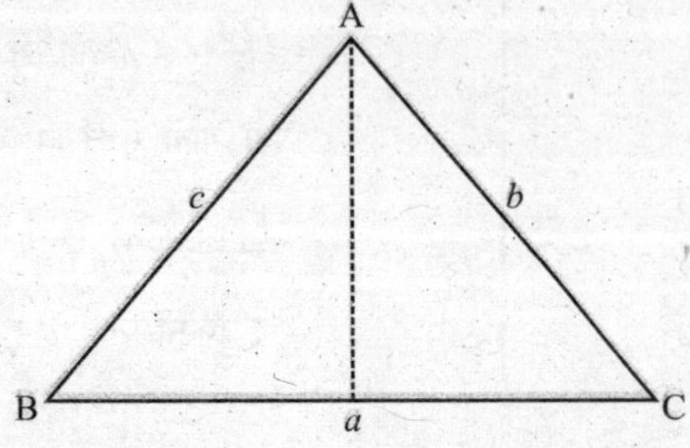

जैसे : $a+b>c,\ a+c>b,\ b+c>a$

किसी भी त्रिभुज के लिए, परिमिति = तीनों भुजाओं का योग

क्षेत्रफल = $\sqrt{s(s-a)(s-b)(s-c)}$

जहाँ a, b, c तीनों भुजाएँ हों तथा

$$s = \frac{a+b+c}{2}$$

(i) समकोण त्रिभुज (Right Angled Triangle): यह एक ऐसा त्रिभुज होता है जिसमें एक कोण समकोण होता है।

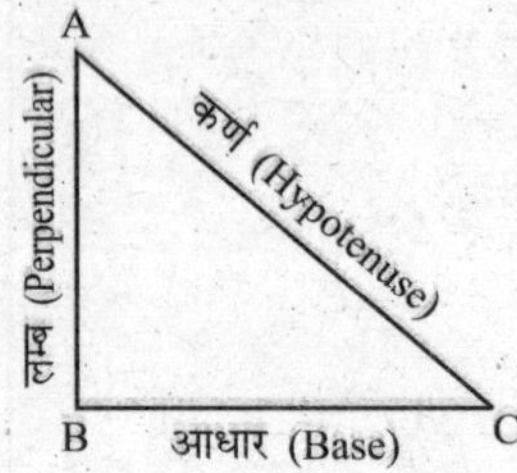

$$(\text{कर्ण})^2 = (\text{लम्ब})^2 + (\text{आधार})^2,$$

$$\text{क्षेत्रफल} = \frac{1}{2} \times \text{आधार} \times \text{ऊँचाई}$$

(ii) समद्विबाहु त्रिभुज (Isosceles Triangle): ऐसा त्रिभुज जिसके आधार की दो भुजाएँ तथा दो कोण समान होते हैं, समद्विबाहु त्रिभुज कहलाता है।

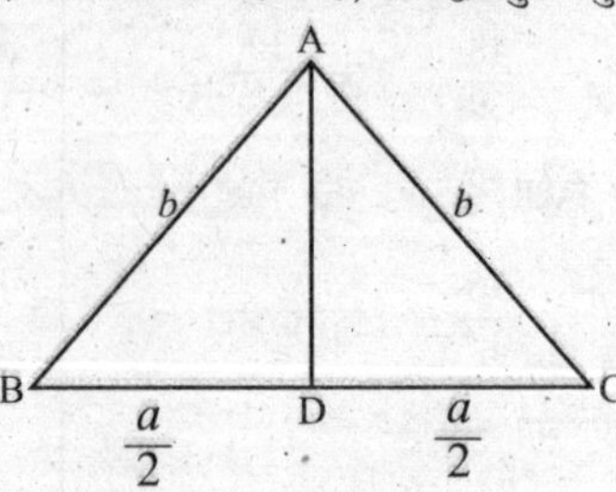

$AB = AC = b,$
$BC = a$

यदि लम्ब AD, BC पर खींचा जाए,

तो $BD = CD = \frac{a}{2}$

परिमिति = $a + 2b$

क्षेत्रफल = $\frac{a}{4}\sqrt{4b^2 - a^2}$

(iii) समद्विबाहु समकोण त्रिभुज (Isosceles Right Angled Triangle) : ऐसा त्रिभुज जिसका एक कोण समकोण हो तथा लम्ब एवं आधार समान हों, समद्विबाहु समकोण त्रिभुज कहलाता है।

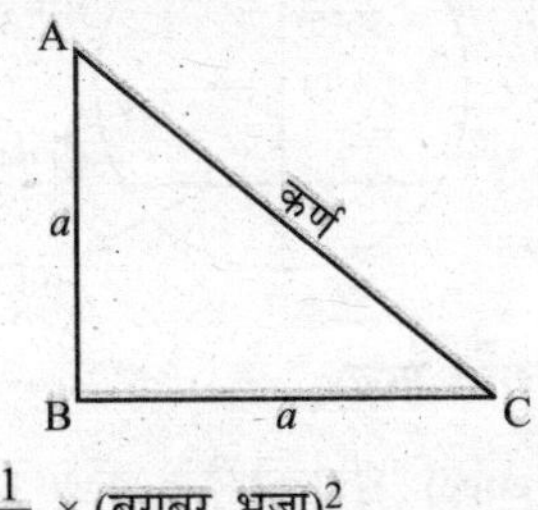

$$\text{क्षेत्रफल} = \frac{1}{2} \times (\text{बराबर भुजा})^2$$

$$= \frac{1}{2} \times a^2$$

$$\text{कर्ण} = \sqrt{(\text{लम्ब})^2 + (\text{आधार})^2}$$

$$= \sqrt{a^2 + a^2}$$

$$= \sqrt{2a^2} = \sqrt{2}a$$

$$= \text{समान भुजा की लम्बाई} \times \sqrt{2}$$

$$\text{परिमाप} = a + a + \sqrt{2}\,a$$

$$= 2a + \sqrt{2}a$$

$$= \sqrt{2}a\,(\sqrt{2} + 1)$$

$$= \sqrt{2} \times \text{समान भुजा की लम्बाई} \times (\sqrt{2} + 1)$$

(iv) समबाहु त्रिभुज (Equilateral Triangle) : ऐसा त्रिभुज जिसकी तीनों भुजाएँ आपस में समान हों, समबाहु त्रिभुज कहलाता है।

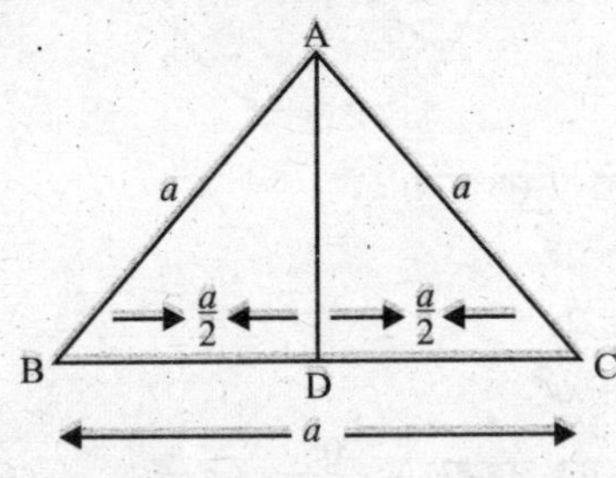

$$\text{परिमिति} = 3 \times \text{एक भुजा} = 3a$$

$$\text{क्षेत्रफल} = \frac{\sqrt{3}}{4} \times (\text{एक भुजा})^2$$

$$\text{ऊँचाई} = \frac{\sqrt{3}}{2} \times \text{एक भुजा}$$

$$\text{एक भुजा} = \frac{2}{\sqrt{3}} \times \text{ऊँचाई}$$

$$\text{क्षेत्रफल} = \frac{(\text{ऊँचाई})^2}{\sqrt{3}}$$

द्रष्टव्य : $h = a^2 - \left(\frac{a}{2}\right)^2 = a^2 - \frac{a^2}{4}$

$$= \frac{4a^2 - a^2}{4} = \frac{3a^2}{4}$$

$$\therefore \quad h = \sqrt{\frac{3a^2}{4}} = \frac{\sqrt{3}}{2}a$$

$$\text{ऊँचाई} = \text{भुजा} \times \frac{\sqrt{3}}{2}$$

$$\text{भुजा} = \text{ऊँचाई} \times \frac{2}{\sqrt{3}}$$

चतुर्भुज (Quadrilateral)

चार भुजाओं से घिरी हुई आकृति चतुर्भुज कहलाती है, जिसमें चार कोण होते हैं तथा सभी कोणों का योग 360° होता है।

(i) समानान्तर चतुर्भुज (Parallelogram) : ऐसा चतुर्भुज जिसके आमने-सामने की भुजाओं का युग्म समान तथा समानान्तर होता है, समानान्तर चतुर्भुज कहलाता है।

AB || = CD, BC || = AD

समानान्तर चतुर्भुज का प्रत्येक विकर्ण, चतुर्भुज को दो बराबर त्रिभुजों में बाँटता है।

$$\therefore \quad \text{क्षेत्रफल} = 2 \times \sqrt{s(s-a)(s-b)(s-c)}$$

जहाँ $s = \frac{a+b+c}{2}$ और a, b तथा c तीनों भुजाओं की लम्बाइयाँ हैं।

साथ ही, समानान्तर चतुर्भुज का क्षेत्रफल = आधार × ऊँचाई एवं परिमाप = 2 (आसन्न भुजाओं का योग)

(ii) समलम्ब चतुर्भुज (Trapezium) : ऐसा चतुर्भुज जिसके आमने-सामने के भुजाओं का सिर्फ एक युग्म समानान्तर होता है, समलम्ब चतुर्भुज कहलाता है।

समलम्ब चतुर्भुज का क्षेत्रफल

$$= \frac{1}{2} \times (\text{समानान्तर भुजाओं का योग}) \times \text{ऊँचाई}$$

$$= \frac{1}{2} \times (AB + CD) \times BC$$

(iii) विषमकोण समचतुर्भुज (Rhombus) : ऐसा चतुर्भुज जिसकी सभी भुजाएँ समान होती हैं एवं सम्मुख कोण समान होते हैं तथा आमने-सामने की भुजाएँ समानान्तर होती हैं, विषमकोण समचतुर्भुज कहलाता है।

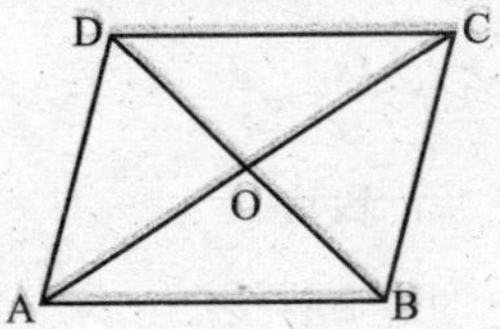

समचतुर्भुज के विकर्ण एक-दूसरे को समकोण पर समद्विभाजित करते हैं।

यहाँ AB = BC = CD = AD, AB ∥ CD

एवं BC ∥ AD

$\angle A = \angle C$ तथा $\angle B = \angle D$

$\angle AOB = \angle BOC = \angle COD = \angle AOD = 90°$

यदि d_1, d_2 किसी समचतुर्भुज के विकर्ण हों तो

(*i*) भुजा $= \frac{1}{2}\sqrt{d_1^2 + d_2^2}$

(*ii*) परिमाप $= 4 \times$ भुजा $= 2\sqrt{d_1^2 + d_2^2}$

(*iii*) क्षेत्रफल $= \frac{1}{2} d_1 \times d_2$

(iv) आयत (Rectangle): ऐसा समानान्तर चतुर्भुज जिसकी आमने-सामने की भुजाएँ बराबर हों तथा प्रत्येक कोण समकोण हों, आयत कहलाता है।

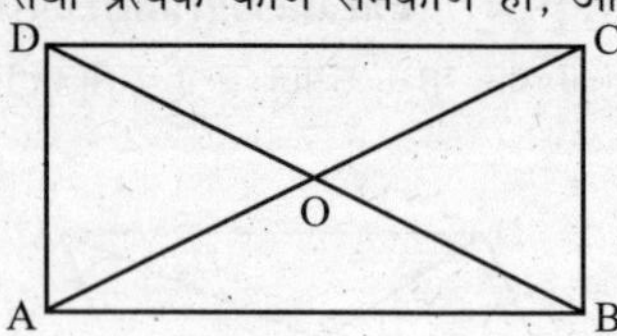

AB ∥ = CD BC ∥ = AD

$\angle A = \angle B = \angle C = \angle D = 90°$

आयत का क्षेत्रफल = लम्बाई × चौड़ाई

आयत का परिमाप = 2(लम्बाई + चौड़ाई)

आयत का विकर्ण $= \sqrt{(\text{लम्बाई})^2 + (\text{चौड़ाई})^2}$

आयत के विकर्ण बराबर होते हैं तथा एक-दूसरे को समद्विभाजित करते हैं।

(v) वर्ग (Square): ऐसा समानान्तर चतुर्भुज जिसकी सभी भुजाएँ आपस में बराबर तथा प्रत्येक कोण समकोण होता है, वर्ग कहलाता है।

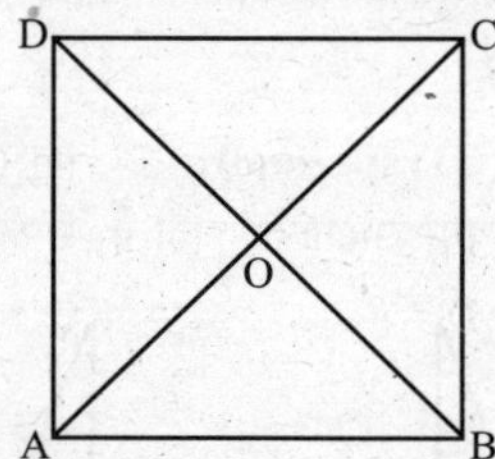

AB = BC = CD = AD

$\angle A = \angle B = \angle C = \angle D = 90°$

वर्ग का क्षेत्रफल = (एक भुजा)^2

वर्ग का परिमाप = 4 × एक भुजा

वर्ग का विकर्ण $= \sqrt{2}$ × एक भुजा

वर्ग के विकर्ण एक-दूसरे को 90° पर समद्विभाजित करते हैं।

(vi) समबहुभुज (Regular Polygon): *n* भुजाओं से घिरी समतल आकृति जिसकी सभी भुजाएँ एवं सभी कोण समान हों, समबहुभुज कहलाती है।

विशेष स्थिति :

समषट्भुज का क्षेत्रफल $= \frac{3\sqrt{3}}{2}a^2$

समषट्भुज के परिवृत्त का क्षेत्रफल $= \pi a^2$

परिमाप = 6*a*, प्रत्येक कोण = 120°

वृत्त (Circle)

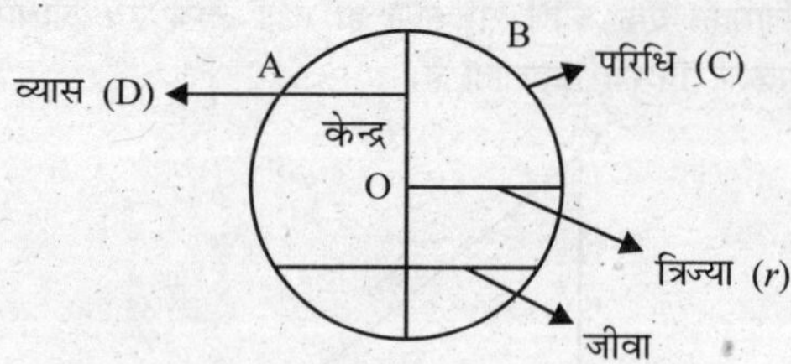

वृत्त में प्रयोग होने वाले शब्द

परिधि (Circumference) : वृत्त को घेरने वाली रेखा परिधि कहलाती है।

त्रिज्या (Radius) : केन्द्र से परिधि तक की दूरी को त्रिज्या कहा जाता है। एक वृत्त में अनन्त त्रिज्याएँ होती हैं तथा सभी त्रिज्याएँ आपस में समान होती हैं।

केन्द्र (Centre) : वृत्त के अन्दर केन्द्र वह बिन्दु होता है जहाँ से किसी वृत्त की परिधि समान दूरी पर होती है।

व्यास (Diameter) : एक ऐसी रेखा जो केन्द्र से होकर गुजरती है तथा दोनों तरफ परिधि से मिलती है, व्यास कहलाती है। एक वृत्त के अन्दर अनन्त व्यास खींची जा सकती हैं तथा खींचे गए सभी व्यास की लम्बाई समान होती है।

जीवा (Chord) : ऐसी रेखा जो दोनों तरफ परिधि से मिलती है, परन्तु केन्द्र से होकर नहीं गुजरती है, जीवा कहलाती है।

वृत्त चाप (Arc) : वृत्त की परिधि पर स्थित दो बिन्दु की लम्बाई (वक्र में) वृत्तचाप कहलाती है।

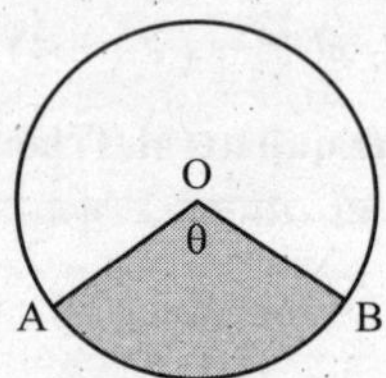

प्रयोग होने वाले प्रमुख सूत्र :

परिधि $(C) = 2\pi r$,

व्यास $(D) = 2r$

क्षेत्रफल $= \pi r^2$

त्रिज्यखंड AOB का क्षेत्रफल $= \frac{\theta°}{360°} \times \pi r^2$

चाप AB की लम्बाई $= 2\pi r \frac{\theta°}{360°} = \pi r \frac{\theta°}{180°}$

बाहरी वृत्त की त्रिज्या = R,

भीतरी वृत्त की त्रिज्या = r

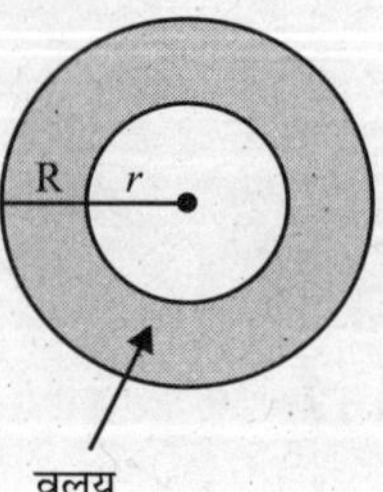

वलय का क्षेत्रफल

$= \pi R^2 - \pi r^2 = \pi(R^2 - r^2)$

$= \pi(R + r)(R - r)$

क्षेत्रमिति–II : आयतन

ठोस आकृतियाँ : वे आकृतियाँ जिनकी तीन विमाएँ होती हैं, ठोस आकृतियाँ कहलाती हैं। उदाहरणार्थ : ईंट, सन्दूक, कमरा दिया-सलाई की डिबिया, डालडा का डिब्बा, क्रिकेट की गेंद, फुटबॉल आदि।

घनाभ तथा घन (Cuboid and Cube)

घनाभ (Cuboid) : वह बहुलक जिसका प्रत्येक फलक आयत होता है एवं आसन्न सतह परस्पर लम्ब होते हैं, घनाभ (Cuboid) कहलाता है। ईंट, दिया-सलाई आदि घनाभ के उदाहरण हैं।

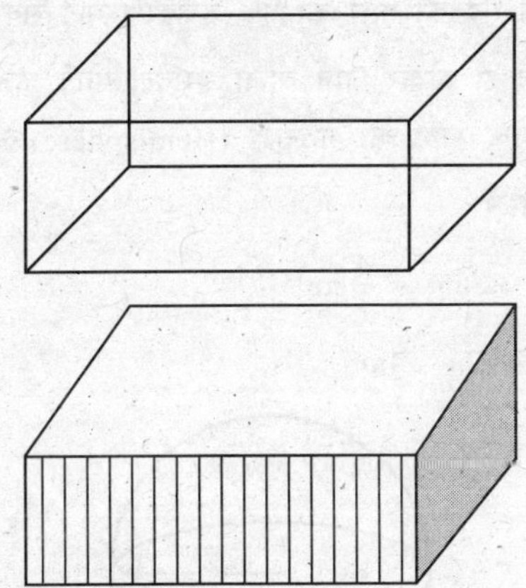

स्मरण रखें :

1. घनाभ का सम्पूर्ण पृष्ठ क्षेत्रफल :

= 2 (लम्बाई × चौड़ाई + चौड़ाई × ऊँचाई + ऊँचाई × लम्बाई)

यदि लम्बाई = l, चौड़ाई = b एवं ऊँचाई = h हो तो, घनाभ का सम्पूर्ण पृष्ठ क्षेत्रफल = $2(lb + bh + hl)$

2. घनाभ का आयतन = लम्बाई × चौड़ाई × ऊँचाई = $l \times b \times h$

3. घनाभ के विकर्ण की लम्बाई

$= \sqrt{(\text{लम्बाई})^2 + (\text{चौड़ाई})^2 + (\text{ऊँचाई})^2}$

$= \sqrt{l^2 + b^2 + h^2}$

घन (Cube) : किसी घनाभ की लम्बाई, चौड़ाई और ऊँचाई तीनों के बराबर होने पर वह घन (Cube) कहलाता है।

स्मरण रखें :

1. घन का पृष्ठ क्षेत्रफल = 6 (edge)^2 = 6 (कोर)^2

2. घन का आयतन = (edge)^3 = (कोर)^3

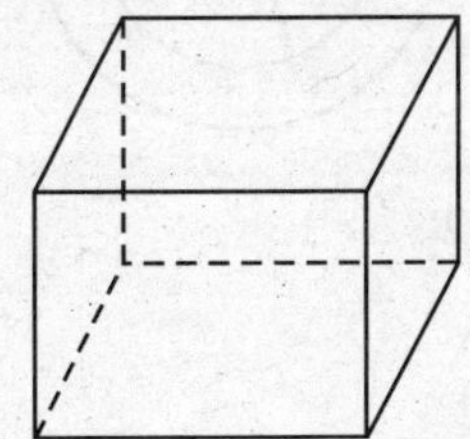

3. घन का विकर्ण $\sqrt{3}$ कोर

टिप्पणी : घन का आयतन दिया रहने पर (घन की भुजा)^3 = घन का आयतन।

लम्बवृत्तीय बेलन (Right Circular Cylinder)

ABCD आयत की AB भुजा को अक्ष मानकर उसके परितः घुमाने से उसकी समानान्तर भुजा CD द्वारा बेलन का वक्र पृष्ठ निर्मित होता है। अतएव, CD बेलन की जनक रेखा (Generating line) है। आयत की शेष सन्मुख भुजाएँ AD और BC जो AB पर लम्ब हैं, समानान्तर तलों में घूमती हैं तथा दो वृतीय तलों को निर्मित करती हैं। इन तलों को बेलन के सिरे कहते हैं जो अक्ष के लम्बवत् होते हैं तथा जिनकी त्रिज्याएँ समान होती हैं। अक्ष AB को लम्ब वृतीय बेलन की ऊँचाई तथा AD को बेलन की त्रिज्या कहते हैं।

यदि बेलन की त्रिज्या r तथा ऊँचाई h से निरुपित की जाए तो

बेलन का वक्र पृष्ठ = आधार की परिमाप × ऊँचाई

= वृत का परिमाप (परिधि) × ऊँचाई = $2\pi r \times h = 2\pi rh$

$\therefore$ बेलन का वक्र पृष्ठ = $2\pi rh$

बेलन का सम्पूर्ण पृष्ठ = वक्र पृष्ठ + आधार का क्षेत्रफल + शिखर का क्षेत्रफल

$= 2\pi rh + \pi r^2 + \pi r^2$

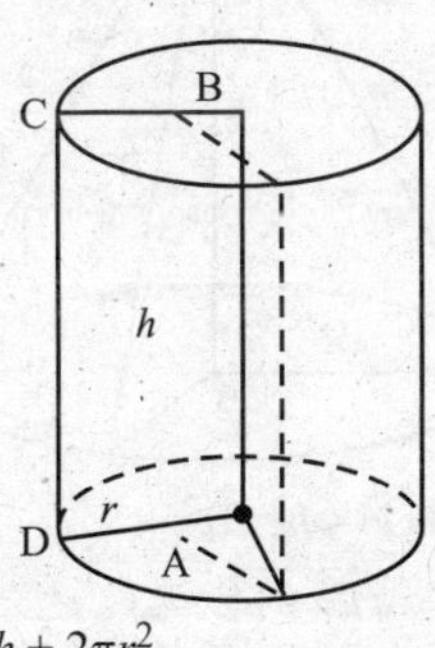

$= 2\pi rh + 2\pi r^2$

$= 2\pi r(h + r)$

बेलन का आयतन = आधार का क्षेत्रफल × ऊँचाई

$= \pi r^2 \times h = \pi r^2 h$

खोखला बेलन (Hollow Cylinder)

माना 'R' और 'r' खोखले बेलन के बाह्य और अन्तः अर्द्ध व्यास तथा 'h' इसकी ऊँचाई, है।

बेलन के धातु का आयतन

$= \pi R^2 h - \pi r^2 h$

$= \pi h (R^2 - r^2)$

$= \pi h (R + r)(R - r)$

वक्र सतह का क्षेत्रफल = $2\pi Rh + 2\pi rh$

संम्पूर्ण सतह का क्षेत्रफल

$= 2\pi Rh + 2\pi rh + 2(\pi R^2 - \pi r^2)$

$= 2\pi (R + r)(h + R - r)$

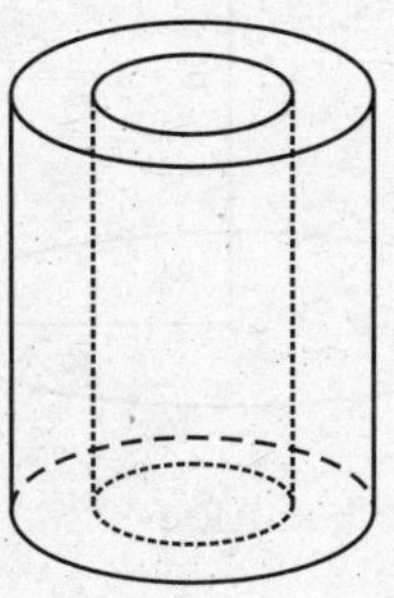

लम्बवृतीय शंकु (Right Circular Cone)

किसी समकोण त्रिभुज में समकोण बनाने वाली भुजाओं में से एक भुजा को अक्ष मानकर त्रिभुज को उसके परित: घुमाने से कर्ण द्वारा जनित वक्र पृष्ठ को लम्बवृतीय शंकु कहते हैं।

(a) शंकु का आयतन

$= \frac{1}{3} \times$ आधार का क्षेत्रफल $\times$ ऊँचाई

$= \frac{1}{3} \pi r^2 h$

(b) शंकु की तिर्यक ऊँचाई

शंकु ACD में AC तिर्यक ऊँचाई है

समकोण ΔCAB में,

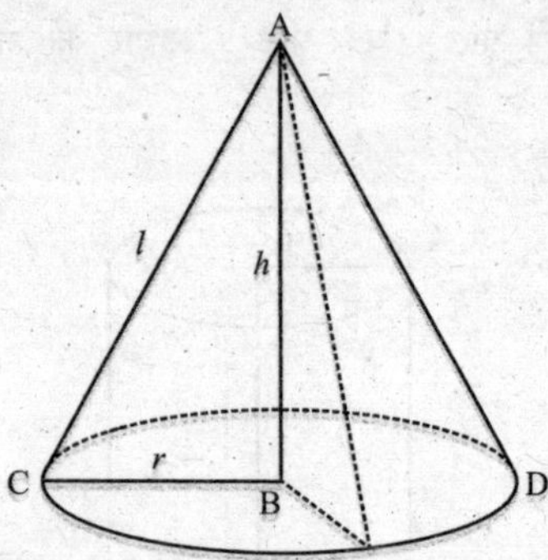

$AC^2 = AB^2 + BC^2$ या $l^2 = h^2 + r^2$

अत: तिर्यक ऊँचाई $l = \sqrt{h^2 + r^2}$

(c) शंकु का वक्र पृष्ठ क्षेत्रफल

= वृत खण्ड CAD का क्षेत्रफल $= \frac{1}{2}$ चाप की लम्बाई $\times$ त्रिज्या

$= \frac{1}{2} \times 2\pi r \times l = \pi r l$

शंकु का सम्पूर्ण पृष्ठ

शंकु का सम्पूर्ण पृष्ठ = वक्र पृष्ठ + आधार का क्षेत्रफल $= \pi r l + \pi r^2$

अत: शंकु का सम्पूर्ण पृष्ठ $= \pi r (r + l)$

छिन्नक (Frustum)

(i) सम्पूर्ण पृष्ठ का क्षेत्रफल $= \pi [R^2 + r^2 + (R + r) l]$

जहाँ तिर्यक ऊँचाई $= l = \sqrt{h^2 + (R - r)^2}$

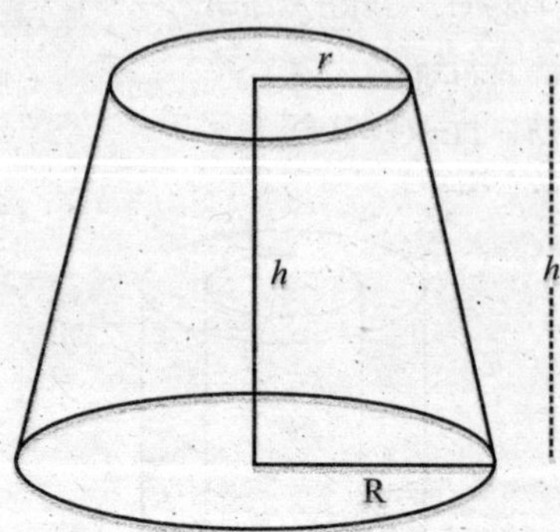

(ii) आयतन $= \frac{\pi h}{3} (R^2 + r^2 + Rr)$

गोला (Sphere)

पृष्ठीय क्षेत्रफल और आयतन (Surface Area and Volume)

आकाश (त्रिविमी) में स्थित उन सभी बिन्दुओं के समुच्चय को गोला (Sphere) कहा जा सकता है, जो एक नियत बिन्दु से, जिसे गोले को केन्द्र कहते हैं, समदूरस्थ हों।

केन्द्र से इस समुच्चय (पृष्ठ) के किसी बिन्दु की दूरी को गोले की त्रिज्या कहा जाता है।

टेनिस की एक गेंद को गोले का एक उदाहरण मान सकते हैं।

गोले के केन्द्र से होकर जाने वाला समतल गोले को दो बराबर भागों में बाँटता है। प्रत्येक भाग को गोलार्द्ध (Hemisphere) कहा जाता है।

1. त्रिज्या r वाले

(i) गोले का आयतन $= \frac{4}{3} \pi r^3$

(ii) पृष्ठीय क्षेत्रफल $= 4\pi r^2$

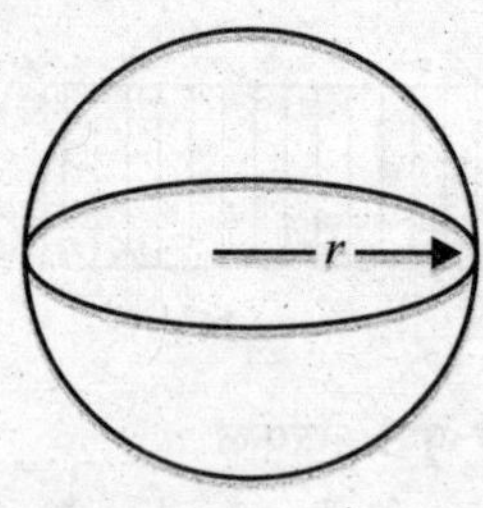

2. त्रिज्या r वाले

(i) गोलार्द्ध का आयतन $= \frac{2}{3} \pi r^3$

(ii) गोलार्द्ध का वक्र पृष्ठीय क्षेत्रफल $= 2\pi r^2$

(iii) सम्पूर्ण पृष्ठीय क्षेत्रफल $= 3\pi r^2$

खोखला गोला (Hollow Sphere)

(i) आन्तरिक पृष्ठ क्षेत्रफल $= 4\pi r^2$

(ii) बाह्य पृष्ठ क्षेत्रफल $= 4\pi R^2$

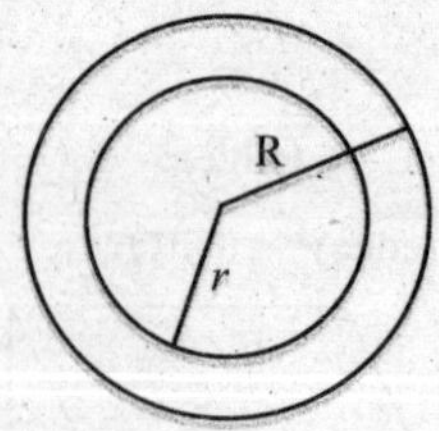

(iii) आयतन $= \frac{4}{3} \pi(R^3 - r^3)$

पिरामिड (Pyramid)

(i) क्षेत्रफल = आधार का क्षेत्रफल + सभी त्रिभुजाकार पृष्ठों के क्षेत्रफलों का योग

(ii) आयतन $= \frac{1}{3} \times$ आधार का क्षेत्रफल $\times$ ऊँचाई

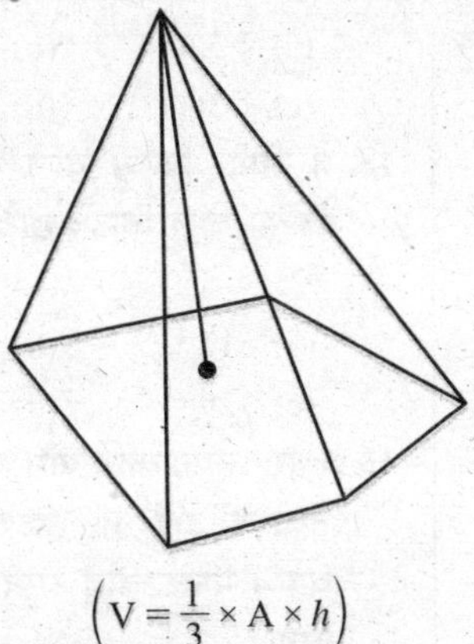

$\left(V = \frac{1}{3} \times A \times h\right)$

सम पार्श्व प्रिज्म (Prism)

ऐसे पृष्ठों के घिरी आकृति को जिसमें दो सिरे के पृष्ठ समानान्तर और समान हों एवं शेष पृष्ठ आयताकार हों, समपार्श्व कहा जाता है।

(i) पार्श्व तल का क्षेत्रफल

$= ah + bh + ch + dh + eh$
$= h(a + b + c + d + e)$

जहाँ a, b, c, d, e समपार्श्व के समपंचमुख आधार की भुजाएँ हैं एवं h ऊँचाई है।

(ii) आयतन = आधार का क्षेत्रफल × ऊँचाई (V = A × h)

उदाहरण

1. उस छड़ की अधिकतम लम्बाई क्या है जिसे 12 मीटर × 9 मीटर × 8 मीटर के कमरे में रखा जा सके?

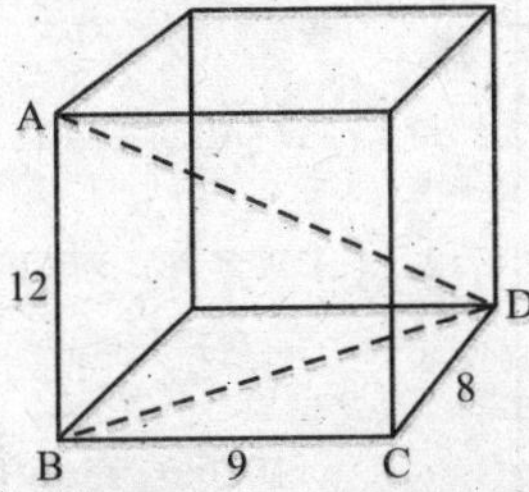

(a) 288 मीटर (b) 29 मीटर
(c) 17 मीटर (d) 13 मीटर

हल : (c) छड़ की अधिकतम लम्बाई

$= \sqrt{l^2 + b^2 + h^2}$
$= \sqrt{12^2 + 9^2 + 8^2}$
$= \sqrt{144 + 81 + 64}$
$= \sqrt{289}$
= 17 मीटर

2. 8 सेमी. अर्द्ध व्यास वाले एक ठोस धातु के गोले को पिघला कर 64 बराबर छोटे ठोस गोले बनाए गए हैं। इस गोले के पृष्ठीय क्षेत्रफल का एक छोटे गोले के पृष्ठीय क्षेत्रफल से अनुपात होगा–

(a) 4 : 1 (b) 1 : 16
(c) 16 : 1 (d) 1 : 4

हल : (c) ठोस धातु के गोले का आयतन

$= \frac{4}{3}\pi r^3$
$= \frac{4}{3} \times \pi \times (8)^3$
$= \frac{2048}{3}\pi$ सेमी.^{3}

माना कि प्रत्येक छोटे गोले की त्रिज्या = x सेमी.

$\therefore 64 \times \frac{4}{3}\pi r^3 = \frac{2048}{3}\pi$

$\Rightarrow \quad x^3 = \frac{2048}{64 \times 4} = 8$

$\Rightarrow \quad x = \sqrt[3]{8}$

= 2 सेमी.

$\Rightarrow$ अभीष्ट अनुपात $= 4\pi.(8)^2 : 4\pi(b)^2$
= 64 : 4
= 16 : 1

प्रश्नमाला

1. किसी आयत की एक भुजा 50% बढ़ाकर दूसरी भुजा 50% घटा दी जाती है तो आयत के क्षेत्रफल पर क्या प्रभाव पड़ेगा?
(a) 25% कमी (b) कुछ नहीं
(c) 25% वृद्धि (d) 10% कमी

2. 288π वर्ग सेमी. पृष्ठ क्षेत्रफल वाले अर्द्धगोले का आयतन क्या होगा?
(a) 1054 घन सेमी. (b) 1152 घन सेमी.
(c) 256 घन सेमी. (d) 616 घन सेमी.

3. एक आयताकार चौक की लम्बाई, चौड़ाई तथा ऊँचाई क्रमशः 10 मीटर, 8 मीटर तथा 4 मीटर है। ₹ 2 वर्ग मीटर की दर से उस चौक की चारों दीवारों को रंगवाने में कितना खर्च आएगा?
(a) ₹ 504 (b) ₹ 288
(c) ₹ 824 (d) ₹ 276

4. एक बगीचा 70 मीटर लम्बा तथा 30 मीटर चौड़ा है। इसकी सीमा के बाहर से चारों तरफ 10 मीटर चौड़ी सड़क है। इस सड़क का क्षेत्रफल क्या होगा?
(a) 105 वर्ग मी. (b) 2100 वर्ग मी.
(c) 2400 वर्ग मी. (d) 960 वर्ग मी.

5. एक बड़े वृत्त की त्रिज्या एक छोटे वृत्त के व्यास से दोगुनी है। बड़े वृत्त और छोटे वृत्त के क्षेत्रफल में अनुपात क्या होगा?
(a) 8 : 1 (b) 4 : 1
(c) 16 : 1 (d) 2 : 1

6. 8 मीटर लम्बे, 5 मीटर चौड़े एवं 2 मीटर ऊँचे बक्से के सम्पूर्ण पृष्ठ का क्षेत्रफल क्या होगा?
(a) 212 वर्ग मी. (b) 200 वर्ग मी.
(c) 162 वर्ग मी. (d) 132 वर्ग मी.

7. 8 सेमी. त्रिज्या वाले धात्विक गोले को पिघलाकर 2 सेमी. व्यास वाली कितनी गोलियाँ बनाई जा सकती हैं?
(a) 824 (b) 468
(c) 616 (d) 512

8. एक आयताकार पार्क की लम्बाई 32 मीटर एवं चौड़ाई 26 मीटर है। यदि पार्क के भीतर-भीतर 3 मीटर चौड़ा रास्ता इसके चारों ओर बना हो तो रास्ते का क्षेत्रफल निकालिए।

(a) 312 वर्ग मी. (b) 460 वर्ग मी.
(c) 512 वर्ग मी. (d) 280 वर्ग मी.

9. 144 वर्ग मीटर क्षेत्रफल वाले वर्गाकार खेत की परिमिति को ₹ 2 प्रति मीटर की दर से घेरने में क्या खर्च आएगा?

(a) ₹ 96 (b) ₹ 108
(c) ₹ 72 (d) ₹ 144

10. 14 सेमी. अर्धव्यास वाले गोले का सम्पूर्ण पृष्ठ क्षेत्रफल क्या होगा?

(a) 2204 वर्ग सेमी. (b) 2464 वर्ग सेमी.
(c) 3608 वर्ग सेमी. (d) 2864 वर्ग सेमी.

11. 7 मीटर त्रिज्या एवं 30 सेमी. ऊँचाई वाले शंकु का आयतन क्या होगा?

(a) 4400 घन मीटर
(b) 1540 घन मीटर
(c) 1600 घन मीटर
(d) 3960 घन मीटर

12. 7 मीटर त्रिज्या वाले शंकु का आयतन ज्ञात कीजिए यदि इसकी ऊँचाई 20 मीटर हो।

(a) 1026.6 घन मीटर
(b) 3078.6 घन मीटर
(c) 916.4 घन मीटर
(d) 926.4 घन मीटर

13. 6 मीटर ऊँचे, 4 मीटर लम्बे तथा 3 मीटर चौड़े कमरे की दीवारों में ₹ 3 प्रति वर्ग मीटर की दर से रंग करने पर कितना खर्च आएगा?

(a) ₹ 520 (b) ₹ 288
(c) ₹ 360 (d) ₹ 252

14. 8 सेमी. त्रिज्या वाले बड़े घन से 1 सेमी. त्रिज्या वाले कितने छोटे घन बनाए जा सकते हैं?

(a) 512 (b) 616
(c) 729 (d) 724

15. एक आयताकार बाग की लम्बाई 70 मीटर तथा चौड़ाई 40 मीटर है। बाग के बाहर बने 4 मीटर चौड़े रास्ते का क्षेत्रफल कितना होगा?

(a) 944 वर्ग मीटर
(b) 1296 वर्ग मीटर
(c) 712 वर्ग मीटर
(d) 2412 वर्ग मीटर

उत्तर (हल/संकेत)

1. (a) कमी % $= \frac{(100+50)(100-50)}{100} - 100$

$= \frac{150 \times 50}{100} - 100$

$= 75 - 100$

$= -25$

25% की कमी होगी।

2. (b) $2\pi r^2 = 288\pi$

$r = \sqrt{\frac{288\pi}{2\pi}}$ सेमी.

$= \sqrt{144} = 12$

आयतन $= \frac{2}{3}\pi r^3$

$= \frac{2}{3} \times \pi \times 12 \times 12 \times 12$

$= 1152\pi$ घन सेमी.

3. (b) चारों दीवारों का क्षेत्रफल

$= 2 \times 4\,(10 + 8)$

$= 8 \times 18$

$= 144$

$= 144$ वर्ग मीटर

रंगवाने का खर्च $= 2 \times 144$

$=$ ₹ 288

4. (c) सड़क का क्षेत्रफल

$= 90 \times 50 - 70 \times 30$

$= 4500 - 2100$

$= 2400$ वर्ग मीटर

5. (c) बड़े वृत्त की त्रिज्या $= r$

छोटे वृत्त का व्यास $= \frac{r}{2}$

छोटे वृत्त की त्रिज्या $= \frac{r}{4}$

बड़े वृत्त एवं छोटे वृत्त के क्षेत्रफल में अनुपात

आवश्यक $= \frac{\pi r^2}{\pi\left(\frac{r}{4}\right)^2} = 16 : 1$

6. (d) आवश्यक क्षेत्रफल

$= 2(8 \times 5 + 5 \times 2 + 8 \times 2)$

$= 2(40 + 10 + 16) = 2 \times 66$

$= 132$ वर्ग मीटर

7. (d) गोलियों की संख्या

$= \frac{\frac{4}{3}\pi \times (8)^3}{\frac{4}{3}\pi\left(\frac{2}{2}\right)^3}$

$= 8 \times 8 \times 8 = 512$

8. (a) रास्ते का क्षेत्रफल

$= 32 \times 26 - (32 - 6)(26 - 6)$

$= 832 - 520$

$= 312$ वर्ग मीटर

9. (a) वर्ग की एक भुजा $= \sqrt{144} = 12$ मीटर

परिमिति को घेरने का खर्च

$= 2 \times 4 \times 12 =$ ₹ 96

10. (b) गोले का सम्पूर्ण पृष्ठ-क्षेत्रफल $= 4\pi r^2$

$= 4 \times \frac{22}{7} \times 14 \times 14 = 2464$ वर्ग सेमी.

11. (b) शंकु का आयतन $= \frac{1}{3}\pi r^2 h$

$= \frac{1}{3} \times \frac{22}{7} \times 7 \times 7 \times 30 =$ 1540 घन सेमी.

12. (a) शंकु का आयतन $= \frac{1}{3}\pi r^2 h$

$= \frac{1}{3} \times \frac{22}{7} \times 7 \times 7 \times 20 =$ 1026.6 घन सेमी.

13. (d) चारों दीवारों का क्षेत्रफल

$= 2 \times 6\,(4 + 3)$

$= 12 \times 7$

$= 84$ वर्ग मीटर

रंगवाने का खर्च $= 3 \times 84 =$ ₹ 252

14. (a) छोटे घनों की संख्या

$= 8 \times 8 \times 8$

$= 512$

15. (a) रास्ते का क्षेत्रफल

$= 78 \times 48 - 70 \times 40$

$= 3744 - 2800$

$= 944$ वर्ग मीटर

□□□

डाटा इंटरप्रिटेशन

(सारणी, दण्ड-आरेख, रेखीय आलेख, पाई-चार्ट)

संख्यात्मक आंकड़ों का संग्रह और विश्लेषण अनेक समस्याओं जैसे कि देश के आर्थिक, विकास, शैक्षणिक विकास, स्वास्थ और जनसंख्या, कृषि विकास इत्यादि से संबंधित समस्याओं के अध्ययन के लिए आवश्यक है।

विभिन्न प्रकार के आकड़ों के प्रस्तुतीकरण के लिए भिन्न-भिन्न तरीके अपनाए जाते हैं। आंकड़ों का आरेखीय निरूपण या उनकी प्रस्तुतीकरण, उनकी प्रकृति तथा चरों की उपलब्धता पर निर्भर होता है अर्थात् जैसे आंकड़े ज्ञात होंगे, वैसे ही उनको प्रदर्शित किया जायेगा।

आंकड़ों का आरेणीय निरूपण निम्नलिखित ढंग से किया जा सकता है–

सारणी (Tables)

सारणी आकड़ों को निरूपित करने का सबसे आधारभूत एवं सबसे बहुउपयोगी आरेख है। इस प्रकार के आरेख में आंकड़ों को किसी सारणी के कालम और पंक्ति में या तो वर्णानुक्रमित या कालानुक्रमित क्रम जैसे A, B, C, या महीने वर्ष के (रूप) में व्यवस्थित किया जाता है, या तो कॉलम या पंक्ति चरों के विभिन्न मानों के विवरण को प्रदर्शित करती है।

निर्देश : (प्रश्न 1 से 5 तक) : निम्नलिखित प्रश्नों के उत्तर देने के लिए नीचे दी गई सारणी को ध्यान से पढ़िए–

अलग-अलग छह वर्षों के दौरान पाँच अलग-अलग अकादमियों से पास होने वाले अधिकारियों की संख्या (हजारों में) अकादमी

वर्ष	वायुसेना	थलसेना	नौसेना	तटरक्षक	BSF
2004	1.4	4.2	0.6	1.7	2.6
2005	1.7	5.1	0.9	2.8	3.1
2006	0.9	7.7	1.2	1.6	4.7
2007	2.4	3.6	1.8	4.7	5.8
2008	1.3	4.5	2.9	5.1	6.4
2009	2.7	3.9	3.5	3.9	4.3

1. वर्ष 2007 में सभी अकादमियों में मिलकर पास होने वाले अधिकारियों की औसत संख्या क्या है?

(a) 1830 लाख (b) 3660 लाख

(c) 3.66 लाख (d) 1.83 लाख

हल– वर्ष 2007 में सभी अकादमियों में मिलकर पास होने वाले अधिकारियों की औसत संख्या

2400 + 3600 + 1800

$$= \frac{4700 + 5800}{5} = \frac{18300}{5} = 3660$$

2. वर्ष 2004 से 2009 तक किस अकादमी में पास होने वाले अधिकारियों की संख्या में सतत् वृद्धि हुई थी?

(a) वायुसेना (b) केवल थलसेना और BSF

(c) केवल नौसेना (d) तटरक्षक

हल– सारणी में दिए गए आंकड़ों से ज्ञात हुआ कि वर्ष 2004 से 2009 तक केवल नौसेना अकादमी में सतत् वृद्धि हुई है।

3. वर्ष 2006 में वायुसेना अकादमी से पास होने वाले अधिकारियों की संख्या और वर्ष 2009 में तटरक्षक अकादमी से पास होने वाले अधिकारियों की संख्या के बीच का क्रमशः अनुपात क्या है?

(a) 30 : 17 (b) 3 : 23

(c) 17 : 30 (d) इनमें से कोई नहीं

हल– अभीष्ट अनुपात = 900 : 3900

= 3 : 13

4. वर्ष 2008 में BSF अकादमी से पास होने वाले अधिकारियों की संख्या सभी वर्षों में थल सेना अकादमी से पास होने वाले अधिकारियों की संख्या का लगभग कितना प्रतिशत है?

(a) 12 (b) 19

(c) 33 (d) 22

हल– अभीष्ट प्रतिशत $= \frac{6400 \times 100}{29000}$

$= 22.06\%$

$= 22\%$ (लगभग)

5. सभी वर्षों में मिलकर किस अकादमी से पास होने वाले अधिकारियों की कुल संख्या अधिकतम थी?

(a) वायुसेना (b) थलसेना

(c) नौसेना और BSF (d) तटरक्षक

हल– वायुसेना अकादमी में पास होने वाले अधिकारियों की संख्या

= 1400 + 1700 + 900 + 2400 + 1300 + 2700 = 10400

थलसेना अकादमी में पास होने वाले अधिकारियों की संख्या

= 4200 + 5100 + 7700 + 3600 + 4500 + 3900 = 29000

नौसेना अकादमी में पास होने वाले अधिकारियों की संख्या

= 600 + 900 + 1200 + 1800 + 2900 + 3500 = 10900

तटरक्षक अकादमी में पास होने वाले अधिकारियों की संख्या
= 1700 + 2800 + 1600 + 4700 + 5100 + 3900 = 19800
बी.एस.एफ. अकादमी में पास होने वाले अधिकारियों की संख्या
= 2600 + 3100 + 4700 + 5800 + 6400 + 4300 = 26900
अतः थलसेना अकादमी से सभी वर्षों में मिलकर पास होने वाले अधिकारियों की संख्या सबसे अधिक है।

दण्ड-आरेख (Bar Diagram)

दण्ड आरेख आंकड़ों को प्रदर्शित करने का सबसे आसान एवं सर्वाधिक प्रयुक्त किया जाने वाला आरेख है। इस प्रकार के आरेख में आयताकार दण्ड स्तम्भ की लम्बाई संख्यात्मक मान के अनुक्रमानुपाती होती है। यह एक प्रकार की एक विमीय आकृति होती हैं अर्थात् दण्ड आरेख में आकड़ों का मान केवल ऊँचाई पर निर्भर करता है न कि चौड़ाई पर।

सारणी की भांति यहाँ भी प्रत्येक दण्ड आरेख का एक शीर्षक होता है, जो दण्ड-आरेख के विषय को दर्शाता है। शीर्षक आरेख के ऊपर या नीचे दिया जाता है। प्रत्येक दण्ड आरेख में निरपेक्ष (स्वतंत्र) चर राशि से संबंधित आंकड़ों को एक अक्ष (y-अक्ष) पर निर्भर (अस्वतंत्र) चर राशि से संबंधित आंकड़ों को एक-दूसरे अक्ष (x-अक्ष) पर निरूपित करते हैं।

निर्देश : (प्रश्न 1 से 4 तक) : निम्नलिखित प्रश्नों के उत्तर देने के लिए नीचे दिए गए ग्राफ को ध्यान से पढ़ें—

विगत वर्षों में दो राज्यों की जनसंख्या (लाखों में)

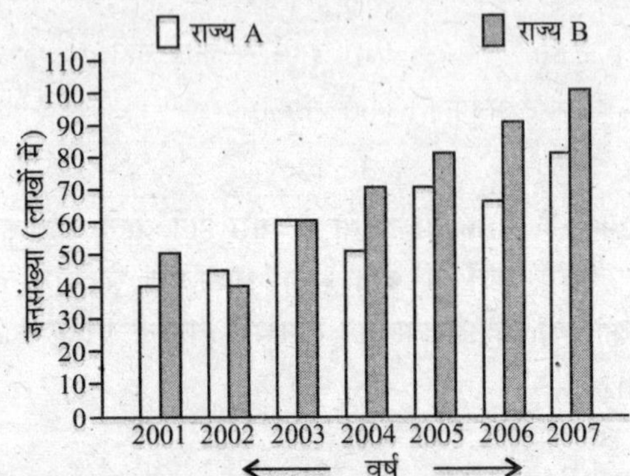

1. वर्ष 2002 में राज्य B की जनसंख्या सभी वर्षों में राज्य B की कुल जनसंख्या का कितना प्रतिशत है? (दशमलव के बाद दो अंकों तक पूर्णांकित)

(a) 8.32 (b) 8.26
(c) 8.16 (d) 7.82

हल– अभीष्ट प्रतिशत

$$= \frac{40 \times 100}{(50+60+40+70+80+90+100)}\%$$

$$= \frac{40 \times 100}{490}\% = 8.16\%$$

2. वर्ष 2001, 2002 और 2003 में मिलकर राज्य A की कुल जनसंख्या और वर्ष 2005, 2006 और 2007 में मिलकर राज्य B की कुल जनसंख्या के बीच का क्रमशः अनुपात कितना है?

(a) 53 : 27 (b) 29 : 54
(c) 27 : 53 (d) 54 : 29

हल– अभीष्ट अनुपात $= \frac{(40+45+60)}{(80+90+100)}$

$$= \frac{145}{270} = \frac{29}{54}$$

$$= 29 : 54$$

3. वर्ष 2003 से 2004 में राज्य B की जनसंख्या में कितने प्रतिशत वृद्धि हुई है?

(a) $16\frac{3}{4}$

(b) $17\frac{1}{3}$

(c) $18\frac{1}{3}$

(d) $16\frac{2}{3}$

हल– अभीष्ट प्रतिशत वृद्धि

$$= \frac{70-60}{60} \times 100\%$$

$$= \frac{10 \times 100}{60}\%$$

$$= \frac{100}{6}\% = \frac{50}{3}\% = 16\frac{2}{3}\%$$

4. दिए गए सभी वर्षों के लिए राज्य A की औसत जनसंख्या लगभग कितनी है?

(a) 58 लाख (b) 60 लाख
(c) 62 लाख (d) 64 लाख

हल– औसत जनसंख्या

$$= \frac{40+45+60+50+70+65+80}{7}$$

$$= \frac{410}{7} = 58.57 \text{ लाख}$$

= 58 लाख (लगभग)

रेखीय-आलेख (Line-Graph)

रेखीय-आलेख एक प्रकार का ग्राफ है जिसके आंकड़ों द्वारा बिन्दुमय रूप में विभिन्न रेखाखंडों को जोड़कर जानकारी प्राप्त की जाती है। बिन्दु, रेखीय चित्र समंको की विशेषताओं को स्पष्ट तथा संक्षिप्त रूप में प्रदर्शित करने की सबसे आसान विधि है। रेखीय आलेख यह निरूपित करता है कि किसी वस्तु के आंकड़े समय के साथ किस प्रकार परिवर्तित होते हैं। रेखीय आलेख में दो अक्ष क्षैतिज अक्ष A (x - अक्ष) और लम्बवत अक्ष (y - अक्ष) होते है। इन दोनों अक्षों की सहायता से बिन्दुओं के परिणाम का निर्धारण कर उन्हें मिलाया जाता है।

निर्देश : (प्रश्न 1 से 3 तक) : अग्रलिखित प्रश्नों के उत्तर देने के लिए नीचे दिए गए ग्राफ को ध्यान से पढ़ें–

दो विभिन्न कंपनियों के विभिन्न विभागों में कार्यरत कर्मचारियों की संख्या (सैकड़ों में)

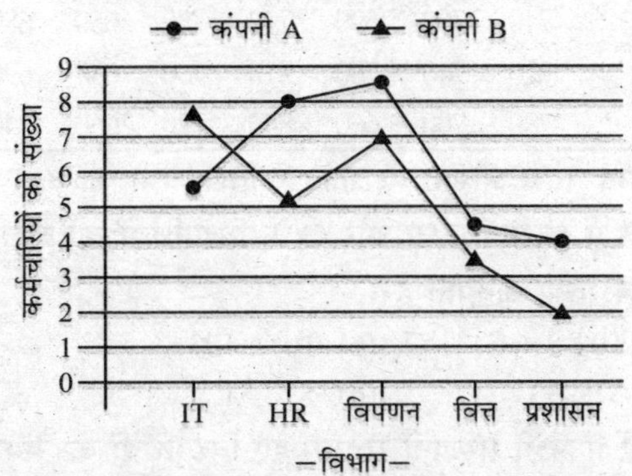

1. कंपनी B के विपणन विभाग में कार्यरत कर्मचारियों की संख्या कंपनी में कार्यरत कर्मचारियों की कुल संख्या का कितने प्रतिशत है?

(a) 30 (b) 28
(c) 23 (d) 32

हल– कंपनी B के विपणन विभाग में कार्यरत कर्मचारियों की संख्या = 700

कंपनी B में कार्यरत कर्मचारियों की कुल संख्या

$= 750 + 500 + 700 + 350 + 200 = 2500$

अभीष्ट संख्या $= \frac{700 \times 100}{2500}\% = 28\%$

2. दोनों कंपनियों के प्रशासन विभागों को मिलाकर कार्यरत कर्मचारियों की कुल संख्या का दोनों कंपनियों के वित्त विभागों में मिलाकर कार्यरत कर्मचारियों से क्रमशः क्या अनुपात है?

(a) 2 : 3 (b) 4 : 3
(c) 3 : 2 (d) 3 : 4

हल– कंपनी A और B के प्रशासन विभाग में कार्यरत कर्मचारियों की कुल संख्या

$= 400 + 200 = 600$

कंपनी A और B के वित्त विभाग में कार्यरत कर्मचारियों की कुल संख्या

$= 450 + 350 = 800$

अभीष्ट अनुपात = 600 : 800 = 3 : 4

3. कंपनी A के HR विभाग में कार्यरत कर्मचारियों की संख्या कंपनी B के वित्त विभाग में कार्यरत कर्मचारियों की संख्या का लगभग कितने प्रतिशत है?

(a) 44 (b) 207
(c) 53 (d) 229

हल– अभीष्ट प्रतिशत $= \frac{800 \times 100}{350}\%$

$= 228.57\%$

= 229% (लगभग)

पाई-चार्ट (Pie-Chart)

आंकड़ों का तुलनात्मक अध्ययन करने के लिए वृत्तों का प्रयोग किया जाता हैं। इसके अन्तर्गत सभी चरों का कुल मान डिग्री के रूप में 360° तथा प्रतिशत के रूप में 100% होता है। वृत्त चित्र के अन्तर्गत एक या दो वृत्त दिए जाते हैं, जिन पर आधारित प्रश्न पूछे जाते हैं।

निर्देश : (प्रश्न 1 से 4 तक) : आगे दिए गए वृत्त-चार्ट को ध्यान से अध्ययन कर निम्नलिखित प्रश्नों के उत्तर दीजिए–

एक स्टोर में विभिन्न प्रकार की पुस्तकों का प्रतिशत

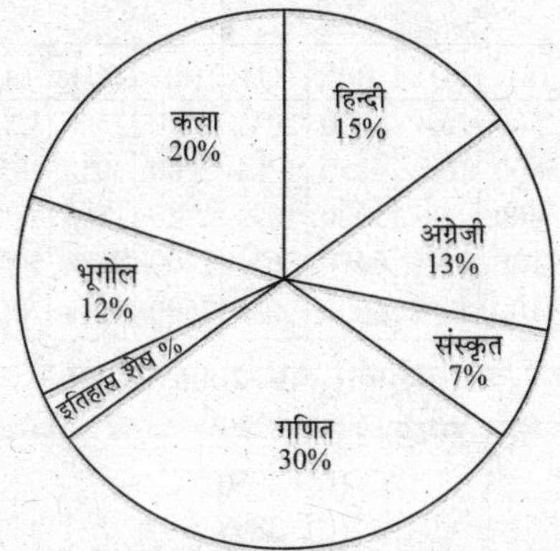

1. इतिहास की पुस्तकों की प्रतिशत संख्या कितनी है?

(a) 12 (b) 3
(c) 7 (d) 14

हल– इतिहास $= 100\% - (30 + 7 + 13 + 15 + 20 + 12)\%$

$= (100 - 97) = 3\%$

2. गणित की कुल पुस्तकों की संख्या कितनी है?

(a) 2800 (b) 1400
(c) 2400 (d) 3000

हल– गणित की पुस्तकें $= \frac{10000 \times 30}{100}$

$= 3000$

3. कला एवं हिन्दी की पुस्तकों का (संयुक्त रूप से) गणित की पुस्तकों के साथ अनुपात संख्या क्या है?

(a) 7 : 6 (b) 5 : 2
(c) 2 : 1 (d) 5 : 6

हल– अभीष्ट अनुपात $= \frac{(20 + 15)\%}{50\%}$

$= \frac{35}{30} = \frac{7}{6}$

$= 7 : 6$

4. स्टोर में सबसे कम पुस्तकों की संख्या क्या है?

(a) 100 (b) 400
(c) 300 (d) 200

हल– स्टोर में सर्वाधिक कम पुस्तकें इतिहास की हैं

$= \frac{10000 \times 3}{100} = 300$

प्रश्नमाला

निर्देश : (प्रश्न 1 से 5 तक) : निम्नलिखित प्रश्नों के उत्तर देने के लिए नीचे दी गई सारणी को ध्यान से पढ़िए—

विगत वर्षों में चार विभिन्न राज्यों से परीक्षा में बैठे (a) छात्रों की संख्या और परीक्षा में पास हुए (Q) छात्रों का प्रतिशत

राज्य

वर्ष	P		Q		R		S	
	(a)	(Q)	(a)	(Q)	(a)	(Q)	(a)	(Q)
2005	2500	15%	8000	20%	4400	25%	3200	18%
2006	5600	16%	6250	18%	5000	30%	4850	22%
2007	3400	25%	5900	19%	6720	15%	4800	14%
2008	8120	20%	6450	26%	7200	23%	6000	28%
2009	7100	13%	6000	30%	7500	16%	7000	29%

1. सभी राज्यों को मिलाकर वर्ष 2006 परीक्षा में पास होने वाले छात्रों की कुल संख्या कितनी है?

(a) 3692 (b) 4050
(c) 4588 (d) 3898

2. वर्ष 2009 में राज्य P परीक्षा में पास हुए छात्रों की संख्या और उसी वर्ष राज्य R से परीक्षा में पास होने वाले छात्रों के बीच कितना अंतर है?

(a) 254 (b) 268
(c) 277 (d) 289

3. वर्ष 2007 में राज्य Q से परीक्षा में पास न होने वाले छात्रों का उसी वर्ष उसी राज्य से परीक्षा में पास होने वाले छात्रों से क्रमशः क्या अनुपात है?

(a) 19 : 81 (b) 17 : 77
(c) 81 : 17 (d) इनमें से कोई नहीं

4. विगत वर्षों में राज्य S से परीक्षा में बैठने वाले छात्रों की औसत संख्या कितनी है?

(a) 4850 (b) 5090
(c) 5170 (d) 4900

5. वर्ष 2006 में राज्य S से परीक्षा में पास हुए छात्रों की संख्या वर्ष 2008 में राज्य P से परीक्षा में पास हुए छात्रों का लगभग कितने प्रतिशत है?

(a) 66 (b) 70
(c) 59 (d) 63

निर्देश : (प्रश्न 6 से 9 तक) : निम्नलिखित प्रश्नों के उत्तर देने के लिए नीचे दी गई सारणी को ध्यान से पढ़िए—

विगत वर्षों में सात संस्थानों में विद्यार्थियों की संख्या

वर्ष	संस्थान						
	A	B	C	D	E	F	G
2002	750	640	680	780	740	620	650
2003	700	600	720	800	720	580	720
2004	800	620	730	820	760	640	730
2005	820	660	670	760	750	560	750
2006	740	760	690	790	780	650	680
2007	720	740	700	810	730	630	690
2008	780	700	660	840	720	660	740

6. संस्थान A, B और C में 2003 में विद्यार्थियों की कुल संख्या का 2005 में संस्थान E, F और G के विद्यार्थियों की कुल संख्या से क्रमशः क्या अनुपात है?

(a) 103 : 101 (b) 101 : 103
(c) 51 : 53 (d) 53 : 51

7. 2002 में सभी संस्थानों से पास हुए विद्यार्थियों का समग्र प्रतिशत 70% है, तो सभी संस्थानों से 2002 में कुल कितने विद्यार्थी पास हुए थे?

(a) 3402 (b) 3420
(c) 3422 (d) 3382

8. संस्थान B से, दिए गए सभी वर्षों के लिए कुल 60% विद्यार्थी पास हुए, तो पास हुए विद्यार्थियों की औसत संख्या लगभग क्या है?

(a) 430 (b) 405
(c) 390 (d) 395

9. 2004 में संस्थान F के विद्यार्थियों की कुल संख्या सभी सात वर्षों में मिलकर, उस संस्थान के विद्यार्थियों की कुल संख्या का कितने प्रतिशत है? (दशमलव के बाद दो अंकों तक पूर्णांकित)

(a) 14.28 (b) 14.98
(c) 12.90 (d) 14.75

निर्देश : (प्रश्न 10 से 13 तक) : निम्नलिखित प्रश्नों के उत्तर देने के लिए नीचे दी गई सारणी को ध्यान से पढ़िए—

दिए गए पेशों में लगे कुल 12,000 लोग और (इनमें) महिलाओं और पुरुषों का प्रतिशत

पेशा	लोगों का प्रतिशत	महिलाओं का प्रतिशत	पुरुषों का प्रतिशत
मेडिकल	12	45	55
इंजीनियरिंग	16	50	50
विधि	11	35	65
अध्यापन	25	75	25
बैंकिंग	22	25	75
प्रबंधन	14	20	80

10. इंजीनियरिंग के पेशे में लगी महिलाएं प्रबंधन के पेशे में लगी महिलाओं का लगभग कितने प्रतिशत हैं?

(a) 71 (b) 125
(c) 111 (d) 28

11. सभी पेशों को मिलाकर पुरुषों और महिलाओं की कुल संख्या के बीच कितना अन्तर है?
(a) 972 (b) 6684
(c) 1368 (d) 5316

12. बैंकिंग के पेशे में लगे पुरुषों की संख्या का प्रबंधन के पेशे में लगे पुरुषों की संख्या से क्रमशः क्या अनुपात है?
(a) 17 : 17 (b) 28 : 55
(c) 7 : 11 (d) 165 : 112

13. मेडिकल और अध्यापन के पेशे में लगे कुल पुरुषों का इन्हीं पेशों में लगी महिलाओं से क्रमशः अनुपात क्या है?
(a) 161 : 86 (b) 257 : 483
(c) 19 : 16 (d) 97 : 51

निर्देश : (प्रश्न 14 से 17 तक) : अग्रलिखित प्रश्नों के उत्तर देने के लिए नीचे दिए गए ग्राफ को ध्यान से पढ़ें—

विगत वर्षों में दो कंपनियों द्वारा कमाया गया प्रतिशत लाभ

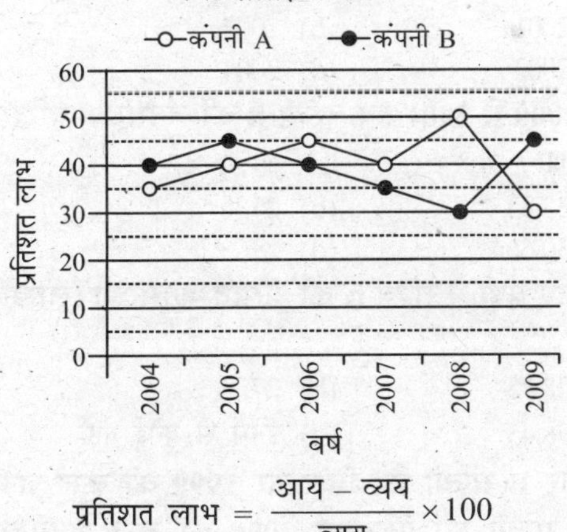

$$\text{प्रतिशत लाभ} = \frac{\text{आय} - \text{व्यय}}{\text{व्यय}} \times 100$$

14. कंपनी A ने वर्ष 2007 में ₹ 1.5 लाख का लाभ कमाया था। उस वर्ष उसका व्यय कितना था?
(a) ₹ 1.96 लाख (b) ₹ 2.64 लाख
(c) ₹ 1.27 लाख (d) ₹ 3.75 लाख

15. वर्ष 2009 में कंपनी A और कंपनी B द्वारा अर्जित लाभ की राशि का क्रमशः अनुपात क्या है?
(a) 2 : 3 (b) 4 : 7
(c) 11 : 15 (d) निर्धारित नहीं किया जा सकता है

16. वर्ष 2004 में कंपनी A और कंपनी B द्वारा किया गया व्यय समान था। उस वर्ष कंपनी A और B की आय का क्रमशः अनुपात क्या था?
(a) 27 : 28 (b) 14 : 23
(c) 13 : 19 (d) निर्धारित नहीं किया जा सकता है

17. सभी वर्षों के लिए मिलकर कंपनी B द्वारा अर्जित औसत प्रतिशत लाभ क्या है?
(a) $19\frac{1}{3}$ (b) $24\frac{1}{6}$
(c) $12\frac{1}{3}$ (d) इनमें से कोई नहीं

निर्देश : (प्रश्न 18–21 तक) : निम्नलिखित प्रश्नों के उत्तर देने के लिए नीचे दिए गए ग्राफ को ध्यान से पढ़ें—

विगत वर्षों में अलग-अलग तीन प्रकार की मोबाइल सेवा का उपयोग करने वाले लोगों की संख्या (हजारों में)

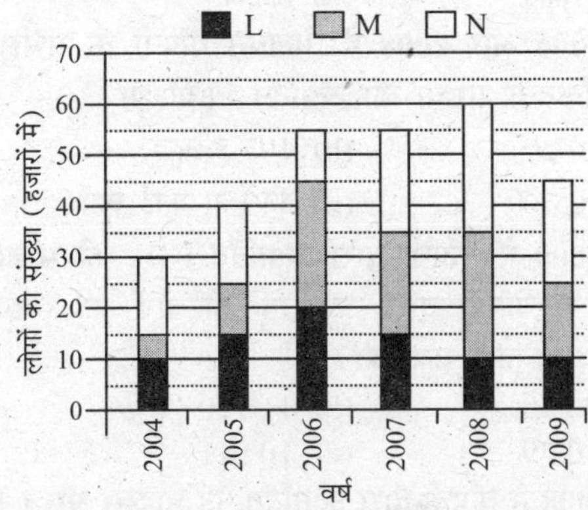

18. वर्ष 2008 और 2009 में मोबाइल सेवा M का उपयोग करने वाले लोगों की कुल संख्या कितनी है?
(a) 35,000 (b) 30,000
(c) 45,000 (d) इनमें से कोई नहीं

19. वर्ष 2006 में मोबाइल सेवा N का उपयोग करने वाले लोगों की संख्या उस वर्ष सभी तीन मोबाइल सेवा का उपयोग करने वाले लोगों की कुल संख्या का लगभग कितना प्रतिशत है?
(a) 18 (b) 26
(c) 11 (d) 23

20. वर्ष 2005 में मोबाइल सेवा L का उपयोग करने वाले लोगों की संख्या का वर्ष 2004 में उसी सेवा का उपयोग करने वाले लोगों से क्रमशः अनुपात क्या था?
(a) 8 : 7 (b) 3 : 2
(c) 19 : 13 (d) 15 : 11

21. वर्ष 2007 में सभी तीन मोबाइल सेवाओं का उपयोग करने वाले लोगों की कुल संख्या वर्ष 2008 में सभी तीन मोबाइल सेवाओं का उपयोग करने वाले लोगों की कुल संख्या का कितना प्रतिशत है? (दशमलव के बाद दो अंकों तक पूर्णांकित)
(a) 89.72 (b) 93.46
(c) 88.18 (d) 91.67

निर्देश : (प्रश्न 22 से 25 तक) : निम्नलिखित प्रश्नों के उत्तर देने के लिए नीचे दिए गए ग्राफ को ध्यान से पढ़ें—

पाँच अलग-अलग वर्षों में एक कंपनी द्वारा उत्पादित तीन अलग-अलग उत्पाद (हजारों में)

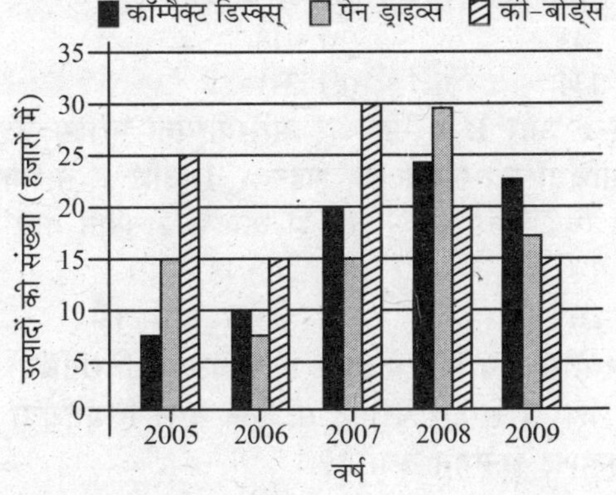

22. सभी वर्षों में मिलकर कंपनी द्वारा उत्पादित पेन ड्राइव्स की औसत संख्या क्या है?
(a) 1700 (b) 1.7 लाख
(c) 17000 (d) 85000

23. वर्ष 2006 और 2008 में मिलकर कंपनी के सभी उत्पादों की कुल कितनी संख्या का उत्पादन किया था?
(a) 10750 (b) 107.5 लाख
(c) 105700 (d) इनमें से कोई नहीं

24. वर्ष 2009 में कंपनी द्वारा उत्पादित CDs की संख्या और वर्ष 2005 में कंपनी द्वारा उत्पादित की-बोर्ड की संख्या के बीच क्रमशः अनुपात क्या था?
(a) 9 : 10 (b) 11 : 10
(c) 10 : 9 (d) 10 : 11

25. वर्ष 2008 में कंपनी द्वारा उत्पादित पेन ड्राइव्स और CDs की कुल संख्या और वर्ष 2008 में कंपनी द्वारा उत्पादित की-बोर्ड की संख्या के बीच क्या अंतर है?
(a) 40000 (b) 4000
(c) 35000 (d) 3500

निर्देश : (प्रश्न 26 से 29 तक) : निम्नलिखित प्रश्नों के उत्तर देने के लिए नीचे दिए गए ग्राफ को ध्यान से पढ़ें—

विभिन्न शहरों से अभियोग्यता परीक्षा में बैठने वाले विद्यार्थियों की संख्या (हजारों में)

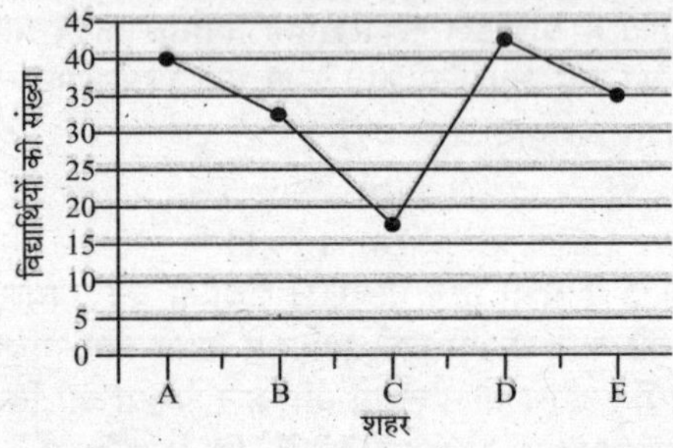

26. सभी शहरों से मिलकर अभियोग्यता परीक्षा में बैठने वाले विद्यार्थियों की औसत संख्या क्या है?
(a) 33500 (b) 3350
(c) 17500 (d) 33.5

27. शहर D से अभियोग्यता परीक्षा में बैठने वाले विद्यार्थियों की संख्या शहर C से अभियोग्यता परीक्षा में बैठने वाले विद्यार्थियों की संख्या का लगभग कितना प्रतिशत है?
(a) 243 (b) 413
(c) 134 (d) 341

28. शहर C और D से मिलकर अभियोग्यता परीक्षा में बैठने वाले विद्यार्थियों की संख्या का शहर A, D और E से मिलकर बैठने वाले विद्यार्थियों की संख्या से क्रमशः अनुपात क्या है?
(a) 11 : 13 (b) 20 : 43
(c) 20 : 47 (d) इनमें से कोई नहीं

29. अभियोग्यता परीक्षा में शहर B से बैठ रहे विद्यार्थियों की संख्या का शहर A से इस परीक्षा में बैठने वाले विद्यार्थियों की संख्या से क्रमशः अनुपात क्या है?
(a) 3 : 4 (b) 13 : 16
(c) 11 : 16 (d) 2 : 3

निर्देश : (प्रश्न 30 से 33 तक) : निम्नलिखित प्रश्नों के उत्तर देने के लिए नीचे दिए गए ग्राफ को ध्यान से पढ़ें—

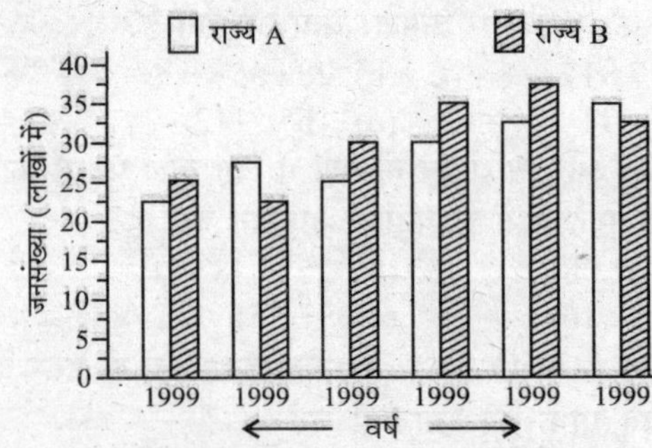

30. किस वर्ष में राज्य B की जनसंख्या में प्रतिशत वृद्धि/ कमी गत वर्ष से न्यूनतम थी?
(a) 2001 (b) 2002
(c) 2003 (d) 2004

31. वर्ष 2000 से 2001 तक राज्य B की जनसंख्या वृद्धि का प्रतिशत क्या था?
(a) 33.33 (b) 26
(c) 30.66 (d) 28

32. दिए गए वर्षों में राज्य A की औसत जनसंख्या (लाखों में) कितनी थी?
(a) 28.75 (b) 27.75
(c) 28.45 (d) इनमें से कोई नहीं

33. A और B राज्यों को मिलाकर 1999 की कुल जनसंख्या और दोनों राज्यों को मिलाकर 2000 की कुल जनसंख्या के बीच क्रमशः अनुपात क्या था?
(a) 1 : 1 (b) 5 : 6
(c) 10 : 11 (d) इनमें से कोई नहीं

निर्देश : (प्रश्न 34 से 36 तक) : निम्नलिखित प्रश्नों के उत्तर देने के लिए नीचे दिए गए ग्राफ को ध्यान से पढ़ें—

विगत वर्षों में दो राज्यों की जनसंख्या (मिलियन में)

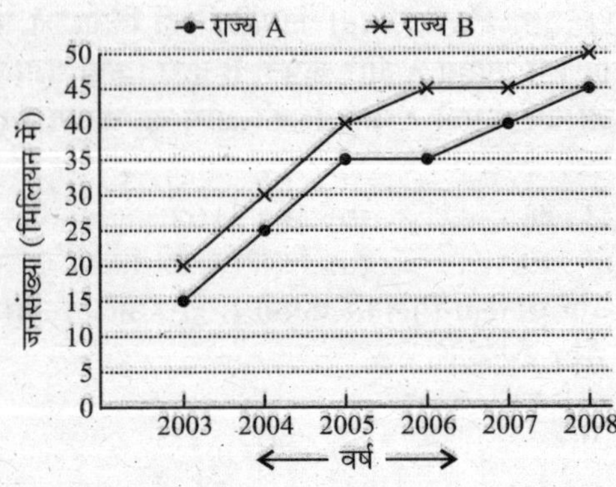

34. सभी वर्षों के लिए मिलकर राज्य B की औसत जनसंख्या (मिलियन में) कितनी थी?

(a) 26 (b) 35
(c) 27.5 (d) 37.5

35. पिछले वर्ष की तुलना में 2007 में राज्य A की जनसंख्या में कितने प्रतिशत वृद्धि हुई थी?

(a) $24\frac{1}{2}$ (b) 33

(c) $33\frac{1}{3}$ (d) 25

36. सभी वर्षों के लिए मिलकर राज्य A और B की कुल जनसंख्याओं के बीच क्रमशः अनुपात क्या है?

(a) 43 : 37 (b) 37 : 43
(c) 37 : 45 (d) 45 : 37

निर्देश : (प्रश्न 37 से 40 तक) : अग्रलिखित प्रश्नों के उत्तर देने के लिए नीचे दिए गए ग्राफ को ध्यान से पढ़ें—

विगत वर्षों में दो कम्पनियों के लाभ में प्रतिशत वृद्धि

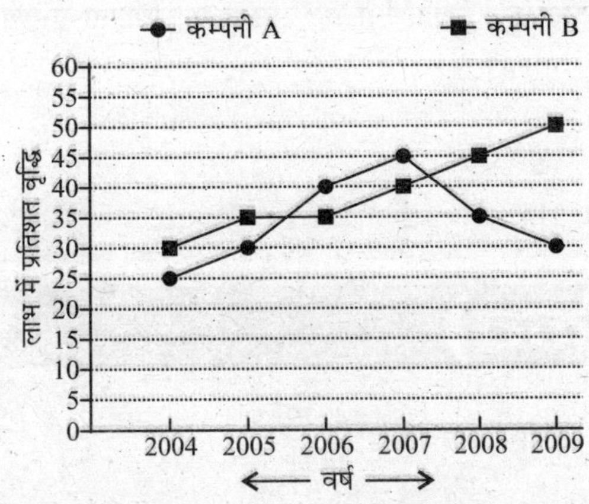

37. वर्ष 2007 में कम्पनी B ने ₹ 7.56 लाख लाभार्जन किया था। इसने वर्ष 2005 में कितना लाभार्जन किया था?

(a) ₹ 5 लाख (b) ₹ 3.5 लाख
(c) ₹ 4 लाख (d) ₹ 3 लाख

38. सभी वर्षों में मिलकर कम्पनी A के लाभ में औसत लगभग कितने प्रतिशत वृद्धि हुई थी?

(a) 31 (b) 27
(c) 40 (d) 34

39. वर्ष 2007 और 2009 में मिलकर कम्पनी B के लाभ में औसतन कितने प्रतिशत वृद्धि हुई थी?

(a) 45 (b) 42
(c) 40 (d) 38

40. वर्ष 2008 में कम्पनी A के लाभ में हुई प्रतिशत वृद्धि और उसी वर्ष कम्पनी B के लाभ में हुई प्रतिशत वृद्धि के बीच का क्रमशः अनुपात क्या है?

(a) 7 : 9 (b) 6 : 11
(c) 9 : 7 (d) 11 : 6

निर्देश : (प्रश्न 41 से 44 तक) : नीचे दिए गए वृत्त-चार्ट को ध्यान से अध्ययन कर निम्नलिखित प्रश्नों के उत्तर दीजिए—

विभिन्न शीर्षों के अंतर्गत एक संगठन का औसत मासिक व्यय

कुल व्यय = ₹ 1850000

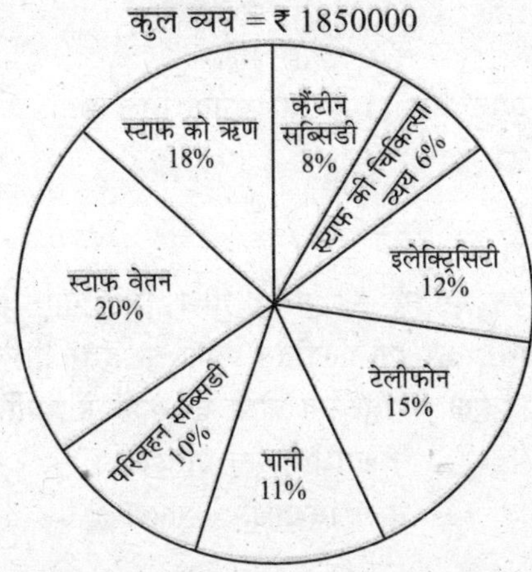

41. स्टाफ के वेतन और स्टाफ के ऋणों पर हुए खर्च के बीच का अंतर क्या है?

(a) ₹ 37,000 (b) ₹ 35,700
(c) ₹ 37,500 (d) ₹ 35,000

42. इलेक्ट्रिसिटी और पानी दोनों में मिलाकर कुल व्यय कितना था?

(a) ₹ 4,25,000 (b) ₹ 4,25,800
(c) ₹ 4,22,500 (d) ₹ 4,25,500

43. टेलीफोन पर कितनी राशि का व्यय हुआ?

(a) ₹ 2,75,000 (b) ₹ 2,70,500
(c) ₹ 2,77,000 (d) ₹ 2,77,500

44. स्टाफ पर खर्च किया गया चिकित्सा व्यय, वेतन पर खर्च किए गए व्यय का कितना प्रतिशत है?

(a) 33% (b) 30%
(c) 22% (d) 25%

निर्देश : (प्रश्न 45 से 48 तक) : नीचे दिए गए वृत्त-चार्ट को ध्यान से अध्ययन कर निम्नलिखित प्रश्नों के उत्तर दीजिए—

एमबीए में विशेषज्ञता के अनुसार छात्रों का प्रतिशत-वार शिक्षण

छात्रों की कुल संख्या = 8000

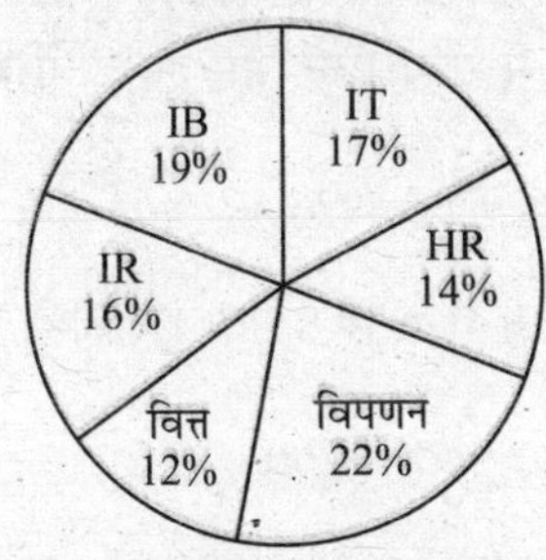

45. IB विशेषज्ञता वाले छात्रों की कुल संख्या कितनी है?

(a) 1320 (b) 1520
(c) 1460 (d) 1180

46. वित्त विशेषज्ञता वाले छात्रों का HR विशेषज्ञता वाले छात्रों से क्रमशः क्या अनुपात है?

(a) 18 : 13 (b) 16 : 9
(c) 14 : 5 (d) 6 : 7

47. IR विशेषज्ञता वाले छात्र HR विशेषज्ञता वाले छात्रों का लगभग कितने प्रतिशत है?

(a) 114 (b) 72
(c) 86 (d) 108

48. IR, विपणन और IT में विशेषज्ञता वाले छात्रों की कुल संख्या कितनी है?

(a) 4160 (b) 4060
(c) 4400 (d) 4360

निर्देश : (प्रश्न 49 से 52 तक) नीचे दिए गए वृत्त-चार्ट को ध्यान से अध्ययन कर निम्नलिखित प्रश्नों के उत्तर दीजिए–

एक स्कूल में विभिन्न हॉबी कक्षाओं में भर्ती हुए विद्यार्थियों का प्रतिशत

कुल विद्यार्थी = 3600

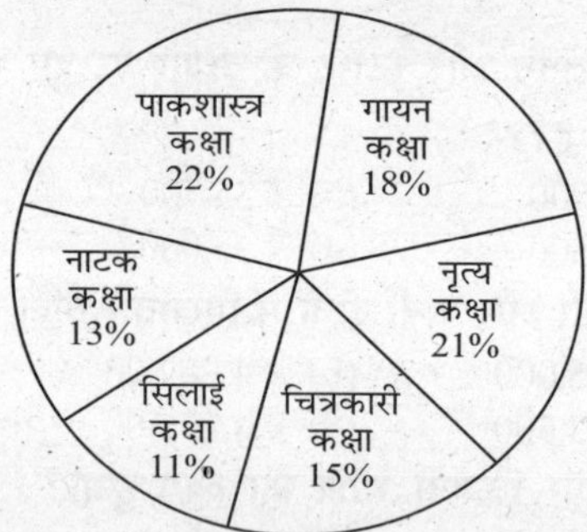

49. गायन और नृत्य कक्षा में मिलकर भर्ती हुए विद्यार्थियों की संख्या का नाटक कक्षा में भर्ती हुए विद्यार्थियों की संख्या से क्रमशः क्या अनुपात है?

(a) 3 : 1 (b) 3 : 5
(c) 4 : 7 (d) 7 : 5

50. सिलाई और नाटक कक्षा में मिलकर भर्ती हुए विद्यार्थियों की कुल संख्या क्या है?

(a) 648 (b) 846
(c) 684 (d) 864

51. चित्रकारी कक्षा में कितने विद्यार्थी भर्ती हुए हैं?

(a) 520
(b) 480
(c) 540
(d) 450

52. पाकशास्त्र कक्षा में भर्ती हुए विद्यार्थियों की संख्या नृत्य कक्षा में भर्ती हुए विद्यार्थियों की संख्या का कितना प्रतिशत है?

(a) 101.45
(b) 104.76
(c) 110.28
(d) 113.84

उत्तर (हल/संकेत)

1. (c) वर्ष 2006 में सभी राज्यों को मिलाकर पास होने वाले छात्रों की कुल संख्या

$= 5600 \times \frac{16}{100} + 6250 \times \frac{18}{100} + 5000 \times \frac{30}{100} + 4850 \times \frac{22}{100}$

$= 896 + 1125 + 1500 + 1067 = 4588$

2. (b) वर्ष 2009 में राज्य P में पास हुए छात्रों की संख्या

$= 7100 \times \frac{13}{100} = 923$

वर्ष 2009 में राज्य R में पास हुए छात्रों की संख्या

$= 7500 \times \frac{16}{100} = 1200$

अभीष्ट अंतर = 923 – 1200 = 277

3. (d) वर्ष 2007 में राज्य Q में पास हुए छात्रों की संख्या

$= 5900 \times \frac{19}{100} = 1121$

वर्ष 2007 में राज्य Q में पास न होने वाले छात्रों की संख्या

$= 5900 - 1121 = 4779$

अभीष्ट अनुपात $= \frac{4779}{1121}$

$= \frac{81}{19} = 81 : 19$

4. (c) विगत वर्षों में राज्य S से परीक्षा में बैठने वाले छात्रों की संख्या

$= \frac{(3200 + 4850 + 4800 + 6000 + 7000)}{5}$

$= \frac{25850}{5} = 5170$

5. (a) वर्ष 2006 में राज्य S में पास होने वाले छात्रों की संख्या

$= 4850 \times \frac{22}{100} = 1067$

वर्ष 2008 में राज्य P में पास होने वाले छात्रों की संख्या

$= 8120 \times \frac{20}{100} = 1624$

अभीष्ट प्रतिशत $= \frac{1067 \times 100}{1624}\%$

= 65.70% = 66% (लगभग)

6. (b) अभीष्ट अनुपात $= \frac{(700+600+720)}{(750+560+750)}$

$= \frac{2020}{2060} = 101 : 103$

7. (a) अभीष्ट संख्या $= 4860 \times \frac{70}{100} = 3402$

8. (b) $\therefore$ संस्थान B में सभी वर्षों के कुल विद्यार्थी

$= 640 + 600 + 620 + 660 + 760 + 740 + 700 = 4720$

$\Rightarrow$ पास हुए विद्यार्थियों की कुल संख्या

$= 4720 \times \frac{60}{100} = 2832$

$\therefore$ पास हुए विद्यार्थियों की अभीष्ट औसत संख्या

$= \frac{2832}{7} = 404.57 = 405$

9. (d) अभीष्ट प्रतिशत

$= \frac{640}{(620+580+640+560+650+630+660)} \times 100\%$

$= \frac{640 \times 100}{4340}\% = 14.75\%$

10. (d) अभीष्ट प्रतिशत $= \frac{960}{336} \times 100\%$

$= 285.7\% = 28\%$

11. (c) अभीष्ट अंतर

$= (792 + 960 + 858 + 750 + 1980 + 1344) - (648 + 960 + 462 + 2250 + 660 + 336)$

$= 6684 - 5316 = 1368$

12. (d) अभीष्ट अनुपात $= \frac{1980}{1344}$

$= \frac{165 \times 12}{112 \times 12} = 165 : 112$

13. (b) अभीष्ट अनुपात $= \frac{792+750}{648+2250}$

$= \frac{1542}{2898}$

$= \frac{257 \times 6}{483 \times 6} = 257 : 483$

14. (d) माना वर्ष 2007 में कंपनी A का व्यय $= x$ रु.

वर्ष 2007 में कंपनी A को लाभ = 1.5 लाख रु.

$\because \frac{40}{100} = \frac{1.5}{x}$

$40x = 150$

$\therefore \quad x = \frac{150}{40} =$ ₹ 3.75 लाख

15. (a) वर्ष 2009 में कंपनी A द्वारा अर्जित लाभ = 30%

वर्ष 2009 में कंपनी B द्वारा अर्जित लाभ = 45%

अभीष्ट अनुपात = 30 : 45 = 2 : 3

16. (a) माना वर्ष 2004 में कंपनी A और B की आय क्रमश: ₹ x और ₹ y थी

वर्ष 2004 में कंपनी A और B द्वारा समान व्यय

= ₹ z

$\frac{35}{100} = \frac{x-z}{z}$ ...(i)

$\frac{40}{100} = \frac{y-z}{z}$ ...(ii)

$\Rightarrow \quad 35z = 100x - 100z$

$40z = 100y - 100z$

$\Rightarrow \quad z = \frac{100x}{135}$

$z = \frac{100y}{140}$

$\because \quad \frac{100x}{135} = \frac{100y}{140}$

$\frac{100x}{100y} = \frac{135}{140}$

$\frac{x}{y} = \frac{27}{28}$

$\therefore \quad x : y = 27 : 28$

17. (d) सभी वर्षों के लिए मिलकर कंपनी B द्वारा अर्जित औसत प्रतिशत लाभ

$= \frac{40+45+40+35+30+45}{6}$

$= \frac{235}{6} = 39\frac{1}{6}$

18. (d) वर्ष 2008 और 2009 में मोबाइल सेवा M का उपयोग करने वाले लोगों की कुल संख्या

$= 2500 + 15000 = 40,000$

19. (a) वर्ष 2006 में मोबाइल सेवा N का उपयोग करने वाले लोगों की कुल संख्या = 10000

वर्ष 2006 में सभी तीन मोबाइल सेवा का उपयोग करने वाले लोगों की कुल संख्या = 5,000

अभीष्ट प्रतिशत $= \frac{10000 \times 100}{55000}\%$

= 18.18% = 18% (लगभग)

20. (b) वर्ष 2005 में मोबाइल सेवा L का उपयोग करने वाले लोगों की कुल संख्या = 15000

वर्ष 2004 में मोबाइल सेवा L का उपयोग करने वाले लोगों की कुल संख्या = 10000

अभीष्ट अनुपात = $\frac{15000}{10000} = \frac{3}{2} = 3 : 2$

21. (d) वर्ष 2007 में सभी तीन मोबाइल सेवाओं का उपयोग करने वाले लोगों की संख्या = 55000

वर्ष 2008 में सभी तीन मोबाइल सेवाओं का उपयोग करने वाले लोगों की संख्या = 6000

अभीष्ट प्रतिशत = $\frac{55000 \times 100}{60000}\%$

= 91.67%

22. (c) कंपनी द्वारा उत्पादित पेन ड्राइव्स की औसत संख्या

$= \frac{(15000 + 7500 + 15000 + 30000 + 17500)}{5}$

$= \frac{85000}{5} = 17000$

23. (d) वर्ष 2006 में कंपनी के सभी उत्पादों की कुल संख्या

= 10000 + 7500 + 15000 = 32500

वर्ष 2008 में कंपनी के सभी उत्पादों की कुल संख्या

= 25000 + 30000 + 20000 = 75000

वर्ष 2006 और 2008 में कंपनी के सभी उत्पादों की कुल संख्या

= 32500 + 75000 = 107500

24. (a) अभीष्ट अनुपात =22500 : 25000 = 9 : 10

25. (c) वर्ष 2008 में कंपनी द्वारा उत्पादित CDs और पेन ड्राइव्स की कुल संख्या

= 25000 + 30000 = 55000

अभीष्ट अंतर = 5500 ~ 2000 = 35000

26. (a) अभियोग्यता परीक्षा में बैठने वाले विद्यार्थियों की औसत संख्या

$= \frac{(40000 + 32500 + 17500 + 42500 + 35000)}{5}$

$= \frac{167500}{5} = 33500$

27. (a) अभीष्ट संख्या = $\frac{42500 \times 100}{17500}\%$

= 242.86%

= 243% (लगभग)

28. (d) शहर C और D से मिलकर अभियोग्यता परीक्षा में बैठने वाले विद्यार्थियों की कुल संख्या

= 17500 + 42500 = 60000

शहर A, D और E से मिलकर अभियोग्यता परीक्षा में बैठने वाले विद्यार्थियों की कुल संख्या

= 40000 + 42500 + 35000 = 117500

अभीष्ट अनुपात = 60000 : 117500

= 24 : 47

29. (b) अभीष्ट अनुपात = 32500 : 40000

= 325 : 400

= 13 : 16

30. (c) राज्य B के लिए–

वर्ष 2000 में गत वर्ष से प्रतिशत कमी

$= \frac{(25 - 22.5)}{25} \times 100$

= 2.5 × 4 = 10%

वर्ष 2001 में गत वर्ष से प्रतिशत वृद्धि

$= \frac{(30 - 22.5)}{22.5} \times 100 = 33.33\%$

वर्ष 2002 में गत वर्ष से प्रतिशत वृद्धि

$= \frac{(35 - 30)}{30} \times 100 = 16.67\%$

वर्ष 2003 में गत वर्ष से प्रतिशत वृद्धि

$= \frac{(37.5 - 35)}{35} \times 100 = 7.14\%$

वर्ष 2004 में गत वर्ष से प्रतिशत वृद्धि

$= \frac{(37.5 - 32.5)}{37.5} \times 100 = 13.33\%$

अतः वर्ष 2003 में राज्य B की जनसंख्या में न्यूनतम वृद्धि हुई है।

31. (a) 2000 से 2001 तक राज्य B की जनसंख्या में वृद्धि का प्रतिशत

$= \frac{(30 - 22.5)}{22.5} \times 100 = 33.33\%$

32. (a) औसत जनसंख्या

$= \frac{22.5 + 27.5 + 25 + 30 + 32.5 + 35}{6}$

$= \frac{172.5}{6} = 28.75$ लाख

33. (c) अभीष्ट अनुपात = $\frac{(27.5 + 22.5)}{(25 + 30)}$

$= \frac{50}{55} = \frac{10}{11} = 10 : 11$

34. (d) अभीष्ट औसत जनसंख्या

$= \frac{(20 + 30 + 35 + 45 + 45 + 50)}{6}$

$= \frac{225}{6} = 37.5$ मिलियन

35. (c) अभीष्ट प्रतिशत वृद्धि

$= \frac{40 - 30}{30} \times 100\% = 33\frac{1}{3}\%$

36. (c) A की कुल जनसंख्या सभी वर्षों के लिए

= (15 + 25 + 30 + 30 + 40 + 45) मिलियन

= 185 मिलियन

B की कुल जनसंख्या सभी वर्षों के लिए

= (20 + 30 + 35 + 45 + 45 + 50) मिलियन

= 225 मिलियन

अभीष्ट अनुपात = $\frac{185}{225} = \frac{37}{45}$

37 (c) माना वर्ष 2005 में ₹ x लाभार्जन किया

$x + \frac{135}{100} \times \frac{140}{100} = 7.56$

$\therefore\ x = \frac{7.56 \times 100 \times 100}{135 \times 140}$ = ₹ 4 लाख

38. (d) औसत प्रतिशत वृद्धि

$= \frac{(25+30+40+45+35+30)}{6}\%$

$= \frac{205}{6} = 34.16\% = 34\%$ (लगभग)

39. (a) औसत % वृद्धि $= \frac{40+50}{2}\%$

$= \frac{90}{2}\% = 45\%$

40. (a) अभीष्ट अनुपात = वर्ष 2008 में कम्पनी A के साथ में प्रतिशत वृद्धि : वर्ष 2008 में कम्पनी B के लाभ में प्रतिशत वृद्धि

= 35 : 45

= 7 : 9

41. (a) अभीष्ट अंतर

$= 1850000 \times \left(\frac{20}{100} - \frac{18}{100}\right)$

$= 1850000 \times \left(\frac{2}{100}\right)$

= 18500 × 2 = ₹ 37000

42. (d) अभीष्ट खर्च

$= 1850000\left[\frac{12}{100} + \frac{11}{100}\right]$

$= 1850000\left[\frac{23}{100}\right]$

= 18500 × 23 = ₹ 425500

43. (d) अभीष्ट राशि = $\frac{15}{100} \times 1850000$

= 15 × 18500

= ₹ 277500

44. (b) अभीष्ट प्रतिशत = $\frac{6}{20} \times 100\% = 30\%$

45. (b) अभीष्ट संख्या = $\frac{19}{100} \times 8000$

= 19 × 80 = 1520

46. (d) अभीष्ट अनुपात

$= \frac{\text{वित्त विशेषज्ञता वाले छात्रों का प्रतिशत}}{\text{HR विशेषज्ञता वाले छात्रों का प्रतिशत}}$

$= \frac{12}{14} = \frac{6}{7} = 6 : 7$

47. (a) अभीष्ट प्रतिशत = $\frac{16 \times 100}{14}\%$

$= \frac{800}{7}\% = 114.285\%$

= 114% (लगभग)

48. (c) अभीष्ट संख्या

$= \frac{(16+22+17)}{100} \times 8000$

= 55 × 80

= 4400

49. (a) अभीष्ट अनुपात = (18 + 21) : 13

= 39 : 13

= 3 : 1

50. (d) अभीष्ट संख्या = $\frac{11+13}{100} \times 3600$

= 24 × 36

= 864

51. (c) अभीष्ट संख्या = $\frac{15}{100} \times 3600$

= 15 × 36

= 540

52. (b) अभीष्ट प्रतिशत = $\frac{22}{21} \times 100$

= 104.76

❑❑❑

मानसिक क्षमता परीक्षण

वर्गीकरण

किसी समूह श्रेणी या वर्गों में दी गई वस्तुओं/घटनाओं/ तत्वों का सामान्य गुणों के आधार पर क्रमबद्ध करते हुए शेष वस्तुओं/ घटनाओं/ संख्याओं/अंको को अलग करना उनका वर्गीकरण कहलाता है। इसके अंतर्गत पूंछे जाने वाले प्रश्न को समान्य वस्तुओं के गुणों, दैनिक जीवन की क्रियाओं, अंग्रेजी वर्णमाला एवं सामान गुणों वाली संख्याओं पर आधारित होते है। इस प्रकार के प्रश्नों में परीक्षार्थी को चार, पांच तत्वों का एक समूह दिया जाता है। जिसमें तीन एक निश्चित तरीके से किसी न किसी प्रकार से समान होते है या आपस में कोई तार्किक संबंध रखते है। जबकि एक उन अन्य तीनों से भिन्न होता हैं। जिसे अलग करना होता हैं दिए गए तत्वों का वर्गीकरण करने के लिए परीक्षार्थी को समानता की सभी शर्तों की जानकारी होना आवश्यक है।

वर्गीकरण के अंतर्गत किसी वस्तु/अक्षर/अंक/ शब्द को उसके सामान्य गुण, आकार रंग, रूप व लक्षण के आधार पर चार विकल्पों में से तीन समान होते हैं। तथा एक भिन्न होता है। जिसे अलग कर दिया जाता है।

नीचे कुछ उदाहरणों के माध्यम से हम वर्गीकरण का स्पष्टीकरण कर रहे हैं।

हल सहित उदाहरण

उदाहरण 1: निम्नलिखित में से असंगत पद को छांटिए-

(a) भारत (b) पाकिस्तान
(c) जापान (d) वाशिंगटन

हलः (d) वाशिंगटन को छोड़कर अन्य सभी देश हैं जबकि वाशिंगटन, अमेरिका का एक शहर है।

उदाहरण 2: निम्नलिखित में से असंगत पद को छांटिए-

(a) मोबाइल फोन (b) लैपटॉप
(c) आई पॉड (d) दीवार घड़ी

हलः (d) दीवार घड़ी को छोड़कर अन्य सभी वस्तुएं विद्युत से चलने वाली है। अतः दिए गए विकल्पों में से दीवार घड़ी अन्य तीनों से भिन्न है।

उदाहरण 3: निम्नलिखित में से असंगत अक्षर समूह को छांटिए-

(a) DWHS (b) BYDW
(c) CWFS (d) EVJQ

हलः (c)

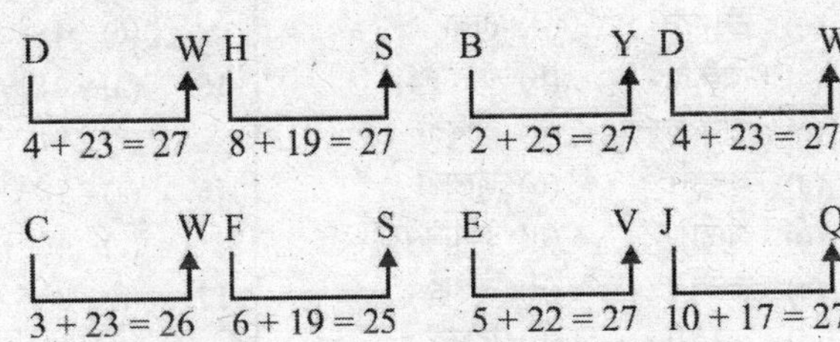

अतः स्पष्ट है अक्षर समूह CWFS अन्य तीनों से भिन्न है।

उदाहरण 4: निम्नलिखित मे से असंगत अक्षर समूह को छांटिए-

(a) DHLP (b) TXBF
(c) JNRV (d) YBEH

हलः (d)

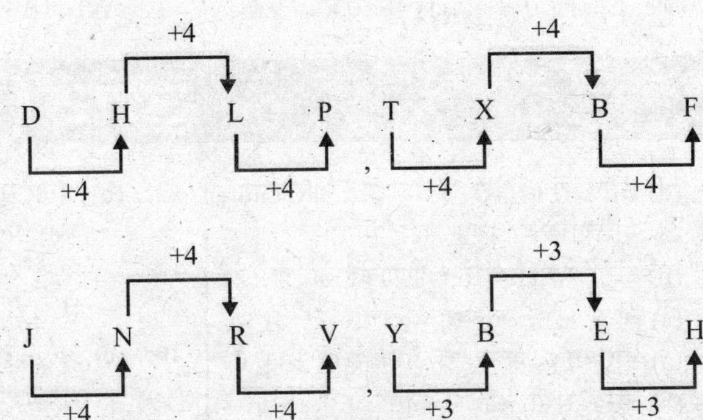

स्पष्ट है, YBEH अक्षर समूह अन्य तीनों से भिन्न है।

उदाहरण 5: निम्नलिखित में से असंगत संख्या का चयन कीजिए-

(a) 1 (b) 65
(c) 8 (d) 64

हलः (b) 65 को छोड़कर अन्य सभी संख्याएं पूर्ण घन हैं।

उदाहरण 6: निम्नलिखित में से असंगत संख्या समूह का चयन करें-

(a) 59-48 (b) 33-27
(c) 68-85 (d) 121-124

हलः (a) '59-48' को छोड़कर अन्य सभी भाज्य संख्याओं के संख्या समूह है।

प्रश्नमाला

निर्देश (प्र.सं. 1-12): नीचे दिए गए शब्दों में से उस शब्द को चुने जो उस वर्ग से संबंधित नहीं है-

1. (a) आस्ट्रेलिया (b) एशिया (c) यूरोप (d) भारत

2. (a) शर्ट (b) यूनिफार्म (c) पैंट (d) कैप

3. (a) मुर्गी (b) गाय (c) बकरी (d) भैंस

4. (a) हीरा (b) एल्युमिनियम (c) टंगस्टन (d) तांबा

5. (a) विक्रेता (b) ग्राहक (c) फेरी वाला (d) आढ़ती (दलाल)

6. (a) कुम्हार (b) जुलाहा (c) लोहार (d) इंजीनियर

7. (a) जनवरी (b) जुलाई (c) फरवरी (d) दिसम्बर

8. (a) फेसबुक (b) जुलाई (c) आरकुट (d) गूगल

9. (a) बुध (b) पृथ्वी (c) बृहस्पति (d) चंद्रमा

10. (a) हीरा (b) नीलम (c) ग्रेनाइट (d) पुखराज

11. (a) गणित (b) रेखागणित (c) बीजगणित (d) अंकगणित

12. (a) घंटा (b) सेकेण्ड (c) मिनट (d) समय

निर्देश (प्र.सं. 13-18): नीचे दी गई संख्याओं में जो संख्या अन्य संख्याओं के जोड़े से भिन्न हो उसे ज्ञात करो?

13. (a) 80-20 (b) 160-40 (c) 120-30 (d) 65-16

14. (a) 13, 31 (b) 25, 55 (c) 45, 54 (d) 76, 67

15. (a) 21, 49 (b) 24, 64 (c) 81, 36 (d) 25, 54

16. (a) 10-100 (b) 12-144 (c) 169-13 (d) 5-25

17. (a) 3-5 (b) 13-17 (c) 19-25 (d) 23-29

18. (a) 81-243 (b) 16-64 (c) 64-192 (d) 25-75

निर्देश (प्र.सं. 19-24): नीचे दी दिए गए प्रत्येक प्रश्न में भिन्न पद ज्ञात करो?

19. (a) ALMZ (b) CPQX (c) DEFY (d) BTUX

20. (a) ABZY (b) MNYX (c) AXBD (d) EFST

21. (a) EBD (b) IFH (c) QNO (d) YVX

22. (a) PQ (b) CD (c) MN (d) DF

23. (a) IKN (b) MOR (c) ACF (d) EGI

24. (a) NEM (b) MAL (c) QRP (d) RVQ

निर्देश (प्र.सं. 25-30): निम्नलिखित प्रत्येक प्रश्न में भिन्न पद ज्ञात कीजिए?

25. (a) OWL (b) END (c) ARM (d) PUT

26. (a) Giraffe (b) Zebra (c) Fox (d) Dog

27. (a) Wrong (b) Green (c) White (d) Right

28. (a) Mother (b) Sister (c) Brother (d) Friend

29. (a) Piano (b) Typewriter (c) computer (d) calulator

30. (a) Yen (b) Dollar (c) Franc (d) Qunce

उत्तर (हल/संकेत)

1. (d) भारत एक देश है जबकि ऑस्ट्रेलिया, एशिया एवं यूरोप महाद्वीप है।

2. (b) अन्य सभी विभिन्न पोशाकों के नाम है।

3. (a) अन्य सभी जानवरों के चार पैर है।

4. (a) हीरा एक पत्थर है अन्य सभी धातु हैं

5. (b) अन्य सभी का ये काम है।

6. (d) अन्य सभी के लिये पढ़ने की आवश्यकता नहीं होती है।

7. (c) अन्य सभी महीने 31 दिन के हैं जबकि फरवरी 28 या 29 दिन की होती है।

8. (d) अन्य सभी सोशल नेटवर्किंग साइट है। जबकि गूगल एक सर्च इंजन है।

9. (d) अन्य सभी ग्रह है। जबकि चंद्रमा उपग्रह है।

10. (c) अन्य सभी पत्थर लोग ग्रहों के बुरे प्रभाव से बचने के लिये पहनते है।

11. (a) अन्य सभी गणित की शाखाएं है।

12. (d) अन्य सभी समय के मात्रक है।

13. (d) अन्य सभी में पहली संख्या दूसरी संख्या का चार गुना है।

14. (b) अन्य सभी युग्मों में पहले पद के अंक दूसरे पद के विपरीत क्रम में है।

15. (c) अन्य सभी में दूसरी संख्या पहली संख्या से बड़ी है।

16. (c) अन्य सभी में पहली संख्या का वर्ग दूसरी संख्या है।

17. (c) शेष सभी विकल्पों की युग्म संख्यायें अभाज्य हैं जबकि 25 भाज्य संख्या है।

18. (b) अन्य सभी संख्या में दूसरी संख्या पहली संख्या के तीन गुनी है।

19. (c) अन्य सभी अक्षर समूहों में जो स्थान प्रथम अक्षर का वर्णमाला में है, वही स्थान अंतिम अक्षर का वर्णमाला के विपरीत क्रम में है।

20. (a) अन्य सभी अक्षर समूहों में पहला दूसरा तथा चौथा अक्षर पद है।

21. (c)

E B D: B →(+2) D, E →(+1) D; I P H: P →(+2) H... I →(+1) H; Q N O: N →(+1) O, Q →(+2) O; Y V X: V →(+2) X, Y →(+1) X

(+2, +2, +1, +2 above; +1, +1, +2, +1 below)

22. (d) अन्य समूहों में अक्षर वर्णमाला के क्रमानुसार एक दूसरे से 2 अंतराल पर है।

23. (d)

I →(+2) K →(+3) N, M →(+2) O →(+2) R,

A →(+2) C →(+3) F, E →(+2) G →(+2) I

24. (c) शेष अन्य में मध्य का वर्ण स्तर है।

25. (d) अन्य में पहला अक्षर स्वर है जबकि इनमें पहला अक्षर P है।

26. (d) अन्य सभी जंगली जानवर है जबकि कुत्ता एक पालतू जानवर है।

27. (b) अन्य सभी में सभी अक्षर एक बार आये हैं जबकि Green में e दो बार आया है।

28. (d) अन्य सभी का रक्त संबंध प्रदर्शित करता है।

29. (a) सिर्फ पियानों ही वाद्ययंत्र है।

30. (d) अन्य सभी मुद्राओं के नाम है।

□□□

सादृश्यता

सादृश्यता का अर्थ है 'समानता' सादृश्यता से सम्बन्धित प्रश्नों में विभिन्न वस्तुएं/घटनाओं/क्रियाओं आदि के बीच सम्बन्ध को ज्ञात करना होता है सादृश्यता परीक्षण का उद्देश्य परीक्षार्थियों के अन्दर उचित तर्क तथा सही निर्णयन क्षमता की जांच करना हैं, इसके अन्तर्गत हमें असमान बातों को अलग कर समान बातों को एक साथ रखना होता है। ऐसी सोच कि कौन-सी घटनाएं/वस्तुएं/क्रियाएं तर्किक रूप से समान है हमारी दैनिक जीवन की सोच के अनरूप होती हैं।

सादृश्यता परीक्षण से सम्बन्धित प्रश्नों में दो वस्तुओं के बीच के सम्बन्धों पर विचार किया जाता है दो वस्तुएं/घटनाएं/क्रियाएं, जो आपस में किसी प्रकार से सम्बन्धित होती हैं, दी जाती हैं तथा तीसरी वस्तु तथा एक प्रश्नचिन्ह् भी दिया रहता है तथा चार वैकल्पिक उत्तर दिए जाते हैं आपको इन वैकल्पिक उत्तरों में से एक ऐसा वैकल्पिक उत्तर चुनना होता है, जिसे प्रश्न चिन्ह् के स्थान पर रखने से उसका सम्बन्ध तीसरी वस्तु से उसी प्रकार हो जो सम्बन्ध पहली वस्तु का दूसरी वस्तु से है।

परीक्षार्थियों को नीचे हम व्यक्ति/वस्तु तथा उनके विभिन्न कार्य क्षेत्रों की जानकारी सारणी के माध्यम से उपलब्ध करा रहे हैं।

क्रम संख्या	व्यक्ति/वस्तु	कार्य-क्षेत्र
1.	न्यायाधीश	सुनवाई
2.	सांसद	विधायिका
3.	डॉक्टर	अस्पताल
4.	शेरिफ	अपराध
5.	कैंची	कटाई
6.	जुराब	पांव
7.	दस्ताने	हाथ

क्रम संख्या	व्यक्ति/वस्तु	विशेषता
1.	श्रयवतावाडी	परोपकारी
2.	मेजबान	सत्कार
3.	कूतिनीतिज्ञ	चतुर नीति ज्ञानी
4.	कर्मठ	कार्य के प्रति सजग
5.	ज्योतिषी	ज्योतिष विशेषता
6.	शौर्य पुरूष	वीरता
7.	नृत्यवार	नाचना
8.	गीतकार	गीत का निर्माण

क्रम संख्या	व्यक्ति/वस्तु	प्रतीक
1.	राजा	मुकुट
2.	राजा	रौबदार
3.	अस्पताल	रेडक्रॉस
4.	पद	सितारे
5.	शौर्य	विक्टोरिया क्रॉस
6.	एयर इण्डिया	महाराजा
7.	खतरा	लाल रंग
8.	शोक, क्षोभ	काला रंग
9.	शांति	सफेद रंग
10.	संस्कृति, सभ्यता	कमल
11.	शांति	जैतून की पत्तियां
12.	परिवार नियोजन	लाल त्रिकोन
13.	रास्ता साफ	हरा रंग

क्रम संख्या	उपकरण	उपयोग
1.	बंदूक	गोली चलाना
2.	फावड़ा	खुदाई
3.	कलम	लिखना
4.	चाकू	काटना
5.	सुई	सिलना
6.	छेनी	नवकाही
7.	कुल्हाड़ी	कटाई
8.	कैंची	कपड़ा, बाल
9.	स्याही	कागज
10.	चॉक	श्यामपट्ट
11.	उस्तरा	बाल
12.	ढाल	बचाव
13.	पेंचकस	पेंच

क्रम संख्या	पशु जन्तु	उनके बच्चे
1.	कुत्ता	पिल्ला
2.	भेड़	मेमना
3.	गाय	बछड़ा
4.	बकरी	मेमना
5.	हिरन	हिरनौय
6.	मुर्गी	चूजा
7.	तितली	इल्ली
8.	मेढ़क	टैडपोल
9.	कछुआ	कच्छप
10.	व्हेल	शभक

क्रम संख्या	राशियां	इकाई
1.	दाब	पास्कल
2.	क्षेत्रफल	सेमी.^{2}, मी^{2}, हेक्टेयर
3.	कोण	रेडियन
4.	भार	किलोग्राम
5.	समय	सेकण्ड
6.	विद्युत धारा	एम्पियर
7.	दीप्ति	कैंडिला
8.	प्रतिरोध	ओम
9.	कार्य	जूल
10.	बल	न्यूटन
11.	लम्बाई	मीटर
12.	अस्मा	कैलोरी
13.	आवृत्ति	हर्टज
14.	वैद्युत विभव	वोल्ट
15.	शक्ति	वाट

क्रम संख्या	उपयोगकर्ता	औजार/यंत्र
1.	लेखक	कलम
2.	किसान	हल
3.	माली	बगीचा
4.	लुहार	हथौड़ा
5.	सैनिक	बंदूक
6.	योद्धा	तलवार
7.	लकड़हारा	कुल्हाड़ी
8.	शिकारी	बन्दूक
9.	अध्यापक	श्यामपट्ट
10.	वास्तुकार	नक्शा
11.	नाई	कैंची
12.	दर्जी	सिलाई मशीन
13.	रंगसाज	तूलिका
14.	डॉक्टर	थर्मामीटर

क्रम संख्या	कामगार	उत्पाद
1.	सुनार	जेवर
2.	मोची	जूता
3.	किसान	फसल
4.	कसाई	गोश्त
5.	संपादक	समाचार पत्र
6.	निर्माता	फिल्म, नाटक
7.	वास्तुकार	डिजाइन
8.	बढ़ई	फर्नीचर

क्रम संख्या	कर्मचारी	कार्यस्थल
1.	नाविक	जहाज
2.	अभिनेता	मंच
3.	पंसारी	दुकान
4.	अध्यापक	विद्यालय
5.	अंपायर	पिच
6.	योद्धा	युद्ध भूमि
7.	वकील	न्यायालय
8.	वैज्ञानिक	प्रयोगशाला
9.	चित्रकार	चित्र दीर्घा
10.	वैरा	रेंस्तरां

नीचे कुछ उदाहरणों के माध्यम से सादृश्यता परीक्षण का स्पष्टीकरण किया गया है।

हल सहित उदाहरण

उदाहरण 1: जिस प्रकार 'वृक्ष' 'जड़' से सम्बन्धित है उसी प्रकार 'धुआं' किससे सम्बन्धित है?

(a) सिगरेट (b) आग (c) ताप (d) चिमनी

हल: (b) जिस प्रकार 'पेड़' की उत्पत्ति जड़ से होती है उसी प्रकार 'धुआं' की उत्पत्ति आग से होती हैं।

उदाहरण 2: जिस प्रकार 'अपराधी' सम्बन्धित है 'जेल' से उसी प्रकार 'पिंजरा' किससे सम्बन्धित है?

(a) गौरैया (b) तोता (c) कबूतर (d) पक्षी

हल: (d) जिस प्रकार सभी अपराधियों को जेल में कैद करके रखा जाता हैं। उसी प्रकार प्रत्येक पक्षी को पिजरें में कैद रखा जाता है।

निर्देश (उदाहरण 3-6) : नीचे दिए गए विकल्पों में से संबंधित शब्द/अक्षर/संख्या का चयन करें।

उदाहरण 3. दर्जी : वस्त्र : : कृषक : ?

(a) फसल (b) हल (c) फावड़ा (d) भूमि

हल: (a) जिस प्रकार 'दर्जी' वस्त्र तैयार करता हैं। उसी प्रकार कृषक 'फसल' तैयार करता है।

उदाहरण 4: ? : माला : : तारा : ?

(a) फूल, सूर्य (b) अभिनेता, रात्रि
(c) फूल, आकाश गंगा (d) सम्मान, चमक

हल: (c) जिस प्रकार, माला में फूल होते हैं, उसी प्रकार 'आकाशगंगा' में तारे होते हैं।

उदाहरण 5: AG : IO : : EK : ?

(a) LR (b) MS (c) PV (d) SY

हल: (b) जिस प्रकार,

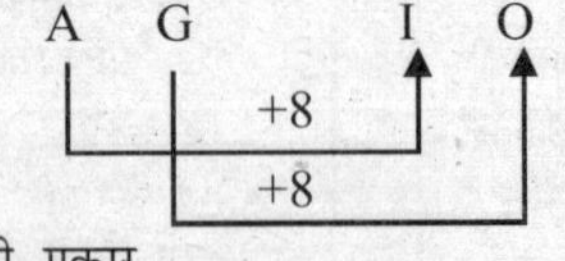

उसी प्रकार,

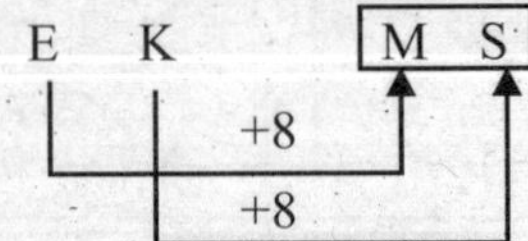

उदाहरण 6: 3 : 27 : : 5 : ?

(a) 120 (b) 125 (c) 94 (d) 100

हल: (b) जिस प्रकार, $3 \rightarrow (3)^3 \rightarrow 27$

उसी प्रकार $5 \rightarrow (5)^3 \rightarrow \boxed{125}$

प्रश्नमाला

निर्देश (प्र. सं. 1-10): नीचे दिए गए विकल्पों में से सम्बन्धित शब्द चुनिए

1. नाटक: अभिनेता :: संगीत गोष्ठीः ?
(a) पियानो (b) आघात
(c) सुरीलापन (d) संगीतज्ञ

2. टोपी : सिर :: चश्मा: ?
(a) आंख (b) मुंह
(c) दांत (d) कान

3. बोधगया : बिहार :: तिरूपतिः ?
(a) कर्नाटक (b) तमिलनाडु
(c) आन्ध्र प्रदेश (d) केरल

4. मुम्बई : महाराष्ट्र : : त्रिवेंद्रम : ?
(a) कोलकाता (b) तमिलनाडु
(c) सिक्किम (d) केरल

5. हांगकांग : चीन : : वैटिकन : ?
(a) रोम (b) मेक्सिको
(c) कनाडा (d) फ्रिश्चनिटी

6. रेशमकीट : रेशम की साड़ी : : नाग : ?
(a) विषहर (b) विष
(c) मृत्यु (d) भय

7. कीटाणु : बीमारी :: जंग : ?
(a) फौज (b) हार
(c) हथियार (d) तबाही

8. मछली : गलफड़ा :: मानव : ?
(a) कान (b) आंख
(c) फेफड़ा (d) नाक

9. अनाज : गोदाम :: जल : ?
(a) पेय (b) नहर
(c) बांध (d) नदी

10. पृथ्वी : सूर्य :: चन्द्रमा : ?
(a) पृथ्वी (b) आकाश
(c) उपग्रह (d) तारा

निर्देश (प्र. सं. 11-20): नीचे दिए गए प्रश्न में पहला शब्द का सम्बन्ध दूसरे शब्द से है उसी प्रकार तीसरे शब्द का चौथे शब्द से है तीसरे शब्द का सही सम्बन्ध नीचे दिए गए विकल्प से ज्ञात किजिए।

11. 'मां' का 'संतान' से वैसा ही सम्बन्ध है जैसे एक 'पेड़' का ············· से है।
(a) पौधा (b) फल
(c) जड़ (d) जना

12. दिन का कैलेन्डर के साथ वैसा ही सम्बन्ध है, जैसा कि 'समय' का ············· से है।
(a) दिन (b) घंटा
(c) सूर्य (d) घड़ी

13. जिस प्रकार 'झगड़ा' 'युद्ध' से सम्बन्धित है उसी प्रकार 'रोग' का सम्बन्ध ········· ········· से है।
(a) संक्रमण (b) महामारी
(c) रोगी (d) दवाई

14. वीडियो उसी प्रकार सम्बन्धित है 'कैसेट' से जिस प्रकार 'कम्प्यूटर' से सम्बन्धित है ············ से।
(a) रील (b) रिकॉर्डिक
(c) फाइल (d) फ्लॉफी

15. 'आग' उसी प्रकार सम्बन्धित है 'राख' से जिस प्रकार 'विस्फोट' सम्बन्धित है ············ से।
(a) आवाज (b) अवशेष
(c) प्रकोप (d) जवाला

16. जिस प्रकार 'अदालत' का सम्बन्ध 'न्याय' से है, उसी प्रकार 'अस्पताल' का सम्बन्ध किससे है?
(a) उपचार (b) मरीज
(c) पैसा (d) सलाह

17. जिस प्रकार 'राम' का सम्बन्ध 'रावण' से है उसी प्रकार 'कृष्ण' का सम्बन्ध किससे है?
(a) कंस (b) बालि
(c) राधा (d) अहिल्या

18. जिस प्रकार, 'घोड़ा' सम्बन्धित है 'घास' से उसी प्रकार 'कार' का सम्बन्ध किससे है?
(a) धुआं (b) पेट्रोल
(c) ब्रेक (d) कैरोसीन

19. जिस प्रकार 'ड्रामा' स्टेज से सम्बन्धित है उसी प्रकार 'टेनिस' किससे सम्बन्धित है?
(a) खिलाड़ी (b) रैकिट
(c) कोर्ट (d) प्रतियोगिता

20. जिस प्रकार 'चाक' लिखने से संबंधित है उसी प्रकार 'सुई' किससे संबंधित है?
(a) फाड़ना (b) काटना
(c) जोड़ना (d) सिलना

निर्देश (प्र.सं. 21-28): नीचे दिए गए प्रश्नों में पहले शब्द का सम्बन्ध दूसरे से है उसी प्रकार तीसरे शब्द का सम्बन्ध चौथे शब्द से है। नीचे दिए गए विकल्पों में से उचित का चुनाव कीजिए–

21. AZBY : CXDW : : HSIR : ?
(a) JQKP (b) KPLO
(c) YBXC (d) TGSH

22. DMVE : ? : : HQZI : JSBK
(a) GOXP (b) POXG
(c) GOXG (d) FOXG

23. AE : SZ : : DG : ?
(a) RT (b) TS
(c) QT (d) RU

24. ABC : ZYX : : CBA : ?
(a) ZXY (b) VXY
(c) XZY (d) XYZ

25. ABCD : BACD : : QRST : ?
(a) RQST (b) STQR
(c) QRST (d) RSTQ

26. BGEK : YTVP : : AFEJ : ?
(a) UZBK (b) BGFK
(c) ZUVQ (d) ZEDI

27. WOULD : TLRIA : : ? : ALKLO
(a) BLOCK (b) DONOR
(c) CONES (d) BARGE

28. BEAK : ORNX : : FILM : ?
(a) RUXY (b) MLIF
(c) SVYZ (d) URON

निर्देश (प्र.सं. 29-38): नीचे दिए गए प्रश्नों में तीन संख्याएं दी गई है पहली संख्या का जो सम्बन्ध दूसरी संख्या से है, वही सम्बन्ध तीसरी संख्या का चौथी संख्या से है नीचे दिए गए विकल्पों में से उस विकल्प का चुनाव कीजिए जिसका सही सम्बन्ध संख्या से है।

29. 15 : 220 : : 25 : ?
(a) 600 (b) 620
(c) 625 (d) 650

30. 125 : 5 : : 64 : ?
(a) 8 (b) 4
(c) 2 (d) 32

31. 841 : 29 : : 289 : ?
(a) 23 (b) 21
(c) 17 (d) 13

32. 8 : 28 : : 27 : ?
(a) 85 (b) 28
(c) 8 (d) 64

33. 16 : 49 : : 100 : ?
(a) 85 (b) 121
(c) 144 (d) 169

34. 5 : 100 : : 7 : ?
(a) 91 (b) 49
(c) 98 (d) 196

35. 16 : 22 : : 36 : ?
(a) 44 (b) 26
(c) 24 (d) 46

36. 2 : 32 : : 3 : ?
(a) 183 (b) 143
(c) 243 (d) 293

37. 11 : 38 : : 13 : ?

(a) 47 (b) 44

(c) 43 (d) 46

38. 25 : 625 : : 35 : ?

(a) 875 (b) 635

(c) 1575 (d) 1225

निर्देश (प्र.सं. 39-43): नीचे दिए गए प्रत्येक प्रश्न में पहले प्रश्न में से स्थानो पर प्रश्नसूचक चिन्ह् दिए गए है। इसमें पहले शब्द का जो सम्बन्ध दूसरे शब्द से है वही सम्बन्ध तीसरे शब्द का चौथे शब्द से है। तो दिए गए विकल्पों मे से प्रश्न चिन्ह् के स्थान पर उचित विकल्प का चयन कीजिए।

39. ? : जेल : : क्यूरेटर : ?

(a) जेलर, अजायबघर

(b) जेवर, प्रौढ़ता

(c) कोशिश, इलाज

(d) अपराधी, जिज्ञासा

40. ? : समय : : थर्मामीटर : ?

(a) घड़ी, ऊष्मा (b) सूर्य, तापमान

(c) घड़ी, तापमान (d) दिन, ऊर्जा

41. ? : कली : : पौधा : ?

(a) फूल, तना (b) फूल, बीज

(c) सुगन्ध, बीज (d) स्वाद, सुदर

42. ? : जलाना : : कार्बन डाई ऑक्साइड : ?

(a) आक्सीजन, गैस

(b) लकड़ी बुझाना

(c) गमी, झाग

(d) ऑक्सीजन, बुझाना

43. ? : पहाड़ : : नाली : ?

(a) बर्फ, नदी (b) पहाड़ी, नहर

(c) पहाड़ी, नदी (d) ढाबू, नाव

उत्तर (हल/संकेत)

1. (d) जिस प्रकार नाटक में अभिनेता होता है, उसी प्रकार संगीत गोष्ठी में संगीतज्ञ होता हैं।

2. (a) जिस प्रकार टोपी सिर पर लगाई जाती है उसी प्रकार चश्मा आंखों पर लगाया जाता है।

3. (c) जिस प्रकार बोधगया बिहार में स्थित एक धार्मिक स्थल है, उसी तिरूपित आन्ध्र प्रदेश में स्थित एक धार्मिक स्थल है।

4. (d) जिस प्रकार मुम्बई महाराष्ट्र की राजधानी है, उसी प्रकार त्रिवेंद्रम केरल की राजधानी है।

5. (a) जिस प्रकार हांगकांग चीन में स्थित है, उसी प्रकार वैटिकन रोम में स्थित है।

6. (b) जिस प्रकार रेशम कीट से रेशम की साड़ी बनती है, उसी प्रकार नाग से विष प्राप्त होता है।

7. (d) जिस प्रकार कीटाणु से बीमारी होती है, उसी प्रकार जंग से तबाही होती है।

8. (d) जैसे मछलियों का श्वसन अंग गलफड़ा है, उसी तरह से मानव का श्वसन अंग नाक है।

9. (c) अनाज का संग्रह गोदाम में किया जाता है, उसी तरह से जल का संग्रह बांध में किया जाता है।

10. (a) जैसे पृथ्वी सूर्य की परिक्रमा करती है, उसी प्रकार चन्द्रमा पृथ्वी की परिक्रमा करता है।

11. (c) जिस प्रकार संतान बिना मां के नहीं हो सकती उसी प्रकार पेड़ बिना जड़ के नहीं हो सकता है।

12. (b) जिस प्रकार दिन कैलेन्डर का एक अंग उसी प्रकार घंटा समय का एक अंग है।

13. (b) जिस प्रकार झगड़ा बढ़कर युद्ध का रूप लेता है उसी प्रकार बीमारी ज्यादा बढ़कर महामारी बन जाती है।

14. (d) जिस प्रकार वीडियो के सभी प्रोग्राम कैसेट में रिकार्ड होते है उसी प्रकार कम्प्यूटर के सभी प्रोग्राम फ्लॉपी में होते है।

15. (b) जिस प्रकार 'आग' लगने के बाद राख बचती है, उसी प्रकार 'विस्फोट' के बाद 'अवशेष' रह जाते है।

16. (a) जिस प्रकार 'अदालत' में 'न्याय' होता है, उसी प्रकार 'अस्पताल' में 'उपचार' होता है।

17. (a) जैसे 'राम' ने 'रावण' को मारा था, उसी प्रकार 'कृष्ण' ने 'कंस' को मारा था।

18. (b) जिस प्रकार से 'घोड़ा', 'घास' खा के चलता है, उसी प्रकार से 'कार', 'पेट्रोल' से चलती है।

19. (c) जिस प्रकार 'ड्रामा', 'स्टेज' पर किया जाता उसी प्रकार 'टेनिस' 'कोर्ट' पर खेली जाती है।

20. (d)

21. (a) जिस प्रकार

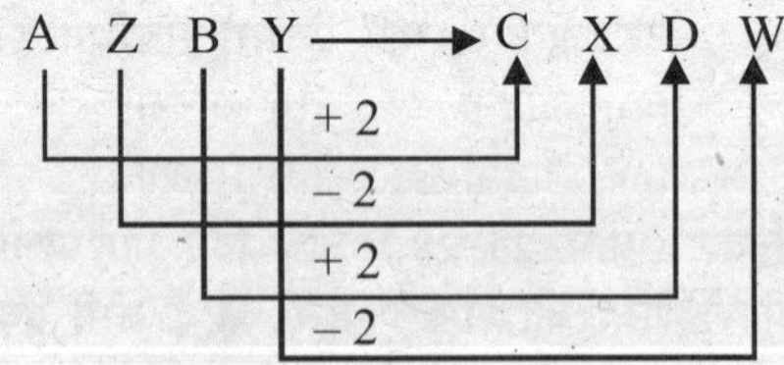

उसी प्रकार

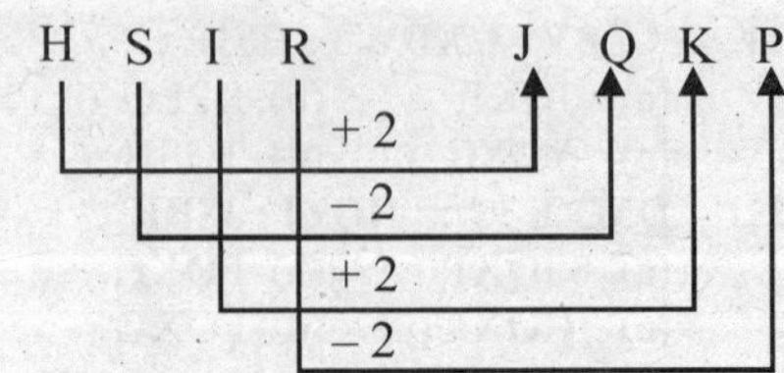

22. (d) जिस प्रकार

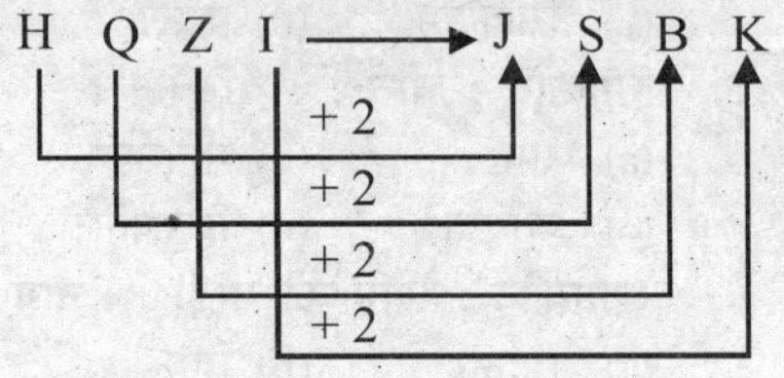

उसी प्रकार

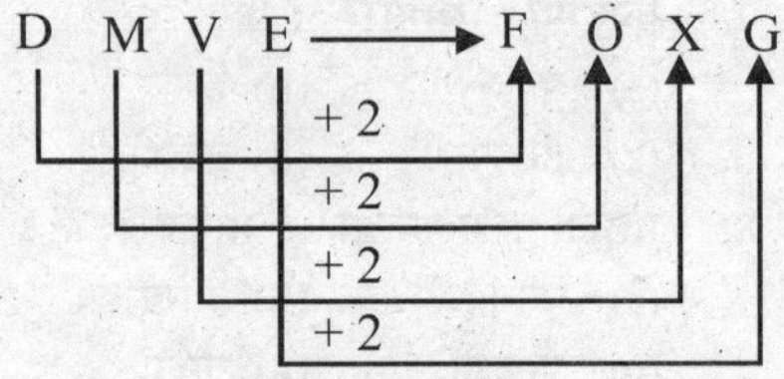

23. (a) A → Z विपरीत अक्षर

$E \xrightarrow{+14} S$

उसी प्रकार

$D \xrightarrow{+14} R$

G ⟶ T विपरीत अक्षर

24. (d) जिस प्रकार

A B C ⟶ Z Y X

उसी प्रकार

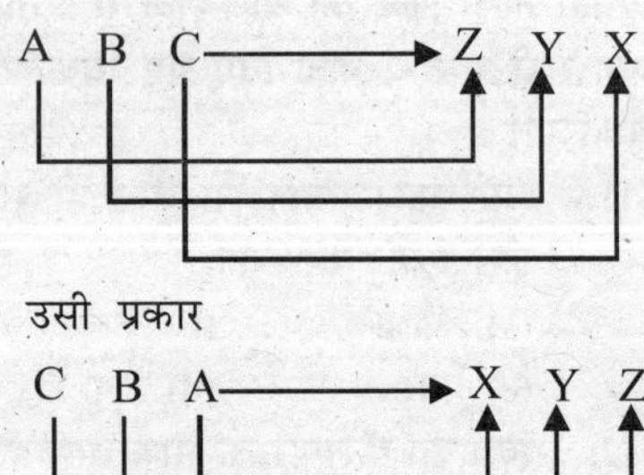

विपरीत अक्षर युग्म

25. (a) जिस प्रकार

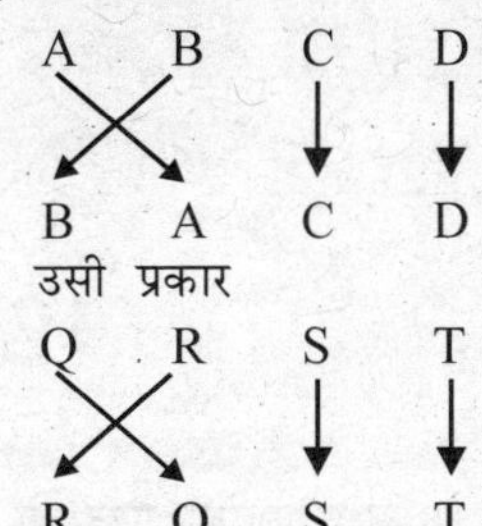

26. (c) जिस प्रकार

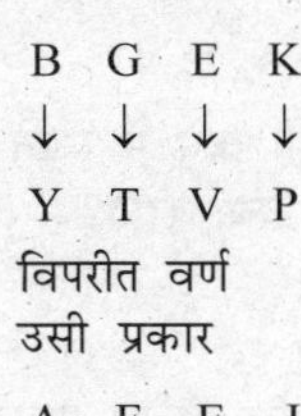

विपरीत वर्ण

उसी प्रकार

A F E J

↓ ↓ ↓ ↓

Z U V Q

विपरीत वर्ण

27. (b) जिस प्रकार

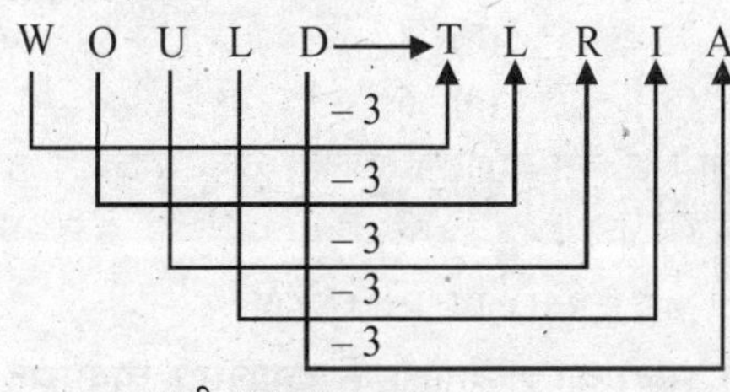

उसी प्रकार

D O N O R → A L K L O

–3, –3, –3, –3, –3

28. (c) जिस प्रकार

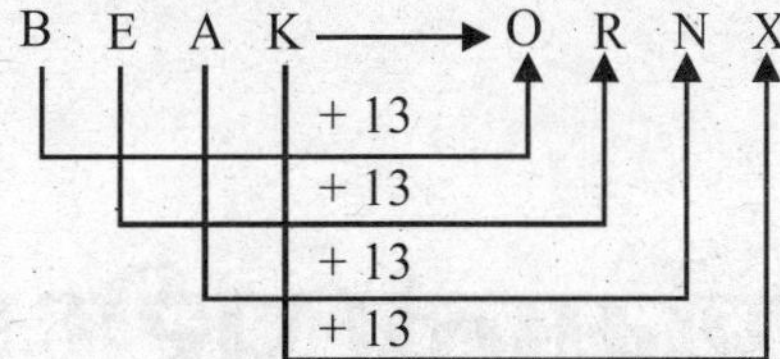

इसी प्रकार

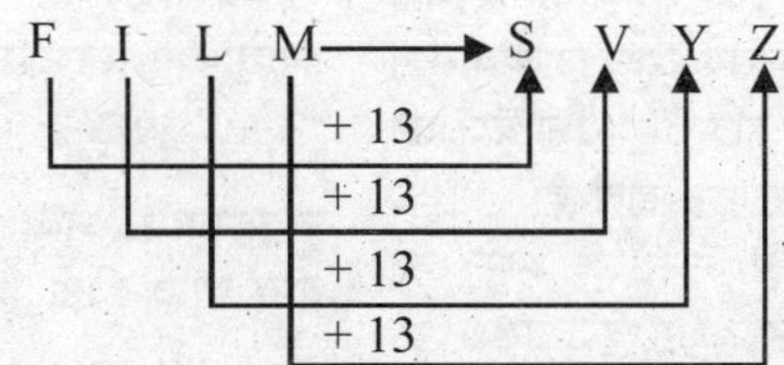

29. (b) जिस प्रकार $15 \times 15 - 5 = 220$

उसी प्रकार $25 \times 25 - 5 = 620$

30. (b) जिस प्रकार $(5)^3 = 125$

उसी प्रकार $(4)^3 = 64$

31. (c) जिस प्रकार $\sqrt{841} = 29$

उसी प्रकार $\sqrt{289} = 17$

32. (a) जिस प्रकार $8 \times 3 + 4 = 28$

उसी प्रकार $27 \times 3 + 4 = 85$

33. (d) जिस प्रकार $(4)^2 = 16$ $(7)^2 = 49$

उसी प्रकार $(10)^2 = 100$

$(13)^2 = 169$

34. (d) जिस प्रकार

$(5)^2 = 25 \Rightarrow 25 \times 4 = 100$

उसी प्रकार

$(7)^2 = 49 \Rightarrow 49 \times 4 = 196$

35. (d) जिस प्रकार $(4)^2 = 16$

$(5)^2 - 3 = 22$

उसी प्रकार $(6)^2 = 36$

$(7)^2 - 3 = 46$

36. (c) जिस प्रकार $(2)^5 = 32$

उसी प्रकार $(3)^5 = 243$

37. (b) जिस प्रकार

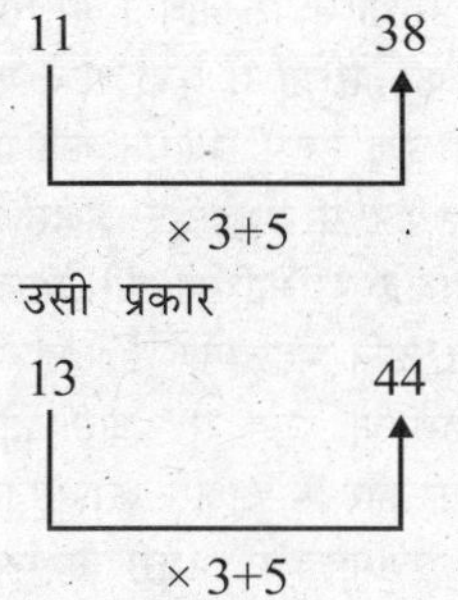

38. (d) जिस प्रकार $25 \times 25 = 625$

उसी प्रकार $35 \times 35 = 1225$

39. (a) जिस प्रकार, जेलर, जेल की देखभाल करता है। उसी प्रकार क्यूरेटर, अजायबघर की देखभाल करता है।

40. (c) जिस प्रकार, घड़ी समय बताती है। उसी प्रकार, थर्मामीटर तापमान बताता है।

41. (b) जिस प्रकार, कली का, विकसित रूप फूल है। उसी प्रकार, बीज का विकसित रूप पौधा है।

42. (d) जिस प्रकार, ऑक्सीजन, आग, को जलाती है। उसी प्रकार कार्बन डाई ऑक्साइड आग बुझाती है।

43. (c) जिस प्रकार, जिस प्रकार, पहाड़ का छोटा रूप पहाड़ी है। उसी प्रकार नदी का छोटा रूप नाली है।

❑❑❑

वर्णमाला परीक्षण

इस प्रकार की परीक्षा में परीक्षार्थियों की वर्णमाला संबंधी ज्ञान की जांच की जाती है। इस प्रकार की परीक्षा में कुछ शब्द ऐसे होते हैं, जिसमें अक्षर अव्यवस्थित क्रम में होते हैं तथा उनसे संबंधित कई प्रश्न दिए गए होते हैं। परीक्षार्थियों को इन प्रश्नों को ध्यान में रखते हुए अक्षरों को क्रम से लगाना होता है।

इसके लिए परीक्षार्थियों को अंग्रेजी वर्णमाला में अक्षरों के स्थान को ध्यान में रखना अति महत्त्वपूर्ण हैं अंग्रेजी वर्णमाला में अक्षरों की संख्या 26 होती हैं यदि हमें बाईं ओर से अक्षरों को गिनना हो, A तो से प्रारंभ करते हैं तथा यदि दायीं ओर से अक्षरों को गिनना हो, तो Z से प्रारंभ करते है।

अंग्रेजी वर्णमाला में अक्षरों के स्थान को याद रखना बहुत ही मुश्किल है इसके लिए दो सरल सूत्रों को याद रखना अतिआवश्यक है।

अंग्रेजी वर्णमाला में बाएं से अक्षरों को गिनने के लिए सरल सूत्र 'EJOTY' का का प्रयोग किया जाता है।

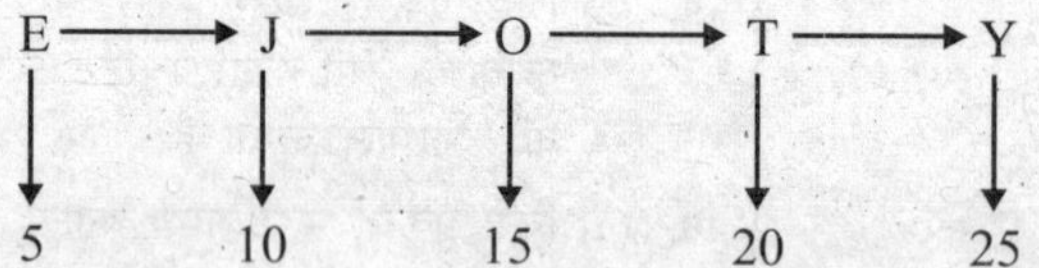

अत: अंग्रेजी वर्णमाला में बाएं ओर से E, 5 के स्थान पर J, 10 वें स्थान पर O, 15 वे स्थान पर तथा T, 20 वे स्थान पर व Y, 25 वें स्थान पर है। इस सूत्र की सहायता से बीच के वर्णों का स्थान आसानी से प्राप्त किया जा सकता है।

इसी प्रकार अंग्रेजी वर्णमाला में दाएं ओर से अक्षरों को गिनने के लिए सूत्र 'BGLQV' का का प्रयोग करते है।

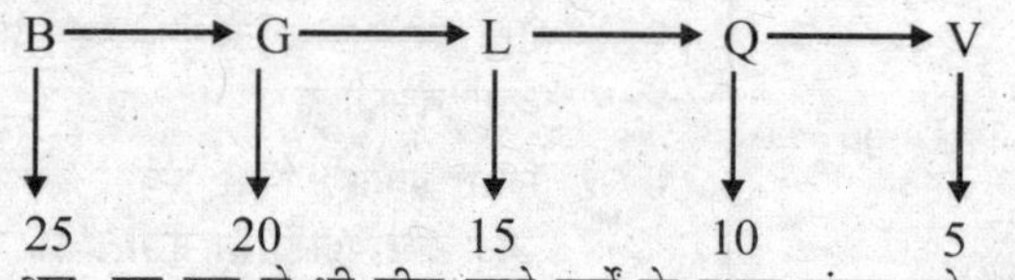

अत: इस सूत्र से भी बीच वाले वर्गो के स्थान संख्या को आसानी से प्राप्त किया जा सकता है।

नीचे कुछ उदाहरणों के माध्यम से अक्षर संबंधी प्रश्न के विभिन्न प्रकारों का स्पष्टीकरण किया जा रहा है।

हल सहित उदाहरण

उदाहरण 1: शब्द 'ORIN' के अक्षरों को किसी क्रम में रखने पर एक धातु प्राप्त होती है। उस धातु का पहला अक्षर क्या होगा?

(a) R (b) N
(c) I (d) O

हल: (c) शब्द 'ORIN' के अक्षरों को क्रम से लिखने पर 'IRON' शब्द बनता है जो एक धातु है। अत: इसका पहला अक्षर I है।

उदाहरण 2: निम्नलिखित अक्षर श्रेणी में ऐसे कितने R हैं जिनके ठीक पहले H न आता हो, परंतु ठीक बाद में M हो?

H P R X T R M H R M C K R H P T L R M N U S

(a) 2 (b) 3
(c) 5 (d) 6

हल: (a) इस प्रकार की श्रेणी में ऐसे दो R हैं जिनके ठीक पहले H न हो, परन्तु ठीक बाद में M हो।

HPRXT[R]MHRMCKRHPTL[R]MNOS

उदाहरण 3: नीचे दिए गए शब्दों को शब्दकोश के क्रमानुसार व्यवस्थित कीजिए?

1. Select, 2. Seldom, 3. Send, 4. Selfish, 5. Seller

(a) 1, 4, 5, 2, 3 (b) 2, 1, 4, 5, 3
(c) 1, 2, 3, 4, 5 (d) 3, 4, 5, 2, 1

हल: (b) शब्दकोश का सही क्रम

2. Seldom, 1. Select, 4. Selfish, 5. Seller 3. Send,

∴ सहीक्रम 2, 1, 4, 5, 3

प्रश्नमाला

निर्देश (प्र.सं. 1-5): निम्नलिखित विकल्पों में से उस शब्द का चयन कीजिए जो दिए गए अक्षरों का प्रयोग करके नहीं बनाया जा सकता है?

1. MUSICAL
(a) LASIUM (b) CLAIM
(c) SLIM (d) CALCIUM

2. DAUGHTER
(a) AUGHT (b) TRUTH
(c) GATHER (d) DEARTH

3. COLLABORATION
(a) ACTION (b) BILL
(c) BORN (d) CRITERTION

4. CAMBRIDGE
(a) BRIDGE (b) CAME
(c) BRIDE (d) CAMP

5. FLOWERBED
(a) WOLF (b) LOWER
(c) FOLLOWER (d) FREE

निर्देश (प्र.सं. 6-8): नीचे दिए गए शब्दों को शब्दकोश के अनुसार व्यवस्थित कीजिए?

6. 1. Devious 2. Devout 3. Devloution 4. Devotional 5. Development
(a) 2, 5, 1, 3, 4 (b) 4, 2, 3, 5, 1
(c) 5, 2, 3, 1, 4 (d) 5, 1, 3, 4, 2

7. 1. Premonition 2. Prelude 3. Premice 4. Preliminary 5. Premium
(a) 4, 2, 1, 5, 3 (b) 2, 4, 3, 5, 1
(b) 4, 2, 3, 5, 1 (d) 2, 4, 1, 3, 5

8. 1. Liver 2. Long 3. Late 4. Load 5. Luminous 6. Letter
(a) 3, 6, 1, 4, 2, 5
(b) 3, 6, 1, 2, 4, 5
(c) 3, 1, 6, 2, 4, 5
(b) 3, 1, 6, 2, 5, 4

निर्देश (प्र.सं. 9-13): नीचे दिए गए विकल्पों में से कौन-सा विकल्प शब्दों का सार्थक क्रम दर्शाता है?

9. 1. रेखा 2. कोण 3. वर्ग 4. त्रिभुज
(a) 2, 1, 4, 3 (b) 3, 4, 1, 2
(c) 4, 2, 1, 3 (d) 1, 2, 4, 3

10. 1. सब्जी 2. बाजार 3. काटना 4. पकाना 5. भोजन
(a) 1, 2, 3, 4, 5
(b) 2, 1, 3, 4, 5
(c) 3, 1, 2, 4, 5
(d) 5, 4, 1, 2, 3

11. 1. परामर्श 2. बीमारी 3. डॉक्टर 4. उपचार 5. स्वास्थ्य लाभ
(a) 2, 3, 1, 4, 5
(b) 2, 3, 4, 1, 5
(c) 4, 3, 1, 2, 5
(d) 5, 1, 4, 3, 2

12. 1. लखनऊ 2. उत्तर प्रदेश 3. भारत 4. विश्व 5. एशिया
(a) 1, 2, 3, 5, 4
(b) 4, 1, 2, 3, 5
(c) 5, 1, 2, 3, 4
(d) 5, 1, 3, 2, 4

13. 1. सैकड़ा 2. इकाई 3. हजार 4. दहाई 5. लाख
(a) 2, 4, 1, 3, 5
(b) 4, 1, 2, 3, 5
(c) 5, 1, 2, 3, 4
(d) 5, 1, 3, 4, 2

14. नीचे दिए गए शब्दों में से कौन-सा अंग्रेजी शब्दकोश के अनुसार चौथे स्थान पर आयोगा?
(a) Inhabit (b) Ingenious
(c) Inherit (d) Influence

15. शब्दकोश में तीसरे स्थान पर निम्नलिखित में से कौन सा शब्द आयेगा?
(a) Serif (b) Sergeant
(c) Serous (d) Serjeant

16. अंग्रेजी शब्दकोश के अनुसार कौन-सा शब्द चौथे स्थान पर होगा?
(a) Quick (b) Question
(c) Quality (d) Quit

17. निम्नलिखित शब्दों में से कौन-सा शब्दकोश के अनुसार चौथे स्थान पर होगा?
(a) Sentiment (b) Seqarate
(c) Sentinel (d) Sentience

निर्देश (प्र.सं. 18-22): निम्नलिखित विकल्पों में से उस विकल्प का चयन करें जो दिए गए शब्द के प्रयोग से बनाया गया हो?

18. **TRANSFORMATION**
(a) TRANSCTION
(b) TRANSFER
(c) INFORMANT
(d) INFORMER

19. **MEASUREMENT**
(a) MASTER (b) SUMMIT
(c) MANTLE (d) ASSURE

20. **LIBERATIONIST**
(a) RELATED (b) LIBERAL
(c) LIBELLOUS (d) BIRRERN

21. **FATHER**
(a) MASTER (b) MAN
(c) BOAT (d) RAT

22. **PARROT**
(a) ROAD (b) ROAT
(c) TOPE (d) TOPAZ

उत्तर (हल/संकेत)

1. (d) दिए गए शब्द 'MUSICAL में केवल एक C है। अत: 'CALCIUM' शब्द नहीं बनाया जा सकता है।

2. (b) दिए गए शब्द 'DAUGHTER' में केवल एक T है। अत: शब्द TRUTH नहीं बनाया जा सकता है।

3. (d) दिए गए शब्द 'COLLABORATION' में अक्षर E उपस्थित नहीं है।

4. (d) दिए गए शब्द 'CAMBRIDGE' में अक्षर P उपस्थित नहीं है। अत: शब्द 'CAMP' नहीं बनाया जा सकता है।

5. (c) दिए गए शब्द में O और L एक-एक बार आया है परंतु 'FOLLOWER' में L व O दो-दो बार है।

6. (d) शब्दकोश के अनुसार शब्दों का सही क्रम–
5. Development 1. Devious 3. Devolution 4. Devotional 2, Devout

7. (c) शब्दों का सही क्रम–
4. Premohition 2. Prelude 3. Permice 5. Premium 1. Premohition

8. (a) शब्दों का सही क्रम–
3. Late 6. Letter 1. Liver 4. Load 2. Long 5. Luminous

9. (d) सार्थक क्रम–1. रेखा 2. कोण 4. त्रिभुज 3. वर्ग

10. (b) शब्दों का सार्थक क्रम–2. बाजार 1. सब्जी 3. काटना 4. पकाना 5. भोजन।

11. (a) शब्दों का सार्थक क्रम–2. बीमारी 3. डॉक्टर 1. परामर्श 4. उपचार 5. स्वास्थ्य लाभ

12. (a) शब्दों का सार्थक क्रम–1. लखनऊ 2. उत्तर प्रदेश 3. भारत 5. एशिया 4. विश्व।

13. (a) शब्दों का सार्थक क्रम–2. इकाई 4. दहाई 1. सैकड़ा 3. हजार 5. लाख

14. (c) शब्दकोश के अनुसार–Infuence, Ingenious, Inhabit, Inherit.

15. (a) शब्दकोश के अनुसार तीसरे स्थान पर–Sergenant आएगा।

16. (d) अंग्रेजी शब्दकोश के अनुसार, चौथे स्थान पर–Quit आएगा।

17. (b) शब्दकोश के अनुसार–Sentience, Sentiment, Sentnel, Separare
अत: शब्दकोश के अनुसार 'Seqarate' चौथे स्थान पर आएगा।

18. (c) दिए गए शब्द TRANSFORMATION में दिए गए विकल्प से केवल INFORMANT शब्द बन सकता है। शेष विकल्पों
(b) TRANSATION में 'C' नहीं है
(c) TRANSFER में 'E' नहीं है
(d) INFORMER में 'E' नहीं है

19. (a) दिए गए शब्द MEASUREMENT के अक्षरों से केवल MASTER शब्द बन सकता है।
(a) SUMMIT में 'I'
(b) MANTLE में 'L'
(c) ASSURE में 'SS' दिए गये शब्द ऊपर दिए गए अक्षरों में उपस्थित नहीं है।

20. (d) दिए गए शब्द में LIBERATIONIST के अक्षरों से केवल शब्द BIRRERN बन सकता है।
(a) RELATED
(b) LIBERAL
(c) LIBELLOUS
ऊपर दिए गये में अन्डरलाइन किए गए 'अक्षर' प्रश्न अक्षरों में आए नहीं अत: ये शब्द नहीं बन सकता है।

21. (d) दिए गए शब्द FATHER के अक्षरों से केवल शब्द 'RAT' बनाया जा सकता है।
(a) MASTER
(b) MAN
(c) BOAT
ऊपर दिए गए विकल्पों में अन्डरलाइन किए गए अक्षर प्रश्न अक्षरों में नहीं आए अत: ये शब्द नहीं बन सकते है।

22. (b) दिए गए शब्द PARROT के अक्षरों से केवल शब्द 'ROAT' बनाया जा सकता है।
(a) ROAD
(b) TOPE
(c) TOPAZ
ऊपर दिए गए विकल्पों में अन्डरलाइन किए गए अक्षर प्रश्न अक्षरों में नहीं आए अत: ये शब्द नहीं बन सकते है।

❑❑❑

शृंखला परीक्षण

- किसी क्रम के अन्तर्गत अक्षरों एवं अंकों को व्यवस्थित क्रम में लगाने को शृंखला कहते हैं।

  शृंखला के अन्तर्गत परीक्षा में कुछ अंक या अक्षर अथवा अंक एवं अक्षर एक विशेष क्रम में दिए जाते हैं। दिए गए क्रम में किसी विशेष स्थान को खाली छोड़ दिया जाता है या किसी विशेष स्थान पर आने वाले अंक के स्थान पर कोई गलत अंक संयोजित कर दिया जाता है। आपको दी गई शृंखला के खाली स्थान को दिए गए विकल्पों में से उपयुक्त अंक या अक्षर या अंक एवं अक्षर का चुनाव करके पूर्ति करना होता है तथा दूसरी प्रकार की शृंखला में प्रयुक्त गलत अंक को ज्ञात करना होता है। इसके अलावा शृंखला में औपबंधिक संख्या (Conditional Number) से भी प्रश्न पूछे जाते हैं। ऐसे प्रश्नों को हल करने के लिए निम्न जानकारी होना आवश्यक है–

  1. सम संख्या, विषम संख्या तथा अभाज्य संख्या की जानकारी।
  2. 1 से 20 तक की संख्याओं का वर्ग तथा घन के बारे में जानकारी।
  3. अंग्रेजी वर्णमाला के प्रत्येक अक्षर की स्थिति के बारे में जानकारी।

- **संख्या शृंखला** (Number Series) **:** इसके अन्तर्गत पूछे जाने वाले प्रश्नों में अंकों की शृंखला दी जाती है। यह शृंखला जोड़, घटाव, गुणा, भाग, वर्ग, वर्गमूल, घन, घनमूल आदि पर आधारित होती हैं। इससे सम्बन्धित प्रश्नों को हल करने के लिए नीचे दिए गए प्रमुख बिन्दु पर ध्यान देना आवश्यक है–
- यदि दी गई शृंखला के अंकों के मान में सामान्य वृद्धि हो रही है, तो निश्चित रूप से वहां सिर्फ जोड़ का कार्य हो रहा है।
- यदि दी गई शृंखला के अंकों के मान में सामान्य कमी हो रही है, तो निश्चित रूप से वहां घटाने का कार्य हो रहा है।
- यदि दी गई शृंखला के अंकों में काफी तीव्रता के साथ वृद्धि हो रही है, तो निश्चित रूप से वहां गुणा का कार्य हो रहा है, इसके अलावा जोड़ एवं घटाव या जोड़ अथवा घटाव भी साथ में सम्भव है।
- यदि शृंखला के आंकिक मान में तीव्रता के साथ कमी हो रही है, तो वहां भाग का काम हो रहा है। साथ ही जोड़ अथवा घटाव भी सम्भव है।
- यदि शृंखला तीव्रता के साथ पहले बढ़ती हो तथा बाद में घटती हो, तो वहां गुणा तथा भाग की क्रिया एक-एक करके अपनाई जा रही है।
- यदि शृंखला में अंकों का मान पहले बढ़े फिर घटे लेकिन कम-से-कम अन्तर से हो, तो वहां जोड़ तथा घटाव का कार्य बदल-बदल कर चल रहा है।

⇒ संख्या शृंखला के अन्तर्गत सामान्यत: दो प्रकार के प्रश्न पूछे जाते हैं–

(a) **दी गई शृंखला को पूरा करना** (Complete the Given Series) **:** इसके अन्तर्गत दिए गए शृंखला क्रम में किसी विशेष स्थान को रिक्त छोड़ दिया जाता है अथवा प्रश्नवाचक (?) द्वारा निरूपित कर दिया जाता है, फिर अभ्यर्थियों से यह अपेक्षा की जाती है कि वह उस क्रम का पता लगाकर दिए गए प्रश्नवाचक चिन्ह (?) के स्थान पर आने वाली उपयुक्त संख्या का चयन करें।

अब उपर्युक्त तथ्यों के स्पष्टीकरण के लिए नीचे दिए गए प्रमुख उदाहरणों का ध्यानपूर्वक अवलोकन करें।

हल सहित उदाहरण

उदाहरण 1: निम्नलिखित अंकों की शृंखला में प्रश्नवाचक चिन्ह (?) के स्थान पर नीचे दिए गए विकल्पों में से कौन-सा अंक आएगा?

3, 10, 20, 33, 49, ?

(a) 65 (b) 58

(c) 72 (d) 68

हल: (d)

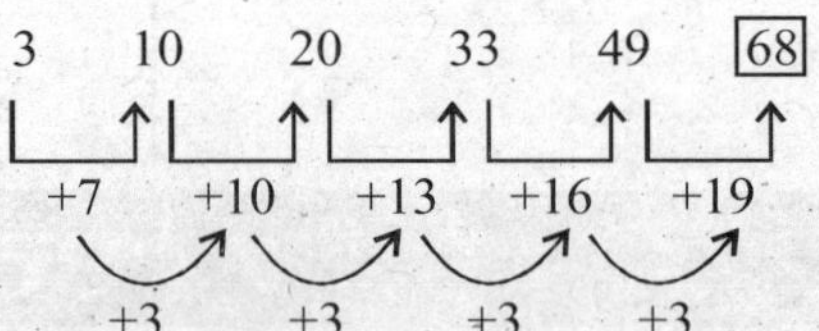

अत: प्रश्नचिन्ह के स्थान पर 68 आएगा।

(b) **दी गई शृंखला से गलत पद ज्ञात करना** (Finding the wrong term in the given series) **:** इसके अन्तर्गत दिए गए शृंखला क्रम में किसी विशेष स्थान पर आने वाले अंक के स्थान पर कोई गलत अंक संयोजित कर दिया जाता है जिसे अभ्यर्थियों को दिए गए क्रम का पता लगाकर शृंखला में प्रयुक्त गलत पद ज्ञात करना होता है। इसके लिए अभ्यर्थियों को सर्वप्रथम यह ज्ञात करना चाहिए कि श्रेणी में पद किस नियम के अनुसार बदल रहे हैं, फिर यह ज्ञात करना चाहिए कि उस नियम के अनुसार कौन-सा पद परिवर्तित नहीं हो रहा है, वही गलत पद है।

अब, उपर्युक्त तथ्यों के स्पष्टीकरण के लिए प्रमुख उदाहरणों का ध्यानपूर्वक अवलोकन करें।

उदाहरण 2: निम्नलिखित संख्या श्रेणी में सिर्फ एक पद गलत है, उस गलत पद को ज्ञात कीजिए।

3, 5, 8, 9, 11

(a) 8 (b) 11

(c) 9 (d) 5

हल: (a) दी गई संख्या श्रेणी निम्नवत् है:

$$3 \xrightarrow{+2} 5 \xrightarrow{+2} \underset{}{\overset{7}{⑧}} \xrightarrow{+2} 9 \xrightarrow{+2} 11$$

अत: शृंखला में 8 एक अनुपयुक्त संख्या है। क्योंकि 8 के स्थान पर 7 होना चाहिए।

वर्णमाला शृंखला (Alphabet Series) **:** इसके अन्तर्गत दी गई शृंखला में अंग्रेजी वर्णमाला से सम्बन्धित अक्षरों की एक शृंखला दी जाती है जिसमें एक या दो अक्षर लुप्त कर दिया जाता है अथवा उस स्थान को प्रश्नवाचक

चिन्ह (?) द्वारा निरूपित किया जाता है, फिर नीचे दिए गए विकल्पों से प्रश्नवाचक चिन्ह (?) के स्थान पर आने वाले उपयुक्त अक्षर का चयन करना होता है। इसके लिए अभ्यर्थियों को दी गई शृंखला का ध्यानपूर्वक अवलोकन करते हुए यह पता करना होता है कि शृंखला किस नियम के अनुसार परिवर्तित हो रही और उस परिवर्तित नियम के अनुसार, प्रश्नवाचक चिन्ह (?) के स्थान पर कौन-सा अक्षर उपयुक्त होगा।

इस शृंखला से सम्बन्धित प्रश्नों को आसानी से हल करने के लिए वर्णमाला क्रमांकिक जैसे– A = 1, B = 2, C = 3 इसी प्रकार Z = 26 तक याद रखना आवश्यक है।

अब आइए, उपर्युक्त तथ्यों के स्पष्टीकरण के लिए कुछ प्रमुख उदाहरणों व उसके व्याख्यात्मक हल का ध्यानपूर्वक अवलोकन करें।

निर्देश (उदाहरण 3 – 4): निम्नलिखित दिए गए प्रत्येक प्रश्न में अक्षरों की एक शृंखला दी गई है। इस शृंखला में एक या दो अक्षर को लुप्त कर दिया गया है तथा उनके स्थान पर प्रश्नवाचक दी गई शृंखला का ध्यान से अध्ययन करके नीचे दिए गए चार विकल्पों में से उस एक विकल्प को ज्ञात कीजिए जोकि शृंखला में प्रश्नवाचक चिन्ह (?) के स्थान पर उपयुक्त बैठता हो।

उदाहरण 3: निम्नलिखित अक्षरों की शृंखला में प्रश्नवाचक चिन्ह (?) के स्थान पर नीचे दिए गए विकल्पों में से कौन-सा अक्षर समूह आएगा?

BY, IQ, NK, QG, ?

(a) RF (b) TF
(c) RE (d) SE

हल: (c)

B $\xrightarrow{+7}$ I $\xrightarrow{+5}$ N $\xrightarrow{+3}$ Q $\xrightarrow{+1}$ R

Y $\xrightarrow{-8}$ Q $\xrightarrow{-6}$ K $\xrightarrow{-4}$ G $\xrightarrow{-2}$ E

उदाहरण 4: निम्नलिखित अक्षरों की शृंखला में नीचे दिए गए विकल्पों में से कौन-सा प्रश्नवाचक चिन्ह (?) के स्थान पर आएगा?

CWG, EUJ, GSM, IQP, ?

(a) KOM (b) LOM
(c) KNM (d) KOS

हल: (d) दी गई अक्षर शृंखला का ध्यानपूर्वक अवलोकन करने पर हम पाते हैं कि वह शृंखला के प्रत्येक समूह का पहला अक्षर +2, +2, +2, ...के बढ़ते हुए क्रम में, प्रत्येक समूह का दूसरा अक्षर –2, –2, –2, ...के घटते हुए क्रम में एवं प्रत्येक समूह का तीसरा अक्षर +3, +3, +3 .... के बढ़ते हुए क्रम में व्यवस्थित है, जिसे निम्न प्रकार से व्यक्त किया गया है

C $\xrightarrow{+2}$ E $\xrightarrow{+2}$ G $\xrightarrow{+2}$ I $\xrightarrow{+2}$ K

W $\xrightarrow{-2}$ U $\xrightarrow{-2}$ S $\xrightarrow{-2}$ Q $\xrightarrow{-2}$ O

G $\xrightarrow{+3}$ J $\xrightarrow{+3}$ M $\xrightarrow{+3}$ P $\xrightarrow{+3}$ S

अत: प्रश्नवाचक चिन्ह (?) के स्थान पर आने वाले अक्षरों का उपयुक्त समूह 'KOS' होगा।

उदाहरण 5 : निम्नलिखित दिए गए प्रत्येक प्रश्न में अक्षरों की शृंखला दी गई है। इन शृंखलाओं में कुछ अक्षरों को लुप्त कर दिया गया है तथा उन्हें शृंखला के नीचे दिए गए विकल्पों में उसी क्रम में दिया गया है जिस प्रकार से उसे शृंखला में होना चाहिए। दी गई शृंखला का अध्ययन करके नीचे दिए गए विकल्पों में से उस एक विकल्प को ज्ञात कीजिए जो शृंखला के लुप्त अक्षरों के स्थान पर उपयुक्त है।

ab-ba/abc-a/abcb-/abcb-

(a) cbaa (b) abca
(c) aacb (d) bcaa

हल: (a) ऐसे प्रश्नों को हल करने के लिए दी गई शृंखला के शुरू में हम देखते हैं कि खाली स्थान के दोनों ओर अक्षर 'b' प्रयुक्त होता है तथा उस शृंखला में आगे दो 'b' के बीच 'c' अक्षर प्रयुक्त हुआ है इसलिए शृंखला के शुरू में दो 'b' के बीच खाली स्थान पर अक्षर 'c' प्रयुक्त करेंगे, इस प्रकार बनी शृंखला होगी

ab c baabc b aabcb a abcba

प्रश्नमाला

निर्देश (प्र. सं. 1 – 10) : निम्नलिखित दिए गए प्रत्येक प्रश्न में अक्षरों की एक शृंखला दी गई है। इस शृंखला में एक या दो अक्षर को लुप्त कर दिया गया है तथा उनके स्थान पर प्रश्नवाचक (?) दर्शाए गए हैं। दी गई शृंखला का ध्यान से अध्ययन करके नीचे दिए गए चार विकल्पों में से उस एक विकल्प को ज्ञात कीजिए जोकि शृंखला में प्रश्नवाचक चिन्ह (?) के स्थान पर उपयुक्त बैठता हो।

1. ?, PSVYB, EHKNQ, TWZCF, ILORU
(a) BEHKN (b) ADGJM
(c) SVYBE (d) ZCFIL

2. WAB, XCD, YEF, ?
(a) CMN (b) ZGH
(c) BKL (d) AIJ

3. DAB, IFG, NKL, ?
(a) SPQ (b) SOP
(c) SPO (d) RSQ

4. CGK, EJP, GMU, ?
(a) IRT (b) IPZ
(c) FNV (d) JLN

5. BMO, EOQ, HQS, ?
(a) SOW (b) LMN
(c) KSU (d) SOV

6. NT, QR, TP, WN, ?
(a) ZL (b) LZ
(c) YL (d) ZM

7. CFL, EIK, GLJ, IOI, ?
(a) KHR (b) LRH
(c) HLR (d) KRH

8. BYW, DUX, FQY, ?
(a) HZM (b) HMZ
(c) GMY (d) HNZ

9. G13T, I11Z, L9O, ?
(a) O7K (b) P8K
(c) Q7L (d) P7K

10. 2B, 4C, 8E, 14H, ?
(a) 21L (b) 22K
(c) 22L (d) 20K

निर्देश (प्र. सं. 11–25) : नीचे दिए गए प्रश्नों में शृंखला के लुप्त पद का चयन दिए गए विकल्पों में से कीजिए।

11. 27, 32, 30, 35, 33, ?
(a) 28 (b) 31
(c) 36 (d) 38

12. 71 , 59, 48, 38, 29, ?
(a) 18 (b) 21
(c) 20 (d) 12

13. 5, 8, 13, ?, 34, 55, 89
(a) 20 (b) 21
(c) 23 (d) 29

14. 18, 23, 27, 32, 36, ?
(a) 41 (b) 42
(c) 40 (d) 43

15. 4, 8, 7, 11, 22, 21 , 25, 50, ?
(a) 49 (b) 54
(c) 51 (d) 53

16. 2, 5, 9, 19, 37, ?
(a) 73 (b) 75
(c) 72 (d) 78

17. 71, 76, 69, 74, 67, 72, ?
(a) 65 (b) 76
(c) 96 (d) 80

18. 8, 24, 12, 36, 18, 54, ?
(a) 27 (b) 68
(c) 72 (d) 108

19. 3, 4, 0, 9, –7, ?
(a) 25 (b) 26
(c) 36 (d) 18

20. 8, 13, 26, 51, ?
(a) 69 (b) 92
(c) 102 (d) 41

21. 21, 24, 33, 48, 69, 96, ?
(a) 129 (b) 126
(c) 132 (d) 135

22. 540, 316, 204, 148, 120, 106, ?
(a) 92 (b) 89
(c) 98 (d) 99

23. 135, 124, 111, 96, 79, 60, ?
(a) 37
(b) 41
(c) 43
(d) इनमें से कोई नहीं

24. 23, 32, 50, 77, 113, 158, ?
(a) 213 (b) 212
(c) 203 (d) 121

25. 37, 101, 150, 186, 211, 227, ?
(a) 235 (b) 231
(c) 238 (d) 236

निर्देश (प्र. सं. 26 – 30) : निम्नलिखित दिए गए प्रत्येक प्रश्न में अंकों की एक श्रृंखला दी गई है जिसमें से एक पद गलत है। प्रत्येक श्रृंखला में स्थित उस गलत पद को ज्ञात कीजिए।

26. 2, 5, 7, 10, 12, 14
(a) 10 (b) 12
(c) 14 (d) 7

27. 15, 20, 30, 40, 65, 90
(a) 30 (b) 40
(c) 65 (d) 90

28. 3, 10, 27, 4, 16, 64, 5, 25, 125
(a) 10 (b) 27
(c) 16 (d) 15

29. 89, 78, 86, 80, 85
(a) 89 (b) 78
(c) 80 (d) 86

30. 10, 14, 28, 34, 64, 68
(a) 28 (b) 34
(c) 64 (d) 68

उत्तर (हल/संकेत)

1. (b)

$A \xrightarrow{+15} P \xrightarrow{+15} E \xrightarrow{+15} T \xrightarrow{+15} I$

$D \xrightarrow{+15} S \xrightarrow{+15} H \xrightarrow{+15} W \xrightarrow{+15} L$

$G \xrightarrow{+15} V \xrightarrow{+15} K \xrightarrow{+15} Z \xrightarrow{+15} O$

$J \xrightarrow{+15} Y \xrightarrow{+15} N \xrightarrow{+15} C \xrightarrow{+15} R$

$M \xrightarrow{+15} B \xrightarrow{+15} Q \xrightarrow{+15} F \xrightarrow{+15} U$

2. (b)

$W \xrightarrow{+1} X \xrightarrow{+1} Y \xrightarrow{+1} Z$

$A \xrightarrow{+2} C \xrightarrow{+2} E \xrightarrow{+2} G$

$B \xrightarrow{+2} D \xrightarrow{+2} F \xrightarrow{+2} H$

3. (a)

$D \xrightarrow{+5} I \xrightarrow{+5} N \xrightarrow{+5} S$

$A \xrightarrow{+5} F \xrightarrow{+5} K \xrightarrow{+5} P$

$B \xrightarrow{+5} G \xrightarrow{+5} L \xrightarrow{+5} Q$

4. (b)

$C \xrightarrow{+2} E \xrightarrow{+2} G \xrightarrow{+2} I$

$G \xrightarrow{+3} J \xrightarrow{+3} M \xrightarrow{+3} P$

$K \xrightarrow{+5} P \xrightarrow{+5} U \xrightarrow{+5} Z$

5. (c)

$B \xrightarrow{+3} E \xrightarrow{+3} H \xrightarrow{+3} K$

$M \xrightarrow{+2} O \xrightarrow{+2} Q \xrightarrow{+2} S$

$O \xrightarrow{+2} Q \xrightarrow{+2} S \xrightarrow{+2} U$

6. (a)

$N \xrightarrow{+3} Q \xrightarrow{+3} T \xrightarrow{+3} W \xrightarrow{+3} Z$

$T \xrightarrow{-2} R \xrightarrow{-2} P \xrightarrow{-2} N \xrightarrow{-2} L$

7. (d)

$C \xrightarrow{+2} E \xrightarrow{+2} G \xrightarrow{+2} I \xrightarrow{+2} K$

$F \xrightarrow{+3} I \xrightarrow{+3} L \xrightarrow{+3} O \xrightarrow{+3} R$

$L \xrightarrow{-1} K \xrightarrow{-1} J \xrightarrow{-1} I \xrightarrow{-1} H$

8. (b)

$B \xrightarrow{+2} D \xrightarrow{+2} F \xrightarrow{+2} H$

$Y \xrightarrow{-4} U \xrightarrow{-4} Q \xrightarrow{-4} M$

$W \xrightarrow{+1} X \xrightarrow{+1} Y \xrightarrow{+1} Z$

9. (d)

$G \xrightarrow{+2} I \xrightarrow{+3} L \xrightarrow{+4} P$

$13 \xrightarrow{-2} 11 \xrightarrow{-2} 9 \xrightarrow{-2} 7$

$T \xrightarrow{-2} R \xrightarrow{-3} O \xrightarrow{-4} K$

10. (c)

$2 \xrightarrow{+2} 4 \xrightarrow{+4} 8 \xrightarrow{+6} 14 \xrightarrow{+8} 22$

$B \xrightarrow{+1} C \xrightarrow{+2} E \xrightarrow{+3} H \xrightarrow{+4} L$

11. (d)

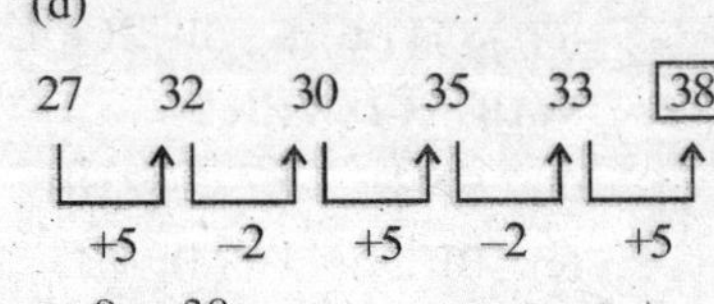

$\therefore$? = 38

12. (b)

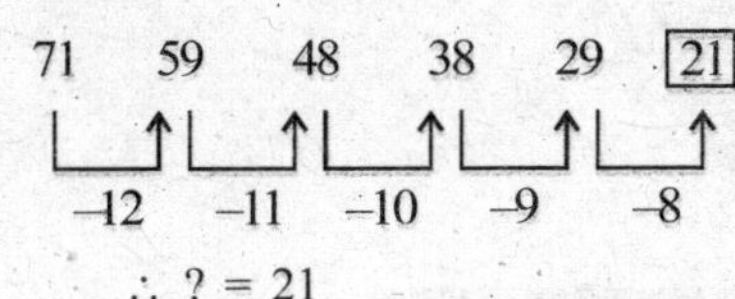

∴ ? = 21

13. (b)

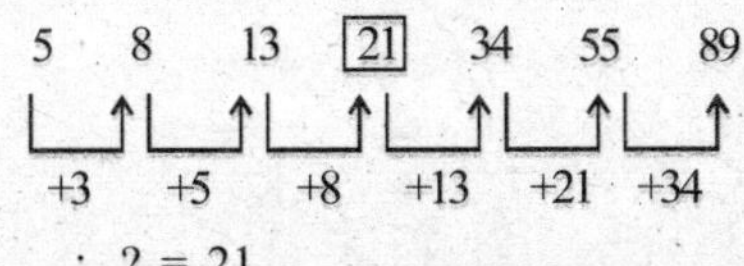

∴ ? = 21

14. (a)

$18 \xrightarrow{+5} 23 \xrightarrow{+4} 27 \xrightarrow{+5} 32 \xrightarrow{+4} 36 \xrightarrow{+5} \boxed{41}$

15. (a)

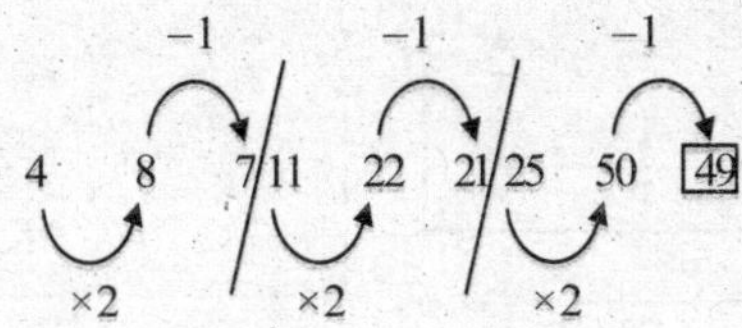

16. (b)

$2 \times 2 + 1 = 5$

$5 \times 2 - 1 = 9$

$9 \times 2 + 1 = 19$

$19 \times 2 - 1 = 37$

$37 \times 2 + 1 = \boxed{75}$

17. (a)

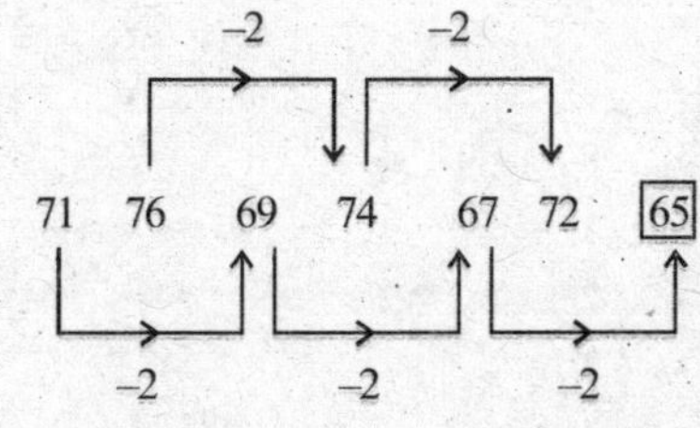

18. (a)

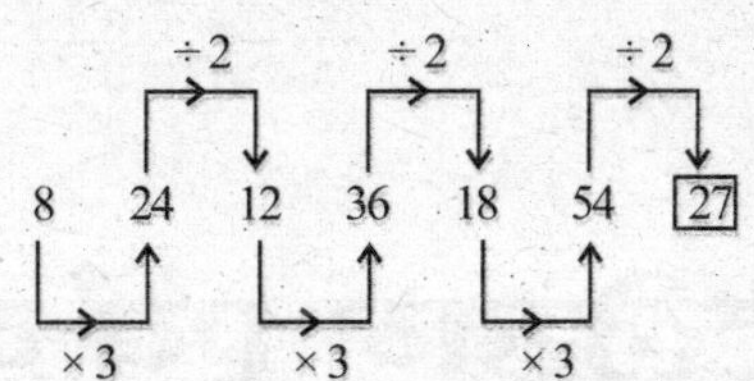

19. (d)

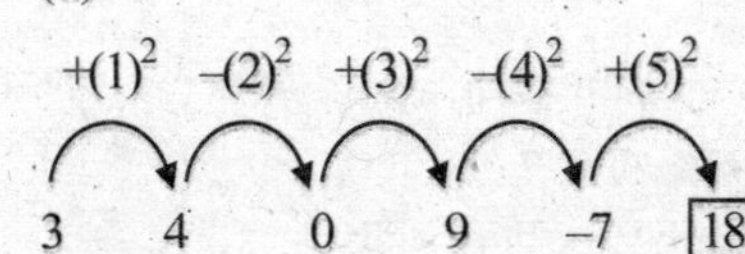

20. (b)

$8 \xrightarrow[1^2+2^2]{} 13 \xrightarrow[2^2+3^2]{} 26 \xrightarrow[3^2+4^2]{}$

$51 \xrightarrow[4^2+5^2]{} \boxed{92}$

21. (a)

21 24 33 48 69 96 $\boxed{129}$

+3 +9 +15 +21 +27 +33

22. (d)

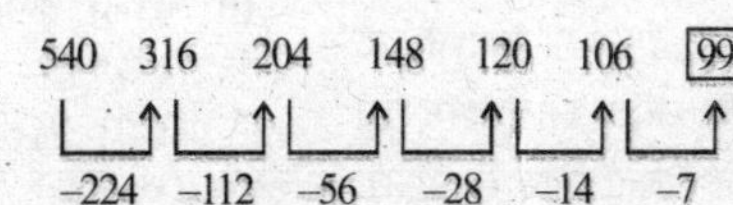

23. (d)

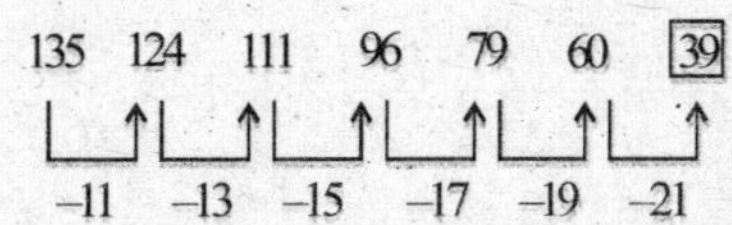

24. (b)

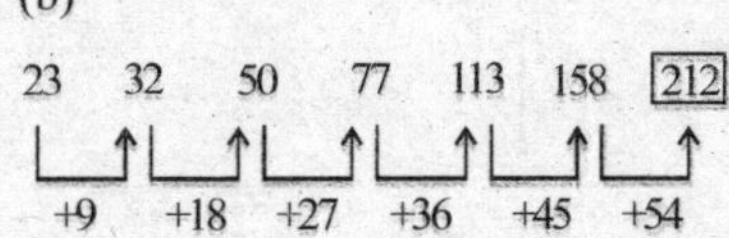

25. (d)

37 101 150 186 211 227 $\boxed{236}$

+64 +49 +36 +25 +16 +9

26. (c)

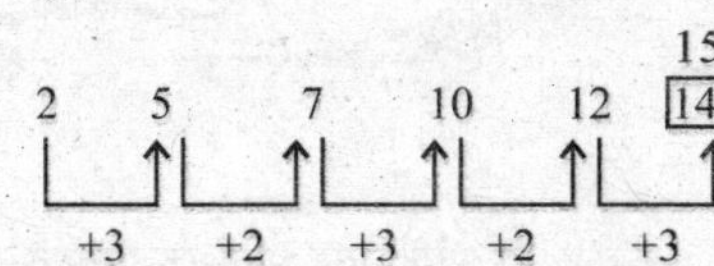

27. (b)

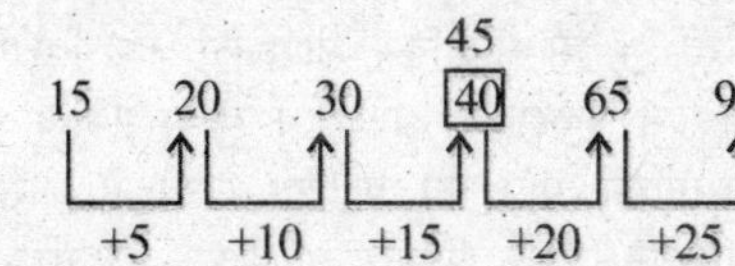

28. (a)

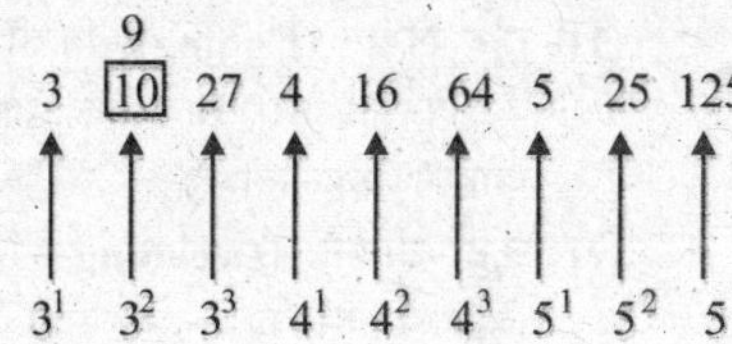

29. (d)

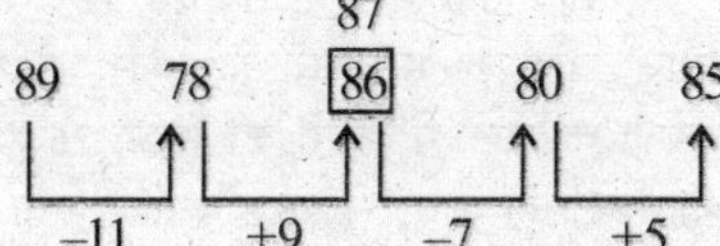

30. (b)

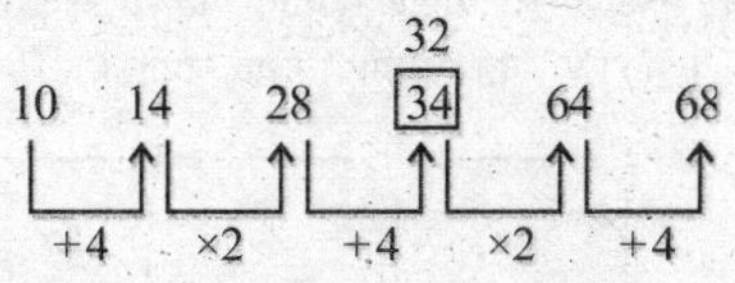

❑❑❑

5

कूटलेखन एवं कूटवाचन

कूट या सांकेतिक भाषा के अंतर्गत उस पद्धति का प्रयोग किया जाता है, जिसके द्वारा गुप्त रूप से दो व्यक्ति परस्पर एक कोड भाषा में बातचीत करते है। इस सांकेतिक भाषा को कुछ विशेष नियम के अनुसार बनाया जाता है। इस प्रकार के प्रश्नों में कुछ शब्द/अक्षर/अंक दिए रहते हैं जो अपने वास्तविक माप को प्रदर्शित करते है। परीक्षार्थियों को इसके नियमों का अध्ययन करके सांकेतिक भाषा को सही भाषा मे तथा सही भाषा को सांकेतिक भाषा में बदलना होता है।

(1) **कूट लेखन (Coding)**–किसी सही भाषा को एक विशेष नियम के अनुसार उसे सांकेतिक भाषा में परिवर्तित करने की विधि कोडिंग कहलाती है।

(2) **कूट वाचन (Decoding)**–किसी सांकेतिक भाषा को एक विशेष नियम के अनुसार सही भाषा में परिवर्तित करने की विधि डिकोडिंग कहलाती है।

सांकेतिक भाषा से संबंधित प्रश्नों को हल करने के लिए परीक्षार्थी को अंग्रेजी वर्णमाला में अक्षरों के स्थान को ध्यान में रखना अति आवश्यक है। अंग्रेजी वर्णमाला में अक्षरों की संख्या 26 होती है। यदि हमें बाईं ओर से अक्षरों को गिनना हो तो A से प्रारंभ करते है तथा यदि दाईं ओर से अक्षरों को गिनना हो, तो Z से प्रारंभ करते है।

अंग्रेजी वर्णमालाा में बाएं ओर से अक्षरों को गिनने के लिए एक सरल सूत्र 'EJOTY' का प्रयोग किया जाता है।

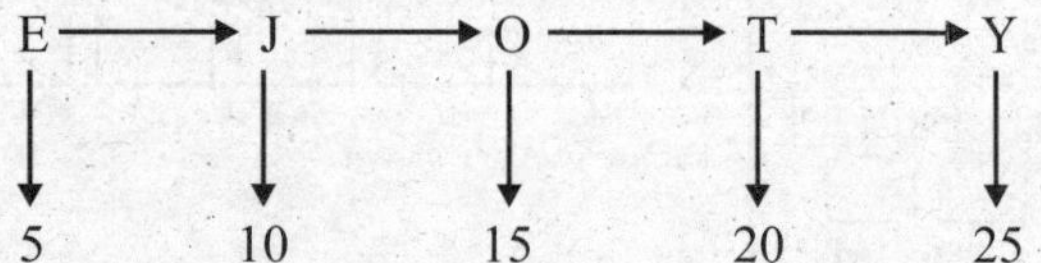

इस सूत्र के बीच वाले वर्णों की स्थान संख्या को आसानी से प्राप्त किया जा सकता है।

इसी प्रकार अंग्रेजी वर्णमाला में दाएँ ओर से अक्षरों को गिनने के लिए सूत्र 'BGLQV' का प्रयोग करते है।

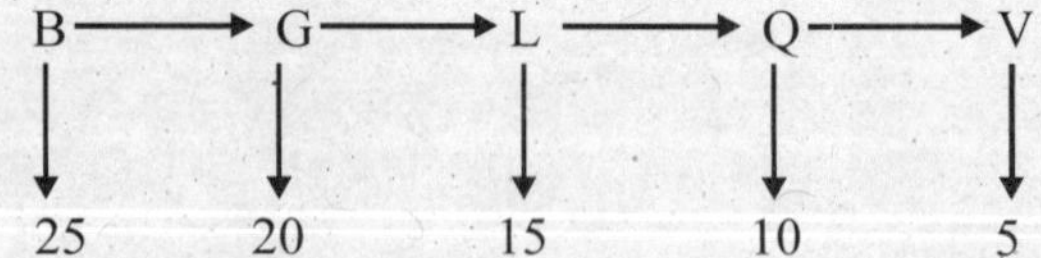

नीचे कुछ उदाहरणों के द्वारा सांकेतिक भाषा का स्पष्टीकरण दिया गया है।

हल सहित उदाहरण

उदाहरण 1: एक कूट भाषा में 'GIRL' को "FHQK' लिखा जाता है। तो BOY को उसी कूट भाषा में क्या लिखा जायेगा?

(a) ANX (b) CMY

(c) DMZ (d) EMX

हलः (a) जिस प्रकार,

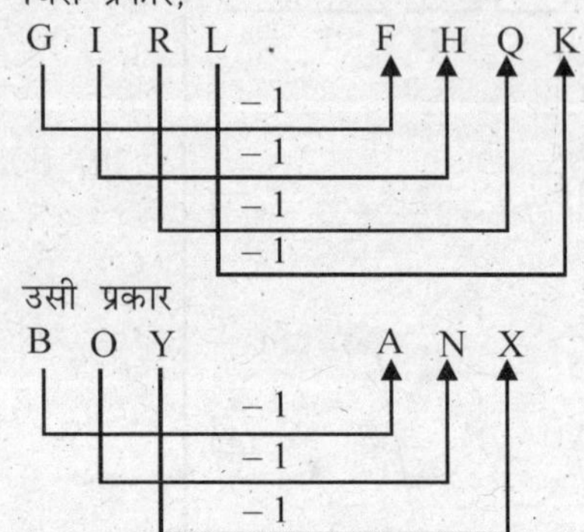

उदाहरण 2: एक निश्चित कूट भाषा में 'ROHAN' को 1, 0, 3, 4, 8 'MOHAN' को 5, 0, 3, 4, 8 तथा VINAY को 7, 2, 8, 4, 9 लिखा जाता है तो उसी कूट भाषा में 'RIHAN' को क्या लिखा जायेगा?

(a) 2, 3, 5, 6, 9 (b) 1, 2, 3, 4, 8

(c) 9, 2, 3, 7, 5 (d) 1, 2, 3, 8, 4

हलः (b) जिस प्रकार

R	→	1	M	→	5	V	→	7
O	→	0	O	→	0	I	→	2
H	→	3	H	→	3	N	→	8
A	→	4	A	→	4	A	→	4
N	→	8	N	→	8	Y	→	9

उसी प्रकार,

R	→	1
I	→	2
H	→	3
A	→	4
N	→	8

(यहां R = 1, I = R, H = 3, A = 4 तथा N = 8)

उदाहरण 3: एक निश्चित कूट भाषा में 'CAPITAL' को 'CPATILA' लिखा जाता है। उस कूट भाषा में 'PERSONRS' को क्या लिखा जायेगा?

(a) PSONRES (b) PONSRES

(c) PESONRS (d) PREOSSN

हलः (d) जिस प्रकार जिस प्रकार

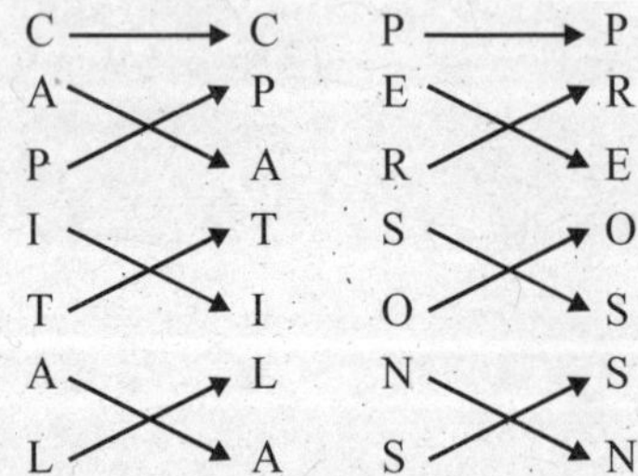

उदाहरण 4: यदि किसी कूट भाषा में 'वर्षा' को 'पानी' कहें, 'पानी, को 'हवा' कहें 'हवा' को 'बादल' कहें, 'बादल' को 'आकाश' कहें 'आकाश' को 'समुद्र' कहें तथा 'समुद्र' को सड़क कहें, तो चिड़ियां कहां उड़ती हैं?

(a) बादल में (b) समुद्र में
(c) आकाश में (d) पानी में

हल: (b) चिड़ियां आकाश में उड़ती है परंतु सांकेतिक भाषा में 'आकाश' को समुद्र कहा गया है अतः चिड़ियां समुद्र में उड़ती है।

उदाहरण 5. एक कूट भाषा में यदि TOM = 48 तथा DICK = 27 हो, तो HARRY की कूट भाषा में संख्या कम होगी?

(a) 48 (b) 57
(c) 70 (d) 62

हल: (c) T अंग्रेजी वर्णमाला का 20वां अक्षर है।
O अंग्रेजी वर्णमाला का 15वां अक्षर है।
M अंग्रेजी वर्णमाला का 13वां अक्षर है।
∴ TOM = (20+15+13) = 48
इसी प्रकार DICK = (4 + 9 + 3 + 11) = 27
इसी प्रकार HARRY = (8 + 1 + 18 +18+ 25) = 70

प्रश्नमाला

निर्देश (प्र.सं. 1-30): निम्नलिखित प्रश्नों से चार विकल्प दिए गए है प्रश्नों को पढ़कर सही उत्तर का चयन कीजिए–

1. एक निश्चित भाषा में MADRAS को NBESBT के रूप में लिखा जाता हैं तो उस भाषा में BOMBAY को को किस तरह कूट किया जागेगा?
(a) CPOCBZ (b) CQOCBZ
(c) CPNCBZ (d) DNCBZQ

2. किसी कूट भाषा में THANKS को HTNASK के रूप में लिखा जाता हैं तो उस भाषा में COMMON को किस प्रकार लिखा जाएगा?
(a) ONMMCO (b) OOMMNC
(c) OCMNMO (d) OCMMNO

3. यदि किसी कूट भाषा में LIEUTENANT को 123242021411420 लिखा जाता है। तो MANGO को किस कूट भाषा में किस प्रकार लिखा जाएगा?
(a) 13114715 (b) 1311474
(c) 14141375 (d) 1314157

4. यदि DEER को 1448 से तथा HELP को 94#@ से लिखते तो HEEL को उस कूट भाषा में किस प्रकार लिखा जाएगा?
(a) 9443 (b) 9414
(c) 944# (d) 9144

5. यदि GYPSY = βπγαπ और SCHOOL = αρδθθμ तो उस कूट भाषा में PSYCHOLOGY को किस प्रकार लिखा जाएगा।
(a) απδθθμγπβπ
(b) ϖπβπαρσθθμ
(c) γαπρδθμ θβπ
(d) γπαρβδπθμθ

6. यदि BOMBAY को कूट भाषा में FSQFEC लिखा जाए तो किस शब्द को कूट भाषा में QCWSVI लिखा जाएगा?
(a) MANDYA (b) MANDAL
(c) MYSORE (d) MYSOER

7. यदि D = 4 और READ को कूट भाषा में 28 लिखा जाता है। तो HEAR को कूट भाषा में क्या लिखा जाएगा?
(a) 32 (b) 33
(c) 7 (d) 30

8. यदि MINJUR को 312547 व TADA को 6898 के रूप में कोडित किया जाता है। तो MADURAI को कैसे कोडित किया जाएगा?
(a) 3849781 (b) 3498178
(c) 3894781 (d) 3498871

9. यदि GO = 32 SHE = 49 हो तो SOME किसके बराबर होगा?
(a) 56 (b) 62
(c) 58 (d) 64

10. यदि PLAY का कोड 8123 तथा RHYME का 49367 है तो MALE का कोड क्या होगा?
(a) 6198 (b) 6217
(c) 6935 (d) 6285

11. यदि SHARP का कोड 58034 है और PUSH का कोड 4658 है तो RUSH का कोड क्या होगा?
(a) 4658 (b) 3658
(c) 6583 (d) 8546

12. यदि किसी सांकेतिक भाषा में VIDAY को 43256 तथा ARTH को 6871 लिखा जाता है। तो उसी भाषा में DIVYATI को किस प्रकार लिखेंगे?
(a) 2345673 (b) 1873254
(c) 2354673 (d) 2345637

13. यदि DELHI को कूट भाषा में 73541 और CALCUTTA को 82589662 लिखा जाए तो CALICUT को उसी भाषा में कैसे लिखेंगे?
(a) 597821 (b) 5279431
(c) 8251896 (d) 8543691

14. यदि किसी सांकेतिक भाषा में CHARCOAL को 45164913 लिखा जातााा है। और MORALE को 296187 लिखा जाता है। तो उसी भाषा MECHRALE को किस प्रकार लिखा जाएगा?
(a) 95378165 (b) 27456138
(c) 25378159 (d) 27456137

15. यदि किसी सांकेतिक भाषा में ENGLAND को 1234526 और FRANCE को 785291 लिखा जाता हैं तो उसी भाषा में GREECE को किस प्रकार लिखा जाएगा?
(a) 381191 (b) 381911
(c) 394132 (d) 5621134

16. यदि किसी सांकेतिक भाषा में DEFENCE को CDEDMBD लिखा जाता हैं, तो उसी भाषा में NEED को कैसे लिखा जाएगा?
(a) MCDC (b) MCCD
(c) ULDE (d) MDDC

17. किसी सांकेतिक भाषा में RAJKUMAR को TYLIWKCP लिखा जाता हैं उसी सांकेतिक भाषा में INSANITY को किस प्रकार लिखेंगे?
(a) LKUYPGVW
(b) KLUYPGVW
(c) GPQAXECP
(d) UKLPGWAN

18. यदि एक सांकेतिक भाषा में TAMILNADU को MATNLIUDA लिखा जाता है। उसी सांकेतिक भाषा में COALITION को किस प्रकार लिखेंगे?
(a) AOCTILNOI
(b) AOCITLNOI
(c) ACOTNLOIN
(d) ACOTNLOI

19. यदि SUMMER को कूट भाषा में RUNNER लिखा है। तो WINTER को लिखा जाएगा?
(a) SUITER (b) VIOUER
(c) WALKER (d) SUFFER

20. यदि BASKET को TEKSAB लिखा जाए तो उसी कूट भाषा में PILLOW को कैसे लिखा जाएगा?
(a) LOWLIP
(b) WOLPIL
(c) LOWPIL
(d) WOLLIP

21. यदि किसी सांकेतिक भाषा में COURT को 5% @ 38 तथा TILE को 8 C $4 जाए तो उसी कूट भाषा में CITE को कैसे लिखा जाएगा?
(a) 5$ 84 (b) 5% 84
(c) 5 C 84 (d) 3@84

22. यदि किसी सांकेतिक भाषा में AUDIT को 2 # 67$ लिखा जाता है तथा PUB 8 # 5 लिखा जाताा है तो उसी कूट भाषा में BUT को कैसे लिखा जाएगा?
(a) 56$ (b) 5 # $
(c) 57 $ (d) 6 # $

23. यदि किस कूट भाषा में DECEMBER को ERMBCEOE लिखा जाए तो उसी कूट लिपि में कौन सा शब्द ERMBVENO के रूप में लिखा जाएगा?
(a) SEPTEMBER
(b) ANOVERMBE
(c) NOVEMBER
(d) NVOEMBER

24. यदि किसी कूट में TOPPER को POTREP लिखा जाए तो उसी कूट में किस शब्द को RUBREG लिखा जाएगा?
(a) BURGET (b) BEURGR
(c) BURGER (d) BLURBE

25. यदि EARN को GCTP लिखा जाए तो उसी कूट भाषा में NEAR को कैसे लिखा जाएगा?
(a) PGCT (b) PCGT
(c) CTGP (d) GPTC

26. यदि 'मेज' को, 'कुर्सी', 'कुर्सी' को 'चारपाई', 'चारपाई' को 'पात्र' और 'पात्र' को फिल्टर कहा जाए तो व्यक्ति कहां बैठता है?
(a) कुर्सी (b) पात्र
(c) चारपाई (d) फिल्टर

27. यदि 'नारंगी' को 'मक्खन', मक्खन को 'साबुन', साबुन को 'स्याही', को 'शहद' और शहद को नारंगी कहा जाए तो वस्त्रों की धुलाई में क्या प्रयोग किया जाता है?
(a) शहद (b) मक्खन
(c) साबुन (d) स्याही

28. यदि 'वर्षा' को 'गुलाबी', 'गुलाबी', को 'बादल', 'बादल' को 'जल', जल को 'बयार' और 'बयार' को चंद्रमा कहे तो सभी अपने हाथ किससे धोते है?
(a) जल (b) वर्षा
(c) चंद्रमा (d) बयार

29. यदि 'सफेद, को 'लाल', लाल को 'पीला', 'पीले' को 'नीला', औरर नीले को हरा कहा जाए तो हल्दी का रंग निम्नलिखित में से क्या है?
(a) लाल (b) नीला
(c) हरा (d) पीला

30. यदि 'आसमान' को 'सफेद' को 'वर्षा', 'वर्षा' को हरा और हरे को वायु कहे तो पक्षी किसमें उड़ते है?
(a) सफेद (b) आसमान
(c) हरा (d) वायु

उत्तर (हल/संकेत)

1. (c) जिस प्रकार

M A D R A S
↓+1 ↓+1 ↓+1 ↓+1 ↓+1 ↓+1
N B E S B T

उसी प्रकार

B O M B A Y
↓+1 ↓+1 ↓+1 ↓+1 ↓+1 ↓+1
C P N C B Z

2. (d) जिस प्रकार

T H A N K S
H T N A S K

उसी प्रकार

C O M M O N
O C M M N O

3. (b) जिस प्रकार

L I E U T E N A M T
↓ ↓ ↓ ↓ ↓ ↓ ↓ ↓ ↓ ↓
12 3 2 4 20 2 14 1 14 20

उसी प्रकार

M A N G O
↓ ↓ ↓ ↓ ↓
13 1 14 7 4

4. (d) जिस प्रकार

D E E R तथा R E L P
↓ ↓ ↓ ↓ ↓ ↓ ↓ ↓
1 4 4 8 9 4 # @

उसी प्रकार

H E E L
↓ ↓ ↓ ↓
9 4 4 #

5. (c) जिस प्रकार,

G Y P S Y तथा
↓ ↓ ↓ ↓ ↓
β π γ α π

S C H O O L
↓ ↓ ↓ ↓ ↓ ↓
α ρ δ θ θ μ

उसी प्रकार, से

P S Y C H O L O G Y
↓ ↓ ↓ ↓ ↓ ↓ ↓ ↓ ↓ ↓
γ α π ρ δ θ μ θ β π

6. (c) जिस प्रकार,

B O M B A Y
↓+2 ↓+4 ↓+4 ↓+4 ↓+4 ↓+4
F S Q F E C

उसी प्रकार,

Q C W S V T
↓−4 ↓−4 ↓−4 ↓−4 ↓−4 ↓−4
M Y S O R E

7. (a) जिस प्रकार,

R E A D
↓ ↓ ↓ ↓
18 + 5 + 1 + 4 = 28

उसी प्रकार,

H E A R
↓ ↓ ↓ ↓
8 + 5 + 1 + 18 = 32

8. (c) जिस प्रकार,

M I N J U R
↓ ↓ ↓ ↓ ↓ ↓
3 1 2 5 4 7

तथा T A D A
↓ ↓ ↓ ↓
6 8 9 8

उसी प्रकार,

M A D U R A I
↓ ↓ ↓ ↓ ↓ ↓ ↓
3 8 9 4 7 8 1

9. (a) वर्णाक्षरों को उल्टे क्रम में उनका स्थान Z से A तक करने पर अर्थात् Z = 1 Y = 2 X = 3 WE = 4 ....

जिस प्रकार,

G O तथा S H E
↓ ↓ ↓ ↓ ↓
20 12 8 19 22
= 20 + 12 8 + 19 + 22
= 32 = 48

उसी प्रकार,

S O M E
↓ ↓ ↓ ↓
8 + 12 + 14 + 22 = 56

10. (b) जिस प्रकार,

P L A Y
↓ ↓ ↓ ↓
8 1 2 3

तथा R H Y M E
↓ ↓ ↓ ↓ ↓
4 9 3 6 7

अत: MALE में M = 6, A = 2, L = 1 और E = 7

तो M A LE = 6217

11. (b) जिस प्रकार,

S H A R P
↓ ↓ ↓ ↓ ↓
5 8 0 3 4

तथा P U S H
↓ ↓ ↓ ↓
4 6 5 8

उसी प्रकार,

R U S H
↓ ↓ ↓ ↓
3 6 5 8

12. (a) V I D Y A
↓ ↓ ↓ ↓ ↓
4 3 2 5 6

तथा A R T H
↓ ↓ ↓ ↓
6 8 7 1

V = 4, I = 3, D = 2, Y = 5, A = 6, R = 8, T = 7, H = 1

तो DIVYATI = 2345673

13. (c) जिस प्रकार,

D E L H I
↓ ↓ ↓ ↓ ↓
7 3 5 4 1

तथा C A L C U T T A
↓ ↓ ↓ ↓ ↓ ↓ ↓ ↓
8 2 5 8 9 6 6 2

उसी प्रकार,

C A L I C U T
↓ ↓ ↓ ↓ ↓ ↓ ↓
8 2 5 1 8 9 6

14. (d) मूल शब्दों की कूटों से तुलना करने पर

C = 4, H = 5, A = 1, R = 6, O = 9, L = 3, M = 2, E = 7

∴ MECHRALE = 27456137

15. (a) जिस प्रकार,

E N G L A N D
↓ ↓ ↓ ↓ ↓ ↓ ↓
1 2 3 4 5 2 6

और F R A N C E
↓ ↓ ↓ ↓ ↓ ↓
7 8 5 2 9 1

उसी प्रकार,

G R E E C E
↓ ↓ ↓ ↓ ↓ ↓
3 8 1 1 9 1

16. (d) जिस प्रकार,

D E F E N C E
↓−1 ↓−1 ↓−1 ↓−1 ↓−1 ↓−1 ↓−1
C D E D M B D

उसी प्रकार,

N E E D
↓−1 ↓−1 ↓−1 ↓−1
M D D C

17. (b) जिस प्रकार,

R A J K U M A R
↓+2 ↓−2 ↓+2 ↓−2 ↓+2 ↓−2 ↓+2 ↓−2
T Y L I W K C P

उसी प्रकार,

I N S A N I T Y
↓+2 ↓−2 ↓+2 ↓−2 ↓+2 ↓−2 ↓+2 ↓−2
K L U Y P G V W

18. (a) जिस प्रकार,

T A M I L N A D U

M A T N L I U D A

उसी प्रकार,

C O A L I T I O N

A O C T I L N O I

19. (b) जिस प्रकार,

S U M M E R
↓−1 ↓ ↓+1 ↓+1 ↓ ↓
R U N N E R

उसी प्रकार,

W I N T E R
↓−1 ↓ ↓+1 ↓+1 ↓ ↓
V I O U E R

20. (d) जिस प्रकार,

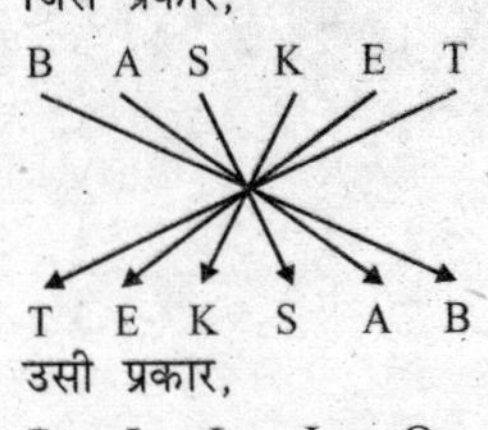

उसी प्रकार,

P I L L O W

W O L L I P

21. (c) जिस प्रकार,

C O U R T
↓ ↓ ↓ ↓ ↓
5 % @ 3 8

और T I L E
↓ ↓ ↓ ↓
8 C $ 4

उसी प्रकार,

C I T E
↓ ↓ ↓ ↓
5 C 8 4

22. (b) जिस प्रकार,

A U D I T
↓ ↓ ↓ ↓ ↓
2 # 6 7 $

तथा P U B
↓ ↓ ↓
8 # 5

उसी प्रकार,

B U T
↓ ↓ ↓
5 # $

23. (c) जिस प्रकार,

D E C E M B E R
↓ ↓ ↓ ↓ ↓ ↓ ↓ ↓
1 2 3 4 5 6 7 8

→ E R M B C E D E
↓ ↓ ↓ ↓ ↓ ↓ ↓ ↓
7 8 5 6 3 4 1 2

उसी प्रकार,

N O V E M B E R
↓ ↓ ↓ ↓ ↓ ↓ ↓ ↓
1 2 3 4 5 6 7 8

→ E R M B V E N O
↓ ↓ ↓ ↓ ↓ ↓ ↓ ↓
7 8 5 6 3 4 1 2

24. (c) जिस प्रकार,

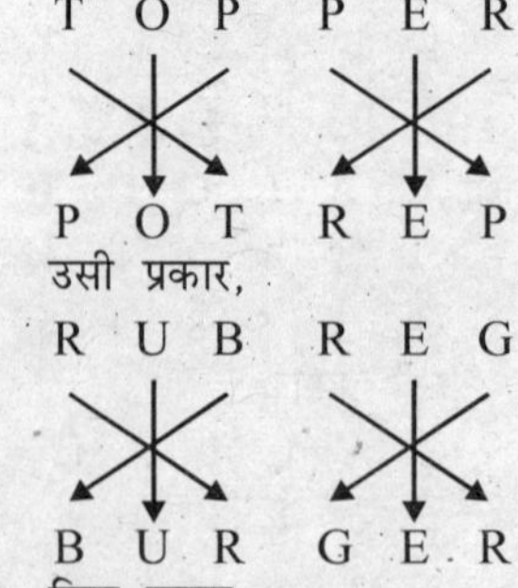

25. (a) जिस प्रकार,

E A R N
↓+2 ↓+2 ↓+2 ↓+2
G C T P

उसी प्रकार,

N E A R
↓+2 ↓+2 ↓+2 ↓+2
P G C T

26. (c) चूंकि व्यक्ति कुर्सी पर बैठता है और कुर्सी को चारपाई कहा जाता हैं अत: व्यक्ति चारपाई का प्रयोग करता है।

27. (d) वस्त्रों की घुलाई में साबुन का प्रयोग किया जाता है और यहां साबुन को स्याही कहा जाता है। अत: वस्त्रों की घुलाई स्याही से होती है।

28. (d) चूंकि सभी लोग हाथ जल से धोते हैं और यहां जल को बयार कहा गया है अत: सभी लोग हाथ बयार से धोते है।

29. (b) चूंकि हल्दी का रंग पीला होता है और यहां पीला का अर्थ नीला है अत: हल्दी का रंग नीला है।

30. (a) चूंकि पक्षी आसमान में उड़ते है और यहां आसमान को सफेद कहा गया है अत: पक्षी सफेद में उड़ते है।

❑❑❑

6
दिशा ज्ञान परीक्षण

इस प्रकार की परीक्षा का उद्देश्य परीक्षार्थियों में दिशा सम्बन्धी ज्ञान की जांच करना है दिशाओं के बारे में हम जानते है कि सूर्य जिस दिशा में उदय होता है वह दिशा पूर्व कहलाती है तथा जिस दिशा में सूर्य अस्त होता है उसे पश्चिम कहते है। यदि सूर्य की ओर मुख करके खड़े हों, तो सामने की दिशा पूर्व, पीछे की दिशा पश्चिम, बाईं ओर की दिशा उत्तर तथा दाईं ओर की दिशा दक्षिण कहलाती हैं।

एक आरेख के माध्यम से चारों दिशाओं को प्रदर्शित किया जाता है।

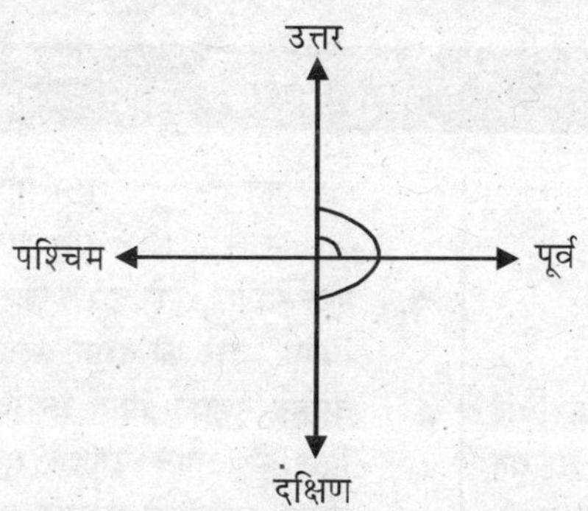

इसके अतिरिक्त प्रतियोगी परीक्षाओं में चार अन्य दिशाओं का भी उल्लेख किया जाता हैं। अत: इन दिशाओं के बारे में जानकारी के लिए एक आरेख नीचे दर्शाया गया हैं।

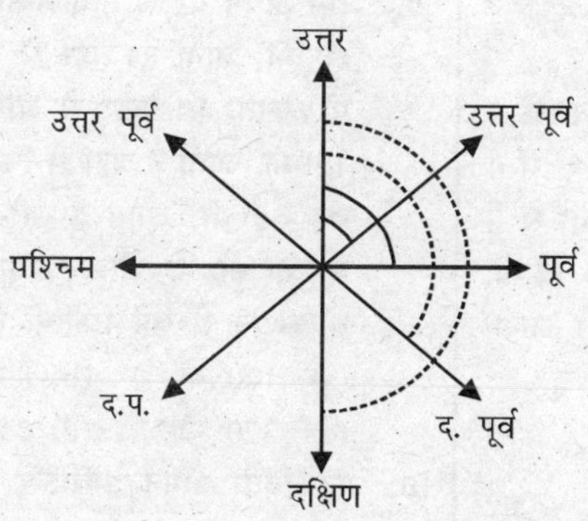

आरेख के अनुसार उत्तर और पूर्व के बीच की दिशा को 'उत्तर-पूर्व', दक्षिण और पूर्व के बीच की दिशा 'दक्षिण-पूर्व', दक्षिण और पश्चिम के बीच की दिशा को दक्षिण-पश्चिम तथा उत्तर और पश्चिम की दिशा को उत्तर-पश्चिम दिशा कहते हैं।

दिशाओं के अतिरिक्त दिशा सम्बन्धी प्रश्नों में 'दाईं ओर' तथा 'बाई ओर' के शब्दों का बहुत उपयोग होता है इनको भी नीचे एक आरेख के माध्यम से दर्शाया गया है।

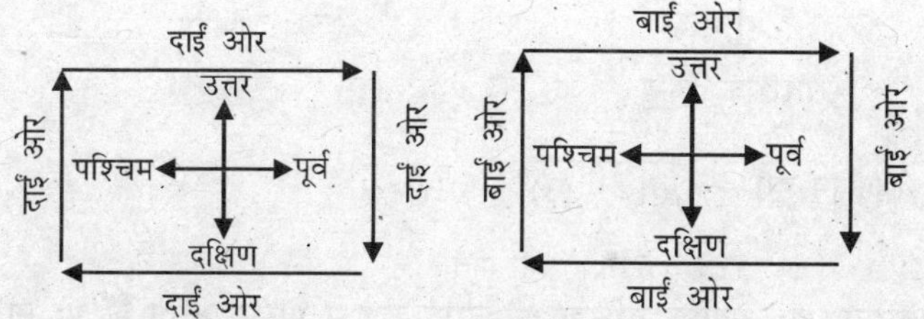

नीचे कुछ उदाहरणों के माध्यम से दिशा संबंधी प्रश्नों का स्पष्टीकरण दिया गया है।

हल सहित उदाहरण

उदाहरण 1: दक्षिण की ओर मुंह करके राम ने चलना प्रारंभ किया और 30 मी. चलने के बाद वह बाई ओर मुड़ गया। वह पुनः 25 मी. चलने के बाद बाई ओर मुड़ जाता है और 30 मी. की दूरी तय करता है। बताएं कि वह अपने प्रारंभिक स्थान से कितनी दूरी पर एवं दिशा में हैं?

(a) प्रारंभिक स्थान पर (b) 25 मी., पश्चिम

(c) 25 मी., पूर्व (d) 30 मी., पूर्व

हल: (c)

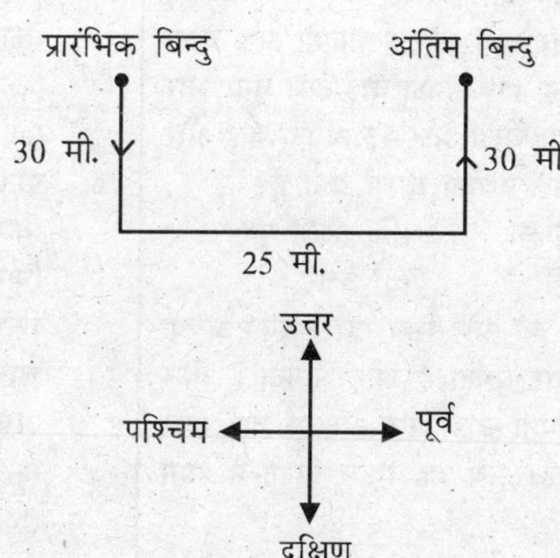

उदाहरण 2: एक व्यक्ति उत्तर की ओर 10 किमी. जाता है। वहां से वह दक्षिण की ओर 6 किमी. जाता है। फिर वह पूर्व की ओर 3 किमी. जाता है। बताएं कि वह अपने प्रारंभिक स्थान से कितनी दूरी पर एवं किस दिशा में हैं?

(a) 7 किमी., पूर्व (b) 5 किमी., पश्चिम

(c) 5 किमी., उत्तर-पूर्व (d) 7 किमी., पश्चिम

हलः (c)

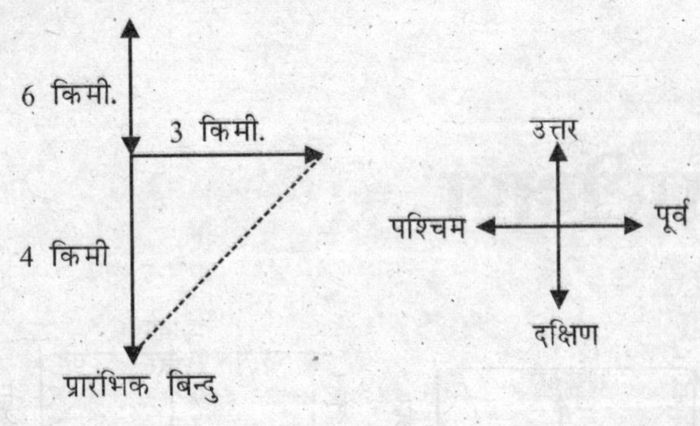

∴ अंतिम दूरी = $\sqrt{(4)^2+(3)^2} = \sqrt{16+9}$

$= \sqrt{25} = 5$ मी., उत्तर-पूर्व

उदाहरण 3: अशोक दक्षिण की तरफ चलना प्रारंभ करता हैं 50 मी. चलने के बाद वह दाईं ओर मुड़ता है तथा 30 मीटर चलता है। फिर वह दाईं ओर मुड़ता है तथा 30 मी. चलकर रूक जाता है। वह अपने प्रारंभिक स्थल से किस दिशा में तथा कितनी दूर हैं?

(a) 50 मी. दक्षिण (b) 150 मी. उत्तर

(c) 180 मी. पूर्व (d) 50 मी. उत्तर

हलः (d)

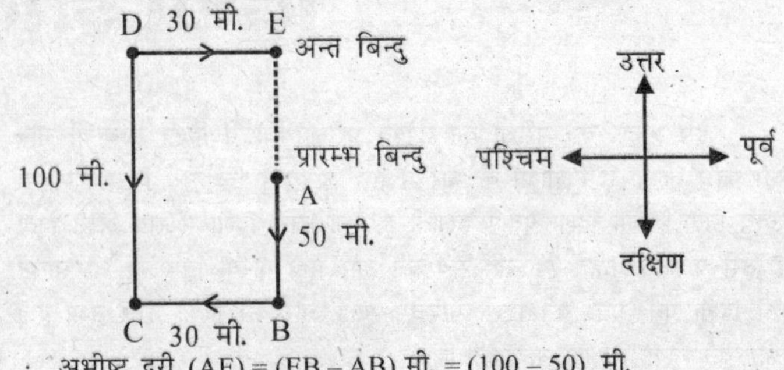

∴ अभीष्ट दूरी (AE) = (EB – AB) मी. = (100 – 50) मी.

= 50 मी.

प्रश्नमाला

1. प्रकाश ने 6 किमी. की यात्रा उत्तर दिशा में की। फिर बाएं मुड़कर 4 किमी. और पुनः बाएं मुड़कर 6 किमी. की यात्राएं की। तदनुसार अपने प्रस्थान बिंदु से प्रकाश कितनी दूरी पहुंच गया?

(a) 10 किमी. (b) 8 किमी.

(c) 6 किमी. (d) 4 किमी.

2. एक आदमी किसी स्थान से 5 किमी. उत्तर की ओर चला, फिर 90° अपनी दाईं ओर घूमा और 5 किमी. और चला फिर वह 45° अपनी दाईं ओर घूमा और 2 किमी. चला और 45 अपनी बाईं ओर घूमा अब उसकी दिशा क्या हैं?

(a) दक्षिण (b) दक्षिण पूर्व

(c) पूर्व (d) उत्तर

3. दक्षिण की ओर भाग रहा लड़का अपनी दाईं ओर घूमता है और भागता है फिर वह अपनी दाईं ओर अंत में बाईं ओर घूमता है। अब वह किस दिशा में भाग रहा हैं?

(a) पूर्व (b) पश्चिम

(c) दक्षिण (d) उत्तर

4. अविनाश दक्षिण की ओर 2 किमी. चला। वह दाईं ओर मुड़ा और 1 किमी. और चला। फिर वह दाईं ओर मुड़ा और 2 किमी. गया। वह अपने प्रारंभिक स्थान से किस दिशा में हैं?

(a) दक्षिण

(b) पश्चिम

(c) उत्तर-पश्चिम

(d) उत्तर-पूर्व

5. अरुण उत्तर की ओर 20मी. चलकर बाईं ओर मुड़ता है और 40मी. जाता है। वह फिर बाईं ओर मुड़कर 30 मी. जाता है। अंत में वह बाईं ओर मुड़कर 50मी. चलता है। अब अरुण प्रारंभिक स्थान से कितनी दूर हैं?

(a) 50 मी. (b) 40 मी.

(c) 30 मी. (d) 10 मी.

6. प्रातः काल मैं सूर्य की ओर मुख करके 2 किमी. चला और रुक गया वहां से मैं 4 किमी. अपनी दाईं ओर चला, वहां से मैं फिर सूर्य की ओर मुख करके 1 किमी. चला, वहां से मैं अपनी दाईं ओर चला। अब मैं किस दिशा में चल रहा हूं?

(a) दक्षिण-पश्चिम

(b) दाएं हाथ की ओर

(c) पूर्व

(d) दक्षिण-पूर्व

7. उत्तर पश्चिम की ओर मुंह करके एक व्यक्ति खड़ा है। वह 90° घड़ी की दिशा में घूमता है और उसके बाद 135° घड़ी की विपरीत दिशा में तो अब उसका मुंह किस दिशा में हैं?

(a) पूर्व (b) पश्चिम

(c) उत्तर (d) दक्षिण

8. एक गाड़ी A से प्रारंभ करती है और 10 किमी. उत्तर की तरफ चलती है वह अपने दाहिने मुड़कर फिर 15 किमी. चलती है फिर से अपने दाहिने मुड़कर वह 10 किमी. चलने के पश्चात् B पर पहुंचती है तो A तथा B के बीच की दूरी है?

(a) 25 किमी. (b) 15 किमी.

(c) 10 किमी. (d) इनमें से कोई नही

9. राम अपने घर से निकलकर पूर्व दिशा में 60 मी. जाता है। वहां से दाहिनी से 40 मी. जाता है। जहां से बाएं मुड़कर वह 120मी. जाता है वहां से फिर बाएं मुड़कर वह 40 मी. जाता है और अंत में दाएं मुड़कर 60 मी. जाकर रुक जाता है। शुरू के स्थान से वह कितनी दूरी पर है?

(a) 120 मी. (b) 80 मी.

(c) 320 मी. (d) 240 मी.

10. निवेदिता अपने ऑफिस से 10 किमी. पश्चिम की तरफ चलकर रूक जाती है। तब वह अपनी दाई तरफ 8 किमी. मुड़ जाती है। इसके बाद वह अपनी दाईं तरफ 4 किमी. जाती है। ऑफिस से वह कितनी दूरी पर हैं।

(a) 18 किमी. (b) 8 किमी.

(c) 16 किमी. (d) 10 किमी.

11. रॉय 2 किलोमीटर पूर्व की ओर चलता है फिर उत्तर-पश्चिम की ओर घूमता है और 3 किमी. चलता है फिर वह पश्चिम की ओर घूमता है और 2 किमी. चलता है अन्ततः वह उत्तर की ओर घूमता है और 6 किमी. चलता है। वह प्रारंभिक स्थल से किस दिशा में है?
(a) दक्षिण-पश्चिम (b) दक्षिण-पूर्व
(c) उत्तर-पश्चिम (d) उत्तर-पूर्व

12. राणा 10 किमी. उत्तर की ओर जाता है बाएं घूमता है और 4 किमी. जाता है फिर दाएं घूमता है और 5 किमी. जाता है फिर दाईं ओर घूमकर 4 किमी. और जाता है। अपनी यात्रा शुरू करने के स्थान से वह कितनी दूरी पर है?
(a) 5 किमी. (b) 4 किमी.
(c) 15 किमी. (d) 10 किमी.

13. X दक्षिण की ओर चलता है फिर दाएं फिर बाए और फिर दाए मुड़ता है। वह अब किस दिशा में जा रहा है?
(a) दक्षिण (b) उत्तर
(c) पश्चिम (d) दक्षिण-पश्चिम

14. कल्पना ने बिंदु B से सीधे बिंदु C तक 8 फीट की दूरी तय की वह बाईं ओर मुड़ी और 5 फीट चली वह फिर बाई ओर मुड़ी ओर 7 फीट चली। अंत में वह बाईं ओर मुड़कर 5 फीट चली। वह प्रारंभिक स्थान से कितनी दूर है?
(a) 3 फीट (b) 4 फीट
(c) 1 फीट (d) 5 फीट

15. A उत्तर की ओर चलना प्रारंभ करता है वह बाएं मुड़ता है फिर बाएं मुड़ता है, फिर दाएं मुड़ता है, फिर दाएं मुड़ता है फिर बाएं मुड़ता हैं। A अब किस दिशा की ओर चल रहा है?
(a) पूर्व (b) दक्षिण
(c) पश्चिम (d) दक्षिण-पूर्व

16. राम अपने घर से 4 किमी. पश्चिम की ओर चलता है फिर दक्षिण की ओर मुड़कर 8 किमी. तय करता है। अंत में पूर्व की ओर 6 किमी. जाता है और फिर 2 किमी. पश्चिम की ओर जाता है। वह अपने प्रारंभिक स्थान से कितनी दूर है?
(a) 4 किमी. (b) 8 किमी.
(c) 10 किमी. (d) 12 किमी.

17. रात्रि में एक व्यक्ति पेड़ के नीचे खड़ा है और उत्तर दिशा में 5 किमी. चलता हैं वह 90° अपने दाहिने तरफ मुड़ता है और 5 किमी. चलता है उसे किस दिशा में पेड़ तक पहुंचने के लिए चलना चाहिए?
(a) दक्षिण
(b) दक्षिण-पूर्व
(c) दक्षिण-पश्चिम
(d) पश्चिम

18. एक शाम राजा ने सूर्य की ओर चलना प्रारंभ किया। थोड़ी दूर चलकर वह अपनी दाईं ओर घूमा और फिर अपनी दाईं ओर घूमा अब उसका मुंह किस दिशा में है?
(a) दक्षिण (b) पूर्व
(c) पश्चिम (d) उत्तर

उत्तर (हल/संकेत)

1. (d)

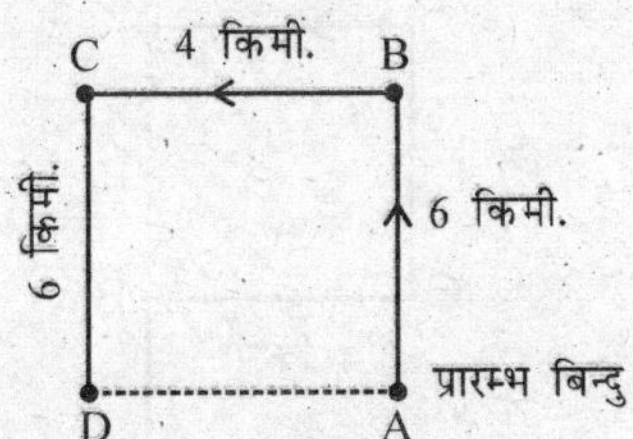

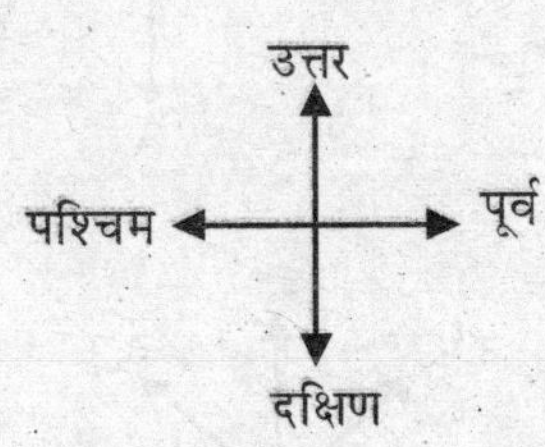

अभीष्ट दूरी = A D = 4 किमी.

2. (d)

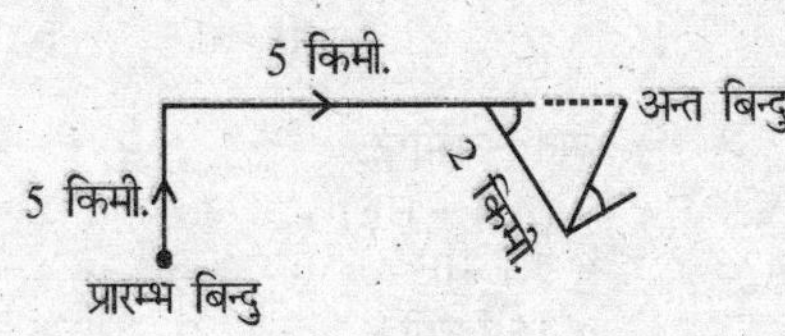

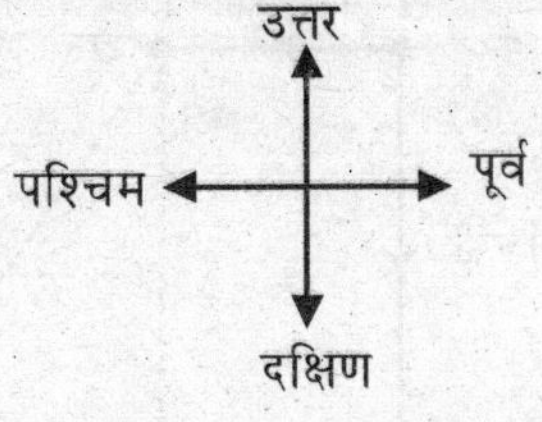

अतः वह उत्तर की ओर जा रहा है।

3. (b)

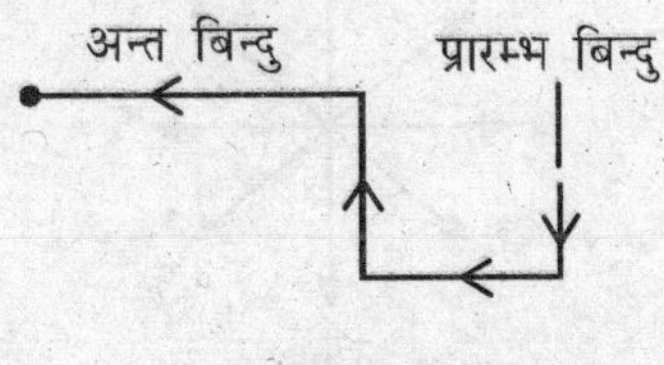

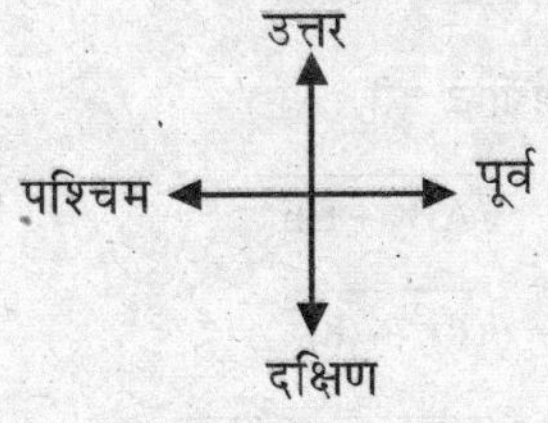

अतः वह पश्चिम दिशा में भाग रहा है।

4. (c)

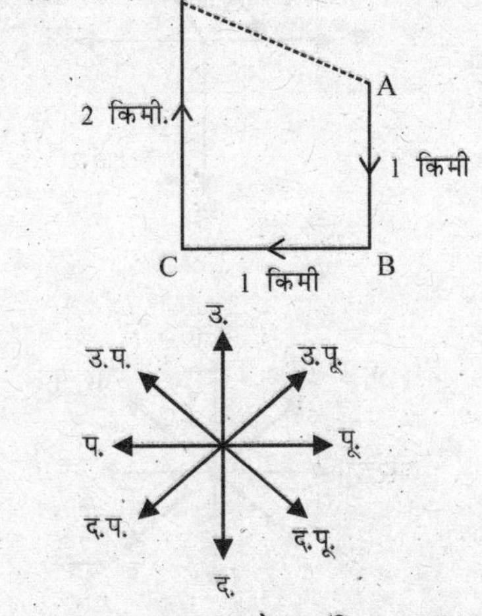

अतः वह अपने प्रारंभिक स्थान से उत्तर-पश्चिम दिशा में है।

5. (d)

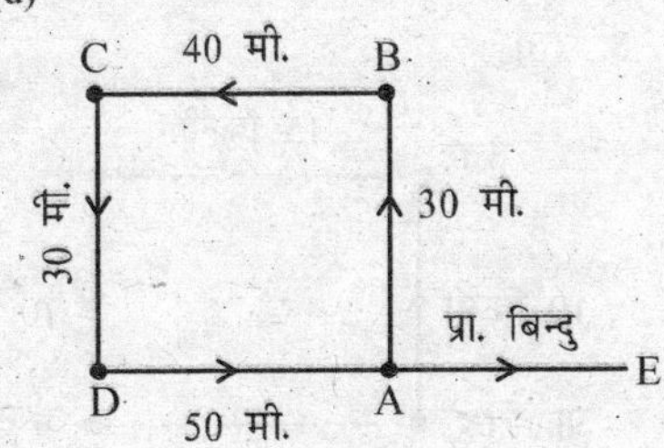

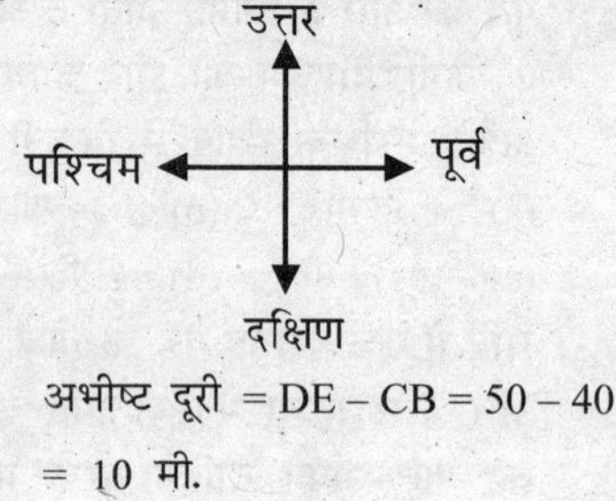

अभीष्ट दूरी = DE – CB = 50 – 40
= 10 मी.

6. (b)

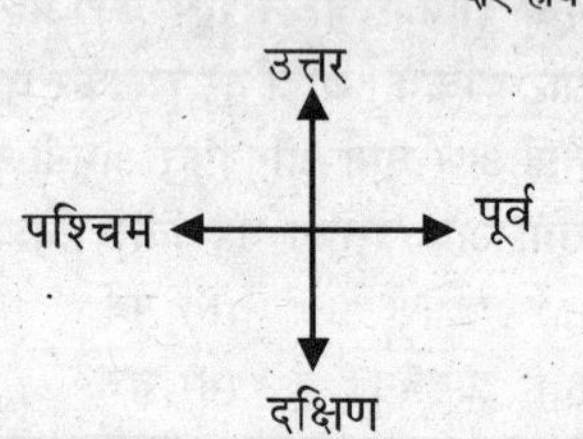

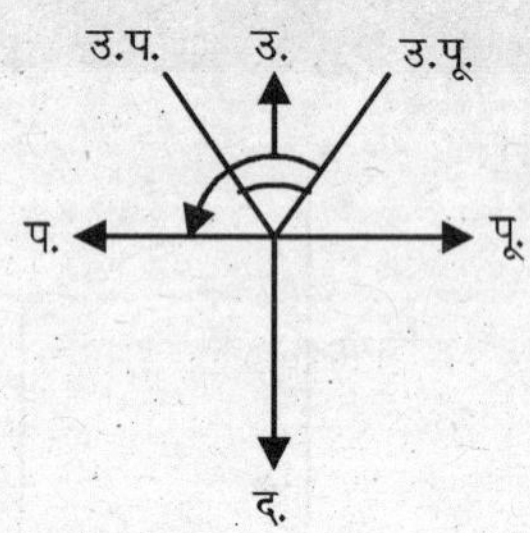

7. (b)

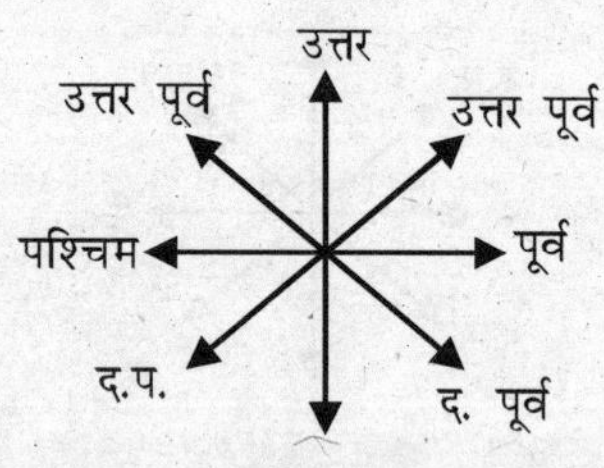

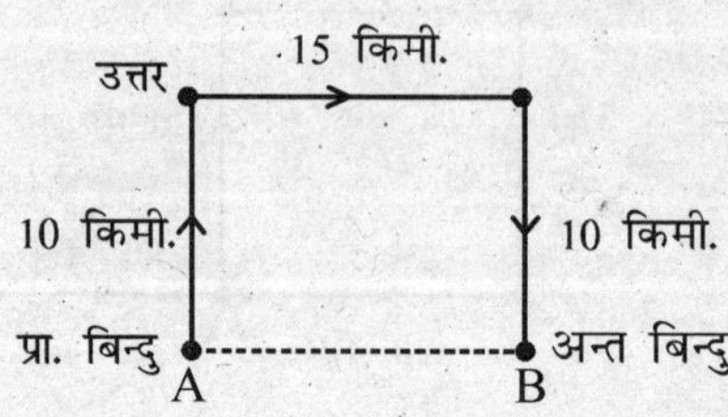

अत: अंत में उसका मुंह पश्चिम दिशा में है।

8. (b)

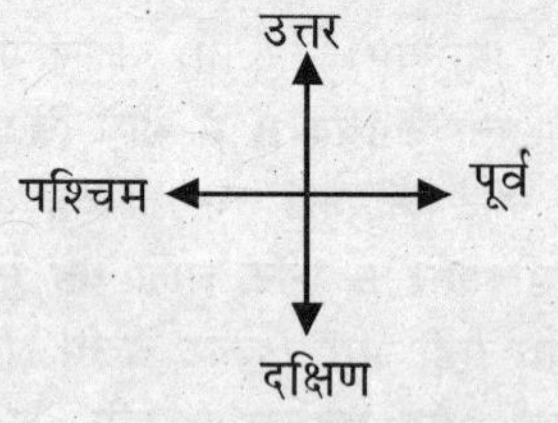

अंत: A से B के बीच की दूरी = 15 किमी.

9. (d)

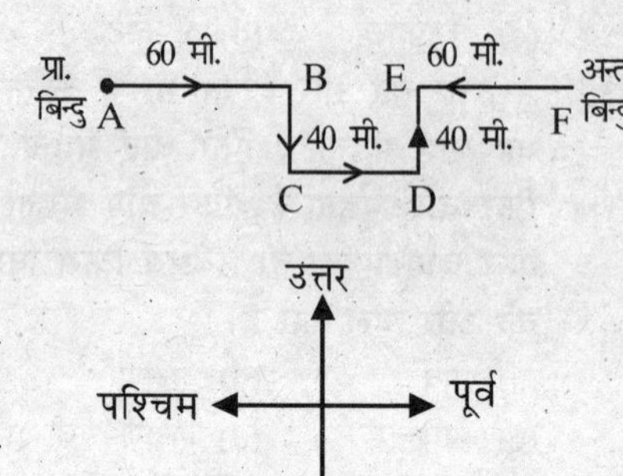

अभीष्ट दूरी = AF = 60 + 120 + 60
= 240 मी.

10. (d)

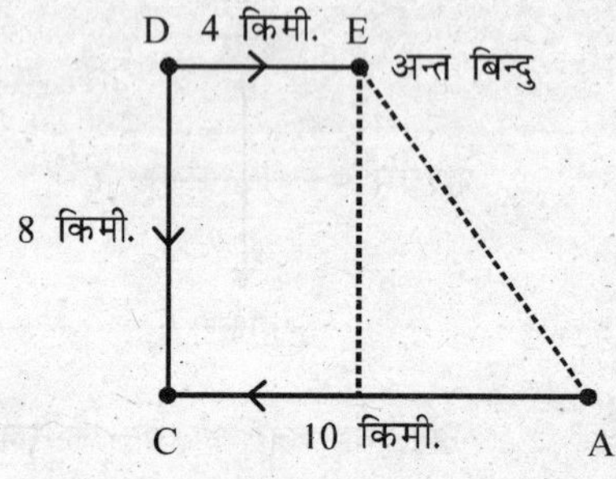

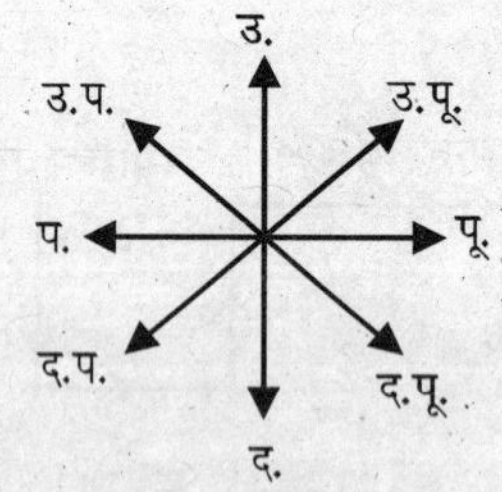

अभीष्ट दूरी (AE)

$= \sqrt{AB^2 + BE^2}$

$= \sqrt{(6)^2 + (8)^2}$

$= \sqrt{36+64} = \sqrt{100}$ किमी.

= 10 किमी.

11. (c)

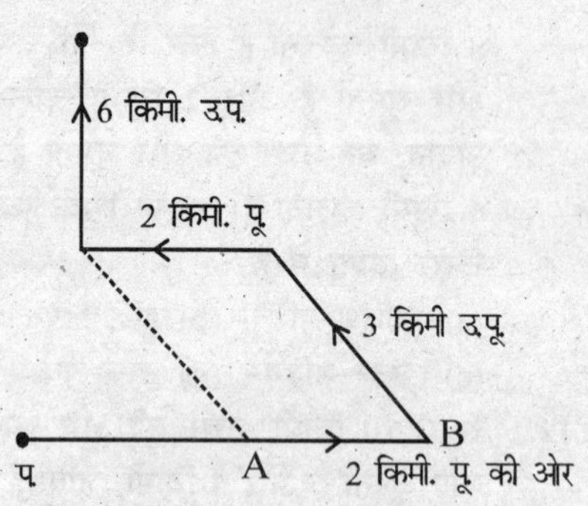

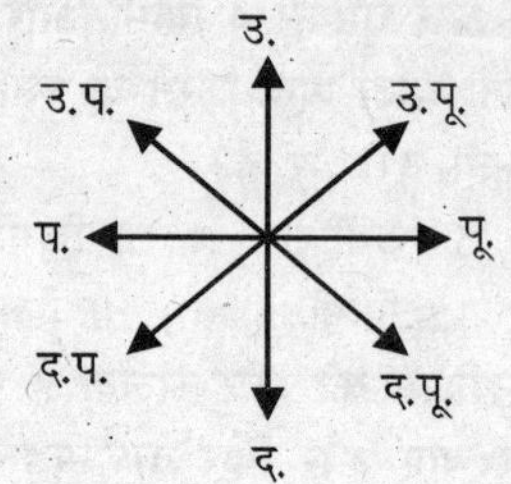

अत: रॉय प्रारंभिक स्थल से उत्तर-पश्चिम दिशा में है।

12. (c)

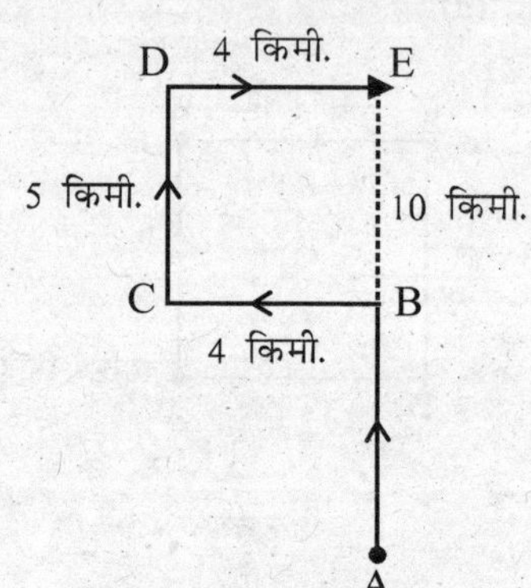

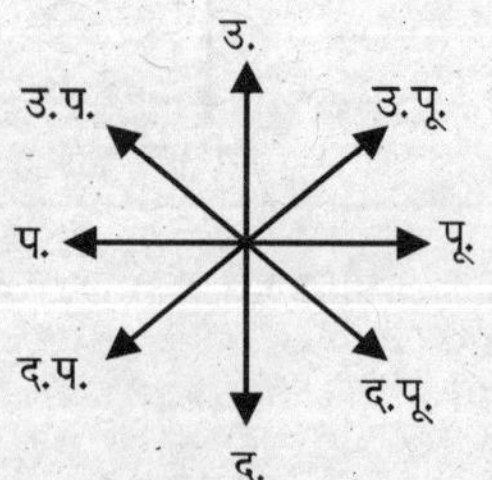

अत: अभीष्ट
= (AB + BE)
= 5 + 10
= 15 किमी.

13. (c)

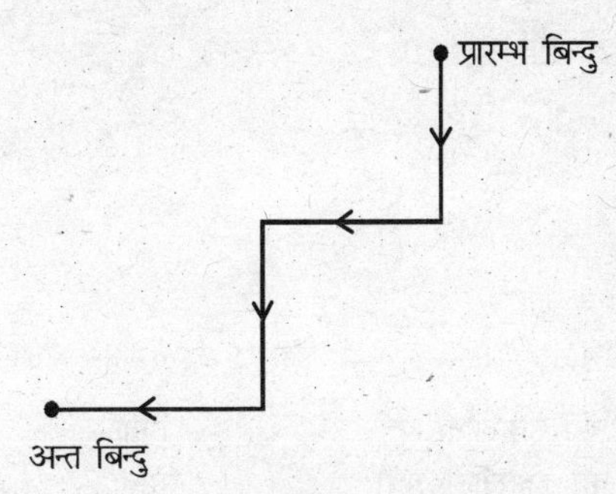

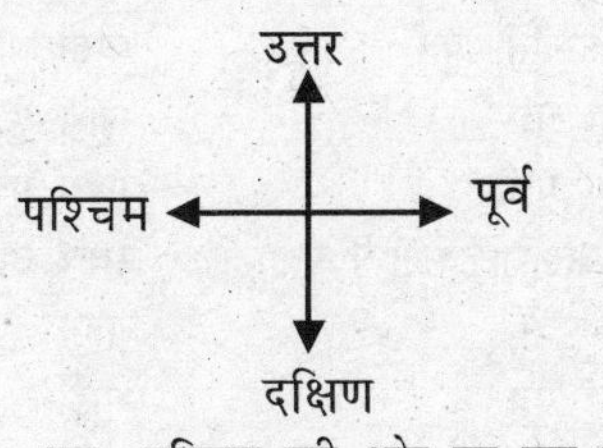

अतः पश्चिम की ओर जा रहा है।

14. (c)

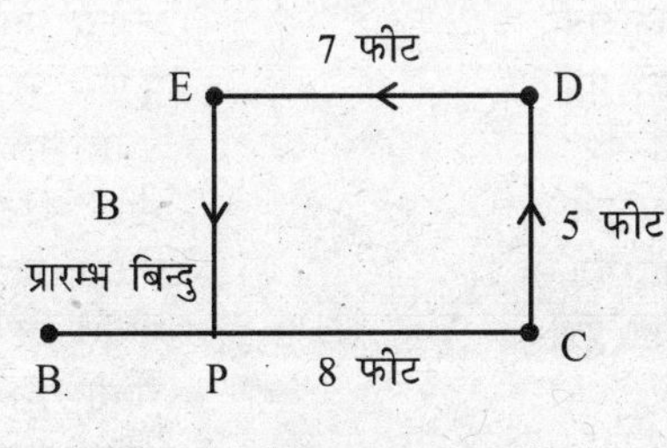

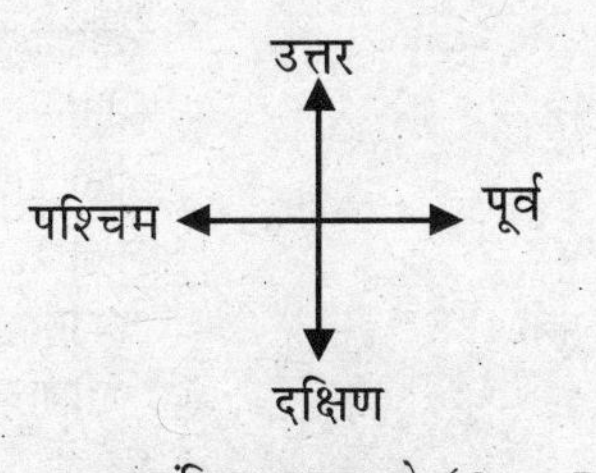

वह प्रारंभिक स्थान से (8 – 7) फीट = 1 फीट दूर है।

15. (c)

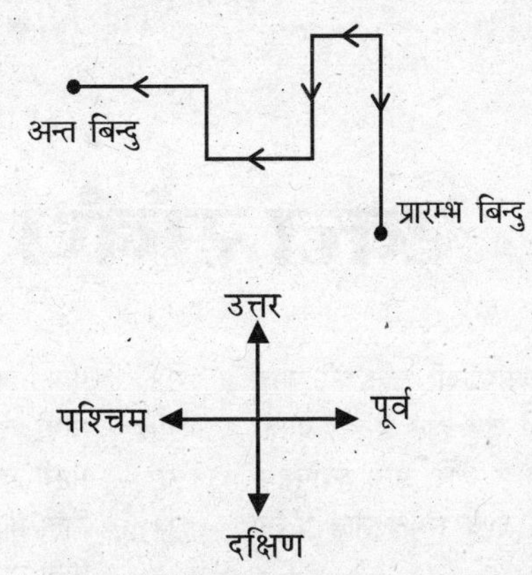

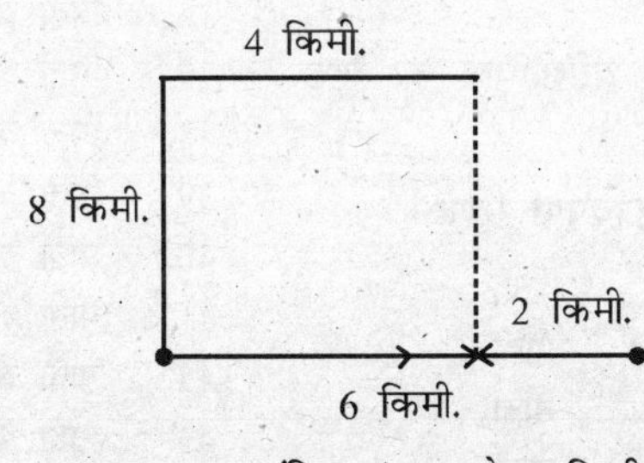

अतः वह प्रारंभिक स्थान से पश्चिम की ओर जा रहा है।

16. (b)

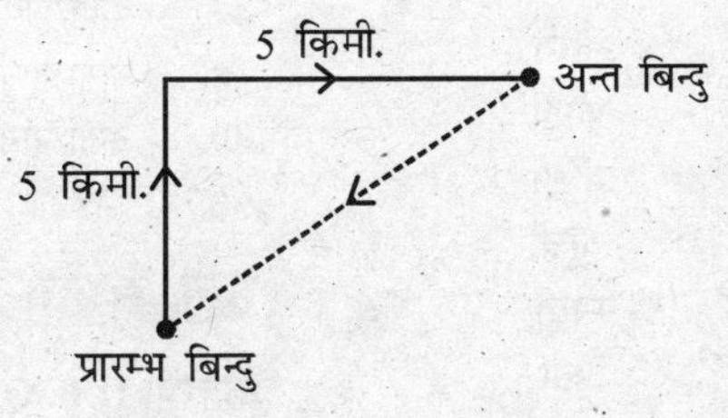

अतः वह प्रारंभिक स्थान से 8 किमी. की दूरी पर है।

17. (c)

5 किमी.

अन्त बिन्दु

5 किमी.

प्रारम्भ बिन्दु

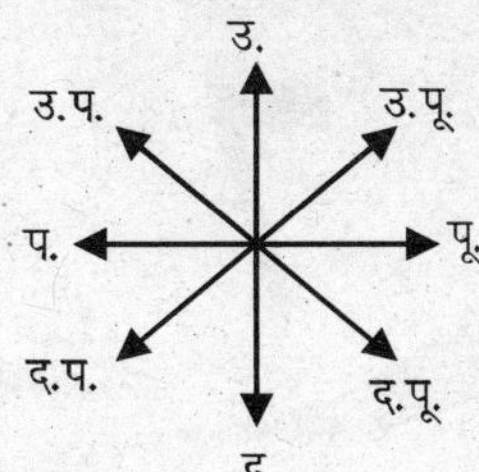

अतः पेड़ तक पहुंचने के लिये उसे दक्षिण–पश्चिम दिशा में चलना चाहिए।

18. (c)

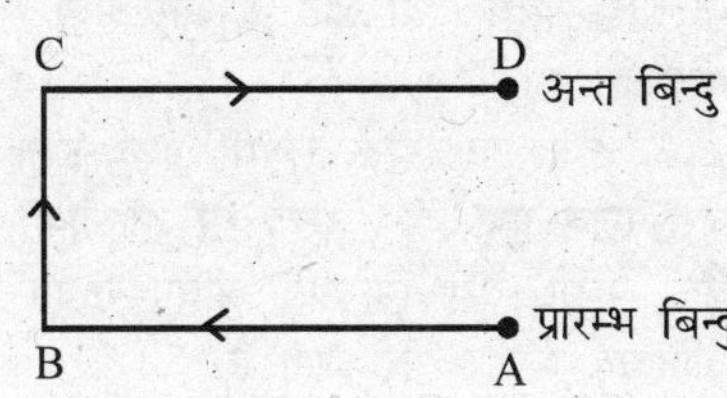

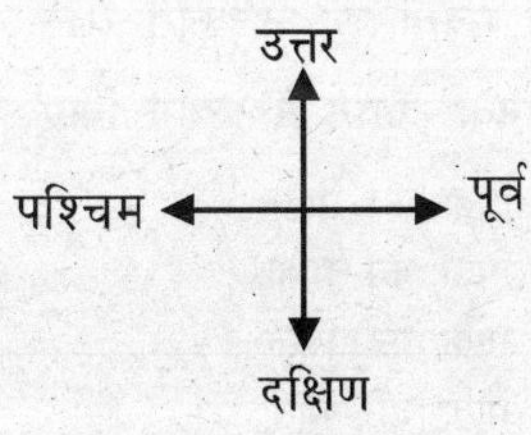

अतः उसका मुंह अब पश्चिम दिशा में होगा।

❑❑❑

रक्त संबंध

इस प्रकार की परीक्षा में परीक्षार्थियों के रिश्ते सम्बन्धी ज्ञान की जांच की जाती है। रिश्ता संबंधी प्रश्न प्रायः दैनिक जीवन से जुड़े होते हैं इस प्रकार के प्रश्नों में दो व्यक्तियों के बीच सम्बन्ध दिया जाता है और अन्य व्यक्तियों के बीच संबंध दिया जाता है और अन्य व्यक्तियों के बीच संबंध ज्ञात करना होता है।

रक्त या रिश्ता संबंधी प्रश्न प्रश्न लगभग सभी प्रतियोगी परीक्षाओं जैसे–रेलवे ग्रुप 'डी', रेलवे गैर तकनीकी, पुलिस, एस.एस.सी. बैंक क्लर्क, बैंक पीओ. तथा भारतीय जीवन निगम और अन्य इंश्योरेंश परीक्षाओं में अनिवार्य रूप से पूंछे जाते है।

रिश्ता संबंधी प्रश्नों को हल करने के लिए परीक्षार्थियों को कुछ महत्त्वपूर्ण संबंधों की जानकारी रखना अनिवार्य है।

दैनिक जीवन में प्रयोग किए जाने वाले महत्त्वपूर्ण रिश्ते–

1.	पिता का पिता	दादा
2.	पिता का माता	दादी
3.	माता का पिता	नाना
4.	माता की माता	नानी
5.	पिता का भाई	चाचा
6.	माता का भाई	मामा
7.	पिता की बहन	बुआ
8.	माता की बहन	मौसी
9.	पिता की बहन का पति	फूफा
10.	माता की बहन का पति	मौसा
11.	पिता के भाई की पत्नी	चाची
12.	माता के भाई की पत्नी	मामी
13.	दादा/दादी की इकलौता पुत्र	पिता
14.	नाना/नानी का पुत्र	मामा
15.	दादा/दादी की पुत्री	बुआ
16.	नाना/नानी की पुत्री	माता/मौसी
17.	दादा/दादी की इकलौती बहू	माता
18.	नाना/नानी की इकलौती बहू	मामी
19.	दादा/दादी का दामाद	फूफा
20.	नाना/नानी का इकलौता दामाद	पिता
21.	पिता के माता/पिता का इकलौता पुत्र	पिता
22.	माता के माता/पिता की इकलौती पुत्री	माता
23.	पिता का ससुर	नाना
24.	माता का ससुर	दादा
25.	पिता की सास	नानी
26.	माता की सास	दादी
27.	फूफा के ससुर का इकलौता पुत्र	पिता
28.	फूफा की सास की इकलौता पुत्र	पिता
29.	मामी के ससुर की इकलौती पुत्री	माता
30.	मामी की सास की इकलौती पुत्री	माता
31.	पिता/माता का इकलौता पुत्र	स्वयं पुत्र
32.	पिता/माता की इकलौती पुत्री	स्वयं पुत्री
33.	आपके पिता/माता का इकलौता/इकलौती पुत्र/पुत्री	स्वयं आप
34.	पुत्र के पिता/माता की पुत्री	बहन
35.	पुत्री के पिता/माताा का पुत्र	भाई
36.	पिता के भाई का पुत्र	चचेरा भाई
37.	पिता के भाई की पुत्री	चचेरी बहन
38.	पिता की बहन का पुत्र	फुफेरा भाई
39.	पिता की बहन की पुत्री	फुफेरी बहन
40.	माता के भाई का पुत्र	ममेरा भाई
41.	माता के भाई की पुत्री	ममेरी बहन
42.	माता के बहन का पुत्र	मौसेरा भाई
43.	माता की बहन की पुत्री	मौसेरी बहन
44.	भाई की पत्नी	भाभी
45.	बहन का पति	बहनोई/जीजा
46.	दादा/दादी के पुत्र का पुत्र	पोता
47.	दादा/दादी के पुत्र की पुत्री	पोती
48.	नाना/नानी के पुत्री का पुत्र	नाती
49.	नाना/नानी के पुत्री की पुत्री	नातिन
50.	भाई का पुत्र	भतीजा

हल सहित उदाहरण

उदाहरण 1: B, Q पिता है। B की केवल दो संतानें है। Q, R का भाई है। R, P की पुत्री है। A, P की ग्रैंड डॉटर है। S, A का पिता है। तो S का Q से क्या संबंध है?

(a) भाई (b) भांजा

(c) दामाद (d) ब्रदर-इन-लॉ

हल: (d)

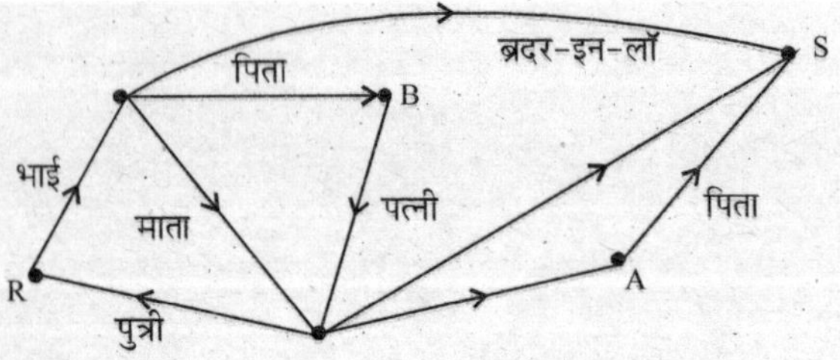

अत: आरेख से स्पष्ट है, S, Q का ब्रदर-इन-लॉ है।

उदाहरण 2: A, C का पुत्र है। C और Q बहन है। Z, Q की माँ है। P, Z का पुत्र है। निम्नलिखित में से कौन-सा कथन सत्य है?

(a) P और Q कजिन है। (b) P, A का मामा है।
(b) Q, A का नाना है। (d) C तथा P बहिनें हैं।

हल: (c)

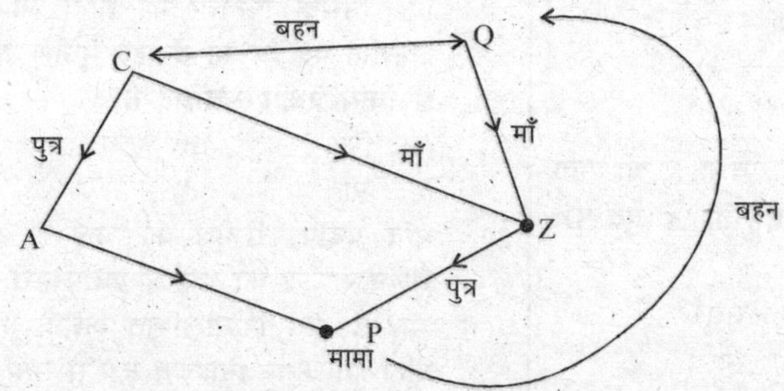

अत: स्पष्ट है कि P, A का मामा है।

उदाहरण 3: एक व्यक्ति की ओर संकेत करते हुए रीना ने कहा कि इसकी पत्नी मेरे ससुर राजेश की एक मात्र पुत्रवधू है। वह व्यक्ति राजेश से किस प्रकार संबंधित है?

(a) पुत्र (b) चाचा
(c) पिता (d) भाई

हल: (a)

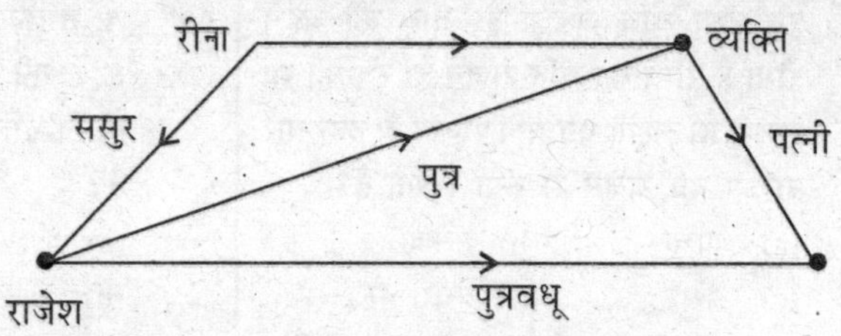

अत: आरेख से स्पष्ट है, वह व्यक्ति राजेश का पुत्र है।

उदाहरण 4: अरुण रोहित का पिता है। रोहित माला का भाई है। माला विनय की पत्नी हैं विनय का रोहित से क्या संबंध है?

(a) जीजा (b) पिता
(c) पुत्र (d) चाचा

हल: (a)

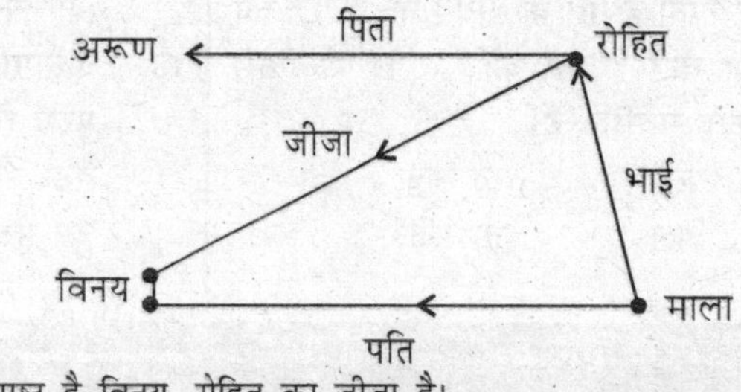

अत: स्पष्ट है विनय, रोहित का जीजा है।

प्रश्नमाला

1. **एक आदमी की ओर संकेत करते हुए रोहिनी ने कहा कि इसकी पत्नी मेरे ससुर महेश की एक मात्र पुत्रवधू है। आदमी महेश से किस प्रकार संबंधित है?**
   (a) पुत्र (b) चाचा
   (c) पिता (d) भाई

2. **सुनीता का परिचय देते हुए अमर कहता है–"वह मेरी मां के इकलौते पुत्र की पत्नी है" सुनीता अमर से किस प्रकार संबंधित है?**
   (a) पत्नी (b) बहन
   (c) साली (d) कोई सबंध नहीं

3. **अरुण रोहित का पिता है। रोहित माला का भाई है। माला दिलीप की पत्नी है। दिलीप का रोहित से क्या रिश्ता है?**
   (a) जीजा (b) पिता
   (c) चाचा (d) पुत्र

4. **कन्नन, कुमार का भाई है। लक्ष्मी, कुमार की पुत्री है। कलई कन्नन की बहन है और गोविंद, लक्ष्मी का भाई है गोविंद का चाचा कौन है?**
   (a) लक्ष्मी (b) कन्नन
   (c) कुमार (d) कलई

5. **एक महिला ने एक फोटोग्राफ की ओर इशारा करते हुए कहा "इस व्यक्ति के पुत्र की बहिन मेरी सास है" फोटोग्राफ में दिखाए गए व्यक्ति का उस महिला के पति से क्या संबंध हैं?**
   (a) धेवता (b) पुत्र
   (c) दामाद (d) भतीजा

6. **एक व्यक्ति की ओर देखते हुये एक औरत ने कहा "उसके भाई का पिता मेरे दादाजी का इकलौता बेटा है" औरत उस व्यक्ति से किस प्रकार संबंधित है?**
   (a) बुआ (b) बहन
   (c) पुत्री (d) माता

7. **हरी की ओर संकेत करते हुये सीमा कहती है कि ''यह मेरे सबसे बड़े पुत्र महेश के दादा जी है'' हरी का सीमा से क्या संबंध है?**
   (a) मामा (b) भाई
   (c) पिता (d) दादा

8. **एक फोटो की ओर संकेत करते हुये विकास ने कहा, "वह मेरे दादा के इकलौते पुत्र की पुत्री है" विकास का फोटो वाली लड़की के साथ क्या संबंध है?**
   (a) पिता (b) भाई
   (c) बहन (d) माता

9. **राजीव अतुल का भाई है, सोनिया सुनील की बहन है। अतुल सोनिया का पुत्र है तो राजीव का सोनिया से क्या संबंध है?**
   (a) पिता (b) भांजा
   (c) मामा (d) पुत्र

10. **मीना, गुड़िया और सोनू की मां हैं पुनीत मीना का ससुर है। पुनीत, बिंदु और दीप का पिता है। पुनीत की एक मात्र लड़की है। दीपा गुड़िया की बुआ है। सोनू का बिंदु से क्या संबंध है?**
    (a) पुत्र (b) पिता
    (c) भतीजा (d) इनमें से कोई नहीं

11. **विनोद ने विशाल का परिचय अपने पिता की पत्नी के इकलौते भाई के पुत्र के रूप में कराया। विनोद विशाल से किस प्रकार संबंधित है?**
    (a) ममेरा भाई (b) भाई
    (c) चचेरा भाई (d) बहन

12. **मेरे भाई के दादा के इकलौते बेटे का इकलौता लड़का मेरा कौन लगेगा?**
    (a) भाई (b) माता
    (c) चचेरा भाई (d) बहन

13. रघु तथा बाबू जुड़वां है। बाबू की बहन रीमा है रीमा का पति राजन है। रघु की मां लक्ष्मी है। लक्ष्मी का पति राजेश है। तदनुसार राजेश का राजन से क्या रिश्ता है?

(a) चाचा (b) दामाद
(c) ससुर (d) चचेरा भाई

14. एक लड़की का परिचय कराते हुये विपिन ने कहा "उसकी माता मेरी सास की इकलौती बेटी है" विपिन का उस लड़की से क्या संबंध हैं?

(a) भाई (b) पिता
(c) चाचा (d) पति

15. 'D' पिता है 'B' का 'B' ननद है 'C' की तथा बेटी है 'A' की 'A' 'D' से किस प्रकार संबंधित है।

(a) पत्नी (b) माता
(c) पिता (d) पति

16. A, B का पुत्र है। B और C बहने हैं। E, C की माता है यदि D, E का पुत्र है तो निम्नलिखित में से कौन-सा कथन सत्य है?

(a) D, A का मामा है।
(b) E, B का भाई है।
(c) D, A का ममेरा भाई है।
(d) B और D भाई है।

17. यदि A, B का पिता है एवं B, C की माता है तथा C, D की पुत्री है तो 'A' एवं 'D' में क्या संबंध है?

(a) दामाद (b) ससुर
(c) बधू (d) साला

18. एक महिला की ओर संकेत करते हुये एक पुरुष ने कहा "इसके इकलौते भाई का बेठा मेरी पत्नी का भाई है" वह महिला उस पुरुष से किस प्रकार संबंधित है?

(a) ससुर की भतीजी
(b) बेटी
(c) ससुर की बहन
(d) ससुर की बेटी

19. रुचि का परिचय देते हुए मुकेश ने कहा कि "उसके पिताजी मेरे पिता जी के इकलौते पुत्र है" तो बताइए मुकेश रुचि से किस प्रकार संबंधित है?

(a) पिता (b) चाचा
(c) भाई (d) मामा

20. यदि प्रदीप, राजीव का भाई है और रोशन राजीव का भाई है प्रदीप हरी का भाई है, तब निम्नलिखित कथनो में से कौन-सा कथन निश्चित रूप से सत्य है?

(a) प्रदीप रोशन का भाई है।
(b) हरी प्रसाद का भाई है।
(c) राजीव रोशन का भाई है।
(d) राजीव हरी का भाई है।

उत्तर (हल/संकेत)

1. (a)

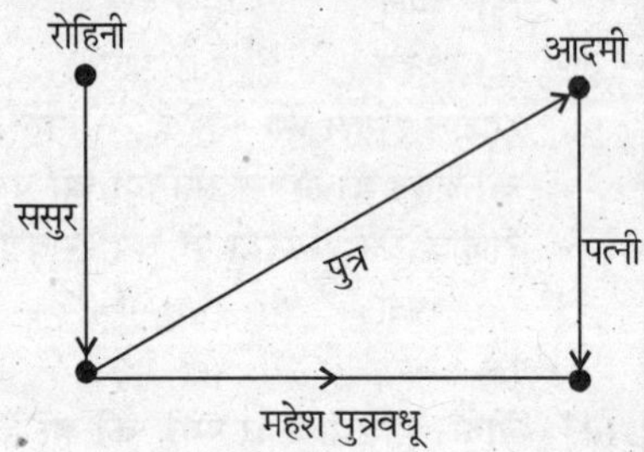

अत: स्पष्ट है वह आदमी महेश का पुत्र है।

2. (a)

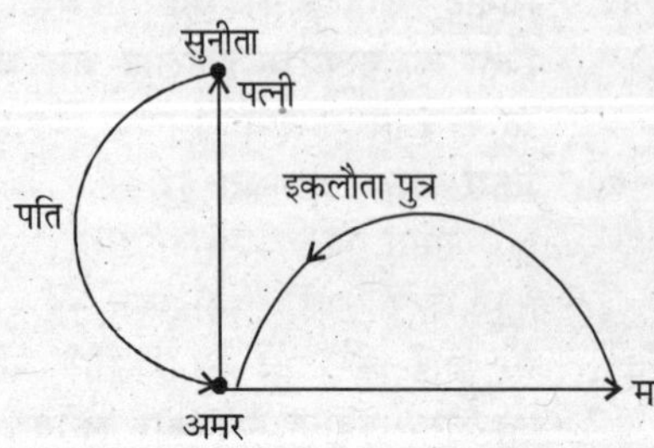

अत: स्पष्ट है सुनीता अमर की पत्नी है।

3. (a)

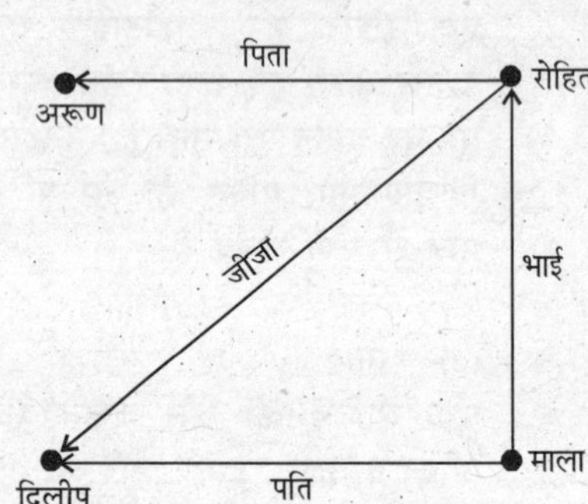

अत: स्पष्ट है दिलीप रोहित का जीजा है।

4. (b)

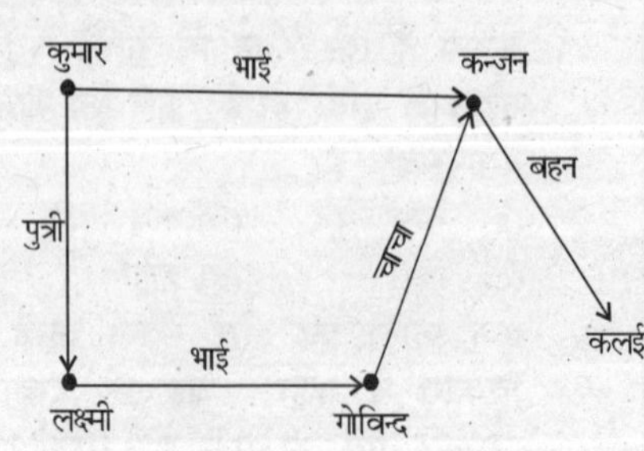

अत: कन्नन गोविंद का चाचा है।

5. (a)

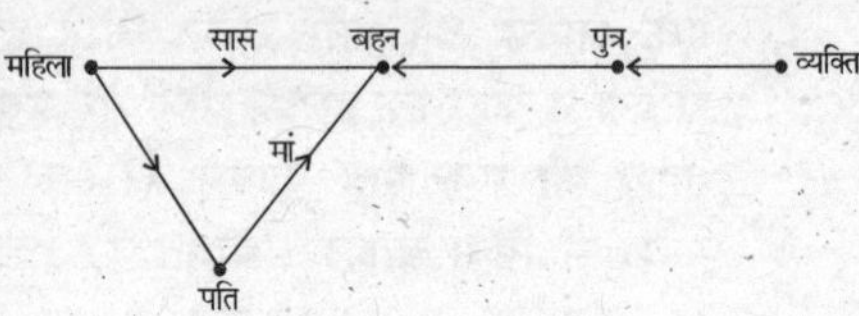

अत: महिला का पति उस व्यक्ति का धेवता है।

6. (b)

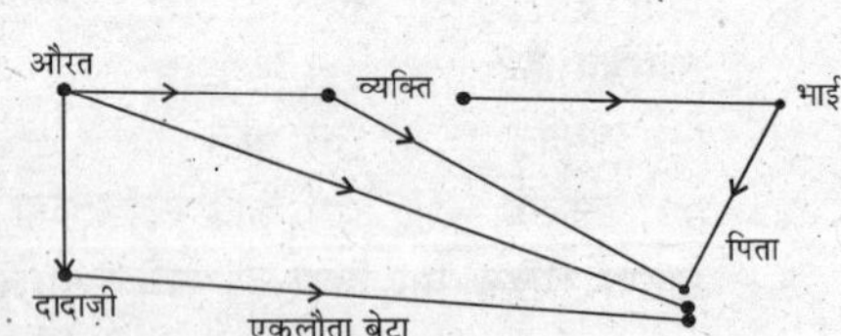

अत: औरत उस व्यक्ति की बहन है।

7. (c)

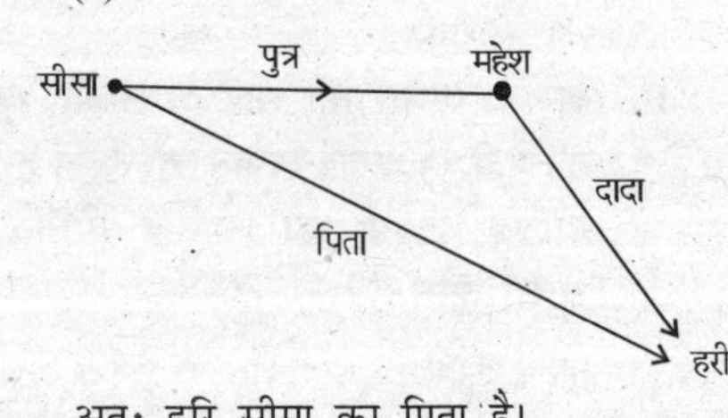

अत: हरि सीमा का पिता है।

8. (b)

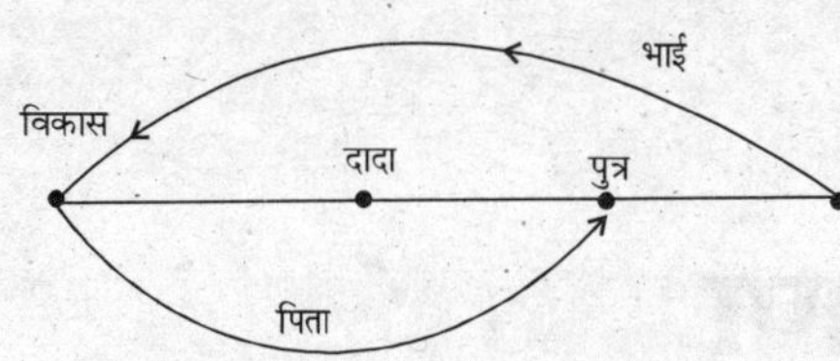

अत: विकास फोटो वाली लड़की का भाई है।

9. (d)

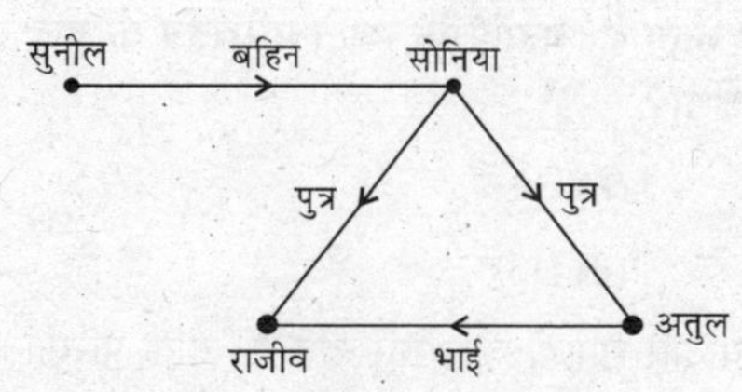

अत: राजीव सोनिया का पुत्र है।

10. (a)

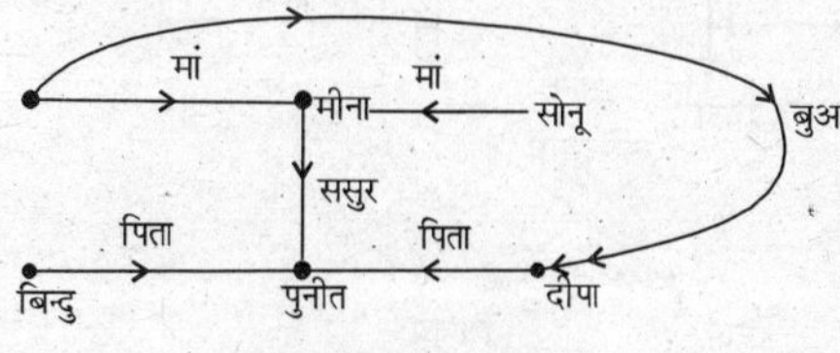

∴ सोनू, बिंदु का पुत्र है।

11. (a)

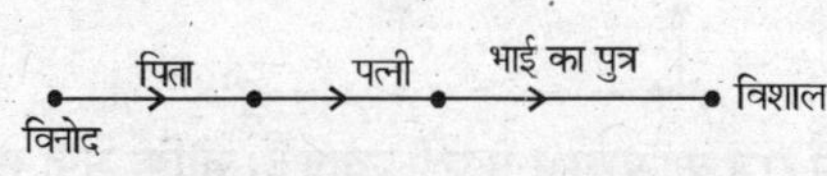

∴ विशाल, विनोद का ममेरा भाई है।

12. (c) भाई के दादा के इकलौते बेटे का इकलौता लड़का मेरा चचेरा भाई लगेगा।

13. (c)

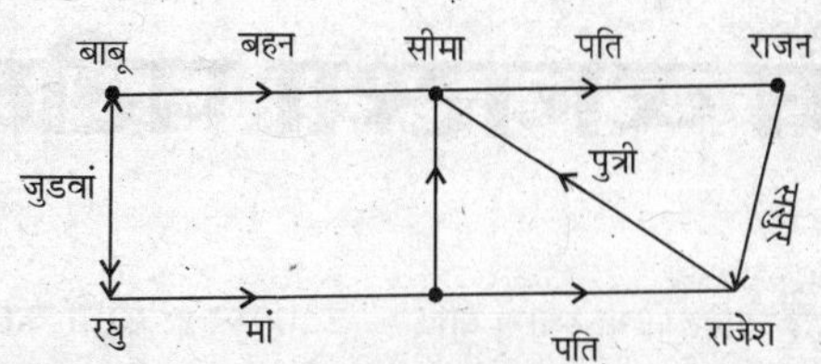

अत: राजेश राजन का ससुर है।

14. (b)

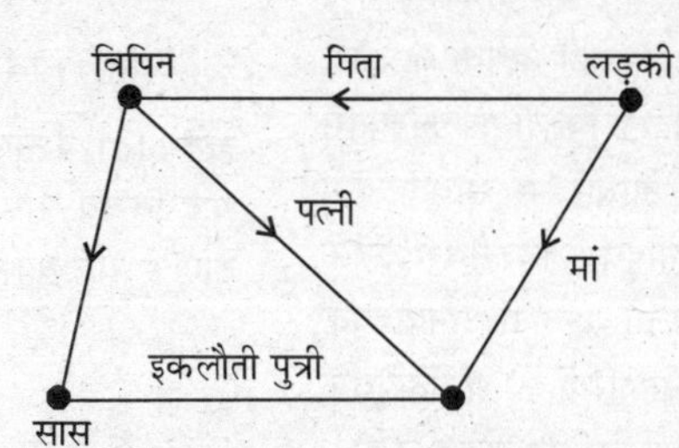

∴ विपिन उस लड़की का पिता है।

15. (a) B, A पुत्री है। D, B का पिता, A, B की माता है

अत: D, A की पत्नी है।

16. (a) B, A की माँ है। C, E की पुत्री है। D, B एवं C का भाई है।

अत: D, A का मामा है।

17. (b)

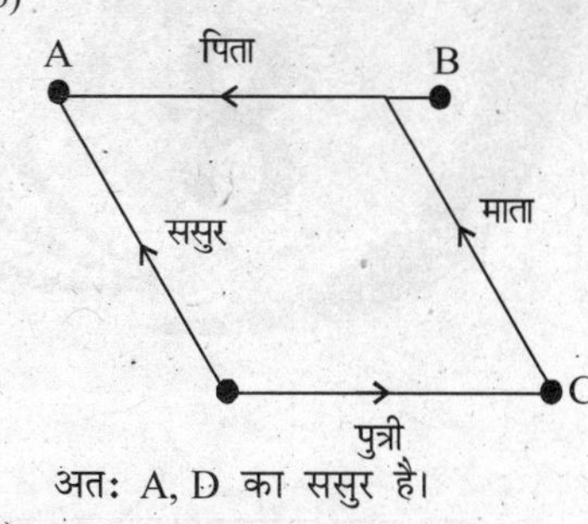

अत: A, D का ससुर है।

18. (c)

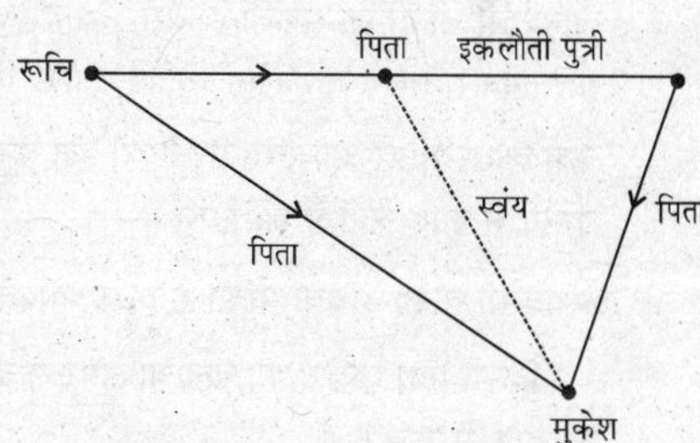

अत: वह महिला उस पुरुष के ससुर की बहन है।

19. (a)

रुचि — पिता — इकलौती पुत्री

स्वंय — पिता — पिता

मुकेश

अत: स्पष्ट है मुकेश रुचि का पिता है।

20. (a)

हरी —भाई→ प्रदीप ←भाई— रोशन

अत: प्रदीप रोशन की भाई है।

❑❑❑

8

क्रम व्यवस्था परीक्षण

इस अध्याय के अन्तर्गत पूछे जाने वाले प्रश्नों में कुछ व्यक्तियों या स्थानों की सापेक्षिक स्थिति अथवा श्रेणी दी जाती है, जो ऐसे गुणों पर आधारित होते है, जिनकी तुलना की जा सकती है। इस प्रकार के प्रश्नों में प्राय: दो या दो से अधिक व्यक्तियों या वस्तुओं की चर्चा की जाती है और दी गई जानकारी अव्यवस्थित या अप्रत्यक्ष होती है। आपको इस जानकारी को सार्थक क्रम में व्यवस्थित करना होता है तथा दिए गए गुणों का आरोही अथवा अवरोही क्रम में सजाना होता है। कभी-कभी ऐसा प्रतीत होता है कि दी गई जानकारी अधूरी एवं अपर्याप्त है और दिए गए गुणों के आधार पर सार्थक क्रम निर्धारित नहीं किया जा सकता है, परन्तु सावधानीपूर्वक विश्लेषण करके हम वांछित निष्कर्ष निकाल सकते हैं। कभी-कभी प्रश्न में अनावश्यक जानकारी भी दी जा सकती है, वैसे कथनों एवं जानकारियों को शीघ्रतापूर्वक पहचानकर अलग कर लेना चाहिए, ताकि किसी प्रकार का संशय न हो।

क्रम व्यवस्था पर आधारित प्रश्नों को हल करने के लिए कुछ महत्त्वपूर्ण सूत्र प्रयोग में लाए जाते हैं जो निम्न है–

● किसी कक्षा अथवा पंक्ति में कुल व्यक्तियों की संख्या

= (किसी एक व्यक्ति का बाएं या ऊपर से क्रम) + (उसी व्यक्ति का नीचे या दाएं से क्रम)-1

● किसी व्यक्ति का पंक्ति में दाएं अथवा नीचे से स्थान

= (पंक्ति में कुल व्यक्तियों की संख्या) - (उस व्यक्ति का पंक्ति में बाएं या ऊपर से स्थान) + 1

● किसी व्यक्ति का पंक्ति में बाएं अथवा ऊपर से स्थान

= (पंक्ति में कुल व्यक्तियों की संख्या) - (उस व्यक्ति का पंक्ति में दाएं या नीचे से स्थान) + 1

अब आइए, उपरोक्त तथ्यों के स्पष्टीकरण हेतु इस अध्याय से पूछे जाने वाले प्रश्नों के प्रारूप व उसके व्याख्यात्मक हल का उदाहरण के माध्यम से ध्यानपूर्वक अवलोकन करें।

हल सहित उदाहरण

उदाहरण 1: 75 छात्रों के समूह में आकाश का स्थान नीचे से 42वां है, तो ऊपर से उसका स्थान होगा–

(a) 40 वां (b) 44 वां

(c) 42 वां (d) 45 वां

हल: (b) आकाश का स्थान नीचे से 42 वां है अर्थात् ऊपर कुल (75 – 42) = 43 छात्र हैं। इसलिए आकाश का ऊपर से स्थान 43 + 1 = 44वां होगा। ध्यान दें कि हमने यहां +1 किया है। यहां +1 इसलिए किया है, क्योंकि 43 व्यक्ति उसके स्थान के अलावा हैं, जिनके नीचे आकाश का स्थान है इसलिए उत्तर (b) होगा।

उदाहरण 2: छात्रों की एक पंक्ति में विजय बाएं से 10वें तथा राम 5वें स्थान पर है। जब विजय और राम अपने स्थान आपस में बदल लेते हैं, तो विजय बाएं से 15 वें स्थान पर हो जाता है। बताएं कि स्थान परिवर्तन के बाद राम दाएं से कौन-से स्थान पर होगा?

(a) 10वें (b) 11वें

(c) 12वें (d) 13वें

हल : (a) प्रश्नानुसार, विजय और राम के बीच चार छात्र हैं। चूंकि परिवर्तन के बाद विजय, राम के स्थान पर एवं राम, विजय के स्थान पर आ जाता है, अर्थात् दाएं से राम का स्थान = (5 + 4 + 1) = 10वां

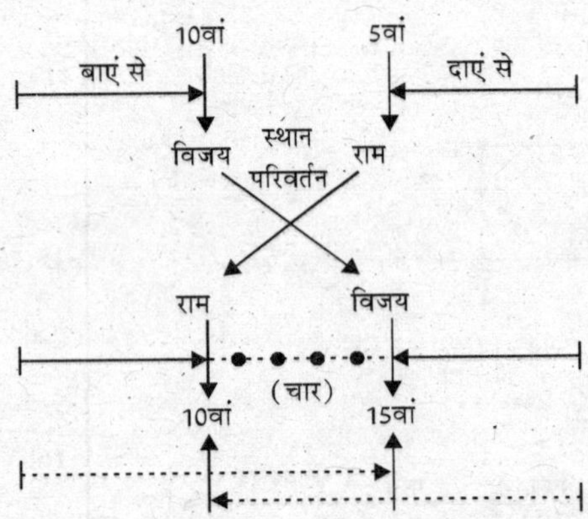

उदाहरण 3: एक पंक्ति में राजू का प्रारम्भ से वही स्थान है, जोकि अन्त से है। यदि पंक्ति में 37 व्यक्ति हों, तो राजू का प्रारम्भ से स्थान क्या होगा?

(a) 19वां (b) 20वां

(c) 22वां (d) 21वां

हल: (a) राजू का प्रारम्भ से स्थान $= \dfrac{37+1}{2} = \dfrac{38}{2} = 19$

अत: राजू का प्रारम्भ से 19 वें स्थान पर है।

उदाहरण 4: A, P, R, X, S तथा Z एक पंक्ति में बैठे हैं। उनमें S तथा Z बीच में है और A तथा P सिरों पर हैं। R, A के बाईं ओर बैठा है तब X के बांयें ओर कौन बैठा हैं?

(a) S (b) P

(c) Z (d) A

हल: (b) बैठने का क्रम निम्नवत् है

P X S Z R A

• • • • • •

अत: X के बाईं ओर P बैठा है।

प्रश्नमाला

1. लड़कों की एक पंक्ति में मोहन बाएं ओर से 20वां और दाएं ओर से 12वां है। उस पंक्ति में प्रताप दाएं छोर से 15वां है मोहन और प्रताप के बीच कितने लड़के हैं?
(a) 4 (b) 2
(c) 3 (d) 5

2. एक मंच, जिसका मुंह उत्तर दिशा की ओर है, के समाने दर्शकों में एक पंक्ति में लड़के और लड़कियां बैठे हैं। रानी, सुनीता के बाएं को 5वीं है। सुनीता, निशान्त के दाएं को 8वीं है। रानी और निशान्त के बीच कितने बच्चे हैं?
(a) 1
(b) 2
(c) 4
(d) निर्धारित नहीं किया जा सकता है।

3. M, N, O, P और Q में (i) N केवल P से लम्बा है और (ii) पंक्ति में O का क्रम सबसे लम्बे के बाद दूसरा है। इनमें सबसे लम्बे का पता लगाने के लिए निम्नलिखित में से किस/किन कथनों का डाटा पर्याप्त है?
(a) M, N से लम्बा है।
(b) M, यद्यपि N से लम्बा है, Q जितना लम्बा नहीं है।
(c) Q, N से लम्बा है।
(d) Q, M और N दोनों से लम्बा है।

4. विद्यार्थियों की एक कतार में राजेश एक सिरे से 10वां तथा दूसरे सिरे से 9वां है, उस कतार में कितने विद्यार्थी हैं?
(a) 18 (b) 19
(c) 20 (d) 21

5. 56 विद्यार्थियों के एक वर्ग में अमृता का स्थान 9वाँ है। नीचे से उसका स्थान क्या है?
(a) 65वां (b) 67वां
(c) 66वां (d) इनमें से कोई नहीं।

6. A, B, C, D व E कक्षा में पांच छात्र हैं। D ने A या E के साथ प्रवेश नहीं किया, बल्कि C से पहले किया। B ने C से पहले प्रवेश नहीं किया, बल्कि A के साथ किया, तो E ने सबसे अन्त में प्रवेश नहीं किया। निम्न में से कौन-सा निश्चित रूप सत्य है?
(a) C ने कक्षा में केवल D के बाद प्रवेश किया।
(b) D ने कक्षा में केवल E के बाद प्रवेश किया।
(c) B ने कक्षा में A के बाद प्रवेश किया।
(d) A ने कक्षा में D के बाद प्रवेश किया।

7. M, N, P, R और T में से प्रत्येक को एक परीक्षा में अलग-अलग अंक मिले हैं। R को M और T से अधिक अंक मिले हैं। N को P से कम अंक मिले हैं। इनमें से किसे तीसरे क्रमांक पर सबसे अधिक अंक मिले हैं?
(a) N
(b) R
(c) M
(d) जानकारी अधूरी है।

8. M, N, P, Q और T में से प्रत्येक ने अलग-अलग अंक प्राप्त किए। N ने सिर्फ P से अधिक अंक प्राप्त किए तथा T और ने सिर्फ M से कम अंक पाए। इनमें से किसने सबसे कम अंक प्राप्त किए?
(a) P
(b) T
(c) P या T
(d) जानकारी अधूरी है।

9. P, Q, R, S और T में से प्रत्येक के प्राप्तांक अलग-अलग हैं। Q के प्राप्तांक केवल T से अधिक है तथा P के प्राप्तांक S से अधिक, परन्तु R से कम है। सबसे अधिक प्राप्तांक किसके हैं?
(a) P (b) S
(c) R (d) T

10. 40 विद्यार्थियों की एक कक्षा में आयुष्मान का क्रमांक 19वां है। बताएं कि अंतिम से उसका क्रमांक क्या होगा?
(a) 22वां (b) 20वां
(c) 21वां (d) 19वां

11. किसी कक्षा में मनोज का क्रमांक ऊपर से 8वां और नीचे से 28वां है। बताएं कि उस कक्षा में कुल कितने विद्यार्थी हैं?
(a) 37
(b) 34
(c) 36
(d) इनमें से कोई नहीं

12. किसी कक्षा में आशुतोष का क्रमांक ऊपर से 15वां और नीचे से 21वां है। बताएं कि उस कक्षा में कुल कितने विद्यार्थी हैं?
(a) 37 (b) 35
(c) 34 (d) 36

13. 40 बच्चों की कक्षा में सुजीत का क्रम ऊपर से 8वां है। सुजीत, सुजीत से 5 क्रम नीचे है। सुजीत का नीचे से क्या क्रम है?
(a) 27वां (b) 29वां
(c) 28वां (d) 26वां

14. 20 छात्रों की एक पंक्ति में R दाईं ओर से 5वें स्थान पर है तथा T बाईं ओर से चौथे स्थान पर है। R व T के मध्य कितने छात्र हैं?
(a) 11
(b) 12
(c) 10
(d) ज्ञात नहीं किया जा सकता

15. 48 छात्रों की एक कक्षा में अनुज का ऊपर से 19वां स्थान है तथा जीवन का नीचे से 12वां स्थान है। अनुज और जीवन के बीच में कितने छात्र हैं?
(a) 17
(b) 16
(c) 18
(d) इनमें से कोई नहीं

16. 10 लड़कियों और 20 लड़कों की एक कक्षा में जया का स्थान लड़कियों में चौथा और कक्षा में 18वां है। जया का कक्षा में लड़कों के बीच कौन-सा स्थान है?
(a) निर्धारित नहीं किया जा सकता है।
(b) 16
(c) 14
(d) 15

17. 40 विद्यार्थियों के एक वर्ग में समीर का ऊपर से 12वां स्थान है। आलोक, समीर से आठ स्थान नीचे है। नीचे से आलोक का स्थान कौन-सा है?
(a) 20वां (b) 21वां
(c) 22वां (d) 19वां

18. सुरेश 40 छात्रों की एक संख्या में शीर्ष छात्र समीर से 5 स्थान नीचे है। सुरेश का कक्षा में नीचे से कौन-सा स्थान है?
(a) 34वां (b) 36वां
(c) 35वां (d) 33वां

19. अजय का स्थान उसकी कक्षा में ऊपर से 12वां है। प्रसाद का स्थान उसी कक्षा में नीचे से 18वां है, जो अजय से आठ स्थान पीछे है। कक्षा में कुल कितने छात्र हैं?
(a) 35 (b) 34
(c) 36 (d) इनमें से कोई नहीं

20. 40 विद्यार्थियों की कक्षा में मोहन का स्थान ऊपर से 10वां है। यदि मोहन और रोहन के बीच 5 विद्यार्थी हैं, तो रोहन और अंतिम विद्यार्थी के बीच कितने विद्यार्थी हैं?
(a) 22 (b) 23
(c) 24 (d) आंकड़े अधूरे हैं।

उत्तर (हल/संकेत)

1. (b) प्रश्नानुसार,
मोहन और प्रताप के बीच लड़कों की संख्या $= (15 - 12) - 1$
$= (3 - 1) = 2$

2. (b) प्रश्नानुसार,

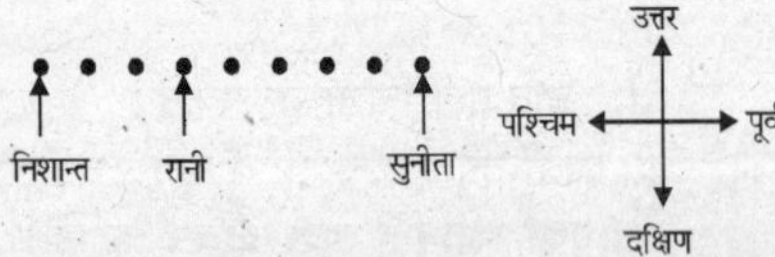

रानी और निशान्त के बीच बच्चों की संख्या $= (8 - 5) - 1 = 3 - 1 = 2$

3. (d)

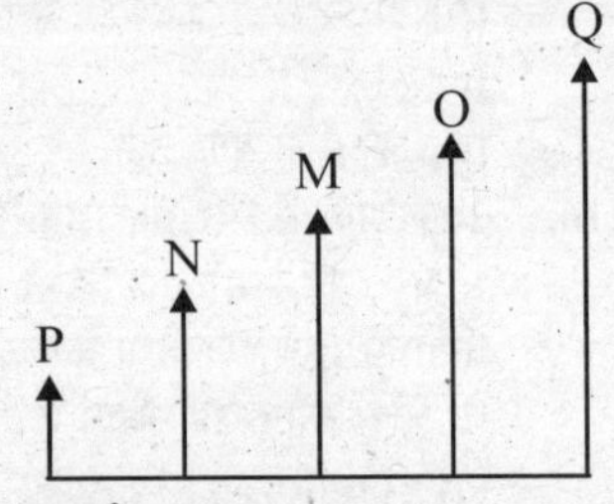

लम्बाई का बढ़ता क्रम

अत: स्पष्ट है कि Q, M और N से दोनों से लम्बा है। अत: जानकारी अधूरी है।

4. (a) विद्यार्थियों की संख्या
$= 10 + 9 - 1 = 18$

5. (d) अमृता का स्थान नीचे से
$(56 - 9 + 1) = 48$

6. (d) प्रश्नानुसार, $D > C$
$C > B + A$
परन्तु E सबसे अन्त में नहीं।
$\therefore$ $E > D > C > B + A$
या $D > E > C > B + A$
अत: निश्चित रूप से यह सत्य है, कि A ने कक्षा में D के बाद प्रवेश किया।

7. (d) प्रश्नानुसार, $R > M, T$
$P > N$
अत: किसे तीसरे क्रमांक पर सबसे अधिक अंक मिले, यह ज्ञात नहीं किया जा सकता है।

8. (a) प्रश्नानुसार,
$N > P$
$M > T/Q$
$\therefore$ $M > T/Q > N > P$
अत: सबसे कम अंक P ने प्राप्त किए।

9. (c) प्रश्नानुसार,
$Q > T$
$R > P > S$
$\therefore$ $R > P > S > Q > T$
अत: सबसे अधिक प्राप्तांक R के हैं।

10. (a) आयुष्मान का अंतिम से क्रमांक
= कुल विद्यार्थियों की संख्या
– आयुष्मान का क्रमांक + 1
$\Rightarrow$ $(40 - 19 + 1) = 22$
अत: आयुष्मान का क्रमांक अंतिम से 22वां है।

11. (d) कक्षा में कुल विद्यार्थियों की संख्या
= ऊपर से मनोज का स्थान + नीचे से मनोज का स्थान – 1
$\Rightarrow$ $8 + 28 - 1 = 35$

12. (b) कुल विद्यार्थियों की संख्या
= आशुतोष का ऊपर से क्रमांक
+ आशुतोष का नीचे से क्रमांक – 1
$\Rightarrow$ $15 + 21 - 1 = 35$

13. (c) प्रश्नानुसार,
सुजीत का ऊपर से क्रम
$= (8 + 5) = 13$वां
सुजीत का नीचे से क्रम
$= (40 - 13) + 1 = (27 + 1)$
$= 28$वां

14. (a) प्रश्नानुसार,
R और T के मध्य छात्रों की संख्या
$= 20 - (5 + 4) = (20 - 9) = 11$

15. (a) प्रश्नानुसार,
अनुज और जीवन के मध्य छात्रों की संख्या $= 48 - (19 + 12)$
$= (48 - 31) = 17$

16. (d) कक्षा में कुल विद्यार्थी
$= (20 + 10) = 30$
कक्षा में 18वां स्थान जया का है तथा लड़की में 4 था।
अत: 3 लड़की उससे आगे हैं।
जया का लड़कों के बीच का स्थान
$= (18 - 3) = 15$वां

17. (b) आलोक का नीचे से स्थान
$= (40 + 1) - (12 + 8)$
$= (41 - 20) = 21$वां

18. (c) प्रश्नानुसार, समीर का स्थान पहला है।
समीर $\rightarrow | \, | \, | \, | \leftarrow$ सुरेश
तो सुरेश का स्थान
$= (40 + 1) - (1 + 5) = 35$वां

19. (d)

अजय $\longrightarrow | \, | \, | \, | \, | \, | \, | \longleftarrow$ प्रसाद
12 वां 18 वां

कुल छात्रों की संख्या
$= 12 + 7 + 18 = 37$

20. (d) आंकड़े अधूरे हैं। प्रश्न में यह नहीं दिया हुआ है कि रोहन की स्थिति मोहन से ऊपर है या नीचे।

□□□

9 गणितीय संक्रियाएँ

गणितीय संक्रियाओं के अंतर्गत दिए गए प्रश्नों में गणितीय या अक्षर युक्त चिन्हों को परिवर्तित करते हुए व्यंजक को हल किया जाता है।

इसके अंतर्गत परीक्षा '÷' का अर्थ +', '–' तथा '÷', अथवा अन्य संकेतों से युक्त गणितीय समीकरण दिए जाते हैं। इन समीकरणों को प्रश्नानुसार परिवर्तित करके दिए गए समीकरण को हल किया जाता है।

नीचे दिए गए कुछ उदाहरणों के माध्यम से गणितीय संक्रियाओं का स्पष्टीकरण किया जा रहा है।

हल सहित उदाहरण

उदाहरण 1: यदि '+' का अर्थ '÷', '÷' का '×', '×' का अर्थ '–' तथा – का अर्थ '+' हो, तो नीचे दिए गए समीकरण का मान क्या होगा?

16 + 4 ÷ 5 × 3 – 2

(a) 19 (b) 23

(c) 24 (d) 27

हलः (a) दिया गया समीकरण 16 + 4 ÷ 5 × 3 – 2

गणितीय चिन्हों को प्रश्न के अनुसार परिवर्तित करने पर

16 ÷ 4 × 5 – 3 + 2

= (4 × 5 – 3 + 2) = (20 – 3 + 2) = 19

उदाहरण 2: यदि '–' का अर्थ '÷', ÷ का अर्थ '×', × का अर्थ '+' तथा '+' का अर्थ '–' हो, तो नीचे दिए गए समीकरण का मान क्या होगा?

25 – 5 + 4 ÷ 8 × 12

(a) 19 (b) –17

(c) –15 (d) 15

हलः (c) दिया गया समीकरण = 25 – 5 + 4 ÷ 8 × 12

प्रश्नों के अनुसार गणितीय चिन्हों को परिवर्तित करने पर

25 ÷ 5 – 4 × 8 + 12

= 5– 4 × 8 + 12

= (5 – 4 × 8 + 12) = (17 – 32) = – 15

उदाहरण 3: यदि '+' और '–', चिन्हों को आपस मे बदल दिया जाए, इसी प्रकार '×' और '÷' के चिन्हों को आपस में बदल दिया जाए, तो नीचे दिए गए समीकरण का मान क्या होगा?

10 – 2 + 12 × 1 ÷ 2

(a) 18 (b) –17

(c) 15 (d) – 12

हलः (d) दिया गया समीकरण

10 – 2 + 12 × 1 ÷ 2

प्रश्नों के अनुसार गणितीय चिन्हों को परिवर्तित करने पर

10 + 2 – 12 ÷ 1 × 2

10 + 2 – 12 × 2

= (12 – 12 × 2) = (12 – 24) = – 12

उदाहरण 4: यदि 'A' का अर्थ '×', 'B' का अर्थ '÷' तथा 'C' का अर्थ '+' का अर्थ 'D' का अर्थ हो, '–' तो नीचे दिए गए व्यंजक का मान क्या होगा?

625 A 5 B 25 C 312 D 580

(a) –95 (b) 102

(c) 143 (d) – 143

हलः (d) दिया गया समीकरण 625 A 5 B 25 C 312 D 580

A, B, C व D को प्रश्नानुसार चिन्हों में बदलने पर

625 × 5 ÷ 25 + 312 – 580

$= 625 \times \frac{1}{5} + 312 - 580$

= (125 + 312 – 580) = (437 – 580) = – 143

उदाहरण 5: दिए गए समीकरण को संतुलित करने तथा * चिन्हों को प्रतिस्थापित करने के लिए गणितीय चिन्हों का सही क्रम चुनिए–

8 * 5 * 2 * 72 * 4

(a) = × + ÷ (b) × = + ÷

(c) × + = ÷ (d) + × = ÷

हलः (d) दिया गया समीकरण ⇒ 8 * 5 * 2 * 72 * 4

⇒ 8 + 5 × 2 = 72 ÷ 4

⇒ 18 = 18

अतः सही क्रम ⇒ + × = ÷

प्रश्नमाला

1. चिन्हों को किस प्रकार बदलने पर नीचे दिया गया समीकरण सही हो जाएगा?

35 + 7 × 5 ÷ 5 – 6 = 24

(a) ×, –

(b) +, ×

(c) ÷, ×

(d) –, ÷

2. दिए गए समीकरण को संतुलित करने तथा * चिन्हों को प्रतिस्थापित करने के लिए गणितीय चिन्हों का सही क्रम समूह चुनिए?

8 * 5 * 2 * 72 * 4

(a) =, ×, +, ÷ (b) × = + ÷

(c) × + = ÷ (d) + × = ÷

3. यदि '–' का अर्थ है '+', '×' का अर्थ है '–', '÷' का अर्थ '×' है तथा '+' का अर्थ है '÷' तो नीचे दिए गए व्यंजक का मान क्या होगा?

9 ÷ 4 – 17 × 25 + 15

(a) 48 (b) 65

(c) 53 (d) 41

4. दिए गए समीकरण को संतुलित करने पर तथा * चिन्हों को प्रतिस्थापित करने के लिए गणितीय चिन्हों का सही क्रम चुनिए-
6 * 15 * 10 * 3 * 12
(a) ÷ + = × (b) + ÷ × =
(c) × ÷ + = (d) + – = ÷

5. चिन्हों या संख्याओं के किस अदल-बदल से निम्न समीकरण सही हो जाएगा?
(7 + 2) × 3 × 4 – 1 = 20
(a) 2 और 3 (b) × और –
(c) 7 और 3 (d) + और ×

6. नीचे दिए गए समीकरण को हल करने के लिए चिन्हों का उपयुक्त संयोजन चुनिए-
(23 – 5) * (12 ÷ 2) * 3 * 6
(a) × ÷ = (b) + – =
(c) ÷ + = (d) – ÷ =

7. नीचे '–' चिन्ह '÷' के लिए हो '÷' के लिए '×' चिन्ह '×' के लिये '–' और '+' चिन्ह '×' के लिए हो तो निम्नलिखित में से कौन सा एक सही क्रम है?
(a) 49 + 7 – 3 × 5 ÷ 8 = 20
(b) 49 – 7 + 3 ÷ 5 × 8 = 24
(c) 49 × 7 × 5 ÷ 5 – 8 = 16
(d) 15 ÷ 7 × 3 + 5 – 8 = 26

8. **100 × 10 – 100 + 2000 ÷ 100** किसके बराबर है?
(a) 29 (b) 920
(c) 980 (d) 1000

9. निम्नलिखित समीकरण में * के स्थान पर रखे जाने वाले गणितीय चिन्हों के समूह को चुनिए–
7 * 7 * 2* 1 = 12
(a) × – ÷
(b) + – ×
(c) × – +
(d) + × –

10. यदि '÷' का अर्थ '×' है, '–' का अर्थ '+' है, '×' का अर्थ '–' है '+' का अर्थ '÷' है तो निम्नलिखित का मान क्या होगा?
20 + 4 × 6 – 5 ÷ 7
(a) 28 (b) 34
(c) 32 (d) 36

11. यदि 'S' का तात्पर्य 'भाग देना' 'A', का तात्पर्य' 'गुणा करना' 'D' का तात्पर्य 'घटना', 'M' का तात्पर्य 'जोड़ना' है तो निम्नलिखित समीकरण का मान ज्ञात करे-
[(7 M 3) S2] A 8 D 10
(a) 20 (b) 30
(c) 40 (d) 50

12. यदि '×' का अर्थ '–' है '÷' का अर्थ '+' है, '+' का अर्थ '÷' है तथा '–' का अर्थ '×' है तब–
13 – 12 ÷ 400 + 20 × 100
(a) $\frac{1}{760}$ (b) 76
(c) 176 (d) 186

13. यदि गणितीय चिन्हों '–' को '+', '+' को '÷', '×' को '–', और '÷' को '×' में बदल दिया जाए तो दिए गए समीकरण का सही उत्तर ज्ञात कीजिए-
6 ÷ 8 + 2 × 5 – 8 = ?
(a) 27 (b) 18
(c) 32 (d) 28

14. दिए गए समीकरण को संतुलित करने तथा * चिन्हों प्रतिस्थापित करने के लिए गणितीय चिन्हों को सही क्रम समूह चुनिए?
[(40 * 2) * 4] * 3 * 8
(a) + – ÷ = (b) ÷ + ÷ =
(c) + ÷ × = (d) + × – =

15. * चिन्हों को बदलने और दिए गए समीकरण को संतुलित करने के लिए अंकगणितीय चिन्हों का सही संयोजन चुनिए?
8 * 6 * 96 * 2 = 0
(a) × ÷ –
(b) × – ÷
(c) – × ÷
(d) ÷ – ×

16. यदि P ÷ को निर्दिष्ट करता है, Q × को R + को और S – को निर्दिष्ट करता है तो –
12 Q 15 P3 R 4 S 6 = ?
(a) 70 (b) 57
(c) 58 (d) 68

17. यदि A '+' के लिए है Q '–' के लिए है V '×' के लिए R '÷' के लिए है तो दिए गए समीकरण का मान क्या होगा?
225 R 5A 64 Q 13 V 6 = ?
(a) 41 (b) 31
(c) 38 (d) 30

18. यदि '+' का अर्थ '÷' है '–' का अर्थ है '×', '×' का अर्थ है '÷' का अर्थ है '– ', तो नीचे दिए गए समीकरण का मान क्या होगा?
45 + 9 – 3 × 15 ÷ 2
(a) 40 (b) 36
(c) 56 (d) 28

19. यदि 'P' का अर्थ 'X' है, 'R' का अर्थ '+', है 'T' का अर्थ '÷' है तथा 'S ' का अर्थ '–' है, तो नीचे दिए गए व्यंजक का मान क्या होगा?
18 T 3 P 9 S 8 R 6 = ?
(a) 52 (b) 46
(c) 35 (d) 15

20. यदि A = '÷', B = '×', C = '+' तथा D = '+' तथा D = '–' हो तो नीचे दिए गए समीकरण का मान क्या होगा?
18 B 12 A 4 C 5 D 6 = ?
(a) 46 (b) 65
(c) 53 (d) 58

उत्तर (हल/संकेत)

1. (c) 35 + 7 × 5 ÷ 5 – 6 = 24
चिन्हों को परस्पर बदलने पर
⇒ 37 ÷ 7 × 5 +5 – 6 = 24
5 × 5 + 5 – 6 = 24
24 = 24

2. (d) 8 * 5 * 2 * 72 * 4
8 + 5 × 2 = 72 ÷ 4
18 = 18

3. (a) व्यंजक = 9 ÷ 4 – 17 × 25 + 5
चिन्हों को बदलने पर
9 × 4 + 17 – 25 ÷ 5
= 36 + 17 – 5 = 48

4. (c) 6 * 15 * 10 * 3 * 12
⇒ 6 × 15 ÷ 10 + 3 = 12
⇒ 6 × 1.5 + 3 = 12
12 = 12

5. (d) (7 + 2) × 3 × 4 – 1 = 20
⇒ (7 + 2) × 3 × 4 – 1 = 20
⇒ 9 + 12 – 1 = 20
⇒ 20 = 20

6. (c) (23 – 5) * (12 ÷ 2) * 3 * 6
⇒ 18 ÷ 6 + 3 = 6
⇒ 3 + 3 = 6
⇒ 6 = 6

7. (b) 49 – 7 + 3 ÷ 5 × 8 = 24
⇒ 49 ÷ 7 × 3 – 5 + 8
⇒ 7 × 3 – 5 + 8
⇒ 29 – 5 = 24

8. (b) दिया गया समीकरण
= 100 × 10 – 100 + 2000 ÷ 100
= 1000 – 100 + 20
= 920

9. (b) 7 * 7 * 2 * 1 = 12
7 + 7 – 2 × 1 = 12
अत: चिन्हों का अभीष्ट समूह
= + – ×

10. (b) व्यंजक $= 20 + 4 \times 6 - 5 \div 7$
चिन्हों को बदलने पर
$20 \div 4 - 6 + 5 \times 7$
$= 5 - 6 + 35$
$= 34$

11. (b) [(7M 3) S2] A 8 D 10
अक्षरों के स्थान पर चिन्हों को रखने पर
$= [\,(7 + 3) \div 2] \times 8 - 10$
$= [\,10 \div 2] \times 8 - 10$
$= 5 \times 8 - 10$
$= 40 - 10 = 30$

12. (b) व्यंजक $= 13 - 12 \div 400 + 20 \times 100$
चिन्हों को बदलने पर
$= 13 \times 12 + 400 \div 20 - 100$
$= 156 + 20 - 100$
$= 76$

13. (a) दिया गया व्यंजक
$= 6 \div 8 + 2 \times 5 - 8$
$= 6 \times 8 \div 2 - 5 + 8$
चिन्हों को बदलने पर
$= 6 \times 4 - 5 + 8$
$= 24 - 5 + 8 = 27$

14. (b) समीकरण में चिन्हों को रखने पर
$[\,(40 \div 2) + 4] \div 3 = 8$
$[\,20 + 4] \div 3 = 8$
$24 \div 3 = 8$
$8 = 8$

15. (b) 8 * 6 * 96 * 2 = 0
$\Rightarrow 8 \times 6 - 96 \div 2 = 0$
$\Rightarrow 48 - 48 = 0$

16. (c) प्राप्त समीकरण
12 Q 15 P 3 R 4 S6 = ?
चिन्हों को रखने पर
$= 12 \times 15 \div 3 + 4 - 6$
$= 12 \times 5 + 4 - 6$
$= 64 - 6 = 58$

17. (b) प्राप्त समीकरण
= 225 R 5 A 64 Q 13 V 6 = ?
अक्षरों के स्थान पर चिन्हों को रखने पर
$= 225 \div 5 + 64 - 13 \times 6$
$= 45 + 64 - 78$
$? = 31$

18. (d) दिया गया व्यंजक
$= 45 + 9 - 3 \times 15 \div 2$
प्रश्नानुसार, चिन्हों को परिवर्तित करने पर
$45 \div 9 \times 3 + 15 - 2$
$= 5 \times 3 + 15 - 2$
$= 15 + 15 - 2 = 28$

19. (a) दिया गया व्यंजक
= 18 T 3 P 9 S 8 R 6
$= 18 \div 3 \times 9 - 8 + 6$
$= 54 - 8 + 6 = 52$

20. (c) दिया गया व्यंजक 18 B 12 A 4 C 5 D 6
प्रश्नानुसार, चिन्हों का परिवर्तन करने पर
$= 18 \times 12 \div 4 + 5 - 6$
$= 18 \times 3 + 5 - 6$
$= (54 + 5 - 6) = 53$

❑❑❑

वेन आरेख

प्रश्न में दिए गए वस्तुओं के समूह में से वस्तुओं के वर्ग या संख्या को आरेख के माध्यम से निरूपित करने की प्रक्रिया को आरेखीय निरूपण कहते हैं।

आरेखीय निरूपण परीक्षण में दो प्रकार के प्रश्न पूछे जाते हैं।

1. **संख्याओं/अक्षरों के माध्यम से किसी विशेष वर्ग के अंतर्गत आने वाली वस्तुओं अथवा उसकी संख्या ज्ञात करना**–इसके अंतर्गत पूछे जाने वाले प्रश्नों में एक-दूसरे से संयुक्त कुछ आरेख दिए गए होते हैं, जिसके अंदर विभिन्न स्थानों पर भिन्न-भिन्न संख्याओं अथवा अक्षरों को निरुपित किया गया होता है। प्रत्येक आरेख अलग-अलग वर्ग के द्योतक होते हैं। अभ्यर्थियों को इन्हीं आरेख या इनके अंदर दी गई संख्याओं के माध्यम से किसी विशेष वर्ग में आने वाली वस्तुओं की संख्या अथवा वस्तुओं को प्रश्नानुसार ज्ञात करना होता है। इस पद्धति का प्रयोग अंतरों तथा तत्त्वों के आधार पर होता है। यह भिन्न कार्यकारी नियमों द्वारा संचालित होते हैं। तत्त्वों का यह पृथक सेट तभी दिया जाता है, जब यह खास कार्यकारी नियमों से संबंधित हो या दो से ज्यादा ऐसे पृथक सेट के आधार पर कोई नया सेट स्थापित करना हो, इनका संघ तथा प्रतिच्छेदन दो प्रकार से होता है। यहाँ दो सेट A तथा B हो, तो संघ A का अर्थ है कि A तथा B के सारे तत्त्व सम्मिलित होंगे, जबकि A प्रतिच्छेद B के सेट में केवल वही तत्व शामिल रहेंगे जो A तथा B में एक समान होंगे। जब कोई सूचना सेट के रूप में प्रस्तुत की जाती है, तभी समंक प्रस्तुति की प्रक्रिया लागू होती है। एक सेट तत्त्वों का संग्रह है, जो समान कार्यकारी नियमों द्वारा संचालित होते हैं। उदाहरण के तौर पर जैसे वॉलीबॉल खेलने वाली लड़कियों का सेट क्रिकेट खेल ने वाली लड़कियों के सेट से भिन्न है।

   अब इसके अंतर्गत पूछे जाने वाले प्रश्नों के प्रारूप एवं उपरोक्त तथ्यों के स्पष्टीकरण हेतु नीचे दिए गए प्रमुख उदाहरणों का ध्यानपूर्वक अवलोकन करें–

2. **आरेखों के माध्यम से दिए गए वस्तुओं के समूहों को व्यवस्थित करना**–इसके अंतर्गत पूछे जाने वाले प्रश्नों में सर्वप्रथम कुछ वस्तुओं के समूह दिए जाते हैं तथा इनके नीचे कुछ आरेख दिए गए होते हैं। प्रतियोगियों को प्रश्नानुसार इन आरेखों के माध्यम से उस एक आरेख को ज्ञात करना होता है, जो कि प्रश्न में दिए गए वस्तुओं के समूहों को पूर्ण एवं सही तौर पर वर्गीकृत करते हैं या उनके बीच के संबंध को निरुपित करते हैं।

   इस प्रकार के प्रश्नों का प्रमुख उद्देश्य अभ्यर्थियों से निश्चित वर्गों को समझने तथा उसके चित्रात्मक व्याख्या करने की क्षमता की जांच करना होता है। अभ्यर्थी को सामान्यतया: यह निर्णय करना होता है कि तथ्य सेट या उप-सेट के आकार से संबंधित है अथवा वह किसी अन्य सेट से संबंधित होगा। तथ्य समुच्चय अथवा उप-समुच्चय से भी संबंधित हो सकता है, यद्यपि प्रश्नों में सेट थ्योरी की भाषा और चिह्नों का प्रयोग नहीं होता है।

   अब नीचे दिए गए संबंधों का ध्यानपूर्वक अवलोकन करें–

(a) दिया गया आरेख यह दर्शाता है कि एक वर्ग, दूसरे में पूरी तरह समाहित है, लेकिन मिला-जुला नहीं है।

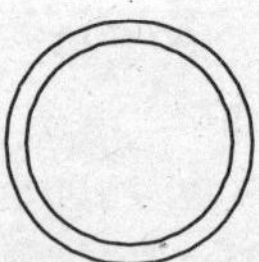

(b) दिया गया आरेख यह दर्शाता है कि कोई भी वर्ग एक-दूसरे में पूरी तरह समाहित नहीं है, लेकिन दोनों में कुछ समान सदस्य हैं।

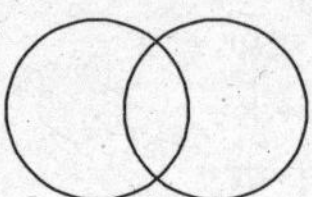

(c) दिया गया आरेख यह दर्शाता है कि कोई सदस्य एक समान (common) नहीं है। संबंध परिचयात्मक ढंग से होना चाहिए, जैसे A, A है या A, B नहीं है तथा दोनों में कोई संबंध स्थापित नहीं हो सकता। अत: दो प्रकार के ही संबंध स्थापित हो सकते हैं।
1. समान वर्ग 2. असमान वर्ग

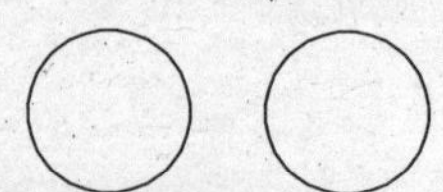

हल सहित उदाहरण

उदाहरण 1: निम्नांकित आरेख में तीन वर्गों में आने वाले व्यक्तियों की संख्या को तीन संयुक्त आरेखों के माध्यम से निरूपित किया गया है। इन आरेखों में से त्रिभुज के द्वारा लेखकों को, वर्ग के द्वारा संपादकों को तथा वृत्त के द्वारा मुद्रकों को निरूपित किया गया है। इन आरेखों का ध्यान से अध्ययन करके यह ज्ञात कीजिए कि ऐसे व्यक्ति जो कि लेखक, संपादक एवं मुद्रक तीनों वर्गों के अंतर्गत आते हैं, उनकी संख्या कितनी हैं?

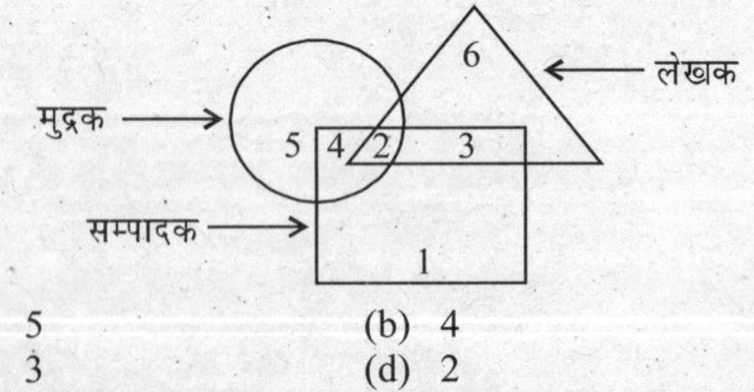

(a) 5 (b) 4
(c) 3 (d) 2

हल: (d) आरेख से यह स्पष्ट है कि ऐसे व्यक्ति जो कि लेखक, संपादक तथा मुद्रक तीनों हैं, उनकी संख्या 2 है।

उदाहरण 2: नीचे दिए गए वेन आरेखों में से कौन-सा आरेख दिए गए तीन वर्ग पशु, कुत्ता तथा बिल्ली के बीच क सम्बन्ध को सही तौर पर निरूपित करता हैं। सही निरूपण करता है? सही निरूपण करने वाले वेन आरेख का अक्षरांक ही आपका उत्तर होगा।

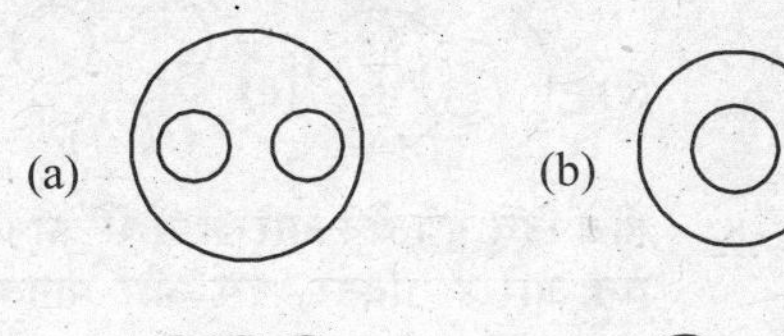

हलः (a) कुत्ता और बिल्ली दोनों पशु के अंतर्गत आते हैं, लेकिन दोनों भिन्न प्रकार क पशु हैं।

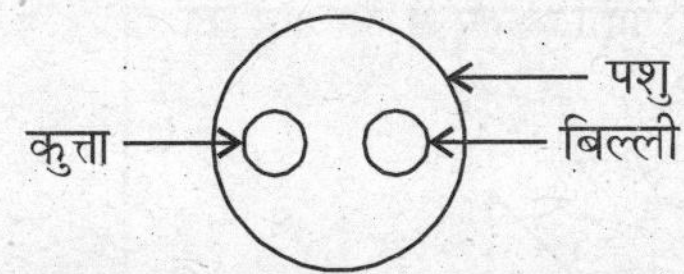

प्रश्नमाला

1. किसके द्वारा विज्ञान, आयुर्विज्ञान एवं रसायन प्रदर्शित किए गए हैं?

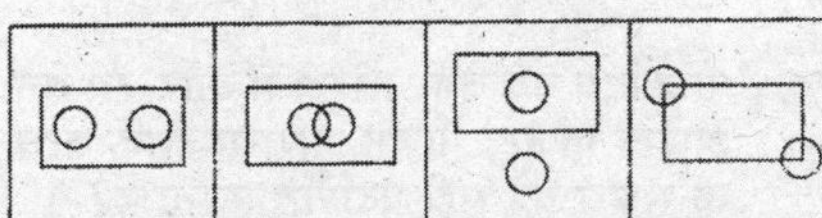

2. दी गई रेखाकृतियों में से कौन-सी आकृति अपराधी, चोर तथा पॉकेटमार के संबंध को प्रदर्शित करती हैं?

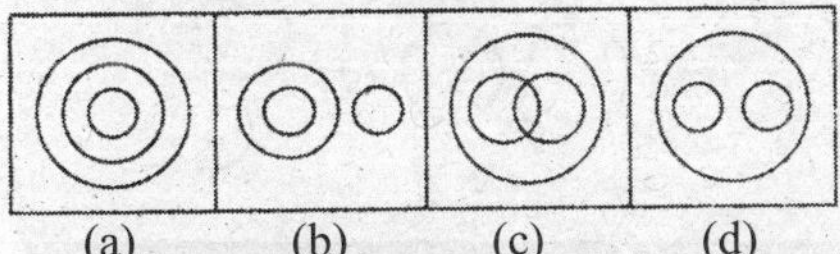

3. निम्नांकित में से किसके द्वारा चूना, सीमेंट, ईंट प्रदर्शित हैं?

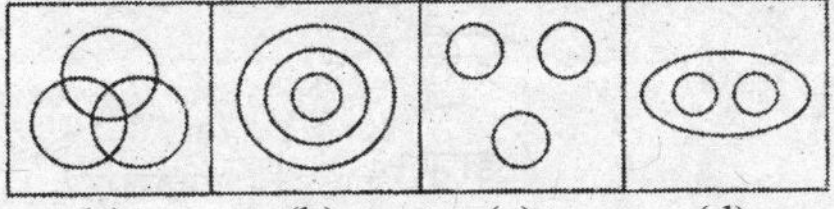

4. दी गई उस कृतियों में से किसमें तरल पदार्थ, धातुएं व गैसें प्रदर्शित हैं?

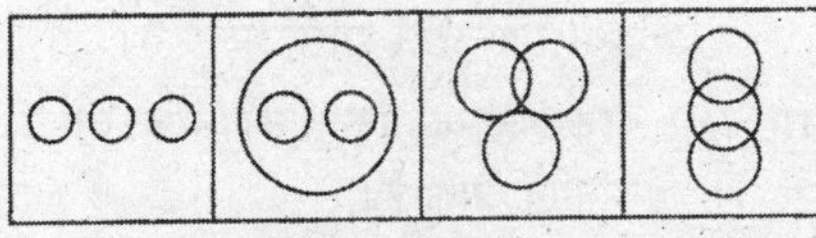

5. दी गई आकृतियों में से कौन-सी आकृति अभिनेताओं, पशुओं और पक्षियों को प्रदर्शित करती है?

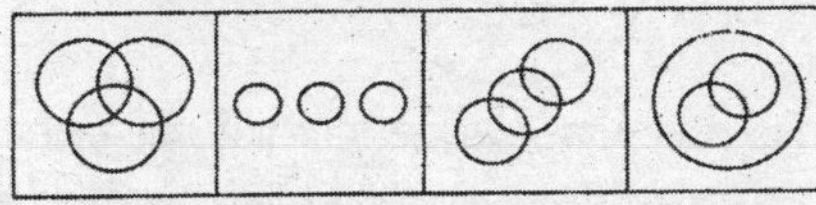

6. इनमें से कौन-सी आकृति समचतुर्भुजों, चतुर्भुजों और बहुभुजों को दर्शाती है?

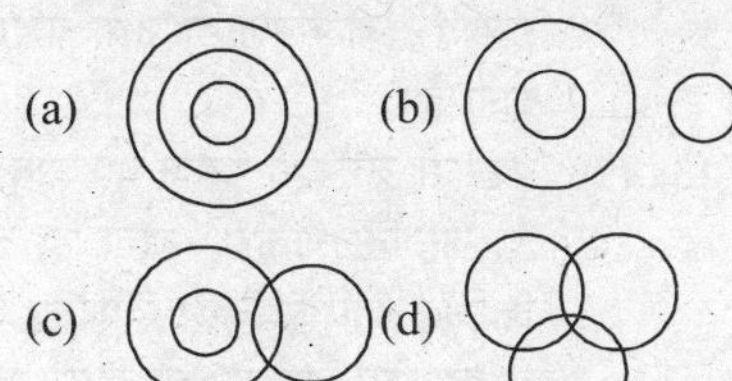

7. आयत, वर्ग और त्रिभुज के बीच के संबंध को कौन-सी आकृति प्रदर्शित करता है?

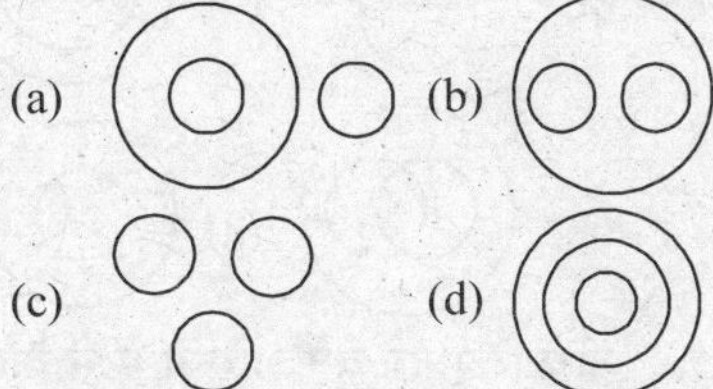

8. दुकानदार, अपराधी और ऑफीसर के बीच के संबंध को कौन-सी आकृति प्रदर्शित करता है?

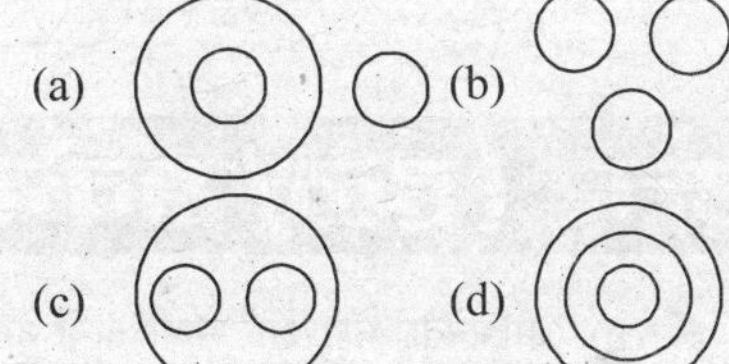

9. इंजन, डीजल इंजन और रेफ्रिजरेटर के बीच के संबंध को कौन-सी आकृति प्रदर्शित करता है?

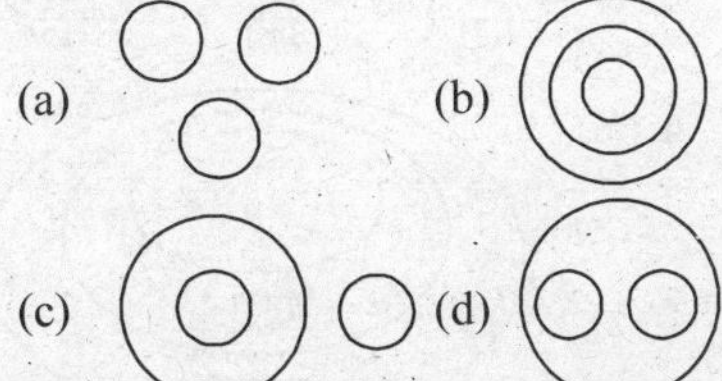

10. दी गई आकृतियों में से कौन-सी आकृति दिन, माह तथा वर्ष के संबंध को प्रदर्शित करती है?

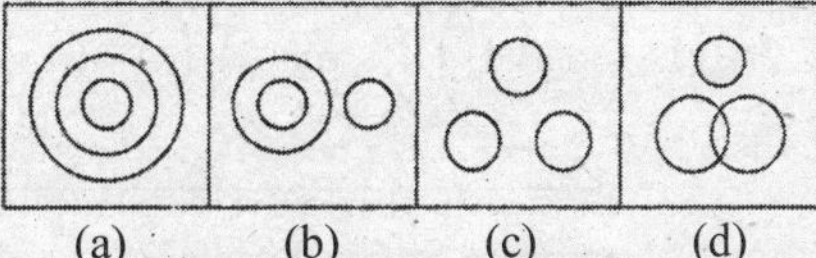

11. दिए गए रेखाचित्र में आयत महिलाओं को प्रकट करता है, त्रिभुज पुलिस के संब-इंस्पेक्टरों को प्रकट करता है और वृत्त स्नातकों को प्रकट करता है, किस अंक का क्षेत्र उन महिला सब-इंस्पेक्टरों को प्रकट करता है, जो स्नातक नहीं हैं?

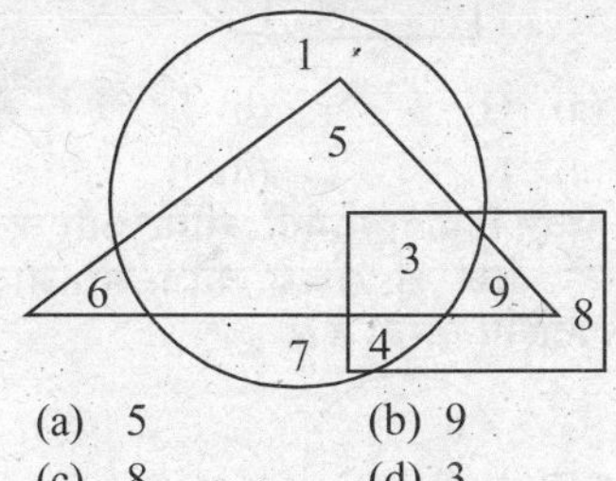

(a) 5 (b) 9
(c) 8 (d) 3

12. दिए गए चित्र में त्रिभुज महिलाओं को प्रदर्शित करता है, वर्ग खिलाड़ियों को प्रदर्शित करता है तथा वृत्त प्रशिक्षिकाओं को प्रदर्शित करता है। चित्र में कौन-सा भाग ऐसी महिलाओं को प्रदर्शित करता है, जो खिलाड़ी तथा प्रशिक्षिका दोनों हैं?

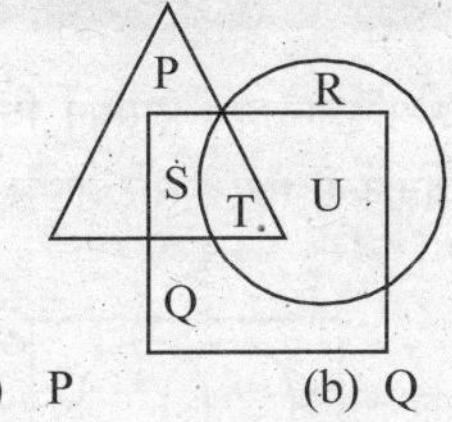

(a) P (b) Q
(c) T (d) U

13. नीचे दिए गए आरेख का ध्यानपूर्वक अध्ययन करके यह ज्ञात करें कि वह युवक जो नौकरी करता है, लेकिन शिक्षित नहीं है, निम्नलिखित में से कौन हैं?

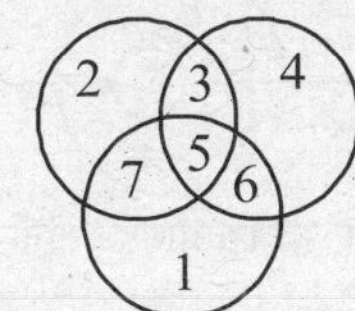

(a) 3 या 7 या 6 (b) 3 या 4
(c) 6 या 4 (d) 2 या 5 या 7

14. नीचे दिए गए आरेख में एक-दूसरे को विच्छेदित करते हुए आपस में संयुक्त त्रिभुज, वर्ग और वृत्त को दर्शाया गया है जोकि क्रमशः 'शहरी' 'कठोर परिश्रमी' तथा 'शिक्षित' लोगों का प्रतिनिधित्व कर रहे हैं। निम्नांकित आरेख के अंकित **A** से **G** क्षेत्र में से कौन-सा अंकित क्षेत्र ऐसे

व्यक्तियों को निरूपित करता है, जोकि शहरी और शिक्षित हैं, लेकिन कठोर परिश्रमी नहीं हैं? दिए गए विकल्प से उस क्षेत्र को ज्ञात करें।

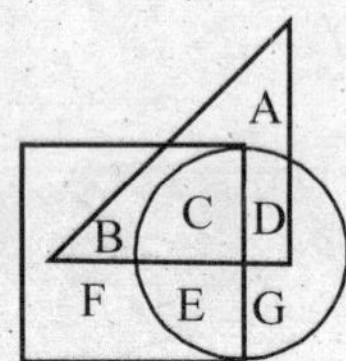

(a) G (b) E
(c) D (d) B

15. भवन निर्माण सामग्री, सीमेंट और लकड़ी के बीच के संबंध कौन-सी आकृति प्रदर्शित करता है?

(a) (b)
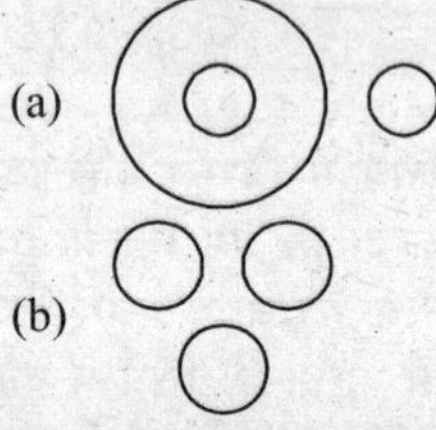

(c)
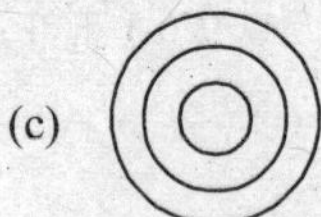

(d)

16. निम्नलिखित में से कौन-सा आरेख विधुर, पुरुष और धूम्रपान के शौकीन के बीच संबंध को सही प्रदर्शित करता है?

(a)

(b)

(c)

(d)
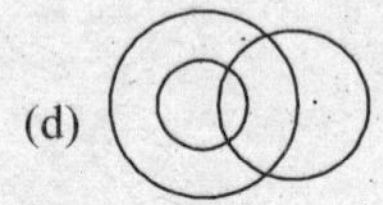

17. नीचे दिये गये वेन आरेखों में से कौन-सा वेन आरेख नारी, मां और डॉक्टर के बीच संबंध को सही दर्शाता है?

(a)
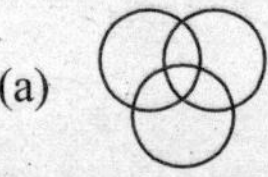
(b)

(c) (d)

18. नीचे दिये गये वेन आरेखों में से कौन-सा वेन आरेख डॉक्टर, नर्स और मानव के बीच संबंध को दर्शाता है?

(a)
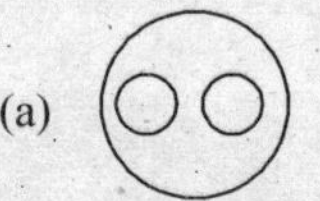
(b)
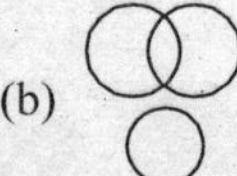

(c)
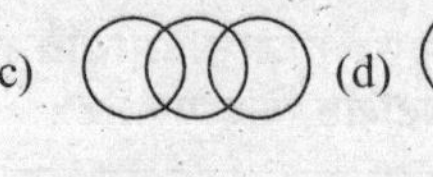
(d)

19. नीचे दिये गये वेन आरेखों में कौन-सा वेन आरेख गाजर, भोजन और सब्जी के बीच के संबंध को सही प्रदर्शित करता है?

(a)
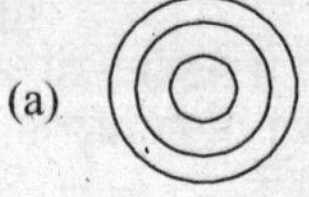
(b)

(c) (d)
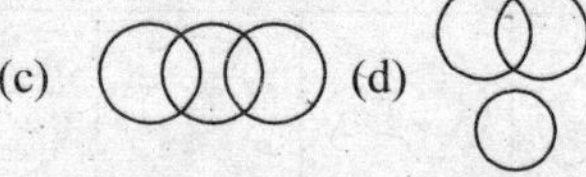

उत्तर (हल/संकेत)

1. (b) आयुर्विज्ञान एवं रसायन विज्ञान दोनों विज्ञान के भाग हैं और आपस में संबंधित है।

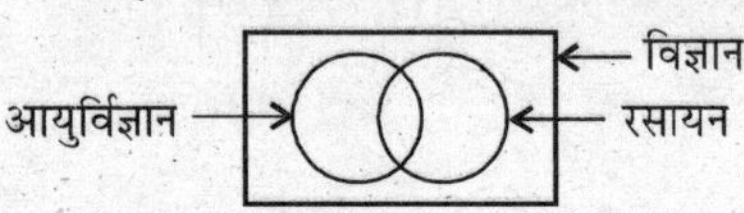

2. (c) कुछ चोर पॉकेटमार भी होते हैं और ये दोनों ही अपराधी हैं।

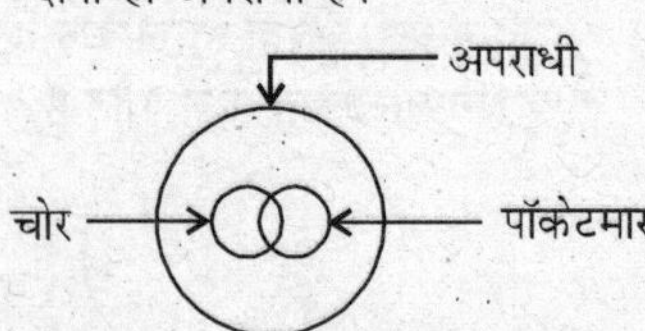

3. (c) चूना, सीमेंट और ईंट तीनों अलग-अलग हैं।

4. (a) तरल पदार्थ, धातुएं व गैसें तीनों अलग-अलग हैं।

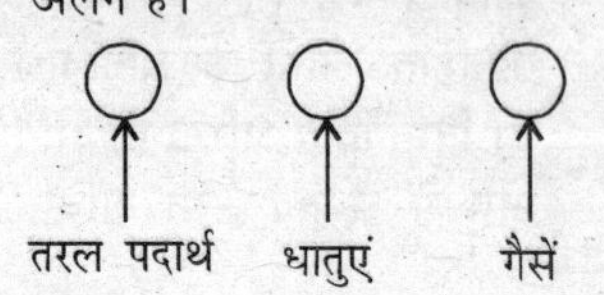

5. (b) अभिनेता, पशु और पक्षी तीनों अलग-अलग हैं।

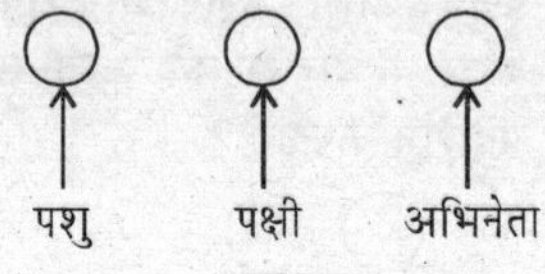

6. (a)

समचतुर्भुज
चतुर्भुज
बहुभुज

सभी समचतुर्भुज, चतुर्भुज होते हैं और सभी चतुर्भुज, बहुभुज होते हैं।

7. (c)
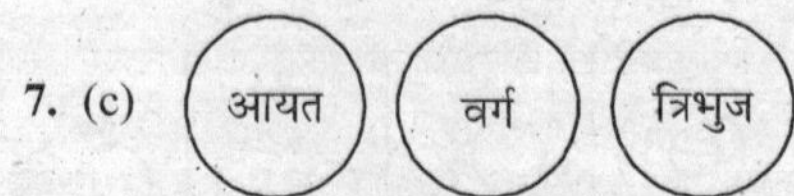

आयत, वर्ग और त्रिभुज अलग-अलग ज्यामितीय आकृतियां हैं।

8. (b)
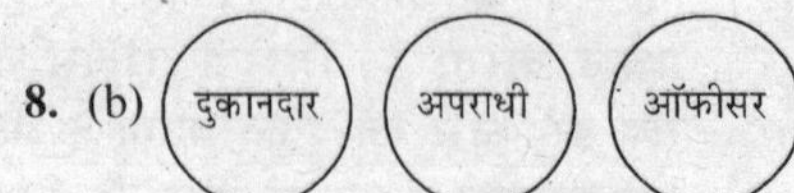

दुकानदार, अपराधी व ऑफीसर तीनों अलग-अलग समूहों को सूचित करते हैं।

9. (c)

इंजन
डीजल इंजन
रेफ्रिजरेटर

डीजल इंजन, इंजन के अंतर्गत आता है तथा रेफ्रिजरेटर इनसे अलग है।

10. (a) दिन, माह के अंतर्गत तथा माह, वर्ष के अंतर्गत आता है।

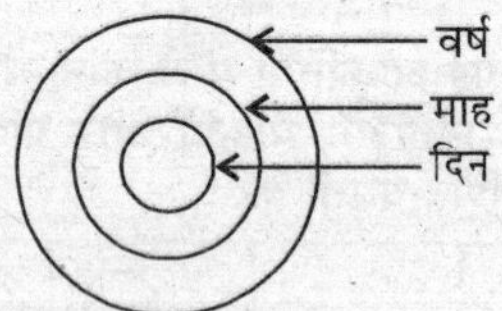

11. (b) अंक 9 से उन महिलाओं को दर्शाया गया है, जो सब-इंस्पेक्टर तो हैं, परंतु स्नातक नहीं हैं।

12. (c) अक्षर T द्वारा उन महिलाओं को दर्शाया गया है, जो खिलाड़ी तथा प्रशिक्षिका दोनों हैं।

13. (a) प्रश्न से, हमें ऐसे युवक को ज्ञात करना है, जो कि नौकरी करता है, लेकिन शिक्षित नहीं है। अतः दिए गए आरेख में हम ऐसी संख्या को देखेंगे जो कि केवल दो आरेखों में एकसमान (common)

हो। यहां ध्यान देने पर हम पाते हैं कि ऐसी संख्या केवल '3', '7' एवं '6' है, जोकि दो आरेखों में एकसमान (common) है। अत: '3' या '7' या '6' ऐसे युवक हैं, जो कि नौकरी करते हैं, लेकिन शिक्षित नहीं हैं।

14. (c) चूंकि यहां ऐसे व्यक्तियों को ज्ञात करना है, जो कि शहरी और शिक्षित हो, लेकिन कठिन परिश्रमी न हो अर्थात् हमें ऐसे व्यक्ति को ज्ञात करना है जो कि शहरी और शिक्षित है। चूंकि आरेख में 'त्रिभुज' में शहरी व्यक्ति को तथा 'वृत्त' से शिक्षित व्यक्ति को निरूपित किया गया है। इसलिए शहरी एवं शिक्षित व्यक्ति को ज्ञात करने के लिए हम दिए गए आरेख में त्रिभुज तथा वृत्त के अंदर ध्यान देंगे कि इन दोनों आरेखों के अंदर वह कौन-सा अक्षर है, जो इन दोनों में एकसमान (common) है। यहां हम देख रहे हैं कि ऐसा अक्षर केवल D है, जो कि त्रिभुज एवं वृत्त में एकसमान (common) है। अत: क्षेत्र 'D' शहरी एवं शिक्षित व्यक्ति को निरुपित करता है।

15. (d)

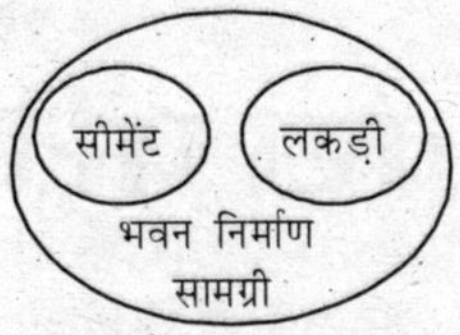

सीमेंट तथा लकड़ी दोनों भवन निर्माण सामग्री के अंतर्गत आते हैं।

16. (d)

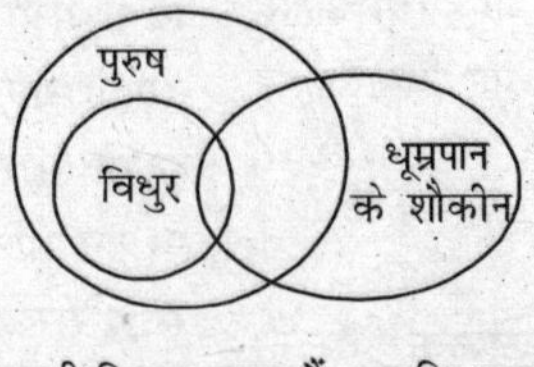

सभी विधुर, पुरुष हैं, जबकि कुछ पुरुष और कुछ विधुर धूम्रपान के शौकीन हो सकते हैं।

17. (c)

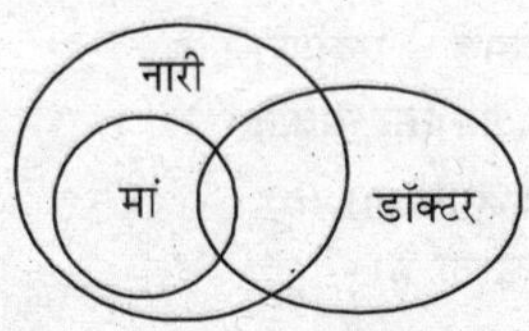

सभी मां, नारी होती हैं। कुछ नारी, मां और डॉक्टर हो सकती हैं।

18. (a)

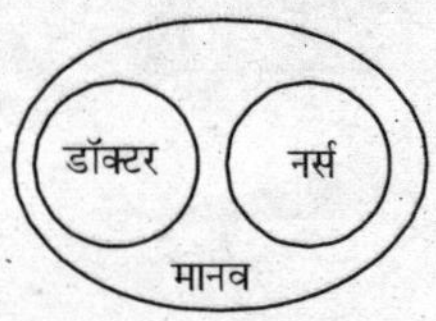

डॉक्टर और नर्स अलग-अलग हैं, जबकि दोनों मानव हैं, इसलिए दोनों को मानव के अंदर आरेखित करेंगे।

19. (a)

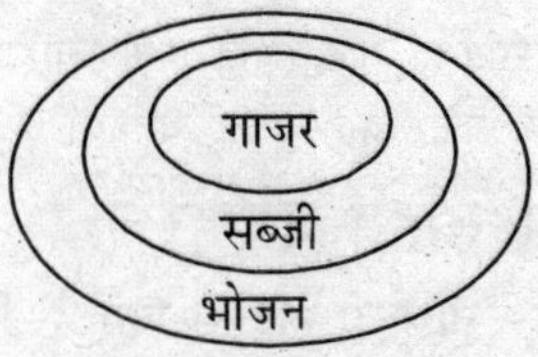

सभी गाजर एक प्रकार की सब्जी है और सभी सब्जियां भोजन हैं। इसलिए गाजर को सब्जी के अंदर तथा सब्जी को भोजन के अंदर आरेखित करते हैं।

❑❑❑

11 मैट्रिक्स परीक्षण

इसके अंतर्गत अक्षरों तथा संख्याओं के कोड एक या दो मैट्रिक्स में दिए जाते हैं। इन मैट्रिक्स में प्रत्येक अक्षर के लिए दो-दो अंकों की संख्याओं का कूट निर्धारित होता है। इसे हल करने के लिए सर्वप्रथम दिए गए सभी अक्षरों का सम्भावित मान लिख लेना चाहिए और उसके बाद दिए गए विकल्पों में से सही उत्तर को चुनना चाहिए।

हल सहित उदाहरण

निर्देश– नीचे दो मैट्रिक्स दिए हैं, जिनमें से प्रत्येक में 25 कोष्ठक और दो प्रकार की अक्षरमाला दी गई है। मैट्रिक्स I के स्तंभों एवं पंक्तियों को 0 से 4 क्रमांकित किया गया है और मैट्रिक्स II में 5 से 9 तक। इन मैट्रिक्स का कोई अक्षर पहले इसकी पंक्ति संख्या और फिर इसकी स्तंभ संख्या द्वारा प्रदर्शित किया जा सकता है। यथा 'R' को '01' तथा '44' आदि से प्रदर्शित कर सकते हैं। इसी तरह 'V' को '59', '78' आदि द्वारा प्रदर्शित कर सकते हैं। निम्नांकित प्रत्येक प्रश्न में संख्याओं के एक जोड़े की पहचान (a), (b), (c), व (d) में से करें, जोकि दिए हुए शब्द को प्रदर्शित करता है।

मैट्रिक्स I

	0	1	2	3	4
0	M	R	H	N	F
1	N	F	M	R	H
2	R	H	N	F	M
3	F	M	R	H	N
4	H	N	F	M	R

मैट्रिक्स II

	5	6	7	8	9
5	O	E	A	K	V
6	K	U	O	E	A
7	E	A	K	V	O
8	U	O	E	A	K
9	A	K	U	O	E

उदाहरण 1: FORK

(a) 11, 79, 20, 67 (b) 30, 86, 13, 77
(c) 20, 96, 32, 55 (d) 23, 86, 11, 77

हल: (b)
F ⇒ 04, 11, 23, 30, 42
O ⇒ 55, 67, 79, 86, 98
R ⇒ 01, 13, 20, 32, 44
K ⇒ 58, 65, 77, 89, 96
∴ FORK ⇒ 30, 86, 13, 77

निर्देश: (उदाहरण 2-3): नीचे दिए गए प्रश्नों में एक शब्द केवल एक संख्या समूह द्वारा दर्शाया गया है, जैसा कि विकल्पों में से किसी एक में दिया गया है। विकल्पों में दिए गए संख्या समूह अक्षरों के दो वर्गों द्वारा दर्शाए गए हैं, जैसा कि नीचे दिए गए दोनों मैट्रिक्स में हैं। मैट्रिक्स I के स्तंभों और पंक्तियों की संख्या 0 से 4 दी गई है और मैट्रिक्स II की 5 से 9। इन मैट्रिक्स से किसी भी अक्षर को पहले उसकी पंक्ति और बाद में स्तंभ संख्या द्वारा दर्शाया जा सकता है। उदाहरण के लिए M को 14, 21 आदि द्वारा दर्शाया जा सकता है। O को 20, 32 आदि द्वारा दर्शाया जा सकता है। इसी प्रकार से आपको प्रश्न में दिए गए शब्द के लिए समूह को पहचानना है।

मैट्रिक्स I

	0	1	2	3	4
0	F	O	M	S	R
1	S	R	F	O	M
2	O	M	S	R	F
3	R	F	O	M	S
4	M	S	R	F	O

मैट्रिक्स II

	5	6	7	8	9
5	A	T	D	I	P
6	I	P	A	T	D
7	T	D	I	P	A
8	P	A	T	D	I
9	D	I	P	A	T

उदाहरण 2: शब्द ROAD को निम्न में से कौन दर्शाता है?

(a) 04, 20, 55, 78 (b) 23, 32, 98, 99
(c) 42, 32, 79, 58 (d) 11, 13, 67, 69

हल: (d) चूंकि दिए गए विकल्पों से शब्द ROAD को दर्शाने वाला कोड ज्ञात करना है। इसलिए हम सबसे पहले यह ज्ञात करेंगे कि शब्द ROAD में प्रयुक्त प्रत्येक अक्षर के लिए कौन-कौन-सा अंक कोड प्रयुक्त किया गया है।

R = 04, 11, 23, 30, 42 O = 01, 13, 20, 32, 44
A = 55, 67, 79, 86, 98 D = 57, 69, 76, 88, 95

अब, दिए गए विकल्पों का ध्यानपूर्वक अवलोकन करने पर हम पाते हैं कि ROAD शब्द को 11, 13, 67 एवं 69 द्वारा दर्शाया गया है, जो विकल्प (d) में मौजूद है।

प्रश्नमाला

1. एक शब्द केवल एक संख्या-समूह द्वारा दर्शाया गया है, जैसाकि विकल्पों में से किसी एक में दिया गया है। विकल्पों में दिए गए संख्या-समूह अक्षरों के दो वर्गों द्वारा दर्शाए गए हैं, जैसाकि दिए गए दो आव्यूहों में है। आव्यूह-I के स्तम्भ और पंक्ति की संख्या 0 से 4 और आव्यूह-II की 5 से 9 है। इन आव्यूहों में से एक अक्षर को पहले उसकी पंक्ति और बाद में स्तम्भ संख्या द्वारा दर्शाया जा सकता है। उदाहरण के लिए 'F' को 32, 42 आदि द्वारा दर्शाया जा सकता है तथा 'M' को 88, 68 आदि द्वारा दर्शाया जा सकता है। इसी तरह से आपको प्रश्न में दिए शब्द "SNOW' के लिए समूह को पहचानना है।

आव्यूह-I

	0	1	2	3	4
0	I	N	U	H	E
1	U	I	N	L	L
2	W	G	I	N	E
3	W	W	F	I	U
4	W	W	F	N	E

आव्यूह-II

	5	6	7	8	9
5	I	S	D	R	O
6	O	I	I	M	S
7	O	S	G	I	O
8	D	M	T	M	I
9	S	D	D	M	S

(a) 76, 43, 59, 21
(b) 95, 23, 79, 10
(c) 99, 01, 57, 30
(d) 69, 12, 65, 20

2. एक शब्द केवल एक संख्या-समूह द्वारा दर्शाया गया है, जैसाकि विकल्पों में से किसी एक में दिया गया है। विकल्पों में दिए गए संख्या-समूह अक्षरों के दो वर्गों द्वारा दर्शाए गए हैं, जैसा कि दिए गए दो आव्यूहों में है। आव्यूह-I के स्तम्भ और पंक्ति की संख्या 0 से 4 में दी गई है और आव्यूह-II की 5 से 9 में दी गई है। इन आव्यूहों से एक अक्षर को पहले उसकी पंक्ति और बाद में स्तम्भ संख्या द्वारा दर्शाया जा सकता है। उदाहरण के लिए 'U' को 10, 33 आदि द्वारा दर्शाया जा सकता है तथा 'N' को 75, 89 आदि द्वारा दर्शाया जा सकता है। इसी तरह से आपको प्रश्न में दिए शब्द 'BOARD' के लिए समूह को पहचानना है।

आव्यूह-I

	0	1	2	3	4
0	R	B	U	P	A
1	U	A	R	B	P
2	P	R	U	A	B
3	A	P	B	U	R
4	B	U	A	R	P

आव्यूह-II

	5	6	7	8	9
5	D	N	S	H	O
6	S	D	O	N	H
7	N	O	H	D	S
8	H	S	D	O	N
9	O	H	N	S	D

(a) 32, 76, 04, 21, 55
(b) 01, 66, 11, 43, 99
(c) 40, 59, 41, 00, 66
(d) 30, 67, 42, 34, 78

3. एक शब्द केवल एक संख्या समूह द्वारा दर्शाया गया है, जैसा कि विकल्प में से किसी एक में दिया गया है। विकल्प में दिए गए संख्या समूह अक्षरों के दो वर्गों द्वारा दर्शाए गए है, जैसा कि नीचे दिए गए दो आव्यूहों में है। आव्यूह-I के स्तम्भ और पंक्ति की संख्या 0 से 4 और आव्यूह-II की 5 से 9 है। इन आव्यूहों से एक अक्षर को पहले उसकी पंक्ति और बाद में स्तम्भ संख्या द्वारा दर्शाया जा सकता है। उदाहरण के लिए 'M' को 10, 03 आदि द्वारा दर्शाया जा सकता है तथा 'H' को 55, 78 आदि द्वारा दर्शाया जा सकता है। इसी तरह से आपको प्रश्न में दिए शब्द 'MATHS' के लिए समूह को पहचानना है।

आव्यूह-I

	0	1	2	3	4
0	T	S	N	M	E
1	M	T	S	N	E
2	S	E	M	T	N
3	N	M	E	S	T
4	E	N	T	S	M

आव्यूह-II

	5	6	7	8	9
5	H	G	I	P	A
6	G	H	A	I	P
7	A	I	G	H	I
8	I	P	H	A	G
9	P	A	P	G	H

(a) 03, 59, 11, 78, 43
(b) 10, 67, 22, 55, 01
(c) 22, 75, 00, 66, 21
(d) 44, 88, 23, 98, 20

4. एक शब्द केवल एक संख्या समूह द्वारा दर्शाया गया है, जैसा कि विकल्पों में से किसी एक में दिया गया है विकल्पों में दिए गए संख्या समूह अक्षरों के दो वर्गों द्वारा दर्शाए गए हैं, जैसा कि दिए गए दो आव्यूहों में है। आव्यूह-I के स्तम्भ और पंक्ति की संख्या 0 से 4 और आव्यूह-II की 5 से 9 है। इन आव्यूहों से एक अक्षर को पहले उसकी पंक्ति और बाद में स्तम्भ संख्या द्वारा दर्शाया जा सकता है। उदाहरण के लिए 'N' को 21, 43 आदि द्वारा दर्शाया जा सकता है तथा 'R' को 66, 57 आदि द्वारा दर्शाया जा सकता है। इसी तरह से आपको प्रश्न में दिए शब्द 'GEAR' के लिए समूह को पहचानना है।

आव्यूह-I

	0	1	2	3	4
0	A	S	E	G	A
1	Q	D	H	L	S
2	W	N	T	K	D
3	H	D	Y	A	F
4	R	G	A	N	G

आव्यूह-II

	5	6	7	8	9
5	E	T	R	R	F
6	G	R	P	L	R
7	I	O	U	R	M
8	D	F	R	K	Q
9	S	R	W	D	E

(a) 03, 99, 57, 77
(b) 44, 55, 42, 66
(c) 41, 00, 02, 78
(d) 65, 02, 00, 43

5. एक शब्द केवल एक संख्या-समूह द्वारा दर्शाया गया है, जैसा कि विकल्पों में से किसी एक में दिया गया है। विकल्पों में दिए गए संख्या-समूह अक्षरों के दो वर्गों द्वारा दर्शाए गए हैं, जैसा कि दिए गए दो आव्यूहों में है। आव्यूह-I के स्तम्भ और पंक्ति की संख्या 0 से 4 और आव्यूह-II की 5 से 9 है। इन आव्यूहों से एक अक्षर को पहले उसकी पंक्ति और बाद में स्तम्भ संख्या द्वारा दर्शाया जा सकता है। उदाहरण के लिए 'F' को 32, 42 आदि द्वारा दर्शाया जा सकता है तथा 'M' को 88, 68 आदि द्वारा दर्शाया जा सकता है। इसी तरह से आपको प्रश्न में दिए शब्द 'TURN' के लिए समूह को पहचानना है।

आव्यूह-I

	0	1	2	3	4
0	A	N	U	H	E
1	U	A	N	L	L
2	U	G	A	N	E
3	U	L	F	A	U
4	U	L	F	N	E

आव्यूह-II

	5	6	7	8	9
5	I	S	T	R	O
6	R	I	T	M	S
7	R	S	G	R	O
8	T	S	T	M	R
9	S	T	T	M	S

(a) 67, 20, 76, 43
(b) 57, 01, 65, 12
(c) 85, 30, 89, 23
(d) 97, 02, 78, 22

6. एक शब्द केवल एक संख्या-समूह द्वारा दर्शाया गया है, जैसा कि विकल्पों में से किसी एक में दिया गया है। विकल्पों में दिए गए संख्या समूह अक्षरों के दो वर्गों द्वारा दर्शाए गए हैं, जैसा कि दिए गए दो आव्यूहों में है। आव्यूह I के स्तम्भ और पंक्ति की संख्या 0 से 4 और आव्यूह-II की 5 से 9 है। इन आव्यूहों से एक अक्षर को पहले उसकी पंक्ति और बाद में स्तम्भ संख्या द्वारा दर्शाया जा सकता है। उदाहरण के लिए 'W' को 21, 23 आदि द्वारा दर्शाया जा सकता है तथा 'J' को 79, 97 आदि द्वारा दर्शाया जा सकता है। इसी तरह से आपको प्रश्न में दिए शब्द 'GERM' के लिए समूह को पहचानना है।

आव्यूह-I

	0	1	2	3	4
0	M	A	R	E	G
1	G	E	M	Q	H
2	U	W	R	W	P
3	G	V	A	P	O
4	M	A	R	Y	I

आव्यूह-II

	5	6	7	8	9
5	V	M	P	G	M
6	R	P	E	D	U
7	P	M	G	E	J
8	N	R	E	A	K
9	M	U	J	S	L

(a) 10, 11, 02, 59
(b) 04, 87, 31, 76
(c) 30, 67, 44, 40
(d) 77, 96, 12, 95

7. एक शब्द केवल एक संख्या-समूह द्वारा दर्शाया गया है, जैसा कि विकल्पों में से किसी एक में दिया गया है। विकल्पों में दिए गए संख्या समूह अक्षरों के दो वर्गों द्वारा दर्शाए गए हैं, जैसा कि दिए गए दो आव्यूहों में है। आव्यूह I के स्तम्भ और पंक्ति की संख्या 0 से 4 है और आव्यूह-II की 5 से 9 है। इन आव्यूहों से एक अक्षर को पहले उसकी पंक्ति और बाद में स्तम्भ संख्या द्वारा दर्शाया जा सकता है। उदाहरण के लिए F को 32, 42 आदि द्वारा दर्शाया जा सकता है तथा M को 88, 68 आदि द्वारा दर्शाया जा सकता है। इसी तरह से आपको प्रश्न में दिए शब्द MOVIE के लिए समूह को पहचानना है।

आव्यूह-I

	0	1	2	3	4
0	I	N	U	H	E
1	U	I	E	L	L
2	V	G	I	N	E
3	V	W	F	I	U
4	V	V	F	N	E

आव्यूह-II

	5	6	7	8	9
5	I	S	D	R	O
6	O	I	I	M	S
7	O	S	G	I	O
8	D	M	T	M	I
9	S	D	D	M	S

(a) 98, 59, 42, 33, 44
(b) 86, 79, 40, 22, 43
(c) 88, 65, 20, 11, 24
(d) 68, 75, 30, 00, 13

8. एक शब्द केवल एक संख्या-समूह द्वारा दर्शाया गया है, जैसा कि विकल्पों में से किसी एक में दिया गया है। विकल्पों में दिए गए संख्या-समूह अक्षरों के दो वर्गों द्वारा दर्शाए गए हैं, जैसा कि दिए गए दो आव्यूहों में है। आव्यूह-I और पंक्ति की संख्या 0 से 4 है और आव्यूह-II की 5 से 9। इन आव्यूहों से एक अक्षर को पहले उसकी पंक्ति और बाद में स्तम्भ संख्या द्वारा दर्शाया जा सकता है। उदाहरण के लिए S को 43, 42 आदि द्वारा दर्शाया जा सकता है तथा 0 को 79, 78 आदि द्वारा दर्शाया जा सकता है। इसी तरह से आपको प्रश्न में दिए शब्द TERM के लिए समूह को पहचानना है।

आव्यूह-I

	0	1	2	3	4
0	A	R	U	T	P
1	A	R	T	P	P
2	O	T	R	O	A
3	T	N	N	R	A
4	U	Q	S	S	S

आव्यूह-II

	5	6	7	8	9
5	V	E	V	M	K
6	H	E	M	I	K
7	H	M	E	J	J
8	M	F	D	E	L
9	V	H	C	E	L

(a) 21, 77, 33, 76
(b) 12, 76, 22, 85
(c) 30, 66, 89, 76
(d) 31, 98, 33, 58

9. एक शब्द केवल एक संख्या समूह द्वारा दर्शाया गया है, जैसा कि विकल्पों में से किसी एक में दिया गया है। विकल्पों में दिए गए संख्या समूह अक्षरों के दो वर्गों द्वारा दर्शाए गए हैं, जैसा कि दिए गए दो आव्यूहों में है। आव्यूह-I के स्तम्भ और पंक्ति की संख्या 0 से 4, आव्यूह-II की 5 से 9 है। इन आव्यूहों में से एक अक्षर को पहले उसकी पंक्ति और बाद में स्तम्भ संख्या द्वारा दर्शाया जा सकता है। उदाहरण के लिए 'D' को 10, 01 आदि द्वारा दर्शाया

जा सकता है तथा 'R' को 22, 34 आदि द्वारा दर्शाया जा सकता है। इसी तरह से आपको प्रश्न में दिए शब्द 'GREEN' के लिए समूह को पहचानना है।

आव्यूह-I

	0	1	2	3	4
0	A	D	N	M	R
1	D	T	W	R	W
2	S	H	R	B	E
3	F	R	E	V	R
4	R	E	G	C	F

आव्यूह-II

	5	6	7	8	9
5	H	E	Z	A	T
6	E	G	A	D	Y
7	K	A	X	G	M
8	A	B	C	M	W
9	K	V	M	H	N

(a) 98, 40, 85, 19. 20
(b) 01, 04, 42, 76, 98
(c) 78, 34, 65, 24, 99
(d) 42, 04, 24, 41, 88

10. एक शब्द केवल एक संख्या समूह द्वारा दर्शाया गया है, जैसा कि विकल्पों में से किसी एक में दिया गया है। विकल्पों में दिए गए संख्या समूह अक्षरों के दो वर्गों द्वारा दर्शाए गए हैं, जैसा कि दिए गए दो आव्यूहों में है। आव्यूह-I के स्तम्भ और पंक्ति की संख्या 0 से 4, आव्यूह-II की 5 से 9 है। इन आव्यूहों से एक अक्षर को पहले उसकी पंक्ति और बाद में स्तम्भ संख्या द्वारा दर्शाया जा सकता है। उदाहरण के लिए 'N' को 21, 67 आदि द्वारा दर्शाया जा सकता है तथा 'R' को 66, 57 आदि द्वारा दर्शाया जा सकता है। इसी तरह से आपको प्रश्न में दिए शब्द 'CARGO के लिए समूह को पहचानना है।

आव्यूह-I

	0	1	2	3	4
0	R	A	R	Y	A
1	A	C	G	Q	H
2	*U*	G	L	C	P
3	A	V	A	P	C
4	R	A	C	G	O

आव्यूह-II

	5	6	7	8	9
5	C	M	R	G	M
6	A	R	C	O	U
7	R	G	A	C	A
8	C	X	C	A	Y
9	O	G	Y	S	L

(a) 78, 10, 57, 21, 95
(b) 55, 31, 75, 12, 68
(c) 42, 65, 02, 98, 44
(d) 34, 88, 40, 76, 86

उत्तर (हल/संकेत)

1. (d) S = 56, (69), 75, 95, 99
N = 01, (12), 23, 43
O = 54, , 75, 79
W = 20 , 50 , 31, 40, 41
अत: 'SNOW' के लिए संख्या समूह 69, 12, 65, 20 होगा।

2. (a) BOARD के लिए,
B = 01, 13, 24, 32 , 40
O = 59, 67, 76 , 88, 95
A = 04 , 11, 23, 30, 42
R = 0, 0, 12, 21 , 34 , 43
D = 55 , 66, 78, 87, 99
BOARD के लिए समूह 32, 76, 04, 21, 55, होगा।

3. (a) M = 03 , 10, 22, 31, 44
A = 59 , 67, 75,88, 96
T = 00, 11 , 23, 34, 42
H = 55, 66, 78 , 87, 99
S = 01, 12, 20, 33, 43
MATHS के लिए समूह 03, 59, 11, 78, 43 होगा।

4. (b) G = 03, 44 , 65
E = 02, 55 , 99
A = 00, 04, 33, 42
R = 40, 57, 58, 66 , 69, 78, 87, 96
GEAR के समूह 44, 55, 42, 66 होगा।

5. (c) TURN के लिए,
T = 57, 67, 85 , 87, 96, 97
U = 02, 10, 20, 30 , 34, 40
R = 58, 65, 75, 78, 89
N = 01, 12, 23 , 43
समूह 85, 30, 89, 23 उचित समूह होगा।

6. (a) G = 04, (10), 30, 58, 77
E = 03, (11), 67, 78, 87
R = (02), 22, 42, 65, 86
M = 00, 12, 40, 56, (59), 76, 95
GERM के लिए समूह 10, 11, 02, 59 बनेगा।

7. (c) M = 68, 86, (88), 98
O = 59, (65), 75, 79
V = (20), 30, 40, 41
I = 00, (11), 22, 33, 55, 66, 67, 78, 89
E = 04, 12, (24), 44
MOVIE के लिए समूह 88, 65, 20, 11, 24 बनेगा।

8. (a) T = 03, 12, 21 , 30
E = 56, 66, 77 , 88, 98
R = 01, 11, 22, 33
M = 58, 67, 76 , 85
TERM के लिये समूह = 21, 77, 33, 76

9. (c) G = 42, 66, (78)
R = 04, 13, 22, 31, (34), 40
E = 24, 32, 41, 56, (65)
E = (24), 32, 41, 56, 65
N = 02, (99)
अत: GREEN के लिए समूह 78, 34, 65, 24, 99 होगा।

10. (a) C = 11, 23, 34, 42, 55, 67, (78), 85, 87
A = 01, 04, (10), 30, 32, 41, 65, 77, 79, 88
R = 00, 02, 40, (57), 66, 75
G = 12, (21), 43, 76, 96
O = 44, 68, (95)
∴ CARGO के लिए समूह 78, 10, 57, 21, 95 होगा।

❑❑❑

न्याय निगमन

विश्लेषण निर्णय मध्याश्रित अनुमान (Deductive Mediate Inference) का वह रूप है जिसमें दिए गए दो या दो से अधिक कथनों के आधार पर निष्कर्ष निकाला जाता है। Syllogism एक ग्रीक (यूनानी) शब्द है जिसका शाब्दिक अर्थ अनुमान के आधार पर तर्क करना होता है, चाहे दिया गया कथन सत्य हो या न हो, फिर भी हम उन्हें सत्य मानेंगे और निष्कर्ष निकालेंगे।

1. **पद (Term) :** किसी वाक्य में उद्देश्य (Subject) तथा विधेय (Predicate) के रूप में प्रयुक्त होने वाले शब्द को पद कहते हैं। जैसे- रूही एक अच्छी लड़की है।
   यहां वाक्य में रूही, अच्छी तथा लड़की तीनों शब्द अलग-अलग पद हैं।
2. **उद्देश्य पद (Subject) :** वाक्य का ऐसा पद जिसके बारे में कहा गया हो, वह उद्देश्य पद होता है। जैसे- रूही अच्छी लड़की है।
   यहां पर रूही के बारे में कहा गया है कि वह अच्छी लड़की है, अत: रूही वाक्य का उद्देश्य पद हुआ।
3. **विधेय पद (Predicate):** वाक्य का ऐसा पद जो किसी की विशेषता बताता हो, उसे विधेय पद कहते हैं। जैसे- रूही अच्छी लड़की है।
   यहां पर हम देख रहे हैं कि रूही के बारे में कहा गया है कि वह अच्छी लड़की है, अत: यहां 'अच्छी लड़की' वाक्य विधेय पद है।
4. **मध्य पद (Middle term) :** जो पद दिये गये दो कथनों के बीच सम्बन्ध उभयनिष्ठ (Common) हो तथा दोनों के बीच सम्बन्ध स्थापित करते हों तथा इसकी अनुपस्थिति में कोई भी वैध निष्कर्ष (Conclusion) नहीं निकाला जा सकता है। ऐसे पद को मध्य पद कहते हैं। इसे सांकेतिक भाषा में M कहते हैं।

विशेषताओं को ध्यान में रखते हुए तार्किक वाक्यों का वर्गीकरण दो प्रकार से किया गया है।

A. सर्वव्यापी कथन (Universal Statement)
B. अंशव्यापी कथन (Particular Statement)

A. सर्वव्यापी कथन (Universal Statement) : ऐसे कथन जिसमें सम्पूर्ण बात उद्देश्य (Subject) के बारे में कही गई हो उसे सर्वव्यापी कथन या वाक्य कहते हैं। ऐसे वाक्य हमेशा सभी या कोई से शुरू होते हैं तथा ये कर्त्ता से पूर्ण रूप से जुड़े हुए होते हैं।

जैसे - सभी बाघ बिल्लियां हैं। कोई बाघ बिल्ली नहीं है।

I. **सर्वव्यापी धनात्मक कथन (Universal Affirmative Statement) :** ऐसे कथन जिसमें सकारात्मक (Positive) अर्थ निकलता है उसे सर्वव्यापी धनात्मक कथन कहते हैं। इन कथनों का प्रारम्भ सभी, सब, हर एक से शुरू होता है इसे A से सूचित किया जाता है।
   जैसे- सभी बाघ बिल्लियां हैं।

II. **सर्वव्यापी ऋणात्मक कथन (Universal Negative Statement) :** ऐसे कथन जिससे नकारात्मक (Negative) अर्थ निकलता है उसे सर्वव्यापी ऋणात्मक कथन कहते हैं। इनका प्रारम्भ कोई नहीं या नहीं इत्यादि से शुरू होता है इसे E से प्रदर्शित करते हैं।
   जैसे - कोई बाघ बिल्ली नहीं है।

B. अंशव्यापी कथन (Particular Statement) : ऐसे वाक्य जिसमें उद्देश्य (Subject) के कुछ अंश के विषय में कहा जाता हो तो ऐसे वाक्य को अंशव्यापी वाक्य कहते हैं। ऐसे वाक्य हमेशा कुछ, कभी-कभी, अनेक, कुछ नहीं इत्यादि से शुरू होते हैं।

जैसे - कुछ बाघ बिल्लियां हैं, कुछ बाघ बिल्लियाँ नहीं हैं।

I. **अंशव्यापी धनात्मक कथन (Particular Affirmative Statement):** ऐसे अंशव्यापी वाक्य जिनसे सकारात्मक अर्थ निकलता है उसे अंशव्यापी धनात्मक कथन कहते हैं। ऐसे वाक्य कुछ, थोड़े से, अनेक इत्यादि से प्रारम्भ होते हैं। इसे I से प्रदर्शित किया जाता है।
   जैसे- कुछ बाघ बिल्लियां हैं।

II. **अंशव्यापी ऋणात्मक कथन (Particular Negative Statement):** ऐसे अंशव्यापी वाक्य जिनसे नकारात्मक (Negative) अर्थ निकलता है, उसे अंशव्यापी नकारात्मक वाक्य कहते हैं। ऐसे वाक्यों की शुरुआत कुछ नहीं, कोई नहीं इत्यादि से शुरू होती है। इसे O से प्रदर्शित किया जाता है।
   जैसे - कुछ बाघ बिल्लियां नहीं हैं।

पदों की व्यापकता (Distribution of Terms): किसी भी कथन में उपस्थित पद या तो व्याप्त होता है या अव्याप्त या दोनों व्याप्त या अव्याप्त हो सकते हैं।

I. **व्याप्त पद (Distributed Term):** किसी कथन में उपस्थित ऐसा पद जो अपने सम्पूर्ण व्यक्ति बोध में व्यवहार में आता है उसे व्याप्त पद कहते हैं।

II. **अव्याप्त पद (Undistributed Term):** किसी कथन में उपस्थित ऐसा पद जो अपने आंशिक व्यक्ति बोध में व्यवहार में आता है उसे अव्याप्त पद कहते हैं।

परिवर्तन (Conversion): ऐसे अनुमान जिसमें कथन के उद्देश्य और विधेय के निष्कर्ष में आपस में परस्पर स्थान परिवर्तन हो जाता है। ऐसे अनुमान को परिवर्तन कहते हैं। अर्थात् यह ऐसा परिवर्तन है जिसमें कथन में उपस्थित उद्देश्य निष्कर्ष में विधेय हो जाता है तथा कथन में उपस्थित विधेय उद्देश्य हो जाता है।

परिवर्तन के तरीके

(A) परिवर्तन में कथन का उद्देश्य निष्कर्ष वाक्य में विधेय और कथन का विधेय निष्कर्ष वाक्य में उद्देश्य हो जाता है।

(B) जो गुण कथन या मूल वाक्य का होता है, वही गुण निष्कर्ष वाक्य का होता है। अर्थात् वाक्य सकारात्मक होने पर निष्कर्ष सकारात्मक तथा नकारात्मक होने पर निष्कर्ष नकारात्मक होता है। जो पद मूल वाक्य में अव्याप्त होता है वह पद निष्कर्ष में भी व्यक्त होता है। उसे निष्कर्ष में व्याप्त नहीं किया जा सकता है।

परिवर्तन (Conversion) मूलत: दो प्रकार का होता है-

A. सर्वव्यापी परिवर्तन (Universal Conversion)
B. अंशव्यापी परिवर्तन (Partial Conversion)

A. (I) सर्वव्यापी धनात्मक कथन का परिवर्तन

(Conversion of Universal Affirmative Statement)

कोई नहीं (E) —परिवर्तन→ कोई नहीं (E)
(सर्वव्यापी नकारात्मक) (सर्वव्यापी नकारात्मक)

जैसे -

कथन- सभी बाघ बिल्लियां हैं।

निष्कर्ष- कुछ बिल्लियां बाघ हैं।

यहां पर सर्वव्यापी सकारात्मक के परिवर्तन के बाद निष्कर्ष में अंशव्यापी सकारात्मक निकलता है।

A. (II) सर्वव्यापी ऋणात्मक कथन का परिवर्तन (Conversion of Universal Negative Statement)

कोई नहीं (E) —परिवर्तन→ कोई नहीं (E)
(सर्वव्यापी नकारात्मक) (सर्वव्यापी नकारात्मक)

जैसे -

कथन- कोई बाघ बिल्ली नहीं है।

निष्कर्ष- कोई बिल्ली बाघ नहीं है।

यहां पर सर्वव्यापी नकारात्मक कथन का परिवर्तन के बाद निष्कर्ष सर्वव्यापी नकारात्मक में निकलता है।

B. (I) अंशव्यापी धनात्मक कथन का परिवर्तन

(Conversion of Particular Affirmative Statement)

कुछ (I) —परिवर्तन→ कुछ (I)
(अंशव्यापी सकारात्मक) (अंशव्यापी सकारात्मक)

जैसे -

कथन- कुछ बाघ बिल्लियां हैं।

निष्कर्ष- कुछ बिल्लियां बाघ हैं।

यहां पर अंशव्यापी सकारात्मक कथन का परिवर्तन के बाद निष्कर्ष अंशव्यापी सकारात्मक में निकलेगा।

B. (II) अंशव्यापी ऋणात्मक कथन का परिवर्तन (Conversion of Particular Negative Statement)

कुछ नहीं (O) —परिवर्तन→ कोई परिवर्तन नहीं होगा

जैसे-

कथन- कुछ बाघ बिल्लियां नहीं हैं।

निष्कर्ष- कुछ भी नहीं निकलेगा।

यहां पर अंशव्यापी नकारात्मक के परिवर्तन के बाद निष्कर्ष कुछ भी नहीं निकलेगा।

हल करने के तरीके : Syllogism से सम्बन्धित प्रश्नों को सामान्यत: दो विधियों द्वारा हल किया जाता है-

1. विश्लेषणात्मक विधि (Analytical Method)
2. वेन आरेख विधि (Venn-Diagram Method)

1. **विश्लेषणात्मक विधि (Analytical Method) :** इस विधि में दिए गए कथनों को सबसे पहले पंक्तिबद्ध कर लेंगे। आप देखेंगे कि दो तर्क वाक्यों में हमेशा एक उभयनिष्ठ (Common) पद होता है जो मध्य पद (Middle) कहा जाता है और उसी की सहायता से निष्कर्ष निकाला जाता है।

   सभी बाघ बिल्लियां हैं।

   कुछ बिल्ली कुत्ते हैं।

   यहां बिल्ली उपर्युक्त वाक्यों का मध्य पद है। स्पष्ट है कि दो कथन इस तरह के होने चाहिए कि मध्य पद पहले कथन का विधेय और दूसरे कथन का कर्त्ता हो।

Syllogism बनाने के तरीके :

दिए गए कथनों में मध्य पद का होना परम आवश्यक होता है। उसके बिना निष्कर्ष नहीं निकाला जा सकता है।

I. सभी कापी पेन हैं।

II. सभी मोबाइल कम्प्यूटर हैं।

निष्कर्ष - कुछ भी नहीं।

1. यहां हम देख रहे हैं कि उपर्युक्त कथनों में कोई भी पद उभयनिष्ठ (Common) नहीं है यानी कोई भी मध्य पद नहीं है अत: Syllogism के नियम से कोई निष्कर्ष नहीं निकाला जा सकता है।
2. दिए गए कथनों में मध्य पद के पूर्ण समग्रवाची (Completely distributed) होने पर ही वैध निष्कर्ष निकाला जा सकता है।

   I. सभी लड़कियां महिलाएँ हैं।

   II. सभी महिलाएं शिक्षित हैं।

   निष्कर्ष - I. सभी लड़कियां शिक्षित हैं।

   II. कुछ शिक्षित लड़कियां हैं।

   यहां मध्य पद महिलाएं पूर्ण व्यापक हैं। अत: निष्कर्ष सभी लड़कियां शिक्षित हैं, एक वैध निष्कर्ष है। जबकि निष्कर्ष II कुछ शिक्षित लड़कियां हैं निष्कर्ष I का एक वैध परिवर्तन (Conversion) है। अत: निष्कर्ष I तथा II दोनों तर्क संगत रूप से कथन को अनुसरण कर रहे हैं।
3. अगर निष्कर्ष में मध्य पद आता है तो निष्कर्ष अवैध होता है।

   I. सभी लड़के चालाक हैं।

   II. सभी चालाक शिक्षित हैं।

   निष्कर्ष - I. सभी चालाक लड़के हैं।

   II. सभी शिक्षित चालाक हैं।

   यहां पर निष्कर्ष में मध्य पद नहीं आना चाहिए, क्योंकि इससे निष्कर्ष अधिक व्यापक हो जाता है जो कि निगमनात्मक अनुमान के विरूद्ध है। यहां दोनों निष्कर्ष में मध्य पद चालाक का प्रयोग हुआ है।

   अत: नियमानुसार दोनों निष्कर्ष अवैध हैं।
4. यदि दिये गये कथनों में से पहला कथन अंशव्यापी धनात्मक तथा दूसरा कथन सर्वव्यापी धनात्मक हो तथा मध्य पद व्याप्त हो, तो निष्कर्ष हमेशा अंशव्यापी धनात्मक में निकाले जाते हैं।

   कथन- I. कुछ पक्षी हाथी हैं।

   II. सभी हाथी पहलवान हैं।

   निष्कर्ष- I. कुछ पक्षी पहलवान हैं।

   II. कुछ पक्षी पहलवान नहीं हैं।

यहां पर निष्कर्ष I में पक्षी पहलवान हैं। यह उपर्युक्त कथनों का एक वैध निष्कर्ष है। जबकि निष्कर्ष II 'कुछ पक्षी पहलवान नहीं हैं' यह एक अवैध निष्कर्ष है क्योंकि धनात्मक कथनों से नकारात्मक निष्कर्ष नहीं निकाले जा सकते हैं।

5. यदि दिये गये कथनों में से दोनों कथन पूर्णव्यापी नकारात्मक हो, तो न्याय के नियम के अनुसार कोई वैध निष्कर्ष नहीं निकाले जा सकते हैं।

कथन - I. कोई लड़की मां नहीं है।
II. कोई मां विद्यार्थी नहीं है।

निष्कर्ष - कोई निष्कर्ष नहीं निकलता है।

2. वेन आरेख विधि (Venn-Diagram Method) : इस विधि से हम Syllogism के वैध निष्कर्ष तक शुद्धता के साथ तथा न्यूनतम अवधि में पहुंच सकते हैं। इस विधि में प्रश्नों को हल करने के लिए अत्यंत महत्त्वपूर्ण है कि कथनों को पूरी तरह समझकर ही पूरी शुद्धता के साथ आरेख खींचे।

हल सहित उदाहरण

उदाहरण 1: (a) सभी चीतें अण्डे देते हैं।
(b) सभी बिल्लियां अण्डे देती हैं।
(c) कुछ बिल्लियां उड़ सकती हैं।
(d) सभी चीतें उड़ नहीं सकते हैं।
(e) सभी चीतें बिल्लियां हैं।
(f) सभी चीतें तैर नहीं सकते हैं।

(a) BEA (b) ABE
(c) DEC (d) ECD

हल : (a) प्रस्तुत प्रश्न में यह स्पष्ट है कि अनुक्रमांक BEA सर्वाधिक उपयुक्त है। क्योंकि यदि सभी बिल्लियां अण्डे देती हैं यह सत्य है तो यह भी सत्य है कि सभी चीतें बिल्लियां हैं। तो यह भी सत्य होगा कि सभी चीते अण्डे देते हैं।

उदाहरण 2: कथन : कुछ बैग, पर्स है
सभी पर्स, कंटेनर है।

निष्कर्ष : I. कुछ बैग कंटेनर है।
II. कुछ पर्स, बैग नहीं है।
III. कोई पर्स, कंटेनर नहीं है।
IV. सभी बैग कंटेनर है।

दिए गए निष्कर्षों में से तर्क के आधार पर कौन-सा तर्क कथन के तर्क संगत है ?

कूट :
(A) केवल I
(B) केवल II
(C) दोनों I और II
(D) I, II और IV

हल : (A) यहां, B = बैग
P = पर्स
C = कंटेनर

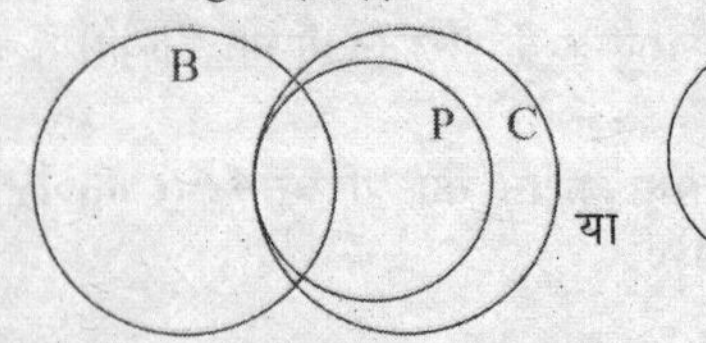

अत: दोनों वेन आरेख से स्पष्ट है कि कुछ बैग कंटेनर हैं।

उदाहरण 3: कथन : सभी इमारतें वर्षा हैं।
सभी कागज इमारतें हैं।
सभी कुत्ते कागज हैं।

निष्कर्ष : I. सभी कुत्ते वर्षा हैं।
II. कोई कागज वर्षा नहीं है।
III. कुछ वर्षा इमारतें हैं।
IV. कुछ वर्षा कागज हैं।

कूट :
(A) I और II
(B) I, III और IV
(C) II और III
(D) उपरोक्त में से कोई नहीं

हल : (B) यहां, R = वर्षा
B = इमारतें
P = कागज
D = कुत्ते

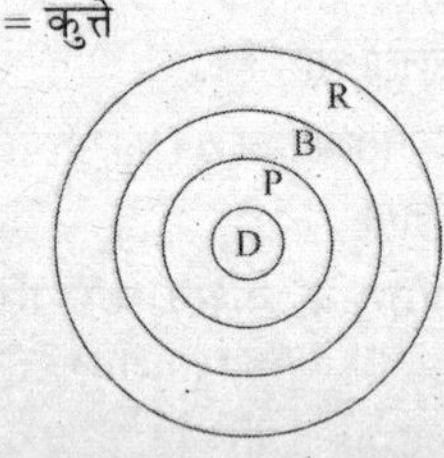

प्रश्नमाला

निर्देश (प्र. 1–13): नीचे प्रत्येक प्रश्न में दो या दो से अधिक कथन दिए गए हैं तथा उसके बाद दो या दो से अधिक निष्कर्ष दिए गए हैं। जो उस दिए गए कथन पर आधारित तथ्यों के अनुसार निकाले गए हैं। आपको कथन में दिए गए वक्तव्यों को बिल्कुल सही मानना है चाहे वह कितना भी काल्पनिक या अतर्कपूर्ण दिखता हो। कथनों को ध्यानपूर्वक पढ़ें तथा पता करें कि कौन-सा निष्कर्ष दिए गए कथन के अनुसार तर्कसंगत है?

(a) केवल निष्कर्ष-I
(b) केवल निष्कर्ष-II
(c) निष्कर्ष-I और निष्कर्ष-II दोनों
(d) न निष्कर्ष-I न निष्कर्ष-II
(e) या निष्कर्ष-I या निष्कर्ष-II

1. कथन: सभी बसें मोटर हैं।
कोई मोटर ट्रेन नहीं है।
कुछ ट्रेनें साइकिल हैं।

निष्कर्ष: I. कोई बस ट्रेन नहीं है।
II. कुछ साइकिलें मोटर हैं।

2. कथन: कुछ खाट गोपियां हैं।
कुछ गोपियां खटाई हैं।

निष्कर्ष: I. कुछ गोपियां खाट हैं।
II. कुछ गोपियां खटाई हैं।

3. कथन: सभी पिल्ले गधे हैं।
सभी कुत्ते गधे हैं।

निष्कर्ष: I. सभी पिल्ले कुत्ते हैं।
II. सभी गधे पिल्ले हैं।

4. कथन: सभी रोटियां दाल हैं।
कुछ सब्जी रोटी हैं।
निष्कर्ष: I. कुछ सब्जी दाल हैं।
II. कोई दाल सब्जी नहीं है।

5. कथन: सभी खिलौने रबड़ हैं।
सभी रबड़ इंपोर्टेड हैं।
निष्कर्ष: I. सभी खिलौने इंपोर्टेड हैं।
II. कुछ इंपोर्टेड रबड़ नहीं हैं।

6. कथन: कुछ किताबें कॉपी हैं।
कुछ कॉपी स्याही हैं।
सभी स्याही नींब हैं।
निष्कर्ष: I. कुछ किताबें स्याही हैं।
II. कुछ किताबें नींब हैं।

7. कथन: कुछ तोते कुत्ते हैं।
सभी कुत्ते रेत हैं।
सभी रेत राख हैं।
निष्कर्ष: I. सभी तोते राख हैं।
II. सभी कुत्ते राख हैं।

8. कथन: कुछ अंगुलियां चिड़ियां हैं।
कुछ चिड़ियां हाथी हैं।
कुछ हाथी अंगारे हैं।
निष्कर्ष: I. कुछ अंगारे चिड़ियां हैं।
II. कुछ हाथी अंगुलियां हैं।

9. कथन: सभी पेन हाथ हैं।
कुछ हाथ छड़ी हैं।
कुछ छड़ी ड्रग्स हैं।
निष्कर्ष: I. कुछ ड्रग्स पैन हैं।
II. कुछ छड़ी हाथ हैं।

10. कथन: सभी शहर देश हैं।
सभी महादेश शहर हैं।
सभी जिला देश हैं।
निष्कर्ष: I. कुछ महादेश देश नहीं हैं।
II. कोई जिला महादेश नहीं है।

11. कथन: कुछ कमीजें पैंट हैं।
कोई पैंट मोजे नहीं हैं।
निष्कर्ष: I. कुछ कमीजें मोजे हैं।
II. कुछ मोजे पैंट हैं।

12. कथन: सभी चम्मच लड़के हैं।
सभी लड़के शैतान हैं।
निष्कर्ष: I. कुछ शैतान चम्मच हैं।
II. सभी चम्मच शैतान हैं।

13. कथन: कुछ वोट नोट हैं।
कुछ नोट मटन हैं।
निष्कर्ष: I. कोई बंसी वोट नहीं है।
II. कुछ वोट मटन हैं।

उत्तर (हल/संकेत)

1. (a) मोटर बसें ट्रेन साइकिल

केवल निष्कर्ष I अनुसरण कर रहा है।

2. (b) खाट गोपियां खटाई

निष्कर्ष I तथा II अनुसरण कर रहे हैं।

3. (d) गधे पिल्ले कुत्ते

दोनों में से कोई भी निष्कर्ष अनुसरण नहीं कर रहा है।

4. (a) सब्जी रोटियां दाल

केवल निष्कर्ष I अनुसरण कर रहा है।

5. (a) खिलौने रबड़ इंपोर्टेड

निष्कर्ष I अनुसरण कर रहा है।

6. (d) किताबें कॉपी स्याही नींब

दोनों में से कोई भी निष्कर्ष अनुसरण नहीं कर रहा है।

7. (b)

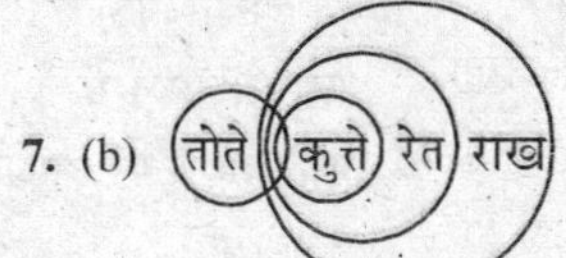

निष्कर्ष II अनुसरण कर रहा है।

8. (d) अंगुलियां चिड़ियां हाथी अंगारे

दोनों में से कोई भी निष्कर्ष अनुसरण नहीं कर रहा है।

9. (b) पेन हाथ छड़ी ड्रग्स

केवल निष्कर्ष II अनुसरण कर रहा है।

10. (d)

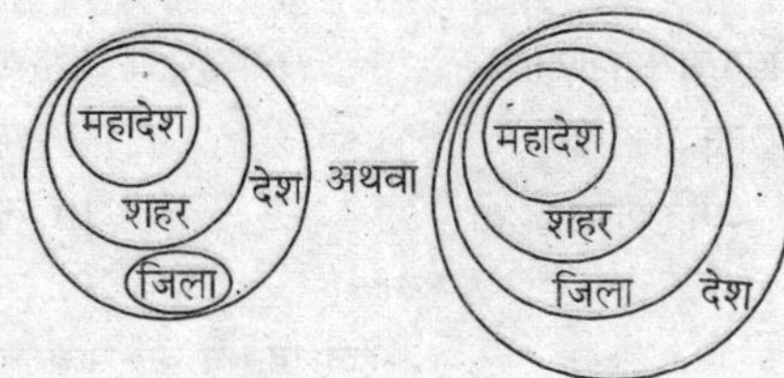

दोनों में से कोई भी निष्कर्ष अनुसरण नहीं कर रहा है।

11. (d) कमीजें पैंट मोजे

दोनों में से कोई भी निष्कर्ष अनुसरण नहीं कर रहा है।

12. (c)

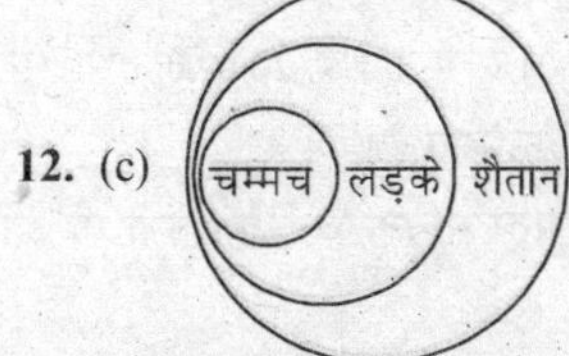

दोनों निष्कर्ष I, II अनुसरण कर रहे हैं।

13. (a) वोट नोट मटन

केवल निष्कर्ष I अनुसरण कर रहा है। लेकिन यह अनुमानित है क्योंकि बंसी मूल वाक्य में निहित नहीं है।

❑❑❑

13 कथन एवं निष्कर्ष

इसके अंतर्गत एक कथन दिया जाता है, जिसका विश्लेषण करके हमें उसका निष्कर्ष निकालना पढ़ता है।

कोई व्यक्ति किसी विषय के बारे में जब कोई बात कहता है तो वह कथन कहलाता है, और जब कथन को सत्य मानते हुए हम उसका सार्थक अर्थ निकालते हैं तो वह निष्कर्ष कहलाता है। निष्कर्ष किसी भी कथन का शत-प्रतिशत परिणाम होता है और कथन से सीधा संबंध रखता है।

कुछ महत्त्वपूर्ण तथ्यों को ध्यान में रखकर प्रश्नों को हल किया जाता है।

हल सहित उदाहरण

(i) यदि निष्कर्ष में पूर्वानुमान या पूर्वधारणा दी गई हो तो वह निष्कर्ष नहीं होता है।

उदाहरण :

कथन : 75% साक्षरता नवंबर दर पाने के लिए सन् 2016 तक के लिए सरकार ने 1 नवंबर 2012 को एक योजना की शुरूआत की।

निष्कर्ष : I. 75% की साक्षरता दर पाना संभव है।

II. 1 नवंबर 2012 तक साक्षरता दर 75% से कम थी।

हल: यहां निष्कर्ष II सही है क्योंकि कथन से स्पष्ट हो रहा है कि 75% साक्षरता दर पाने के लिए योजना शुरू की जा रही है अर्थात् अभी 75% साक्षरता दर नहीं है। लेकिन निष्कर्ष I सत्य नही है, 2016 तक साक्षरता दर 75% होगी या नही यह एक भविष्यकाल की बात है।

(ii) कथन को सत्य मानना चाहिए। उसी के आधार पर निष्कर्ष निकालते हैं।

उदाहरण :

कथन : समाचार-पत्रों को नियमित पढ़ने से सामान्य ज्ञान की वृद्धि होती है।

निष्कर्ष : I. समाचार पत्रों में बहुत सी सामान्य ज्ञान की जानकारी होती है।

II. सामान्य ज्ञान की वृद्धि से जीवन में सफलता मिलती है।

हल: कथन के अनुसार निष्कर्ष I निकलता है क्योंकि समाचार पत्रों को पढ़ने से सामान्य ज्ञान बढ़ता है। यह बात कही जा रही है जबकि जीवन में सफलता की कथन में कोई बात नहीं हो रही है अत: निष्कर्ष II सही उत्तर नही है।

(iii) यदि निष्कर्ष में ''केवल'', ''एकमात्र'', ''प्रत्येक'' आदि शब्द हो तो वह निष्कर्ष नहीं होता है।

उदाहरण :

कथन : बंगलौर से मुंबई के लिए वायुयान से यात्रा करना अधिक तेज़ है।

निष्कर्ष : I. बंगलौर और मुंबई के बीच यात्रा करने के लिए वायुयान ही यात्रा का एकमात्र तरीका है।

II. बंगलौर और मुंबई हवाई सेवा से जुड़े हैं।

हल: यहां निष्कर्ष II सही है क्योंकि कथन से स्पष्ट है कि बंगलौर और मुंबई के बीच हवाई सेवा है लेकिन I के अनुसार एकमात्र जरिया है ये कथन में नहीं दिया है अत: निष्कर्ष II सही है पर I गलत है।

(iv) अगर निष्कर्ष में भविष्यकाल की बात की जाए तो वह निष्कर्ष नहीं होता है।

उदाहरण :

कथन : नयी सरकार ने ''सभी के लिए बिजली'' योजना का लक्ष्य 2 वर्ष आगे बढ़ाया।

निष्कर्ष : I. पहले तय की गयी समय सीमा में लक्ष्य पूरा होना संभव नहीं था।

II. नयी समय सीमा में लक्ष्य पूरा हो जाएगा।

हल: निष्कर्ष I सही उत्तर होगा क्योंकि सरकार ने लक्ष्य 2 वर्ष आगे बढ़ाया है। इसका सीधा निष्कर्ष है कि योजना पिछले तय समय सीमा में पूरी नहीं हो सकती थी लेकिन निष्कर्ष II गलत है क्योंकि लक्ष्य पूरा हो जाएगा ये भविष्यवाणी है और यह पूर्वानुमान भी है। अत: उत्तर I सही निष्कर्ष है।

एक कथन पर आधारित चार तरह के निष्कर्ष में से सही निष्कर्ष चुनना।

उदाहरण :

कथन : दुकान 'X' के अधिकांश कपड़े महंगे हैं।

निष्कर्ष : I. दुकान X में सस्ते कपड़े नहीं हैं।

II. दुकान X में हाथों के बने कपड़े सस्ते हैं।

III. दुकान X में सस्ते कपड़े भी हैं।

IV. दुकान X में कपड़ों के अलावा अन्य वस्तुएं भी हैं।

हल: कथन ही सत्यता के अनुसार निष्कर्ष III सही है क्योंकि अधिकांश कपड़े कथन में दिये है सभी कपड़े नहीं अत: निष्कर्ष III शत-प्रतिशत सही है।

उदाहरण :

कथन : यह किताब सहायक साबित हो सकती है क्योंकि सभी अच्छी किताब सहायक होती है।

निष्कर्ष : I. यह एक अच्छी किताब नहीं है।

II. यह एक अच्छी किताब है।

III. कोई भी अच्छी किताब सहायक नहीं होती है।

IV. कुछ अच्छी किताबें सहायक होती है।

हल: कथन की सत्यता के अनुसार निष्कर्ष II सही है क्योंकि अच्छी किताब मददगार साबित हो सकती है अत: यह किताब अच्छी है।

प्रश्नमाला

निर्देश (प्र. 1-15) : दिए गए प्रत्येक प्रश्न में एक कथन और उसके आगे निष्कर्ष I और II दिए गए हैं। आपको कथन में दी गई सभी बातों को सत्य मान लेना होगा और फिर दोनों निष्कर्षों पर साथ में विचार करना है और ये निश्चित करना है कि उनमें से कौन-सा निष्कर्ष दी गई सूचना के आधार पर तार्किक रूप से सत्य है।

उत्तर दीजिए :

(A) यदि केवल निष्कर्ष I अनुसरण करता है।

(B) यदि केवल निष्कर्ष II अनुसरण करता है।

(C) यदि न तो निष्कर्ष I न ही II अनुसरण करता है और

(D) यदि निष्कर्ष I और II दोनों अनुसरण करते हैं।

1. कथन : इस संविधान संशोधन के बाद कोई भी बच्चा, जो चौदह वर्ष की आयु से कम है, किसी फैक्टरी, खान या अन्य खतरे से पूर्ण रोजगार में नहीं लगाया जाएगा।

निष्कर्ष : **I.** इस संविधान संशोधन से पहले चौदह साल की आयु से नीचे के बच्चों को फैक्टरी या खान में काम करने के लिए लगाया जाता था।

II. इस संशोधन से काम देने वाला संविधान का पालन करता है।

2. कथन : ग्रामीण क्षेत्रों में लोग कंप्यूटर से बिल्कुल अनभिज्ञ हैं और उन्हे 'कंप्यूटर' शब्द की भी जानकारी नहीं है। लेकिन ऐसा मेरे गांव में नहीं है'- श्री 'X'।

निष्कर्ष : **I.** श्री X गांव के रहने वाले हैं।

II. श्री X के गांव के अधिकांश व्यक्ति कंप्यूटर साक्षर हैं।

3. कथन : सरकार ने देश के विभिन्न भागों में सक्रिय नक्सलवादी संस्थाओं पर निषेध लगाने का फैसला किया है।

निष्कर्ष : **I.** भारत आंतरिक सुरक्षा को लेकर चिंतित है।

II. नक्सलवादी समूहों को देश में विध्वंसक घटनाओं में लिप्त पाया गया है।

4. कथन : ''हर भारतीय को आतंकवाद के खिलाफ चल रही विश्वव्यापी जंग का हिस्सा बनना चाहिए। हमें निश्चित रूप से इस दुष्ट प्रवृत्ति को अपनी जमीन से और विश्व से निर्मूल कर देना होगा- भारतीय प्रधानमंत्री।

निष्कर्ष : **I.** आम लोगों के सहयोग से आतंक की समस्या को कम किया जा सकता है।

II. भारतीय प्रधानमंत्री आतंकवाद की समस्या से चिंतित हैं।

5. कथन : क्रिकेट में सबसे महत्वपूर्ण क्षेत्र रक्षण है- एक कप्तान का वक्तव्य।

निष्कर्ष : **I.** किसी क्रिकेट मैच को जीतने के लिए, यह जरूरी है कि अच्छा क्षेत्ररक्षण सीखा जाए और इसका अभ्यास किया जाए।

II. अच्छा क्षेत्ररक्षण किसी मैच को जीतने के लिए काफी है।

6. कथन : भारत और पाकिस्तान के बीच युद्ध की संभावनाएं कम हुई हैं।

निष्कर्ष : **I.** दोनों देशों की सेनाओं ने एक दूसरे के मुकाबले रक्षा शक्ति को बढ़ाया है।

II. अंतर्राष्ट्रीय जगत से दोनों देशों पर आक्रामकता घटाने का काफी दबाब पड़ा है।

7. कथन : भारत में आज तक बेचे गए 30 लाख मोबाईल सेटों में ज्यादातार स्थानीय बाजारों में बेचे गए हैं।

निष्कर्ष : **I.** भारत में लगभग 30 लाख मोबाईल ग्राहक हैं।

II. स्थानीय बाजारों में बेचे गए मोबाईल कर मुक्त होते हैं।

8. कथन : बैंकों में हड़ताल अब एक सामान्य बात हो गई है और इससे यह पता चलता है कि आम आदमी और व्यवसायी वर्गों को कितनी असुविधा होती है।

निष्कर्ष : **I.** बैंक कर्मचारियों को उचित तनख्वाह नहीं मिलती है।

II. बैंक जरूरी सेवाओं में आता है।

9. कथन : अमेरिकी राष्ट्रपति का चुनाव न सिर्फ अमेरिका के लिए बल्कि सारे विश्व के लिए महत्व रखता है।

निष्कर्ष : **I.** विश्वव्यापी मामले अमेरिकी अधिकारियों की नीतियों से काफी प्रभावित होते हैं।

II. अमेरिका के राष्ट्रपति ही पूरे विश्व को न्याय प्रदान करते हैं।

10. कथन : भारतीय वन रिर्पोट, 1998 के अनुसार भारत में 33% भू-भाग पर वन अवश्य होने चाहिए जो वर्तमान में सिर्फ 19 प्रतिशत हैं। अत: 850 करोड़ रुपये का बजटीय अनुमान ऊंट के मुंह में जीरे के समान है।

निष्कर्ष : **I.** किसी देश में वन आच्छादन जनसंख्या के अनुरूप होना चाहिए।

II. अपूर्ण बजटीय अनुयान वन आच्छादन को बढ़ाने में बाधक हैं।

11. कथन : अब समय आ गया है कि हम वास्तविक समस्याओं का व्यावहारिक निदान निकालें न कि लोक लुभावने नारे जैसे गरीबों के लिए मुफ्त भोजन इत्यादि जो कि भ्रष्टाचार का भारत में खुला निमंत्रण लगाए।

निष्कर्ष : **I.** भारत में अधिकांश सरकारी अधिकारी भ्रष्ट हैं।

II. भारत में भ्रष्टाचार को अभी खत्म करना होगा नहीं तो यह कभी खत्म नहीं होगा।

12. **कथन** : पौधे और जीव अनेक प्रकार के बीज पैदा करते हैं लेकिन उनमें से कुछ ही जीवित रहते हैं और सभी एक जैसे नहीं होते।

निष्कर्ष : I. प्रकृति सिर्फ उन व्यक्तियों को जीवित छोड़ती है, जिनके पास जीवित रहने का अच्छा ढंग है।

II. हर प्राणी पृथ्वी पर अपनी छाप छोड़ना चाहता है।

13. **कथन** : श्री X 100 मीटर की दौड़ में ओलंपिक में स्वर्ण पदक सेकेंड के सौवें भाग से हार गए।

निष्कर्ष : I. श्री X को ओलंपिक में चांदी का पदक मिला।

II. श्री X एक महान धावक है।

14. **कथन** : आप किसी महत्वपूर्ण घटना को TV पर देख सकते हैं फिर भी आप सुबह का अखबार पढ़कर इसे सत्यापित करना चाहते हैं।

निष्कर्ष : I. अधिकांश समाचार पत्रों की कोई संपादकीय नीति नहीं होती।

II. अखबार दूरदर्शन माध्यम से ज्यादा विश्वसनीय है।

15. **कथन** : राज्य सरकार 'A' ने केंद्र सरकार से 4,000 करोड़ रूपए के बाकी ऋण की माफी और ऋणों की अदायगी पर रोक लगाने की मांग की है।

निष्कर्ष : I. दूसरे राज्यों की तरह राज्य सरकार 'A' अपने ऋणों की अदायगी नहीं करना चाहती है।

II. राज्य 'A' की माली हालत अच्छी नहीं लगती।

उत्तर (हल/संकेत)

1. (d) चूंकि संविधान संशोधन के बाद चौदह वर्ष की आयु से कम के बच्चों को काम पर नहीं लगाया जाएगा-से स्पष्ट है कि संविधन संशोधन से पूर्व कम आयु के बच्चों को काम पर लगाया जाता था। चूंकि अब ऐसा हो रहा है, से स्पष्ट है कि काम देने वाला संशोधन का पालन करता है।

2. (d) कथन I और कथन II के बयान से दोनों निष्कर्ष सही लगते हैं।

3. (b) स्पष्टत: I सही निष्कर्ष है क्योंकि सरकार ने कदम उठाया। II भी सही है इसलिए निषेधज्ञा लागू की जा रही है।

4. (d) दोनों निष्कर्ष अनुसरण करते हैं।

5. (a) क्योंकि 'क्षेत्ररक्षण' अनिवार्य है, निष्कर्ष I अनुसरण करता है। क्षेत्ररक्षण के अलावा मैच जीतने के कई और महत्वपूर्ण कारक होंगे।

6. (c) न तो निष्कर्ष I न ही II अनुसरण करता है।

7. (c) कथन I स्पष्ट नहीं है। एक ग्राहक फोन बदलता भी है। स्थानीय बाजार में मोबाईल खरीदने के कई कारण हो सकते हैं। अत; निष्कर्ष II अनुसरण करता है।

8. (c) हालांकि बैंकों में हड़ताल से लोगों को और खास कर व्यवसायिकों को काफी असुविधा होती है, इससे यह निष्कर्ष नहीं निकाला जा सकता है कि बैंक जरूरी सेवाओं में आता है। इसलिए कथन II अनुसरण नहीं करता है। हड़तालों का कारण कथन से पता नहीं चलता। इसलिए कथन I अनुसरण नहीं करता है।

9. (a) किसी भी समझौते के लिए दोनों पक्षों की सहमति जरूरी है। अत: कथन I अनुसरण करता है। कथन II का निष्कर्ष नहीं निकाला जा सकता।

10. (b) जंगल की जनसंख्या के संबंध में दिए गए कथन से निष्कर्ष नहीं स्थापित किया जा सकता है। दूसरे वाक्य से और इसके बयान से II अनुसरण करता है। इसलिए, II सही निष्कर्ष है।

11. (c) कथन से भ्रष्ट सरकारी अधिकारियों की संख्या के बारे में कुछ निष्कर्ष नहीं निकाला जा सकता है। II अनुसरण नहीं करता है क्योंकि भ्रष्टाचार यहां मुख्य मुद्दा नहीं है।

12. (d) यदि केवल कुछ ही लोग जीवित बचें, तो कुछ गिने चुने के बीच होने का क्या आधार है। योग्यता या अच्छी योग्यता। अत: I अनुसरण करता है। II भी अनुसरण करता है।

13. (b) I अनुसरण नहीं करता है। हालांकि श्री X, 1/100 सेकेंड से हार जाते हैं, हो सकता है कि कोई भी श्री Y इससे भी कम समय से हारते हैं। उस स्थिति में श्री Y को चांदी का पदक मिलेगा। कोई महान धावक ही ओलंपिक पदक के करीब पहुंच सकता है।

14. (b) I अनुसरण नहीं करता है। कथन में संपादकीय नीति के बारे में कुछ भी नहीं कहा गया है। II अनुसरण करता है क्योंकि वह सत्यता की पुष्टि करता है।

15. (b) I सत्य नहीं है क्योंकि यह दूसरे राज्यों से तुलना करता है। कथन में दूसरे राज्यों के बारे में कुछ भी नहीं कहा गया है। II सही है क्योंकि ऋण माफी की मांग वित्तीय निम्नता को दर्शाती है।

❑❑❑

बैठक व्यवस्था

अव्यवस्थित व्यक्तियों या वस्तुओं को नियमित ढंग से एक निश्चित क्रम में स्थापित करने की विधि को 'बैठक व्यवस्था' या 'बैठने की व्यवस्था' कहा जाता है। इस प्रकार के प्रश्नों में कुछ व्यक्तियों या वस्तुओं के समूह दिये गए होते हैं तथा उनका स्थान भी दिया गया रहता है। इसके अन्तर्गत आने वाले प्रश्नों में किसी व्यक्ति या वस्तु का स्थान किसी दूसरे व्यक्ति या वस्तु के सापेक्ष ज्ञात करना होता है।

हल सहित उदाहरण

उदाहरण 1: चार लड़कियों (G_1, G_2, G_3, G_4) और तीन लड़कों (B_1, B_2, B_3) को एक रात्रिभोज में इस प्रकार बैठना है, जिससे कोई भी दो लड़के या दो लड़कियाँ एक-साथ न बैठें। यदि वे सब लगातार एक के बाद एक बैठते हैं, तो B_2 और G_3 की बैठने की स्थिति क्रमशः क्या होगी?

(a) तृतीय और चतुर्थ
(b) चतुर्थ और पंचम
(c) पंचम और षष्ठ
(d) द्वितीय और तृतीय

हल : (b) बैठने का क्रम निम्नवत् है—

G_1 B_1 G_2 B_2 G_3 B_3 G_4

उदाहरण 2: कॉलेज पार्टी में पाँच लड़कियाँ एक पंक्ति में बैठी हैं। P है M के बाईं ओर और O के दाईं ओर बैठी है। R, N के दाईं ओर, परन्तु O के बाईं ओर बैठी हैं। बीच में कौन-सी लड़की बैठी है?

(a) O (b) R
(c) P (d) M

हल : (a) पाँचों लड़कियों के बैठने का क्रम निम्नवत् है।

N R O P M
↑ ↑ ↑ ↑ ↑

अतः O बीच में बैठी है।

उदाहरण 3: पाँच लड़के वृत्ताकार घेरा बनाकर खड़े हैं। अभिनव, आलोक और अंकुर के बीच में है। अपूर्व, अभिषेक के बाईं ओर है। आलोक, अपूर्व के बाईं ओर है। बताइए कि अभिनव के ठीक दाईं ओर कौन है?

(a) अपूर्व (b) अंकुरे
(c) अभिषेक (d) आलोक

हल : (d) पाँचों लड़कों के बैठने का क्रम निम्नवत् है—

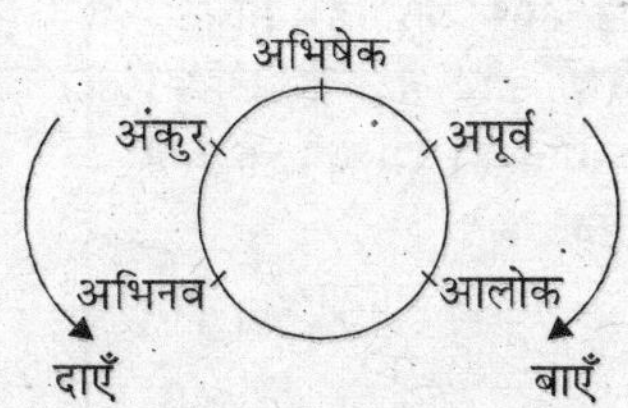

आरेख से स्पष्ट है कि अभिनव के ठीक दाईं ओर आलोक है।

उदाहरण 4: छः व्यक्ति A, B, C, D, E तथा F दो पंक्तियों में बैठे हैं, प्रत्येक में तीन। यदि E किसी सिरे पर नहीं है, D, F के बाएँ से दूसरा है, C, E का पड़ोसी है और D के विकर्णवत् सामने बैठा है और B, F का पड़ोसी है, तो B के सामने कौन होगा?

(a) A (b) E
(c) C (d) D

हल : (b) बैठने का क्रम निम्नवत् है–

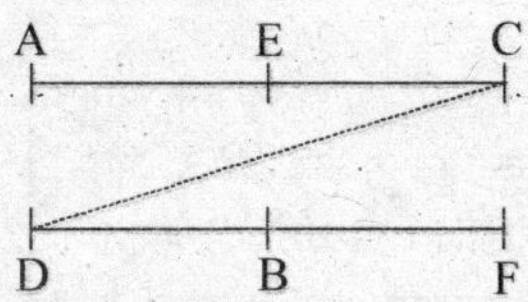

अतः B के ठीक सामने E बैठा है।

उदाहरण 5: A, B, C, D, E और F खाने की मेज पर आमने-सामने बैठे हैं प्रत्येक ओर तीन हैं। B है A और C के बीच में राजनीतिज्ञ और व्यापारी एक ओर छोरों पर हैं। E एक सैनिक अधिकारी है। C, एक प्रोफेसर है और डॉक्टर के बगल में हैं। व्यापारी, इंजीनियर के सामने है। डॉक्टर मध्य में बैठा है और सैनिक अधिकारी के सामने है। बताइए कि डॉक्टर कौन है?

(a) A (b) B
(c) C (d) D

हल : (b) बैठने का क्रम निम्नवत् है–

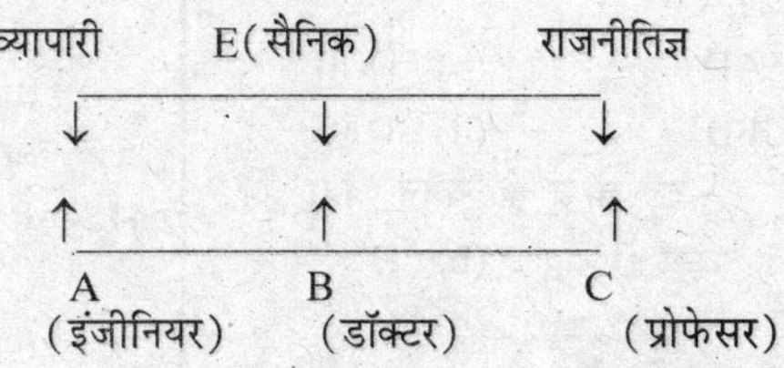

प्रश्नमाला

1. कुछ मित्र अष्टभुज स्थान पर एक-एक कोने में बैठे हैं। सभी का मुँह बीच की ओर है। महिमा तिरछे रूप में राम के सामने बैठी है। राम, सुषमा के दाईं ओर बैठा है। रवि सुषमा के बगल में और गिरधर के सामने बैठा है। गिरधर चन्द्रा के बाईं ओर बैठा है। सविता, महिमा के दाईं ओर नहीं है लेकिन शालिनी के सामने है। शलिनी के दाईं ओर कौन बैठा है?

(a) रवि (b) महिमा
(c) गिरधर (d) राम

2. चार मित्र वृत्ताकार बैठकर ताश खेल रहे थे। राम के दाईं ओर शंकर बैठा था और अरविन्द के बाईं ओर गोपाल बैठा था। निम्नलिखित में से कौन-से युगल खेल में भागीदार थे?

(a) राम और गोपाल
(b) गोपाल और शंकर
(c) राम और शंकर
(d) गोपाल और अरविन्द

निर्देश (प्र. सं. 3-7) : निम्नलिखित जानकारी को ध्यानपूर्वक पढ़िए तथा नीचे दिए गए प्रश्नों के उत्तर दीजिए।

A, B, C, D, E, F और G केन्द्र की ओर मुँह किए हुए एक वृत्त में बैठे हैं। A और G के बीच D बैठा है। G के दाईं ओर F दूसरा है और F के दाईं ओर E दूसरा है, G के एकदम पड़ोस में C नहीं है।

3. E के एकदम बाएँ कौन है?

(a) A (b) C
(c) F (d) D

4. निम्नलिखित में से कौन-सा सही नहीं है?

(a) A के दाईं ओर दूसरा C है
(b) D के दाईं ओर दूसरा B है
(c) E के दाईं ओर दूसरा F है
(d) उपरोक्त सभी सही हैं

5. निम्नलिखित समूहों में से किसमें तीसरा सदस्य पहले और दूसरे सदस्य के बीच बैठा है?

(a) EAD (b) DGB
(c) GFB (d) DAG

6. C और A के बीच में कौन बैठा है?

(a) E (b) D
(c) F (d) G

7. G के एकदम दाएँ कौन है?

(a) F (b) D
(c) B (d) A

8. छः लड़के एक पंक्ति में बैठे हैं। जोंस और मनु की स्थिति राजू के सन्निकट है। उदय के सन्निकट गोपी और राम हैं। गोपी, जोंस अथवा मनु किसी से भी अगला नहीं है। राजू भी मनु से अगले स्थान पर नहीं बैठा है, तो जोंस के सन्निकट कौन बैठा है?

(a) राजू और उदय
(b) राजू और मनु
(c) राजू और राम
(d) केवल राजू

9. छः व्यक्ति P, Q, R, S, T तथा U एक आयताकार मेज के चारों ओर बैठे हैं। Q मेज की चौड़ाई की ओर बैठा है तथा उसका मुँह पूर्व की ओर है। P का मुँह दक्षिण की ओर है तथा उसके दाएँ R है। T जो Q के सामने है, के बाएँ वाले कोने से लगा हुआ S बैठा है। चौड़ाई की ओर एक-एक व्यक्ति ही बैठा है। R के ठीक सामने कौन बैठा है और S का मुँह किस दिशा में है?

(a) U, उत्तर (b) U, दक्षिण
(c) S, उत्तर (d) S, दक्षिण

10. राधा, शीला, महिमा और सीता एक चौकोर मेज के इर्द-गिर्द बैठी हैं। राधा, शीला के दाईं ओर बैठी है। महिमा, सीता के बाईं ओर बैठी है। दिए गए विकल्पों में से बताइए कि कौन-सी जोड़ी एक-दूसरे के सामने बैठी है?

(a) शीला-सीता (b) राधा-सीता
(c) राधा-शीला (d) महिमा-राधा

निर्देश (प्र. सं. 11-12) : निम्नलिखित जानकारी का अध्ययन करके उस पर आधारित प्रश्नों के उत्तर दें।

(i) P, Q, R, S और T एक घेरे में बैठे हैं और उनका मुँह केन्द्र की ओर है।
(ii) R, T के तुरन्त बाईं ओर है।
(iii) P, S और T के बीच बैठा है।

11. R के तत्काल बाईं ओर कौन बैठा है?

(a) T (b) P
(c) Q (d) S

12. उपरोक्त प्रश्न का उत्तर पाने के लिए निम्नलिखित में से किस कथन के बिना काम चल सकता है?

(a) कोई नहीं
(b) केवल (ii)
(c) (ii) या (iii)
(d) केवल (iii)

निर्देश (प्र. सं. 13-14) : निम्नलिखित सूचना को पढ़िए और उस पर आधारित प्रश्नों के उत्तर दीजिए।

(i) सात लड़के अभिषेक, साकेत, रवि, गौतम, कौशिक, राहुल और रंजन पंक्ति में खड़े हैं।
(ii) रंजन, अभिषेक और कौशिक के बीच में है।
(iii) राहुल और अभिषेक के बीच एक लड़का है।
(iv) कौशिक और रवि के बीच दो लड़के हैं।
(v) गौतम, रंजन के दाईं ओर तीसरा है।
(vi) रवि और साकेत के बीच तीन लड़के हैं।

13. इनमें से बाएँ से दूसरा कौन है?

(a) रवि
(b) रंजन
(c) कोशिक
(d) रवि या कौशिक

14. रवि किनके बीच में है?

(a) अभिषेक और राहुल
(b) गौतम और रंजन
(c) अभिषेक और गौतम
(d) कथन अपर्याप्त है

निर्देश (प्र. सं. 15-17) : नीचे दी गई जानकारी को पढ़कर उस पर आधारित प्रश्नों के उत्तर दें।

पाँच लड़कियाँ एक घेरा बनाकर खड़ी हैं और उनके मुँह केन्द्र की ओर हैं सुमन लता और आशा के बीच में है तथा ममता, लता के दाईं ओर है।

15. यदि रजनी पाँचवीं लड़की हो, तो आशा के दाईं ओर कौन है?

(a) ममता (b) आशा
(c) रजनी (d) सुमन

16. यदि सुमन और ममता अपना-अपना स्थान अदल-बदल लेती हैं, तो कौन रजनी के बाईं ओर चौथी होगी?

(a) लता (b) सुमन
(c) आशा (d) ममता

17. यदि रजनी और आशा अपना-अपना स्थान अदल-बदल लेती हैं, तो निम्न में से कौन-सा कथन सत्य है?
(a) सुमन, ममता के बाईं ओर तीसरी होगी
(b) आशा, लता और रजनी के बीच होगी
(c) लता, आशा के बाईं ओर दूसरी होगी
(d) उपरोक्त में से कोई नहीं

18. ताश के एक वृत्ताकार खेल में A, B एवं C के बीच में बैठता है। X, Y एवं Z के बीच में बैठता है। यदि Z, B के ठीक दाईं ओर है, तो Y के ठीक दाईं ओर कौन बैठता है?
(a) X (b) C
(c) A (d) B

19. उपरोक्त प्रश्न में, Y के ठीक बाएँ में कौन बैठता है?
(a) A
(b) B
(c) C
(d) X

20. आठ लोगों A, B, C, D, E, F, G और H को आकृति में दिए गए ढंग से बैठाया जाता है।

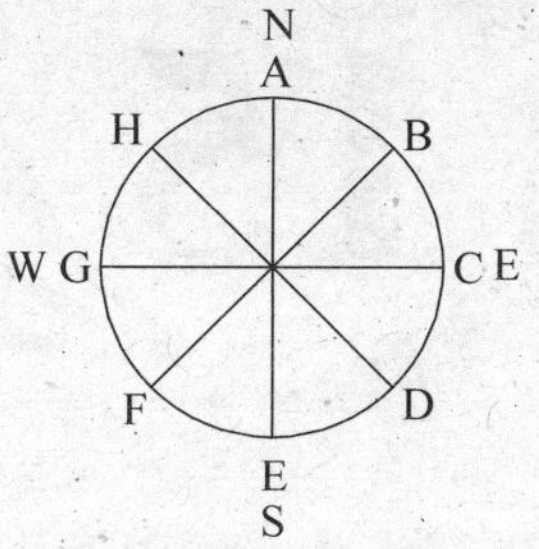

उन सभी का मुँह बाहर की ओर है। यदि सभी लोग दो स्थान दक्षिणावर्त हटें, तो H का मुँह किस दिशा में होगा?
(a) उत्तर-पूर्व (b) उत्तर
(c) उत्तर पश्चिम (d) पूर्व

उत्तर (हल/संकेत)

1. (a) आठों के बैठने का क्रम निम्नवत् है–

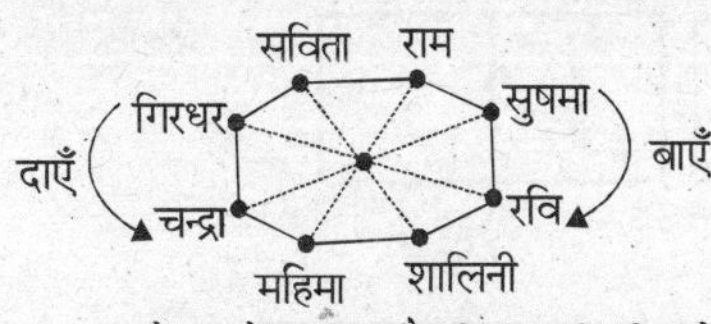

आरेख से स्पष्ट है कि शालिनी के दाईं ओर रवि बैठा है।

2. (a) बैठने की व्यवस्था निम्नवत् है–

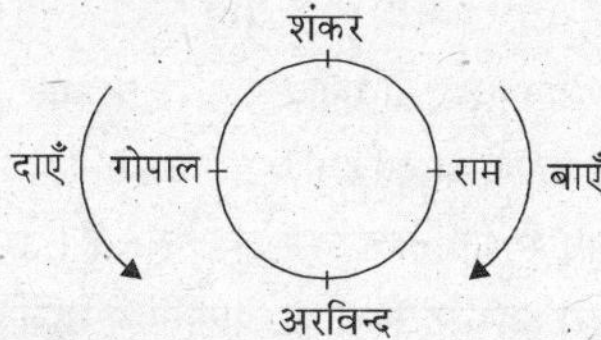

हल (प्र. सं. 3-7) :

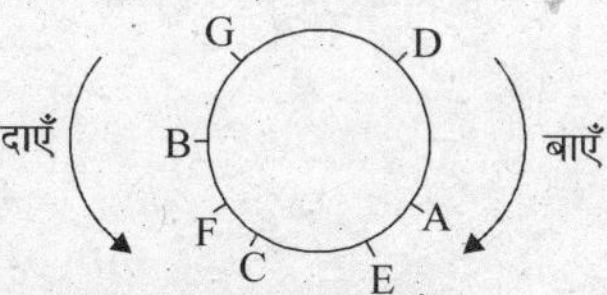

3. (b) E के एकदम बाएँ C है।
4. (a) A के दाईं ओर दूसरा C नहीं अपितु G है।
5. (c) GFB, समूह में F तीसरा व्यक्ति है जो केन्द्र में है।
6. (a) C और A के बीच में E बैठा है।
7. (c) G के एकदम दाएँ B है।
8. (c) बैठने का क्रम निम्नवत् है–
(i) गोपी, उदय, राम, जोंस, राजू, मनु
(ii) राम, उदय, गोपी, जोंस, राजू, मनु
इस प्रकार, दिए गए विकल्पों से व्यवस्था (i) ही सम्भव है जिससे विकल्प (c) सही है।

9. (a) व्यक्तियों के बैठने का क्रम निम्नवत् है–

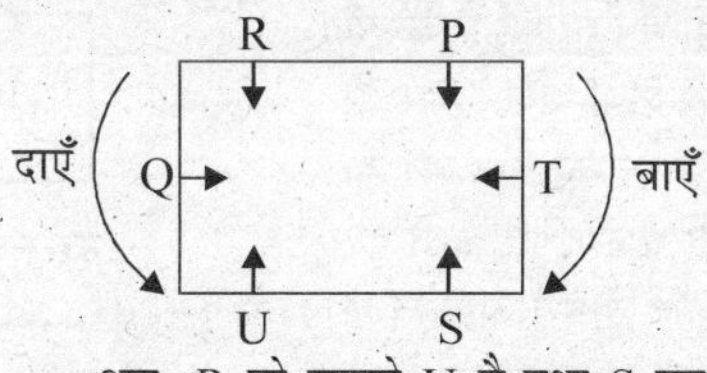

अत: R के सामने U है तथा S का मुँह उत्तर की ओर है।

10. (b) बैठने का क्रम निम्नवत् है–

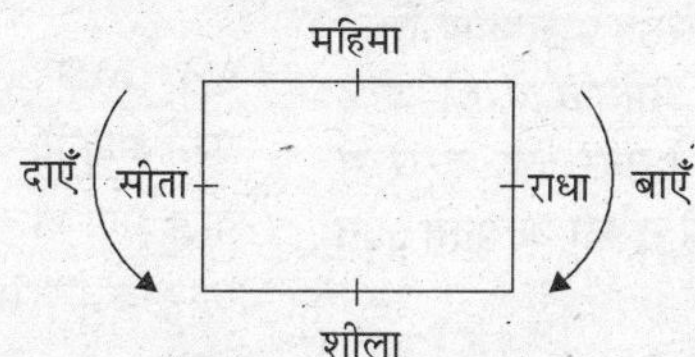

हल (प्र. सं. 11-12) :

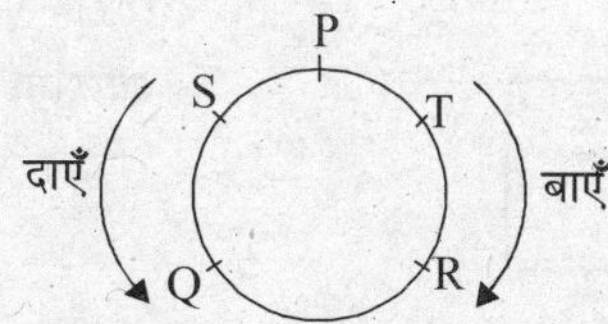

11. (c) आरेख से स्पष्ट है कि Q, R के बाईं ओर है।
12. (a) सभी कथनों का प्रयोग आवश्यक है।

हल (प्र. सं. 13-14) :

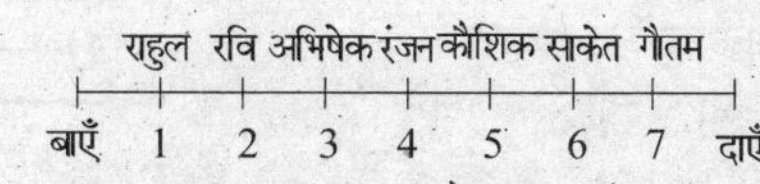

13. (a) आरेख से स्पष्ट है कि बाएँ से दूसरा रवि है।
14. (a) आरेख से स्पष्ट है कि रवि, राहुल और अभिषेक के बीच में है।

हल (प्र. सं. 15-17) :

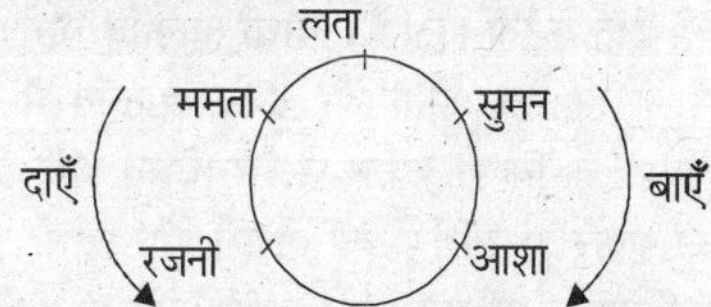

15. (d) आशा के दाईं ओर सुमन है।
16. (c) रजनी के बाईं ओर चौथी आशा होगी।
17. (c) रजनी तथा आशा के स्थान परिवर्तन करने पर लता, आशा के बाईं ओर दूसरी होगी।
18. (b) बैठने का क्रम निम्नवत् है–

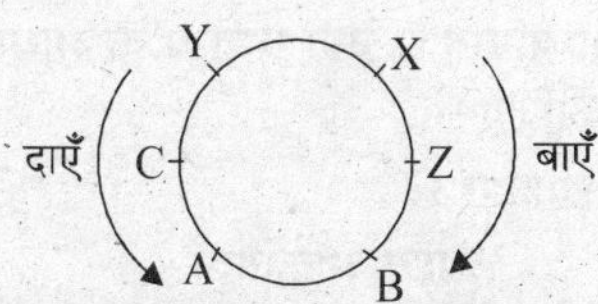

अत: Y के ठीक दाएँ C बैठता है।

19. (d) Y के ठीक बाएँ X बैठता है।

20. (a)

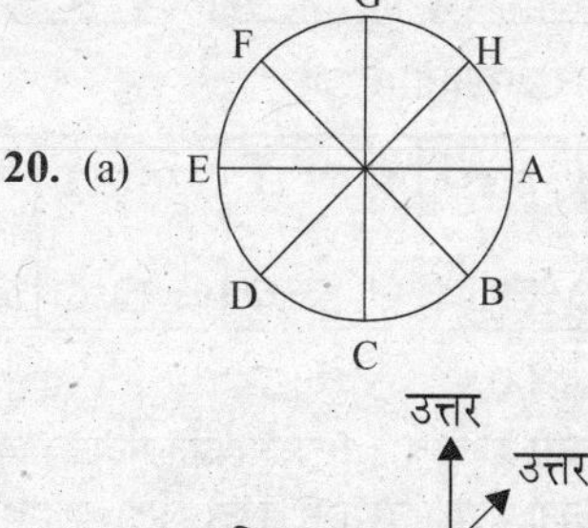

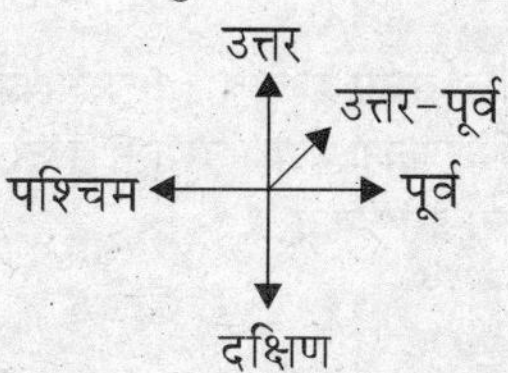

H का मुँह उत्तर-पूर्व दिशा में होगा।

आकृति सादृश्यता

समरूपता का शाब्दिक अर्थ समानता होता है। अर्थात्, हम कह सकते हैं कि कोई भी दो आकृतियाँ जो देखने में किसी-न-किसी प्रकार समान हों अथवा एक जैसी दिखती हों, या एक जैसी प्रतीत होती हों, सादृश्य कहलाती है तथा उनका यह गुण समरूपता कहलाता है।

समरूपता का मुख्य लक्षण या इसकी मुख्य विशेषता किन्हीं दो आकृतियों के आपसी सम्बन्ध की समानता में निहित होता है।

इस अध्याय से पूछे जाने वाले प्रश्न दो भागों में दिए गए होते हैं, जिन्हें प्रश्न आकृतियाँ तथा उत्तर आकृतियाँ कहा जाता है। प्रश्न आकृतियाँ भी दो भागों में बंटी होती है। दोनों भागों में दो-दो आकृतियाँ अर्थात् कुल चार आकृतियाँ होती है लेकिन केवल तीन ही आकृतियाँ प्रश्न में दी गई होती है तथा चौथी को अभ्यर्थियों को ज्ञात करना होता है। चौथी आकृति चारों उत्तर आकृतियों में दिए गए विकल्पों में से ही एक होती है। प्रश्न आकृति में प्रथम दो आकृतियाँ एक-दूसरे से किसी-न-किसी प्रकार से सम्बन्धित होती हैं और इसी सम्बन्ध को ज्ञात कर या समझकर अभ्यर्थियों को तीसरी और चौथी आकृति में सम्बन्ध स्थापित करते हुए विकल्पों में से एक उत्तर चुनना होता है अर्थात् चौथी आकृति तीसरी आकृति से उसी प्रकार सम्बन्धित होनी चाहिए जिस प्रकार दूसरी, पहली से सम्बन्धित हो।

हल सहित उदाहरण

निर्देश (उदाहरण 1 से 4) नीचे दिए गए प्रश्नों में पहला समूह प्रश्न आकृतियों का तथा दूसरा समूह उत्तर आकृतियों का है। प्रश्न आकृति में दो जोड़े आकृतियाँ दी गई हैं। पहले जोड़े की आकृतियाँ जिस प्रकार एक-दूसरे से सम्बन्धित हैं, उसी सम्बन्ध के आधार पर दूसरे जोड़े की दूसरी आकृति ज्ञात कीजिए।

उदाहरण 1:

प्रश्न आकृतियाँ

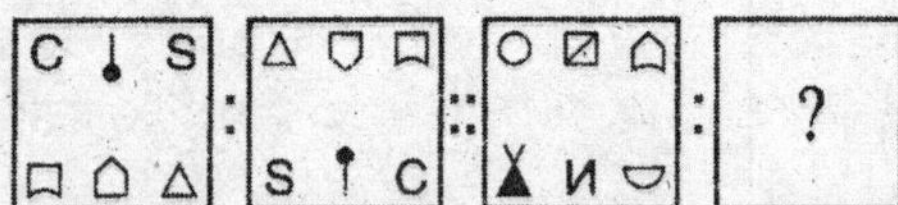

उत्तर आकृतियाँ

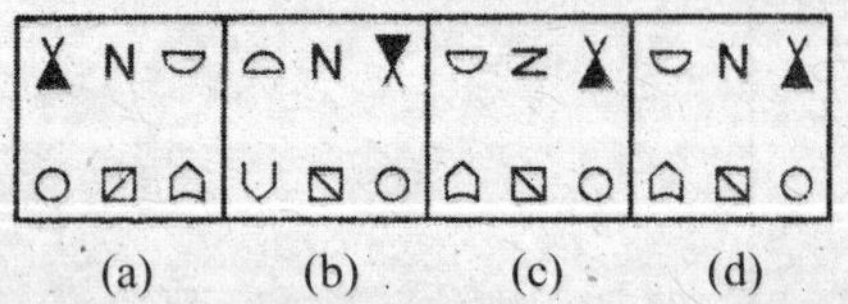

(a) (b) (c) (d)

हल: (d) सबसे पहले हमें प्रश्न आकृति में बने बॉक्स की आकृतियों के बदलने के क्रम को जानना होगा। प्रश्न में पहले जोड़े वाले बॉक्सों की आकृतियों के बदलने का क्रम इस प्रकार है

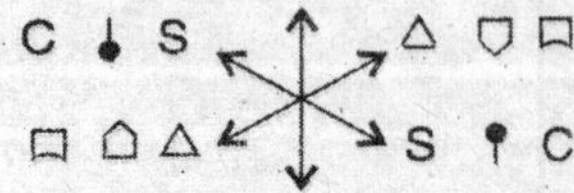

अर्थात् चारों कोनों के सामने वाली आकृति से उसका स्थान परिवर्तन होता है, जबकि बीच वाले का उसके सामने वाले से। साथ-ही-साथ बीच वाली आकृतियों को बदलने के बाद उन्हें उल्टा कर दिया गया है जैसा कि नीचे चित्र में प्रदर्शित है

उदाहरण 2 :

प्रश्न आकृतियाँ

उत्तर आकृतियाँ

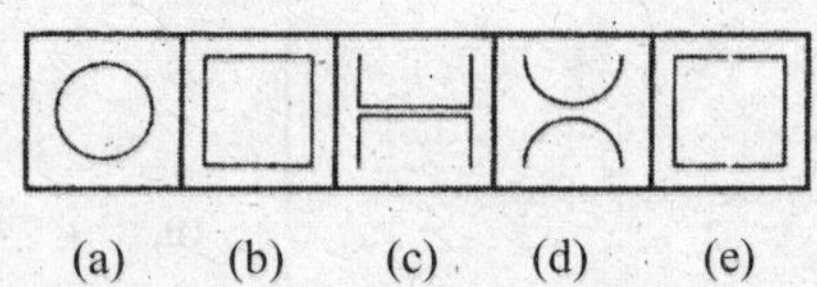

(a) (b) (c) (d) (e)

हल: (b) प्रश्न आकृतियों का ध्यानपूर्वक अवलोकन करने के बाद हम पाते हैं कि प्रश्न आकृति के पहले भाग की पहली आकृति से दूसरी आकृति में डिजाइन के दो अर्द्ध भाग अलग होकर तथा दाएं से बाएं पलटकर जुड़ जाते हैं। उसी प्रकार प्रश्न आकृति के दूसरे भाग की तीसरी आकृति से चौथी आकृति में डिजाइन के दो अर्द्ध भाग अलग होकर तथा दाएं से बाएं पलटकर जुड़ जाएंगे और यह उत्तर आकृति (b) के समान दिखेगी।

उदाहरण 3:

प्रश्न आकृतियाँ

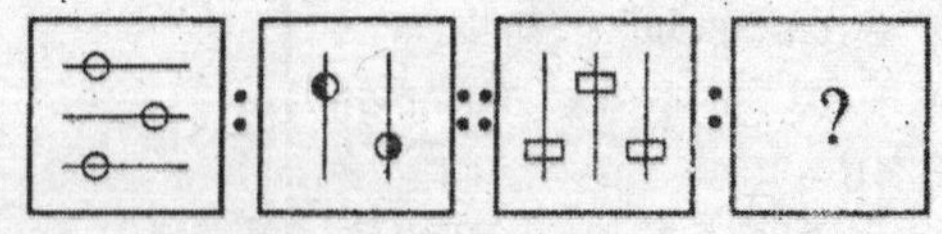

उत्तर आकृतियाँ

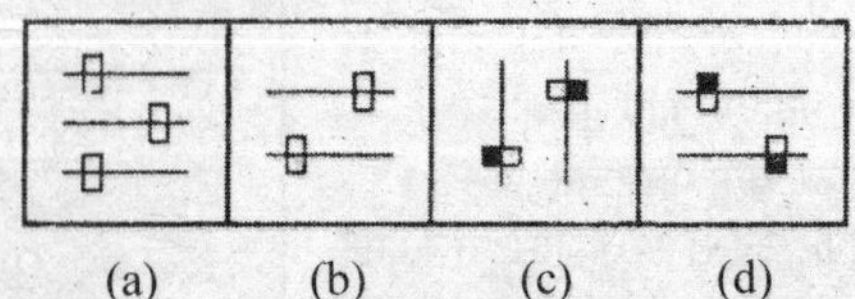

(a) (b) (c) (d)

हल (d) प्रश्न आकृति के प्रथम जोड़े में पिन की संख्या घटी है इसी प्रकार दूसरे जोड़े में भी पिन की संख्या घटेगी और पिन की संख्या तीन से घटकर दो हो जाएगी।

प्रथम जोड़े में प्रथम दो पिनों को दक्षिणावर्त दिशा में घुमाकर दिखाया गया है तथा बाएं पिन के सिरे को बाईं ओर, जबकि दाएं पिन के सिरे को दाईं ओर रंगा गया है। ठीक इसी प्रकार दूसरे जोड़े में भी प्रथम दो पिनों को दक्षिणावर्त दिशा में घुमाएंगे तथा बाईं पिन के सिरे को बाईं ओर तथा दाईं पिन के सिरे को दाईं ओर रंगेंगे।

उदाहरण 4:

प्रश्न आकृतियाँ

उत्तर आकृतियाँ

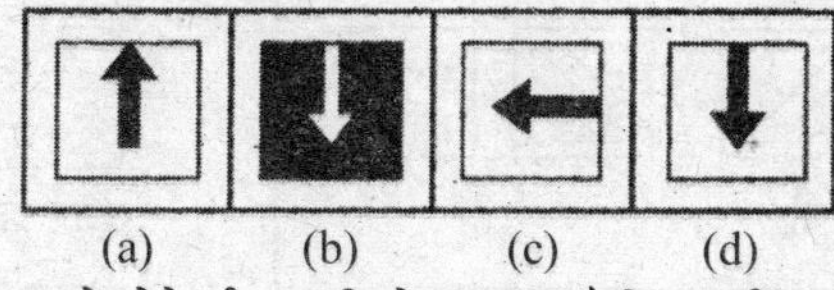

(a) (b) (c) (d)

हल: (d) पहले जोड़े की आकृति से यह स्पष्ट है कि पहली आकृति के बड़े चित्र का आकार छोटा तथा छोटे चित्र का आकार बड़ा हो जाता है। साथ-ही-साथ दूसरी आकृति में बड़ा चित्र (आकृति) उल्टा हो जाता है और दूसरे चित्र में पहला चित्र समा जाता है। अतः सही विकल्प (d) होगा क्योंकि इसी विकल्प की आकृति में छोटा वर्ग बड़ा बन गया है तथा तीर का निशान छोटा तथा उल्टा होकर वर्ग में समा गया है।

प्रश्नमाला

निर्देश (प्र.सं. 1-14) नीचे दिए गए प्रश्नों में पहला समूह प्रश्न आकृतियों का तथा दूसरा समूह उत्तर आकृतियों का है। प्रश्न आकृति में दो जोड़े आकृतियाँ दी गई हैं। पहले जोड़े की आकृतियाँ जिस प्रकार एक-दूसरे से सम्बन्धित हैं, उसी सम्बन्ध के आधार पर दूसरे जोड़े की दूसरी आकृति ज्ञात कीजिए।

1. प्रश्न आकृतियाँ

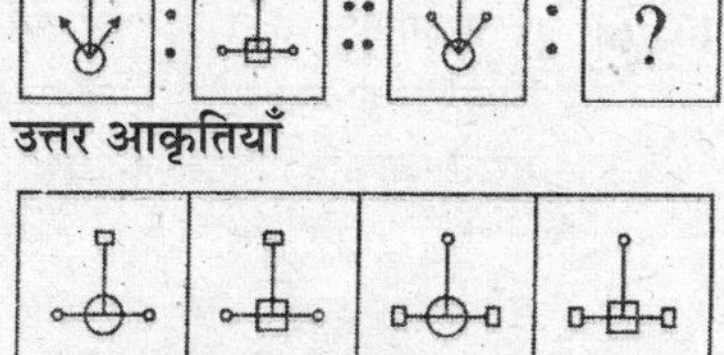

उत्तर आकृतियाँ

(a) (b) (c) (d)

2. प्रश्न आकृतियाँ

उत्तर आकृतियाँ

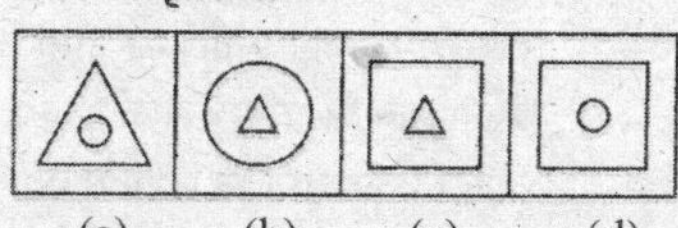

(a) (b) (c) (d)

3. प्रश्न आकृतियाँ

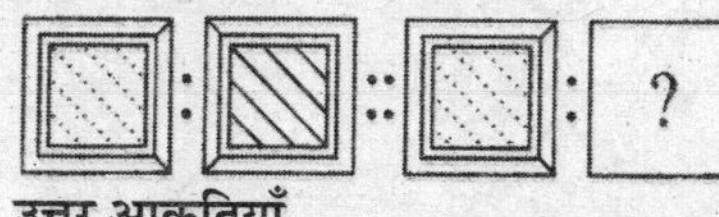

उत्तर आकृतियाँ

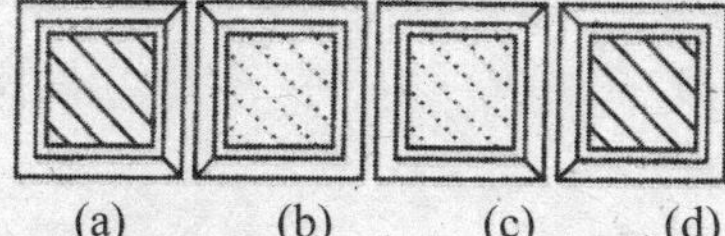

(a) (b) (c) (d)

4. प्रश्न आकृतियाँ

उत्तर आकृतियाँ

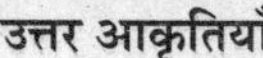

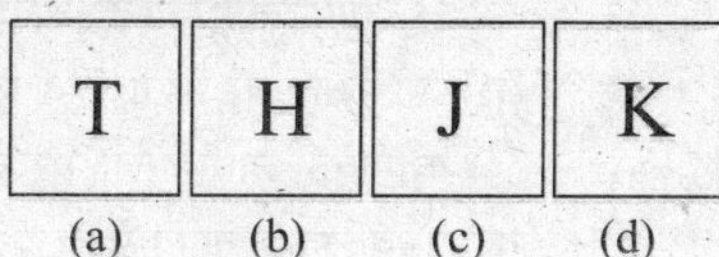

(a) (b) (c) (d)

5. प्रश्न आकृतियाँ

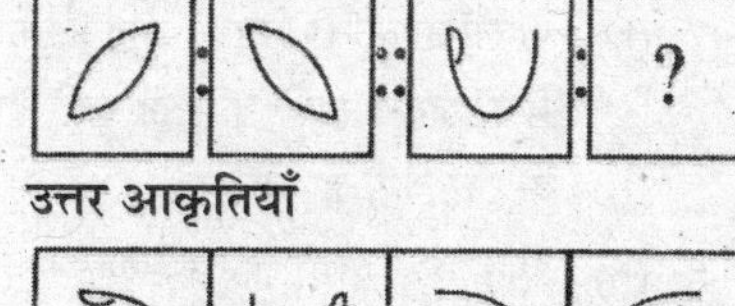

उत्तर आकृतियाँ

(a) (b) (c) (d)

6. प्रश्न आकृतियाँ

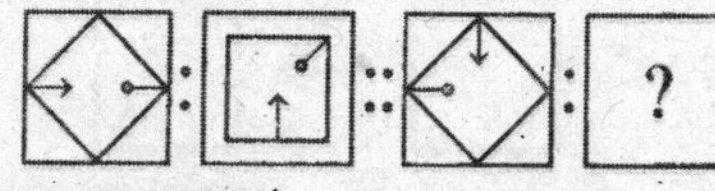

उत्तर आकृतियाँ

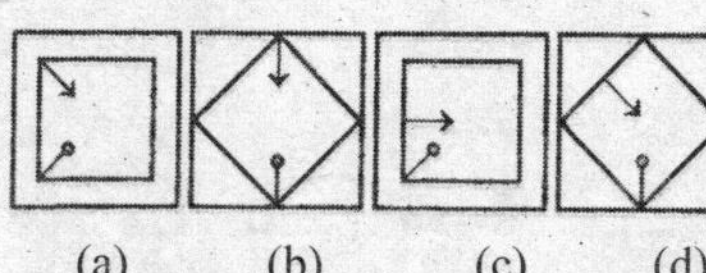

(a) (b) (c) (d)

7. प्रश्न आकृतियाँ

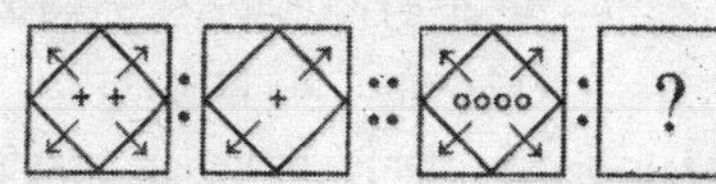

उत्तर आकृतियाँ

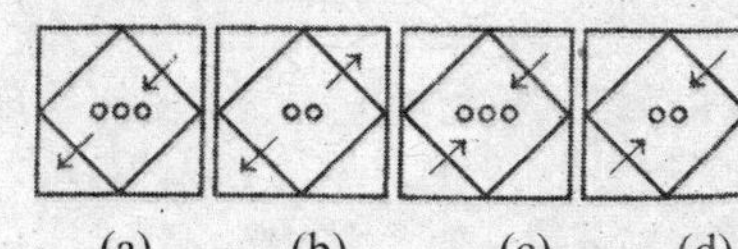

(a) (b) (c) (d)

8. प्रश्न आकृतियाँ

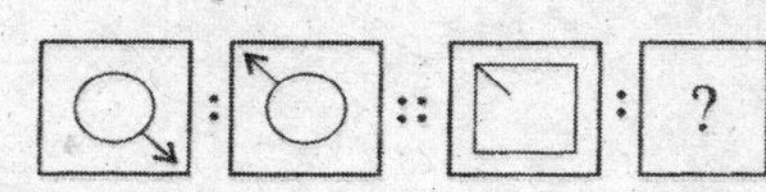

उत्तर आकृतियाँ

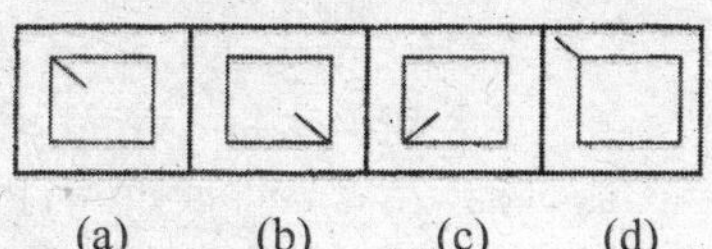

(a) (b) (c) (d)

9. प्रश्न आकृतियाँ

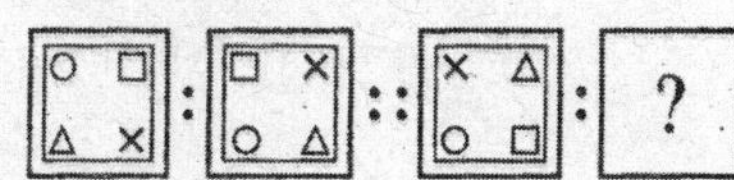

उत्तर आकृतियाँ

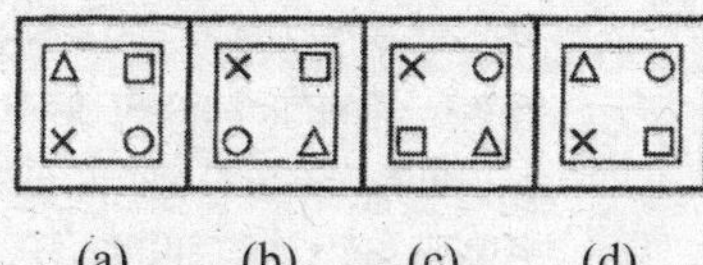

(a) (b) (c) (d)

10. प्रश्न आकृतियाँ

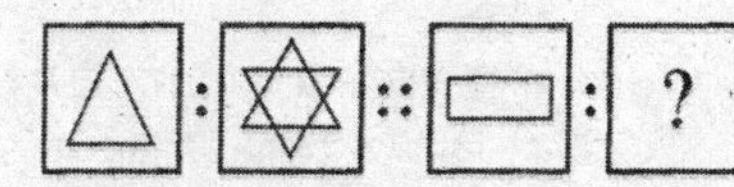

उत्तर आकृतियाँ

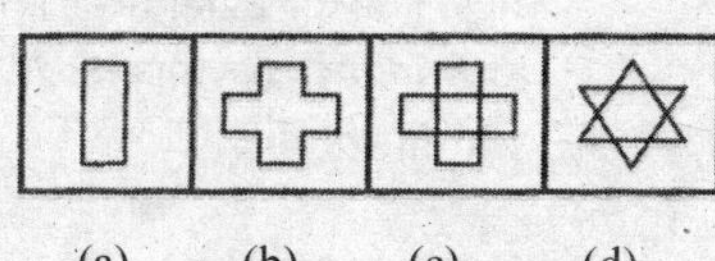

(a) (b) (c) (d)

11. प्रश्न आकृतियाँ

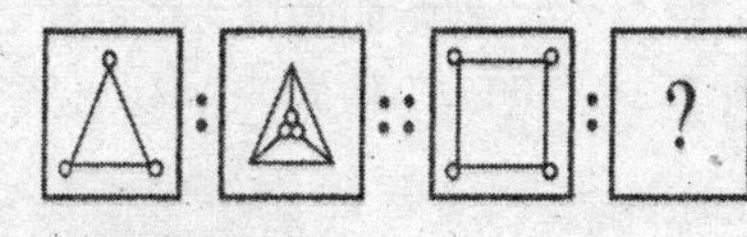

उत्तर आकृतियाँ

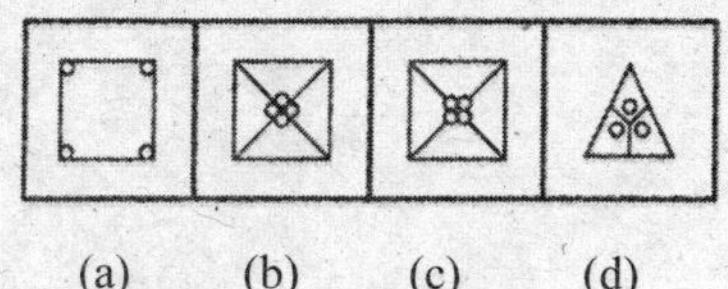

(a) (b) (c) (d)

12. प्रश्न आकृतियाँ

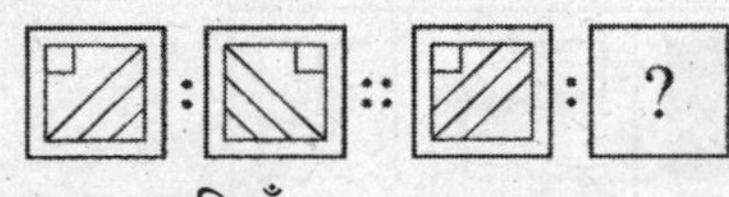

उत्तर आकृतियाँ

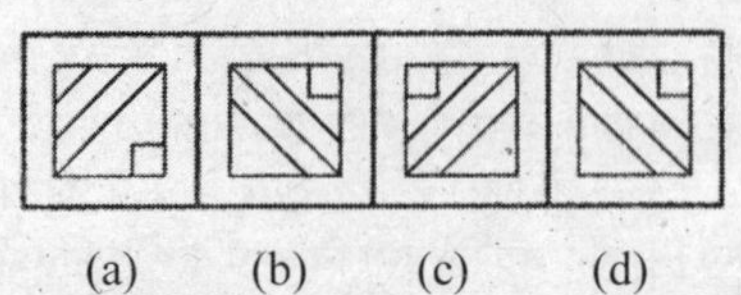

(a) (b) (c) (d)

13. प्रश्न आकृतियाँ

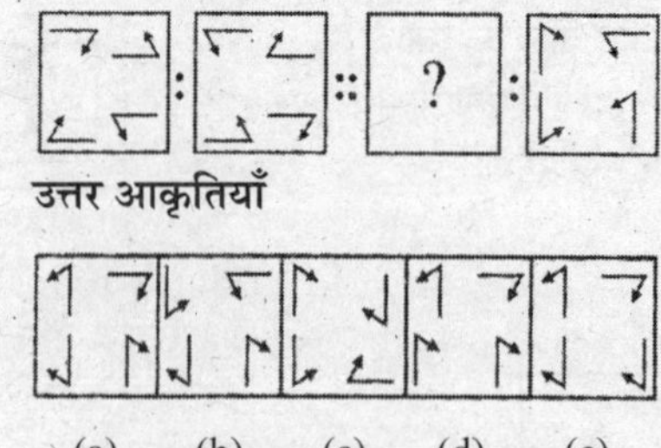

उत्तर आकृतियाँ

(a) (b) (c) (d) (e)

14. प्रश्न आकृतियाँ

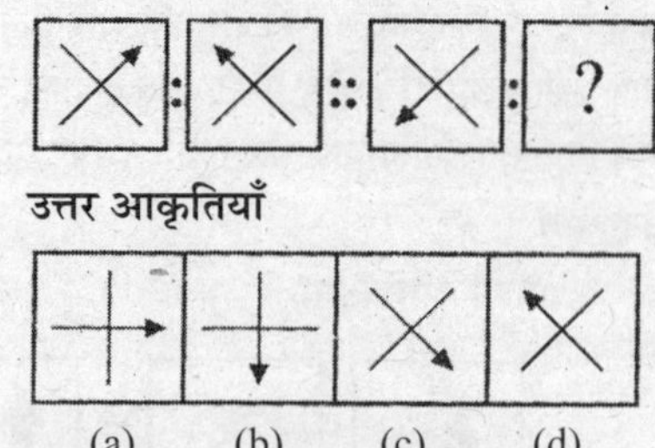

उत्तर आकृतियाँ

(a) (b) (c) (d)

उत्तर (हल/संकेत)

1. (d) जिस प्रकार, पहली से दूसरी आकृति में वृत्त के स्थान पर वर्ग आ गया है तथा तीर के निशान सीधे हो गए हैं तथा उनके प्रारम्भिक बिन्दु पर तीर की जगह छोटा वृत्त के स्थान पर तीर का चिह्न आ गया है, उसी प्रकार का सम्बन्ध तीसरी आकृति से चौथी आकृति को बनाने पर उत्तर विकल्प (d) वाली आकृति प्राप्त होती है।

2. (d) जिस प्रकार, पहली से दूसरी आकृति में त्रिभुज का आकार बड़ा हो जाता है तथा वर्ग का आकार छोटा होकर त्रिभुज के अन्दर आ जाता है। उसी प्रकार, वृत्त का आकार छोटा हो जाएगा तथा वृत्त, वर्ग के अन्दर आ जाएगा। इस प्रकार उत्तर विकल्प (d) की आकृति प्राप्त होती है।

3. (d) पहली आकृति से दूसरी आकृति में अन्दर की बिन्दुमय रेखाएं लगातार बन जाती है तथा अन्य बातों में दूसरी आकृति पहली आकृति का दर्पण प्रतिबिम्ब है। वैसा ही सम्बन्ध तीसरी प्रश्न आकृति और चौथी उत्तर आकृति में है।

4. (b)

5. (b) पहली आकृति का दर्पण प्रतिबिम्ब का दूसरा भाग है उसी प्रकार तीसरी आकृति का दर्पण प्रतिबिम्ब उत्तर आकृति (b) होगी।

6. (c) प्रथम से द्वितीय आकृति में मुख्य डिजाइन वर्ग 45° वामावर्त घूमता है तथा डिजाइन (i) उसी स्थान पर रहती है व डिजाइन '↑' वामावर्त आधी भुजा सरकता है। यही परिवर्तन क्रम तृतीय से चतुर्थ आकृति में भी होगा।

7. (b) पहली आकृति से दूसरी आकृति के बीच में डिजाइन आधे कम हो जाते हैं तथा दो तीर कम हो जाते हैं।

8. (b) आकृति के प्रथम जोड़े की पहली आकृति 180° घूमकर दूसरी आकृति बनाते हैं। ठीक इसी प्रकार दूसरे जोड़े की पहली आकृति को 180° घुमाने पर,

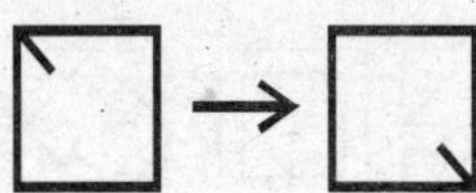

9. (a) प्रश्न आकृति के प्रथम जोड़े की आकृतियों के तत्वों में परिवर्तन का क्रम

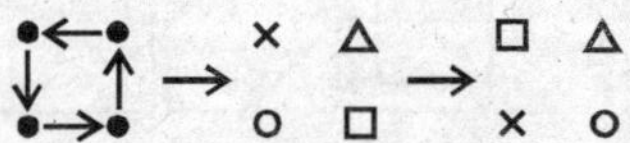

10. (c) त्रिभुज दोगुना होकर दूसरी आकृति बनाता है। इसी प्रकार, आयत दोगुना होकर चौथी आकृति बनाता है।

11. (c) प्रश्न आकृति में प्रथम आकृति में त्रिभुज की सभी शिराओं वाले वृत्त अन्दर आ जाते हैं तथा तीनों वृत्तों तथा कोणों को तीन रेखाएं मिलती हैं। ठीक इसी प्रकार, वर्ग के चारों शिराओं वाले वृत्त अन्दर आएंगे और चारों वृत्त तथा कोणों का चार रेखाएं मिलाएंगी।

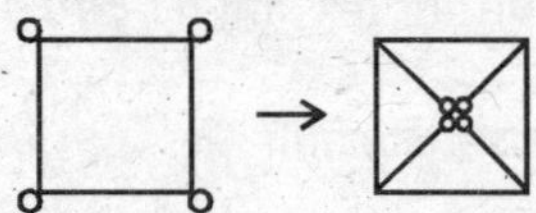

12. (d) प्रश्न आकृति के प्रथम जोड़े की प्रथम आकृति के दाईं ओर शीशा रखने पर दूसरी आकृति प्रतिबिम्ब स्वरूप प्राप्त होती है। ठीक इसी प्रकार दूसरे जोड़े की प्रथम आकृति के दाईं ओर शीशा रखने पर,

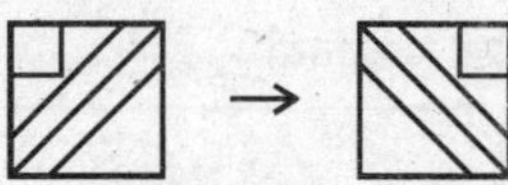

13. (c) दूसरी आकृति की जल प्रतिबिम्ब प्रथम आकृति है। इसी प्रकार चौथी आकृति तीसरी का जल प्रतिबिम्ब होगी।

14. (c) प्रश्न आकृति के प्रथम जोड़े की पहली आकृति को वामावर्त दिशा में 90° घुमाने पर दूसरी आकृति प्राप्त होती है। ठीक इसी प्रकार दूसरे जोड़े की पहली आकृति को वामावर्त दिशा में 90° घुमाने पर,

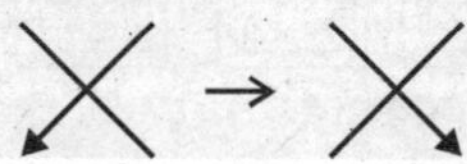

❑❑❑

आकृति वर्गीकरण

वर्गीकरण का शाब्दिक अर्थ सामान्य लक्षण के आधर पर आकृतियों को वर्गीकृत करना है। वर्गीकरण के अंतर्गत चार आकृतियां दी हुई रहती हैं, जिसमें से तीन आकृतियों में समान लक्षणों विद्यमान रहते हैं। परीक्षार्थियों को इन तीन आकृतियों के समान लक्षण को ध्यान में रखते हुए उस आकृति को चुनना होता है जो इन तीन आकृतियों से भिन्न हो।

आकृतियों के बीच समानता व विषमता के प्रमुख कारण निम्नलिखित हैं

1. **आकृति की बनावट** (Construction of a Figure): आकृति की बनावट में अंतर हो सकता है।
2. **आकृति में रेखाओं की संख्या** (Number of Lines of a Figure): आकृति में रेखाओं की संख्या में अंतर हो सकता है।
3. **आकृति में रेखाओं का आकार** (Size of Lines in a Figure): आकृति में रेखाओं का आकार समान, छोटा या बड़ा हो सकता है।
4. **आकृतियों की उन्नत या अधोमुख स्थिति** (Upright or inverted Position of a Figure) आकृति की उन्नत या अधोमुख स्थिति में अंतर हो सकता है।
5. **आकृति का विभाजन** (Distribution of a Figure): आकृति का विभाजन बराबर-बराबर हिस्सों में किया जा सकता है।
6. **नई आकृति का निर्माण** (Formation of a New Figure): दो आकृतियों को मिलाने से एक नई आकृति का निर्माण हो सकता है।

हल सहित उदाहरण

निर्देश— (उदाहरण 1-5) निम्नलिखित प्रत्येक प्रश्न में दी गई चार आकृतियों में से तीन किसी एक गुण के आधार पर समान हैं तथा एक भिन्न है। इस भिन्न आकृति का चयन कीजिए।

उदाहरण 1:

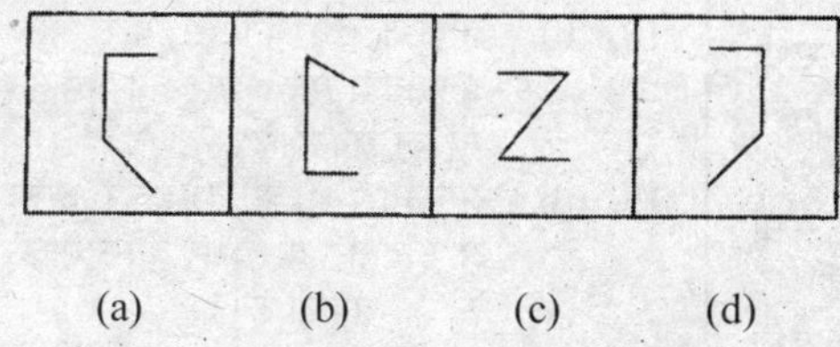

(a) (b) (c) (d)

हल: (c) आकृति (c) को छोड़कर अन्य सभी आकृतियों में खड़ी रेखा के लंबवत् एक अन्य रेखा जरूर है। जबकि (c) में कोई भी रेखा लम्बवत् नहीं है।

उदाहरण 2:

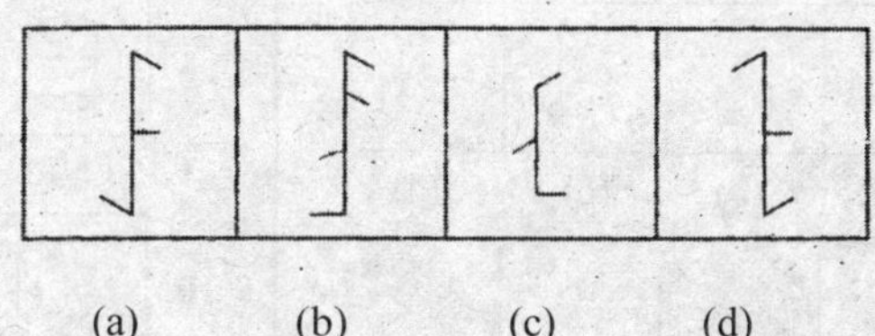

(a) (b) (c) (d)

हल: (b) केवल आकृति (b) में दोनों समांतर रेखाएं खड़ी रेखा के एक ओर उपस्थित हैं।

उदाहरण 3:

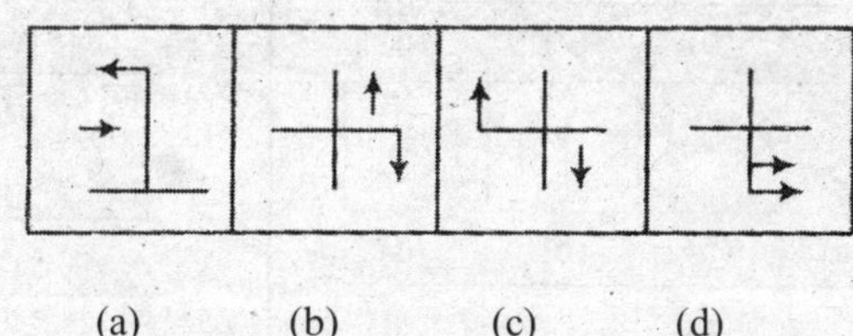

(a) (b) (c) (d)

हल: (d) आकृति (d) को छोड़कर अन्य सभी आकृतियों में दोनों तीर अलग दिशाओं को इंगित करते हैं।

उदाहरण 4:

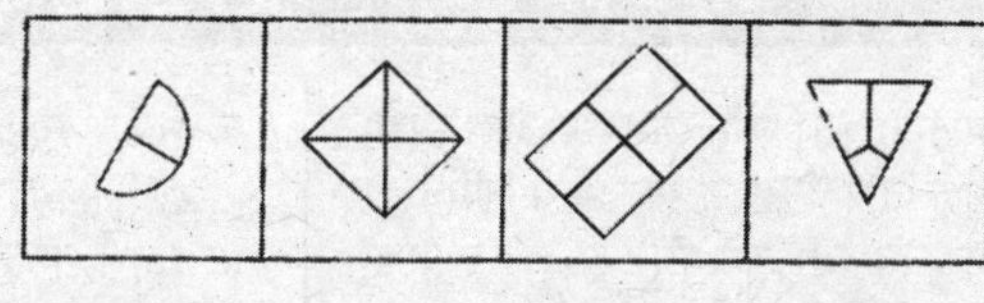

(a) (b) (c) (d)

हल: (d) आकृति (d) को छोड़कर अन्य सभी आकृति के अंदर बनी रेखाएं उसे बराबर भागों में विभजित करती है।

उदाहरण 5:

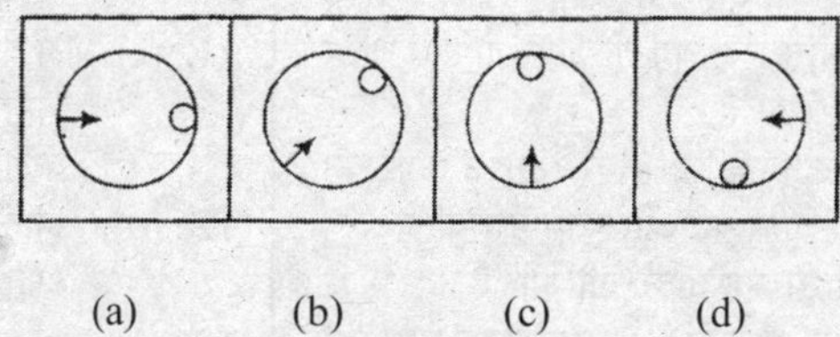

(a) (b) (c) (d)

हल: (d) आकृत्ति (d) को छोड़कर अन्य सभी में छोटा वृत्त तथा रेखा एक-दूसरे की सीध में हैं।

प्रश्नमाला

निर्देश— (प्रश्न 1-20) निम्नलिखित प्रत्येक प्रश्न में दी गई चार आकृतियों में से तीन किसी एक गुण के आधार पर समान हैं तथा एक भिन्न है। इस भिन्न आकृति का चयन कीजिए।

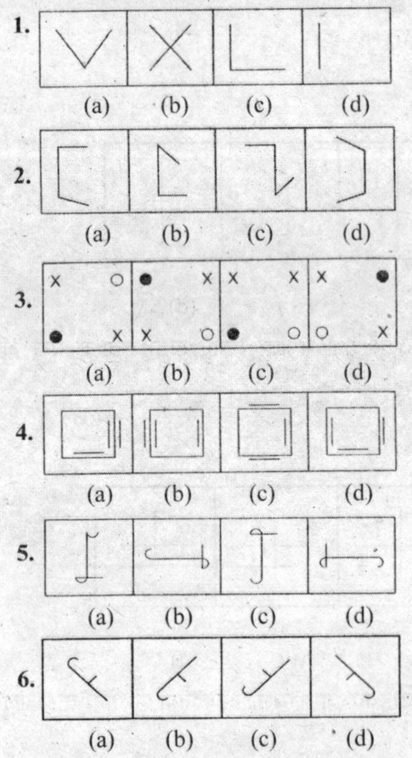

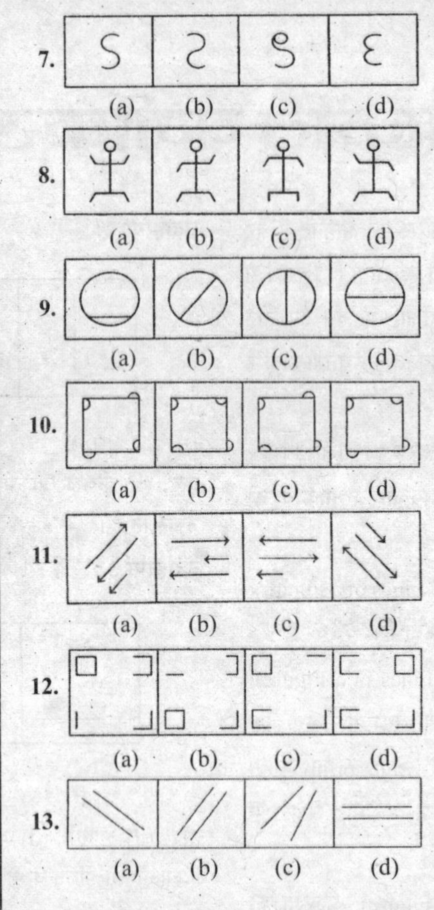

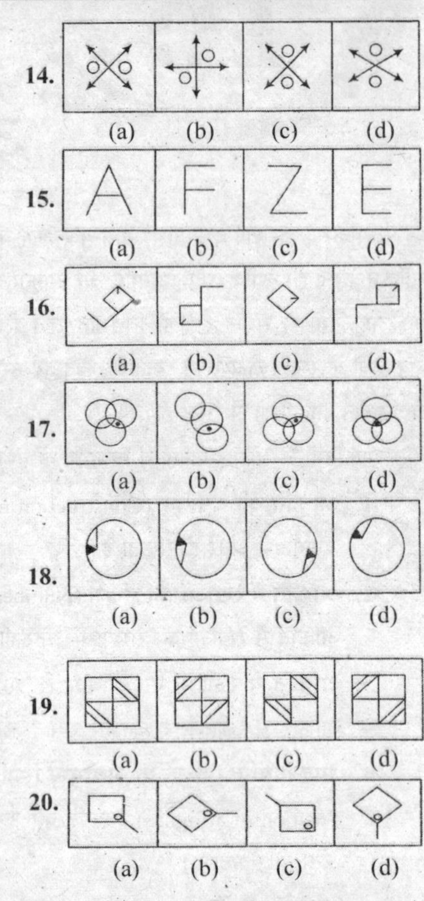

उत्तर (हल/संकेत)

1. (d) आकृति (d) को छोड़कर अन्य सभी आकृतियां दो सरल रेखाओं से निर्मित हैं।

2. (d) आकृति (d) को छोड़कर अन्य सभी आकृतियों में खड़ी रेखा के लम्बवत एक अन्य रेखा अवश्य है।

3. (c) केवल प्रश्नाकृति (c) को छोड़कर अन्य सभी आकृतियों में विकर्ण के दोनों सिरों पर समान चिन्ह (वृत्त) है।

4. (c) केवल प्रश्नाकृति (c) में वर्ग के अंदर एक तथा बाहर दो रेखाएं हैं। अन्य सभी आकृतियों में वर्ग के अंदर दो तथा बाहर एक रेखा है।

5. (a) केवल आकृति (a) में रेखा के ऊपर का भाग बाहर की ओर मुड़ा है जबकि अन्य सभी में यह अंदर की ओर है।

6. (b) केवल आकृति (b) को छोड़कर शेष सभी आकृतियां एक-दूसरे को घुमाकर प्राप्त की जा सकती हैं।

7. (c) आकृति (c) को छोड़कर अन्य सभी आकृतियां दोनों तरफ से खुली हैं।

8. (c) आकृति (c) को छोड़कर अन्य सभी आकृतियों में भुजाएं तथा पैर समान दिशा में नहीं हैं।

9. (a) आकृति (a) को छोड़कर अन्य सभी आकृतियां दो बराबर भागों में बंटी हुई हैं।

10. (b) आकृति (b) को छोड़कर अन्य सभी आकृतियों में वर्ग के भीतर दो तथा बाहर दो वृत्तखंड हैं।

11. (c) आकृति (c) को छोड़कर अन्य सभी आकृतियों में छोटे तीर के समान दिशा वाला तीर उसके बराबर में है।

12. (d) आकृति (d) को छोड़कर अन्य सभी आकृतियां 10 रेखाओं द्वारा निर्मित हैं।

13. (c) आकृति (c) को छोड़कर अन्य सभी आकृतियों में दोनों रेखाएं समांतर हैं।

14. (d) आकृति (d) को छोड़कर अन्य सभी आकृतियों में दोनों रेखाएं एक-दूसरे को समकोण पर काटती हैं।

15. (d) आकृति (d) को छोड़कर अन्य सभी आकृतियां तीन रेखाओं से बनी हैं।

16. (c) आकृति (c) को छोड़कर शेष सभी आकृतियों में बाहरी रेखा वर्ग के अंदर की रेखा के विपरीत शीर्ष बिंदु से आरंभ होती है।

17. (d) केवल आकृति (d) में काला बिंदु तीनों वृत्तों के समान रूप से मिले भाग में स्थित है।

18. (b) आकृति (b) को छोड़कर अन्य सभी आकृतियां एक-दूसरे को घुमाकर प्राप्त की जा सकती हैं।

19. (d) आकृति (d) को छोड़कर अन्य सभी आकृतियां एक-दूसरे को घुमाकर प्राप्त की जा सकती हैं।

20. (c) आकृति (c) को छोड़कर अन्य सभी आकृतियों में बिन्दु वर्ग के उसी कोने में विद्यमान है, जिससे बाहर की रेखा जुड़ी है।

❑❑❑

सन्निहित आकृति

इस प्रकार के प्रश्नों में एक आकृति में दूसरी आकृति छिपी रहती है। इस प्रकार की आकृति में सामान्य आकृति किसी जटिल आकृति में सन्निहित रहती है। एक आकृति को दूसरी आकृति में सन्निहित कहा जाता है। इस प्रकार के प्रश्नों में यह ज्ञात करना होता है कि मूल आकृति दिए गए जटिल विकल्पों में से किस विकल्प में सन्निहित है।

हल सहित उदाहरण

उदाहरण : निम्न आकृति में दी गई प्रश्न आकृति उत्तर विकल्प के किस मूल आकृति में सन्निहित है।

प्रश्न आकृति

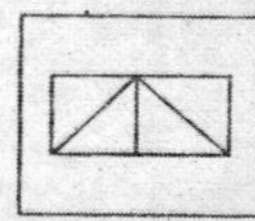

उत्तर आकृतियाँ

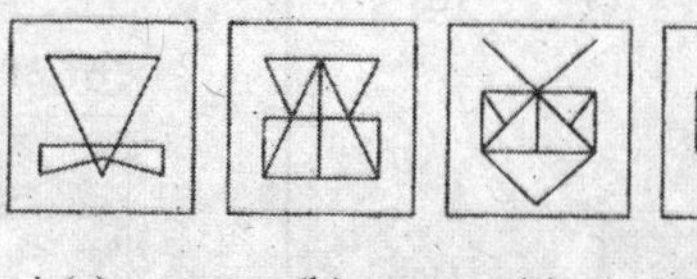

(a) (b) (c) (d)

हल : (c) प्रश्नाकृति (c) विकल्प में मौजूद है, जो इस प्रकार है

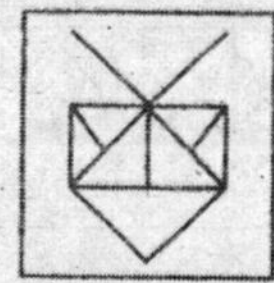

प्रश्नमाला

निर्देश— (प्रश्न 1-14): नीचे के प्रत्येक प्रश्न में एक मूल आकृति (प्रश्नाकृति) दी गई है तथा उसके साथ चार उत्तर विकल्प आकृतियाँ दी गई हैं। आपको वह विकल्प ज्ञात करना है, जिसमें मूल आकृति सन्निहित है।

1. प्रश्न आकृति

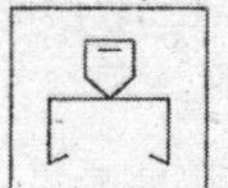

उत्तर आकृतियाँ

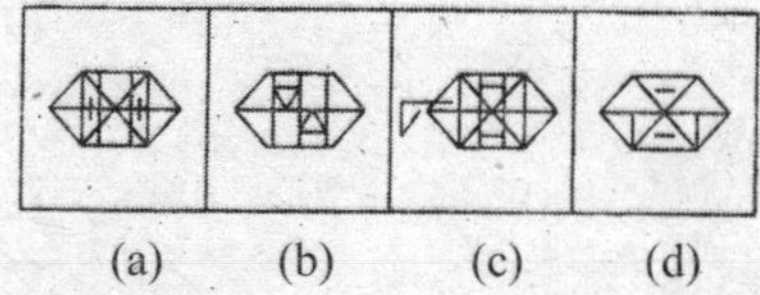

(a) (b) (c) (d)

2. प्रश्न आकृति

उत्तर आकृतियाँ

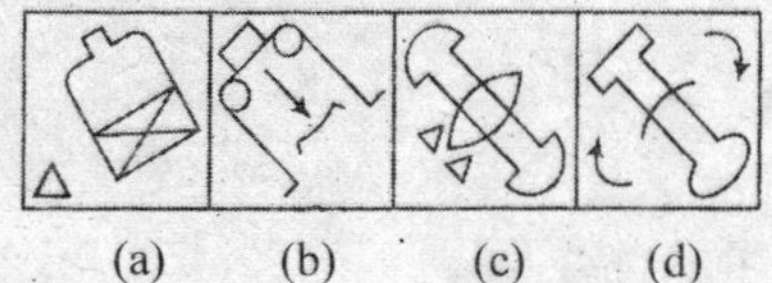

(a) (b) (c) (d)

3. प्रश्न आकृति

उत्तर आकृतियाँ

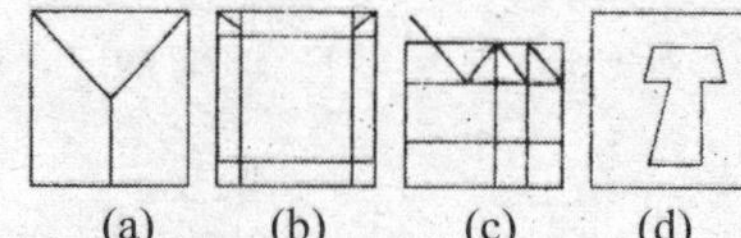

(a) (b) (c) (d)

4. प्रश्न आकृति

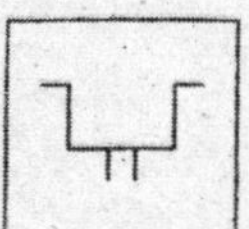

उत्तर आकृतियाँ

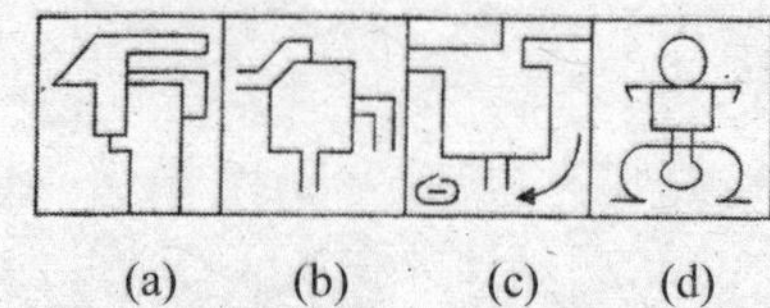

(a) (b) (c) (d)

5. प्रश्न आकृति

उत्तर आकृतियाँ

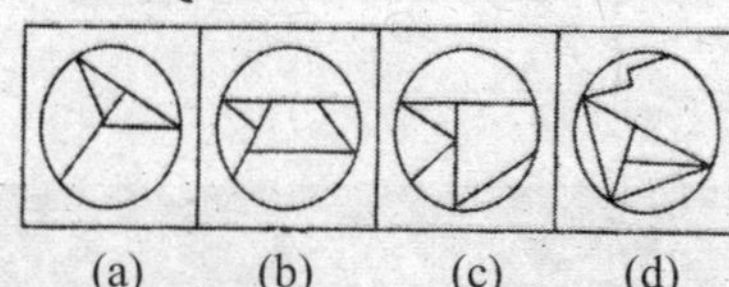

(a) (b) (c) (d)

6. प्रश्न आकृति

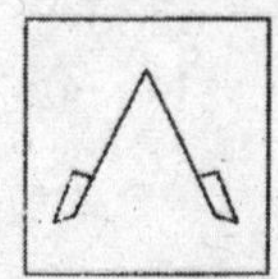

उत्तर आकृतियाँ

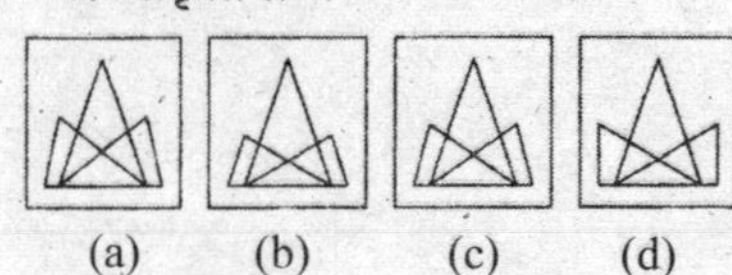

(a) (b) (c) (d)

7. प्रश्न आकृति

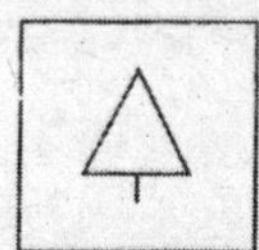

उत्तर आकृतियाँ

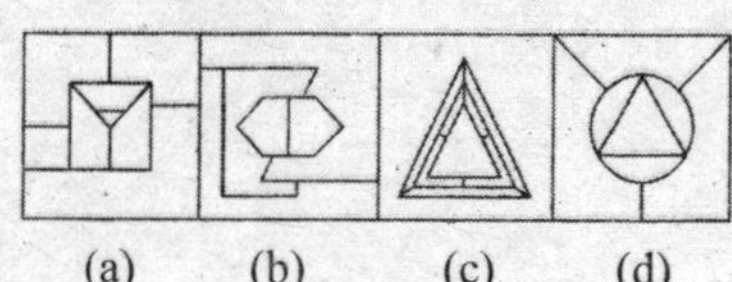

(a) (b) (c) (d)

8. प्रश्न आकृति

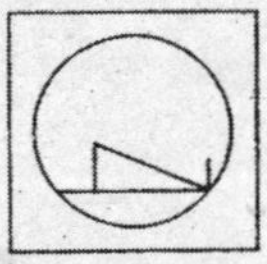

उत्तर आकृतियाँ

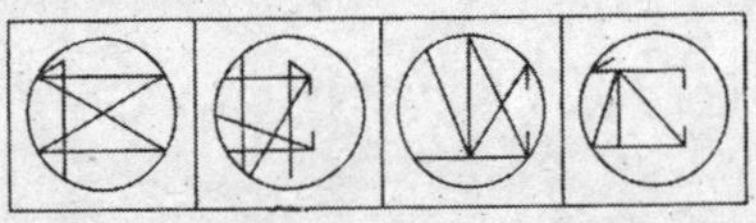

(a) (b) (c) (d)

9. प्रश्न आकृति

उत्तर आकृतियाँ

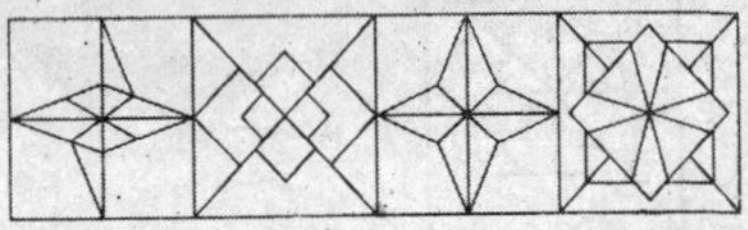

(a) (b) (c) (d)

10. प्रश्न आकृति

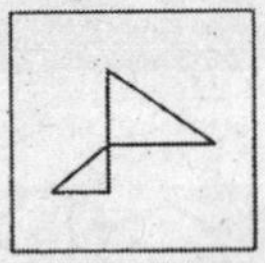

उत्तर आकृतियाँ

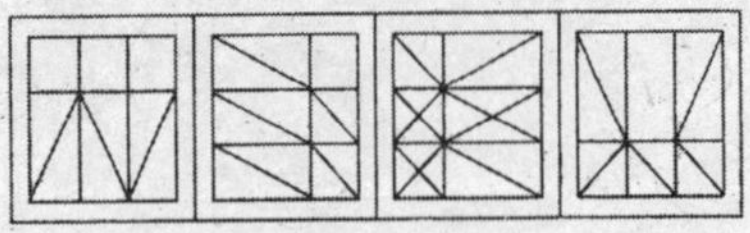

(a) (b) (c) (d)

11. प्रश्न आकृति

उत्तर आकृतियाँ

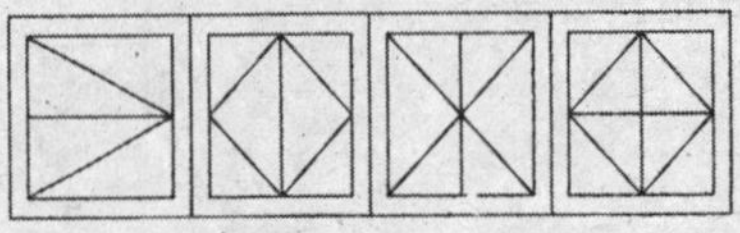

(a) (b) (c) (d)

12. प्रश्न आकृति

उत्तर आकृतियाँ

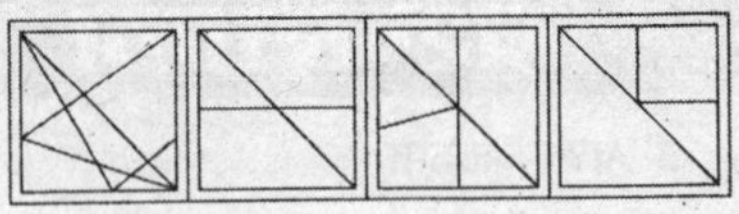

(a) (b) (c) (d)

13. प्रश्न आकृति

उत्तर आकृतियाँ

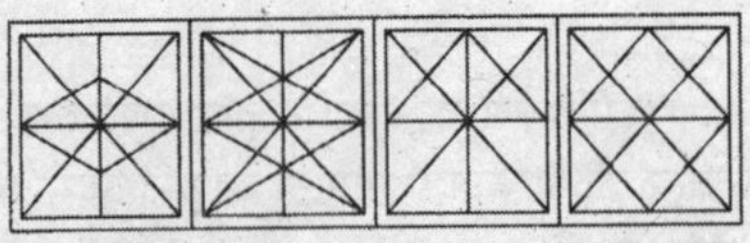

(a) (b) (c) (d)

14. प्रश्न आकृति

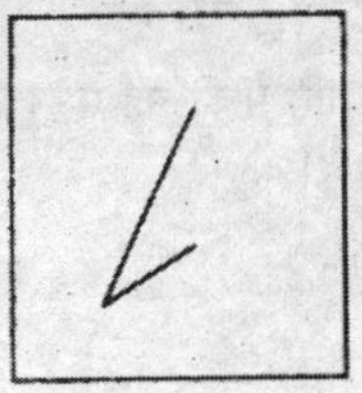

उत्तर आकृतियाँ

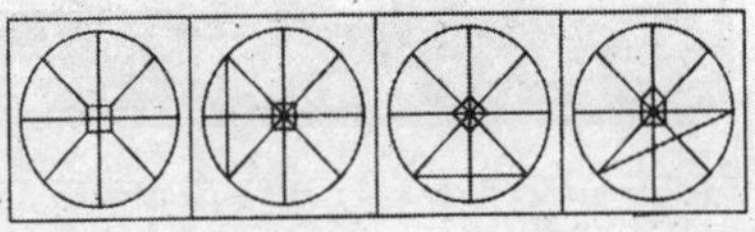

(a) (b) (c) (d)

उत्तरमाला

1. (c) **2.** (b) **3.** (c) **4.** (d) **5.** (b) **6.** (b) **7.** (c) **8.** (b) **9.** (d) **10.** (c) **11.** (c)
12. (b) **13.** (b) **14.** (d)

❑❑❑

18 आकृति पूर्ति परीक्षण

आकृति पूर्ति परीक्षण से सम्बन्धित प्रश्न आज की लगभग सभी प्रतियोगिता परीक्षाओं में अनिवार्य रूप से पूछे जाते हैं। आकृति पूर्ति परीक्षण का प्रश्न दो भागों में बँटा रहता है। बाईं ओर प्रश्न आकृति के रूप में एक अपूर्ण आकृति दी गई होती है तथा दाईं ओर चार उत्तर आकृतियाँ दी गई होती हैं। इस प्रकार के प्रश्नों में आकृति का एक-चौथाई भाग अपूर्ण होता है। इस अपूर्ण भाग को उत्तर आकृतियों में से खोजकर भरना होता है।

हल सहित उदाहरण

उदाहरण 1: नीचे दी गई प्रश्न आकृति के लुप्त भाग को उत्तर आकृतियों में से पूरा कीजिए।

प्रश्न आकृति

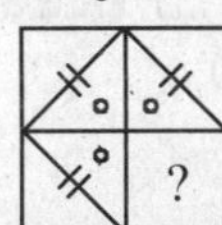

उत्तर आकृतियाँ

(a)

(b)

(c)

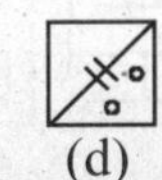
(d)

हल : (c) उत्तर आकृतियों का ध्यानपूर्वक अध्ययन करने पर हम पाते हैं कि उत्तर आकृति (c) को प्रश्न आकृति के लुप्त भाग में रखने पर आकृति पूर्ण हो जाती है।

उदाहरण 2: नीचे दी गई प्रश्न आकृति के लुप्त भाग को उत्तर आकृतियों में से पूरा कीजिए।

प्रश्न आकृति

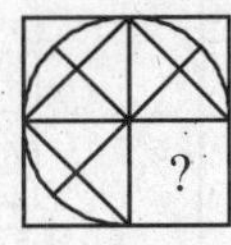

उत्तर आकृतियाँ

(a)

(b)

(c)

(d)

हल : (a) उत्तर आकृतियों का ध्यानपूर्वक अध्ययन करने पर हम पाते हैं कि उत्तर आकृति (a) को प्रश्न आकृति में रखने पर आकृति पूर्ण हो जाती है।

प्रश्नमाला

निर्देश–(प्रश्न 1-20) नीचे दिए गए प्रत्येक प्रश्न में कौनसी उत्तर आकृति प्रश्न आकृति के डिजाइन को पूरा करती है ?

1. प्रश्न आकृति

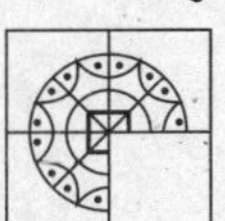

उत्तर आकृतियाँ

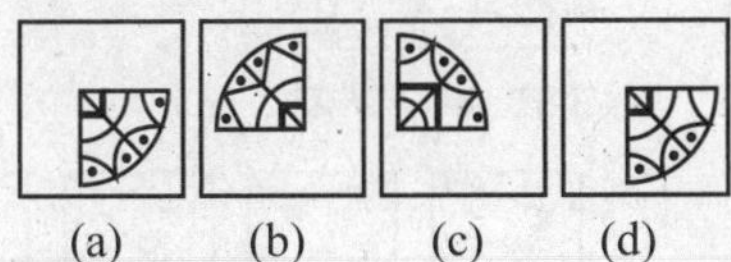

(a) (b) (c) (d)

2. प्रश्न आकृति

उत्तर आकृतियाँ

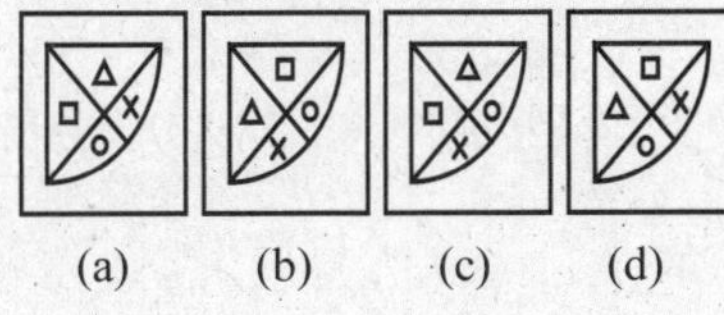

(a) (b) (c) (d)

3. प्रश्न आकृति

उत्तर आकृतियाँ

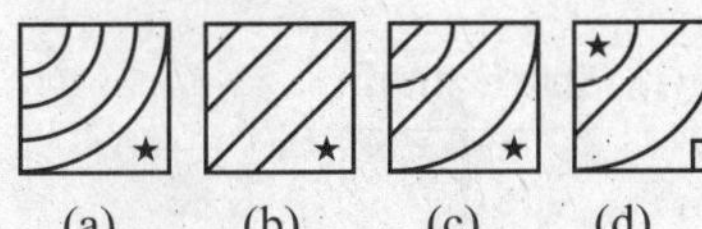

(a) (b) (c) (d)

4. प्रश्न आकृति

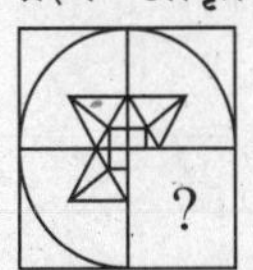

उत्तर आकृतियाँ

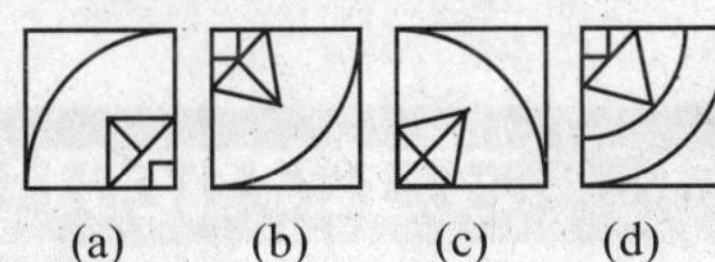

(a) (b) (c) (d)

5. प्रश्न आकृति

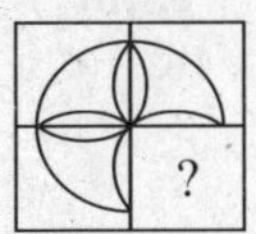

उत्तर आकृतियाँ

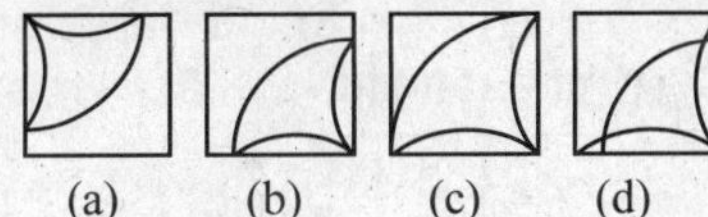

(a) (b) (c) (d)

6. प्रश्न आकृति

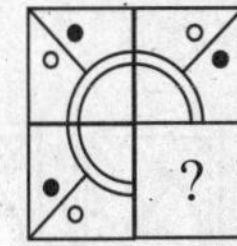

उत्तर आकृतियाँ

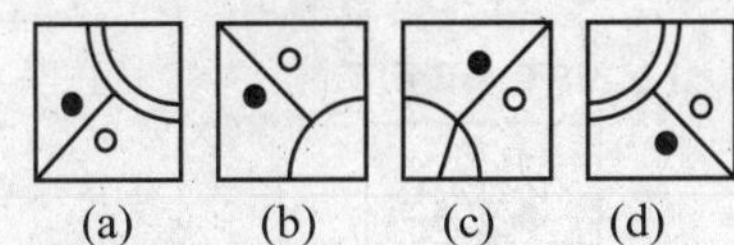

(a) (b) (c) (d)

7. प्रश्न आकृति

उत्तर आकृतियाँ

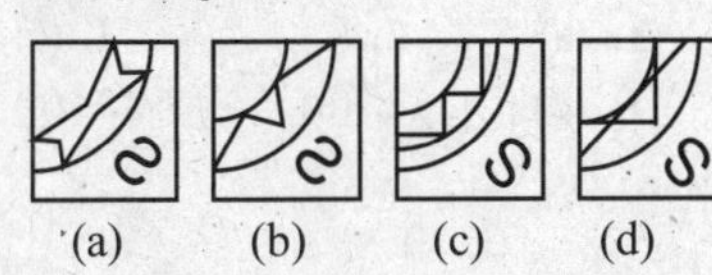

(a) (b) (c) (d)

8. प्रश्न आकृति

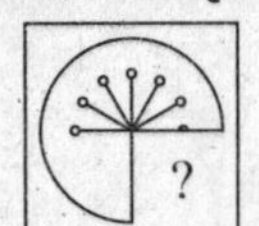

उत्तर आकृतियाँ

 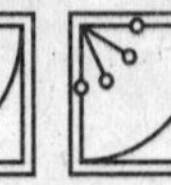  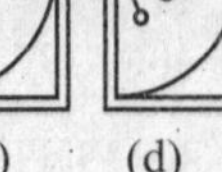

(a) (b) (c) (d)

9. प्रश्न आकृति

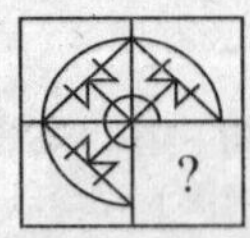

उत्तर आकृतियाँ

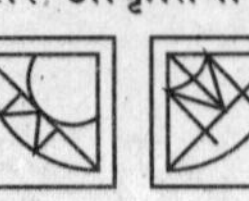 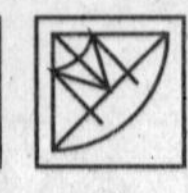  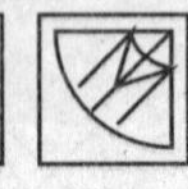

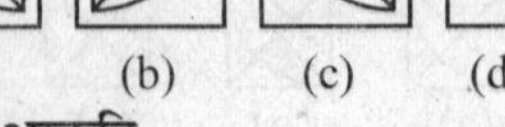

(a) (b) (c) (d)

10. प्रश्न आकृति

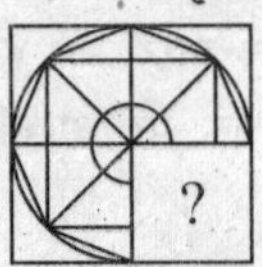

उत्तर आकृतियाँ

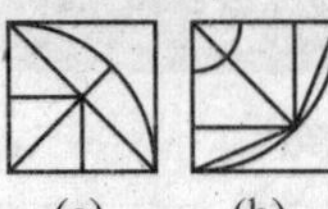  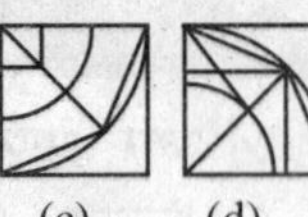

(a) (b) (c) (d)

11. प्रश्न आकृति

उत्तर आकृतियाँ

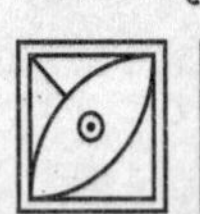   

(a) (b) (c) (d)

12. प्रश्न आकृति

उत्तर आकृतियाँ

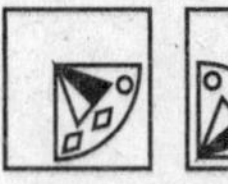   

(a) (b) (c) (d)

13. प्रश्न आकृति

उत्तर आकृतियाँ

   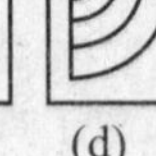

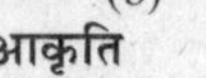

(a) (b) (c) (d)

14. प्रश्न आकृति

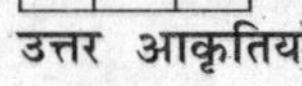

उत्तर आकृतियाँ

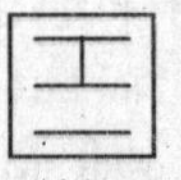 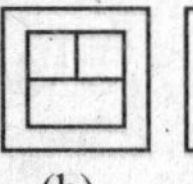 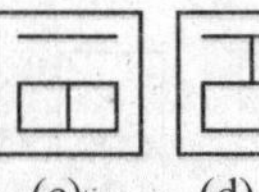

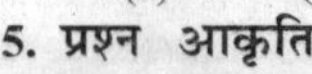

(a) (b) (c) (d)

15. प्रश्न आकृति

उत्तर आकृतियाँ

(a) (b) (c) (d)

16. प्रश्न आकृति

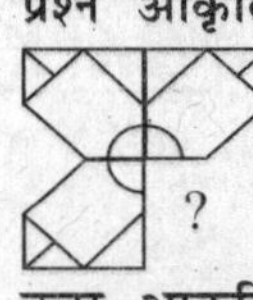

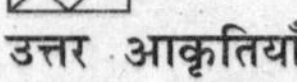

उत्तर आकृतियाँ

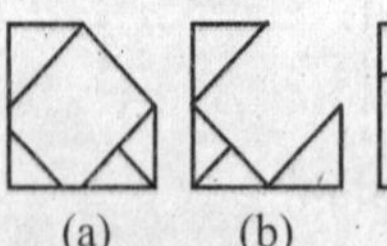 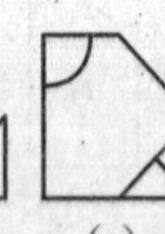 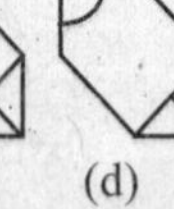

(a) (b) (c) (d)

17. प्रश्न आकृति

उत्तर आकृतियाँ

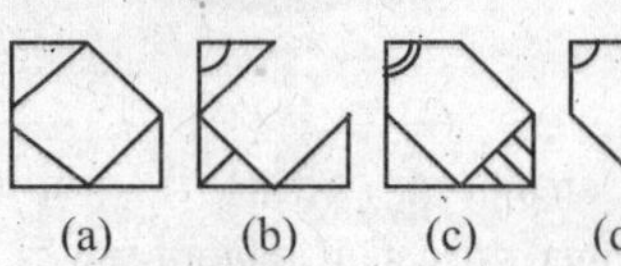

(a) (b) (c) (d)

18. प्रश्न आकृति

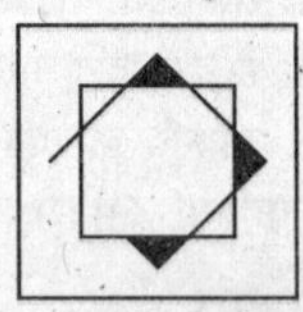

उत्तर आकृतियाँ

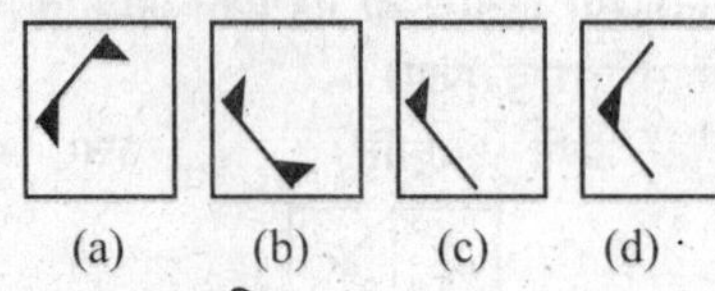

(a) (b) (c) (d)

19. प्रश्न आकृति

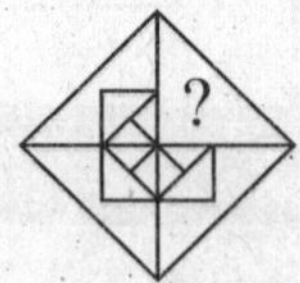

उत्तर आकृतियाँ

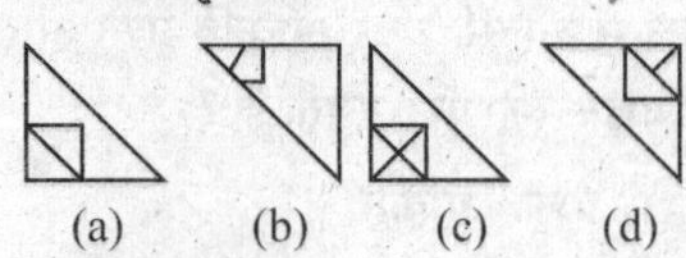

(a) (b) (c) (d)

20. प्रश्न आकृति

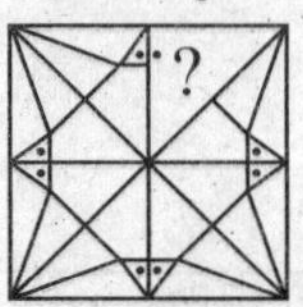

उत्तर आकृतियाँ

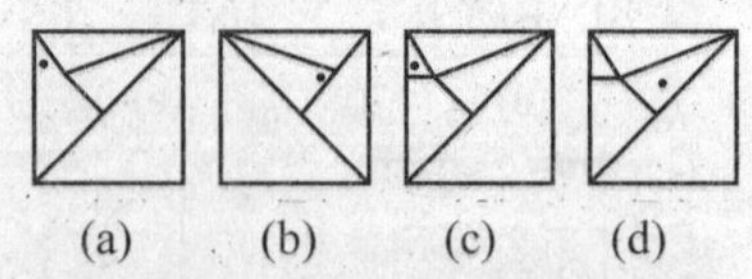

(a) (b) (c) (d)

उत्तरमाला

1. (a)	**2.** (c)	**3.** (c)	**4.** (b)	**5.** (a)	**6.** (d)	**7.** (b)	**8.** (c)	**9.** (b)	**10.** (d)
11. (d)	**12.** (a)	**13.** (c)	**14.** (d)	**15.** (c)	**16.** (c)	**17.** (c)	**18.** (d)	**19.** (d)	**20.** (a)

❑❑❑

आकृतियों की गणना

इस अध्याय के अन्तर्गत आने वाले प्रश्नों में एक आकृति दी गई होती है। ज्यामितीय आकृतियों को जैसे—त्रिभुज, वर्ग, सरल रेखाएं, आयत, समान्तर चतुर्भुज वृत्त इत्यादि) आकृति में से पहचान कर उनकी कुल संख्या को बताना होता है।

यदि प्रश्न आकृति में सरल रेखाओं को गिनने हेतु कहा जाए, तो इन रेखाओं को गिनने एवं इन्हें तीन भागों में बांटकर अर्थात् तीनों को अलग-अलग गिनकर उनका योग ही कुल सरल रेखाओं की संख्या होगी। सरल रेखाओं को तीन भागों में—क्षैतिज रेखा, लम्ब रेखा तथा तिरछी रेखा में बांटकर गिना जाना चाहिए। त्रिभुजों को गिनने के लिए पहले छोटे त्रिभुजों की संख्या की दो, तीन, चार, ... इकाइयों से बनी त्रिभुजों की संख्या ज्ञात कर इनका योगफल निकाल लेना चाहिए। यथासम्भव अन्य आकृतियों की गिनती के लिए भी यही तरीका अपनाना चाहिए।

हल सहित उदाहरण

उदाहरण 1: निम्नलिखित आकृति में कितने आयत है?

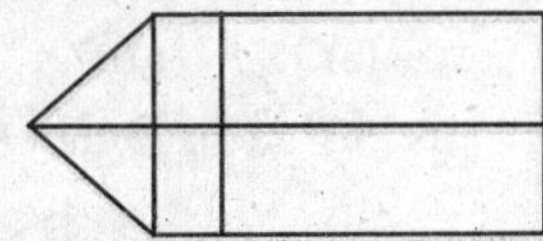

(a) 7 (b) 12 (c) 8 (d) 9

हल: (d) दी गई आकृति में कुल '9' आयत हैं।

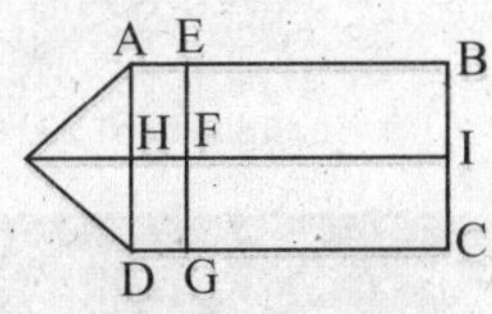

1. ABCD
2. EBCG
3. AEGD
4. ABIH
5. EBIF
6. AEFH
7. HFGD
8. HICD
9. FICG

उदाहरण 2: निम्नलिखित आकृति में कितने त्रिभुज हैं?

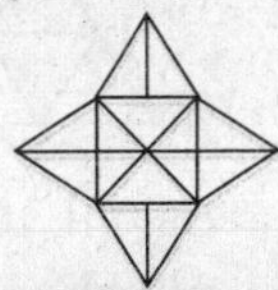

(a) 18 (b) 28 (c) 20 (d) 24

हल: (b) सर्वप्रथम सभी बिन्दुओं के नाम देने पर,

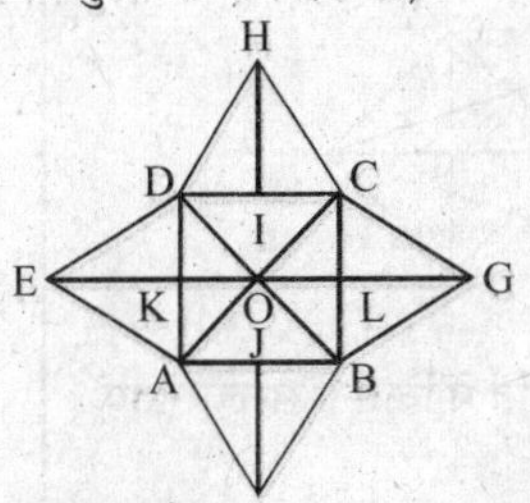

अब, त्रिभुजों के नाम लिखने पर,

DIH, HIC, EKD, EKA, FJA, FJB, GLB, GLC, DHC, EAD, FAB, GBC, DOK, OKA, DOC, OLC, OLB, OAB, DOA, BOC, ABC, ACD, ABD, BCD, BOG, COG, EOA, EOD.

अत: आकृति में कुल 28 त्रिभुज हैं।

उदाहरण 3: निम्नलिखित आकृति में कितने त्रिभुज हैं?

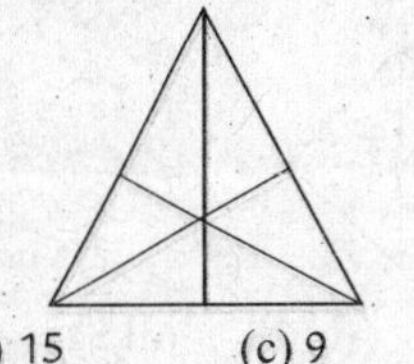

(a) 16 (b) 15 (c) 9 (d) 7

हल: (a) सबसे पहले आकृति के सभी बिन्दुओं को नाम देंगे।

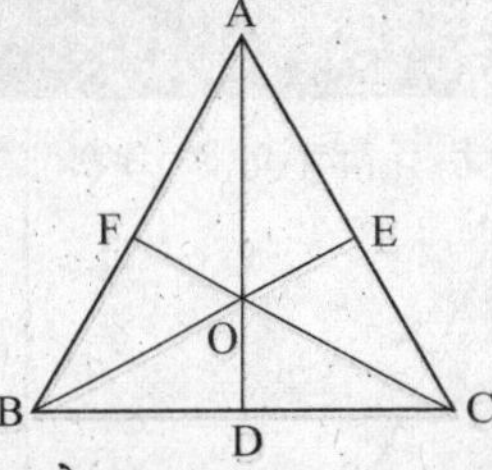

त्रिभुजों के नाम लिखने पर,

AOF, AOE, FOB, EOC, BOD, DOC, AOB, AOC, BOC, ADB, ADC, ABC, ABE, ACF, BCF, BCE

अत: आकृति में कुल 16 त्रिभुज हैं।

प्रश्नमाला

निर्देश— (प्रश्न 1-15) निम्नलिखित प्रत्येक प्रश्न में एक आकृति दी गई है। इस पर आधारित पूछे गए प्रश्नों का उत्तर दीजिए।

1. नीचे दी गई आकृति में कितने त्रिभुज हैं?

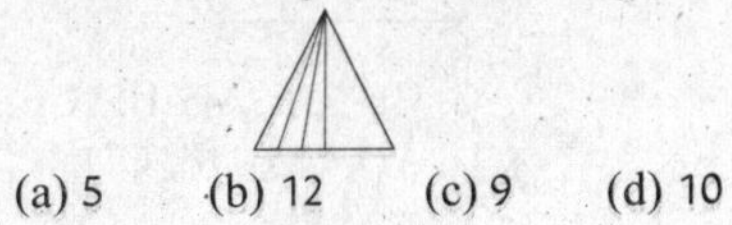

(a) 5 (b) 12 (c) 9 (d) 10

2. नीचे दी गई आकृति में कितने त्रिभुज हैं?

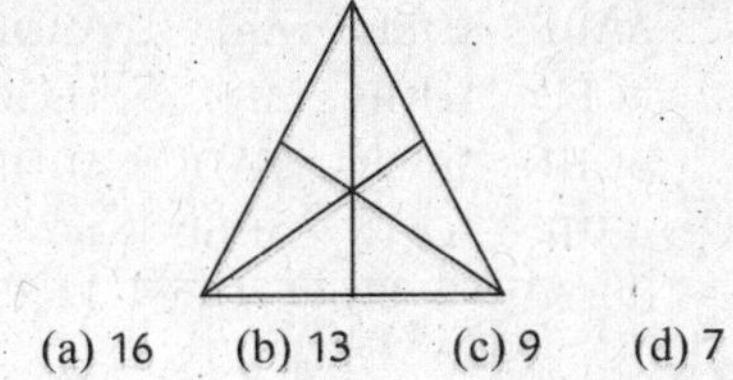

(a) 16 (b) 13 (c) 9 (d) 7

3. नीचे दी गई आकृति में कितने त्रिभुज हैं?

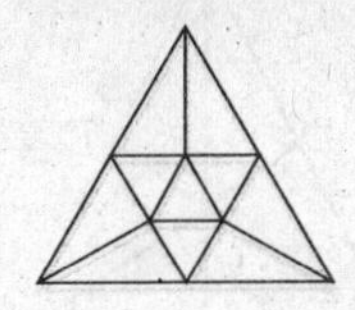

(a) 16 (b) 15 (c) 14 (d) 13

4. नीचे दी गई आकृति में कितनी सरल रेखाये हैं?

(a) 9 (b) 11 (c) 15 (d) 48

5. नीचे दी गई आकृति में कितनी सरल रेखाएं हैं?

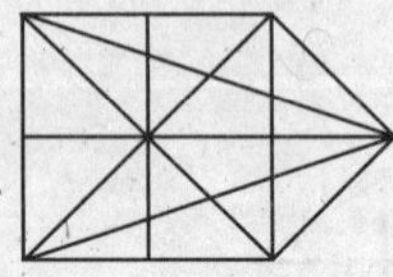

(a) 10 (b) 12 (c) 13 (d) 17

6. नीचे दी गई आकृति में कितनी सरल रेखाएं हैं?

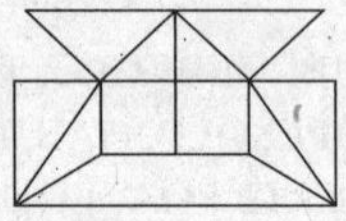

(a) 16 (b) 17 (c) 18 (d) 19

7. नीचे दी गई आकृति में कितने त्रिभुज हैं?

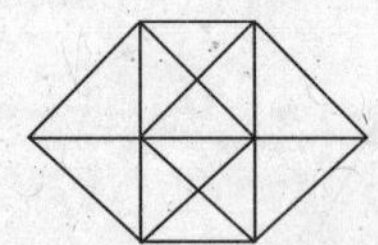

(a) 20 (b) 24 (c) 28 (d) 32

8. नीचे दी गई आकृति में कितने त्रिभुज हैं?

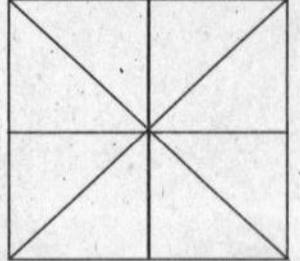

(a) 16 (b) 12 (c) 10 (d) 8

9. नीचे दी गई आकृति में कितने त्रिभुज हैं?

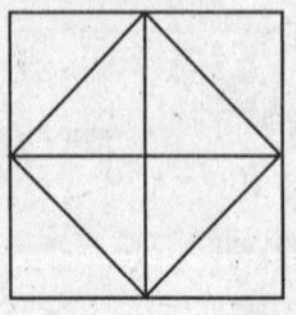

(a) 4 (b) 12 (c) 16 (d) 10

10. नीचे दी गई आकृति में कितने त्रिभुज हैं?

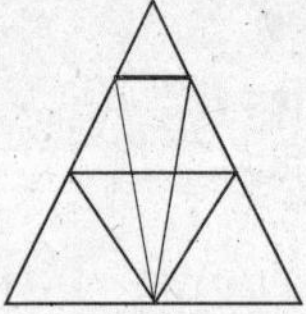

(a) 12 (b) 18 (c) 22 (d) 26

11. नीचे दी गई आकृति में कितनी सरल रेखाएं हैं?

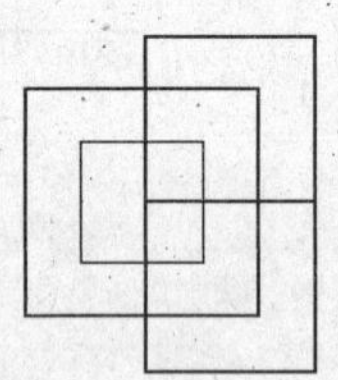

(a) 12 (b) 13 (c) 14 (d) 15

12. नीचे दी गई आकृति में कितने त्रिभुज हैं?

(a) 21 (b) 23 (c) 25 (d) 27

13. नीचे दी गई आकृति मे कितने त्रिभुज हैं?

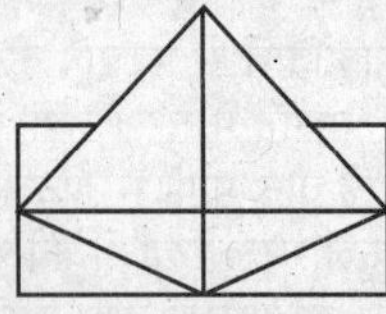

(a) 11 (b) 13 (c) 15 (d) 17

14. नीचे दी गई आकृति में कितने त्रिभुज हैं?

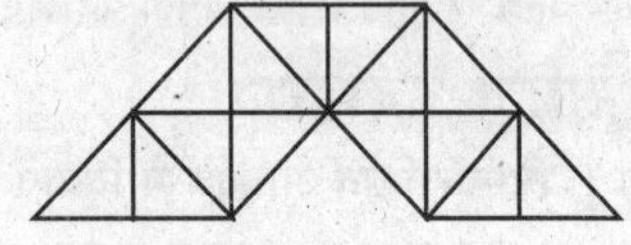

(a) 23 (b) 27 (c) 29 (d) 31

15. नीचे दी गई आकृति में कितने त्रिभुज हैं?

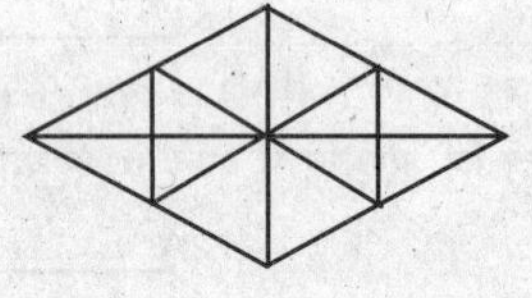

(a) 16 (b) 22 (c) 28 (d) 32

उत्तर (हल/संकेत)

1. (d) दी गई आकृति में निम्न 10 त्रिभुज हैं

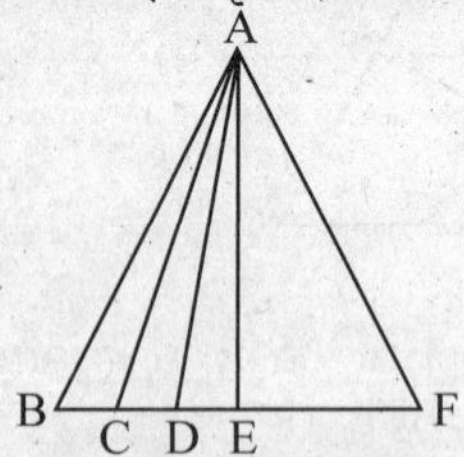

ΔABC ΔABD ΔABE ΔABF
ΔACD ΔACE ΔACF ΔADE
ΔADF ΔAEF

2. (a) दी गई आकृति में निम्न 16 त्रिभुज हैं

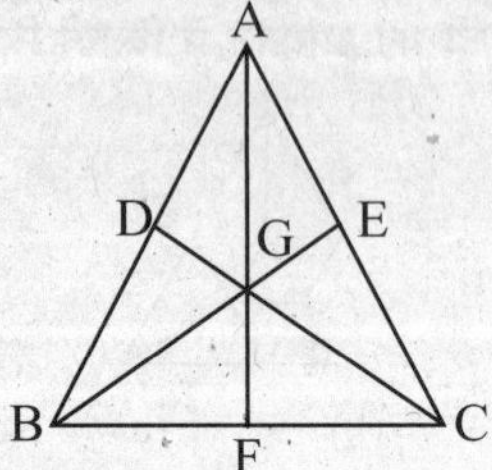

ΔADG ΔBDG ΔBGF ΔFGC
ΔGCE ΔAGE ΔABF ΔAFC
ΔADC ΔBCD ΔAEB ΔBCE
ΔABC ΔAGC ΔBGC ΔAGB

3. (b) दी गई आकृति में निम्न 15 त्रिभुज हैं

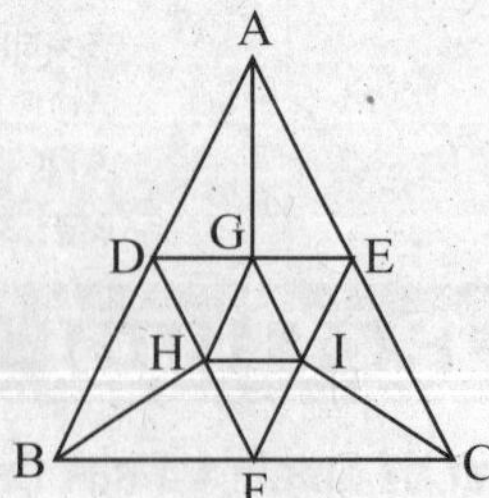

ΔABC ΔDEF ΔADE ΔBDF
ΔCEF ΔDGH ΔFHI ΔEGI
ΔGHI ΔAGE ΔADG ΔBDH
ΔBHF ΔCFI ΔCEI

4. (b) दी गई आकृति में निम्न 11 सरल रेखाएं हैं।

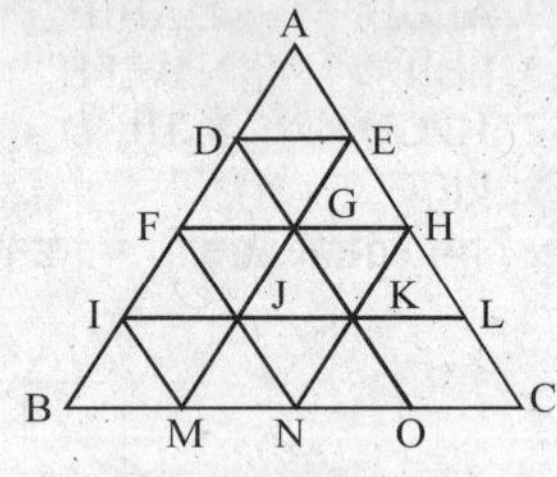

DE, FH, IL, BC, IM, FN, DO, AC, AB, EM, HN

5. (b) दी गई आकृति में निम्न 12 सरल रेखाएं हैं।

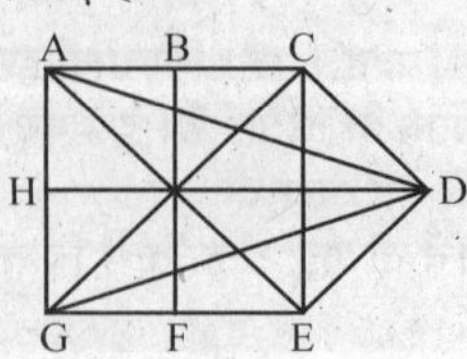

AC, HD, GE, AG, BF, CE, AE, CD, AD, CG, DE, GD

6. (b) दी गई आकृति में निम्न 17 सरल रेखा हैं

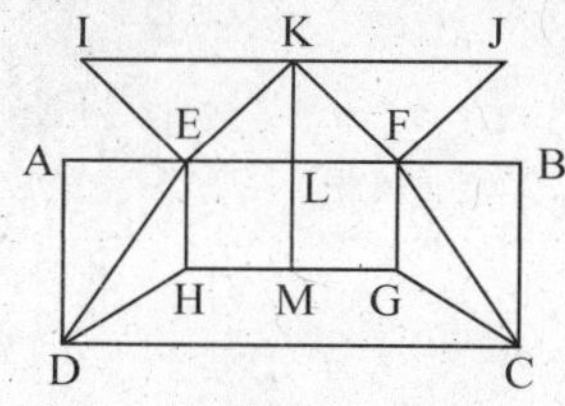

IG	AB	HG	DC
AD	EH	KM	FG
BC	DE	CF	IE
EK	JF	KF	DH
CG			

7. (c) दी गई आकृति में निम्न 28 त्रिभुज हैं

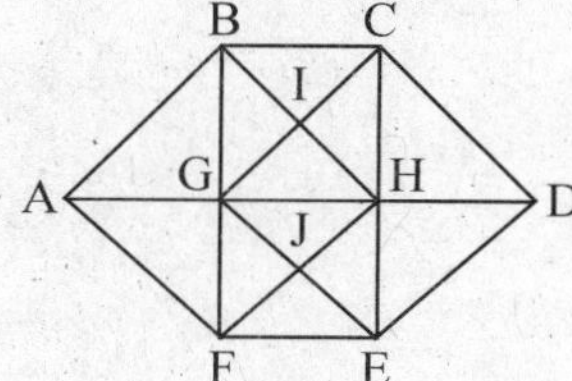

ΔABG	ΔAGF	ΔCHD	ΔHDE
ΔBGI	ΔBCJ	ΔHCI	ΔHGI
ΔGHJ	ΔHEJ	ΔEFJ	ΔGFJ
ΔABF	ΔCDE	ΔBCG	ΔBCH
ΔHCG	ΔBHG	ΔGHE	ΔHEF
ΔGFE	ΔGHF	ΔABH	ΔAFH
ΔCDG	ΔGDE	ΔBHF	ΔCGE

8. (a) दी गई आकृति में निम्न 16 त्रिभुज हैं

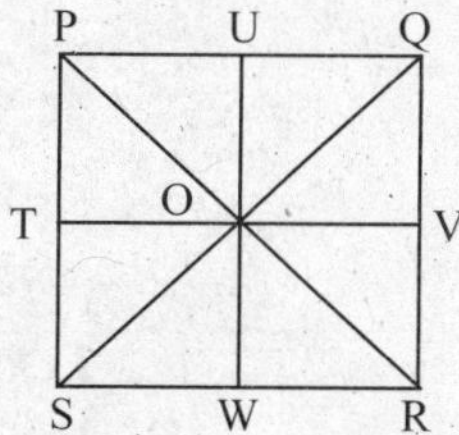

ΔWOS	ΔSOT	ΔTOP	ΔPOU
ΔUOQ	ΔQOV	ΔVOR	ΔROW
ΔSOP	ΔPOQ	ΔQOR	ΔROS
ΔPSQ	ΔPQR	ΔQRS	ΔRSP

9. (b) दी गई आकृति में निम्न 12 त्रिभुज हैं

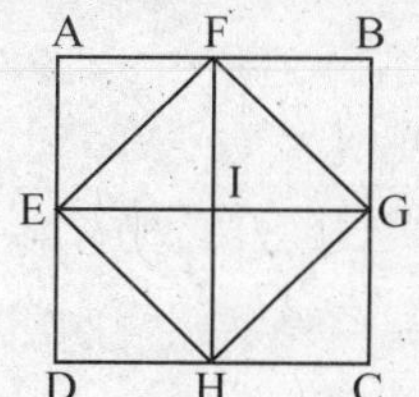

ΔAEF	ΔBFG	ΔCGH	ΔDEH
ΔEFI	ΔFIG	ΔGIH	ΔEIH
ΔFEG	ΔFGH	ΔEGH	ΔEFH

10. (b) दी गई आकृति में निम्न 18 त्रिभुज हैं

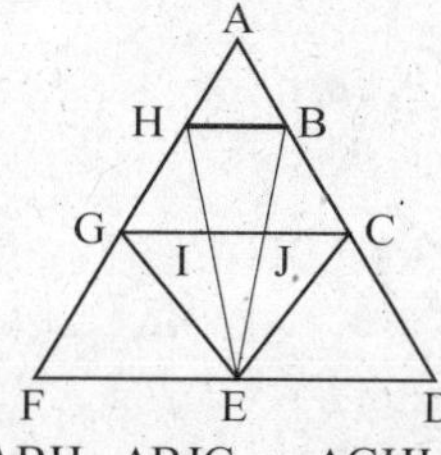

ΔABH	ΔBJC	ΔGHI	ΔIJE
ΔGIE	ΔCDE	ΔGEF	ΔICE
ΔGJE	ΔHBE	ΔHEG	ΔBCE
ΔBED	ΔHEF	ΔGCE	ΔAGC
ΔAFD	ΔJCE		

11. (b) दी गई आकृति में निम्न 13 सरल रेखाएं हैं

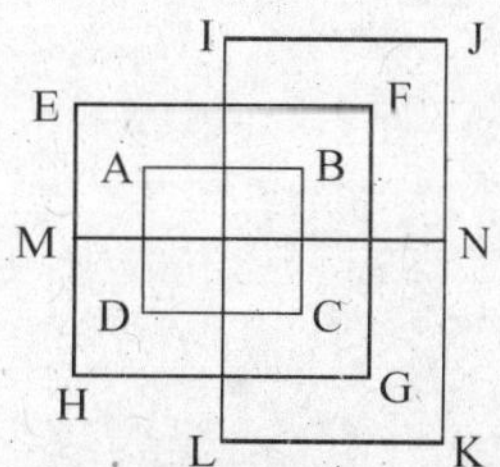

क्षैतिज रेखाएं = IJ, EF, AB, MN, DC, HG, LK ⇒ 7

लम्ब रेखाएं = EH, AD, IL, BC, FG, JK ⇒ 6

तिरछी रेखाएं = 0

अत: कुल सरल रेखाओं की संख्या = 7 + 6 + 0 = 13

12. (d) दी गई आकृति में निम्न 27 त्रिभुज हैं

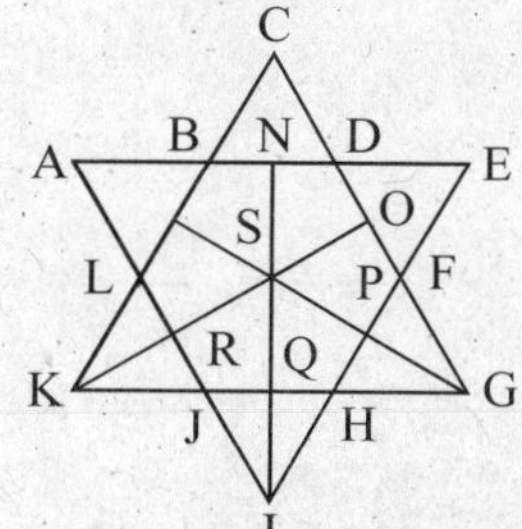

ΔABL	ΔBCD	ΔDEF	ΔFGP
ΔPGH	ΔHIQ	ΔIJQ	ΔJKR
ΔKLR	ΔOGS	ΔSGQ	ΔSPI
ΔSRI	ΔKSQ	ΔKSM	ΔFHG
ΔHIJ	ΔJKL	ΔKSG	ΔCGM
ΔINE	ΔINA	ΔKOC	ΔGMK
ΔKOG	ΔAIE	ΔCKG	

13. (c) दी गई आकृति में निम्न 15 त्रिभुज हैं

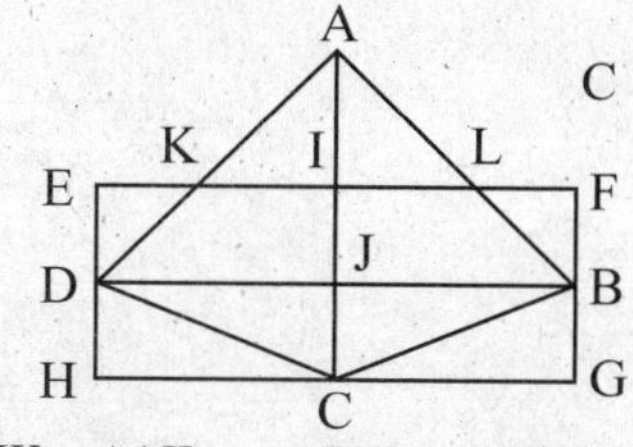

ΔAIK	ΔAIL	ΔEKD	ΔFLB
ΔCDJ	ΔCBJ	ΔCDH	ΔCBG
ΔADJ	ΔABJ	ΔAKL	ΔBCD
ΔADC	ΔACB	ΔADB	

14. (c) दी गई आकृति में निम्न 29 त्रिभुज हैं

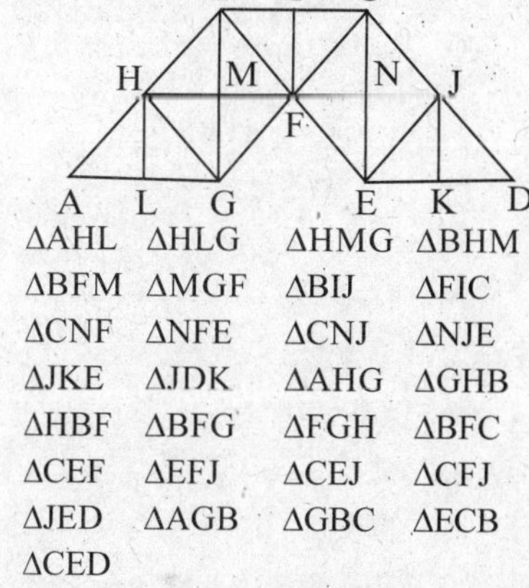

ΔAHL	ΔHLG	ΔHMG	ΔBHM
ΔBFM	ΔMGF	ΔBIJ	ΔFIC
ΔCNF	ΔNFE	ΔCNJ	ΔNJE
ΔJKE	ΔJDK	ΔAHG	ΔGHB
ΔHBF	ΔBFG	ΔFGH	ΔBFC
ΔCEF	ΔEFJ	ΔCEJ	ΔCFJ
ΔJED	ΔAGB	ΔGBC	ΔECB
ΔCED			

15. (c) दी गई आकृति में निम्न 28 त्रिभुज हैं

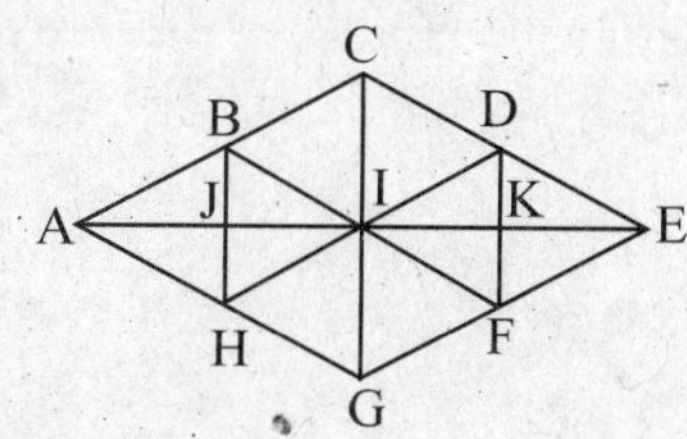

ΔABI	ΔAHI	ΔBIJ	ΔHIJ
ΔBCI	ΔGHI	ΔCDI	ΔFGI
ΔDKI	ΔIKF	ΔDEK	ΔKEF
ΔABH	ΔABJ	ΔBIH	ΔAJH
ΔDIF	ΔIEF	ΔDEF	ΔIDE
ΔACI	ΔCIE	ΔIEG	ΔAIG
ΔACG	ΔAEG	ΔCEG	ΔACE

❑❑❑

पर्यावरण

पर्यावरण

पर्यावरण

- **परि** और **आवरण** शब्दों की संधि करने पर पर्यावरण शब्द बनता है, जिसका शाब्दिक अर्थ है- जो परित: (चारों ओर) आवृत (ढँके हुए) है। अब प्रश्न यह उठता है कि कौन किसे आवृत किए हुए है, इसका उत्तर है- समस्त जीवधारियों को अजैविक या भौतिक पदार्थ घेरे हुए हैं। अर्थात् हम जीवधारियों तथा वनस्पतियों के चारों ओर जो आवरण है उसे पर्यावरण कहते हैं। पर्यावरण (संरक्षण) अधिनियम, 1986 के अनुसार, पर्यावरण किसी जीव के चारों तरफ घिरे भौतिक एवं जैविक दशाएँ एवं उनके साथ अंत: क्रिया को सम्मिलित करता है। ज्ञातव्य है कि पर्यावरण संरक्षण अधिनियम, 1986 को छाता विधान (Umbrella Legislation) के रूप में भी जाना जाता है।
- सामान्य रूप में पर्यावरण की **'प्रकृति'** (Nature) से समता की जाती है, जिसके अन्तर्गत ग्रहीय पृथ्वी के **भौतिक घटकों** (स्थल, वायु, जल, मृदा आदि) को सम्मिलित किया जाता है, जो जीवमण्डल में विभिन्न जीवों को आधार प्रस्तुत करते हैं, उन्हें आश्रय देते हैं, उनके विकास तथा संवर्द्धन हेतु आवश्यक दशाएँ प्रस्तुत करते हैं एवं उन्हें प्रभावित भी करते हैं। वास्तव में विभिन्न जन-समूहों द्वारा पर्यावरण का अर्थ विभिन्न दृष्टिकोणों से विभिन्न रूपों में किया जाता है।
- परन्तु सामान्य रूप से यह व्यक्त किया जा सकता है कि पर्यावरण एक अविभाज्य समष्टि है तथा भौतिक, जैविक एवं सांस्कृतिक तत्त्वों वाले पारस्परिक क्रियाशील तंत्रों से इसकी रचना होती है। ये तंत्र अलग-अलग तथा सामूहिक रूप से विभिन्न रूपों में परस्पर सम्बद्ध (Interlinked) होते हैं। भौतिक तत्त्व (स्थान, स्थलरूप, जलीय भाग, जलवायु, मृदा, शैल तथा खनिज) मानव निवास क्षेत्र (Human habitat) की परिवर्तनशील विशेषताओं, उसके सुअवसरों तथा प्रतिबन्धक अवस्थितियों (limitations) को निश्चित करते हैं। जैविक तत्त्व (पौधे, जन्तु, सूक्ष्म-जीव तथा मानव) जीवमण्डल की रचना करते हैं। सांस्कृतिक तत्त्व (आर्थिक, सामाजिक एवं राजनैतिक) मुख्य रूप से मानव- निर्मित होते हैं तथा सांस्कृतिक पर्यावरण की रचना करते हैं।

पर्यावरण की संरचना तथा प्रकार

- पर्यावरण भौतिक एवं जैविक संकल्पना है। अत: इसमें पृथ्वी के दोनों अर्थात् अजीवित तथा जीवित संघटकों को सम्मिलित किया जाता है। पर्यावरण की इस आधारभूत संरचना के आधार पर इसको दो प्रमुख प्रकारों में विभक्त किया जाता है। यथा-

  (A) भौतिक पर्यावरण तीन प्रकार के होते हैं-

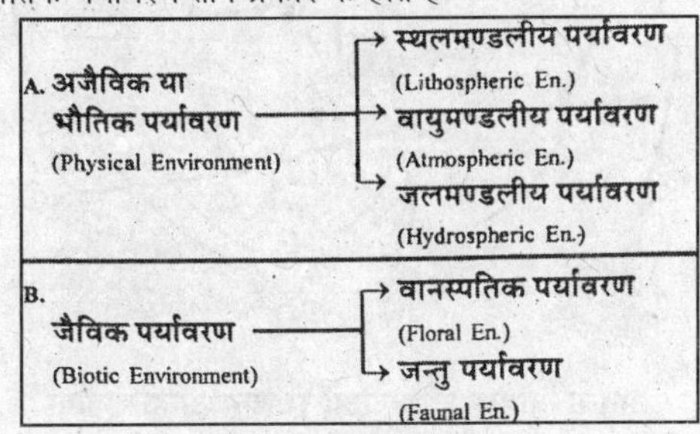

(i) स्थलमण्डलीय पर्यावरण, (ii) वायुमण्डलीय पर्यावरण तथा (iii) जलमण्डलीय पर्यावरण। विभिन्न स्थानिक मापकों के आधार पर इन तीन प्रकार के पर्यावरणों को कई स्तरीय लघु इकाईयों में विभाजित किया जा सकता है। यथा- पर्वत पर्यावरण, पठार पर्यावरण, मैदान पर्यावरण, झील पर्यावरण, सरिता पर्यावरण, हिमनद पर्यावरण, मरूस्थल पर्यावरण, सागर तटीय पर्यावरण, सागरीय पर्यावरण आदि।

(B) जैविक पर्यावरण की संरचना पौधों तथा मानव सहित जन्तुओं द्वारा होती है। इनमें मनुष्य एक महत्त्वपूर्ण कारक होता है। इस आधार पर जैविक पर्यावरण को दो प्रकारों में विभक्त किया जाता है- (i) वानस्पतिक पर्यावरण (Floral Environment) तथा (ii) जन्तु पर्यावरण (Faunal Environment)। सभी जीवधारी अपने विभिन्न स्तरीय सामाजिक समूह तथा संगठन (Social Groups and Organisations) की रचना हेतु कार्य करते हैं। इस प्रकार सामाजिक पर्यावरण (Social Environment) का आविर्भाव होता है, जिसके अन्तर्गत विभिन्न जीवधारी अपने जीवन निर्वाह, अस्तित्व तथा संवर्द्धन के लिए भौतिक पर्यावरण से पदार्थों को प्राप्त करने के लिए भौतिक पर्यावरण से पदार्थों के प्राप्त करने की प्रक्रिया द्वारा आर्थिक पर्यावरण (Economic Environment) का निर्माण होता है। ज्ञातव्य है कि मनुष्य समस्त जीवधारियों में सर्वाधिक बुद्धिमान तथा सभ्य प्राणी है, अत: इसका सामाजिक संगठन सर्वाधिक नियमित एवं व्यवस्थित होता है। मनुष्य के तीन पक्षों यथा- भौतिक, सामाजिक तथा आर्थिक की जैविक पर्यावरण में विभिन्न विशेषतायें, भूमिकायें तथा कार्य होते हैं। इस प्रकार हम देखते है, कि अजैविक तथा जैविक पर्यावरण को एक साथ मिलाने पर 'बायोम' (Biome) की रचना होती है। जैसे- शीतोष्ण बायोम, उष्णकटिबंधीय बायोम एवं टुण्ड्रा बायोम आदि।

अपशिष्ट पदार्थों का उत्सर्जन एवं पर्यावरण पर प्रभाव

- अपनी दैनिक गतिविधियों में हम बहुत से ऐसे पदार्थ उत्पादित करते हैं जिन्हें फेंकना पड़ता है।
- हमारे द्वारा खाए गए भोजन का पाचन विभिन्न एंजाइमों द्वारा किया जाता है। लेकिन एक ही एंजाइम भोजन के सभी पदार्थों का पाचन क्यों नहीं करता ? एंजाइम अपनी क्रिया में विशिष्ट होते हैं। किसी विशेष प्रकार के पदार्थ के पाचन/अपघटन के लिए विशिष्ट एंजाइम की आवश्यकता होती है जिससे हमें ऊर्जा प्राप्त नहीं हो सकती। इसी प्रकार, बहुत से मानव निर्मित पदार्थ जैसे कि प्लास्टिक का अपघटन जीवाणु अथवा दूसरे मृतजीवियों द्वारा नहीं हो सकता। इन पदार्थों पर भौतिक प्रक्रम जैसे कि ऊष्मा तथा दाब का प्रभाव होता है, परंतु सामान्य अवस्था में ये लंबे समय तक पर्यावरण में बने रहते हैं।
- वे पदार्थ जो जैविक प्रक्रम द्वारा अपघटित हो जाते हैं, 'जैव निम्नीकरणीय' कहलाते हैं। जबकि वे पदार्थ जो इस प्रक्रम में अपघटित नहीं होते 'अजैव निम्नीकरणीय' कहलाते हैं। यह पदार्थ सामान्यत: 'अक्रिय (Inert) हैं तथा लंबे समय तक पर्यावरण में बने रहते हैं तथा पर्यावरण को हानि पहुँचाते हैं।

पारितंत्र के संघटक

- सभी जीव जैसे कि पौधे, जंतु, सूक्ष्मजीव एवं मानव तथा भौतिक कारकों में परस्पर अन्योन्यक्रिया होती है तथा ये प्रकृति में संतुलन बनाए रखते हैं। किसी क्षेत्र के सभी जीव तथा वातावरण के अजैव कारक संयुक्त रूप से पारितंत्र बनाते हैं। अत: एक पारितंत्र में सभी जीवों के जैव घटक तथा अजैव घटक होते हैं। भौतिक कारक; जैसे- ताप, वर्षा, वायु, मृदा एवं खनिज इत्यादि अजैव घटक हैं।
- उदाहरण के लिए, यदि आप बगीचे में जाएँ तो आपको विभिन्न पौधे; जैसे- घास, वृक्ष, गुलाब, चमेली, सूर्यमुखी जैसे फूल वाले सजावटी पौधे तथा मेंढक, कीट एवं पक्षी जैसे जंतु दिखाई देंगे। यह सभी सजीव परस्पर अन्योन्यक्रिया करते हैं तथा इनकी वृद्धि, जनन एवं अन्य क्रियाकलाप पारितंत्र के अजैव घटकों द्वारा प्रभावित होते हैं। अत: बगीचा एक पारितंत्र है। वन, तालाब तथा झील पारितंत्र के अन्य प्रकार हैं। ये प्राकृतिक पारितंत्र हैं, जबकि बगीचा तथा खेत मानव निर्मित (कृत्रिम) पारितंत्र हैं।
- जीवन निर्वाह के आधार पर जीवों को उत्पादक, उपभोक्ता एवं अपघटक वर्गों में बाँटा गया है। सभी हरे पौधों एवं नील – हरित शैवाल जिनमें प्रकाश संश्लेषण की क्षमता होती है, **उत्पादक** कहलाते हैं।
- सभी जीव प्रत्यक्ष अथवा परोक्ष रूप से अपने निर्वाह हेतु उत्पादकों पर निर्भर करते हैं? ये जीव जो उत्पादक द्वारा उत्पादित भोजन पर प्रत्यक्ष अथवा परोक्ष रूप से निर्भर करते हैं, **उपभोक्ता** कहलाते हैं। उपभोक्ता को मुख्यत: शाकाहारी, मांसाहारी तथा सर्वाहारी एवं परजीवी में बाँटा गया है।
- जीवाणु और कवक जैसे सूक्ष्मजीव मृतजैव अवशेषों का अपमार्जन करते हैं। ये सूक्ष्मजीव अपमार्जक हैं, क्योंकि ये जटिल कार्बनिक पदार्थों को सरल अकार्बनिक पदार्थों में बदल देते हैं जो मिट्टी (भूमि) में चले जाते हैं तथा पौधों द्वारा पुन: उपयोग में लाए जाते हैं। इनकी अनुपस्थिति में मृत जंतुओं एवं पौधों पर प्रतिकूल प्रभाव पड़ेगा तथा अपमार्जकों के न रहने पर मृदा की प्राकृतिक पुन:पूर्ति रुक जाएगी।

आहार श्रृंखला एवं जाल

- आहार श्रृंखला का प्रत्येक चरण अथवा कड़ी एक पोषी स्तर बनाते हैं। स्वपोषी अथवा उत्पादक प्रथम पोषी स्तर हैं तथा सौर ऊर्जा का स्थिरीकरण करके उसे विषमपोषियों अथवा उपभोक्ताओं के लिए उपलब्ध कराते हैं। शाकाहारी अथवा शाकाहारी अथवा प्राथमिक उपभोक्ता द्वितीय पोषी स्तर; छोटे मांसाहारी अथवा द्वितीय उपभोक्ता तीसरे पोषी स्तर; तथा बड़े मांसाहारी अथवा तृतीय उपभोक्ता चौथे पोषी स्तर का निर्माण करते हैं।

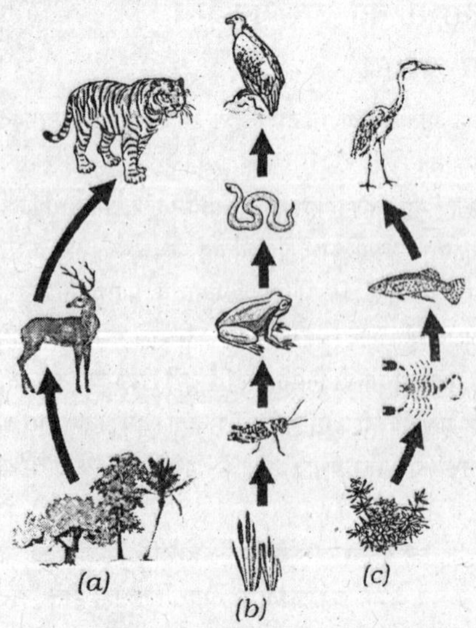

प्रकृति में आहार श्रृंखला (a) वन में (b) घास के मैदानों में (c) तालाब में

- जो भोजन हम खाते हैं, वह हमारे लिए ऊर्जा स्रोत का कार्य करता है तथा विभिन्न कार्यों के लिए ऊर्जा प्रदान करता है। अत: पर्यावरण के विभिन्न घटकों की परस्पर अन्योन्यक्रिया में निकाय के एक घटक से दूसरे में ऊर्जा का प्रवाह होता है।
- स्वपोषी सौर प्रकाश में निहित ऊर्जा को ग्रहण करके रासायनिक ऊर्जा में बदल देते हैं। यह ऊर्जा संसार के संपूर्ण जैव समुदाय की सभी क्रियाओं के संपादन में सहायक है। स्वपोषी से ऊर्जा विषमपोषी एवं अपघटकों तक जाती है।

पर्यावरण के विभिन्न घटकों के बीच ऊर्जा का प्रवाह

- एक स्थलीय पारितंत्र में हरे पौधे की पत्तियों द्वारा प्राप्त होने वाली सौर ऊर्जा का लगभग 1% भाग खाद्य ऊर्जा में परिवर्तित किया जाता है।
- जब हरे पौधे प्राथमिक उपभोक्ता द्वारा खाए जाते हैं, तब पर्यावरण में ऊर्जा की बड़ी मात्रा का ऊष्मा के रूप में ह्रास होता है, कुछ मात्रा का उपयोग पाचन, विभिन्न जैव कार्यों में, वृद्धि एवं जनन में होता है। खाए हुए भोजन की मात्रा का लगभग 10% ही जैव मात्रा में बदल पाता है तथा अगले स्तर के उपभोक्ता को उपलब्ध हो पाता है।
- अत: हम कह सकते हैं प्रत्येक स्तर पर उपलब्ध कार्बनिक पदार्थों की मात्रा का औसतन 10% ही उपभोक्ता के अगले स्तर तक पहुँचता है।

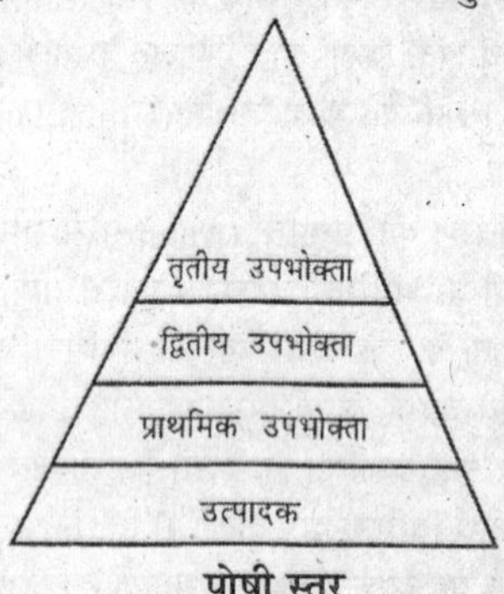

पोषी स्तर

- क्योंकि उपभोक्ता के अगले स्तर के लिए ऊर्जा की बहुत कम मात्रा उपलब्ध हो पाती है, अत: आहार श्रृंखला सामान्यत: तीन अथवा चार चरण की होती है। प्रत्येक चरण पर ऊर्जा का ह्रास इतना अधिक होता है कि चौथे पोषी स्तर के बाद उपयोगी ऊर्जा की मात्रा बहुत कम हो जाती है।

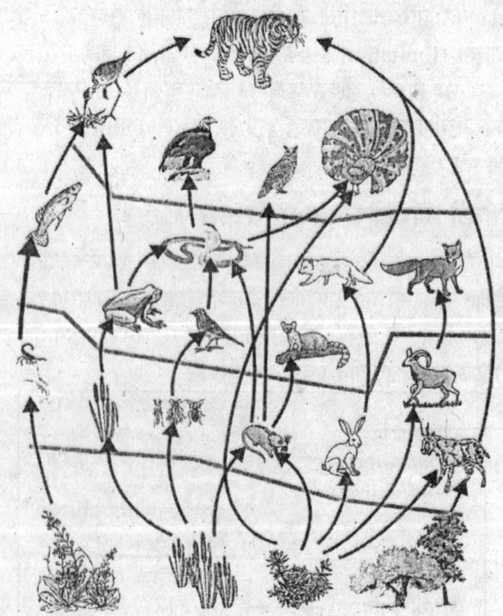

अनेक आहार श्रृंखलाओं से बना आहार जाल

- सामान्यत: निचले पोषी स्तर पर जीवों की संख्या अधिक होती है, अत: उत्पादक स्तर पर सर्वाधिक होती है।
- विभिन्न, आहार श्रृंखलाओं की लंबाई एवं जटिलता में काफी अंतर होता है। आमतौर पर प्रत्येक जीव दो अथवा अधिक प्रकार के जीवों द्वारा खाया जाता है, जो स्वयं अनेक प्रकार के जीवों का आहार बनते हैं। अत: एक सीधी आहार श्रृंखला के बजाय जीवों के मध्य आहार संबंध शाखान्वित होते हैं तथा शाखान्वित श्रृंखलाओं का एक जाल बनाते हैं जिसे 'आहार जाल' कहते हैं।
- ऊर्जा प्रवाह के चित्र से दो बातें स्पष्ट होती हैं। पहली, ऊर्जा का प्रवाह एकदिशिक अथवा एक ही दिशा में होता है। स्वपोषी जीवों द्वारा ग्रहण की गई ऊर्जा पुन: सौर ऊर्जा में परिवर्तित नहीं होती तथा शाकाहारियों को स्थानांतरित की गई ऊर्जा पुन: स्वपोषी जीवों को उपलब्ध नहीं होती है। यह विभिन्न पोषी स्तरों पर क्रमिक स्थानांतरित होती है तथा अपने से पहले स्तर के लिए उपलब्ध नहीं होती।
- आहार श्रृंखला का दूसरा आयाम यह है कि हमारी जानकारी के बिना कुछ हानिकारक रासायनिक पदार्थ भी आहार श्रृंखला से होते हुए हमारे शरीर में प्रविष्ट हो जाते हैं।

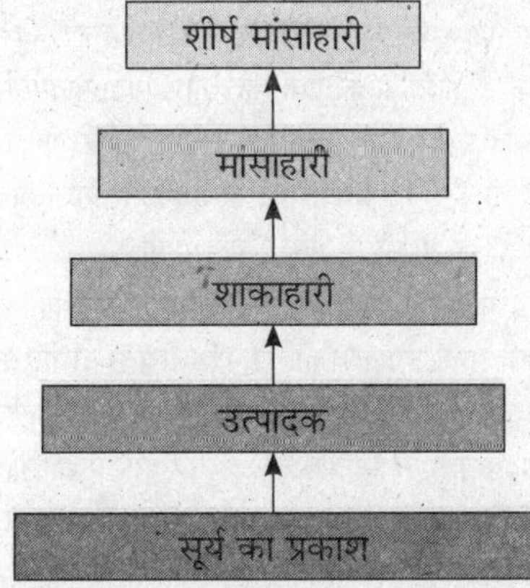

एक पारितंत्र में ऊर्जा के प्रवाह का आरेख चित्र

- उदाहरण के लिए जल प्रदूषण, विभिन्न फसलों को रोग एवं एवं पीड़कों से बचाने के लिए पीड़कनाशी एवं रसायनों का अत्यधिक प्रयोग करने पर ये रसायन बहकर मिट्टी अथवा जल स्रोत में चले जाते हैं। मिट्टी से इन पदार्थों का पौधों द्वारा जल एवं खनिजों के साथ-साथ अवशोषण हो जाता है तथा जलाशयों से यह जलीय पौधों एवं जंतुओं में प्रवेश कर जाते हैं। यह मात्र एक माध्यम है जिससे वे आहार श्रृंखला में प्रवेश करते हैं। क्योंकि ये पदार्थ अजैव निम्नीकृत हैं, यह प्रत्येक पोषी स्तर पर उतरोत्तर संग्रहीत होते जाते हैं। चूँकि किसी भी आहार श्रृंखला में मनुष्य शीर्षस्थ है, अत: हमारे शरीर में यह रसायन सर्वाधिक मात्रा में संचित हो जाते हैं। इसे 'जैव-आवर्धन कहते हैं। यही कारण है कि हमारे खाद्यान्न-गेहूँ तथा चावल, सब्जियाँ, फल तथा मांस में पीड़कनाशी के अवशिष्ट विभिन्न मात्रा में उपस्थित होते हैं। उन्हें पानी से धोकर अथवा अन्य प्रकार से अलग नहीं किया जा सकता।।

हमारे क्रियाकलाप का पर्यावरण पर प्रभाव

- चूँकि हम सब पर्यावरण का समेकित भाग हैं अत: पर्यावरण में होने वाले परिवर्तन हमें प्रभावित करते हैं तथा हमारे क्रियाकलाप/गतिविधियाँ हमारे चारों ओर के पर्यावरण को प्रभावित करती हैं। हमारे क्रियाकलाप के पर्यावरण पर पड़ने वाले प्रभाव के रूप में ओजोन परत का अपक्षय तथा अपशिष्ट निपटान को देखा जा सकता है।
- ओजोन 'O_3' के अणु ऑक्सीजन के तीन परमाणुओं से बनते हैं जबकि सामान्य ऑक्सीजन के अणु में दो परमाणु होते हैं। जहाँ ऑक्सीजन सभी प्रकार के वायविक जीवों के लिए आवश्यक है, वहीं ओजोन एक घातक विष है। परंतु वायुमंडल के ऊपरी स्तर में ओजोन एक आवश्यक प्रकार्य संपादित करती है। यह सूर्य से आने वाले पराबैंगनी विकिरण से पृथ्वी को सुरक्षा प्रदान करती है। यह पराबैंगनी विकिरण जीवों के लिए अत्यंत हानिकारक है। उदाहरणत:, यह गैस मानव में त्वचा का कैंसर उत्पन्न करती है।
- वायुमंडल के उच्चतर स्तर पर पराबैंगनी (UV) विकिरण के प्रभाव से ऑक्सीजन (O_2) अणुओं से ओजोन बनती है। उच्च ऊर्जा वाले पराबैंगनी विकिरण ऑक्सीजन अणुओं (O_2) को विघटित कर स्वतंत्र ऑक्सीजन (O) परमाणु बनाते हैं। ऑक्सीजन के ये स्वतंत्र परमाणु संयुक्त होकर ओजोन बनाते हैं। समीकरण रूप में -

$$O_2 \xrightarrow{\text{पराबैंगनी (UV)}} O + O$$

$$O + O_2 \rightarrow \underset{\text{(ओजोन)}}{O_3}$$

- 1980 से वायुमंडल में ओज़ोन की मात्रा में तीव्रता से गिरावट आने लगी। क्लोरोफ्लोरो कार्बन (CFCs) जैसे मानव संश्लेषित रसायनों को इसका मुख्य कारक माना गया। इनका उपयोग रेफ्रीजेरेटर (शीतलन) एवं अग्निशमन के लिए किया जाता है। 1987 में संयुक्त राष्ट्र पर्यावरण कार्यक्रम (UNEP) में सर्वानुमति बनी कि CFC के उत्पादन को 1986 के स्तर पर ही सीमित रखा जाए।
- हमारी जीवन शैली में सुधार के साथ उत्पादित कचरे की मात्रा भी बहुत अधिक बढ़ गई है। हमारी अभिवृत्ति में परिवर्तन भी एक महत्वपूर्ण भूमिका निर्वाह करता है। हम प्रयोज्य (निवर्तनीय) वस्तुओं का प्रयोग करने लगे हैं। इसके अतिरिक्त पैकेजिंग के तरीकों में बदलाव से अजैव निम्नीकरणीय वस्तु के कचरे में पर्याप्त वृद्धि हुई है। इन सबका हमारे पर्यावरण पर क्या प्रभाव पड़ सकता है?

परितंत्र

- पारितंत्र प्रकृति की एक क्रियाशील इकाई है, जिसमें जीवधारी आपस में तथा आसपास के भौतिक पर्यावरण के साथ परस्पर क्रिया करते हैं। पारितंत्र का आकार एक छोटे से तालाब से लेकर एक विशाल जंगल या महासागर तक हो सकता है। कई पारिस्थितिकी वैज्ञानिक संपूर्ण जीवमंडल को विश्व (ग्लोबी) पारितंत्र के रूप में देखते हैं, जिसमें पृथ्वी के सभी स्थानीय पारितंत्र समाहित होते हैं। चूँकि यह तंत्र बहुत विशाल एवं जटिल है अत: अध्ययन की सुविधा की दृष्टि से इसे दो आधारभूत श्रेणियों- मुख्यत: **स्थलीय** एवं **जलीय** में बाँटा गया है। जंगल, घास के मैदान तथा मरुस्थल आदि कुछ स्थलीय पारितंत्र तथा झीलें, तालाब, दलदली क्षेत्र, नदियाँ एवं ज्वारनदमुख (एस्टुअरी) आदि कुछ जलीय पारितंत्र के उदाहरण हैं। शस्यभूमि एवं जलजीवशाला को मानव निर्मित पारितंत्र के रूप में माना जा सकता है।
- पारितंत्र की संरचना को देखने पर निवेश (उत्पादकता), ऊर्जा का स्थानांतरण (आहार श्रृंखला/जाल, पोषण चक्र) तथा निर्गम (निम्नीकरण एवं ऊर्जा क्षति) का आवागमन (अवबोध) आदि के विषय में जानकारी मिलती है। इसके साथ ही चक्रों, श्रृंखलाओं, जाल तंत्रों के संबंधों के बारे में भी, जोकि तंत्र के अंतर्गत प्रवाहित इन ऊर्जाओं के परिणामस्वरूप पैदा हुए हैं।

पारिस्थितिकी शब्द अंग्रेजी शब्द Ecology का हिंदी रूपांतरण है। इस शब्द का सर्वप्रथम प्रयोग एक जर्मन जैव वैज्ञानिक **अर्नेस्ट हैकेल** ने वर्ष 1869 में किया था। जीव मंडल में विभिन्न प्रकार के जीव (प्राणी व वनस्पति) आपस में भौतिक पर्यावरण के साथ अनुक्रिया करते हैं। इन्हीं जीवों के भौतिक पर्यावरण के साथ पारस्परिक क्रियाकलाप के अध्ययन को **पारिस्थितिकी** कहते हैं।

पारिस्थितिकी तंत्र

पारिस्थितिकी तंत्र शब्द का सर्वप्रथम प्रयोग **प्रो. आर्थर टेंसले** द्वारा वर्ष 1935 में किया था। उनके अनुसार, पारिस्थितिकी तंत्र भौतिक तंत्रों का एक विशेष प्रकार है, जिसकी रचना जैविक व अजैविक घटकों से होती है। यह अपेक्षाकृत स्थिर समस्थिति में होता है।

पर्यावरण के घटक (Components of Environment)

- भौतिक पर्यावरण के अजैव घटक, किसी क्षेत्र में रहने वाले जीवों की विभिन्न प्रजातियों को प्रभावित करते हैं। उदाहरण के लिए स्थल खंडों पर रहने वाले जीव, सागर जल में रहने वाले जीवों से भिन्न हैं। विभिन्न स्थल खंडों पर पाए जने वाले पौधों व जंतुओं की प्रजातियों में भी जलवायु की दशाओं के कारण भिन्नताएँ आ जाती है।

  1. जैविक घटकः इसके अंतर्गत जीवोम।

  2. अजैविक घटकः इसके अंतर्गत आवास (भौतिक पर्यावरण)

- जैविक व अजैविक घटकों के पारस्परिक अध्ययन को **पारिस्थितिकी विज्ञान** कहते हैं। पारिस्थितिकी विज्ञान में आवास का तात्पर्य उस स्थल से है, जहाँ **जीव** रहते हैं। पारिस्थितिक तंत्र के अंतर्गत वनस्पति जगत, प्राणी जगत व भौतिक पर्यावरण का समावेश होता है।
- मृदा, जल व वायुमंडल में विद्यमान रासायनिक पदार्थ, पारितंत्र के **अजैव घटक** हैं। इन रासायनिक द्रव्यों में जल, ऑक्सीजन, कार्बन-डाइआक्साइड व खनिज (फॉस्फेट, नाइट्रेट आदि), जैसे-अजैव पदार्थ हैं। कार्बोहाइड्रेट, वसा, प्रोटीन व विटामिन आदि **जैव पदार्थ** हैं।
- पारितंत्र के अन्य अजैव तत्वों में जलवायु के तत्व जैसे तापमान, वर्षा, धूप की अवधि, पवन, मृदा, स्थल खंडों के ढाल किसी प्रदेश के जलाशयों की बनावट, शामिल हो सकते हैं।

पारितंत्र संरचना एवं क्रियाशीलता

- पर्यावरण में जैविक एवं अजैविक घटक दोनों शामिल हैं। ये सभी जैविक एवं अजैविक घटक व्यक्तिगत रूप से एक-दूसरे को तथा अपने आस-पास के वातावरण को प्रभावित करते हैं। इन घटकों को और अधिक समेकित (संयुक्त) रूप से देखने पर पारितंत्र के इन घटकों के अंतर्गत ऊर्जा प्रवाह की प्रक्रिया का पता चलता है।
- जैविक एवं अजैविक घटकों की परस्पर क्रियाओं के फलस्वरूप एक भौतिक संरचना विकसित होती है, जो प्रत्येक प्रकार के पारितंत्र की विशिष्टता है। एक पारितंत्र की पादप एवं प्राणि प्रजातियों की पहचान एवं गणना इसकी प्रजातियों के संघटन (कंपोजीशन) को प्रकट करती है। विभिन्न स्तरों पर विभिन्न प्रजातियों के ऊर्ध्वाधर वितरण को **स्तरविन्यास** कहते हैं। उदाहरणार्थ एक जंगल में वृक्ष सर्वोपरि ऊर्ध्वाधर स्तर, झाड़ियाँ द्वितीयक स्तर तथा जड़ी-बूटियाँ एवं घास निचले (धरातलीय) स्तर पर निवास करते हैं।
- पारिस्थितिक तंत्र में सारे घटक एक इकाई के रूप में क्रियाशील दिखते हैं; जिन्हें निम्न पहलुओं पर दृष्टि डालकर समझा जा सकता है-

  (क) उत्पादकता (ख) अपघटन

  (ग) ऊर्जाप्रवाह (घ) पोषण चक्र।

- एक जलीय पारितंत्र के गुणधर्म (प्रकृति) को समझने के लिए एक छोटे तालाब का उदाहरण ले सकते हैं। पानी एक अजैविक घटक है जिसमें कार्बनिक एवं अकार्बनिक तत्त्व तथा प्रचुर मृदा निक्षेप तालाब की तली में जमा होते हैं। सौर निवेश, ताप का चक्र, दिन की अवधि (लंबाई) तथा अन्य जलवायवीय परिस्थितियाँ समूचे तालाब की क्रियाशीलता की दर को नियमित करते हैं। स्वपोषी घटक जैसे पादप लवक, कुछ काई (शैवाल) तथा प्लवक एवं निमग्न तथा किनारों पर सीमांत पादप तालाब के किनारों पर पाए जाते हैं। उपभोक्ताओं का प्रतिनिधित्व प्राणिप्लवक तथा स्वतंत्र प्लवी एवं तलीय वासी जीव स्वरूपों द्वारा किया जाता है। अपघटक के उदाहरण कवक एवं जीवाणु हैं जो विशेष रूप से तालाब की तली में प्रचुरता से पाए जाते हैं। इस तंत्र में किसी भी पारितंत्र की सभी प्रक्रियाओं को निष्पादित किया जाता है अर्थात् स्वपोषियों द्वारा सूर्य की विकिरण ऊर्जा के उपभोग से अकार्बनिक तत्त्वों को कार्बनिक तत्त्वों में बदलना, विभिन्न स्तरों के परपोषितों द्वारा स्वपोषकों का भक्षण, मृत जीवों की सामग्रियों का अपघटन एवं खनिजीकरण कर स्वपोषकों के लिए मुक्त करना इस घटना की पुनरावृत्ति बारंबार होती रहती है। ऊर्जा की एकदिशीय गतिशीलता उच्च पोषी स्तरों की ओर तथा पर्यावरण में इसका अपव्यय और ऊष्मा के रूप में हानि होती है।

उत्पादकता

- किसी भी पारितंत्र की क्रियाशीलता एवं उसके स्थायी रहने के लिए सौर ऊर्जा के निरंतर निवेश (इनपुट) की आधारभूत आवश्यकता है। **प्राथमिक उत्पादन** प्रकाश संश्लेषण के दौरान पादपों द्वारा एक निश्चित समयावधि में प्रति इकाई क्षेत्र द्वारा उत्पन्न किए गए जैव मात्रा या कार्बनिक सामग्री की मात्रा है। इसे भार (g^{-2}) या ऊर्जा (K cal m^{-2}) के रूप में व्यक्त किया जा सकता है। जैव मात्रा के उत्पादन की दर को **उत्पादकता** कहते हैं। इसे g^{-2} yr^{1} या (K cal m^{-2}) yr^{1} (ऊर्जा) के रूप में व्यक्त किया जा सकता है, एक पारिस्थितिक तंत्र की **सकल प्राथमिक उत्पादकता** प्रकाश संश्लेषण के दौरान कार्बनिक तत्त्व की उत्पादन दर होती है। सकल प्राथमिक उत्पादकता की एक महत्त्वपूर्ण मात्रा पादपों में श्वसन द्वारा उपयोग की जाती है। यदि हम सकल प्राथमिक उत्पादकता से श्वसन के दौरान हुई क्षति को घटा देते हैं तो हमें **नेट प्राथमिक उत्पादकता** प्राप्त होती है।

  जी.पी.पी - आर = एन.पी.पी.

- नेट प्राथमिक उत्पादकता परपोषितों की खपत (शाकभक्षी या अपघटक के रूप में) के लिए जैव मात्रा उपलब्ध होती है। **द्वितीयक उत्पादकता** को उपभोक्ताओं ने नए कार्बनिक तत्त्वों के निर्माण की दर के रूप में परिभाषित किया है।
- प्राथमिक उत्पादकता एक सुनिश्चित क्षेत्र में पादप प्रजातियों के निवास पर निर्भर करती है। ये विभिन्न प्रकार के पर्यावरणीय कारकों, पोषकों की उपलब्धता तथा पादपों की प्रकाश संश्लेषण क्षमता पर भी निर्भर करती है। इसलिए ये विभिन्न प्रकार के पारितंत्रों में भिन्न-भिन्न होती है। संपूर्ण जीव मंडल की वार्षिक कुल प्राथमिक उत्पादकता का भार कार्बनिक तत्त्व (शुष्क भार) के रूप में लगभग 170 बिलियन टन आँका गया है। यद्यपि पृथ्वी के धरातल का लगभग 70 प्रतिशत भाग समुद्रों द्वारा ढका हुआ है, फिर भी इनकी उत्पादकता केवल 55 बिलियन टन है। शेष मात्रा भूमि पर उत्पन्न होती है।

अपघटन

- केंचुओं को किसान का मित्र कहा जाता है। ऐसा इसलिए है; क्योंकि ये जटिल कार्बनिक पदार्थों का खंडन करने के साथ-साथ भूमि को भुरभुरा बनाने में मदद करते हैं। इसी प्रकार अपघटक जटिल कार्बनिक सामग्री को अकार्बनिक तत्त्वों जैसे- कार्बन डाईऑक्साइड, जल एवं पोषकों में खंडित करने में सहायता करते हैं और इस प्रक्रिया को **अपघटन** कहते हैं। पादपों के मृत अवशेष-जैसे पत्तियाँ, छाल, फूल तथा प्राणियों (पशुओं) के मृत अवशेष, मलादि सहित **अपरद** (डेट्राइटस) बनाते हैं, जोकि अपघटन के लिए कच्चे पदार्थों का काम करते हैं। अपघटन की प्रक्रिया के महत्त्वपूर्ण चरण खंडन, निक्षालन, अपचयन, ह्यूमस भवन (बनना), खनीजी भवन आदि हैं।
- **अपरदाहारी** (जैसे कि केंचुए) अपरद को छोटे-छोटे कणों में खंडित कर देते हैं। इस प्रक्रिया को **खंडन** कहते हैं। **निक्षालन** प्रक्रिया के अंतर्गत जल-विलेय अकार्बनिक पोषक भूमि मृदासंस्तर में प्रविष्ट कर जाते हैं और अनुपलब्ध लवण के रूप में अवक्षेपित हो जाते हैं। बैक्टीरियल (जीवाणुवीय) एवं कवकीय एंजाइम्स अपरदों को सरल अकार्बनिक तत्त्वों में तोड़ देते हैं। इस प्रक्रिया को **अपचय** कहते हैं।

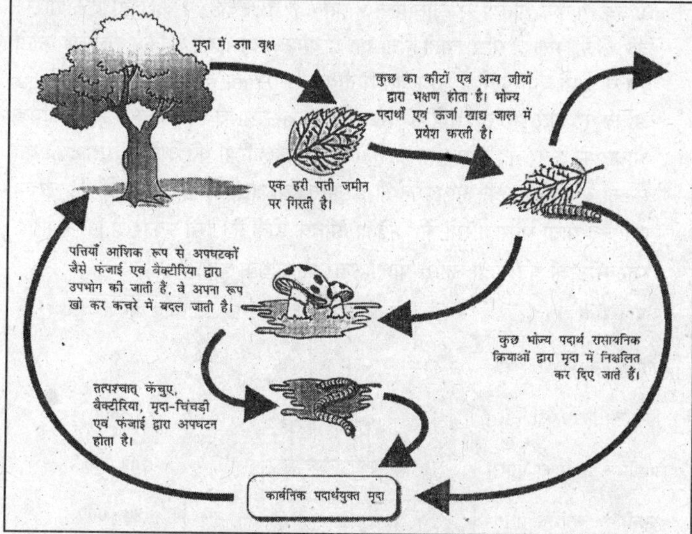

एक स्थलीय पारितंत्र में अपघटन चक्र का आरेखीय निरूपण

- अपघटन की उपर्युक्त समस्त प्रक्रियाएँ अपरद पर समानांतर रूप से चलती रहती हैं। ह्यूमीफिकेशन और मिनरेलाइजेशन की प्रक्रिया अपघटन के दौरान मृदा में संपन्न होती है। **ह्यूमीफिकेशन** के द्वारा एक गहरे रंग के क्रिस्टल रहित तत्त्व का निर्माण होता है जिसे ह्यूमस कहते हैं जोकि सूक्ष्मजैविक क्रिया के लिए उच्च प्रतिरोधी होता है और इसका अपघटन बहुत ही धीमी गति से चलता है। स्वभाव (प्रकृति) में कोलाइडल होने के कारण यह पोषक के भंडार का काम करता है। ह्यूमस पुनः कुछ सूक्ष्मजीवों द्वारा खंडित होता है और जो **खनिजीकरण** नामक प्रक्रिया द्वारा अकार्बनिक पोषक उत्पन्न होते हैं उन्हें मुक्त करता है।
- अपघटन एक प्रक्रिया है जिसमें ऑक्सीजन की आवश्यकता होती है। अपघटन की दर जलवायवीय घटकों तथा अपरद के रासायनिक संघटनों द्वारा निर्धारित होती है। एक विशिष्ट जलवायवीय परिस्थिति में; यदि अपरद काइटिन तथा लिग्निन से भरपूर होता है तो अपघटन दर धीमी होती है, जबकि यदि अपरद नाइट्रोजन तथा जलविलेय तत्त्वों जैसे चीनी आदि से भरपूर होता है तब यह तेज होती है। ताप एवं मृदा की नमी बहुत ही महत्त्वपूर्ण जलवायवीय घटक हैं जो मृदा के सूक्ष्मजीवों की क्रियाओं द्वारा अपघटन की गति को नियमित करते हैं। गरम एवं आर्द्र पर्यावरण में अपघटन की गति तेज होती है जबकि निम्न ताप एवं अवायुजीवन अपघटन की गति को धीमा करते हैं जिसके परिणामस्वरूप कार्बनिक पदार्थों का भंडार जमा हो जाता है।

ऊर्जा प्रवाह

- गहरे समुद्र के जलतापीय पारितंत्र को छोड़कर पृथ्वी पर सभी पारिस्थितिक तंत्रों के लिए एकमात्र ऊर्जा स्रोत सूर्य है। आपतित सौर विकिरण का 50 प्रतिशत से कम भाग प्रकाश **संश्लेषणात्मक सक्रिय विकिरण** में प्रयुक्त होता है। पादप एवं प्रकाश संश्लेषण जीवाणु (स्वपोषी) सूर्य की विकरित ऊर्जा को सरल अकार्बनिक पदार्थों से आहार तैयार करने में लगाते हैं। पादप केवल 2-10 प्रतिशत प्रकाश संश्लेषणात्मक सक्रिय विकिरण का प्रग्रहण करते हैं और ऊर्जा की यही आंशिक मात्रा संपूर्ण विश्व का संपोषण करती है। अतः पादपों द्वारा संगृहीत की गई सौर ऊर्जा एक पारिस्थितिक तंत्र के विभिन्न जीवों के माध्यम से किस प्रकार प्रवाहित होती है यह जानना अत्यंत महत्त्वपूर्ण है। चूँकि पृथ्वी के सभी जीव आहार के लिए प्रत्यक्ष या अप्रत्यक्ष रूप से उत्पादकों पर निर्भर रहते हैं। अतः ऊर्जा का प्रवाह सूर्य से उत्पादकों की ओर और फिर उपभोक्ता की ओर एकदिशीय होता है।
- पारिस्थितिक तंत्र ऊष्मा गतिक के दूसरे सिद्धांत से अवमुक्त नहीं हैं। उन्हें निरंतर ऊर्जा की आपूर्ति की आवश्यकता होती है ताकि वे अपेक्षित अणुओं को संश्लेषित कर बढ़ती हुई अव्यवस्थापन के प्रति सर्वव्यापी प्रवृत्ति से संघर्ष कर सकें।
- पारिस्थितिक तंत्र की शब्दावली में हरे पादप को **उत्पादक** कहा जाता है। स्थलीय पारिस्थितिक तंत्र में शाकी एवं काष्ठीय पादप प्रमुख उत्पादक हैं। इसी प्रकार विभिन्न प्रजातियाँ जैसें-पादपप्लवक, काई और बड़े पादप जलीय पारिस्थितिक तंत्र के प्राथमिक उत्पादक हैं।
- पादप (या उत्पादक) से प्रारंभ होकर खाद्य शृंखला या जाल इस प्रकार से बने होते हैं कि प्रत्येक प्राणी जो एक पादप से आहार ग्रहण करता है या अन्य प्राणी पर निर्भर रहता है और बदले में वह किसी अन्य के लिए आहार बनाता है। इस परस्पर अंतर निर्भरता के कारण शृंखला/जाल (वेब) की रचना होती है। किसी भी जीव द्वारा आबद्ध (ग्रहण) की गई ऊर्जा सदैव के लिए संचित नहीं रहती है। उत्पादक द्वारा आबद्ध की गई ऊर्जा या तो उपभोक्ता को स्थानांतरित कर दी जाती है या वह जीव मृत हो जाती है। एक जीव की मृत्यु अपरद खाद्य शृंखला/जाल की शुरुआत होती है।
- सभी जीव अपनी आहार आवश्यकता के लिए (प्रत्यक्ष या अप्रत्यक्ष रूप से) पादपों पर निर्भर करते हैं। अतः इन्हें **उपभोक्ता** तथा परपोषित भी कहा जाता है और यदि वे उत्पादक अर्थात् पादपों से आहारपूर्ति करते हैं तब उन्हें प्राथमिक उपभोक्ता कहा जाता है और अगर एक पशु दूसरे पशु (वह पशु जो पेड़ों को या उसके उत्पाद को खाता है) को खाता है, उसे द्वितीयक उपभोक्ता कहा जाता है। ठीक उसी प्रकार से तृतीयक उपभोक्ता भी हो सकते हैं। निश्चित ही प्राथमिक उपभोक्ता **शाकाहारी** या शाकभक्षी होंगे। स्थलीय पारिस्थितिक तंत्र में कुछ सामान्य शाकाहारी कीट-पतंगे, पक्षी तथा स्तनधारी पशु तथा जलीय पारिस्थितिक तंत्र में मृदकवची (मोलस्क) होते हैं।
- वे उपभोक्ता, जो शाकाहारी जीवों से आहारपूर्ति करते हैं, वे मांसाहारी या मांसभक्षी होते हैं या इन्हें **प्राथमिक मांसभक्षी** कहना अधिक उपयुक्त होगा (यद्यपि द्वितीयक उपभोक्ता)। वे पशु, जो आहार हेतु प्राथमिक मांसभक्षियों पर निर्भर करते हैं उन्हें **द्वितीयक मांसभक्षी** के रूप में नामित किया जाता है।

  एक साधारण खाद्य शृंखला यहाँ दिखाई गई है—

  घास -----------► बकरी -----------► मनुष्य -----------►
  (उत्पादक) (प्राथमिक उपभोक्ता) (द्वितीयक उपभोक्ता)
- एक अन्य प्रकार की खाद्य शृंखला को **अपरद खाद्य शृंखला** के नाम से जाना जाता है जो मृत कार्बनिक सामग्री से प्रारंभ होती है। यह **अपघटकों** से बनी होती है जोकि मुख्यतः कवक एवं बैक्टीरिया के रूप में परपोषित जीव होते हैं। ये मृत कार्बनिक सामग्री या अपरदों के खंडन द्वारा अपेक्षित ऊर्जा एवं पोषण प्राप्त करते हैं। इन्हें **मृतपोषी या पूर्तिजीवी** (मृतः अपघटन) के नाम से भी जाना जाता है। अपघटक पाचक एंजाइम्स स्रावित करते हैं, जो मृत जीवों तथा व्यर्थ सामग्री को साधारण, अकार्बनिक पदार्थों में तोड़ते हैं, जो बाद में उन्हीं के द्वारा अवशोषित कर लिए जाते हैं।
- जलीय पारितंत्र में चारण खाद्य शृंखला ऊर्जा प्रवाह का महत्त्वपूर्ण साधन है। इसके विरुद्ध, स्थलीय पारिस्थितिक तंत्र में जीएफसी की तुलना में अपरद खाद्य शृंखला द्वारा कहीं अधिक ऊर्जा प्रवाहित होती है। कुछ स्तरों पर अपरद खाद्य शृंखला को चारण (चराई) खाद्य शृंखला से जोड़ा जा सकता है। अपरद खाद्य शृंखला के कुछ जीव, चारण खाद्य शृंखला-पशुओं के शिकार बन जाते हैं और एक प्राकृतिक पारिस्थितिक तंत्र में कुछ जीव-जंतु जैसे कॉकरोच (तिलचट्टे) एवं कौवे आदि सर्वभक्षी जीव भी होते हैं। खाद्य शृंखलाओं का यह प्राकृतिक अंतरसंबंध एक आहार जाल (फूडवेब) का निर्माण करता है।
- आहारपूर्ति संबंधों के अनुसार सभी जीव आहार शृंखला में एक विशेष स्थान रखते हैं, जिसे (ट्राफिक लेवेल) **पोषण स्तर** के नाम से जाना जाता है। उत्पादक प्रथम पोषण स्तर में आते हैं, शाकाहारी (प्राथमिक उपभोक्ता) दूसरे एवं मांसाहारी (द्वितीयक उपभोक्ता) तीसरे पोषण स्तर से संबद्ध होते हैं।

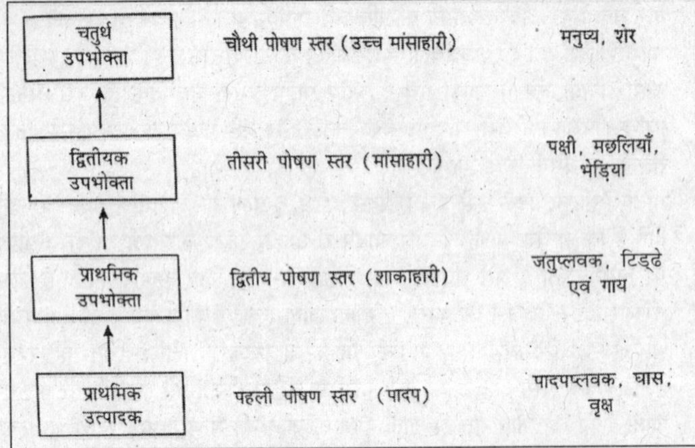

एक पारिस्थितिक तंत्र में पोषण स्तर का आरेखीय निरूपण

- ध्यान देने योग्य बात यह है कि उत्तरोत्तर पोषण स्तरों पर ऊर्जा की मात्रा घटती जाती है। जब कोई जीव मरता है तो वह अपरद या मृत जैवमात्रा में बदल जाता है जो अपघटकों के लिए एक ऊर्जा स्रोत के रूप में काम करता है। प्रत्येक पोषण स्तर पर जीव अपनी ऊर्जा की आवश्यकता के लिए निम्न पोषण स्तर पर निर्भर रहता है।
- एक विशिष्ट समय पर प्रत्येक पोषण स्तर पर जीवित पदार्थ की कुछ खास मात्रा होती है, जिसे **स्थित शस्य या खड़ी फसल** कहा जाता है। स्थित शस्य को जीवित जैविकों की मात्रा **(जैवमात्रा)** या इकाई क्षेत्र में संख्या से मापा जाता है। एक प्रजाति की जैवमात्रा को ताजे या शुष्क भार के रूप में व्यक्त किया जाता है। एक जैवमात्रा का मापन शुष्क भार के शब्दों में किया जाय तो वह अधिक विशुद्ध होगा।
- चारण खाद्य श्रृंखला में पोषण स्तरों की संख्या प्रतिबंधित होती है इस तरह से ऊर्जा प्रवाह का स्थानांतरण 10 प्रतिशत कम होता है और प्रत्येक निम्न पोषण स्तर से ऊपर के पोषण स्तर पर केवल 10 प्रतिशत ऊर्जा प्रवाहित होती है। प्रकृति में यह संभव है कि कई स्तर हों जैसे कि चारण खाद्य श्रृंखला में उत्पादक, शाकभक्षी प्राथमिक मांसभक्षी, द्वितीयक मांसभक्षी आदि आते हैं।

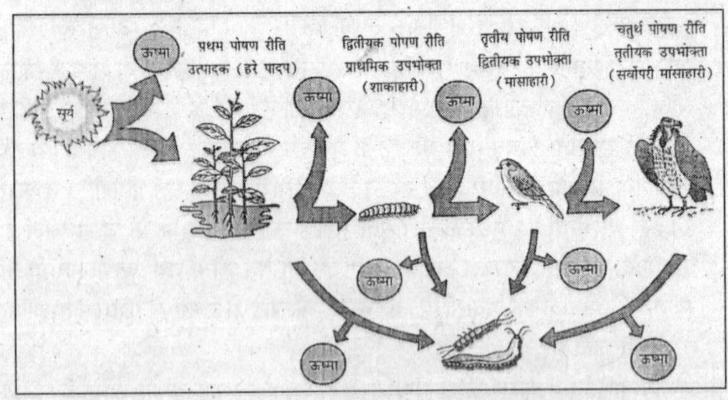

विभिन्न पोषण स्तरों में से होता हुआ ऊर्जा का प्रवाह

पारिस्थितिक पिरामिड (सूची स्तंभ)

- विभिन्न पोषण रीतियों पर जीवों के बीच यदि आप एक खाद्य या ऊर्जा संबंध जोड़ें तो आपको पिरामिड के समान आकार मिलेगा। इस संबंध को संख्या, जैव मात्रा या ऊर्जा के रूप में व्यक्त किया जा सकता है। प्रत्येक पिरामिड के आधार का प्रतिनिधित्व उत्पादक या पहला पोषण स्तर करता है जबकि शिखर का प्रतिनिधित्व तृतीयक पोषण स्तर या सर्वोच्च उपभोक्ता करता है। तीन पारिस्थितिक पिरामिड जिनका आमतौर पर अध्ययन किया जाता है, वे हैं (क) संख्या का पिरामिड (ख) जैवमात्रा का पिरामिड और (ग) ऊर्जा का पिरामिड।
- पोषण स्तर एक क्रियात्मक स्तर का प्रतिनिधित्व करता है न कि किसी प्रजाति का। एक प्रदत्त प्रजाति, एक ही समय पर, एक ही पारिस्थितिक तंत्र में, एक से अधिक पोषण रीतियों में अधिष्ठित हो सकती है; उदाहरण के लिए एक गौरैया जब बीज, फल व मटर खाती है तो वह प्राथमिक उपभोक्ता है किंतु जब वह कीटों एवं केंचुओं को खाती है, तब वह द्वितीयक उपभोक्ता होती है।
- अधिकतर पारिस्थितिक तंत्रों में संख्याओं, ऊर्जा तथा जैव मात्रा के सभी पिरामिड आधार से ऊपर की ओर होते हैं । अर्थात् शाकाहारियों की अपेक्षा उत्पादकों की संख्या एवं जैव मात्रा अधिक होती है और इसी तरह से शाकाहारियों की संख्या एवं जैव मात्रा मांसाहारियों की अपेक्षा अधिक होती है। इसी प्रकार से निम्न पोषण स्तर में ऊर्जा की मात्रा ऊपरी पोषण स्तर से अधिक होती है।

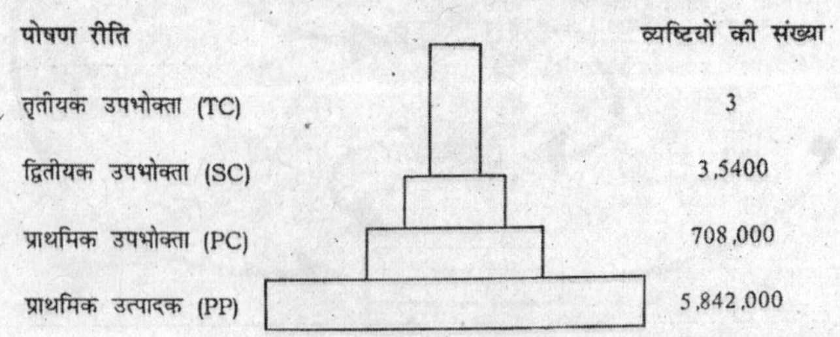

एक घास के मैदान की पारिस्थितिक तंत्र का पिरामिड लगभग 6 मिलियन पादपों के उत्पादन पर आधारित पारिस्थितिक तंत्र में समर्थित केवल 3 मांसाहारी जीव हैं।

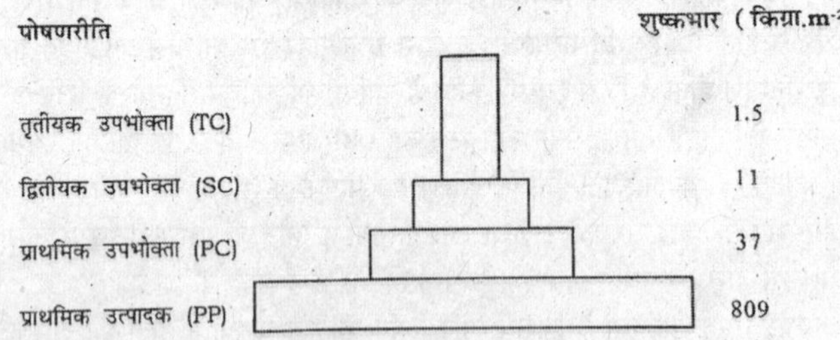

एक जैव मात्रा का पिरामिड शीर्ष पोषण स्तर पर एक तीव्र गिरावट दर्शाता है। एक दलदली पारिस्थितिक तंत्र से आंकड़े

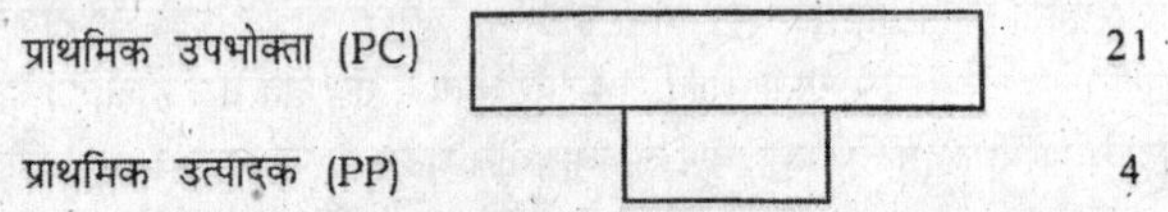

जैव मात्रा का उल्टा पिरामिड प्राणी प्लवक की व्यापक खड़ी फसल को समर्थित करती पादप प्लवक की छोटी खड़ी फसल।

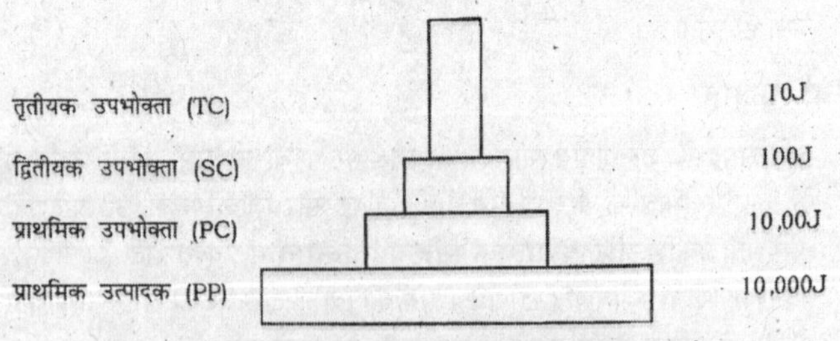

1,000,000 सूर्य की धूप के जे

ऊर्जा का एक आदर्श पिरामिड चित्र पारिस्थितिक पिरामिड (PP) प्राथमिक उत्पादक, (PC) प्राथमिक उपभोक्ता (SC) द्वितीयक उपभोक्ता, (TC) तृतीयक उपभोक्ता

- समुद्र में जैव मात्रा (भार) का पिरामिड प्रायः उल्टा होता है, क्योंकि मछलियों की जैवमात्रा पादपप्लवकों की जैव मात्रा से बहुत अधिक होती है।
- ऊर्जा पिरामिड सदैव खड़ी अवस्था में होता है, कभी उल्टा नहीं हो सकता, क्योंकि जब ऊर्जा किसी विशेष पोषण स्तर से अग्र पोषण स्तर में पहुँचती है, तो हर स्तर पर ऊष्मा के रूप में ऊर्जा का ह्रास होता है। ऊर्जा पिरामिड का प्रत्येक स्तंभ उस

पोषण स्तर में किसी विशेष समय पर अथवा प्रति इकाई क्षेत्र वार्षिक ऊर्जा का द्योतक है। यद्यपि, पारिस्थितिकी पिरामिड की कुछ सीमाएँ हैं, जैसे कि पिरामिड में ऐसी जातियों का समावेश भी होता है, जोकि दो या अधिक भोजन स्तरों से संबंधित हो सकती हैं। इससे एक साधारण आहार शृंखला बनती है, जो कि प्रकृति में विद्यमान नहीं होती है, इसमें आहार जाल का समावेश नहीं है। पारिस्थितिकी तंत्र में प्रमुख भूमिका निभाने के अतिरिक्त मृतजीवियों को पारिस्थितिकी पिरामिड में कोई स्थान प्राप्त नहीं है।

पारिस्थितिक अनुक्रमण

- सभी समुदायों का महत्त्वपूर्ण लक्षण पर्यावरण के बदलते स्वरूप के साथ इसके संगठन एवं संरचना में निरंतर परिवर्तन होते रहना है। यह परिवर्तन क्रमबद्ध और भौतिक पर्यावरण के परिवर्तन के समांतर होता है। अंततः यह परिवर्तन एक समुदाय को गठित करता है, जो कि पर्यावरण से संतुलन के नजदीक है और इसे **चरम समुदाय** कहा जाता है। एक सुनिश्चित क्षेत्र की प्रजाति संरचना में उचित रूप से आकलित परिवर्तन को **पारिस्थितिक अनुक्रमण** कहते हैं। अनुक्रमण के दौरान कुछ प्रजातियाँ एक क्षेत्र में नयी बस्ती बसा लेती हैं और इनकी जनसंख्या अनगिनत हो जाती है, जबकि दूसरी प्रजातियों की जनसंख्या घटती चली जाती है, यहाँ तक कि अदृश्य हो जाती है।
- समुदाय का संपूर्ण क्रम, जो दिए हुए क्षेत्र में सफलतापूर्वक परिवर्तित होता है, उसे **क्रमक** कहते हैं। विशेष परिवर्तनशील समुदायों को क्रमकी चरण या क्रमकी समुदाय कहा जाता है। अनुक्रमिकीय क्रमकी चरणों में, जीवों की प्रजातियों की भिन्नता, जीव और प्रजातियों की जनसंख्या वृद्धि, साथ ही संपूर्ण जैव मात्रा में वृद्धि जैसे परिवर्तन होते हैं।
- संसार के निवर्तमान समुदाय धरती पर जीवोत्पत्ति के पश्चात् लाखों वर्षों के अनुक्रमण के फलस्वरूप उत्पन्न हुए हैं। वास्तव में अनुक्रमण एवं विकास उस समय समांतर प्रक्रियाएँ थीं।
- अतः अनुक्रमण एक प्रक्रिया है, जो वहाँ शुरू होती है, जहाँ कोई सजीव नहीं होता, अथवा कोई ऐसा क्षेत्र जहाँ कभी कोई सजीव नहीं रहा हो, उदाहरण के लिए नग्न पत्थर, या फिर ऐसा क्षेत्र जहाँ के सभी जीव, जो कभी वहाँ रहते थे, किसी प्रकार से नष्ट (लुप्त) हो गए हों। पहले को प्राथमिक अनुक्रमण कहते हैं, जबकि दूसरे को द्वितीयक अनुक्रमण के रूप में जाना जाता है।
- प्राथमिक अनुक्रमण पाए जाने वाले क्षेत्रों का अनुक्रम है- तुरंत (नया) ठंडा लावा, नग्न पत्थर, नवविकसित तालाब या जलाशय। नये जीवीय समुदाय की संस्थापना सामान्यतः धीमी होती है। विविध जीवों के जीवीय समुदाय की संस्थापना से पूर्व, वहाँ उपजाऊ मिट्टी अवश्य होनी चाहिए। अधिकतर जलवायु की निर्भरता के आधार पर, प्राकृतिक रूप से उपजाऊ मिट्टी के उत्पादन में कई सौ से कई हजार वर्ष लग जाते हैं।
- द्वितीयक अनुक्रमण ऐसे क्षेत्र में प्रारंभ होता है जहाँ प्राकृतिक जीवीय समुदाय निरस्त हो गए हैं, जैसे कि पूरी तरह से छोड़ी गई कृषि योग्य भूमि, जले या कटे वन, बाढ़ से प्रभावित जमीन। जबकि कुछ मिट्टी या अवसाद इनमें उपस्थित रहते हैं, अनुक्रमण की क्रिया प्राथमिक अनुक्रमण की अपेक्षा तेज होती है।
- साधारणतया पारिस्थितिक अनुक्रमण का विवरण वानस्पतिक परिवर्तन पर केंद्रित होता है। जबकि बाद में ये वानस्पतिक परिवर्तन, विभिन्न प्रकार के जानवरों के खाद्य और शरण स्थल पर प्रभाव डालते हैं। अतः जैसे-जैसे अनुक्रमण बढ़ता है, जानवरों के प्रकार एवं संख्या तथा अपघटक भी बदलते हैं।
- किसी भी समय प्राथमिक अथवा द्वितीयक अनुक्रमण को प्राकृतिक अथवा मानव जनित विघ्न/बाधाओं (जैसे आग, जंगलों का काटना इत्यादि) द्वारा क्रमक अवस्था को प्राथमिक अवस्था में बदला जा सकता है। इन बाधाओं से ऐसी नयी स्थितियाँ/अवस्थाएँ पैदा हो जाती हैं, जिनसे नयी जातियों को प्रोत्साहन मिलता है तथा अन्य जातियाँ हतोत्साहित होती हैं, अथवा निष्कासित हो जाती हैं।

पादपों का अनुक्रमण

- आवास की प्रकृति के आधार पर - चाहे वह पानी हो (या बहुत गीला क्षेत्र) अथवा बहुत शुष्क क्षेत्र - पौधों के इस अनुक्रमण को क्रमशः जलारंभी अथवा शुष्कतारंभी कहते हैं। **जलारंभी अनुक्रमण** जलमग्न क्षेत्रों में होता है और अनु-क्रमण श्रेणी हाइड्रिक से समोदिक परिस्थिति की ओर अग्रसरित होती है। इसके विपरीत **शुष्कतारंभी अनुक्रमण** शुष्क क्षेत्रों में होता है और यह श्रेणी शुष्कता से समोदिक परिस्थिति की ओर बढ़ता है। अतः जलारंभी एवं शुष्कतारंभी, दोनों ही अनुक्रमण मध्यम जल परिस्थिति में होते हैं, न तो बहुत शुष्क (जीरिक) और न बहुत जलीय।
- वह प्रजाति, जो खाली एवं नग्न क्षेत्र पर आक्रमण करती है, उन्हें **मूल अन्वेषक** प्रजाति कहा जाता है। प्रायः लाइकेन चट्टानों पर प्राथमिक अनुक्रमण करते हैं, जो चट्टानों को पिघलाने के लिए अम्ल का स्राव करते हैं तथा अपरदन एवं मृदा निर्माण में सहायक होते हैं। बाद में ये बहुत छोटे पौधों जैसे ब्रायोफाइट के लिए मार्ग प्रशस्त करते हैं, मृदा की कम मात्रा में भी अपनी पकड़ बनाये रखने में सक्षम हैं। समय के साथ उनका स्थान बड़े पौधों द्वारा ग्रहण कर लिया जाता है। अंततः कई चरणों के बाद एक स्थिर चरमावस्था पर वन समुदाय का निर्माण होता है। जब तक पर्यावरण नहीं बदलता है, चरमसीमा समुदाय स्थिर रहता है। समय के साथ मरुस्थलीय आवास समोद्भिदीय में परिवर्तित हो जाते हैं।
- जल में प्राथमिक अनुक्रमण में, लघु पादपप्लवक मूल अन्वेषक होते हैं, ये समय के साथ जड़ वाले निमग्न पादप, निमग्न मुक्त खाली आवृतबीजीयों द्वारा तत्पश्चात् मुक्त खाली पादप, नश्कुल अनूप पादप, कच्छ शाद्वल पादप, कुंज पादप और अंततः पेड़ों द्वारा प्रतिस्थापित किए जाते हैं।
- द्वितीयक अनुक्रमण में, प्रजाति का आक्रमण मृदा की स्थिति, जल की उपलब्धता, पर्यावरण तथा बीज या अन्य उपस्थित प्रवर्ध्य पर निर्भर करता हैं। यद्यपि पहले से मृदा विद्यमान है, यहाँ अनुक्रमण दर बहुत तेज होती है और चरमावस्था तेजी से प्राप्त हो जाती है।
- लेकिन ध्यान देने योग्य है कि अनुक्रमण, विशेष रूप से प्राथमिक अनुक्रमण एक बहुत धीमी प्रक्रिया है, जो चरमावस्था तक पहुँचने में शायद हजारों वर्ष लगाए। जबकि सभी अनुक्रमण चाहे पानी में हों या भूमि पर, एक ही प्रकार से चरम समुदाय मीजिक की ओर अग्रसर होते हैं।

पोषक चक्रण

- जीवों को वृद्धि, प्रजनन एवं विभिन्न कायिक क्रियाओं को संपन्न करने के लिए लगातार पोषकों के संभरण की आवश्यकता होती है। मृदा में विद्यमान पोषकों की मात्रा; जिन्हें कार्बन, नाइट्रोजन, फॉस्फोरस, कैल्सियम आदि को स्थायी अवस्था के रूप में संदर्भित किया जाता है और यह विभिन्न प्रकार के पारितंत्र में भिन्न होती है तथा मौसम पर आधारित होती है।
- यह समझना अधिक महत्त्वपूर्ण है कि पारितंत्र से पोषक कभी समाप्त नहीं होते हैं। ये बार-बार पुनः चक्रित होते हैं एवं अनंत काल तक चलते रहते हैं। एक पारितंत्र के विभिन्न घटकों के माध्यम से पोषक तत्त्वों की गतिशीलता को **पोषक चक्र** कहा जाता है।

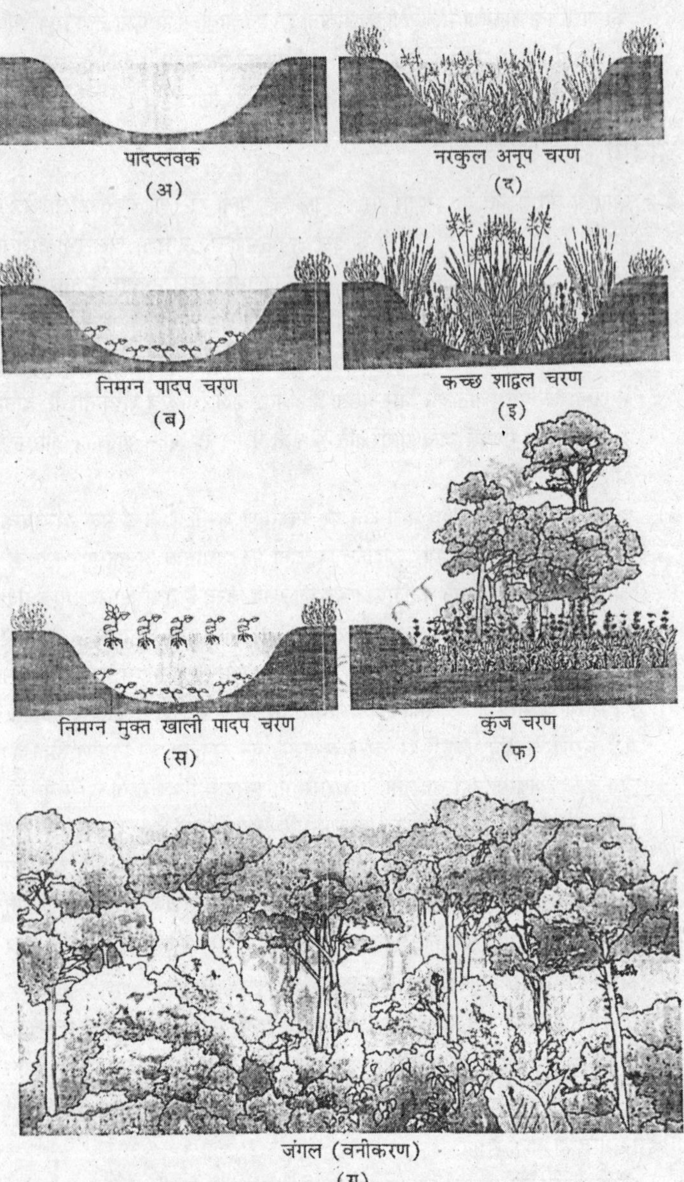

जीवमंडल में कार्बन चक्र का सरलीकृत मॉडल

- पोषक चक्र का एक अन्य नाम जैव भू रसायन चक्र है। पोषक चक्र दो प्रकार के होते हैं (क) गैसीय और (ख) अवसादी या तलछटी। गैसीय प्रकार के पोषक चक्र (जैसे नाइट्रोजन, कार्बनचक्र) के भंडार वायुमंडल में विद्यमान होते हैं तथा अवसादी चक्र (जैसे- सल्फर एवं फॉस्फोरस चक्र) के भंडार धरती के पटल (पपड़ी) में स्थित होते हैं। पर्यावरणीय घटक जैसे कि मिट्टी, आर्द्रता, पीएच, ताप आदि वायुमंडल में पोषकों के मुक्त होने की दर तय करते हैं। एक भंडार की क्रियाशीलता, कमी को पूरा करने के लिए होती है जोकि अंतर्वाह एवं बर्हि:वाह की दर के असंतुलन के कारण संपन्न होती है।

पारितंत्र-कार्बन चक्र

- जीवों के शुष्क भार का 49 प्रतिशत भाग कार्बन से बना होता है और जल के पश्चात् कार्बन की मात्रा सर्वाधिक होती है। यदि हम भूमंडलीय कार्बन की पूर्ण मात्रा की ओर ध्यान दें तो पाएंगे कि समुद्र में 71 प्रतिशत कार्बन विलेय के रूप में विद्यमान है। यह सागरीय कार्बन भंडार वायुमंडल में कार्बन डाईआक्साइड की मात्रा को नियमित करता है।

- जीवाश्मी ईंधन भी कार्बन के एक भंडार का प्रतिनिधित्व करता है। कार्बन चक्र वायुमंडल, सागर तथा जीवित एवं मृतजीवों द्वारा संपन्न होता है। एक अनुमान के अनुसार जैव मंडल में प्रकाश संश्लेषण द्वारा प्रतिवर्ष 4×10^{13} किग्रा. कार्बन का स्थिरीकरण होता है। एक महत्त्वपूर्ण कार्बन की मात्रा CO_2 (कार्बन डाईऑक्साइड) के रूप में उत्पादकों एवं उपभोक्ताओं के श्वसन क्रिया के माध्यम से वायुमंडल में वापस आती है। इसके साथ ही भूमि एवं सागरों में विद्यमान कचरे एवं मृत कार्बनिक सामग्री की अपघटन प्रक्रियाओं के द्वारा भी कार्बन डाईऑक्साइड की काफी मात्रा अपघटकों द्वारा छोड़ी जाती है। यौगिकीकृत कार्बन की कुछ मात्रा अवसादों में नष्ट होती है और संचरण द्वारा निकाली जाती है। लकड़ी जलाने, जंगली आग एवं जीवाश्मी ईंधन के जलने, कार्बनिक सामग्री, ज्वालामुखीय क्रियाओं आदि अतिरिक्त स्रोतों द्वारा भी वायुमंडल में कार्बन डाईऑक्साइड को मुक्त किया जाता है।

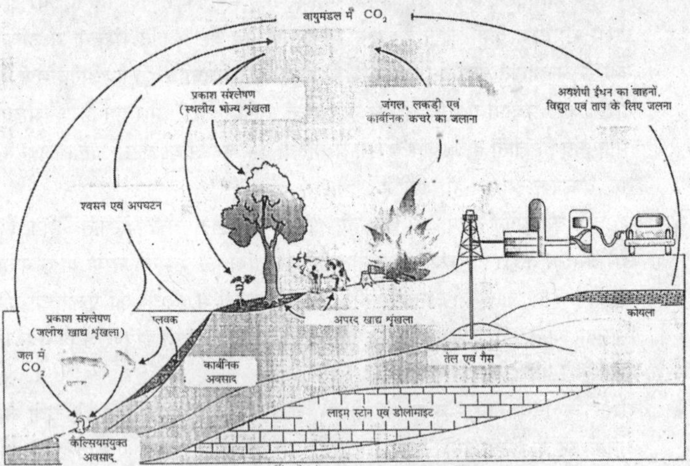

भुमंडल में कार्बन-चक्र का सरलीकरण मॉडल

- कार्बन चक्र में मानवीय क्रियाकलापों का महत्त्वपूर्ण प्रभाव पड़ता है। पिछले कुछ दशकों में तेजी से जंगलों का विनाश तथा परिवहन एवं ऊर्जा के लिए जीवाश्मी ईंधनों को जलाने आदि से महत्त्वपूर्ण रूप से वायुमंडल में कार्बन डाईऑक्साइड को मुक्त करने की दर बढ़ी है।

पारितंत्र-फॉस्फोरस चक्र

- फॉस्फोरस जैविक झिल्लियाँ, न्यूक्लिक एसिड (अम्ल) तथा कोशिकीय ऊर्जा स्थानांतरण प्रणाली का एक प्रमुख घटक है। अनेक प्राणियों को अपना कवच, अस्थियाँ एवं दाँत आदि बनाने के लिए इसकी आवश्यकता होती है। फॉस्फोरस का प्राकृतिक भंडारण चट्टानों में है जो कि फॉस्फेट के रूप में फॉस्फोरस को संचित किए हुए है। जब चट्टानों का अपक्षय होता है तो थोड़ी मात्रा में ये फॉस्फेट भूमि के विलयन में घुल जाते हैं एवं उन्हें पादपों की जड़ों द्वारा अवशोषित कर लिया जाता है। शाकाहारी और अन्य जानवर इन तत्त्वों को पादपों से ग्रहण करते हैं। कचरे एवं मृत जीवों को फॉस्फोरस विलेयक जीवाणुओं द्वारा अपघटित करने पर फॉस्फोरस मुक्त किया जाता है। कार्बन चक्र की भाँति पर्यावरण में फॉस्फोरस को श्वसन द्वारा अवमुक्त नहीं किया जाता है।

- फॉस्फोरस एवं कार्बन चक्र के बीच दो व्यापक अंतर हैं। पहला, बरसात के द्वारा वायुमंडल में फॉस्फोरस का निवेश, कार्बन निवेश की अपेक्षा बहुत कम होता है। दूसरा, जीवों और पर्यावरण के बीच फॉस्फोरस का गैसीय विनिमय बिल्कुल नगण्य होता है।

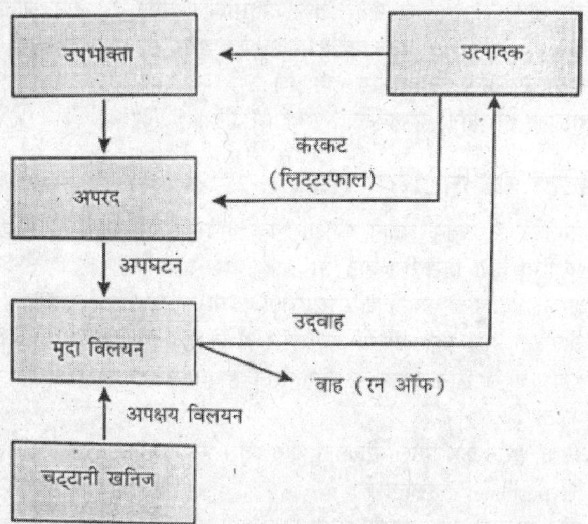

एक स्थलीय पारिस्थितिक तंत्र में फॉस्फोरस चक्र का सरलीकृत मॉडल

पारितंत्र सेवाएँ

- एक स्वस्थ पारितंत्र आर्थिक, पर्यावरणीय तथा सौंदर्यात्मक वस्तुओं एवं सेवाओं के विस्तृत परिसर का आधार है। पारितंत्र प्रक्रिया के उत्पादों को पारितंत्र सेवाओं के नाम से जाना जाता है; उदाहरण के लिए, एक स्वस्थ वन पारितंत्र की भूमिका वायु एवं जल को शुद्ध बनाना, सूखा एवं बाढ़ों को घटाना, पोषकों को चक्रित करना, भूमि को उर्वर बनाना, जंगली जीवों को आवास उपलब्ध कराना, जैव विविधता को बनाए रखना, फसलों का परागण करने में सहायता करना, कार्बन के लिए भंडारण स्थल उपलब्ध कराना और साथ ही सौंदर्यात्मक, सांस्कृतिक एवं आध्यात्मिक मूल्य प्रदान करना आदि हैं।
- हाल ही में शोधकर्ताओं ने, प्रकृति के जीवन समर्थक (आधारीय) सेवाओं की एक कीमत निर्धारित करने का प्रयास किया है। इस मूलभूत पारिस्थितिक तंत्र की सेवाओं की एक वर्ष की कीमत औसतम 33 ट्रिलियन अमेरिकी डॉलर तय की है, जिसे व्यापक तौर पर अनुदत्त भाव से लिया जाता है, क्योंकि वह मुफ्त में प्राप्त है। यह मूल्य वैश्विक सकल उत्पाद (जी.एन.पी.) की कीमत का लगभग तीन गुना ज्यादा है जोकि 18 ट्रिलियन अमेरिकी डॉलर है।
- विभिन्न पारितंत्र सेवाओं की कुल लागत में से 50 प्रतिशत केवल मृदा संरचना (भूमि गठन) के लिए है जबकि शेष सेवाएँ जैसेकि पोषक चक्रण तथा मनोरंजन आदि प्रत्येक 10 प्रतिशत से कम भागीदारी रखती हैं। वन्य जीवन के लिए जलवायु नियमन तथा वास की लागत लगभग प्रत्येक के लिए 6 प्रतिशत है।

निचे (Niche) क्या है?

- एक बहुविमीय पर्यावरणीय स्थान, जो किसी पारिस्थितिकी क्षेत्र में **एक प्रजाति** द्वारा अधिगृहित एवं उपयोग किया जाता हो, **निचे** कहते हैं। निचे संकल्पना सर्वप्रथम **ग्रिनेल** (1917) ने प्रस्तावित की तथा **एल्टन** ने इसको विस्तृत किया।
- निचे एक कार्यात्मक संकल्पना है, जो किसी पारिस्थितिकी तंत्र में पाई जाने वाली किसी विशेष प्रजाति की भूमिका स्पष्ट करती है कि वह क्या करती है, कैसे, कहाँ तथा कब करती है।
- यह कब तथा कितनी सक्रिय है, यह कैसे उत्पादित करती है तथा कब करती है।
- यह कब तथा कितनी सक्रिय है, यह कैसे उत्पादित करती है तथा इसके द्वारा उपयोग किए गये आवास के प्रति इसका व्यवहार कैसा है तथा यह **तापमान** एवं **नमी** से किस प्रकार अनुक्रिया स्पष्ट करती है।

जैवमंडल

- जैवमंडल का सामान्य अर्थ जीवन से आवृत्त क्षेत्र है। पृथ्वी के धरातल के चारों ओर एक व्यापक आवरण है, जिसमें वनस्पति प्राणी जीवन बिना किसी रक्षक साधन के सम्भव है। जैवमंडल की संकल्पना सर्वप्रथम 100 वर्ष पूर्व ऑस्ट्रेलियन भू-वैज्ञानिक **एडवर्ड सुएस** (Edward Suess) द्वारा प्रस्तुत की गई थी।
- जैवमंडल सागरीय क्षेत्र में **9 किमी.** की गहराई तक, स्थलीय भाग में **250 मीटर** की गहराई तक तथा वायु मंडल में सतह से **30 किमी.** की ऊंचाई तक विस्तृत माना जाता है।
- पादप एवं जीव-जंतु मिलकर जैवमंडल सजीव का निर्माण करते हैं। यह पृथ्वी का वह संकीर्ण क्षेत्र है, जहाँ स्थल, जल एवं वायु मिलकर जीवन को संभव बनाते हैं। इसी आधार पर जैवमंडल को **3 भागों** में विभक्त किया जाता है–

1. **स्थलमंडलः** पृथ्वी की ठोस ऊपरी परत को **स्थलमंडल** कहते हैं। यह चट्टानों एवं खनिजों से बना होता है। यह मिट्टी की पतली परत से ढका होता है। यह पहाड़, पठार, मैदान, घाटी आदि जैसी विभिन्न स्थलाकृतियों वाला विषम धरातल होता है। ये स्थलाकृतियाँ महाद्वीपों के अलावा महासागर की सतह पर भी पाई जाती हैं।
2. **जलमंडलः** जल के क्षेत्र को जलमंडल कहते हैं। यह जल के विभिन्न स्रोतों जैसे-नदी, झील, समुद्र, महासागर आदि जैसे विभिन्न जलाशयों से मिलकर बनता है।
3. **वायुमंडलः** पृथ्वी के चारों ओर फैली वायु की पतली परत को **वायुमंडल** कहते हैं। पृथ्वी का **गुरुत्वाकर्षण बल** अपने चारों ओर के वायुमंडल को रोके रखता है। यह सूर्य की निकलने वाली गर्मी व हानिकारक किरणों से रक्षा करता है। वायुमंडल में परिवर्तन होने से मौसम व जलवायु में परिवर्तन होते हैं।

सजीव विशेषताएँ एवं आवास

आण्विक संगठन

- विभिन्न तत्त्वों के परमाणु रासायनिक अभिक्रिया द्वारा संगठित होकर यौगिकों का निर्माण करते हैं। ये यौगिक रूपी अणु पदार्थ की स्वतंत्र रह सकने वाली न्यूनतम इकाई है।
- इन अणुओं के बीच पुनः रासायनिक अभिक्रिया होने पर जटिल यौगिकों का निर्माण होता है। जैसे-ग्लूकोज का निर्माण कार्बन के छः परमाणु, ऑक्सीजन के छः परमाणु एवं हाइड्रोजन के बारह परमाणुओं द्वारा होता है।
- निर्जिवों में संगठन का स्तर केवल आण्विक ही होता है लेकिन सजीवों में संगठन की प्रक्रिया द्वारा कई अणु मिलकर एक विशेष प्रकार का पदार्थ बनाते हैं जिसे जीवद्रव्य कहा जाता है।

कोशिकीय संगठन

- शरीर की रचनात्मक, क्रियात्मक व आनुवांशिक इकाई को कोशिका कहा जाता है।
- कोशिका सजीवों की संरचना व जैविक क्रियाओं की इकाई है जो एक अवकलीय पारगम्य झिल्ली से घिरी रहती है, उसमें स्वतः जनन की क्षमता होती है।
- एंटोनी वॉन ल्यूवेनहॉक (1764) सर्वप्रथम जीवित कोशिका को देखा।

ऊत्तक संगठन

- बहुकोशिकीय जीवधारियों में शरीर की कोशिकाएं अलग-अलग कार्य करने के लिए विशिष्टीकृत होती है।
- समान कार्य करने वाली एवं समान संचरना वाली कोशिकाओं का समूह उत्तक कहलाता है।
- उत्तक कई कोशिकाओं से मिलकर बनते हैं। ऊत्तक शब्द का सर्वप्रथम प्रयोग बाइकॉट ने किया था।
- पनीर का सवेन शरीर में नए ऊत्तकों की वृद्धि पोषक तत्व प्रदान करता है।

अंग स्तरीय संगठन

- ऊत्तक मिलकर अंगों का निर्माण करते हैं।
- मानव में आँख, नाक, कान, बाल आदि जबकि पौधों में पत्ती, फूल आदि अंग है।
- प्रत्येक अंग एक विशेष कार्य करता है।
- पौधों में तना, शाखाएँ, पत्तियाँ आदि मिलकर प्ररोह तंत्र का निर्माण करते हैं।

सजीवों में विविधता

- स्टोरेर-यूसिंग्स ने समस्त प्राणी-जगत को दो उप-जगतों में बांटा है-**उपजगत प्रोटोजोआ**, **उपजगत मेटाजोआ**।
- समस्त एककोशिकीय जीवों को उपजगत प्रोटोजोआ में रखा गया है।
- उपजगत प्रोटोजोआ में केवल एक संघ के जीव आते हैं, किन्तु मेटाजोआ में समस्त **बहुकोशिकीय प्राणी** आते हैं।

प्रोटोजोआ संघ (Phylum Protozoa)

- प्रोटोजोआ संघ में सरलतम रचना वाले **अकोशिकीय** अथवा **एककोशिकीय** (Acellular or Unicellular) प्राणी हैं।
- इनके शरीर का बाह्य आवरण अधिकतर **पेलिकल (Pelicle)** होता है।
- कुछ जीवों में बाह्य कंकाल (Enoskeleton) भी होता है। जिसे खोल या टेस्ट (Test) कहते हैं। **अमीबा** में बाह्य आवरण नहीं होता।
- प्रोटोजोआ संघ के जीव, जीवद्रव्य से ही विभिन्न प्रकार के आकार लेकर भोजन पकड़ना, चलना, शत्रुओं से आत्मरक्षा आदि सभी कार्य स्वयं करते हैं।
- इनमें चलन अंग पादाभ या कशाभिका अथवा सिलिया होते हैं तथा पोषण प्राणि-सम पादपसम मृतजीवी अथवा परजीवी होता है।
- संकुचनशील धानी के द्वारा इनके शरीर में पानी की मात्रा का नियमन होता है।
- इनमें प्रजनन क्रियाएँ **अलैंगिक (Asexual)** एवं **लैंगिक (Sexual)** दोनों प्रकार की होती है।
- प्रोटोजोआ संघ के जीवों में प्रतिकूल परिस्थितियों से बचने के लिए **परिकोष्ठन** होता है।

उदाहरण-यूग्लीना, ट्राइपेनोसोमा, अमीबा, प्लाजमोडियम इत्यादि।

पोरीफेरा संघ (Phylum Porifera)

- स्पंज (पोरीफेरा समुदाय) प्राणि जगत की आदिकालीन जाति है, जो बहुकोशिकीय व पौधों के समान स्थानबद्ध प्राणी है। ये प्राय: समुद्र के पेंदे पर किसी पत्थर आदि से चिपके रहते हैं।
- इनकी शारीरिक रचना कोशिकीय स्तर की होती है।
- इस संघ के अधिकतर जन्तु समुद्री जल (खारे पानी) में पाए जाते हैं।
- इनके शरीर पर असंख्य सूक्ष्म छिद्र होते हैं, जिनके द्वारा पानी शरीर के भीतर प्रवेश करता है। यह ऑस्य अथवा ऑस्टिया (Ostia) कहलाते हैं।
- देहभित्ति (Body Wall) में विशेष प्रकार की नाल प्रणाली होती है, जो स्पंजगुहा (Spongocoel) में खुलती है।
- यह अपने साथ खाद्य-पदार्थ तथा ऑक्सीजन शरीर के अंदर लाती है तथा उत्सर्जी पदार्थ एवं जनन कोशिकाओं को शरीर से बाहर ले जाती है। स्पंज में पाचन अंत: कोशिकीय होता है।

उदाहरण-साइकॉन, यूप्लेक्टेला, स्पंज इत्यादि।

सीलेंट्रेटा या निडेरिया संघ

- सीलेंट्रेटा में ऊतक बनाने की प्रारंभिक अवस्था पाई जाती हैं, ये जंतु अरीय सममित तथा द्विस्तरीय होते हैं।
- इनकी देहभित्ति का बाह्य स्तर, बाह्य त्वचा या एक्टोडर्म कहलाता है।
- सीलेंट्रेटा संघ के प्राणियों के शरीर में केवल एक ही गुहा होती है, जो देहभित्ति से घिरी रहती है और देहगुहा एवं जठर गुहा दोनों ही का कार्य करती है।
- इनके शरीर का अगला तिकोना भाग जिस पर मुख स्थित होता है। हाइपोस्टम (Hypostome) कहलाता है।
- मुख के चारों ओर स्पर्शकों का एक चक्र होता है, जो चिपकने, आत्म-रक्षा तथा भोजन पकड़ने में सहायक होता है।
- ये अधिकतर पॉलीपॉयड (Polypoid) तथा मेड्युसाइड (Medusoid) रूपों में मिलते हैं।
- **पॉलिप** लंबे तथा बेलनाकार होते हैं एवं मेड्यूसा घंटी के आकार के अथवा तश्तरी के आकार के होते हैं।
- इनमें नेत्र बिंदु या स्टेटोसिस्ट (statocyst) पाए जाते हैं।
- सीलेंट्रेटा बहुत-सी किस्मों के चूने का एक सख्त बहि:कंकाल बनाते हैं, जिसे कोरल कहते हैं।

उदाहरण–हाइड्रा, ओबेलिया, मिलीपोरा, फाइसेलिया इत्यादि।

प्लैटीहैल्मिन्थीस संघ (Phylum Platyhelminthes)

- प्लैटीहैल्मिन्थस संघ के जीव कोमल शरीर वाले त्रिस्तरीय प्राणी हैं।
- इनका शरीर कोमल, द्विपार्श्व सममित व सममित पृष्ठ-अधर, वक्ष पर चपटा होता है। इनमें वास्तविक विखंडन नहीं पाया जाता है।
- इन जीवों में देहगुहा नहीं होती तथा अंतरांगों के बीच के खाली स्थान में विशेष प्रकार का **संयोजी ऊतक** भरा रहता है।
- इनमें उभयलिंगी अंग तथा कांटे पाए जाते हैं, जिनकी सहायता से ये पोषक के शरीर से चिपके रहते हैं।
- इनमें बाह्य एवं अंत: कंकाल का पूर्ण अभाव होता है एवं उत्सर्जन के लिए **ज्वाला कोशिकाएँ** होती हैं।
- प्लैटीहैल्मिन्थीस समुदाय के अधिकांश प्राणी **परजीवी** होते हैं, लेकिन कुछ टर्बीलेरिया वर्ग के जन्तु **सजीवी** होते हैं।
- ये अधिकतर उभयलिंगी हैं अर्थात् नर व मादा जननांग एक ही जीव में हैं।
- इनमें पाचन तंत्र विकसित नहीं होता है।

उदाहरण–प्लेनेरिया, फेशियोला, फीताकृमि।

नीमेटोहेल्मिंथीस संघ (Phylum Nematohelminthes)

- इस संघ में गोलकृमियों को रखा गया है।
- प्राणी या तो स्वतंत्र रूप से जल अथवा मृदा में पाए जाते हैं अथवा पेड़-पौधों व जन्तुओं में परजीवी के रूप में रहते हैं।
- इस संघ के सदस्य सूक्ष्म, कूटदेहगुहीय, **त्रिस्तरीय (Triploblastic), द्विपार्श्व** सममित होते हैं।
- नर तथा मादा जननांग अलग-अलग जन्तुओं में पाए जाते हैं, नर अपेक्षाकृत आकार में छोटे होते हैं।

- निषेचित अंडों पर कड़ी भित्ति होती है, जो प्रतिकूल परिस्थितियों में इनकी रक्षा करती है।
- गोलकृमि में ट्यूब के अंदर ट्यूब शरीर प्रणाली है, जिसमें मुख, ग्रसनी, आंतें तथा गुदा है।
- गोलकृमि जीवों में शरीर की गतियाँ लचकदार होती हैं।
- पिन कृमि मुख्यत: छोटे बच्चों की गुदा में पाए जाते हैं, जिसके कारण बच्चों को भूख कम लगती है एवं उल्टियाँ व चुनचुनाहट भी होती हैं।
- फाइलेरिया कृमि (कुचरेरिया) कहलाते हैं, इनके द्वारा ही **फाइलेरिया** होता है। उदाहरण–गोलकृमि, पिनकृमि, फाइलेरिया कृमि।

एनेलिडा संघ (Phylum Annelida)

- एनेलिडा कोमल शरीर वाले, लंबे, कृमि-सदृश द्विपार्श्व-सममित विखंडावस्था को प्रदर्शित करने वाले **सगुहीय जंतु** हैं। इनका शरीर कृमिवत् होता है।
- शरीर के खंड के बाहर की ओर खाइयों द्वारा तथा भीतर की ओर **सेप्टा** द्वारा बंटे होते हैं।
- इनमें स्पष्ट सिर एवं उपांगों का पूर्ण अभाव होता है।
- चलन अंग विखंडित क्रम में विन्यासित काइटिन की छड़नुमा रचनाएँ हैं, जो शूक या सीटी कहलाते हैं। ये उभार पार्श्वपाद (Parapodia) कहलाते हैं।
- उत्सर्जन, एक्टोडर्म की बनी हुई विशेष कुंडलित नलिकाओं द्वारा होता है, जो नलिका वृक्क कहलाती है।
- इनका आहारनाल पूर्णत: विकसित होता है तथा श्वसन की क्रिया त्वचा एवं क्लोम के द्वारा होती है।
- ये **एकलिंगी** एवं **उभयलिंगी** दोनों प्रकार के होते हैं।
- केंचुआ **एनेलिडा** संघ का ही जन्तु है, जिसमें 4 जोड़ी हृदय होते हैं, उदाहरण-साइलिस, नेरिस, केंचुआ, जोंक इत्यादि।

मोलस्का संघ (Phylum Mollusca)

- मोलस्का संघ के प्राणी कोमल शरीर वाले तथा कवच (आवरण) युक्त होते हैं।
- आर्थ्रोपोडा वर्ग के बाद ये **दूसरे नंबर** का **सबसे बड़ा** प्राणी वर्ग है।
- शरीर तीन भागों में बंटा होता है-आगे की ओर सिर, अधरतल पर पाद तथा अंतरंग पिंडक।
- देहभित्ति से बना एक लिफाफेनुमा आवरण इन प्राणियों के शरीर को पूरी तरह से ढके रहता है। यह **मेंटल** या **प्रवार** कहलाता है।
- इनमें श्वसन **गिल्स** या **कंकत्वलोम** द्वारा होता है।
- ये नर एवं मादा प्राय: अलग-अलग होते हैं।
- इनमें उत्सर्जन वृक्कों द्वारा होता है एवं इनका शरीर रंगहीन होता है। उदाहरण-घोंघा, सीपी, काइटन इत्यादि।

आर्थ्रोपोडा संघ (Phylum Arthropoda)

- आर्थ्रोपोडा संघ संसार का **सबसे बड़ा वर्ग** माना जाता है।
- इन जंतुओं का शरीर द्विपार्श्व सममित तथा बहुखंडित होता है तथा सिर, वक्ष एवं उदर में विभेदित होता है।
- शरीर पर मोटा, मजबूत बाह्य कंकाल होता है, जो **काइटिन** नाम के अजीवित पदार्थ का बना होता है।
- समय-समय पर खोल शरीर से उतार दिया जाता है, यह क्रिया त्वक्मोचन अर्थात् **केंचुली बदलना (Moulting)** कहलाती है।
- श्वसन के लिए जलीय जंतुओं में क्लोम तथा स्थलीय जंतुओं में ट्रेकिया बुकलंग पाए जाते हैं।
- उत्सर्जन के लिए **सीलोमोडक्ट** या **माल्पीजियन नलिकाएँ** होती हैं।
- नर तथा मादा जंतु अलग-अलग होते हैं तथा इनमें लैंगिक भेद पाया जाता है।
- यह प्राय: **एकलिंगी** होते हैं एवं निषेचन शरीर के अंदर होता है।
- कॉकरोच आर्थ्रोपोडा वर्ग में ही आता है। इसके हृदय में 13 कक्ष होते हैं। उदाहरण-कनखजूरा, तिलचट्टा, मक्खी, मच्छर, बिच्छू, झींगा, मछली, केकड़ा इत्यादि।

इकाईनोडर्मेटा संघ (Phylum Echinodoramata)

- ये सामूहिक और मुक्तजीवी समुद्री जीव हैं।
- इनकी आकृति तारावत, गोलाकार या लंबी हो सकती है।
- देह सतह चूनेदार कांटों से आच्छादित होती है।
- इनकी सममिति पंचभागी व अरीय है। इनके लार्वा में द्विपार्श्विक सममिति है।
- ये अखण्ड हैं एवं इनकी देहगुहा जलसंवहनी तंत्र में परिवर्तित है, जिसके बाहर निकले हुए **नाल-पद (Tubeffet)** चलन के लिए उपयोगी होते हैं।
- नर व मादा पृथक-पृथक होते हैं।

उदाहरण-स्टारफिश, समुद्री अर्चिन, समुद्री ककड़ी, पिच्छ तारा।

कॉर्डेटा संघ (Phylum Chordata)

- प्राणी जगत का यह सबसे अधिक विकसित समूह है।
- सभी कॉर्डेटा संघ के जंतुओं में **नोटोकॉर्ड** की उपस्थिति होती है।
- नोटोकॉर्ड धानीयुक्त पैरनकाइमेट्स कोशिकाओं की बनी होती है, जिनमें चारों ओर लचीला, आंतरिक तथा बाहरी तन्तुमय संयोजी ऊतक का आवरण होता है।
- कॉर्डेटा संघ के जन्तुओं में **तंत्रिका तंत्र** उपस्थित होता है, जो एक खोखली नली के आकार का होता है।
- समस्त कॉर्डेटा जंतुओं में ग्रसनीविदर किसी-न-किसी अवस्था में अवश्य पाए जाते हैं।
- मछलियों में ग्रसनीविदर क्लोमों में परिवर्तित हो जाते हैं।

कॉर्डेटा संघ के प्रमुख वर्ग

- **एम्फिबिया वर्ग (जल-स्थल चर जीव)**–एम्फिबिया जल एवं थल दोनों जगह पर रहते हैं, किंतु अण्डे देने के लिए सदैव पानी में जाते हैं।
- इनमें मल, मूत्र एवं जनन पदार्थ एक ही द्वार से बाहर निकलते हैं, जिसे **क्लोएका छिद्र** कहते हैं।
- देह-आकृति में विविधता है और त्वचा शल्करहित होती है।
- इनमें अधिकतर दो जोड़ी पंचांगुलि पाद होते हैं।
- श्वसन क्लोम, फेफड़ों या त्वचा द्वारा होता है।
- हृदय तीन-कक्षीय होता है, जिसमें दो अलिन्द तथा एक निलय होता है। उदाहरण-मेंढक, टोड, वृक्ष मंडूक, नेक्ट्यूरस।
- ये अधिकतर **स्थलीय** हैं और **ऊष्ण** क्षेत्रों में होते हैं।
- देह-आकृति में विविधता होती है और त्वचा **शल्कों** से ढकी होती है।
- श्वसन केवल फेफड़ों द्वारा ही होता है।
- हृदय प्राय: **तीन-कक्षीय** होता है (कुछ में चार-कक्षीय होता है, जैसे-मगरमच्छ में)।
- इनके अण्डे बड़े **पीतयुक्त** तथा **खोलयुक्त** होते हैं, जो कैल्शियम कार्बोनेट के बने कवच से ढके रहते हैं।

उदाहरण-भित्ति छिपकली, गिरगिट, उड़न छिपकली।

- **एवीज वर्ग (पक्षी वर्ग)**–इनका शरीर धारा रेखित होता है।
- इनका आकार लघुतम गुंजन पक्षी से लेकर वृहतम शुतुरमुर्ग तक है।
- अग्रपाद उड़ने के लिए पंखों में परिवर्तित होते हैं।

- देह परों से ढकी होती है।
- कंकाल हल्का एवं वातिल अस्थियों का बना होता है।
- इनके शरीर का ताप सदैव समान बना रहता है।
- मुख के ऊपर चोंच पाई जाती है, जो भिन्न-भिन्न कार्यों के लिए भिन्न-भिन्न पक्षियों में रूपांतरित होती है।
- हृदय **चार-कक्षीय** होता हैं।
- **उदाहरण**-कबूतर, मोर, चिड़िया, शुतुरमुर्ग।
- **मैमेलिया वर्ग (स्तनी वर्ग)**-मुख्यतः यह स्थलीय हैं और विभिन्न प्रकार के वास स्थानों में रहते हैं।
- देह विविध आकृतियों वाली है और बालों से ढकी होती है।
- त्वचा मोटी एवं जल अभेद होती है तथा इसमें **स्वेद ग्रंथियाँ** एवं **तैल ग्रंथियाँ** होती हैं।
- मस्तिष्क के सेरीब्रम व **सेरिबेलम** भाग अधिक विकसित होते हैं।
- **प्रोटोथीरिया** वैसे स्तनधारी हैं जो अंडे देते हैं, किन्तु थन नहीं होते हैं, जैसे- एकिडना तथा आर्निथोरिकस इत्यादि।
- **मेटाथीरिया** वैसे स्तनधारी हैं, जिनके शिशु अपरिपक्व अवस्था में जन्म लेते हैं, जैसे- कंगारू एवं पैरामिलिस इत्यादि।
- **यूथीरिया** वैसे स्तनधारी हैं, जिनमें वास्तविक **एलेंटॉइक प्लैसेंटा** होता है, ये पूर्ण विकसित शिशुओं को जन्म देते हैं।
- इनके दो जोड़ी पंचांगुलि पाद विभिन्न कार्यों के लिए रूपांतरित होते हैं।
- श्वसन केवल फेफड़ों द्वारा होता है।
- हृदय चार-कक्षीय होता है।
  उदाहरण-कंगारू, चूहा, व्हेल, बाघ एवं शेर, हाथी, बंदर, चिम्पैंजी, चमगादड़, मनुष्य आदि।

आवास

जीव जन्तु जिस वातावरण में रहकर अपनी प्रजाति की वृद्धि करते है, वह उनका आवास कहलाता है। इस आवास में जीव जन्तु रहते है, भोजन प्राप्त करते है एवं अपनी सतानोत्पत्ति के लिए अनुकूल परिस्थितियाँ प्राप्त करते है। जन्तुओं के आवास स्थल दो प्रकार के होते है। (1) स्थलीय आवास के जीव जन्तु (2) जलीय आवास के जीव जंतु

(1) स्थलीय आवास के जीव जन्तु-स्थल पर रहने वाले सभी जीवों का आवास स्थलीय आवास (Terrestrial Habitats) कहलाता है। स्थलीय आवासों को निम्नांकित श्रेणियों में वर्गीकृत कर सकते हैं-

(a) वनीय आवास: इस आवास में जन्तु व पेड़ पौधें दोनों पाए जाते हैं। जो एक दूसरे पर आश्रित होते है। सभी प्रकार के जंगली जानवर एवं वनस्पति इस प्रकार के आवास में रहते हैं।

(b) घास भूमियाँ आवास: घास भूमियों में लम्बी व मोटी घास अत्यधिक मात्रा में उगती है। यहाँ के मुख्य जानवरों में जेबरा, जिराफ, हाथी, राइनोसोर, हिरण आदि होते है। प्रमुख घास भूमियों के उदहारण हैं- सवाना, प्रेयरिज, डाउन्स, स्टेपी, मीडोज, लानोस, पंपाज, ग्रान चाको आदि।

(c) मरुस्थलीय आवास: मरुस्थलीय क्षेत्रों में कम वर्षा की मात्रा तथा तापमान अत्यधिक होता है। इन आवासों के प्रमुख जन्तुओं में ऊंट, केटल, साँप, कंगारू, चूहें तथा वनस्पति में कांटेदार व मोटीमांसल पत्ती वाले पेड़ पौधे मिलते हैं।

(d) पहाड़ी आवास: इस प्रकार के आवासों में याक, भालू, पहाड़ी बकरियां, उड़ने वाली लोमड़ी आदि मिलते हैं।

(e) ध्रुवीय आवास: ध्रुवीय क्षेत्रों में वर्ष भर अत्यधिक बर्फ जमी रहती है। अत: यहाँ पाए जाने वाले जंतुओं के शरीर पर फर होते हैं। तथा चर्म के अंदर वसा की परत होती है, जो न केवल उनकी सर्दी से रक्षा करती है। बल्कि अत्यधिक ठंडे दिनों में उनके लिए संरक्षित भोजन का कार्य भी करती है। इन प्रकार के आवासों में ध्रुवीय भालू, रेनडियर, आर्कटिक लोमड़ी, सील, स्नोगूज, आर्कटिक भेड़िया, खरगोश, बाल्ड ईगल, बेलुगाव्हेल, डलशीप, एर्मिन, वालरस, वोल्वरिन आदि जानवर मिलते हैं।

(2) जलीय आवास के जीव जन्तु: जलीय प्राणी श्वसन के लिए आवश्यक ऑक्सीजन जल से ही प्राप्त करते हैं। भोजन के लिए भी ये जलीय प्राणी जलीय पौधों एवं जीव-जन्तुओं पर निर्भर रहते हैं। उदाहरण-मछली, पाइला, सीप जलीय आवासों में जीवित रहने के लिए इनकी शारीरिक एवं आन्तरिक रचनाओं में अनुकूल विशेषताएँ पायी जाती हैं। जलीय आवास निम्न प्रकार के होते है।

ताजा जलीय आवास (Freshwater Habitat): नदियाँ, झीलें, तालाब, झरने आदि। इनमें मछलियाँ, केकड़े, मगरमच्छ, टेडपोल, मेढ़क, केटफिश, सर्प, ड्रेगन फ्लाई आदि जन्तु पाए जाते है।

समुद्री आवास (Marine Habitat): समुद्री पानी में मछली, व्हेल, डॉग फिश, स्टार फिश, जेली फिश, ऑक्टोपस, शार्क मछली, व्हेल मछली, समुद्री घोड़ा, समुद्री ड्रेगन, समुद्री कछुआ, मगरमच्छ, समुद्री सांप आदि जीव जन्तु मिलते है।

तटवर्ती आवास (Coastal Habitat): इन क्षेत्रों में समुद्री जल एवं नदियों द्वारा लाए गये ताजा जल का मिश्रण मिलता है। अत: यहाँ मैग्रोव प्रकार की वनस्पति की बहुलता रहती है।

विभिन्न प्रकार के मानव-आवास

पृथ्वी के धरातल पर मानव द्वारा निर्मित एवं विकसित आवासों के संगठित समूह को अधिवास कहते हैं। मानव अधिवास को मानव बस्ती भी कहा जाता है। मानव अधिवास साधारणतया स्थायी रूप से बसे होते हैं किन्तु कुछ अधिवास अस्थायी भी होते हैं। अधिवासों का उपयोग मानव निवास के लिए होता है। मानव बस्तियों में दो प्रकार के आवश्यक तत्व पाए जाते है (a) स्थाई और (b) अस्थाई शिकारी, पशुपालक, (उद्यमशील) साहसिक व्यक्ति कैम्प बनाकर कुछ समय के लिये अस्थाई रूप से शिविर बना लेते हैं। आबाद अथवा बसे हुए गाँव तथा शहरी समूह स्थायी बस्तियाँ होते हैं।

मानव बस्तियों के प्रकार: बस्तियों में निवास करने वाले लोगों के कार्यों के आधार पर एवं बस्तियों के आकार के आधार पर इनको दो भागों में बॉटा जा सकता है।

क. ग्रामीण बस्ती

ख. नगरीय बस्ती

क. ग्रामीण बस्ती- इन बस्तियों में निवास करने वाले लोगों का प्रमुख व्यवसाय- कृषि, पशुपालन, लकड़ी काटना, खान खोदना, शिकार खेलना आदि होता है।

प्रो० व्लास के अनुसार " भारत एक आदर्श ग्रामीण बस्तियों का उत्तम उदाहरण है"

ग्रामीण बस्तियों के प्रकार- बनावट के आधार पर ग्रामीण बस्तियाँ निम्न प्रकार की होती हैं।

1. सघन बस्तियाँ: इस प्रकार की बस्तियाँ ऐसे स्थानों विशेषकर मैदानी क्षेत्रों में मिलती हैं जहाँ पर मानव को उत्तम जलवायु, पानी की उपलब्धता, कृषि, रोजगार, शिक्षा, यातायात आदि साधनों प्रचुर मात्रा में मिलते हैं।

2. प्रकीर्ण बस्तियाँ: इस प्रकार की बस्तियों में मकान एक दूसरे से दूर-दूर तक बसे हुए होते हैं जो कच्ची सड़कों तथा पगडण्डियों से आपस में एक दूसरे से जुड़े रहते हैं।

3. एकांकी बस्तियाँ: इस प्रकार की बस्तियों में मकान प्राय: दूर-दूर तक बसे होते हैं। इनमें शिकारी, चरवाहे, एवं लकड़हारे निवास करते हैं। ऐसी बस्तियों भारत में उच्च हिमालयी प्रदेशों में एवं आदिवासी क्षेत्रों में मिलती हैं।

4. अपखण्डित बस्तियाँ: इस प्रकार की बस्तियाँ समूह में दूर-दूर तक बसी होती हैं। इस प्रकार की बस्तियों को भारत में स्थानीय आधार पर, नगला, पुरूवा, पाला, ढाणी आदि नामों से जाना जाता है। बस्तियों की उत्पत्ति एवं विकास के कारक

बस्तियों की स्थापना एवं विकास में निम्न कारक विशेष रूप से उत्तरदायी होते हैं।

1. भौतिक कारक: बस्तियों के विकास में भौतिक कारकों में जलवायु, उच्चावच, धरातल, मैदानी, मरूस्थली ऊबड़ खाबड़ स्थान का प्रमुख योगदान होता है।

2. नृजातीय एवं सांस्कृतिक कारक: इसमें जनजातीयता, जाति साम्प्रदायिक पहचान प्रमुख होती हैं। इनमें सामाजिक प्रभुत्व वाले लोगों के आवास केन्द्र में तथा उनकी सेवा करने वाले लोग बाहर बसे होते हैं।

3. सुरक्षा कारक: बस्तियों के बसावट में सुरक्षा कारक महत्व पूर्ण स्थान रखते हैं। मानव सदैव से सुरक्षित जीवन यापन के लिए हमेशा से सुरक्षित स्थानों पर बसा है।

ग्रामीण बस्तियों के वितरण के प्रतिरूप

गाँव का बाह्य आकार या आकृति एवं मकानों एवं मार्गों की स्थिति और व्यवस्था के आधार पर गाँवों में निम्नलिखित प्रतिरूप मिलते हैं।

1. रेखीय प्रतिरूप: इस प्रकार के गाँव प्राय: सड़क के दोनों ओर एवं नदियों के दोनों ओर किनारों पर बसे होते हैं। इस प्रकार के गाँव या मकान पंक्तियों में बसे होते हैं।

2. चौकपट्टी प्रतिरूप: इस प्रकार के गाँव दो सड़कों के मिलन अथवा चौराहों पर बसे होते हैं। यहाँ गलियाँ आदि सड़कें एक दूसरे के समानान्तर होती हैं। मेरठ में गेसूपुर, दोतार, रेबड़ी आदि गाँव ऐसे ही बसे गाँव हैं।

3. अरीय या त्रिज्याकार प्रतिरूप: इस प्रकार के गाँवों में किसी केन्द्रीय स्थिति में गलियां एवं सड़कें मिलती हैं और एक चक्र के रूप में मकान बस जाते हैं। उनको अरीय प्रतिरूप कहा जाता है।

4. तारा प्रतिरूप: इस प्रकार के गाँव त्रिज्याकार में बस जाते हैं और विकसित होते हुए सड़कों के किनारे फैलते जाते हैं। तारा प्रतिरूप कहे जाते हैं।

5. वृत्ताकार प्रतिरूप: इनको निहारिका, नाभिक आकार के नाम से भी जाना जाता है ऐसे गाँव एक केन्द्रक के चारों और बसते जाते हैं। और वृत्ताकार रूप धारण कर लेते हैं। वृत्ताकर प्रतिरूप कहलाते हैं।

6. तीर प्रतिरूप: इस प्रकार के प्रतिरूप अन्तरीपों के सिरे पर या तीन ओर से जल से घिरे स्थान पर बस जाते हैं जिनका अगला शिरा नुकीला एवं पृष्ठ भाग फैला हुआ होता है।

7. सीढ़ीदार प्रतिरूप: इस प्रकार के प्रतिरूप पहाड़ी ढालों पर मिलते हैं जहाँ पर मकान पंक्ति में बसे होते हैं।

8. आयताकार गाँव: ऐसे गाँव अधिकतर मरूस्थली भागों में मिलते हैं ऐसे गाँवों में मकान किसी ऊँचे भाग पर बसाये जाते हैं।

9. अनियमित एवं अनाकार गाँव: ऐसे गाँव बिना किसी योजना के बसाये जाते हैं इनका आकार अनियमित होता है।

10. जूते की डोरी के आकार वाले गाँव: ऐसे बस्तियां प्राय: डेल्टाई क्षेत्रों नदी के जल वाले क्षेत्र में ऊपरी भागों में बसे होते हैं।

नगरीय बस्तियाँ: नगरों की स्थिति अपने कार्यों के आधार पर ग्रामीण क्षेत्रों से भिन्न होती हैं। ग्रामीण क्षेत्रों में ग्रामीण बस्तियों का प्रमुख आधार कृषि एवं पशुपालन होता है, जबकि नगरीय क्षेत्रों में लोगों का प्रमुख व्यवसाय उद्योग एवं व्यापार तथा सेवा कार्य होता है।

नगरों के प्रकार: विभिन्न देशों में नगरों को परिभाषित करने के लिए भिन्न-भिन्न आधार होते हैं। भारत में 2001 की जनगणना में नगरों को परिभाषित करने के निम्नांकित मानकों को अपनाया गया है।

क. सवैधानिक नगर: संवैधानिक नगर वे हैं जहाँ नगर पालिका, नगर निगम, कैण्टोनमैण्ट बोर्ड या नोटीफाइड ऐरिया कमेटी होती है।

ख. जनगणना नगर: वे सभी स्थान जनगणना नगर कहलाते हैं जो निम्नलिखित शर्तों को पूरा करते हैं।

1. जिनकी जनसंख्या कम से कम 5,000 हो।
2. जिनकी 75 प्रतिशत कार्यशील पुरूष जनसंख्या कृषि को छोड़कर अन्य कार्यों जैसे विनिर्माण या सेवा क्षेत्र में संलग्न हो।
3. जिनकी जनसंख्या का घनत्व 400 व्यक्ति प्रति वर्ग किलोमीटर या 1000 प्रति वर्ग मील हो।

भारत में नगरों का विकास: भारत में सिन्धुघाटी की सभ्यता 5000 वर्ष पुरानी मानी जाती है जिसके ध्वंसावशेष मोहनजोदड़ों और हड़प्पा में देखने को मिलते हैं।

1. ऐतिहासिक नगर: चित्तौड़गढ़, आहड़, बागौर, कालीबंगा, मिथिला, जयपुर, शिवनेर, मथुरा, भानेश्वर, अयोध्या, हस्तिनापुर आदि का विकास गंगा की घाटी में हुआ।

2. वैदिक काल: इस काल में कुरुक्षेत्र, पहोवा, थानेश्वर, कन्नौज, अयोध्या, कैथल, करनाल, पानीपत, सोनीपत आदि नगर।

3. महाभारत काल: रटोल, रामटेक, मनसर, मनिकुलकण्ड, भायपुर, आंध्र,कर्नाटक,सौराष्ट्र आदि।

4. बौद्ध काल: यह समय नगरों के निर्माण की दृष्टि से स्वर्णिम युग कहा जाता है। इस समय के शासको ने नगरों को सुनियोजित तरीके से बसाया था। इस काल में तक्षशिला, नालन्दा, अवन्ति, अजन्ता, पाटलिपुत्र, राजगीर आदि नगरों का विकास हुआ।

मध्य काल: मध्य काल में आगरा, जौनपुर, फतेहपुर सीकरी, औरंगाबाद, तुगलकाबाद, हैदराबाद, बंगलौर आदि नगर बसे।

नगरीय बस्तियों के प्रकार

क. जनसंख्या के आधार पर: जनसंख्या के आधार पर नगरों का वर्गीकरण निम्न प्रकार है

1. **कस्बा:** 1 लाख से कम जनसंख्या वाले शहर को कस्बा कहा जाता है।
2. **नगर:** जिनकी जनसंख्या 10 लाख तक होती है।
3. **महानगर:** जिनकी जनसंख्या 50 लाख तक होती है।
4. **वृहद नगर:** जिनकी जनसंख्या 50 लाख से अधिक होती है।
5. **सन्नगर:** जो नगर बढ़ते हुए किसी छोटे नगर से जुड़ जाते हैं, सन्नगर कहे जाते हैं।

ख. नगरों का प्रकार्यात्मक वर्गीकरण: कार्यों के आधार पर नगरों का वर्गीकरण निम्न प्रकार है:

1. औद्योगिक नगर: जहाँ उद्योग धन्धे स्थापित हो जाते हैं। जैसे- जमशेदपुर, कानपुर, मुम्बई, अहमदाबाद आदि।

2. व्यापारिक नगर: जहाँ व्यापार केन्द्र होते हैं जैसे- मुम्बई, विशाखापटनम, गंगानगर, भीलवाड़ा, चेन्नई आदि।

3. परिवहन नगर: ये परिवहन मार्गों के मिलन पर होते हैं।

4. प्रशासनिक नगर: जैसे राजधानी तथा थाना, बैंक, डाकघर आदि।

5. खनिज केन्द्र: जहाँ खनिजों के भण्डार स्थित होते हैं, जैसे- रानीगंज, बोकारो, मयूरभंज, डिगबोई, अंकलेश्वर आदि।

6. धार्मिक केन्द्र: जैसे मथुरा, अयोध्या, काशी, बनारस, इलाहाबाद, नासिक, पुरी, अजमेर आदि।

आवास और निकटवर्ती स्थानों की स्वच्छता

- स्वच्छता और पर्यावरण का प्रत्यक्ष सम्बन्ध है। स्वच्छता की स्थिति में पर्यावरणीय स्थिति भी स्वच्छ व स्वस्थ रहेगी। आम पर्यावरण की समस्या एक वैश्विक समस्या

है, अस्वच्छता के कारण पर्यावरण पर जोखिम पैदा हुआ है। नगरीय एवं ग्राम्य समाज में स्वच्छता के प्रति कम जागरुकता से पर्यावरणीय विविध पहलू प्रभावित हुए हैं। आवास और निकटवर्ती स्थानों की स्वच्छता निम्नलिखित बातों पर निर्भर करती हैं।

- भारतीय समाज व्यवस्था में लोगों को स्वच्छता की शिक्षा आवश्यक है। परिवार के द्वारा शैक्षिक संस्थानों के द्वारा स्वच्छता के सम्बन्ध में लोगों को अवगत कराया जाना आवश्यक है।
- सार्वजनिक स्थानों पर स्वच्छता हेतु सरकार ने कूड़ादानी, थूकदानी, ड्रेनेज व्यवस्था, शौचालय आदि की व्यवस्था की है। लोगों को चाहिए कि उनका ही उचित उपयोग कर स्वच्छता निर्माण में सहभागी बनते रहे।
- अस्वच्छता की स्थिति से प्रतीत होता है कि लोगों में स्वच्छता सम्बन्ध में जाग्रति का अभाव है। स्वजागृति हेतु विविध कार्यशालाएँ, प्रवचन, प्रशिक्षण आदि का आयोजन किया जाता है। भारत सरकार ने 15 अगस्त, 2014 से स्वच्छ भारत मिशन कार्यक्रम शुरू किया है।
- घर का समस्त कूड़ा- करकट घर के बाहर या सार्वजनिक स्थान पर नहीं फेंकना चाहिए। अपने मकान की नालियों को साफसुथरा रखना चाहिए।
- सार्वजनिक और आवासीय बस्तियों के जल स्रोत साफ- स्वच्छ होने चाहिए। साथ ही मरे हुए जानवरों को जलस्रोत या बस्तियों से दूर उचित स्थानों पर डालना चाहिए।

आवास निर्माण हेतु विभिन्न प्रकार की सामग्री

मनुष्य के रहने के लिए, सुरक्षा व विश्राम के लिए, अपनी समस्त गतिविधियां चलाने के लिए व अपनी सम्पत्ति की रक्षा के लिए आवास की जरूरत होती हैं जैसे कच्चे घर, झोपड़ियाँ, पक्के मकान, महल आदि। भवन निर्माण के लिए सामान्यत: उस सामग्री का प्रयोग किया जाता है जो उसके निकट प्राप्त हो, गृह निर्माण के लिए निम्न सामग्रियों का प्रयोग किया जाता है-

- **पत्थर:** पत्थर या बेसाल्ट अथवा अच्छे ढंग से तरासे गए पत्थरों का प्रयोग उन स्थानों पर व्यापक रूप में होता है, जहाँ ये प्रचुर मात्रा में उपलब्ध होते हैं। पत्थरों का उपयोग उनकी भौतिक विशेषताओं, उनके कठोरपन, तथा आसानी के साथ काट-छांट होने के कारण इनका प्रयोग विश्व, विशेषकर भारत में प्राचीन काल से किया जा रहा है।
- **लकड़ी:** वन्य प्रदेशों में तथा वनों से सटे इलाकों में इमारती लकड़ियों से बनी दीवारों वाले घर काफी मात्रा में मिलते हैं। इसका प्रमुख कारण इनका निकट उपलब्ध होना है। केन्द्रीय भारत में भील जनजातियों के क्षेत्र में ये बहुतायत में मिलते हैं।
- **कच्ची या पक्की ईट:** कच्ची या पक्की इटों का प्रयोग सामान्यत: भारत में प्राचीन काल से किया जा रहा है। सबसे अधिक पुरातन प्रमाण सिन्धु घाटी सभ्यता के कई स्थानों में मिले है। इटों का अधिक प्रयोग होने के पीछे मुख्य कारण लागत में बचत, चिरस्थाई तथा कम जगह में दीवारों को अधिक से अधिक आकारों में बनाया जा सकना है। इनसे निर्मित मकान प्राय: शुष्क और अर्द्ध शुष्क भागों में मिलते हैं।
- **बांस:** इस प्रकार के मकान मुख्य रूप से दक्षिण पूर्व एशिया जैसे-वियतनाम, थाईलैंड, मलेशिया, इंडोनेशिया और फिलिपीन्स में पाए जाते हैं।

मौसम तथा जलवायु : जलवायु के अनुरूप जन्तुओं का अनुकूलन

मौसम

- किसी स्थान पर तापमान, आद्रता, वर्षा, पवन वेग आदि के संदर्भ में वायुमंडल की दिन-प्रतिदिन की स्थिति उस स्थान का मौसम कहलाती है। मौसम सामान्यत: किन्हीं 2 दिन अथवा सप्ताह दर सप्ताह सामान नहीं होता है। दिन का अधिकतम तापमान सामान्यत: अपराहन (दोपहर बाद) में जबकि न्यूनतम तापमान प्रात: (भोर) होता है। वर्ष भर सूर्योदय और सूर्यास्त का समय भी परिवर्तित होता रहता है। मौसम के सभी परिवर्तन सूर्य से संचालित होते हैं।
- तापमान, आर्द्रता, वर्षा, हवा की गति, वायु दबाव, आदि मौसम को निर्धारित करने वाले तत्व हैं। क्योंकि इन तत्वों का उपयोग करके किसी स्थान का मौसम निर्धारित किया जा सकता है।

जलवायु

- किसी स्थान पर लंबी अवधि तक एकत्रित मौसम के आँकड़ों के आधार पर बना ताप, आर्द्रता एवं वर्षा का प्रतिरूप उस स्थान की जलवायु कहलाता है।
- किसी भी स्थान का मौसम वर्ष में निश्चित समय पर दिन-प्रतिदिन बदलता रहता है। परंतु प्रत्येक वर्ष एक निश्चित समय में वह समान रहता है। उदाहरण के लिए, समुद्र के समीपवर्ती स्थानों पर गर्म जलवायु पाई जाती है। इस जलवायु के कारण सप्ताह में प्रत्येक दिन गर्मी रहती है। यह गर्म दिन धीरे-धीरे ठंडे दिनों में परिवर्तित हो जाते हैं। संसार की प्रत्येक घटना जिसके द्वारा हम संसार में जीवित है, दैनिक जीवन के क्रियाकलाप, जैसे हमारा पहनावा, खान-पान आदि जलवायु पर निर्भर करते हैं।
- दीर्घ अवधि जैसे 25 वर्ष में लिए गए मौसम के प्रचालो के आधार पर किए गए प्रतिरूप (पैटर्न) उस स्थान की जलवायु निर्धारित करते हैं। उष्णकटिबंधीय और ध्रुवीय क्षेत्र पृथ्वी के दो ऐसे क्षेत्र हैं जहां की चरम जलवायवीय परिस्थितियां होती है।
- किसी स्थान की जलवायु का प्रभावित करने वाले कारक:

1. **ऊँचाई तथा शीर्षलंब:** समुद्र तल से ऊपर अथवा ऊँचाई शीर्षलंब कहलाती है, जैस-जैसे ऊँचाई बढ़ती है वैसे-वैसे वायु सघन होती जाती है। कम सघन वायु अधिक ऊष्मा वहन कर सकती है। अत: ऊँचाई बढ़ने पर तापमान कम हो जाता है।
2. **अक्षांश:** भूमध्य रेखा से ऊपर दक्षिणी की दूरी का माप अक्षांश कहलाती है। भूमध्य रेखा के निकट का क्षेत्र अथवा अक्षांश पर सूर्य की किरणें सीधी पड़ती है। सूर्य की सीधी किरणें अधिक विकिरण ऊर्जा प्रदान करती हैं। अत: भूमध्य रेखा के दूरस्थ क्षेत्र कम विकिरण ऊर्जा प्राप्त करते हैं। अत: यहाँ की जलवायु ठंडी होती है। सामान्यत: ध्रुवीय क्षेत्रों में तापमान बहुत कम होता है, क्योंकि यहाँ पर सूर्य की किरणें सबसे कम सीधी पड़ती है।
3. समुद्री धाराएँ: समुद्र की धाराएँ गर्म जल की धाराएँ होती हैं, जबकि कुछ ठंडे जल। गर्म जल वायु को गर्म करता है तथा ठंडा जल वायु को ठंडा करता है। अत: गर्म जल की धाराओं के निकट भूमि का मौसम गर्म होता है तथा ठंडे जल की धाराओं के निकट की भूमि का मौसम ठंडा होता है।
4. **पर्वत श्रेणियाँ:** किसी क्षेत्र में वर्षण की मात्रा पर्वतीय श्रेणियों द्वारा भी प्रभावित होती है। ये पर्वती वायु के लिए अवरोध का कार्य करती है। पर्वत श्रेणियाँ, वायु को ऊँचा उठाती हैं। जिससे यह ठंडी हो जाती है तथा अधिकांश नमी जो इसमें होती है, वह संघनित हो जाती है, जिसके फलस्वरूप पवनाभिमुख ढालों पर वर्षण अधिक होता है। अत: पवनाभिमुख होती है। यहाँ शुष्क वायु के प्रवाहित होने की दिशा नीचे की तरफ होती है, जिसके फलस्वरूप यहाँ वर्षण कम होता है तथा यहाँ की जलवायु शुष्क होती है।
5. **प्रवर्ती वायु:** प्रवर्ती वह वायु होती है जो अन्य दिशाओं की अपेक्षा मुख्यत: एक दिशा की तरफ से अधिक बढ़ती है। प्रवर्ती वायु का अपने मार्गी क्षेत्र की जलवायु पर विशेष प्रभाव होता है। भिन्न-भिन्न प्रवर्ती वायु में आर्द्रता की मात्रा भी भिन्न-भिन्न होती है। प्रवर्ती वायु में आर्द्रता की मात्रा उस क्षेत्र में वर्षण की मात्रा को भी प्रभावित करती है।

अनुकूलन

- जंतु उन परिस्थितियों के लिए अनुकूलित होते हैं जिसमें वह वास करते हैं।
- गर्म और शुष्क जलवायु में जीवों का अनुकूलन
- जो जंतु गर्म और शुष्क जलवायु में रहते हैं, वे इस जलवायु में रहने के लिए निम्न प्रकार से अनुकूलित हो गए हैं:

1. कुछ जंतुओं ने स्वयं को रेगिस्तान जैसे सूखे जलवायु क्षेत्र में रहने के लिए अनुकूल कर लिया है। ऊँट रेगिस्तान में दौड़ता हुआ मीलों दूर चला जाता है। उसने स्वयं को इस जलवायु के अनुकूल कर लिया है। वह अपने कूबड़ में वसा के रूप में संचित रखता है। इस प्रकार वह लंबे समय तक बिना जल और भोजन के जीवित रह सकता है।
2. रेगिस्तान में रहने वाले वे जंतु अपशिष्ट पदार्थ के रूप में जल का त्याग नहीं करते हैं। इस प्रकार ये संसार के कम वर्षा वाले क्षेत्रों में भी रहने के अनुकूल हैं।
3. कुछ प्राणी जैसे घोंघा गर्म तथा शुष्क जलवायु में शरीर के चारों तरफ श्लेष्म स्रावित करते हैं। इस प्रकार वे अपने शरीर से नमी बाहर नहीं जाने देते हैं।
4. कुछ जंतु जैसे छिपकली और रेंगने वाले प्राणी दिन में गर्मी से बचने के लिए भूमि के अंदर चले जाते हैं तथा रात्रि में भोजन की खोज में बाहर निकलते हैं।

ध्रुवीय क्षेत्र

- ध्रुवीय क्षेत्र में वर्ष भर बहुत सर्दी रहती है ध्रुवों में वर्ष के 6 महीने तक सूर्यास्त नहीं होता है और शेष वर्ष महीनों में सूर्योदय नहीं होता है। ध्रुवीय क्षेत्र के जंतु कुछ विशेष गुणों के कारण जैसे- शरीर पर श्वेत फर, सूंघने की तीव्र शक्ति, त्वचा के नीचे वसा की परत, तैरने और चलने के लिए चौड़े और लंबे नाखूनों आदि के कारण अत्यधिक शरद जलवायु के लिए अनुकूलित होते हैं। अतिशीत मौसम से बचने के लिए प्रवास एक अन्य साधन है। अनुकूल जलवायु परिस्थितियों के कारण उष्णकटिबंधीय वर्षा वनो में पादप और जंतु की विशाल जनसंख्या पाई जाती है। उष्णकटिबंधीय वर्षा वनों में जंतु इस प्रकार अनुकूलित होते हैं कि उन्हें अन्य प्रकार के जंतुओं से भिन्न भोजन और आश्रय की आवश्यकता होती है ताकि उनमें परस्पर स्पर्धा कम से कम हो। उष्णकटिबंधीय वर्षा वनों में रहने वाले जंतुओं के कुछ अनुकूलनो में वृक्षो पर आवास, मजबूत पूछ का विकास, लंबी और विशाल चोंच, चटख रंग, तीखे प्रतिरूप, तीव्र स्वर ध्वनि, फलों का आहार, सुनने की संवेदनशील शक्ति, तीव्र शक्ति, तीव्र दृष्टि, मोटी त्वचा परभक्षियो से बचने के लिए छ्ज्यांवरान आदि सम्मिलित हैं।
- उष्णकटिबंधीय वर्षा वन भूमध्य रेखा के आसपास स्थित होने के कारण यहां की जलवायु गर्म होती है। सबसे सर्द महीनों में तापमान सामान्य से 15 डिग्री सेल्सियस से अधिक एवं गर्मियों में तापमान 40 डिग्री सेल्सियस से अधिक होती है। वर्ष भर दिन और रात की लंबाई लगभग बराबर होती है। विशेषता प्रचुर मात्रा में वर्षा होती है। उष्णकटिबंधीय वर्षा वन भारत में पश्चिमी घाटों और असम में पाया जाता है। वन दक्षिण पूर्व एशिया मध्य अमेरिका और मध्य अफ्रीका में होता है। लगातार गर्मी और वर्षा के कारण इस क्षेत्र में विभिन्न प्रकार के पादप और जंतु पाए जाते हैं।

उष्ण कटिबंधीय वर्षावन क्षेत्र की जलवायु में जीव

- भूमध्य रेखा के आस-पास जहाँ पर तापमान गर्म रहता है, वहाँ तापमान के अनुसार वनस्पति में भी अंतर पाया जाता है। इन भाग में तेंदुआ, चीता तथा छिपकली आदि पाये जाते हैं। यहाँ जंतुओं की संख्या अधिक होती है। संसार में दक्षिण पूर्वी एशिया, मध्य अफ्रीका में ये जंतु पाए जाते हैं।
- यहाँ पर वृक्षों पर रहने वाले पक्षी लम्बी पूँछ रखते हैं। तोता, कठफोड़वा तथा मैना आदि पक्षी इन क्षेत्रों में पाए जाते हैं। यहाँ पर एक विशेष प्रकार का लंगूर पाया जाता है, जिसे हम दाढ़ी वाला लंगूर कहते हैं। इसकी दाढ़ी चाँदी की तरह सफेद होती है। यह ऊँचे-ऊँचे वृक्षों पर पाया जाता है। हाथी समझदार पशु है। इसके कान बड़े लंबे होते हैं। इसमें सूँघने और सुनने की बहुत अधिक शक्ति होती है। ये वर्षा वनों की गर्म और आर्द्र जलवायु में पाए जाते हैं।

जैव-विविधता एवं संरक्षण

जैव-विविधता शब्द सामाजिक जीव वैज्ञानिक **एडवर्ड विल्सन** द्वारा जैविक संगठन के प्रत्येक स्तर पर उपस्थित विविधता को दर्शाने के लिए प्रचलित किया गया है। इसमें से महत्वपूर्ण वर्ग हैं–

1. **आनुवांशिक विविधता:** किसी प्राकृतिक जनसंख्या में वहाँ के लोगो के मध्य जीन रूपी विषमयुग्मता एवं बहुरूपता **आनुवांशिक विविधता** कहलाती है।
2. **प्रजाति विविधता:** विविधता के बीच एक प्रजाति एक पारिस्थितिकी तंत्र में जैव-विविधता प्रोत्साहित प्रजाति विविधता के उत्कृष्ट उदाहरण हैं।
3. **पारिस्थितिकी विविधता:** किसी दिए गए इकाई क्षेत्र के पारिस्थितिक तंत्र में संगठन के एक उच्च स्तर पर व्याप्त आवास की विविधता पारिस्थितिक विविधता कहलाती है। पारिस्थितिकी को **एन्वायरनमेंटल बायोलॉजी** भी कहा जाता है। इस विषय में व्यक्ति, जनसंख्या, समुदायों व **इकोसिस्टम** का अध्ययन होता है।

जैव-विविधता संरक्षण

जीवों का संरक्षण उनके प्राकृतिक निवास व कृत्रिम निवास स्थलों पर किया जाता है, इसके 2 प्रकार हैं–

1. **स्थान संरक्षण (In-Situ Conservation):** इस प्रकार का संरक्षण उनके प्राकृतिक आवास में किया जाता है। अधिकतम सुरक्षा के लिए कुछ **'जैव-विविधता हॉट-स्पॉट'** पहचाने गए हैं। जैव-विविधता **हॉट-स्पॉट** वे क्षेत्र होते हैं, जहाँ पर जातीय समृद्धि बहुत अधिक और उच्च स्थानिकता (एंडेमिज्म) होती है, जातियां अन्य स्थानों पर नहीं होती हैं।

   सर्वप्रथम 25 जैव, विविधता हॉट-स्पॉट चिन्हित किए गए थे, इसके बाद इस सूची में **9 नए हॉट-स्पॉट** को शामिल किया गया। विश्व में कुल **34** जैव-विविधता हॉट-स्पॉट हैं। ये हॉट-स्पॉट त्वरित आवासीय क्षति के क्षेत्र भी हैं।

   इनमें से **3 हॉट-स्पॉट–1. पश्चिमी घाट**, **2. श्रीलंका**, **3. इंडो-बर्मा व हिमालय** हैं जो भारत देश की असाधारण रूप से उच्च जैव विविधता को दर्शाते हैं।

भारत में पारिस्थितिकी

अद्वितीय व जैव-विविधता समृद्ध क्षेत्रों को राष्ट्रीय उद्यानों, वन्यजीव अभ्यारण्यों, जैवमंडल क्षेत्र (बायोस्फीयर रिजर्व) के रूप में कानूनी सुरक्षा प्रदान की गई है। अब भारत में **18 जैवमंडल** संरक्षित क्षेत्र, **103** राष्ट्रीय उद्यान व **515** वन्य जीव अभ्यारण्य हैं।

IUCN लाल सूची

- संकटग्रस्त जातियों की IUCN लाल सूची जिसे **रेड डाटा सूची** (Red Data List) भी कहते हैं। 1963 में गठित विश्व के पौधों व पशुओं की जातियों की संरक्षण स्थिति की सबसे व्यापक तालिका है।
- **अंतर्राष्ट्रीय प्रकृति संरक्षण संघ (IUCN)** विश्व-स्तर पर विभिन्न जातियों के संरक्षण पर निगरानी रखने वाला सर्वोच्च संगठन है।

लाल सूची के लाभ

1. संकटग्रस्त जैव विविधता के महत्व के विषय में जागरूकता उत्पन्न करना।
2. संकटापन्न प्रजातियों की पहचान करना व उनका अभिलेखन करना।
3. जैव-विविधता के ह्रास की लिखित सूची तैयार करना।

लाल सूची की श्रेणियाँ

IUCN की लाल सूची में हर जीव जाति को 9 में से **एक श्रेणी** में डाला जाता है। यह श्रेणीकरण उनकी कुल जनसंख्या में गिरावट के दर, भौगोलिक विस्तरण के क्षेत्र और उनके क्षेत्र (मानवीय गतिविधियों द्वारा) बाहर जाने की सीमा के आधार पर किया जाता है।

1. **विलुप्त (Extinct—Ex):** जाति का कोई भी जीवित सदस्य नहीं बचा है।
2. **वन-विलुप्त (Extinct in the Wild—EW):** जाति वनों से पूर्णत: समाप्त हो चुकी है व इसके बचे हुए सदस्य केवल चिड़ियाघरों या अपने मूल निवास स्थान से अलग किसी कृत्रिम निवास स्थान पर ही जीवित हैं।
3. **घोर-संकटग्रस्त (Critically Endangered—CR):** जाति का वनों से विलुप्त होने का घोर खतरा बना हुआ है।
4. **संकटग्रस्त (Endangered—EN):** जाति का वनों से विलुप्त होने का खतरा बना हुआ है।
5. **असुरक्षित (Vulnerable—VU):** जाति की वनों में संकटग्रस्त हो जाने की संभावना है।
6. **संकट-निकट (Near Threatened—NT):** जाति की निकट भविष्य में संकटग्रस्त हो जाने की संभावना है।
7. **संकटमुक्त (Least Concern—LC):** जाति को बहुत कम खतरा है–बड़ी संख्या व विस्तृत क्षेत्र में पाई जाने वाली जाति।
8. **आंकड़ों का अभाव (Data Deficient—DD):** जाति के बारे में आंकड़ों की कमी से उसकी संरक्षण स्थिति व संकट का अनुमान नहीं लगाया जा सकता है।
9. **अनाकलित (Not Evaluated—NE):** जाति की संरक्षण स्थिति का IUCN के संरक्षण मानदंड का अंकन अभी नहीं किया गया है।

कचरा-प्रबन्धन एवं निपटान

- हम प्रतिदिन ढ़ेर सारा कचरा उत्पन्न करते हैं। जो चीज हमारे किसी काम की नहीं होती है उसे कचरा कहते हैं। घर से निकले हुए अपशिष्ट या कूड़े कचरे में सब्जियों और फलों के छिलके, बचा हुआ भोजन, कागज, प्लास्टिक और कई अन्य पदार्थ होते हैं। हमारे घरों और आसपास स्वच्छता रखने के लिए कचरे का सही निपटान जरूरी होता है।

कचरे का निपटान

- हम अक्सर सड़क के किनारे रखे कूड़ेदान में कचरा डालते हैं। कुछ शहरों में सफाई कर्मचारी हर घर से कचरा इकट्ठा करते हैं। उसके बाद सफाई कर्मचारी उस कचरे को किसी ढ़लाव पर डाल देते हैं।
- कचरे के ढ़लाव से नगरपालिका का ट्रक कचरा उठाकर ले जाता है। इस कचरे को भराव स्थल पर पहुँचा दिया जाता है। भराव स्थल अक्सर रिहायशी इलाके से दूर बनाये जाते हैं।
- कचरे में दो प्रकार के पदार्थ होते हैं: उपयोगी और अनुपयोगी।
  उपयोगी पदार्थ का पुन:चक्रण करके नये सामान बनाये जा सकते हैं। अनुपयोगी पदार्थ को भराव स्थल पर डाल दिया जाता है और फिर मिट्टी से ढ़क दिया जाता है। इस कचरे को कम से कम 20 वर्षों के लिए छोड़ दिया जाता है। उसके बाद ही भराव स्थल पर कोई निर्माण कार्य किया जा सकता है। ऐसे स्थानों पर अक्सर पार्क बनाये जाते हैं। दिल्ली का मिलेनियम पार्क ऐसे ही किसी भराव स्थल पर बना हुआ है।

कम्पोस्ट

- कचरे में दो प्रकार के पदार्थ होते हैं—जैव निम्नीकरणीय और जैव अनिम्नीकरणीय। जो पदार्थ सूक्ष्म जीवों द्वारा विगलित हो जाते हैं उन्हें जैव निम्नीकरणीय पदार्थ कहते हैं। सजीवों स्रोतों से मिलने वाले अपशिष्ट जैव निम्नीकरणीय होते हैं। ऐसे पदार्थों से कम्पोस्ट बनाया जा सकता है।
- किसान अक्सर खेती के अपशिष्ट, पत्तियों, फसलों की डंठलो और गोबर से कम्पोस्ट बनाते हैं। इसके लिए जमीन पर एक गड्ढ़ा खोदा जाता है। इस गड्ढ़े की तली में एक जाली या रेत की एक परत बिछाई जाती है। उसके बाद कचरे की परतें बिछाई जाती हैं। लगभग दो महीने के बाद, कचरा मिट्टी जैसे पदार्थ में बदल जाता है, जिसे कम्पोस्ट कहते हैं। कम्पोस्ट एक बहुत अच्छी खाद का काम करता है, जिससे मिट्टी अधिक उपजाऊ बनती है।
- **वर्मीकम्पोसट या कृमिकम्पोस्ट:** लाल केंचुए कम्पोस्ट बनने की प्रक्रिया को तेज कर देते हैं। जब केंचुओं की सहायता से कम्पोस्ट बनता है तो इसे वर्मीकम्पोस्ट कहते हैं।
- कचरा कम करने के तरीके कचरा कम करने के लिए हम कुछ कदम उठा सकते हैं। इसके लिये हमें तीन R के सिद्धांत का पालन करना होगा। इसका मतलब है: कम उपयोग, पुन: उपयोग और पुन:चक्रण।

1. **कम उपयोग:** अक्सर हम कुछ ऐसी चीजें खरीदते हैं जिनका हम बहुत कम इस्तेमाल करते हैं। कई बार हम ऐसी चीज भी खरीदते हैं जिसकी कोई जरूरत न हो। इन बातों पर ध्यान देकर हम चीजों के उपयोग को कम कर सकते हैं।
2. **पुन: उपयोग:** कई पुराने सामानों का हम फिर से उपयोग कर सकते हैं। जैसे; पुराने अखबार से हम किताबों पर जिल्द चढ़ा सकते हैं। जैम और जेली की खाली शीशियों में मसाले और नमक रखे जा सकते हैं। पुराने लिफाफों के ऊपर हम गणित हल करते समय रफ काम कर सकते हैं।
3. **पुन:चक्रण:** कई चीजों के पुन:चक्रण से नये सामान बनाए जा सकते हैं। काँच, अखबार, अलमुनियम, आदि का पुन:चक्रण किया जा सकता है। कुछ खास तरह के प्लास्टिक का भी पुन:चक्रण किया जा सकता है।

पर्यावरण-प्रदूषण

- पर्यावरणीय अध्ययन परिवेश से हमारे सामाजिक, जैविक, आर्थिक, भौतिक तथा रासायनिक अंत:संबंध को दर्शाता है। पर्यावरणीय रसायन परिवहन, अभिक्रियाओं, प्रभावों, तथ्यों आदि पर्यावरणीय रासायनिक स्पीशीज से संबंधित है।
- पर्यावरण-प्रदूषण हमारे परिवेश में अवांछनीय परिवर्तन (जो पौधों, जंतुओं तथा मनुष्यों पर हानिकारक प्रभाव डालते हैं) का परिणाम है। वह पदार्थ, जो प्रदूषण उत्पन्न करता है, 'प्रदूषक' कहलाता है। प्रदूषक ठोस, द्रव अथवा गैसीय पदार्थ हो सकता है, जो प्राकृतिक घटनाओं के कारण उत्पन्न होता है। प्रदूषक को निम्नीकृत किया जा सकता है। उदाहरणार्थ- सब्जियों के त्याज्य भाग प्राकृतिक विधियों द्वारा निम्नीकृत एवं अपघटित हो जाते हैं। इसके विपरीत कुछ प्रदूषक, जो धीरे-धीरे निम्नीकृत होते हैं, कई दशकों तक पर्यावरण में अपरिवर्तित रूप में बने रहते हैं। उदाहरणार्थ- डाइक्लोरो डाइफिनाइल ट्राइक्लोरो एथेन (डी.डी.टी.), प्लास्टिक-निर्मित अनेक पदार्थ, भारी धातुएँ, अनेक रसायन तथा नाभिकीय अपशिष्ट आदि यदि एक बार पर्यावरण में निर्गमित हो जाते हैं, तो इन्हें पृथक् करना कठिन होता है। ये प्रदूषक प्राकृतिक विधियों द्वारा निम्नीकृत नहीं होते हैं तथा जीवित प्राणियों के लिए अत्यंत हानिकारक होते हैं। पर्यावरणीय प्रदूषण में प्रदूषक विभिन्न स्रोतों से उत्पन्न होते हैं तथा वायु या जल में मनुष्य द्वारा अथवा मृदा में गाड़ने पर अभिगमित होते हैं।

वायुमंडलीय प्रदूषण

- पृथ्वी को चारों ओर से घेरे हुए आवरण ही वायुमंडल है इसकी मोटाई हर ऊँचाई पर समान नहीं होती है। इसमें वायु की विभिन्न संकेंद्री परतें अथवा क्षेत्र होते हैं तथा प्रत्येक परत का घनत्व भिन्न-भिन्न होता है। वायुमंडल का सबसे निचला क्षेत्र, जिसमें मनुष्य तथा अन्य प्राणी रहते हैं, को 'क्षोभमंडल' (Troposphere) कहते हैं। यह समुद्र तल से 10 किमी. की ऊँचाई तक होता है। उसके ऊपर (समुद्र तल से 10 से 50 किमी. के मध्य) समतापमंडल (Stratosphere) होता

है। क्षोभमंडल धूलकणों से युक्त क्षेत्र है, जिसमें वायु, अधिक जलवाष्प तथा बादल उपस्थित होते हैं। इस क्षेत्र में वायु के तीव्र प्रवाह एवं बादल का निर्माण होता है, जबकि समतापमंडल में डाइनाइट्रोजन, डाइऑक्सीजन, ओजोन तथा सूक्ष्म मात्रा में जलवाष्प होता है।

- सूर्य की हानिकारक पराबैंगनी किरणों के 99.5% भाग को समतापमंडल में उपस्थित ओजोन पृथ्वी की सतह पर पहुँचने से रोकती है तथा इसके प्रभाव से मानव तथा अन्य जीवों की रक्षा करती है।

क्षोभमंडलीय प्रदूषण

- वायु में उपस्थित अवांछनीय ठोस अथवा गैस कणों के कारण क्षोभमंडलीय प्रदूषण होता है। क्षोभमंडल में मुख्यत: निम्नलिखित गैसीय तथा कणिकीय प्रदूषक उपस्थित होते हैं-

(i) गैसीय वायुप्रदूषक-ये सल्फर, नाइट्रोजन तथा कार्बन के ऑक्साइड, हाइड्रोजन सल्फाइड, हाइड्रोकार्बन, ओजोन तथा अन्य ऑक्सीकारक हैं।

(ii) कणिकीय प्रदूषक-ये धूल, धूम्र, कोहरा, फुहारा, धुआँ आदि हैं।

1. गैसीय वायुप्रदूषक

(i) सल्फर के ऑक्साइड-जीवाश्म ईंधन के दहन के परिणामस्वरूप सल्फर के ऑक्साइड उत्पन्न होते हैं। इसमें प्रमुख स्पीशीज सल्फर डाइऑक्साइड है। यह एक गैस है तथा मनुष्य एवं जंतुओं के लिए विषैली है। सल्फर डाइऑक्साइड की सूक्ष्म सांद्रता मनुष्य में विभिन्न श्वसन-रोगों (जैसे-अस्थमा, श्वसनी शोध (Bronchitis), वातस्फीति (emphysema) आदि) का कारण होती है। सल्फर डाइऑक्साइड के कारण आँखों में जलन होती है, जिससे आँखें लाल हो जाती हैं तथा आँसू आने लगते हैं। SO_2 की उच्च सांद्रता फूलों की कलियों में कड़ापन उत्पन्न करती है, जिससे ये पौधों से शीघ्र गिर जाती हैं। सल्फर डाइऑक्साइड का अनुत्प्रेरकीय (Uncatalysis) ऑक्सीकरण एक धीमी प्रक्रिया है, परंतु प्रदूषित वायु, जिसमें कणिकीय द्रव्य होते हैं, वायुमंडल में उपस्थित सल्फर ट्राइऑक्साइड की ऑक्सीकरण प्रक्रिया को उत्प्रेरित करती है।

$$2SO_2\,(g) + O_2\,(g) \longrightarrow 2SO_3\,(g)$$

इस अभिक्रिया की प्रगति वायुमंडल में उपस्थित ओजोन तथा हाइड्रोजन पैरॉक्साइड द्वारा बढ़ जाती है।

$$SO_2\,(g) + O_3\,(g) \longrightarrow SO_3\,(g) + O_2\,(g)$$

$$SO_2(g) + H_2O_2(l) \longrightarrow H_2SO_4\,(aq)$$

(ii) नाइट्रोजन के ऑक्साइड-वायु के प्रमुख अवयव डाइनाइट्रोजन तथा डाइऑक्सीजन हैं। सामान्य ताप पर ये गैसें आपस में अभिक्रिया नहीं करती हैं, परंतु उच्च उन्नतांश पर जब बिजली चमकती है, तब ये आपस में प्रतिक्रिया करके नाइट्रोजन के ऑक्साइड बनाती हैं। NO_2 ऑक्सीकरण पर NO_3^- आयन बनाती है, जो मृदा में घुलकर उर्वरक का कार्य करता है। किसी स्वचालित इंजन में (उच्च ताप पर) जब जीवाश्म ईंधन का दहन होता है, तब डाइनाइट्रोजन तथा डाइऑक्सीजन मिलकर नाइट्रिक ऑक्साइड NO तथा नाइट्रोजन डाइऑक्साइड NO_2 की पर्याप्त मात्रा देती है।

$$N_2\,(g) + O_2\,(g) \xrightarrow{1483K} 2NO(g)$$

NO ऑक्सीजन से शीघ्रतापूर्वक क्रिया कर NO_2 देती है।

$$2NO\,(g) + O_2\,(g) \longrightarrow 2NO_2\,(g)$$

जब समतापमंडल में नाइट्रिक ऑक्साइड NO ओजोन से प्रतिक्रिया करती है, तब नाइट्रोजन डाइऑक्साइड (NO_2) के निर्माण की दर बढ़ जाती है।

$$NO\,(g) + O_3\,(g) \longrightarrow NO_2\,(g) + O_2\,(g)$$

यातायात तथा सघन स्थानों पर उत्पन्न तीक्ष्ण लाल धूम्र नाइट्रोजन ऑक्साइड के कारण होता है। NO_2 की अधिक सांद्रता होने पर पौधों की पत्तियाँ गिर जाती हैं तथा प्रकाश-संश्लेषण की दर कम हो जाती है। नाइट्रोजन डाइऑक्साइड से फेफड़ों में उत्तेजना उत्पन्न होती है, जिससे बच्चों में प्रचंड श्वसन रोग उत्पन्न हो जाते हैं। यह जीव ऊतकों के लिए विषैली भी है।

(iii) हाइड्रोकार्बन-हाइड्रोकार्बन केवल कार्बन तथा हाइड्रोजन के बने होते हैं। ये स्वचालित वाहनों में ईंधन के अपूर्ण दहन के कारण उत्पन्न होते हैं। अधिकांश हाइड्रोकार्बन कैंसरजन्य होते हैं, यह पौधों में काल-प्रभावण, ऊतकों के निम्नीकरण तथा पत्तियों, फूलों एवं टहनियों में छाया द्वारा हानि पहुँचाते हैं।

(iv) कार्बन के ऑक्साइड

(i) कार्बन मोनो ऑक्साइड-कार्बन मोनो ऑक्साइड खतरनाक वायु-प्रदूषकों में से एक है। यह रंगहीन तथा गंधहीन है। श्वसनीय प्राणियों के लिए हानिकारक है। इसमें विभिन्न अंगों तथा ऊतकों के लिए दी जाने वाली ऑक्सीजन के प्रवाह को रोकने की सामर्थ्य होती है। यह कार्बन के अपूर्ण दहन से उत्पन्न होती है। इसकी सर्वाधिक मात्रा मोटरवाहनों से निकलने वाले धुएँ से उत्पन्न होती है। इसके अन्य स्रोत कोयला, ईंधन-लकड़ी, पेट्रोल का अपूर्ण दहन हैं। हाइड्रोजन हीमोग्लोबिन के साथ ऑक्सीजन की अपेक्षा अधिक प्रबलता से संयुक्त हो जाती है तथा कार्बोक्सीहीमोग्लोबिन बनाती है. जो ऑक्सीजन-होमोग्लोबिन से लगभग 300 गुना अधिक स्थायी संकुल है। जब रक्त में कार्बोक्सीहीमोग्लोबिन की मात्रा 3-4 प्रतिशत तक पहुँच जाती है, तब रक्त में ऑक्सीजन ले जाने की क्षमता काफी कम हो जाती है। ऑक्सीजन की इस न्यूनता से सिरदर्द, नेत्रदृष्टि की क्षीणता, तंत्रकीय आवेग में न्यूनता, हृदयवाहिका में तंत्र अव्यवस्था आदि की विसंगतियाँ हो जाती हैं। गर्भवती महिलाओं के रक्त में कार्बन मोनोऑक्साइड CO की बढ़ी मात्रा कालपूर्व जन्म, स्वत: गर्भपात एवं बच्चों में विरूपता का कारण है। यह इतनी विषैली है कि 1300 पी.पी.एम. की सांद्रता आधे घंटे में प्राणघातक हो जाती है।

(ii) कार्बन डाइऑक्साइड-श्वसन, जीवाश्म ईंधन का दहन, सीमेन्ट निर्माण में काम आने वाले चूना-पत्थर आदि से वायुमंडल में कार्बन डाइऑक्साइड (CO_2) निर्गमित होती है। कार्बन डाइऑक्साइड गैस केवल क्षोभमंडल में होती है। सामान्यत: वायुमंडल में इसकी मात्रा आयतन के अनुसार 0.03% होती है। जीवाश्म ईंधन के अधिक प्रयोग से वायुमंडल में कार्बन डाइऑक्साइड की अधिक मात्रा निर्गमित होती है। कार्बन डाइऑक्साइड की अधिकता हरित पौधों द्वारा कम कर दी जाती है, जिससे वायुमंडल में CO_2 की यथेष्ट मात्रा बनी रहती है। वातावरण में CO_2 की मात्रा बनाए रखना आवश्यक होता है। हरे पौधों में प्रकाश-संश्लेषण के लिए CO_2 की आवश्यकता होती है। फलत: ऑक्सीजन मुक्त होती है। इसलिए संतुलित चक्र बना रहता है।

भूमंडलीय तापवृद्धि एवं हरितगृह प्रभाव

- सौर ऊर्जा का 75% भाग पृथ्वी की सतह द्वारा अवशोषित कर लिया जाता है, जिससे इसके ताप में वृद्धि होती है। शेष ऊष्मा वायुमंडल में पुन: विकिरित हो जाती है। ऊष्मा का कुछ भाग वायुमंडल में उपस्थित गैसों (जैसे- कार्बन डाइऑक्साइड, ओजोन, क्लोरोफ्लोरो कार्बन यौगिकों तथा जलवाष्प) द्वारा प्रगृहीत कर लिया जाता है, जिससे वायुमंडल के ताप में वृद्धि होती है।
- ठंडे स्थानों पर फूल, सब्जियाँ, फल आदि काँच-आवरण क्षेत्र (जिसे 'हरितगृह' कहते हैं) में विकसित होते हैं। हम मनुष्य भी हरितगृह में रहते हैं? यद्यपि हम किसी काँच द्वारा आवरित नहीं रहते हैं, तथापि वायु का एक आवरण, जिसे 'वायुमंडल' कहते हैं, शताब्दियों से पृथ्वी का ताप स्थिर रखे हुए है, परंतु आजकल इसमें धीमा परिवर्तन हो रहा है। जिस प्रकार हरितगृह में काँच सूर्य की गरमी को अंदर थामे रखता है, उसी प्रकार वायुमंडल सूर्य की ऊष्मा को पृथ्वी के निकट अवशोषित कर लेता है तथा इसे गरम बनाए रखता है। इसे 'प्राकृतिक हरितगृह प्रभाव' कहते हैं, क्योंकि यह पृथ्वी के तापमान की रक्षा करके जीवन-योग्य बनाता है। दृश्यप्रकाश हरितगृह में पारदर्शी काँच में से गुजरकर सूर्य के विकिरण मुदा तथा पौधों को गरम रखते हैं। गरम मृदा तथा पौधे उष्मीय क्षेत्र के अवरक्त विकिरणों का उत्सर्जन करते हैं। चूँकि इस विकिरण के लिए काँच अपारदर्शक होता है, अत: यह इन विकिरणों को आंशिक रूप से अवशोषित तथा शेष को परावर्तित करता है। यह क्रियाविधि सौर ऊर्जा को हरितगृह में संगृहीत रखती है। इसी प्रकार कार्बन डाइऑक्साइड के

अणु ऊष्मा को संगृहीत कर लेते हैं, क्योंकि ये सूर्य के प्रकाश के लिए पारदर्शक होते हैं, ऊष्मा विकिरणों के लिए नहीं। यदि कार्बन डाइऑक्साइड की मात्रा 0.03% से अधिक हो जाती है, तो प्राकृतिक हरितगृह का संतुलन बिगड़ जाता है।

- कार्बन डाइऑक्साइड के अतिरिक्त अन्य हरितगृह गैसें, मीथेन (CH_4), जलवाष्प, नाइट्रस ऑक्साइड (N_2O), क्लोरो-फ्लोरोकार्बन तथा ओजोन हैं। ऑक्सीजन की अनुपस्थिति में जब वनस्पतियों को जलाया, पचाया अथवा सड़ाया जाता है, तब मीथेन उत्पन्न होती है। धान के क्षेत्रों, कोयले की खानों, दलदली क्षेत्रों तथा जीवाश्म ईंधनों द्वारा अधिक मात्रा में मीथेन उत्पन्न होती है। क्लोरोफ्लोरोकार्बन मनुष्य द्वारा निर्मित रसायन है, जो वायुप्रशीतक आदि में काम आता है। क्लोरोफ्लोरोकार्बन भी ओजोन परत को हानि पहुँचा रहे हैं नाइट्रस ऑक्साइड (N_2O) वातावरण में प्राकृतिक रूप से उत्पन्न होता है, परंतु पिछले कुछ वर्षों में जीवाश्म ईंधन एवं उर्वरकों के अधिक प्रयोग से इसकी मात्रा में उल्लेखनीय वृद्धि हुई है। यदि इसी प्रकार तापवृद्धि का क्रम बना रहा, तो ध्रुवों पर स्थित हिमनदों के पिघलने की दर अधिक होगी, जिससे समुद्र के जल-स्तर में वृद्धि के फलस्वरूप पृथ्वी के निचले स्थानों में जल भर जाएगा। भूमंडलीय तापवृद्धि के कारण बहुत से संक्रामक रोगों, जैसे- डेंगू, मलेरिया, पीत ज्वर, निद्रा रोग आदि में वृद्धि होती है।

अम्लवर्षा

- वायुमंडल में उपस्थित कार्बन डाइऑक्साइड द्वारा जल से की गई अभिक्रिया के फलस्वरूप उत्पन्न H^+ आयन के कारण वर्षाजल की pH सामान्यत: 5.6 होती है-

$$H_2O\ (l) + CO_2\ (G) \longrightarrow H_2CO\ (aq)$$
$$H_2CO_3\ (aq) \longrightarrow H^+\ (aq) + (aq)$$

जब वर्षा की pH 5.6 से कम हो जाती है, तो इसे 'अम्लवर्षा' कहते हैं।

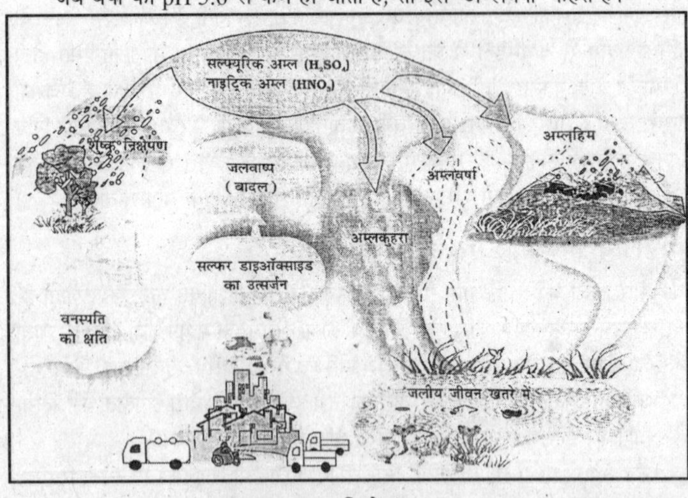

अम्ल-निक्षेपण

- 'अम्लवर्षा' में वायुमंडल से पृथ्वी सतह पर अम्ल निक्षेपित हो जाता है। अम्लीय प्रकृति के नाइट्रोजन एवं सल्फर के ऑक्साइड वायुमंडल में ठोस कणों के साथ हवा में बहकर या तो ठोस रूप में अथवा जल में द्रव रूप में कुहासे से या हिम की भाँति निक्षेपित होते हैं।
- अम्लवर्षा मानवीय क्रियाकलापों का उपोत्पाद होती है, जो वातावरण में नाइट्रोजन तथा सल्फर के ऑक्साइड निर्गमित करती है। SO_2 तथा NO_2 ऑक्सीकरण के पश्चात् जल के साथ अभिक्रिया करके अम्लवर्षा में प्रमुख योगदान देते हैं, क्योंकि प्रदूषित वायु में सामान्यत: कणिकीय द्रव्य उपस्थित होते हैं, जो ऑक्सीकरण को उत्प्रेरित करते हैं।

$$2SO_2\ (g) + O_2\ (g) + 2H_2O\ (l) \longrightarrow 2H_2SO_4\ (aq)$$
$$4NO_2\ (g) + O_2\ (g) + 2H_2O\ (l) \longrightarrow 4HNO_3\ (aq)$$

- इसमें अमोनियम लवणों का भी निर्माण होता है, जो वायुमंडलीय धुंध (एरोसॉल के सूक्ष्म कण) के रूप में दृश्यमान होते हैं। वर्षा की बूँदों में ऑक्साइड तथा अमोनियम लवणों के एरोसॉल कण के फलस्वरूप नम विक्षेपण (Wet Deposition) होता है। ठोस तथा द्रव भूमि-सतहों द्वारा SO_2 सीधे अवशोषित हो जाते हैं।
- अम्लवर्षा कृषि, पेड़-पौधों आदि के लिए हानिकारक होती है, क्योंकि यह इनकी वृद्धि के लिए आवश्यक पोषक तत्त्वों को घोलकर पृथक् कर देती है। यह मनुष्यों तथा जानवरों में श्वसन-अवरोध उत्पन्न करती है। जब यह सतही जल के साथ बहकर नदी एवं झीलों तक पहुँचती है, तो जलीय परिवेश के पौधों एवं जंतुओं के जीवन को प्रभावित करती है। अम्लवर्षा के कारण जल के पाइपों का संक्षारण होता है, जिससे आयरन, लेड, कॉपर आदि धातुएँ घुलकर पेयजल में पहुँच जाती हैं। अम्लवर्षा पत्थर एवं धातुओं से बनी संरचनाओं, भवनों, आदि को नष्ट करती है। हमारे देश में ताजमहल जैसी ऐतिहासिक इमारतें अम्लवर्षा से दुष्प्रभावित हो रही हैं।

2. कणिकीय प्रदूषक

- कणिकीय पदार्थ वायु में निलंबित सूक्ष्म ठोस कण अथवा द्रवीय बूँद होते हैं। यह मोटरवाहनों के उत्सर्जन, अग्नि के धूम्र, धूलकण तथा उद्योगों की राख होते हैं। वायुमंडल में कणिकाएँ जीवित तथा अजीवित-दोनों प्रकार की हो सकती हैं। जीवित कणिकाओं में जीवाणु, कवक, फफूंद, शैवाल आदि सम्मिलित हैं। हवा में पाए जाने वाले कुछ कवक मनुष्य में एलर्जी उत्पन्न करते हैं। ये पौधों के कई रोग भी उत्पन्न कर सकते हैं।
- कणिकाओं को उनकी प्रकृति एवं आकार के आधार पर निम्न प्रकार वर्गीकृत किया जा सकता है-
  (i) धूम्र कणिकाओं में ठोस एवं ठोस-द्रव कणों के मिश्रण होते हैं, जो कार्बनिक द्रव्य के दहन के दौरान उत्पन्न होते हैं। जैसे-सिगरेट का धुआँ, जीवाश्म ईंधन के दहन से प्राप्त धूम्र, सूखी पत्तियाँ, तेल-धूम्र आदि।
  (ii) धूल में बारीक छोटे कण (व्यास 1-4μm से ऊपर) होते हैं, जो ठोस पदार्थों के पीसने, कुचलने एवं आरोपण से बनते हैं। ब्लास्ट से प्राप्त बालू, लकड़ी के कार्य से प्राप्त लकड़ी का बुरादा, कोयले का बुरादा, कारखानों से उड़ने वाली राख एवं सीमेन्ट, धुएँ के गुबार आदि इस प्रकार के उत्सर्जन के कुछ प्रारूपिक उदाहरण हैं।
  (iii) फैले हुए द्रव-कणों एवं वाष्प के हवा में संघनन से कोहरा उत्पन्न होता है। उदाहरणार्थ-सल्फ्यूरिक अम्ल का कोहरा तथा शाकनाशी एवं कीटनाशी, जो अपने लक्ष्य से भटककर हवा से गमन करते हैं एवं कोहरा बनाते हैं।
  (iv) धूम्र साधारणतया वाष्पों के ऊर्ध्वपातन, आसवन, क्वथन एवं अन्य रासायनिक अभिक्रियाओं के दौरान संघनन के कारण बनते हैं। प्राय: कार्बनिक विलायक-धातुएँ एवं धात्विक ऑक्साइड धूम्र कणों का निर्माण करते हैं।
- कणिक प्रदूषकों का प्रभाव मुख्यतया उनके कणों के आकार पर निर्भर करता है। हवा में ले जाए जानेवाले कण, जैसे- धूल, धूम कोहरा आदि मानवीय स्वास्थ्य के लिए हानिकारक हैं। 5 माइक्रॉन से बड़े कणिक प्रदूषक नासिकाद्वार में जमा हो जाते हैं, जबकि लगभग 1.0 माइक्रॉन के कण फेफड़ों में आसानी से प्रवेश कर जाते हैं।
- वाहनों द्वारा उत्सर्जित लेड एक मुख्य वायु प्रदूषक है। लेडयुक्त पेट्रोल भारतीय शहरों में वायुधारित लेड-उत्सर्जन का मुख्य स्रोत है। लाल रक्त कोशिकाओं के विकसित एवं परिपक्व होने में लेड बाधा उत्पन्न करता है।

धूम-कोहरा

- 'धूम-कोहरा' शब्द 'धूम' एवं 'कोहरे' से मिलकर बना है। विश्व के अनेक शहरों में प्रदूषण इसका आम उदाहरण है। धूम कोहरा दो प्रकार का होता है-
  (i) सामान्य धूम कोहरा (जो ठंडी नम जलवायु में होता है) धूम, कोहरे एवं सल्फर डाइऑक्साइड का मिश्रण है। रासायनिक रूप से यह एक अपचायक मिश्रण है। अत: इसे 'अपचायक धूम-कोहरा' भी कहते हैं।

(ii) प्रकाश रासायनिक धूम कोहरा जो उष्ण, शुष्क एवं साफ धूपमयी जलवायु में होता है, स्वचालित वाहनों तथा कारखानों से निकलने वाले नाइट्रोजन के ऑक्साइडों तथा हाइड्रोकार्बनों पर सूर्यप्रकाश की क्रिया के कारण उत्पन्न होता है। प्रकाश रासायनिक धूम कोहरे की रासायनिक प्रकृति ऑक्सीकारक है।

प्रकाश रासायनिक धूम कोहरे का निर्माण

- जब जीवाश्म ईंधनों का दहन होता है, तब पृथ्वी के वातावरण में कई प्रदूषक उत्सर्जित होते हैं। इनमें से दो प्रदूषक हाइड्रोकार्बन (अदहित ईंधन) एवं नाइट्रिक ऑक्साइड (NO) हैं। जब इन प्रदूषकों का स्तर पर्याप्त ऊँचा हो जाता है, तब सूर्यप्रकाश से इनकी अन्योन्य क्रिया के कारण श्रृंखला अभिक्रिया होती है, जिसमें NO नाइट्रोजन डाइऑक्साइड (NO_2) में परिवर्तित हो जाती है। यह NO_2 सूर्यप्रकाश से ऊर्जा ग्रहण कर पुन: नाइट्रिक ऑक्साइड एवं मुक्त ऑक्सीजन में विघटित हो जाती है।

$$NO_2\,(g) \xrightarrow{hv} NO\,(g) + O\,(g) \qquad ...(i)$$

- ऑक्सीजन परमाणु अत्यधिक क्रियाशील होने के कारण O_2 के साथ संयुक्त होकर ओजोन में परिवर्तित हो सकता है-

$$O(g) + O_2\,(g) \xrightarrow{hv} O_3\,(g) \qquad ...(ii)$$

- उपर्युक्त अभिक्रिया में निर्मित O_3 शीघ्रतापूर्वक अभिक्रिया (i) में विरचित NO(g) के साथ अभिक्रिया कर पुन: NO_2 बनाती है। NO_2 एक भूरी गैस है, जिसका उच्च स्तर धुंध का कारण हो सकता है।

$$NO\,(g) + O_3\,(g) \longrightarrow NO_2\,(g) + O_2\,(g) \qquad ...(iii)$$

- ओजोन एक जहरीली गैस है। NO_2 एवं O_3 दोनों ही प्रबल ऑक्सीकारक हैं। इस कारण प्रदूषित वायु में उपस्थित अदहित हाइड्रोकार्बनों के साथ अभिक्रिया करके कई रसायनों, जैसे- फार्मेल्डिहाइड, एक्रोलीन एवं पैरॉक्सीऐसीटिल नाइट्रेट (PAN) का निर्माण करते हैं।

$$3CH_4 + 2O_3 \longrightarrow 3CH_2 = O + 3H_2O$$

फार्मेल्डिहाइड

CH_2 CHCH O
एक्रोलीन

$CH_3\overset{}{C}(=O)OONO_2$ — CH_3COONO_2 (C=O)

पैरॉक्सीऐसीटिल नाइट्रेट (PAN)

प्रकाश रासायनिक धूम-कोहरे के प्रभाव

- प्रकाश रासायनिक धूम्र कोहरे के सामान्य घटक ओजोन, नाइट्रिक ऑक्साइड, एक्रोलीन, फार्मेल्डिहाइड एवं पैरॉक्सीऐसीटिल नाइट्रेट (PAN) हैं। प्रकाश रासायनिक धूम-कोहरे के कारण भी गंभीर स्वास्थ्य-समस्याएँ होती हैं। ओजोन एवं नाइट्रिक ऑक्साइड नाक एवं गले में जलन पैदा करते हैं। इनकी उच्च सांद्रता से सरदर्द, छाती में दर्द, गले का शुष्क होना, खाँसी एवं श्वास अवरोध हो सकता है। प्रकाश रासायनिक धूम-कोहरा पौधों पर हानिकारक प्रभाव डालता है। यह धातुओं, पत्थरों, भवन-निर्माण के पदार्थों एवं रंगी हुई सतहों (Painted Surfaces) का भी क्षय करता है।

प्रकाश रासायनिक धूम-कोहरे का नियंत्रण

- प्रकाश रासायनिक धूम-कोहरे को नियंत्रित या कम करने के लिए कई तकनीकों का उपयोग किया जाता है। यदि हम प्रकाश रासायनिक धूम-कोहरे के प्राथमिक पूर्वगामी, जैसे- NO_2 एवं हाइड्रोकार्बन को नियंत्रित कर लें, तो द्वितीयक पूर्वगामी जैसे-ओजोन एवं PAN तथा प्रकाश रासायनिक धूम-कोहरा स्वत: ही कम हो जाएगा। सामान्यतया स्वचालित वाहनों से उत्प्रेरित परिवर्तक उपयोग में लाए जाते हैं, जो वायुमंडल में नाइट्रोजन ऑक्साइड एवं हाइड्रोकार्बन के उत्सर्जन को रोकते हैं। कुछ पौधों (जैसे-पाइनस, जुनीपेरस, क्वेरकस, पायरस तथा विटिस), जो नाइट्रोजन ऑक्साइड का उपापचय कर सकते हैं, का रोपण इस संदर्भ में सहायक हो सकता है।

समतापमंडलीय प्रदूषण

ओजोन का विरचन एवं विघटन

- ऊपरी समतापमंडल में ओजोन (O_3) की प्रचुर मात्रा होती है, जो सूर्य से आनेवाले हानिकारक पराबैंगनी (UV) विकिरणों (λ-225 nm) से हमें बचाती है। ये विकिरण त्वचा-कैंसर (मेलोनोमा) के कारण बनते हैं। अत: ओजोन-कवच को बचाए रखना महत्त्वपूर्ण है।
- पराबैंगनी विकिरणों की डाइऑक्सीजन (अणु) से प्रतिक्रिया का उत्पाद समतापमंडल में उपस्थित ओजोन है। पराबैंगनी विकिरण आणविक ऑक्सीजन को मुक्त ऑक्सीजन (O) परमाणुओं में विखंडित कर देते हैं। आण्विक ऑक्सीजन से संयुक्त होकर ये ऑक्सीजन परमाणु ओजोन बनाते हैं।

$$O_2\,(g) \xrightarrow{UV} O(g) + O(g)$$
$$O(g) + O_2\,(g) \xrightarrow{UV} O_3\,(g)$$

- ओजोन ऊष्मागतिकीय रूप से अस्थायी होती है एवं आण्विक ऑक्सीजन में विघटित हो जाती है। इस प्रकार ओजोन के निर्माण एवं विघटन में एक गतिकीय साम्य स्थापित हो जाता है। अभी हाल ही के वर्षों में समतापमंडल में कुछ रसायनों की उपस्थिति के कारण ओजोन की इस सुरक्षा परत में अवक्षय की सूचनाएँ हैं। ओजोन परत में अवक्षय का मुख्य कारण क्लोरो-फ्लोरोकार्बन यौगिकों (CFCs) का उत्सर्जन है, जिन्हें 'फ्रियोन' भी कहा जाता है। ये यौगिक अक्रिय, अज्वलनशील, विषहीन कार्बनिक अणु हैं। अत: इनका उपयोग रेफ्रिजरेटर, एयर कन्डीशनर आदि में तथा प्लास्टिक फोम के निर्माण एवं कंप्यूटर उद्योग में कंप्यूटर के पुर्जों की सफाई करने में होता है।
- CFCs एक बार वायुमंडल में उत्सर्जित होने पर वायुमंडल की अन्य गैसों से मिश्रित होकर सीधे समतापमंडल में पहुँच जाती हैं। समतापमंडल में ये शक्तिशाली विकिरणों द्वारा विघटित होकर क्लोरीन मुक्त मूलक उत्सर्जित करती हैं।

$$CF_2\,Cl_2\,(g) \xrightarrow{hv} C1\,(g)\,CF_2\,C1\,(g) \qquad ...(i)$$

- क्लोरीन मुक्त मूलक तब समतापमंडलीय ओजोन से अभिक्रिया करके क्लोरीन मोनोऑक्साइड मूलक तथा आण्विक ऑक्सीजन बनाते हैं।

$$Cl\,(g) + O_3\,(g) \xrightarrow{hv} ClO\,(g)\,O_2\,(g) \qquad ...(ii)$$

- क्लोरीन मूलक लगातार पुनर्योजित होते रहते हैं एवं ओजोन को विखंडित करते हैं। इस प्रकार CFC समतापमंडल में क्लोरीन मूलकों को उत्पन्न करने वाले एवं ओजोन परत को हानि पहुँचाने वाले परिवहनीय कारक हैं।

ओजोन-छिद्र

- ओजोन छिद्र के लिए परिस्थितियों का एक विशेष समूह उत्तरदायी था। गरमी में नाइट्रोजन डाइऑक्साइड परमाणुओं (अभिक्रिया iv) एवं क्लोरीन परमाणुओं (अभिक्रिया v) से अभिक्रिया करके क्लोरीन सिंक बनाते हैं, जो ओजोन-क्षय को काफी हद तक रोकता है।
- जबकि सर्दी के मौसम में विशेष प्रकार के बादल, जिन्हें ध्रुवीय समतापमंडलीय बादल' कहा जाता है, अंटार्कटिका के ऊपर बनते हैं। ये बादल एक प्रकार की सतह प्रदान करते हैं, जिस पर बना हुआ क्लोरीन नाइट्रेट (अभिक्रिया iv) जलयोजित होकर हाइपोक्लोरस अम्ल बनाता है (अभिक्रिया vi)। अभिक्रिया में उत्पन्न हाइड्रोजन क्लोराइड से भी अभिक्रिया करके यह आण्विक क्लोरीन देता है।

$$ClO(g) + NO_2O(g) \longrightarrow ClONO\,(g) \qquad ...(iv)$$
$$Cl(g) + CH_4\,(g) \longrightarrow CH_3\,(g) + HC1\,(g) \qquad ...(v)$$
$$ClONO\,(g) + H_2O(g) \longrightarrow HOCl(g) + HNO\,(g) \qquad ...(vi)$$
$$ClONO_2(g) + HCl(g) \longrightarrow Cl_2\,(g) + HNO\,(g) \qquad ...(vii)$$

- बसंत में अंटार्कटिका पर जब सूर्य का प्रकाश लौटता है, तब सूर्य की गरमी बादलों को विखंडित कर देती है एवं HOCl तथा Cl, सूर्यप्रकाश से अपघटित हो जाते हैं (अभिक्रिया viii तथा ix)।

$$HOCl(g) \xrightarrow{hv} OH + Cl(g) \quad ...(viii)$$

$$Cl_2(g) \xrightarrow{hv} 2Cl(g) \quad ...(ix)$$

ओजोन-परत के क्षय के प्रभाव

- ओजोन परत के क्षय के साथ अधिकाधिक पराबैंगनी विकिरण क्षोभमंडल में छनित होते हैं। पराबैंगनी विकिरण से त्वचा का जीर्णन, मोतियाबिंद, सनबर्न, त्वचा-कैंसर, कई पादपप्लवकों की मृत्यु, मत्स्य उत्पादन की क्षति आदि होते हैं। यह भी देखा गया है कि पौधों के प्रोटीन पराबैंगनी विकिरणों से आसानी से प्रभावित हो जाते हैं, जिससे कोशिकाओं का हानिकारक उत्परिवर्तन होता है। इससे पत्तियों के रंध्र से जल का वाष्पीकरण भी बढ़ जाता है, जिससे मिट्टी की नमी कम हो जाती है। बढ़े हुए पराबैंगनी विकिरण रंगों एवं रेशों को भी हानि पहुँचाते हैं, जिससे रंग जल्दी हलके हो जाते हैं।

जल-प्रदूषण

- जल का प्रदूषण मानवीय क्रियाकलापों से शुरू होता है। विभिन्न प्रक्रमों के माध्यम से प्रदूषण सतह या भौम जल तक आता है। प्रदूषण सुज्ञात स्रोत या स्थानों को 'बिंदु-स्रोत' कहा जाता है। उदाहरण के लिए-नगरपालिका पाइप या औद्योगिक अपशिष्ट विसर्जन पाइप, जहाँ से प्रदूषक जल स्रोत में प्रवेश करते हैं। प्रदूषण के अबिंदु स्रोत वे हैं, जहाँ पर प्रदूषण का स्रोत आसानी से पहचाना न जा सके। उदाहरणार्थ- कृषि-अपशिष्ट (खेतों, जानवरों एवं कृषि भूमि से), अम्लवर्षा, तीव्र जल निकासी (गलियों, उद्यानों, लॉन) आदि।

मुख्य जल-प्रदूषक

प्रदूषक	स्रोत
सूक्ष्म जीव	घरेलू सीवेज
कार्बनिक अपशिष्ट	घरेलू सीवेज, पशु-अपशिष्ट, सड़े हुए मृत पशु तथा पौधे, खाद्य-संसाधन, कारखानों से विसर्जन
पादप पोषक	रासायनिक उर्वरक
विषाक्त भारी धातु	उद्योग तथा रसायन कारखाने
तलछट	कृषि तथा विपट्टी खनन के कारण मृदा का अपरदन
पीड़कनाशी	कीटों, कवक तथा खर-पतवार को नष्ट करने के लिए प्रयुक्त रसायन
रेडियोधर्मी पदार्थ	यूरेनियमयुक्त खनिजों का खनन
ऊष्मा	औद्योगिक कारखानों द्वारा ठंडे पानी का उपयोग

जल-प्रदूषण के कारण

(i) रोगजनक-सबसे ज्यादा गंभीर जल प्रदूषक रोगों के कारकों को 'रोगजनक' कहा जाता है। रोगजनकों में जीवाणु एवं अन्य जीव हैं, जो घरेलू सीवेज एवं पशु-अपशिष्ट द्वारा जल में प्रवेश करते हैं। मानव-अपशिष्ट में एशरिकिआ कोली, स्ट्रेप्टोकॉकस फेकेलिस आदि जीवाणु होते हैं, जो जठरांत्र बीमारियों के कारण होते हैं।

(ii) कार्बनिक अपशिष्ट-अन्य मुख्य जल-प्रदूषक कार्बनिक पदार्थ (जैसे-पत्तियाँ, घास, कूड़ा-करकट आदि) हैं। ये अपशिष्ट जल को प्रदूषित करते हैं। जल में पादप प्लवकों की अधिक बढ़ोतरी भी जल-प्रदूषण का एक कारण है।

- बैक्टीरिया की वृहत् संख्या जल में कार्बनिक पदार्थों का अपघटन करती है। यह जल में विलेय ऑक्सीजन का उपभोग करती है। जल-विलयन में घुलित ऑक्सीजन सीमित होती है। ठंडे जल में घुलित ऑक्सीजन की सांद्रता 10 पीपीएम तक हो सकती है, जबकि वायु में यह करीब 2,00,000 पीपीएम है। यही कारण है कि जल में कार्बनिक पदार्थ के अपघटित होने की थोड़ी-सी मात्रा भी इसमें ऑक्सीजन का क्षय कर सकती है। यदि जल में घुलित ऑक्सीजन की सांद्रता 6 पीपीएम से नीचे हो जाए, तो मछलियों का विकास रुक जाता है। जल में ऑक्सीजन या तो वातावरण या कई जलीय पौधों द्वारा दिन में प्रकाश-संश्लेषण प्रक्रम से पहुँचती है। रात में प्रकाश-संश्लेषण रुक जाता है, परंतु पौधे श्वसन करते रहते हैं, जिससे जल में घुलित ऑक्सीजन कम हो जाती है। घुलित ऑक्सीजन सूक्ष्म जीवाणुओं द्वारा कार्बनिक यौगिकों के ऑक्सीकरण में भी उपयोग में ली जाती है।
- यदि जल में बहुत अधिक कार्बनिक पदार्थ मिलाए जाएँ, तो उपलब्ध सारी ऑक्सीजन उपभोगित हो जाएगी। इसका परिणाम ऑक्सीजन-आश्रित जलीय जीवन की मृत्यु है। इस प्रकार अवायु जीवाणु, जिन्हें ऑक्सीजन की आवश्यकता नहीं होती है, कार्बनिक अपशिष्ट का विखंडन आरंभ कर देते हैं एवं इससे दूषित गंध वाले रसायन उत्पन्न होते हैं, जो मानव-स्वास्थ्य के लिए हानिकारक हैं। वायु (ऑक्सीजन की आवश्यकता वाले) जीवाणु इन कार्बनिक अपशिष्टों का विघटन करके जल को ऑक्सीजनरहित कर देते हैं।
- अत: जल के एक नमूने के निश्चित आयतन में उपस्थित कार्बनिक पदार्थ को विखंडित करने के लिए जीवाणु द्वारा आवश्यक ऑक्सीजन को **'जैवरासायनिक ऑक्सीजन माँग' (BOD)** कहा जाता है। अत: जल में BOD की मात्रा कार्बनिक पदार्थ को जैवीय रूप में विखंडित करने के लिए आवश्यक ऑक्सीजन की मात्रा होगी। स्वच्छ जल की BOD का मान 5 पीपीएम से कम होता है जबकि अत्यधिक प्रदूषित जल में यह 17 पीपीएम या इससे अधिक होता है।

(iii) रासायनिक प्रदूषक-जल एक अच्छा विलायक है। जल में विलेय अकार्बनिक रसायन, जिनमें भारी धातुएँ (जैसे-कैडमियम, मरकरी, निकेल आदि शामिल हैं) महत्त्वपूर्ण प्रदूषकों में आती हैं। ये सभी धातुएँ हमारे लिए हानिकारक हैं, क्योंकि हमारा शरीर इन्हें विसर्जित नहीं कर सकता है। समय के साथ इनकी मात्रा स्वीकार्य सीमा से ऊपर चली जाती है। तब ये प्रदूषक वृक्कों, केंद्रीय तंत्रिका तंत्र, लीवर आदि को नुकसान पहुँचाते हैं।

- प्रदूषित जल में पाए जाने वाले अन्य समूह कार्बनिक रसायन हैं। पेट्रोलियम उत्पाद (जैसे-समुद्रों में बड़े तेल-बहाव जल के कई स्रोतों को प्रदूषित करते हैं) दूसरे गंभीर प्रभाव वाले कार्बनिक यौगिकों में कीटनाशक हैं, जो स्प्रे द्वारा बहकर भूमि के नीचे चले जाते हैं। विभिन्न प्रकार के औद्योगिक रसायन, जैसे-पॉलीक्लोरीनेटेड बाइफिनायल (PCBs) जो विलायक के रूप में प्रयुक्त होते हैं, अपमार्जक एवं उर्वरक भी जल-प्रदूषकों की श्रेणी में सम्मिलित हैं। PCBs संभावित कैंसरजन्य हैं। आजकल उपलब्ध अधिकांश अपमार्जक जैव अपघटनीय हैं। फिर भी इनका उपयोग अन्य समस्याएँ उत्पन्न करता है। अपघटित करने वाले जीवाणु इन अपमार्जकों से भोजन प्राप्त करके तेजी से बढ़ते हैं। बढ़ोतरी करने में वे जल में उपस्थित समस्त ऑक्सीजन का उपयोग कर सकते हैं। ऑक्सीजन की कमी के कारण जलीय जीवन के अन्य रूप (जैसे-मछलियाँ एवं पौधे) मर सकते हैं। उर्वरकों में फॉस्फेट योगज के रूप में होते हैं। जल में फॉस्फेट का योग शैवाल की बढ़ोतरी को सहयोग करता है। शैवाल की यह प्रचुर बढ़ोतरी जलीय सतह को ढक लेती है तथा जल में ऑक्सीजन की सांद्रता बहुत कम हो जाती है फलत: अवायुविक परिस्थिति उत्पन्न होने से दुर्गंध युक्त सड़न पैदा होती है एवं जलीय जन्तुओं के मृत्यु का कारण बनती है।

जल के अंतरराष्ट्रीय मानक

पेयजल के अंतरराष्ट्रीय मानक, जिनका पालन निम्नलिखित है—

- **फ्लुओराइड**-फ्लुओराइड आयन सांद्रता के लिए पेयजल का परीक्षण होना चाहिए। पेयजल में इसकी कमी मनुष्य के लिए हानिकारक है एवं कई बीमारियों (जैसे-दंतक्षय आदि) का कारण बनती है। अधिकांशत: पेयजल में विलयशील फ्लुओराइड मिलाया जाता है, जिससे इसकी सांद्रता 1 ppm अथवा 1mg. dm^{-3} हो जाए।

फ्लुओराइड आयन दाँतों के इनामेल सतह में हाइड्रॉक्सीएपेटाइट [$3(Ca_3(PO_4)_2 . Ca(OH)_2$] को फ्लुओएपेटाइट [$3(Ca_3(PO_4)_2 . CaF_2$] में परिवर्तित करके कड़ा कर देते हैं, यद्यपि फ्लुओराइड आयनों की 2 पीपीएम से अधिक की सांद्रता दाँतों के भूरे कर्बुरण (Mottling) उत्पन्न करती है। साथ ही फ्लुओराइड का आधिक्य (10 पीपीएम से अधिक) हड्डियों एवं दाँतों पर हानिकारक प्रभाव डालता है, जैसा राजस्थान के कुछ भागों में देखा गया है।

- **लेड**-जब जल परिवहन के लिए लेड पाइपों का उपयोग किया जाता है, तब जल लेड से दूषित हो जाता है। पीने के जल में लैंड की निर्धारित ऊपरी सीमा लगभग 50 पीपीबी है। लेड किडनी, लीवर एवं पुनरुत्पादन तंत्र को हानि पहुँचा सकता है।
- **सल्फेट**-पेयजल में सल्फेट का आधिक्य (7500 पीपीएम) विरेचक का कारण हो सकता है। संतुलित स्तर पर रहने की दशा में सल्फेट हानिरहित है।
- **नाइट्रेट**-पीने के पानी में नाइट्रेट की अधिकतम सीमा 50 पीपीएम है। उसमें नाइट्रेट आधिक्य में होने पर मेथेमोग्लोबीनेमिया (ब्लू बेबी सिन्ड्रोम) रोग हो सकता है।
- कुछ अन्य सामान्य धातुओं की अधिकतम "सान्द्रता सारणी इस प्रकार है।

पेयजल में निर्धारित सामान्य धातुओं की अधिकतम सांद्रता

धातु	अधिकतम सांद्रता (ppm अथवा $mgdm^{-3}$)
Fe	0.2
Mn	0.05
Al	0.2
Cu	3.0
Zn	5.0
Cd	0.005

मृदा-प्रदूषण

- भारत एक कृषि आधारित अर्थव्यवस्था वाला देश है, जहाँ कृषि, मत्स्य एवं पशुधन के विकास को प्राथमिकता दी जाती है। अकाल के समय के लिए अधिशेष उत्पादन का भंडारण सरकारी तथा गैर-सरकारी संस्थाओं द्वारा किया जाता है। भंडारण की अवधि में होने वाली खाद्य सामग्री की हानि पर विशेष ध्यान देना आवश्यक है। फसलों के बचाव के लिए प्रयुक्त होने वाले कुछ कीटनाशी एवं पीड़कनाशियों से आप परिचित हैं। ये कीटनाशी, पीड़कनाशी तथा शाकनाशी मृदा प्रदूषण के कारण हैं। अत: इनके विवेकपूर्ण प्रयोग की आवश्यकता है।

पीड़कनाशी

- द्वितीय विश्वयुद्ध से पूर्व प्राकृतिक रूप से पाए जाने वाले अनेक रसायनों, जैसे-निकोटीन (फसल के साथ खेत में तंबाकू के पौधे उगाकर) का प्रयोग अनेक फसलों के लिए पीड़क-नियंत्रक पदार्थ के रूप में किया जाता था।
- द्वितीय विश्वयुद्ध के समय मलेरिया तथा अन्य कीटजनित रोगों के नियंत्रण में डी.डी.टी. बहुत उपयोगी यौगिक पाया गया। इसीलिए युद्ध के पश्चात् डी.डी.टी. का उपयोग कृषि में कीट, सेडेंट, खरपतवार तथा फसलों के अनेक रोगों के नियंत्रण के रूप में किया जाने लगा। हालाँकि प्रतिकूल प्रभावों के कारण इसका प्रयोग भारत में प्रतिबंधित हो गया है।
- पीड़कनाशी मूल रूप से संश्लेषित विषैले रसायन हैं, जो पारिस्थितिकी प्रतिघाती भी हैं। समान पीड़कनाशकों के प्रयोग से कीटों में पीड़कनाशकों के प्रति प्रतिरोध क्षमता उत्पन्न हो जाती है, जो पीड़कनाशी को प्रभावहीन बनाती है। इसीलिए डी.डी.टी. के प्रति प्रतिरोधकता में वृद्धि होने लगी, अन्य जीव-विष (जैसे-ऐल्ड्रीन तथा डाइऐल्ड्रीन) पीड़कनाशी उद्योग द्वारा बाजार में लाए गए। अधिकांश कार्बनिक जीव-विष जल में अविलेय तथा अजैवनिम्नीकरणीय होते हैं। ये उच्च प्रभाव वाले जीव-विष भोजन शृंखला द्वारा निम्नपोषी स्तर से उच्चपोषी स्तर तक स्थानांतरित होते हैं। समय के साथ-साथ उच्च प्राणियों में जीव-विषों की सांद्रता इस स्तर तक बढ़ जाती है कि उपापचयी तथा शरीर क्रियात्मक अव्यवस्था का कारण बन जाती है।
- उच्च स्थायित्व वाले क्लोरीनीकृत कार्बनिक जीव-विष के प्रत्युत्तर में निम्न स्थायित्व अथवा अधिक जैव निम्नीकरणीय उत्पादों को बाजार में लाया गया, परंतु ये रसायन गंभीर स्नायु जीव-विष हैं। अत: मानव के लिए अधिक हानिकारक हैं। परिणामस्वरूप ऐसी घटनाएँ दर्ज हुई हैं, जिनमें खेतों में काम करने वाले मजदूरों की मृत्यु का कारण कुछ पीड़कनाशी रहे हैं। कीट भी इन कीटनाशकों के प्रति प्रतिरोधी हो चुके हैं। पीड़कनाशी उद्योग नए कीटनाशकों को विकसित करने में व्यस्त हैं, परंतु हमें सोचना पड़ेगा कि पीड़कों के खतरे से निपटने का क्या यही एक साधन रह गया है?
- इन दिनों पीड़कनाशी उद्योग ने अपना ध्यान शाकनाशी, (जैसे-सोडियम क्लोरेट ($NaClO_3$), सोडियम आर्सिनेट (Na_3AsO_3) आदि की ओर मोड़ा है। गत शताब्दी के पूर्वार्द्ध में यांत्रिक से रासायनिक अपतृण नियंत्रण की ओर किए गए विस्थापन के कारण उद्योग को समृद्ध आर्थिक बाजार उपलब्ध हुआ है।
- अधिकांश शाकनाशी स्तनधारियों के लिए विषैले होते हैं, परंतु ये कार्ब-क्लोराइड्स के समान स्थायी नहीं होते हैं। ये रसायन कुछ ही माह में अपघटित हो जाते हैं। कार्ब-क्लोराइड की भाँति ये भी पोषी स्तर पर सांद्रित हो जाते हैं। मानव में जन्मजात कमियों का कारण कुछ शाकनाशी हैं। मक्का के खेत, जिनमें शाकनाशी का छिड़काव किया गया हो, कीटों के आक्रमण तथा पादप रोगों के प्रति उन खेतों से अधिक सुग्राही होते है, जिनकी निराई हाथों से की जाती है।
- पीड़कनाशी तथा शाकनाशी व्यापक रूप से फैले रासायनिक प्रदूषण के छोटे से भाग का प्रतिनिधित्व करते हैं। विभिन्न वस्तुओं के उत्पादन के औद्योगिक एवं रासायनिक प्रक्रमों में निरंतर प्रयुक्त होने वाले अनेक यौगिक अंतत: किसी-न-किसी रूप में वायुमंडल में मुक्त होते रहते हैं।

औद्योगिक अपशिष्ट

- औद्योगिक ठोस अपशिष्ट (Solid waste) को जैव अपघटनी तथा जैव अनपघटनी ठोसों में वर्गीकृत किया जा सकता है। जैव अपघटनी अपशिष्ट सूत की मिलों, खाद्य-संसाधन इकाइयों, कागज की मिलों तथा वस्त्र उद्योगों द्वारा उत्पन्न होते हैं।
- ऊष्मीय शक्ति संयंत्र, जो उड़न राख (Fly ash) उत्पन्न करते हैं तथा लोहा एवं स्टील संयंत्र, जो वात्या भट्ठी धातुमल तथा स्टील प्रगलन धातुमल उत्पन्न करते हैं, के द्वारा जैव अनिम्नीकरण अपशिष्ट उत्पन्न होते हैं। ऐलुमिनियम, जिंक तथा कॉपर के उत्पादन उद्योग, जो पंक तथा पछोड़न (mud and tailing) उत्पन्न करते हैं। उर्वरक उद्योग जिप्सम का उत्पादन करता है। धातु, रसायन, दवा, रंजक, पीड़कनाशी, रबर आदि से संबंधित उद्योग ज्वलनशील, मिश्रित विस्फोटक या उच्च क्रियाशील पदार्थ का उत्पादन करते हैं।
- यदि जैव अनपघटनी औद्योगिक ठोस अपशिष्ट का सही तरीके से निस्तारण नहीं किया जाए, तो पर्यावरण के लिए गंभीर खतरा हो सकता है। आजकल स्टील उद्योग से उत्पन्न फ्लाई ऐश तथा धातुमल का उपयोग सीमेन्ट उद्योग में होने लगा है। भारी मात्रा में विषैले अपशिष्टों को सामान्यत: भस्मीकरण द्वारा नष्ट किया जाता है, जबकि कम मात्रा में उत्पन्न अपशिष्ट पदार्थों को खुले में जलाकर नष्ट कर दिया जाता है। यदि ठोस अपशिष्टों का प्रबंधन ढंग से न किया जाए, तो भी ये पर्यावरण को प्रभावित करते हैं।

पर्यावरण-प्रदूषण को नियंत्रित करने के उपाय

- वायु प्रदूषण, जल प्रदूषण, मृदा प्रदूषण एवं औद्योगिक प्रदूषण के अध्ययन के पश्चात् अब पर्यावरण प्रदूषण के नियंत्रण की आवश्यकता महसूस हो रही होगी, जिसके उपाय इस प्रकार हैं—

एकत्रण तथा निस्तारण

- घरेलू अपशिष्ट को छोटे पात्रों में एकत्र करते हैं, जिसे सार्वजनिक कचरा पात्रों में डाल दिया जाता है। इन सामुदायिक पात्रों में से इसे इकट्ठा करके निस्तारण-स्थल (dumping place) तक पहुँचाया जाता है। निस्तारण स्थल पर कचरे को इकट्ठा

कर इसे जैव अनिम्नीकरण अपशिष्टों तथा जैव निम्नीकरण अपशिष्टों में छाँटकर पृथक् कर लिया जाता है। जैव अनिम्नीकरण पदार्थों, जैसे- प्लास्टिक, काँच, धातु, छीलन आदि को पुनर्चक्रण के लिए भेज दिया जाता है जबकि जैव निम्नीकरण अपशिष्ट को खुले मैदानों में मिट्टी में दबा दिया जाता है। जैव निम्नीकरण अपशिष्ट कंपोस्ट खाद (Compost) में परिवर्तित हो जाता है।

- यदि अपशिष्ट को कचरा पात्रों में इकट्ठा नहीं करें, तो वह नालियों में चला जाता है। इसमें से कुछ मवेशियों द्वारा खा लिया जाता है। जैव अनिम्नीकरण अपशिष्ट (जैसे-पॉलिथीन की थैलियाँ, धातु, छीलन आदि) नालियों को रुद्ध कर देती हैं एवं असुविधा उत्पन्न करती हैं। यदि मवेशियों द्वारा पॉलिथीन की थैलियाँ निगल ली जाएँ, तो उनकी मृत्यु का कारण भी बन सकती हैं।
- इसीलिए सामान्य व्यवहार में सभी घरेलू अपशिष्ट सही तरीके से एकत्र करके इनका निस्तारण करना चाहिए। घटिया प्रबंधन से स्वास्थ्य-संबंधी अनेक समस्याएँ उत्पन्न होती हैं, जिससे भूमि के जल के प्रदूषण के कारण महामारियाँ फैलती हैं। यह विशेषत: उन लोगों के लिए अधिक हानिकारक है, जो इस अपशिष्ट के सीधे संपर्क में आते हैं, जैसे-पुराना सामान तथा कचरा इकट्ठा करने वाले और वे कर्मचारी, जो अपशिष्ट के निस्तारण के काम में लगे रहते हैं, क्योंकि ये वे व्यक्ति हैं, जो अपशिष्ट को दस्ताने या जलरोधी जूतों को पहने बिना स्पर्श करते हैं और गैस-मास्क का भी उपयोग नहीं करते हैं।

हरित रसायन

- यह सर्वविदित तथ्य है कि हमारे देश ने उर्वरकों एवं कीटनाशकों के उपयोग तथा कृषि के उन्नत तरीकों का प्रयोग करके अच्छी किस्म के बीजों, सिंचाई आदि से खाद्यान्नों के क्षेत्र में आत्मनिर्भरता प्राप्त कर ली है, परंतु मृदा के अधिक शोषण एवं उर्वरकों तथा कीटनाशकों के अंधाधुंध उपयोग से मृदा, जल एवं वायु की गुणवत्ता घटी है।
- इस समस्या का समाधान विकास के प्रारंभ हो चुके प्रक्रम को रोकना नहीं, बल्कि उन तरीकों को खोजना है, जो वातावरण के बिगड़ने को रोक सकें। रसायन विज्ञान तथा अन्य विज्ञानों के उन सिद्धांतों का ज्ञान, जिपर्यावरण के दुष्प्रभावों को कम किया जा सके, 'हरित रसायन' कहलाता है।
- एक प्रक्रम में उत्पन्न होने वाले सह-उत्पादों को यदि लाभदायक तरीके से उपयोग नहीं किया जाए तो वे पर्यावरण-प्रदूषण में सहायक होते हैं। ऐसे प्रक्रम न सिर्फ पर्यावरणीय दृष्टि से हानिकारक हैं, बल्कि महँगे भी हैं। उत्पाद अपव्यय एवं इसका विसर्जन दोनों ही वित्तीय रूप से खराब हैं। विकास कार्यों के साथ-साथ वर्तमान ज्ञान का रासायनिक हानि को कम करने के लिए उपयोग में लाना ही हरित रसायन का आधार है।
- एक रासायनिक अभिक्रिया की सीमा, ताप, दाब, उत्प्रेरक के उपयोग आदि भौतिक मापदंड पर निर्भर करते हैं। यदि एक रासायनिक अभिक्रिया कारक एक पर्यावरणीय मैत्रीपूर्ण माध्यम में पूर्णत: पर्यावरणीय मैत्रीपूर्ण उत्पादों में बदल जाए, तो पर्यावरण में कोई रासायनिक प्रदूषक नहीं होगा।
- संश्लेषण के दौरान प्रारंभिक पदार्थ का चयन करते समय यह सावधानी रखनी चाहिए, ताकि जब भी वह अंतिम उत्पाद में परिवर्तित हो, तो अपशिष्ट उत्पन्न ही न हो। यह संश्लेषण के दौरान अनकूल परिस्थितियों को अर्जित करके किया जाता है। जल की उच्च विशिष्ट ऊष्मा तथा कम वाष्पशीलता के कारण इसे संश्लेषित अभिक्रियाओं में माध्यम के रूप में प्रयुक्त किया जाना वांछित है। जल सस्ता, अज्वलनशील तथा अकैंसरजन्य प्रभाव वाला माध्यम है।

दैनिक जीवन से हरित रसायन-

(i) कपड़ों की निर्जल धुलाई में

- टेट्राक्लोरोएथीन [$Cl_2C = CCl_2$] का उपयोग प्रारंभ में निर्जल धुलाई के लिए विलायक के रूप में किया जाता था। यह यौगिक भू-जल को प्रदूषित कर देता है। यह एक संभावित कैंसरजन्य भी है। धुलाई की प्रक्रिया में इस यौगिक का द्रव कार्बन डाइऑक्साइड एवं उपयुक्त अपमार्जक द्वारा प्रतिस्थापित किया जाता है। हैलोजेनीकृत विलायक का द्रवित CO_2 से प्रतिस्थापन भू-जल के लिए कम हानिकारक है।
- आजकल हाइड्रोजन पैरॉक्साइड का उपयोग लॉन्ड्री में कपड़ों के विरंजन के लिए किया जाता है, जिससे परिणाम तो अच्छे निकलते ही हैं। जल का कम उपयोग भी होता है।

(ii) पेपर का विरंजन

- पहले पेपर के विरंजन के लिए क्लोरीन गैस उपयोग में आती थी। आजकल उत्प्रेरक की उपस्थिति में हाइड्रोजन पैरॉक्साइड, जो विरंजन क्रिया की दर को बढ़ाता है, उपयोग में लाया जाता है।

(iii) रसायनों का संश्लेषण

- औद्योगिक स्तर पर एथीन का ऑक्सीकरण आयनिक उत्प्रेरकों एवं जलीय माध्यम की उपस्थिति में करवाया जाए, तो लगभग 90% ऐथेनॉल प्राप्त होता है।

$$CH_2 = CH_3 + O_2 \xrightarrow[\text{Pd(II),Cu(II) जल में}]{\text{उत्प्रेरक}} CH_3CHO(90\%)$$

- संक्षेप में, हरित रसायन एक कम लागत उपागम है, जो कम पदार्थ, ऊर्जा उपभोग एवं अपशिष्ट जनन से संबंधित है।

जलवायु परिवर्तन

- जलवायु परिवर्तन से तात्पर्य **तापमान** में वृद्धि से है। विश्व में हो रहे जलवायु परिवर्तनों के मूल में भी तापमान ही है। इसे **ग्लोबल वॉर्मिंग** का नाम दिया गया है। ग्लोबल वॉर्मिंग वास्तव में 18वीं सदी की **औद्योगिक क्रांति** का परिणाम है।
- पृथ्वी का औसत तापमान 15 डिग्री सेल्सियस रहता है, जो पिछले 100 वर्षों में 0.5 डिग्री बढ़ा है।
- पृथ्वी की जलवायु हमेशा बदलती रही है और विकसित होती रही है। इस प्रकार के कुछ परिवर्तन प्राकृतिक कारणों से होते है, लेकिन अन्य के लिए मानवीय क्रियाकलाप जिम्मेदार है जैसे कि कटाई, उद्योगों तथा परिवहन से वायुमंडलीय उत्सर्जन, जिसके कारण वायुमंडल में गैस तथा **ऐरोसॉल्स** एकत्रित हो जाते हैं।
- इन गैसों को **ग्रीन हाउस गैस** कहते हैं, क्योंकि ये गर्मी को रोक लेती है और धरातल के निकट वायु के तापमान को बढ़ा देती है और पृथ्वी की सतह ग्रीनहाउस की भूमिका अदा करती है।

जलवायु परिवर्तन पर वैश्विक पहल

1. स्टॉकहोम सम्मेलन 1972

संयुक्त राष्ट्र संघ की अगुवाई में पृथ्वी के समग्र पर्यावरण पर सम्मेलनों के माध्यम से व्यापक विचार-विमर्श करने की शुरुआत 1972 में **स्टॉकहोम सम्मेलन** से हुई।

1972 के **स्टॉकहोम सम्मेलन** (5 जून-19 जून 1972) में जागरुकता बढ़ाने व पृथ्वी के साथ भावनात्मक लगाव प्रदर्शित करने के उद्देश्य से केवल एक पृथ्वी का उद्देश्य अंगीकार हुआ।

रोटर डैम कन्वेंशन

अंतर्राष्ट्रीय व्यापार में जोखिम युक्त रसायनों और कीटनाशकों के लिए पूर्व सूचित सहमति प्रक्रिया से सम्बम्धित रोटरडैम कन्वेंशन **24 फरवरी, 2004** को लागू हुआ था।

इस कन्वेंशन को भारत सरकार द्वारा **24 मई, 2005** को स्वीकृत किया गया और यह 23 अगस्त, 2005 से प्रचलन में आया।

मिनमाटा कन्वेंशन

संयुक्त राष्ट्र पर्यावरण कार्यक्रम की नियंत्रण परिषद ने **पारे** के संबंध में एक वैश्विक रूप से बाध्यकारी विधिक दस्तावेज का विस्तार करने पर सहमति व्यक्त की थी। प्रस्तावित मिनमाटा कन्वेंशन के सहमति प्रपत्र पर **7–13 अक्टूबर, 2013** के दौरान जापान में आयोजित एक राजनीतिक सम्मेलन में 94 पक्षों द्वारा हस्ताक्षर किए गए हैं।

यह संयुक्त राष्ट्र मुख्यालय **न्यूयार्क** में 9 अक्टूबर, 2014 तक हस्ताक्षर के लिए खुला था, भारत द्वारा **25 सितंबर, 2014** को हस्ताक्षर किए गए।

नागोया-प्रोटोकॉल

नागोया प्रोटोकॉल 50वें अनुसमर्थन मिलने के 90वें दिन 2 अक्टूबर, 2014 को लागू हो गया था। उल्लेखनीय है कि अक्टूबर, 2012 में हैदराबाद में COP-11 का आयोजन किया गया था।

इस प्रोटोकॉल के लागू होने के लिए अध्यक्ष के रूप में भारत द्वारा प्रयास किए गए थे। भारत द्वारा **9 अक्टूबर, 2012** को नागोया प्रोटोकॉल का समर्थन कर दिया गया था।

नागोया प्रोटोकॉल के लागू होने से **जैव विविधता** पर अभिसमय के समता वाले प्रावधानों का व्यावहारिक प्रभाव प्राप्त होगा।

भारत अपने जेनेटिक संसाधनों और उनसे जुड़े **पारंपरिक ज्ञान** की चोरी का शिकार रहा है जिन्हें अन्य देशों में **पेटेंट** करा लिया जाता है (**नीम**, **हल्दी** पर कराए गए पेटेंट)।

जैव संसाधनों की चोरी को रोकने के घरेलू प्रयास के रूप में भारत में **'जैव विविधता अधिनियम, 2002'** लागू किया गया था। नागोया प्रोटोकॉल भारत के घरेलू प्रयासों के पूरक के रूप में कार्य करेगा।

ध्यातव्य है कि संयुक्त राष्ट्र महासभा द्वारा वर्ष 2010 को जैव विविधता के अंतर्राष्ट्रीय वर्ष तथा **2011–20** के **दशक** को **संयुक्त राष्ट्र जैव विविधता** दशक के रूप में घोषित किया गया।

इसी सम्मेलन में **संयुक्त राष्ट्र पर्यावरण कार्यक्रम (UNEP)** का जन्म हुआ। **5 जून** को **पर्यावरण दिवस** मानने की घोषणा इसी सम्मेलन में की गई। इसी सम्मेलन के बाद भारत में **प्रोजेक्ट टाइगर** चलाने के निर्णय लिए गए व वायु प्रदूषण से सम्बन्धित कानून बनाए गए।

2. बेलग्रेड कॉन्फ्रेंस 1975

संयुक्त राष्ट्र पर्यावरण कार्यक्रम द्वारा 1975 में बेलग्रेड कॉन्फ्रेंस का आयोजन हुआ। इसी सम्मेलन में प्रत्येक देश ने अपनी-अपनी पर्यावरण नीति बनाने का भी निर्णय लिया।

बिगड़ती जलवायु को संतुलित करने के लिए देश के उपलब्ध भूमि भाग में 33% वन क्षेत्र की अनिवार्यता भी प्रस्तावित की गई थी।

3. मांट्रियल प्रोटोकॉल 1987

ओजोन परत को बचाने की दिशा में सबसे महत्वपूर्ण समझौता **16 सितम्बर, 1987** को मांट्रियल **कनाडा** में हुआ। ओजोन परत को बचाने के लिए यह पहला अन्तर्राष्ट्रीय समझौता था, जो **16 सितम्बर** को हस्ताक्षरित हुआ था। अत: 16 सितम्बर वर्ष 1995 से **विश्व ओजोन दिवस** के रूप में मनाया जाने लगा।

इस प्रोटोकॉल में क्लोरोफ्लोरो कार्बन (CFC) के उत्पादन एवं खपत में अगले 10 वर्षों में पर्याप्त कटौती व हैलोजन गैस के उत्पादन एवं खपत को पूरी तरह से समाप्त करने पर सहमति हुई थी।

4. नैरोबी कॉन्फ्रेंस 1982

1982 में नैरोबी में स्टॉकहोम सम्मेलन की 10वीं वर्षगाँठ मनाने के लिए विश्व समुदाय पुन:एकत्रित हुआ व नैरोबी घोषणा-पत्र को पारित किया। इसमें **स्टॉकहोम सम्मेलन** के विचारों एवं कार्यक्रमों को ही स्वीकार किया गया।

5. रियो सम्मेलन 1992

1992 में ब्राजील के शहर **रियो डि जेनेरियो** में बहुचर्चित **पृथ्वी-1** सम्मेलन आयोजित हुआ। **पृथ्वी बचाओ सम्मेलन** रियो सम्मेलन की भावना रियो भावना के रूप में याद की जाती है। इस सम्मेलन की **2 विशेष** उपलब्धियाँ रहीं हैं–

(i) **वैश्विक पर्यावरण सुविधा (GEE):** रियो के पृथ्वी बचाओ सम्मेलन में (GEE) की स्थापना विश्व बैंक द्वारा स्थापित होना तय हुआ। इसमें विभिन्न देशों को 4 क्षेत्रों विश्वव्यापी तापमान में वृद्धि रोकने, ओजोन संरक्षण, जैव विविधता संरक्षण, जल संरक्षण कार्यक्रम चलाने में सहायता देना निर्धारित हुआ।

(ii) **एजेण्डा 21:** 21वीं सदी में आचार व्यवहार किस प्रकार हो, इसके लिए **21 सूत्रीय एजेण्डा** स्वीकृत किया गया। यह देशों पर बाध्यकारी नहीं है, केवल उनसे आश्वासन लिया गया कि वे अपनी नीतियों एवं कार्यक्रमों का निर्धारण **एजेण्डा-21** के अनुरूप करेंगे।

6. क्योटो प्रोटोकॉल 1997

पृथ्वी बचाओ सम्मेलन के बाद संयुक्त राष्ट्र संघ के तत्वाधान में UNFCCC के अन्तर्गत **विश्व मौसम** परिवर्तन सम्मेलनों अर्थात् कॉन्फ्रेंस ऑफ पार्टीज़ **(कॉप शृंखला)** की शृंखला चलती रही। **कॉप (Cop)** शृंखला का पहला सम्मेलन अप्रैल **1995** में **जर्मनी** के बर्लिन शहर में आयोजित किया गया। इस शृंखला में 1 दिसंबर से 11 दिसंबर, 1997 तक **जापान के शहर क्योटो** में आयोजित कॉप-3 विशेष रूप से उल्लेखनीय है। इस सम्मेलन के अंत में क्योटो प्रोटोकॉल की ऐतिहासिक घोषणा की गई। इसमें **6 गैसों**–कार्बन डाइऑक्साइड (CO_2), नाइट्रस ऑक्साइड (N_2O), मीथेन (CH_4), हाइड्रोफ्लोरोकार्बन (HFC), परफ्लोरोकार्बन (PFC) एवं सल्फर हेक्सा फ्लोराइड (CF_6) को बास्केट एप्रोच के अंतर्गत चिन्हित किया गया। क्योटो प्रोटोकॉल में उपर्युक्त **6 ग्रीन हाउस गैसों** का उत्सर्जन वर्ष 1990 के स्तर से वर्ष 2012 तक 5.2% कम करने पर अमेरिका सहित 38 विकसित देशों ने प्रतिबद्धता व्यक्त की।

प्रमुख सम्मेलन

जोहान्सबर्ग सम्मेलन 2002

2002 में जोहान्सबर्ग में सतत् विकास हेतु **पृथ्वी-II सम्मेलन** का आयोजन हुआ। इस सम्मेलन का मुख्य मुद्दा **जल एवं स्वच्छता, ऊर्जा, स्वास्थ्य, कृषि** तथा **जैव विविधता व पारिस्थितिकी** थे। जिन्हें **WEHAB**—Water, Energy, Health, Agriculture and Biodiversity उपनाम दिया गया था। इसमें प्रथम बार पर्यावरण हेतु व्यापारिक संगठनों के प्रभावी हस्तक्षेप की भूमिका महसूस की गई। यह शिखर सम्मेलन पृथ्वी से संबद्ध शिखर सम्मेलन के 10 वर्ष बाद हुआ।

बाली सम्मेलन 2007

- जलवायु परिवर्तन के बढ़ते खतरे से निपटने के लिए संयुक्त राष्ट्र के तत्वाधान में **इंडोनेशिया** के **बाली** द्वीप के नुसा-दुआ में संयुक्त राष्ट्र पर्यावरण सम्मेलन 3–14 दिसंबर, 2007 तक आयोजित किया गया।
- इस सम्मेलन का मुख्य उद्देश्य 2012 में समाप्त हो रही **क्योटो संधि** के स्थान पर एक नई संधि की रूपरेखा तैयार करने हेतु एक रोडमैप तैयार करना था, जो सफल था।

कोपेनहेगन सम्मेलन 2007

- डेनमार्क की राजधानी **कोपेनहेगन** में **7–18 दिसंबर, 2009** को होने वाली क्लाइमेट चेंज कॉन्फ्रेंस में जलवायु परिवर्तन के खतरों से निपटने के लिए एक अंतर्राष्ट्रीय राजनीतिक समझौता है।

- इस सम्मेलन के एजेंडा के अनुसार विकसित और औद्योगिक राष्ट्रों द्वारा **2020** तक **ग्रीन हाउस गैसों** के उत्सर्जन में भारी कटौती लाने तथा विकासशील और निर्धन देशों को इन खतरों से निपटने के लिए आर्थिक व तकनीकी मदद देने का निर्णय हुआ। साथ-ही ग्लोबल क्लाइमेट एग्रीमेंट के गठन का निर्णय लिया गया।

कैनकुन सम्मेलन 2010

29 नवंबर - 10 दिसम्बर, 2010 को **मेक्सिको** के कानकुन में जलवायु परिवर्तन सम्मेलन संपन्न हुआ। विश्व के देशों द्वारा 100 अरब डॉलर वाला हरित जलवायु कोष (Green Climate Fund) बनाने की स्वीकृति प्रदान की गई। 2020 तक ग्रीन हाउस गैसों के उत्सर्जन में 20%–25% की कटौती पर सहमति प्रदान की गई।

डरबन सम्मेलन 2011

9–11 दिसम्बर 2011 को दक्षिण अफ्रीकी शहर **डरबन** में जलवायु परिवर्तन का अंतर्राष्ट्रीय सम्मेलन संपन्न हुआ। जिसका मुख्य उद्देश्य क्योटो प्रोटोकॉल का भविष्य तय करना था, जो वर्ष **2012** में समाप्त हो रहा है। इसके अलावा सम्मेलन में भाग ले रहे प्रतिनिधि जंगलों के बचाव, कार्बन उत्सर्जन में कमी लाने और जलवायु परिवर्तन से गरीब देशों को बचाने के लिए उपायों जैसे मुद्दों पर सहमति बनाने का प्रयास भी करेंगे। 1997 में बने क्योटो प्रोटोकॉल की अवधि 2012 में समाप्त हो रही है और इसके विकल्प की खोज पर विचार किया गया।

डरबन मसौदा

सम्मेलन के अंतिम दिन **11 दिसम्बर 2011** को एक समझौता हुआ, जिसमें ग्लोबल वॉर्मिंग से लड़ने के लिए कानूनी बंधनों का सहारा लिया गया। इसे ही **'डरबन प्लेटफॉर्म'** कहा जा रहा है। इस समझौते के अन्तर्गत अब सभी देश कार्बन उत्सर्जन में कटौती को लेकर कानूनी रूप से बाध्य होंगे। हालांकि इस समझौते की शर्तें **2015** तक तैयार होंगी व **2020** में इसे लागू किया जाएगा।

ग्रीन क्लाइमेट फंड

डरबन सम्मेलन की बड़ी उपलब्धि **ग्रीन क्लाइमेट फंड** की स्थापना भी थी। सम्मेलन में यह निर्णय लिया गया कि एक ऐसे कोष की स्थापना की जाए, जो अल्पविकसित अथवा गरीब देशों को वार्षिक **100 अरब** अमेरिकी डॉलर की राशि दे, जिससे जलवायु परिवर्तन के अनुकूल वे स्वयं को ढाल सकें।

दोहा सम्मेलन 2012

- संयुक्त राष्ट्र संघ के वार्षिक पर्यावरण व तापमान घटाने के उपायों को कम करने हेतु **194 देशों** के प्रतिनिधि **कतर** की राजधानी **दोहा** में 26 नवम्बर-7 दिसम्बर, 2012 को उपस्थित हुए।
- तापमान विचलन पर संयुक्त राष्ट्र संघ के संगठन **UNFCCC** की मध्यस्थता में इन देशों की बीच यह **18वीं बैठक** है। इसलिए सम्मेलन को कॉप-18 **(CoP: Conference of Parties)** कहा जाता है।
- पिछले वर्ष **2011** में **डरबन सम्मेलन में हरित जलवायु कोष (ग्रीन क्लाइमेट फंड)** की चर्चा बहुत हुई थी। इसका प्रस्ताव **कानपुर** में सामने आया था। इसके अन्तर्गत यह होगा कि विकसित देश दूसरे देशों को प्रदूषण कम करने के प्रयासों में आर्थिक सहयोग करेंगे।
- **CDM (क्लीन डेवलेपमेंट मैकेनिज्म)** योजना में गैर-विकसित देश बेहतर तकनीक से प्रदूषण घटाने के उपाय करते हैं, उनकी इस प्राप्ति के बदले में विकसित देश धन देते हैं और गैर-विकसित देशों का प्राप्त स्वयं के प्रदूषण घटाने के प्रयासों में दिखा देते हैं।

ग्रीन हाउस प्रभाव

सौर ऊर्जा से **स्थल** तथा जल **गरम** होते हैं। गरम होने के बाद जल व स्थल दोनों ही पुनः विकिरण द्वारा प्राप्त ऊर्जा को वायुमंडल में वापस भेजते हैं। वायु में पाई जाने वाली **कार्बन-डाइऑक्साइड** तथा जलवाष्प द्वारा वायुमंडल में वापस जाने वाली यह ऊष्मा अवरोधित हो जाती है। यह अवरोधित ऊष्मा पृथ्वी को गरम करने लगती है, जिसे **ग्रीन हाउस प्रभाव** कहते हैं। ग्रीन हाउस प्रभाव की खोज वर्ष 1824 में **जोसेफ फुरिअर** ने की थी। इस पर विश्वसनीय ढंग से प्रयोग वर्ष 1858 में **जॉन टिंडल** ने किया। किंतु सर्वप्रथम इसके बारे में आंकिक जानकारी वर्ष 1896 में **स्वान्ते अर्हिपिअस** ने प्रकाशित की थी।

ग्रीन हाउस गैसें		
1.	**कार्बन डाइऑक्साइड (CO_2)**	यह ईंधन (कोयला, तेल, पेट्रोलियम) के जलने और जंगलों में लगी आग से पैदा होती है।
2.	**मीथेन (CH_4)**	यह तेल के रिसने व पंशुपालन आदि से पैदा होती है।
3.	**नाइट्रोजन ऑक्साइड (N_2O)**	यह खेतों व ईंधन के जलने पर निकलती है।
4.	**हाइड्रोफ्लोरो कार्बन (HFCs)**	औद्योगिक क्रियाओं के द्वारा उत्पन्न **अवशिष्ट** पदार्थों द्वारा ताप में वृद्धि।
5.	**परफ्लोरो कार्बन (PFCs)**	एल्युमिनियम इलेक्ट्रॉनिक्स पदार्थों द्वारा।
6.	**सल्फर हैक्साफ्लोराइट (SF_6)**	गंधकयुक्त ईंधन का दहन जो **अम्लीय वर्षा** का कारक है।

ग्रीन जलवायु निधि (Green Climate Fund—GCF)

डरबन, दक्षिण अफ्रीका में आयोजित **CoP-17** में विकासशील देशों में परियोजनाओं, कार्यक्रमों, नीतियों व कार्यों में सहायता करने के लिए इस कन्वेंशन के अंतर्गत एक **ग्रीन जलवायु निधि** स्थापित की गई थी। साथ-ही वर्ष 2020 तक 100 बिलियन अमरीकी डॉलर के दीर्घकालिक **वित्त पोषण** के बारे में देशों द्वारा निर्णय लिया गया है।

ओजोन परत संरक्षण (Ozone Layer Conservation)

- ओजोन परत सूर्य से निकलने वाली उच्च-ऊर्जा **अल्ट्रावायलट (UV)** विकिरण द्वारा पृथ्वी के वायुमंडल में ऊपरी सतह में **3 सूक्ष्म अणुओं** के मिलने से प्राकृतिक रूप से बनती है। रेडिएशन, ऑक्सीजन के अणुओं को तोड़ती है, अणु स्वतंत्र हो जाते है, इनमें से कुछ अणु ऑक्सीजन अणुओं के साथ जुड़ जाते है और **ओजोन** बनती है।
- इस प्रकार से बनने वाली लगभग **90%** ओजोन, पृथ्वी की सतह से **10–15 किमी.** ऊपर रहती है, जिसे **स्ट्रेटोस्फीयर** कहते हैं। वायुमंडल के इस भाग में पाई जाने वाली ओजोन को **ओजोन की परत** कहा जाता है।
- सूर्य से निकलने वाले सभी हानिकारक **पराबैंगनी विकिरण UV** को यह **स्ट्रेटोस्फीयरिक** ओजोन परत अपने में सोख लेती है। यह वन्य जीवों और पेड़-पौधों की **UVB** रेडिएशन से रक्षा करती है। **UVB** रेडिएशन से त्वचा

कैंसर, आंखों को हानि, शरीर की प्रतिरक्षा प्रणाली को क्षति, फसलों का उत्पादन कम होने की संभावना होती है। इसी कारण **1985** में **ओजोन परत** की सुरक्षा के लिए **वियना सम्मेलन** हुआ तथा वर्ष **1987** में **मॉन्ट्रियल प्रोटोकॉल** उन पदार्थों के लिए आयोजित किया गया था, जो ओजोन परत में कमी लाते हैं। भारत ओजोन परत के संरक्षण हेतु **वियना सम्मेलन** व ओजोन का क्षरण करने वाले पदार्थों संबंधी **मॉन्ट्रियल प्रोटोकॉल** का पक्षकार है।

- भारत मॉन्ट्रियल प्रोटोकॉल के अन्तर्गत नियंत्रित ओजोन का क्षरण करने वाले 96 पदार्थों में से मुख्यतः 9 पदार्थों का उत्पादन और उपयोग कर रहा है। ये हैं– **1.** क्लोरोफ्लोरोकार्बन्स (CFC), **2.** CFC-11, CFC-12, **3.** CFC-113, **4.** कार्बन टेट्राक्लोराइड (CTC), **5.** हाइड्रोक्लोरोफ्लोरो, **6.** कार्बन-22 (HPFC), **7.** हैलॉन-1211, हैलॉन-1301, **8.** मिथाइल क्लोरोफार्म, **9.** मिथाइल ब्रोमाइड।

अम्लीय वर्षा (Acid Rain)

- एसिड रेन वास्तव में **सल्फर डाई-ऑक्साइड** और **नाइट्रोजन ऑक्साइड** जैसे प्रदूषक के अत्यधिक उत्सर्जन के कारण से होती है। जब से प्रदूषक पर्यावरण में मौजूद जल के अणुओं (विशेषकर हाइड्रोजन के परमाणुओं) से प्रतिक्रिया करते हैं, तो अम्ल की शक्ल ले लेते हैं और यही अम्ल जब बारिश के रूप में भूमि पर गिरता है, तो उसे **अम्लीय वर्षा** कहते हैं।
- अम्लीय वर्षा का प्रदूषण से संबंध सर्वप्रथम 1852 में सिद्ध हुआ। जब औद्योगिक क्रांति की आग तेज थी। **रॉबर्ट अंगुस स्मिथ** के अनुसार अम्लीय वर्षा का मुख्य कारण प्रदूषण है। अधिकृत रूप से 1852 में इसकी पुष्टि की गई। **'एसिड रेन'** शब्द **रॉबर्ट स्मिथ** ने ही 1872 में सर्वप्रथम प्रयोग किया था।

जैव भू-रासायनिक चक्र (Biogeochemical Cycles)

रासायनिक तत्त्वों के वायुमंडल, महासागरों तथा अवसादों से होने वाली चक्रीय व्यवस्था को **जैव भू-रासायनिक चक्र** कहते हैं। इन चक्रों के द्वारा **अजैविक तत्त्वों** का **जैविक** प्रावस्था के माध्यम से गमन होता है तथा अन्त में ये तत्त्व पुनः अजैविक दशा में लौट आते हैं। इन चक्रों में ऊर्जा का संचरण एकदिशीय न होकर चक्रीय होता है। पौधों को पर्यावरण (वायु व मृदा) से प्राप्त खनिज तत्त्व पुनः पर्यावरण को प्राप्त हो जाते हैं। पादपों द्वारा इन खनिजों को ग्रहण करने पर पुनः पर्यावरण को लौटा देने की क्रिया कई जीवों व भौतिक रासायनिक घटनाओं द्वारा संपन्न होती है। इस प्रकार खनिज प्रवाह के इन चक्रों को **जैव भू-रासायनिक चक्र** कहते हैं।

गैसीय पोषण चक्र (Gaseous Nutrient Cycles)

1. नाइट्रोजन चक्र (The Nitrogen Cycles)

- नाइट्रोजन सभी प्रकार के प्रोटीन, **न्यूक्लिक अम्लों** और जीव द्रव्य में एक महत्त्वपूर्ण घटक के रूप में पाई जाती है। अधिकांश पौधे वायुमण्डलीय नाइट्रोजन को **नाइट्रोजन स्थिरीकरण** द्वारा लवणों में परिवर्तित किए बिना प्रयोग नहीं कर सकते हैं। पादप नाइट्रोजन को मृदा से नाइट्रेट के रूप में प्राप्त करते हैं। कई सूक्ष्म जीव, सहजीवी व असहजीवी के रूप में, वायुमण्डलीय नाइट्रोजन का यौगिकीकरण करते हैं। बिजली गरजने से भी नाइट्रोजन का यौगिकीकरण होता है। **राइजोबियम** भी नाइट्रोजन का यौगिकीकरण करने वाला प्रमुख सहजीवी जीवाणु है, जो फलीदार पौधों की जड़ों की ग्रन्थिकाओं में मिलते हैं। एजोटोबेक्टर व क्लास्ट्रिडियम जीवाणु तथा कुछ **नील हरित शैवाल** प्रमुख असहजीवी जातियाँ है। अतः वायु में विद्यमान नाइट्रोजन के रूप में मृदा उपलब्ध होती है, जिसे पादप अवशोषित कर **नाइट्रोजनी यौगिक** (अमीनो, अम्ल, प्रोटीन) बनाते हैं।
- यह कार्बनिक पदार्थ खाद्य के रूप में विविध पोषण स्तरों से उपभोक्ताओं को प्राप्त होता है। मृत जीवांशों को अपघटक वियोजित करते हैं, जिसके दौरान मुक्त नाइट्रोजन वायुमण्डल में प्रविष्ट हो जाती है। वायुमण्डल में स्वतंत्र नाइट्रोजन गैस की पुनः पूर्ति के लिए नाइट्रेट एवं नाइट्रेट लवण विनाइट्रीकारक जीवाणुओं द्वारा अपघटित होती रहती हैं। मनुष्य ने औद्योगिक रूप से नाइट्रोजन का स्थिरीकरण करके इस **प्राकृतिक चक्र** को बाधित किया है।

2. कार्बन चक्र (Carbon Cycles)

- पारिस्थितिकीय तंत्र में कार्बन तथा उसके यौगिकों का जटिल मिश्रण, निर्माण, रूपान्तरण तथा वियोजन हर स्थिति में विद्यमान है। प्रकृति में सभी जैव पदार्थ प्रकाश संश्लेषण (Photosynthesis) की प्रक्रिया में उत्पन्न होते हैं। पादप कार्बन-डाइ-ऑक्साइड और जल को कार्बोहाइड्रेट में बदलने के लिए सूर्य की **विकिरण ऊर्जा** का उपयोग करते हैं। इस प्रक्रिया से वायु से कार्बन-डाइ-ऑक्साइड को आकर्षित करते हैं और जल को विभक्त करके हाइड्रोजन प्राप्त करते हैं। दूसरी ओर पादप प्रकाश संश्लेषण के दौरान कार्बन-डाइ-ऑक्साइड का अवशोषण करते हैं, वहीं सभी जीवित प्राणी श्वसन क्रिया द्वारा उत्सर्जित कार्बन-डाइ-ऑक्साइड का विमोचन करते हैं। इसी प्रकार मृत पदार्थ भी निरन्तर अपघटक क्रिया द्वारा कार्बन-डाइ-ऑक्साइड का विमोचन करते हैं।
- कार्बन चक्र का आरंभ **स्वपोषी हरे पौधों** द्वारा होता है, जिनके द्वारा ग्रहण की गई **कार्बन-डाइ-ऑक्साइड** को परपोषी उपयोग करके कार्बोहाइड्रेट्स बनाते हैं। शाकाहारी परपोषी जीव पादपों को खाकर उनमें विद्यमान कार्बोहाइड्रेट्स से अपनी आवश्यकतानुसार कार्बन प्राप्त करते हैं। मांसाहारी जीव इन शाकाहारियों का भक्षण करके अपनी कार्बन आवश्यकताओं को पूरा करते हैं। साथ ही सभी सजीवों द्वारा श्वसन क्रिया द्वारा अपने अन्दर के **कार्बोहाइड्रेट्स का ऑक्सीकरण** कर उन्हें कार्बन-डाइ-ऑक्साइड और जल में परिवर्तित करते हैं जिससे प्रकृति में विमुक्त की पूर्ति होती रहती है। इस प्रकार प्रकृति में **कार्बन चक्र** पूर्ण होता है।

3. ऑक्सीजन चक्र (Oxygen Cycle)

प्रकृति में जीवधारियों के लिए **ऑक्सीजन** की महत्त्वपूर्ण भूमिका होती है क्योंकि यह जीवन को सम्भव बनाती है। वायुमण्डल में **20.94%** ऑक्सीजन पाई जाती है। यह कार्बन-डाइ-ऑक्साइड, जल एवं विभिन्न ऑक्साइडों तथा लवणों के रूप में भी पाई जाती है। ऑक्सीजन का निर्माण स्वपोषी हरे पौधों तथा सागरीय पारितंत्र में पाए जाने वाले पादपों (प्लैंकटन) द्वारा प्रकाश संश्लेषण की प्रक्रिया के माध्यम से होता है। कुछ मात्रा में ऑक्सीजन का निर्माण विविध खनिज ऑक्साइडों के न्यूनीकरण द्वारा भी होता है। इस प्रकार वायुमण्डल में भण्डारित इस ऑक्सीजन का सागरीय एवं स्थलीय जन्तु उपभोग करते हैं। **जीवाश्मीय ईंधन** (खनिज तेल तथा कोयला) तथा लकड़ी के दहन में ऑक्सीजन का उपयोग होता है। ऑक्सीजन की कुछ मात्रा जल में घुल जाती है जबकि कुछ नदियों द्वारा सागरों में पहुँचकर वहाँ व्याप्त अवसादों में मिश्रित हो जाती है। कालान्तर में यह ऑक्सीजन अवसादी ऑक्सीजन के भण्डार के रूप में संचित हो जाती है, जो दीर्घकाल तक बनी रहती है। इस चक्र के अन्तर्गत स्थलीय एवं सागरीय जीवों द्वारा **प्रकाश संश्लेषण** के समय उत्पन्न ऑक्सीजन **वायुमण्डलीय ऑक्सीजन** में प्रविष्ट होती है, जिसका उपभोग सागरीय एवं स्थलीय जीवों द्वारा श्वसन के दौरान किया जाता है। इसके अतिरिक्त ऑक्सीजन की कुछ मात्रा जीवाश्मीय ईंधन एवं लकड़ियों के दहन में भी काम आती है। इस प्रकार प्रकृति में **ऑक्सीजन चक्र** चलता रहता है।

अवसादी पोषण चक्र (Sedimentary Nutrient Cycles)

इस श्रेणी में फॉस्फोरस, सल्फर तथा कैल्सियम चक्रों को सम्मिलित किया जाता है। पारिस्थितिकी तंत्र में प्रथम दो चक्र महत्वपूर्ण हैं।

1. फॉस्फोरस चक्र (Phosphorus Cycle)

- जीवमण्डल में जल के उपरान्त फॉस्फोरस एक महत्वपूर्ण तत्व है जिससे पौधे की कोशिका के केन्द्रक में फॉस्फोरस की अपर्याप्त मात्रा होने पर कोशिका विभाजन में कठिनाई होती है। फॉस्फोरस पादपों की जड़ों और प्ररोह (Shoots) के क्रियाशील वर्धनीय लोगों की कोशिकाओं में केन्द्रित होता है। फॉस्फोरस जीवों द्वारा जैविक पदार्थों के उत्पादन को निर्धारित एवं नियन्त्रित करता है। फॉस्फोरस फॉस्फेट शैलों में पाया जाता है, जिनका वितरण सीमित क्षेत्रों में ही मिलता है। यह **गैसीय अवस्था** में अल्प समय के लिए ही पाया जाता है, जबकि अवसादी प्रावस्था में अधिक समय तक रहता है। **फॉस्फोरस** वायुमण डल में न्यून मात्रा में पाया जाता है। यह सागरीय क्षेत्रों में नमक के साथ तथा स्थल पर फॉस्फेट भण्डारों के रूप में मिलता है।
- **पारिस्थितिकी तंत्र** में जैविक घटक फॉस्फोरस वायुमण्डल एवं मृदा से प्राप्त करते हैं। जब कार्बनिक पदार्थों का अपघटन होता है, तो उनसे मुक्त होकर फॉस्फोरस फिर से वायुमण्डल में निर्मुक्त हो जाता है। इस प्रकार वायुमण्डल में फॉस्फोरस की बराबर आपूर्ति बनी रहती है। सागरीय क्षेत्रों की तली में जलीय जन्तुओं के अपघटन के परिणामस्वरूप भी फॉस्फेटों का स्थिरीकरण होता है। अकार्बनिक फॉस्फेट प्रायः अघुलित अवस्था में पाए जाते हैं, जो सूक्ष्म जीवों के उत्सर्जनों से घुलनशील हो जाते हैं जिन्हें पादपों द्वारा अवशोषित कर लिया जाता है। बाद में पादप इन्हें **कार्बनिक अवस्था** में बदल देते हैं। इस प्रकार **फॉस्फोरस चक्र** पूर्ण होता है।

2. सल्फर चक्र (Sulphur Cycle)

फॉस्फोरस चक्र की भाँति सल्फर चक्र भी एक **अवसादी चक्र** है, जो प्रोटीन, अमीनो अम्ल और विटामिन जैसे पदार्थों का एक प्रमुख अवयव है। सल्फर ध ातु सल्फेटों के रूप में चट्टानों एवं मृदा में पाया जाता है। पौधे मृदा से सल्फेटों के रूप में सल्फर का **अवशोषण (Absorption)** करते हैं। मृत जीवांशों के अपघटन के उपरान्त **हाइड्रोजन सल्फाइड** (H_2S) गैस के रोगाणु ऑक्सीकण से मृदा में सल्फेटों का निर्माण करते हैं, वहां से इनका पौधों द्वारा पुनः अवशोषण होता है। इस प्रकार **सल्फर चक्र** पूर्ण होता है। जीवाश्मीय ईंधन, विशेषकर कोयले के अर्द्धदहन के कारण भी कुछ मात्रा में जैविक सल्फर वायुमण्डल में सल्फर-डाइ-ऑक्साइड के रूप में प्रवेश करते हैं, जो वर्तमान समय में **वायु प्रदूषण** का प्रमुख कारण बन रहा है।

मॉन्ट्रियल प्रोटोकॉल

- 16 सितंबर, 1987 को ही मॉन्ट्रियल संधि पर हस्ताक्षर किए गए थे, इसलिए प्रत्येक वर्ष ओजोन परत संरक्षण दिवस के रूप में मनाया जाता है। ओजोन परत के क्षय की सर्वप्रथम जानकारी 1974 में अमेरिकी रसायनशास्त्री एक शेरवुड रॉलैंड व मैरिनी मोलिनी ने दी अंतर्गत थी।
- क्लोरोफ्लोरो कार्बन सूर्य कि किरणों से प्रतिक्रिया कर क्लोरीन व क्लोरीन मोनोक्साइड के अणु उत्सर्जित करते हैं, जो ओजोन को क्षति पहुंचा रहे हैं। परिणामस्वरूप 1974 में अमेरिका, नार्वे, स्वीडन व कनाडा जैसे देशों ने उन एयरोसोल के निर्माण पर प्रतिबंध लगा दिया, जिनमें CFC का उपयोग होता है। ओजोन को बचाने की इन्हीं कोशिशों के अंतर्गत वियना सम्मेलन में **मॉन्ट्रियल संधि** पारित की गई। इस संधि के अंतर्गत वर्ष 1994 तक CFC का स्तर 1986 के स्तर से 80% तक करने और वर्ष 1999 तक 1986 के स्तर से 50% तक करने का लक्ष्य रखा गया। भारत ने 1 अगस्त, 2008 को ही CFC के उत्पादन पर रोक लगा दी है।

जलवायु परिवर्तन पर संयुक्त राष्ट्र फ्रेंमवर्क कन्वेंशन

- **स्वीकृति :** 9 मई, 1992
- **लागू :** 21 मार्च, 1994
- **सचिवालय :** बॉन, जर्मनी
- **कार्यकारी सचिव :** क्रिस्टीना फिग्यूरेस
- **उद्देश्य :** वातावरण में **हरित गृह** गैस की सांद्रता को स्थिर करना जो जलवायु प्रणाली में खतरनाक मानवीय हस्तक्षेप को रोक सके।
- यह एक अंतर्राष्ट्रीय पर्यावरणीय संधि है। इसको पर्यावरण व विकास पर **संयुक्त राष्ट्र सम्मेलन** (UNCED) में प्रस्तुत किया गया जिसे अनौपचारिक रूप से पृथ्वी शिखर (Earth Summit) सम्मेलन के नाम से जाना जाता है जो 14 जून, 1992 के मध्य आयोजित किया गया था। यह संधि हरितगृह गैस उत्सर्जन हेतु देशों के लिए कोई बाध्यकारी सीमा व कोई प्रवर्तन तंत्र नहीं निर्धारित करता है।
- वर्ष 1995 से इसके सदस्यों का वार्षिक सम्मेलन (Conferences of the Parties—COP) का आयोजन किया जा रहा है जो जलवायु परिवर्तन से निपटने में प्रगति का आकलन करता है। वर्ष 1997 में क्योटो प्रोटोकॉल बना जिसमें विकसित देशों को अपने हरित गृह गैस उत्सर्जन को कम करना था।
- कोप-20 (COP) कौ लीमा, पेरु में 1-20 दिसंबर, 2014 के मध्य आयोजित किया गया तथा वर्ष 2015 में कोप-21 का आयोजन 30 नवंबर से 11 दिसंबर, 2015 के मध्य पेरिस, फ्रांस में आयोजित हुआ।

प्राकृतिक संपदा

- हमारी पृथ्वी ही एक ऐसा ग्रह है जहाँ जीवन विद्यमान है। यह बहुत सारे कारकों पर निर्भर करता है। पृथ्वी पर जीवन के लिए आवश्यक परिवेश ताप, जल तथा भोजन पर्याप्त मात्रा में उपलब्ध हैं। पृथ्वी पर सभी प्रकार के जीवों की मूल आवश्यकताओं की पूर्ति के लिए सूर्य की ऊर्जा तथा खनिज संपदा की उपलब्धता है।

पृथ्वी पर उपलब्ध संपदा

- पृथ्वी की संपदा स्थल, जल एवं वायु हैं। पृथ्वी की सबसे बाहरी परत को स्थलमंडल कहते हैं। पृथ्वी के 75 प्रतिशत भाग पर जल है। यह भूमिगत जल के रूप में भी पाया जाता है। इन सभी को जलमंडल कहते हैं। वायु जो पूरी पृथ्वी को कंबल के समान ढके हुए है, उसे वायुमंडल कहते हैं। जीवित पदार्थ वहीं पाए जाते हैं जहाँ ये तीनों अवयव स्थित होते हैं। जीवन को आश्रय देने वाला पृथ्वी का यह घेरा जहाँ वायुमंडल, स्थलमंडल तथा जलमंडल एक-दूसरे से मिलकर जीवन को संभव बनाते हैं उसे जीवमंडल के नाम से जाना जाता है।
- सजीव, जीवमंडल के जैविक घटक को बनाते हैं। जबकि वायु, जल और मृदा जीवमंडल के निर्जीव घटक हैं। ये अजैव घटक पृथ्वी पर जीवन के संपोषण के लिए आवश्यक हैं।

जीवन की श्वासः वायु

- वायु बहुत-सी गैसों; जैसे-नाइट्रोजन, ऑक्सीजन, कार्बन डाइऑक्साइड तथा जलवाष्प का मिश्रण है। पृथ्वी पर जीवन वायु के घटकों का परिणाम है। शुक्र तथा मंगल जैसे ग्रहों पर जहाँ जीवन नहीं है, वायुमंडल का मुख्य घटक कार्बन डाईऑक्साइड 95 से 97 प्रतिशत तक है।
- यूकैरियोटिक कोशिकाओं और बहुत-सी प्रोकैरियोटिक कोशिकाओं को ग्लूकोस अणुओं को तोड़ने तथा उससे ऊर्जा प्राप्त करने के लिए ऑक्सीजन की आवश्यकता होती है जिसके परिणामस्वरूप कार्बन डाइऑक्साइड की उत्पत्ति होती है। दूसरी प्रक्रिया, जिसके परिणामस्वरूप ऑक्सीजन की खपत होती है और कार्बन

डाइऑक्साइड का उत्पादन होता है, दहन की क्रिया है। इसमें केवल मनुष्य के वे क्रियाकलाप ही नहीं आते हैं जिनमें ऊर्जा प्राप्त करने के लिए ईंधन को जलाया जाता है, बल्कि जंगलों में लगी आग भी आती है।

- हमारे वायुमंडल में कार्बन डाइऑक्साइड की मात्रा 1 प्रतिशत का एक छोटा-सा भाग है। कार्बन डाइऑक्साइड दो विधियों से 'स्थिर' होती है: (i) हरे पेड़ पौधे सूर्य की किरणों की उपस्थिति में कार्बन डाईऑक्साइड को ग्लूकोस में बदल देते हैं, तथा (ii) बहुत-से समुद्री जंतु समुद्री जल में घुले कार्बोनेट से अपने कवच बनाते हैं।

जलवायु के नियंत्रण में वायुमंडल की भूमिका

- वायुमंडल पृथ्वी को कंबल के समान ढके हुए है। वायुमंडल पृथ्वी के औसत तापमान को नियत रखता है। यह दिन में तापमान को अचानक बढ़ने से रोकता है और रात के समय ऊष्मा के बाहरी अंतरिक्ष में जाने की दर को कम करता है। चंद्रमा के जो सूर्य से लगभग उतनी ही दूरी पर है जितना कि पृथ्वी। इसके बावजूद चंद्रमा की सतह, जहाँ वायुमंडल नहीं है, पर तापमान–190°C से 110°C के मध्य रहता है।
- उदाहरण के लिए, बालू तथा जल एकसमान दर से गर्म नहीं होते हैं।
- स्थलीय या जलीय भाग से होने वाले विकिरण के परावर्तन तथा पुनर्विकिरण के कारण वायुमंडल गर्म होता है। गर्म होने पर, वायु में संवहन धाराएँ उत्पन्न होती हैं।
- जब वायु स्थल और जल के विकिरण के कारण गर्म होती है तब यह ऊपर की ओर प्रवाह करती है। चूँकि, जल की अपेक्षा स्थल जल्दी गर्म होता है इसलिए स्थल के ऊपर की वायु जल के ऊपर की वायु की अपेक्षा तेजी से गर्म होगी।
- स्थल के ऊपर की वायु तेजी से गर्म होकर ऊपर उठना शुरू करती है। जैसे ही यह वायु ऊपर की ओर उठती है, वहाँ कम दाब का क्षेत्र बन जाता है और समुद्र के ऊपर की वायु कम दाब वाले क्षेत्र की ओर प्रवाहित हो जाती है। एक क्षेत्र से दूसरे क्षेत्र में वायु की गति पवनों का निर्माण करती है। दिन के समय हवा की दिशा समुद्र से स्थल की ओर होगी।
- रात के समय स्थल और समुद्र दोनों ठंडे होने लगते हैं। चूँकि स्थल की अपेक्षा जल धीरे-धीरे ठंडा होता है इसलिए वायु की दिशा स्थल से समुद्र की ओर होगी।
- हवा की गतियाँ विभिन्न वायुमंडलीय प्रक्रियाओं का परिणाम हैं जो पृथ्वी के वायुमंडल की असमान विधियों से गर्म होने के कारण होता है। लेकिन इन हवाओं को बहुत-से अन्य कारक भी प्रभावित करते हैं जैसे पृथ्वी की घूर्णन गति तथा पवन के मार्ग में आने वाली पर्वत श्रृंखलाएँ आदि।

वर्षा

- दिन के समय जब जलीय भाग गर्म हो जाते हैं, तब बहुत बड़ी मात्रा में जलवाष्प बन जाती है और यह वाष्प वायु में प्रवाहित हो जाती है। जलवाष्प की कुछ मात्रा विभिन्न जैविक क्रियाओं के कारण वायुमंडल में चली जाती है। यह वायु भी गर्म हो जाती है। गर्म वायु अपने साथ जलवाष्प को लेकर ऊपर की ओर उठ जाती है। जैसे ही वायु ऊपर की ओर जाती है यह फैलती है तथा ठंडी हो जाती है। ठंडा होने के कारण हवा में उपस्थित जलवाष्प छोटी-छोटी जल की बूँदों के रूप में संघनित हो जाती है। जल का यह संघनन सहज होता है। यदि कुछ कण नाभिक की तरह कार्य करके अपने चारों ओर बूँदों को जमा होने देते हैं। सामान्यत: वायु में उपस्थित धूल के कण तथा दूसरे निलंबित कण नाभिक के रूप में कार्य करते हैं।
- एक बार जब जल की बूँदें निर्मित हो जाती हैं तो वे संघनित होने के कारण बड़ी हो जाती हैं। जब ये बूँदें बड़ी और भारी हो जाती हैं तब ये वर्षा के रूप में नीचे की ओर गिरती हैं। कभी-कभी जब वायु का तापमान काफी कम हो जाता है तब ये हिमवृष्टि अथवा ओले के रूप में अवक्षेपित हो जाती हैं।
- वर्षा का पैटर्न, पवनों के पैटर्न पर निर्भर करता है। भारत के बहुत बड़े भू-भाग में अधिकतर वर्षा दक्षिण-पश्चिम या उत्तर-पूर्वी मानसून के कारण होती है।

वायु प्रदूषण

- वायु में नाइट्रोजन और सल्फर के ऑक्साइड का स्तर बढ़ने से वायु की गुणवत्ता में कमी आती है। वायु की गुणवत्ता में आए परिवर्तन मानव और दूसरे जीवों को कैसे प्रभावित करते हैं।
- जीवाश्म ईंधन जैसे कोयला और पेट्रोलियम पदार्थों में नाइट्रोजन और सल्फर की बहुत कम मात्रा होती है। जब ये ईंधन जलते हैं तब नाइट्रोजन और सल्फर भी इसके साथ जलते हैं तथा नाइट्रोजन और सल्फर के विभिन्न ऑक्साइड उत्पन्न करते हैं। इन गैसों का केवल साँस के रूप में लेना ही खतरनाक नहीं है बल्कि ये वर्षा के जल में मिलकर अम्लीय वर्षा भी करते हैं। जीवाश्म ईंधनों का दहन वायु में निलंबित कणों की मात्रा को भी बढ़ा देता है। ये निलंबित कण बिना जले कार्बन कण या पदार्थ हो सकते हैं जिन्हें हाइड्रोकार्बन कहा जाता है। इन सभी प्रदूषकों की अधिक मात्रा में उपस्थिति दृश्यता को कम करती है विशेषकर सर्दी के मौसम में जब जल भी वायु के साथ संघनित होता है। इसे धूम कोहरा कहते हैं तथा ये वायु प्रदूषण की ओर संकेत करता है। शोध अध्ययनों के अनुसार इन पदार्थों वाली वायु में साँस लेने से कैंसर, हृदय रोग या एलर्जी जैसी बीमारियाँ होने की संभावनाएँ बढ़ जाती हैं। वायु में स्थित इन हानिकारक पदार्थों की वृद्धि को वायु प्रदूषण कहते हैं।

जल

- जल पृथ्वी की सतह के सबसे अधिक भाग पर उपस्थित है और यह भूमिगत भी होता है। जल की कुछ मात्रा जलवाष्प के रूप में वायुमंडल में भी पाई जाती है। पृथ्वी की सतह पर पाया जाने वाला अधिकतर जल समुद्र और महासागरों में है तथा खारा है। शुद्ध जल बर्फ के रूप में उत्तरी तथा दक्षिणी ध्रुवों पर और बर्फ से ढकें पहाड़ों पर पाया जाता है। भूमिगत जल और नदियों, झीलों और तालाबों का जल भी शुद्ध होता है। इस जल की उपलब्धता विभिन्न स्थानों पर भिन्न-भिन्न होती है। गर्मी में अधिकतर स्थानों पर जल की कमी होती है। ग्रामीण मरुस्थलीय इलाकों में जहाँ जल आपूर्ति की व्यवस्था नहीं है वहाँ लोगों का अधिकतर समय दूर से जल लाने में व्यय होता है।
- सभी प्राणियों को जल की आवश्यकता है तथा सभी कोशिकीय प्रक्रियाएँ जलीय माध्यम में होती हैं तथा सभी प्रतिक्रियाएँ जो हमारे शरीर में या कोशिकाओं के अंदर होती हैं, वह जल में घुले हुए पदार्थों में होती हैं। शरीर के एक भाग से दूसरे भाग में पदार्थों का संवहन घुली हुई अवस्था में होता है। इसलिए जीवित रहने के लिए शरीर में जल की मात्रा का संतुलित रहना आवश्यक है। स्थलीय जीवों को जीवित रहने के लिए शुद्ध जल की आवश्यकता होती है क्योंकि खारे जल में नमक की अधिक मात्रा होने के कारण जीवों का शरीर उसे सहन नहीं कर पाता है।
- जल की उपलब्धता प्रत्येक जैविक प्रजाति के वर्ग जो कि एक विशेष क्षेत्र में जीवित रहने में सक्षम हैं, की संख्या को ही निर्धारित नहीं करती है अपितु यह वहाँ के जीवन में विविधता को भी निर्धारित करती है। यद्यपि जल की उपलब्धता ही केवल एक कारक नहीं है जो उस क्षेत्र में जीवन के लिए आवश्यक है। दूसरे कारक जैसे तापमान और मिट्टी की प्रकृति भी महत्वपूर्ण हैं। लेकिन जल एक महत्वपूर्ण संपदा है, जो स्थल पर जीवन को निर्धारित करता है।

जल प्रदूषण

- जिन कीटनाशकों और उर्वरकों का उपयोग हम खेतों में करते हैं उनका कुछ प्रतिशत भाग जल में चला जाता है। हमारे शहर या नगर के नाले का जल और उद्योगों का कचरा भी नदियों तथा झीलों में संग्रहीत होता है। कुछ विशेष उद्योगों की बहुत सारी क्रियाओं में शीतलता बनाए रखने के लिए जल का प्रयोग किया जाता

है तथा इस प्रकार निष्पादित गर्म जल को वापस जलाशय में छोड़ दिया जाता है। जब बाँध से जल को छोड़ा जाता है तब नदियों के जल के तापमान पर भी प्रभाव पड़ता है। गहरे जलाशय के अंदर का जल सूर्य के द्वारा गर्म ऊपर की सतह के जल की तुलना में शीतल होगा। ये सभी परिस्थितियाँ जलाशयों में पाए जाने वाले जीवों के प्रकार को विभिन्न प्रकार से प्रभावित कर सकती हैं। ये कुछ जीवों की वृद्धि को प्रोत्साहित करती हैं, तो कुछ को हानि पहुँचा सकती हैं।

- जल प्रदूषण को निम्न प्रकार से समझा जा सकता है-
  1. जलाशयों में अनैच्छिक पदार्थों जैसे- पीड़कनाशी या उर्वरक जो खेतों में उपयोग होते हैं या कागज उद्योग में प्रयुक्त होने वाले विषैले पदार्थ जैसे पारा के लवण तथा बीमारी फैलाने वाले जीव जैसे हैजा फैलाने वाले बैक्टीरिया आदि से जल प्रदूषित होता है
  2. जल में घुली हुई ऑक्सीजन जल में रहने वाले पौधों और जंतुओं के द्वारा उपयोग की जाती है। किसी भी तरह का आकस्मिक परिवर्तन जो इस घुली हुई ऑक्सीजन की मात्रा को कम करता है उसका जलीय जीवों पर विपरीत प्रभाव पड़ता है। इसके कारण जलाशय से अन्य पोषक की कमी भी हो सकती है।
  3. **तापमान में परिवर्तन**-जलीय जीव जिस जलाशय में रहते हैं वहाँ के एक विशिष्ट तापमान के अनुकूल होते हैं और उस तापमान में अचानक परिवर्तन उनके लिए खतरनाक हो सकता है या प्रजनन की प्रक्रिया को प्रभावित कर सकता है। विभिन्न प्रकार के जंतुओं के अंडे और लार्वा तापमान परिवर्तन के प्रति संवेदनशील होते हैं।

मृदा में खनिज की प्रचुरता

- किसी भी क्षेत्र में जीवन की विविधता को निर्धारित करने का एक महत्वपूर्ण कारक मृदा है। लेकिन मृदा (मिट्टी) क्या है और कैसे बनती है? पृथ्वी की सबसे बाहरी परत को भू-पृष्ठ कहा जाता है और इस परत में पाए जाने वाले खनिज जीवों को विभिन्न प्रकार के पालन-पोषण करने वाले तत्व प्रदान करते हैं। लेकिन यदि ये खनिज बड़े पत्थरों के साथ संलग्न होते हैं तो ये जीवों के लिए उपलब्ध नहीं होंगे। हजारों और लाखों वर्षों के लंबे समयांतराल में पृथ्वी की सतह या उसके समीप पाए जाने वाले पत्थर विभिन्न प्रकार के भौतिक रासायनिक और कुछ जैव प्रक्रमों के द्वारा टूट जाते हैं। टूटने के बाद सबसे अंत में बचा महीन कण मृदा है। मृदा निर्माण की प्रक्रिया इस प्रकार है-
- दिन के समय सूर्य पत्थर को गर्म कर देता है जिससे वे प्रसारित हो जाते हैं। रात के समय ये पत्थर ठंडे होकर संकुचित हो जाते हैं। पत्थर का प्रत्येक भाग असमान रूप से प्रसारित तथा संकुचित होता है। अत: ऐसा बार-बार होने पर पत्थर में दरार आ जाती है तथा अंत में ये बड़े पत्थर टूट कर छोटे-छोटे टुकड़ों में विभाजित हो जाते हैं।
- जल मृदा के निर्माण में दो प्रकार से सहायता करता है। पहला सूर्य के ताप से बने पत्थरों की दरार में जाकर जम जाता है, तथा दरार को और अधिक चौड़ा करता है। दूसरा बहता हुआ जल कठोर पत्थरों को भी तोड़-फोड़ देता है। तेज गति के साथ बहता हुआ जल प्राय: अपने साथ बड़े और छोटे पत्थरों को बहाकर ले जाता है। ये पत्थर दूसरे पत्थरों के साथ टकराकर छोटे-छोटे कणों में बदल जाते हैं। जल इन कणों को अपने साथ बहा ले जाता है और आगे निक्षेपित कर देता है। इस प्रकार मृदा अपने मूल से काफी दूर वाले स्थान पर पाई जाती है।
- जिस प्रकार जल में पत्थर एक-दूसरे से टकराने के कारण टूटते हैं उसी प्रकार तेज हवाएँ भी पत्थरों को तोड़ देती हैं। वायु भी जल की ही तरह बालू को एक स्थान से दूसरे स्थान तक ले जाती है।
- जीव भी मृदा बनने की प्रक्रिया को प्रभावित करते हैं। लाइकेन जिसके बारे में हमने पहले पढ़ा है, पत्थरों की सतह पर भी उगते हैं। इस क्रम में वे एक पदार्थ छोड़ते हैं जो पत्थर की सतह को चूर्ण के समान कर देता है और मृदा की एक पतली परत का निर्माण करता है। इस सतह पर मॉस (moss) जैसे दूसरे छोटे पौधे उगने में सक्षम होते हैं और ये पत्थर को और अधिक तोड़ते हैं। बड़े पेड़ों की मूलें कभी-कभी पत्थरों में बनी दरारों में चली जाती हैं और वे दरार को चौड़ा कर देती हैं।
- मृदा एक मिश्रण है। इसमें विभिन्न आकार के छोटे-छोटे टुकड़े भी मिले होते हैं। इसमें सड़े-गले जीवों के टुकड़े भी मिले होते हैं, जिसे ह्यूमस (humus) कहा जाता है। इसके अतिरिक्त, मिट्टी में विभिन्न प्रकार के सूक्ष्म जीव भी मिले होते हैं। मृदा के प्रकार का निर्णय उसमें पाए जाने वाले कणों के औसत आकार द्वारा निर्धारित किया जाता है। मृदा के गुण को उसमें स्थित ह्यूमस की मात्रा और पाए जाने वाले सूक्ष्म जीवों के आधार पर किया जाता है। मृदा की संरचना का मुख्य कारक हयूमसे है क्योंकि यह मृदा को सरंध्र बनाता है और वायु तथा जल के भूमि के अंदर जाने में सहायक होता है। खनिज पोषक तत्व जो उस मृदा में पाए जाते हैं वह उन पत्थरों पर निर्भर करते हैं जिनसे मृदा बनी है। किस मृदा पर कौन - सा पौधा होगा यह इस पर निर्भर करता है कि उस मृदा में पोषक तत्व कितने हैं, हयूमस की मात्रा कितनी है और उसकी गहराई क्या है। इस प्रकार, मृदा की ऊपरी परत में जिसमें मृदा के कणों के अतिरिक्त ह्यूमस और सजीव स्थित होते हैं, उसे ऊपरिमृदा कहा जाता है। ऊपरिमृदा की गुणवत्ता जो उस क्षेत्र की जैविक विविधिता को निर्धारित करती है, एक महत्वपूर्ण कारक है।
- आधुनिक खेती में पीड़कनाशकों और उर्वरकों का बहुत बड़ी मात्रा में प्रयोग किया जा रहा है। लेकिन लंबे समय तक इन पदार्थों का उपयोग मृदा के सूक्ष्म जीवों और मृदा की संरचना को नष्ट कर देता है जो कि मृदा के पोषक तत्वों का पुनर्चक्रण करते हैं। ह्यूमस बनाने में सहायक भूमि में स्थित केंचुओं को भी ये समाप्त कर सकते हैं। ऐसे में अगर संपोषणीय खेती न की जाए तो उपजाऊ मृदा जल्द ही बंजर भूमि में परिवर्तित हो सकती है। उपयोगी घटकों का मृदा से हटना और दूसरे हानिकारक पदार्थों का मृदा में मिलना जो कि मृदा की उर्वरता को प्रभावित करते हैं और उसमें स्थित जैविक विविधता को नष्ट कर देते हैं, को भूमि-प्रदूषण कहते हैं।
- मृदा का निर्माण लंबे समयांतराल के पश्चात् होता है। यद्यपि कुछ कारक मृदा को एक स्थान पर निर्मित करने तथा कुछ कारक इसको किसी दूसरे स्थान पर स्थानांतरित करने के लिए उत्तरदायी हो सकते हैं। मृदा के महीन कण प्रवाहित वायु या जल के साथ भी स्थानांतरित हो सकते हैं।

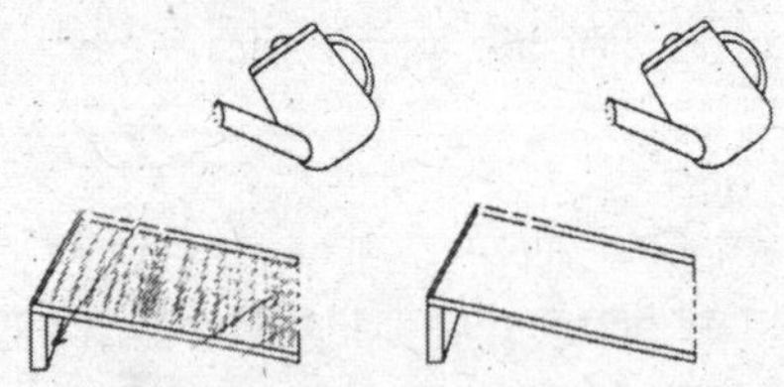

बहते जल का ऊपरीमृदा (सतह की मृदा) पर प्रभाव

- पौधों की जड़ें मृदा के अपरदन (erosion) को रोकने में महत्वपूर्ण भूमिका निभाती हैं। बड़े स्तर पर जंगलों का कटना (जो कि पूरे विश्व में हो रहा है) न केवल जैविक विविधता को नष्ट कर रहा है बल्कि मृदा के अपरदन के लिए भी उत्तरदायी है। वनस्पति के लिए सहायक ऊपरिमृदा अपरदन की प्रक्रिया में तीव्रता से हट सकती है। यह पहाड़ी और पर्वतों वाले भागों में त्वरित गति से होता है। मृदा के अपरदन की इस क्रिया (मृदा अपरदन) को रोकना बहुत कठिन है। सतह पर पाई जाने वाली वनस्पति, जल को परतों के अंदर जाने में महत्वपूर्ण भूमिका निभाती हैं।

जैव रासायनिक चक्रण

- जीवमंडल के जैविक और अजैविक घटकों के बीच का सामंजस्य जीवमंडल को गतिशील और स्थिर बनाता है। इस सामंजस्य के द्वारा जीवमंडल के विभिन्न घटकों के बीच पदार्थ और ऊर्जा का स्थानांतरण होता है।

जलीय चक्र

- पूरी प्रक्रिया को, जिसके द्वारा जल, जलवाष्प बनता है और वर्षा के रूप में सतह पर गिरता है और फिर नदियों के द्वारा समुद्र में पहुँच जाता है, जलीय चक्र कहते हैं। यह चक्र इतना आसान और सरल नहीं है जैसा कि वक्तव्य से प्रतीत होता है। वह सारा जल जो पृथ्वी पर गिरता है तुरंत समुद्र में नहीं चला जाता है। इसमें से कुछ मृदा के अंदर चला जाता है और भूजल का हिस्सा बन जाता है। कुछ भूजल झरनों के द्वारा सतह पर आ जाता है या हम अपने दैनिक व्यवहार के लिए इसे कूपों और नलकूपों की मदद से सतह पर लाते हैं। जीवन की विभिन्न प्रक्रियाओं में स्थलीय जीव-जंतु और पौधे जल का उपयोग करते हैं।

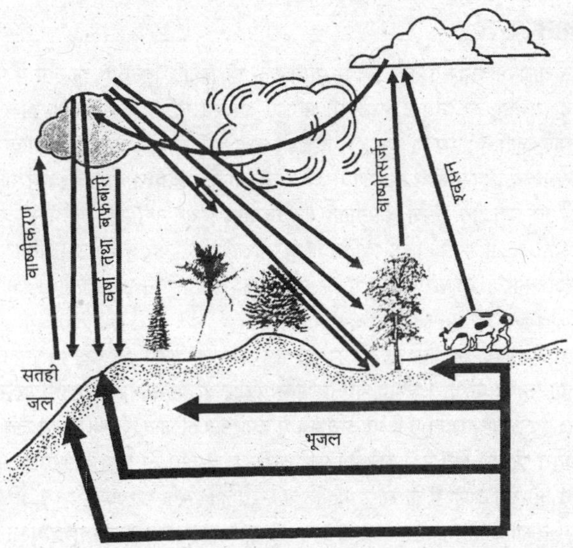

प्रकृति में जलीय-चक्र

- चूँकि जल बहुत से पदार्थों को घुलाने में सक्षम है, अत: जब जल घुलने वाले खनिजों से होकर गुजरता है तब इनमें से कुछ खनिज जल में घुल जाते हैं। इस प्रकार नदी बहुत से पोषक तत्वों को सतह से समुद्र में ले जाती है और इनका उपयोग समुद्री जीव-जंतुओं द्वारा किया जाता है।

नाइट्रोजन- चक्र

- हमारे वायुमंडल का 78 प्रतिशत भाग नाइट्रोजन गैस है। वह गैस जो जीवन के लिए आवश्यक बहुत सारे अणुओं का भाग है; जैसे-प्रोटीन, न्यूक्लिक अम्ल, डी.एन.ए. और आर.एन.ए. तथा कुछ विटामिन। नाइट्रोजन दूसरे जैविक यौगिकों में भी पाई जाती है; जैसे- ऐल्केलॉइड तथा यूरिया। इसलिए नाइट्रोजन सभी प्रकार के जीवों के लिए एक आवश्यक पोषक है। सभी जीवरूपों द्वारा वायुमंडल में उपस्थित नाइट्रोजन गैस के प्रत्यक्ष उपयोग से जीवन सरल हो जाएगा। यद्यपि कुछ प्रकार के बैक्टीरिया को छोड़कर दूसरे जीवरूप निष्क्रिय नाइट्रोजन परमाणुओं को नाइट्रेट्स तथा नाइट्राइट्स जैसे दूसरे आवश्यक अणुओं में बदलने में सक्षम नहीं हैं। 'नाइट्रोजन स्थिरीकरण' करने वाले ये बैक्टीरिया या तो स्वतंत्र रूप से रहते हैं या द्विबीजपत्री पौधों की कुछ प्रजातियों के साथ पाए जाते हैं। साधारणत: ये नाइट्रोजन को स्थिर करने वाले बैक्टीरिया फलीदार पौधों की जड़ों में एक विशेष प्रकार की संरचना (मूल ग्रंथिका) में पाए जाते हैं। इन बैक्टीरिया के अलावा नाइट्रोजन परमाणु नाइट्रेट्स और नाइट्राइट्स में भौतिक क्रियाओं के द्वारा बदलते हैं। बिजली चमकने के समय वायु में पैदा हुआ उच्च ताप तथा दाब नाइट्रोजन को नाइट्रोजन के ऑक्साइड में बदल देता है। ये ऑक्साइड जल में घुलकर नाइट्रिक तथा नाइट्रस अम्ल बनाते हैं और वर्षा के साथ भूमि की सतह पर गिरते हैं। तब इसका उपयोग विभिन्न जीवरूपों द्वारा किया जाता है।

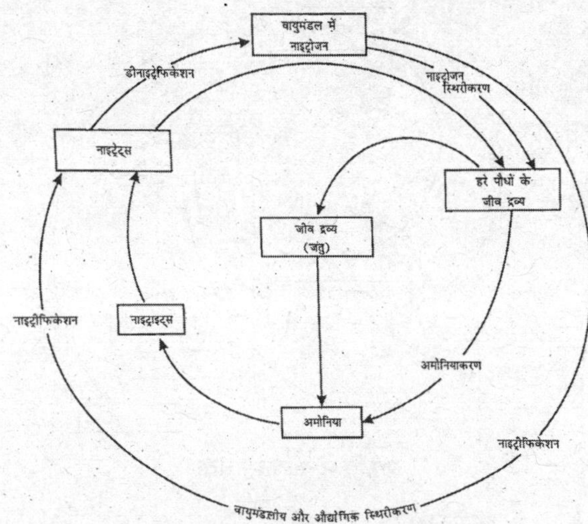

प्रकृति में नाइट्रोजन- चक्र

- सामान्यत: पौधे नाइट्रेट्स और नाइट्राइट्स को ग्रहण करते हैं तथा उन्हें अमीनो अम्ल में बदल देते हैं जिनका उपयोग प्रोटीन बनाने में होता है। कुछ दूसरे जैव-रासायनिक विकल्प हैं जिनका प्रयोग नाइट्रोजन वाले दूसरे जटिल यौगिकों को बनाने में होता है। इन प्रोटीनों और दूसरे जटिल यौगिकों का प्रयोग जंतुओं द्वारा किया जाता है। जब जंतु या पौधे की मृत्यु हो जाती है तो मिट्टी में मौजूद अन्य बैक्टीरिया विभिन्न यौगिकों में स्थित नाइट्रोजन को नाइट्रेट्स और नाइट्राइट्स में बदल देते हैं तथा अन्य तरह के बैक्टीरिया इन नाइट्रेट्स एवं नाइट्राइट्स को नाइट्रोजन तत्व में बदल देते हैं। इसी प्रकार, प्रकृति में एक नाइट्रोजन-चक्र होता है जिसमें नाइट्रोजन वायुमंडल में अपने मूल रूप से गुजरता हुआ मृदा और जल में साधारण परमाणु के रूप में बदलता है तथा जीवित प्राणियों में और अधिक जटिल यौगिक के रूप में बदल जाता है। फिर ये साधारण परमाणु के रूप में वायुमंडल में वापस आ जाता है।

कार्बन-चक्र

- कार्बन पृथ्वी पर बहुत सारी अवस्थाओं में पाया जाता है। यह अपने मूल रूप में हीरे और ग्रेफाइट में पाया जाता है। यौगिक के रूप में यह वायुमंडल में कार्बन डाइऑक्साइड के रूप में, विभिन्न प्रकार के खनिजों में कार्बोनेट और हाइड्रोजन कार्बोनेट के रूप में पाया जाता है। जबकि सभी जीवरूप कार्बन आधारित अणुओं; जैसे-प्रोटीन, कार्बोहाइड्रेट्स, वसा, न्यूक्लिक अम्ल और विटामिन पर आधारित होते हैं। बहुत सारे जंतुओं के बाहरी और भीतरी कंकाल भी कार्बोनेट लवणों से बने होते हैं। प्रकाश संश्लेषण की क्रिया जो सूर्य की उपस्थिति में उन सभी पौधों में होती है जिनमें कि क्लोरोफिल होता है। इस मूल क्रिया द्वारा कार्बन जीवन के विभिन्न प्रकारों में समाविष्ट होता है। यह प्रक्रिया वायुमंडल में या जल में घुले कार्बन डाइऑक्साइड को ग्लूकोस अणुओं में बदल देती है। ये ग्लूकोस अणु या तो दूसरे पदार्थों में बदल दिए जाते हैं या ये दूसरे जैविक रूप से महत्वपूर्ण अणुओं के संश्लेषण के लिए ऊर्जा प्रदान करते हैं
- जीवित प्राणियों को ऊर्जा प्रदान करने की प्रक्रिया में ग्लूकोस का उपयोग होता है। श्वसन की क्रिया द्वारा ग्लूकोस को कार्बन डाइऑक्साइड में बदलने के लिए ऑक्सीजन का प्रयोग हो भी सकता है और नहीं भी । यह कार्बन डाइऑक्साइड वायुमंडल में वापस चली जाती है। दहन की क्रिया जहाँ ईंधन का उपयोग खाना पकाने, गर्म करने, यातायात और उद्योगों में होता है, के द्वारा वायुमंडल में कार्बन डाइआक्साइड का प्रवेश होता है। वास्तव में, जब से औद्योगिक क्रांति हुई है और मानव ने बहुत बड़े पैमाने पर जीवाश्म ईंधनों को जलाना शुरू किया है तब से वायुमंडल में कार्बन डाइऑक्साइड की मात्रा दोगुनी हो गई है। जल की तरह कार्बन का भी विभिन्न भौतिक एवं जैविक क्रियाओं के द्वारा पुनर्चक्रण होता है।

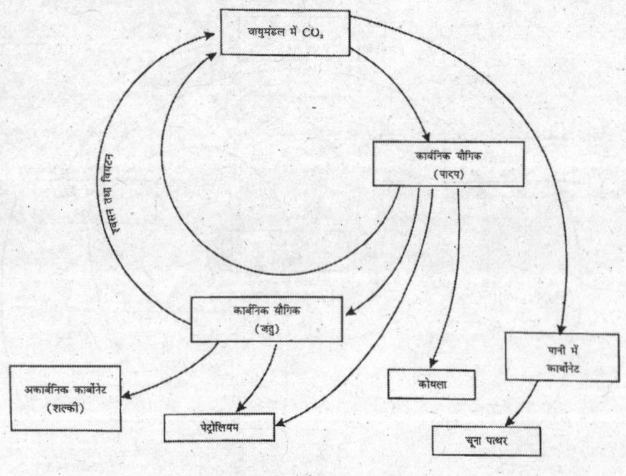

प्रकृति में कार्बन- चक्र

ग्रीन हाउस प्रभाव

- शीशे (glass) द्वारा ऊष्मा को रोक लेने के कारण शीशे के अंदर का तापमान बाहर के तापमान से काफी अधिक हो जाता है। ठंडे मौसमों में ऊष्ण कटिबंधीय पौधों को गर्म रखने के लिए आवरण बनाने की प्रक्रिया में इस अवधारणा का उपयोग किया गया है। इस प्रकार के आवरण को ग्रीन हाउस कहते हैं। वायुमंडलीय प्रक्रियाओं में भी ग्रीन हाउस होता है। कुछ गैसें पृथ्वी से ऊष्मा को पृथ्वी के वायुमंडल के बाहर जाने से रोकती हैं। वायुमंडल में विद्यमान इस प्रकार की गैसों में वृद्धि संसार के औसत तापमान को बढ़ा सकती है। इस प्रकार के प्रभाव को ग्रीन हाउस प्रभाव कहते हैं। कार्बन डाइऑक्साइड भी इसी प्रकार की ग्रीन हाउस गैस है। वायुमंडल में विद्यमान कार्बन डाइऑक्साइड में वृद्धि से वायुमंडल में ऊष्मा की वृद्धि होगी। इस प्रकार के कारणों द्वारा वैश्विक ऊष्मीकरण (global warming) की स्थिति उत्पन्न हो रही है।

ऑक्सीजन-चक्र

- ऑक्सीजन पृथ्वी पर बहुत अधिक मात्रा में पाया जाने वाला तत्व है। इसकी मात्रा मूल रूप में वायुमंडल में लगभग 21 प्रतिशत है। यह बड़े पैमाने पर पृथ्वी के पटल में यौगिक के रूप में तथा वायु में कार्बन डाइऑक्साइड के रूप में भी पाई जाती है। पृथ्वी के पटल पर यह धातुओं तथा सिलिकॉन के ऑक्साइडों के रूप में भी पाई जाती है। यह कार्बोनेट, सल्फेट, नाइट्रेट तथा अन्य खनिजों के रूप में भी पाई जाती है। यह जैविक अणुओं; जैसे- कार्बोहाइड्रेट्स, प्रोटीन, न्यूक्लिक अम्ल और वसा (अथवा लिपिड) का भी एक आवश्यक घटक है।

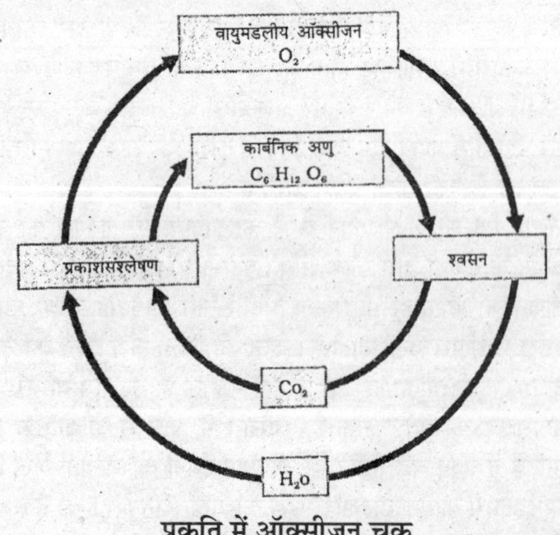

प्रकृति में ऑक्सीजन चक्र

- लेकिन जब ऑक्सीजन चक्र के बारे में बात की जाती है तब मुख्यत: उस चक्र को निर्देशित किया जाता है जो वायुमंडल में ऑक्सीजन की मात्रा को संतुलित बनाए रखता है। वायुमंडल से ऑक्सीजन का उपयोग तीन प्रक्रियाओं में होता है, जिनके नाम हैं: श्वसन, दहन तथा नाइट्रोजन के ऑक्साइड के निर्माण में। वायुमंडल में ऑक्सीजन केवल एक ही मुख्य प्रक्रिया, जिसे प्रकाशसंश्लेषण कहते हैं, के द्वारा लौटती है। इस प्रकार से प्रकृति में ऑक्सीजन चक्र की रूपरेखा बनती है।
- यद्यपि हम जीवन में श्वसन की क्रिया में ऑक्सीजन को महत्वपूर्ण मानते हैं, परन्तु कुछ जीव मुख्यत: बैक्टीरिया, तत्वीय ऑक्सीजन द्वारा ज़हरीले हो जाते हैं। वास्तव में, बैक्टीरिया के द्वारा नाइट्रोजन स्थिरीकरण की प्रक्रिया ऑक्सीजन की उपस्थिति में नहीं होती।

ओजोन परत

- तत्वीय ऑक्सीजन मूल रूप में सामान्यत: द्विपरमाण्विक अणु के रूप में पाई जाती है। यद्यपि, वायुमंडल के ऊपरी भाग में ऑक्सीजन के तीन परमाणु वाले अणु भी पाए जाते हैं। इसका सूत्र O_3 होता है तथा इसे ओजोन कहते हैं। ऑक्सीजन के सामान्य द्विपरमाण्विक अणु के विपरीत ओज़ोन विषैला होता है। हम भाग्यशाली हैं कि ओजोन पृथ्वी की सतह के नजदीक स्थिर नहीं रह पाता है। यह सूर्य से आने वाली हानिकारक विकिरणों को अवशोषित करती है। इस प्रकार यह उन हानिकारक विकिरणों को पृथ्वी की सतह पर पहुँचने से रोकती है जो कि कई जीवरूपों को हानि पहुँचा सकती हैं।
- हाल ही में यह पता चला कि ओजोन परत का ह्रास (अवक्षय) होता जा रहा है। मनुष्य के द्वारा बनाए गए विभिन्न प्रकार के यौगिक जैसे क्लोरोफ्लोरो कार्बन (CFC) वायुमंडल में स्थिर अवस्था में उपस्थित हो जाते हैं तथा किसी जैव-प्रक्रिया द्वारा भी विघटित नहीं होते हैं। एक बार जब वे ओजोन परत के समीप पहुँचते हैं, वे ओजोन अणुओं के साथ प्रतिक्रिया करते हैं। इसके परिणामस्वरूप ओजोन परत में कमी आई है और अंटार्कटिका के ऊपर ओजोन परत में छिद्र पाया गया है। ओजोन परत के और भी अधिक क्षीण होने के कारण पृथ्वी पर जीवन पर पड़ने वाले प्रभावों के विषय में कल्पना करना भी कठिन है। अत: बहुत लोगों के विचार में ओजोन की परत के क्षीण होने की प्रक्रिया को रोकने के प्रयास आवश्यक हैं।

प्राकृतिक संसाधनों का प्रबंधन

- हम अक्सर ही पर्यावरणीय समस्याओं के बारे में सुनते या पढ़ते हैं। चूँकि इनमें से अधिकतर वैश्विक स्तर की समस्याएँ हैं अत: इनके समाधान अथवा परिवर्तन में हम अपने आपको असहाय पाते हैं। इनके लिए अनेक अंतर्राष्ट्रीय कानून एवं विनियम बनाए गए हैं तथा हमारे देश में भी पर्यावरण संरक्षण हेतु अनेक कानून हैं। अनेक राष्ट्रीय एवं अंतर्राष्ट्रीय संगठन भी पर्यावरण संरक्षण हेतु कार्य कर रहे हैं। लेकिन फिर भी हमें अपने संसाधनों का उपयोग इस प्रकार करना चाहिए जिससे संसाधनों का संपोषण हो सके और हम अपने पर्यावरण का संरक्षण भी कर सकें।
- संसाधनों के अविवेकपूर्ण दोहन (नि:शेषण) से उत्पन्न समस्याओं के विषय में जागरूकता हमारे समाज में अपेक्षाकृत एक नया आयाम है। जब यह जागरूकता बढ़ती है तो कुछ-न-कुछ कदम भी उठाए जाते हैं। उदाहरण के लिए, गंगा सफाई योजना। कई करोड़ की यह योजना करीब 1985 में इसलिए प्रारंभ की गई क्योंकि गंगा के जल की गुणवत्ता बहुत कम हो गई थी। कोलिफॉर्म जीवाणु का एक वर्ग है जो मानव की आंत्र में पाया जाता है, चित्रानुसार जल में इसकी उपस्थिति, इस रोगजन्य सूक्ष्म जीवाणु द्वारा जल का संदूषित होना दर्शाती है।
- गंगा हिमालय में स्थित अपने उद्गम गंगोत्री से बंगाल की खाड़ी में गंगा सागर तक 2500 km तक की यात्रा करती है जिसे इसके किनारे स्थित उत्तर प्रदेश, बिहार तथा बंगाल के 100 से भी अधिक नगरों के अपशिष्ट प्रवाह ने एक नाले में बदल दिया है। इसके अतिरिक्त मानव के अन्य क्रियाकलाप हैं - नहाना, कपड़े

धोना, मृत व्यक्तियों की राख एवं शवों को बहाना। यही नहीं उद्योगों द्वारा उत्पादित रासायनिक उत्सर्जन ने गंगा का प्रदूषण स्तर इतना बढ़ा दिया कि इसके विषैले जल में मछलियाँ मरने लगीं।

- कुछ प्रदूषक अत्यल्प मात्रा में होते हुए भी हानिकारक होते हैं तथा उनके मापन के लिए अत्यंत परिष्कृत उपस्करों की आवश्यकता होती है। जल का pH सरलता से सार्व सूचक की सहायता से मापा जा सकता है।
- समस्या के विशाल रूप को देखते हुए ऐसे अनेक कार्य हैं जिनके द्वारा स्थिति में अंतर लाया जा सकता है। पर्यावरण संरक्षण के लिए तीन 'R' अत्यधिक उपयोगी हैं Reduce (कम उपयोग), Recycle (पुन: चक्रण) और Reuse (पुन: उपयोग) संरक्षण के उपाय सुझाते हैं-
- **कम उपयोग (Reduce):** का अर्थ है कम-से-कम वस्तुओं का उपयोग करना। बिजली के पंखे एवं बल्ब का स्विच बंद करके बिजली बचाना, टपकने वाले नल की मरम्मत करके जल की बचत करना। साथ ही आहार व्यर्थ नहीं करना चाहिए।
- **पुन: चक्रण (Recycle):** का अर्थ है प्लास्टिक, कागज, काँच, धातु की वस्तुएँ तथा ऐसे ही पदार्थों का पुन:चक्रण करके उपयोगी वस्तुएँ बनाना। इसके अतिरिक्त जब तक अति आवश्यक न हो, इनका नया उत्पादन/संश्लेषण विवेकपूर्ण नहीं है। लेकिन पुन: चक्रण से पहले अपद्रव्यों को अलग करना जरूरी होता है, जिससे कि पुन:चक्रण योग्य वस्तुएँ दूसरे कचरे के साथ भराव क्षेत्र में न फेंक दी जाएँ।
- **पुन: उपयोग (Reuse):** पुन: चक्रण से भी अच्छा तरीका है क्योंकि पुन:चक्रण में कुछ ऊर्जा व्यय होती है। किन्तु पुन: उपयोग के तरीके में आप किसी वस्तु का बार-बार उपयोग करते हैं। जैसे- लिफाफों के फेंकने की अपेक्षा आप फिर से उपयोग में ला सकते हैं। विभिन्न खाद्य पदार्थों के साथ आई प्लास्टिक की बोतलें, डिब्बे इत्यादि का उपयोग रसोईघर में वस्तुओं को रखने के लिए किया जा सकता है।
- दैनिक आवश्यकताओं और क्रियाकलापों के साथ-साथ हम पर्यावरण संरक्षण संबंधी कदम भी उठा सकते हैं। इसके लिए, मात्र यह जानने की आवश्यकता है कि हमारे चयन से पर्यावरण पर क्या प्रभाव पड़ सकता है तथा ये प्रभाव कितने तात्कालिक, दीर्घकालिक अथवा व्यापक हो सकते हैं। संपोषित विकास की संकल्पना मनुष्य की वर्तमान आधारभूत आवश्यकताओं की पूर्ति एवं विकास को प्रोत्साहित तो करती ही है साथ-ही-साथ भावी संतति के लिए संसाधनों का संरक्षण भी करती है। आर्थिक विकास पर्यावरण संरक्षण से संबंधित है। अत: संपोषित विकास से जीवन के सभी आयामों में परिवर्तन निहित है। अत: यह हमारे ऊपर निर्भर है कि हम अपने चारों ओर के आर्थिक- सामाजिक एवं पर्यावरणीय स्थितियों के प्रति अपने दृष्टिकोण में परिवर्तन लाएँ। प्रत्येक व्यक्ति को प्रकृति के संसाधनों के वर्तमान उपयोग में परिवर्तन के लिए तैयार रहना होगा।

संसाधनों के प्रबंधन की आवश्यकता

- केवल सड़कें एवं इमारतें ही नहीं, बल्कि वे सारी वस्तुएँ जिनका हम उपयोग करते हैं; जैसे- भोजन, कपड़े, पुस्तकें, खिलौने, फर्नीचर, औजार तथा वाहन इत्यादि सभी हमें पृथ्वी पर उपलब्ध प्राकृतिक संसाधनों से प्राप्त होती हैं। जबकि ऊर्जा हमें सूर्य से प्राप्त होती है। परंतु यह ऊर्जा भी हमें पृथ्वी पर उपस्थित जीवों के द्वारा किए गए प्रक्रमों से तथा विभिन्न भौतिक एवं रासायनिक प्रक्रमों द्वारा ही प्राप्त होती है।
- संसाधनों के सावधानीपूर्वक (विवेकपूर्ण ढंग से) उपयोग की आवश्यकता इसलिए है, क्योंकि यह संसाधन असीमित नहीं हैं। पिछले दशकों में स्वास्थ्य सेवाओं में हुए सुधार के कारण हमारी जनसंख्या में तीव्र गति से वृद्धि हो रही है। जनसंख्या में हुई इस वृद्धि के कारण सभी संसाधनों की माँग भी कई गुना तेजी से बढ़ी है। प्राकृतिक संसाधनों का दोहन करते समय दीर्घकालिक दृष्टिकोण को ध्यान में रखना होगा, ताकि ये अगली कई पीढ़ियों तक उपलब्ध हो सकें। संसाधनों के प्रबंधन में इस बात को भी सुनिश्चित करने की आवश्यकता है कि इनका वितरण सभी वर्गों में समान रूप से हो, न कि मात्र मुट्ठी भर अमीर और शक्तिशाली लोगों को इनका लाभ मिले। ध्यातव्य है कि जब हम इन संसाधनों का दोहन करते हैं तो हम पर्यावरण को क्षति पहुँचाते हैं। उदाहरण के लिए, खनन से प्रदूषण होता है, क्योंकि धातु के निष्कर्षण के साथ-साथ बड़ी मात्रा में धातुमल भी निकलता है। अत: संपोषित प्राकृतिक संसाधनों के प्रबंधन में अपशिष्टों के सुरक्षित निपटान की भी व्यवस्था होनी चाहिए।

वन एवं वन्य जीवन

- वन 'जैव विविधता के विशिष्ट (Hotspots) स्थल' हैं। जीवों के विभिन्न स्वरूप जैसे- जीवाणु, कवक, फर्न, पुष्पी पादप, सूत्रकृमि, कीट, पक्षी, सरीसृप इत्यादि सभी महत्वपूर्ण हैं। वंशागत जैव विविधता का संरक्षित करने का प्रयास प्राकृतिक संरक्षण के माध्यम से ही किया जा सकता है। साथ ही जैव विविधता के नष्ट होने से पारिस्थितिक स्थायित्व भी नष्ट हो सकता है।

स्टेकहोल्डर

- हम सभी विभिन्न वन उत्पादों का उपयोग करते हैं। परंतु वन संसाधनों पर हम सब की निर्भरता में अंतर है। हममें से कुछ लोगों के पास कुछ विकल्प हैं, परंतु अन्य के पास नहीं। जब हम वन संरक्षण की बात करते हैं तो हमें इसके स्टेकहोल्डर्स के बारे में भी सोचना होगा।
  (i) वन के अंदर एवं इसके निकट रहने वाले लोग अपनी अनेक आवश्यकताओं के लिए वन पर निर्भर रहते हैं।
  (ii) सरकार का वन विभाग जिनके पास वनों का स्वामित्व है तथा वे वनों से प्राप्त संसाधनों का नियंत्रण करते हैं।
  (iii) उद्योगपति जो तेंदुपत्ती का उपयोग बीड़ी बनाने से लेकर कागज मिल तक विभिन्न वन उत्पादों का उपयोग करते हैं, परंतु वे वनों के किसी भी एक क्षेत्र पर निर्भर नहीं करते।
  (iv) वन्य जीवन एवं प्रकृति प्रेमी जो प्रकृति का संरक्षण इसकी आद्य अवस्था में करना चाहते हैं।
- प्रत्येक समूह की वन आवश्यकताएँ अलग-अलग हैं। स्थानीय लोगों को ईंधन के लिए जलाऊ (लकड़ी) छोटी लकड़ियाँ एवं छाजन की काफी मात्रा में आवश्यकता होती है। बाँस का उपयोग झोपड़ी बनाने, भोजन एकत्र करने एवं भंडारण के लिए होता है। खेती के औजार, मछली पकड़ने एवं शिकार के औजार मुख्यत: लकड़ी के बने होते हैं। इसके अतिरिक्त वन, मछली पकड़ने एवं शिकार - स्थल भी होते हैं। विभिन्न आदिवासी समूह फल, नट्स तथा औषधि एकत्र करने के साथ-साथ अपने पशुओं को वन में चराते हैं अथवा उनका चारा वनों से एकत्र करते हैं।
- लेकिन क्या वन संपदा का इस प्रकार उपयोग करने से इन संसाधनों का ह्रास हो जाएगा? अंग्रेजों के आने से पहले भी ये समूह इन्हीं वनों में शताब्दियों से रह रहे थे। अंग्रेजों ने वनों का नियंत्रण अपने हाथ में ले लिया था। उन्होंने न केवल वनों पर आधिपत्य जमाया वरन् अपने स्वार्थ के लिए उनका निर्ममता से दोहन भी किया। यहाँ के मूल निवासियों को एक सीमित क्षेत्र में रहने के लिए मजबूर किया गया तथा वन संसाधनों का अत्यधिक दोहन भी प्रारंभ हो गया। स्वतंत्रता के बाद वन विभाग ने अंग्रेजों से वनों का नियंत्रण तो अपने हाथ में ले लिया, परंतु प्रबंधन व्यवहार में स्थानीय लोगों की आवश्यकताओं एवं ज्ञान की उपेक्षा होती रही। अत: वनों के बहुत बड़े क्षेत्र एक ही प्रकार के वृक्षों जैसे कि पाइन (चीड़), टीक अथवा यूकेलिप्टस के वनों में परिवर्तित हो गए। इन वृक्षों को उगाने के लिए सर्वप्रथम सारे क्षेत्र से अन्य सभी पौधों को हटा दिया गया जिससे क्षेत्र की जैव विविधता बड़े स्तर पर नष्ट हो गई। यही नहीं स्थानीय लोगों की विभिन्न आवश्यकताओं जैसे कि पशुओं के लिए चारा, औषधि हेतु वनस्पति, फल एवं नट इत्यादि की आपूर्ति भी नहीं हो सकी। इस प्रकार के रोपण से उद्योगों को लाभ मिला जो वन विभाग के लिए भी राजस्व का मुख्य स्रोत बन गया।

- इसके अतिरिक्त कितने ही उद्योग वन उत्पादों पर निर्भर करते हैं। टिम्बर (इमारती लकड़ी), कागज, लाख तथा खेल के सामान इसके कुछ उदाहरण हैं।
- उद्योग इन वनों को अपनी फैक्टरी के लिए कच्चे माल का स्रोत मात्र ही मानते हैं। ऐसे में निहित स्वार्थ से लोगों का एक बड़ा वर्ग सरकार से उद्योगों के लिए कच्चे माल को बहुत कम मूल्य पर प्राप्त करने में लगा रहता है। स्थानीय निवासियों की अपेक्षा इन व्यक्तियों की पहुँच भी सरकार में काफी ऊपर तक होती है, लेकिन इन औद्योगिक इकाइयों को उस क्षेत्र के संपोषित विकास में कोई रुचि नहीं होती। उदाहरण के लिए, किसी वन के टीक के सभी वृक्षों को काटने के बाद, वे दूरस्थ वनों से टीक प्राप्त करने लगेंगे। उन्हें इस बात से कोई मतलब नहीं है कि वे इनका इष्टतम उपयोग सुनिश्चित करें जिससे कि वह आगे आने वाली पीढ़ियों को भी उपलब्ध हो सकें।
- प्रकृति एवं वन्य-जीव प्रेमियों द्वारा वनों के प्रबंधन में इस बात को बहुत महत्त्व दिया जाता है। संरक्षण का प्रारंभ बड़े जंतुओं जैसे कि शेर, चीता, हाथी एवं गैंडा से हुआ था। लेकिन धीरे-धीरे मनुष्य ने संपूर्ण जैव विविधता को पूर्ण रूप से संरक्षित रखने के महत्त्व को समझ लिया है। हमें ऐसे व्यक्तियों को पर्याप्त महत्त्व देना चाहिए जो वन तंत्र का भाग बन गए हैं। साथ ही, स्थानीय निवासी भी परंपरानुसार वनों के संरक्षण का प्रयास कर रहे हैं। उदाहरण के लिए, राजस्थान के विश्नोई समुदाय के लिए वन एवं वन्य प्राणि संरक्षण उनके धार्मिक अनुष्ठान का भाग बन गया है। पिछले दिनों भारत सरकार द्वारा जीव संरक्षण हेतु अमृता देवी विश्नोई राष्ट्रीय पुरस्कार की व्यवस्था भी की गई है। यह पुरस्कार अमृता देवी विश्नोई की स्मृति में दिया जाता है जिन्होंने 1731 में राजस्थान के जोधपुर के पास खेजराली गाँव में 'खेजरी वृक्षों' को बचाने हेतु 363 लोगों के साथ अपने आपको बलिदान कर दिया था।
- इस प्रकार वनों के परंपरागत उपयोग के तरीकों के विरुद्ध पूर्वाग्रह का कोई ठोस आधार नहीं है तथा संरक्षित क्षेत्रों में स्थानीय निवासियों को बलपूर्वक रोकने की प्रबंधन नीति संभवत: लंबे समय तक सफल नहीं हो पाई है। किसी भी प्रकार से वनों को होने वाली क्षति के लिए केवल स्थानीय निवासियों को ही उत्तरदायी ठहराना ठीक नहीं है। हम औद्योगिक आवश्यकताओं एवं विकास परियोजनाओं जैसे कि सड़क एवं बाँध निर्माण से वनों के विनाश अथवा इसको होने वाली क्षति से आँखें नहीं मूँद सकते। इन संरक्षित क्षेत्रों में पर्यटकों द्वारा अथवा उनकी सुविधा के लिए की गई व्यवस्था से होने वाली क्षति भी उल्लेखनीय है।
- वनों की प्राकृतिक छवि में मनुष्य का हस्तक्षेप बहुत अधिक है। हमें इस हस्तक्षेप की प्रकृति एवं सीमा को नियंत्रित करना होगा तथा वन संसाधनों का उपयोग इस प्रकार करना होगा जो पर्यावरण एवं विकास दोनों के हित में हो। दूसरे शब्दों में, जब पर्यावरण अथवा वन संरक्षित किए जाएँ, उसके सुनियोजित उपयोग का लाभ स्थानीय निवासियों को मिलना चाहिए। यह विकेंद्रीकरण की एक ऐसी व्यवस्था है जिसमें आर्थिक विकास एवं पारिस्थितिक संरक्षण दोनों साथ-साथ चल सकते हैं। जिस प्रकार का आर्थिक एवं सामाजिक विकास हम चाहते हैं, अंतत: उससे ही यह निर्णय होगा कि आज के परिवेश में पर्यावरण का संरक्षण हो रहा है अथवा इसका और विनाश हो रहा है। पर्यावरण को पौधों और जंतुओं का सजावटी संग्रह मात्र नहीं माना जा सकता। यह एक जटिल व्यवस्था है जिससे हमें उपयोग हेतु अनेक प्रकार के प्राकृतिक संसाधन प्राप्त होते हैं। अत: अपने आर्थिक एवं सामाजिक विकास की आपूर्ति हेतु हमें इन संसाधनों का सावधानीपूर्वक उपयोग करना होगा।

वन्य जीव

- भारत में पौधों की **15000 प्रजातियाँ** तथा जीवों की **75000 प्रजातियाँ** पाई जाती हैं।
- वन्य जीवों के संरक्षण हेतु भारत में **106 राष्ट्रीय उद्यान** एवं **567 वन्य जीव** अभयारण्य स्थापित किए गए हैं।
- जिम कॉर्बेट (उत्तराखंड)-भारत का पहला राष्ट्रीय पार्क है।
- स्थलीय और तटीय पारिस्थितिकी प्रणाली में आनुवांशिक विविधता बनाए रखने वाले बहुउद्देशीय क्षेत्र जैवमण्डलीय आरक्षित क्षेत्र (Biosphere Reserves) कहलाते हैं। तमिलनाडु में स्थित **मन्नार की खाड़ी** क्षेत्रफल की दृष्टि से सबसे बड़ी तथा उत्तराखंड की **नन्दा देवी** सबसे छोटी है।
- भारत में 1936 में स्थापित प्रथम **राष्ट्रीय उद्यान हेली राष्ट्रीय** उद्यान था।
- भारत का सबसे बड़ा वनस्पति संग्रहालय कोलकाता में स्थित है।
- हिमाचल प्रदेश भारत का प्रथम **कार्बनमुक्त** राज्य है।
- **'वैली ऑफ फ्लॉवर्स राष्ट्रीय उद्यान'** उत्तराखंड राज्य में स्थित है।
- भारत में 18 जैवमण्डलीय आरक्षित क्षेत्र बनाए गए है जिनमें से नीलगिरि, सुन्दर वन, मन्नार की खाड़ी, नन्दा देवी, पंचमढ़ी, नोकरेक, सिमलीपाल को यूनेस्को (UNESCO) द्वारा मान्यता प्राप्त है।
- भारत में जैव-विविधता समृद्ध क्षेत्र (Hotspots) **पश्चिमी घाट, पूर्वी हिमालय** तथा **इण्डो-बर्मा** क्षेत्र है। इन्हें पारिस्थितिकी उष्ण स्थल भी कहा जाता है।
- वन्य जीव अभयारण्य (Sanctuary) में मानवीय क्रियाकलापों की अनुमति होती है लेकिन राष्ट्रीय उद्यान (National Parks) में मानवीय हस्तक्षेप पूर्णत: वर्जित होते हैं।
- अभयारण्य में अनुमति के बिना शिकार करना मना है लेकिन चराई और गो पशुओं के आवागमन की छूट होती है जबकि राष्ट्रीय उद्यान में शिकार एवं चराई पूर्णत: वर्जित है।
- **दुधवा (उत्तर प्रदेश)** राष्ट्रीय उद्यान में गैंडा परियोजना चलाई जा रही है।
- **सरिस्का (अलवर)** व **रणथम्भौर (सवाई माधो सिंह) राजस्थान प्रोजेक्ट टाइगर** के नाम से जाना जाता है।
- **केबुल लामजाओ लोकटक झील**, मणिपुर के निकट, **थामिन दुर्लभ** प्रजाति के लिए जाना जाता है।
- **केवलादेव घाना पक्षी बिहार** (भरतपुर, राजस्थान) **साइबेरियन सारस** के लिए जाना जाता है। इसे **विश्व धरोहर** सूची में रखा गया है।
- इन्दिरा गाँधी वन्य जीवन अभयारण्य व राष्ट्रीय उद्यान **'टॉप स्लिप'** के नाम से जाना जाता है।
- ओलिव रिडले कछुओं के संरक्षण के लिए ओडिशा सरकार ने 1975 में कटक जिले के भितरकनिका अभयारण्य में शुभारम्भ किया।
- संकटापन्न जीव (Threatened Species) एक वृहद अवधारणा है जिसके अन्तर्गत विलुप्त प्राय: (Endangered Species), असुरक्षित (Vulnerable) तथा दुर्लभ प्रजाति (Rare Species) सभी आते हैं।
- केन्द्र सरकार ने 1992 में बिहार के सिंहभूम (झारखंड में) हाथी परियोजना की शुरुआत की। 1975 में घड़ियाल प्रजनन योजना UNDP की सहायता से ओडिशा के तिकड़पाला में शुरू की गई।
- भारत में एक **समुद्री सेंक्चुअरी लक्षद्वीप** में जिसके अन्तर्गत प्रवाल भित्तियाँ, मोलस्का, डॉल्फिन, कछुए और अनेक प्रकार के समुद्री पक्षी शामिल हैं।
- वर्ल्ड वाइल्ड फंड (WWF) का प्रतीक **जॉइंट पांडा** जानवर है।
- भारत में **रेड पांडा** (Ailuras Fulgens) प्राकृतिक रूप से उत्तरी-पूर्वी राज्यों मुख्यतया अरुणाचल प्रदेश, पश्चिम बंग, सिक्किम में पाया जाता है। जबकि Slow Loms उत्तरी-पूर्वी राज्यों असोम, त्रिपुरा, मेघालय में पाया जाता है।
- एक जैव **संरक्षित क्षेत्र** (Biosphere Reserve) में एक या एक से अधिक **राष्ट्रीय उद्यान** हो सकते है। जैसें-**नीलगिरि बायोस्फीयर में बाँदीपुर** और **नागरहोल** दो राष्ट्रीय उद्यान हैं।

जैव मण्डल का नाम	स्थिति (प्रान्त)
● नीलगिरि (1986)	वायनाद, नागरहोल, बाँदीपुर, मुदुमलाई, निलम्बूर, साइलेन्ट वैली और सिरुवली पहाड़ियाँ (तमिलनाडु, केरल और कर्नाटक)
● नन्दा देवी (1988)	चमोली, पिथौरागढ़ और अल्मोड़ा जिलों के भाग (उत्तराखंड), गारो पहाड़ियों का हिस्सा (मेघालय)
● नोकरेक (1989)	गारो पहाड़ियों का हिस्सा (मेघालय)
● मानस (1989)	कोकराझार, बोंगाईगाँव, बारपेटा, नलबाड़ी, कामरूप व दारांग जिलों के हिस्से (असोम)
● सुन्दरबन (1989)	गंगा-ब्रह्मपुत्र नदी तन्त्र का डेल्टा व इसका हिस्सा (पश्चिम बंगाल)
● मन्नार की खाड़ी (1989)	भारत और श्रीलंका के बीच स्थित मन्नार की खाड़ी का भारतीय हिस्सा (तमिलनाडु)
● ग्रेट निकोबार (1989)	अंडमान-निकोबार के सुदूर दक्षिणी द्वीप (अंडमान निकोबार द्वीप समूह)
● सिमलीपाल (1994)	मयूरभंज जिले का भाग (ओडिशा)
● डिब्रू-सैरवोवा (1997)	डिब्रूगढ़ और तिनसुकिया जिलों का भाग (असोम)
● दिहांग-देबांग (1998)	अरुणाचल प्रदेश में सियाँग और देबांग जिलों का भाग
● पंचमढ़ी (1996)	बैतूल, होशंगाबाद और छिन्दवाड़ा जिलों का भाग (मध्य प्रदेश)
● कंचनजंघा (2000)	उत्तर-पश्चिम सिक्किम का भाग
● अगस्त्यमलाई (2001)	केरल में अगस्त्यमलाई पहाड़ियाँ
● अचानकमार-अमरकंटक (2005)	मध्य प्रदेश में अनूपपुर और डिंडोरी जिलों के भाग और छत्तीसगढ़ में बिलासपुर जिले का भाग
● कच्छ (2008)	कच्छ, राजकोट, सुरेद्र नगर और गुजरात के पाटन में विस्तृत
● कोल्ड डेसर्ट (2009)	पिन्ट घाटी, चन्द्रताल राष्ट्रीय उद्यान हिमाचल प्रदेश
● शोशाचलम (2010)	शँशा चलम पहाड़िया चितूर और कटुप्पा जिले आन्ध्र प्रदेश
● पन्ना (2011)	पन्ना और छतरपुर जिले मध्य प्रदेश

भारत के प्रमुख राष्ट्रीय उद्यान एवं वन जीव अभयारण्य

राज्य	उद्यान एवं अभयारण्य
आन्ध्र प्रदेश	कासू ब्रह्मानन्द रेड्डी राष्ट्रीय उद्यान, मरुगार्वान राष्ट्रीय उद्यान, श्री वैंकटेश्वर राष्ट्रीय उद्यान, महावीर हरिण वनस्थली राष्ट्रीय उद्यान
असोम (असोम)	काजीरंगा राष्ट्रीय उद्यान (एक सींग वाला गैंडा हेतु प्रसिद्ध), मानस राष्ट्रीय उद्यान, ओरांग राष्ट्रीय उद्यान, नामोरी राष्ट्रीय उद्यान, डिब्रू सैखोवा राष्ट्रीय उद्यान
अरुणाचल प्रदेश	नामदफा राष्ट्रीय उद्यान, मौलिग राष्ट्रीय उद्यान
अंडमान-निकोबार द्वीपसमूह	सैडल पीक राष्ट्रीय उद्यान, रानी झाँसी राष्ट्रीय उद्यान, नॉर्थ बटन द्वीप राष्ट्रीय उद्यान, महात्मा गाँधी राष्ट्रीय उद्यान
महाराष्ट्र	चन्दोली राष्ट्रीय उद्यान, गुगामल राष्ट्रीय उद्यान, नवगाँव राष्ट्रीय उद्यान, पेंच राष्ट्रीय उद्यान, संजय गांधी राष्ट्रीय उद्यान
जम्मू-कश्मीर	दाचीगाम राष्ट्रीय उद्यान, हेमिस राष्ट्रीय उद्यान, किस्तवार राष्ट्रीय उद्यान, सालिम अली राष्ट्रीय उद्यान
झारखंड	बेतला राष्ट्रीय उद्यान, पलामू राष्ट्रीय उद्यान
कर्नाटक	अंशी राष्ट्रीय उद्यान, बाँदीपुर राष्ट्रीय उद्यान, कुद्रेमुख राष्ट्रीय उद्यान, बन्नेरघट्टा राष्ट्रीय उद्यान, साइलेंट वैली राष्ट्रीय उद्यान
मध्य प्रदेश	बाँधवगढ़ राष्ट्रीय उद्यान, फॉसिल राष्ट्रीय उद्यान, तदोबा राष्ट्रीय उद्यान
मणिपुर	सिरोही राष्ट्रीय उद्यान, कैबुल राष्ट्रीय उद्यान
मिजोरम	मुरलेन राष्ट्रीय उद्यान, फांगपुई राष्ट्रीय उद्यान
मेघालय	नोकरेक राष्ट्रीय उद्यान, बालपकरम राष्ट्रीय उद्यान
नागालैंड	इन्टकी राष्ट्रीय उद्यान
ओडिशा	सिमलीपाल राष्ट्रीय उद्यान, भितरकनिका राष्ट्रीय उद्यान
राजस्थान	केवलादेव राष्ट्रीय उद्यान, रणथम्भौर राष्ट्रीय उद्यान, सरिस्का राष्ट्रीय उद्यान, (राजीव गांधी राष्ट्रीय उद्यान), मरुस्थलीय राष्ट्रीय उद्यान, दर्राह राष्ट्रीय उद्यान
तमिलनाडु	इन्दिरा गांधी राष्ट्रीय उद्यान, गल्फ ऑफ मन्नार राष्ट्रीय उद्यान, गिण्डी राष्ट्रीय उद्यान, मदुमलाई राष्ट्रीय उद्यान, मुकुर्ती राष्ट्रीय उद्यान
उत्तर प्रदेश	दुधवा राष्ट्रीय उद्यान, नवाबगंज राष्ट्रीय उद्यान, गलाधिया राष्ट्रीय उद्यान, सुल्तानपुर पक्षी विहार, कैम्पवेल राष्ट्रीय उद्यान
उत्तराखंड	जिम कॉर्बेट राष्ट्रीय उद्यान, मालन पशु विहार, गोविन्द पशु विहार
बिहार	बाल्मीकि राष्ट्रीय उद्यान
छत्तीसगढ़	इन्द्रावती राष्ट्रीय उद्यान, कांगेर घाटी राष्ट्रीय उद्यान
गुजरात	गिर राष्ट्रीय उद्यान, मैरीन राष्ट्रीय उद्यान, वेसन्दा राष्ट्रीय उद्यान
गोवा	मोतलम राष्ट्रीय उद्यान
हिमाचल प्रदेश	पिन वैली राष्ट्रीय उद्यान, ग्रेट हिमाचल राष्ट्रीय उद्यान, कुगती वन जीव अभयारण्य
हरियाणा	कलेसर राष्ट्रीय उद्यान

प्रवाल भित्ति स्थल

क्षेत्र	स्थल
गुजरात	1. कच्छ की खाड़ी
तमिलनाडु	2. मन्नार की खाड़ी
अंडमान-निकोबार	3. अंडमान व निकोबार प्रवाल भित्ति
लक्षद्वीप	4. लक्षद्वीप प्रवाल भित्ति

प्रजाति विशेष अभयारण्य/उद्यान

क्र.सं.	अभयारण्य	प्रजाति	राज्य
1.	कच्छ का छोटा रण	जंगली गधा	गुजरात
2.	काजीरंगा	एक सींग वाले गैंडे	असोम
3.	जालदापाड़ा	एक सींग वाले गैंडे	असोम
4.	दाचीग्राम	सफेद भालू	जम्मू-कश्मीर
5.	गिर	एशियाई शेर	गुजरात
6.	वनविहार उद्यान	सफेद बाघ	मध्य प्रदेश
7.	रेगिस्तान उद्यान	ऊंट	राजस्थान
8.	केवलादेव उद्यान	साइबेरियन क्रेन	राजस्थान
9.	राजाजी राष्ट्रीय उद्यान	हाथी	उत्तराखंड
10.	ग्रेट हिमालयन उद्यान	कस्तूरी मृग	हिमाचल प्रदेश
11.	मरुभूमि उद्यान	सोहनी पक्षी	राजस्थान
12.	सुल्तान पुर उद्यान	सारस/क्रेन	हरियाणा
13.	चिल्का अभयारण्य	फ्लेमिंग चिड़िया	ओडिशा
14.	रंगन थिट्टी अभयारण्य	नागराज पक्षी	कर्नाटक

पर्यावरण से संबंधित कानून

पर्यावरण (संरक्षण) अधिनियम, 1986

- पर्यावरण की सुरक्षा एवं पर्यावरण में सुधार करने के उद्देश्य से पर्यावरण (संरक्षण) अधिनियम (Environment (Protection Act-EPA), 1986 को अधिनियमित किया गया था। यह केंद्र सरकार को सभी रूपों में पर्यावरण प्रदूषण को रोकने और देश के विभिन्न हिस्सों में विशिष्ट पर्यावरणीय समस्याओं से निपटने के लिये प्राधिकरण स्थापित करने हेतु अधिकृत करता है। यह अधिनियम पर्यावरण के संरक्षण और सुधार हेतु सबसे व्यापक कानूनों में से एक है।
- EPA का अधिनियमन जून, 1972 (स्टॉकहोम सम्मेलन) में स्टॉकहोम में आयोजित "मानव पर्यावरण पर संयुक्त राष्ट्र सम्मेलन" को देश में प्रभावी बनाने हेतु किया गया। ज्ञातव्य है कि भारत ने 'मानव पर्यावरण में सुधार के लिये उचित कदम उठाने हेतु आयोजित' इस सम्मेलन में भाग लिया था।
- EPA को भारतीय संविधान के अनुच्छेद 253 के तहत अधिनियमित किया गया था, जो अंतर्राष्ट्रीय समझौतों को प्रभावी करने के लिये कानून बनाने का प्रावधान करता है। संविधान का अनुच्छेद 48A निर्दिष्ट करता है कि राज्य पर्यावरण की रक्षा और सुधार करने तथा देश के वनों और वन्यजीवों की रक्षा करने का प्रयास करेगा। अनुच्छेद 51A में प्रावधान है कि प्रत्येक नागरिक पर्यावरण की रक्षा करेगा।
- जल (प्रदूषण निवारण और नियंत्रण) अधिनियम 1974
- जल प्रदूषण के नियंत्रण और रोकथाम तथा देश में पानी की उच्च गुणवत्ता बनाए रखने हेतु इसे वर्ष 1974 में अधिनियमित किया गया था। यह अधिनियम वर्ष 1988 में संशोधित किया गया था। जल (प्रदूषण निवारण और नियंत्रण) उपकर अधिनियम कुछ औद्योगिक गतिविधियों के व्यक्तियों द्वारा पानी की खपत पर उपकर लगाने के लिये 1977 में अधिनियमित किया गया था।
- यह उपकर जल (प्रदूषण निवारण और नियंत्रण) अधिनियम, 1974 के तहत जल प्रदूषण के नियंत्रण और हस्तक्षेप के लिये गठित केंद्रीय बोर्ड के संसाधनों और राज्य सरकार के विकास की दृष्टि से इकट्ठा किया जाता है। इस अधिनियम में अंतिम बार वर्ष 2003 में संशोधन किया गया था।

वायु (प्रदूषण निवारण और नियंत्रण) अधिनियम, 1981

- वायु प्रदूषण की रोकथाम, नियंत्रण और उन्मूलन के उद्देश्य से वर्ष 1981 में संसद द्वारा वायु (प्रदूषण निवारण और नियंत्रण) अधिनियम लागू किया गया। अधिनियम में शीर्ष स्तर पर केंद्रीय प्रदूषण नियंत्रण बोर्ड (Central Pollution Control Board- CPCB) की स्थापना और राज्य स्तर पर राज्य प्रदूषण नियंत्रण बोर्ड (State Pollution Control Boards-SPCB) को वायु गुणवत्ता में सुधार, नियंत्रण एवं वायु प्रदूषण के उन्मूलन से संबंधित किसी भी मामले पर सरकार को सलाह देने का प्रावधान किया गया है। CPCB वायु की गुणवत्ता के लिये मानक भी तय करता है तथा राज्य प्रदूषण नियंत्रण बोर्ड को तकनीकी सहायता और मार्गदर्शन प्रदान करता है।

वन्यजीव संरक्षण अधिनियम, 1972

- वन्यजीव (संरक्षण) अधिनियम, 1972 जंगली जानवरों और पौधों की विभिन्न प्रजातियों के संरक्षण, उनके आवासों के प्रबंधन, जंगली जानवरों, पौधों तथा उनसे बने उत्पादों के व्यापार के विनियमन एवं नियंत्रण के लिये एक कानूनी ढाँचा प्रदान करता है। यह अधिनियम उन पौधों और जानवरों की अनुसूचियों को भी सूचीबद्ध करता है जिन्हें सरकार द्वारा अलग-अलग स्तर की सुरक्षा तथा निगरानी प्रदान की जाती है। वन्यजीव अधिनियम ने CITES (वन्यजीवों और वनस्पतियों की लुप्तप्राय प्रजातियों के अंतर्राष्ट्रीय व्यापार पर कन्वेंशन) में भारत के प्रवेश को सरल बना दिया था। इससे पहले जम्मू-कश्मीर वन्यजीव संरक्षण अधिनियम, 1972 के दायरे में नहीं आता था। लेकिन अब पुनर्गठन अधिनियम के परिणामस्वरूप भारतीय वन्यजीव संरक्षण अधिनियम जम्मू-कश्मीर पर लागू होता है।
- 42वें संशोधन अधिनियम, 1976 के तहत वन एवं वन्यजीवों एवं पक्षियों का संरक्षण राज्य सूची से समवर्ती सूची में स्थानांतरित किया गया था। संविधान के अनुच्छेद 51A(g) में कहा गया है कि वनों और वन्यजीवों सहित प्राकृतिक पर्यावरण की रक्षा और उसमें सुधार करना प्रत्येक नागरिक का मौलिक कर्त्तव्य होगा। राज्य के नीति निदेशक सिद्धांतों में अनुच्छेद 48A, यह आज्ञापित करता है कि राज्य पर्यावरण की रक्षा एवं सुधार और देश के वनों तथा वन्य जीवन की रक्षा करने का प्रयास करेगा।

भारतीय वन अधिनियम, 1927

- भारतीय वन अधिनियम, 1927 का उद्देश्य वनोत्पाद की आवाजाही को नियंत्रित करना, उस पर शुल्क लगाना था। यह किसी क्षेत्र को आरक्षित वन, संरक्षित वन या ग्राम वन के रूप में घोषित करने के लिये अपनाई जाने वाली प्रक्रिया की भी व्याख्या करता है। इस अधिनियम में वन अपराध क्या है, किसी आरक्षित वन के अंदर कौन से कार्य निषिद्ध हैं, और अधिनियम के प्रावधानों के उल्लंघन पर दंडनीय है का विवरण दिया गया है। वर्ष 1865 में वन अधिनियम लागू होने के बाद, इसमें दो बार (वर्ष 1878 और 1927) संशोधन किया गया था।

भारतीय वन नीति, 1952

- भारतीय वन नीति, 1952 औपनिवेशिक वन नीति का एक सरल विस्तार थी। हालांकि, इसमें कुल भूमि क्षेत्र का एक तिहाई तक वन आवरण बढ़ाने का प्रावधान शामिल था। उस समय जंगलों से प्राप्त अधिकतम वार्षिक राजस्व राष्ट्र की महत्त्वपूर्ण आवश्यकता थी। दो विश्व युद्धों, रक्षा की आवश्यकता, विकासात्मक परियोजनाएँ जैसे नदी घाटी परियोजनाएँ, लुगदी, कागज और प्लाईवुड जैसे उद्योग तथा राष्ट्रीय हित की वन उपज पर बहुत अधिक निर्भरता के परिणामस्वरूप जंगलों के विशाल क्षेत्रों से राजस्व जुटाने के लिये राज्यों को मंज़ूरी दे दी गई।

वन संरक्षण अधिनियम, 1980

- वन संरक्षण अधिनियम, 1980 ने निर्धारित किया कि वन क्षेत्रों में स्थायी कृषि वानिकी का अभ्यास करने के लिये केंद्रीय अनुमति आवश्यक है। इसके अलावा उल्लंघन या परमिट की कमी को एक अपराध माना गया। इसने वनों की कटाई को सीमित करने, जैव विविधता के संरक्षण और वन्यजीवों को बचाने का लक्ष्य

रखा। हालांकि यह अधिनियम वन संरक्षण के प्रति अधिक आशा प्रदान करता है लेकिन यह अपने लक्ष्य में सफल नहीं था।

- राष्ट्रीय वन नीति, 1988
- राष्ट्रीय वन नीति का अंतिम उद्देश्य एक प्राकृतिक विरासत के रूप में वनों के संरक्षण के माध्यम से पर्यावरणीय स्थिरता और पारिस्थितिक संतुलन को बनाए रखना था। राष्ट्रीय वन नीति, 1988 ने वनों और पर्यावरण प्रबंधन की पारिस्थितिक भूमिका पर ध्यान केंद्रित करने के लिये वाणिज्यिक चिंताओं से एक बहुत ही महत्त्वपूर्ण और स्पष्ट बदलाव किया।
- जैव विविधता अधिनियम, 2002
- इस अधिनियम को वर्ष 2002 में अधिनियमित किया गया था, इसका उद्देश्य जैविक संसाधनों का संरक्षण, इनके धारणीय उपयोग का प्रबंधन और स्थानीय समुदायों के साथ उचित व न्यायसंगत साझाकरण तथा भारत की समृद्ध जैव विविधता को संरक्षित रखकर वर्तमान और भावी पीढ़ियों के कल्याण के लिये इसके लाभ के वितरण की प्रक्रिया को सुनिश्चित करना है। अधिनियम ने जैव संसाधनों तक पहुँच को विनियमित करने के लिये एक त्रिस्तरीय संरचना की परिकल्पना की: राष्ट्रीय जैव विविधता प्राधिकरण (NBA)। राज्य जैव विविधता बोर्ड (SBB)। जैव विविधता प्रबंधन समितियाँ (BMC) (स्थानीय स्तर पर)।
- भारत में जैव विविधता अधिनियम (2002) को लागू करने के लिये केंद्र सरकार द्वारा वर्ष 2003 में राष्ट्रीय जैव विविधता प्राधिकरण (NBA) की स्थापना की गई थी। यह एक वैधानिक निकाय है जो जैव संसाधनों के संरक्षण एवं धारणीय उपयोग के मुद्दे पर भारत सरकार के लिये विनियामक एवं सलाहकार संबंधी कार्य करता है। इसका मुख्यालय चेन्नई, तमिलनाडु में है।
- अनुसूचित जनजाति और अन्य पारंपरिक वन निवासी (वन अधिकार की मान्यता) अधिनियम, 2006
- यह वन-निवास अनुसूचित जनजातियों और अन्य पारंपरिक वनवासियों के वन अधिकारों और वन भूमि पर कब्जे को पहचानने के लिये बनाया गया है जो पीढ़ियों से ऐसे जंगलों में रह रहे हैं।

प्रश्नमाला

1. यदि जल प्रदूषण इसी गति से होता रहा तो अन्ततोगत्वा-

(a) वर्षा में अवरोध आएगा
(b) जल चक्र रुक जाएगा
(c) जलीय जीवन के लिए नाइट्रेट अनुपलब्ध हो जाएगा
(d) जलीय जीवन के लिए ऑक्सीजन अणु अनुपलब्ध हो जाएंगे

2. सरकार की 'बाघ परियोजना' का उद्देश्य है-

(a) बाघ की आदतों का अध्ययन
(b) विभिन्न प्रजातियों के सम्बन्ध में महत्वपूर्ण जानकारी एकत्र करना
(c) भारतीय बाघ को समाप्त होने से बचाना
(d) इनमें से कोई नहीं

3. निम्नलिखित में से कौन ''पक्षियों का महाद्वीप'' के नाम से जाना जाता है?

(a) यूरोप
(b) ऑस्ट्रेलिया
(c) दक्षिण अमेरिका
(d) एशिया

4. मैदानों में परिस्थितिकी सन्तुलन को कायम रखने हेतु आवरण का न्यूनतम प्रतिशतहै-

(a) 50 (b) 40
(c) 33 (d) 25

5. पारिस्थितिकी तंत्र की संकल्पना को प्रतिपादित किया था-

(a) ए.जी. टान्सले ने
(b) चार्ल्स डार्विन ने
(c) सी.सी. पार्क ने
(d) ई.पी. ओडम ने

6. पारिस्थितिकी के जनक हैं-

(a) अर्नस्ट हेकेल (b) चार्ल्स डार्विन
(c) ई. वॉर्मिंग (d) चार्ल्स एल्टन

7. जीव मण्डल आरक्षित परिरक्षण क्षेत्र हैं-

(a) घास स्थल के
(b) कृषि उत्पादन के
(c) वायुमण्डलीय सन्तुलन के
(d) आनुवांशिक विभिन्नता के

8. किस नगर के प्रदूषण करने वाले उद्योगों को प्राकृतिक गैस-आधारित प्रौद्योगिकी में सर्वोच्च न्यायालय के आदेशानुसार परिवर्तित करना होगा-

(a) आबू (b) आगरा
(c) अमृतसर (d) औरंगाबाद

9. निम्नलिखित में से कौन-सा एक पारिस्थितिकीय तंत्र पृथ्वी के सर्वाधिक क्षेत्र पर फैला हुआ है?

(a) मरुस्थलीय (b) घास के मैदान
(c) पर्वतीय (d) सामुद्रिक

10. निम्नलिखित में से कौन-सा एक वृक्ष जो कभी सामाजिक वानिकी में लोकप्रिय था, अब एक पारिस्थितिक आतंकवादी माना गया है?

(a) बबूल (b) अमलतास
(c) नीम (d) यूकेलिप्टस

11. निम्नांकित कथनों में से कौन जी.डी.एम. के लिए सत्य नहीं है:

(a) यह हरितगृह गैस के उत्सर्जन को नियंत्रित करता है।
(b) यह ग्लोबीय तापीकरण को कम करता है।
(c) क्योटो प्रोटोकाल ने इसके सतत विकास के आंकलन के लिए सुझाव दिया है।
(d) यह विकसित देशों को विकासशील देशों की परियोजनाओं में पूंजी लगाने को निषेध करता है।

12. अम्ल वर्षा होती है-

(a) बादल तक पहुंच कर ठंडे होने वाले अम्ल वाष्प के कारण
(b) वर्षा के जल और कार्बन डाइआक्साइड प्रदूषकों के मध्य प्रतिक्रिया के फलस्वरूप
(c) बादल के जल एवं सल्फर डाइआक्साइड प्रदूषकों के मध्य प्रतिक्रिया के फलस्वरूप
(d) बिजली चमकने और बादल फटने के मध्य जलवाष्प और विद्युत आवेश के बीच प्रतिक्रिया के फलस्वरूप

13. सामाजिक वानिकी में, निम्न में से किस प्रकार के वृक्षों के रोपण को प्रोत्साहित किया जाता है?

(a) फल उत्पादक (b) चारा उत्पादक
(c) ईंधन उत्पादक (d) बहुउद्देशीय वाले

14. वायुमंडल में कार्बन डाइऑक्साइड का प्रतिशत बढ़ जाने पर निम्न में से क्या घटित नहीं होगा?

(a) पृथ्वी गरम हो जाएगी
(b) ध्रुवों पर बर्फ पिघलेगी
(c) समुद्र तट घट जाएगा
(d) वायु ताप बढ़ जाएगा

15. निम्नलिखित वृक्षों में से कौन-सा वृक्ष पर्यावरणीय संकट माना जाता है?

(a) बबूल (b) अमलतास
(c) नीम (d) यूकेलिप्टस

16. मानव-जनित पर्यावरणीय प्रदूषक कहलाते हैं-

(a) परजैविक (b) प्रतिजैविक
(c) ह्यूमेलिन (d) एनज्जेसिक

17. औद्योगिक मलबे से सर्वाधिक रासायनिक प्रदूषण होता है-
(a) चमड़ा उद्योग से (b) कागज उद्योग से
(c) रेयॉन उद्योग से (d) वस्त्र उद्योग से

18. निम्नलिखित में से किसका पारिस्थितिकी संतुलन से सम्बन्ध नहीं है?
(a) जल प्रबन्धन
(b) वन रोपण
(c) औद्योगिक प्रबन्धन
(d) वन्य जीव सुरक्षा

19. पर्यावरण अपकर्ष से अभिप्राय है-
(a) पर्यावरणीय गुणों का पूर्ण रूप से निम्नीकरण
(b) मानवीय क्रियाकलापों से विपरीत परिवर्तन लाना
(c) परिस्थितिकीय विभिन्नता के परिणामस्वरूप परिस्थितिकीय असन्तुलन
(d) उपर्युक्त सभी

20. 'भूमण्डलीय ऊष्मन' की आशंका किसकी बढ़ती हुई सांद्रता के कारण से बढ़ रही है?
(a) ओजोन की
(b) नाइट्रस ऑक्साइड की
(c) सल्फर डाई ऑक्साइड की
(d) कार्बन डाई ऑक्साइड की

21. धूल प्रदूषण रोकने के लिए उपयुक्त वृक्ष है-
(a) सीता अशोक (b) महुआ
(c) पॉपलर (d) नीम

22. मानवीय जनसंख्या के श्रेष्ठतर जीवनयापन के लिए निम्न में से कौन-सा कदम सर्वाधिक महत्वपूर्ण है?
(a) वनरोपण
(b) खनन कार्य पर रोक
(c) वन्य-वस्तुओं का संरक्षण
(d) प्राकृतिक संसाधनों के प्रयोग को कम करना

23. निम्नलिखित में से किसके क्षय होने में सबसे अधिक समय लगता है?
(a) सिगरेट का टुकड़ा
(b) चमड़े का जूता
(c) फोटो फिल्म
(d) प्लास्टिक का थैला

24. यूरो नार्म्स बनाए गए हैं-
(a) वाहनों के गति नियंत्रण के लिए
(b) वाहनों का आकार वर्गीकरण के लिए
(c) वाहनों से निकलने वाली हानिप्रद गैसों को नियंत्रित करने के लिए।
(d) इंजन की शक्ति बताने के लिए।

25. निम्न ग्रीन हाउस गैसों में से ऐसी कौन है, जिसके द्वारा ट्रोपोस्फियर में ओजोन प्रदूषण नहीं होता?
(a) मीथेन
(b) कार्बन मोनोआक्साइड
(c) नत्रजन ऑक्साइड्स (NOX)
(d) जल वाष्प

26. निम्नलिखित राज्यों में से उस राज्य को चुनिए जिस में सर्वाधिक संख्या में वन्य जीव अभयारण्य (नेशनल पार्क और अभयारण्य) हैं-
(a) उत्तर प्रदेश (b) राजस्थान
(c) मध्य प्रदेश (d) प. बंगाल

27. निम्नलिखित में से कौन-सी कृषि करने की प्रक्रिया पर्यावरण संरक्षण में सहायक है?
(a) अधिक उपज वाली किस्म की खेती
(b) ग्लास हाउस में पौधे उगाना
(c) शिफ्टिंग खेती
(d) जैविक खेती

28. निम्नलिखित दशाओं में से कौन वैश्विक ताप के असर को इंगित करती हैं?
1. हिमानी का पिघलना
2. सागरीय तल में उत्थान
3. मौसमी दशाओं में परिवर्तन
4. ग्लोबीय तापमान में वृद्धि
नीचे दिए गए कूट में से सही उत्तर का चयन कीजिए-
कूट :
(a) 1 और 2 (b) 1, 2 और 3
(c) 2, 3 और 4 (d) सभी चारों

29. विलुप्त होने वाली प्रजातियों की सूचीबद्धता होती है-
(a) डेड स्टॉक बुक में
(b) रेड डाटा बुक में
(c) लाइव स्टॉक बुक में
(d) उपर्युक्त में से किसी में नहीं

30. निम्नलिखित में से कौन-सा कारक जैवविविधता के ह्रास के लिए सर्वाधिक महत्वपूर्ण कारक है?
(a) आनुवंशिक आत्मसात्करण
(b) परभक्षियों का नियंत्रण
(c) प्राकृतिक वास का विनाश
(d) कीट नियंत्रण

31. पेरियार अभयारण्य प्रसिद्ध है-
(a) शेरों के लिए
(b) चित्तीदार हिरणों के लिए
(c) बाघों के लिए
(d) जंगली हाथियों के लिए

32. राष्ट्रीय पर्यावरण इंजीनियरिंग शोध संस्थान कहां स्थित है?
(a) नागपुर में (b) पूना में
(c) लखनऊ में (d) नई दिल्ली में

33. काजीरंगा किस लिए प्रसिद्ध है?
(a) गैंडा के लिए (b) बाघ के लिए
(c) पक्षी के लिए (d) शेर के लिए

34. पारिस्थितिकीय निकाय के रूप में आर्द्र भूमि (बरसाती जमीन) निम्नलिखित में से किस हेतु उपयोगी है?
(a) पोषक पुनर्प्राप्ति एवं चक्रण हेतु
(b) पौधों द्वारा अवशोषण के माध्यम से भारी धातुओं को अवमुक्त करने हेतु
(c) तलछट रोक कर नदियों का गादीकरण कम करने हेतु
(d) उपर्युक्त सभी हेतु

35. विश्व पर्यावरण दिवस मनाया जाता है-
(a) दिसम्बर 1 को
(b) जून 5 को
(c) नवम्बर 14 को
(d) अगस्त 15 को

36. निम्नलिखित में से कौन-सा सही सुमेलित नहीं है?
(a) पारिस्थितिकीय विज्ञानों का केन्द्र - बंगलुरु
(b) भारतीय वन्य प्राणी संस्थान - देहरादून
(c) भारतीय वन प्रबन्धन संस्थान - अहमदाबाद
(d) हिमालयी पर्यावरण एवं विकास का गोविन्द वल्लभ पन्त संस्थान - अल्मोड़ा

37. भूमिगत जल को दूषित करने वाले अजैविक प्रदूषक हैं-
(a) बैक्टीरिया (b) शैवाल
(c) आर्सेनिक (d) विषाणु

38. पारिस्थितिकीय तंत्र में तत्वों के चक्रण को क्या कहते हैं?
(a) रासायनिक चक्र
(b) जैव भूरासायनिक चक्र
(c) भूवैज्ञानिक चक्र
(d) भूरासायनिक चक्र

39. सर्वाधिक जैव विविधता कहां पायी जाती है?
(a) उष्ण कटिबन्धी वर्षा वनों में
(b) शीतोष्ण कटिबन्धी वनों में
(c) शंकुधारी वनों में
(d) उत्तर ध्रुवीय वनों में

40. 'इको मार्क' उन भारतीय उत्पादों को दिया जाता है, जो?
(a) शुद्ध एवं मिलावट रहित हों
(b) प्रोटीन-समृद्ध हों

(c) पर्यावरण के प्रति मैत्रीपूर्ण हों
(d) आर्थिक दृष्टि से व्यवहार्य हों

41. किस स्तर (डेसीबल में) से अधिक की ध्वनि खतरनाक ध्वनि प्रदूषण कहलाता है?
(a) 30 dB (b) 40 dB
(c) 60 dB (d) 80 dB

42. निम्नलिखित में से कौन-सी जैवविविधता के संरक्षण के लिए महत्वपूर्ण रणनीति है?
(a) जैवमण्डल रिजर्व
(b) वानस्पतिक उद्यान
(c) राष्ट्रीय पार्क
(d) जंगली जन्तु अभ्यारण्य

43. निम्नलिखित में से कौन पदार्थ सार्वधिक तापन उत्पन्न करने में योगदान नहीं करता है?
(a) सल्फर तथा नाइट्रोजन के ऑक्साइड
(b) मेथेन
(c) कार्बन डाइऑक्साइड
(d) जल वाष्प

44. अम्ल वर्षा, निम्नांकित द्वारा वायु प्रदूषण के कारण होती है-
(a) कार्बन डाइऑक्साइड
(b) कार्बन मोनोक्साइड
(c) मेथेन
(d) नाइट्रस ऑक्साइड एवं सल्फर डाइऑक्साइड

45. निम्नलिखित युग्मों में से कौन-सा एक सही सुमेलित है?
(a) बायोस्फीयर रिजर्व - एडवर्ड सुएस
(b) इको सिस्टम - ए.पी.डी. कन्डोल
(c) इकोलॉजी - ए.जी. टान्सले
(d) जैव विविधता - रीटर

46. कथन (A) : मरुस्थल शाश्वत ऊर्जा उत्पादन के प्रभावकारी स्त्रोत हो सकते हैं।
कारण (R) : जितनी ऊर्जा मानव जाति एक वर्ष में उपभोग करती है, उससे अधिक ऊर्जा मरुस्थल छह घंटों में सूर्य से प्राप्त कर लेते हैं।
नीचे दिए गए कूट से सही उत्तर चुनिए-
कूट :
(a) (A) तथा (R) सही हैं तथा (R), (A) की सही व्याख्या है।
(b) (A) तथा (R) दोनों सही हैं परन्तु (R), (A) की सही व्याख्या नहीं है।
(c) (A) सही है, परन्तु (R) गलत है।
(d) (A) गलत है, परन्तु (R) सही है।

47. निम्नलिखित में से कौन-सा गैस समूह ''ग्रीन हाउस प्रभाव'' में योगदान देता है?
(a) अमोनिया तथा ओजोन
(b) कार्बन मोनोक्साइड तथा सल्फर डाइऑक्साइड
(c) कार्बन टेट्राफ्लोराइड तथा नाइट्रस ऑक्साइड
(d) कार्बन डाइऑक्साइड तथा मेथेन

48. जलवायु परिवर्तन का कारण है-
(a) ग्रीन हाउस गैसें
(b) ओजोन पर्त का क्षरण
(c) प्रदूषण
(d) उपर्युक्त सभी

49. निम्नलिखित में से कौन-सा वायु प्रदूषण का एक जैव सूचक है?
(a) फर्न (b) लाइकेन
(c) मनी प्लांट (d) अमरबेल

50. पारिस्थितिक तंत्र के जैविक घटकों में कौन उत्पादक घटक हैं?
(a) गाय (b) मोर
(c) बाघ (d) हरे पौधे

51. निम्नलिखित में कौन एक समिति एवं संस्था दोनों का उदाहरण है?
(a) परिवार (b) क्लब
(c) विवाह (d) विश्वविद्यालय

52. अगर कोई व्यक्ति एक समय एक ही स्त्री से विवाह करता है परन्तु तलाक और पुनर्विवाह के मामले में पर्याप्त शिथिलता बरतता है तो यह व्यवहार कहलायेगा-
(a) एकल विवाह
(b) क्रमिक एकल विवाह
(c) बहुभार्यता
(d) क्रमिक बहुभार्यता

53. निम्नलिखित में कौन-से कथन परिवार के सम्बन्ध में सही हैं?
1. परिवार एक प्रकार्यात्मक इकाई है।
2. परिवार केवल एक संस्था है।
3. परिवार केवल एक समिति है।
4. परिवार न्यूनतम पूर्ण सामाजिक इकाई है।

निम्नांकित कूट की सहायता से सही उत्तर का चयन कीजिए:
कूट :
(a) 1 तथा 3 (b) 2 तथा 3
(c) 1 तथा 4 (d) 2 तथा 4

54. निम्नांकित में से कौन-एक सम्बन्ध प्राथमिक वैवाहिक नातेदारी सम्बन्ध का उदाहरण प्रस्तुत करता है?
(a) पति और पत्नी
(b) पिता और पुत्र
(c) माता और पुत्री
(d) व्यक्ति और उसकी सास

55. सूची-I को सूची-II के साथ सुमेलित कीजिए और सूचियों के नीचे दिए गए कूट का प्रयोग कर सही उत्तर चुनिए:

सूची-I (जीवन-साथी के चयन के तरीके)	सूची-II (जनजाति)
(A) परिवीक्षा विवाह	1. गुजरात के भील
(B) हठ विवाह	2. खस
(C) सेवा विवाह	3. कुकी
(D) परीक्षा विवाह	4. बिरहौर

कूट :

	(A)	(B)	(C)	(D)
(a)	2	4	3	1
(b)	3	4	2	1
(c)	3	2	4	1
(d)	3	1	4	2

56. परिवार, पड़ोस तथा मित्रमण्डली में किस प्रकार का सहयोग पाया जाता है?
(a) मित्रवत (b) द्वितीयक
(c) प्राथमिक (d) उपरोक्त सभी

57. कृषक समाज की प्रमुख विशेषता है-
(a) शिकार करना एवं भोजन एकत्र करना
(b) स्थायी कृषि
(c) कृषि एक जीवन पद्धति
(d) उपरोक्त में से कोई नहीं

58. समान पूर्वज, चाहे पुरुष हों या महिला, के वंशक्रम से उत्पन्न हुए व्यक्तियों को क्या कहते हैं?
(a) कुल
(b) गोत्रज
(c) मातृ-पितृ सम्बन्धी
(d) द्विअंशक (मोइटी)

59. निम्नलिखित में से किस एक प्रकार के समाज में महिलाओं की प्रस्थिति अपेक्षाकृत बेहतर है?
(a) औद्योगिक समाज
(b) आदिवासी समाज
(c) कृषि समाज
(d) उत्तर-औद्योगिक समाज

60. औद्योगिक समाज में परिवार किस प्रकार की इकाई है?
(a) आर्थिक (b) उपभोग
(c) उत्पादन (d) लाभ

61. निम्नलिखित में से किसमें पितृवंशीय एवं प्रतिस्थानिक परिवार का व्यवहार होता है?
(a) नायर (b) टोडा
(c) नंबूदिरी (d) खासी

62. सूची-I को सूची-II के साथ सही सुमेलित कीजिए तथा सूचियों के नीचे दिए गए कूट का प्रयोग कर सही उत्तर चुनिए:

सूची-I	सूची-II
(A) वैवाहिक	1. असमष्टि स्वजन समूह (पुरुष और स्त्री दोनों वंश में) की कोटि
(B) रक्तसम्बन्धी	2. लोगों का एक समूह जो वंशावलिक पीढ़ी संबंध (पुरुष या स्त्री वंश से) का दावा करते हैं
(C) जाति	3. जैविक संबंधी पर आधारित संबंध को निर्दिष्ट करता है
(D) वंश परम्परा	4. विवाह द्वारा स्थापित संबंध

कूट :

	(A)	(B)	(C)	(D)
(a)	2	3	1	4
(b)	4	1	3	2
(c)	2	1	3	4
(d)	4	3	1	2

63. सूची-I को सूची-II के साथ सही सुमेलित कीजिए तथा सूचियों के नीचे दिए गए कूट का प्रयोग कर सही उत्तर चुनिए:

सूची-I (नातेदारी)	सूची-II (लक्षण)
(A) पैतृक वंश	1. बहिर्विवाह
(B) गोत्र	2. पुरुष वंश में साझी पीढ़ी
(C) जाति	3. अंतर्विवाह
(D) उपजाति	4. कल्पित संबंध
	5. सबसे बड़ा खंड

कूट :

	(A)	(B)	(C)	(D)
(a)	3	5	4	1
(b)	2	1	3	5
(c)	3	1	4	5
(d)	2	5	3	1

64. बर्फ के घर, जिसमें एस्किमो शिकारी निवास करते हैं उसको .... कहा जाता है?

(a) हाउस बोट (b) डोंगे
(c) इग्लू (d) टैन्ट

65. निम्नलिखित को सुमेलित कीजिए-

घर के प्रकार	सम्बन्धित स्थान
(A) हाउस बोट	(i) केरल
(B) डोंगे	(ii) कश्मीर
(C) टैन्ट	(iii) लद्दाख

	A	B	C
(a)	iii	ii	i
(b)	ii	i	iii
(c)	i	ii	iii
(d)	i	iii	ii

66. रैन-बसेरे के विषय में कौन-सा कथन सही है?

A. ये बेघर लोगों का आश्रय स्थल होता है।

B. रैन-बसेरों में बेघरों को निःशुल्क बिस्तर की सुविधा उपलब्ध कराई जाती है।

C. इनका संचालन स्वयं सेवी संगठनों के द्वारा भी होता है।

(a) A और B (b) A और C
(c) B और C (d) A, B और C

67. ग्रामीण क्षेत्रों में, गाय के गोबर से झोपड़ी की दीवारों और फर्श को लीपा जाता है–

(a) फर्श को प्राकृतिक रंग देने के लिए
(b) कीड़ों को दूर रखने के लिए
(c) घर की सुन्दरता बढ़ाने के लिए
(d) खुरदरा बनाकर घर्षण बढ़ाने के लिए

68. एक ही प्रकार की फसल बार-बार उगाने और बहुत से रसायनों के उपयोग करने से मृदा

(a) किसी विशेष फसल के लिए उपयोगी बन जाती है
(b) सिंचाई के लिए उपयुक्त बन जाती है
(c) उर्वर (उपजाऊ) बन जाती है
(d) बंजर हो जाती है

69. कोई पक्षी पेड़ की ऊँची डाल पर अपना घोंसला बनाता है। यह पक्षी हो सकता है–

(a) शकरखोरा (b) कलचिड़ी
(c) कौआ (d) फाख्ता

70. नीचे दिए गए अध्याय को पढ़िए जिसे गाँव के एक छात्र ने अपने घर के विषय में लिखा है-

"मैं गाँव से आया हूँ। हमारे गाँव में अत्यधिक वर्षा होती है इसलिए हमारे घर धरती से लगभग 10 से 12 फुट (3 से 3.05 मी.) ऊँचे बने होते हैं। इन्हें मजबूत बाँस के खम्भों पर बनाया जाता है। ये घर अन्दर से भी लकड़ी के बने होते हैं।" यह गाँव होना चाहिए।

(a) आन्ध्र प्रदेश में (b) असम में
(c) तमिलनाडु में (d) उत्तराखण्ड में

71. गेहूँ के डंठल से आटा उत्पादन तक की प्रक्रिया में निम्नलिखित में से कौन-सी प्रक्रियाएँ उपयोग किए जाने की संभावना होती है?

1. **थ्रेशिंग (Threshing)**
2. **अवसादन (Sedimentation)**
3. **ओसाई करना (Winnowing)**
4. **चालन (Sieving)**

नीचे दिए गए कूट का प्रयोग कर सही उत्तर चुनिए–

(a) केवल 1 और 2
(b) केवल 1, 3 और 4
(c) केवल 2 और 3
(d) 1, 2, 3 और 4

72. प्रकाश-संश्लेषण के C_3 और C_4 पथ के सन्दर्भ में निम्नलिखित कथनों पर विचार कीजिए–

1. C_3 पौधे C_4 पौधों की अपेक्षा प्रकाश-संश्लेषण में कम कुशल होते हैं।

2. पृथ्वी पर अधिकांश पौधे C_3 पौधे ही होते हैं।

3. मक्का और गन्ना C_4 पौधे हैं।

नीचे दिए गए कूट का प्रयोग कर सही उत्तर चुनिए–

(a) केवल 1
(b) केवल 1 और 3
(c) केवल 2 और 3
(d) 1, 2 और 3

73. कैरोटिनोइड्स (carotenoids) के सन्दर्भ में, निम्नलिखित कथनों पर विचार कीजिए–

1. ये प्रकाश-संश्लेषण में संलग्न वर्णक (पिग्मेंट) होते हैं।

2. इनका रंग लाल, पीला या नारंगी होता है।

3. ये प्रकाश का उपयोग (हार्वेस्ट) कर पाने में अक्षम होते हैं, इसलिए, ये रात में सक्रिय होते हैं।

उपर्युक्त कथनों में से कौन-सा/से सही है/हैं?

(a) केवल 1 और 2
(b) केवल 1 और 3
(c) केवल 3
(d) 1, 2 और 3

74. .... एक ऐसा क्षेत्र है जो दो पारिस्थितिक तंत्रों के बीच सीमा या संक्रमण के रूप में कार्य करता है।

(a) इकोटोन (b) इकोस्फीयर
(c) इकोट्विन (d) इकोबाउंड्री

75. भारतीय वन्यजीव (संरक्षण) अधिनियम वर्ष .... में लागू हुआ।

(a) 1992 (b) 1962
(c) 1972 (d) 1982

76. किसी एक आहार फसल पर क्लोरीनीकृत हाइड्रोकार्बन पीड़कनाशी का छिड़काव किया जाता है। आहार शृंखला का क्रम है– आहार फसल-मूषक-सर्प–बाज।

इस आहार शृंखला में पीड़कनाशी की अधिकतम सान्द्रता निम्नलिखित में से किसमे संचित होगी?

(a) आहार फसल (b) मूषक
(c) सर्प (d) बाज

77. जैविक समुदायों के अन्तर्गत कुछ जातियाँ बड़ी संख्या में अन्य जातियों की समुदाय में बने रहने की क्षमता को निर्धारित करने में महत्वपूर्ण होती हैं। ऐसी जातियों को कहते हैं–

(a) मूलाधार (की-स्टोन) जातियाँ
(b) विस्थानिक जातियाँ
(c) एक स्थानी जातियाँ
(d) संकटापन्न जातियाँ

78. सूची–I को सूची–II के साथ सुमेलित कीजिए और सूचियों के नीचे दिए कूट का प्रयोग कर सही उत्तर चुनिए–

सूची-I (फसलें)	सूची-II (फसल नाशक जीव)
A. चावल	1. एफिड
B. गेहूँ	2. घुंडी मत्कुण
C. गन्ना	3. तेलिया कर्तन शलभ
D. चना	4. शीर्ष प्ररोह बेधक शलभ
	5. गोलक शलभ

कूट :

	A	B	C	D
(a)	2	3	4	5
(b)	3	1	2	4
(c)	2	1	4	3
(d)	5	4	1	3

79. निम्नलिखित में से कौन एक पौधों के भोजन के उत्पादन के लिए आवश्यक है?

(a) ऑक्सीजन
(b) स्टार्च
(c) कार्बन डाई-ऑक्साइड
(d) प्रोटीन

80. सूची-I को सूची-II से सुमेलित कीजिए तथा सही उत्तर का चयन सूचियों के नीचे दिए गए कूट की सहायता से कीजिए–

सूची-I (वनस्पति)	सूची-II (उपयोग)
A. ब्राह्मी	1. मधुमेह प्रतिरोधी
B. सदाबहार	2. वातहर
C. पुदीना	3. कफनाशक
D. तुलसी	4. मस्तिष्क स्फूर्तिदायक

कूट :

	A	B	C	D
(a)	1	2	3	4
(b)	4	1	2	3
(c)	3	2	1	4
(d)	2	4	3	1

81. अम्ल वर्षा होती है–

(a) कारखानों से
(b) पेट्रोल से
(c) कोयला जलाने से
(d) लकड़ी से

82. वातावरण में पोषक पदार्थों को पुनःचक्रण करने में सहायक सुनिश्चित सूक्ष्मजीवों को किस रूप में परिभाषित किया जाता है?

(a) उत्पादक
(b) उपभोक्ता
(c) अपघटक
(d) उपरोक्त में कोई नहीं

83. फलों का अध्ययन क्या कहलाता है?

(a) पॉमोलॉजी
(b) एग्रोनॉमी
(c) आलेरिकल्चर
(d) फ्लोरीकल्चर

84. प्राकृतिक जैविक खाद रासायनिक उर्वरक की अपेक्षा ज्यादा बेहतर पाया गया है। इसका कारण क्या है?

(a) रासायनिक उर्वरक कम उत्पादक होता है।
(b) जैविक उर्वरक अधिक उत्पादक होता है
(c) जैविक उर्वरक भू-उर्वरता को बनाए रखता है
(d) रासायनिक उर्वरक विषैला होता है

85. निम्न में से कौन-सी कृषिगत गतिविधि हमारे जल स्त्रोतों अथवा संसाधनों को प्राथमिक रूप से प्रदूषित करने के लिए उत्तरदायी हैं?

1. पशु खादों/उर्वरकों का प्रयोग
2. रासायनिक खादों का प्रयोग
3. रासायनिक कीटनाशकों का व्यापक प्रयोग
4. वनों का निर्वनीकरण

नीचे दिए गए कूट का प्रयोग कर सही उत्तर चुनिए–

(a) केवल 2 और 3
(b) केवल 1, 2 और 4
(c) केवल 1 और 2
(d) केवल 1, 2 और 4

86. स्टोन कैंसर की उत्पत्ति का क्या कारण है?

(a) अम्ल वर्षा
(b) ग्लोबल वार्मिंग (वैश्विक तापन)
(c) रेडियो सक्रियता
(d) जीवाणु क्रिया

87. डार्विन के विकासवाद सिद्धान्त के अनुसार जिराफ की लम्बी गर्दन–

(a) उसके द्वारा लम्बे पेड़ों की पत्तियों तक पहुँचने के क्रमिक प्रयासों के कारण
(b) उसे कोई विशिष्ट लाभ नहीं दिया। यह केवल एक घटना मात्र है।
(c) उसे भोजन पाने में विशिष्ट लाभ-प्राप्त हुआ, क्योंकि लम्बी गर्दन उसके जीवन निर्वहन का कारण बनीं।
(d) यह अफ्रीकन घास खाने के विशिष्ट जलवायु की विशिष्टता का परिणाम हैं।

88. बायोगैस (जैव गैस) के संदर्भ में कौन-सा कथन सत्य है?

(a) ज्वालामुखी से निकली मिश्रित गैसें
(b) कच्चे तेल के कुओं से उत्पन्न गैस
(c) बायोमास (जैवभार) के अपूर्ण दहन से प्राप्त गैस
(d) बायोमास (जैवभार) के किण्वन से उत्पन्न गैस

89. कोरल रीफ को सुरक्षित करने के लिए भारत सरकार ने किस एक समुद्री क्षेत्र को मेरिन पार्क घोषित कर दिया है?

(a) कच्छ की खाड़ी
(b) लक्षद्वीप समूह
(c) मन्नार की खाड़ी
(d) अंडमान समूह

90. 'डार्क किण्वन' शब्द से आप क्या समझते हैं?

(a) यह नाभिकीय अपशिष्ट की निस्तारण विधि है
(b) यह कार्बनिक अपशिष्ट से मीथेन उत्पादन की विधि है
(c) यह वातावरण में COD न्यूनीकरण की विधि है
(d) यह अपशिष्ट जल से हाइड्रोजन उत्पादन की विधि है

91. जैव विविधता का अर्थ है–

(a) विभिन्न प्रकार के पौधे और वनस्पति।
(b) विभिन्न प्रकार के जानवर।
(c) एक विशेष क्षेत्र में विभिन्न प्रकार के पौधे और जानवर।
(d) विभिन्न प्रकार के विदेशी पौधे और जानवर।

92. जैव विविधता है–

A. आनुवंशिक विविधताएँ
B. पृथ्वी पर मौजूद सभी जैविक प्रजातियाँ
C. जैविक समुदायों के बीच भिन्नताएँ
D. पारिस्थितिक तंत्र में बदलाव

(a) केवल B
(b) इनमें से सभी
(c) B और C दोनों
(d) केवल A, B और C

93. जैव विविधता के बारे में निम्नलिखित में से कौन-सा कथन सही नहीं है ?

(a) 'जैव विविधता' शब्द 1986 में वाल्टर जी. रोसेन द्वारा गढ़ा गया था।

(b) 1988 में नॉर्मन मायर्स द्वारा 'जैव विविधता हॉटस्पॉट' शब्द गढ़ा गया था।
(c) सबसे समृद्ध जैव विविधता वाले क्षेत्रों को 'जैव विविधता हॉटस्पॉट' कहा जाता है।
(d) विश्व में जैव विविधता के 100 से अधिक हॉटस्पॉट की पहचान की गई है।

94. जैव विविधता, निम्नलिखित तरीकों से मानव अस्तित्व का आधार बनाती है-
1. मृदा गठन
2. मिट्टी के क्षरण की रोकथाम
3. अपशिष्ट का पुनर्चक्रण
4. फसलों का परागण
नीचे दिए गए कूट का उपयोग करके सही उत्तर चुनें-
(a) केवल 1, 2 और 3
(b) केवल 2, 3 और 4
(c) केवल 1 और 4
(d) 1, 2, 3 और 4

95. जैव विविधता के संदर्भ में, निम्नलिखित में से कौन-सा/कौन-से कथन सही है/हैं ?
1. प्रजातिओं की समृद्धि और उच्च स्तर की अतिवाद जैव विविधता गर्म स्थान की पहचान करने के लिए महत्वपूर्ण मापदंड हैं।
2. प्रजाति विविधता उष्ण कटिबंध में सबसे अधिक होती है और नीचे ध्रुवों में कम हो जाती है।
3. जैव विविधता संरक्षण स्वस्थानी के साथ-साथ पूर्वस्थानी भी हो सकता है।
नीचे दिए गए कूट का उपयोग करके सही उत्तर को चुनिए-
(a) केवल 1
(b) केवल 2 और 3
(c) 1, 2 और 3
(d) केवल 1 और 3

96. जैव विविधता निम्नलिखित तरीकों से मानव अस्तित्व का आधार बनाती है-
1. मृदा निर्माण
2. मृदा अपरदन की रोकथाम
3. कचरे का पुनर्चक्रण
4. फसलों का परागण
नीचे दिए गए कोड का उपयोग करके सही उत्तर चुनिए-
(a) केवल 1, 2 और 3
(b) केवल 2, 3 और 4
(c) केवल 1 और 4
(d) 1, 2, 3 और 4

97. पर्यावरण अपकर्ष से अभिप्राय है-
(a) पर्यावरणीय गुणों का पूर्ण रूप से निम्नीकरण
(b) मानवीय क्रियाकलापों से विपरीत परिवर्तन लाना
(c) परिस्थितिकीय विभिन्नता के परिणामस्वरूप परिस्थितिकीय असन्तुलन
(d) उपर्युक्त सभी

98. जैव-विविधता के ह्रास का मुख्य कारण है-
(a) आवासीय प्रदूषण
(b) विदेशज प्रजातियों का समावेश
(c) अत्यधिक दोहन
(d) प्राकृतिक आवासीय विनाश

99. भारत की जलवायु परिवर्तन पर प्रथम राष्ट्रीय क्रिया योजना प्रकाशित हुई-
(a) 2008 ई. में (b) 2012 ई. में
(c) 2014 ई. में (d) 2015 ई. में

100. भारत सरकार ने वन संरक्षण अधिनियम किस वर्ष में अधिनियमित किया?
(a) 1976 (b) 1980
(c) 1983 (d) 1988

उत्तरमाला

1. (d)	**2.** (c)	**3.** (c)	**4.** (c)	**5.** (a)	**6.** (a)	**7.** (d)	**8.** (b)	**9.** (d)	**10.** (d)
11. (d)	**12.** (c)	**13.** (d)	**14.** (c)	**15.** (d)	**16.** (a)	**17.** (a)	**18.** (a)	**19.** (d)	**20.** (d)
21. (c)	**22.** (a)	**23.** (d)	**24.** (c)	**25.** (b)	**26.** (c)	**27.** (d)	**28.** (d)	**29.** (b)	**30.** (c)
31. (d)	**32.** (a)	**33.** (a)	**34.** (d)	**35.** (b)	**36.** (c)	**37.** (c)	**38.** (b)	**39.** (a)	**40.** (c)
41. (d)	**42.** (a)	**43.** (a)	**44.** (d)	**45.** (a)	**46.** (a)	**47.** (d)	**48.** (d)	**49.** (b)	**50.** (d)
51. (a)	**52.** (b)	**53.** (c)	**54.** (a)	**55.** (b)	**56.** (c)	**57.** (c)	**58.** (a)	**59.** (d)	**60.** (b)
61. (b)	**62.** (d)	**63.** (b)	**64.** (c)	**65.** (b)	**66.** (c)	**67.** (b)	**68.** (d)	**69.** (c)	**70.** (b)
71. (b)	**72.** (d)	**73.** (a)	**74.** (a)	**75.** (c)	**76.** (d)	**77.** (a)	**78.** (c)	**79.** (c)	**80.** (b)
81. (a)	**82.** (c)	**83.** (b)	**84.** (c)	**85.** (a)	**86.** (a)	**87.** (c)	**88.** (d)	**89.** (a)	**90.** (d)
91. (c)	**92.** (b)	**93.** (d)	**94.** (d)	**95.** (c)	**96.** (d)	**97.** (d)	**98.** (d)	**99.** (a)	**100.** (b)

❑❑❑